Vinum

# WEINGUIDE DEUTSCHLAND 2023

Der VINUM Weinguide Deutschland garantiert völlige redaktionelle Unabhängigkeit: Kein Wein und kein Weingut von Bedeutung soll im VINUM Weinguide fehlen – das ist nur ohne Verkostungsgebühren zu gewährleisten. Aus diesem Grund erheben wir von den Weingütern keine Teilnahmegebühren. Diesem Grundsatz bleiben wir treu.

WINE IN MODERATION
UNSERE WEINE SIND WIE UNSERE LAGEN
VIELSCHICHTIG.
BASSGEIGE KÄHNER | VDP.GROSSE LAGE® | BADEN
19 10
VDP. DIE PRÄDIKATSWEINGÜTER
Foto: VDP © Peter Bender

Wo aber der Wein fehlt,
stirbt der Reiz des Lebens.

Euripides

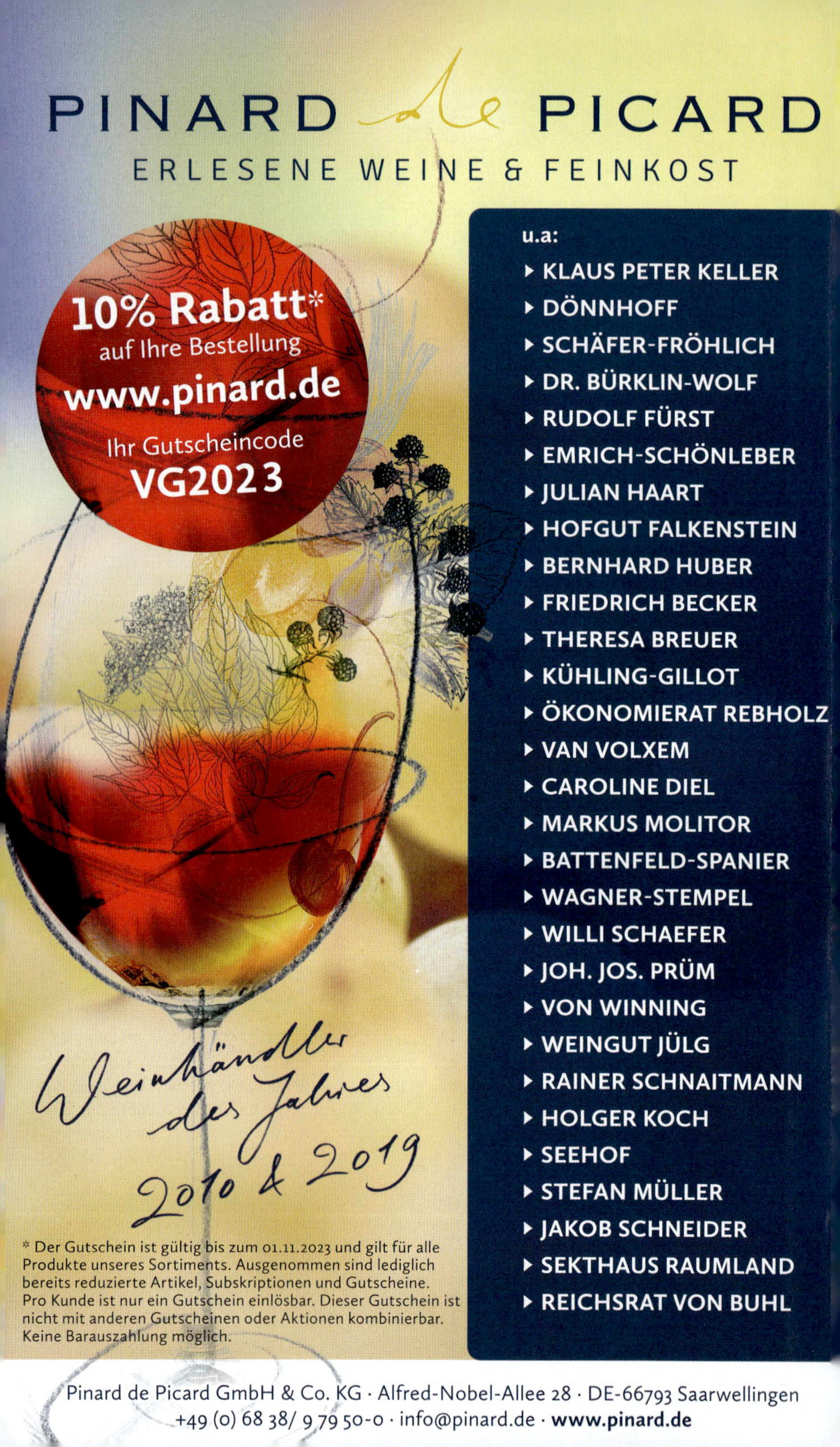
PINARD de PICARD
ERLESENE WEINE & FEINKOST
10% Rabatt*
auf Ihre Bestellung
www.pinard.de
Ihr Gutscheincode
VG2023
u.a:
KLAUS PETER KELLER
DÖNNHOFF
SCHÄFER-FRÖHLICH
DR. BÜRKLIN-WOLF
RUDOLF FÜRST
EMRICH-SCHÖNLEBER
JULIAN HAART
HOFGUT FALKENSTEIN
BERNHARD HUBER
FRIEDRICH BECKER
THERESA BREUER
KÜHLING-GILLOT
ÖKONOMIERAT REBHOLZ
VAN VOLXEM
CAROLINE DIEL
MARKUS MOLITOR
BATTENFELD-SPANIER
WAGNER-STEMPEL
WILLI SCHAEFER
JOH. JOS. PRÜM
VON WINNING
WEINGUT JÜLG
RAINER SCHNAITMANN
HOLGER KOCH
SEEHOF
STEFAN MÜLLER
JAKOB SCHNEIDER
SEKTHAUS RAUMLAND
REICHSRAT VON BUHL
Weinhändler des Jahres 2010 & 2019
* Der Gutschein ist gültig bis zum 01.11.2023 und gilt für alle Produkte unseres Sortiments. Ausgenommen sind lediglich bereits reduzierte Artikel, Subskriptionen und Gutscheine. Pro Kunde ist nur ein Gutschein einlösbar. Dieser Gutschein ist nicht mit anderen Gutscheinen oder Aktionen kombinierbar. Keine Barauszahlung möglich.
Pinard de Picard GmbH & Co. KG · Alfred-Nobel-Allee 28 · DE-66793 Saarwellingen
+49 (0) 68 38/ 9 79 50-0 · info@pinard.de · www.pinard.de

Foto: zVg

# Die Guten werden immer besser

Wenn wir so dasitzen, zwischen Tausenden von Probeflaschen, kommen auch immer wieder ernsthafte Gedanken auf. Etwa zum grundlegenden Wandel der qualitativen Struktur der deutschen Weingüter. Lange Zeit glich diese der bekannten Qualitätspyramide: Unten eine breite Basis, eine schlanker werdende Mitte, schließlich die dünne Spitze der Topbetriebe. Heute sieht es anders aus. Die Basis ist eher schmal, die Mitte kräftig und nach oben nur leicht verjüngt. Das Ganze gleicht mehr einer Raute als einer Pyramide. Und das verrät uns eine ganze Menge. Der „VINUM Weinguide" mag zwar nur einen Ausschnitt darstellen, dieser aber ist repräsentativ für die Entwicklung. Deutscher Wein ist in der Breite so gut wie nie zuvor in seiner Geschichte. Was heute guter Durchschnitt ist, hätte vor zwanzig, dreißig Jahren als Spitzenklasse gegolten. Unsere Winzerinnen und Winzer sind so gut ausgebildet wie keine Generation zuvor, haben die Welt gesehen, kennen Burgund ebenso wie Neuseeland. Sie wissen, dass wirtschaftlich erfolgreich nur der sein kann, der nach vorne geht und auf unbedingte Qualität setzt. Dieser Entwicklung tragen auch wir Rechnung und so steigen in diesem Jahr mehr Weingüter als gewohnt in unsere höchsten Sternegefilde auf. Gert Aldinger und seine Söhne Matthias und Hansjörg dominieren Württemberg seit Jahren, das musste endlich honoriert werden. Und auch der Doppelbetrieb Battenfeld-Spanier und Kühling-Gillot hat nach Jahren der Spitzenarbeit den Aufstieg an die absolute Spitze mehr als verdient.

Diese positive Entwicklung wird verstärkt durch Themen, die noch vor kurzem als Moden oder Spleens angesehen wurden: Naturwein, Biodynamie, Nachhaltigkeit oder Veganismus erweitern die stilistische Bandbreite. Deutscher Wein kann heute alles sein, was die Weinwelt zu bieten hat. Dazu kommen moderate Preisgestaltung und ein neues Bewusstsein für die Herkunft. Nur zu verständlich, dass deutscher Wein im Ausland immer mehr nachgefragt ist. Nun müssen nur noch die deutschen Weintrinker erkennen, dass es besseren Wein als hierzulande nicht gibt. Höchstens anderen. Davon müssen wir Sie, liebe Leserin, lieber Leser, nicht mehr überzeugen: der Beweis dafür liegt in Ihrer Hand. Aber sagen Sie es gerne weiter, die Winzerinnen und Winzer freuen sich darüber.

Wir wünschen viel Spaß bei der Lektüre, Ihre

Harald Scholl    Matthias F. Mangold

# Lesezeit! Alles in VINUM

## Einleitung



## Die Sieger des Jahres



## Die Spitzenweine des Jahres

## Raritäten



## VINUM WEINGUIDE 2023 – Regionen und Winzer



**Für die Verkostungen stellte uns die Firma Zalto mundgeblasene Gläser aus der Serie „Universal" zur Verfügung. Sämtliche Verkostungen bis hin zu den Finalproben wurden ausschließlich mit diesen Gläsern vorgenommen. Wir bedanken uns herzlich bei der Firma Zalto für die freundliche Unterstützung.**
– Die VINUM Weinguide Redaktion

# VINUM Weinguide 2023 – Die App

Neue Funktionen, noch mehr Daten – intuitiv nutzbar, offline funktionsfähig: Mit unserer Weinguide App greifen Sie jederzeit schnell per Smartphone auf alle Bewertungen und redaktionelle Empfehlungen des Weinguides 2023 zu. Als Buchkäufer nutzen Sie diesen Service gratis – wie immer!

**1 – Schnell geladen, schnell bereit. Für IOS und Android**

Laden bzw. aktualisieren Sie im App Store (iOS) oder Google Play Store (Android) die App „VINUM Weinguide Deutschland". Als neuer Nutzer melden Sie sich mit Ihrer E-Mail-Adresse an. Mit Ihrem Freischaltcode (s. beiliegende Karte) laden Sie anschließend die Inhalte des Weinguides 2023 herunter. Bereits vorhandene Daten der älteren Ausgaben bleiben dabei erhalten und können im Menü „Mehr > Meine Weinguide Ausgaben" aufgerufen werden.

**2 – Im Buch schmökern. Per App finden**

Nicht lange suchen, sondern schnell finden: Filtern Sie gezielt nach Weinerzeuger, Anbaugebiet, Preis, Bewertung, Farbe, Rebsorte oder Jahrgang. In der übersichtlichen „Quick Access"-Leiste wechseln Sie jederzeit zwischen den einzelnen Menüs.

**3 – Auf einen Blick: die Top-Weine 2023**

Im Menü „Top 10" finden Sie die Spitzenweine aller Kategorien der Ausgabe 2023, darunter neue Rotweine, Rosés und Gutsrieslinge. „Top" finden wir übrigens nicht nur die höchstbenoteten Weine, sondern auch die mit dem besten Preis-Leistungs-Verhältnis!

**4 – Per Fingertipp zum Weingut**

Sie möchten sich die Website eines Winzers ansehen? Telefonisch nach Öffnungszeiten fragen, eine E-Mail schicken oder das Weingut besuchen? Tippen Sie einfach das entsprechende Icon in der seitlichen Leiste an – die Weinguide-App sorgt für Verbindung.

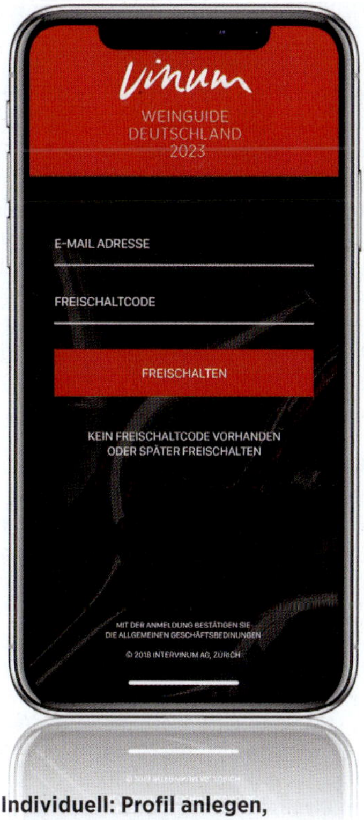


**5 – Individuell: Profil anlegen, Empfehlungen nutzen**

Die App ist nach Anmeldung voll funktionsfähig. Wenn Sie Ihr Profil vervollständigen, passt sie sich sogar Ihrem Geschmack an: Unter „Weinempfehlungen" werden Ihnen Vorschläge aus der Community angezeigt, die zu Ihren Favoriten passen. Und je mehr Sie die App nutzen, desto besser werden die Treffer.

Foto: zVg

# Unsere Grundsätze

An die 30 Weinprofis, Frauen und Männer unterschiedlichen Alters und mit unterschiedlichen Vorlieben, verkosten jedes Jahr über 14 000 Weine von mehr als 1000 Winzern. Wie stellen wir sicher, dass bei den Bewertungen einheitliche Kriterien eingehalten werden? Lesen Sie unsere Grundsätze.

**1 – Von Kennern. Für Profis und Liebhaber**

Mit unseren Lesern teilen wir eine Leidenschaft: die für gute Weine. Unsere Verkoster besitzen jahrelange Erfahrung in der Weinbewertung und sind informiert über Neuheiten und Trends. Davon profitieren Sie. Weinprofis finden im Guide schnell und übersichtlich Informationen. Private Weinliebhaber, auch Einsteiger, können sich in die vielfältige Welt des deutschen Weins einlesen, mit unseren Tipps eine Sammlung aufbauen oder ergänzen sowie gute Weine für jeden Anlass entdecken.

**2 – Qualität zählt, keiner zahlt**

Anders als viele Weinguides verlangen wir keine Verkostungsgebühren. Wir laden die Winzer zur Teilnahme an unseren Verkostungen ein, bitten um Zusendung einer repräsentativen Kollektion vom Basiswein bis zu den Spitzen des Jahrgangs. So bleiben wir unabhängig. Und Sie haben die Garantie, dass jedes Weingut und jeder Wein einzig aus Qualitätsgründen im Buch steht und jede Wertung ausschließlich auf unserer Überzeugung beruht.

**3 – Im Zweifel sind wir blind**

Weine werden mehrfach verkostet, offen, blind und im Team. In einem ersten, offenen Durchgang verschaffen sich die Verkoster einen Überblick über die Entwicklung jedes Weinguts. In den regionalen Endrunden werden die Weine ab einer bestimmten Punktzahl dann blind verkostet. Bei der Finalprobe kurz vor Redaktionsschluss stehen dann schließlich die besten Weine aller Anbaugebiete miteinander im Wettbewerb. Erst hier entstehen unsere Top-Ten-Listen in allen wichtigen Kategorien (ab Seite 32).

**4 – Hinter die Kulissen blicken**

Unsere Verkoster kennen ihre Anbaugebiete. Nicht nur die Weine, sondern auch die Menschen, die Landschaft und das Klima. Entweder leben sie vor Ort oder besuchen im Jahresverlauf immer wieder Weingüter, machen Entdeckungen, wissen um Neuigkeiten und Probleme. So lernen sie jeden Jahrgang „im Kontext“ kennen und nicht erst, wenn die Flaschen auf dem Verkostungstisch stehen. Und sie können jede Entscheidung zur Auf- oder Abwertung eines Weinguts begründen.

**5 – Wir bleiben neugierig**

Die Weinwelt ist in ständiger Bewegung, Stile ändern sich, Vorlieben wechseln, ebenso wie die Generationen. Der Winzernachwuchs sorgt in allen Anbaugebieten für Aufsehen, bringt frischen Wind ins Familiengut oder engagiert sich in crowdfinanzierten Miniprojekten. Wir finden das großartig. Und freuen uns, dass wir Ihnen jedes Jahr nicht nur die großen, renommierten Güter vorstellen, sondern immer wieder von neuen Trends und interessanten Neuentdeckungen berichten können.

**Alle Informationen zu unserem Wertungssystem finden Sie auf der Klappe am Ende dieses Buches.**

# Es ist unser voller Ernst

Kaum eine Tätigkeit dürfte so viel Neid herausfordern, wie die des Weinkritikers. Das scheint zunächst verständlich, schließlich dürfen wir uns fast täglich mit einer der schönsten Nebensachen der Welt befassen – und werden dafür auch noch bezahlt. Dabei sieht unsere Arbeit in der Realität allerdings ein bisschen anders aus.

**Chefredaktion: Harald Scholl, Matthias F. Mangold (v.l.n.r)**

Ob wir gerne Wein trinken? Natürlich tun wir das. In unserer Freizeit, mit der Familie oder mit Freunden. Aber das hat nichts mit dem zu tun, was wir für diesen Weinguide machen. Es beginnt damit, dass man sich von seinen persönlichen Geschmacksvorlieben verabschieden muss - Abstand ist gefragt. Abstand zur bevorzugten Rebsorte, ebenso wie zu den Sorten, die man nicht so sehr mag. Aber auch Abstand zu den Winzerinnen und Winzern ist notwenig, sobald sich ein Wein im Glas befindet. Wir sind bestrebt, so neutral wie möglich zu beschreiben, was wir da unter der Nase, im Glas und am Gaumen haben. Dabei wird kein Wein, keine Winzerin, kein Winzer, keine Region von uns hochgejubelt oder bevorzugt, weil man Wein, Land und Leute kennt und schätzt, ebenso wird nichts niedergeschrieben, weil einem aus unserem Team eine Nase oder ein Weinstil nicht gefällt. Unser 30-köpfiges Verkoster-Team besteht aus Fachjournalisten, Buchautoren, Sommeliers, sowohl männlich als auch weiblich. Ausgebildete Önologen und auch promovierte Chemiker sind mit an Bord, das in der Regel schon seit vielen Jahren. Entsprechend tief gehen unsere Einblicke in die Weinbereitung, die Winzerschaft und in die Entwicklungen der deutschen Weinszene. Das Team an der Spitze, **Harald Scholl** und **Matthias F. Mangold,** hat einen langjährigen journalistischen Hintergrund und bringt alle Degustationen und Beschreibungen unter einen Hut. Ihr Ansatz ist so klar wie einfach: der transparente und faire Dialog mit den Winzerinnen und Winzern zum Nutzen der Leserschaft und des deutschen Weins.

Foto: Faber & Partner

### Herausgeberbeirat: Joel Payne

Der langjährige Chefredakteur des Gault & Millau Weinguides wechselte im Jahr 2017 mit seiner Mannschaft zu VINUM. Mit der Ausgabe 2022 zog sich der vielfach ausgezeichnete Sommelier zurück und übergab Harald Scholl und Matthias F. Mangold die Chefredaktion. Er bleibt dem Weinguide jedoch weiterhin beratend treu und verantwortet u.a. die Proben der gereiften Raritäten.

### Ahr: Patrick Hemminger

Patrick Hemminger war Reporter im Nahen und Mittleren Osten, bevor er sich dem Wein zuwandte. Seitdem besucht er Winzer auf der ganzen Welt und schreibt über Essen und Trinken. Seine Texte erscheinen in führenden Tageszeitungen und Magazinen. Für den Weinguide war er in den vergangenen zwei Jahren in Baden unterwegs, seit diesem Jahr verantwortet er das Anbaugebiet Ahr.

### Baden: Stefan Metzner

Er war Sommelier in der Sternegastronomie, bevor er 1986 in den Handel wechselte. Als ausgebildeter Weinakademiker (WSET Diploma), WSET-Ausbilder sowie zertifizierter Italien- und Rioja-Spezialist leitet der Gewinner des „Laureat - Concours des Ambassadeurs du Champagne" heute eine WSET-Weinschule in München. Nach zwei Jahren in unserem Baden-Team, übernimmt er nun dort die Gebietsverantwortung.

### Baden: Johannes Bucej

Er entdeckte schon während seines Philosophiestudiums die Liebe zum Wein und hat sie seitdem als Dozent für Seminare, Verkoster und Autor sowie auf Reisen in Weinbauregionen gepflegt und vertieft. Sein Faible für deutsche Weine brachte ihn ins VINUM Weinguide-Team, wo er viele Jahre zusammen mit Harald Scholl Franken verkostete. Jetzt wechselt er ins Team Baden und unterstützt Stefan Metzner.

### Franken: Max Eder

Max Eder ist ein geborenes Gastrokind. Von der Liebe zu gutem Essen und bestem Wein getrieben entschloss er sich, seinen akademischen Weg verlassen und in die Nürnberger Gastronomie zu wechseln. Dort fühlt er sich pudelwohl, kennt seine fränkischen Winzer, Wirtschaften und Restaurants bestens und brennt für seine Heimat. Darum übernimmt er nun in seinem ersten Jahr das Anbaugebiet Franken.

### Franken: Bastian Hartwig

Der Sommelier und Münchner Weingastronom Bastian Hartwig ist dem VINUM Weinguide schon seit vielen Jahren als Mitverkoster von Harald Scholl verbunden. Nach mehreren Weinguts-Praktika, dem kürzlichen Umzug in seine Wahlheimat Franken und letztendlich der Bewirtschaftung eigener Weinberge ist er in diesem Jahr zusammen mit Max Eder jetzt erstmals für das Anbaugebiet Franken mitverantwortlich.

Fotos: zVg

### Mittelrhein: Gerald Hanbuch

Schon während seines Pharmaziestudiums beschäftigte Gerald Hanbuch sich intensiv mit dem Thema Wein. Der selbstständige Apotheker und Besitzer eines Spätburgunderweinbergs ist ausgebildeter Qualitätsweinprüfer der LWK und seit einigen Jahren Mitglied der Prüfkommission. Er unterstützte bislang Matthias Mangold in der Pfalz. Seit diesem Jahr ist er verantwortlich für das Gebiet Mittelrhein.

### Mosel: Christoph Dirksen

Nach dem Vordiplom in Architektur und der Winzerlehre in Spitzenbetrieben an der Saar war Christoph Dirksen Chefsommelier der „Schwarzwaldstube" in Baiersbronn und bei Dieter Müller im „Schlosshotel Lerbach". Der heutige Weinberater und profunde Kenner (nicht nur) deutschen Weins hat sich für den Weinguide seit vielen Jahren auf das Anbaugebiet Mosel spezialisiert.

### Mosel: Andreas Lelke

Der Weingastronom aus Königswinter ist schon seit Jahren Mitglied in unserem Verkosterteam. Er arbeitet hier eng mit Christoph Dirksenan Mosel, Saar und Ruwer zusammen, Anbaugebieten, denen schon lange seine besondere Leidenschaft gilt. Im Jahr 2000 wurde Andreas Lelke als jüngster Gastronom mit dem Riesling-Preis des Vereins „Pro Riesling" ausgezeichnet.

### Mosel: Nic Herbst

Mit Altbier geboren, mit Wein lebend. Seit über 40 Jahren beschäftigt sich Nic Herbst als Weinhändler und Gastronom mit dem Thema Wein. Für die engagierte Weinauswahl wurde sein Restaurant im Bahnhof Rolandseck zu einem der Gerolsteiner Weinplaces gekürt. Er liebt Wein, er lebt Wein, er macht Wein und nun schreibt er über Wein. Seit diesem Jahr verstärkt er das Verkoster-Team im Anbaugebiet Mosel.

### Nahe: Matthias Pohlers

Geboren in Weinheim an der Bergstraße, wurde aus dem nomen der Herkunft später das omen zum Wein. Für den Weinguide verkostete er bereits in den Regionen Franken, Rheingau sowie Rheinhessen. In diesem Jahr verantwortet der in Mainz lebende Jurist das Gebiet der Nahe. Neben deutschem Riesling schätzt er auch die Weine aus dem Nachbarland Frankreich, insbesondere aus dem Burgund und der Champagne.

### Pfalz: Jakob Duijn

Jakob Duijns Leidenschaft gehört dem Wein und der Biodynamie. Er hat 45 Jahre Erfahrung in Top-Gastronomie und gehobenem Weinfachhandel weltweit. Einem größeren Publikum bekannt wurde er mit seinem Pinot-Noir-Weingut in Baden, das er 25 Jahre lang höchst erfolgreich führte. Heute ist er im Ruhestand, lebt in der Südpfalz und verstärkt in diesem Jahr erneut das Verkosterteam in der Pfalz

Fotos: zVg; Dirksen, Lelke, Pohlers: Faber & Partner

### Rheingau und Hessische Bergstraße: Dr. Peter Henk

Zu den Leidenschaften des Weinsammlers und Chemikers Dr. Peter Henk zählen Literatur, Architektur, Schach und Billard. Für den VINUM Weinguide war er als langjähriger Mitverantwortlicher bereits für die Regionen Baden, Mosel und Franken zuständig. Seit sechs Jahren betreut er den Rheingau und die Hessische Bergstraße, unterstützt von Gaby Koch, Hartmut Berndt und Hermann Schollenberger.

### Rheingau: Gaby Koch

Schon seit Jahren gehört die Weinakademikerin Gaby Koch als eine verlässliche Konstante zum Team und ist mitverantwortlich für den Rheingau und die Hessische Bergstraße. Die Expertin für alles Sprudelnde unterstützt Peter Henk vor allem im Rheingau. Ihre Weinkenntnisse vertieft und erweitert Gaby Koch regelmäßig auf Reisen in die Weinregionen der Welt.

### Rheinhessen: Dr. Eckhard Kiefer

Dem Mediziner wurde die Weinleidenschaft quasi in die Wiege gelegt: er wuchs auf einem Weingut auf. Auch wenn er beruflich einen anderen Weg einschlug, seiner großen Liebe zu deutschen Rieslingen und Rotweinen aus dem Burgund ist er stets treu geblieben. Dr. Kiefer gehört seit 2004 dem Verkosterteam an. Nach Jahren an Mosel und Nahe betreut er nun im sechsten Jahr sein heimatliches Anbaugebiet Rheinhessen.

### Saale-Unstrut: Silvio Nitzsche

Silvio Nitzsche konnte Erfahrungen als Sommelier in mehreren Sternerestaurants im In und Ausland und im Weinhandel sammeln, bevor er vor über zehn Jahren eine der besten Weinbars Deutschlands, die „WEIN | KULTUR | BAR“ in Dresden eröffnete. Zudem veröffentlicht er in verschiedenen Publikationen, in Radio und TV, bei Moderationen, schreibt Bücher und hat mit „Vision“ eine Glaskollektion kreiert.

### Sachsen: Matthias Dathan

Der gebürtige Dresdner war im Hotel Bülow Residenz und im Berliner Hotel Brandenburger Hof als Chefsommelier tätig. Er beriet Gastronomen, gab Seminare und moderierte Veranstaltungen. Nach mehreren Positionen als F&B Manager und als Vertriebsmitarbeiter im Weinfachhandel ist er heute im Weinvertrieb in Berlin und den neuen Bundesländern tätig. Für den VINUM Weinguide betreut er seine Heimatregion Sachsen.

### Württemberg: Frank Kämmer MS

Während seiner langjährigen Tätigkeit in der Topgastronomie zählte Master Sommelier Frank Kämmer zur europäischen Spitze seines Fachs. Heute arbeitet er hauptberuflich als Berater in der internationalen Wein und Genussbranche. Der Journalist und Buchautor wurde als erster Deutscher Mitglied im britischen „Circle of Wine Writers“. Für den VINUM Weinguide betreut der Schwabe seit Jahren Württemberg.

Fotos: zVg

# Die Sieger des Jahres

## VINUM Weinguide Deutschland 2023: Die Preisträger

# Vitale Tradition

★★★★½

## WINZER DES JAHRES GÜNTHER JAUCH

**Weingut von Othegraven (Mosel)** | Seite 416

Angeblich würden die Bundesbürger ihn zum Bundespräsidenten wählen wenn sie denn könnten, zum Glück für die Weinwelt aber hat Günther Jauch seine Bestimmung an der Saar gefunden. Innerhalb eines Jahrzehnts hat er gemeinsam mit Ehefrau Thea den Familienbetrieb aus der Vergessenheit wieder ins Licht geführt.

**Günther Jauch, die Geschichte des Weinguts von Othegraven reicht weit zurück, Sie sind die siebte Generation als Weingutsbesitzer. Trotz allerbester Lagen waren die Weine des Betriebs ein wenig in Vergessenheit geraten. Wie aufwändig war es wieder zu den Top-Produzenten aufzuschließen?**
Es hat tatsächlich länger gedauert, als ich dachte. Über 200 Jahre war von Othegraven im Besitz meiner Vorfahren, ehe es für 15 Jahre aus unserer Familie herausfiel. Seit gut 12 Jahren ist das Weingut nun wieder in Familienbesitz und musste in jeder Hinsicht aus dem Dornröschenschlaf geweckt werden. Rebstöcke wachsen langsam und auch der Ruf eines Weingutes lässt sich niemals von heute auf morgen an die Spitze katapultieren. Wir haben Jahr für Jahr daran gearbeitet und freuen uns deshalb natürlich erst recht über die Auszeichnung.

**Sie sind kein gelernter Winzer, auch nicht auf einem Weingut groß geworden. Wie schwer ist es für einen Quereinsteiger in die Weinwelt, welche Herausforderungen haben sich Ihnen gestellt?**
Sehr viele – angefangen vom Klimawandel über veraltete Technik bis hin zur akkuraten Pflege und Lese im Weinberg. Durch personelle Neustrukturierung haben wir seit dem letzten Jahr vor allem im Keller einen großen Sprung gemacht. Insofern gebührt unserem Kellermeister Swen Klinger ein großes Kompliment.

**Sie sind bekanntermaßen beruflich eingespannt und das räumlich auch noch weit weg von der Saar. Wie bringt man die beschauliche Welt des Weinbaus und die blitzende Welt des Fernsehens unter einen Hut?**
Das sind tatsächlich zwei völlig entgegengesetzte Welten. Im Fernsehen die permanente Öffentlichkeit im Scheinwerferlicht – an der Saar die eher dörfliche Abgeschiedenheit mit der ständigen Abhängigkeit von der Natur. Beides hat seinen Reiz, aber ich bin inzwischen immer öfter auf dem Weingut und dafür etwas seltener im Fernsehen. Meine Frau war bestimmt seit einem Vierteljahrhundert bei keiner Sendung von mir dabei, ist aber dafür noch öfter als ich in Kanzem.

**Gerade die nicht trockenen Weine sind eine Spezialität von Othegravens. Kabinett, Spätlese und Auslese sind Ihnen 2021 ausgesprochen gut gelungen. Was fasziniert Sie persönlich an diesen Weinstilen?**
Vor 12 Jahren waren nur 20 Prozent unserer Weine restsüße Prädikatsweine. Inzwischen sind wir bei 35 Porzent und könnten uns noch mehr vorstellen. Wir achten sehr auf die Balance aus Säure, Zucker und Alkohol. Die Weine sind alle spontan vergoren und sollen bei niedrigen Alkoholwerten klar, präzise, rassig und gleichzeitig tiefgründig sein. Das gilt übrigens auch für unsere trockenen Weine. Wir werden künftig unsere Großen Gewächse frühestens nach zwei Jahren präsentieren. Sie brauchen die Zeit und werden so – im Unterschied zu ihren Machern – tatsächlich mit jedem Jahr schöner. Qualität ist das Ergebnis ziemlich harter Arbeit. Wenn sie gelingt, sind alle glücklich – die Kunden und alle, die unsere gerade mal 16 Hektar zu ihrer Leidenschaft gemacht haben.
*Interview: Harald Scholl*

## Kontaktdaten

**Weingut von Othegraven**
**Weinstraße 1**
**54441 Kanzem**

**Tel (09371) 8642**
**info@von-othegraven.de**
**www.von-othegraven.de**

Foto: Weingut von Othegraven

# Familiäre Angelegenheiten

★★★

## AUFSTEIGER DES JAHRES BÖHME & TÖCHTER

**Weingut Böhme & Töchter (Saale-Unstrut)** | Seite 944

Dieses Mehrgenerationenweingut aus Gleina überzeugt mit seiner Arbeit und vor allem mit seinen Weinen. Sie sind leise, zurückhaltend, bedächtig und blühen langsam zur Schönheit auf. Schon jetzt kann man erahnen, welch spektakuläres Potential in den Geschwisterfamilien steckt.

**Ihr seid mehr als Winzer – wie seht Ihr Euch?**
Wir sind Familie. Allen voran die beiden Gründergenerationen. Noch immer stehen sie mit uns in den Weinbergen und hinter Tresen. Sie bestärken und kritisieren uns, halten uns die Rücken frei. Alles selbst gelernt, alles selbst gebaut. Oft harte Jahre für die ganze Familie, aber den Lohn dafür ernten wir heute. 2012 entschieden wir, die Töchter Marika und Toska – damals beide noch in der Ausbildung – gemeinsam mit Vater Frank, dass es weitergehen soll in der nächsten Generation. Aus Weingut Böhme wurde Weingut Böhme & Töchter. Später macht Sandro unsere Gemeinschaft komplett. Seit 2017 verantwortet Marika gemeinsam mit ihm die Arbeit im Keller. Beide leiten heute das Tagesgeschäft in Gleina. Winzer, Küfer, Önologen, Vertriebler, Kommunikationsmanager - Wir sind manchmal eine explosive Mischung, meist aber ganz zufrieden mit dem Ergebnis.

**Was bedeutet Saale-Unstrut für Euch und warum entstehen hier Weine, um die Euch das restliche Land beneiden sollte?**
Die relativ junge Geschichte unserer Anbauregion nach der politischen Wende 1990 bedeutet für uns vor allem riesige Entwicklungsmöglichkeiten. Einerseits können wir in einer vergleichsweise kleinen Anbauregion wunderbar vernetzt arbeiten. Wir profitieren von der engen Gemeinschaft und dem Austausch der Winzerkollegen untereinander. Andererseits schafft uns dies Freiräume für Experimente.

**Was ist Euer Stil?**
Wir schätzen die Tradition. Neben der Arbeit mit Stahltanks verlassen wir uns im Keller mehr und mehr auf lange Maischestandzeiten, Spontangärung, Fässer aus Eichenholz - und auf unser Bauchgefühl. Böhme & Töchter steht für ehrliche Charakterweine aus klassischen Rebsorten und einen bodenständigen Umgang mit dem Handwerk.

**Habt ihr ein Vorbild?**
Von Natur aus sind wir sehr neugierig und haben Spaß daran, nach Vorn zu schreiten. Allerdings braucht es für jede eigene Innovation auch eine Inspiration. Durch die Zusammenarbeit und den konstruktiven Austausch mit unseren Kollegen von Breitengrad51 in den vergangenen Jahren, bekamen wir viele Impulse und konnten unser Profil weiter schärfen.

**Wo seht Ihr euch in zehn Jahren?**
Wir sehen uns in einer Gemeinschaft mit noch mehr Enthusiasten für die Anbauregion. Nicht nur im Weinbau lässt sich hier noch so viel bewegen. Und unser vielleicht größter Wunsch: dass uns auch in zehn Jahren die Puste noch nicht ausgegangen ist, um rumzuprobieren – sei die Charge noch so klein!
*Interview: Silvio Nitzsche*

## Kontaktdaten

**Weingut Böhme & Töchter GbR**
**Ölgasse 11**
**06632 Gleina**

**Tel +49 34462 22043**
**info@boehme-toechter.de**
**www.boehme-toechter.de**

Foto: zVg

# Eigene Wege

★

## ENTDECKUNG DES JAHRES
## LUKAS HAMMELMANN

**LH Wines - Die Zeiskamer Weinmanufaktur (Pfalz)** | Seite 593

Zeiskam ist eher für Gemüse denn für Wein bekannt – es gibt dort sogar eine jährlich gewählte Zwiebelkönigin. Nun aber zeigt mit Lukas Hammelmann ein junger Winzer, dass es auch im „Gäu" gelingen kann, richtig markante Weine zu erzeugen.

**Bei Dir ist ja einiges anders – erzähl´ doch mal!**
Meine Eltern hatten zwar Weinberge, aber keinen Hof. Schon mit zehn Jahren wusste ich, dass ich Winzer werden wollte, also dann mit 16 in die Lehre, danach Meister gemacht, in verschiedenen Betrieben gearbeitet, und da habe ich das Bewusstsein entwickelt, dass ich etwas Eigenes in hoher Qualität erzeugen wollte. Ich machte mich dann – da war ich noch beim Wilhelmshof in Siebeldingen – mit einer Parzelle Riesling in Hambach selbständig, habe Fässer gekauft und einfach angefangen, bei einem Kollegen die Weine auszubauen. Das waren so zwei, drei Tausend Flaschen, dann kam bald noch ein Spätburgunder hier in Zeiskam dazu.

**Und bald ging die Post ab, richtig?**
Ja, es kamen rasch die ersten Anfragen, da wollte jemand ein paar Tausend Flaschen haben. Dann ging es weiter mit Anfragen aus dem Ausland durch Importeure, heute machen wir so um die 20.000 Flaschen im Jahr mit Riesling, Spätburgunder und Chardonnay. 40 Prozent davon gehen an Endverbraucher im deutschsprachigen Raum, 20 bis 30 Prozent an den Handel und die Gastronomie und der Rest in den Export. Davon sind die USA der größte Markt, aber es geht auch etwas nach Slowenien, nach Skandinavien, auch in Bordeaux haben wir einen Händler, der Weine von uns kauft. Wobei ich sagen muss, dass bei uns alles als Subskription verkauft wird, wodurch wir schon auch eine gute Planungssicherheit haben.

**Was siehst Du als nächste Ziele an?**
Das größte Erweiterungs- oder Entwicklungspotenzial ist die eigene Qualität. Wir – das sind meine beiden Mitarbeiter und ich – hinterfragen uns ständig, wo wir besser werden können. Also nicht mehr Fläche oder Flaschen, sondern immer besser im Glas werden. Für mich sind die Weine jetzt, und das meine ich wirklich so, okay, wir sind zufrieden, aber da geht noch mehr. In diesem Jahr haben wir Riesling und Chardonnay in Sélection Massale gepflanzt hier in Zeiskam, was für mich auch dazu gehört als nächstem Schritt zum Wachstum: Mit eigenen Klonen einen eigenen Weg einschlagen. Die meisten dieser Klone hier in der Gegend sind gerade bei Chardonnay sehr auf Ertrag und Duft ausgerichtet, und das ist nicht meine Richtung.

**Und dann irgendwann das eigene Weingut als Haupterwerb? Derzeit bist Du ja noch bei Sven Leiner ...**
So in zehn Jahren kann ich mir das vielleicht schon vorstellen, dann auch mit 30.000 oder 40.000 Flaschen, aber die nächsten paar Jahre möchte ich schon noch auf einem anderen Weingut arbeiten. Ich bin jetzt 29, meine zukünftige Frau und ich haben noch keine Kinder, aber perspektivisch werde ich schon irgendwann zu Hause bleiben wollen.
*Interview: Matthias F. Mangold*

## Kontaktdaten

**LH Wines**
**Lukas Hammelmann**
**In der Pfarrau 23**
**67378 Zeiskam**

**Tel. (0 1578) 9580 901**
**lukas@3m2n.de**

Foto: zVg

# Gebundene Tradition

Es war einmal ... Langeweile in der Weinbegleitung! Heute werden in der Pizzeria Große Gewächse gereicht und kommt die Weinkarte oft gleich digital daher. Auch in Deutschland sind Restaurants weltoffener geworden, das ist gut so. Und dennoch kommt die Weinkarte des Jahres von einem wohlbekannten Wallfahrtsort für Genießer.

Der Schwarze Adler in Vogtsburg-Oberbergen ist eine Legende, er war schon mit Sternen bekrönt, als die wenigsten unserer Landsleute die Begriffe Foie gras oder Bresse-Huhn überhaupt kannten. Geschweige denn wussten, wie derlei exotische Produkte überhaupt schmecken. Das hat sich grundlegend geändert, zu verdanken ist das ganz wesentlich auch Franz Keller senor, der in den 1960er Jahren den wahrscheinlich größten Weinkeller für Wein aus Bordeaux und Burgund in Deutschland aufbaute. Davon zehrt die Weinkarte bis heute, die Jahrgangstiefe ist unglaublich, und nach wie vor gibt es enge persönliche Kontakte zu den renommiertesten Produzenten weltweit. Echte Weinfans schätzen diesen Platz unabhängig aller Moden, auch weil die Weinkarte mit rund 4.000 Positionen immer noch als außerordentlich genussfreundlich bepreist gelten kann. Ein Prachtband, in Leder gebunden, der zum stundenlangen Stöbern einlädt. Wenn der Nachbartisch sie nicht ebenfalls benötigen würde.

Vor allem die Kalkulation der Weine kann als legendär betrachtet werden, weltweit gesuchte Pretiosen sind hier jederzeit verfügbar und erschwinglich. „Das Wichtigste an der Weinkarte ist, den Fokus auf die klassischen Weinbauländer zu richten und dort eine entsprechende Jahrgangstiefe aufzubauen", erklärt Josef Dvorak, Sommelier im Schwarzen Adler. „Aufgrund langer Zusammenarbeit mit vielen Weingütern und Händlern freuen wir uns, stets Weine von gefragten Weingütern zu bekommen und diese auch in optimaler Reife anbieten zu können."

Zum Beispiel zum neudeutsch «Signature Dish» genannten Klassiker des Hauses, der Poularde in drei Varianten aus der Schweinsblase. „Dazu empfehlen wir sehr gerne gereifte Weißweine wie zum Beispiel einen Chardonnay Kirchberg aus dem Jahr 2012 von unserem Weingut Franz Keller. Die reife Frucht, gepaart mit der noch gut vorhandenen feinen Säure, macht den Wein ideal." Der aktuelle Lieblingswein des Sommeliers stammt allerdings aus Frankreich: „Die Domaine Armand Rousseau mit dem Jahrgang 2013. Der Jahrgang ist durch seine kühle Stilistik und saftige Frucht im Moment sehr zugänglich."

*Harald Scholl*

## Kontaktdaten

**Restaurant und Hotel Schwarzer Adler**
**Badbergstraße 23**
**79235 Vogtsburg im Kaiserstuhl**
**(07662) 93 30-10**
**keller@franz-keller.de**
**www.franz-keller.de/schwarzer-adler/restaurant**

Foto: zVg

# Die Zukunft? Längst da …

VINUM WEINGUIDE DEUTSCHLAND
Talente des Jahres
2023

Früher war das mal so einfach: Du machst ernsthaft Wein, dann wird das schon was. Heute sind die Herausforderungen größer, aber auch die Möglichkeiten. Naturweine, Steillagen-Rekultivierung, Agrofrostbodenanlagen – unsere Talente zeigen, wo es lang gehen kann.

**Ahr: Pollig & Schmidt**
Vier Weine und zusammen gerechnet gerade mal 2.000 Flaschen – und nein, es ist nicht der Privatvorrat von Thorsten Pollig und Jan Schmidt, die beiden haben schon Ambitionen. Bei Spätburgunder und Portugieser sind sie mit Feuereifer bei der Sache.
S. 269

**Baden: Maier**
Das Herz der Maiers hängt an Bio – und an Piwis, mit denen sie sehr viel experimentieren, sowohl solistisch als auch in Cuvées. Ziel sind Weine, die man "nicht erst dreimal im und herumschlürfen" muss, um auf den Punkt zu kommen. Ziel erreicht, können wir nur bestätigen.
S. 331

**Franken: Geßner**
Haben sie sich versteckt? Waren wir blind? Warum stoßen wir erst jetzt auf die Geßners? Unter anderem blitzsaubere und charaktervolle Silvaner begeistern vom Literwein bis hin zur besten Lage des Betriebs. Jetzt lassen wir euch aber nicht mehr aus den Augen …
S. 826

Marco Geßner

**Hessische Bergstraße: Feligreno**
Wein wird hier schon seit 2001 gemacht, sogar als Biobetrieb, doch erst jetzt, mit der Umstellung auf Vollerwerb, zeigte man uns auch mal die Weine. Und da schauen wir doch gerne hin. Jannik Jährling und Johann Schnell bringen viel Charakter in die Flasche, das zeigt uns ein neues Gesicht der Bergstraße.
S. 909

**Mosel: Lorenz**
Tobias Lorenz hatte uns bereits im Vorjahr gefallen, nun endlich hat er es auch in den Guide geschafft. nicht mal eben so, sondern mit gleich mehreren Paukenschlägen. Da arbeitet einer daran, seinen Weinen trotz aller Frische auch ganz viel Ruhe mitzugeben. Auch hier bleiben wir definitiv aufmerksam dran, denn da geht noch ganz viel.
S. 713

Fotos: zVg

### Nahe: Piri Naturel

„Piri" steht für den Familiennamen Pieroth, das "Naturel" als Zusatz ist komplett ernst gemeint, im Keller sowieso. Tochter Christine führt auch draußen in die Zukunft, etwa mit nachhaltigen Konzepten wie der Einbindung von Bäumen und Hecken für mehr Biodiverstität und zur Bodenfitness gegen den Klimawandel.
S. 964

Christine Pieroth, Piri Naturel

### Pfalz: Estelmann

Felix Estelmann hat es zweimal hintereinander in den Talenteschuppen "Die junge Pfalz" geschafft, was uns nicht wundert. Was er anbietet ("33 Prozent Riesling, 33 Prozent Burgunder, 33 Prozent Rest"), hat Hand und Fuß, denn dahinter stehen auch beste Lagen, aus denen er gekonnt schöpfen kann.
S. 1019

### Rheingau: Kisselbach

Burkhard "Buggy" Kirchner übernahm zum 01. Mai 2021 einen 6-Hektar-Betrieb und gründete damit Kisselbach, sein eigenes Weingut, nachdem er zuvor da und dort als Gutsverwalter und Betriebsleiter unterwegs war. Eine Entscheidung, die wir nur begrüßen können.
S. 452

### Rheinhessen: Hungermüller

Weil sie keine Lust mehr auf Wirtschaftsinformatik hatte, schulte die Winzerstochter Heike Hungermüller um und übernahm mit ihrem Mann den Nebenerwerbsbetrieb dessen Vaters. 2020 war Startschuss für die "Hungies" - da wird noch viel kommen.
S. 210

Karl-Ludwig und Felix Estelmann

# Deutschlands Spitzenweine

## Die Sieger des Jahres im Überblick

**Bester Winzersekt Brut | 94 Punkte**
2017 Feuerbacher Steingässle Pinot Noir Extra Brut 3 Lagen
**Reinecker (Baden)** | Seite 158

**Bester Spätburgunder | 97 Punkte**
2020 Pinot Noir L'Artiste
**HE-Weine (Pfalz)** | Seite 595

**Bester anderer Rotwein | 95 Punkte**
2020 Herbolzheimer Kaiserberg Cabernet Franc
**Fritz Waßmer (Baden)** | Seite 179

**Bester Silvaner | 95 Punkte**
2021 Escherndorfer Am Lumpen 1655 GG
**Max Müller I (Franken)** | Seite 237

**Bester weißer Burgunder | 96 Punkte**
2020 Ihringer Winklerberg Hinter Winklen Chardonnay GG Gras im Ofen
**Dr. Heger (Baden)** | Seite 118

**Bester Sauvignon Blanc | 93 Punkte**
2020 Ovum
**Aldinger (Württemberg)** | Seite 979

Fotos: Faber & Partner, Klaus Gamber, zVg

Sie sind die Besten – eigentlich unter vielen. Denn die Spitze des deutschen Weinbaus ist in den letzten Jahren immer breiter geworden, es sind oft nur Nuancen, die den Besten vom Zweitbesten trennen. Dennoch stellen diese Weine hier das momentane Nonplusultra dar. Sie sind würdige Botschafter der hervorragenden deutschen Winzerkunst.

**www.weinguide-deutschland.de**

**Bester Riesling trocken | 98 Punkte**
2021 Mölsheimer Zellerweg
Am Schwarzen Herrgott GG
**Battenfeld-Spanier (Rheinhessen)** | Seite 819

**Bester Riesling Kabinett | 97 Punkte**
2021 Kanzemer Altenberg
**Von Othegraven (Mosel)** | Seite 417

**Bester Riesling Spätlese | 98 Punkte**
2021 Kanzemer Altenberg
**Von Othegraven (Mosel)** | Seite 417

**Bester Riesling Auslese | 98 Punkte**
2021 Schloss Johannisberger
Ex-Bibliotheca Subterranea Fass 374
**Schloss Johannisberg (Rheingau)** | Seite 757

**Bester Riesling edelsüß | 98 Punkte**
2021 Niederhäuser Klamm Eiswein
**Jakob Schneider (Nahe)** | Seite 522

# Winzersekt Brut

Darüber, was der berühmte Schaumwein der Champagne seiner deutschen Beteiligung zu verdanken hat, sind Bücher geschrieben worden. Mit eigenem Stil und wachsendem Renommé ist eine zweite Welle feinster Sprudler aus deutschen Händen dabei, die Welt zu erobern.

## 1. Platz | 94 Punkte

**2017 Feuerbacher Steingässle Pinot Noir Extra Brut 3 Lagen**
Reinecker (Baden)
Klare Fruchtaromen von grünem Kernobst sowie Brioche und Croissant, exzellente Balance, cremige Textur, harmonisch-langer Abgang
**Preis auf Anfrage** | Seite 158

## 2. Platz | 94 Punkte

**2010 Chardonnay Grande Réserve Brut Nature**
Raumland (Rheinhessen)
Feine Frucht und komplexe Dichte, Brioche und Toast, nachhaltig, sehr gute Balance von vollem Körper und feinnerviger Säure.
**72 €** | Seite 894

## 3. Platz | 94 Punkte

**2016 Pinot Noir Brut Granit F**
Griesel (Hessische Bergstraße)
Intensive, aber offene Aromatik, komplexe Fruchtaromen und starke Mineralität, lebhafte Säure, harmonischer Abgang.
**80 €** | Seite 283

## Weitere Preisträger

**2017 Blanc De Blanc Brut Hommage,** Wehrheim (Pfalz)
**4. Platz | 93 Punkte | 28 € |** Seite 695

**2018 Assmannshäuser Spätburgunder Rosé Brut Nature,** Künstler (Rheingau)
**5. Platz | 93 Punkte | 22 € |** Seite 771

**2010 Blanc De Blancs Grande Réserve Extra Brut,** Raumland (Rheinhessen)
**6. Platz | 93 Punkte | 72 € |** Seite 894

**2012 Blanc De Noirs Brut Nature,** BurkhardtSchür (Franken)
**7. Platz | 93 Punkte | 52 € |** Seite 207

**2013 Dalsheimer Bürgel Blanc De Blancs Extra Brut,** Raumland (Rheinhessen)
**8. Platz | 93 Punkte | 36 € |** Seite 894

**2017 Grande Cuvée Dosage Zéro Exquisit,** Griesel (Hessische Bergstraße)
**9. Platz | 93 Punkte | 35 € |** Seite 283

**2014 Prestige Cuvée Mo Brut Nature,** Diel (Nahe)
**10. Platz | 93 Punkte | 55 € |** Seite 283

# Spätburgunder

Deutschlands Rotweinrebe N°1 zeigt sich in nahezu allen Anbaugebieten konkurrenzfähig. Waren früher die Weine vom Kaiserstuhl das Maß aller Dinge, sind inzwischen die Pfalz, Rheinhessen und Franken überall mit dabei. Und sogar an der Mosel bewegt sich etwas in Sachen Pinot Noir.

## 1. Platz | 97 Punkte

**2020 Pinot Noir L´Artiste**
HE-Weine (Pfalz)
Große Fülle, Druck und Länge, Würze, Eleganz, Kraft im Samthandschuh, karg, rauchig, in sich ruhend, markante Intensität.
**249 €** | Seite 595

## 2. Platz | 97 Punkte

**2020 Westhofener Morstein GG**
Keller (Rheinhessen)
Zart süßliche, verdichtete Frucht, zugänglich, elegante Klarheit, Präzision, rote Beeren, hat Schliff, Seidigkeit und Frische.
**Preis auf Anfrage** | Seite 865

## 3. Platz | 97 Punkte

**2020 Pinot Noir**
HE-Weine (Pfalz)
Dicht, elegant, tolles Holz, fordernd, ausgesprochen duftig und hochfein, rote Johannisbeeren, herrlicher Fluss, prima Länge.
**119 €** | Seite 595

## Weitere Preisträger

**2020 Dottinger Castellberg GC,**
Martin Wassmer (Baden)
**4. Platz | 96 Punkte | 79 € |** Seite 180

**2020 Hecklinger Schlossberg GG,**
Bernhard Huber (Baden)
**5. Platz | 96 Punkte | 95 € |** Seite 126

**2020 RdP,** Knipser (Pfalz)
**6. Platz | 96 Punkte |**
**Preis auf Anfrage |** Seite 615

**2020 Hainfelder Letten Grande Réserve BK,** Bernhard Koch (Pfalz)
**7. Platz | 96 Punkte | 60 € |** Seite 616

**2020 Abyssus,** Metzger (Pfalz)
**8. Platz | 96 Punkte | 125 € |** Seite 635

**2020 Kallstadter Saumagen GG,**
Rings (Pfalz)
**9. Platz | 95 Punkte | 75 € |** Seite 666

**2020 Klingenberger Schlossberg GG,**
Fürst (Franken)
**10. Platz | 95 Punkte | 95 € |** Seite 215

# „Andere“ Rotweine

Der Südwesten scheint für Syrah, Merlot und Lemberger wie geschaffen, vielleicht sind die klimatischen Bedingungen einfach geeigneter. Jedenfalls haben sich Syrah und vor allem Lemberger vorher nie so stark gezeigt wie jetzt. Das hat definitiv internationales Format!

## 1. Platz | 95 Punkte

**2020 Herbolzheimer Kaiserberg Cabernet Franc**
Fritz Waßmer (Baden)
Dichte Brombeer-Cassis-Note, Wildkräuter, präzise Frucht, Heublumen, seidig-feste Gerbstoffe, beeindruckende Tiefe und Länge.
**78 €** | Seite 179

## 2. Platz | 95 Punkte

**2019 Syrah Reserve**
Knipser (Pfalz)
Wildkirsche und dunkle Gewürze, Garrigue-Kräuter, seidige Tannine, komplexe Struktur und unendlich lang.
**Preis auf Anfrage** | Seite 615

## 3. Platz | 94 Punkte

**2020 Fellbacher Lämmler Lemberger GG**
Aldinger (Württemberg)
Zwetschge, Holunderbeere, dunkle Gewürze, Nelke, hochelegante Struktur, feinziselierte Säure und samtige Tannine.
**42 €** | Seite 979

## Weitere Preisträger

**2019 Syrah,** Knipser (Pfalz)
**4. Platz | 94 Punkte | Preis auf Anfrage** | Seite 615

**2020 Achkarrer Schlossberg Syrah,** Fritz Waßmer (Baden)
**5. Platz | 94 Punkte | 78 €** | Seite 179

**2020 Ehrenstetter Ölberg Cuvée Chapelle,** Martin Waßmer (Baden)
**6. Platz | 94 Punkte | 66 €** | Seite 180

**2020 Syrah Reserve,** Rings (Pfalz)
**7. Platz | 93 Punkte | Preis auf Anfrage** | Seite 666

**2020 Staufener Schlossberg Cabernet Sauvignon,** Fritz Waßmer (Baden)
**8. Platz | 93 Punkte | 78 €** | Seite 179

**2019 Merlot trocken S.E.,** Neipperg (Württemberg)
**9. Platz | 93 Punkte | 47 €** | Seite 1006

**2019 Syrah Jaspis Däublin,** Ziereisen (Baden)
**10. Platz | 93 Punkte | 51,80 €** | Seite 186

# Silvaner

Das Bild mag täuschen, auch wenn Franken beim Silvaner wieder einmal alle Sieger stellt: In Rheinhessen und der Pfalz wächst die Erkenntnis, dass sich hochklassige Weine aus dieser Rebsorte keltern lassen. Das wird spannend in Zukunft!

## 1. Platz | 95 Punkte

**2021 Escherndorfer Am Lumpen 1655 GG**
Max Müller I (Franken)
Honigmelone, Weihnachtsgebäck und ein Hauch Würze, zurückhaltender Schmelz, cremig, Harmonie und Spannung gleichermaßen.
**36 €** | Seite 237

## 2. Platz | 94 Punkte

**2021 Sulzfelder Maustal GG**
Zehnthof Luckert (Franken)
Kraftvoller Druck in der Nase, salziges Aufspiel, enorme Präzision, knackige Spannung, mineralischer Biss, würziges Finale.
**50 €** | Seite 233

## 3. Platz | 94 Punkte

**2021 Sulzfelder Creutz**
Zehnthof Luckert (Franken)
Gesetzte und ruhige Nase, in sich schlüssig, gefasst, eleganter Schmelz am Gaumen, dazu salziger Biss am Zungenrand, ein Schläfer.
**120 €** | Seite 233

## Weitere Preisträger

**2021 Randersackerer Pfülben GG,**
Schmitt's Kinder (Franken)
**4. Platz | 94 Punkte | 32 € |** Seite 254

**2020 Stettener Stein GG,**
Weingut Am Stein (Franken)
**5. Platz | 94 Punkte | 45 € |** Seite 262

**2021 Retzstadter Himmelspfad GG,**
Rudolf May (Franken)
**6. Platz | 94 Punkte | 50 € |** Seite 235

**2020 Iphöfer Julius-Echter-Berg GG,**
Hans Wirsching (Franken)
**7. Platz | 93 Punkte | 34 € |** Seite 270

**2021 Sommeracher Katzenkopf Augustbaum,** Richard Östreicher (Franken)
**8. Platz | 93 Punkte | 34 € |** Seite 239

**2021 Volkacher Ratsherr GG,**
Max Müller I (Franken)
**9. Platz | 93 Punkte | 36 € |** Seite 237

**2021 Escherndorfer Am Lumpen 1655 GG 2021,** Rainer Sauer (Franken)
**10. Platz | 93 Punkte | 30 € |** Seite 249

# Weiße Burgundersorten

Ungewohnte Platzierungen in diesem Jahr, Baden konnte sich mit Können und klassischen Tugenden breit an die Spitze setzen. Die ruhigeren, feingliedrigen Weine aus der Pfalz und Franken hatten diesmal das Nachsehen.

## 1. Platz | 96 Punkte

**2020 Ihringer Winklerberg Hinter Winklen Chardonnay GG Gras im Ofen**
Dr. Heger (Baden)
Noch ganz frische, hochkomplexe Aromatik, exzellente Balance, voller Körper, langer harmonischer Abgang, Reifepotential.
**35,80 €** | Seite 118

## 2. Platz | 96 Punkte

**2020 Herbolzheimer Kaiserberg Chardonnay**
Fritz Waßmer (Baden)
Reichhaltig, fast opulent, dabei jugendlicher Elan, in sich harmonisch, ausgestattet mit enormer Länge und großer Zukunft.
**128 €** | Seite 179

## 3. Platz | 95 Punkte

**2020 Dottinger Castellberg Chardonnay GC**
Martin Waßmer (Baden)
Frische, klare Frucht, burgundische Eleganz, tolle Präzision, komplett, mit einer lebhaften Säure, steht ganz am Anfang.
**79 €** | Seite 180

## Weitere Preisträger

**2020 Chardonnay R,**
Fürst (Franken)
**4. Platz | 95 Punkte | 69 € |** Seite 215

**2020 Herbolzheimer Kaiserberg Weißer Burgunder,** Fritz Waßmer (Baden)
**5. Platz | 95 Punkte | 52 € |** Seite 179

**2020 Achkarrer Schlossberg Grauer Burgunder GC,** Martin Waßmer (Baden)
**6. Platz | 95 Punkte | 45 € |** Seite 180

**2020 Chardonnay Réserve,**
Knewitz (Rheinhessen)
**7. Platz | 94 Punkte | 36 € |** Seite 868

**2021 Birkweiler Mandelberg Weißburgunder GG,** Wehrheim (Pfalz)
**8. Platz | 94 Punkte | 42 € |** Seite 696

**2021 Chardonnay Abyssus,**
Metzger (Pfalz)
**9. Platz | 94 Punkte | 125 €|** Seite 635

**2021 Sommeracher Katzenkopf Chardonnay Rossbach,** Richard Östreicher (Franken)
**10. Platz | 94 Punkte | 65 € |** Seite 239

# Sauvignon Blanc

Deutschlands Weinszene ändert sich, manche Rebsorten verschwinden in der Bedeutungslosigkeit, andere werden zu Publikumslieblingen. Wie der Sauvignon Blanc, der hierzulande ein echter Shootingstar ist. Höchste Zeit, diesen Trend ernsthaft unter die Lupe zu nehmen.

## 1. Platz | 93 Punkte

**2020 Ovum**
Aldinger (Württemberg)
Die pure Eleganz, die Sorte zwar klar erkennbar, doch in Seide gehüllt, fließend, reine Selbstverständlichkeit, unglaublicher Trinkfluss.
**40 €** | Seite 979

## 2. Platz | 92 Punkte

**2020 Imperiale**
Von Winning (Pfalz)
Wunderbar integriertes Holz, tief, noch viel zu jung, mit keiner Faser aufdringlich, lässige Frucht, fern aller geschminkter Exotik.
**25 €** | Seite 702

## 3. Platz | 91 Punkte

**2018 Baer**
Zeter (Pfalz)
Fordernd und komplex, ist dies der Gegenentwurf zu easy drinking im Neuseelandstil. Starkes Rückgrat, dicht, mit einem Anflug von Restfrucht.
**35 €** | Seite 708

## Weitere Preisträger

**2021 Pfattishag,**
Aufricht (Baden)
**4. Platz | 91 Punkte | 31 € |** Seite 97

**2019 Grande Réserve,**
Weedenborn (Rheinhessen)
**5. Platz | 91 Punkte | 45 € |** Seite 926

**2021 Opus Oskar,**
Jülg (Pfalz)
**6. Platz | 91 Punkte | 54 € |** Seite 605

**2020 Reserve,**
Weedenborn (Rheinhessen)
**7. Platz | 91 Punkte | 34 € |** Seite 926

**2021 Nacker,**
Clauß (Baden)
**8. Platz | 91 Punkte | 16 € |** Seite 107

**2020 Fumé,**
Zeter (Pfalz)
**9. Platz | 91 Punkte | 18 € |** Seite 708

**2020 Fumé,**
Künstler (Rheingau)
**10. Platz | 91 Punkte |**
**Preis Auf Anfrage |** Seite 772

# Riesling trocken

Rheinhessen, Rheingau, Pfalz, Nahe – die klassischen trockenen Riesling-gebiete haben auch diesmal die Nase vorn, mit bisher ungeahnt hohen Bepunktungen. Ein trockener Wein von der Mosel spielt da auch noch mit. Ein Jahrgang für Sammler und die Zukunft.

## Platz 1 | 98 Punkte

**2021 Mölsheimer Zellerweg Am Schwarzen Herrgott GG**
Battenfeld-Spanier (Rheinhessen)
Öffnet sich nur langsam, dann aber mit voller Intensität, leichte Spontinote, im Mund sehr mineralisch, viel Druck, große Zukunft.
**59 €** | Seite 819

## Platz 2 | 98 Punkte

**2021 Königsbacher Idig GG**
Christmann (Pfalz)
Dicht, intensiv, superelegant, gelassen und stimmig, äußerst vielschichtig, Frucht ja, aber nicht gelbfruchtig-plump, druckvoll.
**65 €** | Seite 566

## 3. Platz | 97 Punkte

**2021 La Borne Alte Reben**
Wittmann (Rheinhessen)
Dichte Frucht in einem vielschichtigen Bouquet, würzige Anklänge, viel Substanz, die an eine große Zukunft glauben lässt.
**49 €** | Seite 933

## Weitere Preisträger

**2020 Mittelheimer Sankt Nikolaus GG,**
Peter Jakob Kühn (Rheingau)
**4. Platz | 97 Punkte | 69 € |** Seite 770

**2021 Lorcher Krone,**
Eva Fricke (Rheingau)
**5. Platz | 97 Punkte | 80 € |** Seite 748

**2021 Pündericher Marienburg Fahrlay-Terrassen GG,** Clemens Busch (Mosel)
**6. Platz | 96 Punkte | 59 € |** Seite 337

**2020 Schloss Johannisberger GG Silberlack,** Schloss Johannisberg (Rheingau)
**7. Platz | 96 Punkte | 52 € |** Seite 757

**2021 Niederhäuser Hermannshöhle GG,**
Dönnhoff (Nahe)
**8. Platz | 96 Punkte | 58,50 € |** Seite 488

**2021 Rüdesheimer Berg Roseneck Ramstein,** Carl Ehrhard (Rheingau)
**9. Platz | 96 Punkte | 17 € |** Seite 740

**2021 Kreid,** Rings (Pfalz)
**10. Platz | 96 Punkte | 60 € |** Seite 666

# Riesling Kabinett 2021

Kabinett ist der Wein der Stunde, das Anbaugebiet Mosel in dieser Kategorie nahezu unschlagbar. Die Weine von Mosel, Saar und Ruwer sind mit kraftvoll und filigran zugleich, ihr Potential lässt sich in Jahrzehnten bemessen. Angesichts der immer noch moderaten Preise eine Fundgrube für Sammler.

## 1. Platz | 97 Punkte

**Kanzemer Altenberg Kabinett**
Von Othegraven (Mosel)
Vornehme Schieferwürze, hochzart verdichtete und kühle Aromatik, zartherbe Länge, subtil und kraftvoll zugleich.
**Auktion** | Seite 417

## 2. Platz | 96 Punkte

**Berncasteler Doctor Kabinett**
Dr. Thanisch Erben Thanisch (Mosel)
Unterschwellig rauchig, seidige Transparenz und Tiefe zugleich, komplex, klingt nahezu unendlich lang und edel nach.
**Auktion** | Seite 437

## 3. Platz | 96 Punkte

**Kanzemer Altenberg Kabinett**
Von Othegraven (Mosel)
Duft von reifem Boskopapfel, eher fordernde Art, Würze und viel Tiefgang, schwebt und vibriert, das Salz der Saar.
**17,50 €** | Seite 488

## Weitere Preisträger

**Wehlener Sonnenuhr Kabinett,**
Joh. Jos. Prüm (Mosel)
**4. Platz | 95 Punkte | 36 € |** Seite 425

**Wolfer Sonnenlay Kabinett,**
Weiser-Künstler (Mosel)
**5. Platz | 95 Punkte | 18 € |** Seite 466

**Thörnicher Ritsch Kabinett feinherb Gackes oben,** Ludes (Mosel)
**6. Platz | 95 Punkte | 16 € |** Seite 402

**Pündericher Marienburg Kabinett Fass 2127,** Clemens Busch (Mosel)
**7. Platz | 94 Punkte | Auktion |** Seite 337

**Krettnacher Euchariusberg Kabinett Alte Reben -8-,** Falkenstein (Mosel)
**8. Platz | 94 Punkte | 32 € |** Seite 353

**Ockfener Bockstein Kabinett Mia,**
Falkenstein (Mosel)
**9. Platz | 94 Punkte | 30 € |** Seite 353

**Rüdesheimer Berg Roseneck Kabinett,**
Carl Ehrhard (Rheingau)
**10. Platz | 94 Punkte | 10 € |** Seite 740

# Riesling Spätlese

Der Erfolg des Kabinett ist das Problem der Spätlese. Da sich jede Traube nur einmal keltern lässt, wird das Angebot immer kleiner. Dabei finden sich hier besonders lagerfähige Weine mit großem kulinarischen Potential. Und auch hier ist die Mosel vorn.

## 1. Platz | 98 Punkte

**Kanzemer Altenberg**
Von Othegraven (Mosel)
Feinwürziger, sublim tiefer Duft, feinstes Säurespiel, tolle Balance, hochelegant, klar mit langem, nuanciertem Nachhall.
**Auktion** | Seite 757

## 2. Platz | 97 Punkte

**Wehlener Sonnenuhr**
Willi Schaefer (Mosel)
Saftig, kraftvoll, prägnantes Säuremanagement, rassige Länge, tiefe Frucht, in würzigem Kräutermantel aufgefangen.
**30 €** | Seite 417

## 3. Platz | 96 Punkte

**Niederhäuser Hermannshöhle**
Dönnhoff (Nahe)
Feine, offene Frucht, schön zugänglich, noble und komplexe Würze, reife Säure mit ausgesprochen langem Spiel.
**32,50 €** | Seite 360

## Weitere Preisträger

**Berncasteler Doctor Jubiläums Edition,**
Dr. Thanisch Erben Thanisch (Mosel)
**4. Platz | 96 Punkte | 69 € |** Seite 450

**Kanzemer Altenberg Alte Reben,**
Von Othegraven (Mosel)
**5. Platz | 96 Punkte | 26 € |** Seite 417

**Krettnacher Euchariusberg -5-,**
Falkenstein (Mosel)
**6. Platz | 96 Punkte | 26 € |** Seite 353

**Trittenheimer Apotheke,**
Ansgar Clüsserath (Mosel)
**7. Platz | 96 Punkte | 18 € |** Seite 343

**Thörnicher Ritsch „Ritsch“,**
Ludes (Mosel)
**8. Platz | 95 Punkte |**
**Preis auf Anfrage |** Seite 402

**Graacher Domprobst -13-,**
Willi Schaefer (Mosel)
**9. Platz | 95 Punkte | Auktion |** Seite 437

**Zeltinger Sonnenuhr,**
Joh. Jos. Prüm (Mosel)
**10. Platz | 95 Punkte | 34 € |** Seite 425

# Riesling Auslese

Der Rheingau hat die Nasenspitze vorn – gefolgt von einem breiten Feld von Moselanern. Wenn sie vielleicht auch nicht für die Ewigkeit gemacht sind, dreißig Jahre sollten für diesen klassischen Auslesejahrgang kein Problem sein.

## 1. Platz | 98 Punkte

**Schloss Johannisberger Ex-Bibliotheca Subterranea Fass 374**
Feine Ausprägung durch Ausbau im Stückfass, darunter Riesling pur, seidig-präzise Säure, tiefe Frucht, nobles Spiel und Länge.
**Preis auf Anfrage €** | Seite 757

## 2. Platz | 98 Punkte

**Kanzemer Altenberg**
Von Othegraven (Mosel)
Ganz klassische Nase für Rotliegendes, würzig, geschliffene feine Säure, klares Finish, die Quintessenz eines Saar-Rieslings.
**32 €** | Seite 417

## 3. Platz | 97 Punkte

**Trittenheimer Apotheke**
Grans-Fassian (Mosel)
Zupackend klare Art, mineralische Tiefe, animierend, großer Trinkfluss, langanhaltendes Spiel, fast kristalliner Eindruck.
**33 €** | Seite 360

## Weitere Preisträger

**Brauneberger Juffer-Sonnenuhr #10,**
Fritz Haag (Mosel)
**4. Platz | 97 Punkte | Preis auf Anfrage |** Seite 362

**Wehlener Sonnenuhr,**
Willi Schaefer (Mosel)
**5. Platz | 97 Punkte | Auktion |** Seite 437

**Zeltinger Sonnenuhr,**
Joh. Jos. Prüm (Mosel)
**6. Platz | 96 Punkte | 39 € |** Seite 425

**Lieser Niederberg Helden,**
Schloss Lieser (Mosel)
**7. Platz | 96 Punkte | 29,50 € |** Seite 395

**Wehlener Sonnenuhr,**
Joh. Jos. Prüm (Mosel)
**8. Platz | 96 Punkte | 48 € |** Seite 425

**Schloss Johannisberger Rosalack,**
Schloss Johannisberg (Rheingau)
**9. Platz | 96 Punkte | 79 € |** Seite 757

**Brauneberger Juffer-Sonnenuhr Lange Goldkapsel # 15,** Fritz Haag (Mosel)
**10. Platz | 96 Punkte | Auktion |** Seite 362

# Riesling Edelsüss

Unter den vielen Raritäten des deutschen Weins dürfte der Eiswein der außergewöhnlichste sein. Immerhin zwei dieser Spezialitäten konnten sich in die Phalanx der TBAs einschmuggeln. Ihre atemberaubende Klarheit wird auch in Jahrzehnten für Freude beim Trinken sorgen.

## 1. Platz | 98 Punkte

**2021 Niederhäuser Klamm Eiswein**
Jakob Schneider (Nahe)
Verspielter Duft von Rosenblättern, zart, vornehm, konzentriertes Fruchtspiel, überaus präsent, Fruchtexplosion am Gaumen.
**50 €** | Seite 522

## 2. Platz | 97 Punkte

**2021 Kiedricher Turmberg TBA**
Weil (Rheingau)
Rauchig, kristallklare Art, pikant, saftiger klarer Strich, herbe Markanz im Finale, gibt Rückgrat, pikante würzige Säure und fest.
**350 €** | Seite 800

## 3. Platz | 94 Punkte

**2021 Erdener Prälat TBA Alte Reben Lange Goldkapsel Riesling Brut 50**
Dr. Hermann (Mosel)
Strahlendes Goldgelb, differenzierter Duft von Aprikosenconfit, hochfein, sauber und klar, gehalten durch Säure, feinster Schmelz.
**299 €** | Seite 370

## Weitere Preisträger

**2021 Trittenheimer Apotheke TBA, Loersch** (Mosel)
**4. Platz | 97 Punkte | 199 €** | Seite 396

**2021 Wehlener Sonnenuhr TBA,**
Max Ferd. Richter (Mosel)
**5. Platz | 97 Punkte | Preis auf Anfrage** | Seite 432

**2021 Ürziger In der Kranklei BA,**
Karl Erbes (Mosel)
**6. Platz | 97 Punkte | 58 €** | Seite 352

**2021 Oestricher Doosberg TBA,**
Corvers-Kauter (Rheingau)
**7. Platz | 97 Punkte | 290 €** | Seite 733

**2021 Kiedricher Gräfenberg TBA,**
Weil (Rheingau)
**8. Platz | 97 Punkte | 350 €** | Seite 800

**2021 Dhroner Hofberg Eiswein,**
Adam (Mosel)
**9. Platz | 97 Punkte | 80 €** | Seite 321

**2021 Erdener Treppchen TBA Alte Reben Goldkapsel,**
Dr. Hermann (Mosel)
**10. Platz | 97 Punkte | 275 €** | Seite 370

# Die besten trockenen Sekte unter 15 Euro

In der Produktion gehört Sekt zu den anspruchsvollsten Weinstilen überhaupt, trotzdem finden sich auch unter 15 Euro viele seriöse Sprudler. Sogar die zeitaufwändige Flaschengärung ist in diesem Preisbereich zum Standard geworden.

BEST BUY **Kennzeichnung bei einer Sektwertung ab 88 Punkten, unter 15 €**

## 1. Platz | 90 Punkte

**Riesling Brut nature**
F. B. Schönleber (Rheingau)
**14,50 €** | Seite 789

## 2. Platz | 90 Punkte

**Sekt Zero Dosage ZeroZero**
Max Geitlinger (Baden)
**14,50 €** | Seite 113

## 3. Platz | 90 Punkte

**St. Martin Riesling Sekt b. A. Extra Brut Prestige**
Alois Kiefer (Pfalz)
**14,90 €** | Seite 608

## 4. Platz | 90 Punkte

**Crémant Extra Brut**
Winterling (Pfalz)
**14,90 €** | Seite 703X

## 5. Platz | 89 Punkte

**Pinot Blanc Sekt Extra Brut**
Bernhard Koch (Pfalz)
**12,50 €** | Seite 616

## 6. Platz | 89 Punkte

**Muskateller Extra Brut**
Josef J. Simon (Baden)
**13 €** | Seite 170

## 7. Platz | 89 Punkte

**Blanc de Noir Zero Dosage**
Borell-Diehl (Pfalz)
**13,20 €** | Seite 559

## 8. Platz | 89 Punkte

**Crémant Brut nature**
Schneider (Mittelrhein)
**13,50 €** | Seite 306

## 9. Platz | 89 Punkte

**Crémant Brut nature**
Weishaar (Baden)
**13,90 €** | Seite 181

## 10. Platz | 89 Punkte

**Auxerrois Brut**
Bosch (Baden)
**14,50 €** | Seite 106

# Die besten Literweine

Herzlich willkommen zur deutschen Ein-Liter-Klasse! Und das Wort „Klasse" ist überaus wörtlich zu nehmen. Denn auch in diesem Segment findet sich allerfeinstes Trinkvergnügen, das sich auch vor dem Vergleich mit dem Ausland nicht scheuen muss.

BEST BUY **Kennzeichnung bei einer Weinwertung ab 86 Punkte bei Literflaschen**

## 1. Platz | 86 Punkte

**2021 Riesling trocken**
Gies-Düppel (Pfalz)
**6,50 €** | Seite 586

## Platz 2 | 86 Punkte

**2021 Riesling feinherb**
Später-Veit (Mosel)
**7,80 €** | Seite 443

## Platz 3 | 86 Punkte

**2021 Weißer Burgunder trocken Graue Kapsel**
Hochdörffer (Pfalz)
**5 €** | Seite 597

## 4. Platz | 86 Punkte

**2021 Riesling trocken**
Jakob Jung (Rheingau)
**7,60 €** | Seite 694

## Platz 5 | 86 Punkte

**2021 Dürkheimer Fronhof Riesling trocken**
Wegner (Pfalz)
**6,60 €** | Seite 694

## 6. Platz | 86 Punkte

**2021 Riesling trocken**
Weinegg (Rheingau)
**7 €** | Seite 802

## 7. Platz | 86 Punkte

**2021 Volkacher Kirchberg Silvaner Kabinett trocken**
Christ (Franken)
**7,50 €** | Seite 209

## 8. Platz | 86 Punkte

**2021 Forster Mariengarten Riesling Kabinett trocken**
Kimich (Pfalz)
**6,80 €** | Seite 609

## 9. Platz | 86 Punkte

**2021 Lorcher Riesling trocken**
Weiler (Rheingau)
**7,50 €** | Seite 801

## 10. Platz | 86 Punkte

**2021 Waldracher Riesling trocken**
Wolfgang Mertes (Mosel)
**6,50 €** | Seite 410

# Die besten trockenen Weißen unter 10 Euro

Es erstaunt auch uns Verkoster immer wieder, wieviel Qualität für unter 10 Euro zu finden ist. Man muss sich halt nur die Mühe machen, sie zu suchen. Das haben wir einmal mehr für Sie getan!

BEST BUY **Kennzeichnung bei einer Weißweinwertung ab 88 Punkten, unter 10 €**

## 1. Platz | 91 Punkte

**Waldrach Meisenberg trocken Riesling Alte Reben**
Wolfgang Mertes (Mosel)
**9,50 €** | Seite 410

## 2. Platz | 90 Punkte

**Wipfelder Zehntgraf Silvaner Spätlese trocken**
Geßner (Franken)
**8,70 €** | Seite 217

## 3. Platz | 90 Punkte

**Dürkheimer Michelsberg Riesling Spätlese trocken**
Darting (Pfalz)
**9 €** | Seite 570

## 4. Platz | 90 Punkte

**Riesling trocken „Rau“**
Vols (Mosel)
**9,40 €** | Seite 457

## 5. Platz | 90 Punkte

**Mauchen Grauburgunder trocken**
Lämmlin-Schindler (Baden)
**9,80 €** | Seite 142

## 6. Platz | 90 Punkte

**Ihringer Winklerberg Grauer Burgunder Spätlese trocken Alte Reben**
Gerhard Karle (Baden)
**9,90 €** | Seite 133

## 7. Platz | 89 Punkte

**Grauburgunder trocken**
Waldkirch (Pfalz)
**6,50 €** | Seite 692

## 8. Platz | 89 Punkte

**Ihringer Winklerberg Grauer Burgunder Kabinett trocken**
Gerhard Karle (Baden)
**7,60 €** | Seite 133

## 9. Platz | 89 Punkte

**Rhodter Schlossberg Riesling trocken Roter Sandstein**
Christian Heussler (Pfalz)
**8,20 €** | Seite 597

## 10. Platz | 89 Punkte

**Silvaner trocken Gutswein**
Rainer Sauer (Franken)
**8,50 €** | Seite 249

# Die besten trockenen Rosé bis 15 Euro

Lange Zeit als „nicht Fisch, nicht Fleisch" verunglimpft ist Rosé heute einer der beliebtesten Weinstile überhaupt, Tendenz steigend. Vor allem, weil er deutlich mehr kann, als nur preiswert den Durst zu löschen.

BEST BUY **Kennzeichnung bei einer Weinwertung ab 88 Punkten, bis 15 €**

## 1. Platz | 91 Punkte

**Landwein trocken Rosie**
Max Geitlinger (Baden)
**11,50 €** | Seite 113

## 2. Platz | 90 Punkte

**Blauer Spätburgunder trocken Mittenmang**
Schumann (Baden)
**11,50 €** | Seite 170

## 3. Platz | 89 Punkte

**Pinot Noir Rosé trocken**
Gleichenstein (Baden)
**9,50 €** | Seite 114

## 4. Platz | 89 Punkte

**Cuvée trocken Von der Senn Rosé Fumé**
Hammel (Pfalz)
**12,50 €** | Seite 592

## 5. Platz | 88

**Spätburgunder trocken Saignée Rosé Herrenbuck**
Weishaar (Baden)
**7,90 €** | Seite 181

## 6. Platz | 88 Punkte

**Spätburgunder Rosé trocken**
Barth (Rheingau)
**9,70 €** | Seite 723

## 7. Platz | 88 Punkte

**Cuvée „Clarette" Rosé**
Knipser (Pfalz)
**10,80 €** | Seite 614

## 8. Platz | 88 Punkte

**Selection Madame Rosé trocken Ortswein**
Bremer (Pfalz)
**12 €** | Seite 561

## 9. Platz | 88 Punkte

**Nordheimer Kreuzberg Pinot Rosé trocken**
Braun (Franken)
**12 €** | Seite 202

## 10. Platz | 88 Punkte

**Rosé Fumé trocken**
Klein (Pfalz)
**15 €** | Seite 611

# Die besten trockenen Rotweine unter 15 Euro

Spontane Trinkfreude und ernsthaftes Lagerpotential bei Rotweinen sind auch preiswert möglich. Natürlich liegt der Spätburgunder hier vorne, aber auch der Lemberger kann brillieren.

BEST BUY **Kennzeichnung bei einer Rotweinwertung über 88 Punkte, unter 15 €**

## 1. Platz | 92 Punkte

**Pinot Noir Spätlese trocken Prälaten** ****
Herbster (Baden)
**12,50 €** | Seite 120

## 2. Platz | 92 Punkte

**Ihringer Winklerberg Spätburgunder Spätlese trocken Alte Reben**
Gerhard Karle (Baden)
**12,90 €** | Seite 133

## 3. Platz | 91 Punkte

**Malscher Rotsteig Merlot Spätlese trocken**
Hummel (Baden)
**13,20 €** | Seite 127

## 4. Platz | 91 Punkte

**Randersackerer Sonnenstuhl Blaufränkisch trocken Reserve**
Stefan Bardorf (Franken)
**14 €** | Seite 199

## 5. Platz | 91 Punkte

**Oberrotweiler Pinot Noir trocken Schwarze Erde**
Landerer (Baden)
**14 €** | Seite 145

## 6. Platz | 90 Punkte

**Dünkelfelder trocken Mauerblümchen**[4]
Albert (Baden)
**9,50 €** | Seite 95

## 7. Platz | 90 Punkte

**Eichstetten Herrenbuck Spätburgunder Qualitätswein trocken Selection aus dem Holzfass**
Rinklin (Baden)
**9,90 €** | Seite 159

## 8. Platz | 90 Punkte

**Malscher Rotsteig Syrah trocken**
Hummel (Baden)
**9,90 €** | Seite 127

## 9. Platz | 90 Punkte

**Spätburgunder trocken Gutswein**
Diefenhardt (Rheingau)
**10,50 €** | Seite 735

## 10. Platz | 90 Punkte

**Pinot Noir trocken**
Günther Steinmetz (Mosel)
**13,50 €** | Seite 447

FÜNF JAHRE DANACH

# Weiße Burgunder 2017

Die Anbaufläche der weißen Burgundersorten wächst weiter. Auch qualitativ gewinnen sie an Boden und beginnen sogar im Ausland Anerkennung zu finden. Die feinsten zeigen internationales Format, doch der Stil der zwei Weißburgunder an der diesjährigen Spitze ist urdeutsch.

## 1. Platz | 95 Punkte

**Siebeldinger Im Sonnenschein Weißburgunder GG**
Rebholz (Pfalz)
Eleganter Duft, pur und schlank, mit zarter Frucht und seidiger Fülle, ausgewogenes Spiel, klingt lange nach.

## 2. Platz | 95 Punkte

**Birkweiler Mandelberg Weißburgunder GG**
Wehrheim (Pfalz)
Vornehmes Aroma, zartsamtige Frucht, pikante Würze, cremiger Schmelz, herzhafter Nerv mit hochfeinem Nachhall.

## 3. Platz | 94 Punkte

**Malterdinger Bienenberg Chardonnay GG**
Huber (Baden)
Zartrauchig, mit noblem Duft, feingliedrig und gleichzeitig kraftvoll, salzig und dennoch verspielt, eleganter Tiefgang.

## Weitere Preisträger

**Birkweiler Mandelberg Weißburgunder GG,** Rebholz (Pfalz)
**4. Platz | 94 Punkte**

**Chardonnay R,** Rebholz (Pfalz)
**5. Platz | 94 Punkte**

**Chardonnay Jaspis,** Ziereisen (Baden)
**6. Platz | 93 Punkte**

**Ruländer Floh,** Reinhard und Cornelia Schneider (Baden)
**7. Platz | 93 Punkte**

**Grauburgunder Jaspis,** Ziereisen (Baden)
**8. Platz | 93 Punkte**

**Chardonnay Grande Reserve,** Koch (Pfalz)
**9. Platz | 93 Punkte**

**Chardonnay R,** Fürst (Franken)
**10. Platz | 93 Punkte**

### FÜNF JAHRE DANACH

# Silvaner 2017

Einst als Österreicher bekannt, erlebt der Silvaner eine lang ersehnte Renaissance. Bei guter Reife hat die Rebsorte zwar ein weniger ausgeprägtes Fruchtspiel, dafür aber lässt sie die Nuancen des Bodens deutlich zum Ausdruck kommen und reift dann bestens heran.

## 1. Platz | 95 Punkte

**Sulzfelder Creutz**
Luckert (Franken)
Gediegener Duft von Ginsterblüte, zartsaftig, feinwürzig, erstaunlich mineralisch und dennoch in sich stimmig.

## 2. Platz | 94 Punkte

**Rödelseer Hoheleite GG**
Weltner (Franken)
Kräuterwürziges Aroma, feinsaftige Dichte, salziger Fruchtkern, verspielter Nachhall. So kann Silvaner schmecken!

## 3. Platz | 94 Punkte

**Sulzfelder Maustal GG**
Luckert (Franken)
Vornehmer Duft, kühl, kristallklar und von würziger Eleganz geprägt. Herzhaft und straff, mit feinsaftigem Finale.

## Weitere Preisträger

**Retzstadter Himmelspfad GG,**
May (Franken)
**4. Platz | 93 Punkte**

**Thüngersheimer Rothlauf GG,**
May (Franken)
**5. Platz | 93 Punkte**

**Escherndorfer Am Lumpen GG,**
Rainer Sauer (Franken)
**6. Platz | 93 Punkte**

**Rödelseer Küchenmeister,**
Weltner (Franken)
**7. Platz | 92 Punkte**

**Sulzfelder Gelbkalk,**
Luckert (Franken)
**8. Platz | 92 Punkte**

**Randersackerer Pfülben GG,**
Schmitts Kinder (Franken)
**9. Platz | 91 Punkte**

**Ab Ovo,**
Rainer Sauer (Franken)
**10. Platz | 91 Punkte**

FRITZ KNORR TROPHY

# Riesling 2017

Die Qualität der trockenen Rieslinge ist nie besser gewesen als heute. Noch obendrein ist die Spitzenklasse breiter geworden. Von der elsässischen Reichhaltigkeit der Pfalz bis zur filigranen Art der Mosel setzt dabei 2017 einen neuen Meilenstein.

## 1. Platz | 98 Punkte

**Nackenheimer Rothenberg GG**
Kühling-Gillot (Rheinhessen)
Subtile Aromatik. Feingewoben und in sich stimmig. Edle Fruchtdichte, belebende Frische, rassige Würze und langer Nachhall.

## 2. Platz | 98 Punkte

**Birkweiler Kastanienbusch GG**
Rebholz (Pfalz)
Zarter Duft von wilden Kräutern. Zartgliedrige Frucht mit seidiger Textur und sublimer Würze. Leichtigkeit und Finesse pur!

## 3. Platz | 98 Punkte

**Westhofener Abtserde GG**
Keller (Rheinhessen)
Herzhaft und dennoch gediegen. Filigrane Frucht gepaart mit Kräutern und verspielter Säure. Dabei elegant und animierend.

## Weitere Preisträger

**Landgeflecht,**
Peter Jakob Kühn (Rheingau)
**4. Platz | 97 Punkte**

**Westhofener Morstein GG,**
Keller (Rheinhessen)
**5. Platz | 97 Punkte**

**Schlehdorn,**
Peter Jakob Kühn (Rheingau)
**6. Platz | 97 Punkte**

**Forster Kirchenstück GG,**
Bürklin-Wolf (Pfalz)
**7. Platz | 96 Punkte**

**Erbacher Marcobrunn GG,**
Oetinger (Rheingau)
**8. Platz | 96 Punkte**

**Forster Kirchenstück GG,**
Bassermann-Jordan (Pfalz)
**9. Platz | 95 Punkte**

**Pündericher Marienburg Fahrlay Terrassen GG,** Clemens Busch (Mosel)
**10. Platz | 95 Punkte**

### BERNHARD BREUER TROPHY

# Riesling 2012

Unsere Ehrung für den besten trockenen Riesling zehn Jahre danach haben wir dem verstorbenen Vordenker Bernhard Breuer gewidmet. In diesem Jahr geht der Pokal an Philipp Wittmann, der sich am Ende mit seinem Morstein knapp gegen den Pechstein von Bürklin-Wolf durchsetzte.

## 1. Platz | 96 Punkte

**Westhofener Morstein GG**
Wittmann (Rheinhessen)
Betörender Duft von gelben Früchten, zartsüßliche Frucht, würzige Kalkader, zeigt Spannung und Ruhe zugleich.

## 2. Platz | 96 Punkte

**Forster Pechstein GG**
Bürklin-Wolf (Pfalz)
Feinkräutrige Aromatik, herzhafte Frucht, samtige Fülle, kühl, gradlinig und elegant zugleich, feinwürziger Nachhall.

## 3. Platz | 95 Punkte

**Niersteiner Hipping GG**
Keller (Rheinhessen)
Duftet nach Pfirsichhaut und weißen Blüten, leichtfüßig, kristallklar, zartsüß und lang, mit moselanischen Zügen.

## Weitere Preisträger

**Bockenauer Felseneck GG,**
Schäfer-Fröhlich (Nahe)
**4. Platz | 95 Punkte**

**Nackenheimer Rothenberg GG,**
Kühling-Gillot (Rheinhessen)
**5. Platz | 95 Punkte**

**La Borne Alte Reben,**
Wittmann (Rheinhessen)
**6. Platz | 94 Punkte**

**Rüdesheimer Berg Schlossberg GG,**
Breuer (Rheingau)
**7. Platz | 94 Punkte**

**Rüdesheimer Berg Schlossberg Ehrenfels,** Leitz (Rheingau)
**8. Platz | 94 Punkte**

**Siebeldinger Im Sonnenschein Ganz Horn GG,** Rebholz (Pfalz)
**9. Platz | 94 Punkte**

**Westhofener Brunnenhäuschen GG,**
Wittmann (Rheinhessen)
**10. Platz | 94 Punkte**

## ZEHN JAHRE DANACH

# Riesling Spätlese 2012

Spiel und Eleganz verbinden die feinsten Rieslinge des ausgewogenen Jahrgangs 2012. Die 32 höchstbenoteten Spätlesen von damals haben wir erneut auf den Tisch gestellt. Sublim, erfrischend und fast alterslos, hatten am Ende Mosel und Saar die Nase vorne.

## 1. Platz | 96 Punkte

**Berncasteler Doctor** AUKTION
Thanisch Erben (Mosel)
Feinwürziger Aprikosenduft, vielschichtig mit belebendem Nerv, zeigt Frische und Schmelz zugleich, gediegener Abklang.

## 2. Platz | 96 Punkte

**Saarburger Rausch – 02 –** AUKTION
Zilliken (Saar)
Feiner Zitrusduft, von weißen Blüten durchwoben, zartsaftige Eleganz, wie aus einem Guss. So jung kann ein alter Riesling sein!

## 3. Platz | 95 Punkte

**Brauneberger Juffer Sonnenuhr**
Fritz Haag (Mosel)
Zartrauchiger Marillenduft, feinsaftig, glasklar und noch so jugendlich. Hier beginnt die große Spielklasse!

## Weitere Preisträger

**Rüdesheimer Berg Rottland,**
Wegeler (Rheingau)
**4. Platz | 95 Punkte**

**Brauneberger Juffer-Sonnenuhr,**
Fritz Haag (Mosel)
**5. Platz | 94 Punkte**

**Schloss Johannisberger Grünlack,**
Schloss Johannisberg (Rheingau)
**6. Platz | 94 Punkte**

**Zeltinger Sonnenuhr*,**
Selbach-Oster (Mosel)
**7. Platz | 93 Punkte**

**Saarburger Rausch – 03 –,**
Zilliken (Saar)
**8. Platz | 93 Punkte**

**Rüdesheimer Berg Roseneck,**
Leitz (Rheingau)
**9. Platz | 93 Punkte**

**Trittenheimer Apotheke,**
Franz-Josef Eifel (Mosel)
**10. Platz | 93 Punkte**

FÜNF JAHRE DANACH

# „Andere“ Rotweine 2017

Mit dem Klimawandel hat sich nicht nur die mit Spätburgunder bepflanzte Fläche verdoppelt, sondern auch neue Namen sind dazugekommen, etwas Syrah aus dem Rhonetal und eben die bekannten Sorten aus Bordeaux. Der Lemberger als deutsches Eigengewächs hält dennoch tapfer dagegen.

## 1. Platz | 94 Punkte

**2017 Bürgstadter Berg Frühburgunder Erste Lage**
Weingut Fürst (Franken)
Zarter Himbeerduft, den Gaumen schmeichelnder Fruchtkern über kühler Mundmitte, zart, verspielt und elegant.

## 2. Platz | 94 Punkte

**2017 Fellbacher Lämmler Lemberger GG**
Weingut Aldinger (Württemberg)
Markanter Lavendelduft, wilde Frucht, feine Sauerkirsche, lebhafter Charakter, hat Substanz, Tiefe und Länge.

## 3. Platz | 94 Punkte

**2017 Syrah Jaspis**
Weingut Ziereisen (Baden)
Pfeffriges Aroma, saftige Brombeerfrucht, kühle, beinahe tänzelnde Art, vielschichtig, mit gut eingebundenem Holz.

## Weitere Preisträger

**Cuvée XR,**
Knipser (Pfalz)
**4. Platz | 93 Punkte**

**Granat,**
Schwegler (Württemberg)
**5. Platz | 93 Punkte**

**Schwaigerner Ruthe Lemberger GG,**
Graf Neipperg (Württemberg)
**6. Platz | 93 Punkte**

**Cuvée X,**
Knipser (Pfalz)
**7. Platz | 92 Punkte**

**Das Kreuz Reserve,**
Rings (Pfalz)
**8. Platz | 92 Punkte**

**Petit Verdot Grand Vintage,**
Peth-Wetz (Rheinhessen)
**9. Platz | 92 Punkte**

**Syrah Reserve,**
Knipser (Pfalz)
**10. Platz | 92 Punkte**

**BERNHARD HUBER TROPHY**

# Spätburgunder 2012

Wir widmen diese Auszeichnung Bernhard Huber, dem Magier aus Malterdingen, der zu den ganz großen Weinmachern seiner Zeit gehörte. 2012 war der letzte Jahrgang, den er selbst abgefüllt hat und der sein großes Können zeigt. Lediglich Paul Fürst spielte zu dieser Zeit in der gleichen Liga.

## 1. Platz | 97 Punkte

**Wildenstein ‚R'**
Huber (Baden)
Nobler Duft, reichhaltige Fruchtfülle, filigrane Tannine, gediegene Würze im Nachhall. Ein Ausnahmewein, der noch sehr jung wirkt.

## 2. Platz | 96 Punkte

**Klingenberger Schlossberg GG**
Fürst (Franken)
Hochfeiner Kirschduft, von weißen Blüten durchwoben, zartsüßliche Fruchtdichte, zeigt Schmelz und Frische zugleich, große Klasse.

## 3. Platz | 95 Punkte

**Hecklinger Schlossberg GG**
Huber (Baden)
Duftet nach Schwarzkirsch, vollmundige Fruchtfülle, reichhaltig und dennoch fein, samtige Würze im Nachhall. Betörend!

## Weitere Preisträger

**Bürgstadter Hundsrück GG,**
Fürst (Franken)
**4. Platz | 95 Punkte**

**Reserve du Patron,**
Knipser (Pfalz)
**5. Platz | 94 Punkte**

**Bombacher Sommerhalde GG,**
Huber (Baden)
**6. Platz | 94 Punkte**

**Endinger Engelsberg,** Reinhold und Cornelia Schneider (Baden)
**7. Platz | 94 Punkte**

**Jaspis Alte Reben,**
Ziereisen (Baden)
**8. Platz | 93 Punkte**

**Dirmsteiner Mandelpfad GG,**
Knipser (Pfalz)
**9. Platz | 93 Punkte**

**Bürgstadter Centgrafenberg GG,**
Fürst (Franken)
**10. Platz | 93 Punkte**

# Die 100 besten Weingüter 2023

### ★★★★★

| | |
|---|---|
| Aldinger (Württemberg) | 978 |
| Battenfeld-Spanier (Rheinhessen) | 818 |
| Bürklin-Wolf (Pfalz) | 563 |
| Clemens Busch (Mosel) | 336 |
| Dönnhoff (Nahe) | 487 |
| Emrich-Schönleber (Nahe) | 489 |
| Falkenstein (Mosel) | 352 |
| Fürst (Franken) | 214 |
| Bernhard Huber (Baden) | 125 |
| Keller (Rheinhessen) | 864 |
| Knipser (Pfalz) | 614 |
| Kühling-Gillot (Rheinhessen) | 872 |
| Peter Jakob Kühn (Rheingau) | 769 |
| Schloss Lieser (Mosel) | 394 |
| Joh. Jos. Prüm (Mosel) | 424 |
| Rebholz (Pfalz) | 661 |
| Schäfer-Fröhlich (Nahe) | 518 |
| Wittmann (Rheinhessen) | 932 |

### ★★★★½

| | |
|---|---|
| Georg Breuer (Rheingau) | 727 |
| Christmann (Pfalz) | 565 |
| Corvers-Kauter (Rheingau) | 732 |
| Carl Ehrhard (Rheingau) | 739 |
| Franz-Josef Eifel (Mosel) | 349 |
| Fritz Haag (Mosel) | 361 |
| Julian Haart (Mosel) | 364 |
| Dr. Heger (Baden) | 117 |
| Dr. Hermann (Mosel) | 369 |
| Heymann-Löwenstein (Mosel) | 372 |
| Schloss Johannisberg (Rheingau) | 756 |
| Knebel (Mosel) | 387 |
| Carl Loewen (Mosel) | 397 |
| Luckert (Franken) | 232 |
| Melsheimer (Mosel) | 406 |
| Markus Molitor (Mosel) | 412 |
| Von Othegraven (Mosel) | 416 |
| Prinz (Rheingau) | 781 |
| Raumland (Rheinhessen) | 893 |
| Max Ferd. Richter (Mosel) | 431 |
| Rings (Pfalz) | 665 |
| Willi Schaefer (Mosel) | 436 |
| Selbach-Oster (Mosel) | 441 |
| Spreitzer (Rheingau) | 792 |
| Jean Stodden (Ahr) | 84 |
| Dr. Thanisch Erben Thanisch (Mosel) | 449 |
| Van Volxem (Mosel) | 457 |
| Fritz Waßmer (Baden) | 178 |
| Martin Waßmer (Baden) | 179 |
| Wehrheim (Pfalz) | 695 |
| Weil (Rheingau) | 799 |

### ★★★★

| | |
|---|---|
| Adam (Mosel) | 320 |
| Bassermann-Jordan (Pfalz) | 547 |
| Friedrich Becker (Pfalz) | 550 |
| Bercher (Baden) | 100 |
| Bischel (Rheinhessen) | 824 |
| Bürgerspital (Franken) | 204 |
| Chat Sauvage (Rheingau) | 730 |
| Ansgar Clüsserath (Mosel) | 342 |
| Crusius (Nahe) | 483 |
| Diel (Nahe) | 484 |
| Eva Fricke (Rheingau) | 748 |
| Matthias Gaul (Pfalz) | 484 |
| Gunderloch (Rheinhessen) | 850 |
| Haart (Mosel) | 363 |
| Haidle (Württemberg) | 991 |
| Hain (Mosel) | 366 |
| HE-Weine (Pfalz) | 595 |
| Hermannsberg (Nahe) | 500 |
| Herrenberg (Mosel) | 371 |
| Immich Batterieberg (Mosel) | 376 |
| Frank John (Pfalz) | 602 |
| Johner (Baden) | 130 |
| Jülg (Pfalz) | 604 |
| Franz Keller (Baden) | 133 |
| August Kesseler (Rheingau) | 762 |
| Knewitz (Rheinhessen) | 867 |
| Bernhard Koch (Pfalz) | 615 |
| Kranz (Pfalz) | 619 |
| Kruger-Rumpf (Nahe) | 506 |
| Künstler (Rheingau) | 771 |

Foto: DWI

Vinum
WEINGUIDE
DEUTSCHLAND
2023
DIE 1000 BESTEN WEINGÜTER DEUTSCHLANDS
ÜBER 10 700 WEINEMPFEHLUNGEN
SPEZIAL: GASTREGION SÜDTIROL
Vinum
Suche
Bewertung 90-95
Preis < 50€
Farbe Weiß
Anbaugebiet Pfalz
Rebsorte Alle
Jahrgang 2016
Qualitätsstufe Alle
Geschmack Alle
Tipps der Redaktion Alle
Treffer anzeigen (23)

# Die Regionen. Die Erzeuger. Die Weine.

War 2021 nun ein großer Jahrgang oder nicht? Werden die besten Weine auch in 10 oder 20 Jahren brillieren? Schwer zu sagen, aber auf jeden Fall macht die strahlende Frische vieler Weine heute schon Freude. Das gilt für alle Anbaugebiete quer durchs Land. Also: machen Sie sich auf die Reise durch ein spannendes Weinjahr.

## Von der Ahr bis Württemberg & die Gastregion Südtirol

# Ahr: Burgunder vom Schiefer

Foto: DWI

Kaum ein Anbaugebiet wird so direkt mit einer Weinfarbe in Verbindung gebracht wie die Ahr. Es sind ganz überwiegend Spät- und Frühburgunder, die südlich der einstigen Bundeshauptstadt Bonn angebaut werden. Weiße Reben muss man hier fast schon als „Ergänzungssorten" bezeichnen.

### Geschichte

Der Weinbau an der Ahr war zu keiner Zeit einfach. Die wild übereinandergetürmten Rebterrassen sorgten bei den Winzern immer für schweißtreibenden Weinbau. Dazu kam die Reblausplage Ende des 19. Jahrhunderts, die sich vom Rhein flussaufwärts ausbreitete. Der damals berühmteste Weinberg der Ahr, die Landskrone, fiel dem gefräßigen Schädling zum Opfer. Heute entstehen in der Region zwischen Walporzheim und Altenahr neben würzig-aromatischen Weißweinen vorwiegend rauchig strukturierte Rotweine, mitunter einige der kostspieligsten Pinot Noirs aus deutschen Weinbergen überhaupt. Das war eigentlich schon immer so, obwohl es der Ahr über Jahrhunderte nicht anders erging als anderen Anbaugebieten. Der Weinbau war immer ein Spielball der Mächtigen, sei es die Herrschaft durch den Klerus, die Willkür räuberischer Ritter, das Diktat napoleonischer Truppen oder die preußische Obrigkeit. Zu verlockend und wertvoll waren die Weine aus dem kleinen Ahrtal, als dass nicht jedes Regime versuchte, darüber die Kontrolle zu erlangen.

### Geografie

Das Ahrtal, ein Nebenarm des Rheins, liegt 50 Kilometer nördlich von Koblenz und 55 Kilometer südlich von Köln. Dieser Lage, durch die Eifel vor kalten Winden geschützt, begünstigt durch die wärmespeichernde Talenge und die Zufuhr warmer Luft vom Rhein, verdankt die Region ihr außerordentlich mildes, vor allem für den Spätburgunder kompatibles Klima.

### Klima und Boden

Die Ahrtal-Reben wachsen zu einem großen Teil auf Steilhängen in Höhenlagen zwischen 200 und 300 Metern, großteils mit südlicher und südwestlicher Ausrichtung. Einige expressive Steillagen besitzen ein nahezu treibhausartiges Mikroklima. Auf kargen, steinigen Böden reifen hier besonders Rotweintrauben heran, darunter der omnipräsente Spätburgunder. Die ungewöhnlich lange Vegetationsperiode von 120 bis 130 Tagen ist einer der Gründe, warum der Pinot Noir / Spätburgunder hier qualitativ so exzellente Ergebnisse erzielt. Im unteren Ahrtal sind die Böden oft tiefgründig und lössreich, im mittleren Ahrtal finden sich Schiefer und vulkanisches Gestein.

### Weine und Produktionsmenge

In einer Großlage und 40 Einzellagen wird zu über 60 Prozent Spätburgunder angebaut. Die verbleibende Rebfläche teilen sich Portugieser, Dornfelder, Riesling und Müller-Thurgau. 2018 wurden an der Ahr rund 58 340 Hektoliter Wein produziert.

## Ahr im Überblick

**Rebfläche** 563 Hektar
**Produktion** ca. 58 340 Hektoliter
**Einzellagen** 1 Groß-, 40 Einzellagen
**Hauptrebsorten** Spätburgunder, Riesling, Frühburgunder, Portugieser
**Weinart** Würzig-pointierte Spätburgunder von Schieferböden, mineralische Weißweine
**Beste Lagen** Recher Herrenberg, Dernauer Hardtberg und Pfarrwingert, Ahrweiler Silberberg und Rosenthal, Neuenahrer Sonnenberg und Schieferlay, Walporzheimer Gärkammer und Kräuterberg, Heimersheimer Burggarten und Landskrone, Altenahrer Eck, Mayschoßer Mönchberg, Walporzheimer Alte Lay
**Böden** Karge Böden aus verwittertem

Karte: Deutsches Weininstitut

Schiefer, Lösslehm, Kies, Vulkangestein und Grauwacke

**Interessant** Wer die Ahr entdecken möchte, sollte den fast 36 Kilometer langen „Ahrtaler Rotweinwanderweg" wählen. Er führt durch alle wichtigen Weinorte mit Einkehr und Verkostungsmöglichkeiten und bietet spektakuläre Landschaftsausblicke.

**Ahrwein e.V.**
Hauptstraße 80
53474 Bad Neuenahr-Ahrweiler
Tel (0 26 41) 91 71 0
info@ahrwein.de
www.ahrwein.de

# Zwischen Mut und Erschöpfung

Die gute Nachricht vorweg: Es geht weiter an der Ahr. Uns erreichten erfreulich viele Weine, so dass wir ein nahezu komplettes Bild des Anbaugebiets liefern können. Dennoch ist zwischen all dem Positiven hier und da auch Erschöpfung herauszuhören.

Ein paar Worte zu unserem Vorgehen. In der Ausgabe 2022 hatten wir aufgrund der Flutkatastrophe darauf verzichtet, Weine anzufordern und zu bewerten. Alle Betriebe wurden mit einem kurzen Text vorgestellt und behielten die Zahl ihrer Sterne aus dem Vorjahr. Für die Ausgabe 2023 waren fast alle Weingüter in der Lage, uns Weine zu senden. Mal waren es weniger als üblich, wie bei Meyer-Näkel, mal waren die Etiketten zerkratzt, wie bei Lukas Sermann, und mal gab es gar keine Flaschen, wie bei Bertram-Baltes. Deshalb behandeln wir auch in diesem Jahr die Ahr anders als die anderen Weinbaugebiete. Auch Betriebe, die uns nichts geschickt haben, sind erneut im Guide vertreten - mit dem Kurztext vom vergangenen Jahr. Zudem haben wir darauf verzichtet, Weingüter abzuwerten. Auch fehlen die regionalen Spitzen, dies hielten wir ebenfalls für verzichtbar. In der Ausgabe 2024 wird das wieder anders sein. Aber für den Moment ist das die Hilfe, die wir vom „VINUM-Weinguide" geben können.

### Jahrgang 2020 – wenig Wein, tolle Qualitäten

Bei der Menge hatten sich die Winzerinnen und Winzer für den Jahrgang 2020 etwas mehr erhofft. Mit den Qualitäten hingegen waren sie sehr zufrieden, was sich auch bei den verkosteten Weinen zeigte. Die allermeisten Spät- und Frühburgunder waren auf den Punkt reif mit harmonischer, gleichzeitig frischer Säure. Schädlinge und Krankheiten waren während des ganzen Jahres fast nirgends ein Problem. In den Steil- und Terrassenlagen machte sich hingegen Trockenstress bemerkbar, was den Ertrag etwas reduzierte. Die Lese war weitgehend unkompliziert, lediglich die vom Trockenstress betroffenen Teile der Trauben mussten entfernt werden. Aufgrund der gestiegenen Nachfrage der Kunden keltern die Winzer immer mehr Weißwein sowie Rosé. Nahezu alle bewegen sich im süffigen Einstiegssegment. Manche aber versuchen sich mit Erfolg an Weinen, die tolle Struktur und würzige Noten ins Glas bringen.

### Der Aufbau geht voran – langsam

Nach und nach öffnen Gaststätten, Hotels und Vinotheken wieder. Manche noch improvisiert, manche bereits voll ausgestattet. Das Signal, was sie alle nach außen senden wollen: Es geht weiter! Kommt wieder ins Ahrtal! Denn in der Tat sind die noch größtenteils ausbleibenden Touristen ein Problem, weil der Verkauf ab Hof an der Ahr eine wichtige Rolle spielt. Über den Berg sind die Winzerinnen und Winzer an der Ahr also noch lange nicht. Aber ihr Mut und ihr Optimismus lassen uns hoffen: Es wird!

*Patrick Hemminger*

# Neustart an der Ahr

Kaum jemand kann sich vorstellen, wie schlimm es sein muss, alles zu verlieren und trotzdem weiter machen zu müssen. In dieser Situation sind die Winzerinnen und Winzer an der Ahr, immer noch. Ihr Wille, neu durchzustarten, ist bemerkenswert.

Wenn das Wort „Solidarität" eine räumliche Zuordnung hätte, man müsste es an die Ahr platzieren. Mit welcher ungebrochenen Selbstverständlichkeit Hilfe untereinander geleistete wird, macht auch anderthalb Jahre nach der Flutkatastrophe immer noch staunen. Viele Weingüter haben es auf diese Weise geschafft, einen mehr oder weniger funktionierenden Betrieb herzustellen. Wir hätten nicht geglaubt, dass so viele Betriebe in der Lage wären, uns eine Kollektion zur Verkostung zur Verfügung zu stellen. Und noch überraschter – oder wäre es nicht besser zu sagen: überglücklich? – waren wir, als wir die Weine im Glas hatten. Von Flut-Bonus konnte keine Rede sein, alle Weine zeigten sich auf der Höhe, einige konnten wir sogar im Bundesfinale mit den anderen Größen in eine Reihe stellen. Was wir uns auch in diesem Jahr vorbehalten haben, ist es auf Abstufungen zu verzichten. Ganz gleich ob wir Weine verkosten konnten oder nicht, die Betriebe blieben bei ihren Betriebswertungen aus den Vorjahren.

**Und jetzt: hinfahren!**

Eine Bitte der Winzerinnen und Winzer von der Ahr möchten wir noch anfügen. Fahren Sie hin! Besuchen Sie die Betriebe, wo immer möglich, kaufen Sie Wein, gehen Sie in die Restaurants. Tragen Sie zum Aufbau bei, indem Sie für ein Stück Normalität sorgen. Wir waren in den letzten Monaten mehrfach dort und können mit voller Überzeugung sagen: Es lohnt sich!

## Spitzenbetriebe ♥

★★★★½

**Stodden, Rech**

★★★★

**Meyer-Näkel, Dernau**
**Deutzerhof, Mayschoß**

★★★½

**Adeneuer, Bad Neuenahr**
**Burggarten, Heppingen**
**Kreuzberg, Dernau**

★★★

**Bertram-Baltes, Dernau**
**Josten & Klein, Remagen**
**Peter Kriechel, Bad Neuenahr**
**Nelles, Heimersheim**
**Paul Schumacher, Marienthal**
**Sermann, Altenahr**

★★½

**Brogsitter, Grafschaft**
**Maibachfarm, Neuenahr**
**Erwin Riske, Dernau**

## Gebietspreisträger

**Weingut des Jahres** Adeneuer
**Aufsteiger des Jahres** Deutzerhof
**Entdeckung des Jahres** Pollig & Schmidt

## ADENEUER

Marc Adeneuer
53474 Ahrweiler · Max-Planck-Straße 8
Tel. (02641) 34473
jjadeneuer@t-online.de
**www.adeneuer.de**

**Inhaber/in** Frank und Marc Adeneuer
**Keller** Frank und Tim Adeneuer
**Außenbetrieb** Tim Adeneuer

**Historie** 500 Jahre Weinbau in Familientradition
**Rebfläche** 13 Hektar
**Jahresproduktion** 100 000 Flaschen
**Beste Lagen** Walporzheimer Gärkammer (Alleinbesitz), Kräuterberg und Alte Lay, Ahrweiler Rosenthal, Neuenahrer Sonnenberg
**Boden** Schieferverwitterung
**Rebsorten** 85% Spätburgunder, 10% Weißburgunder, 5% Frühburgunder
**Mitglied** VDP

Das Weingut J.J. Adeneuer bezeichnet sich ausdrücklich als Rotweingut. Deshalb weisen wir ebenso ausdrücklich daraufhin, dass Marc Adeneuer zwei sehr gute weiße Basisweine angestellt hat. Der Blanc de Noir und der Weißburgunder bringen zum einen unkomplizierten Trinkspaß ins Glas, erfreuen zum anderen mit einer feinen, straffen Säure und kühler Würze. Sehr gut. Und nun zu den Rotweinen. Schon beim Einstieg, dem Purist, zeigt Adeneuer souverän, dass er zu den besten Winzern an der Ahr zählt. So viel Feinheit, gepaart mit straffer Würze und Säure bekommt man hier für elf Euro woanders kaum. Und so geht es weiter, klettert man die Qualitätsleiter nach oben. Der J.J. Adeneuer punktet mit enormer, dabei herausragend feiner Säure, der J.J. Adeneuer No. 2 besticht mit seinen würzigen Noten. Der No. 1 vereint beide Welten aufs Schönste. Was sich durch alle Weine hindurchzieht, ist der stets gekonnte Einsatz von Holz. Immer unterstützt es den Wein, gibt den Aromen Halt und Struktur, niemals dominiert es ihn. Der Ahrweiler Rosenthal eröffnet dann den Reigen der Großen Gewächse, und er tut es auf bezaubernde Art mit einer wunderbaren Komposition aus herber Würze, straffer Säure, fruchtigen Kirschnoten und - wie auch sonst - Holz auf höchstem Niveau. Ebenso der Alte Lay, der allerdings ein klein wenig darüber liegt in puncto Komplexität. Und die beiden Spitzen, der Walporzheimer Gärkammer sowie der Kräuterberg, gehören zu den besten Weinen an der Ahr in diesem Jahr. Der Kräuterberg - Jahrgang 2017 - zeigt mit ersten feinen Reifenoten, wohin bei Adeneuer mit den Jahren die Reisen geht: Hin zu noch mehr Komplexität und Feinheit. Der Gärkammer ist einer der schönsten Beweise, dass sich Anspruch und Trinkfreude nicht ausschließen müssen. Was für eine wunderbare Kollektion!

**85** 2021 Spätburgunder Purist Blanc de Noir
**11 €** | 12,5%

**85** 2021 Weißburgunder Purist
**12 €** | 12,5%

**88** 2019 Spätburgunder trocken J.J. Adeneuer
**13,50 €** | 13,5%

**91** 2019 Ahrweiler Rosenthal trocken VDP.Großes Gewächs
**37 €** | 13,5%

**92** 2020 Walporzheimer Alte Lay VDP. Großes Gewächs
**58 €** | 13,5%

**94** 2020 Walporzheimer Gärkammer Spätburgunder VDP.Großes Gewächs
**65 €** | 13,5%

**94** 2017 Walporzheimer Kräuterberg Spätburgunder VDP.Großes Gewächs
**65 €** | 13,5%

**87** 2020 Spätburgunder Purist
**11 €** | 13% TIPP

**88** 2019 Spätburgunder J.J. Adeneuer No. 2
**17,50 €** | 13%

**90** 2019 Spätburgunder J.J. Adeneuer No. 1
**26 €** | 13%

★½

## GEBRÜDER BERTRAM

Weingut Gebrüder Bertram
53507 Dernau · Hauptstraße 3
Tel. (02643) 8314 · Fax 1568
info@gebrueder-bertram.de
**www.gebrueder-bertram.de**

**Inhaber/in** Christian und Markus Bertram

Feine Frucht und unverkopften Trinkspaß, das findet man in den Weinen dieses Betriebs. Der Blanc de Noir ist unkompliziert und süffig, dabei gerade noch trocken. Der Weißburgunder wurde zu 30 Prozent im Holzfass ausgebaut, was ihm eine ordentliche Struktur verleiht. Die Rotweine zeigen eine schöne Steigerung, vom kirschfruchtigen 1904 bis hin zum Dernauer Pfarrwingert, der sich durch eine feine Würze und ebensolchen Holzeinsatz auszeichnet - ein Wein, der zeigt, dass Kraft und Eleganz sich nicht ausschließen müssen. Bemerkenswert übrigens: der halbtrockene Spätburgunder. Feine Kirschfrucht vereint sich mit einem wunderbar zupackendem Grip am Gaumen. Wer einen schönen Begleiter zu einer deftigen Brotzeit sucht, der findet ihn hier.

- **83** 2021 Ahr Spätburgunder trocken Blanc de Noir
  **9,50 €** | 11,5%
- **83** 2020 Dernauer Hardtberg Frühburgunder trocken
  **16 €** | 13,5%
- **85** 2021 Spätburgunder trocken 1904
  **9,50 €** | 12,5%
- **85** 2020 Ahr Spätburgunder trocken Fü Pläsier
  **12,50 €** | 13%
- **88** 2020 Dernauer Pfarrwingert Spätburgunder trocken
  **32 €** | 13,5%
- **85** 2021 Spätburgunder halbtrocken
  **8 €** | 11,5%

★★★

## BERTRAM-BALTES

Weingut Bertram-Baltes
53507 Dernau · Ahrweg 20
Tel. (02643) 903312
spaetburgunder@bertram-baltes.de
**www.bertram-baltes.de**

**Inhaber/in und Betriebsleitung**
Julia und Benedikt Baltes

**Rebfläche** 7 Hektar
**Jahresproduktion** 43 000 Flaschen
**Beste Lagen** Mayschoßer Mönchberg, Ahrweiler Rosenthal, Marienthaler Trotzenberg, Dernauer Pfarrwingert, Dernauer Goldkaul
**Boden** Schiefer, Grauwacke, Sandsteinlehm mit Quarzit
**Rebsorten** 95% Spätburgunder, 5% Frühburgunder

„Wir haben in diesem Jahr schlicht nichts, was wir schicken können", sagt Julia Bertram. Zudem sei der Jahrgang 2021 sehr klein gewesen und die Weine fast schon alle an Freunde und Kunden versprochen. Aber ihr ist wichtig zu sagen: „Es geht weiter! Und es wird wieder Weine von uns geben". Das Paar Julia Bertram und Benedikt Baltes ist in der deutschen Weinszene nicht ganz unbekannt. Julia war Deutsche Weinkönigin, Benedikt hat das Weingut Steintal in Franken zu einem der führenden Betriebe gemacht. Deshalb wartete man voller Ungeduld auf die ersten Weine des gemeinsamen Projekts. Mit teilweise fordernder Reduktion machen es die Weine dem Trinker nicht immer einfach, der Stil ist zutiefst burgundisch und setzt eher auf Struktur als auf Primärfrucht. Der Jahrgang 2018 erbrachte eine ganze Reihe von bezaubernden und delikaten Weinen. Gemeinsames Kennzeichen war die blitzsaubere rote Frucht im Zentrum, durchzogen von geradliniger Säure, gestützt durch feine Schiefermineralität. Ein wahres Fundstück ist immer der Blanc de Noir Alte Reben mit seiner Feinheit und Mineralität, auch wenn die Reduktion am Anfang störend wirkt. Dieser Wein besitzt enormes Reifepotential, unbedingt danach suchen. An der Spitze der Kollektion steht im Allgemeinen der Mayschoßer Mönchberg Spätburgunder. Er zeigt immer kühle Eleganz, Präzision und enormen Trinkfluss. Denn bei aller Kunst sind die Weine von Julia und Benedikt vor allem eines: Trinkfreude pur!

★★½

## BROGSITTER

Weingut Brogsitter
53501 Grafschaft-Gelsdorf
Max-Planck-Straße 1
Tel. (02225) 918111 · Fax 918112
verkauf@brogsitter.de
**www.brogsitter.de**

**Inhaber/in** Hans-Joachim Brogsitter
**Betriebsleitung** Horst-Helmuth Quitsch
**Keller** Horst-Helmuth Quitsch, Markus Hallerbach

**Historie** ehemaliges Weingut des Kölner Domstifts von 1246 bis 1805
**Rebfläche** 33 Hektar
**Jahresproduktion** 180 000 Flaschen
**Beste Lagen** Walporzheimer Alte Lay, Domlay und Kräuterberg, Ahrweiler Silberberg, Walporzheimer Pfaffenberg
**Boden** Schieferverwitterung, Lösslehm
**Rebsorten** 70% Spätburgunder, 15% Frühburgunder, je 5% Riesling, Weißburgunder und Grauburgunder
**Gastronomie** Historisches Gasthaus Sanct Peter seit 1600, Walporzheimer Straße 134, 53474 Bad Neuenahr-Ahrweiler

Das Weingut Brogsitter steht im unteren Preissegment für unkomplizierten Trinkspaß. Ein Versprechen, das der Betrieb auch in diesem Jahr wieder einlöst. Alle Weine unter zehn Euro machen viel Freude und zeigen klar erkennbar ihre Rebsorte. Die drei Weine der Reihe Ad Aram tragen schon auf dem Etikett den Zusatz „Im Barrique gereift" – das schmeckt man bei allen dreien deutlich. Das ist beim Blanc de Noir noch etwas ungestüm, beim Spätburgunder schon deutlich feiner und sehr gut gelungen beim Frühburgunder. Der Spätburgunder vom Löss stammt aus dem Jahr 2017 und erfreut mit ersten Anklängen von Reife und einer straffen Säure – ein Wein, der durchaus etwas kühlere Temperaturen verträgt. Die Großen Gewächse sind allesamt von der kräftigen Sorte: Opulente, dunkle Früchte kombiniert meist mit einem feinen Säurenerv. Der Kräuterberg tanzt hier allerdings etwas aus der Reihe, bei ihm stehen Kräuternoten und eine straffe Säure im Vordergrund. Unterm Strich lässt sich sagen, dass in diesem Jahr die Frühburgunder besonders gelungen sind.

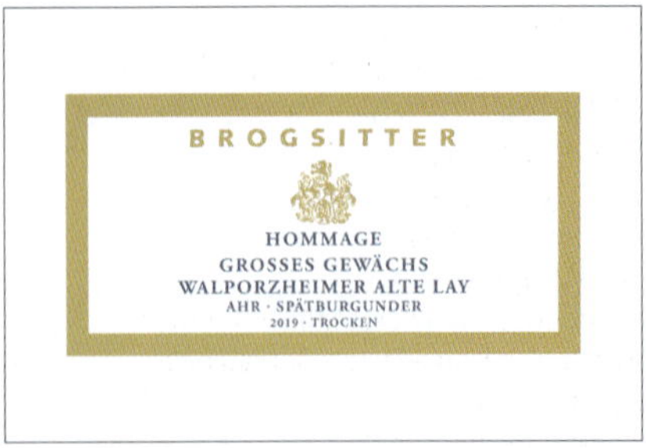


**83** 2021 Spätburgunder trocken Brogsitter No. 1 - Blanc de Noir -
**7,95 €** | 12,5%

**84** 2020 Spätburgunder trocken Ad Aram
**19,80 €** | 14,5%

**84** 2020 Spätburgunder trocken Edition B
**9,95 €** | 13%

**85** 2020 Frühburgunder trocken Edition B
**9,95 €** | 13%

**85** 2017 Walporzheimer Klosterberg trocken Spätburgunder vom Löss
**12,95 €** | 13%

**86** 2019 Spätburgunder trocken Ad Aram
**19,80 €** | 13,5%

**86** 2020 Walporzheimer Kräuterberg Spätburgunder Großes Gewächs Hommage
**27,80 €** | 13,5%

**87** 2019 Frühburgunder trocken Ad Aram
**19,80 €** | 13,3%

**88** 2019 Walporzheimer Kräuterberg Spätburgunder Großes Gewächs Hommage
**27,80 €** | 13,5%

**88** 2020 Ahrweiler Silberberg Spätburgunder Großes Gewächs Hommage
**27,80 €** | 14%

**89** 2020 Walporzheimer Pfaffenberg Frühburgunder Großes Gewächs Hommage
**27,80 €** | 13,5%

**89** 2019 Walporzheimer Alte Lay Spätburgunder Großes Gewächs Hommage
**27,80 €** | 13,5%

★★★½

## BURGGARTEN

Weingut Burggarten
53474 Heppingen · Landskroner Straße 61
Tel. (02641) 21280 · Fax 79220
burggarten@t-online.de
**www.weingut-burggarten.de**

**Inhaber/in und Betriebsleitung**
Paul-Michael und Heiko Schäfer
**Keller** Paul-Michael Schäfer
**Außenbetrieb** Heiko Schäfer

**Rebfläche** 16 Hektar
**Jahresproduktion** 120 000 Flaschen
**Beste Lagen** Neuenahrer Sonnenberg und Schieferlay, Heimersheimer Burggarten, Walporzheimer Kräuterberg und Alte Lay
**Boden** Lösslehm, Kies und Vulkangestein, Grauwacke, Schiefer
**Rebsorten** 80% Spätburgunder, 10% Grau- und Weißburgunder, 5% Frühburgunder, 5% übrige Sorten
**Gastronomie** 4 Sterne Gästehaus & Strausswirtschaft
**Erlebenswert** Gewölbekeller
**Mitglied** VDP, Schlahrvino

Kommen wir gleich mal zum Wesentlichen: den Weinen. Denn das, was die Brüder Paul-Michael und Heiko Schäfer in dieser Kollektion in die Flaschen gebracht haben, verdient alle Aufmerksamkeit. Schon der Blanc de Noir lässt mit seiner unkomplizierten Süffigkeit aufhorchen. Bevor wir uns in aller Ruhe den herausragenden Spätburgundern widmen können, probieren wir uns einmal durch die Frühburgunder: Bereits der Ortswein macht hier große Freude, rund, sanft und trotzdem ausgestattet mit der für die Rebsorte typischen Kräuterwürze. Das Große Gewächs aus dem Neuenahrer Sonnenberg ist - da legen wir uns jetzt mal fest - der beste Frühburgunder in diesem Jahr von der Ahr. Bei diesem Wein ist einfach alles am richtigen Platz.

Nun also zu den Spätburgundern. Los geht's mit den Ortsweinen, die allesamt herausragend gut gelungen sind. Besonderes Kennzeichen: straffe, belebende Säure. Bemerkenswert: der P.J.'s Signatur, der mit den anderen beiden Weinen mindestens gleichauf liegt. Bei den Großen Gewächsen eins vorneweg - sie sind allesamt großes Kino, das ist Gebietsspitze. Allen gemein ist eine frische, reife Säure, die eine wunderbare Komposition aus fruchtigen und würzigen Aromen trägt. Ebenso wunderbar ist der Einsatz von Holz. Stets unterstützt es den Wein, macht ihn reicher und komplexer. Aber niemals dominiert es ihn, weder bei den Aromen, noch beim Mundgefühl. An der Spitze stehen der Heimersheimer Burggarten und der Walporzheimer Kräuterberg. Der Kurs des Betriebs zeigt auf jeden Fall weiter nach oben.

BURGGARTEN

**85** 2021 Spätburgunder trocken Blanc de Noir
**10,50 €** | 12,5%

**86** 2020 Neuenahrer Spätburgunder trocken
**18 €** | 13,5%

**88** 2020 Walporzheimer Spätburgunder trocken
**21 €** | 13,5%

**88** 2020 Heimersheimer Pinot Noir P.J.'s Signatur
**16 €** | 13,5% **TIPP**

**88** 2020 Neuenahrer Frühburgunder
**21 €** | 13,5%

**90** 2020 Neuenahrer Sonnenberg Spätburgunder VDP.Großes Gewächs
**27,50 €** | 13,5%

**90** 2020 Neuenahrer Schieferlay Spätburgunder VDP.Großes Gewächs
**40 €** | 13,5%

**90** 2020 Walporzheimer Alte Lay Spätburgunder VDP.Großes Gewächs
**45 €** | 13,5%

**91** 2020 Neuenahrer Sonnenberg Frühburgunder VDP.Großes Gewächs
**40 €** | 13,5%

**93** 2020 Heimersheimer Burggarten Spätburgunder VDP.Großes Gewächs
**47 €** | 13,5%

**93** 2020 Walporzheimer Kräuterberg Spätburgunder VDP.Großes Gewächs
**61 €** | 14 %

★★☆

## DAGERNOVA

Weinmanufaktur Dagernova
53474 Bad Neuenahr-Ahrweiler
Heerstraße 91–93
Tel. (02641) 94720 · Fax 947294
info@dagernova.de
**www.dagernova.de**

**Geschäftsführer** Dominik Hübinger
**Betriebsleitung** Dominik Hübinger, Stefan Stahl
**Keller** Günter Schüller
**Außenbetrieb** Vorstand: Stefan Stahl

Bei manchen Dingen ist es erfreulich, wenn sie sich nicht ändern. Zum Beispiel die saftige Frische in den Weißweinen und Rosés der Dagernova. Die Rotweine erfreuen bei den einfacheren Qualitäten mit ihren sehr überschaubaren Preisen – da kommt viel Ahrwein fürs Geld ins Glas. Steigt man in der Hierarchie der Weine nach oben, überzeugt der Heimersheimer Kapellenberg mit einer feinen Säure und enormem Trinkfluss. Der Beweis, dass niedrige Alkoholwerte und ein voller Körper sich nicht ausschließen müssen. Der Walporzheimer Kräuterberg legt da allerdings nochmal eine deutliche Schippe drauf, da kann auch der Spätburgunder Alte Rebe nicht ganz mithalten. Der Kräuterberg ist in dieser Kollektion schlicht der kompletteste Wein.

**83** 2021 Weißburgunder trocken
**8,90 €** | 11 %

**84** 2021 Spätburgunder trocken
**7,50 €** | 11 %

**85** 2020 Spätburgunder trocken Handschrift
**8,90 €** | 13 %

**85** 2019 trocken Cuvee Noir
**16,90 €** | 13,5%

**87** 2019 Heimersheimer Kapellenberg Spätburgunder trocken
**24,90 €** | 12,5%

**88** 2019 Spätburgunder trocken Alte Rebe
**30 €** | 13 %

**89** 2019 Walporzheimer Kräuterberg Spätburgunder trocken
**24,90 €** | 12,5%

★★★½

## DEUTZERHOF

Weingut Deutzerhof
53508 Mayschoß · Deutzerwiese 2
Tel. (02643) 7264
info@deutzerhof.de
**www.deutzerhof.de**

**Inhaber/in** Jürgen Doetsch
**Betriebsleitung** Hans-Jörg Lüchau
**Keller** Hans-Jörg Lüchau
**Außenbetrieb** Christoph Hoffmann

**Historie** Weinbau seit 1574
**Rebfläche** 6 Hektar
**Jahresproduktion** 38 000 Flaschen
**Beste Lagen** Altenahrer Eck, Mayschosser Mönchberg, Neuenahrer Kirchtürmchen und Schieferlay, Heimersheimer Landskrone
**Boden** Schieferverwitterung mit Löss
**Rebsorten** 77% Spätburgunder, 7% Frühburgunder, 6% Chardonnay (Alte Reben), 5% Riesling (Alte Reben), je 2% Dornfelder und Regent, 1% Portugieser (Alte Reben)
**Gastronomie** Straußwirtschaft im September / Oktober
**Erlebenswert** Neue Vinothek, Turmstube des Weinguts
**Mitglied** VDP, Deutsches Barrique Forum

Beginnen wir mit einer der Spezialitäten, für die der Deutzerhof bekannt ist: mit dem Dornfelder. Im Glas schimmert der Wein tiefdunkel, die Nase erfreuen Noten von Brombeere, Schwarzkirsche und Maulbeere. So schmeckt er auch, rollt dabei seidenweich über die Zunge. Der perfekte Begleiter zum Grillen und mit Sicherheit einer der besten Dornfelder der Republik. Zu den Spätburgundern: Bei den Ortsweinen fällt neben der feinen Kirschfrucht die straffe Säure auf, die den Weinen eine schöne Frische verleiht. Dann folgt schon der Sprung zu den Großen Gewächsen. Sie eint die anfängliche Verschlossenheit. Nach ein paar Stunden an der Luft bieten sie viel Trinkfreude. Feine Frucht und ein wiederum sehr straffe Säure dominieren den Landskrone, der einen ordentlichen Zug am Gaumen zeigt. Der Mönchberg ist deutlich harmonischer, seine 14 Volumenprozent stellen der Säure eine wunderbare und kompakte Kraft zur Seite. Der Kirchtürmchen ist von der straffen Sorte, aber mit Zug und sehniger Kraft, ein hochwertiger Begleiter zu einer Brotzeit. Für den Eck gilt dasselbe – nur dass er überall eine kleine Schippe drauf packt. Am oberen Ende dann wie jedes Jahr der Grand Duc, ein Spätburgunder wie er im Buche steht. Noch ein paar Worte zu den Frühburgundern, die wie immer zu den besten des Gebiets gehören. Sie alle verbinden die der Rebsorte eigene Würze mit einem vollen Körper und gekonnt gezügelter Kraft. Großartige Weine!

DEUTZERHOF

**84** 2019 Deutzerhof Spätburgunder trocken
**11 €** | 13 %

**85** 2019 Neuenahrer Spätburgunder trocken Balthasar
**16 €** | 13 %

**85** 2019 Ahrweiler Spätburgunder trocken Caspar Alte Reben
**29 €** | 13,5%

**88** 2020 Mayschoss Dornfelder trocken Purpur
**18 €** | 12,5%

**88** 2020 Heimersheimer Landskrone VDP.Großes Gewächs
**38 €** | 13 %

**89** 2020 Frühburgunder trocken A & O
**25 €** | 13,5%

**90** 2020 Mayschoßer Mönchberg Frühburgunder VDP.Großes Gewächs
**38 €** | 13,5%

**90** 2020 Neuenahrer Kirchtürmchen Spätburgunder VDP.Großes Gewächs
**48 €** | 13 %

**91** 2020 Recher Herrenberg Frühburgunder VDP.Großes Gewächs
**42 €** | 14 %

**91** 2020 Altenahrer Eck Spätburgunder VDP.Großes Gewächs
**57 €** | 13,5%

**92** 2020 Mayschoßer Mönchberg Spätburgunder VDP.Großes Gewächs
**46 €** | 14 %

**93** 2019 Spätburgunder trocken Grand Duc Reserve
**55 €** | 14 %

★

## KLOSTER MARIENTHAL

Weingut Kloster Marienthal
53507 Marienthal · Klosterstraße 3-5
Tel. (02641) 98060 · Fax 980620
mail@weingut-kloster-marienthal.de
**www.weingut-kloster-marienthal.de**

**Inhaber/in** Weingut Kloster Marienthal KG
**Betriebsleitung** Rudolf Mies
**Keller** Markus Bertram

Die Weine des Betriebs werden im Klostergarten vorwiegend zu Flammkuchen gereicht - und dafür sind sie die perfekten Begleiter. Aber im Einzelnen: Die Weißweine sind sehr süffig, mit einem ausgewogenen Süße-Säure-Verhältnis. Da strengt nichts an, da überfordert nichts. Ähnlich der Rosé, bei ihm kommt noch eine feine Rotfruchtigkeit dazu. Bei den Rotweinen steht zwar klar der Spätburgunder Der Abt an der Spitze der Qualitätsleiter. Aber der ist eher etwas für Menschen, die ihren Rotwein auf dem Bärenfell vor dem Kamin genießen: da sind Kraft und deutliche Holznoten, gepaart mit einer tollen Länge. Den meisten Trinkspaß hat man hingegen mit dem einfachen Spätburgunder, und das zu einem sehr moderaten Preis.

**83** 2021 Ahr trocken Cuveé Blanc
**8,90 €** | 12 %

**84** 2021 Spätburgunder trocken Blanc de Noirs
**10,90 €** | 12 %

**84** 2021 Spätburgunder trocken
**9,30 €** | 12 %

**85** 2021 Spätburgunder trocken
**9,50 €** | 13 %

**88** 2020 Spätburgunder trocken Der Abt
**28 €** | 13,5%

**84** 2021 Spätburgunder halbtrocken
**9,50 €** | 12,5%

★★★½

## KREUZBERG

Weingut H. J. Kreuzberg
53507 Dernau · Schmittmannstraße 30
Tel. (02643) 1691 · Fax 3206
info@weingut-kreuzberg.de
**www.weingut-kreuzberg.de**

**Inhaber/in** Ludwig Kreuzberg
**Betriebsleitung** Benno Wagner
**Keller** Ludwig Kreuzberg & Benno Wagner
**Außenbetrieb** Tristan Galm

**Historie** 1953 gegründet, seit dem wird auch eine der ältesten Straußwirtschaften des Ahrtals betrieben
**Rebfläche** 9 Hektar
**Jahresproduktion** 60 000 Flaschen
**Beste Lagen** Neuenahrer Schieferlay und Sonnenberg, Dernauer Pfarrwingert und Hardtberg, Ahrweiler Silberberg und Rosenthal, Walporzheimer Alte Lay, Marienthaler Trotzenberg
**Boden** Schiefer, Grauwacke, Löss und Lehm
**Rebsorten** 77% Spätburgunder, 10% Frühburgunder, 4% Cabernet, 9% übrige Sorten
**Mitglied** VDP

Das Weingut Kreuzberg zählt zu den Betrieben, dessen Weine stets mit Spannung erwartet werden, waren die vergangenen Jahre doch immer ein Anlass zur Freude. Deutlich aufhorchen lässt in diesem Jahr schon recht zu Beginn der Unplugged: Feine Würze, leichte Salzigkeit, getragen von einer äußerst eleganten Säure - das ist viel Wein für überschaubares Geld. Überhaupt zieht sich das durch die aktuelle Kollektion, diese feine Eleganz. Wer's im Mund gerne laut hat, der findet andere Weingüter, die diesen Stil besser bedienen. Bei Ludwig Kreuzberg gibt es den leisen, eleganten Stoff. Das gilt auch für den Devonschiefer, dabei zeigt dieser Wein etwas mehr Frucht. Aber sonst bleibt auch er der kargen, feinen Linie treu. Nun zu den Großen Gewächsen, beginnend mit dem Neuenahrer Sonnenberg. Da begeistert schon die Nase mit dunkler Kirschfrucht, feinem, sehr feinem Holzeinsatz und leichten Spuren von Teer. Genau diese Noten finden sich dann am Gaumen wieder, getragen von feiner Säure und mit langem Abgang. Sehr gut! Der ebenfalls überzeugende Silberberg liegt eher auf der kräuterwürzigen Seite. Den Devonschiefer R, normalerweise die klare Spitze des Betriebes, konnten wir in diesem Jahr aufgrund der Umstände nur als Fassprobe probieren. Deshalb gibt es keine Punkte, nur eine Einschätzung – und die fällt zu 100 Prozent positiv aus. Da kommt was Großes auf uns zu! Bei all der Begeisterung über die Spätburgunder sollte man keinesfalls die Frühburgunder des Betriebes vergessen. Denn die gehören zum Besten, was man an der Ahr aus dieser Rebsorte keltert.

Kreuzberg
WEINGUT H.J. KREUZBERG · AHR
VDP. Prädikatsweingut

**85** 2021 Spätburgunder Blanc de Noir
**11 €** | 10,5%

**84** 2020 Neuenahrer Spätburgunder trocken
**19 €** | 13%

**86** 2020 Spätburgunder trocken
**11 €** | 12,5%

**87** 2020 Spätburgunder trocken Unplugged
**17 €** | 13%

**88** 2020 Spätburgunder trocken Devonschiefer
**25 €** | 13%

**90** 2020 Dernauer Hardtberg Frühburgunder VDP.Großes Gewächs
**44 €** | 13%

**90** 2020 Ahrweiler Silberberg Spätburgunder VDP.Großes Gewächs
**44 €** | 13%

**91** 2020 Neuenahrer Sonnenberg Spätburgunder VDP.Großes Gewächs
**44 €** | 13,5%

**89** 2020 Walporzheimer Frühburgunder
**25 €** | 13%

★★★

## KRIECHEL

Weingut Peter Kriechel
53474 Bad Neuenahr-Ahrweiler · Walporzheimer Straße 83–85
Tel. (02641) 36193 · Fax 5004
info@weingut-kriechel.de
**www.weingut-kriechel.de**

**Inhaber/in und Betriebsleitung** Ernst, Peter und Michael Kriechel
**Keller** Michael Hewel
**Außenbetrieb** Michael Kriechel

**Historie** privates Weingut seit 1952 , Weinbau nachweislich seit mindestens 1680 in der Familie
**Rebfläche** 28 Hektar
**Jahresproduktion** 210 000 Flaschen
**Beste Lagen** Neuenahrer Sonnenberg, Walporzheimer Kräuterberg, Ahrweiler Rosenthal, Marienthaler Rosenberg (Frühburgunder)
**Boden** Schieferverwitterungsböden, Lösslehm, Grauwacke
**Rebsorten** 55% Spätburgunder, 15% Frühburgunder, je 7,5% Grauburgunder und Weißburgunder, 15% übrige Sorten (Riesling, Pinot Meunier, Merlot, Chardonnay etc.)
**Gastronomie** Weinproben, geführte Wanderungen, Kellerführungen, Weinveranstaltungen mit kulinarischen und musikalischen Genüssen
**Erlebenswert** Terrassenlagen hinter dem Weingut, lokale Sehenswürdigkeiten im Ahrtal, Rotweinwanderweg
**Mitglied** Slow Food

Wir beginnen einem äußerst stimmigen Sekt. Druckvolle Perlage, sanfte Cremigkeit und dezente Herbe – der Schäumer ist Brut nature – fügen sich wunderbar zu einem schönen Ganzen. Der recht dunkle Rosé erinnert in der Aromatik fast an einen Rotwein, nur dass er leichter, schwebender daherkommt. Der Riesling aus dem Kräuterberg zeigt erste, sehr dezente Anflüge von Petrol, ist im Mund aber frisch und würzig. Die Rotweine nehmen mit einem süffigen Basis-Spätburgunder Fahrt auf. Die anderen Weine dieser Rebsorte sind absolut gekonnt und souverän. Richtig gut wird es beim Spätburgunder B: Eine kühle, straffe Säure trägt feine Kirschfrucht, Tannine, die noch etwas Reife vertragen können, sorgen für Grip am Gaumen. Die Lagenweine kommen dann eher über die Kraft, weniger über die Feinheit, sind aber ebenfalls sehr gelungen. Der noch recht jung und ungestüm wirkende Walporzheimer Kräuterberg Goldkapsel ist auch in diesem Jahr klar Kriechels bester Spätburgunder. Mit dem vollmundigen Cabernet Sauvignon setzt der Betrieb ein Ausrufezeichen! Die beiden Frühburgunder beschließen eine gute und gelungene Kollektion. Mit straffer Säure, der Würze von frischen und getrockneten Kräutern und einer dezenten Kirschfrucht am Gaumen bereiten sie viel Trinkvergnügen.

**88** 2018 Ahrweiler Rosenthal Pinot Meunier Sekt b. A. Brut nature Prestige
**25 €** | 12,5%

**88** 2019 Walporzheimer Kräuterberg Riesling trocken Goldkapsel
**25 €** | 12,5%

**86** 2020 Spätburgunder trocken B
**17,50 €** | 13 %

**85** 2021 Ahr Spätburgunder trocken
**9,90 €** | 13 %

**85** 2020 Spätburgunder trocken S
**12 €** | 13,5%

**86** 2020 Frühburgunder trocken B
**17,50 €** | 13,5%

**88** 2020 Frühburgunder trocken Jubilus Goldkapsel
**25 €** | 13,5%

**89** 2020 Spätburgunder trocken B
**17,50 €** | 13,5%

**89** 2020 Cabernet Sauvignon trocken Cabernet Sauvignon
**22 €** | 13,5%

**89** 2020 Neuenahrer Sonnenberg Spätburgunder R
**25 €** | 13,5%

**90** 2019 Walporzheimer Kräuterberg Spätburgunder Goldkapsel
**45 €** | 13,5%

## MAIBACHFARM

Maibachfarm
53474 Bad Neuenahr-Ahrweiler
Im Maibachtal 100
Tel. (02641) 36679 · Fax 36643
info@maibachfarm.de
**www.maibachfarm.de**

**Inhaber/in** Renate Günther
**Betriebsleitung** Alexander Weber
**Keller** Alexander Weber
**Außenbetrieb** Christian Peitz

**Rebfläche** 9 Hektar
**Jahresproduktion** 40 000 Flaschen
**Beste Lagen** Ahrweiler Silberberg, Ahrweiler Rosenthal, Heimersheimer Burggarten, Recher Herrenberg, Walporzheimer Alte Lay
**Boden** Schiefer, Grauwacke, Lehm
**Rebsorten** 70 % Spätburgunder, 10 % Frühburgunder, je 15 % Grau- und Weißburgunder, 5 % übrige Sorten
**Gastronomie** Straußwirtschaft von Juli bis Oktober (jeweils Samstag und Sonntag 10:00 Uhr – 19:00 Uhr)
**Erlebenswert** Weingut inmitten einer Naturidylle von Wald und Wiesen
**Mitglied** Bioland

Einer der ganz wenigen Biobetriebe an der Ahr überzeugt auch in diesem Jahr wieder voll und ganz. Das geht los mit zwei süffigen Weißweinen zum Einstieg. Das ist unkomplizierter Trinkspaß für überschaubares Geld. Die roten Gutsweine zeichnen sich ebenso aus durch glasklar herausgearbeitete Frucht. Selbst der Frühburgunder hat nur wenig von der für die Rebsorte typischen Herbe. Bei den Ortsweinen landet die Maibachfarm dann dort, wo andere Betriebe niemals hinkommen. Wieder erfreut klare Frucht den Gaumen, dazu ein äußerst feiner und vibrierender Säurenerv. Der Dernauer liegt hier vor dem Ahrweiler, denn er ist etwas tiefgründiger in allem. Die Lagenweine sind sehr unterschiedlich geraten: Burggarten und Herrenberg sind fein und sanft, Silberberg und Alte Lay erfreuen mit hedonistischer Großzügigkeit von Frucht, Struktur, feinstem Säurenerv und sehr guter Länge. Dabei liegt der Alte Lay einen Punkt vor dem Silberberg - das ist großes Rotwein-Kino. Er ist in diesem Jahr einer der schönsten Weine von der Ahr.

★★

**84** 2021 Weißburgunder trocken
**12,50 €** | 12,5%

**85** 2021 Spätburgunder trocken
**12,50 €** | 12,5%

**86** 2020 Spätburgunder trocken
**12,50 €** | 13,5%

**86** 2020 Frühburgunder trocken
**14,50 €** | 13 %

**88** 2020 Ahrweiler Spätburgunder trocken
**17 €** | 13,5%

**89** 2020 Dernauer Spätburgunder trocken
**19 €** | 13,1%

**89** 2020 Heimersheimer Burggarten Spätburgunder trocken
**29 €** | 13,1%

**89** 2020 Recher Herrenberg Spätburgunder
**29 €** | 13,5%

**91** 2020 Ahrweiler Silberberg Spätburgunder trocken
**35 €** | 13,5%

**92** 2020 Walporzheim Alte Lay Spätburgunder trocken
**33 €** | 13,5%

## MAYSCHOSS-ALTENAHR

Winzergenossenschaft Mayschoß-Altenahr
53508 Mayschoß · Ahrrotweinstraße 42
Tel. (02643) 93600 · Fax 936093
info@wg-mayschoss.de
**www.wg-mayschoss.de**

**Geschäftsführer** Matthias Baltes
**Keller** Rolf Münster

**Historie** Älteste Winzergenossenschaft der Welt, gegründet 1868.
**Rebfläche** 150 Hektar
**Jahresproduktion** 1400000 Flaschen
**Beste Lagen** Mayschoßer Mönchberg und Laacherberg, Walporzheimer Kräuterberg, Altenahrer Eck, Ahrweiler Daubhaus und Eck
**Boden** Schieferverwitterung, teilweise mit Lösslehm
**Rebsorten** 60% Spätburgunder, 19% Riesling, je 3% Weißburgunder, Frühburgunder, Müller-Thurgau und Regent, 9% übrige Sorten
**Gastronomie** Weinterrasse mit Bewirtung von Mai bis Oktober
**Erlebenswert** Historischer Holzfasskeller, Burgruinen Saffenburg und Burg Are, Rotweinwanderweg

Die kleinere der beiden Genossenschaften an der Ahr hat immer noch stolze 444 Mitglieder, die Bezeichnung „klein" ist also relativ zu betrachten. Zudem ist sie die älteste noch aktive Winzergenossenschaft der Welt, ein wenig Ehrfurcht ist da also angebracht. Diese Ehrfurcht könnte man auch angesichts der Weine haben, denn was die Genossen alljährlich aus den Kellern lassen, kann sich mehr als sehen lassen. Dabei sind sie in Sachen Opulenz und Fülle häufig die erste Instanz an der Ahr, anämische Weine sind ihre Sache nicht. Der Stil erinnert bisweilen an Neue-Welt-Weine mit viel Primärfrucht und Druck am Gaumen, dafür mit weniger Säurespiel. Die Weine aus der Lage Walporzheimer Alte Lay sind dafür beste Beispiele. Mit dunkler Aromatik, schwarzer Schokolade, Tabak, viel Extrakt, entstehen hier Spätburgunder für die Fans kraftvolldichter Weine. Geschäftsführer Matthais Baltes wird die ehrwürdige Genossenschaft auch weiterhin durch turbulente Zeiten steuern, da sind wir sicher.

★★★★

## MEYER-NÄKEL

Weingut Meyer-Näkel
53507 Dernau · Friedensstraße 15
Tel. (02643) 1628 · Fax 3363
weingut@meyer-naekel.de
**www.meyer-naekel.de**

**Inhaber/in** Dörte Näkel, Meike Näkel
**Rebfläche** 21 Hektar
**Jahresproduktion** 125 000 Flaschen
**Beste Lagen** Dernauer Pfarrwingert, Neuenahrer Sonnenberg, Walporzheimer Kräuterberg, Ahrweiler Silberberg
**Boden** Schieferverwitterung, teilweise mit Lösslehm
**Rebsorten** 75% Spätburgunder, 15% Frühburgunder, je 5% Riesling und Weißburgunder
**Mitglied** VDP, Fair'n Green, Deutsches Barrique Forum

Das Weingut Meyer-Näkel zählt seit vielen Jahren zu den internationalen Playern an der Ahr. Daran ändert auch nichts, dass die aktuelle Kollektion kleiner ausfällt als sonst. Überhaupt steht sie exemplarisch für so viele Betriebe an der Ahr, deshalb soll ihre Geschichte kurz erzählt werden. Auf die Mails, die wir ans Weingut schicken, um sie an die Teilnahme zu erinnern, meldet sich niemand. Weine erreichen uns auch nicht, niemand vom Weingut logt sich in die Datenbank ein. Schließlich ein Anruf im Betrieb. Eine sehr nette Mitarbeiterin gibt erschrocken zu, die Mails in all dem Trubel übersehen zu haben. Ein paar Tage später schickt Dörte Näkel ein paar Flaschen los und eine freundliche Mail hinterher. Viel sei von den 2019ern leider nicht mehr übrig. Die Öffnungszeiten des Ab-Hof-Verkaufs habe sie aus dem Guide-Eintrag entfernt, denn noch immer sei die Vinothek geschlossen.

Wir sind froh, dass uns die Flaschen erreicht haben. Denn das ist ein Signal, dass es weitergeht an der Ahr. Und es ist der Weckruf für Sie, liebe Leser, sich rasch mit Weinen von Meyer-Näkel zu versorgen - denn viel gibt es nicht. Und es lohnt sich, versprochen.

**Großes Rotwein-Kino**

Es geht los mit einem Blanc de Noirs, der hier nicht wie eine Pflichtübung daherkommt. Das ist ein ernst genommener Weißwein mit Zug und Druck am Gaumen, der Freude macht als Aperitif oder Begleiter leichter Speisen. Die Spätburgunder beweisen dann auf souveräne Weise, warum der Betrieb der Schwestern Dörte und Meike zur absoluten Spitze des Ahrtals zählt. Straff und sehnig kommt der Grauwacke ins Glas. Der kann sicher noch ein paar Jahre reifen - aber mal ehrlich: Wer davon ein paar Flaschen ergattern kann, der wird ihnen nicht lange widerstehen können. Mit dem Blauschiefer stößt Meyer-Näkel dann in die nationale Spitze vor. Bei allem, was den Blauschiefer ausmacht, legt dieser Wein noch eine, ach was: zwei Schippen drauf.

Der Sonnenberg wird dann hedonistischer, wirft geradezu mit üppigen Fruchtaromen um sich, die sind aber eingebunden in feinste Tannine und eine straffe, seidenweiche Säure. Das ist großes Rotweinkino. Punkt. Dasselbe gilt für den Pfarrwingert, der in den Aromen etwas dunkler daherkommt, da ist die Kirschfrucht die einer Schwarzkirsche, Anklänge von Brombeeren spielen mit rein und der Abgang scheint endlos.

**88** 2021 Spätburgunder trocken Illusion Blanc de Noirs
**15 €** | 12,5%

**89** 2019 Spätburgunder trocken Grauwacke
**21 €** | 13,5%

**91** 2019 Spätburgunder trocken Blauschiefer
**25 €** | 13 %

**94** 2019 Dernauer Pfarrwingert VDP.Großes Gewächs
**65 €** | 13,5%

**95** 2019 Neuenahrer Sonnenberg Spätburgunder VDP.Großes Gewächs
**54 €** | 13,5%

## NELLES

Weingut Nelles
53474 Bad Neuenahr-Heimersheim
Göppinger Straße 13a
Tel. (02641) 24349 · Fax 79586
info@weingut-nelles.de
**www.weingut-nelles.de**

**Inhaber/in** Thomas Nelles
**Betriebsleitung** Philip Nelles
**Keller** Philip Nelles

**Rebfläche** 9 Hektar
**Jahresproduktion** 60 000 Flaschen
**Beste Lagen** Heimersheimer Landskrone und Burggarten
**Boden** Verwitterungsschiefer, Grauwacke und Lösslehm
**Rebsorten** 70% Spätburgunder, je 10% Frühburgunder, Grauburgunder und Riesling
**Gastronomie** Griechisch-mediterranes Restaurant Dinoris und Boutiquehotel im „Weinhaus Nelles". Öffnungszeiten siehe Website.
**Mitglied** VDP, Fair'n Green

Das Weingut Nelles hat eine lange Geschichte. Vater Thomas und Sohn Philipp Nelles sind aber dafür bekannt, dass Tradition für sie nicht das Anbeten der Asche ist, sondern das Schüren der Flammen. Auch in diesen schwierigen Zeiten haben die beiden eine Kollektion angestellt, die viele Freunde finden wird. Schon der Blanc de Noirs lässt aufhorchen mit feinem Grip und zupackender Würze. Klar geht der als Aperitif. Aber der hält auch mit leichten Speisen mit. Bei den Rotweinen ist die Qualitätspyramide sauber durchdekliniert. Das geht los mit einem Gutswein, der als Brotzeit-Begleiter eine exzellente Figur macht. Dann steigert Nelles sich mit dem Ortswein langsam in Richtung Anspruch, aber ohne dabei anstrengend zu werden. Da ist jede Menge Kraft aber gleichzeitig etwas Florales, Leichtes im Wein. Zu den Großen Gewächsen: Den Auftakt macht der B-48 mit kraftvoller Würze und feinem Säurenerv. Der B-52 packt bei der Kraft einen drauf – ein anderer, kein besserer Wein. Welchen man vorzieht? Eine Frage des Geschmacks. Der R schlägt dann ein anderes Kapitel auf. Hier trägt eine straffe Säure die Würze des Weins, die die 14 Volumenprozent Alkohol vergessen lassen. Nahezu tänzelnd leicht gleitet dieser Wein über die Zunge, was für ein wunderbarer Begleiter zu Wildgerichten. Bemerkenswert ist in diesem Jahr übrigens der Frühburgunder B. Da ist diese für die Rebsorte so typische Trockenkräuterwürze, der eine feine Kirschfrucht zur Seite steht und wieder diese leicht florale Note, die den Wein durch einen ganzen Abend trägt. Das gefällt!

A·D 1479 N
WEINGUT·NELLES·DE

**86** 2021 Spätburgunder trocken Blanc de Noirs
**12 €** | 12,5%

**83** 2020 Spätburgunder trocken Ruber
**12 €** | 13%

**85** 2020 Heimersheimer Pinot Noir trocken
**14,50 €** | 13%

**88** 2020 Spätburgunder trocken 1Ahr
**26 €** | 14%

**89** 2020 Heimersheimer Landskrone Spätburgunder VDP.Großes Gewächs B-48
**35 €** | 13,5%

**89** 2020 Heimersheimer Burggarten Spätburgunder VDP.Großes Gewächs B-52
**45 €** | 13,5%

**89** 2020 Landskrone Frühburgunder VDP.Großes Gewächs B
**45 €** | 13,5%

**90** 2020 Rosenthal Spätburgunder VDP.Großes Gewächs R
**55 €** | 14%

★

## POLLIG & SCHMIDT

Weingut Pollig & Schmidt
53474 Bad Neuenahr-Ahrweiler · Oberhutstraße 21
weingut@pollig-schmidt.de
**www.pollig-schmidt.de**
**Inhaber/in** Torsten Pollig und Jan Schmidt

Das Kleinstweingut Pollig & Schmidt füllt im Jahr gerade mal 2000 Flaschen ab. Trotzdem sind die beiden Nebenerwerbswinzer mit Feuereifer bei der Sache. Alle Weine sind spontan vergoren, werden nicht gefiltert und nur einmal geschwefelt. Und sie können auch in diesem Jahr überzeugen. Das geht los mit einem sehr gut strukturierten, anspruchsvollen Rosé und steigert sich bis hin zum PSP. Der braucht viel Luft, mausert sich dann zu einem spannenden Begleiter von Wildgerichten. Der Portugieser zeigt mit seiner dunklen Würze von schwarzem Pfeffer und Nelken, dass man die Ahr nicht auf Spätburgunder reduzieren sollte. Bemerkenswert ist die Fassprobe eines Spätburgunder Rosés, der Ende Juli 2022 abgefüllt wird – nach Redaktionsschluss.

**86** 2020 Spätburgunder trocken
**9,50 €** | 12,5%

**84** 2021 Portugieser Landwein trocken
**15 €** | 11,5%

**84** 2019 Spätburgunder trocken Pinot Noir
**19 €** | 12,5%

**85** 2019 Spätburgunder trocken PSP
**25 €** | 13%

★★★

## RISKE

Weingut Erwin Riske
53507 Dernau · Wingertstraße 28
Tel. (02643) 8406 · Fax 3531
weingut-riske@t-online.de
**www.weingut-riske.de**
**Inhaber/in** Volker Riske
**Betriebsleitung** Jan Riske
**Keller** Jan Riske
**Außenbetrieb** Jan Riske
**Rebfläche** 8 Hektar
**Jahresproduktion** 40 000 Flaschen
**Beste Lagen** Dernauer Pfarrwingert und Hardtberg, Bad Neuenahrer Sonnenberg
**Boden** Schieferverwitterung, Lösslehm
**Rebsorten** 70% Spätburgunder, 15% Riesling, je 5% Frühburgunder und Weißburgunder, 5% übrige Sorten
**Gastronomie** Straußwirtschaft

Zwar liegt die Führung im Weingut Erwin Riske inzwischen bei Jan, dem Junior. Aber die schwierige Zeit nach der Flut haben er und Vater Volker nur gemeinsam überstanden. Beide wussten, dass sie sich aufeinander verlassen können. Und gemeinsam hatten sie genug Kraft in diesen Tagen. Die aktuelle Kollektion zeigt auf jeden Fall, dass die Zeichen weiter auf Zukunft stehen. Die Weißweine, deren Weinberge am Mittelrhein liegen, sind süffig und haben dazu einen feinen, würzigen Grip. Bei den Rotweinen dauert es nicht lange, bis man interessiert aufmerkt. Schon die einfacheren Weine, Schieferfels und Schieferturm, erfreuen mit feinem Biss, Harmonie und einem schlanken Körper, wie er an der Ahr nicht allzu oft zu finden ist. Was Riske aus seinen Lagen herauszuholen vermag, zeigt er so richtig beim Pfarrwingert. Der ist trotz seiner 14 Volumenprozent Alkohol sehnig wie ein Zehnkämpfer, dazu hat er eine fantastische Länge – alles ist am richtigen Platz. Ein wunderbarer Wein! Der Pfarrwingert R kann da im ersten Moment nicht mehr viel drauf legen. Aber was für ein Irrtum: mit ein paar Stunden Luft gewinnt dieser Wein eine wunderbare Feinheit, die ihn dann doch deutlich abhebt. Der R aus dem Sonnenberg steht ihm in nichts nach, er hat nur etwas mehr Kraft als Feinheit – keiner der Weine ist besser als der andere, sie sind nur unterschiedlich. Schlussendlich entscheidet der persönliche Geschmack darüber, was der bessere Wein ist.

Eine der schönsten Kollektionen des Jahres, der dritte Stern ist hochverdient.

WEINGUT ERWIN RISKE

| | | |
|---|---|---|
| 85 | 2021 Riesling trocken Alte Reben | 12 € \| 12 % |
| 84 | 2020 Spätburgunder E.R. | 12 € \| 13 % |
| 86 | 2020 Spätburgunder trocken Schieferfels | 16 € \| 13 % |
| 86 | 2020 Spätburgunder trocken Schieferturm | 19 € \| 13 % |
| 87 | 2020 Dernauer Hardtberg Spätburgunder trocken | 27 € \| 13,5% |
| 88 | 2020 Dernauer Hardtberg Frühburgunder trocken | 22 € \| 13 % |
| 90 | 2020 Dernauer Pfarrwingert Spätburgunder trocken | 32 € \| 14 % |
| 91 | 2019 Bad Neuenahrer Sonnenberg Spätburgunder trocken R | 35 € \| 13,5% |
| 91 | 2020 Dernauer Pfarrwingert Spätburgunder trocken R | 45 € \| 13 % |

★★

## MAX SCHELL

Weingut Max Schell
53506 Rech · Rotweinstraße 41
Tel. (02643) 3580 · Fax 3580
info@max-schell.de
**www.max-schell.de**

**Inhaber/in und Betriebsleitung**
Wolfgang Schulze-Icking
**Keller** Wolfgang Schulze-Icking
**Außenbetrieb** Calvin Zimmermann

**Historie** Weingut in vierter Generation
**Rebfläche** 4 Hektar
**Jahresproduktion** 30 000 Flaschen
**Beste Lagen** Ahrweiler Rosenthal, Ahrweiler Silberberg, Neuenahrer Sonnenberg, Mayschoßer Mönchberg, Recher Herrenberg
**Boden** Schieferverwitterung, Grauwacke, Lösslehm
**Rebsorten** 72% Spätburgunder, 20% Frühburgunder, 6% Riesling, 2% Portugieser
**Gastronomie** Straußwirtschaft in den Monaten Juli, August, September, Oktober, Weinproben im Winzerhof, Fasskeller und wandernde Weinprobe, Ferienwohnung

Das Weingut Max Schell verlor durch die Flutkatastrophe nicht nur nahezu seinen gesamten Spitzenwein aus dem Jahrgang 2020 sondern auch einen Hektar Reben - etwa ein Drittel der gesamten Weinbergsfläche des kleinen Betriebs. Der Wiederaufbau wird noch Jahre dauern, aber durch die Solidarität der Winzerkollegen konnten die Flächenverluste nicht nur ausgeglichen werden, der Betrieb wuchs sogar. Und das freut uns bei den angestellten Weinen ganz besonders. Für ein erstes Aufhorchen sorgt in diesem Jahr der Riesling, der mit einem feinen Süße-Säure-Spiel gefällt. Den Reigen der Rotweine eröffnet der Spätburgunder Tradition mit feinwürzigen Elementen. Der Grand Max ruft geradezu nach einem winterlichen Schmorgericht als Begleitung, der Silberberg hingegen erfreut mit Frische und Trinkfluss - das ist ein Rotwein für einen Sommerabend. An der Spitze steht wie immer (wenn auch nur mit hauchdünnem Vorsprung) der Grand Max „S". Und der geht irgendwie immer. Leicht gekühlt zur Bratwurst vom Grill oder an einem schneereichen Winterabend vor dem Kamin. Eine rundum stimmige Kollektion.

| | | |
|---|---|---|
| **84** | 2020 Riesling trocken Tradition | **9,50 €** \| 12,5% |
| **84** | 2020 Spätburgunder trocken Tradition | **9,50 €** \| 13% |
| **87** | 2019 Ahrweiler Rosenthal Spätburgunder trocken Grand Max | **18 €** \| 13% |
| **90** | 2018 Ahrweiler Silberberg Spätburgunder trocken | **21 €** \| 14,5% |
| **90** | 2018 Ahrweiler Rosenthal Spätburgunder trocken Grand Max „S“ | **25 €** \| 14% |

## PAUL SCHUMACHER

Weingut Paul Schumacher
53474 Marienthal · Marienthaler Straße 6
Tel. (02641) 4345 · Fax 359419
ps-info@weingut-ps.de
**www.weingut-ps.de**

**Inhaber/in und Betriebsleitung**
Paul und Anne Schumacher
**Keller** Paul und Marc Schumacher

**Rebfläche** 5 Hektar
**Jahresproduktion** 26 000 Flaschen
**Beste Lagen** Mayschoßer Mönchberg, Walporzheimer Kräuterberg, Marienthaler Trotzenberg, Ahrweiler Silberberg, Ahrweiler Rosenthal
**Boden** Schiefer, Grauwacke
**Rebsorten** 75% Spätburgunder, 15% Riesling, 10% Frühburgunder
**Gastronomie** Straußwirtschaft im Mai, August, September und Oktober

Das wesentliche Kennzeichen der Weine von Paul und Marc Schumacher ist die tiefgründige Eleganz, auch wenn das vielleicht nicht in jedem Jahrgang sofort zu erkennen ist. Die Schumachers haben Reben in fast allen wichtigen und renommierten Lagen der Ahr (wie Kräuterberg, Rosenthal, Mönchberg). Der Fokus liegt ganz klar auf den roten Burgundersorten, rund 85 Prozent der Weinberge sind damit bestockt. Immerhin zehn Prozent davon sind Frühburgunder, der hier immer wieder mit feiner Art und dezenten floralen Noten zu überzeugen weiß. Der Spitzenwein aber ein ist ein Spätburgunder: Der Magna Essentia ist das Ergebnis einer peniblen Selektion der kleinsten Beeren aus der Lage Ahrweiler Rosenthal. Der Wein ist tatsächlich eine „Essenz“ von großer Komplexität und Tiefe. Wobei man die einfacheren Weine angesichts dieser Delikatesse nicht vergessen sollte, denn auch die Basisqualitäten sind aller Ehren wert. Wir verkosten die Schuhmacher-Weine jedenfalls immer mit Interesse und Freude.

★★★½

## SERMANN

Weingut Sermann
53505 Altenahr · Seilbahnstraße 22
Tel. (02643) 7105 · Fax 901646
info@sermann.de
**www.sermann.de**

**Inhaber/in und Betriebsleitung**
Lukas Sermann
**Keller** Lukas Sermann

**Historie** Weinbau in der Familie seit 1775, Gründung des heutigen Weinguts 1936 durch Theo Sermann, seit 2019 geführt durch seinen Urenkel Lukas Sermann.
**Rebfläche** 10 Hektar
**Jahresproduktion** 75 000 Flaschen
**Beste Lagen** Altenahrer Eck, Recher Herrenberg, Dernauer Pfarrwingert, Marienthaler Trotzenberg, Ahrweiler Rosenthal, Neuenahrer Sonnenberg
**Boden** Devonschiefer, Grauwacke, Löss, Buntsandstein
**Rebsorten** 60% Spätburgunder, 17% Riesling, 12% Weißburgunder, 7% Frühburgunder, 2% Chardonnay, 1% Portugieser
**Gastronomie** Restaurant „Thüres" (Eröffnung September 2022) mit regionaler Küche und umfangreicher Weinkarte, Öffnungszeiten siehe Website
**Erlebenswert** Wiederaufbau und Neugestaltung der Vinothek nach der starken Zerstörung durch die Flut im Jahr 2021

Im Weingut Sermann hat sich viel getan – und damit ist ausnahmsweise nicht das Hochwasser gemeint. Lukas Sermann hat neue Weinberge hinzubekommen, bepflanzt mit einem alten, nur an der Ahr vorkommenden Spätburgunder-Klon. Im gleichen Weinberg stehen Portugieser-Reben, die mehr als 100 Jahre alt sind. Was für ein Schatz! Hinzu kommen 30 Ar mit 120 Jahre alten, wurzelechten Rieslingstöcken. Und schließlich die Eröffnung des gutseigenen Restaurants Thüres. „Damit wollen wir die klare Verbundenheit mit unserer Region, mit unseren Wurzeln zeigen und ein deutliches Zeichen der Anti-Globalisierung setzen", sagt Sermann. Natürlich macht Sermann Spätburgunder, für Furore hat er in der jüngeren Vergangenheit allerdings mit seinen Rieslingen gesorgt. Deshalb beginnen wir die Verkostung seines Sortiments mit diesen Weinen. Sie sind beide von einer vibrierenden Frische und straffen Säure, dass es eine wahre (Trink)freude ist. Der Im Eck muss sich hinter keinem anderen Riesling der Republik verstecken - an der Ahr gibt es derzeit keinen besseren Wein aus dieser Rebsorte. Der erste Spätburgunder, der Rosé Gypsy One, begeistert. Was für ein herrlich freier Wein, frei von Konventionen, von Gedanken „wie ein Rosé halt zu sein hat". Den muss man probieren! Ähnliches lässt sich auch über die roten Spätburgunder sagen. Die schmecken erst im zweiten Moment nach Ahr, im ersten schmecken sie einfach nach Lukas Sermann. Das wirkt alles so gekonnt, so ausgeruht und dabei wild und ungestüm, dass es eine Freude ist. Zum Schluss noch eine Bitte: Lieber Lukas Sermann, Sie haben einen Weg eingeschlagen, der sich von fast allen anderen an der Ahr unterscheidet. Bleiben Sie auf diesem Weg.

SERMANN

**86** 2021 Riesling Vom Schiefer
**9,50 €** | 11,5%

**90** 2021 Im Eck Riesling Wurzelecht
**21 €** | 12%

**91** 2021 Spätburgunder Gypsy One
**16 €** | 12% **TIPP**

**88** 2019 Dernauer Schieferlay Spätburgunder
**21 €** | 13%

**90** 2019 Marienthaler Trotzenberg Spätburgunder
**21 €** | 13,5%

**91** 2019 Dernauer Pfarrwingert Spätburgunder
**34 €** | 13%

**92** 2021 Altenahrer Eck Spätburgunder Beerenauslese
**75 €/0,375 Lit.** | 8%

**93** 2019 Im Eck Spätburgunder Alte Reben
**42 €** | 13,5%

★★★★½

## JEAN STODDEN

Jean Stodden - Das Rotweingut
53506 Rech · Rotweinstraße 7-9
Tel. (02643) 3001
info@stodden.de
**www.stodden.de**

**Inhaber/in und Betriebsleitung** Alexander Stodden
**Keller** Alexander Stodden
**Außenbetrieb** Alexander Eller

**Historie** Weinbau in der Familie seit 1578
**Rebfläche** 7 Hektar
**Jahresproduktion** 45 000 Flaschen
**Beste Lagen** Recher Herrenberg, Dernauer Hardtberg, Ahrweiler Rosenthal, Neuenahrer Sonnenberg, Mayschosser Mönchberg,
**Boden** Schieferverwitterung, Grauwacke, teilweise mit Lösslehm
**Rebsorten** 96% Spätburgunder, 3% Frühburgunder, 1% Riesling
**Mitglied** VDP, Fair'n Green

Aus dem Jahr 2020 gibt es bei Stoddens nur drei Weine, darunter kein Großes Gewächs. Aber Alexander Stodden hat das Beste aus der Situation gemacht und uns drei Weine geschickt, die alle als „Flutedition" gekennzeichnet sind - auch zu erkennen am leicht veränderten Schriftzug Jean Stodden - das erste „n" kippt aus der Reihe, als würde es ertrinken. Beginnen wir mit dem Pegel 735. Dieser Wein wurde aus den geretteten Barriques verschnitten, die einmal Guts- und Ortswein ergeben sollten. Dunkel und tiefgründig ist der Wein, durchzogen von einem feinen Säurenerv. In den Pegel 735 sollte eigentlich auch der nächste Wein, der Rescued by H.O., verschnitten werden. Zum Glück aber intervenierte H.O. Spanier, vom Weingut Battenfeld Spanier und drängte darauf, ihn einzeln auszubauen. Das Ergebnis ist eine herbe Schönheit von Spätburgunder, die derart intensiv am Gaumen ist, gleichzeitig so fein, dass es eine Wucht ist. Der letzte 2020er ist der Alexander die Großen – eine Cuvée aus dem Bisschen, was von den Großen Gewächsen gerettet werden konnte. Während die beiden ersten Weine dunkel und kräftig sind, ist dieser so fein und filigran wie aus feinstem Porzellan. Dabei hat er am Gaumen eine Länge, die schlicht faszinierend ist.

Neben den 2020er Weinen ist noch einiges aus dem Jahrgang 2019 im Verkauf, deshalb verkosteten wir diese Weine ebenfalls. Den Anfang macht der J mit wunderbarer Struktur, präziser Saftigkeit und toller Würze. Das ist sehr viel Wein fürs Geld und ein toller Einstieg in den Stodden-Kosmos.

Den Auftakt der Großen Gewächse macht der Sonnenberg. Wie allen Weinen des Betriebs bekommt ihm Luft hervorragend. Über mehrer Tage hinweg öffnet sich dieser großartige Spätburgunder immer mehr, präsentiert alle paar Stunden neue Facetten. Rotfruchtige Saftigkeit paart sich hier mit der typischen Schieferwürze der Ahr – toll! Als nächstes: der Rosenthal. Dunkle Kirsche, dezente, weihnachtliche Gewürze, ein Wein, der mit seiner fantastischen Länge Herz und Seele wärmt. Der perfekte Begleiter für ein Boeuf bourguignon. Der Herrenberg scheint am Gaumen dann noch dunkler, noch tiefgründiger. Er ist nicht der bessere Wein, er ist anders. Das ist ein wenig wie der Unterschied zwischen Geige und Bratsche. Die Lange Goldkapsel punktet und begeistert dann mit einer feinen Säure und unglaublicher Eleganz. Das ist großes deutsches, nein, internationales Rotwein-Kino. Zuletzt zum Frühburgunder aus dem Recher Herrenberg: Eine straffe Säure umrahmt hier ein Kompott aus dunklen Früchten, wieder finden sich etwas weihnachtliche Gewürze. Aber aufgrund der Säure wirkt dieser Wein frisch und belebend, erfreut eher zum sommerlichen Grillen als zum winterlichen Schmorgericht. Alexander Stodden bestätigt auch in diesem schwierigen Jahr wieder eindrucksvoll seine Position im Spitzenfeld der deutschen Winzer.

## Jean Stodden

**89** 2019 Spätburgunder trocken J
**19 €** | 13 %

**89** 2020 Spätburgunder trocken Pegel 735
**30 €** | 13 %

**91** 2019 Recher Herrenberg Frühburgunder VDP.Großes Gewächs
**42 €** | 13 %

**92** 2020 Rech Spätburgunder trocken Rescued by H.O.
**50 €** | 13 %

**92** 2019 Neuenahrer Sonnenberg Spätburgunder VDP.Großes Gewächs
**62 €** | 13 %

**93** 2019 Ahrweiler Rosenthal Spätburgunder VDP.Großes Gewächs
**72 €** | 13 %

**93** 2019 Recher Herrenberg Spätburgunder VDP.Großes Gewächs
**82 €** | 13,5%

**94** 2020 Spätburgunder trocken Alexander die Großen
**90 €** | 13 %

**94** 2019 Spätburgunder Lange Goldkapsel
**95 €** | 13 %

**96** 2019 Mayschoßer Mönchberg Spätburgunder VDP.Großes Gewächs
**212 €** | 13 %

# Baden: Gebiet der vielen Gesichter

Foto: DWI

Die fast 500 Kilometer zwischen dem Taubertal im Norden und dem Markgräflerland an der Schweizer Grenze sind von unterschiedlichen Kleinklimazonen und Weinstilen geprägt. Nach wie vor steht Spätburgunder in Baden an der Spitze. In den besten Lagen bringt er Große Gewächse par excellence hervor. Aufmerksamkeit verdienen auch Grau- und Weißburgunder, Riesling und Chardonnay.

### Geschichte

Karl Friedrich Markgraf von Baden gilt als großer Förderer des Weinbaus im 18. Jahrhundert. Er verbannte die Reben aus der Ebene in die Südhänge und sorgte dafür, dass sie mit den besten Sorten bepflanzt wurden, etwa am Kaiserstuhl. Auch der einheitliche Anbau der Gutedelrebe im Markgräflerland geht maßgeblich auf seine Initiative zurück.

### Geografie

Die bestockte Rebfläche von mehr als 15 810 Hektar zieht sich in einem Bogen über fast 500 Kilometer vom Taubertal im Norden bis an den Bodensee. Das Gebiet ist in neun Subregionen untergliedert. Entsprechend vielfältig sind die Klimazonen und Rebsorten. Neben Tauberfranken formiert die Badische Bergstraße mit dem Zentrum Heidelberg den nördlichsten Teil der Region. Daran schließt sich der Kraichgau an bis vor die Tore Baden-Badens. Eines der Kernstücke ist die Ortenau mit Varnhalt und Durbach, bekannt für ihre Rieslinge. Es folgt der Breisgau von Lahr bis vor die Tore Freiburgs. Der Kaiserstuhl, der sich mit seinen Terrassenlagen aus der Oberrheinischen Tiefebene erhebt, gilt vielen als der bekannteste Bereich Badens. Rund um Merdingen erstreckt sich der Tuniberg. Das Markgräflerland reicht südlich von Freiburg bis an die Schweizer Grenze. Ein ganzes Stück östlich davon liegen die Bodensee-Weinberge, vorwiegend am nordwestlichen Ufer des Sees.

### Klima und Boden

Wegen des überdurchschnittlich warmen Klimas gehört Baden als einziges Anbaugebiet in Deutschland der europäischen Weinbauzone B an. Mit dem Kaiserstuhl hat Baden den wärmsten Weinbaubereich des Landes mit jährlich rund 1740 Sonnenstunden. Das Kernanbaugebiet liegt im Rheingraben und wird vom Schwarzwaldmassiv vor rauen Ostwinden geschützt, während die Vogesen starke Regenfronten abfangen. Die Bodenformationen reichen von Moränenschotter am Bodensee über vulkanische Böden am Kaiserstuhl bis zu Muschelkalk im Taubergrund.

### Weine und Produktionsmenge

Der Spätburgunder ist, vor allem wenn er aus Einzellagen wie dem Malterdinger Bienenberg oder Ihringer Winklerberg stammt, nach wie vor Aushängeschild der Region. Aber auch Große Gewächse vom Weiß- und Grauburgunder erregen zunehmend Aufmerksamkeit. Die Produktionsmenge lag zuletzt bei rund 900 000 Hektolitern pro Jahr.

## Baden im Überblick

**Rebfläche** 15 783 Hektar (60 % rot) (2021)
**Produktion** rd. 904 065 Hektoliter (2021)
**Einzellagen** 17 Groß-, 315 Einzellagen
**Hauptrebsorten** Spätburgunder, Müller-Thurgau, Weißburgunder, Gutedel
**Weinart** Kraftvolle Rotweine von dunkler Farbe, fruchtbetonte Weißweine
**Beste Lagen** Malterdinger Bienenberg (mit Wildenstein), Bombacher Sommerhalde, Hecklinger Schlossberg, Ihringer Winklerberg, Achkarrer Schlossberg, Breisacher Eckartsberg, Burkheimer Feuerberg und Schlossgarten, Sasbacher Limburg, Schlatter Maltesergarten, Staufener Schlossberg, Dottinger Castellberg, Ehrenstetter Ölberg, Oberrotweiler Kirchberg und Eichberg

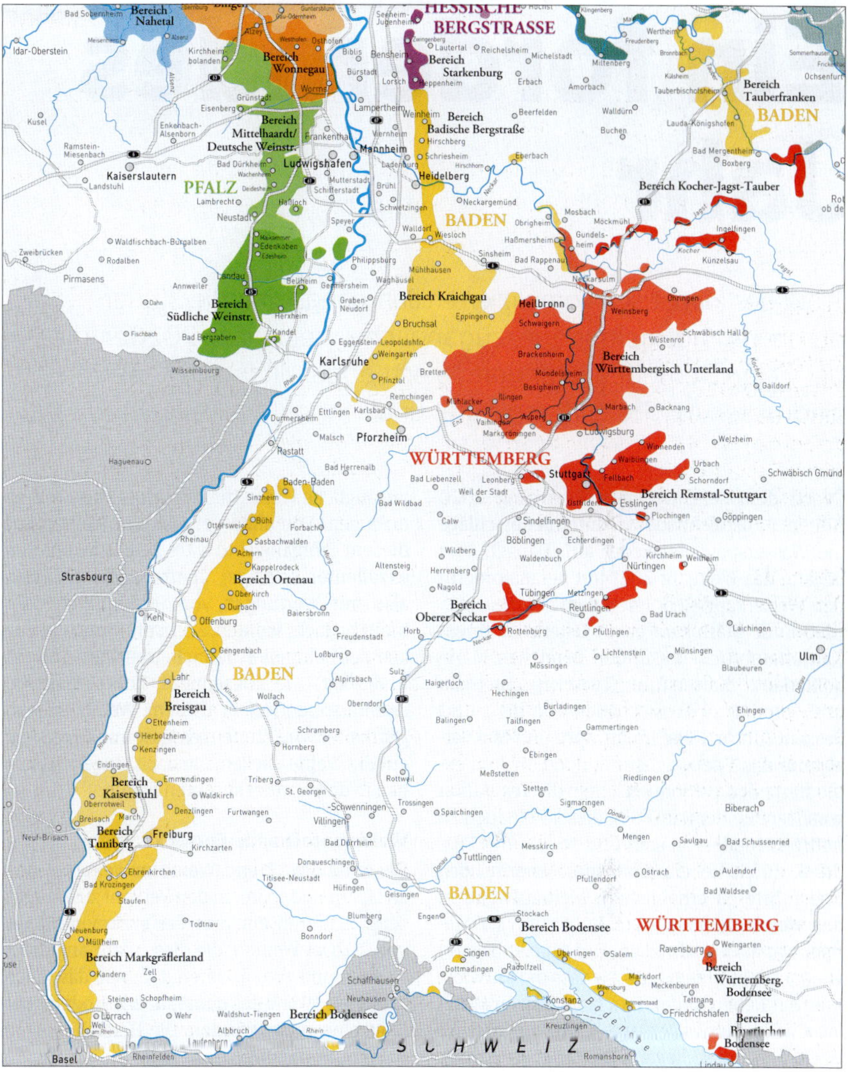


Karte: Deutsches Weininstitut

**Böden** Moränenschotter, Kies, Kreide, Lehm, Löss, Vulkangestein bis zu Muschelkalk
**Interessant** Eine badische Besonderheit ist der Badisch Rotgold oder Rotling. Der Verschnitt aus Grau- und Spätburgundertrauben wird ähnlich wie Schillerwein hergestellt und eignet sich als fruchtig-leichter Sommerwein.

**Badischer Wein GmbH**
Mauerbergstraße 32
76534 Baden-Baden
Tel (07 223) 83 03 077
info@badischerwein.de
www.badischerwein.de

# Ein forderndes Jahr

Trotz des klimatisch komplizierten Jahrgangs sind die 2021er durchweg gut gelungene, zugängliche Weine. Die 2020er, die bei vielen Betrieben jetzt gerade erst abgefüllt wurden, beeindrucken mit Tiefe, Komplexität und sehr gutem Reifepotenzial.

Nach dem sehr trockenen Jahrgang 2020 füllten ausreichende Winterniederschläge die Wasserspeicher wieder auf. Danach aber begann das Weinjahr 2021 mit herausfordernden Wetterkapriolen. Nach dem zügigen Austrieb Ende März kam es an Ostern zu einem Kaltlufteinbruch, der in den Bereichen Markgräflerland, Kaiserstuhl, Tuniberg, Breisgau und Ortenau zu Frostschäden von bis zu 80 Prozent führte. Kälte im im April und Mai verzögerte das Triebwachstum, doch im Juni explodiert mit dem Sonnenschein die Vegetation geradezu. Leider kam es in dieser Zeit auch zu heftigen Niederschlägen und so war der Pilzdruck durch Rebenperonospora enorm hoch und führte zu erheblichem Mehraufwand in den Weinbergen, der noch höher und schwieriger war als im Jahr 2016. Der August begann wiederum kühl und nass, so dass die Entwicklung der Reben hinter dem langjährigen Mittel lag. Glücklicherweise war es Ende August dann trockener und so begann die Lese am 20.September. Die Erträge waren sehr heterogen. Die Lesemengen in den vom Frost beschädigten Anlagen fielen bescheiden aus, in den übrigen Weinbergen aber waren die Mengen gut. Trotzdem lag der Ertrag mit durchschnittlich 58,4 Hektolitern pro Hektar und einem Gesamtvolumen von 904065 Hektolitern um knapp 18 Prozent unter der Menge von 2020.

### Beruhigendes

Trotz dieser sehr schwierigen Bedingungen und des geringen Ertrags ist es den Erzeugern aber durch die Bank gelungen, saubere und zugängliche Weine mit hohem Genusswert zu erzeugen. Von allen verkosteten Weinen aus diesem Jahrgang sind satte zehn Prozent von exzellenter oder gar überragender Qualität, also mit Wertungen von 90 Punkten oder mehr bedacht worden. Das ist für junge Weine aus dem aktuellen Jahrgang beachtlich hoch und zeigt, wie konsequent, kompetent und qualitätsorientiert in diesem Weinbaugebiet gearbeitet wird. Zudem es lässt mit Zuversicht auf die Weine blicken, die nach längerem Ausbau in den Handel kommen werden.

### Vielversprechende Entwicklungen

Der erfreuliche Trend, Weine im Weingut reifen zu lassen und später in den Verkauf zu bringen, zeigt sich zum einen in der enormen Menge von 2020er Weinen, die dieses Jahr angestellt wurden und zum anderen dadurch, dass auch sehr viele Weine aus dem Jahr 2019, oder sogar älter, eingereicht wurden. Die Herstellung von Sekten, vornehmlich aus den Burgundersorten, hat an Bedeutung gewonnen, über zwei Drittel davon wurden als Jahrgangssekte, also Schaumweine der höchsten Qualitätsstufe, vinifiziert. Ihre großartigen Qualitäten zeigen sich auch darin, dass 19 Prozent mit 90 Punkten oder mehr eingestuft wurden. In der absoluten Qualitätsspitze sind in Baden traditionell Burgundersorten führend, wobei die Leistungsdichte der Top-Weine und im Speziellen bei den Rotweinen aus Spätburgunder atemberaubend hoch ist.

*Stefan Metzner*

# Regionale Spitzenresultate

Immer mehr Weingüter de Region zeigen eine grossartige Entwicklung hin zu kontinuierlich besseren Weinen. Auch in der absoluten Spitze Badens steigt die Leistungsdichte und so finden sich mehr und mehr badische Weine unter den bestens Weinen Deutschlands.

## Spitzenweine

**Die besten trockenen Spätburgunder bis 16 Euro**

**92** Herbster, Pinot Noir Spätlese Prälaten **** 2020
**12,50 €** | 13.5 %

**92** Gerhard Karle, Ihringer Winklerberg Spätburgunder Spätlese Alte Reben 2020
**12,90 €** | 13.5 %

**91** Max Geitlinger, Landwein Rosie 2020
**11,50 €** | 11.5 %

**91** Lämmlin-Schindler, Mauchener Spätburgunder Alte Rebe 2017
**15,50 €** | 13 %

**91** Stigler, Pinot Noir PN 2017
**15,50 €** | 13.5 %

**91** Klumpp, Bruchsaler Gipskeuper Spätburgunder 2019
**15 €** | 13 %

## Gebietspreisträger

**Winzer des Jahres** Fritz Waßmer
**Aufsteiger des Jahres** Schumann
**Entdeckung des Jahres** Reinecker

## Spitzenbetriebe

★★★★★

**Huber, Malterdingen**

★★★★½

**Dr. Heger, Ihringen**
**Fritz Waßmer, Bad Krozingen-Schlatt**
**Martin Waßmer, Bad Krozingen-Schlatt**

★★★★

**Bercher, Burkheim**
**Johner, Bischoffingen**
**Franz Keller, Oberbergen**
**Andreas Laible, Durbach**
**Salwey, Oberrotweil**
**Wöhrle, Lahr**
**Ziereisen, Efringen-Kirchen**

★★★½

**Heitlinger, Östringen**
**Hermannn, Vogtsburg**
**Höfflin, Bötzingen**
**Klumpp, Bruchsal**
**Knab, Endingen**
**Kopp, Sinzheim-Ebenung**
**Michel, Achkarren**
**Burg Ravensburg, Sulzfeld**
**Schlör, Reicholzheim**
**Schlumberger-Bernhart, Sulzburg**
**R. und C. Schneider, Endingen**
**Stigler, Ihringen**

### ★★★

Aufricht, Meersburg-Stetten
Blankenhorn, Schliengen
Clauß, Nack
Dütsch, Baden-Baden
Franckenstein, Offenburg
Gleichenstein, Oberrotweil
Heinemann, Scherzingen
Achim Jähnisch, Ehrenkirchen
Köbelin, Eichstetten
Konstanzer, Ihringen
Lämmlin-Schindler, Mauchen
Alexander Laible, Durbach
Landerer, Vogtsburg-Oberrotweil
Schloss Neuweier, Baden-Baden
Reinecker, Auggen
Schätzle, Vogtsburg-Schelingen
Am Schlipf, Weil am Rhein
Schloss Staufenberg, Durbach

### ★★½

Durbacher Winzer
Schloss Ebringen
Staatsweingut Freiburg
Max Geitlinger, Egerten
Holub,
Herbolzheim-Tutschfelden
Hummel, Malsch
Markovic, Breisach
Rieger, Buggingen-Betberg
Weishaar, Eichstetten
Wörner, Durbach
Zähringer, Heitersheim

### ★★

Alde Gott, Sasbachwalden
Axel Bauer, Bühl
Bimmerle, Renchen
Bosch, Kronau
Harteneck, Schliengen
Hex vom Dasenstein,
Kappelrodeck
Hunn, Gottenheim
Kalkbödele, Merdingen
Heinrich Männle, Durbach
Staatsweingut Meersburg
Nägelsförst, Baden-Baden
Schloss Salem, Salem
Schumann, Bahlingen
Josef J. Simon, Freiburg-Tiengen
Vorgrimmler, Freiburg
Wagner, Vogtsburg
Zotz, Heitersheim

### ★½

Albert, St. Leon-Rot
Bach, Kenzingen
Bärmann, Merdingen
Herbster, Kirchhofen
Max Jäck, Schriesheim
Gerhard Karle, Ihringen
Kiefer, Eichstetten
Köninger, Kappelrodeck
Peter Landmann, Staufen
Moosmann, Waldkirch
Schloss Ortenberg
Pieper Basler, Offenburg
Rinklin, Eichstetten
Rainer Schlumberger, Sulzburg
Schmitter, Freiburg
Stiftungsweingut Freiburg
Vollmer, Durbach
Zimmermann, Schliengen

### ★

Winzergenossenschaft Achkarren
Benz, Lauda
Bickensohl, Vogtsburg-Bickensohl
Börsig, Oberkirch
Bös, Malsch
Geiger, Meersburg
Hafner, Ubstadt-Weiher
Winzerverein Hagnau
Simon Huber, Gengenbach
Winzergenossenschaft
Königschaffhausen
Maier, Baden-Baden
Mößner-Burtsche,
Teningen-Köndringen
Niwenburg, Zorn im Kraichtal
Oberkircher Winzer
Plag, Kürnbach
Stefan Rinklin, Bötzingen
Schneider-Pfefferle, Heitersheim
Spitalkellerei Konstanz
Strebel, Lauda
Vogel, Vogtsburg-Oberbergen
Zimmerlin, Bötzingen

Der Weinclub für Entdecker
Charakterweine für Bessertrinker
CLUB LES
DOMAINES
Gehören Sie zu den Weintrinkern,
die sich gerne auf Neues einlassen?
Werden Sie jetzt Mitglied
www.clublesdomaines.com

★

## ACHKARREN

Winzergenossenschaft Achkarren
im Kaiserstuhl
79235 Vogtsburg-Achkarren
Schlossbergstraße 2
Tel. (07662) 93040 · Fax 930493
info@winzergenossenschaft-achkarren.de
**www.achkarrer-wein.com**
**Geschäftsführer** Denis Kirstein
**Keller** Christoph Rombach

Die Winzergenossenschaft Achkarren präsentiert ein solides Portfolio. Der trockene Muskateller ist hocharomatisch und zeigt eine wunderbare Sortentypizität. Aus der Edition „A" Serie ist der 2019er Pinot Noir mit seiner präzisen, sortentypischen Aromatik, dem feingliedrigen Tannin und der sehr guten Balance durchaus beachtenswert.

**89** 2020 Achkarrer Riesling Brut
**12,90 €** | 12,5%

**85** 2021 Achkarrer Sauvignon Blanc trocken
**8,20 €** | 13 %

**85** 2021 Achkarrer Schlossberg Chardonnay trocken Edition Bestes Fass
**10,90 €** | 12,5%

**86** 2021 Achkarrer Schlossberg Grauer Burgunder Spätlese trocken
**8,90 €** | 13 %

**86** 2021 Achkarrer Schlossberg Gewürztraminer Spätlese trocken Bestes Fass
**11,90 €** | 14 %

**89** 2021 Achkarrer Schlossberg Müller-Thurgau trocken Bestes Fass
**11,90 €** | 13,5%

**89** 2021 Achkarrer Schlossberg Muskateller trocken Bestes Fass
**11,90 €** | 12 %

**90** 2020 Achkarrer Schlossberg Grauburgunder trocken Edition A
**24 €** | 14 %

**88** 2019 Achkarrer Schlossberg trocken Diavolo Bestes Fass
**10,90 €** | 13,5%

**88** 2019 Achkarrer Schlossberg Spätburgunder trocken B. Fass
**11,90 €** | 14 %

**92** 2019 Achkarrer Schlossberg Pinot Noir trocken Edition A
**29 €** | 14 %

★☆

## ALBERT

Weingut Albert
68789 St. Leon-Rot · Albertushof 1
Tel. (06227) 51717 · Fax 881233
wein@weingut-albert.de
**www.weingut-albert.de**
**Inhaber/in und Betriebsleitung**
Erwin-Peter Albert

Wir bewundern Erwin-Peter Albert für seine Konsequenz. Er hat noch nicht viele Jahrgänge auf dem Buckel und doch schon eine ganz eigene Handschrift. Respekt! Vor allem sein Händchen für die völlig vergessene Sorte Dunkelfelder ist einmalig. „Mauerblümchen" nennt er den auch ironisch seine Cuvée aus zwei Jahrgängen. Mit schwarzer Beerenfrucht, etwas Lakritz und frischer Säure der perfekte Wein um einen „Weinkenner" aufs Glatteis zu führen. Für alle anderen ist er ein großer Spass - zum kleinen Preis. Auch die anderen gezeigten Weine sind tadellos vinifiziert, nicht ohne Anspruch und voller Trinkfreude. Gerade die weißen Burgunder haben uns beeindruckt, nicht zuletzt weil sie fast schon unanständig günstig sind. Den Besuch des kleinen Betriebs können wir uneingeschränkt empfehlen - und schieben ihn mit Freude eine Stufe nach oben!

**85** 2021 Grauburgunder trocken
**6,80 €** | 12 %

**86** 2021 Weissburgunder trocken
**6,80 €** | 12 %

**86** 2021 trocken Linus
**6,80 €** | 11,5%

**88** 2020 Spätburgunder trocken
**9,50 €** | 12 % **BEST BUY**

**89** 2021 Landwein trocken
**11 €** | 12 %

**89** trocken Mauerblümchen[3]
**8,50 €** | 11,5% **BEST BUY**

**90** trocken Mauerblümchen[4]
**9,50 €** | 11,5% **TIPP** **BEST BUY**

★★

## ALDE GOTT

Alde Gott Winzer Schwarzwald
77887 Sasbachwalden · Talstraße 2
Tel. (07841) 20290 · Fax 202918
info@aldegott.de
**www.aldegott.de**

**Geschäftsführender Vorstand** Günter Lehmann
**Keller** Michael Huber

**Historie** Gründung 1948
**Rebfläche** 265 Hektar
**Jahresproduktion** 1 900 000 Flaschen
**Beste Lagen** Sasbachwaldener Alde Gott
**Boden** Granitverwitterungsgestein
**Rebsorten** 55% Spätburgunder, 15% Riesling, 12% Müller-Thurgau, 11% Grauburgunder, 7% übrige Sorten
**Erlebenswert** Barriquekeller, Bildstock Alde Gott

Seit Jahren sind die Genossen aus Sasbachwalden eine sichere Bank, wenn es um verlässliche Qualitäten für den Alltag geht. Bemerkenswert ist die Konstanz vor allem angesichts der beachtlichen Produktionsmenge. Allerdings leidet die Sortentypizität gerade bei der diesjährigen Kollektion doch durch die massiven Alkoholgrade, was insbesondere für die Rotweine gilt, die eher an Südeuropa als an Baden denken lassen. Wesentlich besser gelingt es den Weißweinen, namentlich dem Grauburgunder und dem Gewürztraminer, den Alkohol zu integrieren und sich dadurch nicht nur die Sortentypizität, sondern auch eine gewisse Frische zu bewahren. Gerade Letzterem gelingt die Balance zwischen Fülle und Eleganz, unterstützt durch eine glasklare Aromatik. Bemerkenswert ist auch der Riesling Granit, der durch seine rassige, aber sanfte Säure den Trinkfluss fördert. Konsumentenfreundlich ist auf jeden Fall die moderate Preisgestaltung.

GENUSS AUS DEM SCHWARZWALD

**84** 2021 Grauburgunder Kabinett trocken EINBLICK
**8,50 €** | 13 %

**84** 2021 Sauvignon Blanc trocken AUSBLICK
**11 €** | 12,5%

**87** 2020 Riesling trocken GRANIT
**20 €** | 13 %

**89** 2020 Grauburgunder trocken AUSBLICK
**10,50 €** | 14,5%

**90** 2020 Gewürztraminer trocken AUSBLICK
**12,50 €** | 15,5% TIPP

**90** 2015 Grauburgunder trocken Reserve WEITBLICK
**28 €** | 14,5%

**84** 2015 Spätburgunder trocken Reserve WEITBLICK
**28 €** | 15 %

**85** 2020 Spätburgunder Kabinett trocken EINBLICK
**8,50 €** | 14 %

**86** 2020 Spätburgunder trocken Alte Reben AUSBLICK
**13,50 €** | 15 %

**85** 2018 Spätburgunder WEITBLICK
**19 €** | 15,5%

★★★

## AUFRICHT

Weingut Aufricht
88719 Meersburg-Stetten · Höhenweg 8
Tel. (07532) 2427 · Fax 2421
info@aufricht.de
**www.aufricht.de**

**Inhaber/in** Robert und Manfred Aufricht
**Keller** Johannes Aufricht, Robert Markheiser

**Rebfläche** 50 Hektar
**Jahresproduktion** 400 000 Flaschen
**Beste Lagen** Meersburger Sängerhalde, Mocken, Kriesemann und Trielberg
**Boden** kalkhaltiger Lehm, eiszeitliche Endmoräne
**Rebsorten** 30% Spätburgunder, 20% Grauburgunder, 10% Weißburgunder, je 8% Auxerrois und Chardonnay, je 6% Müller-Thurgau, Muskateller, Riesling und Sauvignon Blanc
**Gastronomie** Fräulein Seegucker - Besenwirtschaft direkt in den Weinbergen mit Blick auf den Bodensee

Mit 38 Hektar bewirtschafteter Rebfläche gehört das Weingut Aufricht am Bodensee zu den größeren Betrieben. Die Bandbreite der präsentierten Kollektion wird dem gerecht. Und die in diesem Jahr vorgestellten Weine zeigen durchweg ein gleichmäßig hohes Niveau von den Basisweinen bis hoch zu den Spitzengewächsen. Bei den Weißweinen sind es vor allem die Burgundersorten, die das Gros der Produktion stellen - und hier zeigt sich insbesondere beim Grauburgunder die bodenseetypische Frische, die der sonst gern mal recht bräsig daherkommenden Rebsorte eine elegante Note verleiht. Überhaupt sind die Weißweine von einer Leichtigkeit, die wohl auch dem frischen Bodenseeklima zu verdanken ist und die den Alkohol elegant kaschiert. Diese Eleganz zeigt auch der noch recht junge und spannungsreiche Chardonnay aus dem Kalkbrunnen mit feinen Aromen von Vanille und rauchig-agrumigen Noten. Dieselbe Spannung ist auch dem sehr gelungenen Sauvignon Blanc aus dem Pfattishag eigen mit Aromen von Stachelbeere und Physalis, aber auch einer feinen Mineralität, wie sie besten Exemplaren von der Loire eigen ist, eine gelungene Interpretation der Rebsorte darstellt.

**84** 2021 Scheurebe trocken 470
**14,50 €** | 12,5%

**85** 2021 Weissburgunder trocken
**12,40 €** | 13 %

**85** 2021 Auxerrois trocken
**14,50 €** | 12,5%

**88** 2021 Weissburgunder trocken Von Alten Reben
**15,90 €** | 13 %

**89** 2021 Grauburgunder trocken Eichhölzle
**19,90 €** | 13 %

**89** 2021 Weissburgunder trocken Sommertal
**26,90 €** | 13 %

**91** 2021 Sauvignon Blanc trocken Pfattishag
**31 €** | 13 % **TOP 10**

**92** 2021 Chardonnay trocken Kalkbrunnen
**26,90 €** | 13 %

**86** 2020 Spätburgunder trocken
**10,90 €** | 13,5%

**88** 2019 Spätburgunder trocken Von Alten Reben
**17,90 €** | 13,5%

**90** 2020 Trielberg Spätburgunder trocken Trielberg
**44 €** | 13,5%

**92** 2020 Spätburgunder trocken Mocken
**44 €** | 13 %

★½

## BACH

Wein-Werkstatt Daniel Bach
79341 Kenzingen-Hecklingen · Dorfstraße 12
info@weinwerkstatt-danielbach.de
**www.weinwerkstatt-danielbach.de**

**Inhaber/in und Betriebsleitung**
Daniel Bach

Wie sich aus der Rebflächen-Zusammensetzung des Weingutes Bach ergibt (immerhin hat man 80% Spätburgunder!), sind auch dieses Jahr vier Weine auf der Basis von Spätburgunder bei uns auf dem Verkostungstisch gelandet und nun auch erstmals ein Weißwein, der 2019er Weißburgunder. Dieser zeigt eine sortentypische Aromatik, gute Balance und ein harmonisches, anhaltendes Finish. Ein gelungener Wein, der in diesem Preissegment besonders viel Spaß macht. Auch dieses Jahr kommt mit dem 2015er wieder ein gereifter Spätburgunder auf den Markt. Besonders aufgefallen aber ist der 2019er Spätburgunder Alte Reben mit seiner sortentypischen Aromatik, dem feingliedrigen, eleganten Tannin und der guten Balance. Ein präzise gearbeiteter Wein mit einigem Reifungspotential.

**89** 2021 Kenzingen-Hecklingen trocken Blanc de Noir
**9,50 €** | 12% BEST BUY

**90** 2019 Kenzingen-Hecklingen Weißburgunder trocken
**12 €** | 13%

**88** 2015 Kenzingen-Hecklingen trocken Spätburgunder Alte Reben
**16,50 €** | 13%

**89** 2019 Kenzingen-Hecklingen trocken Spätburgunder St. Michaelsberg
**10,90 €** | 13% BEST BUY

**91** 2019 Kenzingen-Hecklingen trocken Spätburgunder Alte Reben
**18 €** | 13%

★½

## BÄRMANN

Weingut Bärmann
79291 Merdingen · Kirchgasse 38
Tel. (07668) 2570160 · Fax 23726522
info@weingut-baermann.com
**www.weingut-baermann.com**

**Inhaber/in und Betriebsleitung**
Frank Bärmann

Nicht weniger als fünf Pinot-Cuvées stellt uns Frank Bärmann diesmal vor - und alle, auch die mit Cabernet Mitos „aufgepeppte" - stellen ihre Klasse unter Beweis. An der Spitze steht die Reserve aus dem Merdinger Bühl, die zwar momentan in ihrer Verschlussphase zu sein scheint, sich am Gaumen dennoch elegant und fein präsentiert und sehr vielversprechend ist. Neben den weißen Burgundersorten, bei denen der Weißburgunder aus dem Merdinger Bühl hervorsticht, sind Aromasorten die Spezialität des Betriebs. Der Muskateller ist etwas für Freunde ausgeprägt würziger Aromatik und gefällt durch seine unbekümmerte Art.

**84** 2019 Merdingen Bühl Brut Pinot Rosé
**7 €** | 12,5%

**84** 2021 Weissburgunder trocken
**7,50 €** | 12,5%

**84** 2021 Merdingen Muskateller trocken
**8 €** | 12%

**86** 2021 Grauburgunder trocken
**7,50 €** | 12,5%

**90** 2020 Merdingen Bühl Weissburgunder trocken
**15 €** | 13,5%

**85** 2020 Merdingen trocken Vintage Noir
**8 €** | 13,5%

**86** 2020 Merdingen Spätburgunder trocken
**8 €** | 13,5%

**89** 2019 Ihringen Fohrenberg Pinot Noir trocken
**16 €** | 13,5%

**91** 2019 Merdingen Bühl Pinot Noir trocken
**23 €** | 13%

**92** 2019 Merdinger Bühl Pinot Noir trocken Reserve
**29 €** | 13%

## AXEL BAUER

Weingut Axel Bauer
77815 Bühl · Erlenstraße 38
Tel. (07223) 8301227
info@weingut-axel-bauer.de
**www.weingut-axel-bauer.de**

**Inhaber/in** Axel Bauer
**Betriebsleitung** Torsten Klein
**Keller** Torsten Klein
**Außenbetrieb** Patrick Meier

**Rebfläche** 30 Hektar
**Jahresproduktion** 78 000 Flaschen
**Beste Lagen** Altschweierer Sternenberg, Bühlertäler Engelsfelsen
**Boden** Granitverwitterung, roter Sandstein
**Rebsorten** 21% Spätburgunder, 17% Grauburgunder, 12% Weißburgunder, 10% Sauvignon Blanc, je 7% Chardonnay und Merlot, 26% übrige Sorten
**Mitglied** Fair'n Green

Weine dieses Kalibers in diesem Stadium zu verkosten, gleicht einem Glücksspiel - allerdings einem mit prognostizierbar sehr gutem Ausgang. Präsentieren sich die jungen Exemplare aus 2021 noch primärfruchtig und überaus charmant, ist zu erwarten, dass die höheren Qualitäten demnächst in eine Verschlussphase eintreten - um aus diesem Dornröschenschlaf erst ein paar Jahre später wieder glorios zu erwachen. Wohl dem, der die nötige Geduld dafür aufbringt. Das gilt zwar in erster Linie für die Roten, aber in gewisser Weise auch für die Weißen. Was wir hier im Glas haben, entwickelt sich zum wirklich großen Kino. Wenn Sie also diese Weine unbedingt jetzt verkosten wollen, betrachten Sie das, was Sie im Glas vorfinden, lediglich als „Trailer", der nur ansatzweise anreißt, was Sie erwarten dürfen. Das gilt insbesondere für die Rotweine, und zwar sowohl die Cuvées als auch für die reinsortigen Gewächse. Der Syrah zum Beispiel - man weiß kaum, ob man ein typischeres Exemplar an der nördlichen Rhône finden könnte - hat diese typische pfeffrige Note, die den Charme der Rebsorte ausmacht und doch so oft durch Überextraktion überdeckt wird. Hier spielt sie ihren ganzen Charme aus und behält doch einige Trümpfe noch in der Hinterhand.

**85** 2021 Landwein trocken C4 - Cuvée Blanc
**11 €** | 12 %

**85** 2021 Weißer Burgunder Landwein trocken Handwerk
**11 €** | 11,5%

**89** 2020 Weißer Burgunder trocken Grand Vin
**Preis auf Anfrage** | 13,5%

**89** 2020 Sauvignon Blanc Landwein trocken Grand Vin
**Preis auf Anfrage** | 12,5%

**90** 2020 Landwein trocken Maison Blanc
**19,50 €** | 12,5%

**91** 2020 Viognier Landwein trocken Meisterstück
**Preis auf Anfrage** | 15 %

**87** 2020 Landwein trocken Maison Rosé
**19,50 €** | 11,5%

**88** 2020 Pinot Noir Landwein trocken Alte Reben
**26 €** | 12,5%

**89** 2020 Pinot Noir Landwein trocken Premier Vin
**Preis auf Anfrage** | 12 %

**89** 2020 Landwein trocken Premiere Cuvée
**Preis auf Anfrage** | 13,5%

**92** 2020 Landwein trocken Maison Rouge
**Preis auf Anfrage** | 13,5%

**93** 2019 Syrah Landwein trocken Grand Vin
**125 €** | 13 %

★

## BENZ

Weingut Benz
97922 Lauda-Königshofen · Im Walterstal 1
Tel. (09343) 4523 · Fax 58388
info@weingut-benz.de
**www.weingut-benz.de**

**Inhaber/in und Betriebsleitung** Familie Benz
**Keller** Michael Benz
**Außenbetrieb** Hubert Benz

Aus dem vielfältigen Angebot des Weinguts präsentiert Michael Benz einen repräsentativen Querschnitt. Mit dem süffigen Rosé und dem geschmeidigen Auxerrois als Einstieg kann man einen ersten Eindruck gewinnen. Ganz der (tauber)fränkischen Tradition verpflichet ist der Silvaner „Alte Reben" - die Muschelkalkböden auf denen er wächst, formen ihn zum klassischen Vertreter seiner Art. Bei den Roten gefällt der Cabernet Sauvignon, der mit feiner charakteristischer Fruchtsüße von Brombeeren und Cassis aufwartet. An der Spitze allerdings ist die Grande Edition vom Tauberschwarz aus dem Jahr 2018 ein echter Hit: feine Fruchtnoten von Sauerkirschen und Pflaumen, getragen von samtigen Tanninen und einer guten Struktur samt langem harmonischem Abgang machen den Wein zu einem Paradebeispiel der autochthonen roten Rebsorte des Taubertals.

**85** 2021 Becksteiner Kirchberg Auxerrois trocken
**8,90 €** | 12 %

**87** 2021 Oberschüpf Herrenberg Silvaner trocken Alte Reben
**9,50 €** | 12,5%

**84** 2021 Baden Rosé de Benz trocken
**6,90 €** | 12 %

**87** 2020 Unterbalbacher Vogelsberg Zweigelt trocken
**9 €** | 13,5%

**89** 2020 Oberschüpfer Herrenberg Cabernet Sauvignon trocken
**9,30 €** | 14 % BEST BUY

**92** 2018 Baden Tauberschwarz Edition Schlösslein
**23 €** | 14 % TIPP

★★★★

## BERCHER

Weingut Bercher
79235 Vogtsburg-Burkheim · Mittelstadt 13
Tel. (07662) 212 · Fax 8279
info@weingutbercher.de
**www.weingutbercher.de**

**Inhaber/in und Betriebsleitung** Arne und Martin Bercher
**Keller** Arne Bercher, Werner Rehbein

**Historie** Weinbau in der zehnten Generation
**Rebfläche** 27 Hektar
**Jahresproduktion** 200 000 Flaschen
**Beste Lagen** Burkheimer Feuerberg mit Haslen und Kesselberg, Burkheimer Schlossgarten mit Villinger, Sasbacher Limburg, Jechtinger Eichert
**Boden** Vulkanverwitterung und Löss
**Rebsorten** 40% Spätburgunder, 23% Grauburgunder, 17% Weißburgunder, 8% Riesling, 7% Chardonnay, 5% übrige Sorten
**Erlebenswert** 250 Jahre altes Gutshaus mit Kreuzgewölbekeller
**Mitglied** VDP, Deutsches Barrique Forum

Wie schön das sagen zu können: Alles wie immer im Hause Bercher! Wir konnten eine rundum gelungene und stimmige Kollektion verkosten, die - auch das ist typisch Bercher - die eine oder andere Überraschung bereit hielt. Nicht immer ist das rein rational zu begründen. Warum wir an den beiden Blanc de Noirs, dem Stillwein wie auch dem Sekt, soviel Freude hatten, ist sicher mit der unbestreitbaren Qualität beider Weine zu begründen. Der weiß gekelterte Blanc de Noirs Ortswein ist mit saftig-strenger Art, ein bißchen die deutsche Antwort auf provençalischen Rosé. Schmeckt nach Grapefruit und Zitrus, hat einen leichten Gerbstoffakzent. Einfach delikat. Und der schlagende Beweis für die These, dass das größte Trinkvergnügen knapp unterhalb der 90-Punkte Linie zu finden ist. Und davon hat man im Hause Bercher mehr als nur einen Wein zu bieten. Etwas mehr Tiefe und Anspruch kommt bei den Ortsweinen ins Glas. Wir sind große Bewunderer des trockenen Muskateller aus dem Feuerberg. Warum fristet diese Rebsorte ansonsten so ein Schattendasein? Die feine Frucht in der Nase, Litschi, Weinbergpfirsich, Limette, im Mund mit packender mineralischer Note, glasklarer Art und viel Animation lässt ihn sowohl als Aperitif wie auch zur orientalischen Küche brillieren. Bei den ‚großen' Weissweinen gibt man sich einmal mehr keine Blöße. Wobei wir erneut den Grauburgunder Haslen GG 2021 vorne sehen. Wie Berchers der gerade am Kaiserstuhl zur barocken Fülle neigenden Rebsorte die Zügel anlegen und einen absolut straffen, präzisen und mineralisch-würzigen Wein ins Glas bringen, dürfte einzigartig sein. Ein wenig mehr Fleisch auf den Rippen hat der Weissburgunder GG 2021 aus gleicher Lage. Dass die Burgundersorten dem Haus besonders liegen, demonstrieren auch die Spätburgunder. Der Stil des Hauses ist auch hier einmal mehr klar zu erkennen: Trinkfreude geht vor Aufzeigen. Die Ersten Lagen sind mit moderaten Alkoholgraden eine Zierde ihrer Art, wagen Frucht und eine gewisse Weichheit am Gaumen, zeigen Schmelz und überraschen dennoch jederzeit mit tiefgründiger Würze. Der Jechtinger Eichert 2019 ist der Straffere, der Sasbacher Limburg der Wuchtigere, Dichtere. Und wer sich zwischen den beiden nicht entscheiden mag, greift zum GG aus der Burkheimer Feuerberg 2020. Er scheint intensive Dichte und sehnige Kraft zu verbinden. Ein Wein für viele Jahre – wenn man denn die Geduld aufbringt, weil er schon jetzt so verführerisch ist. Wir stellen einmal mehr fest: Berchers machen Weine für Weintrinker. Und das finden wir gut so.

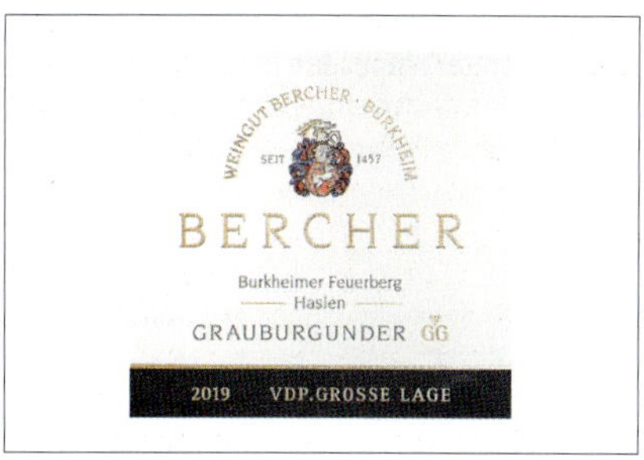


**88** 2017 Sekt b. A. Extra Brut Pinot
**17 €** | 12,5%

**88** 2021 Burkheimer Spätburgunder Blanc de Noirs trocken
**9,20 €** | 12 % **TIPP** **BEST BUY**

**88** 2021 Burkheimer Weissburgunder trocken
**9,50 €** | 12,5%

**89** 2021 Burkheimer Grauburgunder trocken
**9,50 €** | 12,5% **BEST BUY**

**89** 2021 Scheurebe & Chenin Blanc trocken - SE -
**16,50 €** | 12,5%

**89** 2021 Burkheimer Feuerberg Muskateller trocken Erste Lage
**18 €** | 12 %

**90** 2021 Sasbacher Limburg Weissburgunder trocken Erste Lage
**16,50 €** | 13 %

**90** 2021 Burkheimer Feuerberg Grauburgunder trocken Erste Lage
**16,50 €** | 12,5%

**90** 2021 Burkheimer Schlossgarten Villinger Grauburgunder VDP.Großes Gewächs
**25 €** | 12,5%

**91** 2020 Chardonnay trocken - SE -
**23 €** | 13 %

**91** 2021 Burkheimer Feuerberg Haslen Weissburgunder Großes Gewächs
**25 €** | 12,5%

**92** 2021 Burkheimer Feuerberg Haslen Grauburgunder Großes Gewächs
**29 €** | 12,5%

**88** 2018 Jechtinger Spätburgunder
**10,50 €** | 13 %

**91** 2019 Jechtinger Eichert Spätburgunder Erste Lage
**20 €** | 13 %

**92** 2018 Sasbacher Limburg Spätburgunder Erste Lage
**23 €** | 13 %

**93** 2020 Burkheimer Feuerberg Kesselberg Spätburgunder VDP.Großes Gewächs
**43 €** | 12,5%

★

## BICKENSOHL

Bickensohler Weinvogtei eG
79235 Vogtsburg-Bickensohl ·
Neulindenstraße 25
Tel. (07662) 93110 · Fax 931150
wein@bickensohler.de
**www.bickensohler.de**

**Geschäftsführender Vorstand**
Patrick Chelaifa
**Keller** Michael Jäger

Der diesjährige Sortimentsausschnitt der Bickensohler Weinvogtei zeigt durchwegs sehr zugängliche Weine in einem sehr verbraucherfreundlichen Preissegment. Besonders gelungen ist der 2018er Bickensohler Herrenstück Gewürztraminer Auslese trocken, mit seinen überströmenden Aromen von reifem gelbem Steinobst und exotischen Früchten, sehr guter Balance und dem langen harmonischen Abgang.

**85** 2021 Bickensohler Kühler Morgen Weißer Burgunder trocken
**6,50 €** | 12 %

**86** 2021 Bickensohler Herrenstück Grauer Burgunder trocken
**6,50 €** | 12 %

**87** 2021 Bickensohler Kühler Morgen Chardonnay trocken
**6,50 €** | 12 %

**88** 2019 Bickensohler Steinfelsen Grauer Burgunder Kabinett trocken „SK-Selektion"
**8,20 €** | 14 %

**89** 2020 Bickensohler Herrenstück Chardonnay Spätlese trocken „SK-Selektion"
**11,50 €** | 14 %

**92** 2018 Bickensohler Herrenstück Gewürztraminer Auslese trocken „SK-Selektion"
**24,50 €** | 15,5%

**92** 2018 Bickensohler Herrenstück Gewürztraminer Auslese
**10,50 €/0,375 Lit.** | 8,5%

**86** 2018 Bickensohler Herrenstück Spätburgunder trocken Burgunder-Serie „BS"
**7,20 €** | 13 %

**89** 2018 Bickensohler Herrenstück Spätburgunder trocken „SK-Selektion"
**13,50 €** | 13,5% BEST BUY

★★

## BIMMERLE

Weingut Siegbert Bimmerle
77871 Renchen · Kirchstraße 4
Tel. (07843) 654 · Fax 1502
info@wein-bimmerle.de
**www.wein-bimmerle.de**

**Inhaber/in und Betriebsleitung**
Siegbert Bimmerle
**Keller** Philipp Milke, Siegbert Bimmerle
**Außenbetrieb** Philipp Milke, Siegbert Bimmerle

**Historie** Gründung 1936, heute Weinbau in der dritten und vierten Generation
**Rebfläche** 140 Hektar
**Jahresproduktion** 1 000 000 Flaschen
**Beste Lagen** Badener Mauerberg, Bühlertaler Engelfelsen, Oberkircher Schlossberg, Ringsheimer Kronenbühl
**Boden** Buntsandstein, Porphyr-Granitverwitterung, Löss, Muschelkalk
**Rebsorten** 30% Spätburgunder, je 20% Grau- und Weißburgunder, 10% Müller-Thurgau, 8% Riesling, 12% übrige Sorten

Mit der neuen Kollektion liefert das Weingut Siegbert Bimmerle auch in diesem Jahr eine zuverlässige Qualität ab. Schon die Basisweine sind klar strukturiert und bieten einen animierenden Trinkfluss, sind unkompliziert und dennoch nicht ohne Anspruch. Der Riesling Porphyr ist noch etwas zurückhaltend, aber sehnig und straff. Er braucht noch etwas Zeit, um sich zu öffnen. Die Spitze bilden die drei Réserve-Burgunder, die allesamt vornehme Essensbegleiter sind. Insbesondere der Chardonnay, aber auch der Grauburgunder weisen einen gekonnten Umgang mit Holz auf. Dank ihres kräftigen Körpers und der guten Statur haben sie Aussicht auf ein langes Leben und eine vielversprechende Entwicklung. Nur wenig nach steht ihnen der Weißburgunder - aber auch er ist ein äußerst typischer Vertreter seiner Art.

- **85** 2021 Weisser Burgunder Kabinett trocken
  **10,90 €** | 13%
- **85** 2021 Chardonnay trocken
  **10,90 €** | 13%
- **86** 2021 Riesling trocken
  **14,90 €** | 12%
- **87** 2021 Grauer Burgunder Kabinett trocken
  **10,90 €** | 13%
- **88** 2021 Riesling trocken Porphyr
  **19,90 €** | 12%
- **89** 2020 Weissburgunder trocken Réserve 500
  **29,90 €** | 13,5%
- **91** 2020 Chardonnay trocken Réserve 500
  **29,90 €** | 13,5%
- **91** 2020 Grauburgunder trocken Réserve 500
  **29,90 €** | 13,5%
- **84** 2021 Riesling feinherb
  **10,90 €** | 11%
- **86** 2021 Scheurebe Spätlese restsüss
  **14,90 €** | 11%
- **85** 2019 Spätburgunder trocken
  **10,90 €** | 13%
- **87** 2019 Spätburgunder im Eichenfass gereift
  **12,90 €** | 13%

★★★

## BLANKENHORN

Weingut Fritz Blankenhorn
79418 Schliengen · Basler Straße 2
Tel. (07635) 82000 · Fax 820020
info@gutedel.de
**www.weingut-blankenhorn.de**

**Inhaber/in und Betriebsleitung**
Martin Männer und Yvonne Männer
**Keller** Yvonne Männer

**Historie** Gründung im Jahr 1847 von Johann Blankenhorn
**Rebfläche** 25 Hektar
**Jahresproduktion** 130 000 Flaschen
**Beste Lagen** Schliengener Roggenbach, Sonnenstück und Ölacker
**Boden** Kalkmergel, Lösslehm und Letten
**Rebsorten** 28% Spätburgunder, 21% Gutedel, je 10% Grauburgunder, Weißburgunder und Chardonnay, 3% Merlot, 2% Cabernet Sauvignon, 16% übrige Sorten
**Mitglied** VDP, Fair'n Green

Das VDP-Weingut Blankenhorn gibt zu jedem einzelnen der angestellten Weine sehr aufschlussreiche Informationen zur Kellertechnik und hilft dadurch, die Stilistik des Weins gut einordnen zu können. In diesem Jahr präsentieren Yvonne und Martin Männer ein homogenes, sehr gelungenes Portfolio, bei dem Gutedel mit vier unterschiedlichen Interpretationen dieser Rebsorte eine besondere Rolle zukommt. Beginnend beim frisch fruchtigen 2021 Markgräfler Gutedel trocken mit gerade einmal 11,5% Vol. Alkohol bis hin zum gehaltvollen, vielschichtigen 2019er Chasselas Courage mit deutlichen Holzausbau und Hefenoten, cremiger Textur und langem Finish zeigt sich, welch spannende Weine aus dieser Rebsorte erzeugt werden können. Daneben gibt es die klassischen Burgundersorten, bei denen der 2018er Schliengen Sonnenstück Pinot Noir GG komplexe Aromen von reifen roten Waldfrüchten, Toast und Vanille zeigt. Die Balance aller struktureller Komponenten ist sehr gut und das samtige Tannin fügt sich schmeichelnd bis hin zum langen, harmonischen Abgang in den Wein ein. Darüber hinaus gibt es im Sortiment auch eine sehr gelungene Cuvée aus Cabernet Sauvignon und Merlot, den Postillon, sowie einen gehaltvollen, konzentrierten und vielschichtigen Syrah, bei dem der Name Bravoure sehr treffend gewählt ist. Die neue Weinbar wurde im Mai eröffnet und bietet neben den Weinen auch Speisen an.

- 86 2021 Markgräfler Gutedel trocken
  **9,50 €** | 12 %
- 86 2019 Schliengen Gutedel trocken
  **12 €** | 12,5%
- 87 2021 Markgräfler Grauburgunder trocken
  **11,50 €** | 13 %
- 89 2020 Schliengen Chasselas trocken „Le Clocher"
  **20,50 €** | 12 %
- 90 2019 Schliengener Ölacker Weißburgunder trocken Erste Lage
  **19,50 €** | 13,5%
- 90 2019 Schliengener Roggenbach Grauburgunder trocken Erste Lage
  **19,50 €** | 13 %
- 91 2020 Schliengen Chardonnay trocken
  **17,90 €** | 13 %
- 91 2019 Schliengen Chasselas trocken „Courage"
  **28 €** | 13 % TIPP
- 87 2019 Schliengen Pinot Noir trocken
  **14 €** | 13 %
- 90 2019 Schliengen Cabernet Sauvignon & Merlot trocken „Postillon"
  **37 €** | 13,5%
- 92 2018 Schliengener Ölacker Spätburgunder trocken
  **25 €** | 13 %
- 92 2019 Schliengen Syrah trocken „Bravoure"
  **29 €** | 13,5%
- 93 2018 Schliengener Sonnenstück Pinot Noir Großes Gewächs
  **37 €** | 13 %

★

## BÖRSIG

Weingut Börsig
77704 Oberkirch · Niederlehen 9
Tel. (07802) 6262 · Fax 7009690
info@weingut-boersig.de
**www.weingut-boersig.de**

**Inhaber/in und Betriebsleitung** Rainer Börsig
**Keller** Rainer Börsig

Über Rainer Börsigs Weine muss man nicht tiefgründig philosophieren. Aber auch wenn sie unkompliziert erscheinen, sind sie bei weitem nicht ohne Anspruch. Der Riesling „Freigeist" ist ein Musterbeispiel dafür. Für den besonderen Anlass sucht findet der Weinfreund zum Beispiel den Chardonnay aus dem großen Holz, der gelbe Früchte mit feiner Vanillenote verbindet. Experimentierfreudige greifen zum maischevergorenen Grauburgunder, der wie ein Rosé ins Glas fließt. Die Kräuterwürze macht ihn allerdings zum genauen Gegenteil der fruchtigen Rosés und verlangt nach entsprechender Begleitung. Und so präsentiert sich auch der Syrah mit seiner typisch würzigen Frucht und einer guten Länge am Gaumen.

- 86 2020 Oberkircher Schlossberg Landwein Brut Gelber Muskateller-Sekt
  **15 €** | 12,5%
- 86 2019 Oberkircher Schlossberg Riesling trocken Freigeist
  **13,50 €** | 13 %
- 87 2020 Oberkircher Schlossberg Chardonnay trocken Großes Holz
  **19 €** | 13 %
- 88 2019 Grauburgunder trocken Besonders
  **18 €** | 13,5%
- 85 2020 Oberkircher Schlossberg Landwein trocken Rosé Lebenslust
  **9,30 €** | 13,5%
- 86 2020 Oberkircher Schlossberg Spätburgunder trocken Fatima
  **12,50 €** | 14,5%
- 88 2019 Cabernet Mitos & Spätburgunder trocken Schwarzer Sepp
  **12 €** | 12,5%
- 88 2020 Oberkircher Schlossberg Syrah trocken Besonders
  **15 €** | 13,5%

★

## BÖS

Weingut Bös
69254 Malsch · Wiesenacker 2
Tel. (07253) 278818 · Fax 278819
info@weingut-boes.de
**www.weingut-boes.de**

**Inhaber/in und Betriebsleitung** Rüdiger Bös
**Keller** Rüdiger Bös

Seit dem Jahrgang 2021 werden alle Weine hier im Weingut Bös vegan bereitet, das heißt also ohne Verwendung tierischer Substanzen, zum Beispiel für die Klärung und Stabilisierung. Eine Reaktion auch auf den zunehmenden gesellschaftlichen Trend. Für die Qualität selbst macht dies keinen Unterschied. Die Kollektion aus 2021 ist denn auch ordentlich ohne große Höhen und Tiefen. Die mit einiger Reife vorgestellten Rotweine aus 2019 sind süffig, die Cuvée Erlkönig verspricht unkompliziertes Trinkvergnügen - das alles zu sehr moderaten Preisen.

**83** 2020 Malsch Grauburgunder Brut
**14,50 €** | 13%

**84** 2021 Malsch Ölbaum Auxerrois trocken
**6,50 €** | 12,5%

**84** 2021 Malsch Ölbaum Weißburgunder trocken
**7 €** | 12%

**85** 2021 Malsch Ölbaum Grauburgunder trocken
**7 €** | 12%

**85** 2021 Malsch Ölbaum trocken Erlkönig
**7,50 €** | 12%

**84** 2018 Malsch Rotsteig Blaufränkisch trocken
**9 €** | 13,5%

**85** 2019 Malsch Ölbaum Merlot trocken Patriarch
**9 €** | 13%

**86** 2018 Malsch Ölbaum Cabernet Franc trocken
**9 €** | 13,5%

**86** 2019 Malsch Ölbaum trocken St. Ambrosius
**9 €** | 14,5%

★★

## BOSCH

Weingut R. Bosch
76709 Kronau · An der Oberen Lußhardt 1/1
Tel. (07253) 9324024
info@weingutbosch.com
**www.weingutbosch.com**

**Inhaber/in** Rudolf Bosch und Andreas Braunecker
**Betriebsleitung** Andreas Braunecker
**Keller** Andreas Braunecker
**Außenbetrieb** Andreas Braunecker

**Historie** gegründet 1994 als Nebenerwerbsbetrieb, seit 2007 bewirtschaftet von Andreas und Nadine Braunecker
**Rebfläche** 9 Hektar
**Jahresproduktion** 60 000 Flaschen
**Boden** Löss, Kalkmergel, Posidonienschiefer mit Lehmauflage
**Rebsorten** 25% Riesling, 20% Spätburgunder, 15% Müller-Thurgau, je 10% Frühburgunder, Grau- und Weißburgunder, 10% übrige Sorten
**Mitglied** Weiße Burgunder Charta, Generation Pinot

Was Andreas Braunecker und Rudolf Bosch in diesem Jahr angestellt haben, verdient ohne Zweifel das Prädikat „beachtlich“ - und zwar in jeglicher Hinsicht. Bereits die weißen Basisweine „Esprit“ bestechen durch eine Präzision, die man - zumal in dieser Preisklasse (kein Wein kostet über zehn Euro!) selten findet. Jeder Wein ist für seine Art typisch, angefangen vom Riesling und Auxerrois bis zur gelungenen Cuvée aus Weißburgunder und Chardonnay. Auffallend hier die niedrigen Alkoholgrade, da kann ein Glas mehr nicht schaden. Dass das Vergnügen nicht immer trocken sein muss, zeigt der Muskateller. Feinherb und mit würzigen Noten ist auch er ein unbeschwerter Genuss. Gewichtiger wird es dann mit der Reserve-Reihe - alles Weine, die zu Recht mehr Aufmerksamkeit verlangen, das aber mit Fülle und Geschmackstiefe belohnen. Besonders gilt das erneut für den Riesling vom Posidonienschiefer, der allerdings noch etwas Zeit braucht, während Auxerrois und Gris de Gris aus dem Vorjahr schon etwas mehr von ihren Qualitäten preisgeben. Bei den Rotweinen ist es wohl Geschmackssache, welchem der beiden man den Vorzug gibt. Seidige Fülle und Tiefe eint die beiden, reifemäßig hat der

Terra Sigma knapp die Nase vorn, was aber bei den Anlagen des 2019er Michaelsberg fast vernachlässigbar ist.

weingutbosch

**89** 2019 Auxerrois Brut
**14,50 €** | 12,5% BEST BUY

**86** 2021 Obergrombacher Michaelsberg Auxerrois trocken Esprit
**8,80 €** | 11,5%

**86** 2020 Riesling trocken Esprit
**8,80 €** | 12 %

**87** 2021 Weissburgunder& Chardonnay trocken Esprit
**8,80 €** | 12,5%

**89** 2021 Riesling trocken Lias Epsilon vom Posidonienschiefer
**Preis auf Anfrage** | 12,5%

**89** 2020 Auxerrois trocken Reserve
**Preis auf Anfrage** | 12,5%

**89** 2020 Grauburgunder trocken Gris de Gris
**Preis auf Anfrage** | 14 %

**87** 2021 Muskateller feinherb Esprit
**8,80 €** | 10 %

**84** 2021 Rosé trocken Spielart
**8,80 €** | 11,5%

**85** 2021 Rosé trocken Spielart Reserve
**Preis auf Anfrage** | 12 %

**89** 2019 Obergrombacher Michaelsberg Spätburgunder trocken Elysium
**Preis auf Anfrage** | 13,5%

**90** 2018 Spätburgunder trocken Terra Sigma 3 Böden 1 Wein
**Preis auf Anfrage** | 13,5%

★★★

## CLAUSS

Weingut Susanne und Berthold Clauß
79807 Nack · Obere Dorfstraße 39
Tel. (07745) 5492 · Fax 927951
info@weingutclauss.de
**www.weingutclauss.de**

**Inhaber/in und Betriebsleitung**
Susanne und Berthold Clauß
**Keller** Berthold Clauß

**Historie** 1982, vor genau 40 Jahren, pflanzte Famile Clauß die ersten Spätburgunder-Reben in der Nack.
**Rebfläche** 19 Hektar
**Jahresproduktion** 140 000 Flaschen
**Beste Lagen** Nacker Steinler, Erzinger Kapellenberg, Esslinger Schenkenberg
**Boden** sandiger Lehm mit Kiesgestein in Nack, Lehm mit Jurakalk im Klettgau, Keuper in Esslingen
**Rebsorten** 47% Spätburgunder, 15% Grauburgunder, 13% Müller-Thurgau, 8% Weißburgunder, 6% Sauvignon Blanc, je 3% Riesling und Merlot, 2% Frühburgunder, 3% übrige Sorten
**Mitglied** Slow Food, Vinissima

In diesem Jahr stellt das Weingut Clauß ein rebsortenreines Sortiment vor. Die Weißweine sind alle aus dem aktuellen Jahrgang 2021, die Rotweine sind gereifter. Die Handschrift des Weinguts ist durchgängig und die Stilistik in jedem Wein deutlich zu erkennen: völlig trockene, reife, reichhaltige Weine mit Druck, Volumen und Länge, ohne dabei Balance oder gar Sortentypizität außer Acht zu lassen. Der 2021er Müller-Thurgau Belemnit Wildfang zeigt wieder einmal in beeindruckender Art, was mit dieser Rebsorte eigentlich möglich ist. Dieser Wein zeigt typische Aromen von Blüten, Muskatnuss, Limonenschalen, grünem Kernobst und eine dezente Würzaromatik vom Holzeinsatz, hat eine lineare, gut integrierte Säure, einen sehr voluminösen Mittelbau mit cremiger Textur und einen fein balancierten langen Abgang - und das bei gerade einmal 12,5 % Vol. Alkoholgehalt, beachtlich! Ein weiteres Beispiel für das feine Gespür von Berthold Clauß, die einzelnen Rebsorten im Weinberg und im Keller auszureizen, ohne es zu übertreiben, ist der hocharomatische, sortentypische Sauvignon Blanc mit seiner rassigen Säure, dem grasigen Aspekt im fruchtbetonten Aromaprofil und der sehr gelungenen, dezenten Holzausbaunote. Der Wein zeigt eine sehr gute Balance von Körper und Säure und hat einen langen, sehr harmonischen Abgang. Auch bei den Rotweinen sind Sortentypizität, fein dosierter Holzeinsatz, sehr gute Balance und Länge klar zu erkennen. Diese dichten Weine haben allesamt ein sehr gutes Reifungspotential und werden mit einigen Jahren der Flaschenreife sicherlich an Komplexität gewinnen und noch mehr Genuss bereiten.

**89** Sekt b. A. Brut
**15,80 €** | 12,5%

**88** 2021 Grauburgunder trocken Belemnit
**10,70 €** | 13%

**90** 2021 Müller-Thurgau trocken Belemnit
**14,50 €** | 12,5%

**90** 2021 Pinot Gris trocken Urbanus
**21 €** | 13,5%

**91** 2021 Nacker Sauvignon Blanc trocken
**16 €** | 13,5% TIPP TOP 10

**91** 2021 Pinot Blanc trocken Urbanus
**21 €** | 13,5%

**89** 2019 Merlot trocken Belemnit
**15,50 €** | 13,5%

**91** 2019 Spätburgunder trocken Belemnit Grand Reservé
**17,50 €** | 13,5%

**92** 2018 Pinot Noir trocken Urbanus
**30 €** | 14,5%

★★★

## DÜTSCH

Weingut Holger Dütsch
76534 Baden-Baden-Neuweier
Sankt-Michael-Straße 39
Tel. (07223) 959739 · Fax 2818823
info@weingut-duetsch.de
**www.weingut-duetsch.de**

**Inhaber/in und Betriebsleitung** Holger Dütsch
**Keller** Holger Dütsch
**Außenbetrieb** Holger Dütsch

**Historie** gegründet im Jahr 2004
**Rebfläche** 3 Hektar
**Jahresproduktion** 18 000 Flaschen
**Beste Lagen** Neuweier Mauerberg und Altenberg, Steinbacher Stich den Buben
**Boden** Arkosesandstein und Schieferton, Quarzporphyr, Lösslehm
**Rebsorten** 40% Riesling, je 15% Chardonnay und Spätburgunder, je 8% Sauvignon Blanc und Blaufränkisch, 6% Silvaner, 8% übrige Sorten

Es ist schon erstaunlich, welche Bandbreite an Weinen dieses kleine Weingut - nur 3 Hektar im Ertrag - anbietet. Beachtlich ist dabei besonders die konstante Qualität, die Holger Dütsch hält. Auch in diesem Jahr sind die Rieslinge eine sichere Bank, der Chardonnay Signatur ist jedoch mit Abstand der gelungenste der Weißen. Von beachtlicher Güte sind auch wieder die Roten - der samtige, feinfruchtige Blaufränkisch ebenso wie die elegante Cuvée aus Cabernet Franc und Merlot, die mit feinsten Tanninen aufwartet und seidig den Gaumen auskleidet.

**86** 2020 Neuweierer Mauerberg Riesling Tradition trocken Erste Lage
**14,50 €** | 14%

**87** 2021 Neuweierer Sauvignon Blanc trocken
**10,50 €** | 12 %

**87** 2020 Neuweier Mauerberg Chardonnay trocken Erste Lage
**14,50 €** | 13 %

**88** 2020 Neuweierer Riesling Mineral trocken
**10,50 €** | 13,5%

**88** 2021 Neuweierer Riesling Urgestein trocken
**10,50 €** | 12 %

**88** 2020 Steinbach Stich den Buben Silvaner trocken Erste Lage
**13,50 €** | 13 %

**90** 2021 Neuweierer Mauerberg Riesling trocken Erste Lage Finesse
**16 €** | 13 %

**90** 2020 Chardonnay trocken Erste Lage Signatur
**20 €** | 14 %

**86** 2021 Riesling feinherb
**8,50 €** | 11 %

**88** 2021 Neuweier trocken Blitz und Donner
**11,50 €** | 13 %

**90** 2019 Neuweier Altenberg Spätburgunder trocken Erste Lage
**15 €** | 13,5%

**90** 2019 Cabernet Franc & Merlot trocken Erste Lage Signatur
**26 €** | 14 %

**91** 2019 Steinbacher Stich den Buben Blaufränkisch trocken Erste Lage
**15,50 €** | 13,5% TIPP

## DURBACH

Durbacher Winzergenossenschaft
77770 Durbach · Nachtweide 2
Tel. (0781) 93660 · Fax 36547
gerlindekofler@durbacher.de
**www.durbacher.de**

**Geschäftsführender Vorstand** Stephan Danner
**Keller** Rüdiger Nilles

**Historie** gegründet im Jahr 1928
**Rebfläche** 340 Hektar
**Jahresproduktion** 3 000 000 Flaschen
**Beste Lagen** Durbacher Ölberg, Plauelrain, Kochberg und Steinberg (Eigenbesitz)
**Boden** Granitverwitterung,
**Rebsorten** 43% Spätburgunder, 29% Klingelberger (Riesling), je 10% Müller-Thurgau und Grauburgunder, 4% Traminer und Gewürztraminer, 4% übrige Sorten
**Erlebenswert** Steinberghäusle - exklusive Location für Weinproben mitten in den Reben
**Mitglied** Klingelberger 1782

Was die Durbacher Genossen auf insgesamt 340 Hektar mit ihrer diesjährigen Kollektion an Qualität abliefern, kann man nur mit dem Urteil „Respekt" kommentieren. Schon der Riesling in der Literflasche ist beispielhaft für einen Zechwein im besten Wortsinn. Überhaupt Riesling - alle vier angestellten Proben bis hoch zur edelsüßen Auslese rufen mal wieder die Bandbreite in Erinnerung, zu der diese Rebsorte fähig ist - jede ein Musterbeispiel für ihre Klasse. Und die Rotweine? Der Spätburgunder aus dem Kochberg wird sicher noch ein wenig Zeit zur Entfaltung benötigen, beweist aber jetzt schon Klasse. Gleiches gilt für den 2020er Cabernet Sauvignon, der zudem mit einem unglaublichen Preis-Leistungs-Verhältnis aufwartet.

DURBACHER

**85** 2021 Durbacher Plauelrain Riesling trocken
**6,50 €/1 Lit.** | 12%

**86** 2021 Durbacher Plauelrain Klingelberger Riesling Kabinett trocken
**7,70 €** | 11,5%

**86** 2021 Durbacher Kochberg Grauburgunder Kabinett trocken
**7,70 €** | 12,5%

**87** 2021 Durbach Plauelrain Riesling Spätlese trocken Erste Lage
**8,70 €** | 12%

**87** 2021 Durbacher Chardonnay trocken
**9,50 €** | 12%

**87** 2021 Durbacher Steinberg Sauvignon Blanc trocken
**12,50 €** | 12,5%

**87** 2021 Durbacher Steinberg Weißburgunder trocken
**12,50 €** | 13%

**88** 2021 Durbacher Plauelrain Scheurebe Spätlese restsüss Erste Lage
**8,70 €** | 10,5%

**89** 2021 Durbacher Steinberg Scheurebe
**29 €/0,375 Lit.** | 8,5%

**90** 2021 Durbacher Plauelrain Riesling Auslese
**11,90 €/0,5 Lit.** | 9,5%

**89** 2020 Cabernet Sauvignon trocken Klassik Edition
**10,50 €** | 14% BEST BUY

**91** 2020 Durbacher Kochberg Spätburgunder Spätlese trocken
**16,90 €** | 13,5%

## SCHLOSS EBRINGEN

Schlossgut Ebringen
79285 Ebringen · Schlossplatz 1
Tel. (07664) 6805 · Fax 60695
info@schlossgut-ebringen.de
**www.schlossgut-ebringen.de**

**Inhaber/in und Betriebsleitung** Andreas Engelmann
**Keller** Andreas Engelmann
**Außenbetrieb** Andreas Engelmann

**Historie** 2016 feierte Ebringen 1300 Jahre Weinbau, älteste Weinbaugemeinde im Markgräflerland
**Rebfläche** 8 Hektar
**Jahresproduktion** 50 000 Flaschen
**Beste Lagen** Ebringer Leinele, Ebringer Biegarten und Ebringer Klämle
**Boden** Kalkmergel mit Lehm-Löss-Auflage
**Rebsorten** 38% Spätburgunder, 23% Grauburgunder, 14,3% Chardonnay, 11,2% Sauvignon Blanc, 8% Weißburgunder, 5,5% Gutedel
**Erlebenswert** historisches Schloss mit Keller, in dem die Weine von Schlossgut Ebringen vinifiziert werden
**Mitglied** Baden, Generation Pinot

Das diesjährige Niveau der Kollektion des Schlossguts Ebringen ist bemerkenswert. Zu welchem Wein man auch greift - man wird nicht enttäuscht werden, egal, bei welcher Gelegenheit. Die beiden eingereichten Sekte bilden einen schönen Einstieg, verbreiten Unbeschwertheit und gute Laune, wobei der Blanc de Blancs der tiefgründigere ist mit seinem Mousseux und den feinen Biskuitnoten. Mit der Linie „S" erreichen wir bereits ein gehobenes Level, bei dem der Sauvignon und der Weißburgunder sich als typische Vertreter ihrer Art erweisen, der Weißburgunder mit kräuteriger Frucht, der Sauvignon Blanc mit glasklaren Aromen von Pfirsich und Stachelbeere und einem animierenden Säurespiel. Die Spitze stellen freilich die Lagenweine dar. Aus dem Klämle kommt ein Sauvignon Blanc, der seinem „kleineren Bruder" aus der S-Linie noch in puncto Spannung und feiner Mineralität um einige Nasenlängen voraus ist. Freunde burgundischer Stilistik werden sowohl mit dem Chardonnay als auch mit den Pinot Noirs aus dem Ebringer Esel und dem Leinele glücklich. Sie vereinen Eleganz und mineralisch geprägte Frucht mit Subtilität und einer schönen Länge am Gaumen.

**87** 2018 Pinot Noir Rosé Sekt b. A. Brut
**14,90 €** | 12,5%

**90** 2018 Blanc de Blancs Brut nature Schlossgut Ebringen
**19,90 €** | 12,5%

**86** 2021 Chasselas trocken „S“ sur lie
**12,90 €** | 12,5%

**86** 2020 Grauburgunder trocken „S“
**12,90 €** | 13,5%

**87** 2020 Weißburgunder trocken „S“
**12,90 €** | 13%

**87** 2021 Sauvignon Blanc trocken „S“
**12,90 €** | 12,5%

**90** 2020 Ebringer Klämle Sauvignon Blanc trocken
**19,90 €** | 13,5%

**90** 2020 Ebringer Schädler Chardonnay trocken
**19,90 €** | 13%

**87** 2019 Pinot Noir trocken „S“
**14,90 €** | 13,5%

**92** 2019 Ebringer Esel Pinot Noir trocken Große Lage
**Preis auf Anfrage** | 13,5%

**89** 2019 Ebringer Biegarten Pinot Noir
**24,50 €** | 13,5%

**92** 2019 Ebringer Leinele Pinot Noir
**39 €** | 13%

## FRANCKENSTEIN

Weingut Freiherr von und zu Franckenstein
77654 Offenburg · Weingartenstraße 66
Tel. (0781) 34973 · Fax 36046
weingut@weingut-franckenstein.de
**www.weingut-franckenstein.de**

**Inhaber/in und Betriebsleitung** Stefan Huschle
**Keller** Stefan Huschle

**Historie** älteste Weinbau-Urkunde im Betrieb aus dem Jahre 1517, seit 1710 im Besitz Franckenstein
**Rebfläche** 18 Hektar
**Jahresproduktion** 100 000 Flaschen
**Beste Lagen** Zell-Weierbacher Neugesetz und Abtsberg, Berghauptener Schützenberg, Laufer Gut Alsenhof
**Boden** Granitverwitterung, Gneisverwitterung, Lösslehm und Buntsandstein
**Rebsorten** 27% Spätburgunder, 25% Riesling, 20% Grauburgunder, 10% Weißburgunder, 8% Müller-Thurgau, 10% übrige Sorten
**Mitglied** VDP

Nach einer Pause im vergangenen Jahr meldet sich das Weingut von und zu Franckenstein in diesem Jahr mit einer gelungenen Kollektion auf beachtlichem Niveau zurück. Dass man wusste, diese Zeit zu nutzen, zeigt die gelungene Reihe von Weinen: was uns diesmal präsentiert wurde, setzt die Qualitätssteigerungen der letzten Jahre konsequent fort. Die Mehrzahl der angestellten Weine erhält Bewertungen im 90-Punkte-Bereich. Dabei kommt ihnen mit Sicherheit die fortgesetzte Umstellung auf ökologischen Weinbau zugute. Aber auch die Tatsache, dass man den jeweiligen Gewächsen die Zeit zur Entwicklung zugesteht, die sie benötigen, um ihr Potenzial unter Beweis zu stellen, tut ihr Übriges. So erreichen uns nun die Jahrgänge 2020 und 2019 für die Weißen sowie 2018 und 2017 für die Roten. Besonders gefallen hat uns der Chardonnay aus der Ersten Lage, der sich nicht wie sonst häufig breitbeinig und wuchtig, sondern eher filigran und elegant zeigt, dabei aber die Tiefe nicht vermissen lässt. Bei den großen Gewächsen schießt der Weißburgunder den Vogel ab. Er überzeugt mit Aromen von Kräutern und Honig sowie großer Fülle und Tiefe, ist komplex und nachhaltig, mit Druck am Gaumen. Untadelig auch die präsentierten Roten, selbstredend das Große Gewächs Marie, das seidig und geschmeidig eine schöne Weichselnote mit viel Spiel und filigraner Eleganz vereint. Der Spätburgunder Granit verdient wegen seines unschlagbaren Preis-Leistungs-Verhältnisses eine besondere Erwähnung .

**89** 2020 Berghauptener Schützenberg Weissburgunder trocken Erste Lage
**15 €** | 13,5%

**89** 2020 Berghauptener Schützenberg Riesling trocken Erste Lage
**15 €** | 12%

**90** 2020 Berghauptener Schützenberg Chardonnay trocken Erste Lage
**15 €** | 0%

**90** 2020 Laufer Gut Alsenhof Grauburgunder trocken Erste Lage
**19,50 €** | 14%

**90** 2019 Abtsberg Grauburgunder „Tannweg“ VDP.Große Lage
**24 €** | 13%

**91** 2020 Neugesetz Riesling „Georg Arbogast“ VDP.Große Lage
**24 €** | 12,5%

**92** 2020 Schützenberg Weissburgunder „Zum Himmelreich“ VDP.Große Lage
**24 €** | 13,5%

**88** 2018 Zell-Weierbach Spätburgunder „Granit“ trocken
**10 €** | 13,5% TIPP

**91** 2017 Laufer Gut Alsenhof Spätburgunder trocken Erste Lage
**19,50 €** | 13,5%

**92** 2017 Neugesetz Spätburgunder „Marie“ VDP.Große Lage
**29 €** | 13%

★★☆

## FREIBURG

Staatsweingut Freiburg
79100 Freiburg · Merzhauser Straße 119
Tel. (0761) 401654320 · Fax 401654321
staatsweingut@wbi.bwl.de
**staatsweingut-freiburg.de**

**Inhaber/in** Land Baden-Württemberg
**Betriebsleitung** Bernhard Huber
**Keller** Werner Scheffelt, Benedikt Jehle

**Rebfläche** 37 Hektar
**Jahresproduktion** 220 000 Flaschen
**Beste Lagen** Blankenhornsberger Doktorgarten, Freiburger Schlossberg
**Boden** Vulkanverwitterung, Lösslehm, Gneisverwitterung
**Rebsorten** 30% Spätburgunder, je 12% Grau- und Weißburgunder, 5% Riesling, je 4% Gutedel, Müller-Thurgau und Muskateller, 29% übrige Sorten
**Erlebenswert** Gewölbekeller aus der Gründungszeit von 1847
**Mitglied** VDP, Ecovin

Auch in diesem Jahr bildet der Sekt einen gelungenen Einstieg in die Angebotspalette des Staatsweinguts. Die Cuvée aus Chardonnay und Spätburgunder überzeugt mit einem feinen Mousseux und frischen Noten von Zitrus und Biskuit. Wer diesen Sekt durchgängig zu einem feinen Sommermenü wählt, macht mit Sicherheit nichts falsch. Ebenso sicher kann man bei den Weißweinen zugreifen, besonders der Pino Magma Reserve besticht wieder durch jene Frucht und Fülle, die sich sanft an sahnige Geflügelgerichte und zarte Fischfilets anschmiegt. Das Große Gewächs vom Grauburgunder legt noch eine Schippe drauf und macht mit seiner Kraft bei Gerichten mit Kalbfleisch, aber auch mediterran geprägten Gemüsegratins sicher eine gute Figur. Bei den Roten ist natürlich das Große Gewächs aus dem Doktorgarten Primus inter pares. Aber auch den Ortswein und die Ersten Lagen sollte man nicht ignorieren. Sie bieten viel zu fairen Preisen.

STAATSWEINGUT
FREIBURG

**89** 2018 Blankenhornsberger Pinot Chardonnay Extra Brut
**17 €** | 13 %

**84** 2020 Blankenhornsberger Weißburgunder trocken
**9,80 €** | 14 %

**86** 2020 Grau- & Weißburgunder trocken Pino Magma
**12 €** | 13 %

**89** 2019 Pino Magma Réserve
**17 €** | 13,5%

**89** 2020 Blankenhornsberger Doktorgarten Chardonnay Großes Gewächs
**29 €** | 14 %

**90** 2020 Blankenhornsberger Doktorgarten Weißburgunder Großes Gewächs
**19 €** | 14 %

**91** 2020 Blankenhornsberger Doktorgarten Grauburgunder Großes Gewächs
**22 €** | 14 %

**88** 2018 Solaris Beerenauslese ECOVIN
**25 €/0,375 Lit.** | 9,5%

**86** 2019 Blankenhornsberger Spätburgunder trocken
**9,80 €** | 13,5%

**88** 2020 Freiburger Jesuitenschloß Spätburgunder trocken Erste Lage
**18 €** | 13,5%

**90** 2019 Blankenhornsberger Doktorgarten Spätburgunder Großes Gewächs
**25 €** | 13,5%

**91** 2016 Blankenhornsberger Doktorgarten Spätburgunder Großes Gewächs
**29 €** | 14 %

## GEIGER

Weingut Thomas Geiger
88709 Meersburg-Riedetsweiler
Baitenhauser Straße 3
Tel. (07532) 9856 · Fax 9013
info@weingut-geiger.de
**www.weingut-geiger.de**

**Inhaber/in und Betriebsleitung** Thomas Geiger
**Keller** Thomas Geiger, Nicolai Mayer

Das oberhalb von Meersburg gelegene Weingut Geiger präsentiert diesmal vom animierenden Müller-Thurgau bis zu den Klassikern aus der Burgunder-Familie eine durchweg stimmige Kollektion. Insbesondere empfehlenswert ist die Reihe „Edition" mit einem guten Preis-Leistungs-Verhältnis. In der Spitze überzeugen der Grauburgunder und der Spätburgunder Fassvollendung mit ihrer Ausgewogenheit, Konzentration und guter Balance. Liebhaber aromatischer Rebsorten greifen zum trockenen Muskateller, der durch seine Leichtfüßigkeit gefällt.

**85** 2020 Sekt „Cuvée Blanc" Brut
**15,50 €** | 12,5%

**84** 2021 Müller-Thurgau trocken QbA
**7,20 €/1 Lit.** | 12 %

**85** 2021 Meersburger Fohrenberg Müller-Thurgau trocken „Edition"
**8,50 €** | 12,5%

**85** 2021 Bacchus trocken
**9,50 €** | 12,5%

**86** 2021 Meersburger Fohrenberg Weißburgunder trocken „Edition"
**11,50 €** | 12,5%

**87** 2021 Meersburger Fohrenberg Grauburgunder trocken „Edition"
**11,80 €** | 13 %

**87** 2021 Muskateller trocken
**12,50 €** | 11,5%

**89** 2021 Blanc „Fassvollendung"
**12 €/0,5 Lit.** | 13 %

**84** 2021 Meersburger Fohrenberg Spätburgunder Rosé trocken
**11,30 €** | 12 %

**83** 2021 Spätburgunder Rosé feinherb
**11,30 €** | 12 %

**87** 2019 Meersburger Fohrenberg Spätburgunder Rotwein trocken
**15,50 €** | 13 %

**89** 2019 Spätburgunder Rotwein trocken „Fassvollendung"
**16 €** | 13,1%

## MAX GEITLINGER

Weingut Max Geitlinger
79400 Egerten · Am Neuweg 2
max@max-wein.de
**www.max-wein.de**

**Inhaber/in und Betriebsleitung**
Max Geitlinger
**Keller** Max Geitlinger

**Historie** Land- und Gastwirtschaft seit über 300 Jahren
**Rebfläche** 2 Hektar
**Jahresproduktion** 10 000 Flaschen
**Boden** Muschelkalk, Jurakalk mit Eisenanteilen
**Rebsorten** 55% Spätburgunder, 25% Müller-Thurgau, 20% übrige Sorten
**Gastronomie** Wirtshaus zum Hirschen
**Erlebenswert** historische Wirtsstube

Auch in diesem Jahr stellt das Weingut Max Geitlinger wieder Weine als Fassproben an und auch in diesem Jahr zeigen alle Weine das feine Gespür dafür, den „natural wine"-Einfluss als Mittel zu nutzen, ohne es zum Selbstzweck werden zu lassen. So reflektieren alle Weine die Rebsorte(n) klar und typisch. Alle Weine sind völlig trocken ausgebaut und zeigen reife Fruchtaromen. Dennoch sind die Alkoholwerte des ganzen Portfolios durchweg sehr niedrig. Der Sekt Zero Zero ist nicht nur ohne Dosage und somit extra brut, sondern auch noch ungeschwefelt. Trotzdem zeigt er zugängliche Fruchtnoten, eine feine, gut integrierte Mousse und einen harmonischen Abgang. Wie schon im Vorjahr ist der 2020er Rosie ein außergewöhnlich farbintensiver Roséwein mit vielschichtigen Aromen und Mut zu Struktur, die der Wein nicht zuletzt durch den Holzausbau bekommt. Dieser Wein hat ein breites Einsatzfeld als Speisenbegleiter. Der 2020er Müller.innen ist eine sehr ungewöhnliche, aber durchaus gelungenen Interpretation eines Müller-Thurgau, der neben den typischen Sortenaromen von Blüten und Kernobst eine cremige Textur und deutliche Hefenoten zeigt und durch den Ausbau an Volumen gewinnt.

**90** Sekt Zero Dosage ZeroZero
**14,50 €** | 12,5% **BEST BUY**

**88** 2020 Landwein trocken Maximal Müller.innen 2020
**15,50 €** | 11,5%

**89** 2020 Landwein trocken Maximal Blanc de Noir
**15,50 €** | 12,5%

**91** 2020 Landwein trocken Rosie
**11,50 €** | 11,5% **BEST BUY**

**87** 2019 Landwein trocken Maximal Spätburgunder
**25 €** | 12,5%

**88** 2019 Landwein trocken RotWild 2019
**15,50 €** | 12%

★★★

## GLEICHENSTEIN

Weingut Freiherr von Gleichenstein
79235 Vogtsburg-Oberrotweil i.K.
Bahnhofstraße 10–14
Tel. (07662) 288 · Fax 1856
weingut@gleichenstein.de
**www.gleichenstein.com**

**Inhaber/in und Betriebsleitung**
Johannes Freiherr von Gleichenstein
**Keller** Johannes Köster
**Außenbetrieb** Franz Galli

**Historie** seit 1634 im Familienbesitz
**Rebfläche** 50 Hektar
**Jahresproduktion** 250 000 Flaschen
**Beste Lagen** Oberrotweiler Eichberg und Henkenberg, Ihringer Winklerberg
**Boden** Vulkanverwitterung und Löss
**Rebsorten** 35% Grauburgunder, 30% Spätburgunder, 25% Weißburgunder, 10% übrige Sorten

Das Weingut Freiherr von Gleichenstein ist auf die Burgunderrebsorten spezialisiert, die mit 90% der Rebfläche auch den Löwenanteil des Portfolios stellen. Die Gutsweine sind geradlinig, sortentypisch und durchweg sehr zugänglich. Bei den Lagenweinen setzt der 2019er Ihringer Winklerberg Grauburgunder mit seiner dichten Struktur, den sortentypischen Aromen von reifem gelbem Kern- und Steinobst und langem harmonischen Abgang ein erstes Ausrufezeichen. Die Spitze sind jedoch zweifelsohne die 2018er Weine Baron Louis und Baron Philipp. Baron Louis, ein sortenreiner Grauburgunder, zeigt eine ausgesprochen dichte, komplexe und sehr sortentypische Aromatik von reifen gelben Birnen, Äpfeln und eine gut eingebundene Aromatik vom gekonnten Holzeinsatz (Vanille, Butter, Toast). Dieser Wein ist gut balanciert und präzise in der Struktur und hat einen sehr langen, harmonischen Abgang. Baron Philipp ist eine Spätburgunder aus dem Oberrotweiler Eichberg und zeigt neben den komplexen, sortentypischen Aromen von reifen roten Waldfrüchten und den Holznoten von Vanille, Rauch und Gewürznelken ein dichtes, feingliedriges und elegantes Tannin, einen vollen Körper und eine lebhafte, gut eingebundene Säure sowie einen sehr langen und harmonischen Abgang. Beide Weine sind noch jugendlich, zeigen aber ausreichend Konzentration und Volumen, um noch einige Zeit reifen zu können und ihr enormes Potential zu entfalten.

**86** 2021 Blanc de Blancs trocken
**9,50 €** | 12 %

**87** 2021 Weissburgunder trocken
**9,50 €** | 12,5%

**88** 2021 Weißburgunder & Chardonnay trocken
**9,50 €** | 12,5%

**88** 2021 Grauburgunder trocken
**9,50 €** | 12,5%

**90** 2019 Oberrotweil Henkenberg Grauer Burgunder trocken
**16 €** | 13 %

**91** 2019 Oberrotweiler Eichberg Weißburgunder trocken
**16 €** | 13 %

**92** 2019 Ihringer Winklerberg Grauburgunder trocken
**21,50 €** | 13 % **TIPP**

**93** 2018 Grauburgunder trocken Baron Louis
**30 €** | 13 %

**89** 2021 Pinot Noir Rosé trocken
**9,50 €** | 12 % **BEST BUY**

**90** 2018 Oberrotweiler Eichberg Spätburgunder trocken Erste Lage AUS DEM KESSEL
**16 €** | 13 %

**90** 2019 Ihringer Winklerberg Spätburgunder trocken
**21,50 €** | 13 %

**93** 2018 Oberrotweiler Eichberg Spätburgunder trocken Baron Philipp
**50 €** | 13 %

★

## HAFNER

Weingut Markus Hafner
76698 Ubstadt-Weiher · Kirchstraße 1
Tel. (07253) 954661 · Fax 9591293
info@weinguthafner.de
**www.weinguthafner.de**

**Inhaber/in und Betriebsleitung**
Markus Hafner

Das Kennzeichen dieses Betriebs ist die Bandbreite an angebauten Rebsorten. Hierzu zählen nicht nur Klassiker wie Riesling oder die Burgundersorten, sondern auch Merlot und die rote Südtiroler Erfolgsrebsorte Lagrein. Die weißen Burgundersorten sind angenehme, unkomplizierte Essensbegleiter für viele Gelegenheiten. Der Lagrein mit seinem trinkfreudig niedrigen Alkoholgehalt ist dennoch kein „Leichtgewicht", sondern ergänzt mit seiner guten Struktur und Eleganz auch anspruchsvolle Gerichte, vorzugsweise Wild in nicht zu schweren Saucen. Angenehm ist überdies die kundenfreundliche Preisgestaltung.

**84** 2021 Stettfelder Himmelreich Weißer Burgunder trocken
**8 €** | 12,5%

**86** 2020 Stettfelder Himmelreich Chardonnay trocken
**8,50 €** | 13,5%

**87** 2021 Zeuterner Himmelreich Grauer Burgunder trocken
**8 €** | 13 %

**87** 2020 Stettfelder Himmelreich Weißer Burgunder trocken
**15 €** | 14 %

**84** 2020 Zeuterner Himmelreich Auxerrois halbtrocken
**8 €** | 12 %

**85** 2021 Zeuterner Himmelreich Auxerrois halbtrocken
**8 €** | 11,5%

**84** 2020 Stettfelder Himmelreich Spätburgunder trocken
**9,50 €** | 13,5%

**86** 2016 Zeuterner Himmelreich Spätburgunder trocken Alte Reben
**15 €** | 14 %

**89** 2019 Zeuterner Himmelreich Lagrein trocken
**25 €** | 12 %

★

## HAGNAU

Winzerverein Hagnau
88709 Hagnau · Strandbadstraße 7
Tel. (07532) 1030 · Fax 1341
info@hagnauer.de
**www.hagnauer.de**

**Geschäftsführer** Tobias Keck
**Keller** Jochen Sahler

Der 1881 gegründete Winzerverein bearbeitet beachtliche 170 Hektar, die insgesamt knapp 50 Winzerfamilien gehören. Aus der eingereichten Kollektion, in der die Burgundersorten die Hauptrolle spielen, ragt der Pinot Noir Premium mit seiner charmanten Brombeernote heraus. Auch der Grauburgunder Farbenspiel ist ausgewogen, hat feine Aromen von Ananas und gelben Früchten und eine leichte Mentholnote. Nicht übersehen sollte man den süffigen Müller-Thurgau, der sein typisches Muskataroma mit einer frischen Seebrise untermalt.

**86** 2020 Hagnau Brut Crémant Burgstall
**15 €** | 12,5%

**85** 2020 Hagnauer Bacchus trocken
**7,50 €** | 12,5%

**86** 2021 Hagnauer Müller-Thurgau trocken Felchen
**7,20 €** | 12,5%

**86** 2021 Hagnauer Burgstall Weissburgunder trocken
**8,90 €** | 12,5%

**87** 2021 Hagnauer Burgstall Grauburgunder trocken
**8,90 €** | 13 %

**88** 2020 Hagnauer Grauburgunder trocken Farbenspiel
**13,50 €** | 13 %

**84** 2021 Hagnauer Souvignier Gris halbtrocken
**9,80 €** | 12,5%

**86** 2018 Hagnauer Burgstall Grauburgunder Beerenauslese restsüss
**24,90 €** | 11 %

**85** 2021 Hagnauer Burgstall Spätburgunder Rosé trocken
**7,90 €** | 12 %

**85** 2020 Hagnauer Burgstall Spätburgunder trocken
**8,90 €** | 13 %

**87** 2020 Hagnauer Pinot Noir trocken Premium
**14,90 €** | 13 %

★★

## HARTENECK

Weingut Thomas Harteneck
79418 Schliengen · Brezelstr. 15
Tel. (07635) 8837
info@weingut-harteneck.de
**www.weingut-harteneck.de**

**Inhaber/in und Betriebsleitung** Thomas Harteneck
**Keller** Christoph Fischer
**Außenbetrieb** Nico Ryon

**Rebfläche** 9 Hektar
**Jahresproduktion** 50 000 Flaschen
**Beste Lagen** Hellberg Bad Bellingen, Sonnenstück Schliengen, Frauenberg Mauchen
**Rebsorten** 60% weiße Sorten, 40% rote Sorten
**Gastronomie** Naturweine
**Mitglied** Demeter

Alle Weine, die in diesem Jahr angestellt wurden sind biodynamisch zertifiziert (Demeter). Wie schon letztes Jahr zeigen sich alle Weine individuell mit deutlichem Einfluss der Kellertechnik wie Spontanvergärung, lange Hefelagerzeiten und unfiltrierte Abfüllung. Dabei gelingt es Harteneck bei jedem einzelnen Wein, die Balance zu wahren und lebhafte Weine zu erzeugen. Der 2020er Mythos Gutedel und der 2020er Mythos Spätburgunder sind besonders erwähnenswert und überzeugen durch ihre Vielschichtigkeit in der Aromatik, gute Balance und eine sehr eigenständige Interpretation der Rebsorten. Der 2021er Merlot ist dicht gewoben, vollmundig, üppig und zeigt sehr reife Fruchtaromen, Das Tannin ist rund und weich und der volle Körper trägt zum langen, harmonischen Abgang bei.

| | |
|---|---|
| **88** | 2021 Chasselas VOLLMOND<br>**12 €** \| 11 % |
| **89** | 2020 Weißburgunder GIGEMANTEL<br>**16 €** \| 13 % |
| **90** | 2020 Auxerrois JURAKALK<br>**16 €** \| 13 % |
| **90** | 2020 Cabernet Blanc ORANGE<br>**24 €** \| 13,5% |
| **91** | 2020 Gutedel MYTHOS<br>**30 €** \| 13 % |
| **88** | 2021 ROSÉ Saignée<br>**12 €** \| 11 % |
| **89** | 2019 Spätburgunder KAOLIN<br>**16 €** \| 13 % |
| **89** | 2020 MYTHOS Rot<br>**35 €** \| 14 % |
| **91** | 2019 Pinot Noir DIVA<br>**25 €** \| 12,5% |
| **91** | 2020 Spätburgunder MYTHOS<br>**35 €** \| 14 % |
| **92** | 2021 Merlot PARADIES<br>**20 €** \| 14,5% |

## DR. HEGER

Weingut Dr. Heger
79241 Ihringen · Bachenstraße 19
Tel. (07668) 995110 · Fax 9300
info@heger-weine.de
**www.heger-weine.de**

**Inhaber/in und Betriebsleitung**
Joachim Heger
**Keller** Team Dr. Heger
**Außenbetrieb** Team Dr. Heger

**Rebfläche** 35 Hektar
**Jahresproduktion** 200 000 Flaschen
**Beste Lagen** Ihringer Winklerberg, Achkarrer Schlossberg, Breisacher Eckartsberg
**Boden** Vulkanverwitterungsgestein, Löss
**Rebsorten** je 30% Spätburgunder und Grauburgunder, 15% Weißburgunder, 8% Chardonnay, 7% Riesling, 10% übrige Sorten
**Mitglied** VDP, Deutsches Barrique Forum

Die Stilistik der Weine des VDP-Weinguts Dr. Heger lässt sich über alle Qualitätsstufen hinweg mit „Präzision" beschreiben. Jeder einzelne Wein spiegelt die Rebsorte wider und bei den Lagenweinen ist der Unterschied der einzelnen Lagen deutlich zu erkennen. Neben der Akribie, die nötig ist, um derart differenzierte Weine auf solch hohem Niveau zu erzeugen, liegt der Grund für die Vielfalt natürlich auch in den vielen Einzellagen, die das Weingut bewirtschaftet. Bei den Ersten Lagen hat man sich bei Hegers entschieden, den Weinen mehr Zeit für die Entwicklung im Fass zu geben und so werden die 2021er Ersten Lagen erst gegen Ende des Jahres abgefüllt. Wir sind schon jetzt sehr gespannt! Bei den Großen Gewächsen sind die 2020er Weißweine und die 2019er Rotweine nun im Verkauf und es sind ausnahmslos große Weine!

Bei den Weißweinen ist der 2020er Ihringer Winklerberg Hinter Winklen Chardonnay „Gras im Ofen" GG beeindruckend. Er zeigt vielschichtige Aromen von reifem gelbem Steinobst, Blüten und deutliche Holzausbaunoten wie Vanille, Brioche und Toast, hat einen vollen Körper mit cremiger Textur, der von der linearen Säure hervorragend balanciert wird sowie einen langen, harmonischen Abgang.

Bei den Spätburgundern gibt es vier unterschiedliche Große Lagen, den Achkarrer Schlossberg im Westen und drei Gewanne im Winklerberg. Sie alle sind eigenständige, gut differenzierbare, großartige Weine. Der 2019er Ihringer Winklerberg Wanne Spätburgunder GG Häusleboden vereint komplexe, sortentypische Aromatik und Präzision in Struktur mit Eleganz im Tannin zu einem beeindruckend großen Wein, der eine unaufgeregte Leichtigkeit zeigt, während der Achkarrer Schlossberg eine reifere Aromatik hat und der Rappenecker eine rundere und gehaltvollere Struktur am Gaumen präsentiert.

All diese Weine werden sich über die nächsten Jahre erst zur vollen Größe entwickeln und den Genuss bieten, der jetzt schon eindeutig abzusehen ist, um danach noch eine gute Dekade gelagert werden zu können. Für früher zugängliche Weine verweisen wir auf den sehr gelungenen Silvaner Pferd Willi, den Rosé Fume und die Ortsweine, die allesamt präzise gearbeitet sind, die Rebsorte reflektieren und schon jetzt eine hohen Genußwert haben.

**89** 2020 Ihringen Weissburgunder trocken
**15,50 €** | 13 %

**89** 2020 Silvaner *** trocken Pferd Willi
**23,80 €** | 13 %

- **90** 2020 Ihringer Winklerberg Chardonnay trocken Erste Lage
  **23,80 €** | 12,5%
- **91** 2020 Ihringen Winklerberg Hinter Winklen Grauburgunder Großes Gewächs Gras im Ofen
  **35,80 €** | 13 %
- **92** 2020 Ihringen Winklerberg Hinter Winklen Weissburgunder Großes Gewächs Gras im Ofen
  **35,80 €** | 13 %
- **96** 2020 Ihringen Winklerberg Hinter Winklen Chardonnay Großes Gewächs Gras im Ofen
  **35,80 €** | 13 % TOP 10
- **88** 2020 Rosé Fumé trocken
  **16,70 €** | 13 %
- **89** 2019 Ihringer Winklerberg Spätburgunder trocken Erste Lage Mimus
  **28,60 €** | 13,5%
- **91** 2019 Ihringer Vorderer Winklerberg Spätburgunder Großes Gewächs
  **55 €** | 13,5%
- **93** 2019 Achkarren Schlossberg Spätburgunder Großes Gewächs
  **55 €** | 13,5%
- **94** 2019 Ihringen Winklerberg Winklen Spätburgunder Großes Gewächs Rappenecker
  **55 €** | 13,5%
- **95** 2019 Ihringer Winklerberg Wanne Spätburgunder Großes Gewächs Häusleboden
  **86,50 €** | 13,5%

★★★

## HEINEMANN

Weingut Heinemann
79238 Scherzingen · Mengener Straße 4
Tel. (07664) 6351 · Fax 600465
weingut-heinemann@t-online.de
**www.weingut-heinemann.de**

**Inhaber/in und Betriebsleitung** Lothar Heinemann
**Keller** Lothar Heinemann
**Außenbetrieb** Niklas Heinemann

**Historie** Weinbau seit 1556
**Rebfläche** 18 Hektar
**Jahresproduktion** 100 000 Flaschen
**Beste Lagen** Scherzinger Batzenberg, Pfaffenweiler Oberdürrenberg, Ehrenstetter Oelberg, Grunerner Altenberg
**Boden** toniger Lehm, sehr kalkhaltig, Verwitterungsgestein
**Rebsorten** 30% Spätburgunder, 25% Gutedel, 12% Chardonnay, 10% Weißburgunder, 9% Sauvignon Blanc, 8% Grauburgunder, 6% übrige Sorten
**Erlebenswert** 250 Jahre alter Gewölbekeller, Vinothek

Die aktuellen Jahrgänge sind 2021 für die Weissweine und 2019 für die angestellten Rotweine. Auch in diesen Jahrgängen ist es dem Weingut Heinemann aus dem Markgräfler Land in beeindruckender Weise gelungen, trockene Weine vinifizieren, wobei es ganz außergewöhnlich ist, dass so reichhaltige, schmelzige Weine mit vielschichtiger Aromatik durchweg überraschend leicht im Alkohol sind. Das Sortiment unterteilt sich in Selection „S", Selection „SR" und der Top-Linie, Selection „SL", und so ist es keine Überraschung, dass die Spitzenweine auch aus der „SL"-Linie kommen. Der 2021 Scherzinger Batzenberg Gutedel „SL" ist eine Demonstration des Qualitätspotentials dieser Rebsorte und besticht durch komplexe Aromen, sehr gute Balance aller struktureller Komponenten und einen harmonischen Abgang. Noch besser präsentieren sich jedoch die beiden 2021er Weißweine, Scherzinger Batzenberg Chardonnay „SL" und Ehrenstetter Ölberg Weißer Burgunder „SL", die in der Aromatik die jeweilige Rebsorte deutlich widerspiegeln, den gekonnten Holzeinsatz sehr gut integrieren und dadurch an Komplexität gewinnen. Sie sind hervorragend ausgewogen und haben einen langen harmonischen Abgang. Beiden Weinen wird eine Reifedauer in der Flasche ausgesprochen zuträglich sein, wobei der Weißburgunder voraussichtlich vor dem Chardonnay die Flaschenreife erreichen wird.

**89** 2021 Pfaffenweiler Weissburgunder trocken Selection „S“
**14 €** | 12,5%

**89** 2021 Scherzinger Gutedel trocken Selection „S“
**19 €** | 11%

**92** 2021 Pfaffenweiler Oberdürrenberg Grauburgunder trocken Selection „SL“ Alte Reben
**38 €** | 12%

**92** 2021 Scherzinger Batzenberg Gutedel trocken Selection „SL“ Alte Reben
**39 €** | 11%

**93** 2021 Scherzinger Batzenberg Chardonnay trocken Selection „SL“ Alte Reben
**52 €** | 12%

**93** 2020 Ehrenstetter Oelberg Weißer Burgunder trocken Selection „SL“ Alte Reben
**54 €** | 12,5%

**88** 2019 Sekt b. A. Brut Pinot Blanc de Noirs
**19,90 €** | 12%

**88** 2019 Scherzinger Batzenberg Spätburgunder trocken Selection „SR“
**29 €** | 12,5%

**92** 2019 Scherzinger Batzenberg Spätburgunder trocken Alte Reben Selection „SL“
**52 €** | 12,5%

★★★½

## HEITLINGER

Weingut Heitlinger
76684 Östringen-Tiefenbach · Am Mühlberg 3
Tel. (07259) 91120 · Fax 911299
info@weingut-heitlinger.de
**www.weingut-heitlinger.de**

**Inhaber/in** Weingüter Heitlinger und Burg Ravensburg GmbH, Heinz Heiler
**Betriebsleitung** Claus Burmeister
**Keller** Daniel Rupp
**Außenbetrieb** Timo Daiß

**Rebfläche** 85 Hektar
**Jahresproduktion** 550 000 Flaschen
**Beste Lagen** Tiefenbacher Spiegelberg, Schellenbrunnen, Heinberg und Wormsberg, Odenheimer Königsbecher, Hilsbacher Eichelberg
**Boden** bunter Mergel, Löss, Kalkmergel, Schilfsandsteinverwitterung
**Rebsorten** 90% Burgundersorten, 10% Riesling
**Gastronomie** verschiedene Restaurants der Heitlinger Genusswelten, Öffnungszeiten siehe Homepage
**Erlebenswert** Heitlinger Genusswelten
**Mitglied** VDP, Weiße Burgunder Charta

Mit 85 Hektar und mehr als einer halben Million Flaschen Jahresproduktion ist das Weingut Heitlinger eine nicht zu unterschätzende Größe im badischen Weinbau. Wenn dann noch - wie in diesem Fall - die Qualität so durchgängig hoch ist, ist das schon eine besondere Leistung. Und schließlich: Es findet sich im Portfolio für jeden Geschmack etwas - ob einfach zum Treffen mit Freunden auf ein Glas Wein zum Feierabend oder in anspruchsvoller Runde aus besonderem Anlass. Das Besondere an der diesjährigen Kollektion ist, dass nicht, wie erwartet, etwa die 2020er oder 2021er das Gros der angestellten Weine bildeten, sondern die Gewächse aus 2019, die jetzt anfangen, so richtig zu zeigen, was in ihnen steckt. Man kann also blind hineingreifen in das Angebot und wird sicher nicht enttäuscht werden. Die Reserven aus 2020 geben sozusagen die Vorboten für die nächste Runde ab. Doch blicken wir auf die äußerst gelungene Reihe der 2019er Reserven und Grossen Gewächse: Erstere verkürzen aufs Schönste die Wartezeit, bis Letztere ihre optimale Trinkreife erreichen. Und wieder ist es der Pinot Gris, der mit enormem Trinkfluss begeistert und Aromen von Reineclauden und roten reifen Birnen verströmt.

Der Pinot Blanc steuert noch eine leichte Kräuterwürze bei, die ihm ebenfalls gut steht. Bei den weißen Großen Gewächsen macht der Chardonnay aus dem Heinberg das Rennen. Gönnt man ihm viel Luft, besticht er nach einiger Zeit durch große Tiefe und Komplexität. Etwas sperriger präsentieren sich noch die Roten. Doch das 2017er Große Gewächs aus dem Königsbecher hat viel Potenzial.

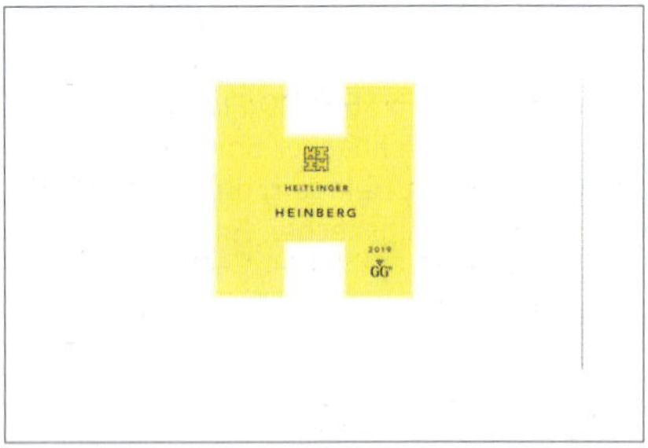


- **87** 2020 Chardonnay trocken Reserve
  **18 €** | 12,5%
- **89** 2019 Pinot Blanc trocken Reserve
  **18 €** | 13 %
- **89** 2019 Pinot Gris trocken Reserve
  **18 €** | 13 %
- **89** 2020 trocken „Gemeinsam" Seite an Seite im Weinberg
  **44,44 €** | 12,5%
- **90** 2019 Tiefenbacher Schellenbrunnen Riesling Großes Gewächs
  **30 €** | 12 %
- **90** 2019 Spiegelberg Pinot Gris Großes Gewächs
  **30 €** | 13 %
- **91** 2019 Hilsbacher Eichelberg Pinot Blanc Großes Gewächs
  **30 €** | 13 %
- **91** 2019 Tiefenbacher Hassapfel Auxerrois trocken VDP.Große Lage
  **30 €** | 13 %
- **92** 2019 Tiefenbacher Heinberg Chardonnay Großes Gewächs
  **37,50 €** | 13 %
- **89** 2019 Pinot Meunier trocken Reserve
  **18 €** | 12,5%
- **90** 2019 Pinot Noir trocken Reserve
  **18 €** | 13 %
- **90** 2017 Odenheimer Königsbecher Pinot Noir VDP.Großes Gewächs
  **30 €** | 13 %

## HERBSTER

Weingut Franz Herbster
79238 Ehrenkirchen · Krozinger Straße 36
Tel. (07633) 4067095 · Fax 4067097
info@herbster-weine.de
**www.herbster-weine.de**

**Inhaber/in und Betriebsleitung**
Franz und Marlene Herbster
**Keller** Franz Herbster

Das Weingut Herbster stellt auch dieses jahr wieder ein blitzsauberes Portfolio vor. Bei allen Weinen wird die Restsüsse auf dem Label angegeben und sie sind allesamt sehr zugänglich. Neben den beiden Weinen aus der Serie Prälaten **** (die Top-Linie barriqueausgebauter Weine) überzeugte auch die edelsüsse Kirchheimer Kirchberg Auslese ****. Dieser Süsswein zeigt eine sehr gute Balance von linearer Säure mit der deutlichen Restsüsse, die dem Wein auch die Fülle verleiht, einen langen harmonischen Abgang und eine intensive Aromatik von reifem gelbenm Steinobst sowie Quitten gepaart mit Vanille und Toastnoten.

- **88** 2021 Kirchhofener Batzenberg Grauburgunder Kabinett trocken
  **8 €** | 13 %
- **88** 2021 Kirchhofener Kirchberg Chenin Blanc Kabinett trocken
  **9,60 €** | 13 %
- **89** 2021 Ehrenstetter Oelberg Sauvignon Blanc trocken Fumé Blanc
  **8,90 €** | 12 % **BEST BUY**
- **89** 2020 Grauburgunder Spätlese trocken Vogelsang
  **15,50 €** | 14 %
- **92** 2020 Chardonnay trocken Prälaten ****
  **Preis auf Anfrage** | 12,5% **TIPP**
- **93** 2020 Kirchhofener Kirchberg Weißburgunder Auslese restsüss ****
  **7,90 €/0,5 Lit.** | 13,5%
- **88** 2020 Kirchhofener Batzenberg Spätburgunder Kabinett trocken Stückfasswein
  **8,70 €** | 13,5%
- **88** 2020 Ehrenstetter Oelberg Merlot trocken
  **11,70 €** | 13,5%
- **92** 2020 Pinot Noir Spätlese trocken Prälaten ****
  **12,50 €** | 13,5% **BEST BUY**

★★★½

## HERMANN

Weingut Hermann
79235 Vogtsburg · Alt-Vogtsburg 19
Tel. (07662) 6202 · Fax 935833
mail@weingut-hermann.de
**www.weingut-hermann.de**

**Inhaber/in und Betriebsleitung**
Falk Hermann
**Keller** Falk Hermann

**Rebfläche** 3 Hektar
**Jahresproduktion** 15 000 Flaschen
**Beste Lagen** Schelinger Kirchberg, Oberbergener Bassgeige
**Boden** steinige Vulkanverwitterung und Lösslehm
**Rebsorten** 60% Spätburgunder, 20% Chardonnay, je 10% Grauburgunder, Weißburgunder und Sauvignon Blanc

Das Familienweingut Hermann wird auch zukünftig die Linien Oratio und Cantus Avis sowie die roten Pinot Noirs und den Rosé anbieten. Die 2020er brauchen jedoch mehr Zeit, um sich in den Fässern zu entwickeln und können deshalb auch erst Anfang 2023 abgefüllt werden. Daher wurden in diesem Jahr nur drei Weißweine aus der 2020er Oratio-Linie angestellt. Der 2020er Oratio Sauvignon Blanc ist ein sehr gelungener trockener Weißwein mit intensiven, typischen Aromen von Stachelbeere, weißem Pfirsich und gelbem Kernobst. Die lebhafte Säure balanciert den gehaltvollen Körper sehr gut aus und der Abgang ist anhaltend und harmonisch. Der Chardonnay*** ist ein komplexer, konzentrierter Wein mit deutlichem Holzeinfluss (Vanille, Toast und Popcorn,) vollem Körper und einer geradlinigen, gut eingebundenen Säure, die den Wein sehr gut balanciert. Die dicht verwobene Struktur und ein langer Abgang deuten auf ein langes Reifungspotential, das diesem Wein noch mehr Harmonie und Komplexität verleihen wird. Das Weingut Hermann erzeugt zu fast zwei Drittel Rotweine aus Spätburgunder und wir sind schon sehr gespannt auf die neuen Jahrgänge!

**89** 2020 trocken Cuvée Blanc
**10 €** | 13,5%

**90** 2020 Sauvignon Blanc trocken Oratio
**12 €** | 12,5%

**92** 2020 trocken Chardonnay***
**19 €** | 13,5%

## HEX VOM DASENSTEIN

Winzerkeller Hex vom Dasenstein
77876 Kappelrodeck · Burgunderplatz 1
Tel. (07842) 99380 · Fax 993838
info@dasenstein.de
**www.dasenstein.de**

**Geschäftsführer** Markus Ell
**Keller** Thomas Hirt

**Historie** Gründung im Jahr 1934
**Rebfläche** 190 Hektar
**Jahresproduktion** 1 400 000 Flaschen
**Beste Lagen** Kappelrodecker Hex vom Dasenstein, Gewann Kappelberg
**Boden** Granitverwitterungsgestein
**Rebsorten** 60% Spätburgunder, je 10% Grauburgunder, Müller-Thurgau und Riesling, 10% übrige Sorten

Die Stärke der Genossen aus Kappelrodeck ist nicht nur die Breite des Angebots, sondern vor allem die grundsolide Qualität zu sehr trinkfreudigen Preisen. Das hat sich als Konzept bewährt und auch in diesem Jahr punkten sie wieder mit einem Sortiment, das kaum Wünsche offen lässt. An der Spitze stehen selbstredend die als „Große Gewächse" angestellten Weine, bei denen der Weißburgunder für die Weißen das Rennen macht. Beeindruckend sind allerdings auch die Rotweine. Trotz zum Teil sehr hoher Alkoholwerte - bei denen der als „Bordeaux-Blend" aus Cabernet Franc, Cabernet Sauvignon und Merlot angelegte Onyx mit 14,5 % Vol. heraussticht - ist da nichts zu schwer, sondern vielmehr samtig und füllig. Ein Wein, der so manchen Winterabend verschönern wird. An der Spitze aber steht der 2018er Cabernet Sauvignon der Linie Villa Heynburg mit seiner feinwürzigen Tabaknote und der präzisen Struktur, die auch hier den Alkohol gut einfängt.

**85** 2021 Weißburgunder trocken Villa Heynburg
**9,50 €** | 14 %

**86** 2021 Kappelrodeck Hex vom Dasenstein Sauvignon Blanc trocken
**9,50 €** | 12,5%

**88** 2021 Kappelrodeck Hex vom Dasenstein Gewann Katzenbuckel Grauburgunder Großes Gewächs
**16,90 €** | 13,5%

**90** 2021 Kappelrodeck Hex vom Dasenstein Gewann Heidenhöfe Weissburgunder Großes Gewächs
**16,90 €** | 14 %

**89** 2020 Kappelrodeck Hex vom Dasenstein Gewürztraminer Auslese im Barrique gereift
**14,90 €** | 11 %

**85** 2021 Cuvée Rosé trocken Villa Heynburg
**7,90 €** | 13 %

**88** 2021 Kappelrodeck Hex vom Dasenstein Gewann Kappelberg Riesling Großes Gewächs
**16,90 €** | 13 %

**89** 2019 Kappelrodeck Hex vom Dasenstein Merlot trocken im Barrique gereift
**12,40 €** | 14 % **BEST BUY**

**89** 2019 Kappelrodeck Hex vom Dasenstein trocken Onyx im Barrique gereift
**12,40 €** | 14,5% **BEST BUY**

**89** 2019 St. Laurent trocken Villa Heynburg Reserve
**15 €** | 13,5%

**89** 2019 Kappelrodeck Hex vom Dasenstein SpätburgunderGroßes Gewächs Gewann Hundberg
**19,90 €** | 13 %

**90** 2018 Cabernet Sauvignon trocken Villa Heynburg
**18 €** | 14,5%

## HÖFFLIN

Weingut Höfflin
79268 Bötzingen · Schambachhof
Tel. (07663) 607030 · Fax 6070315
info@weingut-hoefflin.de
**www.weingut-hoefflin.de**

**Inhaber/in und Betriebsleitung**
Matthias Höfflin
**Keller** Matthias Höfflin

**Historie** seit 1974 biologischer Weinbau
**Rebfläche** 13 Hektar
**Jahresproduktion** 80 000 Flaschen
**Beste Lagen** Endhahle, Laire, Meisental, Breitenacker, Biegarten
**Boden** Löss, Lehm
**Rebsorten** je 25% Grau- und Spätburgunder, 15% Weißburgunder, 10% Chardonnay, 25% übrige Sorten

Was Matthias Höfflin in diesem Jahr vorgestellt hat, verdient auf jeden Fall das Prädikat „außergewöhnlich". Bereits die Basisweine vom Weiß- und Grauburgunder - diese eher noch als animierende Begleiter bei Tisch konzipiert - machen großen Spaß. Sie sind zudem von einer erfreulichen Präzision. Wer sich an die Weine aus der WeinWerkstatt herantraut, wird allerdings Geduld aufbringen müssen - denn diese Weine zeigen nur sehr zögerlich, was in ihnen steckt und brauchen Zeit im Glas. Man tut sich bestimmt einen Gefallen, wenn man die Wein zumindest karaffiert, besser aber noch einen Tag vor dem Genuss öffnet. Das gilt insbesondere für die beiden auf der Maische vergorenen Exemplare. Wozu ein Müller-Thurgau in der Lage ist, wenn ein Könner ihn als Orange Wine ausbaut, kann man hier Schluck für Schluck entdecken - und das Ganze ist mit noch nicht mal 11% Vol. Alkohol zudem noch ein sinnlich-leichtes Vergnügen. Gewichtiger präsentiert sich freilich der Gewürztraminer gleicher Machart, der fast an einen Savagnin Ouillé aus dem Jura erinnert. Die Rotweinreihe wird angeführt von der Cuvée Rufus - einem Bordeaux-Blend, der pflaumig-saftig und mit Noten von Tabak und Zedernholz sein Vorbild schlecht verleugnen kann. Feingliedriger - natürlich - die beiden Weine vom Pinot Noir, wobei uns das Rotkehlchen ob seiner filigranen und dennoch nachhaltigen Struktur deutlich überlegen scheint. Ein wirkliches Meisterstück!

**90** 2018 Sekt b. A. Extra Brut Cuvée Prestige
**22,50 €** | 12,5%

**88** 2020 Grauer Burgunder Landwein trocken Löss
**12,50 €** | 13%

**88** 2020 Weisser Burgunder Landwein trocken Löss
**12,50 €** | 13%

**88** 2020 Weisser Burgunder Landwein trocken Prestige Kaisermantel
**21 €** | 14%

**88** 2020 Müller Thurgau Landwein trocken Prestige Maischevergoren
**25,50 €** | 10,5%

**88** 2019 Spätburgunder Landwein trocken Prestige Schwarzkehlchen Barrique
**28 €** | 13%

**89** 2021 Landwein trocken NApurTUR
**18,50 €** | 13%

**89** 2020 Grauer Burgunder Landwein trocken Prestige Phonolith
**28 €** | 13%

**89** 2019 Gewürztraminer Landwein trocken Prestige Maischevergoren
**38 €** | 13%

**90** 2020 Chardonnay Landwein trocken Prestige Weinschwärmer
**28 €** | 13,5%

**90** 2019 Landwein trocken RUFUS Cuvée Prestige
**25,50 €** | 13,5%

**91** 2019 Spätburgunder Landwein trocken Prestige Rotkehlchen Barrique
**42 €** | 13,5%

★★½

## HOLUB

Weingut Holub
79336 Herbolzheim-Tutschfelden ·
Weinstraße 4
Tel. (07643) 9141412
info@weingut-holub.com
**www.weingut-holub.com**

**Inhaber/in und Betriebsleitung**
Horst Holub
**Keller** Horst Holub
**Außenbetrieb** Tobias Holub

**Rebfläche** 2 Hektar
**Jahresproduktion** 9 000 Flaschen
**Beste Lagen** Herbolzheimer Sundhalde, Bombacher Sonnhalde, Malterdinger Bienenberg
**Boden** Lösslehm auf Muschelkalk
**Rebsorten** 33% Weißburgunder, 30% Spätburgunder, 17% Sauvignon Blanc, 15% Grauburgunder, 5% übrige Sorten
**Mitglied** 13 Breisgauer Weingüter

Das Weingut Holub lässt seine Weine generell reifen, bevor sie gezeigt werden. Erneut sind, wie auch bereits in den Vorjahren, wieder alle uns vorgestellten Weine aus einem Jahrgang, diesmal aus 2020. Alle Weine profitieren von der Reifezeit und zeigen sich harmonisch und gut ausgewogen. Der 2020er Spätburgunder trocken SH ist auch in diesem Jahr wieder besonders gelungen und zeigt komplexe, miteinander verwobene und sehr sortentypische Aromen von roten Waldfrüchten, gekonnten Holzeinsatz und ein sehr balancierte Struktur. Noch sind die Tannine etwas fordernd, dies wird sich aber über die nächsten Jahre der Flaschenreife abrunden. Unter den verkosteten Weißweinen ist der 2020er Malterdinger Bienenberg Grauburgunder Spätlese trocken noch sehr jugendlich und zeigt noch nicht ganz integrierte Vanille, Toast und Röstaromen. Dieser Wein hat jedoch ausreichend Extrakt und Komplexität, um sich über die nächsten Jahre großartig zu entwickeln. Ein gutes Reifungspotential ist ein wichtiger Aspekt in der Qualitätsbeurteilung von Weinen und diese Weine belohnen weitere Geduld mit einem sehr hohen Genußwert.

**86** 2020 Malterdingen Bienenberg Sauvignon Blanc Spätlese trocken
**14,50 €** | 12,5%

**88** 2020 Herbolzheim Sundhalde Weißburgunder Spätlese trocken
**14,50 €** | 13,5%

**91** 2020 Malterdinger Bienenberg Weißburgunder trocken
**14,50 €** | 14%

**92** 2020 Malterdinger Bienenberg Grauburgunder trocken
**14,50 €** | 14,5%

**87** 2020 Spätburgunder trocken
**16 €** | 14%

**93** 2020 Spätburgunder trocken „SH“
**26 €** | 14%

## BERNHARD HUBER

Weingut Bernhard Huber
79364 Malterdingen · Heimbacher Weg 19
Tel. (07644) 9297220 · Fax 92972299
info@weingut-huber.com
**www.weingut-huber.com**

**Inhaber/in und Betriebsleitung**
Barbara und Julian Huber
**Keller** Julian Huber

**Rebfläche** 28 Hektar
**Jahresproduktion** 110 000 Flaschen
**Beste Lagen** Köndringer Alte Burg, Malterdinger Bienenberg, Bombacher Sommerhalde, Hecklinger Schlossberg, Wildenstein
**Boden** Muschelkalkverwitterung
**Rebsorten** 70% Spätburgunder, 15% Chardonnay, je 7% Grau- und Weißburgunder, 1% übrige Sorten
**Mitglied** VDP

Seit über 700 Jahren werden Weinberge in Malterdingen kultiviert. Der Spätburgunder ist also hier sehr tief verwurzelt - in der Natur, aber auch in den Menschen. Julian Huber, der von seinem Vater die Leidenschaft für die Weinberge und den Wein sowie auch den Drang zur Perfektion übernommen hat, führt dieses Erbe mit Bravour fort. Mit den diesjährig angestellten Weinen, alle aus 2020, behauptet er seinen Platz in der absoluten Spitze der deutschen Burgundersortenerzeuger erneut eindrucksvoll. Bereits der Ortswein, Chardonnay Alte Reben, zeigt Noten von grünen Äpfeln und gelbem Steinobst, eine sehr gute Balance aller strukturellen Komponenten, ein cremiges Mundgefühl und einen ausgewogenen Abgang.

Große Weine werden bereits im Weinberg gemacht und dort sind bei Huber fast 20 Hektar der Rebfläche mit Spätburgunder bestockt. Das Weingut verfügt mit Köndringer Alte Burg, Malterdinger Bienenberg, Bombacher Sommerhalde, Hecklinger Schlossberg und Wildenstein über sage und schreibe fünf Premiumlagen, die im Stil klar differenzierbare Weine hervorbringen. Bei der Qualität ist diese Differenzierung jedoch deutlich schwieriger - es handelt sich ausschließlich um beeindruckende, große Weine. Diesmal wurden vier beeindruckende 2020er Spätburgunder GGs angestellt, denen eine exzellente Balance aller struktureller Komponenten, ein langer harmonischer Abgang, Präzision in der Aromatik und Struktur sowie ein enormes Reifungspotential gemein sind. Der Bombacher Sonnenhalde zeigt Aromen von reifen roten Früchten, dichtes, samtiges Tannin und deutlichen Einfluss des Holzausbaus (Vanille, Toast). Der Hecklinger Schlossberg mit seinen frischen roten Fruchtaromen und der Malterdinger Bienenberg mit reiferem Aromaprofil von roten und blauen Beeren zeigen beide schon gut eingebundene Holzausbaunoten und ein dichtes feinkörniges, seidiges Tannin. Der Wildenstein ist konzentriert mit roten und schwarzen Fruchtaromen, Rauch, Zedernholz und Tabaknoten sowie charmantem, samtigem Tannin. Der Wein aus der Ersten Lage Köndringer Alte Burg zeigt Noten von roten Waldfrüchten, Waldboden, Vanille, Toast und ein dichtes, griffiges Tannin, das noch ein wenig fordernd ist.

Hubers Weine sind definitiv nicht gedacht, um sofortigen Trinkgenuss zu bieten, sondern vielmehr, so wie es für große Weine typisch und auch Qualitätsmerkmal ist, Weine die Geduld fordern, um Ihnen die nötige Flaschenreife zuzugestehen, die sie brauchen um ihre Größe entfalten und darstellen zu können.

Bei Weinen dieser Klasse ist es besonders bedauerlich, dass es auf Grund der klimatischen Herausforderungen des Jahres 2020 nur sehr limitierte Mengen geben wird.

BERNHARD HUBER
MALTERDINGEN

**88** 2020 Malterdinger Chardonnay & Weißburgunder trocken
**25 €** | 13 %

**90** 2020 Chardonnay Alte Reben trocken
**40 €** | 13 %

**89** 2020 Malterdinger Spätburgunder trocken
**25 €** | 13,5%

**90** 2020 Malterdinger Alte Reben Spätburgunder trocken
**40 €** | 13,5%

**92** 2020 Köndringer Alte Burg Spätburgunder trocken Erste Lage
**63 €** | 13,5%

**93** 2020 Wildenstein Spätburgunder Großes Gewächs
**160 €** | 13 %

**94** 2020 Malterdinger Bienenberg Spätburgunder Großes Gewächs
**63 €** | 13 %

**95** 2020 Bombacher Sommerhalde Spätburgunder Großes Gewächs
**63 €** | 13,5%

**96** 2020 Hecklinger Schlossberg Spätburgunder Großes Gewächs
**95 €** | 13 % TOP 10

★

## SIMON HUBER

Weingut Simon Huber
77723 Gengenbach · Mattenhofweg 3
Tel. (07803) 934850 · Fax 934840
mail@simonhuber-wein.de
**www.simonhuber-wein.de**

**Inhaber/in und Betriebsleitung** Simon Huber
**Keller** Simon Huber
**Außenbetrieb** Simon Huber

Auf seinen sechs Hektar Weinbergen erzeugt Simon Huber mit klarer, eindeutiger Handschrift ein breites Sortiment. Auch in diesem Jahr stellt er uns eine gelungene Kollektion vor. Zum Auftakt zwei Sekte, die mit ihrer belebenden, frischen Art punkten, wobei uns der Rosé mit seiner leicht rauchigen, vornehmen Johannisbeernote diesmal einen Tick besser gefällt. Die weißen Basisweine haben jene frische, unbekümmerte Art, die sie zu Weinen für jede Gelegenheit macht, während die Chardonnay Réserve erkennbar in einer höheren Liga mitspielt. Bei den Rotweinen ist es diesmal der Saint Laurent, der sanft und doch mit Druck am Gaumen die Aromen von dunklen Beeren und Waldboden harmonisch verbindet. Das Schönste zum Schluss: Alles ist zu sehr genussfreudigen Preisen zu haben.

**86** 2019 Sekt Brut Simon Huber Brut
**13 €** | 12,5%

**87** 2019 Sekt Brut Simon Huber Brut Rosé
**13 €** | 12,5%

**84** 2021 trocken Frohnatur Weißweincuvée
**6,90 €** | 12 %

**86** 2021 Grauburgunder trocken
**8,60 €** | 13 %

**87** 2021 Weißburgunder trocken
**8,60 €** | 13 %

**88** 2021 Chardonnay trocken
**9 €** | 13 %

**89** 2020 Chardonnay Réserve trocken
**13,50 €** | 14 %

**85** 2021 Spätburgunder trocken Spätburgunder Rosé
**7,90 €** | 12,5%

**87** 2020 Spätburgunder trocken
**8,60 €** | 13,5%

**89** 2020 Spätburgunder Réserve
**15,50 €** | 13,5%

**90** 2020 Saint Laurent Réserve
**15,50 €** | 13,5%

★★☆

## HUMMEL

Wein- und Sektgut Hummel
69254 Malsch · Oberer Mühlweg 5
Tel. (07253) 27148 · Fax 25799
info@weingut-hummel.de
**www.weingut-hummel.de**

**Inhaber/in und Betriebsleitung**
Daniel Rhein
**Außenbetrieb** Andreas Rhein

**Rebfläche** 7 Hektar
**Jahresproduktion** 48 000 Flaschen
**Beste Lagen** Malscher Ölbaum und Rotsteig
**Boden** Löss, Lehm, Sandstein, Keuper und Muschelkalk
**Rebsorten** 27% weiße Burgundersorten, 21% Spätburgunder, 9% Sauvignon Blanc, 7% Cabernet Sauvignon, 36% übrige Sorten (Muskateller, Merlot, Syrah, Grüner Veltliner)
**Mitglied** Weiße Burgunder Charta

Beginnen wir mit dem Sekt, der eine gelungene Assemblage aus zwei sehr unterschiedlichen Jahrgängen (2016 und 2019) ist. Er hat ein sanftes Mousseux, mit dem die charmanten Aromen von weißen Blüten und Biskuit den Gaumen kitzeln. Ein schöner Auftakt in der diesjährigen Kollektion. Der Muskateller Kabinett verbindet seine charmante Frucht mit einer zarten Aromatik von Rosenblättern und gutem Trinkfluss, dank dessen er sich gut als Aperitif eignet. Als weißen Höhepunkt darf man wohl die 2019er Chardonnay Reserve bezeichnen. Sie punktet mit cremigen Vanillenoten, buttrig-nussigen Aromen und gekonntem Holzeinsatz. Die eigentliche Spezialität von Daniel Rhein allerdings sind die Rotweine: großartig sowohl der Syrah aus dem Rotsteig mit seinen pfeffrig-kräuterigen Noten sowie der Merlot mit seinen sanften, samtigen Tanninen und einem schönen Abgang. Nicht unterschlagen wollen wir die Trockenbeerenauslese, ein Konzentrat abseits jeglicher Schwere. Sie beweist, dass sich Sauvignon Blanc auch für große Süßweine eignet.

**88** Pinot Blanc brut
**35 €** | 13 %

**84** 2021 Malscher Ölbaum Sauvignon Blanc Kabinett trocken
**11,50 €** | 12,5%

**84** 2021 Malscher Ölbaum Auxerrois Kabinett trocken
**11,50 €** | 12 %

**85** 2021 Malscher Ölbaum Weißburgunder Kabinett trocken
**11,50 €** | 13 %

**87** 2021 Malscher Ölbaum Muskateller trocken
**11,50 €** | 12 %

**89** 2019 Malscher Ölbaum Chardonnay trocken Reserve
**29 €** | 14,5%

**92** 2020 Malscher Ölbaum Trockenbeerenauslese Carlotta
**190 €/0,375 Lit.** | 8 %

**90** 2019 Malscher Rotsteig Syrah trocken
**9,90 €** | 13 % BEST BUY

**91** 2019 Malscher Rotsteig Merlot Spätlese trocken
**13,20 €** | 13,5% BEST BUY

★★

## HUNN

Weingut Kilian Hunn
79288 Gottenheim · Rathausstraße 2
Tel. (07665) 6207
mail@weingut-hunn.de
**weingut-hunn.de**

**Inhaber/in** Kilian und Martina Hunn
**Betriebsleitung** Kilian Hunn
**Keller** Kilian Hunn

**Rebfläche** 24 Hektar
**Jahresproduktion** 190 000 Flaschen
**Beste Lagen** Gottenheimer Kirchberg, Opfinger Sonnenberg
**Boden** Löss auf Kalkgestein
**Rebsorten** je 24% Spätburgunder, Weißburgunder und Grauburgunder, 11% Chardonnay, 10% Müller-Thurgau, 5% Auxerrois, je 1% Gutedel und Viognier
**Mitglied** Vinissima

Die Lössböden des Tunibergs sind wie geschaffen für den Weinstil des Hauses Hunn, das mit kräftigen, aber keinesfalls schwerfälligen Weinen aufwartet. Spritzig und eher unkompliziert sind nur die „Jungen Frischen" aus Weiß- und Grauburgunder, straff und animierend der Pinot extra brut. Schon die „Junge Wilde"-Linie bringt die Energie ins Glas, die sich noch bei den „Reserve"-Weinen verstärkt, aber niemals ermüdend wirkt. Gerade bei Letzteren ist der gekonnte Holzeinsatz ein Markenzeichen, der die Würze und die Üppigkeit der Weine gut zur Geltung bringt. Der Sauvignon Blanc Fumé ist ein elegantes und stilvolles Musterbeispiel dieser Rebsorte. Gleiches gilt für den blumigen Viognier. Erstmals vorgestellt wurde uns der Weißburgunder Patronas, das Gemeinschaftsprojekt der Brüder Jonas und Patrick Hunn.  Ein ambitionierter Wein aus dem Gottenheimer Hahlen, einer kleinen Parzelle des Tunibergs. Er stehterst am Anfang seiner Entwicklung und weckt Hoffnungen auf eine gute Zukunft.

KILIAN HUNN
WEINGUT

**88** Blanc de Blanc Extra Brut
**13,50 €** | 12,5% BEST BUY

**85** 2021 Weißburgunder Junge Frische
**8,50 €** | 13%

**85** 2021 Grauburgunder Junge Frische
**9 €** | 13%

**86** 2021 Weißburgunder Alte Reben Junge Wilde
**9,90 €** | 13%

**86** 2021 Grauburgunder Junge Wilde
**9,90 €** | 13,5%

**86** 2020 Auxerrois Junge Wilde
**10,50 €** | 13%

**87** 2020 Chardonnay Junge Wilde
**9,90 €** | 13%

**88** 2017 Chardonnay Réserve
**17,50 €** | 13,5%

**89** 2019 Viognier Réserve
**19,50 €** | 14%

**89** 2019 Sauvignon Blanc Fumé Blanc Réserve
**19,50 €** | 13,5%

**90** 2020 Weisser Burgunder Patronas
**19,50 €** | 13,5%

**89** 2016 Spätburgunder Réserve
**20,50 €** | 13%

★★☆

## MAX JÄCK

Weingut Max Jäck
69198 Schriesheim · Aussiedlerhof 7A
max@weingut-max-jaeck.de
**www.weingut-max-jaeck.de**

**Inhaber/in und Betriebsleitung**
Maximilian Jäck

Die Stilistik des Weinguts Max Jäck lässt sich im Wesentlichen in drei Worten zusammenfassen: geradlinig, sauber, sortentypisch. Das gilt insbesondere für die Basisweine. Riesling, Sauvignon Blanc und Weißburgunder ist eine erfrischende Säure eigen, die - bei sehr moderatem Alkoholgehalt - die Trinkfreude ankurbelt. Das gilt selbst für den restsüßen Riesling 76 Grad, der im „Kabinetttypus“ gehalten ist und den recht hohen Restzuckergehalt gut kaschiert. Vorbild dieses gelungenen Experiments ist der klassische Moselkabinett. Der spontan vergorene Riesling Stein&Schleife zeigt sich noch etwas sperrig, benötigt Luft und Zeit, um seine Qualitäten preiszugeben. Experimentierfreudige Weinfreunde werden auch an dem Orange Wine aus dem Grauburgunder ihre Freude haben - kaum Frucht, dafür Steine, Rauch und ein gutes Gerüst, das ihn etwas quer zur obigen Charakteristik stehen lässt. Klassisch dagegen wieder der Spätburgunder: seidige Kirschfrucht, Cassisnoten und ein eleganter Abgang zeichnen ihn aus.

**85** 2021 Riesling Landwein trocken
**8 €** | 11 %

**85** 2021 Weissburgunder Landwein trocken SCHALE
**8 €** | 11 %

**87** 2021 Riesling Landwein trocken Stein&Schleife
**10 €** | 11,5%

**87** 2020 Grauburgunder Landwein trocken ORANGE
**18 €** | 12,5%

**87** 2021 Riesling 76° Landwein restsüss
**8,50 €** | 7 %

**90** 2018 Spätburgunder Landwein trocken KERN
**23 €** | 13,5%

★★★

## ACHIM JÄHNISCH

Weingut Achim Jähnisch
79238 Ehrenkirchen-Kirchhofen · Hofmattenweg 19
Tel. (07633) 801161
a.jaehnisch@t-online.de

**Inhaber/in und Betriebsleitung**
Achim Jähnisch und Sarah Oberle

**Rebfläche** 3 Hektar
**Jahresproduktion** 12 000 Flaschen
**Beste Lagen** Staufener Schlossberg
**Boden** Muschelkalkverwitterung, Granitporphyr
**Rebsorten** 40% Spätburgunder, je 20% Grauburgunder, Gutedel und Chardonnay

Das Ehrenkirchner Weingut Achim Jähnisch zeigt bei den 2021er Weinen, Gutedel und Rosé, eine jugendliche, zugängliche und sehr frische Art. Die Rotweine sind aus 2020 und der Spätburgunder Steinkreuz ist noch von den Holzausbauaromen wie Vanille, Nougat, Toast und Röstnoten geprägt, hat reife rote und schwarze Beerenaromen, eine lebhafte Säure, gute Balance, ein samtiges Tannin sowie einen harmonischen Abgang. Auch der Pinot Noir zeigt reife rote und schwarze Beerenaromen und deutliche Noten vom Holzausbau. Dieser Wein hat jedoch mehr Konzentration und ein griffigeres Tannin, einen längeren Abgang und mehr Kraft als der Spätburgunder. Beide Weine profitieren sicherlich von einiger Zeit der Flaschenreife, um die einzelnen Komponenten besser zu integrieren und harmonischer zu werden.

**87** 2021 Gutedel trocken
**7 €** | 12,5%

**86** 2021 Spätburgunder Rosé trocken
**10 €** | 13,5%

| | | |
|---|---|---|
| **89** | 2020 Merlot trocken | |
| | **13 €** \| 14 % | BEST BUY |
| **89** | 2020 Spätburgunder trocken Steinkreuz | |
| | **15 €** \| 14 % | |
| **90** | 2020 Pinot Noir trocken | |
| | **22 €** \| 14 % | |

★★★★

## JOHNER

Weingut Karl H. Johner
79235 Bischoffingen · Gartenstraße 20
Tel. (07662) 6041 · Fax 8380
info@johner.de
**www.johner.de**

**Inhaber/in und Betriebsleitung**
Karl Heinz und Patrick Johner
**Keller** Karl Heinz und Patrick Johner

**Rebfläche** 15 Hektar
**Jahresproduktion** 80 000 Flaschen
**Beste Lagen** Bischoffinger Steinbuck, verzichtet aber auf Lagenangaben
**Boden** Vulkanverwitterung
**Rebsorten** 34% Spätburgunder, 17% Weißburgunder, 16% Grauburgunder, 9% Rivaner, 6% Chardonnay, 3% Sauvignon Blanc, 15% übrige Sorten
**Gastronomie** Bianca's Gastro seit Juni 2021
**Mitglied** Deutsches Barrique Forum

Auch in diesem Jahr stellt Patrick Johner wieder ein sehr umfangreiches Portfolio an, mit dabei sind erneut Weine, die bisher nicht im Sortiment waren. Wie zu erwarten, sind auch diese Weine allesamt mit einem Schraubverschluss ausgestattet. So gibt es neben dem Saint Patrick, der in diesem Jahr das Prädikat Beerenauslese trägt, auch eine 2021er Gewürztraminer Beerenauslese aus dem Bischoffinger Steinbuck. Dieser edelsüße Wein zeigt eine überströmende, komplexe Aromatik von Blüten, reifen gelben Steinobst, hat einen konzentrierten, vollen Körper, eine ausgezeichnete Balance von öliger Textur, vollem Körper und der eingebundenen, geradlinigen Säure und einen enorm langen Abgang. Bei den trockenen Weinen sind die selektionierten Weine aus den Burgundersorten wieder einmal ganz besonders gelungene Weine. Bemerkenswert ist der 2019er Grauburgunder

SJ der mit seiner intensiven Aromatik von Honig, Blüten und getrockneten Aprikosen und den gut eingebundenen Holzausbauaromen (Nelke und Rauch), hervorragender Balance und langem Abgang überzeugt. Nur etwas weniger konzentriert, aber vergleichbar komplex und ebenso sortentypisch präsentiert sich der 2020er Grauburgunder X der früher zugänglich sein wird als der „große Bruder". Der 2019er Weißer Burgunder SJ ist nicht minder komplex mit Aromen von Pfirsich, Mango, Honigmelone, Vanille, Toast, Tabak, einem vollen Körper mit deutlichem Schmelz und einer frischen, geradlinigen Säure. Der Wein zeigt einen sehr langen, harmonischen Abgang und ein enormes Reifungspotential. Bei den Rotweinen präsentiert sich der 2018er Blauer Spätburgunder SJ mit vollem Körper, komplexer und sehr sortentypischer Aromatik von roten Waldfrüchten, deutlichen Barriquenoten, einem dichten, samtigen und schmeichelnden Tannin sowie einem langen, ausgewogenem Abgang. Nicht minder beeindruckend ist der 2018er Bischoffinger Steinbuck Pinot Noir gelungen. Auch dieser Wein zeigt seht sortentypische Aromen von roten Waldfrüchten mit spürbaren Noten von Vanille, Rauch und Zedernholz. Die Balance aller struktureller Komponenten ist großartig, das Tannin sehr feingliedrig und der Abgang ist lange. Dieser Wein zeigt sich jedoch weniger konzentriert, dafür jedoch mit mehr Eleganz als der SJ. Letztlich nur eine Frage der persönlichen Präferenzen. Die Weine der SJ-Serie sind allesamt sehr komplex und konzentriert und benötigen noch einige Zeit, um ihre wahre Größe gänzlich zu entwickeln.

WEINGUT
Karl H. Johner

**90** 2021 Grauburgunder trocken
**12 €** | 2.020 %

**90** 2019 Sauvignon Blanc trocken Alte Reben
**20 €** | 13,5%

**92** 2020 Grauer Burgunder trocken „X"
**18 €** | 14 %

**94** 2019 Weißburgunder trocken „SJ"
**25 €** | 14 %

**94** 2019 Grauburgunder trocken Selection „SJ"
**30 €** | 14 %

**90** Gewürztraminer Spätlese
**8 €** | 12 %

**95** 2021 Bischoffinger Steinbuck Gewürztraminer Beerenauslese
**Preis auf Anfrage** | 10 % TIPP

**92** 2021 Saint Patrick Rosé Beerenauslese
**Preis auf Anfrage** | 10 %

**90** 2019 Blauer Spätburgunder trocken
**20 €** | 14 %

**93** 2018 Bischoffinger Steinbuck Pinot Noir trocken
**33 €** | 13 %

**93** 2018 Blauer Spätburgunder trocken „SJ"
**50 €** | 13 %

★★

## KALKBÖDELE

Weingut Gebrüder Mathis, Kalkbödele
79291 Merdingen · Enggasse 21
Tel. (07668) 334010 · Fax 3340199
weingut@kalkboedele.de
**www.kalkboedele.de**

**Inhaber/in** Sonja Mathis-Stich
**Betriebsleitung** Severin Stich
**Keller** Sabeth Sedlatschek, Severin Stich

**Historie** Severin Stich hat das Weingut im Jahr 2020 von seiner Mutter Sonja Mathis-Stich übernommen und führt es heute gemeinsam mit seiner Partnerin Sabeth Sedlatschek.
**Rebfläche** 15 Hektar
**Jahresproduktion** 80 000 Flaschen
**Beste Lagen** Merdinger Bühl, Niederrimsinger Rotgrund
**Boden** Kalkgestein mit Lössauflage
**Rebsorten** 60% Spätburgunder, 20% Grauburgunder, 10% Weißburgunder, 5% Chardonnay, 5% übrige Sorten

Im Weingut der Gebrüder Mathis ist ein junges Team am Werk, das auf die Erfahrungen von „alten Hasen“ zurückgreifen kann. Dabei ist der Name Kalkbödele nicht umsonst eine Reminiszenz an den Tuniberg, aus dem das Lesegut durchweg stammt. Das Ergebnis kann sich sehen - und schmecken! - lassen. Es ist nicht nur der glasklare Stil, der dieses Weingut auszeichnet, sondern vor allem das Gespür für die Eigenheiten der Rebsorten und des Bodens, auf dem sie gedeihen: Kalk durchsetzt mit Löss. Ein besonderes Händchen haben sie auf diesem vor allem auf Burgundersorten spezialisierten Gut für den Spätburgunder, der ausgehend vom Gutswein bis hin zur Spitze, den Weinen aus dem „Rosenloch“, klar definiert wird. Doch auch die Weißweine überzeugen mit Brillanz und Schliff und einem gekonnten Holzeinsatz, allen voran der Chardonnay St. Morand, den regelrecht burgundische Finesse auszeichnet. Eine solche Leistung kann man nur mit der Aufstufung zum zweiten Stern anerkennen. Glückwunsch!

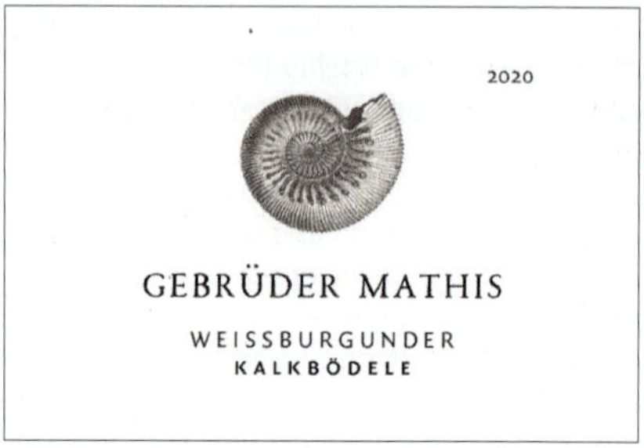


**87** 2021 Weissburgunder trocken Kalkbödele
**9,50 €** | 13 %

**88** 2021 Auxerrois trocken Tuniberg
**12,90 €** | 12 %

**89** 2021 Grauburgunder trocken Kalkbödele
**9,50 €** | 12,5% BEST BUY

**89** 2020 Weissburgunder trocken Tuniberg
**12,90 €** | 13,5%

**90** 2020 Grauburgunder trocken Tuniberg
**12,90 €** | 13,5%

**90** 2020 Chardonnay trocken Tuniberg
**19 €** | 12,5%

**92** 2020 Chardonnay trocken St. Morand
**24 €** | 13 %

**88** 2020 Spätburgunder trocken Kalkbödele
**10 €** | 13,5%

**89** 2020 Spätburgunder trocken Tuniberg
**15 €** | 13,5%

**90** 2020 Spätburgunder trocken Alte Rebe
**20 €** | 13,5% TIPP

**90** 2020 Spätburgunder trocken Hohrain
**30 €** | 13,5%

**92** 2020 Spätburgunder trocken Rosenloch
**45 €** | 13,5%

★★½

## GERHARD KARLE

Wein-und Sektgut Gerhard Karle
79241 Ihringen · Scherkhofenstraße 69
Tel. (07668) 5252 · Fax 94181
info@weingut-gerhard-karle.de
**www.weingut-gerhard-karle.de**

**Inhaber/in und Betriebsleitung** Gerhard Karle
**Keller** Gerhard Karle
**Außenbetrieb** Sebastian Karle

Das Weingut Gerhard Karle stellt abermals ein sehr schlüssiges Portfolio vor. Alle Weine sind in einem sehr verbraucherfreundlichen Preissegment. So bietet der 2020er Ihringer Winklerberg Spätburgunder Spätlese trocken Alte Reben und der 2021er Grauburgunder-Spätlese aus dem Ihringer Winklerberg sehr sortentypische Aromen, eine gute Balance und ein harmonisches Finish.

**88** 2018 Ihringer Winklerberg Pinot Blanc de Noir Extra Brut Winzersekt b.A.
**16,80 €** | 12,5%

**86** 2021 Ihringer Fohrenberg Müller-Thurgau Kabinett trocken
**6,60 €** | 12,5%

**86** 2021 Ihringer Winklerberg Sauvignon Blanc Spätlese trocken
**9,50 €** | 13,5%

**86** 2020 Ihringer Fohrenberg Weisser Burgunder Spätlese trocken Alte Reben Jägerstein
**13,20 €** | 0%

**87** 2021 Ihringer Winklerberg Silvaner Kabinett trocken
**6,60 €** | 12%

**89** 2021 Ihringer Winklerberg Grauer Burgunder Kabinett trocken
**7,60 €** | 12,5% **BEST BUY**

**90** 2021 Ihringer Winklerberg Grauer Burgunder Spätlese trocken Alte Reben
**9,90 €** | 13% **BEST BUY**

**86** 2021 Ihringer Winklerberg Spätburgunder Rosé Kabinett trocken
**7,40 €** | 12,5%

**89** 2020 Ihringer Fohrenberg Spätburgunder Kabinett trocken
**8,20 €** | 13% **BEST BUY**

**92** 2020 Ihringer Winklerberg Spätburgunder Spätlese trocken Alte Reben
**12,90 €** | 13,5% **BEST BUY**

★★★★

## FRANZ KELLER

Weingut Franz Keller
79235 Vogtsburg-Oberbergen
Badbergstraße 44
Tel. (07662) 93300
keller@franz-keller.de
**www.franz-keller.de**

**Inhaber/in** Fritz Keller
**Betriebsleitung** Friedrich Keller
**Keller** Uwe Barnickel
**Außenbetrieb** Matthias Willi

**Rebfläche** 35 Hektar
**Jahresproduktion** 200 000 Flaschen
**Beste Lagen** Bassgeige (Oberbergen), Kähner (Oberbergen), Leh (Oberbergen), Pulverbuck (Oberbergen), Schlossberg (Achkarren), Eichberg (Oberrotweil), Kirchberg (Oberrotweil), Enselberg (Jechtingen), Steinriese (Oberbergen)
**Boden** Löss, Tephrit, Basalt, Vulkanverwitterungsgestein, Karbonatit
**Rebsorten** 35% Spätburgunder, 30% Grauburgunder, je 15% Chardonnay und Weißburgunder
**Gastronomie** gutseigenes Restaurant KellerWirtschaft, Winzerhaus Rebstock, Hotel & Restaurant Schwarzer Adler, im Weingut Franz Keller (Öffnungszeiten siehe Website)
**Erlebenswert** moderne Weingutsarchitektur
**Mitglied** VDP

Das Weingut Franz Keller bedarf keiner Vorstellung mehr. Trotzdem möchten wir Fritz Kellers Verdienste um den Kaiserstuhl und den Weinbau der Region im Besonderen, als auch die gastronomische Institution, den Schwarzen Adler in Oberbergen, nicht unerwähnt lassen. Die Auswahl der Weine für diesen Guide, ist bei dem umfangreichen Sortiment des Betriebs sicherlich eine Herausforderung. Den Auftakt macht die 2016er Grande Cuvée Chardonnay Brut nature, die nach 50 Monaten Hefelager jetzt zur Verfügung steht. Dieser komplexe Schaumwein zeigt präzise Aromen von grünem Kern- und gelbem Steinobst sowie deutliche Autolysenoten (Brioche und Croissant). Er hat eine sehr feine und enorm langanhaltende Mousse und eine frische, geradlinige Säure. Neben den blitzsauberen Grau- und Weißburgundern ragt der 2020er Oberrotweiler Kirchberg Chardonnay GG besonders heraus. Intensive Aromen von grünem Kernobst, Toast, Vanille und Butter, voller Körper und eine atemberaubende Balance und Präzision, enorme Länge und ein Reifungspotential von einer Dekade - und das bei gerade einmal 12,5% Vol.! Beeindruckend!

Apropos Alkoholwerte: sortimentsübergreifend ist es gelungen, Weine mit überraschend geringen Alkoholwerten zu vinifizieren, ohne dabei auf Komplexität oder Reife in der Aromatik zu verzichten. Ganz im Gegenteil: es scheint, als ob die hohe Präzision in der Reflektion der Rebsorten und der Einzellagen gerade dadurch gewinnt. Ebenso hilfreich scheint die konsequente Vinifikation völlig trockener Weine, bei denen die Restzuckerwerte auf jeder Flasche angegeben werden.

Die sechs angestellten Rotweine, ausschließlich Spätburgunder, sind allesamt aus dem Jahrgang 2020 und reichen vom Gutswein bis hin zu Großen Gewächsen. Die Lage Oberbergener Bassgeige Steinriese ist seit 2020 nun auch offiziell als Großes Gewächs klassifiziert. Dieser Wein ist eine Hommage an den Spätburgunder! Sortentypische komplexe Aromen von roten Waldfrüchten, Toast und Vanille, eine integrierte, durchgängig straffe Säure, voller Körper mit dichtem, feinkörnigem und elegantem Tannin, enormer Länge im Abgang und einer grandiosen Balance und Präzision. Der 2020er Achkarrer Schloßberg Spätburgunder steht diesem Wein kaum nach, zeigt eine reifere Fruchtaromatik und eine rundere Art am Gaumen und hat, wie auch der Steinriese, gerade einmal 12,5%! Bei Weinen dieses Kalibers ist es absolut sinnvoll, ihnen fünf bis zehn Jahre Flaschenreife zuzugestehen, damit sie ihr volles Potential entwickeln können.

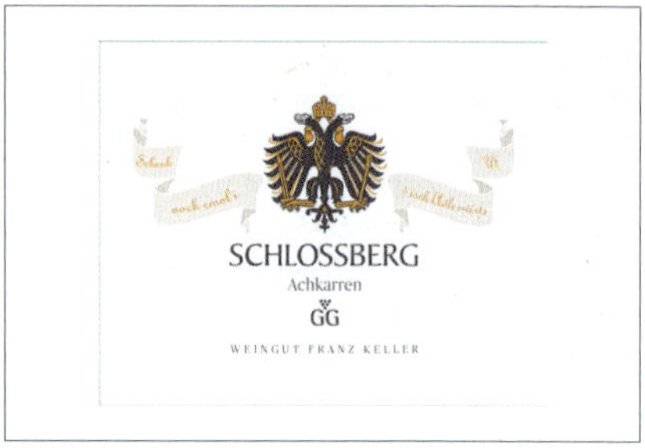


**92** 2016 Grande Cuvée Brut nature
**35 €** | 12,5% **TIPP**

**90** 2020 Achkarrer Schlossberg Grauburgunder Großes Gewächs
**35 €** | 12,5%

**87** 2021 Weißburgunder vom Löss
**10,50 €** | 12%

**89** 2020 Oberbergener Bassgeige Grauburgunder Erste Lage
**16 €** | 13%

**90** 2020 Oberbergener Pulverbuck Weißburgunder Erste Lage
**24 €** | 12,5%

**94** 2020 Oberrotweiler Kirchberg Chardonnay VDP.Großes Gewächs
**55 €** | 12,5%

**95** 2020 Oberbergener Steinriese Spätburgunder Großes Gewächs
**105 €** | 12,5%

**87** 2020 Spätburgunder vom Löss
**14 €** | 13%

**89** 2020 Oberbergener Bassgeige Spätburgunder Erste Lage
**21 €** | 13%

**90** 2020 Achkarren Spätburgunder
**26 €** | 12,5%

**91** 2020 Jechtinger Enselberg Spätburgunder VDP.Großes Gewächs
**35 €** | 12,5%

**93** 2020 Achkarrer Schlossberg Spätburgunder VDP.Großes Gewächs
**78 €** | 12,5%

★★½

## KIEFER

Weingut Friedrich Kiefer
79356 Eichstetten · Bötzinger Straße 13
Tel. (07663) 1063 · Fax 3927
info@weingutkiefer.de
**www.weingutkiefer.de**

**Inhaber/in** Martin und Helen Schmidt
**Betriebsleitung** Martin Schmidt
**Keller** Martin König, Philipp Rinklin
**Außenbetrieb** Jonathan Brenn

Das Weingut Friedrich Kiefer stellt ein grundsolides Portfolio an. Neu im Sortiment ist die Linie „Bio-Charakterweine", zwei Versionen der Pinot-Magma-Weine (beide Cuvées aus Weiß - und Grauburgunder mit sehr unterschiedlichem Ausbau) und ein gereifter 2015er Spätburgunder aus der Dreistern-Linie, der mit komplexen Aromen von roten Waldfrüchten, Vanille , Gewürznelken und Unterholz, einer exzellenten Balance aller struktureller Komponenten und feinem, seidig elegantem Tannin überzeugt.

**89** Pinot Sekt Brut
**12 €** | 12 %

**86** 2021 Grauburgunder trocken „Bio-Charakterwein"
**9,50 €** | 12,5%

**87** 2021 Eichstetter Herrenbuck Weißburgunder Kabinett trocken
**8,20 €** | 12,5%

**87** 2020 Eichstetter Herrenbuck Grauburgunder trocken „Tradition"
**11 €** | 13,5%

**90** 2020 Eichstetter Herrenbuck Grauburgunder trocken „Dreistern"
**18 €** | 13,5%

**91** 2020 Eichstetter Herrenbuck Weißburgunder trocken „Dreistern"
**18 €** | 13,5%

**90** 2020 „Pino Magma" Weißwein trocken
**11 €** | 13 %

**92** 2019 „Pino Magma" Weißwein Réserve trocken
**19,90 €** | 13,5%

**87** 2019 Spätburgunder trocken „Bio-Charakterwein"
**9,50 €** | 13 %

**93** 2015 Eichstetter Herrenbuck Spätburgunder trocken „Dreistern"
**22,50 €** | 14 %

★★★½

## KLUMPP

Weingut Klumpp
76646 Bruchsal · Heidelberger Straße 100
Tel. (07251) 16719 · Fax 10523
info@weingut-klumpp.com
**www.weingut-klumpp.com**

**Inhaber/in** Markus und Andreas Klumpp
**Keller** Markus Klumpp
**Außenbetrieb** Andreas Klumpp

**Historie** 1983 in einer Garage gegründet von Marietta und Ulrich Klumpp - mit 0,5 Hektar Reben
**Rebfläche** 32 Hektar
**Jahresproduktion** 180 000 Flaschen
**Beste Lagen** Bruchsal Weiherberg, Bruchsal Rothenberg, Unteröwisheim Kirchberg, Zeutern Himmelreich
**Boden** Löss, Gipskeuper, Tonmergel, Muschelkalk
**Rebsorten** 25% Grauburgunder, 20% Weißburgunder, je 15% Spätburgunder und Riesling, je 10% Auxerrois und Chardonnay, 5% Blaufränkisch
**Gastronomie** Seminare und Verkostungen (Termine siehe Website)
**Erlebenswert** Barriquekeller, Verkostungsraum (Neubau 2015)
**Mitglied** Ecovin

Was ein gutes Vierteljahrhundert ökologischer Weinbau bewirkt, zeigt sich exemplarisch am Weingut der Brüder Klumpp. Der Schwerpunkt liegt eindeutig auf den Burgundersorten. Und die Löss- und Muschelkalkböden des Kraichgaus sind ein einleuchtender Grund dafür, ebenso, wie die Tatsache, dass das Pflanzgut ausschließlich aus den Ursprungsregionen bezogen wird. So stammen die Burgunder-Stöcke aus Burgund, der Blaufränkisch und der St. Laurent aus dem Burgenland und so weiter. Die Vermehrung durch „Selection massale" stellt dabei die Sortentypizität und die Gleichmäßigkeit der Qualität sicher. Wo Andreas sich um die Weinberge kümmert und jeden Weinstock duzt, verantwortet Markus die Kellerarbeit und beweist dabei ein Händchen für den sensiblen Ausbau der Weine. Das gilt zwar gleichermaßen für Weiß wie für Rot, aber man muss gestehen, dass die Reihe der vorgestellten Rotweine absolut ins Schwarze trifft. Der Blaufränkisch ist dabei ebenso wie die vorgestellten Spätburgunder von einer Präzision, die man in dieser Ausprägung selten vorfindet.

## KLUMPP

**85** 2021 Auxerrois trocken
**12 €** | 12,5%

**86** 2021 Unteröwisheimer Löss Weissburgunder trocken
**15 €** | 12,5%

**86** 2021 Bruchsal Chardonnay trocken Muschelkalk
**15 €** | 12,5%

**87** 2021 Ubstadter Grauburgunder trocken Tonmergel
**15 €** | 13 %

**88** 2020 Zeuterner Himmelreich Riesling trocken
**21 €** | 12 %

**89** 2020 Unteröwisheimer Kirchberg Weissburgunder trocken
**23 €** | 13 %

**90** 2020 Bruchsaler Rothenberg Grauburgunder trocken
**23 €** | 13 %

**90** 2020 Unteröwisheimer Kirchberg Chardonnay trocken
**28 €** | 13 %

**91** 2019 Bruchsaler Gipskeuper Spätburgunder trocken
**15 €** | 13 % TIPP

**91** 2019 Bruchsaler Weiherberg Pinot Noir trocken
**25 €** | 13 %

**91** 2019 Zeuterner Himmelreich Blaufränkisch trocken
**25 €** | 13,5%

**92** 2019 Bruchsaler Rothenberg Spätburgunder trocken
**28 €** | 13 %

★★★½

## KNAB

Weingut Knab
79346 Endingen · Hennengärtle 1a
Tel. (07642) 6155 · Fax 931377
info@knabweingut.de
**www.knabweingut.de**

**Inhaber/in und Betriebsleitung** Thomas, Regina und Johannes Rinker
**Keller** Johannes Rinker
**Außenbetrieb** Thomas und Johannes Rinker

**Rebfläche** 24 Hektar
**Jahresproduktion** 130 000 Flaschen
**Beste Lagen** Wihlbach, Steinhalde, Schönenberg, Eckkinzig, Schlangeneck
**Boden** Löss- und Vulkanverwitterungsböden
**Rebsorten** 35% Weißburgunder, 30% Grauburgunder, 29% Spätburgunder, 5% Chardonnay, 1% übrige Sorten
**Erlebenswert** vinologische Exkursionen mit dem Oldtimer Unimog, Dauerausstellung zeitgenössischer Kunst

Das Weingut Knab stellt ausschließlich trockene Weine aus den Burgundersorten an. Bei den Weißweinen sind die beiden Grauburgunder, Wihlbach*** und Steinhalde*** besonders erwähnenswert. Beide Weine zeigen einen wohldosierten Holzeinsatz, sehr gute Balance und ein harmonisches Finish, wobei im Jahr 2021 der Wihlbach der üppigere Wein ist, während der Steinhalde eher frisch erscheint. Bei den Spätburgundern ist der 2013er Endinger Engelsberg ein in Ehren gereifter Rotwein mit vielschichtiger Aromatik, sehr guter Balance und harmonischem Finish, der zeigt, wie sich die aktuellen Weine (alle aus dem Jahrgang 2020) entwickeln werden.

Auch wenn der Amolterer Steinhalde Spätburgunder R noch ein wenig nervös erscheint, zeigt er doch sortentypische Aromen von roten Waldfrüchten, Vanille und Toast, hat eine lineare Säure, die den vollen Körper sehr gut balanciert und ein dichtes, feinkörniges Tannin, sowie einen langen Abgang. Dieser Wein wird sich in einigen Jahren, ebenso wie der etwas weniger wuchtige, aber doch sehr sortentypische Schlangeneck *** mit seinem seidigen Tannin und den komplexen Aromen, sicherlich großartig präsentieren.

**86** 2021 Endinger Engelsberg Grauer Burgunder Kabinett trocken
**9 €** | 12,5%

**87** 2021 Endinger Engelsberg Weißer Burgunder Kabinett trocken
**9 €** | 12,5%

**88** 2021 Endinger Engelsberg Weißburgunder trocken Alte Reben
**12,70 €** | 13 %

**89** 2021 Weißburgunder trocken Schönenberg ***
**20 €** | 13 %

**91** 2021 Weißburgunder trocken Wihlbach ***
**20 €** | 13,5%

**92** 2021 Amoltern Steinhalde Grauer Burgunder trocken ***
**20 €** | 13,5%

**92** 2021 Grauburgunder trocken Wihlbach ***
**20 €** | 13,5%

**89** 2020 Endinger Engelsberg Spätburgunder trocken Alte Reben
**15,80 €** | 13 %

**93** 2020 Amolterer Steinhalde Spätburgunder trocken *** R
**42 €** | 13,5%

**90** 2013 Endinger Engelsberg Spätburgunder***
**Preis auf Anfrage** | 13,5%

**92** 2020 Endinger Schlangeneck Spätburgunder ***
**28 €** | 12,5%

**92** 2020 Endinger Wihlbach Spätburgunder ***
**28 €** | 13,5% TIPP

★★★

## KÖBELIN

Arndt Köbelin Weingut
79356 Eichstetten · Altweg 131
Tel. (07663) 1414 · Fax 912666
info@weingut-koebelin.de
**www.weingut-koebelin.de**

**Inhaber/in und Betriebsleitung**
Arndt Köbelin
**Keller** Arndt Köbelin, Daniel Landerer
**Außenbetrieb** Arndt Köbelin und Florian Höfflin

**Rebfläche** 23 Hektar
**Jahresproduktion** 145 000 Flaschen
**Beste Lagen** Steinenweg, Kaltenbrunnen, Eichenlaub
**Boden** Löss, Vulkangestein
**Rebsorten** 30% Spätburgunder, je 20% Weiß- und Grauburgunder, 13% Rivaner, 7% Riesling, 5 % Scheurebe, 3% Muskateller, 2% Gewürztraminer
**Erlebenswert** puristischer Neubau mit Degustationsraum, Aussichtsplattform, Holzfass- und Edelstahlkeller und Brennerei, Geopfad mit Start und Ziel am Weingut
**Mitglied** Slow Food, Vinissima, Generation Pinot

In diesem Jahr stellt das Weingut Arndt Köbelin wieder ausschließlich sortenreine Weine aus Burgundersorten und aus den drei Linien an. Die beiden Gutsweine sind sortentypisch, geradlinig und gut zugänglich. Bei den Weinen der Lößwand***-Serie zeigt sich bereits das Feingefühl, mit dem der Holzeinsatz dosiert wird: immer als zusätzliche Dimension, aber niemals den Wein dominierend und die Rebsorten respektierend. Die Linie der Alte-Reben-Reserve-Weine bringt ganz eindeutig die Top-Weine hervor. Ganz besonders gelungen ist der 2020er Weißburgunder Alte Reben Reserve Steinenweg***, der komplexe Aromen von reifem gelbem Stein und gelben Kernobst, Vanille, Toast und Noten von frischen Croissants zeigt. Der volle Körper wird von der linearen Säure hervorragend balanciert, der Abgang ist sehr lange und harmonisch. Auch hier ist der Holzeinsatz präzise dosiert und hilft dabei, dem Wein ein langes Reifungspotential zu verleihen. Direkt dahinter ist der 2020er Grauburgunder Alte Reben Reserve Kaltenbrunnen mit den komplexen Aromen und der so sortentypischen öligen Textur am Gaumen und dem langen, gut balancierten Abgang. Bei den Rotweinen überzeugt der 2019er Spätburgunder Alte Reben Reserve Eichenlaub mit roten Waldfruchtaromen, Röst- und Toastnoten, einem feingliedrigen, samtigen Tannin, sehr guter Balance von vollem Körper und lebhafter Säure sowie einem langen Finish.

- **87** 2021 Weißburgunder trocken
  **10 €** | 13 %
- **88** 2021 Grauburgunder trocken
  **10 €** | 13 %
- **89** 2021 Grauer Burgunder trocken Selection Lösswand ***
  **16,50 €** | 13,5%
- **90** 2021 Weisser Burgunder trocken Selection Lösswand ***
  **16,50 €** | 13,5%
- **92** 2020 Weißburgunder trocken Alte Reben Réserve Steinenweg ***
  **35 €** | 14 %
- **93** 2020 Grauburgunder trocken Alte Reben Réserve Kaltenbrunnen ***
  **35 €** | 14 %
- **89** 2020 Spätburgunder trocken Lösswand 3 Sterne Selektion
  **18,50 €** | 13,5%
- **92** 2019 Spätburgunder trocken Alte Reben Réserve Eichenlaub ***
  **40 €** | 13,5%

★

## KÖNIGSCHAFFHAUSEN

Winzergenossenschaft Königschaffhausen-Kiechlinsbergen eG
79346 Endingen-Königschaffhausen
Kiechlinsberger Straße 2-6
Tel. (07642) 90410 · Fax 904144
info@kk-weine.de
**www.kk-weine.de**

**Geschäftsführer** Michael Eißler
**Betriebsleitung** Reiner Roßwog
**Keller** Christoph Henninger, Lars Müller

Auch in diesem Jahr stellen die Genossen aus Königschaffhausen wieder ein blitzsauberes Portfolio an. Der 2020er Königschaffhauser Vulkanfelsen Gewürztraminer Auslese ist ein aromatischer, sortentypischer edelsüßer Wein mit sehr guter Balance und langem Abgang. Bei den Roten ist der 2018er Cabernet Sauvignon ein gelungener Wein mit guter Balance und guter Länge.

- **86** 2021 Baden Kaiserstuhl Sauvignon Blanc trocken
  **8,60 €** | 13,5%
- **87** 2021 Weisser Burgunder Kiechlingsberger Teufelsburg Kabinett Trocken
  **7,20 €** | 12 %
- **87** 2021 Königschaffhauser Hasenberg Grauer Burgunder trocken
  **8 €** | 13 %
- **88** 2021 Kiechlinsberger Ölberg Grauburgunder trocken
  **10 €** | 13 %
- **90** 2018 Königschaffhauser Vulkanfelsen Müller-Thurgau Auslese
  **9,75 €** | 7,5%
- **93** 2020 Königschaffhauser Vulkanfelsen Gewürztraminer Auslese
  **10,75 €/0,5 Lit.** | 9,5%
- **89** 2021 Kiechlinsberger Vulkanfelsen Muskateller
  **7,85 €** | 10,5%
- **87** 2020 Königschaffhauser Steingrüble Spätburgunder Spätlese trocken
  **11,20 €** | 14,5%
- **89** 2018 Cabernet Sauvignon trocken
  **14,55 €** | 13,5% **BEST BUY**

★★☆

## KÖNINGER

Weingut Tobias Köninger
77876 Kappelrodeck · Steinebach 24
Tel. (07842) 996999 · Fax 996145
post@weingut-koeninger.de
**www.weingut-koeninger.de**

**Inhaber/in und Betriebsleitung**
Tobias Köninger
**Keller** Tobias Köninger
**Außenbetrieb** Otmar Köninger

Wenn es ein Wiedererkennungsmerkmal der Weine von Tobias Köninger gibt, dann ist es wohl die glasklare Aromatik, gepaart mit einer guten Balance von Frucht und Säure. Die ist auch dieses Jahr wieder vorhanden. Während der Riesling mit belebender Säure den Trinkfluss animiert, zeigen Weiß- und Grauburgunder sich von ihrer schmelzig-charmanten Seite, die sie zu idealen, vielseitigen Speisebegleitern macht. Auch die Roten sind ohne Fehl und Tadel, sieht man einmal von dem hohen Alkoholgehalt der Pinot Reserve ab, der die Harmonie etwas stört. Das gleiche Merkmal fällt beim Cabernet-Sauvignon weniger ins Gewicht. Hier sorgt die Fleischigkeit des Weines zusammen mit einem guten Tanningerüst für einen Ausgleich. Gekräuterte Lammkoteletts vom Grill wären die passenden kulinarischen Partner.

**86** 2021 Riesling trocken Lösswand
**9,50 €** | 12%

**86** 2021 Kappelrodeck Weissburgunder trocken Lösswand
**9,50 €** | 12,5%

**87** 2021 Grauburgunder trocken vom Granit
**9,50 €** | 12%

**84** 2021 Spätburgunder Rosé Kabinett trocken
**7,90 €** | 12,5%

**86** 2020 Spätburgunder trocken
**9,50 €** | 14%

**88** 2019 Pinot Noir trocken vom Granit
**12,90 €** | 13%

**88** 2019 Pinot Noir trocken Reserve
**19,90 €** | 14,5%

**89** 2019 Cabernet Sauvignon trocken
**18,90 €** | 14,5%

★★★

## KONSTANZER

Weingut Konstanzer
79241 Ihringen · Quellenstraße 22
Tel. (07668) 5537 · Fax 5097
info@weingut-konstanzer.de
**www.weingut-konstanzer.de**

**Inhaber/in und Betriebsleitung**
Horst und Petra Konstanzer
**Keller** Horst Konstanzer
**Außenbetrieb** Horst Konstanzer

**Rebfläche** 9 Hektar
**Jahresproduktion** 45 000 Flaschen
**Beste Lagen** Ihringen Winklen, Ihringen Vorderer Winklerberg, Ihringen Winklerberg, Ihringen Fohrenberg
**Boden** Vulkanverwitterung, Löss-Lehm, Löss
**Rebsorten** 40% Grauburgunder, 25% Spätburgunder, 15% Weissburgunder, 10% Chardonnay, 5% Silvaner, 3% Muskateller, 2% Souvignier Gris
**Erlebenswert** Gewölbekeller

Das Weingut Konstanzer aus Ihringen hat sein Portfolio ganz klar in drei Linien aufgeteilt. Die Ortsweine sind durchweg jugendlich mit einer frischen, lebhaften Säure und für den baldigen Konsum gedacht. Die Weine aus den Ersten Lagen sind sortentypisch und allesamt sehr gut ausgewogen. Der 2020er Ihringer Winklerberg Chardonnay EL ist dicht mit vollem Körper und deutlichen Holzausbaunoten, die er über die nächsten Jahre integrieren wird. Aus den Großen Lagen erzeugt man hier sortenreine, komplexe Weine mit deutlichem Reifungspotential. Besonders erwähnenswert sind der 2020er Ihringen Winklen Grauburgunder Große Lage, der vielschichtige Aromen von Toast, Vanille, Blüten und reifen gelben Steinobst zeigt, einen gehaltvollen Körper hat, der von der frischen, gut integrierten Säure sehr gut balanciert wird und mit einem langen, harmonischen Abgang überzeugt. Der 2019er Ihringer Vorderer Winkerberg Spätburgunder ist ein großer Wein! Komplex, sortentypisch mit Finesse und Eleganz, einem langen, sehr harmonischen Finish und einem eleganten, seidigen Tannin.

- **85** 2021 Ihringen Grauburgunder trocken
  **9,30 €** | 13 %
- **86** 2021 Ihringen Weissburgunder trocken
  **9,30 €** | 13 %
- **86** 2021 Ihringen Silvaner trocken Alte Reben
  **11,50 €** | 12,5%
- **88** 2020 Ihringer Winklerberg Weissburgunder trocken Erste Lage
  **13,50 €** | 13,5%
- **90** 2020 Ihringer Winklerberg Grauburgunder trocken Erste Lage
  **13,50 €** | 13,5%
- **91** 2020 Ihringer Winklerberg Chardonnay trocken Erste Lage
  **16 €** | 13,5%
- **91** 2020 Ihringer Vorderer Winklerberg Weissburgunder trocken Große Lage
  **19 €** | 13,5%
- **92** 2020 Ihringer Winklen Grauburgunder trocken Große Lage
  **19 €** | 13 %
- **88** 2019 Ihringen Spätburgunder trocken
  **9,50 €** | 13,5%
- **92** 2018 Ihringer Winklen Spätburgunder trocken pur
  **Preis auf Anfrage** | 13 %
- **93** 2019 Ihringer Winklen Spätburgunder trocken Große Lage
  **19 €** | 13 %
- **93** 2019 Ihringer Vorderer Winklerberg Spätburgunder trocken Große Lage
  **27 €** | 13 %

★★★½

## KOPP

Weingut Kopp
76547 Sinzheim · Ebenunger Straße 21
Tel. (07221) 803601 · Fax 803602
info@weingut-kopp.com
**www.weingut-kopp.com**

**Inhaber/in und Betriebsleitung** Johannes Kopp
**Keller** Johannes Kopp, Phillipp Reis
**Außenbetrieb** Johannes Kopp, Patrick Zink

**Historie** Gründung des Weinguts im Jahr 1996, seit 2012 Bewirtschaftung in der zweiten Generation
**Rebfläche** 32 Hektar
**Jahresproduktion** 150 000 Flaschen
**Beste Lagen** Sinzheimer Klostergut Fremersberg Feigenwäldchen (Alleinbesitz), Varnhalter Sonnenberg, Sommerhalde und Klosterbergfelsen
**Boden** Buntsandstein, Lösslehm, Rotliegendes, Oberkarbon, roter Porphyr, Ton
**Rebsorten** 30% Spätburgunder, je 20% Grauburgunder und Chardonnay, 15% Riesling, 10% Weißburgunder und 5% Sauvignon Blanc
**Erlebenswert** Haltung und Zucht von Schottischen Hochlandrindern auf Weiden rund um das Weingut

Im Vorjahr bescheinigten wir Johannes Kopp eine Leistung, die Kurs auf den vierten Stern nimmt. Nun, in diesem Jahr ist dieser Aufstieg fürs erste etwas gebremst. Zwar sind die Weißweine nach wie vor ohne Fehl und Tadel, doch bei den Roten waren wir alles andere als glücklich. Zu rustikal, zu eindimensional, hinterließen sie den Eindruck, dass das Jahr 2018 den begabten Winzer vor einige Herausforderungen gestellt hatte. Dass Johannes Kopp sein Metier beherrscht, bewiesen dagegen die angestellten Weißweine. Schon die beiden Sekte machen viel Vergnügen - zu moderatem Preis. Der Weißburgunder vom Lösslehm vereint schöne, kräuterige Honignoten mit Eleganz und einem langen Nachhall. Der Viognier präsentierte sich als klassischer Vertreter blumig und in fein ziselierter Art und der Chardonnay weckte Assoziationen an einen klassischen Chablis mit seiner Straffheit, der herzhaften Säure und den agrumigen Aromen. Er wird nach einiger Flaschenreife ohne Zweifel zu einem mustergültigen Vertreter seiner Art aufblühen. Wir sind sicher, dass in den kommenden Jahren auch die Roten wieder die gewohnte Klasse erreichen. Dann steht dem weiteren Aufstieg sicher nichts im Wege.

**88** 2019 Sekt Brut Cuvée Blanc
**14 €** | 12 %

**88** 2018 Sinzheimer Klostergut Fremersberg Feigenwäldchen Riesling Sekt Brut Große Lage
**18 €** | 10,5%

**85** 2021 Grauburgunder trocken
**9,90 €** | 12 %

**87** 2020 Sinzheimer Klostergut Fremersberg Riesling trocken Feigenwäldchen
**Preis auf Anfrage** | 13 %

**89** 2020 Weissburgunder trocken Lösslehm
**15 €** | 13 %

**88** 2018 Viognier Beerenauslese
**25 €/0,375 Lit.** | 9 %

**90** 2020 Varnhalter Felsenstück Chardonnay
**28 €** | 12,5%

**91** 2020 Viognier Selection Christophe Meyer
**Preis auf Anfrage** | 12,5%

**85** 2021 trocken Rosé
**9,90 €** | 11,5%

**84** 2018 Varnhalter Felsenstück Spätburgunder
**45 €** | 12 %

**85** 2018 Sinzheimer Feigenwäldchen Spätburgunder trocken
**10 €** | 13 %

**85** 2018 Varnhalter Sommerhalde Spätburgunder
**30 €** | 13 %

★★★

## LÄMMLIN-SCHINDLER

Weingut Lämmlin-Schindler
79418 Mauchen · Müllheimer Straße 4
Tel. (07635) 440 · Fax 436
weingut@laemmlin-schindler.de
**www.laemmlin-schindler.de**

**Inhaber/in und Betriebsleitung** Gerd Schindler
**Keller** Friedhelm Maier
**Rebfläche** 20 Hektar
**Jahresproduktion** 140 000 Flaschen
**Beste Lagen** Mauchener Frauenberg und Sonnenstück
**Boden** Kalkverwitterung, Lösslehm
**Rebsorten** 25% Spätburgunder, je 15% Gutedel, Weißburgunder, Grauburgunder und Chardonnay, 15% übrige Sorten
**Gastronomie** gutseigener Landgasthof Krone
**Mitglied** VDP, Slow Food

Das VDP-Weingut Lämmlin-Schindler stellt auch in diesem Jahr wieder ein sehr überzeugendes Portfolio zur Verkostung an. Alle Weine sind biozertifiziert. Die sortenreinen Ortsweine reflektieren allesamt die jeweilige Rebsorte und sind auf der frischen und lebhaften Seite des Rebsortenprofils. Der 2020er Mauchener Frauenberg Chardonnay GG zeigt sich komplex mit exzellentem, fein dosiertem Holzeinsatz, komplex, mit harmonischem, langem Finish und deutlichem Reifungspotential. Ein sehr gelungener Wein ist auch der 2017er Mauchener Spätburgunder Alte Reben, bei dem die lange Reifung zu einer fein balancierten Struktur mit sehr gut eingebundenem, samtigem Tannin und einer sortentypischen Aromatik von reifen schwarzen Früchten und einem harmonischen Abgang geführt hat. Der beste Rotwein ist in dieser Kollektion der 2019er Mauchener Frauenberg Spätburgunder GG, der zwar noch sehr jugendlich ist und noch einige Jahre der Flaschenreife benötigt um sein Potential voll zur Geltung zu bringen, aber jetzt schon mit elegantem, seidigem Tannin, sortentypischen Aromen von roten Waldfrüchten und einer lebhaften Säure sowie einem langen, harmonischen Abgang überzeugt.

**88** Pinot Noir, Chardonnay, Pinot Blanc Sekt Extra Brut
**14,50 €** | 12,5% BEST BUY

**87** 2021 Mauchen Gutedel trocken
**7,80 €** | 11,5%

**88** 2021 Mauchen Weissburgunder trocken
**9,80 €** | 12,5%

**88** 2021 Mauchen Sauvignon trocken
**11 €** | 12,5%

**89** 2021 Mauchen Chardonnay trocken
**9,80 €** | 12% BEST BUY

**90** 2021 Mauchen Grauburgunder trocken
**9,80 €** | 12,5% BEST BUY

**90** 2020 Mauchener Sonnenstück Weißburgunder trocken Erste Lage
**15 €** | 13%

**92** 2020 Frauenberg Chardonnay trocken VDP.Große Lage
**28 €** | 13%

**89** 2018 Mauchen Merlot trocken
**14,80 €** | 13,5% BEST BUY

**91** 2017 Mauchener Spätburgunder trocken Alte Rebe
**15,50 €** | 13%

**91** 2018 Lämmlin-Schindler FRAUenFELS Cabernet & Merlot trocken
**19,50 €** | 14%

**93** 2019 Frauenberg Spätburgunder trocken VDP.Große Lage
**37 €** | 13%

★★★

## ALEXANDER LAIBLE

Weingut Alexander Laible
77770 Durbach · Unterweiler 48
Tel. (0781) 2842380 · Fax 2842180
info@weingut-alexanderlaible.de
**www.weingut-alexanderlaible.de**

**Inhaber/in und Betriebsleitung** Alexander Laible
**Keller** Alexander Laible

**Rebfläche** 13 Hektar
**Jahresproduktion** 100 000 Flaschen
**Beste Lagen** Durbacher Plauelrain, Sinzheimer Sätzler und Frühmessler
**Boden** Kalkmergel, Löss auf Kalkverwitterung, Granit
**Rebsorten** je 25% Riesling und Grauburgunder, 20% Weißburgunder, 15% Chardonnay, 10% Spätburgunder, je 2% Sauvignon Blanc und Blaufränkisch, 1% Scheurebe
**Erlebenswert** Alte Mühle, Degustationsraum von 1856

Das Weingut Alexander Laible stellt mit einer Ausnahme Weine aus dem Jahrgang 2021 vor, die Handschrift des Winzers ist durchgängig klar erkennbar. Alle Weine des Sortiments sind nicht völlig trocken und die Süße macht sie zugänglich und runder. Der 2020er Chardonnay Heaven ist ein komplexer Wein mit guter Balance und langem Abgang, der noch von den Holzausbauaromen geprägt ist und sich über die nächsten Jahre sicherlich sehr gut entwickeln wird. Auch wenn er für den Stil des Hauses eher ungewöhnlich ist, zeigt dieser Wein doch einen sehr gelungenen Umgang mit Holz. Aus den 2021er Proben ist der Sauvignon Blanc Marie Sophie sehr beachtlich. Es handelt sich um einen vielschichtigen, hocharomatischen Wein, der mit sehr sortentypischen Aromen, einer guten Balance und in seiner zugänglich, saftigen Art überzeugt.

**86** 2021 Grauburgunder trocken Selection ***
**13 €** | 13 %

**86** 2021 Riesling trocken Kalkmergel ***
**13,50 €** | 12,5%

**87** 2021 Riesling trocken Grenzenlos ***
**15 €** | 12,5%

**88** 2021 Weißburgunder trocken Muschelkalk ***
**15 €** | 13 %

**88** 2021 Weißer Burgunder trocken Im Paradies
**22 €** | 13 %

**89** 2021 Chardonnay trocken Muschelkalk ***
**15 €** | 13 %

**91** 2021 Sauvignon Blanc trocken Marie Sophie ***
**22 €** | 13 %

**92** 2020 Chardonnay trocken Heaven ***
**45 €** | 13 %

**87** 2021 Grauburgunder trocken Chara ***
**14,50 €** | 13 %

**88** 2021 Riesling trocken Chara ***
**14,50 €** | 12,5%

★★★★

## ANDREAS LAIBLE

Weingut Andreas Laible
77770 Durbach · Am Bühl 6
Tel. (0781) 41238 · Fax 38339
weingut@andreas-laible.com
**www.andreas-laible.com**

**Inhaber/in und Betriebsleitung**
Andreas Christian Laible
**Keller** Andreas Christian Laible

**Historie** seit 1672 Weingut und Familiensitz in Durbach, am Bühl.
**Rebfläche** 8 Hektar
**Jahresproduktion** 45 000 Flaschen
**Beste Lagen** Durbacher Plauelrain, Stollenberg und Am Bühl
**Boden** Granitverwitterung
**Rebsorten** 55% Riesling, 9% Spätburgunder, 11% Weißburgunder, 8% Grauburgunder, je 5% Chardonnay und Scheurebe, 3% Gewürztraminer, je 2% Sauvignon Blanc und Muskateller
**Erlebenswert** Steillagen und die dazugehörige Aussicht ins Durbacher Rebland
**Mitglied** VDP

Ortenau - das ist badisches Rieslinggebiet und das mit Historie. Immerhin wurde im Jahr 1782 auf Geheiß von Markgraf Carl Friedrich von Baden auf dem Klingelberg in Durbach die erste rein mit Riesling bestockte Parzelle angelegt. Der Name blieb: Klingelberger heißt hier die weiße Edelrebe seither. Einer der Meister seines Fachs, der dem Riesling hier die höchsten Qualitäten entlockt, ist ohne Zweifel Andreas Laible. Kein Wunder: seine Familie war schon mehr als hundert Jahre im Weinbau tätig, bevor Carl Friedrich damals sein Riesling-Edikt erließ. Seit Jahren begeistern Laibles feingliedrige, elegante Gewächse, gibt er ihnen doch jenen eleganten Schliff mit, mit dem die Rebsorte bei Weinfreunden punktet. Das beginnt schon beim Ortswein und setzt sich fort in den Ersten Lagen und selbstredend auch in den beiden Großen Gewächsen aus dem Bühl und dem Stollenberg - beides Gewanne im Plauelrain mit je eigener Ausprägung. Präsentiert sich der Bühl nach einigem Zögern und mit reichlich Luft mit einer vornehmen leicht rauchigen Fruchtnote, gibt sich der Stollenberg deutlich generöser, sowohl in der Nase als auch am Gaumen. Beide aber sind straff gewobene Weine, die mit Druck am Gaumen die Spannung halten und alles andere als vordergründig sind. Hier ist Geduld angesagt. Bei aller Begeisterung für die Rieslinge: Laible hat auch ein Händchen für die anderen Rebsorten seines Portfolios. Zu nennen wären neben den weißen Burgundersorten etwa der Muskateller oder auch die Scheurebe. Sie blühen unter seinen Händen auf. Der Muskateller bietet sich mit seinen animierenden, frischen agrumigen Aromen und einem Hauch Menthol als Aperitifwein an. Und die Rotweinfreunde werden mit dem leicht rauchigen 2019er Spätburgunder aus dem Plauelrain mehr als zufriedengestellt, zumal zu einem bescheidenen Preis. Diese angenehm moderate Preisgestaltung zieht sich übrigens durch das ganze Sortiment.

LAIBLE
seit 1672

**86** 2021 Durbach Riesling trocken
**11 €** | 12 %

**87** 2021 Durbach Sauvignon Blanc trocken
**15 €** | 13 %

**87** 2021 Durbach Muskateller trocken
**15 €** | 12 %

**88** 2021 Durbacher Plauelrain Grauer Burgunder trocken Erste Lage
**15,50 €** | 13 %

**89** 2021 Durbacher Plauelrain Weißer Burgunder trocken Erste Lage
**15,50 €** | 13 %

**89** 2021 Durbacher Plauelrain Chardonnay trocken Erste Lage
**16,50 €** | 13 %

**90** 2021 Durbacher Plauelrain Riesling trocken Erste Lage Achat
**19,50 €** | 12,5%

**92** 2021 Durbacher Plauelrain Am Bühl Riesling Großes Gewächs
**24,50 €** | 12,5%

**93** 2021 Durbacher Plauelrain Stollenberg Riesling Großes Gewächs
**27 €** | 13 %

**87** 2021 Durbacher Plauelrain Riesling Auslese restsüss Erste Lage
**18,50 €** | 11 %

**88** 2021 Durbacher Plauelrain Scheurebe Auslese
**18,50 €** | 10 %

**89** 2019 Durbacher Plauelrain Spätburgunder trocken Erste Lage
**17,40 €** | 13,5%

★★★

## LANDERER

Weingut Karin & Johannes Landerer
79235 Vogtsburg-Niederrotweil ·
Niederrotweil 3
Tel. (07662) 1070 · Fax 94485
info@weingut-landerer.de
**www.weingut-landerer.de**

**Inhaber/in und Betriebsleitung**
Karin und Johannes Landerer
**Keller** Johannes Landerer
**Außenbetrieb** Johannes Landerer

**Rebfläche** 22 Hektar
**Jahresproduktion** 160 000 Flaschen
**Beste Lagen** Oberrotweiler Eichberg, Oberrotweiler Henkenberg, Oberrotweiler Kirchberg und Leiselheimer Gestühl
**Boden** Vulkanverwitterungsgestein und Löss
**Rebsorten** 40% Spätburgunder, 30% Grauburgunder, 15% Weißburgunder, 10% Sauvignon Blanc, 5% übrige Sorten

Das Sortiment des Weinguts Landerer ist klar in die drei Linien Gutsweine, Ortsweine (schwarze Erde) und Lagenweine unterteilt. Dies spiegelt sich in der Stilistik klar und eindeutig wider. Bei den Ortsweinen überzeugt der 2021er Oberrottweiler Sauvignon Blanc durch seine vielschichtige, sehr sortentypische Aromatik, sehr gute Balance und den langen, gut ausgewogenen Abgang. Bei den Ortsweinen ist es der 2020er Oberrottweiler Pinot Noir, der mit klaren, mehrschichtigen und sehr sortentypischen Aromen, seinem feingliedrigen Tannin und der sehr guten Balance einnimmt. Bei den Lagenweinen, alle aus dem Jahrgang 2020, zeigt sich der Oberrottweiler Henkenberg Chardonnay noch sehr jugendlich mit intensiven Holzausbaunoten, komplexer Aromatik und sehr guter Balance. Dieser Wein sollte noch reifen, um die Vanille und Toastnoten besser zu integrieren. Neben dem großartigen und sehr typischen Oberrottweiler Eichberg Spätburgunder sehen wir den Oberrottweiler Kirchberg Syrah in diesem Jahr einen Hauch vorne. Dieser intensive, komplexe und sehr sortentypische, druckvolle und konzentrierte Rotwein zeigt eine außergewöhnlich gute Balance aller struktureller Komponenten, eine sehr gute Integration des Holzes und einen langen, sehr harmonischen Abgang. In Summe kann man dem Weingut zu einem so stimmigen und gelungenem Portfolio nur gratulieren.

**88** 2021 Leiselheimer Chardonnay trocken Schwarze Erde
**13,50 €** | 12,5%

**89** 2020 Oberrotweiler Henkenberg Grauburgunder trocken
**21 €** | 13 %

**91** 2021 Oberrotweiler Sauvignon Blanc trocken
**12 €** | 12 %

**92** 2020 Oberrotweiler Henkenberg Chardonnay trocken
**21 €** | 13 %

**88** 2020 Kaiserstuhl Spätburgunder trocken
**8,95 €** | 13 %

**91** 2020 Oberrotweiler Pinot Noir trocken Schwarze Erde
**14 €** | 13 % **BEST BUY**

**93** 2020 Oberrotweiler Kirchberg Syrah trocken
**30 €** | 13,5%

**93** 2020 Oberrotweiler Eichberg Spätburgunder trocken
**38 €** | 13 %

★★☆

## PETER LANDMANN

Weingut Peter Landmann
79219 Staufen im Breisgau · Auf dem Rempart 2
Tel. (07633) 5510 · Fax 500472
info@landmann-wein.de
**www.landmann-wein.de**

**Inhaber/in und Betriebsleitung** Peter Landmann
**Keller** Peter Landmann
**Außenbetrieb** Peter Landmann

Aus seinen 23 Hektar Weinbergen kreiert Peter Landmann ein interessantes Biowein-Sortiment für jeden Anspruch. Die trockenen Weißweine sind dabei ebenso interessant wie der belebende Sekt aus Chardonnay und Pinot oder auch der gelungene PetNat mit seinen agrumigen Noten. Dass er auch ein Händchen für edelsüße Weine hat, zeigt der Winzer mit seiner Riesling Beerenauslese, die filigran und keinesfalls überladen oder gar pappig wirkt. An der Spitze aber steht der Spätburgunder aus dem Schlossberg, der würzige Aromen mit feinen Noten von Kornellkirschen und edlen Hölzern vereint.

**87** Sekt b. A. Brut Pinot & Chardonnay
**13,90 €** | 12,5%

**87** Brut nature PET NAT
**16,50 €** | 13 %

**84** 2021 Staufener Schlossberg Grauer Burgunder Spätlese trocken
**12,90 €** | 12,5%

**85** 2021 Ehrenstetter Oelberg Weisser Burgunder Spätlese trocken
**12,90 €** | 13 %

**85** 2021 Staufener Schlossberg Sauvignon Blanc trocken
**12,90 €** | 12,5%

**85** 2021 Staufener Schlossberg Muskateller trocken
**12,90 €** | 12,5%

**90** 2019 Staufener Schlossberg Riesling Beerenauslese
**29,50 €/0,375 Lit.** | 12 %

**85** 2021 Staufener Schlossberg Spätburgunder Rosé trocken
**9,50 €** | 11,5%

**91** 2020 Staufener Schlossberg Spätburgunder Rotwein trocken
**19,50 €** | 13,5%

★★

## HEINRICH MÄNNLE

Weingut Heinrich Männle
77770 Durbach · Sendelbach 16
Tel. (0781) 41101 · Fax 440105
info@weingutmaennle.de
**www.weingutmaennle.de**

**Inhaber/in und Betriebsleitung** Heinrich und Sylvia Männle
**Keller** Heinrich Männle
**Außenbetrieb** Heinrich Männle

**Historie** Erbhofgut, seit 1456 in Familienbesitz
**Rebfläche** 6 Hektar
**Jahresproduktion** 30 000 Flaschen
**Beste Lagen** Durbacher Kochberg Plauelrain Ölberg
**Boden** Granitverwitterung
**Rebsorten** 60% Spätburgunder, je 10% Grau- und Weißburgunder, 8% Riesling, 4% Chardonnay, 8% übrige Sorten
**Erlebenswert** zwei Gewölbekeller aus Granitstein
**Mitglied** Slow Food, Baden, Klingelberger 1782

Traditionell - das trifft wohl am ehesten den Weinstil des Weinguts Heinrich Männle. Sie sind - im guten Wortsinne - aus der Zeit gefallen, jedenfalls aus einer, in der man nicht mehr wie früher auf hochreife, ausladende Tropfen setzt, sondern auf Feinheit und Dezenz. Letzteres wäre wohl eine Beleidigung, denn ob weiß oder rot: Diese Weine kommen kraftvoll und breitbeinig daher und verlangen nach kräftigen Speisen als Begleiter. Wehe einem schmelzenden Fischfilet oder einer zarten Hühnerbrust, die sich etwa der feinherben Spätlese vom Chardonnay unterwerfen muss. Das Gesagte gilt in noch höherem Maße für die Roten - muskulös und alkoholkräftig auch sie. Liebhaber von roten Schwergewichten werden sie lieben, diese Rubensmodelle in Form von Wein.

- **87** 2020 Durbacher Kochberg Grauburgunder Spätlese trocken Faß 22
  **14,50 €** | 14 %
- **88** 2020 Durbacher Kochberg Spätlese trocken Klingelberger 1782 Faß 30
  **15,50 €** | 12,5%
- **84** 2020 Durbacher Plauelrain Chardonnay Spätlese feinherb Faß 18
  **14,50 €** | 13,5%
- **85** 2020 Durbacher Kochberg Weißburgunder Spätlese feinherb Faß 26
  **14,50 €** | 14 %
- **85** 2020 Durbacher Ölberg Gewürztraminer Auslese restsüss
  **18 €** | 14 %
- **85** 2018 Durbacher Kochberg Spätburgunder Spätlese trocken
  **14 €** | 15 %
- **85** 2018 Durbacher Kochberg Merlot Auslese trocken alte Rebe
  **55 €** | 16,5%
- **84** 2017 Durbacher Kochberg Spätburgunder Auslese feinherb
  **30 €** | 15 %

★ NEU

## MAIER

Weingut Maier
76532 Baden-Baden · Karlsruher Str. 8
Tel. (07221) 64197 · Fax 995479
info@weingut-maier.de
**www.weingut-maier.de**

**Inhaber/in und Betriebsleitung**
Volker Maier
**Keller** Volker Maier

Beim Weingut Maier spielen PiWis eine wichtige Rolle. Die Neuzüchtungen, die resistent gegen Pilzerkrankungen sind, machen einen großen Teil des Sortiments aus - und nicht nur das, sie bereichern durch ihr Geschmacksprofil auch das übliche Portfolio der traditionellen Rebsorten. Schon diese allerdings, vom Weißburgunder bis zum Riesling, bestechen durch ein glasklares Geschmacksprofil, der Riesling darüberhinaus mit einer charmanten exotischen Note. Exotisch geht es dann auch beim Souvignier Gris zu, eine der bereits erwähnten PiWis, der mit warmen Aromen und schmeichelnden Fruchtnoten gefällt. Ein besonderer Fall ist die Rotwein-Cuvée Re(d) volution, in der nicht weniger als fünf unterschiedliche PiWis stecken und die im Zusammenspiel einen sehr attraktiven, dichten Rotwein mit Wucht und Fülle liefern, der nach Schmorgerichten mit dramatischen Saucen verlangt. Klassisch wird es dann wieder beim samtigen, dicht gewobenen Spätburgunder aus dem Mauerberg. Alles in allem eine gelungene Kollektion.

- **86** 2021 Weisser Burgunder trocken
  **10 €** | 13 %
- **86** 2020 Souvignier Gris trocken
  **12,50 €** | 13,5%
- **87** 2020 Gewürztraminer trocken Josefa
  **18,50 €** | 13 %
- **88** 2020 Neuweier Mauerberg Riesling SI trocken
  **22 €** | 13,5%
- **86** 2021 Scheurebe feinherb
  **10 €** | 11,5%
- **87** 2019 Sankt Laurent trocken
  **14 €** | 13 %
- **88** 2019 Re(d)volution trocken
  **24 €** | 13,5%
- **89** 2018 Neuweier Mauerberg Spätburgunder trocken
  **24 €** | 14 %

★★☆

## MARKOVIC

Tomislav Markovic
79206 Breisach · Kupfertorplatz 1
Tel. (07667) 2070046
eintritt@monsieurmarkovic.de
**www.monsieurmarkovic.de**

**Inhaber/in und Betriebsleitung**
Tomislav Markovic

**Rebfläche** 1 Hektar
**Jahresproduktion** 2 500 Flaschen
**Beste Lagen** Kiechlinsberger Teufelsburg, Siefersheimer Heerkretz
**Boden** Tephrit, Ryolith, Löss
**Rebsorten** 40% Spätburgunder, je 20% Chardonnay, Sauvignon Blanc und Riesling

Freunde des ungewöhnlichen Weingenusses werden mit Sicherheit bei Tomislav Markovic fündig. Sie bieten aufgeschlossenen Weinfreunden ein Abenteuer, das auf jeden Fall abseits des Mainstreams ist. Woran das liegt? Wohl daran, dass der „Winzer auf dem zweiten Bildungsweg" nicht in erster Linie die sortentypischen Fruchtnoten sucht, sondern dass er der Herkunft von Anfang an Aufmerksamkeit geschenkt und die Rebsorte eher Botschafter des Terroirs versteht. So gewinnen Riesling und Sauvignon Blanc hier ein Profil, das schnell vergessen lässt, dass ein „typischer" Riesling nach Pfirsich, und ein Sauvignon Blanc nach Stachelbeeren und Paprika zu duften habe. Der Sauvignon Blanc aus der Heerkretz etwa vernachlässigt diese Charakteristik zwar nicht komplett, im Vordergrund stehen aber Mineralität und Struktur. Das gilt auch für den Riesling. Den Pinot Noirs ist bei allen Unterschieden die leichte Rauchnote und das Aroma von Kakaobohnen eigen. Und Liebhaber von Orange Wines finden im „Mythos" ein Paradebeispiel dieser Weinart, die sich mit ihren vielfältigen Aromen von Orangenzesten, Pomeranze, Sandelholz, hellem Wildleder und Nougat als anpassungsfähiger Essensbegleiter zu vielen Gelegenheiten zeigt. Alles in allem eine stimmige, überzeugende Kollektion mit einer eindeutigen Handschrift.

**89** 2020 Riesling trocken Quo Vadis
**22,50 €** | 12,5%

**89** 2020 Sauvignon Blanc trocken Blanker Rauch
**29,50 €** | 12,5%

**90** 2020 Siefersheimer Goldenes Horn Chardonnay trocken
**19,50 €** | 13,5%

**90** 2020 Siefersheim Heerkretz Sauvignon Blanc trocken
**36 €** | 12,5%

**90** 2020 Chardonnay Mythos
**32 €** | 12 %

**89** 2020 Pinot Noir trocken Windspiel
**21 €** | 13 %

**89** 2020 Pinot Noir trocken On the Rocks
**36 €** | 12,5%

**90** 2020 Pinot Noir trocken Parabole
**45 €** | 13 %

## MEERSBURG

Staatsweingut Meersburg
88709 Meersburg · Seminarstraße 6
Tel. (07532) 446744 · Fax 446717
info@staatsweingut-meersburg.de
**www.staatsweingut-meersburg.de**

**Inhaber/in** Land Baden-Württemberg
**Betriebsleitung** Dr. Jürgen Dietrich
**Keller** Johannes Brückner
**Außenbetrieb** Otto Kopp

**Historie** von 1210 bis 1803 Weingut der Fürstbischöfe zu Konstanz, von 1803 bis 1918 Großherzoglich Badische Domänenkellerei, von 1918 bis 1945 Staatliche Weinbaudomäne, seit 1945 Staatsweingut
**Rebfläche** 63 Hektar
**Jahresproduktion** 360 000 Flaschen
**Beste Lagen** Meersburger Rieschen, Meersburger Bengel und Meersburger Chorherrnhalde, Hohentwieler Olgaberg
**Boden** Meersburg und Gailingen: Moränenschotter auf Süßwassermolasse; Hohentwiel: Phonolith- und Tuffgestein
**Rebsorten** 52,5% Spätburgunder, 22% Müller-Thurgau, 12% Weißburgunder, 5% Grauburgunder, 4% Riesling, 3,5% übrige Sorten
**Gastronomie** Gutsschänke mit Terrasse und herrlichem See-und Alpenblick
**Erlebenswert** historischer Gewölbekeller, schönste Weinsicht Badens, 60% Steillagen
**Mitglied** Fair Choice

Die grundsoliden Weine dieses Guts oberhalb des Meersburger Hafens mit dem unübertrefflichen Blick über den Bodensee haben zu Recht ihre Fangemeinde. Denn sie sind Spaßweine im besten Wortsinne. Sie verschönern den Alltag ebenso wie die Feiertage, sie bereiten Genuss sowohl als Solisten als auch als Speisenbegleiter. Zwei besondere Cuvées, eine rote und eine weiße, sind der Dichterin Annette von Droste-Hülshoff gewidmet, die in Meersburg Weinberge besaß. Sie sind süffig, ohne zu ermüden und haben die glasklare Aromatik, die den Bodenseeweinen eigen ist. Eben dies kann man auch dem reinsortig bereiteten Chardonnay aus der Chorherrenhalde und dem Grauburgunder aus dem Meersburger Rieschen bescheinigen, und auch der Spätburgunder aus dem Olgaberg besticht durch Spiel und Feinheit sowie eine pikante, kräuterige Note.

STAATSWEINGUT
MEERSBURG
Wir sind Ihr Wein.

**84** 2021 Meersburger Lerchenberg Müller-Thurgau trocken
**9,50 €** | 12,5%

**86** 2021 Meersburger Chorherrnhalde Weissburgunder-Chardonnay trocken Lagenwein
**11,50 €** | 13 %

**86** 2021 Hohentwieler Olgaberg Riesling trocken
**12,30 €** | 12 %

**86** 2021 Meersburger Jungfernstieg Weißburgunder trocken
**Preis auf Anfrage** | 13 %

**87** 2020 Meersburger Chorherrnhalde Chardonnay Großes Gewächs
**21 €** | 12,5%

**88** 2021 Meersburger Rieschen Grauburgunder Großes Gewächs
**21 €** | 13,5%

**85** 2021 Cuvée Annette blanc
**10,20 €** | 12 %

**85** 2021 Meersburger Bengel Spätburgunder Weissherbst trocken
**10,60 €** | 12,5%

**83** 2021 Spätburgunder feinherb Rosé
**9 €** | 11,5%

**84** 2020 Meersburger Bengel Spätburgunder trocken
**13,20 €** | 13 %

**87** 2020 Hohentwieler Olgaberg Spätburgunder trocken
**14,20 €** | 13,5%

**87** 2020 Cuvée Annette rouge
**10,20 €** | 13 %

★★★☆

## MICHEL

Weingut Michel
79235 Achkarren · Winzerweg 24
Tel. (07662) 429 · Fax 763
info@weingutmichel.com
**www.weingutmichel.com**

**Inhaber/in und Betriebsleitung** Josef Michel
**Keller** Josef Michel
**Außenbetrieb** Robin Michel

**Rebfläche** 13 Hektar
**Jahresproduktion** 85 000 Flaschen
**Beste Lagen** Achkarrer Schlossberg, Ihringer Winklerberg
**Boden** Vulkanverwitterung (Tephrit), Löss und Lehm
**Rebsorten** 40% Grauburgunder, 28% Spätburgunder, 18% Weißburgunder, 14% Chardonnay
**Mitglied** VDP

Das VDP-Weingut Michel in Achkarren stellt auch in diesem Jahr Weine aus der Ortswein- und der Tephrit-Linie, sowie Große Gewächse an. Alle Weißweine sind aus 2021 und die Spätburgunder aus 2020. Bei den zugänglichen Ortsweinen zeigt der Chardonnay eine vielschichtige Aromatik, gute Balance und einen harmonischen Abgang. Im Achkarrer Schlossberg entstehen drei Weine. Bei den Weißweinen ist der Chardonnay mit komplexen Aromen, dichter Struktur, sehr guter Balance und langem, harmonischen Finish, sowie deutlichem Reifungspotential sehr gut gelungen. Bei den Spätburgundern ist der Ihringer Winklerberg Hinter Winkeln ein großartiger Wein, der mit reifen Waldfruchtaromen, samtigen Tannin, sehr guter Balance und langem, harmonischen Finish überzeugt. Der Achkarrer Schlossberg Spätburgunder GG begeistert durch seine präzisen, sehr sortentypischen Aromen von roten Waldfrüchten, fein dosiertem Holzeinsatz und einem feinkörnigen, seidigen, eleganten Tannin, hoher Präzision in der Struktur und einer exzellenten Balance bis hin zum sehr langen und sehr harmonischen Finish. Diese Weine sind beachtlich und werden sich mit einiger Zeit der Flaschenreife vollends entfalten und ihre Komplexität noch besser zeigen.

**86** 2021 Achkarrer Weißburgunder trocken
**9,50 €** | 13 %

**88** 2021 Achkarrer Grauburgunder trocken
**9,50 €** | 13 %

**89** 2021 Achkarrer Weißburgunder trocken Tephrit
**14,50 €** | 13 %

**89** 2021 Achkarrer Grauburgunder trocken Tephrit
**14,50 €** | 13 %

**90** 2021 Achkarrer Chardonnay trocken Tephrit
**14,50 €** | 13 %

**91** 2021 Achkarrer Schlossberg Grauburgunder Großes Gewächs
**27 €** | 13 %

**92** 2020 Achkarrer Schlossberg Chardonnay Großes Gewächs
**27 €** | 13 %

**87** 2020 Spätburgunder trocken Alte Reben
**14,50 €** | 13 %

**89** 2020 Achkarrer Spätburgunder trocken Tephrit
**27 €** | 13,5%

**92** 2020 Ihringer Winklerberg Spätburgunder Großes Gewächs Hinter Winklen
**42 €** | 13,5%

**94** 2020 Achkarrer Schlossberg Spätburgunder VDP.Großes Gewächs
**52 €** | 13,5%

★

## MÖSSNER-BURTSCHE

Weingut Mößner-Burtsche
79331 Teningen-Köndringen
Heimbacher Straße 3
Tel. (07641) 2808 · Fax 54003
info@weingutmoessner.de
**www.weingutmoessner.de**

**Inhaber/in und Betriebsleitung**
Eva und Tobias Burtsche
**Keller** Tobias Burtsche

Auch dieses Jahr stellt das Weingut Mößner-Burtsche wieder ein blitzsauberes Portfolio vor. Die Weine sind zugänglich, sortenrein und in einem sehr verbraucherfreundlichen Preissegment. Der 2020er Weissburgunder LÖSS braucht noch etwas Flaschenreife, um die Holzaromen weiter zu integrieren und wird danach ein vielschichtiger Wein zu einem wahren Schnäppchenpreis sein. Der 2018er Pinot Noir ist sortentypisch, vielschichtig und vereint Komplexität mit Eleganz und einem harmonischen Abgang.

**88** 2019 Pinot Sekt
**10 €** | 13 %

**86** 2021 Köndringer Alte Burg Spätlese trocken
**8,50 €** | 12,5%

**87** 2021 Köndringer Alte Burg Weißer Burgunder Kabinett trocken
**7,50 €** | 12 %

**88** 2021 Riesling trocken Muschelkalk
**8 €** | 12 %

**89** 2020 Grauburgunder trocken Muschelkalk
**11 €** | 13,5%

**90** 2020 Weißer Burgunder trocken LÖSS
**10 €** | 14 %

**85** 2021 Spätburgunder trocken Riveló
**6,80 €** | 11,5%

**88** 2020 Spätburgunder trocken Alte Reben
**10 €** | 14 %

**91** 2018 Köndringer Käferberg Pinot Noir trocken
**17 €** | 14 %

★½

## MOOSMANN

Weingut Moosmann
79183 Waldkirch-Buchholz ·
Schwarzwaldstraße 78
Tel. (07681) 7574 · Fax 25118
genuss@weingut-moosmann.com
**weingut-moosmann.com**

**Inhaber/in und Betriebsleitung**
Georg Moosmann
**Keller** Georg Moosmann, Timo Käppele
**Außenbetrieb** Daniel Brückner, Ingo Killy

Die diesjährige Kollektion des Weinguts Moosmann setzt die beeindruckende Qualität des letzten Jahres fort. Insbesondere die Weißweine weisen eine gute Balance und Struktur auf, wobei der Chardonnay die Nase vorn hat. Seine Cremigkeit und Fülle hat eindeutig Burgund als Vorbild. Saftig präsentieren sich die Rotweine - beim 2018er Spätburgunder strömen reife Kirscharomen aus dem Glas, die sich auch am Gaumen wiederfinden, unterstützt von einem feinkörnigen Tannin. Highlight ist wiederum der Opal, ein wahres Füllhorn an Düften und Aromen von Rosenblüten und Honig, reifen agrumigen Noten und kandierten Früchten, das dank der präsenten Säure den Gaumen nicht ermüdet.

**88** 2019 Pinot Brut Winzersekt
**14 €** | 12,5%

**88** 2016 Pinot Extra Brut Reserve Winzersekt
**22,50 €** | 13 %

**87** 2021 Sexauer Sonnhalde Chardonnay Spätlese trocken
**10 €** | 13 %

**89** 2020 Buchholz Weißburgunder Spätlese trocken „Riddele"
**15,50 €** | 14 %

**90** 2020 Buchholzer Sonnhalde Grauburgunder Spätlese trocken „Riddele"
**15,50 €** | 14 %

**90** 2020 Chardonnay trocken Reichenbächle
**16,90 €** | 14,5%

**93** 2020 Muskateller Opal *
**24 €/0,5 Lit.** | 9,5%

**89** 2018 Spätburgunder trocken
**18,50 €** | 14,5%

**87** 2019 Spätburgunder trocken Alte Reben
**10 €** | 13,5%

## NÄGELSFÖRST

Weingut Nägelsförst
76534 Baden-Baden (Varnhalt)
Nägelsförst 1
Tel. (07221) 35550 · Fax 35550
info@naegelsfoerst.de
**www.naegelsfoerst.de**

**Inhaber/in** Familie Schischek

**Historie** Gründung 1268 als Hofgut des Klosters Lichtenthal, seit 1344 Spätburgunderanbau im Klosterbergfelsen
**Rebfläche** 33 Hektar
**Jahresproduktion** 190 000 Flaschen
**Beste Lagen** Varnhalter Klosterbergfelsen, Neuweierer Mauerberg, Umweger Stich den Buben
**Boden** Porphyr-, Granit- und Gneisverwitterung
**Rebsorten** 35% weiße Burgunder-Sorten, 30% Riesling, 25% rote Sorten, 10% Sauvignon Blanc

Das Weingut liegt in Baden Baden und präsentiert dieses Jahr eine Kollektion, die in die Kategorien Gutswein, Ortswein und Lagenwein unterteilt ist. Die Weine sind mehrheitlich sortenrein ausgebaut, wobei bei den Lagenweinen ein guter Holzeinsatz zu erkennen ist. Hier sind auch die beiden höchstbewerteten Weine zu finden, der üppige, noch jugendliche 2020er Weissburgunder aus der Lage „Stich den Buben" und der 2019er Bühlertaler Engelsfelsen Pinot Noir Engelsstaub, der mit einem samtigen Tannin, vielschichtigen und sehr sortentypischen Aromen, sehr guter Balance und einem harmonischen Finish überzeugt. Beide Weine sind noch in der jugendlichen Phase und werden von ein paar Jahre Flaschenreife deutlich profitieren.

NÄGELSFÖRST 1268

**83** 2021 Grauburgunder trocken Vorfreude
**9,90 €** | 12 %

**84** 2021 Ortenau Weisswein-Cuvee trocken Quinum
**10,90 €** | 12 %

**85** 2021 Auxerrois trocken Lichtblick
**9,90 €** | 12,5%

**88** 2021 Sauvignon Blanc trocken Flugkünstler
**10,90 €** | 12 %

**89** 2020 Baden-Badener Klosterbergfelsen Riesling trocken Steilflug
**19,90 €** | 13 %

**90** 2020 Stich den Buben Weißburgunder trocken Luft & Liebe
**19,90 €** | 14,5%

**83** 2021 Baden Ortenau trocken Trinkstorch
**9,90 €** | 12 %

**88** 2019 Bühlertal Ortenau Pinot Noir trocken Talblick
**14,90 €** | 13,5%

**89** 2018 Ortenauer Rotwein-Cuvée trocken Qvinum
**10,90 €** | 14 % BEST BUY

**92** 2019 Engelsfelsen Pinot Noir trocken Engelsstaub
**34,90 €** | 13,5%

★★★

## SCHLOSS NEUWEIER

Weingut Schloss Neuweier GmbH u. CoKG
76534 Baden-Baden · Mauerbergstraße, 21
Tel. (07223) 96670 · Fax 966743
kontakt@weingut-schloss-neuweier.de
**www.weingut-schloss-neuweier.de**

**Inhaber/in und Betriebsleitung**
Robert Schätzle
**Keller** Robert Schätzle

**Historie** Weingut Schloss Neuweier ist eine Tiefburg und stammt aus dem 12. Jahrhundert.
**Rebfläche** 16 Hektar
**Jahresproduktion** 100 000 Flaschen
**Beste Lagen** Neuweier Schlossberg, Mauerberg und Goldenes Loch
**Boden** Granitverwitterung, Porphyrverwitterung
**Rebsorten** 80% Riesling, 12% Spätburgunder, 4% Weißburgunder, 2% Gewürztraminer, je 1% Chardonnay und Sauvignon Blanc
**Gastronomie** gutseigenes Hotel und Restaurant „Goldenes Loch" & Winzerhof (Öffnungszeiten siehe Website)
**Mitglied** VDP

Riesling dominiert auf diesem Gut, das von Robert Schätzle geleitet wird - und das ist gut so. Vom einfachen Gutswein bis zur Ersten Lage aus dem Neuweierer Schlossberg bewahrt jede Flasche ihre Eigenständigkeit und zeigt doch eine eindeutige Handschrift. Besonders schön zeigt sich die Entwicklung beim 2018er Riesling, der die jugendliche Sturm- und Drangphase überwunden hat und mit gelbfruchtigen Aromen und Eleganz am Gaumen besticht. Die Dominanz der Weißen soll jedoch nicht vergessen lassen, dass Robert Schätzle auch ein Händchen für die Roten hat. Der 2016er Spätburgunder Late Release - immerhin gute sechs Jahre alt - ist ein Musterbeispiel für einen Pinot Noir mit beginnender Reife. Er zeigt zarten Schmelz und vereint mit Kraft mit Eleganz. Mit dem DROP führt uns Robert Schätzle ins Reich der Likörweine. Dunkle Schokolade, Trockenfrüchte und Gewürze sind in diesem Konzentrat vereint, das er nach fünf Jahren Fassreife abgefüllt hat und dessen Haltbarkeit auf Jahrzehnte ausgelegt ist.



**88** Neuweier Sekt b. A. Brut
**16,90 €** | 12 %

**84** 2021 Blanc de Noir trocken
**10,90 €** | 12 %

**85** 2020 Riesling trocken
**8,80 €/1 Lit.** | 13,5%

**86** 2021 Grauburgunder trocken
**9,90 €** | 12,5%

**87** 2021 Sauvignon Blanc trocken
**13,90 €** | 12 %

**88** 2020 Riesling trocken
**9,90 €** | 13 %

**88** 2020 Neuweier Riesling trocken Alte Reben
**13,60 €** | 13 %

**88** 2020 Sauvignon Blanc trocken
**13,90 €** | 13,5%

**89** 2018 Neuweierer Schlossberg Riesling trocken Erste Lage
**17,30 €** | 12,5%

**89** 2019 Pinot Noir „R" trocken
**13,90 €** | 13 % BEST BUY

**92** 2016 Neuweierer Heiligenstein Pinot Noir trocken Erste Lage Late Release
**49,50 €** | 13 %

**90** Schloss Neuweierer „DROP"
**49,50 €** | 18,5%

★

## NIWENBURG

Weingut Niwenburg, Dominik Zorn
76703 Kraichtal-Neuenbürg · Prof.-Hubbuch-Str. 36
Tel. (07259) 436047 · Fax 436046
info@niwenburg.de
**www.niwenburg.de**
**Inhaber/in und Betriebsleitung** Dominik Zorn

In Dominik Zorns Rebsortenportfolio spielt der Auxerrois, eine aus Burgund stammende Weißweinsorte, eine besondere Rolle. Mit dem im Holzfass gereiften Auxerrois stellt er sein Händchen für diese Rebsorte unter Beweis. Weniger überzeugen uns in diesem Jahr die vorgestellten weißen Gutsweine, die eine leichte medizinale Bitternote durchzieht. Ohne Fehl und Tadel sind dagegen die drei Rotweine, bei denen der 2019er Lemberger Vierte Todsünde mit seiner fruchtigen Eleganz trotz niedrigen Alkoholgehalts die erste Geige spielt.

**83** 2021 Riesling trocken
**5 €/1 Lit.** | 12,5%

**84** 2021 Kraichtaler Kirchberg Rivaner trocken
**5,50 €** | 12%

**85** 2021 Kraichtaler Kirchberg Grauburgunder trocken
**6 €** | 12,5%

**85** 2021 Kraichtaler Kirchberg Weißburgunder trocken
**6 €** | 12,5%

**85** 2020 Auxerrois trocken
**6 €** | 12%

**87** 2019 Auxerrois trocken im Holzfass gereift
**12 €** | 13%

**83** 2021 Zornissimo
**5,50 €** | 11,5%

**85** 2021 Kraichtaler Kirchberg Pinot M. trocken Pinot M. Rosé
**6 €** | 12,5%

**85** 2020 Kraichtaler Kirchberg Pinot Noir trocken
**6 €** | 13%

**86** 2020 Kraichtaler Kirchberg Blaufränkisch trocken
**6 €** | 13,5%

**87** 2019 Lemberger trocken „Vierte Todsünde“
**12 €** | 12%

★

## OBERKIRCHER

Oberkircher Winzer
77704 Oberkirch · Renchener Straße 42
Tel. (07802) 92580 · Fax 925838
info@oberkircher-winzer.de
**www.oberkircher-winzer.de**
**Geschäftsführender Vorstand** Dr. Sebastian Hill
**Keller** Martin Bäuerle

Mit rund 500 Hektar Rebfläche haben die Oberkircher Genossen alle Möglichkeiten, eine breite Palette an Weinen anzubieten - für jeden Geschmack. Und diese Möglichkeit nutzen sie auch, sehr zur Freude der Weinfreunde, die sich auf solide Qualitäten, aber auch auf anspruchsvollere Weine verlassen können. Dass dabei das Portemonnaie geschont wird, sichert ihnen eine treue Kundschaft. An der Basis überzeugen bereits die Gewächse der Linie Vinum Nobile durch Frische und guten Trinkfluss. Dass sie auch ein wenig Reife gut vertragen können, beweisen der Chardonnay der gleichen Linie ebenso wie der Grauburgunder aus der Edition Dollenberg.

**84** 2021 Oberkircher Riesling Kabinett trocken Collection Oberkirch
**6,80 €** | 11%

**85** 2021 Oberkircher Grauer Burgunder QbA trocken Vinum Nobile
**6,90 €** | 12,5%

**85** 2021 Oberkircher Auxerrois QbA trocken Vinum Nobile
**10,80 €** | 13%

**86** 2021 Oberkircher Viognier QbA trocken Vinum Nobile
**8,20 €** | 14%

**86** 2019 Oberkircher Chardonnay QbA trocken Vinum Nobile
**10,50 €** | 13,5%

**87** 2021 Oberkircher Grauer Burgunder Spätlese trocken Collection Oberkirch
**7,80 €** | 12,5%

**87** 2019 Oberkircher Grauer Burgunder QbA Barrique trocken Edition Dollenberg
**11,40 €** | 13%

**84** 2021 Oberkircher Rosè QbA trocken Vinum Nobile
**6,90 €** | 12,5%

**84** 2020 Oberkircher Pinot Noir QbA trocken Collection Oberkirch
**6,70 €** | 13%

★★☆

## SCHLOSS ORTENBERG

Weingut Schloss Ortenberg
77799 Ortenberg · Am Sankt Andreas 1
Tel. (0781) 93430 · Fax 934320
info@wso-wein.de
**www.wso-wein.de**

**Inhaber/in** Thomas Althoff
**Betriebsleitung** Matthias Wolf
**Keller** Hanspeter Rieflin

Die hier verordnete „Schlankheitskur" trägt Früchte. Das befördert den Trinkspaß, der bereits mit der Basislinie der Granit-Serie beginnt. Hier sind es der Riesling, aber insbesondere der Weißburgunder, die beide mit Biss und animierender Säure Lust machen auf mehr. Mehr Gewicht bringen die Weißburgunder aus dem Andreasberg und der Steingrube. Mit straffer Eleganz, präsentiert sich der Riesling aus dem Geislesbrunnen. Körperreicher ist die Cuvée aus Sauvignon Blanc und Sauvignon Gris, der gleichwohl der feste Säurekern nicht fehlt. Bei den Rotweinen ist der reifere 2019er Ortenberger Schlossberg primus inter pares. Doch der 2020er steht ihm fast gleichberechtigt zur Seite und wird seine Trümpfe sicher in den nächsten Jahren ausspielen.

**86** 2021 Riesling trocken Granit
**9,50 €** | 12 %

**86** 2021 Weissburgunder trocken Granit
**9,50 €** | 12,5%

**86** 2021 Sauvignon Blanc trocken Granit
**9,50 €** | 12,5%

**87** 2021 Ortenberger Andreasberg Weissburgunder trocken Erstes Gewächs
**12,50 €** | 13 %

**87** 2021 Sauvignon Blanc et Sauvignon Gris trocken
**14 €** | 12,5%

**88** 2021 Ortenberger Steingrube Weissburgunder Großes Gewächs
**19,90 €** | 13 %

**89** 2021 Ortenberger Im Geislesbrunnen Riesling Großes Gewächs
**19,90 €** | 13 %

**85** 2019 Spätburgunder trocken Alte Reben
**13 €** | 13,5%

**89** 2020 Ortenberger Schlossberg Spätburgunder Großes Gewächs
**24 €** | 14 %

**89** 2019 Ortenberger Schlossberg Spätburgunder trocken
**24 €** | 13,5%

★★☆

## PIEPER BASLER

Weingut Pieper Basler
77654 Offenburg-Zell-Weierbach · Weierbächle 1&3
Tel. (0160) 96863544
weingut@pieperbasler.de
**www.pieperbasler.de**

**Inhaber/in und Betriebsleitung** Kirsten Pieper und Jochen Basler
**Keller** Jürgen von der Mark, Jochen Basler
**Außenbetrieb** Jochen Basler

Die im vergangenen Jahr in Aussicht gestellten Weine der Saveur-Linie hatten diesmal Premiere. Vorgestellt wurde der 2020er-Jahrgang, dem offenbar die Flaschenreifung gut getan hat. Es sind geschmeidige, füllige Weine, die ihren doch recht hohen Alkoholgehalt durch den Extrakt und den gekonnten Holzeinsatz gut integrieren. Noch eine Spur komplexer ist dann die Spitze der Kollektion, die Linie Idée. Diesen Weinen sollte man nicht nur auf der Flasche, sondern auch im Glas Zeit geben, damit sie so recht zeigen können, was in ihnen steckt. Besonders gefallen hat uns der Weißburgunder, der nicht nur mit Tiefe, sondern auch mit Eleganz besticht. Ein Tipp für Freunde von Naturweinen ist der nach Orangenschalen und Kräutern duftende, sanfte, ungeschwefelte Riesling - dessen Säure durch die besondere Art der Weinbereitung gut abgepuffert ist.

**84** 2021 Grauburgunder trocken Plaisir
**9 €** | 12,5%

**85** 2021 Sauvignon Blanc trocken Plaisir
**9,50 €** | 13 %

**86** 2020 Riesling trocken Nature
**16 €** | 12 %

**88** 2020 Viognier trocken Saveur
**18 €** | 14,5%

**90** 2020 Weissburgunder trocken Idée
**20 €** | 14,5%

**90** 2020 Viognier trocken Idée
**25 €** | 14,5%

**85** 2021 trocken Rosé Plaisir
**7,50 €** | 11,5%

**85** 2019 Spätburgunder trocken Plaisir
**9,50 €** | 13,5%

★

## PLAG

Weingut Plag
75057 Kürnbach · Leibergerweg 1
Tel. (07258) 234 · Fax 9269561
info@weingut-plag.de
**www.weingut-plag.de**

**Inhaber/in und Betriebsleitung** Philipp Plag
**Keller** Philipp Plag
**Außenbetrieb** Werner Plag

Es bleibt beim bewährten Qualitätskonzept von Philipp Plag: preiswerte, süffige Weine, die einfach Spaß machen. Das gilt insbesondere für die trockenen Basis-Weißweine. Einen großen Sprung erlebt man dann bei den ambitionierten Rotweinen, die mit Samtigkeit und Fülle, aber auch Eleganz überzeugen. Allen gemeinsam ist eine sehr gute Struktur, die von sanfter Frucht umhüllt wird und den Weinen Komplexität und Länge verleiht. Das gilt zum Beispiel für den Syrah und auch für die Cuvée PP - an der Spitze aber steht der Lemberger Excellance Reserve , der schön gereift ist und durch Eleganz und Länge überzeugt.

**85** 2021 Weißburgunder trocken Premium
**7,90 €** | 13 %
**85** 2021 Riesling trocken Premium
**7,90 €** | 12,5%
**86** 2021 Chardonnay mit Weissburgunder trocken Premium S
**10,50 €** | 13 %
**87** 2020 Grauburgunder trocken S
**10,50 €** | 13,5%
**87** 2021 Chardonnay Excellance
**16,50 €** | 13 %
**85** 2020 Schwarzriesling trocken Albert S
**Preis auf Anfrage** | 13,5%
**86** 2019 Pinot Noir trocken Excellance
**18,50 €** | 13,5%
**87** 2020 Lemberger trocken Excellance
**21,50 €** | 14 %
**88** 2019 trocken Cuvée PP Excellance
**24 €** | 14 %
**88** 2019 trocken Red Premium S
**Preis auf Anfrage** | 14 %
**91** 2018 Lemberger trocken Réserve
**29,50 €** | 14,5%
**88** 2019 Syrah Excellance
**21,50 €** | 14,5%

★★★☆

## BURG RAVENSBURG

Weingut Burg Ravensburg
75056 Sulzfeld · -
Tel. (07259) 91120 · Fax 911299
info@weingut-burg-ravensburg.de
**www.weingut-burg-ravensburg.de**

**Inhaber/in** Weingüter Heitlinger und Burg Ravensburg GmbH, Heinz Heiler
**Betriebsleitung Geschäftsführer** Claus Burmeister
**Keller** Daniel Rupp
**Außenbetrieb** Timo Daiß
**Historie** Weinbau seit 1251
**Rebfläche** 38 Hektar
**Jahresproduktion** 300 000 Flaschen
**Beste Lagen** Sulzfelder Löchle, Dicker Franz und Husarenkappe, Sulzfelder Lerchenberg, Eichelberger Kapellenberg
**Boden** Gipskeuper, bunter Mergel, Löss, Ton,
**Rebsorten** 45% Riesling, 30% Burgundersorten, 25% Blaufränkisch
**Gastronomie** Heitlinger Genusswelten (Öffnungszeiten siehe Website)
**Erlebenswert** Burg Ravensburg
**Mitglied** VDP, Weiße Burgunder Charta

Die in diesem Jahr eingereichte Kollektion umfasste fast ausschließlich Erste Lagen und Große Gewächse und dankenswerterweise auch gereifte Tropfen. Sie belegen eindrucksvoll das Reifepotenzial der Weine dieses traditionsreichen Guts und bieten so einen interessanten Überblick. Die Weine aus den jüngeren Jahrgängen zeigen vor allem eines: Sie brauchen Zeit, um zu zeigen, was in ihnen steckt. Das gilt sowohl für den einzigen aus 2021 eingereichten Wein - den Riesling aus dem Lerchenberg - als auch für die 2019er, die sich offenbar in einer etwas schwierigen Phase befinden. Sie sind allesamt noch sehr zurückhaltend im Ausdruck, werden diese Zurückhaltung aber sicher bald ablegen und dann die Erwartungen an ihre Klasse voll erfüllen. Die Weine aus 2011 zeigen dann eindrucksvoll, was aus ihnen werden kann. Selbiges gilt im Übrigen auch für die Rotweine. Der Blaufränkisch Dicker Franz jedenfalls bewies sowohl in seiner 2017er, als auch der 2011er-Ausgabe, wozu er in der Lage ist. Beiden sind eine attraktive dunkle Beerenfrucht sowie eine Struktur eigen, die Anlass zur Hoffnung auf eine weitere Entwicklung geben.

★★★½

- **86** 2021 Sulzfelder Lerchenberg Riesling trocken Erste Lage  
  **18 €** | 12 %
- **88** 2019 Eichelberger Kapellenberg Riesling Großes Gewächs  
  **30 €** | 13 %
- **88** 2019 Sulzfelder Löchle Weißburgunder Großes Gewächs  
  **30 €** | 13 %
- **88** 2019 Sulzfelder Husarenkappe Riesling Großes Gewächs  
  **37,50 €** | 12,5%
- **89** 2019 Sulzfelder Löchle Grauburgunder Großes Gewächs  
  **30 €** | 13,5%
- **90** 2011 Sulzfelder Husarenkappe Riesling Großes Gewächs  
  **Preis auf Anfrage** | 13 %
- **87** 2017 Sulzfelder Lerchenberg Blaufränkisch trocken  
  **18 €** | 13 %
- **88** 2017 Sulzfelder Löchle Pinot Noir Großes Gewächs  
  **30 €** | 13 %
- **89** 2017 Sulzfelder Dicker Franz Blaufränkisch Großes Gewächs  
  **30 €** | 13 %
- **90** 2011 Sulzfelder Dicker Franz Blaufränkisch Großes Gewächs  
  **Preis auf Anfrage** | 13,5%

★★★½

## REINECKER

Privat-Sektkellerei Reinecker  
79424 Auggen · Kleinmattweg 1  
Tel. (07631) 3441  
info@sektkellerei-reinecker.de  
**www.sektkellerei-reinecker.de**

**Inhaber/in und Betriebsleitung** Herbert Reinecker  
**Keller** Herbert und Steffen Reinecker

**Historie** gegründet 1987 von Herbert & Christina Reinecker, seit 2017 ökologische Bewirtschaftung  
**Rebfläche** 5 Hektar  
**Jahresproduktion** 40 000 Flaschen  
**Beste Lagen** Auggener Letten, Feuerbach Steingässle, Badenweiler Römerberg  
**Boden** kalkhaltige Lösslehmböden, in Feuerbach Vulkangestein, in Istein Korallenkalk, in Badenweiler Kalkmergel  
**Rebsorten** je 30% Spätburgunder und Chardonnay, 20% Weißburgunder, 12% Pinot Meunier, 8% Sauvignon Blanc  
**Erlebenswert** klassische Flaschengärung  
**Mitglied** Verband traditioneller Sektmacher e.V.

Schon vor der Verkostung ist es sehr angenehm, die (gerade für Schaumweine) so wichtigen Informationen wie Dosage, Degorgierdatum und andere kellertechnische Maßnahmen auf den Rückenetiketten zu finden. Hier sieht man durchwegs sehr niedrige Dosagewerte, ein Indikator für einen sehr hohen Qualitätsanspruch und dieses Versprechen löst das Sortiment durchwegs ein. In der Verkostung besticht das diesjährige Sortiment der Sektkellerei Reinecker zuallererst durch die Typizität der Weine. Jeder einzelne Wein hält, was das Etikett verspricht, oder übertrifft die gesetzte Messlatte, einige sogar bei weitem. Neben dem kristallklaren, sortentypischen Chardonnay Blanc de Blancs mit seiner sehr guten Balance und der feinfühlig und präzise dosierten Autolyse (cremige Textur und Croissant-Aromen) und dem 2018er Feuerbacher Steingässle Pinot Noir Extra Brut mit dem feindosierten Holzeinsatz, seiner komplexen Aromatik und dem feingliedrigen, eleganten Mousse, sind auch diesmal die drei 3-Lagen"-Weine ganz besondere Schaumweine die bei gleicher Vinifikation den Unterschied, der allein durch die Lage kommt, sehr deutlich machen. Alle drei Weine sind von hervorragender Qualität, aber in 2017 ist der

Feuerbacher Steingässle Pinot Noir Extra Brut 3 Lagen der Wein mit der höchsten Komplexität und auch dem höchsten Reifungspotential. Er glänzt durch seine hohe Eleganz, strukturelle Präzision, zeigt eine außergewöhnlich feine und sehr lange anhaltende Mousse und einen langen, sehr harmonischen Abgang. Diese drei Weine nebeneinander zu verkosten ist eine einmalige Gelegenheit und ein großes Vergnügen zu einem erstaunlich verbraucherfreundlichen Preis.

**85** 2019 Rosé
**15 €** | 12 %

**89** 2020 Baden Crémant Brut
**13 €** | 12 %

**90** 2018 Chardonnay Blanc de Blancs Brut
**17 €** | 12 %

**90** Sekt Extra Brut Cuvée Réserve
**21 €** | 12 %

**91** 2017 Badenweiler Römerberg Pinot Noir Extra Brut 3 Lagen
**Preis auf Anfrage** | 12,5%

**92** 2018 Feuerbacher Steingässle Pinot Noir Extra Brut
**20 €** | 12,5%

**92** 2017 Auggen Schäf Pinot Noir Extra Brut 3 Lagen
**Preis auf Anfrage** | 12 %

**94** 2017 Feuerbacher Steingässle Pinot Noir Extra Brut 3 Lagen
**Preis auf Anfrage** | 12,5% TOP 10

## RIEGER

Weingut Rieger
79426 Buggingen-Betberg
Noblingstraße 13b
Tel. (07634) 2013
info@weingutrieger.de
**www.weingutrieger.de**

**Inhaber/in und Betriebsleitung** Philipp Rieger
**Keller** Markus Brauchle
**Außenbetrieb** Bernhard Rieger

**Rebfläche** 25 Hektar
**Jahresproduktion** 160 000 Flaschen
**Beste Lagen** Staufener Schlossberg, Hitzbuck, Steinig, Rebbergle
**Boden** Lösslehm, Verwitterungsgestein
**Rebsorten** je 25% Spätburgunder und Gutedel, 20% Grauburgunder, 15% Weißburgunder, 15% übrige Rebsorten
**Mitglied** Ecovin, Demeter

In diesem Jahr stellt Phillipp Rieger die 2021er Rebsortenweine aus der Gutslinie, die 2020er Weine aus der SR-Linie sowie die beiden Staufen-Schlossberg-Weine und drei gereiftere Weine an. Damit zeigt er, dass er den Weinen die nötige Zeit im Weingut gibt, um sich zu entwickeln. Auch dieses Jahr sind die Weine der Gutslinie durchweg zugänglich, mit guter Balance und einem deutlichen Schmelz am Gaumen. Der 2020er Staufen Schlossberg Pinot Gris ist ein besonderer Wein, der mit seiner komplexen Aromatik, dichter, kraftvoller Struktur und einem deutlichen Reifungspotential alle Kriterien eines sehr guten Weins erfüllt. Noch beeindruckender ist der 2016er Spätburgunder Weißherbst Eiswein der eine exzellente Balance von hoher Süße und lebhafter Säure zeigt, ein üppiges Mundgefühl und einen sehr langen, harmonischen Abgang hat. Dieser Wein ist, obwohl bereits 6 Jahre alt, noch sehr jugendlich und etwas verschlossen in der Aromatik, zeigt aber auch ein Reifungspotential von zwei Dekaden oder mehr, in denen sich Reifearomen entwickeln werden und die Komplexität steigen wird.

**85** 2018 Weißburgunder Sekt Brut Alte Reben SR
**16 €** | 12 %

**84** 2021 Grauer Burgunder trocken
**10,50 €** | 12,5%

**85** 2020 Chasselas -Steinig- trocken
**10,50 €** | 12 %

**87** 2021 Chasselas *SR** Alte Rebe trocken
**16,50 €** | 12 %

**88** 2021 Weißer Burgunder trocken
**10,50 €** | 12,5%

**89** 2021 Buggingen-Betberg Pfahlacker Sauvignon blanc trocken
**11,50 €** | 12 %

**90** 2020 Chardonnay **SR** Alte Rebe trocken
**16,50 €** | 13,5%

**92** 2020 Staufen Schlossberg Pinot Gris trocken
**32 €** | 13,5%

**86** 2018 Spätburgunder **SR** Alte Rebe trocken
**16,80 €** | 14 %

**89** 2019 Cabernet Sauvignon & Merlot trocken Selection Padaperc
**22 €** | 13 %

**90** 2020 Staufen Schlossberg Pinot Noir trocken
**45 €** | 14 %

**93** 2016 Spätburgunder Weißherbst Eiswein **SR** Alte Rebe
**49 €/0,375 Lit.** | 10 %

## RINKLIN

Weingut Rinklin
79356 Eichstetten am Kaiserstuhl ·
Hauptstraße 94
Tel. (07663) 99218 · Fax 99724
weingut@rinklin.de
**www.rinklin.de**

**Inhaber/in und Betriebsleitung**
Friedhelm Rinklin

Das Weingut Rinklin aus Eichstetten ist biozertifiziert und gibt bei den angestellten Weißweinen lobenswerterweise die Restsüße auf dem Etikett an. Die sortenreinen Weine aus 2021 sind durchweg sehr zugänglich mit klar erkennbarer Sortentypizität, guter Balance und ausgewogenem Finish. Bei den Rotweinen überzeugt der 2019er Eichstetten Herrenbuck Spätburgunder Selection mit seiner klaren, sortentypischen Aromatik von roten Waldfrüchten, Gewürznelke, Tabak und Waldboden. Der Wein ist bereits jetzt zugänglich, sehr gut balanciert und hat ein ausgewogenes Finish. Er bereitet viel Trinkvergnügen. Solch einen Wein für unter 10 Euro anzubieten, passt zur durchweg sehr verbraucherfreundlichen Preisstruktur des Weinguts.

**87** 2019 Pinot Rosé Brut
**12,90 €** | 13 %

**87** 2021 Eichstetten Herrenbuck Sauvignon blanc trocken
**8,90 €** | 12,3%

**88** 2021 Eichstetten Herrenbuck Grauer Burgunder trocken
**8,90 €** | 13,1%

**88** 2021 Eichstetten Herrenbuck Muskateller trocken
**8,90 €** | 10,9%

**88** 2018 Eichstetten Herrenbuck Spätburgunder trocken aus dem Barrique
**15,50 €** | 14 %

**90** 2019 Eichstetten Herrenbuck Spätburgunder trocken Selection aus dem Holzfass
**9,90 €** | 13,7% **BEST BUY**

★

## STEFAN RINKLIN

Weingut Stefan Rinklin
79268 Bötzingen · Hauptstraße 102
Tel. (07663) 949706 · Fax 949707
kontakt@weingut-stefan-rinklin.de
**www.weingut-stefan-rinklin.de**

**Inhaber/in und Betriebsleitung** Stefan Rinklin
**Keller** Stefan Rinklin

Stefan Rinklin erzeugt klassische Burgunderweine zu sehr vernünftigen Preisen. Uns gefiel in diesem Jahr insbesondere der trockene Grauburgunder aus dem Meisental, der seine Sortentypizität mit einer animierenden leichten Mentholnote unterstreicht. Der ebenfalls aus der Lage Meisental stammende Weißburgunder Edition SR stehen ihm nur wenig nach. Der schönste Weiße ist hier aber der Weißburgunder aus dem Hahlen, der mit gekonntem Holzeinsatz die Textur des Weines und die Aromen von Zitrus und Nüssen unterstreicht.

**84** 2021 Müller-Thurgau trocken
**7 €/1 Lit.** | 11,5%

**84** 2021 Weißburgunder trocken
**8 €/1 Lit.** | 12,5%

**87** 2021 Grauburgunder trocken Edition „SR"
**9,50 €** | 12,5%

**88** 2021 Weißburgunder trocken Edition „SR"
**9 €** | 12,5%

**88** 2021 Bötzinger Meisental Weissburgunder trocken
**11 €** | 13%

**89** 2021 Bötzinger Meisental Grauburgunder trocken
**11,50 €** | 13%

**89** 2021 Bötzinger Hahlen Weißburgunder trocken
**20 €** | 13%

**84** 2021 Spätburgunder trocken Edition „SR" Weißherbst
**9 €** | 13%

**84** 2020 Spätburgunder trocken
**8,50 €/1 Lit.** | 13,5%

**85** 2019 Spätburgunder trocken Edition „SR"
**9,50 €** | 13,5%

★★

## SCHLOSS SALEM

Weingut Markgraf von Baden Schloss Salem
88682 Salem · Schloss Salem
Tel. (07553) 81284 · Fax 81569
weingut@mbweinhaus.de
**www.markgraf-von-baden.de**

**Inhaber/in** Bernhard Prinz von Baden,
**Geschäftsführer** Michael Prinz von Baden
**Betriebsleitung** Volker Faust
**Keller** Stephan Höhne, Manon Dague
**Außenbetrieb** Elmar Knisel

**Historie** 1134 als Zisterzienserkloster gegründet, Weinbau seit dem 13. Jahrhundert
**Rebfläche** 90 Hektar
**Jahresproduktion** 900 000 Flaschen
**Beste Lagen** Bermatinger Leopoldsberg, Meersburger Chorherrnhalde
**Boden** Moränenverwitterung
**Rebsorten** 30% Spätburgunder, 20% Müller-Thurgau, 15% Grauburgunder, 10% Weißburgunder, 8% Bacchus, 17% übrige Sorten
**Gastronomie** gutseigener Gasthof Schwanen (Öffnungszeit siehe Website)
**Erlebenswert** 17 Hektar große Schlossanlage, gotisches Münster, prächtige Innenräume
**Mitglied** VDP

Schloss Salem gehört zu den Weinbesitzungen des Markgrafs von Baden und die seit Jahrhunderten bestehende Tradition verpflichtet natürlich dazu, den hohen Qualitätsansprüchen des Hauses gerecht zu werden. Und in der Tat: Bereits der Einstiegswein, ein klassischer Müller-Thurgau mit der typischen kühlen Aromatik der Bodensee-Weine, legt davon Zeugnis ab. Schon eine Qualitätsstufe höher, als Ortswein, zeigt diese oft unterschätzte Rebsorte, dass sie zu einer gewissen Eleganz fähig ist. Der Grauburgunder beweist, dass sich aus ihm auch sehnige, animierende Weine keltern lassen. Am oberen Rand der Skala stehen freilich die nochmals angestellten Spätburgunder aus dem Leopoldsberg, standesgemäß mit dem Großen Gewächs, das durch filigrane Delikatesse und beginnende Reife überzeugt, an der Spitze.

**86** 2021 Bodensee Müller-Thurgau trocken
**9 €** | 11%

**86** 2021 Birnauer Weißburgunder trocken
**13 €** | 12,5%

**87** 2021 Birnauer Müller-Thurgau trocken
**13 €** | 11,5%

**87** 2021 Birnauer Grauburgunder trocken
**13 €** | 12,5%

**90** 2018 Bermatinger Leopoldsberg Spätburgunder trocken Erste Lage
**20 €** | 13,5%

**92** 2018 Bermatinger Leopoldsberg Buchberg Spätburgunder Großes Gewächs
**45 €** | 13,5%

★★★★

## SALWEY

Weingut Salwey
79235 Oberrotweil · Hauptstraße 2
Tel. (07662) 384 · Fax 6340
weingut@salwey.de
**www.salwey.de**

**Inhaber/in und Betriebsleitung**
Konrad Salwey
**Keller** Konrad Salwey, Moritz Görg
**Außenbetrieb** Marcus Schür

**Historie** seit 1740 in Familienbesitz
**Rebfläche** 23 Hektar
**Jahresproduktion** 150 000 Flaschen
**Beste Lagen** Oberrotweiler Kirchberg, Eichberg, Steingrubenberg und Henkenberg
**Boden** Vulkanverwitterung, Löss
**Rebsorten** je 40% Spätburgunder und Grauburgunder, 18% Weißburgunder, 2% übrige Sorten
**Erlebenswert** Barriquetunnel
**Mitglied** VDP

Das Weingut Salwey in Oberrotweil blickt auf eine lange, stets qualitätsorientierte Geschichte zurück. Schon Heinrich Nepomuk Steiert war Mitglied im Verband deutscher Naturweinversteigerer, dem Vorläufer des VDP. Wolf Dietrich Salwey war maßgeblich an der Gründung des VDP Baden beteiligt und Konrad Salwey treibt seit 2021 die Zertifizierung zum EU-BIO-Weingut voran. Er erzeugt weiterhin ausnahmslos trockene, vollständig durchgegorene Weine. Das Weingut verfügt über Reben in vier Großen Lagen und erzeugt hier auf vulkanischen Böden mit Kalkeinschlüssen und Tuffasche großartige Weine aus den klassischen Burgundersorten, aus Grau-, Weiß- und Spätburgunder.

Die Guts- und Ortsweine, die angestellt wurden, sind allesamt blitzsauber, sortentypisch und zugänglich. Die Großen Gewächse stellen wiederum den Löwenanteil der gezeigten Weine und sind bei den Weißweinen aus 2019 und bei den Spätburgundern aus 2020.

Aus dem Kirchberg kommt ein Weißburgunder, der noch deutliche Barriquearomen zeigt, nach reifem gelbem Steinobst und grünen Äpfeln duftet, den vollen Körper mit seiner cremigen Textur durch die lineare Säure hervorragend balanciert und einen sehr langen, harmonischen Abgang hat. Der Steingrubenberg wurde im Zuge der Reform des Weingesetzes 1970 zunächst dem Henkenberg zugeschlagen, nun ist er wieder eine eigenständige Große Lage. Hier entsteht ein Weißburgunder mit reifen Fruchtnoten von gelbem Steinobst, Blüten, Birnen, Vanille, Toast, Brioche und Croissants mit vollem Körper, gut integrierter Säure, sehr guter Balance aller struktureller Komponenten und langem, harmonischem Finish. Der Grauburgunder aus dem Henkenberg zeigt ebenfalls eine komplexe Aromatik, die vorneweg noch deutliche Noten von Vanille, Toast und Butter ausweist, aber auch nach gelbem Kernobst, grünen Äpfeln und Aprikosen duftet. Dieser Wein ist am Gaumen üppig, cremig und hat einen vollen Körper, Die lineare Säure balanciert diesen Wein sehr gut aus und die klar definierten Aromen führen zu einem sehr langem, harmonischem Abgang.

Neben den großartigen Spätburgundern aus dem Henkenberg mit seinem reiferen Fruchtprofil und dem Eichberg mit seinen rauchigen Noten brilliert der Kirchberg mit Aromen von Nougat, Vanille, Toast, roten Waldfrüchten, seiner Präzision in Aromatik und Struktur, den feinkörnigen, samtigen Tanninen, einem hohem Maß an Komplexität und einem sehr ausgewogenen Abgang. Dieser Wein zeigt das ganze Spektrum dieser noblen Rebsorte.

Ausnahmslos alle Großen Gewächse wurden im Barrique ausgebaut und die aktuellen Jahrgänge haben allesamt ein sehr hohes Reifungspotential. Gut Ding will Weile haben – es ist wirklich empfehlenswert, diesen Weinen die nötige Flaschenreife zuzugestehen. Dabei werden sich die Holzausbaunoten besser integrieren, die Weine insgesamt harmonischer werden und ihre wahre Güte noch besser darstellen können.

SALWEY

**86** 2021 Grauburgunder trocken
**10 €** | 12,5%

**89** 2019 Oberrotweil Grauburgunder trocken RS
**18 €** | 13,5%

**91** 2019 Steingrubenberg Weissburgunder Großes Gewächs
**35 €** | 13 %

**91** 2019 Eichberg Grauburgunder Großes Gewächs
**45 €** | 13,5%

**92** 2019 Henkenberg Grauburgunder Großes Gewächs
**35 €** | 14 %

**92** 2019 Kirchberg Weißburgunder Großes Gewächs
**50 €** | 13 %

**87** 2021 Spätburgunder trocken Rosé
**9 €** | 11,5%

**88** 2019 Spätburgunder trocken Kaiserstuhl
**14,50 €** | 14,5%

**89** 2020 Oberrotweil Spätburgunder trocken RS
**20 €** | 14 %

**91** 2020 Oberrotweiler Henkenberg Spätburgunder Großes Gewächs
**37,50 €** | 14 %

**91** 2020 Oberrotweiler Eichberg Spätburgunder Großes Gewächs
**50 €** | 14 %

**94** 2020 Oberrotweiler Kirchberg Spätburgunder Großes Gewächs
**60 €** | 13,5%

★★★

## SCHÄTZLE

Weingut Gregor und Thomas Schätzle
79235 Vogtsburg-Schelingen
Heinrich-Kling-Straße 38
Tel. (07662) 94610 · Fax 946120
info@weingutschaetzle.de
**www.weingutschaetzle.de**

**Inhaber/in und Betriebsleitung**
Thomas und Franziska Schätzle
**Keller** Martin Schmidt

**Historie** Winzerfamilie seit dem 17. Jahrhundert, Neugründung des Weinguts 1982 nach Erbteilung, 2013 Einstieg von Franziska Schätzle, die im Jahr 2022 die Leitung des Weinguts im 40. Jahr des Bestehens übernimmt.
**Rebfläche** 16 Hektar
**Jahresproduktion** 90 000 Flaschen
**Beste Lagen** Schelinger Kirchberg
**Boden** Vulkanverwitterung, lösshaltiger Lehm
**Rebsorten** 45% Grauburgunder, 35% Spätburgunder, 10% Chardonnay, 5% Weißburgunder, 5% übrige Sorten
**Erlebenswert** Naturschutzgebiet mit Orchideenareal, Schelinger Kleinterrassenpfad am Kirchberg, ab 2023 neue Vinothek
**Mitglied** Vinissima, Generation Riesling, Baden

Das Familienweingut Schätzle ist auf Burgundersorten spezialisiert und präsentiert in diesem Jahr die 2020er Weißweine und reifere Spätburgunder. Der 2016er Pinot & Chardonnay Sekt Brut nature, der nach 54 Monaten Lagerung auf der Hefe ohne Dosage und ohne zusätzlichen Schwefel nun im Verkauf ist überzeugt durch seine feine, sehr gut eingebundene Perlage und die vielschichtige Aromatik von Apfelstrudel, Brioche und gelbem Steinobst. Die Balance ist sehr gut und der Abgang harmonisch. Aus der Linie Schatz vom Vulkan sind der Grauburgunder, Gewürztraminer und der Spätburgunder sehr sortentypische, klar strukturierte Weine mit guter Balance und harmonischem Abgang. Die Top-Linie der Reserve-Weine wird in diesem Jahr vom grandiosen 2020er Heilligenberg Grauburgunder angeführt. Dieser Wein zeigt komplexe. sortentypische Aromen, einen vollen Körper, exzellente Balance aller struktureller Komponenten und einen langen harmonischen Abgang. Über das ganze Sortiment hinweg erfolgt der Einsatz von Holz und Hefelagerung stets mit Feingefühl und gibt den Weinen mehr Komplexität, ohne dabei aber in den Vordergrund zu treten.

**89** 2016 Pinot & Chardonnay Brut nature
**25 €** | 12,5%

**87** 2021 Schelinger Weißburgunder trocken
**11 €** | 13 %

**88** 2020 Schelinger Chardonnay trocken
**11 €** | 13 %

**88** 2020 Schelinger Grauburgunder trocken
**11 €** | 13,5%

**88** 2020 Pino Magma trocken
**12 €** | 13 %

**89** 2020 Grauburgunder trocken Schatz vom Vulkan
**15 €** | 13,5%

**90** 2020 Gewürztraminer trocken Schatz vom Vulkan
**15 €** | 14,5%

**92** 2020 Schelingen Kirchberg Grauburgunder trocken Reserve
**25 €** | 13,5%

**92** 2020 Heilligenberg Grauburgunder trocken Reserve
**35 €** | 14 %

**87** 2018 Schelinger Spätburgunder trocken
**14 €** | 13,5%

**90** 2018 Spätburgunder trocken Schatz vom Vulkan
**20 €** | 13,5%

**92** 2019 Schelinger Kirchberg Spätburgunder trocken Reserve
**45 €** | 13,5%

★★★

## AM SCHLIPF

Weingut am Schlipf - Claus Schneider
79576 Weil am Rhein · Lörracher Straße 4
Tel. (07621) 72817 · Fax 78014
info@weingut-am-schlipf.de
**www.weingut-am-schlipf.de**

**Inhaber/in** Claus Schneider
**Betriebsleitung** Johannes und Christoph Schneider
**Keller** Johannes und Christoph Schneider
**Außenbetrieb** Johannes Schneider

**Historie** Weinbau in Weil am Rhein seit 769 und in der Familie seit 1425, Klassifikation der Lage Weiler Schlipf 1825 als eine der besten des südlichen Markgräflerlandes
**Rebfläche** 16 Hektar
**Jahresproduktion** 80 000 Flaschen
**Beste Lagen** Schlipf Weil am Rhein, Kapf Weil am Rhein, Sonnhohle Ötlingen, Stiege Haltingen
**Boden** Kalkstein, tiefgründiger Lehm,
**Rebsorten** 40% Spätburgunder, 25% Weißburgunder, 15% Gutedel, je 10% Grauburgunder und Chardonnay
**Gastronomie** Café und Weinbar „Gupi" 2021 in einem historischen Gärtnerhaus in Nähe des Weinguts (Öffnungszeiten siehe Website)
**Erlebenswert** alle Lagen sind in einem Natur-Vogelschutzgebiet
**Mitglied** Slow Food, Vinissima, Generation Riesling, Generation Pinot

Auch in diesem Jahr präsentiert das Weingut am Schlipf wieder ein bemerkenswert durchgängig erkennbares Sortiment. Lobenswert ist sowohl die hohe Transparenz, die sich in detaillierten Informationen zu jedem Wein auf den Rückenetiketten findet, als auch die Tatsache, dass man hier allen Weinen die Zeit gibt, sich zu entwickeln. Dies spiegelt sich in der durchweg hohen Qualität und harmonischen Stilistik aller Weine wider. Bei den Weissweinen ist der 2020er Jahrgang und bei den Rotweinen der 2019er angestellt worden. Die Weine aus der Gupi-Linie sind nicht geschwefelt und präsentieren sich als sehr gute Exemplare ihrer Kategorie, wobei der Gutedel El Fayoum durch seine Vielschichtigkeit und feine Balance sehr überzeugte. Bei den klassischen Weinen ist im Weißweinbereich der 2019er Manyer Weissburgunder sehr gut gelungen. Der durchweg sehr gekonnt Umgang mit dem Spätburgunder findet bei den 2019ern seine Spitze im ganztraubenvergorenem Einzellagenwein Kapf. Dieses Meisterwerk besticht durch seine typischen, präzisen und komplexen Aromen, zeigt eine exzellente Balance aller struktureller Komponenten und elegantes, seidiges Tannin. Der Abgang ist lange anhaltend und sehr harmonisch.

Weingut am Schlipf
Schneider

**87** 2020 Weisser Burgunder vom Kalkstein
**11,50 €** | 12,5%

**87** 2020 Haus Gupi - Brumaire
**18 €** | 9,5%

**89** 2020 Weil am Rhein Chardonnay & Weißburgunder
**18 €** | 12,5%

**91** 2020 Haus Gupi - El Fayoum
**22 €** | 9%

**91** 2019 Manyer Weisser Burgunder
**24 €** | 12,5%

**89** 2020 Haus Gupi - Grès Rose
**35 €** | 11%

**85** 2019 Spätburgunder vom Kalkstein
**13,50 €** | 13%

**88** 2019 Weil am Rhein Spätburgunder
**19 €** | 13%

**90** 2020 Weil am Rhein Spätburgunder Alte Reben
**30 €** | 12,5%

**92** 2019 Sonnhohle Spätburgunder
**39 €** | 13%

**93** 2019 Schlipf Spätburgunder
**52 €** | 13%

**94** 2019 Kapf Spätburgunder
**42 €** | 13%

★★★½



## SCHLÖR

Weingut Schlör
97877 Wertheim-Reicholzheim · Martin-Schlör-Straße 22
Tel. (09342) 4976
info@weingut-schloer.de
**www.weingut-schloer.de**

**Inhaber/in und Betriebsleitung**
Konrad Schlör
**Keller** Konrad Schlör
**Außenbetrieb** Konrad Schlör

**Rebfläche** 6 Hektar
**Jahresproduktion** 24 000 Flaschen
**Beste Lagen** Reicholzheimer First, Oberer First
**Boden** unterer Muschelkalk
**Rebsorten** 30% Spätburgunder, je 15% Pinot Meunier, Weißburgunder und Müller-Thurgau, je 10% Riesling und Silvaner
**Mitglied** VDP

Wir sind in Tauberfranken - und es ist schon beeindruckend, was Konrad Schlör in diesem kleinen Bereich im Nordosten Badens abseits der bekannten Gebiete rund um Kaiserstuhl und Markgräfler Land hier auf die Flasche zieht. Da kommt auch eine Rebsorte wie der Schwarzriesling zu sagenhaftem Ausdruck. Klar, der gehört zur Pinot-Familie mit dem edlen Übervater Spätburgunder, aber in dieser Klasse tritt er uns eher selten entgegen. Das haben wir im letzten Jahr schon für den Fyerst festgestellt (und tun es dieses Jahr wieder), aber auch sein „kleinerer Bruder" aus dem Reicholzheimer First steht ihm kaum nach. So saftig-kernig und mit feinsten Tanninen ausgestattet, meint man wirklich einen großen Burgunder im Glas zu haben. Dass diese Weine noch Zeit brauchen, um ihre ganzen Qualitäten zu zeigen, versteht sich von selbst. Ähnliche Qualitäten zeigen auch die beiden Spätburgunder - vielleicht ein wenig filigraner als der doch recht muskulöse Fyerst, der auf seine Art bestechende Eleganz, mit Tiefe und Fülle vereint. Angesichts dieses Hohenlieds auf die Rotweine sollte man aber auch nicht die Weißweine vergessen. In beiden Weißburgundern kommt die rebsortentypische Feinheit gut zum Ausdruck, wobei selbstredend das Große Gewächs noch eine Schippe drauflegt und am Gaumen mit Druck und Tiefe beeindruckt. Die noch etwas sehr präsente Holznote wird sich in naher Zukunft verlieren und dann den Aromen von reifem Pfirsich und gerösteten Nüssen weichen, die ihren Teil zu diesem Gesamtkunstwerk beitragen. Sogar in der fränkischen Paradedisziplin des Silvaners reüssiert Konrad Schlör. Kräuter und nasse Steine, eine feine Mineralität und eine reife Apfelnote machen den Reiz dieses Weins aus, der sich vor seiner fränkischen Verwandtschaft nicht verstecken muss.

**85** 2021 Reicholzheimer Riesling trocken
**8,50 €** | 12 %

**86** 2021 Reicholzheim First Riesling trocken Erste Lage
**15 €** | 13 %

**88** 2021 Reicholzheimer First Weissburgunder trocken Erste Lage
**15 €** | 13 %

**88** 2021 Reicholzheimer First Silvaner trocken Erste Lage
**15 €** | 13 %

**93** 2021 Reicholzheimer Oberer First Weißburgunder Großes Gewächs
**25 €** | 13,5%

**90** 2020 Reicholzheimer First Spätburgunder trocken R
**25 €** | 13,5%

**91** 2020 Reicholzheimer First Schwarzriesling trocken R
**25 €** | 13,5%

**93** 2020 Reicholzheimer Oberer First Spätburgunder Großes Gewächs
**36 €** | 14,5%

**95** 2019 Schwarzriesling trocken Fyerst 1476
**65 €** | 13,5%

★★½

## RAINER SCHLUMBERGER

Weingut Schlumberger
79295 Sulzburg-Laufen · Obere Holzgasse 4
Tel. (07634) 592240
info@weingut-schlumberger.de
**www.weingut-schlumberger.de**

**Inhaber/in und Betriebsleitung**
Rainer Schlumberger
**Keller** Josefine Schlumberger

Der neue Jahrgang ist der erste, den Josefine Schlumberger ganz allein verantwortet - und deutlich zeigt sich hier der Drang zu Höherem. Erstmals wird zwischen Guts- und Lagenweinen unterschieden, und schon dies belegt, wie ernst es der jungen Winzerin ist. Die Gutsweine bringen ihre sortentypischen Qualitäten schön zum Ausdruck und sorgen für Trinkvergnügen, während man die Entwicklung der spontan vergorenen und im Holz ausgebauten höheren Qualitäten verfolgen kann. Die mit schon einiger Reife vorgestellten Spätburgunder aus dem Jahr 2018 haben ein gutes Gerüst und empfehlen sich als elegante Speisenbegleiter. Insbesondere der Eich besticht durch seine geschmeidige Fülle.

**86** 2021 Weißburgunder Fritz „S“
**11,50 €** | 12,5%

**85** 2021 Huxelrebe trocken
**8,50 €** | 11,5%

**85** 2021 Muscaris Landwein trocken Friedel
**14,50 €** | 11,5%

**86** 2021 Gutedel Landwein trocken Feinhefe
**8,50 €** | 11,5%

**86** 2021 Weißburgunder trocken
**8,50 €** | 12,5%

**87** 2021 Chasselas trocken
**11,50 €** | 12%

**87** 2020 Weißburgunder Spätlese trocken fumé
**14,50 €** | 14,5%

**85** 2021 Spätburgunder Rosé trocken
**8,50 €** | 12%

**86** 2021 Spätburgunder trocken
**10 €** | 12%

**88** 2018 Spätburgunder trocken imfassgereift
**11,50 €** | 13,5%

**90** 2018 Pinot Noir trocken Eich
**17,50 €** | 14%

★★★½

## SCHLUMBERGER-BERNHART

Privatweingut Schlumberger-Bernhart
79295 Sulzburg-Laufen · Weinstraße 19
Tel. (07634) 8992 · Fax 8255
info@schlumbergerwein.de
**www.schlumbergerwein.de**

**Inhaber/in und Betriebsleitung**
Claudia Schlumberger-Bernhart und Ulrich Bernhart
**Keller** Ulrich Bernhart, Johanna Bernhart

**Historie** Weingut seit 1723
**Rebfläche** 9 Hektar
**Jahresproduktion** 50 000 Flaschen
**Beste Lagen** Laufener Altenberg und Weingarten, Muggardter Berg
**Boden** Kalksteinverwitterung mit Löss- und Lehmauflage, Kalkmergel
**Rebsorten** 30% Spätburgunder, je 20% Weißburgunder und Gutedel, 15% Grauburgunder, 15% übrige Sorten
**Gastronomie** gutseigenes Weinhotel
**Erlebenswert** historischer Innenhof
**Mitglied** VDP

Wenn von einem Dutzend eingereichter Proben mehr als die Hälfte mindestens 90 Punkte abstaubt, muss man tief den Hut ziehen. Schon die beiden Gutedel sind eine Klasse für sich, was natürlich besonders für den Kracher gilt - ihn in einer Ersten Lage anzubauen und zu vinifizieren, zeugt von Mut. Mandelduftig, mit feiner Säure und hervorragend balanciert, umschmeichelt er den Gaumen. Die Stärken des Betriebs zeigen sich freilich so richtig bei den Ersten Lagen und Großen Gewächsen. Der sehr gelungene Sauvignon Blanc -fumé- verleugnet nicht sein Vorbild von der Loire mit seiner kühlen Aromatik und der feinen rauchigen Mineralität. Bei den Großen Gewächsen, die alle aus dem Jahr 2020 stammen, liefern sich Chardonnay und Weißburgunder ein Kopf-an-Kopf-Rennen - da muss einfach die persönliche Vorliebe entscheiden. Der Chardonnay wirbt mit Noten von Marzipan und Haselnüssen, der Weißburgunder mit mentholartiger gelber Frucht und einer vornehmen sanften Rauchigkeit, beide mit zartem Schmelz um die Gunst des Genießers. Noch ein paar Worte zu den Rotweinen: Bereits der Gutswein bietet ein tolles Preis-Genussverhältnis. Die beiden Pinots aus Erster bzw. Großer Lage zeigen sich noch etwas verschlossen, aber mit schönen Anlagen und werden in den nächsten zwei, drei Jahren zu voller Schönheit erblühen.

**87** 2021 Gutedel trocken -vom Löss-
**7,50 €** | 11 %

**88** 2021 Weißburgunder trocken -vom Löss-
**9 €** | 12 %

**88** 2021 Laufener Altenberg Weißburgunder trocken Erste Lage
**14,50 €** | 13 %

**88** 2021 Laufener Altenberg Gutedel trocken Erste Lage KRACHER
**20 €** | 12 %

**90** 2021 Laufener Altenberg Grauburgunder trocken Erste Lage
**14,50 €** | 13 %

**90** 2021 Muggardter Berg Chardonnay trocken Erste Lage
**16 €** | 13 %

**90** 2021 Laufener Altenberg Sauvignon blanc trocken Erste Lage -fumé-
**19 €** | 12,5%

**93** 2020 Wingerte Weißburgunder Großes Gewächs
**24 €** | 13 %

**93** 2020 Wingerte Chardonnay Großes Gewächs
**28 €** | 13 %

**88** 2018 Spätburgunder trocken -S-
**9 €** | 13 %

**91** 2018 Laufener Altenberg Pinot Noir trocken Erste Lage
**20 €** | 13 %

**92** 2018 Wingerte Pinot Noir VDP.Großes Gewächs
**33 €** | 13 %

## SCHMITTER

Weingut Schmitter
79117 Freiburg · Hansjakobstraße 7
Tel. (0761) 78523
michael@weingut-schmitter.de
**www.vinumetcircenses.de**

**Inhaber/in und Betriebsleitung**
Michael Schmitter
**Keller** Michael Schmitter
**Außenbetrieb** Michael Schmitter

Das uns in diesem Jahr zugesandte Sortiment des Theater- und Fernsehstars Michael Schmitter war schon etwas umfangreicher als bei der Premiere im Vorjahr - allerdings auch dank der Wiederanstellung dreier Weine. Diese zeigten durchaus Reife, manchmal, wie im Falle des Weißburgunders allerdings auch, dass ihre Zeit abläuft. Diese Probleme hat der 2019er Spätburgunder aus dem Kreuzenbuck nicht. Er präsentiert sich sehr harmonisch mit feiner Säure und hat sicher auch noch eine schöne Zukunft vor sich. Der 2020er Kreuzenbuck ist ein würdiger Nachfolger, mit samtiger Frucht und saftigen Kirschnoten. Freunde sanfter, geschmeidiger Weißweine werden bei der Grauburgunder Spätlese fündig, die mit leicht nussigen Noten und einem schönen Säurespiel aufwartet.

**85** 2020 Ihringen Fohrenberg Weissburgunder trocken
**24,90 €** | 13 %

**87** 2021 Ihringen Kreuzenbuck Grauburgunder Landwein trocken Erste Lage
**15 €** | 12,5%

**87** 2021 Ihringen Fohrenberg Weissburgunder Landwein trocken Erste Lage
**15 €** | 12,5%

**89** 2021 Ihringen Kreuzenbuck Grauburgunder Spätlese trocken Große Lage
**19 €** | 12,5%

**90** 2020 Ihringen Kreuzenbuck Spätburgunder Landwein trocken Große Lage
**33 €** | 13,5%

**90** 2019 Ihringen Kreuzenbuck Spätburgunder
**32,90 €** | 13,5%

★★★½

## R. UND C. SCHNEIDER

Weingut Reinhold und Cornelia Schneider
79346 Endingen · Königschaffhauser Str. 2
Tel. (07642) 5278 · Fax 2091
info@weingutschneider.com
**www.weingutschneider.com**

**Inhaber/in** Reinhold und Cornelia Schneider
**Keller** Alexander und Reinhold Schneider

**Rebfläche** 7 Hektar
**Jahresproduktion** 40 000 Flaschen
**Beste Lagen** Diel, Floh, Engelsberg, Schönenberg
**Boden** Löss, Lehm und Vulkanverwitterung
**Rebsorten** 42% Spätburgunder, 21% Weißburgunder, je 12% Chardonnay und Ruländer, 7% Auxerrois, 4% Silvaner, 2% Sauvignon Blanc

Seit 1981 betreiben Reinhold und Cornelia Schneider ihr eigenes Weingut in Endingen am Kaiserstuhl und bewirtschaften dort knapp sieben ha Rebfläche mit den vier Einzellagen (Gewannen) Diel, Engelsberg, Floh und Schönenberg. Zudem gibt es eine Einteilung der Weine in Dreistern-Weine, R (Vulkanverwitterungsböden), C (Lößböden) und Trio (Lagenverschnitt). Durch die Bank sind die Weine sehr zugänglich und sortentypisch, aber es gibt auch Exemplare, die sich mit einiger Flaschenreife weiter harmonisieren und noch deutlich besser werden.

Dazu gehören bei den Weißweinen der 2020er Endinger Floh Ruländer Spätlese trocken. Dieser Wein zeigt Aromen von reifem gelbem Steinobst, Honig, Brioche und Toast und weist eine gute Balance zwischen dem üppigen Körper und der gut integrierten Säure bis hin zum harmonischen Abgang auf.

Bei den angestellten Spätburgunder-Rotweinen, alle aus dem Jahrgang 2019, ist die Sortentypizität und der gelungene Holzeinsatz durchweg offensichtlich. Darunter sind zwei Weine, die noch sehr jugendlich sind und ein gutes Potential haben. Der Einzellagenwein Endinger Unterer Schönenberg zeigt Aromen von roten Waldfrüchten, Vanille, Tabak und Waldboden. Die jugendliche, lebhafte Säure balanciert den gehaltvollen Körper sehr gut aus und das feinkörnige, seidige Tannin fügt sich bis hin zum ausgewogenen Abgang sehr gut ein. Der Spätburgunder R zeigt ebenfalls Aromen von roten Waldfrüchten, Sauerkirschen, Vanille und Toast, hat einen vollen Körper, eine integrierte Säure, rundes, charmantes Tannin und ist in sich sehr gut ausgewogen. Dieser Wein zeigt einen harmonischen Abgang und hat noch einige Zeit der Flaschenreife vor sich.

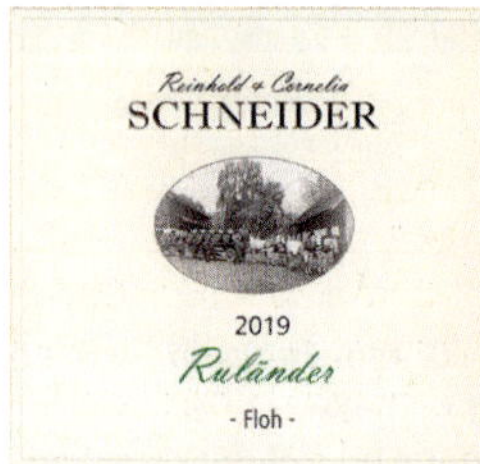


**86** 2021 Auxerrois Kabinett trocken
**10 €** | 12 %

**87** 2021 Weißburgunder Spätlese trocken
**12 €** | 13,5%

**87** 2021 Chardonnay Spätlese trocken ***
**13 €** | 13 %

**87** 2021 Ruländer Spätlese trocken R
**15 €** | 13 %

**89** 2021 Weißer Burgunder Spätlese trocken trio
**15 €** | 13,5%

**89** 2020 Weißer Burgunder Spätlese trocken C
**16 €** | 13,5%

**89** 2020 Endinger Floh Chardonnay Spätlese trocken
**16 €** | 13,5%

**90** 2020 Endinger Floh Ruländer trocken
**16 €** | 13,5%

**88** 2019 Endinger Diel Spätburgunder trocken
**22 €** | 13 %

**90** 2019 Endinger Engelsberg Spätburgunder trocken
**26 €** | 13,5%

**91** 2019 Endinger Unterer Schönenberg Spätburgunder trocken
**26 €** | 13 %

**91** 2019 Spätburgunder trocken R
**35 €** | 13 %

★

## SCHNEIDER-PFEFFERLE

Weingut Schneider-Pfefferle GbR
79423 Heitersheim · Kolpingstrasse 7
Tel. (07634) 2836 · Fax 551393
info@weingut-schneider-pfefferle.de
**www.weingut-schneider-pfefferle.de**

**Inhaber/in und Betriebsleitung**
Katharina und Mathias Pfefferle
**Keller** Katharina Pfefferle
**Außenbetrieb** Mathias Pfefferle

Auch in diesem Jahr stellt das Weingut Schneider-Pfefferle wieder eine große Bandbreite an Weinstilen vor. Es zeigt, dass es sowohl im klassischen Bereich mit dem 2020er Heitersheimer Maltesergarten einen gut balancierten, vielschichtigen Chardonnay erzeugen kann, als auch im Bereich der maischevergorenen, lange fassgelagerten und ungeschwefelten Weine einen leuchtend orangen 2018er Heitersheimer Sonnenhohle Weissburgunder PUR mit guter Balance und harmonischem Abgang zu vinifizieren versteht. Die Weine können alle in der eigenen Straußwirtschaft verkostet werden, die seit nunmehr schon 40 Jahren Gäste empfängt.

**85** 2021 Heitersheimer Maltesergarten Gutedel trocken Grüner Markgräfler
**6,50 €** | 10,5%

**86** 2020 Heitersheimer Maltesergarten trocken Cuvée Blanc Selektion
**10,50 €** | 13,5%

**88** 2021 Heitersheimer Sonnhohle Weisser Burgunder trocken STEIWII
**16 €** | 13,5%

**89** 2019 Heitersheimer Maltesergarten Chasselas trocken STEIWII
**14,50 €** | 13%

**90** 2018 Heitersheimer Sonnhohle Weisser Burgunder trocken PUR
**16 €** | 13%

**91** 2020 Heitersheimer Maltesergarten Chardonnay trocken Selektion
**10,50 €** | 13,5%

**87** 2021 Heitershemer Maltesergarten Spätburgunder trocken Rosa Markgräfler
**7,50 €** | 11,5%

**89** Heitersheim trocken RED!
**8,80 €** | 14% **BEST BUY**

★★

## SCHUMANN

Weinhaus Bettina Schumann UG
79353 Bahlingen · Lilienstraße 9
Tel. (0160) 92146529
frau@schumann-wein.de
**www.schumann-wein.com**

**Inhaber/in** Bettina Schumann
**Keller** Bettina Schumann
**Rebfläche** 7 Hektar
**Jahresproduktion** 65 000 Flaschen
**Boden** Löss-Vulkan-Böden
**Rebsorten** je 35% Spätburgunder und Grauburgunder, 25% Weißburgunder, 5% Chardonnay
**Mitglied** Vinissima, Baden

Die Weine, die das Weingut Schumann in diesem Jahr anstellt, zeigen wieder einmal, mit welchem Feingefühl hier die Kellertechnik auf den jeweiligen Wein abgestimmt wird. Die Spontanvergärung ist hier niemals Selbstzweck, sondern dient lediglich als Möglichkeit einen zusätzlichen aromatischen Aspekt zu generieren. Ebenso feindosiert ist der Holzeinsatz in jedem einzelnen Wein. Der 2019er Chaiselongue Rosé hat sich sehr gut entwickelt und beeindruckt wie schon im letzten Jahr durch seine dichte Struktur, komplexe Aromatik und langen Abgang. Daneben ist der 2020er Bagalut absolut erwähnenswert. Dieser vielschichtige, harmonische Weißwein zeigt eine exzellente Balance in der Struktur mit langem Abgang und wird sich über die nächsten Jahre noch deutlich entwickeln.

SCHUMANN
KAISERSTUHL

**89** 2021 Chardonnay & Pinot Noir
**15,90 €** | 11%

**85** 2020 Grauburgunder trocken Famose Schose
**12,50 €** | 12,5%

**88** 2020 Weißburgunder trocken Bis in die Puppen
**11,50 €** | 13 %

**89** 2019 Grauburgunder Landwein trocken Famose Schose à la Pink
**15,90 €** | 12 %

**91** 2020 Grauburgunder trocken Dit is der Clou von't Janze
**22,50 €** | 12,5%

**92** 2020 Weißburgunder Landwein trocken Bagalut
**22,50 €** | 13,5%

**90** 2020 Blauer Spätburgunder trocken Mittenmang
**11,50 €** | 12,5% BEST BUY

**91** 2019 Blauer Spätburgunder trocken Chaiselongue
**39 €/1,5 Lit.** | 12,5% TIPP

**86** 2019 Blauer Spätburgunder trocken Achtkantig
**13,90 €** | 13 %

**89** 2018 Blauer Spätburgunder trocken Haute Volaute
**22,50 €** | 13 %

★★

## JOSEF J. SIMON

Weingut Josef J. Simon
79112 Freiburg-Tiengen · Vogteistraße 15
Tel. (07664) 5771
mail@josef-simon-wein.de
**www.josef-simon-wein.de**

**Inhaber/in und Betriebsleitung**
Josef J. Simon

**Historie** 200 Jahre Weinbautradition in der Familie
**Rebfläche** 2 Hektar
**Jahresproduktion** 16 000 Flaschen
**Boden** Löss
**Rebsorten** 30% Spätburgunder, 30% Weiß- und Grauburgunder, 30% Aromasorten, 10% übrige Sorten

„Hoppla, schon leer?" - Das Motto des Winzers für Weingenießer können wir uns natürlich bei den Degustationen nicht zu eigen machen, auch wenn wir es - wie im Fall der Muskateller Beerenauslese - schon gern würden. Sie ist trotz ihrer hohen Restsüße kein bisschen „klebrig" oder aufdringlich, sondern regelrecht animierend, selbst, wenn man schon den einen oder anderen Tropfen aus dem Hause Simon genossen hat. Und das sollte man auch durchaus tun. Beginnen wir mit dem Muskateller extra brut, der mit exotischen Aromen die Trinkfreude steigert. Und vergessen wir die ansprechenden trockenen Basisweine nicht, die so schön eine Vesper begleiten. Mit den Spätburgundern, dem gereiften 2015er zumal, erreicht man durchaus auch die anspruchsvollen Rotweinfreunde - und die erfreut auch noch die moderate Preisgestaltung.

**89** Muskateller Extra Brut
**13 €** | 12,5% BEST BUY

**85** 2019 trocken Lummbe Ziig
**7 €** | 12,5%

**85** 2021 Grauburgunder trocken
**9 €** | 12,5%

**85** 2021 Muskateller trocken
**11 €** | 11,4%

**86** 2021 Weißburgunder trocken
**8 €** | 12,6%

**86** 2021 Sauvignon Blanc trocken
**11 €** | 12,5%

**90** 2018 Beerenauslese Muskateller Beerenauslese
**20 €** | 10 %

**87** Sekt Brut nature Pinot Zero
**13 €** | 12 %

**84** 2021 Spätburgunder trocken Rosé
**7,50 €** | 11,8%

**87** 2019 Pinot Noir trocken
**20 €** | 13,7%

**88** 2015 Pinot Noir trocken
**19 €** | 13 %

**89** 2016 Pinot Noir trocken Holzweg
**29 €** | 13 %

★

## SPITALKELLEREI KONSTANZ

Spitalkellerei Konstanz
78462 Konstanz · Brückengasse 16
Tel. (07531) 128760 · Fax 1287611
info@spitalkellerei-konstanz.de
**www.spitalkellerei-konstanz.de**

**Inhaber/in und Betriebsleitung**
Hubert Böttcher und Stephan Düringer
**Keller** Stephan Düringer
**Außenbetrieb** Hubert Böttcher

Die seit fast 700 Jahren bestehende Spitalkellerei ist heute nicht mehr unter städtischer Führung, sondern wird von Hubert Böttcher und Stephan Düringer geleitet. Nach wie aber unterstützt sie bedürftige und kranke Mitmenschen. Das in diesem Jahr eingereichten Sortiment ist solide gemacht: Weine, die nicht zelebriert, sondern getrunken werden wollen. Süffig und mit der typisch kühlen Aromatik des Bodensees fließen Chasselas und Müller-Thurgau ins Glas, bei den weißen Burgundersorten macht der Weißburgunder mit floralen Noten und dem Duft reifer Birnen das Rennen. Die Imperia Cuvée ist kraftvoll mit samtigen Tanninen und hat Druck am Gaumen.

**84** 2021 Meersburger Sängerhalde Sauvignon Blanc trocken
**10,40 €** | 12,5%

**85** 2021 Meersburger Fohrenberg Chasselas trocken
**8,40 €** | 12,5%

**85** 2021 Konstanzer Sonnenhalde Müller-Thurgau trocken
**8,40 €** | 12,5%

**85** 2021 Meersburger Haltnau Pinot Meunier trocken s'Türmle
**10,40 €** | 12,5%

**85** 2021 Konstanzer Sonnenhalde Grauburgunder trocken
**10,50 €** | 13,5%

**86** 2021 Meersburger Haltnau Weißburgunder trocken
**10,40 €** | 13 %

**86** 2020 Konstanzer Sonnenhalde Spätburgunder trocken
**10,90 €** | 13 %

**88** 2019 Spätburgunder trocken
**24 €** | 14 %

**88** 2020 Imperia Cuvée rot
**15 €** | 13 %

★★★

## SCHLOSS STAUFENBERG

Weingut Markgraf von Baden
Schloss Staufenberg
77770 Durbach · Schloss Staufenberg 1
Tel. (0781) 93227955 · Fax 9486306
news@mbweinhaus.de
**www.markgraf-von-baden.de**

**Inhaber/in** Bernhard Prinz von Baden
**Geschäftsführer** Michael Prinz von Baden
**Betriebsleitung** Volker Faust
**Keller** Frederic Kirch
**Außenbetrieb** Klaus Ebert

**Historie** Weinbau seit 1391
**Rebfläche** 21 Hektar
**Jahresproduktion** 120 000 Flaschen
**Beste Lagen** Schlossberg (Durbach), Klingelberg, Sophienberg
**Boden** Granitverwitterung, Granit mit Lehm
**Rebsorten** 30% Spätburgunder, 30% Riesling, 10% Grauburgunder, je 7% Weißburgunder und Chardonnay, 16% übrige Sorten
**Gastronomie** Hofladen 1895 – traditionelle & regionale Produkte und Weinstube (Öffnungszeiten siehe Website)
**Erlebenswert** alte Burganlage auf dem Schlossberg mit Blick auf die Rheinebene und das Straßburger Münster
**Mitglied** VDP

Der Durbacher Klingelberg als oberer Teil des Durbacher Schlossbergs gilt als eine der ersten komplett mit Riesling bestockten Lagen Badens. Ihr verdankt die Rebsorte auch die regionale Bezeichnung „Klingelberger" (ähnlich Schloss Johannisberg im Rheingau). Da ist es natürlich „Ehrensache", dass das Große Gewächs vom Riesling sich als hervorragendes Exemplar seiner Gattung präsentiert: voll reifer Pfirsichfrucht mit belebender Säure und einer guten Struktur, die man ebenso aus dem Rheingau wie aus der Pfalz kennt und zu schätzen weiß. Dennoch sind auch inzwischen andere Rebsorten „en vogue", bei denen vor allem der Sauvignon Blanc eine gute Figur macht. Bei den Spätburgundern punktet insbesondere das GG aus dem Sophienberg. So feingliedrig, so filigran und dennoch mit der Sehnigkeit und Kraft eines Balletttänzers keineswegs ermüdend, entfaltet sich der Spätburgunder zur Freude aller Liebhaber dieser kapriziösen Rebsorte.

**85** Riesling Extra Brut
**16 €** | 12 %

**85** 2021 Riesling trocken Klingelberger
**9 €** | 12 %

**88** 2020 Durbacher Schloss Staufenberg Grauburgunder trocken Erste Lage
**19 €** | 13,5%

**90** 2020 Durbacher Schloss Staufenberg Chardonnay trocken Erste Lage
**19 €** | 13,5%

**90** 2020 Durbacher Schloss Staufenberg Sauvignon Blanc trocken Erste Lage
**19 €** | 14 % **TIPP**

**92** 2020 Riesling trocken VDP.Große Lage Durbacher Schloss Staufenberg Klingelberger „K"
**35 €** | 13,5%

**88** 2019 Durbacher Schloss Staufenberg Spätburgunder trocken Erste Lage
**20 €** | 13,5%

**92** 2019 Durbacher Schloss Staufenberg Spätburgunder Großes Gewächs Sophienberg
**45 €** | 14 %

★★☆

## STIFTUNGSWEINGUT FREIBURG

Heiliggeistspitalstiftung Freiburg i. Br.
79249 Merzhausen · Jesuitenschloss
Tel. (0761) 404714
info@stiftungsweingut-freiburg.de
**www.stiftungsweingut-freiburg.de**

**Inhaber/in** Heiliggeistspitalstiftung Freiburg im Breisgau
**Betriebsleitung** Kilian Hunn

Diese Kollektion des Stiftungweinguts Freiburg zeigt, dass Kontinuität sich auszahlt. Schon die Basisweine versprechen großen Trinkgenuss zu moderaten Preisen, aber auch die höheren Qualitäten strapazieren den Geldbeutel nicht übermäßig und stellen auch anspruchsvollere Gaumen zufrieden. Sehr gut gelungen war wieder der Sekt. Seine sanfte Frucht unterstreicht ein cremiges Mousseux und zeigt, was 36 Monate Hefelager ausmachen. Bei den großen Lagen hat der Riesling aus dem Schlossberg wiederum die Nase vorn hat. Der 2018er Spätburgunder aus gleicher Lage wird auch noch in den nächsten Jahren auftrumpfen.

**88** 2017 Sekt b. A. Pinot Brut
**11 €** | 12,5%

**85** 2021 900 PLUS ZWEI Weißweincuvée trocken
**7 €** | 12,5%

**85** 2021 Freiburger Pinot Noir trocken Blanc de Noir
**9,50 €** | 13%

**86** 2021 Weissburgunder trocken
**8,50 €** | 13%

**86** 2021 Weissburgunder & Chardonnay trocken
**8,50 €** | 13%

**86** 2021 Freiburger Weissburgunder trocken
**10,50 €** | 13,5%

**87** 2021 Niederrimsinger Grauburgunder trocken
**10,50 €** | 13,5%

**87** 2021 Freiburger Chardonnay trocken
**10,50 €** | 13,5%

**88** 2021 Freiburger Schlossberg Riesling trocken Große Lage
**14,50 €** | 12,5%

**87** 2018 Freiburger Schlossberg Spätburgunder Große Lage
**19,50 €** | 14%

★★★☆

## STIGLER

Weingut Stigler
79241 Ihringen · Bachenstraße 29
Tel. (07668) 297 · Fax 94120
info@weingut-stigler.de
**www.weingut-stigler.de**

**Inhaber/in und Betriebsleitung** Andreas und Regina Stigler
**Keller** Andreas und Maximilian Stigler
**Außenbetrieb** Andreas und Maximilian Stigler

**Historie** im Familienbesitz seit 1881
**Rebfläche** 15 Hektar
**Jahresproduktion** 85 000 Flaschen
**Beste Lagen** Pagode Ihringen, Winklerberg Ihringen, Schlossberg Freiburg, Eichberg Oberrotweil, Schlossberg Achkarren
**Boden** Vulkan- und Gneisverwitterungsgestein
**Rebsorten** 33% Spätburgunder, 16% Grauburgunder, 13% Weißburgunder, 12% Chardonnay, 10% Riesling, 16% übrige Sorten
**Gastronomie** Weinothek (Öffnungszeiten siehe Website)
**Erlebenswert** idyllischer Gutshof, Pagode im Rebberg (1920 erbaut), Steillage (>70%) am Freiburger Schlossberg
**Mitglied** VDP

Auch dieses Jahr zeigt das Weingut Stigler ein Portfolio mit etlichen komplexen Weinen unter 13% Vol., denen es an nichts mangelt. Das Weingut stellt seine Weine an, wenn sie eine gewisse Reife haben und das wahre Potential besser zur Geltung kommt. Neben dem für die Region ungewöhlichen Chenin Blanc aus 2020, der frisch und fruchtbetont mit guter Balance und lebhafter Säure viel Spass macht, ist es bei den Weißweinen der 2020er Ihringen Pagode GG Chardonnay, ein besonders erwähnenswerter Wein. Er ist komplex, mit exzellenter Balance und hoher Präzision sowie einem Reifungspotential von 10 Jahren oder mehr ein ganz besonderer Genuss. Auch bei den Rotweinen wird die Reifung im Weingut konsequent fortgeführt und so sind nun der 2017er Pinot Noir und der 2016er Freiburger Schloßberg Kammer Spätburgunder in den Verkauf gelangt. Speziell der Letztgenannte ist ein sehr sortentypischer Wein am Beginn seiner Trinkreife, der durch komplexe rote Fruchtaromen, gut eingebundene Holzausbaunoten und eine excellenten Balance aller struktureller Komponenten mit einem seidigen, eleganten Tannin und langem Abgang von jetzt bis etwa 2030 viel Genuss verspricht.

**87** 2020 Ihringer Winklerberg Grauburgunder trocken Erste Lage
**17,60 €** | 12,5%

**88** 2020 Ihringen Winklen Riesling Großes Gewächs Herrgottswinkel* F36
**29 €** | 12,5%

**89** 2020 Chenin Blanc trocken
**21,30 €** | 13 %

**90** 2020 Ihringen Pagode Weißburgunder Großes Gewächs Monopol
**29 €** | 12,5%

**90** 2020 Ihringen Pagode Monopol Grauburgunder Großes Gewächs
**29 €** | 13 %

**92** 2020 Freiburg Schlossberg Chardonnay Großes Gewächs
**37,50 €** | 12 %

**94** 2020 Ihringen Pagode Chardonnay Großes Gewächs Monopol
**37,50 €** | 12,5% TIPP

**91** 2017 Pinot Noir trocken PN
**15,50 €** | 13,5%

**92** 2016 Freiburger Schlossberg Kammer* Spätburgunder trocken Erste Lage
**26,20 €** | 13,5%

**92** 2019 Oberrotweil Eichberg Spätburgunder Großes Gewächs
**39,50 €** | 12,5%

**94** 2018 Ihringer Vorderer Winklerberg Spätburgunder Großes Gewächs Backöfele
**39,50 €** | 12 %

## STREBEL

Winzerhof Strebel
97922 Lauda - Beckstein · Geisbergstrasse 8
Tel. (0172) 9164096
strebelst@t-online.de
**www.winzerhof-strebel.de**

**Inhaber/in** Stefan Strebel
**Betriebsleitung** Stefan Strebel
**Keller** Stefan Strebel
**Außenbetrieb** Stefan Strebel

Mit seiner diesjährigen Kollektion stellt uns der Winzerhof Strebel ein Sortiment von spritzigen, säurebetonten Weinen vor. Es sind jung zu trinkende, geradlinige Weine, die keine Lagerung benötigen - einfach gut für jeden Tag. Hauptsächlich werden weiße Sorten verarbeitet, wobei der Grauburgunder den größten Raum einnimmt, die wenigen Roten kommen aus Zweigelt und der regionaltypischen Rebsorte Tauberschwarz, dazu noch aus Regent und Schwarzriesling. Der Zweigelt hält in diesem Jahr die Stellung für die Roten - er ist saftig mit einem schönen Brombeeraroma und einer fleischigen Note.

**83** 2021 Beckstein Kirchberg Riesling trocken Der Boden - Die Sonne und WIR
**9 €** | 11,5%

**84** 2021 Becksteiner Kirchberg Steiles Kleeb Kreuz Silvaner trocken
**9 €** | 12,5%

**85** 2021 Marbach Frankenberg Grauburgunder trocken
**8,50 €** | 12,5%

**87** 2019 Beckstein Kirchberg Grauburgunder trocken Edition S
**10 €** | 14 %

**83** 2021 Cuvée halbtrocken Leidenschaft
**6,50 €** | 10,5%

**87** 2021 Becksteiner Kirchberg Zweigelt trocken
**9 €** | 12 %

★

## VOGEL

Weingut Siegfried Vogel GbR
79235 Vogtsburg-Oberbergen
Ruländerweg 7
Tel. (07662) 80271 · Fax 947964
info@weingut-vogel.com
**www.weingut-vogel.com**

**Inhaber/in und Betriebsleitung**
Siegfried und Petra Vogel
**Keller** Siegfried Vogel
**Außenbetrieb** Siegfried Vogel

Die 2021er Weißweine des Weingut Vogel aus Oberbergen sind sortenrein, sehr zugänglich und reflektieren die Rebsorten ganz klar. Der Sauvignon Blanc aus der Serie der Genießer-Weine zeigt eine sehr intensive, jugendlich frische Aromatik, gute Balance sowie eine knackige Säure. Aus der Serie Vulkanstein ist der Grauburgunder mit den Aromen von Honig, Blüten und gelbem Kernobst, der lebhaften Säure und der jugendlichen Art ein weiteres Beispiel für die direkte, ansprechende Art, in der hier alle Weine vinifiziert werden.

**87** 2021 Oberbergen Weißer Burgunder trocken Vulkanstein
**12 €** | 13 %

**88** 2021 Oberbergen Sauvignon Blanc trocken Geniesser-Wein
**9 €** | 12 %

**88** 2021 Oberbergen Grauer Burgunder trocken Vulkanstein
**12 €** | 13 %

**86** 2020 Oberbergen trocken Spätburgunder Geniesser-Wein
**9,50 €** | 13,5%

★☆

## VOLLMER

Weingut Vollmer
77770 Durbach · Lautenbach 1
Tel. (0781) 41841 · Fax 9485903
info@vollmer-durbach.de
**www.vollmer-durbach.de**

**Inhaber/in und Betriebsleitung**
Andreas Vollmer
**Keller** Hubert und Andreas Vollmer

Die Vollmers sind bekannt für ansprechend leichte und fruchtige Weine, besonders die Rieslinge, hier regionaltypisch Klingelberger genannt, sind erwähnenswert. Sie spiegeln die jeweilige Qualitätsstufe vom Kabinett bis zum Klingelberger 1782 vorbildlich wider. Letzterer - schon mit einem Jahr Reife - präsentiert sich pikant und mit Schmelz. Bei den Rotweinen sticht wieder einmal der Spätburgunder Henricus aus dem Kochberg mit Filigranität, sortentypischen Aromen und Eleganz hervor. Schön zudem, dass Hubert und Andreas Vollmer nicht nur auf genussfreudig niedrige Alkoholgrade, sondern auch auf ebensolche Preise setzen.

**85** 2021 Durbacher Kasselberg Klingelberger Kabinett trocken
**6,90 €** | 12 %

**85** 2021 Durbacher Kochberg Clevner trocken
**8,30 €** | 12,5%

**86** 2021 Durbach Kasselberg Grauburgunder Kabinett trocken
**6,90 €** | 12 %

**86** 2021 Durbacher Kasselberg Riesling Spätlese trocken Klingelberger
**12,40 €** | 12,5%

**87** 2021 Durbacher Kasselberg Weissburgunder Kabinett trocken
**6,90 €** | 12,5%

**87** 2021 Durbacher Kochberg Klingelberger trocken Alte Reben
**9,40 €** | 12 %

**88** 2020 Durbacher Kochberg Weißburgunder trocken Henricus
**16,90 €** | 12 %

**88** 2020 Klingelberger 1782
**19,90 €** | 12 %

**85** 2021 Durbacher Kasselberg Rosé trocken
**6,90 €** | 12 %

**89** 2020 Durbacher Kochberg Spätburgunder trocken Henricus
**18,90 €** | 13 %

★★

## VORGRIMMLER

Demeter Weingut Klaus Vorgrimmler
79112 Freiburg-Munzingen
St. Erentrudisstr. 63
Tel. (07664) 2489
weingut@vorgrimmler.de
**www.vorgrimmler.de**

**Inhaber/in und Betriebsleitung** Klaus und Maj Britt Vorgrimmler
**Keller** Klaus Vorgrimmler
**Außenbetrieb** Klaus und Maj Britt Vorgrimmler

**Historie** Weinbautradition im Familienbetrieb, in den 1990er-Jahren Umstellung und Selbstvermarktung der Erzeugnisse
**Rebfläche** 3 Hektar
**Jahresproduktion** 10 000 Flaschen
**Beste Lagen** Kapellenberg, Dachsberg, Petite Chapelle
**Boden** Löss und Jurakalk
**Rebsorten** 50% Spätburgunder, je 20% Weißburgunder und Grauburgunder, 10% Chardonnay
**Erlebenswert** Pflanzenvielfalt in den Reben, Haselnußanbau
**Mitglied** Demeter

Ganze drei Weine erreichten die VINUM-Redaktion - doch die sind nicht von schlechten Eltern! Besonders die beiden „Landweine" vom Weiß- und vom Grauburgunder legen eine Eigenwilligkeit an den Tag, die den Weingenießer förmlich zwingt, sich mit ihnen auseinanderzusetzen. Nichts für „easy drinking" also. Stattdessen ein ungewohntes Aromenspiel, das sich natürlich auch der biodynamischen Arbeitsweise verdankt, die den Boden, das Terroir betont. Knochentrocken, kräuterwürzig, kaum Frucht - ungewohnt für Weinfreunde, die das rebsortentypische Fruchtspiel suchen. Das gilt auch für den Rosé vom Spätburgunder. Gefällig ist sicher anders - aber spannend sind die Weine allemal. - Gespannt dürfen wir wohl auf die nächsten Jahrgänge der Petite Chapelle und vor allem die Erstausgabe der Grande Chapelle sein, - der jüngste Neuzugang unter den Rebparzellen des Weinguts. Dafür allerdings ist Geduld angesagt: angekündigt ist die Freigabe erst für 2024. Doch nach der vielversprechenden 2017er Petite Chapelle, die im Vorjahr vorgestellt wurde, sind wohl große Hoffnungen berechtigt.

**87** 2021 Munzingen Weißburgunder Landwein trocken
**10,40 €** | 13%

**88** 2021 Munzingen Grauburgunder Landwein trocken
**11,40 €** | 13%

**84** 2021 Munzingen Spätburgunder Landwein Rosé
**11,40 €** | 12,5%

## WAGNER

Weingut Peter Wagner
79235 Vogtsburg-Oberrotweil
Hauptstraße 32
Tel. (0176) 64013967
info@wagner-weingut.de
**www.wagner-weingut.de**

**Inhaber/in und Betriebsleitung**
Peter Wagner

**Rebfläche** 8 Hektar
**Jahresproduktion** 40 000 Flaschen
**Beste Lagen** Henkenberg, Eichberg, Schlossberg, Käsleberg
**Boden** Vulkangestein (Tephrit, Karbonatit), Löss
**Rebsorten** 55% Spätburgunder, je 20% Grauburgunder und Chardonnay, 5% Müller-Thurgau

Das Weingut Wagner aus Vogtsburg bewirtschaftet acht Hektar Rebfläche und präsentiert in diesem Jahr die Weissweine aus dem Jahr 2021, die 2020er Spätburgunder sowie den Sekt 2019er Blanc de Blancs brut nature. Die sortenreinen Weine sind aus den Burgunderrebsorten mit der Ausnahme des Müller-Thurgau, der in der Region eine lange Tradition hat. Der Oberrotweil Chardonnay zeigt Aromen von gelbem Steinnobst, Birne, Quitte, Brioche und Toast, eine sehr gute Balance von linearer Säure mit dem gehaltvollen Körper und der cremigen Textur, einen harmonischen Abgang und deutliches Reifungspotential. Bei den Spätburgundern sind zwei Weine aus Großen Lagen angestellt. Der 2020er Oberrotweiler Eichberg zeigt Aromen von Toast, Vanille und reifen roten und schwarzen Früchten. Der gehaltvolle Körper wird von der integrierten Säure gut balanciert und die dichten, feinen Tannine ist noch leicht adstringierend, werden sich mit einiger Zeit der Flaschenreife aber abrunden und ebenso sich wie die Holzausbauaromen besser integrieren.

**88** 2019 Brut nature Blanc de Blancs
**22 €** | 12,5%

**85** 2021 Müller Thurgau trocken vom Löss
**9,50 €** | 11,5%

**87** 2021 Grauburgunder trocken vom Löss
**10,50 €** | 12,5%

**89** 2021 Oberrotweil Grauburgunder trocken
**17 €** | 12,5%

**90** 2021 Oberrotweil Chardonnay trocken
**22 €** | 12,5%

**86** 2021 Spätburgunder Rosé vom Löss
**10,50 €** | 12 %

**87** 2020 Oberrotweil Spätburgunder trocken
**20 €** | 13 %

**88** 2020 Spätburgunder trocken Alte Reben
**28 €** | 13 %

**88** 2020 Oberrotweiler Henkenberg Spätburgunder trocken
**50 €** | 13 %

**90** 2020 Oberrotweiler Eichberg Spätburgunder trocken
**85 €** | 13 %

★★★★½

## FRITZ WASSMER

Weingut Fritz Waßmer
79189 Bad Krozingen-Schlatt · Lazariterstraße 2
Tel. (07633) 3965 · Fax 92399118
mail@weingutfritzwassmer.de
**www.weingutfritzwassmer.de**

**Inhaber/in und Betriebsleitung**
Fritz Waßmer

**Rebfläche** 38 Hektar
**Jahresproduktion** 196 000 Flaschen
**Beste Lagen** Kaiserberg Herbolzheim, Roter Berg Kenzingen, Sommerhalde Bombach, Bienenberg Malterdingen, Schlossberg Achkarren, Schlossberg Staufen
**Boden** Löss mit Kalkverwitterungsgestein, roter Ton, Muschelkalk, Mergel
**Rebsorten** 61% Spätburgunder, 13% Grauburgunder, 12% Weißburgunder, je 3% Chardonnay und Syrah, 8% übrige Sorten

Das Weingut Fritz Wassmer aus Bad Krotzingen stellt den 2020erJahrgang an und präsentiert auch in diesem Jahr eine große Bandbreite von Weinen, die neben den Burgundersorten auch aus Merlot, Cabernet Franc, Cabernet Sauvignon und Syrah vinifiziert werden und abermals, über die Vielzahl der Einzellagen und Rebsorten hinweg, eine überwältigende Leistungsdichte zeigen. Bei den Weißweinen aus Grauburgunder, Weißburgunder und Chardonnay beginnt die Qualität bei ausgezeichneten, beeindruckenden Weinen mit großer Komplexität und Tiefe, ausgeprägter Typizität und sehr gutem Reifungspotenzial und steigert sich von da ab. Alle Weine zeigen ein enormes Feingefühl für den Holzeinsatz, der immer dezent und gut eingebunden wirkt, eine klare Erkennbarkeit der Rebsorten und einem ausgesprochen niedrigen Alkoholgehalt von 12,5% Vol. Der Kaiserberg Herbolzheim Chardonnay trocken ist mit seiner komplexen Aromatik von gelbem Steinobst, Quitten, Grapefruit und den filigranen Holzausbauaromen ein gehaltvoller, komplexer und konzentrierter Wein mit exzellenter Balance, langem, harmonischen Abgang und einem enormen Reifungspotential besonders beeindruckend.

Über die Hälfte der Rebfläche ist hier mit Spätburgunder bestockt und so ist auch die Mehrzahl der Rotweine aus dieser noblen Rebsorte. Auch hier ist der Wein aus dem Kaiserberg Herbolzheim überragend und zeigt jugendliche rote Fruchtaromen und Noten von Vanille, Toast und Holzkohle, eine lineare Säurestruktur, vollen Körper und ein seidiges, feinkörniges, elegantes Tannin, wie es nur die besten Weine dieser Rebsorte aufweisen. Ebenfalls aus dem Kaiserberg ist der großartige Cabernet Franc, der komplexe Aromen von roten und blauen Früchten, Vanille, Brotkruste und Gewürznelken zeigt. Die Balance von geradliniger, integrierter Säure, dem vollen Körper und dem hohen Extrakt ist exzellent und die hohen, dichten und reifen Tannine tragen auch zum enorm langen, harmonischen Abgang bei. Die übrigen Rotweine dürfen nicht unerwähnt bleiben. Der Schlossberg Achkarren Syrah ist ein komplexer, sehr sortentypischer opulenter Wein mit exzellenter Balance und fruchtbetontem Finish. Sehr sortentypisch ist mit Noten von grüner Paprika, Cassis, Schwarzkirschen sowie Vanille und Tabak auch die Aromatik des Cabernet Sauvignon aus dem Schlossberg Staufen. Dieser Wein hat ein robustes, aber dennoch rundes Tannin, einen vollen Körper und ein langes, harmonisches Finish. Alle Weine zeigen ein enormes Reifungspotential und es ist dringend zu empfehlen, diesen Pretiosen die nötige Zeit in der Flasche zu gewähren, so dass sie ihre wahre Größe auch wirklich zeigen können.

**90** 2020 Bombacher Sommerhalde Grauburgunder trocken
**52 €** | 12,5%

**91** 2020 Staufener Schlossberg Weißburgunder trocken
**52 €** | 12,5%

**91** 2020 Staufener Schlossberg Chardonnay trocken
**52 €** | 12,5%

**92** 2020 Kenzinger Roter Berg Chardonnay trocken
**52 €** | 12,5%

**95** 2020 Herbolzheimer Kaiserberg Weißer Burgunder trocken
**52 €** | 12,5% TOP 10

**96** 2020 Herbolzheimer Kaiserberg Chardonnay trocken
**128 €** | 12,5% TOP 10

**89** 2020 Spätburgunder trocken Alte Reben
**29,90 €** | 13,5%

**90** 2020 Spätburgunder trocken „XXL"
**39 €** | 13,5%

**92** 2020 Spätburgunder trocken „CCL"
**68 €** | 13,5%

**93** 2020 Kenzinger Roter Berg Merlot trocken
**78 €** | 13,5%

**93** 2020 Staufener Schlossberg Cabernet Sauvignon trocken
**78 €** | 13,5% TOP 10

**94** 2020 Kenzinger Roter Berg Spätburgunder trocken
**78 €** | 13,5%

**94** 2020 Achkarrer Schlossberg Syrah trocken
**78 €** | 13,5% TOP 10

**95** 2020 Herbolzheimer Kaiserberg Cabernet Franc trocken
**78 €** | 13,5% TOP 10

**95** 2020 Herbolzheimer Kaiserberg Spätburgunder trocken
**128 €** | 13,5%

★★★★☆

## MARTIN WASSMER

Weingut Martin Waßmer
79189 Bad Krozingen-Schlatt · Am Sportplatz 3
Tel. (07633) 15292 · Fax 13384
info@weingut-wassmer.com
**www.weingut-wassmer.de**

**Inhaber/in und Betriebsleitung**
Martin Waßmer

**Historie** Weingut seit 1997
**Rebfläche** 38 Hektar
**Jahresproduktion** 190 000 Flaschen
**Beste Lagen** Dottinger Castellberg, Schlatter Maltesergarten, Ehrenstetter Ölberg, Auggener Letten, Achkarrer Schlossberg, Staufener Schlossberg
**Boden** Lösslehm mit Kalk, Kalksteinverwitterung mit Löss, Mergel, Kalkmergel, roter Ton, Gneisverwitterung
**Rebsorten** 60% Spätburgunder, 30% weiße Burgundersorten, 10% übrige Sorten
**Erlebenswert** restaurierte Weinbergslage Dottinger Castellberg
**Mitglied** Slow Food

Das Weingut Martin Wassmer stellt den Jahrgang 2020 an. Die Einzellagenweine und tragen hier die Bezeichnung GC. Diese besten Lagen sind Voraussetzung für ein Portfolio mit einer durchgängig ausgezeichneten Qualität, wie sie hier zu finden ist und von diesen wertvollen Lagen sind hier gleich 7 verschiedene im Besitz.

Die Burgundersorten dominieren das Portfolio, aber bei den Rotweinen gibt es auch einen Syrah und ein Bordeaux-Cuvee.

Bei den Weißweinen ist der Dottinger Castellberg Chardonnay GC mit seiner komplexen Aromatik von grünem Kernobst, gelbem Steinobst, Vanille, Toast und Butter, der exzellenten Balance von frischer, lebhafter Säure und dem vollen Körper sowie dem langen, harmonischen Abgang ausgesprochen gut gelungen. Nicht minder beeindruckend ist der Achkarrer Schlossberg Grauburgunder GC, der nach reifem gelbem Steinobst, Blüten, Honig, Vanille, Toast und Röstaromen duftet, einen vollen Körper mit der sortentypischen öligen Textur zeigt, die von der linearen Säure hervorragend balanciert wird und zu einem langen, harmonischen Finish führt.

Auch bei den Spätburgundern ist der Dottinger Castellberg, Pinot Noir GC, besonders empfehlenswert. Dieser Wein ist elegant, präzise und zeigt die sortentypischen Aromen von roten Waldfrüchten, Vanille, Rauch, Lakritz und Waldboden, hat ein elegantes, seidiges und sehr feinkörniges Tannin, eine großartige Balance und ein langes, harmonisches Finish. Aus dem Ehrenstetter Ölberg kommt die Bordeaux-Cuvée (Merlot, Cabernet Sauvignon und Cabernet Franc) Chapelle. Dieser tiefrote Wein hat eine intensive, komplexe Aromatik von roten und schwarzen Früchten, Vanille, Toast, Gewürznelke, Nougat und Leder, ein dichtes, robustes Tannin, vollen Körper und eine ausgleichende frische, gut integrierte Säure. Der Abgang ist lang, harmonisch und zeigt immer neue Frucht- und Holzausbaunoten, ein weiteres Indiz für ein langes Reifepotenzial. Apropos, das enorme Qualitätsniveau dieser Weine bedingt auch, dass sie über die nächsten Jahre, oder gar Jahrzehnte, in der Flasche weiter reifen, sich weiter harmonisieren und Tertiäraromen entwickeln, dadurch noch komplexer werden und damit noch deutlich mehr Genuss bieten werden, als sie es jetzt schon tun. Die nötige Geduld wird von diesen Weinen sicherlich großzügig belohnt werden.

**91** 2020 Staufener Schlossberg Weisser Burgunder trocken
**39 €** | 13,5%

**92** 2020 Auggener Letten Grauer Burgunder trocken „GC"
**45 €** | 13,5%

**92** 2020 Dottinger Castellberg Weisser Burgunder trocken „GC"
**45 €** | 13,5%

**92** 2020 Dottinger Castellberg Grauer Burgunder trocken „GC"
**45 €** | 13,5%

**95** 2020 Achkarrer Schlossberg Grauer Burgunder trocken „GC"
**45 €** | 13,5% TOP 10

**95** 2020 Dottinger Castellberg Chardonnay trocken „GC"
**79 €** | 13,5% TOP 10

**91** 2020 Bad Krozinger Steingrüble Spätburgunder trocken „GC"
**45 €** | 13,5%

**91** 2020 Ehrenstetter Ölberg Spätburgunder trocken „GC"
**54 €** | 14 %

**92** 2020 Glottertäler Roter Bur Spätburgunder trocken „GC"
**54 €** | 14 %

**93** 2020 Dottinger Castellberg Syrah trocken
**64 €** | 14 %

**94** 2020 Schlatter Maltesergarten Pinot Noir trocken „GC"
**58 €** | 13,5%

**94** 2020 Ehrenstetter Ölberg Cuvée Chapelle trocken
**66 €** | 14,5% TOP 10

**96** 2020 Dottinger Castellberg Pinot Noir trocken „GC"
**79 €** | 13,5% TOP 10

★★½

## WEISHAAR

Weingut Weishaar
79356 Eichstetten · Hauptstraße 164
Tel. (07663) 4800 · Fax 949953
mail@weingut-weishaar.de
**www.weingut-weishaar.de**

**Inhaber/in** Markus und Corinne Weishaar
**Betriebsleitung** Markus Weishaar
**Keller** Markus Weishaar
**Außenbetrieb** Karl-Heinz Weishaar

**Historie** Das heutige Weingut ist 1989 aus einem landwirtschaftlichen Mischbetrieb entstanden. Corinne & Markus nutzten vor über 10 Jahren die Möglichkeit, aus dem ehemaligen Pferdestall, einen Weinkeller auszubauen. Aktuell werden 10 Hektar angebaut.
**Rebfläche** 10 Hektar
**Jahresproduktion** 60 000 Flaschen
**Beste Lagen** Eichstetter Herrenbuck
**Boden** Löss, Vulkanverwitterungsgestein
**Rebsorten** 35% Spätburgunder, 25% Grauburgunder, 15% Weißburgunder, je 10% Chardonnay und Muskateller, 3% Scheurebe, 2% Riesling
**Erlebenswert** Eichelspitzturm in Eichstetten
**Mitglied** Vinissima, Generation Riesling, Generation Pinot

Die Etikettensprache ist übersichtlich und eindeutig, und so ist auch der Weinstil des Weinguts Weishaar aus Eichstetten am Kaiserstuhl. Das Sortiment teilt sich in zwei Linien auf. Die die jüngeren Weine, allesamt aus dem Jahrgang 2021, sind aus der Linie „Herrenbuck". Jeder Einzelne zeigt die Typizität der jeweiligen Rebsorte(n) klar und schnörkellos von der Aromatik bis zur Struktur. Auch in der Dreistern-Linie spiegelt sich jede Rebsorte klar und mit hoher Typizität wider und gewinnt durch die Kellerarbeit an Komplexität und Länge. Diese gereiften Weine zeigen durchweg ein tiefes Verständnis für jeden Wein, der zu durchweg wohldosiertem Holzeinsatz führt. Beide Linien sind zudem in einem sehr verbraucherfreundlichem Preissegment. Es wurden dieses Jahr überwiegend Weißweine gezeigt, aber auch der Spätburgunder ist von hoher Typizität. Der 2020er Grauburgunder Dreistern überzeugte durch seine opulente, dichte Struktur, die hohe Komplexität von reifen Fruchtaromen, wohldosierten Noten von Vanille, Brioche und Butter, die sehr gute Balance aller strukturellen Komponenten und den langen Abgang. Dieser Wein wird sicherlich durch ein paar Jahre Flaschenreife noch deutlich gewinnen.

WEISHAAR
BADEN / KAISERSTUHL

| | | | |
|---|---|---|---|
| 89 | 2019 Brut nature Crémant | **13,90 €** \| 12 % | BEST BUY |
| 84 | 2021 Weissburgunder trocken Herrenbuck | **7,90 €** \| 13 % | |
| 84 | 2021 Weissburgunder & Chardonnay trocken Herrenbuck | **8,90 €** \| 13 % | |
| 85 | 2021 Scheurebe trocken Herrenbuck | **8,90 €** \| 12 % | |
| 86 | 2021 Gelber Muskateller trocken Herrenbuck | **8,90 €** \| 12,5% | |
| 87 | 2021 Sauvignon Blanc trocken Herrenbuck | **8,90 €** \| 12 % | |
| 88 | 2021 Grauburgunder trocken Herrenbuck | **7,90 €** \| 13 % | |
| 91 | 2020 Weissburgunder trocken Dreistern | **14,90 €** \| 13,5% | |
| 92 | 2020 Chardonnay trocken Dreistern | **14,90 €** \| 13,5% | |
| 93 | 2020 Grauburgunder trocken Dreistern | **14,90 €** \| 14 % | TIPP |
| 88 | 2021 Spätburgunder trocken Saignée Rosé Herrenbuck | **7,90 €** \| 12,5% | BEST BUY |

★★★★

## WÖHRLE

Weingut Wöhrle
77933 Lahr · Weinbergstraße 3
Tel. (07821) 25332 · Fax 39398
info@woehrle-wein.de
**www.woehrle-wein.de**

**Inhaber/in und Betriebsleitung**
Tanja und Markus Wöhrle
**Keller** Markus Wöhrle

**Historie** 1979 Privatisierung des städtischen Weinguts nach Fusion mit dem Betrieb der Familie Wöhrle
**Rebfläche** 17 Hektar
**Jahresproduktion** 100 000 Flaschen
**Beste Lagen** Lahrer Kronenbühl, Kirchgasse, Herrentisch, Gottsacker, Teufelslochgasse
**Boden** humoser Lösslehm
**Rebsorten** 27% Spätburgunder, 24% Grauburgunder, 16% Weißburgunder, 14% Auxerrois, je 5% Chardonnay und Müller-Thurgau, je 3% Riesling, Muskateller und Rieslaner
**Mitglied** VDP, 13 Breisgauer Weingüter

Markus Wöhrle zählt zu den leisen Stars im Badischen. Seine Weine trumpfen nicht mit Wucht und großer Dichte auf. Ihre Kennzeichen sind vielmehr Eleganz und Filigranität, das aber nicht ohne große Nachhaltigkeit im Geschmack. Dass sie über Jahre hinweg noch generöser werden, darf durchaus als Qualitätsmerkmal gelten, zumal sie ihre Eigenschaften erst nach und nach preisgeben - ein Merkmal großer Weine. Man sollte ihnen also und sich selbst ebenfalls genügend Zeit geben, um sie zu genießen. Das Gesagte gilt natürlich vor allem für die Weine aus Ersten Lagen und die Großen Gewächse. Aber das heißt nicht, dass man die Ortsweine links liegen lassen sollte. Sie verkürzen aufs Schönste die Wartezeit, bis die höheren Qualitäten ihre verborgenen Talente entfalten. Sie zeichnen sich aus durch Frische und Leichtigkeit und stehen für unmittelbaren Genuss. Dazu tragen der exakte Lesezeitpunkt ebenso bei wie der Ausbau im Stahltank, aber natürlich auch das Klima. Denn in den vorgelagerten Zonen des Schwarzwalds sind die Nächte kühler und bewahren die Trauben davor, durch zu hohe Temperaturen vorzeitig aromatisch „ausgezehrt" zu werden und zu breiten Stoff zu liefern.

Exakt das ist auch, allerdings auf höherem Niveau, das Kennzeichen der Ersten Lagen. Hier ist in diesem Jahr der Chardonnay aus dem Kronenbühl der primus inter pares. Und nicht nur in dieser Qualitätsstufe punktet der Chardonnay. Das Kunststück gelingt auch in der noch nicht als „Große Lage" qualifizierten Teufelsgasse, einer kleinen Parzelle innerhalb des Kronenbühls, die noch auf ihre VDP-Aufwertung wartet. Es ist ein filigraner und dennoch kraftvoller Chardonnay mit Finesse und Eleganz, feinen Mandel- und Nussaromen, Tiefe und Länge, der den Vergleich mit einem hochfeinen Puligny-Montrachet 1er Cru nicht scheuen muss - den es zu diesem Preis freilich nicht gibt. Wer es preiswerter mag, kann unbesorgt zum Weißburgunder GG aus dem Herrentisch greifen, ebenfalls ein exquisiter Stoff. Er verwöhnt uns mit Brioche- und buttrigen Nussaromen, gebrannten Mandeln, schönem Schmelz und Länge.

Noch ein Wort zu den Rotweinen: Der Spätburgunder SC ist bereits jetzt ein Charmeur mit seidiger Eleganz. Doch die Kirchgasse bietet zudem eine feine, durch reife Säure gestützte Frucht, verbunden mit einer Spannung und Balance, die sich in den kommenden Jahren noch vervollkommnen wird.

WEINGUT
WÖHRLE
BADEN

**87** 2021 Lahrer Auxerrois trocken
**11 €** | 12 %

**88** 2021 Lahrer Grauburgunder trocken
**10,20 €** | 12,5%

**88** 2021 Lahrer Weißburgunder trocken
**10,20 €** | 12,5%

**90** 2021 Lahrer Kronenbühl Grauburgunder trocken Erste Lage
**16,50 €** | 13 %

**90** 2021 Lahrer Kronenbühl Weißburgunder trocken Erste Lage
**16,50 €** | 13 %

**91** 2020 Lahrer Kirchgasse Grauburgunder Großes Gewächs
**25,50 €** | 13,5%

**92** 2021 Lahrer Kronenbühl Chardonnay trocken Erste Lage
**19,50 €** | 13 %

**92** 2020 Lahrer Teufelslochgasse Chardonnay trocken
**42 €** | 13 %

**93** 2020 Lahrer Herrentisch Weißburgunder Großes Gewächs
**25,50 €** | 13 %

**92** 2020 Lahrer Kronenbühl Spätburgunder trocken Erste Lage
**23 €** | 13,5%

**93** 2020 Lahr Kirchgasse Spätburgunder Großes Gewächs
**36 €** | 13,5%

★★½

## WÖRNER

Hofgut Wörner
77770 Durbach · Sendelbach 21
Tel. (0781) 42257
kontakt@weingut-woerner.com
**www.hofgut-woerner.com**

**Inhaber/in und Betriebsleitung**
Matthias Wörner

**Historie** Hofgut seit 1607, vom Mischbetrieb zum Traubenproduzenten und Selbstvermarkter, Neugründung 2017, Übergabe des Weinguts 2020 an die fünfte Generation
**Rebfläche** 2 Hektar
**Jahresproduktion** 12 000 Flaschen
**Beste Lagen** Kochberg
**Boden** Granit, Gneis
**Rebsorten** 40% Riesling, 30% Spätburgunder, je 10% Grauburgunder, Roter Traminer und Müller-Thurgau
**Gastronomie** Urlaub auf unserem Hofgut in einer von drei Ferienwohnungen
**Erlebenswert** Steillagenweinberge auf bis zu 400 Höhenmetern an den Ausläufern des Schwarzwaldes

Dass Matthias Wörner ein Könner seines Fachs ist, haben wir ihm in den letzten beiden Jahren bestätigt. Und an dieser Einschätzung ändert sich auch in diesem Jahr nichts. Es ist schon eine Herausforderung, in diesen Höhen (400 m ü.M.) Weinbau zu betreiben - und dann auch noch die Weine so werden zu lassen, wie die Natur es ermöglicht, ohne große Eingriffe im Keller. Dazu gehört zum einen die konsequente Spontanvergärung und zum anderen auch ein gekonnter, zurückhaltender Holzeinsatz, der den Charakter der jeweiligen Weine unterstreicht und nicht überdeckt. Das Ganze noch verbunden mit ziemlich moderaten Alkoholgehalten, die für anhaltende Trinkfreude sorgen. Freilich, als Freund solcher Weine muss man Geduld mitbringen, so zum Beispiel beim Riesling, der sich anfangs im Glas ziemlich bedeckt hält, an der Luft jedoch gewinnt und am Gaumen dann aufblüht. Generöser ist da schon der Grauburgunder, aber auch er hat noch einiges Potenzial in petto. Großes Kino ist der Wein „dessen Rebsorte man nicht nennen darf", wie es verschwörerisch auf dem Etikett heißt. Wir verraten jedoch, dass sich dahinter der schon im letzten Jahr gepriesene Rote Traminer verbirgt, der mit Noten von Tabak und Pomeranzenzesten sowie großer Tiefe beeindruckt. Keinesfalls sollte man aber auch die „einfachen" Qualitäten der Steillagen-Serie außer Acht lassen, die einen guten Einstieg in die Linie des Weinguts geben.



**85** 2020 trocken Steillage Weiss
**8 €** | 12,5%

**89** 2020 Riesling trocken unfiltriert
**15 €** | 12,5%

**91** 2020 Grauburgunder trocken unfiltriert
**16 €** | 12,5%

**92** 2020 Roter Traminer trocken aka Savagnin Rosé
**25 €** | 12 %

**87** 2020 Spätburgunder trocken Steillage Rosé
**10 €** | 12 %

**88** 2019 Spätburgunder trocken unfiltriert
**20 €** | 12,5%

★★½

## ZÄHRINGER

Weingut Zähringer GmbH
79423 Heitersheim · Johanniterstraße 61
Tel. (07634) 504890 · Fax 5048999
info@weingut-zaehringer.de
**www.weingut-zaehringer.de**

**Inhaber/in** Fabian Zähringer
**Betriebsleitung** Paulin Köpfer
**Keller** Simon Höre
**Außenbetrieb** Maximilian Greiner

**Historie** Gründung 1844, heute Familienbetrieb in der sechsten Generation, Pionierbetrieb des ökologischen und biodynamischen Weinbaus
**Rebfläche** 55 Hektar
**Jahresproduktion** 400 000 Flaschen
**Beste Lagen** Heitersheimer Sonnhohle, Dottinger Castellberg
**Boden** mittelschwerer Lehm, Löss
**Rebsorten** 25% Spätburgunder, 20% Gutedel, 15% Grauburgunder, 10% Weißburgunder, 5% Chardonnay, 25% übrige Sorten
**Gastronomie** Ferienwohnungen, Gästehaus
**Mitglied** Ecovin, Demeter, Slow Food, Baden, Generation Pinot

Die gesamte Kollektion des Weinguts Zähringer ist biodynamisch zertifiziert (Demeter) und das ist heutzutage immer noch die Ausnahme. Fast schon als logische Konsequenz findet man im Portfolio auch eine enorme Bandbreite an Vinifikationstechniken und den daraus resultierenden Stilen. Aber fangen wir mit den klaren und sortentypischen Schaumweinen an, bei denen der aus Chardonnay und Pinot Noir vinifizierte Crémant durch seine feine Mousse, exzellente Balance von Frucht und Autolysearomen sowie der dichten Struktur und dem langen, sehr ausgewogenem Finish für sich einnimmt. Bei den klassischen Weinen überzeugen der 2019er Spätburgunder SZ Reserve sowie auch der 2020er Castellberg Viognier auf der ganzen Linie durch sortentypische, vielschichtige Aromatik, sehr gute Balance und lange, harmonische Abgänge. Beide Weine bringen auch ausreichend Extrakt für eine lange Flaschenreife mit. Bei den unfiltrierten, spontanvergorenen Weinen ohne Schwefelzugabe sind der 2020er Pinot Noir Pur und der 2020er Weißburgunder Orange Beispiele dafür, dass diese Kategorie von Weinen sowohl gut balanciert und vielschichtig in der Aromatik als auch harmonisch mit einem hohen Wiedererkennungswert der Rebsorte sein können.



**86** 2020 Heitersheimer Sonnhohle Sekt b. A. Brut Pinot Rosé
**14,90 €** | 12 %

**90** 2019 Extra Brut Crémant
**14,90 €** | 12,5% BEST BUY

**83** 2021 Gutedel trocken
**6,90 €/1 Lit.** | 11 %

**84** 2021 Grauburgunder trocken
**10,90 €** | 12,5%

**87** 2020 Souvignier Gris trocken AMBER
**18 €** | 13,5%

**89** 2020 Weissburgunder Landwein trocken ORANGE
**29 €** | 13 %

**90** 2020 Laufener Altenberg Chardonnay trocken SZ
**22 €** | 12,5%

**91** 2020 Heitersheimer Sonnhohle Weissburgunder trocken
**18 €** | 13 %

**92** 2020 Dottinger Castellberg Viognier trocken
**29 €** | 14,5%

**92** 2020 Pinot Noir trocken PUR
**35 €** | 12,5%

**88** 2018 Heitersheimer Sonnhohle Pinot Noir trocken
**29 €** | 13,5%

**92** 2019 Spätburgunder trocken SZ Réserve
**18 €** | 13,5%

★★★★

## ZIEREISEN

Weingut Ziereisen
79588 Efringen-Kirchen · Markgrafenstr. 17
Tel. (07628) 2848 · Fax 941662
kontakt@ziereisen.de
**www.ziereisen.de**

**Inhaber/in und Betriebsleitung** Hanspeter Ziereisen
**Keller** Hanspeter Ziereisen
**Außenbetrieb** Hanspeter Ziereisen

**Rebfläche** 18 Hektar
**Jahresproduktion** 110 000 Flaschen
**Boden** Jurakalk
**Rebsorten** 40% Spätburgunder, 25% Gutedel, 12% Grauburgunder, 8% Weißburgunder, 2% Syrah, 3% übrige Sorten

Hanspeter Ziereisen zählt wohl zu den verkanntesten Winzergenies in Deutschland. Das hat natürlich seinem Ruf nicht geschadet. Der gelernte Zimmermann, der vor über dreißig Jahren den landwirtschaftlichen Betrieb seiner Eltern übernahm und sich auf den Weinbau fokussierte, hat sich mit seiner Art der Weinbereitung, die kaum Zugeständnisse an den Mainstream macht, eine weltweite Fangemeinde geschaffen. Und die ist ihm unverbrüchlich treu. Seine kompromisslose Linie hält er durch - angefangen von den Einstiegsweinen bis zu den Spitzen. Das beginnt bereits damit, dass er seine Weine konsequent nur als „Landwein" klassifiziert, schon um dem Bürokratismus einer AP-Nummer zu entkommen. Zu oft wurde diese seinen ungewöhnlichen Weinen versagt, obwohl sie technisch einwandfrei sind und einfach nur mehr Zeit benötigen, als ein amtlicher Prüfer aufwenden will oder kann. Das hat er bei unseren Verkostungen nicht zu befürchten. Und so zeigt sich, dass die Weine bei Nachverkostungen über Tage hinweg ihre Geheimnisse nach und nach offenbaren. Aber nicht nur das: Auch so angeblich unscheinbaren Rebsorten wie dem Gutedel lässt Hanspeter Ziereisen eine Sorgfalt angedeihen, die Weine hervorbringt, die manche neben die größten Vorbilder stellen.

Freilich: Eine solche konsequente Haltung hat ihren Preis, aber den sind die Fans durchweg bereit zu zahlen. Und es sind ja nicht nur die „internen" Spitzen, die zählen. Auch den „einfacheren" Tropfen kommt die gleiche Aufmerksamkeit zugute. Uns wurden diesmal Weine aus den Jahren 2019 und 2017 zugesandt - und dass sie bereits eine gewisse Zeit auf der Flasche verbringen durften, hilft sicher, ihre in der Jugend oft verborgenen Qualitäten zu entdecken. Schon der Gutedel Viviser beweist Individualität mit einer animalischen Nase, einer straffen Säure und Geradlinigkeit, unterlegt mit Aromen von gelben Früchten und agrumigen Noten. Das Steinkrügle ergänzt dieses Aromenspektrum noch sehr apart um eine rauchig-würzige Schiefernote.

Mit den Spitzengewächsen der Jaspis-Reihe, bei Ziereisen die höchste Kategorie, rutscht nun kein einziger Wein mehr unter die 90-Punkte-Marke. Ganz vorn aber steht ohne Zweifel der Gutedel 10hoch4 - der Name bezeichnet die Pflanzdichte der Stöcke pro Hektar. Man kommt aus dem Staunen nicht heraus, was Ziereisen diesem Wein entlockt: rauchig-agrumige Noten, eine Länge und Komplexität, die sprachlos macht - und dabei eine engelhafte Leichtigkeit bei gleichzeitiger Spannung. Der Chardonnay Nägelin, nur knapp dahinter, noch etwas jung, aber mit Biss und Druck, verströmt Düfte von getrockneten Wiesenkräutern und Heublumen, vereint mit ansprechenden Nussaromen. Um seine etwas vordergründige Holznote abzumildern, sollte man ihm noch Zeit geben. Ebenfalls in der Oberliga spielen selbstredend die Rotweine. Mit dem 2019er Syrah Däublin erreichen wir die Sphäre der großen Weine der nördlichen Rhône. Pfefferwürzige, straffe, kühle Gewürzaromatik - das wird mal richtig gut. Das rote Pendant 10hoch4 aus Spätburgunder war verschlossen. Doch schon jetzt zeigt die animalisch geprägte Nase mit dunklen Fruchtaromen von Cassis und Brombeeren, wohin die Reise geht: Sie führt direkt ins Pinot-Paradies, wenngleich es bis dahin noch eine gewisse Durststrecke ist, die man am besten mit dem Pinot Noir Zipsin überwindet. Bravo, Hanspeter Ziereisen!

**87** 2019 Landwein trocken Viviser unfiltriert
**14,60 €** | 11 %

**87** 2019 Gutedel trocken Steinkrügle unfiltriert
**22,60 €** | 11,5%

**88** 2019 Weissburgunder Landwein trocken Lügle unfiltriert
**21,60 €** | 13,5%

**89** 2019 Grauburgunder trocken Musbrugger
**23,60 €** | 13,5%

**91** 2019 Chardonnay trocken Hard
**28,20 €** | 13 %

**92** 2019 Grauburgunder trocken Jaspis
**53,80 €** | 14 %

**93** 2019 Chardonnay Landwein trocken Jaspis Nägelin unfiltriert
**69,80 €** | 13,5%

**95** 2019 Gutedel Landwein Jaspis 10hoch4
**125 €** | 12 %

**90** 2019 Pinot Noir Landwein trocken Jaspis Zipsin unfiltriert
**45 €** | 13 %

**92** 2017 Blauer Spätburgunder trocken Jaspis unfiltriert
**70 €** | 12,5%

**93** 2019 Syrah Landwein trocken Jaspis Däublin unfiltriert
**51,80 €** | 12,5% **TOP 10**

**94** 2017 Efringen-Kirchen Landwein trocken Jaspis 10hoch4 Spätburgunder unfiltriert
**163 €** | 13 %

★

## ZIMMERLIN

Weingut Rudolf Zimmerlin GmbH
79268 Bötzingen · Kirchweg 2
Tel. (07663) 1296
info@weingut-zimmerlin.com
**weingut-zimmerlin.com/**

**Inhaber/in und Betriebsleitung**
Alexander Steiner
**Keller** Herbert Krebs

Weine von Weinfreunden für Weinfreunde - von der guten Alltagsqualität bis zum Wein für den besonderen Anlass, dafür steht das Weingut Zimmerlin. Auch in diesem Jahr sind die Basisweine von einer beeindruckenden Güte und wie immer liegt der Schwerpunkt auf den Burgundersorten. Die Spitze der diesjährig vorgestellten Kollektion stellt wieder der Grauburgunder Alte Reben aus dem Bötzinger Eckberg, ein Wein, der durch gekonnten Holzeinsatz überzeugt und Leichtigkeit und Eleganz mit Fülle verbindet. Bei den Einstiegsweinen ist der Auxerrois ein typischer Vertreter seiner Art und der Rosé ein „Terrassenwein" im besten Sinne des Wortes: erfrischend und belebend.

**85** 2021 Auxerrois trocken Edition
**8,20 €** | 12 %

**86** 2021 Grauburgunder trocken Edition
**8,90 €** | 13 %

**88** 2021 Bötzinger Eckberg Grauburgunder trocken Alte Reben
**11,90 €** | 13 %

**85** 2021 Spätburgunder trocken Rosé Edition
**8,20 €** | 12,5%

**86** 2019 Bötzinger Eckberg Spätburgunder trocken Alte Reben
**13,90 €** | 14 %

★½

## ZIMMERMANN

Weingut Zimmermann
79418 Schliengen · Bürgelnblick 1
Tel. (07635) 665 · Fax 463
info@zimmermann-wein.de
**www.zimmermann-wein.eu**

**Inhaber/in und Betriebsleitung**
Karl-Ernst Zimmermann
**Keller** Karl-Ernst Zimmermann
**Außenbetrieb** Karl-Ernst Zimmermann

Das Weingut Zimmermann liegt im Markgräfler Land und zeigt dieses Jahr Weine aus der Jungweinlinie „Rhine Hill" und der anspruchsvolleren Linie „Angel Hill", in der bis hin zu einem 2015er Pinot Noir gereifte Weine angeboten werden. Die angestellten Weine sind durchweg modern ausgestattet und konsequent mit Schraubern verschlossen. Alle gezeigten Weine sind sortenrein, wobei die Spanne von rotem Gutedel bis hin zu Syrah reicht. Über das ganze Sortiment hinweg sind die Weine sehr zugänglich und reflektieren die jeweilige Rebsorte. In der Angel-Hill-Linie ist der Holzeinsatz bei allen Weinen sehr dezent und wunderbar integriert.

**83** 2021 Sauvignon Blanc trocken Happy Hill
**11 €** | 12,5%

**85** 2021 Roter Gutedel trocken Rhine Hill
**7,50 €** | 12 %

**85** 2021 Grauburgunder trocken Rhine Hill
**10,50 €** | 14 %

**86** 2021 Weißburgrunder trocken Rhine Hill
**10,50 €** | 13 %

**85** 2019 Spätburgunder trocken Rhine Hill
**9,50 €** | 12 %

**88** 2018 Cabernet Franc trocken Angel Hill
**25,50 €** | 14 %

**89** 2015 Pinot Noir trocken Angel Hill
**14,50 €** | 14 % BEST BUY

**90** 2019 Merlot trocken Angel Hill
**23 €** | 14 %

**91** 2018 Syrah trocken Angel Hill
**25,50 €** | 14 %

★★

## ZOTZ

Weingut Julius Zotz
79423 Heitersheim · Staufener Straße 3
Tel. (07634) 508220 · Fax 5082228
info@weingut-zotz.de
**www.weingut-zotz.de**

**Inhaber/in** Martin, Julian und Michael Zotz
**Keller** Dennis Meindl

**Historie** Gründung von Karl Zotz im Jahr 1845 im Heitersheimer Malteserschloss, offizielle Gutsgründung 1865 von Sohn Julius Zotz
**Rebfläche** 95 Hektar
**Jahresproduktion** 650 000 Flaschen
**Beste Lagen** Heitersheimer Maltesergarten, Dottinger Castellberg, Badenweiler Römerberg
**Boden** kalkhaltiger Löss, steiniger Kalkmergel
**Rebsorten** Gutedel, Grauburgunder, Spätburgunder, Müller-Thurgau, Weißburgunder, Sauvignon Blanc, Muskateller, Gewürztraminer, Riesling, Silvaner, Nobling, Merlot, Cabernet Sauvignon, Syrah
**Erlebenswert** Malteserschloss in Heitersheim (neben dem Weingut), Villa Urbana in Heitersheim (römische Ausgrabung)

Dieses Jahr präsentiert das Weingut Zotz ein harmonisches Sortiment, das in der Basis immer noch grundsolide ist. Erfreulicher Weise hat sich aber das Top-Segment der Weine deutlich entwickelt und es sind gleich drei ganz außergewöhnlich gelungene Weine dabei. Der 2019er Badenweiler Römerberg Pinot Noir Terrassen hat sich im Verhältnis zu letztem Jahr ein wenig entwickelt und zeigt nun ein runderes Tannin. Der 2020er Badenweiler Römerberg Chardonnay Terrassen ist ein vielschichtiger, sehr gut ausgewogener Wein mit hohem Extrakt, deutlichem Holzeinfluss und langem Finish, der sich über die nächsten Jahre voll entwickeln wird. Das Highlight ist aber die 2019er Version des Bammerthäusle, bei dem es sich um einen komplexen, kraftvollen, dicht verwobenen Wein handelt. Der Holzeinfluss ist sehr gut dosiert, die Tannine sind deutlich, rund und reif und auch am Gaumen ist der Wein komplex mit einem langen Abgang und hohem Reifungspotential. Großes Kino, ganz besonders wenn man ihm noch Zeit zur Reifung gibt.

**85** 2021 Gutedel trocken Uff de Hefe
**8,50 €** | 12,5%

**86** 2021 Badenweiler Römerberg Gutedel trocken
**12,90 €** | 12 %

**88** 2021 Heitersheimer Maltesergarten Chasselas trocken
**12,90 €** | 12,5%

**89** 2020 Heitersheim Maltesergarten Grauburgunder trocken Hohlgässle
**25 €** | 13,5%

**90** 2021 Badenweiler Römerberg Weißburgunder trocken
**25 €** | 13,5%

**91** 2021 Heitersheim Maltesergarten Sauvignon Blanc trocken Fumé
**16 €** | 12,5%

**93** 2020 Badenweiler Römerberg Chardonnay trocken „Terrassen"
**29 €** | 13,5%

**91** 2019 Heitersheim Maltesergarten Pinot Noir trocken Hohlgässle
**33 €** | 14 %

**92** 2019 Badenweiler Römerberg Pinot Noir trocken „Terrassen"
**32 €** | 14 % TIPP

**92** 2019 Badenweiler Römerberg trocken Bammerthäusle
**38 €** | 13,5%

# Franken: Droggn muss er fei scho sei

Foto: DWI

Franken ist wie wenige andere Landstriche in Deutschland vom Wassermangel betroffen. Es ist mehr als 16 Jahre her, dass es hier ausreichend geregnet hat, um den Grundwasserspiegel zu heben. Umso erstaunlicher ist es, dass die Qualität der Weine seit Jahren zunimmt.

### Geschichte

Das Anbaugebiet Franken liegt im bayerischen Regierungsbezirk Unterfranken, im Norden des Bundeslandes. Das Zentrum des Anbaugebiets ist die Barockstadt Würzburg mit der Residenz, der mittelalterlichen Festung Marienberg und der Lage Würzburger Stein. Die Alte Mainbrücke ist zu einem Hotspot für Weinfreunde geworden. Getrunken wird mit wachsender Begeisterung Silvaner, der seit über 360 Jahren in Franken angebaut wird und eine veritable Renaissance erlebt. Seine Anbaufläche wächst kontinuierlich, die Qualität steigt mit jedem Jahrgang. Aus diesem Wein mit Geschichte ist ein Versprechen für die Zukunft geworden, insbesondere mit Blick auf den Klimawandel, der dem Silvaner weniger ausmacht als anderen Rebsorten.

### Geografie

Franken liegt im Zentrum Deutschlands. Zwischen Aschaffenburg im Nordwesten und Zell am Main an den südwärts gerichteten Talhängen des Mains und seiner Nebenflüsse findet sich Weinbau in den Bereichen Mainviereck, Steigerwald und Maindreieck. In den klassischen Weinorten wie Volkach, Iphofen oder Sulzfeld ist das Mittelalter auch heute noch spürbar. Vor allem deutsche Weintouristen zieht das an, zunehmend aber auch immer mehr ausländische Gäste.

### Klima und Boden

Das Anbaugebiet ist geprägt von der fränkischen Trias: Gipskeuper am Steigerwald, Muschelkalk rund um Würzburg, Buntsandstein zwischen Miltenberg und Michelbach. Diese unterschiedlichen Bodenformationen sind die Basis für die Vielfalt fränkischer Weine. Sie ist durch die ständige Sommertrockenheit gefährdet, extrem heiße Sommer ohne Niederschlag dürften in Franken in den kommenden Jahren zur Normalität werden. Diese Klimaveränderung stellt Frankens Winzer zunehmend vor Herausforderungen. Intensive Bodenpflege, variables Blattmanagement, ausgefeilte Erntelogistik und der Bau von Wasserspeicherbecken sind Maßnahmen, um den klimatischen Herausforderungen zu begegnen.

### Weine und Produktionsmenge

Silvaner ist die unbestrittene Leitrebsorte Frankens, sie hat mit 25 Prozent der Anbaufläche im Ranking den jahrelang führenden Müller-Thurgau endgültig eingeholt. Zusammengerechnet bilden sie etwa 50 Prozent der Anbaufläche, den Rest teilen sich unter anderem Riesling und Bacchus bei den weißen sowie Spätburgunder und Domina bei den roten Sorten. Produziert werden jährlich im Durchschnitt etwa 330 000 Hektoliter, das sind etwa sechs Prozent des Ertrags der 13 deutschen Weinbaugebiete.

## Franken im Überblick

**Rebfläche** 6147 Hektar (2021)
**Produktion** rd. 442 065 Hektoliter (2021)
**Lagen** 22 Groß-, 239 Einzellagen
**Beste Lagen** Bürgstadter Centgrafenberg und Hundsrück, Volkacher Karthäuser, Klingenberger Schlossberg, Würzburger Stein und Steinharfe, Innere Leiste, Retzbacher Himmelspfad, Volkacher Ratsherr, Sommeracher Katzenkopf, Escherndorfer Lump, Am Lumpen, Randersacker Pfülben und Sonnenstuhl, Thüngersheimer Johannisberg, Homburger Kallmuth
**Böden** Buntsandstein, Muschelkalk, Keuper, Lehm, Löss
**Hauptrebsorten** Müller-Thurgau, Silvaner, Bacchus, Riesling

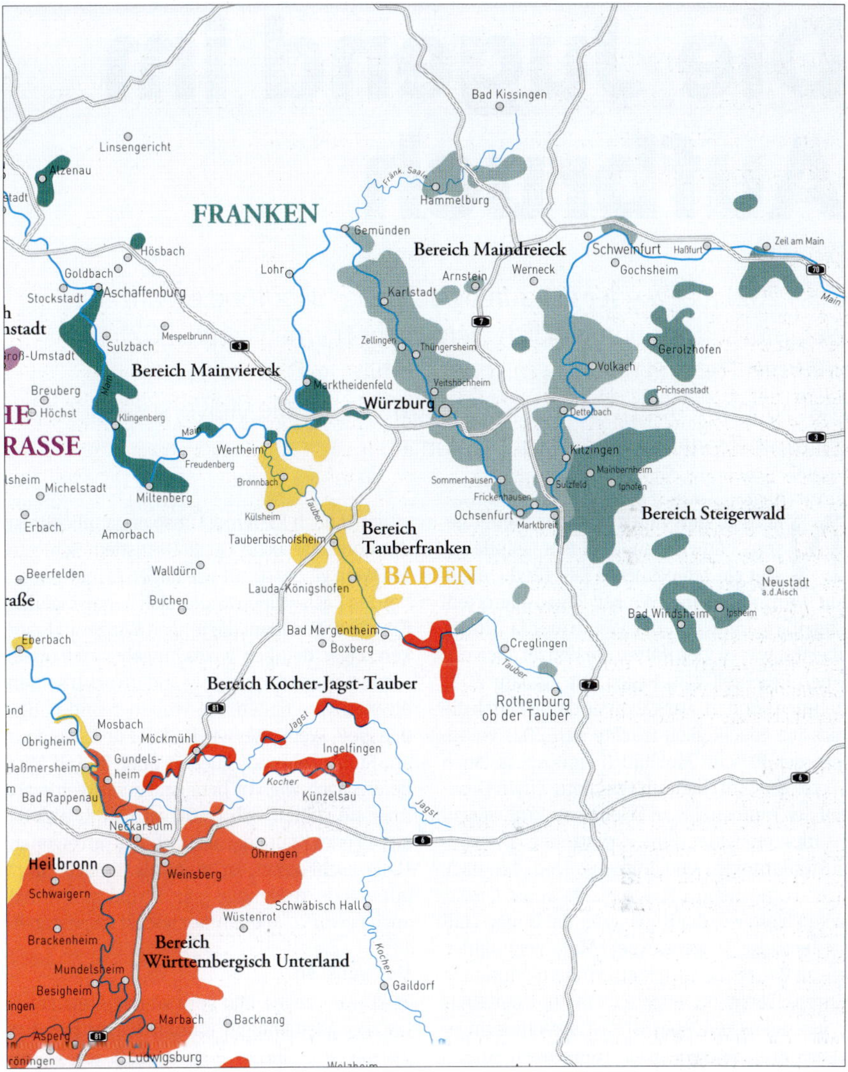


Karte: Deutsches Weininstitut

**Weinstil** mineralisch-würzige Silvaner und Rieslinge, finessenreiche Spätburgunder mit großem Reifepotenzial, trocken ausgebaute Bukettsorten wie Gewürztraminer
**Interessant** Im Mittelalter war Franken mit fast 40 000 Hektar Rebfläche (!) nördlich der Alpen das mit Abstand größte Anbaugebiet im Heiligen Römischen Reich.

**Fränkischer Weinbauverband e.V.**
Hertzstraße 12
97076 Würzburg
Tel. (09 31) 3 90 11-0
kontakt@haus-des-frankenweins.de
www.frankenwein-aktuell.de

# Die Jugend im Aufbruch

Dass 2021 mal wieder ein durchwachsenes Jahr für die Winzer war, müssen wir nun wirklich nicht mehr thematisieren. 2021 – ein Jahr des Regens und des falschen Mehltaus. Das sollte einfach mal ausgeblendet werden, Konzentration auf die vielversprechende Zukunft Frankens: Die jungen Talente!

Natürlich muss auch über das Wetter gesprochen werden. 2021 war gelinde gesagt ein schreckliches Jahr für die meisten Winzerinnen und Winzer. Regen allerorten! Eigentlich freut sich der Weinbauer ja drüber, aber das war zu viel. Hätten die Winzer auch nur einen Bruchteil vom Regen mit ins Jahr 2022 nehmen können, was gäben sie dafür! Durch die massive Feuchtigkeit machte sich 2021 vor allem der Falsche Mehltau (Peronospora, auch „Pero" genannt) breit und ruinierte einen Großteil der Trauben. Bis zu 80 Prozent Ernteausfall wurden gemeldet. Eine Katastrophe. Die Herausforderungen sind immens. Und der Blick nach vorn verspricht auch nichts Gutes. Große, tiefe Flüsse wie der Rhein oder die Donau sind stellenweise ausgetrocknet. Man sieht Bilder, die an Wüstenlandschaften erinnern - mitten in Europa. Niemand möchte da in der Haut eines Winzers stecken. Man ist fast sprachlos angesichts der unglaublich anstrengenden Arbeit, die sie jährlich bewerkstelligen und trotz allem mit geradezu stoischer Gelassenheit immer und immer wieder großartige Weine einbringen. Wirklich stoisch? In vielen Gesprächen hört man selbstverständlich den Frust über die eingebrachte Lese heraus, mancher stellt sogar den biologischen Weinbau gänzlich in Frage, der mit den Wetterkapriolen besondere Probleme hat. Aber ob das die Lösung ist?.

### Rosige Aussichten!?

Es bringt natürlich nichts, ständig zu lamentieren. Ist es nun die Hitze? Ist es der Regen? Es gibt nur noch Extreme! Umso erstaunlicher ist der kontinuierliche Qualitätsanstieg. Schlechten Wein gibt es so gut wie nirgends mehr, auch bei den Basisweinen finden sich herausragende Flaschen. Vor allem die jungen Winzer in Franken zeigen deutlich, wo es hingeht. Nach oben! Freilich muss der ein oder andere noch seinen eigenen Weg finden, die Vorbilder sind natürlich groß, Weingüter wie Rudolf Fürst, Weingut am Stein, Zehnthof Luckert oder Rudolf May liefern nach wie vor herausragende Weine ab. Aber sie sollten sich warm anziehen. Was da aus eigener Kraft oder als Nachfolge im eigenen Haus nachkommt, ist mehr als einfach „nur" gut. Solide, tiefgängig, präzise und manchmal auch verrückt. Aber immer höchst respektabel.

### Und sonst so?

2021 war - abgesehen vom Wetter - relativ ruhig. Die Weinkönigin Carolin Meyer hat ihre gefühlt 100-jährige Regentschaft (es waren pandemiebedingt drei Jahre) mit Bravour gemeistert und die Krone an Eva Brockmann übergeben. Der Präsident des fränkischen Weinbauverbandes, Artur Steinmann, bleibt fünf weitere Jahre im Amt. So weit alles im Lot in Franken. Die Jungen stehen in der Tür, das Feuerwerk ist bereit, jetzt müssen sie es nur noch zünden.

*Max Eder*

# Regionale Spitzenresultate

Der Aufwärtstrend in Franken ist ungebrochen, vor allem im mittleren Sternebereich! Waldemar Braun, Stefan Bardorf, die Brüder Giegerich und auch das Sektgut BurkhardtSchür entwickeln sich mit jedem Jahrgang erfreulich weiter, vor allem bei den Rotweinen und den Sekten arbeitet man auf nationalen Spitzenniveau.

## Spitzenweine

**Die besten fränkischen Spätburgunder bis 20 Euro**

**92** Stefan Bardorf, Randersackerer Teufelskeller Spätburgunder trocken Reserve 2016
**17 €** | 13,5 %

**90** May, Retzstadter Langenberg Spätburgunder trocken VDP.Erste Lage 2020
**20 €** | 12,5 %

**90** Weltner, Rödelseer Küchenmeister Spätburgunder trocken VDP.Erste Lage 2019
**19,50 €** | 13 %

**90** Fürst, Spätburgunder trocken Tradition 2020
**15,90 €** | 13 %

**90** Trockene Schmitts, Randersacker Sonnenstuhl Spätburgunder Spätlese trocken Konsequent 2019
**15,90 €** | 13 %

**89** Giegerich, Spätburgunder trocken Buntsandstein 2020
**10,50 €** | 12 %

**89** Walter, Bürgstadter Spätburgunder trocken 2018
**13,50 €** | 13,5 %

## Spitzenbetriebe

★★★★★

**Fürst, Bürgstadt**

★★★★½

**Luckert, Sulzfeld**

★★★★

**Bürgerspital, Würzburg**
**Rudolf May, Retzstadt**
**Max Müller I, Volkach**
**Rainer Sauer, Escherndorf**
**Schmitt's Kinder, Randersacker**
**Am Stein, Würzburg**
**Paul Weltner, Rödelsee**

★★★½

**BurkhardtSchür, Bürgstadt**
**Juliusspital, Würzburg**
**Richard Östreicher, Sommerach**
**Horst Sauer, Escherndorf**
**Trockene Schmitts, Randersacker**
**Stahl, Auernhofen**
**Störrlein Krenig, Randersacker**
**Wirsching, Iphofen**

## Gebietspreisträger

**Weingut des Jahres** Weingut Giegerich
**Aufsteiger des Jahres** Stefan Bardorf
**Entdeckung des Jahres** Weingut Geßner

## AUGUSTIN

Weingut Augustin
97320 Sulzfeld am Main · Raiffeisenstraße 5
Tel. (09321) 5663 · Fax 24704
info@weingut-augustin.de
**www.weingut-augustin.de**

**Inhaber/in und Betriebsleitung**
Arno Augustin

**Rebfläche** 11 Hektar
**Jahresproduktion** 70 000 Flaschen
**Beste Lagen** Sulzfelder Sonnenberg, Maustal und Cyriakusberg
**Boden** Muschelkalk
**Rebsorten** 80% weiße Sorten, 20% rote Sorten

Was lange währt, wird endlich gut? Die Wetterverhältnisse in und um Sulzfeld sind für unsere Winzer schon heftig. Es gab eigentlich unlängst kein Jahr, das nicht irgendwie für Kopfzerbrechen sorgte. Nun ist es umso schöner, wenn ein Winzer wie Arno Augustin eine solch feine und harmonische Kollektion vorstellt. Der Mann macht wirklich hervorragende Weine! Hauptsächlich aus dem Sulzfelder Maustal stellte er uns Weine vor. Mit dem Müller-Thurgau Der Müller ist ein grundehrlicher Weißwein entstanden, knackig, leicht mineralisch, mit harmonischen Aromen. Das gefällt und macht Lust auf mehr! Zwei Weine müssen wir besonders hervorheben: Den Silvaner Spezial „S" 2018 und den Weißen Burgunder Edition 2020. Beide extrem vielschichtig, weich und charmant in der Nase. Der Silvaner eher buttrig, der Weißburgunder mineralisch. Es ist eine rundum begeisternde Kollektion entstanden, und wir freuen uns auf die neuen Jahrgänge!

**85** 2021 Sulzfelder Maustal Bacchus trocken
**11 €** | 12,5%

**86** 2021 Sulzfelder Grüner Silvaner trocken Augusto Weißer Augustiner
**7,90 €** | 12,5%

**86** 2021 Sulzfelder Maustal Müller-Thurgau trocken Der Müller
**11 €** | 12,5%

**86** 2021 Sulzfelder Riesling trocken
**12 €** | 12 %

**86** 2021 Sulzfelder Cyriakusberg Sauvignon Blanc trocken
**13,50 €** | 13 %

**87** 2021 Sulzfeld trocken Blanc de Noir
**12 €** | 12,5%

**88** 2021 Sulzfelder Maustal Silvaner trocken
**12 €** | 12,5%

**88** 2021 Sulzfelder Maustal Weisser Burgunder trocken
**12 €** | 13 %

**88** 2021 Sulzfelder Maustal Silvaner trocken Alte Reben Der Alte
**14,50 €** | 13 %

**89** 2019 Sulzfelder Maustal Riesling trocken Edition
**17 €** | 13 %

**90** 2018 Sulzfelder Maustal Silvaner trocken Spezial „S"
**18 €** | 14 %

**90** 2020 Sulzfeld Maustal Weisser Burgunder trocken Edition
**23 €** | 14 %

★★

## BALDAUF

Weingut Baldauf
97729 Ramsthal · Hauptstraße 42
Tel. (09704) 1595 · Fax 7655
info@baldaufwein.de
**www.baldaufwein.de**

**Inhaber/in und Betriebsleitung** Gerald und Ralf Baldauf
**Außenbetrieb** Ralf Baldauf

**Historie** Weingut seit 1966
**Rebfläche** 48 Hektar
**Jahresproduktion** 350 000 Flaschen
**Beste Lagen** Ramsthaler St. Klausen, Hammelburger Trautlestal, Stettener Stein, Retzstadter Langenberg
**Boden** Muschelkalk
**Rebsorten** 21% Silvaner, 15% Müller-Thurgau, 14% Weißburgunder, 10% Bacchus, 5% Riesling, je 4% Domina und Spätburgunder, 3% Schwarzriesling, 24% übrige Sorten
**Erlebenswert** Terroir f Ramsthal (alter fränkischer Satz im historischen Drei-Pfahl-Anbau)
**Mitglied** Ecovin, Generation Riesling, Silvaner-Forum, Frank & Frei

2020 war es der Frost, 2021 die Feuchtigkeit, was kommt 2022? Lassen wir das. Was Familie Baldauf aus Ramsthal Jahr für Jahr präsentiert, steht über den Dingen und erfreut uns zutiefst. Biologischer Weinbau seit 2010, Jahr für Jahr der Kampf um jede Beere und am Ende die große Freude, wenn dann solche Schönheiten im Glas zu finden sind. Mit drei Weißburgundern haben Baldaufs eine herrliche Trilogie auf die Flasche gebracht, die das Herz erfreut. Alle drei in sich ruhend, tiefgängig und fein. Wobei das Große Gewächs aus dem Ramsthaler Clausen 2018 definitiv der Primus inter pares ist. Eine höchst komplexe Nase mit einem Schuss Schießpulver schnellt voran, wird ergänzt durch makellose Cremigkeit und mündet in feiner Mineralität. Am besten einmal alle drei gegeneinander verkosten. Schön, dass Baldaufs den Witterungen trotzen und makellose Weine vorstellen!

**84** 2021 Weißer Burgunder trocken Muschelkalk
**8 €** | 12 %

**85** 2021 Silvaner trocken
**6,30 €/1 Lit.** | 12 %

**85** 2021 Pinot Noir trocken Blanc de noir clees
**11 €** | 12,5%

**86** 2021 Hammelburger Weißer Burgunder trocken Frankens Saalestück handgemacht
**9 €** | 12 %

**86** 2020 Ramsthaler Silvaner trocken Frankens Saalestück handgemacht
**9 €** | 11,5%

**86** 2020 Stettener Stein Silvaner trocken Clees
**12 €** | 13 %

**87** 2020 Hammelburger Weißer Burgunder trocken Spielpartner
**16 €** | 11,5%

**87** 2021 Hammelburger Trautlestal Weißer Burgunder trocken clees
**16 €** | 13 %

**88** 2019 Hammelburger Trautlestal Weißer Burgunder trocken cless réserve
**16 €** | 13 %

**89** 2018 Ramsthaler Sankt Klausen Silvaner Großes Gewächs Clees Pfarrwengert
**22 €** | 14,5%

**87** 2021 Riesling restsüss Clees
**12 €** | 10,5%

**86** 2019 Hammelburger Trautlestal Spätburgunder trocken Reserve Clees
**16 €** | 13,5%

★★★

## STEFAN BARDORF

Weingut Stefan Bardorf
97236 Randersacker · Ochsenfurter Straße 4
Tel. (0170) 4020159 · Fax 2603276
info@weingut-bardorf.com
**www.weingut-bardorf.com**

**Inhaber/in und Betriebsleitung**
Stefan Bardorf

**Historie** Gründung im Jahr 1965
**Rebfläche** 3 Hektar
**Jahresproduktion** 21000 Flaschen
**Beste Lagen** Randersacker Teufelskeller, Marsberg, Sonnenstuhl, Ewig Leben
**Boden** tiefgründiger blauer Muschelkalk
**Rebsorten** 38% Silvaner, 27% Riesling, 15% Burgundersorten, 20% übrige Sorten
**Gastronomie** Hotel & Gasthof Löwen, fränkische Küche
**Erlebenswert** Bacchusstube
**Mitglied** Naturland, Silvaner-Forum, Ethos

Aus der Not eine Tugend machen, so kann man die gezeigte Kollektion von Stefan Bardorf wirklich umschreiben. Die Jahre 2020 und 2021 meinten es nicht gut mit dem jungen Winzer, vor allem in Sachen Menge gab es Grund zum Klagen. So zeigte Bardorf uns Weine aus vorangegangenen Jahren - und die wurden zur Offenbarung. Zwei Rotweine aus 2016 - beide noch erhältlich - zeigen das Können deutlich. Der Spätburgunder Teufelskeller Reserve lag fünf(!) Jahre im Fass und ein Jahr in der Flasche, überzeugt mit gutem Holzeinsatz, und ist herrlich frisch für sein Alter. Er braucht zwar Luft, zeigt dann aber Unterholz und dunkle Frucht, Spiel und Tiefe. Steht am Anfang des Trinkvergnügens. Bei den Weinen aus den Jahren 2021 und 2020 zeigte Bardorf keinerlei Schwäche, vor allem die saubere Frische der Weißen aus 2021 ist bemerkenswert. Und aus 2020 probierten wir mit dem Silvaner Randersacker Marsberg Großes Gewächs Alte Reben einen wahrlichen Champion. Eine unfiltrierte Spätabfüllung, die bis zur Füllung auf Vollhefe gelagert wurde. In der Nase zunächst vom Holz dominiert, wird er dann zitrisch, vielschichtig, zeigt Grapefruit, gepaart mit etwas Bitterschokolade, kühle, leicht steinige Aromen und ein straffes Mundgefühl. Eine wirklich gelungene Interpretation der Rebsorte! Und für uns der letzte Grund, Stefan Bardorf mit dem dritten Stern auszuzeichnen. Glückwunsch!

**87** 2013 Randersacker Ewig Leben Weissburgunder Sekt b. A. Brut Reserve
**19 €** | 13 %

**86** 2020 Randersackerer Ewig Leben Weissburgunder trocken Erste Lage
**9 €** | 13 %

**87** 2021 Randersacker Ewig Leben Sauvignon Blanc trocken Erste Lage
**10 €** | 13 %

**88** 2021 Randersacker Marsberg Silvaner trocken Erste Lage Alte Reben
**9,50 €** | 13 %

**89** 2020 Randersackerer Marsberg Riesling trocken Erste Lage
**9,50 €** | 13 % **BEST BUY**

**89** 2021 Randersacker Sonnenstuhl Silvaner trocken Erste Lage
**9,50 €** | 13 % **BEST BUY**

**89** 2020 Randersacker Ewig Leben Sauvignon Blanc trocken Reserve
**22 €** | 13 %

**90** 2020 Randersacker Marsberg Silvaner Großes Gewächs Alte Reben Große Reserve
**43 €** | 13,5%

**92** 2020 Randersacker Marsberg Riesling Großes Gewächs Grand Reserve
**28 €** | 13 %

**91** 2020 Randersackerer Marsberg Riesling Trockenbeerenauslese Große Reserve
**145 €/0,375 Lit.** | 6,5%

**91** 2016 Randersackerer Sonnenstuhl Blaufränkisch trocken Reserve
**14 €** | 13 % **BEST BUY**

**92** 2016 Randersackerer Teufelskeller Spätburgunder trocken Reserve
**17 €** | 13,5%

★

## BETZ

Garagenweingut Betz
97252 Frickenhausen am Main · Am Berg 4
Tel. (09331) 982852 · Fax 982862
wolfgang@betz-garagenwein.de
**www.betz-garagenwein.de**

**Inhaber/in und Betriebsleitung**
Wolfgang Betz

Wolfgang Betz macht vieles ein bisschen anders. Und das dazu auch noch sehr gut! In seinem „Garagenweingut" von gerade einmal einem Hektar werkelt Wolfgang im Nebenerwerb an vor allem blitzsauberen Orangeweinen, die durch ihre Klarheit und Struktur überzeugen. Doch zunächst einmal die Einstiegsweine. Sein 2021er Riesling ist wunderbar ausbalanciert, gefällt mit seiner Palette an Fruchtaromen und einer herrlich knackigen Säure. Daneben steht der Silvaner in gänzlich anderer Manier. Krautig, rund und nach Wald und Wiese riechend. Am Ende seiner Kollektion warten die schwereren Geschütze. Vor allem der Silvaner Orange 2020 ist ein ganz außergewöhnlicher Vertreter seiner Gattung. Herrlicher Trinkfluss, gepaart mit Aromen von kandierten Mandeln und Unterholz, dazu ein wunderbarer Schmelz machen ihn zum echten Underdog. Es lohnt sich, die Weine in ihrer Andersartigkeit zu probieren!

**85** 2021 Landwein trocken Lavinia Cuveé
**10 €** | 11 %

**86** 2021 Frickenhäuser Kapellenberg Silvaner Landwein trocken Handwerk
**10 €** | 13,5%

**86** 2021 Frickenhäuser Fischer Riesling Landwein trocken
**12 €** | 12 %

**89** 2020 Silvaner Landwein trocken Orange
**23 €** | 13 %

**86** Pinotin Landwein trocken Stonecreek Nr. 2
**17 €** | 13 %

★★★

## BICKEL-STUMPF

Weingut Bickel-Stumpf GbR
97252 Frickenhausen · Kirchgasse 5
Tel. (09331) 2847 · Fax 7176
info@bickel-stumpf.de
**www.bickel-stumpf.de**

**Inhaber/in und Betriebsleitung**
Familie Bickel-Stumpf
**Keller** Matthias Stumpf
**Außenbetrieb** Reimund und Matthias Stumpf

**Historie** Gründung des Weinguts im Jahr 1976, als Carmen Bickel und Reimund Stumpf beschlossen, zu fusionieren – sowohl privat als auch beruflich
**Rebfläche** 14 Hektar
**Jahresproduktion** 80 000 Flaschen
**Beste Lagen** Frickenhäuser Kapellenberg (Mönchshof), Thüngersheimer Johannisberg (Freiberg, Rothlauf)
**Boden** Muschelkalk, Buntsandstein
**Rebsorten** 65% Silvaner, 15% Riesling, 10% Spätburgunder, 10% übrige Sorten (Scheurebe, Fränkischer Gemischter Satz, Traminer)
**Mitglied** VDP

Matthias Stumpf schmeisst den Laden nun also (fast) allein. Und das macht er gut. Uns hat vor allem der klar erkennbare Bogen von den Gutsweinen bis zu den Großen Gewächsen sehr gefallen. Jede Qualitätsstufe ist präzise erkennbar und liefert jeweils erstklassige Weine fürs Geld. Beginnen wir einfach mal am oberen Ende. Der Silvaner GG Rothlauf 2019 könnte der Beste sein, den wir bisher von Matthias im Glas hatten. Er ist vielschichtig, mit salziger Mineralität, herber Kräutrigkeit und viel Druck am Gaumen. Den noch nicht vorgestellten Nachfolgejahrgang konnten wir ebenfalls schon als Preview probieren, hier scheint ein weiterer großer Wein zu entstehen. Grundsätzlich werden die besten Weine des Hauses erst im dritten Jahr nach der Ernte gezeigt, so können sie die typische Würze und Tiefe tatsächlich zeigen. Sehr gut, Matthias! Zu gefallen wusste auch der Gemischte Satz aus dem Kapellenberg. Mit super Frische und Zug der vielleicht beste seiner Art in Franken. Mit dem Rosé Crémant und dem Pinot Blanc sind zudem zwei schöne, süffige Sekte gelungen, die das Programm gekonnt abrunden.

**86** 2020 Thüngersheim Rot Hügel Sekt b. A. Brut Crémant Francophile de la Colline Rouge Rosé
**18 €** | 12,5%

**88** 2019 Frickenhäuser Kapellenberg Pinot Blanc Extra Brut Francophile de la Chapelle
**25 €** | 12,5%

**85** 2021 Silvaner trocken Von den Bergen
**10,50 €** | 12%

**88** 2021 Thüngersheim Silvaner trocken Buntsandstein
**13,90 €** | 12,5%

**88** 2021 Frickenhausen Silvaner trocken Muschelkalk
**13,90 €** | 12,5%

**88** 2020 Thüngersheim Johannisberg Scheurebe trocken Erste Lage
**18 €** | 13%

**90** 2020 Thüngersheim Johannisberg Silvaner trocken Erste Lage
**19 €** | 13,5%

**90** 2020 Frickenhausen Kapellenberg Silvaner trocken Erste Lage
**19 €** | 13,5%

**91** 2021 Frickenhausen Kapellenberg trocken Erste Lage Fränkischer Gemischter Satz
**20,50 €** | 12,5%

**92** 2019 Thüngersheim Rothlauf Silvaner VDP.Großes Gewächs
**36 €** | 13,5%

**92** 2019 Frickenhausen Mönchshof Silvaner VDP.Großes Gewächs
**36 €** | 13,5%

**85** 2021 TWENTYSIX weiss
**9,90 €** | 11,5%

★★

## BRAUN

Weingut Waldemar Braun
97334 Nordheim · Langgasse 10
Tel. (09381) 9061 · Fax 71179
info@weingut-waldemar-braun.de
**www.weingut-waldemar-braun.de**

**Inhaber/in und Betriebsleitung** Heidi und Waldemar Braun
**Keller** Waldemar und Patrick Braun
**Außenbetrieb** Waldemar und Patrick Braun

**Historie** 1985 gegründetes Familienweingut
**Rebfläche** 18 Hektar
**Jahresproduktion** 80 000 Flaschen
**Beste Lagen** Escherndorfer Lump und Fürstenberg, Nordheimer Vögelein und Kreuzberg, Sommeracher Rosenberg
**Boden** Muschelkalk
**Rebsorten** je 25% Müller-Thurgau und Silvaner, 15% Bacchus, je 5% Chardonnay, Grauburgunder, Riesling, Scheurebe und Weißburgunder, 10% übrige Sorten
**Gastronomie** Weinausschank im mediterranen Gutshof, bei gutem Wetter von April bis Oktober von 10 bis 18 Uhr geöffnet
**Erlebenswert** Gewölbekeller mit wechselnden Kunstausstellungen (Malerei, Schmuck), mediterraner Gutshof
**Mitglied** Inselweinmacher, Fränkisches Gewächs

Es müsste definitiv mehr Betriebe wie den von Familie Braun geben. Sie machen kein großes Getue um ihre Weine, dabei ist das, was Patrick alljährlich in die Flaschen zaubert, aller Ehren wert. Die Weine sind durch die Bank blitzsauber vinifiziert, und vermitteln ausgesprochen animierende Trinkfreude. Der Jahrgang 2021 hat Patrick dabei in die Hände gespielt, nicht in einem Wein mussten wir auf die klare, präzise Säure verzichten, die allen Weinen das gewisse Extra verlieh. Gastronomen müssten den Brauns die Bude einrennen, denn die gebotenen Qualitäten sind außerordentlich fair bepreist. Einmal mehr ist der Blaue Silvaner unser Herzenswein, er zeigt, welche Spielarten diese Rebsorte haben kann. Mehr frisches Kernobst dürfte nur direkt gepresst zu bekommen sein. Ungewöhnlich, aber gerade deshalb ein Treffer, ist die Kerner Spätlese 2021. Für eine Apfeltarte oder auch zur gereiften Käseauswahl eine kleine Sensation. Und weil das so ist, bekommt der

Patrick in diesem Jahr den lange verdienten zweiten Stern. Gratulation!

**88** 2020 Scheurebe Sekt b. A. Extra dry
**18,50 €** | 12,5%

**85** 2021 trocken Riesling
**9,50 €** | 12,5%

**86** 2021 Nordheimer Vögelein Silvaner trocken Lagenwein
**9 €** | 12,5%

**86** 2021 Scheurebe trocken
**9,50 €** | 12,5%

**87** 2021 Nordheimer Vögelein Weisser Burgunder trocken
**10 €** | 13 %

**88** 2021 Nordheimer Vögelein Grauburgunder trocken
**10 €** | 12,5%

**88** 2021 Escherndorfer Lump Silvaner trocken
**11 €** | 13 %

**89** 2021 Nordheimer Vögelein Blauer Silvaner trocken
**11 €** | 12,5%

**89** 2020 Nordheimer Vögelein Weisser Burgunder trocken Quintessenz
**18,50 €** | 14 %

**88** 2021 Nordheimer Kreuzberg Kerner Spätlese restsüss
**16,50 €** | 10 %

**88** 2021 Nordheimer Kreuzberg Pinot Rosé trocken
**12 €** | 13 % BEST BUY

**87** 2016 Nordheimer Vögelein Spätburgunder trocken Réserve
**25 €** | 14 %

★★★

## BRENNFLECK

Weingut Brennfleck
97320 Sulzfeld · Papiusgasse 7
Tel. (09321) 4347 · Fax 4345
info@weingut-brennfleck.de
**www.weingut-brennfleck.de**

**Inhaber/in und Betriebsleitung**
Hugo Brennfleck

**Historie** Weinbau seit 1591
**Rebfläche** 31 Hektar
**Jahresproduktion** 250 000 Flaschen
**Beste Lagen** Iphöfer Kalb und Kronsberg, Escherndorfer Lump, Sulzfelder Maustal, Sonnenberg und Cyriakusberg
**Boden** Keuper, Muschelkalk
**Rebsorten** 55% Silvaner, 20% Burgundersorten, je 5% Müller-Thurgau und Riesling, 15% übrige Sorten
**Erlebenswert** ehemaliger Lehnshof der Ritter „von Essel" von 1479, Lage im mittelalterlichen Ortskern von Sulzfeld

Aus Sulzfeld kommen seit Jahren große Silvaner. So auch wieder dieses Mal. Der Einstieg ist mit dem Anna-Lena 2021, benannt nach der Tochter des Hauses, mehr als gelungen. Ein sehr trinkiger Wein, mit dezenten Fruchtnoten, nicht zu verkopft, geradlinig, wie eigentlich alle Weine des Weingutes. Natürlich thront über allen das Mönchshöflein mit seinem 2020er Silvaner. In sich ruhend, extrem charmant, vielschichtig, aber mit der nötigen Portion Wumms. Ein wirklich großartiger Wein, hier schmeckt man Mineralität, Tiefe und Präzision des Maustals. Mit Fingerspitzengefühl arbeitet Hugo auch im Escherndorfer Lump, hier allerdings mit dem Riesling Himmelsleiter 2021, eine unglaublich diverse Aromatik heraus, begleitet von einem traumhaften Schmelz, zurückhaltend, nie laut, ein sehr feiner Wein! Lump und Riesling, das passt einfach. Wer es etwas einfacher haben will, greift zu Weißburgunder oder Blauem Silvaner, exzellente Weine zu einem mehr als angemessenen Preis. Wir gratulieren erneut zu einer tollen Kollektion!

## BRÜGEL

Weingut Brügel
97355 Castell-Greuth · Hauptstraße 49
Tel. (09383) 7619 · Fax 6733
info@weingut-bruegel.de
**www.weingut-bruegel.de**

**Inhaber/in und Betriebsleitung**
Harald Brügel

**Historie** Erwähnung der Weinberge am Greuther Berg bereits im Jahre 1266, Gründung des Weinguts im Jahr 1992
**Rebfläche** 6 Hektar
**Jahresproduktion** 50 000 Flaschen
**Beste Lagen** Greuther Bastel, Abtswinder Altenberg
**Boden** Keuperverwitterung
**Rebsorten** 42% Silvaner, 19% Müller-Thurgau, 9% Bacchus, 8% Spätburgunder, je 5% Weißburgunder, Riesling und Scheurebe, 3% Sauvignon Blanc, je 2% Muskateller und Domina
**Mitglied** Silvaner-Forum

Im vergangenen Jahr waren es vier, dieses Mal sind es fünf. Die Rede ist von verschiedenen Jahrgängen, die Harald Brügel uns vorstellt. Es geht ihm dabei darum, einen schönen Vergleich zu haben und auch mal zu zeigen, was seine Weine mit Reife drauf haben. Das sehen wir genauso! Den Anfang macht jedoch kein Silvaner, die Paradedisziplin der Brügels. Mit ihrem 2021er Gelben Muskateller ist ihnen ein herrlich erfrischender Wein gelungen. Da finden sich saftige Pfirsiche und Holunderblüten in der Nase, gefolgt von markanter Struktur und Finesse. Ein ungewöhnlicher, durch seine Brillanz absolut überzeugender Wein. Bevor wir über das Filetstück sprechen, ein kurzer Abstecher in die Vergangenheit, der 2012er Greuther Bastel Silvaner präsentiert sich mit straffer Frische, leicht würziger Nase und einem Hauch Bienenwachs. Die Weine von Harald Brügel reifen also ganz vorzüglich! Das Sahnehäubchen der Kollektion stellt der 2020er Greuther Bastel Silvaner Filetstück dar. Saftig, weich, elegant und dennoch etwas Schmelz, Karamellbonbons begleiten den langen Nachhall, Tiefe, ein Hauch kandierter Ananas und Unterholz. Klasse! In Franken und auch darüber hinaus sollte man Familie Brügel definitiv auf dem Zettel haben.

**86** 2021 Silvaner trocken ANNA-LENA
**10,20 €** | 12 %

**87** 2021 Iphöfer Kronsberg Silvaner trocken
**10,90 €** | 12,5%

**87** 2021 Sulzfelder Cyriakusberg Weißburgunder trocken
**10,90 €** | 12,5%

**88** 2021 Sulzfelder Sonnenberg Silvaner trocken Alte Reben
**14 €** | 12,5%

**88** 2021 Sulzfelder Maustal Silvaner trocken Erste Lage Muschelkalk S
**14 €** | 13 %

**88** 2021 Iphöfer Kammer Silvaner trocken Erste Lage KEUPER S
**14 €** | 13 %

**88** 2021 Escherndorfer Lump Riesling trocken Erste Lage Steillage S
**15 €** | 13,5%

**89** 2021 Sulzfelder Sonnenberg Blauer Silvaner trocken
**12 €** | 12,5%

**89** 2021 Sulzfelder Maustal Sylvaner trocken Erste Lage JHB S
**16 €** | 12,5%

**89** 2021 Escherndorfer Lump Riesling trocken Erste Lage JHB S
**19 €** | 13 %

**91** 2020 Sulzfelder Maustal Sylvaner Großes Gewächs Mönchshöflein
**29 €** | 13 %

**91** 2021 Escherndorf Lump Riesling Großes Gewächs Himmelsleiter
**29 €** | 13 %

**84** 2021 Abtswind Sauvignon blanc trocken
**11 €** | 12,5%

**86** 2021 Abtswind Silvaner trocken
**8,50 €** | 12,5%

**86** 2021 Greuther Bastel Weißburgunder trocken
**12 €** | 13 %

**86** 2021 Spätburgunder trocken weißgekeltert
**12 €** | 12,5%

**87** 2021 Greuth Silvaner trocken
**8,50 €** | 12 %

**87** 2021 Greuth Gelber Muskateller trocken
**10 €** | 12,5%

**87** 2021 Greuther Bastel Silvaner trocken
**11,50 €** | 12,5%

**88** 2021 Greuther Bastel Riesling trocken
**11,50 €** | 13 %

**89** 2021 Abtswinder Altenberg Silvaner trocken Alte Reben
**13,50 €** | 13 %

**89** 2020 Greuther Bastel Silvaner trocken pur
**17 €** | 13,5%

**89** 2012 Greuther Bastel Silvaner trocken pur
**Preis auf Anfrage** | 13,5%

**90** 2019 Silvaner trocken Maische
**20 €** | 13,5%

**91** 2012 Greuther Bastel Silvaner trocken
**Preis auf Anfrage** | 14 %

**92** 2020 Greuther Bastel Silvaner trocken Filetstück
**30 €** | 13,5%

**87** 2018 Greuther Bastel Spätburgunder trocken pur
**19 €** | 13,5%

★★★★

## BÜRGERSPITAL

Weingut Bürgerspital zum Heiligen Geist
97070 Würzburg · Theaterstraße 19
Tel. (0931) 3503441 · Fax 3503444
weingut@buergerspital.de
**www.buergerspital-weingut.de**

**Inhaber/in** Stiftung Bürgerspital zum Hl. Geist
**Betriebsleitung** Robert Haller
**Keller** Elmar Nun
**Außenbetrieb** Karl Brand

**Historie** Gründung der Stiftung Bürgerspital im Jahr 1316
**Rebfläche** 120 Hektar
**Jahresproduktion** 850 000 Flaschen
**Beste Lagen** Würzburger Stein, Stein-Harfe (Alleinbesitz), Stein-Berg, Abtsleite, Pfaffenberg, Innere Leiste, Randersackerer Teufelskeller, Pfülben, Marsberg, Veitshöchheimer Sonnenschein
**Boden** Muschelkalk
**Rebsorten** 32% Silvaner, 27% Riesling, 10% Burgundersorten, 31% übrige Sorten
**Gastronomie** Bürgerspital Weinstuben Mo-So 10-24 Uhr
**Erlebenswert** Holzfasskeller, Steinwein von 1540
**Mitglied** VDP, Silvaner-Forum

Bei aller Liebe und Verständnis: Wie schafft man es, 120 Hektar Weinberge zu bearbeiten und dabei durch die Bank Weine von allerhöchster Qualität zu produzieren? Da darf man gerne einmal den Hut ziehen vor Betriebsleiter Robert Haller und seinem Team um Karl Brand, Elmar Nun und Thomas Hammerich. Kein Wein unter 87 und die meisten über 89 Punkte. Das ist außergewöhnlich gut! Wir sortieren uns kurz neu und starten mit dem Einstieg: Bereits mit dem Würzburger Silvaner beweist das Team, wie gut Basisweine sein können und sogar müssen. Das macht Lust auf mehr und gibt dem Trinker einen Hinweis, wie großartig dann erst die Top-Lagen sein müssen. Wir bewegen uns auf steinigem, frischem Terrain, das höchst dezente Zuckerschwänzchen schmeichelt dem Wein enorm und verleiht ihm den gewissen Sexappeal. Viel würziger, mit toller Frucht zeigt sich uns der 2021er Pfaffenberg Silvaner. Klar und präzise, eine Wiese im Morgentau, enormer Zug. Da freut man sich beim ersten Schluck schon aufs nächste Glas! Und das in dieser Qualität für einen sehr fairen Preis! Die Großen Gewächse sind dann natürlich noch Mal eine ganze Spur feiner. Die 2021er Stein-Harfe mit ihrem Silvaner ist noch etwas jugendlich, das kann man sich gerne noch das eine oder andere Jährchen oder gar Jahrzehnt in den Keller legen. Es finden sich Aromen von Honigmelone und Birnenkompott zu feiner Salzigkeit und straffer Säure. Wir freuen uns darauf, diesen Wein in einigen Jahren noch einmal zu verkosten. Der König der Weißweine ist dieses Jahr jedoch der 2021er Würzburger Stein-Berg Riesling GG. Die Nase: zart und leicht würzig, fast Zitronenmelisse, traumhaft schlank, tänzelnd, begeisternd! Ein wirklich großer Wein!

Und was ist mit den Roten? Bereits im vergangenen Jahr waren wir gelinde gesagt baff! Und das ist dieses Jahr nicht viel anders. Wir konnten zwei Weine verkosten, am Ende hatte keiner die Nase vorne. Beide jedoch exzellent. Beides Erste Lagen, der eine in Würzburg am Stein, der andere ein paar Kilometer weiter aus Veitshöchheim. Während der Spätburgunder vom Sonnenschein in Veitshöchheim mit einer grazilen Nase von jungen Himbeeren und dem betörenden Geruch von abgeriebenen Radiergummi und dezentem Hibiskusaroma von sich reden macht, begeistert uns der Blaufränkisch etwas ruppiger, würziger, mit Unterholz und Kirsch-Streuselkuchen. Es macht Freude, was im Bürgerspital passiert, jedes Jahr ist die Kollektion noch einen Ticken besser als im Vorjahr! Gratulation dazu!

**87** 2021 Würzburg Silvaner trocken
**9,90 €** | 12 %

**88** 2021 Würzburger Stein Riesling trocken Erste Lage
**14,90 €** | 13 %

**88** 2021 Würzburger Stein Weißburgunder trocken Erste Lage
**14,90 €** | 13 %

**88** 2021 Würzburger Stein Gewürztraminer trocken Erste Lage
**17,90 €** | 13 %

**89** 2021 Würzburger Pfaffenberg Silvaner trocken Erste Lage
**13,90 €** | 13 %

**89** 2021 Würzburger Innere Leiste Silvaner trocken Erste Lage
**14,40 €** | 13 %

**90** 2021 Würzburger Stein Chardonnay trocken Erste Lage
**19,90 €** | 13 %

**92** 2021 Würzburger Stein-Harfe Silvaner VDP.Großes Gewächs
**29 €** | 13,5%

**93** 2020 Würzburger Stein-Harfe Riesling Beerenauslese VDP.Grosse Lage
**80 €/0,5 Lit.** | 7 %

**92** 2021 Würzburger Stein-Harfe Riesling
**16,90 €** | 7,5%

**92** 2021 Würzburger Stein-Berg Riesling VDP.Großes Gewächs
**40 €** | 12,5%

**93** 2021 Randersackerer Pfülben Riesling VDP.Großes Gewächs
**29 €** | 13 %

**91** 2020 Würzburger Stein Blaufränkisch trocken Erste Lage „R“
**19,90 €** | 13 %

**91** 2020 Veitshöchheimer Sonnenschein Spätburgunder R trocken Erste Lage
**23 €** | 13 %

★★½

## BUNZELT

Weingut Bunzelt
97334 Nordheim · Heerweg 12
Tel. (09381) 4657 · Fax 6283
info@weingut-bunzelt.de
**www.weingut-bunzelt.de**

**Inhaber/in und Betriebsleitung**
Nina und Barbara Bunzelt
**Keller** Alex Huber und Nina Bunzelt

Wenn man den Lagenspiegel aus dem Hause Bunzelt betrachtet, erkennt man, was Nina Bunzelt und ihr Partner Alex Huber für bunte Hunde an und um die Mainschleife sind. Die Weinberge reichen von Nordheim, über Sommerach und Escherndorf bis nach Iphofen. Besonders hervorzuheben ist der spontan vergorene 2021er Silvaner von selbst. Ein Wein, der definitiv auf Langlebigkeit angelegt ist – genauso wie seine Gärung, die bis Ende Februar des Folgejahres angedauert hat.

**85** 2021 Müller Thurgau trocken Steinbruch
**7 €** | 12,5%

**85** 2021 Nordheimer Vögelein Silvaner trocken
**8 €** | 12,5%

**87** 2021 Iphofen Scheurebe trocken
**8 €** | 12,5%

**87** 2021 Silvaner trocken Liaison Muschelkalk & Keuper
**10 €** | 13%

**87** 2021 Sommeracher Katzenkopf Riesling trocken
**10 €** | 12,5%

**87** 2021 Nordheimer Vögelein Traminer trocken
**10 €** | 13%

**87** 2021 Iphöfer Kronsberg Silvaner trocken Alte Reben
**11 €** | 13%

**88** 2021 Escherndorfer Fürstenberg Silvaner trocken
**9 €** | 12,5%

**88** 2021 Silvaner trocken von selbst
**14 €** | 13%

**85** 2021 Iphöfer Julius Echter Berg Scheurebe halbtrocken von selbst
**14 €** | 12,5%

**85** 2018 Cuvée trocken (W)EINZIGARTIG
**18 €** | 14%

★★★½

## BURKHARDTSCHÜR

Sekthaus BurkhardtSchür
63927 Bürgstadt · Raiffeisenring 1
Tel. (09371) 6688732 · Fax 6688734
mail@burkhardtschuer.de
**www.burkhardtschuer.de**

**Inhaber/in** Laura Burkhardt und Sebastian Schür
**Betriebsleitung** Sebastian Schür
**Keller** Sebastian Schür
**Außenbetrieb** Sebastian Schür

**Jahresproduktion** 5000 Flaschen
**Boden** Muschelkalk, Buntsandstein, Löss
**Rebsorten** Pinot Noir, Pinot Meunier, Chardonnay
**Mitglied** Verband traditioneller Sektmacher e.V.

Inzwischen ist die Sensation aus Bürgstadt um Laura Burkhardt und Sebastian Schür (nein, Burkhardt ist nicht der Vorname von Herrn Schür) halbwegs in Deutschland angekommen. Mit ihrer kleinen, aber feinen Sektmanufaktur haben sich die beiden im Jahr 2012 einen Traum erfüllt. Sebastian Schür, der eigentlich für Paul und Sebastian Fürst den Außenbetrieb verantwortet, und Laura Burkhardt präsentieren uns hier Sekte, die in ihrem Glanz, ihrer Tiefe und Vielschichtigkeit in Deutschland ihresgleichen suchen. Und wenn, werden sie nur in wenigen Betrieben gefunden. Bei ihren Sekten von einem Einstiegs- oder Basiswein zu sprechen, ist schlicht Unfug. Jeder ist auf seine Weise einmalig. Der 2017er Blanc de Blancs aus 100 Prozent Chardonnay strahlt eine betörende Ruhe aus. Buttrige, leicht duftige Noten treffen auf Crème Brûlée, ein Schmelz, der dich nach dem nächsten Glas lechzen lässt und „trink mich!" schreit. Mit dem 2018er Rosé kommen wir in Gefilde, die man lange in der Champagne suchen muss. Doch wir scheuen diese Vergleiche. Die Sekte stehen für sich, Vergleiche sind unnötig und es wird nicht mehr lange dauern, bis sich andere Sekte und Champagner an BurkhardtSchür messen müssen. Es ist schlicht und ergreifend einmalig, was hier in einem kleinen, dunklen Keller in Bürgstadt passiert. Und noch dazu von zwei so herzlichen Menschen, wie es die beiden sind. Gratulation auch in diesem Jahr für eine umwerfende Kollektion!

**91** 2017 Brut Blanc de Blancs L0117
**30 €** | 12,5%

**92** 2015 Brut Blanc de Noirs L0415
**24 €** | 12%

**92** 2018 Brut Rosé L0218
**28 €** | 12,5%

**93** 2012 Brut nature Blanc de Noirs L0612
**52 €** | 12,5% TOP 10

★★★

## CASTELL

Fürstlich Castell'sches Domänenamt
97355 Castell · Schlossplatz 5
Tel. (09325) 60160 · Fax 60188
weingut@castell.de
**www.castell.de**

**Inhaber/in** Ferdinand Fürst zu Castell-Castell
**Betriebsleitung** Peter Geil
**Keller** Christian Frieß und Reinhard Firnbach
**Außenbetrieb** Peter Hemberger

**Historie** Weinbau seit dem 13. Jahrhundert, 1659 erste Silvanerpflanzung im Schlossberg
**Rebfläche** 70 Hektar
**Jahresproduktion** 450 000 Flaschen
**Beste Lagen** Casteller Schlossberg, Hohnart, Kugelspiel, Trautberg, Bausch, Reitsteig, Kirchberg
**Boden** Gipskeuper
**Rebsorten** 41% Silvaner, 12% Müller-Thurgau, 9% Weißburgunder, 8% Riesling, 8% Bacchus, 5% Scheurebe, 4% Grauburgunder, 12% rote Sorten, 1% Rieslaner
**Erlebenswert** Neugestaltete Vinothek in den historischen Räumen
**Mitglied** VDP

Das Weingut mit den nachweislich ersten Silvanerreben in Franken - nämlich 1659 - zeigt wieder einmal eine beachtliche Kollektion. Der Betriebsleiter Peter Geil hat in letzter Zeit einiges auf dem Weingut bewegt und den perfekten Spagat zwischen klassischem Silvaner und der etwas schlankeren Moderne bei den Ortsweinen geschaffen. Daher verdient gerade diese Linie unsere besondere Aufmerksamkeit. Der Hohenart Silvaner schafft es dieses Jahr wieder, sich vor dem Kugelspiel zu platzieren. Er bringt alles mit, was wir uns von dieser Klasse Wein erwarten: Schmelz, Druck, Würze, Mineralik - alles da. Auch der 2021er Casteller Kirchberg Weißburgunder Erste Lage zeigt deutlich den Qualitätssprung zum Einstieg. Ein sehr gut eingesetztes Holz, Noten von weißem Pfirsich und Holunder, Schmelz und eine abfließende Mineralik bilden ein tolles Gesamtbild. Auch lässt sich Ferdinand Fürst zu Castell-Castell in keinem Jahr lumpen, uns gereiftere Weine zu präsentieren: Der 2019er „6. Apriles ANNO 1659" Silvaner, eine Reminiszenz an die erste bekannte Silvanerpflanzung, zeigt enormen Druck, etwas Schokolade und Honig. Seinen

Alkoholgehalt kann er nicht verstecken, aber er ist auch noch ganz am Anfang seines jungen Lebens. Das 2017er Casteller Schlossberg Silvaner Großes Gewächs zeigt, wie ein Silvaner reifen kann. Nach fünf Jahren erkennt man deutlich gelbe Früchte, wie Aprikose, Mirabelle und Papaya. Eher ein Silvaner der noch alten Schule, der diesem herrschaftlichen Weingut jedoch absolut steht.

CASTELL

**86** 2021 Schloss Castell Silvaner trocken
**8,50 €** | 12 %

**87** 2021 Schloss Castell Weißburgunder trocken
**8,50 €** | 12 %

**88** 2021 Schloss Castell Scheurebe trocken
**8,50 €** | 12 %

**88** 2019 trocken GRANIT Gemischter Satz
**26 €** | 13 %

**89** 2021 Casteller Kirchberg Weißburgunder trocken Erste Lage
**15 €** | 12,5%

**90** 2019 Silvaner trocken „6. Apriles ANNO 1659"
**28 €** | 13,5%

**91** 2017 Casteller Schlossberg Silvaner VDP.Großes Gewächs
**28 €** | 13 %

**90** 2021 Casteller Hohnart Silvaner trocken Erste Lage
**17 €** | 0 %

**86** 2020 Casteller Reitsteig Spätburgunder trocken Erste Lage
**18,50 €** | 13,5%

**89** 2018 trocken Cuvée C
**26 €** | 14,5%

★★

## CHRIST

Weingut Helmut Christ
97334 Nordheim · Volkacher Straße 6
Tel. (09381) 2806 · Fax 6640
info@weingut-helmut-christ.de
**www.weingut-helmut-christ.de**

**Inhaber/in** Helmut und Angelika Christ
**Betriebsleitung** Michael Christ
**Keller** Michael Christ
**Außenbetrieb** Helmut Christ

**Historie** Aus der elterlichen Büttnerei hat Helmut Christ, gelernter Büttner und Winzermeister, 1974 das Weingut gegründet und es direkt auf 100 Prozent Bioanbau umgestellt.
**Rebfläche** 13 Hektar
**Jahresproduktion** 100 000 Flaschen
**Beste Lagen** Volkacher Ratsherr, Nordheimer Vögelein, Dettelbacher Berg-Rondell, Sommeracher Katzenkopf
**Boden** Muschelkalk, sandiger Lehm
**Rebsorten** 80% weiße Sorten, 20% rote Sorten
**Gastronomie** Häckerwirtschaft an den Oktoberwochenenden, Führungen durch Weinberge und Keller
**Erlebenswert** 1716 als Weingut erbautes Gutshaus mit Atrium, glasüberdacht und mit schönen Gewölbekellern
**Mitglied** Demeter

Familie Christ und ihr Weingut sind eine einzige Sensation. Bereits seit 1974 wird hier biologischer Weinbau betrieben, Vater Helmut Christ, Pionier in der fränkischen Biodynamie und gelernter Büttner, wollte von Anfang an alles richtig machen. Und das zieht sich bis heute durch. Es sind keine einfachen Weine, die man mal so nebenbei trinkt. Genau das richtige für anspruchsvolle Weinfans. Dass es aber auch mal unkompliziert und frisch zugehen darf, beweist der 2021er Pet Nat. Nun werden einige rufen „nicht schon wieder so ein untrinkbarer, trüber, sprudliger Federweißer". Christs nehmen dem Ganzen durch den Aufdruck „Wilder Feder" von vornherein schon mal den Wind aus den Segeln. Es präsentiert sich ein frecher, frischer und duftiger Sprudel mit tiefen, mineralischen Tönen. Genau so kann ein lauer Sommerabend beginnen! Am besten hat uns dieses Jahr der Weißburgunder vom Nordheimer Vögelein 2021 gefallen. Oft verkommt Weißburgunder zur Banalität, hier nicht. Pfirsichblüten und Bienenwachs, gepaart mit nassem Stein und einer unwiderstehlichen Cremigkeit, verleihen dem höchst trinkigen Wein eine großartige Finesse. Familie Christ macht Spitzenweine mit Sinn und Verstand im Weinberg, mit Respekt vor der Natur! Klasse!

**88** 2021 Pét Nat trocken
**9,90 €** | 12 %

**88** 2018 Pinot Meunier Sekt b. A. Brut nature
**14,50 €** | 12 % BEST BUY

**86** 2021 Volkacher Kirchberg Silvaner Kabinett trocken
**7,50 €/1 Lit.** | 11,5% BEST BUY

**86** 2021 Nordheimer Kreuzberg Müller-Thurgau Kabinett trocken
**7,50 €** | 12 %

**88** 2021 Volkacher Kirchberg Silvaner Kabinett trocken
**8,90 €** | 12 %

**88** 2021 Nordheimer Vögelein Silvaner Spätlese trocken Alte Reben
**10,90 €** | 12,5%

**88** 2021 Volkacher Ratsherr Silvaner Spätlese trocken Erste Lage
**13 €** | 12,5%

**89** 2021 Stammheimer Eselsberg Grauer Burgunder Spätlese trocken
**13 €** | 13,5%

**90** 2021 Nordheimer Vögelein Weißer Burgunder Spätlese trocken
**13 €** | 13,5%

★

## DAHMS

Weingut Dahms
97526 Schweinfurt-Sennfeld · August-Borsig-Straße 8
Tel. (09721) 69123 · Fax 609426
info@weingut-dahms.de
**www.weingut-dahms.de**
**Inhaber/in** Jürgen, Alexander und Horst Dahms
**Keller** Jürgen Dahms

Nach dem weniger erfolgreichen Jahr 2020 bekommen wir in diesem Jahr von Jürgen Dahms wieder mehr Weine aus dem Jahr 2021. Alle sind geprägt von einer Fruchtigkeit, teilweise gepaart mit gewolltem Restzucker. Das Große Gewächs „Fass N°1" erscheint uns sehr reif, etwas schwer mit viel neuem Holz, während der Mainberger Schloßberg vom Steilhang mit einer schönen Mineralik, ausgewogener Säure, angenehmen und gelbfruchtigen Spätlese-Reflexen erfreut. Der leider einzig eingesendete Rotwein Rondo ist etwas für die Freunde der kräftigen, leicht verständlichen Winterweine.

**84** 2021 Silvaner trocken
**7,50 €** | 12 %

**85** 2020 Weißburgunder trocken
**7,50 €** | 12,5%

**85** 2021 Schweinfurter Peterstirn Silvaner trocken Steillage
**8 €** | 12 %

**85** 2018 Sylvaner Großes Gewächs Fass N°1
**19 €** | 12,5%

**86** 2021 Mainberger Schloßberg Silvaner trocken Steillage
**12 €** | 12 %

**87** 2021 Scheurebe halbtrocken
**7,50 €** | 11 %

**84** 2021 Kerner restsüss
**10 €** | 11,5%

**84** 2021 Rondo trocken
**10 €** | 12,5%

★★

## DIVINO

Divino Nordheim Thüngersheim
97334 Nordheim am Main · Langgasse 33
Tel. (09381) 80990 · Fax 809932
info@divino-wein.de
**www.divino-wein.de**

**Vorstandsvorsitzender** Günter Höhn
**Betriebsleitung** Gerald Wüst
**Keller** Felix Reich und Norbert Glaser
**Außenbetrieb** Paul Glaser

**Historie** Gegründet 1951 auf Initiative des Ortspfarrers, Fusion im September 2012 mit Consilium Thüngersheim (Gründung 1930)
**Rebfläche** 360 Hektar
**Jahresproduktion** 3 500 000 Flaschen
**Beste Lagen** Nordheimer Vögelein, Escherndorfer Lump, Thüngersheimer Johannisberg, Retzbacher Benediktusberg
**Boden** Muschelkalk, Buntsandstein
**Rebsorten** 34% Müller-Thurgau, 30% Riesling, Weiß- und Grauburgunder, 20% Silvaner, 16% Rotwein

Es zeichnete sich bereits im vergangenen Jahr ab. Hier wird konsequent an der Qualitätsschraube gedreht. Die Damen und Herren aus Nordheim füllen erneut eine Kollektion ab, die begeistert, erstaunt und sogar schwelgen lässt! Im Basissegment bewegen wir uns zielsicher, klar, definiert und frisch. Alles ist dort, wo es hingehört, frisch, fruchtig und perfekt für den Sommer. Eine Stufe darüber, „Terroir" oder „Terrasse & Granit" getauft, schmeckt man genau das, was auf der Flasche steht. Karge, stilistisch äußerst präzise Weine, mit einer Eleganz und Kraft, die eine hervorragende Zukunft versprechen. Die Großen Gewächse hingegen sind durch die Bank etwas behäbiger, aber stets von noch höherer Qualität. Sie begeistern durch Tiefe, Wucht und dennoch Präzision. Weine, über die man gerne nachdenkt und sinniert, Weine von solcher Schönheit, dass man ins Schwelgen kommen darf. Besonders der Pinot Noir Rosé hat uns begeistert. Der Wein ist so anders, seinen juvenilen Rosé-Kollegen entwachsen und strahlt Ruhe und Kraft aus. Und dann wäre da noch der Primo. Chardonnay, Riesling und Weißburgunder formen eine höchst seltene Cuvée, von der gerade einmal 1795 Flaschen produziert wurden. Man sollte also schnell sein, wenn man diesen 23 Monate im Barrique gereiften Stern der Kollektion probieren möchte.

**89** 2020 Silvaner Sekt b. A. Extra trocken
**14,50 €** | 12 %

**85** 2021 Silvaner trocken DIVINO Franconia
**7,60 €** | 11,5%

**86** 2021 Grauburgunder trocken JUVENTA
**6,50 €** | 12 %

**86** 2021 Thüngersheimer Johannisberg Grauburgunder & Weissburgunder trocken DIVINO Terroir
**10,90 €** | 12,5%

**87** 2019 Weisser Burgunder Großes Gewächs
**17,50 €** | 13,5%

**88** 2020 Thüngersheimer Johannisberg Silvaner trocken Alte Reben Charakter F.
**14 €** | 13 %

**88** 2019 Chardonnay Großes Gewächs
**17,50 €** | 13,5%

**88** 2020 Retzbacher Benediktusberg Silvaner Spätlese trocken Charakter F. - Terrasse & Granit
**18 €** | 13 %

**91** 2018 trocken Primo Cuvée Weiss
**48 €** | 13,5%

**83** 2021 Nordheimer Vögelein Sylvaner feinherb DIVINO Terroir
**10,90 €** | 12,5%

**91** 2020 Nordheimer Vögelein Traminer Eiswein DIVINO Edel & Süss
**44 €/0,375 Lit.** | 5,5%

**89** 2019 Pinot Noir Rosé Großes Gewächs
**17,50 €** | 13 %

★★½

## DREI ZEILEN

Weinmanufaktur 3 Zeilen
97348 Rödelsee
Heinrich-Wiegand-Straße 2
Tel. (09323) 876454 · Fax 5776
3zeilen@web.de
**www.3-zeilen.de**

**Inhaber/in und Betriebsleitung** Christian Ehrlich
**Keller** Christian Ehrlich
**Außenbetrieb** Christian Ehrlich

**Rebfläche** 4 Hektar
**Jahresproduktion** 18 000 Flaschen
**Beste Lagen** Rödelseer Küchenmeister, Rödelseer Schwanleite
**Boden** Gipskeuper
**Rebsorten** 25% Silvaner, 20% Spätburgunder, je 15% Bacchus und Johanniter, 13% Sauvignon Blanc, 12% Weißburgunder
**Erlebenswert** Vinothek in Omas Waschküche
**Mitglied** Bioland, Fränkische Ökowinzer

Was Christian und Alexandra Ehrlich sich hier in den vergangenen 15 Jahren erarbeitet haben, ist beachtlich. Gestartet mit drei gepachteten Zeilen und Vinifizierung in Omas Waschküche, hat es sich mittlerweile zu einem beachtlichen Weingut mit vier Hektar Rebfläche am Schwanberg entwickelt. Der neue Keller ist nun endlich fertig und der Jahrgang 2021 der erste, der hier eingekellert wurde. Und so, wie sich das Weingut entwickelt hat, tun das auch die Weine: Sie brauchen Zeit in Tank, Fass, Glas und Keller, um ihr Können zu beweisen. So gefielen uns auch die 2020er Weine noch besser als die frischen 2021er. Wobei der Rosé hier eine Ausnahme bildet: Dieser Wein ist nicht der klassische quietschige Rosé, sondern ein ernsthafter Vertreter für echte Weintrinker. Klar, Frucht ist zu finden, aber nicht in der ersten Reihe. Hier dominiert eine leichte Würze und etwas Rose, gepaart mit einer animierenden Säure. Toll für die Temperaturen des vergangenen Sommers. Und bei dem Preis ein super Wein für heiße Tage. Ein weiteres Highlight war für uns der 2020er Onkel Heiner Seiner. Einen Orangewein so blitzblank auf die Flasche zu bringen, gelingt nicht jedem. In der Nase klare Noten von Nougat und Joghurt, während der Gaumen fast eine Currywürze zeigt. Wäre jeder maischevergorene Wein so fehlerfrei, gäbe es bestimmt mehr Anklang für die vierte Farbe im Wein.

**86** 2021 Cuvée trocken 28zehn Gelbe Kapsel
**9,90 €** | 12,5%

**86** 2021 Riesling trocken Blaue Kapsel
**12,90 €** | 13%

**87** 2021 Silvaner trocken 24sieben Gelbe Kapsel
**9,90 €** | 12,5%

**87** 2021 trocken Fränkischer Satz Blaue Kapsel
**12,90 €** | 13%

**88** 2021 Weissburgunder trocken Blaue Kapsel
**12,90 €** | 13%

**88** 2020 Rödelseer Küchenmeister Riesling trocken Grosse Lage
**22,90 €** | 13%

**89** 2021 Silvaner trocken Blaue Kapsel
**12,90 €** | 12,5%

**90** 2020 Rödelseer Schwanleite Silvaner trocken Grosse Lage
**18,90 €** | 13,5%

**90** 2020 Silvaner Landwein trocken Onkel Heiner Seiner
**26 €** | 12,5%

**90** 2020 Landwein trocken Cuvée RESERVE
**28 €** | 12%

**87** 2021 Portugieser trocken 16sechs Rosa Kapsel
**9,90 €** | 12%

★★☆

## EMMERICH

Weingut Emmerich
97346 Iphofen · Einersheimer Straße 47
Tel. (09323) 875930 · Fax 8759399
info@weingut-emmerich.de
**www.weingut-emmerich.de**

**Inhaber/in** Werner Emmerich
**Betriebsleitung** Werner Emmerich
**Keller** Martin Emmerich
**Außenbetrieb** Martin Emmerich

Wie jedes Jahr bekommen wir vom Weingut Emmerich aus Iphofen eine sehr klassische fränkische Kollektion. Uns erfreute besonders der 2001er Seinsheimer Hohenbühl Gewürztraminer Auslese Erste Lage, der nach 20 Jahren immer noch mit einer tollen reifen Frucht, für das Alter minimalen Oxidation und dafür tollen Säure brilliert. So muss Gewürztraminer nach 20 Jahren schmecken. Aus jüngeren Jahren schmeckte das 2020er Meisterstück Großes Gewächs vom Julius Echter Berg hervorragend. Vielschichtig, mit gutem Druck am Gaumen, funktioniert dieser Wein aus gut getoasteten Fässern hervorragend als Speisenbegleiter.

**87** 2020 Iphöfer Julius-Echter-Berg Silvaner trocken Erste Lage
**14,50 €** | 13,5%

**88** 2020 Iphöfer Julius-Echter-Berg Silvaner Großes Gewächs „Meisterstück"
**22 €** | 13,5%

**89** 2009 Iphöfer Julius-Echter-Berg Silvaner trocken Erste Lage
**26,50 €** | 13,5%

**89** 2001 Seinsheimer Hohenbühl Gewürztraminer Auslese feinherb Erste Lage
**Preis auf Anfrage** | 12,5%

**85** 2021 Iphöfer Kronsberg Silvaner Kabinett
**7 €** | 12 %

**86** 2021 Seinsheimer Hohenbühl Sauvignon Blanc
**9,50 €** | 12 %

**88** 2020 Iphöfer Kronsberg Weißburgunder Erste Lage
**14 €** | 13 %

**86** 2019 Seinsheimer Hohenbühl Merlot trocken Erste Lage
**10 €** | 13 %

★

## SCHLOSS FRANKENBERG

Schloß Frankenberg
97215 Weigenheim · Schloss Frankenberg 1
Tel. (09339) 97140 · Fax 9714117
info@schloss-frankenberg.com
**www.schloss-frankenberg.de**

**Inhaber/in** Prof. Dr. Dr. Peter Löw
**Betriebsleitung** Remo Letrari, Maximilian Czeppel
**Keller** Maximilian Czeppel

Schon im dritten Jahr verkosten wir die Weine von Kellermeister Maximilian Czeppel und dem Weingut Schloß Frankenberg. Zurückhaltende Kellerarbeit und der Ausbau auf der Feinhefe bis kurz vor der Abfüllung sorgen für stoffige, von stützender Mineralität unterlegte Weine, die Zeit brauchen, um sich zu entfalten. Der 2021er Schloß Frankenberg Riesling Selection Florian Löw zeigt, dass hier ein tolles Rieslingweingut in Franken entsteht. Ausbalanciert zwischen Frucht und Grip, macht uns dieser Wein erneut viel Spaß. Wir sind sehr gespannt, wie es weiter geht.

**86** 2020 Sekt b. A. Extra Brut Blanc de Blancs - Selection Maximilian Löw -
**20 €** | 12,5%

**85** 2021 Silvaner trocken
**8,90 €** | 12 %

**86** 2021 Schloß Frankenberger Louisenberg Roter Traminer trocken
**13,50 €** | 13 %

**87** 2021 Schloß Frankenberger Louisenberg Blauer Sylvaner trocken
**13,50 €** | 12,5%

**87** 2021 Weissburgunder trocken - Selection Lara Löw -
**21 €** | 13 %

**87** 2021 Sylvaner trocken - Selection Alte Reben -
**21 €** | 13 %

**88** 2021 Schloß Frankenberger Louisenberg Riesling trocken
**13,50 €** | 12,5%

**89** 2021 Riesling trocken - Selection Florian Löw -
**21 €** | 13 %

**87** 2021 Riesling Kabinett restsüss
**12,50 €** | 10 %

**89** 2021 Riesling Spätlese restsüss - Selection Livia Löw -
**19,50 €** | 8,5%

★

## CLEMENS FRÖHLICH

Weingut Clemens Fröhlich
97332 Escherndorf · Bocksbeutelstraße 19
Tel. (09381) 1776 · Fax 6163
info@weingut-froehlich.de
**www.weingut-froehlich.de**

**Inhaber/in und Betriebsleitung**
Clemens Fröhlich
**Keller** Clemens Fröhlich
**Außenbetrieb** Philip Fröhlich

Es scheint, als ob sich die Fröhlichs, seit vielen Jahren im „VINUM Weinguide" zu Gast, künftig etwas mehr trauen möchten. Der 2017er Escherndorfer Lump Silvaner Spätlese trocken passion white wirkt wie ein kleiner Preisboxer, klein, gedrungen, der mit präzisem Haken austeilt. Ein mutiges, beachtenswertes Projekt von Junior Phillip. Auch die kraftvoll-würzige 2020er Escherndorfer Lump Silvaner Spätlese trocken und der 2020er Escherndorfer Fürstenberg Silvaner Kabinett trocken Philips Passion mit leichtem Gerbstoffgrip stimmen hoffnungsvoll. Wir sind jedenfalls gespannt wie selten auf die nächsten Kollektionen.

**85** 2021 Escherndorfer Morio-Muskat Kabinett trocken
**7,50 €** | 11 %

**86** 2020 Escherndorfer Lump Silvaner Kabinett trocken
**7 €** | 13 %

**86** 2020 Escherndorfer Lump Riesling Spätlese trocken
**9,50 €** | 13 %

**87** 2020 Escherndorfer Lump Silvaner Spätlese trocken
**9,50 €** | 13 %

**87** 2020 Escherndorfer Fürstenberg Silvaner Kabinett trocken Philips Passion
**9,50 €** | 12 %

**88** 2017 Escherndorfer Lump Silvaner Spätlese trocken passion white
**11,50 €** | 14 %

**83** 2021 Escherndorfer Riesling Kabinett halbtrocken
**7,50 €** | 12 %

**84** 2021 Kerner Kabinett halbtrocken unsere Exoten
**7 €** | 12 %

**84** 2021 Müller-Thurgau Kabinett halbtrocken unsere Exoten
**7 €** | 11 %

★★★

## MICHAEL FRÖHLICH

Weingut Michael Fröhlich
97332 Escherndorf · Bocksbeutelstraße 41
Tel. (09381) 2847 · Fax 71360
info@weingut-michael-froehlich.de
**www.weingut-michael-froehlich.de**

**Inhaber/in und Betriebsleitung**
Michael Fröhlich
**Keller** Michael und Maximilian Fröhlich

**Historie** Weingut in erster Generation
**Rebfläche** 11 Hektar
**Jahresproduktion** 85 000 Flaschen
**Beste Lagen** Escherndorfer Lump und Fürstenberg
**Boden** Muschelkalk
**Rebsorten** je 25% Müller-Thurgau und Silvaner, 15% Riesling, 15% rote Sorten, 20% übrige Sorten
**Gastronomie** Hoffest Ende August
**Mitglied** VDP

Nach einem schwierigen Jahr liefert Michael Fröhlich mit seiner Familie dieses Mal eine sehr begeisternde Kollektion ab. Vor allem die Ortsweine haben mit ihrer Tiefe und wunderbaren Aromatik nochmal eine Schippe draufgelegt und das begeistert uns. Noch schöner ist es bei den Ersten Lagen, bei denen ein Kopf-an-Kopf-Rennen zwischen Silvaner und Riesling entbrennt, das schlussendlich das Große Gewächs Riesling für sich gewinnt. Kraftvolle Weine, mit Druck, toller Mineralität und einem beeindruckenden Tiefgang. Der Lump zeigt hier wieder einmal eindrücklich, dass aus ihm herausragende Rieslinge entstehen. Besonders hervorzuheben ist dieses Jahr eine Rebsorte, die man sonst nicht allzu oft auf dem Radar hat in Franken. Mit ihrem Gelben Muskateller haben Fröhlichs einen ernstzunehmenden Spaßmacher abgefüllt. Vordergründig wunderbar blumig, versteckt sich dahinter ein tiefer und höchst mineralischer Wein, der uns wirklich überrascht hat. Wir freuen uns aufs kommende Jahr, es kann gerne so weitergehen!

WEINGUT MICHAEL FRÖHLICH

| | | |
|---|---|---|
| 85 | 2021 Müller-Thurgau trocken Frank & Frei | **7,50 €** \| 11,5% |
| 85 | 2021 Silvaner trocken | **7,50 €** \| 11,5% |
| 86 | 2021 Riesling trocken | **7,50 €** \| 12 % |
| 87 | 2021 Escherndorfer Silvaner trocken | **8,50 €** \| 12 % |
| 87 | 2021 Escherndorfer Riesling trocken | **8,50 €** \| 12 % |
| 87 | 2021 Weißer Burgunder trocken | **10 €** \| 13 % |
| 88 | 2021 Escherndorfer Lump Silvaner trocken Erste Lage | **12 €** \| 12,5% |
| 89 | 2021 Escherndorfer Lump Riesling trocken Erste Lage | **12 €** \| 12,5% |
| 89 | 2021 Escherndorfer Fürstenberg Gelber Muskateller trocken Erste Lage | **12 €** \| 12,5% |
| 90 | 2020 Escherndorf Am Lumpen 1655 Silvaner VDP.Großes Gewächs | **23 €** \| 13 % |
| 91 | 2020 Escherndorf Am Lumpen 1655 Riesling VDP.Großes Gewächs | **23 €** \| 12,5% |
| 86 | 2021 Gelber Muskateller halbtrocken | **8 €** \| 11,5% |

★★★★★

## FÜRST

Weingut Rudolf Fürst
63927 Bürgstadt · Hohenlindenweg 46
Tel. (09371) 8642 · Fax 69230
info@weingut-rudolf-fuerst.de
**www.weingut-rudolf-fuerst.de**

**Inhaber/in und Betriebsleitung** Sebastian Fürst
**Keller** Sebastian Fürst
**Außenbetrieb** Sebastian Schür

**Historie** Weinbau in der Familie seit 1638
**Rebfläche** 21 Hektar
**Jahresproduktion** 120 000 Flaschen
**Beste Lagen** Bürgstadter Berg, Centgrafenberg, Hundsrück, Schlossberg, Karthäuser, Bischofsberg
**Boden** eisenhaltiger roter Buntsandstein, Muschelkalk
**Rebsorten** 60% Spät- und Frühburgunder, 18% Riesling, 16% weiße Burgundersorten, 6% übrige Sorten
**Mitglied** VDP, Trias

Im vergangenen Jahr hatten wir Sebastian Fürst zum „Winzer des Jahres" gekürt. In diesem Jahr belegt er einmal mehr, wie richtig diese Entscheidung war. Es fing mit einem fünf Jahre alten Wein an, dem Frühburgunder „R" aus dem Jahr 2017, der den Titel als „Bester anderer Rotwein fünf Jahre danach" für sich verbuchen konnte. Das Pendant aus dem aktuellen Jahrgang steht ihm in nichts nach. Auch der 2020er überzeugt mit Würze und dunkler Beerenfrucht, schwarzem Pfeffer und Bitterschokolade. Die Feinheit dieser immer wieder gescholtenen Rebsorte ist einmalig, dass sie vortrefflich reifen kann, beweist wie gesagt, der 2017er. Was für eine Demonstration, ohne jede vordergründige Lautsprecherei. Es ist ein ums andere Mal erstaunlich, wie abgehoben von Jahrgängen hier die Weine gelingen. Es sind bestenfalls Stilfragen, die den Weinfreund zu diesem oder jenem Jahrgang greifen lassen. Aber um Qualitätsfragen geht es definitiv nicht. Wer daran zweifelt, mag sich am Einstiegswein versuchen, dem Riesling pur mineral 2021. Er ist frisch, saftig, gleichermaßen salzig, der perfekte Einstiegswein und gleichzeitig so komplex und tiefgründig. Es liegt wohl an den überragenden Rotweinen des Hauses, dass man den Riesling leicht übersieht. Dabei war der erste Rebstock, der erste Weinberg, den Paul Fürst nach Übernahme des Betriebs pflanzte, ein Riesling. Diese Rebsorte hat im Herzen des Seniors immer eine besondere Stellung eingenommen, das schmeckt man bis heute. Denn auch das Große Gewächs aus dem Bürgstädter Centgrafenberg 2021 gehört zu den besten in ganz Deutschland. Auch wenn ihn nur die Wenigsten auf dem Schirm haben. Ähnliches ließe sich über den Chardonnay „R“ sagen, der auf den kalkigen Hügeln von Astheim eine burgundische Finesse und Stringenz entwickelt, die hierzulande einzigartig ist.

**Und nun: die Roten!**

Die Großen Gewächse von Sebastian Fürst sind alljährlich unter Deutschlands Besten, schnell ausverkauft sind sie überdies. Auch deshalb blicken wir zunächst auf die Guts- und Ortsweine. Der Bürgstädter Berg 2020 dürfte der perfekte Einstieg für Neugierige in die Spätburgunderwelt sein. Mehr Finesse und Saft, mehr zeitlose Eleganz sind schwer zu finden. Wie so oft ist der „Berg“ mit seiner offenen Art bereits in der Jugend zugänglich. Aber man sollte sich nicht täuschen lassen, dieser Wein reift über Jahre, wenn nicht Jahrzehnte auf das Allerbeste. Das gilt in noch stärkerem Maße für die drei Großen Gewächse. Unser Favorit ist in diesem Jahr – einmal mehr – der Hundsrück. Seine sublime Art, diese unendliche Finesse machen einmal mehr sprachlos. Eher stilistisch als qualitativ direkt dahinter, vielleicht gleichauf, der Klingenberger Schlossberg. Er zeigt eine einnehmende Fruchtkomponente, tief unten versteckt. Etwas verhaltener erscheint uns in diesem Jahr der Centgrafenberg. Seine so charakteristische Graphitnote zeigte sich nur in Ansätzen, vielleicht ist er aber auch nur der im Moment verschlossenste.

**90** 2021 Riesling trocken pur mineral
**12,50 €** | 11 %

**91** 2020 Astheimer Chardonnay trocken
**32 €** | 12,5%

**92** 2020 Bürgstädter Berg Chardonnay trocken
**39 €** | 12,5%

**92** 2020 Weisser Burgunder trocken „R“
**48 €** | 12,5%

**94** 2021 Bürgstädter Centgrafenberg Riesling VDP.Großes Gewächs
**54 €** | 12 %

**95** 2020 Chardonnay trocken „R“
**69 €** | 12,5% **TOP 10**

**90** 2020 Spätburgunder trocken Tradition
**15,90 €** | 13 %

**93** 2020 Bürgstädter Berg Spätburgunder trocken
**39 €** | 13 %

**94** 2020 Bürgstädter Centgrafenberg Spätburgunder VDP.Großes Gewächs
**69 €** | 13 %

**95** 2020 Frühburgunder trocken „R“
**75 €** | 13 %

**95** 2020 Klingenberger Schlossberg Spätburgunder VDP.Großes Gewächs
**95 €** | 13 % **TOP 10**

**95** 2020 Bürgstädter Hundsrück Spätburgunder VDP.Großes Gewächs
**135 €** | 13 %

★★☆

## GEIGER

Weingut Geiger & Söhne
97291 Thüngersheim
Veitshöchheimer Straße 1
Tel. (09364) 9605 · Fax 6673
info@geigerundsoehne.com
**www.geigerundsoehne.com/**

**Inhaber/in und Betriebsleitung**
Gunter Geiger
**Keller** Florian Schär, Sebastian Klüpfel
**Außenbetrieb** Philipp Gehrig, Jochen Schuckert

**Rebfläche** 42 Hektar
**Jahresproduktion** 400 000 Flaschen
**Beste Lagen** Thüngersheimer Johannisberg und Scharlachberg
**Boden** Muschelkalk, Buntsandstein
**Rebsorten** 22% Müller-Thurgau, 20% Silvaner, 10% Bacchus, 8,3% Spätburgunder, 11% Weiß- und Grauburgunder, 7% Riesling, 6% Scheurebe, 5% Kerner, 4% Domina, 6% übrige Sorten

Das Weingut Geiger & Söhne ist eine kleine Sensation. In ihrem Angebot findet sich ein Füllhorn an verschiedenen Weinen, aus den unterschiedlichsten Lagen und Rebsorten. Für jeden Weintrinker ist hier etwas dabei. Wir durften eine kleine Auswahl verkosten und spoilern an dieser Stelle schon einmal: Das ist wahnsinnig gut! Den Anfang macht das Kabinett vom Rivaner Ravensburg, ein sehr gefälliger, trinkiger Wein. Nahezu alle anderen Weine sind in ihrer Opulenz und Holzaromatik wesentlich stärker. Was allerdings bei keinem einzigen Wein stört, bemerkenswert! Diesen Stil findet man vor allem in Weinen wie dem 2020er Thüngersheim Johannisberg Pinot Blanc BIG G. Das BIG G steht für Großes Gewächs, uns persönlich gefällt allerdings „Großer Geiger" besser. Auch die französische Bezeichnung – im Gegensatz zum frischeren Weißburgunder Erste Geige – steht für eine stilistische Kennzeichnung. Saftig, weich, wunderbar eingebundenes Holz und eine betörende Aromatik nach Butterhörnchen und kandierter Ananas. Geigers wissen vor allem bei dieser Kollektion, wie man mit Burgundersorten umgeht. Gratulation zu diesen wirklich tollen Weinen!

**86** 2021 Thüngersheim Ravensburg Rivaner Kabinett trocken Mundart
**6,30 €** | 11,5%

**86** 2021 Thüngersheim Johannisberg Riesling trocken Erste Geige
**10,20 €** | 13,5%

**86** 2021 Thüngersheim Scharlachberg Scheurebe trocken Erste Geige
**10,20 €** | 13 %

**87** 2021 Thüngersheim Silvaner trocken Doppelstück
**7,70 €** | 12 %

**87** 2021 Thüngersheim Johannisberg Weissburgunder trocken Erste Geige
**10,50 €** | 13 %

**87** 2021 Thüngersheim Scharlachberg Grauburgunder trocken Erste Geige
**10,50 €** | 13 %

**87** 2020 Thüngersheim Johannisberg Sauvignon blanc Spätlese trocken BIG G
**18,50 €** | 14 %

**88** 2020 Thüngersheim Scharlachberg Silvaner Spätlese trocken Erste Geige Vögelswäldle
**10 €** | 13,5%

**89** 2020 Thüngersheim Scharlachberg Silvaner Spätlese trocken BIG G
**17 €** | 14 %

**90** 2020 Thüngersheim Johannisberg Pinot Blanc Spätlese trocken BIG G
**17 €** | 13,5%

**90** 2020 Thüngersheim Johannisberg Chardonnay Spätlese trocken BIG G
**18,50 €** | 13,5%

**85** 2020 Thüngersheim Johannisberg Pinot Noir trocken Erste Geige
**11,50 €** | 14,5%

★ NEU

## GESSNER

Weingut Geßner
97493 Garstadt · Kirchsteig 2
Tel. (09722) 6131
heckenwirtschaft@weingut-gessner.de
**www.weingut-gessner.de**

**Inhaber/in und Betriebsleitung** Uwe Geßner
**Keller** Marco Geßner
**Außenbetrieb** Uwe und Marco Geßner

Über solche Einsendungen freuen wir uns ganz besonders. Zum ersten Mal dabei und gleich mal so abgeliefert. Das Weingut gibt es bereits seit 1981, im Jahr 1993 übernahm Uwe Geßner den Betrieb, sein Sohn Marco ist heute für den Keller verantwortlich. Die Qualitäten sind erstaunlich! Besonders mochten wir den Jahrgangsvergleich des Wipfelder Zehntgraf Silvaner 2016 und 2020. Ersterer täuscht mit leichten Holz- und Vanilletönen Schwere vor, strahlt aber am Ende mit feiner Salzigkeit. Der 2020er ist etwas frischer, sehr vielschichtig, Birnentarte und Butter, dazu wieder diese außergewöhnliche Tiefe. Eigentlich muss man sich bei Geßners nur wundern, wo sie sich die ganze Zeit versteckt hatten!

**86** 2021 Silvaner trocken
**6 €/1 Lit.** | 12 %

**86** 2020 Hergolshäuser Bacchus trocken
**7 €** | 11,5%

**87** 2021 Silvaner trocken
**6,20 €** | 12 %

**87** 2020 Wipfelder Zehntgraf Grauburgunder trocken Erste Lage
**12,50 €** | 13 %

**88** 2019 Wipfelder Zehntgraf Silvaner trocken Erste Lage M
**21 €** | 13 %

**89** 2019 Wipfelder Zehntgraf Weißburgunder trocken Erste Lage Veritas
**11,50 €** | 13,5%

**90** 2016 Wipfelder Zehntgraf Silvaner Spätlese trocken
**8,70 €** | 13,5% BEST BUY

**90** 2020 Wipfelder Zehntgraf Zehntgraf Silvaner trocken Erste Lage „Reider"
**22 €** | 13 %

**86** 2021 Scheurebe feinherb
**6,20 €** | 11 %

**88** 2019 Hergolshäuser Mainleite Spätburgunder trocken Erste Lage
**12,50 €** | 13 %

★★★

## GIEGERICH

Weingut Giegerich
63868 Großwallstadt · Weichgasse 19
Tel. (06022) 655355 · Fax 655366
info@weingut-giegerich.de
**www.weingut-giegerich.de**

**Inhaber/in und Betriebsleitung** Kilian, Philipp und Klaus Giegerich
**Keller** Kilian und Philipp Giegerich
**Außenbetrieb** Kilian und Philipp Giegerich
**Historie** Gründung des Betriebs 1994, Helga und Klaus Giegerich begannen nach Umbau mit damals 2,5 Hektar Rebfläche.
**Rebfläche** 15 Hektar
**Jahresproduktion** 100 000 Flaschen
**Beste Lagen** Klingenberger Schlossberg, Rücker Schalk, Lützeltaler Berg Großwallstadt
**Boden** Buntsandsteinverwitterungsboden, Buntsandsteinverwitterung mit Lösslehmauflage
**Rebsorten** 35% Burgundersorten, 25% Müller-Thurgau, 10% Silvaner, 5% Riesling, 25% übrige Sorten
**Gastronomie** Häckerstube mit Spezialitätenwochen und Kulturprogramm „Häckerstubenkabarett", Weinberghüttenfest
**Erlebenswert** steile Terrassenlage Klingenberger Schlossberg
**Mitglied** Vinissima, Frank & Frei

Bei einigen Betrieben ist man voller sehnsüchtiger Erwartung, wie sich Weine und Arbeit weiterentwickelt haben. Was die Brüder Kilian und Philipp dieses Jahr abgeliefert haben, übertrifft allerdings unsere Erwartung. Man sollte meinen, dass sich in Churfranken alles um rote Rebsorten dreht. Weit gefehlt! Vor allem Philipp hat das Heft um die weißen Rebsorten in der Hand und beweist, dass man hier definitiv reinschmecken muss. Der 2020er Rück Schalk ist ein Silvaner von solchem Glanz, Tiefe und zurückhaltendem Schmelz, dass sich das zweite Glas quasi von selbst einschenkt. Die Paradedisziplin im Hause Giegerich sind für uns in diesem Jahr jedoch dennoch die Roten. Bei den Brüdern Pitzitaler Berg und Klingenberger Schlossberg hat für uns dieses Mal der letztere die Nase vorn. Raffinierte Nase, dezente Würze, ein Hauch Nelken und ein Prise Pfeffer, aromatisch tief, wunderbar elegant und lang am Ende. Das ist ganz große Pinot-Kunst und weit entfernt vom sonst so oft negativ konnotierten deutschen Spätburgunder. Dass das Weingut seit September 2020 auf kontrolliert-biologische Bewirtschaftung umgestiegen ist, können wir nur entschieden begrüßen. Weiter so, wenn dabei solch großartige Weine entstehen. Gratulation zum dritten Stern!

**84** 2021 Weißburgunder trocken
**9,30 €** | 11,8%

**84** 2021 Silvaner trocken
**9,30 €** | 11,7%

**86** 2021 Sauvignon Blanc trocken
**9,30 €** | 11,3%

**87** 2020 Chardonnay trocken „R"
**15 €** | 12,5%

**89** 2020 Grosswallstadter Silvaner trocken Alte Reben
**15 €** | 13 %

**91** 2020 Rücker Schalk Silvaner trocken
**24 €** | 12,5%

**88** 2020 Rücker Spätburgunder trocken Alte Reben
**15 €** | 12,5%

**89** 2019 Spätburgunder trocken Steinterrassen
**Preis auf Anfrage** | 12,5%

**89** 2020 Spätburgunder trocken Buntsandstein
**10,50 €** | 12 % BEST BUY

**89** 2020 Wörther & Grosswallstadter Frühburgunder trocken
**18,50 €** | 12,5%

**92** 2019 Klingenberger Schlossberg Spätburgunder trocken 16*26
**38 €** | 13 %

**91** 2020 Pitztaler Berg Spätburgunder
**28 €** | 12,5%

★★☆

## GLASER-HIMMELSTOSS

Weingut Glaser-Himmelstoß
97334 Nordheim · Langgasse 7
Tel. (09381) 4602 · Fax 6402
info@weingut-glaser-himmelstoss.de
**www.weingut-glaser-himmelstoss.de**

**Inhaber/in und Betriebsleitung** Wolfgang und Monika Glaser
**Keller** Wolfgang und Julia Glaser

**Rebfläche** 14 Hektar
**Jahresproduktion** 80 000 Flaschen
**Beste Lagen** Dettelbacher Berg-Rondell, Sommeracher Katzenkopf, Nordheimer Vögelein
**Boden** Muschelkalk, Sand, Lehm
**Rebsorten** 26% Silvaner, 25% Müller-Thurgau, 10% Riesling, 6% Spätburgunder, je 3% Grauburgunder, Scheurebe, Schwarzriesling und Weißburgunder, 21% übrige Sorten
**Mitglied** VDP, Inselweinmacher

Familie Glaser ist ein Fels in der Brandung. Bereits 2020 bewies sie, dass man mit Gelassenheit und dem nötigen handwerklichen Geschick hervorragende Weine produzieren kann. Auch 2021 ist den Glasers das mit Bravour gelungen, eine insgesamt wirklich charmante Kollektion mit unkomplizierten sowie anspruchsvollen und vielschichtigen Weinen ist entstanden. Den Anfang machen wir mit ihrem höchst charmanten 2021er Bacchus. Eine wahre Freude, diese Rebsorte auch in hoher Qualität zu finden. Kitschige, halbtrockene Stachelbeer-Aromatik sucht man hier vergeblich, das ist mineralisch, komplex und höchst animierend und das zum mehr als fairen Preis! Ein Highlight ist auch in diesem Jahr wieder der Dettelbacher Berg-Rondell, dieses Mal der Jahrgang 2021. Wo mancher ein Großes Gewächs vermuten würde, findet sich hier „nur" eine Erste Lage. Tiefe, mineralische Komplexität, zurückhaltende Cremigkeit und junge Birnen verbinden sich zu einem erstklassigen Wein. Und das kann man sich gerne auch noch ein paar Jahre zurücklegen. Julia Glaser und ihre Familie sind Garanten für spannende, junge, frische, aber auch hoch komplexe Weine. Und da hätten wir ihn fast vergessen. Der Traminer ist einfach ein Traum! Unbedingt probieren!

**87** 2021 Bacchus trocken
**7 €** | 11 %

**87** 2021 Dettelbach Blauer Silvaner trocken
**10 €** | 12 %

**87** 2021 Dettelbach Silvaner trocken
**10 €** | 12 %

**87** 2021 Nordheim Silvaner trocken
**10 €** | 12 %

**87** 2021 Nordheim Weisser Burgunder trocken
**10,50 €** | 13 %

**87** 2021 Dettelbach Grauer Burgunder trocken
**12,80 €** | 12,5%

**89** 2021 Dettelbacher Scheurebe trocken
**10 €** | 11,5%

**89** 2021 Frickenhäuser Kapellenberg Silvaner trocken Erste Lage
**15,50 €** | 13 %

**90** 2021 Nordheimer Vögelein Traminer trocken Erste Lage
**14,50 €** | 13 %

**90** 2021 Dettelbacher Berg-Rondell Silvaner trocken Erste Lage
**16,50 €** | 13,5%

**90** 2021 Sommeracher Katzenkopf Riesling Eiswein Erste Lage
**45 €/0,375 Lit.** | 7 %

**87** 2021 Rosé trocken
**7,50 €** | 11 %

## GLASS

Tom Glass
97241 Oberpleichfeld · Johannistraße 25
info@winzertom.de
**www.winzertom.de**

**Inhaber/in und Betriebsleitung**
Tom Glass
**Keller** Tom Glass
**Außenbetrieb** Tom Glass

Zum ersten Mal ist Tom Glass im „VINUM Weinguide" und er holt gleich solche Punkte? Man fragt sich natürlich, ob das mit rechten Dingen zugehen kann. Und ganz ehrlich: Wir fragen uns auch, was hier los ist. Glass produziert eine Flaschenmenge, die noch nicht einmal im fünfstelligen Bereich liegt. Klein, aber fein. Weine, die „saufbar" (O-Ton) sind. Und das sind sie, weit mehr als das. Bescheidenheit ist hier nicht nur eine Tugend, sondern eine Untertreibung. Der gebürtige Australier hat uns zwei Silvaner eingereicht. Beide hervorragend. Man muss lange im Preisbereich bis 15 Euro suchen, um einen Wein wie den 2018er Untereisenheimer Höll Silvaner zu finden. Buttrige Nase, höchst feine Noten von Vanille, cremig am Gaumen, leicht speckig, dennoch nicht überbordend. Die Salzigkeit macht das Ganze fast zu einer Beurre Blanc, am Ende gesellt sich dazu noch Birne. Wir finden, das klingt fantastisch und wir haben noch nicht einmal über die 2019er Version des Weins von diesem wirklich außergewöhnlichen Winzer gesprochen. Wir müssen eine klare Empfehlung aussprechen und sind wirklich gespannt, wie sich die kommenden Jahrgänge bei Tom Glass zeigen.

**90** 2018 Untereisenheimer Höll Silvaner trocken
**13,50 €** | 13 % TIPP

**92** 2019 Untereisenheimer Höll Silvaner trocken
**20 €** | 13,5%

★

## GWF

Winzergemeinschaft Franken
97318 Kitzingen · Alte Reichsstraße 70
Tel. (09321) 70050 · Fax 7005131
info@gwf-frankenwein.de
**www.gwf-frankenwein.de**

**Vorstandsvorsitzender** Andreas Oehm
**Betriebsleitung** Geschäftsführender Vorstand Cornelius Lauter
**Keller** Geschäftsführender Vorstand Cornelius Lauter

Die Winzergemeinschaft Franken (GWF) ist der größte Produzent von Qualitätsweinen in Franken, die Liste der Weine scheint unendlich. Uns gefällt aktuell der 2020er Iphöfer Kalb Silvaner trocken mit leicht rauchiger Nase, guter Mineralität und dezenter Frucht, ein Wein auf der Höhe der Zeit. Das gilt auch für den 2021er Muskateller halbtrocken Tilman. Die Säure steht mit dem Zucker in bester Balance, die feine Orangennote am Gaumen macht ihn zu einem schönen Sommerschoppen. Unkomplizierter Trinkspaß steht hier im Fokus. Und das ist ja wirklich kein schlechter Charakterzug!

**84** 2020 Königheimer Kirchberg Grauer Burgunder trocken Premium 1er Traube
**18,50 €** | 13 %

**86** 2021 Frickenhäuser Kapellenberg Silvaner Spätlese trocken
**9,50 €** | 12 %

**87** 2020 Frickenhäuser Kapellenberg Silvaner trocken Premium 1er Traube
**18,50 €** | 13 %

**88** 2020 Zeiler Eulengrund Riesling trocken Premium 1er Traube
**18,50 €** | 12,5%

**88** 2020 Iphöfer Kalb Silvaner trocken Premium 1er Traube
**18,50 €** | 13 %

**84** 2021 Retzstadter Langenberg Scheurebe halbtrocken
**7,50 €** | 10,5%

**86** 2021 Muskateller halbtrocken Tilman
**6,50 €** | 11 %

**86** 2019 Retzstadter Langenberg Spätburgunder trocken Holzfass-Edition
**22,50 €** | 13,5%

**87** 2019 Spätburgunder trocken Kellermeisterauswahl
**14,30 €** | 13,5%

★★

## SCHLOSS HALLBURG

Graf von Schönbornsches Weingut Schloss Hallburg
97332 Volkach · Schloss Hallburg 1
Tel. (09381) 2415 · Fax 3780
schlosshallburg@schoenborn.de
**weingut-schloss-hallburg.de**

**Inhaber/in** Paul Graf von Schönborn-Wiesentheid
**Betriebsleitung** Georg Hünnerkopf
**Keller** Klaus Wagenbrenner
**Außenbetrieb** Georg Hünnerkopf

**Historie** seit 1806 in Familienbesitz
**Rebfläche** 34 Hektar
**Jahresproduktion** 240 000 Flaschen
**Beste Lagen** Hallburger Schlossberg, Volkacher Ratsherr
**Boden** Keuper auf Muschelkalk, tonhaltiger, steiniger Lösslehm
**Rebsorten** 27% Silvaner, 14% rote Sorten, 12% Riesling, 11% Grauburgunder, 10% Weißburgunder, je 8% Bacchus und Müller-Thurgau, 10% übrige Sorten
**Gastronomie** Gutsausschank in der Vinothek, Öffnungszeiten siehe Website
**Mitglied** Inselweinmacher

Wieder ist diesem nicht kleinen Betrieb mit langer Geschichte eine ausgezeichnete Kollektion gelungen. Quer durch die Rebsorten werden mehr als nur anständige Weine erzeugt, der Silvaner spielt dabei nicht die alleinige Hauptrolle. Dennoch haben uns zwei Weine dieser Sorte besonders beeindruckt. Der 2021er Volkach Ratsherr Silvaner zeigt sich druckvoll, ist ein mundfülliger Wein, hat Extrakt, ohne breit oder anstrengend zu sein. Vor allem die schöne Würze, die fast schon pfeffrig wirkt, gefällt. Noch interessanter ist der 2017er Hallburger Schlossberg Silvaner trocken Maischevergoren ***. Eine mutige Variante der Sorte, mit Holz und Maische ausgebaut. Im Mund sehr frisch, auch druckvoll, zwar mit Anklängen von Vanille, dennoch würzig und nicht überladen. Mit zart ätherischer Nase, leiser Art und mineralischen Anklängen ist der 2021er Hallburger Schlossberg Riesling trocken eine kleine Entdeckung, und der 2021er Hallburger Grauer Burgunder trocken *** dürfte als kraftvoller Speisebegleiter reüssieren.

**85** 2021 Volkach Müller Thurgau trocken
**9,30 €/1 Lit.** | 10,5%

**85** 2021 Hallburg Grauer Burgunder trocken
**9,90 €** | 11,5%

**85** 2021 Hallburg Weisser Burgunder & Grauer Burgunder trocken Argentum Hallburg
**11,70 €** | 11,5%

**86** 2021 Volkach Weisser Burgunder trocken
**9,90 €** | 11,5%

**86** 2021 Hallburger Schlossberg Silvaner trocken Lagenwein
**17,50 €** | 12%

**87** 2021 Volkach Silvaner trocken Alte Reben
**11,70 €** | 12%

**87** 2021 Cuvée trocken Genus Hallburg
**11,70 €** | 12%

**87** 2021 Hallburger Grauer Burgunder trocken ***
**19,90 €** | 13%

**88** 2021 Hallburger Schlossberg Weisser Burgunder trocken ***
**19,90 €** | 11,5%

**88** 2021 Hallburger Schlossberg Riesling trocken
**19,90 €** | 11,5%

**89** 2021 Volkach Ratsherr Silvaner trocken
**19,90 €** | 13%

★★

## BASTIAN HAMDORF

Weingut Bastian Hamdorf
63911 Klingenberg am Main ·
Weingartenstraße 5
Tel. (09372) 9290025
info@weingut-bastian-hamdorf.de
**www.weingut-bastian-hamdorf.de**

**Inhaber/in und Betriebsleitung**
Bastian Hamdorf

**Historie** Neugründung 2014
**Rebfläche** 2 Hektar
**Jahresproduktion** 10 000 Flaschen
**Beste Lagen** Klingenberg Schlossberg, Großheubacher Bischofsberg
**Boden** Buntsandstein
**Rebsorten** 50% Spätburgunder, je 20% Portugieser und Silvaner, 8% Riesling, 2% Blaufränkisch
**Erlebenswert** Schlossberg, Altstadt Klingenberg, Clingenburg

Bastian Hamdorf und seine norddeutsche Kühle. Die schmeckt man sprichwörtlich in seinen Weinen, ob es beim Portugieser, dem Spätburgunder oder dem Silvaner ist. Der gebürtige Föhrer verpackt die verschiedensten Einflüsse seiner Lebensreise und macht daraus diese wunderbare Kollektion. Norddeutsche Kühle, die Eleganz und Flaschenform aus seiner Wachauer Zeit und natürlich die hervorragenden Lagen und besonderen fränkischen Rebsorten. Unwahrscheinlich fein und präzise ist sein Silvaner vom Bischofsberg 2020, mit einer großartigen Struktur und animierenden Salzigkeit. Im Rotweinbereich ist der Portugieser 2019, ebenfalls Bischofsberg, der Platzhirsch. So tiefgründig, unaufgeregt und voller ausgefeilter rotbeeriger Aromatik, dass man sich eigentlich fragt, warum es nicht mehr von dieser spannenden Rebsorte gibt. Wir freuen uns riesig, dass er den Anschluss gepackt und sogar noch eine Schippe draufgelegt hat, denn der letztjährige fränkische „Aufsteiger des Jahres" beweist, dass er sich in Franken definitiv einen Namen gemacht hat! Gratulation zu diesen ganz außergewöhnlichen Weinen!

**88** 2020 Großheubacher Bischofsberg Sylvaner Landwein trocken Fass 27
**15 €** | 12%

**89** 2020 Großheubacher Bischofsberg Riesling Landwein trocken
**18 €** | 12%

**90** 2020 Großheubacher Bischofsberg Sylvaner Landwein trocken
**18 €** | 13,5%

**87** 2020 Klingenberger Schlossberg Rosé
**12 €** | 13%

**87** 2019 Cuvée trocken Buntsandstein Rot
**15 €** | 11,5%

**89** 2019 Klingenberger Schlossberg Portugieser Landwein trocken Fass 15
**22 €** | 11%

**89** 2019 Großheubacher Bischofsberg Spätburgunder trocken
**28 €** | 12%

**91** 2019 Großheubacher Bischofsberg Portugieser Landwein trocken
**28 €** | 11,5%

★★½

## HEMBERGER

Weingut Hemberger
97348 Rödelsee · Aussiedlerhof 3
Tel. (09323) 435 · Fax 5072
info@weingut-hemberger.de
**www.weingut-hemberger.de**

**Inhaber/in und Betriebsleitung**
Elisabeth und Roland Hemberger
**Keller** Tobias Hemberger

**Rebfläche** 13 Hektar
**Jahresproduktion** 90 000 Flaschen
**Beste Lagen** Rödelseer Küchenmeister
**Boden** Gipskeuper
**Rebsorten** 40% Silvaner, 14% Müller-Thurgau, je 10% Riesling, Spätburgunder und Weißburgunder, 8% Domina, 8% übrige Sorten
**Gastronomie** Winzerstube Rödelsee
**Mitglied** Ethos

Tobias Hemberger arbeitet eifrig an der Zukunft, der Betrieb ist in Umstellung auf biologischen Anbau, die modernen Weine, wie der Pet Nat, gehören schon zum festen Repertoire. Auch im Jahr 2020 ist er gut gemacht, zeigt eine schöne Perlage, gute Frucht, ist sauber gearbeitet. Trinkspaß garantiert! Natürlich kann Tobias es auch ernsthafter, sein 2021er Rödelseer Küchenmeister Silvaner Alte Reben überzeugt mit schöner Mineralik, feinem Schmelz am Gaumen und markanter Würze im Finale. Ein Silvaner für alle Liebhaber dieser Sorte. Richtig gut und ungewöhnlich zugleich ist der 2021er Iphöfer Kronsberg Gewürztraminer Spätlese restsüss, ein Weinstil, der in dieser Art kaum mehr gemacht wird. Warum eigentlich? Denn wie delikat kann das doch sein! Duftet zart nach Rosenblüten, die Säure zeigt sich vital, die Süße ist kaum spürbar, eine sehr schöne Sortentypizität. Und nun stelle man sich dazu eine Scheibe Pumpernickel und etwas Wildschinken vor - Herz, was willst Du mehr? Wir empfinden die Weine von Tobias ohnehin als äußerst angenehme Speisebegleiter, sie zeigen niemals auf, sind aromatisch absolut klar und eindeutig, aber dabei zurückhaltend, niemals aufdringlich. Dass die Weine nebenbei auch noch genussfreundlich kalkuliert sind, ist ein weiterer Pluspunkt für diesen rundum gelungenen Auftritt. Und wenn das mit der Umstellung auf Bio geschafft ist - denn in Jahren wie 2021 fordert das außerordentliche Anstrengungen

- wird es für Tobias weiter vorangehen. Davon sind wir überzeugt.

**87** 2020 Silvaner trocken Petillant naturel
**13 €** | 12,5%

**84** 2021 Müller trocken
**7 €** | 12 %

**85** 2021 Silvaner trocken
**7 €** | 11,5%

**85** 2021 Weissburgunder trocken
**7,30 €** | 12,5%

**85** 2021 Sauvignon Blanc trocken
**9 €** | 12 %

**86** 2021 Rödelseer Küchenmeister trocken Silvaner vom Keuper
**8 €** | 12,5%

**87** 2021 Rödelseer Küchenmeister Scheurebe trocken
**10 €** | 12,5%

**88** 2021 Rödelseer Schwanleite Grauburgunder trocken Erste Lage
**10,50 €** | 13 %

**88** 2021 Rödelseer Küchenmeister Silvaner trocken Erste Lage Alte Reben
**10,50 €** | 12,5%

**88** 2021 Iphoter Kronsberg Gewürztraminer Spätlese restsüss Erste Lage
**10 €** | 12,5%

**89** 2018 Spätburgunder Großes Gewächs Im Roth
**26 €** | 13 %

## HILLER

Weingut Hiller
97236 Randersacker · Alandsgrundweg 8
Tel. (0931) 26094373
post@hiller-wein.de
**www.hiller-wein.de**

**Inhaber/in und Betriebsleitung**
Christian Hiller
**Keller** Christian Hiller

Eine wundervolle Kollektion, die dieses kleine Weingut mit 1,5 Hektar aus Randersacker präsentiert. Ein roter Faden zieht sich durch alle Weine von Anfang bis Ende. Klare Abgrenzungen zwischen den einzelnen Qualitätsstufen. Sauberst gearbeitete, feine Silvaner, die einfach Spaß im Glas machen - und seien wir ehrlich: bei dieser Qualität auch dem Geldbeutel. Der Silvaner vom Randersacker Teufelskeller überzeugt mit einer Kräutrigkeit, die die Frucht in den Schatten stellt. Die Säure, gepaart mit einer leichten Popcornnote, erzeugt mächtig Spannung. Die alten Silvaner Reben vom Marsberg bringen alles, was man von alten Reben erwartet: eine tiefgründige Mineralität und Salzigkeit, wie es eben nur richtig alte Reben bringen können. Wir sind sehr gespannt, was uns die kommenden Jahre erwartet und behalten das Weingut ganz genau im Auge.

**86** 2021 Randersackerer Marsberg Riesling trocken „steil&steinig"
**11 €** | 12,5%

**87** 2021 Randersackerer Silvaner trocken vom Muschelkalk
**8,50 €** | 13 %

**87** 2021 Randersackerer Sonnenstuhl Silvaner trocken
**9,50 €** | 13,5%

**88** 2021 Randersackerer Teufelskeller Silvaner trocken
**9,50 €** | 13 %

**89** 2021 Randersackerer Marsberg Silvaner trocken Alte Reben
**14 €** | 12,5%

**86** 2021 Randersackerer Spätburgunder Rosé feinherb
**8,50 €** | 11,5%

★ NEU

## HÖFER

Sektkellerei Höfer GmbH
97082 Würzburg · Frankfurter Straße 87 | Bürgerbräu 08
Tel. (0931) 46794470 · Fax 467944775
info@hoefersekt.de
**www.hoefersekt.de**

**Inhaber/in** Karin Höfer
**Betriebsleitung** Carsten Höfer
**Keller** Carsten Höfer

Von einem Neuzugang kann man bei Carsten Höfer nur sehr bedingt sprechen. Unter eigenem Namen ist er bisher nicht im „VINUM Weinguide" aufgetaucht, als Versekter für andere Betriebe zigfach. Es gibt keinen Winzer, der auf die Expertise Höfers beim Thema Sekt verzichten möchte, seine Kundenliste ist das Who-is-who des fränkischen Weinbaus. Das besondere an seinen unter eigenem Namen vermarkteten Sekten sind die Grundweine, die allesamt von Rebflächen seiner Mitarbeiter stammen. Keep it in the family! Heraus kommen am Ende mehr als nur respektable Sekte! Ausgesprochen individuell ist der Silvaner Sekt Brut nature, der nach Schwarzbrot, Roggen und Hefe duftet. Im Mund geschliffen, präzise und klar, macht er keine Kompromisse. Zweifelsfrei der Höhepunkt ist der 2017er Chardonnay Sekt Brut nature Prestige, der von ein wenig Flaschenreife profitieren dürfte. In der Summe ein Betrieb, der ohne Frage eine Bereicherung des „VINUM Weinguides" ist – und der schnell zu höheren Weihen aufsteigen dürfte. Willkommen an Bord!

**89** 2018 Silvaner Sekt Brut nature sans Dosage Prestige L60/20
**18 €** | 12,5%

**90** 2017 Weissburgunder Sekt Brut Blanc de Blanc Prestige L90/20
**20 €** | 11,5%

**90** 2017 Spätburgunder Sekt Brut Rosé Prestige L36/20
**28 €** | 11,5%

**90** 2018 Riesling Sekt Extra Brut Prestige L46/21
**28 €** | 12%

**92** 2017 Chardonnay Brut nature Prestige L76/20
**32 €** | 12,5%

★★☆

## HÖFLER

Weingut Bernhard Höfler
63755 Alzenau-Michelbach
Albstädter Straße 1
Tel. (06023) 5495 · Fax 31417
info@weingut-hoefler.de
**www.weingut-hoefler.de**

**Inhaber/in und Betriebsleitung** Bernhard Höfler
**Keller** Johannes Höfler und Stefan Kunkel

**Rebfläche** 11 Hektar
**Jahresproduktion** 70 000 Flaschen
**Beste Lagen** Apostelgarten, Michelbacher Steinberg
**Boden** silbrig glänzender Schiefer, Gneis und Quarzite (Urgestein)
**Rebsorten** 35% Riesling, 20% Müller-Thurgau, 12% Silvaner, 8% Spätburgunder, 7% Bacchus, je 6% Domina, Schwarzriesling und weiße Burgundersorten
**Erlebenswert** Terroir F
**Mitglied** VDP

Willkommen im vierten fränkischen Terroir – dem Schiefer-Quarzit! Das Weingut Höfler liegt im sprichwörtlich äußersten Nordwesten Frankens, die Skyline von Frankfurt ist in Sichtweite. Hier sind die Böden gänzlich anders, dementsprechend sind es auch die Weine. Denn hier ist Riesling der Champion! Mit zwei Großen Gewächsen aus dem Apostelgarten macht Familie Höfler klar, warum. Der 2018er ist jahrgangsbedingt kräftig gebaut, duftet nach Kräutern, hat einen leichten Schmelz am Gaumen. Da zeigt sich auch etwas exotische Frucht, am Zungenrand salzige Mineralität. Und die gereifte Variante aus dem Jahr 2013 zeigt ihr Alter durch eine feine Petrolnote, die Frucht hat sich verabschiedet, der Schmelz am Gaumen aber ist geblieben. Ein wunderbarer Speisenbegleiter und der Beleg für die Reifefähigkeit der Höfler-Weine. Ebenfalls sehr gelungen scheint uns der erstmals gezeigte Michelbacher Chardonnay 2020. Er ist sehr gekonnt balanciert zwischen fruchtiger Zugänglichkeit und mineralischer Rasse, hat etwas Rauch vom Ausbau im Holz und allerbeste Zukunftsaussichten. Wir können einen Besuch in Frankens Norden nur aufs Wärmste empfehlen!

★★

**HÖFLER**

WEINGUT • FRANKEN

**85** 2021 Riesling trocken
**7,90 €** | 11,5%

**85** 2021 Michelbacher Schwarzriesling trocken
**10,90 €** | 11,5%

**86** 2021 Michelbacher Silvaner trocken
**9,90 €** | 12 %

**87** 2021 Michelbacher Steinberg Silvaner trocken Erste Lage
**16,50 €** | 12,5%

**87** 2021 Michelbacher Steinberg Riesling trocken
**19,50 €** | 12,5%

**88** 2021 Michelbacher Riesling trocken
**10,90 €** | 12,5%

**88** 2020 Michelbacher Weißburgunder trocken
**19,50 €** | 12,5%

**89** 2020 Michelbacher Chardonnay trocken
**19,50 €** | 12,5%

**90** 2018 Michelbacher Apostelgarten Riesling VDP.Großes Gewächs
**38 €** | 13,5%

**90** 2013 Michelbacher Apostelgarten Riesling VDP.Großes Gewächs
**38 €** | 13,5%

**88** 2020 Michelbacher Spätburgunder trocken „2samkeit“
**16,90 €** | 13,5%

**89** 2020 Michelbach Schwarzriesling trocken Magnificum
**19,50 €** | 13 %

## HÖFLING

Weingut Höfling
97776 Eußenheim · Kellereigasse 14
Tel. (09353) 7632 · Fax 1264
info@weingut-hoefling.de
**www.weingut-hoefling.de**

**Inhaber/in und Betriebsleitung**
Klaus Höfling
**Keller** Klaus Höfling
**Außenbetrieb** Werner Höfling

**Rebfläche** 21 Hektar
**Jahresproduktion** 120 000 Flaschen
**Beste Lagen** Stettener Stein, Eußenheimer First, Gambacher Kalbenstein, Gössenheimer Homburg
**Boden** Muschelkalkverwitterung, teilweise mit Lösslehmauflage, Buntsandstein
**Rebsorten** 37% Silvaner, 17% Müller-Thurgau, je 6% Spätburgunder, Weißburgunder, Scheurebe und Bacchus, je 5% Riesling, Sauvignon Blanc, Kerner und Domina, je 1% Frühburgunder und Gewürztraminer
**Erlebenswert** Terrassenlage Kalbenstein, Terroir F im Stettener Stein, Eußenheimer Wein und Gesundheitsweg, Burgruine Homburg
**Mitglied** Silvaner-Forum, Fränkisches Gewächs

Klaus Höfling ist ein echter Tausendsassa in Sachen Frankenwein. Es gibt wohl keine Messe, keine Veranstaltung der Weinwelt, auf der er nicht vertreten ist und den fränkischen Wein hochhält. Er tut das mit voller Überzeugung und mit besten Argumenten. Denn Höflings Weine entstehen nur zum kleinen Teil in den fränkischen Vorzeigelagen, schlechter als diese sind seine aus dem Gambacher Kalbenstein aber keineswegs. Vor allem wenn es um den Einsatz von Holzfässern geht, zeigt Höfling eine echte Meisterschaft. So beim 2019er Spätburgunder, der mit perfekt dosiertem Holzeinsatz, filigraner Frucht und feiner Würze eine große Zukunft vor sich hat. Mit viel Luft zeigt er schon jetzt seine Klasse. Der 2019er Eußenheimer First Frühburgunder ist rauchig und duftet nach Nelken. Die Frucht hält sich auch im Mund vornehm zurück, wenn wir wählen müssten, wäre er unser Favorit. Sehr gelungen der Gambacher Kalbenstein Rotherberg 2020. Er kommt von 45 Jahren alten Rebstöcken, die auf einer Terrasse im Buntsandstein stehen. Er wurde spontan vergoren, eine Teilmenge davon auf der Maische und im Holzfass ausgebaut. Seine würzige, fast pikante Art zeigt sich typisch fränkisch. Oder eben typisch Höfling. Aber wer will das schon unterscheiden...

HÖFLING
WEINGUT

**85** 2021 Gössenheim Silvaner trocken
**8 €** | 12 %

**85** 2021 Gössenheim Sauvignon Blanc trocken
**8 €** | 11,5%

**86** 2020 Eußenheimer First Silvaner trocken Erste Lage
**12 €** | 13 %

**86** 2020 Gössenheimer Homburg Weißburgunder trocken Erste Lage
**12 €** | 13,5%

**87** 2020 Stettener Stein Silvaner trocken Erste Lage
**12 €** | 13,5%

**87** 2020 Gössenheimer Homburg Silvaner trocken Erste Lage
**12 €** | 14 %

**88** 2020 Gambacher Kalbenstein Silvaner trocken Erste Lage
**16 €** | 14 %

**88** 2020 Stettener Stein Silvaner Großes Gewächs Grenzstein
**21 €** | 13,5%

**88** 2020 Gambacher Kalbenstein Silvaner Großes Gewächs Rotherberg
**Preis auf Anfrage** | 14 %

**88** 2019 Eußenheimer First Spätburgunder trocken Erste Lage
**16 €** | 13,5%

**90** 2019 Eußenheimer First Frühburgunder trocken
**35 €** | 13,5%

**90** 2019 Gambacher Kalbenstein Spätburgunder trocken
**35 €** | 13,5%

★★

## HOFKELLER

Staatlicher Hofkeller Würzburg
97070 Würzburg · Residenzplatz 3
Tel. (0931) 3050923 · Fax 3050966
hofkeller@hofkeller.de
**www.hofkeller.de**

**Inhaber/in** Freistaat Bayern
**Betriebsleitung** Thilo Heuft
**Keller** Stefan Schäfer, Klaus Kuhn, Friederike Voigtländer
**Außenbetrieb** Arnulf Hanf, Milena Prechtl, Horst Weiss

**Historie** Hofkeller seit 1128
**Rebfläche** 120 Hektar
**Jahresproduktion** 750 000 Flaschen
**Beste Lagen** Würzburger Stein-Berg, Stein und Innere Leiste, Randersackerer Pfülben, Großheubacher Bischofsberg
**Boden** Urgestein, Buntsandstein, Muschelkalk, Keuper
**Rebsorten** 27% Silvaner, 25% Riesling, 15% Müller-Thurgau, 9% Spätburgunder, 5% Rieslaner, 4% Domina, 15% übrige Sorten
**Mitglied** VDP

Wäre der ehrwürdige Hofkeller eine Fussballmannschaft, würde man als Reporter ausrufen „Was ist hier denn los?!?!“ Selten in den vergangenen Jahren haben uns die Weine aus dem dritten großen Betrieb in der Stadt Würzburg so überrascht wie in diesem. Wann haben wir zuletzt so viele Weine hoch im 80er-Punkte-Bereich gesehen, wann über 90 Punkten? Von den Anlagen her müsste der Hofkeller auf Augenhöhe mit Bürgerspital und Juliusspital stehen, die Realität sah häufig anders aus. Und dann kommt ein Wein wie der 2021er Würzburger Stein-Berg Silvaner Großes Gewächs daher, steht würzig fest, mit atemberaubender Steinaromatik vor uns. Oder der Spätburgunder aus Großheubach, auch ein Großes Gewächs, der mit vulkanischer Nase, rauchig, kernig, voller Potenzial mehr als nur zu gefallen weiß. Natürlich sind nicht von heute an gleich alle Weine herausragend, aber eine so stimmige und klare Kollektion haben wir hier lange nicht gesehen. Den Hofkeller darf man in dieser Form wieder auf den Zettel nehmen.

★

- **84** 2021 Sauvignon Blanc trocken
  **8,50 €** | 12 %
- **86** 2021 Randersackerer Teufelskeller Silvaner trocken Erste Lage
  **12 €** | 13 %
- **86** 2021 Würzburger Innere Leiste Silvaner trocken Erste Lage
  **14,20 €** | 12,5%
- **87** 2021 Würzburger Stein Silvaner trocken Erste Lage
  **14,90 €** | 12,5%
- **88** 2021 Würzburger Stein Riesling trocken Erste Lage
  **14,90 €** | 12,5%
- **88** 2020 Würzburger Stein-Berg Weißer Burgunder VDP.Großes Gewächs
  **34 €** | 13,5%
- **89** 2021 Würzburger Innere Leiste Riesling trocken Erste Lage
  **14,40 €** | 12,5%
- **89** 2021 Randersackerer Pfülben Riesling VDP.Großes Gewächs
  **31 €** | 13 %
- **90** 2021 Würzburger Stein-Berg Silvaner VDP.Großes Gewächs
  **31 €** | 13,5%
- **91** 2021 Würzburger Stein-Berg Riesling VDP.Großes Gewächs
  **31 €** | 12,5%
- **88** 2020 Würzburger Stein Spätburgunder trocken Erste Lage
  **14,90 €** | 13 %
- **89** 2020 Großheubach Bischofsberg Spätburgunder VDP.Großes Gewächs
  **38 €** | 12,5%

## HULLER

Weingut Huller
97855 Homburg am Main · Maintalstr. 11
Tel. (09395) 7809520 · Fax 7809522
info@weingut-huller.de
**www.weingut-huller.de**
**Inhaber/in und Betriebsleitung**
Michael Huller

Das zweite Jahr dabei - und wir stellen fest, dass das Lob aus dem ersten Jahr berechtigt war, wenn man die Konstanz dieses Betriebes sieht. Nach Stationen in Schloss Sommerhausen, bei Paul Fürst und im Weingut Stadt Klingenberg (heute Steintal), kann sich Martin Huller auf die Schulter klopfen. Besonders gefallen hat uns die LUNA-Linie, die als Große Lage angegeben wird. Der 2019er Silvaner wurde im Stückfass ausgebaut. Das Holz schmiegt sich wunderbar an die Frucht. Hinzu kommt hier noch eine Würzigkeit, die ihn zu einem großartigen Speisenbegleiter macht. Was dafür die absolute Überraschung war: der 2021er Rieslaner Erste Lage aus dem Homburger Kallmuth. Als Rebsorte eher seltener geschätzt, hat der Rieslaner aus dem (noch alten!) Bocksbeutel eine straffe Säure und tolle Frucht, die eher an Riesling als an Silvaner erinnert. Bitte weiter so. Und zwar genau so.

- **85** 2021 Homburg Silvaner trocken
  **8,50 €** | 12,5%
- **85** 2021 Homburg Weißer Burgunder trocken
  **8,50 €** | 12,5%
- **86** 2021 Homburger Kallmuth Silvaner trocken Alte Reben
  **10 €** | 13,5%
- **87** 2021 Homburger Kallmuth Blauer Silvaner trocken Erste Lage
  **10 €** | 13 %
- **87** 2019 Erlenbacher Krähenschnabel Blanc de Noir Großes Gewächs ALMA
  **14 €** | 13 %
- **88** 2021 Homburger Kallmuth Rieslaner trocken Erste Lage
  **12 €** | 13,5%
- **88** 2019 Homburger Kallmuth Silvaner Großes Gewächs LUNA
  **14 €** | 13,5%

## ILMBACHER HOF

Weingut Ilmbacher Hof
97346 Iphofen · Lange Gasse 36
Tel. (09323) 3657
info@ilmbacher-hof.de
**www.ilmbacher-hof.de**

**Inhaber/in und Betriebsleitung**
Thomas Fröhlich

**Historie** Weinbau seit 1742, in sechster Generation in Familienbesitz
**Rebfläche** 5 Hektar
**Jahresproduktion** 30 000 Flaschen
**Beste Lagen** Iphöfer Julius Echter Berg, Kronsberg und Kalb, Rödelseer Küchenmeister
**Boden** Gipskeuper
**Rebsorten** 50% Silvaner, 14% Müller-Thurgau, 10% Bacchus, je 5% Scheurebe und Kerner, je 4% Weißburgunder und Riesling, 8% übrige rote Sorten
**Gastronomie** „KarthäuserScheune" (neue Vinothek und Eventlocation), Besenwirtschaft im Mai und September
**Erlebenswert** mittelalterlicher Gutshof, historischer Gewölbekeller

Die Entwicklung von Thomas Fröhlich stimmt uns alljährlich genau das: fröhlich. Seine Weine bekommen beständig das kleine Extra, die kleine Nuance mehr Finesse, Klarheit, Eigenständigkeit. Wir schätzen Mensch und Weine schon lange, doch so ausgezeichnet wie im Jahr 2021 haben uns seine Weine noch nie geschmeckt. An der Spitze der Stollenwein, den er zusammen mit zwei Winzerkollegen 1001 Nacht lang in einem Stollen reifen lässt, ein opulenter und doch nicht mächtiger Silvaner, mit feiner mineralischer Note und ungeheurer Länge. Oder sein Müller-Thurgau Alte Reben, der mit seiner feinen Blütennote, der dezenten Frucht und würzigen Klarheit einer der besten in ganz Deutschland ist. Dass Alte Reben ein Hobby von Thomas sind, zeigt sich auch beim Silvaner aus der Iphöfer Kalb. Mit Würze, Mineralität und nahezu perfektem Holzeinsatz ist er ein Wein für die Zukunft, der aber jetzt schon unverschämt viel Freude bereitet. Wie gesagt: Eine Kollektion, die fröhlich stimmt und die diesen kleinen, sympathischen Betrieb auf die nächste Stufe hebt. Glückwunsch!

**84** 2021 Silvaner trocken
**7 €/1 Lit.** | 11,5%

**85** 2021 Müller-Thurgau Edition 109 trocken
**8 €** | 12 %

**86** 2021 Iphöfer Kronsberg Scheurebe trocken
**12 €** | 12 %

**87** 2021 Iphöfer Kalb Silvaner trocken
**12 €** | 12 %

**88** 2021 Iphöfer Julius-Echter-Berg trocken Echter Silvaner
**12 €** | 12 %

**88** 2021 Iphöfer Kronsberg Weißburgunder trocken JMF
**12 €** | 12 %

**88** 2021 Iphöfer Kronsberg Riesling trocken
**12 €** | 12 %

**90** 2021 Iphöfer Kalb Silvaner trocken Alte Reben
**18 €** | 13 %

**90** 2021 Iphöfer Kronsberg Müller-Thurgau trocken Alte Reben
**18 €** | 13 %

**91** 2018 Silvaner trocken Stollenwein 1.001 Nacht
**25 €** | 14 %

**84** 2021 Cuvée „Summertime" feinherb
**7,50 €** | 10,5%

★★★½

## JULIUSSPITAL

Weingut Juliusspital
97070 Würzburg · Klinikstraße 1
Tel. (0931) 3931400 · Fax 3931414
weingut@juliusspital.de
**www.juliusspital-weingut.de**

**Inhaber/in** Stiftung Juliusspital Würzburg
**Betriebsleitung** Dipl.-Ing. Horst Kolesch
**Keller** Nicolas Frauer und Helmut Klüpfel
**Außenbetrieb** Peter Rudloff, Josef Schmitt, Erhard Wendel, Thomas Hufnagel

**Historie** Gründung 1576
**Rebfläche** 182 Hektar
**Jahresproduktion** 1 300 000 Flaschen
**Beste Lagen** Würzburger Stein-Berg, Würzburger Stein, Iphöfer Julius-Echter-Berg, Randersacker Pfülben, Escherndorfer Lump
**Boden** Muschelkalk, humoser Lehm, Gipskeuper und Buntsandstein
**Rebsorten** 45% Silvaner, 20% Riesling, 13% Müller-Thurgau, 4% Spätburgunder, 18% übrige Sorten
**Gastronomie** Weinstube Juliusspital in Würzburg, Hotel & Restaurant Vogelsburg in Volkach
**Erlebenswert** Stiftungsgelände mit historischem Holzfasskeller, Fürstenbau, „Wein.Welt" und die Vogelsburg bei Volkach

Das Juliusspital gehört zu Würzburg wie die Alte Mainbrücke oder das Weltkulturerbe Würzburger Residenz. Es ist immer wieder vom „größten Silvaner-Weingut der Welt" die Rede. Wir haben nicht nachgezählt, aber anhand der Rebfläche und den gefüllten Flaschen könnte das durchaus hinkommen. Unser Favorit unter den vielen Vertretern der Rebsorte war in diesem Jahr das Große Gewächs aus dem Würzburger Stein-Berg 2020. Er ist rauchig, die Frucht steht aktuell im Hintergrund, er glänzt mit salziger Mineralik und großem Potenzial. Das lässt sich auch über die Rieslinge sagen, die seit einigen Jahren immer besser werden. Das Erste Gewächs aus dem Würzburger Stein ist überraschend kräutrig, die eigene Frucht der Lage steht definitiv dahinter. Die Säure hat einen animierend frischen Zug. Der Wein macht richtig Spaß! Trotzdem bleibt, wie seit Jahren, ein kleiner Exot unser Favorit. Der Weißburgunder aus dem Karthäuser 2020 gehört zu den besten, wieder einmal. Mit Anklängen von Tarte au citron, Veilchen, dezentem Holzeinsatz, leicht rauchig und dennoch frisch, hat er einmal mehr Potenzial für viele Jahre. Und zeigt exemplarisch, welches Potenzial in den vom Kalk geprägten Hügeln in Astheim schlummert.

**86** 2020 Juliusspital Rosé Brut
**15 €** | 11,5%

**86** 2021 Würzburger Silvaner trocken
**11 €** | 12,5%

**88** 2021 Rödelseer Küchenmeister Silvaner trocken Erste Lage
**13,50 €** | 12,5%

**89** 2021 Würzburger Stein Silvaner trocken Erste Lage
**15 €** | 12,5%

**89** 2021 Würzburger Stein Weisser Burgunder trocken Erste Lage
**15 €** | 13%

**90** 2021 Würzburger Stein Riesling trocken Erste Lage
**15 €** | 13%

**90** 2020 Iphöfer Julius-Echter-Berg Silvaner VDP.Großes Gewächs
**32 €** | 13%

**90** 2020 Würzburger Stein-Berg Riesling VDP.Großes Gewächs
**32 €** | 12,5%

**91** 2020 Würzburger Stein-Berg Silvaner VDP.Großes Gewächs
**32 €** | 13,5%

**92** 2020 Volkacher Karthäuser Weisser Burgunder VDP.Großes Gewächs
**32 €** | 13%

**88** 2021 Würzburger Abtsleite Muskateller halbtrocken Erste Lage
**15 €** | 11%

**92** 2016 Würzburger Stein Riesling Beerenauslese
**50 €** | 6,5%

## KRÄMER

Krämer – Ökologischer Land- und Weinbau
97215 Auernhofen · Lange Dorfstraße 24
Tel. (09848) 96845 · Fax 96847
info@kraemer-oeko-logisch.de
**www.kraemer-oeko-logisch.de**

**Inhaber/in und Betriebsleitung** Stephan Krämer
**Außenbetrieb** Hans Keith, Stephan Krämer

**Historie** Weinbau als Quereinsteiger seit 1986. Kauf rekultivierter Weinbergsflächen im Tauberzeller Hasennestle. Umstellung auf biologischen Weinbau 1990. Flächenerweiterung in Tauberzell und Röttingen.
**Rebfläche** 3 Hektar
**Jahresproduktion** 17 000 Flaschen
**Beste Lagen** Tauberzeller Hasennestle, Röttinger Feuerstein
**Boden** Muschelkalk, Silex, Feuerstein
**Rebsorten** 40% Silvaner, 16% Müller-Thurgau, 44% übrige Rebsorten (Bacchus, Johanniter, Regent, Schwarzriesling, Riesling, Gemischter Satz)
**Gastronomie** eigene Gastronomie mit wechselnden Öffnungszeiten im Sommer und Herbst (Termine siehe Website), Ferienwohnungen am Hof
**Mitglied** Naturland

Krämer, Krämer, du alter Querkopf. So ganz prinzipiell ist es schlicht bewundernswert, was Stephan Krämer in Auernhofen treibt. Keinerlei Schönung, nicht mal Filtration, ein Hauch Schwefelzugabe. Dann ein bis zwei Jahre Vollhefelager. Alles spontan vergoren, selbstverständlich. Das klingt alles sehr verrückt, ist es auch. Und das muss es auch sein. Weine von Stephan Krämer fallen komplett aus dem Raster, sind anders, stellen sich gerne mal quer, haben ihre Hochs und Tiefs wie wir Menschen auch. Natürlich sind Bewertungen solcher Weine immer etwas Besonderes, sie passen einfach nicht in irgendwelche Muster. Höchst empfehlenswert ist der Riesling Silex 2018. Der Wein hat einen unfassbaren Zug, leert sich quasi fast von selbst, weist dank gereifter Phenolik dennoch schöne Rundungen auf und zieht am Ende salzig, steinig von hinnen. Wie gesagt, das ist anders, das ist manchmal seltsam, aber genau das braucht man auch! Vielen Dank Stephan Krämer für deine unermüdliche Arbeit im Weinberg und diese außergewöhnlichen Weine.

**88** 2021 Brut nature Rosé-Weiss Petillant
**17 €** | 10,5%

**87** 1000 trocken Cuvée „Keuper & Kalk“
**10 €** | 11,5%

**89** 2018 Johanniter trocken Muschelkalk
**12 €** | 11,5%

**89** 2018 Silvaner trocken Alte Reben
**17 €** | 12,5%

**90** 2018 Müller-Thurgau trocken Muschelkalk
**14 €** | 11,5%

**90** 2018 Riesling trocken Silex
**21 €** | 13 %

★

## KERSTIN LAUFER

Weingut Kerstin Laufer
96170 Lisberg · Burg 2
Tel. (09549) 202 · Fax 5163
k.laufer@weingut-laufer.de
**www.kl-weine.de**

**Inhaber/in** Dieter Laufer
**Betriebsleitung** Kerstin Laufer

Bei Kerstin Laufer muss man allein schon die verstreuten Lagen und die dahinter stehende Logistik wertschätzen. Mit Weinbergen vom Bamberger Land bis zum Sommeracher Katzenkopf ist hier alles dabei. Am besten gefallen uns in der aktuellen Kollektion die burgundischen Rebsorten, wie zum Beispiel der 2018er Chardonnay aus der Exklusivlinie. Eine Zitrusnote, die sich wie ein rotes Band durch alle Weine zieht, stützt eine tolle Würze, die durch einen perfekten Einsatz eines neuen 300-Liter-Holzfasses mit dezenten Vanille-Anklängen abgerundet wird. Die einjährige Lagerung auf der Vollhefe bringt einen gaumenschmeichelnden Schmelz.

**85** 2021 Bimbacher Schlossgarten Silvaner trocken Klassik
**7,50 €** | 12 %

**85** 2019 Bimbacher Schlossgarten Silvaner trocken Exklusiv
**12 €** | 13 %

**86** 2021 Bimbacher Schlossgarten Weissburgunder trocken Klassik
**8,50 €** | 12,5%

**87** 2021 Bimbacher Schlossgarten Chardonnay trocken Klassik
**8,50 €** | 12 %

**87** 2019 Bimbacher Schlossgarten Weissburgunder trocken Exklusiv
**15 €** | 13 %

**87** 2018 Bimbacher Schlossgarten Chardonnay trocken Exklusiv
**15 €** | 13,5%

**86** 2021 Bimbacher Schlossgarten Riesling feinherb Klassik
**8,50 €** | 11 %

**85** 2021 Rosé trocken Klassik
**8,50 €** | 11,5%

**86** 2020 Rosé trocken Exklusiv
**15 €** | 12 %

**86** 2019 Sommerach Katzenkopf Pinot Noir trocken Exklusiv
**18,50 €** | 13,5%

★½

## LEININGER

Weingut Leininger
97246 Eibelstadt · Theilheimer Weg 3–5
Tel. (09303) 2209
info@weingut-leininger.de
**www.weingut-leininger.de**

**Inhaber/in** Dirk Engelmann
**Betriebsleitung** Dirk Engelmann
**Keller** Florian Engelmann
**Außenbetrieb** Florian Engelmann

Es macht wirklich Freude zu beobachten, wie sich Florian Engelmann Schritt für Schritt weiterentwickelt. Nach dem Einstieg vor zwei Jahren werden alte Rebanlagen auf neue Sorten umveredelt, zwei Hektar Rebfläche wurden erworben, ein Beton-Ei für den Keller angeschafft. Wie sagt Florian auf gut Fränkisch: „Jeds Jahr was anners!" Der Jahrgang 2021 machte selektive Handlese unverzichtbar, die Weine sind dadurch blitzsauber und klar geworden. Der Eibelstädter Mönchsleite Silvaner 2021 gefällt mit angenehm frischer Frucht, Mandarinenschalen, Grapefruit, feinen, leicht herben Noten, die sehr animierend sind. Aus gleicher Lage kommen auch Alte Reben, die Würze und Grip mit saftigem Trinkfluss verbinden. Wir haben in der Summe keinen einzigen auch nur mittelmäßigen Wein probiert, alles hat Hand und Fuß und bietet viel Weingenuss fürs Geld. Wir sind uns sicher – es wird weiter aufwärts gehen.

**85** 2021 Eibelstadter Silvaner trocken Handwerk
**8 €** | 13 %

**86** 2021 Eibelstadter Mönchsleite Scheurebe trocken Meisterwerk
**12,50 €** | 12,5%

**88** 2020 Eibelstadter Silvaner trocken Handwerk Reserve
**9 €** | 13,5%

**88** 2021 Eibelstadter Mönchsleite Silvaner trocken Alte Reben Meisterwerk
**12,50 €** | 13,5%

**90** 2021 Eibelstadter Mönchsleite Silvaner trocken Altenberg 1172 Unikat
**20 €** | 13,5%

**89** 2021 Eibelstadter Kapellenberg Albalonga Spätlese restsüss Meisterwerk
**14 €** | 11 %

★★★★½

## LUCKERT

Weingut Zehnthof Luckert
97320 Sulzfeld · Kettengasse 3-5
Tel. (09321) 23778 · Fax 5077
luckert@weingut-zehnthof.de
**www.weingut-zehnthof.de**

**Inhaber/in und Betriebsleitung** Ulrich und Wolfgang Luckert
**Keller** Ulrich Luckert
**Außenbetrieb** Philipp Luckert

**Rebfläche** 17 Hektar
**Jahresproduktion** 100 000 Flaschen
**Beste Lagen** Sulzfelder Maustal, Sonnenberg und Berg
**Boden** Muschelkalk
**Rebsorten** 60% Silvaner, je 15% Weißburgunder und Chardonnay, 10% Riesling, 15% übrige Sorten
**Erlebenswert** verwinkelter Keller aus dem 16. Jahrhundert
**Mitglied** VDP, Naturland, Fränkische Ökowinzer

Das Daumendrücken hat einigermaßen geholfen. Nach zwei katastrophalen Jahren - Frost in 2020, Falscher Mehltau in 2021 - scheint es im Jahr 2022 einigermaßen zu laufen für die drei Luckerts, Ulrich, Wolfgang und Philipp. Das macht es auch für uns einfacher, die aktuellen Weine zu beurteilen. Denn auch wenn wir natürlich objektiv an die Kollektionen aller Winzer herangehen - emotionslos sind wir deshalb nicht. Aber zu den Weinen. Der Jahrgang 2021 wäre ohne den Falschen Mehltau ein recht schöner geworden, leider sorgte der Befall bei den ökologisch arbeitenden Betrieben für erhebliche Mehrarbeiten. Vor allem beim Sortieren während der Lese war unglaublich viel Arbeit zu leisten, die vom Mehltau befallenen Beeren mussten einzeln herausgepickt werden. Sie sind strahlend und glasklar, die Arbeit hat sich gelohnt. Eine anfällige Sorte wie der 2021er Sulzfelder Gelber Muskateller strahlt geradezu mit Noten von Zitrus, Limette bis Grapefruit, ist erfrischend, mit floralen Noten. Dazu etwas Salz und ein paar frische Kräuter. So schmeckt der Sommer. Auch bei den Rieslingen zeigt sich die Klarheit sehr schön, der 2021er Sulzfelder Berg I Riesling Steinriegel zeigt sich in der Nase geradezu klassisch mit schöner Gelbfrucht, Pfirsich, am Gaumen dann mit dem weingutstypischen Schmelz, unterlegt von feiner Würze und einer nicht aufdringlichen, gut eingebundenen Säure. Ein Riesling, wie er sein sollte und mittlerweile auch in Franken sein kann. Übertroffen wird er nur vom 2021er Sulzfelder Maustal Riesling GG. Er zeigt Pfirsich und Kräuter schon in der Nase, die saftige-klare Frucht erfreut auch die Zunge, ein feiner Schmelz am Gaumen nimmt einen gefangen. Darunter fängt erst langsam, dann immer stärker die Würze an zu arbeiten, wird mit jeder Sekunde salziger, griffiger am Zungenrand. Ein Riesling der vielen Ebenen.

Natürlich kann man über den Zehnthof nicht sprechen, ohne die Silvaner zu erwähnen. Schon der Ortswein verbindet Eleganz (!), Schmelz und mineralische Würze zu einem animierenden Ganzen. Der Lagenwein 2021er Sulzfelder Sonnenberg Silvaner Gelbkalk zündet die nächste Stufe. Großartiges Spiel zwischen Frucht und Mineralik bei diesem stets eigenständigen Wein, der stärker auf die klassische, leicht gelbliche Frucht setzt, und mit generöser Cremigkeit zu verführen weiß. Bleibt das 2021er Große Gewächs aus dem Sulzfelder Maustal. Mit leiser Nase, etwas Pfirsich, überhaupt nicht aufzeigend. Auf der Zunge mit klarem Saft, fast keiner Frucht, aber viel mineralischem Biss, enorm anhaltend. Er schläft noch, aber die Großartigkeit ist zu erkennen. Über das einmalige Creutz ist wahrscheinlich auch in diesem „VINUM Weinguide" schon alles gesagt, rund 110 Jahre alte Reben und so weiter. Nach dem Ausfall im Jahr 2020 gibt es wieder ein paar Flaschen von diesem Monument. Wohl dem, der sich eine sichern kann. Denn mehr Silvaner geht nicht, mehr Wein auch nur bedingt.

ZEHNTHOF
LUCKERT
weingut

**88** 2021 Sulzfelder Müller-Thurgau trocken
**10 €** | 12 %

**89** 2021 Sulzfelder Silvaner trocken
**13 €** | 12,5%

**89** 2021 Sulzfelder Roter Silvaner trocken
**15 €** | 12,5%

**89** 2021 Sulzfelder Blauer Silvaner trocken
**15 €** | 12 %

**90** 2021 Sulzfelder Silvaner trocken Alte Reben
**17 €** | 12,5%

**91** 2021 Sulzfelder Gelber Muskateller trocken
**15 €** | 12 %

**91** 2021 Sulzfelder Berg I Riesling trocken Steinriegel
**24 €** | 13 %

**91** 2021 Sulzfelder Berg I Weißburgunder trocken Terrassen
**24 €** | 13 %

**91** 2021 Sulzfelder Sonnenberg Chardonnay trocken Brunnquell
**24 €** | 13 %

**91** 2021 Sulzfelder Sonnenberg Silvaner trocken Gelbkalk
**24 €** | 13 %

**93** 2021 Sulzfelder Maustal Riesling VDP.Großes Gewächs
**50 €** | 13,5%

**94** 2021 Sulzfelder Maustal Silvaner VDP.Großes Gewächs
**50 €** | 13,5% TOP 10

**94** 2021 Sulzfelder Creutz Sylvaner trocken
**120 €** | 13 % TOP 10

**91** 2019 Sulzfelder Sonnenberg Frühburgunder trocken
**50 €** | 13,5%

**95** 2019 Sulzfelder Maustal Spätburgunder VDP.Großes Gewächs
**50 €** | 13,5%

★

## MARTIN

Weingut Max Martin
97475 Zeil am Main · Ziegelanger 6
Tel. (09524) 3033621
info@weingut-max-martin.de
**www.weingut-max-martin.de**

**Inhaber/in und Betriebsleitung**
Maximilian Martin
**Keller** Maximilian Martin

Mit dem Weingut Max Martin in Zeil haben wir einen Winzer aus der Grenzregion zwischen Wein- und Bierfranken. Das Weingut, das Max Martin hier als Kellermeister führt, besteht bereits in vierter Generation zusammen mit dem Gasthof Weinstube Martinsklause. Alle Weine haben ihre Berechtigung und wir sind uns sicher, dass diese im Gasthaus auch sehr gut ankommen. Am besten gefallen hat uns der 2021er Krümler Himmelreich Weissburgunder, der mit einer Restsüße an der Grenze des Trockenen kratzen dürfte. Der Keuperboden ist in diesem Wein klar definiert, bringt eine Würze hervor, die sich mit weißen Früchten paart. Auch der 2021er Ziegelangerer Ölschnabel Riesling zeigt, dass sich dieses Weingut auf Tropfen mit einem gewissen Restzucker spezialisiert hat.

**84** 2021 Ziegelangerer Ölschnabel Silvaner trocken
**8,50 €** | 12,5%

**85** 2021 Silvaner trocken
**6 €/1 Lit.** | 12,5%

**85** 2021 Steinbacher Nonnenberg Blauer Silvaner trocken
**8,50 €** | 13 %

**90** 2021 Krümler Himmelreich Weissburgunder trocken
**8,50 €** | 13 %

**91** 2018 Silvaner trocken Stollenwein 1001 Nacht
**25 €** | 14 %

**84** 2021 Zeiler Kapellenberg Kerner halbtrocken
**8,50 €** | 11,5%

**85** 2021 Ziegelangerer Ölschnabel Riesling halbtrocken
**8,50 €** | 11,5%

**85** 2021 Sand Kronberg Spätburgunder trocken
**8,50 €** | 13 %

★★★★

## MAY

Weingut Rudolf May
97282 Retzstadt · Im Eberstal 1
Tel. (09364) 5760
info@weingut-may.de
**www.weingut-may.de**

**Inhaber/in und Betriebsleitung**
Petra und Rudolf May
**Keller** Rudolf May
**Außenbetrieb** Benedikt May

**Historie** Weinbau seit über 300 Jahren
**Rebfläche** 16 Hektar
**Jahresproduktion** 88 000 Flaschen
**Beste Lagen** Retzstadter Himmelspfad, Der Schäfer und Langenberg, Retzbacher Benediktusberg, Thüngersheimer Rothlauf
**Boden** Muschelkalk
**Rebsorten** 73% Silvaner, 17% Spätburgunder, je 4% Weißburgunder und Riesling
**Mitglied** VDP, Naturland, Silvaner-Forum, Fränkische Ökowinzer

Das schicken wir gerne mal vorab in die Runde: Benedikt und Rudi May haben wieder eine rundum gelungene Kollektion vorgestellt, sie gehören tatsächlich und ohne jede Frage zur Handvoll der absoluten Top-Produzenten in Franken. Wann immer wir Gelegenheit haben, ihre Weine zu probieren – vor allem auch ältere Jahrgänge – sind wir von der Klarheit und Wiedererkennbarkeit der Weine fasziniert. Vor allem Vater Rudi ist es anzurechnen, dass er die Großen Lagen Himmelspfad und Rothlauf fast im Alleingang in den Adelsstand deutscher Weinlagen gehoben hat. Wie richtig das war, zeigen beide Großen Gewächse aus dem Hause May eindrücklich. Der 2021er Silvaner Retzstadter Himmelspfad glänzt mit saftiger Gelbfrucht, ist im Moment sehr offen, zugänglich, hat eine direkte Ansprache. Deutlicher Schmelz am Gaumen, ein Charmeur – wann hat man das zuletzt über einen Franken gesagt? Und der Thüngersheimer Rothlauf 2021? So klar zu unterscheiden waren die beiden GGs von May in unserer Wahrnehmung bisher fast nie. Der Rothlauf ist noch sehr verschlossen, unerhört zart, es zieht sich nur ein Kräuterstrauss durch den Mund. Der aber bleibt hängen, immer zart, fast transparent, aber ungemein lang. Der Pinot unter den Silvanern in seiner eleganten, aber immer präsenten Kraft. Ein Höhepunkt in der Geschichte des Rothlaufs. Womit wir beim anderen großen Thema neben den Silvanern wäre. Den Pinots. Und wir wählen den Begriff „Pinot" in voller Absicht, und sagen eben nicht „Spätburgunder". Der 2019er Retzbacher Benediktusberg Spätburgunder trocken VDP.Erste Lage glänzt mit feinen Kirschnoten und sanfter, leicht vom Holz herrührender Würze. Dahinter eine unerhört feine, frische Säure, der Wein tanzt förmlich auf der Zunge. Seit Jahren schätzen wir die May'sche Art den Pinot zu behandeln, so gut fanden wir ihn noch nie. Und wenn wir jetzt daran denken, dass Rudi und Benedikt mit Leidenschaft am Thema Chardonnay arbeiten, bekommen wir schon im Vorfeld glänzende Augen. Bis dahin trösten wir uns mit dem 2020er Retzstadter Der Schäfer Reserve, der mit deutlichem Holzdruck ins Glas kommt. Ein sehr burgundisch wirkender Wein, mit mineralischer Würze und dezenter Frucht. Blind verkostet könnte man ihn mit Chardonnay verwechseln. Und zu guter Letzt noch ein Wort zum 2021er Retzbacher Benediktusberg Silvaner. Er ist mineralisch mit einem klitzekleinen Hauch Frucht, wir sprechen hier von Zitrone. Er ist schlank, trinkig und dennoch überhaupt nicht banal. Ein Star in der Speisenbegleitung. Und ist nicht auch das irgendwie „burgundisch"? Et voilà, Messieurs May!

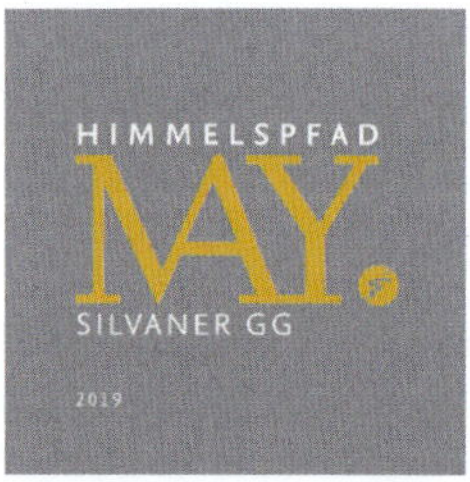

**90** 2017 Silvaner Sekt b. A. Brut nature VDP.Sekt.Prestige
**24 €** | 12,5%

**89** 2021 Retzstadt Silvaner trocken
**12 €** | 12%

**89** 2021 Stettener Roßthalberg Silvaner trocken Erste Lage
**22 €** | 12,5%

**90** 2021 Retzstadter Langenberg Weißburgunder trocken Erste Lage
**16 €** | 12,5%

**90** 2021 Retzbacher Benediktusberg trocken Erste Lage Silvaner
**24 €** | 12,5%

**90** 2021 Retzstadter Der Schäfer Silvaner trocken Erste Lage
**30 €** | 12,5%

**91** 2021 Retzstadter Langenberg Silvaner trocken Erste Lage
**18 €** | 12,5%

**92** 2020 Retzstadter Der Schäfer trocken Erste Lage Reserve
**35 €** | 13%

**92** 2021 Thüngersheimer Rothlauf Silvaner VDP.Großes Gewächs
**50 €** | 12,5%

**94** 2021 Retzstadter Himmelspfad Silvaner VDP.Großes Gewächs
**50 €** | 12,5% **TOP 10**

**90** 2020 Retzstadter Langenberg Spätburgunder trocken Erste Lage
**20 €** | 12,5%

**92** 2019 Retzbacher Benediktusberg Spätburgunder trocken Erste Lage
**40 €** | 13%

★

## MEYER

Weinbau Meyer
97355 Greuth · Hauptstraße 15
Tel. (09383) 2689
c-h-meyer@t-online.de
**www.weinbau-meyer-greuth.de**

**Inhaber/in und Betriebsleitung**
Carolin Meyer
**Keller** Carolin Meyer
**Außenbetrieb** Hans Meyer

Carolin Meyer ist eine Sensation. Ehemalige Weinkönigin, Winzerin, Technikerin für Weinbau und Önologie und am Ende auch einfach ne coole Socke. Über sich und ihre Weine sagt Carolin, dass sie noch nicht ganz angekommen ist, ihren Weg und Stilistik noch sucht. Man findet diese Unentschlossenheit auch in ihren Weinen. Während sich ein 2021er Greuther Bastel Silvaner Spätlese sehr jugendlich und frisch oder der Rosé Schwarzriesling vom Abtswinder Altenberg wunderbar klar und fruchtig gibt, schlägt die Silvaner Spätlese 2019 in eine ganz andere Kerbe. Das ist flintig, hefig, extrem geradlinig, fast scharf und spitz. Ein tiefgründiger, großartiger Wein, der zum Nachdenken und Philosophieren einlädt. Wir sind gespannt, in welche Richtung sich Carolin Meyer und ihr familiengeführtes Weingut weiterentwickeln wird. Egal wie, die Reise wird spannend!

**84** 2021 Greuth Kabinett trocken In aller Munde
**6,50 €** | 11,5%

**85** 2021 Greuther Bastel trocken
**6,50 €** | 12%

**86** 2021 Greuther Bastel Silvaner Spätlese trocken
**9 €** | 12,5%

**87** 2021 Abtswinder Altenberg Silvaner trocken Alte Reben
**9 €** | 12,5%

**89** 2019 Greuther Bastel Silvaner Spätlese trocken Erste Lage
**12 €** | 12,5%

**86** 2021 Abtswinder Altenberg Schwarzriesling trocken
**6,50 €** | 11,5%

★★★★

## MAX MÜLLER I

Weingut Max Müller I
97332 Volkach · Hauptstraße 46
Tel. (09381) 1218 · Fax 1690
info@max-mueller.de
**www.max-mueller.de**

**Inhaber/in und Betriebsleitung**
Familie Müller
**Keller** Christian und Rainer Müller

**Historie** Gutsgebäude von 1692, erbaut von den Würzburger Fürstbischöfen
**Rebfläche** 21 Hektar
**Jahresproduktion** 135 000 Flaschen
**Beste Lagen** Volkach Ratsherr, Escherndorf Am Lumpen, Sommerach Katzenkopf
**Boden** Muschelkalk
**Rebsorten** 40% Silvaner, 15% Weißburgunder, je 12% Müller-Thurgau, Riesling und rote Sorten, 9% übrige Sorten
**Mitglied** VDP

Dass man mit Familie Müller aus Volkach rechnen muss, wenn es um die besten Weingüter Frankens geht, ist klar. Aber wenn wir mal ganz ehrlich sind, wer rechnet denn schon damit, dass erneut so eine herausragende Kollektion - sieben Weine mit 90 oder mehr Punkten - bereitgestellt wird. Wir. Die Müller'schen Weine stehen für Präzision, Klarheit, Straffheit und Tiefe, und das Jahr für Jahr. Selbst einfach anmutende Weine wie der 2021er Grau- und Weißburgunder begeistern durch Tiefe statt Restzucker, mit Mineralität statt banaler Frucht. Bleiben wir bei der Rebsorte Weißburgunder. Der 2021er Sommeracher Katzenkopf Erste Lage gehört definitiv zum besten, was die Rebsorte in Franken zu bieten hat. Müllers spielen hier die leisen Töne, tapsend, ein Crescendo der Mineralität, fein ausgearbeiteter Schmelz und ein verzögerter Schlussakt. Wer hier mitspielen möchte, muss sich ins Zeug legen! Die Großen Gewächse, vor allem die Silvaner legen nochmal einen drauf, die zwei Monumente vom Volkacher Ratsherren und Escherndorfer Lumpen stellen die Spitze der Kollektion dar. Während der Ratsherr eher würzig, mit feinen Noten von Nelke und Hibiskus sein vorsichtiges, elegantes Lied spielt, tritt der Lump mit Honigmelone und Mandelhörnchen etwas beschwingter auf. Dabei vergisst er nie seine elegante und mineralische Seite. Welcher nun besser ist, lässt sich unter keinen Umständen festlegen. Wir empfehlen: Beide nebeneinander verkosten und selbst entscheiden!

Und dann wäre da noch: Riesling! Dass man in Franken auch Riesling kann, haben wir bereits im vergangenen Jahr festgestellt. Vater und Sohn Müller spielen die Rebsorte in ihren saubersten und feinsten Tönen, auch hier stehen sich erneut Volkacher Ratsherr und Escherndorfer Lump gegenüber. Eines vorneweg: Es wird keinen Sieger geben, wir entschuldigen uns und ziehen uns mit je einem Glas in unser Kämmerchen zurück. Doch zum Stoff: Der Ratsherr, kräftige Würze, nasse Steine, ein fulminanter Auftakt, allerdings nie zu laut, aber bestimmt. Es folgt typische Rieslingaromatik in Form von jungen Nektarinen und Salzzitrone, die Mineralität garantiert eine außergewöhnliche Struktur und Tiefe. Dagegen ist der Lump etwas raubeiniger unterwegs. Leichte rauchige, fast flintige Töne gibt er von sich, gleitet in nussige, steinige Gefilde ab, um mit Eleganz und einer unglaublichen Länge am Ende zu strahlen. Was bei Müllers passiert, ist einmalig. Das sind große Weine, die mit Reife noch viel stärker werden. Gratulation erneut nach Volkach!

MAX MÜLLER I

**87** 2021 Grau- & Weißburgunder trocken
**8,60 €** | 12 %

**88** 2021 Volkacher Silvaner trocken
**10 €** | 12 %

**88** 2021 Volkach Silvaner trocken MARIEN-BERG
**14 €** | 12,5%

**89** 2021 Sommerach Katzenkopf Scheurebe trocken Erste Lage
**14 €** | 12 %

**89** 2021 Lump 64 trocken
**Preis auf Anfrage** | 13 %

**90** 2021 Sommerach Katzenkopf Weissburgunder trocken Erste Lage
**14 €** | 12,5%

**90** 2021 Silvaner trocken Eigenart
**19,50 €** | 12,5%

**91** 2021 Sommerach Katzenkopf Silvaner trocken Alte Reben WILM
**27 €** | 12,5%

**91** 2021 Escherndorf Am Lumpen 1655 Riesling VDP.Großes Gewächs
**36 €** | 13 %

**93** 2021 Volkach Ratsherr Silvaner VDP.Großes Gewächs
**36 €** | 13 % TOP 10

**93** 2021 Volkach Ratsherr Riesling VDP.Großes Gewächs
**36 €** | 12,5%

**95** 2021 Escherndorf Am Lumpen 1655 Silvaner VDP.Großes Gewächs
**36 €** | 12,5% TOP 10

★★

## NAGEL

Winzerhof Nagel
97337 Dettelbach · Raiffeisenstraße 1
Tel. (09324) 2963 · Fax 903602
mail@winzerhof-nagel.de
**www.winzerhof-nagel.de**

**Inhaber/in** Roland und Tobias Nagel
**Betriebsleitung** Tobias Nagel
**Keller** Tobias Nagel
**Außenbetrieb** Roland Nagel

**Historie** gegründert von Oskar Nagel im Jahr 1976 mit 0,7 Hektar Rebfläche, dann von Roland Nagel mit 2 Hektar Rebfläche im Nebenerwerb weitergeführt, seit 2015 ist Sohn Tobias beteiligt, die Fläche wurde auf 7,5 Hektar erweitert.
**Rebfläche** 7 Hektar
**Jahresproduktion** 46 000 Flaschen
**Beste Lagen** Berg Rondell (Steinbühl)
**Boden** Muschelkalk mit Ton- und Lehmauflage
**Rebsorten** 30% Silvaner, je 10% Spätburgunder, Scheurebe, Weißburgunder, Chardonnay, Sauvignon Blanc und Riesling, 10% übrige Sorten (Müller-Thurgau, Bacchus, Kerner)
**Gastronomie** gutseigenes Gästehaus mit drei Doppelzimmern und zwei Ferienwohnungen
**Erlebenswert** Gewölbekeller, erbaut im Jahr 1890, 2015 umgebaut zum Holzfasskeller
**Mitglied** Generation Riesling

Man muss sagen: Tobias Nagel hat seinen Stil nun vollends gefunden und verfolgt ihn mehr als zielstrebig. Das Weingut hat sich um diverse Parzellen vergrößert und mit einem neuen Keller und Holzfasslager gibt es eine neue, effizientere Wirkungsstätte. Im Vergleich zum vergangenen Jahr brillieren im Jahr 2021 die Silvaner klar vor den Rieslingen, auch wenn uns der neueste Jahrgang des Silvaners Holznagel leider nicht gezeigt wurde. Bei seinem generellen Hefelager von 22 Monaten ist das aber zu verzeihen und so freuen wir uns auf die kommende Verkostung von Tobias' Weinen. In der Holznagel-Linie ist aktuell der Chardonnay unser Favorit, der klar noch sehr jung und zurückhaltend ist. Mit seinen burgundisch-mineralischen Anklängen, einer dezenten Frucht und den sehr wohl eingebauten, feinen Holznuancen, wird dieser Wein noch sehr lange Spaß machen. Neu im Sortiment ist auch die

2021er Scheurebe Angernagel aus dem Steinbühl von 47 Jahre alten Rebstöcken. Auch hier keine kitschigen Töne, sondern feinstes Cassis mit einer sehr wohlwollenden Säure und Tiefgang, wie man es bei einer Scheurebe leider viel zu selten findet. Wir finden: Ein zweiter Stern ist vollkommen gerechtfertigt und wir gratulieren herzlichst dazu.

**86** 2021 Bacchus Zero Dosage „PN"
**14,50 €** | 11 %

**87** 2021 Weißburgunder trocken Stahlnagel
**8,50 €** | 12,5%

**87** 2021 Riesling trocken Stahlnagel
**9 €** | 12 %

**87** 2021 Dettelbacher Berg-Rondell Silvaner trocken Erste Lage Ankernagel
**13,50 €** | 12,5%

**88** 2021 Dettelbach Scheurebe trocken Stahlnagel
**8,50 €** | 12,5%

**88** 2021 Silvaner trocken Stahlnagel
**8,50 €** | 12,5%

**88** 2021 Weißburgunder trocken Holznagel
**17,50 €** | 12,5%

**88** 2021 Sauvignon Blanc trocken Holznagel
**17,50 €** | 12,5%

**89** 2021 Dettelbach Berg-Rondell „Steinbühl" Scheurebe trocken Erste Lage Ankernagel
**12,50 €** | 12,5%

**89** 2021 Chardonnay trocken Holznagel
**18 €** | 13 %

**86** 2021 Stahlnagel Blanc
**8 €** | 12 %

**87** 2021 Rosé trocken Stahlnagel
**7,50 €** | 12 %

★

## NEDER

Weingut Neder
97729 Ramsthal · Urbanusweg 9
Tel. (09704) 5692 · Fax 7469
wein@weingut-neder.de
**www.weingut-neder.de**

**Inhaber/in und Betriebsleitung**
Lorenz Neder
**Keller** Lorenz Neder

Nach zwei schwierigen Jahren kommt das Weingut Lorenz Neder nun mit einer erstarkten Kollektion zurück. Auch wenn die besten Tropfen des Hauses noch auf der Hefe liegen und erst im Herbst in den Verkauf kommen, konnte das uns Gezeigte bereits sehr überzeugen. Der 2021er Wirmsthaler Scheinberg Riesling zeigt, dass es im Hause Neder auch gerne mal feinherb sein darf. Der deutlich schmeckbare Zucker wird mit einer schönen Säure kaschiert und wird so manchen Kabi-Fan begeistern. Auch Sprudliges durften wir verkosten: Der 2017er St. Klausen Scheurebe Sekt Extra Brut ist ein toller Aperitiv. Eine animierende Perlage, leicht grüner Paprika und Stachelbeere machen ihn zum besten Freund an warmen Sommertagen. Wir hoffen auf weitere Jahrgänge mit dieser Steigerung.

**88** 2017 Ramsthaler St. Klausen Scheurebe Sekt b. A. Extra Brut
**13 €** | 12 % BEST BUY

**85** 2021 Frankens Saalestück Müller-Thurgau trocken
**6 €** | 12 %

**85** 2021 Ramsthaler St. Klausen Muskat Silvaner trocken
**11 €** | 12,5%

**86** 2021 Wirmsthaler Scheinberg Riesling trocken
**7,50 €** | 12,5%

**87** 2021 Silvaner trocken Ethos Klassik
**7 €** | 11,5%

**87** 2021 Ramsthaler St. Klausen Silvaner trocken
**8,50 €** | 12 %

**87** 2018 Ramsthaler St. Klausen Weißburgunder trocken barriquegereift
**16 €** | 14,5%

**87** 2021 Wirmsthaler Scheinberg Riesling feinherb
**11 €** | 11 %

★★★½

## RICHARD ÖSTREICHER

Weingut Richard Östreicher
97334 Sommerach · Hauptstraße 15
Tel. (09381) 1698
weingut@richard-oestreicher.de
**www.weingut-richard-oestreicher.de**

**Inhaber/in und Betriebsleitung**
Richard Östreicher
**Keller** Richard Östreicher

**Rebfläche** 3 Hektar
**Jahresproduktion** 15 000 Flaschen
**Beste Lagen** Katzenkopf, Augustbaum, Hölzlein, Rossbach (Sommerach)
**Boden** Muschelkalk
**Rebsorten** 33% Spätburgunder, 25% Silvaner, 16% Chardonnay, 12% Cabernet Sauvignon, 9% Merlot, 5% Weißburgunder
**Mitglied** Naturland

Wir beobachten die Entwicklung dieses kleinen Weinguts sehr aufmerksam, und das aus gutem Grund. Kaum jemand ist so sehr von der Idee beseelt, große Burgunder im Maindreieck zu machen, wie Richard Östreicher. Er lebt diesen Traum von der Côte d'Or mit jeder Zelle seines Körpers, bis in die Feinheiten hat er sich an die Vorbilder herangearbeitet. Mit Rebklonen bester Provenienz, konsequentem Ausbau im Holz, minimalsten Eingriffen im Keller, dafür maximalen im Weinberg, kommt er seiner Vorstellung vom großen Wein Jahr für Jahr ein Stück näher. Dass sich seine Weine und die amtliche Qualitätsweinprüfung dabei nicht immer einig sind, ist wenig verwunderlich. Dabei müsste es eigentlich genau andersherum sein, denn mehr Ausdruck von Boden, von Herkunft und Rebe sind kaum vorstellbar. Aber so geht es halt dem Propheten im eigenen Land...

Zu den Weinen aus 2021: Östreicher arbeitet ganz selbstverständlich biologisch, der Betrieb ist von Naturland zertifiziert. Das machte es 2021 nicht einfach, sauberes Lesegut in den Keller zu bekommen. Dennoch sind alle gezeigten Weine von strahlender Klarheit, die Selektion hat funktioniert. Der 2021er Silvaner Augustbaum - im vergangenen Jahr unter den „10 Besten im VINUM Weinguide" - hat eine ganz leichte Flint-Reduktion, dazu grüner Tee, Zitrusschale. Im Mund mit überraschend viel Schmelz, saftig, cremig, dennoch unentwickelt. Erstaunlich dicht, viel Extrakt, wie immer großartige Länge. Braucht ein Beatmungsgerät, so luftbedürftig ist das. Wer Östreicher verstehen will, muss Zeit mitbringen. Das gilt in noch stärkerem Maße für die Pinots, die ihre kühle, unendliche elegante Struktur nur zögernd Preis geben. Wer das Glück hat, einen 2020er Sommeracher Katzenkopf Spätburgunder in den Keller legen zu können, wird ab 2026 ein Wunderwerk an Eleganz und Komplexität genießen können. Zarte Frucht, feinstes Tannin und vitale Säure zeichnen ihn jetzt aus, wie sich das ineinander fügen wird, muss man sehen. Wir prophezeien: Hervorragend!

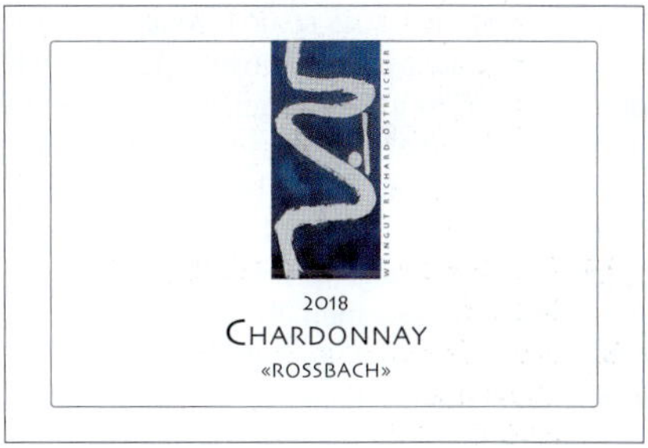


**90** 2021 Sommeracher Katzenkopf Weißburgunder Hölzlein trocken
**35 €** | 13 %

**92** 2021 Volkacher Ratsherr Silvaner trocken Maria im Weingarten
**38 €** | 13 %

**93** 2021 Sommeracher Katzenkopf Silvaner Augustbaum trocken
**34 €** | 13 % **TOP 10**

**94** 2021 Sommeracher Katzenkopf Chardonnay Rossbach trocken
**65 €** | 13 % **TOP 10**

**89** 2020 Hallburg Spätburgunder trocken
**22 €** | 12,5%

**91** 2018 Sommeracher Katzenkopf trocken Cuvée „R"
**35 €** | 13 %

**92** 2020 Sommeracher Katzenkopf Spätburgunder Katzenkopf trocken
**65 €** | 13 %

**93** 2020 Sommeracher Katzenkopf Spätburgunder Rosen trocken
**48 €** | 13 %

★ NEU

## OLINGER

Weingut Olinger
97346 Iphofen · Holzgasse 1
Tel. (09323) 89940
hallo@olingerwein.de
**www.olingerwein.de**

**Inhaber/in und Betriebsleitung**
Nicolas und Josef Olinger
**Keller** Nicolas Olinger
**Außenbetrieb** Nicolas Olinger

Ein Newcomer im Weinguide - und was für einer. Bei diesen Qualitäten sagen wir gerne herzlich Willkommen. Nico Olinger, der in 2021 zum Jungwinzer des Jahres gekürt worden ist, macht bereits seit 2015 seine eigene Linie unter dem Familiennamen Olinger. Als ausgebildeter Sommelier in Berlin, gelernter Winzer in Franken und mit abgeschlossenem Studium in Geisenheim stehen die Stellschrauben richtig. In Iphofen stehen ihm mit Lagen im Kalb und Kronsberg hervorragendes Potenzial zur Verfügung, wir er bei seinen 2021er Silvaner Kalb und 2021er Silvaner Kronsberg eindringlich zur Schau stellt. Das Kalb hat uns einen Ticken besser gefallen, da er der etwas schlankere und modernere Vertreter seiner Gattung ist. Ebenfalls überzeugt hat uns sein Chardonnay vom Kronsberg, der mit Mineralität, tollem filigranen Holzeinsatz und einer straffen Säure noch ein ganzes Leben vor sich hat. Wir raten: Merken Sie sich den Namen Olinger. Sie werden noch viel von ihm hören.

**85** 2021 Iphöfer Spätburgunder trocken Blanc de Noir
**8,90 €** | 12%

**86** 2021 Iphöfer Riesling trocken
**8,90 €** | 12%

**87** 2021 Iphöfer Grüner Sylvaner trocken
**8,90 €** | 12,5%

**88** 2021 Iphöfer Kronsberg Silvaner trocken Erste Lage
**15 €** | 13%

**88** 2021 Iphöfer Julius-Echter-Berg Riesling trocken Erste Lage
**15 €** | 12,5%

**89** 2021 Iphöfer Kalb Sylvaner trocken Erste Lage
**15 €** | 13%

**89** 2021 Iphöfer Kronsberg Chardonnay trocken Erste Lage
**15 €** | 13%

★⯪

## OTTENBREIT

Winzerhof Ottenbreit
97342 Obernbreit · Paradeis 16
Tel. (09332) 591383
info@ottenbreit.wine
**www.ottenbreit.wine**

**Inhaber/in und Betriebsleitung**
Christian Ottenbreit
**Keller** Christian Ottenbreit

Wenn ein Winzer zeigt, dass das Gebiet Franken aus seinem Dornröschenschlaf erwacht ist und sich hier einiges tut, dann ist das wohl Christian Ottenbreit. Seine Weine haben so gut wie nichts mit dem „alten Franken" zu tun.. Allein schon die Ausstattung der Weine und deren Namensgebung zeigen, was einen erwartet. Der 2021er Müller-Thurgau Long Live ist ein Müller, wie man ihn sich wünscht. Vorab mit merklichem Holzeinsatz, geht er über in ein dezentes Fruchtspiel, das in einer wohlwollenden Salzigkeit endet. Der 2021er Scheu to the Wörld punktet erneut mit seiner Ernsthaftigkeit und Anlehnung an Loireweine. Ganz besonders herausgestochen hat für uns in diesem Jahr der Sauvignon Blanc Blanc Magic. Feine flintige Noten erinnern ganz klar an Pouilly Fumé und die so angenehmen nichtgrünen Noten an alles, außer Neuseeland. Ein grandioser Holzeinsatz rundet diesen Wein ab. Wir freuen uns auf alles, was da noch von Ottenbreit aus Obernbreit kommt.

**88** 2021 Weißburgunder trocken O wie schön ist Franken
**9,90 €** | 13%

**88** 2021 Müller-Thurgau trocken Long Live
**14 €** | 13%

**89** 2021 Silvaner trocken O wie schön ist Franken
**9,90 €** | 13,5% **BEST BUY**

**89** 2021 Scheurebe trocken Scheu to the Wörld
**15 €** | 13%

**90** 2021 Sauvignon Blanc trocken Blanc Magic
**16 €** | 13,5%

**90** 2020 Silvaner trocken Come as you are
**32 €** | 13%

**87** 2021 Spätburgunder trocken O Prinzessin
**7,50 €** | 12%

★★☆

## PATRIZIERHOF

Der Patrizierhof - Gasthof Hotel Weingut - Familie Grebner
97320 Großlangheim · Hauptstraße 71
Tel. (09325) 262 · Fax 6325
info@der-patrizierhof.de
**www.der-patrizierhof.de**

**Inhaber/in und Betriebsleitung**
Familie Grebner
**Keller** Björn Grebner
**Außenbetrieb** Günter und Sebastian Grebner

Wir vermuten fast, dass Björn Grebner seine Weine passend zu den Speisen des gutseigenen Gasthauses kreiert - so gut eignen sie sich als Menüpartner! Eine weitere Besonderheit: alle Weine liegen mindesten anderthalb Jahre im Fass auf der Hefe. Der 2019er Großlangheimer Kiliansberg Sauvignon Blanc Brodacker durfte sogar erst nach zweieinhalb Jahren aus dem Tonneau. Dieser sehr leise Vertreter der doch manchmal aufdringlichen Rebsorte gefiel uns vor allem wegen seiner zurückhaltenden Frucht und dem fast mineralischen Schub im Abgang. Sehr feines Holz verleiht ihm zusätzlich Struktur. Wir freuen uns auf alles, was nachkommt.

**86** 2021 Großlangheimer Silvaner trocken
**6,50 €** | 12,5%

**86** 2021 Großlangheimer Müller-Thurgau trocken
**6,50 €** | 12%

**86** 2020 Riesling Landwein trocken Plan B „bye bye baby"
**20 €** | 13%

**87** 2021 Blaufränkisch trocken Anna-Maria Cuntzmann
**12 €** | 13%

**87** 2020 Großlangheimer Kiliansberg Sauvignon Blanc trocken Brodacker
**28 €** | 13,5%

**87** 2020 Wiesenbronner Wachhügel Silvaner trocken vis-à-vis
**28 €** | 13%

**88** 2021 Großlangheimer Kiliansberg Silvaner trocken Alte Reben
**12 €** | 13%

**89** 2019 Großlangheimer Kiliansberg Sauvignon Blanc trocken Brodacker
**28 €** | 13,5%

★

## PLACKNER

Plackner-Wein
91613 Marktbergel · Ottenhofen 88
Tel. (09843) 9804473 · Fax 1335268
aussteiger@plackner-wein.de
**www.plackner-wein.de**

**Inhaber/in und Betriebsleitung**
Thomas Plackner
**Keller** Thomas Plackner
**Außenbetrieb** Thomas Plackner

Es ist nun das fünfte Jahr, in dem wir die Weine von Thomas Plackner verkosten dürfen. Und es ist jedes Jahr aufs Neue sehr spannend. Dazu muss man wissen, dass Thomas sein kleines Weingut nur im Nebenerwerb betreibt und ansonsten viel um die Welt tingelt. Er ist einfach ein Weinverrückter, der durch seine Passion zum Wein verrückte Experimente veranstaltet, die sehr wohl fantastisch funktionieren, aber auch gleichzeitig nicht für jeden Gaumen bestimmt sind. Seine Orangeweine bringen eine neue Farbe in die Weinwelt, die das doch mancherorts angestaubte Franken beleben. Der 2018er Einsteiger Silvaner ist - wie der Name sagt - der Einstieg Plackners in die Orangewein-Welt. Durch eine dezente Maischestandzeit zeigt bereits dieser Wein interessante Noten von Grapefruit und ein schönes Mundgefühl. Viel Luft vor dem Trinken wird hier empfohlen, ebenso wie beim 2018er Aussteiger Orange Silvaner. Man darf sich von der anfänglichen Klebstoffnase nicht verunsichern lassen. Dies ist ein Silvaner, der nichts mit seinen Kollegen aus anderen Weingütern gemeinsam hat. Frech, modern und alles, nur nicht sortentypisch, präsentiert sich dieser Wein allen Orangewein Liebhabern. Aber nochmal: Geben Sie Thomas Weinen viiiiel Luft, so wie er seinen Weinen Zeit zum Reifen gibt, bevor die homöopathische Menge an Flaschen in den Verkauf kommt.

**89** 2018 Silvaner Landwein trocken Einsteiger
**12,50 €** | 13%

**89** 2018 Silvaner Landwein trocken Aussteiger Orange
**24 €** | 13,5%

★★

## POPP

Weingut Ernst Popp
97346 Iphofen · Rödelseer Straße 14–15
Tel. (09323) 3371 · Fax 5781
info@weingut-popp.de
**www.weingut-popp.de**

**Inhaber/in und Betriebsleitung**
Familie Popp

**Rebfläche** 42 Hektar
**Jahresproduktion** 250 000 Flaschen
**Beste Lagen** Iphöfer Julius-Echter-Berg, Kalb und Kronsberg, Rödelseer Küchenmeister und Schwanleite
**Boden** Gipskeuper
**Rebsorten** 45% Silvaner, 12% Burgundersorten, je 5% Riesling und Domina, 33% übrige Sorten

Auch diese Kollektion zeigt wieder eine sehr klare Linie mit blitzsauberen Weinen. Im Vergleich zum vergangenen Jahr hat die Familie Popp die Alkoholwerte vollkommen unter Kontrolle, was den Weinen eine schöne Leichtigkeit vermittelt. Gefallen hat uns der 2021er Iphofen Julius-Echter-Berg Silvaner „GELB". Der Wein hat eine feine Hefenote, die wir auf die späte Abfüllung zurückführen. Der Name Gelb passt absolut zum Eindruck am Gaumen. Der 2020er Rödelsee Schwanleite Spätburgunder ist in diesem Jahr ein eher dunkelfruchtiger Begleiter. Leichte Bitterschokolade und der Anklang von Speck und Rauch lassen vermuten, dass hier mit einem neuen Fass gearbeitet wurde. Insgesamt mal wieder eine sehr klassische fränkische Kollektion der Familie Popp. Und bei den sehr fairen Preisen, sollte man dieses Weingut durchaus im Auge behalten.

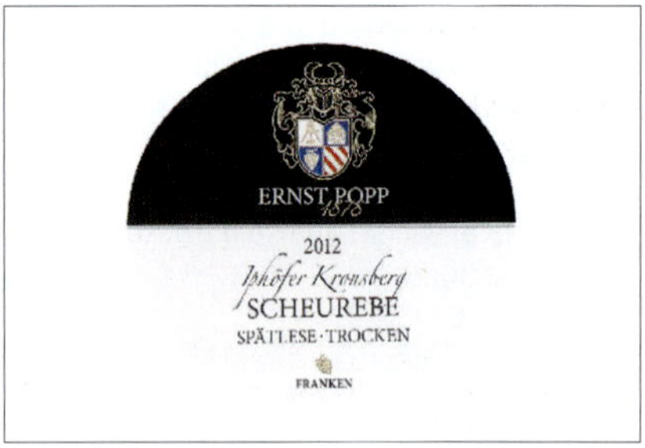


**86** 2021 Rödelseer Küchenmeister Silvaner Kabinett trocken
**9,90 €** | 12 %

**86** 2021 Iphöfer Kronsberg Weissburgunder Kabinett trocken
**10,50 €** | 13,5%

**87** 2021 Iphöfer Julius-Echter-Berg Silvaner Kabinett trocken
**10,50 €** | 12,5%

**88** 2021 Iphöfer Julius-Echter-Berg Scheurebe trocken Alte Reben
**13,50 €** | 12 %

**89** 2021 Iphöfer Julius-Echter-Berg Silvaner trocken „GELB"
**13,50 €** | 12,5%

**90** 2021 Iphöfer Kronsberg Silvaner trocken Alte Reben
**13,50 €** | 12,5%

**90** 2021 Rödelseer Küchenmeister Auslese restsüss
**20 €/0,5 Lit.** | 8,5%

**86** 2020 Rödelseer Schwanleite Spätburgunder trocken
**12,50 €** | 14 %

## PRÖSTLER

Weingut Christine Pröstler
97225 Retzbach · Obere Hauptstraße 100
Tel. (09364) 8178895 · Fax 8178896
kontakt@cproestlerweine.de
**www.cproestlerweine.de**

**Inhaber/in und Betriebsleitung** Christine Pröstler
**Keller** Christine Pröstler
**Außenbetrieb** Johannes Pröstler

**Rebfläche** 8 Hektar
**Jahresproduktion** 58 000 Flaschen
**Beste Lagen** Retzbacher Benediktusberg, Thüngersheimer Scharlachberg
**Boden** Muschelkalk (in Thüngersheim z.T. Buntsandstein)
**Rebsorten** 25% Silvaner, 21% Müller-Thurgau, je 9% Grauburgunder und Bacchus, 7% Domina, je 6% Weißburgunder und Riesling, 5% Chardonnay, 4% Rieslaner, 3% Regent, je 2% Spätburgunder und Schwarzriesling, 1% Sauvignon Blanc
**Erlebenswert** neue Vinothek

Mit Herz und Leidenschaft für guten Wein - so beschreibt sich Christine Pröstler selbst. Und wir unterschreiben das gerne. Das erst im Jahr 2013 gegründete Weingut hat sich in dieser Zeit bereits eine eigene Handschrift angeeignet, die sich in jedem Wein wiederfindet. Die Weinlese per Hand ist ein Credo und so wird auch im Keller höchsten Wert auf Qualität anstatt Quantität gelegt. Der 2021er Retzbacher Grauburgunder ist ein sehr guter Vertreter seiner Art. Mit seiner würzigen und unaufdringlichen Art ist er ein steter Begleiter jedes Sommerfests. Vielschichtigkeit überrascht uns beim 2020er Thüngersheimer Scharlachberg Silvaner. Anklänge nach Aprikose, gepaart mit einer straffen Säure und der lange mineralische Abgang gefallen uns hier sehr gut. Auch der uns in diesem Jahr erstmals präsentierte 2019er Retzbacher Chardonnay aus Christines Paradelage Benediktusberg überzeugt uns durch seinen feinen Holzeinsatz, eine dezente Reife und wenn es eine „Salzaprikose" gäbe - eben durch diese. Die Konstanz der Kollektion, die sich auch in diesem Jahr wieder bestätigte, erhoffen wir uns für alle weiteren Jahrgänge.

**84** 2021 Silvaner trocken
**7 €** | 11,5%

**85** 2021 Retzbacher Silvaner trocken
**10 €** | 12,5%

**86** 2021 Retzbacher Grauburgunder trocken
**10 €** | 13%

**86** 2021 Retzbacher Weißburgunder trocken
**10 €** | 13%

**86** 2021 Retzbacher Sauvignon Blanc trocken
**12,80 €** | 12%

**87** 2020 Retzbacher Riesling trocken
**10 €** | 12,5%

**87** 2019 Retzbacher Benediktusberg Silvaner trocken Alte Reben
**22 €** | 13%

**88** 2020 Thüngersheimer Scharlachberg Silvaner trocken
**14,50 €** | 13%

**88** 2019 Retzbacher Benediktusberg Chardonnay trocken
**20 €** | 13%

**84** 2021 Bacchus halbtrocken
**7 €** | 11%

**84** 2021 Rosé trocken
**8,50 €** | 12%

**86** 2018 Retzbacher Domina
**12,80 €** | 13,5%

★★★

## REISS

Weingut Reiss
97080 Würzburg · Unterdürrbacher Str. 182
Tel. (0931) 94600
info@weingut-reiss.com
**www.weingut-reiss.com**

**Inhaber/in und Betriebsleitung**
Christian Reiss

**Historie** Weinbau seit 1800 in der Familie
**Rebfläche** 16 Hektar
**Jahresproduktion** 90 000 Flaschen
**Beste Lagen** Würzburger Stein und Pfaffenberg, Thüngersheimer Scharlachberg, Randersacker Pfülben und Sonnenstuhl, Stettener Stein
**Boden** Muschelkalk, Buntsandstein, Keuper
**Rebsorten** 40% Silvaner, 15% Riesling, 10% weiße Burgundersorten, 5% Scheurebe, 3% Rieslaner, 1% Traminer, 2500 qm gemischter Alter Fränkischer Satz mit 10 historischen Rebsorten, neu 2022: Chardonnay
**Gastronomie** Kulinarische Weindegustationen
**Erlebenswert** prämierte Vinothek (Architekturpreis 2016)
**Mitglied** Slow Food, Vinissima, Silvaner-Forum

Der Jahrgang 2021 ist einmal mehr tadellos gelaufen in diesem Würzburger Traditionsbetrieb. Auch er hat Flächen im Würzburger Stein, sein 2021er Silvaner Großes Gewächs hat derzeit noch eine leicht holzige Nase, die Frucht ist aber erkennbar, am Gaumen mit zitrischer Frische, er hat Struktur und ein markantes Mundgefühl durch den Maischeanteil. Schön straff, anspruchsvoll, ein toller Speisenbegleiter. Das ist ohnehin ein wiederkehrendes Zeichen der Weine von Reiss, sie sind fast durchweg auch als hochklassige Speisebegleiter geeignet. Wenn es orientalisch zugeht, könnte die 2021er Cuvée Hannah eine gute Wahl sein. Den Traminer kann dieser Wein nicht leugnen, florale Töne wie Lilie und Veilchen sind wahrzunehmen, aber nicht aufdringlich. Straffe Rieslingsäure, dazu die Würzigkeit vom Silvaner. Wirklich gelungen. Und wenn es eine Begleitung zum Dessert braucht - warum nicht Traminer pur? Die 2020er Würzburger Pfaffenberg Traminer Trockenbeerenauslese weist nur dezent auf die Rebsorte hin, glänzt mit reifer Aprikose, ist saftig und so gar nicht parfümiert. Dazu ein Stück Edelpilzkäse und das kulinarische Glück dürfte vollkommen sein. Wir empfehlen mit voller Überzeugung den Besuch des Weinguts am Rande der Stadt. Auch weil die schicke Vinothek des Betriebs zum Verweilen einlädt.

**87** 2019 Silvaner Sekt b. A. Extra Brut
**16 €** | 12 %

**85** 2021 trocken
**8,50 €** | 12 %

**86** 2021 Würzburger Pfaffenberg Spätburgunder trocken Erste Lage Blanc de noirs
**11 €** | 12 %

**87** 2021 Veitshöchheimer Sonnenschein Weisser Burgunder trocken Erste Lage
**11 €** | 13 %

**87** 2021 Würzburger Stein Silvaner trocken Erste Lage
**13,50 €** | 12,5%

**88** 2021 Cuvée trocken Hannah
**17,50 €** | 13 %

**88** 2021 Randersackerer Pfülben Riesling Großes Gewächs
**25 €** | 13 %

**89** 2021 Silvaner trocken Muschelkalkfass
**15 €** | 12,5%

**89** 2021 Würzburger Pfaffenberg Weisser Burgunder Großes Gewächs
**25 €** | 13,5%

**90** 2021 Würzburger Stein Silvaner Großes Gewächs
**25 €** | 13 %

**90** 2021 Randersackerer Pfülben Riesling Auslese restsüss Erste Lage
**18 €/0,375 Lit.** | 9,5%

**93** 2020 Würzburger Pfaffenberg Traminer Trockenbeerenauslese restsüss Erste Lage
**60 €/0,375 Lit.** | 8 %

★ NEU

## RÖMMERT

Weingut Römmert
97332 Volkach · Erlachhof 1
Tel. (09381) 7183200 · Fax 71832013
info@weingut-roemmert.de
**www.weingut-roemmert.de**

**Inhaber/in** Peter Heidecker
**Betriebsleitung** Christoph Ruck
**Keller** Christoph Ruck
**Außenbetrieb** Walter Erhard

Was im und ums Weingut Römmert passiert, ist schon erstaunlich. Über 100 Jahre gibt es den Betrieb bereits, seit 2015 bewahren neue Eigentümer die traditionellen Werte. Und seit 2020 - also mitten in der Pandemie - gibt es auch ganz eigene Weine unter der Feder von Dipl. Weinbauingenieur Christoph Ruck. Die Qualität ist ausgezeichnet, mit ihrem halbtrockenen Riesling ist ein knackiger, jugendlicher Wein gelungen, der vor allem ein jüngeres Publikum ansprechen soll - Mosel-Kabi eben, im positivsten Sinne. Besonders gefallen hat uns das Große Gewächs Chardonnay vom Volkacher Ratsherr 2019. Mit wunderbar eingebundenem Holz, einer tollen Länge und einer kleine Prise Mineralität, weiß dieser kräftige Weißwein auf ganzer Linie zu überzeugen. Wir sind gespannt, was in diesem höchst spannenden Konzept-Weingut noch passiert! Wir gratulieren zu einem höchst respektablen Einstand!

**86** 2021 Volkacher Silvaner trocken
**8,50 €** | 12,5%

**88** 2019 Volkacher Ratsherr Großes Gewächs
**24 €** | 13 %

**86** 2021 Volkacher Riesling halbtrocken Signature
**11 €** | 11 %

**87** 2021 Volkacher Scheurebe halbtrocken
**9,50 €** | 12 %

★★★

## ROTHE

Weingut Manfred Rothe
97334 Nordheim · Heerweg 6
Tel. (09381) 8479530 · Fax 8479532
info@weingut-rothe.de
**www.weingut-rothe.de**

**Inhaber/in und Betriebsleitung**
Manfred und Christine Rothe
**Keller** Manfred Rothe, Andrea Reuer
**Außenbetrieb** Manfred Rothe

**Historie** Gründung des Weinguts 2002, von Beginn an Bioland-zertifiziert.
**Rebfläche** 12 Hektar
**Jahresproduktion** 80 000 Flaschen
**Beste Lagen** Nordheimer Vögelein, Sommeracher Katzenkopf, Astheimer Karthäuser
**Boden** Muschelkalk, sandiger Lehm
**Rebsorten** 25% Silvaner, 15% Müller-Thurgau, je 10% Scheurebe, Muscaris, Spätburgunder und Zweigelt, 20% übrige Sorten
**Gastronomie** gutseigenes Bistro und Weingarten von April - Oktober (Mo - Do 12:00 - 20:00)
**Mitglied** Bioland, Slow Food, Silvaner-Forum, Inselweinmacher, Fränkische Ökowinzer

Wer noch nicht mit Manfred Rothe gesprochen hat, sollte das unbedingt einmal tun - natürlich nicht ohne vorher oder nachher seine Weine mitgenommen zu haben, das ist essentiell! Manfred Rothe ist ein Besessener, ein Nie-Still-Sitzender, ein Querkopf. Wie er über Wein spricht, wie er seine Weinberge bewirtschaftet und wie er selbst kocht, entzieht sich jedes konventionellen Verständnisses. Man muss ihn und seine Vorstellung ganzheitlicher Bewirtschaftung und Wirtschaft kennenlernen. Dann versteht man auch die Weine dahinter. Sie sind anders, können schwer in Schubladen gesteckt werden, sind mal laut, mal leise, mal kräftig, mal samtig, aber nie extrem. Es ist ehrlich gesagt relativ gleich, welchen Wein man nimmt, selbst eine höchst befremdlich wirkende Cuvée aus Helios und Muscaris wird bei Rothe zum Erlebnis. Zunächst schlägt es die wuchtigen, blumigen, lauten Töne an und wird dann, wie der Winzer selbst, kurz leise, nachdenklich, fein und tiefsinnig. Mit seinem neuesten Projekt Blauer Silvaner 2021 trifft er bei uns voll ins Schwarze. Rothe ist bekannt für maischevergorene Weine und Qvevris. Dieser Wein schlägt in eine ähnliche Kerbe, erfrischt wie eine Rhabarberschorle auf Eis, um dann ihre volle Strahlkraft zu entfalten und dir wortwörtlich die Spucke zu rauben. Man muss Manfred Rothe und seine Weine einfach mal kennengelernt haben.

rothe
natürlich fein

**87** 2021 Silvaner trocken
**8 €** | 11,5%

**87** 2021 Helios & Muscaris trocken Zukunftswein
**9,50 €** | 12%

**88** 2021 Grauburgunder trocken
**9,50 €** | 12,5%

**88** 2021 Riesling trocken aus dem Stückfass
**10 €** | 12%

**88** 2021 Scheurebe trocken Grande
**12 €** | 12,5%

**89** 2021 Blanc de Noir trocken
**10 €** | 12%

**89** 2020 Müller-Thurgau trocken Grande
**12 €** | 12%

**90** 2020 Silvaner trocken Grande
**15 €** | 12,5%

**90** 2021 Blauer Silvaner trocken
**18 €** | 12,5%

**92** 2021 Silvaner trocken Indigenius
**25 €** | 12,5%

**88** 2020 Blauer Zweigelt trocken
**11 €** | 12,5%

**89** 2019 Schwarzriesling trocken
**12 €** | 13% BEST BUY

★★★

## RUCK

Weingut Johann Ruck
97346 Iphofen · Marktplatz 19
Tel. (09323) 800880 · Fax 800888
post@ruckwein.de
**www.ruckwein.de**

**Inhaber/in und Betriebsleitung** Johannes Ruck
**Keller** Johannes Ruck

**Historie** Weingut seit 1839 in Familienbesitz
**Rebfläche** 12 Hektar
**Jahresproduktion** 60 000 Flaschen
**Beste Lagen** Iphöfer Julius-Echter-Berg, Iphöfer Kalb
**Boden** Gipskeuper, im Julius-Echter-Berg mit Schilfsandstein
**Rebsorten** 40% Silvaner, 20% Riesling, 40% übrige Sorten
**Mitglied** VDP, Trias

„Ein Ruck muss durchs Land gehen" oder „Gib dir doch nen Ruck!". An dieser Stelle werfen wir gerne den Fünfer ins Phrasenschwein, denn die beiden Aussagen sind schlicht und ergreifen korrekt. Klassiker bleiben einfach Klassiker, so würden wir die Weine vom Weingut Ruck' am einfachsten beschreiben. Man nehme den 2021er Iphöfer Riesling. Ein mehr als solider Riesling, leichte Würze in der Nase, klar als Riesling erkennbar, frische, knackige Säure begleitet von Pfirsichen und Südfrüchten. Die Weine von Familie Ruck strahlen eine zuverlässige Souveränität aus, sind nie laut oder unbequem. So auch die 2019er Scheurebe ESTHERIA. In sich ruhend, dezente Noten von Kakao, Johannisbeere und Karamell. Die Aromatik und Feingeistigkeit des Weins lässt uns kurz zweifeln, ob wir hier wirklich eine Scheurebe vor uns haben. Und da ist es dann doch. Extravaganz. Das, was man einfach durchziehen kann, mit sich einig sein. Gelassen und mit bestimmtem Selbstbewusstsein. Das gilt auch für das GG 2020 aus dem Echter Berg, das zwar nicht angestellt wurde, aber in diesem Jahr im Konzert der Platzhirsche wahrhaft mitspielen kann. Ach ja, da war ja noch eine Trockenbeerenauslese. Zum Niederknien. Leichte Würze, gefolgt von Kaffeebohnen, dann getrocknete Feigen, sehr feine Säure, perfekt zur Süße. Ein großartiger Wein! Der Name Ruck steht für Substanz, Geradlinigkeit und Struktur und das darf gerne durchs Land gehen!

- **85** 2021 Rödelseer Grauburgunder trocken
  **9,50 €** | 12,5%
- **86** 2021 Silvaner trocken
  **9 €** | 12,5%
- **86** 2021 Iphöfer Kronsberg Muskat Silvaner trocken Erste Lage
  **15,50 €** | 11%
- **87** 2021 Iphöfer Riesling trocken
  **9,80 €** | 12,5%
- **87** 2021 Iphöfer Kalb Silvaner trocken Erste Lage
  **12,50 €** | 12%
- **88** 2021 Iphöfer Kronsberg Silvaner trocken Erste Lage Alte Reben
  **15,50 €** | 12%
- **88** 2021 Iphöfer Julius-Echter-Berg Silvaner trocken Erste Lage
  **17,50 €** | 0%
- **88** 2018 Rödelseer Schwanleite Grauburgunder trocken Erste Lage Alte Reben
  **19 €** | 13%
- **89** 2021 Iphöfer Julius-Echter-Berg Riesling trocken Erste Lage
  **16,50 €** | 12,5%
- **89** 2021 Iphöfer Julius-Echter-Berg Traminer trocken Erste Lage
  **17 €** | 13%
- **90** 2019 Scheurebe trocken ESTHERIA
  **19,50 €** | 13%
- **93** 2018 Iphöfer Kronsberg Silvaner Trockenbeerenauslese restsüss Erste Lage
  **65 €/0,375 Lit.** | 7,5%

★★★½

## HORST SAUER

Weingut Horst Sauer
97332 Escherndorf · Bocksbeutelstraße 14
Tel. (09381) 4364 · Fax 6843
mail@weingut-horst-sauer.de
**www.weingut-horst-sauer.de**

**Inhaber/in und Betriebsleitung**
Magdalena und Horst Sauer
**Keller** Sandra Sauer

**Rebfläche** 20 Hektar
**Jahresproduktion** 180 000 Flaschen
**Beste Lagen** Escherndorfer am Lumpen 1655, Escherndorfer Lump und Escherndorfer Fürstenberg
**Boden** Muschelkalk, Lettenkeuper und Lösslehm
**Rebsorten** 40% Silvaner, 20% Müller-Thurgau, 17% Riesling, 7% Bacchus, je 4% Spätburgunder und Weißburgunder, 3% Scheurebe, 5% übrige Sorten
**Mitglied** VDP

Eines vorneweg: Es wird einfach viel zu wenig hervorragender Süßwein getrunken! Das merkt man bei Sauers einfach Jahr für Jahr. Dieses Mal gab es eine Beerenauslese Riesling vom Escherndorfer Lump und einen Silvaner (Trommelwirbel!) Eiswein von ebendiesem. Der Riesling verströmt geradezu verschwenderisch ein Potpourri an Südfrüchten, kandiertem Obst und nassem Stein. Mit einer unwahrscheinlich präzisen Säure untermalt, findet sich hier ein echter Hochkaräter! Dieser wird lediglich vom Silvaner Eiswein ausgestochen. Der ist ein Gedicht. Ein Gemälde. Wunderschön, zart, opulent, fein, kraftvoll. Als gäben sich Tag und Nacht die Hand. Erfrischende Säure, umgarnende Süße, nie bissig oder zu viel. Lindenblüten im Anklang, dazu Passionsfrucht, reife Birnen und ein Hauch von Karamellbutter. Man kommt ins Schwärmen. Doch da sind natürlich noch die trockenen Weine der Sauers. Es zieht sich eine Mineralität durch die Kollektion, vom einfachen Just Silvaner, der mit seiner Leichtigkeit und Frische einen wunderbaren Einstieg in die Escherndorfer Welt bereitet, bis zum Großen Gewächs Am Lumpen 1655 Silvaner. Besonders überrascht und erfreut hat uns der Müller-Thurgau, der mit seiner zurückhaltenden Aromatik genau in die Kerbe schlägt, die von der Rebsorte so oft ausgelassen wird. Eleganz und Tiefe. Insgesamt beweisen Sauers wieder einmal, warum sie zu Recht zu den besten Weingütern Frankens zählen, an den Süßweinen kommt sowieso nicht viel vorbei!

HORST SAUER

**85** 2021 Just Silvaner trocken
**7,50 €** | 11,5%

**85** 2021 Escherndorfer Silvaner trocken
**10 €** | 11,5%

**86** 2021 Escherndorfer Riesling trocken
**10 €** | 11,5%

**86** 2021 Escherndorfer Fürstenberg Weißburgunder trocken
**16 €** | 13%

**87** 2021 Escherndorfer Lump Riesling trocken
**14,50 €** | 13%

**88** 2021 Escherndorfer Fürstenberg Müller-Thurgau trocken
**12 €** | 12,5%

**88** 2021 Escherndorfer Lump Silvaner trocken
**14,50 €** | 13%

**89** 2021 Escherndorfer am Lumpen 1655 Silvaner VDP.Großes Gewächs
**27 €** | 13%

**89** 2021 Escherndorf am Lumpen 1655 Riesling VDP.Großes Gewächs
**27 €** | 13%

**88** 2021 Escherndorfer Lump Scheurebe Spätlese restsüss
**13,50 €** | 11,5%

**94** 2021 Escherndorfer Lump Silvaner Eiswein restsüss
**70 €/0,5 Lit.** | 7%

**93** 2021 Escherndorfer Lump Riesling Beerenauslese
**40 €/0,5 Lit.** | 7%

★★★★

## RAINER SAUER

Weingut Rainer Sauer
97332 Escherndorf · Bocksbeutelstraße 15
Tel. (09381) 2527 · Fax 71340
info@weingut-rainer-sauer.de
**www.weingut-rainer-sauer.de**

**Inhaber/in und Betriebsleitung** Daniel Sauer
**Keller** Rainer und Daniel Sauer
**Außenbetrieb** Rainer und Daniel Sauer, Niko Krämer

**Historie** seit vielen Generationen Weinbau in der Gemeinde Escherndorf, Gründung des Weinguts von Helga und Rainer Sauer
**Rebfläche** 15 Hektar
**Jahresproduktion** 125 000 Flaschen
**Beste Lagen** Escherndorf am Lumpen, Escherndorfer Lump, Escherndorfer Fürstenberg
**Boden** Muschelkalk, Lettenkeuper und Lösslehm
**Rebsorten** 65% Silvaner, 20% Müller-Thurgau, 11% Riesling, 4% übrige Sorten
**Gastronomie** in den Sommermonaten Weinausschank im Hof
**Erlebenswert** neu gestaltete Hofansicht und Präsentationsräume
**Mitglied** VDP

Neunundachtzig. Das ist die niedrigste Punktzahl, die wir in diesem Jahr an Daniel Sauer und seinen Vater Rainer vergeben konnten. Nichts schlechter als sehr gut, vieles noch besser. Das darf man an dieser Stelle ruhigen Gewissens erwähnen. Denn die Jahre werden für den Familienbetrieb nicht einfacher, mit ihrer Paradelage, dem Escherndorfer Lumpen, stehen sie sozusagen im Zentrum der Auswirkungen des Klimawandels. Dieser Weinberg gleicht einem nach Süden ausgerichtetem Parabolspiegel. Mit all der Wärme, die das mit sich bringt. Und in Verbindung mit dem Wassermangel, der Franken seit einigen Jahren quält, eigentlich eine unheilvolle Mixtur. Und dennoch bringen die Sauers jedes Jahr ein ganzes Bündel schlanker und mineralischer Weine auf die Flasche. Es gelingt ihnen, die Klaviatur des Silvaner von Gutswein bis zum Großen Gewächs nachvollziehbar zu spielen. Eine großartige Leistung!

Wie schlank und präzise die Weine gearbeitet sind, zeigt der Ortswein 2021 Escherndorfer Silvaner. Er zeichnet perfekt den Muschelkalk der Lage ab. Knackige Mineralität auf den ersten Schluck, die Frucht steht komplett hinten an, im Abgang noch einmal diese mineralische Würze. Was für ein Statement. Beim 2021er Escherndorfer Lump Silvaner VDP. Erste Lage kommt eine leichte Gelbfrucht durch, gefolgt von Kräutern und der fast salzigen Würze. Eine spürbare Steigerung, was die Qualitätsstufe angeht - ohne Übertreibung wäre das bei anderen bereits ein Großes Gewächs. Auch deshalb kann man diesen Wein als Tipp ansehen. Der kompletteste Wein ist dennoch einmal mehr der Silvaner Großes Gewächs Escherndorf Am Lumpen 2021. Seine kühle, leicht kräuterige Nase, unterlegt mit etwas Süßholz und der leichte Schmelz am Gaumen weisen auf Größe hin. Vielleicht ist er nicht ganz so präzise wie in kälteren Jahren, die markante Salzigkeit am Zungenrand macht ihn dennoch einzigartig.

Den Übergang von Silvaner zum Riesling markiert der 2021er Escherndorf Lump Altfränkischer Satz. Er verbindet beide Rebsorten (mit ein bisschen Traminer). Dezente Frucht, dazu Würze, Salz, Schmelz - kurzum alles, was man für unerhörten Trinkfluss braucht. Womit wir bei den Rieslingen wären. Sie profitieren von der Wärme der Lage und können jederzeit mit Vertretern aus anderen Anbaugebieten mithalten. Beispielhaft sei der 2021er Escherndorfer Riesling genannt. Ein einmalig trinkanimierender Wein, er hat Grip und Tiefe, lädt zum Nachdenken ein und trinkt sich dennoch völlig selbstverständlich.

**89** 2021 Silvaner trocken
**8,50 €** | 11,5% **BEST BUY**

**89** 2021 Escherndorfer Silvaner trocken Muschelkalk
**11 €** | 12%

**90** 2021 Silvaner trocken Freiraum
**13 €** | 12,5%

**90** 2021 Silvaner Alte Reben trocken
**15 €** | 13%

**91** 2021 Escherndorf Lump Altfränkischer Satz trocken Erste Lage
**15,50 €** | 13%

**91** 2021 Silvaner trocken „L"
**18 €** | 13%

**91** 2021 Silvaner trocken Ab Ovo
**25 €** | 13,5%

**91** 2021 Escherndorf am Lumpen 1655 Riesling VDP.Großes Gewächs
**30 €** | 12,5%

**93** 2021 Escherndorf am Lumpen 1655 Silvaner VDP.Großes Gewächs
**30 €** | 13,5% **TOP 10**

**90** 2021 Escherndorfer Riesling trocken
**11 €** | 12%

**91** 2021 Escherndorfer Lump Riesling trocken Erste Lage
**14 €** | 12,5%

**91** 2021 Escherndorfer Lump Silvaner trocken Erste Lage
**14 €** | 13%

★★★

## EGON SCHÄFFER

Weingut Egon Schäffer
97332 Escherndorf · Astheimer Straße 17
Tel. (09381) 9350 · Fax 4834
info@weingut-schaeffer.de
**www.weingut-schaeffer.de**

**Inhaber/in und Betriebsleitung**
Sophie und Peter Schäffer
**Keller** Peter Schäffer

**Historie** ältestes selbst vermarktendes Weingut in Escherndorf, Familie seit 1524 am Ort nachweisbar
**Rebfläche** 6 Hektar
**Jahresproduktion** 30 000 Flaschen
**Beste Lagen** Escherndorfer Lump und Fürstenberg
**Boden** Muschelkalk
**Rebsorten** 45% Silvaner, 20% Müller-Thurgau, 10% Riesling, je 5% Bacchus, Schwarzriesling, Spätburgunder, Scheurebe und Weißburgunder
**Gastronomie** Ferienwohnung im Weingut
**Mitglied** VDP, Slow Food

Egon und Peter sind maßgeblich für die Weine verantwortlich, während Peters Schwester Sophie Verkauf und Marketing übernimmt. Natürlich steht hier der Silvaner im Vordergrund und die Kollektion startet mit dem trockenen Gutswein ebendieser Rebsorte beschwingt, mit einem Hauch Frucht und einer großartigen Mineralität. Bei Schäffers wird diese groß geschrieben und zieht sich quasi durch alle Weine durch. Ob das ein wirklich hervorragender Bacchus Ortswein oder die Dettelbacher Scheurebe ist, wir sind nie auf der kitschigen Seite unterwegs, sondern stets selbstbewusst, klar und deutlich. Ab den Ersten Lagen drehen Schäffers dann nochmal auf und zeigen, was Escherndorf so besonders macht. 2021 legt mit dem Escherndorfer Fürstenberg einwandfrei vor, während der sechs Jahre ältere Bruder unter dem Namen S7LVANER dann sauber verwandelt. Das ist straff, karg, von leicht krautigen Noten untermalt und macht vor allem in der Reife extrem viel Spaß! Ganz neu dabei ist der 2021er Riesling Zuckerschnute. Man richtet sich an ein junges, trinkfreudiges Publikum – Mosel-Kabi ist das Stichwort. Auch hier in Franken kann man solche Weine. Insgesamt zeigt das Weingut Schäffer eindrücklich, wozu die Franken in der Lage sind. Wir freuen uns auf viele weitere spannende Weine von dieser überaus sympathischen Familie!

**87** 2021 Silvaner trocken
**7,90 €** | 12 %

**87** 2021 Escherndorf Müller-Thurgau trocken
**8,90 €** | 12 %

**87** 2021 Escherndorf Bacchus trocken
**8,90 €** | 12 %

**88** 2021 Dettelbach Scheurebe trocken
**9,50 €** | 12 %

**88** 2021 Escherndorf Silvaner trocken
**9,90 €** | 12,5%

**88** 2020 Escherndorfer Fürstenberg Weissburgunder trocken Erste Lage
**16 €** | 13 %

**89** 2020 Escherndorfer Lump Silvaner trocken Erste Lage
**14,90 €** | 12,5%

**89** 2021 Escherndorfer Fürstenberg Silvaner trocken Erste Lage
**15 €** | 0 %

**89** 2020 Escherndorfer Lump Silvaner trocken Erste Lage FIFTY-FIVE
**19,55 €** | 13 %

**90** 2015 Untereisenheim Silvaner trocken S7LVANER
**20,15 €** | 13 %

**91** 2015 Escherndorfer Fürstenberg Silvaner trocken Erste Lage S7LVANER
**27 €** | 13 %

**88** 2021 Escherndorf Riesling ZUCKERSCHNUTE
**10,50 €** | 11,5%

**87** 2021 Pinot meunier x noir trocken
**8,90 €** | 12 %

★★



## SCHMACHTENBERGER

Weingut Markus Schmachtenberger
97236 Randersacker · Klosterstraße 43
Tel. (0931) 707850 · Fax 708961
mail@weine-mit-charakter.de
**www.weine-mit-charakter.de**

**Inhaber/in und Betriebsleitung** Markus Schmachtenberger
**Keller** Markus Schmachtenberger

**Historie** Weinbau in der zwölften Generation
**Rebfläche** 9 Hektar
**Jahresproduktion** 60 000 Flaschen
**Beste Lagen** Randersackerer Sonnenstuhl und Marsberg
**Boden** Muschelkalkverwitterungsboden
**Rebsorten** 34% Silvaner, 16% Müller-Thurgau, je 9% Scheurebe, 7% Riesling, Weißburgunder und Domina, 5% Bacchus, je 4% Sauvignon Blanc und Spätburgunder, je 2% Dornfelder und Portugieser, je 1% Kerner und Traminer
**Erlebenswert** moderne Vinothek, Weinberg Silvaner Alte Reben 1966
**Mitglied** Ecovin, Ethos

Markus Schmachtenberger wird immer mehr zu einer Bank für Qualität. Als biozertifiziertes Weingut, Mitglied von ECOVIN und der fränkischen ETHOS Gruppe, engagiert er sich für klare Nachhaltigkeit im Weinbau. Seine Silvaner zeigen alle einen durchgängigen Faden, alleine der 2020er Silvaner Sonnenstuhl Greif reißt hier ein bisschen aus. Die warme Lage des Sonnenstuhls sowie der warme Jahrgang bringen uns hier ein bischen zu viel Alkohol ins Glas. Der Silvaner Alte Reben - ebenfalls vom Sonnenstuhl aus dem Jahr 2021 zeigt jedoch, was Markus kann: tiefsinnige Mineralik, gepaart mit feinem Schmelz und schöner Würze. So muss das sein. Ganz anders aber mindestens genauso gut der 2019er Silvaner Quaderkalk x Quaderkalk aus dem Muschelkalk Fass. Wie schon die vergangenen Jahre einer unserer Favoriten. Was ebenfalls überzeugt - und zwar auch die Geldbörse - ist der 2021er Riesling Ewiges Leben. Bei dem Preis und was der Riesling mit seiner schönen Frucht und angenehmer Säure liefert, garantieren wir keiner Flasche ein ewiges Leben. Generell sind die Preise im Hause Schmachtenberger hervorzuheben. Hier ist wirklich für jeden ein toller Tropfen erschwinglich.

WEINGUT SCHMACHTENBERGER
MARKUS SCHMACHTENBERGER
Klosterstraße 43 · 97236 Randersacker · Tel. 0931/707850

**84** 2021 Randersacker Weißburgunder trocken
**7 €** | 12,5%

**84** 2021 Randersacker Sauvignon Blanc trocken
**7 €** | 12,5%

**85** 2021 Randersacker Grüner Silvaner trocken
**6,80 €** | 12,5%

**86** 2021 Randersackerer Ewig Leben Riesling trocken Quaderkalk
**8,50 €** | 13 %

**87** 2021 Randersackerer Marsberg Silvaner trocken Quaderkalk
**8,50 €** | 13 %

**87** 2021 Randersackerer Sonnenstuhl Weißburgunder trocken Quaderkalk
**9 €** | 13 %

**87** 2020 Randersackerer Sonnenstuhl Silvaner trocken Greif
**11 €** | 14 %

**88** 2021 Randersackerer Sonnenstuhl Weissburgunder trocken Greif
**12 €** | 13 %

**89** 2021 Randersackerer Sonnenstuhl Silvaner trocken Alte Reben
**9,50 €** | 13 % **BEST BUY**

**89** 2019 Randersackerer Sonnenstuhl Silvaner trocken Quaderkalk [2]
**25 €** | 14 %

**88** 2019 Randersackerer Ewig Leben Spätburgunder trocken Greif
**14 €** | 14 %

★ NEU

## LUKAS SCHMIDT

Lukas Schmidt Wein
97258 Ippesheim · Bullenheim 157, 97258 Ippesheim
Tel. (09339) 9899054 · Fax 1509
wein@lukas-schmidt-wein.de
**www.lukas-schmidt-wein.de**

**Inhaber/in und Betriebsleitung**
Lukas J. B. Schmidt
**Keller** Lukas J. B. Schmidt
**Außenbetrieb** Frank Schmidt

Lukas Schmidt kommt aus einem Weingut, das auf eine 500-jährige Geschichte zurückblicken kann. Seit elf Generationen wird am Weingut in Bullenheim bereits Wein gemacht, da sollte man eine grobe Ahnung haben, wie man Traubensaft zu feinem Wein veredelt. Er bezeichnet sich selbst gerne als Aromarebsorten-Winzer. Er hat recht, seine Scheurebe erfreut sich großer Beliebtheit, und auch bei uns kam sie sehr gut an. Fruchtig, blumig in der Nase, danach die nötige Portion Ernsthaftigkeit in Form von Tiefe und Zurückhaltung. Sein Paradewein ist allerdings aus dem Bullenheimer Paradies. Der Riesling First Flight aus dem Jahr 2021 ist sehr dicht in der Aromatik, Anflüge von Honigmelone und kandierter Ananas schmeicheln dem Gaumen und enden in einem lang anhaltenden und mineralischen Finish. Sehr gut Herr Schmidt, wir sind gespannt, wie es weiter geht!

**86** 2021 trocken Sneak Preview Second Flight
**8 €** | 12 %

**86** 2021 Muskateller trocken Second Flight
**8 €** | 12 %

**87** 2021 Scheurebe trocken Second Flight
**8 €** | 12 %

**87** 2021 Riesling trocken Second Flight
**8 €** | 12 %

**87** 2021 Bullenheimer Paradies Scheurebe trocken First Flight
**15 €** | 12,5 %

**90** 2021 Bullenheimer Paradies Riesling trocken First Flight
**15 €** | 12,5 %

**87** 2021 Bacchus feinherb Best of Second Flight
**8 €** | 11,5 %

★★★½

## TROCKENE SCHMITTS

Weingut Trockene Schmitts
97236 Randersacker · Maingasse 14a
Tel. (0931) 700490
info@naturreine-weine.de
**www.durchgegorene-weine.de**

**Inhaber/in und Betriebsleitung**
Bruno und Lothar Schmitt

**Historie** Familienbetrieb seit 1680
**Rebfläche** 17 Hektar
**Jahresproduktion** 125 000 Flaschen
**Beste Lagen** Randersacker Pfülben, Sonnenstuhl
**Boden** Muschelkalk
**Rebsorten** 40% Silvaner, 15% weiße und rote Burgundersorten, 15% Müller-Thurgau, 10% Riesling, 20% übrige Sorten
**Gastronomie** neue Vinothek am Mainparkplatz, gutseigenes Restaurant „Weinhaus Ewig Leben“
**Erlebenswert** unterirdische Kellerlabyrinthe
**Mitglied** Slow Food, Generation Riesling, Silvaner-Forum

Die trockenen Schmitts aus Randersacker. Für einen Franken lässt sich diese Bezeichnung freilich doppeldeutig sehen. Hier geht es allerdings um den konsequent trockenen Ausbau der Weine. Man trägt das mit Stolz und schreibt den exakten Zuckerwert sogar immer auf die Flasche - eine Seltenheit in der Weinwelt. Die Weine begeistern durch die Bank. Es beginnt mit dem Randersacker Pfülben Silvaner Universitätswein, der mit seiner Salzigkeit und harmonischen Frucht strahlt. Eine weitere Seltenheit ist der Fränkische Satz vom Randersacker Pfülben. Wir mussten mehrmals reinschmecken und waren immer begeisterter von dieser seltenen, doch urfränkischen Weinart. Die Großen Gewächse spielen mit Leichtigkeit in der höchsten fränkischen Weinliga, der Riesling vom Randersacker Sonnenstuhl vielleicht noch einen Ticken zurückhaltender als der Silvaner. Das ist ganz große Weißweinkunst, klar, steinig, frisch, mit der perfekten Balance aus Kernigkeit und Schmelz. Natürlich dürfen auch die Rotweine mitspielen, die Spätburgunder Spätlese vom Randersacker Sonnenstuhl 2021 ist dezent fruchtig, mit einem leicht krautigen Spiel. Eine wirklich gelungene Zusammenstellung aus Randersacker! Bravo!

★★★★

**87** 2021 Randersacker Pfülben Silvaner trocken Universitätswein
**9,80 €** | 12,5%

**87** 2021 Randersacker Lämmerberg Gewürztraminer trocken Konsequent
**12,20 €** | 13%

**88** 2021 Randersacker Sonnenstuhl Silvaner trocken Konsequent
**9,80 €** | 13%

**88** 2020 Randersacker Pfülben Riesling trocken Konsequent Universitätswein
**12,50 €** | 13%

**89** 2021 Randersacker Sonnenstuhl Silvaner trocken Alte Reben Konsequent
**12,20 €** | 13%

**89** 2020 Randersacker Sonnenstuhl Rieslaner trocken Konsequent
**13,80 €** | 13,5%

**89** 2021 Randersacker Pfülben Fränkischer Alter Satz Spätlese trocken
**19,80 €** | 13%

**90** 2021 Randersacker Pfülben Weißburgunder trocken Konsequent
**12,90 €** | 13,5%

**90** 2020 Randersacker Sonnenstuhl Riesling Großes Gewächs „R"
**22,90 €** | 13%

**93** 2020 Randersacker Sonnenstuhl Silvaner Großes Gewächs „R"
**22,90 €** | 13,5%

**88** 2019 Randersacker Sonnenstuhl Frühburgunder trocken Konsequent
**14,90 €** | 13,5%

**90** 2019 Randersacker Sonnenstuhl Spätburgunder Spätlese trocken Konsequent
**15,90 €** | 13%

## SCHMITT'S KINDER

Weingut Schmitt's Kinder
97236 Randersacker · Am Sonnenstuhl 45
Tel. (0931) 7059197 · Fax 7059198
weingut@schmitts-kinder.de
**www.schmitts-kinder.de**

**Inhaber/in** Martin Joh. Schmitt
**Betriebsleitung** Martin Schmitt, Karl Schmitt, Renate Schmitt
**Keller** Martin Joh. Schmitt

**Historie** Weingut seit 1710, heute in der zehnten Generation
**Rebfläche** 14 Hektar
**Jahresproduktion** 100 000 Flaschen
**Beste Lagen** Randersacker Pfülben, Sonnenstuhl, Marsberg und Teufelskeller
**Boden** Muschelkalkverwitterung
**Rebsorten** 37% Silvaner, 14% Riesling, 10% Spätburgunder, 9% Müller-Thurgau, 6% Sauvignon Blanc, 24% übrige Sorten
**Erlebenswert** wechselnde Ausstellungen des Landschaftsmalers Andi Schmitt
**Mitglied** VDP, Naturland, Trias

Es gibt Neuigkeiten aus dem Weingut und wie wir finden, ist die wichtigste: Es hat Nachwuchs gegeben im Hause Schmitt! Ob die junge Dame dereinst als elfte Generation in den Betrieb einsteigen wird, lässt sich nicht genau sagen. Wir gratulieren dennoch auf das Herzlichste! Die anderen Neuigkeiten sind dagegen fast profaner Natur, es wurden Weinberge mit Spätburgunder und Sauvignon Blanc bepflanzt, der Betrieb ist jetzt biozertifiziert und Mitglied im Naturland Verband. Womit wir zum Eigentlichen kommen können: den Weinen. Wir haben die Bemühungen von Martin Schmitt im vergangenen Jahr mit dem vierten Stern ausgezeichnet, und wenn es einer Bestätigung bedurft hätte, steht sie vor uns. Eine Kollektion aus einem Guss, mit mehr als soliden Basisweinen, wie dem 2021er Randersacker Riesling trocken, der für unter 10 Euro ungebändigte Rieslingfreude ins Glas bringt. Mit zarter Frucht, vitaler Säure, leichtem Schmelz und überraschendem Tiefgang ist er ein Schnäppchen. Über ihm angesiedelt der Riesling GG Pfülben 2021. Er lag bis in den Sommer hinein auf der Hefe, entsprechend verhalten zeigt er sich aktuell. Aber welche Klarheit der Frucht, welche feinwürzige, stets präsente Mineralität. Es gelingt Martin Schmitt, den warmen Randersacker Lagen kühle Präzision zu entlocken, die großen Weine haben exakten Schliff, wie mit dem Lineal gezeichnet. Wer noch mehr Hefelager und damit Komplexität sucht, wird bei den Reserve genannten Weinen fündig. Das Gewann Spielberg ist jetzt offiziell als Erste Lage eingetragen und eine potenzielle Große Lage. Der Riesling 2020 Reserve zeigt heute schon die Richtung, ist fast so etwas wie ein Blick in die Zukunft des fränkischen Rieslings mit mehr Tiefe und Substanz bei weniger Frucht. Neugierige Weinfreunde sollten das unbedingt beobachten.

**86** 2021 trocken „Le Blanc"
**8,50 €** | 12 %

**88** 2021 Randersackerer Silvaner trocken
**9,30 €** | 12,5%

**89** 2021 Randersacker Riesling trocken
**9,90 €** | 12 % **TIPP** **BEST BUY**

**89** 2020 Randersackerer Riesling trocken Weinberg Mendelssohn
**14 €** | 12 %

**90** 2021 Randersackerer Sonnenstuhl Silvaner trocken Erste Lage
**12,80 €** | 12,5%

**90** 2021 Randersackerer Sonnenstuhl Riesling trocken Erste Lage
**13,70 €** | 12,5%

**91** 2021 Randersackerer Marsberg Silvaner trocken Erste Lage TRIAS
**15,60 €** | 12,5%

**92** 2020 Randersackerer Riesling trocken „Spielberg" „Große Reserve"
**22,50 €** | 12,5%

**92** 2020 Randersackerer Pfülben Silvaner VDP.Großes Gewächs
**27 €** | 13,5%

**92** 2020 Randersackerer Pfülben Riesling VDP.Großes Gewächs
**27,50 €** | 13 %

**94** 2021 Randersackerer Pfülben Silvaner VDP.Großes Gewächs
**32 €** | 13 % **TOP 10**

**94** 2021 Randersackerer Pfülben Riesling VDP.Großes Gewächs
**32,50 €** | 13 %

## SCHWAB

Weingut Thomas und Martin Schwab
97291 Thüngersheim · Bühlstraße 17
Tel. (09364) 89183 · Fax 89184
info@weingut-schwab-franken.de
**www.weingut-schwab-franken.de**

**Inhaber/in und Betriebsleitung**
Thomas und Martin Schwab

**Rebfläche** 12 Hektar
**Jahresproduktion** 70 000 Flaschen
**Beste Lagen** Thüngersheimer Johannisberg und Scharlachberg
**Boden** Muschelkalkverwitterung
**Rebsorten** 30% Silvaner, je 15% Riesling und Müller-Thurgau, je 10% Weißburgunder, Scheurebe, Bacchus und rote Sorten
**Erlebenswert** Weinkulturgaden, Terroir-f-Punkte in Thüngersheim
**Mitglied** VDP

Wie ein Schweizer Uhrwerk liefert Familie Schwab aus Thüngersheim reizvolle Weine mit Klarheit und Struktur ab, stets sauber vinifiziert und höchst ansprechend. Vor allem die Leitrebsorte Silvaner und der Riesling stehen mit 30, respektive 15 Prozent Anbau im Fokus, werden belebend und präzise präsentiert. Mit dem Rothlauf ist Familie Schwab ein absoluter Vorzeigewein gelungen. Ein herrlicher Schmelz umgarnt Butterhörnchen, junge Birnen und angenehme Salzigkeit. Der Wein bleibt lange am Gaumen und im Gedächtnis, und wir schenken uns sehr gerne nochmal nach. Die 2021er Scheurebe stellt einen weiteren Stützpfeiler von Schwabs besten Weinen dar. Unkitschig, geradlinig und mit feiner Mineralität, sorgt dieser höchst trinkige Weißwein für viele muntere Stunden, vor allem an heißeren Tagen. Nicht unerwähnt soll die mehr als faire Preisgestaltung sein, es lohnt sich also einmal mehr nach Thüngersheim zu fahren!

**84** 2021 Thüngersheim Müller-Thurgau trocken
**7,50 €** | 12 %

**85** 2021 Thüngersheim Silvaner trocken
**8,20 €** | 12,5%

**86** 2021 Cuvée trocken „Enjoy White“
**7 €** | 12 %

**86** 2021 Thüngersheim Weißburgunder trocken
**8,20 €** | 13 %

**87** 2021 Thüngersheim Riesling trocken
**8,20 €** | 12 %

**87** 2021 Thüngersheim Scheurebe trocken
**8,20 €** | 12 %

**87** 2021 Thüngersheimer Johannisberg Silvaner trocken Erste Lage
**12 €** | 13 %

**90** 2020 Rothlauf Silvaner VDP.Großes Gewächs
**24 €** | 13,5%

**85** 2020 Thüngersheim Spätburgunder trocken
**9 €** | 13,5%

**87** 2019 Thüngersheimer Johannisberg Spätburgunder trocken Erste Lage
**16 €** | 13,5%

★★

## ZUR SCHWANE

Weingut Zur Schwane
97332 Volkach · Erlachhof 7
Tel. (09381) 71760
weingut@schwane.de
**www.schwane.de**

**Inhaber/in** Eva Pfaff-Düker und Ralph Düker
**Betriebsleitung** Christian Kallisch
**Keller** Stefan Ott

**Rebfläche** 30 Hektar
**Jahresproduktion** 250 000 Flaschen
**Beste Lagen** Volkacher Ratsherr, Escherndorfer Lump
**Boden** Muschelkalk
**Rebsorten** 50% Silvaner, 20% Burgundersorten, 15% Riesling, 15% übrige Sorten
**Gastronomie** gutseigene Gastronomie (Michelin-Restaurant Weinstock, Restaurant 1404 mit klassisch fränkischer Küche)
**Erlebenswert** älteste original erhaltene Wirtsstube Frankens
**Mitglied** VDP

Natürlich war auch in Volkach das Jahr 2021 kein einfaches, das ist hinlänglich bekannt. Umso schöner, wenn eine Kollektion so sicher und sauber, und vor allem aromatisch vielschichtig im Glas steht wie die vom Weingut Schwane. Erneut zeigen sich vor allem die Aroma- und Burgunderrebsorten als wunderbar spaßige Weine, unkompliziert und knackig frisch, mit einer guten Portion Tiefe. Vor allem der Gewürztraminer und die Scheurebe konnten uns mit ihrer ausgefeilten Vielschichtigkeit begeistern! Erneut ist der Urtyp Silvaner für seinen Preis ein echter Hingucker und könnte sogar seinen „großen" Bruder vom Escherndorfer Lump, der etwas Zeit zur Entfaltung braucht, in den Schatten stellen. Uns gefallen die Weine vom Weingut Schwane auch dieses Jahr wieder sehr gut, stets zu einem sehr angemessenen Preis!

**84** 2021 Weißburgunder trocken
**7,90 €** | 12 %

**85** 2021 Silvaner trocken
**7,90 €** | 11,5%

**86** 2021 Volkach Scheurebe trocken
**10 €** | 12 %

**87** 2021 Volkach Silvaner trocken
**10 €** | 12 %

**87** 2021 Escherndorf Gewürztraminer trocken
**14 €** | 12,5%

**87** 2021 Escherndorfer Lump Silvaner trocken Erste Lage
**16 €** | 12,5%

**88** 2021 Volkach Weißburgunder trocken
**14 €** | 12,5%

**89** 2021 Escherndorfer Lump trocken Erste Lage
**16 €** | 12,5%

**90** 2020 Volkach Silvaner trocken URTYP
**14 €** | 13 %

**90** 2021 Escherndorfer Am Lumpen 1655 Silvaner VDP.Großes Gewächs
**27 €** | 12,5%

## SEUFERT

Weingut Laura Seufert
97346 Iphofen · Bahnhofstraße 33
Tel. (09323) 3344
laura@weingut-seufert.de
**www.weingut-seufert.de**

**Inhaber/in und Betriebsleitung** Laura Seufert
**Keller** Laura Seufert
**Außenbetrieb** Laura Seufert

Jedes Jahr freuen wir uns besonders über Lauras Weine. Oder vielmehr, was dieses Mal kommt. Sie hat leider extrem mit der Natur zu kämpfen und kann oftmals nicht das präsentieren, was sie sich eigentlich vorgenommen hat. Umso mehr haben uns diese drei Weine gefallen! Beginnen wir mit dem Rosé „when two origins merge into one". Ein wirklich lockerer, beschwingter Rosé aus Durbacher (Baden) und Iphofener (Franken) Trauben, der extreme Trinkfreude bereitet. Alle Weine vergären bei Laura spontan, vor allem beim Silvaner „von den Steillagen" schmeckt man das. Das ist flintig, hefig und extrem präzise. Auch so geht Silvaner! Lauras Weine sind echte Überraschungen und wir sind jetzt schon aufs kommende Jahr gespannt!

**87** 2021 Silvaner trocken „von den Steillagen"
**11 €** | 11 %

**87** 2021 Iphofen Cuvée Landwein trocken Trilogie
**15 €** | 10,5%

**87** 2021 Spätburgunder Rosé trocken „when two origins merge into one"
**15 €** | 11 %

## SIX

Weinbau Six
97717 Wirmsthal · Friedhofstraße 1a
Tel. (09704) 6317
info@six-wein.de
**www.six-wein.de**

**Inhaber/in** Anton Six
**Betriebsleitung** Oliver Six, Daniel Six
**Keller** Oliver Six
**Außenbetrieb** Oliver Six

Der gute Oliver Six hat nach zwei schwierigen Jahren viel aufzuholen. Man durfte gespannt sein auf die neuen Weine und siehe da, es kamen sogar noch ein paar gereifte dazu. Sein Einstieg ist wunderbar beschwingt und unkompliziert, die Silvaner tiefgründig, bei den Roten wusste vor allem der Pinot Meunier „R" zu überzeugen. Ein spannendes Portfolio! Oliver und seinem Weingut steht eine großartige Zukunft bevor. Wir sind neugierig, und freuen uns auf viele spannende und immer besser werdende Jahrgänge!

**85** 2021 Grauburgunder trocken Muschelkalk
**9,90 €** | 12 %

**86** 2021 Silvaner trocken
**7,50 €/1 Lit.** | 12 %

**86** 2021 Cuvée trocken „Blanc de Six"
**8,50 €** | 11,5%

**87** 2021 Silvaner trocken
**9,90 €** | 12 %

**88** 2018 Wirmsthaler Scheinberg Silvaner trocken
**12,50 €** | 13 %

**89** 2018 Silvaner Landwein trocken Ethos No 3
**35 €** | 13 %

**85** 2020 Wirmsthaler Scheinberg Silvaner Kabinett feinherb
**12,50 €** | 9 %

**84** 2021 Cuvée trocken „Rosé de Six"
**8,50 €** | 11,5%

**84** 2018 Wirmsthaler Scheinberg Rosé trocken Alte Reben Steillage
**11 €** | 11,5%

**87** 2018 Ramsthaler St. Klausen Pinot Meunier trocken „R"
**29 €** | 14,5%

★★

## SOMMERACH

Winzer Sommerach - Die Genossenschaft
97334 Sommerach · Zum Katzenkopf 1
Tel. (09381) 80610 · Fax 4551
info@winzer-sommerach.de
**www.winzer-sommerach.de**

**Inhaber/in und Betriebsleitung**
Geschäftsführer Frank Dietrich
**Keller** Stefan Gerhard

**Historie** Gründung im Jahr 1901, zunächst 35 Winzerfamilien, heute 90 Mitglieder
**Rebfläche** 220 Hektar
**Jahresproduktion** 1 900 000 Flaschen
**Beste Lagen** Sommeracher Katzenkopf, Escherndorfer Lump, Wiebelsberger Dachs
**Boden** Muschelkalk, Keuper
**Rebsorten** 28% Silvaner, 22% Müller-Thurgau, 18% Bacchus, 10% Domina, 8% weiße Burgundersorten, 6% Riesling, 12% übrige Sorten
**Gastronomie** WINZER SOMMERACH Sommerbar (am Wochenende bei schönem Wetter)
**Erlebenswert** Vinothek Weinreich, historische Holzfasskeller und der moderne Barriquefasskeller ausgezeichnet mit dem Deutschen Architekturpreis, Weinschule
**Mitglied** Fair'n Green

Eine erfreuliche Entwicklung gleich vorneweg: Die 90 Mitglieder der Sommeracher Genossenschaft verwenden kein Glyphosat mehr, immerhin fünf Prozent haben schon auf biologischen Anbau umgestellt, und die Tendenz ist stark steigend. Gut so! Zu den Weinen: Der 2021er Sommeracher Katzenkopf Weißburgunder Erste Lage ist ein schöner Vertreter der Rebsorte. Er zeigt filigranes Holz, schönen Schmelz, gute, aber nicht penetrante Frucht, eine feine Mineralik gibt Länge. Ein wirklich prächtiger Weißburgunder - zu einem sehr genussfreundlichen Preis. Wirklich gelungen ist auch der 2021er Sommeracher Katzenkopf Silvaner Tiefes Thal. Er duftet leicht rauchig, ist ein eher kühler Wein, zeigt kaum bis keine Frucht, sondern straffe Mineralität. Auch der Alte Satz aus dem Katzenkopf hat diese sehr ansprechende Art, die nicht auf simple Fruchtaromen setzt. Der Schritt hin zu Weinen, die als seriöse Speisebegleiter besonders geeignet sind, ist unverkennbar. Zusammen mit dem umweltschonenderen Anbau Belege für eine positive Entwicklung.

**85** 2021 Silvaner trocken Alte Reben Familiengewächs
**8 €** | 12,5%

**86** 2021 Sommeracher Katzenkopf Silvaner trocken Erste Lage
**13 €** | 13 %

**86** 2021 Wiebelsberger Dachs Silvaner trocken Erste Lage
**13 €** | 13 %

**86** 2021 Sommeracher Katzenkopf Sauvignon Blanc trocken Erste Lage
**15 €** | 12,5%

**87** 2021 Sommeracher Katzenkopf Riesling trocken Erste Lage
**13 €** | 12,5%

**88** 2021 Escherndorfer Lump Riesling trocken Erste Lage
**13 €** | 12,5%

**88** 2021 Sommeracher Katzenkopf Alter Satz trocken Erste Lage
**15 €** | 12,5%

**88** 2021 Sommeracher Katzenkopf Traminer Großes Gewächs
**28 €** | 14 %

**89** 2021 Sommeracher Katzenkopf Silvaner Großes Gewächs WILM
**28 €** | 13 %

**89** 2021 Sommeracher Katzenkopf Silvaner Großes Gewächs Tiefes Thal
**28 €** | 13 %

**90** 2021 Sommeracher Katzenkopf Weißburgunder trocken Erste Lage
**15 €** | 13 %

## SCHLOSS SOMMERHAUSEN

Weingut Schloss Sommerhausen
97286 Sommerhausen · Hauptstraße 25
Tel. (09333) 260 · Fax 1488
info@sommerhausen.com
**www.sommerhausen.com**

**Inhaber/in und Betriebsleitung**
Familie Steinmann
**Keller** Martin Steinmann

**Historie** 585 Jahre Weingut Schloss Sommerhausen, 350 Jahre Weinbau der Familie Steinmann in Sommerhausen
**Rebfläche** 18 Hektar
**Jahresproduktion** 100 000 Flaschen
**Beste Lagen** Sommerhäuser Steinbach, Altenberg 1172
**Boden** Muschel- und Quaderkalk
**Rebsorten** 35% Burgundersorten, 30% Silvaner, 20% Riesling, 15% übrige Sorten
**Gastronomie** Hofausschank Do bis So
**Erlebenswert** Schlossanlage, Sektkeller erbaut 1435
**Mitglied** VDP, Fair'n Green

Es ist schon erstaunlich, was Martin Steinmann und sein Team jährlich präsentieren. Da wären auf der einen Seite die Stillweine, ganz eigene, oft völlig aus dem konventionellen Raster fallende, spannende Dinger, bisweilen auch einfach nur großartig. Auf der anderen Seite stehen diese unsäglich guten Sekte, mit denen die Steinmanns seit ein paar Jahren ziemlich Welle machen. Für dieses Jahr haben wir leider keine Großen Gewächse erhalten und um ehrlich zu sein, begrüßen wir das sogar. Martin Steinmann war noch nicht mit der Qualität seines 2020er Jahrgangs zufrieden. 2020! Nicht 2021. Also lieber nochmal etwas Zeit und Ruhe geben, das tut den Weinen gut. Hier wird nicht verfrüht abgefüllt. Bei den Sekten wird mit ähnlicher Gelassenheit gearbeitet. Verkostet wurde bis ins Jahr 2012, hier findet sich im Le Grand Riesling ein wahrlich großer Sekt, der nur noch von der La Grande Cuvée Brut aus 2017 geschlagen werden kann. Geriebener Apfel, Beurre Blanc, leichte Salzigkeit, Hefezopf - und das alles höchst charmant verpackt. Wir ziehen unseren Hut vor Martin Steinmann für diese mehr als gelungene Vorstellung der aktuellen Weine.

**89** Brut Blanc de Blancs
**18,50 €** | 12 %

**91** 2015 Auxerrois Brut nature Le Grand Blanc
**29 €** | 12,5%

**91** 2014 Sekt Extra Brut avec pläsier - Le Grand Rosé
**29 €** | 12,5%

**92** 2012 Riesling Brut Le Grand
**29 €** | 12,5%

**93** 2017 La Grande Cuvée Brut nature
**49 €** | 12,5%

**86** 2021 Sommerhäuser Muskateller trocken
**12 €** | 10 %

**87** 2021 Sommerhäuser Gewürztraminer trocken
**12 €** | 12 %

**87** 2021 Bouquet-Traube
**19 €** | 11,5%

**88** 2021 Sommerhäuser Steinbach Riesling trocken Erste Lage
**16 €** | 13 %

**88** 2021 Sommerhäuser Steinbach Silvaner trocken
**16 €** | 12 %

**88** 2016 Sommerhäuser Steinbach Silvaner trocken Erste Lage „R“
**19,50 €** | 12,5%

**87** 2021 Sommerhäuser Steinbach Scheurebe trocken Erste Lage
**16 €** | 11,5%

★★★½

## STAHL

Winzerhof Stahl
97215 Auernhofen · Lange Dorfstraße 21
Tel. (09848) 96896 · Fax 96898
mail@winzerhof-stahl.de
**www.winzerhof-stahl.de**

**Inhaber/in und Betriebsleitung**
Christian Stahl
**Keller** Christian Stahl
**Außenbetrieb** Philip Schürmer

**Historie** Gründung im Jahr 1984
**Rebfläche** 40 Hektar
**Jahresproduktion** 500 000 Flaschen
**Beste Lagen** Tauberzeller Hasennestle, Randersacker Sonnenstuhl und Marsberg, Sommerhäuser Steinbach, Eibelstädter Mönchsleite, Sulzfelder Cyriakusberg
**Boden** Muschelkalk, Gipskeuper
**Rebsorten** 20% Silvaner, je 10% Müller-Thurgau, Sauvignon Blanc, Chardonnay und Scheurebe, 40% übrige Sorten
**Gastronomie** gutseigenes Fine-Dining-Restaurant & Hochzeitslocation
**Erlebenswert** Innenhof, 68 Prozent steile Weinberge im Taubertal

Christian Stahl ist nicht nur einer der größten Weingutsbesitzer Frankens, sondern parallel auch gefeierter Koch, Gastgeber, glücklicher Familienvater, Unternehmer und Marketing-Genie in einem. Respekt! Was sein Weingut betrifft, hat er mit seinem Kellermeister Maximilian von Dungern einen Top-Mann an Bord. Die Weine sind alle durch die Bank sauber gemacht und für wirklich jeden Gaumen zugänglich. Sie verdienen unseren absoluten Respekt. Klare Linien und der perfekte Einsatz von Säure und Restzucker werden hier par excellance definiert. Tausendsassa ist Christian aber nicht nur hinsichtlich seiner vielseitigen Beschäftigungen, sondern auch, was seine Rebsorten betrifft. So steht bei ihm zum Beispiel ein Chenin Blanc auf der Liste, den man in Franken leider so selten antrifft. Mit dieser super Salzigkeit müsste das nicht aus Franken kommen. Dennoch zeigt sich der 2021er Chenin Blanc Steinmauer sehr dicht. Er könnte für unseren Geschmack noch ein wenig verspielter sein. Aber endlich macht in Franken mal jemand den Anfang, was diese großartige Rebsorte betrifft. Auch sein 2021er Chardonnay vom Sonnenstuhl brilliert mit sehr feinem Holz, einer angenehmen Rauchigkeit, etwas Kakao und Dichte, ohne dabei anstrengend zu sein. Dieser Wein könnte auch durchaus aus dem Mâconnais sein. Wir können hier leider nicht jeden Wein beschreiben – es lohnt sich aber, sich einmal querbeet durch das Sortiment zu verkosten.

**87** 2021 Riesling trocken
**12,95 €** | 12,5%

**87** 2021 Sauvignon Blanc trocken Best of Selection
**18 €** | 13%

**90** 2020 Sauvignon blanc trocken Felswand
**38 €** | 13%

**86** 2021 Scheurebe
**12,95 €** | 12,5%

**86** 2021 Muskateller
**12,95 €** | 12%

**87** 2021 Chardonnay
**12,95 €** | 12,5%

**88** 2021 Weissburgunder
**12,95 €** | 12,5%

**88** 2021 Silvaner Best of Selection
**18 €** | 13,5%

**90** 2021 Chenin Blanc STEINMAUER
**22 €** | 13%

**91** 2020 Chardonnay SONNENSTUHL
**38 €** | 13,5%

**92** 2021 Scheurebe CYRIAKUSBERG
**27 €** | 13%

**92** 2021 Randersacker Sonnenstuhl Silvaner
**29 €** | 13%

★★★★

## AM STEIN

Weingut Am Stein
97080 Würzburg · Mittlerer Steinbergweg 5
Tel. (0931) 25808 · Fax 25880
mail@weingut-am-stein.de
**www.weingut-am-stein.de**

**Inhaber/in** Ludwig Knoll
**Betriebsleitung** Christian Lau
**Keller** Dominik Diefenbach
**Außenbetrieb** Daniel Full

**Rebfläche** 40 Hektar
**Jahresproduktion** 210 000 Flaschen
**Beste Lagen** Stettener Stein, Würzburger Innere Leiste und Stein
**Boden** Muschelkalk
**Rebsorten** 40% Silvaner, 30% Burgundersorten, 20% Riesling, 10% Scheurebe
**Gastronomie** gutseigenes Restaurant und Weinbar „Reisers“, Seminare und Tagungen im Weinwerk, Musikfestival „Wein am Stein“ im Juli
**Erlebenswert** Gutsarchitektur, Steinkeller, Blick auf die Stadt
**Mitglied** VDP, Naturland

Es gibt, wie fast immer, wirklich Erstaunliches zu berichten vom Weingut Am Stein. Diesmal hat uns Ludwig Knoll so ganz nebenbei damit überrascht, dass sein Betrieb komplett CO2 neutral ist. Auf Dächern und Flächen wird soviel eigene Energie produziert, es wird so konsequent Energie gespart, Abwärme genutzt und vieles mehr, dass er keinen CO2-Fußabdruck hinterlässt. Und das mit 40 Hektar Rebfläche, mit rund 200000 Flaschen pro Jahr. Das passt zum Konzept des Betriebs, der schon seit Jahren biologisch, und sogar biodynamisch arbeitet. Das Weingut am Stein setzt mit überragenden Qualitäten, mit innovativen Produkten und einer überspringenden Lebensfreude immer wieder Maßstäbe. Das ist natürlich nur im Team zu erreichen: Ehefrau Sandra und seit kurzem auch die Kinder sind aktiv im Betrieb, mit Dominik Diefenbach hat Ludwig Knoll einen der reflektiertesten und progressivsten Kellermeister - nicht nur in Franken.

Eine Leidenschaft von Ludwig Knoll sind seine Lagen in Stetten, denn auch wenn der Betrieb mitten im Würzburger Stein sitzt, der Löwenanteil der Lagen liegt außerhalb Würzburgs. Es sind beeindruckende Muschelkalkbänke, die hier bewirtschaftet werden, 30 bis 40 Meter ragen sie neben dem Main in die Höhe und sind nahezu weiß. Wer die Weine verstehen will, sollte sich dieses Naturspektakel nicht entgehen lassen. Hier entstehen die in der Jugend oft karg wirkenden Weine, deren Tiefe und Komplexität sich nicht im Vorbeigehen erschließen. Wenn man ihnen Zeit und Raum gibt, zeigen sie, was Ludwig und Sandra suchen. Finesse, Ausdruck, Eleganz. Für uns der Primus inter pares ist der 2020er Stettener Stein Silvaner GG. Mit leichter Feuersteinnase - typisch für die Lage - mineralisch-salzig auf der Zunge, kompakt, dicht, unerhört viel Salz auch am Ende, ist er ein Siebenschläfer. Die Rebsorte tritt ganz stark in den Hintergrund, sie ist nur der Vermittler zwischen Boden und Glas. Das lässt sich auch von der Scheurebe und dem Silvaner sagen, jeweils Vinz Alte Reben 2020 genannt. Sie werden wohl eines Tages in einem Wein aufgehen, dann wird es nur noch um den Boden gehen, nicht mehr um die Rebsorte. Mit ihrer fast schon schmerzhaften Mineralität sind sie beide Terroir-Weine par excellence. Wer Ludwig und Sandra nur ein bisschen kennt, der weiß, es wird kommen. Und es wird perfekt.

★★★

| | | |
|---|---|---|
| 89 | 2021 Brut nature Pure & Naked | **21 €** \| 12 % |
| 88 | 2021 Stettener Grauburgunder trocken | **13 €** \| 12 % |
| 90 | 2020 Stetten Riesling trocken | **13 €** \| 12 % |
| 90 | 2021 Würzburger Stein Silvaner trocken Erste Lage | **19 €** \| 12,5% |
| 91 | 2021 Würzburger Innere Leiste Silvaner trocken Erste Lage | **19 €** \| 12 % |
| 91 | 2020 Silvaner trocken Vinz Alte Reben | **26 €** \| 12,5% |
| 91 | 2020 Scheurebe trocken Vinz Alte Reben | **26 €** \| 12,5% |
| 92 | 2021 Würzburger Innere Leiste Riesling trocken Erste Lage | **21 €** \| 12,5% |
| 93 | 2020 Stettener Stein Riesling VDP. Großes Gewächs | **45 €** \| 0 % |
| 94 | 2020 Stettener Stein Silvaner VDP. Großes Gewächs | **45 €** \| 13,5% TOP 10 |
| 90 | 2021 Spätburgunder trocken 2021 Montonia Rosé Fumé | **26 €** \| 12,5% |
| 91 | 2019 Würzburger Innere Leiste Spätburgunder trocken Erste Lage | **21 €** \| 12,5% |
| 91 | 2019 Spätburgunder trocken Montonia | **30 €** \| 12,5% |

## STEINTAL

Weingut Steintal
63911 Klingenberg am Main
Wilhelmstraße 107
Tel. (09372) 2438
info@weingut-steintal.de
**www.weingut-steintal.de**

**Inhaber/in** Weingut Klingenberg GmbH
**Betriebsleitung** Philipp Aufderheide
**Keller** Philipp Aufderheide
**Außenbetrieb** Philipp Aufderheide

**Historie** Weingut der Stadt Klingenberg, Weingut Benedikt Baltes, seit 2019 Weingut Steintal, heute unter der Führung von Philipp Aufderheide und Jonas Hirn
**Rebfläche** 10 Hektar
**Jahresproduktion** 30 000 Flaschen
**Beste Lagen** Klingenberger Schlossberg, Großheubacher Bischofsberg, Bürgstadter Hundsrück
**Boden** roter Buntsandstein aus dem Trias
**Rebsorten** 90% Spätburgunder, Cabernet Franc, Schwarzriesling
**Erlebenswert** Cabernet Franc in Gobeleterziehung im Klingenberger Schlossberg, denkmalgeschütze Terrassenweinberge
**Mitglied** VDP

Das Weingut Klingenberg hat in den vergangenen Jahren einige Turbulenzen durchgemacht. Nachdem Benedikt Baltes sich aus dem Weingut zurückgezogen hat, haben Philipp Aufderheide und Jonas Hirn die Verantwortung für den Gesamtbetrieb übernommen. Beide sind Mitte 20 und stehen noch am Anfang ihrer Berufskarriere, nichtsdestotrotz stellen sie voller Überzeugung die Weichen in Richtung Zukunft. Von der geübten ökologischen Bewirtschaftung mit niedrigen Erträgen und 100 Prozent Handlese wollen sie keinesfalls abrücken. Wie dieser neue Stil aussehen könnte, zeigt der 2020er Großheubacher Bischofsberg Spätburgunder GG exemplarisch. Er ist schon in der Farbe deutlich kräftiger als seine Vorgänger, ist auch in der Aromatik eher dunkelfruchtig, mit sehr dezentem Holzeinfluss, dabei elegant, hat Druck, dennoch fein und mit schönem Trinkfluss. Keine intellektuelle Herausforderung, schlicht ein schöner Wein. Auch der 2020er Klingenberger Schlossberg Spätburgunder GG ist ein solcher, ebenfalls sehr dunkel in der

Farbe, auch aromatisch von satter, dunkler Frucht bestimmt. Das ist handwerklich absolut sauber gearbeitet, jedes Element ist an seinem Platz, geradezu perfekt. Vielleicht ist es das, was uns ein wenig fehlt, der Mut zum Risiko. Andererseits ist es nach den unruhigen Zeiten auch verständlich, dass man bei Steintal nach Ruhe und Konstanz sucht. Für ein Quäntchen Wagemut haben die beiden jungen Männer ja noch ein halbes Winzerleben Zeit.

WEINGUT SEIT 1912
STEINTAL
in Klingenberg am Main

- **84** 2021 Blanc de Noir trocken Buntsandstein
  **15 €** | 12 %
- **87** 2020 Spätburgunder trocken Buntsandstein
  **16,50 €** | 12,5%
- **88** 2020 Großheubacher Spätburgunder trocken Alte Reben
  **19,50 €** | 12,5%
- **88** 2020 Klingenberger Cabernet Franc trocken
  **29 €** | 12,5%
- **89** 2020 Klingenberger Spätburgunder trocken Alte Reben
  **29 €** | 12,5%
- **89** 2020 Bürgstädter Berg Spätburgunder trocken
  **39 €** | 12 %
- **89** 2020 Bürgstädter Hundsrück Spätburgunder VDP.Großes Gewächs
  **63 €** | 12,5%
- **90** 2020 Großheubacher Bischofsberg Spätburgunder VDP.Großes Gewächs
  **55 €** | 12,5%
- **91** 2020 Klingenberger Schlossberg Spätburgunder VDP.Großes Gewächs
  **69 €** | 12,5%

★★★½

## STÖRRLEIN KRENIG

Weingut Störrlein Krenig
97236 Randersacker · Schulstraße 14
Tel. (0931) 708281 · Fax 701155
info@stoerrlein.de
**www.stoerrlein.de**

**Inhaber/in** Armin Störrlein und Martin Krenig
**Keller** Armin Störrlein, Martin Krenig

**Rebfläche** 11 Hektar
**Jahresproduktion** 75 000 Flaschen
**Beste Lagen** Randersacker Hohenroth, Marsberg, Teufelskeller, Sonnenstuhl und Pfülben
**Boden** Muschelkalk
**Rebsorten** 40% Silvaner, 25% weiße und rote Burgundersorten, je 10% Müller-Thurgau, Sauvignon Blanc und gemischter Satz, 5% Riesling
**Mitglied** VDP, Silvaner-Forum, Trias

Einmal mehr bestätigen Martin Krenig und seine Frau Christiane Störrlein-Krenig, dass sie nahezu unabhängig von Jahrgängen in der Lage sind, eine stringente und hochklassige Kollektion zu präsentieren. Und wieder einmal haben uns die beiden überrascht, diesmal mit einem Silvaner GG aus 2016. Was für ein Wein! 2016 ist ein klassischer Silvanerjahrgang, der Sonnenstuhl „Unterm Turm" bereitet mit seiner erhabenen Ruhe bei gleichzeitiger innerer Spannung unerhörten Trinkspaß und ist ein guter Grund, sich die aktuellen Jahrgänge genauer unter die Lupe zu nehmen. Der 2020er Randersacker Hohenroth Silvaner Großes Gewächs zeigt mit warmer Nase, etwas Stein, einer Andeutung von Williamsbirne und Fruchtschmelz am Gaumen seine Herkunft. Und wie es sich gehört, endet er sanft salzig und hängt dann gut und nachhaltig fest. Ein Wein, der in wenigen Jahren an den 2016er anschließen wird.

Tendenziell haben uns die Weine aus dem Jahr 2021 einen Tick besser gefallen als die 2020er, das ist der fast kristallinen, sehr klaren Säure geschuldet. Sie sorgt auch bei den einfacheren Weinen für unerhörte Trinkfreude, das gilt ausdrücklich schon für den kleinsten Wein, den Gutswein Silvaner vom Muschelkalk. Und noch eindrücklicher schmeckt man es im 2021er Randersacker Marsberg Sylvaner Erste Lage Alte Reben, der mit seinem straffen Mundgefühl, seiner präsenten mineralisch-salzigen Würze seit Jahren unser Geheimtipp ist. Ein Role Model für zeitgemäßen Randersacker Silvaner.

WEINGUT STÖRRLEIN KRENIG

**87** 2021 Silvaner trocken vom Muschelkalk
**7,90 €** | 12,5%

**88** 2020 Gemischter Satz trocken Frentsch
**11 €** | 13 %

**88** 2021 Randersacker Sauvignon Blanc trocken
**12 €** | 12,5%

**88** 2020 Randersacker Teufelskeller Riesling trocken Erste Lage
**13 €** | 12,5%

**88** 2020 Randersacker Teufelskeller Chardonnay trocken Erste Lage
**20 €** | 13,5%

**89** 2020 Randersacker Sonnenstuhl Silvaner trocken Erste Lage
**12 €** | 13 %

**89** 2020 Randersacker Marsberg Weisser Burgunder trocken Erste Lage TRIAS
**14,50 €** | 13 %

**91** 2021 Randersacker Marsberg Sylvaner trocken Erste Lage Alte Reben
**15 €** | 13 %

**92** 2020 Randersacker Hohenroth Silvaner VDP.Großes Gewächs
**30 €** | 13,5%

**90** 2020 Randersacker Hohenroth Riesling VDP.Großes Gewächs
**30 €** | 13 %

**93** 2016 Randersacker Sonnenstuhl „Unterm Turm" Silvaner VDP.Großes Gewächs
**28 €** | 13,5%

**90** 2018 Frühburgunder trocken PURE GRAPES „FR"
**32 €** | 14 %

## THEN

Weingut Daniel Then
97334 Sommerach · Hauptstraße 1
Tel. (09381) 9268 · Fax 4810
info@weingut-then.de
**www.weingut-then.de**

**Inhaber/in und Betriebsleitung**
Daniel Then

**Historie** Weingutsgebäude aus dem 16. Jahrhundert, Daniel Then ist Winzer in der fünften Generation
**Rebfläche** 8 Hektar
**Beste Lagen** Sommeracher Katzenkopf, Rosenberg, Volkacher Ratsherr, Nordheimer Vögelein
**Boden** Muschelkalk
**Rebsorten** 80% weiße Sorten, 20% rote Sorten
**Erlebenswert** historisches Weingut mit Gewölbekeller, das BetonEGG, die Schatzkammer

Auch für Daniel Then war das Jahr 2021 kein einfaches, vor allem der immense Pilzdruck durch die Regenmassen machte ihm zu schaffen. Deshalb freut es uns umso mehr, welch hervorragende Kollektion er uns hier präsentiert. Leider gab es dennoch Abstriche, denn Daniel Then konnte uns keine Großen Gewächse anstellen. Schuld sind die bereits erwähnten natürlichen Gegebenheiten. Dafür legte er all sein Können in die Ersten Lagen. Und das ist schlicht und ergreifend beeindruckend. Vor allem sein Sauvignon Blanc vom Rosenberg ist ein echter Knaller! Extrem straff, ein Hauch von Blumenwiese und - das freut uns am allermeisten - kein typischer Sauvignon-Blanc-Kitsch. Hatten wir erwähnt, dass es sein erster Sauvignon Blanc ist? Noch dazu aus dem Betonei? Daniel Then ist ein experimentierfreudiger Techniker, versucht sich auch mal an für Franken untypischen Rebsorten wie Cabernet Sauvignon. Dabei hat er stets den Klimawandel im Hinterkopf, zumal er gerade auf biologische Bewirtschaftung umgestiegen ist. Uns gefällt, was der Sommeracher da treibt und wir freuen uns riesig auf die kommenden Jahre. Da wird noch einiges Großartiges kommen, wenn seine Ersten Lagen schon so überzeugen!

- **86** 2021 OSKAR 5.0 trocken Erste Lage
  **8 €** | 12 %
- **87** 2021 Silvaner trocken
  **6,30 €** | 12 %
- **87** 2021 Riesling trocken
  **6,30 €** | 12 %
- **87** 2021 Weissburgunder trocken
  **6,70 €** | 12 %
- **87** 2021 Sommerach Katzenkopf Scheurebe trocken Erste Lage
  **7,50 €** | 12,5%
- **88** 2021 Sommerach Katzenkopf Silvaner trocken Erste Lage
  **9 €** | 12,5%
- **88** 2021 Sommerach Katzenkopf Silvaner trocken Alte Reben
  **11,50 €** | 13 %
- **90** 2021 Sommerach Rosenberg Sauvignon Blanc trocken Erste Lage
  **13,50 €** | 13 %
- **83** 2021 Rosé trocken
  **6,30 €** | 11,5%
- **88** 2018 Sommeracher Katzenkopf Spätburgunder trocken Tradition
  **12,50 €** | 13,5%
- **90** 2019 Sommerach Rosenberg Cabernet Sauvignon trocken Erste Lage
  **16,50 €** | 13,5%
- **90** 2019 Sommerach Katzenkopf Spätburgunder Großes Gewächs
  **28 €** | 13,5%

★★☆

## VETTER

Weingut Vetter
97753 Gambach · Neuweg 2
Tel. (09353) 9843505
post@vetter-wein.de
**www.vetter-wein.de**

**Inhaber/in und Betriebsleitung**
Katja und Stefan Vetter

**Rebfläche** 5 Hektar
**Jahresproduktion** 25 000 Flaschen
**Beste Lagen** Gambacher Kalbenstein, Casteller Kirchberg
**Boden** Muschelkalk, roter Sandstein
**Rebsorten** 70% Silvaner, 15% Müller-Thurgau, 9% Spätburgunder, 6% Riesling

Zugegeben, die Weine von Stefan Vetter sind nicht für jeden Weinfreund sofort verständlich. Zu ruppig in den Gerbstoffen, zu ungewohnt in der Aromatik, zu wild im Mundgefühl. Das ist durchaus richtig und zutreffend - aber genau das macht auf der anderen Seite auch ihre Faszination aus. Und wer einmal das Glück hatte, gemeinsam mit Stefan ältere Weine aus seiner Hand zu probieren, wird zumindest einen Teil seines Urteils revidieren. Die guten Jahrgänge seiner Weine reifen ganz hervorragend, scheinen nahezu alterslos zu sein. Und die Formulierung „gute Jahrgänge" ist bewusst gewählt. Wir kennen keinen zweiten Winzer, der es so unumwunden zugibt, wenn er mit einem Jahrgang Probleme hatte. Dass er nebenbei durch seine Leidenschaft für alte Weinberge und ihre Kultivierung ein Stück aktiver Landschaftspflege betreibt, sei nur am Rande erwähnt.

Seine aktuellen Weine haben uns einmal mehr begeistert, die trockenen Sylvaner (natürlich verwendet Stefan die alte Schreibweise mit «y») CK und GK haben eine aromatische Klarheit wie selten, ihr kraftvoll-markantes Mundgefühl ist so präzise und klar, dass es eine Freude ist. Vor allem der CK ist mit seiner ungemein präzisen Art eine Benchmark in Stefans Winzerkarriere. Wir jedenfalls freuen uns sehr, dass dieser unkonventionelle Könner einmal mehr im „VINUM Weinguide" dabei ist.

Stefan Vetter
Nicht mehr aber auch nicht weniger

**89** 2020 Silvaner trocken Steinterrassen Muschelkalk
**23 €** | 10 %

**89** 2020 Silvaner trocken Schale, Stiel & Stengel
**28 €** | 9,5%

**90** 2020 Silvaner trocken GK
**38 €** | 9,5%

**91** 2020 Silvaner trocken CK
**44 €** | 10,5%

**89** 2021 Müller Thurgau Landwein Steinterrassen
**16,50 €** | 9,5%

**89** 2020 Sylvaner Steinterrassen Sandstein
**23 €** | 9,5%

★

## VOGEL

Peter Vogel
97230 Estenfeld · Maidbronner Straße 35
info@vogelwein.de
**www.vogelwein.de**

**Inhaber/in und Betriebsleitung**
Peter Vogel

Peter Vogel? Estenfeld? Peter Vogel genießt aktuell noch den Underdog-Status. Wir sind uns sicher: Das wird nicht mehr allzu lang so bleiben. Er betreibt das Weingut im Nebenerwerb, seine eigenen Lagen sind noch nicht einmal einen Hektar groß, mit Trauben und Saft wird er von Freunden unterstützt. Was er allerdings daraus zaubert, ist allerdings wirklich bezaubernd. Sein Alter Satz von 1901 (ja, das sind über 120 Jahre alte Reben) begeistert mit einer Frische, dazu Cremigkeit und Aromen von reifen Birnen, nie zu breit, sondern schön straff. Hervorheben müssen wir definitiv den 225 Reserve Chardonnay. Der Experte weiß längst, das ist im Barrique ausgebaut, dementsprechend fällt die Aromatik sehr kräftig aus, auch hier, nicht überbordend, von feiner Mineralität begleitet. Wirklich gut! Peter Vogel, das ist mehr als nur ein Hobby!

**88** 2018 Brut nature Sickimicki vom 1901
**21 €** | 13 %

**87** 2021 Silvaner trocken Espina
**7 €** | 12,5%

**87** 2021 1901 Alter Satz
**12 €** | 13 %

**88** 2020 225 Blanc
**15 €** | 13,5%

**88** 2021 225 Reserve Chardonnay
**21 €** | 13,5%

**86** 2020 225 Blanc et Noir
**13 €** | 13,5%

**88** 2019 225 Pinot&Merlot
**19 €** | 13,5%

★★★

## WALTER

Weingut Josef Walter
63927 Bürgstadt
Freudenberger Straße 21–23
Tel. (09371) 948766
info@weingut-josef-walter.de
**www.weingut-josef-walter.de**

**Inhaber/in und Betriebsleitung** Christoph und Daniela Walter
**Keller** Christoph Walter
**Außenbetrieb** Felix Walter

**Rebfläche** 4 Hektar
**Jahresproduktion** 20 000 Flaschen
**Beste Lagen** Bürgstadter Centgrafenberg und Hundsrück
**Boden** Buntsandstein
**Rebsorten** 55% Spätburgunder, 15% Silvaner, je 5% Riesling, Chardonnay und Frühburgunder, 15% übrige Sorten
**Gastronomie** Gutsausschank 1. Juliwochenende
**Mitglied** Silvaner-Forum

Bei einem Besuch in Bürgstadt konnten wir das Geheimnis hinter den Weinen von Christoph Walter endlich ergründen. Er ist mit Paul Fürst, dem Grandseigneur des Bürgstädter Rotweins verwandt, Cousin. Das ist natürlich kein Grund für die immer besser werdenden Spätburgunder aus dem Hause Walter. Aber innerhalb Bürgstadts tauscht man sich in der Winzerschaft schon aus, spricht, berät, plant gemeinsame Projekte. Das hilft allen Beteiligten gleichermaßen, denn Bürgstadt als Spätburgunder-Hochburg zu bezeichnen, dürfte keine Übertreibung sein.

Die Rotweine sind im Jahr 2018 ein wenig kräftiger, einen Hauch dunkelwürziger, dabei jederzeit burgundertypisch. Der Centgrafenberg 2018 „J“ hat eine unglaubliche Dichte, ist fest und dabei klar strukturiert, mit straffem Tannin und pikanter Würze. Die Nase zeigt auch die lagentypische rauchige Note, ein Alleinstellungsmerkmal. Den Frühburgunder aus gleichem Jahr und Lage zeichnet diese Rauchnote ebenfalls aus, das neue Holz ist gut eingebunden, er ist aber rotfruchtiger mit einem Hauch Zartbitterschokolade und samtigen Tanninen. Bei all den großartigen Rotweinen geraten die Weißweine des Hauses ein wenig ins Hintertreffen. Völlig zu Unrecht, auch hier kann Christoph Walter sein Können zeigen, der mineralisch-saftige Riesling oder der würzig-zupackende Silvaner, beide ebenfalls aus dem Centgrafenberg und dem Jahrgang 2021, sind die Belege für das umfassende Können des Hausherren.

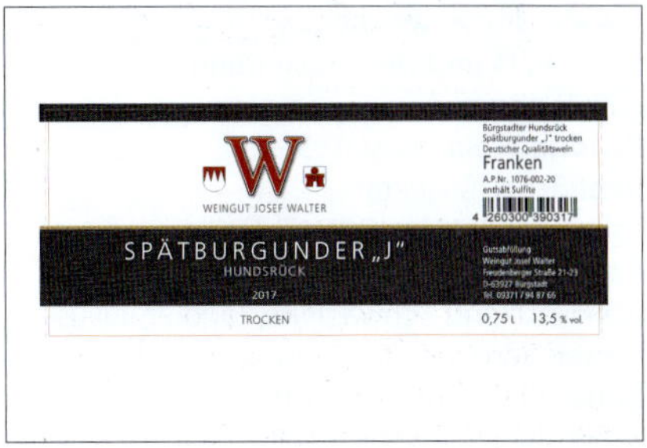


**86** 2021 Müller-Thurgau trocken
**6 €** | 12,5%

**86** 2021 Bürgstadter Silvaner trocken
**8,50 €** | 12%

**87** 2021 Bürgstadter Centgrafenberg Silvaner trocken
**12 €** | 12,5%

**88** 2021 Bürgstadter Centgrafenberg Riesling trocken
**11 €** | 12%

**87** 2018 Walters Spätburgunder trocken
**29,50 €** | 13,5%

**89** 2018 Bürgstadter Spätburgunder trocken
**13,50 €** | 13,5% **BEST BUY**

**89** 2012 Centgrafenberg Frühburgunder trocken „J“
**25 €** | 13,5%

**90** 2018 Bürgstadter Frühburgunder trocken
**19,50 €** | 13,5%

**90** 2018 Centgrafenberg Frühburgunder trocken „J“
**29,50 €** | 13,5%

**91** 2018 Bürgstadter Berg Spätburgunder trocken
**22 €** | 13,5%

**92** 2018 Bürgstadter Centgrafenberg Spätburgunder trocken „J“
**25 €** | 13,5%

**92** 2018 Hundsrück Spätburgunder trocken „J“
**37 €** | 13,5%

**89** 2012 Centgrafenberg Spätburgunder „J“
**25 €** | 13,5%

★★★★

## WELTNER

Weingut Paul Weltner
97348 Rödelsee · Wiesenbronner Straße 17
Tel. (09323) 3646 · Fax 3846
info@weingut-weltner.de
**www.weingut-weltner.de**

**Inhaber/in und Betriebsleitung**
Paul Weltner

**Historie** Weinbau seit 1553
**Rebfläche** 10 Hektar
**Jahresproduktion** 70 000 Flaschen
**Beste Lagen** Rödelseer Küchenmeister, Hoheleite und Schwanleite, Iphöfer Julius-Echter-Berg
**Boden** Gipskeuper mit tonigem Lehm und Schilfsandsteineinlage
**Rebsorten** 60% Silvaner, je 10% Riesling und Scheurebe, 20% übrige Sorten
**Mitglied** VDP

Paul Weltner hat sich in der Spitze festgebissen, und das ist gut so. Er ist da oben auch gar nicht mehr wegzudenken, mit höchst zuverlässiger Ruhe und Gelassenheit liefert er Weine ab, die mit solcher Brillanz, Mineralität und Tiefe aufwarten, dass man dem Mann ungesehen - oder ungekostet - eigentlich alles abkaufen will. Vor allem seine Silvaner, gewachsen auf dem für Rödelsee typischen Gipskeuper, machen deutlich, dass man ihn immer auf der Liste haben muss, wenn es um die besten dieser Art Deutschlands geht. Die Konkurrenz, wenn man das überhaupt so sagen kann, denn unter den Winzern und Winzerinnen herrscht ein freundschaftlicher Austausch, ist nicht klein. Zugegeben, die großen Weine sind nicht einfach, für Fans eher schlichter Weine bietet Weltner aber dennoch hervorragende Qualitäten an. Mit dem Ortswein Scheurebe ist ihm ein toller Einstieg in die Weltner-Welt gelungen. Zurückhaltende Nase heißt hier, dass es unkitschitg zugeht, mineralisch, dennoch mit fast cremigen Aromen von reifer Stachelbeere und Kiwi. Wie gesagt, es ist der Einstieg, wer Geschmack an Weltners Präzision gefunden hat, nimmt den größeren Bruder von der Rödelseer Schwanleite, der mit grünem Spargel, etwas Rucola und sogar leichtem Karamell am Ende für Aufsehen bei uns sorgte. Und wir wissen, wie gut das reifen kann, also gerne auch mal weglegen!

Und dann die Großen! Beim Verkosten war es ein Hin und Her von Riesling und Silvaner. Während im Vorjahr die Krone noch deutlich an Frankens Leitsorte ging, hat Weltners Riesling dieses Mal gut zugelegt. Die Spaßkanone geht definitiv an den Riesling Kabinett. Leicht fruchtig, mit herrlich frischer Säure und glamourös eingebundener Süße, macht er vor allem einem jüngeren Publikum den Hof. Aus der gesamten Kollektion sticht dieser Wein hervor, das geben wir gerne zu. Die Weltner'sche Würze, die vor allem durch den Gipskeuper hervorgerufen wird, findet sich besonders eindrucksvoll in den beiden Großen Gewächsen Silvaner und Riesling von der Rödelseer Hoheleite 2021 wieder. Beide Weine präsentieren vorneweg eine sensationelle Würzigkeit. Der Riesling ist extrem ruhig, in der Länge dreht er dann noch Mal auf, präsentiert salzige Zitrone, gepaart mit hauchdünnem Butterkaramell. Da muss sich der Silvaner anschnallen. Aber auch er ist ein bombastischer Wein, mit tollem Schmelz, am liebsten würden wir uns reinlegen, dazu Omas Rhabarber-Baiser-Kuchen essen und die Welt für einen Moment vergessen. Also, die weingutseigene Krone geht auch in diesem Jahr an den Silvaner, Franken ist nun mal Silvaner - seit 1659!

WEINGUT
WELTNER

**86** 2021 Silvaner trocken
**8,50 €** | 11,5%
**87** 2021 Riesling trocken
**8,50 €** | 11,5%
**87** 2021 Rödelsee Scheurebe trocken
**12 €** | 12%
**88** 2021 Rödelseer Küchenmeister Riesling trocken Erste Lage
**16,50 €** | 12,5%
**89** 2021 Rödelseer Sylvaner trocken
**12 €** | 12%
**90** 2021 Rödelseer Küchenmeister Weißburgunder trocken Erste Lage
**16,50 €** | 13%
**90** 2021 Rödelseer Schwanleite Scheurebe trocken Erste Lage
**16,50 €** | 12%
**91** 2021 Rödelseer Küchenmeister Sylvaner trocken Erste Lage
**16,50 €** | 12,5%
**93** 2021 Rödelseer Hoheleite Riesling VDP.Großes Gewächs
**38 €** | 12,5%
**93** 2021 Rödelseer Hoheleite Sylvaner VDP.Großes Gewächs
**38 €** | 13%
**88** 2021 Rödelsee Riesling Kabinett feinherb
**12 €** | 10%
**90** 2019 Rödelseer Küchenmeister Spätburgunder trocken Erste Lage
**19,50 €** | 13%

## WILHELMSBERG

Gut Wilhelmsberg
97318 Kitzingen · Innere Sulzfelder Straße 14
Tel. (09321) 4378 · Fax 6436
info@gut-wilhelmsberg.de
**www.gut-wilhelmsberg.de**
**Inhaber/in** Markus Heid
**Betriebsleitung** Lukas Herrmann

Zum dritten Mal stellen die Herren Herrmann und Heid von Gut Wilhelmsburg Weine zur Verkostung an. Zum dritten Mal sind sie noch besser als bisher. Die zwei scheinen gerade einen Lauf zu haben. Das bereits 1845 gegründete Weingut war zwischenzeitlich der königlich-bayrische Hoflieferant. Königlich ist auch 2018er Silvaner Brut nature. 30 Monate lag der Bursche auf der Hefe, um jetzt seine volle Kraft entfalten zu können. Herrliche Reifenoten mit Anklängen von Mandel und Hefezopf, ausgefeilte Fruchtaromatik um Birne und geriebenen Apfel, am Ende straff und dezent salzig. Besonderes Augenmerk verdient auch der Rouge. Ein unkomplizierter, am besten kühl getrunkener Rotwein im Stile eines Beaujolais. Wir wünschen dem jungen Team auch für das kommende Jahr eine Steigerung, wobei wir uns recht sicher sind, dass es klappt!

**87** Sekt Brut Blanc de Blancs
**11 €** | 12%
**92** 2018 Silvaner Brut nature
**20 €** | 12%
**86** 2021 Silvaner trocken
**8,50 €** | 11,5%
**86** 2021 Riesling
**9 €** | 12%
**87** 2021 Muschelkalk
**12 €** | 10%
**87** 2020 Silvaner Kalk & Keuper
**12 €** | 12,5%
**88** 2018 Kitzinger Wilhelmsberg Riesling
**16 €** | 13%
**89** 2020 Kitzinger Wilhelmsberg Silvaner
**18 €** | 12%
**85** 2021 Cuvée Rosé trocken
**7 €** | 11,5%
**86** Domina Landwein trocken Rouge
**14 €** | 10,5%
**86** 2020 Kitzinger Wilhelmsberg Spätburgunder trocken
**18 €** | 13%

★★★½

## WIRSCHING

Weingut Hans Wirsching
97346 Iphofen · Ludwigstraße 16
Tel. (09323) 87330 · Fax 873390
info@wirsching.de
**www.wirsching.de**

**Inhaber/in** Familie Wirsching
**Geschäftsleitung** Andrea Wirsching
**Betriebsleitung** Dr. Uwe Matheus
**Keller** Dr. Klaus-Peter Heigel

**Historie** Weinbergsbesitz in der Familie seit 1630
**Rebfläche** 90 Hektar
**Jahresproduktion** 650 000 Flaschen
**Beste Lagen** Iphöfer Julius-Echter-Berg, Kalb und Kronsberg
**Boden** Gipskeuper mit Schilf-Sandsteineinlage
**Rebsorten** 40% Silvaner, 20% Riesling, 8% Weißburgunder, je 7% Scheurebe und Spätburgunder, 18% übrige Sorten
**Gastronomie** Zur Iphöfer Kammer, Marktplatz 24, 97346 Iphofen
**Mitglied** VDP, Fair'n Green, Deutsches Barrique Forum, Silvaner-Forum

Wer in der Welt nach fränkischem Silvaner Auschau hält, wird mit hoher Wahrscheinlichkeit auf eine Flasche vom Weingut Wirsching stoßen. Andrea Wirsching ist unermüdlich unterwegs, um die Weine zu promoten, zum Glück hat sie es relativ leicht. Denn die Qualitäten stehen außer Frage. Der Stil hat sich dabei in den vergangenen Jahren ein wenig geändert, die Weine sind zwar immer noch klassisch fränkisch, zeigen aber mehr Struktur und Stringenz als noch vor Jahren. Sehr klassisch scheint der 2020er Iphöfer Julius-Echter-Berg Silvaner GG, mit reifer gelber Frucht, erkennbarem Holzeinsatz, rauchigen Noten und Kakao. Die Säure ist gut und straff, ein Hauch Gerbstoff gibt Struktur. Typisch für Wirsching - ein unerhörtes Reifepotenzial. Dafür sind auch die alten Rebbestände verantwortlich, wie beim 2021er Iphöfer Kronsberg Riesling Erste Lage Alte Reben. Sie sorgen für Salzigkeit und echte Coolness. Die dezente Frucht bleibt ganz im Hintergrund, da sind Kräuter und dann nur noch Mineralität. Wem das zuviel des Guten ist, dem sei der 2020er Iphöfer Julius-Echter-Berg Riesling GG empfohlen. Er hat einen Wahnsinnsdruck am Gaumen, balanciert zwischen Basilikum und Thymian einerseits, andererseits zwischen Aprikose und Mango, hat Schmelz und Biss zugleich. Auch sei die Riesling TBA 2021 erwähnt. Ein Gänsehautwein mit perfekter Balance zwischen Säure und Zucker und einladender Frucht.

WEINBAU SEIT 1630
HANS WIRSCHING

- **85** 2021 Iphöfer Silvaner trocken
  **9 €** | 12,5%
- **87** 2020 Silvaner trocken Sister.Act
  **22 €** | 13,5%
- **88** 2021 Iphöfer Kronsberg Scheurebe trocken Alte Reben
  **17,50 €** | 13 %
- **89** 2021 Iphöfer Julius-Echter-Berg Silvaner trocken Erste Lage
  **14,80 €** | 13,5%
- **89** 2021 Iphöfer Kronsberg Silvaner trocken Erste Lage Alte Reben
  **14,80 €** | 13,5%
- **89** 2021 Iphöfer Kronsberg Chardonnay trocken Alte Reben Erste Lage
  **15,80 €** | 13 %
- **90** 2021 Iphöfer Julius-Echter-Berg Riesling trocken Erste Lage
  **14,80 €** | 13 %
- **91** 2021 Iphöfer Kronsberg Riesling trocken Erste Lage Alte Reben
  **15,80 €** | 13 %
- **92** 2020 Iphöfer Julius-Echter-Berg Riesling VDP.Großes Gewächs
  **34 €** | 13 %
- **93** 2020 Iphöfer Julius-Echter-Berg Silvaner VDP.Großes Gewächs
  **34 €** | 13,5% **TOP 10**
- **94** 2021 Iphöfer Julius-Echter-Berg Riesling Trockenbeerenauslese
  **80 €** | 6 %
- **88** 2019 Iphöfer Kronsberg Spätburgunder trocken Erste Lage
  **28 €** | 13 %

★★

## ZANG

Weingut Johannes Zang
97334 Sommerach · Zum Katzenkopf 2
Tel. (09381) 9278 · Fax 9280
info@weingut-zang.de
**www.weingut-zang.de**

**Inhaber/in und Betriebsleitung**
Johannes Zang
**Keller** Johannes Zang

**Historie** Alter fränkischer Satz mit 35 verschiedenen Rebsorten, Rebstöcke über 180 Jahre
**Rebfläche** 10 Hektar
**Jahresproduktion** 70 000 Flaschen
**Beste Lagen** Sommeracher Katzenkopf, Volkacher Ratsherr, Rimbacher Landsknecht
**Boden** Muschelkalk, Keuper
**Rebsorten** 40% Silvaner, 15% Müller-Thurgau und Riesling, je 12% Scheurebe und Weißburgunder, 7% Kerner und Bacchus, 10% Spätburgunder, Dornfelder, und Domina, 4% übrige Sorten
**Gastronomie** Weinverkostung in Vinothek und romantischem Innenhof.
**Erlebenswert** renovierter historischer Weinkeller
**Mitglied** Fränkisches Gewächs

Was Familie Zang dieses Jahr zur Verkostung anstellt, überzeugt in jeder Hinsicht. Das sind höchst ehrliche, direkte und qualitativ hervorragende Weine. Die Familie rund um Winzer Johannes Zang nimmt sich vor allem in der Ernte - das geschieht selbstverständlich zu 100 Prozent in Handlese - sehr viel Zeit, und pickt nur die besten Beeren für ihre Weine heraus. Im Einstiegssegment hat uns vor allem der Riesling vom Muschelkalk 2021 gefallen. Mit seiner wunderbaren Mineralität und knackigen, aber nie zu intensiven Säure, sorgt er quasi von selbst dafür, dass das Glas immer gefüllt ist. Besonders hervorzuheben sei noch der 2018er Silvaner Alte Reben J40. Der Silvaner startet feinwürzig in der Nase, schmeichelt mit leichter Cremigkeit und bleibt lange am Gaumen. Eine rundum gelungene Kollektion!

**85** 2021 Müller-Thurgau trocken von Muschelkalk
**7 €** | 12 %

**86** 2021 Sommeracher Katzenkopf Weissburgunder trocken „S“
**10,50 €** | 12,5%

**86** 2021 Rimbacher Landsknecht Alter Satz trocken
**14,50 €** | 12,5%

**87** 2021 trocken Vom Muschelkalk
**7 €** | 11,5%

**87** 2021 Riesling trocken vom Muschelkalk
**8,70 €** | 12 %

**87** 2021 Sommerach Katzenkopf Silvaner trocken Selection „S“
**10,50 €** | 12,5%

**88** 2018 Silvaner trocken Alte Reben J40
**16 €** | 13 %

**85** 2021 Sommeracher Katzenkopf Kerner Spätlese restsüss Erste Lage
**9,50 €/0,5 Lit.** | 11 %

**89** 2021 Sommeracher Katzenkopf Auslese restsüss
**16 €/0,5 Lit.** | 8,5%

**86** 2021 trocken Rosé
**8,50 €** | 12 %

★★

## ZEHNTHOF

Weingut Zehnthof Familie Weickert
97334 Sommerach · Hauptstraße 17
Tel. (09381) 2830
info@zehnthof-weickert.de
**www.zehnthof-weickert.de**

**Inhaber/in und Betriebsleitung**
Tobias Weickert

**Rebfläche** 7 Hektar
**Jahresproduktion** 50 000 Flaschen
**Beste Lagen** Sommeracher Katzenkopf, Obervolkacher Landsknecht, Astheimer Karthäuser
**Boden** Muschelkalk
**Rebsorten** 23% Silvaner, 21% Müller-Thurgau, 20% Scheurebe, 11% Riesling, 10% Bacchus, 6% Traminer, 5% Spätburgunder, 4% Kerner

Der Scheureben-Papst. Wir sind einmal mehr zufrieden, mit der diesjährigen Kollektion von Tobias Weickert. Wieder zeigt diese einen Aufwärtstrend an - vor allem bei seinen Paradepferden, der eindrucksvollen Reihe trockener Scheureben. Selten wird einem eine so nuancenreiche und differenzierte Auswahl von ein und derselben Rebsorte allein über die Lagenunterschiede geboten. Überhaupt hat er ein Faible für aromatische Rebsorten. Das zeigen auch die beiden Traminer, die beide eher leise anstatt laut sind. Hatte im vergangenen Jahr die Spätlese aus der Stettenburg die Nase vorn, war im diesem Jahr die Scheurebe aus dem Astheimer Karthäuser überlegen - und das hat nichts mit dem Wahlwohnort des Verkosters zu tun... Die Ausgewogenheit zwischen Frucht, Säure und der bestechenden Mineralität hat in diesem Jahr das Blatt gewendet. Auch die beiden Silvaner sind aller Ehren wert. Hier hatte für uns der klassisch in Franken angebaute grüne Silvaner dieses Mal einen Ticken die Nase vorn. Insgesamt ein schöner Spiegel, was die unterschiedlichen Lagen hergeben.

**85** 2021 Obervolkacher Landsknecht Riesling Kabinett trocken
**9 €** | 11,5%

**86** 2021 Obervolkacher Landsknecht Blauer Silvaner Spätlese trocken
**10 €** | 12,5%

**86** 2021 Obervolkacher Landsknecht Scheurebe trocken
**10 €** | 13%

**86** 2021 Sommeracher Katzenkopf Traminer Spätlese trocken
**13 €** | 13,5%

**87** 2021 Sommeracher Katzenkopf Scheurebe trocken
**10 €** | 12,5%

**87** 2021 Volkacher Kirchberg Scheurebe trocken
**10 €** | 12,5%

**87** 2021 Volkacher Kirchberg Kerner Spätlese trocken Alte Reben
**10 €** | 13%

**87** 2021 Sommerach Katzenkopf Silvaner Spätlese trocken Alte Reben
**11 €** | 12,5%

**88** 2021 Obervolkacher Landsknecht Scheurebe trocken Stettenburg
**10 €** | 13%

**89** 2021 Astheimer Karthäuser Scheurebe trocken
**10 €** | 12,5%

**86** 2021 Volkacher Kirchberg Scheurebe Spätlese feinherb
**10 €** | 11,5%

**86** 2021 Sommeracher Katzenkopf Traminer Spätlese feinherb
**13 €** | 12%

ZEIT, UM
WEINGEHEIMNISSE
ZU ENTDECKEN
VINOTHEK
IPHOFEN
Juliusspital

Foto: Gerd Müller

# Hessische Bergstraße: Klein und sehr variabel

An den westlichen Ausläufern des Odenwalds blühen schon die Mandelbäume, wenn in vielen Teilen Deutschlands noch Frost herrscht. Trotz der klimatischen und geologischen Vorzüge der steil zur Rheinebene abfallenden Rebhänge gehen ihre Weine in deutschen Regalen meist ein wenig unter, was kaum verwundert: Die Bergstraße ist das kleinste unter den deutschen Anbaugebieten.

### Geschichte

Die Geschichte des nur 463 Hektar großen hessischen Teils der Bergstraße setzt mit dem Jahr 1971 ein, als er zum eigenständigen Weinbaugebiet deklariert wurde. Obgleich die Landschaft homogenen Charakter besitzt, war das Gebiet bereits historisch durch willkürliche Grenzziehung zwischen Fürstenhäusern aufgeteilt, deren Nachfolge die beiden heutigen Bundesländer Hessen und Baden-Württemberg antraten. So ist die gewachsene Weinlandschaft Bergstraße heute zweigeteilt in einen badischen und den hessischen Teil. Kaum verwunderlich, dass die Bergsträßer Winzer selbst diese Trennung als „weinrechtliches Kuriosum" bezeichnen und auch weiterhin im gemeinsamen Verband Bergsträßer Winzer agieren. Weinbau wird in der klimaverwöhnten Gegend natürlich schon sehr lange betrieben – urkundlich wird er erstmals im 8. Jahrhundert im Lorscher Codex (Codex Laureshamensis) erwähnt. Römische Legionäre bauten die *strata montana*, die „Bergstraße", die sich über 50 Kilometer von der Neckarmündung bis in die Nähe von Darmstadt erstreckte. Hier verläuft heute die Bundesstraße 3. Pittoreske Weindörfer schlängeln sich an ihr entlang, darüber thronen parzellierte und terrassierte Weinberge, etwa ein Viertel davon Steillagen.

### Geografie

Die räumliche Ausdehnung des kleinsten Deutschen Anbaugebiets, eingebettet zwischen Neckar, Rhein und Main, wird oft unterschätzt. Zu den Lagen am Rhein, der eigentlichen Bergstraße, gesellen sich weiter im Osten die Odenwälder Weininsel und die Lagen von Roßbach und Dietzenbach. Die weinbaulichen Schwerpunkte liegen in Bensheim, Auerbach und Heppenheim.

### Klima und Boden

Zu den klimatischen Vorzügen der sonnenverwöhnten Region gesellt sich eine günstige Geologie. Die Bodenformationen sind vielfältig: Granitverwitterung bei Zwingenberg, Basalt nahe Roßdorf sowie Buntsandsteinformationen und kalkige Böden rund um Bensheim. Unabhängig vom Boden werden Dauerbegrünung und naturnaher Weinbau immer wichtiger. Nur so kann das „Pinot-Paradies Hessische Bergstraße" nachhaltig Wirklichkeit werden.

### Weine und Produktionsmenge

Häufigste Rebsorte der Region ist der Riesling. Qualitativ von besonderer Bedeutung sind inzwischen weiße Burgundersorten und immer mehr auch Spätburgunder. Eine Spezialität ist der Rote Riesling. Die Produktionsmenge liegt im Durchschnitt bei 30 000 Hektolitern.

## Hessische Bergstraße im Überblick

**Rebfläche** 462 Hektar (2021)
**Produktion** 30 196 Hektoliter (2021)
**Einzellagen** 3 Groß-, 23 Einzellagen
**Hauptrebsorten** Riesling, Grauburgunder, Spätburgunder
**Weinart** Extraktreiche Weißweine, darunter feine Auslesen und schlanke Rotweine
**Beste Lagen** Zwingenberger Alte Burg und Steingeröll, Auerbacher Fürstenlager und Höllberg, Alsbacher Schöntal, Heppenheimer Centgericht
**Böden** Granitverwitterung, Basalt, Löss, Buntsandsteinformationen, Kalk
**Interessant** Die berühmte Lage Centgericht in Heppenheim hat ihren Namen von einer früheren Gerichtsstätte. Wer sich mit Wein-

Karte: Deutsches Weininstitut

baugeschichte befasst hat, kennt sie auch wegen des hessischen „Rebmuttergartens“, in dem zwischen 1927 und 1929 reblausresistente Unterlagen gezüchtet wurden – wobei an der Hessischen Bergstraße selbst die Reblaus erstmals 2005 auftauchte.

**Weinbauverband Hessische Bergstraße e.V.**
Kettelerstraße 29
64646 Heppenheim
Tel. (0 62 52) 7 56 54
info@bergstraesser-wein.de
www.bergstraesser-wein.de

# Sekt-Paradies

Griesel brilliert mit großartigen Sekten. Viel Feines findet sich auch von anderen Häusern. Und nicht nur die Sekte haben uns gefallen, auch die Rotweine von Schloss Schönberg, Simon-Bürkle, Rothweiler und Edling konnten überzeugen. Mit dem Betrieb Feligreno gibt es einen vielversprechenden Neuzugang.

Der Jahrgang 2021 steht an der Hessischen Bergstraße für ganz besondere Herausforderung. Es war kühler und gerade im Frühsommer auch feuchter. Das stellte vor allem an den Pflanzenschutz besondere Anforderungen. Eine Reihe klarer, fruchtig-rassiger Weißweine belegt, dass dies meist gut gelungen ist. Gute Beispiele hierfür sind der feinfruchtig-klare Kerner Kabinett von Amthor, der schlank-duftige Riesling Granit von Simon-Bürkle oder der saftige Grauburgunder Gutswein von Schloss Schönberg. Animierende Grauburgunder gab es auch von zwei Weingütern, die im kommenden Jahr zusammengeführt werden: Die Familie Jäger hat das Weingut der Stadt Bensheim übernommen und wird es in den eigenen Betrieb integrieren. Zukünftig firmieren alle Weine unter dem Etikett von Jäger. Viele Betrieben stellen nun auch ihre besten Weißweinen erst nach einem Jahr Reife vor. So etwa der mineralisch-schmelzige Riesling Diorit von Simon-Bürkle, der substanzreiche, holzgeprägte Pinot Blanc von Rothweiler oder die Auerbacher Ortsweine von Schloss Schönberg. Sehr gelungen ist auch der hefetrübe Chardonnay Landwein vom Weingut Feligreno, das im vergangenen Jahr auf Vollerwerb umgestellt hat. Es ist unsere Entdeckung des Jahres an der Hessischen Bergstraße. Beachtlich wie immer sind auch die Aromasorten: Muskateller und Goldmuskateller fühlen sich an der Hessischen Bergstraße erkennbar wohl. Die Rotweine des Jahrgangs 2020 knüpfen an die sehr guten Vorjahre an. Ob Syrah von Rothweiler oder Spätburgunder von Edling und Schloss Schönberg, die Weine zeigen Frucht, Kraft und guten Trinkfluss. Der bestens gereifte 2015er Höllberg Cabernet Sauvignon bestätigt eindrucksvoll, wie schlüssig das Konzept von Simon-Bürkle ist, große Rotweine erst nach einer gewissen Lagerzeit zu vermarkten. Besser denn je ist die aktuelle Kollektion von Griesel. Schon die 2019er der Linie „Tradition" und die 2018er der Prestige-Reihe lassen kaum Wünsche offen. Großartig dann die fein-elegante Grande Cuvée aus dem Jahrgang 2017 und der 2016er Granit „F", ein reinsortiger Pinot Noir aus dem Fürstenlager, mit cremiger Tiefe und beeindruckender Balance.

**Weingärten unter dem Melibokus**

Östlich von Zwingenberg erhebt sich im Odenwald der Melibokus, der höchste Berg an der südhessischen Bergstraße. Nicht nur in Richtung Rhein finden sich in seinem Umkreis Weinberge. Die Odenwälder Weininsel bei Groß-Umstadt und die Lagen von Roßbach und Dietzenbach werden gerne übersehen. Dort sind die Böden von Basalt geprägt, im Gegensatz zur Granitverwitterung bei Zwingenberg oder den Kalk- und Buntsandstein-Böden rund um Bensheim. Hier und da sind auch die alten Terrassen-Lagen noch intakt. Ein Potenzial, das unser Neueinsteiger Feligreno in Zukunft vermehrt heben will. Dies trägt nicht zuletzt zur Erhaltung einer wertvollen Kulturlandschaft mit zum Teil einzigartiger Flora und Fauna bei.

*Peter Henk*

# Regionale Spitzenresultate

Die Rebsorten-Vielfalt in Deutschlands kleinstem Anbaugebiet ist legendär. So sind neben feinen Spätburgundern auch kraftvoll-elegante Weine aus Cabernet Sauvignon, Syrah und Merlot neben den vorzüglichen Sekten die Aushängeschilder der Region.

## Spitzenweine

**Die besten Rotweine des Anbaugebietes**

**90** Schloss Schönberg, Auerbacher Höllberg Spätburgunder trocken 2019
**22 €** | 13,5 %

**90** Simon-Bürkle, Auerbacher, Höllberg Cabernet Sauvignon trocken 2015
**29 €** | 14,5%

**89** Edling, Roßdorf Roßberg Cabernet Sauvignon trocken 2020
**16 €** | 14,5 %

**89** Simon-Bürkle, Pan trocken 2015
**17 €** | 14,5 %

**89** Schloss Schönberg, Spätburgunder vom Löss trocken 2020
**17,50 €** | 13 %

**89** Schloss Schönberg, Spätburgunder vom Granit trocken 2020
**18,50 €** | 13,5 %

**88** Edling, Roßdorfer Roßberg Spätburgunder trocken 2020
**13 €** | 13,5 %

**88** Rothweiler, Auerbacher Fürstenlager Syrah QbA trocken 2020
**13,20 €** | 13 %

**88** Simon-Bürkle, Zwingenberger Steingeröll Spätburgunder trocken Reserve 2020
**19 €** | 14 %

## Spitzenbetriebe

★★★½
**Griesel, Bensheim**

★★★
**Schönberg, Bensheim**
**Simon-Bürkle, Zwingenberg**

★★
**Rothweiler, Bensheim**

★½
**Bensheim, Bensheim**
**Edling, Roßdorf**
**Feligreno, Darmstadt**

★
**Amthor, Heppenheim**

## Gebietspreisträger

**Weingut des Jahres** Griesel
**Entdeckung des Jahres** Feligreno

★

## AMTHOR

Weingut Amthor
64646 Heppenheim
Bürgermeister-Kunz-Straße 101
info@weingut-amthor.de
**www.weingut-amthor.de**

**Inhaber/in und Betriebsleitung** Barbara Amthor
**Keller** Barbara & Patrick Amthor
**Außenbetrieb** Patrick Amthor

Unser Favorit ist in diesem Jahr der schlanksaftige Kerner Kabinett mit seiner animierenden Herbe im Finish. Saft, klare Frische und markante Hefe-Prägung kennzeichnen den gelungenen Pet Nat. Auch der Sekt und die geschmeidige, Eins A genannte Riesling-Cuvée aus verschiedenen Lagen, haben uns gefallen. Das Weingut Amthor aus Heppenheim bestätigt so seinen letztjährigen Einstieg in unseren Weinguide nachdrücklich.

**86** 2021 PETNAT
**12 €** | 12,5%

**86** 2020 Heppenheimer Stemmler Sekt b. A. Brut Crémant Gabriele
**15 €** | 12,5%

**84** 2021 Heppenheimer Stemmler Weißer Riesling trocken
**7 €** | 12,5%

**84** 2021 Heppenheimer Eckweg Roter Riesling trocken
**8 €** | 12%

**84** 2021 Hessische Bergstraße Chardonnay Kabinett trocken
**9 €** | 12%

**84** 2021 Heppenheimer Eckweg Goldmuskateller trocken
**9,50 €** | 12%

**85** 2021 Heppenheimer Kabinett trocken Eins A
**9,50 €** | 12%

**87** 2021 Heppenheimer Stemmler Kerner Kabinett trocken Justinus K.
**9,50 €** | 11,5%

**83** 2021 Heppenheimer trocken Nullachtsechzehn
**10 €** | 12,5%

★☆

## BENSHEIM

Weingut der Stadt Bensheim
64625 Bensheim · Darmstädter Straße 6
Tel. (06251) 580017 · Fax 64970
mail@weingut-der-stadt-bensheim.de
**www.weingut-der-stadt-bensheim.de**

**Inhaber/in** Stadt Bensheim
**Pächter** Michael Jäger
**Keller** Volker Dingeldey

Mit dem Jahrgang 2021 endet die Geschichte des Weinguts der Stadt Bensheim. Das Weingut Jäger, ebenfalls in Bensheim beheimatet, hat das Gut gekauft und wird jetzt beide Betriebe unter dem Namen Jäger zusammenführen. Der Junior des Hauses arbeitet zur Zeit noch an einigen Tagen in der Woche im Weingut Schloss Schönberg. Seine baldige Rückkehr ist geplant. Weine aus beiden Betrieben wurden uns vorgestellt. Diejenigen von Jäger tragen den entsprechenden Zusatz. Aus beiden Häusern konnten wir gelungene Grauburgunder verkosten. Klar-fruchtig, saftig, mit stimmiger Säure der von Bensheim, strukturiert, mit gutem Zug der Alte Reben von Jäger. Auch die Liter-Rieslinge sind hier sehr gelungen. Wir sind auf die Zukunft gespannt.

**84** 2021 Bensheimer Kirchberg Riesling trocken
**7 €/1 Lit.** | 12%

**85** 2021 Bensheimer Kalkgasse Weissburgunder trocken
**8,50 €** | 12%

**85** 2021 Riesling Kabinett trocken „Jäger"
**8,50 €** | 12%

**86** 2021 Bensheimer Kirchberg Roter Riesling trocken
**9,10 €** | 12%

**87** 2021 Bensheimer Kalkgasse Grauburgunder trocken
**8,60 €** | 12%

**87** 2021 Grauburgunder trocken Alte Reben „Jäger"
**9,50 €** | 12,5%

**84** 2021 Bensheimer Streichling Riesling feinherb
**7 €/1 Lit.** | 11%

**89** 2019 Bensheimer Kalkgasse Riesling Spätlese
**10,90 €** | 9%

★½

## EDLING

Weingut Edling
64380 Roßdorf · Kirchgasse 9
Tel. (06154) 8402 · Fax 803685
info@weingut-edling.de
**www.weingut-edling.de**

**Inhaber/in und Betriebsleitung** Lisa Edling
**Keller** Lisa Edling

An der Spitze der Kollektion steht in diesem Jahr ein kraftvoll-strukturierter, vom Holzausbau geprägter Cabernet Sauvignon, der im Duft Noten von Cassis, Minze und Pfeffer zeigt. Wie alle Weine des Hauses stammt er vom Roßdorfer Roßberg, einer vom Basalt geprägten Einzellage in Familienbesitz. Sehr beachtlich ist auch der 2020er Spätburgunder. Klare Frucht, Schmelz und eine stimmige Säure verbinden sich mit der feinröstigen Holznote auf harmonische Weise. Ein saftiger Chardonnay und ein balancierter Grauburgunder belegen, dass man hier auch ein Händchen für Weißwein hat. Wie immer erfrischend und typisch präsentiert sich der Gelbe Muskateller. Der als Ortswein gekennzeichnete Merlot ist eine runde Sache.

**85** 2021 Roßdorf Chardonnay trocken Ortswein
**8,50 €** | 12,5%

**86** 2021 Roßdorf Roßberg Grauburgunder trocken
**10,50 €** | 12,5%

**84** 2021 Roßdorf Gelber Muskateller feinherb Ortswein
**8,50 €** | 11,5%

**85** 2021 Roßdorf Merlot trocken Ortswein
**8,90 €** | 12,5%

**83** 2021 Roßdorf Rotling feinherb
**7,70 €** | 11%

**88** 2020 Roßdorfer Roßberg Spätburgunder trocken
**13 €** | 13,5%

**89** 2020 Roßdorf Roßberg Cabernet Sauvignon trocken
**16 €** | 14,5%

★½ **NEU**

## FELIGRENO

Feligreno
64285 Darmstadt · Grüner Weg 20
info@feligrenowein.de
**www.feligrenowein.de**

**Inhaber/in und Betriebsleitung** Jannik Jährling
**Keller** Johann Schnell
**Außenbetrieb** Jannik Jährling

„Feligreno", das Akronym verweist auf die Gründer, betreibt bereits seit rund 20 Jahren an der Hessischen Bergstraße Weinbau. Die Zertifizierung als Biobetrieb (Ecovin) erfolgte 2008. Vier Hektar Weinberge in den Lagen Zwingenberger Alte Burg, Seeheimer Mundklingen und Auerbacher Emmertal liefern die Trauben, die in einem befreundeten Biobetrieb ausgebaut und abgefüllt werden. Der Erhalt alter Terrassen-Anlagen und Trockenmauern ist ein besonders Anliegen des Guts. Mit der Umstellung auf Vollerwerb entschloss man sich, uns erstmals Weine vorzustellen. Und diese haben uns auf Anhieb gut gefallen. Eine besondere Erwähnung verdient der hefetrübe Chardonnay Landwein aus der Lage Mundklingen. Saftige Zitrusaromen und eine beachtliche Länge kennzeichnen den klug im Holz ausgebauten Wein.

**85** 2020 Zwingenberger Alte Burg Riesling Sekt Brut
**14 €** | 13%

**87** 2020 Zwingenberger Alte Burg Pinot Sekt Brut nature
**16 €** | 13%

**85** 2020 Zwingenberger Alte Burg Grauburgunder trocken Alte Reben
**9 €** | 13%

**86** 2020 Seeheimer Mundklingen Alter Satz trocken
**9 €** | 13%

**86** 2020 Zwingenberger Alte Burg Riesling Kabinett trocken
**11 €** | 12,5%

**89** 2020 Seeheimer Mundklingen Chardonnay Landwein trocken Hefetrüb
**18 €** | 14,5%

**86** 2020 Seeheimer Mundklingen trocken Roter Gabbro
**15 €** | 13%

★★★½

## GRIESEL

Griesel & Compagnie
64625 Bensheim · Grieselstaße 34
Tel. (06251) 8696890 · Fax 8696899
info@griesel-sekt.de
**www.griesel-sekt.de**

**Geschäftsführerin** Petra Greißl-Streit
**Betriebsleitung** Niko Brandner
**Keller** Rachele Crosara
**Außenbetrieb** Rabea Trautmann

**Rebfläche** 14 Hektar
**Jahresproduktion** 85 000 Flaschen
**Beste Lagen** Fürstenlager (Auerbach), Höllberg (Auerbach), Steingeröll (Zwingenberg)
**Boden** Granit, Diorit, Lösslehm, Vulkangesteinsverwitterung, Flugsand
**Rebsorten** 50% Riesling, 30% Burgunder, 20% übrige Sorten
**Mitglied** Verband traditioneller Sektmacher e.V.

Eine starke Kollektion! Die 2019er der Serie „Tradition" überzeugen ebenso wie die 2018er der Prestige-Linie. Und an der Spitze stehen großartige Cuvées und ein reinsortiger Pinot Noir. Aus dem kleinsten Weinbaugebiet kommen inzwischen mit großer Beständigkeit einige der besten Sekte Deutschlands. Niko Brandner hat Griesel & Compagnie in kürzester Zeit zu einem Namen auf dem Schaumweinparkett Deutschlands gemacht. Schon die Sekte der Basislinie „Tradition" sind straight, frisch und haben den leicht oxidativen Touch, den man von Champagner kennt. Besonders gefallen hat uns in diesem Jahr der balancierte Blanc de Noirs und der klarfruchtige Rosé. Aus der Prestige-Linie sticht ebenfalls der Rosé besonders heraus. Mit feiner Frucht, beachtlicher Tiefe und animierender Herbe im Finish muss er keinen Champagner fürchten. Die Grand Cuvée Exquisit Dosage Zéro 2017 zeigt dann noble Perlage, komplexen Duft und weinige Art bei feiner Säure. Inzwischen ein Klassiker. Noch eine Stufe darüber steht der 2016er Granit F, ein reinsortiger Pinot Noir aus dem Fürstenlager – daher das „F". Feinster Duft verbindet sich mit cremiger Tiefe und toller Balance. Großartig! Zukünftig sollen Sekte dieser Klasse dann konsequent als Lagenweine ausgewiesen werden. Wie es begann: Der ehemalige Bankangestellte Niko Brandner nahm mit 25 Jahren ein duales Önologiestudium beim Weingut Fürst auf. Sein Faible für Prickelndes brachte ihn als Praktikant zu Volker Raumland, den Grandseigneur des deutschen Schaumweins. 2013 erhielt er von Petra Greißl-Streit und Jürgen Streit die Möglichkeit, in den historischen Gebäuden der ehemaligen Staatsdomäne ein Sekthaus aufzubauen. Traditionell hieß dieser Bereich Bensheims „der Griesel" – daraus wurde Griesel & Compagnie. Nur sechs Jahre später konnte Brandner von VINUM die verdiente Auszeichnung „Sekterzeuger des Jahres 2019" in Empfang nehmen. Und die Entwicklung ist hier noch nicht abgeschlossen!

**87** 2019 Blanc de Blancs Brut Tradition
**17 €** | 12 %

**88** 2019 Rosé Brut Tradition
**16,70 €** | 12 %

**88** 2019 Blanc de Noirs Brut Tradition
**17 €** | 12 %

**89** 2018 Riesling extra Brut Prestige
**24 €** | 12 %

**90** 2018 Pinot Noir Brut nature Prestige
**26 €** | 12 %

**90** 2018 Pinot Blanc Brut nature Prestige
**26 €** | 12 %

**91** 2018 Rosé Extra Brut Prestige
**25 €** | 12 %

**91** 2014 Grande Cuvée Réserve
**65 €** | 12,5%

**92** Riesling Brut Réserve perpetuelle
**50 €** | 12,5%

**93** 2017 Grande Cuvée Dosage Zéro Exquisit
**35 €** | 12,5% **TOP 10**

**94** 2016 Pinot Noir Brut Granit -F-
**80 €** | 12,5% **TOP 10**

★★

## ROTHWEILER

Weingut Rothweiler
64625 Bensheim-Auerbach
Berliner Ring 184 (am roten Turm)
Tel. (06251) 76569 · Fax 788385
mail@hanno-rothweiler.de
**www.hanno-rothweiler.de**

**Inhaber/in und Betriebsleitung** Hanno Rothweiler
**Keller** Hanno Rothweiler

**Rebfläche** 6 Hektar
**Jahresproduktion** 60 000 Flaschen
**Beste Lagen** Auerbacher Fürstenlager, Zwingenberger Steingeröll, Heppenheimer Steinkopf
**Boden** Granitverwitterung, tiefgründiger Lösslehm
**Rebsorten** 30% Riesling, 27% weiße Burgundersorten (Grauer Bg., Weisser Bg., Auxerrois ), 7% Müller-Thurgau, 6% St. Laurent, je 4% Cabernet Sauvignon und Syrah, 3% Roter Riesling, 15% übrige Sorten (Gelb. Muskateller, Cabernet Blanc, Sauvignon Blanc, Primitivo, Pinot Noir, Dakapo, Lemberger)
**Erlebenswert** Vinothek

Eine Spezialität des Hauses ist der Lemberger/Merlot-Sekt Zero Dosage. Er ist klar und feinblumig im Duft und verbindet Schlankheit mit sanftem Schmelz. Ein nachdrücklicher Beleg, dass Hanno Rothweiler geschickt Rebsorten auf ungewohnte Weise kombinieren kann. Auch in diesem Jahr sind die Rotweine, die hier oft von internationalen Rebsorten stammen, herauszuheben. Der Syrah aus dem Fürstenlager besitzt gute Fülle, balancierten Fluss und einen ansprechenden Anklang an Gelee von schwarzen Johannisbeeren. Dass man sich ebenso auf Pinot Noir versteht, zeigt der holzgeprägte, gut strukturierte Heppenheimer Eckweg. Den Cabernet Sauvignon empfinden wir zur Zeit noch als etwas kantig. Mit eleganter Fülle und klarer Linie zeigt sich der im Barrique ausgebaute Pinot Blanc aus dem Steinkopf da schon deutlich zugänglicher. Auch die Leichtgewichte überzeugen uns: Der fruchtig-frische Rosé vom Portugieser und die Cuvée Federleicht, ein Sommerwein par excellence. Eine vielfältige Kollektion, die uns gut gefallen hat. Und vor Ort ließe sich noch mehr entdecken!

**87** 2020 Sekt Zero Dosage Lemberger/Merlot
**17,20 €** | 12,5%

**83** 2021 Riesling trocken
**7,80 €/1 Lit.** | 12 %

**83** 2021 Roter und Weißer Riesling trocken Gewinngemeinschaft
**9,30 €** | 12 %

**84** 2021 Gelber Muskateller trocken
**9,70 €** | 12 %

**85** 2021 Auerbacher Fürstenlager Cabernet Blanc trocken
**9,30 €** | 12 %

**85** 2021 Riesling trocken Der Federleichte
**9,30 €** | 10 %

**87** 2019 Heppenheimer Steinkopf Pinot Blanc QbA trocken
**18,10 €** | 13 %

**84** 2021 Auerbacher Fürstenlager Cabernet Sauvignon Weissherbst trocken
**9,80 €** | 12 %

**85** 2021 Blauer Portugieser trocken Rosé
**9,80 €** | 11,5%

**86** 2020 Auerbacher Fürstenlager Cabernet Sauvignon trocken
**12,70 €** | 13 %

**87** 2020 Heppenheimer Eckweg Pinot Noir trocken
**13,20 €** | 13 %

**88** 2020 Auerbacher Fürstenlager Syrah QbA trocken
**13,20 €** | 13 %

★★★

## SCHLOSS SCHÖNBERG

Weingut Schloss Schönberg
64625 Bensheim
Zwischen den Bächen 23–25
Tel. (06251) 7030320 · Fax 8696899
info@schloss-schoenberg.com
**www.schloss-schoenberg.com**

**Inhaber** Jürgen Streit und Petra Greißl-Streit
**Betriebsleitung** Rabea Trautmann & Julien Meissner
**Keller** Julien Meissner
**Außenbetrieb** Rabea Trautmann

**Rebfläche** 13 Hektar
**Jahresproduktion** 50 000 Flaschen
**Beste Lagen** Auerbacher Fürstenlager, Schönberger Herrnwingert, Bensheimer Hembsberg, Zwingenberg Alte Burg
**Boden** Granit, Diorit, Vulkanverwitterungsgestein, Löss
**Rebsorten** 30% Riesling, 15% Spätburgunder, 10% Weißburgunder, je 5,5% Grauburgunder und Silvaner, 3,5% Chardonnay, 30,5% übrige Sorten (Chenin Blanc, Müller-Thurgau)

Die Betriebsleitung verantworten inzwischen Julian Meisner und Tabea Trautmann gemeinsam. Sie ist weiterhin für den Außenbetrieb zuständig, er für den Keller. Julian Meisner war zuvor als Kellermeister im Ingelheimer Weingut Neuss unter anderem für die vorzüglichen Spätburgunder GGs der Jahre 2015 und 2016 verantwortlich. Und damit weiß man auch, wo einer seiner Schwerpunkte an der Hessischen Bergstraße liegen wird. Zukünftig sollen die besten Spätburgunder aus drei Lagen stammen: Herrnwingert, Fürstenlager und, neu angelegt, Alte Burg. Die 2020er sind noch nicht gefüllt. Aber „Granit" und „Löss", die beiden Ortswein-Äquivalente, lassen bereits erkennen, wohin die Reise geht. Es sind straff-schlanke, reduktiv angelegte Pinot Noirs mit feinem Säurespiel und guter Tiefe. Inzwischen gibt es auch Silvaner. Und der stößt für die Hessische Bergstraße in eine neue Liga vor. Benannt ist der Silvaner Weißer Granit nach der dominierenden Bodenart der Parzelle, in der die Reben stehen. Reduktiver Anklang, Schmelz und mineralische Tiefe zeichnen ihn aus. Eine weitere Stärke sind sicherlich die weißen Burgundersorten. Schon der saftig-klare, gar nicht fette 2021er Grauburgunder Gutswein erreicht ein beachtliches Niveau. Der 2020er Schönberger Weißburgunder lässt den Holzausbau erkennen, besitzt gute Substanz und einen klaren Nachhall. Eine Überraschung ist der knackige Riesling Kabinett. Er ist straff und klar und sehr erfrischend.

Schloss Schönberg ist das jüngste Weingut an der Hessischen Bergstraße. Der Bensheimer Unternehmer Jürgen Streit erwarb 2014 das aus dem 13. Jahrhundert stammende Gebäude gleichen Namens. Die Weine werden in der Winery des ehemaligen Weinguts Montana ausgebaut - ein schickes, modernes Ambiente, das zu den Weinen passt.

SCHLOSS SCHÖNBERG

**86** 2021 Silvaner trocken
**9 €** | 11 %

**88** 2021 Grauburgunder trocken
**9 €** | 11,5%

**90** 2020 Schönberger Weißburgunder trocken
**15 €** | 12,5%

**90** 2020 Silvaner trocken Weißer Granit
**18 €** | 12 %

**89** 2021 Auerbacher Riesling Kabinett feinherb
**10,50 €** | 8,5% **TIPP**

**89** 2020 Spätburgunder vom Löss trocken
**17,50 €** | 13 %

**89** 2020 Spätburgunder vom Granit trocken
**18,50 €** | 13,5%

**90** 2019 Auerbacher Höllberg Spätburgunder trocken
**22 €** | 13,5%

★★★

## SIMON-BÜRKLE

Weingut Simon-Bürkle
64673 Zwingenberg · Wiesenpromenade 13
Tel. (06251) 76446 · Fax 788641
info@simon-buerkle.de
**www.simon-buerkle.de**

**Inhaber/in und Betriebsleitung**
Dagmar Simon und Johannes Bürkle
**Keller** Jan Faber

**Rebfläche** 12 Hektar
**Jahresproduktion** 80 000 Flaschen
**Beste Lagen** Zwingenberger Alte Burg und Steingeröll, Auerbacher Höllberg, Alsbacher Schöntal
**Boden** tiefgründiger Lösslehm auf Granitverwitterung
**Rebsorten** 50% Riesling, 18% rote Sorten, 12% weiße Burgundersorten, 20% übrige Sorten

An der Spitze der aktuellen Kollektion stehen der 2015er Pan und der Auerbacher Höllberg Cabernet Sauvignon aus dem gleichen Jahr. Ihre besten Rotweine stellen uns Dagmar Simon und Johannes Bürkle immer erst mit einiger Reife vor. Und dass dieses Konzept vor allem den Gewächsen aus den Zwingenberger und Auerbacher Weinbergen zugutekommt, können wir erneut bestätigen. Den Cabernet zeichnen sein feiner Duft mit Anklängen an Cassis, die gebändigte Fülle und die reifen Tannine aus. Schmelziger, mit feinem Preiselbeerduft, Leder-Anklang und guter Länge präsentiert sich die Cuvée Pan. Sehr gelungen ist auch der füllige, pflaumen-duftige 2020er Spätburgunder Reserve aus dem Steingeröll. Mit Granit und Diorit eröffnen zwei gelungene Rieslinge den Reigen der Weißweine. Vor allem der 2020er Diorit sticht mit mineralisch-schmelziger Art heraus. Erfrischend und sortentypisch wie immer ist der Muskateller. Zwei sehr gute Sekte runden diese gelungene Kollektion ab. Während der schlank-frische Muskateller Brut mit knackiger Sortenart überzeugt, zeigt der feinduftige 2018er Riesling Brut Schmelz und eine animierende Verbindung von Reife und Frische.

**86** 2020 Muskateller Sekt Brut
**14 €** | 12 %

**88** 2018 Riesling Sekt Brut
**14 €** | 12,5%

**84** 2020 Riesling trocken
**7,50 €/1 Lit.** | 12 %

**86** 2020 Zwingenberger Steingeröll Muskateller trocken
**9,50 €** | 12 %

**86** 2021 Grauburgunder trocken
**9,50 €** | 12 %

**87** 2021 Riesling trocken Granit
**9,50 €** | 12 %

**87** 2020 Zwingenberger Steingeröll Weissburgunder trocken
**12 €** | 13,5%

**89** 2020 Riesling trocken Diorit
**17 €** | 12,5%

**84** 2021 Blanc de Noirs Melibokuss
**9,50 €** | 11,5%

**88** 2020 Zwingenberger Steingeröll Spätburgunder trocken Reserve
**19 €** | 14 %

**89** 2015 „Pan“ trocken
**17 €** | 14,5%

**90** 2015 Auerbacher Höllberg Cabernet Sauvignon trocken
**29 €** | 14,5%

# Mittelrhein: Da wächst was nach

Foto: DWI

Aufwendig bewirtschaftete Steillagen prägen seit jeher das Bild des Weinbaus am Mittelrhein. Neue Projekte wurden realisiert, von bestehenden Betrieben oder Neueinsteigern. Manche sind eher klein, nur wenige Rebzeilen umfassend, andere etwas größer; immer jedoch mit frischen Ideen und viel Mut bei der Umsetzung.

### Geschichte

Auf mehr als 100 Kilometern, von Bingen bis vor Bonn, erstrecken sich die Weingärten des Mittelrheins, schon die Römer hatten hier ihre Rebgärten angelegt. Mit Gründung der heutigen Städte Köln und Bonn dürften sie mit dem Weinbau am Siebengebirge begonnen haben. Während der sogenannten Frankenzeit wuchs der Weinbau kontinuierlich und erhielt im 13. Jahrhundert entscheidende Impulse durch die Zisterziensermönche des Klosters Heisterbach. Noch bis in die 1970er-Jahre standen Rebstöcke am Mittelrhein auf über 1000 Hektar Rebfläche. Diese Fläche ging stetig zurück, in den 1990ern auf 700 Hektar, und liegt heute bei nur noch knapp 465 Hektar. Der Mittelrhein lockt daher mit vielen erstklassig liegenden Brachflächen; selbst der hohe Bewirtschaftungsaufwand hält einige Winzer nicht davon ab, hier tätig zu werden. Andererseits gibt es einige Betriebe, die aus Altersgründen den Betrieb einstellen, sodass sich die absolute Weinbergfläche voraussichtlich nicht wesentlich verändern wird.

### Geografie

Der in zwei Weinbereiche unterteilte Mittelrhein erstreckt sich auf beiden Seiten des Rheins ca. 110 Kilometer entlang des Stroms. Der Bereich Loreley umfasst dabei die Orte von Bingen bis Koblenz, in dessen Zentrum der Bopparder Hamm liegt, die größte zusammenhängende Lage des Mittelrheins. Zum Bereich Siebengebirge in Nordrhein-Westfalen gehören die Weinbaugemeinden Königswinter, Rhöndorf und Oberdollendorf.

### Klima und Boden

Der Rhein dient als Wärmespeicher und erhöht parallel zu dem hohen Anteil an Sonnentagen, den milden Temperaturen und den windgeschützten Lagen die Vegetationsperiode für die Reben, die hier langsam ausreifen. Die Schiefer- und Grauwacke-Verwitterungsböden speichern tagsüber die Wärme und geben sie nachts wieder ab. Im Norden liegen Böden vulkanischen Ursprungs, für die tendenziell ähnliche Voraussetzungen gelten.

### Weine und Produktionsmenge

Das Anbaugebiet Mittelrhein ist Rieslingland, circa 70 Prozent der Fläche sind damit bestockt. Kleinere Mengen entfallen auf Spätburgunder, Weißburgunder und Müller-Thurgau. Das Gebiet Mittelrhein ist unterteilt in 11 Groß- und 111 Einzellagen. Der Weinertrag liegt im langjährigen Mittel bei etwa 25 000 Hektolitern pro Jahr.

## Mittelrhein im Überblick

**Rebfläche** 468 Hektar (2021)
**Produktion** rd. 25 439 Hektoliter (2021)
**Einzellagen** 11 Groß-, 111 Einzellagen
**Hauptrebsorten** Riesling, Spätburgunder, Müller-Thurgau
**Weinart** Rieslinge mit temperamentvollem Säurespiel, ausgeprägter Fruchtaromatik und mineralischen Akzenten mit hervorragendem Alterungspotenzial sowie finessenreiche Spätburgunder
**Beste Lagen** Bacharacher Hahn, Posten, Kloster Fürstental, Wolfshöhle, Wallufer Walkenberg, Oberdiebacher Fürstenberg, Oberweseler Oelsberg, Bopparder Hamm Feuerlay und Engelstein, Mandelstein, Steeger St. Joost

Karte: Deutsches Weininstitut

**Böden** Schiefer- und Grauwackeverwitterungsböden, Vulkangestein im Norden
**Interessant** Einfach mehr als nur Weinbau: Romantischer und schöner als das Rheintal ist kaum eine andere Landschaft in Deutschland. Das wurde auch außerhalb der Region erkannt: seit 2002 gehört das „Tal der Loreley“ zum UNESCO-Weltkulturerbe.

**Mittelrhein-Wein e.V.**
Dolkstraße 19
56346 St. Goarshausen
Tel. (0 67 71) 95 99-103
info@mittelrhein-wein.com
www.mittelrhein-wein.com

# Mehr Menge als im Vorjahr

Auch am Mittelrhein sahen sich die Winzer mit den allgemeinen Jahrgangsproblemen wie etwa Pilzbefall konfrontiert. Da zeigte sich, wer seine Arbeit im Weinberg versteht. Die Kleinteiligkeit der Lagen und Gewanne machte die Sache allerdings nicht einfacher. Am Ende aber sorgten die positiven Ergebnisse für gute Laune.

Viele Winzer am Mittelrhein freuten sich 2021 über Erntemengen, die spürbar höher ausfielen als in den vergangen Jahren. Wirklich zu erwarten war das erst einmal nicht gewesen, schienen doch echter und falscher Mehltau erhebliche Probleme zu verursachen. Mit intensiver Weinbergsarbeit und sorgfältigem Pflanzenschutz konnten die Erträge jedoch gesichert und die Weinqualität gegenüber dem Vorjahr teilweise sogar gesteigert werden. Rund ein Drittel mehr Trauben als im Jahrgang 2020 landete schließlich in den Kellern. Das ist der zweitgrößte prozentuale Zuwachs im Regionsvergleich 2021. Entscheidend dafür, wie die Erntemenge im Einzelnen bei den Betrieben ausfiel, waren fundiertes Wissen gepaart mit Erfahrung und akkurater Arbeit.Das Potential am Mittelrhein wird ganz maßgeblich von der Sonnenscheindauer in den Steillagen bestimmt und auch hier gab es ein deutliches Plus, so dass neben der reinen Menge insbesondere auch die Tiefgründigkeit und Substanz der Weine leicht zunahmen. Die 2021er Weißweine präsentieren sich frisch, spritzig und mit feiner Frucht. Der späte Austrieb der Reben wirkte sich positiv auf die Aromakonzentration in den Beeren aus und sorgte für etwas mehr Fülle im Glas. Einmal mehr kommt der alte Grundsatz zum Tragen, dass der Mittelrhein eine Hochburg des feinherben Rieslings ist. Die eingereichten Weine konnten das fast ausnahmslos bestätigen. Dazu gehörten besonders auch Weine aus den Seitentälern. Sie schneiden in warmen Jahrgängen besonders gut ab, da sie den hohen Sommertemperaturen weniger stark ausgesetzt sind. Ohne dem Jahrgang 2022 vorgreifen zu wollen: Trockenstress wird immer mehr zum beherrschenden Thema. Damit ist die Zunahme warmer, ja heißer Sonnentage nicht nur positiv zu werten.

Auch die trockenen Weine zeigten eine Zunahme der Fruchtaromen gepaart mit einer eher dezenten Säure. Eine Eigenschaft, die die Weine für viele Menschen einen Tick trinkiger machen dürfte. Leider haben noch nicht alle Weingenießer, die eine etwas mildere Geschmacksrichtung bevorzugen, diese Entwicklung mitbekommen. Der Mittelrhein ist für viele ohnehin nach wie vor eine Art "Terra Vina Incognita" - das Profil nach außen könnte schärfer sein. Umso wichtiger sind einzelne Winzerinnen und Winzer, die sich besonders engagiert der Pflege und dem Erhalt der Steillagen am Mittelrhein verschreiben. Ein schönes Beispiel dafür ist unsere letztjährige „Aufsteigerin des Jahres", Sarah Hulten aus Leutesdorf. Sie bewirtschaftet zwar lediglich einen halben Hektar, geht dabei aber auch neue Wege, um das Potenzial des Gebiets auszuschöpfen und der Region zu neuem Glanz zu verhelfen. Hoffen wir, dass vermehrt manche derzeit noch brachliegende Parzelle wieder rekultiviert wird. Das würde sich nicht nur für den Weinfreund lohnen, es ist auch für den Erhalt dieser Kulturlandschaft unabdingbar!

*Gerald Hanbuch*

# Regionale Spitzenresultate

Die Rebsorten-Vielfalt in diesem kleinen Anbaugebiet ist seit langem legendär. So positionieren sich neben feinen Spätburgundern und kraftvoll-eleganten Weinen aus den Sorten Cabernet Sauvignon, Syrah und Merlot zunehmend auch vorzügliche Sekte als Aushängeschilder der Region.

## Spitzenweine

**Die besten feinherben und halbtrockenen Rieslinge**

**90** Weingart, Bopparder Hamm Engelstein Am Weißen Wacke Riesling Spätlese feinherb 2021
**14 €** | 10,5 %

**89** Weingart, Bopparder Hamm Ohlenberg Riesling Spätlese feinherb 2021
**12 €** | 11 %

**89** Kauer, Bacharacher Kloster Fürstental Riesling Spätlese feinherb 2021
**14,20 €** | 11 %

**88** Goswin Lambrich, Oberwesel Riesling feinherb Vollstell 2021
**9,90 €** | 12,5 %

**88** Matthias Müller, Bopparder Hamm Engelstein Riesling feinherb Edition MM 2021
**16 €** | 12,5 %

**88** Scheidgen, Hammersteiner In den Layfelsen Riesling halbtrocken Bestes Fass 2021
**22,90 €** | 12,5 %

## Spitzenbetriebe

★★★½

**Matthias Müller, Spay**
**Ratzenberger, Bacharach**

★★★

**Toni Jost, Bacharach**
**Marc Josten, Remagen**
**Kauer, Bacharach**
**Pieper, Königswinter**
**Sturm, Leutesdorf**
**Weingart, Spay**

★★

**Sarah Hulten, Leutesdorf**
**Philipps Mühle, St. Goar**
**Scheidgen, Hammerstein**

★½

**Heilig Grab, Boppard**
**Kay, Königswinter**

## Gebietspreisträger

**Winzer des Jahres** Matthias Müller
**Aufsteiger des Jahres** Kay Thiel

★★☆

## HEILIG GRAB

Weingut Heilig Grab
56154 Boppard · Zelkesgasse 12
Tel. (06742) 2371 · Fax 81220
WeinhausHeiligGrab@t-online.de
**www.heiliggrab.de**

**Inhaber/in und Betriebsleitung**
Jonas Schoeneberger
**Keller** Jonas Schoeneberger

Bopparder Hamm ist eine der Top-Lagen am Mittelrhein und Jonas Schoeneberger zeigt mit jedem Jahrgang, was hier für saftig-frische und animierende Weine produziert werden können. Das gilt auch für den Jahrgang 2021. Die beiden trockenen Spätlese-Weine zeigen eine schöne Komplexität und Frucht, wobei der Bopparder Hamm Feuerlay Riesling Spätlese * noch dichter und filigraner wirkt. Das trockene Hochgewächs hat ein tolles Preis-Leistungs-Verhältnis und ist ein idealer Terrassenwein. Es geht genau in diesem Stil weiter bei den Halbtrockenen, und hier hat der Bopparder Hamm Ohlenberg Riesling Spätlese * etwas die Nase vorn, da er deutlich vielschichtiger ist. Bei der Bopparder Hamm Feuerlay Riesling Auslese fällt es schwer, das Glas nicht erneut zu füllen. Diese wunderbare Honigsüße, gepaart mit der frischen Säure, ergibt einen nicht enden wollenden Trinkfluss, und das alles mit 9% Alkohol. Zusammen mit kleinen Speisen kann man die ganze Kollektion auch im idyllischen Gutsausschank unter Kastanienbäumen genießen.

**84** 2021 Bopparder Hamm Feuerlay Riesling Hochgewächs Spätlese trocken *
**6,30 €** | 12 %

**86** 2021 Bopparder Hamm Feuerlay Riesling Spätlese trocken
**9,50 €** | 12 %

**87** 2021 Bopparder Hamm Feuerlay Riesling Spätlese trocken *
**14 €** | 12,5%

**85** 2021 Bopparder Hamm Riesling Hochgewächs halbtrocken
**6,50 €** | 12 %

**87** 2021 Bopparder Hamm Ohlenberg Riesling Spätlese feinherb *
**14 €** | 12 %

**87** 2021 Bopparder Hamm Feuerlay Riesling Auslese
**14 €** | 9 %

★★

## HULTEN

Sarah Hulten Weine
56599 Leutesdorf · Zehnthofstraße 22
wein@sarah-hulten.de
**www.sarah-hulten-weine.de**

**Inhaber/in und Betriebsleitung**
Sarah Hulten
**Keller** Sarah Hulten
**Außenbetrieb** Sarah Hulten

**Rebfläche** 1 Hektar
**Jahresproduktion** 2 000 Flaschen
**Beste Lagen** Leutesdorfer Gartenlay
**Boden** Schieferverwitterungsgestein, vulkanischer Bims
**Rebsorten** 100% Riesling
**Mitglied** Generation Riesling

Sarah Hulten, die Powerfrau aus Leutesdorf, weiß genau, wohin ihr Weg führen soll. Ihren Weg, seit 2017 als Winzerin, neben Fulltime-Job und Fernstudium, möchte sie nun mit neuen Ideen weitergehen. Den genauen Plan dafür hat sie schon im Kopf. Aber zum aktuellen Jahrgang: Die Weine wurden als Fassproben angestellt - was wir ausnahmsweise akzeptierten. Sie zeigen aber schon das Potential dieses Jahrgangs. Der Leutesdorfer Riesling kommt feinwürzig-luftig daher, unkompliziert, irgendwie so der Typ, den in der Schule alle mochten, weil er lustig war. Der Riesling Alte Reben, im vergangenen Jahr noch feinherb, ist nun trocken geraten. Beweis für das Laisser-faire, Weine sich selbst entwickeln zu lassen, was wir ausdrücklich gut heißen. Er ist karg, flirrend und ist definitiv kein fruchtiger Schmeichler. Bildhaft ausgedrückt: mehr Robert Redford, weniger Riobert de Niro. Zum ersten Mal kommt in diesem Jahr der Riesling Plan R in den Verkauf. Bisher ging er ausschließlich an die Rebstock-Paten aus dem Crowdfunding-Projekt in Leutesdorf. Allerdings besitzen die Paten Vorkaufsrecht und das werden sie wohl auch in Anspruch nehmen. Immerhin sprechen wir bei Sarah nur von einem halben Hektar Reben und einem Gesamtvolumen von etwas mehr als 2000 Flaschen Wein. Der Wein ist aus der Steillage Rosenberg und zeigt sich mit einer schönen Mineralität, ebenfalls recht karg, fast schon steinig, lang und direkt. Als neuer Wein kommt ein Riesling aus der ältesten Steillage am Mittelrhein dazu. Die Reben sind 130 Jahre alt und erbringen nur wenige Trauben.

Ursprünglich sollte der Wein edelsüß ausgebaut werden, er wurde dann aber doch ein trockener, nein, extrem trockener Riesling. Und aus dem Arbeitstitel Phantom wurde Margarethe. Er wird ein Künstleretikett tragen, das von Sarah Hultens Onkel entworfen wurde. Die Geschichte dazu? Fragt nach! Der Wein ist vergleichbar mit dem Riesling Plan R, stoffig, dicht und vielschichtig. Die „Aufsteigerin des Jahres 2022" vom Mittelrhein geht ihren Weg dynamisch und ideenreich weiter. Bis der Wein irgendwann auch wirtschaftlich ihr Hauptding werden wird, ist die frühere Weinkönigin auch noch mit anderen Projekten beschäftigt. Derzeit hilft sie die Bundesgartenschau in der Region mit auf die Füße zu stellen. Und auch da gibt es ein Weinprojekt, über das noch nichts verraten wird... Wir können gespannt sein, was sie noch alles anpackt.

**SARAH HULTEN**
WEINE

**87** 2021 Leutesdorfer Riesling trocken
**14,50 €** | 12,5%

**88** 2021 Leutesdorfer Riesling Alte Reben trocken
**18 €** | 13 %

**88** 2021 Leutesdorfer Riesling Margarethe
**Preis auf Anfrage** | 12,5%

**90** 2021 Leutesdorfer Riesling Plan R
**50 €** | 12,5%

★★★

## TONI JOST

Weingut Toni Jost - Hahnenhof
55422 Bacharach · Oberstraße 14
Tel. (06743) 1216 · Fax 1076
weingut@tonijost.de
**www.tonijost.de**

**Inhaber/in und Betriebsleitung**
Cecilia und Peter Jost
**Keller** Cecilia Jost

**Rebfläche** 15 Hektar
**Jahresproduktion** 80 000 Flaschen
**Beste Lagen** Bacharacher Hahn, Wallufer Walkenberg, Steeger St. Jost
**Boden** Devonschieferverwitterung, Lösslehm, Kies
**Rebsorten** 80% Riesling, 15% Spätburgunder, 5% Weißburgunder
**Mitglied** VDP

Schon seit sechs Generationen, mehr als 180 Jahren, ist das Weingut in den Händen von Familie Jost. Nach ihrem Studium in Geisenheim und verschiedenen Auslandsaufenthalten, um Erfahrungen zu sammeln, leitet Celilla Jost seit ein paar Jahren den Keller im Familienbetrieb. Man merkt hier die Handschrift einer Frau. Sie baut die Weine fein, filigran, aber auch mit einer gewissen Saftigkeit und gutem Trinkfluss aus. Die beiden Rieslinge aus dem Gebiet Rheingau, der Jodocus und der Devon S, haben eine tolle Spritzigkeit durch ihre präsente Säure, was die Weine puristisch wirken lässt. Aus der Toplage Bacharacher Hahn, die die Familie inzwischen fast im Alleinbesitz bewirtschaftet, wissen die trockenen, aber ganz besonders die restsüßen Rieslinge zu gefallen. Dabei sticht der Kabinett besonders hervor. am Gaumen grüner, saftiger Apfel mit einem tollen Süße-Säure-Spiel und einem nicht endenden Trinkfluss. So macht Kabinett großen Spaß! Das Große Gewächs Bacharach Im Hahn ist komplex, feinwürzig und vielschichtig und zeigt eine besondere, gebietstypische Mineralität. Die beiden Spätburgunder überzeugen mit ihrer Klarheit und Sauerkirschfrucht. Beim Bacharacher Hahn Spätburgunder trocken VDP.Erste Lage kommen noch eine feine Tabakwürze, Thymian und Kräuter sowie ein langer Eindruck im Mund hinzu. Dieser Wein ist schon jetzt mit Freude zu genießen, hat aber auch noch großes Lagerpotential.

**85** 2021 Bacharacher Riesling trocken
**9,50 €** | 11 %

**86** 2021 Riesling trocken Toni Jost
**8,40 €** | 12 %

**86** 2021 Riesling trocken Jodocus
**8,90 €** | 13 %

**86** 2021 Weißburgunder trocken
**8,90 €** | 13 %

**86** 2021 Riesling trocken Devon S
**11,80 €** | 12,5%

**87** 2021 Bacharacher Hahn Riesling trocken Erste Lage
**15 €** | 13,5%

**87** 2021 Steeger St. Jost Riesling trocken Erste Lage
**15 €** | 12 %

**87** 2021 Bacharacher Riesling Kabinett feinherb
**9,50 €** | 11 %

**88** 2021 Bacharacher Hahn Riesling Kabinett Erste Lage
**12,50 €** | 9 %

**90** 2021 Bacharach Im Hahn Riesling VDP.Großes Gewächs
**27 €** | 13,5%

**87** 2020 Bacharacher Spätburgunder trocken
**11,20 €** | 12,5%

**88** 2018 Bacharacher Hahn Spätburgunder trocken Erste Lage
**22 €** | 14 %

★★★

## MARC JOSTEN

Weingut Marc Josten
53424 Remagen · Ringofenstraße 3
Tel. (02643) 902550 · Fax 902570
info@josten-klein.com
**www.josten-klein.com**

**Inhaber/in und Betriebsleitung**
Marc Josten
**Keller** Marc Josten
**Außenbetrieb** Marc Josten

**Rebfläche** 5 Hektar
**Jahresproduktion** 35 000 Flaschen
**Beste Lagen** Leutesdorfer Gartenlay, Leutesdorfer Im Forstberg, Mayschosser Mönchberg, Mayschosser Laacherberg
**Boden** Tonschiefer und Grauwacke mit Löss- und Bimseinlagerungen
**Rebsorten** 30% Spätburgunder, je 20% Riesling, Grauburgunder und Sauvignon Blanc, 10% Frühburgunder

Für das Weingut war der Jahrgang 2021 bestimmt nicht einfach, da der Betrieb zum Teil Rotwein-Weinberge in Mayschoß an der Ahr hat und sicherlich durch die Ereignisse der Flut beeinflusst war. Die restlichen Rebflächen liegen auf der anderen Rheinseite in Leutesdorf, hier wachsen die Weißweine. Das Weingut selbst befindet sich in Remagen, genau in der Mitte zwischen Mayschoß und Leutesdorf. Der Sekt Blanc de Noir Brut setzt direkt eine Duftmarke, feinperlig und intensiv, dezente Würze, ein richtiger Genuss. Dazu kommen der Sauvignon Blanc und der Grauburgunder, die beide im Holz ausgebaut wurden. Sie überzeugen mit feinem Schmelz, Üppigkeit und unendlicher Länge am Gaumen; man sollte ihnen gerne auch noch etwas Zeit geben oder sie zumindest vor dem Genießen in die Karaffe geben. Bei den Roten kann man generell sagen, dass alle Weine erst ganz am Anfang sind und noch im Keller schlummern dürfen, um ihr volles Potential zu entfalten. Schon der Einstieg mit dem Ortswein Mayschoß Pinot Noir zeigt, was hier an Qualität im Glas ist. Komplexität, voller Körper, Sauerkirsche und Länge am Gaumen, zu einem fairen Preis. Es folgt der Mönchberg Pinot Madeleine, dem die Rebsorten-Diva Frühburgunder die besondere Frucht gibt, die an Mon-Chéri-Kirschen erinnert und dazu feine Kräuter einbindet. Der Pinot Noir aus der Lage Laacherberg bringt die Sauerkirsche saftig hervor, und der Mönchberg Pinot überzeugt mit seiner Würze von Thymian und weiteren Kräutern. In der Privatedition Professor Dr. Max Otte finden sich weihnachtliche Aromen wie Spekulatius und Zimt sowie Waldbeeren. Doch auch oxidative Noten nach Pflaume sind mit im Spiel.

**87** 2021 Sauvignon Blanc trocken Schiefer
**12,50 €** | 12,5%

**88** 2021 Riesling trocken Schiefer
**12,50 €** | 11,5%

**88** 2019 Sauvignon Blanc trocken Substanz
**28 €** | 13,5%

**89** 2020 Leutesdorf Gartenlay Sauvignon Blanc trocken
**38 €** | 13,5%

**89** 2021 Leutesdorf Im Forstberg restsüss
**12,90 €** | 7,5%

**89** 2019 Leutesdorfer Gartenlay Grauburgunder
**28 €** | 13,5%

**90** 2014 Brut Blanc de Noir Sekt
**28 €** | 12 %

**88** 2020 Mayschoss Pinot Noir trocken
**19,50 €** | 12,5%

**89** 2019 Mayschoss Mönchberg trocken Große Lage Pinot Madeleine
**28 €** | 13,5%

**89** 2019 Mayschoss Mönchberg Pinot Noir trocken Privatedition Professor Dr. Max Otte
**48 €** | 13 %

**90** 2019 Mayschoss Laacherberg Pinot Noir trocken Reserve
**38 €** | 13 %

**91** 2019 Mayschoss Mönchberg Pinot Noir Großes Gewächs
**48 €** | 13 %

★★★

## KAUER

Weingut Dr. Kauer
55422 Bacharach · Mainzer Straße 21
Tel. (06743) 2272 · Fax 93661
info@weingut-dr-kauer.de
**www.weingut-dr-kauer.de**

**Inhaber/in und Betriebsleitung**
Dr. Randolf und Anne Kauer
**Keller** Dr. Randolf Kauer

**Rebfläche** 4 Hektar
**Jahresproduktion** 20 000 Flaschen
**Beste Lagen** Bacharacher Kloster Fürstental und Bacharacher Wolfshöhle, Oberdiebacher Fürstenberg, Oberweseler Oelsberg
**Boden** Tonschieferverwitterung
**Rebsorten** 88% Riesling, 10% Spätburgunder, 2% PiWis
**Erlebenswert** Kreuzgewölbekeller
**Mitglied** Ecovin

Seit Sommer 2020 führen Dr. Randolf Kauer, Professor an der Hochschule Geisenheim, und seine Tochter Anna Kauer den Betrieb gemeinsam. Dabei gibt es eine klare Aufgabenteilung: Der Vater ist für den Keller verantwortlich und die Tochter übernimmt die Arbeit im Weinberg sowie die Kundenpflege. Seit über 40 Jahren wird im Betrieb biologisch gewirtschaftet. Die Weine sind stets klar und gradlinig. In diesem Jahrgang gibt es aber etwas Neues zu berichten: Das Weingut baut auf ein paar Hektar pilzwiderstandsfähige Sorten, die sogenannten Piwis, an und macht aus den Rebsorten Cabernet Blanc und Souvignier Gris die gelungene Cuvée Von Herzen. Ein Sommerwein, wie man ihn sich wünscht. Die im Anbau überwiegenden Rieslinge kommen aber nicht zu kurz. Sie zeigen Komplexität, Frische und prägnante Säure. Die Lage Bacharacher Kloster Fürstental scheint dabei Vergleich zum Oberweseler Oelberg etwas mineralischer. Das gilt sowohl für den Kabinett als auch für die Spätlese. Die Kabinett-Weine und die Spätlesen schenken große Trinkfreude. Die restsüße Spätlese Oberdiebacher Fürstenberg macht noch einen Schritt mehr nach vorne und überzeugt am Gaumen mit einem beeindruckenden Spiel zwischen Süße und knackiger Säure, unterstützt von feinem Schieferaroma.

DR. KAUER
Ökologischer Weinbau
Bacharach - Mittelrhein

**85** 2021 Riesling trocken
**9 €** | 12,5%

**87** 2021 Bacharacher Wolfshöhle Riesling Kabinett trocken
**10,80 €** | 11,5%

**87** 2021 Oberweseler Oelsberg Riesling Spätlese trocken Alte Reben
**14,50 €** | 12,5%

**88** 2021 Bacharacher Kloster Fürstental Riesling Kabinett trocken
**10,20 €** | 11%

**88** 2021 Bacharacher Kloster Fürstental Riesling Spätlese trocken Alte Reben
**14,50 €** | 12,5%

**89** 2021 Bacharacher Kloster Fürstental Riesling Spätlese feinherb
**14,20 €** | 11%

**86** 2021 Kauer Mittelrhein Riesling feinherb
**9 €** | 10,5%

**86** 2021 VON HERZEN
**9 €** | 11,5%

**90** 2021 Oberdiebacher Fürstenberg Riesling Alte Reben
**9,80 €/0,5 Lit.** | 8,5%

**85** 2021 Spätburgunder trocken Tornado Rosé
**9 €** | 12%

★★ NEU

## KAY

Kay Weine
53639 Königswinter-Oberdollendorf ·
Bergstraße 45
Tel. (0170) 4173317
kay@kay-weine.de
**www.kay-weine.de**

**Inhaber/in und Betriebsleitung** Kay Thiel
**Keller** Kay Thiel und Felix Pieper
**Außenbetrieb** Kay Thiel

**Rebfläche** 2 Hektar
**Jahresproduktion** 10 000 Flaschen
**Beste Lagen** Niederdollendorfer Heisterberg, Dattenberger Gertrudenberg, Leutesdorfer Gartenlay, Oberdollendorfer Stappenberg
**Boden** Ton, Schiefer, Basalt
**Rebsorten** 70% Riesling, je 8% Dornfelder und Spätburgunder, je 5% Frühburgunder und gelber Malinger, 4% Elbling
**Erlebenswert** drei völlig verschiedene Böden auf 35 Kilometern am Mittelrhein verteilt
**Mitglied** Bioland

Der Quereinsteiger und Autodidakt Kay Thiel zeigt eine gelungene Kollektion. Rebsorten wie Malinger und Elbling werden hier gekonnt ausgebaut. Besonders der Malinger präsentiert sich mit einem feinen, dezenten Holz und einer burgundischen Note. Dazu feine Rieslinge, bei denen es dem Winzer sowohl im trockenen als auch im feinherben Bereich darum geht, das Terroir schmeckbar zu machen. Man merkt den Weinen durchaus das Alter der Reben an, denn sie sind filigran und vielschichtig und haben eine sehr schöne Mineralität, dabei kommen durchaus auch die unterschiedlichen Böden wie Lehm, Grauwacke und Schiefer zur Geltung. Sehr interessant zudem der Frühburgunder Pet Nat, den man gekühlt probieren sollte.

- **86** 2020 Niederdollendorfer Heisterberg Elbling Sekt Brut Pfaffenröttchen #3
  **14,90 €** | 12 %
- **88** 2020 Niederdollendorfer Heisterberg Brut Pfaffenröttchen #5 Pét Nat
  **16,90 €** | 11,5%
- **85** 2020 Dattenberger Gertrudenberg #1 trocken
  **12,90 €** | 12 %
- **85** 2020 Leutesdorfer Gartenlay #2 trocken
  **13,90 €** | 12 %
- **87** 2019 Niederdollendorfer Heisterberg Riesling trocken Pfaffenröttchen #2
  **13,50 €** | 12 %
- **88** 2020 Niederdollendorfer Heisterberg Malinger trocken Pfaffenröttchen #1
  **12,90 €** | 12,5%
- **84** 2020 Niederdollendorfer Heisterberg Elbling feinherb Pfaffenröttchen #3
  **10,50 €** | 10,5%
- **86** 2020 Leutesdorfer Gartenlay #1 feinherb Alte Reben
  **12,90 €** | 11 %
- **86** 2020 Niederdollendorfer Heisterberg Spätburgunder trocken Pfaffenröttchen #4
  **16,90 €** | 13 %
- **87** 2019 Niederdollendorfer Heisterberg trocken Pfaffenröttchen #6 Cuvée Henry
  **16,90 €** | 12 %

★

## KRUPP

Weingut Krupp
53572 Bruchhausen · Weinbergstraße 9
Tel. (02224) 79921 · Fax 9020346
oliver.krupp@weingut-krupp.de
**www.weingut-krupp.de**

**Inhaber/in und Betriebsleitung**
Oliver Krupp
**Keller** Oliver Krupp
**Außenbetrieb** Bruno Krupp

Das Weingut Krupp, mit drei Hektar am Unkeler Sonnenberg, liegt ganz im Norden des Gebiets. Ein solider Jahrgang wird hier präsentiert, mit unkomplizierten Weinen, die alle Trinkspaß bringen und dazu ein sehr gutes Preis-Leistungs-Verhältnis haben. Eine Besonderheit gibt es bei Oliver Krupp: die Cuvée aus Riesling und Johanniter. Fruchtig, dezente Säure und genau der Wein für die Terrasse oder das Glas am Abend. Der Riesling trocken Terra Stux zeigt, was es ausmacht, einen tollen Boden wie Schiefer als Unterlage zu haben - diese besondere Note nach Feuerstein am Gaumen.

- **84** 2021 Unkeler Rivaner trocken
  **6,10 €** | 12 %
- **84** 2021 Unkeler Sonnenberg Weißer Burgunder trocken
  **8,90 €** | 12,5%
- **85** 2021 Unkeler Riesling & Johanniter trocken Felsenpfeffer
  **7,60 €** | 12 %
- **85** 2021 Unkeler trocken Blanc de Noir
  **8 €** | 12 %
- **85** 2021 Unkeler Sonnenberg Riesling trocken -Terra Stux-
  **10 €** | 12 %
- **85** 2021 Unkeler Riesling halbtrocken
  **7,20 €** | 11,5%
- **85** 2021 Unkeler Sonnenberg Riesling Hochgewächs
  **7,40 €** | 12 %
- **85** 2020 Unkeler Sonnenberg Spätburgunder trocken
  **10,80 €** | 13 %

★

## GOSWIN LAMBRICH

Wein- und Sektgut Goswin Lambrich
55430 Oberwesel-Dellhofen · Auf der Kripp 3
Tel. (06744) 8066 · Fax 8003
info@weingut-lambrich.de
**www.weingut-lambrich.de**

**Inhaber/in und Betriebsleitung** Christiane Lambrich-Henrich, Matthias Lambrich
**Keller** Christiane Lambrich-Henrich
**Außenbetrieb** Matthias Lambrich

Und die Fahrt der Geschwister geht weiter. Die 2021er Rieslinge sind mit ihrer Würze und Mineralität ein wunderbares Spiegelbild der Region. Sehr beeindruckend sind die feinherben Weine, allen voran der Vollstein, sehr fein die Auslese vom Ölberg mit Körper und Substanz. Aber auch im trockenen Bereich gibt es mit dem Blauschiefer eine absolute Empfehlung. Der im Holz ausgebaute Weißburgunder Reserve braucht noch Zeit, und die sollte man ihm gerne geben, dann wird er seine Cremigkeit und Eleganz voll zur Geltung bringen.

**84** 2021 Riesling trocken
**7,20 €** | 12,5%

**85** 2021 Oberwesel Sauvignon Blanc trocken
**11 €** | 12,5%

**85** 2021 Oberwesel Roter Riesling trocken
**13 €** | 12,5%

**86** 2020 Oberwesel Weisser Burgunder trocken Reserve
**14,90 €** | 13,5%

**87** 2021 Oberwesel Riesling trocken Blauschiefer
**9,90 €** | 13%

**87** 2021 Dellhofener St. Wernerberg Riesling Kabinett feinherb
**10,90 €** | 10,5%

**87** 2021 Gewürztraminer & Riesling feinherb Cuvée Gowin
**8,90 €** | 12,5%

**88** 2021 Oberwesel Riesling feinherb Vollsteil
**9,90 €** | 12,5%

**88** 2021 Oberwesel Oelsberg Riesling Auslese
**15,90 €** | 8%

**87** 2018 Oberwesel Spätburgunder trocken
**15,50 €** | 13,5%

**87** 2018 Cuvée Gowin
**15,90 €** | 13,5%

★

## LITHOS

Weingut Lithos
55430 Oberwesel · Am Weinberg 78
Tel. (06744) 9491031
info@weingutlithos.de
**weingutlithos.de**

**Inhaber/in und Betriebsleitung** Christos Christian Theodoropoulos
**Keller** Christos Christian Theodoropoulos
**Außenbetrieb** Christos Christian Theodoropoulos

Die Weine aus dieser Kollektion sind ehrliche, grundsolide Tropfen mit gutem Preis-Leistungs-Verhältnis. Man merkt bei allen Weinen die handwerklich gute Art der Weinbereitung, hinzu kommt gefühlt die Leidenschaft für Spätburgunder. Der Rotwein ist unkompliziert und man kann sich gut vorstellen, ihn leicht gekühlt zu trinken. Alle Weine haben eine präsente Säure, die aber nicht bissig wirkt. Favorit bei den Weißweinen ist der Engehöller Goldemund Kabinett feinherb. Bei den Rotweinen gefällt der Oberweseler Spätburgunder trocken Der Rote, ein Wein, der Trinkfreude schenkt, nicht zu komplex und ein guter Speisebegleitert ist. Mehr als die Hälfte der 2,5 Hektar Rebfläche sind mit Spätburgunder sowie Schwarzriesling bepflanzt. Da sieht man auch gleich, wo der Weg für das noch junge Weingut in Zukunft hinführen soll.

**85** 2021 Riesling trocken
**8,90 €** | 11%

**85** 2021 Engehöller Bernstein trocken Blanc de Noir
**9,90 €** | 10,5%

**85** 2021 Oberweseler Riesling halbtrocken
**8,90 €** | 11%

**85** 2021 Engehöller Goldemund Riesling Kabinett feinherb
**10,90 €** | 10%

**84** 2021 Der Rosé
**8,90 €** | 11%

**86** 2021 Oberweseler Spätburgunder trocken Der Rote
**10,90 €** | 12%

★

## MOHR

Weingut Mohr
56599 Leutesdorf · Krautsgasse 16
Tel. (002631) 72111
info@1640Mohr.de
**www.1640mohr.de**

**Inhaber/in und Betriebsleitung**
Georg Mohr
**Keller** Georg Mohr
**Außenbetrieb** Katharina Mohr

Ein Betrieb, dem man seine lange Tradition im positiven Sinne anmerkt. Das ist alles klar und sauber vinifiziert, ohne TamTam und mit viel Trinkgenuss. Dazu eine wirklich sehr faire Preisgestaltung durch die ganze Linie. Hier bekommt guten Wein für kleines Geld. Muskateller, wie er sein soll, nicht zu fett und übertrieben, dazu eine schöne exotische Note, aber eben mit seiner eigenen Aromatik. Die feinherben und restsüßen Weine zeigen dann noch, was man aus der Region alles rausholen kann. Der Spätburgunder Rosé 2021 macht, ebenso wie die Burgunder, Spaß und man bekommt Lust auf den nächsten Schluck. Und alles für die nächsten Generationen steht bereit.

**85** 2021 Leutesdorfer Gartenlay Weißburgunder trocken
**7,80 €** | 11,5%

**86** 2021 Leutesdorfer Grauburgunder trocken
**7,80 €** | 11,5%

**87** 2021 Leutesdorfer Gartenlay Riesling Kabinett feinherb
**7,80 €** | 10%

**86** 2021 Leutesdorfer Muskateller feinherb
**7,80 €** | 10,5%

**88** 2020 Leutesdorfer Gartenlay Riesling Spätlese
**8,60 €** | 9%

**87** 2020 Leutesdorfer Gartenlay Riesling Auslese
**12,50 €** | 7,5%

**86** 2021 Leutesdorfer Gartenlay Spätburgunder Spätlese trocken
**7,80 €** | 11,5%

**86** 2020 Leutesdorfer Gartenlay Spätburgunder Spätlese trocken
**12,50 €** | 13,5%

★★★½

## MATTHIAS MÜLLER

Weingut Matthias Müller
56322 Spay · Mainzer Straße 45
Tel. (02628) 8741 · Fax 3363
info@weingut-matthiasmueller.de
**www.weingut-matthiasmueller.de**

**Inhaber/in und Betriebsleitung**
Familie Matthias Müller
**Keller** Matthias und Johannes Müller

**Historie** Familientradition seit 1678, Reben zunächst nur ein Teil im Gemischtbetrieb, seit 3 Generationen reiner Weinbau
**Rebfläche** 14 Hektar
**Jahresproduktion** 120 000 Flaschen
**Beste Lagen** Bopparder Hamm: Feuerlay, Mandelstein, Engelstein und An der Rabenlei
**Boden** Devonschieferverwitterung
**Rebsorten** 80% Riesling, je 8% Grauburgunder und Weißburgunder, 4% Spätburgunder
**Gastronomie** ganzjährig verschiedenste Veranstaltungen zum Thema Wein, Kultur und Genuss (u.a. Jahrgangspräsentation im Mai, Mittelrhein Wein Date im Juni, Veranstaltungsreihe „Marianne‘s Wein und Genusszeit.), Weinbistro geöffnet an ausgewählten Wochenenden
**Erlebenswert** Moderne, großzügige Vinothek im Herzen von Spay, Architektur
**Mitglied** VDP

Was letztes Jahr an Qualität ins Glas kam, wird mit der aktuellen Kollektion bestätigt. Bei den großen Gewächsen aus dem Bopparder Hamm liegen Mandelstein und Engelstein auf einer Stufe, einen kleinen Tick höher steht der Feuerlay. Zwar sind die Unterschiede minimal, aber der Feuerlay wirkt etwas mineralischer und vielschichtiger, zudem kommt am Gaumen auch der Schieferboden mehr hervor. Die Edition MM überzeugt mit grundsoliden Weinen sowohl im trockenen als auch im feinherben Bereich. Für diese Edition werden nur die herausragenden Rieslinge eines Jahrgangs genommen, die Initialen stehen für die Vornamen der Müllers, Matthias und Marianne. Die Beerenauslese Mandelstein schließlich ist an Opulenz und Saftigkeit kaum von einem anderen Wein im Anbaugebiet zu überbieten. Der ganze Mund ist gefüllt von honigsüßen Fruchtaromen nach reifen Weinbergpfirsichen und getrockneten Aprikosen! Der Familienbetrieb wird geleitet von Matthias und Marianne Müller, aber ihre Söhne Johannes und Christoph stehen als Nachfolger schon bereit.

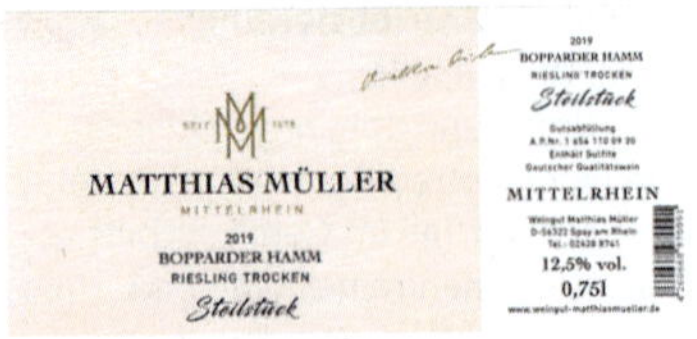


| | | |
|---|---|---|
| **86** | 2021 Bopparder Hamm Riesling trocken „vom Kieselgallenschiefer“ | **10,50 €** \| 13 % |
| **87** | 2021 Bopparder Hamm Riesling trocken Steilstück | **12 €** \| 13 % |
| **88** | 2021 Bopparder Hamm Riesling trocken Edition MM | **16 €** \| 13 % |
| **91** | 2021 Bopparder Hamm Engelstein Riesling Großes Gewächs | **29 €** \| 13 % |
| **91** | 2021 Bopparder Hamm Mandelstein Riesling VDP.Großes Gewächs | **32 €** \| 13,5% |
| **92** | 2021 Bopparder Hamm Feuerlay Riesling Großes Gewächs | **30 €** \| 13 % |
| **86** | 2021 Bopparder Hamm Riesling feinherb Alte Reben | **9,20 €** \| 12 % |
| **87** | 2021 Bopparder Hamm Feuerlay Riesling feinherb | **13 €** \| 12 % |
| **88** | 2021 Bopparder Hamm Engelstein Riesling feinherb Edition MM | **16 €** \| 12,5% |
| **88** | 2021 Bopparder Hamm Feuerlay Riesling Spätlese | **13 €** \| 8 % |
| **91** | 2021 Bopparder Hamm Mandelstein Riesling Auslese | **20 €/0,5 Lit.** \| 8 % TIPP |
| **92** | 2021 Bopparder Hamm Mandelstein Riesling Beerenauslese | **40 €/0,5 Lit.** \| 6 % |

★★

## PHILIPPS MÜHLE

Weingut Philipps Mühle
56329 St. Goar · Gründelbach 49
Tel. (06741) 1606 · Fax 981838
info@philipps-muehle.de
**www.philipps-muehle.de**

**Inhaber/in und Betriebsleitung** Martin und Thomas Philipps
**Keller** Martin Philipps
**Außenbetrieb** Martin und Thomas Philipps

**Historie** erster Jahrgang 2007
**Rebfläche** 6 Hektar
**Jahresproduktion** 45 000 Flaschen
**Beste Lagen** St. Goarer Frohwingert und Ameisenberg
**Boden** Schiefer
**Rebsorten** 75% Riesling, je 10% Müller-Thurgau, Weiß- und Spätburgunder je 5% Roter Riesling
**Erlebenswert** Altes Mühlenanwesen
**Mitglied** Generation Riesling, Die Gipfelstürmer

Mit der aktuellen Kollektion zeigen die beiden Philipps-Brüder, dass Stillstand gleich Rückschritt ist. So machen sie genau dort weiter, wo sie letztes Jahr aufgehört haben. Der Riesling-Sekt war 36 Monate auf der Hefe, er hat feine Briochetöne und eine sehr eleganten Perlage. Die trockenen Rieslinge sind komplex und zugleich saftig. Während der Burg Rheinfels sehr frisch und mineralisch ist, überzeugt der Frohwingert mit seiner feinen Vanillenote durch den teilweisen Ausbau im neuen Holz. Zur cremigen Charakteristik kommt eine wunderbare, komplexe Kräutrigkeit. Der Riesling Steilhang ist dagegen sehr gradlinig, puristisch und zeigt seine Vielschichtigkeit. Müller-Thurgau und Weißburgunder sind Weine, von denen man sich gut vorstellen kann, dass man sie in der gutseigenen Winzerschenke, einer historischen Wassermühle im Gründelbachtal, zu einem kleinen Imbiss genießt. Auch die restsüßen Weine bieten genau diesen Trinkspaß, der absolut animierend wirkt. Man darf gespannt sein, wo der Weg noch hinführt, wenn Martin und Thomas Philipps weitere Brachflächen rekultivieren und mit Reben bestocken. Sie sorgen damit natürlich auch für den Erhalt der Weinkultur am Mittelrhein. Profitieren können sie sicher auch vom Austausch mit den Kollegen bei Generation Riesling und der Winzerinitiative Gipfelstürmer.

PHILIPPSMUEHLE WEINGUT

- **87** 2018 Riesling
  **13,50 €** | 12,5%
- **84** 2021 Müller-Thurgau trocken
  **9 €** | 11%
- **85** 2021 Weißburgunder trocken
  **9 €** | 11,5%
- **87** 2021 Riesling trocken Steilhang
  **9 €** | 11%
- **88** 2020 St. Goarer Burg Rheinfels Riesling trocken
  **12 €** | 12%
- **89** 2020 St. Goarer Frohwingert Riesling trocken
  **17 €** | 12,5%
- **85** 2021 Riesling halbtrocken Steilhang
  **9 €** | 10,5%
- **87** 2020 St. Goarer Burg Rheinfels Riesling halbtrocken
  **12 €** | 11%
- **86** 2021 Riesling Steilhang
  **9 €** | 9,5%

★★★

## PIEPER

Weingut Pieper
53639 Königswinter · Hauptstraße 458
Tel. (02223) 22650 · Fax 904152
info@weingut-pieper.de
**www.weingut-pieper.de**

**Inhaber/in** Adolf Wilhelm und Felix Pieper
**Betriebsleiter** Felix Pieper
**Keller** Felix Pieper
**Außenbetrieb** Felix Pieper

**Rebfläche** 9 Hektar
**Jahresproduktion** 70 000 Flaschen
**Beste Lagen** Königswinterer und Rhöndorfer Drachenfels
**Boden** Trachyt (Vulkangestein)
**Rebsorten** 35% Riesling, je 10% Grauburgunder, Weißburgunder, Müller-Thurgau und Kerner, je 5% Spätburgunder, Scheurebe, Gewürztraminer, Ehrenfelser und Grüner Veltliner
**Gastronomie** Gutsausschank Jesuiter Hof, Vinothek im Haus Drachenloch in Rhöndorf
**Mitglied** Die Gipfelstürmer

Auch in diesem Jahr bestätigt Felix Pieper sein Können mit einem ausgeglichenen Portfolio. Ein feinperliger, aromatischer Crémant Brut zum Einstieg, der eine ganz besondere Würze am Gaumen entwickelt. Der Barrique-Chardonnay braucht noch Zeit, um sein komplexes und vielschichtiges Potential zu entfalten. Dazu kommen für das Anbaugebiet relativ neue Rebsorten wie der Grüne Veltliner mit Aromen nach grünen Gartenkräutern und die alte Sorten Ehrenfelser, die als süße Spätlese ein feinduftiges, traubiges Aroma hat. Die Rieslinge zeigen insbesondere im feinherben und restsüßen Bereich was der Winzer kann: Trinkfluss erzeugen mit gutem Süße-Säure-Spiel, sodass man direkt Lust auf das zweite Glas bekommt. Zudem schmeckt man hier das Vulkangestein der Drachenfels-Lagen des Siebengebirges ganz besonders deutlich. Der im Barrique gereifte Spätburgunder Mönchenberg 2019 ist ein Wein mit Substanz und Charakter. Sauerkirschen in der Nase und am Gaumen. Die feinen, weichen, sehr dezent gehaltenen Tannine zeigen, dass Pieper seine Rotweine mit der gleichen Leidenschaft ausbaut wie die Weißweine.

**88** 2020 Crémant Brut
**18 €** | 12,5%

**85** 2021 Königswinterer Riesling trocken Rüdenet
**8,50 €** | 13 %

**85** 2021 Königswinterer Drachenfels Grüner Veltliner trocken
**11,50 €** | 13 %

**87** 2021 Königswinterer Drachenfels Riesling trocken Septimontium
**15 €** | 0 %

**89** 2021 Leutesdorfer Gartenlay Sauvignon Blanc trocken Fumé
**13,50 €** | 13 %

**85** 2021 Rhöndorfer Drachenfels Riesling feinherb
**8,50 €** | 11 %

**87** 2021 Königswinterer Drachenfels Riesling Steingasse Kabinett restsüss
**10,50 €** | 9 %

**86** 2021 Rhöndorfer Drachenfels Ehrenfelser Spätlese restsüss
**11 €** | 8 %

**89** 2021 Königswinterer Drachenfels Riesling Spätlese
**11 €** | 8,5%

**86** 2021 Rhöndorfer Drachenfels Riesling Domkaule
**9 €** | 12,5%

**87** 2021 Königswinterer Drachenfels Chardonnay
**15,50 €** | 0 %

**88** 2021 Königswinterer Drachenfels Riesling Drachenlay
**9,50 €** | 8,5%

**88** 2019 Rhöndorfer Drachenfels Spätburgunder trocken Mönchenberg
**15,50 €** | 13 %

## RATZENBERGER

Weingut Ratzenberger
55422 Bacharach · Blücherstraße 167
Tel. (06743) 1337 · Fax 2842
weingut-ratzenberger@t-online.de
**www.weingut-ratzenberger.de**

**Inhaber/in und Betriebsleitung**
Jochen Ratzenberger

**Rebfläche** 18 Hektar
**Jahresproduktion** 140 000 Flaschen
**Beste Lagen** Steeger St. Jost, Bacharacher Wolfshöhle und Schloss Fürstenberg
**Boden** Devonschieferverwitterung
**Rebsorten** 75% Riesling, 15% Grau- und Weißburgunder, 10% Spätburgunder
**Mitglied** VDP

Das Weingut Ratzenberger zeigt auch in diesem Jahrgang wieder, warum es am Mittelrhein mit an der Spitze steht. Schon der Sekt Bacharacher Riesling Brut beeindruckt mit feiner Hefenote und Aromen von saftigen Äpfeln sowie feiner Perlage. Die 2021er Kollektion zeigt ganz klar, dass sich gute Weinbergsarbeit vor allem in schwierigen Jahren positiv auf die Qualität der Weine auswirkt. Die Gutsweine sind alle grundsolide, haben eine schöne Säurestruktur und interessante Kräutrigkeit. Beim Grauburgunder kommt eine deutliche Nussnote dazu und beim Weißburgunder der Duft einer Blumenwiese. Zu gefallen wusste der Riesling Steeger St. Jost trocken mit seiner dichten, komplexen Aromatik. Bei den großen Gewächsen hatten wir den Vergleich zwischen einem 2020er und einer Fassprobe aus dem Jahrgang 2021. Der 2020er Bacharacher Wolfshöhle Riesling VDP.Großes Gewächs ist etwas opulenter und fruchtiger, dabei aber auch dicht und vielschichtig. Der 2021 Stegger St. Jost Riesling imponiert mit Mineralität, Dichte und Komplexität am Gaumen, die ihm einen leichten Vorsprung einbringen. Beide Großen Gewächse haben großes Reifepotential. Was Jochen Ratzenberger im edelsüßen Bereich in die Flasche bringt, beeindruckt schon seit Jahren, und es gelingt ihm auch mit der Bacharacher Wolfshöhle Riesling Auslese aus dem Jahrgang 2020. Im Mund der Geschmack von reifem Trockenobst und Honig, saftig, feine Säure und ein unglaublich langer Abgang. Die beiden 2016er Spätburgunder runden die vorgestellten Weine ab und zeigen, wie schön es ist, wenn man den Weinen Zeit gibt. Feine, weiche Tannine, reife Sauerkirsche und noch nicht am Ende ihrer Entwicklung angekommen.

WEINGUT
RATZENBERGER

**88** 2017 Bacharacher Riesling
**16 €** | 12,5%

**85** 2021 Bacharacher Riesling trocken
**9 €** | 12 %

**85** 2021 Bacharacher Weißburgunder trocken
**9 €** | 13 %

**85** 2021 Bacharacher Grauburgunder trocken
**9,40 €** | 13 %

**88** 2021 Steeger St. Jost Riesling trocken
**14 €** | 12 %

**91** 2020 Bacharacher Wolfshöhle Riesling Großes Gewächs
**25 €** | 12,5%

**92** 2021 Steeger St. Jost Riesling Großes Gewächs
**34 €** | 12,5%

**86** 2021 Bacharacher Riesling Kabinett feinherb
**9,50 €** | 11 %

**91** 2019 Bacharacher Wolfshöhle Riesling Auslese
**24,50 €** | 8 %

**87** 2021 Bacharacher Riesling Caspar R.
**9 €** | 11 %

**87** 2016 Bacharacher Spätburgunder trocken
**17 €** | 13 %

**88** 2016 Bacharacher Wolfshöhle Spätburgunder Großes Gewächs
**34 €** | 13 %

★★

## SCHEIDGEN

Weingut Scheidgen
56598 Hammerstein · Hauptstraße 10
Tel. (02635) 2329 · Fax 6082
winzer@weingut-scheidgen.de
**www.weingut-scheidgen.de**

**Inhaber/in und Betriebsleitung** Georg Scheidgen
**Keller** Georg Scheidgen, Andreas Müller
**Außenbetrieb** Stefan Eisel

**Historie** seit sieben Generationen Weinbau in Familientradition
**Rebfläche** 23 Hektar
**Jahresproduktion** 140 000 Flaschen
**Beste Lagen** Hammersteiner In den Layfelsen und Schlossberg, Leutesdorfer Gartenlay
**Boden** Schiefer- und Grauwacken-Verwitterung
**Rebsorten** 40% Riesling, 16% Müller-Thurgau, 12% Weißburgunder, 8% Spätburgunder, 7% Grauburgunder, je 6% Dornfelder und Portugieser, 5% übrige Sorten
**Erlebenswert** Bruchstein-Gewölbekeller, neue Vinothek
**Mitglied** Mittelrhein Riesling Charta

Georg Scheidgen ist mit rund 23 Hektar einer der größeren Familienbetriebe am Mittelrhein. Mit etwa 40% Anbaufläche spielt der Riesling sicherlich die größte Rolle in diesem Weingut. Aus seinen besten Lagen Hammersteiner In den Layenfelsen und Leutersdorfer Gartenlay bringt Scheidgen klasse trockene Rieslinge hervor. Das beste Beispiel hierfür ist das Meisterstück 2021, ein Wein, der zugleich tolle Saftigkeit und Mineralität besitzt, aber eben auch sehr dicht, vielschichtig und vollmundig ist. Ein „Meisterstück" eben! Der halbtrockene Riesling Bestes Fass steht dem allerdings in nichts nach. Bei ihm füllt Weinbergpfirsich-Frucht den ganzen Mund und bleibt lang am Gaumen. Beachtenswert sind zudem die Weine aus den Burgundersorten, die ebenfalls diese vollmundige Saftigkeit besitzen. Der Weißburgunder aus der Lage Burg Hammerstein verfügt zusätzlich über feinen Schmelz. Der Hammer Schloßberg Weißburgunder Sekt Brut nature zeigt dann, dass der Winzer seine Burgunderweine zu einen feinperligen Schaumwein mit Charakter ausbauen kann. Voll aufgeblühte Rose findet man im trockenen Gewürztraminer, der beeindruckend dicht und komplex ist. Ein Wein, der sich hervorragend mit asiatischen Speisen kombinieren lässt. Zum Abschluss der ganz weiche Spätburgunder aus der Spitzenlage Leutersdorfer Gartenlay, mit Noten von Tabak und Lakritze. Ein Rotwein mit Lagerpotential.

**86** 2020 Hammersteiner Schloßberg Weißer Burgunder Sekt b. A. Brut nature
**16,80 €** | 13 %

**86** 2021 Rheinbrohler Monte Jup Grauer Burgunder trocken Edition
**9,70 €** | 12,5%

**87** 2021 Hammersteiner Burg Hammerstein Weißer Burgunder trocken Edition
**9,70 €** | 13 %

**88** 2021 Leutesdorfer Gartenlay Gewürztraminer Spätlese trocken
**39 €** | 13 %

**89** 2021 Hammersteiner In den Layfelsen Riesling trocken Meisterstück
**16,90 €** | 13 %

**88** 2021 Hammersteiner In den Layfelsen Riesling halbtrocken Bestes Fass
**22,90 €** | 12,5%

**87** 2021 Hammersteiner Hölle Riesling restsüss Edition No. 1
**9,90 €** | 8,5%

**87** 2019 Leutesdorfer Gartenlay Spätburgunder trocken Barrique
**17,90 €** | 13 %

## SCHNEIDER

Weingut Sebastian Schneider
53557 Bad Hönningen · Markenweg 8
Tel. (0152) 53840829
sebastian@schneider-mittelrhein.de
**www.schneider-mittelrhein.de**
**Inhaber/in und Betriebsleitung**
Sebastian Schneider

Es geht munter weiter bei Sebastian Schneider! Die 2021 Kollektion zeigt, was der Winzer mit Ausbildungsstationen an der Nahe (Dönnhof) und der Mosel (Molitor) an Erfahrung einbringt. Feine vielschichtige Weine, die sehr süffig sind und einen enormen Trinkfluss haben. Schon der Cremant Brut nature, mit feiner Perlage und einer tollen Cremigkeit, ist sehr animierend. Ebenso die gelungen Weißburgunder, Grauburgunder und Chardonnay. Auch der Auxerrois gefällt uns gut. Außerdem glänzt der trockene Riesling Kleiner Carl Friedrich. Dass es bei Schneider auch restsüße Weine gibt, sind wir inzwischen gewohnt - sie präsentieren sich mit ausgewogenem Süße-Säure-Spiel. Sehr schön der feinherbe Spätburgunder Rosé mit tollen Fruchtaromen.

**89** 2019 Crémant Brut nature
**13,50 €** | 12,5% **BEST BUY**

**85** 2021 Chardonnay trocken
**8,20 €** | 11,5%

**86** 2021 Grauburgunder trocken
**7,40 €** | 11,5%

**87** 2021 Riesling trocken vom Schiefer
**6,40 €** | 11,5%

**87** 2021 Auxerrois trocken
**7,40 €** | 12 %

**87** 2021 Weißburgunder trocken
**7,40 €** | 11,5%

**88** 2021 Hönninger Am Gäßberg Riesling trocken Kleiner Carl Friedrich
**10,60 €** | 12,5%

**87** 2021 Riesling feinherb
**6,40 €** | 10 %

**86** 2021 Spätburgunder Rosé feinherb
**7,40 €** | 10 %

★

## SCHÜLER

Weingut G. Schüler
55422 Bacharach-Steeg · Blücherstraße 221
gero@weingut-schueler.de
**weingut-schueler.de**

**Inhaber/in** Guido Schüler
**Betriebsleiter** Guido und Gero Schüler
**Keller** Guido und Gero Schüler
**Außenbetrieb** Gero Schüler

Auch der zweite Jahrgang des Spätburgunders von Gero Schüler zeigt, wo die Reise hingeht: Feine, weiche Tannine, intensive Aromen von Sauerkirsche und schöne Länge am Gaumen. Interessant ist das Konzept der Etiketten. Hier wird der Esel als Arbeitstier im Weinberg früherer Zeiten gewürdigt und die Weine haben witzige Namen wie „Saftiges Gras", „Trockenes Heu" oder auch „Liebliche Weide". Die feinherben Rieslinge zeigen mit dezenter Säure und guter Süße ihr ganzes Potenzial. Ein positives Asset sind die Rebstöcke, von denen viele schon älter als 50 Jahre alt sind und enormen Extrakt in den Wein bringen können. Darauf lässt sich sicher ganz hervorragend aufbauen.

**85** 2021 Bacharach Riesling trocken Steeger Esel „Trockenes Heu"
**9,50 €** | 11,5%

**85** 2021 Bacharach Spätburgunder trocken
**9,50 €** | 11,5%

**86** 2021 Steeger St. Jost Riesling Spätlese trocken „G"
**12,50 €** | 12%

**86** 2021 Bacharach Riesling feinherb Steeger Esel „Saftiges Gras"
**9,50 €** | 11%

**86** 2021 Bacharacher Wolfshöhle Riesling Kabinett restsüss Steeger Esel „Liebliche Weide"
**9,50 €** | 8,5%

**87** 2021 Bacharacher Wolfshöhle Auslese restsüss
**12,50 €/0,5 Lit.** | 9,5%

**86** 2020 Bacharacher Wolfshöhle Riesling Großes Gewächs „Edition Gero & Guido"
**24,50 €** | 13%

**87** 2021 Bacharach Spätburgunder trocken im Barrique gereift
**16,80 €** | 13%

★★★

## STURM

Weingut Sturm
56599 Leutesdorf · Im Rosenberg 3
Tel. (02631) 9476026 · Fax 9476029
info@sturm-weingut.de
**www.sturm-weingut.de**

**Inhaber/in und Betriebsleitung** Martin Sturm
**Keller** Martin Sturm

**Historie** Gründung des Weinguts 2011 vom Quereinsteiger und ehemaligen Wirtschaftsredakteur Martin Sturm
**Rebfläche** 4 Hektar
**Jahresproduktion** 25 000 Flaschen
**Beste Lagen** Steinbruch, Hinterm Haus, Ohm Johann, Kurve
**Boden** Devontonschieferverwitterung, Bims, Ton
**Rebsorten** 67% Riesling, 15% Spätburgunder, je 5% Sauvignon Blanc, Chardonnay, Kerner, 3% Syrah
**Erlebenswert** Kurse „Winzer für ein Jahr" in Kooperation mit der VHS Neuwied
**Mitglied** Ecovin

Die ökologische Bearbeitung der Weinberge ist für Martin Sturm erste Voraussetzung für die Qualität seiner Weine, er ist Mitglied in der Vereinigung Ecovin. Ein Großteil der Weine des gelernten Wirtschaftsjournalisten hat schöne Tiefe und Komplexität. Hinzu kommen die moderaten Alkoholwerte, die durch eine entsprechend frühe Lese erzielt werden. Die Rieslinge sind fruchtig, erfrischend und beglücken den Weinfreund mit Transparenz und Leichtigkeit. Gerade im feinherben Segment gefällt auch die Vielschichtigkeit der Rieslinge. Hier sticht die Spätlese Kurve 2021 hervor, mit ihrer gelbfruchtigen Saftigkeit und der tollen Frische am Gaumen. Ein besonderes Gespür legt Martin Sturm beim Chardonnay Reserve an den Tag: Der Wein hat ganz feines Holz, leichte Vanillearomen und wunderbare Kräuternoten, einen Geschmack nach Nüssen und großes Reifepotential. Bei den Rotweinen zeigt der 2018er Pinot Noir Reserve du Patron, wie elegant Spätburgunder sein kann. Obwohl der Wein schon vier Jahre alt ist, scheint immer noch etwas zu schlummern. Neu im Programm ist bei Sturm ein Syrah, der beweist, dass auch am Mittelrhein Rotweine aus internationalen Rebsorten gelingen können. Es ist ein Wein mit feiner Frucht, aber auch toller Kräutrigkeit und Aromen von Thymian und Rosmarin.

**85** 2021 Riesling trocken vom Schiefer
**10,90 €** | 10 %

**85** 2021 Sauvignon Blanc trocken
**16,50 €** | 12,5%

**87** 2021 Riesling Spätlese trocken
**16,90 €** | 11 %

**89** 2020 Chardonnay trocken Reserve
**29 €** | 13,5% TIPP

**87** 2021 Riesling Kabinett halbtrocken Hinterm Haus
**10,90 €** | 10 %

**87** 2021 Riesling Spätlese feinherb Ohm Johann
**14,90 €** | 9,5%

**89** 2021 Riesling Spätlese Kurve
**16,90 €** | 7,5%

**86** 2020 Pinot Noir trocken
**14,40 €** | 11 %

**88** 2020 Pinot Noir trocken Reserve für H.
**26 €** | 12,5%

**88** 2020 Syrah trocken
**30 €** | 0 %

**89** 2018 Pinot Noir trocken Reserve du Patron
**49 €** | 13 %

★★★

## WEINGART

Weingut Weingart, Florian und Ulrike Weingart
56322 Spay · Peterspay 1
Tel. (02628) 8735
mail@weingut-weingart.de
**www.weingut-weingart.de**

**Inhaber/in und Betriebsleitung** Florian und Ulrike Weingart
**Keller** Florian Weingart

**Historie** hervorgegangen aus einem alteingesessenen landwirtschaftlichen Gemischtbetrieb, dann Wandel zum reinen Weingut
**Rebfläche** 6 Hektar
**Jahresproduktion** 40 000 Flaschen
**Beste Lagen** Bopparder Hamm Engelstein, Ohlenberg, Feuerlay, Spay In der Zech
**Boden** Devonschieferverwitterung, Löss, Rheinsedimente, Vulkanasche
**Rebsorten** 83% Riesling, 17% Spätburgunder
**Erlebenswert** organischer Weingutsneubau in den Weinbergen mit Picknickplatz, Ferienwohnungen direkt am Rhein

Florian Weingart beweist mit den 2021 Rieslingen, dass er auch mit sehr reifen Trauben und gutem Handwerk schwierige Jahrgänge meistern kann. Die Rieslinge trocken und Kabinett verfügen dabei über einen Trinkfluss, der Spaß macht und gleichzeitig bieten sie viel Wein im Glas, mit Körper und Stoffigkeit. Die feinherben und restsüßen Weine haben eine ganz besondere Tiefe und Komplexität. Hier stechen die Riesling Spätleise feinherb aus dem Ohlenberg, besonders aber zwei Weine aus dem Engelstein Am Weißen Wacke hervor: die feinherbe und die restsüße Spätlese. Sie sind sehr dicht, mit vielschichtigen Aromen nach Wiesenkräutern, Schiefer und reifen Pfirsichen. Der Spätburgunder überzeugt mit seiner eigenen Würze und Mineralität im Mund. Es ist Florian Weingart wichtig, sich der Natur und den Reifebedingungen anzupassen und den Trauben genügend Zeit am Stock zu geben. Auf eine frühe Ernte zugunsten niedrigerer Oechslegrade verzichtet er lieber.

**Weingart**
mittelrhein

**86** 2021 Riesling trocken
**7,50 €** | 12 %

**86** 2021 Bopparder Hamm Kabinett trocken
**9 €** | 12 %

**88** 2021 Bopparder Hamm Spätlese trocken
**12 €** | 12,5%

**88** 2021 Bopparder Hamm Feuerlay Riesling Spätlese trocken
**15 €** | 13 %

**89** 2021 Spay In der Zech Riesling Kabinett feinherb
**10 €** | 11 % TIPP

**89** 2021 Bopparder Hamm Ohlenberg Riesling Spätlese feinherb
**12 €** | 11 %

**90** 2021 Bopparder Hamm Engelstein Am Weißen Wacke Riesling Spätlese feinherb
**14 €** | 10,5%

**87** 2021 Riesling feinherb
**7,50 €** | 11 %

**88** 2021 Mittelrhein Kabinett restsüss
**9,50 €** | 8,5%

**90** 2021 Bopparder Hamm Engelstein Am Weißen Wacke Spätlese restsüss
**15 €** | 8 %

**85** 2021 Spay In der Zech Spätburgunder Spätlese halbtrocken
**10 €** | 12,5%

**89** 2019 Spay In der Zech Spätburgunder trocken
**18 €** | 13,5%

# Mosel: Die Klassik mit viel Druck

Foto: DWI

Mosel mit den Nebenflüssen Ruwer und Saar sind Begriffe, die in der gesamten Weinwelt höchste Anerkennung genießen, vor allem unter Riesling-Fans. Das Gebiet mit den weltweit meisten Steillagen, moderaten Klimaverhältnissen und extrem mineralreichen Böden stellt ein großartiges Eldorado für die facettenreiche Rebsorte dar. Dahinter steht eine Weinbaugeschichte, die spannender kaum sein könnte.

### Geschichte

Die ersten römischen Legionäre, die vom Burgund aus über Lothringen das obere Moseltal besetzten, fanden dort bereits Weinbau vor. Die Kelten hatten schon mal Vorarbeit geleistet. Zahlreiche archäologische Funde, vor allem altrömische Kelteranlagen, zeugen von der Weinliebe der Eroberer. Unter den Erbauern von „Augusta Treverorum" (Trier) und einer Straße von „Mogontiacum" (Mainz) über den Hunsrück nach Neumagen an der Mosel befanden sich nachweislich Weinbaufachleute. Die Ablösung der römischen Herrschaft durch Germanen und Franken, der Dreißigjährige Krieg sowie die Unterjochung der Region durch königliche und kaiserliche Truppen unter Lud-wig XIV. und Napoleon warfen den Weinbau an der Mosel zwar zurück, zum Erliegen kam er aber nicht. Clemens Wenzeslaus, Fürstbischof von Trier, Weinbergbesitzer und ausgezeichneter Weinkenner, ordnete 1787 an, dass in seinem Reich fortan nur noch Riesling angebaut werde. Damit ebnete er der weißen Königstraube den glorreichen Weg, der ihr bis in die Gegenwart den internationalen Ruf beschert.

### Geografie

Entlang der Mosel und ihren Nebenflüssen Ruwer und Saar liegt die vermutlich älteste Weinbauregion Deutschlands, eingerahmt von Hunsrück und Eifel, im Rheinischen Schiefergebirge. Unterteilt ist das Anbaugebiet in sechs Bereiche. Zu den bekanntesten zählen die untere Mosel, auch Terrassenmosel genannt, mit dem steilsten Weinberg Europas, dem Bremmer Calmont, und das Herzstück Mittelmosel im Bereich Bernkastel. Die atemberaubend steilen Schieferlagen über den Flüssen verlangen den Winzern Tag für Tag und Jahr um Jahr körperlich alles ab.

### Klima und Boden

Die einzigartige Symbiose von Devonschiefer und Rieslingrebe in vielen Weinberglagen der Täler von Saar und Ruwer sorgt für eine unschlagbare Leichtigkeit und Feinheit im Wein. Muschelkalk und Keuper an der Obermosel oder weicher Tonschiefer und Grauwacken, Schotter, Kies und Sandablagerungen schenken vor allem den Burgundersorten ideale Voraussetzungen.

### Weine und Produktionsmenge

Neben dem Riesling, der gute 60 Prozent der über 8600 Hektar bestockter Rebfläche für sich beansprucht, haben Rivaner, die Burgunderfamilie und Chardonnay ebenfalls Bedeutung im fünftgrößten Weinbaugebiet Deutschlands.

## Mosel im Überblick

**Rebfläche** 8664 Hektar (2021)
**Produktion** rd. 719 422 Hektoliter (2021)
**Einzellagen** 18 Groß-, 524 Einzellagen
**Hauptrebsorten** Riesling, Müller-Thurgau, Elbling, Burgunderreben
**Weinart** Neben den frucht- und edelsüßen Rieslingen rücken hochwertige trockene Rieslinge stärker in den Fokus.

**Beste Lagen** Brauneberger Juffer und Sonnenuhr, Wehlener Sonnenuhr, Bernkasteler Doctor, Badstube und Lay, Piesporter Goldtröpfchen, Scharzhofberg, Wiltinger Braune Kupp, Saarburger Rausch, Ayler Kupp, Ockfener Bockstein, Zeltinger Sonnenuhr und Schlossberg, Graacher Domprobst und Himmelreich, Ürziger Würzgarten, Erdener

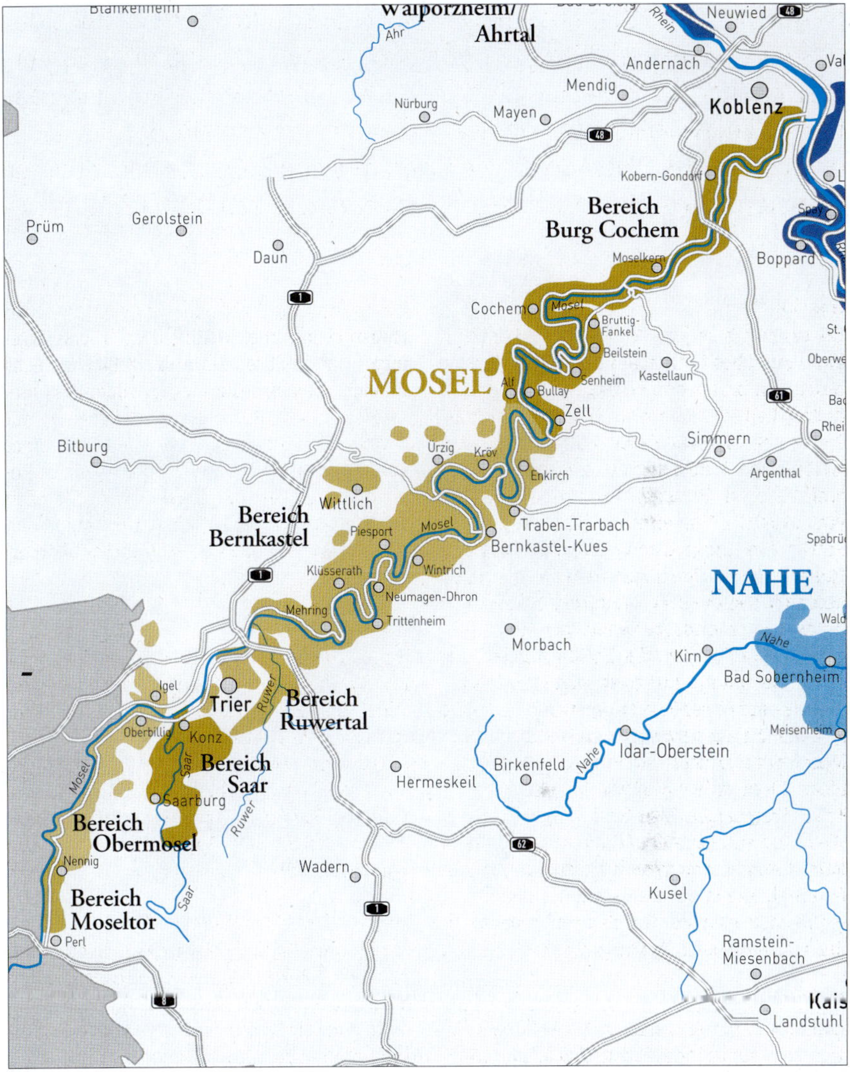


Karte: Deu sches Weininstitut

Treppchen, Pündericher Marienburg
**Böden** Devonschiefer, Muschelkalk und Keuper, weicher Tonschiefer, Grauwacken, Schotter, Kies und Sandablagerungen
**Interessant** Einzig an der Mosel wird der Elbling, die vielleicht älteste Rebsorte Deutschlands, noch in nennenswertem Maß angebaut – für spritzig-frische Weißweine und Sekte.

**Mosel-Wein e.V.**
Gartenfeldstraße 12a
54295 Trier
Tel (06 51) 71 02 80
info@weinland-mosel.de
www.weinland-mosel.de

# Säure satt und Felsenfest

Selten gab es an der Mosel Weine mit so faszinierender Säurestruktur wie im 2021. Dabei handelt es sich keinesfalls um „saure Tropfen", eher um kristalline, geradlinige Weine, die zeigen, welche Faszination von dieser Region und dem Riesling ausgehen kann.

Säure satt - das trifft den Jahrgang 2021 wohl am besten, hatte doch letztendlich jeder Moselwinzer Moste mit hoher Säure im Keller. Die Frage war halt nur, wie damit umgehen. Deshalb ein kleiner Exkurs, weil es für die Region von zentraler Bedeutung ist: Entsäuerung ist nicht gleich Entsäuerung. Tut man dies mit Kalk, so reduziert sich die wertvolle Weinsäure, die am Gaumen stumpfmachende, harsche Äpfelsäure bleibt dagegen erhalten. Nun lag die Äpfelsäure insbesondere bei den frühgelesenen Trauben recht hoch. Wer nun zu stark entsäuerte, erhielt später trockene Weine, die von einer strengen, herben Phenolik geprägt waren und sich davon auch nicht befreien konnten. Wenig Trinkfreude trat auf. Wer mit der Doppelsalzentsäuerung gearbeitet hatte, konnte sehr gute Ergebnisse erzielen. Bei dieser Methode werden in gleichen Verhältnis Wein-und Äpfelsäure reduziert, so dass die Balance beider Säuren erhalten bleibt. Bei der Anwendung über Maischestandzeit die Weinsäure zu reduzieren, kann es durch die Erhöhung des pH-Werts passieren, dass der Wein in den sogenannten biologischen Säureabbau rutscht. Der wiederum sorgt dafür, dass Äpfelsäure abgebaut wird und der Wein schmeichelnder wird.

So viel über einige Möglichkeiten, die Säure im Jahrgang 2021 zu bändigen. Was vielen Winzern übrigens in brillanter Art und Weise gelang. Für uns waren häufig jene 2021er Weine die strahlendsten, bei denen die hohe Säure belassen und durch Restsüße in Balance gebracht wurde. Da schmeckte auch schon mal ein restsüßer Kabinett trocken. Eine Einmaligkeit in der Weinwelt, die international hoch geschätzt wird, hierzulande aber leider ein wenig in Vergessenheit geraten ist. Der Jahrgang 2021 lädt zu einer Wiederentdeckung regelrecht ein

**Danke für alles!**

Daniel Vollenweider ist tot. Er starb nach schwerer Krankheit im Juli 2022. Wir erinnern uns noch sehr gut an unseren Besuch vor einigen Jahren in seinem Weingut in Traben Trarbach. Er zeigte uns seine Weinberge, danach ging es mit Thorsten Melsheimer und Gernot Kollmann in die Küche zum Kochen, Reden und Trinken. Am nächsten Morgen besuchten wir ihn in seinem kalten Keller. Er bewegte die Gebinde seiner Weine vom Kalten ins Warme, damit sie weitergären konnten. Fürsorglich wie ein Vater mit seinen Kindern. Mainstream-Weine konnte und wollte Daniel nicht. Er hatte sich vollständig dem Ursprünglichen verschrieben: Dem Ursprünglichen, der durch ihn erst wieder bekannt gewordenen Wolfer Lagen; dem Ursprünglichen, was den Ausbau seiner Weine anbelangte. Wenn ein Wein nicht weitergären wollte, trotz der beschriebenen fürsorglichen Behandlung, dann war es halt so. Verbiegen wollte er seine Weine nicht, sich selbst verbiegen lassen auch nicht. Wir hoffen sehr, dass die Tradition, die er mit seinem Weingut erschaffen hat, in seinem Sinne von Moritz Hoffmann weitergeführt wird und erheben unser Glas mit einem 2015er Riesling Felsenfest auf ihn. Auf Daniel!

*Christoph Dirksen*

# Regionale Spitzenresultate

Nur minimale Veränderungen an der Spitze, Bewegung an der Basis: von Othegraven ist mit fulminanter Wucht in die viereinhalb Sterne Riege aufgestiegen, junge Betriebe wie Margarethenhof oder Lorenz schieben von unten nach. Konsolidierung auf hohem Niveau.

## Spitzenweine

**Die besten trockenen Rieslinge von der Mosel unter 10 Euro**

**91** Wolfgang Mertes, Waldrach Meisenberg trocken Alte Reben 2021
9,50 € | 12%

**90** Vols, Riesling trocken „Rau“ 2021
9.40 € | 10%

**89** Hain, Piesporter Goldtröpfchen Riesling Kabinett trocken 2021
9,50 € | 11.5 %

**89** Steffens-Kess, Burger Hahnenschrittchen Kabinett trocken 2021
9,50 € | 11.5 %

**89** Steffens-Kess, Reiler Goldlay Kabinett trocken 2021
9,70 € | 11.5 %

**89** Kröber, Riesling trocken Steinig 2021
9,80 € | 11.5 %

**89** Jochen Clemens, Wintricher Ohligsberg trocken QbA 2020
9,80 € | 12.5 %

## Gebietspreisträger

**Weingut des Jahres**
Franz-Josef Eifel
**Aufsteiger des Jahres**
Bischöfliche Weingüter
**Entdeckung des Jahres**
Lorenz

## Spitzenbetriebe

★★★★★

**Clemens Busch, Pünderich**
**Franz-Josef Eifel, Trittenheim**
**Falkenstein, Konz-Niedermennig**
**Schloss Lieser, Lieser**
**Joh. Jos. Prüm, Wehlen**

★★★★½

**Fritz Haag, Brauneberg**
**Julian Haart, Piesport**
**Dr. Hermann, Erden**
**Heymann-Löwenstein, Winningen**
**Knebel, Winningen**
**Carl Loewen, Leiwen**
**Melsheimer, Reil**
**Markus Molitor, Wehlen**
**Von Othegraven, Kanzem**
**Max Ferd. Richter, Mülheim**
**Willi Schaefer, Graach**
**Selbach-Oster, Zeltingen**
**Dr. Thanisch Erben Thanisch, Bernkastel**
**Van Volxem, Wiltingen**

★★★★

**Adam, Neumagen-Dhron**
**Ansgar Clüsserath, Trittenheim**
**Haart, Piesport**
**Hain, Piesport**
**Herrenberg, Schoden**
**Immich Batterieberg, Enkirch**
**Lauer, Ayl**

Günther Steinmetz, Brauneberg
Vollenweider, Traben-Trarbach
Nik Weis, Leiwen
Weiser-Künstler, Traben-Trarbach
Zilliken, Saarburg

★★★½

Blees-Ferber, Leiwen
Claes Schmitt, Trittenheim
Karl Erbes, Ürzig
Franzen, Bremm
Fries, Winningen
Grans-Fassian, Leiwen
Lehnert-Veit, Piesport
Loersch, Leiwen
Dr. Loosen, Bernkastel
Ludes, Thörnich
Stefan Müller, Konz
Rosch, Leiwen
Später-Veit, Piesport
Staffelter Hof, Kröv
Twardowski, Neumagen
Willems-Willems,
Konz-Oberemmel

★★★

Von Beulwitz Mertesdorf
Bischöfliche Weingüter, Trier
Brohl, Pünderich
Cantzheim, Kanzem
Caspari-Kappel, Enkirch
Bernhard Eifel, Trittenheim
Fio, Piesport
Heddesdorff, Winningen
von Hövel, Konz-Oberemmel
Kees-Kieren, Graach
Köwerich, Leiwen
Kröber Winningen
Meierer, Kesten
Dr. Melsheimer, Traben-Trarbach
Merkelbach, Ürzig
Axel Pauly, Lieser
Regnery, Klüsserath
Richard Richter, Winningen
Schloss Saarstein Serrig
Schmitges, Erden
Thanisch, Lieser
Vols, Ayl
Dr. Wagner, Saarburg
Felix Weber, Wiltingen
Wegeler, Bernkastel

★★½

Becker-Steinhauer, Mülheim
Jochen Clemens, Wintrich
Leo Fuchs, Pommern
Jakoby-Mathy, Kinheim
Karthäuserhof, Eitelsbach
Christian Klein, Kröv
Klosterhof, Brauneberg
Lotz, Erden
Mertes, Kanzem
Wolfgang Mertes, Waldrach
Meulenhof, Erden
Pauly-Bergweiler, Bernkastel
Philipps-Eckstein, Graach
S. A. Prüm, Wehlen
Steffen-Prüm, Maring-Noviand
Thanisch Erben Müller-Burggraef, Bernkastel
Vereinigte Hospitien, Trier
Weber Brüder, Wiltingen

★★

Bauer, Mülheim
Bernard-Kieren, Graach
Berres, Ürzig
Boch Trittenheim
Richard Böcking, Traben-Trarbach
Burens, Saarburg
Martin Conrad, Brauneberg
Deutschherren-Hof, Trier
Dostert, Nittel
Christoph Eifel, Trittenheim
Kerpen, Wehlen
Kesselstatt, Morscheid
Paulinshof, Kesten
Petershof, Oberemmel
Rauen, Thörnich
Reverchon, Konz-Filzen
Rinke, Trier
Stoffel, Leiwen

★

## ACKERMANN

Weingut Ackermann
54492 Zeltingen-Rachtig
Chur-Kölner-Straße 19
Tel. (06532) 2763
info@ackermann-weingut.de
**www.ackermann-weingut.de**

**Inhaber/in und Betriebsleitung**
Harald und Anne Junglen
**Keller** Marius und Harald Junglen

Harald und Anne Junglen, unterstützt von Sohn Marius, produzieren rund 25000 Flaschen von eigenen Stöcken, wobei alles - vom Rebschnitt bis zur Flaschenfüllung - in Familienhand ist. Das Ergebnis sind authentische Weine mit gutem Kern und großer Ruhe. Der Riesling Gutswein gefällt mit gekonntem Spiel und einer gewissen Gelassenheit, der Weißburgunder präsentiert sich sortentypisch, mit Schmelz und sehr eleganter Säure. Mit etwas Rose, eher floral und mit Leichtigkeit umgarnt der Riesling Kabinett feinherb aus dem Deutschherrenberg, wohingegen die restsüße Riesling Spätlese aus der Sonnenuhr, mit ihrer mineralischen, druckvollen Art und leichter Herbe, einen auf eine lange Reise mitnimmt.

**88** 2021 Zeltinger Schloßberg Riesling Brut PetNat
**15,90 €** | 12,5%

**86** 2021 Zeltinger Himmelreich Weißburgunder trocken
**7 €** | 12%

**86** 2021 Zeltinger Himmelreich Riesling Spätlese feinherb
**9 €** | 9%

**87** 2021 Zeltinger Schloßberg Riesling Spätlese trocken
**9 €** | 10,5%

**87** 2021 Zeltingen-Rachtiger Deutschherrenberg Riesling Kabinett feinherb
**7,50 €** | 10%

**88** 2021 Zeltinger Sonnenuhr Riesling Kabinett restsüss
**8 €** | 7,5%

**89** 2021 Zeltinger Sonnenuhr Riesling Auslese restsüss
**13 €** | 8%

**90** 2021 Zeltinger Sonnenuhr Riesling Spätlese restsüss
**9 €** | 7,5%

★★★★

## ADAM

Weingut A. J. Adam
54347 Neumagen-Dhron · Metschert 14
Tel. (06507) 9393713
info@aj-adam.de
**www.aj-adam.de**

**Inhaber/in und Betriebsleitung**
Andreas Adam und Barbara Gudelj
**Rebfläche** 5 Hektar
**Jahresproduktion** 30 000 Flaschen
**Beste Lagen** Dhron-Hofberger und Häs'chen, Piesporter Goldtröpfchen
**Boden** Schiefer mit Eisenoxid und Quarzeinschlüssen
**Rebsorten** 90% Riesling, 10% Spätburgunder
**Mitglied** VDP

Hier begann alles vor gut 20 Jahren, als Andreas Adams das Weingut mit gerade einmal 1000 Quadratmetern gründete. Seine Schwester Barbara Gudelj trat nach ihrem Studium in Geisenheim 2013 in den Betrieb ein. Bis ins Jahr 2012 führte Andreas Adams das Weingut in Eigenregie. Heute besitzt man gute fünf Hektar in Dhron und Piesport. Im Hausweinberg, dem Dhroner Hofberg, werden über 40 verschiedene Parzellen bewirtschaftet. Hier pflegt man die von Flurbereinigung verschonten Terrassen und deren Trockenmauern. Das Dhroner Häs'chen befindet sich im Alleinbesitz des Gutes und ist gerade einmal 2677 Quadratmeter groß. Hier stehen wurzelechte Reben aus den 1930er-Jahren. Seit 2009 wurde das Lagenspektrum um das Piesporter Goldtröpfchen erweitert. Es ist ein Weinberg mit teilweise wurzelechten Reben im Alter von bis zu 110 Jahren. Anders als in Dhron, ist der Schieferboden hier stärker verwittert und tiefgründiger. Die Krone für den vortrefflichsten trockenen Riesling in diesem Jahr gebührt der 2020er Reserve aus dem Dhroner Hofberg. Ein leicht pfeffriger Duft prägt das Bukett, im Mund erstrahlt der Wein in perfekter Liaison aus Transparenz und Kraft. Die trockene Phalanx der 2021er wird angeführt, ja, wieder vom Dhroner Hofberg, aber nicht in der Reserve-Version. Verhaltene grüne, verdichtete Frucht prägt diesen Riesling und ist die beste Anlage für einen langen, positiv verlaufenden Reifeprozess. Das Häs'chen ist dem Hofberg dicht auf den Fersen, präsentiert sich dunkler in seiner Frucht und noch leicht herb verkapselt. Im Segment der Kabinette ist es ganz eindeutig, wer der Platzhirsch ist. Das ist einmal ein Kabinett, der nicht für die Versteigerung mit höherer Reife versehen wird, um damit Gefallen zu finden. Feinster Säuredruck in Saar-Manier und strukturgebende Phenolik im Nachhall: so geht es auch. Nun kommt das erste Mal das Piesporter Goldtröpfchen zu seinem Auftritt, in Form der Versteigerungs-Spätlese. Noch leicht kratzig, gleichzeitig spielerisch und finessenreich, zeigt es uns erst marginal sein Potenzial. Der großartige Eiswein erinnert uns an eine hochfeine Beerenauslese. Der Eiswein-Touch bringt Kühle in das Konzentrat von höchster Präzision.

Resümierend halten wir fest: in allen Kategorien auf hohem Niveau unterwegs. Und am Ende unser alljährlicher Abbinder: Auch wenn wir in diesem Jahr leider schon wieder auf einen Spätburgunder verzichten mussten, gehen wir nicht davon aus, dass aus den Trauben von immerhin zehn Prozent der Gesamtrebfläche ausschließlich Rosé erzeugt wird. Wir möchten dem Spätburgunder an der Mosel auf der Spur bleiben.

A.J. Adam
WEINGUT

**86** 2021 Riesling trocken
**10 €** | 11 %

**87** 2021 Dhroner Riesling trocken
**17 €** | 11 %

**89** 2021 Piesporter Goldtröpfchen Riesling trocken
**35 €** | 12 %

**90** 2021 Dhroner Häs'chen Riesling trocken
**30 €** | 12 %

**91** 2021 Dhroner Hofberg Riesling trocken
**32 €** | 12 %

**92** 2020 Dhroner Hofberg Riesling trocken Reserve
**47 €** | 12,5%

**87** 2021 Riesling feinherb Im Pfarrgarten
**10 €** | 10 %

**90** 2021 Dhroner Hofberg Riesling feinherb In der Sengerei
**23 €** | 10,5%

**91** 2021 Dhroner Hofberg Riesling Kabinett
**17 €** | 8,5%

**91** 2021 Dhroner Häs'chen Riesling Kabinett
**18 €** | 8 %

**92** 2021 Piesporter Goldtröpfchen Riesling Kabinett
**20 €** | 7,5%

**94** 2021 Dhron Hofberg Kabinett VDP.Große Lage Alte Reben
8 % **AUKTION**

**93** 2021 Dhroner Hofberg Riesling Spätlese
**23 €** | 8 %

**94** 2021 Piesporter Goldtröpfchen Riesling Spätlese
7,5 % **AUKTION**

**94** 2021 Dhroner Hofberg Riesling Auslese
**32 €** | 7 %

**94** 2021 Dhroner Hofberg Auslese VDP.Große Lage Goldkapsel
**40 €** | 7 %

**97** 2021 Dhroner Hofberg Riesling Eiswein
**80 €/0,375 Lit.** | 5,5% **TOP 10**

**85** 2021 Spätburgunder Rosé
**11 €** | 11 %

★

## BASTEN

Weingut Paul Basten
54349 Trittenheim · Am Kreuzweg 12
Tel. (06507) 5738 · Fax 6842
weingutpbasten@aol.com
**www.basten-wein.de**

**Inhaber/in und Betriebsleitung**
Christoph Basten
**Keller** Christoph Basten

Christoph Basten, in dritter Generation Winzermeister auf dem Weingut Paul Basten in Trittenheim, bewirtschaftet rund fünf Hektar in den Trittenheimer Top-Lagen Apotheke und Altärchen sowie im Neumagener Rosengärtchen. Die Weine präsentieren sich allesamt sehr elegant, und der höchste Alkoholgehalt der zur Verkostung angestellten Weine hatte gerade mal 11,5 %. Besonders gefällt uns die Riesling Spätlese aus der Trittenheimer Apotheke, eine wahre Fruchtbombe, ohne dabei dicklich zu sein, sondern mit viel Klarheit. Sehr gelungen sind auch die Weine aus dem Neumagner Rosengärtchen, die dieses Jahr die Nase vorn haben.

**86** 2021 Trittenheimer Apotheke Spätlese trocken
**9 €** | 11 %

**87** 2021 Trittenheim Riesling Kabinett trocken
**7,50 €** | 10,8%

**88** 2021 Neumagen Rosengärtchen Spätlese trocken
**10 €** | 11 %

**88** 2021 Trittenheim Apotheke Auslese trocken vom blauen Schiefer
**12 €** | 11,5%

**86** 2021 Trittenheimer Apotheke Riesling Spätlese feinherb
**9 €** | 9,5%

**86** 2021 Trittenheimer Apotheke Riesling feinherb
**12 €** | 10 %

**88** 2021 Trittenheimer Apotheke Riesling Spätlese
**8 €** | 7,4%

**88** 2021 Trittenheimer Apotheke Riesling Spätlese vom blauen Schiefer
**9 €** | 7,3%

**90** 2021 Neumagener Rosengarten Riesling Spätlese
**9 €** | 7,4%

★★

## BAUER

Weingut Bauer
54486 Mülheim · Moselstraße 3
Tel. (06534) 571 · Fax 570
info@weingut-bauer.de
**www.weingut-bauer.de**

**Inhaber/in und Betriebsleitung**
Thomas Bauer

**Rebfläche** 8 Hektar
**Jahresproduktion** 50 000 Flaschen
**Beste Lagen** Brauneberger Juffer und Juffer-Sonnenuhr, Mülheimer und Veldenzer Elisenberg
**Boden** Devon-Schieferverwitterung, teilweise mit Rotliegendem
**Rebsorten** 80% Riesling, 10% Spätburgunder, 5% Rivaner, 5% Weiß- und Grauburgunder
**Erlebenswert** historiches Weinbergshaus von 1832
**Mitglied** Bernkasteler Ring

Ein ganzes Füllhorn von sieben trockenen Weinen stellte uns das Weingut Bauer aus Mülheim in diesem Jahr vor. Das dezent gereifte Große Gewächs 2020 aus dem Mülheimer Elisenberg zeigt transparenter Saftigkeit. Die trockenen 2021er Rieslinge zeichnen sich durch einen leicht angedeuteten burgundischen Stil aus, da ihre Säure moderat gehalten ist. Die Weine entwickelten an der Luft lebhafte Frucht. Der feinherbe Kabinett aus der Brauneberger Juffer überzeugte mit seiner für Brauneberg typischen dunklen Stilistik und ist für einen Kabinett erstaunlich fest gebaut. Neben dem „Königskind", so bezeichnet man im Weingut Bauer die Rebsorte Riesling, mit 80 Prozent Rebfläche, werden auch zehn Prozent Spätburgunder angebaut. Der voluminöse 2018er, der seinem Jahrgang alle Ehre macht, kommt als Krafpaket daher. Intensiv vom neuen Holz geprägt, werden die rauchigen Aromen von süßlichen Vanillenoten untermalt. Zum Weingut gehört seit 1919, dem Jahr, in dem man das Brennrecht erwarb, auch eine hauseigene Obstrennerei. Die Fruchtbrände reifen mindestens fünf Jahre im Glasballon, bis sie gefüllt werden. Sogar ein Gin ist im Programm.

**84** 2021 Riesling trocken
**6,50 €** | 12 %

**84** 2021 Weissburgunder trocken
**8 €** | 13 %

**85** 2021 Riesling Mülheimer Sonnenlay Kabinett trocken
**8 €** | 11,5%

**85** 2021 Riesling trocken Maison Elise
**9,80 €** | 11,5%

**86** 2021 Riesling Mülheimer Elisenberg trocken
**11 €** | 12 %

**86** 2021 Riesling Brauneberger Juffer trocken
**12,50 €** | 12 %

**87** 2020 Mülheimer Elisenberg Großes Gewächs
**24,50 €** | 12,5%

**84** 2021 Riesling feinherb
**6,50 €/1 Lit.** | 11,5%

**87** 2021 Brauneberger Juffer Kabinett feinherb
**8,50 €** | 11,5%

**86** 2021 Riesling Mülheimer Elisenberg feinherb
**11 €** | 12 %

**86** 2018 Spätburgunder trocken ***
**24 €** | 14,5%

## BECKER-STEINHAUER

Weingut Becker-Steinhauer
54486 Mülheim · Hauptstraße 72
Tel. (06534) 521 · Fax 18378
info@becker-steinhauer.de
**www.becker-steinhauer.de**

**Inhaber/in** Karsten Becker

**Historie** Familie betreibt seit 300 Jahren Weinbau
**Rebfläche** 10 Hektar
**Jahresproduktion** 45 000 Flaschen
**Beste Lagen** Brauneberger Juffer, Veldenzer Carlsberg (Alleinbesitz), Zeltinger Schlossberg
**Boden** Devonschiefer
**Rebsorten** 76% Riesling, 24% übrige Sorten
**Erlebenswert** Carlsberg Häuschen

Punktlandung beim Sekt im Vergleich zum Vorjahr, notierten wir. Uns kam es so vor, als sei der 2019er Riesling-Sekt der knackigste Weine der gesamten Kollektion, die Karsten Becker uns in diesem Jahr hat zukommen lassen. Straff, nicht zu hoch dosiert und mit kräftiger Perlage erfrischte er ungemein. Das Weingut besitzt Parzellen in Brauneberg, Veldenz, Mülheim, Bernkastel und Zeltingen. Der Veldenzer Carlsberg befindet sich im Alleinbesitz. Die 2021er Spätlese feinherb aus dieser Lage besitzt Struktur und Länge, bleibt insgesamt sehr zurückhaltend in der Säurestruktur. Insgesamt ist das Sortiment von dezentem Säuredruck durchzogen. Dadurch wirken die Weine weichfruchtig und leicht zugänglich. Sogar die beiden restsüßen Weine scheinen mit moderater Säure ausgestattet zu sein. Die Brauneberger Juffer Spätlese mit ihrer für dieses Jahr typischen würzigen Tiefe ist noch von Fruktose-Aromatik gepragt und erblüht klarfruchtig nach Belüftung. Immer noch ist solch eine klassische Spätlese ab Weingut für unter 10 Euro erhältlich. Leider konnte das Niveau des Vorjahres nicht ganz gehalten werden.

**86** 2019 Riesling Brut
**13 €** | 12,5%

**83** 2021 Veldenzer Kirchberg Riesling Kabinett trocken
**7,50 €** | 11,5%

**83** 2021 Chardonnay trocken
**8 €** | 12 %

**85** 2021 Zeltinger Schlossberg Riesling Spätlese Steinmauer
**9 €** | 11 %

**86** 2021 Veldenzer Kirchberg Riesling trocken Alte Reben
**13 €** | 12,5%

**86** 2021 Mülheimer Sonnenlay Riesling Kabinett feinherb
**7,50 €** | 11,5%

**87** 2021 Veldenzer Carlsberg Riesling Spätlese feinherb
**9 €** | 11,5%

**87** 2021 Veldenzer Kirchberg Riesling Kabinett
**7,50 €** | 9 %

**89** 2021 Brauneberger Juffer Riesling Spätlese
**9 €** | 8,5%

**86** 2018 Spätburgunder trocken „R"
**18 €** | 13,5%

## BEFORT

Weingut Befort
54453 Nittel · Schulstraße 17
Tel. (06584) 422
weingut@befort.de
**www.befort.de**

**Inhaber/in und Betriebsleitung**
Ruth, Hans-Jörg und Marcel Befort
**Keller** Hans-Jörg Befort

1969 gegründet von Hans und Maria Befort, wird das Weingut seit 2011 fortgeführt von den Geschwistern Ruth, Hans-Jörg und Marcel Befort. Acht Rebsorten gehören zum Portfolio und werden auf sechs Hektar Rebfläche angebaut. Nach wie vor gilt für uns, dass dieses Weingut als Garant für präzise und vorbildliche Sortentypizität steht. „Erfrischend klar wie immer", notierten wir dann auch. So schlank geschnitten die Weißweine sind, so kraftvoll-reichhaltig präsentieren sich die Rotweine. Wir halten uns gerne an unseren Favoriten, den Pinot Blanc „S" aus dem Nitteler Leiterchen. Kurz notierten wir: „dezentes Holz, Schmelz, komplex, salin."

**86** 2019 Crémant Pinot Brut
**10,90 €** | 13 %

**86** 2021 Nittel Nitteler Rochusfels Auxerrois trocken
**7,10 €** | 12 %

**86** 2021 Nitteler Rochusfels Grauburgunder trocken
**7,60 €** | 12 %

**86** 2021 Nitteler Leiterchen Sauvignon Blanc trocken
**9,60 €** | 12,5%

**87** 2021 Nitteler Leiterchen Pinot Blanc trocken
**7,10 €** | 12 %

**87** 2021 Nitteler Blümchen Chardonnay trocken
**8,90 €** | 12 %

**88** 2021 Nittel Nitteler Leiterchen Pinot Blanc trocken Pinot Blanc „S"
**10,90 €** | 12 %

**85** 2021 Nittel Leiterchen trocken Befort Rosé Trocken „S"
**11,90 €** | 12,5%

**85** 2020 Nitteler Leiterchen Pinot Noir trocken Selection „S"
**24 €** | 15 %

## BERNARD-KIEREN

Weingut Josef Bernard-Kieren
54470 Graach · Ringstraße 2
Tel. (06531) 2183
info@bernard-kieren.de
**www.bernard-kieren.de**

**Inhaber/in und Betriebsleitung**
Josef und Martin Bernard

**Rebfläche** 4 Hektar
**Jahresproduktion** 35 000 Flaschen
**Beste Lagen** Graacher Himmelreich, Graacher Domprobst
**Boden** Devonschiefer-Verwitterung
**Rebsorten** 80% Riesling, 10% Spätburgunder, 8% Weißburgunder, 2% Rivaner
**Erlebenswert** neue Vinothek, Straußwirtschaft mit Sonnenterrasse und Moselblick

Gleich dreimal hatten wir in diesem Jahr das Vergnügen, den betriebsinternen Vergleich zwischen Weinen aus dem Graacher Himmelreich und dem Graacher Domprobst zu führen. Beide feinherben Spätlesen wurden gleich gut bewertet. Die festere Struktur besitzt für uns der Domprobst, das Himmelreich kann mit seinem feinherben Charakter punkten. Bei den Kabinetten liegt aus unserer Sicht der Domprobst leicht in Führung. Mit seiner etwas präsenteren Säure entspricht er mehr unserem Kabinett-Typ. Die beiden Spätlesen liegen dann wieder punktgleich Kopf an Kopf, wobei unser Liebling der gesamten Probe, der Domprobst, schon mit seinem zarten Beerenton in Richtung Auslese tendiert. Macht aber nichts, da die fordernde Säure ihm viel Schliff im langen Nachhall mitgibt. Das Himmelreich bleibt im Spätlese-Stil und bietet ein äußerst attraktives Spiel aus feinem Salzkaramell und Apfelschale. Besonders die beiden letztgenannten Weine profitierten von der Nachprobe, denn sie gab ihnen die Möglichkeit, die ihnen innewohnende Säurestruktur zu offenbaren.

**84** 2021 Graacher Domprobst Kabinett trocken
**7 €** | 10 %

**85** 2021 Graacher Himmelreich Riesling Spätlese trocken
**8,50 €** | 10,5%

**86** 2021 Graacher Domprobst Spätlese trocken M
**9 €** | 10,5%

**86** 2021 Graacher Domprobst Riesling Spätlese halbtrocken
**8,50 €** | 10 %

**85** 2021 Graacher Domprobst Riesling Kabinett feinherb
**7 €** | 9 %

**87** 2021 Graacher Himmelreich Riesling Spätlese feinherb
**8,50 €** | 9 %

**87** 2021 Graacher Domprobst Riesling Spätlese feinherb
**8,50 €** | 9 %

**87** 2021 Graacher Himmelreich Riesling Kabinett *
**7 €** | 8 %

**88** 2021 Graacher Domprobst Kabinett *
**7,30 €** | 7,5%

**91** 2021 Graacher Himmelreich Riesling Spätlese M ***
**9 €** | 7,5%

**91** 2021 Graacher Domprobst Riesling Spätlese ***
**9,90 €** | 8,5%

★★

## BERRES

Weingut C. H. Berres
54539 Ürzig · Würzgartenstraße 41
Tel. (06532) 2513 · Fax 4442
info@berres.de
**www.berres.de**

**Inhaber/in und Betriebsleitung**
Markus Berres
**Keller** Markus Berres

**Rebfläche** 4 Hektar
**Jahresproduktion** 35 000 Flaschen
**Beste Lagen** Ürziger Goldwingert und Würzgarten, Erdener Treppchen
**Boden** Schieferverwitterung, Blauschiefer, Rotliegendes
**Rebsorten** 90% Riesling, 10% Weißburgunder, 5% Sauvignon Blanc
**Mitglied** Moseljünger, Mythos Mosel

Und wieder stand, wie schon im letzten Jahr, der spannende geschmackliche Vergleich von Rieslingen aus Ürziger Lagen und dem Erdener Treppchen an. Siehe da, das Blatt hat sich in diesem Jahr zugunsten des Treppchens gewendet. Mit klarer Säure ausgestattet, besitzt das Treppchen diesmal die feinere Art. Auch im Segment der Großen Gewächse überflügelt es seinen betriebsinternen Mitstreiter leicht. Es zeigt ganz einfach jetzt schon eine größere Zugänglichkeit als der noch herbere, markantere Goldwingert. Im restsüßen Bereich kommt dann doch noch der Würzgarten zu seinem verdienten Recht. Die Spätlese erinnert uns in ihrer dunkel-würzigen Art wieder an die großen geschmacklichen Tugenden dieser vortrefflichen Lage. Seit über 500 Jahren hat sich die Familie Berres nun schon dem Weinbau verschrieben und mit dem 37-jährigen Markus Berres bewirtschaftet die 21. Generation den Familienbetrieb. Nach seinem Weinbaustudium in Geisenheim übernahm er im Winter 2003 den Keller. Mit dem vorhandenen Lagenpotenzial und den teils sehr alten, wurzelechten Reben kann er aus dem Vollen schöpfen. Das 2016 fertiggestellte Gästehaus bietet auf knapp 180 Quadratmetern insgesamt vier Apartments zum Verweilen.

**84** 2021 Ürziger Würzgarten Riesling trocken
**14 €** | 12 %

**85** 2021 Ürziger Würzgarten Weißburgunder trocken
**9,90 €** | 12,5%

**85** 2021 Sauvignon Blanc trocken
**10,80 €** | 12 %

**85** 2021 Erdener Treppchen Riesling trocken
**11,50 €** | 12 %

**86** 2021 Ürzig Goldwingert Riesling Großes Gewächs
**26 €** | 13 %

**87** 2021 Erden Treppchen Riesling Großes Gewächs
**21 €** | 12,5%

**84** 2021 Riesling feinherb Impulse
**9,80 €** | 11,5%

**86** 2021 Ürziger Würzgarten Riesling Kabinett feinherb
**12 €** | 9,5%

**87** 2021 Ürziger Würzgarten Riesling Kabinett
**12 €** | 8,5%

**89** 2021 Ürziger Würzgarten Riesling Spätlese
**16 €** | 9,5%

★★★

## VON BEULWITZ

Weingut Erben von Beulwitz
54318 Mertesdorf · Eitelsbacher Weg 4
Tel. (0651) 95610 · Fax 9561150
info@von-beulwitz.de
**www.von-beulwitz.de**

**Inhaber/in und Betriebsleitung**
Herbert Weis

**Rebfläche** 7 Hektar
**Jahresproduktion** 50 000 Flaschen
**Beste Lagen** Kaseler Nies'chen, Auf den Mauern, Im Taubenberg und Kehrnagel, Eitelsbacher Marienholz, Mertesdorfer Herrenberg
**Boden** Schieferverwitterung
**Rebsorten** 80% Riesling, 15% Weißburgunder, 5% Grauburgunder
**Gastronomie** gutseigenes Hotel Weis mit Riesling SPA und Restaurant „Vinum"
**Erlebenswert** Wein- und Schieferwanderung
**Mitglied** Bernkasteler Ring

Fünf trockene Qualitäten hat uns Herbert Weis aus dem Jahrgang 2021 zukommen lassen. Anfänglich stoffig-röstig im Mund, baute das trockene Kaseler Nies'chen Große Gewächs Auf den Mauern Nr. 12 nach Luftzufuhr Frucht auf, ließ aber innere Dichte vermissen. Leider waren die weiteren trockenen Rieslinge teils sperrig-herb, teils matt und eher breit angelegt. In manchen Jahrgängen hoffen wir bei dieser Beschreibung von Rieslingen, dass die Reifung hier noch Einfluss auf das sich Öffnen des Weins in Richtung der so wichtigen Rieslingfrucht haben wird. Wir sind uns im Jahrgang 2021 allgemein nicht so sicher, ob dies passieren wird, wirken doch viele Weine einfach schon zu gezehrt. Im Segment der Kabinette und Spätlesen hilft die durchweg straffe Säure den Weinen zu offener Fruchtigkeit. Die exotische Animation des Kaseler Nies'chen Kabinett Alte Reben geht eine angenehme Symbiose mit den Aromen von Zitronenzeste ein. Die Spitzenlage des Weinguts ist das Kaseler Nies'chen, in dem man 2,5 Hektar besitzt. Drei Parzellen werden unter den Gewann-Namen „Im Steingarten", „Auf den Mauern" und „Im Taubenberg" als trockene Rieslinge angeboten. Die Lagen Kaseler Kehrnagel und Eitelsbacher Marienholz ergänzen den Weinbergsbesitz. Das 4-Sterne-Hotel Weis beherbergt auch ein Restaurant mit dem Namen Vinum.

**84** 2021 Kaseler Kehrnagel Riesling trocken Nr. 14
**13,50 €** | 12 %

**85** 2021 Kaseler Nies'chen Riesling trocken ‚Im Steingarten' Nr. 15
**13,50 €** | 11,5%

**86** 2021 Mertesdorfer Herrenberg Riesling Großes Gewächs Nr. 11
**19,50 €** | 12 %

**86** 2021 Kaseler Nies'chen Riesling Großes Gewächs Im Taubenberg Nr. 13
**21,50 €** | 12,5%

**87** 2021 Kaseler Nies'chen Riesling Großes Gewächs Auf den Mauern Nr. 12
**24,50 €** | 12,5%

**86** 2021 Kaseler Nies'chen Riesling Kabinett feinherb Alte Reben Nr. 7
**13,50 €** | 11 %

**87** 2021 Kaseler Nies'chen Riesling Kabinett feinherb Nr. 10
**13,50 €** | 10 %

**88** 2021 Kaseler Nies'chen Riesling Kabinett Nr. 8
**11,50 €** | 8 %

**89** 2021 Kaseler Nies'chen Riesling Kabinett Alte Reben Nr. 9
8 % **AUKTION**

**89** 2021 Kaseler Nies'chen Riesling Spätlese Alte Reben Nr. 6
8 % **AUKTION**

**88** 2018 Kaseler Nies'chen Riesling Auslese Alte Reben Nr. 5
**19,50 €** | 7 %

**90** 2017 Kaseler Nies'chen Riesling Auslese Alte Reben Fass Nr. 4
**38,50 €** | 7 %

★★☆

## BINDGES

Weingut Bindges
56841 Traben-Trarbach
Rißbacher Straße 166
Tel. (06541) 7029508 · Fax 1770595
info@weingut-bindges.de
**www.weingut-bindges.de**

**Inhaber/in und Betriebsleitung**
Christian Bindges

Seit 2014 führt Christian Bindges das seit vielen Generationen im Familienbesitz befindliche Weingut in Traben-Trabach. Im dem 2018 erworbenen Rosenhof - einem Gutshaus von 1610, das mit viel Liebe zum Detail und Akribie restauriert wurde - befindet sich heute die Vinothek des Weinguts.

Besagte Akribie findet man denn auch in den Weinen wieder, die zum größten Teil spontan vergoren sind. Besonders gut gefiel uns der trockene Riesling aus dem Kröver Steffensberg mit seinem Schmelz, seinem Spiel und diesem kleinen Anflug von Pampelmuse. Des Weiteren sollte man den Riesling Kabinett aus dem Trabener Königsberg erwähnen, der recht gelassen, aber mit gutem Druck und ein wenig Birnenschale überzeugt und ein exzellentes Süße-Säure-Spiel aufweist. Auch die Spätlese aus dem Kröver Steffensberg präsentierte sich sehr elegant, mineralisch und mit einer guten Länge. Insgesamt eine sehr stimmige Kollektion!

**83** 2021 Riesling trocken
**9 €** | 10,5%

**84** 2021 Spätburgunder Blanc de Noirs trocken
**9,90 €** | 12%

**89** 2021 Kröver Steffensberg Riesling trocken
**18 €** | 12%

**84** 2021 Kröv Letterlay Riesling Kabinett feinherb
**14 €** | 10,5%

**88** 2021 Trabener Königsberg Riesling Kabinett feinherb
**13 €** | 11%

**88** 2021 Kröv Steffensberg Riesling Spätlese
**18 €** | 9,5%

★★★

## BISCHÖFLICHE WEINGÜTER

Bischöfliche Weingüter Trier
54290 Trier · Gervasiusstraße 1
Tel. (0651) 145760 · Fax 14576630
info@bischoeflicheweingueter.de
**www.bischoeflicheweingueter.de**

**Inhaber/in** Bischöfliches Priesterseminar Trier, Bischöfliches Konvikt Trier und Hohe Domkirche Trier
**Betriebsleitung** Julia Lübcke
**Keller** Johannes Becker
**Außenbetrieb** Stefan Meuren

**Historie** Gründung 1966 nach Zusammenschluss dreier bedeutender kirchlicher Weingüter im Bistum Trier
**Rebfläche** 130 Hektar
**Jahresproduktion** 620 000 Flaschen
**Beste Lagen** Scharzhofberger, Kanzemer Altenberg, Ayler Kupp, Kaseler Nies'chen, Trittenheimer Apotheke, Dhroner Hofberger, Erdener Treppchen, Piesporter Goldtröpfchen, Graacher Himmelreich und Domprobst
**Boden** Schiefer, teils mit Quarzit, Sand oder Lehm
**Rebsorten** 90% Riesling, je 4% rote Burgundersorten und Weißburgunder, 2% Elbling
**Erlebenswert** Kellerkatakomben aus der Römerzeit. Größter Fuderfasskeller der Region (ca. 220 Fässer).

Wir wissen nicht, was passiert ist. Wir wissen nur, dass was passiert ist. Wenn ein trockener Kabinett schon besser gefällt, als die letztjährig probierten Reserve-Weine, dann horcht man auf und schmeckt nochmals in die Weine hinein. Wir erhielten mit Nachlieferung ein brillantes Feuerwerk an trockenen Lagenweinen, respektive Großen Gewächsen. Der Primus unter den trockenen Rieslingen ist der Scharzhofberger Großes Gewächs, der spontan in zwei Fuderfässern vergoren wurde. In ihm ist das Salz des Scharzhofbergs verflüssigt. Gleichzeitig filigran und druckvoll, das sind zwei Komponenten für großen trockenen Riesling. Der Altenberg Großes Gewächs steht ihm nur wenig nach. Nicht so kompromisslos, dafür zart reifer in der Frucht gewinnt er mit Luftzufuhr an Vielschichtigkeit. Wir haben hier nur die beiden Höhepunkte unserer Probe der trockenen Weine herausgepickt. Da die Vinifikation immer sehr ähnlich verläuft, Spontvergärung im Holz oder Stahl, ist der Lagenvergleich extrem spannend, zumal die Bischöflichen Weingüter hier bekanntermaßen aus dem Vollen schöpfen können. Das gesamte uns gezeigte Sortiment von 24 Weinen bewegt sich auf so hohem Niveau, wie wir es bisher hier nicht kannten.

BISCHÖFLICHE WEINGÜTER TRIER

**89** 2021 Scharzhofberger Riesling Kabinett trocken
**13,50 €** | 10,5%

**90** 2021 Kaseler Nies'chen Spätlese trocken
**15,50 €** | 11%

**90** 2021 Trittenheimer Apotheke Großes Gewächs
**22 €** | 11%

**92** 2021 Kanzemer Altenberg Riesling Großes Gewächs
**22 €** | 12%

**94** 2021 Scharzhofberger Riesling Großes Gewächs
**24 €** | 11,5% TIPP

**91** 2021 Dhroner Hofberger Riesling Spätlese feinherb Alte Reben
**16 €** | 10%

**93** 2021 Scharzhofberger Riesling Kabinett
**13,50 €** | 8%

**92** 2021 Ayler Kupp Riesling Spätlese
**15,50 €** | 8%

**92** 2021 Scharzhofberger Riesling Spätlese
**18 €** | 8%

**92** 2021 Kaseler Nies'chen Spätlese restsüss
**15,50 €** | 7,5%

**93** 2021 Kanzemer Altenberg Spätlese restsüss
**15,50 €** | 8,5%

★★★½

## BLEES-FERBER

Weingut Blees-Ferber
54340 Leiwen · Liviastraße 1a
Tel. (06507) 3152 · Fax 8406
weingut-blees-ferber@t-online.de

**Inhaber/in und Betriebsleitung**
Stefan Blees
**Keller** Stefan Blees

**Rebfläche** 11 Hektar
**Jahresproduktion** 80 000 Flaschen
**Beste Lagen** Piesporter Gärtchen (Alleinbesitz) und Goldtröpfchen, Trittenheimer Apotheke, Leiwener Laurentiuslay, Neumagener Sonnenuhr und Rosengärtchen
**Boden** Verwitterungsschiefer
**Rebsorten** 88% Riesling, 6% Weißburgunder, 4% Spätburgunder, 2% Rivaner
**Gastronomie** Gästehaus inmitten der Weinberge
**Erlebenswert** Panoramablick auf die Mosel und die Lagen Apotheke und Laurentiuslay
**Mitglied** Leiwener Jungwinzer

Recht kernig-robust kamen uns die trockenen 2021er in diesem Jahr vor. Der Non Plus Ultra trocken konnte sich mit seiner Leichtigkeit und Transparenz dieser Einschätzung entziehen. Die leicht belegende Herbe hob sich ab der Spätlese deutlich und ließ die Weine erstrahlen. Die Goldtröpfchen Spätlese *** besitzt Zug und animierende Frische in ihrer angedeuteten Fruchtreife. Angenehme kühle Frucht verströmt die Spätlese Non Plus Ultra aus der Neumagener Sonnenuhr neben delikater Süße. Verdichtet jugendhafte Aromatik prägt die Auslese aus dem Piesporter Gärtchen. Immer höher schraubte sich die Konzentration in den Weinen bis zur unglaublich klaren und präzisen Beerenauslese Non Plus Ultra. Die einem Eiswein ähnliche Säure gibt dem Wein immensen Druck. Noch ist er von einer zart kratzigen Rauheit geprägt, die verschwinden wird. Das Weingut von Stefan Blees liegt am Rande von Leiwen und ist umgeben vom Hausweinberg Leiwener Klostergarten. Sieben Spitzenlagen werden bewirtschaftet, von denen sich das Piesporter Gärtchen im Alleinbesitz befindet.

**85** 2021 Trittenheimer Apotheke Riesling Kabinett trocken
**8 €** | 11 %

**86** 2021 Piesporter Goldtröpfchen Spätlese trocken ***
**10 €** | 12 %

**87** 2021 Trittenheim Apotheke Riesling Spätlese trocken Alte Reben ***
**11 €** | 11,5%

**87** 2021 Neumagener Sonnenuhr Riesling trocken Non Plus Ultra
**16 €** | 12 %

**88** 2021 Neumagener Rosengärtchen Riesling Kabinett feinherb
**8 €** | 10 %

**89** 2021 Piesporter Gärtchen Riesling Spätlese feinherb
**11 €** | 10 %

**88** 2021 Herrenberg feinherb Alte Reben
**10 €** | 11 %

**89** 2021 Leiwener Laurentiuslay Riesling Kabinett
**8 €** | 7,5%

**91** 2021 Piesporter Goldtröpfchen Riesling Spätlese ***
**11 €** | 7,5%

**92** 2021 Neumagener Sonnenuhr Riesling Spätlese Non Plus Ultra ***
**14 €** | 7 %

**93** 2021 Piesporter Gärtchen Riesling Auslese Lage im Alleinbesitz
**18 €** | 7,5%

**94** 2021 Neumagener Sonnenuhr Riesling Auslese Non Plus Ultra ***
**18,50 €/0,5 Lit.** | 7,5%

**95** 2021 Neumagener Sonnenuhr Riesling Beerenauslese Non Plus Ultra
**40 €/0,375 Lit.** | 7 %

**93** 2021 Leiwener Klostergarten Riesling Eiswein ***
**48 €/0,375 Lit.** | 6,5%

## BLESIUS

Weingut Florian Blesius
54470 Graach · Hauptstraße 75
Tel. (06531) 2227 · Fax 91353
weingut@blesius.com
**www.weingut.blesius.com**

**Inhaber/in und Betriebsleitung**
Florian Blesius
**Keller** Florian Blesius

Auch in diesem Jahr haben wir die Weine von Florian Blesius mit großer Freude verkostet. Seine 5 Hektar Reben in der Bernkasteler Badstub sowie im Graacher Domprobst und Himmelreich, sind entspannte Weine, die den hier typischen Schiefer nicht verleugnen. Schon der Einstieg mit dem trocken Gutsriesling Schonschön gefällt uns sehr. Überhaupt macht es Spaß, die Kabinett-Weine aus der Badstub und dem Himmelreich sowie die Spätlesen aus Domprobst und Himmelreich gegeneinander zu verkosten und zu sehen, wer von beiden die Nase vorn hat. Unsere Favoriten waren in diesem Jahr der Kabinett aus der Badstub mit seiner Mineralität und seinem Druck sowie die Spätlese aus dem Himmelreich mit Ihrer Eleganz und Klarheit, leicht tänzelnd - mit einem Hauch Sanddorn.

**84** 2021 Graacher Riesling trocken
**8,50 €** | 11,5%

**86** 2021 Graacher Domprobst Riesling trocken
**9,90 €** | 11,5%

**86** 2021 Graacher Domprobst Riesling „BB"
**15 €** | 12 %

**85** 2021 Graacher Riesling feinherb TACHELES
**8,50 €** | 10,5%

**88** 2021 Graacher Himmelreich Riesling Kabinett
**8,50 €** | 7,5%

**89** 2021 Bernkasteler Badstube Riesling Kabinett
**8,50 €** | 8 %

**88** 2021 Graacher Domprobst Riesling Spätlese
**10,50 €** | 8 %

**89** 2021 Graacher Himmelreich Riesling Spätlese
**10,50 €** | 7 %

★★

## BOCH

Weingut Heribert Boch
54349 Trittenheim · Moselweinstraße 62
Tel. (06507) 2713 · Fax 6795
info@weingut-boch.de
**www.weingut-boch.de**

**Inhaber/in und Betriebsleitung**
Michael Boch

**Rebfläche** 10 Hektar
**Jahresproduktion** 75 000 Flaschen
**Beste Lagen** Trittenheimer Apotheke Urstück, Trittenheimer Apotheke Laurentiusberg, Trittenheimer Apotheke und Altärchen
**Boden** Verwitterungsschiefer, Devonschiefer mit Löss
**Rebsorten** 61% Riesling, 25% Spätburgunder, 4% Kerner, 4% Chardonnay, 4% Müller-Thurgau, 2% Weißburgunder

Gleich drei trockene Rieslinge aus der Apotheke mit unterschiedlichen Gewann-Namen stellte uns Heribert Boch in diesem Jahr vor. Der Laurentiusberg gefällt durch seine Weichfruchtigkeit und angedeutete Süße. Eine gewisse Opulenz lässt das Urstück erkennen, wobei nach Belüftung des Weines eine angenehme Kargheit die Oberhand gewinnt. Etwas markanter tritt der Abtswingert auf und beansprucht noch Zeit, um seine vorhandene Schaligkeit abzulegen. Spannend die drei unterschiedlichen Weine einer Lage direkt nebeneinander stehen zu haben. Überhaupt wollen wir ein Lob aussprechen, wie hier bei den trockenen Rieslingen die doch häufig recht robuste Säure des Jahrganges im Zaum gehalten wird. Die Weine besitzen eine angenehm balancierte Reichhaltigkeit die geschmacklich weit weg von dem ist, was wir in diesem Jahrgang als harsch, eckig oder hohl bezeichnen. Ein Viertel der Gesamtrebfläche von neun Hektar ist mit Spätburgunder Reben bepflanzt. Und trotzdem erreicht uns Jahr um Jahr nur ein roter Spätburgunder. Vielleicht gibt es daneben ja noch den ein oder anderen mehr? Jedenfalls schätzen wir die traditionelle Machart des uns gezeigten Altärchens ***. Keine Holzpomade stört die sich entfaltende jugendhafte Frucht. Ein entspannter Spätburgunder an dem nichts Gewolltes zu erkennen ist. Die Gunst der kalten Stunden im Dezember 2021 nutzend, hat Heribert Boch wieder einen großartigen Eiswein bereitet. Das ist ein bisschen auch sein Steckenpferd, denken wir. Im vergangenen Jahr gab es 94 Punkte für den Eiswein, diesmal gibt es die gleiche Wertung für einen Eiswein, der wie eine Beerenauslese auftritt und durch einen Säureschub viel Druck aufbaut. Großartig!

**86** 2021 Trittenheim Apotheke Riesling trocken Erste Lage Laurentiusberg
**11,90 €** | 12,5%

**87** 2021 Trittenheim Apotheke Riesling trocken Erste Lage Abtswingert
**14 €** | 12,5%

**88** 2021 Trittenheim Apotheke Riesling trocken Erste Lage Urstück
**12,40 €** | 12,5%

**87** 2021 Trittenheim Apotheke Riesling feinherb Sonnengarten
**11,90 €** | 11 %

**87** 2021 Trittenheim Altärchen Kabinett
**8,90 €** | 9 %

**90** 2021 Trittenheimer Apotheke Riesling Spätlese
**11,90 €** | 8 %

**94** 2021 Trittenheim Altärchen Riesling Eiswein
**45 €** | 7,5%

**86** 2021 Trittenheim Altärchen Spätburgunder trocken ***
**11,80 €** | 13,5%

★★

## RICHARD BÖCKING

Weingut Richard Böcking
56841 Traben-Trarbach · Schottstraße 12–14
Tel. (06541) 9385 · Fax 5944
riesling@weingut-boecking.de
**www.weingut-boecking.de**

**Inhaber/in** Denman Zirkle
**Keller** Philipp Buchkremer
**Außenbetrieb** Philipp Buchkremer

**Historie** Weinbautradition seit 1624
**Rebfläche** 4 Hektar
**Jahresproduktion** 17 500 Flaschen
**Beste Lagen** Burgberg, Ungsberg, Schlossberg
**Boden** Devon, Quartz
**Rebsorten** 95% Riesling, 5% Spätburgunder
**Erlebenswert** Fasskeller mit angrenzender Schatzkammer, Rittersaal
**Mitglied** Slow Food

Der ganze Stolz des Weinguts sind die gutsintern als Grand-Cru-Lagen bezeichneten Ungsberg, Schlossberg und Burgberg. Die Reben dieser Weinberge sind wurzelecht und bis zu 80 Jahre alt. Seit nahezu 400 Jahren hat sich die Familie Böcking der Erzeugung von Weinen verschrieben. Der Riesling Devon wird grundsätzlich trocken ausgebaut und ist eine Cuvée aus Trauben der gutseigenen Weinberge in Traben-Trarbach. Ausgestattet mit dem Duft von Apfelquitte weist er schon früh auf seine noch leicht sperrige Art hin und wir sind gespannt, ob sich die Frucht in den Vordergrund schieben kann. Auch dem besten Wein der uns angestellten trockenen Rieslinge, dem Ungsberg, fehlt noch das befreiende Moment. Er wirkt zur Zeit recht verkapselt, deutet aber durch feste Struktur Entwicklungspotenzial an. Viel befreiter spielt schon jetzt der Kabinett aus dem Ungsberg auf. Seine vibrierende Säure baut ein spannungsreiches Süße-Säure-Spiel auf, was den Wein lang ausklingen lässt. Auch wenn der angestrebte Stil des Hauses im Bereich der trockenen und feinherben Rieslinge durch eine leicht phenolische Struktur gekennzeichnet ist, so sind wir doch sehr gespannt, ob sich diese bei den uns gezeigten 2021ern abmildern wird.

**85** 2021 Trarbacher Riesling trocken Devon
**9,50 €** | 10,5%

**86** 2021 Trarbacher Burgberg Riesling trocken
**17,50 €** | 10 %

**87** 2021 Trarbacher Ungsberg Riesling trocken
**19 €** | 10,5%

**86** 2021 Trarbacher Riesling halbtrocken Sturmnacht 1792
**9,50 €** | 10 %

**87** 2021 Trarbacher Schlossberg Riesling halbtrocken
**17,50 €** | 9,5%

**86** 2021 Trarbacher Riesling feinherb
**7,50 €** | 9,5%

**90** 2021 Trarbacher Ungsberg Riesling Kabinett
**16 €** | 8 %

**84** 2021 Trarbacher Spätburgunder trocken Böcking Rosé
**7,50 €** | 11 %

★

## BOENDGEN

Weingut Paul Boendgen
56856 Zell-Kaimt · Am Rosenkreuz 21
Tel. (06542) 41273 · Fax 9616386
info@weingut-boendgen.de
**www.weingut-boendgen.de**

**Inhaber/in und Betriebsleitung**
Paul Boendgen

Sehr detailliert beschreibt uns Paul Boendgen die Vinifikation seiner zwei trockenen Rieslinge aus den Spitzenlagen Neefer Frauenberg und Bremmer Calmont. Im Jahrgang 2021 hat er den beiden Weinen unterschiedlich lange Maischestandzeiten angedeihen lassen. So hatte der Frauenberg einen Schalenkontakt von acht Stunden und ging danach in einen spontanen biologischen Säureabbau über. Beim Calmont erhöhte man die Standzeit sogar auf 48 Stunden, allerdings mit entrappten Trauben, um den Phenoleintrag nicht zu übertreiben. Diese Informationen, sozusagen aus dem Nähkästchen, ermöglichten uns einen besseren Zugang zu den Weinen, waren sie doch in der ersten Probe richtig biestig im Bezug auf ihre Kargheit. Wir ließen ihnen, ohne sie zu verschließen, einige Tage Zeit im Kühlschrank. Der Schleier der Herbheit hob sich und gab erstaunlich feste Frucht frei. Beim Neefer trat die typisch gelbfruchtige Aromatik in den Vordergrund, beim Calmont ist noch Geduld gefragt. Erste Anklänge von Salzigkeit und tiefer Frucht sind bereits erkennbar.

**85** 2021 trocken Nigra Felis
**6,50 €** | 11,5%

**86** 2021 Neefer Frauenberg trocken
**10 €** | 12%

**87** 2021 Bremmer Calmont trocken
**12 €** | 12%

**85** 2021 Zell Schwarze Katz Riesling feinherb
**6,50 €** | 10%

**86** 2021 Bremmer Calmont Riesling Kabinett
**8 €** | 8%

**87** 2021 Leiwener Laurentiuslay Riesling Kabinett restsüss
**8 €** | 7,5%

**87** 2021 Zeller Petersborn-Kabertchen
**8 €** | 8%

**86** 2020 Spätburgunder trocken
**10 €** | 14%

★★½ NEU

## BOTZET

Weingut Botzet
54484 Maring-Noviand · Siebenborner Straße 30
Tel. (06535) 94122
f.botzet@weingut-botzet.de
**www.weingut-botzet.de**

**Inhaber/in und Betriebsleitung**
Florian Botzet

Die 2021er Weine von Florian Botzet haben uns richtig Spaß gemacht, so dass wir in diesem Jahr einen halben Stern hinzufügen. Nur zwei Weine seien exemplarisch aus der stilistisch homogenen Kollektion hervorgehoben. Der trockene Paulinshofberg mit seiner zart salzigen Anmutung, sowie die Spätlese 1595 aus der Maringer Sonnenuhr. Mit seinem fruchtkonzentrierten Säurezug lässt er uns an die knackige Kühle eines Eisweins denken. Zu dem Spaß im Glas kommt die Freude an den äußerst moderaten Preisen hinzu. Wo findet man schon eine solch formidable Spätlese für knapp über 10 Euro?

**86** 2020 Riesling Sekt Brut
**10 €** | 12,5%

**88** 2021 Kestener Paulinshofberg Riesling trocken
**9 €** | 12%

**86** 2021 Maringer Honigberg Riesling Kabinett feinherb Schwarzlay
**7 €** | 10,5%

**87** 2020 Maringer Honigberg Riesling feinherb
**7,50 €** | 11%

**88** 2021 Maringer Honigberg Riesling feinherb
**8 €** | 11%

**87** 2021 Maringer Sonnenuhr Riesling Kabinett
**6,50 €** | 8,5%

**89** 2020 Maringer Sonnenuhr Riesling Spätlese
**8,50 €** | 7,5%

**89** 2021 Maringer Sonnenuhr Riesling Spätlese
**9 €** | 7,5%

**90** 2021 Maringer Sonnenuhr Riesling Spätlese „1595"
**10,50 €** | 7,5%

★★★

## BROHL


Weingut Frank Brohl
56862 Pünderich · Zum Rosenberg 2
Tel. (06542) 22148 · Fax 1295
info@weingut-brohl.de
**www.weingut-brohl.de**


**Inhaber/in und Betriebsleitung**
Jutta und Frank Brohl

**Historie** Gründungsmitglied von ECOVIN
**Rebfläche** 7 Hektar
**Jahresproduktion** 40 000 Flaschen
**Beste Lagen** Pündericher Marienburg und Nonnengarten, Reiler Goldlay
**Boden** Devonschiefer, Schieferverwitterung
**Rebsorten** 75% Riesling, 12% Rivaner, 10% Weißburgunder, 3% Spätburgunder
**Mitglied** Ecovin

Das Weinjahr 2021 war für Frank Brohl, dessen Weingut durch Ecovin zertifiziert ist, schwierig. Witterungsbedingt hatte er als Ökowinzer einen äußerst schweren Stand. Sehr viel Regen im Mai, Juni und Juli sorgten zum Beispiel bei der Rebblüte für große Probleme. Gott sei Dank drehte sich das Wetter Anfang August in Richtung sonnig. So konnten die verbliebenen Trauben noch gut ausreifen. Zunächst erfreuten wir uns an dem 2018er Riesling-Sekt brut aus der Pündericher Marienburg. Weinige Reife wird ummantelt von feinen Bläschen. Die Tendenz zur Opulenz stört uns nicht, erinnert sie uns doch an die typisch gelbfruchtige, zart karamellige Art des 2018er Jahrgangs. Die trockenen Rieslinge sind größtenteils von einer gewissen Schärfe und Schaligkeit beeinflusst. Den meisten Schliff zeigt heute schon die trockene Spätlese Rosenberg aus der Pündericher Marienburg. Dezente Anklänge an Banane, mit leicht salzigem Finale, machen sie zu unserem Favoriten. Befreit tritt der kräuterwürzige Riesling feinherb aus eben genannter Lage auf. Hier ist Ausgewogenheit bereits vorhanden. Mit der restsüßen Spätlese erreicht Frank Brohl wieder die Punktzahl des Vorjahres. Mit fester Struktur und seiner leichten Fruchtexotik bereitet er viel Trinkfreude. Wir hoffen, dass das Pündericher Weingut nicht auch im Jahrgang 2022 von den Unbilden der Natur getroffen wird und drücken die Daumen.

**87** 2018 Pündericher Marienburg Brut
**13,50 €** | 13 %

**84** 2021 Riesling trocken Hochgewächs Heartbreak
**8,50 €** | 11 %

**86** 2021 Riesling Kabinett trocken Alte Reben 1889
**9,50 €** | 11 %

**86** 2021 Pündericher Nonnengarten Riesling Spätlese trocken
**12 €** | 11,5%

**87** 2021 Pündericher Marienburg Riesling Spätlese trocken Rosenberg
**14 €** | 11,5%

**87** 2021 Riesling Spätlese trocken Alte Reben 1889
**15,50 €** | 11,5%

**86** 2021 Reiler vom heißen Stein Riesling feinherb Ich bin Riesling
**8,50 €** | 10,5%

**88** 2021 Pündericher Nonnengarten Riesling feinherb
**8,50 €** | 10 %

**88** 2021 Pündericher Marienburg Riesling feinherb
**8,50 €** | 10 %

**91** 2021 Pündericher Marienburg Riesling Spätlese **
**13,50 €** | 7,5%

## BURENS

SaarWeinGut Peter Burens
54439 Saarburg · Graf-Siegfried-Straße 47
Tel. (0176) 55614844
Info@SaarWeinGut-Burens.de
**www.SaarWeinGut-Burens.de**

**Inhaber/in und Betriebsleitung**
Peter Burens
**Keller** Peter und Eva Burens

**Historie** gegründet 2015
**Rebfläche** 1 Hektar
**Jahresproduktion** 7 000 Flaschen
**Beste Lagen** Saarburger auf Schonfels
**Boden** fein verwitterter Devonschiefer, Muschelkalk
**Rebsorten** 70% Riesling, 30% Grauburgunder
**Erlebenswert** Garage vom GarageWeinGut
**Mitglied** Saarkind

Unbeirrt gehen Eva und Peter Burens, die Inhaber des Saarburger Micro-Châteaus, ihren stilistischen Weg. Als wäre es fast schon Tradition, standen auch in diesem Jahr wieder fünf Weine auf dem Probentisch. Die unfiltrierte Riesling Reserve 2020 aus dem Niedermenniger Herrenberg als GelbKopf, damit werden die trockenen Weine des Gutes gekennzeichnet, umschmeichelte unsere Gaumen mit Anklängen an Brioche und Karamell. Die Säure ist eingeschliffen und er befindet sich in einem ausgewogenen Ruhezustand. Man schmeckt dem Wein an, dass ihm ausreichend Zeit gelassen wurde, sich zu entwickeln. Alle 2021er wirkten auf uns leise sowie zurückhaltend und hatten auch schon in den Vorjahren nicht die Eigenschaft sich in den Vordergrund zu drängen. Wenn auch mancher Wein, so zum Beispiel der GoldKopf in der filtrierten 2021er Version, etwas mehr Speck auf den Rippen vertragen könnte, sind wir große Fans dieser Gratwanderung von Unreife zu Reife, wobei dies natürlich auch sehr unterschiedlich wahrgenommen werden kann. So mancher Weinfreund spricht von sauer in einem Wein und goutiert dies gar nicht, seinem Kollegen kann ein Wein gar nicht genügend Säure haben. Wohlgemerkt: es gibt sicherlich auch Grenzen. Diese, so finden wir, testet die Familie Burens gerne aus. Wie angenehm Restsüße einem Wein Balance in Form eines feinen Süße-Säure-Spiels einhauchen kann, zeigt exemplarisch der Saarburger Auf Schonfels in der restsüßen RotKopf-Version.

SaarWeinGut
**PETER BURENS**
**Das Garagenweingut in Saarburg**

**84** 2021 Fellerich Schleidberg Grauburgunder trocken MuschelKalk
**8,90 €** | 11%

**87** 2021 Niedermenniger Herrenberg trocken GelbKopf (Filtriert)
**13,90 €** | 11%

**90** 2020 Niedermennig Herrenberg Landwein trocken GelbKopf (Unfiltriert)
**14,90 €** | 12,5%

**88** 2021 Saarburg (Trier-Saarburg) Auf Schonfels Kabinett feinherb GrünKopf
**13,90 €** | 9,5%

**90** 2021 Saarburg (Trier-Saarburg) Auf Schonfels Kabinett restsüss RotKopf
**13,90 €** | 7,5%

★★★★★

## CLEMENS BUSCH

Weingut Clemens Busch
56862 Pünderich · Kirchstraße 37
Tel. (06542) 1814023 · Fax 1814025
weingut@clemens-busch.de
**www.clemens-busch.de**

**Inhaber/in und Betriebsleitung**
Clemens und Rita Busch
**Keller** Clemens und Johannes Busch
**Außenbetrieb** Johannes Busch

**Historie** dokumentiert ab 1802, Vergrößerung durch Clemens Busch innerhalb von 30 Jahren von 2,5 auf 17 Hektar
**Rebfläche** 18 Hektar
**Jahresproduktion** 100 000 Flaschen
**Beste Lagen** Pündericher Marienburg
**Boden** steiniger Schieferverwitterungsboden, roter Devonschiefer, skeletthaltiger sandiger Lehm
**Rebsorten** 99% Riesling, 1% Spätburgunder
**Erlebenswert** Terrassenlagen, Fasskeller, altes Weingutshaus
**Mitglied** VDP, Respekt-Biodyn, La Renaissance des Appellations, Mythos Mosel

Damit hatten wir nicht gerechnet, dass uns Familie Busch in diesem Jahr schon eine breite Palette ihrer 2021er Großen Gewächse vorstellen würde. Diese Präsentation hatte es in sich, landeten doch alle fünf jenseits von 90 Punkten. Das Große Gewächs Fahrlay-Terrassen aus der Pündericher Marienburg stand sogar in unserer Bundesfinalprobe im großen Reigen der trockenen Rieslinge. Es besitzt erstaunliche Rasse, ungemeine Kraft und lässt sich noch lange nicht bändigen. Apropos Rasse: Dies ist nicht unbedingt ein Begriff, den wir häufig bei den Großen Gewächsen des Weinguts benutzen. Alle GGs sind mit klarer Aromatik und Lagentypizität ausgestattet. Ziseliert und gleichzeitig vielschichtig wirken sie weniger vehement als ihre Vorgänger. Ist da ein neuer Stil zu erkennen oder macht das ausschließlich der Jahrgang möglich? Wir wissen es noch nicht, fanden aber größten Gefallen an diesen Kreszenzen.

Die Marienburg mit ihren unterschiedlichen Gewannen bietet den 2021ern einen wunderbaren Hintergrund auf dem sie sich entfalten können. Die Kühle des Jahrgangs hilft dabei die feinen Nuancen zu betonen. In reiferen Jahren geht die Tendenz eher in Richtung Nivellierung. Auch das Falkenlay GG wird in seiner angedeuteten Fruchtreife von feinem pfeffrigen Säurestrahl im Zaum gehalten. Etwas herber, noch leicht kantig im Stil, zeigt uns das Fährlay GG ein anderes Gesicht der Marienburg. Eine faszinierende und differenzierende Lernprobe auf allerhöchstem Niveau für uns. Nicht vergessen dürfen wir die leicht gereiften Großen Gewächs, im Besonderen den Raffes 2020. So ganz anders als die „Frischlinge" des Jahrgangs 2021 sitzt er in aller Ruhe und lehnt sich mit kargem Phenoldruck zurück. Alle neun Großen Gewächse lagen, wir betonen es nochmals, ab 90 Punkten und darüber. Es lebe die trockene Mosel! Das Clemens und Johannes Busch auch restsüß können, beweisen sie jedes Jahr aufs Neue. Mit dem Kabinett Fass 2120, dem Versteigerungskabinett, manifestieren sie ihre Vorliebe für fordernde stahlige Säure im Kabinett. „Reife und Kühle im Dialog", so notierten wir für die Marienburg Spätlese Goldkapsel. Unterlegt mit subtilstem edlen Beerenton ist das Prädikat die reinste Untertreibung. Um es am Ende zu betonen: Es war uns eine große Freude, diese Weine probieren zu dürfen.

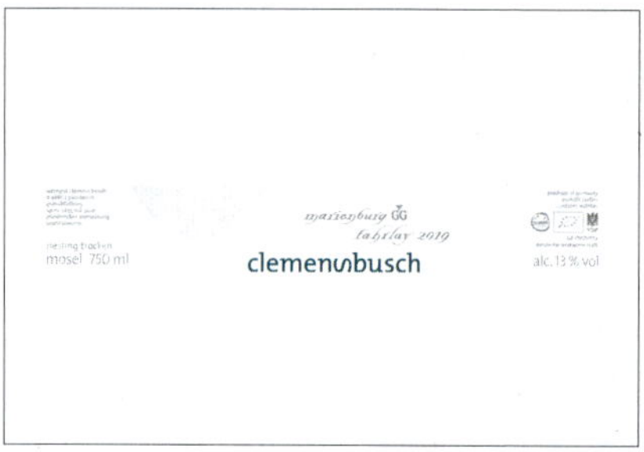

**89** 2021 Riesling trocken vom roten Schiefer
**17,50 €** | 11 % TIPP

**91** 2021 Pündericher Marienburg VDP.Großes Gewächs
**36 €** | 11,5%

**92** 2021 Pündericher Marienburg Rothenpfad Riesling VDP.Großes Gewächs
**36 €** | 12 %

**92** 2019 Pündericher Marienburg Fahrlay Riesling trocken VDP.Große Lage Reserve
**54 €** | 13 %

**92** 2019 Pündericher Marienburg Rothenpfad Riesling VDP.Große Lage „Reserve"
**54 €** | 13 %

**92** 2020 Pündericher Marienburg Felsterrasse Riesling VDP.Große Lage
**75 €** | 13 %

**93** 2020 Pündericher Marienburg Raffes Riesling VDP.Große Lage
**75 €** | 12,5%

**93** 2021 Pündericher Marienburg Fahrlay Riesling VDP.Großes Gewächs
**42 €** | 12,5%

**93** 2021 Pündericher Marienburg Falkenlay Riesling VDP.Großes Gewächs
**42 €** | 12,5%

**96** 2021 Pündericher Marienburg Fahrlay-Terrassen Riesling VDP.Großes Gewächs
**59 €** | 12,5% TOP 10

**94** 2021 Pündericher Marienburg Kabinett Riesling Kabinett VDP.Große Lage Fass 2127
7,5 % AUKTION TOP 10

**94** 2021 Pündericher Marienburg Riesling Spätlese VDP.Große Lage Goldkapsel
**30 €** | 7,5%

**94** 2021 Pündericher Marienburg Riesling Spätlese VDP.Große Lage
**22,50 €** | 7,5%

★★★

## CANTZHEIM

Weingut Cantzheim
54441 Kanzem · Weinstraße 4
Tel. (06501) 6076635 · Fax 9458077
info@cantzheim.de
**www.weingut-cantzheim.de**

**Inhaber/in und Betriebsleitung** Anna und Stephan Reimann
**Keller** Anna Reimann
**Außenbetrieb** Giorgi Pugiashvili

**Historie** Neugründung im Jahr 2016
**Rebfläche** 6 Hektar
**Jahresproduktion** 40 000 Flaschen
**Beste Lagen** Saarburger Fuchs, Kanzemer Alten- und Sonnenberg, Wiltinger Braunfels, Kloster- und Schlossberg
**Boden** Schiefer
**Rebsorten** 85% Riesling, 10% Weißburgunder, 5% Spätburgunder
**Gastronomie** Vinothek, Gästehaus, ganzjährig kulinarische und kulturelle Veranstaltungen
**Erlebenswert** spätbarockes Gutshaus, saniert und erweitert durch Architekt Max Dudler, wiedereröffnet 2017
Auszeichnung vom Deutschen Weininstitut als schönste Vinothek Deutschlands
Architekturpreis Wein 2022

Den Jahrgang so annehmen wie er ist. Man akzeptiert die Säure und nutzt sie zur geschmacklichen Umsetzung in salzige Kargheit. Das ist im Kern die Quintessenz, die wir aus der Probe der Weine von Anna Reimann aus dem Weingut Cantzheim ziehen. Immer mehr fügt sich da ein Stil zusammen, der sich sogar beim Pinot Blanc Bahn bricht. Zart und tänzelnd wie ein Kabinett tritt er auf. Anfänglich argwohnten wir, er sei ein dünner Flatteur. Falsch gelegen. Bei der Nachprobe hat er wenig Speck angesetzt, ohne dicklich zu wirken bleibt er transparent. Zu diesem seidig-mutigen Stil können wir nur gratulieren. Über so viel Lob hätten wir fast den animierenden Einstieg in die Probe vergessen. Auch die Kunst der Schaumweinherstellung beherrscht man beeindruckend. Auch hier beim 2019er Crémant Pinot Noir Zero Dosage zeigt sich der puristisch-charaktervolle Stil des Hauses. Dem extrem kargen, trockenen Fuchs gestanden wir nach dem Öffnen gerne eine gewisse Zeit des Atmens zu. Er belohnte uns mit kühlstem Schliff und einem zarten

Anklang reifer Äpfel. Der Fuchs war es auch, der bei den Kabinetten den Vogel abschoss. Mit seinem Vollhefe-Duft erinnert an er die feinsten Kabinette aus dem Tälchen. Seine Kanten sind schon leicht geschliffen und lassen ihn deshalb über den anderen Kabinetten schweben; und dies sind nur Ausschnitte aus einer exzellenten Saarwein-Kollektion, die uns locker den dritten Stern wert ist.

**91** 2019 Saar Pinot Noir Sekt Brut Cantzheim der Crémant Blanc de Noirs Zéro Dosage
**19,80 €** | 12 %

**88** 2021 Kupp Riesling trocken Große Lage
**Preis auf Anfrage** | 11 %

**89** 2021 Der Wiltinger Riesling trocken Le Grand
**27 €** | 11,5%

**90** 2021 Riesling trocken Der Fuchs
**28 €** | 11,5%

**90** 2021 Pinot Blanc trocken Le Grand
**Preis auf Anfrage** | 11,5%

**88** 2021 Riesling feinherb Die Gärtnerin
**10,80 €** | 9 %

**88** 2021 Riesling feinherb Der Sonnenberg
**25 €** | 11 %

**92** 2021 Filzen Saar Kabinett 2021 der Kabinett „Nussbaum“
**16 €** | 7 %

**92** 2021 Wiltingen Saar Kabinett 2021 der Kabinett „Schlange“
**16 €** | 8 %

**93** 2021 Saarburg Saar Kabinett 2021 der Kabinett „Fuchs“
**17 €** | 8 %

**93** 2021 Saarburger Fuchs Riesling Auslese
**35 €** | 8,5%

## CASPARI

Weingut Caspari-Kappel
56850 Enkirch · Am Steffensberg 29
Tel. (06541) 6348 · Fax 1628
info@caspariwein.de
**www.caspariwein.de**

**Inhaber/in und Betriebsleitung**
Nico Caspari und Uwe Jostock
**Keller** Uwe Jostock

**Rebfläche** 10 Hektar
**Jahresproduktion** 85 000 Flaschen
**Beste Lagen** Trabener Gaispfad, Enkircher Ellergrub, Zeppwingert, Steffensberg und Monteneubel
**Boden** Blauschiefer, Rotschiefer, Grauschiefer
**Rebsorten** 85% Riesling, 15% übrige Sorten
**Mitglied** Maxime Herkunft

Peter Kappel senior legte Mitte des 19. Jahrhunderts den Grundstein des heutigen Weinguts. 1949 heiratete seine Enkelin den Sanitätsrat und Weingutsbesitzer Dr. Caspari, so dass die Weingüter Caspari und Kappel zusammenkamen. 1970 übernahm Thomas Caspari die Geschicke des Weinguts. Seit 2010 hat Nico Caspari die Führung übernommen. Ihm zur Seite steht Uwe Jostock als Partner und Kellermeister. Das Weinjahr 2021 hat den beiden klar und deutlich die Grenzen der ökologischen Bewirtschaftung aufgezeigt. Je nach Parzelle waren Ertragseinbußen von 50 bis 80 Prozent zu beklagen. Die täglichen Peronospora-Infektionen haben die Ernte förmlich aufgefressen; trotz aller Bemühungen im Weinberg musste man vor den extrem nassen Bedingungen letztendlich kapitulieren. Am Ende gab es eine kleine, aber äußerst feine Kollektion von sechs Weinen die uns erreichte. Als jodig, leicht rauchig und ernsthaft beschreiben wir den Weißurgunder aus dem Burger Schlossberg. Sehr dezent dosiertes Holz verbindet die Frucht mit dem Körper des Weines. In sich ruhend, mit vornehmer Ausstrahlung tritt der Enkircher Ellergrub Alte Reben auf. Blitzsauber in der Nase und im Mund verbindet der Trabener Gaispfad 100 feinherb Leichtigkeit mit Grip. Trotz der Unbilden des Jahrgangs 2021 haben Nico Caspari und Uwe Rostock wirklich das Beste daraus gemacht. Sie setzen damit ihren klaren, präzisen Stil der vergangenen Jahre eindrucksvoll fort.

**90** 2021 Burger Schlossberg Weißer Burgunder trocken
**17 €** | 12 %

**90** 2021 Enkircher Ellergrub Riesling trocken Alte Reben
**19 €** | 12 %

**91** 2021 Enkircher Zeppwingert Riesling feinherb Alte Reben
**19 €** | 11 %

**92** 2021 Trabener Gaispfad Riesling feinherb 100
**22 €** | 11 %

**87** 2021 Riesling Riesling vom Schiefer
**9,90 €** | 11,5%

**88** 2020 Enkircher Steffensberg Spätburgunder trocken
**29 €** | 14 %

## CHRISTOFFEL

Weingut Joh. Jos. Christoffel Erben
54539 Ürzig · Mönchhof
Tel. (06532) 93164 · Fax 93166
info@moenchhof.de
**www.moenchhof.de**

**Inhaber/in** Weingüter M&C Management GmbH
**Betriebsleitung** Philippe Conzen
**Keller** Philippe Conzen

Das Weingut Joh. Jos. Christoffel, das auf eine über 400-jährige Geschichte zurückblicken kann, umfasst vier Hektar in den besten Lagen von Ürzig und Erden an der Mittelmosel. Hier baut man in den Steilhängen ausschließlich Riesling an, wobei die Trauben überwiegend von wurzelechten Reben gelesen werden, die bis zu 100 Jahre alt sind. Önologe und Betriebsleiter Philippe Conzen, dessen Motto „Moderner Riesling von altem Terroir" lautet, kümmert sich heute um die Geschicke des Weinguts. Besonders gefallen hat uns - aus der insgesamt sehr stimmigen Kollektion - der Riesling Kabinett aus dem Ürziger Würzgarten: pikant, mit offener Frucht und schönem Kern. Die Spätlese***, ebenfalls aus dem Ürziger Würzgarten, spielt auf mit Druck, Saft und eleganter Länge.

**84** 2021 Ürziger Würzgarten Riesling trocken
**8,90 €** | 12,5%

**85** 2021 Ürziger Würzgarten Kabinett trocken
**11,90 €** | 11 %

**86** 2021 Erdener Treppchen Kabinett feinherb
**11,90 €** | 9,5%

**86** 2021 Erdener Treppchen Riesling Kabinett
**11,90 €** | 8 %

**88** 2021 Ürziger Würzgarten Riesling Kabinett
**11,90 €** | 8 %

**89** 2021 Ürziger Würzgarten Riesling Spätlese
**14,90 €** | 8 %

**90** 2021 Ürziger Würzgarten Spätlese ***
**Preis auf Anfrage** | 7,5%

★★★½

## CLAES SCHMITT

Weingut Claes Schmitt Erben
54349 Trittenheim · Moselweinstraße 43
Tel. (06507) 701736 · Fax 701738
info@claeswein.de
**www.claeswein.de**

**Inhaber/in und Betriebsleitung**
Niko-Johannes Schmitt

**Historie** Weinbau seit sieben Generationen
**Rebfläche** 5 Hektar
**Jahresproduktion** 40 000 Flaschen
**Beste Lagen** Trittenheimer Apotheke, Neumagener Rosengärtchen, Trittenheimer Altärchen
**Boden** Devonschiefer, Schieferverwitterung
**Rebsorten** 75% Riesling, 10% Spätburgunder, je 5% Weißburgunder, Sauvignon Blanc und Rivaner
**Erlebenswert** Jungheld Weinberg, Terrassen, Plateau mit Tischen und Bänken aus Schiefer, 350 Jahre alter Gewölbekeller, neue Weinlounge, neue moderen Appartements
**Mitglied** Mythos Mosel, Maxime Herkunft

Nach sehr starker Leistung im Vorjahr hat Niko Schmitt in diesem Jahr nochmals draufgesattelt. Punktlandung mit einem unserer Lieblinge, dem Jungheld Alte Reben feinherb 2021, gewonnen aus wurzelechten, über 90 Jahre alten Reben. Dieser Wein ist das Ergebnis der Zusammenarbeit mit seinem fränkischen Winzerfreund Paul Weltner vom gleichnamigen Spitzenweingut in Rödelsee. Die alten Reben verleihen dem Wein kraftvollen Druck. Kühl fordernd zeigt er sehr gutes Reifepotenzial, trotz Restsüße bleibt er im Stil eher trocken. Das gesamte verkostete Sortiment war aus einem Guss. Im Besonderen möchten wir die beiden hochwertigen feinherben Rieslinge hervorheben. Häufig, und auch nicht ausschließlich in diesem Jahr, wird der feinherbe Wein leicht stiefmütterlich behandelt, indem man ihm mehr oder weniger Restzucker gibt oder belässt. Die Ergebnisse sind dann mitunter süß-saure Weinchen ohne viel Charakter. Die Trittenheimer Apotheke feinherb zeigt, dass es auch ganz anders geht. Leicht stoffig, mit perfekten Biss und feinem Schmelz präsentiert sich der Wein jetzt schon köstlich. Ist der Eiswein bereits ein geschmackliches Ereignis, so notierten wir enthusiastisch: „Reife-Explosion am Gaumen." Gemeint ist damit das konzentrierte, reichhaltige Fruchtspiel hochreifer Botrytis-Beeren. Nicht nur allein wegen dieser begeisternden 2021er Weine von Niko Schmitt gibt es ohne Wenn und Aber einen halben Stern mehr. Die übliche Nachfrage sei erlaubt: bei zehn Prozent Rebfläche für Spätburgunder ist doch sicherlich auch einmal ein Muster für uns möglich?

**86** 2021 Schiefer Riesling trocken
**7,50 €** | 11,5%

**90** 2021 Trittenheimer Apotheke Riesling trocken Sonntheilen
**15 €** | 12,5%

**90** 2021 Trittenheimer Altärchen Riesling Kabinett feinherb
**8,50 €** | 10 %

**92** 2021 Trittenheim Apotheke Riesling Alte Reben Jungheld
**18 €** | 12 %

**92** 2021 Trittenheimer Apotheke Riesling feinherb
**12 €** | 11 %

**92** 2021 Neumagener Rosengärtchen Riesling Kabinett
**8,50 €** | 8 %

**92** 2021 Neumagener Rosengärtchen Riesling Spätlese
**12 €** | 7,5%

**95** 2021 Trittenheimer Apotheke Riesling Auslese *
**19,50 €** | 8 %

**96** 2021 Neumagener Rosengärtchen Riesling Beerenauslese
**49 €/0,375 Lit.** | 7 %

**95** 2021 Trittenheimer Altärchen Riesling Eiswein
**45 €/0,375 Lit.** | 7,5%

## JOCHEN CLEMENS

Weingut Jochen Clemens
54487 Wintrich · Kurfürstenstraße 11
Tel. (06534) 692 · Fax 692
weingutclemens@gmx.de
**www.jochenclemens.com**

**Inhaber/in und Betriebsleitung**
Jochen Clemens
**Keller** Jochen Clemens
**Außenbetrieb** Jochen Clemens

**Rebfläche** 6 Hektar
**Jahresproduktion** 10 000 Flaschen
**Beste Lagen** Dhroner Hofberg, Ohligsberg, Piesporter Treppchen Vorm Berg
**Boden** Schieferverwitterung, Kies
**Rebsorten** 90% Riesling, 5% Müller-Thurgau, je 2,5% Weißburgunder und Kerner,
**Gastronomie** Strausswirtschaft geöffnet an den Wochenenden von Juni bis September
**Erlebenswert** alter Weinberg mit 190-jährigen Reben, Neuanpflanzung Pinot Noir

„Schlägt wunderbar aus der Art", notierten wir nach der Probe des kleinen Sortiments aus dem Hause Jochen Clemens. Die geschmacklichen Attribute fassten wir auch noch einmal zusammen und resümierten: „seidige Textur, reife Fruchtausprägung, biologischer Säureabbau, sehr sauber gearbeitet." Ruhig, fest und karg, einem transparenten Chardonnay zum Verwechseln ähnlich: So präsentierte sich uns der Wintricher Ohligsberg trocken 2020. Dass es solch einen Wein noch unter 10 Euro ab Weingut zu kaufen gibt, ist eine kleine Sensation. Und die 2020er Spätlese trocken ebenfalls aus dem Ohligsberg setzt noch einen drauf: In verspielter, delikat-reifer Aromatik bleibt sie seidig und straff zugleich. Wir lassen gerne unterschiedliche Stilrichtungen an der Mosel zu, weil wir denken, dass nicht immer die Typizität der Lage im absoluten Fokus stehen muss, sondern auch die Idee des Winzers, wie er die Stilistik seiner Weine formen, interessante, ja faszinierende Geschmackserlebnisse erschließen kann. Dies ist hier bei Jochen Clemens eindeutig der Fall. Wir sind große Fans dieser besonderen Animation im Riesling und sind sicher, dass sie auch prädestinierte Essensbegleiter sind. Der einzige 2021er gibt ein vollständig anderes Geschmacksbild ab. Kompromisslos straff konzipiert, blitzblank und dadurch kristallklar in der Frucht.

**89** 2020 Wintricher Ohligsberg trocken QbA
**9,80 €** | 12,5% BEST BUY

**92** 2020 Wintricher Ohligsberg Riesling Spätlese trocken
**12,50 €** | 13%

**90** 2021 Piesporter Treppchen Vorm Berg Riesling Kabinett feinherb
**15 €** | 10,5%

**88** 2020 Piesporter Treppchen Vorm Berg Riesling Spätlese feinherb
**25 €** | 12%

**90** 2020 Wintricher Ohligsberg Riesling Spätlese restsüss
**15 €** | 8%

★★★★

## ANSGAR CLÜSSERATH

Weingut Ansgar Clüsserath
54349 Trittenheim · Spielesstraße 4
Tel. (06507) 2290 · Fax 6690
weingut@ansgar-cluesserath.de
**www.ansgar-cluesserath.de**

**Inhaber/in und Betriebsleitung**
Eva Clüsserath-Wittmann

**Historie** Weinbau in der Familie seit dem 17. Jahrhundert
**Rebfläche** 5 Hektar
**Jahresproduktion** 38 000 Flaschen
**Beste Lagen** Trittenheimer Apotheke und Altärchen, Neumagener Rosengärtchen, Piesporter Goldtröpfchen, Dhroner Hofberg
**Boden** Schiefer, Schieferverwitterung
**Rebsorten** 98% Riesling, 2% Weißburgunder
**Gastronomie** Gästehaus

Das ist schon atemberaubend, wenn wir die qualitative Entwicklung allein der trockenen Trittenheimer Apotheke betrachten. In diesem Jahr mit hochverdienten 94 Punkten ausgezeichnet, haben wir noch keinen besseren trockenen Riesling aus diesem Weingut probiert. Kompliment zunächst einmal zu dieser Leistung. Beide trockenen Lagenweine besitzen nicht mehr als 11,5 Volumenprozent Alkohol und sind ein geschmackliches Plädoyer für Große Gewächse mit niedrigen Alkoholwerten. Wir diskutieren dieses Thema häufig und dabei kommt immer wieder das Argument auf den Tisch, die Weine wären zu dünn, zu sauer und hätten zu wenig Speck auf den Rippen. Wenn man aber diese filigranen Gewächse genauer unter die Lupe nimmt und in den Kontext von Herkunft einordnet, so ergibt sich schnell ein anderes Bild. Dann geben solche geschmacklichen Kleinode in Zeiten von Klimawandel das Zeugnis ab, dass immer noch, und erstaunlicherweise mehr denn je, solch eigenwillige und eigenständige Rieslinge erzeugt werden. Das ist Eva Clüsserath-Wittmann mit ihrer trockenen Apotheke wahrlich gelungen. Der Wein tritt anspruchsvoll-fordernd auf, ist fest strukturiert und klingt salzig-karg aus. Wie eine Ader zieht sich etwas Nobles, Feines durch den Riesling. Der Dhron Hofberger steht ihm nur wenig nach, hat nicht ganz den großen Auftritt der Apotheke. Aber wer weiß schon, wie die weitere Entwicklung vonstattengeht. Die Weine erreichten uns frisch gefüllt, beide hatten einen ausgesprochen selbstbewussten und entspannten Auftritt. Das mag daher rühren, dass man ihnen Zeit beim Werden einräumt. Nach einer Maischestandzeit und anschließenden Pressen kommt der Most in alte Fuder. 85 Prozent der Weine werden mit Spontangärung erzeugt. Die rassige, stahlige, an Saarweine erinnernde Säure bleibt den Weinen trotz des oxidativen Ausbaus erhalten. Gefüllt wird dann erst nach langem Hefelager, meist im Spätsommer. Eine sehr traditionelle wie nachvollziehbare Art der Weinbereitung, die den Weinen ein langes Leben einhaucht.

**Hochfeines Spiel**

Fein, ruhig und anspruchsvoll ist auch die restsüße Fraktion. Jahrgangsbedingt gab es 2021 zwei Kabinette und eine Spätlese. Beide Kabinette waren von höchster Güte. Konnte das Neumagener Rosengärtchen als Spätlese im letzten Jahr noch den dritten Platz unter den Spätlesen bundesweit erobern, muss es sich in diesem Jahr als Kabinett der Apotheke geschlagen geben. Hier auch wieder in unseren Verkostungsnotizen der Hinweis auf diese klare, spannungsreiche Präzision und das hochfeine Spiel. Beim Schreiben dieser Zeilen läuft einem das Wasser im Mund zusammen: „Eine Spätlese par excellence, zart reifes Aufspiel, salzige Säure, perfekter Auftritt." Dies sind die Zitate aus den Notizen. Der Höhepunkt sollte noch folgen. Anfänglich stuften wir die Auslese eindeutig niedriger ein, weil wir fehlendes Spiel bemängelten. Pustekuchen. Die Luft transportierte es zutage. Extrem strahlend, wie befreit, bereitete uns der mit hochfeinem Beerenton ausgestattete Wein aus der Apotheke einen Hochgenuss. Wir ziehen den Hut und den vierten Stern für Eva Clüsserath-Wittmann.

**88** 2021 Riesling trocken Vom Schiefer
**10,50 €** | 10,5%

**91** 2021 Riesling trocken Steinreich
**16 €** | 11%

**93** 2021 Dhron Hofberger trocken
**30 €** | 11,5%

**94** 2021 Trittenheimer Apotheke Riesling trocken
**31 €** | 11,5%

**87** 2021 Riesling feinherb Vom Schiefer
**10,50 €** | 10,5%

**92** 2021 Piesporter Goldtröpfchen Riesling
**18 €** | 11%

**93** 2021 Neumagener Rosengärtchen Kabinett
**14,50 €** | 8%

**94** 2021 Trittenheimer Apotheke Riesling Kabinett
**15 €** | 8%

**96** 2021 Trittenheimer Apotheke Riesling Spätlese
**18 €** | 8% **TOP 10**

**96** 2021 Trittenheimer Apotheke Riesling Auslese
**26,50 €** | 8%

## CHRISTOPH CLÜSSERATH

Weingut Christoph Clüsserath
54349 Trittenheim · Im Hof 7
Tel. (06507) 2167 · Fax 99086
info@christoph-cluesserath.de
**www.christoph-cluesserath.de**

**Inhaber/in und Betriebsleitung**
Christoph Clüsserath und Alexandra Clüsserath-Eifel
**Keller** Christoph Clüsserath

Sauber und mit guter Linie präsentieren sich die Weine von Christoph Clüsserath und Alexandra Clüsserath-Eifel von ihrem 6-Hektar-Weingut. Die Weine stammen aus den Weinbergen in Trittenheim, Piesport und Schweich und werden zu 80 Prozent spontan vergoren. Schon der Riesling Gutswein in der Literflasche gefällt mit seiner saftig-klaren und schön zu trinkenden Art. Große Klarheit zieht sich überhaupt durch die ganze Kollektion. Dabei überzeugen besonders der Riesling Kabinett aus der Trittenheimer Apotheke mit seiner Würze sowie die Riesling Spätlese aus derselben Lage mit ihrer Präzision, Zartheit und betörenden Frucht. Das i-Tüpfelchen setzt die restsüße Riesling Auslese aus dem Schweicher Annaberg auf – kristallklar, mit Brillanz und viel Saftigkeit.

**84** 2021 Riesling Liter
**6,50 €/1 Lit.** | 10%

**85** 2021 Riesling trocken Schiefer
**7,50 €** | 11,5%

**86** 2021 Trittenheimer Apotheke Riesling trocken
**9,50 €** | 12%

**86** 2021 Schweicher Annaberg trocken
**12 €** | 12,5%

**86** 2021 Trittenheimer Altärchen Riesling feinherb
**7,50 €** | 10,5%

**87** 2021 Piesporter Falkenberg Riesling feinherb
**9,50 €** | 11,5%

**88** 2021 Trittenheimer Apotheke Kabinett restsüss
**8 €** | 9%

**90** 2021 Trittenheimer Apotheke Riesling Spätlese
**9,50 €** | 8,5%

**92** 2021 Schweicher Annaberg Riesling Auslese restsüss
**17 €/0,5 Lit.** | 9%

## MARTIN CONRAD

Weingut Martin Conrad
54472 Brauneberg · Moselweinstraße 133
Tel. (06534) 93980 · Fax 939855
info@martinconrad.de
**www.martinconrad.de**

**Inhaber/in und Betriebsleitung**
Martin Conrad
**Keller** Martin Conrad
**Außenbetrieb** Martin Conrad

**Historie** erste urkundliche Erwähnung des Weinguts im Jahre 1558
**Rebfläche** 5 Hektar
**Jahresproduktion** 30 000 Flaschen
**Beste Lagen** Brauneberger Juffer und Brauneberger Juffer-Sonnenuhr
**Boden** braun-grauer Verwitterungsschiefer, blaugrauer Tonschiefer
**Rebsorten** 95% Riesling, 5% Weißburgunder
**Erlebenswert** Schiefersteilhänge, römische Kelteranlage in der Weinlage Brauneberger Juffer-Sonnenuhr
**Mitglied** Bernkasteler Ring

Wir haben uns sehr gefreut, als Weinflaschen mit uns lang bekannten Etiketten aus dem Weingut Conrad in Brauneberg auf dem Verkostungstisch standen. Im vergangenen Jahr nicht im Guide vertreten, hatte uns Martin Conrad eine Kollektion seiner 2020er und 2021er zukommen lassen. Ein wahres Schmankerl in Form einer Auslese von 2019 war auch dabei. Die drei Prinzipien, die er für die Herstellung seiner Weine als essentiell erachtet, sind die naturnahe Pflege der Rebstöcke, die handverlesene Selektion der Trauben und eine achtsame Vinifikation mit natürlichen Hefen. Ein sehr feines Beispiel hierfür ist die trockene Brauneberger Juffer Reserve mit einer amtlichen Prüfnummer von 2022, was darauf hinweist, dass der Wein eine längere Reife hinter sich hat. Er hat 18 Monate im Edelstahl auf der Hefe verbracht, was im äußerst gut zu Gesicht steht. Erstaunlich frisch und gleichzeitig karg-salzig, versprüht er viel Vitalität. Ein Stil den wir im Jahrgang 2020 sehr mögen. Die typische, leicht dunkle Note der Brauneberger Juffer trägt die Spätlese in sich. Dicht strukturiert und klar in der Frucht, lässt die prononcierte Säure den Wein balanciert ausklingen. Eine transparente, von Baumharznoten zart geprägte 2019er Auslese aus dem Veldenzer Kirchberg beschließt eine rundum gelungene Probe zum Wiedereinstieg in den Guide.

**84** 2021 Riesling trocken Zero
**13,90 €** | 12 %

**85** 2021 Weißburgunder trocken
**13,90 €** | 12 %

**86** 2021 Brauneberger Juffer Riesling trocken
**15,90 €** | 12 %

**86** 2020 Veldenzer Kirchberg Riesling trocken Alte Reben
**19,90 €** | 12 %

**89** 2020 Brauneberger Juffer trocken Große Lage RESERVE
**29,50 €** | 12,5%

**85** 2021 Mülheimer Sonnenlay Riesling feinherb
**13,90 €** | 11 %

**87** 2021 Brauneberger Juffer Riesling feinherb Goldkapsel
**21,90 €** | 11,5%

**91** 2019 Veldenzer Kirchberg Riesling Auslese restsüss Alte Reben
**31 €** | 8,5%

**91** 2021 Brauneberger Juffer Riesling Spätlese
**16,90 €** | 8 %

★★

## DEUTSCHHERREN-HOF

Weingut Deutschherren-Hof
54295 Trier · Olewiger Straße 181
Tel. (0651) 31113 · Fax 30463
info@weingut-deutschherrenhof.de
**www.weingut-deutschherrenhof.de**

**Inhaber/in** Sebastian Oberbillig
**Betriebsleitung** Albert und Sebastian Oberbillig
**Keller** Sebastian Oberbillig

**Historie** Weinbau seit sechs Generationen, vier Generationen leben auf dem Weingut
**Rebfläche** 13 Hektar
**Jahresproduktion** 100 000 Flaschen
**Beste Lagen** Trierer Deutschherrenberg und Deutschherrenköpfchen
**Boden** Blauer Schiefer und Schieferverwitterung, Rotschiefer
**Rebsorten** 70% Riesling, je 10% Weißburgunder und Spätburgunder, je 5% Grauburgunder und Sauvignon Blanc
**Gastronomie** Gutsweinstube, Freitag und Samstag ganzjährig geöffnet
**Mitglied** Moseljünger

Das Rebsortenportfolio im Weingut der Familie Oberbillig erstreckt sich von einem traditionell hohen Anteil an Riesling über Weiß-, Grau- und Spätburgunder, bis hin zu Sauvignon Blanc. Wir sind ja erklärtermaßen eher sehr kritisch, wenn es um die Stilistik des Grauburgunders geht, und das nicht nur an der Mosel. Der 2020er Grauburgunder Einzelstück allerdings hat uns sofort gefallen. Mit seiner zartwürzigen Exotik und Transparenz tritt er so ganz anders auf, als so mancher laute Rebsorten-Genosse. Im Riesling-Segment bleibt man dem gutseigenen Stil von Fruchtreife und Balance treu. Zeigen sich die trockenen Qualitäten noch nicht ganz geglättet, so weisen die feinherben Weine bereits Anklänge von Schmelzigkeit auf, was ihnen sehr gut zu Gesicht steht. Wie so häufig im Jahrgang 2021 zeigt auch im Weingut Deutschherren-Hof ein restsüßer Wein, die Spätlese aus dem Gewann Vollmühle im Trierer Deutschherrenberg, wo die Stärken des Jahrgangs liegen. Verschwenderisch offene, durch Säure getragene Frucht tritt zum Vorschein.

Deutschherren-Hof
Weingut Gutsausschank

**84** 2018 Weißburgunder Brut
**14 €** | 12,5%

**85** 2021 Weißburgunder trocken
**8,50 €** | 12,5%

**85** 2021 Riesling trocken Schiefer
**8,50 €** | 12 %

**85** 2021 Spätburgunder trocken Blanc de Noir
**8,50 €** | 12 %

**85** 2021 Sauvignon Blanc trocken
**10 €** | 12 %

**86** 2021 Trierer Deutschherrenberg Riesling trocken Alte Reben
**12 €** | 12 %

**87** 2020 Grauburgunder trocken Einzelstück
**10 €** | 12 %

**87** 2021 Trierer Deutschherrenköpfchen Köpfchen Riesling Großes Gewächs
**25 €** | 12 %

**86** 2021 Riesling feinherb Sebastian Nr.1
**8,50 €** | 11,5%

**87** 2021 Riesling feinherb Rotschiefer
**11 €** | 10,5%

**88** 2021 Trierer Burgberg Riesling feinherb
**10 €** | 11 %

**90** 2021 Trierer Deutschherrenberg Vollmühle Riesling Spätlese
**14 €** | 8,5%

★★☆

## DOMINIKANER VON NELL

Dominikaner Weingut C. von Nell-Breuning
54317 Kasel · Bahnhofstraße 37
Tel. (0651) 5180 · Fax 53701
info@weingut-von-nell.de
**www.weingut-von-nell.de**

**Inhaber/in und Betriebsleitung**
Dr. Carmen von Nell-Breuning
**Keller** Dr. Carmen von Nell-Breuning

Dr. Carmen von Nell-Breuning, die Dame der Biodynamie an der Ruwer, führt in der elften Generation die Geschicke des Dominikaner Weinguts C. von Nell-Breuning. Wie schön ist es zu beobachten, dass mit dem Einfluss der Biodynamie die Weine über die Jahre immer mehr Gelassenheit und Ruhe ausstrahlen. So gefällt der trockene Riesling aus dem Kaseler Nies'chen durch seine Zartheit und der Ruwertypischen, feinen Säure. Die 2019er Riesling Spätlese feinherb, ebenfalls aus dem Nies'chen, zeigt sich mineralisch, dicht, mit Gripp und eleganter Frucht. Der über Tage gewinnende 2017er Kaseler Dominkanerberg Riesling NB non-filtré, mit leichter Sponti-Nase und viel Zug, wurde gar zu unserem Liebling. Frau von Nell hat uns dieses Jahr zudem eine trockene Spätlese aus dem Jahr 1997 auf den Tisch gestellt, die wieder einmal beweist, welches ausgezeichnetes Alterungspotenzial die trockenen Weine von der Ruwer aufweisen. Chapeau!

**85** 2021 trocken SCHIEFER Riesling
**10,50 €** | 11 %

**87** 1997 Kaseler Dominikanerberg Spätlese trocken
**Preis auf Anfrage** | 10,5%

**88** 2021 Kaseler Nieschen trocken
**15 €** | 10 %

**89** 2018 Kaseler Kehrnagel Riesling feinherb
**16 €** | 10 %

**90** 2019 Kaseler Nies'chen Riesling feinherb
**13,90 €** | 10,5%

**91** 2016 Kaseler Kehrnagel Spätlese
**17,50 €** | 8 %

**90** 2017 Kaseler Dominikanerberg Riesling NB non-filtré
**28 €** | 10,5%

**89** 2018 Kaseler Nieschen Spätburgunder trocken
**15,80 €** | 12 %

★★

## DOSTERT

Winzer Jonas Dostert
54453 Nittel · Moselstraße 45
Tel. (06584) 263
wein@jonas-dostert.de
**www.jonas-dostert.de**

**Inhaber/in und Betriebsleitung**
Jonas Dostert
**Keller** Jonas Dostert
**Außenbetrieb** Jonas Dostert

**Rebfläche** 3 Hektar
**Jahresproduktion** 13 000 Flaschen
**Beste Lagen** Nitteler Leiterchen, Nitteler Rochusfels
**Boden** dolomitisch ausgebildeter Muschelkalk
**Rebsorten** 40% Chardonnay 25% Elbling 20% Grauburgunder 15% Spätburgunder

Leider keine Sekte in diesem Jahr aus Jonas Dosterts Obermosel-Weingut in Nittel. Da er 2019 und 2020 keine für Sektgrundweine geeigneten Trauben ernten konnte, folgen die nächsten Partien erst im kommenden Jahr. Schade drum, fanden wir doch das geschmackliche Spannungsverhältnis Elbling-Sekt zu Chardonnay-Schäumer faszinierend. Die Stillweine des Jahrgangs 2021 präsentieren erwartungsgemäß nicht so beruhigt, wie ihre 2020er Vorgänger. Grund ist sicherlich, wie überall im Gebiet, die Dominanz der hohen Säure. Der Elbling 2021 trägt sie hier besonders prominent in sich und besticht mit pikanter, salziger Präzision. Er verträgt erstaunlich gut die doch eher ungewöhnliche und selten angewendete Vinifikation im Holzfass. Nie vorher probiert und sehr gut bewertet: der Pinot Gris. Leichte Anklänge an Brioche deuten auf die Rebsorte hin, leichte Schmelzigkeit ebenso. Faszinierend, wie Jonas Dostert die Unterschiedlichkeit der Rebsorten in Einklang bringt, ohne den Einfluss des Ausbaus in den Vordergrund zu stellen. Damit erhöht er insbesondere das geschmackliche Ansehen des Elblings. Der Elbling Alte Reben dankt es ihm mit einem charakter- und druckvollem Säurezug. Feiner Duft roter Johannisbeeren entströmte dem Weinglas nach dem Einschenken des 2020er Pinot Noir. Entspannte Frucht und erstaunliche Länge legte sich auf den Gaumen. Auch hier ist Holz als zusätzlicher Geschmacksgeber kein Thema. So eindeutig und ungeschminkt die Weine, so klar die Daten zum Weingut: hundert Prozent Spontanvergärung in hundert Prozent Holz. Über den Exportanteil von 70 Prozent sind wir etwas traurig. Bleiben rein rechnerisch nur 30 Prozent für ganz Deutschland.

JONAS DOSTERT

**88** 2021 Elbling Landwein trocken
**Preis auf Anfrage** | 10,5%

**89** 2021 Elbling Landwein trocken Alte Reben
**Preis auf Anfrage** | 10,5%

**89** 2021 Pinot Gris Landwein trocken
**Preis auf Anfrage** | 12%

**89** 2021 Landwein trocken Karambolage
**Preis auf Anfrage** | 11,5%

**89** 2020 Pinot Noir Landwein trocken
**Preis auf Anfrage** | 12,5%

★★★

## BERNHARD EIFEL

Bernhard Eifel
54349 Trittenheim · Im Hof 7
Tel. (06507) 5972 · Fax 6460
info@bernhard-eifel.de
**www.bernhard-eifel.de**

**Inhaber/in und Betriebsleitung** Bernhard Eifel
**Keller** Bernhard Eifel und Alexandra Clüsserath-Eifel
**Außenbetrieb** Bernhard Eifel und Alexandra Clüsserath-Eifel

**Historie** Seit 1635 in Familienbesitz
**Rebfläche** 5 Hektar
**Jahresproduktion** 35 000 Flaschen
**Beste Lagen** Schweicher Annaberg, Longuicher Maximiner Herrenberg, Trittenheimer Apotheke und Altärchen
**Boden** Rot- und Blauschieferverwitterung
**Rebsorten** 95% Riesling, 4% Weißburgunder, 1% Grauburgunder
**Gastronomie** Weinverkostungen Weinwanderungen Weinmenüs
**Mitglied** Moseljünger

Zurecht stolz kann die Familie Eifel auf ihren Besitz in der Steillage Schweicher Annaberg sein. Die zwischen 75 und 100 Jahre alten wurzelechten Reben prägen die tiefe Aromatik insbesondere der trockenen Qualitäten. Der tiefgründige rote Schiefer bringt kraftvolle, markante Weine hervor. Mit dem 2020er Annaberg trocken Großes Gewächs wurde uns ein edel gereifter, körperreicher Riesling offeriert, der trotz seiner Kraft feinduftig daherkommt. Der trockene 2020er Schweicher Ortswein Rotschiefer stand ihm nur wenig nach. Zwei Weine, die uns aufgrund ihrer Frische äußerst gut gefielen und eindrucksvoll das Potenzial dieser Lage insbesondere für trockene Rieslinge dokumentieren. Bestätigt wird das Geschriebene durch die 2021er Ausgabe des Annaberg der Wurzelechte, vom roten Schiefer. Dichte Struktur und Vielschichtigkeit sind die Wiedererkennungsmerkmale für Weine aus dieser Lage auch im Jahrgang 2021. Seinen eindrucksvollsten Auftritt hat der Annaberg mit der Auslese 2021. Strahlend und hochfein im präzisen Beerenton, nahm sie uns sofort gefangen. Ein tänzelndes Konzentrat, das heute schon statt eines Desserts genossen werden kann oder auch gerne erst einmal für ein paar Jahre im Keller verschwinden darf. Man wird erstaunt sein, wie lange sich die Frische halten wird. Als wir den Preis für diese Preziose sahen, haben wir uns die Augen gerieben. Ja, sie kostet wirklich nur 17 Euro. Der 2020er Rotschiefer trocken schlägt mit gerade einmal 10 Euro zu Buche.

**86** 2021 Trittenheimer Riesling trocken Maximilian E.
**9 €** | 11,5%

**88** 2021 Trittenheimer Apotheke Riesling trocken
**11 €** | 12%

**90** 2020 Schweicher trocken Rotschiefer
**10 €** | 11,5%

**91** 2020 Schweicher Annaberg Großes Gewächs
**20 €** | 12,5%

**85** 2021 Schweicher Riesling vom Rotliegenden
**10 €** | 11,5%

**87** 2021 Trittenheimer Apotheke Riesling feinherb
**10 €** | 10,5%

**87** 2021 Longuicher Maximiner Herrenberg Riesling feinherb Alex E.
**13 €** | 11%

**89** 2021 Schweicher Annaberg Riesling Kabinett
**10 €** | 9%

**89** 2021 Schweicher Annaberg Riesling der Wurzelechte vom roten Schiefer
**17 €** | 12%

**94** 2021 Schweicher Annaberg Riesling Auslese
**17 €** | 8%

★★

## CHRISTOPH EIFEL

Weingut Christoph Eifel
54349 Trittenheim · Johannes-Trithemius-Straße 21
Tel. (06507) 2632 · Fax 6683
info@weinguteifel.de
**weinguteifel.de**

**Inhaber/in und Betriebsleitung**
Christoph Eifel

**Historie** Weinbau in der Familie seit 1635
**Rebfläche** 7 Hektar
**Jahresproduktion** 55 000 Flaschen
**Beste Lagen** Trittenheimer Apotheke, Trittenheimer Altärchen, Neumagen Rosengärtchen, Dhroner Hofberg, Piesporter Goldtröpfchen
**Boden** blauer und grauer Devonschiefer, Schieferverwitterungsboden

Seit 2021 ist Christoph Eifel nun für das ehemals unter dem Namen seines Vaters Ernst geführte Weingut mit seinem eigenen Namen verantwortlich. Nach Abschluss seines Studiums übernahm er bereits 2016 die Mitverantwortung im Familiengut und vertritt nun die sechste Generation. Alle seine Rieslinge aus den Gemarkungen Trittenheim, Neumagen, Dhron und Piesport werden spontan vergoren. Nach ausschließlich drei uns gezeigten trockenen Weinen wird das Segment der feinherben Qualitäten übersprungen. Ab den Qualitäten Kabinett aufwärts wird der Säure freier Lauf gelassen, was wir außerordentlich schätzen. Sechs der sieben uns zugesandten Rieslinge im Qualitätsweinbereich von Kabinett bis Eiswein erzielten 90 Punkte oder mehr. Alle Weine zeichneten sich durch einen blitzblanken Auftritt aus. Exemplarisch sei hier die Auslese aus dem Piesporter Goldtröpfchen erwähnt, die nicht zu süß eingestellt, schwebende zarte Komponenten besitzt. Noble Eleganz auf hohem Niveau. Spannend war der Vergleich Beerenauslese gegen Eiswein. Der Eiswein Juwel brilliert mit der klarsten und expressivsten Frucht aller verkosteten Weine. Allerdings kann er nicht das ziselierte, reife und edle Fruchtspiel der Beerenauslese aufweisen. Beide sind jeweils klassische Vertreter ihres Stils und stehen für uns auf einer Stufe. Es bleibt dann eben doch ganz persönliche Geschmacksache, was einem besser gefällt.

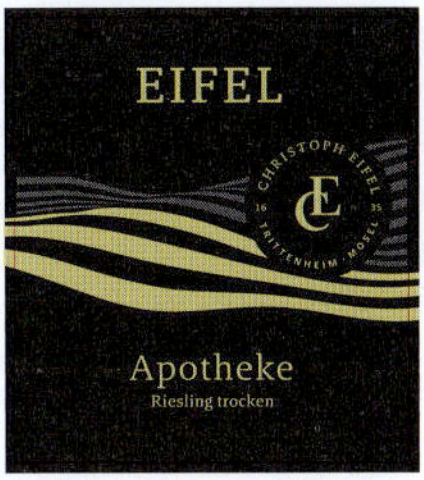


**86** 2021 Piesporter Goldtröpfchen Riesling trocken
**12,80 €** | 12%

**86** 2021 Dhroner Hofberg Riesling trocken
**12,80 €** | 12%

**87** 2021 Trittenheimer Apotheke Riesling trocken
**13,30 €** | 12%

**89** 2021 Piesporter Goldtröpfchen Riesling Kabinett
**9,20 €** | 8%

**90** 2021 Trittenheimer Apotheke Riesling Kabinett
**9,20 €** | 8%

**91** 2021 Trittenheimer Apotheke Riesling Spätlese Alte Reben
**13,80 €** | 7,5%

**91** 2021 Trittenheimer Apotheke Riesling Auslese
**16 €/0,5 Lit.** | 7,5%

**92** 2021 Piesporter Goldtröpfchen Riesling Auslese
**16 €/0,5 Lit.** | 7,5%

**93** 2021 Trittenheimer Apotheke Riesling Beerenauslese ***
**38 €/0,375 Lit.** | 6,5%

**91** 2021 Trittenheimer Altärchen Riesling Eiswein Minus 8°
**38 €/0,375 Lit.** | 7%

**93** 2021 Trittenheimer Altärchen Riesling Eiswein Juwel
**43 €/0,375 Lit.** | 6,5%

## FRANZ-JOSEF EIFEL

Weingut Franz-Josef Eifel
54349 Trittenheim · Engelbert-Schue-Weg 2
Tel. (06507) 70009
info@fjeifel.de
**www.fjeifel.de**

**Inhaber/in und Betriebsleitung**
Franz-Josef Eifel
**Keller** Franz-Josef Eifel
**Außenbetrieb** Franz-Josef Eifel

**Rebfläche** 5 Hektar
**Jahresproduktion** 30 000 Flaschen
**Beste Lagen** Trittenheimer Apotheke
**Boden** Schiefer, Kies, Sand
**Rebsorten** 95% Riesling, 5% Weißburgunder,
**Mitglied** Ecovin

Seine Verdienste für die Weine der Mosel, für ihre Entwicklung, sein Wirken auf jüngere Winzer kann man gar nicht hoch genug einschätzen. Franz-Josef Eifel ist ohne Frage eine prägende Persönlichkeit an der Mosel. Und seine Weine? In vier aufeinanderfolgenden Jahren hat er herausragende Ergebnisse bei unseren Verkostungen erzielt. Mit dem Jahrgang 2018: 89-94 Punkte; 2019: 91-96 Punkte; 2020: 90-96 Punkte; 2021: 90-96 Punkte. Die Statistik ist das eine, die Realität im Glas das andere. Und so wenden wir uns mit Freude unserem Jahrgangsprobenbericht 2021 zu. Da gibt es selbstverständlich ausschließlich Positives zu berichten, was die Qualität der Weine anbelangt. Was allerdings nicht für den Witterungsverlauf des Jahrgangs 2021 gilt. Die Unbilden der Natur haben den Biowinzer, wie viele seiner Kollegen auch, schwer gebeutelt. So hatte starker Regen im Juni und Juli zur Folge, dass 35 Prozent seiner Trauben von falschem Mehltau, der Peronospora, infiziert und zerstört wurden. Glück im Unglück: Von Mitte August bis Ende Oktober gab es so gut wie keinen Regen, so dass die gesund erhaltenen Trauben die Dauersonne zur Ausreife nutzen konnten. Aufgrund der natürlichen Ausdünnung durch Peronospora war der Ertrag reduziert und die Aromen verdichteten sich mit jedem trockenen Sonnentag. Entsprechend konzentriert und extraktreich präsentieren sich die Weine. Aber der Reihe nach: Der Klassiker im Sortiment ist der Kabinett trocken aus der Trittenheimer Apotheke, sozusagen das Tor zur Weinwelt des Franz-Josef Eifel. Mit seiner Kargheit und Raffinesse deutet er zu Beginn schon an, was im trockenen Segment noch kommen wird. Und das ist viel: Der Su wie frieja explodiert am Gaumen mit saftigem Säurekick und bleibt glasklar bis ins Finale. Der Alte Reben zieht sich noch leicht vornehm zurück, alles wirkt komprimiert und wird Zeit benötigen. Apropos Zeit und Alte Reben: Wir hatten vor nicht allzu langer Zeit einen 2019er Apotheke Alte Reben trocken im Glas. So unglaublich vital, wie er sich präsentierte, dachten wir, er sei erst gerade gefüllt. Die Neige des Weins verschwand für einige Tage geöffnet im Kühlschrank. Der letzte Schluck war der beste. Aber weiter im Kontext der 2021er: „Präzision in Vollendung", notierten wir voller Begeisterung für den Sonnenfels 2021. Ein Wein, der sich gerne im Haifischbecken der ganz großen deutschen trockenen Rieslinge tummeln kann. Ein Wein mit Potenzial für 20 und mehr Jahre Lagerung. Ein Paradebeispiel für das, was qualitativ möglich ist im Segment der trockenen Rieslinge an der Mosel.

Auch im feinherben Bereich setzt Franz-Josef Eifel Maßstäbe. Seine 2021er Große Leidenschaft, mit ihrem ungezügelten Sponti in der Nase, agiert nervig-straff am Gaumen. Ungeheuer lebhaft, trotz des Restzuckers, baut sie im Finale Druck und Grip auf. Noch im Arbeitsmodus befindet sich die Spätlese Apotheke Goldstückchen. Sie wird sich selbst feilen in Bezug auf ihr strenges Säurekorsett und der ihr zur Seite stehenden Süße. Und endlich wieder ein Eiswein, der erste seit 2012, im Trittenheimer Weingut. Mit reichhaltigen Ananasnoten bedacht, gewinnt er an der Luft Straffheit hinzu.

Es gibt der Argumente genug um Franz-Josef Eifel in den Olymp der deutschen Weinwelt zu heben. Es hat uns in diesem Jahr nur der eine Kategoriensieg gefehlt um diesen letzten Schritt zu gehen. Das war leider nicht der Fall, weshalb der letzte Schritt noch ein Jahr warten muss. Aber sicher ist: irgendwann werden fünf Sterne über dem Weingut in Trittenheim leuchten!

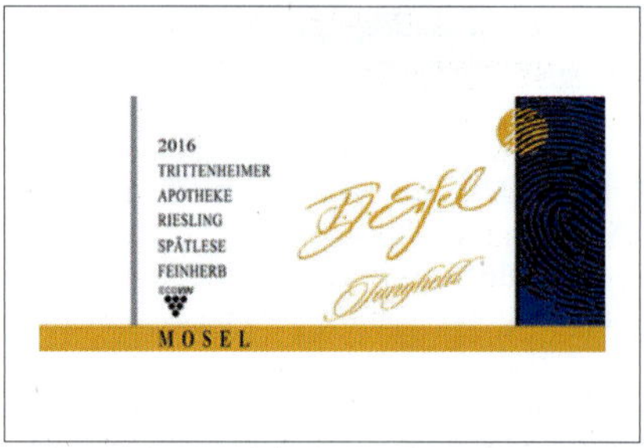


**91** 2021 Trittenheimer Apotheke Riesling Kabinett trocken
**12 €** | 10,5%

**94** 2021 Trittenheimer Apotheke Riesling trocken Alte Reben
**21 €** | 11,5%

**96** 2021 Trittenheimer Apotheke Riesling trocken Sonnenfels
**Preis auf Anfrage** | 12 %

**93** 2021 Trittenheimer Apotheke Riesling Su wie frieja
**15 €** | 11 % **TIPP**

**90** 2021 Trittenheimer Apotheke Kabinett feinherb
**15 €** | 9 %

**93** 2021 Trittenheimer Apotheke Riesling Spätlese feinherb Jungheld
**21 €** | 9,5%

**94** 2021 Trittenheimer Apotheke Riesling feinherb Die große Leidenschaft
**25 €** | 10 %

**92** 2021 Trittenheimer Apotheke Riesling Kabinett
**15 €** | 8 %

**94** 2021 Trittenheimer Apotheke Riesling Spätlese Alte Reben
**21 €** | 7,5%

**94** 2021 Trittenheimer Apotheke Riesling Spätlese Goldstückchen
**22 €** | 7,5%

**96** 2021 Trittenheimer Altärchen Eiswein
**58 €/0,375 Lit.** | 6,5%

★★½

## EIFEL-PFEIFFER

Weingut H&B Eifel-Pfeiffer
54349 Trittenheim · Moselweinstraße 70
Tel. (06507) 926214 · Fax 926230
info@eifel-pfeiffer.de
**www.eifel-pfeiffer.de**

**Inhaber/in und Betriebsleitung**
Heinz und Brigitte Eifel
**Keller** Anne Eifel-Spohr
**Außenbetrieb** Heinz Eifel

In den neun Hektar umfassenden Weinbergslagen des seit 1642 familiengeführten Trittenheimer Weinguts stehen zu 100 Prozent Rieslingreben. Die sieben renommierten Steillagen mit circa 60 Prozent Hangneigung, die über 31 Kilometer an der Mosel verteilt sind, werden überwiegend in Handarbeit bewirtschaftet. Die Lese erfolgt in mehreren Durchgängen und die Weine werden im Keller zum überwiegenden Teil spontan vergoren. Der Graacher Himmelreich Kabinett feinherb zeigt uns dann auch diese markanten Spontangärnoten und öffnet sich feinwürzig in Richtung kühler Frische. Der Höhepunkt der Probe kam mit der Spätlese aus der Trittenheimer Apotheke, sozusagen dem Hausberg. Zarte Herbheit im Vordergrund untermauert ihren nachhaltig kühlen Charakter.

**85** 2021 Graacher Domprobst Riesling trocken Alte Reben Der Wurzelechte
**14 €** | 12 %

**85** 2021 Bernkasteler Badstube Riesling Kabinett feinherb
**10 €** | 10,5%

**85** 2021 Trittenheimer Altärchen Kabinett feinherb Selection Mia Majestätisch
**11 €** | 10 %

**87** 2021 Graacher Himmelreich Riesling Kabinett feinherb
**10 €** | 9,5%

**88** 2021 Trittenheimer Altärchen Riesling Kabinett
**10 €** | 9,5%

**89** 2021 Wehlener Sonnenuhr Riesling Spätlese
**14 €** | 7,5%

**90** 2021 Trittenheimer Apotheke Riesling Spätlese
**14 €** | 8,5%

★★★½

## KARL ERBES

Weingut Karl Erbes
54539 Ürzig · Moseluferstraße 27–29
Tel. (06532) 94465 · Fax 953736
info@weingut-karlerbes.de
**www.weingut-karlerbes.de**

**Inhaber/in und Betriebsleitung**
Stefan Erbes
**Keller** Stefan Erbes

**Rebfläche** 6 Hektar
**Jahresproduktion** 40 000 Flaschen
**Beste Lagen** Erdener Treppchen und Prälat, Ürziger Würzgarten, Ürziger in der Kranklei
**Boden** Devonschieferverwitterung
**Rebsorten** 100% Riesling

Wir hätten nicht gedacht, dass die „Ürziger in der Kranklei" in diesem Jahr dem ehrwürdigen Erdener Prälat den Schneid abkaufen könnte. Hat sie aber, und zwar bei den Beerenauslesen. Kopf an Kopf dagegen lagen die beiden Spät- und Auslesen aus diesen zwei Weinbergen. Der Bereich „In der Kranklei" liegt im Ürziger Würzgarten und ist seit 2014 als Einzellage anerkannt. Hier herrscht wie im Würzgarten roter Schiefer vor, der seine Farbe durch Eiseneinlagerungen erhalten hat. Der Prälat ist ebenfalls vom roten Schiefer geprägt, allerdings liegt dieser Weinberg wie ein Streifen eingezwängt zwischen der Mosel und riesigen Felsen aus eben diesem Schiefer. Hinzukommt, dass die Lage exakt nach Süden ausgerichtet ist. Die Traubenreife erfolgt hier früher und die erreichten Reifegrade liegen an der Spitze des Moseltals. Wenn man es etwas einfach beschreiben möchte, könnte man sagen, dass sich in diesem Jahr die Finesse gegen die Kraft durchgesetzt hat. Das völlig losgelöste, von vibrierender Säure begleitete Aufspiel der drei rest- und edelsüßen Kranklei-Weine war berückend. Bei der Beerenauslese konnte dann der leicht fülligere Prälat das Tempo nicht mehr halten. Schmelz und Rasse in Harmonie sowie feinste Kraft reichten im Finish zum Sieg. Mit solch einem Kaliber ist man in diesem Jahr bei den Edelsüßen ganz oben dabei. Bei aller Euphorie dürfen wir nicht vergessen zu erwähnen, dass das Jahr 2021 das Jahr von Stefan Erbes ist. Wir können uns nicht daran erinnern, hier jemals solch ein Füllhorn an so unglaublich klarfruchtigen Weinen auf dem Tisch gehabt zu haben.

| | |
|---|---|
| **89** | 2021 Ürziger In der Kranklei Spätlese feinherb<br>**12,50 €** \| 10 % |
| **90** | 2021 Ürziger Würzgarten Kabinett<br>**9,50 €** \| 8 % |
| **93** | 2021 Erdener Treppchen Spätlese<br>**11 €** \| 7,5% |
| **93** | 2021 Ürziger Würzgarten Spätlese<br>**11 €** \| 7,5% |
| **94** | 2021 Ürziger in der Kranklei Spätlese<br>**12,50 €** \| 8 % |
| **94** | 2021 Erdener Prälat Spätlese<br>**27,50 €** \| 8 % |
| **93** | 2021 Ürziger Würzgarten Auslese<br>**18 €/0,375 Lit.** \| 8 % |
| **94** | 2021 Ürziger in der Kranklei Auslese *<br>**28,50 €** \| 8 % |
| **94** | 2021 Erdener Prälat Auslese ***<br>**48 €/0,375 Lit.** \| 7,5% |
| **94** | 2021 Ürziger Würzgarten Riesling Beerenauslese<br>**58 €/0,375 Lit.** \| 6 % |
| **96** | 2021 Erdener Prälat Beerenauslese<br>**75 €/0,375 Lit.** \| 6 % |
| **97** | 2021 Ürziger In der Kranklei Beerenauslese<br>**58 €/0,375 Lit.** \| 6 % TOP 10 |

★★★★★

## FALKENSTEIN

Hofgut Falkenstein
54329 Konz-Niedermennig ·
Falkensteinerhof 1
Tel. (06501) 6255
info@hofgutfalkenstein.com
**www.hofgutfalkenstein.com**

**Inhaber/in und Betriebsleitung**
Erich und Marita Weber
**Keller** Johannes Weber
**Außenbetrieb** Erich und Johannes Weber

**Rebfläche** 10 Hektar
**Jahresproduktion** 40 000 Flaschen
**Beste Lagen** Niedermenniger Herrenberg, Krettnacher Euchariusberg, Ockfener Bockstein
**Boden** Grauschiefer, Diabas
**Rebsorten** 80% Riesling, je 10% Weißburgunder und Spätburgunder
**Erlebenswert** denkmalgeschütztes Anwesen

Sechs 2021er Weine vom Hofgut Falkenstein im Bundesfinale für unseren Weinguide 2023. Und das mit Weinen, die alle jenseits von zehn Gramm Säure pro Liter liegen. Der Jahrgang 2021 brachte durch seinen kühlen und nassen Witterungsverlauf Weine mit doch recht hohen Säurewerten hervor. Diese können durch unterschiedlichste Maßnahmen, besonders im Bereich der trockenen Weine, reduziert werden. Wer die Säure belässt und trockene Weine ausbaut, muss darauf achten, dass die Weine Balance haben, weil sie sonst ausschließlich sauer und teilweise dünn schmecken. Wie es möglich ist, einen trockenen Riesling mit zwei Gramm Restzucker und einem Säurewert jenseits der erwähnten zehn Gramm in Balance zu bringen, verstehen wir manchmal auch nicht. Hier funktioniert es perfekt. Wir möchten es als eine Art innerer Energie bezeichnen, die allen Rieslingen aus dem Hause der Webers anhaftet. Die trockene Spätlese aus der Lage Ober Schäfershaus -18- soll hier beispielhaft nicht nur für die trockenen und feinherben Rieslinge des Guts stehen. Sie vereint trotz ihrer Leichtigkeit von 10,5 Volumenprozent Alkohol Festigkeit mit Vielschichtigkeit. Wenn man Winzer Erich Weber fragt, wann er denn die Trauben für diesen Wein gelesen hat, so antwortet er: „Wenn die Vögel über dem Wingert kreisen." Es ist das Flirrende, Vibrierende, fast schon Magische, was den besonderen Flair aller Falkenstein-Weine ausmacht. Sie haben diesen ungewöhnlich intensiven Druck am Gaumen, der wahrscheinlich durch hohen Extrakt die Balance in jeden ihrer „sauren" Weine bringt. Allerdings brauchen sie alle Luft. Vor allen Dingen dann, wenn man etwas vorschnell mit der Einschätzung daherkommt, er sei zu süß. Dann kommt nach einer gewissen Zeit der Säurekick von hinten und bringt den Wein zum Schweben. Am besten zu erkennen im charaktervollen und mit verhaltener Noblesse ausgekleideten Niedermenniger Herrenberg Spätlese feinherb -11-.

Mit wirklich unglaublicher Präzision wird hier im Gut höchst nuanciert der jeweilige Jahrgang im angestrebten Falkenstein Stil auf die Flasche gebracht. Vielleicht eine betriebsinterne Definition für Terroir? Zum Beispiel zeigt der 2018er zur Zeit in der feinherben Niedermenniger Spätlese zart angedeutete Karamellnoten, die diesem Jahrgang so innewohnend sind. Eingebunden in ein für 2018 unglaublich feines Falkenstein'sches Säurekorsett, ergibt sich eine neue Dimension des Jahrgangs, die nichts mit den teilweise schon leicht gezehrten Exemplaren etwas zu tun hat. 2021 ist ein Falkenstein-Jahr. Die Jahrgangsprobe der feinst nuancierten Weine ist jedes Jahr eine Herausforderung, um die zarten Unterschiede der einzelnen Gewanne auseinanderhalten zu können. Nie gibt es eine Diskussion darüber, ob einer der Weine vielleicht unsauber sein könnte. Wer einmal bei der Traubenlese dabei sein konnte, weiß warum.

**90** 2021 Niedermenniger Herrenberg Riesling Kabinett trocken -1-
**18 €** | 10 %

**92** 2021 Krettnacher Altenberg Riesling Spätlese trocken -7-
**20 €** | 10,5%

**94** 2021 Krettnacher Ober Schäfershaus Riesling Spätlese trocken -18-
**26 €** | 10,5%

**93** 2021 Niedermenniger Herrenberg Riesling Kabinett feinherb -15-
**18 €** | 9 %

**94** 2021 Niedermenniger Herrenberg Riesling Spätlese feinherb -4-
**20 €** | 9 %

**95** 2021 Niedermenniger Herrenberg Riesling Spätlese feinherb -11-
**20 €** | 8,5%

**93** 2021 Krettnacher Euchariusberg Riesling Kabinett -13-
**19 €** | 8 %

**93** 2021 Krettnacher Euchariusberg Riesling Kabinett -12-
**19 €** | 8,5%

**93** 2021 Ockfener Bockstein Riesling Kabinett Schorsch -17-
**30 €** | 8 %

**94** 2021 Ockfener Bockstein Riesling Kabinett Mia
**30 €** | 8 % **TOP 10**

**94** 2021 Krettnacher Euchariusberg Riesling Kabinett Alte Reben -8-
**32 €** | 8,5% **TOP 10**

**94** 2021 Krettnacher Euchariusberg Riesling Spätlese -6-
**26 €** | 8 %

**96** 2021 Krettnacher Euchariusberg Riesling Spätlese -5-
**26 €** | 7,5% **TOP 10**

★★★

## FIO

Fio Wein
54498 Piesport · Müsterterstraße 14
Tel. (06507) 2813 · Fax 6672
info@fio.wine
**www.fio.wine**

**Inhaber/in** Dirk und Daniel Niepoort, Philipp Kettern

**Rebfläche** 8 Hektar
**Jahresproduktion** 90 000 Flaschen
**Beste Lagen** Piesporter Falkenberg und Goldtröpfchen
**Boden** Tonschieferverwitterung
**Rebsorten** 90% Riesling, 8% Weissburgunder, 2% Grauburgunder

Das Konzept Fio in Stichworten zusammengefasst lautet: „Steillagen, Spontangärung, langer Ausbau auf der Hefe im großen, alten Moselfuder, keine Filtration, minimale Schwefelung, anschließende Flaschenreife." Besser hätten wir es auch nicht ausdrücken können und so haben wir die Fakten dem Internetauftritt entnommen. Und natürlich gibt's auch wieder was Neues aus Piesport und von Fio. Nat'cool heißt der Wein und wird schon seit einiger Zeit von Dirk Nieport, seinem Erfinder, als portugiesischer Wein angeboten. Die Idee dahinter ist, Weine von ihrem angestaubten Image zu befreien. Der Most wird angegoren und reift ein gewisse Zeit, bevor er mit wenig verbliebenem Restzucker und ohne Schwefelzusatz in die für einen Nat'cool obligatorische Literflasche gefüllt wird, in der er zu Ende gärt und dadurch Kohlensäure entwickelt. Der Wein besteht aus einer Cuvée der Jahrgänge 2020 und 2021. Leicht harzig und in der Farbe eines zarten Orangeweins gehalten, präsentiert sich der zarte Dribbler als gewollt leichtgewichtig, kurz salzig und erinnert frappierend an die geschmackliche Grundidee hinter diesem positiv gemeinten „Weinchen", einen Vinho Verde. Der Jo Jo ist ein behutsam ausgebauter Orangewein und besitzt deshalb eine sehr feine Frucht, die nicht vom Phenol unterdrückt wird. Eher ein zurückhaltender Vertreter seiner Zunft, was wir sehr schätzen. Auch nicht Gefülltes haben wir bei unserem Besuch in Piesport probiert. So zeigte sich der Teppo Riesling in Top-Form. Die Trauben stammen aus Piesport und wir gehen bei der anfangs erwähnten Art des Ausbaus der Weine davon aus, dass er auch nach der Füllung seine sehr gute Bewertung von 92 Punkten halten kann.

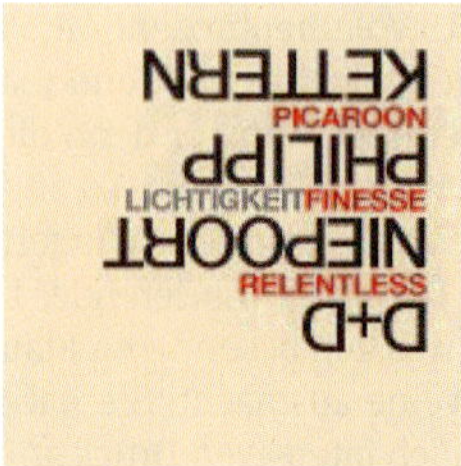


**89** Piu Piu Petnat
**19 €** | 10 %

**89** Nat`cool
**Preis auf Anfrage** | 10,5%

**86** 2021 Riesling trocken Fabelhaft
**9,90 €** | 10 %

**86** 2021 Cuvée trocken Glou Glou
**14,90 €** | 11 %

**89** 2021 Riesling Rätzelhaft
**12,50 €** | 11 %

**90** 2021 Riesling trocken Jo Jo
**21,20 €** | 10 %

**92** 2016 Riesling trocken Fio
**45 €** | 11 %

**93** 2021 Riesling Kabinett Cabi Sehr Nett
**30,50 €** | 7 %

**92** 2017 Piesporter Goldtröpfchen Riesling
**103 €** | 11 %

★★½

## FISCHER

Weingut Bocksteinhof - Johannes Fischer
54441 Ockfen · Hauptstraße 68, 54441 Ockfen
Tel. (06581) 2150 · Fax 6626
fischer-bocksteinhof@t-online.de
**www.bocksteinhof.de**

**Inhaber/in und Betriebsleitung**
Johannes Fischer
**Keller** Johannes Fischer
**Außenbetrieb** Johannes Fischer

Der Bockstein vom Bocksteinhof lebt nicht nur, wie wir letztes Jahr geschrieben haben, sondern er wird auch immer charaktervoller, lagentypischer. Johannes Fischer ist unseres Erachtens auf dem richtigen Weg nach oben. Der stringent zurückhaltende Stil dieser Ausnahmelage zeigt sich in jedem Wein seiner kleinen Kollektion, welche bei einer Gesamtproduktion von gerade einmal 8000 Flaschen jährlich sicherlich Sinn macht. Und auch wenn wir es gebetsmühlenartig wiederholen, so ist es doch für den Weingenießer äußerst wichtig zu wissen, dass auch hier die Belüftung der Weine zu deren positiver Entwicklung maßgeblich beigetragen hat. Insbesondere der trockene Bockstein und der feinherbe Steinbock gewannen an Transparenz und Schliff hinzu und erstrahlten in klarem Bockstein-Glanz. Schritt für Schritt hat sich Johannes Fischer mit seiner feinen Interpretation der namensgebenden Hauslage qualitativ weiterentwickelt und wir wollen den begonnenen Prozess in diese Richtung mit einem weiteren halben Stern gerne unterstützen.

**87** 2021 Ockfen Bockstein Riesling trocken Alte Reben
**13,50 €** | 11%

**87** 2021 Riesling feinherb Steinbock
**9,80 €** | 10%

**91** 2021 Ockfener Bockstein Riesling Kabinett
**11,50 €** | 9%

**92** 2021 Ockfener Bockstein Riesling Auslese
**13,50 €** | 8%

**85** 2021 Ockfen Bockstein feinherb Saar Rose´
**10,50 €** | 10,5%

★★★½

## FRANZEN

Weingut Kilian Franzen
56814 Bremm · Gartenstraße 14
Tel. (02675) 412 · Fax 1655
info@weingut-franzen.de
**www.weingut-franzen.de**

**Inhaber/in und Betriebsleitung**
Kilian Franzen
**Keller** Kilian Franzen, Leon Heimes, Johannes Haupts, Martin von Sikorski
**Außenbetrieb** Kilian Franzen, Leon Heimes, Johannes Haupts, Martin von Sikorski

**Rebfläche** 10 Hektar
**Jahresproduktion** 90 000 Flaschen
**Beste Lagen** Bremmer Calmont, Neefer Frauenberg
**Boden** Devonschiefer mit Quarziteinlagerungen, Rotschiefer
**Rebsorten** 90% Riesling, 5% Elbling, 4% Weißburgunder, 1% Spätburgunder
**Erlebenswert** Steilster Weinberg Europas
**Mitglied** Bernkasteler Ring, Moseljünger, Köche und Winzer der Terrassenmosel

Zwischen den Moselorten Bremm und Eller liegt er: Der steilste Weinberg Europas. Der Berghang ist 300 Meter hoch, etwa zwei Kilometer lang und besitzt die Form eines riesigen, nach Süden offenen Hohlspiegels. Um den extrem steilen Hang nutzbar zu machen, legen die Winzer mit Hilfe von Stützmauern Terrassen an. Der Weinbau in dieser Region ist wirklich nicht einfach. Angelina und Kilian Franzen haben sich dieser großen Herausforderung mit Leib und Seele gestellt. Die zwei trockenen ersten Vorboten aus dem Bremmer Calmont und dem Neefer Frauenberg haben wir gleich bewertet. Für uns ist der Calmont der Langstreckenläufer, der noch Zeit bis ins Ziel benötigt, besitzt er doch viel Struktur und Komplexität. Der Neefer Frauenberg lebt von seiner saftigen, zupackenden Art. Wir freuen uns schon jetzt auf die Großen Gewächse und hoffen, dass sie auch so spannungsgeladen auftreten werden. Feinst gereift hat uns der 2019er Fachkaul in seinen Bann gezogen. Er verströmt Schliff und Seidigkeit, die ihn zu einem Charmeur auf höchstem Niveau machen. Der 2018er Bremmer Calmont ist etwas für Liebhaber stoffiger, gereifter Weine. Der Wechsel in der Probe zwischen straff gebauten 2021er Rieslingen und unterschiedlich stark gereiften älteren Qualitäten eröffnet eine faszinierende geschmackliche Bandbreite in der Welt der trockenen Rieslinge der Familie Franzen.

FRANZEN

**84** 2021 Riesling trocken Quarzit Schiefer
**10,90 €/1 Lit.** | 11%

**85** 2021 Riesling Der Sommer war sehr groß
**12 €** | 11%

**87** 2021 Riesling trocken Quarzit Schiefer
**9,90 €** | 11%

**89** 2020 Riesling trocken FranZero
**12 €** | 11,5%

**89** 2018 Bremmer Calmont Riesling trocken
**18 €** | 13%

**91** 2021 Bremmer Calmont Riesling trocken
**16 €** | 11%

**91** 2021 Neefer Frauenberg Riesling trocken
**16 €** | 11%

**91** 2020 Neefer Frauenberg Riesling Großes Gewächs
**28 €** | 12%

**92** 2020 Bremmer Calmont Riesling Großes Gewächs
**28 €** | 12%

**92** 2019 Fachkaul Riesling trocken
**59 €** | 12%

**86** 2019 Riesling halbtrocken Zeit
**16,90 €** | 11%

**89** 2021 Bremmer Calmont Riesling Kabinett
**16 €** | 8%

**86** 2020 Neefer Frauenberg Spätburgunder trocken
**24 €** | 13,5%

★ NEU

## FRIEDEN-BERG

Weingut Frieden-Berg
54453 Nittel · Weinstraße 19
Tel. (06584) 99070 · Fax 99072
info@frieden-berg.de
**www.frieden-berg.de**

**Inhaber/in und Betriebsleitung**
Horst und Maximilian Frieden
**Keller** Maximilian Frieden
**Außenbetrieb** Horst Frieden

Circa 14 Hektar Rebfläche werden von der Familie Frieden-Berg hier im Grenzgebiet zu Luxemburg und Frankreich bewirtschaftet. Und wie sollte es anders sein: Auf den Muschelkalkböden gedeihen am besten Elbling und Grauburgunder, die hier unsere Favoriten sind. Ergänzt natürlich durch die exzellenten Crémants, unter denen in diesem Jahr der Elbling brut hervorsticht. Die perfekt eingebundene Perlage steht in feiner Abstimmung zum anspruchsvollen, zarten Nachhall. Und dies zu sehr charmantem Preis. Nicht unerwähnt sei ein Exot an der Obermosel: Der Cabernet Franc 2019 wusste mit seinem klaren, würzigen Fruchtkern zu gefallen.

**86** 2018 Brut Pinot Crémant „MAX"
**17,50 €** | 13%

**88** 2019 Elbling Crémant Brut
**12 €** | 12,5%

**83** 2021 Nittel Elbling trocken
**7,90 €** | 12%

**83** 2021 Chardonnay trocken
**9,50 €** | 12,5%

**84** 2021 Auxerrois trocken
**8,90 €** | 12,5%

**84** 2021 Nittel Sauvignon Blanc trocken
**9,90 €** | 12%

**85** 2021 Grauburgunder trocken
**9,50 €** | 12,5%

**85** 2021 Nittel Grauburgunder trocken
**11,90 €** | 12,5%

**86** 2020 Nittel Im Erger Grauburgunder trocken Große Lage
**17 €** | 13%

**86** 2020 Nittel Auf Hasseld Chardonnay trocken Große Lage
**17 €** | 13%

**88** 2019 Cabernet Franc trocken
**18,50 €** | 12,5%

## FRIES

Weingut Fries
56333 Winningen · Bachstraße 66
Tel. (02606) 2686 · Fax 200016
info@weingut-fries.de
**www.weingut-fries.de**

**Inhaber/in und Betriebsleitung**
Reiner und Anke Fries
**Keller** Daniel Fries

**Rebfläche** 9 Hektar
**Jahresproduktion** 70 000 Flaschen
**Beste Lagen** Winninger Uhlen und Winninger Röttgen
**Boden** Schiefer
**Rebsorten** 73% Riesling, 19% Spätburgunder, 8% Weißburgunder
**Erlebenswert** Historischer Gewölbekeller, Vinothek

Da ist uns ja im letzten Jahr ein Fauxpas passiert. Wir haben den vortrefflichen Weißburgunder im Text zum Chardonnay mutieren lassen. War mit einem Augenzwinkern als Kompliment gemeint, bestätigt es doch nur, dass Daniel Fries beides beherrscht: weiße und rote Burgunder der Extraklasse herzustellen. Seine Eltern Reiner und Anke Fries pflanzten als eines der ersten Weingüter der Region bereits im Jahr 1986 den ersten Spätburgunder an. Nach seinen Erfahrungen bei Familie Ziereisen im Badischen und der Domaine de Montille im Burgund setzt Daniel Fries stilsicher seine Interpretation von Pinot Noir an der Terrassenmosel um. Der Primus des Pinot-Noir-Trios aus dem Jahrgang 2020 war die Reserve mit moderaten 13 Volumenprozent Alkohol. Subtil, fest und gleichzeitig fein, sprachen wir gar nicht über den Einsatz von neuem Holz, der überhaupt nicht ins Gewicht fällt. Die Reife des Jahrgangs hat er perfekt mit der zarten Frucht des Pinot Noir verwoben. Das sind schon Klassiker aus dem Hause Fries. Die Reserve 2020 wird ab dem 1. Dezember 2022 erhältlich sein. Bei den trockenen Rieslingen sticht der Uhlen heraus. Ein Wein, der sich, typisch für die Lage aus der er stammt, nur allmählich öffnet, um eindeutig sein Potenzial zu betonen. Trotz dezent angedeuteter Fruchtreife verschließt er sich noch phenolisch im Nachhall. Der Chardonnay, Entschuldigung, der Weißburgunder war leider in diesem Jahr nicht vertreten.

**86** 2021 Riesling trocken
**7,60 €** | 11,5%

**87** 2021 trocken vom Schiefer
**9,40 €** | 11,5%

**89** 2021 Winninger Riesling trocken Alte Reben
**15,80 €** | 12 %

**91** 2021 Winninger Röttgen trocken
**30 €** | 12,5%

**92** 2021 Winninger Uhlen Riesling trocken
**36 €** | 12,5%

**90** 2021 Riesling feinherb Apolloterrassen
**14 €** | 11,5%

**89** 2021 Riesling Kabinett
**8,90 €** | 9 %

**90** 2021 Winninger Röttgen Riesling Spätlese
**20 €** | 8,5%

**91** 2021 Winninger Röttgen Kabinett restsüss
**15 €** | 8,5%

**88** 2020 Pinot Noir trocken Vom Schiefer
**13,50 €** | 12,5%

**89** 2020 Winninger Pinot Noir trocken
**21 €** | 13 %

**91** 2020 Pinot Noir trocken Reserve Reserve
**40 €** | 13 %

★★☆

## LEO FUCHS

Weingut Leo Fuchs
56829 Pommern · Hauptstraße 3
Tel. (02672) 1326 · Fax 1336
wein@leo-fuchs.de
**www.leo-fuchs.de**

**Inhaber/in und Betriebsleitung**
Ulrich Fuchs
**Keller** Bruno und Ulrich Fuchs
**Außenbetrieb** Ulrich Fuchs

**Historie** Seit 1624 in Familienbesitz
**Rebfläche** 11 Hektar
**Jahresproduktion** 80 000 Flaschen
**Beste Lagen** Pommerner Zeisel, Rosenberg, Goldberg und Sonnenuhr, Klottener Burg Coraidelstein und Brauneberg
**Boden** Grauwackeschiefer
**Rebsorten** 71% Riesling, 17,7% weiße Burgunder-Sorten, 7,5% Rivaner, 3,8% übrige Sorten
**Erlebenswert** Mehrfach ausgezeichnete Vinothek mit Außenterrasse: Altes Gemäuer in Zusammenspiel mit modernem Interieur auf gutem Grund
**Mitglied** Bernkasteler Ring

Jahr um Jahr kann man sich auf die Exoten aus den Weingut Leo Fuchst aus Pommern verlassen. Der Rivaner besitzt klaren, sortentypischen Duft und gibt zusammen mit seiner herb-trockenen Art einen leicht süßlichen Nachhall preis. Geschmeidige Fülle zeichnet den Pinot Blanc aus, der hier im Weingut für uns jedes Jahr eine Bank ist. Ausbalancierte Fruchtigkeit ist die prägende Eigenschaft des Chardonnay, der gerne auch ein wenig Luft zur Entfaltung in Anspruch nimmt. Alle diese Weine werden im Stahl vergoren und ausgebaut und können mit Fug und Recht als typische Vertreter ihrer Rebsorte betrachtet werden. „Der Ausgezeichnete", so nennt die Familie Fuchs ihren Pommerner Rosenberg Riesling trocken Großes Gewächs, hat seinen Namen verdient. Auch für uns ist er der feinste trockene Riesling aus dem Jahrgang 2021. Ausgestattet mit Fruchtreife, guter Länge und Transparenz, macht er einen ausgezeichneten Eindruck. Der Pommerner Goldberg als Spätlese feinherb, vom Weingut als „der Verspielte" bezeichnet, steht ihm wenig nach. Mit straffer, klarer Säure und dichter Struktur verhilft die süßliche Komponente zum nachhaltigen Finale.

**86** 2018 Riesling Sekt b. A. Brut Vom Grauen Schiefer
**14,90 €** | 12,5%

**84** 2021 Pommerner Riesling trocken
**7,50 €/1 Lit.** | 12,5%

**85** 2021 Rivaner trocken
**7,50 €** | 12,5%

**85** 2021 Chardonnay trocken
**9,30 €** | 12,5%

**85** 2021 Pinot Blanc trocken
**9,30 €** | 13,5%

**85** 2021 Pommerner Sonnenuhr Riesling trocken
**9,90 €** | 12,5%

**86** 2021 Riesling trocken Vom Grauen Schiefer
**11,30 €** | 12,5%

**89** 2021 Pommerner Rosenberg Riesling Großes Gewächs
**23,50 €** | 12 %

**88** 2021 Pommerner Goldberg Riesling Spätlese feinherb
**13,90 €** | 10,5%

**84** 2021 Pommerner Riesling feinherb
**7,50 €/1 Lit.** | 11,5%

**85** 2021 Pommerner Zeisel Riesling feinherb
**9,90 €** | 11,5%

**86** 2021 Riesling feinherb Vom Grauen Schiefer
**11,30 €** | 11 %

★ NEU

## GEHLEN

Weingut Gehlen-Cornelius
54472 Brauneberg · Weingartenstraße 33
Tel. (06534) 496 · Fax 1518
mail@gehlen-cornelius.de
**www.gehlen-cornelius.de**

**Inhaber/in und Betriebsleitung**
Familie Gehlen
**Keller** Daniel Gehlen

Nun hat er ihn, den ersten Stern. Wohlverdient, wie wir meinen. Mit Weinen wie dem Syrah betritt er sicherlich nach wie vor Neuland an der Mosel, aber das mit beständigem Niveau. Der wilde, nach Gewürznelke und Rauch duftende 2020er ist ein prächtiges Beispiel dafür, was diese Rebsorte im Moseltal, das im Vergleich zu anderen Weinbauregionen immer noch recht kühl ist, zustande bringen kann. Mächtig viel Charakter im Glas! Und auch der Blaufränkisch 2020 muss sich nicht verstecken. Feine Würze und ein gerüttelt Maß an Neuholz begleiten ihn im markant herben Finale. Um den Riesling aus diesem 23 Hektar großen Weingut nicht zu vergessen: Die delikate Auslese aus der Brauneberger Juffer besitzt Schliff und Beschwingtheit. Das Rebsortenportolio wird ergänzt durch Merlot, weiße Burgundersorten und Sauvignon Blanc.

**84** 2021 Wintricher Ohligsberg Riesling Spätlese trocken
**11,50 €** | 12,5%

**85** 2021 Sauvignon Blanc trocken
**8 €** | 12,5%

**85** 2021 Brauneberger Juffer Riesling Spätlese trocken
**13,50 €** | 12,5%

**83** 2021 Wintricher Ohligsberg Riesling Spätlese feinherb
**11,50 €** | 11 %

**85** 2021 Wintricher Ohligsberg Riesling Spätlese
**11,50 €** | 7,5%

**87** 2021 Brauneberger Juffer Riesling Auslese
**15,50 €** | 7,5%

**86** 2020 Blaufränkisch trocken
**11 €** | 14 %

**89** 2020 Syrah trocken
**21 €** | 14 %

★☆

## GESSINGER

Weingut Albert Gessinger
54492 Zeltingen · Moselstraße 9
Tel. (06532) 2369 · Fax 1578
kontakt@weingut-gessinger.de
**www.weingut-gessinger.de**

**Inhaber/in und Betriebsleitung**
Sarah Gessinger
**Keller** Sarah und Alfred Gessinger

Sarah Gessinger bewirtschaftet drei Hektar in den Zeltinger Lagen: Sonnenuhr, Himmelreich und Schlossberg. Hier wird in erster Linie Riesling gelesen, der in den Parzellen Hifflay und Rothlay der Sonnenuhr von wurzelechten Reben stammt, die auf das Pflanzjahr 1885 zurückgehen. Die Weine werden spontan vergoren und bleiben lange auf der Feinhefe, wobei man jedes Fuder für sich arbeiten lässt, damit die Weine möglichst viel Charakteristik ihrer Lage widerspiegeln. Der Großteil der Weine gab sich noch sehr verschlossen und ließ erst mit viel, viel Luft sein Potenzial erahnen, was für eine gute Langlebigkeit spricht. Besonders gefallen haben uns die beiden Rieslinge „Alte Reben“ aus der Zeltinger Sonnenuhr. So bestach das Große Gewächs aus der Hifflay mit viel Kraft, Salz und köstlichem Kernobst, wo hingegen sein Pendant aus dem Graben sich etwas zurückhaltender, aber sehr elegant und mit guten Zug präsentierte.

**85** 2021 Zeltinger Sonnenuhr Rothlay Riesling Spätlese trocken Alte Reben
**11,50 €** | 12 %

**88** 2021 Zeltinger Sonnenuhr Riesling Großes Gewächs „Graben“ Alte Reben
**20,50 €** | 12,5%

**89** 2021 Zeltinger Sonnenuhr Riesling Großes Gewächs Hifflay Alte Reben
**20,50 €** | 12,5%

**87** 2021 Zeltinger Sonnenuhr Riesling Spätlese Alte Reben Josefsberg
**12 €** | 8 %

**89** 2021 Zeltinger Sonnenuhr Riesling Auslese Alte Reben Caldo Infernale®
**18,50 €** | 7,5%

**87** 2019 Zeltinger Himmelreich Pinot Noir RESERVE privée -Alte Reben-
**15 €** | 13 %

## GRANS-FASSIAN

Weingut Grans-Fassian
54340 Leiwen · Römerstraße 28
Tel. (06507) 3170 · Fax 8167
weingut@grans-fassian.de
**www.grans-fassian.de**

**Inhaber/in und Betriebsleitung**
Catherina Grans
**Keller** Catherina Grans

**Historie** seit 1624 in Familienbesitz
**Rebfläche** 13 Hektar
**Jahresproduktion** 120 000 Flaschen
**Beste Lagen** Trittenheimer Apotheke, Leiwener Laurentiuslay, Piesporter Goldtröpfchen, Dhroner Hofberg
**Boden** Devonschiefer

Gerhard Grans übernahm 1982 das Weingut von seinem Vater Matthias mit einer damals vier Hektar großen Rebfläche, die er langsam und stetig durch beste Lagen erweiterte. Leitet Catherina Grans, die Tochter von Gerhard, als Geisenheim-Absolventin das Weingut nun schon seit 2017, so ist sie nun nach genau 40 Jahren der Übernahme durch ihren Vater ab Juli 2022 die Inhaberin des Weingutes. Sehr selbstbewusst und äußerst fachkundig tritt Catherina nun in die großen Fußstapfen ihre Vaters und wir wünschen ihr viel Glück. Ihr 2021er Sortiment ist klar strukturiert, wobei der Fokus eindeutig auf trocken liegt, baut man doch mittlerweile 95 Prozent der Weine in dieser Geschmacksrichtung aus. Der Export beläuft sich auf 30 Prozent, wobei die gesamte Jahresproduktion in Europa verbleibt. Blitzblanke Rieslinge probierten wir, was sicherlich auch der Tatsache geschuldet ist, dass erst ab Auslesequalität Botrytistrauben geduldet werden. Ein weiteres Mal konnte uns das Große Gewächs aus dem Dhroner Hofberg am meisten begeistern. Für uns ist es das am festesten gefügte Große Gewächs im Jahrgang 2021. Markante, herzhafte Würze deuten auf ein langes Leben hin. Eine Spätlese ist im Sortiment, die hat es in sich. Eher leicht wie ein Kabinett angelegt, strahlt sie frisch im Finale. Die Auslese lässt diese, im Jahrgang 2021 so typische, einem Eiswein ähnelnde Säure aufblitzen und zeigt sich druckvoll kühl gehalten.

**87** 2021 Riesling trocken Mineralschiefer
**10,50 €** | 12 %

**89** 2021 Leiwener Riesling trocken Alte Reben
**16 €** | 12,5%

**91** 2021 Leiwener Laurentiuslay Riesling VDP.Großes Gewächs
**32 €** | 12,5%

**91** 2021 Trittenheimer Apotheke Riesling VDP.Großes Gewächs
**32 €** | 12,5%

**92** 2021 Piesporter Goldtröpfchen Riesling VDP.Großes Gewächs
**32 €** | 12,5%

**92** 2021 Dhroner Hofberg Riesling VDP.Großes Gewächs
**32 €** | 12,5%

**93** 2021 Trittenheimer Apotheke Riesling Spätlese
**25 €** | 7,5%

**97** 2021 Trittenheimer Apotheke Riesling Auslese
**33 €** | 7 % **TOP 10**

★

## GREIF

Weingut Peter Greif
54456 Tawern-Fellerich · Bergstrasse 9
Tel. (06501) 16986 · Fax 150570
info@weinvongreif.de
**www.weinvongreif.de**

**Inhaber/in** Peter Greif
**Betriebsleitung** Peter Greif
**Keller** Peter Greif
**Außenbetrieb** Peter Greif

Die Weine von Peter Greif spielen eher auf der feinen und leichten Seite der Weinwelt, und was er aus seinen Lagen an Mosel und Saar präsentiert, ist unkompliziert und sortentypisch. So gefällt der Weiße Elbling in seiner frischen Art genauso wie der elegante, eher mineralische Grauburgunder. Der Riesling Kabinett feinherb aus dem Wawerner Goldberg präsentiert sich klar, nobel, mit ein wenig Pfirsichhaut und viel Saft. Besonders gefiel uns der Weiße Elbling Brut, der mit klassischer Flaschengärung hergestellt wird. Cremig und zartfruchtig, mit einer Mineralik, die an Meer und Austern erinnert.

**87** 2020 Weißer Elbling Sekt Brut
**11 €** | 12,5%

**84** 2021 Auxerrois trocken
**7,20 €** | 11,5%

**85** 2021 Weisser Elbling trocken
**5,80 €** | 11,5%

**85** 2021 Grauer Burgunder trocken
**7,20 €** | 12 %

**84** 2021 Weißburgunder feinherb
**6,40 €** | 11,5%

**85** 2021 Riesling feinherb Saar
**7,50 €** | 10 %

**86** 2021 Wawerner Goldeberg Kabinett restsüss
**9,20 €** | 8,5%

★★★★½

## FRITZ HAAG

Weingut Fritz Haag – Dusemonder Hof
54472 Brauneberg · Dusemonder Straße 44
Tel. (06534) 410 · Fax 1347
info@weingut-fritz-haag.de
**www.weingut-fritz-haag.de**

**Inhaber/in und Betriebsleitung** Oliver Haag
**Keller** Oliver Haag
**Außenbetrieb** Nico Rieb

**Historie** seit 1605 in Familienbesitz
**Rebfläche** 27 Hektar
**Jahresproduktion** 175 000 Flaschen
**Beste Lagen** Brauneberger Juffer-Sonnenuhr, Brauneberger Juffer, Kestener Paulinshofberg und Monzeler Kätzchen
**Boden** blauer Devonschiefer
**Rebsorten** 98% Riesling, 2% Weißburgunder
**Mitglied** VDP

Die Großen Gewächse aus dem Jahrgang 2021 bewegen sich nicht ganz auf dem Niveau des Vorjahres. Es waren diesmal vier, die Brauneberger Juffer zeigte sich nicht. Und wieder einmal war die Brauneberger Juffer-Sonnenuhr Im Falkenberg Anführerin des Quartetts. Festgelegt und mit feiner Würze unterlegt, gewinnt sie mit Luft an Spiel. Die Juffer-Sonnenuhr ist punkttechnisch nicht weit entfernt mit ihrer prägnanten Spontinase und dem festen fruchtigen Kern. Der einzige Kabinett im Portfolio, der Versteigerungskabinett aus der Juffer-Sonnenuhr, besitzt saftig frischen Zug und tendiert in seiner Nachhaltigkeit in Richtung Spätlese. Schwer zu bewerten zum Zeitpunkt unserer Probe war die Spätlese aus oben genannter Lage. Wie wir gerne sagen: sie arbeitet. In der Nachprobe war der Wein dann weiter entwickelt und bereit aufzuspielen. Die Spätlese Versteigerung aus eben dieser Lage, mit der schon traditionellen #14 versehen, befreit sich nach Belüftung von ihrer Phenolik und wirkt mit ihrer rassigen Anmutung schon geöffneter als der oben beschriebene Wein. Und dann brannte Oliver Haag ein Feuerwerk von fünf Auslesen ab, alle im Punktebereich von 94 bis 97. Den Beginn macht die Juffer Auslese mit ihrer tiefgründigen und gleichzeitig strahlenden Erscheinung. Gefolgt von der Juffer-Sonnenuhr Auslese #10 Versteigerung, deren zarte Rasse und Transparenz betörend ist. Danach kamen wir zur Goldkapsel Auslese Juffer, die feine Beerennoten aufweist und mit cremigem Schliff ausgestattet ist. Kurz vor dem Auslese-Finale gab es das Pendant als Juffer-Sonnenuhr ins Glas. Straffer erfrischender Beerenton schlug uns entgegen, auf höchstem delikaten Niveau. Zu schlagen war sie nicht: Die #15 Lange Goldkapsel Versteigerung wird von höchst präziser Eisweinsäure dominiert und zeigt daneben raffinierte edelste Präzision. Ein flüssiges Meisterwerk.

**86** 2021 Riesling trocken
**10,90 €** | 11,5%

**87** 2021 Brauneberger Riesling trocken -J-
**18 €** | 12 %

**89** 2021 Monzeler Kätzchen Riesling VDP. Großes Gewächs
**27 €** | 12,5%

**90** 2021 Brauneberger Juffer Riesling VDP. Großes Gewächs
**29 €** | 12,5%

**90** 2021 Kestener Paulinshofberg Riesling VDP.Großes Gewächs
**32,50 €** | 12,5%

**91** 2021 Brauneberger Juffer-Sonnenuhr Riesling VDP.Großes Gewächs
**39 €** | 12,5%

**92** 2021 Brauneberger Juffer-Sonnenuhr Im Falkenberg Riesling VDP.Großes Gewächs
**Preis auf Anfrage** | 12,5%

**88** 2021 Brauneberger Juffer Riesling feinherb
**23 €** | 12 %

**93** 2021 Brauneberger Juffer-Sonnenuhr Riesling Kabinett
7,5 % AUKTION

**91** 2021 Brauneberger Juffer Riesling Spätlese
**18 €** | 7,5%

**93** 2021 Brauneberger Juffer-Sonnenuhr Riesling Spätlese #14
7,5 % AUKTION

**93** 2021 Brauneberger Juffer-Sonnenuhr Riesling Spätlese
**23 €** | 7,5%

**94** 2021 Brauneberger Juffer Riesling Auslese
**25 €** | 7,5%

**95** 2021 Brauneberger Juffer Riesling Auslese Goldkapsel
**24 €/0,375 Lit.** | 7,5%

**95** 2021 Brauneberger Juffer-Sonnenuhr Riesling Auslese
**32 €** | 7,5%

**95** 2021 Brauneberger Juffer-Sonnenuhr Riesling Auslese Goldkapsel
**32 €/0,375 Lit.** | 7,5%

**96** 2021 Brauneberger Juffer-Sonnenuhr Riesling Auslese Lange Goldkapsel # 15
7 % AUKTION TOP 10

**97** 2021 Brauneberger Juffer-Sonnenuhr Riesling Auslese #10
**Preis auf Anfrage** | 7 % TOP 10

**94** 2021 Brauneberger Juffer-Sonnenuhr Riesling Beerenauslese
**Preis auf Anfrage/0,375 Lit.** | 6,5%

**94** 2021 Brauneberger Juffer Riesling Beerenauslese
**Preis auf Anfrage/0,375 Lit.** | 6,5%

**95** 2021 Brauneberger Juffer Riesling Trockenbeerenauslese
**Preis auf Anfrage/0,375 Lit.** | 6 %

**95** 2021 Brauneberger Juffer-Sonnenuhr Riesling Trockenbeerenauslese
**Preis auf Anfrage/0,375 Lit.** | 6 %

★★★★

## HAART

Weingut Haart
54498 Piesport · Ausoniusufer 18
Tel. (06507) 2015 · Fax 5909
info@haart.de
**www.haart.de**

**Inhaber/in und Betriebsleitung**
Johannes und Marcus Haart
**Keller** Johannes Haart
**Außenbetrieb** Johannes Haart

**Historie** Weinbau in der Familie urkundlich nachgewiesen seit 1337
**Rebfläche** 8 Hektar
**Jahresproduktion** 55 000 Flaschen
**Beste Lagen** Piesporter Goldtröpfchen, Grafenberg und Kreuzwingert (Monopol), Wintricher Ohligsberg
**Boden** Tonschieferverwitterung
**Rebsorten** 100% Riesling
**Mitglied** VDP, Fair'n Green

Ein faszinierendes Quartett an Großen Gewächsen aus dem Jahrgang 2020 erreichte uns als Nachlieferung zu den Vorboten des Jahrgangs 2021. Es waren vier wohlgeratene Große Gewächse, die ein breites geschmackliches Feld eröffneten. Die Frucht im pfefferduftigen Ohligsberg hat bereits eine leichte Reifung erfahren und tendiert in die gesetzte, karamellige 2020er Art. Das Goldtröpfchen ist angenehm vom Neuholz geprägt, besitzt lebhafte Frucht und Transparenz. Ganz anders im Aufbau der Grafenberg, dessen Boden von eisenhaltigem Rotschiefer mit Quarzen geprägt ist. Markant von Phenolik begleitet, weist er feste Struktur auf. Der kompletteste Wein im Konzert der Großen Gewächse kommt aus dem Piesporter Kreuzwingert, einer winzigen Monopollage des Guts. Intensiver, nicht störender Duft von Neuholz, reif verdichteter Fruchtkern, die Phenolik ist Bestandteil der tiefen Struktur. Im Nachhall zeigt er burgundisch-nussige Tugenden. Namensgebung für den Weinberg ist die 1667 von einem Vorfahren gestiftete Kreuwegstation am Weg zur alten Kirche in den Weinbergen. Vorherrschend ist hier tonhaltiger Schieferboden. Das war ein gelungener Auftakt, da wir mit dieser Festigkeit der großen Gewächse des Jahrgangs 2020 nicht gerechnet hatten, so viele gezehrte und müde Weine hatten wir schon im Glas. Hier hatten wir festgefügte Rieslinge im kargen Stil mit viel Charakter vor uns. Der erste trockene Vorbote aus dem Jahr 2021, der Gutsriesling, hinterließ einen sehr guten Eindruck. Vor allem der saftige Zug des Weins überzeugte uns, auch wenn er noch von leicht grüner Art belegt ist. Die beiden Versteigerungsweine, eine Spät- und eine Auslese, zeigen große Klasse, beide mit intensiver, klarer Aromatik.

**Kreuzwingert: 0.098 Hektar**
Theo Haart, der seit 1971 Geschäftsführer des Betriebs war, hat mit großer Beharrlichkeit die Qualität seiner Weine Zug um Zug vorangebracht. Besonders wichtig war ihm, das Terroir herauszuarbeiten, auf dem seine Weine entstehen. Zwischenzeitlich haben die Söhne Johannes und Marcus das Weingut als Inhaber, Betriebsleiter und Kellermeister übernommen und führen diese Maxime im Sinne ihres Vaters weiter. Das Weingut ist begütert in Piesport mit den Lagen Goldtröpfchen, Grafenberg und Kreuzwingert. Letztere umfasst gerade einmal 0,098 Hektar. Die Rieslinge von hier werden immer feinherb oder trocken ausgebaut. Zu den Piesporter Lagen gesellen sich Parzellen in Wintrich mit dem Ohligsberg. Die Familie Haart ist eine der ältesten Winzerfamilien an der Mosel und die älteste in Piesport. Nachweislich besitzt man seit 1337 Weinberge in Piesport, erstmals urkundliche Erwähnung fand der Ort im Jahre 776. Die Familie war eine der ersten, die Weine selbst in Flaschen abgefüllt hat, statt sie im Fass zu verkaufen. Und etwa um 1894 hat man begonnen Weine zu versteigern, also einige Jahre bevor der VPD im Jahre 1910 gegründet wurde.

- **87** 2021 Riesling trocken
  **10,50 €** | 10,5%
- **91** 2020 Wintricher Ohligsberg Riesling VDP.Großes Gewächs
  **30 €** | 12,5%
- **92** 2020 Piesporter Goldtröpfchen Riesling VDP.Großes Gewächs
  **30 €** | 12,5%
- **92** 2020 Piesporter Grafenberg VDP.Großes Gewächs
  **30 €** | 12,5%
- **93** 2020 Piesporter Kreuzwingert Riesling trocken VDP.Großes Gewächs
  **42 €** | 12,5%
- **86** 2021 Riesling feinherb Haart to Heart
  **10,50 €** | 10,5%
- **92** 2021 Piesporter Goldtröpfchen Riesling Kabinett
  **15 €** | 8,5%
- **92** 2021 Piesporter Goldtröpfchen Riesling Spätlese
  **20 €** | 8%
- **94** 2021 Piesporter Goldtröpfchen Riesling Spätlese
  7,5% **AUKTION**
- **94** 2021 Piesporter Goldtröpfchen Riesling Auslese
  7,5% **AUKTION**

★★★★½

## JULIAN HAART

Weingut Julian Haart
54498 Piesport · Trevererstraße 12
Tel. (06507) 9389868
info@julian-haart.de
**www.julian-haart.de**

**Inhaber/in** Julian und Nadine Haart
**Betriebsleitung** Nadine Haart
**Keller** Nadine Haart

**Historie** seit 1337 Weinbau in Familientradition
**Rebfläche** 5 Hektar
**Jahresproduktion** 25 000 Flaschen
**Beste Lagen** Piesporter Goldtröpfchen, Wintricher Ohligsberg, Niederflörsheim Frauenberg, Wintricher Großer Herrgott
**Boden** Devonschieferverwitterung und Kalkstein

Nachweislich seit 1337 betreibt die Familie Haart Weinbau in Piesport und zählt damit zu den ältesten Winzerfamilien an der Mosel. Julian Haart vertritt die dreißigste Generation. 2010 begann die persönliche Weingeschichte mit einer Parzelle in der Spitzenlage Wintricher Ohligsberg. Die Rebfläche ist mittlerweile auf fünf Hektar angewachsen, mit besten Lagen in Piesport und Wintrich. Im Ohligsberg besitzt Julian Haart eine 585 Quadratmeter große, zu hundert Prozent wurzelechte Parzelle, im Goldtröpfchen sind es 761 Quadratmeter. Die Probe im Hause Haart mit großartigem Blick auf das Piesporter Lagen-Amphitheater begann mit dem Riesling Moselle, einem fein geschliffenen Wein, dem die zarte Restsüße gut zu Gesicht steht. Im Verlauf der Probe legte er an Kargheit zu und gewann an Charakter. Der trockene Piesporter legte sich mit seidenem Glanz auf den Gaumen. Ortswein ist hier ziemlich tief gestapelt. Verspielt und zart salzig, mit eingebundener Phenolik hinterließ er einen sehr wertvollen Eindruck. Ein Ausflug ins Rheinhessische nach Nieder-Flörsheim bescherte uns die Begegnung mit dem Großen Gewächs Frauenberg. Hier bewirtschaftet Julian Haart seit 2018 eine Parzelle. Karger in der offenen Aromatik von Zitrusfrüchten zeigte er uns nicht ganz das feine Aufspiel, das wir so mögen.

**Grandioses Großes Gewächs Ohligsberg**
Dann trat das Große Gewächs aus dem Ohligsberg auf. Bisher der beste Trockene, den wir hier probiert haben. Feinwürzig, mit saftigstem Schliff ausgekleidet, vibriert der Wein dezent rauchig über die Zunge. Wir hatten schon an diesem Punkt den Eindruck, dass die Weine noch entspannter geworden sind, als im Vorjahr, was sich im weiteren Verlauf der Probe bestätigte. Es kann natürlich auch am Jahrgang liegen, der hier eine ungeheure Präsenz der rassigen, glasklaren Frucht offenbart. Die so angenehm kühle Aromatik des Jahrgangs wird mit dem Kabinett aus dem Gräfenberg eingefangen. Delikatesse gepaart mit angedeuteter Gelbfruchtigkeit und viel Druck im Nachhall zeichnen das Goldtröpfchen Kabinett Alte Reben aus. Das furiose Finale der Probe bestreitet der Ohligsberg Kabinett mit dem weißen Etikett, welches den alten Reben Rieslingen vorbehalten ist. Von vornehm vielschichtigem Aufspiel durchwoben, endet der Wein mit enormer Länge und feinstem Grip. Und dann soll es noch einen wurzelechten Kabinett aus dem Ohligsberg geben. Dieser war aber zum Zeitpunkt unseres Besuches noch nicht gefüllt. Für eine grandiose 2021er Probe sowie für die nicht minder starken Weine der Vorjahre, gibt es von uns einen großes Kompliment und einen halben Stern dazu.

**91** 2021 Nieder-Flörsheimer Frauenberg (Rheinhessen) Riesling trocken Grand Cru
**Preis auf Anfrage** | 12 %

**92** 2021 Piesporter Riesling trocken
**Preis auf Anfrage** | 12 %

**94** 2021 Wintricher Ohligsberg Riesling trocken Grand Cru
**Preis auf Anfrage** | 12 %

**88** 2021 Riesling Moselle
**Preis auf Anfrage** | 12 %

**93** 2021 Wintricher Großer Herrgott Riesling Kabinett
**Preis auf Anfrage** | 8,5%

**94** 2021 Piesporter Gräfenberg Riesling Kabinett
**Preis auf Anfrage** | 7 %

**94** 2021 Piesporter Goldtröpfchen Riesling Kabinett Alte Reben
**Preis auf Anfrage** | 7 %

**94** 2021 Wintricher Ohligsberg Riesling Kabinett Alte Reben
**Preis auf Anfrage** | 7,5%

★★★★

## HAIN

Weingut Hain
54498 Piesport · Am Domhof 5
Tel. (06507) 2442 · Fax 6879
info@weingut-hain.de
**www.weingut-hain.de**

**Inhaber/in und Betriebsleitung**
Gernot Hain

**Historie** Weinbau seit dem 17. Jahrhundert
**Rebfläche** 11 Hektar
**Jahresproduktion** 80 000 Flaschen
**Beste Lagen** Piesporter Goldtröpfchen und Domherr
**Boden** Devonschiefer
**Rebsorten** 75% Riesling, 25% übrige Sorten (Weißburgunder, Chardonnay, Spätburgunder)
**Gastronomie** eigenes Weinhotel, Gutsrestaurant

Gernot Hain hat geschafft, woran er so lange gearbeitet hat. Er hat uns Jahr für Jahr Kollektionen vorgestellt, in denen kaum ein Wein unter 90 Punkten lag. Er beherrscht die Klaviatur vom trockenen bis zum edelsüßen Riesling und von weißen Burgundern bis zum Pinot Noir. Ehrgeizig wie er ist, will er zu den Besten in Piesport gehören. Das tut er nun aus unserer Sicht, da wir ihm den verdienten vierten Stern verleihen, der hoffentlich noch lang über dem Weingut leuchten wird. Seine trockenen Rieslinge aus dem Domherr und dem Goldtröpfchen lagen in den vergangenen Jahren immer im 90 Punktebereich und darüber. Da er im Goldtröpfchen so viele unterschiedliche Parzellen sein Eigen nennt, hat er mit dem Jahrgang 2020 drei verschiedene trockene Weine gefüllt. Es sind Weine mit Finesse und Substanz, die nebenbei erwähnt, zu sehr attraktiven Preisen angeboten werden. Sein Klassiker, das Piesporter Goldtröpfchen Alte Reben feinherb, setzt Maßstäbe in diesem Geschmackssegment und ist unser „coup de coeur" im Jahrgang 2021. Fest und fein zugleich zeigt es exemplarisch den Stil des Hauses in gehaltener Gelbfruchtigkeit, die dem Wein innere Dichte verleiht. Gleichzeitig bleibt er karg und fordernd. Auch die Kabinett-Weine bewegen sich schon seit Jahren auf hohem Niveau. In diesem Jahr zeigte uns Gernot Hain ein Duo aus dem Goldtröpfchen. Wir gaben dem Alte Reben den Vortritt. In diesem Jahr strahlt Gernot Hain mit seinen Spätlesen wie nie zuvor: Gleich vier an der Zahl, von denen drei Weine jeweils 94 Punkte erhielten. So richtig entscheiden konnten wir uns nicht, erklärten aber die Felsterrassen zu unserem Favoriten. Auch oder weil sie in Richtung einer Auslese tendiert, wird sie von edlem Schliff geprägt und klingt konzentriert und kristallklar aus. Gernot Hain hat seinen eigenen Stil bei den Rieslingen gefunden und in den letzten Jahren manifestiert. In jedem Riesling des Weinguts scheint Kraft und Feinheit durch. Diese Verbindung zu erschaffen ist für uns die große Kunst des Weinmachens. Dies beherrscht dieser Herr der Reben und des Kellers perfekt.

### Ambitionen auch bei den Burgundern

Sehr ambitioniert ist Hain auch in Bezug auf Weißburgunder, Chardonnay und Spätburgunder seit ein paar Jahren unterwegs. Eine besondere Vorliebe haben wir für seinen Chardonnay entwickelt. Vor allem die Frische, die der Wein Jahr um Jahr aufweist, ist vortrefflich. Von zu viel Parfum durch den Einsatz neuer Holzfässer reden wir schon gar nicht mehr. Der feine Duft von gebrauchtem und perfekt dosiertem Holz bereichert den Wein ausschließlich mit einer dezenten Kargheit. Nichts Lautes stört. Beim Spätburgunder ist der Holzton rauchig angelegt. Bei diesem Jungspund wird noch Zeit zur Integration mit der süßlichen Kischfrucht notwendig sein. Dies betrifft den aktuellen 2020er Piesporter Falkenberg Spätburgunder trocken, der kurz vor unserer Verkostung gefüllt worden war. Unser Glückwunsch geht mit einem Glas Goldtröpfchen in der Hand nach Piesport zu Gernot Hain.

**86** 2021 Piesporter Riesling trocken
**7,50 €** | 11,5%

**89** 2021 Piesporter Goldtröpfchen Riesling Kabinett trocken
**9,50 €** | 11,5% **BEST BUY**

**89** 2021 Chardonnay trocken
**12 €** | 12,5%

**91** 2021 Piesporter Domherr Riesling trocken ***
**14,50 €** | 12,5%

**91** 2021 Piesporter Goldtröpfchen Riesling trocken ***
**14,50 €** | 12,5%

**92** 2021 Piesporter Goldtröpfchen Riesling Großes Gewächs
**27 €** | 12,5%

**91** 2021 Piesporter Goldtröpfchen Riesling Kabinett feinherb
**9,50 €** | 10 %

**93** 2021 Piesporter Goldtröpfchen Riesling feinherb Alte Reben
**14,50 €** | 10,5%

**91** 2021 Piesporter Goldtröpfchen Riesling Kabinett
**9,50 €** | 8 %

**92** 2021 Piesporter Goldtröpfchen Riesling Kabinett Alte Reben
**12 €** | 7,5%

**94** 2021 Piesporter Goldtröpfchen Riesling Spätlese
**12 €** | 7,5%

**94** 2021 Piesporter Goldtröpfchen Riesling Spätlese
**13,50 €** | 7,5%

**94** 2021 Piesporter Goldtröpfchen Riesling Spätlese Felsterrassen 16/22
**16 €** | 7,5%

**88** 2020 Piesporter Falkenberg Spätburgunder trocken
**19,50 €** | 13 %

★★★

## HEDDESDORFF

Weingut Freiherr von Heddesdorff
56333 Winningen · Am Moselufer 10
Tel. (02606) 962033 · Fax 962034
weingut@vonheddesdorff.de
**www.vonheddesdorff.de**

**Inhaber/in** Andreas von Canal
**Keller** Andreas und Katharina von Canal
**Historie** seit 1424 in Familienbesitz
**Rebfläche** 6 Hektar
**Jahresproduktion** 40 000 Flaschen
**Beste Lagen** Winninger Uhlen, Röttgen und Brückstück
**Boden** Schieferverwitterungsboden
**Rebsorten** 95% Riesling, 5% Spätburgunder
**Erlebenswert** altes Stammhaus

Schon der trockene Riesling Gutswein Stein reich machte eine eindeutig bessere Figur als sein Jahrgangsvorgänger. Dieser Qualitätssprung zog sich durch das gesamte 2021er Sortiment und manifestiert in diesem Jahr das Niveau des 3-Sterne-Betriebs. Zu der angenehmen Trinkigkeit des Stein reich gesellen sich Charakter und Tiefe hinzu. Und das zu einem tollen Preis. Alle trockenen Weine sind mit seidig- gelbfruchtiger Textur ausgestattet und repräsentieren aufs Feinste den reif ausbalancierten Ton der Terrassenmosel-Rieslinge ohne dabei ausladend zu wirken. Die eingebundene Säure unterstützt die Stilgebung. Auch die feinherben Rieslinge sind sehr qualitätsvoll. Wir ziehen das in sich ruhende, von zarter Süße durchwobene Brückenstück dem Uhlen vor. Die Spätlese aus dem Röttgen knackte locker die 90-Punkte-Marke und beeindruckte mit nobel-delikatem Trinkfluss. In diesem Jahr gab es für fünf Weine 90 oder mehr Punkte. Bravo! Wahrscheinlich haben die extrem aufwändigen Laubarbeiten und lange Maischestandzeiten von bis zu 15 Stunden mit zu dieser starken Leistung beigetragen. Die Spontangärung mit einer Dauer von bis zu sechs Monaten tat ihr Übriges. Im Jahr 2015 bepflanzte man eine größere Parzelle mit mischbeerigen Spätburgunder-Klonen. Die entrappten Beeren erfahren eine circa 14-tägige Maischegärung und reifen anschließend mindestens zwölf Monate in französischen Barriques. Der 2019er ist im Duft noch intensiv vom neuen Holz geprägt. Die Frucht kommt nach Belüftung zu ihrem Recht und ist geprägt von leicht süßlicher Beerenaromatik.

**87** 2021 Riesling trocken Stein reich
**7,80 €** | 12,5%

**88** 2021 Riesling trocken DREI.KOMMA.VIER
**9 €** | 12,5%

**91** 2021 Winninger Uhlen Laubach Riesling trocken Zehn Terrassen
**15 €** | 13 %

**91** 2021 Winninger Uhlen Roth Lay Riesling trocken Baron
**17 €** | 12,5%

**88** 2021 Winninger Uhlen Riesling Kabinett feinherb
**10,30 €** | 10,5%

**90** 2021 Winninger Brückstück Riesling feinherb
**13 €** | 11,5%

**90** 2021 Winninger Röttgen Kabinett
**10,30 €** | 8,5%

**93** 2021 Winninger Röttgen Riesling Spätlese
**13 €** | 8 %

**88** 2019 Spätburgunder trocken Barrique
**14 €** | 13 %

★★½

## HEINRICHSHOF

Weingut Heinrichshof
54492 Zeltingen Rachtig
Chur-Kölner Straße 23
Tel. (06532) 3151 · Fax 933334
mosel@weingut-heinrichshof.de
**weingut-heinrichshof.de**

**Inhaber/in und Betriebsleitung**
Peter und Ulrich Griebeler
**Keller** Peter Griebeler
**Außenbetrieb** Ulrich Griebeler

Chapeau! Was für eine tolle Kiste haben uns die Brüder Peter und Ulrich Griebeler dieses Jahr auf den Tisch gestellt. So macht bereits der trockene Riesling Römische Kapelle viel Spaß: klar, mit Schmelz und etwas Salz. Der Riesling trocken Zulast, aus der Zeltinger Sonnenuhr, betört einen zunächst mit schöner Frucht gefolgt von mineralischer Note und viel Grandezza. Die Zeltinger Sonnenuhr Auslese hingegen kommt stoffig und mit gutem Kern daher. Das die Brüder nicht nur Riesling beherrschen, zeigen der Weißburgunder trocken Reserve sowie der 2020er Spätburgunder trocken Reserve.

**86** 2021 Riesling trocken Römische Kapelle
**8,70 €** | 12 %

**86** 2021 Weißburgunder trocken
**8,70 €** | 12,5%

**89** 2021 Zeltinger Sonnenuhr Rotlay Riesling trocken
**16 €** | 12 %

**89** 2021 Weissburgunder trocken Reserve
**19 €** | 12,5%

**90** 2021 Zeltinger Sonnenuhr Riesling trocken Zulast
**19,90 €** | 12,5%

**87** 2021 Zeltinger In der Heel Kabinett feinherb
**8,70 €** | 9 %

**89** 2021 Zeltinger Schloßberg Spätlese feinherb
**10,30 €** | 9,5%

**90** 2021 Zeltinger Schloßberg Riesling Auslese restsüss
**13,90 €** | 8 %

**92** 2021 Zeltinger Sonnenuhr Riesling Auslese restsüss
**14,50 €** | 7,5%

**91** 2020 Spätburgunder trocken Réserve
**19,90 €** | 13 %

## DR. HERMANN

Weingut Dr. Hermann
54492 Erden · Auf der Geig 3
Tel. (06532) 3549
info@weingut-drhermann.de
**www.weingut-drhermann.de**

**Inhaber/in und Betriebsleitung**
Christian Hermann
**Keller** Christian Hermann

**Rebfläche** 14 Hektar
**Jahresproduktion** 125 000 Flaschen
**Beste Lagen** Erdener Treppchen, Herzlei und Prälat, Ürziger Würzgarten, Piesporter Goldtröpfchen, Brauneberger Juffer, Wehlener Sonnenuhr
**Boden** grauer und blauer Devonschiefer, Rotliegendes
**Rebsorten** 98% Riesling, 2% Spätburgunder

Das heutige Weingut Dr. Hermann entstand 1967 aus der Erbteilung des Weinguts Joh. Jos. Christoffel in Ürzig, als Christian Hermanns Großvater, der Mediziner Dr. Hermann, mit den seinem Familienzweig gehörenden Weinbergen ein eigenes Weingut gründetete. Im Laufe der Zeit wurde der Weinbergsbesitz stetig vergrößert. Mit dem Bau eines zeitgemäßen Kellers wurde die Produktionsstätte von Ürzig nach Erden verlegt. Unsere Fahrt ging los mit einem ernsthaften, erfrischenden trockenen Riesling mit Säurebiss. Ab da begann der Aufstieg über die restsüßen Prädikatsweine bis hin zu den edelsüßen Kreszenzen, die hier jahrein jahraus grandios geraten. Das Erdener Treppchen als Kabinett -6- hat diesmal die Nase vorn. Wegen des feinen Spiels der Treppchen-typischen Säure gaben wir ihm den Vorzug. Christian Hermann zeigt uns mit der Erdener Herzlei Spätlese eindrucksvoll die Stärken dieser Lage. Das tänzelnde Aufspiel und der feine Säurestrahl lassen den Wein schweben. Dunkler, markanter und reifer in ihrer gesamten Aromatik stellt die Spätlese Alte Reben Goldkapsel aus dem Erdener Prälat das geschmackliche Gegenstück dar. Wer die Wahl hat, hat die Qual. Der eine liebt die Leichtigkeit der Herzlei, der andere die Festigkeit des Prälats. Die Weine sind bis hin zu den Auslesen entspannt und ruhig konzipiert. Einem delikaten Früchtecocktail gleich trat die Auslese Treppchen Goldkapsel auf. Mit ihrer explosiven Art riss sie einen förmlich mit. Im Reich der Piddelkönige befanden wir uns bei den drei Trockenbeerenauslesen. Ganz vorne, in der ersten Reihe, steht die TBA Treppchen Alte Reben lange Goldkapsel. Zu Beginn noch zu hoch verdichtet, hebt sich der Schleier des überbordenden Restzuckers, dann sind er und die Säure bereit sich in Harmonie zu versuchen. Bei über 300 Gramm Restzucker und einer Säure um 13 Gramm, mit 205 Grad Oechsle gelesen, kann das noch dauern. Bei solch einem edelsüßen Trio haben es die zwei Eisweine schwer. Allerdings kosten sie auch nur ein Viertel der TBAs.

### Im Finale edelsüß gesetzt

Das Lagenportfolio des Guts ist beeindruckend. So besitzt man neben den Erdener und Ürziger Weinbergen auch Parzellen im Piesporter Goldtröpfchen und in der Braunberger Juffer. In den heimischen Lagen kann man auf die hohe Qualität der Trauben wurzelechter Reben zurückgreifen, die bis zu 120 Jahre alt sind. Besonders stolz ist man auf die alten Reben im berühmten Erdener Prälat. Mit höchstem Aufwand wird nicht nur bei den Beeren- und Trockenbeerenauslesen eine selektive Lese betrieben. Jedes Jahr steht mindestens eine Flasche mit dem auffallend hellgelben Etikett in unserer Finalprobe edelsüßer Weine, so auch wieder in diesem Jahr.

★

**87** 2021 Riesling trocken
**9,50 €** | 11,5%

**91** 2021 Brauneberger Juffer Riesling Kabinett
**13,90 €** | 7,5%

**92** 2021 Ürziger Würzgarten Riesling Kabinett Alte Reben
**16,50 €** | 8%

**93** 2021 Erdener Treppchen Riesling Kabinett -6-
**13,90 €** | 7,5%

**93** 2021 Erdener Treppchen Riesling Spätlese Goldkapsel
**22 €** | 7,5%

**93** 2021 Wehlener Sonnenuhr Riesling Spätlese Goldkapsel
**24 €** | 7,5%

**94** 2021 Ürziger Würzgarten Riesling Spätlese Alte Reben In der Kranklei Goldkapsel
**22 €** | 7,5%

**94** 2021 Erdener Prälat Riesling Spätlese Alte Reben Goldkapsel
**24 €** | 7,5%

**94** 2021 Erdener Herzlei Riesling Spätlese Alte Reben Monopol Goldkapsel
**24 €** | 7,5%

**93** 2021 Erdener Treppchen Riesling Auslese
**25 €** | 7,5%

**94** 2021 Erdener Treppchen Riesling Auslese Goldkapsel
**35 €** | 7%

**95** 2021 Erdener Treppchen Riesling Trockenbeerenauslese Goldkapsel
**250 €/0,375 Lit.** | 7%

**97** 2021 Erdener Treppchen Riesling Trockenbeerenauslese Alte Reben Goldkapsel
**275 €/0,375 Lit.** | 7% **TOP 10**

**97** 2021 Erdener Prälat Riesling Trockenbeerenauslese Alte Reben Lange Goldkapsel
**299 €/0,375 Lit.** | 6% **TOP 10**

**94** 2021 Riesling Eiswein
**50 €/0,375 Lit.** | 7,5%

**95** 2021 Kinheimer Hubertuslay Riesling Eiswein
**75 €/0,375 Lit.** | 6,5%

## HERMES

Weingut Bernd Hermes
54536 Kröv · Im Flurgarten 31
Tel. (06541) 3619
weingut@bernd-hermes.de
**www.bernd-hermes.de**

**Inhaber/in** Bernd Hermes
**Betriebsleitung** Bernd Hermes
**Keller** Bernd und Maximilian Hermes
**Außenbetrieb** Bernd und Maximilian Hermes

Eine sehr schöne und stimmige Kollektion haben uns dieses Jahr Bernd und Maximilian Hermes eingereicht. Neben den Rieslingen, die den Hauptanteil der angebauten Rebsorten auf dem Weingut bilden, gab es dieses Jahr auch einen Sauvignon Blanc zu verkosten, der sich sehr elegant mit seiner grün-grasigen, leicht rauchigen Art und etwas Stachelbeere gibt. Die Rieslinge präsentieren sich allesamt sehr klar und fruchtbetont. So gefällt schon der Gutsriesling trocken, mit feiner Frucht und etwas Zitrusschale sowie der feinherbe Riesling aus der Kröver Letterlay, mit seiner eher mineralischen, verspielten Art. Perfekt auch die Kröver Nacktarsch Riesling Spätlese, die einen erst mit ihrer eleganten Süße umgarnt, um einen dann mit ihrem leicht herben Kern von ihrer Ernsthaftigkeit zu überzeugen.

**85** 2021 Riesling trocken Gutsriesling
**7,10 €** | 11%

**86** 2021 Sauvignon Blanc trocken
**10,20 €** | 11%

**87** 2021 Kröver Letterlay Riesling trocken
**8,90 €** | 11%

**86** 2021 Riesling feinherb „MX“
**8,60 €** | 10,5%

**88** 2021 Kröver Letterlay Riesling feinherb
**9,50 €** | 12%

**86** 2021 Kröver Steffensberg Riesling
**11,20 €** | 7,5%

**90** 2021 Kröver Nacktarsch Riesling
**Preis auf Anfrage** | 8%

★★★★

## HERRENBERG

Weinhof Herrenberg
54441 Schoden · Gartenstraße 93
Tel. (06581) 1258 · Fax 995438
info@lochriesling.de
**www.lochriesling.de**

**Inhaber/in** Claudia Loch
**Keller** Johannes Loch
**Außenbetrieb** Johannes Loch

**Rebfläche** 6 Hektar
**Jahresproduktion** 28 000 Flaschen
**Beste Lagen** Schodener Herrenberg, Ockfener Bockstein, Kanzemer Sonnenberg
**Boden** Schiefer und Devonschiefer
**Rebsorten** 100% Riesling
**Erlebenswert** denkmalgeschütztes, in allen Teilen erhaltenes Quereinhaus

Wir geben ja bekanntermaßen den Weinen in unseren Proben Zeit und Luft für ihre Entwicklung. Es war erstaunlich zu erkennen, wie wenige Weine sich nach der Belüftung strukturell verändert hatten. Viele gewannen leicht an Fruchtigkeit hinzu, viele blieben verhangen. Bei den 2021er Rieslingen aus dem Weingut der Familie Loch war das ganz anders. An der Luft legten die Weine ihren Speck ab und wurden differenzierter. Apropos Speck: Nach Einschätzung des Weinguts war es eines der letzten, wenn nicht das letzte, das die Lesezeit beendete. Vollreifes Lesegut war das Ergebnis. Die Alkoholwerte liegen eindeutig höher als im vergangenen Jahr. In diesem Spannungsverhältnis zwischen aromatischer Gelbfruchtigkeit und kühler Würze bewegen sich die Weine, sie benötigen als Katalysator Luft. Eher zurückhaltend, karg und ruhig zeigte sich uns der Schodener Herrenberg kleines Fass halbtrocken, in der dritten Probe. In der ersten Verkostung arbeiteten die leicht verbrannten, lakritzigen Noten gegen eine Herbe an. Wir dachten nicht, dass es derselbe Wein wäre. Um es an dieser Stelle noch einmal klar und deutlich festzuhalten: Jedes Jahr werden hier zwar hochreife, goldgelbe Trauben gelesen, aber, und da sind wir uns auch aus der Entfernung des Verkosters betrachtet, ganz sicher: Die Gesundheit der Trauben, die Sauberkeit des Leseguts, sind das Nonplusultra, um derartige Weine entstehen zu lassen. Wir notierten passend: „In der Reife sauber." Den Stier haben wir in diesem Jahr nicht im Glas gehabt, was daran liegen kann, dass diese extrem schwer zugängliche Teilparzelle des Schodener Herrenbergs mit Rieslingreben neu bepflanzt wurde. Wir gehen also davon aus, dass wir noch ein paar Jahre auf das erste Resultat werden warten müssen. Der Steinmetzrausch aus dem Ockfener Bockstein entspannt sich fein im Glas und gibt, nach anfänglicher Schärfe am Gaumen, geschliffene Würze preis. Ein Bockstein-Stil den wir mögen, nicht nur weil diese geschmackliche Interpretation einzigartig für diese Lage ist.

### Extrem selektive Lese

1992 erwarben Claudia und Manfred Loch, beide Quereinsteiger, ihren ersten 1200 Quadratmeter großen Weinberg im verträumten Schoden. Im Folgejahr kamen drei Hektar von den Eltern hinzu. Man reduzierte den Ertrag auf 25 bis 30 Hektoliter pro Hektar und begann die Weine nach Parzellen sortiert auszubauen, um die jeweilige Typizität im Wein optimal zur Geltung zu bringen. Bei der Lese wird extrem selektiert, die werden Trauben schonend in kleinen Behältern auf die genauso schonend arbeitende Kelter gebracht. Im Keller regieren die Spontanhefen, bei der Füllung werden geringst mögliche Schwefelgaben angestrebt. Handwerkliche Qualität in Perfektion.

Weinhof Herrenberg
Familie Loch

**89** 2021 Schodener Herrenberg „Cruv“ trocken
**18,90 €** | 13,5%

**90** 2021 Schodener Herrenberg „Saartyr“ trocken
**29,90 €** | 13,5%

**92** 2021 Schodener Herrenberg „kleines Fass“ halbtrocken
**19,90 €** | 12,5%

**87** 2021 Riesling Weißburgunder Cuvée feinherb
**10,90 €** | 12%

**90** 2021 Kanzemer Sonnenberg „Rautenstrauch“ feinherb
**18,90 €** | 12%

**91** 2021 Schodener Herrenberg „Stoveler“ feinherb
**18,90 €** | 11%

**88** 2021 Loch Riesling
**13,90 €** | 12,5%

**90** 2021 Ockfener Bockstein Riesling „Steinmetzrausch“
**38,90 €** | 13%

**90** 2021 Kanzemer Sonnenberg „Alte Reben“
**42,90 €** | 13,5%

★★★★☆

## HEYMANN-LÖWENSTEIN

Weingut Heymann-Löwenstein
56333 Winningen · Bahnhofstraße 10
Tel. (02606) 1919 · Fax 1909
info@hl.wine
**www.hl.wine**

**Inhaber/in und Betriebsleitung** Sarah Löwenstein, Cornelia Heymann-Löwenstein, Reinhard Löwenstein
**Keller** Sarah Löwenstein, Kathrin Höhler
**Außenbetrieb** Tim Röttgerding

**Historie** seit 1520 Winzer im Haupterwerb, seit 1980 als Weingut Heymann-Löwenstein
**Rebfläche** 13 Hektar
**Jahresproduktion** 80 000 Flaschen
**Beste Lagen** Uhlen, Röttgen, Stolzenberg und Kirchberg
**Boden** Verwitterungsböden verschiedener devonischer Schiefer
**Rebsorten** 98% Riesling, 2% Spätburgunder
**Erlebenswert** historische Terrassenlandschaft, historischer Gewölbekeller, Vinothek
**Mitglied** VDP, Slow Food, Fair'n Green

Der erste Wein der Probe, der 2021er Gutswein Schieferterrassen, stammt aus Rebbestand der Ersten Lagen des Weingutes. Insgesamt zwölf Parzellen mit einer Gesamtrebfläche von 5,2 Hektar stehen als Traubenquelle zur Verfügung. Die dezent angedeutete süßliche Fruchtreife wird von eingeschliffener Phenolik perfekt im Zaum gehalten. Auf ausschließlich 0,5 Hektar, aufgeteilt auf zwei Parzellen, wachsen die Reben für den RieslingVon blauem Schiefer. In einem zarteren edleren Gewand, mit festgefügter Frucht, zeigt er sich straffer als die Schieferterrassen. Die geologische Definition der Lage Kirchberg ist harter, quarzitischer Schiefer. Die bewirtschaftete Parzelle umfasst ebenfalls 0,5 Hektar. Noch von Kargheit umfangen, bleibt der Kirchberg auch nach Belüftung stoffig, fest und verschlossen. Die Reben der zwei in der Lage Stolzenberg vom Weingut bearbeiteten Parzellen, stehen auf grau-braunem, teilweise sandigem Schiefer. Getragen von verhalten gelbfruchtiger Süße, besticht der von hier kommende Wein durch seine edle Balance. Erst durch Sprengungen in den 1820er Jahren gelang es im Röttgen, diesem extrem steilen Felshang, Terrassen anzulegen. Von hier kommt in diesem Jahr ein Charmeur mit Tiefgang. Nach einiger Zeit im Glas entwickeln sich süße, edle Anklänge, ohne dass der Charakter des Weines darunter leiden würde.

**Laubach, Blaufüsser Lay, Roth Lay**

Diese drei Spitzengewächse aus dem Jahrgang 2020 ergänzten die oben beschriebene 2021er-Reihe. Der Boden im Laubach besteht aus sandigem Schiefer, der durch seinen hohen Kalkanteil von bis zu 10 Prozent grau gefärbt ist. Das Weingut bewirtschaftet hier drei Parzellen mit einer Gesamtfläche von 2,5 Hektar. Die Höhe der Lage bewegt sich zwischen 75 und 240 Meter über dem Meeresspiegel. Das Durchschnittsalter der Reben beträgt über 50 Jahre, vielen Stöcke sind wurzelecht. Die große innere Dichte des Weines wird durch seinen Säurekern bestimmt. Salzkaramell und pfeffrige Noten prägen die Aromatik. Der Boden in der Blaufüsser Lay ist geprägt von blau-grauen, tonhaltigen Schichten. Die Fläche beträgt 0,7 Hektar, die Hangneigung 100 bis 170 Prozent. Das Durchschnittsalter der Reben hier: über 60 Jahre, auch hier ist der Anteil wurzelechter Rebstöcke hoch. Von nobler Transparenz getragen schwebt der Wein hinein in einen zart süßlichen Nachhall. Die Farbe der Steine in der Roth Lay wechselt hangaufwärts von Grau zu verschiedenen Rottönen. Der Fels ist extrem hart, wird aber stellenweise von einem weichen, tonhaltigen Band unterbrochen. Es sind vier Parzellen in der Blaufüsser Lay, die eine Gesamtfläche von 1,6 Hektar umfassen. Auch hier sind die zum großen Teil wurzelechten Reben 60 Jahre alt. Markanter, herber als die Roth Lay, mit verdichteter tiefer Frucht, ist ihm ein langes Leben gegeben. Die Weine vergären ausschließlich mit wilden Hefen im Holzfass, werden ohne jeglichen Zusatz von Enzymen und Schönungsmittel ausgebaut und reifen mindestens 18 Monate auf der Hefe.

**90** 2021 Riesling trocken Schieferterrassen
**23,50 €** | 13 %

**91** 2021 Riesling trocken Von blauem Schiefer
**27 €** | 13 %

**92** 2021 Hatzenporter Kirchberg Riesling VDP.Großes Gewächs
**33 €** | 13 %

**92** 2021 Hatzenporter Stolzenberg Riesling VDP.Großes Gewächs
**35 €** | 13 %

**93** 2021 Winninger Röttgen Riesling VDP.Großes Gewächs
**41 €** | 13 %

**93** 2020 Uhlen Laubach Riesling VDP.Großes Gewächs
**49 €** | 12,5%

**93** 2020 Uhlen Blaufüsser Lay Riesling VDP.Großes Gewächs
**49 €** | 12,5%

**94** 2020 Winninger Uhlen Roth Lay Riesling trocken VDP.Großes Gewächs
**55 €** | 12,5%

★★☆

## HILD

Weingut Matthias Hild
54457 Wincheringen · Bahnhofstraße 33
Tel. (06583) 527 · Fax 1517
info@hild-wein.de
**www.hild-wein.de**

**Inhaber/in und Betriebsleitung**
Matthias Hild
**Keller** Matthias Hild
**Außenbetrieb** Jonas Hild

Matthias Hild könnte man wohl auch den Elbling-Flüsterer nennen. Nun ja, kein Wunder, wenn 60 Prozent der sieben Hektar seiner Weinberge in Wincheringen an der Obermosel mit Elbling bestockt sind. Das ist ja schließlich auch ein Statement. In diesem Jahr hat er uns vier Elbling-Weine auf dem Tisch gestellt, die allesamt begeisterten. Fangen wir beim Liter an - mit guter Struktur, etwas Apfel und Holunder. Weiter geht's mit dem Elbling trocken, dessen kleine Zitrusspitze und Grip überzeugen. Der Zehnkommanull, bei dem der Name dank geringem Alkoholgehalt Programm ist, weist indes viel Eleganz und Finesse auf. Und der cremige Elbling-Sekt Brut verführt mit klarer Frucht und grünem Apfel. Ein wahrhaft wundervolles Quartett. Auch die anderen Weine gefielen sehr und überzeugten allesamt auf ihre unkomplizierte, blitzsaubere Art.

**85** 2021 halbtrocken HILD Secco
**7 €** | 10,3%

**86** 2020 Elbling Sekt Brut HILD
**8,50 €** | 12,5%

**86** 2020 Weißburgunder Sekt Brut HILD
**9 €** | 12,5%

**84** 2021 Elbling trocken trocken HILD
**6,50 €/1 Lit.** | 11,1%

**85** 2021 Elbling trocken HILD
**6 €** | 11,5%

**85** 2021 Weißburgunder trocken HILD
**7 €** | 11,7%

**86** 2021 Grauburgunder trocken HILD
**7 €** | 12,2%

**86** 2021 Elbling Zehnkommanull trocken HILD
**7,50 €** | 9,8%

**84** 2021 Ruländer restsüss HILD
**7 €** | 9,5%

**86** 2021 Spätburgunder trocken HILD
**6,50 €** | 11,2%

★★★

## VON HÖVEL

Weingut von Hövel
54329 Konz-Oberemmel · Agritiusstraße 5-6
Tel. (06501) 15384 · Fax 18498
info@weingut-vonhoevel.de
**www.weingut-vonhoevel.de**

**Inhaber/in und Betriebsleitung**
Maximilian von Kunow
**Keller** Maximilian von Kunow & Wolfgang Mertes

**Historie** Abteihof des Klosters St. Maximin, seit 1803, heute in 7. Generation in Familienbesitz
**Rebfläche** 22 Hektar
**Jahresproduktion** 140 000 Flaschen
**Beste Lagen** Oberemmeler Hütte (Alleinbesitz), Scharzhofberger, Kanzemer Hörecker (Alleinbesitz)
**Boden** Devonschiefer
**Rebsorten** 90% Riesling, 10% Weißburgunder
**Erlebenswert** Klosterkeller aus dem 12. Jahrhundert
**Mitglied** VDP, Fair'n Green

Max von Kunow, der das Weingut in siebter Generation leitet, hat sich Verstärkung geholt. Mit Wolfgang Mertes aus dem Ruwertal hat er sich 2021 einen erfahrenen Mitarbeiter an seine Seite geholt. Mertes war bis zum Jahrgang 2020 viele Jahre Betriebsleiter des Weinguts Reichsgraf von Kesselstatt, in Morscheid an der Ruwer. Wir können uns irren, es kann auch dem Jahrgang 2021 geschuldet sein, aber wir haben den Eindruck, dass die Weine in diesem Jahr präziser ausgefallen sind, wenn sie auch im trockenen Bereich das heitere Aufspiel noch etwas vermissen lassen. Der Kanzemer Hörecker Großes Gewächs 2021 kommt auf der Versteigerung des VDP unter den Hammer. Die Struktur des Weins überdeckt zur Zeit noch die Feinheit, wobei wir auch hier den Eindruck haben, dass der Wein weniger als früher auf reife Frucht, dafür aber mehr auf Finesse angelegt ist. Für uns passt dieser Stil vortrefflich an die Saar. Die beiden Kabinette aus dem Scharzhofberg, einer davon der Versteigerungswein, lagen in unserer Gunst fast gleichauf. Wir stuften den „normalen" Kabinett leicht höher ein, weil er das Tänzelnde, Erfrischende, ja leicht Salzige des Scharzhofbergers betont. Häufig, und auch hier verhält es sich so, werden die Versteigerungsweine mit etwas mehr Speck auf den Rippen ausgestattet. Das kann ihnen die nötige Spannung nehmen.



**85** 2021 Saar Riesling trocken
**11,90 €** | 11,5%

**87** 2021 Krettnacher Riesling trocken
**16,90 €** | 12%

**89** 2021 Oberemmeler Hütte Riesling VDP.Großes Gewächs
**34 €** | 12%

**90** 2021 Kanzemer Hörecker Riesling VDP.Großes Gewächs
12% AUKTION

**85** 2021 Saar Riesling feinherb
**11,90 €** | 10,5%

**87** 2021 Saar Riesling Kabinett
**12,90 €** | 8%

**89** 2021 Saar Riesling Kabinett „S"
**18,90 €** | 7,5%

**90** 2021 Oberemmeler Hütte Riesling Kabinett VDP.Große Lage
**19 €** | 8,5%

**92** 2021 Wiltinger Scharzhofberg Riesling Spätlese
**38 €** | 8%

**92** 2021 Scharzhofberger Riesling Kabinett VDP.Große Lage
7,5% AUKTION

**92** 2021 Scharzhofberger Riesling Kabinett VDP.Große Lage
**25 €** | 7,5%

★★☆

## HÜLS

Weingut Hüls
54536 Kröv · Moselweinstraße 44
Tel. (06541) 8189369 · Fax 8167926
kontakt@weinguthuels.de
**www.weinguthuels.de**

**Inhaber/in und Betriebsleitung**
Markus Hüls

Wieder einmal präsentiert uns Markus Hüls eine sehr gelungene Kollektion. Die Weine seines sechs Hektar umfassenden Weinguts, mit Lagen in der Zeltinger Sonnenuhr sowie im Kröver Steffensberg und der Letterlay, überzeugen mit ihrer Präzision. So zieht einen der Riesling Kabinett aus dem Steffensberg mit seinem Mineral, der klaren Frucht und dieser leicht fordernden Note direkt in seinen Bann. Die beiden spät gefüllten 2020er Rieslinge aus der Letterlay und dem Steffensberg brillieren fest und entspannt. Der Riesling Alte Reben feinherb gefällt mit gutem Zug.

**83** 2021 Riesling trocken
**9,90 €** | 11,5%

**88** 2020 Kröver Letterlay Riesling trocken
**24,50 €** | 11,5%

**89** 2020 Kröver Steffensberg Riesling trocken
**24,50 €** | 11,5%

**85** 2021 Riesling feinherb
**9,90 €** | 11%

**87** 2021 Riesling feinherb Alte Reben
**15 €** | 11,5%

**89** 2021 Kröver Letterlay Riesling Kabinett
**12,50 €** | 8,5%

**89** 2021 Kröver Steffensberg Riesling Kabinett
**12,50 €** | 8,5%

**88** 2021 Zeltinger Sonnenuhr Auslese
**12,50 €/0,375 Lit.** | 8%

★★☆ NEU

## VILLA HUESGEN

Weingut Villa Huesgen
56841 Traben-Trarbach · An der Mosel 46
Tel. (06541) 812346 · Fax 812347
info@villahuesgen.com
**www.villahuesgen.com**

**Inhaber/in** Adolph Huesgen
**Keller** Edgar Schneider

Wechselbad des Geschmacks, so kann man es wohl am besten kurz und knapp formulieren, was beim Verkosten der Weine des Guts Villa Huesgen stattfand. Auf der einen Seite zwei Weine, ein Weißburgunder und eine Rosé, die in äußerst zugänglicher Art wenig Anspruch an höhere Weihen erheben und gleich daneben ein feinwürzig-animierender Sponti, der mit noblem Spiel umgarnt. Gemeint ist mit Letzterem der feinherbe Kabinett aus dem Enkircher Steffensberg, der sehr klare Lagentypizität in sich trägt. Und dann kam noch der Pinot Noir 2020 ins Glas. Saftige Kühle am Gaumen, so mögen wir es, und vornehm zart, das sind die Stärken der Rebsorte. Ein wirklich vortrefflicher Vertreter seiner Gattung und mit einem Preis, der Pinot-Noir-Freunde mit der Zunge schnalzen lässt. Sehr, sehr gerne hätten wir noch den einen oder anderen 2021er Riesling auf dem Probentisch gesehen und sind uns sicher, dass da noch ein paar feine Rieslinge ihr Aufspiel gehabt hätten. So müssen wir uns bis zum nächsten Jahr vertrösten und hoffen auf dann zartgereifte 2021er.

**86** 2021 Blauschiefer Riesling trocken
**10 €** | 11 %

**91** 2021 Enkircher Steffensberg Riesling Kabinett feinherb
**12,50 €** | 10 %

**89** 2020 Pinot Noir trocken
**14,90 €** | 12,5% BEST BUY

★★★★

## IMMICH BATTERIEBERG

Weingut C. A. Immich Batterieberg
56850 Enkirch · Im Alten Tal 2
Tel. (06541) 815907 · Fax 817926
info@batterieberg.com
**www.batterieberg.com**

**Inhaber/in** Familien Auerbach und Probst
**Betriebsleitung** Gernot Kollmann
**Keller** Gernot Kollmann
**Außenbetrieb** Phillip Clementi

**Rebfläche** 13 Hektar
**Jahresproduktion** 70 000 Flaschen
**Beste Lagen** Enkircher Batterieberg, Enkircher Zeppwingert, Enkircher Ellergrub, Enkircher Steffensberg, Trabener Zollturm, Briedeler Herzchen
**Boden** grauer bis blauer Devonschiefer, teilweise Rotschiefer, Quarzit
**Rebsorten** 100% Riesling

Die vier extremen Steillagen des Weinguts, Ellergrub, Zeppwingert, Batterieberg und Steffensberg wurden 1868 in der preußischen Lagenklassifikation in die höchste Klasse eingruppiert. Die drei erstgenannten Weinberge liegen zwischen den Orten Trarbach und Enkirch und besitzen quarzreiche Schieferböden. Die reine Südlage Steffensberg erhebt sich hinter dem Enkircher Ortskern. Hier herrscht eisenhaltiger Schieferboden vor. Den Namen der Monopollage des Guts, Batterieberg, erhielt sie von ihrer Entstehung: Zur besseren Bewirtschaftung und zur Urbarmachung wurden zwischen 1841 und 1845 mit sogenannten Sprengbatterien die gröbsten Felsen zerlegt. Dezente Süße prägt den trockenen Batterieberg in diesem Jahr. Zart pfefferwürzig, mit Aromen von Orangenschale ummantelt, ist er ein wahrer Charmeur. Eher zart und säurebetont präsentiert sich die Escheburg trocken. Salzige Frische lässt uns an einen Fino erinnern. Die ältesten Reben des Guts wachsen im Zeppwingert auf dunkelgrauem Schiefer. So zeigt er sich auch eindeutig mächtiger und konzentrierter, als der punktgleiche Steffensberg. Fordernd und kompakt zugleich widerspiegelt er das Spiel zwischen Eleganz und Kraft.

**Straffer und präziser**

Wir fanden in diesem Jahr eindeutig mehr Gefallen an dem strafferen, präziseren Stil der 2021er. In der Vergangenheit konnten sich viele Weine nicht von der teilweise sehr hohen Restsüße befreien. Wir finden, dass die 2021er insgesamt balancierter, befreiter wirken und so ihren Lagencharakter deutlicher zum Ausdruck bringen können. Die drei uns gezeigten 2020er weisen die dem Jahrgang innewohnende Tendenz zur schnellen Reifung auf. Der Batterieberg wirkt schon recht karg in der Mitte und kann seine 13 Volumenprozent Alkohol nicht mehr kaschieren. Der Zollturm mit hochreifer Süße ausgestattet, gibt die Aromatik botrytisierter Trauben preis, was ihn leicht eindimensional erscheinen lässt. Auch wenn die Ellergrub Reserve leicht verblüht wirkt, so besitzt sie doch die klarste Fruchtanimation des Trios. Die Lage ist die steilste und größte des Guts. Geprägt durch den dunklen (blauen) erodierten Schiefer, wachsen hier nach Ansicht des Weinguts die feinsten und elegantesten Rieslinge des Betriebs. Das können wir nur bestätigen. Sehr gespannt sind wir auf die Reserve-Weine aus dem Jahrgang 2021. Wir gehen fest davon aus, dass sie strukturierter, komplexer ausfallen werden und ein längeres Leben vor sich haben, als die 2020er. Sehr angetan waren wir von dem für uns neuen Stil des Weinguts, wissen aber noch nicht, ob es hauptsächlich dem Jahrgang zuzuschreiben ist.

WEINGUT IMMICH-BATTERIEBERG

**85** 2021 Riesling Kabinett trocken C.A.I
**13 €** | 10 %

**86** 2021 Riesling trocken Detonation
**16 €** | 11 %

**87** 2021 Briedeler Herzchen trocken
**18 €** | 11,5%

**89** 2020 Enkircher Batterieberg Riesling trocken Reserve
**100 €** | 13 %

**90** 2021 Riesling trocken Escheburg
**18 €** | 11 %

**90** 2020 Trabener Zollturm Riesling trocken
**40 €** | 12,5%

**91** 2021 Enkircher Batterieberg Riesling trocken
**50 €** | 12 %

**91** 2020 Enkircher Ellergrub Riesling trocken Reserve
**100 €** | 12,5%

**92** 2021 Enkircher Steffensberg Riesling trocken
**25 €** | 12 %

**92** 2021 Enkircher Zeppwingert Riesling trocken
**50 €** | 12 %

★ NEU

## IMMICH-ANKER

Weingut Immich-Anker
56850 Enkirch · Steffensberg 19
Tel. (06541) 6230 · Fax 4965
immich-anker@mosel.net
**www.mosel.net**

**Inhaber/in und Betriebsleitung**
Daniel S. Immich
**Keller** Daniel S. Immich
**Außenbetrieb** Daniel S. Immich

Dass Daniel S. Immich, Jahrgang 1980, sein Handwerk als Sektmacher versteht, zeigt er uns mit seinem 2019er Enkircher Monteneubel Brut 1425. Seit gut 35 Jahren werden hier schon Schaumweine erzeugt, Weinbau betreibt die Familie bereits seit 1425. Das 3,5 Hektar große Weingut hat seinen Sitz in einer Villa im neugotischen Stil aus dem Jahre 1897. Die Neuaufnahme in den Guide soll Ansporn für Daniel S. Immich sein, aus seinem hervorragenden Lagenpotential noch mehr herauszuholen. Dabei wünschen wir uns gerne mehr Mut zur Säure des Rieslings, um die Weine differenzierter auftreten zu lassen.

**83** 2019 Enkircher Monteneubel Riesling Sekt b. A. Brut nature 1425 Zero Dosage
**14,70 €** | 12,5%

**85** 2019 Enkircher Monteneubel Sekt b. A. Brut 1425
**12,50 €** | 12 %

**83** 2021 Riesling trocken I-A
**8 €** | 11 %

**83** 2021 Enkircher Steffensberg Riesling trocken Alte Reben pS
**12,50 €** | 11,5%

**84** 2021 Riesling trocken Eisbruch
**9,70 €** | 11 %

**84** 2021 Enkirch Steffensberg Riesling trocken Alte Reben
**10,30 €** | 11,5%

**83** 2021 Enkircher Herrenberg Riesling halbtrocken Liebling vom Chef
**10,40 €** | 11,5%

**83** 2021 Riesling feinherb Eschewingert
**9,50 €** | 10 %

**83** 2021 Enkircher Im Löwenbaum restsüss
**10,40 €** | 8,5%

★★☆

## JAKOBY-MATHY

Weingut Jakoby-Mathy
54538 Kinheim · Königsstraße 4
Tel. (06532) 3819 · Fax 953443
info@weingut-jakoby-mathy.de
**www.weingut-jakoby-mathy.de**

**Inhaber/in** Erich Jakoby
**Keller** Erich und Peter Jakoby

**Historie** Weinbau in der Familie seit 1857
**Rebfläche** 4 Hektar
**Jahresproduktion** 40 000 Flaschen
**Beste Lagen** Kinheimer Rosenberg und Hubertuslay
**Boden** Devonschiefer
**Rebsorten** 80% Riesling, je 8% Müller-Thurgau und Spätburgunder, 4% Weißburgunder

Eine rundum gelungene Kollektion erhielten wir aus Kinheim von der Familie Jacoby. Schon der Weißburgunder mit seinem herzhaft hefewürzigen Anklang ließ uns aufhorchen. So ging es weiter mit dem Kinheimer Hubertuslay Riesling trocken, in einem harmonisch abgestimmten, ebenfalls zarthefigen Stil und zu einem unschlagbaren Preis. In der Hubertuslay besitzt die Familie Jacobi sechs Parzellen aus denen die trockenen und feinherben Weine stammen. Dem Kabinett aus dem Kinheimer Rosenberg, der zweiten Lage, in der das Weingut Besitz hat, schreibt man gutsintern florale Duftnoten zu, was wir sehr gut nachvollziehen können. Die beigefügte Flasche Beerenauslese war das grandiose Dessert am Ende des Probenmenüs. Seidig-schmelzige Botrytisfrucht breitete sich grandios am Gaumen aus. Beerenauslese ist da eher tiefgestapelt. Den Grundstock für das heutige Weingut legte Nikolaus Jacobi im Jahre 1959. In diesem Jahrhunderjahrgang entschloss er sich, die Trauben nicht mehr an örtliche Kellereien oder Weingüter abzuliefern, sondern selber Wein zu machen und zu vermarkten. Heute wird das Weingut in der dritten Generation geführt. Seit über 20 Jahren beschäftigt man sich hier schon mit dem Spätburgunder, von dem wir uns nach so vielen Jahren der Abstinenz nun einmal eine Probeflasche wünschen.

WEINGUT Jakoby Mathy

**86** 2021 Kinheimer Hubertuslay Riesling trocken Aufbruch
**6,90 €** | 11,5%

**86** 2021 Weißburgunder trocken
**8 €** | 12%

**88** 2021 Kinheimer Hubertuslay Riesling Kabinett trocken Aufstieg
**8 €** | 11%

**86** 2021 Kinheimer Hubertuslay Riesling Kabinett feinherb Weitblick
**8 €** | 10%

**90** 2021 Kinheimer Rosenberg Riesling Kabinett
**8 €** | 8,5%

**88** 2021 Kinheimer Rosenberg Riesling Spätlese
**10 €** | 8%

**94** 2020 Kinheimer Hubertuslay Riesling Beerenauslese
**35 €/0,375 Lit.** | 8%

**91** 2020 Kinheimer Hubertuslay Riesling Eiswein
**35 €/0,375 Lit.** | 8%

★

## JUNGLEN

Weingut Markus Junglen
54536 Kröv · Stablostraße 20
Tel. (06541) 3292 · Fax 814537
info@junglenwein.de
**www.junglenwein.de**

**Inhaber/in und Betriebsleitung**
Markus Junglen
**Keller** Markus Junglen

Markus Junglen hat uns auch in diesem Jahr eine sehr schöne und vor allem homogene Kollektion auf den Tisch gestellt. Schon der Literwein mit seiner Klarheit und Fülle bereitet Spaß und zeigt, dass man hier die Klaviatur des Rieslings beherrscht. Der Riesling Kabinett aus dem Kröver Paradies besticht mit seiner Eleganz und feiner Birne - ebenso wie die restsüße Spätlese aus dem Kröver Steffensberg, die einen mit ihrer klaren Frucht umgarnt, um dann mineralisch und mit leichter Zitrusnote aufzutrumpfen. Auch den eleganten Weißburgunder Edtition M aus dem Kröver Paradies möchten wir besonders erwähnen: Mineralisch, mit feinem Holz und guter Säure zielt er eher in die burgundische Richtung.

**84** 2021 Riesling trocken
**6,80 €** | 11%

**86** 2021 Sauvignon Blanc trocken
**8 €** | 12%

**86** 2021 Kröv Steffensberg Riesling trocken Edition M
**12 €** | 12,5%

**87** 2021 Kröv Steffensberg Riesling Spätlese feinherb
**9,50 €** | 11,5%

**85** 2021 Riesling feinherb
**6,80 €** | 10,5%

**87** 2021 Kröv Steffensberg Riesling feinherb Von Alten Reben
**12 €** | 11,5%

**88** 2021 Kröver Paradies Riesling Kabinett
**6,80 €** | 8,5%

**90** 2021 Kröv Steffensberg Spätlese restsüss
**9,50 €** | 8,5%

**88** 2020 Kröver Paradies Spätburgunder trocken Edition „M“
**12 €** | 14,5%

★

## KANZLERHOF

Weingut Kanzlerhof
54340 Pölich · Hauptstraße 23
Tel. (06507) 9389660 · Fax 9389661
WeingutKanzlerhof@web.de
**www.kanzlerhof.de**

**Inhaber/in und Betriebsleitung** Familie Schömann-Kanzler
**Keller** Alfred Schömann
**Außenbetrieb** Alfred Schömann

Das seit vielen Generationen im Familienbesitz befindliche fünf Hektar große Weingut wird heute von Alfred Schömann geführt. Seine Devise: „So wenig wie möglich, aber so viel wie notwendig." Man arbeitet naturnah und selektiv - die Weine werden im guten, alten Fuderfass sowie im Stahl gelagert und bei der Gärung setzt man zu einem großen Teil auf natürliche Hefen. Das Ergebnis sind entspannte, eigenständige Weine. Der Riesling Kabinett restsüß aus dem Mehringer Blattenberg gefällt mit Zug und feiner Frucht - der Weißburgunder Reserve aus dem Jahr 2019 tritt indes burgundisch auf, mit gut integriertem Holz, Saft und Struktur. Und dann gibt es noch den famosen 2018er Riesling-Sekt mit seiner seidigen Perlage, etwas Vanille, Brotkruste und reifen Äpfeln.

**87** 2018 Brut Riesling Winzersekt
**10 €** | 12,5%

**83** 2021 Pölicher Riesling trocken
**6,50 €/1 Lit.** | 11,5%

**84** 2021 Riesling trocken Schieferheld
**7 €** | 12%

**85** 2021 Pölicher Held Riesling trocken „S"
**9 €** | 12%

**85** 2020 Pölicher Held Großes Gewächs
**17,50 €** | 12,5%

**88** 2019 trocken Reserve Weissburgunder
**12,50 €** | 13%

**84** 2021 Pölicher Held Riesling Kabinett feinherb
**7 €** | 11%

**85** 2021 Mehringer Blattenberg Riesling Spätlese feinherb
**9 €** | 11,5%

**86** 2021 Mehringer Blattenberg Riesling Kabinett restsüss
**Preis auf Anfrage** | 8,5%

★★½

## KARTHÄUSERHOF

Weingut Karthäuserhof
54292 Trier-Eitelsbach · Karthäuserhof 1
Tel. (0651) 5121 · Fax 53557
mail@karthaeuserhof.com
**www.karthaeuserhof.com**

**Inhaber/in** Albert Behler
**Betriebsleitung** Dominik Völk
**Keller** Matthieu Kauffmann
**Außenbetrieb** Dominik Völk

**Historie** 1335 Schenkung des Guts von Kurfürst Balduin zu Luxemburg an den Karthäuserorden
**Rebfläche** 30 Hektar
**Jahresproduktion** 150 000 Flaschen
**Beste Lagen** Eitelsbacher Karthäuserhofberg
**Boden** schiefrige Devonverwitterung
**Rebsorten** 97% Riesling, 3% Weißburgunder
**Mitglied** VDP, Fair'n Green

Der Karthäuserhof hat seinen Namen von den Kartäusermönchen, die das Weingut 1335 von Kurfürst Baldwin von Luxemburg als Geschenk erhielten. Im Zuge der Säkularisierung kam das Weingut 1811 in den Besitz der Familie Rautenstrauch und wird im Familieneigentum bis heute fortgeführt. Seit Anfang 2022 ist Dominik Völk, ehemaliger Kellermeister bei Van Volxem, von der Saar an die Ruwer gewechselt. Er bekleidet hier die Stelle des Betriebsleiters. Wir sind gespannt, welche Impulse Dominik Völk geben wird. Matthieu Kauffmann ist nach wie vor für den Keller verantwortlich. Im vergangenen Jahr schickte man uns das Große Gewächs 2019, in diesem Jahr, wieder ein Jahr zeitversetzt, die 2020er Ausgabe. Noch stark vom Neuholzton geprägt, trägt der Wein die jahrgangstypischen karamelligen Noten in sich. Die Weinlinie Bruno deckt das Segment der Einstiegsweine ab. Es gibt einen trockenen Weißburgunder und einen trockenen Riesling sowie die feinherbe Variante. Diese präferieren wir ob des Süße-Säure-Spiels, welches dem Wein Länge mitgibt. Wir warten mit großer Spannung auf die Weine des Jahrgangs 2022 vom Karthäuserhof.

Karthäuserhof
1335

**85** 2021 Riesling trocken Bruno dry
**9,90 €** | 11 %

**86** 2021 Pinot Blanc trocken Bruno
**9,90 €** | 11,5%

**87** 2020 Eitelsbacher Riesling trocken Alte Reben
**17,90 €** | 11 %

**88** 2021 Riesling trocken Schieferkristall
**13,90 €** | 10,5%

**89** 2020 Eitelsbacher Karthäuserhofberg Riesling VDP.Großes Gewächs
**45 €** | 12 %

**86** 2021 Riesling Kabinett feinherb Bruno
**9,90 €** | 9 %

**89** 2021 Eitelsbacher Karthäuserhofberg Riesling Kabinett Erste Lage
**16,90 €** | 9 %

★★★

## KEES-KIEREN

Weingut Kees-Kieren
54470 Graach · Hauptstraße 22
Tel. (06531) 3428 · Fax 1593
weingut@kees-kieren.de
**www.kees-kieren.de**

**Inhaber/in und Betriebsleitung**
Werner und Niklas Kees
**Keller** Ernst-Josef und Niklas Kees
**Außenbetrieb** Werner Kees

**Historie** Familienbetrieb seit 1648
**Rebfläche** 7 Hektar
**Jahresproduktion** 60 000 Flaschen
**Beste Lagen** Graacher Domprobst und Himmelreich, Erdener Treppchen, Kestener Paulinshofberger
**Boden** Devonschiefer
**Rebsorten** 90% Riesling, 6% Spätburgunder, 3% Weißburgunder, 1% Rivaner
**Mitglied** Bernkasteler Ring

Erstmals urkundlich erwähnt wurde das Weingut im Jahre 1648. Betriebszusammenführungen durch Heirat haben zum einen zum Doppelnamen Kees-Kieren geführt und zum andern zu Weinbergsbesitz, der sich auf 30 Kilometern entlang der Mosel zieht. Als arbeitserleichternd kann man die die Lage des Weingutes in Graach betrachten, in der Mitte der Lagen zwischen Kinheim und Kesten. Ernst-Josef Kees kümmert sich um den Ausbau und die Vermarktung der Weine, sein Bruder Werner um den Anbau und die Pflegen der Reben sowie die Lese. Die nächste Generation steht schon mit Niklas Kees in den Starlöchern, der beim Ausbau der Weine tatkräftig im Keller unterstützt. Die trockenen Gewächse sind in diesem Jahr mit einem gerüttelt Maß an Restsüße ausstaffiert, was im Graacher Domprobst Großes Gewächs geschmacklich in offener Eleganz mündet. Mit fulminanter Säurestruktur im Stile eines Eisweins tritt die Auktions-Auslese auf. Der Wein wird auf der alljährlichen Versteigerung des Bernkasteler Rings in der halben und der 0,75-Liter-Flasche angeboten. Wie bei vielen Riesling-Winzern seit einigen Jahren gang und gäbe, wird auch hier Spätburgunder angebaut; leider haben wir noch keinen zu Gesicht bekommen.

**84** 2021 Riesling trocken Hochgewächs
**9,20 €/1 Lit.** | 12,5%

**87** 2021 Graacher Domprobst Riesling Kabinett trocken
**9,70 €** | 11%

**87** 2021 Graacher Domprobst Riesling Spätlese trocken
**11,40 €** | 12%

**88** 2021 Graacher Domprobst Riesling trocken -S-
**14 €** | 12,5%

**89** 2021 Graacher Domprobst Riesling Großes Gewächs
**19,90 €** | 12,5%

**83** 2021 Graacher Himmelreich Riesling halbtrocken Hochgewächs
**7,60 €** | 12%

**85** 2021 Graacher Himmelreich Riesling Kabinett feinherb
**9,30 €** | 10,5%

**87** 2021 Graacher Domprobst Riesling Spätlese feinherb
**12,90 €** | 11%

**89** 2021 Graacher Himmelreich Riesling Kabinett
**9,30 €** | 8%

**90** 2021 Erdener Treppchen Riesling Kabinett **
**11,70 €** | 7%

**88** 2021 Graacher Himmelreich Riesling Spätlese **
**14 €** | 8%

**93** 2021 Graacher Domprobst Riesling Auslese ***
7% AUKTION

★★

## KERPEN

Weingut Kerpen
54470 Bernkastel-Wehlen · Uferallee 6
Tel. (06531) 6868 · Fax 3464
info@weingut-kerpen.de
**www.weingut-kerpen.de**

**Inhaber/in und Betriebsleitung**
Martin Kerpen
**Keller** Martin Kerpen
**Außenbetrieb** Matthias Kerpen

**Historie** Weinbau seit acht Generationen
**Rebfläche** 9 Hektar
**Jahresproduktion** 65 000 Flaschen
**Beste Lagen** Wehlener Sonnenuhr, Graacher Domprobst und Himmelreich, Bernkasteler Bratenhöfchen
**Boden** Devonschiefer
**Rebsorten** 100% Riesling
**Gastronomie** Riesling-Café (Öffnungszeiten siehe Website)
**Erlebenswert** Jugendstilvilla, Gewölbekeller
**Mitglied** Bernkasteler Ring

Je höher der Restzucker in den 2021er Rieslingen aus den Kellern dieses seit fast 250 Jahren bestehenden Weinguts ist, desto mehr hebt sich die Frucht und Balance kommt zum Vorschein. Die trockenen Gewächse wollten sich trotz intensiver Belüftung noch nicht fügen und wirkten zum Zeitpunkt der Probe leicht blockiert. Ab den feinherben Qualitäten geht es dann stetig aufwärts und endet mit einer säurefrischen, markanten, zart exotisch duftenden Wehlener Sonnenuhr Auslese. Auch die Spätlese aus dieser Lage hinterließ mit ihrer saftig-straffen und gleichzeitig kühlen Aromatik einen sehr guten Eindruck. Im feinherben Segment präferieren wir die Spätlese Domprobst mit ihrer für diese Lage typischen Festigkeit und Fruchtreife. Das Traditionsweingut wird heute in der neunten Generation von Martin Kerpen und seinem Sohn Matthias geführt. Man hat sich hier zu 100 Prozent dem Riesling und der Spontanvergärung verschrieben. 70 Prozent der Gesamtproduktion wird im Holzfass ausgebaut. Seit bereits zehn Jahren besteht nun schon das Riesling Café, von dem aus man, unter einem Magnolienbaum sitzend, die auf der Mosel vorbeifahrenden Schiffe betrachten kann.

KERPEN

**84** 2021 Blauschiefer Trocken
**8,50 €** | 12 %

**85** 2021 Graacher Himmelreich Kabinett trocken
**10,50 €** | 10,5%

**86** 2021 Wehlener Sonnenuhr Riesling trocken
**12,50 €** | 11 %

**86** 2021 Wehlener Sonnenuhr Riesling Spätlese trocken Alte Reben
**15 €** | 11,5%

**87** 2021 Wehlener Sonnenuhr Riesling Großes Gewächs
**20,50 €** | 12 %

**84** 2021 Riesling halbtrocken Classic
**8,50 €** | 11 %

**88** 2021 Graacher Himmelreich Riesling Kabinett feinherb
**11 €** | 10 %

**88** 2021 Graacher Domprobst Spätlese feinherb
**12,50 €** | 10,5%

**87** 2021 Wehlener Sonnenuhr Riesling feinherb Alte Reben
**15 €** | 10,5%

**88** 2021 Wehlener Sonnenuhr Riesling Kabinett
**10,50 €** | 8 %

**90** 2021 Wehlener Sonnenuhr Spätlese
**12,50 €** | 8 %

**91** 2021 Wehlener Sonnenuhr Auslese
**18,50 €** | 7,5%

★★

## KESSELSTATT

Weingut Reichsgraf von Kesselstatt
54317 Morscheid · Schlossgut Marienlay
Tel. (06500) 91690 · Fax 916969
info@kesselstatt.de
**www.kesselstatt.com**

**Inhaber/in** Familie Günther Reh, Geschäftsführer Dr. Karsten Weyand
**Betriebsleitung** Rainer Rüttiger
**Keller** Lukas Bollig
**Außenbetrieb** Maik Thomas

**Historie** gegründet 1349, Übernahme Familie Reh im Jahr 1978
**Rebfläche** 46 Hektar
**Jahresproduktion** 250 000 Flaschen
**Beste Lagen** Josephshöfer (Monopol), Wehlener Sonnenuhr, Graacher Domprobst, Piesporter Goldtröpfchen, Scharzhofberger, Brauneberger Juffer-Sonnenuhr, Kaseler Nies'chen
**Boden** Schiefer
**Rebsorten** 95% Riesling, 5% Weißburgunder
**Gastronomie** Weinstube Kesselstatt in Trier
**Erlebenswert** Schloss Marienlay
**Mitglied** VDP

Mit so einem feinen Pet Nat hatten wir zum Auftakt unserer Verkostung nun wirklich nicht gerechnet. Versehen mit einer sehr feinen Perlung überrascht er erstaunlich charaktervoll mit Feinheit und knackig-herbem Finale. Tolle neue Überraschung im Sortiment! Bestens strukturiert, wie es sich für Weine aus alten Reben gehört, tritt der trockene Riesling dieser Gattung auf. Nach Belüftung wirkt er immer noch etwas belegt, so dass wir ihm eine weitere Zeit der Entwicklung auf der Flasche zugestehen. Innere Dichte besitzt er dafür zur Genüge. Mit befreiter Fruchtigkeit und würziger Saar-Manier überzeugte uns der Kabinett feinherb aus dem Wiltinger Gottesfuß. Wir notierten salopp: „Feiner, saftiger Kerl." Ein klassischer Vertreter der Ruwer floss mit dem Kabinett aus dem Kaseler Nies'chen ins Probierglas. Zartes Spiel von Fruktose und rassiger Säure zeichnen ihn aus. Ein Fassmuster hat es uns besonders angetan: der Scharzhofberger Kabinett mit seiner zitrischen Fruchtdichte und seinem schwebenden Auftritt, den wir gerne genau so noch einmal im Glas haben würden, wenn er gefüllt ist.

REICHSGRAF
VON
KESSELSTATT

- **88** 2020 Brut nature Pétillant Naturel authentique
  **19,80 €** | 12 %
- **85** 2021 Weissburgunder trocken Schloss Marienlay
  **9,90 €** | 12,5%
- **85** 2021 Wiltinger Riesling trocken
  **13 €** | 12,5%
- **85** 2021 Schloss Marienlay Riesling trocken
  **9,90 €** | 12 %
- **86** 2021 Kaseler Riesling trocken
  **13 €** | 12,5%
- **86** 2021 Graacher Riesling trocken
  **13 €** | 12,5%
- **87** 2021 Riesling Alte Reben trocken
  **18 €** | 12 %
- **89** 2020 Josephshöfer Riesling Großes Gewächs Monopol
  **33,10 €** | 11,5%
- **88** 2021 Wiltinger Gottesfuss Riesling Kabinett feinherb
  **15,20 €** | 10 %
- **85** 2021 feinherb Schloss Marienlay Riesling
  **9,90 €** | 10 %
- **88** 2021 Brauneberg Juffer Sonnenuhr Kabinett restsüss VDP.Große Lage
  **15,20 €** | 10 %
- **90** 2021 Kaseler Nies'chen Riesling Kabinett
  **15,20 €** | 8 %

## KIRSTEN

Weingut Kirsten
54498 Piesport · Bahnhofstraße 28
Tel. (06507) 2444 · Fax 703066
info@kirsten-piesport.de
**www.kirsten-piesport.de**

**Inhaber/in und Betriebsleitung**
Heinz und Martina Kirsten
**Keller** Daniel Kirsten
**Außenbetrieb** Heinz und Daniel Kirsten

Daniel Kirsten, seit nunmehr fünf Jahren für die Vinifikation auf dem traditionsreichen, familiengeführten Weingut zuständig, kann man nur zu seiner guten Arbeit gratulieren. Mit großer Freude haben wir die sehr homogene Kollektion verkostet. Da wäre beispielsweise der Gutswein Riesling trocken mit seiner Würze und einem gelungenen Spiel von Süße und Säure. Der spontan vergorenen Riesling Kabinett Vor dem Berg präsentiert sich sehr elegant, animierend und mit viel Frucht. Auch der Piesporter Goldtröpfchen Riesling Kabinett restsüß begeistert uns mit seiner offenen Frucht, seiner Stoffigkeit und seinem Zug. Die Spätlese - ebenfalls aus dem Goldtröpfchen - brilliert mit ihrer fast schlanken und sehr mineralischen Art und fordert den nächsten Schluck.

- **85** 2021 Riesling trocken
  **5,90 €** | 11 %
- **88** 2021 Riesling trocken ALTE REBEN Kabinett
  **8 €** | 10 %
- **88** 2021 Piesporter Goldtröpfchen Riesling trocken
  **10,50 €** | 11,5%
- **84** 2021 Piesport Goldtröpfchen Riesling Kabinett feinherb
  **8 €** | 9 %
- **88** 2021 Piesporter Goldtröpfchen Riesling feinherb
  **10,50 €** | 10,5%
- **90** 2021 Piesporter Goldtröpfchen Riesling Kabinett restsüss
  **8 €** | 7,5%
- **89** 2021 Riesling Kabinett Vor dem Berg
  **8,50 €** | 7 %
- **91** 2021 Piesporter Goldtröpfchen Riesling Spätlese
  **10,50 €** | 8 %

★★☆ (2,5 Sterne)

## CHRISTIAN KLEIN

Weingut Christian Klein
54536 Kröv · Moselweinstraße 25
Tel. (06541) 835833 · Fax 9566
info@weingut-christianklein.de
**www.weingut-christianklein.de**

**Inhaber/in und Betriebsleitung**
Christian Klein

**Rebfläche** 2 Hektar
**Jahresproduktion** 10 000 Flaschen
**Beste Lagen** Kröver Steffensberg, Kröver Letterlay
**Boden** blauer Devonschiefer
**Rebsorten** 95% Riesling, 5% Spätburgunder
**Mitglied** Klitzekleiner Ring

Eine solide Kollektion erreichte uns von Christian Klein in Kröv, der Parzellen im Steffensberg und in der Letterlay bewirtschaftet. Im vergangenen Jahr wurden wir erhört und erhielten diesmal einen Spätburgunder, der immerhin auf fünf Prozent der Rebfläche ausgepflanzt ist. Der recht stoffige und röstig anmutende Spätburgunder 2020 aus der Kröver Letterlay gewann nach einer gewissen Zeit ein höheres Maß an frischer Saftigkeit und typischer roter Frucht. Er wird noch Zeit benötigen, um die kraftvolle Art mit der angelegten Saftigkeit in Balance zu bringen. Jedenfalls hat die Belüftung schon einmal ein Zeichen zu mehr Differenzierung erbracht, wirkte der Wein anfänglich doch recht hitzig. Auch der 2021er Gutsriesling trocken gewann nach anfänglichen Startschwierigkeiten an vornehmer Kargheit hinzu und war nicht mehr so spröde. Sehr gelungen für einen Gutswein im Preiseinstieg. Der Kabinett Steffi ist schon lange unserer Liebling im kleinen Portfolio von Christian Klein. Sein angenehmes Fruchtspiel und seine herzhafte Art schätzen wir Jahr für Jahr.

christianklein
weingut

**86** 2021 PetNat
**17 €** | 11,5%

**87** 2021 Riesling trocken
**9,50 €** | 11,5%

**86** 2021 Riesling feinherb
**9,50 €** | 10 %

**89** 2021 Kröver Steffensberg Riesling Kabinett Steffi
**13 €** | 8 %

**88** 2020 Kröver Letterlay Spätburgunder trocken
**25 €** | 14 %

★★☆

## KLOSTERHOF

Weingut Klosterhof
54472 Brauneberg · Im Kloster 8
Tel. (06534) 1256 · Fax 933099
mail@weingut-klosterhof.de
**www.weingut-klosterhof.de**

**Inhaber/in** Ruth Thomas
**Betriebsleitung** Josef Thomas
**Keller** Dominique und Benjamin Thomas
**Außenbetrieb** Dominique und Benjamin Thomas

**Rebfläche** 10 Hektar
**Jahresproduktion** 40 000 Flaschen
**Beste Lagen** Brauneberger Klostergarten, Brauneberger Juffer , Wintricher Großer Herrgott, Piesporter Goldtröpfchen,
**Rebsorten** 65% Riesling, 10% Spätbrugunder, 3% Sauvignon Blanc, 22% Weis und Grauburgunder
**Erlebenswert** ehemaliges Franziskanerinnenkloster

Pfiffig sind die Jungs aus Brauneberg! Der 2021er Brauneberger Klostergarten Alte Reben war der einzige trockene Riesling der uns zugesandt wurde. Wir fanden großes Gefallen an dem Wechselspiel von Gelbfruchtigkeit und grüner, kühler Aromatik. Die feinherbe Kategorie wurde übersprungen und man zeigte uns ein Quintett aus restsüßen Kabinetten, wobei dieser Begriff eher irreführend ist, da die Weine trotz ihres Restzuckers aufgrund ihrer hohen Säure-Animation von uns als feinherb, ja manchmal sogar als trocken wahrgenommen wurden. „Wilde Spontis in charaktervoller Kargheit", war unser kurzes Statement zu diesem unerwarteten Auftritt. Wenn man solche Kabinette macht, dann braucht man keine trockenen oder feinherben. In seiner eigenen Liga spielt der Kabinett Alte Reben aus dem Brauneberger Klostergarten. Fein und ungezügelt zugleich, mit richtig viel Schliff und Länge. Bravo! Und weiter ging's. Die straffe, hochfeine und präzise gearbeitete Auslese setzte der Kollektion die Krone auf. Der Pinot Noir R zeigt uns, dass die Brüder Dominique und Benjamin Thomas auch beim Rotwein ein gutes Händchen haben. Als typischer 2020er verströmte der Wein kühle, würzige Fruchtaromen von reifen roten Beeren, begleitet von einem gerüttelt Maß an griffigem Tannin. Nach soviel Lobgesang muss auch der nächste halbe Stern her.

**88** 2021 Wintricher Großer Herrgott Riesling Kabinett
**10,50 €** | 7 %

**89** 2021 Brauneberger Klostergarten Riesling Kabinett
**10,50 €** | 7 %

**89** 2021 Brauneberger Klostergarten Riesling Alte Reben
**16 €** | 11,5%

**90** 2021 Brauneberger Klostergarten Riesling Kabinett „T"
**10,50 €** | 8,5% TIPP

**91** 2021 Brauneberger Juffer Riesling Kabinett
**11 €** | 7,5%

**93** 2021 Brauneberger Klostergarten Riesling Kabinett „Alte Reben"
**14 €** | 7,5%

**94** 2021 Brauneberger Klostergarten Riesling Spätlese „Leni"
**12 €** | 7 %

**94** 2021 Brauneberger Klostergarten Riesling Auslese Goldkapsel
**16 €/0,375 Lit.** | 7,5%

**89** 2020 Pinot Noir R
**16 €** | 13 %

★★★★½

## KNEBEL

Weingut Reinhard und Beate Knebel
56333 Winningen · August-Horch-Straße 24
Tel. (02606) 2631
info@weingut-knebel.de
**www.weingut-knebel.de**

**Inhaber/in** Beate und Matthias Knebel
**Keller** Beate und Matthias Knebel
**Rebfläche** 8 Hektar
**Jahresproduktion** 45 000 Flaschen
**Beste Lagen** Winninger Uhlen und Röttgen
**Boden** Schiefer mit Quarzit, Sandstein, Löss und Bims
**Rebsorten** 100% Riesling
**Mitglied** VDP

Wir begannen mit einem charaktervollen Gutswein die diesjährige Verkostung der Rieslinge aus dem Winninger Weingut. Ein verheißungsvoller Anfang war gemacht. Der „normale" Riesling Von den Terrassen stammt zu 100 Prozent aus Steillagen mit Böden aus Devonschiefer. Der wilde Sponti nimmt einen selbstbewusst gefangen, frischfruchtig und karg zugleich. Die Version R Von den Terrassen profitiert von elf monatiger Reife auf der Vollhefe, was ihr feinen Schmelz verleiht. Ein köstlich seidiger Riesling auf hohem Niveau. Die Trauben für den Ortswein Alte Reben stammen aus traditionellen Terrassenlagen deren Reben im Schnitt etwa 60 Jahre alt sind. Er besitzt das feine Spiel der Terrassenmosel, durch das die angedeutete Süße und Reife eingefangen werden. Nun geht es steil aufwärts zum Röttgen, einer Lage mit einer Steigung mit bis zu 81 Prozent und Böden bestehend aus Schiefer, Quarz und Löss. Der würzige Duft von Pfeffer will die Frucht noch nicht freigeben. Auch am Gaumen will sie sich noch nicht heben. Der Wein entwickelt im Nachhall allerdings feinen Druck und Kargheit. Ganz klar ein Wein mit Potenzial. Am Ende der trockenen Parade thronte er über allen: der Uhlen. Monumental fest und leicht stoffig, erinnert er uns an einen großen trockenen Wachauer. Er wird auch nach Belüftung keine Fruchtbombe, sondern bleibt karg in sich ruhend. Seine Zeit wird sicherlich noch kommen. Kopf an Kopf in der Bewertung liegen die beiden Auslesen aus dem Jahrgang 2021. Der Versteigerungs-Auslese aus dem Röttgen, die eher im Stile einer Beerenauslese angelegt ist, zogen wir die Auslese aus dem Uhlen leicht vor. Fragil, unglaublich lebhaft und beschwingt besitzt sie weniger die Vehemenz, die botrytisierte Trauben dem Riesling mitgeben können. Wir hatten uns schon lange auf die Probe dieser Weine gefreut und sind auch in diesem Jahr voller Begeisterung, das Matthias Knebel in allen Kategorien seine Könnerschaft bewiesen hat. Ausrutscher gab es hier schon lange keine mehr. Die Weine sprechen die Sprache von Balance und Ruhe. Deswegen haben wir beschlossen, den vier Sternen einen weiteren halben Stern hinzuzufügen. Unsere Gratulation geht an die Terrassenmosel.

Die Weine von Matthias Knebel besitzen etwas Entspanntes und neben der Ruhe auch etwas Unaufgeregtes. Um diese Stilistik zu verwirklichen wird im Keller auf den Einsatz von Reinzuchthefen, Schönungsmitteln, Süßreserve und Entsäuerung verzichtet. Vielmehr lässt man den Weinen bewusst Zeit und hat Geduld für Maischestandzeiten, eine langsame Gärung und ein langes Hefelager. Jeder Lage, jeder Parzelle, jedem Jahrgang, jedem Fass will man seinen Charakter belassen. Dabei lässt man den Weinen bei ihrer Entwicklung ihre Ecken und Kanten. Ausgehend von nur 2,7 Hektar hatten Beate und Reinhard Knebel ihren Betrieb in Winningen bereits in den 1990er Jahren in die Spitzengruppe der Mosel geführt. Glücklicherweise kann das Weingut auf alten, teils wurzelechten Rebbestand zurückgreifen, um hochdifferenzierte Aromenvielfalt zu verwirklichen.

WEINGUT

**KNEBEL**

DOMAINE

**89** 2021 Riesling trocken
**12 €** | 12 %

**90** 2021 Riesling trocken Von den Terrassen
**16,50 €** | 12 %

**91** 2021 Winninger Riesling Alte Reben
**24,50 €** | 12 %

**91** 2021 Riesling Von den Terrassen „R“
**19,50 €** | 12 %

**93** 2021 Winninger Röttgen Riesling VDP.Großes Gewächs
**40,50 €** | 12 %

**94** 2021 Winninger Uhlen Riesling VDP.Großes Gewächs
**44,50 €** | 12 %

**87** 2021 Riesling feinherb
**12 €** | 10,5%

**92** 2021 Winninger Röttgen Riesling Kabinett
**19,50 €** | 7,5%

**93** 2021 Winninger Röttgen Riesling Spätlese
**28,50 €** | 7,5%

**96** 2021 Winninger Röttgen Riesling Auslese Lange Goldkapsel
7 % AUKTION

**96** 2021 Winninger Uhlen Riesling Auslese
**34 €/0,375 Lit.** | 7 %

**96** 2020 Winningen Röttgen Riesling Trockenbeerenauslese
**Preis auf Anfrage/0,375 Lit.** | 6,5%

## CHRISTOPH KOENEN

Weingut Christoph Koenen
54518 Minheim · Am Eichhaus 4a
Tel. (06507) 939970 · Fax 939975
info@ck-weine.de
**www.ck-weine.de**

**Inhaber/in und Betriebsleitung**
Simone und Christoph Koenen
**Keller** Christoph Koenen

Das Weingut Christoph Koenen, auf der schönen Sonneninsel Minheim an der Mittelmosel gelegen, hat sich in erster Linie auf Riesling und Weißburgunder spezialisiert. Die Weinberge des vier Hektar großen Weinguts befinden sich ausschließlich in Minheimer Lagen. Die Weine werden allesamt spontan vergoren, im Holz ausgebaut und bestechen durch ihre mineralische Art. Der Riesling Alte Reben gefällt mit einer eher herben Aromatik und schönem Salz. Besonders ist der Minheimer rote Riesling mit viel Mineralik. Aus dem Minheimer Rosenberg kommt ein trockener Lagenwein, natürlich Riesling, dicht und komplex, mit etwas Grapefruit.

**83** 2021 Riesling trocken
**6,90 €** | 11,5%

**85** 2021 Minheimer trocken Minheimer Riesling
**9,90 €** | 11 %

**85** 2021 Riesling trocken Alte Reben
**9,90 €** | 11,5%

**86** 2021 Pinot Blanc
**9,90 €** | 12 %

**88** 2021 Minheimer Rosenberg Riesling trocken Lagenwein
**14,90 €** | 11,5%

**84** 2021 Riesling feinherb
**6,90 €** | 10,5%

**86** 2021 Minheimer roter Riesling feinherb
**9,90 €** | 11 %

**86** 2021 Minheimer Günterslay Riesling feinherb
**14,90 €** | 10,5%

**88** 2021 Minheimer Burglay Spätlese restsüss
**14,90 €** | 7,5%

**86** 2021 Pinot Noir
**9,90 €** | 11 %

★★★

## KÖWERICH

Weingut Nikolaus Köwerich
54340 Leiwen · Maximinstraße 11
Tel. (06507) 4282 · Fax 3037
info@weingutkoewerich.de
**www.weingutkoewerich.de**

**Inhaber/in und Betriebsleitung**
Nick Köwerich
**Keller** Nick Köwerich

**Historie** Familie seit 1548 in Leiwen nachweisbar
**Rebfläche** 10 Hektar
**Jahresproduktion** 100 000 Flaschen
**Beste Lagen** Leiwener Laurentiuslay, Köwericher Laurentiuslay, Klüsserather Bruderschaft
**Boden** blauer Devonschiefer
**Rebsorten** 100 % Riesling
**Erlebenswert** Weinbergsbesichtigung mit Monorack-Bahnfahrt, Lesungen und Bücher, Online-Verkostugen
**Mitglied** Vinissima, Leiwener Jungwinzer, Mythos Mosel

Wie schon im vergangenen Jahr das Erstaunlichste zuerst: Nach wie vor mit der Präzision eines Schweizer Uhrwerks produziert Nick Köwerich seinen Einblick No 1 auf geschmacklich hohem Niveau. Nun bereits 60.000 Flaschen wurden vom 2021er gefüllt, der befreit in der Frucht und in perfekter Balance auftritt. Der Riesling Für Feen und Elfen bewegt sich geschmacklich in derselben Liga, wirkt zusätzlich aber noch etwas saftiger. Überrascht schauten wir auf den Pobentisch und sahen drei Flaschen mit dem gleichen Vorderetikett. Falsch geschickt, dachten wir. Des Rätsels Lösung lag in den Rückenetiketten, auf denen sich dann die Kabinette Fräulein Mosel klar zu erkennen gaben. Ein Fräulein, drei Lagen: Klüsserather Bruderschaft sowie Leiwener und Köwericher Laurentiuslay. Nach eingehender Probe wiesen wir den Weinen jeweils auch noch Titel zu: Den Kabinett aus der Bruderschaft nannten wir „Den Zugänglichsten", den aus der Leiwener Laurentiuslay „Den Markantesten" und beim Köwericher Kabinett hielten wir fest: „Der Beste." Einfach deshalb, weil er am Ende der Forderndste war. Es kam schon einer Tour de Force gleich, die wir da erbracht haben, waren doch die Unterschiede sehr subtil. Spass gemacht hat es auf jeden Fall und ist zur Nachahmung unbedingt zu empfehlen. Von den Fräuleins zum Herrn Mosel: Dieser Raubauz, der zur Zeit der Probe noch leicht von der Schwefelung belegt war, benötigt erst einmal Ruhe. Apropos Ruhe: Die uns mitgeschickte 2011 Riesling Spätlese Für Träumer und Helden besitzt nach elf Jahren Reife eine harzig-schmelzige Reichhaltigkeit und ruht säuredezent in sich.

**87** 2021 Leiwener Laurentiuslay Riesling trocken Herr Mosel
**14 €** | 11,5%

**85** 2021 Mosel Riesling Einblick N° 1
**8,50 €** | 11%

**86** 2021 Mosel Riesling Für Feen und Elfen
**10,50 €** | 9,5%

**90** 2021 Leiwener Laurentiuslay Riesling Kabinett Fräulein Mosel
**14 €** | 8%

**90** 2021 Klüsserather Bruderschaft Riesling Kabinett Fräulein Mosel
**14 €** | 8%

**91** 2021 Köwericher Laurentiuslay Riesling Kabinett Fräulein Mosel
**14 €** | 8%

**86** 2011 Leiwener Laurentiuslay Riesling Spätlese
**28 €** | 12,5%

**88** 2016 Leiwener Laurentiuslay Riesling Spätlese Für Träumer und Helden
**18,50 €** | 8%

**88** 2011 Leiwener Laurentiuslay Riesling Spätlese Für Träumer und Helden
**24,75 €** | 8,5%

**88** 2021 Leiwener Laurentiuslay Riesling Spätlese Für Träumer und Helden
**28 €** | 8%

★★★

## KRÖBER

Weingut Rüdiger Kröber
56333 Winningen · Hahnenstraße 14
Tel. (02606) 351 · Fax 2600
info@weingut-kroeber.de
**weingut-kroeber.de**

**Inhaber/in und Betriebsleitung**
Florian Kröber
**Keller** Florian Kröber
**Rebfläche** 7 Hektar
**Jahresproduktion** 48 000 Flaschen
**Beste Lagen** Winninger Uhlen und Röttgen
**Boden** Schieferverwitterung
**Erlebenswert** Panoramaterrasse im Röttgen

Seit letztem Jahr ist Florian Kröber nicht nur für den Ausbau der Weine verantwortlich, sondern auch Inhaber und Betriebsleiter des Familienweinguts in Winningen an der Terrassenmosel. Nach praktischen Erfahrungen in Weingütern an der Nahe und am Mittelrhein und seiner Ausbildung zum Weinbautechniker unterstützte er seit 2009 den Betrieb von Rüdiger und Ute Kröber. Die Familie besitzt Parzellen in Winningens kleinster Einzellage, dem acht Hektar großen Brückstück. Die Lage erbringt durchgängig klare, straffe, feinherbe Rieslinge, nicht nur im Weingut Kröber. Auch in den komplett querterrassierten Lagen Röttgen und der kleinstparzellierten Uhlen ist der Betrieb begütert. Drei geschützte Ursprungsbezeichnungen im europäischen Weinrecht umfasst die Lage Uhlen. Die Roth Lay hat ihren Namen von ihrer roten Färbung, der auf hohen Eisengehalt im Boden hindeutet, die Laubach mit ihrem hohen Fossilanteil in den Steinen und die Blaufüßer Lay deren Boden aus blau- bis dunkelgrauem Tonschiefergestein besteht. Was gibt es interessanteres als die drei Gewanne im Glas vor sich stehen zu haben und vergleichen zu können. Die Roth Lay aus dem Jahrgang 2020 hatte es etwas schwer sich zu behaupten, so dass für uns der Laubach 2021 die Nase vorn hatte. Mit seiner gesetzten, edlen Fruchtreife tritt er schon recht offen in Erscheinung, zeigt aber im Nachhall durchaus Struktur und Biss. Wir freuen uns jetzt schon auf die 2021er Roth Lay im nächsten Jahr.

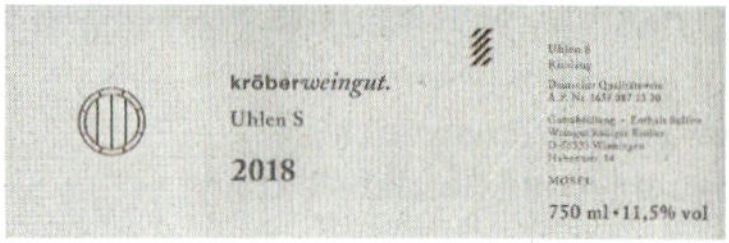


**85** 2021 Riesling trocken
**7,50 €/1 Lit.** | 11,5%

**86** 2021 Weissburgunder trocken
**7,50 €** | 11,5%

**88** 2021 Riesling trocken vom Schiefer
**8 €** | 11,5%

**89** 2021 Riesling trocken Steinig
**9,80 €** | 11,5% **BEST BUY**

**90** 2021 Winninger Uhlen Blaufüßer Lay Riesling trocken
**16,50 €** | 12 %

**91** 2021 Winninger Uhlen Laubach Riesling trocken
**18,50 €** | 12 %

**87** 2021 Winninger Brückstück Riesling Kabinett feinherb
**9 €** | 10,5%

**89** 2021 Winninger Röttgen Riesling feinherb Alte Reben
**12 €** | 10,5%

**91** 2021 Winninger Röttgen Kabinett Alte Reben
**11,50 €** | 8,5%

**89** 2021 Winninger Uhlen Riesling S
**12,50 €** | 12 %

**90** 2020 Winninger Uhlen Roth Lay Riesling
**28 €** | 12,5%

## LAUER

Weingut Peter Lauer
54441 Ayl · Trierer Straße 49
Tel. (06581) 3031 · Fax 2344
info@lauer-ayl.de
**www.lauer-ayl.de**

**Inhaber/in und Betriebsleitung** Florian Lauer
**Keller** Florian Lauer
**Außenbetrieb** Max Kirsch

**Historie** Familienbetrieb seit 1830 in der fünften Generation
**Rebfläche** 10 Hektar
**Jahresproduktion** 70 000 Flaschen
**Beste Lagen** Ayler Kupp, Feils, Schonfels
**Boden** Braunerde Rigosol auf Schiefer, Schiefer und Kies
**Rebsorten** 100% Riesling
**Gastronomie** Weinhotel und Gourmetrestaurant Ayler Kupp
**Erlebenswert** Steillagen-Landschaft, Wanderungen
**Mitglied** VDP

Neben der Ayler Kupp bewirtschaftet das Weingut noch zwei weitere Weinberge an der Saar, den Feilser in Schoden, direkt an der Saar, sowie den Ayler Schonfels, auf einer Felsenklippe 50 Meter über dem Fluss gelegen. Einen Steinwurf vom Schonfels wurde vor einigen Jahren die in Vergessenheit geratene Lage Lambertskirch rekultiviert und neu bepflanzt. Alle Reben des Weinguts stehen in Steillagen und wurzeln bis zu 20 Meter am Mutterfels entlang und in kleinen Felsspalten. Im Keller wird nach uralten handwerklichen und traditionellen Herstellungsverfahren vinifiziert. Weinberg und Kellerflora dienen als Quelle der wilden Hefen für die Spontangärung. Die Gärung verläuft lange und langsam, das extensive Hefelager wird teils mit Battonage, dem Aufrühren des Hefedepots, unterstützt.

So einen einzigartigen Sekt hatten wir bisher sehr selten im Glas. Das ist auch kein Wunder, stammt er doch aus dem Jahr 1984 und ist erst im Jahr 2022 degorgiert worden. Fast 30 Jahre Reifung haben ihre eindrucksvollen Spuren hinterlassen. Zuerst einmal wirkte er müde, mit seinem Duft von Bohnenkraut. Die Vielschichtigkeit des Buketts nahm aber schnell Fahrt auf und setzte Aromen von Rosmarin, Honig und Feuerstein frei. Im Mund extrem anspruchsvoll, erinnerte der Wein an einen in Ehren gereiften Burgunder. Er klingt trotz nicht vorhandener Dosage leicht süßlich nach. Nur wer bereit ist sich einem weiten Spektrum unterschiedlicher Aromen zu nähern, wird Gefallen an ihm finden.

Nach diesem faszinierenden Einstieg überraschten uns die Großen Gewächse in der ersten Probe negativ. Feils -13- und Kupp -18- wirkten nervös und überhaupt nicht gefügt. Einzig der Schonfels -11- arbeitete weniger mit sich selbst. Bei der Nachprobe, genau vier Tage später, erkannten wir die Weine nicht wieder und bewerteten sie mit bis zu drei Punkten höher. Sie hatten Struktur und Aromatik aufgebaut. Am Schonfels begeisterte uns die würzige Tiefe und gleichzeitige Rasse. An der Kupp die ungestüme charaktervolle Art. Die seidige Anmutung der Feils deutet auf die größte Zugänglichkeit dieses Weins im Vergleich zu den anderen beiden hin. Der klassische, nicht für die Versteigerung mit höherer Reife aufgebauschte Kabinett -5- erhielt von uns Applaus dank der kühlen, leicht tannenartigen Anmutung. Eine Auslese sahen wir nicht, aber die Versteigerungs-Spätlese Kupp -23- war ein würdiger Vertreter. Feinste Transparenz mit Anklängen einer verspielten Auslese prägt ihr Geschmacksbild. Am Ende einer spannenden Probe wurden wir wieder überrascht wie zu Anfang. Die Trockenbeerenauslese aus der Kupp, die auch auf die VDP-Versteigerung geht, verströmte den Duft von Honig und getrockneten Früchten. Trotz der extremen Hochreife der Trauben bleibt der Wein feinstrahlend und klingt lang, lang, lang nach.

PETER LAUER / AYL

**92** 1984 Riesling Grande Reserve Brut nature
**83,50 €** | 10,5%

**87** 2021 Ayler Riesling Senior -6-
**15,20 €** | 11,5%

**90** 2021 Ayl trocken Erstes Gewächs -21-
**22,50 €** | 12,5%

**90** 2021 Ayler Kupp Unterstenberg Riesling trocken -12-
**29,50 €** | 12,5%

**91** 2021 Riesling VDP.Großes Gewächs Feils -13-
**42 €** | 12%

**92** 2021 Ayler Kupp Riesling VDP.Großes Gewächs -18-
**42 €** | 12%

**93** 2021 Ayler Schonfels Riesling VDP.Großes Gewächs -11-
**Preis auf Anfrage** | 12%

**91** 2021 Ayler Kupp Stirn Riesling feinherb -15-
**29,50 €** | 9,5%

**91** 2021 Ayler Kupp Neuenberg Riesling feinherb -17-
**37,50 €** | 12%

**92** 2021 Ayler Kupp Riesling Kabinett -8-
**19,90 €** | 7,5%

**93** 2021 Ayler Kupp Riesling Kabinett -5-
7,5% AUKTION

**90** 2021 Ayler Kupp Riesling Spätlese -7-
**24 €** | 7,5%

**93** 2021 Ayler Kupp Riesling Spätlese -23-
7,5% AUKTION

**93** 2021 Schodener Saarfeilser Riesling Spätlese -24-
7,5% AUKTION

**98** 2018 Ayler Kupp Riesling Trockenbeerenauslese
5,5% AUKTION

## LEHNERT-VEIT

Weingut Lehnert-Veit
54498 Piesport · In der Dur 6–10
Tel. (06507) 2123 · Fax 7145
info@lehnert-veit.de
**www.lehnert-veit.de**

**Inhaber/in und Betriebsleitung** Peter, Anne und Erich Lehnert
**Keller** Peter Lehnert
**Außenbetrieb** Peter Lehnert

**Historie** Weinbau seit 1653
**Rebfläche** 12 Hektar
**Jahresproduktion** 60 000 Flaschen
**Beste Lagen** Piesporter Goldtröpfchen, Falkenberg und Günterslay, Wintricher Großer Herrgott
**Boden** Dunkler Devonschiefer und Terrassensediment
**Rebsorten** 65% Riesling, 20% Burgundersorten, 15% übrige Sorten
**Gastronomie** Gutshotel und Straußwirtschaft direkt am Moselufer
**Mitglied** Generation Riesling, Bernkasteler Ring, Moseljünger, Mythos Mosel

Da waren wir aber bass erstaunt, als uns der pfeffrige Duft vom Piesporter Goldtröpfchen Großes Gewächs in die Nase strömte. Nach sage und schreibe drei Jahren auf dem Hefelager. Heiter klar, leicht burgundisch-stoffig steht der Wein perfekt im Glas. Die zwei Großen Gewächse aus dem Jahrgang 2020 zeigen dagegen schon hohe Reife und wirken matt dagegen. Alle drei Weine haben eine amtliche Prüfnummer aus dem Jahr 2021. Wir gehen davon aus, dass die lange Verweildauer des 2018ers auf der Hefe seine Strahlkraft erhalten hat. Er wirkt eindeutig vitaler und stammt aus einem wärmeren Jahr als die 2020er. Der kühle Kabinett Alte Reben aus dem Goldtröpfchen besitzt pikante Würze und arbeitet noch an seiner Balance. Darf er ob seiner sehr guten Anlagen. Mit dem Jahrgang 2019 stellt uns das Weingut einen Spätburgunder aus der Piesporter Falkenlay vor. Punktgleich mit dem im vergangenen Jahr gezeigten 2017er besticht er durch saftige Frucht und würzige Kühle. Beim Günterslay Spätburgunder aus dem selben Jahrgang war der Holzeinsatz noch zu stark im Vordergrund erkennbar. Hoffen wir, dass er sich einbindet. Gegründet wurde das Weingut im Jahr 1653 von Eucharius Lehnert und wird heute in der zehnten Generation von Peter Lehnert geführt.

86 2020 Piesporter Goldtröpfchen Riesling Großes Gewächs Hohlweid
**18,50 €** | 13 %

88 2021 Piesporter Günterslay Riesling trocken
**9,50 €** | 12 %

88 2020 Piesporter Goldtröpfchen Riesling Großes Gewächs Gruft
**19,20 €** | 12,5%

90 2018 Piesporter Goldtröpfchen Riesling Großes Gewächs Gruft
**Preis auf Anfrage** | 13 %

86 2021 Piesporter Riesling Schiefer
**8,70 €** | 11,5%

89 2021 Piesporter Goldtröpfchen Riesling Kabinett
**9,90 €** | 8 %

92 2021 Piesporter Goldtröpfchen Riesling Kabinett Alte Reben
8 % AUKTION

90 2021 Wintricher Großer Herrgott Riesling Spätlese
**10,50 €** | 7,5%

91 2021 Piesporter Goldtröpfchen Riesling Spätlese
**15 €** | 8 %

91 2021 Piesporter Goldtröpfchen Riesling Auslese
**19,90 €** | 7,5%

86 2019 Piesporter Günterslay Spätburgunder trocken
**15,90 €** | 13 %

88 2019 Piesporter Falkenberg Spätburgunder trocken
**19,90 €** | 13 %

## LEOS

Weingut Leo´s
54492 Zeltingen · Weingartenstraße 58
Tel. (06532) 3994 · Fax 1796
info@weingut-leos.de
**www.weingut-leos.de**

**Inhaber/in und Betriebsleitung**
Leo Kappes
**Keller** Leo Kappes und Johannes Kappes
**Außenbetrieb** Leo Kappes und Johannes Kappes

Das Weingut Leo's umfasst acht Hektar in den hervorragenden Zeltinger Lagen Schlossberg und Sonnenuhr. Hier baut Leo Kappes - und seit diesem Jahr auch offiziell sein Sohn Johannes Kappes - zu 80 Prozent die Königsrebe Riesling an. Die dieses Jahr eingesandte Kollektion brach wieder einmal eine Lanze für die Rieslinge, die nicht der Kategorie trocken zuzuordnen sind. So ist hervorzuheben der Riesling Kabinett aus dem Schlossberg mit seiner kernigen Nase und Fruchtfülle, wie auch die Riesling Spätlese Johannes K. aus der Sonnenuhr: satt und mineralisch, fast trocken anmutend. Viel Spaß bereitet auch die Riesling Auslese restsüß, ebenfalls aus dem Schlossberg, mit voller Frucht und viel Salz.

84 2021 Zeltinger Roter Riesling trocken
**Preis auf Anfrage** | 11 %

86 2021 Zeltinger Sonnenuhr Riesling Spätlese trocken Lucas K.
**Preis auf Anfrage** | 12 %

86 2021 Zeltinger Sonnenuhr Riesling Spätlese feinherb Johannes K.
**Preis auf Anfrage** | 11 %

85 2021 Zeltinger Sonnenuhr Riesling feinherb Wein-Bulli 13
**Preis auf Anfrage** | 10 %

88 2021 Zeltinger Schloßberg Auslese restsüss
**Preis auf Anfrage** | 7,5%

86 2021 Zeltinger Schloßberg Riesling Kabinett
**Preis auf Anfrage** | 8 %

87 2021 Zeltinger Schloßberg Riesling Spätlese
**Preis auf Anfrage** | 7 %

87 2021 Zeltinger Sonnenuhr Riesling Spätlese Niklas K.
**Preis auf Anfrage** | 7,5%

★★★★★

## SCHLOSS LIESER

Weingut Schloss Lieser Thomas Haag
54470 Lieser · Am Markt 1–5
Tel. (06531) 6431 · Fax 1068
info@weingut-schloss-lieser.de
**www.weingut-schloss-lieser.de**

**Inhaber/in** Thomas und Ute Haag
**Betriebsleitung** Thomas Haag
**Keller** Thomas und Niklas Haag
**Außenbetrieb** Philipp Veser

**Historie** ehemals zum Besitz des Freiherrn von Schorlemer gehörendes Weingut
**Rebfläche** 24 Hektar
**Jahresproduktion** 140 000 Flaschen
**Beste Lagen** Lieser Niederberg Helden, Brauneberger Juffer, Brauneberger Juffer Sonnenuhr, Wehlener Sonnenuhr, Piesporter Goldtröpfchen, Bernkasteler Doctor, Graacher Himmelreich, Graacher Domprobst
**Boden** blaue Schieferverwitterung
**Rebsorten** 100% Riesling
**Erlebenswert** um die Jahrhundertwende erbautes Schloß, denkmalgeschützte Schiefer-Gutsanlage mit idyllischem Innenhof
**Mitglied** VDP

Auch wenn es in diesem Jahr „nur" vier Große Gewächse waren, die uns in Nachlieferung erreichten, so hatten es diese in sich. Solch hochfeine, frische und präzise Große Gewächse hatten wir hier noch nicht probiert. Die Wehlener Sonnenuhr GG wurde sogar zur Bundesfinalprobe für trockene Rieslinge eingeladen und durfte sich dort mit den anderen Granden der Rieslingzunft messen. Zart rauchig in der Nase, eher leise, aber sehr präzise und ohne belegendes Element im Mund, begeisterte uns der Wein. Platz zwei im internen Ranking teilen sich das Graacher Himmelreich GG und das GG aus der Brauneberger Juffer-Sonnenuhr. Ersteres ist karg konzipiert, dabei erstaunlich transparent und verströmt angenehme Kühle. Zweiteres ist mit seinem salzigen Druck puristisch aufgebaut und gewinnt an der Luft an Tiefe. Immer stärker können sich die Rieslinge aus der Wehlener Sonnenuhr im Bereich der Kabinette und den Spätlesen profilieren. Beim Kabinett gefiel das offene und entspannte Fruchtspiel, während die Spätlese mit ihrem hochfeinen Schliff brillierte. Der Versteigerungskabinett aus dem Graacher Domprobst befindet sich am Beginn seiner langen Entwicklung. Herb zurückhaltend, mit intensiver Säure versehen, klingt er ungemein lang nach. Die edle, vornehm zurückhaltende Anmutung der Versteigerungs Sonnenuhr Auslese wird durch Festigkeit im Nachhall manifestiert. Gerne heben wir am Ende noch einmal unsere coups de coeur in diesem Jahr hervor: Von solch präzise gearbeiteten Großen Gewächsen kann es an der Mosel nicht genug geben.

SCHLOSS LIESER
THOMAS HAAG

**87** 2021 Riesling trocken „SL"
**9,90 €** | 11,5%

**88** 2021 Lieser Riesling trocken Heldenstück
**18 €** | 12 %

**88** 2021 Piesporter Riesling trocken Goldstück
**18 €** | 12 %

**92** 2021 Lieser Niederberg Helden Riesling VDP.Großes Gewächs
**35 €** | 12 %

**93** 2021 Brauneberger Juffer Riesling VDP. Großes Gewächs
**35 €** | 12 %

**93** 2021 Graacher Himmelreich Riesling VDP.Großes Gewächs
**35 €** | 12 %

- **94** 2021 Wehlener Sonnenuhr Riesling VDP.Großes Gewächs
  **35 €** | 12 %
- **87** 2021 Lieser Niederberg Helden feinherb VDP.Große Lage
  **18 €** | 10,5%
- **88** 2021 Brauneberger Juffer Riesling feinherb
  **18 €** | 10,5%
- **88** 2021 Piesporter Goldtröpfchen Riesling feinherb VDP.Große Lage
  **18 €** | 10,5%
- **92** 2021 Brauneberger Juffer Riesling Kabinett
  **16 €** | 7,5%
- **92** 2021 Piesporter Goldtröpfchen Riesling Kabinett
  **16 €** | 7,5%
- **93** 2021 Wehlener Sonnenuhr Riesling Kabinett
  **16 €** | 7,5%
- **94** 2021 Graacher Domprobst Riesling Kabinett
  7,5% AUKTION
- **92** 2021 Lieser Niederberg Helden Riesling Spätlese
  **19,50 €** | 7 %
- **93** 2021 Berncasteler Doctor Riesling Spätlese
  7 % AUKTION
- **94** 2021 Brauneberger Juffer-Sonnenuhr Riesling Spätlese
  **19,50 €** | 7 %
- **95** 2021 Wehlener Sonnenuhr Riesling Spätlese
  **19,50 €** | 7 %
- **95** 2021 Wehlener Sonnenuhr Riesling Auslese
  7 % AUKTION
- **96** 2021 Lieser Niederberg Helden Riesling Auslese
  **29,50 €** | 7 % TOP 10

★

## LÖNARTZ-THIELMANN

Weingut Lönartz-Thielmann
56814 Ernst · Weingartenstraße 80
Tel. (02671) 1640 · Fax 5882
info@loenartz.de
**www.loenartz.de**

**Inhaber/in** Florian Lönartz
**Keller** Florian Lönartz
**Außenbetrieb** Hans-Georg Lönartz

Florian Lönartz hat nun den Betrieb gänzlich von seinem Vater übernommen, der ihn aber weiterhin im Außenbetrieb unterstützt. Zehn Hektar in den Lagen von Vallwig und Bruttig nennt er sein Eigen, von denen auf der Hälfte Riesling angebaut wird. Ein Teil der Weine wird hier spontan vergoren und ein geringer Teil im Holz ausgebaut. Wie auch in den vergangenen Jahren, lassen die Weine deutlich die Handschrift des Weinguts erkennen. So gefiel wieder einmal eine Riesling Spätlese restsüß aus dem Valwiger Herrenberg, die mineralisch, mit schöner Frucht und viel Zug begeistert. Auch der - vielleicht nicht moseltypische - Chardonnay Reserve aus dem Cochemer Rosenberg, mit recht viel neuem Holz, klar und strahlend, konnte schnell Freunde finden.

- **83** 2020 Riesling Spätlese trocken
  **10 €** | 13 %
- **85** 2021 Bruttiger Götterlay Riesling Kabinett trocken
  **8 €** | 11,5%
- **85** 2020 Valwiger Herrenberg Riesling Spätlese trocken
  **10,50 €** | 13,5%
- **87** 2020 Valwiger Herrenberg Riesling Spätlese trocken Herrenberg Reserve
  **14 €** | 13,5%
- **88** 2020 Cochemer Rosenberg Chardonnay trocken Reserve
  **13,50 €** | 13,5%
- **86** 2021 Bruttiger Götterlay Riesling Kabinett restsüss
  **8 €** | 8,8%
- **86** 2021 Valwiger Herrenberg Riesling Spätlese restsüss
  **11 €** | 7,2%
- **89** 2021 Valwiger Herrenberg Riesling Spätlese restsüss
  **11 €** | 7,4%

Carl Loewen

**86** 2021 Riesling trocken Varidor
**9,70 €** | 12 %

**90** 2021 Thörnicher Ritsch Riesling Großes Gewächs
**26 €** | 12 %

**92** 2021 Leiwener Laurentiuslay Riesling trocken Erste Lage Alte Reben
**18 €** | 11,5%

**92** 2021 Longuicher Maximin Herrenberg Riesling trocken Erste Lage 1896 Alte Reben
**25 €** | 12 %

**93** 2021 Longuicher Maximin Herrenberg Riesling Großes Gewächs
**28 €** | 12 %

**93** 2021 Riesling feinherb 1896
**50 €** | 11,5%

**91** 2021 Longuicher Herrenberg Riesling Kabinett
**13 €** | 8,5%

**92** 2021 Leiwener Laurentiuslay Riesling Spätlese Erste Lage
**16 €** | 8 %

**91** 2020 Longuicher Maximin Herrenberg Auslese Erste Lage Goldkapsel
**33 €** | 8 %

**93** 2021 Thörnicher Ritsch Riesling Auslese Erste Lage
**21 €** | 7,5%

**93** 2021 Leiwen Klostergarten Riesling Eiswein
7 % **AUKTION**

**88** 2021 Riesling Alte Reben
**12 €** | 11,5%

**91** 2021 Detzemer Maximin Klosterlay Riesling Erste Lage
**16 €** | 12 %

★½

## LOOSEN ERBEN

WeinGut Benedict Loosen Erben
54539 Ürzig · Würzgartenstraße 1
Tel. (06532) 9459092
riesling@benedict-loosen-erben.de
**www.benedict-loosen-erben.de**

**Inhaber/in** Claudia Müller
**Keller** Bernhard Th. Föhr
**Außenbetrieb** Max Müller

Was Claudia Müller und Bernhard Föhr mit Unterstützung von Max Müller aus dem einen Hektar ihres Weinguts Benedikt Loosen Erben in Ürzig herausholen, ist zu 100 Prozent Riesling. Größtenteils spontan vergoren, ein Teil wird im Holz ausgebaut. Von den von uns verkosteten Weinen war einzig der 2020er Riesling Reserve aus dem Ürziger Würzgarten trocken ausgebaut. Mit seinem Druck, der schönen Transparenz und seiner animierenden Würze gefiel er uns sehr. Die Spätlese Alte Reben aus der Steillage In der Kranklei von wurzelechten bis zu 80 Jahre alten Reben, zog uns mit feiner Würze, mineralisch und fast seidig direkt in ihren Bann. Und der Kabinett aus dem Ürziger Würzgarten Dem Jung seine vierte – mit verhaltener Frucht, etwas Bitterorange, strahliger Säure und großer Klarheit – zeigt die Handschrift des Jungwinzers Max Müller, der diesen Wein eigenverantwortlich ausgebaut hat. Man darf freudig gespannt sein, wie er in Zukunft die Linie des Weinguts beeinflusst.

**89** 2020 Ürziger Würzgarten trocken Réserve
**15,50 €** | 11 %

**88** 2021 Lösnicher Försterlay Kabinett feinherb
**9,50 €** | 9,5%

**89** 2021 Ürziger Würzgarten Kabinett RotSchiefer
**9,50 €** | 8,5%

**90** 2021 Ürziger Würzgarten Kabinett „Dem Jung seine vierte"
**9,50 €** | 7,5%

**89** 2021 Ürziger Würzgarten Spätlese Aus dem Lustgarten
**12,50 €** | 7,5%

**90** 2021 Spätlese Alte Reben „In der Kranklei"
**13,90 €** | 9 %

★★★½

## DR. LOOSEN

Weingut Dr. Loosen
54470 Bernkastel-Kues · St. Johannishof
Tel. (06531) 3426 · Fax 4248
info@drloosen.de
**www.drloosen.de**

**Inhaber/in** Ernst F. Loosen
**Keller** Bernhard Schug
**Rebfläche** 22 Hektar
**Jahresproduktion** 180 000 Flaschen
**Beste Lagen** Bernkasteler Lay, Graacher Himmelreich, Wehlener Sonnenuhr, Ürziger Würzgarten, Erdener Treppchen und Prälat
**Boden** Devonschiefer und Rotliegendes
**Rebsorten** 98% Riesling, 2% Weißburgunder
**Mitglied** VDP

Alle Jahre wieder statten wir dem Weingut unseren Besuch ab. In diesem Jahr bekamen wir insgesamt 24 Weine ins Glas, von denen zum Zeitpunkt der Probe acht gefüllt waren. Auf bewährtem Niveau bewegten sich die beiden trockenen Rieslinge Rot- und Blauschiefer. Saftige, säurefrische Rieslinge, die positiv unkompliziert genossen werden können. Einen ganz kleinen Tick besser gefällt uns der etwas strukturiertere, gesetztere Rotschiefer. Neun Große Gewächse wird es aus dem Jahrgang 2021 geben, die ab Oktober 2022 gefüllt werden. Unsere Punkte bewegten sich zwischen 89 und 92. Für uns stachen in diesem Stadium der Entwicklung zwei besonders heraus. Das Graacher Himmelreich Alte Reben GG und das GG aus dem Ürziger Würzgarten. Kraftvolle Tiefe und reichhaltige Fruchtkonzentration zeichnen das Himmelreich aus, der Würzgarten besticht durch seine ungezähmte Wucht und Stoffigkeit, wodurch er sich nur einer zu oberflächlichen Betrachtung öffnet. Die Tradition feinherb aus dem Graacher Himmelreich, bereits gefüllt, war einer der balanciertesten Weine aus der Riege der gefüllten Rieslinge. Der Kabinett aus dem Würzgarten kann nun wirklich seine Herkunft nicht verleugnen, da er, wie schon das oben erwähnte Große Gewächs, Tiefe und Druck in sich trägt. Wie schrieben wir launig: „würzig-Ürzig". Bei den Spätlesen und Auslesen schraubte sich die Punktebewertung bis auf 94 nach oben. Bei den Auslesen war schon wieder der Würzgarten der Primus. Vielschichtig, mit herber Anmutung und leichtem Säurekick macht er der Lage alle Ehre.

**85** 2021 Weissburgunder trocken
**11,50 €** | 12 %

**85** 2021 Riesling trocken Rotschiefer
**12,50 €** | 12 %

**85** 2021 Riesling trocken Blauschiefer
**12,50 €** | 12 %

**91** 2021 Graacher Himmelreich Riesling feinherb Tradition
**18 €** | 10,5%

**88** 2021 Bernkasteler Lay Riesling Kabinett
**15 €** | 8,5%

**89** 2021 Wehlener Sonnenuhr Riesling Kabinett
**15 €** | 8,5%

**89** 2021 Erdener Treppchen Riesling Kabinett
**15 €** | 8,5%

**91** 2021 Ürziger Würzgarten Riesling Kabinett
**15 €** | 8,5%

★ NEU

## LORENZ

Weingut Lorenz
54340 Detzem · Neustraße 6
Tel. (06507) 3802 · Fax 4830
info@lorenz-weine.com
**www.lorenz-weine.com**

**Inhaber/in und Betriebsleitung**
Tobias Lorenz
**Keller** Tobias Lorenz

Ein formidabler Einstieg in unseren „VINUM Weinguide" ist Tobias Lorenz aus Detzem an der Mittelmosel gelungen. Wir hatten schon im vergangenen Jahr großes Gefallen an seinen 2020er Weinen gefunden, die allesamt Ruhe ausstrahlten. Die uns zugesandten Rieslinge des Jahrgangs 2021 sind größtenteils von zitrischer Frucht geprägt und präsentieren sich animierend. Wie im Vorjahr stammt das diesjährige „coup de coeur" aus einer unserer Lieblingslagen der Mosel, der Thörnicher Ritsch. Diese Spätlese besitzt trotz ihrer Restsüße die der Ritsch innewohnende Salzigkeit. Hinzu kommt eine delikate Trinkanimation, der man sich nicht entziehen kann. Der Säurekick erinnert an Eiswein. Apropos: Auch in diesem Segment versteht Tobias Lorenz sein Handwerk. Der im Dezember 2021 gelesene Eiswein aus dem Detzemer Würzgarten erstaunt mit zehn Volumenprozent Alkohol zunächst einmal, verwöhnt dann aber mit Aromen eines köstlichen Obstcocktails. Wir sind sicher: Es werden noch Sterne folgen.

**86** 2021 Detzem trocken
**8 €** | 12 %

**87** 2021 Weissburgunder trocken
**8,50 €** | 12,5%

**88** 2021 Trittenheimer Apotheke Riesling trocken
**12 €** | 12,5%

**88** 2020 Pölicher Held Riesling trocken Alte Reben GG
**18 €** | 12,5%

**86** 2021 Kabinett feinherb Blauschiefer Riesling
**8,50 €** | 10,5%

**93** 2021 Thörnicher Ritsch Riesling Spätlese Alte Reben
**14 €** | 8,5%

**94** 2021 Detzemer Würzgarten Riesling Eiswein
**Preis auf Anfrage/0,375 Lit.** | 10 %

★★☆

## LOTZ

Weingut Lotz
54492 Erden · Hauptstraße 71
Tel. (06532) 3029 · Fax 953569
info@weingut-lotz.de
**www.weingut-lotz.de**

**Inhaber/in und Betriebsleitung**
Stefan Lotz

**Rebfläche** 15 Hektar
**Jahresproduktion** 140 000 Flaschen
**Beste Lagen** Erdener Treppchen und Herrenberg, Lösnicher Försterlay, Ürziger Würzgarten
**Boden** blauer und grauer Devonschiefer, sandiger Lehm, roter Schiefer
**Rebsorten** 70% Riesling, 10% Spätburgunder, je 5% Weißburgunde, Chardonnay, Sauvignon blanc und Roter Riesling

Ein ganzes Potpourri an Weinen verschiedener Rebsorten stand in diesem Jahr vor uns auf dem Tisch. Einen Sauvignon Blanc hatten wir aus diesem Weingut noch nicht gesehen. Gleich im ersten Anlauf machte er einen guten Eindruck. An dem erstaunlich zurückhaltenden Duft und der gut kalibrierten Restsüße im nicht zu lauten Nachhall hatten wir viel Vergnügen. Der stofflige Chardonnay bewegt sich auf dem Niveau des Vorjahres, tritt weichfruchtig und zart-süßlich auf und wirkt im positiven Sinne sehr zugänglich. Am feinherben roten Riesling gefiel uns die ausgezeichnete Balance im Spannungsverhältns zwischen Herbe und Süße. Apropos Restsüße: Bei Stefan Lotz findet man Weine, deren Geschmack häufig von zarter Süße begleitet wird. Für Weinliebhaber, die die knarztrockenen Weine nicht mögen, ist hier eine Anlauf- beziehungsweise Einkaufstelle. Einen richtig trockenen Wein gibt's aber doch. Der 2020er Orangewein Josefine, aus Weißburgunder gewonnen, beeindruckt schon mit seinem zartrosinigen Duft. Geprägt von geschmeidiger Fülle, die Gerbstoffe der Maischegärung gut eingebunden, klingt er reichhaltig gelbfruchtig aus. Ach ja, Riesling gibt's hier auch und damit sind immerhin drei Viertel der Rebfläche bestockt. Im Stil des Hauses tritt die Spätlese Treppchen feinherb auf. Zart in geschmackliche Watte gepackt, ist sie ein wahrer Charmeur.

**84** 2021 Riesling trocken Schieferstein
**9 €** | 12,5%

**85** 2021 Chardonnay trocken
**7,50 €** | 13%

**85** 2021 Sauvignon Blanc trocken
**8 €** | 12,5%

**86** 2021 Erdener Treppchen Riesling Spätlese trocken
**11,50 €** | 12%

**87** 2020 Pinot Blanc trocken Orange Wine Josefine
**15 €** | 13,5%

**87** 2021 Erdener Treppchen Riesling trocken Alte Reben
**16,50 €** | 13%

**86** 2021 Erdener Herrenberg Riesling Kabinett feinherb
**9 €** | 10%

**87** 2021 Erdener Treppchen Riesling Spätlese feinherb
**11,50 €** | 10,5%

**84** 2021 Spätburgunder feinherb
**8 €** | 11%

**86** 2021 Roter Riesling feinherb
**8,80 €** | 11,5%

**87** 2021 Erdener Treppchen Riesling Kabinett
**9 €** | 7,5%

**87** 2021 Erdener Treppchen Riesling Spätlese
**11,50 €** | 8%

★★★½

## LUDES

Weingut Hermann Ludes
54340 Thörnich · Hauptstraße 21
info@moselwein.de
**www.moselwein.de**

**Inhaber/in und Betriebsleitung**
Julian Ludes

**Historie** Weinbau seit 400 Jahren in der Familie
**Rebfläche** 10 Hektar
**Jahresproduktion** 20 000 Flaschen
**Beste Lagen** Thörnicher Ritsch, Klüsserather Bruderschaft,
**Boden** grauer und blauer Schiefer
**Rebsorten** 100% Riesling

Für Hermann Ludes ist der Jahrgang 2021 der beste seit dem Jahr 2010. Und manches an dem Vergleich können wir gut nachvollziehen, da Hermann Ludes sehr prononcierte Säuren im Riesling liebt. So waren auch die 2010er Rieslinge mit hohen Säurewerten gelesen worden und in ihrer Jugend doch recht ruppig. Und diese klare, vibrierende Säure ist es auch, die in den Weinen von Hermann und Julian Ludes immer wieder aufblitzt und ihnen diese einzigartige Vitalität verleiht. Schon der Hermann Riesling 2021 ist für einen Einstiegsriesling erstaunlich lang und fein. Die Trauben stammen zu hundert Prozent aus der Klüsserather Bruderschaft. Gackes unten und oben, auf dem Etikett vermerkt, beschreiben unterschiedliche Parzellen im Berg der Ritsch. Gackes oben mit seinem sehr filigranen, hochfeinen Aufspiel hat seinem Nachbarn diesmal den Schneid abgekauft. Mit Ritsch Kabinett Monster, Spitzengewann in der Ritsch mit 1,1 Hektar, sowie dem Kabinett Terrassen geht es im Kabinett-Stil weiter, und jeder wird spätestens jetzt bemerken, wie wichtig die Ritsch in diesem Jahr für die Kabinette dieses Weinguts ist. Beim Verkosten des Kabinett Terrassen haben wir in diesem Jahr eine neue Formulierung kreiert: Er „klingelt" im Mund. Kann man nur nachvollziehen, wenn man den Wein probiert hat. Papier bleibt geduldig. Na ja, und irgendwann waren wir an dem Punkt angelangt, uns zu fragen, ob es überhaupt aus diesem Weingut in diesem Jahr einen trockenen Wein hätte geben müssen. Die Antwort kam wie aus der Pistole geschossen: nein! Weil es ja noch zwei formidable Spätlesen gibt. Beide wurden von uns auf 95 Punkte taxiert, wobei wir beim Speyer die befreit tänzelnde Frucht betonen möchten, und bei der Ritsch-Ritsch die puristische Art. Alles Weine für ein langes, langes Leben.

**93** 2021 Thörnicher Ritsch Riesling Kabinett feinherb Gackes unten
**16,50 €** | 9,5%

**93** 2021 Thörnicher Ritsch Kabinett feinherb „Monster“
**18,50 €** | 8%

**95** 2021 Thörnicher Ritsch Riesling Kabinett feinherb Gackes oben
**16,50 €** | 7,5% TOP 10

**89** 2021 Riesling „Hermann“
**9,50 €** | 10% TIPP

**92** 2021 Thörnicher Riesling Kabinett
**12,50 €** | 9%

**93** 2021 Thörnicher Ritsch Kabinett „Monster“
**18,50 €** | 7,5%

**94** 2021 Thörnicher Ritsch Riesling Kabinett „Terrassen“
**14,50 €** | 7,5%

**95** 2021 Thörnicher Ritsch Riesling Spätlese „Speyer“
**21,50 €** | 7,5%

**95** 2021 Thörnicher Ritsch Riesling Spätlese „Ritsch“
**Preis auf Anfrage** | 7% TOP 10

## LUDWIG

Weingut Ludwig
54340 Thörnich · Im Bungert 10
Tel. (06507) 3760 · Fax 4677
info@gebruederludwig.de
**www.gebruederludwig.de**

**Inhaber/in** Meike und Thomas Ludwig
**Betriebsleitung** Thomas Ludwig
**Keller** Thomas Ludwig
**Außenbetrieb** Thomas Ludwig

Das seit dem Jahr 1682 in Familienbesitz befindliche Weingut Ludwig (auf das „Gebrüder“ verzichtet man neuerdings) bewirtschaftet ausschließlich Lagen in der Thörnischer Ritsch und der Klüsserather Bruderschaft. Hier, auf seinen zehn Hektar Steillagen, produziert Thomas Ludwig, unterstützt von seiner Frau Meike, zu 80 Prozent Riesling. Die Weine gefallen auf ihre eher filigrane Art - wie der trockene Riesling aus der Klüsserather Bruderschaft mit Zitrus und Melone oder auch die Spätlese aus der Thörnischer Ritsch, etwas rauh, mit kerniger Frucht.

**84** 2021 Sauvignon Blanc trocken
**9,90 €** | 12,5%

**84** 2021 Thörnicher Riesling trocken
**9,90 €** | 12,5%

**85** 2021 Klüsserather Bruderschaft Riesling trocken Erste Lage
**12,90 €** | 12,5%

**84** 2021 Thörnicher Riesling feinherb
**9,90 €** | 11,5%

**86** 2021 Thörnich Ritsch Riesling feinherb Erste Lage
**12,90 €** | 12,5%

**86** 2021 Thörnich Ritsch Riesling feinherb Erste Lage
**12,90 €** | 11%

**86** 2021 Thörnich Ritsch Riesling Kabinett restsüss Erste Lage
**9,90 €** | 9%

**88** 2021 Klüsserather Bruderschaft Riesling Spätlese restsüss Erste Lage
**14,90 €** | 7,5%

**88** 2021 Thörnicher Ritsch Riesling Spätlese restsüss Erste Lage
**14,90 €** | 8%

**86** 2021 Thörnicher Ritsch Riesling Auslese
**Preis auf Anfrage/0,375 Lit.** | 8,5%

★

## LÜTZ

Weingut Lütz
56862 Pünderich · Bahnhofstraße 40
Tel. (06542) 969518
info@weingut-luetz.de
**www.weingut-luetz.de**

**Inhaber/in und Betriebsleitung**
Jörg Lütz
**Keller** Jörg Lütz
**Außenbetrieb** Jörg Lütz

Auch dieses Jahr hat uns Jörg Lütz wieder eine sehr klare und homogene Kollektion auf den Tisch gestellt. Die Weine aus seinen fünf Hektar in Pünderich, mit besten Lagen in der Marienburg und dem Nonnenberg, präsentieren sich transparent und mit schönem Trinkfluss. Man versucht hier möglichst naturnah zu arbeiten und richtet sich dabei nach den Regeln des KUW (des kontrollierten, umweltschonenden Weinbaus). Der Pündericher Riesling trocken Auf.Takt, mit etwas Melone und gutem Gripp, macht den Anfang und neugierig auf den Rest der Kollektion. Stoffig, mit Schmelz und schöner Mineralik sowie etwas Salz, setzt der Riesling Herzblut aus der Pündericher Marienburg die Linie fort. Sehr gefiel auch der Weißburgunder Opus mit zartem Holz, mineralisch und voll, ohne dabei dicklich zu wirken.

**85** 2021 Pündericher trocken Auf.Takt
**Preis auf Anfrage** | 12 %

**88** 2021 Pündericher Rosenberg Weißer Burgunder trocken Große Lage Opus
**Preis auf Anfrage** | 12,5%

**88** 2021 Pündericher Marienburg trocken Große Lage Herzblut
**Preis auf Anfrage** | 11,5%

**84** 2021 Pündericher feinherb Classis Nohr
**Preis auf Anfrage** | 10,5%

**87** 2021 Pündericher Nonnengarten feinherb Große Lage Pauemi
**Preis auf Anfrage** | 11 %

**87** 2021 Pündericher restsüss Einstieg
**Preis auf Anfrage** | 8,9%

**89** 2021 Pündericher Marienburg restsüss Erstes Gewächs Schiefertreppchen
**Preis auf Anfrage** | 8 %

★ NEU

## WEINGUT LÖWENSTEINHOF

Weingut Löwensteinhof
56333 Winningen · Krambachweg 10
Tel. (02606) 1944
info@loewensteinhof-mueller.de
**www.loewensteinhof.de**

**Inhaber/in und Betriebsleitung**
Andreas Müller
**Keller** Andreas Müller
**Außenbetrieb** Andreas Müller

Es ist erst ihr dritter Jahrgang, und schon sind sie mit einem Stern bei uns im Guide. Gratulation zu diesem Blitzstart nach Winningen an Anne und Andreas Müller! Erst Anfang September 2019 übernahmen die beiden den Löwensteinhof an der Terrassenmosel, momentan wird hier auf einer Fläche von knapp zwei Hektar Wein angebaut. Ziel ist ein Gesamtrebfläche von etwa fünf Hektar. Zur Zeit wird der Betrieb noch im Nebenerwerb geführt. Schon die Weine des Jahrgangs 2020 empfanden wir als bemerkenswert klarfruchtig und fein. Die angestellten 2021er Rieslinge kommen uns etwas stoffliger, konzentrierter und reichhaltiger vor als die aus dem Vorjahr. Sie werden alle in einer feinherben Stilistik ausgebaut, die den Weinen sehr gut zu Gesicht steht, da sie balancierend wirkt. Auch Weiß- und Spätburgunder sind im Sortiment und zeigen eindeutig Ambitionen.

**86** 2021 Winninger Domgarten Weissburgunder trocken
**8,90 €** | 12,5%

**87** 2020 Winninger Uhlen Riesling Spätlese feinherb
**14,90 €** | 12 %

**85** 2021 Winninger Domgarten Riesling feinherb
**10,50 €** | 12,5%

**87** 2020 Winninger Domgarten Riesling feinherb
**10,50 €** | 11,5%

**86** 2020 Winninger Domgarten Riesling Schieferstück
**10,50 €** | 11,5%

**86** 2021 Winninger Domgarten Riesling Schieferstück
**10,50 €** | 13 %

**87** 2019 Winninger Domgarten Spätburgunder trocken Barrique
**13,90 €** | 13 %

★ NEU

## MARGARETHENHOF

Weingut Margarethenhof
54441 Ayl a.d. Saar · Kirchstraße 17
Tel. (06581) 2538 · Fax 6829
mail@margarethenhof-ayl.de
**www.margarethenhof-ayl.de**

**Inhaber/in und Betriebsleitung**
Jürgen Weber
**Keller** Nicolas Weber
**Außenbetrieb** Nicolas Weber

Verdienter Einstieg des Margarethenhofs aus Ayl in den „VINUM Weinguide"! Das Credo des Hauses lautet: „Zwei Flüsse. Zwei Terroirs. Ein Weingut". Nachvollziehbar, wenn man die an der Saar gewachsenen Rieslinge mit Elbling und den weißen Burgundersorten vergleicht. Qualitativ gibt's keine Diskrepanz. Schiefer und Muschelkalk einvernehmlich nebeneinander. Weißburgunder wie Chardonnay 2020 besitzen frische Frucht und dezentes Holz, wobei der Chardonnay leicht stoffliger ausfällt, der Weißburgunder den eleganten Part übernimmt. Der 2021er Schiefermineral trocken ist klarfruchtig mit würzigen Anklängen und präzise. Für ein rundum Trinkfreude bereitendes Sortiment gibt's den ersten Stern.

**85** 2021 Grauburgunder trocken
**9 €** | 13 %

**85** 2021 Ayler Sauvignon Blanc trocken
**13 €** | 11 %

**86** 2021 Riesling trocken Saar
**8,50 €** | 11,5%

**87** 2021 Ayler trocken Schiefermineral
**10,50 €** | 12 %

**87** 2020 Ayler Kupp Riesling Großes Gewächs
**22 €** | 12,5%

**89** 2020 Weißburgunder trocken Reserve
**25 €** | 12,5%

**89** 2020 Chardonnay trocken Reserve
**25 €** | 13 %

**89** 2020 Ayler Kupp Riesling feinherb Alte Reben
**22 €** | 10 %

**89** 2020 Ayler Kupp Riesling Kabinett restsüss
**14 €** | 8,5%

★★★

## MEIERER

Weingut Meierer
54518 Kesten · Am Herrenberg 16
Tel. (06535) 7012 · Fax 944404
info@weingut-meierer.de
**www.weingut-meierer.de**

**Inhaber/in und Betriebsleitung**
Matthias Meierer
**Keller** Matthias Meierer
**Außenbetrieb** Klaus Meierer
**Historie** Weinbau seit 1767
**Rebfläche** 6 Hektar
**Jahresproduktion** 40 000 Flaschen
**Beste Lagen** Kestener Paulinsberg und Paulinshofberg, Monzeler Kätzchen
**Boden** grauer und blauer Schiefer
**Rebsorten** 100% Riesling
**Mitglied** Moseljünger, Mythos Mosel

Was „WTF!?" und „OMG!" bedeuten soll, wissen wir selbstverständlich. Und auch wie beides hergestellt wird. Der OMG ist ein Petillant Naturel, also ein Perlwein aus erster Gärung auf der Flasche, der WTF ein waschechter Orangewein, der hergestellt wird wie ein Rotwein, also mit Hilfe der klassischen Maischegärung. Beide besonderen Arten der Vinifikation beherrscht Matthias Meierer aufs Feinste. Der intensive Rhabarberduft des OMG! lässt einem das Wasser im Mund zusammenlaufen. Die saftige Frische im Einklang mit dem perfekten Maß an Süße macht ihn extrem trinkig. Ganz anders aufgrund seiner Herstellung der WTF!?. Durch die lange Maischgärung wird unter anderem aus den Schalen Gerbstoff extrahiert, der die Herbheit des späteren Weines prägt. Im Falle des WTF!? brauchte er die klassische Belüftung, um sein schweres Korsett abzulegen und Leichtigkeit zu Tage treten zu lassen. Schon erstaunlich, wie man allein durch unterschiedliche Ausbauarten der Riesling-Trauben so unterschiedliche Aromen mitgeben kann. Der Kestener Paulinsberg ist sozusagen der Hausweinberg, liegt doch das Weingut am Fuße der Lage. Durch Süd-Ost-Ausrichtung scheint hier bereits frühmorgens die Sonne, abends liegt sie dafür früher im Schatten. In Zeiten des Klimawandels gar nicht so schlecht. Eine ganz klassisch ausgebaute Spätlese aus dem erwähnten Paulinsberg konnte uns vollends überzeugen. Strahlender Säurezug und Kraft im Nachhall geben dem Wein ein großes Lagerpotenzial.

meierer
weingut

- **89** 2020 Riesling OMG!
  **16,90 €** | 11,5%
- **87** 2021 Kestener trocken
  **8,50 €** | 11%
- **87** 2020 Riesling trocken Alte Reben
  **13,90 €** | 12%
- **88** 2020 Riesling trocken WTF!?
  **22,90 €** | 11,5%
- **89** 2019 Riesling Alte Reben ***
  **16,90 €** | 12%
- **89** 2020 Kestener Heidenloch Großes Gewächs
  **22,90 €** | 12%
- **87** 2021 Kestener Riesling feinherb
  **8,50 €** | 10,5%
- **87** 2021 Monzeler Kätzchen Riesling feinherb
  **Preis auf Anfrage** | 10,5%
- **88** 2021 Kestener Paulinsberg Kabinett 418
  **15,90 €** | 8%
- **90** 2021 Riesling Kabinett
  **8,50 €** | 8,5%
- **92** 2021 Kestener Paulinsberg Riesling Spätlese
  **13,90 €** | 8%

★★★

## DR. MELSHEIMER

Weingut Dr. Melsheimer
56841 Traben-Trarbach · Wolfer Weg 11
Tel. (06541) 811075 · Fax 812844
info@weingut-melsheimer.de
**www.weingut-melsheimer.de**

**Inhaber/in** Fritz Horst Melsheimer
**Betriebsleitung** Matthias Decker
**Keller** Thorsten Melsheimer
**Außenbetrieb** Lohnunternehmen Müllers GmbH

**Historie** Das Weingut verfügt über eine glorreiche Vergangenheit.
Das imposante Gebäude am Trarbacher Moselufer, eine architektonische Einzigartigkeit, wurde Anfang des 19. Jarhunderts von einem Schüler des berühmten Architekten Karl Friedrich Schinkel erbaut.
**Rebfläche** 2 Hektar
**Jahresproduktion** 7 500 Flaschen
**Beste Lagen** Enkircher Steffensberg, Trabacher Schlossberg
**Boden** Schiefer
**Rebsorten** 95% Riesling, 5% Weißburgunder
**Gastronomie** Angeschlossen am Weingut ist das Restaurant „Die Graifen" mit stätig wechselnder saisonalen Speisekarte
Möbelladen und Wohnaccessoires
Feriendomizile:
Stilvolle Ferienwohnungen und Ferienhaus direkt am Moselufer
**Erlebenswert** Neu designte Etikettenlinie, Weißburgunder neues Etikett ab Jahrgang 2021
**Mitglied** Ecovin, Bernkasteler Ring

Das Weingut Dr. Melsheimer gehört heute dem Diplom-Kaufmann Fritz-Horst Melsheimer, der in Hamburg lebt und arbeitet. Geführt wird das Gut von Matthias Decker, der auch das zum Weingut gehörige Restaurant Die Graifen führt. Für den Ausbau der Weine ist Thorsten Melsheimer, der Spitzenwinzer aus Reil, verantwortlich. Das garantiert Kontinuität, was die Qualität der Weine anbelangt. Seit Jahren gibt es hier keinen Ausreißer nach unten, im Gegenteil: Es ging ausschließlich bergauf. Sein großes Können bei der Sektherstellung zeigte uns Thorsten Melsheimer vor allem mit dem 2020er Sekt extra trocken aus dem Trarbacher Taubenhaus. Eingebundene, feine Süße legte sich auf den Gaumen und klang feinwürzig-seidig aus. Der im Kabinett-Stil geformte Weißburgunder mit dezenter Holznote und nur elf Volumenprozent Alkohol lud in seiner Zartheit zum Weitertrinken ein. West und Süd-West, die beiden feinherben Rieslinge aus dem Trabener Würzgarten und dem Trarbacher Schlossberg, befanden sich in Hochform wie immer. Der Süd-West war dem West eine Nasenspitze voraus, weil er solch eine Ruhe ausstrahlte und höchstfein ohne jegliche Reife andeutend ausklang. Er stammt aus einem Weinberg unterhalb der Ruine Grevenburg, die aus dem 14. Jahrhundert stammt. Ach ja, und ganz am Ende fiel uns auf, dass kein einziger Wein des Jahrgangs 2021 auf dem Tisch stand. Das imposante Gebäude des Weinguts am Trarbacher Moselufer ist von einem Schüler des berühmten Architekten Karl Friedrich Schinkel Anfang des 19. Jahrhunderts erbaut worden.

**88** 2020 Brut nature Pet Nat
**15 €** | 12 %

**91** 2020 Trarbacher Taubenhaus Sekt Extra trocken Dr. Melsheimer Privat
**16 €** | 12 %

**90** 2020 Weissburgunder trocken
**12 €** | 11 %

**90** 2020 Riesling trocken Fabelwein
**14 €** | 11 %

**88** 2020 Riesling feinherb
**11 €** | 11 %

**91** 2020 Trabener Würzgarten Riesling Kabinett feinherb West
**13 €** | 10,5%

**92** 2020 Trarbacher Schlossberg Riesling feinherb Süd-West
**14 €** | 11 %

## MELSHEIMER

Weingut Melsheimer
56861 Reil · Dorfstraße 21
Tel. (06542) 2422 · Fax 1265
mail@melsheimer-riesling.de
**www.melsheimer-riesling.de**

**Inhaber/in und Betriebsleitung**
Thorsten Melsheimer
**Keller** Thorsten Melsheimer
**Historie** Familienbetrieb in fünfter Generation, erste Erwähnung der Weinberge im Mullay-Hofberg im Jahr 1143
**Rebfläche** 12 Hektar
**Jahresproduktion** 57 000 Flaschen
**Beste Lagen** Reiler Mullay-Hofberg
**Boden** grauer Schiefer
**Rebsorten** 97% Riesling, 2% Spätburgunder, je 0,5% Johanniter und Sauvignac
**Gastronomie** Gästehäuser am Weingut
**Erlebenswert** Reiler Mullay-Hofberg
**Mitglied** Ecovin, Demeter

In freudiger Erwartung öffnen wir jedes Jahr aufs Neue die Schaumweine von Thorsten Melsheimer aus Reil. Wenn wir den 2021er Pet Nat Insanus hinzurechnen, waren es wie im Vorjahr fünf an der Zahl. Am recht frühen Vormittag der Probe öffnete uns der Rurale Brut nature mit seinem erfrischenden Kick die morgenmüden Augen. Mit erstaunlich dichter Perlage und Feuersteinaromen ist er ein großartiger Muntermacher. Für die zweite Gärung in der Flasche wurde Grundwein für den Rurale mit etwa 20 Gramm Restsüße ohne zusätzliche Hefegabe in Flaschen gefüllt und mit Kornkorken verschlossen. Der Rurale wird nicht degorgiert, hat aber nur wenig Depot. Es folgte der oben erwähnte Pet Nat mit Namen Insanus, was soviel heißt wie verrückt. Er besteht zu 20 Prozent aus Pinot Noir, dessen Trauben sieben Tage auf der Maische verbrachten. Nach dem Pressen wurde das Fass mit Riesling aufgefüllt, um dann mit dem gewünschten Restzucker zur weiteren Gärung auf Flaschen gezogen zu werden. Mit leichter Tendenz zum Orangewein besitzt er ein würzig-kräutriges Fruchtspiel und viel Charakter. Wie bei den Weinen von Thorsten Melsheimer dachten wir auch beim Schaumwein: „Konventionell kann er auch!" In erster Probe zeigte sich der 2018er Riesling-Sekt Brut anfänglich schwerfällig und reichhaltig. Er entwickelte sich später zu einem erstaunlich frischen Wein mit elegantem Schliff. Und das schreiben wir über einen Schaumwein aus dem warmen, reifen Jahr 2018. Das Degorgement dieses mit 11,5 Volumenprozent Alkohol ausgestatteten Leichtgewichts, erfolgte im April 2022, nach zweieinhalb Jahren auf der Hefe. Die Grundweine für die 2013er Cuvée Prestige Brut nature reiften zwei Jahren im Holzfass. Nach langem Hefelanger erfolgte das Degorgement ebenfalls im April 2022. Ein unglaublich salziger Kern bildet das Gerüst dieses puristischen Sekts. Die Klassiker im Naturel- oder Orange-Segment, der Vade Retro und der Landwein Orange, sind in diesem Jahr noch besser geraten als im Vorjahr. Beide unterscheiden sich in der Vinifikation insofern, als die Trauben für den Orange einer sechswöchigen Maischegärung unterzogen wurden und die Trauben für den Vade Retro ohne Maischestandzeit abgepresst wurden. Beide sind ein Jahr lang im Barrique ausgebaut worden. Der Lentum 2018 zeigt eine eigene Klasse auf. Lentum bedeutet der Langsame. Die erste Füllung von zwei Fässern erfolgte nach 42 Monaten Gärzeit. Es ist wirklich unglaublich, welche Vitalität dieser Riesling besitzt. Er schwebt horizontal, ist edel und hochfein. Vom trockenen 2020er Kellerchen gab es lediglich ein Barrique. Der Wein wurde unfiltriert gefüllt. Ein geschmeidiger Säurekern lässt den Wein filigran wie einen Burgunder klingen. Er besitzt die gesamte Vielschichtigkeit eines großen trockenen Rieslings.

Thorsten Melsheimer beherrscht die gesamte Klaviatur des Weinmachens. Sekt, Pet Nat, Naturwein, Orangewein und, sagen wir es so, den konventionellen Ausbau, der bei seinen trockenen Rieslingen immer geprägt ist von Geduld und Ruhe. Alle Weine haben nach wie vor diese durchgängige Handschrift von einem Winzer, der gelassen bei der Arbeit ist und genau weiß, was zu tun und zu lassen ist. Seit 1995 arbeitet man im Weinberg ökologisch, die Demeter-Zertifizierung erfolgte mit dem Jahrgang 2013. Rund die Hälfte der bewirtschafteten Weinberge sind Steillagen. Wir waren restlos begeistert von einem Sortiment in dem das Fingerspitzengefühl des Winzers so schmeckbar wird, dass wir einen weiteren halben Stern zücken.

**90** 2019 Reiler Mullay-Hofberg Riesling Zero Dosage
**18 €** | 11,5%

**91** 2020 Riesling Brut nature Rurale
**16 €** | 10,5%

**92** 2021 Insanus
**18 €** | 10,5% **TIPP**

**92** 2018 Reiler Mullay-Hofberg Riesling Brut
**18 €** | 11,5%

**92** 2013 Cuvée Prestige Brut Nature (Pinot Noir und Riesling)
**22 €** | 10,5%

**91** 2020 Reiler Mullay-Hofberg Riesling trocken Molun
**18 €** | 12%

**92** 2020 Riesling Landwein trocken Orange
**22 €** | 12%

**93** 2020 Riesling trocken Vade Retro
**20 €** | 11,5%

**93** 2018 Riesling trocken Lentum
**22 €** | 11,5%

**94** 2020 Reiler Mullay-Hofberg Riesling trocken Kellerchen
**32 €** | 12,5%

**92** 2020 Reiler Mullay-Hofberg Riesling Kabinett
**12,50 €** | 9%

★★★

## MERKELBACH

Weingut Alfred Merkelbach,
Inh. Johannes Selbach
54492 Zeltingen-Rachtig · Uferallee 23
Tel. (06532) 2081 · Fax 4014
weingut.merkelbach@selbach-oster.de

**Inhaber/in und Betriebsleitung**
Johannes Selbach, Sebastian Selbach

**Rebfläche** 1 Hektar
**Jahresproduktion** 16 000 Flaschen
**Beste Lagen** Ürziger Würzgarten, Kinheimer Rosenberg
**Boden** Rotschiefer in Ürzig, Grauschiefer in Kinheim
**Rebsorten** 100% Riesling

Der 2021er Jahrgang ist der zweite Jahrgang, der unter dem neuen Besitzer Johannes Selbach aus Zeltingen-Rachtig ausgebaut wurde. Ein vielversprechendes Fassmuster erhielten wir vom trockenen Gutsriesling 2021. Sollte er so, wie er sich uns präsentiert hat, nämlich mit saftig-offener Frucht auch nach der Füllung auftreten, erhielte er von uns 88 Punkte. Die gefüllte Spätlese trocken aus dem Kinheimer Rosenberg besitzt Leichtigkeit und verdichtete Art zugleich. Erstaunlich fest gebaut für die häufig zarten Kinheimer Rieslinge. Auch der Kabinett aus gleicher Lage ist überraschenderweise fester und markanter gebaut als erwartet. Nachdem sich das leicht belegende der Fruktose beim Ürziger Würzgarten Kabinett gelegt hatte, trat immer stärker das süßliche Fruchtspiel in den Vordergrund. Auch bei den Spätlesen gaben wir dem Ürziger Würzgarten den Vorzug. Die Kinheimer Rosenberg Spätlese bringt zwar das typisch Delikate der Lage zum Klingen, hat aber nicht die Würzkraft und den Grip unseres Favoriten der kleinen Kollektion, der Spätlese aus dem Würzgarten. Alles in allem ein Sortiment auf Vorjahresniveau.



**88** 2021 Kinheimer Rosenberg Spätlese trocken
**15 €** | 11,5%

**89** 2021 Kinheimer Rosenberg Riesling Kabinett
**11,50 €** | 8%

**90** 2021 Ürziger Würzgarten Riesling Kabinett
**12 €** | 8%

**91** 2021 Kinheimer Rosenberg Riesling Spätlese
**14 €** | 7,5%

**92** 2021 Ürziger Würzgarten Riesling Spätlese
**17 €** | 8%

## MERTES

Weingut Johann Peter Mertes
54441 Kanzem · Kirchstraße 19
Tel. (06501) 17163 · Fax 16629
info@weingut-mertes.de
**www.weingut-mertes.de**

**Inhaber/in und Betriebsleitung** Johann Peter Mertes senior und Johann-Peter Mertes junior
**Außenbetrieb** Johannes Koch

**Historie** seit 1891 in Familienbesitz
**Rebfläche** 11 Hektar
**Jahresproduktion** 60 000 Flaschen
**Beste Lagen** Kanzemer Altenberg, Ockfener Bockstein, Wawerner Ritterpfad und Goldberg, Saarburger Stirn (Alleinbesitz)
**Boden** Devonschiefer
**Rebsorten** 100% Riesling
**Gastronomie** Gutsausschank Wein & Bike von Juni bis September
**Erlebenswert** Gewölbekeller mit Schatzkammer, eigene Brennerei

Wir erlauben uns das kleine Wortspiel: Drei Mal hat uns dieses Jahr Johann-Peter Mertes aus Kanzem an der Saar die Stirn geboten. Natürlich ausschließlich in Form von drei Flaschen feinem Riesling aus dieser Monopollage des Hauses in Saarburg. Die trockene Stirn besitzt Strahlkraft, gute Frische und im Nachhall markante Phenolik. Der Kabinett feinherb gleicher Lage kommt animierend kräuter-würzig daher, die Alten Reben feinherb hingegen bestechen durch ihre Länge und Tiefe, eingebettet in große Ausgewogenheit. Stärkster Wein der Probe war die Spätlese aus dem Bockstein, was die hohe Qualität der Lage untermauert, aber auch die Stärken des Jahrgangs in den Fokus rückt. Im feinen Aufspiel von Säure und Süße setzte sich immer stärker der salzige Unterton der Lage durch. Wie wir am Ende der Nachprobe konstatierten, brauchten die Weine von Johann-Peter Mertes in diesem Jahr besonders viel Zeit um sich zu öffnen. Fast hätten wir den Riesling Kabinett aus dem Kanzemer Altenberg vergessen, der größten zusammenhängenden Steillage Europas. Mit neun Volumenprozent Alkohol etwas weiter vergoren als allgemein üblich, tritt seine trockenere Art hinter der vitalen Struktur hervor.

**85** 2021 Kanzemer Sonnenberg Riesling trocken
**6,80 €/1 Lit.** | 12%

**85** 2021 Wawerner Goldberg Riesling trocken
**9,50 €** | 12%

**86** 2021 Kanzemer Altenberg Riesling Kabinett trocken
**10,50 €** | 11,5%

**86** 2021 Kanzemer Altenberg Riesling trocken Alte Reben
**12,50 €** | 12%

**87** 2021 Saarburger Stirn Riesling trocken
**9,50 €** | 11%

**85** 2021 Kanzemer Sonnenberg Riesling feinherb Alte Reben Sank
**11,50 €** | 11%

**86** 2021 Ockfener Bockstein Riesling feinherb
**9,50 €** | 11%

**87** 2021 Saarburger Stirn Riesling Kabinett feinherb
**10,50 €** | 10%

**88** 2021 Saarburger Stirn Riesling feinherb Alte Reben
**12,50 €** | 11%

**88** 2021 Ockfener Bockstein Riesling Kabinett
**10,50 €** | 8,5%

**88** 2021 Kanzemer Altenberg Riesling Kabinett
**11 €** | 9%

**90** 2021 Ockfener Bockstein Riesling Spätlese
**14,50 €** | 8%

★★☆

## WOLFGANG MERTES

Wolfgang Mertes
54320 Waldrach (Trier-Saarburg) ·
Hermeskeiler Straße 36
Tel. (06500) 480 · Fax 9109876
mail@mertes-waldrach.de
**www.mertes-waldrach.de**

**Inhaber/in und Betriebsleitung**
Wolfgang Mertes
**Keller** Wolfgang Mertes

**Historie** Einer der ersten Winzer mit Spätburgunder an der Ruwer.
**Rebfläche** 2 Hektar
**Jahresproduktion** 15 000 Flaschen
**Beste Lagen** Waldracher Sonnenberg und Meisenberg
**Boden** Blau-, Bunt- und Quarzitschiefer
**Rebsorten** 60% Riesling, 32% Spätburgunder, 8% Grauburgunder

Immer mehr entwickelt sich Wolfgang Mertes zu einer qualitativen Größe an der Ruwer. Hauptberuflich war er 16 Jahre lang Betriebsleiter und Kellermeister im benachbarten Weingut Reichsgraf von Kesselstatt, bevor er im Herbst 2021 zum Weingut von Hövel an der Saar in die Betriebsleitung kam. Die Zeit, die er seinen eigenen Weinen nun angedeihen lassen kann, kommen diesen immer mehr zugute. Und das nicht nur den Rieslingen. Auch die Burgunder haben qualitativ an Fahrt aufgenommen. Der Grauburgunder bleibt in seiner ruhigen Art kabinettig-transparent. Der Blanc de Noir in fordernd kühler Aromatik besitzt Präzision und der Pinot Noir Lara wartet neben seiner Kirschfrucht mit einer noblen Tanninstruktur auf. Mit dem 2021er Waldracher Meisenberg Alte Reben Riesling trocken beweist Wolfgang Mertes Mut zur Säure. Ein nerviger Säurestrahl durchzieht den zartschmelzigen Fruchtkern. Noch ungestüm, wird er sich erst durch eine gewisse Zeit auf der Flasche zähmen lassen. Ähnlich verhält es sich mit dem trockenen Kabinett aus dem Waldracher Sonnenberg. Puristisch und glockenklar bereitet er reines Trinkvergnügen. Apropos: Fast hätten wir den ungemein trinkigen Literwein vergessen, der uns mit seinem verhaltenen Schmelz einen tollen Einstieg in Mertes' Rieslinge bereit hat. Wir gratulieren zu einer überzeugenden Kollektion und vergeben einen weiteren halben Stern ins obere Ruwertal.

**86** 2021 Waldracher Riesling trocken
**6,50 €/1 Lit.** | 11,5% BEST BUY

**86** 2021 Ruwer Riesling trocken
**7,50 €** | 11,5%

**86** 2021 Waldrach Pinot Noir de Noir trocken
**7,50 €** | 11%

**86** 2021 Waldrach Sonnenberg Grauburgunder trocken
**8,50 €** | 12%

**86** 2021 Waldracher Meisenberg Riesling trocken
**9,50 €** | 11%

**87** 2021 Waldracher Sonnenberg Riesling Kabinett trocken
**7,50 €** | 11%

**91** 2021 Waldrach Meisenberg trocken Alte Reben
**9,50 €** | 12% BEST BUY

**85** 2021 Waldracher Sonnenberg Riesling feinherb
**7,50 €** | 10%

**89** 2021 Waldrach Sonnenberg Spätlese feinherb
**9,50 €** | 10%

**89** 2021 Waldrach Sonnenberg Kabinett
**8 €** | 8,5%

**89** 2021 Waldracher Sonnenberg Riesling
**9,50 €** | 8%

**88** 2019 Pinot Noir trocken Lara
**9,50 €** | 12,5%

## MEULENHOF

Weingut Meulenhof
54492 Erden · Zur Kapelle 8
Tel. (06532) 2267 · Fax 1552
info@meulenhof.de
**www.meulenhof.de**

**Inhaber/in und Betriebsleitung**
Stefan Justen
**Keller** Stefan Justen
**Außenbetrieb** Stefan Justen

**Historie** erste urkundliche Erwähnung des Meulenhofs 1337 als Pfand der Grafen von Sponheim, ab 1477 im Besitz des Zisterzienserklosters Machern
**Rebfläche** 7 Hektar
**Jahresproduktion** 80 000 Flaschen
**Beste Lagen** Erdener Prälat und Treppchen, Wehlener Sonnenuhr
**Boden** Verwitterungsschiefer mit Rotliegendem
**Rebsorten** 88% Riesling, 8% Müller-Thurgau, 4% Kerner
**Mitglied** Fair'n Green, Bernkasteler Ring

Stefan Justen hat unseren letztjährig geäußerten Wunsch erfüllt und uns in diesem Jahr einen trockenen Riesling aus dem Erdener Prälat geschickt. Diese nach Süden bis Südwesten exponierte Steillage mit ihrer deutlichen Rotfärbung, die auf den starken Eisenanteil im Boden zurückzuführen ist, gehört zu den ein- und ausdrucksvollsten Lagen der gesamten Mosel. Eindrücklich setzt er sich im Sortiment des Erdener Meulenhofes an die Spitze der eingesandten trockenen Weine. Wie es sich für einen wertvollen trockenen Riesling gehört, arbeitet er noch intensiv, um die Harmonie zwischen Reife und Saftigkeit zu finden. Auf der einen Seite zeichnet ihn schon schmeichelnde Dichte aus, andererseits wirkt die Säure noch nicht eingebunden. Geben wir ihm die Zeit. Bei den Kabinetten im restsüßen Bereich hat auch in diesem Jahr die Wehlener Sonnenuhr die Nase leicht vorn. Sie besitzt die kühlere Art, die wir beim Kabinett so schätzen, im Vergleich zum zur Röstigkeit tendierenden Treppchen. Wir sind sehr angetan vom Stil des Hauses, den Kabinetten und Spätlesen etwas mehr Alkohol zuzugestehen. Das führt zu Geschmackskomponenten, die den Weinen eine subtile Würze und zarte Herbheit verleihen.

**85** 2021 Wehlen Sonnenuhr Riesling Kabinett trocken
**8,70 €** | 10,5%

**86** 2021 Riesling trocken Devon-Schiefer
**8,60 €** | 12%

**88** 2021 Erden Treppchen Riesling Spätlese trocken
**11,50 €** | 12%

**90** 2021 Erden Prälat Riesling Großes Gewächs
**28 €** | 12%

**85** 2021 Riesling feinherb
**8 €** | 11%

**87** 2021 Erden Treppchen Riesling Spätlese feinherb
**11,30 €** | 11,5%

**89** 2021 Erden Treppchen Riesling Kabinett
**8,70 €** | 9,5%

**89** 2021 Erden Treppchen Riesling Kabinett Alte Reben
**11 €** | 10%

**90** 2021 Wehlen Sonnenuhr Riesling Kabinett
**8,50 €** | 9%

**90** 2021 Erden Treppchen Riesling Spätlese Alte Reben
**12,50 €** | 10%

**92** 2021 Erden Treppchen Riesling Spätlese
**11 €** | 8%

**94** 2018 Erden Treppchen Riesling Beerenauslese
**45 €/0,375 Lit.** | 7%

★

## MÖNCHHOF

Weingut Mönchhof Robert Eymael
54539 Ürzig · Mönchhof
Tel. (06532) 93164 · Fax 93166
info@moenchhof.de
**www.moenchhof.de**

**Inhaber/in** Weingüter M&C Management GmbH
**Betriebsleitung** Philippe Conzen
**Keller** Philippe Conzen

Der Mönchhof Eymael in Ürzig, eines der ältesten Weingüter an der Mosel, umfasst acht Hektar. Zu seinen besten Lagen, die größtenteils noch mit wurzelechten Reben bestockt sind, zählen der Ürziger Würzgarten, das Erdener Treppchen sowie der Erdener Prälat. Für die Weine ist hier - wie auch auf Weingut Joh. Jos. Christoffel - Philippe Conzen zuständig. Sie gefallen dank ihrer Präzision und Lagentypizität: So umgarnt die Riesling Spätlese mit feiner Frucht, leichter Herbheit und eleganter Säure. Die Auslese aus dem Erdener Prälat präsentiert sich eher etwas gesetzter - mit guter Balance, sehr elegant und etwas Zitrus.

**86** 2021 Riesling trocken Grand Lay
**8,90 €** | 12%

**86** 2021 Ürziger Würzgarten Riesling Spätlese trocken Alte Reben
**15,90 €** | 11,5%

**88** 2021 Ürziger Würzgarten Riesling Spätlese feinherb 33
**14,90 €** | 9,5%

**87** 2021 Riesling feinherb Salve
**8,90 €** | 11,5%

**89** 2021 Ürziger Würzgarten Riesling Kabinett
**11,90 €** | 8,5%

**89** 2021 Erdener Treppchen Riesling Spätlese
**14,90 €** | 8%

**90** 2021 Erdener Prälat Riesling Auslese
**29,90 €** | 7,5%

★★★★½

## MARKUS MOLITOR

Weingut Markus Molitor
54470 Bernkastel-Wehlen · Haus Klosterberg
Tel. (06532) 954000 · Fax 9540029
info@markusmolitor.com
**www.markusmolitor.com**

**Inhaber/in** Markus Molitor
**Keller** Markus Molitor
**Außenbetrieb** Thomas Jost
**Rebfläche** 120 Hektar
**Jahresproduktion** 450 000 Flaschen
**Beste Lagen** Zeltinger Sonnenuhr und Schlossberg, Wehlener Sonnenuhr, Graacher Domprobst und Himmelreich, Bernkasteler Doctor, Badstube und Lay, Ürziger Würzgarten, Erdener Prälat und Treppchen, Brauneberger Juffer, Juffer-Sonnenuhr, Saarburger Rausch
**Boden** blauer Devonschiefer, Verwitterungsschiefer
**Rebsorten** 90% Riesling, 10% weiße und rote Burgundersorten
**Mitglied** Bernkasteler Ring

Der Einladung von Markus Molitor, noch einmal im Winter das Haus Klosterberg zu besuchen, um die 2020er nach etwas mehr Zeit auf der Flasche zu probieren, sind wir nachgekommen. Im Januar 2022 probierten wir im Weingut knapp 60 Weine. Darunter auch einige, die wir Anfang September 2021 noch nicht zu Gesicht bekommen hatten. So gab es eine Auswahl vortrefflicher Zwei- und Drei-Stern-Auslesen Weiße Kapsel. Besonders stachen hervor die Auslese ** Graacher Domprobst und die Wehlen Sonnenuhr Auslese ***. Die eine, typisch Domprobst, unglaublich fest strukturiert, die andere mit edelster Frucht, hochfein. Fast alle Weine erhielten in der Nachprobe ein bis zwei Punkte mehr. Das bestärkt uns und sicherlich auch Markus Molitor darin, die Weine grundsätzlich erst ein Jahr später zur Verkostung auf den Tisch zu stellen. Bestätigt wird dies auch eindrucksvoll durch die uns zugesandte, aus zwölf Weinen bestehende Kollektion des Jahrgangs 2021.

Viermal haben wir sie probiert, zwei Tage ohne Verschluss in den Kühlschrank gestellt und trotzdem kommen wir nicht richtig an sie heran. Schwefel ist sicherlich einer der Gründe für die noch verschlossene Art der Weine. Ein anderer könnte sein, dass die Trauben spät gelesen wurden und sie Maischestandzeit erfuhren. Soviel Struktur braucht Zeit, um sich zu entblättern und da braucht es erfahrungsgemäß mehr als nur ein paar Tage Belüftung. So sind die von uns gegebenen Bewertungen Momentaufnahmen, die wir im nächsten Jahr, wenn wir hoffentlich eine größere Anzahl der 2021 probieren können, gerne noch einmal überprüfen möchten. Zwei Zeltinger gaben im Jahrgang 2021 schon einiges von sich preis. Der Kabinett Goldene Kapsel aus der Sonnenuhr öffnet sich bereits in Richtung verspielter, schwebender Stilistik. Sehr stimmig und fest würzig im Nachhall. Die Spätlese Goldene Kapsel aus derselben Lage besitzt rassigen Zug und höchste Präzision, mit ziseliertem, heiterem Aufspiel. Manch ein Wein war im Duft noch blockiert, andere zeigten schon grob umrissen unterschiedliche Stilistiken in Aroma und Struktur. Ist die Graacher Himmelreich Spätlese Grüne Kapsel im feinherben Stil fest, ja verdichtet, und noch von zartschaliger Phenolik belegt, so deutet die Bernkasteler Badstube Auslese * Grüne Kapsel seidige Textur an. Um es auf den Punkt zu bringen: Wir werden den Weinen in solch einem jungen Stadium nicht gerecht. Und freuen uns auf die Nachverkostung der dann ruhigeren 2021er im nächsten Jahr.

MARKUS MOLITOR

**91** 2021 Ockfener Bockstein Riesling Kabinett (Grüne Kapsel)
**15,80 €** | 9 %

**91** 2021 Zeltinger Himmelreich Riesling Kabinett (Grüne Kapsel)
**14,80 €** | 9 %

**91** 2021 Kinheimer Rosenberg Riesling Kabinett (Goldene Kapsel)
**14,80 €** | 7,5%

**92** 2021 Ürziger Würzgarten Riesling Kabinett (Goldene Kapsel)
**17,80 €** | 7,5%

**93** 2021 Zeltinger Sonnenuhr Riesling Kabinett (Goldene Kapsel)
**19,80 €** | 7,5%

**92** 2021 Wehlener Klosterberg Riesling Spätlese (Grüne Kapsel)
**19,50 €** | 9 %

**92** 2021 Bernkasteler Badstube Riesling Spätlese (Grüne Kapsel)
**19,50 €** | 9,5%

**93** 2021 Graacher Himmelreich Riesling Spätlese (Grüne Kapsel)
**22 €** | 9,5%

**94** 2021 Brauneberger Juffer Riesling Spätlese (Goldene Kapsel)
**22 €** | 7,5%

**94** 2021 Wehlener Sonnenuhr Riesling Spätlese (Goldene Kapsel)
**24 €** | 7,5%

**95** 2021 Zeltinger Sonnenuhr Riesling Spätlese (Goldene Kapsel)
**24 €** | 7,5%

**93** 2021 Bernkasteler Badstube Riesling Auslese (Grüne Kapsel) *
**29 €** | 9,5%

★★★½

## STEFAN MÜLLER

Weingut Stefan Müller
54329 Konz-Krettnach · St. Ursula Straße 1
Tel. (06501) 15762
wein@weingutmueller-saar.de
**www.weingutmueller-saar.de**

**Inhaber/in und Betriebsleitung**
Stefan Müller und Johanna Lapinski
**Keller** Stefan Müller
**Außenbetrieb** Stefan Müller

**Rebfläche** 11 Hektar
**Jahresproduktion** 60 000 Flaschen
**Beste Lagen** Krettnacher Euchariusberg, Krettnacher Altenberg, Niedermenniger Herrenberg
**Boden** Grau-, Blau- und Rotschiefer, Diabas
**Rebsorten** 90% Riesling, 10% Burgunder
**Mitglied** Moseljünger, Saarkind

Noch wenig Trinkfluss besitzen die trockenen Einstiegsweine von Stefan Müller. Dieses Phänomen haben wir so häufig schon erlebt und wir wissen nicht woran es liegen kann, dass viele der trockenen Brot-und-Butter-Weine so spröde und wenig einladend in der Fruchtanimation sind. Sicher, auch in diesem Jahr tat die Luft ihr Übriges und gab den Weinen ein wenig mehr Zugänglichkeit mit. Bei den nachgereichten trockenen Lagenweinen Krettnacher Altenberg und Euchariusberg sah es schon anders aus. Sehr straff in der Säurebetonung, fast einen Touch Unreife in sich tragend, zeigt er viel Spannung. Befreiter zeigt sich der Euchariusberg in seinem offenen Fruchtspiel. Hier auch wieder das salzige Element, was den Euchariusberg immer wieder an den nicht weit entfernten Scharzhofberger erinnern lässt. Die zwei mutigen kompromisslos klaren und säurebetonten Rieslinge haben uns sehr gut gefallen. Wie ebenfalls schon häufiger berichtet, verbindet sich auch bei den Weinen von Stefan Müller die ungestüme Säure mit Balance fördernder Restsüße. Der Niedermenniger Herrenberg feinherb demonstriert dies perfekt. In zupackender, animierender Saarart bleibt er kompakt und kernig lang am Gaumen. Gegen den Euchariusberg in der Version Kabinett Alte Reben haben die weiteren Kabinette das Nachsehen. Da ist es wieder, das Salz des Tälchens. Wild und ausdrucksstark, ja zitrisch im Säurebiss, zeigt der Wein die subtile Saarkraft. Noch größeres Lob gebührt der Spät- und Auslese aus dieser Spitzenlage.

WEINGUT STEFAN MÜLLER

**85** 2021 Riesling trocken
**8,50 €** | 11%

**86** 2021 Krettnacher Riesling trocken
**10,50 €** | 11%

**90** 2021 Krettnacher Altenberg Riesling trocken
**14 €** | 10,5%

**91** 2021 Krettnacher Euchariusberg Riesling trocken
**12 €** | 10,5%

**86** 2021 Riesling Tandem
**8,50 €** | 10,5%

**87** 2021 Niedermenniger Riesling feinherb
**10,50 €** | 8,5%

**88** 2021 Niedermenniger Sonnenberg Riesling feinherb Alte Reben
**14 €** | 8%

**89** 2021 Niedermenniger Herrenberg Riesling feinherb
**12 €** | 8%

**90** 2021 Krettnacher Altenberg Riesling Kabinett
**12 €** | 7,5%

**92** 2021 Krettnacher Euchariusberg Riesling Kabinett
**12 €** | 7,5%

**93** 2021 Krettnacher Euchariusberg Riesling Kabinett Alte Reben
**15 €** | 7,5%

**91** 2021 Niedermenniger Sonnenberg Riesling Spätlese Alte Reben
**14 €** | 7,5%

**94** 2021 Krettnacher Euchariusberg Riesling Spätlese Alte Reben
**14 €** | 7%

**94** 2021 Krettnacher Euchariusberg Riesling Auslese
**16 €** | 7%

★

## NEU ERBEN

Weingut Peter Neu Erben
54459 Wiltingen · Dehnstraße 7
Tel. (006501) 150701
info@neu-erben.de
**www.neu-erben.de**

**Inhaber/in und Betriebsleitung**
Alexander Neu

Ein kesser Spruch ziert die Startseite des Internetauftritts des Weinguts Neu Erben in Wiltingen: „An der Saar wird der bessere Moselwein gelesen!" Ergänzt wird, dass dies schon seit vier Generationen hier so ist. Zwei Generationen, Vater Helmut und Sohn Alexander, bringen kontinuierlich zarte Vertreter des Saarweins auf die Flasche. So sind die Säuren häufig harmonisch eingebunden und unterstützen die Leichtigkeit der Weine. War es auch bereits im vergangenen Jahr der Riesling von den alten Reben, der den Primus der Kollektion stellte, so gesellt sich im Jahr 2021 gleichberechtigt der Klosterberg Kabinett, Versteigerungswein des Bernkasteler Ringes, hinzu. Ausgestattet mit zitrisch-frischer Säure wirkt der Kabinett straffer konzipiert als sein Pendant, die Alten Reben. Dafür besitzt dieser einen intensiven Fruktosekern, der geschmacklich schon leicht in Richtung Spätlese tendiert. Insgesamt wirken die mit höherer Restsüße ausgestatteten Rieslinge saftiger und befreiter.

**84** 2021 Riesling Classic
**6,80 €** | 12 %

**84** 2021 Pinot Blanc trocken
**6,80 €** | 12 %

**85** 2021 Wiltinger Braunfels Riesling Kabinett trocken
**7 €** | 10,5%

**86** 2021 Wiltinger Klosterberg Riesling Kabinett feinherb
**7 €** | 9 %

**88** 2021 Wiltinger Klosterberg Riesling Kabinett
7,5 % AUKTION

**88** 2021 Riesling Alte Reben
**7 €** | 8 %

★ NEU

## NORWIG

Weingut Norwig
54472 Burgen · Am Frohnbach 1
Tel. (06534) 763 · Fax 949504
info@weingut-norwig.de
**www.weingut-norwig.de**

**Inhaber/in und Betriebsleitung**
Ingo Norwig
**Keller** Ingo Norwig
**Außenbetrieb** Ingo Norwig

Neben diversen Riesling-Weinen im trockenen bis edelsüßen Bereich bietet das neun Hektar Rebfläche umfassende Weingut auch einige Weiß- und Rotweine aus anderen Rebsorten, wie zum Beispiel Rivaner, Grauburgunder oder Spätburgunder an. Ein prächtiges Exemplar seiner Gattung stand mit dem klarfruchtigen, blitzblanken und durch seine exotische Frucht überzeugenden Eiswein da. Auch der Riesling Blumenwiese aus der Brauneberger Juffer, dessen Name an die Blühfläche erinnert, die man im nahegelegenen Frohnbachtal auf 60 Hektar angelegt hat, überzeugte uns mit seiner gesetzten, dunkelfruchtigen Art.

**83** 2021 Riesling
**7 €/1 Lit.** | 9,5%

**85** 2019 Brauneberger Juffer Riesling trocken
**10 €** | 13,5%

**85** 2021 Veldenzer Kirchberg Riesling Spätlese feinherb NO
**8 €** | 11 %

**86** 2021 Brauneberger Juffer Riesling Spätlese Blumenwiese
**8,50 €** | 9 %

**91** 2021 Burgener Hasenläufer Riesling Eiswein
**30 €/0,375 Lit.** | 6,5%

★★½

## OLLINGER-GELZ

Bioweingut Ollinger-Gelz
66706 Perl-Sehndorf · Marienstraße 40
Tel. (06867) 461
weingut@ollinger-gelz.de
**www.ollinger-gelz.de**

**Inhaber/in und Betriebsleitung** Simon Ollinger
**Keller** Simon Ollinger

Das Bioweingut Ollinger-Gelz liegt in Perl an der Obermosel und gehört geologisch gesehen bereits zum Pariser Becken. Hier wechselt das Bodengestein von moseltypischem Schiefer zu Muschelkalk, wie er auch in der Champagne, Burgund oder im Süden von England zu finden ist. Die ideale Bodenbeschaffenheit für Burgundersorten. Die Weine von Simon Ollinger werden ausschließlich spontan vergoren und in Stahl und Holz ausgebaut. Dabei lässt man die Weine lange auf der Hefe liegen, was ihnen eine schöne Cremigkeit und mehr Spannung verleiht. Die Kollektion ist sehr gelungen und homogen – so schmeckt der kleine Auxerrois mit seiner schönen, weichen und leicht floralen Art sehr angenehm. Der Weißburgunder aus dem Marienberg, anfänglich sehr verschlossen, tritt dann aber mit viel Mineralik und Gehalt auf. Der 2020er Grauburgunder aus dem Marienberg hingegen besticht mit seiner frischen, würzigen Art und viel Saft. Unbedingt erwähnenswert ist auch der 2018er Spätburgunder Edition Klaus Gelz – wild, mit Kirsche, dunklen Beeren, dicht und elegant sowie der herrlich cremige Pinot Brut nature.

**88** 2018 Pinot Brut nature
**13,80 €** | 12,5% BEST BUY
**86** 2021 Auxerrois Marienberg
**12 €** | 13%
**88** 2021 Weißburgunder Marienberg
**13 €** | 13%
**88** 2020 Grauburgunder Marienberg
**13,50 €** | 12,5%
**89** 2019 Auxerrois Edition Klaus Gelz
**22 €** | 13,5%
**89** 2019 Grauburgunder Edition Klaus Gelz
**24 €** | 13,5%
**90** 2018 Spätburgunder Edition Klaus Gelz
**26 €** | 14,5%

★★★★½

## VON OTHEGRAVEN

Weingut von Othegraven
54441 Kanzem · Weinstraße 1
Tel. (06501) 150042 · Fax 18879
info@von-othegraven.de
**www.von-othegraven.de**

**Inhaber/in** Günther Jauch
**Keller** Swen Klinger
**Historie** Gut seit dem 16. Jahrhundert in Privatbesitz
**Rebfläche** 16 Hektar
**Jahresproduktion** 100 000 Flaschen
**Beste Lagen** Kanzemer Altenberg, Wawerner Herrenberger, Wiltinger Kupp, Ockfener Bockstein
**Boden** Devonschieferverwitterung
**Erlebenswert** Park mit exotischem Baumbestand

Drei Kabinette aus dem Hause von Othegraven standen in unserer letztjährigen Finalprobe der Kategorie Riesling Kabinett und feinherb. Sie reihten sich von Platz acht bis zehn unter die besten zehn Deutschlands ein. Die qualitative Konstanz, die sich das Weingut in den vergangenen Jahren in diesem Segment erarbeitet hat, ist beeindruckend. Der Kabinett vom Kanzemer Altenberg, der Hauslage, in der Versteigerung-Ausführung hat uns sprachlos werden lassen. Noblesse mit Länge, vornehm verhalten in einem straffen Korsett gebündelt. Kabinett vom Allerfeinsten. Er gehört auch in diesem Jahr zu unseren Favoriten im Kampf um den besten Riesling Kabinett beziehungsweise feinherb. Sehr gut gefällt uns der, wie sollen wir sagen, neue Stil des Altenberg, der eventuell auch auf den Jahrgang zurückzuführen ist. War der Altenberg Kabinett, und auch die Spätlese, vormals von gelbfruchtiger Reife geprägt, so präsentieren sich die Weine vor allem in diesem Jahr in einem straffen, von der Saarsäure beherrschten und von uns so gemochten Kleid. Dass der Altenberg in Zeiten des Klimawandels zu solcher kühlen Feinheit tendieren kann, zeigt die ganze Klasse dieses einzigartigen Steilhangs. Auch in der Spätlese Altenberg Versteigerung findet sich wieder diese rassige Noblesse, die die Weine in diesem Jahr so besonders machen. Bei Bereitung der zur Auktion vorgesehenen Weine hat Swen Klinger ein wirklich feines Händchen bewiesen. Der einzige trockene Riesling des Jahrgangs 2021 war der Kanzemer. Ein charmant zugänglicher Wein, der stilistisch in Richtung Terrassenmosel geht und mit eingebundener Säurestruktur den direkten Zugang ermöglicht. Die Großen Gewächse 2021 wird es für uns erst im kommenden Jahr geben, da sie bei Redaktionsschluss noch im Fass lagen. Nach dem Weggang von Andreas Barth, dem bisherigen Kellermeister des Guts, hat Swen Klinger im Keller nahtlos das Regiment übernommen. Und nochmals fragen wir uns, ob der Jahrgang 2021 hier der maßgebliche Auslöser für diese extreme Klar- und Straffheit der Weine ist, oder dieser Stil auch zukünftig unter neuer Regie Einzug halten wird. Wir werden es spätestens an dem mit Sicherheit nicht so säurebetonten Jahrgang 2022 bemerken. Andreas Barth wird sich jetzt noch intensiver mit seinen Weinen im Betrieb in Niederfell an der Terrassenmosel kümmern können. Er war maßgeblich am steilen Aufstieg des Weinguts in die Liga der Besten beteiligt. Ihm gilt großer Dank, vor allem für seine Bemühungen um die Renaissance des feinfruchtigen Riesling Kabinett in dem Kanzemer Betrieb.

VON OTHEGRAVEN
KANZEM AN DER SAAR

**90** 2021 Kanzemer Riesling trocken
**16 €** | 12 %

**87** 2021 Wawerner Riesling feinherb
**16 €** | 11 %

**92** 2021 Wiltinger Kupp Riesling Kabinett
**16,50 €** | 8 %

**92** 2021 Wawern Großer Herrenberg Kabinett Monopollage
**16,50 €** | 8 %

**93** 2021 Ockfener Bockstein Riesling Kabinett
**16,50 €** | 8 %

**96** 2021 Kanzemer Altenberg Riesling Kabinett
8 % AUKTION TOP 10

**97** 2021 Kanzemer Altenberg Riesling Kabinett
**Preis auf Anfrage** | 8 % TOP 10

**91** 2021 Ockfener Bockstein Riesling Spätlese
**22 €** | 7,5%

**95** 2021 Kanzemer Altenberg Riesling Spätlese
**23 €** | 7,5%

**96** 2021 Kanzemer Altenberg Riesling Spätlese Alte Reben
**26 €** | 7,5% TOP 10

**98** 2021 Kanzemer Altenberg Riesling Spätlese
7,5 % AUKTION TOP 10

**94** 2021 Ockfener Bockstein Auslese
**30 €** | 7 %

**98** 2021 Kanzemer Altenberg Riesling Auslese
**32 €** | 7 % TOP 10

**96** 2017 Kanzemer Altenberg Beerenauslese
**Preis auf Anfrage** | 7 %

★★

## PAULINSHOF

Weingut Paulinshof
54518 Kesten · Paulinstraße 14
Tel. (06535) 544 · Fax 1267
info@paulinshof.de
**paulinshof.de**

**Inhaber/in und Betriebsleitung**
Klaus und Oliver Jüngling
**Keller** Oliver Jüngling

**Historie** erste urkundliche Erwähnung im Jahr 936
**Rebfläche** 9 Hektar
**Jahresproduktion** 75 000 Flaschen
**Beste Lagen** Brauneberger Kammer (Alleinbesitz), Juffer-Sonnenuhr und Juffer, Kestener Paulinshofberger und Paulinsberg
**Boden** Verwitterungsschiefer unterschiedlicher Färbung
**Rebsorten** 97% Riesling, 3% Weißburgunder
**Erlebenswert** alter Stiftshof der Kirche St. Paulin zu Trier, Weinproben in der wiedererrichteten Hofkapelle
**Mitglied** Vinissima, Bernkasteler Ring, Mythos Mosel

Vielen Dank von dieser Stelle aus an die Familie Jüngling, die uns mit der Zusendung einer 2017er Auslese aus der Brauneberger Juffer eine große Freude bereit hat. Es ist eine Erholung, zwischen diesen vielen ungezügelten Jungspunden einen Wein im Mund zu haben, der sich entspannt an den Gaumen anschmiegt und uns immer wieder darin erinnert, dass ein Wein Zeit zur Reifung benötigt. Mit diesem Exemplar, das feinste Botrytisnoten mit Klarheit und präsenter Frucht verbindet, ist dies gelungen. Ein Wein, der sogar noch erhältlich ist und sicherlich weitere zehn Jahre große Freude bereitet. Fein gereift kamen auch die beiden 2020er Großen Gewächse aus der Braunberger Kammer und dem Kestener Paulinshofberg bei uns sehr gut an. Den verspielteren, zarteren Ton gab die Kammer an, wohingegen der Paulinshofberg, so kennen wir ihn, eher in die weich-verdichtete Struktur tendiert und Anklänge ans Burgundische in sich trägt. So gesehen eine persönliche Entscheidung, welchen Stil man präferiert, gaben wir doch beiden dieselbe Punktzahl. Einen ersten Eindruck, was uns bei den Großen Gewächsen 2021 im kommenden Jahr erwartet, gab es mit der trockenen Spätlese aus der Brauneberger Juffer. Zart rauchwürzig und mit ausgeprägter Frische ausstaffiert lässt sie erahnen, welche Stilistik hier mit dem Jahrgang 2021 Einzug hält. Insgesamt haben wir den Eindruck, dass die Weine ein wenig ihre Reichhaltigkeit abgelegt haben und straffer, ja karger anmuten. Das gefällt uns sehr.

**84** 2021 Riesling trocken
**9,95 €/1 Lit.** | 12 %

**85** 2021 Riesling Spätlese trocken Klang der Tiefe
**14,80 €** | 12 %

**86** 2021 Brauneberger Juffer Riesling Kabinett trocken
**11,90 €** | 12 %

**89** 2021 Brauneberger Juffer-Sonnenuhr Riesling Spätlese trocken
**17,50 €** | 12 %

**89** 2020 Kestener Paulinshofberger Riesling Großes Gewächs
**25 €** | 12,5%

**89** 2020 Brauneberger Kammer Riesling Großes Gewächs
**25 €** | 12,5%

**84** 2021 Riesling feinherb
**9,95 €/1 Lit.** | 11,5%

**86** 2021 Kestener Paulinshofberger Riesling feinherb
**13,50 €** | 11,5%

**89** 2021 Brauneberger Kammer Riesling Spätlese feinherb
**17,50 €** | 11,5%

**87** 2021 Brauneberger Juffer Riesling Kabinett
**11,90 €** | 10 %

**91** 2021 Brauneberger Juffer Riesling Spätlese
**17,50 €** | 9 %

**93** 2017 Brauneberger Juffer Riesling Auslese
**18,50 €/0,375 Lit.** | 7 %

★★★

## AXEL PAULY

Weingut Axel Pauly
54470 Lieser · Hochstraße 80
Tel. (06531) 6143 · Fax 915007
info@wein-pauly.de
**www.wein-pauly.de**

**Inhaber/in und Betriebsleitung**
Axel und Sabrina Pauly
**Außenbetrieb** Gökhan Tuna

**Rebfläche** 10 Hektar
**Jahresproduktion** 90 000 Flaschen
**Beste Lagen** Lieserer Niederberg Helden
**Boden** Verwitterungsschiefer
**Rebsorten** 70% Riesling, 11% Weißburgunder, 7% Spätburgunder, 5% Dornfelder, 5% Müller-Thurgau, 2% Frühburgunder
**Erlebenswert** Heldensicht über dem Niederberg, moderne preisgekrönte Architektur, neue Vinothek mit Dachterrasse und Blick in die Weinberge
**Mitglied** Bernkasteler Ring, Mythos Mosel

Er hat es uns gedankt. Axel Pauly hat seinen dritten Stern eindrucksvoll konsolidiert. Es ging schon stark los mit dem 2020er Weißburgunder Reserve. Eher der stofflige Vertreter eines weißen Burgunders, wird er durch feinen Holzschliff im Zaum gehalten. Hinzu fügt sich eine ruhige seidige Würze, die dem Wein Charakter verleiht. Vergoren und ausgebaut wurde er im dreijährigen Tonneau. Mit einer breiten Riesling-Palette von trocken bis edelsüß zeigt uns Axel Pauly, dass er die gesamte Riesling-Klaviatur beherrscht. Seit November 2021 ist das Weingut Mitglied im Bernkasteler Ring. Die Gewann Bärlay im Lieserer Niederberg-Helden ist eines der steilsten Teilstücke der Lage. Der trockene Bärlay 2021 wurde im fünfjährigen Tonneau vergoren. Der Wein wird erst bei der Riesling-Auktion im September 2023 versteigert. Schön, dass wir den jetzt schon im Glas haben durften. So verstehen wir auch, warum der Riesling erst zu dem erwähnten Zeitpunkt zur Versteigerung kommt. Zur Zeit arbeitet er nämlich noch sehr intensiv zwischen Gelbfruchtigkeit und noch nicht eingebundener Säure. Grip hat er und so sind wir sicher, dass Balance Einzug halten wird. Der Steinerd ist sozusagen die feinherbe Bank im Weingut Axel Pauly. Der gelingt hier jedes Jahr. Feinstoffig, klar und offen in der geschmeidigen Frucht, bereitet er sofort nach dem Einschenken pure Trinkfreude. Erstmals in diesem Jahr wurde der Wein teilweise im Holz ausgebaut, was ihm gut steht. Die Beerenauslese 2021 setzt dem Sortiment die Krone auf. „Generös, reichhaltig und köstlich" notierten wir.

**87** 2021 Lieserer Niederberg Helden Riesling trocken Helden
**14,50 €** | 12,5%

**88** 2020 Lieser Niederberg Helden Riesling Großes Gewächs
**24 €** | 12,5%

**89** 2021 Lieserer Niederberg Helden Großes Gewächs „Bärlay"
12,5% **AUKTION**

**90** 2020 Weissburgunder trocken Reserve
**24 €** | 13%

**89** 2021 Bernkastel-Kueser Kardinalsberg Riesling feinherb Steinerd
**14,50 €** | 11%

**89** 2021 Lieser Niederberg Helden Kabinett „Bärlay"
8% **AUKTION**

**90** 2021 Lieser Niederberg Helden Riesling Kabinett
**10,50 €** | 8%

**92** 2021 Lieserer Niederberg Helden Auslese „Bärlay"
8% **AUKTION**

**92** 2021 Lieser Niederberg Helden Riesling Auslese
**12,50 €/0,375 Lit.** | 8%

**94** 2021 Lieser Niederberg Helden Riesling Beerenauslese
7% **AUKTION**

**88** 2019 Spätburgunder trocken Reserve
**24 €** | 13%

## PAULY-BERGWEILER

Weingut Dr. Pauly-Bergweiler
54470 Bernkastel-Kues · Gestade 15
Tel. (06531) 3002 · Fax 7201
info@pauly-bergweiler.com
**www.pauly-bergweiler.com**

**Inhaber/in** Stefan Pauly
**Betriebsleitung** Stefan Pauly
**Keller** Carl Debus
**Außenbetrieb** Carl Debus

**Rebfläche** 16 Hektar
**Jahresproduktion** 130 000 Flaschen
**Beste Lagen** Erdener Treppchen und Prälat, Bernkasteler alte Badstube am Doktorberg
**Boden** Verwitterungsschiefer und Schiefer, Rotliegendes
**Rebsorten** 97% Riesling, 2% Spätburgunder, 1% Weißburgunder
**Mitglied** Bernkasteler Ring

Zwölf Lagen gehören zum Portfolio des Betriebs Dr. Pauly-Bergweiler in Bernkastel-Kues. Allein aus der Spitzenlage Bernkasteler Alte Badstube Am Doctorberg befinden sich circa 1,2 Hektar im Eigentum. Jahr um Jahr kommen die meisten Weine aus dieser Lage auf unseren Probetisch. In diesem Jahr waren es sieben Weine, vom trockenen über die feinherben und restsüßen bis hin zu den edelsüßen. Alle Weine, die von hier kommen, können sich schmecken lassen. Vielleicht sind es ja die zum Teil 70-jährigen wurzelechten Reben, die mit ihrem eher geringen Ertrag so ausdrucksstarke Weine hervorbringen. Die trockenen alten Reben mit viel Würze und Charakter, das Große Gewächs mit grüner, kühler Frucht sind in diesem komplizierten Jahrgang, was trockene Qualitäten anbelangt, sehr gelungen. Auch der feinherbe Vertreter überzeugte mit seinem kraftvollen und gleichzeitig ruhigen Auftritt. Bei den beiden Spätlesen sehen wir zur Zeit die normale, also nicht die Versteigerungs-Spätlese, leicht im Vorteil. In der vornehm dunklen Art und ihrem druckvollen Finale ziehen wir sie der eben genannten reiferen Version vor. Was die Auslesen anbelangt, haben wir uns einmal in der Preisliste umgeschaut und gesehen, dass das Haus den Preis des Doctorbergs im Vergleich zur weltbekannten Lage Erdener Prälat, wo man ja auch Besitztum hat, höher ansetzt. Ein Exemplar aus dem Prälat würde noch mehr Spannung und Lagenvergleich in unsere Probe bringen.

**85** 2021 Ürziger Würzgarten Riesling trocken Alte Reben
**12 €** | 12 %

**87** 2021 Bernkasteler alte Badstube am Doctorberg Riesling trocken Alte Reben
**15 €** | 12,5%

**88** 2021 Ürzig Goldwingert Riesling Großes Gewächs
**20 €** | 12,5%

**88** 2021 Bernkasteler alte Badstube am Doctorberg Riesling Großes Gewächs
**20 €** | 12 %

**85** 2021 Erdener Treppchen Riesling feinherb
**12 €** | 10,5%

**88** 2021 Bernkasteler alte Badstube am Doctorberg Riesling feinherb
**15 €** | 11,5%

**90** 2021 Wehlener Sonnenuhr Riesling Kabinett
**11,50 €** | 10 %

**91** 2021 Bernkasteler alte Badstube am Doctorberg Riesling Kabinett
**12,50 €** | 9 %

**91** 2021 Bernkasteler alte Badstube am Doctorberg Riesling Spätlese
8,5 % **AUKTION**

**92** 2021 Wehlener Sonnenuhr Riesling Spätlese
**14 €** | 7,5%

**92** 2021 Bernkasteler alte Badstube am Doctorberg Riesling Spätlese
**15 €** | 8 %

**91** 2021 Bernkasteler alte Badstube am Doctorberg Riesling Auslese
**26 €** | 7,5%

## PETERSHOF

Weinmanufaktur Petershof Oberemmel
54329 Konz-Oberemmel · Am Rosenberg 2
Tel. (0151) 70111260
info@weinmanufaktur-petershof.de
**www.weinmanufaktur-petershof.de**

**Inhaber/in und Betriebsleitung**
Nelly und Peter Thelen
**Keller** Peter Thelen
**Außenbetrieb** Peter Thelen

**Historie** Im Winter 2019/2020 als komplet neues Weingut gegründet, stellen Nelly und Peter mit dem 2020er ihren ersten Jahrgang vor.
**Rebfläche** 4 Hektar
**Jahresproduktion** 24 000 Flaschen
**Beste Lagen** Oberemmel Altenberg, Niedermennig Herrenberg, Niedermennig Sonnenberg, Krettnach Euchariusberg
**Boden** Schiefer
**Rebsorten** 95% Riesling, 5% Spätburgunder
**Erlebenswert** Föllig neues Weingut. Gegründet 2019, erster Jahrgang 2020, vieles noch im Aufbau und impovisiert, dafür authentisch und nah am Produkt
**Mitglied** Generation Riesling, Maxime Herkunft, Saarkind

Unsere „Entdeckung des Jahres" an der Mosel wird seiner Rolle als eine Bereicherung für das Tälchen, dem alten Umlauftal der Saar, zwischen Konz und Wiltingen gelegen, voll gerecht. Man erinnere sich: Mit dem ersten Jahrgang 2020 errang man gleich 1,5 Sterne aus dem Stand. Mit dem Jahrgang 2021 kamen Parzellen in Weinbergen wie dem Krettnacher Euchariusberg und Oberemmeler Karlsberg zum Weinbergsportfolio hinzu. Noch mehr alte Fuderfässer wurden angeschafft. Im Jahr 2022 kommen alte Parzellen am Herrenberg in Niedermennig und dem Euchariusberg in Krettnach hinzu. Somit die besten Voraussetzungen für ein weiteres, auch qualitatives Wachstum. Und so zücken wir schon im zweiten Jahr einen weiteren Stern für die bisher erbrachten Leistungen von Nelly und Peter Thelen. In Form von Weinattributen lässt sich das oberflächlich betrachtet mit zwei Adjektiven beschreiben: kompromisslos klarfruchtig. Das Quartett der Kabinettparade führt punktgleich die Lage Altenberg, einmal Gemarkung Oberemmel, einmal Gemarkung Krettnach, an. Den Vogel schoss die Euchariusberg Spätlese aus Krettnach ab: Mit ihrer tänzelnd-fordernden und gleichzeitig noch verhaltenen Anmutung gehört sie zu den besten an Mosel-Saar und Ruwer aus dem Jahrgang 2021.

**85** 2021 Riesling trocken
**9,50 €** | 11%

**87** 2021 Niedermennig Riesling trocken
**13 €** | 11%

**87** 2020 Niedermennig Herrenberg Riesling trocken
**18,50 €** | 11%

**86** 2021 Saar Riesling feinherb
**9,50 €** | 9,5%

**89** 2021 Oberemmel Riesling feinherb
**13 €** | 9,5%

**89** 2021 Oberemmeler Altenberg Riesling feinherb
**18,50 €** | 9,5%

**91** 2021 Niedermenniger Herrenberg Kabinett
**13 €** | 8%

**91** 2021 Niedermennig Sonnenberg Riesling Kabinett
**13 €** | 8%

**92** 2021 Oberemmel Altenberg Riesling Kabinett
**13 €** | 8%

**92** 2021 Krettnach Altenberg Riesling Kabinett
**13 €** | 8%

**94** 2021 Krettnach Euchariusberg Riesling Spätlese
**15,50 €** | 7,5%

★

## PETGEN-DAHM

Weingut Ökonomierat Petgen-Dahm
66706 Perl-Sehndorf · Winzerstraße 3–7
Tel. (06867) 309 · Fax 1367
info@petgen-dahm.de
**www.petgen-dahm.de**

**Inhaber/in und Betriebsleitung**
Ralf Petgen
**Keller** Ralf Petgen

Im Weingut Petgen-Dahm spielt der an der Mosel und Saar typische Riesling nur eine Nebenrolle, denn der Großteil verteilt sich auf Burgundersorten und einige südländische Reben wie Merlot, Cabernet Sauvignon und Viognier. Kein Wunder also, dass von den elf eingereichten Weinen gerade mal ein Riesling dabei war. Dieser eine jedoch, ein Eiswein aus dem Jahr 2021 schoss aber gleich den Vogel ab. Eine Geschmacksexplosion am Gaumen, Honig und exotische Früchte, lang und klar – vibrierend. Die Burgunder präsentieren sich gut strukturiert, mit einer schönen Cremigkeit und einem guten Anteil Neuholz – was dem Chardonnay Barrique einen feinen Anflug von Eukalyptus und dem Grauburgunder Grand Reserve etwas Minze und Salbei verleiht.

**86** 2020 Viognier Sekt b. A. Brut
**15 €** | 12,5%

**85** 2021 Chardonnay trocken
**9 €** | 12%

**85** 2021 Perler Hasenberg Grauer Burgunder Spätlese trocken
**11 €** | 12,5%

**85** 2019 Grauer Burgunder Auslese trocken -P-
**13 €** | 12,5%

**86** 2020 Auxerrois trocken -P-
**13 €** | 12,5%

**87** 2020 Grauer Burgunder Barrique Grande Reserve
**25 €** | 12%

**88** 2021 Chardonnay Barrique - Tradition 1720
**22 €** | 12,5%

**90** 2021 Beerenauslese Grains Nobles
**20 €/0,5 Lit.** | 11%

**92** 2021 Riesling Eiswein
**120 €/0,375 Lit.** | 10,5%

★☆

## PHILIPPS

Weingut Michael und Patrick Philipps
54441 Ayl · Feldstraße 6
Tel. (0160) 96686971 · Fax 96686971
info@philipps-saar.de
**www.philipps-saar.de**

**Inhaber/in** Michael und Patrick Philipps
**Betriebsleitung** Michael
**Keller** Michael Philipps
**Außenbetrieb** Patrick Philipps

Wir notierten am Ende unserer Probe: „Denn sie wissen, was sie tun“. Was Michael und Patrick Philipps in Ayl an der Saar auf die Flasche bringen, hat Charakter. Es sind keine Weine, die gefallen wollen. Eher sind sie im Jahrgang 2021 von einer zarten Schaligkeit belegt, die sich heben wird. Aber beginnen wir der Reihe nach. Fordernde, klare Säure zeichnet den, wie wir ihn beschrieben haben, „wilden Schäumer“, aus. Dieser Riesling-Sekt Brut 2020 aus der Ayler Kupp ist für unter zehn Euro käuflich zu erwerben! Die oft spitze 2021er-Säure transformieren die Philipps gekonnt in grün-kühle Aromatik. Bester geschmacklicher Beweis ist der feinherbe Ayler Kupp Kabinett. Unser Liebling aber ist die Spätlese aus selber Lage. Sehr fest gebaut, strahlt sie diese für das Jahr 2021 typische kühl-würzige Delikatesse aus.

**87** 2020 Ayler Kupp Sekt b. A. Brut
**9,90 €** | 12%

**85** 2021 Saar Riesling trocken
**7,50 €** | 11,5%

**85** 2021 Grauburgunder trocken
**8,50 €** | 12%

**86** 2021 Saar Riesling feinherb
**7,50 €** | 12%

**90** 2021 Ayler Kupp Riesling Kabinett feinherb
**8 €** | 10%

**88** 2021 Ayler Kupp Riesling Spätlese feinherb
**9 €** | 9,5%

**92** 2021 Ayler Kupp Riesling Spätlese
**9 €** | 7,5%

**86** 2021 trocken Blauer Spätburgunder Rosé
**8,50 €** | 11,5%

## PHILIPPS-ECKSTEIN

Weingut Philipps-Eckstein
54470 Graach-Schäferei · Panoramastraße 11
Tel. (06531) 6542 · Fax 4593
info@weingut-philipps-eckstein.de
**www.weingut-philipps-eckstein.de**

**Inhaber/in und Betriebsleitung**
Patrick Philipps
**Keller** Patrick Philipps
**Außenbetrieb** Patrick Philipps

**Rebfläche** 7 Hektar
**Jahresproduktion** 50 000 Flaschen
**Beste Lagen** Graacher Domprobst und Himmelreich
**Boden** Devonschiefer
**Rebsorten** 80% Riesling, 6% Spätburgunder, 7% Grauburgunder, 5% Weißburgunder, 2% Chardonnay
**Gastronomie** Winzerwirtschaft (an den Wochenenden geöffnet)
Gästehaus mit 17 Betten
**Mitglied** Bernkasteler Ring

In etwa auf dem Niveau des Vorjahres bewegt sich die Qualität der trockenen Rieslinge, wobei ihnen die üppige Reichhaltigkeit im Jahrgang 2021 abhanden gekommen ist. Stattdessen steht der nach wie vor reifen Struktur der Weine diesjährig eine noch teilweise scharfe Säurestilistik gegenüber, was eine weitere Reifung auf der Flasche empfiehlt. Die beiden Qualitäten aus dem Himmelreich überflügeln in diesem Jahr den Domprobst. So gefällt die spontan vergorene Spätlese** Himmelreich mit ihrem spielerischen Säuredruck und ihrer gleichzeitig markant-herben Anmutung. Ab und an packt uns Patrick Philipps etwas Gereiftes in den Probeweinkarton, weil er weiß, wie gerne wir gereifte Rieslinge mögen. Diesmal war es eine 2018er Auslese Domprobst, die uns durch ihre erfrischende Herbe überraschte, war doch 2018 nicht unbedingt ein Jahrgang mit hohen Säuren. Da schmeckt man, dass Patrick Philipps sein Handwerk versteht. In seiner Winzerwirtschaft, hoch oben über Graach in dem Ortsteil Schäferei gelegen, kann man von Anfang Mai bis Ende Oktober am Wochenende seine Weine genießen.

**85** 2021 Graacher Domprobst Riesling Kabinett trocken
**9,50 €** | 11%

**87** 2021 Graacher Domprobst Riesling Spätlese trocken
**11 €** | 12%

**88** 2021 Graacher Domprobst Riesling Spätlese trocken Alte Reben
**12,50 €** | 12,5%

**87** 2021 Riesling halbtrocken Respekt
**9,90 €** | 12,5%

**85** 2021 Graacher Domprobst Riesling Kabinett feinherb
**9,50 €** | 10,5%

**87** 2021 Graacher Himmelreich Riesling Spätlese feinherb
**11 €** | 10,5%

**87** 2021 Graacher Domprobst Riesling Spätlese feinherb
**12 €** | 10,5%

**88** 2021 Graacher Domprobst Riesling Kabinett Alte Reben
**9,50 €** | 8%

**90** 2021 Graacher Domprobst Riesling Spätlese Laurine
**11 €** | 8%

**91** 2021 Graacher Himmelreich Spätlese restsüss **
**10,50 €** | 8,5%

**91** 2018 Graacher Domprobst Riesling Auslese
**17 €** | 7%

★★½

## POHL

Weingut Karl O. Pohl
54470 Bernkastel-Kues · Reitzengang 9
Tel. (06531) 8372 · Fax 1792
info@weinpohl.de
**www.weinpohl.de**

**Inhaber/in und Betriebsleitung**
Stefan Pohl
**Keller** Stefan Pohl

Die zwei Hektar des Weinguts Karl O. Pohl verteilen sich auf die Gemeinden Graach, Wehlen und Maring-Noviand, wobei die sechs Weine, die uns Stefan Pohl dieses Jahr auf den Tisch stellte, in wundervoller Weise die typische Charakteristik der einzelnen Lagen widerspiegeln. So gefiel uns vor allem der druckvolle Kabinett feinherb aus der Wehlener Sonnenuhr mit seiner klaren Frucht, seiner Leichtigkeit und dem herrlichen Salz. Etwas gestandener präsentierte sich hingegen der ebenfalls feinherbe Kabinett aus der Lage Graacher Domprobst. Bestechend auch die Spätlese feinherb aus der Wehlener Sonnenuhr, die neben ihrer zarten Üppigkeit, mineralisch und fast karg den Gaumen reizt. Und zu guter Letzt der 2019er Wehlener Riesling-Sekt Brut, der im ganz eigenen Stil brilliert: mit Landbrotkruste, Rosen und einer feinen, aber dennoch kräftigen, fast sahnigen Perlage.

**90** 2019 Wehlener Riesling Sekt b. A. Brut
**12,50 €** | 12,5%

**85** 2021 Graacher Himmelreich Riesling Kabinett halbtrocken
**8,60 €** | 11 %

**87** 2021 Graacher Domprobst Riesling Kabinett feinherb
**9,50 €** | 10,5%

**88** 2021 Wehlener Sonnenuhr Riesling Kabinett feinherb
**9 €** | 10 %

**89** 2021 Wehlener Sonnenuhr Riesling Spätlese feinherb
**10,50 €** | 11 %

★★★★★

## JOH. JOS. PRÜM

Weingut Joh. Jos. Prüm
54470 Bernkastel-Wehlen · Uferallee 19
Tel. (06531) 3091 · Fax 6071
info@jjpruem.com
**www.jjpruem.com**

**Inhaber/in und Betriebsleitung**
Dr. Manfred Prüm und Dr. Katharina Prüm
**Historie** gegründet 1911
**Rebfläche** 20 Hektar
**Beste Lagen** Wehlener Sonnenuhr, Graacher Himmelreich, Bernkasteler Badstube, Zeltinger Sonnenuhr
**Boden** grauer Devonschiefer
**Rebsorten** 100% Riesling
**Mitglied** VDP

Unglaublich, aber wahr. Von den von uns verkosteten zehn Weinen in den Kategorien Kabinett und Spätlese wurden sieben zur Bundesfinalprobe eingeladen. Wir hatten die Rieslinge bei unserem Besuch im Weingut vor Ort mehrmals intensiv verkostet. Dieser Besuch im Hause Prüm am Gestade der Mosel mit prominentem Blick auf die Wehlener Sonnenuhr, gehört immer wieder aufs Neue zu den angenehmsten und großartigsten Momenten für uns Moselfanatiker. Wenn dann auch der Hausherr, Dr. Manfred Prüm sich so lang Zeit für uns nimmt und wir mit ihm äußerst unterhaltsam über Weine, Jahrgänge und Lagen parlieren, sind diese Augenblicke unvergesslich. Und nicht nur die exzellenten 2021 bekamen wir vor uns auf den Tisch gestellt. Dr. Manfed Prüm hatte uns eine feine Auswahl von 2020er Auslesen sozusagen als Nachprobe offeriert. Wir fühlten uns voll und ganz bestätigt in dem, wie wir die Weine im letzten Jahr beurteilt hatten. Von filigranem poliertem Säurestrahl durchzogen, tritt der Kabinett Graacher Himmelreich 2021 keck in

Erscheinung. Die Wehlener Sonnenuhr zeigte das so typische an den Weinen dieser Lage: zu transparent? Zu leicht? Nein, nach ein paar Minuten der Entfaltung im Glas war sie da, baute sich auf, gewann an Tiefe und das Duell mit dem Graacher Kabinett. Alle vier Spätlesen, die uns Dr. Katharina und Dr. Manfred Prüm präsentierten, strahlten in purer Präsenz der feinsten 2021er Säure. Zeltinger Sonnenuhr und Graacher Himmelreich gleichauf, die Wehlener überstrahlte beide, wie immer. Der freche Säurekick der Zeltinger Sonnenuhr bringt höchste Präzision in den Wein. Die Graacher Spätlese wirkt dezent fruchtreifer und integriert perfekt die zart rauchigen Noten. Anfänglich noch reduktiv mit leichtem Schiefersponti auftretend, schüttelte die Spätlese Wehlener Sonnenuhr schnell ihr Korsett ab und entfaltete ihre unwiderstehliche Duftigkeit und Transparenz. All dies sind Attribute die auch auf die drei Versteigerungsweine aus der Wehlener Sonnenuhr als Kabinett, Spätlese und Auslese zutreffen. In ihrem einzigartigen Stil setzten sie in allen Segmenten Ausrufungszeichen. Unaufgeregt und in selbstbewusster Manier strahlen sie Klarheit und Vielschichtigkeit aus und werden die Geduldigen mit unnachahmlichem geschmacklichem Reichtum belohnen.

Eine kleine Anekdote am Rande: Wir hatten im Rahmen einer Weinprobe zu guter letzt eine Flasche 2007 Wehlener Sonnenuhr Spätlese aus dem Hause Joh. Jos. Prüm geöffnet. Wie es manchmal so ist, wenn nicht ausschließlich Profis am Tisch sitzen, ist das Urteil bei dieser Kategorie häufig schnell und eindeutig gefällt: „Der Wein ist zu süß." Ohne lang zu zögern wird das Glas dann ausgeschüttet. Mitnichten bei oben genanntem Wein. Erstaunt fragten wir die anwesenden zehn Personen, ob der Wein ihnen nicht zu süß sei. Alle antworteten mit Kopfschütteln und den Lippen am Glas. Wahrscheinlich ist es diese ungeheuerliche Balance, diese überbordende Finesse, dieses geschliffene eines Diamanten, was einen alles andere um sich herum beim Genuss eines solchen Elixiers vergessen lässt. Unvergleichlich gut.

**92** 2021 Bernkasteler Badstube Riesling Kabinett
**26 €** | 8 %

**93** 2021 Graacher Himmelreich Riesling Kabinett
**32 €** | 8 %

**94** 2021 Wehlener Sonnenuhr Riesling Kabinett
8 % AUKTION

**95** 2021 Wehlener Sonnenuhr Riesling Kabinett
**36 €** | 8 % TOP 10

**92** 2021 Bernkasteler Lay Riesling Spätlese
**30 €** | 7 %

**95** 2021 Wehlener Sonnenuhr Riesling Spätlese
7 % AUKTION

**95** 2021 Zeltinger Sonnenuhr Riesling Spätlese
**34 €** | 7 % TOP 10

**95** 2021 Graacher Himmelreich Riesling Spätlese
**36 €** | 7,5%

**95** 2021 Wehlener Sonnenuhr Riesling Spätlese
**40 €** | 7 %

**96** 2021 Wehlener Sonnenuhr Riesling Auslese
7 % AUKTION

**96** 2021 Graacher Himmelreich Riesling Auslese
**42 €** | 7 %

**96** 2021 Zeltinger Sonnenuhr Riesling Auslese
**39 €** | 7 % TOP 10

**96** 2021 Wehlener Sonnenuhr Riesling Auslese
**48 €** | 7 % TOP 10

★★☆

## S. A. PRÜM

Weingut S. A. Prüm
54470 Bernkastel-Wehlen · Uferallee 25–26
Tel. (06531) 3110 · Fax 8555
info@sapruem.com
**www.sapruem.com**

**Inhaber/in und Betriebsleitung**
Saskia A. Prüm

**Historie** 1911 Gründungsmitglied VDP
**Rebfläche** 13 Hektar
**Jahresproduktion** 100 000 Flaschen
**Beste Lagen** Wehlener Sonnenuhr, Bernkasteler Lay, Graacher Himmelreich und Domprobst, Erdener Treppchen
**Boden** Devonschiefer
**Rebsorten** 95% Riesling, 5% Spätburgunder
**Erlebenswert** historischer Holzfasskeller
**Mitglied** VDP

Erreichte uns im vergangenen Jahr das Große Gewächs Graacher Domprobst leider nicht vor Redaktionsschluss, so vermissten wir in diesem Jahr die Wehlener Sonnenuhr Großes Gewächs. Der nachgelieferte Domprobst trägt auf dem Etikett die Bezeichnung Große Lage, was ein Indiz dafür ist, dass der Wein analytisch nicht im trockenen Bereich angesiedelt ist. Macht aber nichts, da er zart gerundet, ohne Ecken und Kanten, aber mit viel Schliff und guter Länge ausstaffiert ist. Einen sehr starken Auftritt hatten die Rieslinge aus der Wehlener Sonnenuhr in diesem Jahr. Exemplarisch möchten wir die Spätlese Fass 34 hervorheben. Die seidige Textur, das Spiel und die Feinheit hatten es uns angetan. Auch die zwei Auslesen bestechen durch ihre kristallklare und schwebende Art. Als uns dann bewusst geworden ist, dass 90 Prozent der Gesamtjahresproduktion von circa 100000 Flaschen in den Export gehen, konnten wir uns schnell ausrechnen, was für den deutschen Markt zur Verfügung steht. Man sollte sich also sputen, einige Flaschen zu erwerben.

**87** 2021 Wehlen Riesling trocken
**19,50 €** | 11,5%

**90** 2021 Graach Domprobst VDP.Große Lage
**34,50 €** | 12,5%

**86** 2021 Erden Riesling Kabinett feinherb
**16,90 €** | 10,5%

**89** 2021 Wehlen Sonnenuhr Riesling Kabinett VDP.Große Lage
**17,50 €** | 8,5%

**90** 2021 Bernkasteler Badstube Riesling Spätlese
**19,50 €** | 8,5%

**90** 2021 Graach Himmelreich Riesling Spätlese VDP.Große Lage
**19,50 €** | 7,5%

**90** 2021 Graach Domprobst Riesling Spätlese VDP.Große Lage Fass 38
**21,50 €** | 8%

**92** 2021 Wehlen Sonnenuhr Riesling Spätlese VDP.Große Lage Fass 34
**21,50 €** | 8%

**92** 2021 Wehlen Sonnenuhr Riesling Auslese VDP.Große Lage Fass 32
**19,50 €/0,375 Lit.** | 7,5%

**92** 2021 Graach Domprobst Riesling Auslese VDP.Große Lage Fass 28
**19,50 €/0,375 Lit.** | 7,5%

**92** 2021 Wehlen Sonnenuhr Riesling Auslese VDP.Große Lage
**31,50 €** | 7,5%

## RAUEN

Weingut Familie Rauen
54340 Thörnich · Hinterm Kreuzweg 5
Tel. (06507) 3403 · Fax 8382
info@weingut-familie-rauen.de
**www.weingut-familie-rauen.de**

**Inhaber/in** Maria, Matthias und Harald Rauen
**Betriebsleitung** Matthias Rauen
**Keller** Matthias Rauen

**Rebfläche** 13 Hektar
**Beste Lagen** Thörnicher Ritsch, Detzemer Maximiner Klosterlay
**Boden** Schieferverwitterung, sandiger Kies
**Rebsorten** Riesling 80%, Sauvignon Blanc 7%, Spätburgunder 5%, Weissburgunder 5%, Dornfelder 3%
**Gastronomie** Ferienapartments *****

Erst im Jahr 1983 entschied sich die Familie Rauen dazu, sich auf die Flaschenwein-Vermarktung zu konzentrieren. In der Zeit davor wurde der Wein noch im Fass verkauft. Damals schon baute man sich einen internationalen Kundenkreis auf, was den heute recht hohen Exportanteil von 60 Prozent erklärt. Seit dem Jahr 1990 bewirtschaften Harald und Maria Rauen den Betrieb gemeinsam unter dem Namen Weingut Familie Rauen. Seit dem Jahr 1997 ist der Betrieb in Thörnich ansässig. Sohn Matthias ist inzwischen in den Betrieb eingestiegen und garantiert damit die Nachfolge. Stattliche 13 Hektar besitzt Familie Rauen in den Detzemer Lagen Maximiner Klosterlay und Würzgarten, sowie der Thörnicher Ritsch.

Der von Spontannoten geprägte Hinkellay ist zupackend würzig und noch recht ungestüm. Leicht sprachlich verkürzt formulierten wir dann im weiteren Verlauf der Probe: „Ab restsüß geht die Post ab." Die Spätlese aus der Ritsch mit ihrer leichten Exotik und Rasse begeisterte uns ähnlich wie die Auslese Felsterrassen, die Transparenz und Delikatesse besitzt. Und auch die Familie Rauen nutzte die Gunst der kalten Stunden und erzeugte einen Eiswein von größter Präzision und Feinheit. Mit diesem Auftritt sind die letztjährig vergebenen zwei Sterne eindeutig konsolidiert!

**85** 2021 trocken Sauvignon Blanc
**9 €** | 11,5%

**86** 2021 „Kirschenberg" Riesling trocken Alte Reben
**8 €** | 12%

**87** 2021 Riesling trocken „Hinkellay"
**13,50 €** | 12%

**85** 2021 Riesling halbtrocken Grauschiefer
**8 €** | 11%

**86** 2021 Riesling feinherb Schieferfels
**13,50 €** | 11%

**91** 2021 Thörnich Ritsch Riesling Spätlese
**9,50 €** | 8%

**92** 2021 Riesling Auslese Felsenterrasse
**11,50 €/0,5 Lit.** | 7%

**94** 2021 Thörnich Riesling Eiswein restsüss
**55 €/0,375 Lit.** | 8%

★★★

## REGNERY

Weingut F.J. Regnery
54340 Klüsserath · Mittelstraße 39
Tel. (06507) 4636 · Fax 3053
mail@weingut-regnery.de
**www.weingut-regnery.de**

**Inhaber/in und Betriebsleitung**
Peter Regnery
**Keller** Peter Regnery
**Außenbetrieb** Peter Regnery

**Historie** seit 1921 Flaschenweinverkauf, seit 1982 100 % Steilhang-Bewirtschaftung
**Rebfläche** 8 Hektar
**Jahresproduktion** 50 000 Flaschen
**Beste Lagen** Klüsserather Bruderschaft
**Boden** Devonschiefer
**Rebsorten** 60% Riesling, 36% Spätburgunder, 4% übrige Sorten (Syrah, Cabernet Sauvignon)
**Erlebenswert** prämierte Vinothek, zwei neue Ferienwohnungen im Nachbarhaus
**Mitglied** Bernkasteler Ring

Dieses Jahr beginnen wir doch einmal anders herum in der Weitergabe unserer Verkostungnotizen. Sage und schreibe sieben Rotweine bekamen wir vom Weingut Regnery zu Gesicht. Bis zum wirklichen Höhepunkt, dem 2020er Klüsserather Bruderschaft Syrah, der uns aufgrund der kühlen Würze und seiner inneren Ruhe voll überzeugte, gab es auch einen Cabernet Sauvignon und einige Spätburgunder ins Glas. Der Cabernet befreite sich von seiner anfänglichen Paprikanote und bot uns kühle, animierende Fruchtigkeit. Zum Glück wird hier diese Rebsorte nicht laut verhätschelt. Will sagen: keine Hoch- oder Überreife, kein neues Holz. Das ist schon ganz intelligent von Peter Regnery eingefädelt, wenn er grundsätzlich diesem besonderen Wein hier seine internationalen Attitüden nimmt. Und beim Spätburgunder blitzt in diesem Jahr ein alter Bekannter auf. Dem besten Fass des Jahrgangs 2020 Spätburgunder trocken geben wir in diesem Jahr den Vorzug vor der teilweise preislich höher dotierten, gutsinternen Konkurrenz. Von zarter Hochreife und präsenter Frucht geprägt, straff erzogen, besitzt er viel Eigenständigkeit und wenig Holz. Nicht, dass wir jetzt nachlassen in der Begeisterung für die Weine aus dem Haus Regnery. Mit den Rieslingen ging es nahtlos weiter auf hohem Niveau. Die nachgelieferte trockene Spätlese Michelsmark changiert delikat zwischen Rasse und Reife. Spaß haben sie uns gemacht, die Weine der Familie Regnery.

**88** 2021 Klüsserather Bruderschaft Riesling Auslese trocken Alte Reben
**15,60 €** | 11,5%

**89** 2020 Klüsserather Bruderschaft Riesling Spätlese trocken Michelskirch
**12 €** | 12,5%

**90** 2021 Klüsserather Bruderschaft Riesling Spätlese trocken Michelskirch
**12,60 €** | 12%

**90** 2020 Klüsserather Bruderschaft Riesling Großes Gewächs
**24 €** | 12%

**90** 2021 Klüsserather Bruderschaft Riesling Spätlese feinherb Michelskirch
**12,60 €** | 11%

**94** 2019 Klüsserather Bruderschaft Riesling Beerenauslese
**Preis auf Anfrage/0,375 Lit.** | 8%

**87** 2020 Klüsserather Bruderschaft Pinot Noir trocken
**10,80 €** | 12,5%

**88** 2019 Klüsserather Bruderschaft Pinot Noir trocken Barrique
**17,40 €** | 13,5%

**88** 2020 Klüsserather Bruderschaft Cabernet Sauvignon trocken
**19,20 €** | 13,5%

**88** 2019 Klüsserather Bruderschaft Pinot Noir Großes Gewächs
**28,80 €** | 13,5%

**89** 2020 Klüsserather Bruderschaft Pinot Noir trocken Bestes Fuder
**13,20 €** | 13% BEST BUY

**91** 2020 Klüsserather Bruderschaft Syrah trocken
**28,80 €** | 14%

★★☆

## REH

Weingut Reh
54340 Schleich · Weierbachstraße 12
Tel. (06507) 99110
weingut-reh@myquix.de
**www.weingut-reh.de**

**Inhaber/in und Betriebsleitung**
Winfried und Sigrid Reh
**Keller** Lukas und Winfried Reh
**Außenbetrieb** Lukas Reh

Die Burgunder straff wie die Rieslinge, so notierten wir nach der Probe der Weiß- und Grauburgunder aus dem Schleicher Weingut. Und kompromisslos mutig auch der trockene Literwein mit belebender, ja knackiger Säurefrische und kühler Herbe. Im Mehringer Blattenberg besitzt Familie Reh Flächen mit wurzelechten Reben, die im Jahre 1900 gepflanzt wurden. Von hier stammen auch die beiden trockenen Rieslinge aus der Gewann Layet. Beides Weine, die reif und kraftvoll auf sich aufmerksam machen. Ganz anders dagegen die lebhaften trockenen Schieferterrassen. Wir bevorzugen dieses Mal den Zenit, eine beerentönige Auslese aus dem Blattenberg.

**85** 2021 Riesling trocken Liter
**6,50 €/1 Lit.** | 11,5%

**85** 2021 Weißburgunder trocken
**8 €** | 12,5%

**85** 2021 Grauburgunder trocken
**8 €** | 12%

**86** 2021 Riesling trocken Schieferterrassen
**8 €** | 12%

**86** 2021 Mehringer Blattenberg Riesling Spätlese trocken Layet
**10 €** | 12,5%

**87** 2021 Mehringer Blattenberg Großes Gewächs Layet
**18 €** | 12,5%

**86** 2021 Riesling feinherb „LR"
**8 €** | 10,5%

**87** 2021 Mehringer Zellerberg Riesling feinherb Alte Reben
**10 €** | 11,5%

**89** 2021 Mehringer Zellerberg Riesling Spätlese
**10 €** | 7,5%

**91** 2021 Mehringer Blattenberg Riesling Zenit
**14 €** | 8,5%

★★☆

## REUSCHER-HAART

Weingut Reuscher-Haart
54498 Piesport / Mosel
Sankt-Michael-Straße 20/22
Tel. (06507) 2492
info@weingut-reuscher-haart.de
**www.weingut-reuscher-haart.de**

**Inhaber/in und Betriebsleitung**
Dipl.-Ing. (FH) Mario Schwang
**Keller** Dipl.-Ing. (FH) Mario Schwang
**Außenbetrieb** Dipl.-Ing. (FH) Mario Schwang

Zeit, Zeit, Zeit... das ist es, was die Weine von Mario Schwang benötigen, die er auf sechs Hektar Schieferboden in besten Lagen von Piesport ausbaut. Der Rieselmosling trocken, der Gutswein in der Literflasche, klar und animierend, mit schöner Zitrusnote und leichtem Sponti, lädt direkt zum Trinken ein. Klar und druckvoll, mit zarter Frucht, der Riesling Kabinett aus dem Piesporter Goldtröpfchen. Als gestandener Herr präsentiert sich die trockene Spätlese Urgestein aus dem Piesporter Domherr mit viel Mineralik und Würze, wohingegen das feinherbe Pendant, die Spätlese Überschwang aus dem Piesporter Goldtröpfchen eher spielerisch, die als Grand Dame die Bühne betritt - stoffig, mineralisch, mit ganz zarter Frucht.

**85** 2021 trocken Rieselmosling
**7 €/1 Lit.** | 11%

**88** 2021 Piesporter Goldtröpfchen Riesling Spätlese trocken
**10,20 €** | 11,5%

**89** 2021 Piesporter Domherr Riesling Spätlese trocken Urgestein
**11,50 €** | 12%

**88** 2021 Piesporter Goldtröpfchen Riesling Kabinett feinherb
**8 €** | 10,5%

**90** 2021 Piesporter Goldtröpfchen Riesling Spätlese feinherb ÜberSchwang
**10,80 €** | 10,5%

**84** 2021 restsüss Rieselmosling
**7 €/1 Lit.** | 9%

**88** 2021 Piesporter Goldtröpfchen Riesling Kabinett
**8 €** | 8%

**88** 2021 Piesporter Goldtröpfchen Riesling Spätlese
**10,50 €** | 8,5%

erbaut. Dieter Ebert, der Vater von Christian Ebert, erwarb den Besitz im Jahr 1956. Die Wiedererlangung der Mitgliedschaft im VDP erfolgte zwanzig Jahre später. Vor der traumhaft gelegenen Terrasse liegt einem die Saar förmlich zu Füßen.

Schloss Saarstein

**84** 2015 Riesling Sekt Brut Schloss Saarstein
**19 €** | 0 %

**84** 2021 Saarstein Riesling trocken
**9,50 €** | 11,5%

**84** 2021 Saarstein Pinot Blanc trocken
**9,50 €** | 12 %

**85** 2021 Auxerrois trocken
**9,50 €** | 12 %

**85** 2021 Schloss Saarstein Riesling trocken
**11 €** | 11,5%

**85** 2021 Schloss Saarstein Riesling Kabinett trocken Grauschiefer
**13 €** | 11,5%

**86** 2021 Serriger Schloss Saarsteiner VDP.Große Lage Alte Reben
**19 €** | 12,5%

**88** 2021 Kabinett feinherb Schloss Saarstein
**13 €** | 10 %

**90** 2021 Serriger Schloss Saarsteiner Riesling Kabinett VDP.Große Lage
**13 €** | 8 %

**92** 2021 Serriger Schloss Saarsteiner Riesling Spätlese VDP.Große Lage
**19 €** | 7,5%

**91** 2021 Serriger Schloss Saarsteiner Riesling Auslese VDP.Große Lage
**28,50 €** | 8,5%

★★★★½

## WILLI SCHAEFER

Weingut Willi Schaefer
54470 Graach · Hauptstraße 130
Tel. (06531) 8041 · Fax 1414
info@weingut-willi-schaefer.de
**www.weingut-willi-schaefer.de**

**Inhaber/in und Betriebsleitung**
Christoph und Andrea Schaefer
**Keller** Christoph Schaefer

**Historie** Weinbau seit 1121 in der Familie
**Rebfläche** 4 Hektar
**Jahresproduktion** 35 000 Flaschen
**Beste Lagen** Graacher Domprobst und Himmelreich
**Boden** Devonschiefer
**Rebsorten** 100% Riesling
**Mitglied** VDP

Mit diesem 2021er trockenen Graacher Riesling prosten wir Christoph Schaefer in Graach zu und sagen: Er kann auch trocken. Vornehme Salzigkeit prägen das Geschmacksbild des Weins. Die Ausbaunoten vom alten Holzfass sind integrativer Bestandteil. Nicht, dass wir damit den Startschuss zu mehr trockenen Weinen aus dem Hause Schaefer gegeben haben. Noch verhält es sich nicht so, und ab der Qualitätsstufe restsüßer Kabinett hat kein Riesling weniger als 93 Punkte erhalten. Ehrlich gesagt wussten wir nicht für welchen der Domprobst Kabinette wir uns entscheiden sollten. Beide zwei flüssige Delikatessen. So haben wir sie punktgleich bewertet, wobei unserer Herz zur Zeit etwas mehr schlägt für die „normale" Version. Die ziselierte Art mit klarstrahlender Frucht hat uns überzeugt. Die angedeutete edle Stilistik des Auktions-Kabinetts geht einher mit etwas höherer Traubenreife, die wir eher in der Kategorie der Spätlese sehr gerne goutieren. Wir hatten die Wehlener Sonnenuhr Spätlese gar nicht so auf dem Schirm und konzentrierten uns mehr auf die Domprobst Parade, als wir feststellten, dass die Wehlener Sonnenuhr Spätlese die höchste Feinheit unter den Spätlesen besitzt. Wahrscheinlich war es auch die offene, zugängliche und gleichzeitig spielerisch-vielschichtige Stilistik, warum wir ihr den Vortritt vor den Klassikern des Hauses in diesem Jahr gaben. Wir müssen resümieren: So stark war Wehlen hier noch nie, denn die Auslese überstrahlt mit feinster Seidigkeit und dem unaufdringlichen Spiel einer großen Auslese das Sortiment. Hier wurde ausnahmsweise einmal geschluckt statt gespuckt. Nach wie vor schmeckt man allen Weinen ihre Entspanntheit und Ruhe an. Dadurch tragen sie Magisches in sich.

Im Jahr 2015 übernahm Christoph Schaefer das elterliche Weingut zusammen mit seiner Frau Andrea. Beide lernten sich während ihres Studiums in Geisenheim kennen. Der Einstieg von Christoph Schaefer in das Weingut erfolgte im Jahr 2002 und ermöglichte es ihm, an der Seite seines Vaters Willi dessen Erfahrungsschatz auszuschöpfen. Es sind genau 4,2 Hektar, die das Weingut Willi Schaefer im Besitz hat. Je zwei Hektar entfallen auf den Graacher Domprobst und das Himmelreich, 0,2 Hektar auf die Wehlener Sonnenuhr. Durch Realteilung ist die gesamte Rebfläche in mehr als 100 Parzellennummern aufgeteilt. Das heißt, dass sich der Weinbergsbesitz in über 40 verschiedenen Teilen des Graacher und Wehlener Berges befindet. Der Domprobst stellt das Herzstück der Graacher Lagen dar und wird umrahmt vom Himmelreich. Viele Wasseradern durchziehen den Berg und sorgen auch in trockenen Jahren für eine gute Versorgung der Reben. Den Namen des Graacher Himmelreichs könnte man als Synonym für eine exponierte Lage deuten. Auch hier herrscht der typische Devonverwitterungsboden vor. In den Weinbergen stehen teilweise noch bis zu 100 Jahre alte wurzelechte Reben. Im Traubenherbst verlässt man sich auf jahrelange Erfahrung und liest nicht nach Öchsle- oder Säuregehalt. Einzig der Geschmack entscheidet letztendlich über den Lesezeitpunkt.

**91** 2021 Graacher Riesling trocken
**14,50 €** | 11,5%

**89** 2021 Graacher Riesling feinherb
**14,50 €** | 10,5%

**93** 2021 Graacher Himmelreich Riesling Kabinett
**19 €** | 7,5%

**94** 2021 Graacher Domprobst Riesling Kabinett VDP.Große Lage #01
7,5% **AUKTION**

**94** 2021 Graacher Domprobst Riesling Kabinett
**19 €** | 7,5%

**95** 2021 Graacher Domprobst Riesling Spätlese #13
7,5% **AUKTION** **TOP 10**

**95** 2021 Graacher Domprobst Riesling Spätlese #5
**33 €** | 7,5%

**97** 2021 Wehlener Sonnenuhr Riesling Spätlese
**30 €** | 7,5% **TOP 10**

**97** 2021 Wehlener Sonnenuhr Riesling Auslese Goldkapsel
7% **AUKTION**

★★½

## SCHLEINITZ

Weingut Freiherr von Schleinitz
56330 Kobern-Gondorf · Kirchstraße 15-17
Tel. (02607) 972020 · Fax 972022
weingut@vonschleinitz.de
**www.vonschleinitz.de**

**Inhaber/in** Familie Reufels
**Betriebsleitung** Martin Gerlach

Die Weine des Weinguts von Schleinitz präsentieren sich dieses Jahr im neuen Gewand, denn es gibt einen gelungenen Relaunch der Etiketten. Die Weine des 20 Hektar großen Weinguts an der Terrassenmosel werden spontan vergoren und präsentieren sich in bekannter Qualität. Schon der Gutsriesling feinherb konnte mit viel Saft und Klarheit punkten - auch die Burgundersorten sind sehr ansprechend in ihrer sortentypischen und klassischen Art. Aber am besten gefielen uns wieder die beiden Rieslinge aus der Lage Koberner Uhlen mit viel mineralischem Biss und festem Kern.

**83** 2021 Guts-Riesling trocken
**7,50 €** | 10,5%

**85** 2021 Weissburgunder
**7,90 €** | 11%

**85** 2021 Grauburgunder trocken
**8,90 €** | 11,5%

**88** 2021 Koberner Uhlen Riesling trocken
**13,90 €** | 11%

**84** 2021 Guts-Riesling feinherb
**7,50 €** | 10%

**86** 2021 Dangerous Riesling
**8,50 €** | 11%

**87** 2021 Koberner Uhlen Riesling feinherb Rotlay „R"
**18,50 €** | 11%

★★★

## SCHMITGES

Weingut Schmitges
54492 Erden · Hauptstraße 24
Tel. (06532) 2743 · Fax 3934
info@schmitges-weine.de
**www.schmitges-weine.de**

**Inhaber/in und Betriebsleitung**
Kilian und Andreas Schmitges
**Keller** Kilian und Andreas Schmitges
**Historie** Weinbau seit 1744
**Rebfläche** 25 Hektar
**Jahresproduktion** 250 000 Flaschen
**Beste Lagen** Erdener Treppchen und Erdener Prälat
**Boden** Grauer und roter Schiefer
**Rebsorten** 80% Riesling, je 5% Rivaner, Weißburgunder, Grauburgunder und Spätburgunder
**Mitglied** Bernkasteler Ring

Seit vergangenem Jahr ist der Junior des Hauses, Kilian Schmitges, für alle Weine des Betriebs in Erden zuständig. Sicherlich wird ihm Vater Andreas mit seinem reichen Erfahrungsschatz noch einige Jahre beratend zur Seite stehen. Nahtlos schließt sich die Stilistik der 2021er an die der vorherigen Jahre an. Zwei großartige Weine aus einer der besten Lagen der Mosel überhaupt, dem Erdener Prälat, stachen aus der Kollektion heraus. Das Große Gewächs brillierte mit festem Kern, trat noch sehr jugendhaft auf und gefiel uns ausgesprochen gut durch seinen zart vom Neuholz geprägten, pfeffrigen Säurezug im Finale. In gar nichts stand ihm die Reserve aus ebenfalls dieser Lage nach. Sein vornehmes, saftiges Spiel unterlegt die Transparenz, die ihrerseits von dezenter Süße begleitet wird. Aber auch das Treppchen Großes Gewächs ist nicht von schlechten Eltern. Auch dieser Riesling ist leicht vom Neuholz geprägt und besticht durch die dem Treppchen innewohnende zarte Art. Es besitzt seltenst die Festigkeit des Prälat, bringt dafür aber mehr das Schwebende im Wein hervor. Hervorragend werden diese beiden lagentypischen Stile von Kilian Schmitges herausgearbeitet. Wir gratulieren zur erfolgreichen Übergabe an die junge Generation!

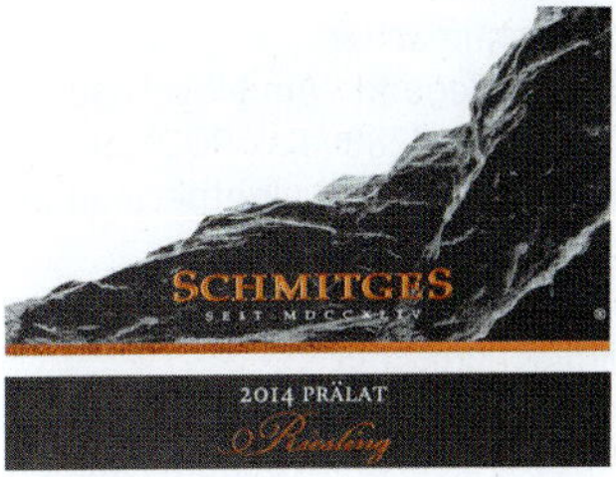


**85** 2021 Riesling trocken Grauschiefer
**9,50 €** | 12 %

**85** 2021 Riesling trocken Urgestein
**10,90 €** | 12 %

**87** 2021 Erdener Riesling trocken
**15 €** | 12,5%

**91** 2021 Erdener Treppchen Riesling Großes Gewächs
**26,90 €** | 12,5%

**92** 2021 Erdener Prälat Riesling Großes Gewächs
**31,90 €** | 12,5%

**92** 2021 Erdener Prälat Riesling Réserve
**31,90 €** | 11 %

**87** 2021 Riesling Kabinett Vom roten Schiefer
**11,50 €** | 8,5%

**85** 2021 Riesling vom Berg
**9,50 €** | 11,5%

**86** 2021 Alte Reben Riesling
**15 €** | 12 %

**88** 2021 Erden Treppchen Riesling Spätlese
**15 €** | 8,5%

**91** 2021 Erdener Treppchen Riesling Beerenauslese
**34,90 €/0,375 Lit.** | 8,5%

★½

## HEINZ SCHMITT

Weingut Carlo Schmitt
54340 Leiwen · Stephanusstraße 4
Tel. (06507) 4276 · Fax 8161
info@weingut-carlo-schmitt.de
**weingut-carlo-schmitt.de**

**Inhaber/in und Betriebsleitung**
Senta, Silvia und Carlo Schmitt
**Keller** Carlo Schmitt
**Außenbetrieb** Carlo Schmitt

Die zwei Hektar Weinberge von Carlo Schmitt erstrecken sich von Klüsserath bis Neumagen. Hier, in besten Lagen, baut er in erster Linie Riesling sowie ein wenig Weißburgunder und Rivaner an. Die Gutsweine präsentieren sich allesamt klar und elegant, der Weißburgunder mineralisch, der Riesling feinherb mit zarter Frucht. Besonders gefällt der Riesling Kabinett aus der Köwericher Laurentiuslay: offenfruchtig, mit gutem Grip. Der Ortswein Klüsserather Riesling Alte Reben begeistert mit viel Druck, Mineralität und zartem Spiel. Getoppt wird die ganze Kollektion von der Rieslinge Auslese*** Fass 19 aus der Köwericher Laurentiuslay mit ihrer Opulenz und Süße, die an Zitrus und exotische Früchte erinnert.

**84** 2021 Rivaner trocken
**7 €** | 12 %

**85** 2021 Weißburgunder trocken
**9 €** | 12,5%

**86** 2021 Riesling trocken
**8 €** | 11,5%

**88** 2021 Rosengärtchen Riesling trocken
**14,50 €** | 12 %

**86** 2021 Riesling feinherb
**8 €** | 10,5%

**88** 2021 Laurentiuslay Riesling feinherb
**13,50 €** | 11 %

**89** 2021 Köwericher Laurentiuslay Riesling Kabinett
**10,50 €** | 8,5%

**89** 2021 Klüsserather Riesling Alte Reben
**9,50 €** | 11,5%

**89** 2021 Köwericher Laurentiuslay Riesling Auslese *** Fass 19
**35 €/0,375 Lit.** | 7,5%

★ NEU

## SCHOLTES

Weingut Scholtes
54340 Detzem · Thörnicherstr.7
Tel. (06507) 4398
info@moselweingut-scholtes.com
**www.moselweingut-scholtes.com**

**Inhaber/in** Rainer Scholtes
**Betriebsleitung** Michael Scholtes
**Keller** Michael Scholtes
**Außenbetrieb** Rainer Scholtes, Michael Scholtes

Wir freuen uns über einen Neuzugang aus Detzem. Elf Hektar Rebfläche bewirtschaftet Michael Scholtes in Detzemer, Pölicher und Thörnicher Gemarkung. In der Thörnicher Ritsch, dieser Spitzenlage, hat man vor kurzem erst Flächen rekultiviert und neu angepflanzt. Auf die ersten Weine freuen wir uns schon heute. Bis dahin begnügen wir uns gerne mit feinen Weinen aus den Detzemer Lagen, wie der Spätlese aus der Maximiner Klosterlay, die mit ihrer sanften Exotik und Festigkeit heute schon Trinkfreude bietet. Von dort kommt auch der feinste trockene 2021er. Mit saftig verdichteter Frucht braucht er noch Zeit, um sich vollends zu entfalten. Dieses Kraftpaket besitzt erstaunlicherweise nur 11,5 Volumenprozent Alkohol. Glückwunsch nach Detzem!

**86** 2021 Detzemer Riesling trocken vom steilen Berg
**8 €** | 12 %

**87** 2021 Detzemer Riesling trocken Schieferberg Edition Hofgut Meier
**9,90 €** | 12 %

**88** 2021 Detzemer Maximiner Klosterlay Riesling trocken
**18,90 €** | 11,5%

**86** 2021 Detzemer Riesling feinherb vom steilen Berg
**8 €** | 10,5%

**87** 2021 Detzemer Maximiner Klosterlay Riesling Kabinett Alte Reben
**9 €** | 8 %

**89** 2021 Detzemer Im Königsberg Riesling Kabinett
**14,50 €** | 7,5%

**90** 2021 Detzemer Maximiner Klosterlay Riesling Spätlese
**10,50 €** | 7,5%

**88** 2020 Pölicher Held Riesling
**10,50 €** | 11,5%

★⯪

## SCHUMACHER

Weingut Schumacher
56858 St. Aldegund · Am Moselstausee 32
Tel. (06542) 900788 · Fax 900789
joachim-schumacher@vinotheca-sutoris.de
**www.vinotheca-sutoris.de**

**Inhaber/in und Betriebsleitung**
Joachim Schumacher
**Keller** Joachim Schumacher
**Außenbetrieb** Joachim Schumacher

Was Joachim Schumacher aus seinen drei Hektar in St. Aldegund an der MIttelmosel herausholt, kann sich durchaus sehen lassen. Wie sich sein gekonntes „Nichtstun" auswirkt, kann man den größtenteils spontan vergorenen Weinen anmerken. Sie präsentieren sich allesamt in sich ruhend und benötigen Zeit, um ihr Potenzial zu zeigen. Der restsüße Riesling Felsenfrucht präsentiert sich fest, mit feinen Kräutern, gefolgt von etwas Minze. Auch die Rotweine konnten begeistern, wobei die Frühburgunder Auslese Commodus am meisten lockte - mit betörender Frucht, kräuterig, mit etwas Pfeffer und elegantem Holz.

**84** 2021 Mosel Riesling trocken RIESLING - FACIL
**9,50 €** | 11 %

**89** 2020 Neefer Frauenberg Auslese trocken PROBUS
**18,50 €** | 11,5%

**84** 2021 Mosel Riesling feinherb DEVON - Riesling
**9,50 €** | 10,5%

**89** 2020 Neefer Frauenberg Riesling Auslese restsüss AUGUSTUS
**18,50 €** | 8 %

**88** 2021 Mosel Riesling restsüss FELSENFRUCHT
**14,50 €** | 7,5%

**87** 2019 Mosel Spätburgunder x Cabernet Sauvignon im Barrique gelagert trocken PINOT + X
**14,50 €** | 12,5%

**89** 2020 Merler Klosterberg Cabernet Sauvignon x Merlot Auslese trocken CORRUPTIO
**42,50 €** | 13,5%

**91** 2020 Mosel Frühburgunder Auslese trocken COMMODUS
**42,50 €** | 13 %

★★★★½

## SELBACH-OSTER

Weingut Selbach-Oster
54492 Zeltingen · Uferallee 23
Tel. (06532) 2081 · Fax 4014
info@selbach-oster.de
**www.selbach-oster.de**

**Inhaber/in und Betriebsleitung** Johannes und Barbara Selbach
**Keller** Christian Vogt
**Außenbetrieb** Frank Prüm

**Historie** Weinbau seit 1600
**Rebfläche** 23 Hektar
**Jahresproduktion** 150 000 Flaschen
**Beste Lagen** Zeltinger Schlossberg und Sonnenuhr, Wehlener Sonnenuhr, Graacher Domprobst
**Boden** steiniger blauer Devonschiefer, in Graach teilweise mit Lehm
**Rebsorten** 90% Riesling, 7% Weißburgunder, 3% Spätburgunder
**Erlebenswert** Vinothek Selbach

Toller Auftakt im Meer der Weine, die uns Johannes Selbach alljährlich zukommen lässt. Der Weißburgunder gefällt mit seiner festen Mitte, hat nichts Weichgespültes an sich und ruht ernsthaft. Wir schauen selten nach den Punkten des Vorjahres und wissen auch nicht mehr, welche Punkte wir vergeben hatten. Ein ums andere Jahr, wenn wir den Gewürztraminer ins Glas bekommen, glänzen die Augen und wir vergeben wieder die gebuchten 91 Punkte. Unglaublich zarter Rosenduft geht eine Liaison mit Orangenschale ein. Und das im schwebenden Format. Gerade einmal 600 Flaschen gibt es von diesem Exoten. Dann ging es an die - in der Anzahl der Weine stark gewachsene - Kategorie der trockenen Rieslinge. Hier hat Johannes Selbach in den vergangenen Jahren und im besonderen in diesem Jahr ein breites Portfolio an Großen Gewächsen aufgelegt. Wir sind so frei und inkludieren den Bömer auch in den erlauchten Kreis der GGs und kommen dann auf sechs an der Zahl. Drei lagen in unserer Gunst vorne: der Römer erhält von uns, wie der Gewürztraminer, ein aufs andere Jahr dieselben Punkte. Entspannt und vornehm, mit leichtem Neuholz-Touch, tritt er selbstbewusst in die Arena. Dort wartet die Zeltinger Sonnenuhr, die fest strukturiert, unterstützt durch Aromen eines jungen Fuderfasses, viel Schliff zeigt. Ein Neuling in der erlauchten Runde ist die Wehlener Sonnenuhr. Auch sie gefällt im Duft durch den zarten Ton von jungem Eichenholz. Reifer in der Anmutung durch Gelbfruchtigkeit geprägt, erscheint sie schon balancierter. Bei der Spätlese * aus der Zeltinger Sonnenuhr überzeugt uns die gelassene, in sich ruhende Art. Delikate Frucht in seidiger Anmutung. Unter den glorreichen drei Auslesen aus Schmitt, Anrecht und Rothlay sticht mit dem Jahrgang 2021 klar und deutlich der Schmitt heraus. Fein verdichtet, mit seiner für ihn typischen, zurückhaltend-vornehmen Kühle war er der Höhepunkt der Probe.

SELBACH OSTER

**86** 2021 Riesling trocken
**9,50 €** | 12 %

**87** 2021 Weissburgunder trocken
**10 €** | 12 %

**87** 2021 Zeltinger Riesling Kabinett trocken
**12 €** | 11 %

**90** 2021 Bernkasteler Graben Großes Gewächs
**28 €** | 11,5%

**90** 2021 Zeltinger Schlossberg Riesling Großes Gewächs
**29 €** | 12 %

**91** 2021 Gewürztraminer trocken
**16 €** | 13 % TIPP

★★★½

**91** 2021 Graacher Domprobst Großes Gewächs
**30 €** | 11,5%

**92** 2021 Zeltinger Schlossberg Riesling trocken Bömer
**29 €** | 11,5%

**92** 2021 Zeltinger Sonnenuhr Riesling Großes Gewächs
**30 €** | 12%

**92** 2021 Wehlen Sonnenuhr Riesling Großes Gewächs
**30 €** | 12%

**86** 2021 Zeltinger Himmelreich Riesling Kabinett halbtrocken
**12,50 €** | 10,5%

**89** 2021 Zeltinger Sonnenuhr Riesling Spätlese feinherb „Ur" Alte Reben
**30 €** | 11,5%

**90** 2021 Zeltinger Schlossberg Riesling Kabinett
**12,50 €** | 8,5%

**92** 2021 Zeltinger Sonnenuhr Riesling Kabinett
**12,50 €** | 8,5%

**92** 2021 Zeltinger Schlossberg Riesling Spätlese
**18 €** | 8%

**93** 2021 Graacher Domprobst Riesling Spätlese
**19 €** | 8%

**93** 2021 Wehlener Sonnenuhr Riesling Spätlese *
**21 €** | 8%

**94** 2021 Zeltinger Sonnenuhr Riesling Spätlese *
**20 €** | 8%

**94** 2021 Zeltinger Himmelreich Anrecht Riesling Auslese
**30 €** | 7%

**95** 2021 Zeltinger Sonnenuhr Riesling Auslese **
**39 €** | 7%

**96** 2021 Zeltinger Schlossberg Schmitt Riesling Auslese
**37 €** | 7%

**94** 2021 Zeltinger Sonnenuhr Riesling Trockenbeerenauslese
**130 €/0,375 Lit.** | 6,5%

## SPÄTER-VEIT

Weingut Später-Veit
54498 Piesport · Brückenstraße 13
Tel. (06507) 5442 · Fax 6760
spaeter-veit@t-online.de
**www.spaeter-veit-shop.de**

**Inhaber/in und Betriebsleitung**
Heinz Welter
**Keller** Niklas Welter

**Historie** Weinbau seit über 300 Jahren
**Rebfläche** 9 Hektar
**Jahresproduktion** 25 000 Flaschen
**Beste Lagen** Piesporter Goldtröpfchen und Domherr
**Boden** Schiefer und roter Schiefer
**Rebsorten** Riesling 70%, Weissburgunder 10%, Spätburgunder 13%, Chardonnay 5 %, Grauburgunder 2%
**Gastronomie** Straußwirtschaft
Gästezimmer

Vor ein paar Jahren haben wir das Weingut in Piesport besucht und dabei einige Spätburgunder probiert. Die Rebsorte hier ist auf zehn Prozent der Gesamtrebfläche angepflanzt. Wir können uns an den eigenen Stil der älteren Spätburgunder noch gut erinnern und würden uns sehr freuen, davon einmal wieder etwas probieren zu dürfen. Die Entwicklung der Spätburgunder beziehungsweise Pinot Noirs an der Mosel fasziniert uns, da mittlerweile sehr viele Betriebe diese Rebsorte angebaut haben und es dadurch eine enorme Stilvielfalt gibt, die wir verfolgen möchten. So erfreuten wir uns am Riesling, und vor allem am Kabinett und der Spätlese. Schon wenn wir Jupp oder Armes hören, läuft uns das Wasser im Mund zusammen. Immer haben diese Weine einen besonderen Säuredruck, der sie einzigartig macht. Und dann war da noch der Riesling-Sekt Brut ohne Jahrgang. Das Lesejahr ist uns dabei auch egal, wenn ein Schaumwein so gut ist wie er. Ausgestattet mit perfekt balancierter Dosage, also ohne zu süß oder trocken zu wirken, versprüht er mit seiner sahnigen Perlage hohe Leichtigkeit. Ein großer Genuss mit einem unschlagbaren Preis. Um den Spätburgunder baten wir ja bereits. Die weißen Burgunder würden uns auch einmal wieder interessieren.

**92** Riesling Brut
**13 €** | 12 %

**85** 2021 Riesling trocken
**7,80 €** | 11,5%

**86** 2021 Riesling trocken Blauschiefer
**10,50 €** | 11,5%

**85** 2021 Riesling feinherb Rotschiefer
**10,50 €** | 10 %

**86** 2021 Riesling feinherb
**7,80 €/1 Lit.** | 10 % BEST BUY

**89** 2021 Piesport Goldtröpfchen Riesling Kabinett
**11 €** | 8 %

**92** 2021 Piesporter Goldtröpfchen Riesling Kabinett Armes
**14 €** | 7,5%

**92** 2021 Piesporter Goldtröpfchen Riesling Spätlese Jupp
**17 €** | 7,5%

## STAFFELTER HOF

Weingut Staffelter Hof
54536 Kröv · Robert-Schuman-Straße 208
Tel. (06541) 3708 · Fax 3933
info@staffelter-hof.de
**www.staffelter-hof.de**

**Inhaber/in und Betriebsleitung** Jan Matthias Klein
**Keller** Jan Matthias Klein
**Außenbetrieb** Kosie van der Merwe

**Historie** ehemaliger Weinhof des Klosters Stavelot, über 1150 Jahre Weinbaugeschichte
**Rebfläche** 11 Hektar
**Jahresproduktion** 100 000 Flaschen
**Beste Lagen** Kröver Steffensberg, Paradies und Letterlay
**Boden** tiefgründiger Grauschiefer, Blau- und Rotschiefer
**Rebsorten** 60% Riesling, 10% Müller-Thurgau, 7% Spätburgunder, 5% Muscaris, je 2% Sauvignon Blanc, Frühburgunder, Donauriesling, Souvignier Gris, Sauvitage, Satin noir, Gamay Noir, und Sauvignac, je 0,5% Fernao Pires + Arinto de Bucelas , 1% Gelbmuskateller,
**Erlebenswert** schöner Innenhof mit vielen Kulturveranstaltungen (Livemusik, Theater, Kabarett, Lesungen)
**Mitglied** Ecovin, Slow Food, Klitzekleiner Ring

Immer wieder was Neues, immer wieder spannend. In diesem Jahr gab es für uns das erste Mal den 2021er Ruby Soho, einen waschechten Regent als Pet Nat. Why not? Leicht mostig, verführt er mit seiner superfeinen Frucht und gleichzeitig fordernden Perlage. Auch so geht Regent. Kompromisslos salzig ohne Ende zeigt sich der Little Bastard aus dem Jahrgang 2021. Der MüllerTime Sandersstruck, reiner Müller-Thurgau, ist ein Orangewein auf hohem primärfruchtigen Niveau. Wir mögen es nicht, wenn die maischevergorenen Weißweine geschmacklich fast ausschließlich durch den langen Schalenkontakt geprägt sind. Balance im Wein ist ein hohes, wenn nicht das höchste Gut. Deshalb gehört zur Herbheit eines Weins immer auch balancierende Frucht, so wie hier beim Sandersstruck. Der Orange Utan aus dem Jahrgang 2021 verwöhnt die Nase mit dem typisch intensiv-traubigen Muskatellerduft. Mit fester

Phenolstruktur und dunkel tannigen Anklängen ist er ein wilder Kerl. Zwischen Moderne und Tradition passte dann genau der Riesling-Sekt Brut 2018. Saftig-reife Fruchtsüße legt sich mit feinstem Mousseux auf den Gaumen. Und dann kam auch schon der Old School Riesling, ein Wein, wie ihn, laut Jan Matthias Klein, der Opa schon gemacht hat. Wir können leider nicht sagen, wie der Opa den Riesling gemacht hat, gehen aber nicht davon aus, dass er so klar in der Frucht war. Der Wein ruht fest in sich und zeigt dabei vornehme Kühle. Das Ende markierte noch so ein wilder Hund, nein Wolf. Pure, reife Sauerkirsche springt aus dem Glas in die Nase. Unglaubliche Pinot-Noir-Frische und Präzision. Einfach pur, der Little Red Riding Wolf 2021.

862 2022
STAFFELTER HOF
1160 Jahre Weingut

**88** 2021 Landwein Ruby Soho
**18,50 €** | 11%

**90** 2018 Riesling Brut
**14,50 €** | 12,5%

**88** 2021 MüllerTime „Sandersstruck"
**14,50 €** | 11%

**88** 2021 Landwein trocken Little Bastard
**16,50 €** | 11%

**89** 2021 Riesling trocken Alte Reben 862
**15,80 €** | 11%

**89** 2021 Gelber Muskateller, Riesling Landwein trocken Orange Utan
**30 €** | 11%

**92** 2021 Riesling feinherb Old School
**10 €** | 9,5% **TIPP**

**91** 2021 Riesling Knackarsch
**8,50 €** | 8,5%

**94** 2021 Kröver Steffensberg Riesling Spätlese
**15,80 €** | 8,5%

**90** 2021 Little Red Riding Wolf
**22 €** | 11,5%

★★☆

## STEFFEN-PRÜM

Weingut Steffen-Prüm
54484 Maring-Noviand · Trierer Straße 12
Tel. (06535) 420 · Fax 1538
info@sgsteffenpruem.com
**www.sgsteffenpruem.com**

**Inhaber/in und Betriebsleitung** Gerd Steffen
**Keller** Gerd Steffen
**Außenbetrieb** Benedikt Steffen

**Historie** Weingut seit vielen Generationen in Familienbesitz
**Rebfläche** 4 Hektar
**Jahresproduktion** 30 000 Flaschen
**Beste Lagen** Erdener Treppchen, Lieser Rosenlay, Lieser Niederberg Helden, Niederberg Helden Süßenberg, Maringer Honigberg und Maringer Sonnenuhr
**Boden** grauer Verwitterungsschiefer
**Rebsorten** 80% Riesling, 20% übrige Sorten (Rivaner, Weißburgunder, Schwarzriesling, Dornfelder)
**Gastronomie** Vinothek, Gästehaus mit 3 Gästezimmern und einer Ferienwohnung, ab 2023 neue Vinothek am Maare-Mosel-Radweg

Souverän umschifft Gerd Steffen die Klippen des trockenen Rieslings im Jahr 2021. Auch in schwierigen Jahren scheint er das Rüstzeug zu haben, souverän auftretende, trockene Riesling herzustellen zu können. Ein Beleg dafür ist die trockene Spätlese aus der Lieserer Sonnenlay Alte Reben. Mit zartem Säuredruck, offener Frucht und viel vitalem Schliff haben wir vor allem das Entspannte im Wein genossen. Die Säureecken und -kanten treten bei allen Weinen schmeckbar in den Hintergrund. Wir haben den Eindruck, Gerd Steffen weiß um die Problematik des Jahrgangs und geht mit seiner ganzen Erfahrung an die Bewältigung heran. Der Sponti-Kabinett aus dem Maring Noviander Honigberg, der geschmacklich an der Schwelle zur Spätlese steht, besitzt trotz seiner neun Volumenprozent Alkohol die ziselierte, ja verspielte Kabinett-Art. Eine unglaublich trinkige Spätlese kommt aus der Maringer Sonnenuhr. Die eingestreuten Botrytisnoten stehen dem Wein vortrefflich. „Samtig-schmelzig, köstlich, verführerisch", notierten wir. Die für 2022 angesagte Eröffnung der Vinothek am Maare-Mosel-Radweg ist nun fürs kommende Jahr geplant.

STEFFEN PRÜM FEINE WEINE

- **86** 2021 Schwarzriesling trocken Blanc de Noirs
  **8,50 €** | 12 %
- **86** 2021 Riesling trocken Nr. 1
  **9,50 €** | 11,5%
- **87** 2021 Maringer Sonnenuhr Riesling trocken
  **12,50 €** | 12 %
- **88** 2021 Lieserer Rosenlay Riesling Spätlese trocken Alte Reben
  **12,50 €** | 12 %
- **87** 2021 Lieser Niederberg Helden Kabinett feinherb
  **11,50 €** | 10,5%
- **89** 2021 Maringer Sonnenuhr Riesling Spätlese feinherb
  **12,50 €** | 10,5%
- **92** 2021 Maring-Noviand Honigberg Kabinett
  **11,50 €** | 9 %
- **93** 2021 Maringer Sonnenuhr Riesling Spätlese
  **11,50 €** | 7,5%

★☆

## STEFFENS-KESS

Weingut Steffens-Keß
56861 Reil · Moselstraße 63
Tel. (06542) 1246
weingut@steffens-kess.de
**www.steffens-kess.de**

**Inhaber/in und Betriebsleitung**
Marita Keß und Harald Steffens

Riesling „pur": So könnte man die Weine aus dem Bioweingut Steffens-Keß wohl am ehesten charakterisieren. Bereits seit dem Jahr 1982 bewirtschaften Marita Keß und Harald Steffens ihr vier Hektar großes Weingut mit Lagen in Reil und Burger im Herzen der Mosel biologisch. Das Ergebnis sind pure, filigrane, ausnahmslos trockene Weine, denen es aber keineswegs an Eleganz und Duftigkeit mangelt. So gibt es einen wundervollen Riesling-Sekt Brut mit Anflügen von Aprikosen und Nektarinen, einer schönen Würze und schaumiger Perlage. Der Kabinett trocken aus der Reiler Goldlay lockt mit zartem Duft, um dann druckvoll, mit kernigem Apfel zu punkten. Der Liebling war die trockene Spätlese aus dem Burger Wendelstück - sehr elegant, mit schöner Würze, druckvoll, mit herrlichem Salz.

- **86** 2020 Sekt b. A. Brut Mosel Sekt
  **12,50 €** | 12 %
- **83** 2021 Riesling trocken
  **8,30 €/1 Lit.** | 11 %
- **85** 2021 Burger Hahnenschrittchen trocken
  **8,30 €** | 11 %
- **86** 2021 Reiler Goldlay trocken
  **8,40 €** | 11 %
- **89** 2021 Burger Hahnenschrittchen Kabinett trocken
  **9,50 €** | 11,5% **BEST BUY**
- **89** 2021 Reiler Goldlay Kabinett trocken
  **9,70 €** | 11,5% **BEST BUY**
- **90** 2021 Reil Goldlay Riesling Spätlese trocken
  **12,50 €** | 12 %
- **91** 2021 Burger Wendelstück Riesling Spätlese trocken
  **12,30 €** | 12 %

★ NEU

## STEFFES

Weingut Herbert Steffes
54320 Waldrach · Trierer Straße 3
Tel. (06500) 329
herbert-steffes@t-online.de
**weingut-herbert-steffes.de**

**Inhaber/in und Betriebsleitung**
Herbert Steffes, Birgit Steffes
**Keller** Philipp Steffes
**Außenbetrieb** Philipp / Herbert

An der Ruwer nichts Neues? Von wegen. Dafür sorgt Herbert Steffes mit seinen straffen, saftigen Weinen aus seinem zwei Hektar großen Weingut in Waldrach. Um den Ausbau der Weine kümmert sich der Junior des Hauses, Philipp, der seit dem Jahr 2015 die Verantwortung im Keller übernommen hat. Erfahrungen hat er unter anderem als stellvertretender Kellermeister im VDP-Weingut Reichsgraf von Kesselstatt gesammelt. Zum Rebsortenportfolio gehören neben 80 Prozent Riesling jeweils zehn Prozent Weiß- und Spätburgunder. Die wahre Pracht erstrahlt im Waldracher Meisenberg, dessen Restsüße die fordernde Säure im Zaum hält. In belebender, offener Aromatik changiert der Wein aromatisch zwischen Kabinett und Spätlese. Besonders erfreulich: Keiner der Weine bewegt sich im Preis auch nur an der Grenze zu zweistelligen Eurowerten. Unter den genannten Aspekten ist es dann doch wirklich eine Bereicherung für das gesamte Ruwertal.

**86** 2021 Waldracher Krone Riesling Kabinett trocken
**7,50 €** | 10 %

**88** 2021 Waldracher Sonnenberg Riesling trocken Alte Reben
**8 €** | 12 %

**84** 2021 Waldracher Krone Weissburgunder halbtrocken
**7,50 €** | 13 %

**87** 2021 Waldracher Sonnenberg Riesling Kabinett feinherb
**7,50 €** | 10 %

**88** 2021 Waldracher Meisenberg Riesling Kabinett feinherb
**7,50 €** | 10 % TIPP

**89** 2021 Waldracher Meisenberg Riesling
**7 €** | 10 %

★★★★

## GÜNTHER STEINMETZ

Weingut Günther Steinmetz
54472 Brauneberg · Moselweinstraße 154
Tel. (06534) 751 · Fax 940921
info@weingut-guenther-steinmetz.de
**www.weingut-guenther-steinmetz.de**

**Inhaber/in und Betriebsleitung**
Stefan und Sammie Steinmetz
**Keller** Stefan Steinmetz

**Rebfläche** 13 Hektar
**Jahresproduktion** 55 000 Flaschen
**Beste Lagen** Brauneberger Juffer, Dhroner Hofberg and Großer Hengelberg, Piesporter Goldtröpfchen, Wintricher Ohligsberg, Kestener Paulinshofberg
**Boden** blau-grau-brauner Schieferverwitterung
**Rebsorten** 80% Riesling, 15% Spätburgunder, 5% übrige Sorten
**Erlebenswert** Holzfasskeller von 1563

Stilistisch sehr homogen waren die Großen Gewächse aus dem Hause Steinmetz des Jahrgangs 2021. Durch die Bank sind sie von erstaunlich klarer Reife, ja manchmal Hochreife geprägt. Vor allem seine Neumagener und Dhroner Gewächse haben es uns in diesem Jahr angetan. Das Neumagener Rosengärtchen von den Terrassen verbindet die angedeutete Fruchtreife mit einem edlen Säurekick und wirkt dadurch hochfein. Neben der 85 Hektar umfassenden, im idyllischen Seitental zur Mosel an der Dhron gelegenen Lage Hofberg, besitzt Stefan Steinmetz eine kleine Monopollage mit dem Namen Großer Hengelberg. Die Reserve aus dem Jahr 2021 deutet im Duft an, dass sie im noch recht neuen Holzfass ausgebaut wurde. Diese immer häufiger erscheinende Art des Holztons wissen wir sehr zu schätzen, weist er uns doch auf den fortschreitenden Einzug des Fuderfasses zum Ausbau der Rieslinge in die Keller der Moselwinzer hin. Kraftvolle Tiefe und erstaunliche Frische trotz der Reife des Leseguts machen den Wein zu einem Monument, auch im Sinne von Lagerpotenzial. Er ist nicht wie einige andere GGs im Hause Steinmetz von dezenter Süße gekennzeichnet, sondern von einer expressiven Vielschichtigkeit. Auch in der Wehlener Sonnenuhr besitzt man Parzellen. Der Kabinett aus der hochrenommierten Lage spielt eher mit den leisen Tönen und zeigt sich kühl, noch verhalten, aber straff gebaut. Wir wissen nicht, was es noch an rest- oder edelsüßen Preziosen aus dem Keller von Stefan Steinmetz des Jahrgangs 2021 gibt. Weitere Süßweine wurden uns nicht zugesandt, dafür aber zwei Pinot Noirs aus dem im vergangenen Jahr so schmerzlich vermissten Jahrgang 2019. Wir präferierten leicht die frischere Version, den Pinot Noir ohne Lagenbezeichnung. Der Kestener Paulinsberg wirkt dagegen etwas stoffliger, was auf Kosten der Klarfruchtigkeit geht. Er zeigt auf sehr angenehme Art, wie Burgunder reifen kann.

**Ohne Zusatz von Behandlungsmitteln**

Der gezielte Erwerb von alten, wurzelechten Riesling-Parzellen ist ein wichtiger Faktor im Qualitätskonzept des Betriebs. In der Kellerwirtschaft wird konsequent auf jeglichen Zusatz von Behandlungsmitteln wie Hefen oder Schönungsmitteln verzichtet. Auf Säurezusätze oder Kalk zum Entsäuern greift man ebenso wenig zurück. Alle Weine werden ausnahmslos im großen Holzfass oder im Stahl spontan vergoren. All diese Maßnahmen zielen darauf ab, individuelle, charaktervolle und lagerfähige Terroir-Weine auf die Flasche zu bringen.

**85** 2021 Riesling trocken
**9 €/1 Lit.** | 11 %

**87** 2021 Brauneberger Riesling trocken
**10,50 €** | 10,5%

**88** 2021 Wiltinger Rosenberg Riesling trocken Alte Reben Saar
**15,50 €** | 12 %

**89** 2021 Kestener Paulinshofberg Riesling Großes Gewächs „GK“
**25 €** | 8 %

**90** 2021 Wintricher Ohligsberg Riesling Großes Gewächs „GW“
**25 €** | 12 %

**90** 2021 Piesporter Goldtröpfchen Riesling trocken „GP“
**25 €** | 12,5%

**90** 2021 Brauneberger Juffer Sonnenuhr Riesling Großes Gewächs „GB“
**28 €** | 12 %

**91** 2021 Piesporter Treppchen Riesling Großes Gewächs „am Fels“
**32 €** | 12,5%

**92** 2021 Zeltinger Sonnenuhr Riesling Großes Gewächs „GZ“
**28 €** | 12,5%

**92** 2021 Neumagener Rosengärtchen Riesling Großes Gewächs „am Fels“
**32 €** | 12,5%

**93** 2021 Neumagener Rosengärtchen Riesling Großes Gewächs „von den Terrassen“
**38 €** | 12,5%

**93** 2021 Dhroner Großer Hengelberg Riesling trocken Monopollage-Reserve
**48 €** | 12,5%

**92** 2021 Brauneberger Juffer Riesling Kabinett
**15,50 €** | 8 %

**93** 2021 Piesporter Domherr Riesling Kabinett
**13,50 €** | 8 %

**94** 2021 Wehlener Sonnenuhr Riesling Kabinett
**15,50 €** | 8 %

**90** 2019 Pinot Noir trocken
**13,50 €** | 12,5% **BEST BUY**

**90** 2019 Kestener Paulinsberg Pinot Noir* trocken
**20 €** | 13 %

★★

## STOFFEL

Weingut Alfons Stoffel
54340 Leiwen · Maximinstraße 15
Tel. (06507) 3312 · Fax 4651
weingut-stoffel@t-online.de
**www.weingut-stoffel.de**

**Inhaber/in und Betriebsleitung**
Alfons Stoffel

**Rebfläche** 3 Hektar
**Jahresproduktion** 35 000 Flaschen
**Beste Lagen** Leiwener und Köwericher Laurentiuslay, Klüsserather Bruderschaft
**Boden** Devonschiefer, Verwitterungsschiefer
**Rebsorten** 95% Riesling, 5% Weißburgunder
**Gastronomie** Gästehaus mit 8 Ferienwohnungen, 5 Sterne Bewertung nach DTV-Richtlinien
**Erlebenswert** Schiefergewölbekeller mit Holzfasslager, großer Garten im Innenhof
**Mitglied** Leiwener Jungwinzer

Alfons und Michael Stoffel haben uns bereits nach eher kurzer Präsenz im „VINUM Weinguide" überzeugt, dass der zweite Stern über dem Weingut in Leiwen leuchten muss. Eine Bank sind hier die Schaumweine, die Jahr um Jahr Trinkspaß bedeuten. In diesem Jahr kommt der Crémant Pinot Blanc brut 2020 besonders charmant und cremig daher. Schön, dass wir auch den Riesling brut 2018 auf dem Tisch hatten, präsentiert er uns doch am Gaumen die feine Reife des Jahrgangs in perfekter Verbindung mit der dreijährigen Reifung auf der Hefe. Degorgement: Juli 2022. Beim Grand Stoff(el) hat man mit dem Jahrgang 2021 einen großen Schritt nach vorne getan. Die Trauben für diesen Wein stammen aus einem 60 Jahre alten Weinberg im Kernstück der Klüsserather Bruderschaft. Nach einer zwölfstündigen Maischestandzeit wurde der Wein spontan in einem 500 Liter Eichenholzfass vergoren und ausgebaut. Herausgekommen ist ein mit Säurekick ausgestatteter und vom Neuholz geprägter, subtiler und gleichzeitig vielschichtiger Lagerwein. Schon die Jahre davor lenkte die Familie Stoffel unser Interesse auf ihre edelsüßen Kreszenzen. So vergaben wir im Vorjahr für den Eiswein 93 Punkte. Nun gab der Kälte-Jahrgang 2021 Ende Dezember Anlass dazu, nochmals die Trauben gefroren zu lesen. Was dabei herausgekommen ist, ist ein hochfeines, rassiges Elixier, geschaffen für die Ewigkeit. Mit seiner Bewertung von 95 Punkten liegt er nicht weit entfernt von den besten Exemplaren.

**88** 2018 Riesling Sekt b. A. Brut
**14,50 €** | 12,5%

**89** 2020 Pinot Blanc Sekt b. A. Brut Cremant
**17 €** | 13 %

**86** 2021 Weißer Burgunder trocken
**9,50 €** | 12 %

**87** 2021 Köwericher Laurentiuslay Riesling trocken
**14 €** | 12 %

**88** 2021 Klüsserather Bruderschaft Riesling trocken „Adagio"
**16 €** | 11,5%

**90** 2021 Klüsserather Bruderschaft Riesling trocken Grand Stoff(el)
**19 €** | 12 %

**88** 2021 Köwericher Laurentiuslay Riesling feinherb
**14 €** | 11 %

**89** 2021 Leiwener Laurentiuslay Riesling Kabinett
**15 €** | 8,5%

**93** 2021 Köwericher Laurentiuslay Riesling Beerenauslese
**45 €/0,375 Lit.** | 8 %

**95** 2021 Leiwener Klostergarten Riesling Eiswein
**38 €** | 7 % TIPP

## DR. THANISCH ERBEN THANISCH

Weingut Wwe. Dr. H. Thanisch Erben Thanisch
54470 Bernkastel-Kues · Saarallee 31
Tel. (06531) 2282 · Fax 2226
sofia@thanisch-vdp.de
**www.thanisch-vdp.de**

**Inhaber/in** Sofia Thanisch und Christina Spier
**Betriebsleitung** Olaf Kaufmann

**Historie** Weinbau seit 1636 in der Familie, in der 4. und 5. Generation in weiblicher Hand
**Rebfläche** 9 Hektar
**Jahresproduktion** 58 000 Flaschen
**Beste Lagen** Berncasteler Doctor, Bernkasteler Graben, Lay und Badstube
**Boden** Devonschieferverwitterung
**Rebsorten** 100% Riesling
**Erlebenswert** Villa Thanisch, Felsenkeller
**Mitglied** VDP

Selbstbewusst wie Christina Spier, so treten ihre Weine auch in diesem Jahr auf. Säurefest gebaut, weisen sie auch wieder dieses Wechselspiel von Kraft und Feinheit auf. Im vergangenen Jahr auch schon bärenstark, überflügelte der diesjährige trockene Gutsriesling seinen Vorgänger. Für den Einstieg ein hervorragend gelungener, erstaunlich fest gebauter Charakterwein. Auch bei den Großen Gewächsen ist nochmals ein Qualitätsanstieg zu verzeichnen. Der Graben zeigt sich hefeduftig in der Nase. Sein dichter Fruchtkern wird ummantelt von herber Kühle. Der Doctor lässt uns nur erahnen, welch großes Potenzial in ihm steckt. Ein würzig kraftvolles Konzentrat, das sich nach kurzer Zeit wieder verschließt. Hatte das Weingut im vergangenen Jahr eine Doctor Spätlese und eine Beerenauslese Doctor zur Versteigerung angestellt, so war es in diesem Jahr ausschließlich ein Kabinett. Dieser ist von höchster Güte. Ernsthaft und vielschichtig tritt er auf, um danach sein feinwürziges Spiel zu entwickeln. Die etwas subtilere Variante des Doctor Kabinett ist aber auch nicht zu verachten. Zwei großartige Spätlesen in unterschiedlichem Gewand folgten. Verführerisch, mit vielfältigem Aromenspektrum und gelbfruchtigem Kick tritt die Jubiläums-Spätlese auf. Rassige Präsenz und dezent rauchige Noten prägen die „normale" Spätlese. Am Ende der Probe kommen wir noch einmal zum Anfang. Der Jahrgang wurde mit seiner kraftvollen Säurestruktur perfekt genutzt, um noch mehr Tiefe in die Weine zu bekommen, ohne dass man die Betonung feinster Nuancen vernachlässigte.

Annähernd einen Hektar besitzt das Weingut im insgesamt 3,21 Hektar umfassenden Berncasteler Doctor, der sich direkt hinter dem Stadtkern erhebt. Die überwiegend wurzelechten Reben sind im Schnitt mehr als 60 Jahre alt. Der Boden besteht aus verwittertem Tonschiefer. Den Nimbus einer heilenden Wirkung des Weins erhielt er durch eine Legende. Der Trierer Kurfürst Boemund II., er regierte in der zweiten Hälfte des 14. Jahrhunderts, wurde durch den Genuss des Weins von schwerer Krankheit geheilt. Und da die Ärzte des Kurfürsten ihn nicht hatten heilen können, soll dieser den Wein als „wahren Doctor" tituliert haben. Wir können den Kurfürsten sogar nach so vielen Jahren in seiner Aussage nur bestätigen: von hier kommt der wahre Doctor, der Kraft und Leichtigkeit aufs Feinste in sich vereint.

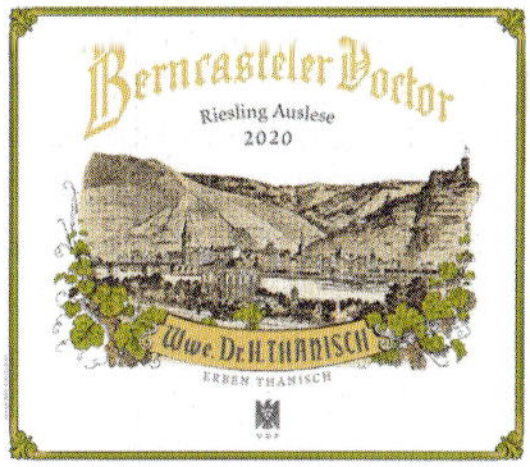


**89** 2021 Riesling trocken
**10,50 €** | 11,5%

**91** 2021 Bernkasteler Graben Riesling VDP.Großes Gewächs
**28 €** | 12 %

93 2021 Berncasteler Doctor Riesling VDP.Großes Gewächs
**45 €** | 12 %

88 2021 Riesling Kabinett feinherb
**10,50 €** | 10 %

90 2021 Bernkasteler Badstube Riesling Kabinett feinherb
**15,50 €** | 10 %

92 2021 Bernkasteler Badstube Riesling Kabinett
**15,50 €** | 8 %

93 2021 Bernkasteler Lay Riesling Kabinett VDP.Große Lage Cuvée Christina
**19,50 €** | 7,5%

94 2021 Berncasteler Doctor Riesling Kabinett VDP.Große Lage
**33 €** | 7,5%

96 2021 Berncasteler Doctor Riesling Kabinett VDP.Große Lage
7,5% AUKTION TOP 10

93 2021 Bernkasteler Badstube Riesling Spätlese
**18 €** | 8 %

95 2021 Berncasteler Doctor Riesling Spätlese VDP.Große Lage
**39,50 €** | 7,5%

96 2021 Berncasteler Doctor Riesling Spätlese VDP.Große Lage Jubiläums Edition
**69 €** | 7,5% TOP 10

95 2021 Berncasteler Doctor Riesling Auslese VDP.Große Lage
**49 €** | 7,5%

89 2021 Bernkastel-Kues Riesling Alte Reben
**13,90 €** | 11 %

★★☆

## THANISCH ERBEN MÜLLER-BURGGRAEF

Dr. H. Thanisch Erben Müller-Burggraef KG
54470 Bernkastel-Kues · Junkerland 14
Tel. (06531) 9179010 · Fax 9179099
office@dr-thanisch.de
**www.dr-thanisch.de**

**Inhaber/in** Matthias Willkomm
**Betriebsleitung** Maximilian Ferger
**Keller** Maximilian Ferger und Thomas Jakoby
**Außenbetrieb** Maximilian Ferger

**Historie** Weinbau seit 1636 in der Familie, über 375 Jahre zurückverfolgbar, Anfang des 19. Jahrhunderts Erwerb des hoch angesehenen Doctorweinbergs
**Rebfläche** 14 Hektar
**Jahresproduktion** 85 000 Flaschen
**Beste Lagen** Berncasteler Doctor, Wiltinger Scharzhofberg, Bernkasteler Graben, Bernkasteler Lay, Bernkasteler Badstube, Lieserer Niederberg-Helden
**Boden** Tonschieferverwitterung
**Rebsorten** 95% Riesling, 2% Pinot Noir, 2% Weissburgunder, 1% Chardonnay
**Erlebenswert** Berncasteler Doctorkeller, Schatzkammer
**Mitglied** Fair'n Green, Bernkasteler Ring, Mythos Mosel

Nach wie vor setzen die Weine aus dem Doctor hier die klarsten Akzente. Ob trocken als GG, als Kabinett oder Spätlese. Der Doctor zeigt nach längerer Belüftung sein wahres, strahlendes Gesicht. Nun kann man trefflich darüber diskutieren, ob es die herausragenden Eigenschaften der Lage an sich sind, die dem Doctor grundsätzlich zu seiner Strahlkraft verhelfen. Von einer anderen Seite betrachtet könnte es aber auch daran liegen, dass die Winzer, die Besitztum im Doctor haben, sich besonders gut in Weinberg und Keller um ihn kümmern. Wir sind der Ansicht, wenn beides zusammenkommt, entstehen aus dem Doctor mit die großartigsten Rieslinge der Mosel. Und ein wenig glauben wir, auch wenn nicht immer alles in Weinberg und Keller perfekt abgelaufen ist, dass die Lage die Kraft hat, sich zu „wehren", sich geschmacklich durchzusetzen, wie wir es formulieren. Die Versteigerungs-Spätlese für den Bernkasteler Ring zeigt wieder einmal eindrucksvoll das verzweigte Spiel von Eleganz und Kraft, das den weiten Spannungsbogen bis ins kraftvolle Finale bildet. Das Große Gewächs arbeitet noch in der Abstimmung zwischen Neuholz und Säurefrische.

**83** 2020 Mosel Weißburgunder trocken Pinot Blanc
**12,50 €** | 11,5%

**84** 2021 Bernkasteler Riesling Kabinett trocken
**8,50 €** | 10 %

**85** 2020 Bernkastel Kues Bernkasteler Lay Riesling Großes Gewächs
**22,50 €** | 12 %

**86** 2020 Bernkastel Kues Bernkasteler Graben Riesling Großes Gewächs
**22,50 €** | 12 %

**88** 2021 Berncasteler Doctor Riesling Großes Gewächs
**37,50 €** | 12 %

**85** 2021 Bernkasteler Riesling Kabinett feinherb
**8,50 €** | 8,5%

**88** 2020 Bernkastel Badstube Kabinett feinherb
**12,50 €** | 10,5%

**87** 2020 Bernkasteler Lay Riesling Spätlese feinherb
**15,50 €** | 11 %

**92** 2021 Berncasteler Doctor Riesling Kabinett
**22,50 €** | 7,5%

**91** 2021 Bernkasteler Graben Riesling Spätlese
**15,50 €** | 7,5%

**93** 2021 Berncasteler Doctor Riesling Spätlese Bernkasteler Ring Auktion
8% AUKTION

★★★

## THANISCH

Weingut Thanisch
54470 Lieser · Moselstraße 57a
Tel. (06531) 8227 · Fax 8294
info@thanisch.de
**www.thanisch.de**

**Inhaber/in und Betriebsleitung** Jörg Thanisch
**Keller** Jörg Thanisch
**Außenbetrieb** Tadeusz Andryskowski

**Historie** Weinbautradition seit 1648 in der Familie
**Rebfläche** 9 Hektar
**Jahresproduktion** 80 000 Flaschen
**Beste Lagen** Lieser Niederberg Helden, Brauneberger Juffer
**Boden** Devonschiefer
**Rebsorten** 60% Riesling, 40% Burgunder
**Erlebenswert** Vinothek und Schatzkammer

Schmerzlich vermisst haben wir in diesem Jahr die Spätburgunder, die uns im vergangenen Jahr sehr gut gefielen. Immerhin sind ja auch 40 Prozent der Rebfläche mit Burgundersorten bepflanzt. Der Chardonnay 500 Reserve ist hier schon ein Klassiker für uns. Der Jahrgang 2021 ist noch recht intensiv vom Ausbau im Tonneau geprägt und muss das Holz noch verarbeiten. Wenn er seine leicht künstlichen Noten verlieren wird, wird die Struktur des Weins zum Vorschein kommen, und davon besitzt er zu genüge. Die Rieslinge profitierten allesamt von der Luftzufuhr. Säure und Traubenreife konnten sich so verbinden. Bestes Beispiel hierfür ist die trockene Niederberg Helden Spätlese. Die leicht sperrige Säure hat sich mit der zarten Süße harmonisiert. Auch die konzentriert fruchtsüße Auslese ebenfalls aus der Niederberg Helden profitiert eindeutig von der Zeit, die sie an der Luft verbrachte. Am Ende der Probe zeigte sie Delikatesse und präsente, reichhaltige Frucht. Die Familientradition des Weinguts reicht nachweislich bis in das Jahr 1648 zurück. Im Jahr 2001 übernahm Sohn Jörg den elterlichen Betrieb und führt ihn seitdem erfolgreich weiter. Eine Vinothek verbindet Innen- und Außenraum des alten Weinkellers und wurde durch den ehemaligen Packraum erweitert. Die offene Fassade bietet Gästen einen prächtigen Ausblick auf das Moseltal.

**85** 2021 Lieser Rosenlay Kabinett trocken
**11 €** | 10,5%

**87** 2021 Lieser Niederberg Helden Spätlese trocken
**13 €** | 11,5%

**88** 2021 Lieser Niederberg Helden trocken Alte Reben Reserve
**19 €** | 12,5%

**89** 2021 Chardonnay trocken 500 Reserve
**19,50 €** | 12,5%

**90** 2020 Lieser Niederberg Helden Großes Gewächs
**23 €** | 12,5%

**86** 2021 Lieser Niederberg Helden Kabinett feinherb
**11 €** | 10 %

**89** 2021 Bernkastel-Kueser Weisenstein Kabinett restsüss
**11 €** | 8 %

**91** 2021 Brauneberger Juffer Spätlese
**13,50 €** | 7,5%

**92** 2021 Auslese
**20 €** | 7,5%

★ NEU

## THUL

Weingut K. J. Thul
54340 Thörnich · Im Bungert 6
Tel. (06507) 3752 · Fax 99119
info@wein-thul.de
**www.wein-thul.de**

**Inhaber/in und Betriebsleitung**
Karl-Josef Thul
**Keller** Karl-Josef Thul

Mal was anderes als ausschließlich Riesling. Mit seiner Weißwein-Cuvée Für Dich hat uns Karl-Josef Thul eine Entspannung im Riesling-Marathon beschert. Auch wenn wir nicht wissen, welche Rebsorten zusammengeführt wurden, so genossen wir doch die weichschmelzige Gelbfruchtigkeit. Sehr trinkig in seiner seidigen Animation. Geradezu aufgeweckt wirkten die Rieslinge nach ihrer Belüftung. Um die eigentümliche, aber passende Begrifflichkeit nochmals zu bemühen: Alle Weine gewannen an Trinkigkeit am Tag nach dem Öffnen hinzu. Na ja, und wenn wir schon einmal geschmacklich in einem Thörnicher Weingut sind, kommen wir an der Vorzeigelage Ritsch, hier als Kabinett, nicht vorbei. Frischer, klarer Säurestrang, durchgängig saftig, so gehört es sich für die Ritsch!

**85** 2021 Weißburgunder trocken
**6,90 €** | 12,5%

**85** 2021 Riesling trocken Schieferklang
**7,50 €** | 11,5%

**86** 2021 Thörnich Im Schneidersberg Riesling trocken
**9,90 €** | 12 %

**84** 2021 Riesling feinherb Schieferklang
**7,50 €** | 11 %

**84** 2021 Goldmuskateller feinherb
**7,50 €** | 11,5%

**85** 2021 Cuvée feinherb für dich
**7,50 €** | 11,5%

**85** 2021 Riesling Kabinett Schieferklang
**7,50 €** | 8,5%

**87** 2021 Thörnich Ritsch Kabinett
**9,90 €** | 8,5%

**87** 2021 Detzemer Maximiner Klosterlay Auslese
**12,50 €** | 7,5%

★★★½

## TWARDOWSKI

Daniel Twardowski
54347 Neumagen-Dhron · Im Hof 23
Tel. (0160) 97766714 · Fax 9398544
hello@pinot-noix.com
**www.pinot-noix.com**

**Inhaber/in und Betriebsleitung**
Daniel Twardowski

**Rebfläche** 3 Hektar
**Jahresproduktion** 6 000 Flaschen
**Beste Lagen** Dhroner Hofberg
**Boden** Schiefer
**Rebsorten** 100% Spätburgunder
**Erlebenswert** Gewölbekeller

Nun ist zu den drei roten Pinot Noirs aus dem Hause Daniel Twardowski noch ein Schaumwein hinzugekommen. Natürlich auch ausschließlich gewonnen aus Pinot-Noir-Trauben: der Pinot Noix Ultra Brut. Bisher wurde geeignetes Material aus drei Jahrgängen vinifiziert und versektet, aus den Jahren 2015, 2016 und 2021. Das Lesegut kommt aus den eigenen Flächen im Dhroner Hofberg. Die Weine werden zunächst im gebrauchten Holzfass ausgebaut, um dann ein zweites Mal nach der traditionellen Methode in der Flasche vergoren zu werden. Nach fünf Jahren Hefelager ist nun der erste Blanc de Noir mit den cuvetierten Jahrgängen 2015 und 2016 als undosierter Schaumwein herausgebracht worden. Sehr hefewürzig zeigt er eine wunderbar cremige Perlage und ähnelt mit seiner knackigen Säure einem Riesling. Wir formulierten dann auch: „Schäumender Riesling-Pinot Noir." Nun zu den Roten, von denen es in diesem Jahr ausschließlich zwei Versionen gibt, da die entsprechenden Mengen für eine Füllung des Hofberg Reserve mit Jahrgang 2020 nicht zur Verfügung standen. Der Drittwein Pinot Noix stammt aus jüngeren Rebanlagen und Parzellen, die, wie es Daniel Twardowski formuliert, „noch nicht bereit sind für den Ardoise." Das Rebmaterial besteht aus besten Burgunderklonen. Ansonsten wird dem Wein die gleiche Behandlung zuteil wie seinem großen Bruder, also 18 Monate Ausbau in gebrauchten Barriques und keine Filtration. Feinste Frucht roter Johannisbeeren entströmen dem Glas. Er schwebt frischfruchtig und besitzt diese einmalige, tänzelnde Pinot-Noir-Transparenz. Da es, wie schon erwähnt, im Jahr 2020 keinen Hofberg Reserve und die kleinen Mengen, die für diesen Wein vorgesehen waren, im Ardoise Verwendung fanden, ist dieser aufs Beste gelungen. Gewonnen aus den Pflanzungen im Dhroner Hofberg, zeigt uns der 2020er eine neue Dimension von Pinot Noir an der Mosel. Die pure Eleganz im Glas, feste Struktur in der Mitte, seidigster Nachhall ohne Ende. Ein wahrhaft klassisch gebauter, kühler Pinot Noir, der Maßstäbe setzt.

**90** Zero Dosage
**40 €** | 12,5%

**93** 2020 Pinot Noir trocken Pinot Noix
**40 €** | 12,5%

**94** 2020 Pinot Noir trocken Pinot Noix Ardoise
**75 €** | 12,5%

★★½

## VEREINIGTE HOSPITIEN

Stiftungsweingut Vereinigte Hospitien
54290 Trier · Krahnenufer 19
Tel. (0651) 9451210 · Fax 9452060
weingut@vereinigtehospitien.de
**weingut.vereinigtehospitien.de**

**Inhaber/in** Stiftung des öffentlichen Rechts
**Betriebsleitung** Joachim Arns
**Keller** Klaus Schneider

**Historie** ältester urkundlicher Nachweis (1464) des Riesling-Anbaus an der Mosel, gemeinnützige Stiftung mit verschiedenen sozialen Einrichtungen
**Rebfläche** 25 Hektar
**Jahresproduktion** 150 000 Flaschen
**Beste Lagen** Scharzhofberger, Piesporter Goldtröpfchen, Piesporter Schubertslay, Kanzemer Altenberg, Serriger Schlossberg, Wiltinger Hölle (beide Alleinbesitz)
**Boden** Schieferverwitterung, Buntsandstein
**Rebsorten** 92% Riesling, 8% Burgundersorten
**Erlebenswert** ältester Weinkeller Deutschlands (330 n. Chr.), parkähnliches Gelände mit Barockgebäuden und Kirche
**Mitglied** VDP

Im vergangenen Jahr stand die Brut-Version des Riesling Sekts Jahrgang 2018 zur Probe an. In diesem Jahr erreichte uns die niedriger dosierte Variante Extra Brut, die wir qualitativ höher einstufen. Die erstaunlich saftige Frucht für einen Sekt aus dem heißen, reifen Jahrgang 2018 bestimmt den Charakter, ohne dass die dezente Reife in den Hintergrund gerückt wird. Ein vielversprechender Auftakt. Aus dem ältesten Weinkeller Deutschlands, 330 n. Chr., erreichen uns Jahr für Jahr hochwertigere Qualitäten, was wir mit dem Jahrgang 2020 schon zu schätzen wussten. Und die Fahrt geht weiter. Auch mit den 2021er Weinen setzt man weiter hohe Maßstäbe an. So präsentierten sich die restsüßen Qualitäten fast ausnahmslos auf 90 Punkte-Niveau oder darüber. Heraussticht, wie kann es anders sein, die Scharzhofberger Spätlese. Wieder einmal hat man es geschafft, die geschmackliche Eigenständigkeit der Lage perfekt abzubilden. Trotz einem gerüttelt Maß Restsüße, bildet der Stil des Weins das wahre Gesicht der Lage ab. Steinige, salzige Rasse mit animierendem Säurezug sind nun einmal Attribute, die man klar und deutlich dem Scharzhofberger zuordnen darf. Die etwas reif-fruchtigere Anmutung, die die Spätlese aus dem Goldtröpfchen in sich trägt, weist uns ebenso geschmacklich in Richtung Mittelmosel. Wie wir es schon im vergangenen Jahr anmerkten: Hier kann man nach wie vor die Unterschiedlichkeit der Saar- und Mittelmoselweine studieren. Gerne vergeben wir einen weiteren halben Stern nach Trier.

**86** 2018 Riesling Sekt Extra Brut
**13,90 €** | 12%

**84** 2021 Trierer Riesling trocken „vom roten Fels"
**9,80 €** | 11%

**86** 2021 Riesling trocken Serriger „Schloss Saarfels"
**11 €** | 10,5%

**87** 2021 Wiltinger Riesling trocken „S"
**13,90 €** | 11%

**86** 2021 Kanzemer Altenberg Riesling Kabinett feinherb VDP.Große Lage
**13,50 €** | 10%

**88** 2021 Trier Augenscheiner Kabinett VDP.Große Lage
**12 €** | 7,5%

**90** 2021 Serrig Schloss Saarfelser Schlossberg Riesling Kabinett VDP.Große Lage
**12,50 €** | 7,5%

**91** 2021 Wiltinger Scharzhofberg Kabinett VDP.Große Lage
**Preis auf Anfrage** | 8,5%

**91** 2021 Piesporter Goldtröpfchen Riesling Spätlese
**16 €** | 7,5%

**92** 2021 Scharzhofberger Riesling Spätlese
**19 €** | 7,5%

★★★★

## VOLLENWEIDER

Weingut Vollenweider
56841 Traben-Trarbach · Wolfer Weg 53
Tel. (06541) 8645074
mail@weingut-vollenweider.de
**www.weingut-vollenweider.de**

**Inhaber/in und Betriebsleitung**
Moritz Hoffmann
**Keller** Moritz Hoffmann
**Außenbetrieb** Zsolt Kiss

**Rebfläche** 6 Hektar
**Jahresproduktion** 25 000 Flaschen
**Beste Lagen** Wolfer Goldgrube, Schimbock,
**Boden** grauer, blauer und roter Devonschiefer
**Rebsorten** 100% Riesling
**Mitglied** Klitzekleiner Ring

Nach dem viel zu frühen Tod von Daniel Vollenweider im Juli 2022 führt Moritz Hoffmann nun allein das Weingut in seinem Sinne weiter. Bereits seit dem Jahr 2019 lag die Leitung des Guts gleichberechtigt bei Daniel Vollenweider und Moritz Hoffmann, der Absolvent der Uni Geisenheim ist und berufliche Stationen bei der Südtiroler Kellerei St. Michael-Eppan und bei Two Hands Wines im Barossa Valley in Australien gemacht hat. Er möchte zukünftig noch etwas weniger fruchtbetonte, dafür aber mineralischere und kargere Rieslinge erzeugen. Mit weniger Alkohol und trockener als früher, ohne dass der Stil des Hauses verloren geht. Und der ist im Jahr 2021 wie folgt ausgefallen: Ein zupackender Felsenfest 2021 eröffnete den Reigen der sechs Rieslinge. Zu Beginn von noch herber Säure geprägt, erstrahlt er nach einer Zeit der Belüftung immer klarer. Die Goldgrube Großes Gewächs 2020 präsentiert sich karg und leicht karamellig am Gaumen. Eventuell ist in diesem Wein schon die Handschrift von Moritz Hoffmann zu erkennen. Und dann folgten drei restsüße Rieslinge aus dem Jahrgang 2021. Den Anfang machte der Kabinett aus dem Kröver Steffensberg. Kühl und frisch, in pikanter Art und zartem Karamellton glitt er über den Gaumen. An die Qualität des Wolfer Goldgrube Kabinett konnte er nicht ganz herankommen. Der Prototyp eines Kabinetts aus dem Hause Vollenweider! Feinstes Aufspiel von Frucht und Säure, nichts Süßes stört den in gleichem Maßen zarten wie druckvollen Nachhall. Ein Wein, der bei unserer bundesweiten Finalprobe auf dem Tisch stand. Die Spätlese konnte dem Kabinett aus der Wolfgrube nicht ganz das Wasser reichen. Die Fruktose lenkt noch etwas von der durchscheinenden Klarheit des Weins ab. Hier braucht es Zeit, damit das Spiel aus Süße und Säure in Balance kommt. Wir drücken Moritz Hoffmann ganz fest die Daumen für die Weiterführung des Weinguts im Sinne von Daniel Vollenweider.

Aus drei Quellen bedient sich das Weingut seiner Riesling-Trauben. Zunächst einmal ist da, sozusagen die Keimzelle des Betriebs, die Wolfer Goldgrube zu nennen. Dieser Stammweinberg, mit dem 1999 alles begann, ist nach wie vor das Synonym des Weinguts Vollenweider. Die Gesamtfläche beträgt 7,5 Hektar, wovon vier Hektar vom Weingut gepflegt werden. Die Böden bestehen hier hauptsächlich aus grauem Schiefer, durchsetzt mit Rotschieferadern. Sich der Wolfer Goldgrube flussaufwärts anschließend, erstreckt sich der Kröver Steffensberg. Auf tiefgründigen Grauschieferböden mit guter Wasserversorgung wachsen hier fruchtbetonte Weine, die sich bereits in ihrer Jugend zugänglicher präsentieren. Das Gut bewirtschaftet hier 0,5 Hektar. Und dann ist da noch der Schimbock. Der ebenfalls 0,5 Hektar umfassende Weinberg ist exklusiv mit dem Weingut Vollenweider verbunden. Es ist eine in sich geschlossene Parzelle, aus der Weine mit Tiefe und viel Struktur kommen, was sicherlich auch dem aus grauem und graublauem Schiefer bestehenden Boden geschuldet ist. Der Erhalt nicht flurbereinigter Weinberge, mit hochwertigem Rebbestand von bis zu 80 Jahre alten wurzelechten Rebstöcken, lag Daniel Vollenweider sehr am Herzen.

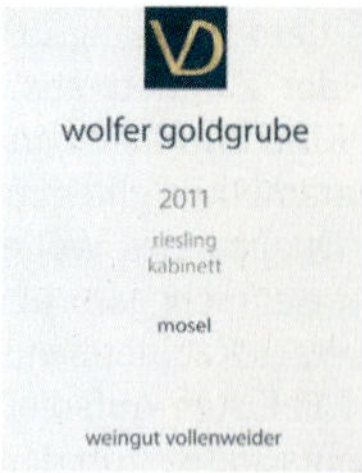


- **86** 2020 Wolfer Riesling
  **Preis auf Anfrage** | 12 %
- **86** 2021 Riesling Felsenfest
  **Preis auf Anfrage** | 10 %
- **89** 2020 Wolfer Goldgrube Großes Gewächs
  **Preis auf Anfrage** | 12 %
- **93** 2021 Kröver Steffensberg Kabinett
  **Preis auf Anfrage** | 8,5%
- **94** 2021 Wolfer Goldgrube Riesling Kabinett
  **Preis auf Anfrage** | 8 %
- **93** 2021 Wolfer Goldgrube Riesling Spätlese
  **Preis auf Anfrage** | 8,5%

★★★

## VOLS

Weingut VOLS
54441 Ayl · Zuckerberg 3a
Tel. (06581) 9850300
info@vols.de
**www.vols.de**

**Inhaber/in und Betriebsleitung**
Helmut Plunien

**Rebfläche** 8 Hektar
**Jahresproduktion** 40 000 Flaschen
**Beste Lagen** Wiltinger Braunfels und Schlangengraben, Ayler Kupp
**Boden** blauer und roter Devonverwitterungsschiefer, zum Teil mit Quarzit
**Rebsorten** 84% Riesling, 7% weiße Burgundersorten, 6% Spätburgunder, 3% Sauvignon Blanc

Es war ein hartes Stück Arbeit, den Weinen von Helmut Plunien auf den Grund zu gehen. Die Vorjahre hatten es ja schon gezeigt, dass seine Weine und die Vinifikation die er ihnen angedeihen lässt, eine mehrmalige konzentrierte Probe erfordern. Und auch in diesem Jahr bewahrheitete sich dies. Ein klassisches Beispiel hierfür ist der trockene Riesling Rau. Bei der ersten Probe bewerteten wir mit 88 Punkten, immerhin zwei Punkte niedriger als bei der finalen Verkostung. War er zu Beginn monolithisch von Salzigkeit geprägt, kam nach und nach die feste Struktur des Weins zum Vorschein, was anfänglich überhaupt nicht abzusehen war. Aber genau deshalb haben wir dieses Vorgehen der Nachproben fest in unseren Verkostungsplan eingebaut. Kein Wein geht ohne Zweitprobe vom Tisch. Alle 2021er Weine von Helmut Plunien gewannen an Punkten und Vielschichtigkeit hinzu. Noch ein Beispiel. Die Spätlese Vols II, die trockener wirkt als das Pendant Vols I, wirkte anfänglich fast abweisend schroff. Was sich daraus entwickelte, war ein ernsthafter, rauchwürziger, fest gebauter Riesling und unser „coup de coeur". Der Pinot Noir Rosé mit seiner speziellen, von der Spontanvergärung geprägten Nase, ist sicher nicht jedermanns Sache. Kein geschmackliches Leichtgewicht, kein Flatteur, eher ein ernsthafter, ruhiger Vertreter seiner Gattung. Der Name des Weinguts Vols leitet sich aus einer Gewann in der Lage Wiltinger Braunfels ab, die direkt an den berühmten Scharzhofberger grenzt.

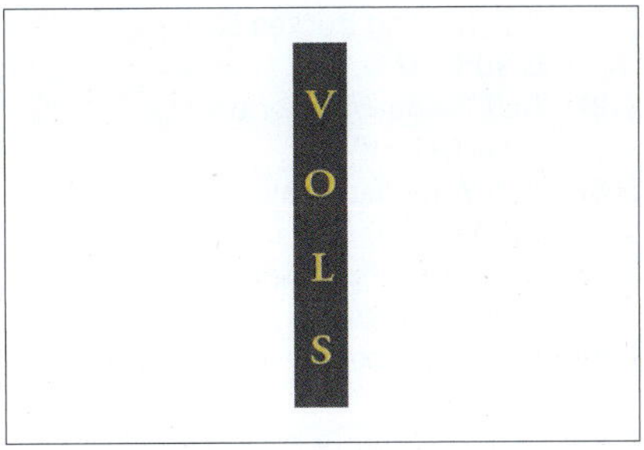


**89** Brut nature
**16,90 €** | 12 %

**87** 2021 Riesling trocken
**8,40 €** | 11 %

**88** 2021 Wiltinger Riesling trocken
**9,40 €** | 11 %

**90** 2021 Riesling trocken „Rau“
**9,40 €** | 10 % BEST BUY

**87** 2021 Ayler Riesling Kabinett feinherb
**9,40 €** | 10 %

**86** 2021 Riesling feinherb
**8,40 €** | 10,5%

**87** 2021 Riesling feinherb Rotschiefer
**9,40 €** | 10 %

**90** 2021 Ayler Kupp Riesling Kabinett
**13,40 €** | 9 %

**90** 2021 Ayler Kupp Riesling Kabinett Stirn
**15,90 €** | 9 %

**91** 2021 Wiltinger Kupp Riesling Kabinett
**13,40 €** | 8,5%

**91** 2021 Ayler Kupp Riesling Spätlese
**19,90 €** | 8,5%

**92** 2021 Riesling Spätlese Vols I
**19,90 €** | 8,5%

**93** 2021 Riesling Spätlese Vols II
**19,90 €** | 9 %

**87** 2021 Pinot Noir Rosé trocken
**9,40 €** | 10,5%

## VAN VOLXEM

Weingut van Volxem
54459 Wiltingen · Zum Schlossberg 347
Tel. (06501) 802290 · Fax 8022949
office@vanvolxem.com
**www.vanvolxem.com**

**Inhaber/in** Roman Niewodniczanski
**Betriebsleitung** Christian Valk
**Keller** Christoph Friedrich
**Außenbetrieb** Lukas Becker

**Historie** Weinbau seit 1700
**Rebfläche** 80 Hektar
**Jahresproduktion** 400 000 Flaschen
**Beste Lagen** Wiltinger Gottesfuß, Kupp und Braunfels, Scharzhofberger, Kanzemer Altenberg, Wawerner Goldberg, Ockfener Bockstein
**Boden** Devonschiefer
**Rebsorten** 96% Riesling, 4% Weißburgunder
**Gastronomie** Weinproben und Führungen Weinmanufaktur nach Vereinbarung
**Mitglied** VDP

Nach dem Weggang von Dominik Völk an die Ruwer zum Weingut Karthäuserhof, gibt es ein neues Führungsquartett im Weingut van Volxem. Neben dem seit dem Jahr 2020 im Gut tätigen Geschäftsführer Christian Falk hat Christoph Friedrich die Verantwortung für den Keller übernommen, Lukas Becker ist verantwortlich für den Außenbetrieb und Tim Thesen für das Qualitätsmanagement. Christoph Friedrich stammt von der Mosel und war von 1988 bis 2021 Kellermeister auf Schloßgut Diel an der Nahe. Lukas Becker, wie Christoph Friedrich Geisenheim-Absolvent, hat bereits vor seinem Studium ein Lohnunternehmen an der Mosel geführt und innovative Anbaugeräte entwickelt. Weinbautechniker Tim Thesen war in den Jahren 2018 bis 2021 Betriebsleiter beim Karthäuserhof.

Erstmalig mit dem Jahrgang 2021 liegt ein Schwerpunkt des Sortiments bei van Volxem auf den Ortsrieslingen. Gleich fünf an der Zahl erhielten wir, wobei es sich beim Wawerner im Atrium um eine von uns nicht bewertete Fassprobe handelte. Aus Kanzem, Wiltingen und Saarburg stammen die trockenen Versionen, der Ockfener ist bisher der feinherben Kategorie vorbehalten. Wir bevorzugen aus dem Quintett den Saarburger, da er uns mit seinem würzigen, saftig-frischen Charakter am ehesten überzeugt. Am Ockfener feinherb schätzen wir den mundfüllenden Trinkfluss. Unter den sechs uns vorgestellten Großen Gewächsen stachen Scharzhofberger und Kanzemer Altenberg Alte Reben heraus. Erstgenannter Wein wird eindeutig straffer durch Luftzufuhr und zeigt sich in fester Statur mit salziger Präzision im Nachhall. Der Altenberg hat sein Erkennungsmerkmal durch typisch höhere Fruchtreife. Er besitzt dieses zusätzliche Quäntchen an Schmelzigkeit und öffnet sich schon bereitwilliger. Wir denken, es war der erste Wein aus dem rekultivierten Ockfener Geisberg, der uns als Kabinett 2021 erreichte. Noch etwas von einer mostigen Note im Duft geprägt, besitzt er zarten Säuredruck und dezente Spätlese-Qualitäten. Vielleicht ist es ja wirklich der Jungfernertrag, der immer hochreifere Trauben erbringt. Wir sind uns nicht sicher, ob es die identische Trockenbeerenauslese des Vorjahres war, die man uns in das Paket gelegt hatte. Auch diese TBA hat eine 2020er Prüfnummer und auch wenn es nicht der gleiche Wein war, so war er doch Weltklasse. Kraft im Samthandschuh, die Hochreife in Form von getrockneten Früchten nur angedeutet, eine der feinsten edelsüßen Kreszenzen aus dem Jahrgang 2018.

**86** 2021 Riesling trocken Saar
**13,90 €** | 12 %

**87** 2021 Weißburgunder trocken
**13,50 €** | 12,5%

**87** 2021 Wiltinger Riesling trocken
**16,90 €** | 12 %

**88** 2021 Saarburger Riesling trocken
**16,90 €** | 12,5%

**88** 2021 Kanzemer Riesling trocken
**16,90 €** | 12 %

**90** 2021 Ockfener Bockstein Riesling VDP.Großes Gewächs
**32 €** | 12 %

**91** 2021 Wiltinger Volz Riesling VDP.Großes Gewächs
**36 €** | 12 %

**91** 2021 Saarburger Schonfels Riesling VDP.Großes Gewächs
**36 €** | 12 %

**91** 2021 Wiltinger Gottesfuß Riesling VDP.Großes Gewächs Alte Reben
**42 €** | 12 %

**93** 2021 Kanzemer Altenberg Riesling VDP.Großes Gewächs Alte Reben
**42 €** | 12 %

**93** 2021 Scharzhofberger Riesling VDP.Großes Gewächs
**49 €** | 12 %

**90** 2021 Riesling Kabinett feinherb Rotschiefer
**13,90 €** | 9,5%

**88** 2021 Ockfener Riesling feinherb
**16,90 €** | 9,5%

**91** 2021 Wawerner Ritterpfad Riesling Kabinett
**15,90 €** | 9,5%

**91** 2021 Ockfener Geisberg Kabinett VDP.Große Lage
**16,90 €** | 9 %

**92** 2021 Ockfener Bockstein Riesling Kabinett VDP.Große Lage
**16,90 €** | 8,5%

VAN VOLXEM
SAARWEINE GROSSER LAGEN

★

## VORNHECKE

Weingut Stefanie Vornhecke
56820 Senheim · Zeller Straße 74
Tel. (02673) 4412 · Fax 960294
stefanie.vornhecke@t-online.de
**www.weingut-vornhecke.de**

**Inhaber/in und Betriebsleitung**
Stefanie Vornhecke
**Keller** Stefanie Vornhecke
**Außenbetrieb** Stefanie Vornhecke, Jule Vornhecke

Was uns Stephanie Vornhecke dieses Jahr auf den Tisch stellte, stammte ausnahmslos aus dem Jahrgang 2020. Zwei Hektar bewirtschaftet die engagierte Winzerin in Senheimer Lagen. Dabei wird sie neuerdings von ihrer Tochter Jule unterstützt, die eine Ausbildung zur Winzerin anstrebt. Die Weine präsentierten sich allesamt sehr verschlossen, was dem langen Kontakt mit der Gärhefe geschuldet ist. Dies wiederum verleiht den Rieslingen aber viel Festigkeit und einen guten Kern, und alle schreien förmlich nach Luft. So konnte man erst nach Tagen erahnen, wohin die Reise geht, was für das Reifepotenzial und die Langlebigkeit der Weine spricht. So gefiel uns der Senheimer Riesling Kabinett trocken auf seine durchaus fordernde Art, wohingegen der Riesling Cygnus II aus dem Senheimer Wahrsager uns durch seine Ruhe und die sehr elegante, weiche Mineralik bestach.

**85** 2020 Senheimer Riesling Kabinett trocken
**9 €** | 12 %

**86** 2020 Riesling trocken Grauschiefer
**8 €** | 12,5%

**88** 2020 Senheimer Lay Riesling Spätlese Laydenschaft Steilstlage
**18 €** | 12 %

**86** 2020 Riesling feinherb Grauschiefer
**8 €** | 12 %

**85** 2020 Riesling Buntschiefer
**8 €** | 11 %

**88** 2020 Senheimer Wahrsager Riesling Cygnus II
**12 €** | 12 %

★★★

## DR. WAGNER

Weingut Dr. Wagner
54439 Saarburg · Bahnhofstraße 3
Tel. (06581) 2457 · Fax 6093
info@weingutdrwagner.de
**www.weingutdrwagner.de**

**Inhaber/in und Betriebsleitung**
Christiane Wagner
**Keller** Christiane Wagner
**Historie** gegründet 1880 als erste Sekt- und Weinkellerei an der Saar
**Rebfläche** 7 Hektar
**Jahresproduktion** 60 000 Flaschen
**Beste Lagen** Saarburger Rausch, Laurentiusberg und Kupp, Ockfener Bockstein
**Boden** tiefgründiger Schiefer
**Rebsorten** 100% Riesling
**Erlebenswert** Weingutsvilla mit Gewölbekeller, großer Park
**Mitglied** VDP

Seit fünf Generationen bewirtschaftet die Familie Wagner beste Schiefersteillagen an der Mosel: Saarburger Rausch und Kupp, sowie dem Ockfener Bockstein. Seit einigen Jahren bereichert der Saarburger Laurentiusberg, eine Monopollage mit wurzelechtem, 120 Jahre altem Rebbestand, das Lagenportfolio. Die Familie Wagner brachte nachweislich den Sekt an die Saar. Adolf Wagner, der Sohn des Gründers Josef Heinrich, nachdem ein Wein benannt ist, begann nach seinen Studien in der Champagne mit Saar-Riesling zu experimentieren. Er nahm im Jahr 1908 als Erster an der Saar die Sektproduktion auf, die bis heute fortgeführt wird. Gern hätten wir einmal wieder einen dieser straff- konzipierten, erfrischend-klaren, saartypischen Schäumer im Glas, an den wir uns äußerst positiv erinnern. Die Vinifikation der Rieslinge erfolgt im traditionellen Fuderfass, von denen einige wohl schon 100 Jahre auf dem Buckel haben. Viele Winzer an der Mosel wären froh, wenn sie solch einen Schatz im Keller hüten dürften, geht doch die Tendenz eindeutig wieder in Richtung Vergärung und Ausbau im Holzfass. Der Laurentiusberg Kabinett aus oben erwähnter Lage entwickelt an der Luft klarere Frucht, fordernde Saarsäure blitzt auf. Seit ein paar Jahren schon ein Klassiker ist der Josef Heinrich, der zwischen restsüß und feinherb changiert. Mit seidigen Anklängen im Einstieg besticht er im Nachhall mit Klarheit und Druck. Vielschichtig und in nobler Balance breitet sich die Spätlese aus dem Bockstein aus. Für uns der Höhepunkt der Probe.

**84** 2021 Saar Riesling trocken
**9,50 €** | 10,5%

**85** 2021 Saarburger Riesling trocken
**13,50 €** | 10,5%

**86** 2021 Saarburger Laurentius Riesling trocken
**17 €** | 10,5%

**89** 2020 Saarburger Kupp Riesling VDP.Großes Gewächs
**25 €** | 12%

**90** 2020 Saarburger Rausch Riesling VDP.Großes Gewächs
**25 €** | 12%

**90** 2020 Ockfener Bockstein Riesling VDP.Großes Gewächs
**25 €** | 12%

**87** 2021 Saarburger Kupp Riesling Kabinett feinherb VDP.Große Lage
**12,50 €** | 9,5%

**86** 2021 Saar Riesling feinherb
**9,50 €** | 10,5%

**89** 2021 Ockfener Bockstein Riesling Kabinett
**12,50 €** | 7,5%

**90** 2021 Saarburger Laurentiusberg Riesling Kabinett
**17 €** | 8%

**90** 2021 Saarburger Rausch Riesling Spätlese Josef Heinrich
**17 €** | 9%

**92** 2021 Ockfener Bockstein Riesling Spätlese
**17 €** | 8%

★★½

## WEBER BRÜDER

Saarweingut Weber Brüder
54459 Wiltingen · Bahnhofstraße 58
Tel. (0176) 61912445
weber-brueder@gmx.de
**www.weber-brueder.de**

**Inhaber/in und Betriebsleitung**
Stephan und Michael Weber

**Rebfläche** 4 Hektar
**Jahresproduktion** 20 000 Flaschen
**Beste Lagen** Wiltinger Braunfels (Vols), Wiltinger Rosenberg und Wiltinger Klosterberg
**Boden** Schieferverwitterung
**Rebsorten** 88% Riesling, 7% Weißburgunder, 5% Spätburgunder
**Mitglied** Saarkind

Es war eine Wohltat inmitten der Verkostungen der jugendhaften 2021er eine Reihe von neun Weinen aus dem Jahrgang 2020 probieren zu dürfen. Nun schon zwei Mal hintereinander hat man uns die Kollektion ein Jahr später vorgestellt. Ein Rosé zum Einstieg, der als Rosaar bezeichnete Spätburgunder, besitzt eine an klassischen französischen Rosé anklingende weiche Fruchtigkeit, gepaart mit einem gerüttelten Maß an Herbe. Also eher Charakter als weichgespült. Zart und fast zerbrechlich tritt der Weißburgunder in Vorschein. Leicht pfeffrige Anklänge und saline Noten prägen das Geschmacksbild. Unser Liebling im Rieslingsegment ist der Wiltinger Braunfels Vols trocken. Er trägt die typische Seidigkeit fein gereifter 2020er in sich, bleibt dabei angenehm straff und kühl. Der präzise gearbeitete Kabinett aus dem Wiltinger Klosterberg wirkt druckvoll trotz seiner prägnanten Restsüße. Er ruht und schwebt zugleich. Ein anderes geschmackliches Kaliber ist die Spätlese aus dem Oberemmeler Altenberg. Durchwoben von feinen Baumharznoten besitzt sie zarte Reifenoten und gewinnt Spannung durch präsente kühle Aromatik im Nachhall. Wir sind sehr gespannt, wie sich der 2021er nach einem Jahr längerer Reife im Gebinde oder auf der Flasche im kommenden Jahr präsentieren wird.

★★★

## FELIX WEBER

Saarweingut Felix Weber
54459 Wiltingen · Kirchstraße 30
Tel. (06501) 6052311
weber@saar-riesling-roots.de
**www.saar-riesling-roots.de**

**Inhaber/in und Betriebsleitung**
Felix Weber
**Keller** Felix Weber

**Rebfläche** 2 Hektar
**Jahresproduktion** 8 000 Flaschen
**Beste Lagen** Wiltinger Braunfels, Klosterberg und Schlangengraben
**Boden** Schiefer
**Rebsorten** 100% Riesling
**Mitglied** Saarkind

Kleines Sortiment, große Weine. Dies ist die kurze Zusammenfassung nach der Verkostung des Sortiments des zwei Hektar großen Betriebs von Felix Weber aus Wiltingen. So stringent wie Felix Weber den Jahrgang 2021 in die Flasche und dann in unsere Gläser gebracht hat, haben es wenige Winzer geschafft. Die Kühle des Jahrgangs hat er sozusagen eingefangen. Da wir ja erklärte Befürworter von knackiger, präziser und auch fordernder Säure sind, haben wir alle Weine genossen. Völlig schnörkellos und ohne Schminke sind seine Rieslinge. Am Hundsbuckel haben wir uns festgebissen. Der feinherbe Kabinett aus dem Wiltinger Klosterberg, Pflanzjahr 1972, ist ungeheuer erfrischend leicht und dabei unglaublich lang. Nur einen Touch mehr von Süße geprägt präsentiert sich der Kabinett Lorenz aus der Lage Wiltinger Braunfels, Pflanzjahr 1970. Das ist strahlend-fester Kabinettgenuss auf höchstem Niveau. Noch etwas verschlossen in seiner Anmutung, herber, trockener und kühler, zeigte sich uns der Kabinett Senior, ebenfalls aus der Braunfels, Pflanzjahr 1969. Alle Weine wirken trotz der mehr oder weniger vorhandenen Restsüße annähernd trocken. Dies ist für unser Verständnis die beste Lösung, um mit dem Jahrgang 2021 an der Mosel zurechtzukommen: den Weinen ihre Säure und ihnen ein entsprechendes Maß an Restsüße lassen. Nach dieser Probe gab es nur eine Entscheidung: Drei Sterne in die Kirchstraße 30 nach Wiltingen!

SAARWEINGUT WEBER BRÜDER

**86** 2020 Wiltinger Klosterberg Weißburgunder trocken
**8 €** | 10,5%

**87** 2020 Riesling trocken Einklang
**8 €** | 10 %

**89** 2020 Wiltinger Braunfels Riesling trocken Vols
**15 €** | 10 %

**89** 2020 Wiltinger Rosenberg Riesling trocken Adonis
**15,50 €** | 11 %

**87** 2020 Krettnacher Altenberg Riesling halbtrocken Diabas
**12,50 €** | 10 %

**88** 2020 Riesling feinherb Aphrodite
**9,50 €** | 8,5%

**90** 2020 Wiltinger Klosterberg Riesling Kabinett
**12 €** | 7,5%

**90** 2020 Oberemmeler Altenberg Riesling Spätlese
**18 €** | 8 %

**85** 2020 Spätburgunder Rosé trocken Rosaar
**7,50 €** | 10 %

**91** 2021 Wiltinger Schlangengraben Kabinett trocken Kelterbäumchen
**10,50 €** | 9,5% **TIPP**

**89** 2021 Wiltinger Schlangengraben Riesling feinherb Käpisch
**8,90 €** | 9,5%

**93** 2021 Wiltinger Klosterberg Riesling Kabinett feinherb Hundsbuckel
**10,90 €** | 8%

**91** 2021 Wiltinger Braunfels Riesling Spätlese feinherb Volz junior
**14 €** | 9%

**93** 2021 Wiltinger Braunfels Riesling Kabinett Volz senior
**9,50 €** | 8%

**93** 2021 Wiltinger Braunfels Riesling Kabinett Lorenz
**12 €** | 8%

★★★

## WEGELER

Weingüter Wegeler- Gutshaus Mosel
54470 Bernkastel-Kues · Martertal 2
Tel. (06531) 2493 · Fax 8723
info@wegeler.com
**www.wegeler.com**

**Inhaber/in** Ralf Frenzel, Sprecher der Eigentümerfamilien
**Betriebsleitung** Norbert Breit
**Keller** Norbert Breit
**Außenbetrieb** Norbert Breit

**Historie** 1900 Erwerb der ersten Weinberge (Doctor)
**Rebfläche** 14 Hektar
**Jahresproduktion** 100 000 Flaschen
**Beste Lagen** Doctor Bernkastel, Sonnenuhr Wehlen, Lay und Graben Bernkastel
**Boden** Schieferverwitterung
**Rebsorten** 100% Riesling
**Erlebenswert** Weinkeller im Doctorberg, nach dem Gravitationsprinzip erbautes Kelterhaus von 1902
**Mitglied** VDP

Vier strahlende Doctoren im Sortiment, drei strahlende Sterne für das Gutshaus Mosel der Weingüter Wegeler. So lautet die kurze Zusammenfassung unserer Verkostung der 2021er Weine des Bernkasteler Guts. Im Detail: Das Große Gewächs präsentierte sich stoffig- markant auf der einen Seite, andererseits gleichermaßen elegant in seiner Transparenz. Struktur und Finesse im Einklang. Der sich intensiv in der Entwicklung befindliche Kabinett zeigte in der Einstiegsprobe zunächst einmal subtil würzige Aromen, um in der obligatorischen Nachprobe seine kühle Präsenz in den Vordergrund zu rücken. Druckvoll in äußerster Präzision tritt die Spätlese auf. Ihre verschwenderische Art wird durch das ziselierte Säurespiel im Zaum gehalten. Köstlich! Die Auslese besitzt als inneren Kern einen zarten Beerenton, der ummantelt wird von einem vibrierenden Säurekorsett. Erkennen kann man die Doctoren übrigens auch an ihrem Korkverschluss. Aber auch die Schrauber konnten sich sehen lassen. Das Einstiegsmodell in die Moselwelt des Weinguts, der Slate trocken, hinterließ mit seiner säuredezenten, ruhigen Stilistik einen guten Eindruck. Etwas straffer die feinherbe Version im balancierten Stil. Alle Weine, die auf dem Tisch standen, sind durchweg empfehlenswert und tragen die Handschrift eines erfahrenen Kellermeisters. Kompliment!

**85** 2021 Riesling trocken Slate
**10,90 €** | 11,5%

**87** 2021 Bernkasteler Riesling trocken
**14,90 €** | 11,5%

**91** 2020 Bernkastel Doctor Riesling VDP.Großes Gewächs
**79 €** | 13%

**86** 2021 Riesling feinherb Slate
**10,90 €** | 11%

**87** 2021 Graacher Riesling feinherb
**14,90 €** | 11%

**90** 2021 Bernkasteler Riesling Kabinett
**14,90 €** | 9%

**93** 2021 Bernkastel Doctor Kabinett VDP.Große Lage
**37,90 €** | 8%

**95** 2021 Bernkastel Doctor Riesling Spätlese VDP.Große Lage
**50 €** | 8%

**96** 2021 Bernkastel Doctor Riesling Auslese VDP.Große Lage
**31 €** | 8%

## WEINHOF SANKT ANNA

Weinhof Sankt Anna
54492 Erden · Brückenstr. 2
Tel. (06532) 2354
info@weinhofsanktanna.de
**www.weinhofsanktanna.de**

**Inhaber/in und Betriebsleitung**
Jürgen Schwaab

Eine etwas heterogene Kollektion erreichte uns aus dem Keller dieses Erdener Weinguts. Jürgen Schwaab ist im Haus seit dem Jahr 2005 für die Qualität der Weine zuständig. Den typischen Charakter der drei uns gezeigten Lagenweine, zwei aus dem Erdener Treppchen und einer aus dem Ürziger Würzgarten, arbeitet er sehr gut heraus. Auf der einen Seite die bekannte Zartheit des Treppchens, besonders in der restsüßen Spätlese erschmeckbar, und auf der anderen Seite die feste Würzigkeit des Ürzigers. Gerne mehr davon!

**83** 2021 Riesling trocken Till´s
**5,90 €/1 Lit.** | 12,5%

**84** 2021 roter Riesling trocken
**7,90 €** | 12%

**86** 2021 Erdener Treppchen Riesling Spätlese trocken ***
**9 €** | 12%

**86** 2021 Ürziger Würzgarten Riesling Spätlese feinherb Alte Reben ***
**9,50 €** | 10%

**86** 2021 Ürziger Würzgarten Riesling Spätlese feinherb Alte Reben
**9,50 €** | 10%

**88** 2021 Erdener Treppchen Riesling Spätlese restsüss ***
**9,50 €** | 7,5%

★★★★

## NIK WEIS

Weingut Nik Weis - St. Urbans-Hof
54340 Leiwen · Urbanusstraße 16
Tel. (06507) 93770 · Fax 937730
info@nikweis.com
**www.nikweis.com**

**Inhaber/in und Betriebsleitung**
Nik Weis
**Keller** Kai Hausen
**Außenbetrieb** Hermann Jostock

**Rebfläche** 45 Hektar
**Jahresproduktion** 300 000 Flaschen
**Beste Lagen** Leiwener Laurentiuslay, Mehringer Layet, Piesporter Goldtröpfchen, Ockfener Bockstein
**Boden** blauer, grauer und roter Devonschiefer
**Rebsorten** 95% Riesling, 5% übrige Sorten
**Mitglied** VDP, Fair'n Green

Obwohl die Familie von Nik Weis über Jahrhunderte schon Weinbau nebenher betrieb, war es sein Großvater, der im Jahr 1947 die Entscheidung traf, sich voll und ganz dem Weinberg und den Reben zu widmen. Im Jahr 1997 übernahm Nik Weis das Gut von seinem Vater und richtete sein Augenmerk fortan auf den Herkunftsbezug und die Individualität seiner Weine. In diesem Jahr zeigte er wieder fünf Große Gewächse, zwei von der Saar und drei von der Mosel. Die beiden trockenen Saar-Gewächse Schodener Saarfeilser und Ockfener Bockstein sind regionstypisch etwas schlanker geschnitten als ihre Pendants von der Mosel. Im Bockstein besitzt man Parzellen im konvexen Originalbereich mit sehr hoher Pflanzdichte durch Einzelpfahl-Erziehung. Das 2021er GG weist den straffen Zug seiner Herkunft auf und wird zur Zeit noch von pikanter Herbe begleitet. Auch der Saarfeilser befindet sich noch in einer Phase der Findung und wird vielleicht noch etwas an Tiefe und Druck hinzugewinnen. In der steil terrassierten und warmen Südlage Mehringer Layet herrscht im Boden grau-blauer Devonschiefer vor. Offener und verschwenderischer in seiner Rieslingfrucht, besitzt er die nötige dichte Struktur und ruht schon entspannt in sich. Im Piesporter Goldtröpfchen besitzt Nik Weis felsig-steile Weinberge, die mit alten, teils wurzelechten Reben bestockt sind. Duftig zugänglich in der Nase, fördert er im Mund den Speichelfluss mit seiner salzig fordernden Art. Das GG mit dem meisten Druck am Gaumen kommt aus der Leiwener Laurentiuslay, einer zerklüfteten Steillage, die aus grauem Devonschiefer besteht. Hier herrscht trockenes, warmes und windiges Klima. Strahlend und präzise ist er ein perfekter Interpret des Jahrgangs 2021.

Wenn wir schon von den trockenen Spitzen des Jahrgangs berichten, dann auch etwas Erfreuliches zum trockenen Einstiegswein, dem Moselriesling Gutswein. Er hatte bei uns in der Probe einen saftig-klaren Auftritt und begeisterte uns in seiner Trinkanimation. Kabinett und Spätlese aus dem Bockstein sind mit ihrer strahlenden, leicht salinen Frische perfekte Botschafter dieser Spitzenlage. Bei der Auslese aus dem Piesporter Goldtröpfchen schnalzten wir mit der Zunge. So kristallin und rassig-erfrischend machte sie uns richtig Spaß. Wir mögen nach wie vor die nicht mehr so reichfruchtige Stilistik der Weine von Nik Weis. Am Ende der Probe fragten wir uns, was denn aus den im vergangenen Jahr erstmalig gezeigten Weinen mit Namen wie zum Beispiel „Mutter Gottes" oder „An der Kehr" geworden ist. Und auch den feinwürzigen Müller-Thurgau sahen wir leider nicht.

NIK WEIS
ST. URBANS-HOF

**86** 2021 Mosel Riesling trocken
**9,80 €** | 11,5%
**86** 2021 Schiefer Riesling
**12,80 €** | 11,5%
**87** 2021 Ockfener Riesling trocken
**25 €** | 12 %
**88** 2021 Mehringer Riesling trocken Alte Reben
**19 €** | 12 %
**90** 2021 Schodener Saarfeilser Riesling VDP.Großes Gewächs
**36 €** | 12 %
**91** 2021 Piesporter Goldtröpfchen Riesling VDP.Großes Gewächs
**36 €** | 12 %
**91** 2021 Ockfener Bockstein Riesling VDP.Großes Gewächs
**42 €** | 12 %
**92** 2021 Mehringer Layet Riesling VDP.Großes Gewächs
**36 €** | 12 %
**93** 2021 Leiwener Laurentiuslay Riesling VDP.Großes Gewächs
**48 €** | 12 %
**86** 2021 Saar Riesling feinherb
**9,80 €** | 10 %
**87** 2021 Wiltinger Riesling feinherb Alte Reben
**19 €** | 11,5%
**91** 2021 Piesporter Goldtröpfchen Riesling Kabinett
**19 €** | 8 %
**93** 2021 Ockfener Bockstein Riesling Kabinett
**19 €** | 8 %
**92** 2021 Piesporter Goldtröpfchen Riesling Spätlese
**27,50 €** | 8 %
**93** 2021 Ockfener Bockstein Riesling Spätlese
**27,50 €** | 8 %
**92** 2021 Ockfener Bockstein Riesling Auslese
**35 €** | 8 %
**94** 2021 Piesporter Goldtröpfchen Riesling Auslese
**35 €** | 8 %

★★★★

## WEISER-KÜNSTLER

Weingut Weiser-Künstler
56841 Traben-Trarbach · Wilhelmstraße 11
Tel. (06541) 819943 · Fax 813380
weingut@weiser-kuenstler.de
**www.weiser-kuenstler.de**

**Inhaber/in und Betriebsleitung**
Konstantin Weiser und Alexandra Künstler
**Rebfläche** 4 Hektar
**Jahresproduktion** 25 000 Flaschen
**Beste Lagen** Enkircher Ellergrub, Enkircher Steffensberg, Trabener Gaispfad
**Boden** blauer Devonschiefer, blau-roter und grauer Schiefer
**Rebsorten** 100% Riesling
**Erlebenswert** terrassierte Weinberge

Nur ein kleines Sortiment wurde vom Jahrgang 2021 im Weingut von Alexandra Künstler und Konstantin Weiser gefüllt. Wie auch bei anderen Betrieben hatte man einen Ertragsverlust von circa fünfzig Prozent einer normalen Ernte zu beklagen. Durchweg mehr Spannkraft als die 2020er besitzen die Weine des aktuellen Jahrgangs. Die uns gezeigten Weine waren schon von relativ hoher Reife geprägt und wirken ein wenig ihrer Frucht beraubt. Dadurch erscheint der Mittelbau der Weine etwas spröde und herb. Das kann man von dem besten 2020er Jahrgangsvertreter, den Riesling brut nature, nicht behaupten. „Klar, rein und fein", so äußerten wir uns nach dem ersten Probeschluck. Die präzise, fordernde Frucht wird nur zart von Hefenoten untermalt. Es ist also, wie immer aus diesem Haus, kein versuchtes Imitat eines Champagners, sondern die individuelle Stilistik eines Winzersekts im positiven Sinne. Verhalten, ruhig und auf kühler Fruchtbasis, so kann man den Stil des Jahrgangs 2021 in diesem Betrieb beschreiben. Es sind durch die Bank fordernde, verdichtete Weine, was eventuell der so notwendigen akribischen Selektion der Trauben geschuldet ist. In diesem Jahr kommt die Große Eule aus dem Trabener Gaispfad, da es keinen trockenen Wein aus der Enkircher Ellergrub aus dem Jahrgang 2021 gibt. Noch recht verschlossen, mit viel karger Aromatik und Rückgrat ist er ausschließlich mit seinen elf Volumenprozent Alkohol ein Leichtgewicht. Der trockene Steffensberg steht ihm in nichts nach und tritt dezent würziger in Erscheinung. Solch einen restsüßen Kabinett wie den Wolfer Sonnenlay hatten wir schon seit ein paar Jahren nicht mehr im Glas. Delikater, saftiger Schliff trifft auf Salzkaramell im Nachhall. Eine frische Delikatesse. Im Schwebezustand befindet sich zur Zeit die Spätlese Ellergrub. Dieses hochfeine Säurespiel gibt es eben nur an der Mosel.

**Vom Banker zum Winzer**

Aus den Anfängen der ersten kleinen Parzelle in der Enkircher Ellergrub im Jahr 2005 sind zwischenzeitlich gut vier Hektar geworden. Der wurzelechte Rebbestand, dem weder die Reblaus noch die Flurbereinigung etwas anhaben konnte, ist sicherlich das größte Kapital. Viel Aufwand wurde und wird betrieben, um uralte, schwer zugängliche Terrassenanlagen in mühevoller Handarbeit zu kultivieren und zu bewirtschaften. Konstantin Weiser hat seinerzeit seine Bankkarriere für seine Leidenschaft Wein an den Nagel gehängt. Nach dem Weinbaustudium arbeitete er bei renommierten Weingütern im Rheingau und in der Pfalz, um über eine Anstellung beim Weingut Immich-Batterieberg an die Mosel zu gelangen.

**92** 2020 Riesling Brut nature
**19 €** | 11,5%

**88** 2020 Enkircher Steffensberg Riesling trocken
**23 €** | 11,5%

**89** 2020 Trabener Gaispfad trocken
**29 €** | 12 %

**91** 2021 Enkircher Steffensberg Riesling trocken
**25 €** | 11 %

**91** 2021 Trabener Gaispfad Riesling trocken Große Eule
**35 €** | 11 %

**86** 2021 Riesling
**11,50 €** | 9 %

**89** 2020 Enkircher Ellergrub Riesling Große Eule
**35 €** | 13 %

**89** 2021 Trabener Gaispfad Riesling Kabinett halbtrocken
**17,50 €** | 9,5%

**90** 2021 Enkircher Steffensberg Riesling feinherb „Im Löwenbaum"
**19,50 €** | 10 %

**93** 2021 Enkircher Ellergrub Riesling Kabinett
**18,50 €** | 7 %

**95** 2021 Wolfer Sonnenlay Riesling Kabinett
**15 €** | 7,5% TOP 10

**94** 2021 Enkircher Ellergrub Riesling Spätlese
**23 €** | 7,5%

## WILLEMS-WILLEMS

Weingut Willems-Willems
54329 Konz-Oberemmel · Mühlenstraße 13
Tel. (06501) 15816 · Fax 300477
info@weingut-willems.de
**www.schiefer-trifft-muschelkalk.de**

**Inhaber/in** Carolin und Jürgen Hofmann
**Betriebsleitung** Miguel Louro
**Keller** Miguel Louro
**Außenbetrieb** Louis Roos

**Historie** Weinbau in der fünften Generation in weiblicher Hand
**Rebfläche** 7 Hektar
**Jahresproduktion** 55 000 Flaschen
**Beste Lagen** Oberemmeler Altenberg und Rosenberg, Niedermenniger Herrenberg, Krettnacher Euchariusberg
**Boden** rötlicher Schiefer mit Grauwacke, grauer Devonschiefer
**Rebsorten** 90% Riesling, 5% Spätburgunder, 5% Weißburgunder
**Mitglied** Vinissima, Mythos Mosel

Wir sind sehr froh, dass sich der Stil des Hauses nach dem Weggang von Peter Thelen, dem ehemaligen Betriebsleiter, nicht geändert hat. Oder vielleicht doch? Wir haben den Eindruck, sie wirken noch etwas entspannter, gelassener als früher. Beginnen wir bei der trockenen Spitze, dem Niedermenniger Herrenberg. Er duftet dezent nach Neuholz, was ihm sehr gut zu Gesicht steht. Mit der Leichtigkeit von 11,5 Prozent Alkohol wird die salzige Transparenz unterstützt, die den Wein so erfrischend macht, ohne dass er auch nur annähernd dünn wirkt. Das Quartett im feinherben Segment wird qualitativ angeführt vom Oberemmeler Altenberg. Auch dieser Wein besitzt zarte Anklänge an Neuholz und verbindet diese angenehm mit ätherischen Noten. Beschwingt klingt der Wein hochfein verdichtet aus. Die perfekt eingestellte Restsüße lässt nichts gesetzt wirken. Wir haben den Eindruck, dass die Weine in diesem Segment trockener geworden sind, was uns sehr gefällt. Der Oberemmeler Altenberg rangierte schon in der Lagenklassifikation von 1868 unter den Top-Lagen des Landes. Einen starken Auftritt hat nun schon seit einigen Jahren der Niedermenniger Euchariusberg im restsüßen Bereich. In diesem Jahr erreichte uns ein unglaublich explosiver, von Feuersteinaromen durchzogener Kabinett.

**87** 2021 Oberemmeler Riesling trocken Schiefer
**11,50 €** | 11%

**91** 2021 Niedermenniger Herrenberg Riesling trocken
**25 €** | 11,5%

**87** 2021 Riesling Kabinett feinherb
**8,80 €** | 9%

**90** 2021 Oberemmeler Rosenberg Riesling feinherb
**10,50 €** | 10,5%

**90** 2021 Oberemmel Riesling feinherb Auf der Lauer
**11,50 €** | 10,5%

**92** 2021 Oberemmeler Altenberg Riesling feinherb
**25 €** | 9,5%

**92** 2021 Niedermenniger Herrenberg Riesling Kabinett
**13,50 €** | 8%

**92** 2021 Oberemmeler Altenberg Kabinett
**13,50 €** | 8%

**94** 2021 Krettnacher Euchariusberg Riesling Kabinett
**13,50 €** | 7,5%

**93** 2021 Oberemmeler Karlsberg Spätlese
**14,50 €** | 7%

★★½

## WÜRTZBERG

Weingut Würtzberg
54455 Serrig · Würtzberg 1
Tel. (06581) 9200992 · Fax 9200993
office@weingut-wuertzberg.de
**weingut-wuertzberg.de**

**Inhaber/in und Betriebsleitung**
Familie Heimes
**Keller** Felix Heimes
**Außenbetrieb** Felix Heimes

Die beiden Geschwister Felix und Annalena Heimes, die das 15 Hektar große Weingut an der Saar führen, präsentieren auch mit dem Jahrgang 2021 eine homogene Kollektion. So bestechen ihre Weine durch eine schöne mineralische und weiche Art. Besonders hat uns der harmonische Riesling vom Rotschiefer gefallen, der mit viel Schmelz daherkommt. Bei den Kabinetten möchten wir vor allem den Ockfener Bockstein feinherb mit seiner Leichtigkeit und seinem Mineral hervorheben sowie den restsüßen Kabinett aus dem Serriger-Würtzberg mit seiner Länge und betörenden Frucht.

**84** 2021 Serrig Würtzberg Riesling trocken ROTSCHIEFER
**12,50 €** | 12%

**83** 2021 Riesling halbtrocken Scivaro
**9,20 €** | 11,5%

**84** 2021 Serrig Herrenberg Riesling BLAUSCHIEFER
**12,50 €** | 11%

**87** 2021 Ockfener Bockstein Riesling Kabinett feinherb
**12 €** | 10%

**88** 2021 Serriger Würtzberg Riesling Kabinett feinherb Goldstück
**11,20 €** | 9%

**88** 2021 Serriger Würtzberg Riesling Kabinett
**11,20 €** | 8%

**87** 2021 Serriger Herrenberg Riesling Spätlese
**16 €** | 7%

**84** 2020 Pinot Noir trocken
**17 €** | 13%

★★★★

## ZILLIKEN

Weingut Zilliken Forstmeister Geltz
54439 Saarburg · Heckingstraße 20
Tel. (06581) 2456 · Fax 6763
info@zilliken-vdp.de
**www.zilliken-vdp.de**

**Inhaber/in und Betriebsleitung**
Dorothee Zilliken
**Keller** Philipp und Hans-Joachim Zilliken
**Außenbetrieb** Dorothee und Philipp Zilliken
**Historie** Ferdinand Geltz war königlich-preußischer Forstmeister und Mitbegründer des heutigen VDP Mosel (1908)
**Rebfläche** 13 Hektar
**Jahresproduktion** 84 000 Flaschen
**Beste Lagen** Saarburger Rausch, Ockfener Bockstein, Ayler Kupp
**Boden** Devonschiefer und Diabas
**Rebsorten** 100% Riesling
**Erlebenswert** tiefer Gewölberkeller
**Mitglied** VDP

Auch im Jahrgang 2021, wie schon im Vorjahr, waren die trockenen Rieslinge von hoher Güte. Punktgleich zum Vorjahr die ersten drei trockenen Rieslinge. Die Alten Reben bestechen mit phenolischem Druck und Tiefe. Das Große Gewächs ist eine Klasse für sich. Ein Kraftpaket mit feinen Neuholz-Anklängen im Wartestadium. Bei den Kabinetten breitete sich während der Probe Ratlosigkeit aus. Sie waren spannungslos und belegt, die Frucht hatte keine Chance sich Bahn zu brechen. Einen Versteigerungskabinett gibt es in diesem Jahr nicht. Ähnlich verhält es sich mit den Spätlesen, wobei die „normale“ Spätlese saftigen Druck aufbaut, aber von intensiven Safrannoten beeinflusst wird. Auch die Auktions-Spätlese trägt die Safrannoten zu vordergründig auf, kann aber mit edler Frucht und Spiel punkten. Seidige Anklänge und feiner

Säuredruck strahlt die Versteigerungs-Auslese aus. Am Ende fragten wir uns, wo denn nur das zarte Aufspiel der Kabinette und Spätlesen vergangener Jahre geblieben ist.

In Saarburg sind es elf Hektar Rausch, die die Familie Zilliken ihr Eigen nennt. Hier stehen die Reben auf mittelgrauem, feinblättrigem Devonschiefer, aber auch Diabas, einem vulkanischen Eruptionsgestein. Bis zu zehn Metern tief wurzeln sie im Fels. Zu den Parzellen im Rausch kommt ein guter Hektar im Ockfener Bockstein. Der Boden ist hier eher von gröberem Devonschiefer mit Quarz-Einsprengungen und Feinerde geprägt. Im Saarburger Keller, dreistöckig und der tiefste an der Saar, herrscht eine extrem hohe Luftfeuchtigkeit. Eine gleichmäßige Temperatur von elf Grad Celsius ermöglicht eine langsame Gärung in den penibelst gepflegten, neutralen Eichenholzfässern von denen einige Jahr für Jahr ersetzt werden Diese Art der Vinifikation und Lagerung ist in den vergangenen Jahren bei vielen deutschen Weingütern wieder in Mode gekommen. Hier ist sie nach wie vor die unverwechselbare Handschrift des Guts. Sozusagen ein Teil der DNA der Zilliken-Rieslinge. In großen Jahren profitieren die Weine in höchstem Maße von dieser Philosophie.

**85** 2021 Zilliken Riesling trocken
**14,30 €/1 Lit.** | 12 %

**87** 2021 Saarburg Riesling trocken
**16 €** | 11,5%

**89** 2021 Riesling trocken Alte Reben
**25 €** | 12 %

**92** 2021 Saarburger Rausch Riesling VDP.Großes Gewächs
**40 €** | 12 %

**86** 2021 Zilliken Butterfly Riesling feinherb
**11,50 €** | 11,5%

**87** 2021 Saarburg Riesling feinherb
**16 €** | 11 %

**88** 2021 Saarburg Riesling Kabinett
**16 €** | 8 %

**89** 2021 Ockfen Bockstein Riesling Kabinett VDP.Große Lage
**22 €** | 8 %

**89** 2021 Saarburg Rausch Riesling Kabinett VDP.Große Lage
**22 €** | 8 %

**89** 2021 Saarburg Rausch Riesling Spätlese VDP.Große Lage
**33 €** | 7,5%

**91** 2021 Saarburg Rausch Riesling Spätlese VDP.Große Lage Versteigerungswein
8% **AUKTION**

**92** 2021 Saarburg Rausch Riesling Auslese VDP.Große Lage
**60 €** | 7,5%

**93** 2021 Saarburg Rausch Riesling Auslese VDP.Große Lage Vesteigerungswein
7,5% **AUKTION**

# Nahe: Kleine große Lagen

Foto: DWI

Das Anbaugebiet stand lange im Schatten der berühmteren Nachbarn, heute sorgen Nahe-Rieslinge weltweit für Furore. Auch weiße und rote Burgunder machen von sich reden. Mit mehr als 180 verschiedenen Bodenformationen ist die Region aus geologischer Sicht ein regelrechter Flickenteppich.

**Geschichte**

Auch an der Nahe waren es die Römer, die den Weinbau einführten. Es dauerte aber bis ins 20. Jahrhundert hinein, ehe sich der Nahewein einen eigenen Ruf verschaffen konnte. Zuvor wurde er meist als Rheinwein vermarktet und vielfach von Bacharach aus in die Welt verschifft. Zunächst waren es die Kreuznacher Güter, die sich einen Namen machen konnten. Doch sind Graf von Plettenberg, Anheuser, Herf, Carl Finkenauer oder Gutleuthof heute mehr oder weniger Geschichte. Sie hielten die Filetstücke in den besten Lagen der mittleren Nahe, von Bad Münster bis Schlossböckelheim. Es kamen noch einige dazu, nachdem die Königlich Preußische Domäne 1902 in Niederhausen-Schlossböckelheim (heute Gut Hermannsberg) gegründet worden war. Die Schlossböckelheimer Kupfergrube und der Niederhäuser Hermannsberg sind deren Aushängeschilder. Der Aufstieg der heute bedeutenden Familienbetriebe begann erst in den 1970er- und 80er-Jahren. Hier sind Dönnhoff, Emrich-Schönleber, Crusius und Schäfer-Fröhlich zu nennen, an der unteren Nahe auch das Schlossgut Diel und Kruger-Rumpf.

**Geografie**

Das Anbaugebiet Nahe liegt mitten im Herzen des Bundeslands Rheinland-Pfalz, entlang des namensgebenden Flusses. Begrenzt wird die Weinregion im Norden und Westen vom Hunsrück samt Naturpark Soonwald, im Süden vom Nordpfälzer Bergland sowie dem Anbaugebiet Rheinhessen im Osten.

**Klima und Boden**

Das regenarme, milde und sonnige Tal wird vom Hunsrück mit seinen bis zu 800 Meter hohen Bergen vor kalten Winden geschützt. Die überaus vorteilhaften und interessanten topografischen Bedingungen für die Qualität und Vielfalt der Nahe-Weine liegen auch in den mehr als 180 verschiedenen Bodenformationen der Weinberge, die teilweise alle 100 Meter wechseln. Vorwiegend Quarzit- und Schieferböden finden sich an der unteren Nahe. Porphyr, Buntsandstein und Melaphyr prägen die Weinbergböden der mittleren Nahe. Charakteristisch für die Weinberge um Bad Kreuznach sind Verwitterungsböden, Löss und Lehm.

**Weine und Produktionsmenge**

Auf der Rebfläche von über 4230 Hektar in sechs Groß- und 310 Einzellagen wächst vor allem Riesling, gefolgt von Müller-Thurgau, Dornfelder und der Burgunderfamilie. Produziert wurden im Jahr 2021 mehr als 290 000 Hektoliter.

## Nahe im Überblick

**Rebfläche** 4237 Hektar
**Produktion** 299 200 Hektoliter (2021)
**Lagen** 6 Groß-, 310 Einzellagen
**Hauptrebsorten** Riesling, Müller-Thurgau, Dornfelder, Burgunderreben, Silvaner
**Weinart** elegant-kraftvolle Rieslinge, trocken sowie restsüß ausgebaut, mit enormem Potenzial, saftige Rot- und Weißburgunder
**Beste Lagen** Niederhäuser Hermannsberg, Hermannshöhle, Klamm und Felsensteyer, Norheimer Kirschheck und Dellchen, Schlossböckelheimer Kupfergrube und Felsenberg, Monzinger Frühlingsplätzchen und Halenberg, Traiser Bastei und Rotenfels, Dorsheimer Burgberg, Goldloch und Pittermännchen, Münsterer Pittersberg

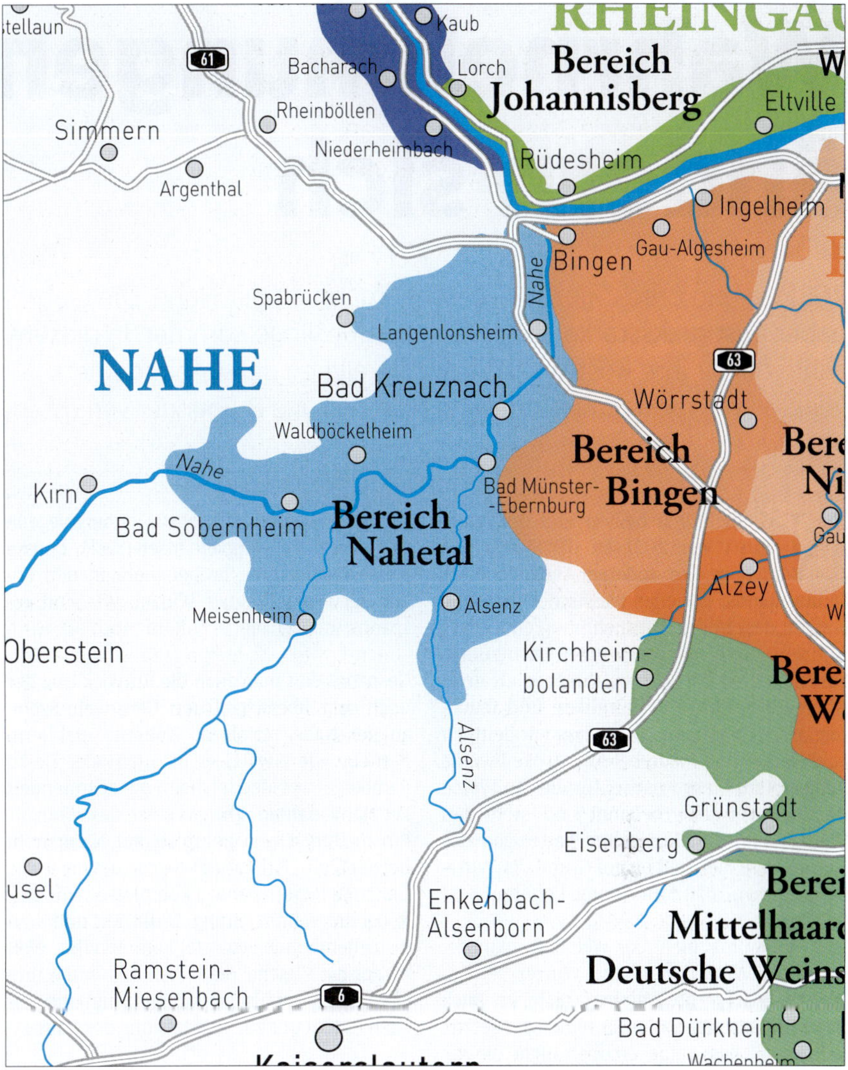


Karte: Deutsches Weininstitut

**Böden** Quarzit, Schiefer, Porphyr, Buntsandstein, Melaphyr, Verwitterungsböden, Löss
**Interessant** Für ganzheitliches Wohlbefinden sorgen an der Nahe gleich drei bekannte Kurorte: In Bad Kreuznach und Bad Münster am Stein genießen Gäste die solehaltigen Heilquellen, in Bad Sobernheim die Felke-Kur und auch die Vinotherapie.

**Weinland Nahe e.V.**
Burgenlandstraße 7
55543 Bad Kreuznach
Tel. (06 71) 83 40 50
info@weinland-nahe.de
www.weinland-nahe.de

# Wahrnehmungen ändern sich

2021 war ein prächtiger Weißweinjahrgang an der Nahe. Die Liebhaber ausdrucksstarker, mineralischer Rieslinge kommen in diesem Jahr voll auf ihre Kosten. Aus allen Bereichen des Anbaugebiets konnten wir spektakuläre trockene Rieslinge und Burgunder verkosten.

Nach mehreren heißen und trockenen Jahren war 2021 an der Nahe, wie auch in den anderen Anbaugebieten Deutschlands, ein eher klassischer Jahrgang - zumindest in der Wahrnehmung erfahrener Winzer. Junge Winzer würden heutzutage vielleicht eher die heißen Jahrgänge als neue Klassik bezeichnen. Das kühlere und feuchtere Wetter hatte zur Folge, dass wir deutlich schlankere und säurebetontere Weißweine verkosteten. Diese Frische, für die die Weine der Nahe seit jeher bekannt sind, steht den Weinen sehr gut. Nur selten hatte man das Gefühl, dass die Trauben auf Grund der Witterung nicht vollständig ausreifen konnten.

Hier war einmal mehr das Weinbergsmanagement der Winzerinnen und Winzer gefragt. Wer die Erträge im Weinberg nicht im Blick hatte und auf sehr hohe Erntemengen setzte, lief Gefahr, dass seine Trauben nicht die gewünschten Oechslegrade erreichten.

Wer hingegen seine Weinberge im Griff hatte und akribisch arbeitete, konnte 2021 hervorragende Weine erzeugen. Wie zum Beispiel unser „Winzer des Jahres", das Weingut Gebrüder Kauer aus Windesheim, dem neben einer Reihe saftiger und tiefgründiger weißer Burgunder auch eine großartige Riesling-Kollektion gelungen ist. Neben den bereits bekannten Lagen Windesheimer Römerberg und Schlossböckelheimer Felsenberg präsentierte man uns erstmals auch einen Schweppenhäuser Schlossgarten. Das etwas höhergelegene Gebiet um Schweppenhausen rückt bereits seit einigen Jahren immer mehr in den Fokus der Windesheimer Winzer. Wir sind gespannt, was sich hier in Zukunft noch tun wird.

Gespannt darf man auch die Entwicklung der noch sehr überschaubaren Naturwein-Szene an der Nahe verfolgen. Während etablierte Betriebe wie etwa Hees in Auen oder Heiko Bamberger aus Meddersheim mit spannenden Pet-Nat-Varianten spielen, setzt des Weingut Piri in Burg Layen komplett auf Naturwein. Bei der Linie „Piri Naturel" verzichtet die junge Christine Pieroth nahezu komplett auf Eingriffe bei der Weinbereitung. Unfiltriert und weitestgehend ohne Schwefel kommen Ihre Weine auf die Flasche. Sie haben uns durch ihre klare und unverfälschte Art überzeugt und machen Piri für uns zur „Entdeckung des Jahres".

Neben modernen Entwicklungen gibt es an der Nahe auch ganz viel Tradition. Zu einem der traditionsreichsten Weingüter zählt Prinz zu Salm in Wallhausen. Dessen Weine haben in den vergangenen Jahren an Klarheit, Tiefe und Lagerpotenzial zugelegt. Die Großen Gewächse vom Riesling aus den Jahrgängen 2019 und 2020 haben uns in diesem Jahr sehr gut gefallen. Und die ersten vorgestellten 2021er sind ausgesprochen vielversprechend. Wir gratulieren unserem „Aufsteiger des Jahres" deshalb zum dritten Stern.

*Matthias Pohlers*

# Regionale Spitzenresultate

Auch in diesem Jahr steht ein Windesheimer Betrieb unter den Preisträgern. Das Weingut Kauer überzeugt auf ganzer Linie. Naturwein findet mit Piri einen starken Repräsentanten. Neben Salm kann sich auch Heiko Bamberger über einen Aufstieg auf drei Sterne freuen.

## Spitzenweine

**Trockene Spitzenrieslinge von der Nahe bis 20 Euro**

**93** Jakob Schneider, Norheimer Dellchen Riesling trocken 2021
**19,50 €** | 12,5 %

**92** Kauer, Schlossböckelheimer Felsenberg Riesling 2021
**18 €** | 12,5 %

**91** K. H. Schneider, Schlossböckelheimer Felsenberg Riesling 2021
**19,50 €** | 12,5 %

**90** Jakob Schneider, Niederhäuser Hermannshöhle Riesling 2021
**13 €** | 12,5 %

**90** Lindenhof, Windesheimer Fels Riesling 2021
**17,50 €** | 12,5 %

**90** Kauer, Schweppenhäuser Schlossgarten Riesling 2021
**18 €** | 12,5 %

**90** Jakob Schneider, Niederhäuser Klamm Riesling 2021
**18 €** | 12,5 %

## Gebietspreisträger

**Winzer des Jahres** Gebr. Kauer
**Aufsteiger des Jahres** Weingut Prinz Salm
**Entdeckung des Jahres** Piri Wein

## Spitzenbetriebe

★★★★★

**Dönnhoff, Oberhausen**
**Emrich-Schönleber, Monzingen**
**Schäfer-Fröhlich, Bockenau**

★★★★

**Crusius, Traisen**
**Diel, Burg Layen**
**Hermannsberg, Niederhausen**
**Kruger-Rumpf, Münster-Sarmsheim**
**Joh. Bapt. Schäfer, Burg Layen**
**Jakob Schneider, Niederhausen**

★★★½

**Kauer, Windesheim**
**Lindenhof, Windesheim**

★★★

**Bamberger, Meddersheim**
**Hahnmühle, Mannweiler-Cölln**
**Hees, Auen**
**Hexamer, Meddersheim**
**Korrell, Bosenheim**
**Poss, Windesheim**
**Salm, Wallhausen**
**K. H. Schneider, Bad Sobernheim**
**Sinß, Windesheim**

★★☆

## ADELSECK

Weingut Carl Adelseck
55424 Münster-Sarmsheim · Saarstraße 41
Tel. (06721) 97440 · Fax 974422
dagmar@adelseck.de
**www.adelseck.de**

**Inhaber/in und Betriebsleitung**
Carl G. Adelseck, Carl Martin Adelseck

Auch vom Jahrgang 2021 stellt Carl Martin Adelseck eine durchweg solide Kollektion vor, mit recht fruchtbetonten Weinen. Ein wenig untypisch für den Jahrgang ist der Sauvignon Blanc. Weisen in diesem Jahr viele Weine dieser Sorte deutlich grüne Noten auf, so überrascht die Adelseck-Variante mit exotischen Anklängen von Mango und Maracuja. Ebenfalls schön saftig und trinkanimierend ist der Riesling vom Schiefer. Gelungen sind auch die drei Weine der S-Linie aus weißen Burgunder-Sorten. Der duftige Weißburgunder zeigt viel gelbe Früchte, der Grauburgunder sorgt mit schöner Frische für Trinkanimation, der Chardonnay präsentiert sich mit feiner Holzwürze und frischen Zitrusnoten.

**84** 2021 Münsterer Königschloss Sauvignon Blanc trocken
**10,40 €** | 12,5%

**85** 2021 Riesling trocken vom Schiefer
**7,90 €** | 12%

**86** 2021 Laubenheimer Karthäuser Grauburgunder trocken S
**24,90 €** | 13,5%

**86** 2021 Münsterer Dautenpflänzer Chardonnay trocken S
**24,90 €** | 13%

**83** 2021 Laubenheimer Karthäuser Riesling feinherb
**10,40 €** | 12%

**84** 2021 Sarmsheimer Liebehöll Gewürztraminer feinherb vom Roten Löss
**10,40 €** | 12,5%

**85** 2021 Sarmsheimer Liebehöll Weißburgunder S
**24,90 €** | 12,5%

**84** 2021 Spätburgunder Rosé trocken
**7,90 €** | 12,5%

**86** 2019 Münsterer Dautenpflänzer Spätburgunder trocken
**10,40 €** | 13%

★★

## ALT

Weingut Alt
55569 Monzingen · Hauptstraße 67
Tel. (06751) 94560 · Fax 94561
info@weingut-alt.de
**www.weingut-alt.de**

**Inhaber/in und Betriebsleitung** Holger Alt
**Keller** Holger Alt
**Rebfläche** 9 Hektar
**Jahresproduktion** 65 000 Flaschen
**Beste Lagen** Monzinger Frühlingsplätzchen, Monzinger Halenberg
**Boden** Rotliegendes, Blauschiefer, Quarzit
**Rebsorten** 35% Riesling, je 10% Spätburgunder, Grauburgunder, Weißburgunder, 35% übrige Sorten

Dieser Neun-Hektar-Betrieb in Monzingen, ganz im Westen der Region, ist ein Garant für herkunftsgeprägte und typische, trockene Rieslinge. Bereits der Riesling Grundlage spielt auf hohem Niveau, zeigt sich kühl und prägnant. Welcher seiner Lagen-Rieslinge im jeweils aktuellen Jahrgang die Nase von hat, das ist bei Holger Alt nur schwer vorherzusagen. Das spannende und ewige Duell hat 2021 wieder einmal der Halenberg gewonnen. Er besitzt eine herb-würzige Schiefernote und den typisch dunkeln Kern, der für die nötige Pikanz sorgt und den die Weine aus dieser Lage gerne aufweisen. Etwas floraler gibt sich das Frühlingsplätzchen, der jahrgangsbedingt etwas weniger Substanz aufweist, aber dennoch nicht weit hinter dem Halenberg rangiert. Viel grüne Paprika ist beim eher schlanken Sauvignon Blanc im Spiel. Die Edition „A" ist etwas für Freunde kräftiger Rotwein-Cuvées. Das Weingut Alt in Monzingen hat sich in den letzten Jahren zu einem der zuverlässigsten Betriebe an der oberen Nahe entwickelt. Dabei dominieren die klassischen Riesling-Weine das Angebot, aber auch andere Rebsorten blühen in den Händen von Holger Alt richtig auf. Mit einem Anteil von 35 Prozent stellt der Riesling die wichtigste Rebsorte im Weingut. Das Angebot dieses Familienbetriebs runden Gästezimmer, Ferienwohnungen und Wohnmobilstellplätze ab, die von Nicole Alt betreut werden.

**84** 2021 Monzinger Frühlingsplätzchen Weißburgunder trocken
**6,80 €** | 13 %

**84** 2021 Monzinger Frühlingsplätzchen Grauburgunder trocken
**7,20 €** | 13 %

**84** 2021 Monzinger Frühlingsplätzchen Sauvignon Blanc trocken
**7,20 €** | 12,5%

**84** 2021 Monzinger Frühlingsplätzchen Grauburgunder trocken Holzfass
**10,20 €** | 14,5%

**85** 2021 Monzinger Riesling trocken Grundlage
**7,20 €** | 12,5%

**87** 2021 Monzinger Frühlingsplätzchen Riesling trocken vom Rotliegenden
**9,50 €** | 12,5%

**88** 2021 Monzinger Halenberg Riesling trocken vom Blauschiefer
**9,50 €** | 12,5%

**83** 2021 Monzinger Frühlingsplätzchen Riesling feinherb
**7,20 €** | 11,5%

**84** 2021 Monzinger Halenberg Riesling Spätlese
**8,50 €** | 9 %

**86** 2021 Monzinger Frühlingsplätzchen Riesling Auslese
**10,20 €** | 8 %

**85** 2019 Cuvée Edition „A" trocken
**9,50 €** | 13,5%

## CHRISTIAN BAMBERGER

Weingut Christian Bamberger
55566 Bad Sobernheim · Steinhardter Hof, Kreuznacher Straße 2
Tel. (06751) 6048
info@cb-wein.de
**www.cb-wein.de**

**Inhaber/in und Betriebsleitung**
Christian Bamberger

**Rebfläche** 22 Hektar
**Jahresproduktion** 220 000 Flaschen
**Beste Lagen** Schlossböckelheimer Mühlberg und Schlossböckelheimer Königsfels
**Boden** Porphyr, Vulkangestein, Kalksandstein
**Rebsorten** 20% Cabernet-Sorten, je 12% Spätburgunder, Weißburgunder, Grauburgunder und Merlot, je 10% Riesling, Silvaner und Sauvignon Blanc, 3% übrige Sorten

Christian Bamberger arbeitet kontinuierlich an der Qualitätssteigerung seiner Weine. Und an Strategien gegen die Auswirkungen des Klimawandels. Gezielt hat er sich in Waldböckelheimer und Schlossböckelheimer Lagen die höchstgelegenen Parzellen gesichert. Er nutzt diese windoffenen und kühleren Rebflächen für eine lange Vegetationsperiode, um eine hohe physiologische Reife der Trauben zu erreichen. Im aktuellen Sortiment sind schon die Gutsweine empfehlenswert. Der Cabernet Rosé duftet nach hellen Kirschen und zeigt zarte Süße und feinen Schmelz. Die vitale Cuvée Sorgenfrei aus Riesling und Weißburgunder ist perfekt für heiße Sommertage. Schon der einfache Sauvignon Blanc zeigt exotische Noten, während der 2020er Fumé sich aromatische Anleihen aus den Tropen geholt hat: Thai Mango sowie reife Ananas dominieren, dazu kommt eine feine Säure. Die etwas dezentere Holzfassprägung im Vergleich zu den Vorjahren steht dem Wein hervorragend. Der Grauburgunder Vulkangestein probiert sich sehr dicht und saftig mit cremigem Abgang. Die 2020er Rotweine gehören erneut zur Spitzengruppe an der Nahe. Ein sehr schönes, glänzendes Rot, hellfruchtig mit würzigem Kern, das ist der Spätburgunder Gutswein. Der Vulkanstein ist etwas dichter und dunkelfruchtig, hier mischen sich zarte Heidelbeernoten mit feiner Kirschfrucht. Der komplexeste Spätburgunder ist der „QX", harmonisch, mit eleganter Barriquenote und feinem Gerbstoff. Die Cuvée „R" Reserve mit ihrer tiefdunklen Farbe, dem Duft von reifen Kirschen und Brombeeren, interpretiert den internationalen Stil auf vorbildliche Weise.

**84** 2021 Riesling & Weißburgunder Sorgenfrei trocken
**8,90 €** | 11 %

**85** 2021 Silvaner trocken Ü30
**8,90 €** | 12,5%

**85** 2021 Scheurebe trocken Don't be shy
**8,90 €** | 12,5%

**86** 2021 Sauvignon Blanc trocken
**9,90 €** | 13 %

**86** 2020 Grauburgunder trocken Vulkangestein
**15 €** | 13,5%

**88** 2020 Sauvignon Blanc trocken Fumé
**15 €** | 13 %

**85** 2021 Cabernet Rosé trocken Lichtblick
**8,90 €** | 12,5%

**85** 2020 Spätburgunder trocken
**9,90 €** | 13 %

**88** 2020 Cuvée „S" Superior trocken
**18 €** | 14 %

**88** 2020 Spätburgunder trocken Vulkanstein
**20 €** | 13 %

**89** 2020 Cuvée „R" Reserve trocken
**30 €** | 14 %

**89** 2020 Spätburgunder trocken „QX"
**35 €** | 13,5%

★★★

## BAMBERGER

Bamberger Wein- und Sektgut
55566 Meddersheim · Römerstraße 10
Tel. (06751) 2624 · Fax 2141
kontakt@weingut-bamberger.de
**www.weingut-bamberger.de**

**Inhaber/in und Betriebsleitung** Heiko Bamberger
**Keller** Heiko Bamberger

**Rebfläche** 15 Hektar
**Jahresproduktion** 100 000 Flaschen
**Beste Lagen** Monzinger Frühlingsplätzchen, Meddersheimer Altenberg und Rheingrafenberg
**Boden** Rotliegendes und Quarzit, durchsetzt von Schiefer
**Rebsorten** 55% Riesling, 35% Burgundersorten, 10% übrige Sorten
**Erlebenswert** Vinothek, eigene Sektproduktion mit Rüttelkeller, Holzfasskeller, Meddersheimer Weinsicht (kleine Wanderroute ca. 1 Stunde)
**Mitglied** Fair'n Green, Vinissima, Verband traditioneller Sektmacher e.V.

Der Sparkling-Meister von der Nahe. Neu in Heiko Bambergers Portfolio ist der Pet Nat, wunderbar klar gearbeitet, schöne Frische, mild in der Säure. Auch die einfachen Sekte bringen schon eine hohe Qualität ins Glas, etwa der zartgliedrige Blanc de Blanc. Schön trocken und zupackend der Riesling Brut nature mit Zitrusnoten und frühreifem Kernobst. Sehr fein der Rosé Brut nature mit seinem Duft nach hellen Blüten und reifen Himbeeren, eine fein ziselierte Säure macht ihn wunderbar frisch. Die Grande Reserve Decade von 2011 zeigt, was mit Rieslingsekt möglich ist: komplex mit wunderbar cremiger Perlage. Ebenfalls großartig die etwas opulenter und barocker wirkende 2013er Pinot Grande Reserve mit hefiger Würze, reifem Apfel und cremig milder Säure. Aber Heiko Bamberger kann auch Stillwein. Schlank mit leichter Mineralität der Altenberg, offener und tiefgründiger mit Grip am Gaumen das Frühlingsplätzchen. Aufschlussreich ist der Vergleich der beiden Altenberg Reserve: Der 2021er ist noch jugendlich und schlank mit feiner Säure, ebenfalls jahrgangstypisch der 2018er mit etwas mehr Speck auf den Rippen und beginnender Reife. Auch der Rheingrafenberg Grauburgunder überzeugt mit Noten von Guave und zartrauchigen Kräuternoten. Nachhaltigkeit ist hier Trumpf: Vor nunmehr fünf Jahren wurde das Gut von Heiko und Ute Bamberger durch Fair'n Green zertifiziert.

bamberger

WEIN SEKT GUT

**86** 2020 Blanc de Blanc Brut Tradition
**14,20 €** | 12 %

**87** 2021 Pet Nat
**12,50 €** | 11 %

**87** 2016 Riesling Brut nature Reserve Prestige
**19,90 €** | 12,5%

**89** 2017 Pinot Rosé Brut nature Reserve Prestige
**19,90 €** | 12,5%

**90** 2013 Pinot Brut nature Grande Reserve
**34,50 €** | 13 %

**90** 2011 Riesling Brut nature Grande Reserve Decade
**72,50 €** | 13 %

**87** 2021 Meddersheimer Altenberg Riesling trocken
**11,50 €** | 12 %

**87** 2021 Meddersheimer Altenberg Riesling trocken Reserve
**18,50 €** | 12,5%

**88** 2021 Monzinger Frühlingsplätzchen Riesling trocken
**11,50 €** | 12 %

**88** 2021 Meddersheimer Rheingrafenberg Grauburgunder trocken
**14,50 €** | 12,5%

**88** 2018 Meddersheimer Altenberg Riesling trocken Reserve
**18 €** | 13 %

**88** 2018 Meddersheimer Altenberg Spätburgunder trocken Reserve
**21 €** | 14 %

★½

## BARTH

Hotelweingut Barth
55590 Meisenheim · Lindenallee 23
Tel. (06753) 5477 · Fax 124849
hotelweingut-barth@t-online.de
**www.hotelweingut-barth.de**

**Inhaber/in und Betriebsleitung**
Gregor Barth

Erneut stellt Gregor Barth handwerklich klar gearbeitete Weine vor. Die Rieslinge zeigen unterschiedliche Ausprägungen. Beim Rehborner Herrenberg Hochgewächs dominiert saftige Steinobst-Frucht. Etwas herber fällt die Edition Alina mit etwas Pampelmuse aus. Gradlinig und lebendig wirken die alten Reben aus dem Roxheimer Berg. Bei den Burgundern ist die saftige Trilogie aus Auxerrois, Weißburgunder und Grauburgunder ein schöner Einstieg. Präsente Frucht zeigt der Grauburgunder, der Weißburgunder hingegen nussige Noten. Zum Weingut im idyllischen Meisenheim gehört ein Hotel mit zwölf Zimmern sowie ein Restaurant mit gehobener Küche.

**85** 2021 Burgunder-Trilogie trocken
**8,40 €** | 12 %

**85** 2021 Riesling trocken Edition Alina
**9,20 €** | 12 %

**86** 2021 Raumbacher Schwalbennest Grauburgunder trocken „S"
**11 €** | 12,5%

**86** 2021 Raumbacher Schlossberg Weißburgunder trocken „S"
**11,20 €** | 13 %

**86** 2021 Raumbacher Schwalbennest Riesling trocken „S"
**11,50 €** | 12,5%

**87** 2021 Roxheimer Berg Riesling trocken Erstes Gewächs
**14 €** | 12,5%

**85** 2021 Rehborner Herrenberg Riesling Hochgewächs
**7,80 €** | 10,5%

**85** 2020 Raumbacher Schwalbennest Spätburgunder trocken Barrique
**12,90 €** | 14,5%

**86** 2020 Raumbacher Schwalbennest Frühburgunder trocken
**14,50 €** | 14 %

**86** 2020 Meisenheimer Obere Heimbach Pinot Noir trocken
**15 €** | 14,5%

★★½

## BEISIEGEL

Weingut Beisiegel
55595 Traisen · Hauptstraße 8
Tel. (0671) 34336 · Fax 34327
info@weingut-beisiegel.de
**www.weingut-beisiegel.de**

**Inhaber/in** Walter Beisiegel
**Keller** Alexander Beisiegel

Eine Kollektion aus einem Guss präsentierte Alexander Beisiegel aus Traisen. Schon der Riesling Liter zeigt die klassische Nahe-Stilistik: animierend und klar. Auch die anderen Rieslinge machen Spaß. Unser Favorit ist der steinige Rotenfels mit feinwürzig-wildem Duft, schlank und mineralisch. Wer es ein wenig kraftvoller mag, greift zum Nonnengarten. Der Kreuznacher Muskateller gefällt mit Aromen von Mirabellen, und der Sauvignon Blanc ist mit feiner Cassis-Note alles andere als vorlaut - eine tolle Palette zu Preisen, bei denen der Genießer fast schon ein schlechtes Gewissen bekommen muss.

**84** 2021 Traisener Grauburgunder trocken
**6,50 €** | 13 %

**85** 2021 Riesling Liter trocken
**4,60 €** | 12 %

**85** 2021 Kreuznacher Gelber Muskateller trocken
**6,50 €** | 12 %

**85** 2021 Traisener Kickelskopf Riesling trocken
**6,50 €** | 12 %

**86** 2020 Traisener Sauvignon Blanc trocken
**6,50 €** | 12,5%

**86** 2021 Traisener Nonnengarten Riesling trocken
**7,50 €** | 12,5%

**87** 2021 Traisener Rotenfels Riesling trocken
**6,50 €** | 12 %

**87** 2020 Traisener Rotenfels Grauburgunder trocken sur lie
**9,80 €** | 13,5%

**86** 2019 Merlot & Cabernet Sauvignon trocken „Cuvée 4"
**9,80 €** | 14 %

**86** 2018 Norheimer Onkelchen Pinot Noir trocken Reserve
**19 €** | 14 %

★★½

## BICKING & BICKING

Bicking & Bicking
55595 Wallhausen · Hauptstraße 33
Tel. (06706) 279 · Fax 8531
weingut@bickingundbicking.de
**www.bickingundbicking.de**

**Inhaber/in und Betriebsleitung**
Lukas und Achim Bicking
**Keller** Lukas Bicking
**Außenbetrieb** Achim Bicking

Nach ihrem tollen Einstieg im vergangenen Jahr legen Lukas und Achim Bicking nach. Die 2021er Gutsweine bewegen sich durchweg auf sehr gutem Niveau. Der Grauburgunder ist wild und würzig, ein Wein mit elegant verpackter Kraft. Jahrgangstypisch ist der Sauvignon Blanc mit grünlichem Touch, schlank und fordernd der feinsaftige Riesling mit Blütenduft. Zur 2020er Riesling-Reihe gehört der an Limettenschale erinnernde Wallhäuser Ortswein, der würzige Riesling vom Schiefer wirkt zugänglicher. Die Highlights sind Felseneck und Pastorenberg. Die Bicking-Brüder haben in nur wenigen Jahren einen Biobetrieb geschaffen, mit 50 Prozent Rieslinganteil und einem Rebenalter von bis zu 60 Jahren.

**83** 2021 Cuvée Brüderchen trocken
**8,20 €** | 11,5%

**84** 2021 Sauvignon Blanc trocken
**9,30 €** | 11 %

**85** 2021 Grauburgunder trocken
**9,30 €** | 13 %

**85** 2021 Riesling trocken
**9,30 €** | 11,8%

**85** 2021 Weißburgunder trocken
**9,30 €** | 12,5%

**85** 2020 Wallhäuser Riesling trocken Alte Reben
**13,70 €** | 12,5%

**86** 2020 Wallhäuser Riesling trocken vom Schiefer
**13,70 €** | 12 %

**86** 2020 Cuvée Blanc de Blanc trocken
**14,90 €** | 13 %

**87** 2020 Wallhäuser Felseneck Riesling trocken
**19,90 €** | 12 %

**88** 2020 Wallhäuser Pastorenberg Riesling trocken
**19,90 €** | 12,5%

★★½

## CLOSHEIM

Weingut Closheim
55450 Langenlonsheim · Naheweinstraße 97
Tel. (06704) 1314 · Fax 1516
info@anetteclosheim.de
**www.anetteclosheim.de**

**Inhaber/in und Betriebsleitung** Familie Closheim
**Keller** Anette und Philipp Closheim

**Rebfläche** 15 Hektar
**Jahresproduktion** 110 000 Flaschen
**Beste Lagen** Langenlonsheimer Löhrer Berg und Königsschild, Bretzenheimer Pastorei
**Boden** Muschelkalk, Löss, Ton, Rotliegendes
**Rebsorten** 70% weiße Sorten (Riesling, Weißburgunder, Grauburgunder, Chardonnay, Sauvignon Blanc, Scheurebe, Müller-Thurgau), 30% rote Sorten (Dornfelder, Spätburgunder, Portugieser, Cabernet Franc, Cabernet Dorsa, Merlot)
**Erlebenswert** Vinothek „Tradition trifft Moderne“
**Mitglied** Vinissima

Anette Closheim entwickelt sich immer mehr zur Spezialistin für Sauvignon Blanc. Bereits der Einstieg gelingt ihr mit dem zupackenden und leicht exotischen Savvy hervorragend. Nahezu perfekt hat sie die Eigenschaften der Rebsorte mit dem Jahrgang in Einklang gebracht beim ernsthaften Maturis. Der offenbart eine wunderbar reife Frucht von Cassis und Stachelbeeren und ist am Gaumen lang anhaltend. Der Loirista stammt aus dem Jahrgang 2020 und steht für einen anderen Stil, mit mehr Körper und Schmelz, ein spannender Essensbegleiter. Der Rosista ist ein Rosé mit Anklängen von Erdbeere und etwas Johannisbeere. Beim Riesling gibt sich der Löhrer Berg sehr offen mit Kernobstnoten, während der 2020er Mont Solis aus dem Guldentaler Sonnenberg in seine erste Reifephase startet. Anette Closheim hat auch ihre Expertise für Rotweine weiterentwickelt. Das spürt man etwa beim 2018er Meilenstein, einer sehr dunkelfruchtigen Cuvée mit Aromen von Brombeeren und Kirsche sowie zupackendem Gerbstoff. Zwei 2019er Pinot Noirs runden die Palette ab: Der „einfache“ mit feiner Holznote, ein eher leichter und transparenter Typ mit präsenter Säure. Der Pinot Noir Reserve dann mit deutlicher Holzprägung, etwas Gerbstoff und guter Pinotfrucht. Die Weine probiert man stilvoll in der Vinothek, wo sich Tradition und Moderne treffen: Ein Kubus aus Glas mit stilisierten Rebranken aus Stahl geht hier mit traditionellem Fachwerk und komplett freigelegter Holzbalkenstruktur eine ungewöhnliche Verbindung ein.

anetteclosheim

**85** 2021 Weißburgunder trocken mit Freunden
**8,80 €** | 12,5%

**86** 2021 Sauvignon Blanc trocken Savvy
**9,80 €** | 12,5%

**86** 2021 Langenlonsheimer Löhrer Berg Riesling trocken
**12,90 €** | 12,5%

**86** 2021 Langenlonsheimer Königsschild Weißburgunder trocken
**12,90 €** | 13 %

**87** 2020 Guldentaler Sonnenberg Riesling trocken Mont Solis
**16 €** | 12 %

**88** 2021 Sauvignon Blanc trocken Maturis
**14 €** | 12,5%

**88** 2020 Sauvignon Blanc trocken Loirista
**16 €** | 13,5%

**85** 2021 Merlot & Spätburgunder Rosé trocken Rosista
**14,90 €** | 12,5%

**86** 2019 Cuvée Rot trocken
**9,20 €** | 13 %

**86** 2019 Pinot Noir trocken
**18,50 €** | 13 %

**88** 2018 Cuvée Meilenstein trocken
**20 €** | 14 %

**88** 2019 Pinot Noir trocken Reserve
**25 €** | 13 %

## CRUSIUS

Weingut Dr. Crusius
55595 Traisen · Hauptstraße 2
Tel. (0671) 33953 · Fax 28219
info@weingut-crusius.de
**www.weingut-crusius.de**

**Inhaber/in und Betriebsleitung**
Dr. Peter Crusius
**Keller** Rebecca und Peter Crusius

**Historie** Familie urkundlich seit 1576 in Traisen als Schultheißen und Weinbauern ansässig
**Rebfläche** 30 Hektar
**Beste Lagen** Traiser Bastei und Rotenfels, Schlossböckelheimer Felsenberg und Kupfergrube, Niederhäuser Felsensteyer, Norheimer Kirschheck
**Boden** vulkanisch und Schieferverwitterung, kiesiger Lehm
**Rebsorten** 55% Riesling, 25% weiße Burgundersorten, 5% Spät- und Frühburgunder, 15% übrige Sorten
**Erlebenswert** Gewölbekeller von 1890, mediterraner Innenhof
**Mitglied** VDP, Generation Riesling

Durch die Übernahme von acht Hektar in Bad Münster, an der Ostseite des Rotenfels-Massivs und in den Schlossböckelheimer Spitzenlagen Felsenberg und Kupfergrube, ist Crusius auf 30 Hektar gewachsen.. Vor allem besitzt der Betrieb nun mindestens zwei Drittel der Traiser Bastei, dieser einzigartigen Lage am Fuße der höchsten Steilwand nördlich der Alpen. Rebecca Crusius hat nun mit dem 2021er den dritten Jahrgang vorgestellt, seit sie im Betrieb die Verantwortung übernommen hat. Vater Peter Crusius steht ihr aber noch mit Rat und Tat zur Seite. Zwei unterschiedliche weiße Burgunder hat sie präsentiert. Zum einen ist dies der Weißburgunder Kaffel, feinfruchtig, offen und schmeichelnd, mit gutem Volumen. Daneben steht die Cuvée Weißburgunder & Chardonnay RC, die mit deutlicher Holznote und leichten Reduktionstönen einen moderneren Burgunder-Stil verkörpert.

**Substanz und Balance**

Der große Rest ist Riesling. Es gibt zwei schöne Ortsweine, den Riesling vom Fels, mit klarer, sauberer Frucht und Grip. Daneben steht der Schlossböckelheimer, deutlich dunkler und würziger in der Nase, am Gaumen schlank mit heller Fruchtaromatik und salziger Mineralität. Bei den Erste-Lage-Weinen fällt der Rotenfels etwas milder in der Säure aus, die Frucht ist bereits offen und präsent. Auch der Kirschheck überzeugt mit feinem Saft und deutlich gelbfruchtigen Noten. Der Felsensteyer dagegen wirkt etwas kühler, erinnert eher an Apfel und endet mit einem feinen Bitterton, der dem Wein Länge gibt. Top of the Rock, der Wein aus Trauben vom Vulkanboden, zeigt gute Substanz, ist kühl balanciert und hat Potenzial. Bei den Großen Gewächsen zeigt sich der Felsenberg im klassischen Crusius-Stil mit klarem gelben Pfirsich und guter Substanz, ein wenig abgestimmt mit zarter Restsüße. Eher weich und mit feinem Schmelz präsentiert sich der konzentrierte Mühlberg. Der Steinberg wirkt gegen die Vorgänger etwas kühler, mit angedeuteten Noten von Physalis und Zitrusfrüchten. Die Bastei hingegen probiert sich mit herber Würze und Tiefgang. Wunderbar mineralisch, mit leichten Reduktionsnoten, die schön eingebunden sind und nicht aufgesetzt wirken, setzt sich die wilde und kräutrige Kupfergrube an die Spitze der Reihe. Bei den Edelsüßen sticht die Auslese Goldkapsel aus der Bastei hervor, mit konzentrierter Rieslingfrucht, Pfirsich und einem langen Finish.

DR. CRUSIUS
WEINGUT

★★½

## DISIBODENBERG

Weingut Disibodenberg
55571 Odernheim · Am Disibodenberg 1
Tel. (06753) 12377843 · Fax 320
mail@weingut-disibodenberg.de
**www.weingut-disibodenberg.de**

**Inhaber/in** Christian Held und Partner
**Betriebsleitung** Thomas Zenz
**Keller** Thomas Zenz
**Außenbetrieb** Thomas Zenz

**Rebfläche** 22 Hektar
**Jahresproduktion** 130 000 Flaschen
**Beste Lagen** Odernheimer Kloster Disibodenberg, Montfort (Monopol), Kapellenberg, Langenberg
**Boden** Tonschiefer- und Sandsteinverwitterung
**Rebsorten** 38% Riesling, 21% Spätburgunder, 16% Grauburgunder, 8% Weißburgunder, 4% Frühburgunder, je 3% Sauvignon Blanc und Chardonnay, 2% Gewürztraminer, 5% übrige Sorten
**Erlebenswert** Vinothek im Adelshof Boos von Waldeck, Meisenheim

Dies ist wirklich ein „Lucky Punch". Kurz vor Weihnachten 2019 brachten die Erntehelfer bei minus zehn Grad ein Gemisch von gefrorenen Äpfeln und Eisweintrauben ins Kelterhaus - und was daraus geworden ist, macht richtig Spaß: wunderbar reintönige Apfelnote, herrlich balancierte Säure und ein feiner, cremiger Schmelz am Gaumen, ohne dass das Ganze zu süß wird. Ein gelungenes Projekt, das gerade in den Randgebieten der Nahe möglich ist, wo Streuobstwiesen noch vorhanden sind und gepflegt werden. Zurück zum reinen Wein: Feinfruchtig mit Noten von Erdbeere und Kirsche probiert sich der Pinot Rosé Sekt. Der R'21 ist ein knackiger Einstieg für Riesling Fans, ebenfalls fordernd die Alten Reben vom Kloster Disibodenberg, mit kräutriger Herbe. Der Riesling u.b.F (die Abkürzung steht für „unser bestes Fass") zeigt deutliche Holzprägung und ist etwas offener in der Frucht. Die Burgunder zeigen wie immer ein gutes Entwicklungspotenzial. Unser Favorit in diesem Jahr ist die würzige Cuvée aus Chardonnay und Weißburgunder, wobei auch der cremige Grauburgunder überzeugen kann. Bei den 2020er Rotweinen zeigt der üppige Spätburgunder Amarena-Kirsche und Brombeere, der Frühburgunder wirkt etwas klarer und ist saftig. Das Weingut Disibodenberg, das im südlichen, der Nordpfalz zugewandten Teil der Nahe-Region zu Hause ist, hat seinen technischen Betrieb in Odernheim, am Fuß des Disibodenbergs. Probieren kann man die Weine am besten in einem alten, aufwendig restaurierten Adelshof im benachbarten Meisenheim.

WEINGUT DISIBODENBERG

**86** 2018 Odernheimer Montfort Spätburgunder Rosé Brut
**15,90 €** | 12,5%

**85** 2021 Riesling trocken R'21
**8,90 €** | 11,5%

**85** 2021 Weißburgunder trocken W'21
**8,90 €** | 11,5%

**86** 2020 Odernheimer Kloster Disibodenberg Riesling trocken Alte Reben
**18,90 €** | 12,5%

**86** 2020 Odernheimer Montfort Weißburgunder trocken Fass 334
**18,90 €** | 13 %

**87** 2020 Odernheimer Kapellenberg Grauburgunder trocken
**14,90 €** | 14 %

**87** 2020 Odernheimer Montfort Chardonnay & Weißburgunder trocken
**18,90 €** | 13,5%

**87** 2020 Odernheimer Kloster Disibodenberg Riesling trocken „ubF"
**28 €** | 13 %

**90** 2021 Odernheimer Kloster Disibodenberg Riesling Eiswein
**44 €** | 7,5%

**87** 2020 Odernheimer Langenberg Spätburgunder trocken
**18,90 €** | 12,5%

**87** 2020 Odernheimer Kapellenberg Frühburgunder trocken
**18,90 €** | 13,5%

★★★★★

## DÖNNHOFF

Weingut Hermann Dönnhoff
55585 Oberhausen · Bahnhofstraße 11
Tel. (06755) 263 · Fax 1067
weingut@doennhoff.com
**www.doennhoff.com**

**Inhaber/in und Betriebsleitung** Cornelius Dönnhoff
**Keller** Cornelius Dönnhoff

**Historie** Weinbau in der Familie seit 1750
**Rebfläche** 28 Hektar
**Jahresproduktion** 160 000 Flaschen
**Beste Lagen** Niederhäuser Hermannshöhle, Oberhäuser Brücke, Schlossböckelheimer Felsenberg, Norheimer Kirschheck und Dellchen, Roxheimer Höllenpfad, Niederhäuser Klamm
**Boden** Grauschiefer, Porphyr-, Melaphyr- und Vulkanverwitterung, roter Sandstein
**Rebsorten** 80% Riesling, 20% Weiß- und Grauburgunder
**Erlebenswert** herrlicher Blick auf die Spitzenlagen von Niederhausen und Schlossböckelheim
**Mitglied** VDP, Fair'n Green

Hier ist alles auf Top-Niveau. Schon beim Basiswein Riesling Tonschiefer schimmert die Mineralität der extrem dunklen Schieferböden durch. Der Niederhäuser Ortswein wird aus den Trauben der jungen Hermannshöhle-Reben erzeugt und bringt Orangenblüte sowie gelbfleischige Nektarinen in den Sinn. So gut er ist, an den Schlossböckelheimer kommt er nicht heran. Dies ist einer der besten Ortsweine des Jahrgangs, mit seiner Kühle und Eleganz, zarten Zitrusnoten und der steinig-mineralischen Art. Und dann die großen Gewächse! Saftig und zugänglich präsentiert sich der Kreuznacher Krötenpfuhl, die frische Säure sorgt für vitales Trinkvergnügen. Der Höllenpfad im Mühlenberg zeigt sich harmonisch mit zart schmeichelnder Frucht und mineralischem Grip, ein Charmeur. Der Felsenberg ist ein herrlich zupackender Wein mit steiniger Würze und Reflexen von grünem Apfel und Zitronatzitronen. Er klingt sehr lange nach. Eine noch größere Komplexität offenbart die Hermannshöhle. Schon im Duft ist sie ungemein tiefgründig und vielschichtig. Auf der einen Seite diese leicht rauchige Mineralität, perfekt abgestimmt mit gelbfruchtigen Reflexen, die an hellen Pfirsich erinnern. Am Gaumen dann diese Lebendigkeit, dieses Vibrieren, dabei kühl, klar und frisch - einer der großen trockenen Rieslinge des Jahrgangs.

### Feinfruchtige Kabinette

Frisch ist auch das passende Stichwort für die fruchtigen Kabinettweine. Es ist eine andere Stilistik als an der Mosel, man könnte sagen: feinfruchtig und animierend. Die Weine zeichnet eine klare Aromatik und jugendliche Leichtigkeit aus, die zum Genuss einlädt. Der Kabinett aus der Klamm zeigt Zitrusnoten und Pfirsich. Der Leistenberg wirkt noch etwas kühler, steiniger und schlanker. Bei den Spätlesen gibt sich die Brücke saftig und cremig balanciert, während die Hermannshöhle, noch etwas vielschichtiger und herrlich klar, mit feinem Säurezug überzeugt. Den besitzt auch die konzentrierte Auslese Goldkapsel. Hier spielen Maracuja, kandierte Yuzu und Grapefruit die Hauptrollen. Cornelius Dönnhoff stellt auch wieder gute weiße Burgunder vor. Der Grauburgunder „S" aus dem Stückfass zeigt eine leichte Holznote und feinen Schmelz. Der Chardonnay „S" erinnert an einen Kräuterstrauß und Zitrusfrüchte, während der Weißburgunder „S" ein tolles Gleichgewicht aus saftig-fruchtigem Körper und animierender Frische am Gaumen offenbart.

DÖNNHOFF

**86** 2021 Riesling trocken Tonschiefer
**14,90 €** | 12 %

**88** 2021 Grauburgunder trocken „S“
**23 €** | 13 %

**89** 2021 Roxheimer Höllenpfad Riesling trocken
**22,50 €** | 12,5%

**89** 2021 Weißburgunder trocken „S“
**23 €** | 13 %

**89** 2021 Chardonnay trocken „S“
**23 €** | 13 %

**89** 2021 Niederhäuser Riesling trocken
**Preis auf Anfrage** | 12 %

**91** 2021 Kreuznacher Krötenpfuhl Riesling Großes Gewächs
**36 €** | 12,5%

**91** 2021 Schloßböckelheimer Riesling trocken
**Preis auf Anfrage** | 12 %

**92** 2021 Roxheimer Höllenpfad Im Mühlenberg Riesling Großes Gewächs
**36 €** | 13 %

**93** 2021 Schlossböckelheimer Felsenberg Riesling Großes Gewächs
**47 €** | 13 %

**94** 2021 Norheimer Dellchen Riesling Großes Gewächs
**54 €** | 13 %

**96** 2021 Niederhäuser Hermannshöhle Riesling Großes Gewächs
**58,50 €** | 13 % TOP 10

**89** 2021 Niederhäuser Klamm Riesling Kabinett
**16 €** | 9 %

**90** 2021 Oberhäuser Leistenberg Riesling Kabinett
**16 €** | 8,5%

**93** 2021 Oberhäuser Brücke Riesling Spätlese
**27,50 €** | 8,5%

**96** 2021 Niederhäuser Hermannshöhle Riesling Spätlese
**32,50 €** | 8,5% TOP 10

**95** 2021 Niederhäuser Hermannshöhle Riesling Auslese Goldkapsel
**29 €/0,375 Lit.** | 8 %

★✯

## EDELBERG

Weingut Edelberg
55627 Weiler bei Monzingen
Gonratherhof 3
Tel. (06754) 224 · Fax 945881
info@weingut-edelberg.de
**www.weingut-edelberg.de**

**Inhaber/in und Betriebsleitung**
Peter und Michael Ebert

Wieder eine durchgängig gelungene Kollektion der Brüder Peter und Michael Ebert vom Gonrather Hof in der Nähe von Weiler bei Monzingen. Der Weißburgunder probiert sich offen und duftig und erinnert fast an Muskateller. Der Grauburgunder wirkt eher kraftvolll mit Kernobstnote. Die Rieslinge dieses Hauses sind eine Bank. Bereits der Liter ist ein toller Einstieg. Der Rotliegende kommt mit Rieslingfrucht und feiner Herbe. Der Vulkanstein ist etwas vielschichtiger, hat mineralische Anklänge und feinen Säurezug. Der Rheingrafenberg erinnert an reifen roten Apfel, während die alten Reben aus dem Herrenzehntel floraler und kräftiger rüberkommen. Ein echter „Animateur“ ist der rotruchtige Rosé mit Erdbeernote und wunderbarer Frische. Hier geht noch mehr!

**84** 2021 Riesling Liter trocken
**6 €/1 Lit.** | 12 %

**84** 2021 Weißburgunder trocken
**8 €** | 13 %

**84** 2021 Grauburgunder trocken
**8,20 €** | 13 %

**85** 2021 Riesling trocken Rotliegendes
**8,20 €** | 12,5%

**85** 2021 Gelber Muskateller trocken
**9,20 €** | 12,5%

**86** 2021 Riesling trocken Vulkanstein
**9,80 €** | 12,5%

**86** 2021 Meddersheimer Rheingrafenberg Riesling trocken S
**14,50 €** | 12,5%

**87** 2021 Weilerer Herrenzehntel Riesling trocken Alte Reben
**18 €** | 13 %

**84** 2021 Gelber Muskateller
**9,20 €** | 8 %

**85** 2021 Cuvée Rosé feinherb
**7,70 €** | 11,5%

★★☆

## EMMERICH-KOEBERNIK

Weingut Emmerich-Koebernik
55596 Waldböckelheim · Hauptstraße 44
Tel. (06758) 426
weingut@emmerich-koebernik.de
**www.emmerich-koebernik.de**

**Inhaber/in und Betriebsleitung** Doris, Ernst Günter und Christiane Koebernik
**Keller** Christiane Koebernik
**Außenbetrieb** Ernst Günter Koebernik

Christiane Koebernik versteht es, animierende Weine zu erzeugen. Wir probierten eine durchweg stimmige Kollektion. Dazu gehört der wunderbare Grauburgunder vom Rotliegenden, der es schafft, seine Herkunft mit feiner Würze auszudrücken, zusätzlich zur klassischen Grauburgunderfrucht. Erneut gelungen zeigt sich der Riesling Böcklein im animierenden Stil mit vibrierender Säure – ein fruchtiger Wein, den man gerne mit Freunden trinkt. Die feinfruchtige Cuvée von Grau- und Weißburgunder ist diesmal etwas zarter ausgefallen und, durchaus jahrgangstypisch, eher etwas kühler. Bereits offen und geradezu einladend präsentiert sich der Riesling Tonschiefer mit jugendlichen Aromen von Aprikose und der eleganten Frische des 2021er Jahrgangs.

**83** 2021 Grauburgunder trocken
**7,80 €** | 12,5%

**84** 2020 Bock auf Riesling trocken
**9,60 €** | 12,5%

**85** 2021 Grauburgunder trocken vom Rotliegenden
**9,60 €** | 12,5%

**86** 2021 Riesling trocken vom Tonschiefer
**9,60 €** | 12,5%

**85** 2021 Bock auf Weiß & Grau feinherb
**9,60 €** | 13%

**86** 2021 Riesling Das Böcklein
**9,60 €** | 10,5%

**86** 2021 Riesling vom Tonschiefer
**9,60 €** | 10%

**83** 2021 St. Laurent Rosé feinherb
**7,30 €** | 11%

**84** 2020 Spätburgunder vom Lösslehm trocken
**9,60 €** | 12,5%

★★★★★

## EMRICH-SCHÖNLEBER

Weingut Emrich-Schönleber
55569 Monzingen · Soonwaldstraße 10a
Tel. (06751) 2733 · Fax 4864
weingut@emrich-schoenleber.de
**www.emrich-schoenleber.de**

**Inhaber/in und Betriebsleitung** Frank Schönleber
**Keller** Frank Schönleber
**Rebfläche** 20 Hektar
**Jahresproduktion** 140 000 Flaschen
**Beste Lagen** Auf der Ley, Halenberg und Frühlingsplätzchen
**Boden** Gemisch aus verschiedenen Schieferarten und Quarzit
**Rebsorten** 86% Riesling, 7% Grauburgunder, 5% Weißburgunder, 2% Müller-Thurgau
**Mitglied** VDP

Frank Schönleber stellt eine Serie vor, bei der nahezu keine Schwäche zu erkennen ist. Bereits der Gutsriesling ist seriös, fest und klar. Der Lenz ist ein richtiger Spaßmacher, mit seiner angedeuteten Restsüße passt er perfekt zum kühlen Jahrgang 2021, der Wein ist animierend mit seiner verspielten Pfirsichnote. Überaus einladend ist der Mineral, er zeigt tolles Spiel in der Nase aus steinigen Noten und fruchtigen Anklängen. Auf der nächsthöheren Ebene dann der Frühtau, tiefgründiger, zunächst floral mit Anklang von grünen Kräutern, alles ist harmonisch gewachsen, nichts wirkt hier gebastelt. Der Halgans führt die Grapefruit im Schild, die man in diesem Jahr immer wieder in den Weinen findet, dazu ist er würzig, dicht und unglaublich lang. Den Durchbruch schafft für uns in diesem Jahr der Niederberg aus der Ersten Lage. In den letzten beiden Jahren häufig noch etwas schwerfällig, ohne die letzte Brillanz, lässt ihn der 2021er Jahrgang strahlen. Kühle Mineralität, zarte

Frucht, schlank, zupackend und erst am Beginn seiner Entwicklung. Wir sind gespannt, was aus diesem Weinberg in den kommenden Jahren noch zu erwarten ist.

**Eine Klasse für sich**

Die Großen Gewächse sind wieder einmal eine Klasse für sich. Sehr feingliedrig präsentiert sich das Frühlingsplätzchen, in der Nase die typische Kräuterwürze, etwas Apfel und Fenchelblüte. Am Gaumen ist der Wein schwebend elegant, aber dennoch mit dem nötigen Punch. Tolle Balance und fein ziselierte Säure. Der Halenberg hat in diesem Jahr die Nase für uns wieder leicht vorne, durch eine Idee mehr an Dichte und Tiefe. Er ist salzig, steinig, herb und dennoch fein, dabei zupackend. Die Mineralität ist sehr konzentriert, kaum Frucht, etwas Eisenkraut, dazu Zitrus und eine dunkle würzige Note, die an Tabak erinnert. Großes Kino. Der Versteigerungswein Auf der Ley ist ein charmanter Charakter mit etwas mehr Saft als der Halenberg und laserscharfer Säure.

**Idealer Speisenbegleiter**

Erstmals gibt es einen Kabinett aus dem Niederberg: saftig, fein, Orangenblüte, tolle Frische. Die Halenberg Spätlese probiert sich sehr harmonisch. Die Auslese ist ein würziger Typ, der die Mineralität schön transportiert. An der Spitze steht ein großartiger Eiswein mit Noten von Ananas, Mango und gedörrten Aprikosen, feingliedriger lebendiger Säure und zarter Cremigkeit dank feinster Konzentration. Auch die weißen Burgunderweine sind sehr stimmig. Insbesondere der dichte und kompakte 2019er Grauburgunder „R" ist ein idealer Speisenbegleiter, ganz ohne kitschige Frucht.

Emrich-Schönleber

**86** 2021 Riesling trocken
**9,90 €** | 12 %

**86** 2021 Grauburgunder trocken „S"
**15,50 €** | 13 %

**87** 2021 Weißburgunder trocken „S"
**16,50 €** | 13 %

**88** 2021 Riesling trocken Mineral
**15,50 €** | 12 %

**89** 2021 Monzinger Riesling trocken Frühtau
**18,50 €** | 12 %

**90** 2021 Monzinger Riesling trocken Halgans
**20 €** | 12 %

**90** 2019 Grauburgunder trocken „R"
**36 €** | 13,5%

**92** 2021 Monzinger Niederberg Riesling trocken
**28 €** | 12,5%

**93** 2021 Monzinger Auf der Ley Riesling VDP.Großes Gewächs
12,5% **AUKTION**

**94** 2021 Monzinger Frühlingsplätzchen Riesling VDP.Großes Gewächs
**45 €** | 12,5%

**95** 2021 Monzinger Halenberg Riesling VDP.Großes Gewächs
**49 €** | 12,5%

**89** 2021 Monzinger Riesling Kabinett
**15 €** | 9 %

**91** 2021 Monzinger Niederberg Riesling Kabinett
**20 €** | 9 %

**92** 2021 Monzinger Halenberg Riesling Spätlese
**24 €** | 8,5%

**93** 2021 Monzinger Halenberg Riesling Auslese
**34 €** | 7,5%

**95** 2021 Monzinger Frühlingsplätzchen Riesling Eiswein
**95 €** | 6,5%

**87** 2021 Riesling Lenz
**11,50 €** | 11,5%

**93** 2018 Monzinger Halenberg Riesling „R"
**45 €** | 13 %

## ENK

Weingut Enk
55452 Dorsheim · Weinbergstraße 13
Tel. (06721) 45470 · Fax 47884
info@weingut-theo-enk.de
**www.weingut-theo-enk.de**

**Inhaber/in und Betriebsleitung**
Steffen Enk
**Keller** Steffen Enk
**Historie** Weinbau in der vierten Generation
**Rebfläche** 12 Hektar
**Jahresproduktion** 160 000 Flaschen
**Beste Lagen** Dorsheimer Goldloch, Laubenheimer Karthäuser und Fuchsen
**Boden** kiesiger Lehm, steiniger Kies, mit Lehm versetzt, Schiefer
**Rebsorten** 35% Riesling, 20% Grauburgunder, je 10% Weißburgunder und Spätburgunder, je 5% Dornfelder, Kerner, Portugieser, Scheurebe und Silvaner

Die Burgundersorten spielen in diesem Zwölf-Hektar-Betrieb in Dorsheim an der sogenannten unteren Nahe eine große Rolle. Dazu gehört auch der Chardonnay S, der mit viel Frucht sowie Aromen von Litschi und zarter Süße aufwartet. Der Grauburgunder Florian hingegen ist ein saftiger Wein, mit sehr deutlicher Holznote und wirkt am Gaumen etwas herb. Harmonischer eingebunden ist das Holz bei der Cuvée Felix aus Grau- und Weißburgunder, die zudem mit einem zart-süßen Finish ausklingt. Ansonsten gibt im Jahrgang 2021 der Riesling den Ton an. Jahrgangsbedingt etwas schlanker ausgefallen ist diesmal der Laubenheimer Karthäuser, der über eine schöne Grapefruitnote verfügt. Die weist auch der Laubenheimer Fuchsen Mariage auf, der Wein wirkt aber in der Frucht dezenter und geht aromatisch eher in die Kräuter-Richtung. Aus der Paradelage Dorsheimer Goldloch kommt ein trockener Riesling, der sich im Vergleich zum Laubenheimer etwas saftiger und mit mehr Vielschichtigkeit präsentiert. Bester Wein der Kollektion ist der Riesling Kabinett aus dem Goldloch, ein eher leichtfüßiger und feinfruchtiger Vertreter.

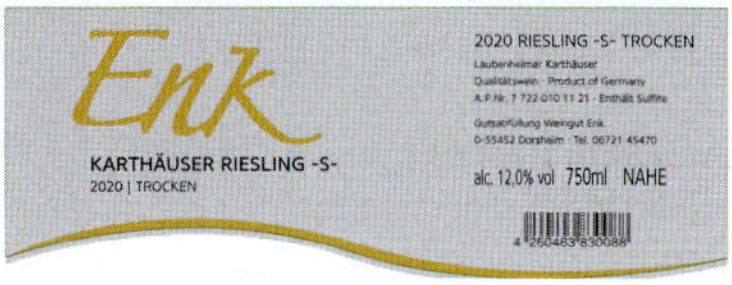


**83** 2021 Chardonnay trocken S
**11,90 €** | 13 %

**84** 2021 Laubenheimer Karthäuser Riesling trocken S
**9,50 €** | 12,5%

**84** 2021 Grauburgunder trocken Florian
**10,20 €** | 14 %

**85** 2021 Laubenheimer Fuchsen Riesling trocken Mariage IV
**9,50 €** | 12,5%

**85** 2021 Grauburgunder & Weißburgunder trocken Felix
**10,20 €** | 14 %

**86** 2021 Dorsheimer Goldloch Riesling trocken
**13,80 €** | 12 %

**84** 2021 Dorsheimer Goldloch Riesling feinherb
**9,50 €** | 11,5%

**85** 2021 Dorsheimer Goldloch Riesling Kabinett
**8,80 €** | 8,5%

**85** 2020 Laubenheimer Karthäuser Spätburgunder trocken
**13,80 €** | 14,5%

★★

## FORSTER

Weingut Forster
55452 Rümmelsheim · Burg Layer Straße 20
Tel. (06721) 45123 · Fax 498777
mail@weingutforster.de
**www.weingutforster.de**

**Inhaber/in** Familie Forster
**Keller** Johannes Forster
**Außenbetrieb** Georg Forster

**Historie** relativ junges Weingut, Hofstelle Ende der 1930er Jahre erbaut, neue Vinothek seit 2021
**Rebfläche** 22 Hektar
**Jahresproduktion** 80 000 Flaschen
**Beste Lagen** Dorsheimer Goldloch, Burg Layer Hölle, Burg Layer Schlossberg
**Boden** Rotliegendes, Lösslehm, Schieferverwitterung, roter Schiefer, Kies
**Rebsorten** 40% Riesling, 10% Weißburgunder, 7% Spät- und Frühburgunder, 5% Scheurebe, 3% Grauburgunder, 35% übrige Sorten
**Mitglied** Ecovin

Seit 28 Jahren schon gibt es Biowein bei Forsters in Rümmelsheim, unweit von Bingen. Und die Familie bleibt sich treu und erzeugt mehr denn je sehr eigenständige Rieslinge. Schon der 2021er Gutswein spielt seine Stärken aus. Er ist saftig, schlank und erinnert an Pfirsich und Zitrusfrüchte. Alle anderen trockenen Rieslinge sind aus dem Jahrgang 2020. Familie Forster gibt ihren Weinen eben Zeit, bis sie auf die Flasche kommen. Und so setzt beim Riesling vom Kies, der Aromen von getrockneten Apfelchips verströmt, eine erste, ganz leichte Reife ein, was ihn nur noch attraktiver macht. Sehr eigenständig, nach schwarzen Johannisbeeren duftend, präsentiert sich der Riesling vom roten Schiefer. Die Serie der sogenannten Abenteuer-Weine ist eine Truppe von Individualisten. Der Seefahrer schippert schlank und fein daher, mit zart grünen Aromen von Limetten und Apfelblüte. Ebenfalls schlank, mit dem Aroma von feinster Zitronencreme und zart cremigem Mundgefühl, erfrischt der Wüstenwanderer, nicht nur auf der Reise. Und der Bergsteiger punktet mit guter innerer Dichte, feinen Fruchtanklängen nach Pomelo und gelbem Steinobst, eine Art „Gipfelstürmer". Ebenfalls gelungen ist der Weißburgunder Gutswein, ein eleganter Tropfen mit leichter Quittennote. Der Rosé Himmelsstürmer ist ein passender Speisebegleiter oder er absolviert als Terrassenwein seine Höhenflüge. In diesem Biobetrieb an der unteren Nahe gibt man den Weinen Zeit und bringt nicht hektisch einen neuen Jahrgang nach dem anderen auf den Markt. Die Weine sind nicht so sehr von der Frucht getrieben, vielmehr überzeugen ihre mineralische Art und feine Reife.

**84** 2021 Weißburgunder trocken
**8,50 €** | 12,5%

**85** 2021 Riesling trocken
**8,50 €** | 12,5%

**86** 2020 Riesling trocken vom Kies
**11 €** | 11,5%

**86** 2020 Riesling trocken Seefahrer
**14,50 €** | 11 %

**86** 2020 Riesling trocken Wüstenwanderer
**14,50 €** | 11 %

**86** 2020 Grauburgunder trocken Reserve
**15 €** | 14,5%

**87** 2020 Riesling trocken vom roten Schiefer
**11 €** | 12 %

**88** 2020 Riesling trocken Bergsteiger
**14,50 €** | 12,5%

**84** 2021 Riesling feinherb
**8,50 €** | 11,5%

**85** 2020 Spätburgunder Rosé trocken Himmelsstürmer
**14,50 €** | 13 %

**85** 2018 Spätburgunder trocken vom Kies
**11 €** | 15 %

**87** 2020 Frühburgunder trocken vom Quarzit
**11 €** | 14,5%

★

## FRANZMANN

Weingut Franzmann
55585 Niederhausen · Winzerstraße 20
Tel. (06758) 6768
info@Weingut-Franzmann.de
**www.weingut-franzmann.de**

**Inhaber/in und Betriebsleitung**
Horst Franzmann
**Keller** Gregor Franzmann
**Außenbetrieb** Horst Franzmann

Eine stimmige Kollektion mit Fokus auf Riesling. Ganz vorn die noch etwas verschlossene Hermannshöhle Goldkapsel, etwas präsenter mit Kräutern und Mineralität der Felsensteyer Alte Reben. Wer mehr Frucht sucht, ist beim Riesling vom Schiefer richtig: Nektarine und Orangenschale. Saftig probiert sich die feinherbe Rosenheck Spätlese, animierend und frisch fällt der Kabinett aus. Bei den Roten überrascht der dunkelfruchtige Regent, samtig und mit feinem Holzeinsatz.

**83** 2021 Niederhäuser Riesling trocken vom Schiefer
**6,30 €** | 12,5%

**84** 2021 Niederhäuser Klamm Riesling trocken In allen Ehren
**7 €** | 12,5%

**85** 2021 Niederhäuser Felsensteyer Riesling trocken Alte Reben
**6,50 €** | 12,5%

**86** 2021 Niederhäuser Hermannshöhle Riesling trocken Goldkapsel
**9 €** | 12,5%

**84** 2021 Niederhäuser Rosenheck Riesling Spätlese feinherb
**6,50 €** | 10,5%

**85** 2021 Niederhäuser Klamm Riesling Kabinett
**7 €** | 9,5%

**85** 2021 Niederhäuser Klamm Riesling Spätlese
**7,50 €** | 8,5%

**85** 2018 Niederhäuser Klamm Spätburgunder trocken Barrique Goldkapsel
**12 €** | 14%

**86** 2019 Niederhäuser Pfaffenstein Regent trocken Barrique
**9,50 €** | 13%

★✫

## GABELMANN

Weingut Sebastian Gabelmann
55585 Niederhausen · Schulstraße 11
Tel. (06758) 8004070 · Fax 8004070
hallo@gabelmann.wine
**www.gabelmann.wine**

**Inhaber/in und Betriebsleitung**
Sebastian Gabelmann
**Keller** Sebastian Gabelmann

Es ist jetzt zehn Jahre her, dass Sebastian Gabelmann den Entschluss fasste, ein Weingut zu gründen. Fündig wurde er schließlich in Niederhausen, wo er ein altes Försterhaus renovierte und 2013 loslegte. Vom Jahrgang 2021 stellt er eine durchweg ansprechende Kollektion vor. Der Chardonnay gefällt uns gut, mit Aromen von Zitrusfrüchten und mit feinem Schmelz zeigt er sich harmonisch und balanciert. Im Weißburgunder dominieren Noten von gelbem Apfel, und er ist mit feiner Süße abgestimmt. Der Riesling Gutswein wiederum präsentiert sich etwas cremig, mit zartherben Noten im Finish. Beim Weißburgunder Ortswein aus den Niederhäuser Lagen strömt der Duft von weißen Blüten aus dem Glas, mit zarten Anklängen von frischer Ananas. Der Riesling aus dem Niederhäuser Felsensteyer schließlich probiert sich frisch und saftig, leicht mineralisch, und erinnert in der Aromatik an den Tellerpfirsich Paraguayo.

**83** 2021 Waldböckelheimer Grauburgunder trocken
**9,80 €** | 13%

**84** 2021 Chardonnay trocken
**6,90 €** | 12,5%

**84** 2021 Riesling trocken
**6,90 €** | 13%

**84** 2021 Weißburgunder trocken
**6,90 €** | 12,5%

**85** 2021 Niederhäuser Weißburgunder trocken
**9,80 €** | 13%

**87** 2021 Niederhäuser Felsensteyer Riesling trocken
**14,90 €** | 12,5%

★★

## GÄLWEILER

Weingut Albert Gälweiler GbR
55595 Sankt Katharinen · Mühlenstraße 6
Tel. (06706) 405 · Fax 6786
info@gaelweiler-wein.de
**www.gaelweiler-wein.de**

**Inhaber/in und Betriebsleitung** Andreas und Dr. Leo Gälweiler
**Keller** Andreas Gälweiler

**Rebfläche** 25 Hektar
**Jahresproduktion** 150 000 Flaschen
**Beste Lagen** Roxheimer Höllenpfad und Berg, Wallhäuser Johannisberg, Kreuznacher Kahlenberg und Osterhöll
**Boden** Rotliegendes Konglomerat, roter Buntsandstein, Flussschotterterrassen, sandig-kiesiger Lehm
**Rebsorten** 25% Grauburgunder, 20% Riesling, 15% Spätburgunder, 9% Weißburgunder, je 5% Scheurebe und Sauvignon Blanc, 21% übrige Sorten

Seit Jahren schon zeigen die Brüder Andreas und Leo Gälweiler beispielhaft, dass die Basis für eine gelungene Kollektion starke Gutsweine sind. Und das beginnt durchaus schon mit der Literqualität. Und durchaus auch mit einer vermeintlich so einfachen Sorte wie dem Rivaner. Der ist in diesem Gut im kleinen St. Katharinen wunderbar harmonisch mit feinem Duft. Er zeigt leicht florale Noten, dazu Birne und Mirabelle, ist saftig und fein. Die Gutsweine sind hier durch die Bank tolle Weine für jeden Tag, mit einem großartigen Preis-Genuss-Verhältnis. Die Scheurebe ist im Jahrgang 2021 etwas kräftiger, mit packender Würze, während der Auxerrois auf der fruchtigen Seite zu Hause ist, bei ihm macht sich gelber Apfel bemerkbar. Der Grauburgunder probiert sich cremig und erinnert an reife Birnen. Der Sauvignon Blanc St. Catharina gibt sich jahrgangstypisch kühl, geprägt von grünen Paprikanoten. Der Ortsriesling wiederum ist stimmig und sehr ausgewogen. Der 2020er Grauburgunder St. Catharina ist kraftvoll, mit schmeckbarem Holz und buttrigem Schmelz. Der Riesling aus dem Wallhäuser Johannisberg steht an der Spitze, mit seiner feinsaftigen Art und einem zart schmelzenden Abgang. Der 2020er Spätburgunder St. Catharina kommt mit wunderschönem Waldbeeraroma, der 2019er Roxheimer Berg Pinot Noir mit etwas mehr Holzwürze, Vanille und reifen Kirschen. Das neue Kellerwirtschaftsgebäude mit moderner Traubenannahme und schonender Weiterverarbeitung sowie einem unterirdischen Holzfasskeller ist fertiggestellt. Die Rekultivierung alter Rebflächen in den Steillagen im Roxheimer Berg und Roxheimer Höllenpfad geht weiter. Hier stehen die Zeichen für die Zukunft auf weitere Steigerung der Qualität.

**84** 2021 Grauburgunder trocken
**8,40 €** | 13 %

**85** 2021 Rivaner Liter trocken
**6 €/1 Lit.** | 12,5%

**85** 2021 Scheurebe trocken
**8,40 €** | 12,5%

**85** 2021 Auxerrois trocken
**9 €** | 12,5%

**86** 2021 Sauvignon Blanc trocken St. Catharina
**9,50 €** | 12 %

**86** 2020 Grauburgunder trocken St. Catharina
**11,30 €** | 14 %

**86** 2020 Souvignier Gris Landwein trocken Gegenstück
**11,80 €** | 13,5%

**87** 2021 Riesling vom roten Sandstein trocken St. Catharina
**9,50 €** | 12,5%

**88** 2021 Wallhäuser Johannisberg Riesling trocken
**15,30 €** | 12 %

**84** 2021 Guts-Riesling
**8,20 €** | 12 %

**86** 2020 Spätburgunder trocken St. Catharina
**9,80 €** | 13 %

**87** 2019 Roxheimer Berg Pinot Noir trocken
**19,80 €** | 13,5%

★★☆

## GEMÜNDEN

Weingut Gemünden
55545 Bad Kreuznach · Brückes 33
Tel. (0671) 27925 · Fax 4820090
info@weingut-gemuenden.de
**www.weingut-gemuenden.de**

**Inhaber/in und Betriebsleitung** Daniel Gemünden
**Keller** Daniel Gemünden
**Außenbetrieb** Andreas Gemünden

Daniel Gemünden verfügt mittlerweile über 35 Hektar Weinberge und hat seinen Betrieb unter den besten in Bad Kreuznach etabliert. Wir probierten eine abwechslungsreiche Reihe, wobei Lagenunterschiede und unterschiedliche Stile zunehmend deutlich herausgearbeitet werden. Diese Entwicklung zeigt sich insbesondere beim Riesling, wobei der Forst zum Zeitpunkt der Verkostung etwas reduzierter wirkte gegenüber dem Brückes, der recht offen mit Aprikosenduft daherkommt. Deutlich würziger, mit Anklängen von frischen Tabakblättern und zarter Rieslingfrucht, ist der Nature ausgefallen. Gelungen sind der Chardonnay sowie die ungewöhnliche Cuvée Whakapapa mit Noten von Ananas und Mango. So kann es weitergehen.

**83** 2021 Silvaner trocken
**7,60 €** | 12,5%

**84** 2021 Riesling trocken
**7,60 €** | 12%

**84** 2021 Weißburgunder trocken
**8,60 €** | 13%

**84** 2021 Scheurebe trocken
**8,80 €** | 12,5%

**85** 2021 Cabernet Blanc & Silvaner trocken Whakapapa
**8,80 €** | 12,5%

**85** 2021 Kreuznacher Forst Riesling trocken
**12 €** | 12,5%

**86** 2021 Chardonnay trocken
**9,80 €** | 12,5%

**86** 2021 Kreuznacher Brückes Riesling trocken
**12 €** | 12,5%

**87** 2021 Riesling trocken Nature
**15,20 €** | 12,5%

**87** 2021 Riesling Auslese
**28 €** | 8,5%

★★

## GENHEIMER KILTZ

Weingut Genheimer Kiltz
55595 Gutenberg · Zum Sportfeld 6
Tel. (06706) 8633 · Fax 6319
info@genheimer-kiltz.de
**www.genheimer-kiltz.de**

**Inhaber/in** Georg, Gerlinde und Harald Kiltz
**Betriebsleitung** Harald Kiltz
**Keller** Harald Kiltz
**Außenbetrieb** Harald Kiltz und Gerlinde Kiltz

**Historie** in dritter Generation mit Fokus auf Weinbau, seit 20 Jahren spezialisiert auf die Rebsorte Sauvignon Blanc
**Rebfläche** 15 Hektar
**Jahresproduktion** 115 000 Flaschen
**Beste Lagen** Kreuznacher Narrenkappe und Forst, Gutenberger Schlossberg und Felseneck
**Boden** Lösslehm mit Naheschotter, Rotliegendes
**Rebsorten** 49% Sauvignon Blanc, 23% Grau- und Weißburgunder, 10% Riesling, 8% Spätburgunder, 10% übrige Sorten

In diesem Jahr probierten wir erstmals drei historische Rebsorten aus der Vintage-Linie, die das Weingut neuerdings im Anbau hat und die interessante Weine ergeben. Der Adelfränkisch zeigt sich gelbfruchtig mit gutem Rückgrat, wobei er durch seine feine Säure in guter Balance gehalten wird. Der Grünfränkisch spielt eher mit exotischen Noten und erinnert im Bukett ein wenig an Kerner. Mit milder Säure und hellen Steinobstnoten präsentiert sich der Gelbe Kleinberger, der früher an der Nahe gerne im Mischsatz mit Silvaner, Elbling und Riesling stand. Dieses spannende Projekt lenkt aber nicht davon ab, dass dieses Gut in der Nähe von Bad Kreuznach vor allem für seine großartigen Sauvignon Blancs bekannt ist. Sehr gut gefallen hat uns in diesem Jahr die Variante aus dem Römerberg, der von Familie Kiltz größtenteils mit französischen Klonen bepflanzt wurde. Im Duft des Weins zeigen exotische Früchten wie Passionsfrucht und zart grüne Noten. Mit toller Struktur und Fülle präsentiert sich der etwas dezentere Felseneck, bei dem man auf eine italienische Klonselektion vertraut. Würzig, klar und mit zarter Kräuternote steht für uns das Gutenberger Naturkind in diesem Jahr knapp an der Spitze einer sehr gelungenen Kollektion.

★★½

## GÖTTELMANN

Weingut Göttelmann
55424 Münster-Sarmsheim · Rheinstraße 77
Tel. (06721) 43775 · Fax 42605
goettelmannWein@aol.com
**www.goettelmann-wein.de**

**Inhaber/in** Ruth Göttelmann-Blessing und Götz Blessing

**Historie** Weingut in Familienbesitz seit 1880
**Rebfläche** 14 Hektar
**Jahresproduktion** 90 000 Flaschen
**Beste Lagen** Münsterer Dautenpflänzer, Kapellenberg, Pittersberg und Rheinberg
**Boden** Schieferverwitterung, Löss
**Rebsorten** 60% Riesling, 30% Burgundersorten, 10% übrige Sorten
**Gastronomie** eigener Weingarten von März bis November

Wir haben uns in all den Jahren so daran gewöhnt, Götz Blessing ausschließlich als Erzeuger sehr guter Rieslinge zu sehen, die ja immerhin auch auf 60 Prozent der Rebfläche wachsen. Doch diesmal müssen wir auch einen Chardonnay erwähnen. Es ist ein feinwürziger Wein mit präsenter Frucht und einem kräftigen Abgang und damit ein ganz anderer Typ Wein in diesem Betrieb, der sonst eher für filigrane Gewächse steht. Zu dieser Kategorie gehört etwa der Riesling vom Schwarzen Schiefer. Es ist ein wunderbar schnörkelloser Wein, zupackend und karg. Der Rote Schiefer wirkt dagegen etwas „braver", mit mehr Saftigkeit und Fruchtspiel. Der Riesling aus dem Münsterer Dautenpflänzer wird getragen von grünen Kräutern, vor allem Minze ist wahrnehmbar. Mit Eleganz und zarter Struktur ist der Le Mur aus dem Kapellenberg ausgestattet, die Limettentöne sind fein verwoben. Die Kollektion wird gekrönt von zwei großartigen fruchtigen Rieslingen. Da ist zum einen die tolle Spätlese aus dem Rheinberg mit Anklängen von Passionsfrucht, etwas Zitrus und Mineralität. Ebenfalls ausgezeichnet gelungen ist die saftige und fast viskos wirkende Auslese, ein konzentrierter Stoff mit herrlich reintöniger Aprikosenfrucht. Die schmucke Straußwirtschaft der Blessings ist seit vielen Jahren eine der beliebtesten an der Nahe - und der ideale Ort, um die sehr kundenfreundlich kalkulierten Weine des Guts zu verkosten.

**84** 2021 Grauburgunder trocken Terrassenkies
**7,30 €** | 12,5%

**85** 2021 Sauvignon Blanc trocken
**8,20 €** | 12,5%

**86** 2021 Kreuznacher Narrenkappe Sauvignon Blanc trocken Beste Lagen
**14 €** | 12,5%

**87** 2021 Gutenberger Römerberg Sauvignon Blanc trocken Beste Lagen
**10,50 €** | 13 %

**87** 2021 Gutenberger Felseneck Sauvignon Blanc trocken Beste Lagen
**17 €** | 12,5%

**88** 2021 Sauvignon Blanc trocken Gutenberger Naturkind
**14 €** | 12,5%

**84** 2021 Vintage Gelber Kleinberger
**14 €** | 12,5%

**86** 2021 Vintage Grünfränkisch
**14 €** | 13 %

**86** 2021 Vintage Adelfränkisch
**14 €** | 13,5%

**85** 2019 Spätburgunder trocken
**7,90 €** | 13 %

**86** 2020 Gutenberger Felseneck Pinot Noir trocken Beste Lagen
**12 €** | 13 %

**87** 2019 Gutenberger Schlossberg Pinot Noir trocken Beste Lagen
**24 €** | 13,5%

**84** 2021 Münsterer Spätburgunder Blanc de Noirs trocken
**8,10 €** | 12 % BEST BUY

**85** 2021 Münsterer Sauvignon blanc trocken
**7,80 €** | 12,5%

**85** 2021 Münsterer Chardonnay trocken
**9,20 €** | 13,5%

**86** 2021 Münsterer Pittersberg Riesling trocken
**7,80 €** | 11,5%

**86** 2021 Münsterer Riesling trocken vom Schwarzen Schiefer
**8,80 €** | 12 %

**86** 2021 Münsterer Riesling trocken vom Roten Schiefer
**9,20 €** | 12 %

**87** 2021 Münsterer Dautenpflänzer Riesling trocken
**11 €** | 12,5%

**88** 2021 Münsterer Kapellenberg Riesling trocken Le Mur
**13,20 €** | 12,5%

**85** 2021 Münsterer Riesling Kabinett
**6,50 €** | 7,5%

**89** 2021 Münsterer Rheinberg Riesling Spätlese
**9,20 €** | 7,5%

**90** 2021 Münsterer Kapellenberg Riesling Auslese
**18,90 €/0,5 Lit.** | 7,5%

★

## GROSSARTH

Weingut Grossarth
55571 Odernheim · Staudernheimerstr. 8
Tel. (06755) 223
weingut@grossarth.de
**www.grossarth.de**

**Inhaber/in und Betriebsleitung**
Daniel Grossarth
**Keller** Daniel Grossarth
**Außenbetrieb** Daniel Grossarth

Das Weingut Grossarth stellt diesmal nur einen kleinen Ausschnitt seiner Produktion aus zwei Jahrgängen vor. Dazu gehört ein sehr sortentypischer 2021er Bacchus mit ausgewogener Restsüße, Aprikosenduft und angedeuteten exotischen Noten. Ein Wein, der zum nächsten Schluck animiert. Die knackige Säure beim 2021er Sauvignon Blanc wird durch eine zarte Süße eingefangen. Bester Wein ist wieder einmal der trockene Riesling „S" vom Disibodenberg , diesmal aus dem Jahrgang 2020. Er hat seine Frische behalten und überzeugt mit feingliedrigem Duft. Etwas rustikaler wirkt der feinherbe 2020er Hildegardweg mit schöner Rieslingfrucht und leichter Herbe, die die Restsüße in guter Balance halten. Daniel Grossarth in Odernheim gehört zu den wenigen Winzern, die im südlichen, der Nordpfalz zugeneigten Teil der Naheregion noch den Weinbau pflegen, zum großen Teil in Steillagen. Er ist seit 2003 im elterlichen Betrieb, seit 2017 ist er Inhaber und Betriebsleiter. Der Riesling ist hier dominant und stellt 60 Prozent der Reben. Insgesamt sind derzeit sieben Hektar im Ertrag.

**83** 2021 Sauvignon Blanc trocken
**7,50 €** | 12 %

**85** 2020 Kloster Disibodenberg Riesling trocken „S"
**7,90 €** | 12,5%

**83** 2020 Riesling feinherb vom Hildegardweg
**6,30 €** | 12,5%

**84** 2021 Bacchus
**6,20 €** | 10 %

★

## HAAS

Weingut Johannes Haas
55450 Langenlonsheim
Naheweinstraße 147
Tel. (06704) 1243 · Fax 1445
info@weingut-haas.de
**www.weingut-haas.de**

**Inhaber/in und Betriebsleitung**
Thomas Haas
**Keller** Julian Haas, Dirk Niedecken
**Außenbetrieb** Rüdiger Mayer

Familie Haas präsentiert erneut eine solide Kollektion. Empfehlenswert ist etwa der Sauvignon Blanc mit grasigen Noten, ein erfrischender Tropfen für warme Sommertage. Ansonsten überzeugt vor allem der Riesling: vom Gutswein in der Literflasche, hellfruchtig und mit zarter Süße spielend, bis zum seriösen Königsschild Muschelkalk mit seiner zitrusfrischen Mineralität. Die Burgunderweine des Juniors sind diesmal nicht ganz so holzgeprägt, was ihnen guttut. Dieses Familiengut liegt im Herzen Langenlonsheims. Thomas Haas führt den Zehn-Hektar-Betrieb in dritter Generation, Sohn Julian hat nun auch offiziell den Keller übernommen.

**83** 2021 Silvaner Liter trocken
**5,90 €/1 Lit.** | 12 %

**84** 2021 Riesling Liter trocken
**6,50 €/1 Lit.** | 12,5%

**84** 2021 Langenlonsheimer Sauvignon Blanc trocken
**7,50 €** | 12,5%

**84** 2021 Langenlonsheimer Grauer Burgunder trocken
**7,50 €** | 13 %

**84** 2021 Langenlonsheimer Chardonnay trocken
**7,50 €** | 13 %

**84** 2021 Langenlonsheimer Steinchen Grauburgunder trocken Alte Reben
**9,80 €** | 13 %

**85** 2021 Laubenheimer Krone Riesling trocken Neuzeit
**8,90 €** | 13,5%

**86** 2021 Langenlonsheimer Königsschild Riesling trocken vom Muschelkalk
**8,90 €** | 12,5%

**86** 2021 Langenlonsheimer Königsschild Riesling Kabinett feinherb
**7,50 €** | 10 %

★★★

## HAHNMÜHLE

Weingut Hahnmühle
67822 Mannweiler-Cölln · Alsenzstraße 25
Tel. (06362) 993099 · Fax 4466
info@weingut-hahnmuehle.de
**www.weingut-hahnmuehle.de**

**Inhaber/in** Familie Linxweiler
**Keller** Johannes Linxweiler
**Außenbetrieb** Peter Linxweiler

**Historie** Weingut, eine ehemalige Getreidemühle aus dem 13. Jahrhundert, seit 100 Jahren in Familienbesitz. Seit 1986 Biobetrieb, zählt zu den Vorreitern des ökologischen Nahe-Weinbaus
**Rebfläche** 14 Hektar
**Jahresproduktion** 90 000 Flaschen
**Beste Lagen** Oberndorfer Beutelstein, Oberndorfer Aspenberg, Alsenzer Elkersberg, Ebernburger Schlossberg
**Boden** Porphyr, Sandstein- und Schieferverwitterung
**Rebsorten** 50% Riesling, 20% Grau- und Weißburgunder, 20% Silvaner, 5% Roter Traminer, 5% Spätburgunder
**Mitglied** Naturland, La Renaissance des Appellations

Es ist hier, in einem Seitental der Nahe, nicht selbstverständlich, dass die Trauben in einem kühlen Jahr die nötige Reife erreichen. Zum Einstieg gibt sich der Blaue Silvaner ganz ungeschminkt, kompakt und von angenehm milder Säure begleitet. Der Gemischte Satz aus dem Rosenberg macht seinem Namen alle Ehre: feine Rosennote und zarter Schmelz am Gaumen. Mit guter Struktur bringt sich der Oberndorfer Weißburgunder ein, exotische Noten und Aprikose, mit einem cremigen Abgang. Bei den Rieslingen gibt es den Alten Wingert, mit etwas Guave und Zitruscreme. Großartig ist der 2021er Alisencia, feinwürzig, komplex, mit zarter Hefenote - ein traditioneller Stil ohne Schnörkel. Der Oberndorfer Aspenberg wird geprägt vom Aroma gelber Früchte, der Alsenzer Elkersberg ist konzentriert mit gutem Rückgrat. Der Ebernburger Schlossberg wiederum, präsentiert sich in der Jugend diesmal noch mit deutlich herben Noten im Finish, wir sind gespannt auf die Entwicklung. Dazu kommen tolle Süßweine vom Riesling. Der Eiswein mit messerscharfer Säure, elegant, filigran und klar. Ganz anders die Trockenbeerenauslese, mit hoher Viskosität, ebenfalls sehr klar, aber mit deutlich reiferer Aromatik, exotischen Noten sowie einem konzentrierten Pfirsicharoma. Solche Preziosen bekommt man höchst selten von einem Biobetrieb serviert. Bravo!

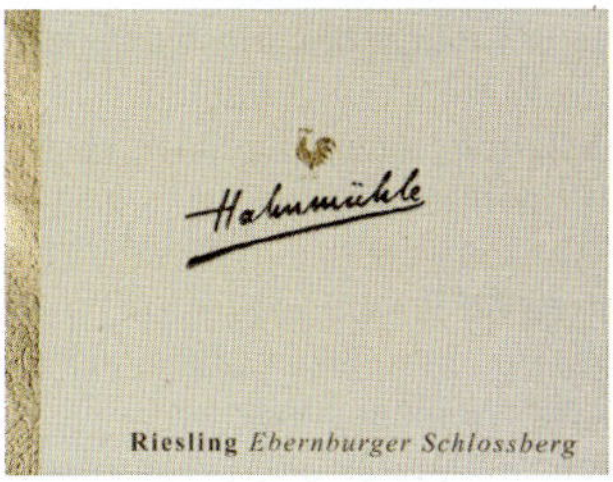


**84** 2021 Riesling trocken Alter Wingert
**9,50 €** | 13 %

**85** 2021 Blauer Silvaner trocken
**8,50 €** | 13 %

**85** 2021 Cöllner Rosenberg Riesling & Roter Traminer trocken
**10,50 €** | 13 %

**86** 2021 Steckweiler Mittelberg Riesling trocken Urgestein
**13 €** | 12,5%

**87** 2021 Oberndorfer Weißburgunder trocken
**12,50 €** | 13 %

**88** 2021 Alsenzer Elkersberg Riesling trocken
**19,50 €** | 13 %

**88** 2021 Ebernburger Schlossberg Riesling trocken
**23,50 €** | 13 %

**89** 2021 Riesling trocken Alisencia
**14,50 €** | 12,5%

**89** 2021 Oberndorfer Aspenberg Riesling trocken
**19,50 €** | 13 %

**92** 2021 Oberndorfer Beutelstein Riesling Beerenauslese
**Preis auf Anfrage** | 8 %

**94** 2021 Alsenzer Elkersberg Riesling Trockenbeerenauslese
**Preis auf Anfrage** | 6 %

**94** 2021 Alsenzer Elkersberg Riesling Eiswein
**Preis auf Anfrage** | 6 %

★★★

## HEES

Weingut Hees
55569 Auen · Zur feuchten Ecke 6
Tel. (06754) 373 · Fax 946925
info@heeswein.de
**www.heeswein.de**

**Inhaber/in und Betriebsleitung** Marcus Hees
**Keller** Marcus Hees
**Außenbetrieb** Marcus Hees

**Rebfläche** 12 Hektar
**Jahresproduktion** 75 000 Flaschen
**Beste Lagen** Auener Römerstich, Monzinger Halenberg
**Boden** Sandsteinverwitterung, Tonschiefer, Schiefer
**Rebsorten** 55% Riesling, 2
5% Weißburgunder, 10% Spätburgunder, 10% übrige Sorten
**Gastronomie** Landgasthof, Hotel „Zum Jäger aus Kurpfalz"
**Mitglied** Nahe Sieben

Erneut stellt Marcus Hees eine überzeugende Kollektion auf den Verkostungstisch. Der „Einzelkämpfer im Auenland", wie er sich selbst mit einem Schmunzeln bezeichnet, hat sich mittlerweile in der Spitzengruppe der Region etabliert. Erneut kann er tolle Gutsweine vorweisen. Der Weißburgunder wirkt zwar zart und fein, hat aber dennoch viel Charakter, ist animierend und harmonisch. Der Riesling braucht den Vergleich mit den Platzhirschen der Region nicht scheuen: sehr klar, fokussiert, schlank, mit feiner Struktur und klassischer Rieslingfrucht. Würzig-hefig, mit dunklem Kern präsentiert sich der Ortswein von der Auener Höhe. Er zeigt eine tolle Komplexität, die sich auch im Römerberg wiederfindet. Auch hier gibt es dunkle, hefewürzige Noten und eher Zurückhaltung in der Fruchtentwicklung. Dagegen wirkt der Halenberg heller und fruchtiger und erinnert ein wenig an Renekloden. Der Weißburgunder Ortswein zeigt Holz und etwas herbe Noten am Gaumen. Cremig weich mit feinem Schmelz präsentiert sich der reichhaltige Weißburgunder aus der Lage Römerberg. Die Serie wird abgerundet von einer gelungenen Riesling Auslese mit tropischen Anklängen und einem tollen Säurespiel. Die kleine Ortschaft. Auen, unweit von Monzingen, war auf der Weinlandkarte nahezu vergessen, bevor Marcus

Hees als junger Mann begann, Stück für Stück die steilen Weinberge in diesem kleinen Seitental der Nahe zu rekultivieren. Er ist ein akribischer Arbeiter in den Weinbergen, auch im Keller ist er stets nah an seinen Mosten. Spontangärung und ein langes Hefelager sind für ihn Grundpfeiler der Weinerzeugung, um die Mineralität der Tonschieferböden rund um seinen Heimatort noch mehr zum Klingen zu bringen. Wer das verträumte Örtchen Auen besucht, sollte nicht versäumen, im familieneigenen Gasthof einzukehren.

**88** 2021 Pétillant naturel
**15,50 €** | 12 %

**85** 2021 Weißburgunder trocken Steingewann
**9,90 €** | 12,5%

**86** 2021 Riesling trocken Steingewann
**9,90 €** | 12,5%

**86** 2021 Auener Höhe Weißburgunder trocken
**14,50 €** | 13 %

**87** 2020 Auener Römerstich Weißburgunder trocken
**22,90 €** | 13 %

**88** 2021 Auener Höhe Riesling trocken
**14,50 €** | 12,5%

**89** 2021 Monzinger Halenberg Riesling trocken
**22,90 €** | 12,5%

**91** 2021 Auener Römerstich Riesling trocken
**22,90 €** | 12,5%

**88** 2021 Auener Römerstich Riesling Kabinett
**13,50 €** | 9 %

**92** 2021 Auener Römerstich Riesling Auslese
**Preis auf Anfrage/0,375 Lit.** | 7,5%

★★★★

## HERMANNSBERG

Gut Hermannsberg
55585 Niederhausen · Ehemalige Weinbaudomäne
Tel. (06758) 92500 · Fax 925019
info@gut-hermannsberg.de
**www.gut-hermannsberg.de**

**Inhaber/in** Dr. Christine Dinse und Jens Reidel
**Betriebsleitung** Achim Kirchner, Karsten Peter, Jasper Reidel
**Keller** Karsten Peter
**Außenbetrieb** Philipp Wolf

**Historie** Gründung 1902 als königlich-preußische Weinbaudomäne
**Rebfläche** 30 Hektar
**Jahresproduktion** 150 000 Flaschen
**Beste Lagen** Niederhäuser Hermannsberg, Kertz und Steinberg, Schlossböckelheimer Kupfergrube und Felsenberg, Traiser Bastei, Altenbamberger Rotenberg
**Boden** Vulkanverwitterungsgestein Melaphyr, Porphyr, Rhyolith, Tonschiefer
**Rebsorten** 90% Riesling, 10% Weißburgunder
**Gastronomie** Restaurant mit schöner Terrasse, Gästehaus mit stilvollen Suiten
**Erlebenswert** Jugendstilgebäude mitten in den Weinbergen
**Mitglied** VDP, Fair'n Green

Die Übernahme dieses spektakulär an der mittleren Nahe gelegenen Gutes durch Christine Dinse und Jens Reidel hat sich als wahrer Glücksfall erwiesen. Die vor 120 Jahren als königlich-preußische Weinbaudomäne gegründete Anlage, mit den sie umgebenden Weinbergen, war doch sehr in die Jahre gekommen. Mit einem enormen Aufwand läuft eine grundlegende Restaurierung, die unschätzbare Werte deutscher Weinbaugeschichte zu erhalten hilft. Jedoch wird nicht nur in Gebäude und Weinberge investiert, sondern von Anfang an vor allem in die Weinqualität. Die war im Vorjahr so hoch wie noch nie und auch der Grund für unsere Auszeichnung „Winzer des Jahres" an Kellermeister Karsten Peter, der diesmal nahtlos an die herausragende Leistung des letzten Jahres anknüpfen konnte. Bereits der Gutsriesling 7 Terroirs überzeugt mit seiner herkunftstypischen Mineralität, ein großartiger Wein für jeden Tag. Mit dunkelwürziger Mineralität und reduzierter Frucht präsentiert sich der Niederhäuser Riesling vom Schiefer. Deutlich heller und verspielter, mit einer feinen Feuersteinnote, zeigt sich der Schlossböckelheimer Riesling vom Vulkan. Mit grünen Kräuternoten und in seiner Jugend noch ziemlich verschlossen kommt der Riesling Steinterrassen ins Glas.

**Jugendlich frisch**

Insgesamt sechs Große Gewächse aus drei verschiedenen Jahrgängen kommen dann auf den Tisch. Vielschichtig und mit zarter Herbe präsentiert sich der Steinberg. Er zeigt Anklänge von Grapefruit und Limettenschale. Dem Altenbamberger Rotenberg sollte man etwas Zeit geben. Der anfangs zurückhaltende Duft wird immer offener und offenbart dann florale Noten. Einen ganz anderen Charakter offenbart der würzige, reduktive und wilde Felsenberg. Die Bastei aus dem Jahr 2020 changiert zwischen fruchtigen Anklängen und kräftigen Noten, die ein wenig an Estragon erinnern. Von den Paradelagen Hermannsberg und Kupfergrube werden diesmal die 2017er GG Reserve gezeigt. Während der Hermannsberg erste Zeichen beginnender Reife aufweist und bereits zum Genuss einlädt, wirkt die Kupfergrube immer noch sehr jugendlich kühl und frisch. Und das im Alter von fünf Jahren, wo so manch anderer Wein längst seine besten Tage hinter sich hat. Typisch für Karsten Peter ist, dass viele seiner Weine ohne überbordende Frucht auskommen. Das merkt man auch bei der Kupfergrube, die eher mit fein ziselierter Mineralität und frischer Säurestruktur ausgestattet ist. Neben seiner Tätigkeit an der Nahe führt Karsten Peter inzwischen gemeinsam mit Ehefrau Anne das Weingut seiner Familie in Bad Dürkheim fort.

GUT HERMANNSBERG

**86** 2021 Riesling trocken 7 Terroirs
**12,90 €** | 12,5%

**87** 2021 Niederhäuser Riesling trocken vom Schiefer
**17,50 €** | 12,5%

**89** 2021 Schlossböckelheimer Riesling trocken vom Vulkan
**17,50 €** | 12,5%

**89** 2021 Riesling trocken Steinterrassen
**24 €** | 12,5%

**91** 2021 Altenbamberger Rotenberg Riesling VDP.Großes Gewächs
**29 €** | 12,5%

**91** 2021 Niederhäuser Steinberg Riesling VDP.Großes Gewächs
**34 €** | 12,5%

**92** 2021 Schlossböckelheimer Felsenberg Riesling VDP.Großes Gewächs
**45 €** | 12,5%

**92** 2017 Niederhäuser Hermannsberg Riesling VDP.Großes Gewächs Reserve
**55 €** | 13%

**92** 2020 Traiser Bastei Riesling VDP.Großes Gewächs Late Release
**60 €** | 12,5%

**93** 2017 Schlossböckelheimer Kupfergrube Riesling VDP.Großes Gewächs Reserve
**65 €** | 12,5%

**88** 2021 Altenbamberger Rotenberg Riesling Kabinett
**16,50 €** | 9,5%

**89** 2021 Niederhäuser Steinberg Riesling Spätlese
**19,90 €** | 8%

**92** 2021 Schlossböckelheimer Kupfergrube Riesling Auslese
7,5% **AUKTION**

★★★

## HEXAMER

Weingut Hexamer
55566 Meddersheim · Sobernheimer Str. 3
Tel. (06751) 2269
info@weingut-hexamer.de
**www.weingut-hexamer.de**

**Inhaber/in und Betriebsleitung**
Familie Hexamer
**Keller** Harald Hexamer, Manuel Eckes
**Außenbetrieb** Harald Hexamer, Evgeni Nozdrin

**Rebfläche** 33 Hektar
**Jahresproduktion** 260 000 Flaschen
**Beste Lagen** Meddersheimer Rheingrafenberg, Schlossböckelheimer In den Felsen
**Boden** Buntsandsteinverwitterung mit hohem Quarzitanteil (Meddersheim), vulkanische Porphyrverwitterung (Schloßböckelheim)
**Rebsorten** 70% Riesling, 10% Weißburgunder, 20% übrige Sorten (Grauburgunder, Sauvignon Blanc, Scheurebe, Spätburgunder, Frühburgunder)

Dieses 33-Hektar-Gut aus dem westlichen Teil des Anbaugebiets überzeugt Jahr für Jahr mit blitzsauberen Rieslingen. Bereits der Gutswein zeigt sich saftig und trinkanimierend. Harald Hexamer hat auch einige Weinberge an der mittleren Nahe in Schlossböckelheim. Der mineralische In den Felsen ist tiefgründig mit toller Balance. Etwas straffer und zupackender präsentiert sich der Königsfels, kühl mit frischer Säure. Ausgesprochen einladend wirkt der Rheingrafenberg Nr. 1 mit seinen Steinobstsorten in der Nase. Am Gaumen ist er schlank und komplex zugleich. Die Frucht erinnert an weißen Pfirsich. Mit deutlichem Restzucker ist der Kabinett ausgestattet. Die Spätlese offenbart reife Fruchtnoten, fast schon Anklänge von Exotik. Die Auslese aus dem Sobernheimer Domberg ist schlank und rassig mit feiner Säure. Hexamer ist ein ausgewiesener Spezialist für edelsüße Tropfen, was er diesmal mit zwei kurz vor Weihnachten gelesenen Eisweinen belegt. Der Meddersheimer Altenberg ist fein ziseliert, schlank, klar und frisch. Der Rheingrafenberg zeigt Anklänge von Rosinen, Schwarztee und kandierter Mango. Beide Weine gipfeln in einem cremigen Finale, das aber nicht sättigt, da insbesondere beim Rheingrafenberg eine sehr lebendige Säure die Leichtigkeit erhält. Der 2018er Spätburgunder spricht Rotweintrinker an, die es gerne etwas kräftiger mögen. Die Auslesequalität reifte drei Jahre in Barriques, die zum Teil aus gutseigener Eiche gefertigt wurden.

**84** 2021 Riesling trocken
**8,50 €** | 12 %

**85** 2021 Riesling trocken Eisendell Südseite
**9,50 €** | 12 %

**87** 2021 Schlossböckelheimer In den Felsen Riesling trocken
**11,50 €** | 12,5%

**88** 2021 Schlossböckelheimer Königsfels Riesling trocken
**11,50 €** | 12 %

**90** 2021 Meddersheimer Rheingrafenberg Riesling trocken Nr. 1
**22,80 €** | 12 %

**85** 2021 Riesling feinherb Porphyr
**9,50 €** | 11,5%

**87** 2021 Meddersheimer Altenberg Riesling Kabinett
**10,80 €** | 8,5%

**88** 2021 Meddersheimer Altenberg Riesling Spätlese
**18,80 €** | 7,5%

**90** 2021 Sobernheimer Domberg Riesling Auslese minus 5 Grad
**22 €/0,375 Lit.** | 7,5%

**93** 2021 Meddersheimer Altenberg Riesling Eiswein
**52 €/0,375 Lit.** | 6 %

**93** 2021 Meddersheimer Rheingrafenberg Riesling Eiswein
**66 €** | 6 %

**85** 2018 Spätburgunder trocken Nr. 1
**24,50 €** | 15,5%

## HONRATH

Weingut Honrath
55450 Langenlonsheim
Obere Grabenstraße 2
Tel. (06704) 729 · Fax 717
info@weingut-honrath.de
**www.weingut-honrath.de**

**Inhaber/in und Betriebsleitung** Clemens und Christian Honrath
**Keller** Christian Honrath
**Außenbetrieb** Clemens Honrath

**Rebfläche** 7 Hektar
**Jahresproduktion** 45 000 Flaschen
**Beste Lagen** Langenlonsheimer Rothenberg, Löhrer Berg und Königsschild
**Boden** roter Buntsandstein, Muschelkalk, Kies, Löss
**Rebsorten** 50% Riesling, 30% Burgunder, 10% Scheurebe, 10% übrige Sorten
**Gastronomie** eigenes Gästehaus und Wohnmobilstellplatz direkt am Weingut

Ein schöner Einstieg in die aktuelle Kollektion ist der leuchtende Rosé vom Spätburgunder, mit seinem wunderschön strahlenden, hellen Rot im Glas. Der Wein ist nicht zu duftig, sondern wirkt dezent und fein. Und deshalb macht er auch nicht so schnell satt, wie dies bei so manch anderen Rosés der fetteren Art der Fall ist. Von Honraths Rosé bestellt man gerne auch ein zweites Glas. Ähnlich ausgewogen probiert sich die weiß gekelterte Variante, der Spätburgunder Blanc de Noir. Immer wieder erwähnenswert ist in diesem Langenlonsheimer Gut der Müller-Thurgau, mit seiner feinen Frucht von Apfel und Marille, hinzu kommt die rebsortentypische würzige Muskatnote. Bis auf den kraftvollen Grauburgunder, mit seinem zarten Schmelz, sind alle Weine aus dem aktuellen Jahrgang sehr leicht im Alkohol. Das gilt zumal für die Rieslinge, die in diesem Gut immerhin die Hälfte der Weinberge besetzen. An der Spitze der trockenen Reihe steht zum einen der Königsschild, zupackend kernig mit deutlichen Zitrusnoten. Der etwas präsentere Rothenberg zeigt feines Spiel und Aromen von reifen Mangos. Eine erfrischende Alternative ist der feinherbe Riesling, der sich eher zart und schlank und mit feiner Süße vorstellt. Auch die feinherbe Scheurebe in ihrer fruchtigen und eleganten Art ist empfehlenswert. Ein Gästehaus und ein Wohnmobil-Stellplatz direkt am Weingut runden das Angebot ab.

**84** 2021 Müller-Thurgau trocken Herr Müller
**6,50 €** | 11,5%

**85** 2021 Riesling trocken Löss
**7,50 €** | 12%

**85** 2021 Spätburgunder Blanc de Noir trocken
**7,50 €** | 11,5% **BEST BUY**

**86** 2021 Grauer Burgunder trocken
**7,50 €** | 13%

**87** 2021 Langenlonsheimer Königsschild Riesling trocken
**9,80 €** | 12,5%

**88** 2021 Langenlonsheimer Rothenberg Riesling trocken
**12,50 €** | 12,5%

**84** 2021 Langenlonsheimer Weißer Burgunder feinherb
**6,50 €** | 11,5%

**85** 2021 Scheurebe feinherb
**6,50 €** | 10%

**86** 2021 Riesling feinherb
**6,50 €** | 11,5%

**85** 2021 Spätburgunder Rosé trocken
**6 €** | 11%

★★★½

## KAUER

Weingut Gebrüder Kauer
55452 Windesheim · Bruchgasse 15
Tel. (06707) 255 · Fax 517
info@kauerwein.de
**www.kauerwein.de**

**Inhaber/in und Betriebsleitung**
Christoph und Markus Kauer
**Keller** Christoph Kauer
**Außenbetrieb** Dirk Müller

**Historie** Weingut seit über 300 Jahren in Familienbesitz
**Rebfläche** 12 Hektar
**Jahresproduktion** 90 000 Flaschen
**Beste Lagen** Windesheimer Römerberg, Sonnenmorgen und Rosenberg, Schlossböckelheimer Felsenberg, Schweppenhäuser Schlossgarten
**Boden** roter Verwitterungssandstein, sandiger Lehm mit Kies, Vulkanverwitterung, Grauschiefer
**Rebsorten** 60% Burgundersorten, 35% Riesling, 5% Scheurebe,

Eine großartige Kollektion ohne jede Schwäche stellt dieses Spitzengut aus Windesheim vor. Bereits die einfache Scheurebe begeistert: feinfruchtig, schlank, belebende Säure und feinste Grapefruitnoten. Man wird in diesem Jahr nur wenig bessere Scheureben finden. Auch die Rieslinge überzeugen. Das beginnt bereits mit dem Sekt, einem Brut nature: zarte Holznote im Grundwein, grüner Apfel, präsente Säure, schön trocken, klassischer Rieslingsekt. Der Riesling Roter Sandstein ist ausgestattet mit feiner Würze, der Grauschiefer ist zupackend mit vibrierender Säure und feinen Fruchtanklängen, wobei Zitrus dominiert. Die Würze des roten Bodens ist beim Römerberg sehr schön herausgearbeitet, der Wein ist kompakt und verfügt über eine schöne Länge. Eine feine Balance aus Frucht und Mineralität prägt den Schlossgarten aus der Nachbargemarkung Schweppenhausen, die kleine Reduktion in der Nase macht ihn spannend. Noch etwas komplexer ist der Schlossböckelheimer Felsenberg, mit sehr langem Nachhall und feinem Säurezug. Auch die Burgunder spielen vorne mit. Besonders die „S"-Weine können gefallen. Der Weißburgunder zeigt eine schöne Konzentration, gelbe Früchte, sogar Anklänge von Steinobst. Begeistert hat uns der Grauburgunder, zupackend und frisch mit einer Vitalität, die dieser Sorte oft fehlt, eine wunderbare Substanz sorgt für Aromenfülle und Länge am Gaumen, eine feine Holznote rundet den Wein ab - für 12,50 Euro ein absoluter Trinktipp.

**88** 2016 Riesling Brut nature
**15,50 €** | 12,5%

**85** 2021 Weißburgunder trocken
**8,20 €** | 12,5%

**86** 2021 Windesheimer Riesling trocken Roter Sandstein
**10,40 €** | 12,5%

**87** 2021 Scheurebe trocken
**9,40 €** | 11,5%

**87** 2021 Schweppenhäuser Riesling trocken Grauschiefer
**10,40 €** | 12,5%

**87** 2021 Windesheimer Weißburgunder trocken „S"
**12,50 €** | 13%

**87** 2020 Windesheimer Weißburgunder trocken Reserve
**17,50 €** | 13%

**88** 2021 Windesheimer Römerberg Riesling trocken
**17 €** | 12,5%

**88** 2020 Windesheimer Grauburgunder trocken Reserve
**20 €** | 13,5%

**89** 2021 Windesheimer Grauburgunder trocken „S"
**12,50 €** | 13%

**90** 2021 Schweppenhäuser Schlossgarten Riesling trocken
**18 €** | 12,5%

**92** 2021 Schlossböckelheimer Felsenberg Riesling trocken
**18 €** | 12,5%

★

## KÖNIGSWINGERT

Weingut Königswingert
55452 Guldental · Naheweinstraße 44
Tel. (06707) 8765 · Fax 8213
info@koenigswingert.de
**www.koenigswingert.de**

**Inhaber/in und Betriebsleitung**
Gregor Zimmermann
**Keller** Gregor Zimmermann
**Außenbetrieb** Gregor Zimmermann

Gregor Zimmermann präsentiert eine rundum solide Serie vom Jahrgang 2021. Es sind teilweise sehr fruchtbetonte, trinkige Weine. In diese Reihe gehört der Rosé, mit seinen Aromen von hellen Kirschen und Johannisbeeren, seinem zarten Schmelz und der feinen Süße. Auch die Cuvée von Weißburgunder & Chardonnay gesellt sich zu dieser Gruppe, mit gelbsaftigen Noten von exotischen Früchten, etwas Mangocreme und feiner Holzwürze. Der Chardonnay als Solist hingegen ist eher der klassische Typ und erinnert an Apfel und Haselnuss. Hier ist auch kraftvoller Rotwein zuhause. Der Spätburgunder ist üppig mit reifer Pflaume. Und die Cuvée Royale aus St. Laurent, Dornfelder und Spätburgunder protzt würzig mit reifer Fruchtnote.

**83** 2021 Weißburgunder trocken
**7 €** | 12,5%

**84** 2021 Grauburgunder trocken S
**8,50 €** | 13 %

**85** 2021 Riesling trocken
**7,50 €** | 11,5%

**85** 2021 Weißburgunder & Chardonnay trocken S
**9,90 €** | 13,5%

**86** 2021 Guldentaler Hipperich Chardonnay trocken S
**8,50 €** | 13 %

**86** 2021 Guldentaler Hipperich Riesling trocken S
**12,50 €** | 12 %

**85** 2021 Riesling feinherb
**7,50 €** | 11,5%

**84** 2021 Cuvée Rosé trocken
**6,50 €** | 12 %

**85** 2020 Cuvée Royale trocken Barrique
**9,90 €** | 14 %

**86** 2020 Guldentaler Sonnenberg Spätburgunder trocken S
**15 €** | 14,5%

★★★

## KORRELL

Weingut Korrell – Johanneshof
55545 Bad Kreuznach-Bosenheim · Görzstraße 7
Tel. (0671) 63630 · Fax 71954
weingut@korrell.com
**www.korrell.com**

**Inhaber/in und Betriebsleitung**
Martin Korrell
**Keller** Martin Korrell

**Historie** Weinbau seit 1832, Familienwappen seit 1483
**Rebfläche** 30 Hektar
**Jahresproduktion** 270 000 Flaschen
**Beste Lagen** Kreuznacher Paradies und St. Martin, Niederhäuser Klamm, Norheimer Kirschheck und Dellchen, Schlossböckelheimer In den Felsen und Königsfels
**Boden** Mergel mit Muschelkalk, Kies mit Ton, Löss, Sandstein, Vulkanverwitterung
**Rebsorten** 55% Riesling, 30% Burgundersorten, 15% übrige Sorten
**Erlebenswert** Steinmauer in der Lage Kreuznacher Paradies mit Blick über Bad Kreuznach

Martin Korrell hat mit dem Jahrgang 2021 die Umstellung seines 30-Hektar-Betriebs auf biologische Wirtschaftsweise begonnen. Keine ganz einfache Phase, die einem alles abverlangt und auch schon mal zu Qualitätsschwankungen führen kann. Nicht so bei Martin Korrell, der seinen letztjährigen Aufstieg mit einer rundum gelungenen Kollektion bestätigte. Dazu gehört der saftige Grauburgunder ebenso wie die Burgunder-Cuvée Steinmauer, die in ihrer Jugend noch stark vom Holz geprägt ist. Im Mittelpunkt steht eine stimmige Riesling-Serie. Es gibt einen animierenden Gutsriesling zum Einstieg, mit Aromen von Pfirsich und Aprikose. Der Schlossböckelheimer Ortswein wirkt dagegen kühler und steiniger. Die Lagenweine arbeiten deutlich ihre Standorte heraus. Die „Hauslage" Paradies gibt sich generös, mit ausladender Fruchtaromatik, und erinnert zugleich an kandierte, exotische Früchte. Auch die Norheimer-Weine, von der mittleren Nahe, stehen zu ihrer Herkunft: Sehr kühl und zupackend, getragen von Zitrusnoten präsentiert sich der Kirschheck, während das Dellchen wunderbar balanciert wirkt und den

Spagat zwischen Kraft und Frische spielend schafft. Es scheint so, dass sich die Rückkehr des Weinguts zum Ausbau einzelner Lagen auszahlt. Zwei sehr gute Edelsüße krönen die Kollektion: Mit Würze und Noten von Tee und getrockneter Mango punktet die Auslese. Und noch etwas feiner als im Vorjahr ist der Eiswein, gelbsaftig und mit zart rosiniertem Aroma.



**85** 2021 Riesling trocken
**9,90 €** | 12 %

**85** 2021 Grauburgunder trocken
**9,90 €** | 13 %

**86** 2021 Schlossböckelheimer Riesling trocken Ortswein
**16 €** | 13 %

**87** 2021 Cuvée Steinmauer trocken
**18 €** | 13 %

**87** 2021 Kreuznacher Paradies Riesling trocken
**28 €** | 13 %

**89** 2021 Norheimer Kirschheck Riesling trocken
**28 €** | 13 %

**90** 2021 Norheimer Dellchen Riesling trocken
**35 €** | 13 %

**85** 2021 Kreuznacher Riesling Kabinett feinherb
**9,90 €** | 9,5%

**89** 2021 Kreuznacher Paradies Riesling Auslese
**13,50 €** | 7 %

**92** 2021 Kreuznacher Paradies Riesling Eiswein
**39 €/0,375 Lit.** | 6 %

★★★★

## KRUGER-RUMPF

Weingut Kruger-Rumpf
55424 Münster-Sarmsheim · Rheinstraße 47
Tel. (06721) 43859 · Fax 41882
weingut@kruger-rumpf.com
**www.kruger-rumpf.com**

**Inhaber/in und Betriebsleitung**
Stefan und Georg Rumpf
**Keller** Georg Rumpf

**Historie** Gründung 1708, 1984 Übernahme von Stefan Rumpf, seit 1992 Mitglied im VDP, seit 2008 Georg Rumpf im Betrieb
**Rebfläche** 42 Hektar
**Jahresproduktion** 300 000 Flaschen
**Beste Lagen** Im Pitterberg, Dautenpflänzer, Burgberg, Scharlachberg, Bingerbrücker Abtei
**Boden** Schiefer, Quarzit, vulkanisches Gestein, Löss
**Rebsorten** 65% Riesling, 10% Weißburgunder, je 5% Chardonnay, Grauburgunder, Scheurebe, Sauvignon Blanc und Spätburgunder
**Gastronomie** Weinstube
**Mitglied** VDP

In den vergangenen Jahren hat sich das Weingut Kruger-Rumpf in der absoluten Spitze der Naheregion etabliert. Georg Rumpf steuerte den Betrieb in den letzten Jahren in ein neues Zeitalter und stellte viele Dinge um. So werden die Weinberge zum Beispiel nun biologisch bewirtschaftet. In dieser Zeit gelang es ihm zudem, den Betrieb stetig zu vergrößern und dabei den Fokus beständig auf absolute Spitzenqualität zu legen. Seine Rieslinge sind großartige Herkunftsweine und spiegeln Jahr für Jahr das Terroir, auf dem sie gewachsen sind, wunderbar wieder.

### Zwei Neue Weine im Sortiment

Seit dem Jahrgang 2020 gibt es zwei neue Rieslinge im Sortiment des Hauses. Im Basis-Segment findet sich der Zweistrom. Ein Wein, der als Hommage an die Heimat des Weinguts gilt. Unweit von Münster Sarmsheim mündet die Nahe in den Rhein, zudem stoßen hier die beiden Weinanbaugebiete Rheinhessen und Nahe aneinander. Der Zweistrom ist Abbild dieser Region. Die Trauben stammen sowohl von Weinbergen in Rheinhessen, als auch von Weinbergen an der Nahe. Daher wird der Wein als „Landwein" vermarktet. Er zeigt sich bereits in der Jugend recht offen und animierend. Zarter Blütenduft, gepaart mit reifen gelbfruchtigen Aromen offenbaren sich in der Nase. Am Gaumen gesellen sich zart mineralische Noten hinzu. Erstmals verkosten durften wir den zweiten neuen Wein im Sortiment. Der 2020er Grosser Strom aus dem Jahrgang 2020 lag eineinhalb Jahre auf der Feinhefe und wurde somit erst im Juli 2022 auf die Flasche gefüllt. Auch hier vereint Georg Rumpf in alter Tradition die Anbaugebiete Nahe und Rheinhessen. Mitte des 19. Jahrhunderts gab es die Unterscheidung dieser beiden Gebiete noch nicht. Zu dieser Zeit galten die Rheinweine von der Nahe-Mündung als die teuersten und wertvollsten Weine der Region. Die Trauben für diesen Wein stammen aus den Große-Gewächs-Lagen Pitterberg und Scharlachberg. Der Wein präsentiert sich wunderbar frisch. Fruchtige Aromen gibt er in seiner Jugend nur spärlich preis. Am Gaumen präsentiert er sich fest und in sich ruhend. Das lange Hefelager verleiht ihm die nötige Tiefe. Ein tolles Spiel aus spielerischer Leichtigkeit und mineralischer Kraft.

### Auf die GGs ist hier seit Jahren Verlass

Auch die Großen Gewächse wissen in diesem Jahr wieder zu überzeugen. Der Pitterberg ist schlank und feingliedrig, am Gaumen zeigen sich feinste Safran-Noten neben gelber Frucht. Der Scharlachberg präsentiert sich mit seiner typisch würzigen Prägung des roten Quarzit Bodens. Noten von reifem Steinobst, zarte Kräutrigkeit sowie eine großartige Länge am Gaumen zeichnen den Dorsheimer Burgberg aus. Was man als Weinfreund auf keinen Fall verpassen sollte, ist ein Besuch in der Weinstube der Familie. Gereifte Weine aus der Schatzkammer zur anspruchsvollen Landhausküche sind nahezu jeden Umweg wert.

KRUGER RUMPF

**86** 2021 Binger Riesling trocken
**12 €** | 12 %

**87** 2021 Riesling Landwein trocken Zweistrom
**12,90 €** | 12 %

**90** 2021 Bingerbrücker Abtei Riesling trocken 1937 Reserve
**29 €** | 12 %

**92** 2021 Binger Scharlachberg Riesling VDP.Großes Gewächs
**37 €** | 12,5%

**92** 2021 Münsterer Im Pitterberg Riesling VDP.Großes Gewächs
**39 €** | 12,5%

**92** 2020 Grosser Strom Riesling trocken
**60 €** | 12,5%

**93** 2021 Dorsheimer Burgberg Riesling VDP.Großes Gewächs
**41 €** | 12,5%

**88** 2021 Münsterer Im Pitterberg Riesling Kabinett
**18 €** | 8,5%

**89** 2021 Münsterer Dautenpflänzer Riesling Spätlese
**16 €** | 8,5%

**90** 2021 Münsterer Im Pitterberg Riesling Auslese
**37 €** | 7,5%

★★★½

## LINDENHOF

Weingut Lindenhof
55452 Windesheim · Lindenhof
Tel. (06707) 330 · Fax 8310
info@weingutlindenhof.de
**www.weingutlindenhof.de**

**Inhaber/in und Betriebsleitung**
Martin Reimann

**Rebfläche** 10 Hektar
**Jahresproduktion** 70 000 Flaschen
**Beste Lagen** Windesheimer Fels, Römerberg und Rosenberg
**Boden** Grauschiefer, rote Sandsteinverwitterung, sandiger Lehm
**Rebsorten** 50% Riesling, 47% Burgundersorten, 3% Gewürztraminer
**Erlebenswert** Vinothek
**Mitglied** Ecovin

In unserer letzten Ausgabe hatten wir Martin Reimann und seinen Lindenhof in Windesheim zum „Aufsteiger des Jahres" gekürt. Vielleicht war das ein etwas ungewöhnlicher Zeitpunkt, denn das Gut befand sich damals noch in der Umstellung auf biologische Wirtschaftsweise. Solche Phasen führen nicht selten zu Qualitätsschwankungen. Bei Martin Reimann aber ist dies überhaupt kein Thema: Mit seiner aktuellen Kollektion bestätigt er den Titel souverän. Das beginnt schon an der Basis. Der Riesling Eleven (11 Prozent Alkohol) ist frisch und schlank mit angedeuteter Apfelnote. Noten von grünem Apfel findet man auch im Schweppenhäuser Riesling, der sich steinig und präzise zeigt. Rote Erde und feine florale Würze bilden das Gerüst des Rieslings aus der Lage Fels, der uns mit seiner Frische begeistert. Deutlich kompakter und mit einer jugendlichen Ruppigkeit, präsentiert sich der Reserve aus gleicher Lage. Diesem Wein sollte man in dem Fall noch die Möglichkeit zur Entwicklung geben. Martin Reimann ist vor allem ein Spezialist für die Burgundersorten. Das merkt man schon beim animierenden Weißburgunder Gutswein. Der Chardonnay Ortswein ist mit seinem feinen Spiel kühl-zupackend und komplex. Wunderbar unverfälscht, auf der Zunge tänzelnd und sortentypisch, gibt sich der Sonnenmorgen Weißburgunder mit dezenter Eichenholznote. Die 2020er Reserve dagegen wirkt deutlich kraftvoller, mit gelben Reflexen und einem zart schmelzenden Finish. Ein Wein mit gekonntem Holzeinsatz, sehr balanciert, noch jugendlich, mit toller Dichte. Der Windesheimer Spätburgunder des Jahrgangs 2020 verfügt über konzentrierte und reife Frucht und erinnert an dunkle Waldbeeren.

**84** 2021 Riesling trocken Eleven
**9 €** | 11%

**84** 2021 Weißburgunder trocken
**9 €** | 12%

**86** 2021 Schweppenhäuser Riesling trocken Grauschiefer
**12,50 €** | 12,5%

**86** 2021 Windesheimer Weißburgunder trocken
**12,50 €** | 13%

**87** 2021 Windesheimer Chardonnay trocken
**12,50 €** | 13%

**88** 2021 Windesheimer Sonnenmorgen Weißburgunder trocken
**17,50 €** | 13,5%

**89** 2020 Windesheimer Saukopf Chardonnay trocken Reserve
**34,50 €** | 13,5%

**90** 2021 Windesheimer Fels Riesling trocken
**17,50 €** | 12,5%

**90** 2021 Windesheimer Fels Riesling trocken Reserve
**24,50 €** | 12,5%

**90** 2020 Windesheimer Sonnenmorgen Weißburgunder trocken Reserve
**24,50 €** | 13,5%

**88** 2021 Windesheimer Römerberg Riesling Kabinett
**9,50 €** | 8,5%

**87** 2020 Windesheimer Spätburgunder trocken
**17,50 €** | 13,5%

★★☆

## LORENZ

Weingut Lorenz und Söhne
55543 Bad Kreuznach-Bosenheim ·
Rheinhessenstraße 87
Tel. (0671) 65563 · Fax 76015
info@lorenzwein.de
**www.lorenzwein.de**

**Inhaber/in und Betriebsleitung**
Werner und Ulrich Lorenz
**Keller** Ulrich Lorenz und Max Günster
**Außenbetrieb** Werner Lorenz und Max Günster

Die Weißwein-Cuvée „Feiert, Biester!" überzeugt mit ihrer lebendigen Art, exotischen Fruchtnoten und einem zarten Säuregerüst. Ausgewogen gibt sich auch der Sauvignon Blanc, der dem Jahrgang trotzt und nicht so grün daherkommt. Mit zarten Noten von Maracuja und reifem weißen Pfirsich präsentiert sich der Kreuznacher Brückes aus der Premium-Reihe Tatort. Der Kabinett aus der Narrenkappe überzeugt mit deutlicher Würze, die Restsüße wird durch die jahrgangstypische Säure gut ins Gleichgewicht gebracht.

**84** 2021 Riesling trocken Valentin
**7,80 €** | 12 %

**84** 2021 Kreuznacher Grauburgunder trocken
**8,30 €** | 12,5%

**84** 2021 Cuvée „Feiert, Biester!" trocken
**8,50 €** | 11 %

**84** 2021 Kreuznacher Chardonnay trocken
**8,50 €** | 12,5%

**85** 2021 Kreuznacher Weißburgunder trocken
**0 €** | 12,5%

**85** 2021 Kreuznacher Sauvignon Blanc trocken
**8,50 €** | 12 %

**87** 2021 Kreuznacher Brückes Riesling trocken Tatort
**9,80 €** | 12,5%

**86** 2021 Kreuznacher Narrenkappe Riesling Kabinett
**9 €** | 8,5%

**85** 2021 Kreuznacher Forst Riesling Spätlese
**9 €** | 7,5%

**85** 2021 Bosenheimer Muskateller
**8,50 €** | 8,5%

★★

## MARX

Weingut Marx
55452 Windesheim · Im Setzling 6
Tel. (06707) 316 · Fax 1669
info@weingutmarx.com
**www.weingutmarx.com**

**Inhaber/in und Betriebsleitung**
Rainer Marx
**Keller** Rainer Marx
**Außenbetrieb** Niklas Emrich

**Historie** Weingut seit 1691
**Rebfläche** 10 Hektar
**Jahresproduktion** 75 000 Flaschen
**Beste Lagen** Windesheimer Fels, Windesheimer Römerberg, Windesheimer Sonnenmorgen
**Boden** Roter Sandstein, Schiefer-Löss-Boden, Tertiärsand, Quarzit
**Rebsorten** 30% Grauburgunder, je 20% Weißburgunder, Spätburgunder und Riesling, 10% übrige Sorten
**Erlebenswert** historische Holzkelter von 1825

Wir probierten eine sehr stimmige und homogene Kollektion aus diesem Windesheimer Gut. Bereits bei den Gutsweinen hat Rainer Marx den Rebsortencharakter gut herausgearbeitet. So durchziehen den Grauburgunder Aromen von reifen Birnen. Und der Weißburgunder ist ein animierender Wein für jeden Tag mit seinen klaren Kernobstnoten. Schlank und elegant spiegelt er die Eigenschaften des Jahrgangs 2021 gut wieder. Auch der Blanc de Noirs animiert mit zarter Rotfruchtigkeit. Deutlich konzentrierter und kraftvoller fallen die Burgunder der „S"-Linie auf. Insbesondere der Grauburgunder präsentiert sich mit breiten Schultern. Auch auf dieser gehobenen Ebene wirkt der Weißburgunder etwas zugänglicher mit einer reifen Frucht, die fast exotische Anklänge zeigt. Der 2020er Weißburgunder „R" aus dem Windesheimer Rosenberg steht noch am Anfang seiner Entwicklung. Aktuell ist das Holz noch recht präsent. Am Gaumen präsentiert er sich zart-cremig und kraftvoll. Der 2021er Riesling „S" aus der Lage Sonnenmorgen gibt sich feinfruchtig, zart rauchig mit Noten von frischen Kräutern und feiner Rieslingfrucht. Erste Anzeichen beginnender Reife zeigt der 2020er Riesling „R" aus der Lage Fels. Mit feinen Tabaknoten und reifer Kirschfrucht wartet der

2019er Spätburgunder „S“ aus dem Rosenberg auf. Deutlich konzentrierter und ausgestattet mit dunkler Beerenfrucht und wärmendem Nachhall, macht der Spätburgunder „R“ aus dem heißen Jahr 2018 von sich reden.

**84** 2021 Grauer Burgunder trocken
**7,70 €** | 12 %

**85** 2021 Weißer Burgunder trocken
**7,70 €** | 12 %

**85** 2021 Spätburgunder Blanc de Noirs trocken
**7,70 €** | 11,5% BEST BUY

**85** 2021 Scheurebe trocken
**7,90 €** | 12 %

**86** 2021 Windesheimer Rosenberg Weißer Burgunder trocken „S“
**9,90 €** | 13 %

**86** 2021 Windesheimer Sonnenmorgen Riesling trocken „S“
**9,90 €** | 12 %

**86** 2021 Windesheimer Rosenberg Grauer Burgunder trocken „S“
**10,30 €** | 13,5%

**87** 2020 Windesheimer Fels Riesling trocken „R“
**16 €** | 12 %

**87** 2020 Windesheimer Römerberg Grauer Burgunder trocken „R“
**17 €** | 13,5%

**88** 2020 Windesheimer Rosenberg Weißer Burgunder trocken „R“
**16 €** | 13,5%

**87** 2019 Windesheimer Rosenberg Spätburgunder trocken „S“
**13,50 €** | 13,5%

**87** 2018 Windesheimer Rosenberg Spätburgunder trocken „R“
**24 €** | 14,5%

## MATHERN

Weingut Mathern
55585 Niederhausen · Winzerstraße 5-7
Tel. (06758) 6714 · Fax 8109
info@weingut-mathern.de
**www.weingut-mathern.de**
**Inhaber/in** Helmut Mathern Erbengemeinschaft
**Betriebsleitung** Henning Mathern

Nach seinem Weinbaustudium in Geisenheim sowie Stationen beim Weingut Finkenauer in Bad Kreuznach und bei Spitzenwinzer Wilhelm Weil im Rheingau, hat Henning Mathern nun das Ruder im heimischen Betrieb in Niederhausen übernommen. Unterstützt wird er von seiner Mutter und versierten Geschäftsfrau Gloria Mathern, die das Weingut nach außen vertritt.Insgesamt präsentieren sich die 2021er Weine hier etwas milder als in anderen Betrieben an der Nahe. Der Riesling vom Rotliegenden ist leicht wild in der Nase, mit zart grünen Noten. Von den Lagenweinen wirkt die Hermannshöhle jahrgangsbedingt etwas schlanker, während das Dellchen dezente Anklänge von Steinfrüchten aufweist. Das zweite Dellchen „Von mir der Trockenste“ spielt ebenfalls mit leicht grünen Noten.

**83** 2021 Riesling trocken vom Rotliegenden
**8,90 €** | 12 %

**84** 2021 Niederhäuser Hermannshöhle Riesling trocken
**16 €** | 12,5%

**85** 2021 Norheimer Dellchen Riesling trocken „Von mir der Trockenste“
**11 €** | 12,5%

**85** 2021 Norheimer Dellchen Riesling trocken
**14 €** | 12,5%

**83** 2021 Riesling feinherb vom Fels
**8,90 €** | 11 %

**84** 2021 Niederhäuser Felsensteyer Riesling feinherb „Von mir der Erste“
**11 €** | 10,5%

**85** 2021 Niederhäuser Klamm Riesling feinherb
**14 €** | 11 %

**84** 2021 Niederhäuser Rosenheck Riesling Kabinett
**11 €** | 8,5%

**86** 2021 Norheimer Dellchen Riesling Auslese
**18 €** | 7,5%

★

## MAYER

Weinhof Mayer GbR
55545 Bad Kreuznach
Rheinhessenstraße 71
Tel. (0671) 8959160
info@weinhof-mayer.de
**www.weinhof-mayer.de**

**Inhaber/in und Betriebsleitung**
Gernot Mayer, Niklas Mayer
**Keller** Gernot Mayer, Niklas Mayer
**Außenbetrieb** Gernot Mayer, Niklas Mayer

20 Jahre nach der Übernahme des Bosenheimer Weinguts kann sich Gernot Mayer zunehmend um die Vermarktung kümmern, da Sohn Niklas nach und nach den Weinausbau übernimmt. Auch die aktuelle Kollektion präsentiert sich wieder durch und durch homogen. Eine zuverlässige Größe ist hier der Rosé vom St. Laurent mit seiner feinen Restsüße und dem klarem Fruchtaroma: ein eleganter Frischmacher für heiße Tage. Bei den aromatischen Sorten hat die Scheurebe die Nase vorne. Sie ist diesmal, ganz jahrgangstypisch, etwas grüner und grasiger ausgefallen, und animiert den Genießer mit ihrem schönen Spiel von Grapefruit und weißem Pfirsich. Auch der Weißburgunder vom Kies zeigt seine Qualitäten.

**83** 2021 Grauburgunder trocken vom Tonmergel
**6,50 €** | 12,5%

**83** 2021 Riesling trocken vom sandigen Mergel
**6,50 €** | 12 %

**83** 2021 Weißburgunder & Chardonnay trocken
**6,70 €** | 12,5%

**83** 2021 Sauvignon Blanc trocken vom Tonmergel
**6,70 €** | 12 %

**83** 2021 Chardonnay trocken S
**9,50 €** | 12,5%

**84** 2021 Scheurebe trocken
**6,20 €** | 12 %

**84** 2021 Weißburgunder trocken vom Kies
**6,50 €** | 12,5%

**83** 2021 Scheurebe
**6,20 €** | 9,5%

**83** 2021 Sankt Laurent Rosé feinherb
**6,20 €** | 10,5%

★

## MEES

Weingut Mees GbR
55545 Bad Kreuznach-Bosenheim ·
Hackenheimer Straße 21
Tel. (0671) 73244 · Fax 73244
info@weingut-mees.de
**www.weingut-mees.de**

**Inhaber/in und Betriebsleitung**
Roland und Lukas Mees
**Keller** Roland und Lukas Mees
**Außenbetrieb** Winzermeister Roland und Winzermeister Lukas Mees

Das Weingut Mees hat seine Aufnahme in diesen Führer aus dem letzten Jahr bestätigt, mit einer stimmigen Kollektion von Gewächsen aus Bosenheimer Lagen. Die Weine sind eher fruchtbetont und unterscheiden sich damit von den Nahe-Klassikern der mittleren Nahe. Die Rieslinge zeigen sich offen und saftig, etwa das trockene Paradies mit leicht exotischen Anklängen von Mango. Gut gefällt auch die Cuvée aus Sauvignon Blanc und Weißburgunder mit ihrer grünfruchtigen Paprika-Frische. Klarer Apfelduft und eine elegante, schlanke Statur zeichnen den Weißburgunder aus. Roland und Dagmar Mees führen diesen Familienbetrieb mit viel Engagement, wobei sich Sohn Lukas immer stärker einbringt.

**84** Chardonnay Sekt Brut
**12,90 €** | 13 %

**83** 2021 Kreuznacher Rosenberg Chardonnay trocken
**9,90 €** | 12 %

**84** 2021 Weißburgunder & Sauvignon Blanc trocken
**7,90 €** | 12 %

**84** 2021 Kreuznacher Paradies Riesling trocken
**9,90 €** | 12 %

**84** 2021 Kreuznacher Rosenberg Weißburgunder trocken
**9,90 €** | 12 %

**83** 2021 Kreuznacher Paradies Riesling Kabinett feinherb
**9,90 €** | 10,5%

**83** 2020 Kreuznacher Rosenberg Grauburgunder Auslese
**12,50 €** | 11 %

**84** 2020 Kreuznacher Paradies Riesling Auslese
**12,50 €** | 8 %

## MONTIGNY

Weingut Sascha Montigny
55452 Laubenheim · Weidenpfad 46
Tel. (06704) 1468
sascha.montigny@montigny.de
**www.montigny.de**

**Inhaber/in und Betriebsleitung** Sascha Montigny
**Keller** Frank Knoth
**Außenbetrieb** Jonas Kneilmann

**Historie** Die Geschichte des Weinguts beginnt mit Waltraud und Rudolf Montigny in den 1950er-Jahren als Rebveredlungsbetrieb .
**Rebfläche** 7 Hektar
**Jahresproduktion** 55 000 Flaschen
**Beste Lagen** Laubenheimer Karthäuser und Krone
**Boden** rote Sandsteinverwitterung mit Lehm, Löss
**Rebsorten** je 25% Riesling und Spätburgunder, je 15% Grau- und Weißburgunder, St. Laurent und Merlot, 20% übrige Sorten

Dass immer mehr Reben aus dem Süden den Weg nach Deutschland finden, ist dem Klimawandel geschuldet. Meist sind es rote Sorten. Sascha Montigny widmet sich aber dem weißen Viognier, der seine Heimat an der Rhone hat - und hat ein tolles Debüt mit diesem Neuling hingelegt. Der 2021er ist sehr gelungen, mit seiner typisch-schmelzigen, gelben Frucht. Er zeigt Noten von reifen Aprikosen, unterlegt von gekonntem Holzeinsatz. Es ist ein würdiger Vertreter der Rebsorte Viognier, aus einem herausfordernden Jahr. Insgesamt probierten wir eine anständige weiße Serie, beginnend mit einem Rieslingsekt mit schöner Frucht und zarter Reife. Der Riesling Liter ist eher auf der würzigen Seite angesiedelt - ein animierender Zechwein für jeden Tag, mit eigenständigem Charakter. Die Rieslinge aus den Lagen Karthäuser und Krone werden in diesem Jahr von einem ganz feinen Schmelz getragen. Eher kräftig sind dagegen die Burgunder. Der Weißburgunder mit Noten von gelbem Apfel und Mandeln, besser gelungen der ausdrucksstarke Grauburgunder mit feinem Holzeinsatz und zartem Schmelz. Die Roten bewegen sich erneut auf hohem Niveau. Der Merlot gibt sich sortentypisch mit feinkörnigem Tannin und leichter Graphitnote. Wunderbar saftig und würzig erscheint der Frühburgunder, mit animierender Säure und würzigem Barriqueton. Die Mariage wirkt etwas dezenter im Holz, in der Nase klingen Kirschen an, am Gaumen Brombeeren. Dunkelfarbig, konzentriert und saftig ist der St. Laurent mit seiner einladenden Kirschfrucht, eine Sorte, die in diesem Haus an der unteren Nahe schon seit Jahrzehnten gepflegt wird.

**87** 2018 Riesling Brut
**12 €** | 12,5%

**84** 2021 Riesling Liter trocken
**6,50 €/1 Lit.** | 12 %

**85** 2021 Laubenheimer Weißburgunder trocken
**8,50 €** | 13 %

**85** 2021 Laubenheimer Karthäuser Riesling trocken
**9 €** | 12,5%

**87** 2021 Laubenheimer Karthäuser Grauburgunder trocken
**13 €** | 13,5%

**87** 2021 Laubenheimer Krone Riesling trocken
**13,50 €** | 12 %

**89** 2021 Laubenheimer Viognier trocken
**13 €** | 13,5%

**87** 2020 Laubenheimer Merlot trocken
**18,50 €** | 14 %

**88** 2020 Laubenheimer Krone Frühburgunder trocken
**18,50 €** | 13,5%

**88** 2020 Laubenheimer Krone Cuvée Mariage trocken
**20,50 €** | 13,5%

**88** 2020 Laubenheimer Krone Spätburgunder trocken
**32,50 €** | 13,5%

**89** 2020 Laubenheimer Krone St. Laurent trocken R
**25,50 €** | 13,5%

★

## PIEROTH

Weingut Pieroth GmbH
55452 Burg Layen · Burg Layen 1
Tel. (06721) 965310
service@pieroth-weingut.de
**www.pieroth-weingut.de**

**Inhaber/in** Pieroth Wein GmbH
**Betriebsleitung** Dirk Friesenhahn
**Keller** Oliver Dries, Lennart Friesenhahn
**Außenbetrieb** Oliver Dries

Die 2020er aus diesem Burg Layer Gut sind schon recht zugänglich. Und die 2021er wirken expressiv und duftig. So zeigt der Bingerbrücker Grauburgunder Noten von Birne und gute Substanz, der Burg Layer Weißburgunder eher gelben Apfel und zarte Süße. Reife Noten von Mango und weißem Tee dominieren beim 2019er Riesling Römerberg Großes Gewächs. Der 2020er Riesling aus der Burg Layer Hölle ist dezent animierend und frisch, mit weißer Johannisbeere. Bei Pieroth spielt der Riesling mit fast 50 Prozent der Rebfläche die mit Abstand wichtigste Rolle.

**83** 2021 Burg Layer Weißburgunder trocken
**16,90 €** | 12,5%

**84** 2021 Bingerbrücker Grauburgunder trocken
**16,90 €** | 13%

**84** 2020 Burg Layer Johannisberg Weißburgunder trocken
**23,90 €** | 13,5%

**85** 2019 Bingerbrücker Römerberg Riesling Großes Gewächs
**Preis auf Anfrage** | 12,5%

**86** 2020 Burg Layer Hölle Riesling trocken
**23,90 €** | 12,5%

**83** 2021 Bingerbrücker Weißburgunder feinherb
**16,90 €** | 12,5%

**84** 2021 Bingerbrücker Riesling feinherb
**16,90 €** | 12,5%

**90** 2021 Dorsheimer Pittermännchen Riesling Trockenbeerenauslese
**Preis auf Anfrage** | 6%

**85** 2021 Münster-Sarmsheimer Riesling
**16,90 €** | 10,5%

**84** 2020 Burg Layer Rothenberg Pinot Noir trocken
**26,90 €** | 14%

★½ NEU

## PIRI

Piri Naturel
55452 Rümmelsheim-Burg Layen
Burg Layen 5
info@piriwein.de
**www.piriwein.de**

**Inhaber/in und Betriebsleitung**
Familie Christine Pieroth
**Keller** Christine Pieroth
**Außenbetrieb** Christine Pieroth

Christine und Philipp Pieroth führen das 14-Hektar-Weingut ihrer Eltern in Burg Layen gemeinsam weiter. Unter diesem Dach gibt es eine Serie von Naturweinen, die unter dem Namen „Piri Naturel" vertrieben werden. Bei diesen Weinen verzichtet Christine Pieroth weitgehend auf die Zugabe von Schwefel, alle Weine werden spontan vergoren und unfiltriert abgefüllt. Natur pur sozusagen. Mittlerweile ist dieser Stil nicht mehr nur ein Trend, sondern komplett in der Weinwelt etabliert. Und das vollkommen zu Recht, insbesondere wenn man so handwerklich sauber und fein gearbeitet hat wie Christine Pieroth. Wir verkosteten drei Weine. Mathilda ist eine Cuvée aus Silvaner, Riesling und Kerner. Sehr erfrischend, klar im Aroma, mit leichter Hefeprägung, Noten von hellen Blüten, grüner Walnuss und Apfelschalen. Pondersa ist eine Rarität, denn hier wurden Grau- und Spätburgunder-Trauben gemeinsam verarbeitet. Das Ergebnis ist ein Wein, der nicht nur in der Farbe an Blutorangen erinnert, auch das Aroma zeigt Zitrusfrüchte und rote Anklänge, die zarte Herbe steht dem Wein wunderbar. Dritter Wein im Bunde ist der Pinot Noir, ebenfalls wild in der Nase mit feiner Kirschfrucht. Am Gaumen zeigt sich das schöne Spiel der Säure und feinkörniges Tannin: sehr animierend. Der Betrieb wird übrigens schon seit geraumer Zeit nach ökologischen Kriterien geführt, jetzt hat auch offiziell die Umstellung auf biologische Wirtschaftsweise begonnen.

**86** 2020 Mathilda Landwein trocken
**17 €** | 11%

**87** 2020 Grauburgunder & Spätburgunder trocken Ponderosa
**23 €** | 11,5%

**88** 2020 Pinot Noir Landwein trocken
**20 €** | 12,5%

★★★

## POSS

Weingut Poss
55452 Windesheim · Goldgrube 20–22
Tel. (06707) 342 · Fax 8332
info@weingut-poss.de
**www.weingut-poss.de**

**Inhaber/in und Betriebsleitung**
Karl-Hans und Harald Poss
**Keller** Karl-Hans Poss & Nikolay Poss
**Außenbetrieb** Harald Poss & Nikolay Poss

**Historie** Römerkeller
**Rebfläche** 13 Hektar
**Jahresproduktion** 70 000 Flaschen
**Beste Lagen** Berg (Winzenheim), Römerberg (Windesheim), Fels (Windesheim)
**Boden** Lehm, zum Teil mit Kies, Ton, roter Sandstein
**Rebsorten** 40% Weißburgunder, 37% Grauburgunder, 10% Spätburgunder, 3% Chardonnay, 10% übrige Sorten
**Erlebenswert** Vinothek „Pinoteca" mit Zugang zum original römischen Keller einer Villa rustica aus dem 3. Jahrhundert, prämiert mit dem Architekturpreis Wein 2013

Ausgesprochen ungewöhnlich für die Nahe ist dieses Gut in Windesheim, das von den Brüdern Karl-Hans und Harald Poss geführt wird. 90 Prozent der Rebflächen sind mit weißen und roten Burgundersorten bepflanzt, nahezu burgundische Verhältnisse. Seit 2018 ist Nikolay Poss, der Sohn von Harald Poss, für den Ausbau der Rotweine verantwortlich. Damit startete er ausgerechnet in einem der heißesten und trockensten Jahre seit Menschengedenken. Kein Wunder, dass die 2018er meistens etwas höher im Alkohol liegen, aber das muss nicht in jedem Fall nachteilig sein. Zwar sind die beiden vorgestellten Spätburgunder in der Tat mit 14 Volumenprozent etwas kraftvoller ausgefallen, doch zugleich offenbart etwa der Ortswein eine schöne offene Pinotfrucht und einen gekonnten Holzeinsatz. Trotz seines kräftigen Körpers hat dieser Spätburgunder eine gewisse Frische und anregende Art. Der Lagenwein Saukopf ist noch etwas konzentrierter und in seiner Entwicklung noch am Anfang, was auch der feinkörnige Gerbstoff und die ebenfalls präsente Barriquenote unterstreichen. Auch die Weißweine bilden eine stimmige Serie. Der 2021er Grauburgunder hat diesen Anklang von reifer Birne, der Weißburgunder aus dem selben Jahrgang ist etwas saftiger und schmeichelnder und erinnert an gelben Apfel. Der 2020er Weißburgunder aus der Lage Römerberg hingegen zeigt zarte Kräuternoten und feinen Schmelz. Der Grauburgunder 2019 aus dem Winzenheimer Berg wirkt noch sehr jung und ist vom Holz geprägt. Der 2018er Chardonnay Euphoros ist ebenfalls etwas fülliger ausgefallen, hat aber auch eine feine Mineralität. Die Weine probiert man besten in der beim „Architekturpreis Wein" ausgezeichneten Vinothek Pinoteca, die einen Zugang zum original römischen Keller einer Villa Rustica aus dem 3. Jahrhundert hat, ein weiteres Alleinstellungsmerkmal dieses Weinguts.

**84** 2021 Grauburgunder trocken
**9,90 €** | 13 %

**85** 2021 Weißburgunder trocken
**9,90 €** | 12,5%

**85** 2021 Grauburgunder trocken „S"
**14,50 €** | 13,5%

**87** 2020 Weißburgunder trocken „S"
**14,50 €** | 13,5%

**87** 2020 Windesheimer Römerberg Weißburgunder trocken
**19,90 €** | 13 %

**87** 2019 Winzenheimer Berg Grauer Burgunder trocken
**25,50 €** | 13,5%

**89** 2018 Chardonnay trocken Euphoros
**44 €** | 13,5%

**88** 2018 Windesheimer Spätburgunder trocken
**15,90 €** | 14 %

**88** 2018 Windesheimer Saukopf Spätburgunder trocken
**44 €** | 14 %

★

## ROHR

Weingut Michael Rohr
55592 Raumbach · Hauptstraße 104
Tel. (06753) 2827 · Fax 6278
info@weingut-rohr.de
**www.weingut-rohr.de**

**Inhaber/in und Betriebsleitung**
Michael Rohr
**Keller** Michael und Marcel Rohr

Es ist immer wieder eine Freude, den Roten Riesling von Michael Rohr zu probieren. In diesem Jahr fällt der Wein mit gerade mal 11,5 Prozent Alkohol eher leicht aus. Er zeigt eine feine und ansprechende Fruchtnote, erinnert an gelben Apfel und weiße Johannisbeeren. Die jahrgangsbedingt präsente, aber feine Säure animiert zum nächsten Glas. Kraftvoll und cremig, mit deutlicher Vanillenote, gibt sich der 2020er Herrenberg Weißburgunder Spätlese trocken. Mit zupackendem Gerbstoff und sehr reifer Frucht, erinnert der Spätburgunder aus dem Schlossberg eher an einen kraftvollen Roten aus Südeuropa. Raumbach liegt in einem Seitental des Nahe-Nebenflusses Glan, ganz im Südwesten der Region. Vom Schlossberg geht der Blick hinüber nach Meisenheim, einem weitgehend erhaltenen Städtchen mit mittelalterlichem Ortskern. Es ist schon bewundernswert, mit welcher Energie Michael Rohr die steilen Weinberge oberhalb des kleinen Orts pflegt. Bei der Bewirtschaftung der fünf Hektar großen Rebfläche wird jede Hand gebraucht, Sohn Marcel bringt sich zunehmend ein.

**83** 2021 Weißer Burgunder trocken
**6,50 €** | 13 %

**84** 2020 Rehborner Herrenberg Weißer Burgunder Spätlese trocken
**9 €** | 14 %

**85** 2021 Raumbacher Schlossberg Riesling Spätlese trocken
**11 €** | 12 %

**86** 2021 Raumbacher Schwalbennest Roter Riesling Spätlese trocken „S“
**8,50 €** | 11,5%

**83** 2021 Raumbacher Schlossberg Roter Traminer Spätlese feinherb „S“
**8 €** | 12,5%

**84** 2020 Raumbacher Schlossberg Spätburgunder trocken „S“
**12,50 €** | 15 %

★★★

## SALM

Weingut Prinz Salm
55595 Wallhausen · Schlossstraße 3
Tel. (06706) 944411 · Fax 944434
weingut@prinzsalm.de
**www.prinzsalm.de**

**Inhaber/in** Felix Prinz zu Salm-Salm

**Historie** 1200 erstmals erwähnt, ältestes Weingut Deutschlands, das ununterbrochen in Familienbesitz ist
**Rebfläche** 18 Hektar
**Jahresproduktion** 100 000 Flaschen
**Beste Lagen** Wallhausen: Johannisberg und Felseneck, Bingen: Scharlachberg und Kirchberg, Roxheimer Berg, Dalberger Ritterhölle, Sommerlocher Steinrossel
**Boden** Rotliegendes, grüner Schiefer
**Rebsorten** 72% Riesling, 12% Spätburgunder, 8% Weißburgunder, 4% Grauburgunder, je 2% Scheurebe und Merlot
**Erlebenswert** Schloss, Burgruine Dalberg
**Mitglied** VDP, Fair'n Green

Aus diesem ältesten Familienweingut Deutschlands in Wallhausen kommt eine sehr stimmige Kollektion. Die Reihe startet mit drei 2021ern. Da ist der schlanke und zupackende Gutswein, der ein wenig an gelbes Steinobst erinnert. Es folgt der Rotschiefer, der jahrgangstypisch kühl und straff ausfällt, bei mittlerer Dichte. Und der Binger Riesling wirkt zart-rauchig mit deutlichen Zitrusaromen. Eher cremig und mit feinem Schmelz präsentiert sich der 2020er Wallhäuser Felseneck. Auch die anderen Großen Gewächse des 2020er Jahrgangs überzeugen. Eher fruchtbetont fällt der gelb-saftige Scharlachberg aus, mit schöner Länge. Der Wallhäuser Johannisberg ist würzig mit leicht herber Note und erinnert an Pomelo. Besonders gut gefallen hat uns der Binger Kirchberg, der fast komplett auf Frucht verzichtet und sich mit steiniger Mineralität und kräftiger Würze präsentiert. Auch die 2019er zeigen sich in guter Form. Die Sommerlocher Steinrossel trumpft mit süßlich-reifer Steinobstfrucht auf, die Dalberger Ritterhölle mit feinem Spiel, Saft und herbem Finish. Die GGs haben durchweg Format. Der Felseneck 2019 zeigt sich expressiv mit exotischen Anklängen von Passionsfrucht und Mango, am Gaumen klarer und lebendiger als der 2020er. Der Kirchberg bleibt sich treu, mit reduzierter Frucht, krautig und herb. Der Scharlachberg wiederum punktet mit der typischen Salbeinote, die man immer wieder in den Salm'schen Weinen findet.

**85** 2021 Riesling trocken
**12 €** | 12,5%

**85** 2021 Riesling trocken Rotschiefer
**16 €** | 12,5%

**87** 2021 Binger Riesling trocken
**19 €** | 12,5%

**87** 2019 Sommerlocher Steinrossel Riesling trocken
**23 €** | 12,5%

**87** 2019 Dalberger Ritterhölle Riesling trocken
**25 €** | 12,5%

**87** 2020 Wallhäuser Felseneck Riesling Großes Gewächs
**45 €** | 12,5%

**88** 2019 Wallhäuser Felseneck Riesling Großes Gewächs
**45 €** | 11,5%

**88** 2020 Binger Scharlachberg Riesling Großes Gewächs
**60 €** | 12,5%

**88** 2020 Wallhäuser Johannisberg Riesling Großes Gewächs
**Preis auf Anfrage** | 12,5%

**89** 2019 Binger Kirchberg Riesling Großes Gewächs
**35 €** | 12,5%

**89** 2020 Binger Kirchberg Riesling Großes Gewächs
**35 €** | 12,5%

**89** 2019 Binger Scharlachberg Riesling Großes Gewächs
**60 €** | 13%

**85** 2021 Riesling halbtrocken Two Princes
**12 €** | 10,5%

**87** 2019 Binger Spätburgunder trocken
**25 €** | 13,5%

★★★★

## JOH. BAPT. SCHÄFER

Weingut Joh. Bapt. Schäfer
55452 Rümmelsheim · Burg Layen 8
Tel. (06721) 43552 · Fax 47841
schaefer@jbs-wein.de
**www.jbs-wein.de**

**Inhaber/in und Betriebsleitung**
Sebastian Schäfer
**Keller** Sebastian Schäfer

**Rebfläche** 8 Hektar
**Jahresproduktion** 60 000 Flaschen
**Beste Lagen** Dorsheimer Goldloch und Pittermännchen, Burg Layer Schlossberg, Laubenheimer Karthäuser, Rümmelsheimer Steinköpfchen
**Boden** kiesiger Lehm und Schieferverwitterung mit Steingrus
**Rebsorten** 60% Riesling, 30% Burgundersorten, 10% übrige Sorten
**Erlebenswert** über 130 Jahre alter Gewölbekeller mit traditionellen Stückfässern
**Mitglied** VDP

Während andere Winzer versuchen, ihren Weinen einen persönlichen Stempel aufzudrücken, zum Beispiel Reduktionsnoten stärker herauszuarbeiten oder gar zu erzwingen, hat man hier das Gefühl, dass Sebastian Schäfer seinen Weinen in diesem Jahr noch mehr Raum gelassen hat, sich zu entfalten. Die ganze Serie wirkt in sich ruhend und unaufgeregter, als dies in der Vergangenheit manchmal der Fall war. Uns gefällt dieser entspannte Stil sehr gut. Bereits der Grauburgunder hat diese Naturbelassenheit, schlank und vital. Ausgezeichnet ist auch diesmal die Scheurebe gelungen. In der Nase ist sie geprägt von präsenten Fruchtnoten, am Gaumen dann schlank, mit Cassis, Grapefruit und feiner Brennnessel. Bekannt ist Schäfer natürlich in erster Linie für seine Rieslinge, die auf 60 Prozent der Rebfläche wachsen und auch im Jahrgang 2021 wieder eine prima Serie hinlegen. Diese beginnt bereits mit dem animierenden Gutswein. Saftig und straff, an Blutorange erinnernd, ist dies ein toller Riesling für jeden Tag, der dank seiner verspielten Art nicht langweilig wird. Der Rümmelsheimer Riesling, mit seinem Duft von hellen Frühlingsblüten und etwas Apfelschale, wirkt eher transparent. Daneben ist der Dorsheimer deutlich dichter und gelbfruchtiger, aber zugleich ausgesprochen vital.

**Feingliedrig tänzelnd**

Die Reihe der Lagenweine leitet der Burg Layer Schlossberg ein. Feinwürzig und floral, elegant und mit leichter Herbe ist dies ein eigenständiges, ehrliches Erstes Gewächs. Im direkten Vergleich mit den Großen Gewächsen zeigt sich dann aber doch noch der Unterschied. Die GGs haben eben einfach noch etwas mehr Komplexität. Dabei probiert sich das Pittermännchen eher feingliedrig, mit leicht grünen Noten, am Gaumen tänzelnd, mit etwas Limette und Holunder. Dies ist kein Wein der sich offen anbietet, der Genießer muss sich vielmehr dem Wein öffnen. Etwas wilder und offener präsentiert sich das GG aus dem Goldloch. Saftig und dicht, mit Anklängen von Pomelo und Plattpfirsich.

**Hochfeine Eleganz**

Schäfers frucht- und edelsüße Weine können zu den besten an der Nahe gehören. Sie verfügen über eine kühle, hochfeine Eleganz und behalten trotzdem eine saftige Tiefe, die sie sehr animierend und trinkig ist. Vor allem die Kabinette begeistern Jahr für Jahr. Erstmals verkosteten wir einen Kabinett Gutswein. Es ist ein kerniger Typ mit grünen Anklängen, kühl, mit ausgewogener Balance, da nicht zu süß, eben ein klassischer Kabinett im besten Sinn. Ein Spiegel der ganzen Kollektion ist der in sich ruhende Pittermännchen Kabinett, mit feinem Spiel, Aromen von Zitrusfrüchten, etwa Mandarinenschale, sowie Nektarine, die ihm eine fruchtige Grundnote verleihen. Etwas fülliger, süßer und exotischer ist der Kabinett aus dem Goldloch, während die Auslese aus derselben Lage mit viel Salbei und konzentrierter Gelbfrucht protzt. Gibt man den Weinen aus diesem Haus die Zeit sich zu entwickeln, wird man stets belohnt. Das zeigt nicht zuletzt die Verkostung gereifter Weine aus der Schatzkammer des Guts. Wenn es dann doch mal ein junger Wein sein muss, sollte man ihn dekantieren oder im Glas belüften.

JOH.BAPT. SCHĀFER.

**85** 2021 Grauburgunder trocken Flusskiesel
**12,50 €** | 12,5%

**86** 2021 Riesling trocken
**10,90 €** | 12%

**86** 2021 Scheurebe trocken
**11,50 €** | 12%

**87** 2021 Rümmelsheimer Riesling trocken Kieselstein
**15,50 €** | 12%

**88** 2021 Dorsheimer Riesling trocken
**16,50 €** | 12,5%

**89** 2021 Burg Layer Schlossberg Riesling trocken
**20 €** | 12,5%

**92** 2021 Dorsheimer Pittermännchen Riesling Großes Gewächs
**33 €** | 12,5%

**94** 2021 Dorsheimer Goldloch Riesling Großes Gewächs
**35 €** | 12,5%

**89** 2021 Riesling Kabinett
**12,50 €** | 9%

**90** 2021 Dorsheimer Goldloch Riesling Kabinett
8,5% **AUKTION**

**91** 2021 Dorsheimer Pittermännchen Riesling Kabinett
**17,50 €** | 8,5%

**92** 2021 Dorsheimer Goldloch Riesling Auslese
**23 €/0,375 Lit.** | 8%

★★★★★

## SCHÄFER-FRÖHLICH

Weingut Schäfer-Fröhlich
55595 Bockenau · Schulstraße 6
Tel. (06758) 6521 · Fax 8794
info@weingut-schaefer-froehlich.de
**www.weingut-schaefer-froehlich.de**

**Inhaber/in und Betriebsleitung**
Familie Fröhlich
**Keller** Tim Fröhlich
**Außenbetrieb** Tim Fröhlich

**Historie** Weinbau in der Familie seit 1800
**Rebfläche** 21 Hektar
**Jahresproduktion** 120 000 Flaschen
**Beste Lagen** Bockenauer Felseneck und Stromberg, Schlossböckelheimer Felsenberg und Kupfergrube, Monzinger Frühlingsplätzchen und Halenberg
**Boden** Porphyr, Konglomerat aus Schiefer und Quarzit, roter Schiefer
**Rebsorten** 85% Riesling, 15% übrige Sorten
**Mitglied** VDP, Fair'n Green

Tim Fröhlich liefert Jahr für Jahr großartige Rieslinge ab, unverkennbar in ihrer markanten und eigenen Art. Die Weine präsentieren sich in ihrer Jugend stets wild und reduktiv. Unsere Proben fünf und zehn Jahre danach zeigen, dass diese Aromatik mit zunehmender Reife in den Hintergrund tritt und wunderbar charakterstarke Rieslinge preisgibt, die die mineralischen Böden der Naheregion beispielhaft widerspiegeln. Insgesamt sechs Große Gewächse erzeugt Tim Fröhlich, die sich ganz unterschiedlich präsentieren. Der Stromberg ist kristallklar, kühl und feingliedrig. In seiner Jugend zeigt er sich noch recht zurückhaltend, steinig und kühl. Etwas kompakter und druckvoller gibt sich der Felsenberg, hier wachsen die Rieslinge direkt an der Nahe auf vulkanischem Porphyrboden. Die benachbarte Kupfergrube schlägt in diesem Jahr etwas leisere Töne an, insbesondere was die Reduktion angeht. In der Nase kommt Duft von feuchten Kieselsteinen, Zitrus und Limette hoch. Der Wein ist schlank, elegant und wunderbar klar. Mit dem leichtfüßig tänzelnden Frühlingsplätzchen schickt Tim Fröhlich einen weiteren Klassiker ins Rennen: im Duft filigran mit floralen Noten, am Gaumen verspielt, eher feinfruchtig und mit brillanter Säure. Daneben steht der Halenberg, deutlich kraftvoller, dunkelwürzig, vom blauen Schiefer geprägt. Darüber steht lediglich einmal mehr das Felseneck. Aus der Bockenauer Prestigelage hoch über dem Ort kommen Jahr für Jahr die größten Rieslinge des Hauses. Fröhlich kennt sein Terroir hier ganz genau. Wild und ungestüm, wunderbar vielschichtig, lang und charakterstark zeigt sich der Wein. Er kommt ohne viel Frucht aus, seine Struktur macht ihn so einzigartig. In der Nase dominiert zunächst Feuerstein, später etwas weißer Pfirsich – man ahnt, wie grandios sich dieser Wein entwickeln wird. War da sonst noch was? Allerdings! Die ganze Palette unterhalb der Großen Gewächse ist großartig, allen voran der bärenstarke Schiefergestein. Auch die Burgunder überzeugen erneut, insbesondere die weißen R-Varianten mit gekonntem Holzeinsatz und feiner Würze. Ein Klassiker ist die Riesling Spätlese Goldkapsel aus dem Felseneck, die auch in diesem Jahr wieder zu den Besten ihrer Klasse an der Nahe und darüber hinaus gehört.

**85** 2021 Weißer Burgunder trocken
**10,90 €** | 13 %

**86** 2021 Riesling trocken
**12 €** | 12 %

**87** 2021 Weißer Burgunder trocken „S"
**17,90 €** | 13 %

**87** 2021 Grauburgunder trocken „S"
**17,90 €** | 13,5%

89 2021 Riesling trocken Vulkangestein
**18,50 €** | 12 %

91 2021 Bockenauer Riesling trocken Schiefergestein
**22 €** | 12 %

91 2021 Weißer Burgunder trocken „R"
**37 €** | 13 %

91 2021 Chardonnay trocken „R"
**49 €** | 12,5%

93 2021 Schlossböckelheimer Felsenberg Riesling VDP.Großes Gewächs
**51 €** | 12,5%

93 2021 Bockenauer Stromberg Riesling VDP.Großes Gewächs
**55 €** | 12,5%

94 2021 Monzinger Frühlingsplätzchen Riesling VDP.Großes Gewächs
**51 €** | 12,5%

94 2021 Schlossböckelheimer Kupfergrube Riesling VDP.Großes Gewächs
**55 €** | 12,5%

95 2021 Monzinger Halenberg Riesling VDP.Großes Gewächs
**55 €** | 12,5%

95 2021 Bockenauer Felseneck Riesling VDP.Großes Gewächs
**59 €** | 12,5%

90 2021 Bockenauer Felseneck Riesling Kabinett
**18,90 €** | 8,5%

92 2021 Bockenauer Felseneck Riesling Spätlese
**21 €** | 7,5%

94 2021 Bockenauer Felseneck Riesling Spätlese Goldkapsel
**27 €** | 7,5%

94 2021 Bockenauer Felseneck Riesling Auslese Goldkapsel
7% AUKTION

94 2021 Bockenauer Felseneck Riesling Auslese
**26 €/0,375 Lit.** | 7 %

95 2021 Bockenauer Felseneck Riesling Eiswein Goldkapsel
6% AUKTION

96 2021 Bockenauer Felseneck Riesling Eiswein
**Preis auf Anfrage/0,375 Lit.** | 6 %

## SCHAPPERT

Weingut Schappert
55595 Sponheim · Vor der Pforte 1
Tel. (06758) 209
service@weingut-schappert.de

**Inhaber/in** Bernd Schappert
**Betriebsleitung** Felix Schappert
**Keller** Felix Schappert
**Außenbetrieb** Bernd Schappert

Bester Wein dieses 18-Hektar-Gutes in Sponheim ist der trockene Sauvignon Blanc. Im Aroma grünfruchtig, die Säure gut eingebunden, ist er typisch für den Jahrgang 2021. Ansonsten schmeckt Felix Schappert seine Weine gerne mit ein wenig Süße ab. Das gilt auch für die Rieslinge aus dem Weinsheimer Kellerberg, den duftigen Kabinett Alte Reben, wie den Zinnober mit angedeuteten gelben Früchten. Auch der Blanc de Noirs wird getragen von zarter Süße sowie Johannisbeeren und Orangenschale. Der Cabernet Cortis ist ein konzentrierter Roter mit Noten von Heidelbeere und Kirsche. Auch hier scheint im Finish eine dezente Süße auf, begleitet von feinkörnigem Gerbstoff. Auch das ist ungewöhnlich: Eine Internetseite sucht man vergeblich.

86 2021 Sponheimer Abtei Sauvignon Blanc trocken Selection Nickel 1696
**19,90 €** | 12 %

84 2021 Weinsheimer Kellerberg Riesling Kabinett feinherb Alte Reben
**15 €** | 11,5%

83 2021 Sauvignon Blanc Spätlese feinherb Schappli
**9 €** | 11,5%

83 2021 Weinsheimer Kellerberg Riesling feinherb Zinnober
**9 €** | 12 %

85 2021 Sponheimer Abtei Cabernet Blanc de Noirs feinherb Nickel 1696
**19,90 €** | 12 %

84 2018 Sponheimer Cabernet Cortis trocken Schappernet
**13 €** | 13 %

86 2016 Sponheimer Abtei Cabernet Cortis trocken Nickel 1696 Grande Reserve
**48 €** | 14 %

★★½

## SCHAUSS

Weingut Schauß
55569 Monzingen · Römerstraße 12
Tel. (06751) 2882 · Fax 6860
weingut-schauss@web.de
**www.weingut-schauss.de**

**Inhaber/in und Betriebsleitung**
Elmar Schauß
**Keller** Elmar Schauß

Elmar Schauß stellt eine durchgehend homogene Kollektion vor. Den Jahrgang 2021 setzt der Sauvignon Blanc mit Anklang von Cassis und zart grünen Noten sehr gut in Szene. Der Riesling stellt mehr als die Hälfte der Reben im Betrieb. Der Herrenzehntel wirkt kühl, geschliffen, mit Zitrus und grünem Apfel. Das Frühlingsplätzchen erinnert an gelbe Früchte. Der Halenberg fällt etwas komplexer aus mit guter Würze und mineralischem Grip. Gelungen auch der feinherbe Gewürztraminer mit Aromen von Heckenrose und Kaktusfeige. Direkt am Weingut befindet sich das von Grund auf sanierte Hotelrestaurant „Stadtmühle". Hier können die Weine des Hauses mit regionalen Produkten verkostet werden.

**85** 2021 Sauvignon Blanc trocken
**9,60 €** | 12,5%

**85** 2021 Monzinger Frühlingsplätzchen Riesling trocken vom Rotliegenden
**9,70 €** | 12%

**85** 2021 Weilerer Herrenzehntel Riesling trocken vom Vulkangestein
**9,70 €** | 12%

**85** 2021 Monzinger Frühlingsplätzchen Roter Riesling trocken
**12,50 €** | 11,5%

**85** 2021 Monzinger Frühlingsplätzchen Grauburgunder trocken Primus omnium
**15,50 €** | 13,5%

**86** 2021 Monzinger Halenberg Riesling Spätlese trocken
**12,20 €** | 12%

**85** 2021 Gewürztraminer feinherb
**9,30 €** | 12,5%

**85** 2021 Monzinger Frühlingsplätzchen Riesling feinherb „S"
**9,70 €** | 11,5%

**90** 2021 Monzinger Halenberg Riesling Eiswein
**34 €** | 8,5%

★★½

## HEINRICH SCHMIDT

Weingut Heinrich Schmidt
55452 Windesheim · Hauptstraße 8
Tel. (06707) 414 · Fax 1725
weingut-heinrich-schmidt@t-online.de
**www.weingutschmidt.com**

**Inhaber/in und Betriebsleitung**
Günter Schmidt
**Keller** Lukas Schmidt

Mit 80 Prozent dominieren in diesem Betrieb die Burgundersorten. Der Pinotsekt hat eine feine Quittennote und harmonische Perlage. Bei den Gutsweinen dominiert der Grauburgunder mit Leichtigkeit und Frische. Der Weißburgunder „S" erinnert an Mirabelle, der Grauburgunder „S" mündet in ein zart schmelzendes Finish. Der Riesling Schlossgarten animiert mit Pfirsich und Ananas. Die Reserve-Rotweine sind kraftvoll, der 2018er Frühburgunder hat dazu eine passende Konzentration. Vater Günter Schmidt und Sohn Lukas sind auf dem richtigen Weg.

**86** 2019 Pinot Sekt Brut
**13,50 €** | 12,5%

**84** 2021 Weißburgunder trocken
**7,70 €** | 12%

**85** 2021 Grauburgunder trocken
**7,70 €** | 12%

**86** 2021 Windesheimer Römerberg Grauburgunder trocken „S"
**9,70 €** | 13%

**86** 2021 Schweppenhäuser Schlossgarten Weißburgunder trocken „S"
**9,70 €** | 13%

**87** 2021 Schweppenhäuser Schlossgarten Riesling trocken „S"
**9,70 €** | 11,5%

**87** 2020 Windesheimer Fels Grauburgunder trocken „R"
**12,50 €** | 14,5%

**87** 2020 Windesheimer Sonnenmorgen Weißburgunder trocken „R"
**13,50 €** | 14%

**85** 2021 Riesling feinherb
**7,70 €** | 11%

**86** 2018 Schweppenhäuser Schlossgarten Spätburgunder trocken „S"
**11,10 €** | 14%

**87** 2018 Schweppenhäuser Schlossgarten Frühburgunder trocken „R"
**17 €** | 14%

★★☆

## SCHMIDT

Weingut Schmidt
67823 Obermoschel · Luitpoldstraße 24
Tel. (06362) 1265 · Fax 4145
info@weingut-schmidt.net
**www.weingut-schmidt.info**

**Inhaber/in und Betriebsleitung**
Andreas Schmidt
**Außenbetrieb** Sebastian Schmidt

Es sind wieder einmal die Rieslinge dieses 20-Hektar-Guts im Süden des Anbaugebietes, die auch im Jahrgang 2021 die besten Weine stellen. Der Norheimer Dellchen erinnert in der Nase an eine klassische Spätlese mit reifen Fruchtnoten, am Gaumen entfaltet sich ein feines Säurespiel. Ebenfalls fruchtbetont, begleitet von zarten exotischen Anklängen, präsentiert sich der Obermoscheler Schlossberg, während sich der Mittelstück aus dem Obermoscheler Silberberg mit der Entwicklung noch etwas zurückhält. Zu den Highlights dieses Betriebes gehört auch der Rieslingsekt aus der Langhölle.

**86** 2020 Obermoscheler Langhölle Riesling Sekt Extra trocken
**11,90 €** | 12,5%

**83** 2021 Chardonnay trocken
**7,20 €** | 13%

**83** 2021 Grauburgunder trocken
**7,20 €** | 13%

**84** 2021 Obermoscheler Silberberg Riesling trocken Mittelstück
**7,30 €** | 12,5%

**85** 2021 Obermoscheler Schlossberg Riesling trocken
**7,30 €** | 12,5%

**85** 2021 Norheimer Dellchen Riesling trocken
**10,90 €** | 12,5%

**85** 2021 Obermoscheler Silberberg Riesling Spätlese
**9,60 €** | 8,5%

**83** 2021 Riesling Classic
**7,70 €** | 12%

**84** 2021 Obermoscheler Silberberg Riesling Spies
**7,30 €** | 10,5%

**84** 2020 Obermoscheler Silberberg Spätburgunder trocken
**7,40 €** | 12,5%

★★★★

## JAKOB SCHNEIDER

Weingut Jakob Schneider
55585 Niederhausen · Winzerstraße 15
Tel. (06758) 93533 · Fax 93535
info@schneider-wein.com
**www.schneider-wein.com**

**Inhaber/in und Betriebsleitung**
Jakob Schneider
**Keller** Jakob Schneider und Christian Staab
**Historie** Gründung des Weinguts im Jahr 1575
**Rebfläche** 24 Hektar
**Jahresproduktion** 200 000 Flaschen
**Beste Lagen** Niederhäuser Hermannshöhle, Felsensteyer und Klamm, Norheimer Dellchen und Kirschheck
**Boden** vulkanisch, Schiefer
**Rebsorten** 85% Riesling, 15% Burgundersorten

Jakob Schneider hat im Jahrgang 2021 das stilistische Spektrum ein wenig erweitert. Nach wie vor überzeugen seine Weine in erster Linie durch ihre Klarheit und fruchtige Eleganz. Diesmal hat sich aber ein weiteres Element zur geschmacklichen Klaviatur hinzugesellt. Die Weine wirken durch die Bank etwas wilder, man könnte auch sagen reduktiver, als in den vergangenen Jahren. Ganz neu sind diese Noten im Hause Schneider nicht. Aufmerksame Genießer kennen sie bereits von besonderen Kabinett-Abfüllungen, etwa mit dem Namenszusatz „Sponti". An unserem Gesamturteil ändert dies indes nichts: Die Kollektion ist wieder einmal auf sehr hohem Niveau, so wie wir es von diesem Winzer seit Jahren gewohnt sind.

### Dellchen versus Magnus

Einen großartigen Weinwert stellt bereits die „einfache" Hermannshöhle dar, mit zupackender Säure und feiner Mineralität. Der

Magnus daneben ist noch etwas konzentrierter und spielt neben der reduktiven Würze mit feinen gelbfruchtigen Noten. Er erinnert an weißen Pfirsich und Zitrusschale. Mindestens auf gleichem Niveau präsentiert sich das Norheimer Dellchen. Wir beobachteten beide Weine über einen längeren Zeitraum und dabei konnte sich das Dellchen in puncto Komplexität tatsächlich eine Idee absetzen. Doch das ist nicht in Stein gemeißelt. Wir sind gespannt auf die weitere Entwicklung in der Flasche. Es ist gut möglich, ja sogar wahrscheinlich, dass der Magnus auf längere Sicht noch am Dellchen vorbeizieht. Wie gut der Magnus werden kann, zeigen Jahrgänge wie 2018 und 2012. Dieser großartige trockene Riesling gehört im Jahrgang 2012 zu den besten an der gesamten Nahe und hat bis heute nur wenig von seiner ursprünglichen Frische verloren. Zurück zu 2021: Die fruchtige Spätlese aus der Hermannshöhle ist in diesem Jahr etwas konzentrierter und reifer. Aromen von tropischen Früchten wie Mango und Maracuja strömen aus dem Glas. Der Eiswein präsentiert sich als großartiges Elexier hochreifer Riesling-Trauben, mit einer sehr harmonischen Säure.

### Mehr Platz bei der Ernte

Und die Weichen für die Zukunft werden seit einiger Zeit gestellt. Mit dem Bau neuer Betriebsgebäude gegenüber dem Gutshaus kann die gesamte Weinbereitung und -lagerung künftig unter einem Dach konzentriert werden. Das neue Kelterhaus schafft mehr Platz, auch für eine zweite Presse, was vor allem im mitunter hektischen Herbst für Entspannung sorgen wird. Immerhin müssen hier die Trauben von 24 Hektar Rebfläche verarbeitet werden. Zum Fasskeller unter dem Gutshaus wird eine Verbindung hergestellt. Hier bleiben die Holzfässer, während die Edelstahltanks gegenüber Platz nehmen werden. Auch an die Umwelt wird gedacht, eine große Zisterne kann bis zu 150.000 Liter Regenwasser aufnehmen. Noch vor der Weinlese 2023 soll der neue Komplex den Betrieb aufnehmen.

JAKOB SCHNEIDER

**85** 2021 Riesling trocken Melaphyr
**8,20 €** | 12 %

**88** 2021 Niederhäuser Felsensteyer Riesling trocken
**14 €** | 12,5%

**90** 2021 Niederhäuser Hermannshöhle Riesling trocken
**13 €** | 12,5%

**90** 2021 Niederhäuser Klamm Riesling trocken
**18 €** | 12,5%

**92** 2021 Niederhäuser Hermannshöhle Riesling trocken Magnus
**21,50 €** | 13 %

**93** 2021 Norheimer Dellchen Riesling trocken
**19,50 €** | 12,5%

**88** 2021 Niederhäuser Klamm Riesling Kabinett
**10 €** | 9 %

**90** 2021 Niederhäuser Hermannshöhle Riesling Spätlese
**14 €** | 9 %

**93** 2021 Niederhäuser Hermannshöhle Riesling Auslese Junior
**15 €/0,375 Lit.** | 7,5%

**98** 2021 Niederhäuser Klamm Riesling Eiswein
**50 €/0,375 Lit.** | 6,5% **TOP 10**

★★★

## K. H. SCHNEIDER

Weingut K. H. Schneider
55566 Bad Sobernheim · Meddersheimer Straße 29
Tel. (06751) 2505 · Fax 3657
info@weingut-schneider.com
**www.weingut-schneider.com**

**Inhaber/in** Familie Schneider
**Keller** Andi Schneider

**Rebfläche** 15 Hektar
**Jahresproduktion** 70 000 Flaschen
**Beste Lagen** Sobernheimer Marbach und Domberg, Schloßböckelheimer Felsenberg und Königsfels
**Boden** Schiefer-Quarzit, roter Tonschiefer, oberes Rotliegendes, Porphyr
**Rebsorten** 50% Riesling, 25% Burgundersorten, 5% Sauvignon Blanc, 20% übrige Sorten

Die aktuelle Kollektion von Andi Schneider in Bad Sobernheim spiegelt den Jahrgang 2021 sehr gut wider. Die Weine sind durchweg zupackend und elegant. Der hauseigene Stil mit einer ausgeprägten Feuersteinnote und die fruchtreduzierte Art sind auch in diesem Jahr schön erkennbar. Bereits der Einstiegsriesling ist würzig und zupackend, begleitet von Zitrusfrucht. Der Sobernheimer Riesling ist von schlanker Statur, noch etwas verhalten im Duft und leicht trocken am Gaumen. Etwas mehr Ausdruck mit festerem Rückgrat bringt der Schlossböckelheimer mit. Die Lagenweine: Der Domberg wirkt fest und straff mit kühler Herbe. Der Marbach gefällt uns sogar noch etwas besser. Er ist fest und zeigt feinsaftige Noten von grünem Apfel. 2021 führt aber kein Weg an den Lagen von Schlossböckelheim vorbei. Sie haben im Vergleich zu denen von Sobernheim in puncto Komplexität und Tiefe einfach etwas mehr zu bieten. Der Königsfels probiert sich noch jugendlich mit feiner Reduktion, zupackender Säurestruktur und sehr steinig. Am Felsenberg gefällt uns, dass er am Gaumen noch etwas mehr Saft mitbringt. Auch er wird getragen von großartiger Mineralität. Erstmals wird auch ein Sekt aus diesem Haus präsentiert. Das lange Hefelager verleiht dem Pinot Brut nature eine wunderbar cremige Perlage, auch hier finden sich Noten von grünem Apfel. Familie Schneider ist es zu verdanken, dass die Lagen Domberg und Marbach in Sobernheim eine hohe Achtung unter Rieslingfans genießen. Dazu kommen exzellente Weinberge in Schlossböckelheim.

**86** 2015 Pinot Brut nature -72-
**22 €** | 12,5%

**85** 2021 Riesling trocken
**8,50 €** | 12%

**86** 2021 Sobernheimer Riesling trocken Roter Tonschiefer
**12 €** | 12,5%

**86** 2021 Sobernheimer Sauvignon Blanc trocken
**12 €** | 13%

**87** 2021 Schlossböckelheimer Riesling trocken Vulkanstein
**12 €** | 12,5%

**87** 2021 Sobernheimer Domberg Riesling trocken
**17,50 €** | 12,5%

**88** 2021 Sobernheimer Marbach Riesling trocken
**17,50 €** | 13%

**89** 2021 Schlossböckelheimer Königsfels Riesling trocken
**19,50 €** | 12,5%

**91** 2021 Schlossböckelheimer Felsenberg Riesling trocken
**19,50 €** | 12,5%

**87** 2021 Sobernheimer Riesling Kabinett
**9,50 €** | 9%

**88** 2021 Sobernheimer Marbach Riesling Spätlese
**12 €** | 8,5%

**89** 2021 Sobernheimer Domberg Riesling Spätlese
**12 €** | 8,5%

★

## WOLFGANG SCHNEIDER

Weingut Wolfgang Schneider
55452 Guldental · Naheweinstraße 35
Tel. (06707) 324 · Fax 7201
info@weingut-wolfgang-schneider.de
**www.weingut-wolfgang-schneider.de**

**Inhaber/in und Betriebsleitung**
Wolfgang und Nils Schneider
**Keller** Wolfgang und Nils Schneider

Das Etikett ist neu, doch sonst ist in diesem 20-Hektar-Betrieb in Guldental alles beim Alten geblieben: Er ist eine günstige Quelle für zuverlässig vinifizierte Weine. Auch die aktuelle Kollektion ist durchweg stimmig, vor allem bei den Rieslingen. Wir probierten einen animierend frischen Hipperich, dessen „S"-Variante fällt etwas kräftiger aus. Der spontan vergorene sua sponte erinnert an Kräuter und Limettenschale. Alle Rieslinge werden von einer zarten Süße abgerundet. Pluspunkte sind zudem die Scheurebe und die kräftig-würzige Cuvée aus Merlot und Syrah.

**83** 2021 Grauer Burgunder trocken
**6 €** | 13 %

**83** 2021 Guldentaler Schloßkapelle Gewürztraminer Auslese trocken „S"
**8 €** | 13,5%

**83** 2021 Guldentaler Sonnenberg Chardonnay trocken „S"
**8,50 €** | 13 %

**83** 2021 Guldentaler Hipperich Grauburgunder trocken „S"
**9,50 €** | 13,5%

**84** 2021 Guldentaler Apostelberg Scheurebe trocken
**6,50 €** | 12,5%

**84** 2021 Guldentaler Hipperich Riesling trocken
**6,50 €** | 12 %

**84** 2021 Guldentaler Hipperich Riesling trocken „S"
**8,50 €** | 13 %

**86** 2021 Guldentaler Sonnenberg Riesling trocken sua sponte
**9,90 €** | 11,5%

**84** 2020 Guldentaler Hipperich Frühburgunder trocken
**12,50 €** | 15 %

**86** 2019 Guldentaler Sonnenberg Merlot & Syrah trocken
**18,50 €** | 14 %

★

## SCHÖMEHL

Weingut Schömehl
55452 Dorsheim · Binger Straße 2
Tel. (06721) 45675 · Fax 48623
weingut@schoemehl.de
**www.schoemehl.de**

**Inhaber/in und Betriebsleitung**
Elke Schömehl-Hahn und Hartmut Hahn
**Keller** Hartmut Hahn, Andreas Birk
**Außenbetrieb** Hartmut Hahn, Andreas Birk

Die Rieslinge fallen im Jahrgang 2021 eher schlank und feingliedrig aus. Der Rotliegende zeigt klare Frucht und animierende Säure. Die trockene Spätlese aus dem Goldloch wirkt würzig mit grünen Noten. Von den fruchtigen Karthäuser-Weinen duftet die Spätlese nach Mandarinenschale, mit schönem Süße-Säure-Spiel, während die Auslese Aromen von reifer Mango und von weißem Tee zeigt. Eine Besonderheit ist der konzentrierte Eiswein, mit feiner Note von Honig und Rosinen.

**83** 2021 Riesling trocken Deux Vallées
**6,40 €** | 12 %

**84** 2021 Laubenheimer Karthäuser Riesling Spätlese trocken Rotliegendes
**7,70 €** | 12,5%

**84** 2021 Dorsheimer Burgberg Riesling trocken Alte Reben
**8 €** | 12,5%

**84** 2020 Laubenheimer Hörnchen Grauburgunder Spätlese trocken „R"
**12,90 €** | 14 %

**85** 2021 Dorsheimer Goldloch Riesling Spätlese trocken „S"
**9,90 €** | 12,5%

**85** 2021 Dorsheimer Pittermännchen Riesling halbtrocken
**7,90 €** | 12 %

**85** 2021 Laubenheimer Karthäuser Riesling Spätlese
**8,50 €** | 8,5%

**87** 2021 Laubenheimer Karthäuser Riesling Auslese
**11,80 €** | 8 %

**89** 2021 Laubenheimer Karthäuser Riesling Eiswein
**20 €/0,375 Lit.** | 7,5%

**85** 2020 Laubenheimer Vogelsang Spätburgunder trocken „S"
**10,40 €** | 13,5%

★★★

## SINSS

Weingut Sinß
55452 Windesheim · Hauptstraße 18
Tel. (06707) 253 · Fax 8510
weingut@sinss.de
**www.sinss.de**

**Inhaber/in und Betriebsleitung**
Familie Sinß
**Keller** Johannes Sinß

**Historie** Weingut seit 1791 Jahren in Familienbesitz
**Rebfläche** 14 Hektar
**Jahresproduktion** 80 000 Flaschen
**Beste Lagen** Windesheimer Römerberg, Windesheimer Rosenberg
**Boden** rote Sandsteinverwitterung, sandiger Lehm mit Kieselsteinen
**Rebsorten** je 25% Spätburgunder und Riesling, je 20% Grau- und Weißburgunder, 10% übrige Sorten

Bei aller Fokussierung auf die Burgundersorten sollte man nicht vergessen: In Windesheim gibt es auch Riesling. Und was für welchen! Man kann schon fast sagen, dass uns die Brüder Markus und Johannes Sinß mit ihrem Gutsriesling begeistern. Saftig, gelbfruchtig und mundwässernd präsentiert sich der Wein auch wieder in diesem Jahr. Er ist ohne Zweifel einer der stimmigsten Vertreter in dieser Einstiegskategorie, Jahr für Jahr. Etwas herber und mineralischer, mit reduzierter Frucht, gibt sich der Windesheimer Riesling „S". Konzentriert und offen protzt der 2020er Römerberg „R" mit saftig-reifer Aprikosenfrucht. Der fruchtsüße Kabinett ist schlank und zeigt Aromen von grünem Apfel. Bei den weißen Burgundersorten probierten wir einen sortentypischen Grauburgunder mit schöner Kernobstnote, die an Birne erinnert, dazu gesellt sich ein Anflug von exotischen Früchten. Der Weißburgunder „S" ist eher dezent im Bukett und offenbart am Gaumen einen cremigen Schmelz. Rauchig-würzig und mit feiner Holzfassprägung begegnet uns der überzeugende Grauburgunder „R". Er steht auf Augenhöhe mit dem Chardonnay Reserve, der mit etwas blumigeren Nuancen und zarter Gelbfrucht ausgestattet ist. Eine Spezialität sind zudem die Spätburgunder des Hauses, die immer wieder zur Jahrgangsspitze an der Nahe gehören. Hier begeistert diesmal der 2017er Pinot Noir mit seiner klaren, feinsaftigen Sortenfrucht. Im Keller baut Johannes Sinß die Weine mit viel Fingerspitzengefühl aus und verleiht den Burgundersorten mitunter einen frankophilen Touch. Sein Bruder Markus leitet den Außenbetrieb in diesem 14-Hektar-Gut, das seit 2016 ökologisch arbeitet.

**85** 2021 Grauburgunder trocken
**8 €** | 13 %

**85** 2021 Windesheimer Weißburgunder trocken „S"
**10,50 €** | 13 %

**85** 2020 Windesheimer Chardonnay trocken „S"
**12 €** | 14 %

**86** 2021 Riesling trocken
**7,80 €** | 12 %

**86** 2021 Windesheimer Riesling trocken „S"
**10,20 €** | 12,5%

**87** 2020 Windesheimer Römerberg Riesling trocken „R" Goldkapsel
**18 €** | 12,5%

**89** 2020 Windesheimer Rosenberg Grauburgunder trocken „R" Goldkapsel
**18 €** | 14 %

**89** 2020 Chardonnay trocken Reserve
**24 €** | 14 %

**87** 2021 Windesheimer Römerberg Riesling Kabinett
**9,30 €** | 9 %

**87** 2019 Windesheimer Spätburgunder trocken „S"
**12,50 €** | 13,5%

**87** 2018 Windesheimer Rosenberg Spätburgunder trocken „R" Goldkapsel
**20 €** | 13,5%

**90** 2017 Pinot Noir trocken
**35 €** | 13,5%

★

## SITZIUS

Weingut Wilhelm Sitzius
55450 Langenlonsheim · Naheweinstraße 87
Tel. (06704) 1309 · Fax 2781
weingut@sitzius.de
**www.sitzius.de**
**Inhaber/in** Sonja Sitzius

Wir probierten vom Jahrgang 2021 eine solide Kollektion, in der insbesondere die Rieslinge überzeugen. Sehr schön der Oberhäuser Kieselberg mit feiner Exotik und strammer Säurestruktur. Etwas milder ist der gelbfruchtige Königsschild ausgefallen. Und der Black Label präsentiert sind vollmundiger, mit zarter Würze und Aromen von der Cavaillon-Melone. Roséwein-Freunde sollten den Spätburgunder mit seinem expressiven Beerenduft probieren. Der Riesling dominiert in diesem Langenlonsheimer Traditionsgut. Genießen kann man die Weine in der gemütlichen Gutsschänke, wo regionale Gerichte mit mediterranem Einfluss serviert werden. Das Weingut im fränkischen Baustil, mit zwei Innenhöfen, ist von mediterranem Flair geprägt.

**83** 2021 Silvaner trocken
**5,70 €** | 11,5%

**83** 2021 Riesling trocken
**6,60 €** | 11,5%

**83** 2021 Weißburgunder trocken Silberkapsel
**8,80 €** | 13%

**84** 2021 Langenlonsheimer Königsschild Riesling Spätlese trocken
**9,50 €** | 12%

**84** 2021 Langenlonsheimer Rothenberg Riesling Spätlese trocken Goldkapsel
**11,90 €** | 11%

**85** 2021 Oberhäuser Kieselberg Riesling Spätlese trocken
**8,50 €** | 11%

**85** 2021 Riesling Spätlese trocken Black Label
**11,90 €** | 11%

**83** 2021 Langenlonsheimer Löhrer Berg Riesling Spätlese feinherb
**8,20 €** | 11%

**84** 2021 Scheurebe
**7,20 €** | 12,5%

**84** 2021 Spätburgunder Rosé trocken
**7,50 €** | 12,5%

★★☆

## SM SEKTMANUFAKTUR

SM SektManufaktur
55444 Waldlaubersheim · Große Heide 2
Tel. (06707) 9141820
info@sm-sektmanufaktur.de
**www.sm-sektmanufaktur.de**
**Inhaber/in und Betriebsleitung**
Matthias Schreml und Kai Maschtschenko
**Rebfläche** 12 Hektar
**Jahresproduktion** 80 000 Flaschen
**Rebsorten** 30% Spätburgunder, 20% Weißburgunder, je 10% Chardonnay und Riesling, 5% Schwarzriesling, 25% übrige Sorten
**Mitglied** Verband traditioneller Sektmacher e.V.

Es kann durchaus aufschlussreich sein, so manchen Sekt nochmal zu entkorken, den wir früher schon einmal verkostet haben: Gut entwickelt hat sich etwa die Grande Cuvée Brut nature Reserve von 2016, die inzwischen etwas offener ihre Fruchtnoten freigibt. Immer noch mit feinem Gerbstoff und grünen Noten versehen ist der 2016er Blanc de Noirs Brut nature. Es ist der einzige Blanc de Noirs vom Cabernet Sauvignon, den wir kennen, ein hochinteressanter „Experimental-Sekt", wenn man so will. Auffällig bei allen Weinen ist die sehr feinperlige und cremige Perlage. Lediglich der überaus duftige Dosage Zero fällt inzwischen etwas ab. Insgesamt probierten wir eine rundum stimmige Kollektion. Den frischeren Jahrgängen merkt man zudem eine stilistische Veränderung an. Die 2019er Weine wirken alle sehr zart und fein. Angenehm probiert sich der rotfruchtige Fructikus(s) mit leicht süßlichem Finish. Der Pinot Blanc de Noir Brut, mit feinem Rosé-Schleier im Glas, ist eher der etwas cremigere Typ, mit guter Balance und weicher Säurestruktur. Ein großer Wurf ist der 2019er Pinot Meunier. Zu 100 Prozent aus Schwarzriesling, im frankophilen (Champagner-)Stil gearbeitet. Sehr tiefgründige und würzige Nase mit wunderbar typischer Frucht, die Anklänge von Johannisbeeren beinhaltet. Am Gaumen ist dieser Spitzensekt zupackend, vibrierend und frisch. Hier scheint man definitiv auf dem richtigen Weg zu sein. Erst vor wenigen Jahren gegründet, ist die SM SektManufaktur das einzige reine Sekthaus an der Nahe. Die Buchstaben S und M stehen sowohl für

„Sekt" und „Manufaktur" als auch für die Inhaber Matthias Schreml und Kai Maschtschenko. Schwerpunkt des Unternehmens ist die Lohnversektung, doch auch die eigene Erzeugung gewinnt an Bedeutung. Das Zusammenspiel von Schreml und Maschtschenko und die Aufgabenteilung passen: Der eine hat ein Weinlabor, der andere hat lange Zeit beim deutschen Sektprimus Raumland maßgeblich mitgewirkt.

SektManufaktur

**85** 2019 Fructikus(s) Rosé Brut
**9,50 €** | 12,5%

**85** 2016 Weißburgunder Brut nature Dosage Zero
**15 €** | 12,5%

**86** 2016 Blanc de Noirs Brut nature
**17 €** | 12,5%

**87** 2019 Pinot Blanc de Noir Brut
**14 €** | 12,5%

**87** 2018 Chardonnay Brut
**17 €** | 12,5%

**88** 2015 Pinot Blanc Brut
**15 €** | 12,5%

**89** 2016 Grande Cuvée Brut nature Reserve
**35 €** | 12,5%

**90** 2019 Pinot Meunier Brut
**16 €** | 12,5%

★

## STAAB

Weingut Staab
55585 Oberhausen · Naheweinstraße 18–20
Tel. (06755) 272 · Fax 1850
service@weingut-staab.de
**www.weingut-staab.de**

**Inhaber/in und Betriebsleitung**
Peter und Christian Staab
**Keller** Christian Staab
**Außenbetrieb** Peter Staab

Vom Jahrgang 2021 gefallen uns aus diesem Oberhäuser Familienbetrieb vor allem die Lagenrieslinge, deren jeweiliger Charakter differenziert herausgearbeitet wurde. Schon offen präsentiert sich der fein-würzige Riesling vom Rotliegenden, eine zarte Gerbstoffnote verleiht ihm den nötigen Grip. Der Leistenberg ist zupackend, mineralisch und zugleich auch elegant. Mit Tönen von Brennessel und grünem Apfel animiert der ansprechende Gutswein Sandstein zu großen Schlucken. Immer eine Bank ist hier der Müller-Thurgau, diesmal mit Anklang von Mirabelle und reifem Apfel. Die gelungene Reihe schließt der Blanc de Noirs ab, super klar und feinfruchtig, mit einem Anflug von roten Früchten. Gelbfruchtig und saftig, mit sehr gut balancierter Süße, gibt sich die Spätlese aus dem Leistenberg. So kann es weitergehen!

**83** 2021 Weißburgunder trocken „S"
**8,10 €** | 13 %

**84** 2021 Schlossböckelheimer Burgweg Rivaner trocken
**5,50 €** | 13 %

**84** 2021 Riesling trocken vom Sandstein
**7,50 €** | 12,5%

**84** 2021 Spätburgunder Blanc de Noirs trocken
**7,80 €** | 12,5% **BEST BUY**

**85** 2021 Riesling trocken vom Rotliegenden Edition Klara
**8,50 €** | 12,5%

**86** 2021 Oberhäuser Leistenberg Riesling trocken vom Tonschiefer
**8,50 €** | 12,5%

**83** 2021 Riesling feinherb vom Kies
**8,20 €** | 11,5%

**85** 2021 Oberhäuser Leistenberg Riesling Spätlese
**8,50 €** | 9,5%

★

## STEIGERHOF

Weingut Steigerhof
55585 Altenbamberg · Steigerhof
Tel. (06709) 425 · Fax 709
weingut-steigerhof@t-online.de
**www.weingut-steigerhof.de**

**Inhaber/in und Betriebsleitung**
Josef Wollschied
**Keller** Josef und Barbara Wollschied

Ein ganzes Stück außerhalb von Altenbamberg liegt dieser Weingutshof, der über zwölf Hektar Rebhänge im Alsenztal verfügt. Im Jahrgang 2021 ist der Sauvignon Blanc Laurentiusberg einer unserer Favoriten, ein balancierter Wein mit grünen Noten sowie exotischer Frucht von Maracuja und Ananas. Vom Schlossberg kommt ein schöner Weißburgunder mit Anklang von gelbem Apfel und feinsaftiger Struktur. Aus dem Jahrgang 2020 stammt der zart reifende Riesling von alten Reben aus dem Kehrenberg, der Monopollage der Familie.

**83** 2021 Riesling trocken
**5,50 €** | 12,5%

**83** 2021 Grauburgunder trocken
**7,30 €** | 13%

**84** 2021 Spätburgunder Blanc de Noirs trocken
**6,50 €** | 11,5% BEST BUY

**85** 2021 Riesling trocken Hochgewächs
**6,70 €** | 12,5%

**85** 2021 Altenbamberger Schlossberg Weißburgunder trocken
**8,50 €** | 12,5%

**86** 2021 Altenbamberger Laurentiusberg Sauvignon Blanc trocken
**8,80 €** | 12%

**86** 2020 Altenbamberger Kehrenberg Riesling trocken Alte Reben
**8,80 €** | 13%

**83** 2021 Bacchus Liter feinherb
**5,50 €/1 Lit.** | 10,5%

**84** 2021 Weißburgunder feinherb Classic
**6,50 €** | 12%

**85** 2021 Riesling feinherb
**6,70 €** | 11,5%

**84** 2021 Kerner Spätlese
**7,60 €** | 9%

**86** 2020 Altenbamberger Schlossberg Spätburgunder trocken Barrique
**9,60 €** | 12,5%

★★

## STEIN

Weingut Karl Stein
55585 Oberhausen · Auf dem Stiel 12
Tel. (06755) 242 · Fax 741
info@steinwein.de
**www.steinwein.de**

**Inhaber/in und Betriebsleitung**
Edith und Rainer Schneider
**Keller** Rainer Schneider
**Außenbetrieb** Rainer und Wolfgang Schneider

**Rebfläche** 12 Hektar
**Jahresproduktion** 50 000 Flaschen
**Beste Lagen** Oberhäuser Leistenberg, Felsenberg und Kieselberg, Niederhäuser Felsensteyer und Klamm
**Boden** Schiefer, Porphyr, Sandstein und Kies
**Rebsorten** 65% Riesling, 25% Burgundersorten, 10% übrige Sorten
**Gastronomie** hauseigene kleine Sektkellerei, Jahrgangspräsentation am 1. Sonntag nach Pfingsten, kulinarische Weinproben im Herbst
**Erlebenswert** uriges Probierzimmer mit Fenstern in bunter Bleiverglasung

Wir freuen und jedes Jahr aufs Neue darüber, wie gut es Rainer Schneider gelingt, die Eigenheiten seiner Lagen herauszuarbeiten. Im Fokus stehen hier natürlich zunächst die Oberhäuser-Lagen. Das gilt für den Kieselberg, vor allem aber für den Leistenberg: Er wirkt kühl, begleitet von einer mineralischen Note und Zitrusanklängen. Wie einige Winzer aus Oberhausen hat auch das Weingut Stein Lagenbesitz im benachbarten Niederhausen. Der Klamm bringt etwas mehr Gewicht ins Glas, bleibt dabei aber jederzeit animierend und transportiert die Frische des Jahrgangs. Der Felsensteyer ist eher fruchtbetont, mit schönem Bukett von reifem Steinobst, gibt sich zudem schön mineralisch abgerundet und langanhaltend. Gut gelungen ist auch die fruchtsüße Vermählung von Gewürztraminer und Riesling aus dem Rotenberg mit feinem Blütenduft, insbesondere nach Heckenrosen. Dass Rainer Schneider seit Jahren auch dem Müller-Thurgau eine Bühne bietet, haben wir schon wiederholt gelobt. Der Hanggarten ist auch im Jahrgang 2021 mit seiner spritzigen Frische und mit seiner feinen Frucht eine tolle Alternative im Gutswein-Bereich. Zudem ist die Preis-Genuss-Relation ausgesprochen gut. Zum Haus gehört auch eine kleine Sektkellerei.

**85** 2021 Müller-Thurgau trocken Hanggarten
**6,50 €** | 12,5%

**85** 2021 Oberhäuser Kieselberg Riesling trocken
**8 €** | 13%

**85** 2021 Oberhäuser Kieselberg Chardonnay trocken Reserve
**14 €** | 13,5%

**87** 2021 Oberhäuser Leistenberg Riesling trocken
**11 €** | 12,5%

**87** 2021 Niederhäuser Klamm Riesling trocken
**12 €** | 13%

**88** 2021 Niederhäuser Felsensteyer Riesling trocken
**13 €** | 13%

**85** 2021 Oberhäuser Kieselberg Wolf Riesling feinherb
**8,50 €** | 11,5%

**84** 2021 Oberhäuser Leistenberg Riesling Kabinett
**8,50 €** | 9%

**85** 2021 Oberhäuser Rotenberg Riesling & Gewürztraminer Spätlese
**9 €** | 8,5%

**86** 2021 Niederhäuser Felsensteyer Riesling Spätlese
**12 €** | 7,5%

**87** 2021 Niederhäuser Klamm Riesling Auslese
**16 €** | 7,5%

## VENTER

Weingut Venter
55627 Weiler · Brunnenstraße 2
Tel. (06754) 1440 · Fax 945401
kontakt@weingut-venter.de
**www.weingut-venter.de**

**Inhaber/in und Betriebsleitung**
Mario Venter

Mario Venter führt dieses Gut in Weiler, im westlichen Zipfel des Anbaugebiets, unweit von Monzingen. Wir probierten wieder eine durchweg anständige Kollektion. Mario Venters Weine sind meist recht fruchtbetont und mit zarter Restsüße ausgestattet, wie etwa der Riesling vom Rotliegenden, der in seiner duftigen Art an gelbe Früchte erinnert. Am Gaumen merkt man die feine Würze des roten Bodens. Der Rosé, halbtrocken ausgebaut, zeigt Noten von roten Beerenfrüchten, insbesondere Erdbeeren prägen das cremige Finish dieses fruchtigen Sommerweins. „Sommerwein" ist auch das Stichwort für die Cuvée aus Bacchus und Kerner, ein animierender und fruchtbetonter Tropfen. Reifes Kernobst wie Pfirsich und Aprikose spielt beim Genuss des Weins seine Aromen aus. Die Riesling Beerenauslese weist deutliche Rosinentöne auf und krönt die kleine Reihe.

**83** 2021 Riesling Liter trocken
**5,20 €/1 Lit.** | 11,5%

**83** 2021 Weilerer Herrenzehntel Riesling trocken vom Rotliegenden
**7,20 €** | 12%

**85** 2021 Weilerer Herrenzehntel Riesling Spätlese
**7,20 €** | 9%

**88** 2018 Weilerer Herrenzehntel Riesling Beerenauslese
**12 €** | 9%

**83** 2021 Bacchus küsst Kerner
**5,80 €** | 9,5%

**83** 2021 Spätburgunder Rosé halbtrocken
**6,20 €** | 11,5%

**83** 2018 Weilerer Herrenzehntel Spätburgunder trocken Holzfass
**9,90 €** | 13%

★★½

## WEBER

Weingut Udo Weber
55569 Monzingen · Soonwaldstraße 41
Tel. (06751) 3278 · Fax 2076
info@weingut-udo-weber.de
**www.weingut-udo-weber.de**

**Betriebsleitung** Laura Weber

Laura Weber zeigt eine wachsende Kompetenz für den Riesling. So merkt man dem 2020er Frühlingsplätzchen die Trockenheit des Jahrgangs nicht an. Der Wein zeigt Tiefe, rauchige Frucht und feines Schieferaroma. Der elegante 2021er wirkt etwas offener mit seinen hellen Fruchtnoten. Immer spannend der Rote Riesling: facettenreich, ausgewogen, mit feinem Säurespiel. Das Duo Surprise gibt sich jugendlich-frisch mit animierender Frucht – und empfiehlt sich für die warmen Tage.

**83** 2021 Weißburgunder trocken
**7,80 €** | 12,5%

**83** 2020 Monzinger Frühlingsplätzchen Chardonnay trocken No. 5
**13,50 €** | 13%

**84** 2021 Monzinger Frühlingsplätzchen Grauburgunder trocken
**7,80 €** | 13%

**84** 2021 Riesling trocken vom Grünschiefer
**8,90 €** | 12%

**84** 2021 Sauvignon Blanc & Scheurebe trocken Duo Surprise No. 1
**9,90 €** | 12,5%

**85** 2021 Monzinger Frühlingsplätzchen Grauburgunder trocken „S"
**12,50 €** | 13%

**85** 2021 Monzinger Frühlingsplätzchen Riesling trocken Auf der Ley
**Preis auf Anfrage** | 12%

**86** 2020 Monzinger Frühlingsplätzchen Riesling trocken Auf der Ley
**Preis auf Anfrage** | 12,5%

**86** 2020 Monzinger Halenberg Riesling trocken Großer Genuss
**Preis auf Anfrage** | 13%

**87** 2021 Monzinger Rosenberg Roter Riesling trocken Bienengärtchen
**17,80 €** | 13%

**89** 2021 Monzinger Frühlingsplätzchen Riesling Eiswein
**Preis auf Anfrage/0,375 Lit.** | 11%

★★

## ZEHN MORGEN

Weingut In den Zehn Morgen
55559 Bretzenheim · In den Zehn Morgen 41
Tel. (0671) 48313040 · Fax 483130419
info@indenzehnmorgen.de
**www.indenzehnmorgen.de**

**Inhaber/in und Betriebsleitung** Steffen J. Montigny
**Keller** Stefan Schmidt

**Historie** Weine des Guts werden aus 15 Hektar der besten Lagen mit Riesling, Chardonnay und Pinot Noir vinifiziert.
**Rebfläche** 40 Hektar
**Jahresproduktion** 40 000 Flaschen
**Beste Lagen** Kreuznacher Auf'm Schlossberg, Kreuznacher Krötenpfuhl, Kreuznacher Kahlenberg, Bretzenheimer Pastorei
**Boden** steinig-sandiger Lehm, Roter Sandstein, toniger Kalkmergel, gelber Sandstein, Terrassenschotter
**Rebsorten** 50% Riesling, 15% Chardonnay, 20% Spätburgunder, 10% Grauburgunder, 5% Weißburgunder
**Erlebenswert** historischer Aussichtspunkt, Teetempel in Bad Kreuznach (gehört zum Weingut)

Das Weingut Zehn Morgen richtet seinen Fokus mittlerweile nur auf Riesling und die weißen und roten Burgundersorten. Zum Auftakt probierten wir einen wunderbar gelbfruchtigen, saftigen Kreuznacher Riesling, mit Noten von Pfirsich und Nektarine. Die 2020er Lagenweine wirken sehr fokussiert und straff. Der Riesling aus der Monopollage Steinberg zeigt sich mit zartem Schmelz und erinnert an frisch aufgeschlagene Zitruscreme. Der Krötenpfuhl ist kristallin, schlank und zupackend, während die Paradelage, der Schlossberg, sich mit deutlich mehr Komplexität und Vielschichtigkeit präsentiert. Noch ganz am Beginn seiner Entwicklung, zeigt er feine Fruchtanklänge und aparte Mineralität. Bei den Burgundern begeistert uns der Kreuznacher Grauburgunder mit wilden Feuersteinnoten und angenehm zurückhaltender Frucht. Der Bretzenheimer Chardonnay ist ein wunderbar harmonischer Vertreter seiner Sorte. Die Pastorei spielt mit feinwürzigen Barriquenoten und einer modernen Reduktion. Diesem Stil begegnen wir auch bei den Spätburgundern. Der Kreuznacher Pinot

Noir steht transparent und feingliedrig im Glas und erinnert am Gaumen an Cassis und Sauerkirsche. Deutlich mehr davon bringt der Hofgarten ins Glas, ein Pinot Noir nach modernem Vorbild.

WEINGUT IN DEN
ZEHN MORGEN
NAHE

**85** 2019 Blanc de Blancs Brut nature
**18,90 €** | 12 %

**85** 2021 Weißer Burgunder trocken vom Sandstein
**10,50 €** | 11,5%

**86** 2021 Kreuznacher Riesling trocken
**10,50 €** | 11,5%

**86** 2021 Bretzenheimer Chardonnay trocken vom Kalkstein
**10,50 €** | 11,5%

**87** 2021 Kreuznacher Grauburgunder trocken
**10,50 €** | 12,5%

**87** 2021 Bretzenheimer Chardonnay trocken
**15,90 €** | 12 %

**87** 2020 Kreuznacher Steinberg Monopol Riesling trocken
**19 €** | 12 %

**87** 2020 Kreuznacher Krötenpfuhl Riesling trocken
**30,90 €** | 12,5%

**88** 2020 Bretzenheimer Pastorei Chardonnay trocken
**30,90 €** | 13 %

**88** 2020 Kreuznacher Aufm Schlossberg Riesling trocken
**40,90 €** | 12,5%

**87** 2020 Kreuznacher Pinot Noir trocken
**15,90 €** | 11,5%

**89** 2019 Kreuznacher Hofgarten Pinot Noir trocken
**30,90 €** | 13 %

★★½

## ZIMMERMANN

Weingut Franz Josef Zimmermann
55452 Guldental · Naheweinstraße 42
Tel. (06707) 960028 · Fax 960029
info@wein-guldental.de
**www.weingut-zimmermann-guldental.de**

**Inhaber/in und Betriebsleitung**
Joachim und Simone Becker
**Keller** Moritz Becker
**Außenbetrieb** Moritz Becker

Das Preis-Genuss-Verhältnis in diesem Guldentaler Weingut ist außergewöhnlich. Familie Becker, der das Weingut Zimmermann gehört, hat unsere Aufwertung aus dem letzten Jahr rundum bestätigt. Bereits der Riesling Liter überzeugt mit seinen Anklängen von feinem, gelbem Steinobst, gepaart mit vitalen grünen Noten - ein unkomplizierter Einstieg. Auch der Riesling Gutswein macht seinem Namen alle Ehre - einfach ein guter Wein. Wunderbar der Schweppenhäuser Riesling vom Phylittschiefer, jahrgangstypisch gearbeitet, mit zart grünen Noten und feiner Mineralität. Erwähnenswert auch der Chardonnay Gutswein mit seiner rauchigen Würze. Ein Trinktipp ist der feinherbe Muskateller, toll balanciert und nicht zu süß, eine Paradebeispiel für diese Bukettsorte.

**83** 2021 Weißburgunder trocken
**6,20 €** | 13 %

**84** 2021 Riesling Liter trocken
**5 €/1 Lit.** | 12,5%

**84** 2021 Grauburgunder trocken
**6,20 €** | 12,5%

**84** 2021 Spätburgunder Blanc de Noirs trocken
**6,20 €** | 13 % **BEST BUY**

**85** 2021 Riesling trocken
**6,20 €** | 12,5%

**85** 2021 Chardonnay trocken
**6,20 €** | 13 %

**86** 2021 Schweppenhäuser Riesling trocken Phylittschiefer
**8,30 €** | 11,5%

**84** 2021 Scheurebe feinherb
**6,50 €** | 12 %

**87** 2021 Gelber Muskateller feinherb
**8 €** | 10,5% **TIPP**

**85** 2020 Guldentaler Sonnenberg Portugieser trocken Alte Reben
**16,50 €** | 12,5%

Die Pfalz strotzt vor Selbstbewusstsein – und das wohl mit einigem Recht. Sämtliche Rebsorten gedeihen hier bestens, auch rote Sorten, die weit mehr als ein Drittel der Anbaufläche einnehmen, reifen richtig aus. Und man ist stolz darauf, das größte zusammenhängende Rieslinganbaugebiet der Welt zu sein. Erkennungszeichen für einen echten „Pfälzer"? Rieslingschorle in der Hand. Im Dubbeglas.

### Geschichte

Wir schreiben das Jahr 1935. In dem Schweigener Wirtshaus „Zum Bayerischen Jäger" wird laut Überlieferung die Idee geboren, eine Deutsche Weinstraße anzulegen. Zugkräftigere PR als die 85 Kilometer lange Route, die seitdem 130 Weinorte der Pfalz zwischen Bockenheim und Schweigen miteinander verknüpft, kann es für eine Weinregion kaum geben. Touristisch erreicht man mit der ersten und bekanntesten Weinroute der Welt Menschen von Holstein bis Japan.

Man kann zwar Tausende von Jahren zurückgehen und immer wieder historische Hinweise auf Weinbau in der Pfalz finden, doch die jüngere Geschichte ist wesentlich spannender. Nachdem man das weinbauliche Grauen der 1970er hinter sich gelassen hatte, profitierte die Region spätestens ab den 90er Jahren von der zunehmend besseren Ausbildung der Winzer - und von der pfälzischen Offenheit der Menschen untereinander. Zahlreiche Vereinigungen und Zusammenschlüsse von Winzern sind ein Beleg für Kommunikation und Neidlosigkeit. Inzwischen spielt man natürlich längst die ganze Klaviatur vom einfachen Gutswein bis hinauf zu den großen Gewächsen. Rieslinge und Burgundersorten stehen dabei ganz besonders im Fokus.

### Geografie

Das zweitgrößte deutsche Weinbaugebiet erstreckt sich südlich von Worms bis an die französische Grenze. Begrenzt und geschützt wird die Region vom Pfälzerwald. Sie unterteilt sich in die Bereiche Mittelhaardt/Deutsche Weinstraße und Südliche Weinstraße.

### Klima und Boden

Mehr als 1800 Sonnenstunden pro Jahr verwöhnen die Pfälzer Weinberge. Die jährliche Mitteltemperatur bewegt sich bei zehn Grad Celsius, und an rund 40 Sommertagen liegt die Temperatur bei mindestens 25 Grad, Tendenz steigend, was aber derzeit noch kein Problem darstellt. Die Weinbergsböden zwischen Rhein und Haardt weisen eine Variationsbreite von Lehm-Löss, Mergel, Keuper und Muschelkalk bis zu Schiefer und Rotliegendem sowie viel Buntsandstein auf.

### Weine und Produktionsmenge

Im Jahr 2021 wurden in der Pfalz über 2,2 Millionen Hektoliter Wein produziert. Als wichtigste Rebsorten gelten, was Qualitätswinzer betrifft, Riesling, Weiß-, Grau- und Spätburgunder sowie Chardonnay. Traditionelle Sorten wie Gewürztraminer, Silvaner, Dornfelder oder Müller-Thurgau sind auf dem Rückzug.

## Pfalz im Überblick

**Rebfläche** 23 759 Hektar (2021)
**Produktion** rd. 2,2 Mio. Hektoliter (2021)
**Einzellagen** 25 Groß-, 323 Einzellagen
**Hauptrebsorten** Riesling, Burgunderreben, Müller-Thurgau, Dornfelder, Portugieser
**Weinart** Rotweine mit schmelziger Frucht, schön ausbalancierte, elegante Rieslinge
**Beste Lagen** Forster Freundstück, Jesuitengarten, Kirchenstück, Pechstein, Ungeheuer, Ruppertsberger Reiterpfad, Leinsweiler Sonnenberg, Deidesheimer Hohenmorgen, Kalkofen, Laumersheimer Mandelberg, Kirschgarten, Großkarlbacher Burgweg, Dirmsteiner Mandelpfad, Birkweiler Kastanienbusch, Dachsberg, Mandelberg, Siebeldinger Im Sonnenschein, Frankweiler Biengarten

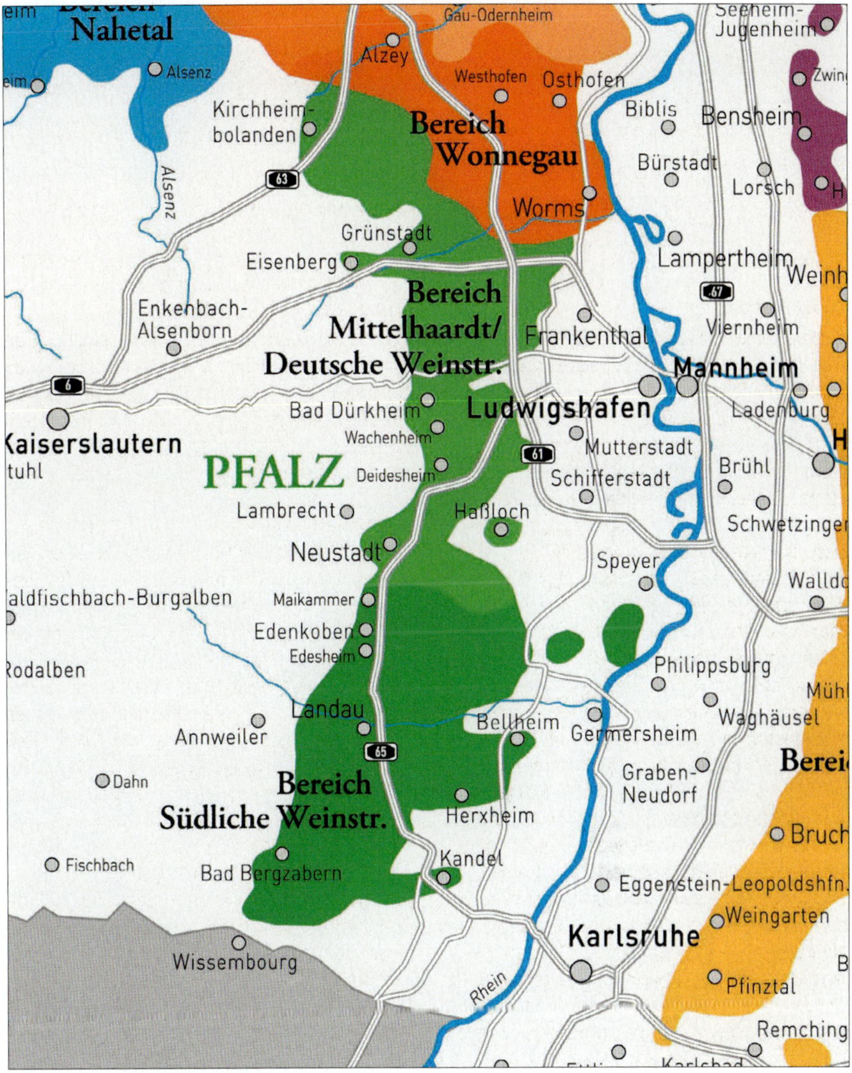


Karte: Deutsches Weininstitut

**Böden** Mergel, Keuper, Muschelkalk, Porphyr, Schieferton, Kalkstein und Buntsandstein
**Interessant** Die wohl längste Genießer-„Meile" Deutschlands eröffnet jährlich am letzten August-Sonntag: Für den „Erlebnistag Deutsche Weinstraße" wird die Weinstraße in ihrer gesamten Länge von 85 Kilometern für den Autoverkehr gesperrt.

**Pfalzwein e.V.**
Martin-Luther-Straße 69
67433 Neustadt/Weinstraße
Tel (0 63 21) 91 23 28
info@pfalz.de
www.pfalz.de

# Ein Jahr für die Zukunft

Es wurde geklagt, gefürchtet, gebangt wegen Pero – und dann sind am Ende doch alle belohnt worden mit einem fantastischen Herbstertrag. Bei den Rieslingen ist das nichts für Säureempfindliche, doch die weißen Burgundersorten haben Schmackes wie selten.

Noch bis vor wenigen Jahren galt das Prinzip einer Pyramide bei der Einordnung der Betriebe: Auf einer sehr breiten Basis und einem ordentlichen Mittelfeld aufbauend, verdünnt sich die Spitze nach oben hin zusehends. Das hat sich mit der Zeit grundsätzlich geändert. Heute haben wir einen vergleichsweise kleinen Basisbereich, dann aber folgt schon eine richtig „dicke" Mitte mit den Kategorien von zwei und drei Sternen. Es ist das Ergebnis gezielter Ausbildung, bei der die Jugend wirklich viel lernt. Und in der Pfalz kommt diese unglaubliche Offenheit hinzu, mit befreundeten Winzerinnen und Winzern in spe alles zu verkosten, was nur geht. Noch nie zuvor hat wohl eine junge Winzergeneration so viel Geld ausgegeben, um gemeinsam die besten Weine der Welt zu probieren, um herauszufinden, wo sie stehen, wo sie hinwollen, an welchen Schrauben sie drehen können. Die spornen sich alle gegenseitig an.

Für die Rieslinge war 2021 wie gemalt in der Pfalz. Die früher vorherrschende Gelbfruchtigkeit vieler Weine ist einer geradlinigen Präzision gewichen, wie sie beispielsweise durch Rings, unserem „Weingut des Jahres" in der Pfalz, gezeigt wird. Spannung, unterschwellige Kraft, die aber mit wenig Alkohol auskommt. Und Pfiff durch eine gute Säure, die freilich nicht sauer wirkt. Es ist eine moderne Trinkigkeit, durch die sich junge Käufergruppen angesprochen fühlen. Wer heute ein Hoffest eines Pfälzer Weinguts besucht, stellt fest, dass das rein gar nichts mehr mit bieder oder altbacken zu tun hat. Eher mit „Pulled Pork Burger meets Erste Lage". Der Trend zum Chardonnay geht weiter, bei einigen Betrieben hat er den alteingesessenen Weißburgunder bereits überholt, in Menge und Qualität. Uli Metzger etwa hat noch Großes vor und haut einen Abyssus raus, der derzeit in der Region das Maß der Dinge ist. Er geht nicht in die momentan angesagte Reduktion - die ist manchmal hervorragend, dann aber auch wieder allzu übertrieben anzutreffen -, sondern schwebt in Eleganz und Geschmeidigkeit.

Plötzlich wieder leichte, restsüße Kabinette zu produzieren, scheint auch so ein Ding der Stunde zu sein. Sie sind bisweilen besser gedacht als gemacht, doch die besten unter ihnen, wie etwa der von Dengler-Seyler, sind richtige Spaßbringer. Mit den zunehmend warmen Sommern steigt auch die Güte der roten Rebsorten, die man sonst mehr aus dem Süden Europas kennt. Syrah oder Cabernet Franc werden nicht nur von Knipser zur Perfektion gebracht, es spielt auch Matthias Gaul vorne mit. Ihn haben wir, wie auch Frank John, mit dem vierten Stern ausgezeichnet. Unsere „Entdeckung des Jahres" ist Felix Estelmann aus Gimmeldingen, der das elterliche Weingut mit neuen Ideen in die Zukunft führen wird und jetzt schon beachtliche Leistungen zeigt.

*Matthias F. Mangold*

# Regionale Spitzenresultate

Mit Gaul und John stoßen zwei Betriebe in die Vier-Sterne-Kategorie vor. Aber auch sonst wächst der Qualitätsbaum in Höhe und Breite gleichermaßen.

## Spitzenweine

**Die besten trockenen Sauvignon Blancs bis 15 Euro**

**89** Hammel, Bissersheim Goldberg Sauvignon Blanc 2021
12,50 € | 12,5 %

**89** Schroth, Asselheim Goldberg Sauvignon blanc 2020
14,40 € | 12,5 %

**89** Zimmermann, Sauvignon Blanc Fumé 2021
15 € | 12,5 %

**89** Egon Schmitt, Dürkheimer Steinberg Sauvignon Blanc 2021
13 € | 12 %

**88** Bühler, Sauvignon Blanc 2021
8,60 € | 12 %

**88** Matthias Gaul, Sauvignon Blanc 2021
8,90 € | 12 %

**88** Schwedhelm, Zellertal Sauvignon Blanc Ortswein 2021
8,90 € | 12,5 %

**88** Klaus Meyer, Rhodter Sauvignon Blanc Fumé 2021
10 € | 13,5 %

## Gebietspreisträger

**Weingut des Jahres** Rings
**Aufsteiger des Jahres** John
**Entdeckung des Jahres** Estelmann

## Spitzenbetriebe

★★★★★

**Bürklin-Wolf, Wachenheim**
**Knipser, Laumersheim**
**Rebholz, Siebeldingen**

★★★★½

**Christmann, Gimmeldingen**
**Rings, Freinsheim**
**Wehrheim, Birkweiler**

★★★★

**Bassermann-Jordan, Deidesheim**
**Friedrich Becker, Schweigen**
**Gaul, Asselheim**
**H-E-Weine, Landau**
**Frank John, Neustadt**
**Jülg, Schweigen**
**Bernhard Koch, Hainfeld**
**Kranz, Ilbesheim**
**Philipp Kuhn, Laumersheim**
**Metzger, Grünstadt**
**Mosbacher, Forst**
**Müller-Catoir, Neustadt-Haardt**
**Neiss, Kindenheim**
**Pfeffingen, Bad Dürkheim**
**von Winning, Deidesheim**

★★★½

**Bernhart, Schweigen**
**Borell-Diehl, Hainfeld**
**Buhl, Deidesheim**
**Faubel, Maikammer**
**Gies-Düppel, Birkweiler**

DENIM

Alois Kiefer, St. Martin
Meier, Weyher
Münzberg, Landau-Godramstein
Odinstal, Wachenheim
Spindler, Forst
Wageck-Pfaffmann, Bissersheim
Wilhelmshof, Siebeldingen
Zelt, Laumersheim
Zeter, Neustadt

★★★

Acham-Magin, Forst
Andres & Mugler, Ruppertsberg
Andres, Deidesheim
Bergdolt, Neustadt
Bremer, Zellertal
Dambach, Bad Dürkheim
Dengler-Seyler, Maikammer
Ehrhart, Eschbach
Eymann, Gönnheim
Frey, Essingen
Gabel, Herxheim
Gaul, Sausenheim
Glücksjäger, Venningen
Hörner, Hochstadt
Jesuitenhof, Dirmstein
Kirchner, Freinsheim
Klein, Hainfeld
Kleinmann, Birkweiler
Koehler-Ruprecht, Kallstadt
Krebs, Freinsheim
Lucashof, Forst
Mehling, Deidesheim
Meßmer, Burrweiler
Klaus Meyer, Rhodt
Theo Minges, Flemlingen
Eugen Müller, Forst
Müller-Ruprecht, Kallstadt
Am Nil, Kallstadt
Karl Pfaffmann, Walsheim
Pfirmann, Landau
Porzelt, Klingenmünster
Reibold, Freinsheim
Sauer, Böchingen
Karl Schaefer, Bad Dürkheim
Scheu, Schweigen
Egon Schmitt, Bad Dürkheim
Seckinger, Niederkirchen
Siegrist, Leinsweiler
Siener, Birkweiler
Stern, Hochstadt
Wegner, Bad Dürkheim
Wolf, Birkweiler

★★☆

Emil Bauer, Landau
Benderhof, Kallstadt
Bietighöfer, Billigheim
Darting, Bad Dürkheim
Fitz-Ritter, Bad Dürkheim
Fußer, Niederkirchen
Grimm, Schweigen
Hammel, Kirchheim
Kassner-Simon, Freinsheim
Leiner, Ilbesheim
Margarethenhof, Forst
Meyer, Heuchelheim
Möwes, Weyher
Motzenbäcker, Ruppertsberg
Nauerth-Gnägy, Schweigen
Sankt Annaberg, Burrweiler
Schenk-Siebert, Sausenheim
Scheuermann, Niederkirchen
Schroth, Grünstadt-Asselheim
Schwedhelm, Zell
Siben, Deidesheim
Stachel, Maikammer
Weegmüller, Neustadt-Haardt
Weik, Neustadt-Mußbach
Winterling, Niederkirchen
Zimmermann, Wachenheim

★★★

## ACHAM-MAGIN

Weingut Acham-Magin
67147 Forst · Weinstraße 67
Tel. (06326) 315 · Fax 6232
info@acham-magin.de
**www.acham-magin.de**

**Inhaber/in** Anna-Barbara Acham
**Betriebsleitung** Vinzenz Trösch
**Keller** Moritz Grallath

**Rebfläche** 11 Hektar
**Jahresproduktion** 60 000 Flaschen
**Beste Lagen** Ruppertsberger Reiterpfad, Deidesheimer Mäushöhle, Forster Musenhang, Pechstein, Ungeheuer, Kirchenstück u. Jesuitengarten
**Boden** Basalt, sandiger Lehm mit Kalk, Basalt, Buntsandsteinverwitterung
**Rebsorten** 75% Riesling, 8% Spätburgunder, 7% Weißburgunder, 10% übrige Sorten
**Mitglied** VDP

Bei der Verkostung der Weine von Barbara Acham kommen nie technische Dinge in die Diskussion. Ihre Weine zielen immer aufs Gefühl. Das wird für uns in den meisten Jahren am besten durch den Riesling Musenhang ausgedrückt, der in dieser Lage aus allen Mitbewerbern stets klar erkennbar ist. Herrgottsacker und Mäushöhle variieren bei Acham viel stärker mit den Jahren, der Musenhang behält sein Gesicht. Wir hatten nun die Möglichkeit, die Großen Gewächse von 2020 und 2021 gegeneinander zu vergleichen. Kirchenstück und Pechstein behielten dabei jeweils ihre Größe, wobei der Pechstein lagenbedingt ja immer kribbeliger ist in der Jugend, das Kirchenstück dagegen ruhiger und gesetzter. Den größten Unterschied notierten wir jedoch beim 2021er Ungeheuer, das längst nicht mit den anderen GGs aus diesem Jahrgang mithalten kann, warum auch immer. Was uns übrigens absolut gefällt, ist der niedrige Alkoholgehalt der gesamten Kollektion, der für einen optimal abgestimmten Lesezeitpunkt spricht. Und noch etwas: Noch nie in der Weinstube von Acham-Magin gewesen? Nachholen!

**84** 2021 Riesling trocken
**7,50 €/1 Lit.** | 12 %

**86** 2021 Riesling trocken
**9 €** | 12 %

**87** 2021 Forster Riesling trocken
**11 €** | 12,5%

**88** 2021 Deidesheimer Mäushöhle Riesling trocken Erste Lage
**14,50 €** | 12,5%

**88** 2021 Deidesheimer Herrgottsacker Riesling trocken Erste Lage
**14,50 €** | 12,5%

**89** 2021 Forster Musenhang Riesling trocken Erste Lage
**14,50 €** | 12,5%

**89** 2021 Forster Ungeheuer Riesling VDP. Großes Gewächs
**40 €** | 12,5%

**90** 2020 Forster Jesuitengarten Riesling VDP.Großes Gewächs
**40 €** | 12,5%

**90** 2020 Forster Ungeheuer Riesling VDP. Großes Gewächs
**40 €** | 12,5%

**90** 2021 Forster Jesuitengarten Riesling VDP.Großes Gewächs
**40 €** | 12,5%

**91** 2020 Forster Pechstein Riesling VDP. Großes Gewächs
**40 €** | 12,5%

**91** 2021 Forster Pechstein Riesling VDP. Großes Gewächs
**40 €** | 12,5%

**91** 2020 Forster Kirchenstück VDP.Großes Gewächs
**45 €** | 12,5%

**91** 2021 Forster Kirchenstück VDP.Großes Gewächs
**50 €** | 12,5%

★½

## ACKERMANN

Weingut Ackermann
76831 Ilbesheim · Oberdorfstraße 40
Tel. (06341) 30664 · Fax 32547
info@weingut-ackermann.de
**www.weingut-ackermann.de**

**Inhaber/in und Betriebsleitung**
Familie Ackermann
**Keller** Frank Ackermann

Mit dem 2020er Jahrgang stellte uns Frank Ackermann seine erste biozertifizierte Kollektion hin. Das Familienweingut „beackert" auf 16 Hektar vorwiegend pfalztypische Sorten und lässt sich auch auf Bukettsorten und Piwi-Neuzüchtungen ein. 20 Prozent der Ernte landen früher oder später im Holzfass. Richtig gut gemacht ist Ackermanns 2021er Blanc de Noir: Mit schöner Farbe und feinem Beerenduft, mit frischer Säure, mit Kirschen und Johannisbeeren kommt da viel Spaß ins Glas. Die Basisqualität beim Riesling freut uns ebenfalls: Vielschichtigkeit und eine ganze Aromenpalette stecken in dieser Literflasche.

**87** 2020 Pinot Sekt b. A. Brut
**12,20 €** | 12 %

**85** 2021 Riesling trocken
**5,30 €** | 12 %

**86** 2021 Mörzheimer Grauburgunder trocken -Löss-
**8,80 €** | 13 %

**87** 2021 Sauvignon Blanc trocken Glühwürmchen
**7,60 €** | 12,5%

**88** 2021 Mörzheimer Pfaffenberg Grauburgunder trocken Große Lage #nofilter
**15 €** | 13 %

**87** 2021 Riesling Kabinett restsüss
**8 €** | 9 %

**86** 2021 Blanc de Noir restsüss Free Run
**6,30 €** | 11 %

★★

## MICHAEL ANDRES

Weingut Michael Andres
67152 Ruppertsberg · Hauptstraße 33a
Tel. (06326) 8667 · Fax 981596
info@andres-wein.de
**www.andres-wein.de**

**Inhaber/in und Betriebsleitung**
Michael Andres
**Keller** Michael Andres
**Außenbetrieb** Michael Andres

**Rebfläche** 7 Hektar
**Jahresproduktion** 40 000 Flaschen
**Beste Lagen** Ruppertsberger Reiterpfad, Deidesheimer Maushöhle, Herrgottsacker, Kieselberg und Leinhöhle
**Boden** Buntsandstein, Löss, lehmiger Sand mit Kalk
**Rebsorten** 49% Riesling, 11% Spätburgunder, 10% Grauburgunder, 9% Chardonnay, je 7% Auxerrois und Weißburgunder, 3% Sauvignon Blanc, je 2% Muskateller und Schwarzriesling

Michael Andres gehört zu den ganz zuverlässigen Adressen, die wir auch in diesem Jahr wieder nur loben können. Kleiner Betrieb, viel Leidenschaft, überzeugt biodynamisch. Alles will Andres immer im Blick haben, viel Handarbeit anlegen und das Beste aus den Reben holen. Anschließend den Weinen im Keller viel Zeit und Ruhe gönnen. Eine überzeugende Haltung, die sich in der Weinqualität niederschlägt. Viel Harmonie steckt in den Flaschen, eine gute Ausgeglichenheit. Und wir haben das gute Gefühl, nicht nur wunderbar gelungene, sondern auch ausgesprochen ehrliche Weine zu verkosten. Der 2021er Chardonnay-Auxerrois ist so einer. Ein ganzer Korb frisch geschnittener Wiesenblumen kommt uns da in die Nase und auf die Zunge. Ein hefiger, cremiger Schmelz und ein feiner Abgang machen das Wein-Ereignis perfekt. Als Nachschlag kommt der 2021er Ruppertsberger Reiterpfad Riesling trocken ins Glas. Der punktet mit viel Frucht und Mineralität, einer kräutrigen Art und feinen Hefenoten.

**85** 2021 Chardonnay-Auxerrois trocken
**10 €** | 12,5%

**86** 2021 Grauburgunder trocken
**9,50 €** | 12,5%

**86** 2021 Riesling trocken FERUS
**14,50 €** | 12,5%

**88** 2021 Deidesheimer Mäushöhle am Kirchenberg Riesling trocken
**15,50 €** | 13 %

**88** 2021 Deidesheimer Herrgottsacker Riesling trocken
**15,50 €** | 13 %

**88** 2021 Ruppertsberg Reiterpfad Riesling trocken
**15,50 €** | 12,5%

**88** 2021 Grauburgunder Landwein trocken N-Linie
**16 €** | 13 %

**88** 2021 Chardonnay Landwein trocken N-Linie
**18 €** | 13 %

**88** 2021 Deidesheimer Kieselberg Riesling trocken N-Linie
**19,50 €** | 13 %

**88** 2021 Ruppertsberg Reiterpfad Hochseel Riesling trocken N-Linie
**22,50 €** | 13 %

**88** 2021 Spätburgunder Landwein trocken N-Linie
**17 €** | 12,5%

★★★

## ANDRES & MUGLER

Sektkellerei Andres & Mugler
67152 Ruppertsberg · Hauptstraße 33a
Tel. (06326) 8667 · Fax 981596
info@andresundmugler.de
**www.andresundmugler.de**

**Inhaber/in und Betriebsleitung** Steffen Mugler und Michael Andres
**Keller** Steffen Mugler und Michael Andres
**Außenbetrieb** Steffen Mugler und Michael Andres

**Rebfläche** 7 Hektar
**Jahresproduktion** 20 000 Flaschen
**Beste Lagen** Deidesheimer Herrgottsacker, Deidesheimer Mäushöhle, Ruppertsberger Reiterpfad, Maikammerer Heiligenberg
**Boden** sandiger Lehm mit Kalkanteil, Löss, Buntsandstein
**Rebsorten** 51% Riesling, 11% Spätburgunder, 10% Grauburgunder, 9% Chardonnay, 7% Auxerrois, 6% Weißburgunder, 6% übrige Sorten
**Erlebenswert** Sektproduktion

Sekt hat sich wieder einen beachtlichen Status in der Welt der Weinliebhaber erarbeitet. Wohl werden wir vermutlich nie wieder auf den Verbrauch im Berlin der 1920er Jahre kommen, dafür ist das, was wir heute im Glas haben, ganz sicher wesentlich besser gemacht. Einen gehörigen Anteil daran haben in der Pfalz Michael Andres und Steffen Mugler, die - obwohl sie beide jeweils ein eigenes Weingut in Ruppertsberg beziehungsweise Maikammer führen - inzwischen bereits seit mehr als 20 Jahren gemeinsam Sekte machen. Und die wurden mit den Jahren feiner und feiner. Steffen Mugler gibt selbst zu, dass sie irgendwann den Stil umgestellt und mehr der Champagne nachgeeifert haben. Wir wehren uns nicht! Selbst ein Riesling Sekt, sonst oft prickelnd, säurelastig und dann doch wieder mit zu viel Restzucker ausgestattet, schmeckt hier keine Spur „deutsch". Was sich die beiden außerdem erlauben, ist, das Repertoire auch um Prickelndes aus Bukettsorten zu erweitern, wie beim Fleur d'Emely mit Muskateller geschehen. Ohne dabei allzu sehr ins Blumige oder Traubige abzugleiten. Und so ergibt es sich, dass man uns sage und schreibe neun (!) Sekte vorgestellt hat, die wir allesamt mit Freude verkostet haben. Seit Jahren ein Favorit ist dabei die fast zu schweben scheinende Cuvée Louis. Großartiger ist nur noch der 2017er Blanc de Blanc Brut, den es in der Magnum gibt: Ein ausgezeichneter Grund, nicht auf Gelegenheiten zu warten, sondern sie zu schaffen.

SEKTKELLEREI
ANDRES A°M MUGLER

| | |
|---|---|
| **88** | 2020 Sekt Brut Fleur d'Emely<br>**17,50 €** \| 12 % |
| **89** | 2020 Pinot Blanc Sekt Brut<br>**14,50 €** \| 12 % |
| **89** | 2019 Riesling Sekt Brut<br>**14,50 €** \| 12,5% |
| **90** | 2020 Sekt Brut Blanc de Noir<br>**17 €** \| 12 % |
| **90** | 2019 Chardonnay Auxerrois Sekt Brut nature<br>**18,50 €** \| 12,5% |
| **90** | 2017 Sekt Brut nature Cuvée Elena<br>**22,50 €** \| 12,5% |
| **90** | 2016 Riesling Sekt Brut<br>**38 €/1,5 Lit.** \| 12 % |
| **91** | 2018 Sekt Brut nature Cuvée Louis<br>**22,50 €** \| 12,5% |
| **92** | 2017 Sekt Brut Blanc de Blanc<br>**44 €/1,5 Lit.** \| 12 % |

★★★

## ANDRES

Weingut Andres
67146 Deidesheim · Weinstraße 6
Tel. (06326) 7708 · Fax 980496
info@andres-deidesheim.de
**www.andres-deidesheim.de**

**Inhaber/in und Betriebsleitung** Michael und Thomas Andres
**Keller** Michael Andres
**Außenbetrieb** Thomas Andres

**Rebfläche** 25 Hektar
**Jahresproduktion** 170 000 Flaschen
**Beste Lagen** Forster Ungeheuer, Königsbacher Idig, Ruppertsberger Reiterpfad, Deidesheimer Kieselberg und Königsbacher Ölberg
**Boden** Buntsandstein, Kalkmergel
**Rebsorten** 45% Riesling, 20% Chardonnay, 10% Spätburgunder, 25% andere Rebsorten

Michael Andres lacht laut auf, als wir kurz das Thema Chardonnay und die gerade so angesagte Reduktion anreißen. „Na dann bin ich ja mal gespannt, was ihr sagt!", meint er und grinst breit. Aber gerne doch: Den Haardter finden wir fein, auch wenn er „a weng" mehr Zug haben dürfte. Der Herzog jedoch passt voll ins besprochene Muster, der hat mächtig Druck; sein kleiner Stinker in der Nase vergeht rasch, es entwickelt sich ein charaktervoller Tropfen. Mit seinem Bruder Thomas dreht er das Rad der Qualität immer weiter. Das Ziel? „Unser Ziel ist der Adler, natürlich", sagt er und jeder dürfte wissen, was damit gemeint ist. Dazu gehört ein penibel eingehaltenes Konzept, welche Rebsorten in welches Holz gehen: Französische Eiche für die Pinots, deutsche Fässer für die weißen Burgundersorten, dazu die passende, nicht zu ausgeprägte Toastung. Wir staunen zudem über gekonnt vinifizierte Rieslinge aus dem Ölberg, dem Ungeheuer und dem Kieselberg, bei denen einer den anderen unbedingt toppen will. Wenn die zwei nun noch beim Spätburgunder große Sprünge in kurzer Zeit machen, dürfte so manchem Mitbewerber die Luft ausgehen dagegen.

ANDRES DEIDESHEIM

**87** 2021 Deidesheimer Riesling trocken
**12,90 €** | 12,5%

**87** 2021 Ruppertsberger Riesling trocken
**12,90 €** | 12,5%

**89** 2021 Haardter Chardonnay trocken
**14 €** | 13 %

**89** 2021 Weißburgunder trocken Alte Reben
**18 €** | 13 %

**89** 2020 Ruppertsberger Reiterpfad Riesling trocken
**23 €** | 12,5%

**89** 2020 Königsbacher Ölberg Riesling trocken
**23 €** | 12,5%

**91** 2020 Forster Ungeheuer Riesling trocken
**31 €** | 12,5%

**91** 2020 Haardter Herzog Chardonnay trocken
**31 €** | 13 %

**91** 2020 Deidesheimer Kieselberg Riesling
**27 €** | 12,5%

**87** 2020 Haardter Spätburgunder trocken
**15 €** | 13 %

## ANSELMANN

Weingut Werner Anselmann
67483 Edesheim · Staatsstraße 58–60
Tel. (06323) 94120 · Fax 941219
info@weingut-anselmann.de
**www.weingut-anselmann.de**

**Inhaber/in und Betriebsleitung**
Ralf und Ruth Anselmann
**Keller** Ralf Anselmann und Erwin Meyer
**Außenbetrieb** Alexander Haritonov

Beeindruckend, wie ein 145 Hektar großes Gut es schafft, durchweg solide Qualitäten zu erzeugen. Beispiele? Da gibt es den tollen Weißburgunder Sekt Extra trocken mit fantastischer Farbe, mit ausgeprägtem Mousseux, exotischer Frucht und einer cremigen Art - sehr fein zum Apéritiv. Liebhabern süßer Weine sei die 2021er Ortega Beerenauslese empfohlen, die mit feiner, reifer Frucht, einer Honignote und edler Süße gefällt.

**86** 2020 Pfalz Weißburgunder Sekt b. A. Extra trocken
**9,40 €** | 11 %

**84** 2021 Edesheimer Rosengarten Rivaner trocken
**4,30 €** | 13 %

**85** 2021 Edenkobener Kirchberg Sauvignon Blanc trocken
**6,20 €** | 13 %

**85** 2020 Edesheimer Rosengarten Sauvignac trocken
**7,90 €** | 14,5%

**87** 2019 Edesheimer Ordensgut Chardonnay trocken -Im Barrique gereift-
**9,40 €** | 12,5%

**85** 2021 Grauburgunder halbtrocken Classic
**5,90 €** | 12,5%

**86** 2020 Pfalz Gewürztraminer Spätlese restsüss
**7,20 €** | 9 %

**87** 2020 Pfalz Ortega Beerenauslese restsüss
**9,60 €** | 10,5%

**86** 2021 Edesheimer Rosengarten Siegerrebe restsüss
**6,60 €** | 10 %

**84** 2020 Edesheimer Ordensgut Cabernet Sauvignon trocken
**6,40 €** | 14 %

★★☆

## ARNOLD

Weingut Arnold
76831 Heuchelheim · Hauptstraße 25
Tel. (06349) 1480 · Fax 996432
weingut.arnold@web.de
**www.arnold-weingut.de**

**Inhaber/in und Betriebsleitung**
Philipp Arnold
**Keller** Philipp Arnold

Im vergangenen Jahr hat uns Familie Arnold eine Qualität hingestellt, die uns durch die Bank begeisterte, auch wegen des erfreulichen Preis-Leistungs-Verhältnisses. Hohe Erwartungen also, die wir an die aktuelle Kollektion stellen, und die die Arnolds konsequent bestätigen. Da fällt eine eindeutige Empfehlung gar nicht leicht. Lassen wir die Trinkfreude entscheiden: also den 2021er Riesling trocken Steingebiss probieren. Reifes, gelbes Steinobst gibt es da und mediterrane Kräuter obendrauf, ein extrem langer Abgang sorgt für nachhaltige Begeisterung.

**85** 2021 Sauvignon Blanc trocken
**6,80 €** | 12 %

**86** 2021 Grauburgunder trocken
**6,50 €** | 13 %

**86** 2021 Sauvignon Blanc trocken Kaiserberg
**9,50 €** | 12,5%

**87** 2021 Chardonnay trocken
**6,50 €** | 12,5%

**87** 2021 Riesling trocken Buntsandstein
**6,50 €** | 12,5%

**87** 2021 Weißburgunder trocken
**6,50 €** | 12,5%

**87** 2021 Chardonnay trocken Kalkgestein
**7,50 €** | 12,5%

**88** 2021 Weißburgunder trocken Kalkmergel
**7,50 €** | 13 %

**88** 2021 Grauburgunder trocken Herrenpfad
**9,50 €** | 13 %

**88** 2021 Riesling trocken Steingebiss
**9,50 €** | 12,5%

**84** 2020 Spätburgunder trocken Barrique
**10,50 €** | 13 %

**85** 2020 Cabernet Sauvignon & Merlot trocken
**9,50 €** | 14,5%

★★★★

## BASSERMANN-JORDAN

Weingut Geheimer Rat
Dr. von Bassermann-Jordan
67146 Deidesheim · Kirchgasse 10
Tel. (06326) 6006 · Fax 6008
info@bassermann-jordan.de
**www.bassermann-jordan.de**

**Inhaber/in** Familie Seeger
**Betriebsleitung** Ulrich Mell (techn.) und Lucas Nägele (kaufm.)
**Keller** Dominik Leyrer
**Außenbetrieb** Joachim Scheuermann

**Historie** seit 1718 im Familienbesitz
**Rebfläche** 50 Hektar
**Jahresproduktion** 300 000 Flaschen
**Beste Lagen** Deidesheimer Grainhübel, Kieselberg, Hohenmorgen und Kalkofen, Forster Kirchenstück, Freundstück, Ungeheuer, Pechstein und Jesuitengarten, Ruppertsberger Reiterpfad und Spieß
**Boden** Buntsandsteinverwitterung mit Kalksteinverwitterung, Löss und Basaltverwitterung
**Rebsorten** 85% Riesling, 14% übrige weiße Sorten, 1% rote Sorten
**Gastronomie** Hotel Ketschauer Hof, Restaurants „L.A.Jordan“ und „1718“
**Erlebenswert** historischer Gewölbekeller mit Weinmuseum
**Mitglied** VDP

So, nun war's das also. Zum Herbst 2022 ist Uli Mell offiziell aus als technischer Betriebsleiter, wie es heute so bürokratendeutsch heißt, bei Bassermann-Jordan ausgeschieden. 1982 hatte er hier ein Volonttariat gemacht, von Rheinhessen kommend, und schon als junger Mann intuitiv verstanden, was für ein Qualitätssprung das war. Mit ihm über diese Jahre damals zu sprechen, ist wie eine Zeitreise. Nach diversen anderen Stationen landete er 1996 wieder bei

Bassermann und prägte seither dort das Geschehen im Keller. Das Thema waren lange fruchtbetonte Weine, die sehr klar und präzise sein sollten, akribisch gemacht, spät abgefüllt – so, wie sein Lehrherr Hans-Günther Schwarz es eben vorgegeben hatte. Mell hat Heerscharen von Lehrlingen ausgebildet, die heute vielfach in guten Betrieben gelandet sind. Und er hat sich mit Dominik Leyrer, der in den letzten paar Jahren im Grunde den Keller des nicht eben kleinen Betriebs faktisch schon übernommen hatte, einen famosen Nachfolger gezogen. Verneigung vor Deiner Lebensleistung, Uli!

**Abkehr von der Primärfrucht**

Selbstverständlich darf und soll man bei Wein schmecken, dass er aus Trauben gemacht ist. Die Primärfrucht wurde bei Bassermann-Jordan in den letzten Jahren aber immer mehr zurückgenommen, zumindest im gehobenen Bereich. Das meint nicht nur die Großen Gewächse, die mit minimalem Restzucker völlig durchgegoren auf eine fast schon karg zu nennende Mineralität setzen. Es schließt sogar schon einen Wein wie den Forster Riesling Ortswein mit ein, der vor zehn Jahren noch mit reifem Pfirsich in Konkurrenz gestanden hätte. Ganz oben wundert uns nichts mehr, Pechstein und Kirchenstück leben in ihrer eigenen Welt. Interessante Nebenschauplätze sind der Sauvignon Blanc Fumé oder der wirklich gute Graue Burgunder Orange. Von zwei Süßigkeiten gar nicht erst zu sprechen.

**85** 2021 Riesling trocken
**11,90 €** | 12,5%

**87** 2021 Forster Riesling trocken
**15 €** | 11,5%

**88** 2021 Ruppertsberg Sauvignon Blanc trocken
**14,50 €** | 12,5%

**89** 2021 Deidesheimer Leinhöhle Riesling trocken Erste Lage
**20 €** | 12,5%

**90** 2021 Grauer Burgunder trocken -orange-
**22,90 €** | 12%

**90** 2021 Forster Ungeheuer Riesling trocken Erste Lage Ziegler
**24 €** | 12,5%

**90** 2020 Sauvignon Blanc trocken Fumé
**24,90 €** | 12%

**90** 2021 Deidesheimer Kieselberg Riesling VDP.Großes Gewächs
**35 €** | 12,5%

**91** 2021 Deidesheimer Kalkofen Riesling VDP.Großes Gewächs
**38 €** | 12,5%

**92** 2021 Deidesheimer Hohenmorgen Riesling VDP.Großes Gewächs
**40 €** | 13%

**92** 2021 Forster Ungeheuer Riesling VDP.Großes Gewächs
**40 €** | 13%

**93** 2021 Forster Pechstein Riesling VDP.Großes Gewächs
**48 €** | 12,5%

**93** 2021 Forster Jesuitengarten Riesling VDP.Großes Gewächs
**54 €** | 12,5%

**94** 2021 Forster Kirchenstück Riesling VDP.Großes Gewächs
**94 €** | 13%

**91** 2021 Forster Ziegler Riesling Spätlese restsüss Erste Lage
**25 €** | 7,5%

**91** 2020 Goldmuskateller Wein aus eingetrockneten Trauben
**33 €** | 9,5%

★★☆

PFALZ

## EMIL BAUER

Weingut Emil Bauer
76829 Landau-Nußdorf
Walsheimer Straße 18
Tel. (06341) 61754 · Fax 63584
info@bauerwein.de
**www.bauerwein.de**

**Inhaber/in** Alexander und Martin Bauer
**Keller** Alexander Bauer und Stefan Jung

**Rebfläche** 42 Hektar
**Jahresproduktion** 400 000 Flaschen
**Beste Lagen** Nussdorfer Ochsenloch, Appenhofer Steingebiss, Godramsteiner Münzberg, Kalkgrube und Schlangenpfiff, Birkweiler Kastanienbusch, Mandelberg, Rosenberg
**Boden** Kalk, Buntsandstein, Rotliegendes
**Rebsorten** 40% Burgundersorten, 30% Riesling, 10% Cabernet Sauvignon, je 5% Merlot und Sauvignon Blanc, 10% übrige Sorten
**Mitglied** Fair'n Green

Alexander und Martin Bauer ist es gelungen, sich mit frechen Etiketten am Markt zu etablieren. Sie machen sicherlich auch den großen Wiedererkennungswert vorm Weinregal im Handel aus. Es sind ordentlich gemachte, sehr konsensfähige Produkte. Daneben stehen in vergleichsweise kleinerer Menge aber auch Weine, die vom echten Weinmacherhandwerk, ja manchmal sogar von der Weinmacherkunst zeugen. Die Qualitäten liegen hier unglaublich dicht beisammen und folgen einer konsequenten Linie. Die Weißweine aus dem Jahr 2021 scheinen etwas trockener als sonst angelegt. Beim Viognier oder etwa Chardonnay belebt die Säure das Trinkerlebnis deutlich. Wer's exotischer mag, greift zum Sauvignon Blanc. Sehr speziell, aber eben auch sehr gelungen sind die vier roten Cuvées aus Rebsorten, die der Weinfreund eher aus dem Mittelmeerraum und Südamerika kennt. Sie sind dicht und füllig und schlagen einen so ganz anderen Weg ein, wie man ihn sonst in der Pfalz verfolgt. Aktuell ist der bislang zurückgehaltene Jahrgang 2016 im Verkauf. Ihm wollte man Zeit geben, sich zu finden, denn, so Martin Bauer: „Der Kunde möchte zu diesem Preis auch einen gut gereiften Wein, den er gleich mit Genuss trinken kann." Recht hat er.

**87** 2021 Grauburgunder trocken „Bullshit"
**9,90 €** | 12 %

**87** 2021 Silberberg Sauvignon blanc trocken insomnia
**24,50 €** | 12 %

**88** 2021 Herrenberg Viognier trocken beachball
**24,50 €** | 12 %

**88** 2021 Chardonnay trocken sky & sand
**24,50 €** | 13 %

**88** 2021 Birkweiler Kastanienbusch Riesling trocken out of space
**24,50 €** | 12,5%

**88** 2020 Birkweiler Mandelberg Riesling trocken redemption
**24,50 €** | 12,5%

**87** 2020 Cuvée trocken Doppelstück
**13,40 €** | 14 %

**87** 2019 Cuvée trocken Meisterstück
**19,40 €** | 14 %

**88** 2016 trocken ALTOR
**45 €** | 13,5%

**88** 2016 trocken AMATOR
**45 €** | 13,5%

**89** 2016 trocken CULTOR
**45 €** | 13,5%

**89** 2016 trocken SERVATOR
**45 €** | 13,5%

★★★★

## FRIEDRICH BECKER

Weingut Friedrich Becker
76889 Schweigen-Rechtenbach ·
Hauptstraße 29
Tel. (06342) 290 · Fax 6148
wein@friedrichbecker.de
**www.friedrichbecker.de**

**Inhaber/in und Betriebsleitung**
Friedrich Wilhelm Becker
**Keller** Friedrich Wilhelm Becker

**Rebfläche** 28 Hektar
**Jahresproduktion** 180 000 Flaschen
**Beste Lagen** Schweigener Sonnenberg
**Boden** Kalkmergel, Löss, Ton
**Rebsorten** 70% Burgundersorten, 8% Riesling, 22% übrige Sorten, darunter Silvaner, Gewürztraminer und Muskateller
**Mitglied** VDP, Fünf Winzer – Fünf Freunde

Da wir äußerst zukunftsgewandt denken, der Vergangenheit kaum huldigen und auch nicht im Verdacht stehen, Denkmäler aufstellen beziehungsweise pflegen zu wollen, wird man bei uns selten wehmütige Blicke zurück finden. „Let bygones be bygones", sagen die Amis. Und dennoch darf man ruhig erwähnen, dass es schwierig ist, sich den deutschen Spätburgunder in seiner heutigen Form und Qualität vorzustellen ohne den Vorreiter Fritz Becker. Er war es, der den Weinqualiprüfern völlig ungerührt gedanklich den Finger zwischen Zeige- und Ringfinger entgegenstreckte, als sie seinen Spätburgundern bescheinigten „gebiets- und resortenuntypisch" zu sein. Diese Weine, die lange als Tafelweine deklariert waren, wurden zu den besten ihrer Art in Deutschland gekürt. Das sollte man wissen, wenn man sich dem Weingut Friedrich Becker beschäftigt. Heute führt Sohn Friedrich Wilhelm Becker den Betrieb, und er hat es mit diesem Erbe im Rücken dennoch geschafft, eigene Akzente zu setzen, die nicht nur Seitenaspekte sind. Er führte es ein, die Trauben mitsamt den Rappen, also mit den Stielen, zu vergären. Nicht komplett, das darf schon von Jahrgang zu Jahrgang variieren. Doch Fritz junior ist überzeugt, dass dies den Reifeprozess und damit die Lagerfähigkeit der Weine deutlich positiv beeinflussen wird. Zu dieser Erkenntnis kam er übrigens in Asien, als ihn ein Verkoster fragte, wie denn dieser oder jener Wein wohl in 25 Jahren schmecken würde. 25 Jahre? Das lag bei trockenen Weinen bis dato außerhalb der Denke eines deutschen Winzers. Unser Job als Verkoster besteht darin, für den Leser Relationen und Bezüge zu schaffen, auch Eigenheiten zu beschreiben. Die Becker'schen Pinots sind aktuell derart speziell, so dass es uns schwer fällt, die Einschätzungen des Winzers zu bestätigen, was in einer doch längeren Zukunft mit ihnen passieren wird. Diese Historie haben deutsche Pinots bislang nicht. Bemerkbar ist aber, dass die Weine von Fritz Becker Junior es momentan schwer haben, sich in der deutschen oder auch in der Pfälzer Spitze durchzusetzen. Vielleicht wird sich das einmal als grandiose Fehleinschätzung erweisen, wer weiß, doch der Augenblick sagt es einfach so.

Was wir nicht unterschlagen dürfen, ist die enorme Weiterentwicklung bei den Weißweinen. Die haben in den letzten Jahren ein nie dagewesenes Level erreicht. Mit Grauburgunder, teilweise mit fünf Tagen Maischestandzeit, reizt er aus, was bei dieser Sorte überhaupt möglich ist. Der Chardonnay Mineral gehört zu den besten in der Pfalz. Und auch der Weißburgunder Reserve muss sein Dasein nicht im Dunkeln fristen. Die Schweigener Ortsweine aus Weiß- und Gauburgunder sowie Chardonnay sind sehr trinkig und dabei auch nicht ganz trocken.

**89** 2021 Grauburgunder trocken Kalkmergel
**17,90 €** | 13,5%

**89** 2020 Schweigen Weißburgunder trocken
**24 €** | 13 %

**90** 2020 Schweigener Chardonnay trocken
**24 €** | 13 %

**91** 2020 Klosterstück Weißburgunder trocken
**32 €** | 13,5%

**91** 2020 Weißburgunder trocken Reserve
**44 €** | 13,5%

**92** 2020 Chardonnay trocken Mineral
**44 €** | 13 %

**91** 2019 Pinot Noir trocken
**39 €** | 13,5%

**91** 2019 Pinot Noir trocken Erste Lage Steinwingert
**39 €** | 13,5%

**91** 2019 Pinot Noir VDP.Großes Gewächs Sankt Paul
**62 €** | 13,5%

**91** 2019 Kammerberg Pinot Noir trocken
**68 €** | 13,5%

**93** 2019 Heydenreich Pinot Noir VDP.Großes Gewächs
**140 €** | 13 %

## BECKER

Weingut Karlheinz und Dominik Becker
76831 Heuchelheim-Klingen · Hauptstraße 19
Tel. (06349) 5328 · Fax 8056
info@beckersweine.de
**www.beckersweine.de**

**Inhaber/in und Betriebsleitung** Karlheinz und Dominik Becker
**Keller** Dominik Becker

**Rebfläche** 16 Hektar
**Jahresproduktion** 70 000 Flaschen
**Beste Lagen** Appenhofener Im Käferflug
**Boden** Buntsandstein, Kalkmergel, Tonmergel
**Rebsorten** je 20% Riesling und Spätburgunder, je 15% Grauburgunder und Weißburgunder, 30% übrige Sorten

Karlheinz und Dominik Becker konnten ihre beiden Sterne mühelos halten. Zeigen sie doch seit einiger Zeit immer schönere Weine. Die Basis dafür bilden 20 Prozent Riesling, 30 Prozent weiße Burgundersorten und 20 Prozent Spätburgunder. Im beschaulichen Heuchelheim pflegen die Beckers den geradlinigen Weinstil, der gerne etwas alkoholärmer sein darf, wenn der Jahrgang es hergibt. Auch 2021 ist das den Beckers wieder sehr gelungen. Zum Beispiel beim 2021er Riesling trocken vom Bunten Sand. Elegante Reife, gelbe Frucht, wunderbar eingebundene Mineralität und elegante Säure bringt er mit. Aber bei Beckers lohnt es sich auch, etwas zu warten. So hat sich der 2020er Chardonnay Im Käferflug bestens entwickelt und verwöhnt uns mit viel Cremigkeit, Aromen von Brioche und Toast, einer feinen Hefenote und etwas Vanille. Mit dem fein eingebundenen Holz macht ihn das zu einem Wein von internationalem Niveau.

84 2021 Silvaner trocken Alte Reben
**10,30 €** | 13%

86 2021 Grauburgunder trocken Erdreich
**8,20 €** | 12,5%

86 2021 Weissburgunder trocken Erdreich
**8,20 €** | 12,5%

86 2021 Sauvignon blanc trocken Erdreich
**8,20 €** | 12,5%

86 2021 Weissburgunder trocken Schwarzer Ton
**10,50 €** | 13%

86 2021 Riesling trocken Weißer Kalk
**10,50 €** | 12,5%

87 2021 Grauburgunder trocken Weißer Kalk
**10,50 €** | 13%

87 2021 Riesling trocken Bunter Sand
**10,50 €** | 12,5%

89 2020 Chardonnay trocken Im Käferflug
**16 €** | 13,5%

86 2021 Muskateller feinherb
**8,40 €** | 11,5%

86 2020 Spätburgunder trocken Bunter Sand
**12,30 €** | 13,5%

88 2020 Pinot noir trocken Im Käferflug
**24 €** | 13,5%

★★☆

## BENDERHOF

Weingut Benderhof
67169 Kallstadt · Neugasse 45
Tel. (06322) 1520 · Fax 980775
info@weingut-benderhof.de
**www.weingut-benderhof.de**

**Inhaber/in und Betriebsleitung**
Martin Haaß
**Keller** Martin Haaß

**Historie** seit dem 17. Jahrhundert als Winzerfamilie in Kallstadt ansässig
**Rebfläche** 11 Hektar
**Jahresproduktion** 80 000 Flaschen
**Beste Lagen** Kallstadter Saumagen, Kreidekeller und Hasenlauf, Herxheim Himmelreich, Großkarlbach Burgweg
**Boden** Lösslehm auf Kalkgestein
**Rebsorten** 35% Riesling, 32% Burgundersorten, 7% St. Laurent, 6% Schwarzriesling, je 5% Scheurebe und Silvaner, 10% übrige Sorten

Schon des Öfteren haben wir die in allen Belangen verlässlichen Qualitäten der Weine von Martin Haaß gelobt. Und natürlich ist auch der neue Jahrgang kein Ausreißer. Doch was heißt bei ihm schon „neuer Jahrgang" - Haaß gibt seinen Weinen Zeit, in Ruhe heranzureifen. Es wird nichts gepusht oder nur halbrund auf die Flasche gezogen. Daher verkosten wir aus dem Jahr 2021 auch nur vier „kleine" Gutsweine, die jeweils recht typisch sind für die Rebsorte. Bei den 2020er Weißweinen merkt man die ein Jahr längere Reifezeit dann schon deutlich, sie haben mehr Tiefe und innere Ruhe. Weil die Weine länger auf der Hefe liegen, steht nicht die Frucht im Vordergrund, was auch bedeutet, dass diese nicht so rasch wieder verschwinden kann. Was in anderen Fällen zu verfrühten Alterungstönen führt, hier aber definitiv nicht. Der Kreidkeller Riesling ist rassig und hat schöne, unterliegende, äußerst feine Gerbstoffe. Der Saumagen besitzt mineralischen Druck. Den Meister finden sie aber im Saumagen Réserve, der bislang Nill hieß: Ein toller, nachhaltiger Wein, der den Vergleich mit großen Namen nicht zu scheuen braucht. Die beiden Spätburgunder fügen sich in diese stimmige Kollektion ohne modische Aufreger hervorragend ein.

- **84** 2021 Pfalz Riesling trocken
  **6 €/1 Lit.** | 12,5%
- **86** 2021 Kallstadter Riesling trocken Kalkmergel
  **8 €** | 12,5%
- **86** 2021 Kallstadt Weißer Burgunder trocken
  **8 €** | 13%
- **86** 2021 Kallstadter Silvaner trocken
  **8,50 €** | 12%
- **86** 2020 Kallstadter Steinacker Grauburgunder trocken
  **10 €** | 13%
- **88** 2020 Kallstadter Steinacker Weißburgunder trocken
  **10 €** | 13%
- **88** 2020 Kallstadter Kreidkeller Riesling trocken Alte Reben
  **11,20 €** | 12,5%
- **89** 2020 Kallstadter Saumagen Riesling trocken
  **11 €** | 12,5%
- **91** 2020 Kallstadter Saumagen Riesling trocken Réserve „S"
  **18 €** | 13%
- **86** 2018 Kallstadter Steinacker Spätburgunder trocken
  **11 €** | 13,5%
- **88** 2018 Kallstadter Am Hasenlauf Spätburgunder trocken „S"
  **18 €** | 13,5%

★★★

## BERGDOLT

Weingut Bergdolt Klostergut St. Lamprecht
67435 Neustadt-Duttweiler · Dudostraße 17
Tel. (06327) 5027 · Fax 1784
info@weingut-bergdolt.de
**www.weingut-bergdolt.de**

**Inhaber/in** Rainer Bergdolt
**Betriebsleitung** Rainer und Carolin Bergdolt
**Keller** Caro Bergdolt und David Golitko

**Historie** ehemaliges Hofgut des Klosters Sankt Lamprecht, 1754 von Jakob Bergdolt erworben
**Rebfläche** 27 Hektar
**Jahresproduktion** 150 000 Flaschen
**Beste Lagen** Kirrweiler Mandelberg, Duttweiler Kalkberg, Duttweiler Mandelberg, Ruppertsberger Reiterpfad
**Boden** Löss, Kalkmergel, sandiger Lehm, Buntsandstein,
**Rebsorten** 35% Weißburgunder, 32% Riesling, 10% Spätburgunder, 23% übrige Sorten
**Mitglied** VDP

Man kann in der Historie der Weinführer zurückgehen und schauen, wie die Bergdolts einst für ihre Weißburgunder gerühmt wurden. In der Pfalz, aber auch in ganz Deutschland. Diese Weine hatten Ausdruck und Charakter und waren dabei auch nicht so schwer wie ihre Mitbewerber vom Kaiserstuhl. Genau in solch eine Position hat Carolin Bergdolt den Betrieb wieder geführt. Kein „kleiner" Wein zu finden, überall gibt es den Anspruch, das Quäntchen besser zu sein als man muss. Nehmen wir mal was Unspektakuläres, den Riesling Kalkmergel vielleicht. Ein Wein für knapp über 10 Euro, der geradezu flirrt, er hat Mineralität, Frische und eine positive Hibbeligkeit. Ganz anders der Weißburgunder Lössriedel, er ist ein schmelziger, ruhiger Vertreter, der den Weg bereitet für das Große Gewächs vom Mandelberg, das vor Erhabenheit fast schwebt. Dem Chardonnay Tempus wurde gutes Holz mitgegeben, er wird sein Können in einigen Jahren ausspielen. Eine Wonne sind die drei Sekte, bei denen wir uns kaum entscheiden können, ob wir die weiche Art des Fluxus oder den eleganten Brut nature bevorzugen.

**89** 2018 Weissburgunder Extra Brut
**15,90 €** | 12 %

**91** 2017 Blanc de Blanc Brut nature
**30 €** | 12,5%

**91** 2015 Sekt b. A. Brut nature Fluxus
**38 €** | 12 %

**85** 2021 Riesling trocken Riesling
**6,90 €/1 Lit.** | 11,5%

**86** 2021 Weissburgunder trocken St. Lamprecht
**9,90 €** | 12,5%

**86** 2021 Chardonnay trocken Le petit
**12 €** | 13 %

**87** 2021 Duttweiler Riesling trocken Kalkmergel
**11 €** | 11,5%

**87** 2021 Duttweiler Kreuzberg Weißburgunder trocken Erste Lage
**17 €** | 13 %

**89** 2021 Duttweiler Mandelberg Riesling trocken Erste Lage
**16,50 €** | 12 %

**90** 2021 Duttweiler Mandelberg Weißburgunder trocken Erste Lage Lössriedel
**18 €** | 13 %

**90** 2020 Chardonnay trocken Tempus
**25 €** | 13 %

**91** 2021 Ruppertsberger Reiterpfad Riesling VDP.Großes Gewächs Achtmorgen
**32 €** | 12,5%

**92** 2020 Kirrweiler Mandelberg Weißburgunder VDP.Großes Gewächs
**35 €** | 13 %

**89** 2020 Spätburgunder trocken Kalkmergel Duttweiler
**15,90 €** | 13,5%

★★

## BERGDOLT-REIF & NETT

Weingut Bergdolt-Reif & Nett
67435 Duttweiler · Dudostraße 2
Tel. (06327) 2803 · Fax 1485
info@weingut-brn.de
**www.nett-weine.de**

**Inhaber/in und Betriebsleitung** Christian Nett
**Keller** Christian Nett
**Historie** Weingut geht auf das Jahr 1838 zurück (Grundsteinlegung Sandstein-Gewölbekeller)
**Rebfläche** 32 Hektar
**Jahresproduktion** 350 000 Flaschen
**Beste Lagen** Kirrweiler und Duttweiler Mandelberg
**Boden** Lösslehm
**Rebsorten** 18% Riesling, je 13% Grauburgunder und Weißburgunder, 10% Spätburgunder, je 5% Auxerrois, Cabernet Sauvignon, Dornfelder, Merlot und Sauvignon Blanc, je 3% Müller-Thurgau und Scheurebe, je 2% Chardonnay, Gewürztraminer, Muskateller und Silvaner, 7% übrige Sorten
**Erlebenswert** Moderner Neubau mit Vinothek, Steinfass, ReBarrique (eckige Holzfässer)
**Mitglied** Vinissima

Bei Bergdolt-Reif & Nett kommen runde Sachen ins Eckige. Das Weingut experimentiert intensiv mit „Re-Barriques", eckigen Eichenholzfässern, die in Sachen Nachhaltigkeit überzeugen. Die Experimentierfreude von Christian Nett erschöpft sich freilich nicht im „Ruheraum" seiner Weine. Das Sortenspektrum beeindruckt, kreative Namensgebungen machen neugierig. Wir wurden - wieder einmal - nicht enttäuscht. Erfreut hat uns der 2021er Sauvignon Blanc trocken I Avantgarde, ein ganz typischer Vertreter der Sorte: Stachelbeeren, Cassis, Tomatenblätter und eine ganze Wiese frischer Kräuter schmecken wir da. Beim 2019er Shiraz trocken I Avantgarde gefielen uns die feine Kräuternote, die reifen Feigen, eine elegante Wärme und die gut eingebundenen Tannine. Hier ist ein nettes Experiment hervorragend gelungen!

★ NEU

**87** 2021 Riesling trocken III Tradition
**7,50 €** | 12,5%

**87** 2021 Sauvignon Blanc trocken II Edition
**11,50 €** | 12,5%

**88** 2021 Weissburgunder trocken II Edition
**11,50 €** | 13 %

**88** 2021 Chardonnay trocken Nettswerk
**15 €** | 13 %

**88** 2021 Sauvignon Blanc trocken I Avantgarde
**17 €** | 12,5%

**88** 2021 Weißburgunder trocken ReBarrique
**29 €** | 13 %

**88** 2021 Grauburgunder trocken ReBarrique
**29 €** | 13 %

**88** 2020 Merlot trocken III Tradition
**8,90 €** | 13,5%

**88** 2019 Shiraz trocken I Avantgarde
**19 €** | 13,5%

## BERIZZI

Weingut J.J. Berizzi
647480 Edenkoben · Schanzstraße 21
Tel. (06323) 5568 · Fax 6727
hallo@berizziweine.de
**www.berizziweine.de**

**Inhaber/in und Betriebsleitung**
Janina und Julius Berizzi
**Keller** Julius Berizzi und Felix Bourquin
**Außenbetrieb** Julius Berizzi

Neu in der Weinszene sind Janina und Julius Berizzi. Erst seit 2019 betreiben sie in Edenkoben ihr Weingut mit stattlichen 20 Hektar Reben. Sie arbeiten biologisch. Im Keller setzen Julius Berizzi und Felix Bourquin ganz entschieden auf Spontangärung und bauen die Hälfte der Weine im Holzfass aus. Auch wenn die verkostete Auswahl der Berizzis vielleicht noch nicht ganz rund ist, konnten wir Gutes herausschmecken.

**83** 2021 Grauburgunder trocken
**8,60 €** | 12,5%

**83** 2020 Edenkobener Riesling trocken
**12,50 €** | 12,5%

**83** 2020 Rhodter Klosterpfad Weissburgunder trocken Große Lage
**30 €** | 12,5%

**84** 2021 Sauvignon Blanc trocken
**8,60 €** | 11,5%

**84** 2021 Weissburgunder trocken
**8,60 €** | 12 %

**85** 2021 Frankweiler Riesling trocken
**12,50 €** | 12,5%

**85** 2021 Rhodter Weissburgunder trocken
**12,50 €** | 12 %

**87** 2020 Edenkobener Mühlberg Riesling trocken Große Lage
**22,50 €** | 13 %

★★★½

## BERNHART

Weingut Bernhart
76889 Schweigen · Hauptstraße 8
Tel. (06342) 7202 · Fax 6396
info@weingut-bernhart.de
**www.weingut-bernhart.de**

**Inhaber/in und Betriebsleitung**
Gerd Bernhart
**Keller** Gerd Bernhart, Damien Wagner
**Außenbetrieb** Peter Maurer

**Rebfläche** 21 Hektar
**Jahresproduktion** 140 000 Flaschen
**Beste Lagen** Rädling, Sonnenberg, Kostert, Wormberg, Finstergasse, Enggasse
**Boden** Lösslehm, Sand, Ton und Kalkmergel
**Rebsorten** 30% Spätburgunder, 20% Weißburgunder, 18% Riesling, 15% Grauburgunder, 12% Chardonnay, 5% übrige Sorten
**Gastronomie** Weinstube Alter Zollberg, Hauptstraße 8, 76889 Schweigen-Rechtenbach
**Mitglied** VDP

Inzwischen ist es fast schon ein wenig unheimlich, mit welcher Souveränität Gerd Bernhart agiert. Erneut sind es acht Weine mit 90 Punkten und mehr geworden, die wir einfach geben mussten in den Verkostungen. Da beißt die berüchtigte Maus keinen auch noch so dünnen Faden ab. Bernhart zeigt uns vor allem Burgundersorten, zudem einen Riesling Großes Gewächs, und auch der hat sich gewaschen. Wir steigen jedoch ein mit dem Weißburgunder Gutswein, der mit solch typischer Cremigkeit aufwartet, wie sie andere Betriebe für ihre Ersten Lagen zu erreichen versuchen. Weißburgunder und Grauburgunder Kalkmergel legen eins drauf mit dem gewissen Mehr an Mineralität, ohne Saftigkeit vermissen zu lassen. Der Weißburgunder Großes Gewächs aus dem Rädling („RG“ auf dem Etikett) ist beinahe majestätisch. Noch beeindruckender sind die Spätburgunder, die noch nie so ausdrucksstark waren. Nicht unterschlagen dürfen wir den St. Laurent, der weit und breit ohne Rivalen sein dürfte. Wir verneigen uns vor dieser Kollektion. Sie drängt sich für noch höhere Weihen geradezu auf.

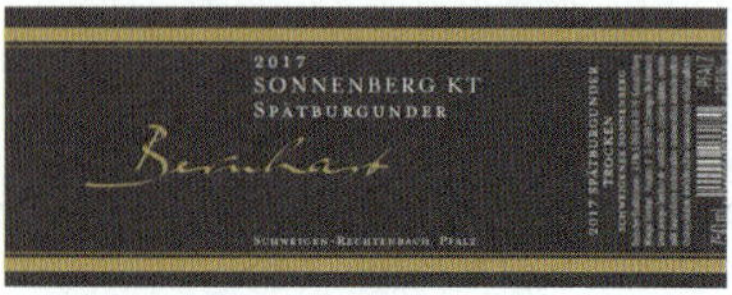


**87** 2021 Weißburgunder trocken
**8,50 €** | 12,5%

**87** 2021 Schweigen Grauburgunder trocken Kalkmergel
**12 €** | 13,5%

**88** 2021 Schweigener Weißburgunder trocken Kalkmergel
**12 €** | 13,5%

**90** 2021 Schweigen Sonnenberg WB Weißburgunder trocken Erste Lage
**19,50 €** | 13%

**90** 2020 Chardonnay trocken Reserve
**32 €** | 13,5%

**92** 2021 Schweigener Sonnenberg Riesling VDP.Großes Gewächs
**26 €** | 12,5%

**92** 2021 Schweigen Sonnenberg RG Weißburgunder VDP.Großes Gewächs
**30 €** | 13%

**89** 2020 Schweigen Sonnenberg Spätburgunder trocken Erste Lage FG S
**20 €** | 13,5%

**91** 2020 St. Laurent trocken S
**22 €** | 13,5%

**91** 2020 Schweigener Sonnenberg Spätburgunder VDP.Großes Gewächs KT
**35 €** | 13%

**93** 2020 Schweigener Sonnenberg Spätburgunder VDP.Großes Gewächs RG
**40 €** | 13%

**90** 2019 Spätburgunder Erste Lage WB
**29 €** | 13%

## BIETIGHÖFER

Weingut Bietighöfer
76831 Mühlhofen · Oberdorfstraße 13
Tel. (06349) 8698
weingut@bietighoefer.de
**www.bietighoefer.de**

**Inhaber/in und Betriebsleitung** Stefan Bietighöfer
**Keller** Stefan Bietighöfer
**Außenbetrieb** Stefan Bietighöfer

**Rebfläche** 30 Hektar
**Jahresproduktion** 150 000 Flaschen
**Beste Lagen** Kalmit, Mühlhofener Rosenäcker und Roter Berg, Villa Pistoria
**Boden** Löss, Lehm, Kalkmergel, Bundsandstein, Muschelkalk
**Rebsorten** 70% Burgundersorten, 5% Riesling, 25% übrige Rebsorten
**Erlebenswert** Moderne Architektur
**Mitglied** Demeter, Generation Riesling

Der umtriebige Biodynamiker aus Mühlhofen hat sich hohe Ziele gesteckt. Dabei ist ihm weniger mehr: Nur noch ganz individuelle Ausnahmeweine will Stefan Bietighöfer machen - und, mal sehen, seine Rebfläche vielleicht auf 15 Hektar reduzieren. Allenfalls möchte er noch hier und da Filetstückchen hinzunehmen, wenn sich die Gelegenheit bietet. Dabei versteht der frankophile Winzer es hervorragend, aus Lagen mit wenig klangvollen Namen klasse Weine zu erzeugen. Dass in seinem Betrieb Potenzial steckt, beweist uns Stefan Bietighöfer seit einigen Jahren. Weshalb wir nun sehr gespannt die Nase ins Glas halten: Drin ist eine 2021er Chardonnay Grand Reserve. Mit feiner Frucht, cremiger Textur, Aromen von Brioche und Brotkruste, eleganten Hefenoten... das ist wahrer Chardonnay! Wir hatten auch die Gelegenheit, ältere Jahrgänge zu probieren: Der 2017er Spätburgunder Rosenacker mit kühler Frucht, Kirschen, Tabak, fein eingebundenen Tanninen und gutem Holz hat internationales Format. Wenn Bietighöfer so weitermacht, werden wir bestimmt noch viel Gutes von ihm probieren.

**88** 2021 Weißburgunder trocken Grande Reserve
**20 €** | 13 %

**88** 2020 trocken Blanc Grande Reserve
**25 €** | 13 %

**89** 2021 Chardonnay trocken Grande Reserve
**20 €** | 13 %

**89** 2021 trocken Grande Reserve
**20 €** | 13 %

**90** 2021 Roter Berg trocken Roter Berg
**25 €** | 13 %

**87** 2021 Mühlhofen Weißburgunder
**9 €** | 12 %

**88** 2017 Spätburgunder trocken Roter Berg
**25 €** | 13 %

**89** 2017 Spätburgunder trocken Rosenäcker
**25 €** | 13,5%

★★½

## BOHNENSTIEL

Weingut Bohnenstiel
67273 Herxheim am Berg · Weinstraße 77
Tel. (06353) 91186 · Fax 91196
weingut.bohnenstiel@t-online.de
**www.weingut-bohnenstiel.de**

**Inhaber/in und Betriebsleitung**
Martina und Edwin Bohnenstiel
**Keller** Maximilian Bohnenstiel
**Außenbetrieb** Edwin Bohnenstiel

Konstant zuverlässige Qualität liefert das Traditionsgut Bohnenstiel. Wenn wir heuer wieder keine Überraschungen feststellen, sei dies unbedingt als Lob zu verstehen. Saubere, sortentypische Weine, die uns sehr gut schmeckten. Besonders zu erwähnen ist die 2021er Cuvée aus Chardonnay und Weißburgunder: Mit feinen Hefenoten, dem Duft nach frischer Brotkruste und cremiger Eleganz ist er ein sehr feiner Wein. Ebenfalls aus dem Jahrgang 2021 stammt der feinherbe Gelbe Muskateller. Der bietet mit Rosen- und Wiesenblütenduft, mit reifen Aprikosen, Weinbergpfirsichen und Nektarinen einen ganzen Aromenstrauß und bereitet viel Trinkfreude.

**86** 2021 Herxheimer Honigsack Grauburgunder trocken
**8,10 €** | 12,5%

**86** 2021 Herxheimer Himmelreich Weißburgunder trocken
**8,20 €** | 12,5%

**87** 2021 Chardonnay & Weißburgunder trocken
**8,70 €** | 12%

**87** 2021 Riesling trocken Im Wermuth - Seiner
**11 €** | 12,5%

**88** 2021 Herxheimer Honigsack Riesling trocken
**8 €** | 12,5%

**88** 2021 Riesling trocken Alte Rebe
**10,90 €** | 12,5%

**86** 2021 Dackenheim Gelber Muskateller feinherb
**7,20 €** | 12%

**86** 2018 Herxheimer Honigsack Spätburgunder trocken
**8,10 €** | 13,5%

**85** 2018 Laumersheimer Steinbuckel Merlot trocken
**8,10 €** | 14,5%

★★★½

## BORELL-DIEHL

Weingut Borell-Diehl
76835 Hainfeld · Weinstraße 47
Tel. (06323) 980530 · Fax 980570
info@borell-diehl.de
**www.borelldiehl.de**

**Inhaber/in** Thomas Diehl und Annette Borell-Diehl
**Betriebsleitung** Thomas und Georg Diehl
**Keller** Thomas und Georg Diehl

**Rebfläche** 34 Hektar
**Jahresproduktion** 290 000 Flaschen
**Beste Lagen** Hainfelder Letten, Edesheimer Forst, Burrweiler Schlossgarten
**Boden** Lehm, Sand, Sandsteinverwitterung
**Rebsorten** 25% Riesling, 20% Grauburgunder, 15% Spätburgunder, 15% Chardonnay, 10% Weißburgunder, 7% Sauvignon Blanc, 8% übrige Sorten
**Erlebenswert** Holzfasskeller
**Mitglied** Vinissima, Die junge Pfalz

Das Weinjahr 2021 scheint Georg und Thomas Diehl außerordentlich entgegengekommen zu sein. Zumindest drücken die Weißweine dies in hervorragender Weise aus. Sie schließen nahtlos an das eh schon gute Vorjahr an. Das Bestreben, noch pointierter zu werden, ist klar ersichtlich. Die „kleinen" Rieslinge von Muschelkalk und Schiefer sind schon sehr seriös. Höchst erfreut waren wir vom Blanc de Noir Sekt Zero Dosage, der mit seinem absolut niedrigen Alkoholgehalt ein leichter und dabei doch erfrischend-knackiger Genuss zu einem äußerst ansprechenden Preis ist. Bei den Burgundersorten wird dann richtig Tacheles geredet. Die beiden Chardonnays haben Drive und Mut, da findet man eine souveräne Reduktion und die genau richtige Dosis Holz, das eben nicht wirklich spürbar ist und damit seinen Zweck komplett erfüllt. Der Sauvignon Blanc ist erwachsen und hat es nicht nötig mit exotischen Nuancen zu locken. Was über die vier Spätburgunder zu sagen wäre, würde diesen Rahmen hier sprengen. Wer sie als Pinot-Freund noch nicht probiert hat: Das sollte schleunigst nachgeholt werden!

BORELL DIEHL
Weine · Sekte · Brände

89 2019 Blanc de Noir Zero Dosage
**13,20 €** | 11,5% **BEST BUY**

86 2021 Riesling trocken vom Muschelkalk
**7,40 €** | 12,5%

87 2021 Riesling trocken vom Schiefer
**8,40 €** | 13%

88 2021 Hainfelder Weißburgunder trocken Alte Reben
**10,20 €** | 13,5%

88 2021 Edesheimer Rosengarten Riesling trocken Kupperwolf
**10,70 €** | 13%

89 2021 Rhodt Rosengarten Chardonnay trocken Reserve
**14 €** | 13,5%

89 2021 Burrweiler Schlossgarten Weißburgunder trocken Reserve
**14 €** | 13,5%

89 2021 Flemlinger Herrenbuckel Sauvignon Blanc trocken Reserve
**18 €** | 13,5%

90 2021 Hainfelder Kirchenstück Chardonnay trocken
**20 €** | 13,5%

89 2020 Edesheimer Rosengarten Spätburgunder trocken Kupperwolf
**14,50 €** | 13,8% **BEST BUY**

89 2020 Hainfelder Letten Spätburgunder trocken Georg XVIII
**19 €** | 14%

91 2020 Flemlinger Herrenbuckel Pinot Noir trocken Kastanienberg
**25 €** | 13,5%

91 2020 Flemlinger Herrenbuckel Pinot Noir trocken Reserve
**28 €** | 13,5%

## BRAUN

Weingut Braun GbR
67149 Meckenheim · Hauptstraße 51
Tel. (06326) 8596 · Fax 5212
bws@braun-wein-sekt.de
**www.braun-wein-sekt.de**

**Inhaber/in** Familie Braun
**Betriebsleitung** Michael und Martin Braun
**Keller** Michael Braun und Kristoffer Graß
**Außenbetrieb** Franz Käferböck

**Rebfläche** 38 Hektar
**Jahresproduktion** 300 000 Flaschen
**Beste Lagen** Ellerstadter Kirchenstück, Meckenheimer Spielberg
**Boden** sandiger Lehm, Lösslehm mit Kies und Sand
**Rebsorten** 30% Riesling, 14% Spätburgunder, je 8% Weiß- und Grauburgunder, 7% Chardonnay
**Gastronomie** Straußwirtschaft im September / Oktober, genaue Termine siehe Website
**Erlebenswert** neue Vinothek mit Holzfasskeller
**Mitglied** Wine Changes

Alltag, Individuell, Unikat. Nach diesen eigenen Kategorien sind die Weine von Michael und Martin Braun, absolut nachvollziehbar wie wir finden, eingestuft. Das sind vor allem Rieslinge und Burgunder; aber auch Cuvées macht man hier in Meckenheim gern. Wir probieren zuerst einen der Alltag-Weine: Der 2021er Riesling trocken ist voll „auf der Höhe", wo er auch herkommt. Feine Reife, gelbes Steinobst, mediterrane Kräuter und eine gute Griffigkeit zeichnen ihn aus. In der Individuell-Linie gefällt uns der 2021er Meckenheimer Spielberg Riesling trocken, mit seiner feinen Mineralität, dem Duft von nassem Kieselstein und einer unheimlich komplexen, facettenreichen Art. Um beim Riesling zu bleiben: Das „Unikat" unter ihnen ist der 2021er Meckenheimer Spielberg trocken 2punkt0. Der setzt dem Vorgenannten noch eins drauf und begeistert mit kräuteriger Würze, balancierter Säure und zeigt immer mehr Facetten. Ein Wein mit Biss!

- **86** 2018 Sekt b. A. Brut nature Blanc de Blancs
  **12,20 €** | 12,5%
- **87** 2018 Pinot Rosé Sekt b. A. Brut nature
  **13,80 €** | 12%
- **86** 2021 Riesling trocken Auf der Höhe Alltag
  **6,60 €** | 12%
- **86** 2021 Sauvignon Blanc trocken Alltag
  **7,20 €** | 12%
- **87** 2021 Weißburgunder trocken Alltag
  **6,60 €** | 12%
- **88** 2021 Meckenheimer Spielberg Riesling trocken Individuell
  **8,70 €** | 12,5%
- **88** 2021 Meckenheimer Spielberg Riesling trocken 2punkt0 Unikat
  **13 €** | 12,5%
- **88** 2021 Meckenheimer Neuberg Chardonnay trocken Individuell
  **14 €** | 13%
- **89** 2021 Meckenheimer Neuberg Chardonnay trocken 2punkt0 Unikat
  **14 €** | 12,5%
- **87** 2019 Ellerstadter Kirchenstück Spätburgunder trocken Individuell
  **9,40 €** | 13%
- **87** 2019 Portugieser trocken 1951
  **16 €** | 13%
- **88** 2019 Haßlocher Leissböhl Gänsfüsser trocken Johann Casimir
  **16 €** | 13,5%

★★★

## BREMER

Weingut Bremer
67308 Zellertal-Niefernheim
Brückenstraße 2
Tel. (06355) 8639166
info@weingutbremer.de
**www.weingutbremer.de**

**Inhaber/in** Familie Bremer
**Betriebsleitung** Rebecca Bremer
**Keller** Michael Acker

**Rebfläche** 12 Hektar
**Jahresproduktion** 60 000 Flaschen
**Beste Lagen** Zeller Schwarzer Herrgott, Zeller Kreuzberg und Zeller Königsweg, Niefernheimer Apotheker
**Boden** Kalkmergel
**Rebsorten** 26% Spätburgunder, 24% Riesling, 12% Weißburgunder, 11% Grauburgunder, 10% Chardonnay, 17% übrige Sorten
**Gastronomie** gutseigene Weinbar mit kleiner Bistrokarte, Öffnungszeiten siehe Website
**Mitglied** Fair'n Green

Michael Acker schickt sich an, zur führenden Instanz im Zellertal zu werden. Dieser alte Fuchs hat bei der Neugründung des Weinguts Bremer die Rebsorten so ausgerichtet, dass sie zwar zu den äußeren Gegebenheiten, aber auch zu seinen eigenen unbestreitbaren Fähigkeiten passen – wie gut, dass beides hervorragend zusammengeht. Sekt hatten wir bislang noch nicht von Bremer serviert bekommen, jetzt sind es gleich zwei: der eher fruchtige Grande Affaire Rosé in der regulären Flasche und der würzigere Petit Affaire Rosé im putzigen halben Fläschchen, die wir minimal vorziehen. Bleiben wir beim Rosé, diesmal als Stillwein: Keine Spur von Bonbon, dafür trockene Luftigkeit, ein echter Anreger und in herrlich leichter Art animierend. Der Chardonnay Königsweg ist knalltrocken, würzig und verzeichnet einen so gekonnten, raffinierten Holzeinsatz, dass er kaum wahrnehmbar ist. Der Riesling Schwarzer Herrgott pulsiert im Glas, er hat Druck und eine ausgezeichnete Länge. Dass Michael Acker Pinot drauf hat, ist keine neue Erkenntnis. Aus dem Jahr 2020 erfreuen uns die beiden Exemplare von Apotheker und Philippsbrunnen ganz besonders.

WEINGUT BREMER
3 Schwestern & Hr. Acker

**88** 2019 Sekt Brut Grande Affaire Rosé
**15,50 €** | 12,5%

**89** 2020 Sekt Brut Petit Affaire Rosé
**12,50 €/0,375 Lit.** | 12,5%

**86** 2021 Zellertaler Grauer Burgunder trocken
**9,80 €** | 12,5%

**89** 2021 Zeller Königsweg Chardonnay trocken Erste Lage
**17,50 €** | 13%

**89** 2021 Zeller Schwarzer Herrgott Riesling trocken
**21 €** | 12,5%

**86** 2021 Riesling feinherb Zellertaler Riesling
**9,80 €** | 12%

**88** 2021 Selection Madame Rosé trocken
**12 €** | 11,5% BEST BUY

**87** 2019 Zellertaler Pinot Noir trocken
**14 €** | 13%

**90** 2020 Zeller Kreuzberg Pinot Noir trocken Erste Lage Philippsbrunnen
**28 €** | 13%

**91** 2020 Niefernheimer Apotheker Pinot Noir trocken
**35 €** | 13%

★

## BRENDEL

Weingut Brendel
76889 Pleisweiler-Oberhofen
Hauptstraße 13
Tel. (06343) 8450 · Fax 7448
info@weingut-brendel.de
**www.weingut-brendel.de**

**Inhaber/in und Betriebsleitung**
Waltraud, Walter und Christian Brendel

Pleisweiler-Oberhofen legt zu. Seinen Teil dazu bei trägt auch Christian Brendel, der das Familienweingut auf guten Kurs gebracht hat. Einen ganz feinen Riesling hat Brendel im Sortiment: Der 2021er Schlossberg Riesling trocken erfreut uns mit einer ganzen Palette an Aromen. Ein feiner, vielschichtiger Wein. Wenn's rot und mal etwas anderes sein darf, eine Empfehlung wert ist Brendels 2020er Blaufränkisch trocken: Ein purpurner, würziger Wein, der nach Heu und vielen Beeren duftet. Die fruchtige Art harmoniert ausgezeichnet mit einem feinen, strukturgebenden Holz.

**86** 2019 Spätburgunder Extra Brut Blanc de Noirs
**15 €** | 12,5%

**85** 2021 Riesling trocken
**5,40 €/1 Lit.** | 12%

**85** 2021 Grauer Burgunder trocken
**7,50 €** | 13,5%

**85** 2021 Weißburgunder trocken
**7,50 €** | 12,5%

**85** 2021 Scheurebe trocken
**7,50 €** | 12,5%

**86** 2021 Chardonnay trocken Kalkmergel
**9 €** | 13,5%

**87** 2021 Riesling trocken Kalkmergel
**9 €** | 12,5%

**87** 2021 Weissburgunder trocken Kalkmergel
**9 €** | 13,5%

**88** 2021 Pleisweiler-Oberhofen Schlossberg Riesling trocken
**11 €** | 12,5%

**87** 2019 Spätburgunder trocken Kalkmergel
**10 €** | 13,5%

**87** 2020 Blaufränkisch trocken
**12,50 €** | 13%

★★

## BÜHLER

Weingut Bühler
67169 Kallstadt · Backhausgasse 2
Tel. (06322) 61261 · Fax 981090
weingut@buehler-pfalz.de
**www.buehler-pfalz.de**

**Inhaber/in** Jens, Sarah, Pia und Werner Bühler
**Keller** Jens Bühler
**Rebfläche** 18 Hektar
**Jahresproduktion** 100 000 Flaschen
**Beste Lagen** Kallstadter Saumagen
**Boden** kalkhaltiger, schwerer Lösslehm
**Gastronomie** Moderne Landhausküche
Öffnungszeiten:
Freitag, Samstag ab 16 Uhr
Sonn-/Feiertage ab 12 Uhr
Weinverkauf zu den Öffnungszeiten ebenfalls möglich!

Wir freuen uns, dass die Qualitäten von Bühlers Weinen immer weiter steigen und dabei ein durchweg homogenes Niveau haben. In der aktuell eingereichten Kollektion konnten wir gleich an acht Weine jeweils 88 Punkte vergeben. Deshalb ist dem Kallstadter Weingut hiermit der zweite Stern sicher. Bisher gehörte dem Syrah unsere größte Anerkennung. Nun wollen wir den 2020er Cabernet Sauvignon hervorheben: Mit feinen grünen Noten von Paprika und frisch gemähtem Gras, im Übergang mit Cassis und schwarzem Pfeffer, im Finale ledrig und geprägt von feinen Tanninen, steht dieser Rote bei uns ganz vorne. Der Versuchung wert ist auch der 2021er Gewürztraminer: Ein Korb voll frisches exotisches Obst wie Papaya, Passionsfrucht und Litschi schmecken wir da. Schließlich empfehlen wir auch den 2021er Sauvignon Blanc. Er zeigt feine grüne Noten, exotische Früchte, Stachelbeere und eine feine Mineralität.

**86** 2021 Riesling trocken
**7,40 €** | 12 %

**86** 2021 Chardonnay & Weissburgunder trocken
**8,10 €** | 13 %

**87** 2020 Silvaner trocken „Anno 1958"
**19,60 €** | 14 %

**88** 2021 Sauvignon Blanc trocken
**8,60 €** | 12 %

**88** 2021 Grauburgunder trocken „S"
**9,60 €** | 13 %

**88** 2021 Kallstadter Saumagen Riesling trocken
**10,10 €** | 12,5%

**88** 2021 Chardonnay trocken Fumé
**10,50 €** | 13,5%

**88** 2021 Kallstadt Saumagen Riesling Eiswein restsüss
**45 €/0,375 Lit.** | 6 %

**88** 2021 Gewürztraminer fruchtig
**8,60 €** | 10 %

**86** 2021 Saignée Rosé trocken
**7,60 €** | 12 %

**88** 2020 Cabernet Sauvignon trocken Barrique
**16,60 €** | 14 %

**88** 2018 Syrah trocken Barrique
**18,60 €** | 13,5%

★★★★★

## BÜRKLIN-WOLF

Weingut Dr. Bürklin-Wolf
67157 Wachenheim · Weinstraße 65
Tel. (06322) 95330 · Fax 953330
bb@buerklin-wolf.de
**www.buerklin-wolf.de**

**Inhaber/in** Bettina Bürklin-von Guradze
**Geschäftsführer** Steffen Brahner
**Keller** Nicola Libelli
**Außenbetrieb** Jan Hock

**Historie** gegründet 1597
**Rebfläche** 86 Hektar
**Jahresproduktion** 500 000 Flaschen
**Beste Lagen** Forster Kirchenstück, Jesuitengarten, Pechstein und Ungeheuer, Ruppertsberger Reiterpfad und Gaisböhl, Deidesheimer Hohenmorgen, Langenmorgen und Kalkofen
**Boden** Basalt, Kalk, Terrassenschotter, gelber und roter Sandstein
**Rebsorten** 90% Riesling, 5% Weißburgunder, 3% Spätburgunder, 2% übrige Sorten
**Gastronomie** Hofgut Ruppertsberg
**Erlebenswert** Englischer Garten, Gewölbekeller
**Mitglied** VDP

Als wir Kellermeister Nicola Libelli nach Neuerungen und Entwicklungen im Vergleich zum vergangenen Jahr fragten, wurde es zunächst mal etwas still in der Leitung, man hörte sein Hirn förmlich rattern. „Hm, eigentlich sind wir ja immer ganz stabil", meinte er. Und das stimmt natürlich auch, Bürklin-Wolf steht vielleicht mehr für Stabilität und Kontinuität als die meisten anderen Betriebe der Pfalz. Und plötzlich fiel ihm doch noch was ein: „Jan Hock muss ich da nennen, unseren Außenbetriebsleiter. Wenn es ein Wort gibt, das am besten beschreibt, was ich meine, dann ist das ‚positive Kommunikation'", so Libelli. In der Tat sind die Anstrengungen, die Weinberge in einen bestmöglichen Zustand zu versetzen - was nicht immer so gegeben war - bei Rundgängen durch die Gemarkungen deutlich sichtbar. In Absprache mit Nicola werden so die Qualitäten auf Spur gebracht.

### Kirchenstück gefragt

Rotweine wurden aus dem Sortiment komplett gestrichen. Sie waren durchaus nett und angenehm zu trinken, doch erreicht „nett" niemals das Niveau eines Bürklin-Wolf, was man nun auch erkannt hat. Mit 2021 sehen wir Bürklin-Wolf in strahlender Stärke. Die Weine haben alle eine große innere Dichte. Sehr früh, schon Ende der 1990er Jahre, ist man hier auf das französische System mit Gutsweinen, Village, Premier Cru und Grand Cru umgestiegen - und ist dabei geblieben. Es kommt sehr konsequent und auch sympathisch rüber, wenn nicht aus jeder ordentlichen Lage gleich ein Großes Gewächs gemacht wird. Die P.C.s, also die Ersten Lagen, sind sehr stark, wie Böhlig oder Gerümpel beweisen. Doch die darüber sind nicht umsonst darüber. Ganz herrlich der Gaisböhl Riesling. Star der Kollektion ist im Augenblick der Pechstein, ein Ausbund an Energie. Das Kirchenstück, welches wir diesmal nur im Gut selbst verkosten konnten, schläft derzeit noch. Aber wir wissen ja: Wenn es erwacht, wird alles andere mucksmäuschenstill. Die Nachfrage übersteigt die verfügbare Menge um ein Mehrfaches, trotz des aufgerufenen Preises. Oder vielleicht sogar deswegen.

Dr. Bürklin-Wolf

**87** 2021 Riesling trocken
**13 €** | 12 %

**89** 2021 Wachenheim Riesling trocken Village
**19 €** | 12 %

**90** 2018 Wachenheim Riesling trocken Village R
**24 €** | 12 %

**90** 2021 Forst Riesling trocken Village
**25 €** | 12 %

**91** 2021 Ruppertsberger Hoheburg Riesling trocken P.C.
**31 €** | 12,5%

**91** 2021 Wachenheimer Rechbächel Riesling trocken P.C. -Monopol-
**31 €** | 12,5%

**92** 2021 Wachenheimer Böhlig trocken P.C.
**33 €** | 12,5%

**93** 2021 Wachenheimer Gerümpel Riesling trocken P.C.
**33 €** | 12,5%

**93** 2021 Ruppertsberger Reiterpfad G.C. Riesling VDP.Großes Gewächs
**70 €** | 12,5%

**94** 2021 Deidesheimer Hohenmorgen G. C. Riesling VDP.Großes Gewächs
**70 €** | 12,5%

**94** 2021 Ruppertsberger Gaisböhl Riesling VDP.Großes Gewächs G.C. Monopol
**70 €** | 12,5%

**96** 2021 Forster Pechstein Riesling VDP.Großes Gewächs G.C.
**110 €** | 12,5%

★★★☆

## VON BUHL

Weingut Reichsrat von Buhl
67146 Deidesheim · Weinstraße 18–24
Tel. (06326) 965019 · Fax 965024
info@von-buhl.de
**www.von-buhl.de**

**Inhaber/in** Familie Seeger
**Betriebsleitung** Dennis Geller
**Keller** Simone Frigerio
**Außenbetrieb** Christian Bohmüller

**Historie** Gründung im Jahr 1849
**Rebfläche** 64 Hektar
**Jahresproduktion** 420 000 Flaschen
**Beste Lagen** Forst: Kirchenstück, Jesuitengarten, Freundstück, Pechstein, Ungeheuer und Musenhang; Deidesheim: Kieselberg, Herrgottsacker, Paradiesgarten, Mäushöhle und Leinhöhle; Ruppertsberg: Reiterpfad In der Hohl und Reiterpfad Hofstück
**Boden** Buntsandstein, sandiger Lehm, Kalksteinverwitterung und Basalt
**Rebsorten** 80% Riesling, 8% Spätburgunder, 12% übrige Sorten
**Gastronomie** seit Dezember 2019 befindet sich im Herrschaftshaus des Weingutes das Restaurant SUSHI B. mit hochwertigen Sushi-Kreationen von Sushi-Meister Piotr Suszek.
**Mitglied** VDP

Im vergangenen Jahr merkten wir an, dass die Kollektion von Buhl eine Art Sammelsurium sei, weil sie aus unterschiedlichen Handschriften bestand. Dies können wir in diesem Jahr so nicht mehr feststellen, zumal es insgesamt wieder deutlich eindrucksvollere Weine zu verkosten gab. Betriebsleiter Dennis Geller und Kellermeister Simone Frigerio haben es geschafft, diesen „ehrwürdigen Kahn" in ruhigere und tiefere Gewässer zu manövrieren. Schon die Guts- und Ortsweine haben Mumm und ordentlich Zug drauf. Bei den Ersten Lagen ist der Herrgottsacker recht klar und pfiffig, doch umgarnt einen die Mäushöhle mit ihrer duftigeren und etwas fruchtigeren, durchaus auch säurebetonten Art einen Tick mehr. Der Kieselberg mag sich noch etwas schwer tun und setzt sich gegen die Mäushöhle kaum durch, doch danach geht es gut ab. Die Großen Gewächse aus den Forster Lagen sind ein powermäßiges Dreigestirn: der Pechstein dabei fordernd, das Kirchenstück erhaben. Die jetzt in den Handel gebrachten Prestige-Sekte aus der Zeit von Mathieu Kauffmann sind voller Eleganz. Das Schiff Reichsrat von Buhl steht wieder unter vollen Segeln, Gott sei Dank!

REICHSRAT VON BUHL

**91** Sekt b. A. Brut Blanc de Blancs Prestige
**34 €** | 12 %

**92** 2014 Brut Rosé Prestige
**52 €** | 12,5%

**86** 2021 Riesling trocken Von Buhl
**9,90 €** | 12,5%

**87** 2021 Deidesheimer Riesling trocken
**11,90 €** | 12,5%

**88** 2021 Forster Riesling trocken
**12,90 €** | 12,5%

**89** 2020 Deidesheimer Herrgottsacker Riesling trocken Erste Lage
**18 €** | 12,5%

**89** 2020 Deidesheimer Kieselberg Riesling VDP.Großes Gewächs
**30 €** | 13 %

**89** 2020 Forst Ungeheuer Riesling VDP. Großes Gewächs
**39 €** | 12,5%

**90** 2020 Deidesheimer Mäushöhle Riesling trocken Erste Lage
**18 €** | 12,5%

**91** 2020 Forster Jesuitengarten Riesling VDP.Großes Gewächs
**49 €** | 12,5%

**91** 2020 Forst Kirchenstück Riesling VDP. Großes Gewächs
**109 €** | 13 %

**92** 2020 Forster Pechstein Riesling VDP. Großes Gewächs
**49 €** | 12,5%

★★★★½

## CHRISTMANN

Weingut Christmann
67435 Gimmeldingen
Peter-Koch-Straße 43
Tel. (06321) 66039 · Fax 68762
info@weingut-christmann.de
**www.weingut-christmann.de**

**Inhaber/in und Betriebsleitung** Steffen und Sophie Christmann
**Keller** Steffen und Sophie Christmann
**Außenbetrieb** Florian Hoffmann

**Historie** Weinbau seit 1508
**Rebfläche** 19 Hektar
**Jahresproduktion** 100 000 Flaschen
**Beste Lagen** Königsbacher Idig und Ölberg-Hart, Gimmeldinger Meerspinne, Biengarten und Kapellenberg, Neustadter Vogelsang, Ruppertsberger Reiterpfad
**Boden** Kalk, Buntsandstein
**Rebsorten** 70% Riesling, 27% Spätburgunder, 3% Weißburgunder
**Mitglied** VDP, Respekt-Biodyn, La Renaissance des Appellations

Gerade erst wurde er für eine weitere Amtszeit als Präsident des VDP wiedergewählt, der Steffen Christmann. Eine gute Entscheidung für den deutschen Wein, denn dem gelernten Juristen gelingt es durch seine geschickte und diplomatische Art immer wieder, den Interessen der Winzer an entscheidender Stelle Gehör zu verschaffen, wo sonst nur Großkellereien und Genossenschaften am Drücker sind. Christmann war es auch, der das vierstufige, auf dem französischen Vorbild aufbauende System einer Pyramide von Gutswein, Ortswein, Erster Lage und Großer Lage/Großem Gewächs so vehement proklamierte. Dabei war er derart überzeugend, dass selbst viele Betriebe, die nicht im VDP sind, dies als Orientierung und Vorbild gerne annahmen, um sich vom bis dato gewohnten System der Prädikatsweine loszusagen. Hmmm. Bei sich selbst im eigenen Weingut gestaltet sich die Lage nun etwas anders. Eigentlich ist sein Ziel, irgendwannn nur noch Erste und Große Lagen zu produzieren - was im Übrigen sowohl für den Weinfreund wie für den Winzer eine formidable Sache ist, denn dann kommt von einem Betrieb ausschließlich die allerbeste Qualität. Das Burgund lässt grüßen, da gibt es das schon. Im Jetzt überspringt er erst mal die Ortsweine, indem er unter den Lagenbereichen nur drei Weine als Gutsweine anbietet. Es sind ein Riesling, ein Weiß- und ein Spätburgunder, die sich „Aus den Lagen" nennen und damit die Quintessenz darstellen aus den Anlagen aus vier Ortschaften, die sonst eben Ortsweine geworden wären. Die sind, selbstredend, ausgesprochen gut.

**Vogelsang zieht vorbei**

In der Pfälzer Endrunde war Christmann mit jeder Menge Weinen vertreten. Die in den letzten Jahren so rasant in den Vordergrund geschossenen Spätburgunder präsentierten sich diesmal etwas gedeckter, aber sehr fein, unter ihnen steht der Idig im Kreis der nationalen Spitze. Bei den Rieslingen ist die Lage eindeutig wie immer: Dem Idig macht auch hier keiner was vor. Er glänzt einmal mehr durch Zug, Raffinesse und geschmeidige Eleganz. Der schafft keine Aufregung durch Aktionismus, der ist einfach er selbst. Nicht weit dahinter hat sich der recht neue Vogelsang etabliert, er ist an Ölberg-Hart und Meerspinne einfach mal so vorbeigezogen.

**Warten auf die Sekte**

Das nächste große Projekt ist schon am Rollen, es ist ja längst kein Geheimnis mehr, dass es losgegangen ist mit der inhaltlichen Arbeit für die Christmann & Kauffmann-Sektmanufaktur. Als kleines Zuckerle vorab durfte man im Sommer 2022 schon mal zwei „early releases" verkosten, die gar nicht verkauft, sondern nur in der gehobenen Gastronomie in den offenen Ausschank gegeben wurden. Mit der 100er-Serie sind die Rieslinge gekennzeichnet, mit 200 die Burgunder-Cuvées. Beide (101 und 201) machten unglaublich Lust auf mehr und wir sind äußerst gespannt, was da noch kommt.

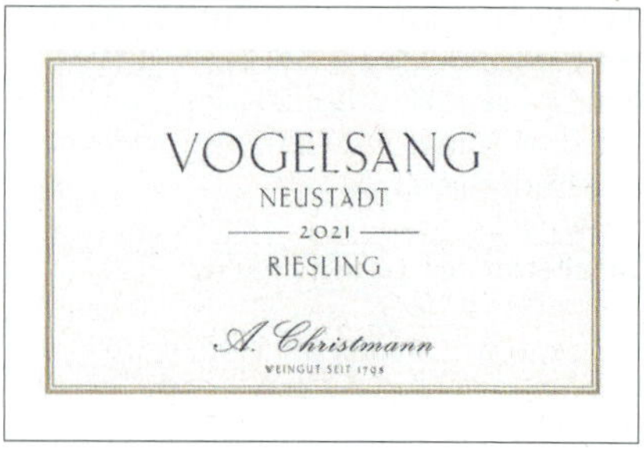


**88** 2021 Weissburgunder trocken AUS DEN LAGEN
**20 €** | 11,5%

**89** 2021 Riesling trocken AUS DEN LAGEN
**18 €** | 12%

**90** 2021 Gimmeldinger Kapellenberg Riesling trocken Erste Lage
**30 €** | 12%

**90** 2021 Ruppertsberger Reiterpfad Riesling trocken Erste Lage
**35 €** | 12,5%

**91** 2021 Königsbacher Ölberg-Hart Riesling VDP.Großes Gewächs
**60 €** | 12,5%

**92** 2021 Gimmeldinger Meerspinne Riesling VDP.Großes Gewächs
**60 €** | 12,5%

**93** 2021 Neustadter Vogelsang Riesling VDP.Großes Gewächs
**63 €** | 12,5%

**98** 2021 Königsbacher Idig Riesling VDP.Großes Gewächs
**65 €** | 12,5% TOP 10

**89** 2020 Spätburgunder trocken AUS DEN LAGEN
**26 €** | 12,5%

**90** 2020 Gimmeldinger Schlössel Spätburgunder trocken Erste Lage
**38 €** | 12,5%

**91** 2020 Königsbacher Ölberg Spätburgunder trocken Erste Lage
**50 €** | 12,5%

**92** 2020 Gimmeldinger Biengarten Spätburgunder trocken Erste Lage
**55 €** | 12,5%

**94** 2020 Königsbacher Idig Spätburgunder VDP.Großes Gewächs
**90 €** | 12,5%

★★

## CORBET

Wein- und Sektgut Corbet
67434 Diedesfeld · Kreuzstraße 7
Tel. (06321) 86144
weingut@corbet.de
**www.corbet.de**

**Inhaber/in und Betriebsleitung**
Lukas Corbet
**Keller** Lukas Corbet

**Rebfläche** 9 Hektar
**Jahresproduktion** 50 000 Flaschen
**Beste Lagen** Neustadter Erkenbrecht, Hambacher Schlossberg, Diedesfelder Johanniskirchel
**Boden** Buntsandstein, Lehm, Kies, Ton, sandiger Löss
**Rebsorten** 38% Riesling, 16% Weißburgunder, 14% Spätburgunder, je 6% Grauburgunder und Sauvignon Blanc, je 5% Chardonnay und St. Laurent, je 4% Cabernet Sauvignon und Silvaner, 2% Gelber Muskateller
**Erlebenswert** Sandsteingewölbekeller

Es gibt Betriebe, die arbeiten seit Jahren ökologisch, ohne großes Aufheben drum zu machen. Die Corbets gehören dazu und sind erst seit kurzem in der offiziellen Umstellungsphase. Das lässt eine tiefe Überzeugung vermuten, die sich eher an den inneren Werten eines Produkts orientiert. Neun Hektar Rebfläche bewirtschaften die Corbets, knapp 40 Prozent davon Riesling, und ihr Vertrauen in den natürlichen Lauf der Dinge gibt ihnen recht und beschert uns wohltuend unaufgeregte, harmonische Weine, in sich stimmig und pfalztypisch. Sehr gut gefallen hat uns der 2021er Diedesfelder Johanniskirchel Weißburgunder trocken S. Er bietet feine Säure, gute Länge, ist cremig und sehr ausgewogen. Ein guter Vertreter der Sorte. Auch der 2020er Cabernet Sauvignon trocken R wusste mit feiner grüner Frucht nach Paprika und Cassis, dem Duft nach Tomatenblättern und dem sehr gut eingebundenen Holz zu gefallen.

**88** 2019 Riesling Extra Brut
**13 €** | 13 % BEST BUY

**88** 2020 Pinot Rosé Sekt Extra Brut
**14 €** | 12 %

**85** 2021 Riesling trocken
**6 €/1 Lit.** | 12 %

**86** 2021 Diedesfelder Chardonnay trocken vom Löss
**9 €** | 12,5%

**87** 2021 Riesling trocken
**7 €** | 12 %

**87** 2021 Neustadter Erkenbrecht Riesling trocken
**14 €** | 13 %

**88** 2021 Hambacher Schlossberg Riesling trocken
**12 €** | 13 %

**88** 2021 Diedesfelder Johanniskirchel Weißburgunder trocken S
**12,50 €** | 13,5%

**88** 2021 Chardonnay trocken Reserve R
**15 €** | 13 %

**87** 2020 Diedesfelder Johanniskirchel Spätburgunder trocken S
**13 €** | 13,5%

**88** 2020 Cabernet Sauvignon trocken „R“
**22 €** | 13,5%

**88** 2020 Spätburgunder trocken R
**22 €** | 13,5%

★★★

## DAMBACH

Weingut SOPS-Dambach
67098 Bad Dürkheim · Hinterbergstraße 50
Tel. (06322) 7909740
info@dambach-wein.de
**www.dambach-wein.de**

**Inhaber/in und Betriebsleitung**
Sven Ohlinger und Philipp Seeger

**Rebfläche** 8 Hektar
**Jahresproduktion** 45 000 Flaschen
**Beste Lagen** Dürkheimer Spielberg, Dürkheimer Hochbenn, Großkarlbacher Burgweg, Bissersheimer Orlenberg
**Boden** Kalk, Löss, Lehm, Bundsandstein
**Rebsorten** 30% Riesling, 10% Spätburgunder, 8% Sauvignon Blanc, je 7% Cabernet Sauvignon und Chardonnay, 6% Auxerrois , 4% Merlot, je 3% Weißburgunder und Syrah, 2% Cabernet Franc, 20% übrige Sorten
**Gastronomie** Weinfest an der „Grotte" im Dambach´schen Garten (Ende August)

Kennengelernt haben wir Sven Ohlinger und Philipp Seeger vor Jahren, als sie beide noch voll bei Knipsers im Keller waren und ganz nebenbei auf ein paar Ar etwas „Eigenbedarf" anbauten. Der Erfolg und die Nachfrage mündeten dann im Erwerb des alten Weinguts Dambach in Bad Dürkheim, welches aus persönlichen Gründen nicht mehr von der Besitzerfamilie selbst weitergeführt werden konnte. Man behielt den Namen, baute die Räumlichkeiten um, installierte einen brauchbaren Keller und führt nun also einen Betrieb mit acht Hektar. Im Frühjahr 2022 wurde die Umstellung auf ökologischen Weinbau eingereicht. Dass das Ganze keine spinnerte Idee war, zeigt sich, wenn man die Weine probiert. Der Riesling Burgweg hat mehr Charakter als so manches Große Gewächs, und selbst die günstige rote Cuvée Süden überrascht mit dem Umstand, dass da ein echter Plan dahinterzustecken scheint. Hier kam nichts zusammen, was weg musste, das ist ein erwachsener Wein! Gänzlich überzeugt sind wir dann von dem, was sonst noch an Rotem kommt. Syrah und Cabernet Franc zeigen eindeutig, aus welcher Schule die beiden Jungs kommen.

**85** 2021 Auxerrois trocken Auxerrois
**9 €** | 12,5%

**87** 2021 Sauvignon Blanc trocken
**9,90 €** | 11,5%

**89** 2021 Dürkheimer Spielberg Riesling trocken
**14 €** | 12,5%

**89** 2020 Chardonnay trocken
**17 €** | 13,5%

**90** 2020 Großkarlbacher Burgweg Riesling trocken
**25 €** | 12,5%

**86** 2021 Cabernet Sauvignon Cuvée Rosé
**8,50 €** | 11,5%

**88** 2020 Cuvée trocken Süden
**11 €** | 13,5%

**88** 2019 Spätburgunder trocken vom Kalk
**14 €** | 13,5%

**90** 2019 Spätburgunder trocken Reserve
**25 €** | 13,5%

**90** 2020 Syrah trocken
**28 €** | 13,5%

**90** 2020 Cabernet Franc trocken
**28 €** | 13,5%

★

## DAMM

Weingut Damm
67480 Edenkoben · St.-Martiner-Straße 20
Tel. (06323) 4129 · Fax 4179
info@weingutdamm.de
**www.damm-wein.de**

**Inhaber/in und Betriebsleitung**
Michael Damm

Acht Hektar Familienbetrieb, Bioweingut seit 2018, Gutsausschank und Vinothek mitten in den Weinbergen. Das klingt überaus einladend. Auch wir wurden nicht enttäuscht vom Weinangebot, das uns Bettina und Michael Damm mit dem aktuellen Jahrgang machten. Zu erwähnen ist der 2021er Edenkobener Riesling. Eine knackige Säure, viel Frucht von Limetten und Aprikosen prägen diesen Wein. Aus dem Jahrgang 2020 stammt der Viognier trocken vom Maikammer Kapellenberg. Die Farbe ist goldgelb, der Alkohol ist fein eingebunden und die Frucht ist von Aprikosen und Pfirsichen.

- **84** 2021 Edenkobener Grauer Burgunder trocken
  **8,80 €** | 12 %
- **85** 2021 Diedesfelder Sauvignon Blanc trocken
  **8,40 €** | 12 %
- **85** 2019 Edenkobener Heilig Kreuz Chardonnay trocken
  **12,40 €** | 14 %
- **86** 2020 Maikammerer Kapellenberg Viognier trocken
  **12,80 €** | 13 %
- **87** 2021 Edenkobener Riesling trocken
  **8,80 €** | 12,5%
- **87** 2020 Edenkobener Heilig Kreuz Grauer Burgunder trocken
  **14,50 €** | 13 %
- **84** 2016 Edenkobener Spätburgunder trocken
  **8,90 €** | 13 %
- **84** 2019 Edenkobener Heilig Kreuz Saint Laurent trocken
  **14,50 €** | 13,5%

★★½

## DARTING

Weingut Darting, Inh. Helmut Darting
67098 Bad Dürkheim · Am Falltor 4
Tel. (06322) 979830 · Fax 9798326
info@darting.de
**www.darting.de**

**Inhaber/in und Betriebsleitung**
Helmut Darting
**Keller** Helmut Darting
**Außenbetrieb** Christof Reuther

**Rebfläche** 25 Hektar
**Jahresproduktion** 250 000 Flaschen
**Beste Lagen** Dürkheimer Michelsberg, Dürkheimer Spielberg, Dürkheimer Hochbenn, Ungsteiner Herrenberg, Ungsteiner Weilberg, Wachenheimer Mandelgarten
**Boden** Kalkmergel und Lösslehm, humoser Sand, Lehm
**Rebsorten** 30% Riesling, 17 % Spätburgunder, 16 % weiße Burgundersorten, je 5 % Sauvignon Blanc und Bukettsorten, 4% Muskateller, 23 % übrige Rotweinsorten (Schwarzriesling, Cabernet Cubin, St. Laurent, Malbec)
**Mitglied** Forum Pfalz

Der Herr Darting. Er kann uns einfach kaum noch überraschen. Und das meinen wir im positivsten Sinne. Wieder verkosteten wir eine so stimmige und gut gemachte Kollektion wie bereits in den vergangenen Jahren. Solides Handwerk zieht sich bei Helmut Darting durch alle Sorten. Hier sollen zwei Spätlesen wärmstens empfohlen sein: Aus dem Jahr 2021 ist die Ungsteiner Herrenberg Riesling Spätlese für 9,50 Euro. Ein unheimlich komplexer Riesling mit besonders feinem Süße-Säure-Spiel. Auf den Punkt gereift ist auch die 2020er Riesling Spätlese vom Dürkheimer Michelsberg. Hier dominieren gelbe Steinobst- und Apfelaromen. Mit der gut integrierten Säure ein prachtvoller Wein. Doch wollen wir dringend darauf hinweisen, dass auch Dartings Burgunder und auch die Bukettsorten wieder einmal feinstes Winzerhandwerk sind. Eine Rotwein-Empfehlung hätten wir da auch noch: Den 2018 Spätburgunder trocken vom Dürkheimer Nonnengarten. Da kommen uns Nelken und Sauerkirschen in die Nase. Feines Holz und eine gute Säure geben Statur und Nachhaltigkeit.

DARTING

**85** 2021 Dürkheimer Fronhof Riesling Kabinett trocken
**6 €/1 Lit.** | 11,5%

**86** 2021 Sauvignon Blanc trocken
**8,50 €** | 12%

**86** 2021 Riesling Kabinett trocken vom weissen Kalk
**8,50 €** | 11,5%

**87** 2021 Dürkheimer Schenkenböhl Weißburgunder trocken
**7,50 €** | 12,5%

**87** 2021 Dürkheimer Hochbenn Riesling trocken
**8 €** | 8,5%

**88** 2021 Dürkheimer Spielberg Riesling Kabinett trocken
**8,50 €** | 12,5%

**90** 2020 Dürkheimer Michelsberg Riesling Spätlese trocken
**9 €** | 12,5% BEST BUY

**86** 2021 Dürkheimer Nonnengarten Gewürztraminer Kabinett restsüss
**8 €** | 9,5%

**87** 2021 Dürkheimer Hochbenn Riesling Kabinett restsüss
**7,50 €** | 8,5%

**89** 2021 Ungsteiner Herrenberg Riesling Spätlese
**9,50 €** | 9%

**86** 2019 Dürkheimer Nonnengarten Spätburgunder trocken
**8,50 €** | 13,5%

**87** 2019 Malbec trocken
**17 €** | 13,5%

**88** 2018 Dürkheimer Nonnengarten Spätburgunder trocken
**17 €** | 14%

★★★

## DENGLER-SEYLER

Weingut Dengler-Seyler
67487 Maikammer · Weinstraße Süd 6
Tel. (06321) 5103 · Fax 57325
weingut@dengler-seyler.de
**www.dengler-seyer.de**

**Inhaber/in und Betriebsleitung**
Familie Seyler
**Keller** Matthias Seyler

**Historie** seit mehreren Generationen bestehendes Familienweingut
**Rebfläche** 18 Hektar
**Jahresproduktion** 130 000 Flaschen
**Beste Lagen** Maikammer Heiligenberg
**Boden** Parabraunerde über Löss, sandiger und kiesiger Lehm mit Kalkeinlagerung
**Rebsorten** 35% Riesling, 40% weiße und rote Burgundersorten, 14% Bukettsorten, 11% übrige Sorten
**Gastronomie** Gutsausschank und Gasthaus „Zum Winzer“
**Erlebenswert** Weinbergshäuschen „Sonnentempel“ (erbaut 1913) auf dem Heilgenberg, moderner Verkostungsraum in historischem Ambiente

Zwar bewirtschaften Eva und Matthias Seyler ihre Weinberge bereits seit dem Jahr 2000 biologisch, doch erst 2018 entschlossen sie sich für die offizielle Zertifizierung, was bedeutet, dass der nun vorliegende (Weißwein-) Jahrgang der erste ist mit dem entsprechenden Label auf dem Rückenetikett. Das Weingut hat schon immer einen Spagat hingelegt. Da sind auf der einen Seite die günstigen, sehr gut gemachten Alltagsweine wie etwa der äußerst trinkige Literwein (warum gibt es inzwischen eigentlich nur noch so wenige „ehrliche" Literweine?) oder der Grauburgunder, der zu einem Drittel im Tonneau ausgebaut wurde und daher durchaus auch mit Struktur aufwarten kann. Bukettsorten konnte man hier stets, da ist die feinherbe Scheurebe keine Ausnahme. Und auf der anderen Seite finden sich die „großen" Rieslinge, wobei uns der Maikammer Im obern Weinsper in diesem Jahr am meisten zusagt. Schlangengässel und Am Heiligen Berg dürften trockener sein, ganz ehrlich. Sie haben Struktur und Format, doch ein paar Gramm weniger würden das noch mehr fördern.

DENGLER SEYLER
WEINGUT

- **85** 2021 Riesling trocken
  **6,10 €/1 Lit.** | 12 %
- **86** 2021 Auxerrois trocken
  **8,50 €** | 11,5%
- **86** 2021 Maikammer Riesling trocken
  **11,30 €** | 12,5%
- **87** 2021 Grauburgunder trocken
  **8,50 €** | 12,5%
- **88** 2021 Maikammer Schlangengässel Riesling trocken
  **20,50 €** | 12,5%
- **89** 2021 Alsterweiler Kapellenberg Weißburgunder trocken
  **15 €** | 13 %
- **89** 2021 Maikammer Am Heiligen Berg Riesling trocken
  **20,50 €** | 12,5%
- **90** 2021 Maikammer Im obern Weinsper Riesling trocken
  **20,50 €** | 12,5%
- **86** 2021 Scheurebe feinherb
  **8,50 €** | 11 %
- **88** 2021 Riesling Kabinett restsüss
  **8,50 €** | 7,5% TIPP
- **89** 2018 Diedesfeld St. Laurent trocken
  **14 €** | 12,5% BEST BUY
- **89** 2020 Maikammer Heiligenberg Spätburgunder trocken
  **21 €** | 13 %

★★☆

## DOLLT

Weingut Dollt
76835 Flemlingen · Maxstraße 3
Tel. (06341) 510046
info@weingut-dollt.de
**www.weingut-dollt.de**

**Inhaber/in und Betriebsleitung**
Thomas Dollt
**Keller** Thomas Dollt

Dollts 2021er Weine wurden extrem spät gelesen. Erstaunlich, dass es dennoch gelang, den Alkohol niedriger zu halten als in den Vorjahren. Von den Terrassen aus dem Birkweiler Kastanienbusch kommt der 2021er Riesling und schmeichelt schon der Nase mit Pfirsich- und Aprikosenduft. Seine ausgesprochene Mineralität lässt uns an nasse Steine denken – ein guter Vertreter aus dem Kastanienbusch. Auch die 2021er Scheurebe macht Laune. Roten Cassis und Tomatenblätter entdecken wir da, eine sehr fein eingebundene Säure macht Lust auf mehr.

- **83** 2021 Müller-Thurgau & Fernão Pires trocken
  **7,50 €** | 12 %
- **85** 2021 Blanc de Noir trocken Pretty Blanc
  **7,50 €** | 12 %
- **85** 2021 Grauburgunder trocken Lust und Laune
  **7,80 €** | 13 %
- **85** 2021 Grüner Veltliner trocken
  **8,20 €** | 12,5%
- **86** 2021 Birkweiler Kastanienbusch Riesling trocken vom Rotliegenden
  **7 €** | 12 %
- **86** 2021 Weißburgunder trocken
  **7,80 €** | 13 %
- **86** 2021 Scheurebe trocken
  **7,80 €** | 12 %
- **87** 2021 Ranschbacher Seligmacher Grauburgunder trocken
  **12 €** | 13,5%
- **87** 2021 Alvarinho trocken
  **12 €** | 12,5%
- **88** 2021 Birkweiler Kastanienbusch Riesling trocken von den Terrassen
  **10 €** | 12,5%
- **86** 2019 Dolcetto trocken d'Pfalz
  **24 €** | 13,5%
- **87** 2019 Cuvée trocken Dunkel der Nacht
  **7,50 €** | 13,5%

★★★

## EHRHART

Weingut Ehrhart
76831 Eschbach · Weinstraße 2
Tel. (06345) 7474
mail@weingut-ehrhart.de
**www.weingut-ehrhart.de**

**Inhaber/in und Betriebsleitung**
Reinhold und Benjamin Ehrhart
**Keller** Benjamin Ehrhart

**Rebfläche** 12 Hektar
**Jahresproduktion** 65 000 Flaschen
**Beste Lagen** Leinsweiler Sonnenberg, Eschbacher Hasen
**Boden** Buntsandstein, Löss, Kalk
**Rebsorten** 35% weiße Burgundersorten, 20% Spätburgunder, 10% Sauvignon Blanc
**Gastronomie** Gutsausschank im September/ Oktober, Termine siehe Website

Aha, unsere Texte werden dankenswerterweise gelesen! Es gab tatsächlich einen Weinfreund, der sich gewundert hat, dass wir das im vergangenen Jahr aufgeführte Zitat von Benjamin Ehrhart „Es gibt nichts Besseres als einen eleganten Spätburgunder" ausdrücklich gutgeheißen hatten. Es gäbe doch so viele andere tolle Rebsorten, warum wir das auf den Spätburgunder verkürzen müssten? Natürlich hat der Mann recht - doch Liebhabereien dürfen eben auch sein, und eine davon ist bei Benjamin der Pinot. Diesmal sehen wir statt der fünf Spätburgunder vom letzten Mal nur zwei, doch wir wissen auch, er feilt noch dran, die anderen waren eben noch nicht so weit. Dafür sehen wir eine Cuvée Bergwingert von Cabernet Sauvignon und Syrah aus aus dem Jahr 2015 (!), die sich unglaublich harmonisch präsentiert. Aus demselben Jahr einen erstaunlichen Portugieser „R". Neben gereiften Preziosen interessieren wir uns aber auch immer für den aktuellen Stand, und der ist mit dem Weißburgunder Sonnenberg oder dem Chardonnay Eschbacher Hasen bestens abgedeckt. Bei beiden viel Schmelz, kombiniert mit Frische und Druck. Gebt dem Zeug noch zwei bis Jahre, es wird sich lohnen.

**84** 2021 Leinsweiler Riesling trocken
**8,50 €** | 12,5%

**86** 2021 Weißburgunder trocken
**6,90 €** | 12,5%

**86** 2021 Sauvignon Blanc trocken
**6,90 €** | 12 %

**87** 2021 Eschbach Weißburgunder trocken
**9 €** | 13 %

**89** 2021 Eschbacher Hasen Chardonnay trocken
**15 €** | 13,5%

**89** 2021 Leinsweiler Sonnenberg Weißburgunder trocken
**15 €** | 13,5%

**90** 2020 Eschbacher Hasen Chardonnay trocken
**15 €** | 13 %

**85** 2020 Göcklingen Spätburgunder trocken
**8,50 €** | 13 %

**88** 2019 Spätburgunder trocken Hochzeitsburgunder Claudia & Benjamin
**15 €** | 13 %

**89** 2015 Eschbach Portugieser trocken „R"
**13 €** | 12,5% **BEST BUY**

**89** 2020 Eschbacher Spätburgunder trocken „R"
**14 €** | 13 % **BEST BUY**

**91** 2015 Cuvée trocken Bergwingert
**25 €** | 14 %

## ELLERMANN-SPIEGEL

Ellermann-Spiegel
67483 Kleinfischlingen · Poststraße 3
Tel. (06347) 8811 · Fax 2053
info@ellermann-spiegel.de
**www.ellermann-spiegel.de**

**Inhaber/in und Betriebsleitung**
Mélanie & Frank Spiegel
**Keller** Ben Rothmeier & Frank Spiegel
**Außenbetrieb** Vladimir Hof, Marvin Salm

**Rebfläche** 45 Hektar
**Jahresproduktion** 450 000 Flaschen
**Rebsorten** 19,4% Grauburgunder, 9,7 % Spätburgunder, 8,6% Riesling, 6,2% Weißburgunder, 6% Cabernet Sauvignon, 5,4 % Merlot, 5% Sauvignon Blanc, 4% Chardonnay, 3,7% Scheurebe, 1,9% Syrah, 15,1% übrige weiße Sorten, 15 % übrige rote Sorten

Die Goldkapsel kennzeichnet im Hause Ellermann-Spiegel die Spitzenkategorie im Sortiment. Melanie und Frank Spiegel sorgen zusammen mit Kellermeister Ben Rothmeier dafür, dass die Hierarchie der Qualitäten stets nachvollziehbar bleibt. Bei den Sorten im Anbau dominiert der Grauburgunder mit 20 Prozent, insgesamt kennzeichnet eine beeindruckende Bandbreite von Rebsorten das Angebot der Kleinfischlingener. Eine Goldkapsel trägt auch unser Favorit unter den vorgestellten Rotweinen: Der 2018er Cabernet Franc trocken beeindruckt uns mit großer Dichte und viel Würze: Nelken, Tabak und Pflaumen schmecken wir da und angenehm präsente Tannine. Begeistert hat uns auch der 2021er Grauburgunder Goldkapsel: Feine reife, saftige Birnen, Honigmelonen und Nektarinen bestimmen die Frucht. Im Hintergrund spielt eine feine Säure. Die kräftige Struktur ist nachhaltig und viel Cremigkeit gibt ihm Charme. Eine dritte Empfehlung ist der 2021er Sauvignon Blanc trocken mit der sortentypischen grünen Frucht, geprägt von Paprika, Stachelbeeren und Tomatenblättern. Dazu kommt eine sehr angenehm eingebundene Säure, die den Wein überaus vollmundig und erfrischend macht.

**85** 2021 Chardonnay trocken
**7 €** | 12,5%

**85** 2021 Sauvignon Blanc trocken
**7,20 €** | 12,5%

**87** 2021 Chardonnay trocken GOLDKAPSEL
**9,90 €** | 13 %

**87** 2021 Grauburgunder trocken GOLDKAPSEL
**9,90 €** | 13,5%

**87** 2021 Sauvignon Blanc trocken GOLDKAPSEL
**10,50 €** | 13 %

**85** 2021 Cuvée Windrosé trocken
**7 €** | 12,5%

**86** 2019 Spätburgunder trocken
**7,60 €** | 13,5%

**87** 2019 Pinot Noir trocken GOLDKAPSEL
**15 €** | 13,5%

**88** 2018 Syrah Millésime trocken GOLDKAPSEL
**30 €** | 14,5%

**89** 2018 Cabernet Franc trocken GOLDKAPSEL
**18 €** | 14,5%

★½ NEU

## ESTELMANN

Weingut Estelmann
67435 Neustadt-Gimmeldingen · Kurpfalzstraße 76
Tel. (06321) 6173 · Fax 670554
info@weingut-estelmann.de
**www.weingut-estelmann.de**

**Inhaber/in und Betriebsleitung**
Karl-Ludwig und Felix Estelmann
**Keller** Felix Estelmann
**Außenbetrieb** Stefan Schwarztrauber

Neu aufgenommen und gleich mit anderthalb Sternen versehen haben wir das Weingut Estelmann. Gute Gründe dafür: der 2021er Mußbacher Glockenzehnt Chardonnay trocken Große Lage. Ein großer, eleganter, finessenreicher Wein mit kühler Frucht, geprägt von Vanille-, Butter- und Brioche-Aromen. Auch der 2021er Mußbacher Eselshaut Weißburgunder trocken steht dem in nichts nach: Hier dominieren kräuterige und an Toast erinnernde Aromen und eine griffige Textur.

**87** 2019 Haardter Herzog Pinot Sekt b. A. Brut
**15,90 €** | 12%

**86** 2021 Riesling trocken
**7,90 €** | 11%

**87** 2021 Chardonnay trocken
**7,90 €** | 12,5%

**87** 2021 Gimmeldinger Mandelgarten Grauburgunder trocken
**9,90 €** | 12,5%

**88** 2021 Königsbacher Ölberg Riesling trocken Erste Lage
**9,90 €** | 12,5%

**88** 2021 Mußbacher Eselshaut Weißburgunder trocken
**12,90 €** | 12,5%

**88** 2020 Gimmeldinger Biengarten Riesling trocken Große Lage
**13,90 €** | 13%

**89** 2021 Mußbacher Glockenzehnt Chardonnay trocken Große Lage
**18,90 €** | 13%

**87** 2020 Gimmeldinger Biengarten Spätburgunder trocken
**15,90 €** | 13%

**88** 2019 Haardter Herzog Spätburgunder trocken
**15,90 €** | 12,5%

★★★

## EYMANN

Weingut Eymann
67161 Gönnheim · Ludwigstraße 35
Tel. (06322) 2808 · Fax 68792
info@weingut-eymann.de
**www.weingut-eymann.de**

**Inhaber/in und Betriebsleitung**
Vincent Eymann
**Keller** Sebastian Schumacher
**Rebfläche** 18 Hektar
**Jahresproduktion** 120 000 Flaschen
**Beste Lagen** Wachenheimer Schlossberg, Dürkheimer Fuchsmantel, Wachenheimer Königswingert, Gönnheimer Sonnenberg, Gönnheimer Mandelgarten
**Boden** kalkiger Löss, Buntsandstein
**Rebsorten** 50% Riesling, 30% Spätburgunder, 20% übrige Sorten
**Gastronomie** Weinstube
**Mitglied** Naturland, Demeter, La Renaissance des Appellations, Verband traditioneller Sektmacher e.V.

Vincent Eymann hat uns diesmal mit Sekt überrascht, und das gleich dreifach. Die Cuvée Extra Brut No. 318 ist aus Chardonnay und Pinot Noir, ihre Basis stammt aus dem Jahr 2018, dazu kommen Anteile von 2015, 2016 und 2017. Der Sekt ist fein und sehr harmonisch. Die gleiche Vorgehensweise findet sich im Rosé No. 318, nur ist der eben aus Pinot pur; hier ist es ein luftiger Grundzug mit angenehmer Beerenfrucht im Hintergrund. Reif, weich und doch mit schöner Frische öffnet sich der 2011er Brut nature Vintage, ein Kleinod, das es auch noch ein paar Jahre aushalten kann. Hier vergaben wir die höchste Punktzahl an diesen Betrieb. Nur knapp dahinter, aber eben auch in einem völlig anderen Spielfeld, sehen wir den Sonnenberg Spätburgunder, der natürlich jetzt noch viel zu jung ist. Die gesamte Kollektion von Vincent, dessen Vater Rainer schon zu den Gründungsmitgliedern von Bioland-Weinen gehörte, ist aus einem Guss. Sie haben eine eindeutige Handschrift – und das ist eines der größten Komplimente, die man einem Winzer machen kann. Vincent lässt seine Weine sich selbst entfalten und zwingt sie in kein Korsett. Uns gefällt obendrein, dass dies alles mit vergleichsweise wenig Alkohol funktioniert.

| | |
|---|---|
| **89** | Sekt b. A. Extra Brut Cuvée No. 318 |
| | **17,90 €** \| 12 % |
| **89** | Sekt b. A. Brut Cuvée No. 318 Rosé |
| | **17,90 €** \| 12 % |
| **91** | 2011 Brut nature Vintage |
| | **37 €** \| 12 % |
| **86** | 2021 Gönnheim Riesling trocken |
| | **9,90 €** \| 12,5% |
| **88** | 2020 Cuvée trocken Ménage à trois Toreye |
| | **14,90 €** \| 13 % |
| **89** | 2020 Riesling trocken Alte Reben Toreye |
| | **14,90 €** \| 12 % |
| **89** | 2020 Bad Dürkheimer Fuchsmantel Riesling trocken |
| | **32 €** \| 12,5% |
| **86** | 2020 Gönnheimer Spätburgunder trocken |
| | **12,90 €** \| 13 % |
| **87** | 2020 Spätburgunder trocken Toreye |
| | **16,90 €** \| 13 % |
| **90** | 2020 Gönnheimer Sonnenberg Spätburgunder trocken |
| | **32 €** \| 13 % |

★★

## FADER

Weingut Fader
76835 Rhodt · Theresienstraße 62
Tel. (06323) 5193 · Fax 980841
info@wein-fader.de
**www.wein-fader.de**

**Inhaber/in und Betriebsleitung**
Knut Fader
**Keller** Knut Fader

**Historie** Weinbau in der Familie seit 1780
**Rebfläche** 17 Hektar
**Jahresproduktion** 150 000 Flaschen
**Beste Lagen** Rhodter Rosengarten und Rhodter Schlossberg
**Boden** Kalkmergel, Buntsandstein, sandiger Lehm, Löss, Granit
**Rebsorten** 35% weiße Burgundersorten, 25% Riesling, 15% Spätburgunder, 5% Gewürztraminer, 20% übrige Sortenvielfalt

Bei den Faders können wir ein weiteres Mal hinschmecken, wo wir wollen: Da erwartet uns eine Verlässlichkeit, die angesichts der Breite des Sortiments schon eine große Leistung darstellt. Greifen wir also mal rein zum 2021er Rhodter Rosengarten Weißburgunder trocken Réserve. Würze und Griffigkeit, die beeindrucken, ein feines Säurespiel und weiche Hefenoten in entzückender Kombination. Oder nehmen wir einen Riesling: Vom Rhodter Schlossberg kommt der 2021er Riesling trocken Alte Reben. Hefe und Brotkruste, reifer Pfirsich und eine spannende, gut ausbalancierte Säure machen Lust auf mehr. Schließlich noch der Griff zu den Roten: Ein Pinot Noir trocken Réserve 2019 vom Rhodter Schlossberg weckt hohe Erwartungen. Er ist zwar noch sehr jung aber die jetzt schon intensiven Fruchtaromen von Schwarzkirschen und eine Dosis Tabak verheißen dem Wein eine große Zukunft.

▌**86** 2021 Riesling trocken Schiefer
**7,20 €** | 12%

▌**86** 2021 Gelber Muskateller trocken
**7,90 €** | 12%

▌**86** 2021 Weisser Burgunder trocken vom Löss
**8 €** | 13%

▌**86** 2021 Chardonnay trocken
**8 €** | 13%

▌**86** 2021 Hainfelder Letten Sauvignon Blanc trocken Réserve
**11,50 €** | 13%

▌**87** 2021 Riesling trocken Kalkmergel
**6,80 €** | 12%

▌**87** 2021 Rhodter Schlossberg Riesling trocken Alte Reben
**9,30 €** | 13%

▌**87** 2021 Weyherer Michelsberg Riesling trocken Réserve
**11,50 €** | 12,5%

▌**87** 2021 Rhodter Rosengarten Weißburgunder trocken Réserve
**11,50 €** | 13,5%

▌**87** 2021 Rhodter Rosengarten Grauburgunder trocken Réserve
**11,50 €** | 14%

▌**85** 2020 Merlot trocken
**8,80 €** | 14%

▌**87** 2019 Rhodter Schlossberg Pinot Noir trocken Réserve
**14,20 €** | 13,5%

★★★☆

## FAUBEL

Weingut Faubel
67487 Maikammer · Marktstraße 86
Tel. (06321) 5048 · Fax 57388
info@faubel-maikammer.de
**www.faubel-maikammer.de**

**Inhaber/in und Betriebsleitung**
Familie Faubel
**Keller** Gerd Faubel

**Historie** Weinbau seit 1635
**Rebfläche** 30 Hektar
**Jahresproduktion** 220 000 Flaschen
**Beste Lagen** Maikammer Heiligenberg, Kirchenstück, Kapellenberg, Haardter Herrenletten und Herzog
**Boden** Lösslehm, Rotliegendes mit Letten, Kalkstein, Buntsandstein
**Rebsorten** 35% weiße Burgundersorten, 30% Riesling, 20% Spätburgunder, 10% St. Laurent, 5% übrige Sorten
**Gastronomie** gutseigenes Café „Kostbare Genusszeit"
**Erlebenswert** mediterraner Gutshof

Gerd Faubel war 2022 in so manchen Medien präsent, die so rein gar nichts mit Wein zu tun haben. Der Grund: Er kreiert einen Wein namens „Cuvée Niederfelder - Too Sad To Disco" für den Mannheimer Rapper Apache 207, wobei sich die Nummer auf dessen Körperlänge bezieht. Yo, oder auch Alla, um im Idiom zu bleiben. Wir beschäftigten uns freilich mit den regulären Weinen des Betriebs, und da sind wir ja durchaus verwöhnt inzwischen, denn die Vorlagen der vergangenen Jahre waren steil genug. Doch Gerd Faubel kann das Niveau halten. Es gibt hier nichts, aber auch so was von rein gar nichts, was aus dem Rahmen fallen würde. Zum ersten Mal seit Ewigkeiten stellt er uns keinen Literwein mehr vor, der stets zu den besten der Republik zählte - kleinster Wein diesmal ist der Riesling tagein. tagaus, der uns ebenso überzeugt. Am oberen Ende finden sich die üblichen Granden, der Riesling KOSTBAR ist tief und nachhaltig, wobei der Herrenletten nur knapp dahinter zu finden ist. Die neue Stärke Pinot Noir weiß erneut zu gefallen, am meisten auch hier mit dem KOSTBAR als internem Großen Gewächs. Faubel unterstreicht seinen Ruf als bester Betrieb in Maikammer.

**86** 2021 Riesling trocken tagein.tagaus
**8,50 €** | 12 %

**87** 2021 Maikammer Kapellenberg Grauer Burgunder trocken Erste Lage
**13 €** | 13 %

**88** 2021 Maikammer Kapellenberg Chardonnay trocken Erste Lage
**13 €** | 12,5%

**88** 2021 Maikammer Kirchenstück Riesling trocken Erste Lage
**13 €** | 12,5%

**88** 2021 Maikammer Kapellenberg Weisser Burgunder trocken Erste Lage
**13 €** | 13 %

**89** 2021 Haardter Herrenletten Riesling trocken Erste Lage
**13 €** | 13 %

**89** 2021 Weisser Burgunder trocken Großes Gewächs KOSTBAR
**20 €** | 13 %

**90** 2021 Riesling trocken Großes Gewächs KOSTBAR
**20 €** | 13 %

**88** 2021 Maikammer Heiligenberg Riesling Auslese
**15 €** | 11 %

**89** 2021 Gimmeldinger Mandelgarten Riesling Spätlese
**13 €** | 12 %

**89** 2019 Maikammer Immengarten Pinot Noir trocken Erste Lage
**15 €** | 13,5%

**90** 2019 Pinot Noir trocken Großes Gewächs KOSTBAR
**20 €** | 13,5%

★

## FISCHER

Weingut Stefan Fischer
76889 Schweighofen · Kirchstraße 2
Tel. (06342) 7197 · Fax 7645
info@stefan-fischer-weingut.de
**www.stefan-fischer-weingut.de**

**Inhaber/in und Betriebsleitung**
Stefan Fischer
**Keller** Stefan Fischer
**Außenbetrieb** Stefan Fischer

Schweighofen liegt fast an der französischen Grenze, auf dem sogenannten Viehstrich. Das Weingut der Fischers befindet sich in unmittelbarer Nachbarschaft zur Kirche. Birgit und Stefan Fischer betreiben hier ihren Wein- und Obstbau. Da kennt man sich mit Früchten aus. Überaus fruchtig präsentiert sich auch der feinherbe 2021er Rosé, mit feiner Säure, viel Grip und Nachhaltigkeit. Der 2021er Riesling gefällt mit Aromen vom Weinbergpfirsich, Steinobst und einer schönen salzigen Note.

**84** 2021 Riesling trocken
**4,90 €/1 Lit.** | 12,5%

**85** 2021 Rivaner trocken
**4,70 €/1 Lit.** | 12,5%

**85** 2021 Chardonnay trocken
**6,30 €** | 12,5%

**85** 2021 Weißburgunder trocken
**6,30 €** | 13,5%

**86** 2021 Sauvignon Blanc trocken
**7,10 €** | 13,5%

**84** 2021 Grauburgunder feinherb
**6,30 €** | 12,5%

**85** 2021 Silvaner feinherb
**6,10 €** | 12,5%

**86** 2021 Cuvée feinherb Steinacker
**6,30 €** | 12,5%

**85** 2021 Spätburgunder Rosé feinherb
**6,10 €** | 12,5%

**84** 2020 Cuvée trocken „F“
**6,90 €** | 13,5%

**85** 2020 Pinot Noir trocken
**6,30 €** | 14 %

**86** 2020 St. Laurent trocken
**6,30 €** | 14 %

★★☆

## FITZ-RITTER

Weingut Fitz-Ritter
67098 Bad Dürkheim · Weinstraße Nord 51
Tel. (06322) 5389 · Fax 66005
info@fitz-ritter.de
**www.fitz-ritter.de**

**Inhaber/in und Betriebsleitung** Johann Fitz
**Keller** Achim Eberle
**Außenbetrieb** Achim Eberle

**Historie** seit 1785 im Familienbesitz
**Rebfläche** 25 Hektar
**Jahresproduktion** 200 000 Flaschen
**Beste Lagen** Ungsteiner Herrenberg, Dürkheimer Michelsberg, Spielberg, Abtsfronhof, Fuchsmantel und Hochbenn
**Boden** Kalkstein, Lehm, Buntsandstein, weißer Sand mit Kiesel
**Rebsorten** 60% Riesling, je 8% Spätburgunder und Gewürztraminer, 6% Chardonnay, 5% Weißburgunder, 4% Sauvignon Blanc, 3% Grauburgunder, 6% übrige Sorten
**Gastronomie** Vinothek
**Erlebenswert** prämierter Gutspark, größter Ginkgo in Deutschland, Oenosphère
**Mitglied** VDP

Man sieht, dass es weiter aufwärts geht: Die Weine haben nochmals an Klarheit hinzugewonnen. Um jedoch auch zu zeigen, dass „frisch abgefüllt" nicht immer das Maß der Dinge ist, wurden statt der aktuellen Rieslinge Abtsfronhof und Fuchsmantel nochmals die 2020er präsentiert – und von Letzterem sind wir sehr angetan. Schön zeigen sich auch die rest- und vor allem die edelsüßen Weine. Was dem Gewürztraminer noch an Richtung fehlt, wird von den Rieslingen BA und Eiswein wettgemacht. In optisch offensiver, sehr individueller Ausstattung präsentieren sich die beiden angestellten Sekte, die uns sehr überzeugen können. Der Chardonnay ist eher brotig, der Riesling knackig, ohne spitz zu sein. Eine gute Entwicklung sehen wir auch bei den beiden Großen Gewächsen, die sehr unterschiedliche Charaktere haben: Der Michelsberg ist frisch und säuregeprägt, während der Herrenberg eher auf der ausgeglichenen Seite ist und einen langen, feinen Nachhall hat.

**85** 2019 Dürkheimer Hochbenn Riesling Sekt b. A. Brut
**17 €** | 12,5%

**88** 2018 Dürkheim Abtsfronhof Chardonnay Sekt b. A. Brut nature VDP.Sekt.Prestige
**27 €** | 12%

**89** 2018 Herrenberg Riesling Sekt b. A. Brut nature VDP.Sekt.Prestige
**34 €** | 12%

**86** 2021 Dürkheim Riesling trocken RebArena
**9,50 €** | 12%

**86** 2020 Dürkheimer Abtsfronhof Riesling trocken Erste Lage
**18 €** | 12,5%

**88** 2021 Dürkheimer Spielberg Chardonnay trocken Erste Lage
**16 €** | 12,5%

**88** 2020 Dürkheimer Fuchsmantel Riesling trocken Erste Lage
**18 €** | 13%

**89** 2021 Dürkheimer Michelsberg Riesling VDP.Großes Gewächs
**29 €** | 12%

**90** 2021 Dürkheimer Herrenberg Riesling VDP.Großes Gewächs
**29 €** | 13,6%

**87** 2021 Dürkheim Abtsfronhof Gewürztraminer Spätlese Erste Lage
**15 €** | 10,5%

**91** 2021 Dürkheimer Abtsfronhof Riesling Beerenauslese Erste Lage
**39 €** | 7,5%

**91** 2021 Dürkheimer Hochbenn Riesling Eiswein Erste Lage
**49 €** | 7%

**88** 2019 Michelsberg Pinot Noir VDP.Großes Gewächs
**34 €** | 13%

★

## FITZ-SCHNEIDER

Weingut Fitz-Schneider
67480 Edenkoben · Klosterstraße 157a
Tel. (06323) 5210
info@wein-fitz-schneider.de
**wein-fitz-schneider.de**

**Inhaber/in und Betriebsleitung**
Ludwig und Erna Schneider
**Keller** Christine Lidy
**Außenbetrieb** Ludwig Schneider

Kellermeisterin und Tochter des Hauses Christine Lidy steht nicht auf Schnickschnack. „Unkomplizierte Trinkigkeit" soll es sein, die in die Flaschen kommt. Das kommt so hin. Mit dem 2020er Edenkoben Bergel Riesling trocken kommt ein Lagenwein von alten Reben ins Glas, der mit Limette, leichter Petrolnote, mineralisch-frisch und leicht daherkommt. Auch der Chardonnay Ortswein trocken aus dem jüngsten Jahrgang löst den Anspruch ein: Mit Toast, Butter und Hefe, und dazu einer schönen Säure.

**84** 2021 Edenkoben Grauburgunder trocken
**6,10 €** | 13 %

**85** 2021 Riesling trocken
**4,90 €/1 Lit.** | 12,5%

**85** 2021 Edenkoben Kirchberg Silvaner trocken
**6,10 €** | 12,5%

**85** 2021 Edenkoben Heidegarten Weißburgunder trocken Lagenwein
**9,10 €** | 12,5%

**86** 2021 Edenkoben Sauvignon Blanc trocken
**6,20 €** | 12,5%

**86** 2020 Edenkoben Bergel Riesling trocken Alte Reben Lagenwein
**9,10 €** | 13 %

**86** 2021 Edenkoben Riesling feinherb
**6,10 €** | 12,5%

**86** 2021 Edenkoben Weissburgunder feinherb
**6,80 €** | 12,5%

**85** 2021 Rosé trocken -Welch ein Stoff-
**6,30 €** | 12,5%

**85** Cuvée trocken -Patchwork in red-
**7,50 €** | 14 %

★

## FLEISCHMANN-KRIEGER

Weingut Fleischmann-Krieger
76835 Rhodt · Theresienstraße 22
Tel. (06323) 81372 · Fax 980693
info@fleischmann-krieger.de
**www.fleischmann-krieger.de**

**Inhaber/in und Betriebsleitung**
Harald Krieger

Katharina und Harald Krieger bewirtschaften das Traditionsgut mit 30 Hektar Anbaufläche. Auf Buntsandstein, Kalk, Schiefer, Granit, Lehm und Löss stehen die Reben. Das lässt auch ungeachtet der Sortenvielfalt eine gute Bandbreite der Weincharaktere vermuten. Und in der Tat hat Katharina Krieger eine sehr schöne, spannende Kollektion hingelegt. Einen besonders guten, prickelnden Eindruck hinterlassen hat der 2019er Pinot-Meunier-Sekt Brut rosé. In feiner Lachsfarbe kommt er ins Glas. Ein besonders feines Mousseux schmeichelt der Zunge, die feinen Himbeer- und Johannisbeeraromen machen ihn zu einem wunderbar ausgewogenen Trinkvergnügen.

**86** 2019 Sekt Brut nature 2019 Blanc de Blancs
**15 €** | 11,5%

**87** 2019 Pinot Meunier Sekt Brut Rosé
**15 €** | 11,5%

**86** 2021 Sauvignon blanc trocken fumé
**17,50 €** | 13 %

**87** 2021 Burrweiler Riesling trocken Schiefer
**12 €** | 12,5%

**87** 2021 Rhodt Riesling trocken Buntsandstein
**12 €** | 12,5%

**87** 2020 Rhodter Rosengarten Grauburgunder trocken Alte Reben Réserve
**19,50 €** | 13 %

**88** 2021 Frankweiler Kalkgrube Riesling trocken Alte Reben
**9,50 €** | 13 %

**86** 2021 Cuvée trocken L'Odeur Rosé
**9,50 €** | 12 %

**86** 2019 Rhodter Rosengarten Spätburgunder trocken
**18 €** | 12,5%

★★★

## FREY

Weingut Frey
76879 Essingen · Spanierstraße 9
Tel. (06347) 8224 · Fax 7290
info@weingut-frey.com
**www.weingut-frey.com**

**Inhaber/in und Betriebsleitung** Jürgen und Peter Frey
**Keller** Jürgen Frey
**Außenbetrieb** Peter Frey

**Rebfläche** 12 Hektar
**Jahresproduktion** 30 000 Flaschen
**Beste Lagen** Essinger Rossberg, Sonnenberg und Osterberg
**Boden** Löss und sandiger Lehm
**Rebsorten** je 10% Riesling, Sauvignon Blanc, Chardonnay, Grauer Burgunder, Spätburgunder, Cabernet Sauvignon, Merlot und St. Laurent, je 5% Goldmuskateller, Weißburgunder, Ortega und Scheurebe

Jürgen Frey arbeitet auf dem Drahtseil, das ist ihm jedoch klar. Auch der Jahrgang 2021 war am Ende nicht das, was er sich erhofft hatte. „Wir hatten ein halbes Dutzend Sorten in unseren Weinbergen für Eiswein hängen, wurden aber leider nicht für das Risiko belohnt.

Zweimal minus 7 Grad im Dezember reichten nicht, die Trauben waren nur teilgefroren und nicht so, wie es nach unseren Vorstellungen nötig wäre. Wären wahrscheinlich nur auf 120 bis 125 Grad Oechsle gekommen. So haben wir auf den Januar spekuliert, doch der war leider auch nicht kälter. Es ist schon sehr ärgerlich, hatten wir doch bereits jede Menge Vorreservierungen für den Eiswein, den es nun wieder nicht gibt. Die Trauben waren somit ein Totalausfall! Das wissen wir ja. Das ist unser Risiko." O-Ton Ende. Die starke Kundschaft mit der echten Nachfrage sitzt in Asien, dort werden die edelsüßen Preziosen geschätzt. Geblieben aus dem Jahrgang 2021 sind den Freys zumeist Beerenauslesen, die ein Mostgewicht von um die 150 Grad erzielen konnten. Eine Trockenbeerenauslese aus Spätburgunder rundet den Reigen ab. Bei edelsüßen Weinen denken die meisten Menschen ja sofort an Riesling – doch Frey beschäftigt sich durchaus auch mit Rebsorten, die einem hier nicht gleich in den Sinn kommen würden. Dennoch sind die Resultate aus etwa Dunkelfelder oder Merlot mehr als vorzeigbar. Der Stil geht eher in Richtung Fülle als in Richtung Frische. Wir würden solch einem Unikat-Betrieb einfach mal wieder ein Jahr wünschen, in dem es bereits im Dezember zapfenkalt wird. Ob die sich verändernden klimatischen Bedingungen das wohl hergeben? Die Winzer selber sind eher skeptisch.

FREY
Spezialist für Edelsüsse Weine!

**91** 2021 Essinger Sonnenberg Grauer Burgunder Beerenauslese restsüss
**30 €/0,375 Lit.** | 7 %

**91** 2021 Essinger Rossberg Riesling Beerenauslese restsüss
**34 €/0,375 Lit.** | 7,5%

**89** 2021 Essinger Rossberg St. Laurent Beerenauslese
**28 €/0,375 Lit.** | 7 %

**92** 2021 Spätburgunder Trockenbeerenauslese Blanc de Noirs
**39 €/0,375 Lit.** | 7 %

**90** 2021 Essinger Osterberg Dunkelfelder Beerenauslese restsüss
**30 €/0,375 Lit.** | 7,5%

**90** 2021 Merlot Beerenauslese
**28 €/0,375 Lit.** | 7,5%

★★☆

## FUSSER

Weingut Martin & Georg Fußer
67150 Niederkirchen · Friedhofstraße 7
Tel. (06326) 259782 · Fax 259781
info@mfg-wein.de
**www.mfg-wein.de**

**Inhaber/in und Betriebsleitung**
Martin und Georg Fußer

**Rebfläche** 18 Hektar
**Jahresproduktion** 70 000 Flaschen
**Beste Lagen** Reiterpfad, Leinhöhle, Paradiesgarten, Mäushöhle, Hoheburg, Saumagen
**Boden** Buntsandstein, Kalkmergel, Loess
**Rebsorten** 55% Riesling, 30% Spätburgunder, 8% Weißburgunder, 7% Sauvignon Blanc
**Mitglied** Respekt-Biodyn, Wine Changes

Die Brüder Georg und Martin Fußer haben sich mit einem ganz eigenen Stil etabliert. Ihre Weine sind zumeist knalltrocken - alles über 1,5 Gramm Restsüße gilt ihnen wohl fast schon als feinherb. Der Vorteil dabei ist, dass wirklich das Wesen des einzelnen Weins im Vordergrund steht, nackt, im Grunde ungeschützt. Das mag bisweilen ein Risiko sein, denn so sind Jahrgangsschwankungen natürlich deutlich sichtbarer als bei mit einem Schwänzchen abgeschmelzten Wein. Doch wir können uns bei der eingereichten Kollektion nicht beschweren, ganz im Gegenteil. Dass die Fußers mit ihren Weinen oft ein Jahr hinten dran sind, macht weintechnisch Sinn. So sind die einzigen 2021er die Gutsweine von Riesling und Weißburgunder: der erste saftig und einladend, der zweite überraschend hibbelig und unruhig. Erstaunt waren wir über die Weiterentwicklung beim Sauvignon, der sich ruhig und klar zeigt und auch hier nicht die Neue-Welt-Frucht in den Vordergrund stellt. Dominierende Sorte ist der Riesling, und hier sehen wir deutliche Charakterunterschiede zwischen den verschiedenen Weinen innerhalb einer Kategorie. Bei den Ersten Lagen macht uns der Paradiesgarten mit seinem vibrierenden Nerv an, während der Herrgottsacker Gelassenheit ausstrahlt und vielleicht noch etwas Entwicklung braucht. Der Riesling Saumagen No. 1 vereint Fülle mit Tiefe und sehr gutem Potenzial.

**85** 2021 Weißburgunder trocken
**8,90 €** | 11,5%

**86** 2021 Riesling trocken
**8,90 €** | 11,5%

**86** 2020 Deidesheimer Weißburgunder trocken
**13,50 €** | 12,5%

**87** 2020 Deidesheimer Riesling trocken
**12,50 €** | 12,5%

**87** 2020 Ruppertsberger Sauvignon Blanc trocken
**13,50 €** | 12,5%

**88** 2020 Ruppertsberger Riesling trocken
**13,50 €** | 12,5%

**89** 2020 Deidesheimer Paradiesgarten trocken Erste Lage
**22 €** | 12,5%

**89** 2020 Deidesheimer Leinhöhle Riesling trocken No. 1
**29 €** | 12,5%

**89** 2020 Ruppertsberger Reiterpfad trocken
**33 €** | 12,5%

**90** 2020 Kallstadt Saumagen Riesling trocken No. 1
**33 €** | 12,5%

**86** 2019 Spätburgunder trocken
**14 €** | 13 %

**89** 2019 Deidesheimer Herrgottsacker Spätburgunder trocken Erste Lage
**29 €** | 13 %

★★★

## GABEL

Weingut Gabel
67273 Herxheim am Berg · Weinstraße 45
Tel. (06353) 7462 · Fax 91019
wein@weingut-gabel.de
**www.weingut-gabel.de**

**Inhaber/in und Betriebsleitung**
Oliver und Wolfgang Gabel
**Keller** Oliver Gabel
**Außenbetrieb** Wolfgang Gabel

**Rebfläche** 22 Hektar
**Jahresproduktion** 120 000 Flaschen
**Beste Lagen** Herxheimer Am Felsenberg, Herxheimer Kirchenstück, Herxheimer Honigsack, Bissersheimer Goldberg und Steig, Kirchheimer Steinacker
**Boden** Kalk, Kalkmergel, Löss-Lehm-Mischungen
**Rebsorten** je 25% Weiß- und Spätburgunder, 20% Riesling, 15% Grauburgunder, 15% übrige Sorten
**Erlebenswert** historischer Holzfasskeller
**Mitglied** Vinissima, Generation Riesling

Wir stellen immer wieder fest, dass es bei der Wahrnehmung von Weingütern sehr unterschiedliche Tendenzen gibt. Da finden sich mediokre Betriebe, durchaus okay, aber nicht besonders, die bejubelt werden. Weil beispielsweise die Winzerin sehr hübsch ist oder der Winzer besonders hip oder weil Social Media perfekt bespielt wird. Und dann sind da die, die echt richtig was drauf haben - so wie Oliver Gabel -, denen vergleichsweise aber eher wenig Aufmerksamkeit geschenkt wird. Wir können nur empfehlen: Schaut euch Gabel genauer an! Nun hat der Oliver sicher keine Absatzprobleme, aber wir möchten die Wertschätzungskampagne trotzdem unterstützen. Schon die Sekte sind top: Der Blanc de Blancs macht mit seiner filigranen Leichtigkeit einfach mega Spaß, der Hommage Brut Nature ist tief und als Speisenbegleiter der Hammer. Die Lagen-Spätburgunder, der aus dem Honigsack, vor allem aber der vom Steinacker, sind überaus seriös. Sie sind luftig und glänzen mit sanfter Würze. Dabei hat uns Gabel noch nicht mal sein Prachtstück aus dem Felsenberg geschickt, das kommt erst später auf den Markt. Dafür durften wir den Weißburgunder Kirchenstück verkosten, das hat völlig entschädigt.

**88** Pinot Noir Brut Pinot Rosé
**14,50 €** | 12 %

**90** Brut nature Blanc de Blancs
**19,50 €** | 11,5%

**91** 2016 Riesling Brut nature Hommage
**24,50 €** | 12 % TIPP

**86** 2021 Weißburgunder Weißburgunder trocken Tradition
**12,50 €** | 12,5%

**88** 2021 Bissersheimer Goldberg Riesling trocken Holzfass
**18 €** | 12 %

**89** 2021 Bissersheimer Steig Weißburgunder trocken
**19 €** | 13 %

**91** 2020 Herxheimer Kirchenstück Weißburgunder trocken
**28,50 €** | 13 %

**86** 2020 Spätburgunder trocken
**9,50 €** | 12,5%

**87** 2020 Spätburgunder trocken Tradition
**14,50 €** | 12,5%

**89** 2020 Herxheimer Honigsack Spätburgunder trocken
**22,50 €** | 13,5%

**90** 2020 Kirchheim Steinacker Spätburgunder trocken
**29,50 €** | 13,5%

★★★

## KARL-HEINZ GAUL

Weingut Karl-Heinz Gaul
67269 Grünstadt-Sausenheim ·
Bärenbrunnenstraße 15
Tel. (06359) 84569 · Fax 87498
info@weingut-gaul.de
**www.weingut-gaul.de**

**Inhaber/in und Betriebsleitung**
Karoline und Dorothee Gaul
**Keller** Dorothee Gaul

**Rebfläche** 20 Hektar
**Jahresproduktion** 120 000 Flaschen
**Beste Lagen** Sausenheimer Honigsack, Asselheimer St. Stephan, Neuleininger Schlossberg
**Boden** kalkreicher Mergel mit sandigem Kies und Lehm
**Rebsorten** 35% Riesling, je 15% Spät- und Weißburgunder, 10% Grauer Burgunder, 5% St. Laurent, 20% übrige Sorten
**Erlebenswert** mediterraner Garten, Kubus inmitten der Weinberge mit Barriquekeller und Verkostungsraum
**Mitglied** Vinissima, Forum Pfalz

Die beiden Schwestern Gaul haben uns in den letzten Jahren immer wieder mit gelungenen Weinen beglückt - und auch in diesem Jahr können wir nirgends mosern, was ja auch nie unsere Absicht ist. Wir sehen eine Reihe von schönen Tropfen mit einer eindeutigen Handschrift. Und es ist auch nicht so, als würde das außerhalb unseres eigenen Kosmos unbemerkt bleiben: Dorothee und Karoline haben ihre treue Anhängerschaft. Die wird im Augenblick beispielsweise geködert mit einem präzise-klaren, trockenen Muskateller mit frischer, vollkommen typischer Aromatik. Tiefgründiger geht es bei den Rieslingen zu. Obwohl für den Schlossberg 50 Cent mehr berappt werden müssen, satteln wir lieber beim Hütt auf. Zügellos werden wir bei den Weinen der Zugpferd-Linie, insbesondere den weißen. Die Rieslinge werden uns aus den Jahrgängen 2020 und 2021 präsentiert, sie schenken sich nicht viel. Der 21er hat auf Grund des Jahrgangs etwas mehr Säurespiel, dafür strahlt der 20er mehr Ernsthaftigkeit und Reife aus, er ist ja auch kein Fohlen mehr. Aufrichtiger Trinktipp ist der Liter-Riesling: Here comes Schmackes angaloppiert!

**85** 2021 Riesling trocken Liter
**5,50 €/1 Lit.** | 12 %

**86** 2021 Sauvignon Blanc trocken
**8,20 €** | 12 %

**86** 2021 Asselheimer Riesling trocken
**10,50 €** | 12,5%

**87** 2021 Sausenheimer Gelber Muskateller trocken
**10,20 €** | 12 %

**87** 2021 Cuvée trocken Schwesterherz
**10,50 €** | 12 %

**88** 2021 Neuleininger Schloßberg Riesling trocken
**16 €** | 13 %

**89** 2021 Sausenheimer Hütt Riesling trocken
**15,50 €** | 13 %

**89** 2021 Sausenheimer Hütt Riesling trocken Zugpferd i. d. R.
**22,50 €** | 13 %

**90** 2020 Sausenheimer Hütt Riesling trocken Zugpferd i. d. R.
**21 €** | 12,5%

**90** 2021 Sausenheimer Honigsack Weißburgunder trocken i. G. Zugpferd
**22,50 €** | 13 %

**89** 2020 Sausenheimer Honigsack St. Laurent trocken
**21 €** | 13 %

**89** 2020 Sausenheimer Honigsack Spätburgunder trocken Zugpferd i. G.
**32 €** | 13 %

**88** 2020 Kirchheimer Geisskopf Blaufränkisch
**21 €** | 13,5%

★★★★

## MATTHIAS GAUL

Weingut Matthias Gaul
67269 Grünstadt-Asselheim · Weinstraße 10
Tel. (06359) 3668 · Fax 86575
gaul@gaul-weine.de
**www.gaul-weine.de**

**Inhaber/in und Betriebsleitung**
Matthias Gaul
**Keller** Tobias Müller, Matthias Gaul

**Rebfläche** 35 Hektar
**Jahresproduktion** 280 000 Flaschen
**Beste Lagen** Mühlheimer Sonnenberg, Asselheimer St. Stephan
**Boden** steiniger Kalkmergel
**Rebsorten** 20% Spätburgunder, 20% Grauburgunder und 12% Riesling, je 10% Merlot und Sauvignon Blanc, 8% Chardonnay, je 5% Cabernet, Frühburgunder, Scheurebe und Weißburgunder

Schon längere Zeit hatten wir Matthias Gaul auf dem Zettel, wenn es um Überlegungen ging, wen wir in den Kreis der Vier-Sterne-Betriebe aufnehmen könnten. Mit den gezeigten Ergebnissen der vergangenen Jahre drängte er sich eigentlich geradezu auf. Schauen wir zehn Jahre zurück und vergleichen das mit der Konstanz, die seit spätestens 2016 geboten wird, so ist dies eine unglaubliche Entwicklung, die er an den Tag gelegt hat. Und die zieht sich durch alle Rebsorten durch, angefangen von einer Alltags-Cuvée aus Chardonnay und Weißburgunder, die als Essensbegleiter für alle erdenklichen Möglichkeiten gedacht ist. Der „einfache" Sauvignon ist pfeilgerade und säuselt nicht mit parfümierter Frucht herum, der Sauvignon Le Grand Fumé hat Klasse und Eleganz, das Holz ist hier denkbar dienend eingesetzt. Beide Rieslinge können überzeugen, der St. Stephan Réserve sticht dabei so manches Große Gewächs spielend aus. Auch sie, wie natürlich die Burgunder, profitieren von den extrem kalkhaltigen Lagen rund um Asselheim.

### Dicht und eng gepflanzt

„In der Palz hockt mer gern eng", lautet ein Spruch in der Region, und das mag sich Matthias Gaul gedacht haben, als er auf über 300 Metern Höhe neue Anlagen für Pinot Noir und Chardonnay gepflanzt hat. 15.000 Stöcke pro Hektar dürfte die höchste Dichtbepflanzung sein, die die Pfalz je gesehen hat. Es wird damit auf den Hektar gesehen nicht mehr Ertrag erzielt als im Normalfall, doch verteilt er sich auf mehr Rebstöcke, die damit jeweils entlastet werden. Schon jetzt aber zeigen sich die Pinots von Gaul in vorzüglicher Verfassung. Der kleine Pinot Noir trocken ist ein Reinschmeckerle mit mehr Frucht, doch schon der Asselheimer wirkt erwachsen. Und dann geht es immer weiter bergauf, sechs Pinots sind eine Fahrt durch Samt und Seide, mit steinigem Grundcharakter wohlgemerkt. Der St. Stephan Réserve konnte dabei in den Kreis der regional besten Spätburgunder vorstoßen – und Gaul mit solch einer Leistung in den der besten Weingüter. Ach ja, Cabernet Franc dürfen wir hier nicht auslassen. Schon mit dem 2018er ließ er uns mit offenen Mündern dastehen, was inzwischen in Deutschland möglich ist. Und mit der 2019er Réserve legt er beeindruckend nach.

**87** 2019 Cuvée trocken Chardonnay & Pinot Blanc
**9,90 €** | 13%

**88** 2021 Sauvignon Blanc trocken
**8,90 €** | 12%

**88** 2020 Asselheimer Chardonnay trocken
**15,50 €** | 13%

**90** 2018 Sauvignon Blanc trocken Le Grand Fumé
**15,50 €** | 13 %

**90** 2020 Riesling trocken Steinrassel
**21 €** | 13 %

**92** 2020 Asselheimer St. Stephan Riesling trocken Réserve
**49 €** | 13 %

**86** 2020 Pinot Noir trocken
**9,90 €** | 12,5%

**87** 2018 Cuvée Rot trocken Crazy Gaul
**17,90 €** | 14,5%

**88** 2020 Asselheimer Pinot Noir trocken
**15 €** | 13 %

**91** 2019 Pinot Noir trocken Steinrassel
**22,50 €** | 13 %

**92** 2019 Asselheimer St. Stephan Pinot Noir trocken
**39 €** | 13 %

**93** 2019 Cabernet Franc trocken Réserve
**49 €** | 14,5%

**94** 2019 Asselheimer St. Stephan Pinot Noir trocken Réserve
**59 €** | 13 %

**90** 2019 Pinot Noir S
**29 €** | 13 %

**91** 2018 Cabernet Franc
**29 €** | 14,5%

★

## GEISSER

Weingut Geisser
76889 Schweigen-Rechtenbach · Längelstraße 1
Tel. (06342) 7502 · Fax 6160
info@geisser-schweigen.de
**www.weingut-geisser.de**

**Inhaber/in und Betriebsleitung**
Uwe und Florian Geisser
**Keller** Florian Geisser
**Außenbetrieb** Hans Bickerich

Das Vater-Sohn-Gespann Uwe und Florian Geisser bestellt seine Weinberge nicht nur in namhaften Schweigener Lagen, ein Teil der 18 Hektar Reben wächst auch auf französischem Boden. Beste Voraussetzungen also für guten Wein, und wie auch in den Vorjahren haben die Geissers zuverlässige Qualitäten anzubieten. Sehr gut geschmeckt hat uns der 2021er Weißburgunder Steinwingert. Würzig kommt der daher, cremig und geprägt von der Frucht reifer Litschis. Zu überzeugen wusste auch der 2019er Schweigener Sonnenberg Merlot: reife Pflaumen, kerniges Tannin, Leder und etwas Speck machen den Wein zum typischen Vertreter der Sorte.

**85** 2021 Riesling trocken
**5,90 €/1 Lit.** | 12,5%

**85** 2021 Sommercuvée trocken
**7,10 €** | 12 %

**85** 2021 Schweigen-Rechtenbach Sonnenberg Goldmuskateller trocken
**8,90 €** | 11,5%

**86** 2021 Riesling trocken Höllisch
**8 €** | 12,5%

**86** 2021 Schweigener Sonnenberg Sauvignon Blanc trocken
**8,50 €** | 12,5%

**87** 2021 Weißburgunder trocken Steinwingert
**8 €** | 13 %

**87** 2020 Schweigener Sonnenberg Grauburgunder trocken
**9,80 €** | 14 %

**88** 2020 Schweigener Sonnenberg Chardonnay trocken
**17 €** | 13,5%

**88** 2019 Schweigener Sonnenberg Merlot trocken
**11,50 €** | 13,5%

★★★½

## GIES-DÜPPEL

Weingut Gies-Düppel
76831 Birkweiler · Am Rosenberg 5
Tel. (06345) 919156 · Fax 919157
info@gies-dueppel.de
**www.gies-dueppel.de**

**Inhaber/in und Betriebsleitung** Volker Gies
**Keller** Volker Gies
**Außenbetrieb** Valentin Sternfeld

**Rebfläche** 23 Hektar
**Jahresproduktion** 160 000 Flaschen
**Beste Lagen** Birkweiler Kastanienbusch und Mandelberg, Ranschbacher Seligmacher, Albersweiler Latt, Ilbesheimer Kalmit, Siebeldinger Sonnenschein
**Boden** Rotliegendes, Muschelkalk-, Buntsandstein- und Liasverwitterungsböden
**Rebsorten** 40% Riesling, je 14% Weißburgunder, Grauburgunder und Spätburgunder, 18% übrige Sorten
**Erlebenswert** Probierraum mit Panoramablick
**Mitglied** Forum Pfalz, Südpfalz Connexion

Dass Volker Gies sich mit seiner Art, Weine zu machen, eine enorme Fanbasis erarbeitet hat, ist verständlich. Wie kaum ein anderer versteht er es, seinen Kunden die Unterschiede in Bodengegebenheiten sicht- und vor allem schmeckbar zu machen. Nicht weniger als fünf solcher Rieslinge von Schiefer, Granit, Gneis, Kalkstein und rotem Tonstein tischt er auf, bei denen die Charaktere tatsächlich differenziert sind. Was dabei am besten ist, liegt im Gaumen des Verkosters. Uns liegt der Schiefer diesmal besonders am Herzen. Völlig baff waren wir bei den Grauburgundern. Vom Calcit wissen wir, dass er immer einen guten Puls vorlegt (der 2021 ruhiger ist als 2020, okay), aber der Mandelberg mit seiner dichten, packenden Art flasht doch sehr. Der nominell erhabenere Weißburgunder Mandelberg hat Konkurrenz bekommen! Großartig die besten Rieslinge aus der Albersweiler Latt und dem Kastanienbusch. Zumal sie zu Preisen angeboten werden, die manche Mitbewerber von der Mittelhaardt in der Qualität ausstechen.

**86** 2021 Riesling trocken
**6,50 €/1 Lit.** | 12 % **BEST BUY**

**86** 2021 Weißburgunder trocken Calcit
**8,70 €** | 13 %

**86** 2021 Grauburgunder trocken Calcit
**8,70 €** | 13 %

**87** 2021 Riesling trocken Gneis
**11,30 €** | 12 %

**87** 2021 Riesling trocken Roter Tonstein
**11,30 €** | 12 %

**88** 2021 Riesling trocken Granit
**11,30 €** | 12 %

**88** 2021 Riesling trocken Kalkstein
**11,30 €** | 12,5%

**88** 2021 Birkweiler Rosenberg Weißburgunder trocken
**14 €** | 13 %

**89** 2021 Riesling trocken Schiefer
**11,30 €** | 12,5%

**89** 2021 Ranschbacher Seligmacher Riesling trocken
**15 €** | 12,5%

**89** 2021 Birkweiler Am Dachsberg Riesling trocken
**15 €** | 12,5%

**90** 2021 Birkweiler Mandelberg Grauburgunder trocken
**15 €** | 13,5%

**90** 2021 Birkweiler Mandelberg Weißburgunder trocken
**21 €** | 13,5%

**91** 2021 Albersweiler Latt Riesling trocken
**18 €** | 12,5%

**92** 2021 Birkweiler Kastanienbusch Riesling trocken
**21 €** | 12,5%

**87** 2021 Ranschbacher Seligmacher Riesling
**11,30 €** | 8 %

★★★

## GLÜCKSJÄGER

Der Glücksjäger
67482 Venningen · Raiffeisenstraße 5
Tel. (06323) 5505 · Fax 6937
info@derglueckjaeger.de
**www.derglueckjaeger.de**

**Inhaber/in und Betriebsleitung** Andreas Pfaffmann-Wiedemann
**Keller** Andreas Pfaffmann-Wiedemann
**Außenbetrieb** Andreas Pfaffmann-Wiedemann

**Historie** Gründung des Weinguts 2012
**Rebfläche** 3 Hektar
**Jahresproduktion** 40 000 Flaschen
**Boden** Lösslehm
**Rebsorten** 30% Riesling, 22% Cabernet Sauvignon, je 15% Chardonnay und Weißburgunder, 10% Sauvignon Blanc, 8% Grüner Veltliner, Spätburunder

Da geht einer ohne jeden Druck seinen eigenen Weg, unbeirrt. Es sind auf dem Papier sicherlich nicht die besten Lagen, die Andreas Pfaffmann-Wiedemann rund um Venningen bearbeitet, doch ist er sich sicher, dass diese wasserspeichernden Gäulagen auf die Zukunft gesehen sehr vorteihaft sind. Was sich ja jetzt schon zeigt, denn selbst am Tag der Verkostung, dem bis dato heißesten im Jahr 2022, sind keine welken Blätter in den Weinbergen draußen zu sehen. Die Glücksjäger-Weine reichen im Spektrum von unbeschwert frisch (Junge Hunde, Knochentrocken) über schmelzig-dicht (Der Riesling, Chardonnay Réserve) bis hin zu hochkomplex – was in einem ausgesprochen hervorragenden Cabernet Sauvignon gipfelt. Dem Sauvignon Blanc ist die Sortentypizität zwar anzumerken, doch drängt sie sich nicht auf, und das ist sehr angenehm. Die Alkoholgehalte sind überwiegend moderat, nichts sättigt und beschwert. Pfaffmann-Wiedemann experimentiert mit unterschiedlichen Fassgrößen, gibt mal was in die Amphore, doch das ist immer ergebnisoffen, nicht fixiert auf ein Muss. Zum ersten Mal reichte uns der Andi auch einen Spätburgunder ein, der bei ihm als Pinot Noir Réserve läuft. Er hat eine schön kräutrige, würzige Art und strahlt willkommene Kühle aus.

**85** 2021 Cuvee trocken Knochentrocken
**11 €** | 12 %

**86** 2021 Riesling Landwein trocken Junge Hunde Holzfass
**11 €** | 12 %

**87** 2021 Riesling trocken
**15 €** | 12 %

**88** 2021 Grüner Veltliner trocken
**18 €** | 12 %

**88** 2021 Weißburgunder trocken
**18 €** | 12,7%

**88** 2021 Chardonnay Landwein trocken
**18 €** | 13,3%

**89** 2021 Sauvignon Blanc trocken Fumé
**18 €** | 12,5%

**89** 2020 Der Riesling Landwein trocken
**24 €** | 13 %

**90** 2020 Chardonnay Landwein trocken Réserve
**24 €** | 14 %

**89** 2020 Pinot Noir Landwein trocken Réserve
**33 €** | 13 %

**90** 2020 Cabernet Sauvignon trocken Réserve
**33 €** | 13 %

**92** 2020 Cabernet Sauvignon Landwein trocken Grande Réserve
**68 €** | 13 %

★★

## GRAF

Weingut Graf von Weyher
76835 Weyher · Borngasse 7
Tel. (06323) 980064 · Fax 980065
info@graf-von-weyher.de
**www.graf-von-weyher.de**

**Inhaber/in und Betriebsleitung**
Otmar Graf
**Keller** Peter Graf
**Außenbetrieb** Otmar Graf

**Rebfläche** 16 Hektar
**Jahresproduktion** 180 000 Flaschen
**Beste Lagen** Burrweiler Altenforst, Weyher Michelsberg, Edenkobener Schlossgarten, Rhodter Rosengarten
**Boden** Granit, Schiefer, Kalkmergel, Buntsandstein, Lösslehm
**Rebsorten** 21% Riesling, 12% Portugieser, 11% Müller-Thurgau, 8% Spätburgunder, 48% übrige Sorten
**Gastronomie** Winzercafé Graf von Weyher / Kristine's Lamesa Catering: Mai bis Oktober, Do bis So

Das Graf'sche Weingut in Weyher stellt - zumindest für uns - den Riesling in den Fokus. Gleich fünf davon konnten wir in diesem Jahr unter den elf eingereichten Weinen probieren. Unser klarer Favorit darunter ist der 2021er Burrweiler Altenforst Riesling trocken Granit. Er glänzt mit kühler Saftigkeit und feinem Schmelz. Spaß machen auch das prägnante Säurespiel und eine wohltuende Hefewürze. Bleiben wir beim Riesling, wenn auch in völlig anderer Kategorie: In der Literflasche gibt es bei Graf von Weyher mit dem vielschichtigen 2021er eine ganze Palette feiner Aromen. Reichlich reifes Steinobst, würzige Kräuter und eine pefekt ausbalancierte Säure. Aber der Graf kann auch anders. Aus dem Jahrgang 2020 stammt der Spätburgunder vom Rhodter Rosengarten und gefällt mit kühler Frucht, Sauerkirschen, feinen Tanninen und dezenter Rauchnote. Unsere Empfehlung: Öffnen, ungeduldig eine Stunde warten, dann umso mehr genießen.

**85** 2021 Bereich Südliche Weinstraße trocken Riesling trocken 1 Liter
**6 €** | 11,5%

**85** 2021 Rhodter Schloßberg Cabernet Blanc trocken
**8,50 €** | 12,5%

**86** 2021 Weyherer Michelsberg Sauvignon Blanc trocken
**8,50 €** | 12,5%

**87** 2021 Weyherer Michelsberg Riesling trocken Kalkmergel
**15,50 €** | 13 %

**88** 2021 Weyherer Michelsberg Grauburgunder trocken
**8,50 €** | 12,5%

**88** 2021 Burrweiler Altenforst Riesling trocken Schiefer
**15,50 €** | 13 %

**88** 2021 Weyherer Michelsberg Weißburgunder trocken
**15,50 €** | 13 %

**89** 2021 Burrweiler Altenforst Riesling trocken Granit
**15,50 €** | 13 %

**87** 2021 Burrweiler Altenforst Riesling halbtrocken
**8,50 €** | 11,5%

**87** 2021 Rhodter Klosterpfad Muskateller restsüss
**8,50 €** | 12 %

**87** 2020 Rhodter Rosengarten Spätburgunder trocken
**13 €** | 13,5%

## GRIMM

Weingut Grimm
76889 Schweigen-Rechtenbach
Pauliner Straße 3
Tel. (06342) 7106 · Fax 249
info@weingutgrimm.de
**www.weingutgrimm.de**

**Inhaber/in** Andreas und Nina Grimm
**Betriebsleitung** Andreas Grimm
**Keller** Andreas Grimm

**Rebfläche** 10 Hektar
**Jahresproduktion** 80 000 Flaschen
**Beste Lagen** Sonnenberg, Kammerberg
**Boden** Kalkmergel, Buntsandstein, Löss
**Rebsorten** Burgundersorten (45 %), Riesling (25 %), Dornfelder 7%, Müller-Thurgau 7%, Gewürztraminer 6%, Sauvignon/Scheurebe/Silvaner 10%

Es läuft bei den Grimms. Nina und Andreas Grimm zeigen wieder einmal, wie man ohne viel Aufhebens hervorragende Weine macht. Klar, da haben die Pinot-affinen Schweigener Lagen Sonnenberg und Kammerberg natürlich ihren Anteil. Aber wir schmecken auch, dass der Kellermeister beim Ausbau ein glückliches Händchen hat. Die Grimms haben mit einem Hallenneubau ihre Möglichkeiten verbessert und verstehen es auch im aktuellen Jahrgang einmal mehr, ihren Weinen ungeheuren Charme und große Eleganz mitzugeben. Unter den 2021ern empfehlen wir an dieser Stelle den Weißburgunder trocken: Wunderbar cremig ist der, geprägt von Brotaromen, und ein elegantes Säurespiel steht hier im Vordergrund. Gerne reisen wir auch fünf Jahre zurück in der Zeit und landen beim 2018er Pinot Noir âgé mit der Goldkapsel. Der hat sich großartig entwickelt: Die kühle Frucht von reifen Kirschen und das gut eingebundene Holz begeistern uns und geben diesem Wein noch viel Reifepotenzial.

**86** 2021 Grauburgunder trocken
**6,60 €** | 12 %

**87** 2021 Weißburgunder trocken
**6,60 €** | 12 %

**87** 2021 Riesling trocken
**6,60 €** | 12 %

**87** 2021 Sauvignon Blanc trocken Silberkapsel
**7,90 €** | 12 %

**88** 2021 Riesling trocken Buntsandstein Silberkapsel
**7,70 €** | 12 %

**88** 2021 Pinot Blanc trocken Silberkapsel
**7,80 €** | 12 %

**88** 2021 Pinot Gris trocken Silberkapsel
**7,90 €** | 12,5%

**87** 2021 Weißburgunder halbtrocken
**4,90 €** | 11,5%

**87** 2018 Spätburgunder Kalkgestein Silberkapsel
**9,50 €** | 13 %

**90** 2018 Pinot Noir âgé Goldkapsel
**18,50 €** | 13 %

★

## GUT VON BEIDEN

Gut von Beiden Müller & Laqué
67483 Kleinfischlingen · Hauptstraße 25
Tel. (06347) 700896 · Fax 700897
wein@gutvonbeiden.com
**www.gutvonbeiden.com**

**Inhaber/in und Betriebsleitung**
Jochen Laqué und Philipp Müller
**Keller** Philipp Müller
**Außenbetrieb** Jochen Laqué

Betriebswirt Jochen Laqué und Weinbauer Philipp Müller sind die „Beiden". Ihr Betrieb Gut von Beiden war die Idee, gemeinsam das Laqué'sche Weingut neu zu denken und auszurichten. Überwiegend in Kleinfischlingen, aber auch in Appenhofen stehen ihre Reben, inzwischen auf stattlichen 28 Hektar. Seit 2019 ist man in der Umstellungsphase zum Bioland-Betrieb. Leider haben wir dieses Jahr wenige Weine zur Degustation bekommen. Erfreulicherweise aber war „wenig" auch gut: Der 2021er Grauburgunder Steingebiss schmeichelt schon dem Auge mit schöner Farbe. Im Mund schmecken wir feine Birne und fühlen elegant eingebundenes Holz. Der Blanc de Noir von 2021 ist ein typischer Burgunder-Vertreter mit feiner Säure und eleganter Frucht.

**85** 2020 Scheurebe trocken
**6,70 €** | 13 %

**85** 2021 Sauvignac trocken
**6,90 €** | 12,5%

**86** 2021 Blanc de Noir trocken
**6,70 €** | 12 %

**87** 2021 Appenhofener Steingebiss Grauburgunder trocken
**9,70 €** | 13,5%

**87** 2020 Appenhofener Steingebiss Chardonnay trocken
**11,70 €** | 13,5%

**86** 2018 Cuvée trocken Scheinwerfer
**10,20 €** | 14 %

★

## HAGENBUCH

Weingut Lothar Hagenbuch
76835 Hainfeld · Weinstraße 63
Tel. (06323) 2770 · Fax 7714
info@weinguthagenbuch.de
**www.weinguthagenbuch.de**

**Inhaber/in und Betriebsleitung**
Tobias & Stefan Hagenbuch
**Keller** Stefan Hagenbuch

In der Hagenbuch'schen Weinauswahl sind wir besonders auf eine Grauburgunder Spätlese trocken aus dem Jahr 2021 aufmerksam geworden. Eine schöne Reife erwartet den Genießer, ein ganzer Früchtekorb, aus dem reife Birnen herausragen. Aber auch eine nussige Note und viel Eleganz stecken in diesem Wein. Mit gerade einmal 7 Euro rufen die Hainfelder einen erfreulich günstigen Preis auf. Überhaupt: Hier gibt es konstant gute Qualität zu einem erfreulichen Tarif.

**85** 2021 Riesling trocken
**5,30 €/1 Lit.** | 11,5%

**85** 2021 Blanc de Noir - Merlot trocken
**6,30 €** | 12 %

**85** 2021 Weissburgunder trocken
**6,50 €** | 12 %

**85** 2021 Chardonnay trocken
**6,50 €** | 11,5%

**85** 2021 Sauvignon Blanc trocken
**6,80 €** | 12 %

**86** 2020 Grauburgunder trocken
**6,20 €** | 12,9%

**86** 2021 Grauburgunder Spätlese trocken
**7 €** | 12 %

**85** 2021 Scheurebe restsüss
**6 €** | 10,3%

**85** 2021 Spätburgunder Rosé trocken
**6,30 €** | 11,6%

**85** 2021 Portugieser Rosé
**5,30 €** | 12 %

★

## HAHN

Weinhaus Franz Hahn
76857 Albersweiler · Kirchstraße 16–17
Tel. (06345) 3421 · Fax 7679
info@weinhaus-franzhahn.de
**www.weinhaus-franzhahn.de**

**Inhaber/in und Betriebsleitung**
Martin Hochdörffer
**Keller** Martin Hochdörffer
**Außenbetrieb** Martin Hochdörffer

Das Konzept des Weinhauses konzentriert sich ganz auf den Part der Vinifizierung: Sortenreine Weine oder innovative Cuvées, zu 60 Prozent weiß und zu 40 Prozent rot, werden zu über 90 Prozent im Holzfass ausgebaut. Ein gutes Viertel der Weine geht ins europäische Ausland, exportiert wird bis nach China. In der aktuellen Kollektion empfehlen wir die 2021er Riesling Auslese, die eine feine Reife zeigt und mit gelber Frucht, Mineralität und leichter Süße ein charmantes Geschmacksbild zeichnet. Der 2021er Rosé trocken hingegen kommt mit einem Hauch von Erdbeere und Eisbonbon daher und überzeugt mit feiner Würze.

**84** 2021 Grüner Veltliner trocken
**7 €** | 12,5%

**85** 2020 Riesling trocken
**7 €** | 12,5%

**85** 2020 Weißburgunder Spätlese trocken
**8,50 €** | 12,5%

**85** 2021 Sauvignon Blanc trocken
**10 €** | 12,5%

**86** 2020 Chardonnay Spätlese trocken
**8,50 €** | 13%

**84** 2021 Scheurebe Spätlese restsüss
**8,50 €** | 7,5%

**86** 2020 Riesling restsüss
**10 €** | 7,5%

**86** 2021 Riesling Spätlese trocken
**8,50 €** | 13%

**84** 2021 Malbec Rosé trocken
**10 €** | 12%

**85** 2021 Rosé trocken
**7 €** | 12%

**84** 2020 Dakapo trocken
**10 €** | 13%

**86** 2020 Spätburgunder Spätlese trocken
**8,50 €** | 13%

★☆

## HAHN-PAHLKE

Weingut Hahn-Pahlke
67271 Battenberg · Kirchgasse 1
Tel. (06359) 2118 · Fax 92036
info@hahn-pahlke.de
**www.weingut-hahnpahlke.de**

**Inhaber/in und Betriebsleitung**
Carla, Thomas und Wolfgang Pahlke
**Keller** Thomas Pahlke
**Außenbetrieb** Wolfgang Pahlke

Gutes Beispiel für solide Leistung: 2021er Kleinkarlbacher Mönchacker Grauburgunder trocken. Goldgelb, nussig und mit cremiger Textur weiß er zu gefallen. Der knackige Chardonnay vom Weisenheimer Mandelgarten kommt mit Pfeffernoten daher, mit weißen Blüten und ausgeprägt mineralisch. Einen tollen 2018er Portugieser gibt es auch: mit dunklen Beeren, Vanille, viel Tannin und etwas Tabak zeigt der, was in der Sorte stecken kann.

**84** 2020 Pfalz Landwein trocken Nature
**Preis auf Anfrage** | 12,5%

**85** 2021 Kleinkarlbacher Sauvignon Blanc trocken
**8 €** | 12,5%

**86** 2021 Battenberger Riesling trocken
**8 €** | 12,5%

**86** 2020 Kleinkarlbacher Sändchen Riesling trocken Alte Reben
**11,50 €** | 12,5%

**87** 2021 Kleinkarlbacher Mönchacker Grauburgunder trocken
**11,50 €** | 12,5%

**87** 2021 Chenin Blanc trocken Premium
**14,50 €** | 12,5%

**88** 2021 Weisenheimer Mandelgarten Chardonnay trocken
**11,50 €** | 13%

**88** 2021 Weisenheimer Mandelgarten Chardonnay trocken Reserve Premium
**18,50 €** | 13%

**87** 2018 Battenberger Schlossberg Portugieser trocken Goldkapsel
**11,50 €** | 13,5%

**87** 2019 Rotweincuvée trocken Reserve Roter Hahn Premium
**19,50 €** | 13,5%

**88** 2019 Pinot Noir trocken Premium
**18,50 €** | 13%

★★½

## HAMMEL

Weingut Hammel
67281 Kirchheim · Weinstraße Süd 4
Tel. (06359) 86401 · Fax 86431
info@weinhammel.de
**www.weinhammel.de**

**Inhaber/in und Betriebsleitung** Christoph Hammel
**Keller** Markus Nordhorn und Til Rothenberger
**Außenbetrieb** Phillip Merk

**Historie** gegründet 1723, in der neunten Generation und bis heute von Familie Hammel bewirtschaftet und betrieben
**Rebfläche** 45 Hektar
**Jahresproduktion** 400 000 Flaschen
**Beste Lagen** Dirmsteiner Mandelpfad, Bissersheimer Goldberg, Kleinkarlbacher Herrenberg
**Boden** Kalk, Lehm, Löss, Sandstein, Kies
**Rebsorten** Riesling, Sauvignon Blanc, Grauburgunder, Weißburgunder, Chardonnay, Müller-Thurgau, Grüner Veltliner, Scheurebe, Spätburgunder, St. Laurent, Cabernet Sauvignon, Dornfelder, Blauer Portugieser
**Erlebenswert** handgegrabener, klassischer Pfälzer Weinkeller aus Buntsandstein

Christoph Hammel arbeitet gerne mal in Projekten und da auch mit anderen Menschen aus der Weinszene zusammen. Er war es, der hinter der Wiederauferstehung der Liebfraumilch stand wie kein Zweiter, und der Erfolg damit gibt ihm recht. Mit dem österreichischen Sommelier Gerhard Retter machte er schon vor längerer Zeit einen Grünen Veltliner, jetzt kam neu unter dem Begriff „2 Herzen" eine trockene Scheurebe in Kooperation mit Steffi Weegmüller hinzu, einer lieben alten Freundin Hammels, die im vergangenen Jahr ihr eigenes Weingut verkauft hat. Der Hammel-Style ist nie furztrocken und immer mit einer guten Fruchtabrundung, weil der Hausherr, der den Keller inzwischen der Jugend in Form von Markus Nordhorn und Til Rothenberger überlassen hat, das selbst auch am liebsten trinkt. „Man darf es ruhig schmecken, dass Wein aus Trauben gemacht wird", sagt Hammel. Bei komplizierten, verkopften Gewächsen bekommt der markante Bartträger den Föhn. Seine Weine sind da lieber aus einem Guss, sind zugänglich, saftig und haben im Glas eine kurze Halbwertzeit. Festmachen kann man das beispielsweise am Müller-Thurgau In the mood for Müller. Die Roten sind immer im Holz, selbst die kleinsten. Die gesamte Kollektion ist stimmig und nahe beisammen. Richtig super fanden wir übrigens den Rosé Von der Senn, der war am Abend dann ruckzuck leer.

HAMMEL
& CIE // WEIN SEIT 1723

**86** 2021 Scheurebe trocken 2 Herzen Weegmüller & Hammel
**8,95 €** | 12,5%

**86** 2021 Sauvignon Blanc trocken Tag am Meer
**9,95 €** | 12,5%

**87** 2021 Müller Thurgau trocken In The Mood for Müller
**8,95 €** | 12,5%

**88** 2021 Cuvée trocken Rock me Amadeus
**9,50 €** | 12,5%

**88** 2020 Grüner Veltliner trocken Zwei Herzen Retter & Hammel
**23 €** | 12,5%

**89** 2021 Bissersheim Goldberg Sauvignon Blanc trocken
**12,50 €** | 12,5% TIPP

**87** 2020 Cuvée feinherb Liebfraumilch Schwarze Madonna Edition Meta Hiltebrand
**13,50 €** | 11,5%

**89** 2021 Cuvée trocken Von der Senn Rosé Fumé
**12,50 €** | 13% BEST BUY

**87** 2019 Portugieser trocken Tonneau
**12,50 €** | 13%

**87** 2019 Saint Laurent trocken tonneau
**12,50 €** | 13,5%

**88** 2019 Kleinkarlbacher Herrenberg Spätburgunder trocken
**23 €** | 13,5%

★ ENTDECKUNG DES JAHRES

## HAMMELMANN

Lukas Hammelmann LH Wines - Die Zeiskamer Weinmanufaktur
67378 Zeiskam · In der Pfarrau 37
Lukas@3m2n.de
**www.3m2n.de**

**Inhaber/in und Betriebsleitung**
Lukas Hammelmann

Nicht nur neu bei VINUM, sondern auch recht neu am Markt ist das Betriebsmodell von Lukas Hammelmann. Nach seiner Winzerlehre und ganz ohne elterliches Gut, startete er seine eigene, kleine Weinmanufaktur im Jahre 2016. Alle Weine werden über ein Subskriptionsmodell verkauft. 60 Prozent der Erzeugnisse sind Rieslinge. Richtig gut ist der harmonisch-weiche 2020er Riesling Landwein trocken Wilhelm Friedrich. Ein hochfeiner Roter ist der 2020er Hochstadt Roter Berg Spätburgunder trocken, mit schöner Würze und richtig Drive. Weiter so.

**84** 2021 Riesling Landwein trocken vom Löss
**10 €** | 11 %

**85** 2021 Riesling Landwein trocken Buntsandstein
**10 €** | 11,5%

**87** 2021 Riesling Landwein trocken ZIMKAES
**19 €** | 12 %

**87** 2020 Hochstadt Roter Berg Riesling trocken
**28 €** | 12,5%

**87** 2020 Hambacher Schlossberg Riesling trocken
**28 €** | 13 %

**88** 2020 Zeiskam Klostergarten Riesling trocken
**28 €** | 12,5%

**88** 2020 Riesling Landwein trocken Wilhelm Friedrich
**35 €** | 12,5%

**88** 2020 Hochstadt Roter Berg Chardonnay trocken
**35 €** | 13,5%

**86** 2020 Spätburgunder Landwein trocken DHOCHSATT
**25 €** | 13,5%

**87** 2020 Hochstadt Roter Berg Spätburgunder trocken
**35 €** | 13,5%

★★

## HANEWALD-SCHWERDT

Weingut Hanewald-Schwerdt
67098 Bad Dürkheim · Pochelstraße 37
Tel. (06322) 63206 · Fax 980761
info@hanewald-schwerdt.de
**www.hanewald-schwerdt.de**

**Inhaber/in** Rudi Hanewald, Petra Schwerdt
**Betriebsleitung** Thomas Hanewald, Stephan Schwerdt

**Historie** Flaschenweinvermarktung seit 1955, Verteilung der Weinbergsflächen auf Leistadt, Bad Dürkheim und Deidesheim geht auf die drei Großväter der heutigen Eigentümer zurück.
**Rebfläche** 26 Hektar
**Beste Lagen** Leistadter Herrenmorgen, Leistadter Herzfeld, Leistadter Kalkofen, Dürkheimer Hochbenn, Ruppertsberger Reiterpfad
**Boden** Kalkfels, Kalkmergel, Buntsandstein
**Rebsorten** 40% Riesling,
20% Spätburgunder, 16% Burgundersorten,
10% Sauvignon Blanc,
je 7% übrige weiße und rote Sorten
**Gastronomie** Weingut mit Gästehaus (Leistadt), Winzerhof mit Ferienwohnungen (Bad Dürkheim)
**Mitglied** Generation Riesling, Forum Pfalz

Mehr Platz im Bad Dürkheimer Weingut für Spielereien. Das sagen die Cousins Thomas Hanewald und Stephan Schwerdt und verweisen auf den Umbau und die Neugestaltung des Kelterhauses mit zweiter Presse. Es schafft aber auch, ganz vernünftigerweise, mehr Raum zum Arbeiten mit Maischestandzeiten und mit größeren Kapazitäten. Die verarbeiteten Trauben sind vorrangig Riesling und Spätburgunder. Und die aktuelle Kollektion bestätigt in der Tat die beiden Sterne. Unter den 2020ern gefiel uns der Riesling vom Ruppertsberger Reiterpfad. So schmeckt der typische Reiterpfad: Viel Mirabelle, elegant, mineralisch und mit feiner Säure. Auch der feine 2020er Riesling vom Burrweiler Schäwer überzeugt uns mit viel Kraft und Würze, etwas Petrol und grünem Apfel. Weiter so!

WEINGUT
HANEWALD-SCHWERDT

**86** 2021 Weissburgunder trocken
**9,30 €** | 13 %

**86** 2020 Burrweiler Schäwer Riesling trocken
**16 €** | 12 %

**86** 2019 Dürkheimer Hochbenn Riesling trocken
**16,90 €** | 13 %

**87** 2020 Leistadter Herrenmorgen Riesling trocken
**16 €** | 13 %

**87** 2019 Leistadter Herzfeld Riesling trocken Große Lage
**25 €** | 13 %

**88** 2020 Ruppertsberger Reiterpfad Riesling trocken
**16 €** | 12,5%

**85** 2019 Spätburgunder trocken
**10,90 €** | 13,5%

**86** 2015 Cuvée trocken Durendal
**9,90 €** | 14 %

**87** 2016 Spätburgunder trocken Kalkriff
**16,90 €** | 13,5%

**87** 2018 Cuvée trocken Einhänder
**16,90 €** | 14,5%

**87** 2015 Spätburgunder trocken
**28 €** | 13,5%

**88** 2019 Leistadter Herzfeld Spätburgunder trocken
**35 €** | 13,5%

## HARTMANN

Weingut Hartmann
67489 Kirrweiler · Marktstraße 45
Tel. (06321) 5193 · Fax 576285
info@weinguthartmann.de
**www.weinguthartmann.de**

**Inhaber/in** Christian und Gudrun Hartmann
**Keller** Christian Hartmann

Christian Hartmann konnte nicht ganz an das vorjährige Ergebnis anknüpfen. Dennoch gibt es bei dem Liebhaber frischer, aromatischer Weißweine wieder Gutes zu probieren: Da wäre, ganz an der Basis, in der Literflasche, ein schöner 2021er Müller-Thurgau trocken Einstieg für sagenhafte 3,80 Euro, der jeden Cent wert ist. Dafür gibt es eine sehr feine Nase, würzige Waldkräuter, florale Anklänge und einen guten, langen Abgang. Auch der 2021er Weißburgunder vom Kirrweiler Mandelberg erfreut mit gelbem Steinobst und einer ausgeprägten Mineralität und Cremigkeit.

**84** 2021 Riesling trocken
**4,20 €/1 Lit.** | 12,5%

**84** 2021 Riesling trocken
**5,40 €** | 12,5%

**84** 2021 Sauvignon Blanc trocken
**5,90 €** | 12 %

**84** 2021 Scheurebe trocken
**5,90 €** | 12,5%

**85** 2021 Müller-Thurgau trocken Einstieg
**3,80 €/1 Lit.** | 12 % TIPP

**85** 2021 Kirrweiler Mandelberg Weißburgunder trocken
**5,40 €** | 12,5%

**85** 2021 Kirrweiler Mandelberg Weißburgunder trocken Erstes Gewächs
**7,40 €** | 13 %

**85** 2021 Kirrweiler Oberschloss Riesling trocken Erstes Gewächs
**7,40 €** | 12,5%

**85** 2021 Rieslaner Landwein restsüss
**6,80 €** | 7,5%

**85** 2021 Cabernet Sauvignon trocken
**5,70 €** | 12,5%

**85** 2020 Kirrweiler Mandelberg Pinot Noir Bestes Fass trocken Erstes Gewächs
**13,50 €** | 13,5%

## HE-WEINE

HE-Weine
76829 Landau · Rheinstraße 3
Tel. (0170) 7748752
info@he-weine.de
**www.he-weine.de**

**Inhaber/in und Betriebsleitung**
Hans Erich Dausch

**Rebfläche** 1 Hektar
**Jahresproduktion** 3 800 Flaschen
**Beste Lagen** Eschbacher Hasen
**Boden** kalkhaltig mit Eisenauflage
**Rebsorten** 100% Spätburgunder

Noch vor gut 15 Jahren stand Hans Erich Dausch hinter dem Bankschalter, Motivation eher: naja. Viel lieber widmete er sich da schon seiner eigentlichen Leidenschaft, dem Wein. Große Weine, gerne aus Burgund, hatten es ihm seit jeher angetan. Kaum ein Betrieb, den er nicht im Laufe der Zeit kennen gelernt hatte. Dazu kommt die Fähigkeit, sich Weine merken und diese Erinnerung wieder aus dem Gedächtnis kramen zu können. Was duchaus beeindruckende Verkostungen mit HE ergeben kann, wie wir wissen.

### Burgund in Deutschland

Bald begann er selbst Wein zu machen. Aus der Familie in Eschbach gab es Wingerte mit leidlich kalkigem Untergrund, die Liebe für Pinot war eh vorhanden, also war die Entscheidung klar. Gerade mal einen Hektar groß sind die vier einzelnen Parzellen, die auch getrennt voneinander ausgebaut werden - in immer neuen Barriques des stets gleichen Herstellers, mit identischem Toasting. Und doch schmecken die einzelnen Weine verschieden. Und sie schmecken auch anders als die Pinots der meisten Winzerkollegen: irgendwie dunkler, geheimnisvoller, nicht so weich, keineswegs vanillig, nie mit der Frucht im Vordergrund. Ein burgundischer Händler, der die Weine von HE im Sortiment hat - das ist im Grunde so, als wenn ein Mercedes-Autohaus auch einen BMW verkaufen würde - sprach unlängst schwärmerisch von diesen „hedonistischen Weinen". HE selbst amüsiert sich köstlich darüber, dass seine Pinots von manchen als „die burgundischsten Deutschlands" bezeichnet werden. „Dabei sind das doch deutsche Klone!", grinst er, wohl wissend, dass sein Ausbaustil natürlich eher französisch geprägt ist. Immer reduzierter will er werden, immer präziser. Im Vergleich zu 2012 seien die Erträge um 20 Prozent zurückgegangen, nun werden wie Stöcke immer älter, bald sei er am Optimum, meint er. Wir sind jetzt schon beeindruckt, denn der L' Artiste ist große Kunst. Und er hat es schon wieder getan - und sich die Krone der Spätburgunder Deutschlands geschnappt! Vor einigen Jahren belegte er mit zwei Weinen die ersten beiden Plätze beim Bundesfinale, nun stehen zwei Weine auf Platz 1 und 3. Das soll ihm erst mal einer nachmachen ...

**91** 2020 HE PINOT NOIR trocken HERRSCHAFT
**69 €** | 13 %

**93** 2020 Eschbacher Hasen HE PINOT NOIR trocken
**89 €** | 13 %

**97** 2020 HE PINOT NOIR trocken HE
**119 €** | 13 % **TOP 10**

**97** 2020 HE PINOT NOIR trocken L´ARTISTE
**249 €** | 13 % **TOP 10**

★ NEU

## HELLMER

Weingut Hellmer
67435 Neustadt an der Weinstraße · Meckenheimer Straße 1
Tel. (06321) 66027
info@weingut-hellmer.de
**www.weingut-hellmer.de**

**Inhaber/in** Thomas Hellmer
**Betriebsleitung** Tim Hellmer
**Keller** Tim Hellmer, Tim Ortlieb
**Außenbetrieb** Tim Hellmer , Tim Ortlieb

Ein Weingut mit 300 Jahren Geschichte erfindet sich gerade wieder einmal neu. Seit 2020 hat im Weingut der Generationswechsel begonnen, Tim Hellmer verantwortet nun die Weinbereitung. Der Fokus liegt klar auf Rieslingen und Burgundern, und es sind durchaus auch Top-Lagen vorhanden sind. Alle Orts- und Lagenweine sind spontan vergoren, auf den Einsatz von Schönungsmittel wird explizit verzichtet. Uns haben die Rieslinge aus dem Nußbien und vor allem der aus dem Ölberg besonders angesprochen. Biologische und sogar biodynamische Vorgehensweise sollen künftig forciert werden.

**86** 2020 Brut nature Blanc de Blancs
**16 €** | 11,5%

**83** 2021 Mußbacher Riesling trocken
**9 €** | 11%

**85** 2021 Ruppertsberger Riesling trocken
**9 €** | 12,5%

**86** 2020 Ruppertsberger Nußbien Riesling trocken
**19 €** | 12,5%

**87** 2020 Königsbacher Ölberg Riesling trocken
**20 €** | 12,5%

**83** 2021 Weißburgunder
**6,80 €** | 12,5%

**83** 2020 Mußbacher Kurfürst Chardonnay Réserve
**18 €** | 13%

★★

## CHRISTIAN HEUSSLER

Weingut Christian Heußler
76835 Rhodt · Mühlgasse 5
Tel. (06323) 2235
info@heussler-wein.de
**www.heussler-wein.de**

**Inhaber/in und Betriebsleitung** Herbert und Christian Heußler
**Keller** Christian Heußler

**Historie** in Familienbesitz seit 1748
**Rebfläche** 18 Hektar
**Jahresproduktion** 90 000 Flaschen
**Beste Lagen** Rhodter Schlossberg, Rosengarten und Klosterpfad
**Boden** Granit, Roter Sandstein, Kalkmergel, Kiesellehm
**Rebsorten** 35% Riesling, 15% Grauburgunder, je 6% Spätburgunder, Weißburgunder, Chardonnay, je 4% Traminer und Portugieser, 24% übrige Sorten
**Erlebenswert** Bodenbearbeitung in ausgewählten Weinbergen ausschließlich mit dem Pferd.

Christian Heussler steht für die typisch Pfälzer Machart. Deshalb finden wir bei ihm keine wilden Experimente, schrägen Innovationen oder sonstige Spielereien. Ganz im Gegenteil: Heussler geht sogar einen ganz traditionellen Weg, und zwar hinter dem Pferd her! Für ausgewählte Weine, die er unter der Bezeichnung „Rosswingert" vermarktet, finden alle bodenbearbeitenden Maßnahmen ausschließlich mit dem Pferd statt. Zwei Weine aus der Rosswingert-Linie haben wir verkostet, und beide sind tatsächlich unsere Empfehlung: Der 2021er Rhodter Schlossberg Riesling trocken glänzt hell im Glas, besticht mit feiner Mineralität, schmeckt nach reifem Steinobst, Grapefruit, Aprikosen und einem Hauch feiner Hefe. Auch der 2021er Grauburgunder trocken aus derselben Lage zieht alle Aufmerksamkeit auf sich. Hier dominieren nussige Akzente, eine feine Würze, die wohlbalancierte Säure und eine vollmundige, samtige Cremigkeit.

- **85** 2021 Sauvignon Blanc trocken
  **7,50 €** | 12 %
- **87** 2021 Rhodter Schloßberg Roter Riesling trocken
  **8,50 €** | 12,5%
- **87** 2021 Grüner Silvaner trocken Old Boy
  **11,20 €** | 13 %
- **87** 2021 Sauvignon Blanc trocken Fumé
  **11,20 €** | 13 %
- **88** 2021 Rhodter Rosengarten Chardonnay trocken
  **8,50 €** | 13,5%
- **88** 2021 Rhodter Klosterpfad Weißburgunder trocken
  **8,50 €** | 13,5%
- **88** 2021 Rhodter Schlossberg Riesling trocken Kalkmergel
  **8,50 €** | 12,5%
- **88** 2021 Rhodter Schlossberg Riesling trocken Granit
  **8,80 €** | 12,5%
- **88** 2021 Rhodter Schlossberg Riesling trocken Rosswingert Holzfass
  **10,20 €** | 12,5%
- **88** 2021 Rhodter Schlossberg Grauburgunder trocken Rosswingert
  **11,20 €** | 13,5%
- **89** 2021 Rhodter Schlossberg Riesling trocken Roter Sandstein
  **8,20 €** | 12,5% **BEST BUY**
- **87** 2019 Rhodter Rosengarten St. Laurent trocken
  **12,80 €** | 13,5%

## HOCHDÖRFFER

Weingut Gerhard Hochdörffer GbR
76829 Landau-Nußdorf · Kaiserberg 13
Tel. (06341) 61225 · Fax 63841
info@weingut-hochdoerffer.de
**www.weingut-hochdoerffer.de**

**Inhaber/in und Betriebsleitung**
Gerhard und Sabine Hochdörffer
**Keller** Matthias Dollt

Dieses Jahr haben wir uns intensiv mit den Rotweinen aus Nußdorf beschäftigt. Sehr gelungen ist der 2019er Spätburgunder S, mit schwarzer Kapsel. Eine kühle Frucht, die Note von Rauchspeck, das feine Sauerkirscharoma und die ausgewogene Tanninstruktur haben uns überzeugt. Die 2019er Cuvée Tiberius Grande Réserve Goldkapsel ist opulent wie ihr Name und lässt uns an Bordeaux denken. Tannin, feine Frucht, Eleganz, Würze und Mineralität prägen diesen Wein.

- **85** 2021 Grüner Silvaner trocken Schwarze Kapsel
  **6,20 €** | 12,5%
- **86** 2021 Weißer Burgunder trocken Graue Kapsel
  **5 €/1 Lit.** | 12 % **BEST BUY**
- **87** 2021 Chardonnay trocken Schwarze Kapsel
  **6,30 €** | 13 %
- **87** 2021 Weißer Burgunder trocken Schwarze Kapsel
  **6,70 €** | 13 %
- **87** 2021 Roter Riesling trocken Goldene Kapsel
  **7,20 €** | 12,5%
- **88** 2021 Roter Riesling trocken Reserve Goldene Kapsel
  **12 €** | 12,5%
- **85** 2021 Scheurebe feinherb Schwarze Kapsel
  **6,70 €** | 11,5%
- **87** 2019 Spätburgunder trocken -S- Schwarze Kapsel
  **9,40 €** | 14 %
- **87** 2019 Cuvée Tiberius Grande Réserve trocken Goldene Kapsel
  **19 €** | 14 %
- **88** 2019 Merlot trocken Schwarze Kapsel
  **9,50 €** | 14,5%

★★★

## HÖRNER

Weingut Hörner – Hainbachhof
76879 Hochstadt · Hainbachhof
Tel. (06347) 8814
info@hoerner-wein.de
**www.hoerner-wein.de**

**Inhaber/in und Betriebsleitung**
Reinhold und Thomas Hörner
**Keller** Thomas Hörner

**Rebfläche** 30 Hektar
**Jahresproduktion** 200 000 Flaschen
**Beste Lagen** Hochstadter Roter Berg
**Boden** Lösslehm
**Rebsorten** 20% Sauvignon Blanc, 19% Weißburgunder, 18% Grauburgunder, 17% Spätburgunder, 12% Gelber Muskateller, 8% Müller-Thurgau, 6% Riesling

Thommy Hörner mag ein gutes Beispiel dafür sein, wie innere und äußere Faktoren die junge Winzerschaft befähigen, auch aus nicht so prädestinierten Lagen dennoch hervorragende Weine zu keltern. Da ist zum einen der Aspekt der wasserhaltenen Böden im flacheren Gäu, die deutlich tiefer liegen als an der erhabenen Haardt. Zum anderen ist da die gegenseitige Befeuerung der jungen Kolleginnen und Kollegen untereinander, die echt wirkt. Die richtige Ausstattung im Keller sorgt für ein Übriges, und wenn dann noch der Vater zulässt, dass der Sohn inzwischen die Fäden zieht, scheint alles paletti. Wir jedenfalls sind happy mit dem, was wir im Glas vorfinden: Saftige, schön traubige und doch nicht rein gefällige Einstiegsweine von Muskateller, Weißburgunder oder Sauvignon Blanc. Einen durchdringenden Chardonnay Réserve Widder, dem man ein langes Leben zutrauen mag aufgrund perfekter Anlagen. Einen Weißburgunder Widder mit echtem Format, auch einen in Würde gereiften Sekt Mariage Réserve (zur Hochzeit...) sowie einen feinwürzigen, tiefgründigen und doch verspielten Pinot Noir Grande Réserve. Daumen hoch!

**89** 2010 Mariage Reservé Sekt brut
**28 €** | 12%

**86** 2021 Weißburgunder trocken Steinbock
**8,50 €** | 12,5%

**87** 2021 Sauvignon Blanc trocken Steinbock
**8,90 €** | 12%

**88** 2021 Gelber Muskateller trocken Steinbock
**8,90 €** | 11,5%

**88** 2020 Grauburgunder trocken Widder
**15 €** | 14%

**89** 2020 Chardonnay trocken Widder
**15 €** | 13%

**89** 2020 Weißburgunder trocken Widder
**15 €** | 13%

**90** 2020 Chardonnay trocken Réserve Widder
**24 €** | 13%

**86** 2021 Cuvée trocken Horny Rosé Stier
**7,50 €** | 11,5%

**87** 2019 Pinot Noir trocken Widder
**19 €** | 12,5%

**88** 2019 Pinot Noir trocken Réserve Widder
**28 €** | 12,5%

**90** 2019 Pinot Noir trocken Grande Réserve Widder
**38 €** | 12,5%

★★

## HOF

Weingut Hof
76831 Heuchelheim-Klingen ·
Klingbachstraße 29
Tel. (06349) 1591 · Fax 3066
info@weingut-joachim-hof.de
**www.weingut-joachim-hof.de**

**Inhaber/in und Betriebsleitung**
Philipp, Julian, Joachim und Karin Hof
**Keller** Philipp und Julian Hof
**Außenbetrieb** Julian Hof

**Rebfläche** 22 Hektar
**Jahresproduktion** 45 000 Flaschen
**Beste Lagen** Klingener Herrenpfad, Heuchelheimer Herrenpfad
**Boden** Lösslehm, kiesiger Sand, Bundsandstein, Kalkmergel
**Rebsorten** 35% Riesling, 30% weiße und rote Burgundersorten, 35% übrige Sorten (Merlot, Silvaner, Muskateller, Gewürztraminer, Cabernet Sauvignon, St. Laurent)
**Mitglied** Die junge Pfalz

Die Brüder Philipp und Julian Hof übernahmen das elterliche Weingut bereits in jungen Jahren. Positiv aufgefallen sind sie beim Wettbewerb „Die junge Pfalz" und sie verstehen es seitdem, den 22 Hektar großen Familienbetrieb nicht nur auf Kurs zu halten, sondern den Hof Stück für Stück weiter zu entwickeln. Die Räumlichkeiten geben zwar keine Erweiterungsmöglichkeiten her, umso mehr beeindruckt uns, dass Wachstum dennoch festzustellen ist, und zwar an der Qualität in der Flasche. Respekt, was hier aus dem gemacht wird, was da ist. Eine interessante Retro-Linie sind die holzbetonten Herrenpfad-Weine mit traditionellem Etikett. Auch die Roten werden ab sofort mit Schraubverschluss versehen, wovon sich die Brüder eine längere Haltbarkeit versprechen. Wir probierten zunächst die Einstiegsklasse: Schon der 2021er Riesling in der Literflasche ist sehr erfreulich. Feine gelbe Früchte, Quitte und Steinobst spielen hier mit der animierenden Säure. Stark auch die gesamte Rotweinpalette: Der 2019er Merlot kommt mit Eleganz, kräftiger Säure und feinen Tanninen daher und vertritt die Rebsorte perfekt.

**83** 2021 Riesling trocken
**5,20 €/1 Lit.** | 12,2%

**84** 2021 Grauer Burgunder trocken
**6,50 €** | 12,5%

**85** 2021 Muskateller trocken
**7,50 €** | 12,5%

**85** 2020 Klingener Herrenpfad Riesling trocken
**10,50 €** | 12,5%

**87** 2021 Klingener Herrenpfad Grauer Burgunder trocken
**11,50 €** | 13%

**88** 2021 Heuchelheimer Herrenpfad Weißer Burgunder trocken
**11,50 €** | 13,5%

**84** 2019 Spätburgunder trocken
**6,90 €** | 13%

**87** 2020 Klingener Herrenpfad Frühburgunder trocken
**12,50 €** | 12,5%

**87** 2020 Klingener Herrenpfad Spätburgunder trocken
**12,50 €** | 13%

**87** 2019 Klingener Herrenpfad Merlot trocken
**14 €** | 13,5%

**87** 2020 Klingener Herrenpfad Pinot Noir trocken
**30 €** | 13%

**90** 2019 Klingener Herrenpfad Cabernet Sauvignon trocken
**18 €** | 13,5%

★★☆ NEU

## JAILLET

Jaillet - Viticulteur
67152 Ruppertsberg · In den Kappesgärten
philipp@jaillet-viticulteur.de
**www.jaillet-viticulteur.de**

**Inhaber/in und Betriebsleitung**
Philipp Jaillet

Nur einen Hektar groß ist die Rebfläche von Viticulteur Philipp Jaillet, verteilt auf Haardt, Ruppertsberg und Deidesheim. Erstmals bekommen wir seine kleine Kollektion auf den Tisch: Wir sind sehr angetan. Ein feiner Pinot Noir ist sein 2020er Père et Fils: Gutes Holz, nicht übertrieben, passt. Sehr schön auch der duftige 2020er Fumé Blanc: Auch hier ist der Holzeinfluss gut dosiert. Ein ausdrucksstarker Wein, der lange vorhält. Wir sind gespannt, wo Jaillets Reise hingeht.

**85** 2021 Deidesheimer Riesling
**8,50 €** | 12,5%

**86** 2021 Sauvignon Blanc
**8,50 €** | 12,5%

**88** 2020 Fumé Blanc
**14 €** | 12,5%

**88** 2020 Pinot Noir Vater & Sohn
**13,50 €** | 13,5%

**89** 2020 Pinot Noir Père et Fils
**34,50 €** | 13,5%

★★☆

## JANSON BERNHARD

Weingut Janson Bernhard
67308 Harxheim-Zellertal · Hauptstraße 5
Tel. (06355) 1781 · Fax 3725
info@weingutjansonbernhard.de
**www.jansonbernhard.de**

**Inhaber/in und Betriebsleitung**
Christine Bernhard
**Keller** Bernd Pflüger

Schon seit 1989 geht Christine Bernhard biodynamisch zu Werke. Zusammen mit ihrem Partner Bernd Pflüger bringt sie von 10 Hektar Rebfläche wirklich Gutes in die Flasche. Einen schönen Schmelz und griffige Textur bietet der 2021er Zellertaler Weißburgunder. Aus dem Jahrgang 2020 stammt der Schwarzer Herrgott Riesling Unterm Kreuz und punktet mit reifem Steinobst, einer mineralisch-steinigen Nase, mit Grapefruit und Pfirsich. Schließlich gönnen wir uns noch einen wunderbar gereiften 2015er: Der Gewürztraminer ist unheimlich komplex, schmeckt nach Honig und einem ganzen Korb reifer Früchte.

**85** 2021 Zellertaler trocken
**7 €/1 Lit.** | 12 %

**85** 2021 Zellertaler Auxerrois trocken
**8 €** | 12 %

**86** 2021 Riesling trocken Kalkfels
**10 €** | 12 %

**87** 2021 Zellertaler Weißburgunder trocken
**8 €** | 12 %

**87** 2020 Zeller Kreuzberg Chardonnay trocken Erste Lage
**12 €** | 13 %

**87** 2020 Zeller Schwarzer Herrgott Riesling trocken Unterm Kreuz
**15 €** | 12,5%

**88** 2020 Zeller Schwarzer Herrgott Riesling trocken Alte Reben
**18 €** | 12,5%

**89** 2015 Zeller Kreuzberg Gewürztraminer restsüss Erste Lage
**20 €/0,375 Lit.** | 13 %

**84** 2021 Rosé Clairette Zellertal
**7,50 €** | 10 %

**87** 2019 Cuvée trocken
**12 €** | 12,5%

★★★

## JESUITENHOF

Weingut Jesuitenhof
67246 Dirmstein · Obertor 6
Tel. (06238) 2942 · Fax 4601
info@jesuitenhof.de
**www.jesuitenhof.de**

**Inhaber/in** Klaus und Moritz Schneider
**Keller** Moritz Schneider

**Rebfläche** 27 Hektar
**Jahresproduktion** 150 000 Flaschen
**Beste Lagen** Dirmsteiner Jesuitenhofgarten und Mandelpfad, Laumersheimer Kirschgarten
**Boden** Lösslehm, Kalk, Ton
**Rebsorten** 30% Riesling, 25% weiße Burgundersorten, 15% Spätburgunder, 30% übrige Sorten
**Erlebenswert** historischer Gutshof mit Quadt'schem Schloss und Jesuitenkloster
**Mitglied** Fair'n Green, Generation Riesling, Forum Pfalz, Die junge Pfalz

Wir sind ja ausgewiesenermaßen nicht die großen Leser und Deuter von Analysewerten, sagen diese doch meist nicht viel aus über den Geschmack eines Weins, der aus so viel mehr besteht als aus Alkohol, Zucker und Säure. Und doch lässt sich auch bei Moritz Schneider - und damit ist er weiß Gott nicht alleine - ein kleines Muster erkennen. Die Einstiegsweine, bei ihm Riesling, Silvaner und Weißburgunder (alle Kalkmergel) sowie Chardonnay sind vom Restzuckergehalt alle eher „mittig" angelegt, also mit einem kleinen Schwänzchen hinten dran, was die Trinkigkeit fördert. Alles okay, saftige, kernige Weine, die eben vom Kalkmergel mit seiner mineralischen Ausstattung profitieren. Ein paar Weine weiter macht es dann plötzlich „ui!" und die Punkte gehen hoch. Warum? Darum: Schon zwei Gramm Restzucker weniger führen zu einer spürbaren Intensität, dazu kommt noch der behutsame Einsatz von Holz, wie dem Halbstück beim Riesling Mandelpfad oder dem Weißburgunder aus derselben Lage. Noch besser gelungen ist das beim Chardonnay Réserve. Und der Spätburgunder Kleiner Garten ist ein Gedicht.

**86** 2021 Laumersheimer Silvaner trocken Kalkmergel
**9 €** | 13 %

**86** 2021 Dirmsteiner Weißburgunder trocken Kalkmergel
**9 €** | 13 %

**87** 2021 Dirmsteiner Riesling trocken Kalkmergel
**9 €** | 12,5%

**87** 2021 Dirmstein Chardonnay trocken
**9 €** | 13 %

**88** 2021 Dirmsteiner Mandelpfad Weißburgunder trocken Halbstück
**13,50 €** | 13,5%

**88** 2021 Laumersheimer Steinbuckel Sauvignon Blanc trocken
**15 €** | 13 %

**89** 2021 Dirmsteiner Jesuitenhofgarten Riesling trocken
**12 €** | 13 %

**89** 2021 Dirmsteiner Mandelpfad Riesling trocken Halbstück
**13,50 €** | 13 %

**90** 2021 Dirmsteiner Mandelpfad Chardonnay trocken Reserve
**15 €** | 13 %

**88** 2020 Dirmsteiner Jesuitenhofgarten Spätburgunder trocken
**12 €** | 13,5%

**89** 2020 Laumersheimer Kirschgarten Spätburgunder trocken
**16 €** | 13,5%

**90** 2020 Dirmsteiner Jesuitenhofgarten Spätburgunder trocken Kleiner Garten
**20 €** | 13,5%

★★☆ NEU

## JOHANNESHOF

Weingut Johanneshof
67543 Siebeldingen · Johanneshof
Tel. (06345) 3664 · Fax 8994
post@johanneshof-siebeldingen.de
**www.johanneshof-im-sonnenschein.de**

**Inhaber/in und Betriebsleitung**
Sieglinde und Gregor Meßmer

Gregor Meßmer hat nach seinem Ausstieg aus dem Familienbetrieb in Burrweiler den Johanneshof in Siebeldingen gekauft, bis vor einigen Jahren im Besitz vom Steiner Schorsch. Fast alle Maschinen wurden neu angeschafft – doch die besten Lagen nahm Gregor aus dem alten Betrieb mit, darunter das Kernstück des Schäwer. Zudem tauschte er mit Rebholz Lagen im Sonnenschein. Die uns vorgestellten Weine waren alle schon etwas reifer. Besonders angetan waren wir vom Chardonnay, der gutes Holz erfahren hat. Auch der Merlot weiß in seiner fruchtigen Art zu gefallen. Zum Johanneshof gehört ein Gutsausschank mit herrlichem Garten, sehr weitläufig und beliebt in der ganzen Region.

**84** 2018 Siebeldinger Im Sonnenschein Grauburgunder trocken Erste Lage
**14,50 €** | 13,5%

**85** 2020 Burrweiler Riesling trocken Vom Schiefer
**11,50 €** | 12%

**87** 2018 Frankweiler Petersbuckel Weißburgunder trocken Große Lage
**21 €** | 13,5%

**88** 2018 Frankweiler Kalkgrube Chardonnay trocken Erste Lage
**14,50 €** | 13,5%

**85** 2018 Birkweiler Rosenberg Gewürztraminer Erste Lage
**14,50 €** | 12,5%

**84** 2019 Spätburgunder trocken
**9,50 €** | 13,5%

**87** 2018 Siebeldingen Merlot trocken Vom Kalkmergel
**24 €** | 14,5%

★★★★

## FRANK JOHN

Weingut Frank John
67435 Neustadt an der Weinstraße
Hirschhornring 34
Tel. (06321) 670537 · Fax 9706293
info@johnwein.de
**www.johnwein.de**

**Inhaber/in und Betriebsleitung**
Frank John
**Keller** Frank John
**Historie** 2003 gegründet, seitdem biodynamische Produktion (Demeter)
**Rebfläche** 6 Hektar
**Jahresproduktion** 25 000 Flaschen
**Beste Lagen** Kallstadt, Neustadt
**Boden** Kalkstein, Buntsandstein
**Rebsorten** 65% Riesling, 35% Pinot Noir
**Erlebenswert** Terrasse am Sonnenweg, einzige Steillage der Pfalz
**Mitglied** Demeter, Slow Food, Vinissima, Verband traditioneller Sektmacher e.V.

Das Weingut von Frank John gehört eigentlich fast immer zu den letzten Betrieben, die für unseren Guide Weine (und Sekte!) einreichen. Von Ersteren haben sie bislang ja nur zwei, von den Schäumern im Prinzip drei. Einer der Gründe für die Verzögerungen liegen darin, dass man sich in den vergangenen zwei Jahren mal so richtig umorientiert hat. War es bislang wichtig und richtig, klein zu bleiben – vor wenigen Jahren sprachen wir noch über zwei Hektar Rebfläche –, so sind es nun zehn, von denen acht in Bewirtschaftung sind. Frank selbst ist zwar wie eh und je mehr als Weinbauberater in Sachen ökologischer Weinbau in aller Welt unterwegs und eher wenig zu Hause, doch sind seit einiger Zeit Tochter Dorothea und Sohn Sebastian richtig stark involviert. „Dorothea ist an der Rebe unglaublich gut, Sebastian im Keller und mit den ganzen Maschinenarbeiten", sagt Mutter Gerlinde, die im Verkauf die Stellung hält.

Ja, Keller ist auch so eine schönes Thema. Die Menge vervierfacht, doch wohin mit den Sachen? Der herrliche Keller unter dem Haus ist architektonisch schon wunderschön, für modernes Arbeiten aber eher schwierig. Vor einiger Zeit konnte das angrenzende Haus erworben werden, in dem seither Sebastian mit Familie lebt. Darunter soll der Rotweinkeller entstehen. Und auf dem Platz dazwischen wird gekeltert.

**New in da house: Chardonnay!**

Die weinbaulichen Möglichkeiten sind mit der Erweiterung der Rebflächen ganz andere geworden. In Kallstatt ist es etwa eine Parzelle am Steinacker, eine weitere am Saumagen wird schon länger bewirtschaftet. Interessant dürften die Stücke am Neustadter Sonnenweg werden, die noch nicht im Ertrag sind. „Das ist teilweise noch sehr verbuscht, da werden wir noch sehr viel Arbeit reinstecken müssen, um das nutzbar zu machen", erzählt Gerlinde. Das Weinsortiment wird sich künftig vermutlich um Chardonnay erweitern, der jetzt auch schon für Sektgrundwein genutzt wird. Mit den damit bestockten, erworbenen Parzellen ist man sehr happy. Und wir sind es mit den Produkten, die wir verkosten durften. Riesling Buntsandstein und Pinot Noir konnten sich nochmals um einen Tick verbessern, wobei sie eh schon immer sehr besonders waren. Der Pinot reift zudem ausgezeichnet. Und den Alkohol weiß man bei Johns in angenehmen Schranken zu halten.

**Bis vier zählen**

Die Sekte sind eine Sache für sich: Unaufgeregt, gelassen, völlig entspannt. Der Brut 36 und der Brut nature 41, beides Rieslinge, wurden in einer Blindverkostung des Verbands traditioneller Sektmacher, dem die Johns seit einiger Zeit angehören, als jeweils beste ihrer Art ausgezeichnet. Und wir widersprechen ausdrücklich nicht. Das ist großes Kino und es gibt nur ganz wenige Blubberer auf Augenhöhe in Deutschland. Nur der Brut 100, der zeigt ihnen auf, wo's noch weiter geht. All das nehmen wir zum Anlass, das Weingut Frank John mit dem vierten Stern auszuzeichnen. Den habt ihr euch wirklich verdient!

Frank John

**92** 2018 Riesling Brut 36
**22,50 €** | 11 %

**92** 2017 Riesling Brut nature 41 nature
**33 €** | 11,5%

**93** 2012 Riesling Brut 100
**110 €** | 12 %

**92** 2021 Riesling trocken Buntsandstein
**21 €** | 11,5%

**93** 2020 Pinot Noir trocken Kalkstein
**44 €** | 13 %

★★★★

## JÜLG

Weingut Jülg
76889 Schweigen-Rechtenbach
Hauptstraße 1
Tel. (06342) 919090
info@weingut-juelg.de
**www.weingut-juelg.de**

**Inhaber/in** Werner Jülg
**Keller** Johannes Jülg und Sören Söllner
**Außenbetrieb** Heinrich Eck

**Rebfläche** 25 Hektar
**Jahresproduktion** 150 000 Flaschen
**Beste Lagen** Schweigener Sonnenberg (Kammerberg, Wormberg, Kostert), Springberg, Pfarrwingert, Güldenwingert
**Boden** Buntsandstein, Kalkstein, Kalkmergel
**Rebsorten** je 20% Riesling, Weißburgunder, Grauburgunder und Spätburgunder, 10% Chardonnay, 10% übrige Sorten
**Gastronomie** Weinstube Jülg
**Erlebenswert** großer Holzfasskeller
**Mitglied** VDP

Johannes Jülg ist ein sehr ehrgeiziger Mensch, der es nicht haben kann, Dinge als richtig zu erkennen und sie dann aber nicht umzusetzen – oder umsetzen zu können. Aus diesem Grund ist beim Weingut Jülg viel Druck im Kessel, es passiert viel. Johannes hat sich alle Rebsorten und alle Standorte des Betriebs ganz genau angeschaut und dann entschieden: „Wir räumen gerade radikal auf, denn ich bin auch ungeduldig. Falsche Sorten, noch dazu an den falschen Plätzen, fliegen raus." Dafür wird künftig. viel mehr Chardonnay gepflanzt, von dem er glaubt, dass er nicht nur auf die Kalkböden um Schweigen herum, sondern generell auch nach Deutschland sehr gut passt. „Wir möchten künftig neben Pinot hauptsächlich mit Weißburgunder und Chardonnay spielen", erklärt der Winzer, „den Weißburgunder kann man etwas gelber, also fruchtiger halten, den Chardonnay etwas karger, fordernder. Unsere Böden sind nährstoffarm, da entwickelt die Sorte manchmal auch ein kleines Stressstinkerle, wie wir sagen. Die Weine werden auch präzise, kalkig und salzig."

### Künftig vier Keller

Da man jetzt Mitglied im VDP ist, wurden manche Weine umbenannt, um dem vierstufigen System entgegenzukommen. So ist der Weißburgunder Reitschul jetzt das Große Gewächs aus dem Sonnenberg – sicher keine Abstufung. Der Wein ist übrigens ganz famos, mit leichter, feingelber Frucht und ordentlich Zug. Überhaupt haben uns die Weine wieder rundum überzeugt. Der Chardonnay Opus Okar steht dem Weißburgunder GG in nichts nach, auch der Sauvignon ist regional mit an der Spitze. Die Spätburgunder von Kammerberg und Kostert sehen wir absolut auf Augenhöhe. Für den Herbst 2023 soll dann der Kelleranbau fertig sein, mit dem Jülg vier Keller an einem Platz zur Verfügung stehen: Einer für Rotwein-Barriques, zwei für Holzfässer und einer für Stahltanks. Das schafft Arbeitsmöglichkeiten für getrennten Ausbau beispielsweise auch in Sachen Temperaturen. Werden wir uns dann mal anschauen!

**86** 2021 Weißburgunder vom Kalk trocken
**8,50 €** | 12%

**87** 2021 Schweigen Weißburgunder trocken
**15 €** | 12,5%

**88** 2021 Schweigen Riesling trocken
**15 €** | 12,5%

**88** 2021 Schweigen Chardonnay trocken
**16 €** | 13%

**90** 2021 Dörrenbacher Springberg Riesling trocken Erste Lage
**24 €** | 12,5%

**91** 2021 Rechtenbacher Pfarrwingert Weißburgunder trocken Erste Lage
**25 €** | 13%

**91** 2021 Rechtenbacher Pfarrwingert Chardonnay trocken Erste Lage
**25 €** | 13%

**91** 2021 Schweigener Sonnenberg Riesling VDP.Großes Gewächs
**32 €** | 12,5%

**91** 2021 Sauvignon Blanc trocken Opus Oskar
**54 €** | 12,5% TOP 10

**92** 2021 Schweigener Sonnenberg Weißburgunder VDP.Großes Gewächs
**35 €** | 12,5%

**92** 2021 Chardonnay trocken Opus Oskar
**54 €** | 13%

**89** 2020 Schweigen Spätburgunder trocken
**18 €** | 13%

**91** 2020 Wormberg Spätburgunder trocken Erste Lage
**29 €** | 13%

**93** 2020 Kammerberg Spätburgunder VDP.Großes Gewächs
**45 €** | 13%

**94** 2020 Kostert Spätburgunder VDP.Großes Gewächs
**40 €** | 13%

★

## KAISERBERGHOF

Weingut Kaiserberghof
76831 Ilbesheim · Oberdorfstraße 47
Tel. (06341) 32719 · Fax 34637
info@kaiserberghof.de
**www.kaiserberghof.de**

**Inhaber/in und Betriebsleitung**
Familie Kast
**Keller** Michael Kast
**Außenbetrieb** Michael und Hans-Joachim Kast

In den Kategorien Parkett, Empore und Loge finden die Vorstellungen statt. Unser Blick fiel besonders wohlwollend auf zwei spannende Inszenierungen des Ensembles aus Ilbesheim: Der 2021er Chardonnay Ilbesheimer Kalmit Loge erhält seine Eleganz durch den Duft von Brioche, Brot und feiner Hefe. Einen Szenenapplaus wert ist auch der 2021er Gewürztaminer Empore: Rosen und Wiesenblüten spielen in der Nase, frische Kräuter und eine stimmige Restsüße folgen nach.

**84** 2020 Sekt b. A. Brut Pinot - Crémant Pfalz Loge
**11,90 €** | 12%

**85** 2021 Riesling trocken Parkett
**5,70 €/1 Lit.** | 12%

**85** 2021 Ilbesheimer Kalmit Weißburgunder trocken Loge
**8,20 €** | 13%

**85** 2021 Ilbesheimer Kalmit Viognier trocken Loge
**9,40 €** | 12,5%

**86** 2021 Grauburgunder trocken Empore
**6,40 €** | 12%

**86** 2021 Chardonnay trocken Empore
**6,70 €** | 12,5%

**86** 2021 Ilbesheimer Kalmit Silvaner trocken Alte Reben Loge
**7,30 €** | 12,5%

**87** 2021 Gewürztraminer trocken Empore
**6,90 €** | 12%

**87** 2021 Ilbesheimer Kalmit Chardonnay trocken Loge
**9,20 €** | 12,5%

**86** 2021 Ilbesheimer Kalmit Gewürztraminer feinherb Loge
**8,20 €** | 11,5%

**85** 2021 Cuvée rosé trocken Empore
**6,40 €** | 12%

★

## KARST

Weingut Karst
67098 Bad Dürkheim · In den Almen 15
Tel. (06322) 2862 · Fax 65965
info@weingut-karst.de
**www.weingut-karst.de**

**Inhaber/in und Betriebsleitung** Uli Karst
**Keller** Uli Karst

Aus dem Traditionshaus Karst gibt es einmal mehr gute Empfehlungen: Der 2021er Wachenheimer Königswingert Grauburgunder trocken hat uns richtig begeistert. Eine schöne, helle Farbe, relativ wenig Säure, dafür aber viel Würze und eine gute Länge machen ihn zu unsererm Favoriten. Die Wachenheimer Cuvée von Weißburgunder und Chardonnay trocken, ebenfalls aus dem Jahrgang 2021, tendiert im Geschmack eher zum Weißburgunder, ist schön cremig, dennoch würzig und gefällt mit grünen Apfelaroma.

**86** 2021 Sauvignon blanc trocken Kunsstück
**9 €** | 12 %

**87** 2021 Dürkheimer Riesling trocken Kernstück
**7,90 €** | 12,5%

**87** 2021 Wachenheimer Weissburgunder | Chardonnay trocken
**7,90 €** | 12,5%

**87** 2021 Dürkheimer Spielberg trocken Kunststück
**12,90 €** | 12,5%

**87** 2020 Riesling trocken Einzelstück
**14 €** | 13 %

**88** 2021 Wachenheimer Königswingert Grauburgunder trocken
**9,90 €** | 12,5%

**86** 2021 Kernstück Rosalie trocken
**7,90 €** | 12,5%

★★☆

## KASSNER-SIMON

Weingut Kassner-Simon
67251 Freinsheim · Am Musikantenbuckel 7
Tel. (06353) 989320 · Fax 989321
info@kassner-simon.de
**www.kassner-simon.de**

**Inhaber/in und Betriebsleitung**
Thomas Simon

**Historie** 1949 Gründung des Weinguts
**Rebfläche** 18 Hektar
**Jahresproduktion** 100 000 Flaschen
**Beste Lagen** Freinsheimer Auf dem vorderen Groß und Im Tal
**Boden** lehmiger Sand, Sand
**Rebsorten** 30% Riesling, je 10% Spätburgunder, Grauburgunder, Weißburgunder, 8% Merlot, 6% Chardonnay, je 4% Portugieser und Sauvignon Blanc, je 3% Auxerrois, Rieslaner, Scheurebe und Cabernet Dorsa, 6% übrige Sorten
**Gastronomie** Saisongastronomie (Frühjahr und Spätsommer, genaue Termine siehe Website) in der Musikantenbuckel KostBar, drei modern eingerichtete Ferienwohnungen auf dem Weingut
**Erlebenswert** Vinothek, Terrasse für Sommerabende

Thomas Simon zeigt Jahr für Jahr eine erfreuliche Konstanz bei seinen Weinen. Die begann mit dem Umzug in das vor einigen Jahren an den Rand von Freinsheim ausgesiedelte neue Weingut. Erstaunlich, was räumliche Verbesserungen bewirken können! Die Verkostung beginnt mit einem runden Sekt, gefolgt von einem Riesling in der Literflasche, die in der Region immer seltener wird. Der nachfolgende Riesling Gutswein bringt einen animierenden, würzigen Hintergeschmack und bereitet uns optimal vor auf den Oschelskopf Riesling Silberkapsel, der äußerst straff, schlank, frisch und mit einem bleibenden Geschmack auf der Zunge präsent ist. Gerade aus und wenig geschminkt gefällt uns der Sauvignon Blanc richtig gut. Die klassische Gastro-Cuvée aus Chardonnay und Weißburgunder ist blütenduftig und ebenfalls gut gemacht. Natürlich aber kommt nichts an den Riesling Auf dem vorderen Groß heran, das ist der beste Weine der Kollektion. Die größte Konkurrenz kommt diesmal von einer stimmigen roten Cuvée.

**86** 2018 Sekt Extra Brut
**13,40 €** | 12,5%

**83** 2021 Riesling trocken
**6,50 €/1 Lit.** | 12%

**86** 2021 Riesling trocken
**8 €** | 12%

**87** 2021 Chardonnay & Weißburgunder trocken Silberkapsel
**9,70 €** | 13%

**87** 2021 Freinsheimer Musikantenbuckel Sauvignon Blanc trocken Silberkapsel
**9,70 €** | 12%

**88** 2021 Freinsheimer Oschelskopf Riesling trocken Silberkapsel
**9,70 €** | 12,5%

**88** 2021 Freinsheimer Im Tal Weißburgunder trocken Goldkapsel
**14,30 €** | 14%

**90** 2021 Freinsheimer Auf dem vorderen Groß Riesling trocken Goldkapsel
**14,30 €** | 13%

**89** 2021 Freinsheimer Oschelskopf Rieslaner Goldkapsel
**11,80 €** | 10,5%

**87** 2020 Freinsheim Oschelskopf Merlot trocken Silberkapsel
**10,30 €** | 14%

**89** 2019 Cuvée trocken Kostbar Goldkapsel
**18,60 €** | 14%

★★★½

## ALOIS KIEFER

Wein- und Sekthaus Alois Kiefer
67487 St. Martin · Mühlstraße 2
Tel. (06323) 2099 · Fax 5149
weingut@aloisiushof.de
**www.aloiskiefer.de**

**Inhaber/in und Betriebsleitung** Bernhard, Michael, Andreas und Philipp Kiefer
**Keller** Philipp Kiefer
**Außenbetrieb** Michael Kiefer

**Historie** seit 1950 Weinbau
**Rebfläche** 24 Hektar
**Jahresproduktion** 280 000 Flaschen
**Beste Lagen** St. Martiner Kirchberg, Baron und Guckuckberg, Schloss Ludwigshöhe, Maikammer Mandelhöhe
**Boden** Buntsandstein, Kalkstein, Lösslehm und kalkhaltiger Lehm
**Rebsorten** 21% Riesling, 18% Portugieser, je 11% Spät- und Weißburgunder, 8% Chardonnay, 7% Grauburgunder, 4% Gewürztraminer, 20% übrige Sorten
**Gastronomie** Straußwirtschaft im Mai, September, Oktober und November (bis 11.11)
**Erlebenswert** Gewölbekeller, Schatzkammer

Es war eine kluge Entscheidung des ausladenden Familienclans Kiefer im damals noch Aloisiushof genannten Weingut dem Sohn beziehungsweise Neffen Philipp das Weinmachen zu übertragen. Seitdem, es mögen nun etwa ein Dutzend Jahre sein, hat er das Gut zum besten Betrieb des an Weingütern nicht eben armen St. Martin gemacht. Mit Abstand. Wir freuen uns daher immer wieder auf den neuen Jahrgang – und auf die Neuigkeiten, die er bringt. Bereits vor einiger Zeit hatte Kiefer mal einen Sauvignon Blanc im Stil eines Orangeweins gemacht und ihn in eine Steinzeugflasche gefüllt. Das hat er nun wiederholt und dem Wein einen Partner in Form eines maischevergorenen Rieslings zur Seite gestellt. Beide laufen als Tafelweine unter der Bezeichnung „Was zum Guckuck". Natürlich könnten wir wieder die Exzellenz der Top-Gewächse wie den Kirchberg Pinot Noir oder den Guckuckberg Riesling herausstellen. Doch diesmal finden wir es angemessener, den unglaublich feinen, überaus delikat gemachten Grauburgunder vom Löss zu loben, und zwar vor allen anderen Weinen.

- **90** 2018 St. Martin Riesling Sekt b. A. Extra Brut Prestige
  **14,90 €** | 12 % **BEST BUY**
- **86** 2021 St. Martin Weißburgunder trocken Element
  **7,30 €** | 13 %
- **87** 2021 Riesling trocken vom Buntsandstein
  **9 €** | 12,5%
- **87** 2020 St. Martin Riesling Tafelwein trocken Was zum Guckuck
  **19 €** | 12 %
- **88** 2021 St. Martin Baron Grauer Burgunder trocken vom Löss
  **14 €** | 13 %
- **89** 2021 Gewürztraminer trocken Stein & Erde
  **9 €** | 13 % **BEST BUY**
- **90** 2020 St. Martin Sauvignon Blanc trocken Was zum Guckuck
  **19 €** | 12 %
- **92** 2021 St. Martiner Am Guckuckberg Riesling trocken
  **22 €** | 13 %
- **91** 2019 St. Martiner Kirchberg Pinot Noir trocken
  **22,90 €** | 13,5%
- **90** 2019 St. Martiner Am Guckuckberg Pinot Noir
  **22 €** | 14 %

## KIMICH

Weingut Julius Ferdinand Kimich
67146 Deidesheim · Weinstraße 54
Tel. (06326) 342 · Fax 980414
info@weingut-kimich.de
**www.weingut-kimich.de**

**Inhaber/in und Betriebsleitung**
Franz und Matthias Arnold
**Keller** Matthias Arnold

**Historie** gegründet 1758 von Weinküfer Andreas Kimich und seiner Frau, bis heute in Familienbesitz
**Rebfläche** 25 Hektar
**Jahresproduktion** 160 000 Flaschen
**Beste Lagen** Deidesheimer Grainhübel, Kalkofen, Leinhöhle und Langenmorgen, Forster Ungeheuer und Pechstein, Ruppertsberger Reiterpfad
**Boden** Sandsteinverwitterung, lehmiger Sand, in Forst mit Basalt
**Rebsorten** 63% Riesling, 10% rote Sorten (Spätburgunder, Merlot, Syrah, Blaufränkisch etc.), je 6% Grau- und Weißburgunder, 5% Sauvignon Blanc, je 4% Chardonnay und Gewürztraminer, 2% Scheurebe
**Gastronomie** Gutsausschank zur Deidesheimer Weinkerwe
**Erlebenswert** historischer Keller, Garten (an der Weinkerwe geöffnet)
**Mitglied** Generation Riesling, Wine Changes

Matthias Arnold und sein Team machen im Grunde genommen alles richtig. Draußen im Weinberg wir schon ewig umweltschonend und ohne Herbizide gearbeitet, jetzt ist man auch in der offiziellen Umstellung auf ökologische Bewirtschaftung. Lagen wie Leinhöhle, Grainhübel, Ungeheuer oder Kieselberg sorgen für den Nachschub an tollen Traubenqualitäten. Die daraus resultierenden Weine sind immer saftig, fruchtig und laufen im Glas wie Hölle. Und doch möchten wir den Arnolds zurufen: „Habt noch mehr Mut!" Schraubt den Restzuckergehalt bei den Rieslingen herunter und offenbart der Welt, welch geile Qualitäten da zu finden sind! Das ist wirklich keine überzogene Krittelei, denn die Weine sind ja jetzt schon wunderbar. Doch sehen wir einfach das enorme dahinter stehende Potenzial, welches ausgelotet werden könnte. Bei den aktuellen Weinen ist der Grainhübel wie immer der Champion. Auch der Chardonnay besitzt tolle Anlagen, bei ihm muss sich das Holz noch einfinden in den Wein. Gut gelungen ist zudem der Syrah, der – wie schon der Cabernet Franc im vergangenen Jahr – aufzeigt, dass die Mittelhaardt auch für diese Rebsorten eine gute Heimat darstellen kann.

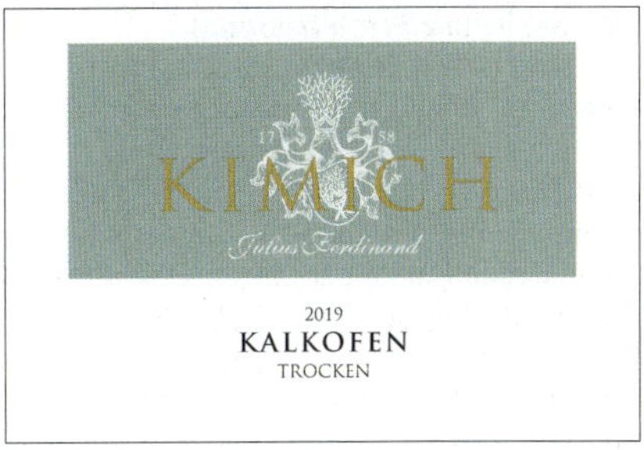


**86** 2021 Forster Mariengarten Riesling Kabinett trocken
**6,80 €/1 Lit.** | 12,5% **BEST BUY**

**86** 2021 Deidesheimer Leinhöhle Riesling Kabinett trocken
**9 €** | 12,5%

**86** 2021 Deidesheimer Mäushöhle Riesling trocken
**9,50 €** | 12,5%

**86** 2021 Scheurebe Spätlese trocken
**10 €** | 12,5%

**87** 2021 Ruppertsberger Riesling Kabinett trocken
**7,20 €** | 12 %

**87** 2021 Deidesheimer Paradiesgarten Riesling Kabinett trocken
**9 €** | 12,5%

**87** 2021 Deidesheimer Kieselberg Riesling Spätlese trocken
**14 €** | 13 %

**88** 2021 Forster Ungeheuer Riesling trocken
**15,50 €** | 13 %

**88** 2020 Chardonnay trocken
**19,50 €** | 13,5%

**90** 2021 Deidesheimer Grainhübel Riesling Spätlese trocken
**19 €** | 13 %

**87** 2021 Gewürztraminer Spätlese restsüss
**13 €** | 10,5%

**89** 2018 Syrah trocken
**22,50 €** | 14 %

★★★

## KIRCHNER

Weingut Kirchner
67251 Freinsheim · Burgstraße 21
Tel. (06353) 3441 · Fax 5056900
info@weingut-kirchner.de
**www.weingut-kirchner.de**

**Inhaber/in** Familie Kirchner
**Betriebsleitung** Ralph Kirchner
**Keller** Ralph Kirchner
**Außenbetrieb** Domenik Weber

**Rebfläche** 21 Hektar
**Jahresproduktion** 130 000 Flaschen
**Beste Lagen** Freinsheimer Schwarzes Kreuz und Oschelskopf, Kallstadter Saumagen, Herxheimer Honigsack
**Boden** sandiger Löss auf Ton, Kalkmergel
**Rebsorten** 19% Riesling, 13% Portugieser, 12% Weißburgunder, 8% Grauburgunder, 7% Dornfelder, 6% Sauvignon Blanc, je 5% Merlot und Spätburgunder, 25% übrige Sorten
**Gastronomie** Gutsausschank und diverse Veranstaltungen
**Erlebenswert** Vinothek und einsehbarer Barriquekeller
**Mitglied** Forum Pfalz

Wir hatten im vergangenen Jahr Ralph Kirchner aufgewertet, weil er nun doch schon mehrere Male in Folge bewiesen hat, dass einige seiner Weine an der 90-Punkte-Marke kratzen können. Dieses Mal wurde die Marke sogar übersprungen: Der 2020er Saumagen Riesling überzeugt durch seine würzige Art mit viel Kernobst, er ist tief und hat dazu noch eine beachtliche Länge. Das Pendant aus dem Honigsack wirkt dagegen schon viel reifer. Es ist eine ausgewogene Auswahl, die Kirchner uns hat zukommen lassen, da ist für jeden etwas dabei – und darum geht es bei ganz vielen Betrieben in der Pfalz ja auch. Der Buntsandstein Riesling lockt mit schöner Gelbfrucht. Die restsüßen Gewürztraminer sind nicht zu offensiv in der Aromatik, der Sauvignon hat ordentlich Knack. Ausgesprochen gut fanden wir den Rosenbühl Spätburgunder, einen eher dunklen, geschmacklich aber nicht zu kräftigen Typ. Die Cuvée XXL strahl Cabernet-Typizität aus und ist in einer durchaus kantigen Art eher auf der grünen Seite angelegt.

★★★

**84** 2021 Riesling trocken
**5,70 €/1 Lit.** | 12 %
**85** 2021 Auxerrois trocken
**8,90 €** | 12,5%
**85** 2021 Freinsheimer Sauvignon Blanc trocken
**8,90 €** | 12 %
**86** 2021 Riesling trocken Buntsandstein
**7,10 €** | 12 %
**87** 2021 Herxheimer Riesling trocken
**8,90 €** | 12,5%
**89** 2020 Herxheimer Honigsack Riesling trocken
**22 €** | 12,5%
**91** 2020 Kallstadter Saumagen Riesling trocken
**24,50 €** | 13 %
**88** 2021 Freinsheimer Oschelskopf Gewürztraminer Auslese
**8,90 €** | 9 %
**89** 2021 Freinsheimer Oschelskopf Gewürztraminer Auslese
**11,50 €/0,5 Lit.** | 9 %
**89** 2021 Freinsheimer Oschelskopf Auslese Riesling
**11,50 €/0,5 Lit.** | 8,5%
**86** 2020 Merlot trocken
**9,90 €** | 14,5%
**88** 2017 Cuvée trocken XXL
**29 €** | 14 %
**89** 2018 Freinsheimer Rosenbühl Spätburgunder trocken
**20 €** | 13 %

## KLEIN

Weingut Klein
76835 Hainfeld · Weinstraße 38
Tel. (06323) 986980 · Fax 81343
info@kleinwein.com
**www.kleinwein.com**

**Inhaber/in und Betriebsleitung**
Barbara und Peter Klein
**Keller** Barbara Klein, Pascal Schlosser

**Historie** seit 1659 in Familienbesitz
**Rebfläche** 30 Hektar
**Jahresproduktion** 190 000 Flaschen
**Beste Lagen** Hainfelder Letten, Burrweiler Altenforst, Weyherer Michelsberg, Ilbesheimer Kalmit,
**Boden** schwerer Lehm, Löss, Schiefer, massiver Kalk
**Rebsorten** 28% Riesling, 15% Grauburgunder, 12% Weißburgunder, 9% Spätburgunder, 8% St. Laurent, je 6% Grüner Veltliner und Muskateller, 9% übrige Sorten
**Erlebenswert** neue Vinothek

Dass wir im vergangenen Jahr von „einer der ungewöhnlichsten Kollektionen" der Pfalz gesprochen hatten, hat Peter Klein ein wenig zum Nachdenken gebracht. Natürlich hatten wir uns bezogen auf Weine wie die Scheurebe Fumé, den Veltliner Réserve oder auch den Muskateller Fumé. Doch es ist ihm auch schon wichtig klarzustellen, dass sie trotzdem noch alles für den „normalen" Weinfreund im Sortiment haben. Die genannten Neuerungen sind tolle Add-ons, aber nicht die Grundlage ihres Schaffens. Und da haben wir diesmal den breiten Bogen vom kernigen Riesling Schiefer über den Riesling Altenforst - von dem es „dank" Peronospera lediglich 300 Liter gab - über einen schön knackigen Muskateller bis hin zu einem tollen Rosé Fumé. Komplett seriös werden wir bei den weißen Burgundersorten: Zwei Weißburgunder und ein Chardonnay stellen uns vor die große Frage, wer hier besser ist. Aber die Frage bleibt unbeantwortet, alle drei sind super und haben Potenzial für die nächsten Jahre. Erst mal weglegen sollte man den 2018er Syrah, der wird in fünf bis sieben Jahren großen Spaß machen.

★★★

## KLEINMANN

Weingut Ökonomierat Johannes Kleinmann
76831 Birkweiler · Hauptstraße 17
Tel. (06345) 3547 · Fax 7777
info@weingut-kleinmann.de
**www.weingut-kleinmann.de**

**Inhaber/in und Betriebsleitung**
Mathias Kleinmann
**Keller** Mathias Kleinmann

**Rebfläche** 17 Hektar
**Jahresproduktion** 100 000 Flaschen
**Beste Lagen** Birkweiler Kastanienbusch, Mandelberg und Rosenberg, Godramsteiner Münzberg
**Boden** Muschelkalk, Buntsandstein, Porphyrverwitterung, kalkiger Mergel, Keuper
**Rebsorten** 40% Weißburgunder, je 10% Grauburgunder, Chardonnay, Riesling, St. Laurent und Spätburgunder, 10% übrige Sorten

Wir dürfen an dieser Stelle ein Novum verkünden: Noch nie in der Geschichte dieses Weinführers hat ein Betrieb acht (!) weiße Burgunder angestellt – und noch einen Spätburgunder dazu. Dass sich Mathias Kleinmann als Burgunderwinzer begreift, war schon immer klar, doch so offensiv war selbst er hier noch nie. Wir legen los mit einem süffigen Rosenberg (selbst das schon Lage!). Danach geht es rasch bergauf: Der Muschelkalk transportiert bereits eine gute Mineralität, der Münzberg hat schmelzige Frucht, der Signatur einen Touch mehr Holz. Am Kingsize gefällt uns die straffere Struktur, der Tonneau zeigt sich aber ausgewogener. Ob man sich in der Spitze für den Muschelkalk natur oder für den tiefen, nachhaltigen Dachsberg entscheidet, ist wohl spontane Lustsache. In der Summe ist diese Kollektion wohl die beste, die uns Kleinmann seit einigen Jahren gezeigt hat. Im obersten Segment auch mit einem neuen Preisniveau, das mag noch erwähnt sein. Verdient. Und es wäre schade, die Nicht-Burgunder ungenannt zu lassen: Der Grüne Veltliner macht in seiner Art mächtig Spaß. Doch noch mehr lockt uns der leichte, luftige und dabei aromatisch so stringente Muskateller.

**86** 2021 Riesling trocken vom Schiefer
**10,50 €** | 13,5%

**86** 2021 Grüner Veltliner trocken vom Löss
**12 €** | 13 %

**87** 2021 Sauvignon Blanc trocken Fumé
**15 €** | 13 %

**87** 2020 trocken Weißes Kreuz
**16,50 €** | 13 %

**88** 2021 Scheurebe trocken Fumé
**15 €** | 13 % TIPP

**90** 2021 Ilbesheimer Kalmit Weißburgunder trocken
**18 €** | 13,5%

**90** 2021 Chardonnay trocken Letten
**18 €** | 13,5%

**90** 2021 Hainfelder Letten Weissburgunder trocken R
**25 €** | 13,5%

**87** 2021 Gelber Muskateller feinherb vom Buntsandstein
**12 €** | 13 %

**87** 2021 Burrweiler Altenforst Riesling
**18 €** | 12,5%

**85** 2021 Syrah Rosé trocken
**8,50 €** | 12 %

**88** 2021 Rosé Fumé trocken
**15 €** | 13 % BEST BUY

**88** 2020 Syrah trocken vom Buntsandstein
**15 €** | 14 %

**90** 2018 Syrah trocken Reserve
**28 €** | 14,5%

★★



**84** 2021 Birkweiler Rosenberg Weißburgunder trocken
**6 €/1 Lit.** | 12 %

**87** 2021 Weißburgunder trocken MUSCHELKALK
**9,50 €** | 12,5%

**87** 2021 Birkweiler Kastanienbusch Grüner Veltliner trocken DACHSBERG
**10 €** | 12 %

**88** 2021 Godramsteiner Münzberg Weißburgunder trocken MÜNZBERG
**12,50 €** | 12,5%

**88** 2021 Birkweiler Mandelberg Weißburgunder trocken SIGNATUR
**18 €** | 13 %

**89** 2020 Birkweiler Kastanienbusch Weißburgunder & Chardonnay trocken KINGSIZE
**26 €** | 13,5%

**90** 2021 Birkweiler Rosenberg Weißburgunder trocken 500 TONNEAU
**20 €** | 13,5%

**91** 2020 Birkweiler Mandelberg Weißburgunder trocken MUSCHELKALK natur
**36 €** | 14 %

**91** 2020 Birkweiler Kastanienbusch Weißburgunder trocken DACHSBERG
**49 €** | 13,5%

**88** 2021 Birkweiler Mandelberg Muskateller
**10 €** | 11 % TIPP

**87** 2021 Birkweiler Rosenberg Merlot trocken
**8,50 €** | 12 %

**89** 2019 Birkweiler Kastanienbusch Pinot Noir trocken
**19,50 €** | 13,5%

## KLUNDT

Weingut Klundt
76829 Landau-Mörzheim · Mörzheimer Hauptstraße 15
Tel. (06341) 32392 · Fax 932703
weingut@klundt.de
**www.klundt.de**

**Inhaber/in und Betriebsleitung**
Hans und Sven Klundt
**Keller** Sven Klundt

**Historie** seit dem 16. Jahrhundert Weinanbau in der Familie
**Rebfläche** 22 Hektar
**Beste Lagen** Birkweiler Kastanienbusch, Godramsteiner Hochborn, Mörzheimer Wacholderberg
**Boden** Rotliegend, tertiärer Kalkmergel, Muschelkalk, Löss
**Rebsorten** 30% Riesling, 20% Spätburgunder, je 15% Grau- und Weißburgunder, 10% Gelber Muskateller, je 5% Chardonnay und Sauvignon Blanc

Im vergangenen Jahr konnten wir nur die älteren Jahrgänge aus dem Mörzheimer Gut verkosten, die uns aber sehr gut gefielen. Jetzt bekamen wir die aktuellen Weine zur Probe und können uns die gesamte Bandbreite der Klundts vornehmen. Auch in der aktuellen Kollektion schmecken wir solide Qualitäten, die nicht auf spektakulär machen, sondern vielmehr Ausdruck eines stilsicheren, klassischen Handwerks sind. Zu nennen wäre hier der 2020er Sauvignon Blanc Reserve Zwei Freunde - Ein Wein, eine Cuvée, die in Kooperation mit Benjamin Ehrhart entstanden ist. Getrennt in Tonneaus ausgebaut, fanden die Assemblage und eine weitere Reifezeit im Hause Klundt statt. Aus dem Jahr 2021 kommt der Gelbe Muskateller, ein Prachtkerl mit dem Duft frischer Blumen, ein ganzes Rosenbeet, einem Hauch von Muskat und einer feinen gelben Frucht.

**85** 2021 Sauvignon Blanc trocken
**6,50 €** | 12 %

**85** 2021 Birkweiler Silvaner trocken
**8,50 €** | 12,5%

**86** 2021 Gelber Mukateller trocken
**6,50 €** | 11,5%

**86** 2021 Weißburgunder trocken Obsession
**8,50 €** | 12 %

**86** 2021 Riesling trocken Obsession
**9 €** | 12,5%

**87** 2020 Sauvignon Blanc trocken Reserve Zwei Freunde – Ein Wein
**10 €** | 13 %

**87** 2020 Mörzheimer Wacholderberg Weißburgunder trocken
**13 €** | 13 %

**89** 2020 Godramsteiner Hochborn Riesling trocken
**14,50 €** | 13 %

**89** 2020 Birkweiler Kastanienbusch Riesling trocken
**16 €** | 13 %

**87** 2019 Pinot Noir trocken Obsession
**10,50 €** | 13,5%

★ NEU

## KNEISEL

Weingut Kneisel
67269 Grünstadt-Asselheim · Weinstraße 50
Tel. (06359) 3951
kontakt@weingut-kneisel.de
**www.weingut-kneisel.de**

**Inhaber/in und Betriebsleitung**
Rüdiger und Stephan Kneisel
**Keller** Stephan Kneisel, Tobias Brodrecht

Stephan Kneisel führt am Ortsrand von Asselheim das elterliche Weingut in die Moderne. Angenehm auffallend ist die einheitliche Etikettengestaltung - nicht immer eine Selbstverständlichkeit, doch sie sorgt für Wiedererkennbarkeit. Seine Weine sind leicht zugänglich und angenehm zu trinken. Vor allem von den Qualitäten aus dem Edelstahl mit der präsenten Frucht darf sich der Weinfreund Genuss versprechen. Seltsamerweise hinken die Lagenweine aus Riesling, Sauvignon Blanc oder auch Pinot Noir dem hinterher.

**83** 2020 Mühlheim Grauer Burgunder trocken
**8,50 €** | 12,5%

**84** 2021 Sauvignon Blanc trocken
**7,30 €** | 12 %

**85** 2020 Asselheimer Riesling trocken
**8,50 €** | 12 %

**85** 2020 Asselheim Chardonnay trocken
**8,50 €** | 13,5%

**85** 2019 Mühlheim Sonnenberg Sauvignon Blanc trocken
**19,90 €** | 13 %

**86** 2020 Asselheim St. Stephan Riesling trocken
**19,90 €** | 12,5%

**84** 2021 Cuvée trocken Rosé
**6,90 €** | 11,5%

**83** 2019 Asselheim Sonnenberg Pinot Noir trocken
**25 €** | 13 %

**84** 2012 Cabernet Sauvignon & Merlot trocken Cuvée Jakob
**13,90 €** | 14,5%

★★★★★

## KNIPSER

Weingut Knipser
67229 Laumersheim · Hauptstraße 47–49
Tel. (06238) 742 · Fax 4377
mail@weingut-knipser.de
**www.weingut-knipser.de**

**Inhaber/in und Betriebsleitung**
Stephan, Volker und Werner Knipser
**Keller** Stephan Knipser, Cathrine Daut

**Rebfläche** 80 Hektar
**Jahresproduktion** 500 000 Flaschen
**Beste Lagen** Laumersheimer Steinbuckel und Kirschgarten, Großkarlbacher Burgweg, Dirmsteiner Mandelpfad
**Boden** Kalkstein und Kalkmergel, teilweise mit Lehm und Lössauflage
**Rebsorten** 28% Spätburgunder, 20% Riesling, 9% Merlot, 8% Chardonnay, 7% Cabernet Sauvignon, 6% Dornfelder, 22% übrige Sorten
**Gastronomie** Knipsers Halbstück, Bissersheim
**Mitglied** VDP

Man sollte ja denken, bei einem Betrieb wie Knipser laufe alles perfekt im betrieblichen Ablauf. Doch Stephan Knipser gibt freimütig zu, dass er jede Menge Baustellen sieht: „Unsere Logistik muss effektiver werden, da sind wir etwas hinten dran", so sagt er, und meint damit, Prozesse wie Abfüllung, Etikettierung und Lagerung der „Schnelldreher" von den hochwertigen Weinen zu trennen, die im Falle der Reserve-Weine erst nach fünf Jahren auf den Markt kommen. Für Letztere werden auch die Preise recht spät festgelegt, so dass Sie, liebe Leserschaft, bei einem nicht gerade kleinen Teil der unten aufgelisteten Weine „Preis auf Anfrage" sehen. Also wird man demnächst den bereits genehmigten Bau einer weiteren Halle, eines weiteren Kellers angehen und im Zuge dessen dann auch ein neues Logistiksystem entwerfen. Da sind wir gespannt.

### Drei Grundrichtungen

Blickt man auf die offizielle Weinliste bei Knipser, sieht man eine irre Vielfalt an Rebsorten und Qualitäten. Hier liebte man es schon immer, mit unüblichen Sorten zu arbeiten, sich Klone aus Frankreich zu holen oder gar selbst neues Rebmaterial zu züchten. Wenn es um die besseren Qualitäten geht, kann man drei Grundrichtungen festlegen: Riesling, Burgundersorten und internationale Rotweine. „Viele der Rieslinge haben bereits richtig tiefe Wurzeln, die stehen schon jeweils lange auf ihrem Grund - bis auf diejenigen, die in der Selection Massale von uns gezogen wurden", erzählt Stephan. „Vermehrt kommen jetzt aber, und das war auch in den letzten paar Jahren so, die Burgunderklone, also Pinots und Chardonnay immer stärker und auch besser in den Ertrag". Wobei mit stärker und besser nicht mehr gemeint ist. Kleine Trauben mit kleinen Beeren, das ist das angestrebte Optimum.

Hat man die Erfrischungsphase mit dem Rosé Clarette, dem Sauvignon Blanc oder dem Riesling HPB hinter sich, geht es stramm auf die Lagen-Rieslinge zu. Die Vorgabe von 2020 war steil, doch sind die 2021er GGs hier nicht weit weg, ja sie liegen teilweise darüber. Pinots sind nun über mehr als zehn Jahre hinweg eine sichere Bank, und das bleiben sie auch.

**86** 2021 Riesling trocken Kapellchen
**10,40 €** | 12,5%

**87** 2021 Riesling trocken HPB
**9,80 €** | 12,5%

**87** 2021 Sauvignon Blanc trocken
**10,80 €** | 12%

- **87** 2021 Chardonnay & Weißburgunder trocken
  **11,80 €** | 12,5%
- **87** 2021 Grauburgunder trocken
  **12,50 €** | 12,6%
- **93** 2021 Laumersheimer Kirschgarten Weißburgunder VDP.Großes Gewächs
  **35 €** | 13,5%
- **93** 2021 Chardonnay trocken ***
  **Preis auf Anfrage** | 13,5%
- **93** 2021 Chardonnay trocken Réserve **** Réserve
  **Preis auf Anfrage** | 13 %
- **94** 2021 Dirmsteiner Mandelpfad Riesling VDP.Großes Gewächs
  **35 €** | 13,2%
- **95** 2021 Laumersheimer Steinbuckel Riesling VDP.Großes Gewächs
  **35 €** | 12,9%
- **88** 2021 Cuvée trocken „Clarette" Rosé
  **10,80 €** | 12 % BEST BUY
- **92** 2020 Großkarlbacher Burgweg Im großen Garten Spätburgunder VDP.Großes Gewächs
  **Preis auf Anfrage** | 13,2%
- **92** 2020 Laumersheim Steinbuckel Spätburgunder VDP.Großes Gewächs
  **Preis auf Anfrage** | 13,5%
- **93** 2020 Laumersheimer Kirschgarten Spätburgunder VDP.Großes Gewächs
  **Preis auf Anfrage** | 13,5%
- **93** 2019 Cuvée trocken X
  **Preis auf Anfrage** | 13,5%
- **93** 2019 Cuvée trocken XR
  **Preis auf Anfrage** | 13,5%
- **94** 2020 Dirmsteiner Mandelpfad Spätburgunder VDP.Großes Gewächs
  **Preis auf Anfrage** | 13 %
- **94** 2019 Syrah trocken
  **Preis auf Anfrage** | 13,5% TOP 10
- **95** 2019 Syrah trocken Reserve
  **Preis auf Anfrage** | 13,5% TOP 10
- **96** 2020 Spätburgunder trocken RdP
  **Preis auf Anfrage** | 13 % TOP 10

★★★★

## BERNHARD KOCH

Weingut Bernhard Koch
76835 Hainfeld · Weinstraße 1
Tel. (06323) 2728 · Fax 7577
info@weingut-koch.com
**www.shop.weingut-koch.com/**

**Inhaber/in und Betriebsleitung**
Bernhard, Alexander und Konstantin Koch
**Keller** Chie Sakata und Christopher Knorr

**Historie** Weinbau seit 1610
**Rebfläche** 50 Hektar
**Jahresproduktion** 480 000 Flaschen
**Beste Lagen** Hainfelder Letten und Kirchenstück
**Boden** Lehm, Kalkmergel, Sand, Schiefer und Buntsandstein
**Rebsorten** 22% Riesling, 20% Spätburgunder, je 15 % Grauburgunder, Weißburgunder und Chardonnay, 5% Sauvignon Blanc, 8% übrige Sorten
**Gastronomie** Gutsausschank im Weinpavillon „Wanns Licht brennt isch uff", Mittwoch bis Sonntag
**Erlebenswert** Keller mit 850 Barriquefässern
**Mitglied** Fair'n Green, Forum Pfalz

Kein anderes Weingut an der Südlichen Weinstraße kann auf einen derartigen Aufstieg innerhalb relativ weniger Jahre zurückblicken. Es ist noch keine 15 Jahre her, da kostete sein teuerster Wein noch nicht mal 10 Euro. Irgendwie hatte sich der bescheidene Bernhard Koch geschämt, diese „Schallmauer" zu durchbrechen. Der Kunde konnte stets sicher sein, in diesem Betrieb herrlich trinkbare, unkomplizierte, mehr als fair kalkulierte Weine vorzufinden. Das gilt, auf alle Ebenen betrachtet, heute noch genau so. Nur dass sich die Qualitäten eben gründlich verschoben haben. Die Basis, bei der die Menge weggeht, die gibt es auch heute noch. Da darf dann auch schon mal ein halbtrockener Riesling im Liter dabei sein oder ein feinfruchtiger Dornfelder. Doch schon kurz danach öffnet sich der trockene Koch'sche Kosmos. Kellermeisterin Chie Sakata brachte uns sage und schreibe 20 Weine vorbei und fügte hinzu „weniger geht wirklich nicht, um euch das zu zeigen, was wichtig ist."

**Was für eine Parade!**
Tja, und dann haben wir halt mal verkostet. Es begann mit den beiden Sekten, wobei man wissen sollte, dass Bernhard mit bei den ersten in der Pfalz war, die Winzersekt ernst genommen haben und dafür auch Reisen in die Champagne unternahmen. Der Brut Réserve ist ein briochemäßig angelegter Sekt sehr hoher Güte. Riesling haben wir in diesem Jahr erstaunlicherweise nur einen gesehen, nämlich den famosen Letten Réserve; gut, eine restsüße Spätlese war noch dabei. Kann es sein, dass auch dieser Winzer zu denen gehört, die die Zukunft bei den Burgundern sehen? Alle Zeichen deuten zumindest darauf hin: Der Löwenanteil der Weißweine besteht aus Chardonnay, und die haben es in sich. Unsere Herzen flogen im Pfalzfinale hin zur Réserve du Fils und zum zum Prestige. Für das Geld kannste im Burgund lange suchen. Ähnliche Situation bei den acht (!) Pinots. Das startet schon stark beim „kleinen" Spätburgunder S und schaukelt sich unablässig hoch bis zu der Grande Réserve BK, von der wir 2019 und 2020 im Glas haben. Seidig, dicht, irgendwo auch schwerelos. Spannende Vergleiche...

**89** Pinot Blanc Sekt Extra Brut
**12,50 €** | 12 % BEST BUY

**90** Brut Réserve
**15 €** | 12,5%

**86** 2021 Weißburgunder trocken vom Löss
**6,90 €** | 13 %

**88** 2021 Walsheimer Silberberg Weißburgunder trocken Réserve
**10,50 €** | 12,5%

**88** 2021 Hainfelder Letten Grauburgunder trocken Réserve
**10,80 €** | 12,5%

**89** 2021 Hainfelder Letten Riesling trocken Réserve
**14 €** | 12,3%

**92** 2020 Hainfelder Letten Chardonnay trocken Réserve
**17,50 €** | 13 %

**92** 2021 Hainfelder Letten Chardonnay trocken Réserve
**17,50 €** | 13 %

**94** 2020 Hainfelder Letten Chardonnay trocken Réserve du Fils
**32 €** | 13 %

**94** 2020 Hainfelder Letten Chardonnay trocken Prestige
**32 €** | 13 %

**88** 2021 Hainfelder Kirchenstück Riesling Spätlese restsüss
**9,90 €** | 7 %

**88** 2020 Spätburgunder trocken S
**10 €** | 14 %

**90** 2020 Flemlinger Herrenbuckel Pinot Noir trocken
**15 €** | 14 %

**90** 2020 Hainfelder Kirchenstück Pinot Noir trocken
**19,80 €** | 13,5%

**90** 2019 Cuvée trocken Le Noir
**25 €** | 14 %

**91** 2020 Hainfelder Letten Pinot Noir trocken Réserve
**27,50 €** | 13,5%

**93** 2020 Hainfelder Letten Pinot Noir trocken Réserve Alte Reben
**30 €** | 13,5%

**94** 2020 Hainfelder Letten Pinot Noir trocken Grande Réserve
**45 €** | 13,5%

**94** 2019 Hainfelder Letten Pinot Noir trocken Grande Réserve BK
**60 €** | 13,5%

**96** 2020 Hainfelder Letten Pinot Noir trocken Grande Réserve BK
**60 €** | 13,5% TOP 10

★★★

## KOEHLER-RUPRECHT

Weingut Koehler-Ruprecht
67169 Kallstadt · Weinstraße 84
Tel. (06322) 1829 · Fax 8640
info@koehler-ruprecht.com
**www.koehler-ruprecht.com**

**Inhaber/in und Betriebsleitung**
Dominik Sona
**Keller** Franziska Schmitt

**Rebfläche** 13 Hektar
**Jahresproduktion** 80 000 Flaschen
**Beste Lagen** Kallstadter Saumagen, Kallstadter Steinacker, Kallstadter Annaberg
**Boden** Kalkgeröll, sandiger Lehm, teils mit Kies
**Rebsorten** 54% Riesling, 20% Spätburgunder, 8% Weißburgunder, je 3% Chardonnay und Grauburgunder, 12% übrige Sorten
**Erlebenswert** historischer Gutshof mit Gewölbekeller von 1556

Es gibt Weingüter mit dem Finger am Puls der Zeit und dem Fähnchen im Wind, immer der Spur des Verbrauchergeschmacks nach. Und dann gibt es so was wie Koehler-Ruprecht, eigentlich ein Anachronismus. Veränderungen erfolgen hier (übertrieben ausgedrückt) nach dem Prinzip: Nur nicht so rasend schnell wie Schnecken sein! Und da legt Dominik Sona auch größten Wert drauf. „Wir bleiben unserer Linie treu, wir werden uns und unseren Stil nicht ändern", sagt er. Das trifft natürlich auch auf die Etiketten zu, die jeder Modernisierung trotzen, „aber im Ausland, gerade in den USA, supergut ankommen". Aber nun zu den Weinen. Dass man in den vergangenen Jahren viel mit den Böden gearbeitet habe, Kompost gelegt, Biokohle ausgebracht habe, zahle sich nun aus. Die Böden seien gesund, wovon die Reben profitieren. Und eben die Weine. Es sind allesamt sehr klare, klassische Exemplare, wie man sie von diesem Betrieb seit langem kennt. Die 2020er haben etwas mehr Restzucker als gewohnt, dafür etwas weniger Fruchtaromatik, sie sind harmonisch und sehr trinkfreudig. Wir konnten einige Riesling „R" probieren, die es nur in den besten Jahrgängen gibt – aber diese werden gerade zahlreicher. Das Zeug steht schon richtig, richtig gut da, Hut ab. Übrigens gehen etwa 65 Prozent der Produktion in den Export, 8 Prozent in die Gastronomie, den Rest teilen sich Handel und Endverbraucher in Deutschland. Wer kann, sollte sich etwas sichern.

**86** 2021 Weißburgunder Kabinett trocken
**10 €** | 12%

**86** 2021 Chardonnay Kabinett trocken
**10 €** | 13%

**87** 2020 Kallstadter Riesling Kabinett trocken
**10 €** | 11,5%

**88** 2020 Kallstadter Saumagen Riesling Kabinett trocken
**14 €** | 12%

**90** 2021 Kallstadter Annaberg Chardonnay Spätlese trocken
**16 €** | 13%

**90** 2020 Kallstadter Saumagen Riesling Spätlese trocken
**26 €** | 12,5%

**90** 2019 Kallstadter Saumagen Riesling Auslese trocken
**34 €** | 13%

**91** 2020 Kallstadter Saumagen Riesling Auslese trocken
**26 €** | 13,5%

**91** 2018 Kallstadter Saumagen Riesling Spätlese trocken „R"
**60 €** | 13,5%

**91** 2017 Kallstadter Saumagen Riesling Spätlese trocken „R"
**60 €** | 13,5%

**92** 2016 Kallstadter Saumagen Riesling Auslese trocken
**105 €** | 13,5%

**88** 2019 Pinot Noir Spätlese trocken
**24 €** | 13,5%

★

## KOHL

Weingut Kohl
67167 Erpolzheim · Georg-Amend-Straße 4
Tel. (06353) 3939
info@weingutkohl.de
**www.weingutkohl.de**

**Inhaber/in** Rainer Kohl
**Betriebsleitung** Annette Kohl
**Keller** Michael Mader (Dipl.Ing [FH])
**Außenbetrieb** Rainer Kohl

Das Weingut durchläuft seit September 2019 die Umstellungsphase und wird in Bälde biozertifiziert sein. Spontanvergärung und langes Hefelager gehören ins Repertoire der Erpolzheimer. Unsere Weinempfehlung: Ein prachtvoller 2019er Crémant Rosé vom Pinot Noir, mit sehr schöner Farbe, einem feinen Mousseux und einer reifen Frucht von roten Beeren, mit eleganter Hefe und viel Kraft. Im aktuellen Jahrgang sticht auch der Liter-Riesling heraus, der sich auszeichnet durch eine reife Frucht von gelbem Apfel und Zitrus, viel Mineralität und perfekt eingebaute Säure.

**87** 2019 Pfalz Pinot Noir Rosé Crémant Sekt b. A. Brut
**12,90 €** | 12 %

**83** 2021 Herxheimer Blanc de Noir trocken
**6,70 €** | 12 %

**84** 2021 Freinsheimer Riesling trocken
**5,10 €/1 Lit.** | 12,5%

**85** 2021 Herxheimer Spätburgunder trocken
**7,70 €** | 11,5%

**86** 2021 Erpolzheimer Grauburgunder trocken Dt.
**6,50 €** | 11,5%

**86** 2021 Freinsheimer Chardonnay & Weissburgunder trocken
**7,40 €** | 12,5%

**86** 2021 Sauvignon Blanc trocken
**8,30 €** | 11,5%

**84** 2020 Freinsheimer Cabernet Sauvignon Rosé trocken
**6,30 €** | 11,5%

**84** 2019 Freinsheimer Oschelskopf Cabernet Sauvignon trocken
**8,60 €** | 11,5%

★

## FRITZ KOHL

Weingut Fritz Kohl
67269 Grünstadt-Sausenheim · Leiningerstraße 59
Tel. (06359) 5767 · Fax 5338
info@weingut-kohl.com
**www.weingut-kohl.com**

**Inhaber/in und Betriebsleitung** Markus & Ilona Kohl
**Keller** Markus Kohl
**Außenbetrieb** Markus Kohl

Bei Familie Kohl in Grünstadt kommen auch die Liebhaber feinherber und halbtrockener Weine auf ihre Kosten. Vielseitig präsentiert sich die Kollektion des 18-Hektar-Gutes von Ilona und Markus Kohl. Der 2021er Neuleininger Feuermännchen Rosé trocken zeichnet sich aus durch eine schöne Farbe und eine würzige Frucht. Der 2021er Sauvignon Blanc Gutswein überzeugt mit einem harmonischen Duft nach Paprika und Stachelbeeren.

**85** 2021 Riesling trocken
**5,20 €/1 Lit.** | 13 %

**85** 2021 Grauer Burgunder trocken
**5,80 €** | 13 %

**85** 2021 Sausenheimer Klostergarten Weißer Burgunder Spätlese trocken
**6,50 €** | 13 %

**85** 2021 Sauvignon Blanc trocken
**7,60 €** | 13 %

**86** 2020 Neuleininger Feuermännchen Chardonnay trocken „L"
**7,60 €** | 13 %

**84** 2021 Scheurebe restsüss
**5 €/1 Lit.** | 12 %

**85** 2021 GoldmuskatellER restsüss
**5,80 €** | 12 %

**85** 2021 Neuleininger Feuermännchen Merlot Rosé trocken
**6 €** | 13,5%

**84** 2020 Sausenheimer Höllenpfad Dornfelder trocken
**5,30 €** | 13,5%

**85** 2019 Sausenheimer Höllenpfad Spätburgunder trocken
**6 €** | 13,5%

**85** 2020 Sausenheimer Klostergarten St. Laurent halbtrocken
**6 €** | 12,5%

★

## KOPF

Weingut Dr. Andreas Kopf
76829 Landau-Mörzheim · Am Frohnacker 1
Tel. (06341) 32355 · Fax 932762
biolandhofkopf@t-online.de
**www.weingut-dr-kopf.de**

**Inhaber/in und Betriebsleitung** Dr. Andreas Kopf
**Keller** Dr. Andreas Kopf

Dr. Andreas Kopf war schon Biowinzer, als man sich dafür noch erfolglos bei Weinkennern zu rechtfertigen hatte. Das knapp zwei Hektar große Bioland-Weingut blieb stets dabei und arbeitet konsequent nachhaltig: Nassleim-Etiketten, echte Korken und Flaschenrücknahme gehören ebenso dazu wie das Experimentieren mit den neuen Piwi-Sorten. Sehr zu empfehlen ist der Pinot Blanc Sekt brut mit feinperligem Mousseux, eleganter Frucht, fein eingebundener Hefe und butterigem Schmelz.

**86** 2020 Sekt Brut Pinot Blanc brut
**12 €** | 13 %

**84** 2021 Souvignier Gris trocken
**8 €** | 12,3%

**85** 2021 Grauburgunder trocken
**7 €** | 11,9%

**85** 2021 Sauvignac trocken
**8 €** | 12,8%

**85** 2021 Souvignier Gris trocken L'orange
**16 €** | 12,8%

**86** 2021 Riesling trocken
**7 €** | 12,6%

**86** 2021 Wollmesheimer Mütterle Weißburgunder trocken
**7 €** | 12,1%

★★★★

## KRANZ

Weingut Kranz
76831 Ilbesheim · Mörzheimer Straße 2
Tel. (06341) 939206 · Fax 939207
info@weingut-kranz.de
**www.weingut-kranz.de**

**Inhaber/in und Betriebsleitung** Boris Kranz
**Keller** Boris Kranz

**Historie** Gründung des Weinguts im Jahr 1948
**Rebfläche** 25 Hektar
**Jahresproduktion** 120 000 Flaschen
**Beste Lagen** Ilbesheimer Kalmit, Westerberg und Kirchberg, Arzheimer am Fürstenweg, Rosenberg und am Klingenwingert, Ranschbacher Seligmacher
**Boden** Landschneckenkalk, Ton, Löss, Lehm, Rotliegend
**Rebsorten** je 25% Riesling, Weißburgunder und Spätburgunder, 10% Chardonnay, 15% übrige Sorten
**Erlebenswert** Terrassenwingerte unterhalb der der kleinen Kalmit, Vinothek in moderner Architektur mit Blick auf die Toplagen
**Mitglied** VDP, Südpfalz Connexion

2022 ist für Kranz ein kleines Jubiläum. Feierte der VDP „20 Jahre VDP.Großes Gewächs", so sind es für Boris Kranz zehn Jahre - denn 2012 wurde er in den Verband aufgenommen und produzierte logischerweise den ersten Kalmit Riesling Großes Gewächs. Nachdem er sich jahrelang dafür eingesetzt hatte, Kalmit überhaupt erst wieder als offizielle Lage anzuerkennen. Diese Lage bedeutet für ihn bei den Rieslingen Eleganz und Salzigkeit, bei den Burgundern, weiß wie rot, bedeutet sie Würze. Es ist nur logisch, dass Neupflanzungen an diesem Hügel aus Landschneckenkalk mit Pinot-Reben gemacht werden.

**Sekt is coming home**
„Neu ist bei uns, dass wir seit November unsere Sektproduktion ‚nach Hause' geholt haben", hört man von Kranz, und diese Sektgeschichte geht maßgeblich auf den Anstoß von Sohn Xaver zurück, der sich inzwischen schon richtig gut einbringt. Verkosten konnten wir davon leider noch nichts, doch sind wir gespannt, was da ab dem nächsten Mal auf uns zurollen wird. Für den Augenblick betrachten wir bei den angestellten Weinen einen gut trockenen, kompakten Stil. Der Einstiegs- und Mittelbereich ist mit den Rieslingen Rotliegend, dem Riesling vom Landschneckenkalk und dessen Pendant mit Weißburgunder bestens abgedeckt. Der Sylvaner läuft als Exot mit – mein Gott, dass man Sylvaner in der Südpfalz mal als Exot bezeichnen würde, hätte vor 50 Jahren noch niemand gedacht. Damals waren sie aber auch nie so gut wie dieser hier, das nur nebenbei. Wenn es an die Ersten Lagen und später an die Großen Gewächse geht, macht Kranz vollends ernst. Wir kennen seine akribische, pedantische Art und schätzen, was er aus diesen Weinbergen herausholt. Das GG vom Weißburgunder ist großartig, verbindet Schmelz mit großer Präsenz. Der vor zwei Jahren gepflanzte Chardonnay am Nordausläufer der Kalmit ist noch nicht soweit, da werden wir uns noch ein paar Jahre gedulden müssen. Der Chardonnay RF ist sehr gut, doch vom „Neuen" verspricht man sich noch mehr. Überhaupt: Was wird die Zukunft hier bringen, was erwartet sich Boris Kranz? „Herkunft zeigen", sagt er, und ist damit auf Linie des VDP, klar. Bei den Burgundern soll das mit einem würzig-straffen Stil erreicht werden, bei den Rieslingen mit saftig-feiner Eleganz und vor allem mit Langlebigkeit, keiner „Alltagsfischerei". Wir können bestätigen, dass der eingeschlagene Weg nicht der falsche ist.

**86** 2021 Riesling trocken
**9,90 €** | 12 %

**87** 2021 Ilbesheim Sylvaner trocken vom Ton
**14 €** | 12,5%

**88** 2021 Ranschbach Riesling trocken Rotliegend
**14 €** | 12 %

**89** 2021 Riesling trocken
**15,50 €** | 11,5%

**89** 2021 Ilbesheim Weißer Burgunder trocken vom Landschneckenkalk
**15,50 €** | 13 %

**90** 2021 Ranschbacher Seligmacher trocken Erste Lage
**20 €** | 12 %

**90** 2021 Ilbesheimer Westerberg Riesling trocken Erste Lage
**20 €** | 12 %

**90** 2021 Arzheimer Klingenwingert Weißer Burgunder trocken Erste Lage
**22 €** | 13 %

**90** 2021 Arzheimer Chardonnay trocken RF
**22 €** | 12,5%

**91** 2021 Ilbesheimer Kirchberg Riesling VDP.Großes Gewächs
**35 €** | 12 %

**92** 2021 Kalmit Weißer Burgunder VDP.Großes Gewächs
**35 €** | 13 %

**93** 2021 Ilbesheimer Kalmit Riesling VDP.Großes Gewächs
**35 €** | 12 %

**88** 2019 Ilbesheim Spätburgunder trocken
**15,50 €** | 13,5%

**90** 2019 Arzheim Am Fürstenweg Spätburgunder trocken Erste Lage
**22 €** | 13,4%

★★★

## KREBS

Weingut Krebs
67251 Freinsheim · Großkarlbacher Straße 10
Tel. (06353) 3149 · Fax 1012
info@weingut-krebs.eu
**www.weingut-krebs.eu**

**Inhaber/in und Betriebsleitung**
Harald und Jürgen Krebs
**Keller** Jürgen Krebs
**Außenbetrieb** Harald Krebs

**Rebfläche** 20 Hektar
**Jahresproduktion** 100 000 Flaschen
**Beste Lagen** Freinsheimer Musikantenbuckel und Oschelskopf, Herxheimer Honigsack und Himmelreich
**Boden** Löss, Lehm, Sand, Kalk
**Rebsorten** 30% Riesling, 25% Spätburgunder, je 10% Merlot und Weißburgunder, 7% Sauvignon Blanc, 18% übrige Sorten

Im vergangenen Jahr wurden wir von Jürgen Krebs von einem aus Blaufränkisch gemachten Sekt geradezu überrumpelt. Natürlich positiv. Den hat er uns jetzt im Nachgang auch wieder vorgestellt, er ist erneut gelungen, wenn auch nicht ganz so spektakulär. Klagen? I wo! Bei Krebs wissen wir, woran wir sind. Er arbeitet extrem penibel und brennt für seinen Beruf. Es gibt dabei, wie bei vielen Betrieben in der Pfalz, die begriffen haben, wie es zu steuern ist, eine preisliche Führung, die den gegebenen Anforderungen entspricht. Die Gutsweine, etwa von Grauburgunder oder Chardonnay und Weißburgunder - der angesagten „Gastro-Mischung" - sind saftig und weisen schon eine schöne Dichte auf, ohne kompliziert zu sein. Toll finden wir den Viognier, er hat eine Intensität, die mit dem Touch Holz wunderbar zur Geltung kommt. Seine Top-Weine unterscheidet Krebs in Erste und Beste Lagen. Beirm Riesling ist das ebenso nachvollziehbar wie beim Spätburgunder, wobei wir bei Letzterem das Potenzial des 2020er Himmelreich noch etwas höher einschätzen als beim 2019er. Gerade beim Pinot sehen wir das größte Entwicklungspotenzial für die Zukunft, denn hier geht noch mehr als bisher.

| | | |
|---|---|---|
| **90** | Rosé Brut | **16 €** \| 12,5% |
| **84** | 2021 Riesling trocken | **6 €/1 Lit.** \| 11,5% |
| **86** | 2021 Riesling trocken | **9 €** \| 12 % |
| **87** | 2021 Grauburgunder trocken | **9,50 €** \| 12,5% |
| **87** | 2021 Chardonnay-Weissburgunder trocken | **9,50 €** \| 12 % |
| **89** | 2021 Herxheimer Honigsack Riesling trocken Erste Lage | **19 €** \| 12,7% |
| **89** | 2020 Viognier trocken Réserve | **19 €** \| 13,5% |
| **90** | 2021 Herxheimer Himmelreich Riesling trocken Beste Lage | **26 €** \| 13 % |
| **87** | 2019 Freinsheimer Spätburgunder trocken Glimmer | **16 €** \| 13 % |
| **89** | 2020 Freinsheimer Oschelskopf Spätburgunder trocken Gross | **28 €** \| 13 % |
| **89** | 2019 Herxheimer Himmelreich Spätburgunder trocken Beste Lage | **46 €** \| 13,5% |
| **89** | 2020 Herxheimer Himmelreich Spätburgunder trocken Beste Lage | **46 €** \| 13,5% |

★★

## THORSTEN KRIEGER

Weingut Thorsten Krieger
76835 Rhodt · Theresienstraße 71
Tel. (06323) 704998 · Fax 938728
info@weingut-thorsten.krieger.de
**www.weingut-thorsten-krieger.de**

**Inhaber/in und Betriebsleitung** Thorsten Krieger
**Keller** Thorsten Krieger

**Historie** Weingut seit 1652 im Familienbesitz, Weinberge um Rhodt unter Rietburg im Herzen der Südpfalz, insgesamt rund 26 Hektar Rebfläche
**Rebfläche** 26 Hektar
**Beste Lagen** Rhodter Rosengarten, Rhodter Schloßberg, Edenkobener Bergel, Burrweiler Schäwer
**Boden** Kalkmergel, Granit, Schiefer, Buntsandstein, Lehm-Löss, Rotliegendes
**Rebsorten** 75% weiße Sorten, 25% rote Sorten
**Mitglied** Forum Pfalz

Eine wahre Sortenvielfalt hat uns Thorsten Krieger zur Verkostung hingestellt. In der Tat wachsen auf 26 Hektar unterschiedlichster Bodenbeschaffenheiten zahlreiche Rebsorten. Da kommt die Lust am Experiment auf, freilich nicht ohne die Weinbautradition der Familie (seit 1652) aus dem Blick zu verlieren. Wir sind ein weiteres Mal sehr angetan von den Ergebnissen, die der gelernte Sommelier Krieger vorzuweisen hat. Da wäre zum einen eine wunderbare 2021er Rhodt Edenkobener Bergel Riesling Spätlese trocken -S-. Die ist vielschichtig und überrascht mit einer ganzen Palette von Aromen. Elegant und finessenreich ist sie obendrein und mit der herrlichen Säurestruktur ist der feine, komplexe Wein perfekt. Zum anderen freuen wir uns über den 2019er Rhodter Rosengarten Shiraz. Purpur bis violett in der Farbe, mit ordentlich Himbeer, Brombeer und Blaubeer, mit feinen Tanninen und einer guten Säurestruktur überzeugt er uns und bietet viel Eleganz und Vollmundigkeit. Bessere Gründe für den zweiten Stern kann es wohl nicht geben. Herzlichen Glückwunsch!

THORSTEN KRIEGER
1652

**85** 2021 Riesling trocken Riesling QbA trocken
**7 €/1 Lit.** | 12 %

**85** 2021 Sauvignon Blanc trocken
**8,40 €** | 12 %

**86** 2021 Burrweiler Schäwer Riesling trocken -Schiefer-
**8,40 €** | 12 %

**87** 2021 Auxerrois trocken
**8,40 €** | 13 %

**87** 2021 Grauburgunder trocken
**8,40 €** | 13 %

**88** 2021 Edenkobener Bergel Riesling Spätlese trocken -S-
**15,50 €** | 13 %

**88** 2021 Rhodter Rosengarten Weissburgunder Spätlese trocken -S-
**15,50 €** | 13 %

**88** 2021 Rhodter Rosengarten Grauburgunder Spätlese trocken -S-
**15,50 €** | 13,5%

**89** 2021 Gewürztraminer Auslese restsüss
**16 €** | 8 %

**88** 2019 Pfalz Rhodter Rosengarten Pinot Noir trocken
**31 €** | 13 %

**89** 2019 Pfalz Rhodter Rosengarten Syrah trocken
**31 €** | 13,5%

## PHILIPP KUHN

Weingut Philipp Kuhn
67229 Laumersheim
Großkarlbacher Straße 20
Tel. (06238) 656 · Fax 4602
info@weingut-philipp-kuhn.de
**www.weingut-philipp-kuhn.de**

**Inhaber/in und Kellermeister** Philipp Kuhn
**Rebfläche** 38 Hektar
**Jahresproduktion** 270 000 Flaschen
**Beste Lagen** Laumersheimer Kirschgarten und Steinbuckel, Großkarlbacher Burgweg und Im Großen Garten, Zeller Schwarzer Herrgott, Kallstadter Saumagen
**Boden** Kalksteinfels, Kalkmergel, Löss, sandiger Lehm, Kies, Quarzsand
**Rebsorten** je 25% Riesling, Spätburgunder und weiße Burgundersorten, 25% übrige rote Sorten
**Mitglied** VDP, Fair'n Green

Es ist ja schon so etwas wie ein Running Gag gewesen: Wenn die Weine von Philipp Kuhn angeliefert werden, sollte sicher sein, dass die Reifen der Sackkarre auch wirklich gut aufgepumpt sind. So, da hat er uns dann diesmal einen fetten Strich durch die Rechnung gemacht und sich auf die sonst eigentlich immer erwünschten und angestrebten zwölf Weine runter reduziert. Und ja, es ist möglich, sich dabei mehr oder weniger auf Burgundersorten und Riesling zu konzentrieren. Wenn man vorausschickt, dass Philipp eben auch wesentlich mehr kann, zum Beispiel Cuvées wie Luitmar oder Mano Negra, hervorragenden Sekt oder natürlich die französischen Rotweinsorten Cabernet Franc, Merlot und Exoten wie den italienischen Sangiovese. Alles gediegen, gelungen, saftig, mit Rückgrat versehen. Vor wenigen Jahren hat er seine Rotweinbereitung etwas umgestellt, straffer gemacht. Dadurch haben sie nichts mehr von der Pflaumigkeit früherer Zeiten.

Im vergangenen Jahr kürten wir seinem Riesling Saumagen zum besten Riesling Deutschlands, in einem extrem starken Feld. Auch diesmal schlägt sich dieser Wein mit Bravour, denn er vereint genau das in sich, was wir von Weinen dieser Klasse wollen: nicht die Frucht ganz verleugnen, aber sie nicht zu sehr in den Vordergrund schieben. Zug beweisen, Druck verspüren. Das beherzigt fast ebenso gut der Riesling Scharzer Herrgott aus dem Zellertal. Wer etwas mehr Frucht möchte, ist mit dem Kirschgarten bestens versorgt, ebenfalls ein Wein, den man zur regionalen Spitze zählen darf.

Auch im Hause Kuhn ist klar, wie wichtig künftig Chardonnay sein wird. Sein Kapellenberg schafft es regelmäßig, hohe Punkte einzufahren, weil er einfach Dynamik mit Schmelz zu vereinen weiß. Und die Pinots? Weiß wie rot liegt hier dicht beisammen, kein Abrutscher zu sehen. Aufsteigend ist das Resultat bei der Viognier Réserve, die diesmal sehr gebündelt und strahlend im Typ ist, zudem versehen mit feinstem Holz. So kennen wir das hier eh.

**87** 2021 Riesling trocken Tradition
**11 €** | 12 %

**88** 2021 Laumersheimer Riesling trocken vom Kalksteinfels
**14,50 €** | 12,5%

**90** 2021 Grosskarlbacher Burgweg Riesling trocken
**23 €** | 12,5%

**91** 2021 Viognier trocken Réserve
**23,50 €** | 13 %

- **91** 2020 Laumersheimer Kapellenberg Chardonnay trocken Erste Lage Réserve
  **32 €** | 13 %
- **91** 2020 Laumersheimer Kirschgarten Pinot Blanc VDP.Großes Gewächs
  **34 €** | 13 %
- **92** 2021 Laumersheimer Steinbuckel Riesling VDP.Großes Gewächs
  **34 €** | 13 %
- **94** 2021 Zeller Schwarzer Herrgott Riesling VDP.Großes Gewächs
  **38 €** | 12,5%
- **95** 2021 Kallstadter Saumagen Riesling VDP.Großes Gewächs
  **38 €** | 13 %
- **93** 2021 Laumersheimer Kirschgarten Riesling GG VDP.Großes Gewächs
  **38 €** | 13 %
- **91** 2018 Laumersheimer Steinbuckel Pinot Noir VDP.Großes Gewächs
  **42,50 €** | 13,5%
- **91** 2018 Laumersheimer Kirschgarten Pinot Noir VDP.Großes Gewächs
  **45 €** | 14 %

★★

## LANGENWALTER

Weingut Langenwalter
67256 Weisenheim am Sand
Bahnhofstraße 45
Tel. (06353) 7390 · Fax 4152
info@weingut-langenwalter.de
**www.weingut-langenwalter.de**

**Inhaber/in und Betriebsleitung** Thorsten Langenwalter
**Keller** Thorsten Langenwalter

**Rebfläche** 30 Hektar
**Jahresproduktion** 160 000 Flaschen
**Beste Lagen** Weisenheimer Goldberg, Hahnen, Auf dem Kalkstein und Burgweg
**Boden** Kalkstein, Löss, sandiger Lehm, Rheinkies und -sand
**Rebsorten** je 15% Weiß- und Grauburgunder, 13% Spätburgunder, 12% Riesling, 9% Cabernet Sauvignon, 8% Chardonnay
**Mitglied** Forum Pfalz

Thorsten Langenwalter arbeitet seit Jahren biologisch, mag sich aber nicht zertifizieren lassen. Die Familie bewirtschaftet 30 Hektar Weinberge, außschließlich in den Gemarkungen von Weisenheim und Freinsheim. Je 15 Prozent Burgundersorten aller Couleur stehen auf den verschieden Böden, ebenso Riesling und Chardonnay. Die roten Hauptrebsorten sind Spätburgunder, Portugieser und Cabernet Sauvignon. Vom Löss kommt ein 2021er Weißburgunder, der uns mit seiner griffigen Mineralität und Cremigkeit ganz besonders gefällt. Ein feines, animierendes Säurespiel zeichnet ihn aus, etwas tropische Frucht kommt hinzu. Aus dem Jahrgang 2019 stammt der St. Laurent mit der Silberkapsel. Ziegel- bis dunkelrot kommt er ins Glas, auf der Zunge entfalten sich Aromen von Kirschen, schwarzen Johannisbeeren und Pflaumen. Mokka und dezente Rauchnoten sorgen für eine angenehme Würze, die milde Säure macht diesen Wein sehr geschmeidig am Gaumen.

LANGENWALTER

**85** 2021 Weisenheimer Hahnen Riesling trocken Silberkapsel
**11,20 €** | 12,5%

**85** 2021 Weisenheimer Burgweg Riesling trocken Goldkapsel
**17,50 €** | 12,5%

**86** 2021 Weißburgunder trocken vom Löss
**7,60 €** | 12,5%

**86** 2021 Weisenheim Auf dem Kalkstein Weissburgunder trocken Silberkapsel
**11,20 €** | 13%

**86** 2020 Weisenheimer Hahnen Weissburgunder trocken Goldkapsel
**17,50 €** | 14%

**87** 2020 Freinsheim Musikantenbuckel Chardonnay trocken Reserve Goldkapsel
**17,50 €** | 13,5%

**88** 2020 Weisenheimer Halde Chardonnay trocken Goldkapsel
**17,50 €** | 13,5%

**88** 2019 Weisenheim am Sand Sain Laurent trocken Silberkapsel
**12,20 €** | 13,5%

**88** 2018 Weisenheim am Sand Goldberg Cabernet Sauvignon trocken Goldkapsel
**24 €** | 14,5%

★★

## LAUERMANN & WEYER

Weingut Lauermann & Weyer
67278 Bockenheim an der Weinstraße
Leininger Ring 79
Tel. (06359) 4231 · Fax 409238
info@lauermannundweyer.de
**www.lauermannundweyer.de**

**Inhaber/in** Elisabeth Weyer
**Betriebsleitung** Hans-Jörg Weyer und Hans Heinrich Weyer
**Keller** Hans Heinrich Weyer
**Außenbetrieb** Hans-Jörg Weyer

**Beste Lagen** Bockenheimer Heiligenkirche, Bockenheimer Vogelsang, Bockenheimer Goldgrube
**Boden** Kalkstein, Löss, Lehm
**Rebsorten** 20% Riesling, 8% Sauvignon Blanc, 6% Spätburgunder, je 4% Grauburgunder, Weißburgunder und Portugieser, je 2% Chardonnay und St. Laurent, 50% übrige Sorten
**Erlebenswert** Villa Lauermann erbaut im Jahr 1904 im Jugendstil, Hofanlage Dreiseitenhof

In Bockenheim geht es weiter voran. Das 17 Hektar große Weingut hat uns Weine hingestellt, die den Letztjährigen nicht nur ebenbürtig, sondern überlegen sind. Ein schöner Erfolg für Elisabeth Weyer und ihre Söhne Hans-Jörg und Hans Heinrich. Dies bestätigt nicht nur das gute Gespür für Bestockung der diversen Böden mit zahlreichen Rebsorten, sondern zeugt auch von viel Kompetenz im Keller. Unter den verkosteten Weinen haben wir zwei Lieblinge herausgeschmeckt: Der 2021er Grauburgunder trocken besticht mit feiner, eleganter Nase und prächtiger Farbe im Glas. Brotkruste und Brioche schmecken wir und freuen uns über die cremige Art. Unter den Rieslingen mochten wir am liebsten den 2020er Vogelsang Alte Reben: Steinobst, Mango, eine gute Säure und Mineralität stehen in köstlichem Verhältnis.

lauermann
& weyer

**86** 2021 Cabernet Blanc trocken
**6,90 €** | 11,5%

**87** 2021 Grauburgunder trocken
**6,90 €** | 12,5%

**87** 2021 Weißburgunder trocken
**6,90 €** | 12%

**87** 2021 Sauvignon Blanc trocken
**7,50 €** | 12%

**88** 2021 Chardonnay trocken
**6,90 €** | 12,5%

**88** 2020 Bockenheimer Heiligenkirche Riesling trocken
**12,90 €** | 13%

**88** 2019 Bockenheimer Vogelsang Riesling trocken
**12,90 €** | 13%

**88** 2020 Bockenheimer Vogelsang Riesling trocken
**12,90 €** | 13%

**88** 2020 Bockenheimer Vogelsang Riesling trocken Alte Reben
**16,90 €** | 12,5%

**88** 2019 Bockenheimer Vogelsang Riesling trocken Alte Reben
**16,90 €** | 12,5%

**88** 2012 Bockenheimer Vogelsang Riesling trocken Alte Reben
**16,90 €** | 12,5%

**87** 2020 Bockenheimer Goldgrube Riesling feinherb
**12,90 €** | 11,5%

★★½

## LEINER

Weingut Leiner
76831 Ilbesheim · Arzheimer Straße 14
Tel. (06341) 30621 · Fax 34401
info@weingut-leiner.de
**www.weingut-leiner.de**

**Inhaber/in und Betriebsleitung**
Sven Leiner
**Keller** Sven Leiner

**Rebfläche** 16 Hektar
**Jahresproduktion** 120 000 Flaschen
**Beste Lagen** Ilbesheimer Kalmit
**Boden** Löss und Lehm, Buntsandsteinverwitterung, Ton mit Kalk
**Rebsorten** 33% rote Sorten, 25% weiße Burgundersorten, 15% Riesling, 27% übrige Sorten
**Mitglied** Demeter, Respekt-Biodyn, Slow Food, Südpfalz Connexion

Auf die Weine von Sven Leiner muss man sich einlassen können. Wie manch anderer Kollege auch, hat Sven umgeschwenkt auf biodynamischen Anbau, mit all seinen Konsequenzen. Er das getan, lange bevor Biodyn in Mode kam. Jedem einzelnen Wein merkt man an, dass er nicht von der Stange kommt. Und wenn man genau hinhört, könnte vermutlich jeder seine eigene kleine Geschichte erzählen. Das beginnt schon beim Sekt Brut nature aus Spätburgunder und Chardonnay, der recht wild moussiert und einen hefigen Grundgeschmack aufweist. Sicher kein Easy Drinking, hat aber Charakter. Der Riesling Handwerk ist zwar leicht im Alkohol, bleibt geschmacklich aber lange auf der Zunge. Die Weine mit dem Zusatz „Kapelle" bilden die Spitze des Sortiments. Sie stammen aus der Einzellage Kalmit und beziehen sich auf die oberhalb von ihr gelegene Kapelle. Sie werden als Landweine vermarktet und sind im Grunde Naturweine. Besonders beeindruckt waren wir dabei vom intensiven, langen und mineralischen Riesling sowie vom Spätburgunder, der, wie schon sein Vorgänger aus dem Jahrgang 2018, schmelzig und seidig ist. Zumindest vordergründig – denn hinten kommt ein fordernder Nachhall, der ihn minutenlang am Gaumen stehen lässt.

ILBESHEIM PFALZ

**89** Spätburgunder & Chardonnay Brut nature
**29 €** | 10,5%

**86** 2021 Riesling Landwein trocken Handwerk
**10,50 €** | 10,5%

**86** 2021 Weißer Burgunder Landwein trocken Handwerk
**10,50 €** | 12 %

**89** 2020 Riesling Landwein trocken KALK. BODEN
**17 €** | 12,5%

**89** 2019 Weißer Burgunder Landwein trocken KAPELLE
**30 €** | 13 %

**90** 2019 Riesling Landwein trocken KAPELLE
**30 €** | 12,5%

**86** 2021 Spätburgunder Landwein trocken Handwerk
**12 €** | 12 %

**90** 2019 Spätburgunder Landwein trocken KAPELLE
**37 €** | 13 %

★

## LEONHARD

Weingut Leonhard
76889 Pleisweiler-Oberhofen · Hauptstraße 19
Tel. (06343) 8290 · Fax 2088
info@weingut-leonhard.de
**www.weingut-leonhard.de**

**Inhaber/in und Betriebsleitung**
Volker, Susanne und Steffen Leonhard
**Keller** Steffen Leonhard

Leonhard gibt Gas. Mit Steffen Leonhard kommt die junge Generation in die Verantwortung – und die weiß, was sie will. So haben die Weine zum Teil deutlich zugelegt. Jedenfalls probieren sollte man den 2021er Leon Rosé. Der hat eine leicht erdbeerrote Farbe, eine feine Tannin- und Säurestruktur und verkörpert den idealen Terrassenwein. Mit dem 2021er Weißburgunder Classic schenkt uns Leonhard facettenreiche Eleganz ein. Reifes Obst, florale Noten und eine geschmeidige Cremigkeit machen den Wein zur feinen Visitenkarte des Hauses. Macht weiter so!

**86** 2021 Grüner Silvaner trocken
**6,50 €** | 12 %

**86** 2021 Sauvignon Blanc trocken
**6,80 €** | 12 %

**87** 2021 Pleisweiler-Oberhofen trocken Blanc de Noir
**6,50 €** | 12 %

**87** 2021 Chardonnay trocken
**6,80 €** | 13 %

**87** 2021 Grauburgunder trocken
**6,80 €** | 13 %

**88** 2021 Riesling trocken Klassiker
**6,70 €** | 12,5%

**88** 2021 Weissburgunder trocken Klassiker
**6,70 €** | 13 %

**88** 2020 Pleisweiler-Oberhofen Schlossberg trocken WHITE LION
**9,50 €** | 13,5%

**85** 2021 Gelber Muskateller halbtrocken
**6,50 €** | 11,5%

**87** 2021 Pleisweiler-Oberhofen Schloßberg Gewürztraminer Spätlese restsüss
**7,50 €** | 10,5%

**87** 2021 Cuvée trocken LEO Rosé
**6,50 €** | 12 %

★★

## LIDY

Weingut Lidy
76833 Frankweiler · Frankenburgstraße 6
Tel. (06345) 3472 · Fax 5238
info@weingut-lidy.de
**www.weingut-lidy.de**

**Inhaber/in** Bertram und Marcel Lidy
**Keller** Marcel und Nicolay Lidy

**Rebfläche** 22 Hektar
**Jahresproduktion** 190 000 Flaschen
**Beste Lagen** Frankweiler Kalkgrube, Frankweiler Biengarten, Godramsteiner Münzberg
**Boden** Kalk, Mergel, Buntsandstein, roter Keuper
**Rebsorten** 35% Riesling, 25% Weißburgunder, Grauburgunder und Chardonnay, 20% Spätburgunder, 10% St. Laurent und Syrah, 10% übrige Sorten

Die Lidys scheinen zwei Sterne gepachtet zu haben. Wieder einmal steht eine stilsichere, sauber gemachte Kollektion vor uns. Diese besonders gelungenen Vertreter seien hier wärmstens empfohlen: Der 2021er Frankweiler Riesling Alte Reben duftet nach reifer gelber Frucht, nach Steinobst und bringt eine gute Mineralität mit. Ein Wein, der immer mehr Facetten zeigt. Auch der 2021er Grauburgunder Gutswein trocken überzeugt mit feiner, kühler Frucht, reifen Pfirsichen und Aprikosen, ist cremig und vollmundig mit einer fein eingebundenen Säure. Unter den Roten ist der 2020er Frankweiler Kalkgrube Spätburgunder trocken zwar noch sehr jung, aber schon sehr fein: Die kühle Frucht, die feinen Tannine, die Kirscharomen und viele Beeren korrespondieren gut mit einem fein eingebundenen Holz. Geben wir diesem Wein noch viel Zeit!

LIDY
Frankweiler · Pfalz

**85** 2021 Frankweiler Sylvaner trocken Alte Reben Au
**9,90 €** | 13 %

**86** 2021 Grauburgunder trocken Ag
**7,20 €** | 12,5%

**86** 2021 Weißburgunder trocken Ag
**7,20 €** | 12,5%

**87** 2021 Frankweiler Riesling trocken Alte Reben Au
**9,90 €** | 13 %

**87** 2021 Frankweiler Kalkgrube Weißburgunder trocken Pt
**14,90 €** | 13 %

**89** 2021 Frankweiler Kalkgrube Grauburgunder trocken Pt
**14,90 €** | 13 %

**89** 2021 Frankweiler Kalkgrube Riesling trocken Pt „Steinacker"
**14,90 €** | 13 %

**87** 2021 Frankweiler Riesling Spätlese restsüss Au
**9,90 €** | 9,5%

**86** 2020 Frankweiler Spätburgunder trocken Au
**9,40 €** | 13,5%

**88** 2020 Frankweiler Kalkgrube Spätburgunder trocken Pt
**17,90 €** | 13,5%

**89** 2020 Frankweiler Biengarten Spätburgunder trocken Pt
**14,90 €** | 13,5% **BEST BUY**

**90** 2019 Godramsteiner Münzberg trocken Cuvée Platina Pt
**20,90 €** | 14 %

★★★

## LUCASHOF

Weingut Lucashof
67147 Forst · Wiesenweg 1a
Tel. (06326) 336 · Fax 5794
weingut@lucashof.de
**www.lucashof.de**

**Inhaber/in und Betriebsleitung** Klaus Lucas
**Keller** Klaus und Philipp Lucas
**Außenbetrieb** Hans Lucas und Philipp Lucas
**Rebfläche** 25 Hektar
**Jahresproduktion** 200 000 Flaschen
**Beste Lagen** Forster Ungeheuer, Forster Pechstein, Forster Musenhang und Forster Stift, Deidesheimer Herrgottsacker und Wachenheimer Goldbächel, Dürkheimer Spielberg
**Boden** Lösslehm und Sand, Basalt, Buntsandsteinverwitterung, Kalk, Ton
**Rebsorten** 85% Riesling, 15% Burgundersorten
**Gastronomie** Landhotel Lucashof
**Mitglied** Forum Pfalz

Schaut man in früheren Ausgaben von Weinführern die Texte über den Lucashof an, so wurde oft hervorgehoben, dass es sich bei den Weinen um klassische Pfälzer handeln würde, saftig und mit ausgeprägter Gelbfrucht. Moden wandeln sich im Allgemeinen, und da ist es für einen Betrieb natürlich ebenfalls sinnvoll, sich weiterzuentwickeln. Klaus Lucas und sein Sohn Philipp gehen das als Team an, und wir stellen fest, dass dies, zumindest wenn man es als Ergebnis auf der Flasche betrachtet, offenbar recht geschmeidig funktioniert. Bereits in der vorherigen Ausgabe haben wir von mehr Kontur gesprochen, sichtbareren Nuancierungen und auch mal dem Geist, etwas ganz Neues zu machen - das war beispielsweise ein Riesling Pet Nat. Diesmal ist es, als Fassprobe außerhalb der Bewertung, ein Chardonnay, an dem der Junior bastelt. Noch ist der Wein ein wenig hibbelig, doch die schlanke Art, mit etwas Reduktion und gutem Holz, trifft voll den Nerv der Zeit. Unseren Nerv trifft so mancher Riesling, auch hier positiv. Der Goldbächel ist dicht und lang, der Spielberg klar und filigran. Pechstein und Ungeheuer haben wir schon immer geschätzt, sie sind beide mit gutem Druck ausgestattet. Übertroffen werden sie nur vom erst zum zweiten Mal aufgelegten Musenhang Terrasse, der Tiefe und noch mehr Spannung aufweist. Allein mit dem zu süßen Riesling Kabinett können wir wenig anfangen.

**85** 2021 Riesling trocken
**6,80 €** | 12 %

**86** 2021 Sauvignon Blanc trocken
**9,80 €** | 12 %

**86** 2021 Forster Riesling trocken P. Lucas
**10 €** | 12 %

**87** 2021 Bad Dürkheimer Spielberg Riesling trocken Erste Lage
**13 €** | 12 %

**88** 2021 Forster Musenhang Riesling trocken Erste Lage
**14 €** | 12 %

**89** 2021 Wachenheimer Goldbächel Riesling trocken Erste Lage
**14 €** | 12 %

**89** 2021 Deidesheim In der Petershöhle Riesling trocken
**15 €** | 12 %

**90** 2021 Forster Ungeheuer Riesling trocken Große Lage S
**24 €** | 12,5%

**91** 2021 Forster Pechstein Riesling trocken Große Lage
**28 €** | 12,5%

**91** 2021 Forster Musenhang Terrasse Riesling trocken
**48 €** | 12,5%

**85** 2021 Riesling Kabinett restsüss
**10 €** | 8 %

## MARGARETHENHOF

Margarethenhof GbR
67147 Forst · Wiesenweg 4
Tel. (06326) 8302
info@margarethenhof-forst.de
**www.margarethenhof-forst.de**

**Inhaber/in und Betriebsleitung**
Yvonne Libelli und Martin Lucas
**Keller** Yvonne Libelli, Martin Lucas
**Außenbetrieb** Martin Lucas

**Historie** 2011 Übernahme des Weinguts, Anlehnung an eine 4 Stufige Klassifikation mit Gutswein, Ortswein, Lagenwein (Erste und Große Lage)
**Rebfläche** 17 Hektar
**Jahresproduktion** 140 000 Flaschen
**Beste Lagen** Große Lagen: Forster Pechstein, Jesuitengarten und Ungeheuer, Erste Lagen: Forster Musenhang und Stift, Deidesheimer Herrgottsacker
**Boden** Buntsandstein, Kalkgeröll, Basalt, Lehm-Löss
**Rebsorten** 70% Riesling, 30% übrige Sorten, Weißburgunder, Sauvignon Blanc, Grauburgunder, Scheurebe, Spätburgunder
**Gastronomie** Weinprobiertage im Juni, Wohnmobilstellplätze auf dem Weingut
**Erlebenswert** Lagenwanderweg, digitale Weinwanderung
**Mitglied** Vinissima, Generation Riesling, Wine Changes

Yvonne Libelli schreibt uns zur Einsendung der Margarethenhof-Weine immer noch einen netten (handschriftlichen!) Brief, in dem sie uns über Neuerungen und Änderungen berichtet, auch mal über Zukunftsaussichten. Oder es sind kleine Informationen zu einzelnen Weinen. Diesmal erfahren wir, dass der Forster Riesling Ortswein unbemerkt und eigentlich auch ungewollt in einen biologischen Säureabbau gerutscht ist, dieser ihn anders als geplant werden ließ, der Wein aber - und da stimmen wir zu - dennoch nichts an Konzentration, Dichte und Mineralität vermissen lässt. Wieder mal ein typisches, positives Beispiel, Weine sich selbst finden zu lassen in ihrer Entwicklung. Die Ersten Lagen aus Herrgottsacker und Stift spiegeln in ihrer frischen, frechen Art den Jahrgang ganz gut wider. Wie üblich bekamen wir die Top-Rieslinge aus Ungeheuer, Pechstein und Jesuitengarten mit einem Jahr Verzögerung, was auch weintechnisch wunderbar ist. Sie präsentieren sich druckvoll und stark und schließen an das Niveau von 2019 nahtlos an. Wartezeit auf solche Weine kann man bei Yvonne und ihren Bruder Martin übrigens bestens überbrücken mit einem restsüßen, filigranen Musenhang Riesling, einem unbeschwerten Genuss.

**85** 2021 Riesling trocken Basis
**6 €/1 Lit.** | 12,5%

**86** 2021 Sauvignon Blanc trocken Kernstück
**8,40 €** | 12%

**87** 2021 Riesling trocken Kernstück
**8 €** | 12,5%

**87** 2021 Forster Riesling trocken
**11 €** | 13%

**88** 2021 Forster Stift Riesling trocken Erste Lage
**14 €** | 13%

**88** 2021 Deidesheimer Herrgottsacker Riesling trocken Erste Lage
**14 €** | 13%

**89** 2020 Forster Ungeheuer Riesling trocken Große Lage
**20 €** | 13%

**90** 2020 Forster Pechstein Riesling trocken Große Lage
**25 €** | 13%

**91** 2020 Forster Jesuitengarten Riesling trocken Große Lage
**28 €** | 13%

**88** 2021 Forster Musenhang Riesling restsüss Erste Lage
**10 €** | 8%

★★★

## MEHLING

Weingut Mehling
67146 Deidesheim · Weinstraße 55
Tel. (06326) 274
info@weingut-mehling.de
**www.weingut-mehling.de**

**Inhaber/in und Betriebsleitung**
Kathrin Otte und Christoph Knäbel

**Rebfläche** 12 Hektar
**Beste Lagen** Deidesheimer Paradiesgarten, Leinhöhle, Kalkofen und Kieselberg, Forster Musenhang und Ungeheuer, Königsbacher Ölberg
**Boden** Buntsandstein, Kalkmergel, Lehm, Basalt
**Rebsorten** 85% Riesling, 10% Spätburgunder, 5% übrige Sorten
**Erlebenswert** Innenhof, gotischer Kreuzrippengewölbekeller
**Mitglied** Generation Riesling, Wine Changes

Bei Kathrin Otte haben wir diesmal einen kleinen Sonderweg gewählt und gemacht, was wir sonst nicht tun: noch nicht fertige Weine kurz vor der Füllung verkostet. Sie war ein wenig verzweifelt gewesen, uns sonst nichts zeigen zu können, denn außer ihrem Gutswein Herr Mehling lag alles noch im Fass. Sie und ihr Partner Christoph Knäbel geben den Weinen sehr viel Zeit. Alles wird spontan vergoren, und schon das kann sich auch mal über 16 Monate hinziehen. Erst danach erfolgt ja die eigentliche Lagerung auf der Voll- oder Feinhefe. Wir wollten den Betrieb für den diesjährigen Weinguide nicht verlieren und wählten daher diesen Weg. Die vergebenen Punkte orientieren sich an denen des Vorjahres und sind keineswegs endgültig. Die entsprechenden Weine bekommen wir im nächsten Jahr nochmals zur Verkostung. Was wir nun im Glas haben, stimmt uns aber äußerst hoffnungsvoll. Der 2021er Jahrgang wurde bei Mehling nicht spitz, viele Weine durchliefen einen biologischen Säureabbau. „Ich möchte frische Weine, die aber nicht säurespitz sind. Wenn sie BSA machen wollen, dann ja, forciert wird er aber nicht", erklärt die Winzerin. Ziel sind nicht die Schreier, eher Weine, die in sich ruhen und harmonisch sind. Moden und Trends sind ihr fremd. Das Ungeheuer könnte zum besten werden, das sie je hatten. Und wenn sich der Ölberg aus seiner Verschlossenheit nach draußen gewagt hat, wird spannend sein zu sehen, was sich entpuppt.

**85** 2021 Riesling trocken Herr Mehling
**9 €** | 11,5%

**87** 2021 Deidesheimer Riesling trocken
**12 €** | 12%

**88** 2021 Deidesheim Leinhöhle trocken Erste Lage
**17 €** | 12,5%

**88** 2021 Deidesheimer Kieselberg Riesling trocken Erste Lage
**17 €** | 12,5%

**88** 2021 Deidesheimer Paradiesgarten Riesling trocken Erste Lage
**18 €** | 12,5%

**89** 2020 Forster Musenhang Riesling trocken Erste Lage
**17 €** | 12%

**89** 2020 Deidesheimer Kalkofen Riesling trocken Große Lage
**27 €** | 13%

**90** 2020 Forster Ungeheuer Riesling trocken Große Lage
**27 €** | 13%

**90** 2020 Königsbacher Ölberg Riesling trocken Große Lage
**29 €** | 13%

★★★½

## MEIER

Weingut Meier
76835 Weyher · Hübühl 9
Tel. (06323) 988599 · Fax 988598
info@wein-meier.de
**www.wein-meier.de**

**Inhaber/in und Betriebsleitung**
Georg Meier
**Keller** Georg Meier
**Außenbetrieb** Helmut Meier

**Historie** 1885 Gründung des Weinguts von Valentin Ziegler
**Rebfläche** 21 Hektar
**Jahresproduktion** 150 000 Flaschen
**Beste Lagen** Weyher Michelsberg, Burrweiler Altenforst, Hainfelder Letten
**Boden** Kalkmergel, Buntsandstein, Rotliegendes, Granit, Schiefer
**Rebsorten** 40% Riesling, je 20% Grauburgunder und Weißburgunder, 10% Spätburgunder, 10% übrige Sorten
**Gastronomie** Gutsausschank im Gewölbekeller (Borngasse 6, 76835 Weyher) über die Ernte geöffnet.
**Mitglied** Deutsches Barrique Forum

Es ist das Ziel eines jeden Weinguts, einen unverkennbaren, eigenen Stil zu haben, der es aus der Masse heraushebt und bei dessen Weinen man blind sagen kann: „Das ist doch sicher XY!". Georg Meier hat dies mit Zielstrebigkeit und Können erreicht. Der nähere Umkreis um Weyher herum verfügt über ein großartiges Bodenspektrum mit Granit, Rotliegendem, Buntsandstein oder Schiefer, und auf dieser Klaviatur spielt der Weinmacher exzellent. Die Restzuckergehalte sind überall so ausgelegt, dass alle Weine diese Kühle, dieses Flirrende bewahren - und die Trinkigkeit trotzdem erhalten bleibt. Schon beim Riesling Burrweiler aus dem Rotliegenden geraten wir ins Schwärmen, da möchte man fast die Verkostung abbrechen und sich genau dieser Flasche widmen. Doch es kommt ja noch viel besser. Interessant ist der Vergleich zwischen den Rieslingen 2G (im Granitfass ausgebaut) der Jahrgänge 2019 und 2020: Ersterer leicht reduktiv und verhalten, letzterer mächtig druckvoll und extrem präsent. Sollten wir geglaubt haben, der Altenforst aus dem kleinen Holz sei die Spitze, wurden wir vom Michelsberg mit seiner Kombination aus Frische, Intensität und Länge am Gaumen eines Besseren belehrt.

MEIER
WEINGUT IN WEYHER

**88** 2020 Burrweiler Riesling trocken Rotliegendes
**11,80 €** | 13 %

**89** 2021 Weyher Riesling trocken Granit
**11,80 €** | 13 %

**89** 2021 Burrweiler Riesling trocken Schiefer
**11,80 €** | 13 % **TIPP**

**89** 2019 Riesling trocken 2G
**21 €** | 13 %

**90** 2020 Weyher Michelsberg Riesling trocken
**19 €** | 13 %

**90** 2020 Riesling Landwein trocken Schiefer
**24 €** | 12 %

**90** 2020 Weyher Riesling trocken Granit
**11,80 €** | 13 %

**90** 2020 Burrweiler Riesling trocken Schiefer
**11,80 €** | 13 %

**91** 2020 Riesling trocken 2G
**21 €** | 13 %

**91** 2020 Burrweiler Altenforst Riesling trocken
**24 €** | 12,5%

**91** 2018 Burrweiler Altenforst Riesling trocken
**24 €** | 13 %

**92** 2016 Weyher Michelsberg Riesling trocken
**19 €** | 13,5%

★★★

## MESSMER

Weingut Herbert Meßmer
76835 Burrweiler · Gaisbergstraße 5
Tel. (06345) 2770 · Fax 7917
messmer@weingut-messmer.de
**www.weingut-messmer.de**

**Inhaber/in und Betriebsleitung** Familie Meßmer
**Keller** Bernd Henninger
**Außenbetrieb** Jonas Bosch
Produktionsleitung

**Rebfläche** 30 Hektar
**Jahresproduktion** 180 000 Flaschen
**Beste Lagen** Burrweiler Schäwer, Schlossgarten und Altenforst, Weyher Michelsberg, Auf der Hohl, Gleisweiler Hölle
**Boden** Schiefer, Buntsandstein, Löss, Muschelkalk, Granit, sandiger Lehm
**Rebsorten** 40% Riesling, 20% Spätburgunder, je 10% Grauburgunder und Weißburgunder, 5% Chardonnay, 2% St. Laurent, 13% übrige Sorten
**Gastronomie** Restaurant Ritterhof zur Rose, Vinothek Endlichwein
**Erlebenswert** moderne Vinothek
**Mitglied** VDP

Zum ersten Mal nach der Neuausrichtung des Weinguts Meßmer sehen wir eine Kollektion, die sich vom Gutswein bis zu den Großen Gewächsen erstreckt. Das, was Martin Meßmer mit seinem Betriebsleiter Jonas Bosch im Sinn hatte, scheint nun aufzugehen. Die Weine sind durch die Bank schlanker und frischer als früher und in einem positiven Sinne auch modern angelegt. Beispielhaft dafür steht der einfache Riesling Gutswein, der nicht über die einfache Frucht kommt, sondern eine gewisse Mineralität ausstrahlt. „Best Buy" bei den Rieslingen ist der Schiefer Ortswein, ein dynamischer, würziger, fordernder Tropfen, der im Mund lange nachhallt. Die Großen Gewächse aus dem Michelsberg und Schäwer sind vollkommen unterschiedlich: ruhig, etwas gelbfruchtig und weich der eine, druckvoll, präsent und intensiv der andere. Eine luftige Leichtigkeit hat man mit dem Muskateller Standzeit im Glas. Er tänzelt mit nicht mal zehn Umdrehungen auf der Zunge und spielt mit minzig-schlanker Aromatik. Dass Meßmer schon immer ein Händchen für Burgundersorten hatte, beweisen die Ersten Lagen von Weiß- und Grauburgunder sowie Chardonnay. Der Grauburgunder ist jetzt schon toll trinkbar, die anderen beiden benötigen noch Zeit.

**85** 2021 Burrweiler Grauburgunder trocken Muschelkalk
**9,30 €** | 12 %

**86** 2021 Riesling trocken
**9,30 €** | 12 %

**87** 2021 Muskateller Landwein trocken Standzeit
**13,60 €** | 9,5%

**88** 2021 Hainfeld Riesling trocken Granit
**13,60 €** | 12 %

**88** 2021 Burrweiler Altenforst Riesling trocken Erste Lage Buntsandstein
**18 €** | 12,5%

**89** 2020 Burrweiler Schlossgarten Weissburgunder trocken Erste Lage
**18 €** | 13 %

**89** 2021 Burrweiler Schlossgarten Chardonnay trocken Erste Lage
**18 €** | 12,5%

**89** 2020 Gleisweiler Hölle Grauburgunder trocken Erste Lage
**22 €** | 13 %

**90** 2021 Burrweiler Riesling trocken Schiefer
**18,50 €** | 12 %

**90** 2021 Weyher Michelsberg Riesling VDP.Großes Gewächs
**36 €** | 12,5%

**91** 2021 Burweiler Schäwer Riesling VDP. Großes Gewächs
**39 €** | 12,5%

**86** 2019 Spätburgunder trocken
**11 €** | 12,5%

★★★★

## METZGER

Weingut Metzger
67269 Grünstadt-Asselheim · Langgasse 34
Tel. (06359) 5335 · Fax 83218
info@weinmetzger.de
**www.weinmetzger.de**

**Inhaber/in und Betriebsleitung**
Uli Metzger
**Keller** Lea und Martin Metzger
**Außenbetrieb** Carsten Kaiser

**Rebfläche** 28 Hektar
**Jahresproduktion** 280 000 Flaschen
**Beste Lagen** St. Stephan, Am Hesselbrunnen, Im Langental, Saumagen
**Boden** Kalkstein, Kalkmergel, Lehm
**Rebsorten** 25% Riesling, je 15% Chardonnay, Grauburgunder, Spätburgunder und Weißburgunder, 15% übrige Sorten
**Erlebenswert** neu gestaltete Vinothek
**Mitglied** Generation Riesling

Wie ein Winzer tickt, das merkt man nicht, wenn man mit ihm auf einer Messe oder bei einer Verkostung spricht, sondern beim lockeren Zusammenstehen zu anderen Gelegenheiten. Nie würden wir Interna ausplaudern, doch die Grundhaltung dürfen wir ruhig darstellen. Bei Metzgers – und da reden wir dezidiert von Uli, seiner Tochter Lea und deren Mann Martin, der sich mit dem Betrieb derart identifiziert, dass er bei der Hochzeit seinen Nachnamen abgegeben hat – finden wir brennende Leidenschaft vor für den Wein. Und das nicht bei Boutique-Größe, ähem. Vermarktet wir inzwischen der Ertrag von 160 Hektar, das will gemanagt sein, und vor allem gut. Kompromisse? Keine. Metzger hat sich sogar, man mag es kaum glauben, dazu hinreißen lassen, Glühwein zu machen, in Rot, Weiß und Rosé. Qualitativ hochwertig, mit feinsten Gewürzen. Und nicht billig verkauft. Hey, wer's gut macht, darf alles. Und anyway, die eigentliche Erfolgsstory begann ja auch erst vor etwas mehr als zehn Jahren, da ist man nicht drin in vorgegebenen Fahrwassern.

### Messen mit den Besten

Vergleiche mit Größen schaden nie, wenn man wissen möchte, wo man selbst steht. Uli Metzger holt aus der Gutsküche oben vom Schrank eine (leere) Flasche La Tache, von der man wissen darf, dass sie nicht günstig war. „Wir kaufen uns solche Weine und schauen dann, wo unsere Defizite sind oder wo wir etwas besser machen können. Holz, Frucht, Charakter", sagt er. Im Grunde gehen sie dabei genauso neugierig vor wie diese soeben übernehmende, gut ausgebildete junge Winzergeneration. Mit dem Unterschied, dass man hier schon ein paar Schritte weiter ist. Rieslinge? Meine Güte, das war ja noch nie so präsent und zupackend wie 2021! Der wirkliche Fokus liegt aber auf Chardonnay und Pinot Noir. Kein Wunder, Asselheims Lagen sind voll mit Kalk, das drängt sich geradezu auf. Aber das dann wie gehabt? Nöö, die wollen mehr! War vor ein paar Jahren der Chardonnay St. Stephan noch das Maß der Dinge, ist er heute der kleinste im Verbund. Der Purus macht seinem Namen alle Ehre, das ist echt karges Zeug. Bis hoch zum Abyssus ein Triumpflauf, wobei der Im Langental nicht weit dahinter steht. Kaum anders bei den Pinots. Melandor und Abyssus belauern sich, kommen aus dem gleichen Weinberg – doch wer möchte Prago oder Arthos ausschütten? Also wir schon mal nicht... Übrigens hat man sich bei vielen Weinen von der Kuh als dominierendem Faktor auf dem Etikett verabschiedet. Sie ist noch da, denn sie gehört dazu, doch eher reliefartig. Emanzipation kann so schön sein.

- **87** 2021 Riesling trocken vom Kalkstein
  **9,80 €** | 12,5%
- **89** 2021 Asselheimer St. Stephan Chardonnay trocken -R-
  **19,50 €** | 13,5%
- **90** 2021 Kallstadter Saumagen Riesling trocken
  **19,50 €** | 12,5%
- **90** 2021 Chardonnay trocken Purus
  **24,50 €** | 12,5%
- **91** 2021 Chardonnay trocken Grande Réserve
  **32 €** | 13,5%
- **92** 2021 Mühlheimer Am Hesselbrunnen Riesling trocken
  **28 €** | 12,5%
- **92** 2021 Asselheimer Im Langental Chardonnay trocken
  **39 €** | 13,5%
- **94** 2021 Chardonnay trocken Abyssus
  **125 €** | 13,5% TOP 10
- **89** 2020 Pinot Noir trocken
  **19,50 €** | 14 %
- **91** 2020 Pinot Noir trocken Prago
  **32 €** | 14 %
- **94** 2020 Pinot Noir trocken Arthos
  **42 €** | 14 %
- **95** 2020 Pinot Noir trocken Melandor
  **52 €** | 14 %
- **96** 2020 Pinot Noir trocken Abyssus
  **125 €** | 14 % TOP 10

★★☆

## MEYER

Weingut Karl-Heinz und Andreas Meyer
76831 Heuchelheim-Klingen
Bahnhofstraße 10
Tel. (06349) 5895 · Fax 7812
mail@meyer-weingut.de
**www.meyer-weingut.de**

**Inhaber/in und Betriebsleitung**
Karl-Heinz und Andreas Meyer
**Keller** Andreas Meyer und Hauke Kerkau

**Historie** Vinum Riesling Champion: Newcomer des Jahres 2019
**Rebfläche** 17 Hektar
**Jahresproduktion** 120 000 Flaschen
**Beste Lagen** Heuchelheimer Herrenpfad, Klingenmünster Maria Magdalena, Appenhofener Steingebiss
**Boden** Kalkgestein, Kalkmergel, Muschelkalk, Buntsandstein, Lösslehm
**Rebsorten** 25% Riesling, je 20% Weiß- und Grauburgunder, 15% Spätburgunder, 20% übrige Sorten
**Erlebenswert** Vinothek

Chardonnay von Andreas Meyer? Hatten wir bislang nicht wirklich auf dem Schirm, denn gezeigt hatte er uns den ja noch nie. Diesmal freilich sind es gleich zwei davon. Der Ortswein vom Buntsandstein ist mit einer schönen Frucht ausgestattet und verfügt über einen recht ordentlichen Grip. Der Réserve aus dem Jahrgang 2020 ist deutlich länger, hat mehr Volumen, wird derzeit aber auch noch ein bisserl arg vom Holz dominiert, was sich mit der Zeit geben wird. Insgesamt sehen wir eine schöne Kollektion, die Spitzenweine etwa der Rieslinge von Herrenpfad und Maria Magdalena sind auch aus dem Jahr 2020, weil die 2021er noch nicht abgefüllt waren. Für diese Qualität sind das veritable Schnäppchen, denn andernorts in der Region wird für längst nicht so gute Ortsweine deutlich mehr verlangt. Sehr zu empfehlen ist auch der mit viel cremigem Schmelz versehene Weißburgunder Herrenpfad. Bei den Spätburgundern ist der Unterschied zum Jahrgang 2018 deutlich - ganz kommt der 2019er hier nicht ran.

★★★

## KLAUS MEYER

Weingut Klaus & Marius Meyer GdbR
76835 Rhodt · Theresienstraße 80a
Tel. (06323) 93233 · Fax 93235
info@weingut-meyer.com
**www.weingut-meyer.com**

**Inhaber/in** Klaus und Marius Meyer
**Betriebsleitung** Marius Meyer
**Rebfläche** 18 Hektar
**Jahresproduktion** 120 000 Flaschen
**Beste Lagen** Rhodt Schlossberg und Rosengarten, Böchingen Zinkelerde
**Boden** Buntsandstein, Granit, Kalkmergel, Rotliegendes, Schiefer
**Rebsorten** je 30% Riesling und weiße Burgundersorten, 10% Spätburgunder, 30% übrige Sorten
**Mitglied** Forum Pfalz

Im vergangenen Jahr hatte uns Marius Meyer vier Spätburgunder vorgestellt und auch dazugesagt, das wäre noch die Baustelle, an der er am intensivsten arbeiten würde. Es ist heuer wie überall: Baustellen werden langsamer als gedacht abgeschlossen. Die vier Pinots sind alle ausnahmslos gut bis sehr gut, kommen aber mehr über eine dunkle, zupackende Kraft als über eine vielleicht angestrebte Eleganz. Der Rosenberg gibt aber schon mal die Richtung vor. Bekannt ist Marius weithin für seine Sauvignon Blancs, von denen der feine, elegante In der Blenk mal wieder der beste ist. Bei den Top-Rieslingen rivalisieren Schlossberg und Bergel um die Krone, derzeit hat der intensive, würzige und sehr lange Schlossberg die Nase vorn, der Bergel ist noch arg verschlossen. Herrlich zu verkosten waren die nach den Gesteinsarten unterschiedenen Rieslinge – so macht das von uns eher wenig geliebte und daher selten verwendete Wort „Terroir" endlich mal Sinn.

**85** 2021 Riesling trocken
**7,20 €** | 11 %

**85** 2021 Weißburgunder trocken
**7,20 €** | 12,5%

**86** 2021 Sauvignon Blanc trocken
**7,20 €** | 11,5%

**86** 2021 Klingenmünster Riesling trocken Buntsandstein
**9,50 €** | 12 %

**87** 2021 Klingenmünster Weißburgunder trocken Muschelkalk
**9,50 €** | 13 %

**87** 2021 Heuchelheim Chardonnay trocken Buntsandstein
**9,50 €** | 12 %

**89** 2020 Chardonnay trocken Reserve
**15,90 €** | 13 %

**89** 2020 Heuchelheimer Herrenpfad Weißburgunder trocken
**15,90 €** | 13 %

**90** 2020 Heuchelheimer Herrenpfad Riesling trocken
**15,90 €** | 12,5%

**91** 2020 Klingenmünster Maria Magdalena Riesling trocken
**17,50 €** | 12,5%

**87** 2019 Heuchelheim Spätburgunder trocken Kalkmergel
**10,50 €** | 13,5%

**89** 2019 Heuchelheimer Herrenpfad Spätburgunder trocken
**16,90 €** | 13,5%

- **89** Brut Blanc de Noir R19
  **14,50 €** | 11 %
- **86** 2021 Rhodt unter Rietburg Riesling trocken Kalkmergel
  **10 €** | 12,5%
- **86** 2021 Rhodt Chardonnay trocken sur lie
  **11,50 €** | 13,5%
- **87** 2021 Rhodt unter Rietburg Riesling trocken Buntsandstein
  **10 €** | 13 %
- **87** 2021 Rhodt unter Rietburg Weissburgunder trocken Kalkmergel
  **10 €** | 14 %
- **88** 2021 Burrweiler Riesling trocken Schiefer
  **10 €** | 13 %
- **88** 2021 Rhodter Riesling trocken Rotliegendes
  **10 €** | 13,5%
- **88** 2021 Rhodter Riesling trocken Granit
  **10 €** | 12,5%
- **88** 2021 Rhodter Sauvignon Blanc trocken Fumé
  **10 €** | 13,5%
- **89** 2021 Edenkoben Bergel Riesling trocken IZ
  **19 €** | 13 %
- **90** 2021 Rhodter Schlossberg Riesling trocken
  **19 €** | 13 %
- **90** 2021 Rhodter Sauvignon Blanc trocken In der Blenk
  **19 €** | 14 %
- **90** 2020 Rhodt unter Rietburg Klosterpfad Chardonnay trocken
  **22 €** | 13,5%
- **87** 2020 Rhodt Spätburgunder trocken Buntsandstein
  **16 €** | 13,5%
- **88** 2020 Hainfeld Spätburgunder trocken Kalkmergel
  **16 €** | 13,5%
- **88** 2020 Edesheim Spätburgunder trocken Village
  **19 €** | 13,5%
- **89** 2020 Rhodter Rosengarten Spätburgunder trocken
  **28 €** | 13,5%

★★

## STEFAN MEYER

Weingut Stefan Meyer
76835 Rhodt · Edesheimerstraße 17
Tel. (06323) 2348 · Fax 81446
weingut@meyer-rhodt.de
**www.meyer-rhodt.de**

**Inhaber/in und Betriebsleitung** Stefan Meyer
**Keller** Stefan Meyer
**Außenbetrieb** Stefan Meyer

**Historie** Weinbau seit 1954, heute in dritter Generation
**Rebfläche** 17 Hektar
**Jahresproduktion** 100 000 Flaschen
**Beste Lagen** Rosengarten, Schwarzer Letten, Schlossberg, Klosterpfad
**Boden** Sand, Lösslehm, Kalkstein, Bundsandstein
**Rebsorten** 60% weiße Sorten (Weißburgunder, Chardonnay, Grauburgunder, Riesling), 40% rote Sorten (Spätburgunder, Frühburgunder, Syrah)
**Mitglied** Deutsches Barrique Forum

Seine Wingerte erfahren ausschließlich mechanische Bodenbearbeitung, beim Ausbau, im Holz oder Stahl, sei er schnörkellos, sagt Burgundermann Stefan Meyer. Die Richtung stimmt, die beiden Sterne sind ihm sicher. Das belegt zum Beispiel ein sehr feiner 2021er Weißer Burgunder trocken Gutswein vom Löss: Der ist schön cremig, buttrig, hefig, brotig. Er entfaltet viel Kraft und zeigt Würze von weißem Pfeffer. Ein Top-Wein. Auch ein Sekt hat uns besonders gut gefallen: Der 2019er Crémant Rosé brut zeigt eine schöne Farbe, hat eine feine Perlage und mit der Erdbeerefrucht, etwas Himbeerbonbon und einer sehr gut eingebundenen Säure macht er uns viel Freude.

STEFAN MEYER

87 2019 Sekt b. A. Brut Crémant Rosé
**13 €** | 12 %

86 2021 Riesling trocken AUS RHODT
**12,50 €** | 12,5%

87 2021 Riesling trocken BUNTSANDSTEIN
**7,90 €** | 12,5%

87 2020 Rhodter Rosengarten Weißer Burgunder trocken
**18 €** | 13,5%

88 2021 Chardonnay & Weißer Burgunder trocken LÖSS-LEHM
**7,90 €** | 12,5%

88 2021 Weißer Burgunder trocken LÖSS
**7,90 €** | 12,5%

88 2021 Chardonnay trocken AUS RHODT
**12,50 €** | 13 %

88 2020 Rhodter Rosengarten Chardonnay trocken
**20 €** | 13 %

86 2020 Rhodter Pinot Noir trocken
**14 €** | 12,5%

88 2020 Rhodter Rosengarten Pinot Noir trocken
**25 €** | 13 %

89 2019 Rhodt Klosterpfad Syrah trocken
**25 €** | 13,5%

89 2020 Edenkobener Schwarzer Letten Pinot Noir
**25 €** | 13 %

★★★

## THEO MINGES

Weingut Theo Minges
76835 Flemlingen · Bachstraße 11
Tel. (06323) 93350 · Fax 93351
info@weingut-minges.com
**www.weingut-minges.com**

**Inhaber/in** Theo Minges
**Betriebsleitung** Theo Minges, Regine Minges
**Keller** Theo Minges, Fritz Hohlreiter
**Außenbetrieb** Theo Minges, Fritz Hohlreiter, Florian Damian

**Historie** Weingut seit 1874 in Familienbesitz, Weinbau in achter Generation
**Rebfläche** 25 Hektar
**Jahresproduktion** 180 000 Flaschen
**Beste Lagen** Gleisweiler Hölle und Faulenberg, Burrweiler Schäwer, Böchinger Rosenkranz
**Boden** Kalk, Mergel, Lösslehm, Buntsandstein, Schiefer
**Rebsorten** 35% Riesling, 20% weiße Burgundersorten, 12% Spätburgunder, 8% Scheurebe, 25% übrige Sorten
**Erlebenswert** Zehntkeller aus dem 15. Jahrhundert, ehemals im Besitz der Grafen von der Leyen
**Mitglied** VDP, Slow Food

Theo Minges steht schon lange für eher traditionelle Herangehensweisen beim Weinmachen, große Experimente haben wir bei ihm selten erlebt. Seine Tochter Regine sagt auch selbst, dass sie klassisch orientiert seien, bei den Weinen auch immer sehr rebsortentypisch arbeiten würden. Umso erstaunter sind wir nun, von ihnen gleich drei im Tonneau maischevergorene Weine vorgestellt bekommen zu haben, alle drei aus dem Jahrgang 2020. „Im Kopf hatten wir so etwas schon länger, doch 2020 hat es sich geradezu angeboten, als die Oechslegrade während der Lese hochschossen und in normaler Verarbeitung bei 15 Grad Alkohol gelandet wären", so Regine. Dann eben lieber so. Was sollen wir sagen? Es sind in einer ansonsten bekannten Kollektion die absolut interessantesten Weine! Vor allem Gewürztraminer und Scheurebe entfalten sich vielschichtig, während der Grauburgunder viel Luft braucht und etwas raubauzig ist. Beim Rest sind wir erstaunt, dass fast jeder Wein etwas blasser wirkt als im Vorjahr.

- **86** 2021 Böchinger Rosenkranz Grauburgunder trocken Erste Lage
  **12 €** | 14 %
- **87** 2021 Gleisweiler Hölle Riesling trocken Erste Lage
  **12 €** | 12,5%
- **87** 2020 Grauburgunder trocken Muschelkalk
  **13,50 €** | 13 %
- **87** 2021 Chardonnay trocken Kalkmergel
  **13,50 €** | 13 %
- **88** 2020 Scheurebe trocken Wurzelfieber TM
  **18 €** | 12,5%
- **88** 2021 Grauburgunder trocken Wurzelfieber TM
  **18 €** | 14 %
- **89** 2021 Gleisweiler Im oberen Letten Riesling trocken Erste Lage
  **16 €** | 12,5%
- **89** 2020 Gewürztraminer trocken Wurzelfieber TM
  **18 €** | 13,5%
- **89** 2021 Burrweiler Schäwer Riesling VDP. Großes Gewächs
  **26 €** | 12,5%
- **89** 2021 Böchinger Rosenkranz Weissburgunder VDP.Großes GewächsIm untern Kreuz
  **26 €** | 12,5%
- **90** 2021 Gleisweiler Hölle Riesling VDP. Großes GewächsUnterer Faulenberg
  **26 €** | 12,5%
- **87** 2019 Böchinger Rosenkranz Spätburgunder trocken Erste Lage
  **16 €** | 14 %
- **90** 2019 Böchinger Rosenkranz Zinkelerde Spätburgunder VDP.Großes Gewächs
  **34 €** | 14 %

★★½

## MÖWES

Weingut Rudi Möwes
76835 Weyher · Hübühl 10
Tel. (06323) 5602 · Fax 980158
info@weingut-moewes.de
**www.weingut-moewes.de**

**Inhaber/in und Betriebsleitung** Rudi und Michael Möwes
**Keller** Michael Möwes und Eva Herrbruck

**Rebfläche** 10 Hektar
**Jahresproduktion** 75 000 Flaschen
**Beste Lagen** Weyherer Michelsberg, Weyherer Pfarrgarten, Burrweiler Altenforst, Hainfelder Letten
**Boden** Buntsandstein, Schiefer, Granit, Kalkmergel, Rotliegendes
**Rebsorten** 35% Riesling, 15% Spätburgunder, 12% Weißburgunder, 8% Chardonnay, 5% Grauburgunder, 3% Silvaner, 24% übrige Sorten
**Erlebenswert** Steillage im Burrweilerer Altenforst

Es war wie immer eine helle Freude, die Weine von Michael Möwes im Glas zu haben. Das ist Weinmacherei, die keiner Mode hinterherläuft oder so produziert, dass es dem Konsumenten schmeckt, dem Winzer selber aber eher nicht so. Wie einige wenige seiner Kollegen im engsten Umkreis nutzt Möwes den Reichtum der Bodenvielfalt zwischen Weyher und Burrweiler. Am Altenforst bewirtschaftet er eine extreme Steillage mit Schiefer, was man sich durchaus so anspruchsvoll wie anstrengend vorstellen darf, am Ende jedoch seinen besten, weil eindringlichsten Wein hervorbringt: dicht, druckvoll und doch mit Tiefgang. Auch in der (blinden) Finalverkostung Pfalz schnalzten wir mehrfach mit der Zunge und wunderten uns beim Aufdecken kaum, was da zum Vorschein kam. Möwes' Weine stechen dabei Mitbewerber aus, die mindestens das Doppelte kosten, in mehreren Fällen lagen Altenforst und Pfarrgarten auch vor Großen Gewächsen namhafter Güter. Die Referenz und Ehrerweisung an seinen Lehrherrn Hans-Günther Schwarz bei Müller-Catoir ist - natürlich - ein Rieslaner. Diesmal als feine Auslese.

- **86** 2021 Hainfelder Silvaner trocken Kalkmergel
  **6,80 €** | 12 %
- **87** 2021 Weyher Riesling trocken Schiefer
  **7,50 €** | 12 %
- **87** 2021 Weyher Riesling trocken Rotliegendes
  **7,50 €** | 12 %
- **88** 2021 Weyherer Gelber Muskateller trocken Kalkmergel
  **7 €** | 11 %
- **88** 2021 Burrweiler Riesling trocken Granit/Schiefer
  **7,50 €** | 12 %
- **89** 2021 Weyherer Pfarrgarten Riesling trocken Reserve Granit
  **9 €** | 12,5% BEST BUY
- **90** 2021 Weyherer Pfarrgarten Riesling trocken Granit Spontangärung Goldkapsel
  **10 €** | 12,5%
- **90** 2021 Weyherer Michelsberg Rieslaner Auslese
  **10 €** | 8,5%
- **91** 2021 Burrweiler Altenforst Riesling trocken Schiefer Steillage Goldkapsel
  **11,50 €** | 12,5% TIPP
- **88** 2019 Rhodter Rosengarten St. Laurent trocken Holzfass
  **11,50 €** | 13,5%

★★★★

## MOSBACHER

Weingut Georg Mosbacher
67147 Forst · Weinstraße 27
Tel. (06326) 329
info@georg-mosbacher.de
**www.georg-mosbacher.de**

**Inhaber/in** Familien Mosbacher und Düringer
**Betriebsleitung** Jürgen Düringer

**Historie** Gründung des Weinguts 1921
**Rebfläche** 22 Hektar
**Jahresproduktion** 150 000 Flaschen
**Beste Lagen** Forster Ungeheuer, Jesuitengarten, Freundstück und Pechstein, Deidesheimer Paradiesgarten, Langenmorgen, Mäushöhle, Kieselberg und Leinhöhle, Wachenheimer Gerümpel und Goldbächel
**Boden** Buntsandsteinverwitterung mit Kalksteingeröll, Basalt und Ton
**Rebsorten** 78% Riesling, 7% Spätburgunder, 6% Weißburgunder, 3% Sauvignon Blanc, 6% übrige Sorten
**Erlebenswert** Das Weingut grenzt direkt an die Große Lage Freundstück.
**Mitglied** VDP, Vinissima

Fährt man von Wachenheim kommend nach Forst in die Umgehungsstraße, denkt man sich gleich, hier sieht etwas anders aus, kann es aber nicht genau fest machen. Ach klar, da steht ja plötzlich eine Halle! Die ist jedoch so geschickt platziert und sehr ansprechend mit Holz veredelt, dass sie sich wunderbar ins Landschaftsbild einfügt. Von hier aus findet nun der ganze Außenbetrieb von Mosbachers statt, was die Arbeit auf dem Weingut selbst erheblich entlastet. Seit 2012 wird nach Bio-Richtlinien gearbeitet, was 2019 zum ersten Mal auf dem Etikett vermerkt wurde. Bio ist für Sabine Mosbacher-Düringer und ihren

Mann Jürgen selbstverständlich geworden, so wie es auch als zwingend notwendig angesehen wird, sich künftig deutlich stärker mit pilzwiderstandsfähigen Sorten zu beschäftigen. Diese benötigten im feuchten Weinjahr 2021 deutlich weniger Aufmerksamkeit als die gängigen Sorten, die auch hier bis zu 17 Mal mit Pflanzenschutzmitteln behandelt werden mussten.

**Rennpferd-Rieslinge**

Schon in den letzten Jahren hatte sich der Stil des Weinguts ein wenig gewandelt. Stand früher immer eine satte Gelbfrucht im Vordergrund, durchaus auch unterstützt durch ein paar Gramm Restzucker mehr, so sind vor allem die Großen Gewächse inzwischen wie Rennpferde: schlank, elegant, aber mit ganz schön viel unterliegender Power ausgestattet. Solche Weine sind lang, die Verweildauer im Mund scheint ewig. Wie immer sind hier mit dem Kalkstein und dem Basalt zwei Weine zwischen Ersten Lagen und Großen Gewächsen eingefügt, und der Basalt schafft es als „Zweitwein" aus dem Pechstein mühelos, die Ersten Lagen zu übertrumpfen mit seiner enormen Präsenz. Die sechs Großen Gewächse machen ihrem Namen alle Ehre, keines unter ihnen lässt irgendwelche Zweifel aufkommen. Der Pechstein zeigt mineralische Dynamik, der Langenmorgen ist ein wenig mehr von der Frucht geprägt, der Jesuitengarten jedoch vereint alle positiven Eigenschaften, die man sich von einem Riesling dieser Güte nur wünschen kann.

GEORG MOSBACHER

**86** 2021 Riesling trocken
**8,80 €** | 12 %

**86** 2021 Weissburgunder trocken „Vinothekenfüllung"
**9 €** | 13 %

**86** 2021 Cabernet Blanc trocken
**10,80 €** | 12,5%

**88** 2021 Deidesheimer Paradiesgarten Riesling trocken Erste Lage
**14 €** | 12 %

**88** 2021 Wachenheimer Gerümpel Riesling trocken Erste Lage
**17 €** | 13 %

**89** 2021 Forster Musenhang Riesling trocken Erste Lage
**16 €** | 12,5%

**89** 2021 Wachenheim Riesling trocken Buntsandstein
**17 €** | 13 %

**90** 2021 Deidesheim Riesling trocken Kalkstein
**17 €** | 12,5%

**91** 2021 Forster Riesling trocken Basalt
**17,50 €** | 12,5%

**91** 2021 Forster Freundstück Riesling VDP.Großes Gewächs
**35 €** | 13 %

**92** 2021 Deidesheimer Kieselberg Riesling VDP.Großes Gewächs
**32 €** | 13 %

**92** 2021 Forster Ungeheuer Riesling VDP.Großes Gewächs
**38 €** | 12,5%

**93** 2021 Forster Pechstein Riesling VDP.Großes Gewächs
**38 €** | 12,5%

**93** 2021 Deidesheimer Langenmorgen Riesling VDP.Großes Gewächs
**45 €** | 13 %

**94** 2021 Forster Jesuitengarten Riesling VDP.Großes Gewächs
**45 €** | 13 %

**90** 2021 Wachenheimer Goldbächel Spätburgunder trocken Erste Lage
**26 €** | 13,5%

★★½

## MOTZENBÄCKER

Weingut Motzenbäcker
67146 Deidesheim · Weinstraße 80
Tel. (06326) 6040 · Fax 4179
info@villaimparadies.de
**www.villa-im-paradies.de**

**Inhaber/in und Betriebsleitung** Familie Menger-Krug
**Keller** Michael Kern

**Rebfläche** 13 Hektar
**Jahresproduktion** 150 000 Flaschen
**Beste Lagen** Ruppertsberger Reiterpfad und Hoheburg, Deidesheimer Paradiesgarten
**Boden** Sandstein
**Rebsorten** 60% Riesling, 20% Burgundersorten, 20% Spätburgunder

Das erste, was uns aufgefallen ist, als wir die Weine von Marie Menger-Krug auspackten und sie in den Kühlschrank räumten, war ein alkoholfreier Sekt. Getränke ohne Prozente liegen ja völlig im Trend, aber das dann auch gut zu machen, gelingt nicht jedem. Menger-Krug schafft dies mit Bravour, der Sekt ist vergleichsweise trocken und schmeckt leicht malzig. Bei den „normalen" Sekten hatten wir im Vorjahr ja vier Rieslinge vorgestellt bekommen, diesmal ist die Rebsortenvielfalt größer. Beim Marie wurden Auxerrois, Weißburgunder und Sauvignon Blanc vermählt, er ist kräftig, weich und ein klein wenig breit. Wesentlich direkter dagegen der Sauvignon Blanc, wobei er die Aromatik nicht übertreibt. Ebenfalls eine Cuvée verbirgt sich hinter dem brotigen, schmelzigen Empire. Herrlich gereift und in völliger Harmonie präsentiert sich der 2016er Riesling brut nach der Méthode Rurale, bei der der Sekt auf der Flasche eine einzige Gärung durchläuft, also nicht zwischen erster und zweiter Gärung unterschieden wird. Die Stillweine sind erfreulich leicht im Alkohol, wie wir das schon des öfteren hervorgehoben haben. Der Riesling Dem Himmel so nah ist dicht und hat eine lange Verweildauer am Gaumen.

**86** HAKUNA MATATA ALKOHOLFREI
**12,50 €** | 0 %

**88** Sekt b. A. Marie Brut Motzenbäcker by Marie Menger-Krug
**15 €** | 13 %

**88** Sauvignon Blanc Sekt b. A. Brut Motzenbäcker by Marie Menger-Krug
**16 €** | 12,5%

**89** Sekt b. A. Brut Empire Brut Motzenbäcker by Marie Menger-Krug
**20,50 €** | 12,5%

**91** 2016 Riesling Sekt b. A. Brut Methode Rurale Motzenbäcker by Marie Menger-Krug
**23,50 €** | 12 %

**85** 2021 Riesling trocken Marie
**8,50 €** | 12 %

**86** 2021 Deidesheimer Paradiesgarten Riesling trocken
**9,50 €** | 12,5%

**86** 2021 Cuvée trocken Adam im Paradies
**10,50 €** | 13 %

**87** 2021 Deidesheimer Paradiesgarten Weißburgunder trocken
**11,50 €** | 12 %

**88** 2021 Riesling trocken Dem Himmel so nah
**16,50 €** | 12 %

**87** 2021 Riesling feinherb Eva im Paradies
**10,50 €** | 10 %

**85** 2021 Hakuna Matata Rosé trocken
**8,50 €** | 11,5%

★★★

## EUGEN MÜLLER

Weingut Eugen Müller
67147 Forst · Weinstraße 34a
Tel. (06326) 330 · Fax 6802
kontakt@weingut-eugen-mueller.de
**www.weingut-eugen-mueller.de**

**Inhaber/in und Betriebsleitung**
Stephan Müller
**Keller** Alexander Rupp, Nicklas Joseph
**Außenbetrieb** Andreas Hammerstein

**Historie** entstanden aus der Küferei Wallbillich 1767
**Rebfläche** 17 Hektar
**Jahresproduktion** 145 000 Flaschen
**Beste Lagen** Forster Kirchenstück, Jesuitengarten, Ungeheuer, Pechstein, Musenhang und Freundstück
**Boden** kalkiger Lehm, Sandsteingeröll, teilweise mit Basalt und Ton
**Rebsorten** 70% Riesling, je 10% Grau- und Weißburgunder, 10% rote Sorten
**Erlebenswert** Moderner Holzfasskeller und Weintreffpunkt

Wir haben bei Stephan Müller den Hang dazu gesehen, seine Weine etwas straffer als bislang anzulegen. Das hat sich mit dem Jahrgang 2021 ein wenig relativiert, was aber überhaupt nicht schlimm ist: Die Trinkigkeit profitiert davon, wie etwa der Jesuitengarten Riesling schön zeigt. Es ist ein ausgesprochen animierender, saftiger Wein. Generell unterscheidet Müller bei den Lagen zwischen den „normalen" trockenen und den „GL"-Weinen, die als besondere Selektion eben aus den Großen Lagen kommen. Zur Verkostung wurden uns bei den GL-Weinen sowohl die aktuellen Releases als auch zur Wiedervorlage die 2020er eingereicht. Beide Jahrgänge zeigen ein ähnliches Bild, Zugänglichkeit und Trinkfreude stehen über akademischer Diskussion. Und das macht eben durchaus Spaß.

**85** 2021 Riesling trocken
**7,80 €/1 Lit.** | 12,5%

**87** 2021 Forster Pechstein Riesling trocken
**9,90 €** | 12,5%

**87** 2021 Forster Ungeheuer Riesling trocken
**10,90 €** | 12,5%

**87** 2021 Sauvignon Blanc trocken Alte Reben
**11,90 €** | 13 %

**87** 2021 Weißburgunder trocken Alte Reben
**13,90 €** | 12,5%

**88** 2021 Forster Jesuitengarten Riesling trocken
**11,90 €** | 12,5%

**90** 2020 Forster Jesuitengarten Riesling trocken GL
**23 €** | 13 %

**90** 2020 Forster Pechstein Riesling trocken GL
**23 €** | 13 %

**90** 2021 Forster Jesuitengarten Riesling trocken GL
**23 €** | 13 %

**90** 2021 Forster Pechstein Riesling trocken GL
**23 €** | 13 %

**90** 2021 Forster Ungeheuer Riesling trocken GL
**23 €** | 13 %

**91** 2020 Forster Ungeheuer Riesling trocken GL
**23 €** | 13 %

**91** 2021 Forster Kirchenstück Riesling trocken GL
**28 €** | 13 %

**91** 2020 Forster Kirchenstück Riesling trocken Reserve GL
**34 €** | 12,5%

**88** 2021 Forster Freundstück Riesling Spätlese
**17 €** | 10 %

**87** 2019 Spätburgunder trocken Alte Reben
**23 €** | 13 %

★★★★

## MÜLLER-CATOIR

Weingut Müller-Catoir
67433 Neustadt-Haardt · Mandelring 25
Tel. (06321) 2815 · Fax 480014
weingut@mueller-catoir.de
**www.mueller-catoir.de**

**Inhaber/in** Philipp David Catoir
**Betriebsleitung** Martin Franzen
**Keller** Martin Franzen

**Historie** Weinbau seit 1744
**Rebfläche** 25 Hektar
**Jahresproduktion** 150 000 Flaschen
**Beste Lagen** Haardter Herrenletten, Bürgergarten „Im Breumel", Haardter Herzog, Gimmeldinger Mandelgarten, Neustadter Vogelsang
**Boden** gelber Haardtsandstein mit Einlagen von Letten bis kiesigem Löss, Muschelkalk
**Rebsorten** 60% Riesling, 15% Weißburgunder, 5% Spätburgunder, je 4% Grauburgunder, Sauvignon Blanc, Scheurebe, Muskateller und Rieslaner
**Mitglied** VDP

Martin Franzen war mit dem Jahrgang 2021 mehr als zufrieden. „Zwar war das jede Menge Arbeit, denn wie überall war auch bei uns der Druck durch den falschen Mehltau enorm", so sagt er, „doch man musste eben deshalb ganz besonders genau vorgehen. Es war definitiv das Jahr der Handlese, das hat sich hier völlig bewährt, denn jede auch noch so gut aussehende Traube hatte ein bis zwei Beerchen dran, die man doch nicht haben wollte – also mussten sie weg." Ende August, Anfang September ging seine Mannschaft nochmal für eine Grünlese durch die Reihen und dünnte 15 bis 20 Prozent weiter aus, um das Lesegut auf ein einheitliches Reifeniveau zu bekommen. Sogar mehr Menge als in durchschnittlichen Jahren konnte geerntet werden, bei den Rieslingen alles so zwischen 91 und 92 Grad Oechsle und mit nicht allzu hoher Säure. Auf eine Entsäuerung konnte so verzichtet werden. Franzen macht sich im Gespräch Ende August viel mehr Gedanken um die Entwicklung des anstehenden Herbstes 2022, der mit Macht anrollt.

### V wie Vogelsang

Ein großes Thema im Haus ist die Lage Vogelsang, wo vor einigen Jahren ein guter Teil der Rebfläche zusammen mit dem Kollegen Christmann übernommen werden konnte. Seither werden jedes Jahr ein Hektar oder etwas mehr neu angelegt, zuletzt Weißburgunder und Spätburgunder. Letzterer steht ja schon dort oben, hoch über Neustadt, und für Franzen ist das eine ideale Lage, um überhaupt Weinbau zu betreiben: „Der Klimawandel ist inzwischen ein Daueraspekt, doch im Vogelsang hatten wir Null Trockenschäden, nicht mal bei Junganlagen. Der Hang drückt von oben viel Wasser aus dem Berg in die Reben – das ist eben der Vorteil vom Steilhang." Die alten Anlagen erholen sich so beständig weiter, was man am Spätburgunder V von 2019 deutlich schmecken kann. Er ist wieder einen Tick profilierter und tiefer geworden. „Vielleicht wird es ab nächstem Jahr sogar beim Riesling für ein Großes Gewächs reichen", hofft Franzen, der bislang ja mit dem Breumel nur über ein GG verfügt (welches sich formidabel zeigte in der Endrunde) – da wäre ein zweites nicht schlecht. Mit der Weinqualität des Jahrgangs 2021 kann man sehr zufrieden sein. Zum Genießen: Riesling Herrenletten. Zum jetzt Trinken: Der Haardter Ortsriesling.

**86** 2021 Riesling trocken MC
**10,60 €** | 12,5%

**88** 2021 Haardt Riesling trocken
**15,40 €** | 12,5%

**88** 2021 Haardt Muskateller trocken
**15,40 €** | 12,5%

**89** 2021 Haardter Herzog Weissburgunder trocken Erste Lage
**23,20 €** | 13,5%

**90** 2021 Bürgergarten Riesling trocken Erste Lage
**23,20 €** | 13 %

**90** 2021 Haardter Herrenletten Weissburgunder trocken Erste Lage
**23,20 €** | 13 %

**91** 2021 Haardter Herrenletten Riesling trocken Erste Lage
**23,20 €** | 13 %

**93** 2021 Bürgergarten „Im Breumel" GG Riesling trocken VDP.Große Lage
**38,80 €** | 13 %

**90** 2021 Herzog Rieslaner Auslese restsüss Erste Lage
**19,40 €/0,375 Lit.** | 11,5%

**93** 2021 Haardter Herzog Rieslaner Beerenauslese restsüss Erste Lage
**40,20 €/0,375 Lit.** | 10 %

**90** 2020 Haardter Herzog Spätburgunder trocken Erste Lage
**28,20 €** | 13,5%

**91** 2020 Neustadt Spätburgunder trocken V
**28,80 €** | 13,5%

★★★

## MÜLLER-RUPRECHT

Weingut Müller-Ruprecht
67169 Kallstadt · Freinsheimer Straße 31
Tel. (06322) 2792
weingut@mueller-ruprecht.de
**www.mueller-ruprecht.de**

**Inhaber/in und Betriebsleitung**
Sabine und Philipp Wöhrwag
**Keller** Sabine und Philipp Wöhrwag
**Außenbetrieb** Sabine und Philipp Wöhrwag

**Rebfläche** 20 Hektar
**Jahresproduktion** 120 000 Flaschen
**Beste Lagen** Kallstadter Saumagen, Kreidkeller und Annaberg, Ungsteiner Weilberg und Herrenberg
**Rebsorten** 40% Riesling, je 15% Spätburgunder, Weißburgunder undGrauburgunder, 15% übrige Sorten

In relativ kurzer Zeit hat Philipp Wöhrwag das Weingut seiner Frau Sabine auf ein schmeckbar höheres Level gehbracht. Es sind dabei vor allem die Rieslinge, die nun ausgesprochen definiert und fokussiert dastehen. Die Parade beginnt mit einem frischen und klaren Gutswein, der sicher jede Schorle aufpeppen würde, dafür im Grunde aber zu schade ist. Beim Kreidkeller ist schon enormer Zug drin, er wird aber vom Saumagen mit seiner etwas schlankeren Art überholt. Die beiden besten Saumagen-Rieslinge liegen in den Gewannen Horn und Nill. Horn ist stets etwas weicher und ruhiger, während der Nill, zupackend und nervig, sehr lange im Mund verweilt. Ebenfalls sehr gut ist der Weilberg, der in seiner Charakteristik mehr nach dem Horn kommt, geschmacklich aber runder angelegt ist. Wie schön, solche Unterschiede zu sehen! Angetan sind wir vom Silvaner, der trotz seines Schmelzes schön frisch erscheint. Leichte Grapefruit verströmt die trockene Scheurebe, während bei der roten Cuvée S-Klasse grüner Paprika im Vordergrund steht. Angenehm weich und reif dagegen die Cabernet Sauvignon Réserve, bei der wir ein gutes Entwicklungspotenzial sehen.

★★

## NAEGELE

Weingut Georg Naegele -
Schlossbergkellerei GmbH & Co. KG
67434 Neustadt-Hambach
Schlossstraße 27–29
Tel. (06321) 2880 · Fax 30708
info@naegele-wein.de
**www.naegele-wein.de**

**Inhaber/in und Betriebsleitung**
Eva und Ralf Bonnet
**Keller** Alfred Leiner

**Historie** seit 1796 in Familienbesitz
**Rebfläche** 15 Hektar
**Jahresproduktion** 150 000 Flaschen
**Beste Lagen** Kirchenberg, Heidengraben, Kirschgarten
**Boden** sandig-lehmig, Buntsandsteinverwitterung
**Rebsorten** 34% Riesling, 11% Spätburgunder, je 8% Grauburgunder und Chardonnay, 7% Weißburgunder, je 4% Rieslaner und Merlot, 3% Gewürztraminer, 21% übrige Sorten
**Gastronomie** Hoffest „SCHWARZROTGOLD" im Juni
**Erlebenswert** Vinothek im denkmalgeschützen Barockgebäude
**Mitglied** Forum Pfalz

Ganz trocken „Ohne Namen" nennen die Naegeles ihren 2019er Chardonnay & Pinot Noir Sekt Brut nature. Ganz trocken ist er auch. Dazu noch körperreich und gehaltvoll mit einem sehr feinen Mousseux, einer guten Farbe, einem eleganten Schmelz und Noten von Brioche und Hefe. Wozu sollte ein so ausdrucksstarker Charakter auch einen Namen brauchen? Der 2021er Hambacher Am Heidegraben Grauburgunder kommt hefig und mit nussbuttriger Note in die Nase, eine ganze, vielseitige Palette von Fruchtaromen beflügelt unsere Fantasie. Schließlich hat es uns auch der 2021er Weißburgunder aus dem Hambacher Kirschgarten angetan: Ein feines Säurespiel, duftende Toastaromen und Brioche, ein animierender, schöner Schmelz und eine griffige, mineralische Struktur zeichnen ihn aus.

**88** 2019 Chardonnay & Pinot Noir Brut nature OHNE NAMEN
**17 €** | 13,5%

**85** 2021 Hambacher Riesling trocken SCHWARZROTGOLD
**7 €** | 12,5%

**85** 2021 Hambacher Schloßberg Riesling trocken
**7,50 €** | 12%

**85** 2021 Sauvignon Blanc trocken
**8 €** | 12,3%

**86** 2021 Muskateller trocken
**8 €** | 11,6%

**87** 2021 Hambacher Römerbrunnen Riesling trocken
**9,50 €** | 12,6%

**87** 2020 trocken Reserve AION
**20 €** | 12,8%

**88** 2021 Hambacher am Heidegraben Grauburgunder trocken
**13 €** | 13%

**88** 2021 Hambacher Im Kirschgarten Weißburgunder trocken
**13 €** | 13,5%

**86** 2020 Spätburgunder trocken KAIROS
**21,50 €** | 14%

**87** 2020 Hambacher Schlossberg Spätburgunder trocken NAEGELE FEUER
**15 €** | 14%

**87** 2021 Cuvée trocken NAEGELE CHRONOS
**15 €** | 13,3%

★★½

## NAUERTH-GNÄGY

Weingut Nauerth-Gnägy
76889 Schweigen-Rechtenbach
Müllerstraße 5
Tel. (06342) 919042 · Fax 919043
info@nauerth-gnaegy.de
**www.nauerth-gnaegy.de**

**Inhaber/in und Betriebsleitung** Familie Nauerth-Gnägy
**Keller** Michael Gnägy
**Außenbetrieb** Daniel Scheib

**Historie** entstanden im Jahr 2011 aus der Fusion der Weingüter Nauerth und Gnägy
**Rebfläche** 29 Hektar
**Jahresproduktion** 180 000 Flaschen
**Beste Lagen** Schweigener Sonnenberg (Gewanne Lorch und Eisenbart), Schweigen-Rechtenbacher Pfarr- und Herrenwingert, Klingener Herrenpfad
**Boden** Muschelkalk, kalkhaltiger Tertiärton, sandiger Lehm mit Buntsandsteinen
**Rebsorten** 16% Grauburgunder, je 15% Weißburgunder, Spätburgunder und Riesling, 7% Chardonnay, 32% übrige Sorten
**Erlebenswert** Kellerneubau in den Weinbergen von Schweigen-Rechtenbach.

Wir sind eigentlich immer äußerst zufrieden mit dem, was Mareen Nauerth und Michael Gnägy uns aufgetischt, und da macht der neue Jahrgang keine Ausnahme. Seit 2019 sind sie biozertifiert und haben einen klaren Plan für ihre Arbeit: die kalkhaltigen, aber auch relativ gut wasserspeichernden Böden um Schweigen-Rechtenbach so gut nutzen wie nur irgend möglich. Burgundersorten machen bei ihnen mehr als die Hälfte der Reben aus, Tendenz steigend, weil man sich künftig doch von manchen Sachen auch trennen wird. Als Einstieg in die Verkostung wählten wir einen feinen, trockenen Gewürztraminer. Und genau so muss der sein: Typische Aromatik, mehr Litschi als Rose, angenehm leicht, aber präsent und eben trocken. Der größte Fortschritt springt einem bei den Rotweinen auf die Zunge. Noch nie haben wir die Pinots aus Herrenwingert und Eisenbart als so gelungen wahrgenommen. Beiden wird viel Zeit geschenkt, bevor sie in den Verkauf kommen. Die Aufwertung voriges Jahr hat sich mehr als bestätigt. Hier ist man noch lange nicht am Ende.

**85** 2021 Weißburgunder trocken ng.1
**5,80 €/1 Lit.** | 12,5%

**86** 2021 Riesling trocken ng.2
**7,50 €** | 12%

**86** 2021 Weißburgunder trocken ng.2
**7,50 €** | 12,5%

**86** 2021 Auxerrois trocken ng.2
**7,50 €** | 12,5%

**88** 2021 Gewürztraminer trocken ng.2
**8,80 €** | 12,5%

**88** 2021 Schweigen-Rechtenbacher Lorch Weißer Burgunder trocken ng.3
**11,60 €** | 13%

**88** 2021 Schweigen-Rechtenbacher Pfarrwingert Grauburgunder trocken ng.3
**11,60 €** | 13,5%

**89** 2021 Schweigen-Rechtenbacher Herrenwingert Chardonnay trocken ng.3
**11,60 €** | 13%

**86** 2019 Schweigen-Rechtenbacher Sonnenberg Merlot trocken ng.3
**12,40 €** | 14%

**88** 2017 Schweigener Sonnenberg Spätburgunder trocken ng.3
**13,90 €** | 13,5%

**90** 2016 Schweigen-Rechtenbacher Herrenwingert Pinot Noir trocken ng.3
**20,40 €** | 13,5%

**90** 2017 Schweigen-Rechtenbacher Eisenbart Spätburgunder trocken ng.3
**22,30 €** | 13,5%

★★★★

## NEISS

Weingut Neiss
67271 Kindenheim · Hauptstraße 91
Tel. (06359) 4327 · Fax 40476
info@weingut-neiss.de
**www.weingut-neiss.de**

**Inhaber/in und Betriebsleitung**
Axel Neiss
**Keller** Hendrik Bitsch
**Außenbetrieb** Christine Grasmück

**Historie** Weinbau seit 1873
**Rebfläche** 45 Hektar
**Jahresproduktion** 350 000 Flaschen
**Beste Lagen** Kindenheimer Burgweg, Zeller Schwarzer Herrgott, Bockenheimer Heiligenkirche und Sonnenberg
**Boden** Kalkstein
**Rebsorten** 30% Riesling, 25% Grauburgunder, 20% Spätburgunder, 10% Weißburgunder, 7% Chardonnay, je 4% Cabernet Sauvignon und Frühburgunder
**Mitglied** Fair'n Green

Dass Axel Neiss von uns im Vorjahr auf vier Sterne angehoben wurde, zog vielfache Reaktionen nach sich. Wir bekamen Leserpost, in der Menschen zum Ausdruck brachten, wie überfällig dieser Schritt gewesen sei, denn Neiss würde ja seit Jahren mit Auszeichnungen nur so überhäuft werden. Andere fragten, wer das denn sei, von diesem Weingut hätten sie ja noch nie was gehört. Und ein weiterer Weinfreund ließ uns wissen, er habe von diesem Axel Neiss mal einen Grauburgunder gehabt, der wäre trocken gewesen und sei nichts für ihn. Man lernt auch als Weinjournalist ein ums andere Jahr: Allen kann man es nicht recht machen. Über die offensichtlichen Qualitäten zu diskutieren, steht freilich nicht zur Debatte. Alles, was bei uns angestellt wurde und wird, ist es würdig, in höchsten Tönen gelobt zu werden. Das zeigen auch die Resultate bei unserem Wettbewerb „VINUM Riesling-Champion", bei dem ein 2017er Riesling alle anderen gereiften Gewächse hinter sich ließ. Die einzige Kritik, die wir haben: Die uns gezeigte Kollektion steht für gerade mal 10 Prozent der produzierten Weine. Natürlich muss ein Betrieb von 45 Hektar auch Menge herstellen, um zu überleben. Also: Beim nächsten Mal bitte auch das zeigen, andere Hochkaräter - und dazu gehört ihr ja jetzt auch - tun dies ja ebenfalls.

### Reifefähigkeit als Indiz

Den Aufstieg an sich konnten Katja und Axel vollauf bestätigen, ohne Frage. Zehn Weine mit 90 Punkten und mehr sprechen eine deutliche Sprache. Dazu gab es noch einen Extra-Karton mit gereiften Weinen, einfach um mal zu demonstrieren, wie sie sich mit der Zeit entwickeln. Und siehe da, das reift in bester Würde. Geht hier nicht in die Wertung ein, doch bleibt es ein wichtiges Indiz, das mal in eine Fünf- oder Zehn-Jahre-Danach-Verkostung reinzustellen. Es sind nur wenige 2021er, die eingereicht wurden. Der trockene Muskateller verströmt animierende Traubigkeit, der Sonnenberg Riesling Alte Reben ist vielschichtig, der Burgweg Riesling geradezu erhaben. Der Riesling Heiligenkirche stammt aus dem Jahr 2020 und zeigt immer noch große Frische und Präsenz. Bei den Rotweinen wüssten wir jetzt im Gewusel gar nicht, wo wir beginnen sollten. Die französischen Sorten Syrah und Cabernet Franc reifen ja inzwischen auch in der Pfalz problemlos und sind hier beeindruckend. Den Kürzeren ziehen sie jedoch gegen den Spätburgunder Glockenspiel Réserve, einen wahrhaft großen Wein. Da Neiss solche Weine nie jung in den Verkauf bringt, haben sie keine Möglichkeit, in unseren Bestenlisten aufzutauchen. Schade eigentlich.

| | | |
|---|---|---|
| 90 | Sekt Brut Blanc de Blancs | **18,90 €** \| 11,5% |
| 88 | 2021 Bockenheimer Muskateller trocken | **11,50 €** \| 11,5% |
| 89 | 2020 Bockenheimer Schlossberg Chardonnay trocken | **18,50 €** \| 12,5% |
| 90 | 2020 Bockenheimer Heiligenkirche Riesling trocken | **13,90 €** \| 12,5% |
| 90 | 2020 Bockenheimer Schlossberg Weissburgunder trocken Alte Reben | **17,90 €** \| 12,5% |
| 90 | 2021 Bockenheimer Sonnenberg Riesling trocken Alte Reben | **18,50 €** \| 13% |
| 92 | 2021 Kindenheimer Burgweg Riesling trocken Große Lage | **30 €** \| 13% |
| 90 | 2018 Cuvée trocken That's Neiss Réserve | **29,70 €** \| 13,5% |
| 91 | 2018 Kindenheimer Katzenstein Syrah trocken | **23,50 €** \| 13,5% |
| 92 | 2020 Bockenheimer Sonnenberg Cabernet Franc trocken | **29,90 €** \| 13,5% |
| 92 | 2018 Kindenheimer Vogelsang Spätburgunder trocken Große Lage Glockenspiel | **33 €** \| 13,5% |
| 93 | 2018 Kindenheimer Vogelsang Spätburgunder trocken Glockenspiel Réserve | **49 €** \| 13,5% |

★★

## NEUSPERGERHOF

Bioland Weingut Neuspergerhof
76865 Rohrbach · Neuspergerhof
Tel. (06349) 4110803 · Fax 3668
info@neuspergerhof.de
**www.neuspergerhof.de**

**Inhaber/in und Betriebsleitung** Jochen Gradolph
**Keller** Jochen Gradolph
**Außenbetrieb** Hans Gradolph

**Rebfläche** 16 Hektar
**Jahresproduktion** 50 000 Flaschen
**Beste Lagen** Mandelpfad, Sperberbaum, Rosenstall, Galgengrund
**Boden** Lösslehm, Sandlöss, Kalkmergel
**Rebsorten** 20% Riesling, je 15% Chardonnay, Spätburgunder und Weißburgunder, 5% Cabernet Blanc, 30% rote Sorten (Cabernet Franc, Cabernet Sauvignon, Syrah, Merlot)
**Mitglied** Bioland

Die Gradolphs aus Rohrbach konnten im vergangenen Jahr mit einer großartigen Kollektion überzeugen. Der Bioland-Betrieb liegt abseits des Dorfes, mitten im Wingert. Weinmäßig können wir nur feststellen: Die machen ganz viel richtig. Wie schon im Vorjahr sind die verkosteten Weine qualitativ auf hohem Niveau und sehr eng beieinander. Fazit: Zwei Sterne sind safe. Zwei Weine stechen dann doch etwas heraus: Der 2021er Rohrbacher Sperberbaum Chardonnay Réserve ist ein hochkonzentrierter, finessenreicher Wein, der mit feinen Vanille-, Toast- und Holznoten ausgesprochen elegant daherkommt. Auch der 2021er Rohrbacher Rosenstall Grauburgunder Réserve beeindruckt: Schon mit der hellen, goldgelben Farbe, dann mit reifen Obstaromen, einer Idee von Nuss und insgesamt mit einer schön cremigen Textur.

- **87** 2021 Rohrbacher Riesling trocken Bienenglück
  **9,90 €** | 12,5%
- **87** 2021 Rohrbach Mandelpfad Cabernet Blanc trocken
  **10,40 €** | 13%
- **87** 2019 Rohrbach Galgengrund Riesling trocken Réserve
  **13,40 €** | 13%
- **88** 2021 Rohrbacher Sperberbaum Chardonnay trocken Réserve
  **12,40 €** | 13,5%
- **88** 2021 Rohrbacher Rosenstall Grauburgunder trocken Réserve
  **13,40 €** | 13,5%
- **87** 2018 Rohrbach Mandelpfad Cuvée trocken Auszeit Grande Réserve
  **19,80 €** | 14%

★★★

## AM NIL

Weingut am Nil
67169 Kallstadt · Neugasse 21
Tel. (06322) 95791000 · Fax 957910099
info@weingutamnil.de
**www.seineinlilaloewe.de**

**Inhaber/in** Dr. Ana Pohl, Reinfried Pohl
**Betriebsleitung** Christine Ludt
**Keller** Till Tempel
**Außenbetrieb** Axel Lawall

**Historie** seit 1841 von der Winzerfamilie Schuster bewirtschaftet, im September 2010 Übernahme durch die neue Eigentümerfamilie
**Rebfläche** 33 Hektar
**Jahresproduktion** 320 000 Flaschen
**Beste Lagen** Kallstadter Saumagen, Ungsteiner Herrenberg und Ungsteiner Weilberg
**Boden** Buntsandsteinverwitterung, Tonmergel, Lösslehm, Kalk
**Rebsorten** 41% Riesling, 10% Cabernet Franc, 12% Grauburgunder, 9% Weißburgunder, 6% Sauvignon Blanc, je 5% Chardonnay und Spätburgunder, 3% Merlot, 2% Cabernet Sauvignon, 7% übrige Sorten
**Gastronomie** Restaurant „Große Vinothek" in historischem Ambiente (Mi-So), Gästehaus mit 15 hochwertigen und individuell eingerichteten Gästezimmern
**Erlebenswert** Römerkelter in Ungstein

Es ist jetzt genau ein Dutzend Jahre her, dass die Unternehmerfamilie Pohl das frühere Weingut Schuster gekauft und in eindrucksvollem Stil umgebaut hat. Nun regieren hier ein mächtig bemähnter Löwe und die Farbe Lila. Man schaute, dass man an so viele frei werdende Parzellen im Saumagen wie möglich gelangen konnte. Innerhalb der vergangenen fünf Jahre hat sich der Flaschenausstoß damit auch mehr als verdoppelt. Damit einher ging aber auch eine durchaus signifikant zu nennende Anhebung des Qualitätslevels, Betriebsleiterin Chistine Ludt würde sich mit Durchschnitt auch niemals zufrieden geben. Wir notieren nie besser gewesene Lagen-Rieslinge. Der Weilberg glänzt mit einer schön bemessenen Gelbfrucht, beim Herrenberg kommt noch Würze hinzu, was aber der Saumagen mitbringt, ist eine Vielschichtigkeit, die für dieses Haus eine neue Dimension aufstößt. Und da uns auch noch der kräuterwürzige Spätburgunder stark angesprochen hat, vergeben wir gerne den dritten Stern. Kleiner Abstecher am Rande: Wenn ein Weingut als eines der wichtigsten Exportländer die Malediven angibt, weiß man, bei welcher Klientel die Weine besonders positiv im Hinterkopf verankert sind.

Weingut am Nil
KALLSTADT/PFALZ

| | | |
|---|---|---|
| 88 | 2019 Pfalz Riesling Sekt b. A. Brut | **16,90 €** \| 12 % |
| 89 | 2018 Kallstadter Saumagen Riesling Sekt b. A. Brut | **33 €** \| 13 % |
| 85 | 2021 Grauburgunder trocken | **10,90 €** \| 12 % |
| 86 | 2021 Weißburgunder trocken | **10,90 €** \| 12 % |
| 86 | 2021 Riesling trocken | **9 €** \| 12 % |
| 88 | 2020 Kallstadter Riesling trocken | **15,90 €** \| 12,5% |
| 90 | 2020 Ungsteiner Weilberg Riesling trocken | **23,90 €** \| 12,5% |
| 90 | 2020 Ungsteiner Herrenberg Riesling trocken | **23,90 €** \| 12,5% |
| 92 | 2020 Kallstadter Saumagen Riesling trocken | **28,90 €** \| 13 % |
| 89 | 2018 Kallstadter Saumagen Spätburgunder trocken | **24,90 €** \| 13 % |

★★★½

## ODINSTAL

Weingut Odinstal
67157 Wachenheim an der Weinstraße
Odinstalweg
Tel. (06322) 9495312 · Fax 9495314
mail@odinstal.de
**www.odinstal.de**

**Inhaber/in** Thomas Hensel
**Betriebsleitung** Andreas Schumann

**Historie** Weinbau im Odinstal vor rund 200 Jahren von J. L. Wolf, damals Bürgermeister von Wachenheim, begründet
**Rebfläche** 7 Hektar
**Jahresproduktion** 30 000 Flaschen
**Beste Lagen** Odinstal (Monopol)
**Boden** Buntsandstein, Basalt, Keuper, Muschelkalk
**Rebsorten** 50% Riesling, 25% Weißburgunder, 10% Auxerrois, 7% Silvaner, 5% Rieslaner, 3% übrige Sorten
**Erlebenswert** klassizistisches Gutshaus auf 350 Metern mit tollem Blick über die Rheinebene
**Mitglied** VDP, Demeter

Als 2021 der VDP Pfalz bekannt gab, das Weingut Odinstal als Mitglied aufzunehmen, ging nicht weniger als ein großes Raunen durch die Szene. Passen die da überhaupt rein? Können die das vierstufige Pyramidensystem überhaupt umsetzen? Oder läuft der VDP einfach mal dem Trend hinterher und verleibt sich einen Betrieb ein, der in Kreisen „anderstrinkender" Menschen angesagt ist? Über all dies kann man sich Gedanken machen - muss man aber nicht. In einem Verband wie dem VDP sollte es ja auch darum gehen, einerseits die ganze Bandbreite der Möglichkeiten abzudecken und andererseits nach innen Signale zu setzen: Umweltschonender, nachhaltiger Weinbau ist machbar und kann zu tollen Ergebnissen führen. Andreas Schumann hat hier von Beginn an biodynamisch gearbeitet und dabei längst seinen Stil gefunden. Wir sind - und das hat etwas gedauert, das geben wir zu - äußerst angetan davon. Die Weine sind bei aller im Wortsinne unkonventionellen Weinbereitung klar, haben Tiefe und inzwischen auch eine echte Präzision, die im superstraffen Riesling Basalt ihren Höhepunkt findet. Das sind Individualisten im Glas, die Jahrgänge unterscheiden sich stärker als bei den meisten Kollegen. Ziemlich ungewöhnlich ist übrigens der sehr trockene Rieslaner, eine Rebsorte, die in aller Regel rest- bis edelsüß ausgebaut wird. Doch was die Regel ist, war Andreas Schumann ja schon immer ziemlich wurscht. Und das ist gar nicht so schlecht. Er führt sogar einen Auxerrois zu beachtlichen 88 Punkten, was überaus selten ist.

ODINSTAL

**87** 2020 Weißburgunder Landwein trocken 350 N.N.
**27 €** | 12,5%

**87** 2020 Gewürztraminer Landwein trocken 350 N.N.
**27 €** | 13,5%

**88** 2020 Auxerrois Landwein trocken Basalt
**35 €** | 12,5%

**89** 2019 Riesling Landwein trocken Muschelkalk
**35 €** | 12%

**89** 2020 Rieslaner Landwein trocken 240 N.N.
**40 €** | 13,5%

**89** 2019 Weißburgunder Landwein trocken Basalt
**42 €** | 12%

**90** 2019 Riesling Landwein trocken Buntsandstein
**35 €** | 12%

**90** 2020 Riesling Landwein trocken Vulkan
**38 €** | 11,5%

**91** 2019 Riesling Landwein trocken Basalt
**45 €** | 12%

★★☆

## OHLER

Weingut Johann F. Ohler
67435 Gimmeldingen · Meerspinnstraße 33
Tel. (06321) 6116 · Fax 60382
info@weingut-ohler.de
**www.weingut-ohler.de**

**Inhaber/in und Betriebsleitung**
Sabine Ohler-Jost
**Keller** Sabine Ohler-Jost
**Außenbetrieb** Thomas Bauer

Dass sich Traditionsbewusstsein auch heute noch auszahlt, zeigen diese klassischen Weine. Ein sehr gelungener Vertreter unter den 2021ern ist der Gimmeldinger Bienengarten Riesling halbtrocken: Grapefruit ja, bitter nein. Majoran und Pfirsichschale geben eine gute Balance, etwas Salz und nasser Stein verleihen Trinkfluss. Aus dem Jahr 2018 stammt der Spätburgunder vom Königsbacher Ölberg. Himbeeren, Sauerkirschen und feine Tannine prägen diesen sehr guten Wein.

**85** 2021 Riesling trocken
**6,80 €/1 Lit.** | 12%

**87** 2021 Weißburgunder trocken
**9,50 €** | 12,5%

**87** 2021 Chardonnay trocken
**9,50 €** | 12,5%

**87** 2021 Grauburgunder trocken
**10 €** | 13,5%

**88** 2020 Königsbacher Idig Riesling trocken
**13 €** | 12,5%

**88** 2020 Chardonnay trocken JFO
**13,50 €** | 13%

**89** 2020 Gimmeldinger Mandelgarten Riesling trocken Alte Reben
**12 €** | 12%

**87** 2021 Gimmeldinger Biengarten Riesling halbtrocken
**9,20 €** | 11%

**85** 2021 Rosé trocken „CS“
**9,50 €** | 11,5%

**87** 2017 Cabernet Sauvignon trocken
**16 €** | 14%

**86** 2018 Spätburgunder trocken
**9,50 €** | 14%

**88** 2018 Königsbacher Ölberg Spätburgunder trocken
**20 €** | 14%

★★

## PAN

WEIN. GUT. PAN Thomas Pfaffmann
76829 Landau-Nußdorf
Lindenbergstraße 36
Tel. (06341) 969187 · Fax 969188
info@vinopan.de
**www.vinopan.de**

**Inhaber/in und Betriebsleitung**
Thomas Pfaffmann
**Keller** Thomas Pfaffmann

**Rebfläche** 12 Hektar
**Rebsorten** je 20 % Riesling und Spätburgunder, 15 % Weissburgunder, 10 % Grauburgunder, 35 % übrige Sorten (Sankt Laurent, Chardonnay, Sauvignon Blanc, Merlot, Cabernet Sauvignon, Auxerrois, Gewürztraminer)

Thomas Pfaffmann geht es zumindest nach außen hin deutlich ruhiger an als sein Vater Theobald. Doch wer da denkt, der Spaß bliebe deshalb auf der Strecke, der irrt gewaltig. Denn Thomas versteht es, die Weine stetig weiterzuentwickeln. Einen wunderschönen Sauvignon Blanc trocken Fumé von 2021 gilt es zu loben, mit feinen Fruchtaromen von Stachelbeeren, Steinobst und Mango aber auch kräutrigen Noten von Salbei und frischem Gras. Feierlaune reichlich kann schließlich auch in Flaschen stecken, erst recht in Sektflaschen. Und was uns nach dem Öffnen des feinperligen 2014er Sekt Brut PAN Rosé an Brioche- und Hefenoten in die Nase steigt, ist schon großes Kino. Ein großer, hervorragend ausbalancierter Sekt. Aus dem 2020er Jahrgang schließlich probierten wir den Weißburgunder Zeitlos. „Würze, Hefe, Toastaromen, sehr fein und gut", haben wir uns notiert, während wir genossen. Bei dieser Entwicklung der Pfaffmänner freuen wir uns schon auf die nächste Verkostung.

**88** 2014 Brut PAN Pinot
**19 €** | 12,5%

**89** 2014 Sekt Brut PAN Rosé
**19 €** | 12,5%

**85** 2021 Riesling trocken
**6 €/1 Lit.** | 11,5%

**87** 2021 Riesling trocken Hirschen
**8,50 €** | 11,5%

**87** 2021 Riesling trocken Kalkmergel
**8,50 €** | 12 %

**87** 2021 Chardonnay trocken
**11 €** | 12,5%

**87** 2020 Riesling trocken Zeitlos
**17 €** | 12,5%

**88** 2021 Sauvignon Blanc trocken Fumé
**14 €** | 12,5%

**88** 2020 Weißburgunder trocken Zeitlos
**17 €** | 14 %

**87** 2019 Pinot Noir trocken
**21 €** | 13,5%

**88** 2018 Cuvée trocken PAN noir
**20 €** | 14 %

★★

## PETRI

Weingut Petri
67273 Herxheim am Berg · Weinstraße 43
Tel. (06353) 2345 · Fax 4181
info@weingut-petri.de
**www.weingut-petri.de**

**Inhaber/in** Familie Petri
**Keller** Philipp Petri

**Historie** Weinbautradition seit 1655, heute in 14. Generation
**Rebfläche** 22 Hektar
**Jahresproduktion** 180 000 Flaschen
**Beste Lagen** Herxheimer Honigsack, Kallstadter Saumagen und Herxheimer Himmelreich
**Boden** sandiger Lehm, kalkhaltiger Lösslehm, Kalkverwitterungsboden
**Rebsorten** 40% Riesling, 20% Spätburgunder, 15% Weiß- und Grauburgunder, je 5% Sauvignon Blanc und Chardonnay, 15% übrige Sorten
**Gastronomie** Gutsausschank mit regionaler Küche
**Erlebenswert** Holzfassgewölbekeller aus dem Jahr 1841
**Mitglied** Fair'n Green, Generation Riesling

Von Philipp und Maximilian Petri hatten wir zuletzt eine wunderbar schnörkellos gemachte Weinkollektion vor uns, die den Aufwärtstrend des Hauses hervorragend illustrierte. Mit dem gerade erst begonnenen Kellerneubau können die Petris künftig mit deutlich vergrößerten Holzfass-Kapazitäten arbeiten, mehr Weine separat ausbauen und lagern. Und überhaupt werden ihnen bald jene Experimente möglich sein, die wir ihnen und uns schon länger wünschen. Ganz klassisch ausgefallen ist der 2021er Kallstadter Saumagen Riesling trocken: Mineralisch ist der, reife gelbe Früchte und Steinobst hat der und mit einer Prise weißem Pfeffer ist der abgeschmeckt. Welche Qualität in Petris Weinen steckt, zeigt uns auf beeindruckende Weise schon ein ganz „einfacher" Frühburgunder trocken Pinot Madeleine aus dem Jahr 2020. Schwarze Beeren und reife Kirschen schmecken wir da, aber auch Tannin, Holz und Leder. Wir sind einmal mehr beeindruckt von Petris Weinstil „Klassiker ohne Schnickschnack". Mit großer Spannung erwarten wir den Jahrgang 2022!

**84** 2021 Riesling trocken
**5,60 €** | 12,5%

**86** 2021 Herxheim am Berg Riesling Kabinett trocken
**5,90 €** | 11,5%

**86** 2021 Herxheimer Honigsack Riesling trocken
**7,80 €** | 12%

**86** 2020 Fumé Blanc trocken
**13,30 €** | 13%

**87** 2019 Chardonnay trocken
**11,80 €** | 13%

**88** 2021 Am Goldberg Riesling trocken
**14,30 €** | 11%

**89** 2021 Kallstadter Saumagen Riesling trocken
**9,20 €** | 12% BEST BUY

**89** 2021 Saumagen Horn Riesling trocken
**14,30 €** | 12%

**89** 2020 Chardonnay trocken PM
**25,50 €** | 13%

**85** 2021 Riesling Kabinett
**6,70 €** | 8,5%

**86** 2020 Frühburgunder trocken Pinot Madeleine
**7,70 €** | 13,5%

**88** 2020 Kirchenstück Spätburgunder trocken
**30 €** | 14%

★★★

## KARL PFAFFMANN

Weingut Karl Pfaffmann Erben
76833 Walsheim · Allmendstraße 1
Tel. (06341) 969130 · Fax 9691320
info@karl-pfaffmann.de
**www.karl-pfaffmann.de**

**Inhaber/in und Betriebsleitung**
Helmut und Markus Pfaffmann
**Keller** Markus Pfaffmann und Bernhard Schwaab

**Historie** Gründung des Weinguts vor ca. 70 Jahren, heute in dritter Generation bewirtschaftet
**Rebfläche** 80 Hektar
**Jahresproduktion** 550 000 Flaschen
**Beste Lagen** Gleisweiler Hölle, Walsheimer Silberberg, Nußdorfer Herrenberg
**Boden** sandiger Löss, Lösslehm, Kalkstein, Kalkmergel, Buntsandstein
**Rebsorten** je 25% Riesling und weiße Burgundersorten, 12% Spätburgunder, 38% übrige Sorten
**Erlebenswert** Vinothek mit Ausblick auf die Rebanlagen und den Haardtrand in Richtung Hambacher Schloss.
**Mitglied** Fair'n Green

Inzwischen ist Markus Pfaffmann zu einer echten Macht geworden, was Marktdurchdringung angeht. Die halbe Republik scheint auf Weine aus Walsheim zu schwören, wenn man mit Händlern und Weinfreunden spricht. Sie alle sind angetan von der einfachen Zugänglichkeit seiner Produkte - das klingt vielleicht nach simpel, ist es freilich ganz und gar nicht. Wer es schafft, jeden einzelnen Wein derart typisch für die Sorte auf die Flasche zu bringen, und das auch noch in nicht eben homöopathischen Mengen, der hat es drauf. Gut, Krittler mögen sagen, dass die Weine, zumindest die aus dem Einstiegs- und Mittelsegment, oft mit ordentlich Restzucker abgeschmelzt sind (was stimmt), doch das geht zugunsten der Trinkigkeit. Dass er auch anders kann, beweist Pfaffmann mit der tiefen und langanhaltenden Grande Réserve vom Chardonnay oder der Cuvée Lara aus Cabernet Sauvignon und Merlot, die dicht und würzig ist. Der Hammer ist eine Riesling Auslese: reinste Erfrischung im Format des halben Fläschchens.

**85** 2021 Riesling trocken
**5,60 €/1 Lit.** | 12,5%

**85** 2021 Spätburgunder trocken Blanc de Noirs
**6,60 €** | 12,5%

**86** 2021 Sauvignon Blanc trocken
**7,30 €** | 12%

**86** 2021 Walsheimer Silberberg Riesling trocken Selection
**9,90 €** | 13,5%

**87** 2021 Walsheimer Silberberg Grauburgunder trocken Selection
**9,20 €** | 13,5%

**87** 2021 Knöringer Hohenrain Weißburgunder trocken Selection
**9,90 €** | 13,5%

**89** 2021 Walsheim Linzenbuckel Chardonnay trocken Selection
**11,90 €** | 13,5%

**89** 2021 Walsheimer Silberberg Chardonnay trocken Grande Réserve
**21,90 €** | 13,5%

**90** 2021 Nußdorfer Herrenberg Grauburgunder trocken Pauline Réserve
**10 €** | 13,5%

**90** 2021 Walsheimer Silberberg Riesling Auslese restsüss
**8,80 €** | 9,5%

**90** 2019 Walsheimer Silberberg Spätburgunder trocken Charlotte Grande Réserve
**21,90 €** | 14,5%

**91** 2018 Walsheimer Silberberg Merlot & Cabernet Sauvignon trocken Cuvée Lara Grande Réserve
**21,90 €** | 14,5%

★★★★

## PFEFFINGEN

Weingut Pfeffingen
67098 Bad Dürkheim · Pfeffingen 2
Tel. (06322) 8607
info@pfeffingen.de
**www.pfeffingen.de**

**Inhaber/in und Betriebsleitung**
Doris und Jan Eymael
**Keller** Rainer Gabel

**Rebfläche** 17 Hektar
**Jahresproduktion** 120 000 Flaschen
**Beste Lagen** Ungsteiner Herrenberg und Weilberg
**Boden** Terra Rossa, Kalkmergel, Löss
**Rebsorten** 50% Riesling, je 15% Scheurebe, Weißburgunder und Spätburgunder, 5% übrige Sorten (Silvaner, Gewürztraminer, Chardonnay, Merlot, Roter Riesling)
**Gastronomie** Hoffest am 2. Juliwochenende
**Erlebenswert** neue Vinothek (2021 eröffnet)
**Mitglied** VDP, Fair'n Green

Bisweilen lohnt ein Blick zurück, um die Zukunft besser einrichten zu können. Im Frühjahr lud Jan Eymael zu einem „wine professionals day", um bei einigen Weinen in die Tiefe der Jahrgänge zu gehen. So hatten wir fünf Jahrgänge vom Riesling Weilberg GG im Glas, der für Jan besten Lage. Lassen wir es ihn erklären: „Der Ungsteiner Weilberg ist eine der traditionsreichsten Lagen der Pfalz. Das Herzstück, das der Volksmund auch als ‚Roterde' bezeichnet, ist in seiner Art einzigartig. Nicht nur die klimatisch günstige Exposition der Weinberge, sondern vor allem der Boden prägen die hier wachsenden Weine." Statt mit Buntsandstein, wie er sonst in der Gegend vorherrscht, haben wir es hier mit Boden zu tun, der tonigen Lehm mit Kalkstein verbindet, Wasser gut speichert und oft auch Terra rossa genannt wird. Es handelte sich bei der Verkostung um die Jahrgänge 2002 bis 2006 mit völlig verschiedenen Wettergegebenheiten. Der Jahrgang 2002, mit viel Regen, aber hoher Reife, nahm dem Wein jetzt ein wenig die Spannung, der Jahrhundertsommer 2003 hinterließ einen weichen, runden, aber auch harmonischen Wein mit kecker Säure auf der Zungenspitze. 2004, mit der aktuell unfassbar späten Lese am 27. Oktober, präsentiert sich griffig, mit gutem Druck und tollem Saft am Gaumen. 2005 ist immer noch straff, 2006 hingegen ist ein wenig indifferent mit deutlicher Süße, dabei sehr schmelzig.

### Erfahrung bringt Unabhängigkeit

Warum wir hier so breit darauf eingehen, obwohl's doch so lange her ist? Winzer denken einerseits von Jahrgang zu Jahrgang, andererseit geht es um das Finden des eigenen Stils. Und den hat Jan Eymael hier definitiv für sich gefunden. Wenn wir unsere Notizen zum Weilberg aus den jüngeren Jahrgängen durchgehen, so konstatieren wir mehr Unabhängigkeit vom Wetterverlauf des Jahrgangs, weil man sich durch mannigfaltige Erfahrungen mittlerweile darauf einstellen und entsprechend gegensteuern kann. So kommt es eben, dass der Riesling Weilberg GG konstant eine sichere Bank darstellt, verlässlicher noch als sein Pendant aus dem auch sehr guten Herrenberg.

### Keine Angst vor Scheu

Sorry, dieses Wortspiel musste einfach sein... Scheurebe ist das eigentliche Markenzeichen von Pfeffingen. Hier wird die Klaviatur rauf und runter gespielt, es gibt sie in trocken, in restsüß, in edelsüß, aus dem Barrique (SP) oder auch mal maischevergoren als „O". Diesmal wurden nur zwei Exemplare vorgestellt, die uns beide viel Spaß machten. Übrigens wurde im Frühjahr auch eine Vertikale der Scheurebe SP von 2012 bis 2016 vorgestellt. Vermutlich werden die wenigsten Weinfreunde in den Genuss kommen, so etwas gereift zu trinken (weil sie's zu Hause viel zu früh wegtrinken), doch es würde sich lohnen. Wer jetzt noch 2015 oder 2016 im Keller hat, darf sich glücklich schätzen.

**86** 2021 Riesling trocken „EY mal 1“
**9 €** | 12 %

**87** 2021 Ungsteiner Scheurebe trocken
**13 €** | 12 %

**88** 2021 Ungstein Riesling trocken Terra Rossa
**14,50 €** | 12,5%

**89** 2021 Ungstein Riesling trocken Kalkstein
**14,50 €** | 13 %

**89** 2021 Ungsteiner Chardonnay trocken SP
**16,50 €** | 13 %

**90** 2021 Ungsteiner Scheurebe trocken SP
**18 €** | 14 %

**90** 2021 Ungsteiner Nußriegel Riesling trocken Erste Lage
**19,90 €** | 12 %

**91** 2021 Ungsteiner Herrenberg Weißburgunder VDP.Großes Gewächs
**25 €** | 13,5%

**91** 2021 Ungsteiner Herrenberg Riesling VDP.Großes Gewächs
**25 €** | 13,5%

**93** 2021 Ungstein Weilberg Riesling trocken VDP.Große Lage
**30 €** | 13 %

**89** 2020 Ungstein Spätburgunder trocken SP
**25 €** | 13,5%

**89** 2020 Ungstein Merlot SP
**19 €** | 14 %

★★★

## PFIRMANN

Weingut Pfirmann
76829 Landau
Wollmesheimer Hauptstraße 84
Tel. (06341) 32584 · Fax 930066
info@weingut-pfirmann.de
**www.weingut-pfirmann.de**

**Inhaber/in und Betriebsleitung**
Jürgen Pfirmann
**Keller** Jürgen Pfirmann

**Rebfläche** 17 Hektar
**Jahresproduktion** 80 000 Flaschen
**Beste Lagen** Wollmesheimer Mütterle, Leinsweiler Sonnenberg, Ilbesheimer Kalmit
**Boden** Kalkmergel, Buntsandstein, Landschneckenkalk
**Rebsorten** 45% weiße Burgundersorten, 20% Riesling, 35% übrige Sorten
**Mitglied** Bioland

Jürgen Pfirmann hat längst seinen eigenen Stil gefunden. Er war auch früh bei denen dabei, die beim Sauvignon Blanc erkannten, was diese Sorte für die Region einmal bedeuten könnte. Interessanterweise fanden sich weder der Gutswein daraus noch die Réserve im Probenpaket. Also widmeten wir uns Riesling und Burgundersorten, die in diesem Betrieb ohnehin das Gros darstellen. Der Riesling Landschneckenkalk zeigt gelbfruchtige und florale Ansätze, war aber noch etwas verschlossen zum Zeitpunkt der Verkostung. Der Kalkmergel hingegen lebt seine Mineralität schon jung richtig aus und präsentiert sich frisch und nervig. Von den gleichen Bodenverhältnissen ist der Weißburgunder Landschneckenkalk kräftig, ausgewogen und cremig, während der Kalkmergel mehr auf der Fruchtseite spielt. Der Zollstock der Sorte hat Kraft, ist mineralisch, cremig und etwas hefig. Der Kalmit bleibt sehr verschlossen, lässt aber Kräutrigkeit ahnen und hängt lange am Gaumen. Der Chardonnay Am Zollstock ist überraschend schlank mit einer filigranen, guten Struktur. Zugelegt an Qualität hat Pfirmann bei den Spätburgundern. Der Kalkmergel ist beerenfruchtig, erinnert an Kirsche und besitzt reifes Tannin. Beim Kalmit aus dem Jahr 2018 kommen noch Vanillenoten hinzu, er ist insgesamt sehr harmonisch und jetzt prima trinkreif.

**87** 2021 Weißburgunder trocken Kalkmergel
**9,50 €** | 13 %

**87** 2021 Weißburgunder trocken Landschneckenkalk
**9,50 €** | 13 %

**87** 2021 Riesling trocken Kalkmergel
**9,50 €** | 12,5%

**87** 2021 Riesling trocken Landschneckenkalk
**9,50 €** | 12,5%

**88** 2021 Chardonnay trocken Am Zollstock
**12,50 €** | 13 %

**90** 2021 Weißburgunder trocken Am Zollstock
**12,50 €** | 13 %

**90** 2021 Ilbesheimer Kalmit Weißburgunder trocken
**18 €** | 13,5%

**87** 2020 Spätburgunder trocken Kalkmergel
**10,50 €** | 13,5%

**89** 2018 Ilbesheimer Kalmit Spätburgunder trocken
**22 €** | 13,5%

★★★

## PORZELT

Weingut Porzelt
76889 Klingenmünster · Steinstraße 91
Tel. (06349) 8186
info@weingut-porzelt.de
**www.weingut-porzelt.de**

**Inhaber/in und Betriebsleitung**
Andreas Porzelt

**Rebfläche** 21 Hektar
**Jahresproduktion** 100 000 Flaschen
**Beste Lagen** Klingenmünster Maria Magdalena, Gleiszeller Kirchberg
**Boden** Muschelkalk, Buntsandstein, Kiessand, Lehm, Ton
**Rebsorten** 23% Riesling, 20% Silvaner, 13% Portugieser, 11% Spätburgunder, 7% Grauburgunder, 6% Weißburgunder, 4% Chardonnay, 16% übrige Sorten
**Erlebenswert** oberirdisches Sandsteingewölbe von 1786
**Mitglied** Bioland

Wer zu Porzelts aufs Weingut fährt, wird feststellen, dass dies nach Ankunft eine sofortige Entschleunigung zur Folge hat. Das liegt zum Teil an der Lage des Betriebs genau am Rande des Pfälzerwaldes, noch mehr wohl aber am Umstand, dass sowohl Andreas als auch seine Frau Anna mega entspannte Gastgeber sind. Und das führt uns dann zu den Weinen, die dem vollumfänglich angepasst sind. Jeder kennt ja das Prinzip, dass sich Hund und Frauchen oder Herrchen mit der Zeit immer ähnlicher werden - das ist beim Wein ganz ähnlich. Die großen Aufreger, das angesagte Hip-Dingens, gewagte Experimente, weil's die Anderen ja auch versuchen: Fehlanzeige, gar nicht die Sache dieses Winzers. Andreas Porzelt ist straight, wie eben auch die Weine. Ein ums andere Mal schreiben wir hier, dass es wohl niemanden in der Pfalz gibt, der Silvaner so drauf hat wie er. Weil's einfach so ist. Beim 2020er Kirchberg 500 steht vielleicht das Holz etwas arg im Vordergrund, beim 2021er ist das schon wieder anders. Zum spaßigen Trinkgenuss greifen wir auf den vom Muschelkalk zurück. Und sollte es kein Silvaner sein, bietet sich der elegante, saftige, wenngleich nicht ganz trockene Chardonnay an.

PORZELT
KLINGENMÜNSTER–PFALZ
WEINGUT

- **88** 2018 Sekt b. A. Extra Brut Crémant PFALZ
  **15,70 €** | 12,5%
- **86** 2021 Silvaner trocken
  **8,90 €** | 12,5%
- **87** 2021 Klingenmünster Silvaner trocken Tonmergel
  **13,50 €** | 12 %
- **87** 2021 Klingenmünster Riesling trocken Buntsandstein
  **13,50 €** | 12,5%
- **87** 2021 Klingenmünster Grauburgunder trocken
  **13,50 €** | 12,5%
- **88** 2021 Klingenmünster Silvaner trocken Muschelkalk
  **13,50 €** | 13 %
- **88** 2021 Klingenmünster Weißburgunder trocken Muschelkalk
  **13,50 €** | 13,5%
- **89** 2020 Klingenmünster Kirchberg Silvaner trocken 500
  **24,30 €** | 13,5%
- **90** 2020 Klingenmünster Kirchberg Chardonnay trocken Lagenwein
  **21,10 €** | 13,5%
- **91** 2021 Klingenmünster Kirchberg Silvaner trocken 500
  **24,30 €** | 13,5%
- **86** 2018 Klingenmünster Spätburgunder trocken Muschelkalk
  **20 €** | 13 %
- **88** 2018 Klingenmünster Kirchberg Spätburgunder trocken
  **29,70 €** | 13 %

★★★★★



## REBHOLZ

Weingut Ökonomierat Rebholz
76833 Siebeldingen · Weinstraße 54
Tel. (06345) 3439 · Fax 7954
wein@oekonomierat-rebholz.de
**www.oekonomierat-rebholz.de**

**Inhaber/in und Betriebsleitung** Hansjörg und Birgit Rebholz
**Keller** Hansjörg, Hans und Valentin Rebholz
**Historie** Weinbau in der Familie seit über 350 Jahren
**Rebfläche** 26 Hektar
**Jahresproduktion** 120 000 Flaschen
**Beste Lagen** Birkweiler Kastanienbusch und Mandelberg, Siebeldinger Im Sonnenschein und Ganz Horn, Burrweiler Schäwer (Große Lagen), Albersweiler Latt, Frankweiler Biengarten, Arzheimer Rosenberg (Erste Lagen)
**Boden** Muschelkalk, Buntsandsteinverwitterung, Rotliegendes, Hangschotter, Schiefer, Lösslehm
**Rebsorten** 40% Riesling, 20% Spätburgunder, 15% Weißburgunder, 11% Chardonnay, je 4% Grauburgunder und Muskateller, 3% Gewürztraminer, 2% Sauvignon Blanc, 1% Silvaner
**Erlebenswert** Kastanienbusch und der historische Terrassen-Pergolaweinberg Albersweiler Latt
**Mitglied** VDP, Respekt-Biodyn, La Renaissance des Appellations, Fünf Winzer – Fünf Freunde

Mit dem Jahrgang 2021 haben die Zwillinge Hans und Valentin die volle Verarbeitung übernommen, sowohl im Weinberg als auch im Keller. Vater Hansjörg Rebholz sieht sich selbst lediglich als Beobachter von außen. Entscheidungen werden zwar immer noch gemeinsam gefällt, doch da die Jungs jetzt auch Miteigentümer sind, tragen sie auch mehr Last auf den Schultern. Wer sie ein wenig kennt, weiß, dass ihnen das nichts ausmacht. Riesige Veränderungen sind nicht zu erwarten, denn das Terrain ist ja bestens gepflegt. „Wir wollen die Stärken noch besser ausarbeiten und fokussieren uns weiter auf die Großen Lagen", sagt Valentin. Es wird mit Dichtpflanzungen experimentiert, auch um mit nur einem Meter Zeilenbreite eine bessere natürliche Beschattung hinzubekommen. Später soll es noch eine Winterpflanzung per Hand geben, wobei da auch der Chardonnay im Blick ist, von dem man ab dem Jahr 2023 mehr haben wird als vom Weißburgunder. Die Jugend wird sich zudem beschäftigen mit der Überarbeitung eines betrieblichen Energiekonzepts: Wie schaffen wir eine CO2-Neutralität bei den Gebäuden? Macht es Sinn, eigene Biokohle für die Böden zu produzieren?

**Präzision in Flaschen**

Der Weinjahrgang 2021 wird bei Rebholz sehr hoch eingestuft. Hansjörg spricht davon, in Sachen Lagerfähigkeit und Potenzial sei das noch einen Tick präziser als etwa im Jahr 2017. Das können wir grundsätzlich unterschreiben, wobei man bei Rebholz immer vom höchsten Niveau ausgeht, egal was drumherum auch sein mag. Rieslinge und Weißburgunder spielen auf nationaler Ebene genauso mit wie die herrlichen Spätburgunder, bei denen sich der Im Sonnenschein anfühlt wie ein seidiges Vlies auf der Haut. Immer ein ganz öffentlicher Geheimtipp: der trockene Muskateller.

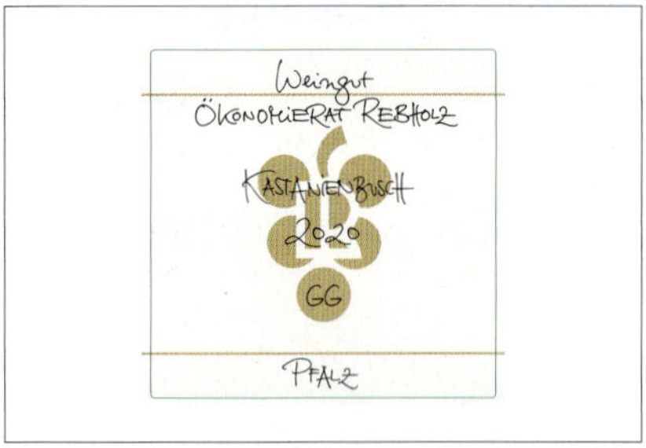


**92** 2012 ϖ-no Extra Brut Gold
**49 €** | 12,5%

**87** 2021 Riesling trocken VDP.
**12,80 €** | 12 %

**87** 2021 Weißer Burgunder trocken VDP.
**12,80 €** | 13 %

**89** 2021 Birkweiler Riesling trocken vom Rotliegenden
**22,50 €** | 12 %

**89** 2021 Siebeldinger Weißer Burgunder trocken vom Muschelkalk
**25 €** | 13 %

**90** 2021 Muskateller trocken VDP.
**15,50 €** | 11,5%

**90** 2021 Burrweiler Riesling trocken vom Schiefer
**22,50 €** | 12,5%

**90** 2021 Siebeldinger Riesling trocken vom Buntsandstein
**22,50 €** | 12 %

**90** 2021 Siebeldinger Riesling trocken vom Muschelkalk
**22,50 €** | 12,5%

**91** 2021 Frankweiler Biengarten Riesling trocken Erste Lage
**30 €** | 12 %

**92** 2021 Cuvée ϖ No. R trocken
**42 €** | 13 %

**93** 2021 Chardonnay trocken „R"
**42 €** | 13 %

**93** 2021 Burrweiler Schäwer Riesling VDP. Großes Gewächs
**57 €** | 12,5%

**94** 2021 Birkweiler Mandelberg Weißburgunder VDP.Großes Gewächs
**54 €** | 13 %

**94** 2021 Siebeldinger im Sonnenschein Weißburgunder VDP.Großes Gewächs
**54 €** | 13 %

**94** 2021 Siebeldinger Ganz Horn Im Sonnenschein Riesling VDP.Großes Gewächs
**57 €** | 12,5%

**94** 2021 Siebeldinger im Sonnenschein Riesling VDP.Großes Gewächs
**57 €** | 12,5%

**95** 2021 Birkweiler Kastanienbusch Riesling VDP.Großes Gewächs
**63 €** | 12,5%

**91** 2020 Spätburgunder trocken „R"
**24 €** | 13 %

**91** 2020 Siebeldinger Spätburgunder trocken vom Muschelkalk
**Preis auf Anfrage** | 13 %

**93** 2020 Siebeldinger Spätburgunder trocken Förster
**Preis auf Anfrage** | 13 %

**95** 2020 Siebeldinger im Sonnenschein Spätburgunder VDP.Großes Gewächs
**Preis auf Anfrage** | 13 %

★★★

## REIBOLD

Weingut Reibold
67251 Freinsheim · Wallstraße 19
Tel. (06353) 1821
post@weingut-reibold.de
**www.weingut-reibold.de**

**Inhaber/in und Betriebsleitung** Philipp und Johannes Reibold
**Keller** Philipp Reibold
**Außenbetrieb** Bastian Schlottmann

**Rebfläche** 22 Hektar
**Jahresproduktion** 100 000 Flaschen
**Beste Lagen** Großkarlbacher Burgweg ,Großkalbacher Osterberg, Herxheimer Honigsack, Freinsheimer Musikantenbuckel, Neuleininger Sonnenberg
**Boden** Kalk, Lösslehm, sandiger Kies
**Rebsorten** 25% Riesling, 20% Spätburgunder, 15% Chardonnay, je 10% Sauvignon Blanc und Grauburgunder, je 5% Weißburgunder, Merlot und Cabernet Sauvignon, 1% Grenache
**Gastronomie** Palatina Weinbar in Grosskarlbach, Ausschank eigener Weine & befreundeter Weingüter
**Erlebenswert** Reibolds Musikantenbuckel (Weinbergsgarten in der Weinlage Musikantenbuckel)

Johannes und Philipp Reibold machen seit ein paar Jahren mit individuellen, anspruchsvollen Weinen von sich reden. Dabei haben sie sich auf ein beachtliches Level katapultiert und sind im Sauseschritt an so manchem Mitbewerber vorbeigezogen. Und sie gehen Sachen an, die recht aufregend sind, etwa die Neuanlage eines Chardonnay-Weinbergs unterhalb der Burg Neuleiningen - auf Grundlage eines völlig verbuschten Areals und in stolzer Steilheit. In ein paar Jahren werden wir die ersten Ergebnisse verkosten können. Was wir jetzt im Glas haben, ist aber auch schon erste Sahne. Wir steigen ein mit einem schmelzigen Chardonnay brut nature, der überraschend fruchtig daherkommt. Weißweine vom Schlage eines Großkarlbacher Osterberg Riesling werden spontan vergoren, was ihnen Länge und Struktur gibt. Das gilt auch für den unfiltrierten Riesling Im Großen Garten. Die Pinots stehen den Rieslingen in nichts nach. Der beste davon, der aus dem Herxheimer Himmelreich, ist ein Unikat, es wird ihn nach diesem Jahrgang von Reibold so nicht mehr geben, denn es handelte sich um eine auf ein Jahr begrenzte Pachtanlage des ehemaligen Weinguts Schumacher. Sehr eigen und gut ist auch wieder der Grenache, der erstaunlicherweise aus dem Jahrgang 2019 mehr Pflaumigkeit aufweist als der 2018er. Von unserer „Entdeckung des Jahres" im „VINUM Weinguide" 2021 wird noch viel zu hören sein.

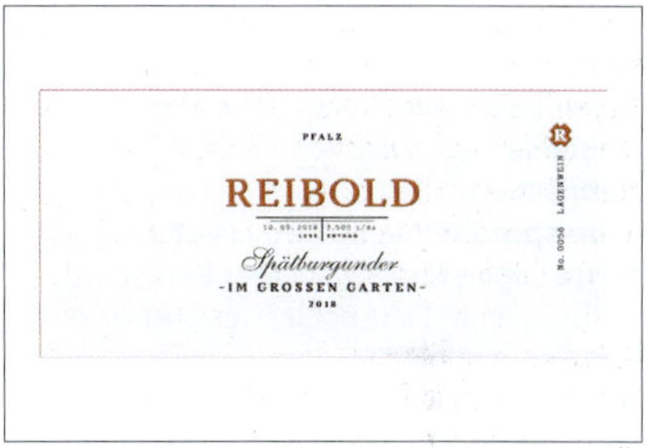


| | |
|---|---|
| **88** | 2016 Chardonnay Brut nature<br>**16 €** \| 12 % |
| **85** | 2021 Riesling trocken<br>**6 €** \| 11,5% |
| **87** | 2021 Chardonnay & Weißburgunder trocken<br>**9,20 €** \| 12,5% |
| **87** | 2021 Sauvignon Blanc trocken<br>**9,20 €** \| 11,5% |
| **87** | 2021 Riesling trocken vom Kalkstein<br>**10,80 €** \| 12 % |
| **88** | 2021 Chardonnay trocken<br>**16 €** \| 12,5% |
| **90** | 2021 Grosskarlbacher Osterberg Riesling trocken Erste Lage<br>**22 €** \| 12 % |
| **90** | 2021 Grosskarlbach Im großen Garten Riesling trocken Große Lage<br>**32 €** \| 12,5% |
| **89** | 2020 Pinot Noir trocken<br>**24 €** \| 13 % |
| **89** | 2019 Grenache trocken<br>**42 €** \| 13 % |
| **90** | 2020 Grosskarlbach Im großen Garten Spätburgunder trocken Große Lage<br>**39 €** \| 13,5% |
| **91** | 2020 Herxheim Himmelreich Spätburgunder Große Lage<br>**Preis auf Anfrage** \| 13 % |

★★

## REINHARDT

Weingut Reinhardt
67152 Ruppertsberg
Hof am Deidesheimer Weg
Tel. (06326) 9826777 · Fax 96098
info@weingut-reinhardt.de
**www.weingut-reinhardt.de**

**Inhaber/in** Anna Reinhardt-Weisbrodt, Lukas Reinhardt, Stefan Reinhardt
**Betriebsleitung** Anna Reinhardt-Weisbrodt, Lukas Reinhardt, Stefan Reinhardt
**Keller** Lukas und Stefan Reinhardt
**Außenbetrieb** Lukas Reinhardt

**Rebfläche** 17 Hektar
**Jahresproduktion** 60 000 Flaschen
**Beste Lagen** Ruppertsberger Reiterpfad, Deidesheimer Maushöhle, Herrgottsacker und Petershöhle
**Boden** lehmiger Sand mit Buntsandstein, Löss, Verwitterungsgestein, Kalkmergel
**Rebsorten** 60% Riesling, 20% Weißburgunder, 10% Spätburgunder, 10% übrige Sorten
**Mitglied** Generation Riesling, Verband traditioneller Sektmacher e.V., Die junge Pfalz

Anna, Lukas und Stefan Reinhardt teilen sich Arbeitsaufkommen und Verantwortung im 17-Hektar-Familiengut. Echte Perlen im Sortiment sind die Sekte. Da tut sich ein 2017er Chardonnay Sekt Brut nature Réserve hervor, ein wunderbar ausbalancierter, animierender Sekt mit feinen Hefenoten und in seiner Art so erfrischend wie harmonisch. Dafür dürfen dann ruhig mal 32 Euro aufgerufen werden. Unter den Rieslingen schnitt der 2020er Ruppertsberger Reiterpfad Riesling trocken Große Lage am besten ab: Sehr klar und frisch im Duft, zitrusfruchtig und von feinen Hefearomen geprägt, mit spannender Pfefferwürze ausgestattet, lässt der kaum Wünsche offen. Auch der 2017er Niederkirchen Schlossberg Saint Laurent trocken Erste Lage reift ganz langsam zu voller Größe heran: Gutes Holz, Leder, Tabak, Rauch, aber auch Fruchtnoten von Kirsche und Brombeeren spielen da zusammen. Wir sind sicher, dass sich dieser Wein in den kommenden Jahren noch wunderbar entwickeln wird.

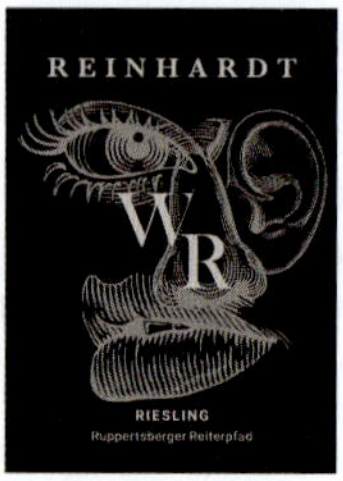


**89** 2019 Blanc et Noir Brut nature
**16 €** | 11,5%

**89** 2017 Rosé Sekt Brut nature Prestige
**22 €** | 12%

**90** 2017 Chardonnay Sekt Brut nature Reserve
**32 €** | 12%

**85** 2021 Riesling trocken
**8,20 €** | 11,5%

**86** 2021 Deidesheimer Riesling trocken
**11,50 €** | 11,5%

**86** 2021 Sauvignon Blanc trocken Fumé
**16 €** | 13%

**87** 2021 Weißburgunder trocken
**8,50 €** | 12%

**87** 2021 Ruppertsberger Riesling trocken
**11,50 €** | 11,5%

**87** 2020 Deidesheim Herrgottsacker Riesling trocken Erste Lage
**16 €** | 12,5%

**88** 2020 Deidesheim Nonnenstück Weisser Burgunder trocken Reserve
**22 €** | 13,5%

**89** 2020 Ruppertsberger Reiterpfad Riesling trocken Große Lage
**20 €** | 13%

**88** 2017 Ruppertsberg Nußbien Spätburgunder trocken Erste Lage
**20 €** | 13,5%

**88** 2017 Niederkirchen Schlossberg Saint Laurent trocken Erste Lage
**20 €** | 14%

## RINCK

Weingut Rinck
76831 Heuchelheim-Klingen
Klingbachstraße 11
Tel. (06349) 8542 · Fax 3356
info@weingut-richard-rinck.de
**www.weingut-richard-rinck.de**

**Inhaber/in und Betriebsleitung**
Annette Rinck und Niko Leonhard
**Keller** Niko Leonhard

Vom Vorjahr verwöhnt, erwarten wir Qualität. Wir finden sie im Doppelpack: Aus dem Jahr 2021 vom Mörzheimer Pfaffenberg kommt das Gespann von Weiß- und Grauburgunder. Beide sind vergleichbar trocken, beide haben 13 Prozent und beide kosten 10 Euro. Und beide sind gleich gut. Der Grauburgunder mit schöner Farbe, feiner Mineralität und ausgeprägter Kiwinote. Etwas schmelziger bietet uns der Weißburgunder eine florale Nase, weiche Noten von Toast und ein wohlgesetztes Säurespiel.

**85** 2021 Klingen Sylvaner trocken -Herdstein-
**9 €** | 12,5%

**85** 2020 Klingener Herrenpfad Riesling trocken
**10 €** | 12 %

**86** 2021 Klingener Grauburgunder trocken
**6,50 €** | 12,5%

**86** 2021 Mörzheimer Weißburgunder trocken
**6,50 €** | 12,5%

**86** 2021 Klingener Riesling trocken Element
**7 €** | 12,5%

**86** 2021 Klingen Sylvaner trocken -Alte Reben-
**7,50 €** | 12,5%

**87** 2021 Mörzheimer Pfaffenberg Grauburgunder trocken
**10 €** | 13 %

**87** 2021 Mörzheimer Pfaffenberg Weißburgunder trocken
**10 €** | 13 %

**84** 2020 Klingen Herrenpfad Spätburgunder trocken
**14 €** | 13 %

**84** 2020 Portugieser Landwein trocken -Tal-
**15 €** | 13 %

## RINGS

Weingut Rings
67251 Freinsheim · Dürkheimer Hohl 21
Tel. (06353) 2231 · Fax 915164
info@weingut-rings.de
**www.weingut-rings.de**

**Inhaber/in und Betriebsleitung**
Steffen und Andreas Rings
**Keller** Andreas Rings, Georg Lutz
**Außenbetrieb** Steffen Rings, Niklas Raab

**Rebfläche** 36 Hektar
**Jahresproduktion** 200 000 Flaschen
**Beste Lagen** Kallstadter Saumagen, Ungsteiner Weilberg, Leistadter Felsenberg, Kallstadter Annaberg, Freinsheimer Schwarzes Kreuz
**Boden** Sand und Kies, Löss, Buntsandstein, Kalkstein, Terra Rossa
**Rebsorten** je 30% Riesling und Spätburgunder, 40% übrige Sorten
**Mitglied** VDP

Nachdem Andreas und Steffen Rings vor einigen Jahren ihren Kellerneubau in der Lage Kreuz fertiggestellt hatten, war richtig viel Platz da, um sich austoben zu können. Im Laufe der Jahre fand man dann doch, dass ein paar Sachen vielleicht anders gelöst werden könnten – und so baut man jetzt eine neue Vinothek an den Keller an. Die Investitionen haben sich aber absolut ausgezahlt, wir finden, Rings ist noch mal besser geworden, kontinuierlicher, präziser. Und das zeigt sich im Grunde bei allen Weinen. Der Anteil an Holzfässern für Weißweine wurde erhöht, auch wurden kleine Maischegärtanks für die Rotweine angeschafft, um hier die Weinberge genauso trennen zu können, wie man es schon für die Weißweine machte. Das, so Andy, mache extrem viel Spaß und führe zu Ergebnissen, die ihnen noch besser gefielen als zuvor.

**Tach, Anna!**
Mit dem Kallstadter Annaberg ist in diesem Jahr noch eine neue Lage hinzugekommen, und dann sogar gleich als Großes Gewächs. Sie liegt am Hang unter einer Kalkabbruchkante und weist auch einen Anteil an Kalksteinfels im Untergrund auf. Die Nähe zum Wald sorgt für etwas mehr Kühle, aus dem Hang heraus drückt auch Wasser, so dass eine gute Versorgung gewährleistet ist.

**Die machen Ernst ...**
Die Verkostung der immerhin 18 angestellten Weine der Rings-Brüder ist ein echter Parforceritt. Da gibt es kein Zurücklehnen, kein Innehalten, sich es mit einem Wein mal gemütlich machen. Das hat alles so ungemein viel Zug, so viel Kraft, die aber nicht roh ist, sondern zielgelenkt auf den Puls des Weins. Schon der Kallstadter Riesling Ortswein ist so ein Dynamiker, der nicht spielen will, sondern gleich Ernst macht. Und ist bei den Rieslingen ganz oben der Kreid besser? Der Saumagen? Die Zeit wird es richten, in diesem frühen Stadium schwanken die Weine noch. Die Spätburgunder zeigen sich da schon entschiedener und überlassen dem Saumagen das Primat. Der Syrah, im vergangenen Jahr der beste der Republik, ist auch heuer wieder bärenstark. Insgesamt hat uns das alles so begeistert, dass wir Rings in diesem Jahr zu unserem „Weingut des Jahres" in der Pfalz küren.

RINGS

**87** 2021 Riesling trocken
**9,90 €** | 12 %

**89** 2021 Kallstadt Riesling trocken
**20 €** | 12,5%

**90** 2020 Chardonnay & Weißburgunder trocken Kalk & Stein
**22 €** | 12 %

**91** 2021 Ungsteiner Nussriegel Riesling trocken Erste Lage
**28 €** | 12,5%

**91** 2021 Kallstadter Steinacker Riesling trocken Erste Lage
**32 €** | 12,5%

**93** 2021 Ungsteiner Weilberg Riesling VDP.Großes Gewächs
**50 €** | 12,5%

**94** 2021 Kallstadter Annaberg Riesling VDP.Großes Gewächs
**50 €** | 12,5%

**96** 2021 Kallstadter Saumagen Riesling VDP.Großes Gewächs
**60 €** | 13 %

**96** 2021 Riesling trocken Kreid
**Preis auf Anfrage** | 13 % TOP 10

**87** 2020 Spätburgunder trocken unfiltriert
**15 €** | 12,5%

**90** 2020 Kallstadt Spätburgunder trocken unfiltriert
**25 €** | 12,5%

**91** 2020 Cuvee trocken Das kleine Kreuz unfiltriert
**25 €** | 13,5%

**92** 2020 Leistadter Kalkofen Spätburgunder trocken Erste Lage unfiltriert
**38 €** | 12,5%

**92** 2020 Kallstadter Steinacker Spätburgunder trocken Erste Lage unfiltriert
**42 €** | 12,5%

**93** 2019 Cuvée trocken Das Kreuz unfiltriert
**50 €** | 14 %

**93** 2020 Leistadter Felsenberg Spätburgunder VDP.Großes Gewächs unfiltriert
**95 €** | 13 %

**93** 2020 Syrah trocken Reserve unfiltriert
**Preis auf Anfrage** | 13,5% TOP 10

**95** 2020 Kallstadter Saumagen Spätburgunder VDP.Großes Gewächs unfiltriert
**75 €** | 13 % TOP 10

## SANKT ANNABERG

Weingut Sankt Annaberg
76835 Burrweiler · St.-Anna-Straße 203
Tel. (06323) 949260 · Fax 9492620
v.lergenmueller@lergenmueller.de
**www.sankt-annaberg.com**

**Inhaber/in** Anna M. Lergenmüller
**Betriebsleitung** Victoria Lergenmüller
**Keller** Victoria Lergenmüller
**Außenbetrieb** Victoria Lergenmüller

**Historie** Seit 1998 in Familienbesitz, 2012 von Tochter Victoria übernommen, seitdem Fokus auf den Ausbau von Riesling von der eigenen Monopollage bis hin zu Großen Lagen. Seit 2021 EU-biozertifiziert.
**Rebfläche** 7 Hektar
**Jahresproduktion** 33 000 Flaschen
**Beste Lagen** Burrweiler Schäwer, Ilbesheimer Kalmit, Gleisweiler Hölle, Monopollage Burrweiler St. Annaberg
**Boden** Buntsandstein, Schiefer, Kalkstein, sandiges Verwitterungsgestein
**Rebsorten** 97% Riesling, 3% Spätburgunder
**Gastronomie** Weinlounge „355 NN" mit kleinen Spezialitäten
**Erlebenswert** Monopollage Sankt Annaberg
**Mitglied** Generation Riesling

Es gibt Zeiten, da dürfen und müssen Veränderungen auch mal sein. So empfand es Victoria Lergenmüller, die demnächst ihren zehnten Jahrgang auf dem Annaberg vinifizieren wird. „Als ich das mit 21 Jahren begonnen hatte, war ich ja auch noch ein anderer Mensch als heute", sagte sie und überdachte ihr Konzept. Die Weine haben sich etwas verändert - und diese Weiterentwicklung sollte nun auch bei den Etiketten Ausdruck finden. „Da möchte ich die Geschichte vom Annaberg und meine eigene darstellen: Die Monopollage an sich, den Teufel für den Teufelsberg, in dem die Lage ist, die Heilige Anna als Namensgeberin, den Schinken für meinen Mann, einen Metzger, einen Säbel mit Tricolore für die napoleonischen Truppen, die das Gut erbaut haben, einen Hirsch, den ich als junges Mädel geschossen und erlegt hatte, Bienen, Mäusebussarde, Blumen ... - es ist ein richtiges Wimmelbild geworden!" Nachdem sie wegen privater Umstände im Vorjahr nicht im „VINUM Weinguide" vertreten war, ist sie nun wieder mit ihren Weinen dabei. Die Rieslinge sind gewohnt klar, die beiden feinherben, darunter 355 NN und Promptus, angenehm schmelzig und nicht zu süß. Ist der Kalmit schon enorm direkt und mit steinigem Zug, glänzt der Schäwer mit zusätzlicher Dichte und Länge. Der Spätburgunder könnte noch etwas mehr Aufmerksamkeit vertragen.

**86** 2021 Burrweiler St. Annaberg Riesling trocken Terrassenlage
**12 €** | 11,5%

**87** 2021 Gleisweiler Hölle Riesling trocken Große Lage Alte Reben
**15 €** | 12%

**88** 2020 Burrweiler St. Annaberg Riesling trocken Edition Johanniskreuz
**20 €** | 12,5%

**90** 2020 Ilbesheimer Kalmit Riesling trocken Große Lage
**24 €** | 12,5%

**91** 2020 Burrweiler Schäwer Riesling trocken Große Lage
**25,50 €** | 13%

**88** 2020 Burrweiler St. Annaberg Riesling Spätlese feinherb „Promptus"
**20,50 €** | 12%

**87** 2021 Burrweiler St. Annaberg Riesling feinherb „355 NN"
**12 €** | 11,5%

**87** 2018 Burrweiler St. Annaberg Spätburgunder trocken
**34,50 €** | 14,5%

★★★

## SAUER

Weingut Familie Sauer
76829 Landau-Nußdorf · Aublickstraße 1
Tel. (06341) 61175 · Fax 64380
info@weingut-sauer.de
**www.weingut-sauer.de**

**Inhaber/in** Monika, Valentin und Heiner Sauer
**Betriebsleitung** Heiner Sauer
**Keller** Felix Haertel
**Außenbetrieb** Heiner Sauer

**Rebfläche** 32 Hektar
**Jahresproduktion** 180 000 Flaschen
**Beste Lagen** Godramsteiner Münzberg, Gleisweiler Hölle, Burrweiler Schäwer
**Boden** Buntsandstein, Muschelkalk, Kalkmergel, Lehm, Löss
**Rebsorten** 23% Riesling, 14% Grauburgunder, 13% Spätburgunder, 12% Weißburgunder, 8% Sauvignon Blanc, je 5% Chardonnay und St. Laurent, 3% Grünfränkisch, 17% übrige Sorten
**Gastronomie** Events & Weinproben in der neuen Vinothek
**Erlebenswert** moderne Vinothek in Holzbauweise mit Stampflehmwand und Blick ins Kelterhaus sowie in die Rheinebene
**Mitglied** Bioland

35 Jahre ist es jetzt her, dass Moni und Heiner Sauer ihr Weingut gegründet haben. Von Beginn an setzten sie dabei auf ökologischen Weinbau und zählten zu den Mitgründern der Weinsparte beim Verband Bioland - damals eine als absolut obskur betrachtete Gruppe, die abwechselnd belächelt, verachtet oder bemitleidet wurde. Dass Bio in guten Betrieben heute fast schon Standard ist, hat man auch dem Einsatz der Sauers zu verdanken. Mittlerweile ist auch Sohn Valentin aktiv dabei. Die Weine sind seit Jahren extrem verlässlich und geschmacklich ausdrucksstark. Sehr ansprechend im Mittelbereich fanden wir heuer den Riesling Kalkmergel, der nur 11,5 Umdrehungen hat und deutlich unter 10 Euro verkauft wird. Ganz eigenen Charakter beweist der Weißburgunder Holz & Ton, der zu 60 Prozent in Amphoren und 40 Prozent im Tonneau ausgebaut wurde. Nachdem in diesem Jahr der sonstige Primus Riesling Schäwer nicht angestellt wurde, geht die Bestenmütze zu gleichen Teilen an den Kaiserberg Spätburgunder und den herrlichen Münzberg Riesling Steinreich.

**86** 2021 Weißburgunder trocken
**7,40 €** | 12,5%

**86** 2021 Riesling trocken Buntsandstein
**7,80 €** | 11,5%

**87** 2021 Riesling trocken Kalkmergel
**8,40 €** | 11,5%

**87** 2021 Chardonnay trocken Löss
**8,90 €** | 12%

**87** 2021 Grauburgunder trocken Löss
**9,50 €** | 12,5%

**87** 2020 Böchinger Rosenkranz Sauvignon Blanc trocken Erste Lage Fumé
**16,50 €** | 13%

**88** 2020 Godramsteiner Münzberg Weißburgunder trocken Erste Lage
**13 €** | 13,5%

**88** 2020 Weißburgunder trocken Holz & Ton
**25 €** | 13,5%

**90** 2021 Godramsteiner Münzberg Riesling trocken Erste Lage Steinreich
**15 €** | 12,5%

**87** 2020 Spätburgunder trocken Kalkmergel
**12,90 €** | 14,5%

**88** 2020 St. Laurent trocken Kalkmergel
**12,90 €** | 14,5%

**90** 2019 Nußdorfer Kaiserberg Spätburgunder trocken Erste Lage
**19,50 €** | 13,5%

## KARL SCHAEFER

Weingut Karl Schaefer
67098 Bad Dürkheim · Weinstraße Süd 30
Tel. (06322) 2138 · Fax 8729
info@karl-schaefer.com
**www.karl-schaefer.com**

**Inhaber/in** Dr. Job und Nana von Nell
**Betriebsleitung** Johann Seibt
**Keller** Johann Seibt
**Außenbetrieb** Jan Eilers

**Historie** seit 1843 in Familienbesitz, junges Team, historisches Gebäude und Parkensemble (für Veranstaltungen buchbar)
**Rebfläche** 18 Hektar
**Jahresproduktion** 80 000 Flaschen
**Beste Lagen** Forster Pechstein, Dürkheimer Michelsberg und Spielberg, Wachenheimer Gerümpel und Fuchsmantel, Ungsteiner Weilberg und Herrenberg
**Boden** Muschelkalk, Löss, Lehm, Basalt, Buntsandstein, Mergel, Terra Rossa
**Rebsorten** 75% Riesling, 25% Burgundersorten
**Erlebenswert** Fuchsmantel, mit Trockenmauern terrassierte Lage mit schönem Aussichtspunkt, Gewölbekeller mit Disco-Charakter, Interior Design-Verkauf im Gutshaus, Parkanlage.
**Mitglied** VDP

Beim Weingut Schaefer ist ganz klar zu sagen, dass es auf dem besten Weg ist, seinen Nimbus wiederherzustellen, den es in früheren Zeiten einmal gehabt hat, als es gemeinsam mit Müller-Catoir und Pfeffingen zu den größten Namen der Pfalz gehörte. Nana und Job van Nell steckten viel Energie (und auch Geld) in diese Renaissance, doch es hat sich schmeckbar gelohnt. Wir sehen einen mehr als ordentlichen Unter- und Mittelbau mit einem zugvollen Riesling Basalt als Vorzeige-Ortswein. Sehr gut gelungen sind die feinherben Weine Sonnentropfen und Schöne Anna, die in keiner Weise süßlich-plump wirken. Bei den Großen Gewächsen lässt man sich Zeit und zeigt jetzt erst die 2020er, was gut zu heißen ist. Sie erschienen uns qualitativ deutlich gestaffelt, doch der nervige, forsche Pechstein dürfte schon lange nicht mehr so gut gewesen sein wie dieser hier.

**87** 2018 Pinot Noir Sekt b. A. Brut Blanc de Noir
**19 €** | 11%

**89** 2018 Pinot Blanc Sekt b. A. Brut
**19 €** | 11,5%

**85** 2021 Dürkheim Riesling trocken Sonnentropfen
**12,50 €** | 12,5%

**87** 2021 Wachenheim Riesling trocken Basalt
**13,50 €** | 12,5%

**88** 2020 Dürkheim Spielberg trocken Erste Lage
**17,50 €** | 12,5%

**89** 2020 Dürkheimer Fuchsmantel Riesling trocken Erste Lage Quetschenbaum
**17,50 €** | 12,5%

**89** 2020 Ungsteiner Herrenberg Riesling VDP.Großes Gewächs
**33 €** | 12,5%

**90** 2020 Wachenheim Gerümpel Riesling trocken Erste Lage
**17,50 €** | 12%

**90** 2020 Dürkheimer Michelsberg Riesling VDP.Großes Gewächs
**33 €** | 12,5%

**91** 2020 Ungsteiner Weilberg Riesling VDP.Großes Gewächs
**33 €** | 12,5%

**92** 2020 Forster Pechstein Riesling VDP.Großes Gewächs
**48 €** | 12,5%

**87** 2021 Dürkheim Riesling feinherb Sonnentropfen
**12,50 €** | 10,5%

**90** 2021 Dürkheimer Spielberg Riesling feinherb Erste Lage Schöne Anna
**17 €** | 8,5%

★★½

## SCHÄFER

Weingut Schäfer GbR
67435 Neustadt an der Weinstraße · Schießmauer 56
Tel. (06321) 6447 · Fax 68770
info@weingutschaefer.com
**www.weingutschaefer.com**

**Inhaber/in und Betriebsleitung** Frank und Axel Schäfer
**Keller** Frank Schäfer
**Außenbetrieb** Max Eitel

2020 sind die Schäfers dem Verband Bioland beigetreten. Der Riesling steht im Sortenspiegel oben. Einer davon ist der 2020er Mußbacher Am Rothenstein Riesling trocken LIMIT. Mit feiner Frucht und spannender Säure zeigt er viele Facetten, Eleganz und Finesse. Aus dem Jahr 2018 stammt der Gimmeldinger Mandelgarten Spätburgunder trocken LIMIT. Seine kühle Frucht, das gut eingebaute Holz und die feinen Tannine machen ihn zum konzentrierten, feinen Burgunder.

**85** 2021 Weißburgunder/Chardonnay trocken OVIUM
**8,90 €** | 12,5%

**86** 2021 Muskateller trocken
**8,90 €** | 11,5%

**86** 2020 Haardt Haardter Herzog Weissburgunder trocken /LIMIT/ eine von achthundert
**12 €** | 13,5%

**87** 2020 Haardt Haardter Herzog Grauburgunder trocken /LIMIT/ eine von achthundert
**14 €** | 14%

**87** 2020 Haardter Herrenletten Riesling trocken /LIMIT/
**15 €** | 12,5%

**87** 2020 Mußbach Am Rothenstein Riesling trocken /LIMIT/
**18 €** | 12,5%

**87** 2021 Merlot trocken Blanc de Noir
**9,90 €** | 12,5%

**86** 2019 Rotweincuvée trocken OVIUM
**10,40 €** | 14,5%

**87** 2018 Haardter Bürgergarten Spätburgunder trocken /LIMIT/
**18 €** | 13,5%

**87** 2018 Gimmeldinger Mandelgarten Spätburgunder trocken /LIMIT/
**22 €** | 13,5%

★★★½

## SCHENK-SIEBERT

Weingut Schenk-Siebert
67269 Grünstadt-Sausenheim
Leininger Straße 16
Tel. (06359) 2159 · Fax 83034
schenk-siebert@t-online.de
**www.weingut-schenk-siebert.de**

**Betriebsleitung** Gerhard Siebert
**Keller** Johannes Siebert
**Außenbetrieb** Christoph Siebert

**Historie** Weinbau in der Familie seit 1675, älteste Winzerfamilie Grünstadts
**Rebfläche** 41 Hektar
**Jahresproduktion** 240 000 Flaschen
**Beste Lagen** Sausenheimer Klostergarten, Sausenheimer Honigsack, Sausenheimer Hütt, Neuleininger Feuermännchen, Grünstadter Röth
**Boden** Kalkverwitterung
**Rebsorten** 30% Riesling, 20% Spätburgunder, 15% Grauburgunder, 10% Weißburgunder, 10% internationale Rebsorten
**Gastronomie** Diverse Weinfeste und Weinwanderungen, Krimilesung im November, Jahrgangspräsentationen, Im Sommer immer Freitags Weinlounge (genaue Termine bitte erfragen)
**Erlebenswert** Verkaufsraum und Außenanlage im mediterranen Flair, Lounge und Terrasse.
**Mitglied** Generation Riesling, Die junge Pfalz

Vater Gerhard strahlte geradezu, als er mit Sohn Christoph, der den Außenbetrieb leitet, die Weine für die Verkostung persönlich vorbeibrachte. Allen Grund dazu hat er ja, denn die Dynamik, die sich entwickelte, als er die Verantwortung draußen und auch im Keller - hier an seinen jüngeren Sohn Johannes - abgab, darf ihn ruhig auch stolz machen. Was wir an Weißweinen sehen, ist absolut mutig. Da hat man keine Angst vor Säure und baut die meisten Rieslinge trotzdem staubtrocken aus. Das hat Pfiff und Verve! Da ist noch ein klasse Chardonnay dabei, und in den Rotweinen liegt viel mehr Konstanz als früher. Einen so würzigen und langen Spätburgunder Feuermänchen mit 13 Umdrehungen hätte es vor fünf Jahren hier noch nicht gegeben. Die Tendenz ist klar.

★★★

## SCHEU

Weinhof Scheu
76889 Schweigen-Rechtenbach ·
Hauptstraße 33
Tel. (06342) 7229 · Fax 919975
info@weinhof-scheu.de
**www.weinhof-scheu.de**

**Inhaber/in und Betriebsleitung**
Klaus Scheu
**Keller** Klaus Scheu
**Außenbetrieb** Klaus Scheu

**Historie** 1964 Gründung von Friedel und Günter Scheu als Weinhof mit einer Fläche von 0,75 Hektar im reinen Pachtbetrieb, 1995 Übernahme durch Sohn Klaus nach seinem Abschluss als Weinbautechniker
**Rebfläche** 14 Hektar
**Jahresproduktion** 120 000 Flaschen
**Beste Lagen** Schweigener Sonnenberg, Raedling und Strohlenberg
**Boden** sandiger Lehm, Kalkmergel und Ton
**Rebsorten** 50% rote und weiße Burgundersorten (Weißburgunder, Grauburgunder, Spätburgunder), 33% Riesling, je 5% Scheurebe und Gewürztraminer, 7% übrige Sorten
**Erlebenswert** Vinothek
**Mitglied** Forum Pfalz, Südpfalz Connexion

Klaus Scheu läuft in der Weinszene gefühlt immer ein wenig unter dem Radar, doch man würde einen großen Fehler begehen, ihn zu unterschätzen. Er ist vom Typ her keiner, der seine Weine laut bewirbt, muss er auch gar nicht, die schaffen das ganz von alleine. Nehmen wir beispielsweise mal die Scheurebe. Abgesehen vom Running Gag, dass Name schließlich verpflichtet, kommt man kaum damit nach, den Bedarf zu stillen. Der restsüße Secco aus Scheurebe wurde bereits mehrfach ausgezeichnet, der trockene Gutswein ist eine luftige Erfrischung zum Einläuten des Feierabends, und die Réserve, die er uns aus dem Jahr 2018 geschickt hat, verbrachte lange Zeit in Tonneaux bei Erstbelegung. Das machte aus ihm einen ernsthaften, erwachsenen Wein mit schöner Eleganz. Elegant sind auch Grauburgunder Sonnenberg und Weißburgunder Strohlenberg, die wie die Lagen-Rieslinge mit dem Zusatz „Unsere Besten" versehen sind. Der Grauburgunder ist voluminös, aber weit entfernt von dick oder mopsig, der Weißburgunder hat zarten, langanhaltenden Schmelz.

**86** 2021 Kirchheimer Sauvignon Blanc trocken
**7,90 €** | 12 %

**86** 2021 Grünstadt Riesling trocken dry as a bone
**8,50 €** | 12,5%

**87** 2021 Sausenheimer Honigsack Weissburgunder trocken
**10,50 €** | 13 %

**88** 2021 Sausenheimer Honigsack Riesling trocken Erste Lage Kalkstein
**11,60 €** | 13 %

**88** 2021 Sausenheimer Hütt Riesling trocken Erste Lage Alte Reben
**11,90 €** | 13 %

**89** 2021 Neuleininger Feuermännchen Chardonnay trocken Reserve
**11,60 €** | 13 % TIPP

**89** 2021 Grünstadt Röth Riesling trocken Erste Lage Reserve
**18,50 €** | 13 %

**85** 2020 Grünstadt Spätburgunder trocken
**8,40 €** | 13,5%

**87** 2019 Cuvée trocken Trio
**9,90 €** | 14 %

**89** 2020 Cuvée trocken Großes Trio
**18,90 €** | 14 %

**90** 2020 Neuleininger Feuermännchen Spätburgunder trocken Erste Lage
**17,90 €** | 13 %

**90** 2020 Neuleininger Feuermännchen Spätburgunder trocken Reserve
**24 €** | 13 %

## SCHEUERMANN

Weingut Scheuermann
67150 Niederkirchen · Hauptstraße 115
Tel. (06326) 7575
info@scheuermann-weine.de
**www.scheuermann-weine.de**

**Inhaber/in** Karl-Josef, Simon und Gabriel Scheuermann
**Keller** Gabriel Scheuermann
**Außenbetrieb** Simon Scheuermann

**Rebfläche** 30 Hektar
**Jahresproduktion** 120 000 Flaschen
**Beste Lagen** Ruppertsberger Reiterpfad und Hoheburg, Friedelsheimer Rosengarten
**Boden** Löss, Lösslehm, Bunter und Gelber Sandstein
**Rebsorten** je 25% Riesling, Chardonnay, Weißburgunder und Pinot Noir
**Mitglied** Demeter

Das Erste, was wir aufmachen, wenn die Verkostungsweine von Simon und Gabriel Scheuermann persönlich vorbeigebracht werden, ist der Sekt. Ihr Chardonnay & Pinot Noir Brut nature ist so herrlich leicht und doch verweilend im Geschmack, hätte man nicht noch ein gewisses Arbeitspensum vor sich, würde jetzt schon auf Entspannungsmodus geschaltet. Also probieren wir weiter und sehen uns Weinen entgegen, die es an Markanz nicht missen lassen. Hier ist alles spontan vergoren und darf längere Zeit auf der Vollhefe verbringen. So kommt der Riesling sur lie aus dem Jahr 2020 mit 11,5 Volumenprozent Alkohol aus und ist doch ein gestandener Wein mit Rückgrat. Auffällig ist, dass bei den Rieslingen die Haardtrandlagen wie Reiterpfad oder Mäushöhle selbstverständlich wichtig sind - bei den Weißburgundern und beim Chardonnay kommen nach unserem Empfinden die Top-Gewächse allerdings aus flachen Friedelsheimer Rebzeilen. Der Weißburgunder aus dem Rosengarten ist mit dem Reiterpfad Riesling der beste Wein des Betriebs.

**85** 2021 Weissburgunder trocken
**7,80 €** | 12,5%

**86** 2021 Scheurebe trocken
**7,80 €** | 12,5%

**86** 2021 Schweigener Weißburgunder trocken Kalkstein
**10 €** | 13%

**87** 2021 Schweighofen Grünfränkisch trocken
**9,50 €** | 13,5%

**87** 2021 Schweigener Riesling trocken Kalkstein
**10 €** | 12,5%

**89** 2018 Scheurebe trocken Reserve
**19 €** | 13,5%

**91** 2021 Schweigener Sonnenberg Raedling Riesling trocken Unsere Besten
**17 €** | 12,5%

**91** 2021 Schweigener Sonnenberg Riesling trocken Unsere Besten
**17 €** | 13%

**91** 2021 Schweigen Sonnenberg Weissburgunder trocken Strohlenberg Unsere Besten
**17 €** | 13%

**91** 2021 Schweigener Sonnenberg Grauburgunder trocken Raedling Unsere Besten
**17 €** | 13%

- **88** Chardonnay & Pinot Noir Brut nature Blanc et Noirs
  **16 €** | 11,5%
- **86** 2021 Deidesheim Riesling trocken Bunter Sandstein
  **13 €** | 12%
- **87** 2020 Riesling trocken Sur lie
  **12 €** | 11,5%
- **87** 2021 Ruppertsberg Riesling trocken Gelber Sandstein
  **13 €** | 12%
- **87** 2021 Deidesheim Chardonnay trocken Bunter Sandstein
  **14,50 €** | 12,5%
- **87** 2021 Forst Weißburgunder trocken Stein & Lehm
  **14,50 €** | 12,5%
- **89** 2020 Friedelsheimer Rosengarten Chardonnay trocken
  **27 €** | 12,5%
- **89** 2020 Deidesheimer Mäushöhle Riesling trocken
  **32 €** | 12,5%
- **90** 2020 Friedelsheimer Rosengarten Weißburgunder trocken
  **27 €** | 13%
- **90** 2020 Ruppertsberger Reiterpfad Riesling trocken
  **32 €** | 12,5%
- **88** 2020 Ruppertsberg Pinot Noir trocken Gelber Sandstein
  **18 €** | 13%
- **89** 2020 Ruppertsberg Hoheburg Pinot Noir trocken
  **38 €** | 12,5%

★★★

## EGON SCHMITT

Weingut Egon Schmitt
67098 Bad Dürkheim · Am Neuberg 6
Tel. (06322) 5830 · Fax 68899
info@schmitt-wein.de
**www.weingut-egon-schmitt.de**

**Inhaber/in** Familie Schmitt
**Betriebsleitung** Jochen Schmitt
**Keller** Meike Schwaab
**Außenbetrieb** Andreas Weissler

**Rebfläche** 20 Hektar
**Jahresproduktion** 170 000 Flaschen
**Beste Lagen** Dürkheimer Spielberg und Hochbenn, Ungsteiner Herrenberg, Leistadter Kalkofen
**Boden** Kalkmergel, Kalksteinverwitterung mit Lehm, schwerer Löss, hitzige Sandböden, Buntsandsteinverwitterung
**Rebsorten** 35% Riesling, 15% weiße Burgundersorten, 10% Spätburgunder
**Gastronomie** Weinfest am 3. Wochenende im August
**Mitglied** Fair'n Green

Da hatte Jochen Schmitt etwas Bedenken, ob er uns auch wirklich 15 statt der angefragten zwölf Weine zuschicken könne, denn es sei schwer, sich zu entscheiden - als ob wir es ablehnen würden, solch schöne Gewächse zu verkosten. Zumal es bei ihm ja in Teilen auch etwas anders gelagert ist als bei den meisten Kollegen. Schmitt setzt durchaus auf die gerne belächelten Piwis, die einfach robuster gegen Pilze sind. Der feinherbe Muscaris geriet sehr traubig, der Restzucker steht ihm dabei wunderbar. Ganz anders, nämlich etwas gerbstoffiger, war der Sauvignac, der ein eher trockenes Mundgefühl verursacht. Auch die beiden Sekte gehen in unterschiedliche Richtungen. Der Blanc de Blanc besitzt eine leichtere Art, der Extra brut Herr Schmitt & die Pinots ist füllig und schmelzig. Eine animierende und nicht zu üppige Art hat der Riesling Herrenberg, während der Riesling Suiseki ein ganz festgezurrtes Naturell hat. Intensiv auch natürlich der Duca, eine Cuvée im Bordeaux-Stil aus Cabernet Sauvignon, Cabernet Mitos und Merlot, die den Alkohol noch ganz gut versteckt.

**87** Sekt b. A. Brut Blanc de Blanc
**16,50 €** | 11,5%

**89** 2018 Extra Brut Herr Schmitt & die Pinots
**17,50 €** | 12 %

**85** 2021 Riesling trocken
**7,80 €/1 Lit.** | 12 %

**87** 2021 Sauvignac trocken Green Vibes
**9,80 €** | 11,5%

**87** 2021 Wachenheimer Mandelgarten Grauburgunder trocken
**15,50 €** | 13 %

**89** 2021 Dürkheimer Steinberg Sauvignon Blanc trocken
**13 €** | 12 %

**89** 2020 Dürkheimer Spielberg Riesling trocken
**17 €** | 12,5%

**90** 2021 Ungsteiner Herrenberg Riesling trocken Ausblick
**19 €** | 13,5%

**91** 2021 Riesling trocken Suiseki
**26 €** | 12 %

**85** 2021 Bad Dürkheim Rittergarten Kabinett feinherb Retro
**10,50 €** | 9 %

**87** 2021 Muscaris feinherb Green Vibes
**9,80 €** | 10,5%

**87** 2019 Cuvée trocken Drei Reben
**13 €** | 13,5%

**88** 2019 Dürkheimer Nonnengarten Lagrein trocken
**16,50 €** | 13,5%

**88** 2020 Leistadter Kalkofen Spätburgunder trocken
**21 €** | 13 %

**90** 2019 Cuvée trocken Duca XI
**24,50 €** | 14,5%

## SCHNEIDERFRITZ

Weingut Schneiderfritz
76831 Billigheim-Ingenheim · Marktstraße 9
Tel. (06349) 6416 · Fax 1359
info@schneiderfritz.de
**www.schneiderfritz.de**

**Inhaber/in und Betriebsleitung**
Brigitte und Martin Schneiderfritz
**Keller** Martin Schneiderfritz
**Außenbetrieb** Martin Schneiderfritz

Brigitte und Martin Schneiderfritz schenken ihren Wein auch in der eigenen Gaststätte aus. Bodenständig wie die Küche ist allemal, was wir an Weinen probierten. Nachdem sie in den vergangenen Jahren etwas zu wünschen übrig ließen, freuen wir uns umso mehr über den aktuellen Aufwärtstrend und ganz besonders über zwei aktuelle Kostproben: Der 2021er Spätburgunder Rosé in schöner Farbe und mit eleganter Säure ist richtig gut, die Kombination aus frischen Beeren und süßen Kirschen macht Lust auf mehr. Der 2021er Sauvignon Blanc mit typischer Stachelbeere, Paprika und Tomatenblättern gewinnt seine spritzige Eleganz durch die gut eingebundene Säure.

**84** 2021 Cuvée trocken „StellDichein... auf Weiß"
**7,50 €** | 10,5%

**86** 2020 Appenhofener Steingebiss Riesling trocken
**20,20 €** | 13 %

**86** 2020 Billigheimer Venusbuckel Weißburgunder trocken
**18 €** | 13 %

**87** 2016 Billigheim Venusbuckel Riesling Spätlese trocken
**12 €** | 12,5%

**87** 2020 Billigheim Venusbuckel Chardonnay trocken
**18 €** | 13,5%

**85** 2021 Spätbugunder trocken Rosé
**7,50 €** | 12,5%

**85** 2020 Spätbugunder trocken
**8,50 €** | 13 %

**86** 2018 Billigheimer Venusbuckel Spätburgunder trocken
**18 €** | 13 %

★

## SCHOLLER

Weingut Scholler
76831 Birkweiler · Alte Kirchstraße 7
Tel. (06345) 3529 · Fax 8535
info@weingut-scholler.de
**www.weingut-scholler.de**

**Inhaber/in** Helmut Scholler
**Betriebsleitung** Jakob Scholler
**Keller** Jakob Scholler

Das Weingut der Schollers ist ein Anwesen wie gemalt mitten hinein ins Birkweilerer Panorama. In der sechsten Generation verantwortet Jakob Scholler nun den Betrieb und den Keller. Reben im Kastanienbusch und Mandelberg sind da Ehrensache. Die Kollektion kann punkten und verdient den Stern. Der 2021er Sauvignon Blanc Tonmergel schmeckt nach Stachelbeere, grüner Frucht, Paprika, Cassis und Eisbonbon. Ein sehr gut gemachter Sauvignon der grünen Machart. Vom Sandstein kommt der 2021er Weißburgunder. Der ist cremig, weich, melonig, leicht würzig, und mit einer Prise Salz und lebendiger Säure ein ausgesprochen geschmeidiger Wein.

**87** 2018 Chardonnay Cremant Pfalz Sekt b. A. Brut nature
**13,40 €** | 12%

**88** 2020 Chardonnay Spätburgunder Sekt b. A. Extra Brut
**12,40 €** | 12,5% BEST BUY

**87** 2021 Birkweiler Chardonnay trocken Kalkstein
**7,20 €** | 12,5%

**87** 2021 Birkweiler Riesling trocken Rotliegendes
**7,20 €** | 11,5%

**87** 2021 Rhodter Rosengarten Riesling trocken Rotliegendes
**7,20 €** | 11,5%

**87** 2021 Birkweiler Tonmergel Sauvignon blanc trocken
**7,20 €** | 11,5%

**87** 2021 Birkweiler Kastanienbusch Riesling trocken
**9,20 €** | 11,5%

**88** 2021 Ranschbacher Seligmacher Chardonnay trocken
**9,20 €** | 12,5%

★★

## SCHREIECK

Wein- und Sekthaus Volker und Bernd Schreieck
67487 Maikammer · Hartmannstraße 38
Tel. (06321) 5067 · Fax 58759
info@schreieck-maikammer.de
**www.schreieck-maikammer.de**

**Inhaber/in und Betriebsleitung** Volker und Bernd Schreieck
**Keller** Julian Schreieck
**Außenbetrieb** Volker und Bernd Schreieck

**Rebfläche** 25 Hektar
**Jahresproduktion** 250 000 Flaschen
**Beste Lagen** Maikammer Heiligenberg und Kapellenberg
**Boden** kalkiger Lehm, Lösslehm, Bundsandstein,
**Rebsorten** 18% Riesling, 14% Spätburgunder, 10% Grauburgunder, 9% Merlot, 7% Weißburgunder, 5% Chardonnay, 4% Silvaner, 42% übrige Sorten
**Gastronomie** gutseigenes Wein-Restaurant „Cuvée"
**Erlebenswert** Barriquekeller, Vinothek
**Mitglied** Forum Pfalz, Die junge Pfalz

Gut zugelegt haben die Maikammerer in den vergangenen Jahren. Zwei Sterne können sie mit ihrem aktuell vorgestellten Sortiment mühelos verteidigen. Die besten Noten im Feld vergaben wir an den 2019er Maikammer Heiligenberg Spätburgunder trocken. Feine, kühle Fruchtnoten nach dunkler Kirsche korrespondieren mit Rauchspeck und einer ganz fein eingebundenen Holznote. Unter den aktuellen Weißen steht der 2021er Maikammer Grauburgunder trocken Ortswein ganz vorne. Feinstes Aroma trifft auf erfrischende Säure. Sehr feingliedrig und enorm druckvoll, weiß er zu überzeugen. Aus dem Vorjahr stammt schließlich der fein hefewürzige Maikammer Kapellenberg Chardonnay trocken. Der ist stoffig, griffig und von feiner Textur.

SCHREIECK
MAIKAMMER

| | | |
|---|---|---|
| 87 | 2019 Blanc de Blancs Extra Brut | **13,50 €** \| 11,5% |
| 85 | 2021 Riesling trocken | **5,10 €/1 Lit.** \| 12 % |
| 86 | 2021 Weißer Burgunder trocken | **6,70 €** \| 12,5% |
| 86 | 2021 Riesling trocken | **6,70 €** \| 12,5% |
| 86 | 2021 Maikammer Grüner Silvaner trocken | **7,70 €** \| 13 % |
| 87 | 2021 Maikammer Grauburgunder trocken | **8,70 €** \| 13 % |
| 87 | 2020 Maikammer Heiligenberg Weißburgunder trocken | **13,50 €** \| 13 % |
| 88 | 2020 Maikammer Kapellenberg Chardonnay trocken | **16,50 €** \| 13,5% |
| 86 | 2021 Maikammer Scheurebe edel & süß | **7,70 €** \| 9,5% |
| 88 | 2020 Maikammer Cabernet Sauvignon trocken | **10 €** \| 14 % |
| 88 | 2019 Cuvée trocken Big Red | **20,50 €** \| 14,5% |
| 89 | 2019 Maikammer Heiligenberg Spätburgunder trocken | **20,50 €** \| 13 % |

## SCHROTH

Weingut Michael Schroth
67269 Grünstadt-Asselheim · Im Auweg 42
Tel. (06359) 8015251 · Fax 8015257
michael@weingut-schroth.de
**www.weingut-schroth.de**

**Inhaber/in und Betriebsleitung** Michael Schroth
**Keller** Michael Schroth

**Rebfläche** 22 Hektar
**Jahresproduktion** 260 000 Flaschen
**Beste Lagen** Asselheimer Goldberg und St. Stephan
**Boden** Kalkstein, Lehm, kalkhaltige Erde
**Rebsorten** 60% weiße Sorten, 40% rote Sorten
**Gastronomie** Vinothek, geöffnet zu verschiedenen Events, Grillspezialitäten vom Rebknorzengrill
**Erlebenswert** das moderne, neu errichtete Weingut befindet sich in der Lage Goldberg
**Mitglied** Forum Pfalz

Er ist ein penibler Arbeiter, der Michael Schroth. Hört man ihm eine Weile zu, wird die Leidenschaft ganz offensichtlich. In den kalkdurchsetzten Weinbergen rund um Asselheim liegt sein Terrain, da fühlt er sich wohl. Kein Weinberg in St. Stephan und Goldberg ist weiter als ein paar Traktorminuten entfernt. Begünstigt durch die dortigen Bodengegebenheiten, gelingt es Schroth, Weine zu erzeugen, die auch einen Eindruck hinterlassen, die sich festsetzen im Gedächtnis. Schon bei den Ortsweinen wird viel selektioniert, doch für die Lagenweine ist der Winzer hier sehr radikal, und reduziert auch schon mal weit mehr als 60 Prozent der Trauben vorab, wie beim Cabernet Sauvignon. Das führt natürlich auch zu einer stärkeren Konzentration, was mal einen gleichzeitig straffen und doch intensiv-tiefen Riesling Goldberg ergeben kann, ein anderes Mal auch zu dickeren Brummern führt, wie es der ein oder andere Rotwein zeigt. Toll geworden ist der Sauvignon Blanc als Lagenwein, er hat wunderbares, nicht überreiztes Holz als Begleitung. In der Summe eine hervorragende Kollektion.

89 2018 Sekt b. A. Brut
**14,90 €** | 13 %

86 2021 Asselheim Grauer Burgunder trocken
**7,40 €** | 12 %

86 2021 Asselheim Sauvignon blanc trocken
**7,40 €** | 12,5%

86 2021 Asselheim Weissburgunder trocken
**7,40 €** | 12 %

87 2020 Asselheimer St.Stephan Chardonnay trocken
**10,90 €** | 13 %

89 2020 Asselheim Goldberg Sauvignon blanc trocken
**14,40 €** | 12,5%

89 2020 Asselheimer Goldberg Riesling trocken
**14,40 €** | 13 %

88 2019 Asselheim St. Stephan Cabernet Sauvignon trocken
**18,90 €** | 14 %

88 2019 Asselheimer St. Stephan Merlot trocken
**18,90 €** | 14 %

89 2019 Asselheim Goldberg Spätburgunder trocken
**18,90 €** | 14 %

89 2018 Pfalz Cabernet Sauvignon und Merlot trocken
**21,90 €** | 14,5%

## SCHWAAB

Weingut Markus Schwaab
67489 Kirrweiler (Pfalz) · Schloßstraße, 16
Tel. (06321) 952686
info@markus-schwaab.de
**www.markus-schwaab.de**

**Inhaber/in und Betriebsleitung**
Andrea & Markus Schwaab
**Keller** Bastian Schwaab

Markus Schwaab repräsentiert die Arbeit der Winzerfamilie seit 1695. Zwei 2021er Rieslinge sind uns aufgefallen: Zum einen der trockene Gutswein vom Buntsandstein – in der Einstiegsklasse top: Er ist würzig, geprägt von Aromen von reifem Steinobst und Apfel und hat eine gute Säure. Deutlich komplexer ist der mineralische 2021er Maikammer Kirchenstück Riesling trocken. Mit einer reifen Süße und Zitronenschale ist er harmonisch und fein ausbalanciert.

85 2020 Edesheimer Rosengarten Pinot Noir blanc de Noir Brut
**9,60 €** | 12 %

86 2020 Kirrweiler Mandelhöhe Chardonnay Brut
**9,60 €** | 12,5%

84 2021 Kirrweiler Mandelhöhe Chardonnay trocken -S-
**6 €** | 13 %

85 2021 Weißburgunder trocken Classic
**5,50 €** | 12,5%

85 2021 Maikammer Kapellenberg Grauer Burgunder trocken -S- Terroir
**6,50 €** | 13 %

85 2021 Edesheimer Rosengarten Sauvignon Blanc trocken -S-
**6,70 €** | 12,5%

85 2021 Chardonnay trocken Reserve vom sandigen Kalkriff
**10,90 €** | 13 %

86 2021 Riesling trocken vom Buntsandstein
**6,90 €** | 12,5%

86 2021 Maikammer Kirchenstück Riesling trocken Lagenwein
**17,90 €** | 13 %

85 2021 Maikammer Heiligenberg Gewürztraminer Spätlese
**5,60 €** | 11,5%

85 2018 Maikammer Kapellenberg Cabernet Sauvignon trocken -Grand Kalmit- Lagenwein
**19,90 €** | 14 %

★

## SCHWEDER

Weingut Schweder
76879 Hochstadt · Hauptstraße 211
Tel. (06347) 2008 · Fax 7760
info@weingut-schweder.de
**www.weingut-schweder.de**

**Inhaber/in** Heinz und Henrik Schweder
**Betriebsleitung** Henrik Schweder
**Keller** Henrik Schweder
**Außenbetrieb** Henrik Schweder

Alter Schwede(r): So nennt sich ein trockener 2021er Weißwein. Eine Cuvée vermutlich, dessen einzelne Komponenten im Unklaren bleiben? Die feine grüne Frucht nach Stachelbeeren erinnert an Sauvignon Blanc, hinzu kommen leichte Kräuternoten und etwas Steinobst. Letztendlich wurden wir aufgeklärt: Einen reinen Sauvignac haben wir im Glas, eine der vielversprechenden Piwi-Neuzüchtungen, die resistenter sind gegenüber Pilzkrankheiten und deshalb auf einen Großteil des Pflanzenschutzes verzichten können. Ganz ohne Zweifel: Die Piwis sind auf Erfolgskurs. Auch einen schönen, klassischen Grauburgunder haben wir probiert: Hefe und Nussbutter spielt er uns in die Nase, schwarzer Pfeffer und Honigmelone kommen hinterher.

**85** 2020 Cabernet Blanc trocken Fumé
**15 €** | 14 %

**86** 2021 Alter Schwede(r) Weißwein trocken
**7,90 €** | 12 %

**86** 2021 Cabernet Blanc trocken
**7,90 €** | 12 %

**87** 2021 Grauburgunder trocken
**7,90 €** | 12,5%

**87** 2021 Weißburgunder „S" trocken trocken
**8,90 €** | 12,5%

**84** 2021 Müller-Thurgau halbtrocken
**5,50 €/1 Lit.** | 11,5%

**86** 2021 Goldmuskateller feinherb
**7,90 €** | 9,5%

**86** 2021 Riesling restsüss Only for best friends
**7,90 €** | 9,5%

★★☆

## SCHWEDHELM

Weingut Schwedhelm
67308 Zellertal · Klosterhof
Tel. (06355) 521 · Fax 3673
info@schwedhelm-zellertal.de
**www.schwedhelm-zellertal.de**

**Inhaber/in und Betriebsleitung**
Stephan Schwedhelm
**Keller** Stephan Schwedhelm

**Rebfläche** 17 Hektar
**Jahresproduktion** 120 000 Flaschen
**Beste Lagen** Zeller Schwarzer Herrgott, Zeller Kreuzberg
**Boden** Kalkstein, Ton, Lehm, Kalkmergel
**Rebsorten** 45% Riesling, 35% Burgundersorten, 20% übrige Sorten (Scheurebe, Sauvignon Blanc, Silvaner, Müller-Thurgau)

Vor allem die Ortsweine haben uns zum Einstieg in die Verkostung absolut überzeugt. Sie bringen echten Genuss für unter 10 Euro. Der Weißburgunder ist dabei cremig und frisch, der Chardonnay saftig, der Sauvignon Blanc hat eine schöne Nase und bleibt auch im Mund rund, nicht grün. Beim Riesling schließlich sehen wir einen angenehmen Fruchtaspekt, er ist klar und animierend. Wer auf ausgeprägte Gewürznelkenaromatik bei Rotweinen steht, wird mit dem Spätburgunder glücklich. Eine leichte Umbenennung gab es beim Riesling Wotanfels, der jetzt „Wotan-Kalkfels" heißt. Für uns ist er wieder sehr gelungen, könnte aber mit noch weniger Restzucker den nächsten Schritt gehen. Dort angelangt ist bereits der Riesling aus dem Schwarzen Herrgott, unstreitig das beste Pferd im Stall. Er ist kräutrig, pulsierend und ein würdiger Vertreter seiner Herkunft. Der Spätburgunder Klosterstück ist übrigens weitaus gelassener als sein Ortswein-Kollege. Noch wird heftig gebaut bei Schwedhelms, doch wenn dieses Ensemble erstmal fertig gestellt ist und man noch mehr Möglichkeiten hat, sind wird überzeugt, dass der Weg nach oben unvermeidlich sein wird.

★★★

## SECKINGER

Weingut Seckinger
67150 Niederkirchen · Hintergasse 26
Tel. (06326) 980217
info@weingut-seckinger.de
**www.weingut-seckinger.de**

**Inhaber/in** Familie Seckinger
**Betriebsleitung** Jonas Seckinger
**Keller** Lukas Seckinger
**Außenbetrieb** Philipp Seckinger
**Historie** seit 2012
**Rebfläche** 27 Hektar
**Jahresproduktion** 210 000 Flaschen
**Beste Lagen** Deidesheim Petershöhle, Kieselberg, Langenmorgen, Kirchenberg, Herrgottsacker, Paradiesgarten, Einstal / Königsbach Ölberg, Ruppertsberg Reiterpfad, Maikammer Kapellenberg
**Rebsorten** 40% Riesling, 50% weiße Burgundersorten, 10% übrige Sorten

Zehn Jahre jung ist das Weingut Seckinger in der heutigen Form erst, doch wer mag schon wissen, ob diese „heutige Form" im kommenden Jahr noch so stimmt. Die drei Brüder verblüffen uns stets aufs Neue. Jetzt haben sie innerhalb von zwölf Monaten die Flaschenzahl nahezu verdoppelt - und man muss froh sein, wenn man davon überhaupt noch etwas ergattern kann. Sie sind Vorreiter dieses neuen, frechen „Ist uns doch egal, ob man das so nicht macht"-Stils, nicht alles schön, lieb und brav zu produzieren. Die Weine von Philipp, Lukas und Jonas provozieren, sie polarisieren, sind oft kantig und wirken in der Jugend auch bisweilen roh, unfertig. Dass sich das mit der Zeit legt und die Weine zum Großteil ganz hervorragend altern können, wissen wir inzwischen, wenn wir wie heuer einen 2017er Kieselberg Riesling aus dem Holzfass in die Verkostung stellen. Der steht frisch im Glas wie eine Eins. Aus der aktuellen Kollektion müssen wir ebenfalls den Kieselberg wurzelecht hervorheben, der zusammen mit dem Ölberg Riesling hier nicht zu toppen ist. Aber auch der Chardonnay Linse, dem man als Landwein natürlich die echte Lage Linsenbusch entnehmen musste, ist großartig. Dass solche individuellen Weine ausgezeichnete Speisenbegleiter abgeben, hat man im Ausland längst begriffen, daher ist die Exportquote mit mehr als 40 Prozent auch beachtlich hoch.

**88** Pinot Brut
**14,50 €** | 12 %

**85** 2021 Riesling trocken
**6,60 €** | 12,5%

**87** 2021 Zellertal Weißburgunder trocken
**8,90 €** | 12,5%

**87** 2021 Zellertal Chardonnay trocken
**8,90 €** | 12,5%

**87** 2021 Zellertal Riesling trocken
**8,90 €** | 12,5%

**88** 2021 Zellertal Sauvignon Blanc trocken
**8,90 €** | 12,5%

**88** 2021 Zeller Kreuzberg Chardonnay trocken Erste Lage
**15,50 €** | 12,5%

**88** 2021 Zeller Wotan-Kalkfels Riesling trocken Erste Lage
**17,50 €** | 12,5%

**89** 2021 Zeller Kreuzberg Riesling trocken Erste Lage
**14,50 €** | 12,5%

**90** 2021 Zeller Schwarzer Herrgott Riesling trocken Große Lage
**21,50 €** | 12,5%

**88** 2020 Zellertal Spätburgunder trocken
**10,90 €** | 13,5%

**89** 2019 Zeller Klosterstück Spätburgunder trocken Erste Lage
**20,50 €** | 13,5%

**86** 2020 Riesling trocken vom Löss
**8,50 €** | 12 %

**86** 2020 Deidesheimer Paradiesgarten Weißburgunder trocken
**35 €** | 12,5%

**87** 2020 Chardonnay Landwein trocken R Pure
**15,50 €** | 12 %

**88** 2020 Riesling Landwein trocken Gottsacker
**19 €** | 12,5%

**89** 2020 Ruppertsberger Reiterpfad Riesling trocken
**25 €** | 12 %

**89** 2020 Riesling Landwein trocken 1 Tal
**37 €** | 12,5%

**89** 2020 Deidesheimer In der oberen Petershöhle Riesling trocken
**37 €** | 12,5%

**89** 2020 Deidesheimer Langenmorgen Riesling trocken
**37 €** | 12,5%

**89** 2020 Maikammer Kapellenberg Chardonnay trocken
**40 €** | 12,5%

**90** 2020 Deidesheimer Am Kirchenberg Riesling trocken
**37 €** | 12,5%

**90** 2020 Chardonnay trocken Linse
**40 €** | 12,5%

**91** 2020 Königsbacher Ölberg Riesling trocken
**40 €** | 12,5%

**91** 2020 Deidesheimer Kieselberg Riesling trocken wurzelecht
**45 €** | 12 %

## SIBEN

Weingut Georg Siben Erben
67146 Deidesheim · Weinstraße 21
Tel. (06326) 989363 · Fax 989365
info@weingut-siben.de
**www.weingut-siben.de**

**Inhaber/in und Betriebsleitung** Andreas Siben
**Keller** Andreas Siben

**Historie** Weingut im Familienbesitz seit 1710
**Rebfläche** 12 Hektar
**Jahresproduktion** 80 000 Flaschen
**Beste Lagen** Kalkofen, Kieselberg, Grainhübel, Langenmorgen, Ungeheuer
**Boden** Buntsandsteinverwitterung
**Rebsorten** 80% Riesling, 20% Burgundersorten
**Gastronomie** gutseigenes Restaurant „Siben's Gutsküche"
**Mitglied** VDP

Andreas Siben hat es uns mal richtig gezeigt. Ausschließlich Rieslinge hat er uns dieses Mal zur Verkostung hingestellt. Gleich fünf davon sind Große Gewächse und alle fünf stammen sie aus dem 2021er-Jahrgang. Unser Fazit in aller Kürze: Deidesheimer Grainhübel punktet mit floralem Duft und dezent erdig-rauchiger Note. Deidesheimer Kalkofen erfrischt mit mineralischer, kräuteriger Frische und spannender Säure. Deidesheimer Kieselberg ist aromatisch mit Granny Smith und Limette, ein duftiger, cleaner Sommerwein. Deidesheimer Langenmorgen kommt salzig, mit Teenoten, kräuterig, floral und sehr fein. Forst Ungeheuer finden wir rassig, jugendlich, mit spannendem Duft von Granny Smith. Alle fünf durften wir hoch bewerten: drei Mal 90, zwei Mal 89 Punkte! Hier ist also der ganz persönliche Geschmack gefragt. Doch es kann, muss aber nicht immer die 25 Euro-Klasse sein. Denn schon für 9 Euro kommt mit dem 2021er Forst Riesling trocken ein ganzes Maul voll Wein ins Glas: Mit würzig-kühler Nase, einer kräuterigern, feinen Art und schöner Säure ein Genuss. Wir freuen uns mit Siben über zweieinhalb Sterne!

**87** 2021 Forster Riesling trocken
**9 €** | 12 %

**87** 2021 Deidesheimer Riesling trocken
**9 €** | 12,5%

**87** 2021 Deidesheim Paradiesgarten Riesling trocken Erste Lage
**10 €** | 11,5%

**87** 2021 Riesling trocken Vom Kalk
**13 €** | 12,5%

**88** 2021 Deidesheim Herrgottsacker Riesling trocken Erste Lage
**10 €** | 12 %

**88** 2021 Deidesheim Leinhöhle Riesling trocken Erste Lage
**10 €** | 12,5%

**88** 2021 Ruppertsberg Reiterpfad Riesling trocken Erste Lage
**10 €** | 12 %

**89** 2021 Deidesheim Kalkofen Riesling VDP.Großes Gewächs
**25 €** | 12,5%

**89** 2021 Forst Ungeheuer Riesling VDP. Großes Gewächs
**25 €** | 12,5%

**90** 2021 Deidesheim Grainhübel Riesling VDP.Großes Gewächs
**25 €** | 12,5%

**90** 2021 Deidesheim Kieselberg Riesling VDP.Großes Gewächs
**25 €** | 12,5%

**90** 2021 Deidesheim Langenmorgen Riesling VDP.Großes Gewächs
**25 €** | 12,5%

★★★

## SIEGRIST

Weingut Siegrist
76829 Leinsweiler · Am Hasensprung 4
Tel. (06345) 1309 · Fax 7542
wein@weingut-siegrist.de
**www.weingut-siegrist.de**

**Inhaber/in und Betriebsleitung** Familien Siegrist und Schimpf
**Keller** Bruno Schimpf
**Außenbetrieb** Bruno Schimpf

**Rebfläche** 18 Hektar
**Jahresproduktion** 120 000 Flaschen
**Beste Lagen** Leinsweiler Sonnenberg, Heidenbäumel, Hagedorn, Rothenberg, Ilbesheimer Kalmit, Wollmesheimer Mütterle
**Boden** Kalkmergel, Lösslehm, Buntsandsteinverwitterung, Muschelkalk
**Rebsorten** 30% Riesling, 17% weiße Burgundersorten, 14% Weißburgunder, 12% Spätburgunder, 6% Cabernet Sauvignon, 5% Frühburgunder, 16% übrige Sorten
**Erlebenswert** historischer Zehntkeller von 1555
**Mitglied** VDP

Die Devise bei Bruno Schimpf dürfte lauten: bloß nicht zu viele Experimente! Auch sein Schwiegervater Thomas Siegrist hatte es schon immer so gehalten, lieber den einmal eingeschlagenen Weg beizubehalten, anstatt laufend etwas Neues auszuprobieren. Und so haben wir über die Jahre einen Stil kennengelernt, der vor allem bei den qualitativ höher angesiedelten Weine vom Weinfreund etwas Zeit abverlangt, nicht nur im heimischen Keller, sondern auch zur Belüftung im Glas. In der Tendenz wird sehr trocken vinifiziert, die Besten sind quasi durchgegoren. Das macht sie vielleicht in jungen Jahren ein wenig uncharmant, weil das leicht Abgeschmelzte fehlt, dafür halten sie länger. Bei der Chardonnay Réserve, immerhin aus dem Jahr 2019, verspüren wir eine sehr gut gelungene Verbindung mit Holz und auch eine saftige Cremigkeit, die am Gaumen lange anhält. Beim Grauburgunder hingegen überwiegt der Loheton doch recht stark. Stark und erfreulich moderat im Alkohol sind auch die beiden Großen Gewächse von Riesling und Pinot Blanc, da ist viel Feinheit drin. Das GG vom Pinot Noir aus dem Jahr 2018 kann nicht an die Qualität seines Vorgängers anschließen.

Leinsweiler in der Pfalz
— SIEGRIST —

- **84** 2021 Riesling trocken
  **8,80 €** | 12%
- **84** 2021 Gelber Muskateller trocken
  **8,80 €** | 12%
- **85** 2021 Weißburgunder trocken
  **6 €** | 12%
- **85** 2021 Pinot Blanc trocken
  **8,80 €** | 12,5%
- **85** 2021 Sauvignon Blanc trocken
  **9,90 €** | 12%
- **86** 2020 Wollmesheimer Mütterle Pinot Gris trocken Erste Lage
  **26 €** | 13,5%
- **88** 2021 Leinsweiler Heidenbäumel Riesling trocken trocken
  **12,80 €** | 12%
- **88** 2019 Chardonnay trocken Réserve
  **24 €** | 14%
- **90** 2021 Leinsweiler Sonnenberg Pinot Blanc VDP.Großes Gewächs
  **26 €** | 12,5%
- **91** 2021 Leinsweiler Sonnenberg Riesling trocken VDP.Große Lage
  **26 €** | 12,5%
- **86** 2018 Cabernet Sauvignon trocken Kalkgestein
  **18,50 €** | 13,5%
- **89** 2018 Leinsweiler Sonnenberg Pinot Noir VDP.Großes Gewächs
  **38 €** | 13,5%

★★★

## SIENER

Weingut Siener
76831 Birkweiler · Weinstraße 31
Tel. (06345) 3539 · Fax 919100
info@weingutsiener.de
**www.weingutsiener.de**

**Inhaber/in und Betriebsleitung** Peter Siener
**Keller** Peter Siener und Florian Bollinger
**Außenbetrieb** Waldemar Kulaga

**Rebfläche** 15 Hektar
**Jahresproduktion** 90 000 Flaschen
**Beste Lagen** Birkweiler Kastanienbusch, Birkweiler am Dachsberg, Birkweiler Mandelberg
**Boden** Buntsandstein, Kalkmergel, Muschelkalk, Rotliegendes
**Rebsorten** 40% Riesling, 20% Spätburgunder, je 20% Weiß- und Grauburgunder, 10% übrige Sorten
**Gastronomie** gemütlicher Weinpavillon beim Weingut
**Mitglied** Fair'n Green, Südpfalz Connexion

Viele Pfalz-Urlauber kennen Siener, und das ganz unbewusst: Peter Siener gehört der gemütliche Pavillon in Birkweiler neben seinem Weingut, das bei auch nur halbwegs schönem Wetter immer gut gefüllt ist. Dort sitzt man, schaut und wird gesehen. Nebenan geht es im Keller ernsthaft ans Werk. Der Hausherr hat seine eigene Linie gefunden, er schwört auf penible Arbeit im Weinberg nach natürlichen Grundzügen. Daraus entstehen sehr klare Weine, die nicht viel Alkohol brauchen, um zu schmecken. Man kann nur dringend zum Muskateller Jederzeit raten, wenn ein leichter Aperitif gesucht wird, der auch noch ein bisschen Restzucker haben darf. Passt hier ausgezeichnet. Ein ebenso leichtes Vergnügen ist der Riesling Buntsandstein. Im Top-Bereich sehen wir die Nachrücker aus dem Jahrgang 2020. Den Kastanienbusch hat Peter schon vor Jahren mal zu gleichen Teilen in Edelstahl, Holz und Amphore gelegt, als Test quasi. Das ist im Jahr 2020 besser als je zuvor gelungen. Super ist die Entwicklung bei den Pinots. Sonnenberg und Mandelberg liegen für uns gleichauf, auch wenn der Mandelberg einen Tick mehr Tiefe hat.

**87** 2021 Weißburgunder trocken Muschelkalk
**9,60 €** | 12,5%

**87** 2021 Riesling trocken Buntsandstein
**9,60 €** | 11,5%

**89** 2021 Birkweiler Am Dachsberg Riesling trocken
**13,50 €** | 12%

**89** 2021 Birkweiler Kastanienbusch Riesling trocken Rotliegend
**13,50 €** | 12% TIPP

**90** 2020 Birkweiler Mandelberg Weißburgunder trocken
**22,50 €** | 13,5%

**91** 2020 Birkweiler Kastanienbusch Riesling trocken Schiefer
**24,50 €** | 12%

**91** 2020 Birkweiler Kastanienbusch Riesling trocken Amphore
**42 €** | 12%

**87** 2021 Muskateller jederZEIT
**8,80 €** | 11%

**90** 2019 Birkweiler Mandelberg Pinot Noir trocken
**Preis auf Anfrage** | 13%

**90** 2020 Leinsweiler Sonnenberg Pinot Noir trocken
**Preis auf Anfrage** | 13%

★★★½

## SPINDLER

Weingut Heinrich Spindler
67147 Forst · Weinstraße 46
Tel. (06326) 962910 · Fax 9629122
info@weingutheinrichspindler.de
**www.weingutheinrichspindler.de**

**Inhaber/in und Betriebsleitung** Markus Spindler
**Keller** Markus Spindler

**Historie** Gründung des Weinguts im Jahr 1620, 400-jähriges Bestehen als Familienweingut im Jahr 2020
**Rebfläche** 20 Hektar
**Jahresproduktion** 125 000 Flaschen
**Beste Lagen** Forster Pechstein, Freundstück, Kirchenstück, Ungeheuer und Jesuitengarten, Ruppertsberger Reiterpfad
**Boden** sandiger Lehm mit Basalt und Kalk
**Rebsorten** 82% Riesling, je 5% Weißburgunder, Sauvignon Blanc und Spätburgunder
**Gastronomie** Gutsausschank Spindler mit Gästegarten, Weinbar MAGNUM44
**Erlebenswert** Hofanlage von 1770, Gewölbekeller, Gästegarten, Weinbar MAGNUM44
**Mitglied** Wine Changes

Markus Spindler hat umgestellt und zeigt uns seine großen Weine aus dem Jahr 2021 erst in der kommenden Verkostung. Dafür hat er ein wenig in die Schatzkiste gegriffen und der Probe mit dem aktuellen Sortiment noch ein paar gereiftere Preziosen beigelegt. So konnten wir den Riesling Pechstein aus den Jahren 2019, 2017 und 2015 verkosten und stellten fest, dass wir mit unserer Vorahnung, das kühlere Jahr 2017 könnte am Ende die Nase vorne haben, gar nicht so verkehrt lagen. Es ist ein Wein mit unglaublichem Zug, der auch noch am Ende des Jahrzehnts Spaß bereiten dürfte. Die anderen beiden lagen in etwa gleichauf mit dem Jesuitengarten aus dem Jahr 2020, den wir in der vergangenen Ausgabe auch schon mal hatten. Der eingereichte Rest spiegelt das Einstiegs- und Mittelsegment wider, das wir stets zu schätzen wissen. Musenhang und Elster, beides Rieslinge, sind straff und intensiv. Neu ist die Weinbar namens „MAGNUM44" am Rückgebäude.

**85** 2021 Riesling trocken Beppo
**8,50 €** | 11,5%

**86** 2021 trocken Cuvée „3 Trauben"
**9,80 €** | 12 %

**87** 2021 Ruppertsberger Riesling trocken
**9,80 €** | 12 %

**87** 2021 Sauvignon Blanc trocken
**9,80 €** | 12 %

**87** 2021 Forster Riesling trocken
**10,50 €** | 12 %

**87** 2021 Riesling trocken MAGNUM44
**11,50 €** | 12 %

**89** 2021 Forster Elster Riesling trocken
**14 €** | 13 %

**89** 2021 Forster Musenhang Riesling trocken Erste Lage
**15 €** | 13 %

**91** 2019 Forster Pechstein Riesling trocken
**21 €** | 13 %

**91** 2020 Forster Jesuitengarten Riesling trocken
**30 €** | 13 %

**91** 2015 Forster Pechstein Riesling trocken
**Preis auf Anfrage** | 13,5%

**92** 2017 Forster Pechstein Riesling trocken
**Preis auf Anfrage** | 13,5%

## STAATSWEINGUT MIT JOHANNITERGUT

Staatsweingut mit Johannitergut
67435 Neustadt-Mußbach · Breitenweg 71
Tel. (06321) 671319 · Fax 671521
staatsweingut-neustadt@dlr.rlp.de
**www.staatsweingut-neustadt.de**

**Inhaber/in** Land Rheinland-Pfalz
**Betriebsleitung** Sascha Wolz
**Keller** Sascha Wolz
**Außenbetrieb** Steffen Schüssler

Das Staatsweingut ist das älteste Weingut der Pfalz. Die Anfänge reichen zurück bis ins 8. Jahrhundert. Der Betrieb gehört heute der Lehr- und Versuchsanstalt Neustadt an. Dass hier mit der Zeit gegangen wird, zeigen die verkosteten Weine, die uns gut gefallen haben. Wie aus dem Lehrbuch gelungen ist die exotisch-fruchtige 2020er Haardter Herrenletten Rieslaner Auslese: Passionsfrucht, Honigmelone und Apfelschale schmecken wir da. Der 2021er Mußbacher Johannitergarten Riesling trocken ist geprägt von Limetten und Steinobst. Ein konzentrierter, vielschichtiger Wein.

**84** 2021 Haardter Muskateller trocken
**7 €** | 11 %

**85** 2021 Haardter Riesling trocken
**7 €** | 12 %

**85** 2021 Deidesheimer Herrgottsacker Riesling trocken
**7,50 €** | 11,5%

**85** 2021 Ruppertsberger Chenin Blanc trocken
**9 €** | 12 %

**85** 2020 Haardter Herrenletten Riesling Spätlese trocken
**12,50 €** | 12 %

**86** 2021 Mußbacher Johannitergarten Riesling trocken
**7,50 €** | 11,5%

**87** 2021 Haardter Grauburgunder trocken
**7 €** | 12,5%

**87** 2021 Chardonnay trocken
**9 €** | 12,5%

**85** 2021 Königsbacher Ölberg Riesling Kabinett restsüss
**9 €** | 12 %

**87** 2020 Haardter Herrenletten Rieslaner Auslese
**10,50 €/0,375 Lit.** | 7,5%

★★☆

## STACHEL

Weingut Erich Stachel
67487 Maikammer · Bahnhofstraße 40
Tel. (06321) 5112 · Fax 58561
info@weingut-stachel.de
**www.weingut-stachel.de**

**Inhaber/in und Betriebsleitung**
Erich und Matthias Stachel
**Keller** Matthias Stachel

**Rebfläche** 19 Hektar
**Jahresproduktion** 98 000 Flaschen
**Beste Lagen** Maikammer Heiligenberg, Maikammer Kirchenstück, Alsterweiler Kapellenberg
**Boden** Buntsandstein, Kalkmergel, Lösslehm
**Rebsorten** je 50% weiße und rote Sorten
**Mitglied** Fair'n Green, Forum Pfalz

Die Aufwertung auf 2,5 Sterne im vergangenen Jahr hat Matthias Stachel mehr als gerechtfertigt, er wurde ohnehin immer besser in seinen Ergebnissen. Mitunter fanden wir die Weißweine deutlich schwächer als die Roten, doch das ist Geschichte. Der Einstig ist vollkommen verlässlich, sei es mit dem Auxerrois mit der angenehmen Frucht und dann doch etwas Biss im Nachgang, oder mit dem runden und saftigen Chardonnay oder dem überraschend druckvollen Grauburgunder. Zwei schön angereifte 2019er Lagenweine waren auch im Paket, beide aus dem Kapellenberg. Der Riesling strahlt viel Ruhe aus, der Chardonnay hingegen ist unglaublich präsent, dicht und hat feines Holz. Das mit dem Holz klappt natürlich auch bei den Roten. Man muss lange suchen, um eine solch saftige und stoffige Cuvée wie den Red Moon für unter einem Zehner zu bekommen. Im oberen Segment glänzt der dichte, tief fruchtige Cabernet Sauvignon, der Malbec braucht noch mehr Zeit, seinen an Kirschkern erinnernden, leichten Bitterton einzubinden. Das dürfte sich in wenigen Jahren aber legen. Der Syrah war auf Wiedervorlage, er ist immer ein Held.

**87** 2019 Chardonnay Sekt b. A. Brut
**12,80 €** | 12,5%

**86** 2021 Maikammer Auxerrois trocken
**7,20 €** | 13,5%

**86** 2021 Maikammer Chardonnay trocken
**7,20 €** | 13 %

**86** 2021 Kirrweiler Grauburgunder trocken
**7,50 €** | 13 %

**88** 2020 Diedesfelder Paradies Sauvignon Blanc trocken
**10,20 €** | 12,5%

**88** 2019 Alsterweiler Kapellenberg Riesling trocken Alte Reben
**10,80 €** | 12,5%

**89** 2019 Alsterweiler Kapellenberg Chardonnay trocken Erste Lage Held
**15,90 €** | 14 %

**85** 2020 Kirrweiler St.Laurent trocken
**7,20 €** | 13,5%

**86** 2018 Cuvée trocken Red Moon
**9,80 €** | 13,8%

**88** 2018 Maikammer Heiligenberg Pinot Noir trocken
**19 €** | 13,5%

**88** 2019 Malbec trocken
**28 €** | 13,8%

**90** 2018 Maikammer Kirchenstück Cabernet Sauvignon trocken
**21 €** | 13,8%

**90** 2018 Syrah trocken
**32 €** | 14 %

★★½

## STENTZ

Weingut Jürgen & Astrid Stentz
76829 Landau-Mörzheim
Mörzheimer Hauptstraße 47
Tel. (06341) 30121 · Fax 34565
info@stentz.de
**www.stentz.de**

**Inhaber/in** Jürgen Stentz
**Betriebsleitung** Jürgen Stentz
**Keller** Jürgen Stentz
**Außenbetrieb** Jürgen Stentz

Astrid und Jürgen Stentz verbindet die Liebe zum Detail und eine Akribie in Sachen Wein. Das lässt bereits das sehenswerte Mörzheimer Anwesen erkennen, das das Winzerhaus anno 1700 mit moderner Architektur kombiniert. Auch im Wingert und bei den Weinen wird mit viel Fleiß und höchster Sorgfalt gearbeitet, mit dem selbsterklärten Ziel, die reine Südpfalz in die Flasche zu bringen. Da liegt es nahe, vor allem Rieslinge und Burgundersorten anzubieten. Und das Angebot stimmt im Hause Stentz, nicht zuletzt auch preislich: Als Einstiegsdroge eignet sich vorzüglich der 2021er Müller-Thurgau in der Literflasche. Auch der 2021er Muskateller Ortswein gefällt mit seinem Duft nach Rosen, wilden Kräutern, Litschi und einer wunderbar animierenden Säure.

**84** 2020 Mörzheimer Pfaffenberg Muskateller Sekt b. A. demi-sec
**12 €** | 12,5%

**85** 2021 Muskateller trocken
**5,50 €/1 Lit.** | 12%

**85** 2021 Weißburgunder trocken
**7,50 €** | 12,5%

**87** 2021 Grauburgunder trocken
**7,50 €** | 12,5%

**87** 2020 Weißburgunder trocken 49°10'24"N 8°04'05"O Goldkapsel
**29,50 €/1,5 Lit.** | 13%

**84** 2021 Muskateller restsüss
**8,50 €** | 9%

**85** 2021 Spätburgunder Blanc de Noir
**7,50 €** | 11,5%

**84** 2021 Spätburgunder Rosé trocken
**7,50 €** | 12%

★

## STEPP

Weinwerk Stepp
67098 Bad Dürkheim
Friedelsheimer Straße 15
g_stepp@yahoo.de
**www.weinwerk-stepp.de**

**Inhaber/in und Betriebsleitung**
Gerd Stepp
**Keller** Gerd Stepp
**Außenbetrieb** Gerd Stepp

150 Barriques lagern im neuen Fasskeller und weitere Baumaßnahmen für Vinifikation und Verkostung sind in der Planung. Ebenso wurden aktuell einige Flächen mit Riesling, Pinot Noir und Cabernet Franc bepflanzt. Die Weißweine werden im Edelstahl kalt vergoren und liegen für mindestens fünf Monate auf der Vollhefe. Davon profitiert der 2020er Dürkheimer Fuchsmantel Riesling trocken. Der ist schön cremig, fein schmelzig und von kühler Saftigkeit. Die pikante Säurestruktur steht ihm ausgesprochen gut. Auch der Chardonnay aus dem Jahr 2020 zeigt feine Hefenoten, Aromen von Toast, Brioche und reifen Bananen. Das gut integrierte Holz und die harmonische Cremigkeit verleihen ihm seinen Charme.

**86** 2021 Sauvignon Blanc trocken STEPP
**12,90 €** | 12,5%

**87** 2021 Pinot Gris trocken
**9,90 €** | 13%

**87** 2020 Kallstadter Saumagen Riesling trocken
**18,90 €** | 12,5%

**88** 2020 Dürkheimer Fuchsmantel Riesling trocken
**14,90 €** | 13,5%

**88** 2020 Chardonnay trocken STEPP
**19,90 €** | 13,5%

**88** 2019 Pinot Noir trocken Buntsandstein
**25 €** | 13%

★★★

## STERN

Weingut Stern
76879 Hochstadt · Hauptstraße 199
Tel. (06347) 700580 · Fax 7309
info@weingut-stern.de
**www.weingut-stern.de**

**Inhaber/in und Betriebsleitung**
Wolfgang und Dominic Stern
**Keller** Dominic Stern

**Rebfläche** 11 Hektar
**Jahresproduktion** 100 000 Flaschen
**Beste Lagen** Forster Ungeheuer, Ruppertsberger Reiterpfad, Deidesheimer Kieselberg, Hochstadt Weidenberg
**Boden** Lehm, Löss, Kalk, Buntsandstein
**Rebsorten** 50% Burgundersorten, 25% Riesling, je 5% Sauvignon Blanc und Cabernet Sauvignon, 15% übrige Sorten
**Gastronomie** Weinstube zum Sterne Sepp
**Erlebenswert** neue Vinothek, Barriquefasskeller

Nach einem sehr guten Sekt als Einstieg geht es weiter mit einer Flöte von Rieslingen, die in ihrer gutseigenen Einordnung der Kategorien nachvollziehbar gelungen sind. Schon der Liter-Riesling ist saftig und ergibt mit Sicherheit eine mehr als anständige Pfälzer Schorle-Grundlage. Auch wenn bei den Weinen Frucht durchaus vorhanden ist, so wird sie nie kitschig eingesetzt oder gleitet ins Banale ab. Bei reduziertem Restzucker wie für den Reiterpfad oder das tolle Ungeheuer bildet Frucht hier den leichten Gegenpart zur spannungsvollen Mineralik, die auch etwas minimal Grünes mitbringen darf - gerade das hat seinen Reiz. Der Weißburgunder & Chardonnay ist ein klassischer Allround-Speisenbegleiter, nicht effektheischend, eher abrundend. Die drei reinen Chardonnays unterscheiden sich grundlegend. Der „normale" ist genau das, der Réserve füttert mit etwas Holz und guter Länge an, der Weidenberg schließlich ist vielschichtig und gewinnt mit Luft enorm an Ausdruckskraft. Wer wissen möchte, wie man Rosé als Fumé macht, sodass er kein bloßer „Mädelscharakter" ist, sollte bei diesem hier zugreifen. Dominic Stern geht bei allem Erfolg den richtigen Weg, nämlich sich nicht unbedingt und schnell mit dem Betrieb vergrößern zu wollen. Er ist stolz darauf, keinen Zukauf zu haben, es kommt alles aus eigener Erzeugung.

**89** 2018 Sekt Brut Grande Cuveé
**17 €** | 12 %

**85** 2021 Riesling trocken
**6 €** | 12 %

**86** 2021 Chardonnay trocken **
**7,70 €** | 13 %

**86** 2021 Weisser Burgunder & Chardonnay trocken ***
**9,50 €** | 13 %

**87** 2021 Hochstadter Roter Berg Riesling trocken ***
**11 €** | 13 %

**87** 2021 Zeiskamer Klostergarten Riesling trocken ***
**11 €** | 12,5%

**88** 2021 Chardonnay trocken Reserve ***
**15 €** | 13,5%

**89** 2021 Ruppertsberger Reiterpfad Riesling trocken ***
**22 €** | 13 %

**90** 2021 Forster Ungeheuer Riesling trocken ***
**28 €** | 12,5%

**90** 2021 Hochstadt Weidenberg Chardonnay trocken ***
**45 €** | 13,5%

**87** 2021 Syrah trocken Rosé Fumé ***
**16,50 €** | 12 %

**88** 2019 Cuvée trocken Josef
**15 €** | 14 %

★

## STÜBINGER

Weingut Peter Stübinger
76829 Leinsweiler · Hauptstraße 12
Tel. (06345) 1572
info@weingut-stuebinger.de
**www.weingut-stuebinger.de**

**Inhaber/in und Betriebsleitung**
Peter Stübinger
**Keller** Daniel Stübinger
**Außenbetrieb** Daniel Stübinger

Das Angebot der Stübingers reicht von Wein über Destillate bis hin zur Straußwirtschaft und Gästezimmern. Peter und Daniel Stübinger bewirtschaften 18 Hektar Buntsandstein, Kalkstein und Lössböden. Aus Ilbesheim kommt der 2021er Weißburgunder trocken mit einer reifen, tiefen Farbe ins Glas, mit kühler Frucht in die Nase und erinnert auf der Zunge an feine Williams-Christ-Birnen. Zur Frucht gesellt sich eine gute Mineralität. Viel Trinkfreude für unter 7 Euro. Der 2021er Merlot Rosé hat eine schöne Farbe, eine reintönige Nase von Himbeeren, Erdbeeren, ein wenig Eisbonbon und einen schönen Schmelz.

**86** 2012 Pinot Blanc Extra Brut
**14 €** | 12 %

**84** 2021 Leinsweiler Chardonnay trocken
**6,70 €** | 13 %

**84** 2020 Riesling trocken vom Kalkstein
**7,10 €** | 12,5%

**85** 2021 Leinsweiler Sauvignon Blanc trocken
**7 €** | 12,5%

**86** 2021 Ilbesheimer Weissburgunder trocken
**6,70 €** | 13 %

**85** 2021 Merlot Rosé trocken
**6,90 €** | 13 %

★☆

## UEBEL

Weingut Jochen Uebel
76829 Landau-Nußdorf · Bauerngasse 40
Tel. (06341) 960685 · Fax 960116
weingut@uebel.eu
**www.uebel.eu**

**Inhaber/in und Betriebsleitung**
Jochen Uebel
**Keller** Jochen Uebel
**Außenbetrieb** Karl Uebel

Nicht immer größer mag Jochen Uebel werden, dafür immer besser. Gute Einstellung, die wir anhand der Kostproben ganz gut nachvollziehen können. Der 2021er Riesling trocken mit der Goldkapsel wartet mit viel Frucht auf, mit Limetten, feiner Säure und guter Mineralität. Noch etwas Zeit braucht der 2019er Pinot Noir trocken Reserve. Mit schöner Kirschfrucht, feinem Holz und guter Säure stimmen alle Anlagen und lassen uns entspannt die weitere Entwicklung abwarten. Die gute Entwicklung im Weingut indes ist längst offensichtlich.

**86** 2021 Grauburgunder trocken Silberkapsel
**8,90 €** | 13 %

**86** 2021 Riesling trocken Ripe & Stoned
**8,90 €** | 12,5%

**87** 2021 Weisser Burgunder & Chardonnay trocken Silberkapsel
**7,90 €** | 13 %

**87** 2021 Sauvignon Blanc trocken Silberkapsel
**8,90 €** | 13 %

**87** 2021 Sauvignon Blanc trocken Goldkapsel
**12,90 €** | 13 %

**88** 2021 Riesling trocken Goldkapsel
**12,90 €** | 13 %

**88** 2021 Grauburgunder trocken Goldkapsel
**12,90 €** | 13 %

**88** 2019 Riesling trocken Crazy Shit! Unfiltered
**16,90 €** | 13 %

**86** 2018 Pinot Noir trocken Silberkapsel
**9,90 €** | 13 %

**87** 2019 Pinot Noir trocken Réserve
**16,90 €** | 13,5%

★★½

## VAGABUND

Vagabund Weine
67098 Bad Dürkheim · Professor-Dillinger-Weg 30
info@vagabundweine.de
**www.vagabundweine.de**

**Inhaber/in und Betriebsleitung** Jochen Fleischmann
**Keller** Jochen Fleischmann
**Außenbetrieb** Jochen mit Family & Friends

Der Name „Vagabund“ kommt nicht von ungefähr. Jochen Fleischmann besitzt keine eigenen Ländereien, sondern bewirtschaftet meist alte Reben, die nicht nur in der Pfalz, sondern gern auch mal in Baden, an der Mosel oder gar in der Wachau stehen dürfen. „Mainstream? Niemals!“ lautet der Schlachtruf des Winzers, der hauptberuflich bei Markus Spindler in Forst arbeitet. Folgen wir dem Vagabund zunächst an die Mosel: Der 2021er Zeltinger Himmelreich Riesling Kabinett restsüß hat zwar nur 7 Prozent Alkohol, dafür aber feine Blüten, viel Eleganz, Finesse sowie eine wunderbare Säure und Struktur. Der 2020er Kallstadter Saumagen Pinot Noir ist noch sehr jung, aber komplex und konzentriert mit kühler Frucht, dunkler Kirsche und feinem Tannin. Und nein, der geneigte Leser muss sich nicht seine Lesebrille putzen oder sich kneifen: Die aufgerufenen Preise sind so. Individuelles Arbeiten in diesem Feld hat seinen Mehraufwand, und der will bezahlt sein.

**86** 2020 Gutedel Landwein trocken BADEN
**26,50 €** | 11,5%

**88** 2020 Zeltinger Schloßberg Riesling trocken MOSEL
**40 €** | 12 %

**88** 2021 Zeltinger Himmelreich Riesling Kabinett restsüss MOSEL
**25 €** | 7 %

**88** 2020 Kallstadter Saumagen Pinot Noir trocken
**80 €** | 12,5%

★

## VIERMORGEN

Weincooperative Viermorgen
76889 Niederhorbach · Hauptstraße 23
info@viermorgen-wein.de
**www.viermorgen-wein.de**

**Inhaber/in** Axel Becht und Dr. Boris Peter
**Betriebsleitung** Axel Becht und Dr. Boris Peter
**Keller** Dr. Boris Peter
**Außenbetrieb** Axel Becht und Dr. Boris Peter

Mit einem Hektar Weingarten starteten Axel Becht und Dr. Boris Peter ihr engagiertes Weinprojekt Viermorgen. Die Rebsorten der Wahl sind Riesling, Chardonnay und Weißburgunder. Für die Roten kommen die Trauben von Spätburgunder, Syrah und Cabernet Franc ins Fass. Inzwischen ist die Fläche ein wenig gewachsen, aber immer noch klein genug, um mit einem hohen Maß an Handarbeit zu agieren, damit die bestdenkbare Traubenqualität zur Verfügung steht. Kellertechnisch wurde aufgerüstet. Der aktuelle Riesling in der Literflasche gefällt uns sehr gut: Mineralität, grüner Apfel, reife Aprikosenschale und viel Frucht. Unter den Roten überzeugte uns die 2019er Cuvée Nr. 1 mit ihrer Tabaknote, ihrer Frucht von gekochten Beeren, Bitterschokolade, Leder und feinen Tanninen.

**84** 2021 Riesling trocken
**5,50 €/1 Lit.** | 12 %

**85** 2021 Klingenmünster Maria Magdalena Weißburgunder Kabinett trocken
**7,50 €** | 13 %

**85** 2021 Klingenmünster Maria Magdalena Weissburgunder trocken
**9,50 €** | 13 %

**84** 2021 Gleiszellen-Gleishorbach Frühmess Spätburgunder Kabinett trocken Spätburgunder 300
**9,50 €** | 12 %

**84** 2021 Gleiszellen-Gleishorbach Kirchberg Shiraz und Cabernet franc Kabinett feinherb
**7,50 €** | 11,5%

**86** 2019 Cuvée trocken Nr. 1
**14 €** | 13,5%

★⯪

## VILLA HOCHDÖRFFER

Weingut Villa Hochdörffer
76829 Landau-Nußdorf
Lindenbergstraße 79
Tel. (06341) 649630 · Fax 6496329
info@weingut-villa.de
**www.weingut-villa.de**

**Inhaber/in und Betriebsleitung**
Hans Martin Hochdörffer
**Keller** David Hochdörffer

Hochdörffers Reben wurzeln teilweise in namhaften Lagen wie Nußdorfer Kirchenstück, Frankweiler Kalkgrube und Birkweiler Kastanienbusch. Standortvorteile, die verpflichten. Betriebsleiter und Kellermeister David Hochdörffer ist verantwortlich für den 2021er Nußdorfer Kirchenberg Weißburgunder, der sich auszeichnet durch feine Frucht, den Duft nach Brotkruste und feiner Hefe, sowie feinen, gut eingebundenen Tanninen. Auch der 2021er Grauburgunder hat uns gut gefallen. Schöne Farbe, feine Säure und die elegante Balance machen Lust auf ein zweites Glas.

**85** 2021 Grauburgunder trocken
**7,10 €/1 Lit.** | 11 %

**85** 2021 Weißburgunder trocken Löss
**8,30 €** | 12 %

**85** 2021 Chardonnay trocken Muschelkalk
**8,30 €** | 12 %

**86** 2021 Godramsteiner Münzberg Chardonnay trocken
**14 €** | 12,5%

**86** 2020 Nussdorfer Kaiserberg Weißer Burgunder trocken
**14,50 €** | 13 %

**87** 2021 Grauburgunder trocken Löss
**8,30 €** | 12 %

**85** 2019 Spätburgunder trocken Muschelkalk
**8,90 €** | 13 %

**85** 2019 Rotweincuvée trocken „Applaus, Applaus"
**20 €** | 14 %

**86** 2019 Frankweiler Biengarten Syrah trocken
**20 €** | 14,5%

**87** 2019 Nußdorfer Kaiserberg Spätburgunder trocken
**22 €** | 13 %

★⯪

## WACHTENBURG

Weinland Wachtenburg
67157 Wachenheim · Weinstraße 2
Tel. (06322) 979820 · Fax 9798225
info@wachtenburg-winzer.de
**www.weinland-wachtenburg.de**

**Geschäftsführer** Albert Kallfelz
**Betriebsleitung** Albert Kallfelz
**Keller** Theo Bassler

Die Wachtenburg-Winzer bieten ein attraktives Preis-Genussverhältnis. Der günstige Ortswein Forst Riesling trocken macht Spaß. Grüner Apfel und Steinobst, ein wenig Mandel und gute Würze spielen hier schön zusammen. Eine Goldkapsel trägt der 2021er Wachenheimer Altenburg Riesling trocken, und der kann das alles freilich noch besser: Unheimlich komplex und mineralisch ist er, mit viel Biss, fein ausbalanciert und mit Apfelaromen und einer Hefenote. Ungefiltert ist der 2018er Merlot trocken Reserve Premium. Eine Fülle an Aromen: Pflaume, Schokolade, Tabak, dazu spürbares Tannin und viel Körper. Ein Südländer mit Statur.

**86** 2021 Wachenheimer Fuchsmantel Riesling trocken
**7,90 €** | 12 %

**86** 2021 Wachenheimer Riesling trocken Edition SL
**8,50 €** | 12,5%

**86** 2021 Wachenheimer Gerümpel Riesling trocken Goldkapsel
**12,90 €** | 12,5%

**87** 2021 Forst trocken
**5,30 €** | 11,5%

**87** 2021 Weißburgunder & Chardonnay trocken Crafted
**8,30 €** | 12,5%

**87** 2021 Weißburgunder trocken Edition „SL"
**8,90 €** | 13 %

**87** 2021 Grauburgunder trocken Edition SL
**9,50 €** | 13 %

**87** 2021 Wachenheimer Altenburg Riesling trocken Goldkapsel
**12,90 €** | 12,5%

**86** 2019 Spätburgunder trocken SL
**8,30 €** | 14 %

**87** 2018 Merlot trocken Reserve Premium unfiltered
**19,90 €** | 15 %

★★★½

## WAGECK-PFAFFMANN

Weingut Wageck-Pfaffmann
67281 Bissersheim · Luitpoldstraße 1
Tel. (06359) 2216 · Fax 86668
info@wageck-weine.de
**www.wageck-weine.de**

**Inhaber/in** Familie Pfaffmann
**Keller** Frank und Thomas Pfaffmann

**Rebfläche** 59 Hektar
**Jahresproduktion** 400 000 Flaschen
**Beste Lagen** Bissersheimer Goldberg, Großkarlbacher Burgweg, Kirchheimer Steinacker
**Boden** kalkiger Tonmergel, teilweise auf Fels, Lösslehm mit Kies und Sand
**Rebsorten** 50% weiße und rote Burgundersorten, 25% Riesling, 25% übrige Sorten
**Erlebenswert** wurzelechter Portugieser-Weinberg aus dem Pflanzjahr 1931
**Mitglied** Forum Pfalz

Von Thomas Pfaffmann kennen wir ja seine Begeisterung für die Weine, die er gemeinsam mit seinem Bruder Frank erzeugt. Und so „warnte" er uns schon beim Abgeben der Weine sicherheitshalber mal vor, dass wir die Cuvée Wilhelm womöglich ziemlich gut finden könnten. Tja, der Mann hat natürlich recht. Als 2018er profitierte der Wein im Bordeaux-Stil vom Jahrgang und steht echt da wie eine Eins, dicht und markant. Doch das tun andere Weine auch. Uns gefällt die leicht reduktive, nicht übertriebene und sehr griffige Art der Chardonnays, vor allem beim Geisberg. Die Pinots sind, wie zuletzt, in sich völlig stimmig. Wir können uns zunächst kaum entscheiden, ob Goldberg oder Burgweg besser sind (das sollen die Jahre zeigen, der Goldberg hat jetzt mehr Grip), wissen aber, dass auch hier der Geisberg in seiner hochfeinen, eleganten Art die Spitze darstellt. Nicht zu verachten auch die „kleineren" Weine: Der Rosé Fundament entbehrt jeder Labbrigkeit, der Riesling Tertiär ist schon echt seriös.

**90** 2015 Brut Cuvée Blanc
**21,90 €** | 12 %

**86** 2021 Sauvignon Blanc trocken Tertiär
**10,50 €** | 11,5%

**87** 2021 Riesling trocken Tertiär
**10,50 €** | 12 %

**87** 2020 Bissersheimer Chardonnay trocken Kalkmergel
**14,90 €** | 13,5%

**88** 2020 Sauvignon Blanc Fumé trocken
**20,90 €** | 13,5%

**90** 2020 Sülzner Weg Chardonnay trocken
**23,90 €** | 13,5%

**91** 2020 Bissersheimer Geisberg Chardonnay trocken
**35,90 €** | 13,5%

**87** 2021 Cuvée trocken Rosé Fundament
**8,30 €** | 12 %

**85** 2019 Spätburgunder trocken Fundment
**9,30 €** | 13,5%

**87** 2019 Spätburgunder trocken Tertiär
**12,50 €** | 13,5%

**89** 2018 Portugieser trocken Reserve HW31
**29,90 €** | 13,5%

**90** 2019 Bissersheimer Merlot trocken Kalkmergel
**17,50 €** | 14,5%

**90** 2018 Großkarlbacher Burgweg Spätburgunder trocken
**30,90 €** | 13,5%

**91** 2018 Bissersheimer Goldberg Spätburgunder trocken
**30,90 €** | 13,5%

**91** 2018 Cuvée trocken Wilhelm Réserve
**35,90 €** | 14,5%

**93** 2018 Bissersheimer Geisberg Pinot Noir trocken
**55,90 €** | 13,5%

★★½

## WALDKIRCH

Weingut Felix Waldkirch
76835 Rhodt unter Rietburg · Weinstraße 53
Tel. (06323) 5825 · Fax 81137
info@weingut-waldkirch.de
**www.weingut-waldkirch.de**

**Inhaber/in und Betriebsleitung**
Felix Waldkirch

Wir hatten das ja schon mal in den Raum gestellt: Von Felix Waldkirch mehr Gutes zu hören und zu schmecken. Empfehlung geht raus. Feiner 2021er Grauburgunder trocken mit schöner Säure, cremig und nussig, kühl und elegant. Ebenso der konzentrierte 2021er Rhodter Rosengarten Weißburgunder trocken mit schöner Frucht, dem wir eine gute Langlebigkeit zutrauen. Und schließlich wollen wir noch seinen 2021er Riesling feinherb loben, denn hier zeigt auch mal ein Leichtgewicht mit gerade elf Prozent, wie aromatisch, gelbfruchtig und mineralisch auch ein leichterer Wein sein kann. Noch dazu schmeckt er wunderbar nach Melone und reifen Birnen.

**87** 2021 Sauvignon Blanc trocken
**7,50 €** | 12 %

**87** 2021 Riesling trocken vom Buntsandstein
**9,50 €** | 12 %

**88** 2021 Grauburgunder trocken Alte Reben
**8,50 €** | 13 %

**88** 2021 Rhodter Rosengarten Weißburgunder trocken
**18 €** | 13,5%

**88** 2021 Michelsberg Riesling trocken
**25 €** | 12,5%

**89** 2021 Grauburgunder trocken
**6,50 €** | 12,5% BEST BUY

**87** 2021 Riesling Kabinett feinherb Wanderlust
**8 €** | 8,5%

**87** 2021 Riesling feinherb
**6,50 €** | 11 %

**87** 2021 Scheurebe Kabinett
**8 €** | 9 %

**87** 2020 Pinot Noir trocken
**18 €** | 12,5%

★

## WAMBSGANSS

Weingut Eugen Wambsganss
76829 Nußdorf · Kirchhohl 12
Tel. (06341) 61990 · Fax 60161
info@eugen-wambsganss.de
**www.eugen-wambsganss.de**

**Inhaber/in und Betriebsleitung**
Christian Estelmann
**Keller** Christian Estelmann
**Außenbetrieb** Klaus Estelmann

Die Landauer bestätigen unsere gute Einschätzung. Christian Estelmann präsentiert wieder eine stimmige Reihe seiner Weine. Darunter mochten wir besonders den 2021er Godramsteiner Münzberg Riesling trocken. Mit seiner steinigen Mineralität, der spannenden Säure und seiner eleganten Finesse ist das ein Wein, der immer mehr Facetten zeigt. Richtig gut auch der feine, leichte 2021er Nußdorf Gewürztraminer mit etwas Restsüße. Da steht ein ganzer Korb voll frisch geschnittener Blumen mitten in einem Rosengarten, dazu kommen exotische Aromen von Litschi und Ingwer.

**84** 2019 Riesling Sekt b.A. Zero Dosage
**12 €** | 12,3%

**85** 2019 Pinot Sekt b. A. Extra Brut
**14 €** | 11,5%

**85** 2020 Godramstein Münzberg Riesling trocken
**15 €** | 12,5%

**86** 2021 Nußdorf Grauburgunder trocken
**7 €** | 12,5%

**86** 2021 Nussdorf Weisser Burgunder trocken
**7 €** | 11,5%

**86** 2020 Nußdorf Spätburgunder trocken
**7 €** | 13,4%

**87** 2021 Nußdorf Chardonnay trocken
**7 €** | 11,8%

**87** 2021 Godramstein Münzberg Riesling trocken
**15 €** | 12,5%

**87** 2021 Nußdorf Gewürztraminer restsüss
**7 €** | 11 %

**86** 2020 Nußdorf Merlot trocken
**7 €** | 14 %

**87** 2021 Walsheimer Silberberg Blauer Gänsfüßer trocken
**14 €** | 13 %

## WEEGMÜLLER

Weingut Weegmüller
67433 Neustadt-Haardt · Mandelring 23
Tel. (06321) 83772 · Fax 480772
info@weegmueller.de
**www.weegmueller.de**

**Inhaber/in und Betriebsleitung**
Jan Kubat, Gregor Hofer
**Keller** Gregor Hofer
**Außenbetrieb** Dipl.-Ing. Rainer Klein

**Historie** Gründung des Weinguts 1685, nach elf Generationen im Jahr 2021 Verkauf an neue Eigentümer
**Rebfläche** 15 Hektar
**Jahresproduktion** 110 000 Flaschen
**Beste Lagen** Haardter Herrenletten, Herzog, Bürgergarten und Mandelring
**Boden** sandiger Lehm, mergeliger Ton, Buntsandsteinverwitterung, Kalk
**Rebsorten** 60% Riesling, 6% Scheurebe, je 5% Gewürztraminer, Grauburgunder, Kerner und Weißburgunder, 14% übrige Sorten
**Gastronomie** Berzelhof Weinlounge in Speyer
**Erlebenswert** neuer Verkostungsraum im hinteren Bereich des Weingutes, mit freiem Blick auf das Haardter Schloss (ab 2022)

Gregor Hofer bezeichnete es als nahezu komplette Neugründung, was im Jahr 2021 mit der Übernahme des Weinguts Weegmüller stattgefunden hat. Im Keller ist jetzt schon alles neu, von der Amphore über Filter bis hin zu den Tanks. Eine Vinothek ist im Entstehen, das ganze Anwesen wird sich nach und nach verändern und ein moderneres Gesicht erhalten. Und natürlich zeigen sich auch die Weine in neuer Form. Am meisten fällt zunächst auf, dass sie durch die Bank trocken sind, was in der Vergangenheit hier nicht so war. Das zieht sich auch bei den Bukettsorten wie etwa der Scheurebe durch - und es tut den Weinen durchaus gut! Der kleine Rosé in der Literflasche ist sehr trinkig, die weiße Cuvée Upgrade aus Müller, Gewürztraminer und Riesling ebenfalls in ihrer maßvollen Aromatik. Stars jedoch sind die weißen Burgundersorten sowie die Scheurebe. Der Grauburgunder Premium verbrachte acht Monate in slawonischer Eiche und punktet mit Nussigkeit und Birnenfrucht, die Scheurebe Premium wurde in italienischen Amphoren ausgebaut. Hier sind es vor allem Grapefruit- und Blütennoten, die locken. Der Dritte im Bunde, der Weißburgunder, ist stoffig mit gutem Trinkfluss. Künftig wird man aus diesem Hause auch wieder Spätburgunder erwarten dürfen, hat man uns verraten.

**85** 2021 trocken Secco
**9 €** | 12 %

**83** 2021 Riesling trocken
**6 €/1 Lit.** | 12 %

**86** 2021 trocken Upgrade Weisswein Cuvée
**12 €** | 12,5%

**86** 2021 Weißer Burgunder trocken
**12 €** | 12,5%

**87** 2021 Grauer Burgunder trocken
**12 €** | 12,5%

**87** 2021 Scheurebe trocken
**12 €** | 12,5%

**88** 2021 Premium trocken Grüner Veltliner Premium
**24 €** | 12 %

**89** 2021 Scheurebe trocken Premium
**24 €** | 12,5%

**89** 2021 Weißer Burgunder trocken Premium
**24 €** | 12,5%

**90** 2021 Grauer Burgunder trocken Premium
**24 €** | 12,5%

**84** 2021 Spätburgunder trocken
**6 €/1 Lit.** | 12,5%

**86** 2021 Cuvée trocken Rosé
**12 €** | 12,5%

★★★

## WEGNER

Weingut Karl Wegner
67098 Bad Dürkheim · Am Neuberg 4
Tel. (06322) 989327 · Fax 989328
info@weingut-wegner.de
**www.weingut-wegner.de**

**Inhaber/in und Betriebsleitung**
Joachim Wegner
**Keller** Joachim Wegner
**Außenbetrieb** Philipp Wegner

**Rebfläche** 12 Hektar
**Jahresproduktion** 100 000 Flaschen
**Beste Lagen** Ungsteiner Herrenberg, Ungsteiner Weilberg, Dürkheimer Spielberg, Fronhof und Rittergarten
**Boden** Ton, Lehm mit hohem Kalkanteil, Löss, sandiger Lehm, Terra Rossa
**Rebsorten** 35% Riesling, 20% Spätburgunder, 15% Weißburgunder, 8% Chardonnay, je 5% Sauvignon Blanc und Dornfelder
**Mitglied** Fair'n Green, Forum Pfalz

Bei Joachim Wegner wissen wir schon seit vielen Jahren, was Sache ist. Da schlagen zwei Herzen in seiner Brust. Natürlich bedient er den regulären Pfälzer Bedarfsmarkt mit dem, was hier heilig ist. Den Riesling Fronhof trinkt man ganz wunderbar so wie er ist, doch man hat ihn auch schon in Schorlen gesichtet. Der Rittergarten ist definiert, klar und geradlinig. Dann kommt aber bald schon das Wegner so naheliegende Holz ins Spiel, etwa beim Chardonnay Augenstern, der stets so stoffig ist wie auch in diesem Jahr wieder. Das Holz verliert sich mit den Jahren, wie wir immer wieder bei Nachverkostungen spüren. Gerne sehen wir auch den Riesling 14, den einst sein Sohn als maischevergorenes Experiment ins Spiel brachte - das gelungen und nie übertrieben ist. Und dann sind da auf der anderen Seite die Rotweine. Nie jung, immer gereift. Beim runden Merlot Ausspann sind wir aktuell beim Jahrgang 2015 angekommen, dann ist da auch noch der vielleicht etwas zu kräftige und schwere Syrah Sinnreich. Geradezu „jung" zeigt sich der Pinot Pharos aus dem Jahr 2017, denn der labt sich derzeit noch an ausgeprägten Vanillenoten, die sich irgendwann legen werden. Der Grundcharakter steht.

WEGNER PFALZ

**86** 2021 Dürkheimer Fronhof Riesling trocken
**6,60 €/1 Lit.** | 12,5% BEST BUY

**87** 2021 Dürkheim Rittergarten Riesling trocken
**8,50 €** | 12,5%

**87** 2021 Dürkheimer Spielberg Riesling trocken WestSide
**12,90 €** | 12,5%

**88** 2020 Ungsteiner Herrenberg Riesling trocken Lunatic
**17,90 €** | 13%

**89** 2021 Ungsteiner Herrenberg Riesling trocken Lunatic
**12,90 €** | 12,5%

**89** 2020 Chardonnay trocken Augenstern
**17,90 €** | 14%

**89** 2021 Dürkheim Herrenberg Riesling trocken 14
**25,50 €** | 13%

**89** 2015 Dürkheimer Feuerberg Syrah trocken Sinnreich
**18,90 €** | 14,5%

**89** 2015 Dürkheimer Feuerberg Merlot trocken Ausspann
**19,90 €** | 14,5%

**90** 2016 Dürkheimer Schenkenböhl Pinot Noir trocken „R"
**17,90 €** | 13,5%

**90** 2017 Dürkheimer Fronhof Pinot Noir R trocken PHAROS
**69,90 €** | 13,5%

**90** 2016 Dürkheimer Fronhof Pinot Noir KLEINOD R
**25,50 €** | 13,5%

## WEHRHEIM

Weingut Dr. Wehrheim
76831 Birkweiler · Weinstraße 8
Tel. (06345) 3542 · Fax 3869
wein@weingut-wehrheim.de
**www.weingut-wehrheim.de**

**Inhaber/in und Betriebsleitung** Franz Wehrheim
**Keller** Franz Wehrheim
**Außenbetrieb** Patrik Christ

**Rebfläche** 20 Hektar
**Jahresproduktion** 110 000 Flaschen
**Beste Lagen** Birkweiler Kastanienbusch, Rosenberg, Dachsberg und Mandelberg, Siebeldingen Sonnenschein
**Boden** Buntsandsteinverwitterung, Porphyr, kalkiger Mergel, Keuper, sandiger Lehm, Muschelkalk, Rotliegendes
**Rebsorten** 35% Riesling, 45% weiße Burgundersorten (inklusive Chardonnay), 20% Spätburgunder,
**Mitglied** VDP, Respekt-Biodyn

Ende August 2022, eine launige Runde im Weingut Wehrheim zu einer Art Matinée. Zur Verköstigung wird heimisches Wild gereicht, erlegt vom Hausherrn höchstselbst. Zu Feiern gab es die nun auch förmliche Übergabe des Betriebs von Karl-Heinz auf Franz Wehrheim. Der hatte in den vergangenen Jahren auch schon de facto den Führungsstab in die Hand gedrückt bekommen, weil der Vater klug genug war, dem Sohn in solchen Dingen nicht im Weg zu stehen. Selbstverständlich gibt es hier und da Diskussionbedarf, doch der wird in offenen, konstruktiven Gesprächen geklärt. Was sich jetzt nach viel Redezeit anhört, ist eigentlich gar nicht so, denn Franz weiß sehr wohl, in welche Fußstapfen er hineintreten muss - und wo er seine eigenen hinterlassen wird. Karl-Heinz hat es geschafft, den Weißburgunder Mandelberg nicht nur zu einem Top-Wein, sondern ihn quasi zu einer Marke zu machen. Schon oft haben wir hervorgehoben, welche Strahlkraft gerade dieser Wein entfaltet, nicht nur beim Verbraucher, sondern auch in der Winzerschaft selbst. Franz überführt diese Ikone nun in die Moderne, macht sie etwas schlanker, ohne ihr auch nur einen Hauch ihres Charakters zu nehmen.

### Kurze Wege für hohe Ziele

In einem Umkreis von nicht mal anderthalb Kilometer um den Betrieb herum spielt sich alles ab. Kastanienbusch, Mandelberg, Rosenberg, Im Sonnenschein, das war's. Diese kurzen Wege sind auch ein nicht zu unterschätzender Faktor für die Verarbeitung gerade frisch gelesener Trauben. Das Qualitätsmanagement stimmt auf allen Ebenen, hinten wie vorne. Was dabei herauskommt, begeistert. Schon die beiden Sekte sind hinreißend. Weißburgunder, Riesling und auch Spätburgunder marschieren gemeinsam in die regionale Spitze oder nehmen sie sogar ein. Wehrheim taugt als echtes Vorbild für die gesamte Pfalz. Und man darf ruhig auch erwähnen, dass das Preisgefüge für derartige Qualitäten total auf dem Boden geblieben ist. Der Mandelberg Weißburgunder ist oft sogar der beste Weißburgunder Deutschlands und damit, wenn man es genauer betrachtet, vielleicht der Welt. Für etwas mehr als 40 Euro. Echt jetzt?

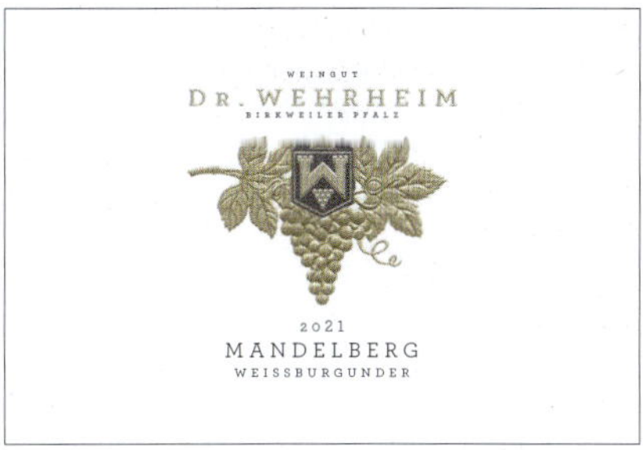


**92** 2019 Brut Rosé
**19,90 €** | 12 %

**93** 2017 Brut HOMMAGE Blanc de Blanc
**28 €** | 12,5% **TOP 10**

**86** 2021 Riesling trocken Buntstück
**10 €** | 11,5%

**86** 2021 Weißburgunder trocken Buntstück
**10 €** | 12,5%

**87** 2021 Riesling trocken Rotstück
**10 €** | 11,5%

**88** 2020 Birkweiler Chardonnay trocken Keuper
**17,90 €** | 13,5%

**88** 2021 Birkweiler Riesling trocken Rotliegendes
**17,90 €** | 12,5%

**88** 2021 Birkweiler Weißburgunder trocken Muschelkalk
**17,90 €** | 13%

**90** 2020 Birkweiler Rosenberg Chardonnay trocken Erste Lage
**25 €** | 13,5%

**91** 2021 Birkweiler Am Dachsberg Riesling trocken Erste Lage
**24 €** | 12,5%

**91** 2021 Birkweiler Rosenberg Weißburgunder trocken Erste Lage
**24 €** | 13,5%

**93** 2021 Birkweiler Kastanienbusch Köppel Riesling VDP.Großes Gewächs
**43 €** | 12,5%

**93** 2021 Birkweiler Kastanienbusch Riesling trocken Großes Gewächs
**43 €** | 13%

**94** 2021 Birkweiler Mandelberg Weißburgunder VDP.Großes Gewächs
**42 €** | 13,5% TOP 10

**88** 2021 Spätburgunder trocken
**11 €** | 12,5%

**90** 2020 Siebeldinger Spätburgunder trocken aus dem Muschelkalk
**21 €** | 13%

**93** 2019 Birkweiler Kastanienbusch Köppel Spätburgunder VDP.Großes Gewächs
**45 €** | 13%

**95** 2020 Siebeldinger Sonnenschein Spätburgunder VDP.Großes Gewächs
**45 €** | 13%

★★☆

## WEIK

Weingut Weik
67435 Neustadt-Mußbach · Lutwitzistraße 12
Tel. (06321) 66838 · Fax 60941
mail@weingut-weik.de
**www.weingut-weik.de**

**Inhaber/in und Betriebsleitung** Bernd Weik
**Außenbetrieb** Joan Weik

**Rebfläche** 6 Hektar
**Jahresproduktion** 40 000 Flaschen
**Beste Lagen** Königsbacher Idig, Am Rothenstein, Haardter Bürgergarten, Steinernes Bild, Gimmeldinger Biengarten
**Boden** Buntsandstein, Kalkmergel, kalkhaltiger Löss
**Rebsorten** je 25% Riesling und Sauvignon Blanc, 20% weiße Burgundersorten, 15% Spätburgunder, 15% übrige Sorten
**Erlebenswert** historischer Gutshof
**Mitglied** Vinissima, Forum Pfalz

Von Joan und Bernd Weik bekommen wir in jedem Jahr sehr klare, blitzsaubere Weine eingeschenkt. Es ist mit sechs Hektar ein vergleichsweise kleiner Betrieb, den hauptsächlich Joan beackert, während ihr Mann hauptberuflich am Weincampus in Neustadt als Ausbilder tätig ist. Die diesmal eingereichte Kollektion ist sehr kompakt und geschlossen, auch die Basis ist stimmiger als im Vorjahr. Gleich zu Beginn der Verkostung hatten wir mit dem trockenen Gewürztraminer einen Zungenschnalzer als Auftakt, der fein, luftig und sogar leicht am Gaumen anmutet. Die drei Sauvignon Blanc, eine absolute Stärke des Hauses, sind völlig unterschiedlich. Der Sauvignon Meerspinne ist klar, frisch und voll auf den Punkt, der Löwenherz straff und etwas kernig, der Fumé saftig, mit guter Frucht und in ausgezeichnetem Holz ausgebaut. So macht ein Trio Sinn! Sehr gediegen und geschliffen ist der Riesling Löwenherz, und auch der Eselshaut Weißburgunder kann mit klarem Schmelz und Melonenfrucht gefallen. Rotweine, die noch im Vorjahr für Höhepunkte gesorgt hatten, waren diesmal nicht im Paket.

WEINGUT WEIK

| | |
|---|---|
| **86** | 2021 Mußbacher Steinernes Bild Riesling trocken<br>**9,80 €** \| 12,5% |
| **86** | 2021 Viognier trocken<br>**9,90 €** \| 13 % |
| **87** | 2021 Königsbacher Idig Riesling trocken<br>**10,40 €** \| 12,5% |
| **88** | 2021 Chardonnay trocken<br>**8,80 €** \| 12,5% |
| **88** | 2021 Mußbacher Eselshaut Weißburgunder trocken<br>**10,40 €** \| 13 % |
| **88** | 2021 Gimmeldinger Meerspinne Sauvignon blanc trocken<br>**11,50 €** \| 12,5% |
| **89** | 2020 Gewürztraminer trocken<br>**8,80 €** \| 13 % BEST BUY |
| **89** | 2021 Riesling trocken Löwenherz<br>**15,50 €** \| 12,5% |
| **89** | 2021 Sauvignon Blanc trocken Löwenherz<br>**17,50 €** \| 12,5% |
| **90** | 2021 Sauvignon blanc trocken Löwenherz Fumé<br>**19,50 €** \| 12,5% |

## WEINBIET

Weinbiet Manufaktur eG
67435 Neustadt/Weinstraße
An der Eselshaut 57
Tel. (06321) 67970 · Fax 60179
info@weinbiet.de
**www.weinbiet.de**

**Inhaber/in** Weinbiet Manufaktur eG
**Geschäftsführender Vorstand** Dr. Bastian Klohr
**Keller** Patrick Öttl

Was hier von 50 Winzern auf 330 Hektar angebaut wird und auf die Flasche kommt, ist auch diesmal aller Ehren wert. Da wäre ein sehr preiswerter 2020er Merlot & Cabernet Sauvignon trocken „von Ersten Lagen": Viel Paprika, Cassis, Brombeeren, schwarzer Pfeffer und weiche Tannine gibt es da. Am 2020er Sauvignon Blanc trocken Philipp Bassler Fumé mochten wir die typisch grüne Note der Sorte mit ihrer Frucht von Cassis, Stachelbeeren und Mango.

| | |
|---|---|
| **86** | 2021 Weißburgunder & Chardonnay trocken VON ERSTEN LAGEN<br>**8 €** \| 13 % |
| **86** | 2020 Grauburgunder trocken Philipp Bassler Großes Gewächs<br>**13 €** \| 13 % |
| **87** | 2020 Haardter Herrenletten Riesling trocken<br>**7 €** \| 12,5% |
| **87** | 2020 Haardter Schlossberg Riesling trocken<br>**7 €** \| 12,5% |
| **87** | 2020 Chardonnay trocken Philipp Bassler Großes Gewächs<br>**13 €** \| 13 % |
| **87** | 2020 Riesling trocken Philipp Bassler Großes Gewächs<br>**13 €** \| 13 % |
| **87** | 2020 Riesling trocken Philipp Bassler Wurzelecht<br>**15 €** \| 13,5% |
| **88** | 2020 Sauvignon Blanc trocken Philipp Bassler Fumé<br>**15 €** \| 13 % |
| **86** | 2020 Spätburgunder trocken Philipp Bassler Großes Gewächs<br>**14 €** \| 14 % |
| **87** | 2020 Merlot & Cabernet Sauvignon trocken VON ERSTEN LAGEN<br>**8 €** \| 14 % |

★★

## WICK

Weingut Wick
67308 Zellertal-Zell · Zeller Hauptstraße 2
Tel. (06355) 2201 · Fax 3176
info@weingut-wick.de
**www.weingut-wick.com**

**Inhaber/in und Betriebsleitung** Jochen Wick
**Keller** Jochen Wick
**Außenbetrieb** Jochen Wick

**Historie** 1980 Erwerb der ehemaligen Zeller Winzergenossenschaft, vormals Wirtschaftshof der Golsenstiftung, heute Weinbau in fünfter Generation
**Rebfläche** 10 Hektar
**Jahresproduktion** 100 000 Flaschen
**Beste Lagen** Zeller Schwarzer Herrgott, Zeller Kreuzberg
**Boden** Kalk Mergel, steiniger Lehm, Löss
**Rebsorten** 40% Riesling, 30% Burgundersorten, 10% Chardonnay, 20% übrige Sorten (Dunkelfelder, Gewürztraminer etc.)
**Gastronomie** Olivenöle und eigener Bio-Balsamico
**Erlebenswert** Skulpturenausstellung von Wolf Münninghoff, wechselnde kunsthandwerkliche Exponate, 150 J Jahre alte Gewölbekelleranlage der ehemaligen Zeller Winzergenossenschaft
**Mitglied** Ecovin, Slow Food

Martina und Jochen Wick machen Bioweine von zehn Hektar Reben. Sie bestehen auf die Weißweinbereitung sur lie mit langem Hefelager und nur einmaliger Filtration unmittelbar vor der Füllung. Unter den 2021ern fiel uns mit seiner feinen Hefenote der mineralische Riesling trocken Sauvage auf, der auch eine gute Säure und Grapefruitaromen mitbringt. Aus 2019 stammt der Zeller Schnepfenflug Merlot & Dunkelfelder trocken Gutswein Cathédrale aus dem Barrique. Hier wird den herben Tabak- und Ledernoten, der hohen Säure und dem Tannin eine charmante Lakritzsüße entgegengesetzt.

**88** 2019 Zeller Schnepfenflug Pinot Brut nature Aurum
**17 €** | 13 %

**88** 2018 Riesling Extra trocken
**17 €** | 12 %

**87** 2021 Chardonnay trocken
**9,80 €** | 12,5%

**87** 2021 Weiß- & Grauburgunder trocken Kaleidoskop
**9,80 €** | 13 %

**87** 2021 Sauvignon Blanc trocken
**9,80 €** | 12 %

**87** 2021 Riesling trocken Sauvage
**10 €** | 12 %

**88** 2020 Zeller Kreuzberg trocken Alte Reben
**13,50 €** | 13 %

**88** 2020 Zeller Schwarzer Herrgott Riesling trocken Alte Reben
**16,50 €** | 12,5%

**88** 2020 Grauburgunder trocken
**22 €** | 13 %

**86** 2021 Zeller Schnepfenflug Rivaner feinherb
**7,20 €** | 12 %

**87** 2020 Riesling & Gewürztraminer Alte Reben Hochzeitswein
**12 €** | 10,5%

**86** 2019 Zeller Schnepfenflug Merlot & Dunkelfelder Barrique trocken Cathédrale
**22 €** | 13 %

## WILHELMSHOF

Weingut Wilhelmshof
76833 Siebeldingen · Queichstraße 1
Tel. (06345) 919147 · Fax 919148
info@wilhelmshof.de
**www.wilhelmshof.de**

**Inhaber/in** Familie Roth-Ochocki
**Betriebsleitung** Barbara Roth
**Keller** Thorsten Ochocki

**Historie** Auszeichnungen: 2020 „Bester deutscher Rosé Sekt" (DWI), 2018 „Bester deutscher Sekterzeuger" (DLG)
**Rebfläche** 20 Hektar
**Jahresproduktion** 148 600 Flaschen
**Beste Lagen** Siebeldingen Im Sonnenschein, Frankweiler Petersbuckel
**Boden** Buntsandsteinverwitterung, Muschelkalk
**Rebsorten** je 30% Spätburgunder und Riesling, 28% Weißburgunder, 10% Grauburgunder, 2% übrige Sorten
**Erlebenswert** Rüttelkeller, Audio-Sektkellerführung nach Anmeldung
**Mitglied** Verband traditioneller Sektmacher e.V.

Christa und Herbert Roth hatten, so hört man es, schon immer eine Beharrlichkeit an den Tag gelegt, wenn es darum geht, für richtig erkannte Dinge beizubehalten. Ihre Tochter Barbara und deren Mann Thorsten, die schon vor vielen Jahren den Betrieb übernommen haben, führen genau das weiter. Es passt sehr gut in diesem Zusammenhang, dass sie sich stark dafür engagieren, nachhaltig zu arbeiten – sie waren das erste in den deutschen Nachhaltigkeitskodex aufgenommene Weingut. Angebaut werden ausschließlich Weiß-, Grau- und Spätburgunder, dazu Riesling. Die Hälfte der Produktion sind Sekte, hier waren die Roths ab den frühen 80er-Jahren absolute Vorreiter. Und auch heute sind sie sehr stark in der Gastronomie damit vertreten, natürlich auch beim Endverbraucher. Patina-Sekte hatten wir diesmal nicht in der Verkostung, dafür zwei wunderbare Privés in Weiß- und Spätburgunder. Bei den Stillweinen ist absolute Traubenreife erwünscht, was manche Weine sehr weich macht, wie es etwa beim Riesling Alte Reben zu schmecken ist.

WEIN- UND SEKTGUT
Wilhelmshof
SIEBELDINGEN

**88** 2019 Siebeldingen Riesling Sekt b. A. Extra Brut
**13,50 €** | 12 % **BEST BUY**

**90** 2018 Siebeldingen Spätburgunder Sekt b. A. Brut Blanc de Noirs
**17,50 €** | 12 %

**91** 2017 Siebeldingen Sekt b. A. Brut Pinot B Privé
**26 €** | 12 %

**91** 2016 Siebeldingen Weissburgunder Sekt b. A. Brut Privé
**26 €** | 12,5%

**86** 2021 Frankweiler Riesling Kabinett trocken Buntsandstein
**9,50 €** | 11 %

**86** 2021 Siebeldingen Weissburgunder Kabinett trocken Muschelkalk
**9,50 €** | 12 %

**87** 2020 Siebeldingen Im Sonnenschein Riesling Spätlese trocken Alte Reben
**19 €** | 12,5%

**88** 2020 Siebeldingen Im Sonnenschein Weissburgunder Spätlese trocken Alte Reben
**19 €** | 14,5%

**89** 2021 Siebeldingen Im Sonnenschein Weissburgunder Spätlese trocken
**14 €** | 13 %

**89** 2020 Siebeldingen Im Sonnenschein Grauburgunder Spätlese trocken Alte Reben
**19 €** | 14 %

**87** 2019 Siebeldingen Spätburgunder trocken Muschelkalk
**14 €** | 13 %

**89** 2019 Siebeldingen Im Sonnenschein Spätburgunder Spätlese trocken Alte Reben Wilhelm
**40 €** | 13 %

★

## WILKER

Weingut Wilker
76889 Pleisweiler-Oberhofen
Hauptstraße 30
Tel. (06343) 2202 · Fax 4379
weingut@wilker.de
**www.wilker.de**

**Inhaber/in** Jürgen Wilker
**Keller** Jürgen Wilker und Michael Naab

Die Wilkers gehören mit 43 Hektar Reben zu den großen Familienbetrieben. Jürgen Wilker ist außerdem Teil der „MEJS Weinspezialisten". Im Wilker'schen Weinkeller, der vor kurzem durch einen Neubau erweitert wurde, arbeitet mit Michael Naab kein Unbekannter als Kellermeister. Erzeugt werden bodenständige Weine aus klassischen Rebsorten, überwiegend im Stahl ausgebaut. Ein bewährter Klassiker im Hause Wilker ist der Grauburgunder: Der 2021er besticht durch seine goldgelbe Farbe, die feine, cremige, nussige Art und viel Schmelz. Hochachtung auch vor dem 2020er Chardonnay vom Schlossberg. Seine elegante Reife, die feine Hefe, der Duft von ofenfrischer Brotkruste, ein Hauch Vanille und eine vorbildliche Balance begeistern uns.

**84** 2021 Riesling trocken
**6,60 €/1 Lit.** | 11,5%

**84** 2021 Pleisweiler Sauvignon Blanc trocken
**9,90 €** | 12%

**85** 2021 Pleisweiler Grauburgunder trocken
**9,90 €** | 13,5%

**86** 2021 Pleisweiler Chardonnay trocken
**9,90 €** | 13%

**87** 2020 Pleisweiler-Oberhofen Schlossberg Chardonnay trocken
**17 €** | 14%

**84** 2021 Pleisweiler-Oberhofen Gelber Muskateller feinherb
**9,90 €** | 11%

★★

## WIND

Weingut Katrin Wind
76829 Landau-Arzheim · Nauweg 6
Tel. (06341) 33339 · Fax 33339
info@weingut-wind.eu
**www.weingut-wind.eu**

**Inhaber/in und Betriebsleitung** Katrin und Klaus Wind
**Keller** Katrin Wind
**Außenbetrieb** Klaus Wind

**Rebfläche** 7 Hektar
**Jahresproduktion** 25 000 Flaschen
**Beste Lagen** Arzheimer Kalmit
**Boden** Landschneckenkalk, Mergel, Lösslehm mit hohem Aktivgehalt
**Rebsorten** 30% Riesling, 25% Weißburgunder, 22% Spätburgunder, 8% Frühburgunder, 15% übrige Sorten
**Mitglied** Vinissima

Es läuft für Katrin Wind. Als Garagenwinzerin startete die Arzheimerin zwar unter eher unbequemen Bedingungen, dafür ist die unkonventionelle Vorgehensweise durchaus publikumswirksam. Dass dabei, wie wir im vergangenen Jahr bereits feststellen durften, wunderbare Weine herauskommen, spricht für die Winzerin und ihre Art, das Weingut weiterzuentwickeln. Derzeit sind es sieben Hektar, zehn sollen es werden. Vielleicht lässt sich dann auch die Idee der Winds von einer zusammengefassten Produktionsstätte verwirklichen. Aber schenken wir uns doch mal die aktuellen Weine ein: Ganz souverän verteidigt Katrin ihre beiden Sterne. Was sie da von der Kleinen Kalmit und vom Landschneckenkalk in die Flasche bringt, ist Trinkfreude der leichten, schönsten Art! Vom Kalk stammt der 2021er Riesling trocken. Herrlich kühl und sanft, mineralisch-salzig und mit feinem Schmelz präsentiert er sich. Dazu passen florale Noten, Pfirsich, Honigmelone und würzige Kräuter. Schön, dass alles so lange anhält! Von der Kleinen Kalmit kommt der 2020er Spätburgunder. Vorweg: Der braucht noch Zeit. Doch schon jetzt ist er wunderbar komplex und elegant mit feiner kühler Frucht, Sauerkirsche, sanfter Rauchnote und spannender Säure. Ein Wein mit großer Zukunft.

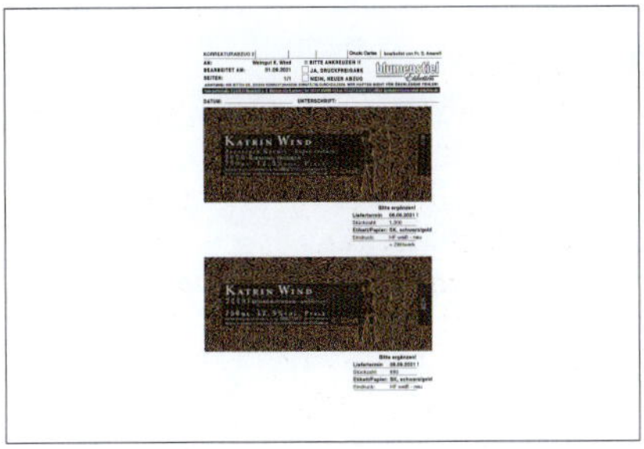


| | |
|---|---|
| **87** | 2021 Weißburgunder trocken<br>**9,90 €** \| 12 % |
| **87** | 2021 Sauvignon Blanc trocken Fumé<br>**16,50 €** \| 12 % |
| **88** | 2021 Arzheimer Weißburgunder trocken vom Landschneckenkalk<br>**16,50 €** \| 12 % |
| **89** | 2021 Riesling trocken vom Landschneckenkalk<br>**16,50 €** \| 12 % |
| **89** | 2021 Arzheimer Kalmit Riesling trocken<br>**28 €** \| 12 % |
| **88** | 2019 Frühburgunder trocken<br>**24 €** \| 12,5% |
| **89** | 2020 Arzheimer Kalmit Spätburgunder trocken Große Lage<br>**49 €** \| 12,5% |

★★★★

## VON WINNING

Weingut von Winning
67146 Deidesheim · Weinstraße 10
Tel. (06326) 966870 · Fax 7920
weingut@von-winning.de
**www.von-winning.de**

**Inhaber/in** Familie Niederberger
**Betriebsleitung** Stephan Attmann
**Keller** Kurt Rathgeber
**Außenbetrieb** Joachim Jaillet

**Historie** Gründung 1849
**Rebfläche** 64 Hektar
**Jahresproduktion** 500 000 Flaschen
**Beste Lagen** Deidesheimer Grainhübel, Kalkofen, Kieselberg und Langenmorgen, Forster Ungeheuer, Jesuitengarten, Kirchenstück und Pechstein
**Boden** Buntsandstein, Basaltschotter, toniger Sand, tertiärer Kalk, Lösslehm
**Rebsorten** 75% Riesling, 9% Weißburgunder, 8% Sauvignon Blanc, 5% Spätburgunder, 3% Chardonnay
**Gastronomie** Restaurant „Leopold" im ehemaligen Pferdestall mit idylischem Außenbereich
**Erlebenswert** Gutsvilla mit Veranstaltungsräumen für Hochzeiten und Firmenevents, Führungen durch die historischen Weinkeller oder die nahen Weinberge
**Mitglied** VDP

Noch immer kursieren, sogar unter Winzern, die es eigentlich besser wissen müssten, diese Legenden über von Winning. Jaaaa, die mit ihrem vielen neuen Holz, das ist ja völlig übertrieben. Tatsache freilich ist, dass in diesem traditionsreichen Deidesheimer Betrieb, der eines der drei klassischen Bassermann'schen Weingüter neben Reichsrat von Buhl und eben Bassermann-Jordan ist, Barriques kaum noch eine Rolle spielen. Sie werden noch für die Pinots eingesetzt, doch ansonsten spielen Tonneaux oder größere Fässer bis 2500 Liter die wesentlichere Rolle. Diese werden eingesetzt, um den Weinen mehr Ruhe zu geben, ihnen über Mikrooxidation eine bessere Reifung zu ermöglichen, als dies im Edelstahl der Fall wäre. Auch Betonfässer kommen zum Einsatz.

**Sauvignon ist ein Thema**

Ja, am Sauvignon scheiden sich die Geister. Einigen ist er zu laut, andere können es gar nicht exotisch genug haben. Bei von Winning findet man mehrere Varianten, darunter den frischen, fruchtigen Sauvignon Blanc II als easy drinking, doch es geht auch hoch bis zum uns erstmals vorgestellten Imperiale, der zwar noch unter dem „500" steht, aber schon so tolles Holz gesehen hat, das es ihn sehr lange trägt - sowas würden wir gerne in zehn Jahren noch mal im Glas haben. Die Gutsweine sind sehr ordentlich. Der WinWin läuft die Kehle hinunter wie nichts, der Forster Riesling folgt auf gleicher Spur, es ist eine helle Freude. Allein: Alle „kleinen" Weine haben diesmal deutlich mehr Restzucker als gewohnt. Das mag der Säure geschuldet sein, die im Jahrgang 2021 ausgeprägter war als in den meisten Jahren und als Ausgleich dazu gedacht ist, doch auffallend war das schon. Bei den hochwertigen Weinen hingegen, diese auch aus dem Jahr 2020, verliert sich das völlig, sie sind durchgehend wirklich trocken. Der Pechstein konnte diesmal nicht die Krone davontragen, die hat ihm der Jesuitengarten weggeschnappt, und da waren wir völlig baff. Und vollends konsterniert ließen uns die Pinots zurück. Was hatten wir die nicht mehrfach kritisiert, meinetwegen auch „nicht verstanden", wie Stephan Attmann einst meinte. Wie dem auch sei, wir haben hier einen Ölberg und vor allem einen Achtmorgen Pinot in der Endrunde, der blind immer höher lief. „Himmel, nun können die auch noch rot!", rief einer der Verkoster. Tja, was kann man machen, das ist einfach richtig, richtig gut.

VON WINNING

**84** 2021 Riesling trocken
**5,80 €/1 Lit.** | 11,5%

**87** 2021 Sauvignon Blanc trocken II
**11 €** | 12%

**87** 2021 Riesling trocken WIN WIN
**11,50 €** | 12%

**87** 2021 Forster Riesling trocken
**14,50 €** | 12%

**87** 2021 Weisser Burgunder trocken Royale
**15 €** | 13%

**88** 2021 Deidesheimer Mäushöhle Riesling trocken Erste Lage
**16,80 €** | 12,5%

**89** 2021 Deidesheimer Paradiesgarten trocken Erste Lage
**16,80 €** | 12%

**92** 2020 Sauvignon Blanc trocken IMPERIALE
**25 €** | 12,5% **TOP 10**

**92** 2020 Forster Jesuitengarten Riesling trocken Großes Gewächs
**60 €** | 13%

**94** 2020 Forster Pechstein Riesling VDP.Großes Gewächs
**60 €** | 13%

**91** 2020 Am Gutenberg Pinot Noir trocken
**59 €** | 13%

**92** 2020 Königsbacher Ölberg Pinot Noir trocken Erste Lage
**69 €** | 13,5%

**94** 2019 Ruppertsberger Reiterpfad An den Achtmorgen Pinot Noir VDP.Großes Gewächs
**69 €** | 13%

★★☆

## WINTERLING

Familiensektgut Winterling
67150 Niederkirchen · Im Brühl 15
Tel. (06326) 8952 · Fax 980436
info@winterling-sekt.de
**www.winterling-sekt.de**

**Inhaber/in** Familie Winterling
**Betriebsleitung** Anne, Martin und Sebastian Winterling, Susanne Winterling-Eichberger
**Keller** Sebastian Winterling
**Außenbetrieb** Martin Winterling

**Historie** gegründet vor vier Jahrzehnten
**Rebfläche** 12 Hektar
**Jahresproduktion** 100 000 Flaschen
**Beste Lagen** Ruppertsberger Reiterpfad, Deidesheimer Herrgottsacker, Deidesheimer Paradiesgarten
**Boden** Buntsandstein, Verwitterungsböden, kalkhaltige Lehmböden
**Rebsorten** 29% Riesling, 24% Spätburgunder, 19% Chardonnay, 13% Weißburgunder, 10% Sauvignon Blanc, 5% übrige Sorten
**Erlebenswert** Terrassenweinberg mit Aussichtspunkt in der Deidesheimer Mäushöhle (Kirchelberg)
**Mitglied** Vinissima, Generation Riesling, Verband traditioneller Sektmacher e.V., Wine Changes

Vier Jahrzehnte Sektmanufaktur. Das ist mal ein Wort, wenn man bedenkt, dass dies Anfang der 1980er-Jahre noch völliges Neuland für Weingüter war. Doch bleiben wir korrekt: Die Winterlings haben sich dem Crémant verschrieben, bei dem Ganztraubenpressung vorgeschrieben ist. Nur etwas mehr als ein Viertel der erzeugten Trauben geht in Stillweine, von denen wir diesmal zwei verkosten durften. Sowohl der Riesling Drei Lagen wie auch der Sauvignon sind völlig in Ordnung, doch lieber widmen wir uns den Bläschen. Und da gibt es nichts, aber auch gar nichts zu meckern. Die meisten von ihnen verströmen mit sonnigem Gemüt eine Frische, die unkompliziert und genussfreudig ist. Da ist nichts Verkopftes dabei, da muss man sich keine Gedanken machen über Essensbegleitung. Der Fleur de Rosé ist sogar kernig und fordernd, ohne grob oder derb zu sein. Ganz fein dagegen wird es dann mit zwei im Barrique ausgebauten Crémants. Der La Coulée d'Or („Goldguss") lässt einen an Champagner denken, das Geliebte Gretchen ist einfach nur elegant.

CRÉMANT PFALZ
WINTERLING
Familiensektgut

| | | |
|---|---|---|
| **88** | Blanc de Blancs Crémant Brut<br>**14 €** \| 11,5% | |
| **88** | Ruppertsberger Reiterpfad Brut nature Crémant Pfalz<br>**16 €** \| 12 % | |
| **89** | 2018 Brut Pinot Crémant Brut<br>**13,50 €** \| 12 % | |
| **90** | Brut Fleur de Rosé Crémant Brut<br>**16 €** \| 12 % | |
| **91** | 2017 Brut La Coulée d'Or Crémant Pfalz<br>**18 €** \| 12,5% | TIPP |
| **91** | 2016 Brut Geliebtes Gretchen<br>**29 €** \| 12,5% | |
| **84** | 2020 Riesling trocken Drei Lagen<br>**7,90 €** \| 12 % | |
| **85** | 2021 Sauvignon Blanc trocken<br>**9,90 €** \| 12,5% | |

★ NEU

## WINZERGENOSSENSCHAFT KALLSTADT

Winzergenossenschaft Kallstadt eG
67169 Kallstadt · Weinstraße 126
Tel. (06322) 979797 · Fax 9797930
info@wg-kallstadt.de
**www.wg-kallstadt.de**

**Betriebsleitung** Joachim Janß-Schaad
**Keller** Joachim Janß-Schaad

Vor 120 Jahren gegründet, kommen die Weine der Kallstädter heute von 260 Hektar Anbaufläche. Zumeist unter 10 Euro kosten die vorgestellten Weine, und dafür gibt es viel Wein fürs Geld. Unsere Empfehlung in rot: Der 2020er Kallstadter Kobnert St. Laurent trocken für günstige 5,50 Euro, aber mit viel Würze, pfeffriger Note, Kakao und saurer Kirsche. Viel Tannin gibt es obendrauf, das dürfte sich im Laufe der Zeit aber noch etwas harmonisieren. Für den 2021er Kallstadter Kobnert Grauburgunder trocken werden 6,20 Euro aufgerufen. Dafür kommen Steinobst, nussige Noten und feine Säure ins Glas.

**83** 2021 Kallstadter Kobnert Riesling trocken
**4,70 €/1 Lit.** | 13,5%

**84** 2021 Kallstadter Kobnert Spätburgunder trocken Blanc de Noir
**6 €** | 12%

**84** 2020 Pfalz Chardonnay trocken EDITION
**9,60 €** | 13%

**85** 2021 Kallstadter Kobnert Grauburgunder trocken
**6,20 €** | 13%

**85** 2020 Pfalz Weißburgunder trocken EDITION
**7,90 €** | 13%

**85** 2020 Pfalz Grauburgunder trocken EDITION
**7,90 €** | 14%

**85** 2020 Kallstadter Saumagen Riesling Spätlese trocken EDITION
**10,20 €** | 13%

**85** 2021 Kallstadter Kobnert Scheurebe Spätlese restsüss
**7,20 €** | 7,5%

**85** 2020 Kallstadter Kobnert St. Laurent trocken
**5,50 €** | 13%

★★

## WINZERVEREIN DEIDESHEIM

Winzerverein Deidesheim
67146 Deidesheim
Prinz-Rupprecht-Straße 8
Tel. (06326) 96880
info@winzervereindeidesheim.de
**www.winzervereindeidesheim.de**

**Geschäftsführer und Betriebsleitung** Steven Kärgel
**Keller** Bruno Klüpfel, Christoph Lutz

Der Winzerverein macht seine Sache gut. Schon im vergangenen Jahr fielen die Deidesheimer mit solidem Handwerk und feinen Ergebnissen auf. Einmal mehr waren es die Rieslinge, die wir besonders gut fanden. So zum Beispiel der aktuelle Liter-Riesling trocken mit einer feinen Aromatik nach Aprikosen, Limetten und roten Äpfeln. Nach wie vor richtig gut: Der 2020er Deidesheimer Grainhübel Riesling trocken Edition.

**84** 2021 Riesling trocken
**6,50 €** | 12%

**84** 2021 Gewürztraminer Kabinett trocken
**6,90 €** | 11%

**84** 2020 Deidesheimer Kieselberg Riesling trocken Edition
**12 €** | 12,5%

**85** 2020 Forster Mariengarten Riesling trocken Bio
**6,50 €** | 12%

**85** 2019 Deidesheimer Riesling trocken Edition
**9,90 €** | 12,5%

**86** 2020 Deidesheimer Grainhübel Riesling trocken Edition
**12 €** | 12,5%

**86** 2020 Deidesheimer Paradiesgarten Riesling trocken Edition
**12 €** | 12,5%

**86** 2020 Chardonnay trocken Edition
**15 €** | 13%

**84** 2021 Riesling und Gewürztraminer feinherb tête-à-tête
**6,50 €** | 11,5%

**84** 2021 Goldmuskateller feinherb
**6,90 €** | 11%

**85** 2019 Cabernet Sauvignon trocken
**8 €** | 13%

**85** 2019 Pinot Noir trocken im Holzfass gereift Edition
**15 €** | 13%

## WÖHRLE

Weingut Wöhrle
67278 Bockenheim · Leininger Ring 64
Tel. (06359) 4215
info@weingut-woehrle.de
**www.weingut-woehrle.de**

**Inhaber/in und Betriebsleitung**
Andreas Wöhrle

Als Gründungsmitglied von Ecovin ist sein Betrieb bereits über 40 Jahre lang bio. Andreas Wöhrle schenkt uns einen 2021er Bockenheimer Grafenstück Weißen Burgunder trocken ein: Eine feine Frucht kommt uns da entgegen, frische Grapefruit vor allem. Aber auch eine elegante, pfeffrige Würze, die ihm sehr gut steht. Dann probieren wir den 2020er Bockenheimer Schlossberg Cabernet Sauvignon trocken: Schöne Cassisaromen, grüne Tomaten, aber auch die sortentypischen Leder- und Tabak-Anklänge, etwas Kakao und ein sehr fein integriertes Holz.

**85** 2021 Bockenheimer Riesling trocken
**6 €/1 Lit.** | 12 %

**87** 2021 Bockenheimer Goldgrube Riesling trocken
**9,50 €** | 12 %

**88** 2021 Bockenheimer Grafenstück Weißer Burgunder trocken
**7 €** | 12 %

**88** 2021 Bockenheimer Grauer Burgunder trocken
**7,50 €** | 14 %

**88** 2021 Bockenheimer Vogelsang Riesling feinherb
**8 €** | 12 %

**87** 2021 Bockenheimer Vogelsang Riesling Kabinett trocken
**8 €** | 12 %

**88** 2021 Riesling Alte Reben trocken
**12 €** | 12 %

**86** 2020 Schloßberg Spätburgunder trocken
**16 €** | 15 %

**87** 2020 Bockenheimer Vogelsang Spätburgunder trocken
**9,50 €** | 15 %

**87** 2020 Bockenheimer Schlossberg Cabernert Sauvignon trocken
**18 €** | 14,5%

## WOLF

Weingut Wolf
76831 Birkweiler · Hauptstraße 36
Tel. (06345) 919203 · Fax 919204
info@weingut-wolf-birkweiler.de
**www.weingut-wolf-birkweiler.de**

**Inhaber/in und Betriebsleitung**
Klaus und Mathias Wolf
**Keller** Mathias Wolf

**Historie** Weingut erstmals 1620 erwähnt
**Rebfläche** 19 Hektar
**Jahresproduktion** 170 000 Flaschen
**Beste Lagen** Birkweiler Kastanienbusch und Mandelberg
**Boden** Rotliegendes, Muschelkalk, Buntsandstein
**Rebsorten** 30% Riesling, 20% Weißburgunder, je 15% Grauburgunder und Spätburgunder, 20% übrige Sorten
**Mitglied** Forum Pfalz, Die junge Pfalz

Das Weingut Wolf ist offenbar immer noch im Wachsen begriffen, fast jedes Jahr werden uns ein paar Hektar mehr gemeldet. Na klar, die Nachfrage ist ja da. Mathias Wolf bringt seine Weine nicht nur qualitativ auf den Punkt, sie stellen auch in Sachen Preis eine absolute Alternative dar zu anderen Marktteilnehmern mit weithin bekannten Namen. Uns geht es zuvorderst darum, wie's schmeckt, und da lassen wir uns gerne auf die Kunst dieses jungen Mannes ein. Der Jahrgang 2021 scheint ihm gelegen zu haben, denn er transportiert das in erquickender Frische in die Flasche. Der Gelbe Muskateller ist schön traubig, mit viel Saft auf der Zunge, der Weißburgunder Gutswein pfiffig, mit zugigem Trinkfluss. Im Mittelsegment, wo unterschieden wird nach Bodentypen, schenken sich Weißer Burgunder und Chardonnay nicht viel. Rasant wird es dann bei den Rieslingen, denn da rückt zum jetzigen Zeitpunkt - er ist einfach schon zugänglicher - der „aus dem Rotliegenden" dem nominell höherwertigen „Schiefer" echt auf die Pelle. Wir werden verfolgen, wie sich das entwickelt. Uns waren übrigens noch seine beiden Top-Rotweine angekündigt worden - die beiden Spätburgunder aus dem Mandelberg und dem Kastanienbusch -, die allerdings noch längst nicht abgefüllt waren, als wir dieses Buch schließen mussten. Dafür bekommen wir sie im kommenden Jahr mit etwas Flaschenreife nachgereicht.

**86** 2021 Gelber Muskateller trocken
**7,20 €** | 11,5%

**86** 2021 Weißer Burgunder trocken
**7,20 €** | 12,5%

**86** 2021 Riesling trocken Roter Sandstein
**7,20 €** | 12%

**87** 2021 Birkweiler Kastanienbusch Riesling trocken Erste Lage „vom Buntsandstein“
**10,50 €** | 12,5%

**88** 2021 Birkweiler Mandelberg Weißer Burgunder trocken Erste Lage „vom Muschelkalk“
**10,50 €** | 13%

**88** 2021 Birkweiler Mandelberg Chardonnay trocken Erste Lage „vom Ton und Stein“
**10,50 €** | 13,5%

**90** 2021 Birkweiler Kastanienbusch Riesling trocken Erste Lage „aus dem Rotliegenden“
**10,50 €** | 12,5%

**90** 2021 Birkweiler Kastanienbusch Weißer Burgunder trocken Große Lage „aus der Terrassenlage“
**14,50 €** | 13,5%

**90** 2021 Birkweiler Kastanienbusch Riesling trocken Große Lage „vom Schiefer“
**14,50 €** | 12,5%

★★★½

## ZELT

Weingut Zelt
67229 Laumersheim · Binsenstraße 2
Tel. (06238) 3281 · Fax 1233
info@weingutzelt.de
**www.weingutzelt.de**

**Inhaber/in und Betriebsleitung**
Mario Zelt
**Keller** Lotte Iglhaut

**Rebfläche** 20 Hektar
**Jahresproduktion** 130 000 Flaschen
**Beste Lagen** Laumersheimer Kirschgarten und Steinbuckel, Großkarlbacher Burgweg, Bissersheimer Goldberg
**Boden** Kalkmergel, Löss, Kies, Quarzsand, sandiger Lehm
**Rebsorten** 30% Riesling, je 15% Spätburgunder und Weißburgunder, je 10% Cabernet Sauvignon, Chardonnay, Merlot, 10% übrige Sorten
**Mitglied** Fair'n Green

Viel investiert hatte Mario Zelt in den vergangenen drei Jahren, um sich mit neuen Kellerräumlichkeiten und neuestem Gerät noch besser aufzustellen. Jetzt haben wir die 2020er im Glas, der erste Jahrgang, der so entstanden ist, und wir sind ganz schön impressed. Fast jeder einzelne Wein ist einen Tick präziser als wir das eh schon kannten und für sehr gut befunden hatten. Das betrifft zwar auch die Rieslinge, aber längst nicht nur. Dass Mario Chardonnay kann, wussten wir. Nicht aber, wie elegant er das mit dem Holz beim Réserve drauf hat. Gilt auch für den superfeinen Sauvignon Blanc Fumé, dem jedes fruchtige, geschminkte Gefrickle abgeht: So möchten wir das trinken von dieser Rebsorte in Deutschland! Besehen wir uns die Lagenrieslinge genauer, ist der Kirschgarten derzeit ein wenig runder, während der Steinbuckel fordernder erscheint. Beide schauen wir uns in ein paar Jahren noch mal an. Aus dem Jahr 2021 bekamen wir drei Weine, von denen der Gelbe Muskateller mit seiner frischen Traubigkeit ein einladender Aperitif ist und der Gutsriesling ein Jederzeit-Wein ist. Die beiden Spätburgunder machen nicht mit Frucht herum, sie gehen gleich auf würzige Kräutrigkeit mit Holzabrundung.

WEINGUT
ZELT
LAUMERSHEIM

**86** 2021 Riesling trocken
**8,80 €** | 11,5%

**87** 2021 Gelber Muskateller trocken
**8,80 €** | 11,5%

**87** 2021 Laumersheimer Riesling trocken Kalkstein
**11,80 €** | 11,5%

**89** 2020 Bissersheimer Goldberg Riesling trocken Erste Lage
**16 €** | 12,5%

**89** 2020 Laumersheimer Kapellenberg Riesling trocken Erste Lage
**16 €** | 12,5%

**90** 2020 Chardonnay trocken Reserve
**18 €** | 13 %

**90** 2020 Sauvignon Blanc trocken Fumé
**18 €** | 12,5%

**91** 2020 Laumersheimer Kirschgarten Riesling trocken Große Lage
**25 €** | 12,5%

**91** 2020 Laumersheimer Steinbuckel Riesling trocken Große Lage
**25 €** | 12,5%

**92** 2020 Chardonnay trocken Grande Reserve
**27 €** | 13 %

**89** 2019 Großkarlbacher Burgweg Spätburgunder trocken Erste Lage
**24 €** | 13 %

**90** 2019 Laumersheimer Kirschgarten Spätburgunder trocken Große Lage
**34 €** | 13 %

★★★½

## ZETER

Weingut Oliver Zeter
67433 Neustadt-Haardt · Eichkehle 25
Tel. (06321) 9700933 · Fax 9700932
vinothek@oliver-zeter.de
**www.oliver-zeter.de**

**Inhaber/in und Betriebsleitung**
Oliver und Christian Zeter
**Keller** Felix Forster und Thomas Zeter

**Rebfläche** 35 Hektar
**Jahresproduktion** 300 000 Flaschen
**Beste Lagen** Kallstadter Saumagen, Ungstein Weilberg und Nussriegel, Haardt Herzog und Bürgergarten, Appenhofen Steingebiss, Godramstein Münzberg, Siebeldingen Sonnenschein,
**Boden** Buntsandsteinverwitterung, Terra Rossa, Kalk, Letten, Löß
**Rebsorten** 26% Sauvignon Blanc, 14% Grauburgunder, 10% Riesling, 8% Cabernet Sauvignon, 7% Weißburgunder, 35% übrige Sorten

Der Oliver Zeter hat als Weinmacher eine Karriere hingelegt, die sich gewaschen hat. Selbstverständlich darf man ihn als Quereinsteiger bezeichnen, denn zum eigenen Weingut hat ihn die Liebe zur Sache erst so richtig vor 15 Jahren geführt. Das wurde anfangs nicht von jedem ernst genommen, denn einem Hansdampf in vielen Gassen wie ihm, traute man es kaum zu am Ball zu bleiben, ein „echter" Winzer zu werden. Und nun? Steht er im oberen Bereich der regionalen Spitze und war einer der ersten Fürsprecher, aus Sauvignon Blanc hier was Gescheites zu machen. Das ist ihm gelungen. Eine vor kurzem erfolgte Rückschau auf den Sauvignon Blanc 2007 bis 2021 sowie Sauvignon Blanc Fumé 2008 bis 2020 war sehr beeindruckend. Doch Zeter kann viel mehr. Der Ungsteiner Weilberg Riesling: toll. Der Saumagen Riesling: noch besser. Der Chardonnay Mineral: festhalten bitte! Und dann kommen da ja auch noch die Pinots. Und die Syrahs. Und eine satte Cuvée wie der Zahir. Ach, und was ist eigentlich mit dem Cabernet Franc – den haben wir diesmal ja gar nicht gesehen …

★★½

**87** 2021 Sauvignon Blanc trocken
**12 €** | 12,5%

**87** 2021 Viognier trocken
**18,50 €** | 13,5%

**88** 2021 Chardonnay trocken
**12 €** | 13%

**88** 2021 Viognier trocken
**18,50 €** | 13%

**89** 2021 Grauburgunder trocken Mineral
**13 €** | 13,5%

**89** 2020 Ungstein Weilberg Riesling trocken
**17,50 €** | 13%

**89** 2020 Chenin Blanc trocken
**18,50 €** | 13%

**90** 2021 Grauburgunder trocken Mineral
**13 €** | 13,5%

**90** 2020 Chardonnay trocken Mineral
**18 €** | 13%

**90** 2019 Kallstadt Saumagen Riesling trocken
**25 €** | 13,5%

**90** 2014 Appenhofener Steingebiss Sauvignon Blanc trocken
**Preis auf Anfrage** | 13%

**91** 2020 Sauvignon Blanc trocken Fumé
**18 €** | 13% **TOP 10**

**91** 2018 Sauvignon Blanc trocken Baer
**35 €** | 13% **TOP 10**

**87** 2020 Pinot Noir trocken
**12 €** | 13,5%

**89** 2020 Syrah trocken
**15 €** | 13%

**89** 2020 Pinot Noir trocken Mineral
**17,50 €** | 13%

**90** 2018 Cuvée trocken Zahir
**38 €** | 14%

**91** 2019 Pinot Noir trocken Réserve
**24 €** | 13%

**91** 2019 Syrah trocken Réserve
**25 €** | 13%

## ZIMMERMANN

Weingut Zimmermann
67157 Wachenheim · Grabenstraße 5
Tel. (06322) 2384 · Fax 65160
info@wein-zimmermann.de
**www.wein-zimmermann.de**

**Inhaber/in und Betriebsleitung**
Jürgen Zimmermann
**Keller** Jürgen Zimmermann
**Außenbetrieb** Günter Deeters

**Rebfläche** 12 Hektar
**Jahresproduktion** 80 000 Flaschen
**Beste Lagen** Wachenheimer Altenburg, Gerümpel, Königswingert und Fuchsmantel
**Boden** Buntsandsteinverwitterung
**Rebsorten** 60% Riesling, 40% weiße und rote Burgundersorten und Sauvignon Blanc
**Gastronomie** Gästehaus im Rieslinghof
**Erlebenswert** Burgruine Wachenheim, Villa Rustica, Bad Dürkheim, Pfälzer Wald

Gleich mal vorweg, nicht damit sich da jemand noch wundert: Die Rieslinge von Schlossberg und Altenburg, sonst jederzeit verlässliche Kandidaten für höhere Punktwertungen, wurden aus dem Jahr 2021 diesmal nicht eingereicht. Jürgen Zimmermann erzählte uns, dass sie ein sehr langes Hefelager hinter sich hätten und zwar in den letzten Tagen der Möglichkeiten für unsere Verkostungen abgefüllt worden wären, aber längst nicht das zeigen könnten, was nach einem halben Jahr Ruhe auf der Flasche möglich sei. Also sind wir übereingekommen, das im kommenden „VINUM Weinguide" darzustellen. Ansonsten wieder das gewohnt positive Bild: Der Mann hat's mit den Rieslingen ja schon drauf, und die Preisgestaltung folgt tatsächlich auch nachvollziehbar den Weinqualitäten, was nicht überall immer der Fall ist. Der Luginsland ist noch ein wenig abgeschmelzt, der Königswingert hat schöne Frucht und ist griffiger, der Fuchsmantel gestaltet sich insgesamt runder und komplexer. Und dann steht da der Gerümpel, vielschichtig und mit spürbarer Nachhaltigkeit im Mund. Eine Überraschung war die Riesling Spätlese, die trinkig ist und in gutem Süße-Säure-Spiel Spaß macht.

**88** 2019 Riesling Brut Sekt
**15 €** | 12 %

**85** 2021 Riesling Kabinett trocken
**7,20 €** | 11 %

**85** 2021 Weißburgunder trocken
**8,50 €** | 12,5%

**86** 2021 Wachenheim Riesling trocken
**8,90 €** | 11,5%

**86** 2021 Wachenheimer Luginsland Riesling trocken
**10,50 €** | 12 %

**87** 2021 Wachenheimer Königswingert Riesling trocken
**10,50 €** | 12,5%

**88** 2021 Wachenheimer Fuchsmantel Riesling trocken
**14 €** | 12 %

**88** 2021 Gewürztraminer trocken
**14 €** | 12,5%

**89** 2021 Sauvignon Blanc trocken Fumé
**15 €** | 12,5%

**90** 2021 Wachenheimer Gerümpel Riesling trocken
**20 €** | 13 %

**89** 2021 Königswingert Riesling Spätlese
**20 €** | 8,5%

**87** 2020 Spätburgunder trocken
**17 €** | 12,5%

Hohes Qualitätsniveau und Weltruf verdankt der Rheingauer Riesling einer Laune der Natur: In seinem Lauf von Basel zur Nordsee ändert der Rhein hier seine Richtung und fließt für einen Etappenabschnitt von Ost nach West, um dem Rheingaugebirge auszuweichen. Hier erhalten die Rebhänge bei voller Südeinstrahlung viel Sonnenwärme und damit perfekte Bedingungen für Wachstum und Reife.

**Geschichte**

Die weinhistorischen Zentren des Rheingaus sind nicht nur Weinfreunden ein Begriff. Schloss Johannisberg mit dem Spätlese-Reiter und das Kloster Eberbach mit seiner großartigen Basilika bieten heute auch für das Rheingauer Musikfestival eine eindrucksvolle Bühne. Mit dem Steinberg schufen die Zisterzienser von Eberbach einen der berühmtesten deutschen Weinberge. Er ist, wie seine Vorbilder im Burgund, vollständig ummauert und legte die Basis für den Qualitätsweinbau der Region. Hier begann man auch damit, die roten Rebstöcke bewußt durch weiße zu ersetzen, um sich so gegenüber der damaligen Dominanz französischen Rotweine auf dem Kölner Weinmarkt zu behaupten. Bereits im 12. Jahrhundert wurden die Taunushänge für den Weinbau gerodet. Anfang des 13. Jahrhunderts entsprach die Rebfläche in etwa der heutigen. Ein Rüsselsheimer Rechnungsbuch von 1435 erwähnt erstmals den Riesling. Zwar stammt das älteste Zeugnis des Weinbaus aus dem Jahr 779 aus Walluf, aber die Römer pflanzten schon vom 1. bis 3. Jahrhundert nach Christus Reben im Rheingau.

**Geografie**

Vom nördlichen Taunusgebirge vor kalten Winden geschützt, liegen das weinproduzierende Rheinknie und ein schmaler Streifen rechts des Rheins zwischen Wiesbaden und Lorch auf dem 50. Breitengrad.

**Klima und Boden**

Trockene und steile Südhänge schenken vor allem dem Riesling optimale Wachstumsbedingungen. Milde Winter und warme Sommer mit einem Jahrestemperaturmittel von 10,6 Grad sorgen ebenso für günstige klimatische Bedingungen wie die reflektierende Wasserfläche des Rheins. Die Böden auf den knapp 3200 Hektar (elf Großlagen, 129 Einzellagen) weisen vielfältige Formationen auf: tertiäre Mergelböden, Quarzit, tiefgründige, meist kalkhaltige Böden aus Sandstein oder Löss und Phyllitschiefer.

**Weine und Produktionsmenge**

Gute 2480 Hektar, das entspricht fast 78 Prozent, des Rheingauer Reblands sind mit Riesling bepflanzt. Das ist mehr als in jedem anderen Anbaugebiet. Andere Rebsorten sind hier nur Nebendarsteller. 80 Prozent der Rieslinge werden trocken ausgebaut, aber auch ein nicht unerheblicher Anteil von Spätlesen, Auslesen, Beerenauslesen und Trockenbeerenauslesen genießt weltweite Reputation. Spätburgunder wächst, vorwiegend in Assmannshausen, auf rund zwölf Prozent der Gesamtfläche.

## Rheingau im Überblick

**Rebfläche** 3197 Hektar (2021)
**Produktion** rd. 213 586 Hektoliter (2021)
**Einzellagen** 11 Groß-, 129 Einzellagen
**Hauptrebsorten** Riesling, Spätburgunder, Silvaner
**Weinart** Spätburgunder wie aus dem Burgund, aromareiche Rieslinge mit gut eingebundener Säure

**Beste Lagen** Assmannshäuser Höllenberg, Rüdesheimer Berg Rottland, Berg Roseneck, Berg Schlossberg, Geisenheimer Rothenberg, Schloss Johannisberg, Winkeler Hasensprung, Mittelheimer St. Nikolaus, Oestricher Rosengarten, Steinberg, Hattenheimer Wisselbrunnen, Erbacher Marcobrunn, Kiedricher Gräfenberg, Rauenthaler Baiken,

Karte: Deutsches Weininstitut

Hochheimer Hölle, Domdechaney, Kirchenstück
**Böden** Tertiäre Mergelböden, kalkhaltige Sandsteinböden, Quarzit, Löss, Phyllitschiefer
**Interessant** Die jährliche Frühjahrsauktion von VDP Rheingau und dem Staatsweingut Kloster Eberbach ist eine „nasse Versteigerung“. Die edlen Weine können hier bis auf wenige Ausnahmen verkostet werden.

**Rheingauer Weinbauverband e.V.**
Probeck'scher Hof, Rheinweg 30
65375 Oestrich-Winkel
Tel (0 67 23) 60 27 20
wein@kulturland-rheingau.de
www.kulturland-rheingau.de

# Ein überraschender Erfolg

Das Jahr 2021 stellte die Rheingauer Winzer vor viele Herausforderungen. Der nasse Juli ließ so manchen am Gelingen zweifeln. Die Überraschung kam im Herbst: Mit Geduld und Sorgfalt konnten vorzügliche Trauben gelesen werden. Die Weine vereinen Tiefe und Frische auf das Schönste.

Kein einfaches Jahr also. Der Pflanzenschutz hatte oberste Priorität. Vereinzelt sind Betriebe hier gescheitert und haben fast die ganze Ernte verloren. Auch während der Lese gab es einige kritische Entscheidungen zu treffen. Geduld war gefordert, sonst war die Gefahr grüner Noten groß. Die bemerkenswert hohen Säurewerte im Most durften einen nicht dazu verleiten, übertrieben zu entsäuern. Nur so konnten Frische und Spiel erhalten werden; einige der besten Betriebe haben kaum oder gar nicht entsäuert. Für die Mehrzahl der Winzer war 2021dann aber zum Schluss ein Erfolg. Und Betriebe wie Prinz und Fricke haben sogar den besten Jahrgang ihrer Geschichte gekeltert. Ausgezeichnete Kollektionen konnten wir auch bei Corvers-Kauter, Ehrhard, Oetinger, Spreitzer, Weil und Künstler, unserem „Winzer des Jahres", verkosten. Schloss Johannisberg hat uns nicht nur mit seinen 2021ern überzeugt, sondern auch mit einigen länger gereiften trockenen Rieslingen begeistert. Der 2020er Silberlack, das Große Gewächs des Hauses, belegt, dass man sich jetzt auch in dieser Kategorie zu Hause fühlt. Großartige Vertreter des 2020er Jahrgangs sind auch Berg Schlossberg und Berg Kaisersteinfels von Leitz mit ihrer mineralisch-cremigen Tiefe und feinem Spiel. Der nuanciert-präzise St. Nikolaus von Kühn schließt hier an. Aber auch der animierende Steingrub von Trinks-Trinks, unserem „Aufsteiger des Jahres" sei genannt. Ein absoluter Preishit! Entgegen unseren Erwartungen bei einem säurefrischen Jahrgang wie 2021 war das Feld der frucht- und edelsüßen Weine überschaubar. Großartige Trockenbeerenauslesen gibt es bei Corvers-Kauter und Weil. Sehr feine Auslesen stellte wie gewohnt Schloss Johannisberg vor. Und die Kabinette von Ehrhard und Prinz verdienen eine besondere Erwähnung. Bei den Rotweinen des Jahrgangs 2020 brilliert Corvers-Kauter, dessen Drachenstein und Höllenberg die Rheingauer Spitze bilden. Nur der 2019er Höllenberg von Kessler macht ihnen Konkurrenz. Die Zahl der Betriebe, die auf höchstem Niveau und in durchaus unterschiedlichen Stilen Spätburgunder beziehungsweise Pinot Noir von Format erzeugen, wächst beständig. Genannt seien Chat Sauvage, Krone, Diefenhardt, Kaufmann, Schäfer aus Hochheim und nicht zuletzt auch Kloster Eberbach. Auch von anderen Rebsorten gab es manche Entdeckung zu machen. Fricke und Corvers-Kauter haben der Traditionssorte Silvaner saftig-animierende Weine entlockt. Zum Schluss noch eine erfreuliche Nachricht: Wir haben noch nie so viele exzellente Gewächse aus dem Marcobrunn verkostet wie in diesem Jahr. Nachdem Schönborn und von Simmern ihre Flächen verpachtet haben, ist die Konkurrenz groß geworden. Beispielhaft seien das herausragende Große Gewächs von Prinz, die feinen, gehaltvollen Auslesen von Oetinger und Künstler, sowie die reintönigen, präzisen und schmelzigen Trockenbeerenauslesen von Corvers-Kauter hervorgehoben.

*Dr. Peter Henk*

# Regionale Spitzenresultate

Im Rheingau war 2021 auch ein sehr gutes Jahr für Rieslinge von Ersten Lagen. Diese deutschen „Premiers Crus" bieten ein tolles Preis-Leistungs-Verhältnis und erreichen oft schon das Niveau von Großen Gewächsen. Unsere Liste der besten Weine für 15 € und weniger belegt das nachdrücklich.

## Spitzenweine

**Die besten trockenen Weißweine bis 15 Euro.**

**92** Künstler, Hochheimer Hölle Riesling Im Neuenberg 2021
**15 €** | 12,5 %

**92** Künstler, Hochheimer Kirchenstück Riesling Im Stein 2021
**15 €** | 12,5 %

**92** Corvers-Kauter, Hattenheimer Nussbrunnen Riesling Terroirwein 2021
**13,50 €** | 12,5 %

**91** Rieslinggut, Rüdesheimer Berg Roseneck Riesling Jubiläumswein 2021
**10 €** | 12,5 %

**91** Trinks-Trinks, Geisenheimer Mönchspfad Riesling Alte Reben Steingrub 2020
**12,50 €** | 12 %

**91** Carl Ehrhard, Rüdesheimer Bischofsberg Riesling Kuhweg 2021
**14,50 €** | 12 %

**91** Jakob Jung, Erbacher Steinmorgen Riesling 2021
**14,90 €** | 12,5 %

## Gebietspreisträger

**Winzer des Jahres** Gunter Künstler
**Aufsteiger des Jahres** Trinks-Trinks
**Entdeckung des Jahres** Kisselbach

## Spitzenbetriebe

★★★★★

**Kühn, Oestrich**

★★★★½

**Georg Breuer, Rüdesheim**
**Corvers-Kauter, Oestrich**
**Carl Ehrhard, Rüdesheim**
**Schloss Johannisberg**
**Prinz, Hallgarten**
**Spreitzer, Oestrich**
**Weil, Kiedrich**

★★★★

**Chat Sauvage, Johannisberg**
**Eva Fricke, Eltville**
**August Kesseler, Assmannshausen**
**Künstler, Hochheim**
**Leitz, Rüdesheim**
**Oetinger, Erbach**
**Wegeler, Oestrich**

★★★½

**Barth, Hattenheim**
**Bischöfliches Weingut, Rüdesheim**
**Diefenhardt, Martinsthal**
**Johannishof, Johannisberg**
**Jakob Jung, Erbach**
**Krone, Assmannshausen**

★★★

**Allendorf, Oestrich**
**Bardong, Geisenheim**
**Bibo Runge, Hallgarten**
**Crass, Eltville**
**Domdechant Werner, Hochheim**
**August Eser, Oestrich**
**Joachim Flick, Flörsheim-Wicker**
**Goldatzel, Johannisberg**
**Prinz Von Hessen, Johannisberg**
**Kaufmann, Eltville-Hattenheim**
**Kloster Eberbach, Eberbach**
**Robert König, Assmannshausen**
**Mohr, Lorch**
**Georg Müller Stiftung, Hattenheim**
**Querbach, Oestrich**
**Schloss Reinhartshausen, Eltville-Erbach**
**Ress, Eltville-Hattenheim**
**F. B. Schönleber, Oestrich**
**Sohns, Geisenheim**
**Trenz, Johannisberg**
**Trinks-Trinks, Geisenheim**
**Vollrads, Oestrich**

★★½

**Abel, Oestrich**
**Dillmann, Geisenheim**
**Meine Freiheit, Oestrich**
**W. J. Schäfer, Hochheim**
**Schloss Vaux, Eltville**
**Weiler, Lorch**
**Weinegg, Hochheim**

★★

**Baison, Hochheim**
**Bott, Bischofsheim**
**Stefan Breuer, Rauenthal**
**Egert, Hattenheim**
**H. J. Ernst, Eltville**
**H. T. Eser, Oestrich**
**Fendel, Rüdesheim**
**Freimuth, Geisenheim**
**George, Geisenheim**
**Hanka, Johannisberg**
**Hirschmann, Oestrich**
**Höhn, Wiesbaden**
**Graf Von Kanitz, Lorch**
**Baron Knyphausen, Erbach**
**Kreis, Hallgarten**
**Nikolai, Eltville-Erbach**
**Ohlig, Oestrich**
**Rieslinggut, Oestrich**
**Schreiber, Hochheim**
**Wohlfahrt-Franke, Geisenheim**
**Wurm, Lorch**

★½

**Hans Bausch, Hattenheim**
**Alois Dahn, Oestrich**
**Peter Flick, Hochheim**
**Hamm, Oestrich**
**Kisselbach, Eltville**
**Lamm-Jung, Eltville**
**Mehrlein, Oestrich**
**Rothenbach, Oestrich**
**Ernst Rußler, Rauenthal**
**Schumann-Nägler, Geisenheim**
**Trapp, Rüdesheim**
**Winzer Von Erbach**

★

**Albus, Rauenthal**
**Bickelmaier, Oestrich**
**Kurt Bug, Hallgarten**
**Friesenhahn, Rüdesheim**
**Klostermühle, Kiedrich**
**Dr. Nägler, Rüdesheim**

★★☆

## ABEL

Weingut Ferdinand Abel
65375 Oestrich-Winkel · Mühlstraße 32–34
Tel. (06723) 2853 · Fax 87454
mail@weingut-abel.de
**www.weingut-abel.de**

**Inhaber/in und Betriebsleitung**
Reiner Abel
**Keller** Reiner Abel

**Rebfläche** 9 Hektar
**Jahresproduktion** 60 000 Flaschen
**Beste Lagen** Oestricher Lenchen, Oestricher Doosberg, Hallgartener Schönhell
**Boden** Löss, Lehm, Quarzit
**Rebsorten** 70% Riesling, je 15% Spätburgunder und Weißburgunder
**Gastronomie** Rheingauer Schlemmerwoche, Sommerstrausswirtschaft im August mit Grillgerichten, Adventliche Weinverkostung (1. und 2. Adventswoche) mit Gerichten aus der Gutsküche

Die charaktervollen 2021er Rieslinge von Reiner Abel haben uns gut gefallen. Der trockene Kabinett ist inzwischen Geschichte. Seit vergangenem Jahr werden die Gewächse dieser Kategorie als Ortsweine vorgestellt. So vollzieht sich auch hier eine Annäherung an das Bezeichnungskonzept des VDP. Und der in diesem Jahr vorgestellte Oestricher lässt nichts zu wünschen übrig: Ein feinduftiger Riesling mit Saft und stimmiger Herbe. Von den Basisweinen gefällt uns in diesem Jahr der saftig-herzhafte Classic am besten. Konsequenterweise verzichtet man auch bei den trockenen Lagenweinen auf das Prädikat Spätlese. Eine Bank wie in jedem Jahr ist der Doosberg Tradition. Dezent vom Ausbau im Holz geprägt, zeigt er sich straff mit Noten von reifem Apfel und klarem Finish. Aus dem Lenchen kommt das kompakte, dezent kräuterwürzige Große Gewächs, das noch ganz am Anfang seiner Entwicklung steht. Ein echtes Schnäppchen ist der saftig-klare fABELhaft mild. Einfach lecker! Zuletzt sei noch auf den kirschfruchtigen, im Barrique ausgebauten Spätburgunder hingewiesen, dessen Struktur und Dichte den beachtlichen Alkoholgehalt gelungen abpuffern.

**83** 2021 Riesling Liter trocken
**6 €/1 Lit.** | 12,5%

**83** 2021 Weißburgunder trocken S
**8 €** | 13 %

**85** 2021 Hallgartener Schönhell Riesling trocken
**7 €** | 12,5%

**87** 2021 Oestricher Riesling trocken
**7 €** | 12,5%

**88** 2021 Oestricher Doosberg Riesling trocken Tradition
**9 €** | 12 %

**90** 2021 Oestricher Lenchen Riesling trocken Grosses Gewächs RGG
**16 €** | 12,5%

**86** 2021 Riesling feinherb Classic
**6,50 €** | 12 %

**88** 2021 Riesling fABELhaft mild
**7 €** | 8 %

**89** 2020 Spätburgunder trocken Barrique
**11,50 €** | 15 % BEST BUY

★

## ALBUS

Weingut Albus
65345 Eltville-Rauenthal · Hauptstraße 12
Tel. (06123) 74193 · Fax 71639
info@weingut-albus.de
**www.weingut-albus.de**

**Inhaber/in** Dietmar & Stefan Albus
**Betriebsleitung** Stefan Albus
**Keller** Stefan Albus
**Außenbetrieb** Dietmar Albus

Wie immer stellt uns die Familie Albus, die in Rauenthal auch das Weinhaus Engel führt, einige ihrer gereiften trockenen Rieslinge vor. Auf Lagerfähigkeit wird hier Wert gelegt. Und der 2017er aus dem Rothenberg belegt das. Ein balancierter, fein gereifter Rheingauer. Die 2021er Basisweine sind klar und stimmig. Erfreulich schon der „RvonR" genannte Müller-Thurgau in der Literflasche. Von den erstmals vorgestellten 2020er Spitzenweinen gefällt uns die saftige Rothenberg Spätlese noch etwas besser als der doch recht mächtige Baiken Kabinett. Bester Wein der Kollektion ist aber klar die charaktervolle Spätburgunder Auslese aus dem Jahr 2018.

**83** 2021 Rauenthaler Steinmächer Müller-Thurgau trocken R von R
**7,40 €/1 Lit.** | 12 %

**84** 2021 Rauenthaler Rothenberg Riesling Kabinett trocken
**8 €** | 12 %

**85** 2021 Rauenthaler Steinmächer Weißburgunder trocken
**7,80 €** | 12,5%

**85** 2020 Rauenthaler Baiken Riesling Kabinett trocken
**10,50 €** | 13 %

**86** 2020 Rauenthaler Rothenberg Riesling Spätlese trocken
**10,50 €** | 13 %

**87** 2017 Rauenthaler Rothenberg Riesling Spätlese trocken
**11,90 €** | 12,5%

**84** 2021 Rauenthaler Wülfen Spätburgunder Weißherbst halbtrocken
**7,80 €** | 12 %

**88** 2018 Rauenthaler Steinmächer Spätburgunder Auslese trocken
**Preis auf Anfrage** | 14,5%

★★★

## ALLENDORF

Weingut Fritz Allendorf
65375 Oestrich-Winkel · Kirchstraße 69
Tel. (06723) 91850 · Fax 918540
allendorf@allendorf.de
**www.allendorf.de**

**Inhaber/in** Ulrich Allendorf, Christel Schönleber
**Keller** Max Schönleber

**Rebfläche** 75 Hektar
**Jahresproduktion** 550 000 Flaschen
**Beste Lagen** Winkeler Jesuitengarten und Hasensprung, Rüdesheimer Berg und Berg Roseneck, Assmannshäuser Höllenberg
**Boden** Lehm, Lösslehm, Schiefer
**Rebsorten** 72% Riesling, 25% Spätburgunder, 3% übrige Sorten
**Gastronomie** Weinlokal Allendorf im Brentanohaus, Lindenplatz 2, 65375 Oestrich-Winkel
**Mitglied** VDP

Eine breite und durchweg sehr erfreuliche Kollektion stellt uns der Familienbetrieb Allendorf vor. Schon der Winkeler Riesling ist einer der gelungensten Rheingauer Ortsweine des Jahrgangs 2021. Angenehm salzig am Gaumen mit kräutrigen Aromen und attraktiven Orangen- und Pflaumennoten. Springen wir zu den beiden Großen Gewächsen aus dem Jahr 2020: Der Jesuitengarten gefällt mit erdiger Würze und viel Kraft. In der Paradelage der Allendorfs, dem Winkeler Hasensprung, entstehen oft die besten Rieslinge: Das GG, fruchtig-charmant, zeigt feine Jasmin- und Holznoten und endet salzig. Die klare, seidige Auslese hat kein Gramm Fett zu viel. Mit ihrer perfekten Balance und ihren intensiven Grapefruit- und Maracujanoten markiert sie die Spitze der Kollektion. Am 22. Dezember 2021 konnte bei -7,5 °C erstmals seit vielen Jahren wieder ein Eiswein eingebracht werden. Seidig am Gaumen, gefällt er mit Noten von kandierten Zitrusfrüchten. Wie immer sind die Rotweine ein Genuss für Freunde eines holzgeprägten, intensiven, internationalen Stils, allen voran die Spätburgunder Großen Gewächse aus dem Höllenberg. Wir vergleichen den Jahrgang 2019 mit dem frisch gefüllten 2020er: Letzterer hat hauchdünn die Nase vorn. Das Holz ist zwar noch sehr präsent, die Balance stimmt aber schon in diesem frühen Stadium. Angenehme Erdbeer- und Kirschnoten in der Nase und am Gaumen. Tipp: Wer die Weine in relaxter Beachclub-Atmosphäre für einen minimalen Aufschlag zum Ab-Hof-Preis genießen will, speist im Allendorf am Rhein, auf dem Gelände der sehr schön umgebauten, ehemaligen Kiesverladestelle.

- **85** 2021 Cuvée Blanc trocken
  **9,50 €** | 12 %
- **86** 2021 Roter Riesling trocken
  **13 €** | 12,5%
- **87** 2021 Winkeler Riesling trocken
  **10,50 €** | 12 %
- **89** 2020 Chardonnay trocken
  **19,50 €** | 13,5%
- **90** 2020 Winkeler Jesuitengarten Riesling VDP.Großes Gewächs
  **27,50 €** | 13 %
- **91** 2020 Winkeler Hasensprung Riesling VDP.Großes Gewächs
  **27,50 €** | 12,5%
- **87** 2021 Riesling Kabinett restsüss
  **9 €** | 9 %
- **92** 2021 Winkeler Hasensprung Riesling Auslese
  **29,50 €/0,5 Lit.** | 8 %
- **91** 2021 Winkeler Gutenberg Riesling Eiswein
  **85 €/0,375 Lit.** | 7 %
- **90** 2019 Spätburgunder trocken Quercus
  **19,50 €** | 13 %
- **91** 2019 Assmannshäuser Höllenberg Spätburgunder VDP.Großes Gewächs
  **48 €** | 13,5%
- **92** 2020 Assmannshäuser Höllenberg Spätburgunder VDP.Großes Gewächs
  **48 €** | 13,5%

★★

## BAISON


Weingut Heinrich und Heinrich Baison GbR
65239 Hochheim am Main · Delkenheimer Straße 18–20
Tel. (06146) 9232 · Fax 9242
weingut.baison@t-online.de
**www.weingut-baison.de**


**Inhaber/in** Heinrich und Heinrich Baison GbR
**Betriebsleitung** Heinrich und Heinrich Baison
**Keller** Heinrich Baison (Junior)

**Historie** Weinbau in der vierten Generation
**Rebfläche** 7 Hektar
**Jahresproduktion** 42 000 Flaschen
**Beste Lagen** Hochheimer Hölle, Reichestal, Stein, Kirchenstück, Flörsheimer Herrnberg
**Boden** Löss, Lehm, sandiger kalkhaltiger Boden
**Rebsorten** 83% Riesling, 11% Spätburgunder, 6% übrige Sorten (Weißburgunder, Kerner, Gewürztraminer)

Daumen hoch! Die Frische und Leichtigkeit des Jahrgangs 2021 bekommen den vorgestellten Rieslingen und Weißburgundern sehr gut. Die Weine sind durchweg trinkanimierend und - wie immer - geprägt von viel gelber Frucht, gepaart mit herb-saftigen Noten. Punkten können die Kabinette: Die Kostheimer Weiß' Erd mit weißer Grapefruit, das Pendant aus der Hochheimer Hölle mit satter Blutorange - intensiv und lang. Die Spitze ist erneut die trockene Spätlese Handlese mit feinem Nougatton. Stark auch der Herrnberg Weißburgunder mit seinen Aromen von Williams Christbirne.

- **85** 2021 Flörsheimer Herrnberg Riesling Kabinett trocken
  **6,50 €** | 11 %

**85** 2021 Riesling & Weißburgunder trocken Jumelage
**7,50 €** | 12%

**85** 2021 Flörsheimer Herrnberg Weißburgunder trocken
**8 €** | 12,5%

**86** 2021 Hochheimer Reichestal Riesling trocken
**6,50 €** | 11%

**86** 2021 Kostheimer Weiß' Erd Riesling Kabinett trocken
**7 €** | 11%

**86** 2021 Hochheimer Hölle Riesling Spätlese trocken Jungfeld
**8,50 €** | 11,5%

**87** 2021 Hochheimer Hölle Riesling Kabinett trocken
**7 €** | 11%

**87** 2021 Hochheimer Hölle Riesling Spätlese trocken
**8,50 €** | 11%

**88** 2021 Riesling Spätlese trocken Handlese
**9 €** | 11,5%

**84** 2021 Riesling halbtrocken Classic
**6,50 €** | 11,5%

★★★

## BARDONG

Sektmanufaktur Bardong
65366 Geisenheim · Bahnstraße 7
Tel. (06722) 47136 · Fax 47555
info@bardong.de
**www.bardong.de**

**Inhaber/in und Betriebsleitung**
Norbert Bardong

**Jahresproduktion** 25 000 Flaschen
**Beste Lagen** Assmannshäuser Höllenberg, Mariannenaue, Erbacher Marcobrunn
**Boden** Sand, Lehm mit Lössanteilen, Quarzit, Kalk
**Erlebenswert** historischer Gewölbekeller
**Mitglied** Verband traditioneller Sektmacher e.V.

Seit nunmehr 38 Jahren finden Sektliebhaber beständig charaktervolle Sekte bei Norbert und Renate Bardong. Ihre Philosophie setzt auf rebsortenreine Lagenweine, die immer brut oder extra brut eingestellt werden. Uns fällt auf, dass Norbert Bardong in der gezeigten Kollektion inzwischen auch zweistellige Zuckerwerte einstellt. Das gefällt uns vor allem beim Rosé sehr gut, weil es hier die zarte Erdbeernote hervorhebt und gleichzeitig die Süße von ausreichend feiner Säure abgepuffert wird. Das genaue Gegenteil ist der extra brut eingestellte rote Sekt aus der Assmannshäuser Prestige-Lage Frankenthal: knochentrocken mit Mandelaroma, am Gaumen herb. Der Kenner sollte diesen Wein eher im großen Burgunderglas atmen lassen, statt ihn kalt im Sektkelch zu präsentieren. Zu den weißen Rebsorten: Der lebendige Chardonnay mit reifer Orangen- und Maracujanote steht dem äußerst harmonischen Weißburgunder nur wenig nach. Dieser überzeugt mit Finesse und einer dezenten herben Note, die ihn zum idealen Speisenbegleiter werden lässt. Sex-Appeal hat der goldgelbe Gewürztraminer, unser „coup de cœur". Mit floraler Stilistik, Noten von frischen Rosenblättern und Anklängen von Litschi, überzeugt dieser Exot mit Trinkfluss und guter Struktur am Gaumen. Noblesse zeigt das Flaggschiff dieser Kollektion, ein 2014er Riesling aus der Top-Lage Marcobrunn. Dieser hat durch das lange Hefelager feine Nougatnoten entwickelt; für eine noch höhere Bewertung fehlt uns hier aber die balancierende Säure. Immer rasch ausgebucht sind in der Regel die „Sekt-Menü" genannten Dinners des Sektguts, die nach der Zwangspause bundesweit in verschiedenen Städten wieder stattfinden können: Mit viel Sendungsbewusstsein gestalten Renate und Norbert Bardong zusammen mit Sterneköchen aufwändige Menüs um ihre Sekte herum - nicht umgekehrt.

**86** 2016 Hallgartener Jungfer Riesling Brut
**16 €** | 12,5%

**86** 2016 Assmannshäuser Hinterkirch Spätburgunder Blanc de Noirs Brut
**22 €** | 12,5%

**87** 2016 Erbacher Honigberg Riesling Extra Brut
**16 €** | 12%

**87** 2015 Erbacher Honigberg Riesling Extra Brut
**18 €** | 12,5%

**87** 2015 Rosé Brut
**18 €** | 12,5%

**87** 2016 Chardonnay Brut
**19 €** | 12,5%

**88** 2017 Weißburgunder Brut
**19 €** | 12%

**88** 2016 Gewürztraminer Brut
**21 €** | 12,5%

**88** 2016 Assmannshäuser Frankenthal Spätburgunder Extra Brut
**24 €** | 12,5%

**89** 2014 Erbacher Marcobrunn Riesling Extra Brut
**32 €** | 12,5%

## BARTH

Wein- und Sektgut Barth
65347 Eltville-Hattenheim · Bergweg 20
Tel. (06723) 2514 · Fax 4375
mail@weingut-barth.de
**www.weingut-barth.de**

**Inhaber/in und Betriebsleitung**
Mark und Christine Barth
**Keller** Mark Barth

**Rebfläche** 22 Hektar
**Jahresproduktion** 150 000 Flaschen
**Beste Lagen** Hattenheimer Wisselbrunnen, Schützenhaus und Hassel, Hallgartener Schönhell und Jungfer, Oestricher Lenchen
**Boden** Lösslehm, Ton, Schieferverwitterung, tertiärer Mergel, Quarzit
**Rebsorten** 83% Riesling, 17% übrigen Sorten (Spätburgunder, Weißburgunder, Scheurebe und Cabernet Sauvignon)
**Erlebenswert** preisgekrönte Vinothek, Sektherstellung nach traditioneller Methode, Holzfasskeller, Schatzkammer
**Mitglied** VDP, Verband traditioneller Sektmacher e.V.

Die aktuelle Kollektion überzeugt vom Gutswein bis zum Lagen-Sekt. So ist der Spätburgunder Rosé ein erfrischendes Trinkvergnügen und ein echtes Schnäppchen. Die 2021er Rieslinge zeigen sich durchgehend saftig, mit feiner Würze und klarer Art. Bei den 2020er Großen Gewächsen gefällt uns der charaktervoll-typische Wisselbunnen dieses Mal am besten. Der noch etwas verschlossenere Hassel steht mit seiner kernigen Art aber kaum zurück. Welches Potenzial diese Weine haben, belegt Mark Barth mit dem üppig-reifen 2011er Wisselbrunnen und dem markanten 2012er Schönhell. Er hat den Betrieb vor drei Jahren offiziell von seinem Schwiegervater übernommen und führt ihn nun mit seiner Frau Christine Barth. Die Weine und Sekte des Guts stammen aus ökologisch bewirtschafteten Weinbergen. Gerade Sekt ist eine Leidenschaft und Stärke des Hauses. Als Mitglied des VDP-Arbeitskreises Sekt hat Mark Barth an der Einführung des Sektstatuts des VDP mitgewirkt. Der feinduftige, gehaltvolle 2016er Schützenhaus Riesling Brut nature und der weinig-klare Pinot Ultra Brut nature unterstreichen das Qualitätsniveau des Hauses nachdrücklich. Übertroffen werden sie von dem geschliffenen, lang anhaltenden

Hassel Riesling Brut nature aus dem Jahrgang 2015. Ein Sekt der den Titel VDP.Große Lage zu Recht trägt.

**90** 2015 Pinot Ultra Brut nature
**32 €** | 12 %

**90** 2016 Hattenheimer Schützenhaus Riesling Brut nature
**37 €** | 12 %

**92** 2015 Hattenheimer Hassel Riesling Brut nature
**65 €** | 12,5%

**87** 2021 Riesling trocken
**9,70 €** | 12 %

**88** 2021 Hallgartener Riesling trocken
**13 €** | 12 %

**90** 2021 Hattenheimer Schützenhaus Riesling trocken
**19,50 €** | 12 %

**91** 2012 Hallgartener Schönhell Riesling VDP.Großes Gewächs
**46 €** | 12,5%

**92** 2020 Riesling trocken Singularis
**25 €** | 12,5%

**92** 2020 Hattenheimer Hassel Riesling VDP.Großes Gewächs
**37 €** | 12,5%

**92** 2020 Hattenheimer Wisselbrunnen Riesling VDP.Großes Gewächs
**39 €** | 12,5%

**92** 2011 Hattenheimer Wisselbrunnen Riesling trocken
**Preis auf Anfrage** | 13,5%

**89** 2021 Oestricher Lenchen Riesling Kabinett
**15 €** | 9 %

**88** 2021 Spätburgunder Rosé trocken
**9,70 €** | 11,5% BEST BUY

## HANS BAUSCH

Weingut Hans Bausch
65347 Hattenheim · Waldbachstraße 103
Tel. (06723) 999203
info@weingut-hans-bausch.de
**www.weingut-hans-bausch.de**

**Inhaber/in und Betriebsleitung**
Hans Bausch
**Keller** Katharina Bausch
**Außenbetrieb** Max Bausch

Eine gute Kollektion! Die 2021er Rieslinge sind auf einheitlichem Niveau. Sie besitzen Saft und eine duftige Fülle, ohne zu laut zu sein. Schon der klare Hattenheimer überzeugt. Eine besondere Erwähnung verdient die feinherbe Spätlese aus dem Hassel. Sie zeigt Zug und Charakter. Mit Blüten-Anklang, dezenten Honignoten, guter Säure und feinherber Balance überzeugt die klassische Spätlese aus dem Wisselbrunnen. Zu Recht trägt sie auf dem Etikett den Zusatz „edelsüß". Mit Sitz in Hattenheim verfügt die Familie Bausch sozusagen „natürlicherweise" über Anteile an den guten und besten Lagen des Orts. Und dies hat sich noch erweitert: Einige Flächen konnten von Schloss Schönborn gepachtet werden. Im Betrieb hat die nächste Generation bereits ihren Platz gefunden. Katharina Bausch verantwortet den Keller, ihr Bruder Max Bausch den Außenbetrieb.

**85** 2021 Hattenheimer Riesling trocken
**7,50 €** | 12 %

**86** 2021 Hattenheimer Schützenhaus Riesling trocken
**10 €** | 12 %

**88** 2020 Hattenheimer Engelmannsberg Riesling trocken Grosses Gewächs
**21,50 €** | 12,5%

**85** 2021 Hattenheimer Riesling Kabinett feinherb
**7,50 €** | 11 %

**88** 2021 Hattenheimer Hassel Spätlese feinherb „einPS"
**10 €** | 12,5%

**85** 2021 Oestricher Lenchen Riesling
**7,50 €** | 9 %

**88** 2021 Hattenheimer Wisselbrunnen Riesling
**10 €** | 8 %

**85** 2021 Spätburgunder Rosé feinherb
**7,50 €** | 12 %

★★★

## BIBO RUNGE

Weingut Bibo Runge
65375 Oestrich-Winkel-Hallgarten
Eberbacherstraße 5
Tel. (06723) 9986900 · Fax 9986901
info@bibo-runge-wein.de
**www.bibo-runge-wein.de**

**Inhaber/in und Betriebsleitung** Markus Bonsels
**Keller** Markus Bonsels

**Historie** gegründet im Jahr 2014 von Walter Bibo, seit 2017 geführt von Markus Bonsels und Monika Eichner
**Rebfläche** 4 Hektar
**Jahresproduktion** 30 000 Flaschen
**Beste Lagen** Hallgartener Jungfer, Hendelberg, Würzgarten, Frühernberg, Schönhell
**Rebsorten** 95% Riesling, 5% Spätburgunder
**Gastronomie** Gutsausschank im REVOLUZZER Gartenhaus, Öffnungszeiten siehe Website.
**Mitglied** Fair'n Green, Vinissima

Wieder sehr gelungen! Unseren guten Eindruck aus dem letzten Jahr konnten Markus Bonsel und Monika Eichner nachdrücklich bestätigen. Wieder überzeugt das junge Gut in gleich drei Kategorien: Riesling, Rotwein und Sekt zeigen hohes Niveau. Herausheben möchten wir den fein vom Holz geprägten Jungfer Crémant Brut, mit tollem Spiel und klarer Säure. Bei den Roten konnten wir ein ausgesprochen vielversprechendes Fassmuster des 2019er Frühernberg probieren. Die eigenständigen, charaktervollen Rieslinge weisen gut integrierte Holz- und Hefenoten auf und sind nicht auf Säurepikanz hin ausgebaut. Der beste dieser Weine ist der Jungfer Riesling Großes Gewächs mit dem Titel „Revoluzzer". Und damit sind wir auch bei den Begriffen, die der Betrieb zur Bezeichnung der Qualitätsstufen nutzt. An der Spitze steht der Revoluzzer, auf ihn folgen unter anderem Hargardun und Romantiker. Die Basis bilden Debütant und Jongleur. Für restsüße Weine werden die Prädikate genutzt. Das ist charmant, aber manchmal schon etwas unübersichtlich.

Gegründet wurde der Betrieb von Walter Bibo und Kai Runge, daher der Name. Als Letzterer ausschied, übernahm Markus Bonsels die Anteile und inzwischen ist er sogar der alleinige Eigentümer. Er hat sich in Montpellier mit dem Master of Viticulure and Enology gut auf den Quereinstieg als Winzer vorbereitet.

**87** Riesling Brut Provokateur
**15 €** | 12,5%

**89** 2019 Hallgartener Schönhell Pinot Noir Crémant Brut nature
**29 €** | 12,5%

**91** 2019 Hallgartener Jungfer Riesling Crémant Brut
**29 €** | 12,5%

**86** 2020 Hallgartener Riesling trocken Kleiner Revoluzzer
**12 €** | 12 %

**88** 2020 Hallgartener Würzgarten Riesling trocken Hargardun
**16,50 €** | 12,5%

**88** 2020 Hallgartener Hendelberg Riesling trocken Romantiker
**16,50 €** | 12,5%

**90** 2020 Hallgartener Schönhell Riesling Spätlese trocken Achtzehn48
**19,50 €** | 12,5%

**92** 2019 Hallgartener Jungfer Riesling trocken Grosses Gewächs Revoluzzer
**26,50 €** | 12,5%

**87** 2020 Hallgartener Riesling halbtrocken Jongleur
**12 €** | 12 %

**88** 2019 Hallgartener Frühernberg Pinot Noir trocken „M"
**18 €** | 13,5%

★

## BICKELMAIER

Weingut Bickelmaier
65375 Oestrich-Winkel · Rheingaustraße 7
Tel. (06723) 3573 · Fax 88257
weingut@bickelmaier.de
**www.bickelmaier.de**

**Inhaber/in und Betriebsleitung**
Andreas Bickelmaier

Aus dem Jahrgang 2020 konnten wir einen saftig-klaren Riesling Brut und das gehaltvoll-nuancierte, im Holz ausgebaute Große Gewächs aus dem Lenchen probieren. Die 2021er Weine des Hauses erschienen uns etwas heterogen. Während einige Basisweine vielleicht doch unter den Herausforderungen des feuchten Jahres gelitten haben, überzeugten uns die feinherbe Jungfer und das Lenchen von alten Reben voll und ganz. Sie besitzen eine feine, reife Frucht, Saft und ein animierendes Spiel. Wie immer ist der im Holzfass spontan vergorene Riesling „1641" eine solide Basisqualität.

**84** 2020 Pinot Crémant Brut
**13,90 €** | 13,5%

**86** 2020 Riesling Brut
**10,50 €** | 13%

**83** 2021 Weißburgunder trocken
**7,20 €** | 12%

**83** 2021 Oestricher Gottesthal Riesling trocken
**7,20 €** | 11,5%

**84** 2021 Riesling trocken „1641"
**6,80 €** | 11,5%

**84** 2021 Oestricher Doosberg Riesling Spätlese trocken
**8,90 €** | 12,5%

**87** 2021 Oestricher Lenchen Riesling trocken Alte Reben
**10,50 €** | 12,5%

**89** 2020 Oestricher Doosberg Riesling trocken Grosses Gewächs
**19,50 €** | 13%

**87** 2021 Hallgartener Jungfer Riesling feinherb
**8,90 €** | 11%

**85** 2021 Oestricher Lenchen Riesling Auslese
**13,90 €/0,375 Lit.** | 9%

★★★½

## BISCHÖFLICHES WEINGUT

Bischöfliches Weingut Rüdesheim GmbH
65385 Rüdesheim · Marienthaler Straße 3
Tel. (06722) 910560 · Fax 910562
info@bischoefliches-weingut.de
**www.bischoefliches-weingut.de**

**Inhaber/in** Bistum Limburg
**Betriebsleitung** und Geschäftsführer Peter Perabo
**Keller** Peter Perabo
**Außenbetrieb** Rafal Sita

**Historie** ursprünglich Pfarrei mit Weinbergen, Weingut eins der ältesten im Rheingau und wahrscheinlich Deutschlands, erste Erwähnung im 11. Jahrhundert
**Rebfläche** 9 Hektar
**Jahresproduktion** 50 000 Flaschen
**Beste Lagen** Rüdesheim: Berg Schlossberg, Berg Rottland, Berg Roseneck, Assmannshäuser Höllenberg
**Boden** Schiefer, Taunusquarzit, Löss, Lehm
**Rebsorten** 75% Riesling, 25% Pinot Noir
**Erlebenswert** Historischer Keller mit Grundmauern aus dem 11. Jahrhundert
**Mitglied** Zeilensprung

Mit Ansage! Vor einem Jahr hatte uns Peter Perabo angekündigt: „2019 Rot wird groß". Auf Anhieb überzeugt uns dann auch der Pinot Noir aus neu erworbenen Parzellen im Assmannshäuser Höllenberg mit klarer Frucht, Finesse und langem Abgang. Er hat hauchdünn die Nase vorn vor dem noch verschlossenen Pinot Noir S mit stringent-straffem Stil und zupackenden Tanninen. Perabo gehört seit langem zum anerkannten Kreis der Spätburgunder-Könner im Rheingau. Sein feines Händchen für kühle, saftige Pinots mit sensiblem Holzfassausbau setzt sich gleichermaßen bei seinen trockenen Rieslingen fort: Sein 2020er Ehrenfels, aus der heißen Lage Berg Schlossberg, lässt mit ersten Reifenoten erkennen, was hier noch zu erwarten ist: Elegant-filigran, leichte Exotik – Maracuja, Orange – gepaart mit attraktiv-nussigem Holzton. Demgegenüber ist der 2021er Berg Roseneck mit viel Frucht und schöner Dichte schon voll da. Sneakpreview: Die Spitze der Kollektion ist eine neu kreierte, Achtung vorläufiger Arbeitstitel: „Rüdesheimer-Steillagen-Cuvée" aus dem Jahr 2018, die Eleganz mit wuchtiger Dichte harmonisch verbindet. Mineralische und leicht ledrige Noten verbinden sich mit

★★

einem attraktivem Holzton. Bravo! Wieder eine hervorragende Kollektion zu sehr angemessenen Preisen.

BISCHÖFLICHES WEINGUT
Rüdesheim

- **85** 2021 Riesling trocken A Priori
  **8,50 €** | 11,5%
- **87** 2021 Rüdesheimer Riesling trocken Laudate
  **12 €** | 12%
- **89** 2021 Rüdesheimer Riesling trocken Episcopus
  **16,50 €** | 11,5%
- **90** 2020 Rüdesheimer Berg Rottland Riesling trocken
  **18 €** | 12,5%
- **90** 2020 Rüdesheimer Berg Roseneck Riesling trocken
  **22 €** | 12,5%
- **91** 2020 Rüdesheimer Berg Schlossberg Riesling trocken Ehrenfels
  **22 €** | 12,5%
- **91** 2021 Rüdesheimer Berg Roseneck Riesling trocken
  **22 €** | 12,5%
- **93** 2018 Rüdesheimer Berg Riesling trocken Steillagen Cuvée
  **Preis auf Anfrage** | 13%
- **86** 2021 Rüdesheimer Riesling Kabinett A Priori
  **9,50 €** | 8,5%
- **90** 2020 Rüdesheimer Pinot Noir trocken
  **19 €** | 13,5%
- **90** 2019 Rüdesheimer Pinot Noir trocken
  **19 €** | 13,5%
- **91** 2019 Assmannshäuser Pinot Noir trocken S
  **37 €** | 13,5%
- **92** 2019 Assmannshäuser Höllenberg Pinot Noir trocken
  **44 €** | 13,5%

## BOTT

Weingut Bott
65474 Bischofsheim · Frohnseestraße 24
Tel. (06144) 1365 · Fax 4699381
riesling@weingut-bott.de
**www.weingut-bott.de**

**Inhaber/in und Betriebsleitung** Michael Bott
**Keller** David Bott

**Rebfläche** 3 Hektar
**Jahresproduktion** 20 000 Flaschen
**Beste Lagen** Kostheimer St. Kiliansberg
**Boden** Löss über Kalkmergel, sandiger Lehm
**Rebsorten** 67% Riesling, 25% Spätburgunder, 5% Grauburgunder, 3% Merlot
**Mitglied** Generation Riesling

Ein saftig-animierender Silvaner eröffnet das nur fünf Weine umfassende aktuelle Sortiment. Wie gewohnt zeigen der Merlot Rosé und der Kostheimer Grauburgunder solides Niveau. Der knackige Ortsriesling leitet über zu einem besonderen Wein, dem Kalkessenz. Er stammt aus einem Teil des St. Kiliansbergs, der früher einmal „Kisselgass" hieß und dessen Boden besonders reich an Kalk ist. Der 2021er zeigt bei noch verschlossener Art gute Substanz und Tiefe. Ein reintöniger Riesling, der noch etwas Geduld erfordert. Ein Großes Gewächs Im Kilian wurde uns in diesem Jahr nicht vorgestellt. Den Ausbau der in den letzten Jahren immer besser gewordenen Rotweine hat inzwischen der in Geisenheim ausgebildete David Bott, der Sohn des Hauses, übernommen. Auch hier gibt es aber leider nichts Neues zu berichten. Die weitere Entwicklung dieses Betriebs mit Sitz in Bischofsheim und der Produktionsstätte in Kostheim bleibt abzuwarten.

bq BOTTled quality
Weingut Bott

| | | |
|---|---|---|
| 85 | 2021 Kostheimer Grauburgunder trocken | 7,80 € \| 12% |
| 86 | 2021 Kostheimer Silvaner trocken | 7,80 € \| 12% |
| 86 | 2021 Kostheimer Riesling trocken | 7,80 € \| 12% |
| 88 | 2021 Kostheimer St. Kiliansberg Riesling trocken Kalkessenz | 10 € \| 12,5% |
| 85 | 2021 Merlot trocken | 8,20 € \| 12% |

★★★★½

## GEORG BREUER

Weingut Georg Breuer
65385 Rüdesheim am Rhein · Grabenstraße 8
Tel. (06722) 1027 · Fax 4531
info@georg-breuer.com
**www.georg-breuer.com**

**Inhaber/in** Marcia und Theresa Breuer
**Betriebsleitung** Hermann Schmoranz
**Keller** Markus Lundén
**Außenbetrieb** Hermann Schmoranz

**Historie** Weingut seit 1880 im Ortskern von Rüdesheim
**Rebfläche** 40 Hektar
**Jahresproduktion** 300 000 Flaschen
**Beste Lagen** Rüdesheimer Berg Schlossberg, Berg Rottland, Berg Roseneck, Rauenthaler Nonnenberg, Lorcher Pfaffenwies
**Boden** Taunusquarzit mit Rheinschiefereinlagen, steinig-grusige Phyllitböden
**Rebsorten** 82% Riesling, 12% Spätburgunder, 6% übrige Sorten (Grauburgunder, Weißburgunder, Orleans und Heunisch)
**Gastronomie** Breuers Rüdesheimer Schloss
**Erlebenswert** Vinothek und historische Kellerwelt
**Mitglied** Fair'n Green, Zeilensprung

Der Jahrgang 2021 stellte auch dieses Gut vor einige Herausforderungen. Die letzte und entscheidende war der Lesezeitpunkt. Tatsächlich hatte man, wie Theresa Breuer im Nachhinein feststellt, mehr Zeit als ursprünglich erwartet und befürchtet. Und da wo den Trauben diese Zeit gegönnt wurde, sind die Ergebnisse besser. Der komplexe 2021er Berg Schlossberg steht jedenfalls mit tiefer Frucht an der Spitze der Terroir-Weine, dicht gefolgt vom Nonnenberg und vom Pfaffenwies. Mit der Übernahme des Weinguts Altenkirch im

Jahr 2018 ist dies nun der fünfte Lagenwein des Hauses. Allein der kernig-kantige Berg Rottland kann hier nicht anschließen. Die Reihe der Rheingauer Rieslinge beginnt wie in jedem Jahr mit dem knackig-saftigen Basiswein Sauvage GB. Alle drei Ortsweine haben uns in ihrer leichten, betont knackigen Art gut gefallen. Der mineralisch-klare, im Duft verhaltene Lorcher ist vielleicht der Primus inter pares. Zu einem Teil werden diese Weine bereits im Holz ausgebaut und sind ganz bewusst für die Reifung auf der Flasche angelegt. Dies gilt umso mehr für den Montosa, den Zweitwein des Hauses. Der länger im Holz gereifte Montosa Patientia aus dem Jahrgang 2018 unterstreicht dieses Konzept. Für den doch recht herben 2021er gilt das unseres Erachtens nicht. Die Gewächse aus dem Berg Roseneck werden immer erst mit Flaschenreife vorgestellt, und dieser Late-Release erfolgt nicht zwangsläufig chronologisch. Im letzten Jahr konnten wir einen kraftvollen 2015er verkosten, dem sich nun der schmelzig-reife 2018er anschließt und noch einmal unterstreicht, wie gut das Jahr 2018 hier ausgefallen ist. Der 2020er Pinot Noir hat uns ebenfalls gut gefallen: ein straffer Rotwein mit elegant-klarem Fluss, toller Fruchttiefe und gutem, fein anhaltendem Nachhall. Aber nicht nur an der Spitze gerät Spätburgunder hier sehr gut. Auch der animierende Rosé verdient eine Empfehlung.

**Neue Vinothek**

Theresa Breuer führt den Betrieb, unterstützt durch den langjährigen Betriebsleiter Hermann Schmoranz und den jungen Kellermeister Markus Lundén. Das Team managt das Wachstum und die großen Bauvorhaben in der Mitte Rüdesheims. Unter anderem wurde der Bereich der früheren Vinothek abgerissen und das ehemalige Restaurant Schlossberg zur neuen Vinothek ausgebaut. Die Weine können jetzt in einem schicken, großzügigen Ambiente probiert werden.

GEORG BREUER

**86** 2021 Riesling trocken Sauvage GB
**12 €** | 11,5%

**88** 2021 Riesling trocken Terra Montosa
**28 €** | 11,5%

**89** 2021 Rüdesheimer Riesling trocken Estate
**18 €** | 11,5%

**90** 2021 Lorcher Riesling trocken Estate
**18 €** | 11,5%

**90** 2021 Rauenthaler Riesling trocken Estate
**18 €** | 11,5%

**90** 2021 Rüdesheimer Berg Rottland Riesling trocken
**68 €** | 11,5%

**92** 2018 Riesling trocken Terra Montosa Patientia
**35 €** | 12%

**93** 2021 Lorcher Pfaffenwies Riesling trocken
**68 €** | 11,5%

**93** 2021 Rauenthaler Nonnenberg Riesling trocken
**86 €** | 11,5%

**93** 2021 Rüdesheimer Berg Schlossberg Riesling trocken
**98 €** | 11,5%

**94** 2018 Rüdesheimer Berg Roseneck Riesling trocken
**68 €** | 11,5%

**87** 2021 Riesling halbtrocken Charm GB
**12 €** | 11,5%

**92** 2021 Riesling Auslese
**18 €/0,375 Lit.** | 9%

**87** 2021 Spätburgunder Rosé trocken GB
**12 €** | 11,5%

**89** 2020 Spätburgunder Rouge trocken GB
**15 €** | 12%

**92** 2020 Spätburgunder trocken
**28 €** | 13%

## STEFAN BREUER

Weinmanufaktur Stefan Breuer
65345 Eltville-Rauenthal · Auf der großen Straße 10
Tel. (06123) 9742136 · Fax 9747972
sb@breuer-wein.de
**www.breuer-wein.de**

**Inhaber/in** Stefan Breuer
**Betriebsleitung** Stefan Breuer
**Keller** Stefan Breuer und Klaus Singer Fischer
**Außenbetrieb** Stefan Breuer und Klaus Singer Fischer

**Historie** Wiederaufbau von Weingut Altenkirch in Lorch Rheingau, 1994 bis 2006 dann Gründung des eigenen Weinguts in Rheinhessen
**Rebfläche** 11 Hektar
**Jahresproduktion** 100 000 Flaschen
**Beste Lagen** Selztal, Schlossberg und Bockstein
**Boden** Muschelkalk und Lösslehm
**Rebsorten** 50% Riesling, je 10% Grauburgunder, Sauvignon Blanc und Spätburgunder, je 5% Frühburgunder, Merlot und Weißburgunder, 5% übrige Sorten
**Gastronomie** jedes Jahr im Sommer gibt es ein Sommerfest im Juni in Kooperation mit dem Treppchen aus Walluf. In dieser Zeit können die Kunden alle Weine die Speisen aus dem Treppchen geniessen.

Stefan Breuer, traditionell im Rheingau fest verwurzelt, setzt auf Internationale Rebsorten von seinen Rheinhessischen Weinbergen, modernen Stil und Auftritt. Sein klares Konzept ist dreistufig: Handwerk, Meisterstück, Glanzstück. Seine Weine zeichnen sich durchweg durch Trinkfreude, Frische und Frucht aus. Besonders gefallen uns die beiden Sauvignon Blancs: Der 2021er Handwerk betont den grasig-grünen Stil während der 2020er Fumé Glanzstück exotische Maracujanoten versprüht, abgerundet von sanften Vanillenoten des sensibel eingesetzten Barriques. Die Spitze der Kollektion bildet erneut der Riesling Two Faces aus der Ersten Lage Schlossberg – Noten von Blutorange und weißen Blüten, mit mineralischem Kern. Besonders auf Rotweine versteht sich die Weinmanufaktur: Die Cuvée Two Faces aus den Jahrgängen 2017 und 2018 ist vom Spätburgunder geprägt und attraktiv krautig. Vom Potenzial der Rotweine konnten wir uns anlässlich einer Verkostung von Spätburgundern bis zurück zum Jahrgang 2012 überzeugen. Die Weine haben Substanz und burgundische Eleganz, verbunden mit viel Frische und Frucht.

STEFAN BREUER

**83** 2021 Riesling trocken Liter
**8 €** | 11%

**84** 2021 Weissburgunder trocken W3 Handwerk
**8,95 €** | 12%

**84** 2021 Grauburgunder trocken Handwerk G3
**8,95 €** | 12,5%

**85** 2021 Sauvignon Blanc trocken Handwerk S3B3
**8,95 €** | 12%

**87** 2019 Grauburgunder trocken Reserve G1 Glanzstück
**14,50 €** | 13%

**88** 2020 Sauvignon Blanc Fumé trocken Reserve S3B3 Glanzstück
**15,50 €** | 12,5%

**89** 2020 Schlossberg Riesling trocken Two Faces
**13,50 €** | 13%

**84** 2021 Rosé trocken S3 Handwerk
**8,95 €** | 11,5%

**87** Cuvée Two Faces Rot trocken
**14,50 €** | 14%

★★★★½

## CORVERS-KAUTER

Weingut Dr. Corvers-Kauter
65375 Oestrich-Winkel · Rheingaustraße 129
Tel. (06723) 2614 · Fax 2404
info@corvers-kauter.de
**www.corvers-kauter.de**

**Inhaber/in** Dr. Matthias und Brigitte Corvers
**Betriebsleitung** Dr. Matthias Corvers

**Rebfläche** 37 Hektar
**Jahresproduktion** 250 000 Flaschen
**Beste Lagen** Rauenthaler Baiken, Erbacher Marcobrunn, Hattenheimer Nussbrunnen, Oestricher Doosberg, Rüdesheimer Berg Schlossberg, Berg Roseneck, Drachenstein und Berg Rottland, Assmannshäuser Höllenberg
**Boden** Taunusquarzit mit Schiefer, steinig-grusiger Phyllit, Lösslehm, Mergel, Kalk
**Rebsorten** 80% Riesling, 15% Pinot Noir, 5% übrige Sorten
**Gastronomie** Gutsausschank April–Okt. Mi–Fr ab 17 Uhr, Sa–So, Feiertags ab 15 Uhr
**Erlebenswert** 300 Jahre altes Gutshaus mit Weingarten und schönem Gewölbekeller, Vinothek Terra 50 Grad
**Mitglied** Bioland, Slow Food

Die Erfolgsgeschichte geht weiter. Das Gut steht seit Jahren ganz selbstverständlich für einige der besten Spätburgunder und trockenen Rieslinge des Rheingaus. Mit der gelungenen Integration der von Langwerth von Simmern langfristig gepachteten Flächen wurde das Lagenportfolio nachhaltig um beste Parzellen in so berühmten Lagen wie Baiken und Marcobrunn ergänzt. Und inzwischen kommen von hier auch mit die besten Trockenbeerenauslesen des Gebiets. Im Jahrgang 2021 stammen sie aus Marcobrunn und Doosberg. Es sind brillante, klare Gewächse, deren schmelzige Fülle vorzüglich balanciert ist.

**Klassische Pinot Noirs**

Die feinen Pinot Noirs aus Assmannshäuser und Rüdesheimer Lagen sind eine besondere Stärke des Guts und ganz in einem klassischen an Frankreich gemahnenden Stil gehalten. Auch im Jahrgang 2020 zählen sie zu den besten im Rheingau. Der Gutswein zeigt klare Kirschfrucht, ist kraftvoll zupackend, besitzt Spiel und ein sehr gutes Preis-Leistungs-Verhältnis. Ihm folgt der geschliffene Assmannshäuser mit typischer Schieferart. Drachenstein und Höllenberg liefern sich wie in jedem Jahr ein Kopf-an-Kopf-Rennen. Für uns liegt der tiefgründige Drachenstein in diesem Jahr knapp vorne. Aber dies sind Fragen, denen man sich probierend gerne stellt.

Bei den Rieslingen verdient neben den hochklassigen Lagenweinen vor allem der saftige Hattenheimer Ortswein eine besondere Erwähnung: Ein Rheingauer par excellence und ein echtes Schnäppchen. Und das belegt eine weitere Stärke des Hauses: Das umfangreiche Sortiment ist auf durchgehend hohem Niveau. Von 24 vorgestellten Weinen haben zwanzig 90 Punkte oder mehr bekommen. Chapeau!

**88** 2021 Silvaner trocken
**9,90 €** | 12%

**89** 2021 Riesling trocken R3 Remastered
**9,90 €** | 12% **BEST BUY**

**89** 2021 Rüdesheimer Riesling trocken
**11 €** | 12,5%

**89** 2021 Rüdesheimer Berg Roseneck Riesling trocken Terroirwein
**13,50 €** | 12,5%

**90** 2021 Hattenheimer Riesling trocken
**11 €** | 12,5%

**90** 2021 Riesling trocken R3 Reserve
**15 €** | 12,5%

| | | |
|---|---|---|
| 92 | 2021 Hattenheimer Nussbrunnen Riesling trocken Terroirwein | **13,50 €** \| 12,5% |
| 92 | 2021 Rüdesheimer Drachenstein Riesling trocken Vom Quarzit | **22 €** \| 12,5% |
| 93 | 2021 Rüdesheimer Berg Roseneck Riesling trocken Grosse Lage | **36 €** \| 12,5% |
| 93 | 2021 Rauenthaler Baiken Riesling trocken Grosse Lage | **36 €** \| 12 % |
| 93 | 2021 Rüdesheimer Berg Rottland Riesling trocken Grosse Lage | **39 €** \| 12 % |
| 94 | 2021 Rüdesheimer Berg Schlossberg Riesling trocken Grosse Lage | **39 €** \| 12 % |
| 94 | 2021 Erbacher Marcobrunn Riesling trocken Grosse Lage | **39 €** \| 12 % |
| 93 | 2021 Erbacher Marcobrunn Riesling Spätlese | **19,50 €** \| 8,5% |
| 96 | 2020 Erbacher Marcobrunn Riesling Trockenbeerenauslese | **290 €/0,375 Lit.** \| 6 % |
| 96 | 2021 Erbacher Marcobrunn Riesling Trockenbeerenauslese | **290 €/0,375 Lit.** \| 7,5% |
| 97 | 2021 Oestricher Doosberg Riesling Trockenbeerenauslese | **290 €/0,375 Lit.** \| 7 % TOP 10 |
| 98 | 2018 Oestricher Doosberg Riesling Trockenbeerenauslese | **290 €/0,375 Lit.** \| 6 % |
| 90 | 2020 Pinot Noir trocken | **18 €** \| 13 % |
| 92 | 2020 Assmannshäuser Pinot Noir trocken | **28 €** \| 13,5% |
| 94 | 2020 Assmannshäuser Höllenberg Pinot Noir trocken | **68 €** \| 13 % |
| 95 | 2020 Rüdesheimer Drachenstein Pinot Noir trocken | **48 €** \| 13 % |

★★★



## CRASS

Weingut Craß
65346 Eltville-Erbach · Taunusstraße 2
Tel. (06123) 63169 · Fax 676878
info@weingut-crass.de
**www.weingut-crass.de**

**Inhaber/in und Betriebsleitung** Matthias Craß
**Keller** Matthias Craß
**Außenbetrieb** Wolfgang Craß

**Rebfläche** 9 Hektar
**Jahresproduktion** 80 000 Flaschen
**Beste Lagen** Erbacher Siegelsberg, Steinmorgen und Hohenrain
**Boden** tiefgründiger Lösslehm, tertiärer Mergel, Quarzit
**Rebsorten** 56% Riesling, 18% Spätburgunder, 12% Grauburgunder, 6% Sauvignon Blanc, 3% Gelber Muskateller, je 2% Merlot und Weißburgunder, 1% Frühburgunder
**Mitglied** Fair'n Green

Die besondere Stärke des Hauses sind die länger im Holz ausgebauten Rieslinge und Spätburgunder aus dem Erbacher Siegelsberg. Und die Vertreter aus den Jahrgängen 2019 und 2020 haben uns in diesem Jahr so gut gefallen, dass wir gerne den dritten Stern verleihen. Namentlich die Großen Gewächse begeistern mit Substanz, Struktur und Schliff. Ihr Reifepotenzial ist beträchtlich. Nicht vergessen werden sollte daher der feinherbe Schatzkammerwein aus dem Jahr 2017, der mit hellgoldener Farbe und voller Frucht einen deutlichen Beleg hierfür liefert. Bei den 2021er Weißweinen sticht der Steinmorgen deutlich heraus. Er ist leicht vom Holz geprägt und besitzt ein animierendes Säure-Aufspiel. Aber auch ansonsten gibt es hier Neues zu berichten. Matthias Craß hat die Weinberge der Schamari-Mühle, die er bereits seit Anfang des Jahres bewirtschaftet, nun gepachtet. Zukünftig sollen die Weine als eigene Linie unter dem Dach des Weinguts Craß vermarktet werden. Wir sind gespannt, was sich daraus entwickelt!

CRASS

86 2018 Pinot Rosé Brut
**11,90 €** | 12 %

87 2018 Erbacher Steinmorgen Riesling Extra Brut
**14,90 €** | 12 %

83 2021 Riesling trocken
**6,90 €/1 Lit.** | 12 %

84 2021 Erbacher Riesling trocken
**7,40 €** | 11,5%

84 2021 Erbacher Sauvignon Blanc trocken
**8,90 €** | 11,5%

87 2021 Erbacher Steinmorgen Riesling trocken
**8,90 €** | 12,5%

89 2020 Erbacher Siegelsberg Riesling trocken Alte Reben
**12,40 €** | 12,5%

91 2020 Erbacher Siegelsberg Riesling trocken Grosses Gewächs
**18,90 €** | 12,5%

89 2021 Erbacher Siegelsberg Riesling Spätlese
**10,90 €** | 8,5%

90 2017 Erbacher Siegelsberg Riesling Schatzkammer feinherb
**18,90 €** | 12,5%

87 2020 Kiedricher Klosterberg Frühburgunder trocken
**15,90 €** | 13 %

90 2019 Erbacher Siegelsberg Spätburgunder trocken Grosses Gewächs
**21,90 €** | 14 %

★☆

## ALOIS DAHN

Weingut Alois Dahn
65375 Oestrich-Winkel · Fontanestraße 3
Tel. (06723) 3482 · Fax 88152
info@weingut-dahn.de
**www.weingut-dahn.de**

**Inhaber/in und Betriebsleitung**
Michael Dahn
**Keller** Michael Dahn

Going to extreme! Aber warum nicht, wenn es so überzeugend ausfällt wie hier. Die 2018er Spätburgunder prunken mit Frucht und Fülle. Die Alkoholgehalte liegen bei 15 Prozent oder höher. Die gute Struktur der Weine puffert das aber überraschend gut ab. Das beste Beispiel ist für uns die Auslese Grande Reserve. Sie ist dezent vom Holzausbau geprägt, besitzt eine feine Säure und dadurch einen balancierten Fluss und ein klares Finish. Eine mehr als erfreuliche Überraschung war dann noch die 2003er Riesling Beerenauslese aus dem Hasensprung. Dieser perfekt gereifte Rheingauer besitzt eine tolle Balance und eine bemerkenswerte Frische.

84 2018 Winkeler Hasensprung Spätburgunder Brut Rotsekt
**11,10 €** | 13,5%

86 2021 Winkeler Hasensprung Riesling Kabinett trocken
**7,30 €** | 12 %

85 2021 Riesling feinherb Classic
**6,90 €** | 11,5%

94 2003 Winkeler Hasensprung Riesling Beerenauslese
**14,90 €/0,375 Lit.** | 10,5%

86 2018 Pinot Noir trocken
**9,60 €** | 15 %

86 2018 Frühburgunder trocken
**10,50 €** | 15 %

87 2020 Winkeler Dachsberg Spätburgunder Spätlese trocken
**10,20 €** | 14 %

88 2018 Spätburgunder Auslese trocken Selection
**19,90 €** | 16 %

90 2018 Spätburgunder Auslese trocken Grande Reserve
**13,90 €** | 15 % BEST BUY

★★★½

## DIEFENHARDT

Weingut Diefenhardt
65344 Eltville-Martinsthal · Hauptstraße 11
Tel. (06123) 71490 · Fax 74841
weingut@diefenhardt.de
**www.diefenhardt.com**

**Inhaber/in** Peter und Julia Seyffardt
**Keller** Julia Seyffardt

**Historie** im Familienbesitz seit 1917
**Rebfläche** 18 Hektar
**Jahresproduktion** 120 000 Flaschen
**Beste Lagen** Martinsthaler Schlenzenberg, Martinsthaler Langenberg, Rauenthaler Rothenberg, Martinsthaler Wildsau
**Boden** Phyllitschiefer mit Lössbeimengung, roter Phyllitschiefer
**Rebsorten** 85% Riesling, 15% Spätburgunder
**Gastronomie** Gutsausschank im Weingut
**Erlebenswert** Gewölbekeller
**Mitglied** VDP

Vibrierende Mineralik, balancierte Frucht und stringente Saftigkeit, sind der Grundtonus der stimmigen 2021er Rieslinge, die jahrgangsbedingt jedoch zuweilen nicht ganz an die sehr schöne Vorjahreskollektion heranreichen. Bei der charmanten Martinsthaler Wildsau kommen zu den oben genannten Attributen noch Aromen von Limette und reifen gelben Früchten hinzu. Demgegenüber ist der im Duft zurückhaltende Rothenberg am Gaumen schneidig und macht dort ordentlich Druck. Bei den zwei Martinsthaler Großen Gewächsen aus dem Jahrgang 2020 gefällt der Langenberg mit seiner ernsthaften Art und Aromen von weißen Blüten, Kräutern und saftigen exotischen Früchten. Er punktet etwas höher als der mineralische Schlenzenberg, der in der Nase noch verhalten ist. Im Mund ist er seidig, frisch und gelbfruchtig-saftig. Das Familienweingut wird von Peter Seyffardt, dem Vorsitzenden des Rheingauer Weinbauverbands, und seiner Tochter Julia geführt. Wie ihr Vater studierte sie in Geisenheim. Durch Auslandserfahrung in Südafrika und Frankreich bringt Julia neue Impulse in das Traditionsweingut, was gerade bei den Rotweinen erkennbar ist. Beim feinwürzigen, kirschfruchtigen Gutswein bekommt man einen ausnehmend guten Spätburgunder für sein Geld. Der Pinot aus der Wildsau hat seit dem letzten Jahr noch mal einen Punkt zugelegt. Das vielschichtige GG aus dem Schlenzenberg gewinnt mit jedem Tag Luft neue Facetten. Elegant und kraftvoll zugleich, werden Aromen von roten Früchten und mineralischer Würze von guter Struktur gestützt und bleiben lange am Gaumen haften.

**85** 2021 Riesling Kabinett trocken
**8,50 €** | 11,5%

**87** 2021 Martinsthaler Riesling trocken Alte Reben J.D.
**11,50 €** | 12%

**88** 2021 Riesling trocken Charta
**11,90 €** | 12%

**89** 2021 Martinsthaler Wildsau Riesling trocken
**13,90 €** | 12,5%

**89** 2021 Rauenthaler Rothenberg Riesling trocken
**14,90 €** | 12,5%

**90** 2020 Martinsthaler Schlenzenberg Riesling VDP.Großes Gewächs
**26 €** | 12,5%

**91** 2020 Martinsthaler Langenberg Riesling VDP.Großes Gewächs
**26 €** | 12,5%

**85** 2021 Riesling Kabinett feinherb
**8,50 €** | 11%

**87** 2021 Rauenthaler Riesling Kabinett feinherb
**9,50 €** | 10%

**85** 2021 Spätburgunder Rosé feinherb
**8,50 €** | 11,5%

**90** 2019 Spätburgunder trocken
**10,50 €** | 13% **BEST BUY**

**92** 2019 Martinsthaler Schlenzenberg Spätburgunder VDP.Großes Gewächs
**30 €** | 13%

★★½

## DILLMANN

Weingut Dillmann
65366 Geisenheim · Langestraße 17a
Tel. (06722) 8162
info@weingut-dillmann.de
**www.weingut-dillmann.de**

**Inhaber/in und Betriebsleitung** Marcel und Marius Dillmann
**Keller** Marcel Dillmann
**Außenbetrieb** Marcel Dillmann

**Rebfläche** 13 Hektar
**Jahresproduktion** 100 000 Flaschen
**Beste Lagen** Rüdesheimer Berg Rottland, Geisenheimer Rothenberg, Geisenheimer Kläuserweg, Winkeler Hasensprung, Assmanshäuser Höllenberg
**Boden** Lösslehm, verschiedene Quarzite, Schiefer
**Rebsorten** 70% Riesling, 20% Spätburgunder, 3% Grauburgunder, 3% Weißburgunder, je 1% Sauvignon Blanc, Gelber Muskateller, Cabernet Sauvignon und Merlot
**Gastronomie** Straußwirtschaft, Öffnungszeiten siehe Website
**Erlebenswert** Holzfasskeller, Blick von der Weingutsterrasse
**Mitglied** Generation Riesling

Der Aufwärtstrend hält an! Das Weingut Dillmann wurde zwar bereits 1980 gegründet, aber bis 2014 im Nebenerwerb geführt. Inzwischen bewirtschaftet man bereits zehn Hektar und das in so renommierten Lagen wie dem Geisenheimer Kläuserweg, dem Rüdesheimer Berg Rottland oder dem Winkeler Hasensprung. Von dort kommt auch der beste trockene Riesling der aktuellen Kollektion. In einem straff-festen Gewand zeigt er Saft, Tiefe und Länge. Nicht zuletzt hat uns aber auch die Durchgängigkeit der Kollektion gefallen. Schon der Literwein überzeugt und die Alten Reben sind ein veritables Schnäppchen. Das Gut hat auch eine Vorliebe für kuriose und kalauernde Beinamen. So firmiert ein saftiger, restsüßer Riesling als „Milde Hilde", der Rosé heißt „Rosalinde" und der Gelbe Muskateller trägt den Titel „Wundertüte". Und der macht in seiner knackig-typischen Art richtig Spaß. Deutlich seriöser ist dann wieder der Auftritt des Spätburgunders Reserve aus dem Kläuserweg. Er zeigt sich klar und kraftvoll mit einer dezenten Kokosnote, feiner Säure und beachtlicher Länge. Sehr gelungen!

WEINGUT DILLMANN

**84** 2021 Riesling Liter Lecker trocken
**5,90 €/1 Lit.** | 11,5%

**84** 2021 Weißer Burgunder trocken
**7,90 €** | 11,5%

**86** 2021 Muskateller trocken Wundertüte
**8,90 €** | 10,5%

**87** 2021 Riesling trocken Alte Reben
**6,90 €** | 12%

**88** 2021 Riesling Landwein trocken Rainer Stoff naturtrüb
**15 €** | 11,5%

**89** 2021 Geisenheimer Kläuserweg Riesling trocken
**12,90 €** | 12,5%

**89** 2021 Geisenheimer Rothenberg Riesling trocken
**13,90 €** | 12,5%

**90** 2021 Winkeler Hasensprung Riesling trocken
**15,90 €** | 12,5%

**86** 2021 Riesling Milde Hilde
**6,90 €** | 9,5%

**86** 2021 Spätburgunder Landwein trocken Jana Türlich Rosé
**10 €** | 12,5%

**86** 2021 Spätburgunder Rosé feinherb Rosalinde
**7,50 €** | 11%

**91** 2019 Geisenheimer Kläuserweg Spätburgunder trocken Reserve
**18 €** | 13%

## DOMDECHANT WERNER

Domdechant Werner'sches Weingut
65239 Hochheim · Rathausstraße 30
Tel. (06146) 835037 · Fax 835038
weingut@domdechantwerner.com
**www.domdechantwerner.com**

**Inhaber/in** Dr. Franz Werner Michel
**Betriebsleitung** Michael Bott
**Keller** Michael Bott

**Historie** seit 1780 im Familienbesitz, gegründet von Domdechant Werner
**Rebfläche** 13 Hektar
**Jahresproduktion** 100 000 Flaschen
**Beste Lagen** Domdechaney, Kirchenstück, Hölle
**Boden** Tonmergel, Löss, Muschelkalk
**Rebsorten** 95% Riesling, 5% Früh- und Spätburgunder
**Erlebenswert** klassizistisches Gutshaus und Hof aus dem 18. Jahrhundert
**Mitglied** VDP

Auch der 2021er Jahrgang ist hier ein Erfolg! Er schließt an die ausgesprochen gelungene Kollektion stilvoll-animierender Hochheimer aus dem Vorjahr an. Der sauber-knackige Gutswein bereitet mit seiner saftigen Herbe Trinkvergnügen pur. Auf der gleichen Linie liegt der dezent fruchtsüße Kabinett. Erfrischend und animierend! Die Weine von Ersten Lagen tragen große Namen: Kirchenstück und Domdechaney; die Großen Gewächse nun zusätzlich alte Gewann-Namen: Etwa Kirchenstück „Im Stein" und Hölle „Im Neuenberg". In anderen Häusern sind das die Namen für Erste-Lage-Weine. Aber so ist das nun mal im VDP. Wie dem auch sei, Kirchenstück und Domdechaney aus dem Jahrgang 2021 sind jedenfalls gediegen-stilvolle, klassische Hochheimer. Die Großen Gewächse liegen noch im Fass und werden nächstes Jahr vorgestellt. Die feingliedrige, nach Blüten und Korinthen duftende Stielweg Auslese rundet die Kollektion ab. Von der Terrasse des Gutshauses bietet sich ein wunderschöner Blick über Main und Rhein hinüber nach Mainz und zur Laubenheimer Höhe. Eine Kulturlandschaft wie man sie in Deutschland nicht häufig findet und selten mit vollem Bewusstsein wahrnimmt.

Domdechant Wernerſches Weingut
DOMDECHANT WERNER
- SEIT 1780 IM FAMILIENBESITZ -

**86** 2021 Hochheimer Riesling trocken
**13 €** | 12,5%

**87** 2021 Riesling trocken
**10 €** | 12,5%

**89** 2021 Hochheimer Kirchenstück Riesling trocken
**16 €** | 12,5%

**90** 2021 Hochheimer Domdechaney Riesling trocken
**18,50 €** | 12,5%

**86** 2021 Hochheimer Riesling feinherb Classic
**12 €** | 12%

**87** 2021 Hochheimer Riesling Kabinett
**12 €** | 9,5%

**90** 2021 Hochheimer Stielweg Riesling Auslese
**25 €** | 8,5%

**87** 2021 Frühburgunder trocken
**11 €** | 10,5%

★★

## EGERT

Weingut Egert
65347 Hattenheim · Rheinallee 33
Tel. (06723) 5557 · Fax 4958
egert@weingut-egert.de
**www.weingut-egert.de**

**Inhaber/in und Betriebsleitung** Manfred Egert
**Keller** Sophie Egert
**Außenbetrieb** Max Egert

**Historie** Weinbautradition in vierter und bald fünfter Generation
**Rebfläche** 9 Hektar
**Jahresproduktion** 45 000 Flaschen
**Beste Lagen** Hattenheimer Wisselbrunnen, Hattenheimer Nussbrunnen, Mittelheimer St. Nikolaus, Erbacher Siegelsberg, Erbacher Michelmark
**Boden** Lehmlöss
**Rebsorten** 98% Riesling, 1,5% Spätburgunder, 0,5% Weißburgunder
**Gastronomie** regelmäßig Weinveranstaltungen (Termine siehe Website), Eventlocation, vier Ferienwohnungen
**Mitglied** Vinissima, Generation Riesling

Eine wirklich gelungene Kollektion. Das Weingut Egert konnte einige Flächen in der Hattenheimer Spitzenlage Nussbrunnen in Pacht nehmen und hat dieses Potenzial mit dem Jahrgang 2021 auch eindrucksvoll genutzt. Besonders herausheben möchten wir die feinherbe, und somit also klassische Spätlese. Ein Wein der Frucht, Tiefe und Spiel auf das animierendste verbindet und immer rasch ausverkauft ist. Das 2020er Große Gewächs aus dem Wisselbrunnen überzeugt mit feiner Fülle, präzisem Säurespiel und feinherber Länge. Aber auch die übrige Kollektion zeigt keine Schwächen. Seien es die rassig-saftigen, trockenen Kabinette oder der animierende Riesling-Sekt aus dem Doosberg. Ein besonderes Vergnügen bereitet der klarfruchtige Rosé mit animierender Herbe im Finish. Wir sind auf die Fortsetzung gespannt.

**87** 2020 Oestricher Doosberg Riesling Brut nature Schwarze Linie
**14,80 €** | 12,5%

**86** 2021 Hattenheimer Hassel Riesling Kabinett trocken
**8,50 €** | 12%

**87** 2021 Erbacher Michelmark Riesling Kabinett trocken
**8,30 €** | 12%

**88** 2021 Hattenheimer Wisselbrunnen Riesling Spätlese trocken Hommage à Jean
**12,80 €** | 12,5%

**88** 2020 Hattenheimer Nussbrunnen Riesling trocken Grosses Gewächs
**21,50 €** | 13,5%

**90** 2020 Hattenheimer Wisselbrunnen Riesling trocken Grosses Gewächs
**21,50 €** | 13,5%

**88** 2021 Erbacher Siegelsberg Riesling Spätlese feinherb
**10,80 €** | 11%

**90** 2021 Hattenheimer Nussbrunnen Riesling Spätlese feinherb
**15,50 €** | 12%

**87** 2021 Spätburgunder Rosé trocken
**10,80 €** | 13%

## CARL EHRHARD

Weingut Carl Ehrhard
65385 Rüdesheim am Rhein
Geisenheimer Straße 3
Tel. (06722) 47396 · Fax 406690
info@carl-ehrhard.com
**www.weingut-carlehrhard.de**

**Inhaber/in und Betriebsleitung**
Carl Ehrhard
**Keller** Carl Ehrhard
**Außenbetrieb** Carl Ehrhard

**Historie** gegründet 1984
**Rebfläche** 7 Hektar
**Jahresproduktion** 40 000 Flaschen
**Beste Lagen** Rüdesheimer Berg Rottland, Berg Roseneck, Bischofsberg, Klosterlay, Drachenstein, Kirchenpfad
**Boden** Taunusquarzit
**Rebsorten** 85% Riesling, 14% Spätburgunder, 1% Grauburgunder
**Gastronomie** zweimal im Jahr jeweils 3-6 Wochen Gutsausschank im Sommer und November/Dezember

Der Jahrgang 2021 ist hier erneut maßstabgebend ausgefallen. Die Weine sind klar, tief und bei aller Substanz von einer animierenden Leichtigkeit. Noch einmal besser als in den Vorjahren! Und die trockenen Spitzenrieslinge aus dem Berg Rottland, die Urstücke Rottland und Wilgert, haben Konkurrenz bekommen: den mineralisch-saftigen, ungemein belebenden Berg Roseneck Urstück Ramstein. Im Keller setzt Carl Ehrhard vor allem auf Stückfässer, die in einer beachtlichen Zahl in den letzten Jahren gekauft wurden. Neueste Anschaffung ist eine weitere Korbpresse. Verbunden auch mit teilweise längerer Maischestandzeit, prägt dies die kraftvoll-klaren, trockenen Bergweine auf markante Weise im Duft. Kompromisslos knackig zeigen sich die Gutsweine. Das ist Riesling unplugged. Hierfür hat er im letzten Jahr den Begriff „Old School" eingeführt. Beide Varianten haben uns sehr gut gefallen. Es sind echte Schnäppchen. Einen eigenen Hinweis verdient auch der geschliffen-kernige Kuhweg mit seiner sublimen Aromatik. Ein Anliegen von Carl Ehrhard ist es, an die alten Flur- und Lagennamen zu erinnern, die mit dem Weingesetz von 1971 verschwunden sind. So hängt er an die offizielle Lagenbezeichnung den Gewann-Namen an und nennt das Ganze Urstück.

### Landweine und Prädikatsweine

Seine trockenen und feinherben Weine vermarktet Carl Ehrhard als Landweine. Kommt aber mehr Restsüße ins Spiel, so ist er ein vehementer Verfechter der klassische Prädikate. Der saftig-geschliffenen Roseneck Kabinett ist 2021 großartig ausgefallen. Ein mustergültiger Vertreter seiner Kategorie, der Animation, Leichtigkeit und Tiefe verbindet. Bei den feinrassigen Spätlesen hat der geschliffene Rottland die Nase vorn. Eine edle Auslese rundet diese überzeugende Kollektion stimmig ab. Dass hier vor 20 Jahren schon tolle Weine entstanden sind, belegen die edelsüßen 2002er nachdrücklich. Sie besitzen alles was man von einem großen Rheingauer Riesling erwartet: Edlen Schmelz, Fruchtspiel und feine Länge!

**89** 2021 Riesling trocken Old School
**10 €** | 11,5%

**89** 2021 Riesling trocken „Herr Ehrhard unfiltered"
**13 €** | 12%

**89** 2021 Rüdesheimer Riesling trocken Dornenkrone
**14,50 €** | 12%

**91** 2021 Rüdesheimer Berg Roseneck Riesling trocken Unterer Platz
**18 €** | 12 %

**92** 2021 Rüdesheimer Bischofsberg Riesling trocken Kuhweg
**14,50 €** | 12 %

**93** 2021 Rüdesheimer Berg Rottland Riesling trocken Wilgert
**22 €** | 12,5%

**94** 2021 Rüdesheimer Berg Rottland Riesling trocken Rottland
**28 €** | 12,5%

**96** 2021 Rüdesheimer Berg Roseneck Riesling trocken Ramstein
**17 €** | 12 % TOP 10

**90** 2021 Riesling feinherb Old School
**9,50 €** | 10,5%

**94** 2021 Rüdesheimer Berg Roseneck Riesling Kabinett
**10 €** | 9 % TOP 10

**92** 2021 Rüdesheimer Berg Roseneck Riesling Spätlese
**17 €** | 7,5%

**95** 2021 Rüdesheimer Berg Rottland Riesling Spätlese
**19 €** | 8 %

**92** 2002 Rüdesheimer Berg Roseneck Riesling Auslese
**Preis auf Anfrage/0,375 Lit.** | 9,5%

**95** 2021 Rüdesheimer Berg Rottland Riesling Auslese
**25 €/0,375 Lit.** | 7 %

**97** 2002 Rüdesheimer Berg Roseneck Riesling Beerenauslese
**Preis auf Anfrage/0,375 Lit.** | 9 %

**98** 2002 Rüdesheimer Berg Rottland Riesling Trockenbeerenauslese
**Preis auf Anfrage/0,375 Lit.** | 7,5%

★★

## H. J. ERNST

Weingut H. J. Ernst
65343 Eltville · Holzstraße 38–40
Tel. (06123) 2363 · Fax 4062
buero@weingut-ernst.de
**www.weingut-ernst.de**

**Inhaber/in und Betriebsleitung**
Johannes Ernst

**Rebfläche** 40 Hektar
**Jahresproduktion** 250 000 Flaschen
**Beste Lagen** Eltviller Sonnenberg, Eltviller Langenstück, Rauenthaler Wülfen
**Boden** Löss, kiesiger Lehm
**Rebsorten** 65% Riesling, 14% Spätburgunder, je 5% Weißburgunder, Grauburgunder und Sauvignon Blanc, je 2% Gewürztraminer, Roter Riesling und Chardonnay
**Gastronomie** Sylter Fischgerichte & regionale Spezialitäten zu den Rheingauer Schlemmerwochen, „Vatertage“ und Hoffest

Wieder auf sehr gutem Niveau sind die restsüßen Riesling-Prädikatsweine des Jahrgangs 2021. Die balancierte Spätlese aus dem Taubenberg besticht mit Frucht und feiner Säure. Aus dem Sonnenberg stammt dann ein Rheingauer Klassiker par excellence. Die Auslese verbindet feine Exotik mit Honig-Anklängen, klarer Mitte und einer fein fließenden Säure. Aber auch die feinherben Gewächse zeigen Klasse. Sei es die gediegene Spätlese aus dem Sonnenberg oder die geschliffene Selection aus dem Langenstück mit jahrgangstypischer Säure. Der 40 Hektar große Eltviller Betrieb besitzt auch Flächen im renommierten Rauenthaler Wülfen. Von hier stammt immer ein balancierter Kabinett. Dass man sich auch auf trockene Spitzenweine versteht, belegt das 2020er Rheingauer Große Gewächs aus dem Sonnenberg. Klare Frucht, elegante Fülle und eine stimmige Herbe im Finish zeichnen es aus. Als erfrischender Abschluss seien die animierende Cuvée Kernstück und der mit Frucht und Fülle prunkende Sauvignon Blanc Brut empfohlen.

**84** 2020 Eltviller Sonnenberg Riesling Brut
**10 €** | 12,5%

**86** 2018 Sauvignon Blanc Brut
**12 €** | 13%

**83** 2021 Sauvignon Blanc trocken
**8 €** | 11,5%

**85** 2021 Cuvée Kernstück trocken
**8 €** | 11,5%

**89** 2020 Eltviller Sonnenberg Riesling trocken Grosses Gewächs RHG
**16 €** | 12,5%

**86** 2021 Rauenthaler Wülfen Riesling Kabinett halbtrocken
**7,50 €** | 11,5%

**87** 2021 Eltviller Sonnenberg Riesling Spätlese halbtrocken
**9 €** | 11,5%

**84** 2021 Riesling feinherb Classic
**7,50 €** | 12%

**88** 2021 Eltviller Langenstück Riesling feinherb Selection
**12 €** | 12%

**89** 2021 Eltviller Taubenberg Riesling Spätlese
**9 €** | 9,5%

**91** 2021 Eltviller Sonnenberg Riesling Auslese
**15 €/0,5 Lit.** | 8,5%

**86** 2020 Eltviller Langenstück Spätburgunder Auslese trocken
**16 €** | 14%

★★★

## AUGUST ESER

Weingut August Eser
65375 Oestrich-Winkel · Friedensplatz 19
Tel. (06723) 5032 · Fax 87406
mail@eser-wein.de
**www.eser-wein.de**

**Inhaber/in und Betriebsleitung**
Désirée Eser Freifrau zu Knyphausen, Dodo Freiherr zu Knyphausen

**Historie** Gründung des Weinguts 1759, Bewirtschaftung in zehnter Generation
**Rebfläche** 11 Hektar
**Jahresproduktion** 80 000 Flaschen
**Beste Lagen** Oestricher Doosberg und Lenchen, Hattenheimer Nussbrunnen, Wisselbrunnen, Engelmannsberg, Rauenthaler Rothenberg, Winkeler Jesuitengarten und Hasensprung, Hallgartener Schönhell und Jungfer, Mittelheimer Edelmann und St. Nikolaus
**Boden** tertiäre Mergelböden, Lösslehm und Schieferböden
**Rebsorten** 88% Riesling, 10% Spätburgunder, 2% Roter Riesling
**Erlebenswert** historischer Fasskeller mit einem rund 250 alten Gewölbe
**Mitglied** VDP, Vinissima, Charta

Es mag auch an der eigenen Geschichte liegen, dass dieses Weingut, gegründet 1759, heute in zehnter Generation bewirtschaftet, einer der wenigen Betriebe im Rheingau ist, die mit Nachdruck das Konzept des für die Auktion in Kloster Eberbach vorgesehenen Riesling Reserve verfolgen. Der präzise, klare 2021er besitzt gute Tiefe und ein animierendes Spiel. Er schlägt dabei viele Große Gewächse, auch die des eigenen Hauses. Wisselbrunnen und Doosberg sind gehaltvoll und sehr gut, kommen aber an diesen Riesling nicht ganz heran. Sehr erfreulich ist auch der Gutswein My Way. Er überzeugt mit Aromen weißer Früchte, straffer Art und stimmiger Herbe. Wie gut die Weine hier reifen können, konnten wir im letzten Jahr am Beispiel der 2015er überprüfen. Der klassische Rheingauer Ausbau-Stil trägt hier schöne Früchte. Die vielversprechende 2021er Auslese aus dem Wisselbrunnen war zum Zeitpunkt unserer Verkostung noch nicht gefüllt und nur als Fassprobe verfügbar. Ein nach klarem Apfel duftender, frischer Riesling-Sekt rundet die Kollektion stimmig ab.

AUGUST ESER
RHEINGAU

| | | |
|---|---|---|
| 88 | 2020 Riesling Sekt Brut<br>**Preis auf Anfrage** \| 12,5% | |
| 86 | 2021 Oestricher Riesling trocken vom Löss<br>**9,90 €** \| 11,5% | |
| 86 | 2021 Winkeler Riesling trocken<br>**9,90 €** \| 11,5% | |
| 87 | 2021 Riesling trocken My Way<br>**8,50 €** \| 11,5% | |
| 89 | 2021 Hattenheimer Engelmannsberg Riesling trocken<br>**14,90 €** \| 12% | |
| 91 | 2021 Hattenheimer Wisselbrunnen Riesling VDP.Großes Gewächs<br>**35 €** \| 13% | |
| 91 | 2021 Oestricher Doosberg Riesling VDP.Großes Gewächs<br>**35 €** \| 13% | |
| 93 | 2021 Riesling trocken Reserve<br>12,5% | TIPP AUKTION |
| 87 | 2021 Rauenthaler Riesling feinherb<br>**9,90 €** \| 12% | |

★★

## H. T. ESER

Weingut H. T. Eser
65375 Oestrich-Winkel · Rheingaustraße 12
Tel. (06723) 6016980 · Fax 6016985
post@weingut-eser.de
**www.weingut-eser.de**

**Inhaber/in** Christoph und Thomas Eser
**Betriebsleitung** Christoph Eser
**Keller** Thomas Eser
**Außenbetrieb** Christian Franzbäcker

**Rebfläche** 15 Hektar
**Jahresproduktion** 100 000 Flaschen
**Beste Lagen** Oestricher Lenchen und Doosberg, Mittelheimer St. Nikolaus, Rauenthaler Rothenberg
**Boden** Tiefgründiger Lösslehm, Tonmergel und kiesig-sandiger Lehm
**Rebsorten** 73% Riesling, 17% Spätburgunder, 4% Weißburgunder, 3% PiWi, 3% übrige Sorten
**Erlebenswert** Gründerzeitvilla aus dem 19. Jahrhundert

Eine überzeugende Kollektion. Die bisher gefüllten 2021er sind sehr gelungen. Gerade der saftig-klare Nr. 1 ist ein trockener Riesling-Basiswein par excellence. Auf der anderen Seite des Spektrums besticht die Spätlese aus dem St. Nikolaus mit balancierter Art und einem feinen Hauch Zitronenmelisse. Da die meisten ihrer Weine aus den Oestricher Lagen Lenchen und Doosberg stammen, haben die Esers eigene Bezeichnungen eingeführt, um ihr Sortiment zu strukturieren. Die Rieslinge tragen zusätzlich die Bezeichnungen Mineralist, Purist, Harmonist sowie an der Spitze Urwerk und 1894. Und auch Christoph und Thomas Eser haben sich entschlossen, ihre besten trockenen Weine erst ein Jahr später vorzustellen. So konnten wir die Urwerk und 1894 genannten Rieslinge des Jahrgangs 2020 nun zum ersten Mal probieren. Beide Weine sind im Holz ausgebaut und besitzen Struktur und gute Dichte. Beim 1894 kommen noch Komplexität und Tiefe hinzu. Der klar und schmelzige Spätburgunder-Rosé Schwarzweiß rundet die Kollektion stimmig ab.

**86** 2021 Spätburgunder trocken Schwarzweiß
**9,80 €** | 12,5%

**87** 2021 Riesling trocken Nr.1
**8,40 €** | 12%

**87** 2021 Oestricher Doosberg Riesling trocken Purist
**10,40 €** | 12,5%

**88** 2021 Oestricher Lenchen Riesling trocken Mineralist
**9,80 €** | 12,5%

**89** 2020 Oestricher Lenchen Riesling trocken Urwerk
**13,80 €** | 13%

**90** 2020 Oestricher Doosberg Riesling trocken 1894
**19,40 €** | 12,5%

**88** 2021 Oestricher Lenchen Riesling halbtrocken Harmonist
**9,80 €** | 12%

**86** 2021 Riesling feinherb Classic No2
**8,40 €** | 11,5%

**89** 2021 Mittelheimer St. Nikolaus Riesling Spätlese
**10,80 €** | 7,5%

★★

## FENDEL

Weingut Friedrich Fendel
65385 Rüdesheim am Rhein · Marienthaler Straße 46
Tel. (06722) 90570 · Fax 905766
info@friedrich-fendel.de
**www.friedrich-fendel.de**

**Inhaber/in** Familie Fendel-Hetzert
**Betriebsleitung** Paul P. Hetzert
**Keller** Paul P. Hetzert
**Außenbetrieb** Paul P. Hetzert

**Historie** gegründet 1510 am Mittelrhein
**Rebfläche** 13 Hektar
**Jahresproduktion** 102 000 Flaschen
**Beste Lagen** Rüdesheimer Berg Schlossberg, Berg Roseneck, Berg Rottland und Kirchenpfad,
**Boden** Quarzit- und Phyllitschiefer, Sandstein und Lösslehm
**Rebsorten** 85% Riesling, 10% Blauer Spätburgunder, 3% Weißburgunder, 2% Roter Riesling
**Erlebenswert** Gewölbekeller
**Mitglied** VDP, Charta

Eine gelungene Kollektion, bei der bereits der knackig-klare Liter-Riesling überzeugt. Der saftige Gutswein setzt die Reihe stimmig fort, so dass es dem Rüdesheimer schwer fällt, sich deutlich abzusetzen. Bemerkenswert ist der trockene Riesling aus der Klosterlay, einer wenig beachteten und unterschätzten Lage im Rüdesheimer Ortsteil Eibingen. Das hat Schliff und Charakter. Der als Marke geschützte „fum Allerhinnerschde" ist wieder ein saftiger Trunk und ein beispielhafter Gutswein. Der klarfruchtige, feinherbe Rüdesheimer besticht mit feinem Süße-Säure-Spiel. Und wie in jedem Jahr überzeugt auch die klassische Spätlese aus dem Berg Schlossberg. Die feine Säure unterstreicht das klare Finish dieses balancierten Weins. Der Rüdesheimer Familienbetrieb wird von den Gebrüdern Hetzert geleitet. Paul P. Hetzert verantwortet Keller und Betrieb, Walter Hetzert ist für den Verkauf zuständig. Aus dem Jahr 2020 können sie erstmals einen Rüdesheimer mit dem Titel „vom Berg" vorstellen. Ein reifer Riesling mit guter Fülle, dessen Bezeichnung eine besseres Herausheben einer Cuvée aus den Berg-Lagen erlaubt. Das klare, geschliffene Große Gewächs aus dem Roseneck, ebenfalls aus dem Jahr 2020, setzt dann den charaktervollen Schlusspunkt.

★★★

## JOACHIM FLICK

Weingut Joachim Flick
65439 Flörsheim-Wicker · Straßenmühle
Tel. (06145) 7686 · Fax 54393
info@flick-wein.de
**www.flick-wein.de**

**Inhaber/in und Betriebsleitung**
Reiner Flick
**Keller** Matteo Betteto, Katharina Flick
**Außenbetrieb** Sebastian Bauer

**Historie** Weinbau seit 1650
**Rebfläche** 20 Hektar
**Jahresproduktion** 180 000 Flaschen
**Beste Lagen** Wickerer Nonnberg (Alleinbesitz), Mönchsgewann und Stein, Hochheimer Hölle, Hochheimer Königin Victoriaberg (Alleinbesitz)
**Boden** Lösslehm, Kalkstein, Tonmergel
**Rebsorten** 75% Riesling, 8% Spätburgunder, 17% übrige Sorten (Grau- und Weißburgunder, Sauvignon Blanc, Chardonnay, Gelber Muskateller)
**Gastronomie** Hofladen
**Erlebenswert** Hofgut Straßenmühle (700 Jahre alt) und Victoriadenkmal
**Mitglied** VDP

Aus der Monopollage Königin Victoriaberg konnten wir in diesem Jahr den fein gereiften, trockenen 2013er verkosten, der mit Spiel und feinherber Länge überzeugt. Und so auch das Potenzial der Lage nachdrücklich unterstreicht. Aus dem aktuellen Jahrgang gefällt uns der saftige Kabinett besonders. Das für die Weine dieser Herkunft genutzte historische Etikett erinnert an den Besuch von Queen Victoria und Prinz Albert im Jahre 1845 und ist wirklich etwas Besonderes. Bei den gelungenen Guts- und Ortsweinen sehen wir auch in diesem Jahr den animierenden Lorchhäuser leicht vor dem gehaltvollen Wickerer. Reintönig mit Spiel und feiner Säure zeigt sich der Nonnberg Erste Lage. Das 2020er Große Gewächs aus dem Gewann Vier Morgen besticht mit balancierter Fülle und mineralischer Tiefe. Es hat sich gut entwickelt. Das gilt auch für sein 2016er Pendant, das zartrauchige Reife mit einem straff-klaren Fluss verbindet. Mit deutlicher Holzprägung und Anklängen an Rumtopf fordert der straff strukturierte 2019er Spätburgunder aus dem Nonnberg Fuhshohl noch etwas Geduld ein. Zuletzt sei noch auf einen Rheingauer Klassiker hingewiesen: den saftig-rassigen Charta.

**84** 2021 Riesling Liter trocken
**8,80 €/1 Lit.** | 12,5%

**86** 2021 Riesling trocken
**8,60 €** | 12,5%

**86** 2021 Weißer Burgunder trocken
**9,30 €** | 12,5%

**86** 2021 Rüdesheimer Riesling trocken
**9,90 €** | 12,5%

**87** 2021 Rüdesheimer Roter Riesling trocken
**12,90 €** | 12%

**89** 2021 Rüdesheimer Klosterlay Riesling trocken
**13,90 €** | 12,5%

**89** 2020 Rüdesheimer Riesling trocken vom Berg
**14,90 €** | 12,5%

**90** 2020 Rüdesheimer Berg Roseneck Riesling VDP.Großes Gewächs
**24,50 €** | 12,5%

**86** 2021 Riesling feinherb „fum Allerhinnerschde“
**8,60 €** | 12%

**88** 2021 Rüdesheimer Riesling feinherb
**9,90 €** | 12%

**90** 2021 Rüdesheimer Berg Schlossberg Riesling Spätlese
**16,50 €** | 8%

**84** 2021 Spätburgunder Rosé feinherb
**8,60 €** | 12%

**86** 2021 Riesling trocken F. vini et vita
**8 €** | 12,5%

**86** 2021 Wicker Riesling trocken Alte Reben
**9,80 €** | 12,5%

**87** 2021 Lorchhäuser Riesling trocken
**9,80 €** | 12,5%

**87** 2021 Hochheimer Königin Viktoriaberg Riesling trocken
**14,50 €** | 12,5%

**88** 2021 Wicker Nonnberg Riesling trocken Monopol
**13,90 €** | 12,5%

**89** 2021 Riesling trocken Charta
**9,80 €** | 12 % BEST BUY

**89** 2015 Wicker Riesling trocken Alte Reben
**Preis auf Anfrage** | 12,5%

**90** 2020 Wicker Nonnberg Riesling VDP. Großes GewächsVier Morgen
**28,50 €** | 13,5%

**90** 2013 Hochheimer Königin Viktoriaberg Riesling trocken
**Preis auf Anfrage** | 12,5%

**90** 2016 Wicker Nonnberg Riesling VDP. Großes GewächsVier Morgen
**Preis auf Anfrage** | 13 %

**89** 2021 Hochheimer Königin Viktoriaberg Riesling Kabinett
**14,90 €** | 8,5%

**89** 2019 Wicker Nonnberg Spätburgunder trocken Fuhshohl
**32 €** | 13,5%

## PETER FLICK

Weingut Peter Flick
65239 Hochheim · Holger-Crafoord-Straße 4
Tel. (06146) 6590 · Fax 601570
info@wein-vom-flick.de
**www.wein-vom-flick.de**

**Inhaber/in und Betriebsleitung**
Peter Flick
**Keller** Peter Flick
**Außenbetrieb** Klaus Flick

Das Jahr 2021 scheint Peter Flick gelegen zu haben. Er stellte uns eine gelungene Kollektion animierender, trockener Rieslinge vor. Es beginnt mit dem sauber-saftigen Wickerer, setzt sich fort mit der kraftvollen Weiß Erd und gipfelt im dichten Mönchsgewann Verflickst. Auch die restsüßen Prädikate wissen zu gefallen. Sei es die apfelduftige, gut strukturierte Spätlese aus dem Stein oder die sanft fließende, exotisch duftende Auslese aus dem Mönchsgewann. Ein besonderer Tipp ist noch die ebenso typische wie animierende trockene Scheurebe.

**84** 2021 Grauburgunder trocken
**8,50 €** | 12 %

**85** 2021 Wickerer Riesling trocken
**7 €** | 11,5%

**85** 2021 Spätburgunder Blanc de Noirs trocken
**7,50 €** | 11,5%

**86** 2021 Scheurebe trocken
**7,50 €** | 11,5%

**86** 2021 Hochheimer Hölle Riesling trocken Alte Reben
**9,50 €** | 12,5%

**87** 2021 Kostheimer Weiß Erd Riesling trocken
**10,50 €** | 12,5%

**88** 2021 Wickerer Mönchsgewann Riesling trocken Verflickst
**10,50 €** | 12,5%

**85** 2021 Riesling feinherb Classic
**7,50 €** | 12 %

**85** 2021 Wickerer Stein Riesling Kabinett
**8 €** | 7 %

**87** 2021 Wickerer Stein Riesling Spätlese
**9,50 €** | 7 %

**89** 2021 Wickerer Mönchsgewann Riesling Auslese
**30 €/0,5 Lit.** | 7 %

## MEINE FREIHEIT

Weingut Meine Freiheit
65375 Oestrich-Winkel · Rheinstraße 3
Tel. (06723) 9980420 · Fax 9980422
info@weingutmeinefreiheit.de
**www.weingutmeinefreiheit.de**

**Inhaber/in** Sascha Magsamen
**Betriebsleitung** Sabrina Schach
**Keller** Sabrina Schach
**Außenbetrieb** Sabrina Schach

**Historie** gegründet im Jahr 2010
**Rebfläche** 20 Hektar
**Jahresproduktion** 90 000 Flaschen
**Beste Lagen** Assmannshäuser Höllenberg, Rüdesheim Berg Schlossberg & Berg Rottland, Geisenheimer Rothenberg, Hallgartener Hendelberg, Winkeler Hasensprung
**Boden** Schiefer, Quarzit, Löss, Lehm
**Rebsorten** 45% Riesling, 25% Spätburgunder, 10% Roter Riesling, 20% übrige Sorten

Seit der Gründung im Jahr 2010 ist das Gut beständig gewachsen. Der wichtigste Schritt war dabei sicherlich, dass die jetzige Kellermeisterin Sabrina Schach die Rebflächen, Kollegen und einen großen Fundus an Flaschen von ihrer letzten Arbeitsstätte, dem Sektgut Solter, mitbrachte. Dass sie nicht nur ein Händchen für die Sektbereitung hat, zeigt sich an der gestiegenen Qualität der Weine der Jahrgänge 2020 und 2021. Besonders gefallen hat uns der Rote Riesling Kabinett. Einer der besten Weine von dieser Rebsorte, den wir bisher verkosten konnten. Reife Zitrusnoten geben dem saftigen, gut balancierten Wein den letzten animierenden Touch. Mit klarer Frucht, Noten dunkler Röstung überzeugt der lang anhaltende Höllenberg. Der Riesling von der Nahe aus der Monopollage Schloss Gutenburg zeigt erste Noten von rauchiger Reife, besitzt eine klare Mitte und ein feinherbes Finish. Grandios sind nach wie vor die Sekte. Ihre Grundweine scheinen allerdings immer noch aus dem Bestand von Solger zu stammen. Wie dem auch sei: Sekte wie der feinduftig-frische Rothenberg Chardonnay Brut nature oder der straffe Pinot Meunier mit heinherbem Hefe-Touch verdienen zu Recht ein Ausrufezeichen. Und der elegante und tiefe 2016er Pinot Brut nature kann in der deutschen Spitze mithalten.

**89** 2015 Blanc de blancs Brut
**15 €** | 12 %

**89** 2017 Rüdesheimer Chardonnay Brut nature
**23 €** | 12 %

**90** 2017 Geisenheimer Rothenberg Chardonnay Brut nature
**28 €** | 12 %

**90** 2016 Pinot Meunier Brut nature
**45 €** | 13 %

**92** 2016 Pinot Brut nature
**Preis auf Anfrage** | 12,5%

**85** 2020 Schloss Gutenburg Riesling trocken Monopol
**13 €** | 12,5%

**86** 2020 Grauburgunder trocken Barrique
**11 €** | 13,5%

**86** 2021 Riesling & Roter Traminer feinherb Pride Edition
**11 €** | 11,5%

**89** 2021 Roter Riesling Kabinett
**14,50 €** | 10,5%

**89** 2019 Assmannshäuser Höllenberg Spätburgunder trocken Barrique
**21 €** | 13 %

★★

## FREIMUTH

Weingut Freimuth
65366 Geisenheim-Marienthal
Am Rosengärtchen 25
Tel. (06722) 981070 · Fax 981071
info@freimuth-wein.de
**www.freimuth-wein.de**

**Inhaber/in und Betriebsleitung**
Jonas Freimuth
**Keller** Jonas Freimuth

**Rebfläche** 12 Hektar
**Jahresproduktion** 60 000 Flaschen
**Beste Lagen** Geisenheimer Kläuserweg, Rüdesheimer Bischofsberg
**Boden** Tiefgründiger Lösslehm
**Rebsorten** 60% Riesling, 20% Spätburgunder, 10% Weißburgunder, je 5% Grauburgunder und Sauvignon Blanc
**Erlebenswert** Panorama-Terrasse
**Mitglied** VDP

Die gelungenen 2019er Sekte stehen noch ganz am Anfang ihrer Entwicklung. Mit Luft verbessern sie sich deutlich. Floral-würzig, mit herber Fülle und guter Tiefe zeigt sich der Riesling Brut, klar und knackig mit einer präzisen Linie der Pinot Brut. Wie so oft überzeugen bei Jonas Freimuth gerade auch die Basisweine. Der herb-saftige Gutswein oder der würzige Alten Reben mit feinem Säurespiel bieten viel Wein fürs Geld. Eine besondere Erwähnung in dieser Kategrie verdient der saftig-pikante 2020er Charta. Der Rüdesheimer Bischofsberg aus demselben Jahr sticht hier als Erste Lage nur wenig heraus. Sehr gelungen sind die 2019er Spätburgunder: Der harmonische Lignum mit sanfter Fülle und vor allem der fein vom Holz geprägte Magdalenenkreuz, mit feiner Herbe und würzigem Nachhall. Die Gutsweine von Grauburgunder und Sauvignon Blanc fanden wir weniger spannend. Großartig ist hingegen die Trockenbeerenauslese vom Roten Riesling. Wir notierten: Frucht, Saft, tolle Säure und eine klare Länge. Ein Wein für Jahrzehnte!

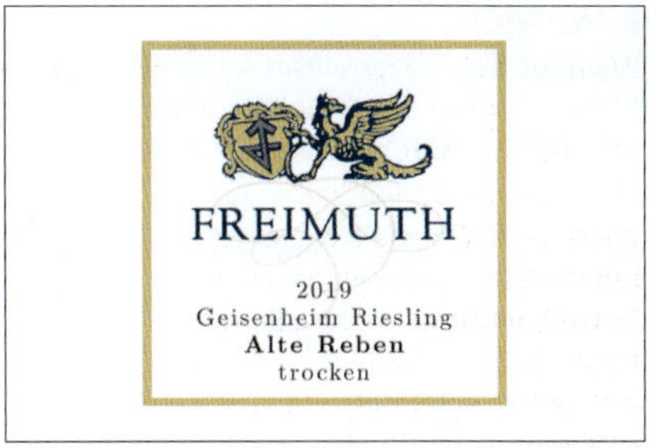


**87** 2019 Pinot Brut
**12 €** | 12,5%

**88** 2019 Riesling Brut
**12 €** | 12,5%

**83** 2021 Grauburgunder trocken
**8,50 €** | 12,5%

**84** 2021 Sauvignon Blanc trocken
**9,50 €** | 12 %

**85** 2021 Riesling trocken
**7,50 €** | 11,5%

**85** 2021 Geisenheimer Roter Riesling trocken
**9,50 €** | 12 %

**87** 2021 Geisenheimer Riesling trocken Alte Reben
**9,50 €** | 12 %

**89** 2020 Rüdesheimer Bischofsberg Riesling trocken
**14,50 €** | 13 %

**88** 2020 Riesling feinherb Charta
**9,50 €** | 12,5%

**92** 2020 Geisenheimer Mönchspfad Roter Riesling Trockenbeerenauslese
**99 €** | 8,5%

**87** 2018 Rüdesheimer Spätburgunder trocken Lignum
**11,50 €** | 13,5%

**90** 2018 Rüdesheimer Magdalenenkreuz Spätburgunder trocken
**23 €** | 14 %

★★★★

## EVA FRICKE

Weingut Eva Fricke GmbH & Co. KG
65343 Eltville · Elisabethenstraße 6
Tel. (06123) 703658 · Fax 7932420
info@evafricke.com
**www.evafricke.com**

**Inhaber/in** Eva Fricke
**Betriebsleitung** Oliver Schmid
**Historie** gegründet im Jahr 2011
**Rebfläche** 17 Hektar
**Jahresproduktion** 80 000 Flaschen
**Beste Lagen** Lorchhäuser Seligmacher, Lorcher Krone, Lorcher Schlossberg, Eltviller Langenstück und Kiedricher Klosterberg
**Boden** Schiefer und Quarzit (Lorch), sandiger Lösslehm und Ton (Eltville, Kiedrich, Hattenheim)
**Rebsorten** 98% Riesling, 2% Spätburgunder und Weißburgunder

Eine vorzügliche Kollektion! Vielleicht die beste, die wir hier bisher verkosten konnten. Schon der feinfruchtige, schmelzig-präzise Pinot noir Rosé Brut Nature setzt ein erstes Ausrufezeichen. Den Namen Eva Fricke verbindet man vor allem mit Lorch. Ihre mineralisch-intensiven Rieslinge von den steilen Weinbergen an der Grenze zum Mittelrhein haben sie bekannt gemacht. Dies belegt beispielhaft in jedem Jahr der mineralisch-cremige Lorcher mit pikanter Art, guter Tiefe und klarer Länge. Größer werdende Anteile des Weins stammen aus den Neupflanzungen in der Krone. Und die Krone ist im unteren Gewann zum Rhein hin etwas Besonderes: Zwei Meter Schiefer über vier Meter Kalk. Von hier stammt auch der beste trockene Wein des Hauses. Ein Riesling, der am besten aus einem großen Burgunderglas schmeckt. Inzwischen spielen aber Kiedricher und vor allem Eltviller Lagen eine beachtliche Rolle im Portfolio des Betriebs. Im Eltviller Langenstück (für Freunde historischer Bezeichnungen im Mönch-Hanach) konnte alter Eltzscher Besitz gepachtet werden. Und was hier zukünftig möglich ist, belegt der dichte, elegante Mélange mit feiner Säure und langem Nachhall. Begeistert hat uns ebenfalls der mineralisch-pikante, feinherbe Schossberg von Reben, die zwischen 1938 und 1954 gepflanzt wurden. Aus dieser Lage stammen auch zwei herausragende Prädikatsweine. Die in sich ruhende Spätlese mit feiner Fülle und die präzise Beerenauslese mit Sahne-Anklang und toller Säure. Nicht vergessen sollte man bei so viel edelsüßer Brillanz den erfrischenden Silvaner von über 70 Jahre alten Reben. Die Umstellung auf biologischen Weinbau steht vor dem Abschluss. Alle Lorcher Weine können nun dementsprechend gekennzeichnet werden. Das ist 4-Sterne-Niveau.

**91** 2021 Pinot Noir Extra Brut Rosé
**29 €** | 12,5%

**88** 2021 Riesling trocken
**14,80 €** | 12%

**89** 2021 Kiedricher Riesling trocken
**19,80 €** | 12%

**90** 2021 Silvaner trocken
**19,80 €** | 11,5% TIPP

**91** 2021 Lorcher Riesling trocken
**19,80 €** | 12,5%

**93** 2021 Riesling trocken Mélange
**28 €** | 13%

**97** 2021 Lorcher Krone Riesling trocken
**80 €** | 12,5% TOP 10

**92** 2021 Lorchhäuser Seligmacher Riesling feinherb
**49 €** | 11,5%

**93** 2021 Lorcher Schlossberg Riesling feinherb
**53 €** | 12%

**93** 2021 Lorcher Schlossberg Riesling Spätlese
**38 €** | 7,5%

**96** 2021 Lorcher Krone Riesling Beerenauslese
**Preis auf Anfrage** | 7 %

**97** 2021 Lorcher Schlossberg Riesling Beerenauslese
**Preis auf Anfrage** | 6 %

★

## FRIESENHAHN

Weingut Friesenhahn
65385 Rüdesheim-Aulhausen · Am Fichtenkopf 22
Tel. (06722) 937647
info@weingut-friesenhahn.de
**www.weingut-friesenhahn.de**

**Inhaber/in und Betriebsleitung** Dirk Friesenhahn
**Keller** Dirk Friesenhahn

Gut gefallen haben uns in diesem Jahr die 2020er Spätburgunder Rotweine aus dem Drachenstein. Besonders die im Barrique ausgebaute Version überzeugt mit klarer Frucht, Sandelholznote, reifen Tanninen und klarem Finish. Die 2021er lassen für uns doch zum Teil die Herausforderungen des Jahrgangs erkennen. Gerade die im vergangenen Jahr so überzeugenden Weißherbste und Grauburgunder sind hier zu nennen. Gut gelungen sind der Saigner, mit beachtlicher Fülle und der im Barrique ausgebaute Grauburgunder, mit klarer Holzprägung und stimmigem Schmelz.

**84** 2021 Rüdesheimer Riesling trocken Katerloch
**9 €** | 12 %

**84** 2021 Rüdesheimer Grauburgunder Barrique trocken
**12 €** | 13,5%

**83** 2021 Riesling feinherb FrieSteil
**8 €** | 12 %

**83** 2021 Rüdesheimer Riesling feinherb Leingibel
**8,50 €** | 12 %

**84** 2021 Rüdesheimer Spätburgunder Weißherbst trocken Saigner
**11 €** | 13,5%

**83** 2021 Rüdesheimer Spätburgunder Weißherbst feinherb
**8 €** | 12 %

**85** 2020 Rüdesheimer Drachenstein Spätburgunder trocken
**9 €** | 13 %

**88** 2019 Rüdesheimer Drachenstein Spätburgunder trocken Barrique
**15 €** | 13 %

★★

## GEORGE

Weingut George
65366 Geisenheim · Winkeler Straße 111
Tel. (06722) 980343 · Fax 980344
info@wagenitz.de
**www.weingut-george.de**

**Inhaber/in** Jens und Jürgen Wagenitz
**Betriebsleitung** Familie Wagenitz
**Keller** Jens Wagenitz
**Außenbetrieb** Jens Wagenitz

**Historie** gegründet 1993 von Jutta (geb. George) und Jürgen Wagenitz
**Rebfläche** 3 Hektar
**Jahresproduktion** 30 000 Flaschen
**Beste Lagen** Rüdesheimer Berg Rottland, Rüdesheimer Berg Roseneck, Rüdesheimer Bischofsberg, Geisenheimer Mönchspfad, Geisenheimer Fuchsberg
**Boden** Lösslehm bis Schiefer
**Rebsorten** 80% Riesling, je 10% Albariño, 5% Pinot Noir und 5% Chardonnay
**Gastronomie** Rheingauer Schlemmerwoche, Tag der offenen Weinkeller (Termine siehe Website)
**Erlebenswert** Rüdesheimer Berg Roseneck mit Picknickplatz
**Mitglied** Generation Riesling

Zwei der über die Jahre verlässlich besten Weine des Hauses, das Große Gewächs aus dem Bischofsberg und der Berg Roseneck Trio, haben uns auch als 2021er überzeugt. Besticht der zweite mit klarer, frischer Mineralität, so besitzt der erste Saft, Ausdruck und eine gute Länge mit feiner Herbe. Auch der Bischofsberg Traumtänzer macht Spaß. Die dezente Restsüße wird von einer feinen Säure gut ausbalanciert. Frische und Klarheit verbindet der stimmige Big Fish. Bei den trockenen Weinen sei noch auf den Berg Rottland Schiefertraum, mit feinem Duft und mineralischer Herbe, hingewiesen. Eine Spezialität des Gutes ist der klare Albarino aus dem Mönchspfad. Er vereint Frucht und Fülle auf stimmige Weise. Beim Pinot Noir „JX" aus dem Jahrgang 2018 handelt es sich um eine zweite Füllung. Er ist ein Jahr länger im Barrique gereift. Wir ziehen die im letzten Jahr vorgestellte Version vor. Inzwischen kann das Gut den früheren Keller des Weinguts Sohns nutzen. Dieser bietet mehr Raum zur Entfaltung, gerade auch für die von Jens Wagnitz geschätzten Tonneaux.

**85** 2020 Riesling Brut
**10,90 €** | 12,5%

**83** 2021 Chardonnay trocken Rosa
**8,90 €** | 11,5%

**84** 2021 Riesling trocken Flora
**6,90 €** | 11,5%

**85** 2021 Rüdesheimer Bischofsberg Riesling trocken
**8,90 €** | 12 %

**86** 2021 Rüdesheimer Bischofsberg Riesling trocken Big Fish
**8,90 €** | 12,5%

**86** 2021 Geisenheimer Mönchspfad Albariño trocken
**12,90 €** | 13 %

**87** 2021 Riesling Landwein trocken Incognito
**9,90 €** | 12 %

**87** 2021 Rüdesheimer Berg Rottland Riesling trocken Schiefertraum
**12,90 €** | 12,5%

**89** 2021 Rüdesheimer Berg Roseneck Riesling trocken Trio
**15,90 €** | 12 %

**90** 2021 Rüdesheimer Bischofsberg Riesling trocken Grosses Gewächs
**18,90 €** | 12,5%

**88** 2021 Rüdesheimer Bischofsberg Riesling restsüss Traumtänzer
**12,90 €** | 12 %

**87** 2018 Pinot Noir trocken „Jx"
**19 €** | 14 %

★★★

## GOLDATZEL

Weingut Goldatzel
65366 Johannisberg · Hansenbergallee 1a
Tel. (06722) 50537
wein@goldatzel.de
**www.goldatzel.de**

**Inhaber/in** Gerhard und Andrea Groß
**Betriebsleitung** Gerd und Johannes Groß

**Rebfläche** 13 Hektar
**Jahresproduktion** 100 000 Flaschen
**Beste Lagen** Johannisberger Hölle und Goldatzel, Winkeler Hasensprung, Geisenheimer Kläuserweg
**Boden** Quarzit, Lösssedimente, Tonschiefer, Mergel, Lehm
**Rebsorten** 70% Riesling, 20% Spätburgunder, 7% Grauburgunder, 3% Frühburgunder
**Gastronomie** Gutsausschank (März - November) mit Terrasse und Blick über den Rheingau.

Der beste Wein der Kollektion ist für uns in diesem Jahr eindeutig der feinherbe Vogelsang Alte Reben. Mit klarer Frucht, Schliff und Tiefe ist das für uns Riesling pur; ein Klassiker, der die knackige Säure des Jahrgangs nicht verleugnet. Das Goldatzel Bestes Fass kommt da fast heran. Die Reben stehen hier auf Quarzit und Geröll, bedeckt von einer dünnen Lehmschicht. Der Wein ist dementsprechend rassig und klar. Das Weingut Goldatzel bestätigt auch bei den 2021ern wieder seinen Ruf als Produzent ebenso rassiger wie preiswürdiger Rieslinge. Beide Basisweine sind wohlgeraten, das frisch-knackige Glanzstück ebenso wie der fruchtig-saftige Wie im Fluge. Eine schöne Gelegenheit, diese Weine kennenzulernen, bietet der Gutsausschank mit seiner herrlich gelegenen Terrasse. Die besten trockenen Rieslinge des Hauses stammen traditionell aus dem Kläuserweg und dem Hasensprung. Beide besitzen Kraft und Fülle lassen aber im Gegensatz zu den Johannisbergern zur Zeit(?) noch etwas Spiel vermissen. Von großer Klasse sind die edelsüßen Gewächse aus dem Hasensprung: Die elegante Auslese mit feinen Blütentönen und brillanter Säure und die geschliffen-klare Beerenauslese mit feinster Fülle!

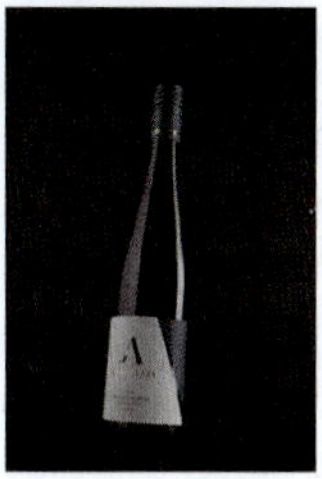

**87** 2021 Riesling trocken Glanzstück
**7,90 €** | 11,5%

**89** 2021 Geisenheimer Kläuserweg Riesling trocken
**19 €** | 12,5%

**89** 2021 Winkeler Hasensprung Riesling trocken
**22 €** | 12,5%

**90** 2021 Johannisberger Goldatzel Riesling Spätlese trocken Bestes Fass
**12,20 €** | 12%

**87** 2021 Johannisberger Goldatzel Riesling Kabinett feinherb
**9,20 €** | 10,5%

**86** 2021 Riesling feinherb „Wie im Fluge"
**7,90 €** | 11%

**92** 2021 Johannisberger Vogelsang Riesling feinherb Alte Reben
**14,50 €** | 12% **TIPP**

**88** 2021 Johannisberger Hölle Riesling Kabinett
**9,20 €** | 10%

**93** 2021 Winkeler Hasensprung Riesling Auslese
**17 €/0,5 Lit.** | 7%

**94** 2021 Winkeler Hasensprung Riesling Beerenauslese
**48 €/0,5 Lit.** | 8,5%

**86** 2021 Spätburgunder Rosé trocken „Wie im Fluge"
**7,90 €** | 11,5%

**85** 2020 Spätburgunder trocken
**9,50 €** | 13%

★★½

## HAMM

Weingut Hamm
65375 Oestrich-Winkel · Hauptstraße 60
Tel. (06723) 2432 · Fax 87666
bio@hamm-wine.de
**www.hamm-wine.de**

**Inhaber/in** Karl-Heinz Hamm
**Betriebsleitung** Aurelia Wehrheim-Hamm

Nach unserem Eindruck war 2021 ein schwieriges Jahr für das Weingut Hamm. Die Weine von Betriebsleiterin Aurelia Wehrheim-Hamm empfanden wir als etwas belegend und selten blitzte das rassige Spiel des Rieslings auf. Gut gelungen ist der gehaltvolle Jesuitengarten. Das Gut besitzt beste Parzellen im Hasensprung. Doch dieser Name erscheint nur bei edelsüßen Weinen auf dem Etikett. Die trockenen Weine tragen die Bezeichnung Alte Reben. Für den Ausbau der Spitzenweine kommt auch Holz zum Einsatz. Die Barriques beziehungsweise Tonneaux hierfür erhält Aurelia Wehrheim-Hamm von ihrem Ehemann. Nach der Belegung mit Pfälzer Chardonnay folgt dann Rheingauer Riesling.

**83** 2021 Riesling trocken
**8,80 €** | 11 %

**84** 2021 Riesling Kabinett trocken
**9,80 €** | 11,5%

**86** 2020 Winkeler Riesling trocken Alte Reben
**15,90 €** | 12,5%

**87** 2020 Winkeler Dachsberg Riesling trocken
**16,90 €** | 13,5%

**89** 2021 Winkeler Jesuitengarten Riesling trocken
**Preis auf Anfrage** | 13 %

**84** 2021 Riesling feinherb
**8,80 €** | 11,5%

**86** 2021 Riesling feinherb Junge Reben
**10,50 €** | 12,5%

**86** 2021 Riesling Kabinett
**9,80 €** | 9,5%

**89** 2021 Winkeler Hasensprung Riesling Beerenauslese
**Preis auf Anfrage** | 6,5%

★★

## HANKA

Weingut Hanka
65366 Johannisberg · Grund 41
Tel. (06722) 8879 · Fax 75430
info@weingut-hanka.de
**www.weingut-hanka.de**

**Inhaber/in** Sebastian und Veit Hanka
**Keller** Sebastian Hanka
**Außenbetrieb** Veit Hank

**Rebfläche** 11 Hektar
**Beste Lagen** Geisenheimer Kläuserweg, Johannisberger Klaus, Winkeler Jesuitengarten, Winkeler Hasensprung, Oestricher Doosberg
**Rebsorten** 70% Riesling, Weißburgunder, Roter Riesling, Sauvignon Blanc, Spätburgunder
**Gastronomie** Traditionelle Straußwirtschaft. Zurück in die Zukunft (historischer Rebensatz)
**Mitglied** Zeilensprung

Auch im Jahrgang 2021 ist der im Holz ausgebaute, balancierte Morschberg Generation 3 der beste trockene Riesling des Weinguts Hanka. Der Name nimmt Bezug darauf, dass mit Sebastian Hanka die dritte Generation im Keller die Verantwortung übernommen hat. Die Trauben für diesen Wein stammen aus dem steilsten Stück des Kläuserwegs - oder präziser - aus dem Morschberg. Und diese Bezeichnung darf von nun an auch wieder offiziell verwendet werden. Eine besondere Spezialität ist hier der gemischte Satz, der unter der Bezeichnung „Zurück in die Zukunft" vermarktet wird. Immer ein toller Wein, der Frucht, Spiel, Schmelz und große Klarheit verbindet. Der Nachfolger des sehr guten 2020ers ruht noch im Fass. Aber auch die anderen Weine haben uns überzeugt, etwa der cremig-klare Weißburgunder oder der erfrischende Sauvignon Blanc. Sehr ansprechend sind die Spätlesen aus dem Klaus und dem Kläuserweg, die nach klassischer Art nicht von der Süße dominiert werden. Die Sekte des Hauses sind eher schlank, klarfruchtig und verhalten dosiert. Mit noch etwas mehr Hefelager werden sie zukünftig noch an Klasse zulegen.

**86** 2020 Spätburgunder Rosé Brut
**12,50 €** | 12,5%

**87** 2019 Geisenheimer Kläuserweg Riesling Brut
**11,50 €** | 12,5%

**87** 2019 Oestricher Doosberg Roter Riesling Brut
**14 €** | 12,5%

**85** 2021 Johannisberger Vogelsang Riesling trocken
**7,20 €** | 12%

**85** 2021 Winkeler Hasensprung Riesling Kabinett trocken
**67,20 €** | 11,5%

**86** 2021 Weißburgunder trocken
**9,30 €** | 13%

**87** 2021 Sauvignon Blanc trocken
**9,30 €** | 13%

**88** 2021 Geisenheimer Kläuserweg Riesling Spätlese trocken
**9,70 €** | 12,5%

**90** 2021 Geisenheimer Morschberg Riesling trocken Generation3
**16,50 €** | 13%

**86** 2021 Johannisberger Hölle Riesling Kabinett feinherb
**7,20 €** | 11,5%

**88** 2021 Johannisberger Klaus Riesling Spätlese feinherb
**9,70 €** | 12%

**88** 2021 Geisenheimer Kläuserweg Riesling Spätlese
**10,50 €** | 9%

★★★

## PRINZ VON HESSEN

Weingut Prinz von Hessen GmbH & Co. KG
65366 Johannisberg · Grund 1
Tel. (06722) 409180 · Fax 4091820
weingut@prinz-von-hessen.de
**www.prinz-von-hessen.de**

**Inhaber/in**
**Betriebsleitung** Bärbel Weinert
**Keller** Sascha Huber
**Außenbetrieb** Martin Walther

**Rebfläche** 47 Hektar
**Jahresproduktion** 240 000 Flaschen
**Beste Lagen** Johannisberger Klaus, Winkeler Hasensprung, Jesuitengarten und Dachsberg, Kiedricher Sandgrub
**Boden** tiefgründiger Löss auf Kies, tertiärer Mergel, Quarzitverwitterung
**Rebsorten** 92% Riesling, 3% Weißburgunder, je 2% Merlot und Spätburgunder, 1% Schreurebe
**Mitglied** VDP

Dachsfilet sticht Großes Gewächs aus! Das Weingut stellte uns zwei tolle 2020er vor. Ein kraftvoll-rauchiges Großes Gewächs aus dem Johannisberger Klaus und das Dachsfilet. Hier vereinen sich gelungener Holzausbau, florale Anklänge, Saft, Schliff und nuancierte Länge auf das Beste. Aber auch die 2021er Basisweine können überzeugen. Der knackige Gutsriesling erfrischt mit Noten von grünem Apfel, Saft und animierender Herbe. Der Johannisberger Riesling ist verhalten im Duft und knackig-klar am Gaumen: ein mustergültiger Ortswein. Diese Linie setzt der Kabinett Royal fort. Er zeigt im Duft Noten von Baldrian und Butter und gefällt mit seiner kompromisslos-schlanken Art. Der feinherbe Classic ist hier eine gelungene Ergänzung. Von anderen Rebsorten konnten wir einen soliden Weißburgunder und einen fruchtigen Rosé mit leichter Herbe probieren. Die klassische Spätlese Steckenpferd setzt dann den gelungenen restsüßen Schlusspunkt.

WEINGUT PRINZ v HESSEN

- **85** 2021 Weißburgunder trocken
  **11,90 €** | 12 %
- **86** 2021 Riesling trocken
  **11,90 €** | 12 %
- **88** 2021 Johannisberger Riesling trocken
  **15,90 €** | 12 %
- **88** 2021 Riesling Kabinett trocken Royal
  **15,90 €** | 11,5%
- **90** 2020 Johannisberger Klaus Riesling VDP.Großes Gewächs
  **28,90 €** | 12,5%
- **92** 2020 Riesling trocken Dachsfilet
  **24 €** | 12 %
- **86** 2021 Riesling feinherb Classic
  **11,90 €** | 12 %
- **90** 2021 Riesling Spätlese Steckenpferd
  **24 €** | 11 %
- **85** 2021 Rosé feinherb
  **11,90 €** | 11 %

★★

## HIRSCHMANN

Weingut Hirschmann
65375 Oestrich-Winkel · Hauptstraße 10
Tel. (06723) 2800 · Fax 885484
info@hirschmann-wein.de
**www.hirschmann-wein.de**

**Inhaber/in und Betriebsleitung**
Christoph Hirschmann

**Rebfläche** 6 Hektar
**Jahresproduktion** 50 000 Flaschen
**Beste Lagen** Oestricher Lenchen, Winkeler Hasensprung
**Boden** Lösslehm
**Rebsorten** 87% Riesling, 13% Spätburgunder

Die Prädikate für trockene Rieslinge sind auch hier Geschichte. Die Annäherung an das VDP-Konzept ist vollzogen. Die Ortsweine aus Oestrich und Winkel überzeugen mit ihrer saftigen, klaren und eher leichten Art. Sehr gelungen sind dann die Lagenweine aus Lenchen und Hasensprung. Der Hasensprung zeigt dabei Stoff und gute Tiefe während das Lenchen mit gelber Frucht, klarem Fluss und guter Länge animiert. Das straffe, nach Williams Christbirne duftende Rheingauer Große Gewächs aus derselben Lage besitzt Schmelz und ein klares Finish. Dieser Winkeler Betrieb war immer schon ein Quelle für Weine mit bestem Preis-Leistungs-Verhältnis. Neben den Ortsrieslingen ist hier auch der Frische und Frucht verbindende Blanc de Noirs zu nennen. Der 2020er Spätburgunder S verbindet klare Frucht mit einer sanften Fülle, lässt aber etwas Struktur vermissen. Die klassische Spätlese aus dem Lenchen rundet die Kollektion stimmig ab.

- **85** 2021 Oestricher Riesling trocken
  **7,20 €** | 12 %

**85** 2021 Spätburgunder Blanc de Noir trocken
**7,80 €** | 12%

**86** 2021 Riesling trocken Alte Reben
**8,50 €** | 12%

**88** 2021 Oestricher Lenchen Riesling trocken
**8,90 €** | 12,5%

**88** 2021 Winkeler Hasensprung Riesling trocken Edition
**11,20 €** | 13%

**89** 2021 Oestricher Lenchen Riesling trocken Grosses Gewächs
**17,50 €** | 13%

**85** 2021 Winkeler Riesling feinherb
**7,20 €** | 11,5%

**87** 2021 Oestricher Doosberg Riesling feinherb
**8,90 €** | 12%

**88** 2021 Oestricher Lenchen Riesling Spätlese
**8,90 €** | 9%

**84** 2021 Riesling Classic
**6,70 €** | 11,5%

**86** 2020 Oestricher Lenchen Spätburgunder trocken S
**11,20 €** | 14%

★★

## HÖHN

Weingut Höhn GbR
65201 Wiesbaden · Freudenbergstraße 200
Tel. (0611) 7168789 · Fax 7142817
info@weinguthoehn.de
**www.weinguthoehn.de**

**Inhaber/in und Betriebsleitung**
Wilhelm und Jürgen Höhn
**Keller** Jürgen Höhn
**Außenbetrieb** Jürgen Höhn

**Historie** Weingut seit 1696
**Rebfläche** 19 Hektar
**Jahresproduktion** 150 000 Flaschen
**Beste Lagen** Schiersteiner Hölle, Hattenheimer Mannberg und Nussbaum, Erbacher Marcobrunn
**Boden** Ton, Quarz, tiefgründiger Löss
**Rebsorten** 80% Riesling, 10% Spätburgunder, 10% übrige Sorten

Die aktuelle Kollektion von Jürgen Höhn umfasst gute Rotweine von Bordeaux-Sorten, stimmige 2021er Basis-Rieslinge und die sehr guten trockenen Spitzen aus dem Jahrgang 2021. Im Jahr 2017 konnte er von Langwerth von Simmern Anteile am Erbacher Marcobrunn, Hattenheimer Nussbrunnen und Mannberg erwerben. Und so gesellen sich zu der im Granitfass ausgebauten saftig-dichten Schiersteiner Hölle nun ein gut balancierter, im Holz ausgebauter Mannberg und ein stilvolles Rheingauer Großes Gewächs aus dem Marcobrunn. Letzteres besitzt große Festigkeit, zupackende Art und eine klare Länge. Ein typischer Marcobrunner mit erheblichem Potenzial! Aber auch an der Basis gibt es gelungene Weine: Etwa den klaren Liter-Riesling, den rassigen Kiedricher und den fruchtig-runden Rosé. Der Cabernet Sauvignon zeigt eine typische Note von grünem Paprika, mittleren Schmelz und ein sauberes Finish. Für den Merlot notierten wir: Anklang an Waldbeeren und Holunder, Bitterschokolade, guter Fluß und stimmige Säure.

- 83 2021 Riesling Liter trocken
  **5,90 €/1 Lit.** | 11,5%
- 84 2021 Dotzheimer Riesling trocken
  **6,90 €** | 12%
- 84 2021 Sauvignon Blanc trocken
  **7,60 €** | 12,5%
- 85 2021 Kiedricher Riesling trocken
  **6,90 €** | 11,5%
- 88 2020 Schiersteiner Hölle Riesling trocken Granitfass
  **13,50 €** | 12,5%
- 88 2019 Hattenheimer Mannberg Riesling trocken Grosses Gewächs
  **22,50 €** | 12,5%
- 89 2020 Hattenheimer Mannberg Riesling trocken
  **15,50 €** | 12,8%
- 90 2020 Erbacher Marcobrunn Riesling trocken Grosses Gewächs
  **23,50 €** | 12,5%
- 84 2021 Eltviller Sonnenberg Riesling Kabinett halbtrocken
  **6,90 €** | 11%
- 85 2021 Spätburgunder Rosé trocken
  **7,60 €** | 12%
- 87 2020 Dotzheimer Judenkirsch Cabernet Sauvignon trocken
  **15,50 €** | 14%
- 87 2019 Frauensteiner Herrnberg Merlot trocken
  **15,50 €** | 14%

★★★★½

## SCHLOSS JOHANNISBERG

Weingut Schloss Johannisberg
65366 Geisenheim-Johannisberg · Schloss Johannisberg
Tel. (06722) 70090 · Fax 700933
info@schloss-johannisberg.de
**www.schloss-johannisberg.de**

**Betriebsleitung** Stefan Doktor und Marcel Szopa
**Keller** Gerd Ritter
**Außenbetrieb** Michel Städter

**Historie** mehr als 1200 Jahre Weinbaugeschichte, Wiege des Rieslings (1720) und der Spätlese (1775)
**Rebfläche** 50 Hektar
**Jahresproduktion** 300 000 Flaschen
**Beste Lagen** Schloss Johannisberger
**Boden** Taunusquarzit mit eisenhaltigem Lehm- und Löss
**Rebsorten** 100% Riesling
**Gastronomie** Restaurant „Schlossschänke" mit Weingarten, Weinprobierstand am Goetheblick (Öffnungszeiten siehe Website)
**Erlebenswert** Barockschloss aus dem 18. Jahrhundert, Basilika aus dem 12. Jahrhundert, Schlosskeller von 1721
**Mitglied** VDP

Wie gut der Jahrgang 2020 hier ausgefallen ist, unterstreicht der erst in diesem Jahr vorgestellte Silberlack, das Große Gewächs des Hauses. Er steht für uns ganz vorne in der Reihe der trockenen Rheingauer Spitzenrieslinge. Mit einem gestrafften, präzise aufgebauten Sortiment haben Stefan Doktor und Marcel Szopa Schloss Johannisberg eine klare Kontur gegeben. Es gibt nur noch vier trockene Weine: Gelblack, Bronzelack (in etwa der alte Kabinett trocken), wie bisher das Große Gewächs Silberlack und in besonders guten Jahren, sozusagen on top, den Goldlack. Nach zweijähriger Lagerung im großen Stückfass im Schlosskeller konnten wir nun den 2019er probieren: Im Duft fein vom Holz geprägt, mit zurückgenommener Frucht, großer Dichte und Länge ist dieser ganz trockene Schloss Johannisberger eine charaktervolle Persönlichkeit und kein Charmeur. Und es gibt auch einen 2019er Ex Bibliotheca subterranea, der im Edelstahl ausgebaut und nur in Magnumflaschen abgefüllt wurde. Der Wein besitzt Schliff und Länge und zeigt sich in der Frucht offener, mit einem Anklang an Litschi. Zwei große, sehr eigenständige Rheingauer.

**Kernkompetenz Auslese**

Berühmt ist das Haus gerade auch für seine Auslesen. Und in diesem Jahr konnten wir zwei ganz unterschiedliche Weine dieses Stils verkosten. Den klassischen, elegant-geschliffenen Rosalack und den sublimen, superfeinen, im Stückfass ausgebauten Ex Bibliotheca subterranea Fass 374. Ein Vergnügen ist auch die Versteigerungs-Auslese aus dem Jahr 2002. Im Stil der Zeit eher eine Beerenauslese, aber perfekt gereift. Die Beerenauslese Purpurlack krönt mit feinen Blütennoten und Nougat-Sahne-Anklang sowie einem Hauch Salzkaramel  dann die überaus gelungene 2021er Kollektion.

**Blick in die Zukunft**

Umfangreiche Investitionen in den Keller unter dem Schloss sind abgeschlossen. Das Gut kann nun aus dem Vollen schöpfen. Die Entschlossenheit, die Basis für eine erfolgreiche Zukunft zu legen, ist überall zu spüren. Dazu zählt sicherlich auch die Bewirtschaftung der Weinberge, die nun nach biologischen Prinzipien erfolgt. Echte Größe beginnt nicht zuletzt hier. Die Qualität der Weine entspricht für uns inzwischen wieder der Weltgeltung, die dieses Haus über Jahrhunderte hatte. Ein Leuchtturm im Rheingau!

**88** 2021 Schloss Johannisberger Riesling trocken Gelblack
**16 €** | 13 %

**92** 2021 Schloss Johannisberger Riesling trocken Bronzelack
**26,50 €** | 13 %

**95** 2019 Schloss Johannisberger Riesling trocken Ex Bibliotheca subterranea
**Preis auf Anfrage/1,5 Lit.** | 13,5%

**96** 2020 Schloss Johannisberger Riesling VDP.Großes GewächsSilberlack
**52 €** | 13 % TOP 10

**96** 2019 Schloss Johannisberger Riesling trocken Goldlack
**Preis auf Anfrage** | 13 %

**92** 2021 Schloss Johannisberger Riesling Kabinett Rotlack
**26,50 €** | 11 %

**94** 2021 Schloss Johannisberger Riesling Spätlese Grünlack
**42,50 €** | 8 %

**96** 2002 Schloss Johannisberger Riesling Auslese
10% AUKTION

**96** 2021 Schloss Johannisberger Riesling Auslese Rosalack
**79 €** | 7,5% TOP 10

**98** 2021 Schloss Johannisberger Riesling Auslese Ex-Bibliotheca Subterranea Fass 374
**Preis auf Anfrage** | 7,5% TOP 10

**96** 2021 Schloss Johannisberger Riesling Beerenauslese Purpurlack
**160 €/0,375 Lit.** | 6,5%

**97** 2020 Schloss Johannisberger Riesling Trockenbeerenauslese Blaulack
**325 €/0,375 Lit.** | 6 %

## JOHANNISHOF

Weingut Johannishof
65366 Johannisberg · Grund 63
Tel. (06722) 8216 · Fax 6387
info@weingut-johannishof.de
**www.weingut-johannishof.de**

**Inhaber/in und Betriebsleitung**
Johannes Eser
**Keller** Johannes Eser

**Historie** erstmals 817 urkundlich erwähnt, seit 1685 in Familienbesitz
**Rebfläche** 18 Hektar
**Jahresproduktion** 120 000 Flaschen
**Beste Lagen** Johannisberger auf der Höll, Hölle und Klaus, Rüdesheimer Ramstein und Berg Rottland, Winkeler Jesuitengarten
**Boden** Löss, Lösslehm, Schieferauflage, Quarzitverwitterungsböden
**Rebsorten** 100% Riesling
**Gastronomie** Gutsausschank „Open Weintempel" an den Wochenenden im Mai und September (Öffnungszeiten siehe Website)
**Erlebenswert** Holzfasskeller, Vinothek
**Mitglied** VDP, Charta

Aus der aktuellen Kollektion stechen beim Jahrgang 2021 die Johannisberger heraus. Sie liegen eine Nasenlänge vor den Rüdesheimern. Das Haus hat mutig mit der Säure der 2021er gelebt und dies gibt den Weinen Schliff und Animation. Das gilt für die leicht zitronige, straff-anhaltende trockene Erste Lage Auf der Höll, aber vor allem für die beiden Kabinette mit den Zusatzbezeichnungen „S" und „V". Die prägnante Säure gibt den Weinen Frische und balanciert die Restsüße auf das Beste aus. Viel Spaß haben uns auch die 2020er Charta-Weine gemacht. Sei es die klassisch-klare im Edelstahl ausgebaute Version oder das Fass 97, mit Noten von Birne, feiner Holznote und sehr guter Länge. Bei den Großen Gewächsen stechen zunächst die farbigen Kapseln ins Auge: Rotorange für die Hölle und Bronze für den Berg Rottland. Die so gekennzeichneten 2020er sind gelungen: Kraftvoll, auch vom Holzausbau geprägt, der Erste und mit klarer Frucht, schöner Tiefe und feiner Länge, der Rüdesheimer. Beide Gutsweine überzeugen: Der knackige, apfelduftige Terra Nostra ebenso wie der saftige, zartgrüne Finesse mit seiner animierenden, feinherben Art.

**85** 2021 Weißer Burgunder trocken
**10,90 €** | 11,5%

**86** 2021 Riesling trocken Terra nostra
**8,90 €** | 11%

**87** 2021 Rüdesheimer Ramstein Riesling trocken
**13,20 €** | 11,5%

**88** 2021 Winkeler Jesuitengarten Riesling trocken Alte Reben
**15,90 €** | 12%

**89** 2021 Johannisberger Auf der Höll Riesling trocken
**13,20 €** | 10,5%

**90** 2020 Riesling trocken Charta
**12,50 €** | 12%

**91** 2020 Riesling trocken Charta Fass 97
**15,70 €** | 12,5%

**91** 2020 Johannisberger Hölle Riesling VDP.Großes Gewächs
**Preis auf Anfrage** | 12,5%

**93** 2021 Rüdesheimer Berg Rottland Riesling VDP.Großes Gewächs
**Preis auf Anfrage** | 12,5%

**87** 2021 Rüdesheimer Riesling Kabinett feinherb „K"
**11,80 €** | 11%

**85** 2021 Riesling feinherb Finesse
**8,90 €** | 10,5%

**90** 2021 Johannisberger Riesling feinherb „S"
**11,80 €** | 10%

**90** 2021 Johannisberger Riesling Kabinett „V"
**11,30 €** | 8%

**91** 2021 Rüdesheimer Berg Rottland Riesling Spätlese
**18,40 €** | 8%

## JAKOB JUNG

Weingut Jakob Jung
65346 Erbach · Eberbacher Straße 22
Tel. (06123) 900620 · Fax 900621
info@weingut-jakob-jung.de
**www.weingut-jakob-jung.de**

**Inhaber/in und Betriebsleitung** Alexander Johannes Jung
**Keller** Alexander Johannes Jung
**Außenbetrieb** Ludwig Jung und Marius Janisch

**Historie** seit 1799 in Familienbesitz
**Rebfläche** 20 Hektar
**Jahresproduktion** 150 000 Flaschen
**Beste Lagen** Erbacher Hohenrain, Steinmorgen, Michelmark und Siegelsberg
**Boden** tiefgründiger Lösslehm, schwerer tertiärer Mergel, Rheinschiefer
**Rebsorten** 76% Riesling, 16% Spätburgunder, je 3% Weißburgunder und Sauvignon Blanc, 2% Chardonnay
**Erlebenswert** 300 Jahre alter Felsenkeller acht Meter unter der Erde
**Mitglied** VDP

Hier überzeugen nicht nur die Großen Gewächse sondern auch der Gutswein in der Literflasche, der Ortswein und die Erste Lage. Alex Jung stellte uns also eine Qualitätspyramide mit ebenso stabiler wie animierender Basis vor. Während sich die Gutsweine mit sauberer Frucht und saftiger Herbe präsentieren, zeigt der Erbacher Struktur und kraftvolle Art. Der fein nach Cox duftende Steinmorgen, mit seiner präzisen Säure, liegt noch eine Klasse darüber. Die Großen Gewächse besitzen Saft, stoffige Tiefe, große Klarheit und anhaltendes Finish. Wir sehen in diesem Jahr den Hohenrain leicht vorne. Von den saftigen, restsüßen Weinen gefällt uns der feinherbe Steinmorgen am besten. Das gelungene Spiel von Süße und Säure gibt ihm Rückgrat und verleiht ihm Potenzial. Mit dezentem Sortencharakter und animierender Herbe setzt der Sauvignon Blanc einen erfrischenden Akzent. Die Spätburgunder sind oft eine weitere Stärke des Betriebs. Für uns erreichen die guten 2019er allerdings nicht ganz das Niveau der besten Vorjahre, wie etwa das der vorzüglichen 2015er. Aber die Spitzen-Cuvées fehlen ja noch, wir werden uns wahrscheinlich im nächsten Jahr damit befassen dürfen.

**85** 2021 Riesling trocken Classic
**8,60 €** | 11,5%

**86** 2021 Riesling Liter trocken
**7,60 €/1 Lit.** | 12% **BEST BUY**

**86** 2021 Riesling trocken
**8,60 €** | 11,5%

**87** 2021 Sauvignon Blanc trocken
**11,90 €** | 12%

**88** 2021 Erbacher Riesling trocken
**9,90 €** | 12%

**88** 2021 Weißburgunder & Chardonnay trocken
**11,90 €** | 12,5%

**90** 2021 Riesling trocken Alte Reben
**13,90 €** | 12,5%

**91** 2021 Erbacher Steinmorgen Riesling trocken
**14,90 €** | 12,5%

**92** 2021 Erbacher Siegelsberg Riesling VDP.Großes Gewächs
**29,90 €** | 12,5%

**93** 2021 Erbacher Hohenrain Riesling VDP. Großes Gewächs
**26,90 €** | 12,5%

**89** 2021 Erbacher Steinmorgen Riesling feinherb
**14,90 €** | 11,5%

**88** 2021 Erbacher Michelmark Riesling Kabinett
**9,90 €** | 9%

**87** 2019 Spätburgunder trocken Tradition
**9,90 €** | 13,5%

**88** 2019 Erbacher Steinmorgen Spätburgunder trocken
**15,40 €** | 14%

★★

## GRAF VON KANITZ

Weingut Graf von Kanitz
65391 Lorch · Rheinstraße 49
Tel. (06726) 346
info@weingut-kanitz.de
**www.weingut-kanitz.de**

**Inhaber/in** Sebastian Graf von Kanitz
**Betriebsleitung** Marc Leitis

**Historie** erwähnt im 13. Jahrhundert, später in Besitz der Freiherren vom Stein, seit 1926 in Besitz der Grafen von Kanitz
**Rebfläche** 13 Hektar
**Jahresproduktion** 60 000 Flaschen
**Beste Lagen** Lorcher Bodental-Steinberg, Lorcher Kapellenberg, Lorcher Pfaffenwies
**Boden** Quarzit, Schieferverwitterung und sandiger Lehm
**Rebsorten** 75% Riesling, 15% Spätburgunder, 10% übrige Sorten
**Mitglied** VDP, Ecovin

Der Jahrgang 2021 ist für dieses traditionsreiche Weingut ein großer Schritt nach vorne. Marc Leitis, Betriebsleiter seit Ende 2020, hat die Phase des Umbruchs gut gemeistert. Er stellte uns eine wirklich animierende Reihe klassischer Lorcher Rieslinge vor. Schon der Gutswein überzeugt und mit den Schiefer und Granit genannten Ortsweinen geht es stimmig weiter. Eine Klasse darüber präsentieren sich der knackig-druckvolle Bodental-Steinberg und vor allem die feinwürzige, zupackend-klare Krone von alten Reben. Und Lorch besitzt auch, wie kaum ein anderer Ort im Rheingau, das Terroir für rassig-schlanke restsüße Rieslinge, die an die Mosel erinnern. Mit Frische, Saft und Spiel tut dies bereits der Kabinett, aber noch mehr hat uns die klassische Spätlese aus der Pfaffenwies gefallen. Drei gelungene Gutsweine von Burgundersorten und eine fein-typische Gewürztraminer Auslese runden die Kollektion stimmig ab.

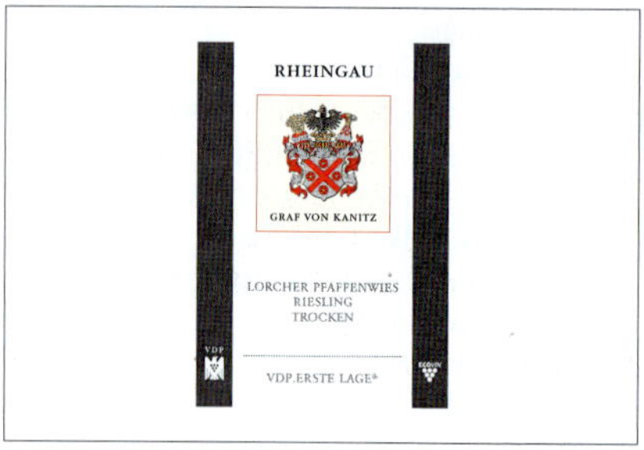


**85** 2021 Riesling trocken
**8 €** | 12 %

**86** 2021 Weißburgunder trocken
**8,50 €** | 12 %

**86** 2021 Lorcher Riesling trocken Schiefer
**9 €** | 12,5%

**86** 2021 Grauburgunder trocken
**10,50 €** | 12,5%

**86** 2021 Lorcher Pfaffenwies Riesling trocken
**12,50 €** | 12,5%

**88** 2021 Lorcher Bodental-Steinberg Riesling trocken
**13,50 €** | 12,5%

**89** 2021 Lorcher Krone Riesling trocken Alte Reben
**17,50 €** | 12,5%

**87** 2021 Lorcher Riesling feinherb Quarzit
**9 €** | 12 %

**89** 2021 Lorcher Riesling Kabinett
**9,50 €** | 9 %

**91** 2021 Lorcher Pfaffenwies Riesling Spätlese
**18 €** | 7 %

**88** 2021 Gewürztraminer Auslese
**16 €/0,375 Lit.** | 8 %

**85** 2020 Spätburgunder trocken
**11,50 €** | 13 %

★★★

## KAUFMANN

Weingut Kaufmann
65347 Eltville-Hattenheim · Rheinallee 6
Tel. (06723) 2475 · Fax 7963
info@kaufmann-weingut.de
**www.kaufmann-weingut.de**

**Inhaber/in und Betriebsleitung** Urban Kaufmann
**Keller** Urban Kaufmann
**Rebfläche** 20 Hektar
**Jahresproduktion** 120 000 Flaschen
**Beste Lagen** Hattenheimer Wisselbrunnen und Hassel, Hallgartener Schönhell und Hendelberg
**Boden** kiesiger Lehm, Buntschiefer, Löss, Tonmergel
**Rebsorten** 80% Riesling, 10% Spätburgunder, 5% Weißburgunder, 5% übrige Sorten
**Mitglied** VDP, Demeter

Eine exzellente Kollektion! Neben Riesling und Pinot Noir gewinnen die weißen Burgundersorten hier immer mehr an Statur. Es beginnt mit einem runden, nach Melone duftenden Weißburgunder und führt über den saft- und kraftvollen Chardonnay mit klarer Säure und guter Länge zur UNO genannten Cuvée. Für diesen tollen Weißwein im internationalen Stil notierten wir: Guter Holzeinsatz, feine Fülle und Schmelz, Saft und Länge. Der 2021er Riesling Gutswein schließt an das vergangene Jahr an. Ein knackig-klarer Rheingauer, eben Riesling unplugged. Der geschliffene Hattenheimer besitzt Spiel und Länge. Und der kernig-klare Tell hat uns begeistert. Er besitzt eine feine Frucht mit einem Anklang an weiße Johannisbeeren, Schliff und Präzision sowie eine tolle Länge. Das 2020er Große Gewächs aus dem Wisselbrunnen vereint Riesling-Art und Lagencharakter auf das Beste. Der Schweizer Urban Kaufmann und seine Lebensgefährtin Eva Raps übernahmen das Weingut Lang im Jahr 2014. Unter dem Namen Kaufmann richteten sie es vollständig neu aus. Sie haben uns in den vergangenen Jahren eine großartige Reihe von Spätburgundern beziehungsweise Pinot Noir vorgestellt. Die französische Rebenbezeichnung trifft den Weinstil sicher am besten. Eleganz steht hier vor Fülle, präzise Frucht vor Überreife. Und die 2020er stehen hier in nichts nach. Der Hallgartener Pinot Noir +++ ist ein fordernder Rotwein mit Sauerkirschnote, tollem Schliff und klarer Säure im Finish. Noten von Heidelbeere und Sandelholz, eine elegante Fülle, feine Säure und ein nuanciertes Finish kennzeichnen das großartige Große Gewächs aus der Hassel.

**87** 2021 Hattenheimer Riesling trocken
**14 €** | 12,5%

**88** 2021 Riesling trocken
**10,50 €** | 12,5%

**88** 2021 Weißburgunder trocken
**10,50 €** | 12,5%

**90** 2021 Chardonnay trocken
**12 €** | 12,5%

**91** 2021 Tell Riesling trocken
**18,50 €** | 12,5%

**91** 2021 Weißburgunder & Chardonnay trocken Uno
**18,50 €** | 12,5% **TIPP**

**91** 2020 Hattenheimer Wisselbrunnen Riesling VDP.Großes Gewächs
**35 €** | 12,5%

**91** 2020 Hallgartener Pinot Noir trocken +++
**35 €** | 13,5%

**92** 2020 Hattenheimer Hassel Pinot Noir VDP.Großes Gewächs
**70 €** | 13,5%

★★★★

## AUGUST KESSELER

Weingut August Kesseler
65385 Assmannshausen · Lorcher Straße 16
Tel. (06722) 9099200 · Fax 9099400
info@august-kesseler.de
**www.august-kesseler.de**

**Inhaber/in und Betriebsleitung** August Kesseler
**Keller** Max Himstedt und Simon Batarseh
**Außenbetrieb** Endre Kasa

**Historie** Als August Kesseler den 1924 gegründeten Betrieb von seinen Eltern übernahm, war er gerade einmal 19 Jahre alt. Den damals 2,5 ha großen Fassweinbetrieb führte er zu einem der Vorzeige-Betriebe im Rheingau und erlangte international eine hohe Reputation.
**Rebfläche** 33 Hektar
**Jahresproduktion** 260 000 Flaschen
**Beste Lagen** Assmannshäuser Höllenberg, Rüdesheimer Berg Schlossberg, Bischofsberg, Berg Roseneck, Lorcher Schlossberg und Kapellenberg, Lorchhäuser Seligmacher
**Boden** Schiefer-Phyllit, Schiefer, Quarzitböden, sandiger Lehm
**Rebsorten** 65% Riesling, 35% Pinot Noir
**Erlebenswert** alter, doppelgeschossiger Weinkeller von 1792 im Höllenberg
**Mitglied** VDP

Beeindruckend ist die Kollektion, die uns August Kesseler und sein Team vorstellen. Das Weingut mit Sitz in Assmannshausen ist seit Langem bekannt für seine feinen Spätburgunder und eleganten, charaktervollen Rieslinge. Leicht zu trinken sollen die Weine sein. Wie das auf sehr hohem Niveau schmeckt, zeigen uns die großartigen Assmannshäuser Pinot Noirs aus dem Jahr 2019, die auf den Schiefersteillagen, sozusagen hinter der Haustür des Weinguts, wachsen. Wir genießen es, vom Momentum Gaudeo („ich genieße den Augenblick") zu kosten. Uns gefällt seine charmant-elegante Assmannshäuser Art mit Noten von reifen Wald- und Johannisbeeren. Kraftvoller und perfekt balanciert ist die Cuvée Max. Nach seinem Weinmacher Max Himstedt benannt, ist dieser großartige, kirschfruchtige, saftig-würzige Spätburgunder aus alten Reben des Höllenbergs gekeltert. Trotz seines Potenzials macht er schon jetzt enormen Spaß und ist die perfekte Überleitung zum Großen Gewächs aus dem Höllenberg. Im Stil großer Burgunder ist dieser komplexe, mineralische Pinot für eine lange Reifung gemacht. In der Jugend verschlossener und leiser als die schon sehr expressive Cuvée Max, dominieren die würzigen Noten des Eichenholzfasses momentan noch die seidigen Fruchtaromen von Cassis und Waldbeeren. Strukturiert, balanciert, elegant und lang am Gaumen ist er ein wahrlich herausragender Wein, der Zeit braucht, um sich voll zu entfalten.

Aber man versteht sich hier nicht nur auf Rotwein – inzwischen wird fast doppelt so viel Riesling wie Spätburgunder angebaut. Hier setzt man auf die Steillagen des Rüdesheimer Bergs und auf Lorch. Bei den 2021er Ortsweinen hat der druckvolle, pikante Rüdesheimer mit seinen exotischen Fruchtaromen knapp die Nase vorn vor dem eleganten, mineralischen Lorcher mit herbsaftigen Zitrusnoten. Die Großen Gewächs Lagen-Rieslinge stammen aus dem Jahr 2020. Der kraftvoll-elegante Berg Roseneck zeigt sich zugänglich. Expressive saftig-exotische Früchte vereinen sich mit reifer Säure, stimmiger Herbe und steiniger Mineralität. Der mineralische Seligmacher aus Lorchhausen ist noch verschlossen. Struktur und Fokus zeigen sein Potenzial. Hinzu kommen Aromen von Zitrus- und kühlen exotischen Früchten. Gleichermaßen gewichtig wie filigran zeigt der Berg Schlossberg konzentrierte reife exotische Früchte, vollen Körper und mineralischen Nachhall. Charaktervolle Rieslinge für besondere Momente, die lange am Gaumen und im Gedächtnis bleiben. Die Basislinie Daily August ist für den gehobenen täglichen Genuss gedacht. Der feinherbe Rosé ist frisch, ausgewogen fruchtig mit Aromen von Kirschen und Waldfrüchten. Der

Riesling ist ein klassischer Rheingauer: klar, fruchtbetont und würzig.

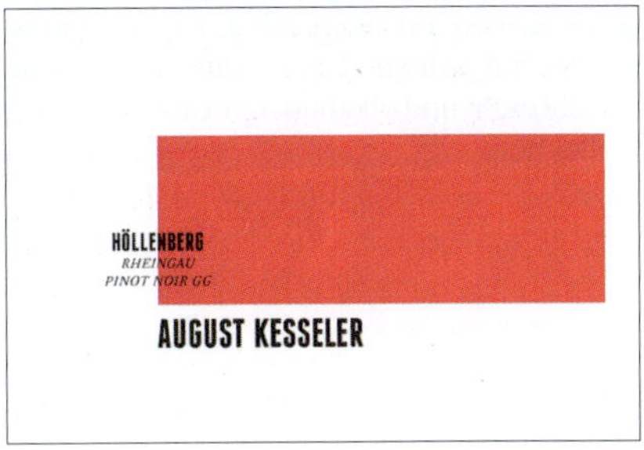


- **86** 2021 Riesling trocken The Daily August
  **10,90 €** | 12,5%
- **88** 2021 Lorcher Riesling trocken
  **16 €** | 13 %
- **88** 2021 Rüdesheimer Riesling trocken
  **16,50 €** | 12,5%
- **92** 2020 Lorchhäuser Seligmacher Riesling VDP.Großes Gewächs
  **50 €** | 13 %
- **93** 2020 Rüdesheimer Berg Schlossberg Riesling VDP.Großes Gewächs
  **50 €** | 13 %
- **93** 2020 Rüdesheimer Berg Roseneck Riesling VDP.Großes Gewächs
  **50 €** | 13 %
- **92** 2020 Rüdesheimer Berg Schlossberg Riesling feinherb Alte Reben
  **33 €** | 13,5%
- **85** 2021 Pinot Noir Rosé feinherb The Daily August
  **10,90 €** | 11,5%
- **92** 2019 Pinot Noir trocken Momentum Gaudeo
  **33 €** | 14 %
- **93** 2019 Pinot Noir trocken Cuvée Max
  **85 €** | 13,5%
- **95** 2019 Assmannshäuser Höllenberg Pinot Noir VDP.Großes Gewächs
  **195 €** | 14 %

## KISSELBACH

Weingut Kisselbach
65346 Eltville am Rhein
Eberbacher Straße 59
Tel. (06123) 9996060
gude@weingut-kisselbach.de
**www.weingut-kisselbach.de**

**Inhaber/in und Betriebsleitung**
Burkhard Kirchner

Neuigkeiten aus Erbach: Burkhard Kirchner vom Weingut Kisselbach, das am 1. Mai 2021 mit der Übernahme des Weinguts Lebert gegründet wurde, stellte uns eine grundsolide Kollektion animierender Rheingauer Rieslinge vor. Von der Basis bis zur Spitze gibt es hier nichts zu meckern. Besonders gelungen sind der gehaltvolle Steinmorgen und der saftige, im großen Holzfass ausgebaute, Gründungswein genannte Michelmark.

- **84** 2021 Riesling trocken
  **7,50 €** | 12 %
- **85** 2021 Erbacher Riesling trocken
  **9 €** | 12 %
- **87** 2021 Erbacher Riesling trocken Alte Reben
  **11 €** | 12,5%
- **87** 2021 Erbacher Hohenrain Riesling trocken
  **12,50 €** | 12,5%
- **88** 2021 Erbacher Steinmorgen Riesling trocken
  **22,50 €** | 12,5%
- **84** 2021 Riesling feinherb Klassik
  **7,50 €** | 11,5%
- **86** 2021 Erbacher Michelmark Riesling feinherb
  **12,50 €** | 12 %
- **89** 2021 Erbacher Michelmark Riesling feinherb Gründungswein
  **Preis auf Anfrage** | 12 %
- **86** 2021 Erbacher Riesling Kabinett
  **9 €** | 9 %
- **89** 2021 Erbacher Michelmark Riesling Spätlese
  **11 €** | 8 %
- **85** 2021 Spätburgunder Rosé
  **7,50 €** | 11,5%

★★★

## KLOSTER EBERBACH

Kloster Eberbach
65346 Eltville · Kloster Eberbach
Tel. (06723) 60460 · Fax 6046420
weingut@kloster-eberbach.de
**www.kloster-eberbach.de**

**Inhaber/in** Land Hessen
**Betriebsleitung** Dieter Greiner
**Keller** Kathrin Puff, Bruno Nagele
**Außenbetrieb** Max Schaefer

**Historie** 850-jährige Weinbautradition
**Rebfläche** 238 Hektar
**Jahresproduktion** 2 300 000 Flaschen
**Beste Lagen** Steinberg, Rauenthaler Baiken, Erbacher Marcobrunn, Hochheimer Dompräsenz, Rüdesheimer Berg Schlossberg, Rüdesheimer Berg Rottland, Assmannshäuser Höllenberg
**Boden** Schieferverwitterung, Quarzit, Lösslehm, Mergel, Taunusphyllitschiefer
**Rebsorten** 79% Riesling, 15% Spätburgunder, 7% übrige Sorten (Grauburgunder, Weißburgunder, Chardonnay, Cabernet Sauvignon)
**Gastronomie** Klosterschänke Kloster Eberbach, Hotel Kloster Eberbach, Gutsausschank im Baiken, Schwarzes Häuschen, Weinterrasse Domäne Bergstraße Heppenheim
**Erlebenswert** Kloster Eberbach, Steinbergkeller, Domäne Assmannshausen, Domäne Bergstraße
**Mitglied** VDP

Wir starten unsere Verkostung durch alle Domänen des Klosters mit dem Grauburgunder Centgericht von der Hessischen Bergstraße. Ein schmelziger, druckvoller Wein mit präsentem Holzaroma, Noten von Kernobst und Haselnuss. Im Rheingau angekommen, ist der klare Riesling vom Wiesbadener Neroberg unser „coup de cœur" der 2021er Crescentia-Rieslinge. Verspielt, mit mineralischen Noten und Zitrusaromen. Das tiefgründige Steinberger Zehntstück mit seiner reifen Fruchtaromatik und stimmiger Säure punktet dennoch etwas höher. Der kraftvolle Steinberger Große Lage zeigt seinen Ausbau im großen Holzfass. Zitrusaromen und reife Säure werden von guter Struktur gestützt. Der Spätburgunderjahrgang 2019 von der Rotwein-Domäne Assmannshausen ist wirklich sehr gut gelungen. Dies belegt schon der Pinot S, der für kleines Geld schon großen Genuss bietet. Der 2020er Berg Schlossberg ist feminin, seidig-elegant, rotfruchtig und feurig. Das GG aus dem Höllenberg markiert als maskuliner Assmannshäuser mit ledrigen Noten, intensiver Sauerkirschfrucht und pikanter Säure die Spitze der Kollektion.

**85** 2021 Riesling trocken
**9,20 €** | 12 %

**87** 2021 Rauenthaler Baiken Riesling trocken Crescentia
**13,90 €** | 12 %

**88** 2021 Wiesbadener Neroberg Riesling trocken Crescentia
**13,90 €** | 12,5%

**88** 2021 Heppenheimer Centgericht Grauburgunder trocken Crescentia
**13,90 €** | 12,5%

**89** 2021 Steinberger Zehntstück Riesling trocken Crescentia
**16,90 €** | 12 %

**90** 2020 Steinberger Riesling VDP.Großes Gewächs
**38 €** | 13 %

**89** 2019 Pinot Noir trocken Edition S
**13,90 €** | 13 % **BEST BUY**

**89** 2018 Assmannshäuser Spätburgunder trocken
**16,90 €** | 13 %

**90** 2019 Assmannshäuser Höllenberg Spätburgunder trocken Crescentia
**22 €** | 13 %

**92** 2020 Rüdesheimer Berg Schlossberg Spätburgunder VDP.Großes Gewächs
**42 €** | 13 %

**93** 2019 Assmannshäuser Höllenberg Spätburgunder VDP.Großes Gewächs
**59 €** | 13 %

★

## KLOSTERMÜHLE

Weingut Klostermühle
65399 Kiedrich · An der Klostermühle 3
Tel. (06123) 4021 · Fax 676958
info@klostermuehle.de
**www.klostermuehle.de**

**Inhaber/in und Betriebsleitung**
Lorenz Witte

Der Riesling Leidenschaft aus dem Eltviller Rheinberg ist der beste Wein der Kollektion. Frucht und Fülle kennzeichnen diesen typischen Rheingauer. Aus der Linie Heimat geben wir den apfelig-saftigen Alten Reben und dem balancierten halbtrockenen Taubenberg den Vorzug. Insgesamt würden wir uns bei den soliden Rieslingen über etwas mehr Kick und weniger Uniformität freuen. Aber keine Frage, sie stehen an der Spitze der Kollektion und übertreffen die anderen Rebsorten deutlich.

**83** 2021 Grauburgunder trocken Vielfalt
**7,80 €** | 11,5%

**84** 2021 Rauenthaler Langenstück Riesling trocken Heimat
**7,90 €** | 11%

**84** 2021 Eltviller Kalbspflicht Riesling trocken Heimat
**8,10 €** | 11%

**85** 2021 Riesling trocken Alte Reben Heimat
**7,90 €** | 12%

**86** 2021 Eltviller Rheinberg Riesling trocken Leidenschaft
**9,50 €** | 11,5%

**85** 2021 Eltviller Taubenberg Riesling halbtrocken Heimat
**8,10 €** | 11%

**83** 2021 Riesling Classic Heimat
**7,90 €** | 12%

★★

## BARON KNYPHAUSEN

Weingut Baron Knyphausen
65346 Eltville Erbach · Erbacher Straße 28
Tel. (06123) 790710 · Fax 7907118
wein@baron-knyphausen.de
**www.baron-knyphausen.de**

**Inhaber/in** Geschäftsführer Frederik zu Knyphausen
**Betriebsleitung** Arne Wilken
**Keller** Arne Wilken
**Außenbetrieb** Ellis Illert

**Historie** Draiser Hof 1141 von Zisterziensern gegründet, 1818 von Freiherr von Bodelschwingh erworben, seit 1868 von der Familie Knyphausen geführt
**Rebfläche** 17 Hektar
**Jahresproduktion** 120 000 Flaschen
**Beste Lagen** Erbacher Marcobrunn, Erbacher Hohenrain, Hattenheimer Wisselbrunnen, Erbacher Siegelsberg, Erbacher Schlossberg
**Boden** Lösslehm, teilweise glimmerführender Mergel
**Rebsorten** 80% Riesling, 10% Spätburgunder, je 5% Historischer Rebensatz und Roter Riesling
**Gastronomie** Weinbar 1818 und Weinlounge 1141 im historischen Gutspark
**Erlebenswert** historisches Gutshaus aus dem frühen 18. Jahrhundert, Gutspark mit historischem Baumbestand
**Mitglied** VDP, Generation Riesling, Charta

Die uns bisher vorgestellten 2021er erreichen nicht ganz das Niveau des Vorgängerjahres. Dafür haben sich aber einige der 2020er Rieslinge noch einmal verbessert. Vor allem der saftig-rassige Charta ist hier zu nennen. Aber auch der trockene Erbacher hat uns wieder gut gefallen. Das balancierte, substanzreiche Große Gewächs aus dem Steinmorgen tut sich schwer hier herauszustechen. Nach der Trennung von einem langjährigen Partner und Investor ist das Gut nun wieder unter familiärer Führung, hat aber eine Reihe von Weinbergen, unter anderem im Wisselbrunnen, abgeben müssen. Der Besitz im Marcobrunn wird neu bestockt. Wir freuen uns auf den ersten Wein aus dieser Großen Lage. Eine weitere Spezialität des Hauses ist der gemischte Satz aus Gewürztraminer, Silvaner, Elbling, Gelbem Orleans sowie Rotem und Weißem Riesling. Der 2021er ist holzgeprägt, klar und schlank. Wie hervorragend ein klassischer Rheingauer reifen kann, belegt die 2012er Spätlese aus dem Steinmorgen nachdrücklich. Schade, dass dieser Stil inzwischen so wenig geschätzt wird.

BARON KNYPHAUSEN

**86** 2021 Riesling trocken 1141
**9,90 €** | 11,5%

**87** 2021 Historischer Rebensatz trocken
**15 €** | 11 %

**88** 2020 Erbacher Riesling trocken
**12,50 €** | 12 %

**89** 2019 Erbacher Hohenrain Riesling VDP.Großes Gewächs
**35 €** | 13 %

**90** 2020 Riesling trocken Charta
**13,50 €** | 12 %

**90** 2020 Erbacher Hohenrain Riesling VDP.Großes Gewächs
**35 €** | 12,5%

**85** 2021 Riesling feinherb 1818
**9,90 €** | 11 %

**88** 2021 Eltviller Riesling feinherb
**12 €** | 10,5%

**87** 2021 Riesling Kabinett
**9,90 €** | 10,5%

**93** 2012 Erbacher Steinmorgen Riesling Spätlese
**Preis auf Anfrage** | 8 %

**87** 2017 Spätburgunder trocken
**14,50 €** | 13,5%

★★★

## ROBERT KÖNIG

Weingut Robert König
65385 Assmannshausen · Landhaus Kenner 1
Tel. (06722) 1064
info@weingut-robert-koenig.de
**www.weingut-robert-koenig.de**

**Inhaber/in und Betriebsleitung** Philipp König
**Außenbetrieb** Franz Wernitsch

**Historie** seit 1704 Aufzeichnungen über Weinreben in der Familie
**Rebfläche** 8 Hektar
**Jahresproduktion** 45 000 Flaschen
**Beste Lagen** Assmannshäuser Höllenberg und Frankenthal, Rüdesheimer Drachenstein
**Boden** Taunusquarzitverwitterung, Phyllitschieferverwitterung
**Rebsorten** 83% Spätburgunder, 5% Frühburgunder, 4% Riesling, 2% Weißburgunder, 6% übrige Sorten
**Gastronomie** saisonale Straußwirtschaft
**Mitglied** Generation Riesling, Zeilensprung

Die 2020er Spätburgunder schließen nahtlos an die sehr gelungene letztjährige Kollektion an. Die Gewächse aus den Steillagen des Assmannshäuser und Rüdesheimer Bergs überzeugen mit klarer Frucht, feinem Saft und guter Struktur. Jede Qualitätsstufe bringt die Lagencharakteristika auf gekonnte Weise zur Geltung. Dabei kommt das Trinkvergnügen nie zu kurz. Im Jahr 2018 hat Philipp König die Geschäftsführung übernommen. Sein Anspruch ist es, Spätburgunder zu keltern, die international wettbewerbsfähig sind. Der Ertrag wurde reduziert und die Weine wurden straffer, frischer, trockener. Die Lagen-Spätburgunder werden in drei Qualitätslinien eingeteilt: Pur kennzeichnet den früh zugänglichen Rotweinstil des Hauses – allenfalls im großen Holzfass ausgebaut. Die neu angeschafften Barriquefässer kommen in den Linien Empor und Zenit zum Einsatz. Im Lagenvergleich sind die Weine aus dem Drachenstein am offensten, zeigen Fülle und warme Frucht. Der klare präzise 2020er Pur aus Rüdesheim ist ein echtes Preis-Leistungs-Schnäppchen! Etwas leichter im Körper, mit Spannung und Kräuter-würzigen Aromen präsentieren sich die Gewächse aus dem Frankenthal. Und die Höllenberg-Weine verbinden Schliff und Fülle auf das Feinste. Für uns die stilvollsten Weine des Hauses. Beispielhaft bringt das der Zenit zum Ausdruck. Klare Frucht verbindet sich mit charaktervoller Tiefe und animierendem Spiel.

**87** 2020 Assmannshäuser Frankenthal Spätburgunder trocken Pur
**11,90 €** | 12,5%

**88** 2020 Rüdesheimer Drachenstein Spätburgunder trocken Empor
**14,90 €** | 13%

**88** 2020 Assmannshäuser Frankenthal Spätburgunder trocken Empor
**16,90 €** | 13%

**89** 2020 Rüdesheimer Drachenstein Spätburgunder trocken Pur
**10,90 €** | 12,5% TIPP BEST BUY

**89** 2020 Assmannshäuser Höllenberg Spätburgunder trocken Pur
**12,90 €** | 12,5% BEST BUY

**89** 2020 Assmannshäuser Höllenberg Spätburgunder trocken Empor
**18,90 €** | 13%

**89** 2020 Rüdesheimer Drachenstein Spätburgunder trocken Zenit
**24,90 €** | 13%

**90** 2020 Assmannshäuser Frankenthal Spätburgunder trocken Zenit
**29,90 €** | 13%

**91** 2020 Assmannshäuser Höllenberg Spätburgunder trocken Zenit
**35,90 €** | 13%

★★

## KREIS

Weingut Kreis
65375 Hallgarten · Zanger Straße 47
Tel. (06723) 2442 · Fax 88125
info@weingut-kreis.de
**weingut-kreis.de**

**Inhaber/in und Betriebsleitung** Josef, Ulrike und Jochen Kreis
**Keller** Josef und Jochen Kreis
**Außenbetrieb** Josef und Jochen Kreis

**Historie** Weingut in dritter Generation, vom Nebenerwerb zum Haupterwerb, seit 1992 im Besitz des historischen Kellereigebäudes der ehemaligen Winzergenossenschaft Die Engländer
**Rebfläche** 13 Hektar
**Beste Lagen** Hallgartener Jungfer und Oestricher Doosberg
**Boden** Lösslehm, Quarzit, Verwitterungsschiefer, Buntschiefer,
**Rebsorten** 78% Riesling, 18% Spätburgunder, 2% Weiß- und Frühburgunder, 2% übrige Sorten
**Gastronomie** Straußwirtschaft von April bis Oktober (aktuelle Termine siehe Website)
**Erlebenswert** Kellereigebäude mit historischem Kreuzgewölbekeller, erbaut um 1900

Die 2020er Spätburgunder aus der Hallgartener Jungfer haben uns sehr gut gefallen. Unter der Opulenz des reifen Jahres hat die klare Frucht keineswegs gelitten. Reife Tannine geben den Weinen Struktur und einen präzisen Fluss. Wir sehen dabei den balancierten „R" leicht vor der üppigen Auslese. Aber auch der Frühburgunder mit klar-typischer Frucht, gutem Fluss und sauberem Finish, soll nicht unerwähnt bleiben. Auf gutem Niveau präsentierten sich die 2021er Rieslinge. Am Beginn der Reihe steht ein saftiger Literwein aus dem Hendelberg. Und über Quarzit und Kabinett geht es dann stimmig zur Doosberg Spätlese weiter. Wir notierten: Feiner Apfel, klarer Fluss, kraftvolle Art und gute Tiefe. Sehr animierend ist der klassische Kabinett aus der Jungfer. Mit Duft nach Sultaninen und Datteln, fein fließendem Schmelz und sanfter Länge unterstreicht die 2018er Beerenauslese den Anspruch des Hauses. Glückwunsch zum zweiten Stern!

KREIS
RHEINGAU

- **84** 2021 Hallgartener Hendelberg Riesling Liter trocken
  **6 €/1 Lit.** | 12 %
- **84** 2021 Weißburgunder trocken
  **6,50 €** | 12,5%
- **86** 2021 Hallgartener Jungfer Riesling trocken Quarzit
  **6,20 €** | 12 %
- **86** 2021 Oestricher Doosberg Riesling Kabinett trocken
  **6,80 €** | 12 %
- **88** 2021 Oestricher Doosberg Riesling Spätlese trocken
  **10 €** | 12 %
- **86** 2021 Hallgartener Schönhell Riesling Kabinett halbtrocken
  **6,80 €** | 11,5%
- **87** 2021 Hallgartener Jungfer Riesling Kabinett
  **6,80 €** | 9,5%
- **91** 2018 Hallgartener Jungfer Riesling Beerenauslese
  **40,50 €/0,375 Lit.** | 9 %
- **84** 2021 Spätburgunder Rosé trocken
  **6,30 €** | 12 %
- **87** 2020 Frühburgunder trocken
  **9,50 €** | 13,5%
- **88** 2020 Hallgartener Jungfer Pinot Noir Auslese trocken S
  **15,50 €** | 15 %
- **89** 2020 Hallgartener Jungfer Pinot Noir trocken R
  **9,50 €** | 14,5% BEST BUY

## KRONE

Weingut Krone Assmannshausen GmbH & Co. KG
65385 Assmannshausen · Niederwaldstr. 2
Tel. (06722) 2525 · Fax 990966
info@weingut-krone.de
**www.weingut-krone.de**

**Inhaber/in** Geschäftsführer Richard Grosche, Sprecher der Eigentümerfamilien: Ralf Frenzel
**Betriebsleitung** Michael Burgdorf
**Keller** Michael Burgdorf und Team
**Außenbetrieb** Lukas Kruft und Team

**Historie** Weinbau seit dem 17. Jahrhundert
**Rebfläche** 5 Hektar
**Jahresproduktion** 20 000 Flaschen
**Beste Lagen** Höllenberg Assmannshausen, Assmannshäuser Frankenthal, Schönhell Hallgarten
**Boden** Phyllitschiefer
**Rebsorten** 90% Spätburgunder, je 5% Weißburgunder und Riesling
**Erlebenswert** 60 Meter langer Naturfelskeller aus dem Jahr 1860
**Mitglied** VDP

Beim Weingut Krone stehen die Burgunder im Vordergrund, vor allem die Roten. Die Weine werden im alten Gutshaus und seinem Felskeller, direkt unter der Lage Frankenthal, ausgebaut. Zwei erstklassige Weißburgunder bilden den Auftakt. Vor allem der Hallgartener überzeugt mit einer tollen Balance von Frucht und Frische einerseits und feinen Röstaromen vom perfekt dosierten Holzeinsatz auf der anderen Seite. Das ist jetzt schon toll zu trinken, in fünf Jahren und darüber hinaus wird das groß! Bei den Roten setzt Michael Burgdorf konsequent die VDP-Qualitätspyramide um und gibt den Weinen mehr Zeit als sonst üblich. Schon der Jüngste, der Gutswein aus dem Jahr 2019 zeigt seidige Eleganz im Assmannhäuser Stil. Der Ortswein aus dem Jahr 2018 setzt mit Minzenoten feine Akzente, am Gaumen zupackend. Eine weitere Tür geht beim Spätburgunder aus der Ersten Lage Frankenthal auf: Basilikum und feine Röstnoten in der Nase, später ein feiner Cassiston. Der Assmannshäuser Höllenberg aus dem Jahr 2017 ist jahrgangstypisch fest, straff und schlank; zeigt eine ganz feine Höllenberg Cassisnote, flankiert von etwas Minze. Das ist nichts für Frucht- und Wuchtliebhaber, sondern ein charaktervoller Individualist für Anhänger eines filigranen Burgund-Stils. Gerade deshalb bereitet er uns so großes Vergnügen. Den Höhepunkt bildet wie schon in vielen Jahren zuvor das Juwel, eine Selektion aus dem Höllenberg. Der 2015er ist intensiver und fülliger als seine jüngeren Brüder, dunkelbeerig-würzig, und hat mit der Reife schon eine gute Zugänglichkeit erreicht. Doch widerstehen Sie dieser Verlockung - das wird aus Erfahrung ganz sicher noch besser! Wir sind gespannt, wie sich der kürzlich vollzogene Eigentümerwechsel vom Ehepaar Wegeler-Drieseberg zu Ralf Frenzel künftig auf die Weine dieses äußerst traditionsreichen Weingutes auswirkt.

**87** 2021 Riesling trocken Alte Reben
**15,90 €** | 12,5%

**88** 2021 Weißburgunder trocken Nice
**12,90 €** | 12,5%

**92** 2020 Hallgartener Weißburgunder trocken
**20 €** | 13,5% TIPP

**88** 2019 Spätburgunder trocken
**15,00 €** | 12%

**90** 2018 Assmannshäuser Spätburgunder trocken
**20 €** | 12,5%

**91** 2018 Assmannshäuser Frankenthal Spätburgunder trocken
**30 €** | 13%

**92** 2017 Assmannshäuser Höllenberg Spätburgunder trocken
**40 €** | 12,5%

**94** 2015 Assmannshäuser Spätburgunder trocken Juwel
**67 €** | 13,5%

★★★★★

## PETER JAKOB KÜHN

Weingut Peter Jakob Kühn
65375 Oestrich · Mühlstraße 70
Tel. (06723) 2299
info@weingutpjkuehn.de
**www.weingutpjkuehn.de**

**Inhaber/in und Betriebsleitung**
Peter Bernhard Kühn
**Keller** Peter Bernhard Kühn

**Rebfläche** 20 Hektar
**Jahresproduktion** 100 000 Flaschen
**Beste Lagen** Oestricher Lenchen und Doosberg, Mittelheimer St. Nikolaus, Hallgartener Jungfer, Hallgartener Hendelberg
**Boden** Taunusquarzit, Phyllit
**Rebsorten** 95% Riesling, 5% Spätburgunder
**Mitglied** VDP, Demeter, La Renaissance des Appellations

Das Jahr 2021 sei für den ökologischen Weinbau ein Tanz auf der Rasierklinge gewesen, so Peter Bernhard Kühn. Nicht nur die Feuchtigkeit und ihre Folgen im Juli galt es zu meistern, auch ganz zum Schluss musste um die Reife gekämpft und die Trauben strikt selektiert werden. Die Qualität der Ernte war am Ende dann sehr gut, allerdings um den Preis des kleinsten Ertrages der Geschichte. Und wie gut hier auch im Jahr 2021 gearbeitet wurde, unterstreicht bereits der Gutswein Jacobus. Er ist saftig-klar und zeigt eine schöne Pikanz ohne Aggressivität. Die Ortsweine aus Hallgarten und Oestrich setzen diese Linie stimmig fort. Hier verlassen wir dann das Jahr 2021 und kommen zu den Spitzen des Jahrgangs 2020, die für Peter Bernhard Kühn Schmelz und Vitalität auf das Beste verbinden. Er hat in den vergangenen Jahren den Ausbau moderat angepasst. Die Rieslinge verbleiben nicht mehr unbedingt zwei Jahre im Holz, auch die Zeit auf der Vollhefe wurde verkürzt. Feinheit und Typizität treten so besser hervor, der Ausbau-Stil tritt in den Hintergrund. Sehr fein erkennbar ist der Lagenunterschied bei Klosterberg und Hendelberg. Beide sind klar-präzise, typische Vertreter der Rheingauer Berglagen. Wobei der erste eher auf einer rotfruchtigen Linie liegt und der zweite gelbe Aromen besitzt.

**Große Gewächse**

Von den ausgezeichneten Großen Gewächsen heben wir in diesem Jahr gerne die nach Melisse und Minze duftende, schlank-klare, langanhaltende Jungfer heraus. Die Oestricher Lagen, Lenchen und Doosberg überzeugen mit Saft, Spiel und guter Länge. Primus inter pares ist für uns ganz klar der sublime St. Nikolaus. Eine Spezialität sind die sogenannten Unikate. Sie werden über zwei bis drei Jahre im Holzfass ausgebaut. Die Trauben stammen aus alten Parzellen in den besten Teilen Großer Lagen. Für den Schlehdorn greift man auf den Ertrag von Stöcken in einem nicht flurbereinigten Teil des St. Nikolaus' zurück, für das Landgeflecht auf den Doosberg. Die 2019er, vor allem der feinwürzige Schlehdorn, schließen an die erfolgreichen Vorjahre an. Das Potenzial dieser Weine lässt sich nur in Jahrzehnten messen, wie wir bei einer Vertikale im Weingut feststellen konnten. Jeder seit dem Jahr 2012 produzierte Jahrgang steht heute fest und kraftvoll im Glas, eine beeindruckende Leistung! Er habe selten so für eine Spätlese gekämpft wie im Jahr 2021, betont Peter Bernhard Kühn im Gespräch. Und das hat sich gelohnt: Der Wein besitzt eine feine Aromatik und eine tolle Rasse, Schliff und Tiefgang. Die saftig-kraftvollen 2020er Spätburgunder runden diese beeindruckende Kollektion auf das Schönste ab!

**90** 2021 Riesling trocken Jacobus
**15 €** | 12,5%

**91** 2021 Hallgartener Riesling trocken Alte Reben
**20 €** | 12,5%

**91** 2021 Oestricher Riesling trocken Quarzit
**23 €** | 12,5%

**92** 2020 Hallgartener Riesling trocken Réserve
**22 €** | 12,5%

**92** 2020 Oestricher Klosterberg Riesling trocken
**26 €** | 12,5%

**92** 2020 Hallgartener Hendelberg Riesling trocken
**29 €** | 12,5%

**93** 2020 Oestricher Doosberg Riesling VDP.Großes Gewächs
**49 €** | 12,5%

**93** 2019 Landgeflecht Riesling trocken PJK.Unikat
**95 €** | 12,5%

**94** 2020 Oestricher Lenchen Riesling VDP.Großes Gewächs
**49 €** | 12,5%

**94** 2020 Hallgartener Jungfer Riesling VDP.Großes Gewächs
**49 €** | 12,5%

**95** 2019 Schlehdorn Riesling trocken PJK. Unikat
**99 €** | 12,5%

**97** 2020 Mittelheimer Sankt Nikolaus Riesling VDP.Großes Gewächs
**49 €** | 12,5% **TOP 10**

**90** 2021 Oestricher Lenchen Riesling Kabinett
**21 €** | 10 %

**93** 2021 Oestricher Lenchen Riesling Spätlese
**32 €** | 9 %

**91** 2020 Spätburgunder trocken
**25 €** | 13,5%

**93** 2020 Hallgartener Frühernberg Spätburgunder trocken
**50 €** | 13,5%

★★★★

## KÜNSTLER

Weingut Künstler
65239 Hochheim/Main · Geheimrat-Hummel-Platz 1a
Tel. (06146) 83860 · Fax 7335
info@weingut-kuenstler.de
**www.weingut-kuenstler.de**

**Inhaber/in** Gunter Künstler
**Betriebsleitung** Rolf Schregel
**Keller** Gunter Künstler und Rolf Schregel
**Außenbetrieb** Daniel Winterfeld, Christoph Appelmann, Stefan Bigus

**Rebfläche** 60 Hektar
**Jahresproduktion** 400 000 Flaschen
**Beste Lagen** Hochheimer Hölle, Reichestal, Stielweg, Kirchenstück und Domdechaney, Rüdesheimer Berg Schlossberg und Rottland, Assmannshäuser Höllenberg, Kostheimer Weiß Erd
**Boden** Leichter bis toniger Lehm, Schiefer und Quarzit
**Rebsorten** 80 % Riesling, 15 % Spätburgunder, 3% Chardonnay, je 1,5 % Sauvignon Blanc und Grüner Veltliner, 1% Alvarinho & Merlot
**Gastronomie** gutseigenes Restaurant „Les deux Dienstbach chez Künstler", Hofausschank in Hochheim & Weinbar „Künstler@Pfaffenberg53"
**Mitglied** VDP

Erstklassig! Die aktuelle Kollektion ist für uns sowohl in ihrer Breite als auch in der Spitze beeindruckend. Dies gilt für die Hochheimer Rieslinge ebenso wie für die internationalen Rebsorten, denen Gunter Künstler in seinem Sortiment schon immer einen gewissen Platz eingeräumt hat. Erneut stark ist der geschliffene, im besten Sinne typische Sauvignon Blanc vom Kalkstein. Und der Fumé setzt noch eins oben drauf: Das Holz ist gut integriert, Schliff und Länge überzeugen. Der im Barrique ausgebaute Chardonnay ist in diesem Jahr sehr fein ausgefallen: mehr Burgund als Neue-Welt-Stil. Und er trägt einen neuen Namen: Im Falkenberg. Diese Bezeichnung soll zukünftig das besondere Potenzial des Weinbergs auch kenntlich machen. Und was hier möglich ist, belegt der vom Holzausbau geprägte 2020er Reserve mit cremigem Schliff und großer Klarheit.

### Heimat Hochheim

Die Rieslinge werden stimmig vom saftigen Gutswein eröffnet. Zwei Weine haben uns dann besonders gefallen: Zum einen die klarfruchtige Hölle Im Neuenberg, der Nachfolger des alten Kabinett trocken, und zum anderen das Pedant aus dem Kirchenstück mit dem Namen „Im Stein". Ein balancierter Hochheimer mit Stil und Klasse. Die Domdechaney begeistert dann mit Frucht und Volumen, Klarheit und Länge. Das wäre eines Großen Gewächses würdig. Und hier hält die kraftvoll-klare Hölle aus dem Jahr 2020 dann auch mit. Aber was wäre dieser Bericht ohne die Besprechung der Weine aus den von Schönborn gepachteten Flächen. Sei es die opulent-balancierte Spätlese aus dem Pfaffenberg oder die Auslese aus dem Marcobrunn mit edelherber Fülle und intensiver Länge. Ein vorzüglicher Sekt, der Assmannshäuser Rosé brut nature, rundet die Kollektion trefflich ab.

**93** 2018 Assmannshäuser Spätburgunder Rosé Brut nature
**22 €** | 12 % **TOP 10**

**86** 2021 Riesling trocken
**10,70 €** | 12,5%

**87** 2021 Hochheimer Riesling trocken Mainterrassen
**11,30 €** | 12,5%

★☆

88 2021 Hochheimer Herrnberg Riesling trocken
**13,50 €** | 12,5%

89 2021 Chardonnay trocken Kalkstein
**18,50 €** | 13,5%

89 2021 Rüdesheimer Berg Schlossberg Riesling VDP.Großes Gewächs
**Preis auf Anfrage** | 12,5%

90 2021 Sauvignon Blanc trocken Im Kalkstein
**18,90 €** | 13%

91 2021 Hochheimer Stielweg Riesling trocken Alte Reben
**19,50 €** | 13%

91 2021 Chardonnay trocken Im Falkenberg
**Preis auf Anfrage** | 13%

91 2020 Sauvignon Blanc trocken Fumé
**Preis auf Anfrage** | 13% TOP 10

92 2021 Hochheimer Kirchenstück Riesling trocken Im Stein
**15 €** | 12,5%

92 2021 Hochheimer Hölle Riesling trocken Im Neuenberg
**15 €** | 12,5%

93 2021 Hochheimer Domdechaney Riesling trocken
**21,50 €** | 12,5%

93 2020 Chardonnay trocken Reserve
**29,50 €** | 13% TIPP

93 2020 Rüdesheimer Berg Schlossberg Riesling VDP.Großes Gewächs
**48 €** | 12,5%

93 2020 Hochheimer Hölle Riesling VDP.Großes Gewächs
**37 €** | 13%

94 2021 Hattenheimer Pfaffenberg Riesling Spätlese
**19,90 €** | 8%

93 2021 Erbacher Marcobrunn Riesling Auslese
**45 €/0,375 Lit.** | 7,5%

92 2019 Assmannshausen Höllenberg Spätburgunder VDP.Großes Gewächs
**65 €** | 13,5%

## LAMM-JUNG

Weingut Lamm-Jung KG
65346 Eltville am Rhein · Eberbacher Str. 50
Tel. (06123) 7059300
paul.will@lammjung-wein.de
**www.lammjung-wein.de**

**Inhaber/in** Günther Weisel
**Betriebsleitung** Paul Will
**Keller** Paul Will
**Außenbetrieb** Paul Will und Marek Mieczkowski

Fast alles ist neu im alteingesessenen Traditionsbetrieb. Seit Handwerksmeister Günther Weisel das Weingut im Jahr 2016 übernommen hat, wurde mächtig in Keller und Gebäude investiert und hochwertig modernisiert - bis hin zur Ausstattung der Weinflaschen, die die drei Stufen der Qualitätspyramide und die Farbe des Weins optisch spiegeln. Die drei „Premium"-Weine aus dem Jahr 2017 markieren die Spitze der Kollektion: Der filigrane Lorcher Riesling zeigt Nougatnoten, exotische Früchte und eine erste attraktive Reife. Ebenfalls sehr edel hat sich der Spätburgunder Weißherbst entwickelt - straff am Gaumen mit feinen Kirschwassernoten. Der Assmannshäuser Spätburgunder Steillage betört mit waldfruchtigem Bouquet. Die Sekte sind eine Klasse für sich, etwa die druckvolle Cuvée Brut mit Aromen von gelben Früchten und Haselnuss.

87 2016 Riesling Sekt Brut
**17,50 €** | 12,5%

88 2016 Cuvée Sekt Brut
**19,50 €** | 12,5%

84 2021 Riesling trocken Basis
**8,50 €** | 11,5%

84 2018 Weißburgunder trocken
**10,80 €** | 12,5%

88 2017 Lorcher Riesling trocken Premium
**19,50 €** | 12%

84 2020 Riesling feinherb Meisterwein
**10,80 €** | 11,5%

85 2020 Riesling & Chardonnay
**12,80 €** | 12%

87 2017 Spätburgunder Weißherbst trocken Premium
**14,80 €** | 12%

87 2017 Assmannshäuser Spätburgunder trocken Steillage
**18 €** | 12%

## LEITZ

Weingut Leitz
65385 Rüdesheim am Rhein · Theodor-Heuss-Straße 5
Tel. (06722) 9999100 · Fax 9999199
johannes.leitz@leitz-wein.de
**www.leitz-wein.de**

**Inhaber/in und Betriebsleitung**
Johannes Leitz
**Keller** Johannes Leitz, Manuel Zuffer
**Außenbetrieb** Alexander Schregel

**Rebfläche** 160 Hektar
**Jahresproduktion** 900 000 Flaschen
**Beste Lagen** Berg Schlossberg, Berg Roseneck, Berg Rottland, Berg Kaisersteinfels, Rosengarten
**Boden** Schieferverwitterung, Quarzit
**Rebsorten** 98% Riesling, 2% Spätburgunder
**Mitglied** VDP

Die 2020er Großen Gewächse aus Schlossberg und Kaisersteinfels haben uns begeistert! Die Verbindung von mineralischer Tiefe, fast schwereloser Balance und feinem Säurespiel ist einzigartig. Outstanding! Aber auch der kraftvolle Berg Rottland und der mineralisch feine Berg Roseneck stehen hier kaum zurück. Dies ist nun bereits der vierte Jahrgang, bei dem Johannes Leitz seinen besten Rieslingen einen anderthalbjährigen Ausbau auf der Hefe gegönnt hat. Sie werden erst nach zwei Jahren vorgestellt. Der Betrieb war hiermit sicherlich Trendsetter im Rheingau. Der Ausbau erfolgte bei allen Großen Gewächsen zu einem Teil im Stückfass und zum anderen im Edelstahltank. Der Rosengarten ist der einzige Weinberg, der nicht zum Rüdesheimer Berg gehört, sondern der Brömserburg benachbart liegt. Aber mit seinem eigenen Charakter, der feinen Riesling-Art und dem sanften, langen Fluss nimmt er seinen Platz hier inzwischen ganz selbstverständlich ein.

**Weißburgunder und Chardonnay**

Inzwischen gibt es Holzfässer nicht nur im alten Rüdesheimer Keller des Guts, sondern auch in Geisenheim schreitet der Aufbau des sogenannten Apostelkellers voran. Zukünftig sollen hier zwölf 3000-Liter-Fässer stehen und so die Edelstahl-Kapazitäten ergänzen. Und gerade diese Fässer wurden für den Ausbau zweier Rebsorten genutzt, die hier noch relativ neu sind: Einen schmelzig-klaren Weißburgunder und einen rassig-pikanten Chardonnay. Die Spitze der Qualitätspyramide hat also einen soliden Unterbau. Mengenmäßig bedeutend ist für das Haus auch die erfolgreiche Zusammenarbeit mit dem Lebensmittelhandel. Hier werden beachtliche Flaschenzahlen abgesetzt. Der Gutswein Eins-Zwei-Dry ist ein schlanker, klarer Riesling, der ebenso wie sein biozertifiziertes Pendant, das aus Martinsthaler Lagen stammt, Trinkspaß bereitet. Eine ganze Klasse darüber befindet sich der animierende Rüdesheimer mit klarer Frucht und feinem Säurespiel. Mit dem Magic Mountain hat Johannes Leitz einen zugkräftigen Zweitwein etabliert, der auch in diesem Jahr mit Saft und Spiel überzeugt. Ein Klassiker ist wie in jedem Jahr die Magdalenenkreuz Spätlese. Sie bereitet mit präsenter Frucht, saftig-präzisem Spiel und animierendem Finish großes Trinkvergnügen. Und ein Schnäppchen ist sie auch noch! Eine fein gereifte 2002er Auslese aus dem Rottland belegt zum Schluss noch einmal das Reifepotenzial großer Rheingauer.

LEITZ
WEINGUT

**86** 2021 Riesling trocken Eins-Zwei-Dry
**8,90 €** | 12 %

**86** 2021 Riesling trocken Eins-Zwei-Dry Organic
**9,50 €** | 12 %

- **87** 2021 Sauvignon Blanc trocken Eins-Zwei-Dry
  **9,90 €** | 13 %
- **88** 2021 Rüdesheimer Riesling trocken 62/22
  **12 €** | 12 %
- **89** 2021 Weißburgunder trocken
  **11,50 €** | 12 %
- **89** 2021 Rüdesheimer Riesling trocken 16/22
  **12 €** | 12 %
- **90** 2021 Chardonnay trocken
  **11,50 €** | 13,5% TIPP
- **90** 2021 Rüdesheimer Riesling trocken Magic Mountain
  **17,50 €** | 12,5%
- **93** 2020 Rüdesheimer Rosengarten Riesling VDP.Großes Gewächs Monopol
  **40 €** | 12,5%
- **93** 2020 Rüdesheimer Berg Roseneck Riesling VDP.Großes Gewächs Katerloch
  **40 €** | 13 %
- **93** 2020 Rüdesheimer Berg Rottland Riesling VDP.Großes Gewächs Hinterhaus
  **40 €** | 13 %
- **94** 2020 Rüdesheimer Berg Kaisersteinfels Riesling VDP.Großes Gewächs Terrassen
  **40 €** | 12,5%
- **95** 2020 Rüdesheimer Berg Schlossberg Riesling VDP.Großes Gewächs Ehrenfels
  **40 €** | 12,5%
- **88** 2021 Rüdesheimer Kirchenpfad Riesling Kabinett feinherb
  **9,90 €** | 11 %
- **92** 2021 Rüdesheimer Magdalenenkreuz Riesling Spätlese
  **12,50 €** | 7,5%
- **94** 2002 Rüdesheimer Berg Rottland Riesling Auslese
  **Preis auf Anfrage** | 8 %
- **86** 2021 Spätburgunder Rosé trocken Eins-Zwei-Dry
  **8,90 €** | 11,5%
- **86** 2021 Pinot Noir Rosé feinherb
  **8,90 €** | 11,5%

★☆

## BERNHARD MEHRLEIN

Weingut Bernhard Mehrlein
65375 Oestrich-Winkel · Rieslingstraße 49
Tel. (06723) 2934 · Fax 87541
info@weingut-mehrlein.de
**www.weingut-mehrlein.de**

**Inhaber/in und Betriebsleitung**
Thorsten Mehrlein

In diesem Jahr hat uns die Edition Prestige von alten Reben besonders gefallen. Der Wein zeigt klare Apfelnoten, eine fein-schmelzige Würze und einen animierenden Fluss. Auch insgesamt ist dies wieder eine recht gelungene, homogene Kollektion. Jahrgangsbedingt fallen für uns die einfacheren Qualitäten etwas gegenüber den Vorjahren ab. Mit 60 Hektar Weinbergsfläche gehört der Betrieb von Thorsten Mehrlein zu den flächenmäßig großen des Rheingaus. Das Gut konzentriert sich fast ausschließlich auf Riesling, der zu einem Drittel auf Ersten Lagen steht. Und von diesen kommen Weine wie der saftige Hasensprung oder der straff-klare Klosterberg. Ein Wein, der uns mit seiner Prägnanz besonders gefallen hat.

- **84** 2021 Mittelheimer Edelmann Riesling trocken
  **6,90 €** | 11,5%
- **85** 2021 Winkeler Hasensprung Riesling trocken
  **6,95 €** | 12 %
- **85** 2021 Riesling trocken Gentleman
  **9,90 €** | 11,5%
- **87** 2021 Oestricher Klosterberg Riesling trocken
  **14,50 €** | 12 %
- **88** 2021 Riesling trocken Alte Reben Edition Prestige
  **10,90 €** | 12 %
- **83** 2021 Riesling dry
  **Preis auf Anfrage** | 12 %

## MOHR

Weingut Mohr KG
65391 Lorch · Rheinstraße 21
Tel. (06726) 9484 · Fax 1694
info@weingut-mohr.de
**www.weingut-mohr.de**

**Inhaber/in und Betriebsleitung**
Jochen Neher

**Historie** gegründet 1875 von Wilhelm Mohr III.
**Rebfläche** 10 Hektar
**Jahresproduktion** 60 000 Flaschen
**Beste Lagen** Lorcher Krone, Bodental-Steinberg und Schlossberg, Assmannshäuser Höllenberg
**Boden** blauer und roter Phyllitschiefer, Quarzit
**Rebsorten** 70% Riesling, 13% Spätburgunder, 10% Weißburgunder, je 2% Grauburgunder, Silvaner und Muskateller, 1% Scheurebe
**Gastronomie** Strausswirtschaft mit orientalischer Küche und Kochkurse (Termine und Öffnungszeiten siehe Website)
**Erlebenswert** Gewölbekeller, Riesling 34 (Weinberg mit den ältesten Rebstöcken des Rheingaus)
**Mitglied** Ecovin

Der trockene 2021er Gutswein ist mit Saft und Frische die animierende Visitenkarte des Weinguts Mohr. Der kraftvolle, cremig-mineralische Lorcher aus dem gleichen Jahr weckt dann schon die Vorfreude auf die Lagenweine des Hauses, die immer erst ein Jahr später vorgestellt werden. So konnten wir dieses Mal den feinwürzigen, geschliffenen 2020er Schlossberg Riesling 34 verkosten. Benannt ist er nach dem Pflanzjahr der Reben und stammt daher wahrscheinlich aus dem ältesten Weinberg im Rheingau. Jochen Neher bestätigt so unseren sehr guten Eindruck der Vorjahre. Das seit dem Jahr 2014 biozertifizierte Gut schlägt den Bogen von Wein und Speisen in der beliebten Straußwirtschaft in Lorch. Saynur Sonkaya-Neher kombiniert die Weine mit orientalisch-mediterranen Speisen. Die klar-fruchtige, saftig-frische Cuvée von Riesling und Weißburgunder trägt ihren Namen. Sehr gut geraten sind auch wieder die Sekte. Der 2017er Krone Brut Grande Reserve zeigt eine feine, dezent buttrige Rieslingreife, klaren Saft und gute Tiefe. Ein typischer Assmannshäuser ist der 2019er Höllenberg von alten Reben. Er verbindet Präzision, Spiel und Tiefe auf animierende Weise.

**86** 2020 Pinot Brut
**21 €** | 13,5%

**87** 2018 Riesling Brut
**21 €** | 13,5%

**89** 2017 Lorcher Krone Brut Grande Reserve
**34 €** | 13 %

**86** 2021 Riesling trocken
**9,90 €** | 12 %

**87** 2021 Riesling & Weißburgunder trocken Saynur
**13,90 €** | 11,5%

**87** 2020 Lorcher Krone Riesling trocken Grosses Gewächs
**28 €** | 13 %

**88** 2021 Lorcher Riesling trocken
**13,90 €** | 12 %

**90** 2020 Lorcher Bodental-Steinberg Riesling trocken Grosses Gewächs
**29 €** | 12,5%

**92** 2020 Lorcher Schlossberg Riesling trocken 34
**34 €** | 13 %

**90** 2020 Lorcher Schlossberg Riesling
**70 €/0,375 Lit.** | 8 %

**88** 2018 Lorcher Bodental-Steinberg Spätburgunder trocken Grosses Gewächs
**34 €** | 14 %

**90** 2019 Assmannshäuser Höllenberg Spätburgunder trocken Alte Reben
**34 €** | 13 %

★★★

## GEORG MÜLLER STIFTUNG

Weingut Georg Müller Stiftung
65347 Hattenheim · Eberbacher Straße 7–9
Tel. (06723) 2020
info@georg-mueller-stiftung.de
**www.georg-mueller-stiftung.de**

**Inhaber/in** Peter Winter
**Betriebsleitung** Tim Lilienström
**Keller** Tim Lilienström

**Historie** Gründung 1882 durch Georg Müller, Gründungsmitglied VDP, Stiftung des Guts 1913 an die Gemeinde Hattenheim, 2003 Privatisierung an Peter Winter
**Rebfläche** 21 Hektar
**Jahresproduktion** 120 000 Flaschen
**Beste Lagen** Nussbrunnen, Wisselbrunnen, Jungfer, Lenchen, Schützenhaus, Engelmannsberg, Frankenthal
**Boden** tertiärer Mergel, kalkhaltiger Lösslehm mit Kies und Sand, Quarzit und Schiefer
**Rebsorten** 70% Riesling, 25% Spätburgunder, 5% übrige Sorten
**Erlebenswert** Kunstkeller: 200 Jahre alter Gewölbekeller mit modernen Kunstwerken
**Mitglied** VDP, Generation Riesling

Das Hattenheimer Weingut ist neben hochwertigen Weinen für seinen außergewöhnlichen Kunstkeller bekannt. Eigentümer Peter Winter und der talentierte Gutsverwalter Tim Lilienström präsentieren uns dort eine GG-Vertikale aus ihrer Riesling Paradelage Jungfer. Sichern Sie sich unseren Favoriten, den 2018er, der mit ersten Reifenoten harmonisch-edel den Stil des Hauses und das Potenzial der Lage großartig widerspiegelt! Aus der aktuellen Kollektion sehen wir die Weißweine aus dem Jahr 2019 vor den 2020ern. Wie den charaktervollen Nussbrunnen: lebendig am Gaumen, zeigt er feine nussige Noten vom teilweisen Ausbau im Akazienholzfass. Die rest- und edelsüßen Weine aus dem Jahr 2021 sind durchweg sehr gut gelungen. Die glockenklare Wisselbrunnen Beerenauslese hat ein Bouquet von Rosenwasser, Feigen und getrockneten Aprikosen. Dazu kommen viel Spannung und Frische. Traditionell überzeugen uns bei Peter Winter die Rotweine: Der Stil ist international, mit reifer Fruchtausprägung und vollem Körper. Die Kunstbegeisterung spiegelt sich in der Ausstattung der „Artist Edition" wider: In der Bordeaux-Flasche mit Künstleretikett ruht ein aktuell noch verschlossener Pinot Noir mit Cassis- und Waldbeeraromen und präsentem Tannin. Benchmark ist die edle Hommage à George - schwarzbeerig mit feiner Säure, hat diese großes Potenzial.

**85** 2021 Riesling trocken
**9,95 €** | 11,5%

**90** 2020 Hattenheimer Wisselbrunnen Riesling VDP.Großes Gewächs
**38 €** | 12,5%

**91** 2019 Hattenheimer Nussbrunnen trocken Akazie
**38 €** | 12,5%

**92** 2016 Hattenheimer Nussbrunnen Riesling feinherb Alte Reben
**68 €** | 12,5%

**89** 2021 Hattenheimer Wisselbrunnen Riesling Spätlese
**21 €** | 8,5%

**90** 2021 Hattenheimer Nussbrunnen Riesling Spätlese
**24 €** | 9 %

**91** 2021 Hattenheimer Nussbrunnen Riesling Auslese
**Preis auf Anfrage/0,375 Lit.** | 8,5%

**93** 2021 Hattenheimer Wisselbrunnen Riesling Beerenauslese
7,5% AUKTION

**90** 2019 Pinot Noir trocken Daniel
**24 €** | 13,5%

**91** 2019 Pinot Noir trocken Artist Edition Baumgarten
**28 €** | 13 %

**93** 2019 Pinot Noir trocken Hommage à George
**98 €** | 13,5%

★

## DR. NÄGLER

Weingut Dr. Nägler
65385 Rüdesheim · Friedrichstraße 22
Tel. (06722) 2835 · Fax 47363
info@weingut-dr-naegler.de
**www.weingut-dr-naegler.de**

**Inhaber/in und Betriebsleitung**
Tilbert Nägler
**Keller** Tilbert Nägler

In diesem Jahr wurde uns eine kleine, aber solide Kollektion vorgestellt. Wieder überzeugt der Classic: ein Basiswein im besten Sinne. Der Rüdesheimer Gutswein bleibt mit Apfelnoten und deutlicher Herbe etwas dahinter zurück. Der klarfruchtige, substanzreiche Kabinett aus dem Bischofsberg leitet über zum besten Wein der Kollektion. Wie so oft ist dies der trockene Schlossberg. Verhaltener in der Frucht, zeigt er am Gaumen mineralische Würze und im Nachhall einen feinherben Anklang an Aprikose.

**83** 2021 Rüdesheimer Riesling trocken
**6,50 €/1 Lit.** | 12 %

**85** 2021 Rüdesheimer Riesling trocken vom Schiefer
**9,50 €** | 12 %

**87** 2021 Rüdesheimer Berg Schlossberg Riesling trocken
**16 €** | 12,5%

**85** 2021 Rüdesheimer Bischofsberg Riesling Kabinett feinherb
**11 €** | 11 %

**84** 2021 Riesling feinherb Classic
**7,50 €** | 11,5%

★★

## NIKOLAI

Weingut Heinz Nikolai
65346 Erbach im Rheingau · Ringstraße 16
Tel. (06123) 62708 · Fax 81619
weingut@heinz-nikolai.de
**www.heinz-nikolai.de**

**Inhaber/in und Betriebsleitung**
Katharina und Frank Nikolai
**Keller** Frank Nikolai und Andreas Dormann
**Außenbetrieb** Andreas Dormann

**Historie** Weingut im Besitz der Familie seit 1878, heute Bewirtschaftung in der fünften und sechsten Generation
**Rebfläche** 16 Hektar
**Jahresproduktion** 140 000 Flaschen
**Beste Lagen** Erbacher Steinmorgen, Siegelsberg und Michelmark, Hallgartener Jungfer
**Boden** Lösslehm mit Taunusquarzit
**Rebsorten** 80% Riesling, 10% Spätburgunder, 5% Weißburgunder, 4% Sauvignon Blanc, 1% Goldmuskateller
**Gastronomie** Gutsausschank während der Rheingauer Schlemmerwochen (Ende April bis Anfang Mai)
**Erlebenswert** historischer Gewölbekeller

Die Kollektion der 2021er Weißweine des Erbacher Familienweinguts ist durchweg erfreulich. Die trockenen und feinherben Rieslinge gefallen mit ihrer gebietstypischen, exotischen Fruchtaromatik, die zuweilen von stimmiger Herbe begleitet wird. Wie zum Beispiel das frische, elegante Filetstück aus der Lage Michelmark. Und – in anderer Weise – der cremige Primus Maximus, der nach vollreifen gelben Früchten schmeckt. Schön herausgearbeitet ist der Unterschied in der Charakteristik der beiden Großen Gewächse. Der Riesling aus dem Steinmorgen ist mineralisch, hat ein kühles, charaktervolles Bouquet. Am Gaumen packende Mineralität und ein exotisch fruchtiges Finale mit Maracuja- und Orangenaromen. Beim Siegelsberg strahlt Sonnenschein aus dem Glas. Saftige, reife exotische Früchte und Pfirsicharomen werden von einer feinen, herbwürzigen Spannung im Nachhall begleitet. Bei den weiteren Rebsortenweinen gefällt uns der balancierte Sauvignon Blanc. Betört hat uns der Goldmuskateller mit seinem intensiven Rosenduft und dem druckvoll-klaren Muskatelleraroma.

HEINZ NIKOLAI
WEINGUT RHEINGAU

**85** 2020 Weißburgunder Sekt Brut
**9,80 €** | 12,5%

**84** 2021 Kiedricher Sandgrub Riesling 1l trocken
**6,50 €/1 Lit.** | 12%

**84** 2021 Sauvignon Blanc trocken
**8,50 €** | 12,5%

**85** 2021 Hallgartener Schönhell Riesling trocken
**7,50 €** | 12,5%

**85** 2021 Weißburgunder trocken
**8,50 €** | 12,5%

**86** 2021 Goldmuskateller trocken
**8,50 €** | 12%

**87** 2021 Erbacher Michelmark Riesling trocken Filetstück
**9 €** | 12,5%

**87** 2021 Riesling trocken Primus Maximus
**9,80 €** | 12,5%

**88** 2021 Erbacher Steinmorgen Riesling trocken Grosses Gewächs
**18 €** | 13%

**89** 2021 Erbacher Siegelsberg Riesling trocken Grosses Gewächs
**18 €** | 13%

**86** 2021 Hallgartener Jungfer Riesling feinherb
**7,50 €** | 11,5%

**87** 2021 Erbacher Steinmorgen Riesling feinherb Alte Reben
**9 €** | 12%

★★★★

## VON OETINGER

Weingut Achim von Oetinger
65346 Erbach · Rheinallee 1–3
Tel. (06123) 62528 · Fax 62691
achim@von-oetinger.de
**www.von-oetinger.de**

**Inhaber/in und Betriebsleitung** Achim von Oetinger
**Keller** Achim von Oetinger
**Außenbetrieb** Lutz Loosen

**Rebfläche** 12 Hektar
**Jahresproduktion** 60 000 Flaschen
**Beste Lagen** Erbacher Marcobrunn, Siegelsberg, Hohenrain, Michelmark, Steinmorgen
**Boden** Lösslehm
**Rebsorten** 80% Riesling, 10% Grau- und Weißburgunder, 6% Spätburgunder, 4% Müller-Thurgau
**Mitglied** VDP

Achim von Oetinger bleibt seiner akribischen Begeisterung für Qualität treu. Und wenn dies für ihn heißt, dass auch für den Müller-Thurgau und den Weißburgunder Beeren ausgelesen werden müssen, so setzen er und sein Team das um. Die Erträge können dann in Jahren wie 2021 natürlich auch einmal sehr niedrig sein. Der „Jott" genannte Müller-Thurgau bestätigt dieses Konzept. Er stammt von fast 70-jährigen Reben. Maischestandzeit und Zugabe ganzer Beeren ins Fass sind bei ihm, wie oft bei von Oetinger, Bestandteil des Ausbaus. Das Ergebnis ist ein saftiger, animierend-anhaltender Wein mit feiner Herbe. Basierend auf dem Erfolg dieses Weins hat sich von Oetinger entschieden, ganz gegen den Trend einen neuen Müller-Thurgau-Weinberg anzulegen. Der klar-fruchtige Weißburgunder ist nach derselben Methode entstanden. Er überzeugt mit Schliff und schlanker Fülle.

Auch ein charaktervoller, im Tonneau ausgebauter Pinot Noir gehört inzwischen zum Sortiment.

**Zum Riesling!**

Der runde, nach Apfel duftende Lösslehm eröffnet den Reigen der Rieslinge. Ihm folgt der knackige Mineral mit guter Länge und Anklängen an grüne Äpfel. Die Alten Reben besitzen eine feine Cremigkeit und gute Tiefe. Der im Holz ausgebaute Tradition - so etwas wie der Zweitwein des Hauses - verbindet feine Butternoten mit Saft und guter Länge. Ohne dass darauf explizit hingewiesen wird, stammen die Alten Reben immer aus dem Hohenrain und der Tradition aus dem Siegelsberg. Das Niveau der Großen Gewächse ist hier über die Jahre hinweg gleichmäßig hoch. Der 2021er Hohenrain liegt noch im Fass. Aber den Anfang August gefüllten, sehr gelungenen Siegelsberg konnten wir probieren. Er stammt von 55-jährigen Reben in einer Parzelle mit guter Wasserversorgung, die früher den Namen Brühl trug. Der Marcobrunn zeigt die kräftigste Farbe, tiefe Fülle und einen animierend zart-herben Anklang im langen Nachhall. Ein Klassiker! Eine rassig-feine Siegelsberg-Spätlese und die erstmals vorgestellte, geschliffen-klare Versteigerungs-Auslese aus dem Marcobrunn runden die Kollektion perfekt ab.

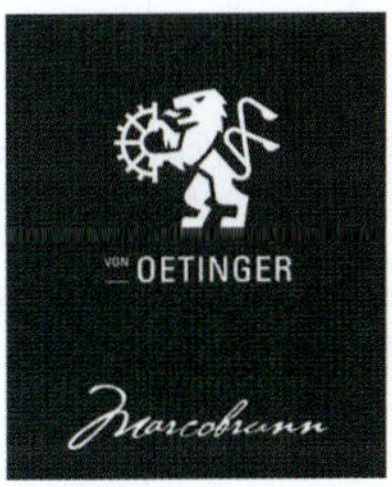


**85** 2021 Riesling trocken Zecher
**9 €/1 Lit.** | 12 %

**88** 2021 Riesling trocken Lösslehm
**12 €** | 12 %

**89** 2021 Riesling trocken Mineral
**14 €** | 12,5%

**90** 2021 Müller-Thurgau trocken Jott
**25 €** | 13 % TIPP

**91** 2021 Riesling trocken Alte Reben
**18 €** | 13 %

**91** 2021 Erbacher Riesling trocken Tradition
**22 €** | 12,5%

**91** 2021 Weißburgunder trocken
**25 €** | 13 %

**93** 2021 Erbacher Siegelsberg Riesling VDP.Großes Gewächs
**39 €** | 12,5%

**94** 2021 Erbacher Marcobrunn Riesling VDP.Großes Gewächs
**100 €** | 12,5%

**90** 2021 Erbacher Steinmorgen Riesling feinherb
**17 €** | 11,5%

**92** 2021 Erbacher Siegelsberg Riesling Spätlese
**25 €** | 9 %

**95** 2021 Erbacher Markobrunn Riesling Auslese
7% AUKTION

★★

## OHLIG

Weingut Johannes Ohlig
65375 Oestrich-Winkel · Hauptstraße 68
Tel. (06723) 2012 · Fax 87872
info@weingut-ohlig.de
**www.weingut-ohlig.de**

**Inhaber/in und Betriebsleitung** Johannes Ohlig
**Keller** Johannes Ohlig
**Außenbetrieb** Raphael Wittmers

**Historie** mehr als 125 Jahre Weinbautradition, Familienbetrieb in vierter Generation
**Rebfläche** 17 Hektar
**Jahresproduktion** 160 000 Flaschen
**Beste Lagen** Winkeler Jesuitengarten, Geisenheimer Kläuserweg
**Boden** Steiniger und tiefgründiger Lösslehm
**Rebsorten** 74% Riesling, 16% Spätburgunder, 3% Weißburgunder, 7% übrige Sorten
**Gastronomie** Restaurant Fili's im Zehntenhof - gemütlicher Innenhof
**Erlebenswert** über 400 Jahre alter Zehntenhof als Betriebsstätte

Sehr gut gefallen hat uns in diesem Jahr der feinherbe Jesuitengarten Bestes Fass: Ein im Holz ausgebauter, klassischer Rheingauer mit feiner Fülle und animierender Art. Das Aushängeschild des Weinguts ist aber der saftige Classic. Er ist gleichzeitig der mengenmäßig bedeutendste Wein für Inhaber Johannes Ohlig. Er hat den Betrieb im alten Ortskern von Winkel mit Sitz im historischen Zehnthof über die Jahre kontinuierlich modernisiert und vergrößert: Eine gelungene Verbindung von Tradition und Technik ist so entstanden. Er besitzt jetzt 17 Hektar Rebfläche und sieben Hektar Pachtfläche. Wenn der Jahrgang mengenmäßig klein ausfällt, werden Trauben hinzugekauft. Dies geschah im Jahr 2019, in 2018 war es nicht erforderlich. Für diese Größe ist das Sortiment sehr straff aufgestellt. Der Fokus liegt auf trockenen und feinherben Rieslingen, aber auch die fruchtsüßen Prädikate werden nach wie vor gepflegt. Etwa die schlank-klare, feinfließende Spätlese aus dem Kläuserweg. Sehr erfrischend ist der rassige, trockene Kabinett aus dem Gutenberg. Mit Saft, guter Struktur und einer animierenden, charaktervollen Herbe überzeugen die Alten Reben. Ein im Barrique ausgebauter kirschfruchtiger 2020er Spätburgunder rundet die Kollektion ab.

**84** 2021 Mittelheimer St. Nikolaus Riesling trocken
**7 €** | 12%

**85** 2021 Johannisberger Klaus Riesling Spätlese trocken
**8,90 €** | 12%

**86** 2021 Winkeler Gutenberg Riesling Kabinett trocken
**7,30 €** | 11%

**85** 2021 Winkeler Hasensprung Riesling Kabinett feinherb
**7,30 €** | 11%

**86** 2021 Mittelheimer Edelmann Riesling Spätlese feinherb
**8,90 €** | 11%

**83** 2021 Weißburgunder feinherb
**7 €** | 12%

**85** 2021 Riesling feinherb Classic
**7 €** | 12%

**86** 2021 Roter Riesling feinherb
**9,90 €** | 11,5%

**88** 2021 Riesling feinherb Alte Reben
**9,90 €** | 11,5%

**89** 2021 Winkeler Jesuitengarten Riesling feinherb Bestes Fass
**14,50 €** | 11,5%

**88** 2021 Geisenheimer Kläuserweg Riesling Spätlese
**9,90 €** | 8%

**86** 2020 Spätburgunder trocken im Barrique gereift
**12,50 €** | 13,5%

★★★★½

## PRINZ

Weingut Prinz
65375 Hallgarten · Im Flachsgarten 5
Tel. (06723) 999847 · Fax 999848
info@prinz-wein.de
**www.prinz-wein.de**

**Inhaber/in und Betriebsleitung**
Fred, Florian und Sabine Prinz
**Keller** Fred Prinz
**Außenbetrieb** Florian Prinz

**Rebfläche** 12 Hektar
**Jahresproduktion** 70 000 Flaschen
**Beste Lagen** Hallgartener Jungfer, Schönhell, Frühernberg und Hendelberg, Oestricher Doosberg, Hattenheimer Nussbrunnen, Erbacher Marcobrunn, Rüdesheimer Berg Schlossberg
**Boden** Lösslehm, Buntschiefer, Taunusquarzit, tertiärer Mergel,
**Rebsorten** 89% Riesling, 5% Spätburgunder, 6% übrige Sorten (Sauvignon Blanc, Traminer, PiWis)
**Mitglied** VDP

Die 2021er schließen nahtlos an die großartigen Rieslinge des Vorjahres an, ja übertreffen sie sogar des Öfteren! Wie berichtet konnte die Familie Prinz vom Weingut Schloss Schönborn Flächen im Rüdesheimer Schlossberg und im Marcobrunn pachten. Und von hier kommen zwei der Stars der aktuellen Kollektion. Der schlank-mineralische Schlossberg, der Saft und klare Länge verbindet, sowie der kraftvolle Marcobrunn. Ein sublim-tiefer Wein mit einem tollen Lagenausdruck. Das ist Terroir! Aber auch die fein vom Holz geprägte, knackig-klare Jungfer steht hier nicht wirklich zurück.

### Kabinett-Klassiker

Auch die Kabinettweine des Hauses stoßen in eine neue Dimension vor. Sie sind so gut wie nie zuvor und haben mit dem Nussbrunnen auch ein neues Team-Mitglied. Animierend, mit Spiel und Tiefe, sind alle drei. Der Kabinett aus der Jungfer ist sicherlich der leichteste und rassigste von ihnen. Der Nussbrunnen ist mit saftiger Länge Rheingauer Klassik pur. Und der Goldkapsel Kabinett aus der Jungfer, der ein Markenzeichen des Hauses ist, war noch nie so gut. Im Stil erinnert er an eine Spätlese und wird im Kloster Eberbach versteigert. Seine feine Balance zwischen Süße und Säure prädestiniert ihn für eine längere Lagerung. Herrliche Exemplare aus den Jahren 2015, 2010 und 2008 konnten wir verkosten. Erfreulich, dass es das im Rheingau noch gibt.

Der Betrieb arbeitet bereits seit Längerem ökologisch und hat sich entschieden, mit dem Jahr 2018 auf biodynamischen Anbau umzustellen. Das hat sicherlich damit zu tun, dass mit Florian Prinz als Außenbetriebsleiter die nächste Generation in das Gut eingestiegen ist. Und der Ruf von Fred Prinz, einer der versiertesten und präzisesten Weinbergsarbeiter zu sein, ist im gesamten Rheingau unbestritten. In so einem Haus erfüllt auch die Basis schon hohe Anforderungen. Der 2021er Gutswein tut genau dies mit saftig-knackiger Art. Nuanciert-rassig präsentiert sich der klar anhaltende Hallgartener. Auf dem Niveau eines Großen Gewächses ist dann fast schon der schmelzig-tiefe Hendelberg Erste Lage.

**87** 2021 Riesling trocken
**10,20 €** | 12 %

**89** 2021 Hallgartener Riesling trocken
**12,80 €** | 12 %

**92** 2021 Hallgartener Hendelberg Riesling trocken
**18,50 €** | 13 %

- **93** 2021 Hallgartener Schönhell Riesling VDP.Großes Gewächs
  **30 €** | 13 %
- **94** 2021 Hallgartener Jungfer Riesling VDP.Großes Gewächs
  **38 €** | 13 %
- **94** 2021 Rüdesheimer Berg Schlossberg Riesling VDP.Großes Gewächs
  **Preis auf Anfrage** | 13 %
- **96** 2021 Erbacher Marcobrunn Riesling VDP.Großes Gewächs
  **Preis auf Anfrage** | 13 %
- **86** 2021 Riesling feinherb vom bunten Schiefer
  **10,20 €** | 11,5%
- **91** 2008 Hallgartener Jungfer Riesling Kabinett Goldkapsel
  **Preis auf Anfrage** | 8 %
- **92** 2021 Hallgartener Jungfer Riesling Kabinett
  **13,50 €** | 8,5%
- **93** 2021 Hallgartener Jungfer Riesling Kabinett Goldkapsel
  9% AUKTION
- **93** 2015 Hallgartener Jungfer Riesling Kabinett Goldkapsel
  **Preis auf Anfrage** | 9 %
- **93** 2010 Hallgartener Jungfer Riesling Kabinett Goldkapsel
  **Preis auf Anfrage** | 8 %
- **94** 2021 Hattenheimer Nussbrunnen Riesling Kabinett
  **Preis auf Anfrage** | 10 %

★★★

## QUERBACH

Weingut Querbach
65375 Oestrich · Lenchenstraße 19
Tel. (06723) 3887 · Fax 87405
info@querbach.com
**www.querbach.com**

**Inhaber/in und Betriebsleitung**
Peter Querbach

**Rebfläche** 10 Hektar
**Jahresproduktion** 80 000 Flaschen
**Beste Lagen** Oestricher Lenchen und Doosberg, Winkeler Hasensprung, Hallgartener Schönhell
**Boden** tiefgründig toniger Lehm und lehmiger Löss
**Rebsorten** 95% Riesling, 5% Spätburgunder

Getreu Peter Querbachs Konzept stehen in diesem Jahr die 2020er Rieslinge zur Verkostung an. Und diese sind sehr gelungen. Am besten gefallen hat uns das geschliffene Lenchen Q1 mit pikantem Duft und präziser Linie. Die Hallgartener Schönhell zeigt Spiel, Saft und einen mineralischen Zug. Aromen-Intensität und balancierte Tiefe deuten das Potenzial des Doosberg Milestone bereits an. Geduld lohnt sich hier auf jeden Fall. Ergänzt werden sie von dem tollen, saftig-klaren 2019er Schoppen und dem 2018er Doosberg Milestone, dem man noch einige Zeit der Reife gönnen sollte. Die mit ihren natürlichen Hefen spontan vergorenen Weine liegen lange im Edelstahltank auf der Feinhefe. Das bringt ihnen Tiefe, einen eigenwilligen Charakter und bei einigen den Zusatz „sur lie" auf dem Etikett. Eine Geschmacksangabe wird man vergeblich suchen. Die Rieslinge pegeln sich im oberen trockenen bis unteren halbtrockenen Bereich ein. Vom Schoppen bis zum Milestone, dem Top-Riesling aus dem Oestricher Doosberg, werden sie im Keller gleich behandelt. Peter Querbach setzt die Tradition seines Vaters fort und geht doch seinen eigenen Weg - auch dann, wenn dieser nicht mehr mit den Vorgaben des VDP vereinbar ist. Wir konnten mehrfach im Weingut Weine bis zurück in die Jahre 2001 und 2002 probieren und uns dabei von der Langlebigkeit der Weine überzeugen. Das Warten lohnt sich!

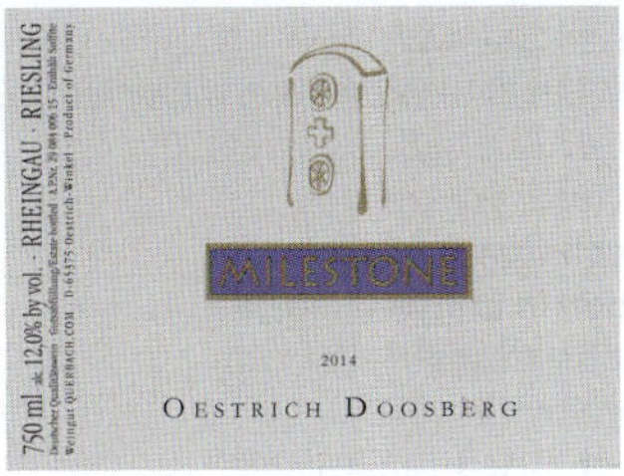


| | | |
|---|---|---|
| 86 | 2020 Riesling Edition | **15 €** \| 12 % |
| 87 | 2019 Riesling Schoppen | **9 €** \| 12 % |
| 88 | 2018 Oestricher Doosberg Riesling Milestone | **24 €** \| 12 % |
| 89 | 2020 Hallgartener Schönhell Riesling | **18 €** \| 12 % |
| 90 | 2020 Oestricher Doosberg Riesling Milestone | **24 €** \| 12 % |
| 91 | 2020 Oestricher Lenchen Riesling Q1 | **21 €** \| 12 % |

★★★

## SCHLOSS REINHARTSHAUSEN

Schloss Reinhartshausen
65346 Eltville-Erbach · Hauptstraße 39
Tel. (06123) 7504813 · Fax 7504899
service@schloss-reinhartshausen.de
**www.schloss-reinhartshausen.de**

**Inhaber/in** Familie Lergenmüller
**Betriebsleitung** Stefan Lergenmüller
**Keller** Martin Vogel

**Historie** 1337 gegründet, 1800 Bau des Schlosses mit Festsaal
**Rebfläche** 68 Hektar
**Jahresproduktion** 300 000 Flaschen
**Beste Lagen** Erbacher Marcobrunn, Schlossberg, Siegelsberg und Hohenrain, Hattenheimer Wisselbrunnen und Nussbrunnen
**Boden** Schwemmkies, tiefgründiger Mergel und Löss
**Rebsorten** 80% Riesling, 7% Weißburgunder, je 5% Chardonnay und Spätburgunder, 3% übrige Sorten

Auf durchweg hohem Niveau präsentieren sich die Schloss- und Inselweine dieses geschichtsträchtigen Weinguts. Der saftige Riesling trocken ist ein toller Auftakt. Der elegante Nussbrunnen hat seidige Riesling-Frucht und endet in einem nussigen, mineralischen Finale. Das dicht gewobene GG aus dem Siegelsberg ist seidig und präzise. Es zeigt kernige Mineralität und auf den Punkt gereifte, gelbe Früchte. Herausragend ist die kompakte Marcobrunn Réserve aus dem Jahr 2020. Kraftvoll, würzig, mit einer schwarzen, mineralischen Seele sind die reifen exotischen Früchte in guter Balance und bleiben sehr lang am Gaumen. Bei den restsüßen Weinen ist es der Kabinett aus gleicher Lage, den wir wegen seines schönen Trinkflusses und den Noten von rosa Grapefruit lieber trinken als die druckvolle Spätlese aus dem Erbacher Schlossberg. Edel ist das elegant-kraftvolle GG aus dem Assmannshäuser Höllenberg aus dem Jahr 2016. Florale Aromen – Veilchen – verbinden sich mit würzig-eleganter Beerenfrucht, reifer Säure und Noten vom Holzfass-Ausbau zu einem langen Finish. Die „Inselweine" der Mariannenaue haben einen eher leichten und frischen Charakter. Der Grauburgunder zeigt eine schöne Spannung, Schmelz sowie Aromen von frischen Haselnüssen und Zitrusfrüchten. Im Jahr 2013 erwarb die Familie Lergenmüller das Weingut Schloss Reinhartshausen mit 80 Hektar Rebfläche. Zusammen mit ihrem Weingut Sankt Annaberg in der Pfalz, besitzen sie seitdem die größte private Weinanbaufläche Deutschlands.

RHEINGAU 13 37
Schloss Reinhartshausen
DIE RIESLING-LEGENDE
SEIT 1337

**86** 2021 Insel Mariannenaue Weissburgunder & Chardonnay trocken
**11,50 €** | 11,5%

**86** 2021 Insel Mariannenaue Roter Riesling trocken
**14,80 €** | 11%

**87** 2021 Riesling trocken
**9,80 €** | 11,5%

**87** 2021 Grauburgunder trocken
**12,80 €** | 12%

**89** 2020 Hattenheimer Nussbrunnen Riesling trocken
**18,50 €** | 11,5%

**92** 2018 Erbacher Siegelsberg Riesling trocken
**34 €** | 12,5%

**92** 2020 Erbacher Marcobrunn Riesling trocken Reserve
**56 €** | 12,5%

**88** 2020 Hattenheimer Nussbrunnen Riesling Kabinett
**18,50 €** | 9,5%

**91** 2020 Erbacher Marcobrunn Riesling Kabinett
**21 €** | 10%

**91** 2020 Erbacher Schlossberg Riesling Spätlese
**30 €** | 8%

**93** 2016 Assmannshäuser Höllenberg Spätburgunder trocken Grosses Gewächs
**48 €** | 12,5%

★★★

## RESS

Balthasar Ress Weingut KG
65347 Eltville-Hattenheim · Rheinallee 50
Tel. (06723) 91950 · Fax 919591
info@balthasar-ress.de
**www.balthasar-ress.de**

**Inhaber/in** Christian Ress
**Betriebsleitung** Markus Roll
**Keller** Stephan Sänger
**Außenbetrieb** Tim Knauer

**Historie** 1870 als „Gasthof Ress" gegründet, heute familiengeführt in 5. Generation
**Rebfläche** 55 Hektar
**Jahresproduktion** 330 000 Flaschen
**Beste Lagen** Hattenheimer Nussbrunnen und Engelmannsberg, Rüdesheimer Berg Schlossberg und Berg Rottland
**Boden** Löss, tertiärer Mergel, Quarzit
**Rebsorten** 90% Riesling, 10% Spätburgunder
**Gastronomie** Vinothek Hattenheim, Balthasar Ress Suite und Balthasar Ress Guesthouse, Weinbar & Vinothek in Wiesbaden sowie Frankfurt, wineBANK Rheingau, Weinberg in Keitum auf Sylt
**Erlebenswert** Veranstaltungen im stilvoll renovierten Gutshaus mit Gewölbekeller sowie in der Veritable Lounge, Riesling Bulli - die mobile Weinausschankstation
**Mitglied** VDP

Der Betrieb ist erneut im Umbruch. Nachdem Tobias Schmidt zusammen mit seiner Schwester bei Eva Fricke eingestiegen ist, leitet nun Markus Roll den Betrieb. Wesentlich eingreifen in Weinbereitung und Sortiment konnte er beim Jahrgang 2021 noch nicht. Einige der vorgestellten Weine kannten wir bereits aus den Vorjahren. Und aus diesem Grund führen wir sie auch nicht noch einmal auf. Von dem eher bescheidenen Rest, wenn man bedenkt, dass das Gut 55 Hektar umfasst, überzeugt uns bei den 2021ern der wie gewohnt saftig-gelungene Gutswein Von Unserm. Auch der Rüdesheimer und der klar-fruchtige Engelmannsberg haben uns gefallen. Aus der Monopol-Lage Schloss Reichartshausen stammt eine feinfruchtige, stilvolle Spätlese. Das 2020er Große Gewächs aus dem Rottland ist gut, kann aber unseres Erachtens in der Rheingau-Spitze nicht mithalten. Absolut erfreulich war hingegen der Riesling „PetNat". Hier vereinen sich Frucht, feine Tiefe und Modernität auf eine animierende Weise!

**90** 2021 Riesling PetNat
**21 €** | 12 %

**86** 2021 Riesling trocken Von Unserm
**11,50 €** | 12 %

**87** 2021 Rüdesheimer Riesling trocken
**14,90 €** | 12 %

**87** 2021 Hallgartener Hendelberg Riesling trocken
**24 €** | 12,5%

**88** 2021 Hattenheimer Engelmannsberg Riesling trocken
**19 €** | 12,5%

**90** 2020 Rüdesheimer Berg Rottland Riesling VDP.Großes Gewächs
**45 €** | 13 %

**87** 2021 Hattenheimer Schützenhaus Riesling Kabinett
**15,70 €** | 10 %

**89** 2021 Schloss Reichartshausen Riesling Spätlese Monopol
**17,70 €** | 8,5%

**92** 2020 Rüdesheimer Berg Rottland Riesling Auslese
**39,90 €** | 7,5%

★★

## RIESLINGGUT

Das kleine Rieslinggut
65385 Rüdesheim am Rhein · Gerichtsstr. 11
Tel. (0170) 4405082
info@daskleinerieslinggut.de
**www.daskleinerieslinggut.de**

**Inhaber/in und Betriebsleitung**
Christoph Schütt
**Keller** Christoph Schütt

**Rebfläche** 1 Hektar
**Jahresproduktion** 6 000 Flaschen
**Beste Lagen** Rüdesheimer Roseneck, Rottland, Drachenstein, Oestricher Lenchen und Hallgarter Schönhell
**Boden** Schiefer, Quarzit, Lösslehm
**Rebsorten** 95% Riesling, 5% Veltliner

Was hier möglich ist, belegt in diesem Jahr der Jubiläumswein genannte Roseneck. Mit mineralischem Schmelz, floralem Duft und feiner Länge schlägt er sogar den saftig-knackigen Berg Rottland. Inzwischen hat das kleine Rieslinggut einen neuen Keller in Aulhausen bezogen und Christoph Schütt leitet es nun alleine. Sein Cousin hat sich aus beruflichen Gründen zurückgezogen. Ansonsten aber bleibt es dabei: klein, aber fein! Die Weine sind hier saftig, klar, knackig, mineralisch, rassig und machen viel Spaß. Die Basis für all diese Gewächse sind bis zu 60 Jahre alte Reben in kleinen Parzellen in besten Rheingauer Lagen. Auch der Auftritt des Guts ist erfrischend anders - eine Bereicherung für den Rheingau! Mit etwas Restsüße gefallen uns die Basisweine des 2021er Jahrgangs am besten: Etwa der sauber-straffe Charisma oder die animierende Zicke. Der als Exot gepflegte Grüne Veltliner bleibt für uns etwas hinter den Erwartungen zurück.

daskleineRieslingGut
CHRISTOPH SCHÜTT

**83** 2021 Grüner Veltliner trocken
**9 €** | 12,5%

**85** 2021 Rüdesheimer Riesling trocken Niveau
**8 €** | 12 %

**89** 2021 Rüdesheimer Berg Rottland Riesling trocken
**15 €** | 12,5%

**91** 2021 Rüdesheimer Berg Roseneck Riesling trocken Jubiläumswein
**10 €** | 11,5%

**84** 2021 Riesling halbtrocken Magda
**7,50 €** | 11,5%

**86** 2021 Riesling Charisma
**9 €** | 12 %

**87** 2021 Riesling Zicke
**9 €** | 8 %

★½

## FRITZ ROTHENBACH

Wein- und Sektgut Fritz Rothenbach
65375 Oestrich-Winkel · Eisenbahnstraße 12
Tel. (06723) 2695 · Fax 889851
info@weingut-rothenbach.de
**www.weingut-rothenbach.de**

**Inhaber/in und Betriebsleitung**
Fritz Peter Rothenbach
**Keller** Fritz Peter Rothenbach

Unsere Zusammenfassung: Die Rieslinge des Hauses gewinnen mit Luft und Restsüße. Die trockenen Weine, etwa die klare Lenchen Spätlese, sind sehr gut, aber der eigentliche Spaß beginnt bei den saftig-feinherben Alten Reben aus dem Edelmann. Die animierende Spätlese aus dem Doosberg setzt dann mit geschliffener Riesling-Art ein weiteres Ausrufezeichen. Unbedingt beachtenswert ist die Huxelrebe Auslese aus dem Klosterberg. Ein gediegener Wein aus einer fast vergessenen Rebsorte. Der Kräuter-würzige, typische Frühburgunder lässt dann auch ein Händchen für Rotwein erkennen.

**84** 2020 Oestricher Lenchen Riesling Brut
**9,50 €** | 13,3%

**85** 2021 Oestricher Klosterberg Riesling trocken vom Quarzit
**6,80 €** | 12,5%

**86** 2021 Oestricher Lenchen Riesling Spätlese trocken
**7,10 €** | 11,5%

**86** 2021 Oestricher Doosberg Riesling Spätlese feinherb
**7,10 €** | 11,5%

**87** 2021 Mittelheimer Edelmann Riesling feinherb Alte Reben
**7,80 €** | 12,5%

**89** 2021 Oestricher Doosberg Riesling Spätlese
**7,10 €** | 7,5%

**88** 2020 Oestricher Klosterberg Huxelrebe Auslese
**9,50 €/0,375 Lit.** | 9,5%

**85** 2020 Mittelheimer Edelmann Spätburgunder trocken „S“
**8,50 €** | 14 %

**86** 2020 Oestricher Klosterberg Frühburgunder Spätlese trocken Reserve
**16 €** | 15,5%

★★☆

## ERNST RUSSLER

Weingut Ernst Rußler
65345 Eltville-Rauenthal · Vor dem Kaltenborn 3
Tel. (06123) 71434 · Fax 74898
uwe@weingut-russler.de
**www.weingut-russler.de**

**Inhaber/in und Betriebsleitung** Uwe Rußler
**Keller** Uwe Rußler

Hausherr Uwe Rußler hat ein Händchen für Aromasorten. Der saftige 2021er Goldmuskateller ist hierfür mit seiner zarten Sortenart, der geschickt eingesetzten Restsüße und dem saftigen Fluss der beste Beleg. Auch der Rosenmuskateller ist wieder sehr gelungen. Eine im besten Sinne runde Sache ist der feinherbe Auxerrois. Im Rahmen der Flurbereinigung wird das Gut, das eine Fläche von 23 Hektar anstrebt, zukünftig auch über Anteile am Baikenkopf verfügen. Der füllige 2021er Baiken zeigt gute Ansätze, darf aber an Schliff noch etwas zulegen.

**84** 2021 Rauenthaler Riesling Kabinett trocken
**8 €** | 12 %

**84** 2021 Rauenthaler Steinmächer Spätburgunder Blanc de Noirs trocken
**8,50 €** | 12 %

**84** 2021 Rauenthaler Grauburgunder trocken
**8,50 €** | 13 %

**85** 2021 Rauenthaler Roter Riesling trocken
**8 €** | 12 %

**85** 2021 Rauenthaler Baiken Riesling trocken
**11,50 €** | 12 %

**86** 2021 Rauenthaler Auxerrois trocken
**8,50 €** | 12 %

**83** 2021 Rauenthaler Steinmächer Riesling halbtrocken
**6,80 €/1 Lit.** | 12 %

**85** 2021 Rauenthaler Rosenmuskateller feinherb
**11,90 €** | 12 %

**84** 2021 Riesling Classic
**7,50 €** | 12 %

**87** 2021 Rauenthaler Goldmuskateller
**8,50 €** | 9 %

**85** 2021 Rauenthaler Pinot Noir Rosé trocken
**8,50 €** | 12,5%

★★★☆

## W. J. SCHÄFER

Weingut W. J. Schäfer GbR
65239 Hochheim · Elisabethenstraße 4
Tel. (06146) 4821 · Fax 61560
info@wj-schaefer.de
**www.wj-schaefer.de**

**Inhaber/in und Betriebsleitung**
Josef und Anja Schäfer
**Rebfläche** 7 Hektar
**Jahresproduktion** 50 000 Flaschen
**Beste Lagen** Hochheimer Domdechaney, Kirchenstück und Hölle
**Boden** Lehm, sandiger Lehm
**Rebsorten** 70% Riesling, 15% Spätburgunder, 8% Weißburgunder, 4% Chardonnay, 3% Gewürztraminer

Eine gelungene Kollektion. Beginnen wir mit den Spitzen der Jahrgänge 2019 und 2020. Der im Holzfass gereifte 2019er Spätburgunder aus dem Reichesthal besitzt sanfte Fülle und einen animierenden Fluss. Seine Pendants aus dem Jahrgang 2020 setzen da noch eins drauf. Fein-intensive Kirschfrucht-Fülle, strukturgebende, reife Tannine und eine präsente Säure garantieren den schon zugänglichen Weinen auch eine gute Zukunft. Das 2020er Große Gewächs aus der Hölle zeigt feine Riesling-Art, gute Struktur und einen stimmigen Holz-Anklang im klaren Finish. Ein Wein, der Potenzial hat. Vor zwei Jahren ist die Tochter des Hauses, Anja Schäfer, nach ihrer Ausbildung in Geisenheim in den Betrieb eingestiegen. Daraufhin entschied man sich den beengten Keller im alten Hochheim zu verlassen und zukünftig die Weine in einer modernen Produktionshalle außerhalb von Hochheim zu vinifizieren. Die 2021er Rieslinge haben uns gut gefallen. Viele Weinberge sind bereits zwischen 30 und 50 Jahre alt und besitzen so das Potenzial für extraktreiche, tieffruchtige Weine. Interessant ist der Vergleich von zwei Weinen aus der Hölle. Beim knackig-klaren Mainwerk 3 mit feinherber Fülle führte die Tochter Regie, der saftige Kabinett stammt aus der Hand des Vaters. Ein Trinkvergnügen im Spätlese-Stil ist der Kabinett aus dem Stein. Dass es hier auch guten Weißburgunder gibt, belegt der im Holz ausgebaute Hochheimer mit straffer Art und gutem Fluss. Wir sind auf die kommenden Jahre gespannt.

**86** 2021 Hochheimer Stielweg Riesling Kabinett trocken
**8 €** | 12 %

**87** 2021 Hochheimer Hölle Riesling trocken Mainwerk 3
**9 €** | 12,5%

**88** 2021 Hochheimer Hölle Riesling Kabinett trocken
**9 €** | 12 %

**88** 2021 Hochheimer Weißburgunder trocken
**10,50 €** | 13 %

**89** 2021 Hochheimer Kirchenstück Riesling Spätlese trocken
**13,50 €** | 12,5%

**90** 2020 Hochheimer Hölle Riesling trocken Grosses Gewächs
**22 €** | 13,5%

**86** 2021 Hochheimer Reichestal Riesling Kabinett halbtrocken
**8 €** | 11 %

**88** 2021 Hochheimer Stein Riesling Kabinett
**8 €** | 8,5%

**88** 2019 Hochheimer Reichestal Spätburgunder trocken
**11,50 €** | 13,5%

**89** 2020 Hochheimer Reichestal Spätburgunder Spätlese trocken
**18 €** | 14,5%

**91** 2020 Hochheimer Reichestal Spätburgunder trocken Rheingau Grosses Gewächs
**28 €** | 14,5%

★★★

## F. B. SCHÖNLEBER

Wein- und Sektgut F. B. Schönleber
65375 Oestrich-Winkel · Obere Roppelsgasse 1
Tel. (06723) 3475 · Fax 4759
info@fb-schoenleber.de
**www.fb-schoenleber.de**

**Inhaber/in und Betriebsleitung** Bernd und Ralf Schönleber
**Keller** Bernd Schönleber
**Außenbetrieb** Ralf Schönleber

**Rebfläche** 12 Hektar
**Jahresproduktion** 88 000 Flaschen
**Beste Lagen** Oestricher Doosberg und Lenchen, Mittelheimer St. Nikolaus und Edelmann, Erbacher Steinmorgen, Winkeler Hasensprung und Jesuitengarten
**Boden** Lehm, Löss
**Rebsorten** 90% Riesling, 8% Spätburgunder, 2% Weißburgunder
**Gastronomie** Gutshotel, Vinothek mit Weinbistro und großer Sonnenterrasse, seit Mitte 2022 geführt von Florian Kreller.
**Erlebenswert** Eigene Sektherstellung (nach der Methode der traditionellen Flaschengärung) seit über 30 Jahren.
**Mitglied** VDP, Verband traditioneller Sektmacher e.V.

Erneut eine sehr gelungene Kollektion! Von den Riesling-Sekten hat uns vor allem der klassische Brut nature mit feinen Hefenoten und animierendem Finish gut gefallen. Eine Klasse für sich ist der 2014er Jesuitengarten Brut Prestige. Hier ist alles balanciert: die feine Reife, die zarte Herbe und der Nachhall auf Nuss- und Hefenoten. Die Brüder Bernd und Ralf Schönleber erzeugen ihren Sekt selbst, und zwar nach traditioneller Methode und mit mindestens 24 Monaten Flaschenreife. Wie schon in den Vorjahren eröffnet der saftig-klare Liter-Gutswein die Reihe der trockenen Rieslinge. Aber sowohl Klosterberg Alte Reben als auch Edelmann Bestes Fass erreichen für uns nicht ganz das Niveau der Vorjahre. Es fehlt nicht an Volumen, aber für uns etwas an Spiel. Großartig ist hingegen das Holz und Fülle bändigende 2020er Große Gewächs aus dem St. Nikolaus. Anklänge an Blüten und Noten von Mango und Litschi kennzeichnen Duft und Frucht der samtig-fließenden Auslese aus dem Edelmann. Ein großer, klassischer Rheingauer!

★★

## SCHREIBER

Weingut Schreiber
65239 Hochheim · Johanneshof
Tel. (06146) 9171 · Fax 61737
info@weingut-schreiber.de
**www.weingut-schreiber.de**

**Inhaber/in und Betriebsleitung** Simon Schreiber
**Keller** Simon Schreiber
**Außenbetrieb** Simon Schreiber

**Historie** Weinbau in der Familie seit 1749
**Rebfläche** 15 Hektar
**Jahresproduktion** 110 000 Flaschen
**Beste Lagen** Hochheimer Kirchenstück, Hölle, Stielweg und Reichestal
**Boden** Lösslehm, Mergel, Kalkmergel
**Rebsorten** 60% Riesling, 20% Weißburgunder, 13% Spätburgunder, je 1% Merlot und Sauvignon Blanc, 6% übrige Sorten
**Gastronomie** Eventlocation Vinothek für Feiern und Veranstaltungen
**Erlebenswert** Sektmanufaktur und Vinothek
**Mitglied** Ecovin

Die aktuelle Kollektion überzeugt mit klarfruchtigen, saftigen Weinen. Etwa dem feintypischen Weißburgunder, dem substanzreich-kraftvollen Roten Riesling oder dem nach aromatischem Apfel duftenden Hochheimer Riesling. Das Jahr 2021 war, wie Simon Schreiber im Gespräch betonte, für den seit dem Jahr 2018 biozertifizierten Betrieb nicht einfach. Der Infektionsdruck war hoch. Und an den Rebanlagen rund um den Johannishof, mit seiner schicken, modernen Vinothek habe man erkennen können, welche Bedeutung zukünftig pilzresistente Neuzüchtungen haben werden. Souvignier Gris und Calardis Blanc trotzten den Witterungsbedingungen erfolgreich. Sie sind die Basis für einen Wein, der den schönen Namen „Unterm Storchennest" führt. Er zeigt ansprechenden Duft und solide Substanz. Wie immer ist auch der Riesling Brut von Schreibers Sektmanufaktur gut gelungen. Hier strebt man zukünftig ein längeres Hefelager an, um den Weinen mehr Tiefe und Spiel zu verleihen. Das 2020er Kirchenstück besitzt eine sehr feine Riesling-Aromatik mit Anklängen an Apfelsine und überzeugt am Gaumen mit gebändigtem Schmelz und zarter Herbe im klaren Finish.

**89** 2018 Riesling Brut Cuvée Katharina
**14 €** | 13 %

**89** Riesling Extra Brut
**14,50 €** | 12,5% **BEST BUY**

**90** Riesling Brut nature
**14,50 €** | 12,5% **BEST BUY**

**92** 2014 Winkeler Jesuitengarten Riesling Brut Prestige
**35 €** | 13 %

**85** 2021 Riesling trocken
**7,90 €/1 Lit.** | 12 %

**85** 2021 Weißburgunder trocken
**8,50 €** | 12 %

**86** 2021 Mittelheimer Riesling trocken Franz Bernhard
**8,50 €** | 12 %

**87** 2021 Oestricher Klosterberg Riesling trocken Alte Reben
**12 €** | 13 %

**88** 2021 Mittelheimer Edelmann Riesling trocken Bestes Fass
**13,50 €** | 13 %

**92** 2020 Mittelheimer St. Nikolaus Riesling VDP.Großes Gewächs
**25 €** | 13 %

**88** 2021 Mittelheimer Riesling feinherb Edition
**8,50 €** | 12 %

**93** 2021 Mittelheimer Edelmann Riesling Auslese
**25 €/0,5 Lit.** | 8,5%

**86** 2020 Hochheimer Riesling Sekt Brut
**10,90 €** | 12,5%

**85** 2021 Souvignier Gris & Calardis Blanc trocken Unterm Storchennest
**7,50 €** | 12,5%

**85** 2021 Hochheimer Sauvignon Blanc trocken
**9,90 €** | 13,5%

**86** 2021 Hochheimer Riesling trocken
**7,70 €** | 12%

**87** 2021 Hochheimer Weißburgunder trocken
**8 €** | 12,5%

**87** 2021 Hochheimer Roter Riesling trocken
**8 €** | 12,5%

**87** 2021 Hochheimer Hölle Riesling trocken
**8,90 €** | 13,5%

**88** 2020 Hochheimer Kirchenstück Riesling trocken
**19,90 €** | 13,5%

**84** 2021 Hochheimer Riesling Kabinett
**8 €** | 8,5%

**85** 2021 Hochheimer Spätburgunder Rosé feinherb
**8 €** | 11,5%

★½

## SCHUMANN-NÄGLER

Weingut Schumann-Nägler
65366 Geisenheim · Nothgottesstraße 29
Tel. (06722) 5214 · Fax 5246
info@schumann-naegler.de
**www.schumann-naegler.de**

**Inhaber/in und Betriebsleitung** David und Philipp Schumann
**Keller** David Schumann
**Außenbetrieb** David Schumann

Der Riesling-Sekt Supernova hat uns mit Noten von frischem Apfel und stimmiger Perlage gut gefallen. Feingereift ist die 2018er Cuvée S 580. Der Wein zeigt Schmelz mit Kante. Holz- und Butteraromen ergänzen sich auf stimmige Weise. Die 2020er trockenen Lagen-Rieslinge besitzen Fülle und Charakter. Der Wisselbrunnen betont Saft und Tiefe der Brunnenlagen und der feinduftige Rothenberg ist mit schmelziger Herbe ein Rheingauer Klassiker. Von den Basisweinen gefällt uns der frische Grauburgunder und vor allem der nach würzigem Apfel duftende, saftig-klare Riesling Reserve.

**88** 2019 Riesling Sekt Brut Supranova
**21 €** | 12,5%

**83** 2021 Weissburgunder trocken
**8,50 €** | 12%

**85** 2021 Grauburgunder trocken
**8,50 €** | 12%

**86** 2021 Hattenheimer Schützenhaus Riesling trocken
**11 €** | 12%

**87** 2021 Riesling trocken Reserve
**8,50 €** | 12,5%

**88** 2018 Cuvée S 580 trocken
**14,50 €** | 12,5%

**88** 2020 Hattenheimer Wisselbrunnen Riesling Spätlese trocken
**14,50 €** | 12,5%

**89** 2020 Geisenheimer Rothenberg Riesling trocken Grosses Gewächs
**22 €** | 12,5%

**85** 2021 Riesling halbtrocken Reserve
**8,50 €** | 11,5%

**83** 2021 Spätburgunder Rosé trocken
**8 €** | 11,5%

## SOHNS

Weingut Sohns
65366 Geisenheim · Nothgottesstraße 33
Tel. (06722) 8940
info@weingut-sohns.de
**www.weingut-sohns.de**

**Inhaber/in und Betriebsleitung** Erich und Pascal Sohns
**Keller** Pascal Sohns
**Außenbetrieb** Erich Sohns, Dirk Rehling

**Historie** Familienweingut mit über 75-jähriger Tradition
**Rebfläche** 10 Hektar
**Jahresproduktion** 70 000 Flaschen
**Beste Lagen** Geisenheimer Kläuserweg, Lorchhäuser Seligmacher, Winkeler Hasensprung, Hallgartener Schönhell
**Boden** Lösslehm, Schiefer
**Rebsorten** 70% Riesling, 20% Spätburgunder, 7% Weißburgunder, 3% Rosa Chardonnay
**Gastronomie** saisonale Straußwirtschaft mit regionalen Speisen (Termine siehe Website)
**Erlebenswert** Dachterrasse mit Ausblick ins Mittelrheintal
**Mitglied** Zeilensprung

Pascal Sohns Händchen für Wein bestätigt sich erneut. Hier überzeugt nicht nur der Riesling, wie etwa der stilvoll-delikate Baci aus dem Kläuserweg. Auch der geschmeidige, im Holz ausgebaute Weißburgunder M oder der Kräuter-würzige Spätburgunder M mit feiner Fülle, reifen Tanninen und belebender Säure wissen zu gefallen. Er hat das neue Weingutsgebäude am Ortsrand von Geisenheim genutzt, um seine Konzepte zielstrebig umzusetzen. Von der Terrasse des integrierten Gutsausschanks aus hat man einen eindrucksvollen Blick nach Rüdesheim und Bingen. Mit einem Glas Wein in der Hand lässt sich der Abend hier gut verbringen. Und dies kann auch ein 2021er Riesling sein. Etwa der klar-saftige Fegefeuer. Der Name leitet sich ab von der Parzelle im Geisenheimer Mäuerchen, in der die Sohns 2017 ihren neuen Betrieb aufgebaut haben. Und die Trauben für diesen Wein stammen nun immer von den umgebenden Weinbergen. Die Spitzen-Rieslinge werden hier immer ein Jahr später vorgestellt. Auch bei den 2020ern stechen für uns die im Holz ausgebauten Weine aus dem Kläuserweg heraus: die balancierten Alten Reben und das frische, saftig-herbe Große Gewächs.

**88** 2019 Cuvée Pascal Sekt Brut
**14 €** | 12,5%

**85** 2021 Riesling trocken SE
**7 €** | 12%

**86** 2020 Lorchhäuser Seligmacher Riesling trocken
**13,50 €** | 12%

**87** 2020 Winkeler Hasensprung Riesling trocken
**11,50 €** | 13%

**88** 2021 Riesling trocken Fegefeuer
**9 €** | 12%

**90** 2020 Geisenheimer Mönchspfad Weißburgunder trocken M
**13 €** | 14,5%

**90** 2020 Geisenheimer Kläuserweg Riesling trocken Grosses Gewächs
**19,50 €** | 12,5%

**92** 2020 Geisenheimer Kläuserweg Riesling trocken Baci
**24 €** | 13%

**89** 2020 Geisenheimer Kläuserweg Riesling feinherb Alte Reben
**13,50 €** | 11,5%

**88** 2021 Oestricher Doosberg Riesling Kabinett
**8,50 €** | 9,5%

**89** 2020 Geisenheimer Mönchspfad Spätburgunder trocken
**13,50 €** | 13,5% BEST BUY

**91** 2019 Geisenheimer Mäuerchen Spätburgunder trocken M
**19,50 €** | 14%

★★★★½

## SPREITZER

Weingut Josef Spreitzer
65375 Oestrich · Rheingaustraße 86
Tel. (06723) 2625 · Fax 4644
info@weingut-spreitzer.de
**www.weingut-spreitzer.de**

**Inhaber/in und Betriebsleitung**
Bernd und Andreas Spreitzer
**Keller** Andreas Spreitzer

**Rebfläche** 30 Hektar
**Jahresproduktion** 230 000 Flaschen
**Beste Lagen** Oestricher Lenchen, Rosengarten und Doosberg, Winkeler Jesuitengarten, Hattenheimer Wisselbrunnen, Mittelheimer St. Nikolaus, Eiserberg
**Boden** tiefgründiger Lehm und Löss, teilweise mit Buntschiefer, Quarzit und Muschelkalk
**Rebsorten** 95% Riesling, 5% Spätburgunder
**Mitglied** VDP

Wie so oft lautet hier die Frage: Wisselbrunnen oder St. Nikolaus? Da wir aber nicht so enden wollen wie der Esel im Alten Testament, trinken wir beide und zwar mit großem Genuss. Das sind Große Gewächse, die für den Rheingau Ehre einlegen. Und den schmelzig-präzisen Rosengarten sollte man darüber nicht vergessen. Wieder ist es den Spreitzers gelungen eine Kollektion vorzustellen, die keine Wünsche offen lässt. Nach den drei trockenen Jahren, in denen der hohe Bestand an alten Reben (die Flurbereinigung war hier bereits in den 1960er- und 1970er-Jahren) sicher ein Vorteil war, sind sie auch mit dem feuchten Juli 2021 gut klar gekommen. Hier wird in jeder Phase akribisch gearbeitet. Nicht zuletzt sei darauf hingewiesen, dass die Weinlese immer von einem Team aus 30 erfahrenen Erntehelfern unterstützt wird. Ein weiterer Garant für den Erfolg.

**Gutswein und Alte Reben**

Der saftig-animierende Gutswein hat uns in diesem Jahr besonders gefallen und ist eine gute Einstimmung für die typischen Ortsweine: Schlank erfrischend der mineralische Hallgartener, saftig-komplex der Oestricher. Die im Holzfass ausgebauten Alten Reben sind immer eine Bank bei den Spreitzers. Klosterberg und Doosberg liegen in diesem Jahr gleich auf und wieder ist der Lagenunterschied schön herausgearbeitet. Saft und Konzentration auf der eine Seite, Rasse und Spiel auf der anderen. Sehr gelungen ist in diesem Jahr auch der saftig-tiefe Jesuitengarten feinherb. Ein besonderes Augenmerk wird hier auch auf die Frucht- und edelsüßen Prädikate gelegt. Der Kabinett ist rassig-erfrischend mit überraschenden Anklängen an exotische Früchte. Bestens balanciert und sehr klar zeigt sich die Spätlese aus dem Lenchen. Gekrönt wird die Reihe von der brillanten Eiserberg Spätlese 303 mit feiner Fülle und präziser Säure. Der alte Lagenname darf inzwischen wieder benutzt werden und das Gut verwendet ihn auch für die beste Trockenbeerenauslese. Der sensationelle 2020er war im vergangenen Jahr unser Sieger in der Kategorie „Edelsüß". Der Nachfolger war noch nicht gefüllt. Wir freuen uns auf das kommende Jahr!

**87** 2021 Riesling trocken
**8,90 €** | 12%

**88** 2021 Spätburgunder Blanc de Noirs trocken
**9,90 €** | 12% **BEST BUY**

**89** 2021 Hallgartener Riesling trocken Buntschiefer
**11,40 €** | 11,5%

**89** 2021 Oestricher Riesling trocken Muschelkalk
**11,40 €** | 11,5%

**90** 2021 Hallgartener Hendelberg Riesling trocken
**15,90 €** | 12,5%

**91** 2021 Oestricher Doosberg Riesling trocken Alte Reben
**15,90 €** | 12,5%

**91** 2021 Oestricher Klosterberg Riesling trocken Alte Reben
**15,90 €** | 12,5%

**92** 2021 Oestricher Rosengarten Riesling VDP.Großes Gewächs
**Preis auf Anfrage** | 13 %

**93** 2021 Hattenheimer Wisselbrunnen Riesling VDP.Großes Gewächs
**Preis auf Anfrage** | 13 %

**94** 2021 Mittelheimer St. Nikolaus Riesling VDP.Großes Gewächs
**Preis auf Anfrage** | 13 %

**93** 2021 Winkeler Jesuitengarten Riesling halbtrocken Alte Reben
**15,90 €** | 12,5%

**89** 2021 Oestricher Lenchen Riesling Kabinett
**11,40 €** | 8,5%

**92** 2021 Oestricher Lenchen Riesling Spätlese
**15,90 €** | 7,5%

**94** 2021 Oestricher Lenchen Eiserberg Riesling Spätlese 303
**24,90 €** | 7,5%

**91** 2021 Oestricher Lenchen Riesling Auslese
**22,90 €/0,375 Lit.** | 7,5%

**86** 2021 Riesling 101
**10,90 €** | 11,5%

**87** 2021 Spätburgunder Rosé 101
**9,90 €** | 11,5%

★⯪

## TRAPP

Weingut Trapp & Sohn
65385 Rüdesheim am Rhein · Am Rech 5
Tel. (06722) 4540 · Fax 406402
info@weingut-trapp.de
**www.weingut-trapp.de**
**Inhaber/in** Martin und Michael Trapp

Guten Spätburgunder aus den Jahren 2019 und 2020 sowie zwei guten Lagen-Rieslingen stehen für uns in diesem Jahr einige recht bescheidene Basisweine gegenüber. Bei Trapp & Sohn hatte sich in den vergangenen Jahren viel getan. Die Entwicklung und das Angebot an ausgesprochen preisgünstigen Rieslingen aus Rüdesheim hatte uns gefallen. Und auch in diesem Jahr sind der klar-mineralische Berg Roseneck und der saftige Berg Rottland eine sichere Bank. Der Fülle und Struktur verbindende 2019er Pinot Noir aus dem Bischofsberg ist ebenfalls auf dem Niveau der Vorjahre.

**85** 2021 Spätburgunder Rosé Secco
**6,90 €** | 12,5%

**83** 2021 Riesling trocken
**5,30 €/1 Lit.** | 12,5%

**83** 2021 Spätburgunder trocken Blanc de Noirs
**6,80 €** | 12,5%

**84** 2021 Rüdesheimer Riesling trocken
**6,20 €** | 12,5%

**87** 2021 Rüdesheimer Berg Roseneck Riesling trocken
**7,20 €** | 13 %

**88** 2021 Rüdesheimer Berg Rottland Riesling trocken
**8,20 €** | 13 %

**86** 2021 Rüdesheimer Riesling feinherb
**6,20 €** | 12 %

**84** 2021 Riesling Classic
**6 €** | 12,5%

**84** 2021 Spätburgunder Rosé feinherb
**6 €** | 12 %

**86** 2020 Assmanshäuser Spätburgunder trocken
**7,80 €** | 14 %

**88** 2019 Rüdesheimer Bischofsberg Pinot Noir trocken
**12 €** | 14,5%

★★★

## TRENZ

Weingut Trenz
65366 Johannisberg · Schulstraße 3
Tel. (06722) 750630 · Fax 7506310
info@weingut-trenz.de
**www.weingut-trenz.de**

**Inhaber/in und Betriebsleitung**
Michael Trenz

**Historie** Weinbau seit 1670
**Rebfläche** 28 Hektar
**Jahresproduktion** 250 000 Flaschen
**Beste Lagen** Johannisberger Mittelhölle und Vogelsang
**Boden** Taunusquarzit, Lösslehm
**Rebsorten** 78% Riesling, 15% Spätburgunder, 5% Weißburgunder, 2% Sauvignon Blanc
**Gastronomie** ganzjähriger Gutsausschank mit Rheingauer Spezialitäten und mediterraner Küche (Öffnungszeiten siehe Website)
**Erlebenswert** beleuchtetes Schatzkammergewölbe, mediterraner Innenhof

Cuvée KX heißt bei Trenz ein sauber-kerniger Rotwein mit feinem Duft nach Bitterschokolade. Für gerade mal 9,90 Euro ist das ein veritables Schnäppchen. Immer überzeugend sind hier die im Holz ausgebauten und bereits zwei oder drei Jahre gereiften Großen Gewächse. Der schon deutlich gelbe 2019er Riesling aus der Mittelhölle hat sich gut entwickelt. Saft, Holz und Struktur gehen hier eine gelungene Verbindung ein. Der 2020er ist etwas schlanker angelegt und die Holznote zurückgenommen. Der animierende Fluss endet mit einem nuancierten Finale. Sehr gut! Aus dem Jahrgang 2021 konnten wir eine Reihe guter Rieslinge im trockenen und feinherben Stil probieren. Etwa den apfelduftigen Classic, den Struktur und Schmelz verbindenden Johannisberger von Alten Reben oder die saftige Spätlese aus dem Magdalenenkreuz. Eine runde Sache ist der nach Birne duftende Weißburgunder. Der 2020er Pinot Noir Réserve besitzt Noten von Süßkirsche und Pfeffer und zeigt eine fast südländische Fülle.

**83** 2021 Riesling trocken Ein Liter
**6,80 €** | 11,5%

**86** 2021 Riesling trocken Basic
**6,90 €** | 12%

**86** 2021 Riesling trocken Steinhaus
**8,90 €** | 12,5%

**88** 2021 Johannisberger Riesling trocken Alte Reben
**12,90 €** | 12,5%

**90** 2019 Johannisberger Mittelhölle Riesling trocken Grosses Gewächs RGG
**24,90 €** | 13%

**91** 2020 Johannisberger Mittelhölle Riesling trocken Grosses Gewächs RGG
**24,90 €** | 12,5%

**85** 2021 Johannisberger Riesling Kabinett feinherb
**7,90 €** | 10,5%

**87** 2021 Rüdesheimer Magdalenenkreuz Riesling Spätlese feinherb
**9,90 €** | 11,5%

**88** 2021 Johannisberger Hölle Riesling Spätlese
**9,90 €** | 8,5%

**86** 2021 Weißburgunder
**8,20 €** | 12%

**88** 2020 Cuvée KX trocken
**9,90 €** | 13,5%

**88** 2020 Pinot Noir Réserve trocken
**16,90 €** | 15%

★★★

## TRINKS-TRINKS

Weingut Trinks-Trinks
65366 Geisenheim · Bischof-Blum-Platz 4
Tel. (06722) 406097
weingut@trinks-trinks.de
**www.trinks-trinks.de**

**Inhaber/in und Betriebsleitung**
Johanna Döring und Matthias Friedel

**Rebfläche** 1 Hektar
**Jahresproduktion** 9 000 Flaschen
**Beste Lagen** Steingrub
**Boden** Lösslehm
**Rebsorten** 100% Riesling
**Gastronomie** Straußwirtschaft im Mai, August, Dezember
**Erlebenswert** historisches Ensemble
**Mitglied** Ecovin

Wieder eine hochklassige Kollektion! Zwei vorzügliche 2018er ergänzen in diesem Jahr das Sortiment. Es sind dies der feinduftige, straff-klare Sekt und der Sun Ra genannte Landwein. Ein Orangewein, bei dem nichts übertrieben ist. Hier verbindet sich der Holzausbau mit Saft, Schliff und toller Länge. Einfach begeisternd! Das Gut lässt den Weinen grundsätzlich immer Zeit. Und das zahlt sich aus. Für ihre Rieslinge aus 1,2 Hektar Geisenheimer Lagen haben Johanna Döring und Matthias Friedel, die beide an der Geisenheimer Uni arbeiten, einen Stil gefunden, der Trinkvergnügen mit Tiefe animierend verbindet. Die Weine ruhen in sich, besitzen eine stimmige Säure und entwickeln sich sehr gut an der Luft. Sie werden ausgebaut im Keller eines vorbildlich sanierten alten Hofs im Zentrum von Geisenheim. So standen in diesem Jahr die 2020er auf unserem Tisch. Schon der saftig-balancierte Mitanand hat uns besonders gefallen. Ein toller Basiswein. Deutlich vom Holzausbau geprägt ist der saftige Mönchspfad In allen Ehren. Aus der gleichen Lage und dieses Mal aus dem Gewann Steingrub und von Alten Reben stammt für uns der beste 2020er der Kollektion. Feine Rieslingaromen, Saft und ein animierendes Finish garantieren großes Trinkvergnügen. Der geduldige Ausbau auf langem Hefelager und die Flaschenreifung haben hier schöne Früchte getragen. Herzlichen Glückwunsch zum dritten Stern.

**90** 2018 Geisenheimer Mönchspfad Riesling Sekt Brut Feiertag
**13,90 €** | 13 %

**88** 2020 Geisenheimer Mönchspfad Riesling trocken Mitanand
**7,90 €** | 12 %

**89** 2020 Geisenheimer Mönchspfad Riesling trocken In allen Ehren
**10,90 €** | 12,5%

**91** 2020 Geisenheimer Mönchspfad Riesling trocken Alte Reben Steingrub
**12,50 €** | 12 %

**93** 2018 Riesling Landwein trocken Sun Ra
**18 €** | 13 %

**88** 2020 Geisenheimer Mäuerchen Riesling halbtrocken Im Schorchen
**10,90 €** | 12 %

★★☆

## SCHLOSS VAUX

Sektmanufaktur Schloss Vaux AG
65343 Eltville · Kiedricher Straße 18a
Tel. (06123) 62060 · Fax 63339
kontor@schloss-vaux.de
**www.schloss-vaux.de**

**Inhaber/in** Vorstand Christoph Graf
**Betriebsleitung** Joachim Renk
**Keller** Maike Maria Münster
**Außenbetrieb** Maike Maria Münster

**Rebfläche** 7 Hektar
**Jahresproduktion** 450 000 Flaschen
**Beste Lagen** Geisenheimer Rothenberg, Erbacher Marcobrunn
**Boden** heterogene Bodenformation aus Löss, Ton und Mergel
**Rebsorten** 48% Riesling, 30% Spätburgunder, 15% Weißburgunder, 7% Chardonnay
**Erlebenswert** Villa mit eleganten Salons
**Mitglied** Verband traditioneller Sektmacher e.V.

Das 1868 gegründete Schloss Vaux mit heutigem Sitz in der Sekt- und Rosenstadt Eltville steht für traditionelles Handwerk. Seit dem Jahr 2014 bewirtschaftet das Weingut auf sieben Hektar Rebfläche in Geisenheim auch eigene Weinberge, auf denen Riesling und etwas Spätburgunder wachsen. Die pikantfrische Cuvée Vaux, der Klassiker des Portfolios, ist eine Assemblage aus Weißburgunder, Riesling, Spätburgunder und Chardonnay. Reinsortig aus Spätburgunder gekeltert, ist der geradlinige Blanc der Noirs. Ausgewogene Fruchtaromen von Kirsche und Waldbeeren werden von stimmiger Säure unterstützt. Ebenfalls aus Spätburgunder - und in diesem Jahr die Spitze der Kollektion - markiert der mineralische, auf rotem Tonschiefer gewachsene, Rosé Brut Réserve aus dem Jahr 2018. Elegant und zartfruchtige Kirsch- und Himbeernoten in der Nase, am Gaumen schneidig und anregend. Ein edler Sekt mit Klasse, der für uns knapp vor der elegant-kraftvollen Réserve vom Riesling steht. Diese besticht durch typische Rheingauer Würze und Steinobstaromen. Der feine Briocheton verrät das lange Hefelager. Wir vermissten in diesem Jahr einige unserer Favoriten aus Vorjahren wie zum Beispiel die Rebsorten-Sekte vom Grünen Veltliner oder Sauvignon Blanc sowie die Riesling-Sekte aus großen Rheingauer Lagen. Diese Vaux-Preziosen zählten beständig zu den außergewöhnlichen Sekten der Region.

**86** 2018 Cuvée Vaux Brut
**14 €** | 12 %

**86** 2019 Riesling Sekt Brut
**14 €** | 12 %

**86** 2020 Rosé Brut
**16 €** | 12 %

**86** 2020 Blanc de Noirs Brut
**16 €** | 12 %

**89** 2016 Riesling Brut Reserve
**21 €** | 12 %

**90** 2018 Rosé Brut Reserve
**26 €** | 12 %

★★★

## SCHLOSS VOLLRADS

Weingutsverwaltung Schloss Vollrads KG
65375 Oestrich-Winkel · Schloss Vollrads 1
Tel. (06723) 660 · Fax 6666
info@schlossvollrads.com
**www.schlossvollrads.com**

**Inhaber/in** Nassauische Sparkasse
**Betriebsleitung** Gutsdirektor: Ralf Bengel
**Keller** Jochen Bug, Moritz Lippert
**Außenbetrieb** Jochen Eberbach

**Historie** Weinverkauf seit 1211
**Rebfläche** 63 Hektar
**Jahresproduktion** 420 000 Flaschen
**Beste Lagen** Schloss Vollrads, Schloss Vollrads Schlossberg und Greiffenberg
**Boden** Lehm, Löss, im Untergrund Schiefer, Taunusquarzit, Rotliegendes
**Rebsorten** 100% Riesling
**Gastronomie** Gutsrestaurant auf dem Schlossgelände
**Erlebenswert** historischer Schlosshof mit Vinothek, Führungen durch die Schlossräume für Gruppen auf Anfrage.
**Mitglied** VDP

Im Jahr 1716 wurde auf Schloss Vollrads ein Keller für besondere Weine errichtet: der Cabinet-Keller. Dieses Ereignis greift das Gut mit einem neuen Ortswein auf, dessen Name eben Schloss Vollrads 1716 Cabinet ist. Er schließt als zukünftiger Zweitwein die Lücke zwischen den Winkeler Ortsweinen und den Großen Gewächsen im trockenen Bereich. Der aktuell vorgestellte 2020er wurde im Holz ausgebaut und besitzt Saft und Struktur. Die trockenen Spitzenweine werden hier zeitlich versetzt auf den Markt gebracht, sodass der Schlossberg immer vor dem Greiffenberg und dieser vor dem 1211 präsentiert wird. Der 2020er Schlossberg ist deutlich vom Holzausbau geprägt, ansonsten aber klar und sehr präzise. Er besitzt gutes Potenzial und sollte im Moment vor dem Genuss dekantiert werden. Einen 2019er Greiffenberg oder einen 2018er 1211 konnten wir nicht probieren. Die trockenen und feinherben 2021er Guts- und Ortsweine erreichen unseres Erachtens nicht ganz das Niveau des Vorjahres. Dafür gefällt die geschliffene Spätlese mit klarer Art und schöner Frische und der rassige Kabinett ist ein Vollradser Klassiker.

**87** 2019 Riesling Brut
**15,50 €** | 12 %

**85** 2021 Riesling trocken
**12,30 €** | 11,5%

**85** 2021 Winkeler Riesling trocken
**13,90 €** | 11,5%

**89** 2020 Riesling trocken 1716 Cabinet
**17,90 €** | 12,5%

**91** 2020 Schloss Vollrads Schlossberg Riesling VDP.Großes Gewächs
**31 €** | 12,5%

**85** 2021 Riesling feinherb
**12,30 €** | 11 %

**86** 2021 Winkeler Riesling feinherb
**13,90 €** | 11 %

**87** 2021 Riesling feinherb Edition
**15,50 €** | 13 %

**88** 2021 Winkeler Riesling Kabinett
**13,90 €** | 8,5%

**90** 2021 Winkeler Riesling Spätlese
**16,60 €** | 8 %

★★★★

## WEGELER

Weingüter Geheimrat J. Wegeler GmbH & Co. KG
65375 Oestrich-Winkel · Friedensplatz 9–11
Tel. (06723) 99090 · Fax 990966
info@wegeler.com
**www.wegeler.com**

**Inhaber/in** Geschäftsführung Richard Grosche, Sprecher der Eigentümerfamilien: Ralf Frenzel
**Betriebsleitung** Michael Burgdorf
**Keller** Andreas Holderrieth, Michael Burgdorf

**Rebfläche** 45 Hektar
**Jahresproduktion** 330 000 Flaschen
**Beste Lagen** Rüdesheim Berg Schlossberg und Berg Rottland, Geisenheim Rothenberg und Morschberg, Winkel Jesuitengarten, Oestrich Doosberg und Lenchen
**Boden** Schieferverwitterung, Lösslehm, Taunusquarzit
**Rebsorten** 100 % Riesling
**Erlebenswert** historische Kelterhalle und Holzfasskeller
**Mitglied** VDP

Im vergangenen Jahr erwarb Verleger und Weinexperte Ralf Frenzel Anteile der Weingüter von Anja Wegeler-Drieseberg und Dr. Tom Drieseberg, die das Gut Wegeler in der vierten Generation leiteten. Es wurde - laut Pressemitteilung - eine operative und strategische Partnerschaft in der Leitung an Mosel und Rhein vereinbart. Ralf Frenzel firmiert als Sprecher der Inhaberfamilien, die Geschäftsführung übernimmt Richard Grosche. Die Betriebsleitung verbleibt in den bewährten Händen von Michael Burgdorf.

Die Großen Gewächse aus renommierten Lagen zwischen Rüdesheim und Oestrich werden nun konsequent immer erst im Jahr nach der Füllung vorgestellt. So konnten wir in diesem Jahr nur den 2020er Rothenberg verkosten, der uns mit seiner zupackenden, tiefen Art überzeugt hat. Neu war im vergangenen Jahr ein trockener Wein aus dem Gewann Kronnest im Rüdesheimer Berg. Es gehört zum Berg Rottland und war zu Teilen von der Flurbereinigung der 1970er-Jahre nicht berührt, sodass die ursprünglichen Weinbergsmauern noch stehen. Im Jahr 2015 hat Wegeler drei dieser Terrassen rekultiviert. Auch für diesen Wein, der als Erste Lage vermarktet wird, gilt nun der spätere Vorstellungstermin. Vom Fass konnten wir allerdings einige der vielversprechenden 2021er bereits verkosten. Unter anderem ein Morschberg Grosses Gewächs. Und das leitet über zu einer weiteren Neuigkeit.

### Rückkehr des Morschberg

Der steilste Teil des Geisenheimer Kläuserwegs darf nun wieder seinen historischen Namen Morschberg tragen. Der feinduftende, knackig-klare, herb-würzige Kabinett ist der erste erfrischende Gruß von dort. Die knackige Säure, die hier so erfrischend ist, tendiert nach unserem Empfinden bei dem einen oder anderen 2021er des Hauses doch etwas sehr ins Stahlige. Beim Johannisberger Ortswein ist es dann mit der Restsüße wieder erfrischend ausbalanciert. Die saftige Rottland Spätlese mit einem Anklang an Aprikose und die bereits an Sultaninen erinnernde fein fließende Rothenberg Auslese sind der Tradition des Hauses verpflichtet, ein Verfechter des klassischen Rheingauers zu sein. Mitte der 1980er-Jahre wurde hier auch eine beispielgebende trockene Spätlese ohne Lagenangabe konzipiert: der Geheimrat J. Er wird ebenfalls ein Jahr später vorgestellt. Der balanciert-elegante, fein nachhallende 2020er hat uns gut gefallen. Dass seine Weine vorzüglich reifen können, belegt das Haus mit seiner Vintage-Kollektion. Hier finden sich die edelsüßen Prädikate großer Jahre ebenso wie die Großen Gewächse. Aber auch viele Jahrgänge Geheimrat J sind verfügbar und lohnen eine erneute Verkostung. Und aus diesem Bestand konnten wir die prachtvolle 2002er Auslese aus dem Rothenberg probieren. Ein klassischer Rheingauer, der mit samtig-voluminöser Frucht, großer Reinheit und Tiefe begeistert.

★★★★½

## WEIL

Weingut Robert Weil
65399 Kiedrich · Mühlberg 5
Tel. (06123) 2308 · Fax 1546
info@weingut-robert-weil.com
**www.weingut-robert-weil.com**

**Inhaber/in und Betriebsleitung** Suntory, Wilhelm Weil
**Keller** Christian Engel und Fabian Kretschmer
**Außenbetrieb** Clemens Schmitt und Philipp Bicking

**Historie** Gutshof erbaut vom englischen Kunstmäzen Sir John Sutton, nach dessen Tod 1875 von Dr. Robert Weil erworben
**Rebfläche** 90 Hektar
**Jahresproduktion** 650 000 Flaschen
**Beste Lagen** Kiedricher Gräfenberg, Turmberg und Klosterberg
**Boden** steinig-grusige Böden aus Phyllit, zum Teil mit Lösslehmbeimengung
**Rebsorten** 100% Riesling
**Mitglied** VDP

**84** 2021 Riesling trocken Loess
**10,90 €** | 12 %

**87** 2021 Oestricher Riesling trocken
**14,90 €** | 12,5%

**92** 2020 Riesling trocken Geheimrat „J“
**30 €** | 12,5%

**93** 2020 Geisenheimer Rothenberg Riesling VDP.Großes Gewächs
**50 €** | 13 %

**89** 2021 Johannisberger Riesling feinherb
**14,90 €** | 11,5%

**90** 2021 Riesling feinherb Charta
**14,90 €** | 12 %

**88** 2021 Rüdesheimer Berg Schlossberg Riesling Kabinett
**18,90 €** | 8,5%

**89** 2021 Geisenheimer Riesling Kabinett
**14,90 €** | 11 %

**91** 2021 Geisenheimer Morschberg Riesling Kabinett
**21 €** | 10,5%

**92** 2021 Rüdesheimer Berg Rottland Riesling Spätlese
**21 €** | 8 %

**92** 2021 Geisenheimer Rothenberg Riesling Auslese
**21 €** | 8 %

**95** 2002 Geisenheimer Rothenberg Riesling Auslese
**Preis auf Anfrage** | 8 %

Der Monte Vacano ist nun eindeutig die trockene Visitenkarte des Weinguts Robert Weil. Mit dem 2020er stellte uns Hausherr Wilhelm Weil einen im besten Sinne noblen Rheingauer vor. Der fast zwei Jahre auf der Feinhefe im Holzfass gelagerte Wein kann in Subskription erworben werden und gelangt erst im Frühjahr 2023 in den Verkauf. Es ist ein tiefer, klassischer Riesling mit einer fast schmelzigen Mitte und klar-nuancierter Länge, der erst ganz am Anfang seiner langen Entwicklung steht. Schon im Jahr 1921 wurde ein Wein dieses Namens erzeugt, allerdings allein für den privaten Konsum. Der Name bezieht sich übrigens auf die aus der Lombardei stammende Ehefrau von Dr. Robert Weil, dem Gründer des Weinguts. Aber auch ein anderer Wein hat in diesem Jahr sein Format bewiesen: Der saftig-klare Turmberg Erste Lage. Und von seinem Reifepotenzial konnten wir uns in einer Vertikale überzeugen. Die Jahrgänge 2005, 2007, 2008, aber auch 2015 und 2016 seien besonders genannt. Gut wie immer ist das Große Gewächs aus dem Gräfenberg.

Doch nicht nur die Spitze überzeugt. Auch der schlank-klare Gutsriesling und der saftig-kernige Kiedricher wissen zu gefallen. Und hinter ihnen stehen beachtliche Flaschenzahlen! Wenn in den vergangenen 15 Jahren jemand dafür gekämpft hat, das Reifepotenzial trockener Rheingauer Rieslinge einem breiteren Publikum wieder nahezubringen, dann ist es Wilhelm Weil. Der konsequente Aufbau eines großen neuen Stückfasskellers hat seinen Grund. Denn Holz unterstützt die Reifefähigkeit des Rieslings, denn diese muss nicht bei den sogenannten großen Jahren am besten sein. Jahrgänge wie 2004, 2008 oder 2010 präsentieren sich mit den Jahren überraschend frisch.

**Brillanz und Spiel**

Gerade auch im Ausland ist das Haus für seine edelsüßen Prädikate bekannt. Und die 2021er besitzen eine begeisternde Verbindung von Brillanz und Spiel. Besonders gelungen sind vor allem auch die Beeren- und die Trockenbeerenauslese aus dem Turmberg. Aber die subtil-tiefe Trockenbeerenauslese aus dem Gräfenberg steht ihnen mit ihrer edlen Klasse natürlich in nichts nach. Nach wie vor gilt, dass es in Deutschland nur wenige Betriebe mit einer solchen internationalen Ausstrahlung und einem so unverwechselbaren Markenkern gibt. Das hellblaue Etikett bürgt für den Inhalt der Flasche.

**86** 2021 Riesling trocken
**15,90 €** | 12 %

**87** 2021 Kiedricher Riesling trocken
**19,50 €** | 12,5%

**90** 2021 Kiedricher Klosterberg Riesling trocken
**29 €** | 13 %

**93** 2021 Kiedricher Turmberg Riesling trocken
**29 €** | 13 %

**93** 2021 Kiedricher Gräfenberg Riesling VDP.Großes Gewächs
**48 €** | 13 %

**95** 2020 Riesling trocken Monte Vacano
**190 €** | 13 %

**91** 2021 Kiedricher Turmberg Riesling Spätlese
**48 €** | 9 %

**92** 2021 Kiedricher Gräfenberg Riesling Spätlese
**48 €** | 9 %

**93** 2021 Kiedricher Turmberg Riesling Auslese
**48 €/0,375 Lit.** | 8,5%

**93** 2021 Kiedricher Gräfenberg Riesling Auslese
**48 €/0,375 Lit.** | 8,5%

**95** 2021 Kiedricher Gräfenberg Riesling Auslese Goldkapsel
8,5% AUKTION

**95** 2021 Kiedricher Gräfenberg Riesling Beerenauslese
**170 €/0,375 Lit.** | 8 %

**96** 2021 Kiedricher Turmberg Riesling Beerenauslese
**170 €/0,375 Lit.** | 8 %

**97** 2021 Kiedricher Turmberg Riesling Trockenbeerenauslese
**350 €/0,375 Lit.** | 8 % TOP 10

**97** 2021 Kiedricher Gräfenberg Riesling Trockenbeerenauslese
**350 €/0,375 Lit.** | 7,5% TOP 10

## WEILER

Weingut Weiler
65391 Lorch · Weiselberg 9
Tel. (06726) 9416 · Fax 830015
kontakt@weingut-weiler.de
**www.weingut-weiler.de**

**Inhaber/in und Betriebsleitung** Richard Weiler
**Keller** Richard und Carolin Weiler
**Historie** 1921 Gründung des Weinguts von Wilhelm Weiler, 1950 Übernahme von Sohn Karl-Heinz, 1990 Ausbau unter Enkel Richard Weiler, derzeit Übergabe an 4. Generation Carolin Weiler
**Rebfläche** 4 Hektar
**Jahresproduktion** 30 000 Flaschen
**Beste Lagen** Lorcher Krone, Lorcher Bodental-Steinberg, Assmannshäuser Höllenberg
**Boden** Schiefer, Quarzit-Steillagen
**Rebsorten** 65% Riesling, 33% Spätburgunder, 2% Weißburgunder
**Erlebenswert** Schiefergewölbekeller von 1871
**Mitglied** Slow Food, Generation Riesling

Carolin Weiler bestätigt mit der aktuellen Kollektion ihren letztjährigen Aufstieg. Mit klarer Frucht und gutem Schliff eröffnet der Blanc de Noirs den Reigen der Weißweine. Der schlank-animierende Liter-Riesling bietet hier stets Trinkvergnügen pur und das ist auch beim Jahrgang 2021 nicht anders. Schiefer und Quarzit sind dann der nächste Schritt. In diesem Jahr hat uns im Gegensatz zu den Vorjahren der geschliffene Schiefer etwas besser gefallen. Eine Stufe darüber folgen der trockene Kabinett aus der Krone und die Spätlese aus dem Bodental-Steinberg: Steillagen-Rieslinge, die im Jahr 2021 mineralische Tiefe und auch eine gewisse Stoffigkeit besitzen. An der Spitze steht dann der Bodental-Steinberg 52 Grad, der immer erst ein Jahr später vorgestellt wird. Der charaktervolle 2020er überzeugt mit Substanz und feinem Nachhall. Das führt uns zu den Rotweinen. Für uns schließen die 2020er Spätburgunder nicht ganz an das Niveau ihrer Vorgänger an. Sie scheinen ihre Balance noch (?) zu suchen. Der saftig-dichte Bodental-Steinberg sticht deutlich heraus. Die Rebfläche wurde in den vergangenen Jahren um einen Hektar erweitert, auch in Edelstahltanks wurde investiert. Für die Spitzenweine setzt die in Geisenheim studierende Carolin Weiler aber weiterhin auf große Holzfässer.

| | |
|---|---|
| **86** | 2021 Lorcher Riesling Liter trocken<br>**7,50 €/1 Lit.** \| 12% **BEST BUY** |
| **86** | 2021 Lorcher Pfaffenwies Pinot blanc trocken<br>**8,50 €** \| 12,5% |
| **87** | 2021 Lorcher Spätburgunder trocken Blanc de Noirs<br>**8,50 €** \| 12% |
| **87** | 2021 Lorcher Riesling trocken Quarzit<br>**9 €** \| 12% |
| **88** | 2021 Lorcher Riesling trocken Schiefer<br>**9 €** \| 12% |
| **89** | 2021 Lorcher Bodental-Steinberg Riesling trocken<br>**12 €** \| 12% |
| **89** | 2021 Lorcher Krone Riesling Kabinett trocken<br>**15 €** \| 11,5% |
| **90** | 2020 Lorcher Bodental-Steinberg Riesling Spätlese trocken 52 Grad<br>**Preis auf Anfrage** \| 12,5% |
| **84** | 2021 Lorcher Spätburgunder Rosé feinherb Carolin<br>**8,50 €** \| 12% |
| **86** | 2020 Lorcher Pfaffenwies Spätburgunder trocken<br>**12 €** \| 13,5% |
| **87** | 2020 Assmannshäuser Höllenberg Spätburgunder trocken<br>**Preis auf Anfrage** \| 14% |
| **89** | 2020 Lorcher Bodental-Steinberg Spätburgunder Spätlese trocken S<br>**Preis auf Anfrage** \| 14% |

★★☆

## WEINEGG

Weingut im Weinegg
65239 Hochheim · Kirchstraße 38
Tel. (06146) 9072229 · Fax 90739983
f.schmidt@weingut-weinegg.de
**www.weingut-weinegg.de**

**Inhaber/in und Betriebsleitung**
Fabian Schmidt
**Außenbetrieb** Alexander Mehr

**Rebfläche** 12 Hektar
**Jahresproduktion** 85 000 Flaschen
**Beste Lagen** Hochheimer Kirchenstück, Hölle, Reichestal, Stielweg und Domdechaney
**Rebsorten** 75% Riesling, 10% Spätburgunder, 5% Grau- und Weißburgunder, 10% übrige Sorten
**Erlebenswert** Gewölbekeller, historischer Gutshof
**Mitglied** Demeter

Das hat uns gut gefallen! Fabian Schmidt verfolgt seinen eigenen Weg konsequent. Das heißt für uns, er beherrscht sowohl den Naturwein-Ausbau der Weine als auch den klassischen Stil. So zeigt bereits der saftig-kompakte Liter-Riesling einen animierenden Ton, der an Maischestandzeit denken lässt. Ganz im Gegensatz dazu ist der restsüße Reichesthal ein klassisch-klarer Rheingauer im Kabinett-Stil. An der Spitze der Kollektion steht ein im Barrique ausgebauter Hochheimer Riesling, Perle Blanche genannt. Er verbindet eine feine Holzprägung mit klarer Substanz, feinem Fluss und animierender Länge. Von den 2021er Lagenweinen gefällt uns zur Zeit der im Stückfass ausgebaute feinherbe Reichesthal am besten. Ein wunderbar balancierter Riesling mit gutem Potenzial. Die trockenen Spitzen aus Domdechaney und Kirchenstück sind klar, fest und präzise strukturiert. Nur scheinen sie uns eher für den Ausbau als für die Lage Zeugnis abzulegen. Der harmonische Merlot rundet mit seiner animierenden Art die Kollektion gelungen ab.

Im Weinegg
RHEINGAU

**86** 2021 Riesling Liter trocken
**7 €/1 Lit.** | 11,5% BEST BUY

**86** 2021 Hochheimer Hölle Riesling trocken
**8,50 €** | 12%

**87** 2021 Hochheimer Stielweg Riesling trocken
**12,50 €** | 12,5%

**89** 2021 Hochheimer Domdechaney Riesling trocken
**19,50 €** | 12,5%

**89** 2021 Hochheimer Kirchenstück Riesling trocken
**19,50 €** | 13%

**90** 2020 Hochheimer Hölle Riesling trocken Stückfass
**16,50 €** | 12,5%

**91** 2020 Hochheimer Riesling trocken Perle Blanche Barrique
**18,50 €** | 13%

**90** 2021 Hochheimer Reichestal Riesling feinherb Stückfass
**16,50 €** | 12%

**88** 2021 Hochheim Reichestal Riesling
**8,50 €** | 8%

**85** 2020 Hochheimer Spätburgunder trocken
**9,90 €** | 13%

★★☆

## WINZER VON ERBACH

Winzer von Erbach eG
65346 Eltville-Erbach · Ringstraße 28
Tel. (06123) 62414 · Fax 4799
info@winzer-von-erbach.de
**www.winzer-von-erbach.de**

**Geschäftsführer** Ronald Müller-Hagen
**Keller** Steve Eberding

Von der breiten Produktpalette der 20 Winzer von Erbach sprechen uns die anspruchsvollen Charakterweine an. Unser Vorjahresfavorit, der Riesling Alte Reben vom Löss - hat noch mal zugelegt. Der Wein hat viel Fleisch, Würze, reife Rieslingfrucht und zeigt einen feinen Nougat-Ton. Der feingliedrige Riesling Classic mutet wie ein delikater Kabinett an. Der feinherbe Steinmorgen Kabinett ist klar, und punktet mit pikantem Fruchtspiel und Zitrusaromen. Viel Spaß macht uns der expressive Goldmuskateller mit Holunderblüten- und Rosenwasseraromen. Der Pinot Noir ist üppig; saftig-intensiv mit Kokosnoten, zeigt eher einen Neue-Welt-Stil.

| | |
|---|---|
| **85** | 2020 Riesling Sekt trocken<br>**9,50 €** \| 11% |
| **84** | 2021 Spätburgunder Blanc de Noirs trocken<br>**7,50 €** \| 12% |
| **85** | 2021 Erbacher Grauburgunder trocken<br>**7,90 €** \| 12,5% |
| **87** | 2020 Erbacher Riesling trocken Alte Reben vom Löss<br>**9,50 €** \| 13,5% |
| **86** | 2021 Erbacher Steinmorgen Riesling Kabinett feinherb<br>**7,50 €** \| 10% |
| **85** | 2021 Erbacher Cabernet Blanc feinherb<br>**7,50 €** \| 11,5% |
| **85** | 2021 Goldmuskateller feinherb<br>**8,50 €** \| 10,5% |
| **85** | 2021 Riesling Classic<br>**7,50 €** \| 11,5% |
| **87** | 2019 Pinot Noir trocken<br>**23,90 €** \| 14% |

★★

## WOHLFAHRT-FRANKE

Weingut Wohlfahrt-Franke
65366 Geisenheim · Winkeler Straße 47
weingut@wohlfahrt-franke.de
**www.wohlfahrt-franke.de**

**Inhaber/in und Betriebsleitung**
Yvette Wohlfahrt und Florian Franke
**Historie** Weinbau seit 2013
**Jahresproduktion** 5000 Flaschen
**Beste Lagen** Rüdesheimer Bischofsberg, Rüdesheimer Klosterlay, Winkeler Hasensprung, Mittelheimer Edelmann
**Boden** Loesslehm und Quarzit
**Rebsorten** Riesling, Spätburgunder und Gewürztraminer

Kein Zweifel: Hier ist nicht nur die Experimentierfreude groß, auch die Qualität der so unterschiedlichen Weine und Sekte ist gegeben. Gerne verleihen wir daher den zweiten Stern. Die an der Universität Geisenheim arbeitende Yvette Wohlfahrt und Florian Franke, bis zuletzt Kellermeister bei Schloss Schönborn, jetzt bei Rebholz in der Pfalz als technischer Betriebsleiter, haben uns von 0,8 Hektar gepachteter Rebfläche erneut eine bemerkenswerte Kollektion vorgestellt. Mit feiner Hefe-Prägung und Perlage überzeugt bereits der Monsieur genannte Riesling-Sekt. Der klarfruchtige Spätburgunder Rosé-Sekt trägt den Namen Madame und stammt aus dem Rüdesheimer Klosterberg. Von hier stammen auch die sehr guten Spätburgunder des Hauses, die unter dem Namen „Lippen Bärti" firmieren. Ihn gibt es in zwei Versionen. Den Titel „Eiche rustikal" tragen die Weine, wenn sie länger im Holzfass gereift sind. Hier macht es Sinn, kurz etwas zu den Etiketten und Namen zu sagen: Diese sind wirklich außergewöhnlich. Ein Bezugspunkt ist „Brehms Tierleben". Und so zeigt sich auf dem Etikett des Rotweins tatsächlich ein Lippenbär. Sein Pendant ist ein Orang-Utan, der den entsprechenden saftig-animierenden Orangewein schmückt. Und diese Familie hat Zuwachs bekommen: Den in einer Keramikkugel ausgebauten Gewürz-Tapir.

★★

**88** 2021 Riesling Petillant naturel trocken Trübe Trulla
**15 €** | 12 %

**87** 2018 Spätburgunder Rosé Brut Madame
**27,50 €** | 13 %

**88** 2017 Riesling Brut Monsieur
**27,50 €** | 13 %

**89** 2020 Riesling Landwein trocken Orange Splash
**9,50 €/0,2 Lit.** | 12,5% BEST BUY

**89** 2020 Gewürztraminer Landwein trocken Gewürz-Tapir
**29,50 €** | 13 %

**90** 2020 Riesling Landwein trocken Orange Utan
**29,50 €** | 13 %

**89** 2018 Spätburgunder Landwein trocken Lippen Bärti Eiche Rustikal
**37,50 €** | 14 %

**90** 2019 Spätburgunder Landwein trocken Lippen Bärti
**29,50 €** | 13,5%

## WURM

Weingut Wurm
65391 Lorch · Binger Weg 1
Tel. (06726) 830083 · Fax 830084
info@weingut-wurm.de
**www.weingut-wurm.de**

**Inhaber/in und Betriebsleitung**
Robert Wurm

**Rebfläche** 8 Hektar
**Jahresproduktion** 45 000 Flaschen
**Beste Lagen** Lorcher Kapellenberg, Lorcher Schlossberg, Lorcher Pfaffenwies, Lorcher Bodental-Steinberg
**Boden** Schiefer, Quarzit, Phyllit
**Rebsorten** 72% Riesling, 22% Spätburgunder, 4% Cabernet Sauvignon, 2% Weißburgunder
**Gastronomie** Gutsausschank mit spanisch-koreanisch-deutschem Soulfood auf der großen Sonnenterrasse mit Blick auf den Rhein
**Erlebenswert** große Sonnenterrasse mit Rheinblick

Korea meets Rheingau. Schon ein Blick auf die Flasche lässt den asiatischen Spirit erkennen, den Robert Wurm aus seiner Zweitheimat Seoul mit nach Lorch bringt. Eigenschaften wie Geduld, Präzision und Hingabe sind Teil des Lebensstils von Kendōka Wurm, der diesen modernen japanischen Kampfsport schon seit vielen Jahren ausübt. Eigenschaften, die wir auch in seinen Weinen wiederfinden. Vor allem in den geschliffenen Lorcher Rieslingen, deren Steillagenbewirtschaftung viel Hingabe erfordert und deren besten Lagenweine erst im zweiten Jahr nach der Lese auf den Markt kommen. Ein Beispiel dafür ist der 2020er Riesling aus dem Kapellenberg, der mit stimmiger Reife harmonisch, schmelzig und druckvoller ist als die Weißweine des kühlen Jahrgangs 2021. Bei diesen fing für uns der Spaß bei den zwei trockenen Lorcher Rieslingen an. Beide sind von schlanker, puristischer Art. Der Riesling+ ist druckvoller, mineralischer als sein Pendant ohne „+“. Weine, die in ihrer Art charaktervoll, aber nicht gefällig sind. Anders, der restsüße Kabinett aus dem Oestricher Lenchen. Dieser gefällt mit mineralischer Würze und Aromen von rosa Grapefruit. Ebenfalls sehr ansprechend ist der Rosé von Spätburgunder und Cabernet Sauvignon. Der feurige, im neuen Barrique ausgebaute

Spätburgunder Namu (Holz/Baum) aus dem Hitzejahr 2018 schmeckt nach Schokolade und Beerenkompott.

WEINGUT WURM
ZWEI WELTEN. EINE PHILOSOPHIE.

| | |
|---|---|
| **83** | 2021 Riesling & Silvaner trocken Seoulful Summerwine<br>**7,50 €** \| 12 % |
| **83** | 2021 Lorcher Weißburgunder trocken<br>**9,90 €** \| 12 % |
| **84** | 2021 Riesling trocken<br>**8,90 €** \| 12,5% |
| **85** | 2021 Lorcher Riesling trocken<br>**10,90 €** \| 12,5% |
| **86** | 2021 Lorcher Riesling trocken plus<br>**10,90 €** \| 12,5% |
| **87** | 2020 Lorcher Kapellenberg Riesling trocken<br>**16,90 €** \| 13,5% |
| **85** | 2021 Riesling feinherb<br>**8,90 €** \| 12 % |
| **86** | 2020 Oestricher Lenchen Riesling<br>**8,90 €** \| 10 % |
| **85** | 2021 Lorcher Spätburgunder & Cabernet Sauvignon Rosé trocken<br>**8,90 €** \| 12,5% |
| **07** | 2018 Lorcher Bodental-Steinberg Spätburgunder trocken NAMU<br>**29,90 €** \| 14 % |

Foto: Robert Dieth, Rheinhessenwein e.V.

# Rheinhessen: Hang und Gau mit Wow

Rund ein Viertel der deutschen Weine kommt aus der größten Weinbauregion. Bis in die 1980er Jahre besaß Rheinhessen-Wein den Ruf eines Massenprodukts. Doch Qualitätssteigerung und cleveres Marketing, etwa von regionalen Winzergruppen wie „Message in a Bottle" oder „Wein vom Roten Hang", lenken den Blick immer mehr auf Große Gewächse aus einmaligen Kleinklimata.

**Geschichte**

Nach der römischen Weinkultur blühte auch unter Karl dem Großen der Weinbau im heutigen Rheinhessen. Sowohl die Eroberer aus dem Römischen Reich als auch die Klostergemeinschaften des Mittelalters erkannten die hervorragenden klimatischen Bedingungen der Region. Wo sich heute viele Große Lagen befinden, hatten nämlich einst die Klöster ihre Weinbergsparzellen. Urkundlich erwähnt wird der erste Riesling („Rüssling") in dem linksrheinischen Gebiet anno 1402. Die Stadt Worms stand im frühen 18. Jahrhundert Pate für die Liebfraumilch, einen noblen Wein, der seinen guten Ruf verlor, als man begann, schlechte Verschnitte aus überschüssigen Erträgen von Großlagen unter diesem Namen zu vermarkten. Fast jedes rheinhessische Dorf, von der Rheinterrasse über den Wonnegau bis ins Alzeyer Hügelland, kann auf eine lange Weinbautradition zurückblicken.

**Geografie**

Hunsrück und Pfälzer Wald schützen die Rebflächen zwischen Alzey, Worms, Mainz und Bingen, die im Norden und Osten vom großen Rheinbogen eingerahmt sind. Unterteilt ist die Weinbauregion in die Subregionen Nierstein, Bingen und Wonnegau mit insgesamt 23 Groß- und 414 Einzellagen. Einige der charaktervollsten Rieslinge gedeihen am Roten Hang, der weltberühmten Steillage bei Nierstein.

**Klima und Boden**

Rheinhessen genießt mit 1600 Sonnenstunden, zehn Grad Durchschnittstemperatur und rund 500 Milliliter Regen im Jahr ein relativ warmes und trockenes Klima. Zu den Böden mit den besten Konditionen für Premiumweine gehören die mineralisch geprägten wie Kalkstein aus dem Tertiär, roter Sandstein, Vulkangestein, Quarzit und Porphyr. Das Gros der rund 26500 Hektar ist aber geprägt vom Löss und daher eher fruchtbar und ertragreich.

**Weine und Produktionsmenge**

Unangefochtener Star der Region ist zwar der Riesling – doch auch die rheinhessische Traditionsrebe Silvaner, auch unter dem Kürzel „RS" bekannt, macht wieder verstärkt von sich reden. Ebenfalls sind Weiß- und Grauburgunder des oberen Rheintals stark im Kommen. Im Zuge des deutschen Rotweinbooms hat sich die regionale Rotweinfläche zudem innerhalb eines Jahrzehnts mehr als verdoppelt. Im Durchschnitt werden jährlich an die 2,5 Millionen Hektoliter Wein in Rheinhessen erzeugt.

## Rheinhessen im Überblick

**Rebfläche** 27159 Hektar (2021)
**Produktion** rd. 2,7 Mio. Hektoliter (2021)
**Einzellagen** 23 Groß-, 414 Einzellagen
**Hauptrebsorten** Riesling, Müller-Thurgau, Dornfelder, Silvaner, Burgunderreben
**Weinart** Expressive Terroir-Rieslinge, spritzige, säuremoderate Silvaner, schmelzige Weißburgunder

**Beste Lagen** Dalsheimer Bürgel, Hubacker, Westhofener Morstein, Kirchspiel, Abtserde, Niersteiner Roter Hang, Brudersberg, Hipping, Ölberg, Pettenthal, Binger Scharlachberg, Ingelheimer Pares, Nieder-Flörsheimer Frauenberg, Hohen-Sülzer Kirchenstück, Mölsheimer Zellerweg am Schwarzen Herrgott

Karte: Deutsches Weininstitut

**Böden** Kalkstein aus dem Tertiär, roter Sandstein, Vulkangestein, Quarzit, Porphyr, Löss
**Interessant** Wie ein Gruß aus Süditalien wirken die „Trulli", runde, schneeweiße Schutzhäuschen, die in einigen rheinhessischen Weinbergen zu bewundern sind. Besonders schön und einen Besuch wert sind die Trulli rund um Flonheim und Siefersheim.

**Rheinhessenwein e.V.**
Otto-Lilienthal-Straße 4
55232 Alzey
Tel (0 67 31) 9 51 07 40
info@rheinhessenwein.de
www.rheinhessenwein.de

EIN BERG VOLL ARBEIT. WIR FREUEN UNS DRAUF!
WIR SIND RHEINHESSEN.
Wein, so weit das Auge reicht. Mit viel Leidenschaft arbeiten sie an herausragenden Weinen und einer intakten Kulturlandschaft: unsere Winzerinnen und Winzer aus Rheinhessen.
MZ C 3558
Rheinhessen
WO WEINE ZUHAUSE SIND
GESCHÜTZTE URSPRUNGSBEZEICHNUNG
WINEinMODERATION
WEIN | BEWUSST | GENIESSEN
Rheinhessen, das größte deutsche Weinbaugebiet, liegt am Rhein zwischen Mainz, Worms und Bingen. Im warmen Klima wachsen zu 70% weiße Rebsorten, u.a. Riesling, Müller-Thurgau, Weiß- und Grauburgunder sowie der Silvaner. Bei den roten Sorten dominieren Dornfelder und Spätburgunder. RHEINHESSEN IST EINE GESCHÜTZTE URSPRUNGSBEZEICHNUNG (g.U.). Mehr Informationen zur g.U. Rheinhessen: rheinhessen.de/gu

# Burgunder in aller Munde

Obwohl der Riesling nach wie vor Rheinhessens Ruf in der Welt prägt, sind die Burgunder auf dem Vormarsch. Dafür stehen unser „Winzer des Jahres", Stefan Braunewell, ebenso wie unser „Aufsteiger des Jahres", Moritz Kissinger.

Die wohl wirtschaftlich erfolgreichste rheinhessische Weinlinie ist die „Edition III Freunde", den die Kellerei Trautwein in Lonsheim für die drei Freunde, die Alsheimer Winzerin Juliane Eller, den Schauspieler Matthias Schweighöfer und den Moderator Joko Winterscheidt in riesigen Stückzahlen abfüllt und der für sagenhafte 9,90 Euro pro Flasche nicht nur über die eigene Homepage vertrieben wird. Nachdem nun ziemlich werbewirksam über Social-Media-Kanäle der Rückzug von Juliane Eller inszeniert wurde, ist die rheinhessische Winzerschaft in große Aufregung geraten, angesichts der sich eröffnenden immensen Absatzmöglichkeiten für recht einfache Weine zu stattlichen Preisen.

Besonders spannend ist die Tatsache, dass es sich bei dem Hauptwein der Linie nicht um einen Riesling handelt, der eigentlich überall auf der Welt bei Freunden des rheinhessischen Weins im Fokus steht, sondern um den häufig übersehenen Grauburgunder. Dass diese Rebsorte in der Lage ist, ebenso wie die verwandten Weißburgunder und Chardonnay, großartige, eigenständige und die rheinhessischen Kalkböden widerspiegelnde Gewächse hervorzubringen, zeigen in besonders bemerkenswerter Weise die Weine von unserem „Winzer des Jahres", Stefan Braunewell. Seit Jahren werden hier im Selztal, unweit der Landeshauptstadt Mainz, die besten Grauburgunder des Anbaugebiets auf die Flasche gebracht. Auch wenn für die ganz großen Rieslinge wohl die Böden fehlen, ist es faszinierend, was der Winzer an Weiß- und Spätburgundern, vor allem aber an Rosés erzeugt. Daneben produziert Braunewell auch noch Sekte, die es mitunter qualitativ mit Erzeugnissen des Spitzenhauses Raumland aufnehmen können.Auch unser „Aufsteiger des Jahres", Moritz Kissinger, reüssiert vor allem mit weißen Burgunderweinen. Während sich die Reputation dieses Betriebs in Uelversheim seit jeher auf die großen Rieslinge vom Roten Hang stützt, hat Moritz vor zwei Jahren mit seinem Chardonnay die Weinfans in helle Aufregung versetzt. Mittlerweile gibt es eine eigene kleine Kollektion des jungen Mannes, die innerhalb der Region allenfalls mit Knewitz oder Saalwächter zu vergleichen ist. Alle drei überstrahlen mittlerweile die regionalen und nationalen Grenzen.Ein weiteres Thema, das nicht nur die rheinhessischen Erzeuger bewegt, ist die Hinwendung zu mehr Nachhaltigkeit im Anbau. Wenn es nach der EU in Brüssel geht, müssen die Winzer auf großen Teilen der bestockten Rebfläche in Zukunft auf jeglichen Pflanzenschutz verzichten. Ob dies realistisch ist, kann derzeit niemand schlüssig beantworten. Ein Ausweg wäre sicherlich der Anbau pilzwiderstandsfähiger Rebsorten, sogenannter Piwis. Einer der Pioniere bei der Produktion solcher Weine aus diesen vielversprechenden Neuzüchtungen ist Martin Koch vom Hahnheimer Abthof. Als einer von ganz wenigen Winzern ist er seit Jahren mit dieser Thematik vertraut, und es gelingt ihm zunehmend, qualitativ erstklassige Weine zu erzeugen. Wir werden diese Entwicklung weiter mit größtem Interesse verfolgen.

*Dr. Eckhard Kiefer*

# Regionale Spitzenresultate

Die absolute Gebietsspitze mit Keller und Wittmann hat Verstärkung bekommen. Jetzt sind auch Battenfeld-Spanier und Kühling-Gillot in den Fünf-Sterne-Himmel eingezogen. Und auch auf den Rängen dahinter ist einiges in Aufwärtsbewegung geraten.

## Spitzenweine

**Die besten trockenen Weißburgunder für unter 15 Euro**

**89** Müller-Dr. Becker, Weißburgunder trocken Alte Reben 2021
**9,90 €** | 12.5 %

**89** Gröhl, Niersteiner Weißer Burgunder trocken Kalkstein 2021
**11,50 €** | 12.5 %

**89** Geil, Bechtheimer Weißer Burgunder trocken „S“ 202
**12,20 €** | 13.5 %

**89** Battenfeld-Spanier, Weißburgunder trocken Reserve 2021
**14,50 €** | 12.5 %

**88** Landgraf, Saulheimer Weißburgunder trocken 2021
**12,50 €** | 13 %

**88** Peters, Weißburgunder trocken Hillary Step 2021
**13 €** | 12.5 %

**88** Schloss Westerhaus, Ingelheimer Weißburgunder trocken 2021
**14,50 €** | 13 %

## Gebietspreisträger

**Winzer des Jahres** Braunewell
**Aufsteiger des Jahres** Moritz Kissinger
**Entdeckung des Jahres** Hungermüller

## Spitzenbetriebe

★★★★★

**Battenfeld-Spanier, Hohen-Sülzen**
**Keller, Flörsheim-Dalsheim**
**Kühling-Gillot, Bodenheim**
**Wittmann, Westhofen**

★★★★½

**Raumland, Flörsheim-Dalsheim**

★★★★

**Bischel, Appenheim**
**Gunderloch, Nackenheim**
**Knewitz, Appenheim**
**Saalwächter, Ingelheim**
**Schätzel, Nierstein**
**St. Antony, Nierstein**
**Wagner-Stempel, Siefersheim**

★★★½

**Braunewell, Essenheim**
**Groebe, Westhofen**
**Gröhl, Weinolsheim**
**Gutzler, Gundheim**
**Landgraf, Saulheim**
**Karl May, Osthofen**
**Neus, Ingelheim**
**Riffel, Bingen-Büdesheim**
**Seehof, Fauth Westhofen**
**Thörle, Saulheim**

★★★

Adams, Ingelheim
Bettenheimer, Ingelheim
Lisa Bunn, Nierstein
Geil Erben, Bechtheim
Geils, Bermersheim
Hofmann, Appenheim
Georg Gustav Huff, Nierstein
Kissinger, Uelversheim
Manz, Weinolsheim
Milch, Monsheim
Peters, Nierstein
Peth-Wetz, Bermersheim
Sander, Mettenheim
Schneider Müller, Nierstein
Spiess, Bechtheim
Strub, Nierstein
Wechsler, Westhofen
Weedenborn, Monzernheim
Weinreich, Bechtheim
Werner, Ingelheim
Schloss Westerhaus, Ingelheim

★★½

Beck, Stadecken-Elsheim
Brüder Dr. Becker, Ludwigshöhe
Bossert, Gundersheim
Engel, Flörsheim-Dalsheim
Espenhof, Flonheim-Uffhofen
Flick, Bechtolsheim
Franz Franz, Appenheim
Göhring, Flörsheim-Dalsheim
Gysler, Alzey-Weinheim
Heiligenblut, Alzey
Fritz Ekkehard, Nierstein
Johanninger, Biebelsheim
Krämer, Gau-Weinheim
Mett & Weidenbach, Ingelheim
Müller-Dr. Becker, Flörsheim-Dalsheim
Domäne Oppenheim
Raddeck, Nierstein
Seebrich, Nierstein
Stallmann-Hiestand, Uelversheim
Steitz, Stein-Bockenheim
Strauch Sekt, Osthofen
Werther Windisch, Mommenheim

★★

Flik, Mainz
Fogt, Badenheim
Full, Mölsheim
Goldschmidt, Worms-Pfeddersheim
Gres, Appenheim
Hauck, Bermersheim
Hirschhof, Westhofen
Mattern, Mettenheim
Michel-Pfannebecker, Flomborn
Rettig, Westhofen

Ruppert-Deginther,
Dittelsheim-Hessloch
Russbach Russbach, Eppelsheim
Schittler & Becker, Zornheim
Schmitt, Flörsheim-Dalsheim
David Spies, Dittelsheim-Hessloch
Vollmer, Mainz-Ebersheim
Wasem, Ingelheim
Zöller, Eckelsheim

★☆

Abthof, Hahnheim
Achenbach, Wonsheim
Balzhäuser Alsheim
Bernhard, Wolfsheim
Bretz, Bechtolsheim
Büsser-Paukner, Gau-Odernheim
Cisterzienser, Dittelsheim-Hessloch
Finkenauer, Bubenheim
Fischborn Bergeshof, Dexheim
Frey, Oberflörsheim
Gänz, Hackenheim
Gallé, Flonheim
Gehring, Nierstein
Hiestand, Guntersblum
Huff-Doll, Horrweiler
Julianenhof, Nierstein
Kampf, Flonheim
Keth, Offstein
Knobloch, Ober-Flörsheim
Carl Koch, Oppenheim
Krug'scher Hof, Gau-Odernheim
Lamberth, Ludwigshöhe
Leonhard, Nierstein
Lohr, Worms-Weinsheim
Marx, Alzey-Weinheim
Meiser, Gau-Köngernheim
Mertz, Eckelsheim
Michel, Hochborn
Neef-Emmich, Bermersheim
Orb, Westhofen
Pauser, Flonheim
Peth, Flörsheim-Dalsheim
Posthof, Stadecken-Elsheim

Scherner-Kleinhanss,
Flörsheim-Dalsheim
Schlossmühlenhof, Kettenheim
Daniel Schmitt, Mettenheim

Mirjam Schneider,
Mainz-Hechtsheim
Seyberth, Siefersheim
Sommer, Siefersheim
Stauffer, Flomborn
Wendel, Worms-Pfeddersheim
Wörner, Gau-Odernheim
Zimmermann, Siefersheim

★½

## ABTHOF

Weingut Abthof
55278 Hahnheim · Bahnhofstraße 27
Tel. (06737) 380 · Fax 8453
info@weingut-abthof.de
**www.weingut-abthof.de**

**Inhaber/in** Herbert und Martin Koch
**Keller** Martin Koch

Der Abthof in Hahnheim wird immer mehr zu einer Speerspitze für den Anbau klimafreundlicher Rebsorten. Diese auch Piwis (pilzwiderstandsfähig) genannten Reben besitzen von Natur aus eine starke Abwehrkraft gegen Krankheiten, was zur erheblichen Reduktion beim Einsatz von Spritzmitteln führt und zugleich zu einer günstigeren CO2-Bilanz. Die Weine im Abthof jedenfalls werden von Jahr zu Jahr besser. An der Spitze der aktuellen Reihe steht ein eleganter Gelber Orleans aus dem Hahnheimer Moosberg, ein trockener Wein mit Charakter. Auch der fruchtige Muscaris, vom Typ her ein Muskateller, gibt sich elegant. Und Rotwein kommt hier auch zur Blüte: Der Monarch Reserve betört mit seiner schönen Kirschfrucht. Herbert Koch leitet dieses Gut mit seinem Sohn Martin, der bei besten Adressen der Branche sein Handwerk gelernt hat.

**84** 2021 Riesling trocken
**6,20 €** | 12 %

**85** 2021 Weißer Burgunder Landwein trocken
**6,90 €** | 13 %

**86** 2021 Souvignier Gris trocken Auftakt
**7,90 €** | 13,5%

**86** 2021 Solaris trocken Auftakt
**7,90 €** | 13,5%

**86** 2020 Hahnheimer Knopf Silvaner Spätlese trocken Alte Reben
**8 €** | 13,5%

**87** 2021 Muscaris Auftakt
**7,90 €** | 12 %

**88** 2020 Hahnheimer Moosberg Gelber Orleans
**9,90 €** | 13 %

**85** 2020 Acolon trocken
**7,20 €** | 13,5%

**86** 2020 Monarch trocken Auftakt
**10,50 €** | 14 %

**87** 2019 Monarch Landwein trocken Auftakt Reserve
**18,50 €** | 14,5%

★½

## ACHENBACH

Weingut Achenbach
55599 Wonsheim · Kirchgasse 1
Tel. (06703) 707
info@weingut-achenbach.de
**www.weingut-achenbach.de**

**Inhaber/in** Gernot und Frank Achenbach
**Keller** Frank Achenbach

Frank Achenbach ist immer wieder für Überraschungen gut. So kredenzt er uns einen 2016er Sylvaner, unfiltriert, der 45 Monate auf der Hefe reifen durfte. Heraus kommt ein intensiver Wein mit interessanten rauchigen Noten. Beachtlich auch die Cuvée von Weißburgunder und Auxerrois in ihrer schlanken und kühlen Art. Und natürlich der Riesling aus der vulkanischen Lage Heerkretz, der die Serie anführt. Die 2021er sind hier generell von klaren und kühlen Aromen geprägt und rundum empfehlenswert.

**84** 2021 Riesling trocken
**5,50 €** | 12 %

**85** 2021 Sauvignon Blanc trocken Löss
**8 €** | 12 %

**85** 2021 Riesling trocken Porphyr
**9,50 €** | 12 %

**85** 2021 Silvaner trocken Sandstein
**9,50 €** | 11,5%

**86** 2021 Riesling trocken Cetor
**9,50 €** | 12 %

**86** 2021 Scheurebe trocken Cheloni
**9,50 €** | 12 %

**87** 2021 Weißburgunder & Auxerrois trocken Nauti
**9,50 €** | 12 %

**87** 2016 Sylvaner unfiltriert trocken Reserve 45 M.a.d.H
**30 €** | 12,5%

**88** 2021 Siefersheimer Heerkretz Riesling trocken
**19 €** | 12 %

**85** 2021 Scheurebe feinherb
**7,50 €** | 11 %

**86** 2020 Cuvée Feuerplanet trocken
**9,50 €** | 12,5%

**87** 2019 Siefersheimer Heerkretz Pinot Noir trocken Steillage
**19 €** | 12,7%

## ADAMS

Adamswein
55218 Ingelheim · Altegasse 28
Tel. (06132) 790800 · Fax 7908070
info@adamswein.de
**www.adamswein.de**

**Inhaber/in und Betriebsleitung** Dr. Simone Adams
**Keller** Simone Adams/ Vincent Hermanns
**Außenbetrieb** Vincent Hermanns

**Historie** in Familienhand seit 1823
**Rebfläche** 10 Hektar
**Jahresproduktion** 45 000 Flaschen
**Beste Lagen** Ingelheimer Pares, Horn, Auf dem Haun, Heerweg, Lohpfad
**Boden** Kalkverwitterungsgestein, Tonmergel, Sand
**Rebsorten** 50% Spätburgunder, je 10% Frühburgunder, Chardonnay, Grauburgunder und Weißburgunder

Die passionierte Winzerin und Jägerin Simone Adams hat abgerüstet. Die Kaliber-Bezeichnungen sind von den Etiketten verschwunden, die neue Ausstattung wirkt jetzt übersichtlicher. Die 2020er Weißweine sind durch die Bank gelungen. Der Weißburgunder braucht Luft, dann kann er sich entfalten. Der Grauburgunder wird getragen von einer schönen Frische und Eleganz. Unbestritten an der Spitze steht der Chardonnay aus dem Lohpfad, ein Wein voller Energie, begleitet von einem geschmackvollen Holznote durch den Ausbau im gebrauchten Barrique. Der frische und leichte 2021er Spätburgunder Rosé führt uns zu den Spätburgunder-Lagenweinen aus dem Jahrgang 2019. Die Trauben für diese Weine vergären alle mit den Stielen. Dadurch gewinnen sie ausnahmslos an Struktur, Kühle und Eleganz. An der Spitze der überzeugenden Formation steht zum einen der Wein aus der Lage Auf dem Haun, überflügelt nur vom Spätburgunder aus der Ingelheimer Paradelage Pares, einem Rotwein voller Frische und Energie. Alle Weine dieses Hauses werden spontan vergoren, ohne Zusätze vinifiziert sowie ungeschönt und unfiltriert abgefüllt. Bei der Förderung des Bodenlebens im Weinberg arbeitet Simone Adams nach ökologischen Standards und befolgt auch einige Regeln der Biodynamie. So wird Komposttee aus der regenerativen Landwirtschaft eingesetzt. Der Kalkverwitterungsboden rund um Ingelheim verleiht den Spätburgundern mineralischen Grip und Eleganz.

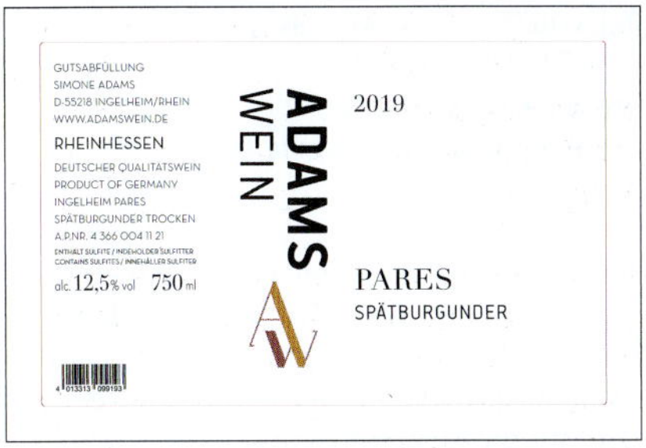


**87** 2020 Ingelheimer Weißburgunder trocken
**11 €** | 13 %

**88** 2020 Ingelheimer Grauburgunder trocken
**14 €** | 13 %

**90** 2020 Ingelheimer Lohpfad Chardonnay trocken
**25 €** | 13 %

**86** 2021 Ingelheimer Spätburgunder Rosé trocken
**11 €** | 11,5%

**87** 2019 Ingelheimer Spätburgunder trocken
**14 €** | 12,5%

**89** 2019 Ingelheimer Heerweg Spätburgunder trocken
**22 €** | 12,5%

**90** 2019 Ingelheimer Auf dem Haun Spätburgunder trocken
**39 €** | 12,5%

**91** 2019 Ingelheimer Pares Spätburgunder trocken
**79 €** | 12,5%

★½

## BALZHÄUSER

Weingut Balzhäuser
67577 Alsheim · Mittelgasse 25
Tel. (06249) 945130 · Fax 945132
mail@balzhaeuser.de
**www.balzhaeuser.de**

**Inhaber/in und Betriebsleitung**
Johannes Balzhäuser

Johannes Balzhäuser entwickelt zunehmend ein Gespür für den Chardonnay. Schon der Gutswein hat Format, was erst recht auf den Alsheimer Ortswein und den Lagenwein aus der Frühmesse zutrifft: superklare, ausdrucksstarke Weine. Doch Balzhäuser beherrscht noch andere Disziplinen, etwa den Riesling: animierend und trocken aus der Lage Kälbchen, oder spritzig und beschwingt als feinherber Kabinett. Auch mit roten Trauben kann der Winzer umgehen, wie die feinfruchtige und dunkelbeerige Cuvée von Shiraz und Cabernet Sauvignon belegt. Alsheim liegt zwischen Oppenheim und Worms, die Weinberge dort sind geprägt von Löss- und Kalksteinböden.

**84** 2021 Riesling trocken
**8,50 €** | 12,5%

**84** 2021 Weißburgunder trocken
**8,50 €** | 12,5%

**84** 2021 Grauburgunder trocken
**8,50 €** | 12,5%

**86** 2021 Chardonnay trocken
**8,50 €** | 12,5%

**86** 2020 Alsheimer Grauburgunder trocken
**11,50 €** | 13 %

**87** 2020 Alsheimer Kälbchen Riesling trocken
**15,90 €** | 13 %

**88** 2020 Alsheimer Chardonnay trocken
**11,50 €** | 13 %

**88** 2020 Alsheimer Frühmesse Chardonnay trocken
**15,90 €** | 13,5%

**86** 2021 Riesling Kabinett feinherb
**8,50 €** | 10,5%

**85** 2021 Pinot Noir Rosé trocken
**8,90 €** | 12,5%

**86** 2019 Cuvée Coq au Vin trocken
**11,50 €** | 13 %

**88** 2019 Shiraz & Cabernet Sauvignon trocken
**15 €** | 13 %

★★★★★

## BATTENFELD-SPANIER

Weingut Battenfeld-Spanier
67591 Hohen-Sülzen · Bahnhofstraße 33
Tel. (06243) 906515 · Fax 906529
kontakt@battenfeld-spanier.de
**www.kuehlingandbattenfeld.com**

**Inhaber/in und Betriebsleitung**
H.O. Spanier und Carolin Spanier-Gillot
**Keller** H.O. Spanier, Axel Thieme und Christopher Full
**Außenbetrieb** Johannes Trautwein

**Historie** Gründung des Weinguts 1991
**Rebfläche** 45 Hektar
**Beste Lagen** Nieder-Flörsheimer Frauenberg, Hohen-Sülzer Kirchenstück, Mölsheimer Zellerweg am Schwarzen Herrgott, Zeller Kreuzberg (Pfalz)
**Boden** Kalksteinverwitterung, Muschelkalk, Tonmergel, Kalkfels
**Rebsorten** 75% Riesling, 15% Spätburgunder, Weißburgunder, Chardonnay
**Gastronomie** Weinevents „Liquid Life" in Bodenheim
**Erlebenswert** Reifekeller in Hohen-Sülzen
**Mitglied** VDP, La Renaissance des Appellations, Maxime Herkunft

Hans Oliver Spanier präsentiert einen Sensationswein nach dem anderen, als wäre es eine leichte Übung. Das ist es mitnichten. Man kann nur voller Bewunderung auf jene drei Großen Gewächse schauen, die zur absoluten Spitze deutscher Rieslinge gehören. Sowohl der Nieder-Flörsheimer Frauenberg, als auch der Mölsheimer Schwarze Herrgott und auch der Zeller Kreuzberg sind Monumente des Schaffens dieses Ausnahmewinzers. Doch können bei einer solchen Spitze der Unter- und Mittelbau überhaupt noch mithalten? Eine berechtigte Frage, die man allerdings bedingungslos mit Ja beantworten kann. Schon der Gutsriesling Eisquell macht seinem Namen alle Ehre und präsentiert sich kühl, frisch und mit Zitrusnoten. Und die Ortsweine bilden eine stabile Brücke zu den GGs, vor allem der präzise und energetische Mölsheimer Riesling, und erst recht der Zellertaler, ein unglaublicher Pfälzer, mit Würze und Komplexität. Dass hier auch exzellenter Weißburgunder gelingt, sei nur am Rande erwähnt, das Gleiche gilt für Spätburgunder. Am meisten glänzt hier das Große Gewächs aus dem Kirchenstück, bei dem die Frische ganz im Fokus steht, abgerundet von animierenden Sauerkirschnoten.

**„Die Aura großer Weine"**

Solche außergewöhnlichen Weine sind auch nur deshalb möglich, weil sich Hans Oliver Spanier immer schon auf das Wesentliche beschränkt hat. „Den Vertrieb und die Repräsentation besorgen Profis auf ihrem Gebiet. Meilen-Sammeln lohnt sich für mich nicht. Ich werde im Weinberg und im Keller gebraucht. Nur wer als Winzer alles überblickt, kann sich auf die Fahne schreiben, kompromisslose Qualität zu erzeugen", ist sein Credo. Aus diesem Gut kommen keine früh zugänglichen oder nur von Frucht getragenen Weine. Sie brauchen Zeit zur Entwicklung. Um ihnen diese Zeit zu geben, wurde ein ausgedehnter Reifekeller gebaut. Hans Oliver Spanier hat das Zellertal mit seinen grandiosen Kalkfelslagen im Alleingang auf die Landkarte der besten Herkünfte gesetzt. Als er seine ersten Weinberge erwarb, wurde er allenfalls belächelt. Heute steigen die Preise im Zellertal für Rebland, sind der Zellerweg am Schwarzen Herrgott und der Zeller Kreuzberg im VDP als Große Lagen klassifiziert und werden weltweit mit Höchstnoten bewertet. Hans Oliver Spanier war immer vom Zellertal überzeugt: „Der Ausdruck und die Aura großer Weine waren von Anfang an da." Vor nunmehr 30 Jahren gründete er sein Weingut Battenfeld-Spanier, das vom ersten Tag an ökologisch gearbeitet hat. Seit mehr als 15 Jahren wird biodynamisch gewirtschaftet.

BATTENFELDSPANIER

**87** 2021 Riesling Eisquell trocken
**12,80 €** | 12 %

**89** 2021 Weißburgunder trocken Reserve
**14,50 €** | 12,5%

**89** 2021 Hohen-Sülzener Riesling trocken aus Ersten Lagen
**19,50 €** | 12,5%

**91** 2021 Mölsheimer Riesling trocken aus Ersten Lagen
**23,50 €** | 12,5%

**91** 2021 Hohen-Sülzener Weißburgunder trocken Alte Reben
**32 €** | 12,5%

**92** 2021 Hohen-Sülzener Kirchenstück Riesling VDP.Großes Gewächs
**52 €** | 12,5%

**93** 2021 Zellertaler Riesling trocken (Pfalz)
**39 €** | 12,5%

**95** 2021 Zeller Kreuzberg (Pfalz) Riesling VDP.Großes Gewächs
12,5% AUKTION

**96** 2021 Nieder-Flörsheimer Frauenberg Riesling VDP.Großes Gewächs
**59 €** | 12,5%

**98** 2021 Mölsheimer Zellerweg am Schwarzen Herrgott Riesling VDP.Großes Gewächs
**59 €** | 12,5% TOP 10

**90** 2021 Hohen-Sülzener Spätburgunder trocken aus Ersten Lagen
**25 €** | 12,5%

**92** 2020 Hohen-Sülzener Kirchenstück Spätburgunder VDP.Großes Gewächs
**52 €** | 12,5%

## BECK

Weingut Beck Hedesheimer Hof
55271 Stadecken-Elsheim · Schildweg 2
Tel. (06136) 2487 · Fax 924413
weingut@hedesheimer-hof.de
**www.hedesheimer-hof.de**

**Inhaber/in und Betriebsleitung**
Michael Beck

**Rebfläche** 27 Hektar
**Jahresproduktion** 180 000 Flaschen
**Beste Lagen** Stadecker Lenchen und Spitzberg, Elsheimer Bockstein und Blume, Jugenheimer Goldberg
**Boden** schwerer Ton, Lehm, Lössablagerungen
**Rebsorten** je 23% Riesling und Grauburgunder, 16% Weißburgunder, 14% Spätburgunder, 6% Dornfelder, 4% St. Laurent, 3% Portugieser, je 2% Muskateller und 2% Silvaner, 7% übrige Sorten
**Mitglied** Verband traditioneller Sektmacher e.V., Maxime Herkunft

Dass die junge Generation immer stärker in den Weingütern der Eltern mitmischt, wirkt sich seit einigen Jahren auch deutlich auf die Angebotspalette der Betriebe aus. Dafür steht exemplarisch der Hedesheimer Hof der Familie Beck, wo Sohn Christoph sich etwa der Muskatellerrebe annimmt. Mit Erfolg. Da wird dann ein Pétillant Naturel draus gemacht, ein trüber, wilder Sprudler, der Spaß macht. Dies trifft auch auf die feinherbe Variante Freestyler zu. Doch die besten Klassiker, die nach wie vor in den Händen von Vater Michael Beck liegen, haben immer noch die Nase vorn. Das ist zum einen der aprikosenduftige Riesling aus dem Elsheimer Marhans, ein Klassewein mit nachhaltiger Wirkung am Gaumen und viel Schmelz. Es ist aber auch der Auxerrois aus der Burgunderfamilie, der in den richtigen Händen aufblühen kann, wie eben dieser Auxerrois aus der Lage Stadecker Spitzberg. Das Gut hat auch diesmal eine rundum solide Leitung vorgestellt. Dazu gehören auch zwei Rotweine, der schöne Spätburgunder aus dem Bockstein und der intensive St. Laurent aus dem Goldberg. In diesem 27 Hektar großen Betrieb in Stadecken-Elsheim setzt Michael Beck auf physiologisch reife Trauben und wartet den optimalen Lesezeitpunkt ab. Der Hedesheimer Hof wurde stilvoll umgebaut. Großzügige Gästezimmer gehören zum Angebot.

**87** 2019 Muskateller Pétillant naturel trocken Schunnbesser
**9,90 €** | 12 %

**85** 2021 Stadecker Grauburgunder trocken
**7,50 €** | 12,5%

**85** 2021 Riesling trocken Terra Fusca
**8,50 €** | 11,5%

**86** 2021 Stadecker Weißburgunder trocken
**8,75 €** | 12 %

**86** 2020 Stadecker Lenchen Grauburgunder trocken
**11,50 €** | 14 %

**86** 2020 Stadecker Horn Weißburgunder trocken
**11,50 €** | 13,5%

**86** 2020 Stadecker Horn Riesling trocken
**14,50 €** | 12,5%

**88** 2020 Elsheimer Marhans Riesling trocken
**14,50 €** | 12,5%

**88** 2018 Stadecker Spitzberg Auxerrois trocken
**15,50 €** | 14 %

**87** 2021 Muskateller feinherb Freestyler
**9,50 €** | 11 %

**87** 2019 Elsheimer Bockstein Blauer Spätburgunder trocken
**14,50 €** | 13,5%

**87** 2020 Jugenheimer Goldberg St. Laurent trocken
**16,50 €** | 14,5%

## BRÜDER DR. BECKER

Weingut Brüder Dr. Becker
55278 Ludwigshöhe · Mainzer Straße 3–7
Tel. (06249) 8430 · Fax 7639
weingut@brueder-dr-becker.de
**www.brueder-dr-becker.de**

**Inhaber/in und Betriebsleitung**
Lotte Pfeffer-Müller und Hans Müller
**Keller** Hans Müller & Lotte Pfeffer-Müller
**Außenbetrieb** Hans Müller

**Historie** Weinbau seit Ende des 19. Jahrhunderts
**Rebfläche** 12 Hektar
**Jahresproduktion** 80 000 Flaschen
**Beste Lagen** Dienheimer Tafelstein und Falkenberg
**Boden** Löss, Lösslehm, Kalklehmmergel
**Rebsorten** 35% Riesling,
je 15% Spätburgunder, Silvaner
und Scheurebe, 10% weiße Burgundersorten, 10% übrige Sorten
**Mitglied** VDP, Ecovin, Demeter, Maxime Herkunft

Ist das noch Rheinhessen? Beim Durchlesen unserer Verkostungsnotizen könnte man auch an die Mosel denken. Da ist fast nur die Rede von schlank, rassig, klar und elegant. Es ist aber der Stil der Weine von Hans Müller und Lotte Pfeffer-Müller, den sie hier in Ludwigshöhe am Rhein über Jahrzehnte entwickelt haben. Und es ist auch nicht nur der Riesling, der sich diese Attribute verdient. Das fängt schon bei den Gutsweinen an, egal ob Weiß- oder Grauburgunder: schlank und elegant. Oder etwa der Gutswein vom Grünen Silvaner: klar und schlank. Aber Vorsicht, nicht dass nun etwa der Eindruck entsteht, hier schmecke ein Wein wie der andere. Ganz und gar nicht. Etwa der Dienheimer Riesling, der Aromen von reifen Aprikosen verströmt. Oder der Ludwigshöher Silvaner, ein ausdrucksstarker Wein. Und nicht zuletzt die Naturweine, die mit Pure bezeichnet werden. Dazu gehört der Landwein von der Scheurebe, unfiltriert und deshalb etwas trüb, ein rassiger Wein mit Aromen von Grapefruit. Keine Frage, dass an der Spitze der Reihe wieder die Großen Gewächse vom Riesling stehen, der Falkenberg und der Tafelstein. 150 Jahre ist es nun her, dass Franz Becker dieses Gut in Ludwigshöhe gründete. Er war im Hauptberuf Maurermeister und renovierte damals die bedeutende Katharinenkirche im benachbarten Oppenheim. Beide Söhne promovierten, was später zum Namen des Weinguts Brüder Dr. Becker führte. Jakob Johann Becker war Finanzminister unter Großherzog Ernst Ludwig in Darmstadt, später Wirtschaftsminister in der Weimarer Republik. Sein Bruder Jakob Becker arbeitete als Arzt in Sprendlingen. Die Männer der Familie hatten also das Weingut gegründet, seither haben drei Generationen von Frauen die Leitung übernommen und auf hohe Qualität gesetzt. Lohn war nicht zuletzt die Aufnahme in den VDP bereits 1971.

**85** 2021 Riesling trocken
**9,50 €** | 12 %

**86** 2021 Grüner Silvaner trocken
**8,50 €** | 12,5%

**86** 2021 Grauburgunder trocken
**9,80 €** | 12,5%

**87** 2021 Weißburgunder trocken
**9,80 €** | 12,5%

**87** 2021 Scheurebe Landwein trocken Pure
**14 €** | 11,5%

**87** 2021 Dienheimer Riesling trocken
**16,50 €** | 12,5%

**87** 2020 Pinot Blanc & Pinot Gris trocken Pure Orange Wine
**19,50 €** | 13 %

**88** 2021 Ludwigshöher Silvaner trocken
**16,50 €** | 12,5%

**88** 2021 Dienheimer Falkenberg Riesling VDP.Großes Gewächs
**28 €** | 13 %

**89** 2021 Dienheimer Tafelstein Riesling VDP.Großes Gewächs
**28 €** | 12,5%

★

## BEISER

Weingut Beiser
55578 Vendersheim · Außerhalb 1
Tel. (06732) 8732 · Fax 5061
info@weingut-beiser.de
**www.weingut-beiser.de**

**Inhaber/in und Betriebsleitung**
Christiane Beiser, Simon Beiser
**Keller** Simon Beiser
**Außenbetrieb** Simon Beiser, Maximilian Beiser

Dieser Betrieb der Geschwister Simon und Christiane Beiser liegt zwischen Alzey und Bingen. Wieder probierten wir eine Reihe ganz klar und sauber gearbeiteter Weine. Die besten kommen aus dem Binger Schlossberg Schwätzerchen. Es sind zwei 2020er, ein sehr schöner Riesling, und noch besser, ein toller Silvaner. Simon Beiser kann auch Rot, etwa den Frühburgunder Tonmergel, oder den Spätburgunder Kalkstein.

**84** 2021 Vendersheimer Weißer Burgunder trocken Kalkmergel
**8 €** | 13 %

**84** 2021 Vendersheimer Chardonnay trocken Tonmergel
**8,10 €** | 13 %

**85** 2021 Sprendlinger Grauer Burgunder trocken Tonmergel
**8 €** | 13 %

**85** 2021 Vendersheimer Grüner Veltliner trocken Kalkstein
**8,10 €** | 13 %

**85** 2021 Wallertheimer Roter Riesling trocken Kalkmergel
**8,60 €** | 13 %

**86** 2021 Vendersheimer Riesling trocken Muschelkalk
**8 €** | 13 %

**87** 2020 Binger Schlossberg Schwätzerchen Riesling trocken
**18 €** | 13 %

**88** 2020 Binger Schlossberg Schwätzerchen Silvaner trocken
**18 €** | 13 %

**86** 2019 Vendersheimer Frühburgunder trocken Tonmergel
**8,50 €** | 14 %

**87** 2019 Sprendlinger Honigberg Spätburgunder trocken Kalkstein
**15,70 €** | 14 %

★☆

## BERNHARD

Weingut Bernhard
55578 Wolfsheim · Klostergasse 3
Tel. (06701) 3578 · Fax 7117
service@weingut-bernhard.de
**www.weingut-bernhard.de**

**Inhaber/in und Betriebsleitung**
Jörg Bernhard und Martina Bernhard-Fazzi

Nach der Umstellung auf biodynamische Wirtschaftsweise kehrt keinesfalls lähmende Ruhe ein in diesen 26-Hektar-Biobetrieb im Nordwesten der Region. Im Keller wird weiter mit Holzfässern experimentiert, in den Weinbergen wird versucht, mit Pflanzenkohle und Mikroorganismen die Hitzefolgen zu minimieren. Aus der aktuellen Kollektion ragt der Riesling aus dem Osterberg heraus mit Duft von reifen Aprikosen und eleganter Art, aber auch die Cuvée von Riesling und Sauvignon Blanc voller Frucht und Rasse.

**86** 2017 Wolfsheimer Götzenborn Sekt Brut nature
**19,90 €** | 12,5%

**85** 2020 Wolfsheimer Grauburgunder trocken
**12,60 €** | 13 %

**85** 2020 St. Johanner Scheurebe trocken
**12,60 €** | 12 %

**86** 2021 Chardonnay & Weißburgunder trocken Starke Anna
**1,10 €** | 12,5%

**86** 2021 Klostergarten & Osterberg Riesling & Sauvignon Blanc trocken
**11,90 €** | 12,5%

**86** 2020 Wolfsheimer Silvaner trocken
**12,60 €** | 12,5%

**86** 2020 Wolfsheimer Götzenborn Chardonnay trocken
**20,10 €** | 13 %

**87** 2020 Wolfsheimer Sankt Kathrin Silvaner trocken
**20,10 €** | 13 %

**87** 2020 Wolfsheimer Osterberg Riesling trocken
**20,10 €** | 12,5%

**85** 2019 Vendersheimer Spätburgunder trocken
**13,60 €** | 13 %

**87** 2018 Vendersheimer Sonnenberg Spätburgunder trocken
**26,10 €** | 13 %

★★★

## BETTENHEIMER

Weingut J. Bettenheimer
55218 Ingelheim am Rhein · Stiegelgasse 32
Tel. (06132) 3041 · Fax 786795
info@weingut-bettenheimer.de
**www.bettenheimer.de**

**Inhaber/in und Betriebsleitung**
Jens Bettenheimer

**Rebfläche** 15 Hektar
**Jahresproduktion** 120 000 Flaschen
**Beste Lagen** Ingelheimer Sonnenhang, Ingelheimer Täuscherspfad, Ingelheimer Burgberg, Appenheimer Hundertgulden
**Boden** Kalkstein, Kalkmergel, Löss
**Rebsorten** je 20% Silvaner und Spätburgunder, 20% Grau- und Weißburgunder, 15% Chardonnay und Riesling, 3% Frühburgunder, 22% übrige Sorten
**Gastronomie** Gutsausschank „Zum Kuhstall" (Öffnungszeiten und Speisekarte siehe Website), gutseigene Gästezimmer.
**Mitglied** Maxime Herkunft

Beim letzten Mal hat uns Jens Bettenheimer mit seinem grandiosen Chardonnay Landwein in Verzückung versetzt, diesmal gelingt ihm das mit seinem Grauburgunder SH Inspired by nature. Dieser Wein wurde 14 Tage auf der Maische vergoren, teilweise in neuen Barriques ausgebaut und kam letztlich unfiltriert auf die Flasche. Durch den Maischekontakt hat der Wein eine intensive Farbe bekommen (Grauburgunder hat eine rötliche Beerenhaut), entfaltet am Gaumen aber eine große Frische und wirkt dabei schlank und elegant, ein großartiger Burgunder. Auch die Ortsweine von Weiß- und Grauburgunder überzeugen mit ihrer Frische und Klarheit, ebenso der Ingelheimer Grüne Silvaner. Die Rieslinge laufen hier regelmäßig zu Hochform auf. Schon der Literwein präsentiert sich saftig und lädt zum nächsten Schluck ein. Der Lagenwein aus dem Appenheimer Hundertgulden ist geprägt von feinem Aprikosenduft und probiert sich frisch und animierend. Freunde von kräftigen und dichten Spätburgundern kommen hier ebenfalls auf ihre Kosten. Ganz vorne steht wieder einmal der Täuscherspfad. Diese Weine gehören mit zur Ingelheimer Spitzengruppe. Am besten probiert man die Erzeugnisse dieses Guts im hauseigenen Gutsausschank, der über weite Strecken des Jahres geöffnet hat. Das Weingut liegt malerisch mitten im alten Ortskern von Ober-Ingelheim.

**85** 2021 Riesling Liter trocken
**6,90 €/1 Lit.** | 12%

**86** 2021 Ingelheimer Grauburgunder trocken
**10,90 €** | 13%

**86** 2021 Sauvignon Blanc trocken G700 Granitei
**16,90 €** | 12,5%

**87** 2021 Ingelheimer Grüner Silvaner trocken
**10,90 €** | 13%

**87** 2021 Appenheimer Weißburgunder trocken
**10,90 €** | 12,5%

**88** 2021 Ingelheimer Sonnenhang Grauburgunder trocken
**16,90 €** | 14%

**88** 2021 Ingelheimer Chardonnay trocken
**16,90 €** | 13%

**89** 2021 Appenheimer Hundertgulden Riesling trocken
**16,90 €** | 12,5%

**91** 2021 Grauer Burgunder trocken SH Inspired by nature
**Preis auf Anfrage** | 13,5%

**88** 2020 Ingelheimer Schlossberg Blauer Frühburgunder trocken
**16,90 €** | 13,5%

**89** 2019 Ingelheimer Sonnenhang Blauer Spätburgunder trocken
**16,90 €** | 13,5%

**90** 2020 Ingelheimer Täuscherspfad Blauer Spätburgunder trocken
**25,90 €** | 13,5%

★★★★

## BISCHEL

Weingut Bischel
55437 Appenheim · Sonnenhof 15
Tel. (06725) 2683 · Fax 5127
info@weingut-bischel.de
**www.weingut-bischel.de**

**Inhaber/in** Familie Runkel
**Betriebsleitung** Christian und Matthias Runkel

**Rebfläche** 25 Hektar
**Jahresproduktion** 175 000 Flaschen
**Beste Lagen** Binger Scharlachberg, Appenheimer Hundertgulden, Gau-Algesheimer Johannisberg, Goldberg und St. Laurenzikapelle, Siefersheimer Heerkretz
**Boden** Quarzit, Kalkstein, Tonmergel, Lösslehm, Porphyr
**Rebsorten** 40% Riesling, 50% Burgundersorten, 10% übrige Sorten
**Mitglied** VDP, Maxime Herkunft

Die Runkel-Brüder verfügen über ein spannendes Lagenportfolio. Das Weingut Bischel hat seinen Sitz zwar in Appenheim, aber Weinberge werden gleich an mehreren Orten bewirtschaftet. Deshalb spielt der Ortswein hier auch eine vergleichsweise große Rolle. Und wir konstatieren, dass gerade beim Riesling die Qualität der Weine klar über der des Vorjahres liegt. Ob aus Gau-Algesheim, Appenheim oder Bingen, diese Weine bilden quasi das Herzstück des Riesling-Angebots aus dem eher kühlen und frischen Jahrgang 2021. Doch schon der saftige und aprikosenduftige Riesling Gutswein ist ein toller Einstieg. Bei den Großen Gewächsen liegen diesmal der eher etwas wärmere Binger Scharlachberg und der Siefersheimer Heerkretz mit seiner großen Frische Kopf an Kopf. Bei aller Riesling-Kompetenz wird aber auch deutlich, dass die eigentliche Leidenschaft von Christian und Matthias Runkel die Burgundersorten sind. Hier spielt schon der Ortswein, eine Cuvée aus Weißburgunder und Chardonnay, in der ersten Liga. Und die Reserve-Weine setzen noch deutlich einen drauf. Der Weißburgunder, vor allem aber der Chardonnay, gehören immer wieder zur deutschen Spitze. Die Weine werden getragen von einer feinen Würze, bei zugleich klarer und kühler Beerenaromatik. Die Spätburgunder, diesmal aus dem Jahrgang 2020, erinnern vornehmlich an dunkle Früchte und sind mit einem deutlichen Tanningerüst ausgestattet. Der Holzeinsatz gelingt mittlerweile immer eleganter. Nicht vergessen wollen wir den hervorragenden Silvaner Ortswein von den Gau-Algesheimer Terrassen, der sich immer wieder in die Gebietsspitze schiebt.

### Eigenständige Terroirs

Christian und Matthias Runkel haben sehr viel dazu beigetragen, dass Appenheim in den letzten Jahren zu den bedeutenden Weinorten in Rheinhessen aufschließen konnte. Das Weingut liegt etwas außerhalb von Appenheim, im Sonnenhof, den der Großvater in den 1960er-Jahren erbaut hat. Derzeit werden 25 Hektar bewirtschaftet, die Umstellung auf ökologische Wirtschaftsweise ist mittlerweile abgeschlossen. Matthias und Christian Runkel erzeugen hier im nördlichen Rheinhessen auf extrem eigenständigen Terroirs ihre Weine. Die besten Rieslinge wachsen auf tertiären Kalksteinbänken, uralten Quarzitfelsen und vulkanischem Porphyr. Man will die Unterschiede schmeckbar machen. Nachhaltiger Anbau und hochwertige Arbeit im Weinberg bilden die Grundlage für die Traubenqualität. Die Weinberge sind mit 40 Prozent Riesling und 50 Prozent Burgundersorten bestockt. Seit 2019 gehört man auch dem exklusiven Verband der Prädikatsweingüter an.

**86** 2021 Riesling trocken
**9,90 €** | 12,5%

**89** 2021 Gau-Algesheimer Silvaner trocken Terrassen
**16,90 €** | 13 %

**89** 2021 Gau-Algesheimer Riesling trocken Terra Fusca aus Ersten Lagen
**17,50 €** | 12,5%

**89** 2021 Appenheimer Riesling trocken
**18,50 €** | 12,5%

**89** 2021 Binger Riesling trocken
**19,50 €** | 12,5%

**90** 2021 Appenheimer Weißburgunder & Chardonnay trocken
**16,90 €** | 13 %

**90** 2021 Appenheimer Hundertgulden Riesling VDP.Großes Gewächs
**35 €** | 13 %

**91** 2021 Weißer Burgunder trocken Reserve
**26 €** | 13 %

**92** 2021 Siefersheimer Heerkretz Riesling VDP.Großes Gewächs
**35 €** | 13 %

**92** 2021 Binger Scharlachberg Riesling VDP.Großes Gewächs
**39 €** | 13 %

**93** 2021 Chardonnay trocken Reserve
**26 €** | 13 %

**89** 2020 Gau-Algesheimer Spätburgunder trocken aus Ersten Lagen
**28 €** | 13 %

**90** 2020 Appenheimer Spätburgunder trocken aus Ersten lagen
**28 €** | 13 %

**91** 2020 Pinot Noir Réserve
**39 €** | 13 %

## BOSSERT

Weingut Bossert
67598 Gundersheim · Hauptstraße 15
Tel. (06244) 905510 · Fax 905512
info@bossert-gundersheim.de
**www.bossert-gundersheim.de**

**Inhaber/in** Bossert GbR
**Keller** Johanna und Philipp Bossert
**Rebfläche** 13 Hektar
**Beste Lagen** Gundersheimer Höllenbrand und Königstuhl
**Boden** Lösslehm mit Kalkstein, Kalkfels
**Rebsorten** 55% Riesling, 30% Spätburgunder und 15% Weißburgunder
**Mitglied** Maxime Herkunft

Beginnen wir diesmal mit dem Rotwein. Nicht nur, weil in Gundersheimer Weinbergen, ähnlich wie in Ingelheim, ein für das Gebiet hoher Anteil an roten Reben steht. Sondern einfach deshalb, weil der einzige Rote, den Johanna Bossert zur Verkostung vorgestellt hat, am besten aus der kleinen Kollektion abgeschnitten hat. Es ist dies ein Spätburgunder aus der weithin bekannten Lage Höllenbrand, die auf der einen Seite an den berühmten Westhofener Morstein grenzt und in Teilen einen ähnlichen Untergrund mit hohem Kalksteinanteil hat. Dass diese Tatsache dem Pinot Noir zugute kommt, kann man im Glas schnell erkennen an der schönen Transparenz des Weines. Und der betörende Duft nach zerdrückten Walderdbeeren sorgt für ein weiteres Genusserlebnis. Die Spätburgunder-Reben bei Bossert werden übrigens in der Lyraerziehung gepflegt, was zu einer besseren Belüftung der Traubenzone und zu perfekter Reife führen soll. Ebenfalls ungewöhnlich sind die tierischen Helfer im Weinberg: Schafe sorgen für die behutsame Entlaubung der Reben, eine effektive und zugleich bodenschonende Methode. In besten Händen ist bei Bosserts auch der Weißburgunder. Der Ortswein aus dem Jahrgang 2021 betört mit feinem Duft von Williams Christbirnen und dezenter Vanille aus dem behutsamen Fassausbau. Johanna Bossert gönnt den Weinen nicht nur ein längeres Hefelager, sie verzichtet in manchen Fällen auf eine Filtration vor der Abfüllung, um den Weinen wichtige Geschmacksstoffe zu belassen. Auch der Weißburgunder kam teilweise unfiltriert auf die Flasche. Ungewöhnlich für die Rotweinenklave Gundersheim ist der hohe Riesling-Anteil im Weingut Bossert, der sich auf 55 Prozent beziffert. Der Rest entfällt auf Spätburgunder mit 30 und Weißburgunder mit 15 Prozent. Eine solch klare und überschaubare Linie bei den Rebsorten ist in Rheinhessen eine Seltenheit. Die 2021er Rieslinge sind, wie es durchaus typisch für diesen Jahrgang ist, bei Bossert stark von der Säure geprägt und werden durchweg getragen von Zitrusnoten. An der Spitze der kleinen Serie steht der Königstuhl, der an fast reife Aprikosen erinnert.

**84** 2021 Riesling trocken
**10,30 €** | 12,5%

**85** 2021 Gundersheimer Riesling trocken
**16,30 €** | 12,5%

**87** 2021 Gundersheimer Königstuhl Riesling trocken
**30 €** | 13%

**88** 2021 Gundersheimer Weißburgunder trocken
**16,30 €** | 13%

**89** 2020 Gundersheimer Höllenbrand Spätburgunder trocken
**35 €** | 13%

★

## BOXHEIMERHOF

Weingut Boxheimerhof
67550 Worms-Abenheim · Wonnegaustr. 31
Tel. (06242) 60180 · Fax 2765
info@boxheimerhof.de
**www.boxheimerhof.de**

**Inhaber/in und Betriebsleitung**
Johannes und Walter Boxheimer
**Keller** Johannes Boxheimer
**Außenbetrieb** Walter Boxheimer

Beim Riesling hat in diesem 25-Hektar-Gut nördlich von Worms der Jahrgang 2021 deutlich die Nase vorn. Das zeigt sich beim aprikosenduftigen Brummelochsenboden ganz deutlich, der Saft und Eleganz vereint. Da können die Vorjahresweine nicht mithalten. Bei den Burgundersorten wiederum punkten beide Jahrgänge. Während der 2021er Chardonnay klar und ausgewogen erscheint, überzeugt der 2020er Pinot Blanc aus dem Klausenberg mit seiner angenehmen Reife. Johannes Boxheimer lässt alle Trauben für die Orts- und Lagenweine von Hand lesen und vergärt sie spontan. Zunehmend spielt auch beim Weißwein die Maischegärung eine Rolle. Am besten probiert man die Weine in der gutseigenen Straußwirtschaft zum Klausenberg.

**86** 2020 Pinot Blanc Brut
**14,20 €** | 11,5%

**84** 2021 Abenheimer Sauvignon Blanc trocken
**8,20 €** | 11,5%

**84** 2020 Abenheimer Klausenberg Riesling trocken Alte Reben
**11,20 €** | 12,5%

**85** 2020 Gundheimer Sonnenberg Riesling trocken
**14,20 €** | 12,5%

**86** 2021 Chardonnay trocken
**6,90 €** | 12%

**86** 2021 Abenheimer Riesling trocken vom Brummelochsenboden
**8,20 €** | 12,5%

**87** 2020 Abenheimer Klausenberg Pinot Blanc trocken
**14,20 €** | 12,5%

★

## BRANDT

Weingut Brandt
67596 Dittelsheim-Hessloch
Dalbergstraße 27
Tel. (06244) 5521
kontakt@brandt-weine.de
**www.brandt-weine.de**

**Inhaber/in und Betriebsleitung** Markus Brandt
**Keller** Markus Brandt

Dieses Mal hat Markus Brandt auch zwei Rotweine vorgestellt, beide aus dem Jahrgang 2020. Der Blaufränkisch verbreitet Aromen von zerdrückten Erdbeeren. Deutlich die Nase vorn hat allerdings der Spätburgunder aus dem Bechtheimer Hasensprung mit gutem Körper und feinem Pinotduft. Bei den Weißen liegt der Mölsheimer Zellerweg am Schwarzen Herrgott vorne, ein überzeugender trockener Riesling mit würzigem Finale. Interessant sind zwei Fumé-Weine vom Weiß- und Grauburgunder, eine Bezeichnung, die sonst dem Sauvignon Blanc vorbehalten ist, hier aber wohl auf den Einsatz von gebrauchten Barriques beim Ausbau hindeuten soll, der eine leicht rauchige Note mit sich bringen kann. Seit 2017 leitet Markus Brandt nach Ausbildung und Studium dieses Gut in Dittelsheim-Hessloch. Riesling und Burgunder sind die Schwerpunkte, es gibt auch einige Bukettsorten wie Scheurebe, Sauvignon Blanc und Muskateller.

**84** 2021 Weißburgunder & Chardonnay trocken
**8,20 €** | 12,5%

**84** 2021 Riesling trocken Alte Reben
**8,80 €** | 12,5%

**85** 2021 Grauburgunder trocken Fumé
**10,95 €** | 13 %

**86** 2021 Weißburgunder trocken Fumé
**10,95 €** | 13 %

**87** 2021 Mölsheimer Zellerweg am Schwarzen Herrgott Riesling trocken
**18 €** | 12,5%

**86** 2021 Riesling Spätlese Löss und Kalk
**8,20 €** | 8 %

**86** 2020 Blaufränkisch trocken
**10,90 €** | 13 %

**88** 2020 Bechtheimer Hasensprung Spätburgunder trocken
**24 €** | 13 %

★★★½

## BRAUNEWELL

Weingut Braunewell
55270 Essenheim · Am Römerberg 34
Tel. (06136) 9999100 · Fax 9999111
info@weingut-braunewell.de
**braunewell-wein.de**

**Inhaber/in** Familie Braunewell
**Keller** Stefan und Christian Braunewell
**Außenbetrieb** Axel Braunewell

**Historie** Gründung im Jahr 1655
**Rebfläche** 28 Hektar
**Jahresproduktion** 250 000 Flaschen
**Beste Lagen** Essenheimer Teufelspfad und Klopp, Elsheimer Blume
**Boden** Kalkstein, Tonmergel, Kalkmergel
**Rebsorten** je 30% Riesling und Grauburgunder, 20% Spätburgunder, 10% französische Klassiker, 10% Bukettsorten
**Erlebenswert** neue Vinothek seit 2020
**Mitglied** Fair'n Green, Maxime Herkunft

Gibt es eigentlich irgendeine Disziplin, die Familie Braunewell und ihr Team nicht beherrschen? Klare Antwort: Nein! Die Basis beim Riesling ist kristallklar und superfrisch, die Lagenweine sind fokussiert und lang anhaltend. Von hier kommt regelmäßig der beste Grauburgunder des gesamten Gebiets, und mit dem Sauvignon Blanc kann man in diesem Selztaler Mustergut sowieso bestens umgehen. Dazu kommen der beste Rosé weit und breit, starke Spätburgunder und ein großartiger Portugieser, der auch nur schwer zu toppen ist. Und dann eine ganze Phalanx hervorragender Sekte noch obendrauf. Dieses seit 2016 biologisch arbeitende Essenheimer Gut ist unser „Winzer des Jahres" in Rheinhessen, worauf wir mit dem hocheleganten 2015er Blanc de Blancs Brut nature anstoßen möchten. Glückwunsch!

BRAUNEWELL
SELZTAL IN RHEINHESSEN

- 88 2019 Pinot-Cuvée Brut de Selztal
  **16,50 €** | 12 %
- 89 2019 Chardonnay Blanc de Blancs Brut nature
  **21 €** | 12 %
- 92 2015 Chardonnay Blanc de Blancs Brut nature Grande Année
  **39 €** | 12,5%
- 85 2021 Unser täglich Riesling trocken
  **7,70 €/1 Lit.** | 12 %
- 86 2021 Riesling trocken
  **8,70 €** | 12 %
- 87 2021 Essenheimer Riesling trocken Kalkstein
  **12,80 €** | 13 %
- 87 2021 Essenheimer Grauer Burgunder trocken Kalkmergel
  **12,80 €** | 13,5%
- 88 2021 Elsheimer Blume Riesling trocken
  **20 €** | 13 %
- 89 2021 Sauvignon Blanc trocken Reserve
  **17,50 €** | 13 %
- 89 2021 Chardonnay trocken Reserve
  **20 €** | 13 %
- 89 2021 Essenheimer Teufelspfad Riesling trocken
  **23 €** | 13 %
- 89 2021 Essenheimer Klopp Grauburgunder trocken
  **23 €** | 13 %
- 90 2021 Essenheimer Teufelspfad Grauer Burgunder trocken
  **20 €** | 13 %
- 90 2021 Riesling trocken G 700
  **30 €** | 13 %
- 88 2021 Riesling Kabinett
  **7,70 €** | 9 %
- 89 2021 Braunewell Dinter der Rosé trocken
  **30 €** | 13 %
- 89 2020 Essenheimer Spätburgunder trocken Kalkmergel
  **25 €** | 13 %
- 91 2020 Elsheimer Blume Spätburgunder trocken
  **23 €** | 13 %
- 91 2020 Portugieser trocken Réserve
  **25 €** | 13 %

★⯪

## BRETZ

Weingut Ernst Bretz
55234 Bechtolsheim · Langgasse 35
Tel. (06733) 356 · Fax 8444
info@weingutbretz.de
**www.weingutbretz.de**

**Inhaber/in und Betriebsleitung**
Horst Bretz
**Keller** Horst und Harald Bretz
**Außenbetrieb** Harald Bretz

Ein saftiger, bukettreicher Schoppen ist die Weißwein-Cuvée Fleurant. Gut gefallen hat uns auch der Rosé vom Cabernet Sauvignon, ein sehr animierender Wein mit floralem Anklang. Ansonsten sind es die Rotweine, die uns diesmal besonders angesprochen haben. Der 2018er Spätburgunder ragt dabei besonders heraus mit seinem Sauerkirschduft und der feinen Frucht. Die meisten Weinberge dieses mehr als 40 Hektar großen Weinguts in Bechtolsheim liegen am Petersberg. In der Vinothek und dem Kuhstall kann man die Weine verkosten.

- 84 2021 Scheurebe trocken
  **6,30 €** | 12 %
- 84 2021 Grauer Burgunder trocken
  **6,70 €** | 12 %
- 84 2021 Sauvignon Blanc trocken
  **10,30 €** | 12,5%
- 85 2021 Cuvée Fleurant trocken
  **6,70 €** | 12 %
- 85 2021 Grauer Burgunder trocken Reserve
  **13,20 €** | 12,5%
- 85 2020 Chardonnay trocken Barrique
  **14,30 €** | 12,5%
- 86 2021 Chardonnay trocken Reserve
  **10,80 €** | 12,5%
- 89 2018 Silvaner Eiswein
  **35,40 €/0,375 Lit.** | 9,5%
- 86 2021 Cabernet Sauvignon Rosé trocken
  **11,40 €** | 12,5%
- 87 2017 Cabernet Sauvignon & Merlot trocken Barrique
  **19,20 €** | 14 %
- 87 2016 Spätburgunder trocken Reserve
  **21,30 €** | 13,5%
- 88 2018 Spätburgunder trocken
  **12,50 €** | 13 %

★★☆

## BÜSSER-PAUKNER

Weingut Büsser-Paukner
55239 Gau-Odernheim · Mainzer Straße 50
Tel. (06733) 6001 · Fax 8319
info@ae-wein.de
**www.ae-wein.de**

**Inhaber/in und Betriebsleitung**
Eva und Andreas Paukner

Mit diesem Gau-Odernheimer Gut geht es weiter aufwärts. Es fehlt wahrlich nicht mehr viel für den zweiten Stern. In der aktuellen Kollektion bewegen sich die Weine auf einem ganz einheitlichen Niveau. Ob die schön knackige Scheurebe, der Spätburgunder Gutswein mit der puren Frucht oder der supersaftige, fruchtige Bacchus – da kommt Freude auf. Das trifft auch zu auf den sehr klaren Gau-Odernheimer Silvaner und den Chardonnay aus dem Alsheimer Sonnenberg. Bei den Spätburgunder Lagenweinen sehen wir diesmal den Lieberg vorn mit seinem wirklich gekonnten Holzeinsatz. Eva und Andreas Paukner führen dieses kleine Familiengut seit 2014. Sie arbeiten akribisch in Weinberg und Keller und sind immer auf der Suche nach Verbesserungen. Mit Erfolg.

**86** 2021 Scheurebe trocken Lieblingsstück
**7,90 €** | 12,5%

**86** 2021 Gau-Odernheimer Silvaner trocken
**8,40 €** | 12,5%

**86** 2021 Gau-Odernheimer Herrgottspfad Riesling trocken
**10,20 €** | 12,5%

**87** 2021 Alsheimer Sonnenberg Chardonnay trocken
**10,40 €** | 13%

**87** 2021 Bacchus
**6,70 €** | 9,5%

**86** 2020 Spätburgunder trocken
**7,40 €** | 12,5%

**87** 2019 Gau-Odernheimer Herrgottspfad Spätburgunder trocken Hösel
**17 €** | 13%

**88** 2019 Gau-Odernheimer Am Lieberg Spätburgunder trocken
**13 €** | 13%

★★★

## BUNN

Weingut Bunn Strebel
55283 55283 Nierstein · Mainzer Str. 86
Tel. (06133) 59290 · Fax 60309
info@weingut-bunn.de
**lisa-bunn.de**

**Inhaber/in und Betriebsleitung**
Lisa Bunn-Strebel und Bastian Strebel
**Keller** Lisa Bunn-Strebel und Bastian Strebel
**Außenbetrieb** Bastian Strebel

**Rebfläche** 21 Hektar
**Jahresproduktion** 80 000 Flaschen
**Beste Lagen** Niersteiner Hipping, Orbel und Oelberg, Dienheim Tafelstein
**Boden** roter Ton- und Sandstein, Kalk
**Rebsorten** 35% rote Rebsorten, 30% Aromarebsorten, 20% Riesling, 15% weiße Burgundersorten
**Mitglied** Maxime Herkunft, Roter Hang

Mal hatten hier die Weißweine die Nase vorn, mal waren die Rotweine bärenstark. Mittlerweile ist klar: Lisa Bunn-Strebel und Bastian Strebel haben für beides eine große Kompetenz, und die ist Jahr für Jahr auch noch gewachsen. Ein Blick auf die aktuelle Rotwein-Kollektion macht das deutlich. Hier steht einerseits der Spätburgunder im Fokus, schon der Wintersheimer ist verlockend mit seiner schönen Transparenz. Noch einen Tick darüber hat sich der Niersteiner positioniert, auf Augenhöhe mit dem kräftigen Spätburgunder Reserve aus dem Jahrgang 2018. Andere rote Sorten haben indes ein ähnlich hohes Niveau erreicht. Das gilt für den St. Laurent mit seiner tiefen Frucht ebenso wie für den üppigen und dunklen Merlot Reserve. Noch besser schneidet der wunderbar duftige Portugieser ab. Beim Riesling werden vor allem die Lagenweine von Jahr zu Jahr besser. Auffällig ist hier der mitunter sehr moderate Alkoholgehalt der Niersteiner Weine. Ölberg, Hipping und Orbel zeichnen sich durch eine großartige Frische und Grip am Gaumen aus, während der Dienheimer Tafelstein etwas reduktiver, aber ebenso schlank ausgefallen ist. Eine Bank ist hier auch der Sauvignon Blanc Fumé, ein eleganter Vertreter seiner Sorte. Die Fusion der beiden Weingüter in Nierstein und Wintersheim hat die Abläufe optimiert. Dazu trägt auch der gemeinsame Keller bei. Durch die Fusion ist die Rebfläche auf 21 Hektar gewachsen.

**86** 2021 Wintersheimer Riesling trocken
**10,90 €** | 12,5%

**86** 2021 Niersteiner Riesling trocken vom Rotliegenden
**12,50 €** | 12 %

**88** 2021 Sauvignon Blanc Fumé trocken
**18,90 €** | 12,5%

**88** 2021 Niersteiner Ölberg Riesling trocken
**25 €** | 11,5%

**89** 2021 Dienheimer Tafelstein Riesling Großes Gewächs
**25 €** | 12,5%

**89** 2021 Niersteiner Orbel Riesling trocken
**27 €** | 11,5%

**89** 2021 Niersteiner Hipping Riesling trocken
**35 €** | 11,5%

**87** 2020 Wintersheimer Spätburgunder trocken
**17 €** | 12,5%

**88** 2020 Niersteiner St. Laurent trocken vom Rotliegenden
**16,50 €** | 13,5%

**88** 2020 Niersteiner Spätburgunder trocken
**19,90 €** | 13 %

**88** 2018 Merlot trocken Reserve
**25 €** | 14 %

**88** 2018 Spätburgunder trocken Reserve
**25 €** | 13,5%

**89** 2018 Portugieser trocken Reserve
**25 €** | 13,5%

## CISTERZIENSER

Cisterzienser Weingut
67596 Dittelsheim-Hessloch · Dalbergstraße 28
Tel. (06244) 4921 · Fax 5499
info@cisterzienser-weingut.de
**www.cisterzienser-weingut.de**

**Inhaber/in und Betriebsleitung**
Ulrich und Karen Michel
**Keller** Ulrich Michel

Auch im dritten Jahr der Umstellung auf ökologische Wirtschaftsweise lassen sich Ulrich und Karen Michel nicht aus dem Konzept bringen. Es ist keine Kleinigkeit, dies in einem 30-Hektar-Gut so über die Bühne zu bringen, dass die Weinqualität zumindest konstant bleibt. Dass die Veränderungen, die auch im Keller vorgenommen wurden, erste Früchte tragen, zeigen etwa die Burgunderweine, in denen das Holz geschmacklich immer besser eingebunden ist. Dazu kommen sehr gute Sauvignon Blancs, aber auch ein verlockender Roter Traminer. Da kann man auf die ersten Bioweine des Hauses aus dem Jahrgang 2022 sehr gespannt sein.

**84** 2021 Riesling Liter trocken
**5,50 €/1 Lit.** | 12,5%

**84** 2021 Silvaner Orange trocken
**19,80 €** | 13 %

**85** 2020 Bechtheimer Riesling trocken
**9,50 €** | 13,5%

**85** 2021 Sauvignon Blanc trocken
**9,50 €** | 13 %

**86** 2021 Roter Traminer trocken
**9,50 €** | 13 %

**86** 2021 Sauvignon Blanc Fumé trocken
**15 €** | 13 %

**86** 2020 Hesslocher Edle Weingärten Grauburgunder trocken Maßwerk
**19 €** | 14 %

**87** 2020 Hesslocher Edle Weingärten Weißburgunder trocken Maßwerk
**19 €** | 13,5%

**85** 2021 Merlot Rosé trocken
**7 €** | 13,4%

**85** 2019 Cuvée Monsignore trocken
**10 €** | 13,5%

**86** 2018 Hesslocher Liebfrauenberg St. Laurent trocken
**15 €** | 14 %

**87** 2018 Merlot trocken
**11,50 €** | 14 %

★

## DACKERMANN

Weingut Dackermann
67596 Dittelsheim Heßloch · Gaustraße 15
Tel. (06244) 7054
info@weingut-dackermann.de
**www.weingut-dackermann.de**

**Inhaber/in und Betriebsleitung**
Sascha Dackermann
**Keller** Sascha Dackermann

Sascha Dackermann hat auch im Jahrgang 2021 wieder ausgesprochen sauber gearbeitet und Weine von klarer Aromatik auf den Verkostungstisch gestellt. Das gilt schon für den Literwein von der Scheurebe, vor allem aber für den Gelben Muskateller mit seiner feinen sortentypischen Art. Der Rosé vom Pinot Noir probiert sich saftig. Ein Höhepunkt unter den Gutsweinen ist die Cuvée von Weißburgunder und Chardonnay, die eine schöne Balance aufweist. Die besten Weinberge dieses 16-Hektar-Gutes liegen in Hessloch, aber auch im benachbarten Bechtheim.

**84** 2021 Scheurebe Liter trocken
**5,95 €** | 12,5%

**84** 2021 Grauburgunder trocken
**6,95 €** | 12,5%

**84** 2021 Sauvignon blanc trocken
**6,95 €** | 12,5%

**85** 2021 Pinot blanc trocken
**6,95 €** | 12,5%

**85** 2021 Hesslocher Riesling trocken vom Kalkstein
**8,50 €** | 13 %

**85** 2020 Bechtheimer Chardonnay trocken Fumé
**8,80 €** | 14 %

**86** 2021 Weißburgunder & Chardonnay trocken
**6,95 €** | 13 %

**86** 2021 Gelber Muskateller trocken
**6,95 €** | 12,5%

**85** 2021 Pinot Noir Rosé trocken
**6,95 €** | 12,5%

**86** 2018 Bechtheimer Stein Spätburgunder trocken Reserve
**12,50 €** | 14,5%

★

## DESSOY

Weingut Dessoy
55411 Bingen am Rhein
Außerhalb Kempten 74
Tel. (06721) 799060 · Fax 799080
mail@weingut-dessoy.de
**www.weingut-dessoy.de**

**Inhaber/in** Andree Dessoy
**Keller** Frederike Dessoy
**Außenbetrieb** Florian Schnell

Frederike Dessoy und Florian Schnell lernten sich während des Studiums in Geisenheim kennen und gründeten zusammen mit Vater Andree Dessoy vor mehr als zehn Jahren das Weingut. Heute umfasst der Betrieb im Binger Ortsteil Kempten rund 18 Hektar Rebfläche, die von Betriebsgebäuden inmitten der Weinberge versorgt werden. Markenzeichen sind sehr saubere und zugleich trinkige Weine. Riesling und Silvaner stellen zwei Drittel der Reben, ansonsten dominieren Burgundersorten. Chardonnay, Weiß- und Grauburgunder stellen auch das Gros der Ortsweine, die etwas körperreicher ausfallen als der Rest der soliden Kollektion. Besonders gelungen ist der Grüne Silvaner, der sich eher frisch und schlank präsentiert. Für Freunde der Bukettsorten bietet sich der feinherbe Gelbe Muskateller an mit seinem aromatischen Ausdruck. Und bei den Rosés sehen wir ebenfalls die feinherbe Variante Phi-Joh vor dem trockenen Portugieser.

**85** 2021 Binger Riesling trocken
**10,50 €** | 12,5%

**85** 2021 Binger Weißburgunder trocken
**10,50 €** | 13 %

**85** 2021 Binger Grauburgunder trocken
**10,50 €** | 13 %

**86** 2021 Grüner Silvaner trocken
**7,50 €** | 11,5%

**86** 2021 Binger Chardonnay trocken
**10,50 €** | 13,5%

**86** 2021 Gelber Muskateller feinherb
**7,50 €** | 11,5%

**84** 2021 Portugieser Rosé trocken
**7 €** | 11,5%

**85** 2021 Rosé feinherb Phi-Joh
**7,50 €** | 11,5%

★

## DREIHORNMÜHLE

Weingut Dreihornmühle
67593 Westhofen · An der Brennerei 35
Tel. (06244) 884 · Fax 909829
info@weingutdreihornmuehle.de
**www.dreihornmuehle.de**

**Inhaber/in und Betriebsleitung** Fred Orb
**Keller** Fabian Ring

Dies ist eine Quelle für saubere und klare Weine. Auch die jüngste Kollektion erweist sich als rundum zuverlässig. Das gilt bereits für die Gutsweine, wobei im Jahrgang 2021 der klare Sauvignon Blanc die beste Figur macht. Ganz vorne steht wieder der trockene Riesling aus dem Westhofener Kirchspiel, der regelmäßig seine salzige Mineralität zeigt. Er hat diesmal allerdings Konkurrenz bekommen durch einen starken Chardonnay, der aber noch Zeit braucht, um seine Säure einzubinden. Ein Highlight gibt es auch bei den Rotweinen, es ist der kräftige Frühburgunder, der erneut zu glänzen vermag. Die Weinbautradition der Familie Orb geht bis ins 15. Jahrhundert zurück. Der Urgroßvater von Fred Orb, dem heutigen Inhaber, hatte die Mühle in Westhofen 1928 erworben, seitdem wird dort Weinbau betrieben. Und der Nachwuchs steht schon in den Startlöchern. Sohn Fabian Ring hat bei den Spitzengütern Karl May, Wagner-Stempel und Dr. Wehrheim gelernt, und hat sich zudem im fernen Neuseeland umgeschaut. Er verantwortet jetzt den Keller in der Dreihornmühle.

**84** 2021 Grauburgunder trocken
**5,90 €** | 12,5%

**84** 2021 Weißburgunder trocken
**5,90 €** | 12 %

**84** 2021 Riesling trocken
**6,20 €** | 12 %

**85** 2021 Sauvignon Blanc trocken
**6,90 €** | 12,5%

**87** 2021 Westhofener Kirchspiel Riesling trocken
**24 €** | 12,5%

**88** 2021 Chardonnay trocken Alte Reben
**Preis auf Anfrage** | 12 %

**86** 2021 Westhofener Riesling Kabinett
**9,90 €** | 10 %

**86** 2020 Westhofener Frühburgunder trocken
**9,90 €** | 13,5%

★

## EBERLE-RUNKEL

Weingut Eberle-Runkel
55437 Appenheim · Niedergasse 25
Tel. (06725) 2810 · Fax 5273
info@weingut-eberle-runkel.de
**www.weingut-eberle-runkel.de**

**Inhaber/in** Michael Runkel
**Betriebsleitung** Michael und Stefan Runkel
**Keller** Stefan Runkel

Michael und Stefan Runkel liefern auch diesmal eine zuverlässige Reihe solider Tropfen zu moderaten Preisen. Aus dem gut gestaffelten Angebot ragen zwei Weine eindeutig heraus. Zum einen ist dies der feste und klar umrissene Riesling aus der Appenheimer Spitzenlage Hundertgulden. Doch auch ein Ortswein kann sich auszeichnen. So entfaltet der feine Appenheimer Silvaner sowohl seine Herkunft, als auch den Rebsortentyp am Gaumen. Von Mitte Mai bis Mitte September kann man die Gewächse des Hauses in der Straußwirtschaft zu deftigen Speisen probieren, neuerdings auch eine neue Reihe mit dem Etikett Grillwein.

**83** 2021 Riesling trocken
**6,40 €** | 12,5%

**84** 2021 Weißburgunder trocken
**6,40 €** | 12,5%

**84** 2021 Riesling Kabinett trocken auf dem See
**6,50 €** | 11 %

**84** 2021 Sauvignon blanc trocken
**6,60 €** | 12,5%

**84** 2020 Weißburgunder trocken Grillwein
**8,50 €** | 13 %

**84** 2020 Sauvignon Blanc trocken Grillwein
**8,50 €** | 13 %

**85** 2021 Nieder-Hilbersheimer Honigberg Riesling trocken
**9,80 €** | 12,5%

**87** 2021 Appenheimer Silvaner Spätlese trocken
**7,20 €** | 13,5%

**87** 2021 Appenheimer Hundertgulden Riesling trocken
**9,80 €** | 12,5%

**86** 2020 Spätburgunder trocken Grillwein
**8,50 €** | 14 %

**86** 2018 Frühburgunder trocken Barrique
**10 €** | 14 %

## ENGEL

Weingut Engel
67592 Flörsheim-Dalsheim · Untergasse 39
Tel. (06243) 6574 · Fax 905765
webmaster@der-wein-engel.de
**www.der-wein-engel.de**

**Inhaber/in** Udo Engel
**Keller** Albrecht Engel

**Rebfläche** 11 Hektar
**Jahresproduktion** 65 000 Flaschen
**Beste Lagen** Nieder-Flörsheimer Frauenberg, Dalsheimer Bürgel, Mölsheimer Zellerweg am Schwarzen Herrgott
**Boden** Löss, Lehm, Kalkstein, Mergel, Rotliegendes
**Rebsorten** je 15% Riesling, Grauburgunder und Scheurebe, je 10% Chardonnay und Spätburgunder, je 8% Weißburgunder und Viognier, 5% Schwarzriesling, 14% übrige Sorten
**Erlebenswert** ausgebauter Gewölbekeller, 10-Meter-Tafel im Garten
**Mitglied** Maxime Herkunft

Albrecht Engel findet zunehmend Gefallen an Reben, die jetzt auch in unseren Breiten reif werden, etwa der Viognier aus dem heißen Rhonetal. Da gibt es den Reserve, der an getrocknete Aprikosen erinnert, und es gibt den Viognier Elixier, mit guter Konzentration, etwas Vanille, und zugleich mit einer gewissen Frische ausgestattet – ein Klassewein. Die 2021er Rieslinge sind hier durch die Bank überzeugend, egal ob Orts- oder Lagenwein. Allerdings sind sie noch sehr jung und man sollte ihnen ein Flaschenlager gönnen, das Potenzial dazu haben sie allemal. Ähnliches gilt für die Rotweine aus dem Jahrgang 2019, die sich noch sehr verschlossen präsentieren: unbedingt dekantieren! Das gibt dem Blaufränkisch Zeit sich zu öffnen, wie auch dem nach Sauerkirschen duftenden Spätburgunder aus dem Frauenberg. In prächtiger Form sind die 2021er fruchtsüßen Rieslinge: der Kabinett mit seinem Spiel und der Zitrusfrische, die Spätlese mit ihrer betörenden Finesse. Albrecht Engel baut die Weine seit 2012 im Familienweingut in Nieder-Flörsheim aus. Spitzenwinzern wie Wittmann, Gutzler und Christmann in der Pfalz hat er aufmerksam über die Schultern geschaut. Vater Udo Engel bringt seine große Erfahrung ein und Bruder Clemens Engel seine Kenntnisse als Wirtschafter für Weinbau und Önologie. Die Weine verkostet man am besten in der Vinothek oder in der Gutsschänke.

**85** 2021 Sémillon trocken
**8,90 €** | 12 %

**86** 2021 Grauburgunder trocken
**8,20 €** | 12 %

**86** 2021 Mölsheimer Riesling trocken
**12,50 €** | 12 %

**87** 2021 Nieder-Flörsheimer Riesling trocken
**12,50 €** | 12 %

**87** 2021 Dalsheimer Riesling trocken Alte Reben
**12,50 €** | 12 %

**87** 2021 Riesling trocken Porphyr
**12,50 €** | 12 %

**87** 2020 Viognier trocken Reserve
**16,90 €** | 13 %

**88** 2021 Nieder-Flörsheimer Goldberg Riesling trocken
**18,90 €** | 12 %

**89** 2020 Viognier trocken Elixier
**69,90 €** | 13 %

**90** 2021 Nieder-Flörsheimer Frauenberg Riesling trocken
**19,90 €** | 12 %

**88** 2021 Nieder-Flörsheimer Frauenberg Riesling Kabinett
**11,90 €** | 8,5%

**90** 2021 Nieder-Flörsheimer Frauenberg Riesling Spätlese
**16,90 €** | 9 %

**88** 2019 Blaufränkisch trocken Porzellanerde
**16,90 €** | 13 %

**89** 2019 Nieder-Flörsheimer Frauenberg Spätburgunder trocken
**19,90 €** | 13 %

★★☆

## ESPENHOF

Weingut Espenhof - Nico Espenschied
55237 Flonheim-Uffhofen · Hauptstraße 81
Tel. (06734) 94040 · Fax 940450
weingut@espenhof.de
**www.espenhof.de**

**Inhaber/in und Betriebsleitung**
Nico und Wilfried Espenschied
**Keller** Nico Espenschied

**Historie** Weinbau seit 1664
**Rebfläche** 31 Hektar
**Jahresproduktion** 280 000 Flaschen
**Beste Lagen** Uffhofener La Roche, Flonheimer Kisselberg, Pfaffenberg, Geisterberg
**Boden** Roter Phorphyr, Buntsandstein, Muschelkalk und Tonmergel, Basalt
**Rebsorten** 45% Burgunder, 33% Riesling, 12% Sauvignon Blanc, 10% übrige Sorten
**Gastronomie** eigenes Landhotel und Weinwirtschaft
**Erlebenswert** Keller und Sandstein-Scheune
**Mitglied** Generation Riesling, Maxime Herkunft

Der Aufwärtstrend in diesem Flonheimer Betrieb ist seit einiger Zeit unverkennbar. Wir machen solche Entwicklungen gerne an den Klassikern fest. Und da hat sich beim Riesling zuletzt einiges getan. Schon der Gutswein liegt in seiner Ausprägung und Frische deutlich über der Norm, was erst recht für den Flonheimer Ortswein gilt: ein Riesling voller Spannung. Beide trockenen Weine haben ein tolles Preis-Genuss-Verhältnis. Dass Nico Espenschied auch fruchtsüßen Riesling beherrscht, zeigt er mit Kabinett und Spätlese. Zu den Klassikern hierzulande gehört ja mittlerweile auch der Spätburgunder. Der 2019er Gutswein ist ausgezeichnet und mehr als sein Geld wert. Im Weingut gibt es zwei Linien unter einem Dach. Der Espenhof ist das ursprüngliche Familienweingut, das Nico Espenschied 2012 übernommen hat und wozu auch ein Landhotel und Weinrestaurant gehören. Und dann gibt es die experimentelle Weinlinie, die für Einsteiger die Herz-und-Hand-Weine bereithält sowie für Naturwein-Hardliner die Hautnah-Serie. Und es gibt immer wieder Ausreißer, und was für welche. So gehört der Pet Nat aus Riesling und Scheurebe zu den besten seiner Art im ganzen Gebiet. Einfach nur cool!

espenhof
NICO ESPENSCHIED

**90** 2021 Scheurebe Pet Nat Brut nature Weiße Brause
**18 €** | 9,5%

**86** 2021 Riesling trocken
**7,90 €** | 11,5%

**86** 2021 Sauvignon Blanc trocken
**8,50 €** | 12%

**87** 2021 Scheurebe trocken Herz + Hand
**Preis auf Anfrage** | 11,5%

**87** 2021 Grauburgunder trocken Herz + Hand
**Preis auf Anfrage** | 12,5%

**88** 2021 Flonheimer Riesling trocken
**12,50 €** | 12,5%

**88** 2021 Grüner Veltliner trocken Veltenbummler
**12,50 €** | 12,5%

**88** 2021 Manzoni & Sauvignon Landwein trocken Steinzeug natural
**19 €** | 12%

**87** 2021 Uffhofener La Roche Riesling Kabinett
**8,50 €** | 8%

**89** 2021 Uffhofener La Roche Riesling Spätlese
**12,50 €** | 7,5%

**87** 2019 Spätburgunder trocken
**9,90 €** | 13%

**88** 2019 Cuvée Stammbaum trocken Reserve 418J.
**12,50 €** | 13,5%

**88** 2019 Syrah & Cabernet Franc trocken Herz + Hand
**Preis auf Anfrage** | 14%

★☆

## FINKENAUER

Weingut Finkenauer
55270 Bubenheim · Außerhalb 7
Tel. (06130) 944206
info@finkenauer.de
**www.finkenauer.de**

**Inhaber/in und Betriebsleitung**
Yvonne Finkenauer & Christopher Franz

Hier ist ein neues Zeitalter angebrochen. Durch ihre Heirat mit Christopher Franz im benachbarten Appenheim haben auch die beiden Betriebe fusioniert. Doch Ivonne Finkenauer bleibt ihrer Linie treu und bietet ihr bekanntes Portfolio an. An der Spitze stehen die Meilensteine genannten Premiumweine, die sich deutlich von der Basis abheben. Das trifft vor allem auf den Riesling aus dem Schwabenheimer Schlossberg zu, ein Wein mit Pfirsicharomen und einer schönen Säure. Noch besser hat uns der Chardonnay aus dem Bubenheimer Honigberg gefallen, der das Holz fein einzubinden weiß. Auf 22 Hektar Rebfläche entstehen im Selztal „Weine mit Ecken und Kanten für alle Lebenslagen", sagt Yvonne Finkenauer.

**84** 2021 Riesling trocken
**6,90 €** | 12,5%

**85** 2021 Bubenheimer Chardonnay trocken
**8,90 €** | 13%

**85** 2021 Bubenheimer Sauvignon Blanc trocken
**8,90 €** | 12,5%

**85** 2021 Bubenheimer Weißer Burgunder trocken
**8,00 €** | 12,5%

**85** 2021 Bubenheimer Riesling trocken vom Löss
**8,90 €** | 12,5%

**86** 2021 Bubenheimer Kallenberg Sauvignon Blanc trocken Meilenstein
**18,50 €** | 13%

**87** 2021 Schwabenheimer Schlossberg Riesling trocken Meilenstein
**18,50 €** | 13%

**88** 2021 Bubenheimer Honigberg Chardonnay trocken Meilenstein
**18,50 €** | 13%

**87** 2018 Bubenheimer Cabernet Sauvignon trocken
**14,90 €** | 14%

★☆ NEU

## FISCHBORN BERGESHOF

Weingut Fischborn Bergeshof
55278 Dexheim · Dalheimer Straße 57
Tel. (06133) 60156
info@bergeshof.de
**www.bergeshof.de**

**Inhaber/in und Betriebsleitung**
Ruth, Andreas, Martin, Eric Fischborn
**Keller** Martin Fischborn
**Außenbetrieb** Eric Fischborn

Der feinherbe Riesling aus dem Piesporter Falkenberg führt die Kollektion an: ein pikanter und eleganter Kabinett, der die 2021er Serie krönt. Dass er nicht aus Rheinhessen, sondern von der Mosel kommt, ist dem ungewöhnlichen Zuschnitt dieses Betriebs zu verdanken. Die Trauben stammen aus 14 rheinhessischen Gemeinden, auch deshalb so viele, weil vor Jahren zwei Güter durch Heirat zusammen kamen: der Bergeshof in Dexheim und das Weingut Fischborn in Badenheim. Dazu kommen Weinberge an der Mosel und auch an der Nahe, etwa der frische Riesling aus Bad Kreuznach. Bester rheinhessischer Riesling ist für uns der Niersteiner, und von den Burgundern liegt der Dienheimer Chardonnay vorne.

**84** 2021 Everybody's Riesling trocken
**7,50 €** | 12%

**84** 2021 Sauvignon Blanc trocken
**7,50 €** | 12%

**84** 2021 Weißburgunder trocken
**7,50 €** | 13%

**85** 2021 Dexheimer Riesling trocken Kalkstein
**9,00 €** | 12%

**85** 2021 Badenheimer Weißburgunder trocken
**9,80 €** | 13%

**85** 2021 Dexheimer Grauburgunder trocken
**9,80 €** | 13%

**86** 2021 Niersteiner Riesling trocken
**9,80 €** | 12,5%

**86** 2021 Kreuznacher Riesling trocken
**9,80 €** | 12,5%

**86** 2021 Dienheimer Chardonnay trocken
**9,80 €** | 13%

**88** 2021 Piesporter Falkenberg Riesling Kabinett feinherb
**12,50 €** | 9%

★★☆

## FLICK

Weingut Alexander Flick
55234 Bechtolsheim · Brückesgasse 15
Tel. (06733) 6814
info@weingut-flick.de
**www.weingut-flick.de**

**Inhaber/in und Betriebsleitung** Alexander Flick

**Rebfläche** 23 Hektar
**Jahresproduktion** 150 000 Flaschen
**Beste Lagen** Westhofener Morstein, Gau-Odernheimer Herrgottspfad, Gundersheimer Höllenbrand
**Boden** Löss, Porphyr, Kalkstein, Terra rossa
**Rebsorten** 35% weiße Burgundersorten, 20% Riesling, 45% übrige Sorten
**Erlebenswert** moderne Vinothek mit Lagenreliefs
**Mitglied** Maxime Herkunft, Selection Rhein-hessen

Die Spitzen des aktuellen Sortiments von Alexander Flick werden wieder mal von den Klassikern gestellt. Das ist zum einen der Silvaner aus dem Siefersheimer Goldenen Horn, ein Wein voller Spannung und Vibration. Zum anderen ist dies der Riesling aus dem Westhofener Morstein, der eine verblüffende Dichte und eine cremige Textur aufweist. Dass sich der Winzer auch auf Weine mit Fruchtsüße versteht, zeigt er mit einem feinen Riesling Kabinett aus dem Gundersheimer Höllenbrand. Der ist gar nicht so süß, dafür aber saftig, mit Anklängen von grünem Apfel. Diesmal überrascht uns Alexander Flick außerdem mit einem formidablen Schaumwein. Der Chardonnay Blanc de Blancs Brut nature lockt mit einem schönen Haselnusston. Dieses 23-Hektar-Gut liegt in Bechtolsheim und damit fast exakt in der Mitte des Anbaugebiets. In der modernen Vinothek sieht man in großen Reliefs die einzelnen Weinbergslagen des Guts. Damit dokumentiert Alexander Flick seine Lagen, die über weite Teile Rheinhessens verteilt sind, die besten im Westen, etwa in Siefersheim, und im Süden, zum Beispiel in Westhofen. Er hat in Geisenheim studiert und zudem neuseeländischen Winzern über die Schultern geschaut.

**88** Chardonnay Blanc de Blancs Brut nature
**12,90 €** | 12 % BEST BUY

**85** 2021 Silvaner trocken
**6,50 €** | 12,5%

**86** 2021 Sauvignon Blanc trocken
**8,60 €** | 12 %

**86** 2021 Gundersheimer Riesling trocken
**9,60 €** | 12,5%

**86** 2021 Gau-Odernheimer Chardonnay trocken
**9,60 €** | 12,5%

**86** 2021 Grauer Burgunder trocken Reserve
**10,95 €** | 12,5%

**87** 2021 Chardonnay trocken Alte Reben
**10,95 €** | 12,5%

**88** 2021 Siefersheimer Goldenes Horn Silvaner trocken
**17,90 €** | 12,5%

**89** 2021 Westhofener Morstein Riesling trocken
**20,90 €** | 12,5%

**87** 2021 Gundersheimer Höllenbrand Riesling Kabinett
**9,60 €** | 10 %

**86** 2021 Cuvée La Refuge Rosé trocken Reserve
**8,60 €** | 12,5%

**87** 2020 Gau-Odernheimer Spätburgunder trocken
**10,60 €** | 13 %

## FLIK

Sektmanufaktur Flik
55130 Mainz · Marienhofstraße 1
Tel. (06131) 1446755
info@flik.de
**www.flik.de**

**Inhaber/in und Betriebsleitung**
Flik GmbH

**Jahresproduktion** 25 000 Flaschen
**Beste Lagen** Laubenheimer Edelmann, Nierstein Hipping, Nierstein Pettenthal
**Boden** Kalk
**Rebsorten** 40% Spätburgunder, je 20% Chardonnay und Pinot Meunier, je 10% Auxerrois und Riesling
**Gastronomie** 3 Hoffeste im Jahr, Sektbar in Frankfurt (Flik Bar)
**Erlebenswert** Gründungsweingut der Kupferberg-Kellerei
**Mitglied** Verband traditioneller Sektmacher e.V.

Einer der besten Sekte im aktuellen Portfolio dieses Mainzer Sekthauses ist der 2019er Riesling Brut. Und der hat es in sich. Die Trauben stammen nämlich aus der Niersteiner Spitzenlage Pettenthal, der Most wird im Stückfass ausgebaut. Rüdiger Flik holt auch Trauben aus einer zweiten Niersteiner Lage, dem Hipping. Künftig will er beide als Riesling Lagensekte vermarkten. Spannend ist auch die Cuvée David. Der neue Jahrgang 2018 besteht zur Hälfte aus Chardonnay und zu jeweils einem Viertel aus Pinot Meunier und Pinot Noir und kommt damit in der Komposition vielen Champagnern gleich. Die Grundweine dazu werden im Stückfass, im neuen Tonneau (600 Liter) und in gebrauchten Barriques ausgebaut. 90 Prozent seiner Grundweine baut Rüdiger Flik in Holzfässern aus. Sein Ziel sind opulente Sekte mit großer Aromenfülle. Er stammt aus Karlsruhe und lernte bei Bernhard Huber am Kaiserstuhl. Dieser war nicht nur ein Spätburgunder-Magier, sondern erzeugte auch einen der besten Winzersekte des Landes. Mit seiner eigenen Sektmanufaktur ging Flik 2011 an den Start. Erst Ende 2016 konnte er in die ideal temperierten Keller des Marienhofs in Mainz-Laubenheim umziehen, wo niemand Geringerer als Christian Adalbert Kupferberg 1850 die nach ihm benannte Sektkellerei gründete. Seine Grundweine baut Flik nach den Regeln des traditionellen Champagner-Verfahrens aus: Zunächst liegen sie in Holzfässern, danach folgt die Gärung in der Flasche. Und wann knallen nun die Sektkorken? Flik bittet zu drei Hoffesten im Jahr nach Laubenheim, und in Frankfurt gibt es zudem eine Flik Bar.

**87** 2017 Pinot Noir Brut Blanc de Noirs
**23,90 €** | 12,5%

**88** 2016 Pinot Noir Rosé Extra Brut Suavium
**29,90 €** | 12,5%

**89** 2019 Riesling Brut
**17,90 €** | 12,5%

**89** 2019 Chardonnay Brut
**18,90 €** | 12,5%

**89** 2020 Auxerrois Brut
**19,90 €** | 12,5%

**89** 2018 Cuvée David Brut nature
**21,90 €** | 12,5%

★★

## FOGT

Weingut Fogt
55576 Badenheim · Schönborner Hof
Tel. (06701) 7434 · Fax 7133
info@weingut-fogt.de
**www.weingut-fogt.de**

**Inhaber/in und Betriebsleitung** Georg und Karl-Heinz Fogt
**Keller** Georg Fogt
**Außenbetrieb** Georg Fogt

**Rebfläche** 36 Hektar
**Jahresproduktion** 220 000 Flaschen
**Beste Lagen** Wöllsteiner Äffchen, Siefersheimer Goldenes Horn, Badenheimer Galgenberg
**Boden** Kalkmergel, Ton-Lehm-Kies-Gemisch, Lehm-Porphyr-Gemisch, Porphyr
**Rebsorten** 25 % Riesling, 35 % Burgunder, 10 % Scheurebe, 5 % Silvaner, 25 % übrige Sorten
**Mitglied** Maxime Herkunft

Wenn man besondere Stärken in diesem doch immerhin 36 Hektar großen Gut sucht, so fällt der Blick zumeist auf die Burgundersorten. Und das zu Recht. Es ist schon außergewöhnlich, etwa bei den Gutsweinen vom Chardonnay sowie Weiß- und Grauburgunder solch hohe Qualitäten anzutreffen. Doch man täusche sich nicht: Georg Fogt hat alle Kategorien bestens im Griff. Ob die an Cassis und Stachelbeere erinnernde Scheurebe, den sehr frischen und präzisen Rosé oder den kargen und salzigen Riesling aus dem Wöllsteiner Äffchen, ein Wein ist animierender als der andere. Der Betrieb liegt an der westlichen Grenze Rheinhessens zum Anbaugebiet Nahe, nicht weit von Bad Kreuznach entfernt. In dieser Ecke, auch „Rheinhessische Schweiz" genannt, treffen so viele unterschiedliche Bodenformationen aufeinander wie sonst nirgendwo in Deutschlands größtem Anbaugebiet: Kalkmergel, Ton und Lehm, Kies, Porphyr und Muschelkalk, um die wesentlichen zu nennen. Und Georg Fogt weiß ganz genau, zu welcher Rebsorte welcher Untergrund passt. Dieses Verständnis ist eine Grundvoraussetzung für seinen Erfolg, auf den wir gerne mit seinem Crémant Brut nature anstoßen: ein purer und absolut trockener Prickelspaß.

**88** 2020 Crémant Brut nature
**18 €** | 12,5%

**85** 2021 Siefersheimer Riesling trocken
**8,90 €** | 12%

**85** 2020 Blanc de Noirs trocken
**13,50 €** | 13%

**86** 2021 Badenheimer Riesling trocken
**8,90 €** | 12%

**86** 2021 Wöllsteiner Silvaner trocken
**8,90 €** | 12,5%

**86** 2021 Grauburgunder trocken
**8,90 €** | 13%

**87** 2021 Scheurebe trocken
**8,90 €** | 12%

**87** 2021 Weißer Burgunder trocken
**8,90 €** | 12,5%

**87** 2021 Chardonnay trocken
**9,90 €** | 13%

**87** 2021 Wöllsteiner Äffchen Riesling trocken
**13,50 €** | 12%

**87** 2021 Cuvée Rosé
**8,90 €** | 11%

**87** 2018 Spätburgunder trocken
**10,90 €** | 14%

## FRANZ

Weingut Franz
55437 Appenheim · Hauptstraße 3
Tel. (06130) 944206 · Fax 944207
info@weingut-franz.de
**www.weingut-franz.de**

**Inhaber/in und Betriebsleitung**
Christopher Franz & Yvonne Finkenauer
**Keller** Christopher Franz

**Rebfläche** 22 Hektar
**Jahresproduktion** 150 000 Flaschen
**Beste Lagen** Appenheimer Hundertgulden und Eselspfad, Schwabenheimer Schlossberg
**Boden** Kalkstein, Löss, Lehm
**Rebsorten** 30% Riesling, 15% Chardonnay, je 10% Sauvignon Blanc, Silvaner, Spätburgunder und Weißburgunder, 15% übrige Sorten
**Mitglied** Generation Riesling, Maxime Herkunft

Christopher Franz geht unbeirrt seinen Weg. Schwerpunkt seines Portfolios ist der Riesling, der wieder die meisten Weine zur aktuellen Kollektion beigesteuert hat. Und was Franz da in Flaschen gefüllt hat, das sind keine Tropfen, mit denen man mal nebenher mir nichts, dir nichts den Durst löschen kann. Es sind Weine, die die volle Aufmerksamkeit des Genießers verdienen – und diese auch brauchen. Der Appenheimer Winzer erzeugt nämlich Riesling im reduktiven Stil, die Weine sind also zumeist in der Jugend noch sehr verschlossen und für ein längeres Leben konzipiert. Natürlich ist der Riesling Gutswein schon mit Spaß zu trinken, aber darüber wird die Luft dünn. Und deshalb sollte man unbedingt Luft zuführen, etwa beim Spitzenwein des Hauses, dem Riesling aus der Lage Hundertgulden. Der öffnet sich dann langsam und gibt Zug um Zug seine ganze Komplexität frei, dazu gehört auch ein betörender Duft nach reifem Steinobst. Auch der Oppenheimer Ortsriesling und die Lagenweine aus Nieder-Hilbersheim und Schwabenheim profitieren von einer Belüftung. Weißburgunder und Chardonnay sind die weiteren Pfunde, mit denen Franz wuchern kann. Das liegt auch daran, dass er immer besser mit den Besonderheiten der Appenheimer Weinberge zurechtkommt, die zu den kalkreichsten im ganzen Land gehören. Mittels Spontangärung gelingt es Franz, den Herkunftscharakter seiner Weine zunehmend stärker ins Glas zu bringen. Aus zwei wird eins: Nachdem Christopher Franz und Yvonne Finkenauer aus Bubenheim ein Paar sind, haben sie auch ihre Weingüter fusioniert. Das bringt logistische Vorteile, doch ihre eigenen Weinlinien bestehen erst mal fort.

**85** 2021 Riesling trocken
**7,60 €** | 12,5%

**85** 2021 Weißburgunder trocken
**7,90 €** | 12,5%

**86** 2021 Appenheimer Weißburgunder trocken
**10,20 €** | 13 %

**86** 2021 Nieder-Hilbersheimer Riesling trocken
**10,20 €** | 12,5%

**87** 2021 Appenheimer Riesling trocken
**10,20 €** | 12,5%

**87** 2021 Schwabenheimer Schlossberg Riesling trocken
**20,50 €** | 13 %

**88** 2021 Weißer Burgunder trocken Reserve
**17,50 €** | 13 %

**88** 2021 Chardonnay trocken Reserve
**17,50 €** | 13 %

**89** 2021 Appenheimer Hundertgulden Riesling trocken
**20,50 €** | 13 %

**87** 2021 Riesling Kabinett
**8,90 €** | 9,5%

★★½

## FREY

Weingut Frey
55234 Ober-Flörsheim · Weedegasse 10
Tel. (06735) 941272 · Fax 941273
info@frey-wines.com
**www.frey-wines.com**

**Inhaber/in** Stefan, Christopher und Philipp Frey
**Betriebsleitung** Christopher Frey
**Keller** Philipp Frey

Seit der Umstellung auf ökologische Wirtschaftsweise vor nunmehr zehn Jahren, geht es mit diesem Zehn-Hektar-Gut voran. Natürlich spielt auch der frische Schwung eine Rolle, den Christopher und Philipp Frey in Weinberg und Keller einbringen. Und so probierten wir aus dem aktuellen Sortiment strahlend klare Weine, wie etwa den Chardonnay Reserve, den super trinkigen Pinot Blanc Gutswein, und nicht zuletzt starke Pinot Noirs mit purer Sauerkirschfrucht und feinem Tannin. Die Rieslinge sind jahrgangsbedingt nicht ganz so charmant, sonst wäre diesmal schon der zweite Stern fällig.

**84** 2021 Riesling trocken
**9 €** | 12,5%

**85** 2021 Pinot Gris trocken
**8,80 €** | 12,5%

**85** 2021 Hangen-Weisheimer Riesling trocken
**14 €** | 12,5%

**86** 2021 Pinot Blanc trocken
**8,80 €** | 13%

**86** 2021 Hangen-Weisheimer Silvaner trocken
**13 €** | 12,5%

**87** 2021 Chardonnay trocken Reserve
**15,20 €** | 12,5%

**87** 2021 Hangen-Weisheimer Sommerwende Riesling trocken
**23,80 €** | 12,5%

**85** 2021 Riesling feinherb
**8,60 €** | 12%

**86** 2021 Riesling Kabinett
**9,60 €** | 10%

**87** 2021 Riesling Spätlese
**11,60 €** | 8%

**87** 2019 Pinot Noir trocken
**13 €** | 13,5%

**88** 2019 Hangen-Weisheimer Sommerwende Pinot Noir trocken
**21,80 €** | 13,5%

★★

## FULL

Weingut Full
67591 Mölsheim · Hauptstraße 21
Tel. (06243) 7866
info@full-wein.de
**www.christopher-full.de**

**Inhaber/in und Betriebsleitung** Thomas Full
**Keller** Christopher Full

**Rebfläche** 13 Hektar
**Jahresproduktion** 50 000 Flaschen
**Beste Lagen** Mölsheimer Zellerweg Am Schwarzen Herrgott, Mölsheimer Silberberg
**Boden** Kalkstein, Kalkmergel, Tonmergel
**Erlebenswert** Gartenlounge mit Ausschank

Als wir dieses Weingut vor einigen Jahren kennenlernten, waren es mit schöner Regelmäßigkeit die Burgunderweine, die die beste Figur machten. Weiß- und Grauburgunder sind auch heute noch eine Bank. Es sind völlig trockene Weine mit einer gewissen salzigen und kalkigen Anmutung. Was sich gegenüber den Anfangsjahren geändert hat, sind die Rieslinge. Die sind mittlerweile an den Burgundern vorbeigezogen und es scheint so, als ob sie in einer eigenen Liga spielten. Vor allem die beiden Mölsheimer Lagen-Rieslinge profilieren sich als sehr eigenständige Weine, die vom Jahrgang 2021 noch eine besondere Frische mitbekommen haben. Es ist einerseits der Mölsheimer Silberberg, der hier eine Top-Figur macht, und es ist andererseits der Mölsheimer Zellerweg Am Schwarzen Herrgott, der sich in Bestform zeigt: zwei wahre Terroir-Weine. Ihnen kommt zum einen der hohe Kalkstein-Anteil in den Mölsheimer Weinbergen zugute, zum anderen fährt Christopher Full die Erträge stark herunter, was den Weinen mehr Komplexität verleiht. Christopher Full ist im Hauptjob Kellermeister bei dem Top-Betrieb Battenfeld-Spanier. Das Weingut Full liegt im Zellertal in Mölsheim. Dort treffen Rheinhessen und die Pfalz aufeinander. Thomas Full führt den Betrieb, Sohn Christopher Full ist für den Weinausbau zuständig.

**85** 2021 Riesling trocken Kalkstein
**9,90 €** | 12,5%

**86** 2021 Sauvignon Blanc trocken Réserve
**10,90 €** | 12,5%

**87** 2021 Grauburgunder trocken Réserve
**10,90 €** | 12,5%

**87** 2021 Weißburgunder trocken Réserve
**10,90 €** | 12,5%

**87** 2021 Cuvée weiß Landwein trocken Full Of Life
**13,90 €** | 11%

**87** 2021 Grauburgunder Landwein trocken Full of Rage
**16,90 €** | 12,5%

**87** 2021 Riesling trocken Felsenthron
**20 €** | 12,5%

**89** 2021 Mölsheimer Silberberg Riesling trocken
**25 €** | 12,5%

**90** 2021 Mölsheimer Zellerweg Am Schwarzen Herrgott Riesling trocken
**25 €** | 12,5%

**85** 2021 Cuvée Rosé trocken Réserve
**10,90 €** | 12,5%

## GÄNZ

BioWeingut Gänz
55546 Hackenheim · An den Reben 1
Tel. (0671) 8963453 · Fax 8963455
info@gaenz.com
**www.gaenz.com**

**Inhaber/in** Albert, Peter und Sarah Gänz
**Keller** Peter Paul Gänz
**Außenbetrieb** Albert Gänz

Der Jahrgang 2021 hat in diesen Biobetrieb im Nordwesten der Region frischen Wind gebracht. Alle Weine zeigen eine tolle Frische und Präzision, wie wir sie hier noch nicht geschmeckt haben. Das gilt für den frischen und etwas wilden Pet Nat ebenso wie für den klaren und eleganten trockenen Weißburgunder und den Sauvignon Blanc von besten Beeren mit schöner Säurestruktur. Ein Höhepunkt ist der Rote Traminer mit seinem hochfeinen Sortenaroma. Zu diesem Zehn-Hektar-Gut vor den Toren Bad Kreuznachs, an der Grenze zur Naheregion, gehört auch ein Biohotel.

**87** 2021 Pét Nat trocken
**15,90 €** | 12,5%

**86** 2020 Riesling Sekt Brut
**11,50 €** | 12,5%

**85** 2021 Hackenheimer Kirchberg Sauvignon Blanc trocken
**9,50 €** | 12,5%

**85** 2021 Roter Traminer Orange trocken
**18,50 €** | 13%

**86** 2021 Hackenheimer Kirchberg Riesling trocken vom Tonmergel
**9,50 €** | 12%

**86** 2021 Hackenheimer Sonnenberg Weißburgunder trocken vom Löss
**9,50 €** | 12,5%

**87** 2021 Sauvignon Blanc trocken Beste Beeren
**18,50 €** | 11,5%

**87** 2021 Riesling trocken Beste Beeren
**18,50 €** | 11,5%

**88** 2021 Roter Traminer trocken Beste Beeren
**18,50 €** | 13%

**85** 2021 Hackenheimer Kirchberg Weißburgunder Spätlese
**9,50 €** | 7,5%

**87** 2021 Hackenheimer Kirchberg Riesling Spätlese
**9,50 €** | 7,5%

★★½

## GALLÉ

GutGallé
55237 Flonheim · Langgasse 69
Tel. (06734) 8961 · Fax 6676
info@gutgalle.de
**www.gutgalle.de**

**Inhaber/in und Betriebsleitung** Klaus Gallé
**Keller** Klaus und Jonathan Gallé
**Außenbetrieb** Klaus und Jonathan Gallé

Mittlerweile ist die Umstellung auf biologische Wirtschaftsweise geschafft. Sohn Jonathan geht Vater Klaus schon seit geraumer Zeit zur Hand, doch auch Sohn Johannes, der noch in der Ausbildung ist, setzt erste Duftmarken. Sein Sauvignon Blanc ist ein mehr als respektables Erstlingswerk. Hier gelingt auch Riesling ausgezeichnet, etwa beim klaren und animierenden, trockenen Kabinett, erst recht aber beim mineralisch-salzigen und straffen La Roche. Dass hier sehr gute Rote ihre Heimat haben, ist schon lange bekannt, allen voran der charaktervolle Portugieser.

**84** 2021 Animato Perlwein trocken
**7,90 €** | 10,5%

**84** 2021 Spätburgunder Blanc de Noirs trocken
**7,50 €** | 12,5%

**85** 2021 Silvaner Liter trocken
**6,20 €/1 Lit.** | 12,5%

**85** 2021 Sauvignon Blanc trocken Identität
**8,90 €** | 12,5%

**85** 2021 Wöllsteiner Riesling trocken
**9,90 €** | 13%

**85** 2021 Flonheimer Weißburgunder trocken
**10,50 €** | 13,5%

**86** 2021 Riesling Kabinett trocken
**7,50 €** | 11%

**87** 2021 Sauvignon Blanc trocken
**15 €** | 11,5%

**87** 2021 Uffhofener La Roche Riesling trocken
**15 €** | 13,5%

**87** 2019 Uffhofener La Roche Spätburgunder trocken
**25,90 €** | 13%

**88** 2019 Flonheimer Rotenpfad Portugieser trocken
**22,70 €** | 13%

★★½

## GEHRING

Weingut Gehring
55283 Nierstein · Außerhalb 17
Tel. (06133) 5470 · Fax 927489
info@weingut-gehring.com
**www.weingut-gehring.com**

**Inhaber/in und Betriebsleitung**
Theo und Diana Gehring
**Außenbetrieb** Theo Gehring

Die Spitzenweine werden von diesem Niersteiner Gut immer mit Verzögerung vorgestellt – bei den 2020ern jedenfalls hat sich das Warten gelohnt. Die Rieslinge aus Hipping und Pettenthal sind klar und erinnern an Steinobst, der Chardonnay von alten Reben aus dem Oelberg zeigt eine sortentypische Art, während sich der Gelbe Orleans aus derselben Lage als wahrer Charakterwein profiliert. Immer eine Bank an der Basis ist die Cuvée von Müller-Thurgau und Muskateller, frisch und animierend. Zu diesem 15-Hektar-Betrieb am Roten Hang gehören eine Weinwirtschaft und eine Eventlocation.

**86** 2017 Niersteiner Schloss Schwabsburg Riesling Brut nature
**15,90 €** | 12%

**84** 2021 Riesling trocken Roter Hang
**8,50 €** | 12,5%

**85** 2021 Grauburgunder trocken
**7,90 €** | 12,5%

**86** 2021 Müller-Thurgau & Muskateller trocken „Herr Müller geht fremd"
**6,90 €** | 12,5%

**86** 2020 Niersteiner Bildstock Grauer Burgunder trocken Alte Reben
**16,50 €** | 14%

**87** 2020 Niersteiner Oelberg Chardonnay trocken Alte Reben
**13,90 €** | 13,5%

**87** 2020 Niersteiner Hipping Riesling trocken
**18 €** | 13%

**88** 2020 Niersteiner Oelberg Gelber Orleans trocken
**15 €** | 13%

**88** 2020 Niersteiner Pettenthal Riesling trocken
**19,50 €** | 12,5%

**87** 2019 Niersteiner Bildstock Frühburgunder trocken
**10,90 €** | 13%

★★★

## GEIL

Weingut Oekonomierat Johann Geil I. Erben
67595 Bechtheim · Kuhpfortenstraße 11
Tel. (06242) 1546 · Fax 6935
info@weingut-geil.de
**www.weingut-geil.de**

**Inhaber/in und Betriebsleitung**
Johannes und M. Geil-Bierschenk
**Keller** Johannes Geil-Bierschenk
**Außenbetrieb** Karl Geil-Bierschenk

**Historie** Familientradition seit 1871
**Rebfläche** 32 Hektar
**Jahresproduktion** 280 000 Flaschen
**Beste Lagen** Bechtheimer Geyersberg, Rosengarten und Hasensprung
**Boden** Lösslehm, Kalkmergel, Kalkstein
**Rebsorten** 32% Riesling, 12% Weißburgunder, 10% Spätburgunder, 6% Frühburgunder, 5% Silvaner, 35% übrige Sorten
**Gastronomie** Gut Leben am Morstein in Westhofen
Landhaus Dubs in Osthofen
**Erlebenswert** Basilika Bechtheim
**Mitglied** Message in a bottle, Maxime Herkunft

Großartig ist hier im Jahrgang 2021 der Riesling aus dem benachbarten Westhofener Morstein gelungen, der den Titel Großes Gewächs führt. Johannes Geil-Bierschenk entwickelt sich darüber hinaus immer mehr zu einem bedeutenden Interpreten der Bechtheimer Riesling-Lagen. Ob Geyersberg, Rosengarten oder Hasensprung, seine Weine verkörpern beispielgebend die Typizität des jeweiligen Terroirs, wobei wir den Rosengarten einen Wimpernschlag vor seinen beiden Mitbewerbern sehen. Daneben gelingt es dem Winzer, seinen weißen Burgundersorten (Weißburgunder und Chardonnay) die für Bechtheim so typische Cremigkeit mitzugeben. Und auch für seine gelungenen Silvaner ist Geil schon länger bekannt, etwa den weinigen und typischen Bechtheimer Ortswein. Freunde etwas kräftigerer Rotweine sind hier am richtigen Platz. Die intensiven Früh- und Spätburgunder hinterlassen einen nachhaltigen Eindruck, wobei der Bechtheimer Stein die Nase eine Idee weiter vorne hat. Auf 32 Hektar Fläche werden hier Reben angepflanzt, etwa 30 Prozent der Produktion gehen ins Ausland.

GEIL
OEKONOMIERAT JOHANN GEIL
ERBEN WEINGUT

**86** 2021 Bechtheimer Riesling trocken „S“
**12,60 €** | 12,5%

**87** 2021 Bechtheimer Silvaner trocken „S“
**11,50 €** | 13 %

**88** 2021 Bechtheimer Chardonnay trocken „S“
**14,30 €** | 13,5%

**89** 2021 Bechtheimer Weißer Burgunder trocken „S“
**12,20 €** | 13,5%

**89** 2021 Bechtheimer Hasensprung Riesling trocken
**16,50 €** | 12,5%

**89** 2021 Bechtheimer Geyersberg Riesling trocken
**19,50 €** | 12,5%

**89** 2021 Weißer Burgunder trocken Reserve
**25,50 €** | 14 %

**90** 2021 Bechtheimer Rosengarten Riesling trocken
**19,90 €** | 12,5%

**91** 2021 Westhofener Morstein Riesling Großes Gewächs
**24,50 €** | 12,5%

**88** 2020 Bechtheimer Geyersberg Frühburgunder trocken
**28,50 €** | 14 %

**89** 2020 Bechtheimer Spätburgunder trocken „S“
**16,50 €** | 14 %

**90** 2020 Bechtheimer Stein Spätburgunder trocken
**28,50 €** | 14 %

★

## HELMUT GEIL

Weingut Helmut Geil
55234 Monzernheim · Am Römer 26
Tel. (06244) 220 · Fax 57489
info@geilwein.de
**www.geilwein.de**

**Inhaber/in und Betriebsleitung** Andreas Geil
**Keller** Andreas Geil

Dieser Zehn-Hektar-Betrieb in der Berggemeinde Monzernheim ist ein zuverlässiger Lieferant solider und sauberer Weine. Das ist auch im Jahrgang 2021 so, in dem bei den trockenen Gutsweinen diesmal die Scheurebe die Nase vorn hat. Auch der Grauburgunder weiß zu punkten, sowohl der Westhofener Ortswein, als auch der Lagenwein aus dem Kirchspiel. Er steht auf Augenhöhe mit dem Riesling aus dieser Lage. Und mit der kraftvollen roten Cuvée WildschWein ohne Jahrgang beschließt Andreas Geil eine gelungene Kollektion.

**84** 2021 Riesling trocken
**8,10 €** | 11,5%

**84** 2021 Grauburgunder trocken
**8,10 €** | 12%

**85** 2021 Weißburgunder trocken
**8,10 €** | 11,5%

**85** 2021 Westhofener Riesling trocken
**10,90 €** | 12,5%

**85** 2021 Weißburgunder & Chardonnay trocken
**11,20 €** | 12,5%

**86** 2021 Scheurebe trocken
**8,10 €** | 11%

**86** 2021 Westhofener Grauburgunder trocken
**10,90 €** | 12,5%

**87** 2021 Westhofener Kirchspiel Grauburgunder trocken
**18,30 €** | 12,5%

**87** 2021 Westhofener Kirchspiel Riesling trocken
**18,30 €** | 12,5%

**85** 2021 Scheurebe feinherb
**6,70 €/1 Lit.** | 11%

**85** 2021 Bechtheimer Sauvignon Blanc
**10,90 €** | 12%

**86** Cuvée WildschWein trocken
**14,20 €** | 13%

★★★

## GEILS

Geils Sekt- und Weingut
67593 Bermersheim · Zeller Straße 8
Tel. (06244) 4413 · Fax 57384
mail@geils.de
**www.geils.de**

**Inhaber/in** Rudolf, Florian und Birgit Geil
**Keller** Florian R. Geil

**Historie** Familienbesitz seit 300 Jahren
**Rebfläche** 14 Hektar
**Jahresproduktion** 90 000 Flaschen
**Beste Lagen** Nieder-Flörsheimer Frauenberg, Dalsheimer Bürgel und Sauloch, Gundersheimer Höllenbrand
**Boden** Muschelkalk, Ton, Buntsandstein, Löss
**Rebsorten** 18% Riesling, 14% Weißburgunder, 12% Grauburgunder, 11% Müller-Thurgau, je 10% Spätburgunder und Chardonnay, je 9% Portugieser und Silvaner, 7% übrige Sorten
**Erlebenswert** historischer Holzfasskeller
**Mitglied** Generation Riesling, Maxime Herkunft

In diesem Bermersheimer Gut werden schon lange auch sehr gute Sekte erzeugt. Das trifft auf den 2018er Blanc de Noirs Brut zu, aber weit mehr noch auf den Pinot 3 Brut nature: einen Sekt von feinster Perlage und mit tollem Charakter. Die Spätburgunder aus diesem Haus gehören schon länger immer wieder zur Gebietsspitze. Das ist kein Wunder, denn hier entstehen Pinot Noirs von berückender Filigranität und großer Klasse. In der Nase und am Gaumen ist meist Sauerkirsche Trumpf, aber auch zerdrückte Walderdbeeren sind ein Wahrzeichen dieser Weine. Einsam an der Spitze steht der Spätburgunder aus dem Dalsheimer Bürgel, aus jener Lage, aus der auch Klaus-Peter Keller seine Spitzen-Pinots holt. Das Frühwerk ist ein Spätburgunder aus dem Gundersheimer Höllenbrand, von noch jungen Reben. Bis diese tief genug im Erdreich verwurzelt sind, verzichtet man hier auf die Lagenangabe. Ein interessanter Wein ist die hochelegante Cuvée Nocturne aus dem Jahrgang 2018. Hier verbinden sich neben Cabernet Sauvignon und Merlot auch noch Spätburgunder und Dornfelder, eine höchst ungewöhnliche Kombination. Die Rieslinge sind im Jahrgang 2020 ganz auf Aromen von reifen Aprikosen ausgerichtet. Doch auch der

2021er Gutsriesling präsentiert sich bereits in Bestform. Nach und nach hat Florian Geil den Weinausbau im Keller übernommen, trifft aber wichtige Entscheidungen nach wie vor mit seinem Vater Rudolf Geil gemeinsam. Der junge Winzer hat nicht nur vom Weinbaustudium in Geisenheim profitiert, sondern auch von seinem Praktikum in der burgundischen Spitzen-Domaine Méo-Camuzet in Vosne-Romanée.

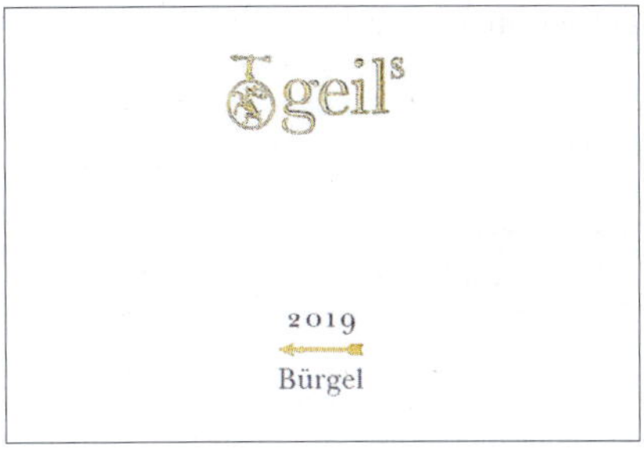


**87** 2018 Blanc de Noirs Brut
**17 €** | 12,5%

**90** 2017 Pinot 3 Brut nature
**19,90 €** | 12,5%

**86** 2021 Riesling trocken
**8,60 €** | 12,5%

**87** 2021 Weißer Burgunder trocken
**8,60 €** | 12,5%

**87** 2021 Chardonnay trocken
**9,50 €** | 12,5%

**87** 2020 Nieder-Flörsheimer Riesling trocken S
**14,30 €** | 12,5%

**89** 2019 Cuvée P. trocken S
**17,90 €** | 13,5%

**89** 2020 Nieder-Flörsheimer Frauenberg Riesling trocken
**22,90 €** | 13 %

**89** 2018 Cuvée Nocturne trocken
**13,20 €** | 13,5% BEST BUY

**89** 2019 Spätburgunder trocken Frühwerk
**19,90 €** | 13,5%

**90** 2019 Dalsheimer Spätburgunder trocken S
**18,40 €** | 13 %

**93** 2019 Dalsheimer Bürgel Spätburgunder trocken
**29,90 €** | 13,5%

★★½

## GÖHRING

Weingut Arno Göhring
67592 Flörsheim-Dalsheim
Alzeyer Straße 60
Tel. (06243) 408 · Fax 6525
info@goehring-wein.de
**www.goehring-wein.de**

**Inhaber/in und Betriebsleitung**
Arno Göhring

**Historie** Weinbau in der Familie seit 1819
**Rebfläche** 19 Hektar
**Jahresproduktion** 80 000 Flaschen
**Beste Lagen** Nieder-Flörsheimer Frauenberg und Goldberg, Dalsheimer Bürgel und Sauloch, Mölsheimer Silberberg, Zellerweg am schwarzen Herrgott
**Boden** Muschelkalk, Ton, Buntsandstein, Löss mit Kalksteinen durchsetzt
**Rebsorten** 25% weiße und rote Burgundersorten, 20% Riesling, 5% Gelber Muskateller, 4% Scheurebe, 2% Albalonga, 44% übrige Sorten
**Gastronomie** Gartenausschank „Göhrings Weinkehr" (an ausgewählten Wochenenden, Termine siehe Website)
**Mitglied** Message in a bottle

An der Spitze der 2021er Kollektion aus diesem 19-Hektar-Gut in Flörsheim-Dalsheim stehen zwei ganz unterschiedliche trockene Weine, die sich beide deutlich vom Rest der Serie abheben. Da ist zum einen der Riesling aus der Lage Frauenberg, von der man weiß, dass sie mit zur besten Herkunft im Wonnegau gehört. Dieses Große Gewächs ist ein konzentrierter Wein mit einem Hauch von getrockneten Aprikosen. Der zweite Spitzenwein ist der komplexe Chardonnay Privat Reserve, mit einer wunderbaren Nase und feinem Säurespiel. Doch Arno Göhring versteht sich noch auf eine Fülle anderer Sorten. So zeigt er uns einen Cabernet Blanc mit animierender Frische, einen duftigen Gelben Muskateller oder eine typische Scheurebe. Göhring beherrscht zudem den Ausbau von Rotweinen, wie der machtvolle Merlot Privat Reserve unter Beweis stellt. Auch für fruchtsüße Weine hat er ein Händchen. So zeigt der Riesling Kabinett, ebenfalls aus der Paradelage Frauenberg, eine tolle Rasse. Dies ist alles in allem eine empfehlenswerte Adresse für Weine mit einem sehr guten Preis-Genuss-Verhältnis.

GÖHRING
Flörsheim-Dalsheim

**84** 2021 Riesling trocken
**6,80 €** | 12,5%
**85** 2021 Riesling trocken Urgestein
**8,50 €** | 12,5%
**85** 2021 Chardonnay trocken Urgestein
**8,50 €** | 13%
**85** 2021 Scheurebe trocken Urgestein
**8,50 €** | 12%
**86** 2021 Gelber Muskateller trocken
**6,80 €** | 12%
**86** 2021 Cabernet Blanc trocken
**6,80 €** | 12,5%
**87** 2021 Mölsheimer Silberberg Riesling Großes Gewächs
**21 €** | 12,5%
**89** 2021 Chardonnay trocken Privat Reserve
**18 €** | 13,5%
**89** 2021 Nieder-Flörsheimer Frauenberg Riesling Großes Gewächs
**21 €** | 13%
**85** 2021 Riesling feinherb
**6,80 €** | 12%
**88** 2021 Nieder-Flörsheimer Frauenberg Riesling Kabinett
**9 €** | 10%
**86** 2021 Gelber Muskateller
**6,80 €** | 10,5%
**88** 2019 Merlot trocken Privat Reserve
**20 €** | 14%

★★

## GOLDSCHMIDT

Weingut Goldschmidt
67551 Worms-Pfeddersheim ·
Enzingerstraße 27–31
Tel. (06247) 7044 · Fax 6205
weingut.goldschmidt@t-online.de
**www.wein-goldschmidt.de**

**Inhaber/in und Betriebsleitung**
Uli und Jonas Goldschmidt
**Keller** Jonas Goldschmidt
**Außenbetrieb** Uli Goldschmidt

**Historie** erste Rebpflanzungen Anfang der 1970er-Jahre von Senior Jochen Goldschmidt, dann eigener Ausbau und Selbstvermarktung, Wandlung vom Acker- zum Weinbau
**Rebfläche** 17 Hektar
**Jahresproduktion** 60 000 Flaschen
**Beste Lagen** Dalsheimer Bürgel, Osthofener Liebenberg
**Boden** Löss, Muschelkalk, Tonmergel
**Mitglied** Bioland

Es scheint so, dass Juniorchef Jonas Goldschmidt, nach der Übernahme der Verantwortung im Keller, immer besser mit dem Ausbau der Weine klarkommt. Was er aus dem Jahrgang 2021 abgeliefert hat, ist eine rundum überzeugende Leistung. An der Spitze der weißen Serie steht zum einen der im Barrique spontan vergorene Chardonnay aus der Lage Kreuzblick, zum anderen der präzise und frische, an helles Steinobst erinnernde Grünfränkisch, eine alte Sorte, die erst kürzlich wiederbelebt wurde. Auch Bukettsorten haben hier eine Heimat. Zum einen spielt der Gewürztraminer vorne mit, in seiner eleganten und duftigen Art. Zum anderen ist die Scheurebe Brut ein fruchtiger Sekt, der für Trinkspaß sorgt. Für Rotweine hat der junge Winzer ebenso ein Händchen. Neben Cabernet Sauvignon und Spätburgunder ragt der Frühburgunder heraus, der sich fein und duftig präsentiert. Senior Jochen Goldschmidt hat Anfang der 1970er Jahre die ersten Reben gepflanzt und den landwirtschaftlichen Betrieb langsam auf Weinbau und Flaschenvermarktung umgestellt. Elke und Uli Goldschmidt haben dann vor nunmehr 20 Jahren auf ökologische Wirtschaftsweise umgestellt. Der 17 Hektar große Betrieb im Wormser Stadtteil Pfeddersheim ist Mitglied bei Bioland. Die Weine probiert man am besten in der Vinothek, die in einem ehemaligen Kuhstall untergebracht ist.

**86** 2020 Scheurebe Sekt Brut
**10,30 €** | 12 %

**85** 2021 Sauvignon Blanc trocken
**6,90 €** | 11,5%

**85** 2021 Dalsheimer Riesling trocken
**7 €** | 12 %

**85** 2021 Pfeddersheimer Silvaner trocken
**7 €** | 12,5%

**86** 2021 Pfeddersheimer Gewürztraminer trocken
**7 €** | 12 %

**86** 2021 Osthofener Klosterberg Grauer Burgunder trocken
**8,40 €** | 12 %

**86** 2021 Osthofener Liebenberg Riesling trocken
**9,60 €** | 12 %

**87** 2021 Osthofener Klosterberg Grünfränkisch trocken
**8,40 €** | 12 %

**87** 2021 Pfeddersheimer Kreuzblick Chardonnay trocken
**12,00 €** | 13 %

**86** 2020 Dalsheimer Steig Cabernet Sauvignon trocken
**7,80 €** | 13,5%

**87** 2020 Dalsheimer Bürgel Spätburgunder trocken
**10,30 €** | 13,5%

**88** 2021 Pfeddersheimer Frühburgunder trocken
**8,20 €** | 13,5%

★★

## GRES

Weingut Gres
55437 Appenheim · Ingelheimer Straße 6
Tel. (06725) 3310 · Fax 5529
info@weingut-gres.de
**www.weingut-gres.de**

**Inhaber/in und Betriebsleitung** Klaus Gres
**Keller** Klaus Gres
**Außenbetrieb** Niklas Loebell

**Historie** Familientradition seit dem 16. Jahrhundert
**Rebfläche** 16 Hektar
**Jahresproduktion** 110 000 Flaschen
**Beste Lagen** Appenheimer Hundertgulden und Niersteiner Hipping
**Boden** Korallenkalkstein, Löss, Kalkmergel, Kreide
**Rebsorten** 35% Riesling, 23% Spätburgunder, 12% Sauvignon Blanc, 8% Chardonnay, 7% Weißburgunder, 15% übrige Sorten
**Gastronomie** Weinstube geöffnet von Februar bis Mai an den Wochenenden
**Erlebenswert** Holzfasskeller
**Mitglied** Maxime Herkunft

Klaus Gres in Appenheim ist immer für eine Überraschung gut. Bislang waren seine besten Weine meist Chardonnay, Silvaner oder Riesling, also von weißen Reben, die auf den speziellen extrem kalksteinhaltigen Appenheimer Böden bestens gedeihen. Doch diesmal ist ein Rotwein aus dem sehr heißen Jahrgang 2018 sein mit Abstand bester Tropfen, und der erinnert im Stil auch noch an einen großen Südafrikaner! Patriarch nennt Gres diese hochkonzentrierte Cuvée von Cabernet Sauvignon und Merlot, also einen klassischen Bordeaux-Blend, der über Extraktsüße und ungewöhnliche Anklänge von Eukalyptus verfügt. Ansonsten, so könnte man sagen, ist hier alles beim Alten. Bester Weißwein ist der Chardonnay von der Koralle, mit dezentem Haselnusston. Zum Gefolge gehören der elegante und geschmeidige Sauvignon Blanc aus dem Daubhaus, natürlich der Riesling aus der Paradelage Hundertgulden und nicht zuletzt der Gewürztaminer mit seiner üppigen Frucht – ausnahmslos Weine aus dem nicht immer ganz einfach zu vinifizierenden Jahrgang 2021.

- **84** 2021 Riesling trocken
  **7,10 €** | 12,5%
- **85** 2021 Sauvignon Blanc trocken
  **7,90 €** | 12,5%
- **85** 2021 Grauer Burgunder trocken
  **7,90 €** | 13%
- **85** 2021 Spätburgunder Blanc de Noirs trocken
  **7,90 €** | 12,5%
- **85** 2021 Engelstädter Riesling trocken von der Kreide
  **8,90 €** | 12,5%
- **86** 2021 Appenheimer Weißer Burgunder trocken vom Urmeer
  **9,80 €** | 13,5%
- **87** 2021 Gewürztraminer trocken
  **7,90 €** | 12,5%
- **87** 2021 Appenheimer Daubhaus Sauvignon Blanc trocken
  **13,80 €** | 12,5%
- **87** 2021 Appenheimer Hundertgulden Riesling trocken
  **14,80 €** | 12,5%
- **88** 2021 Appenheimer Chardonnay trocken von der Koralle
  **13,80 €** | 13%
- **86** 2021 Riesling Kabinett
  **7,60 €** | 10%
- **90** 2018 Cabernet Sauvignon & Merlot trocken Patriarch
  **29,50 €** | 14%

## GROEBE

Weingut K. F. Groebe
67593 Westhofen · Mainzer Straße 18
Tel. (06244) 4523 · Fax 9191617
info@weingut-k-f-groebe.de
**www.weingut-k-f-groebe.de**

**Inhaber/in und Betriebsleitung** Friedrich Groebe
**Keller** Friedrich Groebe

**Historie** Gründung im Jahr 1763
**Rebfläche** 8 Hektar
**Jahresproduktion** 50 000 Flaschen
**Beste Lagen** Westhofener Aulerde, Kirchspiel und Morstein
**Boden** Lösslehm, Lehm, Kalksteinverwitterung, Tonmergel
**Rebsorten** 78% Riesling, 18% Burgundersorten, 3% Silvaner, 1% Gewürztraminer
**Erlebenswert** Weingut mit großem Garten, 500 Jahre alter Gewölbekeller unter dem historischen Westhofener Marktplatz
**Mitglied** VDP

Friedrich Groebe stellt erneut eine lupenreine Riesling-Kollektion vor, eine absolute Ausnahme in der Region, in der die meisten Betriebe eher auf einen bunten Rebsorten-Mix setzen und quasi für jeden Geschmack etwas bieten können. Dies ist Groebes Sache nicht. Er feilt lieber immer weiter an seinen Rieslingen, was vor allem der Qualität seiner Basisweine zugute kommt. Der Gutswein gehört landesweit zu den besten in seiner Kategorie, und der Riesling trocken 1763 (Gründungsjahr des Weinguts) ist ein Ausnahmewein, auch was das Preis-Genuss-Verhältnis angeht. Wie schon in den Jahren zuvor präsentiert der Westhofener Winzer eine durchgängig großartige Serie, mit einer eigenen Handschrift. In allen Weinen dominieren Aromen von gelben Früchten, vor allem die trockenen wirken sehr pur und nachhaltig. Bei Kabinett und Spätlese kommt dann noch eine animierende Saftigkeit hinzu. Wie wunderbar Groebes Rieslinge reifen können, belegt das grandiose Westhofener Kirchspiel Grande Reserve aus dem Jahrgang 2016. Für Rheinhessen ist dies ein außergewöhnlicher Betrieb: Der Riesling stellt hier fast 80 Prozent der Reben. Dazu kommen noch Burgundersorten und etwas Silvaner. Entsprechend groß ist die Kompetenz von Friedrich Groebe für den Riesling.

Seine Spezialität sind langlebige Weine, die nach traditioneller Methode im Eichenholzfass ausgebaut werden. Diese Rebsorte ist für den Westhofener Winzer der „Maßstab für den Wert eines Weinbergs". Er gilt als einer der Vorreiter der Großen Gewächse in Rheinhessen, ein Viertel der Rebflächen des Weinguts liegen heute im Bereich klassifizierter Großer Lagen. Im kühlen Keller vergären die Moste spontan und entsprechend langsam.

GROEBE

**87** 2021 Riesling trocken
**11,50 €** | 11,5%

**89** 2021 Riesling trocken 1763
**12,50 €** | 11%

**89** 2021 Westhofener Riesling trocken aus Ersten Lagen
**21 €** | 12,5%

**90** 2021 Westhofener Riesling trocken aus Ersten Lagen Alte Reben
**21 €** | 12%

**90** 2021 Westhofener Aulerde Riesling Großes Gewächs
**39 €** | 13%

**91** 2021 Westhofener Kirchspiel Riesling Großes Gewächs
**39 €** | 12,5%

**89** 2021 Riesling Kabinett
**12,50 €** | 9%

**91** 2021 Westhofener Kirchspiel Riesling Kabinett
7,5% AUKTION

**91** 2021 Westhofener Kirchspiel Riesling Spätlese
**39 €** | 8%

**92** 2016 Westhofener Kirchspiel Riesling Grande Réserve
12,5% AUKTION

★★★½

## GRÖHL

Weingut Eckehart Gröhl
55278 Weinolsheim · Uelversheimer Straße 4
Tel. (06249) 809000 · Fax 8090099
info@weingut-groehl.de
**www.weingut-groehl.de**

**Inhaber/in und Betriebsleitung** Eckehart Gröhl
**Keller** Eckehart Gröhl, Johannes Gröhl
**Außenbetrieb** Eckehart Gröhl

**Historie** seit 1625 Bestehen der Winzerfamilie Gröhl in Weinolsheim, heute Bewirtschaftung in der 12. und 13. Generation
**Rebfläche** 25 Hektar
**Jahresproduktion** 170 000 Flaschen
**Beste Lagen** Niersteiner Pettenthal, Ölberg und Hölle, Oppenheimer Sackträger und Herrenberg
**Boden** Rotschiefer, Kalkstein, Lössmergel
**Rebsorten** 45% Riesling, je 20% Spätburgunder, Weißburgunder und Grauburgunder, je 5% Frühburgunder und Silvaner, 5% übrige Sorten
**Erlebenswert** Neue, moderne Vinothek
**Mitglied** Generation Riesling, Maxime Herkunft, Roter Hang

Natürlich sind die Rieslinge aus Nierstein und Oppenheim hier dominant. Doch sollte man dabei die Weißburgunder nicht vergessen. Es sind großartige Weine von beeindruckender Eleganz. Sowohl der 2021er Niersteiner Kalkstein, als auch der 2020er Niersteiner Hölle bringen eine feine Mineralität ins Glas, unterlegt von geschmackvollem Holzeinsatz. Die 2021er Rieslinge sind knackig und frisch, etwa der Niersteiner Riesling vom Roten Hang, der noch karger und salziger ausfällt als sein Oppenheimer Pendant. Die 2020er Lagen-Rieslinge präsentieren sich nahezu perfekt. Sie sind in der ersten Flaschenreife angekommen. Herausragend ist der Pettenthal in seiner schiefrigen Präzision. Eine Besonderheit ist der Reh Riesling im Naturwein-Stil, der an Klarheit nichts einbüßt. Überzeugend auch zwei Pinot Noirs aus dem heißen Jahrgang 2018, wobei wir die Hölle ein Stück vor dem Herrenberg sehen. Und der Nachwuchs steht bereit: Franziska und Johannes Gröhl bringen sich zunehmend in den Betrieb ein. Familie Gröhl bewirtschaftet rund 25 Hektar Weinberge in Weinolsheim und Dalheim sowie in Oppenheim und Nierstein. Zum Weingut gehört eine stilvolle Vinothek, die Alt- und Neubau geschickt kombiniert.

GRÖHL

16 25

**87** 2021 Sauvignon Blanc trocken
**9,50 €** | 12%

**87** 2021 Niersteiner Roter Hang Riesling trocken
**9,90 €** | 12,5%

**87** 2021 Oppenheimer Riesling trocken Kalkstein
**9,90 €** | 12,5%

**89** 2021 Niersteiner Weißer Burgunder trocken Kalkstein
**11,50 €** | 12,5%

**89** 2020 Reh Riesling Naturwein trocken
**28 €** | 12%

**90** 2020 Niersteiner Ölberg Riesling trocken
**17 €** | 12,5%

**90** 2020 Oppenheimer Sackträger Riesling trocken
**22 €** | 12,5%

**91** 2020 Niersteiner Hölle Weißer Burgunder trocken
**28 €** | 12,5%

**92** 2020 Niersteiner Pettenthal Riesling trocken
**28 €** | 12%

**90** 2021 Niersteiner Roter Hang Riesling Kabinett
**15 €** | 8%

**89** 2018 Oppenheimer Herrenberg Pinot Noir trocken
**19 €** | 12,5%

**91** 2018 Niersteiner Hölle Pinot Noir trocken
**28 €** | 13,5%

★★★★

## GUNDERLOCH

Weingut Gunderloch
55299 Nackenheim · Carl-Gunderloch-Platz 1
Tel. (06135) 2341 · Fax 2431
info@gunderloch.de
**www.gunderloch.de**

**Inhaber/in und Betriebsleitung** Johannes Hasselbach
**Keller** Johannes Hasselbach und Heiner Maleton

**Historie** gegründet im Jahr 1890 durch den Bankier Carl Gunderloch
**Rebfläche** 26 Hektar
**Jahresproduktion** 190 000 Flaschen
**Beste Lagen** Nackenheimer Rothenberg, Niersteiner Pettenthal und Hipping
**Boden** roter Tonschiefer
**Rebsorten** 80% Riesling, 10% Burgundersorten, 4% Sauvignon Blanc, 3% Silvaner, 3% übrige Sorten
**Mitglied** VDP, Maxime Herkunft, Roter Hang

Im Jahrgang 2020 gab es tatsächlich keinen süßen Wein aus diesem hoch renommierten Nackenheimer Gut, das früher zum Teil grandiose Edelsüße auf den Tisch gestellt hat, Jahr für Jahr, ohne Unterbrechung. Doch Johannes Hasselbach geht es nicht um die Fortführung von Traditionen um jeden Preis. Er schaute sich die Trauben an und hat entschieden, dass sie den hohen Ansprüchen des Hauses nicht genügen. Im Jahrgang 2021 war das Lesegut offenbar erheblich besser, denn diesmal gibt es eine großartige Auslese aus dem Nackenheimer Rothenberg. Sie ist im Stil eher schlank angelegt und verwöhnt mit Aromen von Quitten und Aprikosen. Auch der feinherbe Kabinett Jean Baptiste, der schon eine lange Tradition im Hause hat, verbreitet im Jahrgang 2021 Trinkspaß pur. Überhaupt hinterlassen die 2021er nur beste Eindrücke. Das gilt auch für andere Rebsorten, die, neben den 80 Prozent Riesling, ihre kleine, aber feine Nische haben. Der Grauburgunder vom Löss und der Weißburgunder vom Kalk sind wunderbar erfrischende Gutsweine: Es muss nicht immer Riesling sein. Dafür steht auch der Sauvignon Blanc, ein sehr pikanter und fordernder Wein mit erstaunlich wenig Alkoholgehalt.

### Klar, kühl und elegant

Doch natürlich richtet sich der Blick ganz stark auf die Rieslinge. Und diese sind im Jahrgang 2021 alle ganz kühl im Stil, sehr moderat im Alkohol und heizen die Trinkfreude so richtig an. Es ist ein Jahrgang von großer Klarheit und Eleganz. 2021 hat auch sonst seine Spuren in den Weinen hinterlassen. Immer wieder finden sich Noten von Eisenkraut und Minze in den Gunderloch-Weinen, was ihnen noch mehr Charakter verleiht. Bereits der Gutsriesling vom roten Schiefer bereitet große Freude, die sich bei den Niersteiner und Nackenheimer Ortsweinen aus den Ersten Lagen noch steigert. Während der Nackenheimer höchst klar und präzis rüberkommt, wirkt der Niersteiner ein wenig wärmer in der Anmutung. Die Großen Gewächse halten auch 2021 die ungeschriebene Rangordnung ein. Den Reigen eröffnet der kühle und frische Niersteiner Hipping, gefolgt vom grandiosen Pettenthal, während der beeindruckende Nackenheimer Rothenberg auch diesmal eindeutig die Spitzenposition bekleidet.

### Erstes Bio-Label kommt 2022

Die Zusammenarbeit mit dem erfahrenen Heiner Maleton scheint gut zu funktionieren. Er ist ein ausgesprochen erfahrener Betriebsleiter und Kellermeister, der etwa beim Weingut Bürgermeister Carl Koch in Oppenheim und auch beim Liebfrauenstift in Worms seine Fähigkeiten unter Beweis gestellt hatte. Für Johannes Hasselbach eröffnet dies Spielräume, sich künftig noch mehr anderen wichtigen Aufgaben widmen zu können. 2019 begann das 26-Hektar-Gut mit der Umstellung auf ökologische Wirtschaftsweise, die nun abgeschlossen ist. 2022 wird der erste Jahrgang mit Bio-Label sein. Parallel dazu wird alles unternommen, um die Weinqualität zu steigern. So verzichtet man auf Bewässerung der Reben, um den Weinen mehr Ausdruck und Vielschichtigkeit zu verleihen.

GUNDERLOCH

WIR LEBEN ROTHENBERG
SEIT 1890

**87** 2021 Grauburgunder trocken vom Löss
**9,50 €** | 12,5%

**87** 2021 Weißburgunder trocken vom Kalk
**9,50 €** | 12,5%

**87** 2021 Riesling trocken vom Roten Schiefer
**10,50 €** | 12%

**88** 2021 Sauvignon Blanc trocken vom Stein
**10,50 €** | 11,5%

**89** 2021 Niersteiner Riesling trocken aus Ersten Lagen
**17,50 €** | 12,5%

**90** 2021 Nackenheimer Riesling trocken aus Ersten Lagen
**19,50 €** | 12,5%

**91** 2021 Niersteiner Hipping Riesling VDP. Großes Gewächs
**35 €** | 12,5%

**92** 2021 Niersteiner Pettenthal Riesling VDP.Großes Gewächs
**39 €** | 12,5%

**94** 2021 Nackenheimer Rothenberg Riesling VDP.Großes Gewächs
**43 €** | 12,5%

**90** 2021 Riesling Kabinett feinherb Joan Baptiste
**10,50 €** | 10%

**93** 2021 Nackenheimer Rothenberg Riesling Auslese
**20 €/0,375 Lit.** | 7%

★★★½

## GUTZLER

Weingut Gutzler
67599 Gundheim · Roßgasse 19
Tel. (06244) 905221 · Fax 905241
info@gutzler.de
**www.gutzler.de**

**Inhaber/in und Betriebsleitung**
Christine und Michael Gutzler
**Keller** Michael Gutzler

**Historie** Weingut in zweiter Generation, Familie seit vielen Generationen in Gundheim verwurzelt
**Rebfläche** 18 Hektar
**Jahresproduktion** 100 000 Flaschen
**Beste Lagen** Wormser Liebfrauenstift Kirchenstück, Westhofener Morstein, Steingrube und Brunnenhäuschen, Gundersheimer Höllenbrand, Dorn-Dürkheimer Römerberg
**Boden** Lehm, Ton und Kalk, Sand, Kies
**Rebsorten** 40% Spätburgunder, 30% Riesling, 20% weiße Burgundersorten, 5% Silvaner, 5% übrige Sorten
**Erlebenswert** Garten und Barriquefasskeller
**Mitglied** VDP, Maxime Herkunft

Selbstredend hat bei den Weißweinen wieder der Riesling die Nase vorn, an der Spitze der atemberaubende Westhofener Morstein. In diesem Gut nördlich von Worms beherrscht man aber auch den Umgang mit anderen Sorten. So ist der Silvaner von alten Reben ein stilvoller Wein mit Charakter und der Westhofener Chardonnay klar und dezent. Die Königsdisziplin bleibt aber der Rotwein. Der Westhofener Spätburgunder hat intensive Sauerkirscharomen, während die Cuvée Reserve an reife Schwarzkirsche erinnert. Der Morstein ist ein wahres Energiebündel, einzig und allein vom großartigen Brunnenhäuschen gebändigt, das vor dem Genuss Belüftung benötigt. Neu sind die historischen Rebsorten, die Michael Gutzler wieder aufblühen lässt. Der Blaue Arbst zeigt dunkle Beeren, Frische und ein feines Tannin. Und der Fränkische Burgunder ist wunderbar duftig und elegant und gewinnt an der Luft noch an Statur. Christine und Michael Gutzler führen dieses Gut mit Leidenschaft. Sehenswert ist der Gewölbekeller: Er wurde mit alten und von Hand aufbereiteten Ziegelsteinen gebaut und sorgt zusammen mit einem offenen Boden für optimale Bedingungen zur Reifung der Weine.

GUTZLER

**88** 2021 Westhofener Riesling trocken aus Ersten Lagen
**19,50 €** | 13 %

**89** 2021 Dorn-Dürkheimer Silvaner trocken Alte Reben
**19,50 €** | 12,5%

**89** 2021 Westhofener Chardonnay trocken aus Ersten Lagen
**19,50 €** | 13 %

**90** 2021 Wormser Liebfrauenstift Kirchenstück Riesling VDP.Großes Gewächs
**29,50 €** | 12,5%

**92** 2021 Westhofener Morstein Riesling VDP.Großes Gewächs
**35 €** | 13 %

**90** Cuveé R GS trocken Reserve
**19,50 €** | 13,5%

**90** 2020 Westhofener Spätburgunder trocken
**22 €** | 13 %

**90** 2019 Blauer Arbst trocken Historische Rebsorte
**35 €** | 13 %

**91** 2020 Gundersheimer Spätburgunder trocken aus Ersten Lagen
**30 €** | 12,5%

**91** 2019 Fränkischer Burgunder trocken Historische Rebsorte
**35 €** | 12,5%

**92** 2019 Westhofener Morstein Spätburgunder VDP.Großes Gewächs
**40 €** | 13 %

**93** 2019 Westhofener Brunnenhäuschen Spätburgunder VDP.Großes Gewächs
**50 €** | 13 %

★★☆

## GYSLER

Weingut Alexander Gysler
55232 Alzey-Weinheim
Großer Spitzenberg 8
Tel. (06731) 41266 · Fax 44027
info@alexander-gysler.de
**www.alexander-gysler.de**

**Inhaber/in und Betriebsleitung**
Alexander Gysler

**Historie** Weingut gegründet im 18. Jahrhundert
**Rebfläche** 12 Hektar
**Jahresproduktion** 80 000 Flaschen
**Beste Lagen** Weinheimer Mandelberg, Weinheimer Hölle und Kirchenstück
**Boden** Sandsteinverwitterung aus dem Rotliegenden
**Rebsorten** 38% Riesling, 25% Grauburgunder, 21% Weißburgunder, 6% Scheurebe, 6% Spätburgunder
**Erlebenswert** Gutshof aus dem 18. Jahrhundert trifft zeitgemäße Architektur
**Mitglied** Demeter, Message in a bottle, Maxime Herkunft

Alexander Gysler hat vom Jahrgang 2021 Weine mit einer tollen Präzision und Klarheit vorgestellt, doch auch die beiden nachgereichten 2020er sind in Top-Form. Doch der Reihe nach. 2021 sind die Weine ausnahmslos in bester Verfassung. Ob Weißburgunder Sternenglanz, Grauburgunder Feldstärke oder aber der Spätburgunder Rosé Funkenflug, ein Wein ist schöner als der andere. Vor allem der saftige Rosé mit seiner wilden Nase hat es uns angetan, ein großartiger Sommerwein. Getoppt werden diese Weine noch vom packenden Grauburgunder aus der Weinheimer Hölle, vor allem aber von der trockenen Scheurebe Sonnentau mit einer super Animation. Eine Sonderstellung nimmt der feinherbe Kabinett Feldgeflüster ein, ein filigraner und knackiger Riesling. Was nun die beiden 2020er Weine angeht, hat uns vor allem der Weißburgunder aus dem Kirchenstück in seinen Bann gezogen. Doch der etwas oxidativ ausgefallene Riesling Klangwerk steht dahinter nur ganz knapp zurück. Nicht übersehen sollte man den Pinotsekt Brut nature, eine weitere Kompetenz des Hauses. Alexander Gysler hat den Betrieb in Alzey-Weinheim ab 2004 Zug um Zug auf biodynamische Wirtschaftsweise umgestellt. Jetzt ist er schon seit 15 Jahren Mitglied bei Demeter. Bearbeitet werden zwölf Hektar Rebfläche, auf denen Riesling, Weißburgunder und Grauburgunder etwa 85 Prozent stellen. Der gepflegte Gutshof aus dem 18. Jahrhundert, kombiniert mit zeitgemäßer Architektur, ist ein Hingucker.

ALEXANDER GYSLER

**88** Pinot Sekt Brut nature
**16 €** | 12 %

**85** 2021 Riesling trocken Sandstein
**10,50 €** | 11 %

**86** 2021 Weißburgunder trocken Sternenglanz
**10,50 €** | 12,5%

**87** 2021 Grauburgunder trocken Feldstärke
**10,50 €** | 12,5%

**88** 2020 Weinheimer Hölle Riesling trocken Klangwerk
**24 €** | 12 %

**89** 2021 Weinheimer Hölle Grauburgunder trocken
**20 €** | 12,5%

**89** 2020 Weinheimer Kirchenstück Weißburgunder trocken
**20 €** | 12,5%

**90** 2021 Scheurebe trocken Sonnentau
**10,50 €** | 11,5%

**88** 2021 Riesling Kabinett feinherb Feldgeflüster
**10,50 €** | 9 %

**87** 2021 Spätburgunder Rosé trocken Funkenflug
**10,50 €** | 11,5%

★★

## HAUCK

Weingut Hauck
55234 Bermersheim vor der Höhe ·
Albigerstraße 15 / Sonnenhof
Tel. (06731) 1272 · Fax 45652
vinum@weingut-hauck.de
**www.weingut-hauck.de**

**Inhaber/in und Betriebsleitung**
Jana, Heike und Heinz Günter Hauck

**Rebfläche** 30 Hektar
**Jahresproduktion** 250 000 Flaschen
**Beste Lagen** Bermersheimer Klosterberg, Ensheimer Kachelberg
**Boden** Kalkstein, Löss, tonhaltiger Lehm
**Rebsorten** Riesling (20%), Weißburgunder (12%), Silvaner (11%), Grauburgunder (11%), Spätburgunder (9%), sonstige.
**Erlebenswert** Taufkirche der Hildegard von Bingen

In diesem gar nicht so kleinen Familienbetrieb in Bermersheim vor der Höhe, nördlich von Alzey, spielen die weißen Burgundersorten eine wesentliche Rolle. Vor allem beim Auxerrois gelingt es vorzüglich, Finesse und Eleganz mit Frische und Strahlkraft zu paaren. Einen besonderen Wert legen Jana und ihr Vater Heinz Günter Hauck auch auf interessante Cuvées der Burgundersorten. So gibt es den Auxerrois nicht nur im Alleingang, sondern auch in Kombination mit dem Weißburgunder. Kunststück nennt sich diese eher ungewöhnliche und sehr elegante Kombination. Ähnlich ansprechend ist auch eine Vermählung von Chardonnay und Weißburgunder und nicht zuletzt die von Chardonnay und Sauvignon Blanc, die in schöner Harmonie zusammenfinden. Eine absolute Rarität ist die Komposition aus Manzoni Bianco aus Italien und Albariño aus Spanien - ein spannender Wein. Aber hier gelingen auch die Klassiker. So ist der Silvaner Gutswein Hildegard ein echter Hinschmecker und mehr als sein Geld wert. Auch der Riesling hat Format, etwa der salzig-karge Alte Reben aus dem Klosterberg. Die Weine aus roten Trauben sind eher etwas für Liebhaber kraftvoller Tropfen, Sankt Laurent und Spätburgunder sind dunkel und dicht.

HAUCK
Wein & Sekt

**84** 2021 Weißburgunder Liter trocken
**6 €/1 Lit.** | 12 %

**84** 2021 Blanc de Pinot Noir trocken
**6,90 €** | 12,5%

**85** 2021 Bermersheimer Hildegardisberg Weißburgunder Spätlese trocken
**8,50 €** | 13 %

**86** 2021 Silvaner trocken Hildegard
**6,90 €** | 12,5%

**86** 2021 Bermersheimer Klosterberg Riesling trocken Alte Reben
**8,50 €** | 12 %

**86** 2021 Bermersheimer Hildegardisberg Chardonnay trocken
**9 €** | 13 %

**86** 2021 Bermersheimer Hildegardisberg Grauburgunder trocken
**9 €** | 13 %

**86** 2021 Chardonnay & Sauvignon Blanc trocken Holzfass
**13 €** | 13,5%

**86** 2021 Albariño & Manzoni Bianco trocken
**14 €** | 13,5%

**87** 2021 Chardonnay & Weißer Burgunder trocken
**8 €** | 12,5%

**88** 2021 Auxerrois trocken
**8,50 €** | 12 %

**88** 2021 Weißburgunder & Auxerrois trocken Kunststück
**8,50 €** | 12 %

**87** 2021 Bermersheimer Klosterberg Riesling Auslese
**11 €** | 10 %

**87** 2019 Ensheimer Kachelberg St. Laurent trocken Reserve
**10,50 €** | 13 %

**88** 2019 Bermersheimer Klosterberg Spätburgunder trocken „976“
**19,76 €** | 14 %

★★☆

## HEILIGENBLUT

Weingut Heiligenblut
55232 Alzey-Weinheim · Hauptstraße 114
Tel. (0176) 45804433
info@heiligenblut-wein.de
**www.heiligenblut-wein.de**

**Inhaber/in und Betriebsleitung**
Gerhard, Christian, Martin Hannemann
**Keller** Christian Hannemann

**Historie** 454 Hinrichtung von Mönchen auf dem Heiligen Blutberg, 746 Bau einer Kapelle und Pflanzung der ersten Reben, heutiges Weingut seit vier Generation in Familienbesitz
**Beste Lagen** Weinheimer Heiliger Blutberg, Weinheimer Kapellenberg
**Boden** Melaphyr (schwarzes Vulkangestein), Rotliegend, Sandstein (Alzey-Weinheim), Kalkstein (Alzey-Heimersheim)
**Rebsorten** Riesling, Silvaner, Scheurebe
**Erlebenswert** historisches Anwesen mit Villa, Turm und Kapelle
**Mitglied** Maxime Herkunft

Riesling und Scheurebe Kabinett, das können Christian und Martin Hannemann offenbar am besten. Die kleine 2021er Reihe ist einfach spektakulär. Da gibt es den Weinheimer Riesling Kabinett, ein ganz auf Attacke eingestellter Wein, der am Gaumen geradezu explosiv wird. Gefolgt vom Riesling Kabinett vom Heiligen Blutberg, der deutlich gesetzter daher kommt, man ist geneigt zu sagen: aristokratischer. Und dann gibt es noch den Scheurebe Kabinett, ein echter Spaßmacher mit Stachelbeeraromen, die pure Animation. Und noch dazu mit einem tollen Preis-Genuss-Verhältnis. Kommen wir von der Kür zur Pflicht, hier ist sie ein reines Vergnügen. Die Basisweine der Brüder Hannemann sind superfrisch und knackig. Natürlich der Riesling, aber erst recht der Silvaner, ein Gutswein mit einem super Zug am Gaumen. Die trockenen 2020er Lagenweine bilden hier eine eigene Kategorie. Sie sind richtig trocken, sie sind unfiltriert und fast nicht geschwefelt, sehr anspruchsvolle Rieslinge, die ein wenig mit Naturweinen liebäugeln. 2018 war der erste Jahrgang der Brüder, sie sind die vierte Generation der Familie Hannemann auf dem Weingut Heiligenblut. Das Etikett wurde nach einem Muster aus 1842 neu aufgelegt. Das historische Anwesen besteht aus der 1826 erbauten Villa mit darunterliegendem Felsenkeller, einem Turm und einer neugotischen Kapelle. Der Sage nach ließ Hunnenkönig Attila um 454 christliche Mönche hier hinrichten, worauf der heilige Bonifatius 746 eine Kapelle als Andenken errichten ließ und die ersten Reben pflanzte. Der Heilige Blutberg ist weniger als drei Hektar groß, liegt direkt am Weingut und ist eine Monopollage. Die alten Bruchsteinmauern erzeugen ein besonderes Kleinklima in den Terrassen und der Melaphyr, ein schwarzes Vulkangestein im Untergrund, prägt die Mineralität der Weine maßgebend.

**85** 2020 Weinheimer Riesling trocken Melaphyr
**14,90 €** | 12 %

**86** 2021 Riesling trocken
**8,90 €** | 11,5%

**87** 2021 Silvaner trocken
**8,90 €** | 12 %

**87** 2020 Silvaner trocken „H"
**14,90 €** | 11 %

**88** 2020 Scheurebe trocken „WH"
**14,90 €** | 10,5%

**88** 2020 Weinheimer Kapellenberg Riesling trocken
**29 €** | 12 %

**89** 2020 Weinheimer Heiliger Blutberg Riesling trocken
**29 €** | 11,5%

**90** 2021 Scheurebe Kabinett
**8,90 €** | 9 %

**91** 2021 Weinheimer Riesling Kabinett
**14,90 €** | 8,5%

**92** 2021 Weinheimer Heiliger Blutberg Riesling Kabinett
**24 €** | 8,5%

★

## HENRICI

Weingut Henrici
55278 Friesenheim · Hauptstraße 29a
Tel. (06737) 8543 · Fax 9254
info@aura-weine.de
**www.aura-weine.de**

**Inhaber/in und Betriebsleitung**
Horst Henrici und Laura Henrici
**Keller** Laura Henrici
**Außenbetrieb** Laura Henrici

So kann es weitergehen! Noch nie haben wir Laura Henricis Weine in solcher Form probiert. Ihre eigene Linie im Familienbetrieb umfasst ein halbes Dutzend Weine. Die ehemalige Weinprinzessin Rheinhessens hat ihrer Serie den Namen „L*Aura" gegeben, und die aktuelle Kollektion hat es in sich. Am meisten haben uns die Energie und die Spannung im Sauvignon Blanc und im Weißburgunder beeindruckt. Doch nicht nur diese beiden, insgesamt gewinnen die Weine zunehmend an Präzision und werden trockener. Das gilt auch für den duftigen Rosé in seiner saftigen Art, doch auch der Grauburgunder und der Riesling bieten viel Wein fürs Geld. Nicht zuletzt überzeugt auch die Rote Cuvée, eine ungewöhnliche Kreation von Cabernet Sauvignon, Regent und Spätburgunder. Friesenheim liegt mittig im östlichen Rheinhessen, einige Kilometer südwestlich von Nierstein und am Rande des Selztals. Horst Henrici führt zusammen mit seiner Tochter Laura Henrici das Gut, zu dem auch ein Gästehaus gehört.

**85** 2021 Riesling trocken Aura
**8 €** | 12,5%

**86** 2021 Grauburgunder trocken Aura
**8 €** | 12,5%

**86** 2021 Weißburgunder trocken Aura
**8 €** | 12,5%

**87** 2021 Sauvignon Blanc trocken Aura
**8 €** | 12,5%

**85** 2021 Rosé trocken Aura
**7,50 €** | 12,5%

**86** 2020 Rote Cuvée trocken Aura
**8,50 €** | 13,5%

★☆

## HIESTAND

Hiestand Weingut und Hofbrennerei
67583 Guntersblum · Nordhöferstraße 19
Tel. (06249) 2266 · Fax 7835
info@hiestand.wine
**www.hiestand.wine**

**Inhaber/in und Betriebsleitung**
Gunther Hiestand

Gunther Hiestand gibt seinen Orts- und Lagenweinen Zeit und gönnt ihnen ein längeres Hefelager, was ihnen gut tut. Das heißt aber nicht, dass man den Gutsweinen keine Aufmerksamkeit schenken sollte, ganz im Gegenteil. Sonst würde man ja den Grünen Sylvaner übersehen, der 2021 großartig gelungen ist: super Spannung und toller Fluss, da ist die Flasche im Handumdrehen leer. Auch der frische Riesling Gutswein ist animierend mit seinem Aprikosenduft. Eine Besonderheit ist der Gewürztraminer mit Aromen von Litschi und Rosenblüte. Und der Riesling Kabinett geizt nicht mit saftiger Frucht. Eindeutig an die Spitze hat sich der 2019er Kreuz Riesling JJ gesetzt, der an Quitte und Eisenkraut erinnert. Schon seit mehr als 20 Jahren arbeitet dieses Gut ökologisch. Angeschlossen ist eine Brennerei im alten Gutshof, die Brände aus Wildfrüchten und Trauben erzeugt.

**85** 2021 Riesling trocken
**8,50 €** | 11,5%

**85** 2021 Cabernet Blanc trocken
**9 €** | 12%

**85** 2021 Grauburgunder & Weißburgunder trocken GrauWeiß
**10,50 €** | 13%

**86** 2020 Guntersblumer Riesling trocken
**13,50 €** | 12%

**86** 2020 Guntersblumer Sylvaner trocken
**13,50 €** | 13%

**86** 2020 Guntersblumer Gewürztraminer trocken
**13,50 €** | 14%

**87** 2021 Grüner Sylvaner trocken
**8 €** | 11,5%

**88** 2019 Guntersblumer Kreuz Riesling trocken Julius Jakob Hiestand JJ
**26 €** | 13%

**86** 2020 Guntersblumer Kreuz Riesling Kabinett
**18 €** | 9,5%

## HIRSCHHOF

Weingut Hirschhof
67593 Westhofen · Seegasse 29
Tel. (06244) 349 · Fax 57112
info@weingut-hirschhof.de
**www.weingut-hirschhof.de**

**Inhaber/in und Betriebsleitung**
Tobias Zimmer
**Keller** Tobias Zimmer
**Außenbetrieb** Jens Beck

**Rebfläche** 30 Hektar
**Jahresproduktion** 200 000 Flaschen
**Beste Lagen** Westhofener Kirchspiel, Morstein und Aulerde
**Boden** tonig-lehmiger Kalkstein (terra fusca, terra rossa), tiefgründiger Löss
**Rebsorten** 35% Riesling, 30% Burgundersorten, 20% rote Sorten, 15% übrige Sorten
**Mitglied** Ecovin, Maxime Herkunft

Es ist jetzt schon mehr als 30 Jahre her, dass Annette und Walter Zimmer diesen Betrieb in Westhofen auf ökologische Wirtschaftsweise umgestellt haben. Ellen und Tobias Zimmer, die heute dem 30-Hektar-Gut vorstehen, sind in ihre Fußstapfen getreten. Auch für sie ist ein intaktes Ökosystem mit widerstandsfähigen Reben die Grundlage des Weinbaus. Die aktuelle Kollektion bewegt sich auf dem gewohnt guten Niveau. Hier geht es nicht um abgefahrene Trendweine, sondern um ganz solide Tropfen mit Anspruch für den täglichen Genuss. Das schließt auch die Literweine ein, etwa den klaren und sauber vinfizierten Silvaner. Der trockene Riesling aus dem Stückfass bringt eine schöne Eleganz ins Glas, unterlegt von feinen Pfirsichtönen. Der trockene Sauvignon Blanc hat Stachelbeernoten und eine rassige Säure zu bieten, während der Westhofener Chardonnay ein saftiger Wein mit feinem Schliff ist. Auch Weine mit Restsüße gelingen hier vortrefflich. Da wäre die Gewürztraminer Spätlese aus dem Westhofener Kirchspiel zu nennen, mit ihrem typischen Rosenduft. Oder die Riesling Auslese aus dem Westhofener Morstein, ein überzeugender Edelsüßer. Dass hier auch gute Rotweine erzeugt werden, zeigt einerseits die Cuvée Platzhirsch, andererseits auch der Morstein Spätburgunder mit der Goldkapsel.

**84** 2021 Riesling trocken
**7 €** | 12%

**84** 2021 Westhofener Weißburgunder trocken
**7,40 €** | 12%

**85** 2021 Silvaner Liter trocken
**5,20 €/1 Lit.** | 12%

**86** 2021 Sauvignon Blanc trocken
**7,60 €** | 12%

**86** 2021 Riesling trocken Stückfass
**8,60 €** | 12%

**86** 2021 Westhofener Chardonnay trocken
**8,60 €** | 12,5%

**88** 2021 Westhofener Kirchspiel Gewürztraminer Spätlese
**8,60 €** | 10%

**88** 2021 Westhofener Morstein Riesling Auslese
**9,90 €** | 9%

**86** 2020 Cuvée Platzhirsch trocken
**12 €** | 13,5%

**87** 2020 Westhofener Morstein Spätburgunder trocken Goldkapsel
**14 €** | 13,5%

★★★

## HOFMANN

Weingut Hofmann
55437 Appenheim · Vor dem Klopp 4
Tel. (06725) 300063 · Fax 300477
info@schiefer-trifft-muschelkalk.de
**www.schiefer-trifft-muschelkalk.de**

**Inhaber/in und Betriebsleitung**
Carolin und Jürgen Hofmann
**Keller** Jürgen Hofmann
**Außenbetrieb** Alex Luff

**Rebfläche** 24 Hektar
**Jahresproduktion** 260 000 Flaschen
**Beste Lagen** Appenheimer Hundertgulden und Eselspfad, Gau-Algesheimer Rothenberg, Gau-Algesheimer St. Laurenzikapelle
**Boden** Muschelkalk, roter Schiefer
**Rebsorten** 30% weiße Burgundersorten, 25% Riesling, 20% Sauvignon Blanc, 15% Silvaner, 10% Spätburgunder
**Erlebenswert** neues Weingut im Bauhausstil, mitten im Grünen gelegen, gläserne Vinothek
**Mitglied** Vinissima, Maxime Herkunft

Jürgen Hofmann gehört zu den besten Produzenten von Sauvignon Blanc in Deutschland. Das stellt er Jahr für Jahr unter Beweis und das gilt nicht nur für seine großartigen Lagenweine, sondern auch und gerade für seinen „einfachen" Sauvignon Blanc. Der ist auch im Jahrgang 2021 wieder außerordentlich und von großer Trinkanimation. Zudem ist die Preis-Genuss-Relation formidabel. Seine besten Sauvignons holt Hofmann aus der Lage St. Laurenzikapelle im Nachbarort Gau-Algesheim. Davon gibt es in 2021 zwei höchst bemerkenswerte Exemplare. Der „normale" Lagenwein hat bereits eine hohe Intensität und Energie, der zweite, der im Betonei, genannt Lieblingsei, vergoren wird, entwickelt noch etwas mehr Druck. Wir sehen beide gleichauf. Aus dem Jahrgang 2021 hat Hofmann auch wieder hervorragende Rieslinge vorzuweisen. Der Gutswein ist frisch und schlank, der Muschelkalk wirkt salzig und hat einen schönen Trinkfluss. Die ausgezeichneten Lagenweine aus Goldberg und Rothenberg, aber auch der Hundertgulden, sind schön kühl und schlank und fokussiert. Ein dickes Lob verdient auch der Weißburgunder aus dem Eselspfad für seine cremige und elegante Statur. Der an den Ortsrand ausgesiedelte Betrieb im Bauhausstil, mit der prächtigen Vinothek, ist sehenswert. Dies ist der passende Rahmen für die Weine von Jürgen Hofmann, der seinen Betrieb derzeit auf ökologische Wirtschaftsweise umstellt.

**85** 2021 Riesling trocken
**8,80 €** | 12,5%

**86** 2021 Weißburgunder trocken
**8,80 €** | 12%

**86** 2021 Appenheimer Weißburgunder & Chardonnay trocken Urmeer
**11,50 €** | 12,5%

**87** 2021 Appenheimer Riesling trocken vom Muschelkalk
**11,50 €** | 12,5%

**88** 2021 Sauvignon Blanc trocken
**11,50 €** | 12,5%

**88** 2021 Gau-Algesheimer Goldberg Riesling trocken
**25 €** | 12,5%

**89** 2021 Appenheimer Eselspfad Weißburgunder trocken
**25 €** | 13%

**89** 2021 Gau-Algesheimer Rothenberg Riesling trocken
**25 €** | 12,5%

**89** 2021 Chardonnay trocken Reserve
**25 €** | 13%

**90** 2021 Gau-Algesheimer St. Laurenzikapelle Sauvignon Blanc trocken
**25 €** | 13%

**90** 2021 Gau-Algesheimer St. Laurenzikapelle Sauvignon Blanc trocken Lieblingsei
**25 €** | 14%

**90** 2021 Appenheimer Hundertgulden Riesling trocken
**25 €** | 12,5%

## FRITZ EKKEHARD HUFF

Weingut Fritz Ekkehard Huff
55283 Nierstein-Schwabsburg · Hauptstr. 90
Tel. (06133) 58003 · Fax 58617
info@weingut-huff.de
**www.weingut-huff.de**

**Inhaber/in und Betriebsleitung**
Ekkehard und Christine Huff
**Keller** Christine Huff und Jeremy Bird-Huff

**Rebfläche** 10 Hektar
**Jahresproduktion** 50 000 Flaschen
**Beste Lagen** Niersteiner Schloss Schwabsburg, Pettenthal, Orbel und Paterberg
**Boden** Rotliegendes, Kalkstein, Lösslehm, Ton
**Rebsorten** 40% Riesling, 25% Burgundersorten, 20% Scheurebe, 15% Sauvignon Blanc
**Mitglied** Maxime Herkunft, Roter Hang

Das ist eine Liaison, die seit Jahren die Kollektion dieses Niersteiner Traditionsgutes bereichert. Jeremy Bird, Christine Huffs Ehemann, stammt nämlich aus Neuseeland und hat schon seit Jahren seine eigene Weinlinie. Da gibt es den Green, den Yellow und den Blue Bird und inzwischen auch den Sparkling Bird. Das ist ein Rosé Sekt vom Spätburgunder mit erfrischendem Schwung. Natürlich beherrscht Jeremy Huff-Bird als Neuseeländer den Sauvignon Blanc, aber er kann auch Riesling mit Restsüße, wie er Jahr für Jahr mit dem feinherben Kabinett unter Beweis stellt: ein animierender Wein mit schönem Zug am Gaumen. Für Nierstein nicht gerade typisch ist der Sauvignon Gris, eine Mutation des Sauvignon Blanc mit rötlicher Beerenhaut, der hier gute Ergebnisse bringt. An der Spitze auch der aktuellen Serie stehen selbstredend wieder die Niersteiner Lagen-Rieslinge, wobei diesmal Orbel und Pettenthal Schulter an Schulter über die Ziellinie gehen. Wie ein Fels in der Brandung steht Jahr für Jahr der Rabenturm aus der Lage Schloss Schwabsburg. Auch diesmal hat er die Nase vorn. Die ganze Kollektion bringt den Charakter des Jahrgangs 2021 gut zum Ausdruck. Es dominieren eher die Zitrustöne, Steinobst, wie etwa Pfirsich und Aprikose, spielt kaum eine Rolle. Christine Huff ist für den Ausbau der Weine des Zehn-Hektar-Guts zuständig, während Vater Ekkehard Huff die Weinberge pflegt. Man setzt hier ganz auf eine naturnahe Bewirtschaftung der Weinberge, verzichtet auf Herbizide und Mineraldünger sowie im Keller auf Schönungsmittel jeglicher Art.

**87** 2020 Spätburgunder Rosé Brut Sparkling Bird
**17,30 €** | 12,5%

**85** 2021 Riesling trocken
**8,60 €** | 12,5%

**85** 2021 Scheurebe trocken The Green Bird
**8,60 €** | 11,5%

**85** 2021 Niersteiner Grauburgunder trocken
**9,20 €** | 13 %

**86** 2021 Niersteiner Riesling trocken vom Rotliegenden
**12 €** | 11,5%

**86** 2021 Schwabsburger Riesling trocken
**12 €** | 12,5%

**87** 2021 Niersteiner Sauvignon Blanc trocken The Yellow Bird
**10,30 €** | 12,5%

**87** 2021 Niersteiner Sauvignon Gris trocken Reserve
**20,70 €** | 12 %

**88** 2021 Niersteiner Orbel Riesling trocken
**20,70 €** | 12,5%

**88** 2021 Niersteiner Pettenthal Riesling trocken
**26,50 €** | 12,5%

**89** 2021 Niersteiner Schloss Schwabsburg Riesling trocken Rabenturm
**26,50 €** | 12 %

**88** 2021 Riesling Kabinett feinherb The Blue Bird
**8,60 €** | 10 %

★★★

## GEORG GUSTAV HUFF

Weingut Georg Gustav Huff
55283 Nierstein-Schwabsburg · Woogstraße 1
Tel. (06133) 50514 · Fax 61395
info@weingut-huff.com
**www.weingut-huff.com**

**Inhaber/in und Betriebsleitung** Familie Huff
**Keller** Daniel Huff, Stefan Huff
**Außenbetrieb** Dieter Huff

**Rebfläche** 28 Hektar
**Jahresproduktion** 200 000 Flaschen
**Beste Lagen** Niersteiner Pettenthal, Hipping, Schloss Schwabsburg und Rosenberg
**Boden** Rotliegendes, Löss, Ton, Muschelkalk
**Rebsorten** 40% Burgundersorten, 35% Riesling, 25% übrige Sorten
**Mitglied** Maxime Herkunft, Roter Hang

Der Riesling steht hier nur auf einem Drittel der Rebfläche, das ist ungewöhnlich für Niersteiner Verhältnisse. Was die Qualität angeht, rangiert die Sorte aber nach wie vor klar auf Rang eins in diesem 28-Hektar-Gut. Absolute Nummer eins ist der Rehbacher Steig Sommerseite, aus der Lage Pettenthal, der im Jahrgang 2021 noch mehr Eleganz aufblitzen lässt, begleitet von einer außergewöhnlichen Art Schwerelosigkeit. Mit Abstand dahinter rangieren der Alten Reben aus der Lage Hipping und der intensive Riesling aus Schloss Schwabsburg, der einen rauchigen Ton vorweisen kann. Der Riesling vom Roten Hang steht dahinter nicht weit zurück. Ein besonderes Lob gebührt dem Riesling Gutswein mit seiner saftigen Art und dem Duft von reifen Aprikosen, für 7,70 Euro ein veritables Schnäppchen. Daniel und Stefan Huff beweisen nicht zum ersten Mal, dass sie auch für den Spätburgunder ein Händchen haben. Schon der Gutswein ist mit seiner klaren Sauerkirscharomatik rundum empfehlenswert. Der Niersteiner Spätburgunder wirkt etwas kompakter und der Lagenwein aus dem Rosenberg überzeugt mit seiner feinen und eleganten Art, ein geradezu frischer Pinot Noir. Gekrönt wird der Auftritt von zwei brillanten und klaren Süßweinen. Sowohl die Beerenauslese, als auch der Eiswein, beide aus dem Schloss Schwabsburg, sind sehr gelungene Riesling-Süßweine.

**86** 2021 Riesling trocken vom Löss
**7,70 €** | 12 %

**87** 2021 Niersteiner Roter Hang Riesling trocken
**9 €** | 12 %

**87** 2021 Pinot Blanc trocken Reserve
**13 €** | 13 %

**87** 2020 Pinot Gris trocken Reserve
**16 €** | 13 %

**88** 2021 Niersteiner Schloss Schwabsburg Riesling trocken
**14 €** | 12 %

**89** 2021 Niersteiner Hipping Riesling trocken Alte Reben
**18 €** | 12,5%

**91** 2021 Niersteiner Pettenthal Rehbacher Steig Sommerseite Riesling trocken
**22 €** | 12,5%

**91** 2021 Niersteiner Schloss Schwabsburg Riesling Beerenauslese
**15 €** | 6,5%

**92** 2021 Niersteiner Schloss Schwabsburg Riesling Eiswein
**28 €/0,375 Lit.** | 6,5%

**87** 2020 Spätburgunder trocken
**9 €** | 13 %

**88** 2019 Niersteiner Spätburgunder trocken
**12 €** | 13 %

**89** 2019 Niersteiner Rosenberg Spätburgunder trocken Alte Reben
**18 €** | 13 %

★★☆

## HUFF-DOLL

Weingut Huff-Doll
55457 Horrweiler · Weedstraße 8-10
Tel. (06727) 343 · Fax 5366
weingut@huff-doll.de
**www.huff-doll.de**

**Inhaber/in und Betriebsleitung**
Bettina und Ulrich Doll
**Keller** Ulrich Doll

Eine durchweg zuverlässige Serie stellte Ulrich Doll auch diesmal vor. Zu den Höhepunkten zählen der gelungene Chardonnay Frederick und der griffige Horrweiler Riesling, leicht überflügelt vom Riesling aus dem Gewürzgärtchen. An der Spitze steht der transparente Spätburgunder mit feinem Duft. Wer es prickelnd mag, stößt mit dem Chardonnay Brut nature an, einem charmanten Sprudler. Ulrich Doll führt dieses Gut südlich von Bingen, ganz im Westen des Anbaugebiets, zusammen mit seiner Frau Bettina Doll. Zum Haus gehören Ferienwohnungen und eine moderne Vinothek.

**87** 2018 Chardonnay Brut nature
**24,90 €** | 12 %

**84** 2021 Spätburgunder trocken
**7,50 €** | 12 %

**84** 2021 Riesling trocken
**7,50 €** | 12 %

**84** 2021 Chardonnay trocken
**7,50 €** | 12,5%

**84** 2021 Cabernet Blanc trocken
**9,50 €** | 11,5%

**85** 2021 Scheurebe trocken Independent
**7,50 €** | 12 %

**85** 2021 Horrweiler Grauburgunder trocken
**9,90 €** | 13,5%

**86** 2021 Horrweiler Riesling trocken
**9,90 €** | 12,5%

**86** 2021 Horrweiler Chardonnay trocken Frederick
**12,90 €** | 13 %

**87** 2021 Horrweiler Gewürzgärtchen Riesling trocken
**12,90 €** | 12,5%

**86** 2018 Horrweiler Cuvée Rote Leidenschaft trocken
**9,90 €** | 14,5%

**88** 2019 Horrweiler Spätburgunder trocken
**12,90 €** | 13,5%

★ NEU

## HUNGERMÜLLER

Weingut Heike + Ralf Hungermüller
67596 Dittelsheim-Hessloch · Friedhofstraße 10
Tel. (06244) 6949400
info@hungermueller.de
**www.hungermueller.de**

**Inhaber/in und Betriebsleitung**
Heike und Ralf Hungermüller
**Keller** Heike Hungermüller
**Außenbetrieb** Ralf Hungermüller

Zwar ist Heike Hungermüller als Winzertochter in Worms aufgewachsen, doch arbeitete sie zunächst als Wirtschaftsinformatikerin. Auch ihr Mann Ralf ist Informatiker. Und nun machen sie Wein. Sie haben den ehemaligen Fassweinbetrieb im Nebenerwerb von Ralfs Vater Werner übernommen und modernisiert. Er liegt in Dittelsheim-Hessloch am Fuße des Kloppbergs. 2020 hat Heike Hungermüller zudem eine Winzerausbildung in Veitshöchheim abgeschlossen. Die aktuelle Kollektion legt nahe, dass sie dort gut aufgepasst hat. Am besten hat uns der Secco vom Müller-Thurgau gefallen, ein anregender Sprudler mit schöner Säure, der richtig Spaß macht. Aber auch der nussige und cremige Dittelsheimer Grauburgunder kann sich schmecken lassen. Und der halbtrockene Pinot Noir Rosé ist ein charmanter Zeitvertreib. Unsere Entdeckung des Jahres aus dem nördlichen Wonnegau!

**87** 2021 Müller-Thurgau trocken Müllerchen Secco
**7 €** | 10 %

**84** 2019 Grauburgunder trocken
**7 €** | 12 %

**84** 2019 Dittelsheimer Müller-Thurgau trocken
**8 €** | 13 %

**85** 2020 Dittelsheimer Weißburgunder trocken Kalkstein
**12 €** | 13 %

**86** 2020 Dittelsheimer Grauburgunder trocken
**10 €** | 13 %

**86** 2018 Dittelsheimer Mönchhube Silvaner Landwein trocken
**15 €** | 13 %

**85** 2021 Pinot Noir Rosé Kabinett halbtrocken
**8 €** | 11 %

★★☆

## JOHANNINGER

Weingut Johanninger
55546 Biebelsheim · Hauptstraße 4–6
Tel. (06701) 8321 · Fax 3295
mail@johanninger.de
**www.johanninger.de**

**Inhaber/in** Markus Haas, Lara Haas und Oliver Herzer
**Keller** Oliver Herzer
**Außenbetrieb** Oliver Herzer

**Historie** Weinbautradition der Gründerfamilien Haas und Schufried seit 17. Jahrhundert
**Rebfläche** 21 Hektar
**Jahresproduktion** 150 000 Flaschen
**Beste Lagen** Biebelsheimer Kieselberg, Kreuznacher Himmelgarten, Römerhelde und Junker
**Boden** Terrassenkies, tiefgründiger Löss, Fersiallit, Ton mit hohem Kalkgehalt
**Rebsorten** 60% Burgundersorten, je 10% Riesling und Silvaner, je 5% St. Laurent und Sauvignon Blanc, 10% übrige Sorten
**Gastronomie** Nickl´s Speisekammer (www.nickls-speisekammer.de)
**Mitglied** Maxime Herkunft

In Zeiten, in denen der Rosé in allen Spielarten Konjunktur hat, spielt dieses 21-Hektar-Bioweingut im Nordwesten, an der Grenze zum Anbaugebiet Nahe, auf der gesamten Klaviatur. So präsentiert uns Oliver Herzer zunächst die saftige Cuvée Ein Schluck vom Himmel, aus Spät- und Frühburgunder. Dann stellt er uns den reinsortigen, filigranen Rosé vom Spätburgunder vor. Und schließlich, für Freunde etwas komplexerer Tropfen, mit etwas mehr Tiefgang, gibt es noch den Kreuznacher Rosé von Spät- und Frühburgunder, gewachsen in benachbarten Weinbergen der Naheregion. Dieses Biebelsheimer Gut ist eine verlässliche Quelle für ausgesprochen günstige und gelungene Gutsweine. Wer mehr auf „leicht und beschwingt" steht, für den sind die Grau- und Weißburgunder in ihrer schlanken und rassigen Art wie gemacht. Der Sauvignon Blanc mischt das Feld auf, mit seiner wilden Nase und auch der einfache Spätburgunder überzeugt. Alles Weine um die 7,50 Euro, mit einem großen Gegenwert fürs Geld. Es gibt aber auch Spitzenweine, für die man etwas mehr hinblättern muss. Doch das lohnt sich, so etwa beim Riesling aus dem Biebelsheimer Kieselberg, mit seinen verführerischen Aromen von Quitte und Mirabelle. Dies alles probiert man am besten im hauseigenen Restaurant Nickl's Speisekammer.

**86** 2021 Weißburgunder trocken
**7,50 €** | 12%

**86** 2021 Grenzgänger Landwein trocken
**11,50 €** | 11%

**86** 2021 Biebelsheimer Riesling trocken Stein
**11,70 €** | 12%

**87** 2021 Sauvignon Blanc trocken
**7,50 €** | 12%

**87** 2021 Grauburgunder trocken
**7,50 €** | 12,5%

**88** 2020 Biebelsheimer Kieselberg Riesling trocken
**15,60 €** | 12%

**85** 2021 Riesling halbtrocken Kies
**7,50 €** | 10,5%

**85** 2021 Cuvée Rosé trocken Ein Schluck vom Himmel
**6,50 €** | 11,5%

**86** 2021 Spätburgunder Rosé trocken
**7,50 €** | 12%

**87** 2020 Kreuznacher Spätburgunder & Frühburgunder Rosé trocken
**11,70 €** | 13,5%

**86** 2018 Spätburgunder trocken
**8 €** | 13,5%

**88** 2018 Cabernet Sauvignon & Merlot trocken Reserve
**29 €** | 13,5%

★★☆

## JULIANENHOF

Weingut Julianenhof, Jochen und Laurenz Schmitt GBR
55283 Nierstein am Rhein · Uttrichstraße 9
Tel. (06133) 58121 · Fax 57451
schmitt@weingut-julianenhof.de
**www.weingut-julianenhof.de**

**Inhaber/in und Betriebsleitung**
Jochen und Laurenz Schmitt
**Keller** Laurenz Schmitt

Jochen und Laurenz Schmitt haben dieses Gut mit Gästehaus in Nierstein bestens im Griff. Und natürlich steht am Roten Hang der Riesling im Mittelpunkt der Bemühungen. Der fällt hier sehr typisch aus und auch die einzelnen Lagen sind gut nachvollziehbar. Bei den trockenen Weinen liefern sich Hipping und Pettenthal ein Kopf-an-Kopf-Rennen, das der Pettenthal knapp für sich sich entschiedet. Bei den fruchtigen Rieslingen hat die Auslese „Yara" den Spitzenplatz errungen.

**84** 2021 Grauburgunder trocken
**6,70 €** | 13 %

**85** 2021 Weißburgunder & Chardonnay trocken
**6,70 €** | 13 %

**86** 2021 Niersteiner Roter Hang Riesling trocken
**7,90 €** | 12 %

**86** 2021 Niersteiner Chardonnay trocken
**8 €** | 13 %

**87** 2021 Niersteiner Hipping Riesling trocken
**12 €** | 12 %

**88** 2021 Niersteiner Pettenthal Riesling trocken
**15 €** | 12 %

**85** 2021 Niersteiner Riesling feinherb vom Rotliegenden
**7,90 €** | 11,5%

**87** 2021 Niersteiner Hipping Riesling Kabinett
**8,50 €** | 9,5%

**86** 2021 Niersteiner Roter Hang Riesling Spätlese
**7,90 €** | 9 %

**88** 2021 Niersteiner Pettenthal Riesling Auslese „Yara"
**12 €** | 8 %

**84** 2021 Spätburgunder Weißherbst
**5,50 €** | 11,5%

★★☆

## KAMPF

Weingut Kampf
55237 Flonheim · Langgasse 75
Tel. (06734) 1626
info@weingut-kampf.de
**www.weingut-kampf.de**

**Inhaber/in und Betriebsleitung**
Familie Kampf
**Keller** Patrick Kampf und Nadine Schoch

Patrick Kampf beherrscht eine breite Palette an Weinen, die ganz ohne Schwachpunkte ist. Angefangen beim Liter-Riesling ZweiKampf, über den klaren und eleganten Weißburgunder bis hin zum feinfruchtigen und rassigen Sauvignon Blanc: In diesem Flonheimer Gut kann man überall zugreifen. Jahrgangsbedingt geben sich der Flonheimer Riesling und der Uffhofener La Roche diesmal im Frühstadium noch etwas kantig, werden aber durch Lagerung gewinnen. Die Rotweine sind hier von dunkler Beerenfrucht geprägt. Patrick Kampf bewirtschaftet seine 13 Hektar Rebfläche seit nunmehr fast einem Dutzend Jahren biologisch.

**84** 2021 Riesling Liter trocken ZweiKampf
**7 €/1 Lit.** | 11,5%

**85** 2021 Chardonnay & Weißburgunder Blanc de Blancs trocken
**8,50 €** | 12,5%

**85** 2021 Grauburgunder trocken
**8,50 €** | 12 %

**85** 2021 Riesling trocken
**8,50 €** | 11,5%

**86** 2021 Weißburgunder trocken
**8,50 €** | 12 %

**86** 2021 Scheurebe trocken
**8,50 €** | 12 %

**87** 2021 Sauvignon Blanc trocken
**8,50 €** | 11,5%

**87** 2021 Flonheimer Riesling trocken
**13,50 €** | 12 %

**88** 2021 Uffhofener La Roche Riesling trocken
**22,50 €** | 11 %

**85** 2021 Rosé trocken
**7,80 €** | 11,5%

**86** 2020 ZweiKampf Rot trocken
**7,80 €** | 12 %

**87** 2020 Spätburgunder trocken
**9,50 €** | 12,5%

★

## KAPELLENHOF

Weingut Kapellenhof Oekonomierat Schätzel Erben
55278 Selzen · Kapellenstraße, 18
Tel. (06737) 204 · Fax 8670
kapellenhof@t-online.de
**www.weingut-kapellenhof.de**

**Inhaber/in und Betriebsleitung**
Thomas Schätzel
**Keller** Thomas Schätzel
**Außenbetrieb** Thomas Schätzel

Die fruchtgeprägten Rieslinge gefallen uns im aktuellen Sortiment dieses Traditionsbetriebes am besten. Dazu gehören die Spitzenweine aus dem Hahnheimer Knopf, egal ob der trockene 2020er Ökonomierat oder die restsüße Auslese aus dem Jahrgang 2021. Auf Augenhöhe befindet sich die Selzener Spätlese mit ihrer konzentrierten Frucht. Sohn Christian Schätzel hat nunmehr eine eigene Linie (www.kapellenhof5.de). Thomas und Sabine Schätzel laden regelmäßig zu Konzerten und Festen ein. Einen großartigen Rahmen dafür bietet die denkmalgeschützte Hofanlage mit Villa im englischen Park.

**84** 2021 Riesling trocken Cabinet
**7,40 €** | 12%

**84** 2021 Sauvignon Blanc trocken
**7,90 €** | 12%

**85** 2021 Selzener Grauburgunder trocken Am Dicken Stein
**8,50 €** | 13%

**86** 2021 Hahnheimer Weißburgunder trocken Kalkmergel
**8,50 €** | 12,5%

**86** 2021 Hahnheimer Riesling trocken Kalkmergel
**8,90 €** | 12,5%

**86** 2020 Selzener Silvaner trocken
**9,80 €** | 12,5%

**87** 2020 Hahnheimer Knopf Riesling trocken Selection Ökonomierat E
**15 €** | 12,5%

**87** 2020 Selzener Gottesgarten Grauburgunder trocken Beyond
**21 €** | 14%

**87** 2021 Selzener Riesling Spätlese
**8,50 €** | 8%

**87** 2021 Hahnheimer Knopf Riesling Auslese
**15 €/0,5 Lit.** | 8,5%

★★★★★

## KELLER

Weingut Keller
67592 Flörsheim-Dalsheim · Bahnhofstraße 1
Tel. (06243) 456 · Fax 6686
info@keller-wein.de
**www.keller-wein.de**

**Inhaber/in und Betriebsleitung**
Klaus Peter Keller
**Keller** Familie Keller

**Historie** Weinbau in der Familie seit 1789, heute in der zehnten Generation
**Rebfläche** 16 Hektar
**Jahresproduktion** 100 000 Flaschen
**Beste Lagen** Dalsheimer Hubacker, Frauenberg und Bürgel, Westhofener Kirchspiel, Morstein und Abtserde, Niersteiner Pettenthal und Hipping
**Boden** Kalksteinverwitterung, Muschelkalk, Tonmergel, Rotlatosol, Terra Fusca, Rotschiefer
**Rebsorten** 60% Riesling, 30% Burgundersorten und Silvaner, 10% Rieslaner und Scheurebe
**Erlebenswert** Natursteinturm im Hubacker
**Mitglied** VDP, Message in a bottle

Das ist die Schattenseite des Erfolgs. Wenn man den Welt-Riesling-Gipfel schon in frühen Jahren erklommen hat, was kommt dann eigentlich noch? Es ist nicht Klaus Peter Kellers Art, sich in der Hall of Fame einzurichten und in die Hängematte zu legen. Verdient hätte er es allemal, aber natürlich sucht dieser Ausnahmewinzer nach neuen Herausforderungen – und hat sie beim Silvaner gefunden. Also Frankenwinzer, aufgepasst. Die Weichen für Weltklasse-Silvaner sind längst gestellt. Die Trauben dafür kommen künftig nur noch aus Ersten- und Großen Lagen. Und die Reben, an denen sie wachsen, sind jetzt schon richtig alt. Selbst die für den Grünen Silvaner

Gutswein haben 35 bis 40 Jahre auf dem Buckel. Der Westhofener Sylvaner wächst direkt unterhalb der berühmten Lage Abts E auf rotem Boden, und der Feuervogel hat seine Basis in Westhofener Kirchspiel und Steingrube, ausgestattet mit 60 bis 65 Jahre alten Reben. Die 2021er Silvaner sind durch die Bank ausgezeichnet. Der Feuervogel zeigt eine tolle Frucht, der Westhofener probiert sich mineralisch-karg. Und der Gutswein ist ungemein erfrischend.

**Pinots wie in Chambolle**

Aber die Kellers haben noch ein anderes Arbeitsfeld abseits des Rieslings: den Spätburgunder. Es ist geradezu atemberaubend, was hier in den letzten Jahren geleistet wurde. Mit dem Bürgel fing es an, diesmal zogen gleich drei weitere Pinot Noirs hausintern an ihm vorbei. Dieses Trio hat es in sich. Ob Frauenberg, Réserve du Fils oder Morstein, ein Spätburgunder ist schöner als der andere, alle gehören in die deutsche Spitze. Diese Weine sind äußerst präzis und energiegeladen und bewegen sich total auf der superfrischen Seite. Wenn man nach einem Vergleich sucht, wird man allenfalls in der Bourgogne fündig, am ehesten in Chambolle-Musigny. Die Réserve du Fils ist übrigens der Wein von Sohn Felix, der maßgeblichen Anteil an dieser Entwicklung hat.

**2021 wie 2004 oder 2001**

Die 2020er Spitzen vom Riesling setzen erneut Maßstäbe für den Jahrgang, egal ob das filigrane, geradezu tänzerische Kirchspiel, der energiegeladene Abts E oder der überwältigende G Max. Aus dem Jahrgang 2021 gab es neben den Silvanern noch den Riesling von der Fels zu probieren, der mit seiner tollen Frische und den Aromen von Aprikosen Lust auf mehr macht. Und Klaus Peter Keller nimmt uns schon mal mit ins kommende Jahr, wenn es mehr 2021er gibt: „Es ist insgesamt ein Jahrgang mit tollem Potenzial, zumindest überall dort, wo die natürliche Balance im Weinberg vorhanden war, also die Mengen so klein waren, dass die Trauben perfekt ausreifen, Dichte und Kompaktheit aufbauen konnten. Wo das der Fall war, kann man 2021 durchaus mit 2004 oder 2001 vergleichen. Sie sind einfach klasse zu trinken". Dem können wir nichts mehr hinzufügen.

**88** 2021 Grüner Silvaner trocken
**Preis auf Anfrage** | 12 %

**90** 2021 Riesling trocken von der Fels
**Preis auf Anfrage** | 12,5%

**91** 2021 Silvaner trocken Feuervogel
**Preis auf Anfrage** | 13 %

**92** 2021 Westhofener Sylvaner trocken
**Preis auf Anfrage** | 12,5%

**92** 2020 Dalsheimer Hubacker Riesling VDP.Großes Gewächs
**Preis auf Anfrage** | 12,5%

**94** 2020 Westhofener Kirchspiel Riesling VDP.Großes Gewächs
**Preis auf Anfrage** | 12,5%

**96** 2020 Riesling trocken G-Max
**Preis auf Anfrage** | 13 %

**97** 2020 Westhofener Abts E Riesling VDP.Großes Gewächs
**Preis auf Anfrage** | 12,5%

**92** 2020 Dalsheimer Bürgel Spätburgunder VDP.Großes Gewächs
**Preis auf Anfrage** | 12,5%

**94** 2020 Nieder-Flörsheimer Frauenberg Spätburgunder VDP.Großes Gewächs
**Preis auf Anfrage** | 12,5%

**95** 2020 Spätburgunder trocken Réserve du Fils
**Preis auf Anfrage** | 12,5%

**97** 2020 Westhofener Morstein Spätburgunder VDP.Großes Gewächs
**Preis auf Anfrage** | 12,5% **TOP 10**

★★½

## KETH

Weingut Matthias Keth
67591 Offstein · Wormser Str. 33
Tel. (06243) 7522 · Fax 7751
kontakt@weingut-keth.de
**www.weingut-keth.de**

**Inhaber/in und Betriebsleitung**
Matthias Keth

Die Rotweine sind und bleiben das Wahrzeichen dieses Hauses in Offstein, im südlichen Zipfel des Anbaugebietes, westlich von Worms. Diesmal haben wir gleich zwei Favoriten gefunden. Da ist zum einen der kräftige und holzbetonte Syrah, der mit deutlichen Mokkanoten überrascht. Für unseren Geschmack knapp die Nase vorn hat aber der Cabernet Franc, ein wahrhaft beeindruckender Roter. Bei den Weißen macht eine ungewöhnliche Cuvée namens Rebstoff von sich reden: Dieser Verschnitt von Cabernet Blanc, Muscaris und der Sorte Phoenix offenbart eine schöne Harmonie. Gut gelingt hier auch der feinaromatische Muskateller, und die Rieslinge sind getragen von schlanker Frucht, allen voran der Westhofener Morstein. Die Weinberge des Guts reichen von Oppenheim am Rhein bis in die nördliche Pfalz. Insgesamt sind es 60 Hektar biologisch bewirtschaftete Rebfläche. Eine Augenweide ist der Barrique-Keller in einem großzügigen rheinhessischen Gewölbe.

**84** 2021 Riesling trocken
**7,40 €** | 12 %

**84** 2021 Sauvignon Blanc trocken
**8,40 €** | 12 %

**85** 2021 Cuvée Rebstoff Weiß trocken
**8,40 €** | 12,5%

**85** 2021 Chardonnay trocken
**8,40 €** | 13 %

**85** 2021 Offsteiner Riesling trocken
**8,90 €** | 12,5%

**86** 2021 Muskateller trocken
**7,40 €** | 11,5%

**87** 2021 Westhofener Morstein Riesling trocken
**13,90 €** | 13 %

**85** 2020 Merlot trocken
**10,40 €** | 14 %

**88** 2020 Syrah trocken
**26 €** | 14 %

**89** 2020 Cabernet Franc trocken
**26 €** | 14 %

★★★

## KISSINGER

Weingut Kissinger
55278 Uelversheim · Außerhalb 13
Tel. (06249) 7969 · Fax 7989
info@weingutkissinger.de
**www.weingutkissinger.de**

**Inhaber/in** Jürgen Kissinger
**Keller** Moritz und Jürgen Kissinger

**Historie** 2018 erster Jahrgang, seit 2019 biozertifiziert
**Rebfläche** 13 Hektar
**Jahresproduktion** 90 000 Flaschen
**Beste Lagen** Uelversheimer Geierscheiß, Oppenheimer Herrenberg
**Boden** Löss und kalkhaltiger Tonlehm
**Rebsorten** 50% rote und weiße Burgundersorten, 20% Riesling, 15% Aromasorten (Gewürztraminer, Sauvignon Blanc, Scheurebe), 15% Silvaner und Merlot

Moritz Kissinger unterstützt seinen Vater Jürgen schon seit Jahren bei der Weinerzeugung im elterlichen Biobetrieb in Uelversheim, der seit 2020 Demeter-zertifiziert ist. Die beiden haben sogar ein Vater-Sohn-Projekt unter der Bezeichnung Duo aufgelegt, mit sehr respektablen Weinen. Dann machte Moritz Kissinger erstmals mit einem allein produzierten Wein Furore: Sein 2018er Chardonnay schoss geschmacks- und punktemäßig durch die Decke und war binnen Tagen ausverkauft. Jetzt hat der Nachwuchswinzer eine eigene Weinlinie aufgelegt, und wieder gelingen ihm vor allem die Burgundersorten sensationell gut. Da ist etwa der 2020er Weißburgunder aus einer 37 Jahre alten Parzelle mit kargem, kalkreichen Boden. Hier werden seit Jahren zu Beginn der Ernte Trauben für Sektgrundwein gelesen. Im Jahrgang 2020 durften einige länger hängen bleiben, der Most füllte letztlich nur ein Fass. Dies ist ein Weißburgunder mit einer bärenstarken Reduktion. Die Spannung zwischen Zitrusaromatik und eleganter Cremigkeit könnte stärker kaum sein. Auch der Null Ohm, Chardonnay und Weißburgunder, ist extrem reduktiv und lebt von diesem Spannungsfeld. Es ist eine Cuvée der Uelversheimer Bodenarten Löss, Lehm und Kalk. Dazu kommt die salzige Mineralität aus den Weinbergen der Rheinfront – ein hochinteressantes Projekt. Nahezu überwältigend ist der Chardonnay von mehr als 40 Jahre alten Reben, die auf

Löss und Kalkgestein stehen. Der Ertrag war ausgesprochen klein, der Wein wurde 18 Monate im kleinen Holzfass ausgebaut und ohne Filtration abgefüllt. Die Trauben für den 2020er Riesling wurden im Uelversheimer Geierscheiß geerntet, gewachsen auf Kalk und Löss. Obwohl der Wein unfiltriert gefüllt wurde, erscheint er glanzhell, auch hier spielen Zitrusfrüchte in der Aromatik die Hauptrolle. Moritz Kissinger ist unser Aufsteiger des Jahres in Rheinhessen!

KISSINGER

**85** 2021 Weißburgunder trocken
**7,30 €** | 12 %

**86** 2021 Riesling trocken
**7,30 €** | 12 %

**87** 2021 Uelversheimer Weißburgunder trocken Löss
**10,20 €** | 12,5%

**88** 2021 Oppenheimer Riesling trocken
**10,20 €** | 12 %

**88** 2020 Riesling Landwein trocken Moritz Kissinger
**18,50 €** | 12 %

**88** 2020 Uelversheimer Tafelstein Weißburgunder trocken Halbstück
**19,70 €** | 13 %

**90** 2020 Chardonnay & Weißburgunder Landwein trocken Null Ohm Moritz Kissinger
**15 €** | 12 %

**92** 2020 Weißburgunder Landwein trocken Moritz Kissinger
**38 €** | 12 %

**93** 2020 Chardonnay Landwein trocken Moritz Kissinger
**38 €** | 12,5%

**91** 2020 Spätburgunder Landwein trocken Moritz Kissinger
**28 €** | 12,5%

★★★★

## KNEWITZ

Weingut Knewitz
55437 Appenheim · Rheinblick 13
Tel. (06725) 2949 · Fax 96003
info@weingut-knewitz.de
**www.weingut-knewitz.de**

**Inhaber/in** Familie Knewitz
**Betriebsleitung** Björn und Tobias Knewitz
**Rebfläche** 25 Hektar
**Jahresproduktion** 150 000 Flaschen
**Beste Lagen** Appenheimer Hundertgulden, Gau-Algesheimer Goldberg, Nieder-Hilbersheimer Steinacker und Honigberg
**Boden** Kalkstein, Eisenerz, toniger Lehm
**Rebsorten** 55% Riesling, 20% Chardonnay, 15% Weisser Burgunder, 7% Spätburgunder, 3% übrige Sorten
**Mitglied** VDP, Maxime Herkunft

Mit grandiosen weißen Burgundern ging es vor Jahren los, gefolgt von spektakulären Rieslingen und zuletzt auch großartigen Spätburgundern - die Knewitz-Brüder haben sich nach und nach die Expertise für alle entscheidenden Kategorien angeeignet. Mittlerweile spielen sie so sicher auf der Klaviatur der Spitzenweine, wie es oft erst nach Jahrzehnten der Routine gelingt. Ihre Kompetenz für die Burgunder ist beeindruckend, und in der Region kann ihnen da niemand das Wasser reichen. Wieder präsentieren sie einen atemberaubenden Chardonnay Réserve, diesmal aus dem Jahrgang 2020. Es ist ein druckvoller Klassewein von beeindruckender Noblesse. Aber auch sein „kleiner Bruder", der 2020er Chardonnay, trumpft mächtig auf. Es ist ein Wein mit enormem Zug am Gaumen und mit einer Spannung, wie man sie sonst nur beim Spitzenriesling findet.
**Spektakulärer Gutswein**

Apropos Riesling. Er besetzt in diesem Appenheimer Gut fast die Hälfte der Rebfläche und erreicht auf allen Ebenen Höchstleistung. Schon der Gutswein ist spektakulär und verkörpert den Jahrgang 2021 perfekt: ganz kühle Frucht, aber mit viel Energie. Für nicht mal 10 Euro ist er ein echter Preishit. Die Ortsweine aus Appenheim und Nieder-Hilbersheim setzen noch richtig einen drauf, was erst recht für die Weine aus den Ersten Lagen gilt. Wir sehen hier den Nieder-Hilbersheimer Honigberg (auf dem Etikett HB) einen Tick vor dem Gau-Algesheimer Goldberg (GB auf dem Etikett). Doch auch sie wahren wiederum einen Abstand zu den Großen Gewächsen, eine ganz klare Hierarchie, konsequent umgesetzt. Das Steinacker GG ist der deutlich reduktivere und zurückhaltendere Wein, während der Hundertgulden GG eine enorme Saftigkeit an den Tag legt. Diesen Saft findet man auch beim fruchtsüßen Kabinett Eisenerz aus Nieder-Hilbersheim, ein durch und durch animierender Tropfen. Abgerundet wird diese hochklassige Kollektion von einem konzentrierten Spätburgunder, der klassische Aromen von Schwarzkirschen verströmt. Auch dieser rote Gutswein hat eine außergewöhnliche Preis-Genuss-Relation.

**Kompromisslose Qualität**

Schon die Großeltern hatten Ende der 1960er Jahre für die Aussiedlung und einen Neubau am Rande des Hundertgulden-Weinbergs gesorgt: den Rheinblickhof. Vor zehn Jahren stieg dann Tobias Knewitz nach seiner Ausbildung zum Winzer in das Weingut ein und setzt seither zusammen mit seinem Bruder Björn kompromisslos auf Qualität. Das blieb auch dem Verband der Prädikatsweingüter nicht verborgen. Anfang des Jahres 2022 wurde das Weingut Knewitz in die exklusive Gesellschaft der deutschen Spitzenweingüter aufgenommen.

KNEWITZ
WEINGUT KNEWITZ APPENHEIM

**87** 2021 Riesling trocken
**9,90 €** | 12 %

**89** 2020 Chardonnay & Weißburgunder trocken Weth & Welz
**11,50 €** | 13 %

**89** 2021 Appenheimer Riesling trocken aus Ersten Lagen
**17 €** | 12,5%

**89** 2021 Nieder-Hilbersheimer Riesling trocken aus Ersten Lagen
**17 €** | 12,5%

**90** 2021 Gau-Algesheimer GB Riesling trocken
**25 €** | 13 %

**91** 2021 Nieder-Hilbersheimer HB Riesling trocken
**32 €** | 12,5%

**92** 2020 Chardonnay trocken
**17 €** | 13 %

**92** 2021 Nieder-Hilbersheimer Steinacker Riesling VDP.Großes Gewächs
**39 €** | 12,5%

**93** 2021 Appenheimer Hundertgulden Riesling VDP.Großes Gewächs
**39 €** | 12,5%

**94** 2020 Chardonnay trocken Réserve
**36 €** | 13 % **TOP 10**

**90** 2021 Nieder-Hilbersheimer Riesling Kabinett Eisenerz
**11,50 €** | 8 %

**90** 2020 Spätburgunder trocken
**13,50 €** | 13 % **BEST BUY**

★★½

## KNOBLOCH

Weingut Knobloch
55234 Ober-Flörsheim · Saurechgässchen 7
Tel. (06735) 344 · Fax 8244
info@bioweingut-knobloch.de
**www.bioweingut-knobloch.de**

**Inhaber/in und Betriebsleitung**
Ralf und Arno Knobloch
**Keller** Ralf Knobloch

Nunmehr schon seit 35 Jahren wird auf diesem Gut in Ober-Flörsheim im Süden der Region ökologisch gewirtschaftet - und das auf stattlichem Niveau. Die Basisweine sind hier immer eine Bank, klar und frisch und zudem ausgesprochen günstig. Und es gibt regelmäßig Ausreißer nach oben, wie den saftigen 2020er Grauburgunder aus dem Morstein oder den 2019er Spätburgunder aus derselben Lage. Den Vogel schießt diesmal aber der Spätburgunder SK ab, ein großartiger Pinot Noir mit bezaubernder Sauerkirschfrucht und elegantem Tannin.

**84** 2021 Grauburgunder trocken
**6,90 €** | 12,5%

**84** 2021 Riesling trocken
**6,90 €** | 12 %

**84** 2021 Sauvignon Blanc trocken
**6,90 €** | 12 %

**85** 2021 Silvaner Liter trocken
**6 €/1 Lit.** | 12 %

**85** 2021 Weißburgunder trocken
**6,90 €** | 12 %

**87** 2020 Westhofener Morstein Grauburgunder trocken Feueropal
**10,50 €** | 13,5%

**85** 2021 Riesling feinherb
**6,90 €** | 11 %

**84** 2021 Rosé trocken
**6 €** | 12 %

**86** 2020 Spätburgunder trocken
**6,90 €** | 13,5%

**87** 2019 Westhofener Morstein Spätburgunder trocken Turmalin
**10,50 €** | 13,5%

**90** 2019 Westhofener Morstein Spätburgunder trocken SK
**29 €** | 14 %

★★½

## KOCH

Weingut Bürgermeister Carl Koch
55276 Oppenheim · Wormser Straße 62
Tel. (06133) 2326 · Fax 4132
info@carl-koch.de
**www.carl-koch.de**

**Inhaber/in** Paul Berkes
**Betriebsleitung** Agustin G. Novoa

Nicht zum ersten Mal spielt ein Silvaner in diesem Biobetrieb die erste Geige. Es ist erneut der Candel genannte trockene Silvaner, der sich in seiner typischen und klaren Art ganz nach vorne schiebt. Diese Klarheit prägt auch die Spätburgunder des Hauses, wobei der Herrenberg dominiert. Auch der Rieslingsekt Gutleuthaus kann mit schöner Frucht punkten. Hier werden auch Naturweine erzeugt, was sich nicht immer über die Weinbezeichnung erschließt.

**86** 2019 Oppenheimer Gutleuthaus Riesling Sekt Zero Dosage Monopol
**15 €** | 12,5%

**83** 2021 Riesling trocken Weg und Wiese
**6,70 €** | 12 %

**84** 2021 Weißburgunder trocken Pinot Promilleweg
**6,20 €** | 11,5%

**84** 2021 Oppenheimer Grauburgunder trocken
**8 €** | 12,5%

**86** 2021 Chardonnay Landwein trocken Muschelkalk unfiltriert
**8 €** | 12,5%

**86** 2020 Oppenheimer Sackträger Riesling trocken vom Löss
**8,50 €** | 13,5%

**86** 2021 Weißburgunder Landwein trocken Pinot Funk unfiltriert
**10,70 €** | 13 %

**86** 2020 Oppenheimer Sackträger Riesling trocken 1. Sack
**14 €** | 13 %

**87** 2020 Dienheimer Tafelstein Silvaner trocken Candel
**14 €** | 14 %

**85** 2020 Oppenheimer Spätburgunder trocken
**8,20 €** | 14 %

**86** 2019 Oppenheimer Herrenberg Spätburgunder trocken ϖ
**14 €** | 14 %

★★½

## KRÄMER

Weingut Krämer
55578 Gau-Weinheim · Untere Pforte 19
Tel. (06732) 8460 · Fax 63288
info@kraemer-straight.de
**www.kraemer-straight.de**

**Inhaber/in** Tobias Krämer

**Rebfläche** 20 Hektar
**Jahresproduktion** 90 000 Flaschen
**Beste Lagen** Gau-Weinheimer Kaisergarten und Wißberg, Uffhofener La Roche
**Rebsorten** 35% Burgundersorten, 30% Riesling, 25% Chardonnay, 10% rote Sorten
**Erlebenswert** Ausblick vom Wißberg ins rheinhessische Hügelland
**Mitglied** Generation Riesling

Wenn Tobias Krämer Lagenwein sagt, dann meint er auch Lagenwein. Und so stehen der La Roche und der Kaisergarten auch deutlich über Basis und Mittelbau der Kollektion. Im Uffhofener La Roche hat Krämer Riesling-Reben stehen, und die bringen mit großer Regelmäßigkeit einen besonderen Wein hervor. So ist es auch im Jahrgang 2021, wobei der Genießer noch ein wenig Geduld haben sollte. Derzeit braucht der Wein noch sehr viel Zeit an der Luft, bevor er sich so langsam beginnt zu öffnen. Ein wenig Flaschenreife tut ihm gut. Das ist sicherlich auch beim Chardonnay aus dem Gau-Weinheimer Kaisergarten so, der allein deshalb noch etwas ruhen sollte, damit sich das Holz besser einbinden kann. Derweil kann man sich getrost dem Chardonnay Straight zuwenden, mit dem man die Wartezeit bestens überbrücken kann. Das gilt auch für die anderen Weine der Serie Straight, vor allem den Sauvignon Blanc, aber auch den Grauburgunder. Allen Weinen schmeckt man an, dass Tobias Krämer nur bestes Traubenmaterial verwendet, und sie sind geschmackssicher vinifiziert. Nach seiner Ausbildung und dem Studium in Geisenheim hat Tobias Krämer das elterliche Weingut in Gau-Weinheim übernommen, ein stattlicher 20-Hektar-Betrieb. Bereits 2011 gehörte er zu den besten Nachwuchswinzern Deutschlands. Krämers Reben wachsen überwiegend am Wißberg, einer für rheinhessische Verhältnisse stattlichen Erhebung aus weißem Kalkstein, gelegen auf halber Strecke zwischen Alzey und Bingen. Dort sind in den höher gelegenen Südlagen weitere Weinberge ins Portfolio gekommen. Außerdem bewirtschaftet Krämer Rebflächen bei Flonheim, die er von seinem Großvater übernommen hat. Bei den Rebsorten gibt es nur Klassiker: neben Riesling und Burgundern nur noch wenige andere. Tobias Krämer legt besonderen Wert auf ältere Rebstöcke, von denen er seine besten Weine bekommt.

KRÄMER

**85** 2021 Riesling trocken Straight
**8,70 €** | 12,5%

**86** 2021 Grauburgunder trocken Straight
**8,70 €** | 12,5%

**86** 2021 Gau-Weinheimer Riesling trocken
**12,70 €** | 12%

**86** 2021 Uffhofener Riesling trocken
**12,70 €** | 12%

**87** 2021 Chardonnay trocken Straight
**9,70 €** | 12,5%

**87** 2021 Sauvignon Blanc trocken Straight
**9,70 €** | 12,5%

**89** 2021 Uffhofener La Roche Riesling trocken
**16,50 €** | 12,5%

**89** 2021 Gau-Weinheimer Kaisergarten Chardonnay trocken
**22,50 €** | 13,5%

**85** 2021 Rosé Good Stuff trocken
**9,70 €** | 13%

**86** 2019 Cuvée Red Stuff trocken
**9,70 €** | 13,5%

★

## KRON

Weingut Kron
67550 Worms · Rheinbergstraße 22/24
Tel. (06242) 7839 · Fax 9127920
info@weingut-kron.de
**www.weingut-kron.de**

**Inhaber/in und Betriebsleitung**
Bernhard und Sebastian Kron
**Keller** Sebastian Kron
**Außenbetrieb** Bernhard Kron

Während die Märkte seit Jahren mit Guts-, Orts- und Lagenweinen geflutet werden, hat dieses 25-Hektar-Gut im Norden von Worms seine ganz eigene Nomenklatur aufgestellt, die ein wenig an vergangene, aber glorreiche Zeiten erinnert - zumindest für den Adel. Auf der Basis steht der Ritter, gefolgt vom Fürst und an der Spitze König und Kaiser. Die Königsdisziplin in diesem Hause ist übrigens der Rotwein, mit deutlichem Abstand vor den Weißen. Sebastian Kron, der im Keller das Zepter schwingt, bringt Merlot, Blaufränkisch oder auch Spätburgunder auf die Flasche, die intensive Frucht und gute Dichte aufweisen.

**84** 2021 Riesling trocken Ritter
**5,30 €/1 Lit.** | 12 %

**84** 2021 Abenheimer Chardonnay trocken König
**8,70 €** | 13 %

**85** 2021 Weißburgunder trocken Fürst
**6,70 €** | 12 %

**85** 2021 Abenheimer Sauvignon Blanc trocken König
**8 €** | 12,5%

**86** 2020 Abenheimer Klausenberg Riesling trocken Kaiser
**9,70 €** | 12,5%

**85** 2021 Riesling Kabinett feinherb Fürst
**6,90 €** | 10 %

**87** 2018 Abenheimer Merlot trocken König
**8,20 €** | 14,5%

**87** 2018 Abenheimer Spätburgunder trocken König
**9,50 €** | 13 %

**87** 2019 Abenheimer Klausenberg Blaufränkisch trocken Kaiser
**11,70 €** | 13,5%

**88** 2018 Abenheimer Klausenberg Cuvée Jean trocken Kaiser
**13,70 €** | 14 %

★½

## KRUG'SCHER HOF

Weingut Krug'scher Hof
55239 Gau-Odernheim · Am Grünen Weg 15
Tel. (06733) 1337 · Fax 1700
menger-krug@t-online.de
**www.villa-im-paradies.de**

**Inhaber/in** Familie Menger-Krug
**Keller** Marie Menger-Krug und Michael Kern

Dies ist mit 60 Hektar beileibe kein kleines Weingut. Um so erstaunlicher, mit welcher Regelmäßigkeit Marie Menger-Krug eine überzeugende Palette nach der anderen präsentiert. Und dies gelingt auch unter den erhöhten Anforderungen der biologischen Wirtschaftsweise, die hier seit Jahren gepflegt wird. Vom Jahrgang 2021 stellt Marie Menger-Krug eine kleine Serie vor, die es aber in sich hat. Die Weine sind durch die Bank gradlinig vinifiziert, sind rebsortentypisch und werden von einer großen Klarheit getragen. Die Nase vorn hat für uns in diesem Jahr der animierende Weißburgunder, während Grauburgunder und Auxerrois nicht weit dahinter stehen. Auch der Riesling befindet sich auf Augenhöhe. Der Sitz des Traditionsguts der Familie Menger-Krug ist zwar in Gau-Odernheim, die Weinberge erstrecken sich allerdings von Alzey bis Bechtheim quer durch das rheinhessische Hügelland. Entsprechend unterschiedlich sind die Bodenarten, auf denen die Reben wachsen. Die Familie Menger-Krug konzentriert sich auf das Wesentliche. Die Rebflächen teilen sich der Riesling und die weißen und roten Burgundersorten, der Platz für andere Sorten ist auf ein Minimum geschrumpft.

**85** 2021 Sauvignon Blanc trocken
**8,50 €** | 12 %

**86** 2021 Auxerrois trocken
**8,50 €** | 12 %

**86** 2021 Riesling trocken
**12,50 €** | 13 %

**87** 2021 Weißburgunder trocken
**12,50 €** | 12,5%

**86** 2021 Grauburgunder feinherb
**8,50 €** | 12 %

★★★★★

## KÜHLING-GILLOT

Kühling-Gillot
55294 Bodenheim · Ölmühlstraße 25
Tel. (06135) 2333 · Fax 6463
info@kuehling-gillot.de
**www.kuehlingandbattenfeld.com**

**Inhaber/in und Betriebsleitung** Carolin Spanier-Gillot und Hans Oliver Spanier
**Keller** Hans Oliver Spanier, Axel Thieme und Christopher Full
**Außenbetrieb** Johannes Trautwein

**Rebfläche** 25 Hektar
**Beste Lagen** Oppenheimer Kreuz, Niersteiner Pettenthal, Hipping und Ölberg, Nackenheimer Rothenberg
**Boden** roter Schiefer, Kalkmergel
**Rebsorten** 75% Riesling, 15% Chardonnay, Grauburgunder, Spätburgunder
**Gastronomie** Weinevents „Liquid Life" in Bodenheim
**Erlebenswert** Reifekeller in Hohen-Sülzen, moderne Vinothek mit Park für Veranstaltungen in Bodenheim
**Mitglied** VDP, Maxime Herkunft

Wenn man sich die Liste der verkosteten Weine aus diesem Traditionsgut in Bodenheim anschaut, dann weiß der Kenner: Viel besser geht es nicht. Die Großen Gewächse gehören ohnehin zum Besten, was das Land zu bieten hat. Doch sind es zunehmend auch die Ortsweine aus Ersten Lagen, die hier für Aufsehen sorgen. Vor allem der Niersteiner und der Nackenheimer Riesling sind von frappierender Qualität und auf einem Level, der andernorts manchem Großen Gewächs gut stehen würde. Die Güte der Ortsweine hat auch damit zu tun, wie streng die Selektion der besten Fässer für die Großen Gewächse erfolgt. Und bei Kühling-Gillot, so scheint es uns, ist diese Auswahl besonders streng. Das kommt zum einen den Großen Gewächsen zugute, aber auch den Ortsweinen, in die mehr der besseren Fässer fließen als normalerweise üblich. So zeigt der Niersteiner Riesling eine großartige Kühle und Klarheit, die ganz dem Charakter des Jahrgangs 2021 entspricht. Beim Nackenheimer Riesling kommt noch Wärme und etwas Würze dazu, ein grandioser Terroir-Wein. Bei den Großen Gewächsen haben sich zwei vom Rest des Feldes abgesetzt. Der Niersteiner Pettenthal und der Nackenheimer Rothenberg Wurzelecht sind zwei atemberaubende trockene Ausnahme-Rieslinge. Während diese Weine wichtig sind für das Image des Hauses, sind es die Basisweine für den Alltagsgenuss. Hier hat Kühling-Gillot schon früh Maßstäbe gesetzt. Der äußerst zuverlässige Gutsriesling Qvinterra überzeugt auch als 2021er mit Aprikosenduft und zupackender Säure. Hier gibt es auch fantastische Burgunder. Diesmal erfreute uns Carolin Spanier-Gillot mit zwei ausgezeichneten Chardonnays. Der Reserve wird getragen von einem feinen Duft und eleganter Leichtigkeit. Der Oppenheimer Chardonnay von alten Reben hat noch mehr Ausdruck und Präzision und spielt im Konzert der Jahrgangsbesten mit. Der hochfeine Spätburgunder aus dem Oppenheimer Kreuz rundet die aktuelle Kollektion spektakulär ab.

### Erstklassige Weinberge

Ganz wesentlich für den Erfolg eines Betriebs ist die Güte der Weinberge. Die Trauben von Kühling-Gillot wachsen in allerbesten Parzellen in Nierstein und Nackenheim. Das Stück im Pettenthal ist mit mehr als 70 Prozent Neigung der steilste Weinberg Rheinhessens. Das Felsband, das sich durch den gesamten Roten Hang zieht, kommt hier der Oberfläche sehr nahe. Die Humusschicht ist extrem dünn, die Rebe muss tief im steinigen Boden wurzeln. Die Parzelle in Nackenheim ist das steilste Stück im Rothenberg und von einer Steinmauer eingefasst. Die Reben sind dort tief im roten Schiefer verankert. Sie gehören zu den ältesten Riesling-Rebstöcken Deutschlands und sind wurzelecht. Schon seit Jahren kommen aus diesen Ausnahmeweinbergen die besten Weine des Hauses. 2014 war das Große Gewächs aus dem Rothenberg der beste Riesling in ganz Deutschland. 2002 war der erste Jahrgang von Carolin Spanier-Gillot und

2004 der erste Jahrgang, in dem die Weine in Hohen-Sülzen auf dem Weingut Battenfeld-Spanier ausgebaut wurden. Seit 2005 wird hier ökologisch gewirtschaftet.

KÜHLING-GILLOT

**87** 2021 Riesling trocken Qvinterra
**12,80 €** | 12 %

**88** 2021 Grauburgunder trocken Reserve
**14,50 €** | 12,5%

**90** 2021 Chardonnay trocken Reserve
**14,50 €** | 12,5%

**90** 2021 Oppenheimer Riesling trocken aus Ersten Lagen
**19,50 €** | 12,5%

**92** 2021 Niersteiner Riesling trocken aus Ersten Lagen
**23,50 €** | 12,5%

**92** 2021 Nackenheimer Riesling trocken aus Ersten Lagen
**23,50 €** | 12,5%

**92** 2021 Oppenheimer Chardonnay trocken Alte Reben
**38 €** | 12,5%

**92** 2021 Niersteiner Ölberg Riesling VDP. Großes Gewächs
**52 €** | 12,5%

**93** 2021 Niersteiner Hipping Riesling VDP. Großes Gewächs
**59 €** | 12,5%

**95** 2021 Niersteiner Pettenthal Riesling VDP.Großes Gewächs
**59 €** | 12,5%

**96** 2021 Nackenheimer Rothenberg Riesling VDP.Großes GewächsWurzelecht
**195 €** | 12,5%

**92** 2020 Oppenheimer Kreuz Spätburgunder VDP.Großes Gewächs
**52 €** | 12,5%

★★☆

## LAMBERTH

Weingut Lamberth
55278 Ludwigshöhe · Kirchstraße 20
Tel. (06249) 8611 · Fax 906434
info@weingut-lamberth.de
**www.weingut-lamberth.de**

**Inhaber/in** Armin und Carsten Lamberth
**Keller** Carsten Lamberth

Carsten Lamberths Expertise für Rotwein wird immer deutlicher. Vor allem die Pinot Noirs aus dem superheißen Jahrgang 2018 hat er blendend im Griff. Während die Steig-Terrassen sublim an Rauch und Tabak erinnern, protzt die überaus präzise Kreuzkapelle mit duftiger Sauerkirsche. Doch auch mit südländischen Sorten kommt Lamberth immer besser zurecht, wie der Syrah mit seiner intensiven Frucht belegt. Bei den Weißen sticht diesmal der Riesling hervor. Der trockene Kalkstein hat Steinobst in der Nase und zeigt Spannung, während die fruchtige Spätlese von Süße und straffer Säure getragen wird.

**83** 2020 Chardonnay & Weißburgunder trocken Kalkstein
**8,90 €** | 13 %

**84** 2021 Cabernet Sauvignon & Merlot Blanc de Noirs trocken
**7,40 €** | 12 %

**85** 2021 Silvaner trocken
**5,80 €** | 12 %

**85** 2021 Sauvignon Blanc trocken
**7,40 €** | 12,5%

**86** 2018 Riesling trocken Kalkstein unfiltriert
**8 €** | 12,5%

**87** 2020 Riesling Spätlese Alte Reben
**7,20 €** | 8,5%

**85** 2018 Dornfelder trocken Barrique
**10,70 €** | 13,5%

**86** 2018 Spätburgunder trocken Kalkstein
**10,70 €** | 13,5%

**87** 2018 Steig-Terrassen Pinot Noir trocken Très Fins R
**21 €** | 13,5%

**88** 2018 Steig-Terrassen Syrah trocken R
**21 €** | 13,5%

**89** 2018 Kreuzkapelle Pinot Noir trocken Très Fins R
**21 €** | 13,5%

## LANDGRAF

Weingut Landgraf
55291 Saulheim · Außerhalb 9
Tel. (06732) 5126 · Fax 62646
info@weingut-landgraf.de
**www.weingut-landgraf.de**

**Inhaber/in** Andre Landgraf
**Betriebsleitung** Katrin & Andre Landgraf
**Keller** Andre Landgraf

**Rebfläche** 20 Hektar
**Jahresproduktion** 150 000 Flaschen
**Beste Lagen** Saulheimer Schlossberg, Saulheimer Hölle, Saulheimer Haubenberg
**Boden** mit Kalkstein durchsetzte Mergelverwitterungsböden aus dem Tertiär (vor 2–56 Mio. Jahren), Tonmergel und Kalkmergel
**Rebsorten** 40% Riesling, 36% Weiß- und Grauburgunder, 13% Spätburgunder, 11% übrige Sorten
**Mitglied** Maxime Herkunft

Wir haben schon oft die Spätburgunder dieses Hauses gelobt, doch diesmal sind die weißen Burgundersorten ganz vorne. Es ist schon erstaunlich, dass bereits die Gutsweine Charakter haben, etwa der wunderbar schmelzige Weißburgunder. Die Orts- und Lagenweine bewegen sich diesmal locker in der Gebietsspitze. Das trifft auf den Saulheimer Weißburgunder ebenso zu wie auf den Grauburgunder. So richtig spannend wird es beim Weißburgunder aus der Saulheimer Hölle, ein ganz starker, geschmackvoller Wein. Der wird nur noch übertrumpft vom Chardonnay Reserve, der sich mit seiner Intensität klar an die Spitze der Reihe gesetzt hat. Die Rieslinge können bei diesem Gala-Auftritt der Burgunder nicht ganz mithalten, aber sie liegen allenfalls einen halben Schritt zurück. Schlossberg und Hölle sind zwei ganz starke Vertreter dieser Paradesorte. Auch die Spätburgunder haben uns begeistert, allen voran der transparente und geradezu filigrane Saulheimer Ortswein zu einem exorbitant guten Preis. Der Spätburgunder aus der Hölle liegt knapp davor, mit betörendem Duft von Sauerkirschen und Himbeeren, aber einer ähnlich faszinierenden Filigranität. Wer elegante Pinot Noirs schätzt, ist hier an der richtigen Adresse. Andre Landgraf ist Gründungsmitglied des Winzernetzwerks Message in a Bottle. Die tiefgründigen, sehr mineralischen Böden der Saulheimer Weinberge werden längst nicht mehr unterschätzt - auch dank Andre Landgraf, der akribisch und ökologisch arbeitet. Katrin und Andre Landgraf arbeiten jetzt schon seit 15 Jahren in ihrem 20-Hektar-Gut nach ökologischen Prinzipien.

**87** 2014 Pinot Sekt Brut
**15,50 €** | 12 %

**85** 2021 Riesling trocken
**8,50 €** | 12 %

**86** 2021 Weißburgunder trocken
**8,50 €** | 12 %

**86** 2021 Saulheimer Riesling trocken
**12,50 €** | 12,5%

**87** 2021 Saulheimer Grauburgunder trocken
**12,50 €** | 13 %

**88** 2021 Saulheimer Weißburgunder trocken
**12,50 €** | 13 %

**89** 2021 Saulheimer Schlossberg Riesling trocken
**23 €** | 12,5%

**90** 2021 Saulheimer Hölle Riesling trocken
**23 €** | 12,5%

**91** 2020 Saulheimer Hölle Weißburgunder trocken
**23 €** | 13,5%

**92** 2020 Chardonnay trocken Reserve
**25 €** | 13 %

**89** 2020 Saulheimer Spätburgunder trocken
**13,50 €** | 13 % BEST BUY

**90** 2019 Saulheimer Hölle Spätburgunder trocken
**24 €** | 13 %

★★☆

## LEONHARD

Weingut Klaus-Peter Leonhard
55283 Nierstein · Wörrstadter Straße 35
Tel. (06133) 50323 · Fax 491921
weingut-leonhard@gmx.de
**www.weingutleonhard.de**

**Inhaber/in und Betriebsleitung**
Klaus Peter Leonhard
**Keller** Klaus Peter Leonhard
**Außenbetrieb** Klaus Peter Leonhard

Klaus Peter Leonhard hat im Jahrgang 2021 feinrassige Rieslinge mit viel Spiel und Charakter erzeugt. Bei den Trockenen sind die Lagenweine aus Pettenthal und Ölberg führend. Doch auch der Grauburgunder aus dem Paterberg profiliert sich mit schönem Säurespiel. Ein unschlagbares Schnäppchen ist der Spätburgunder Weißherbst aus dem Paterberg für gerade mal 5,60 Euro. Mehr als ein Drittel der Rebfläche befindet sich in den Filetstücken am Roten Hang in Nierstein. Das Gut selbst ist in einer schmucken Jugendstilvilla untergebracht.

**85** 2021 Niersteiner Rosenberg Riesling trocken
**5,70 €/1 Lit.** | 12,5%

**86** 2021 Niersteiner Paterberg Grauburgunder Spätlese trocken
**7,20 €** | 14 %

**87** 2021 Niersteiner Pettenthal Riesling Kabinett trocken
**6,65 €** | 12,5%

**88** 2021 Niersteiner Ölberg Riesling Spätlese trocken
**7,20 €** | 12,5%

**86** 2021 Niersteiner Ölberg Riesling Kabinett
**6,05 €** | 8,5%

**87** 2021 Niersteiner Rosenberg Rieslaner Beerenauslese
**16 €/0,375 Lit.** | 7 %

**88** 2021 Niersteiner Paterberg Scheurebe Beerenauslese
**25 €/0,375 Lit.** | 7,5%

**86** 2021 Niersteiner Paterberg Spätburgunder Weißherbst trocken
**5,60 €** | 13 %

**85** 2020 Niersteiner Paterberg Spätburgunder trocken Premium
**8 €** | 13,5%

★★☆

## LOHR

Weingut Lohr
67551 Worms-Weinsheim
Weinsheimer Hauptstrasse 21
Tel. (06241) 33327 · Fax 384814
post@weingut-lohr.de
**www.weingut-lohr.de**

**Inhaber/in und Betriebsleitung** Frank Lohr
**Keller** Frank Lohr

Frank Lohr hat wieder eine überzeugende kleine Serie eingereicht, wobei die Gutsweine eine solide Basis bilden. Dabei entfaltet der Riesling Aromen von grünem Apfel, während der Chardonnay eher an Birne erinnert. Wie gut die Weine aus diesem Hause im Wormser Umland reifen können, belegt der 2019er Flomborner Chardonnay mit seinem feinen Duft von Netzmelonen. An der Spitze der Kollektion stehen zwei Lagen-Rieslinge aus dem Flomborner Goldberg. Der 2020er zeigt sich konzentriert mit Zitrusaromen. Der 2021 kam unfiltriert auf die Flasche, er offenbart eine schöne Cremigkeit und den Duft von Bourbonvanille. Weinberge in Flomborn und Worms-Weinsheim sind die Basis dieses 18-Hektar-Betriebs. Unterstützt wird der junge Winzer, der unter anderem beim Spitzenwinzer Klaus Peter Keller gelernt hat, von seiner Partnerin Johanna Bossert, die im heimischen Weingut in Gundersheim bereits einige Erfahrung gesammelt hat. Ziel sind Weine, in denen die Herkunft schmeckbar sein soll, etwa vom Kiesboden oder vom Kalkstein.

**84** 2021 Chardonnay trocken
**8,60 €** | 13 %

**84** 2021 Sauvignon Blanc trocken
**8,60 €** | 12,5%

**84** 2021 Riesling trocken
**8,60 €** | 12,5%

**86** 2019 Flomborner Chardonnay trocken
**15,60 €** | 13 %

**87** 2021 Flomborner Goldberg Riesling trocken
**30 €** | 13 %

**87** 2020 Flomborner Goldberg Riesling trocken
**30 €** | 13 %

★★★

## MANZ

Weingut Manz
55278 Weinolsheim · Mühlweg 18
Tel. (06249) 803008 · Fax 803041
weingut@manz-weinolsheim.de
**www.manz-weinolsheim.de**

**Inhaber/in und Betriebsleitung**
Eric Manz
**Keller** Eric Manz

**Historie** 1725 erste Erwähnung als Gutshof
**Rebfläche** 35 Hektar
**Jahresproduktion** 250 000 Flaschen
**Beste Lagen** Weinolsheimer Kehr, Oppenheimer Herrenberg und Sackträger, Niersteiner Hipping und Pettenthal
**Boden** Kalkmergel mit hohem Ton- und Gesteinsanteil, Kalksteinverwitterung, Rotschiefer
**Rebsorten** je 40% Burgundersorten, 40% Riesling, 20% übrige Sorten
**Erlebenswert** Weinolsheimer Kehr: Blick auf den Petersberg, Roter Hang: Blick ins Rheintal, Oppenheimer Herrenberg: Blick über die Katharinenkirche nach Hessen

Der trockene Riesling aus dem Jahrgang 2021 ist auch in diesem 35-Hektar-Gut eine Bank. Wir sehen einerseits die Hauslage Weinolsheimer Kehr in ihrer festen und eher fruchtbetonten Art sowie den Oppenheimer Herrenberg gleichauf. Deutlich in Führung gegangen ist auch diesmal der Niersteiner Pettenthal, ein spannungsreicher und filigraner Riesling. Die Burgundersorten spielen eine weitere Hauptrolle. An der Spitze stehen die Reserve-Weine, einerseits von Grauburgunder und Chardonnay, andererseits vom Weißburgunder, der sich mit seiner klaren und druckvollen Machart ein wenig nach vorne geschoben hat. Doch die aktuelle Kollektion hat noch weitere Höhepunkte zu bieten. Dazu gehört etwa die Spätburgunder Reserve aus dem Herrenberg mit ihrer fesselnden Kirschfrucht und dem feinen Tannin. Und auch bei den Basisweinen wird der Genießer fündig. So ist die Scheurebe vom Kalkstein eine belebende Erfrischung, ohne vorlaut zu werden. Und wer es gern süß mag, dem seien die fruchtigen Rieslinge empfohlen: etwa der üppige Kabinett aus dem Heiligenbaum oder die exotische Spätlese aus der Lage Kehr.

**86** 2021 Scheurebe trocken Kalkstein
**10,50 €** | 12,5%

**86** 2021 Grauburgunder trocken Alte Reben
**11,50 €** | 13 %

**87** 2021 Weißburgunder trocken Löss
**7,90 €** | 12,5%

**88** 2020 Chardonnay trocken Reserve
**17,50 €** | 13,5%

**88** 2021 Grauburgunder trocken Reserve
**17,90 €** | 13 %

**89** 2021 Oppenheimer Herrenberg Riesling trocken 100
**15,30 €** | 13 %

**89** 2021 Weißburgunder trocken Reserve
**17,50 €** | 13 %

**89** 2021 Weinolsheimer Kehr Riesling trocken
**17,90 €** | 13 %

**91** 2021 Niersteiner Pettenthal Riesling trocken
**24,90 €** | 13 %

**87** 2021 Niersteiner Heiligenbaum Riesling Kabinett
**Preis auf Anfrage** | 8,5%

**88** 2021 Weinolsheimer Kehr Riesling Spätlese
**10,50 €** | 8,5%

**89** 2019 Oppenheimer Herrenberg Spätburgunder trocken Reserve
**28,50 €** | 13,5%

★★☆

## MARX

Weingut Marx
55232 Alzey-Weinheim · Hauptstraße 83
Tel. (06731) 41313 · Fax 45290
info@weingut-marx.de
**www.weingut-marx.de**

**Inhaber/in und Betriebsleitung** Klaus Marx

Im Hause Marx, im Alzeyer Vorort Weinheim, wartet man vergeblich auf schwache Weine. Sie zeichnen sich auch durch eine Preis-Genuss-Relation aus, die ihresgleichen sucht. Das gilt auch für den Jahrgang 2021, in dem der etwas strenge Riesling nicht so im Fokus steht wie gewohnt, dafür aber andere Sorten. Die feinherbe Scheurebe gehört dazu, die verführerisch an pinke Grapefruit erinnert. Der Rosé vom Portugieser gefällt mit animierender Frucht und Anklang von Litschi. Und die Cuvée Von der Küste, von diversen alten Reben, ist eine harmonische Komposition. Das Weingut ist in einem schmucken Sandsteinhaus mit moderner Vinothek untergebracht.

**84** 2021 Silvaner Liter trocken
**5,40 €/1 Lit.** | 12 %

**84** 2021 Weinheimer Rivaner trocken
**6,20 €** | 12 %

**84** 2021 Weinheimer Riesling trocken
**6,20 €** | 12 %

**85** 2021 Weinheimer Grauer Burgunder trocken
**6,50 €** | 12,5%

**85** 2021 Weinheimer Sauvignon Blanc trocken
**8,60 €** | 12 %

**86** 2021 Weinheimer Cuvée Von der Küste trocken
**8,30 €** | 12 %

**86** 2021 Weinheimer Riesling trocken Alte Reben
**8,30 €** | 12,5%

**85** 2021 Weinheimer Weißer Burgunder halbtrocken
**6,50 €** | 11,5%

**87** 2021 Weinheimer Scheurebe feinherb
**5,90 €** | 10 %

**86** 2021 Weinheimer Portugieser Rosé halbtrocken
**5,90 €** | 12 %

**86** 2020 Weinheimer Cabernet Mitos trocken Premium
**10,80 €** | 13 %

★★

## MATTERN

Weingut Daniel Mattern
67582 Mettenheim · In den Weingärten 5
Tel. (0176) 30324122
info@daniel-mattern.de
**www.daniel-mattern.de**

**Inhaber/in und Betriebsleitung**
Daniel Mattern

**Rebfläche** 11 Hektar
**Jahresproduktion** 120 000 Flaschen
**Beste Lagen** Dittelsheimer Geiersberg und Leckerberg
**Boden** Lösslehm, Muschelkalk
**Rebsorten** 40% Riesling, 20% Sauvignon Blanc, 20% Burgundersorten, 20 übrige Sorten

Wer glaubt, Daniel Mattern begnügt sich damit, dass er in Mainz und anderen Städten die Partyszene etwa mit seinem prickelnden Rhabarber Spritz rockt, der täuscht sich gewaltig. Er arbeitet kontinuierlich an der Qualitätsverbesserung seiner Weine, und da sind auch hochseriöse Tropfen darunter. Vor allem die Rieslinge haben zuletzt deutlich zugelegt. Der Dittelsheimer Leckerberg, vor allem aber der Geiersberg sind rundum überzeugende Lagenweine. Dazu kommt der fruchtige Riesling Kabinett mit seiner erfrischenden Art. Mindestens genau soviel Aufmerksamkeit lässt Mattern dem Sauvignon Blanc angedeihen, den es hier in zahlreichen Varianten gibt. Die Palette reicht vom traditionellen Gutswein über eine Fumé-Variante bis hin zum spannenden Verschnittpartner mit anderen Sorten. Dazu gehört die unkonventionelle Kombination mit Muskateller, aber auch eine Liaison mit Chardonnay, die von elegant eingebundenem Holz abgerundet wird. Die beiden Letztgenannten sind übrigens Naturweine, denen sich Mattern seit Jahren mit Hingabe widmet. Er beherrscht dieses Segment ausgezeichnet und hat immer wieder Überraschungen parat. In diese Kategorie gehört sicherlich die Vermählung von Sauvignon Blanc mit Hopfen, Hop and Grape genannt, ein überaus verblüffendes Getränk. Wir sind uns sicher, dass dies nicht die letzte Entdeckung war, mit der Mattern immer wieder sein Publikum begeistert.

daniel m[a]ttern

**88** Sauvignon Blanc & Hopfen Hop and Grape Secco
**12,90 €** | 12,5%

**85** 2021 Spätburgunder trocken Blanc de Noirs
**8,90 €** | 12%

**85** 2021 Riesling trocken
**8,90 €** | 12%

**85** 2021 Weißburgunder trocken
**8,90 €** | 12%

**86** 2021 Sauvignon Blanc trocken
**8,90 €** | 12%

**86** 2021 Weißburgunder & Chardonnay trocken
**8,90 €** | 12%

**86** 2020 Chardonnay trocken Reserve
**12,90 €** | 13%

**87** 2021 Chardonnay trocken
**8,90 €** | 12%

**87** 2020 Sauvignon Blanc Fumé trocken
**12,90 €** | 13%

**87** 2020 Dittelsheimer Leckerberg Riesling trocken
**15,90 €** | 12,5%

**89** 2020 Dittelsheimer Geiersberg Riesling trocken
**17,90 €** | 13%

**89** 2019 Sauvignon Blanc & Chardonnay trocken Assemblage Reserve Natural
**24,90 €** | 13%

**88** 2021 Dittelsheimer Riesling Kabinett
**8,90 €** | 10%

**88** 2021 Muskateller & Sauvignon Blanc
**14,90 €** | 12%

★★★½

## KARL MAY

Weingut Karl May
67574 Osthofen
Ludwig-Schwamb-Straße 22
Tel. (06242) 2356 · Fax 3690
info@weingut-karl-may.de
**www.weingut-karl-may.de**

**Inhaber/in** Peter und Fritz May
**Keller** Peter und Fritz May

**Historie** Schenkung des Hofs im Jahr 1309 an die Dominikaner in Worms, seit 1815 in Familienbesitz
**Rebfläche** 34 Hektar
**Jahresproduktion** 180 000 Flaschen
**Beste Lagen** Osthofener Goldberg, Westhofener Morstein, Bechtheimer Geyersberg
**Boden** Kalkstein, tiefgründiger Löss, Lehm
**Rebsorten** 30% Riesling, 12% Weißburgunder, je 10% Spätburgunder, Grauburgunder und Silvaner, je 5% Chardonnay und Sauvignon Blanc, 18% übrige Sorten
**Erlebenswert** Barriquekeller, Vinothek
**Mitglied** Maxime Herkunft

Oft werden Fortschritte in der Weinqualität ja an aufwendig erzeugten und nicht selten teuren Premiumweinen festgemacht. Diese spielen in der Tat vor allem in der Außenwahrnehmung eine große Rolle. Uns interessiert aber mindestens genauso stark, was sich an der Basis tut. Denn es sind immer noch die Gutsweine, die in aller Munde sind. Und diese sind im Weingut May in Osthofen in den besten Händen. Ob Riesling oder Weißburgunder, es sind wunderbare Weine für jeden Tag mit ganz klarer Frucht und schöner Frische. Natürlich geht dann irgendwann der Blick nach oben - und da könnte man schnell ins Schwärmen kommen. Ein Riesling ist hier besser als der andere, alles Weine von großer Konzentration und Mineralität, egal ob aus dem Bechtheimer Geyersberg oder dem Osthofener Goldberg. Und der Spitzenplatz ist meist auch schon vergeben, und zwar an den Westhofener Morstein, einen Riesling mit toller Rasse, rauchiger Art und Präzision. Das Haus hat schon länger einen Ruf für erstklassige Rotweine und wird diesem erneut gerecht. Wir probierten einen überaus aparten und duftigen Cabernet Franc und labten uns an einem vorzüglichen Frühburgunder. An der Spitze steht der Pinot

Noir aus dem Geyersberg, ein großer Wein mit sehr feinen Tanninen und überbordender Sauerkirscharomatik. Übrigens: In Anlehnung an die Bücher von Karl May werden einige Cuvées „Blutsbruder" genannt, es gibt sie in Weiß, Rosé und Rot. Zudem gibt es die Rotweine Kleiner und Großer Bruder.

**86** 2021 Riesling trocken
**8,90 €** | 12 %

**86** 2021 Weißburgunder trocken
**8,90 €** | 12,5%

**86** 2021 Osthofener Grauburgunder trocken
**13,50 €** | 13 %

**87** 2021 Osthofener Weißburgunder trocken
**11,90 €** | 13 %

**87** 2021 Osthofener Riesling trocken
**12,90 €** | 12 %

**88** 2021 Bechtheimer Geyersberg Riesling trocken
**19,90 €** | 12,5%

**89** 2021 Osthofener Goldberg Riesling trocken
**29 €** | 12,5%

**91** 2021 Westhofener Morstein Riesling trocken
**29 €** | 12,5%

**89** 2020 Osthofener Pinot Noir trocken
**14,50 €** | 13 % BEST BUY

**89** 2019 Cabernet Franc trocken Reserve
**35 €** | 13,5%

**90** 2019 Osthofener Vordere Mulde Frühburgunder trocken
**19,90 €** | 13 %

**91** 2020 Bechtheimer Geyersberg Pinot Noir trocken
**22 €** | 13 %

★★ NEU

## MEISER

Weingut Meiser
55239 Gau-Odernheim, Gau-Köngernheim
Alzeyer Straße 131
Tel. (06733) 508
frank.meiser@weingut-meiser.de
**www.weingut-meiser.de**

**Inhaber/in und Betriebsleitung**
Familie Meiser
**Keller** Charlotte Meiser
**Außenbetrieb** Julius Meiser

Vor 30 Jahren hat Frank Meiser den elterlichen Betrieb in Gau-Köngernheim bei Alzey übernommen, jetzt steht der nächste Generationswechsel an. Charlotte und Julius Meiser übernehmen Zug um Zug mehr Verantwortung. Wir probierten blitzsaubere, klare Lagen-Rotweine, wie den Frühburgunder Kirchenstück und den Spätburgunder Hölle. Schon die Basisweine haben hier Format. An der Spitze der weißen Serie steht der harmonische Riesling aus dem Alzeyer Rotenfels. Zum Weingut gehört die Poppenschenke in Alzey-Weinheim, wo man zu kleinen Speisen die Weine verkosten kann. In Alzey-Schafhausen gibt es zudem ein gepflegtes Gästehaus in historischem Gemäuer.

**85** 2021 Grüner Silvaner trocken
**6,90 €** | 12,5%

**85** 2021 Weißburgunder trocken
**7,50 €** | 12,5%

**86** 2021 Alzeyer Riesling trocken
**9 €** | 12 %

**86** 2021 Westhofener Grauburgunder trocken
**9,50 €** | 13 %

**86** 2020 Gau-Köngernheimer Chardonnay trocken
**9,50 €** | 12,5%

**86** 2021 Weinheimer Kirchenstück Gewürztraminer trocken
**9,90 €** | 13 %

**87** 2020 Alzeyer Rotenfels Riesling trocken
**15 €** | 12,5%

**87** 2020 Weinheimer Kirchenstück Frühburgunder trocken
**12 €** | 13 %

**88** 2021 Weinheimer Hölle Spätburgunder trocken
**12 €** | 13 %

★★☆

## MERTZ

Weingut Mertz
55599 Eckelsheim · Hauptstraße 16
Tel. (06703) 1271
info@weingut-mertz.de
**www.weingut-mertz.de**

**Inhaber/in und Betriebsleitung** Sina Mertz
**Keller** Sina Mertz
**Außenbetrieb** Sina Mertz

Sina Mertz entwickelt zunehmend ein feines Händchen für Bukettsorten. Neben dem feinherben Gewürztraminer mit seinen typischen Noten ist es diesmal vor allem die Scheurebe, die sich in den Vordergrund schiebt. Die trockene Variante „vom Kliff" entwickelt sublime Stachelbeertöne und Eleganz, während die Spätlese mit einem feinen Säurespiel Harmonie erzeugt. Die Gutsweine sind sauber gestrickte Durstlöscher für jeden Tag. Den kann man beispielsweise mit dem zitrusfrischen Eckelsheimer Riesling Kabinett ansprechend beschließen. Das Elf-Hektar-Gut von Sina Mertz liegt in Eckelsheim, im mittleren Westen des Anbaugebiets, auch Rheinhessische Schweiz genannt. Sina Mertz führt den Betrieb nun bereits seit 2016, tatkräftig unterstützt von ihren Eltern, Carmen und Gunter Mertz.

**84** 2021 Silvaner trocken
**5,40 €/1 Lit.** | 12%

**84** 2021 Riesling trocken
**6,40 €** | 12%

**85** 2021 Grauburgunder trocken
**6,40 €** | 12,5%

**86** 2020 Eckelsheimer Kirchberg Riesling trocken
**13,50 €** | 13%

**87** 2021 Scheurebe trocken vom Kliff
**7,30 €** | 12,5%

**86** 2021 Gewürztraminer feinherb
**7 €** | 12%

**87** 2021 Scheurebe Spätlese
**7,50 €** | 10%

**86** 2021 Eckelsheimer Riesling
**7,50 €** | 9,5%

**84** 2021 Rosé feinherb
**5,60 €/1 Lit.** | 12%

**86** 2019 Eckelsheimer Spätburgunder trocken
**11 €** | 13%

★★★☆

## METT & WEIDENBACH

Weingut Mett & Weidenbach
55218 Ingelheim · Mainzer Straße 31
Tel. (06132) 2682 · Fax 3271
info@mett-wein.de
**www.mett-wein.de**

**Inhaber/in und Betriebsleitung** Jürgen Mett
**Keller** Jürgen Mett

**Rebfläche** 14 Hektar
**Jahresproduktion** 120 000 Flaschen
**Beste Lagen** Ingelheimer Pares, Ingelheimer Höllenweg, Ingelheimer Unft
**Boden** kalkhaltiger Sand, Löss
**Rebsorten** 35% Spät- und Frühburgunder, je 10% Grauburgunder und Riesling, je 5% Weißburgunder, Chardonnay und Silvaner, 30% übrige Sorten
**Mitglied** Maxime Herkunft

Die Umstellung dieses 14-Hektar-Gutes in Ingelheim auf biologische Wirtschaftsweise scheint die Weinqualität zu beflügeln. Vor allem die Roten, wie sollte es auch anders sein in Ingelheim, geben eine regelrechte Galavorstellung. In allen Gläsern, wohin man auch riecht und schmeckt, dominieren Transparenz, Duftigkeit und Frische. Jürgen Mett weiß eben, was den fortgeschrittenen Rotwein-Genießer glücklich macht. Eben nicht jene fetten Brocken mit Holz bis zum Anschlag, sondern die feine und elegante Art, ohne dabei an Komplexität und Spannung zu verlieren. Dafür stehen etwa seine Frühburgunder. Aber vor allem die Spätburgunder aus den Lagen Pares und Höllenweg genügen diesen gehobenen Ansprüchen. Ein ungewöhnlicher Wein ist die Cuvée von Cabernet Sauvignon und Spätburgunder mit ihrer ausgeprägten Cassisnote. Und auch der Portugieser aus der Lage Rotes Kreuz hat mit seinem Bleistiftton seine Eigenheit. Bei den Weißweinen zeigt der Riesling aus der Ingelheimer Unft jahrgangsbedingt eine eher herbe Art, während der Chardonnay mehr Frische und Charme versprüht. Und dem feinherben Riesling Kabinett bekommt die dezente Restsüße sehr gut. Am besten kann man die Weine des Hauses in der schmucken Vinothek verkosten.

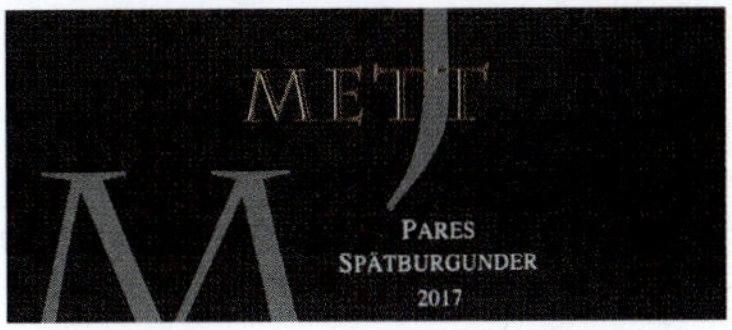


**86** 2021 Ingelheimer Grauer Burgunder trocken
**10,50 €** | 13 %

**86** 2021 Ingelheimer Gelber Muskateller trocken
**10,50 €** | 12,5%

**86** 2021 Ingelheimer Unft Riesling trocken
**13,50 €** | 12 %

**88** 2021 Ingelheimer Chardonnay trocken
**10,50 €** | 13 %

**87** 2021 Riesling Kabinett feinherb
**7,50 €** | 10,5%

**87** 2019 Ingelheimer Blauer Spätburgunder trocken
**10,50 €** | 13 %

**87** 2019 Ingelheimer Cabernet Sauvignon & Spätburgunder trocken No. 6
**10,50 €** | 13,5%

**88** 2019 Ingelheimer Blauer Frühburgunder trocken
**10,50 €** | 13,5%

**88** 2019 Ingelheimer Rotes Kreuz Portugieser trocken
**18 €** | 12,5%

**89** 2019 Ingelheimer Pares Spätburgunder trocken
**19,50 €** | 13 %

**89** 2020 Ingelheimer Pares Frühburgunder trocken
**22,50 €** | 13 %

**90** 2020 Ingelheimer Höllenweg Spätburgunder trocken
**28,50 €** | 13,5%

★½

## MICHEL

Weingut Michel
55234 Hochborn · Dittelsheiner Weg 31
Tel. (06735) 283
sebastian@weingut-michel.de
**www.weingut-michel.de**

**Inhaber/in** Anneli, Dieter, Sebastian Michel
**Betriebsleitung** Sebastian Michel
**Keller** Sebastian Michel
**Außenbetrieb** Dieter Michel

Sebastian Michel gibt seinen Weinen Zeit. So probierten wir seine besten Lagenweine diesmal aus dem Jahrgang 2020. Zum einen ist dies der gelungene Silvaner aus dem Westhofener Morstein, zum anderen der aromatische Riesling aus dem Gundersheimer Höllenbrand. Seinen 2020er Riesling „MR" zeigt Michel noch später, diesmal hat er den kompakten 2018er vorgestellt. Aus dem Jahrgang 2020 gibt es außerdem den üppigen Weißburgunder Kalkstein mit Birnenduft. Von den 21ern platzierte sich Chardonnay Kalkstein ganz vorne. Gut gefallen hat uns auch der 2019er Spätburgunder Kalkstein mit seiner kühlen Frische. Neben Vieh und Getreide spielte der Wein hier schon immer eine große Rolle. Erst 1992 wurden die letzten Schweine verkauft und der Fokus auf die Erzeugung von Qualitätsweinen gelegt. In Hochborn selbst, der höchstgelegenen Gemeinde im Wonnegau, gibt es keine Weinberge, weshalb die Winzer auf Lagen in der direkten Nachbarschaft zurückgreifen.

**84** 2021 Riesling trocken J.J. Class
**8,20 €** | 11,5%

**85** 2021 Grauburgunder trocken
**8,20 €** | 12%

**86** 2021 Chardonnay trocken Kalkstein
**12,50 €** | 12 %

**86** 2020 Weißburgunder trocken Kalkstein
**12,50 €** | 14 %

**86** 2018 Riesling trocken „MR"
**34 €** | 13 %

**87** 2020 Westhofener Morstein Silvaner trocken
**20 €** | 13,5%

**87** 2020 Gundersheimer Höllenbrand Riesling trocken
**24 €** | 12,5%

**87** 2019 Spätburgunder trocken Kalkstein
**12,50 €** | 13 %

★★

## MICHEL-PFANNEBECKER

Weingut Michel-Pfannebecker
55234 Flomborn · Langgasse 18/19
Tel. (06735) 355 · Fax 8365
info@michel-pfannebecker.de
**www.michel-pfannebecker.de**

**Inhaber/in und Betriebsleitung**
Heinfried und Gerold Pfannebecker
**Keller** Gerold Pfannebecker

**Historie** Familientradition seit 1677
**Rebfläche** 12 Hektar
**Jahresproduktion** 65 000 Flaschen
**Beste Lagen** Westhofener Steingrube und Morstein, Flomborner Feuerberg und Goldberg, Eppelsheimer Felsen, Gundersheimer Höllenbrand
**Boden** Kalksteinverwitterungsbraunerde (Terra fusca), Löss über Kalkmergel, Lehm
**Rebsorten** 30% Riesling, 13% Silvaner, 12% Spätburgunder, 10% Müller-Thurgau, 7% Grauburgunder, 6% Weißburgunder, 6% Chardonnay, 16% übrige Sorten
**Mitglied** Silvaner-Forum, Selection Rheinhessen

Heinfried und Gerold Pfannebecker haben ihre beste Kollektion seit Jahren vorgestellt. Schon der Gutsriesling ist ein prima Zechwein. Die beiden Winzer konzentrieren sich besonders auf Lagenweine. Dass einige davon weniger als 8 Euro kosten, und die teuersten nicht mehr als 11 Euro, macht dieses Weingut zu einer Quelle ausgesprochen günstiger Tropfen auf hohem Niveau. Die 21er sind durch die Bank empfehlenswert. Dazu gehören die Burgundersorten, der Weißburgunder aus dem Feuerberg sowie der Chardonnay aus dem Goldberg. In diesen Lagen sind die Böden stark mit Kalksteinbrocken durchsetzt und es braucht schon einige Jahre, bis die Reben richtigen Ertrag bringen. Die Wurzeln müssen sich hier durchkämpfen, um tief in der Erde Fuß zu fassen. Auf einem hohen Level hat sich 2021 auch der Riesling eingependelt. Ob aus dem Feuerberg, dem Morstein oder vor allem der Steingrube – diese Rieslinge verbinden große Frische mit schöner Eleganz. Auf keinen Fall sollte man hier achtlos an den Silvanern vorbeigehen. Die Expertise für diese Sorte schmeckt man beim Feuerberg Silvaner An dem Sonnbrunnen, vor allem aber bei den alten Reben aus derselben Lage.

**84** 2021 Riesling trocken
**5,60 €/1 Lit.** | 12%

**85** 2021 Flomborner Feuerberg Grauer Burgunder trocken An dem Sonnbrunnen
**7,90 €** | 13%

**87** 2021 Flomborner Feuerberg Silvaner trocken An dem Sonnbrunnen
**7,80 €** | 12,5%

**87** 2021 Flomborner Feuerberg Weißburgunder trocken An dem Sonnbrunnen
**7,90 €** | 12,5%

**87** 2021 Flomborner Goldberg Chardonnay trocken
**7,90 €** | 12,5%

**87** 2021 Flomborner Feuerberg Riesling trocken An dem Sonnbrunnen
**7,90 €** | 12,5%

**87** 2021 Westhofener Morstein Riesling trocken
**8,90 €** | 12,5%

**88** 2021 Flomborner Feuerberg Silvaner trocken Alte Reben
**11 €** | 12,5%

**88** 2021 Westhofener Steingrube Riesling trocken Alte Reben
**11 €** | 13%

**87** 2019 Flomborner Goldberg Merlot trocken
**12,10 €** | 14,5%

**87** 2018 Ober-Flörsheimer Blücherpfad Cabernet Sauvignon trocken
**16,50 €** | 14,5%

**87** 2019 Westhofener Morstein Spätburgunder trocken Alte Reben
**19,90 €** | 14%

★★★

## MILCH

Weingut Milch
67590 Monsheim ·
Mühlstraße 14 – Rüstermühle
Tel. (06243) 337 · Fax 6707
info@weingut-milch.de
**www.weingut-milch.de**

**Inhaber/in und Betriebsleitung**
Karl-Hermann Milch
**Keller** Karl-Hermann Milch

**Historie** Weinbau seit 1709
**Rebfläche** 12 Hektar
**Jahresproduktion** 90 000 Flaschen
**Beste Lagen** Monsheim Im Blauarsch, Mörstadter Nonnengarten und Im Wasserland
**Boden** Lösslehm, Kies, Kalkstein, weißer Sand
**Rebsorten** 53% Chardonnay, 14% Spätburgunder, 13% Grauburgunder, 11% Riesling, 6% Frühburgunder, 2% Cabernet Sauvignon, 1% Weißburgunder
**Erlebenswert** Jugendstil-Deckenmalerei in der Probierstube, Holzfassgewölbekeller
**Mitglied** Maxime Herkunft

Es ist schon höchst bemerkenswert, wie ungemein gut die Chardonnays von Karl-Hermann Milch auf der Flasche reifen. Das liegt zum einen an der großen Erfahrung, die man mit dieser international renommierten Sorte hier bereits gesammelt hat. Immerhin steht auf mehr als der Hälfte der zwölf Hektar Rebfläche rund um Monsheim und Mörstadt heute Chardonnay. Bereits sein Vater hatte vor fast 30 Jahren die ersten Reben gepflanzt. Richtig spannend wurde es 20 Jahre später, als Karl-Hermann Milch französische Klone in seinen Weinbergen pflanzte, die kleine Trauben und noch kleinere Erträge hervorbringen. 2015 wurden die ersten Flaschen damit gefüllt – und die Weine haben sich prächtig entwickelt. So zeigt der 2015er Silberberg eine tolle Frische und Harmonie. Man kann direkt nachvollziehen, wie die anfängliche Fruchtsüße weggeschmolzen ist. Übrig bleibt dann ein ganz purer, charakteristischer weißer Burgunderwein. Die Weine aus den Jahrgängen 2016 und 2017 sind auf dem gleichen Weg. Es wird ausgesprochen spannend sein, ihre Entwicklung in den kommenden Jahren zu verfolgen. Dass hier auch die Basisweine locker einige Jahre Trinkspaß schenken können, dafür etwa steht der Chardonnay Valentin, ein leichter und eleganter Tropfen, der noch einige Zeit bis zu seinem Höhepunkt braucht.

**87** 2021 Chardonnay trocken Valentin
**8,70 €** | 13 %

**87** 2021 Chardonnay & Weißburgunder trocken Signatur
**13,50 €** | 13,5%

**87** 2021 Monsheimer Grauburgunder trocken
**13,50 €** | 13,5%

**88** 2021 Monsheimer Chardonnay trocken
**13,50 €** | 13,5%

**89** 2015 Monsheimer Silberberg Chardonnay trocken
**18,50 €** | 13,5%

**89** 2020 Monsheimer Auf dem Wingertsberg Chardonnay trocken
**Preis auf Anfrage** | 13 %

**91** 2017 Monsheimer Im Blauarsch Chardonnay trocken Reserve
**29 €** | 13,5%

**91** 2020 Mörstadter Nonnengarten Chardonnay trocken Reserve
**29 €** | 13,5%

**92** 2016 Mörstadter Im Wasserland Chardonnay trocken
**49 €** | 14 %

**86** 2021 Rosé Juliane trocken
**7,70 €** | 12,5%

**87** 2021 Monsheimer Rosé trocken
**13,50 €** | 13 %

**88** 2018 Monsheimer Cabernet Sauvignon trocken
**15 €** | 13 %

## MÜLLER-DR. BECKER

Weingut Müller-Dr. Becker
67592 Dalsheim · Vordergasse 14–18
Tel. (06243) 5524 · Fax 6227
info@mueller-dr-becker.de
**www.mueller-dr-becker.de**

**Inhaber/in und Betriebsleitung**
Jochen Becker
**Keller** Jochen Becker

**Rebfläche** 16 Hektar
**Beste Lagen** Dalsheimer Bürgel, Hubacker, Sauloch
**Boden** Muschelkalk, Terra fusca, Lösslehm, blauer Letten
**Rebsorten** 25% Riesling, 30% weiße Burgundersorten, 20% rote Burgundersorten, je 7% Müller-Thurgau und Silvaner, 6% Muskateller, 5% Gewürztraminer
**Erlebenswert** parkähnlicher Gutsgarten, historischer Gewölbekeller, Verkostungstafel im Barriquekeller, Fleckenmauer

Natürlich gibt es bei Müller-Dr. Becker eine ganze Reihe von beeindruckenden Spitzenweinen. Aber mitunter ist es noch spannender, sich zunächst mal an der Basis umzuschauen. Und was wir da sehen - und vor allem schmecken -, dass erfrischt den Gaumen ungemein und schont zugleich den Geldbeutel. Etwa der Riesling in der Literflasche, ein toller Alltagstropfen für gerade mal 5,50 Euro. Und dann noch als Klassiker der Grüne Silvaner, für gerade mal 5,80 Euro. Selbst die Spitzenweine bleiben preislich auf dem Teppich. Dazu gehört regelmäßig der Riesling vom Brummelochsenboden, so auch in 2021. Der Bürgel Chardonnay Vom Nussacker spielt hier ganz vorne mit. Er hat eine Nase, die man sonst nur bei großen weißen Burgundern findet. Jochen Becker kann auch Rotwein. Während der Bürgel Saint Laurent mit seiner tiefen Frucht protzt, überwiegt beim Spätburgunder aus der Lage Steig eine feine Duftigkeit mit Anklängen von Schwarzkirsche. Wer es ein wenig leichter mag, der setzt auf den Arras Rosé mit seiner animierenden Frische. Jochen Beckers Leidenschaft für Wein wurde nach seinem Studium in Hohenheim bei renommierten Weingütern in Kalifornien und Südfrankreich entfacht. 2006 hat er die Regie im elterlichen Betrieb übernommen.

**85** 2021 Riesling Liter trocken
**5,50 €/1 Lit.** | 11%

**85** 2021 Dalsheimer Weißburgunder trocken
**6,50 €** | 11%

**86** 2021 Grüner Silvaner trocken
**5,80 €** | 11,5%

**86** 2021 Dalsheimer Sauloch Chardonnay trocken
**7,50 €** | 11,5%

**86** 2021 Dalsheimer Bürgel Riesling trocken
**8 €** | 12,5%

**88** 2021 Dalsheimer Bürgel Chardonnay trocken Barrique
**10,50 €** | 13%

**89** 2021 Dalsheimer Sauloch Riesling trocken Vom Brummelochsenboden
**9,50 €** | 12,5% **BEST BUY**

**89** 2021 Weißburgunder trocken Alte Reben
**9,90 €** | 12,5% **BEST BUY**

**89** 2020 Dalsheimer Bürgel Chardonnay trocken Vom Nussacker
**18 €** | 13,5%

**88** 2021 Dalsheimer Steig Riesling Auslese
**10 €/0,5 Lit.** | 8,5%

**86** 2021 Cuvée Arras Rosé trocken
**8 €** | 10%

**87** 2020 Cuvée Arras Rot trocken
**12,50 €** | 13,5%

**89** 2019 Dalsheimer Bürgel Saint Laurent trocken MDCXXV Barrique
**18 €** | 14%

**90** 2019 Dalsheimer Steig Spätburgunder trocken MDCXXV Barrique
**18 €** | 13,5%

★

## MÜNZENBERGER

Weingut Münzenberger
55270 Zornheim · Lindenplatz 9
Tel. (06136) 44573 · Fax 46904
info@weingut-muenzenberger.de
**www.weingut-muenzenberger.de**

**Inhaber/in und Betriebsleitung**
Andreas Münzenberger
**Keller** Andreas Münzenberger und Dominik Münzenberger

Die Qualität der Weine aus diesem Gut südlich von Mainz hat erneut zugelegt. Das zeigt sich etwa beim präzisen Chardonnay Grüner Letten, und selbst der Riesling Liter Edel-Schoppen erweist sich als saftiger Zischer. Der 2018er Riesling Beyond the Matrix hat sich gut entwickelt und beim Merlot Kalkmergel wird einem ganz warm ums Herz, ein fülliger Roter. Junior Dominik Münzenberger hat seine eigene Linie. Während seiner Ausbildung bei Spitzenwinzer Rebholz, in der Südpfalz, hat er offenbar gut aufgepasst.

**84** 2021 Riesling trocken Edel-Schoppen
**6,90 €/1 Lit.** | 12 %

**86** 2021 Weißer Burgunder trocken Steinhügel
**7,50 €** | 12 %

**86** 2021 Chardonnay & Weißer Burgunder trocken Horizon Effect
**8,90 €** | 12 %

**86** 2019 Zornheimer Guldenmorgen Riesling trocken Alte Reben
**15,90 €** | 13 %

**87** 2021 Selzener Chardonnay trocken Grüner Letten
**8,60 €** | 12,5%

**87** 2018 Zornheimer Guldenmorgen Riesling trocken Beyond the Matrix
**13,90 €** | 13 %

**86** 2021 Gelber Muskateller feinherb La fleur
**7,30 €** | 10 %

**85** 2021 Cuvée Rosé trocken Summer Feeling
**7,30 €** | 11 %

**86** 2020 Zornheimer Cabernet Sauvignon trocken Prometheus
**8,40 €** | 12,5%

**87** 2020 Zornheimer Merlot trocken Kalkmergel
**7,90 €** | 13,5%

★½

## NEEF-EMMICH

Weingut Neef-Emmich
67593 Bermersheim bei Worms · Alzeyer Straße 15
Tel. (06244) 905254 · Fax 905255
info@neef-emmich.de
**www.neef-emmich.de**

**Inhaber/in und Betriebsleitung**
Dirk Emmich
**Keller** Dirk Emmich

Weißburgunder und Riesling sind die Hauptdarsteller im Jahrgang 2021 in diesem Betrieb in Bermersheim bei Worms. Vor allem der Weißburgunder aus dem Westhofener Rotenstein hat uns überrascht, so druckvoll und charakterstark hat er sich am Gaumen entwickelt. Bei den Lagen-Rieslingen hat wieder der Gundersheimer Höllenbrand die Nase vorn, vor dem Albiger Hundskopf. Und auch im Basisbereich wird der Genießer fündig, so auch bei der feinfruchtigen trockenen Scheurebe.

**84** 2021 Weißburgunder trocken
**8,40 €** | 12 %

**84** 2021 Dalsheimer Riesling trocken
**10,50 €** | 12 %

**85** 2021 Grauburgunder trocken
**8,40 €** | 13 %

**85** 2021 Bermersheimer Silvaner trocken
**10,50 €** | 12,5%

**86** 2021 Scheurebe trocken
**8,40 €** | 11 %

**86** 2021 Westhofener Weißburgunder trocken
**10,50 €** | 12,5%

**87** 2021 Albiger Hundskopf Riesling trocken
**15 €** | 12 %

**88** 2021 Westhofener Rotenstein Weißburgunder trocken
**15 €** | 13 %

**88** 2021 Gundersheimer Höllenbrand Riesling trocken
**22 €** | 12 %

**86** 2021 Riesling Kabinett
**8,40 €** | 9,5%

**87** 2021 Riesling Auslese
**Preis auf Anfrage/0,5 Lit.** | 8,5%

**86** 2020 Albiger St. Laurent trocken
**16,50 €** | 13,5%

★★★½

## NEUS

Weingut J. Neus
55218 Ingelheim · Bahnhofstraße 96
Tel. (06132) 73003 · Fax 2690
info@weingut-neus.de
**www.weingut-neus.de**

**Inhaber/in** Familie Schmitz
**Betriebsleitung** Lewis Schmitt
**Keller** Toni Frank

**Rebfläche** 12 Hektar
**Jahresproduktion** 55 000 Flaschen
**Beste Lagen** Ingelheimer Pares und Horn
**Boden** Kalk
**Rebsorten** 80% Spätburgunder, 20% weiße Burgundersorten
**Erlebenswert** über 100 Jahre alter Gewölbekeller mit Eichenholzfässern, historischer Gutshof, Parkanlage, Villa Neus
**Mitglied** VDP

Reden wir mal vom Muschelkalk. Auf dem wachsen im Ingelheimer Weingut Neus weiße wie rote Reben. Das ist beileibe nichts Ungewöhnliches. Ungewöhnlich ist allenfalls, dass die Gutsweine in diesem Hause jeweils den Zusatz Muschelkalk tragen, und zwar der Chardonnay genau so wie der Spätburgunder. Das zeigt zum einen welchen Stellenwert bereits die Gutsweine bei Betriebsleiter Lewis Schmitt und seinem Team haben, es zeigt aber auch die Präzision bei der Herkunftsangabe schon bei den vermeintlich kleinen Weinen. Doch „klein" ist an diesen Gutsweinen überhaupt nichts. Der Chardonnay ist voll vibrierender Spannung und kann gar dem Weißburgunder Ortswein das Wasser reichen. Man könnte auch sagen: Dies ist ein Basiswein, der nach den Sternen greift. Und beim Spätburgunder? Genau die gleiche Konstellation. Der Gutswein strebt auch hier nach Höherem und ist nicht weit von den Alten Reben aus Ersten Lagen entfernt. Beide Weine, weiß wie rot, haben ein außergewöhnliches Preis-Genuss-Verhältnis. Und wie sieht es nun bei den Spitzenprodukten aus? Der Ingelheimer Chardonnay aus Ersten Lagen führt die Dreiergruppe souverän an. Allen Weißweinen ist viel Energie zueigen, sie wird begleitet von einer frischen Säure: So werden weiße Burgunder nie langweilig. Die Spätburgunder bleiben ganz auf der Linie des Guts. Sie werden bestimmt von einer berückend direkten Fruchtausstrahlung, wobei das Große Gewächs aus der Lage Horn eher würzig wirkt und an dunkle Kirschen erinnert, während das GG aus der Lage Pares dieses fesselnde, helle Sauerkirscharoma verströmt, unterstützt von feinstem Tannin. Inhaber Christian Schmitz möchte gerne anknüpfen an die glorreichen Zeiten nach der Gründung des Hauses durch Josef Neus senior im Jahr 1881. Damals war die Familie qualitativer Vordenker der Region. Der Neus-Klon wurde wegen seiner ausgezeichneten Eigenschaften auch von anderen Spitzenweingütern angepflanzt und dominiert noch heute in Ingelheim. Inzwischen entstehen aus alten Reben auf den kalkhaltigen Böden bei Neus wieder Spitzenrotweine, die in den gut gepflegten Holzfässern im größten Gewölbekeller Rheinhessens ausgebaut werden. Die ältesten Fässer stammen aus den Jahren 1893 und 1897, sie waren immer im Gebrauch.

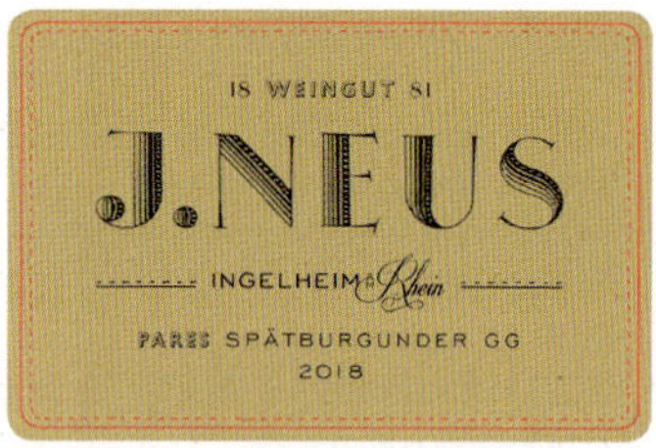


**89** 2021 Chardonnay trocken Muschelkalk
**12,50 €** | 12 %

**89** 2020 Ingelheimer Weißburgunder trocken
**15 €** | 12,5%

**91** 2020 Ingelheimer Chardonnay trocken
**28 €** | 13 %

**89** 2020 Spätburgunder trocken Muschelkalk
**12,50 €** | 13 % **BEST BUY**

**90** 2020 Ingelheimer Spätburgunder trocken Alte Reben aus Ersten Lagen
**28 €** | 13 %

**92** 2020 Ingelheimer Horn Spätburgunder VDP.Großes Gewächs
**45 €** | 13 %

**93** 2020 Ingelheimer Pares Spätburgunder VDP.Großes Gewächs
**55 €** | 13 %

★

## OHNACKER-DÖSS

Weingut Ohnacker-Döß
67592 Flörsheim-Dalsheim
Alzeyer Straße 80
Tel. (06243) 333 · Fax 5762
kontakt@weingut-ohnacker-doess.de
**www.bitteeinwein.de**

**Inhaber/in und Betriebsleitung** Michael Döß
**Keller** Michael Döß

Die besten trockenen Weine dieses Betriebs in Florsheim-Dalsheim werden mit dem Prädikat Spätlese versehen. Dazu gehören die weißen Burgundersorten, sie werden aber im Jahrgang 2021 überflügelt von der Riesling Spätlese trocken, mit ihrer sehr klaren Aprikosenfrucht. Eher ungewöhnlich ist das Tandem der beiden Spitzenweine in der aktuellen Kollektion. Auf der einen Seite ist dies der Spätburgunder Exklusiv mit seiner intensiven Schwarzkirschnote, auf der anderen Seite ist es der Sekt von Michael Döß, der 2019er Champus Brut nature, der eine frische und animierende Art hat. Die fruchtigen Weine sind recht süß abgeschmeckt.

**87** 2019 Champus Brut nature
**18 €** | 12 %
**84** 2021 Grauburgunder Spätlese trocken
**6,50 €** | 12,5%
**85** 2021 Chardonnay Spätlese trocken
**6,50 €** | 13 %
**85** 2021 Weißburgunder Spätlese trocken
**6,50 €** | 12,5%
**86** 2021 Riesling Spätlese trocken
**6,50 €** | 12 %
**84** 2021 Sauvignon Blanc feinherb
**6,50 €** | 11 %
**86** 2021 Riesling Kabinett
**6 €** | 9 %
**86** 2021 Gewürztraminer Spätlese
**6,80 €** | 9 %
**84** 2021 Riesling Classic
**6,50 €** | 11,5%
**86** 2019 Schwarzriesling trocken
**7,40 €** | 13 %
**87** 2018 Spätburgunder trocken Exclusiv
**12,90 €** | 14 %

★★☆

## DOMÄNE OPPENHEIM

Staatliche Weinbaudomäne Oppenheim
55276 Oppenheim · Wormser Straße 162
Tel. (06133) 930305 · Fax 930323
info@domaene-oppenheim.de
**www.domaene-oppenheim.de**

**Inhaber/in** Land Rheinland-Pfalz
**Betriebsleitung** Dr. Bernd Prior
**Keller** Thorsten Eller
**Außenbetrieb** Franziska Krull

**Historie** 1895 gegründet von Großherzog Ludwig von Hessen als Versuchs- und Musterbetrieb
**Rebfläche** 24 Hektar
**Jahresproduktion** 100 000 Flaschen
**Beste Lagen** Niersteiner Glöck (Alleinbesitz), Pettenthal und Oelberg, Oppenheimer Herrenberg, Nackenheimer Rothenberg
**Boden** Löss, Kalkmergel, Rotliegendes
**Rebsorten** 40% Riesling, je 8% Silvaner und Spätburgunder, 4% Grauburgunder, je 3% Chardonnay und Weißburgunder, 34% übrige Sorten
**Erlebenswert** denkmalgeschütztes Gutshaus im späten Jugendstil, moderne Lehr- und Versuchskellerei
**Mitglied** VDP, Maxime Herkunft

Der Jahrgang 2021 hat auch bei der Weinbaudomäne in Oppenheim seinen mitunter herben Charme hinterlassen. Zumindest bei den Basis-Rieslingen, die nicht mit Säure geizen. Sieht man aber einmal von dieser jahrgangstypischen Spezialität ab, gibt es darüber hinaus einige tolle Trinkweine. So animiert der Chardonnay mit seiner Klarheit zum Nachschenken und die feinherbe Rosé Cuvée von Portugieser und Spätburgunder protzt mit ihrer saftigen Frucht. Dass auch ein Staatsbetrieb bei der Erzeugung eines Orange Wine reüssieren kann, belegt der Grauburgunder Landwein aus dem Holzfass mit seiner geschliffenen Säure - und einem geradezu bilderbuchhaften Orangeton. Bei den Lagenweinen hat, wie so oft, der Riesling aus der Monopollage Niersteiner Glöck die Nase knapp vorn vor dem Nackenheimer Rothenberg. 1895 vom Großherzog von Hessen gegründet, verfügt die Weinbaudomäne heute auf 24 Hektar über beste Lagen entlang der Rheinterrassen von Dienheim, Oppenheim über Nierstein, Nackenheim bis nach Bodenheim.

STAATLICHE WEINBAUDOMÄNE Oppenheim

| **87** | 2018 Cuvée Ernst Ludwig Brut<br>**14,50 €** \| 12 % |
| **84** | 2021 Riesling trocken<br>**7,50 €** \| 12,5% |
| **85** | 2021 Riesling trocken vom Löss<br>**9 €** \| 13 % |
| **86** | 2021 Chardonnay trocken<br>**7,50 €** \| 13 % |
| **86** | 2021 Silvaner trocken vom Rotliegenden<br>**8,50 €** \| 12,5% |
| **86** | 2021 Riesling trocken vom Rotliegenden<br>**9 €** \| 12 % |
| **87** | 2021 Grauburgunder Landwein trocken N<br>**14,50 €** \| 11,5% |
| **87** | 2021 Niersteiner Riesling trocken aus Ersten Lagen<br>**14,90 €** \| 13 % |
| **88** | 2021 Nackenheimer Rothenberg Riesling VDP.Großes Gewächs<br>**20 €** \| 12 % |
| **89** | 2021 Niersteiner Glöck Riesling VDP. Großes Gewächs<br>**25 €** \| 12,5% |
| **86** | 2021 Cuvée Rosé feinherb<br>**5,90 €** \| 12 % |

## ORB

Weingut J.G. Orb
67593 Westhofen · Am Markt 9-13
Tel. (06244) 828
kontakt@weingut-orb.de
**www.weingut-orb.de**

**Inhaber/in und Betriebsleitung**
Jan G., Jens G. und Julius G. Orb
**Keller** Jan G. Orb, Jens G. Orb
**Außenbetrieb** Jan G. Orb, Jens G. Orb

Obwohl der Riesling mit fast 60 Prozent die mit Abstand wichtigste Rebsorte in diesem Westhofener Gut ist, machen im Jahrgang 2021 eher andere Sorten von sich reden. Da ist etwa der Fumé Blanc, ein Sauvignon Blanc mit guter Säure, oder der frische und rassige Chardonnay. Und dann kommt er doch noch ins Spiel, der Riesling, und zwar als Verschnittpartner für den Weißburgunder in der Cuvée Kernstück, ein saftiger Einstiegswein mit Trauben aus der Lage Kirchspiel. Am meisten Furore aber macht diesmal ein Naturwein, Silvy van Air, von über 60 Jahre alten Silvanerstöcken, auf der Maische vergoren, was ihm Aroma und Frische verleiht. Verantwortlich für diese schöne Serie sind die Brüder Jan und Jens Orb, Mitinhaber des Gutes, das sehenswert ist: Die Vinothek logiert im kurpfälzischen Kulturhaus von 1728, der beeindruckende Garten stammt aus dem Jahr 1813.

| | |
|---|---|
| **85** | 2021 Westhofener Weißburgunder trocken<br>**8,90 €** \| 11 % |
| **85** | 2021 Westhofener Riesling trocken<br>**11,80 €** \| 11,5% |
| **86** | 2021 Westhofener Fumé Blanc trocken<br>**8,90 €** \| 12 % |
| **86** | 2021 Westhofener Chardonnay trocken<br>**8,90 €** \| 12 % |
| **86** | 2021 Westhofener Riesling & Weißburgunder Kernstück<br>**6,50 €** \| 11 % |
| **87** | 2021 Silvaner Landwein Silvy van Air<br>**11,80 €** \| 11 % |
| **85** | 2020 Cuvée Indiz trocken<br>**6,50 €** \| 12,5% |
| **86** | 2018 Westhofener Regent trocken<br>**11,80 €** \| 13 % |

★★½

## PAUSER

Weingut Pauser
55237 Flonheim · Im Baumfeld 40
Tel. (06734) 8764 · Fax 6756
info@weingut-pauser.de
**www.weingut-pauser.de**

**Inhaber/in und Betriebsleitung**
Familie Pauser
**Keller** Friedrich Pauser, Eva Pauser-Brand und Matthias Schanz
**Außenbetrieb** Mehmet Boyrazli

Wer gut gebaute, kräftige Rotweine sucht, ist bei Eva Pauser-Brand richtig. Ob Syrah, Cabernet Sauvignon oder Spätburgunder, diese 2018er lassen ihre Muskeln spielen. Bei den 2021er Weißweinen dieses Flonheimer Guts überzeugt vor allem der saftige Riesling aus dem Klostergarten mit seiner Pikanz, und der frisch-fruchtige Chenin Blanc macht richtig Spaß.

**84** 2021 Blanc de Blancs Liter trocken
**5,30 €/1 Lit.** | 12,5%

**84** 2021 Flonheimer Geisterberg Grauburgunder trocken
**8,70 €** | 13,5%

**85** 2021 Grauburgunder trocken
**6,60 €** | 13 %

**85** 2021 Flonheimer Geisterberg Sauvignon Blanc trocken
**8,70 €** | 12,5%

**85** 2021 Flonheimer Geisterberg Chardonnay trocken
**8,70 €** | 13,5%

**86** 2021 Weißburgunder trocken
**6,60 €** | 13 %

**86** 2021 Chenin Blanc trocken
**8,90 €** | 12 %

**87** 2021 Flonheimer Klostergarten Riesling trocken
**8,70 €** | 13,5%

**84** 2021 Cuvée Rosé trocken Chillig
**6,20 €** | 12 %

**87** 2018 Flonheimer Binger Berg Cabernet Sauvignon trocken Reserve
**11,80 €** | 14 %

**88** 2018 Flonheimer Geisterberg Syrah trocken Reserve
**8,50 €** | 13 %

**88** 2018 Flonheimer Binger Berg Spätburunder trocken Reserve
**9,20 €** | 14 %

★★★

## PETERS

Weingut F. & F. Peters
55129 Mainz · Ludwig-Strecker-Straße, 32
felix-peters-wgt@gmx.de
**www.weingut-ff-peters.de**

**Inhaber/in und Betriebsleitung**
Felix Peters
**Historie** Gründung 2018
**Rebfläche** 4 Hektar
**Jahresproduktion** 35 000 Flaschen
**Beste Lagen** Niersteiner Orbel, Mölsheimer Zellerweg am Schwarzen Herrgott, Dalsheimer Hubacker
**Boden** Kalkmergel und Rotliegendes
**Rebsorten** 50% Spätburgunder, 40% Riesling, 10% Weißburgunder
**Mitglied** Maxime Herkunft

Felix Peters stellte eine geschlossene und hochwertige Kollektion auf den Verkostungstisch. Bei seinen Weinen gehen Leichtigkeit und ein langes Leben eine kongeniale Verbindung ein. Die weißen Burgundersorten präsentieren sich ausnahmslos schlank und mit Frischekick, wobei der Basis-Weißburgunder Hillary Step ein tolles Preis-Genuss-Verhältnis hat. Bei den Rieslingen meldet sich der Roche Calcaire mit Noten von Zitrus und grünem Apfel zu Wort, der Rote Schiefer von der Rheinfront bringt etwas mehr Wärme und Würze an den Gaumen. Bei den Lagenrieslingen liegt der Wonnegau diesmal eindeutig vor den Niersteinern. Der Dalsheimer Hubacker erinnert an Zitronenschale, der Nieder-Flörsheimer Frauenberg hält Apfelaromen parat. Dieser Wein kommt von mehr als 60 Jahre alten Reben. Felix Peters zeigt eine verführerische Reihe feiner Pinot Noirs. Alle Weine sind elegant, haben Finesse und Transparenz und spielen mit dem Duft zerdrückter Walderdbeeren. 2018 gegründet, hat dieses Gut bereits ein großartiges Qualitätsniveau erreicht. Auf einer Bergtour zum Großglockner hat Felix Peters den Entschluss gefasst, sein eigenes Weingut zu gründen. Damals war er noch Betriebsleiter bei St. Antony in Nierstein. Zuvor hatte er in der Sterne-Gastronomie Spitzenweine kennengelernt. Er hat in Geisenheim Weinbau studiert, auf der Domaine de la Vougeraie seine Liebe zu Burgund entdeckt und auch auf Schloss Halbturn im Burgenland viel über Pinot Noir gelernt. Felix Peters' eigenes Weingut ist überschaubar groß und im Portfolio sind nur ausgezeichnete Weinberge. Ein kleiner burgundischer Gewölbekeller in Nierstein ist Heimat für Weine, Tanks und Fässer. Der Betrieb bewirtschaftet 4,5 Hektar Weinberge in Nierstein und im Wonnegau rund um Flörsheim-Dalsheim.

**86** 2021 Dalsheimer Riesling trocken Roche calcaire
**16 €** | 12 %

**87** 2021 Niersteiner Riesling trocken Roter Schiefer
**13 €** | 12 %

**88** 2021 Weißburgunder trocken Hillary Step
**13 €** | 12,5%

**89** 2021 Nieder-Flörsheimer Weißer Burgunder trocken Roche Calcaire
**15 €** | 13 %

**89** 2021 Niersteiner Orbel Riesling trocken
**25 €** | 12 %

**89** 2021 Niersteiner Schloss Schwabsburg Riesling trocken
**25 €** | 12 %

**89** 2021 Chardonnay trocken
**29 €** | 13 %

**91** 2021 Dalsheimer Hubacker Riesling trocken
**48 €** | 12 %

**91** 2021 Nieder-Flörsheimer Frauenberg Riesling trocken Alte Reben
**48 €** | 12,5%

**89** 2020 Mölsheimer Pinot Noir trocken Roche Calcaire
**15 €** | 12,5%

**91** 2020 Mölsheimer Zellerweg am Schwarzen Herrgott Pinot Noir trocken
**38 €** | 12,5%

**91** 2020 Niersteiner Paterberg Pinot Noir trocken
**48 €** | 12,5%

★★½

## PETH


Weingut Wolfgang und René Peth
67592 Flörsheim-Dalsheim · Alzeyer Straße 28
Tel. (06243) 908800 · Fax 9088090
wolfgang@peth.de
**www.gaestehaus-weingut-peth.de**


**Inhaber/in und Betriebsleitung**
Wolfgang und René Peth
**Keller** René Peth
**Außenbetrieb** Wolfgang Peth

Vater und Sohn, Wolfgang und René Peth, stellen eine Kollektion ohne Schwächen vor. Da macht schon der einfache trockene Riesling mit Pfirsichnoten und viel Saft Spaß. Bester Weißwein ist erneut der Dalsheimer Grauburgunder, ein charaktervoller Tropfen. Hier gibt es auch exzellente Rote, allen voran der spannungsgeladene Spätburgunder. Ein schmuckes Gästehaus und eine Vinothek mit historischer Kappendecke runden das Angebot ab.

**84** 2021 Nieder-Flörsheimer Sauvignon Blanc trocken
**7,90 €** | 12,5%

**85** 2021 Riesling trocken
**6,50 €** | 12,5%

**85** 2021 Weißburgunder & Chardonnay trocken
**6,50 €** | 12,5%

**85** 2021 Pinot Meunier Blanc de Noirs trocken
**7,90 €** | 13 %

**86** 2021 Grauburgunder trocken
**6,50 €** | 13 %

**86** 2021 Nieder-Flörsheimer Scheurebe trocken Alte Reben
**7,90 €** | 12,5%

**86** 2021 Nieder-Flörsheimer Chardonnay trocken
**7,90 €** | 13 %

**87** 2021 Dalsheimer Grauburgunder trocken
**7,90 €** | 13 %

**86** 2020 Spätburgunder trocken
**6,50 €** | 13 %

**87** 2020 Nieder-Flörsheimer Frühburgunder trocken
**9,90 €** | 13 %

**89** 2020 Nieder-Flörsheimer Steig Spätburgunder trocken Alte Reben
**19,90 €** | 13 %

★★★

## PETH-WETZ

Weingut Peth-Wetz
67593 Bermersheim bei Worms
Alzeyer Straße 16
Tel. (06244) 4424 · Fax 4494
info@peth-wetz.com
**www.peth-wetz.com**

**Inhaber/in** Maja und Christian Peth
**Keller** Christian Peth

**Rebfläche** 30 Hektar
**Jahresproduktion** 200 000 Flaschen
**Beste Lagen** Westhofener Rotenstein, Bermersheimer Hasenlauf, Dalsheimer Hubacker
**Boden** Kalkmergel, Löss über Kalkstein
**Rebsorten** 40% rote Sorten, je 25% Riesling und weiße Burgundersorten, 10% Sauvignon Blanc

Christian Peth aus Bermersheim bei Worms hat eine großartige Kollektion präsentiert. Teilweise kann man erst erahnen, welchen Weg die Rotweine noch nehmen werden, aber eins steht fest: Bei dem Potenzial werden sich diese noch sehr jungen und verschlossenen Weine nach und nach öffnen und noch weitere Geschmacksnuancen offenbaren. Das trifft vor allem auf jene Sorten zu, die man von den Bordeauxweinen kennt, die sich ja in den meisten Fällen aus zwei und mehr Verschnittpartnern zusammensetzen. Da ist etwa der Cabernet Franc, dessen Tannin durch Reife noch unbedingt etwas Schliff benötigt, oder der Petit Verdot, der einerseits eine dichte Frucht aufweist, andererseits aber auch eine schöne Frische. Der Merlot könnte ein wenig früher das Reifeziel erreichen. All diese Weine werden unter der Bezeichnung Grand Vintage angeboten. Peth baut auch die Sorte Malbec an, die zwar aus Frankreich stammt, aber ihre größte Verbreitung in Argentinien gefunden hat. Der Malbec Grand Vintage transportiert perfekt die typischen Aromen dieser Sorte, Veilchen und Pflaumen. Bei den Weißweinen hat der Sauvignon Blanc die Nase vorn, vor allem der Fumé Blanc überzeugt mit seiner cremigen Art. Doch auch der an Williams Christbirne und Bourbonvanille erinnernde Chardonnay spielt seine Stärken aus.

**86** 2021 Chenin Blanc trocken
**10 €** | 12 %

**87** 2021 Sauvignon Blanc trocken
**8,90 €** | 12,5%

**88** 2020 Chardonnay trocken unfiltered
**18,50 €** | 14 %

**89** 2021 Fumé Blanc trocken unfiltered
**21 €** | 13 %

**87** 2020 Assemblage trocken Unfiltered
**10,50 €** | 14,5%

**89** 2019 Malbec trocken Unfiltered
**18,50 €** | 14,5%

**89** 2019 Assemblage trocken Reserve
**29 €** | 14,5%

**90** 2019 Shiraz & Cabernet Sauvignon trocken Reserve
**27 €** | 14,5%

**90** 2019 Cabernet Franc trocken Grand Vintage
**45 €** | 14,5%

**91** 2019 Merlot trocken Grand Vintage
**45 €** | 14,5%

**91** 2019 Petit Verdot trocken Grand Vintage
**53 €** | 14,5%

**91** 2019 Malbec trocken Grand Vintage
**53 €** | 14,5%

★★½

## POSTHOF

Weingut Posthof Doll & Göth
55271 Stadecken-Elsheim
Kreuznacher Straße 2
Tel. (06136) 3000 · Fax 6001
weingut.posthof@doll-goeth.de
**www.doll-goeth.de**

**Inhaber/in und Betriebsleitung**
Erika, Linus und Roland Doll
**Keller** Roland und Linus Doll
**Außenbetrieb** Roland und Linus Doll

In diesem Betrieb in Stadecken-Elsheim steht ganz klar die Frucht und damit die Rebsortentypizität im Fokus. Davon profitieren vor allem die Klassiker. Das gilt beim Riesling für das Stadecker Lenchen und den Kellersberg, beim Silvaner ebenfalls für das Lenchen. Doch Roland und Linus Doll beherrschen auch andere Disziplinen. So ist der Cabernet und Merlot von Cassisnoten geprägt. Und der feine Chardonnaysekt Brut erinnert an Netzmelone.

**87** 2020 Chardonnay Brut
**11,50 €** | 12,5%

**85** 2021 Weißburgunder trocken
**7 €** | 12,5%

**85** 2021 Silvaner trocken „RS"
**7 €** | 12,5%

**86** 2021 Stadecker Lenchen Riesling trocken
**7,50 €** | 13%

**86** 2021 Scheurebe trocken
**7,50 €** | 12%

**87** 2021 Gau-Bischofsheimer Kellersberg Riesling trocken
**8,50 €** | 12,5%

**87** 2021 Stadecker Lenchen Silvaner trocken Selection
**12 €** | 13%

**84** 2021 Grauburgunder feinherb
**7,50 €** | 12,5%

**85** 2021 Linus Rosé trocken
**7,50 €** | 13%

**86** 2017 Cuvée „R" trocken
**8,50 €** | 13,5%

**86** 2018 Elsheimer Blume Spätburgunder Auslese trocken
**12,50 €** | 15%

**87** 2018 Cabernet Sauvignon und Merlot trocken
**12 €** | 13,5%

★★★½

## RADDECK

Weingut Raddeck
55283 Nierstein · Am Hummertal 100
Tel. (06133) 58115 · Fax 58331
info@raddeckwein.de
**www.raddeckwein.de**

**Inhaber/in und Betriebsleitung**
Familie Raddeck
**Keller** Anna-Karina und Stefan Raddeck
**Rebfläche** 25 Hektar
**Jahresproduktion** 250 000 Flaschen
**Beste Lagen** Niersteiner Ölberg, Pettenthal, Orbel und Schloss Schwabsburg
**Boden** Roter Tonschiefer, Kalkgestein, Löss
**Rebsorten** 40% Riesling, 25% Spätburgunder, je 10% Grauburgunder, Silvaner und Weißburgunder, 5% übrige Sorten
**Gastronomie** Weinausschank und Kleinigkeiten zu Essen während der Öffnungszeiten.
**Erlebenswert** Traumhafter Ausblick von der Terrasse über Nierstein, den Rhein und den Roten Hang bis hin nach Frankfurt.
**Mitglied** Maxime Herkunft, Roter Hang

Riesling und Weißburgunder aus dem Jahrgang 2021 haben in diesem Gut in Nierstein eindeutig das Sagen. Schon der lebhafte Niersteiner Weißburgunder mit seinem Anklang von Netzmelonen überzeugt. Das gilt erst recht für den Weißburgunder Reserve, der mit viel Kraft und zugleich präsenter Säure punktet. Die Rieslinge halten da locker mit. Das beginnt schon beim saftigen Gutswein, gefolgt vom Roter Hang Riesling und den Lagenweinen. Der charmante und überaus saftige Pettenthal, ein Riesling vom beachtlicher Länge, lässt dabei Ölberg und Orbel deutlich hinter sich. Doch da gibt es noch den Orbel aus dem Jahrgang 2020, dessen Trauben von alten Reben stammen. Dieser pikante und druckvolle Wein ist mit Genuss zu trinken. Bei den Roten überzeugt die Cuvée Edition S, ein kräftiger Wein mit Charakter. Stefan Raddeck hat in den letzten Jahren mit seinen Weinen zu einer immer größeren Stabilität gefunden. Seit nunmehr 20 Jahren erzeugt die Winzerfamilie Bioweine. Für Stefan Raddeck ist gerade der ökologische Weinbau ein wichtiger Garant für Qualität. Eine artenreiche Begrünung bietet Lebensraum für nützliche Insekten und hält die Weinberge in Balance. Außerdem setzt er auf Ertragsreduzierung, Maischestandzeiten und teilweise Spontangärung. Die Burgundersorten werden vor allem im Paterberg angebaut, der Kalksteinlage Niersteins.

RADDECK
NIERSTEIN AM RHEIN

**84** 2021 Sauvignon Blanc trocken
**7,90 €** | 12 %

**85** 2021 Riesling trocken
**7 €** | 12 %

**86** 2021 Niersteiner Roter Hang Riesling trocken
**9,70 €** | 12 %

**86** 2021 Niersteiner Sauvignon Blanc trocken Reserve
**16,50 €** | 13 %

**87** 2021 Niersteiner Weißburgunder trocken
**9,70 €** | 13 %

**87** 2021 Niersteiner Ölberg Riesling trocken
**16,50 €** | 13 %

**87** 2021 Niersteiner Orbel Riesling trocken
**16,50 €** | 12,5%

**88** 2021 Niersteiner Weißburgunder trocken
**16,50 €** | 13,5%

**88** 2020 Niersteiner Orbel Riesling trocken Alte Reben
**23,50 €** | 13 %

**89** 2021 Niersteiner Pettenthal Riesling trocken
**16,50 €** | 12,5%

**87** 2019 Niersteiner Spätburgunder trocken
**13,50 €** | 13,5%

**88** 2020 Cuvée Edition S trocken
**18 €** | 13,5%

## RAUMLAND

Sekthaus Raumland
67592 Flörsheim-Dalsheim · Alzeyer Straße 123c
Tel. (06243) 908070 · Fax 908077
info@raumland.de
**www.raumland.de**

**Inhaber/in** Volker Raumland
**Betriebsleitung** Marie-Luise und Katharina Raumland
**Keller** Kaise Kazuyuki
**Außenbetrieb** Jan Vedder

**Historie** 1990 gegründet von Volker und Heide-Rose Raumland, heute Fortführung durch die Töchter Marie-Luise und Katharina Raumland
**Rebfläche** 12 Hektar
**Jahresproduktion** 85 000 Flaschen
**Beste Lagen** Dalsheimer Bürgel, Hohen-Sülzer Kirchenstück, Bockenheimer Schlossberg, Mölsheimer Silberberg
**Boden** Muschel- und Algenkalk, Terra Fusca, Kalkmergel
**Rebsorten** 39% Chardonnay, 39% Spätburgunder, 10% Riesling, 9% Weißburgunder, 3% Pinot Meunier
**Mitglied** VDP, Verband traditioneller Sektmacher e.V.

Dies ist mit Abstand Deutschlands bester Sekterzeuger. Und so wundert es nicht, dass Raumland im Jahr 2020, als erstes Sekthaus überhaupt, in die Reihen der Prädikatsweingüter (VDP) aufgenommen wurde. Das Angebot basiert auf einer eindeutigen Hierarchie. Die Basis wird von den Cuvées der Linie Tradition gebildet, denen ein Hefelager von mindestens 36 Monaten vergönnt war. Den starken Mittelbau bilden die Réserve-Schaumweine mit 90 Monaten Hefelager und die absoluten Spitzensekte, die Grande Réserve, kommen erst nach 120 Monaten Flaschenreife in Verkauf. Zur Linie Tradition gehören die 2017er Cuvées Marie-Luise und Katharina, benannt nach den Töchtern des Hauses, außerdem zwei Rieslingsekte, ein 2018er sowie ein 2016er, den es nur in Magnumflaschen gibt. Interessant ist der Tradition Brut, der mit Reserveweinen verschiedener Jahrgänge komponiert wurde. Bereits diese Basissekte sind von einer solchen Güte, dass damit selbst Spitzenprodukte anderer Anbieter oft nicht mithalten können.

**Grandiose Frische**

Herzstück der Produktion sind die Sekte der Réserve-Linie. Sie zeigen oft jene Aromen, die gemeinhin mit noblem Champagner in Verbindung gebracht werden: Brioche, Nussbutter und geröstete Mandeln. Der Jahrgang 2013 steht derzeit im Mittelpunkt. Dabei ragen der Blanc de Blancs Extra Brut aus dem Dalsheimer Bürgel heraus, ein großartiger Weißburgundersekt, sowie das XIII. Triumvirat, eine klassische Champagner-Cuvée aus Chardonnay, Pinot Meunier und Pinot Noir. Eine kleine Ausnahme bildet der Rosé Réserve Brut aus dem Jahrgang 2014 mit seiner grandiosen Frische. Bei den Grande Réserve, deren Grundweine aus dem Dalsheimer Bürgel kommen, ist derzeit der Jahrgang 2010 aktuell. Während der Chardonnay Brut nature mit einer großartigen Säure auftrumpft, zeigt sich der Blanc de Blancs Extra Brut als faszinierende, harmonische Komposition. Übrigens: Alkoholfreie Sekte gibt es hier schon seit den 90er Jahren. Diese sogenannten Frucht-Seccos wurden kürzlich in Zerozzante umbenannt. Die weißen oder roten Trauben dazu werden Anfang September gelesen und im Anschluss direkt gepresst, heruntergekühlt, gefiltert und verperlt. Es gibt auch Füllungen mit rotem Wildapfel und Rhabarber. Es sind allesamt Muntermacher mit herber Frische. Es ist jetzt mehr als 30 Jahre her, dass Volker und Heide-Rose Raumland dieses Sektgut gegründet haben. Doch eigentlich bastelt Volker Raumland sogar schon seit Anfang der 1980er-Jahre am perfekten Schaumwein. Mit Marie-Luise und Katharina übernehmen nun die beiden Töchter Zug um Zug die Verantwortung. Basis des Erfolgs sind hier zweifellos zwei Faktoren. Zum einen ist es Volker Raumland, der sich schon früh in der Champagne umgeschaut hat. Doch kopieren war nie sein Motiv, nur Anregungen sammeln und auf Eignung prüfen. Der zweite Faktor ist eine solide Basis zu Hause, und die ist mit zehn Hektar Rebfläche in Bockenheim und Flörsheim-Dalsheim gegeben. Die Weinberge werden seit nunmehr 20 Jahren biologisch bewirtschaftet.

RAUMLAND
SEKTHAUS – SEIT 1984

**89** Tradition Brut
**24 €** | 12 %

**89** 2016 Riesling Brut VDP.Sekt.Prestige
**59 €/1,5 Lit.** | 12 %

**90** 2018 Riesling Brut VDP.Sekt.Prestige
**22 €** | 12 %

**90** 2017 Cuvée Marie-Luise Brut VDP.Sekt.Prestige
**22 €** | 12 %

**90** 2017 Cuvée Katharina Brut nature VDP.Sekt.Prestige
**22 €** | 12 %

**92** 2014 Rosé Réserve Brut
**28 €** | 12 %

**92** 2013 Pinot Blanc de Noirs Brut Reserve
**36 €** | 12,5%

**92** 2013 Chardonnay Reserve Brut VDP.Sekt.Prestige
**36 €** | 12 %

**92** 2013 XIII. Triumvirat Grande Cuvée Brut
**54 €** | 12,5%

**93** 2013 Dalsheimer Bürgel Blanc de Blancs Extra Brut VDP.Sekt.Prestige
**36 €** | 12 % TOP 10

**93** 2010 Blanc de Blancs Grande Réserve Extra Brut
**72 €** | 12 % TOP 10

**94** 2010 Chardonnay Grande Réserve Brut nature
**72 €** | 12 % TOP 10

★★

## RETTIG

Weingut Rettig
67593 Westhofen · Gundheimer Straße 1
Tel. (06244) 4928 · Fax 905066
info@weingut-rettig.de
**www.weingut-rettig.de**

**Inhaber/in** Familie Rettig
**Betriebsleitung** Katja Rettig
**Keller** Katja Rettig

**Rebfläche** 12 Hektar
**Beste Lagen** Westhofener Aulerde, Steingrube und Morstein
**Mitglied** Maxime Herkunft

Hatten wir Katja Rettig zuletzt noch ein gutes Händchen für die Burgundersorten attestiert, so dürfen wir das Lob diesmal auf den Riesling ausweiten. Der 2020er aus dem Westhofener Morstein demonstriert beispielhaft die Kargheit und Präzision der Lage. Der 2021er Riesling vom Kalkgestein ist zwar nicht ganz trocken, aber sehr elegant und fast schwerelos. Er ist Bestandteil einer Kollektion aus einem Guss, die die ganze Frische und Rasse des Jahrgangs 2021 transportiert. Davon haben hier auch Weine profitiert, über die sonst eher nicht so viel geredet wird. Etwa der Blanc der Noirs vom Spätburgunder, der sehr klar ins Glas läuft und am Gaumen eine straffe Statur entwickelt. Auch der Rosé, eine ungewöhnliche Cuvée von Portugieser und Merlot, mit seinen bescheidenen 10,5 Prozent Alkohol gehört zu den Gewinnern auf der Terrasse. Und die Burgunder? Sie sind zum Selbstläufer geworden, Jahr für Jahr mit großer Sicherheit erzeugt. Pinot Blanc vom Kalkstein und Auxerrois vom Tonmergel stehen dabei in der ersten Reihe, mit der Cuvée Oryx als Anführer. Ein echtes Highlight ist der Westhofener Silvaner vom Lösslehm, mit einem tollen Preis-Genuss-Verhältnis. Katja Rettig führt den Betrieb zusammen mit ihrem Vater Klaus, der die Weinberge pflegt, während sie im Keller und im Verkauf Akzente setzt.

**85** 2021 Grauburgunder trocken
**7,90 €** | 12,5%

**85** 2021 Chardonnay trocken
**7,90 €** | 12%

**85** 2021 Weißburgunder trocken
**7,90 €** | 12,5%

**86** 2021 Cuvée Gazelle trocken
**7,90 €** | 11%

**87** 2021 Spätburgunder Blanc de Noirs trocken
**7,90 €** | 11,5%

**87** 2021 Bechtheimer Auxerrois trocken vom Tonmergel
**9,90 €** | 12,5%

**87** 2021 Westhofener Pinot Blanc trocken vom Kalkstein
**12 €** | 12,5%

**88** 2021 Westhofener Silvaner trocken vom Lösslehm
**9,90 €** | 12%

**88** 2021 Pinot-Cuvée Oryx trocken
**12 €** | 12,5%

**88** 2020 Westhofener Morstein Riesling trocken
**19 €** | 12,5%

**87** 2021 Riesling vom Kalkgestein
**7,90 €** | 12%

**86** 2021 Cuvée Rosé trocken
**7,90 €** | 10,5%

★★★½

## RIFFEL

Weingut Riffel
55411 Bingen-Büdesheim · Mühlweg 14a
Tel. (06721) 994690
service@weingut-riffel.de
**www.weingut-riffel.de**

**Inhaber/in und Betriebsleitung** Carolin und Erik Riffel
**Keller** Erik Riffel
**Außenbetrieb** Erik Riffel

**Historie** Weinbau seit vier Generationen in der Familie, Neubau des Weinguts im Jahr 2007
**Rebfläche** 18 Hektar
**Jahresproduktion** 120 000 Flaschen
**Beste Lagen** Binger Scharlachberg, Kirchberg, Osterberg, Rosengarten
**Boden** Quarzit, Lösslehm, Tonmergel
**Rebsorten** 50% Riesling, je 10% Pinot Noir und Weißburgunder, 9% Silvaner, 5% Grauburgunder, 4% Scheurebe, 3% Chardonnay, 2% Sauvignon Blanc, 1% Gewürztraminer, 6% übrige Sorten
**Erlebenswert** Turmzimmer mit Blick auf den Scharlachberg, Weinbergsrundgänge durch die Lage Scharlachberg
**Mitglied** Ecovin, Vinissima, Maxime Herkunft

Hier lässt man den Weinen Zeit und füllt mitunter recht spät. Und das zahlt sich 2021 vor allem beim Riesling aus. Vom säuregeprägten Quarzit geht animierender Pfirsichduft aus. Die Großen Lagenweine stehen qualitativ eng beisammen. Der straffe Osterberg wirkt noch verschlossen, der Kirchberg ist schlank und rassig, der Scharlachberg ist der Inbegriff von Eleganz und Frische. Die Renaissance dieser Lage hat Erik Riffel bereits Anfang der 1990er-Jahre angestoßen. Zu den Stärken des Hauses gehört der Silvaner, egal ob als Quarzit oder Reserve. Oder gar als Partner vom Gewürztraminer im spannenden Orangewine. Auch der Sauvignon Blanc bringt hier Top-Ergebnisse, diesmal als Reserve und in einer Cuvée mit der Scheurebe, eine charmante Komposition. Erik und Carolin Riffel führen ihren Betrieb jetzt seit 2005 und haben ihn auf ökologischen Weinbau und Biodynamie umgestellt. Zum Angebot gehören außerdem hervorragende Sekte und ein superklarer, frischer Rosé vom Pinot Noir.

**89** 2008 Sekt Brut nature Grande Reserve
**29 €** | 12 %

**85** 2021 Riesling trocken
**9,50 €** | 11,5%

**85** 2021 Weißburgunder trocken
**9,50 €** | 11,5%

**85** 2021 Grauer Burgunder trocken
**9,50 €** | 12 %

**87** 2021 Binger Riesling trocken Quarzit
**14,90 €** | 12 %

**88** 2021 Scheurebe & Sauvignon Blanc trocken
**9,50 €** | 11,5%

**88** 2020 Binger Silvaner trocken Quarzit
**14,90 €** | 12,5%

**88** 2020 Gewürztraminer & Silvaner Landwein trocken Orange Naked
**16,90 €** | 11,5%

**88** 2021 Binger Rosengarten Riesling trocken
**29 €** | 12,5%

**89** 2020 Sauvignon Blanc trocken Reserve
**27 €** | 13 %

**89** 2020 Silvaner trocken Reserve
**27 €** | 12,5%

**89** 2021 Binger Osterberg Riesling trocken
**29 €** | 13 %

**89** 2021 Binger Kirchberg Riesling trocken
**35 €** | 13 %

**90** 2021 Binger Scharlachberg Riesling trocken
**35 €** | 13 %

**89** 2021 Binger Scharlachberg Riesling Kabinett
**11,90 €** | 9,5%

**87** 2021 Binger Pinot Noir Rosé trocken
**14,90 €** | 11,5%

**89** 2019 Binger Bubenstück Pinot Noir trocken Reserve
**27 €** | 13 %

## RUPPERT-DEGINTHER

Weingut Ruppert-Deginther
67596 Dittelsheim-Heßloch
Kämmerergasse 8
Tel. (06244) 292
kontakt@ruppert-deginther.de
**www.ruppert-deginther.de**

**Inhaber/in und Betriebsleitung**
Justus Ruppert

**Historie** Weinbau in der Familie seit 1854
**Rebfläche** 26 Hektar
**Jahresproduktion** 150 000 Flaschen
**Beste Lagen** Hesslocher Liebfrauenberg und Mondschein, Bechtheimer Hasensprung, Westhofener Aulerde, Hesslocher Edle Weingärten
**Boden** Kalksteinverwitterung, Löss, Tonmergel, Fersiallit, Terra fusca

Es ist keine neue Erkenntnis, dass Justus Ruppert schon länger vor allem für Rotweine ein gutes Gespür hat. Ob nun die kräftige Cuvée Schwarzwild oder die beiden Cabernets aus den Lagen Liebfrauenberg und Hasensprung - der Umgang mit den internationalen roten Sorten ist in diesem Weingut bereits sehr routiniert. Doch seit geraumer Zeit wollen die Weißweine auf diesem Level andocken, und sie sind fast schon auf Augenhöhe. Der 2021er Sauvignon Blanc, mit seinen feinen Stachelbeeraromen, ist nur ein Beispiel für diesen Trend. Hier gibt es vor allem kraftvolle weiße Burgundersorten, etwa die Hesslocher Burgunder-Trilogie oder auch den Bechtheimer Grauburgunder. Sie alle werden aber überflügelt vom 2020er Auxerrois aus dem Liebfrauenberg, einem wunderbar klaren und nahezu strahlenden Wein. Ein weiteres Highlight, wie könnte es anders sein, ist der Riesling. Der heißt hier Calx und ist im Jahrgang 2020 außerordentlich gut geraten. Er hat sich auf der Flasche großartig entwickelt, zeigt auf der einen Seite reife Aprikose, auf der anderen karge Mineralität und Salzigkeit. Fazit: Wir finden, Justus Ruppert ist auf einem sehr guten Weg. Wenn es künftig noch gelingt, die manchmal etwas überbordende Reife und den Alkohol im Zaum zu halten, sehen wir einerseits nach wie vor kraftvollen, andererseits aber auch großen Weinen entgegen. Und darauf freuen wir uns schon jetzt!

WEINBAUTRADITION SEIT 1854
RUPPERT-DEGINTHER

**86** 2021 Bechtheimer Grauburgunder trocken
**9,30 €** | 13,5%

**86** 2020 Bechtheimer Hasensprung Chardonnay trocken
**15,30 €** | 14,5%

**86** 2021 Cuvée Blanc trocken
**15,30 €** | 13,5%

**87** 2021 Sauvignon Blanc trocken
**8,70 €** | 13 %

**87** 2021 Hesslocher Burgunder Trilogie trocken
**11,50 €** | 13,5%

**88** 2020 Riesling trocken Calx
**17,75 €** | 12,5%

**88** 2020 Hesslocher Liebfrauenberg Auxerrois trocken
**17,90 €** | 13,5%

**87** 2019 Hesslocher Spätburgunder trocken
**12,50 €** | 13,5%

**87** 2019 Cuvée Wild trocken
**17,90 €** | 14 %

**88** 2018 Cuvée Schwarzwild trocken
**15,30 €** | 13,5%

**89** 2019 Hesslocher Liebfrauenberg Cabernet Sauvignon trocken
**28,60 €** | 13,5%

**89** 2019 Bechtheimer Hasensprung Cabernet Franc trocken
**28,60 €** | 13,5%

★★

## RUSSBACH

Weingut Russbach
55234 Eppelsheim · Alzeyer Straße 22
Tel. (06735) 960302 · Fax 8412
info@weingut-russbach.de
**www.weingut-russbach.de**

**Inhaber/in und Betriebsleitung** Bernd Russbach
**Keller** Bernd Russbach
**Außenbetrieb** Bastian Barthel

**Rebfläche** 29 Hektar
**Jahresproduktion** 280 000 Flaschen
**Beste Lagen** Eppelsheimer Felsen, Flomborner Goldberg, Westhofener Morstein, Esselborner Goldberg
**Boden** Kalkstein und Lösslehm
**Rebsorten** 40% Burgundersorten, 20% Riesling, je 15% Silvaner und Sauvignon Blanc, 10% übrige Sorten
**Mitglied** Maxime Herkunft, Selection Rheinhessen

Mit 30 Hektar Weinbergen ist dieses Gut südlich von Alzey nicht gerade klein. Um so erfreulicher, dass Bernd Russbach Jahr für Jahr eine breite Palette absolut zuverlässiger Weine im Basisbereich gelingt und darüber hinaus noch das ein oder andere Highlight. Vor allem die Bukettsorten gelingen Russbach ausnahmslos vorzüglich. Dafür steht etwa der Sauvignon Blanc als Eppelsheimer Ortswein oder als Lagenwein aus dem Felsen, genannt Terra Fusca. Der Sortencharakter kommt hier gut zur Geltung, ohne parfümierte Übertreibungen. Das gilt auch für die feinherbe Eppelsheimer Scheurebe vom Ur-Rhein, eine charmante Vertreterin ihrer Sorte. Auch die Burgunder hat Russbach bestens im Griff, die immerhin 40 Prozent im Rebsorten-Portfolio stellen. Vor allem die geschmeidige Auxerrois Reserve aus dem Eppelsheimer Goldberg spielt sich hier in den Vordergrund. Für Freunde des fruchtigen Rieslings gibt es hier auch ein Angebot: Der feinherbe Riesling Kalkstein lädt zum Nachschenken ein. Und mit roten Sorten kann Bernd Russbach ohnehin gut umgehen. Das beweist er diesmal mit dem Merlot. Der kommt zum einen als Rosé ins Glas, ein frischer und animierender Durstlöscher. Zum anderen gibt es den 2019er Reserve, einen komplexen Rotwein mit schöner dunkler Frucht.

**84** 2021 Riesling Liter trocken
**7,50 €/1 Lit.** | 12%

**84** 2021 Grauburgunder trocken
**8,80 €** | 12,5%

**85** 2021 Chardonnay trocken
**8,90 €** | 12,5%

**85** 2021 Silvaner trocken Kalkstein
**12,80 €** | 12,5%

**86** 2021 Eppelsheimer Sauvignon Blanc trocken
**8,90 €** | 12%

**87** 2021 Eppelsheimer Felsen Sauvignon Blanc trocken Terra Fusca
**12,90 €** | 12,5%

**87** 2021 Esselborner Goldberg Auxerrois trocken Reserve
**15,80 €** | 13,5%

**86** 2021 Riesling feinherb Kalkstein
**8,50 €** | 11,5%

**86** 2021 Eppelsheimer Scheurebe feinherb vom Ur-Rhein
**8,80 €** | 11,5%

**85** 2021 Merlot Rosé trocken
**7,40 €** | 12%

**88** 2019 Merlot trocken Reserve
**19,50 €** | 13,5%

★

## RUZYCKI

Weingut Klostermühlenhof Ruzycki
55278 Hahnheim · Wahlheimer Hof 8
Tel. (06737) 7158620 · Fax 7158639
weingut@klostermuehlenhof.de
**www.klostermuehlenhof.de**

**Inhaber/in und Betriebsleitung** Jan und Thilo Ruzycki
**Keller** Thilo Ruzycki
**Außenbetrieb** Jan und Thilo Ruzycki

An der Spitze der trockenen Reihe steht ein 2020er, dem die Reifezeit offenbar gut getan hat: der Riesling aus dem Hahnheimer Siebenmorgen. Die trendige Cuvée Holla die Weinfee gibt es in weiß und rot, unkomplizierte Trinkweine für die Terrasse. Eine Empfehlung ist der Rieslingsekt Brut nature 1899 und ein ganz ungewöhnlicher Edelsüßer ist die Trockenbeerenauslese von der Huxelrebe, ein extremes Konzentrat mit deutlicher Korinthennote. Das idyllisch auf dem Wahlheimer Hof im mittleren Selztal gelegene Gut hat eine lange Geschichte. Bereits im 12. Jahrhundert bewirtschafteten Mönche des Klosters Eberbach diese Mühle.

**86** 2019 Riesling Brut nature 1899
**12,50 €** | 12,5%

**83** 2021 Riesling Liter trocken
**5,90 €/1 Lit.** | 12,5%

**84** 2021 Grauburgunder trocken
**7,20 €** | 12,5%

**84** 2021 Sauvignon Blanc trocken
**7,40 €** | 12%

**85** 2021 Weißburgunder trocken
**7,20 €** | 12%

**86** 2020 Hahnheimer Siebenmorgen Riesling trocken
**15 €** | 13%

**85** 2021 Cuvée Weiß feinherb Holla die Weinfee
**6,20 €** | 11,5%

**89** 2020 Huxelrebe Trockenbeerenauslese Schwarz´ Kuh
**26 €/0,375 Lit.** | 8%

**85** 2020 Cuvée Rot trocken Holla die Weinfee
**6,20 €** | 12%

**86** 2017 Hahnheimer Knopf Spätburgunder trocken
**15 €** | 12,5%

★★★★

## SAALWÄCHTER

Weingut Saalwächter
55218 Ingelheim · Binger Straße 18
Tel. (06132) 2328 · Fax 41912
mail@saalwaechter.de
**www.saalwaechter.de**

**Inhaber/in und Betriebsleitung** Carsten und Gerhard Saalwächter
**Keller** Carsten Saalwächter

**Rebfläche** 9 Hektar
**Jahresproduktion** 42 000 Flaschen
**Beste Lagen** Assmannhäuser Höllenberg
**Boden** gelber Muschelkalk, mit hohem Kalkanteil, blauer Phyllit-Schiefer
**Rebsorten** 60% Spätburgunder, 20% Silvaner, 20% weiße Burgundersorten
**Erlebenswert** ausgedehnter Gewölbekeller aus dem 18. Jahrhundert

Vergangenes Jahr haben wir Folgendes geschrieben: „Wir werden nicht ganz schlau aus diesem jungen Mann. Erst vor zwei Jahren direkt mit zwei Sternen als ‚Entdeckung des Jahres' in den ‚VINUM Weinguide' eingestiegen, im letzten Jahr gleich den dritten Stern kassiert - und jetzt legt Carsten Saalwächter schon wieder nach - mit noch besseren Weinen und immer mehr Punkten. Da hat einer den Turbo gezündet und das Ende dieser Fahrt ist nicht in Sicht. Nur eins ist klar: Es geht ständig bergauf. Wofür andere Jahrzehnte, ja manchmal Generationen brauchen, das läuft hier im Zeitraffertempo ab. Atemberaubend!" Wir wollen uns wahrlich nicht selbst loben, aber ein wenig stolz sind wir schon auf diese Entdeckung, und auf unsere Vorhersage aus dem vergangenen Jahr, dass ein Ende dieses Höhenflugs nicht in Sicht ist. Und so kam es, wie es kommen musste, prompt kassiert dieser junge Ausnahmewinzer diesmal den vierten Stern. Glückwunsch! Carsten Saalwächter hat zwölf Weine vorgestellt, davon haben drei 89 Punkte, neun haben 90 Punkte und mehr.

**Genau hingehört**

Offenbar ist Saalwächter einer, der genau hinhört, wenn erfahrene Winzer sprechen. Das hat er in der Bourgogne getan, zum Beispiel in der Domaine des Lambrays. Und in Deutschland hat er die Methoden vor allem von Ziereisen, aber auch von Schnaitmann, Stodden und Fritz Becker vor Ort studiert. Aber in fast allen diesen Betrieben steht Rotwein im Mittelpunkt. Deshalb können wir nur staunen, was dieser Jungwinzer aus dem Stand an Weißweinen zaubert. Diesmal hat er den Jahrgang 2020 vorgestellt, ein Zeichen dafür, dass er den Weinen sehr viel Zeit lässt, sie mitunter anderthalb oder zwei Jahre auf der Hefe reifen dürfen. Jeder Wein ist hier Individualist, ist Ausdruck des Terroirs, auf dem er gewachsen ist. Das trifft etwa auf den Silvaner von alten Reben zu, der durch seine starke Kalkprägung fast staubig zu nennen ist. Der Grauburgunder kommt schon etwas fülliger rüber, während der Weißburgunder sich ganz schlank und elegant präsentiert. Regelrechte Energie ist zu fühlen und Spannung kommt auf beim Chardonnay, aber vor allem beim Weißburgunder Hoher Fels, einem ganz großen Pinot Blanc. Wie perfekt auch die Weißweine hier heranreifen belegen der 2018er Chardonnay R und der 2019er Silvaner Grauer Stein mit ihrer großartigen Präsenz. All diese Weine wirken sehr reduziert, sind überwiegend vom Kalkboden geprägt, sind kompromisslos trocken und pur.

**Die Roten glänzen**

Durch den enormen Aufschwung, den die Weißweine in den letzten Jahren genommen haben, geraten die Roten fast schon ein wenig in den Hintergrund. Doch Carsten Saalwächter verteilt sein Können auf beide Segmente, weiß und rot. Es sind ausnahmslos großartige Spätburgunder, wobei der junge Winzer zwei ganz ungleiche Terroirs zu interpretieren hat. Die Assmannshäuser Pinot Noirs wachsen auf blauem Phyllitschiefer und können eine interessante Würze entwickeln, was sowohl auf den Spätburgunder Höllenberg, als auch auf den Pinot Noir La Première zutrifft, beide aus dem Jahrgang 2019. Aus demselben Jahr hat Saalwächter auch drei Spätburgunder aus dem heimatlichen Ingelheim vorgestellt, von denen bereits der feinduftige Spätburgunder Gutswein den Genießer in seinen Bann zieht. Auch die Alten Reben und der Spätburgunder R haben diese pure Art, wie man sie bei den besten Ingelheimern immer wieder findet. Dass Saalwächter dies alles gelingt, bei gerade mal 12 Prozent Alkohol, ist schon eine Glanzleistung.

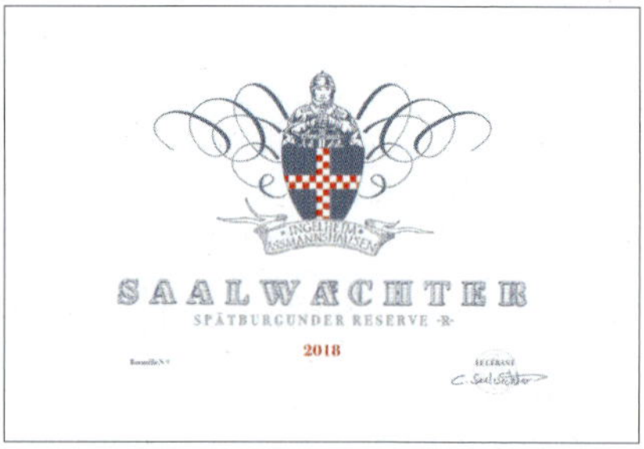


**89** 2020 Silvaner trocken Alte Reben
**14,90 €** | 12,5%

**89** 2020 Grauburgunder trocken
**17,80 €** | 13 %

**91** 2020 Weißburgunder trocken
**19,50 €** | 12,5%

**92** 2018 Chardonnay trocken R
**55 €** | 13 %

**92** 2019 Silvaner trocken Grauer Stein
**58 €** | 12,5%

**93** 2020 Chardonnay trocken
**29 €** | 13,5%

**93** 2020 Weißburgunder trocken Hoher Fels
**54 €** | 12,5%

**89** 2019 Spätburgunder trocken
**13,90 €** | 12,5% BEST BUY

**90** 2019 Assmannshäuser Pinot Noir trocken La Première
**22,80 €** | 12 %

**91** 2019 Spätburgunder trocken Alte Reben
**21,80 €** | 12 %

**91** 2019 Assmannshäuser Höllenberg Spätburgunder trocken
**52 €** | 12 %

**92** 2019 Spätburgunder trocken R
**45 €** | 12 %

★★★

## SANDER

Sander
67582 Mettenheim · In den Weingärten 11
Tel. (06242) 1583 · Fax 6589
info@sanderweine.de
**www.sanderweine.de**

**Inhaber/in und Betriebsleitung**
Familie Sander
**Keller** Stefan Sander

**Historie** Großvater Ottoheinrich Sander bereits in den 1950er-Jahren Pionier des ökologischen Weinbaus
**Rebfläche** 31 Hektar
**Jahresproduktion** 200 000 Flaschen
**Beste Lagen** Mettenheimer Schlossberg und Mettenheimer Michelsberg
**Boden** Löss und Lehm, Sand und Schwemmland
**Rebsorten** 30% Riesling, 18% Weißburgunder, je 10% Chardonnay, Sauvignon Blanc und Spätburgunder, 22% übrige Sorten
**Erlebenswert** historische Rebsorten, Amphoren aus Ton
**Mitglied** Naturland, La Renaissance des Appellations, Maxime Herkunft

Die Einstiegshöhe in die Kollektion dieses Biopioniers ist schon enorm, will heißen: Stefan Sander widmet auch und gerade den Basisweinen seine ganze Aufmerksamkeit, was Weißburgunder und Chardonnay, vor allem aber dem Sauvignon Blanc zugute kommt. Dieser Gutswein wird von einer fordernden Säure getragen, zugleich breiten sich Aromen von Stachelbeeren aus. Ganz trocken und mit salziger Mineralität präsentiert sich der Mettenheimer Riesling, während der Spätburgunder aus Mettenheim vor allem Freunde wilder Duftnuancen anziehen dürfte. Dieses biodynamisch arbeitende Gut entwickelt sich immer mehr zum Experten für fast schon verschollene alte Reborten. Sie kommen hier unter dem Label „Zeiten-Sprung" auf den Markt. So gelingt der Ausbau des Grünfränkisch, der aromatisch zwischen Silvaner und Riesling angesiedelt ist, von Jahr zu Jahr überzeugender. Ein besonderes Händchen hat Stefan Sander auch für den Fränkischen Burgunder, eine alte rote Sorte mit festem Körper und dichter Frucht. Den Spitzenplatz besetzt allerdings der 2019er Pinot Noir Reserve. Dies ist ein Klasse-Spätburgunder mit Transparenz, Präzision und Finesse sowie kaum spürbarem Tannin. Großvater Ottoheinrich Sander hat diesen Betrieb bereits Mitte der 1950er-Jahre auf die Bioschiene geschoben. Außerdem wurden hier schon vor hundert Jahren die ersten Flaschenweine gefüllt, das ist für Rheinhessen außergewöhnlich.

SANDER
ökologische Weine

**86** 2021 Weißburgunder trocken
**8,40 €** | 13 %

**86** 2021 Chardonnay trocken
**9,90 €** | 13,5%

**86** 2021 Mettenheimer Riesling trocken vom Löss
**12 €** | 13 %

**87** 2021 Sauvignon Blanc trocken
**9,90 €** | 12,5%

**87** 2021 Mettenheimer Michelsberg Weißburgunder trocken
**14,50 €** | 13,5%

**87** 2021 Mettenheimer Schlossberg Riesling trocken
**21,50 €** | 13 %

**88** 2021 Grünfränkisch trocken Zeiten-Sprung
**15 €** | 13,5%

**88** 2020 Riesling trocken Reserve
**32 €** | 13,5%

**88** 2020 Chardonnay trocken Reserve
**34 €** | 13,5%

**87** 2019 Mettenheimer Spätburgunder trocken vom Löss
**14,90 €** | 13,5%

**89** 2021 Fränkischer Burgunder trocken Zeiten-Sprung
**18 €** | 14 %

**91** 2019 Pinot Noir trocken Reserve
**34 €** | 13,5%

★★★★

## SCHÄTZEL

Weingut Schätzel
55283 Nierstein · Oberdorfstraße 34
Tel. (06133) 5512 · Fax 60159
weingut@schaetzel.de
**www.schaetzel.de**

**Inhaber/in und Betriebsleitung**
Kai Schätzel
**Keller** Kai Schätzel und Max Siebnich
**Außenbetrieb** Ulrich Damerow

**Historie** Familientradition seit mehr als 650 Jahren.
**Rebfläche** 15 Hektar
**Jahresproduktion** 80 000 Flaschen
**Beste Lagen** Niersteiner Pettenthal, Hipping, Ölberg
**Boden** roter Tonschiefer, Kalk, Löss
**Rebsorten** 90% Riesling, 5% Silvaner, 5% übrige Sorten
**Mitglied** VDP, Maxime Herkunft

Kai Schätzel ist in Riesling vernarrt. 90 Prozent seiner Weinberge sind mit dieser „Königin der weißen Sorten" bepflanzt, da muss man heute selbst an der Rheinfront in Nierstein suchen, um überhaupt noch so einem Riesling-Purismus zu begegnen. Das ist die eine Besonderheit dieses Betriebes. Die andere sind die unterschiedlichen Weinarten, die Schätzel aus seinen Trauben erzeugt. Da ist zunächst einmal das Standardprogramm der trockenen Rieslinge bis hin zu den Großen Gewächsen. Dann gibt es eine Gruppe von ungewöhnlichen Kabinett-Weinen und nicht zuletzt erzeugt Schätzel auch noch Naturwein. Aber der Reihe nach. Bei den trockenen Rieslingen ist der Gutswein wie immer eine Bank, der 2021er probiert sich überaus saftig und klar. Dann gibt es zwei charakterstarke Große Gewächse, die man in diesem Stil von einem VDP-Betrieb auch nicht so oft aufgetischt bekommt. Es sind trockene Rieslinge, ganz ohne die sonst übliche Fruchtausprägung, die eher an Kräuter und Minze erinnern. Außergewöhnlich. Und dann die Kabinette. Kai Schätzel hat sich auf fruchtsüße Kabinett-Rieslinge spezialisiert, da sie in seinen Augen die salzig-mineralischen Böden am Roten Hang am klarsten widerspiegeln. Aber schmecken diese Weine denn tatsächlich süß? Bei einem Restzuckergehalt von 40 bis 50 Gramm sollte man das vermuten, aber man darf einen Faktor nicht aus dem Blick verlieren: Diese Weine sind mit 11 bis 12 Promille Säure ausgestattet, das liegt meilenweit über der Norm und würde diese Weine bei einem trockenen Ausbau für viele nahezu untrinkbar machen. Es sind vor allem zwei Kabinette, die aus dem Jahrgang 2021 brillieren. Der Niersteiner aus Ersten Lagen verströmt einen betörenden Duft von Zitronenmelisse, dazu kommt ein aufrüttelnder Säurekick. Diese große Frische findet sich auch beim Kabinett aus der Spitzenlage Pettenthal, einem grandiosen Riesling mit Anklang von Zitrusfrüchten, Melisse und anderen Kräutern. Diesen Wein gibt es nur in Magnumflaschen, wenn man überhaupt eine davon ergattern kann, denn er wird versteigert. Und die Naturweine? Die reifen unterschiedlich lang auf der Hefe heran. Da gibt es den 2021er Naturweiß, der Noten von Eisenkraut und Melisse aufweist. Und dann gibt es den ungewöhnlichen 2020er Silvaner Steiner, der sich naturtrüb präsentiert. An der Spitze steht der Riesling Fuchs, ein Rheinischer Landwein mit Anklang von Zitrusfrüchten und Wildkräutern.

### Wie seine Westentasche

In den Weinbergen ist Kai Schätzel ein überaus akribischer Arbeiter. Einerseits setzt der Ausnahmewinzer auf hohe geschmackliche Reife, andererseits will er die Mostgewichte nicht über die Maßen steigen lassen. Dass ihm dies gelingt, kann man an den mitunter sehr niedrigen Alkoholgehalten seiner Weine ablesen. Wie er aber den Spagat von ausreichender Traubenreife und zugleich wenig Alkohol Jahr für Jahr hinbekommt, das bleibt erst einmal sein Geheimnis. Schätzel kennt seine Weinberge wie seine Westentasche. Das bleibt auch nicht aus, wenn man in Steillagen am Roten Hang wirtschaftet, wo vieles noch von Hand erledigt werden muss, etwa die Bodenbearbeitung unter den Stöcken oder der Laubschnitt. Dazu kommt, dass Schätzel biologisch, mit biodynamischen Ansätzen, arbeitet. Und er ist immer wieder für Überraschungen gut. So hat er vor einigen Jahren in einer nördlich ausgerichteten steilen Parzelle im Pettenthal einen Weinberg in Einzelpfahlerziehung angelegt wie an der Mosel. Er übernahm das elterliche Weingut im Jahr 2008 und geht seither in Weinberg und Keller mit großer Akribie vor. Der Großteil der Weine wird im 800 Jahre alten Holzfasskeller in alten 600- und 1200-Liter-Fässern vergoren. Skandinavien ist ein sehr wichtiger Exportmarkt, dort passen die Weine perfekt zur produktorientierten und reduzierten Fischküche.

- **87** 2021 Cuvée Naturweiß Landwein trocken  
  **14 €** | 11,5%
- **87** 2021 Riesling trocken  
  **14 €** | 11,5%
- **88** 2020 Niersteiner Silvaner trocken Steiner Naturwein  
  **24 €** | 11,5%
- **89** 2019 Riesling Fuchs trocken Naturwein  
  **60 €** | 11%
- **91** 2020 Niersteiner Pettenthal Riesling VDP.Großes Gewächs  
  **136 €** | 12%
- **92** 2020 Niersteiner Hipping Riesling VDP.Großes Gewächs  
  **60 €** | 12%
- **89** 2021 Riesling Kabinett  
  **14 €** | 7,5%
- **92** 2021 Niersteiner Riesling Kabinett aus Ersten Lagen  
  **24 €** | 7%
- **93** 2021 Niersteiner Pettenthal Riesling Kabinett Goldkapsel  
  **Preis auf Anfrage** | 8%

## SCHERNER-KLEINHANSS

Weingut Scherner-Kleinhanß GbR
67592 Flörsheim-Dalsheim · Alzeyer Straße 10
Tel. (06243) 435 · Fax 5665
info@scherner-kleinhanss.de
**www.scherner-kleinhanss.de**
**Inhaber/in und Betriebsleitung**
Monika, Sonia und Julia Scherner

Aus dem Jahrgang 2021 haben uns gleich mehrere Weine aus diesem Flörsheim-Dalsheimer gut gefallen. Schon die Basisweine von Weiß- und Grauburgunder können überzeugen. Der Dalsheimer Riesling probiert sich wunderbar klar und saftig. Der Nieder-Flörsheimer Sauvignon Blanc ist ein animierender Wein und der Rosé vom Spätburgunder lädt zum munteren Zechen ein. An der Spitze der kleinen Kollektion steht der 2020er Riesling aus dem Dalsheimer Bürgel, der eine schöne Flaschenreife erlangt hat. Nach dem plötzlichen Tod von Klaus Scherner führt Monika Bank-Scherner den Betrieb fort. Beteiligt sind die Töchter Sonia und Julia, die sich nach und nach mehr einbringen wollen. Sie haben zwar nicht den Winzerberuf erlernt, aber sie wären bei weitem nicht die ersten Quereinsteiger, die sich gut zurechtfinden und erfolgreich sind.

- **85** 2021 Grauburgunder trocken  
  **Preis auf Anfrage** | 12%
- **86** 2021 Dalsheimer Riesling trocken  
  **Preis auf Anfrage** | 12%
- **86** 2021 Dalsheimer Weißburgunder trocken  
  **Preis auf Anfrage** | 12,5%
- **87** 2020 Dalsheimer Bürgel Riesling trocken  
  **Preis auf Anfrage** | 12,5%
- **87** 2021 Nieder-Flörsheimer Sauvignon Blanc trocken  
  **Preis auf Anfrage** | 11,5%
- **86** 2021 Blauer Spätburgunder Rosé trocken  
  **Preis auf Anfrage** | 12%

★★

## SCHITTLER & BECKER

Weingüter Schittler & Becker
55270 Zornheim · Hahnheimer Straße 30
Tel. (06136) 44790
info@schittler-becker.de
**www.schittler-becker.de**

**Inhaber/in** Familie Schittler
**Betriebsleitung** Julia Schittler
**Keller** Julia und Dominik Schittler
**Außenbetrieb** Hans-Jürgen Schittler

**Rebfläche** 40 Hektar
**Jahresproduktion** 250 000 Flaschen
**Beste Lagen** Zornheimer Guldenmorgen, Selzener Gottesgarten, Niersteiner Pettenthal
**Boden** Kalksteinverwitterung, Muschelkalk, Tonmergel, Lehm, Lössablagerung
**Rebsorten** 40% weiße und rote Burgundersorten, 20% Riesling, 18% Bukettsorten, 10% Silvaner, 12% übrige Sorten

Nach ihrem fast schon kometenhaften Aufstieg der vergangenen drei Jahre, legte Julia Schittler mit dem Jahrgang 2021 erst einmal eine kleine Pause ein. Einige der trockenen Weine sind nicht ganz so präzise geraten, wie wir es zuletzt gewohnt waren. Natürlich gibt es einige Ausnahmen. Dazu gehört etwa der trinkige Grauburgunder JS und nicht zuletzt zwei Lagenweine. Und zwar der Riesling aus dem Selzener Gottesgarten sowie der Sylvaner aus dem Zornheimer Guldenmorgen. Zu den Pluspunkten zählt auch der Pinot Blanc aus derselben Lage mit seinem Duft nach reifer Williamsbirne und dem zarten Vanilleton. Bei den Rieslingen steht der Pettenthal ganz vorne, ein geschmeidiger Wein mit leicht schmeckbarer Restsüße. Bei den Roten macht der Merlot eine recht gute Figur. Er wird allerdings vom Pinot Noir aus dem Selzener Gottesgarten in den Schatten gestellt, ein dichter, dabei lebhafter Wein, mit Tannin und straffer Struktur. Auch der Sekt Pinot Blanc Brut weiß zu gefallen. Kommt ein wenig Restsüße ins Spiel, steigt der Trinkspaß. Das ist einerseits beim Riesling Kabinett aus der Lage Niersteiner Bergkirche der Fall, vor allem aber beim feinherben und animierenden Muskateller. Julia Schittler ist schon vor einiger Zeit in den elterlichen Betrieb eingestiegen, ihr Bruder Dominik ist im Keller mit dabei. Und dort ist einiges zu tun, vor allem aber auch in den Weinbergen, denn diese erstrecken sich immerhin über 40 Hektar.

SCHITTLER BECKER

**86** 2020 Pinot Blanc Brut JS
**17 €** | 12 %

**84** 2021 Weißburgunder trocken
**7,60 €** | 12,5%

**84** 2021 Sauvignon Blanc trocken JS
**8,80 €** | 12 %

**84** 2021 Chardonnay trocken JS
**9,40 €** | 13 %

**85** 2021 Grauburgunder trocken
**7,60 €** | 12,5%

**85** 2021 Riesling trocken
**7,60 €** | 12,5%

**85** 2021 Weißburgunder trocken JS
**9,40 €** | 13 %

**86** 2021 Grauburgunder trocken JS
**9,40 €** | 13 %

**86** 2021 Selzener Gottesgarten Riesling trocken
**12 €** | 13 %

**86** 2021 Zornheimer Guldenmorgen Sylvaner trocken JS
**12 €** | 13 %

**87** 2021 Zornheimer Guldenmorgen Pinot Blanc trocken JS
**21 €** | 12,5%

**88** 2021 Niersteiner Pettenthal Riesling trocken JS
**28 €** | 12,5%

**88** 2021 Muskateller feinherb JS
**8,80 €** | 11,5%

**87** 2021 Niersteiner Bergkirche Riesling Kabinett JS
**15 €** | 9,5%

**86** 2020 Merlot trocken
**8,70 €** | 13 %

**88** 2020 Selzener Gottesgarten Pinot Noir trocken JS
**21,20 €** | 13 %

★☆

## SCHLOSSMÜHLENHOF

Weingut Schlossmühlenhof
55234 Kettenheim · Kirchstraße 18
Tel. (06731) 43459 · Fax 42105
info@schlossmuehlenhof.de
**www.schlossmuehlenhof.de**

**Inhaber/in** Walter und Nicolas Michel
**Betriebsleitung** Nicolas Michel

Eine große Tugend dieses Guts südlich von Alzey ist eine durchgehend gleichmäßige Qualität der Weine, die meist angenehm kühl ausfallen. Höhepunkte bringt der Riesling in die Kollektion, sowohl der Muschelkalk, als auch der Wartberg. Auch die weißen Burgundersorten mit ihrer Frische sind hier eine Bank. Grandios ist der konzentrierte und glasklare Eiswein.

**84** 2021 Riesling Liter trocken
**6,50 €/1 Lit.** | 13 %

**85** 2021 Riesling trocken
**7 €** | 13 %

**85** 2021 Weißburgunder trocken
**7,20 €** | 13 %

**85** 2021 Grauburgunder trocken
**7,20 €** | 13 %

**85** 2021 Sauvignon Blanc trocken
**7,50 €** | 13 %

**86** 2021 Weißburgunder und Chardonnay trocken
**7 €** | 13 %

**86** 2021 Scheurebe trocken
**7 €** | 12,5%

**86** 2021 Gelber Muskateller trocken
**7,20 €** | 13 %

**86** 2021 Kettenheimer Weißburgunder trocken Muschelkalk
**9 €** | 13 %

**86** 2021 Sauvignon Blanc trocken vom Löss
**9 €** | 12,5%

**87** 2021 Chardonnay trocken Holzfass
**9 €** | 13 %

**87** 2021 Kettenheimer Wartberg Riesling trocken
**12 €** | 13,5%

**86** 2021 Alzeyer Riesling Muschelkalk trocken
**9,50 €** | 13 %

**91** 2021 Kettenheimer Wartberg Riesling Eiswein
**30 €/0,375 Lit.** | 7,5%

★

## ADAM SCHMITT

Weingut Bürgermeister Adam Schmitt
55278 Mommenheim · Gaustraße 19
Tel. (06138) 1214 · Fax 8256
weingut.b.a.schmitt@t-online.de
**www.weingut-schmitt-mommenheim.de**

**Inhaber/in und Betriebsleitung** Eckhard Höbel
**Keller** Eckhard Höbel
**Außenbetrieb** Christian Smolin

Wir haben Eckhard Höbel ja bereits mehrfach als Spezialisten für Grünen Veltliner kennengelernt. Diesmal stellt er uns eine weitere Variante dieser aus Österreich bekannten Sorte vor, den Sekt Extra Brut Galan mit elegantem Mousseux und feiner Cremigkeit. Der Naturwein Lausbua vom Grünen Veltliner ist extrem wild und muss unbedingt eine Zeitlang belüftet werden vor dem Genuss. Höbel kann aber auch klassisch, wie der klare Nackenheimer Riesling mit Tiefgang beweist, ist gleichzeitig jedoch immer auch für Experimente zu haben: Den Rothenberg Riesling hat er im gebrauchten Barrique ausgebaut!

**87** 2017 Grüner Veltliner Extra Brut Galan
**13,90 €** | 12 %

**84** 2021 Weißburgunder Liter trocken
**6,50 €/1 Lit.** | 12 %

**85** 2021 Selzer Riesling trocken
**10,90 €** | 12,5%

**85** 2021 Weißburgunder & Chardonnay trocken Blanc de Blancs
**10,90 €** | 13 %

**86** 2021 Eppelsheimer Grüner Veltliner trocken Lausbua
**7,50 €** | 12 %

**86** 2021 Nackenheimer Rothenberg Riesling trocken
**14,90 €** | 12,5%

**87** 2021 Nackenheimer Riesling trocken
**10,90 €** | 12 %

**87** 2021 Riesling Auslese
**9 €** | 10,5%

**86** 2020 Cabernet Sauvignon & Merlot trocken
**14,90 €** | 14,5%

★★☆

## DANIEL SCHMITT

Weingut Daniel Schmitt
67582 Mettenheim · In den Weingärten 7
Tel. (06242) 1717 · Fax 60004
info@schmitt-weine.com
**www.schmitt-weine.com**

**Inhaber/in und Betriebsleitung**
Daniel Schmitt
**Keller** Daniel Schmitt

Für Daniel Schmitt kann bald noch mehr drin sein. Auch die aktuelle Kollektion spiegelt seine große Zuverlässigkeit in der Weinerzeugung, hier sucht man vergeblich nach Schwächen. Vor allem bei den Gutsweinen ist das Preis-Genuss-Verhältnis ausgezeichnet, etwa beim aromatisch-klaren Sauvignon Blanc und bei der Cuvée von Chardonnay und Weißburgunder, mit Blütenduft und feiner Textur. Dass Daniel Schmitt auch Riesling kann, beweist er mit dem saftig-intensiven Bechtheimer Ortswein ebenso wie mit dem Geyersberg, der reife Aprikose ins Spiel bringt. Überzeugend auch die Huxelrebe Beerenauslese sowie der Schwarzriesling aus der Lage Stein. Daniel Schmitt hat in Geisenheim Weinbau studiert, dann zog es ihn nach Neuseeland und Südafrika. Heute führt er das 18 Hektar große Gut nördlich von Osthofen im Wonnegau, am Ortsrand von Mettenheim.

**85** 2021 Chardonnay trocken
**7,70 €** | 13 %

**86** 2021 Sauvignon blanc trocken
**7,60 €** | 12,5%

**86** 2021 Chardonnay & Weißburgunder trocken
**7,70 €** | 13 %

**86** 2021 Bechtheimer Riesling trocken
**10,10 €** | 12,5%

**86** 2021 Mettenheimer Chardonnay trocken
**10,50 €** | 13 %

**88** 2020 Bechtheimer Geyersberg Riesling trocken
**13,30 €** | 12,5%

**89** 2019 Huxelrebe Beerenauslese
**18,10 €** | 11,5%

**85** 2018 Spätburgunder trocken
**7,50 €** | 13,5%

**87** 2019 Bechtheimer Stein Schwarzriesling trocken
**20,40 €** | 13 %

★★

## SCHMITT

Weingut Bianka und Daniel Schmitt
67592 Flörsheim-Dalsheim · Lessingstrasse 2
Tel. (01733) 174117
info@biankaunddaniel.de
**www.biankaunddaniel.de**

**Inhaber/in und Betriebsleitung**
Bianka und Daniel Schmitt
**Keller** Bianka und Daniel Schmitt
**Außenbetrieb** Bianka und Daniel Schmitt,
**Historie** Unseren Weg gehen wir seit 2012 gemeinsam. Weinberge pflegen, die Traube zum Wein begleiten, Weine präsentieren und Wein denken und leben – in all dem ergänzen wir uns ideal.
**Rebfläche** 17 Hektar
**Jahresproduktion** 150 000 Flaschen
**Boden** Kalkstein, Mergel, Löss
**Mitglied** Demeter

Gibt es das? Ein Weingut mit globalem Erfolg, das zu Hause nahezu unbekannt ist? Gibt es, in Flörsheim-Dalsheim, und zwar bei Bianka und Daniel Schmitt, die sich ganz dem Naturwein verschrieben haben. Und die mehr als 90 Prozent ihrer Produktion an Kunden im Ausland liefern, darunter zahlreiche Weltklasse-Restaurants. Und es sind schon außergewöhnliche Weine, die die beiden seit nunmehr zehn Jahren erzeugen. Nimmt man nur mal den „einfachen" Riesling, der bis zur Abfüllung in großen Holzfässern auf der Vollhefe lag. Der ist ganz leicht trüb, hat eine enorm wilde Nase, ist dicht und ausdrucksvoll, ganz Naturwein eben. Aber es gibt auch den Riesling aus dem Monsheimer Silberberg, der drei Tage auf der Maische stand, im Stückfass ausgebaut wurde und der klar im Glas steht und auch geschmackliche Klarheit mitbringt. Der Riesling Goldberg, der Sylvaner Frauenberg, Scheurebe und Muskateller Erdreich und der Blaufränkisch runden die kleine Serie auf hohem Niveau ab. Wenn man das erste Mal eine Flasche dieses außergewöhnlichen Guts vor sich hat, fällt einem direkt dieses intensive Blau ins Auge. Bianka Schmitt, die zusammen mit Daniel Schmitt diesen Demeter-Betrieb führt, hat die Etiketten selbst entworfen und gemalt, vielleicht hat sie dabei an das Blau in ihrer ungarischen Heimat gedacht. Die Schmitts produzieren ausschließlich Naturweine, mit zum Teil längeren Maischestandzeiten, meist im Holzfass ausgebaut, fast immer unfiltriert und ohne Schwefel gefüllt. Im Ortskern ist es für das Weingut zu eng geworden, jetzt wird an den Rand ausgesiedelt. Dort entsteht nicht nur ein großer Amphorenkeller, sondern eine insgesamt ökologisch nachhaltige Betriebsstätte. Dazu gehören Windrad und Solaranlage, ein großer Nutzgarten, Hühner und ungarische Mangalitza-Schweine. So wollen die Schmitts vor allem in der Region bekannter werden und einen Beitrag zur Versorgung mit biodynamisch erzeugten Lebensmitteln leisten.

d.b

**86** 2021 Riesling Landwein trocken
**15 €** | 11%

**87** 2020 Monsheimer Silberberg Riesling Landwein trocken M
**20 €** | 12,5%

**87** 2020 Nieder-Flörsheimer Frauenberg Muskateller & Scheurebe Landwein trocken Erdreich
**28 €** | 12,5%

**88** 2020 Nieder-Flörsheimer Frauenberg Silvaner Landwein trocken Zöld
**20 €** | 12,5%

**88** 2020 Nieder-Flörsheimer Goldberg Riesling Landwein trocken Voodoo Doll
**28 €** | 12,5%

**88** 2020 Nieder-Flörsheimer Frauenberg Blaufränkisch Landwein trocken Kékfrankos
**22 €** | 12,5%

★★☆

## SCHNEIDER

Weingut Mirjam Schneider
55129 Mainz-Hechtsheim · Klein-Winternheimer Weg 6
Tel. (06131) 59678 · Fax 9728804
info@schneider-weingut.com
**www.schneider-weingut.com**

**Inhaber/in und Betriebsleitung** Mirjam Schneider
**Keller** Mirjam Schneider
**Außenbetrieb** Marc Schühle

Mirjam Schneider, aus dem Mainzer Vorort Hechtsheim, bleibt ihrer Linie treu. Sie widmet ihre ganze Aufmerksamkeit den klassischen Rebsorten, die regelmäßig auch die Spitzen des Hauses stellen. Dies gilt für den gelungenen Riesling ebenso wie für den dichten Silvaner, beide aus der Lage Edelmann. Und die Scheurebe Distelfink ist mit ihrer feinen Stachelbeernote schon seit Jahren ein Hinschmecker. Der Spätburgunder animiert mit seiner präsenten Kirschfrucht.

**86** 2020 Bodenheimer Mönchspfad Weißer Burgunder Sekt Extra Brut
**13,50 €** | 12%

**84** 2021 Silvaner trocken
**7,90 €** | 12,5%

**84** 2021 Riesling trocken
**7,90 €** | 12,5%

**85** 2021 Sauvignon Blanc trocken Wirbelwind
**9,20 €** | 12,5%

**85** 2021 Bodenheimer Grauer Burgunder trocken im Tonneau gereift
**11,80 €** | 14%

**85** 2021 Laubenheimer Riesling trocken
**11,80 €** | 13%

**86** 2021 Bodenheimer Weißer Burgunder trocken im Tonneau gereift
**11,80 €** | 13%

**87** 2021 Scheurebe trocken Distelfink
**9,20 €** | 12,5%

**87** 2021 Laubenheimer Edelmann Riesling trocken
**16 €** | 13%

**87** 2021 Laubenheimer Edelmann Silvaner trocken
**16 €** | 13,5%

**86** 2019 Spätburgunder trocken
**10,90 €** | 14%

★★★

## SCHNEIDER MÜLLER

Weingüter Schneider Müller
55283 Nierstein · Hauptstraße 96
Tel. (06133) 5308 · Fax 5415
post@schneider-mueller.com
**www.schneider-mueller.com**

**Inhaber/in und Betriebsleitung**
Ursula und Steffen Müller
**Keller** Steffen Müller

**Rebfläche** 20 Hektar
**Jahresproduktion** 125 000 Flaschen
**Beste Lagen** Niersteiner Hipping, Ölberg, Orbel und Pettenthal
**Boden** roter Tonschiefer, Lösslehm, Kalkmergel
**Rebsorten** 52% Riesling, 10% Müller-Thurgau, je 8% Silvaner, Weißburgunder, Grauburgunder, rote und übrige Sorten (Sauvignon Blanc, Gewürztraminer, Kerner, Chardonnay)
**Mitglied** Roter Hang

Mit seinen Spitzenweinen des Jahres 2019 hatte Steffen Müller bereits im letzten „VINUM Wineguide" Meilensteine gesetzt. Jetzt legt er mit den 2020ern nach. Die Reihe der Top-Rieslinge ist einfach beeindruckend, beginnend beim Orbel, weiter über den Pettenthal bis hin zu den beiden Weinen aus der Lage Hipping. Bei diesen war es gar nicht so einfach, zwischen der Spätlese trocken und dem Stückfass trocken einen Favoriten auszumachen. Letztlich hatte das Stückfass die Nase ein klein wenig vorn. Riesling-Bestleistungen kann man ja in Nierstein zu recht erwarten, aber Sauvignon Blanc? Mit dem Fumé aus dem Jahr 2020 ist Steffen Müller ein weiterer großer Wurf gelungen. Dies ist ein eleganter und geschmeidiger Wein, weit weg von den oft so gewöhnlichen und geradezu lauten Sauvignons, denen man leider viel zu oft begegnet. Doch Schluss mit den Streicheleinheiten für die Spitzen von 2020, hin zu den ersten 2021ern, die jetzt schon so stark animieren, dass man kaum die Finger vom Glas fernhalten kann. Schon der Riesling aus der Literflasche ist supersaftig und klar. Überhaupt spiegeln hier alle 2021er die Transparenz und Rasse des Jahrgangs in vorbildlicher Weise wider. Es sind großartige, klare und finessenreiche Weine. Auch hier spielt sich der spannungsgeladene Sauvignon Blanc in den Vordergrund, diesmal als Gutswein, zu haben für nicht mal 8 Euro: ein Wahnsinns-Schnäppchen. Die Weingüter Schneider Müller sind der Zusammenschluss des Weinguts Georg Albrecht Schneider und des Weinguts Müller Schwabsburg. Macher und Besitzer sind Ursula Müller (geborene Schneider) und Steffen Müller. 2010 war eine Ära zu Ende gegangen. Albrecht Schneider hatte weit über 40 Jahre mit Passion Wein gemacht, 2010 war sein letzter Jahrgang. 2011 übernahmen Tochter Ursula Müller und ihr Mann und sie erweisen sich des Erbes mehr als würdig.

**85** 2021 Riesling Liter trocken
**6,50 €/1 Lit.** | 12%

**86** 2021 Silvaner trocken Alte Reben
**8,10 €** | 12%

**86** 2021 Riesling trocken vom Kalk
**8,90 €** | 11,5%

**87** 2021 Riesling trocken vom Rotliegenden
**8,90 €** | 12,5%

**88** 2021 Sauvignon Blanc trocken
**7,90 €** | 11,5%

**88** 2020 Niersteiner Orbel Berg Riesling trocken
**14,50 €** | 12,5%

**89** 2020 Niersteiner Sauvignon Blanc Fumé trocken
**12,50 €** | 12,5%

**89** 2020 Niersteiner Pettenthal Riesling trocken
**14,50 €** | 12%

**90** 2020 Niersteiner Hipping Berg Riesling Spätlese trocken
**17,50 €** | 13%

**91** 2020 Niersteiner Hipping Berg Riesling Stückfass trocken
**19,50 €** | 12,5%

## SEEBRICH

Weingut Seebrich
55283 Nierstein · Schmiedgasse 3–5
Tel. (06133) 60150 · Fax 60165
hallo@seebrich.de
**www.seebrich.de**

**Inhaber/in** Heinrich und Jochen Seebrich
**Keller** Jochen Seebrich

**Historie** Gründung des Weinguts 1783, seitdem in Familienbesitz
**Rebfläche** 15 Hektar
**Jahresproduktion** 180 000 Flaschen
**Beste Lagen** Niersteiner Heiligenbaum, Ölberg, Kranzberg, Hipping, Schloss Schwabsburg
**Boden** Lösslehm, Rotliegendes, Kalk
**Rebsorten** 35% Riesling, 30% Grauburgunder, 8% Weißburgunder, 7% Sauvignon Blanc, 20% übrige Sorten
**Erlebenswert** altes Kellergewölbe, Holzfasskeller
**Mitglied** Maxime Herkunft, Roter Hang

FAMILIE.VERANKERT IN NIERSTEIN.

Der Riesling steht hier zwar nur auf einem guten Drittel der Rebfläche, doch er gibt auch in der Kollektion des Jahrgangs 2021 unverkennbar den Ton an. Das kann auch kaum verwundern, denn Jochen Seebrich verfügt über ein beeindruckendes Lagen-Portfolio am Niersteiner Hang. Mit großer Regelmäßigkeit steht zum einen der Mathildengarten aus der Lage Kranzberg, zum anderen aber vor allem der Riesling aus der Lage Schloss Schwabsburg an der Spitze der jeweiligen Serie, und das ist auch 2021 so. Zudem liefert die Lage Hipping mit großer Regelmäßigkeit sehr gute Weine, was auch auf den Oelberg zutrifft, dessen saftiger Riesling an gelbe Früchte erinnert. Der Mittelbau und die Spitzen stehen auf einem soliden Fundament, das schon mit dem saftigen und klaren Riesling Literwein beginnt. Alles in allem ist es eine sehr geschmeidige Kollektion mit eher zurückhaltender Säure. Abgerundet wird die Reihe von einigen fruchtigen Rieslingen, wobei der Kabinett aus dem Oelberg aparte Spontangärnoten verströmt. 1783 wurde dieses traditionsreiche Weingut im Ortskern gegründet und befindet sich seither ununterbrochen in Familienbesitz. Das wird seit einiger Zeit auch auf dem Etikett dokumentiert, mit einem Anker und dem Text „Seebrich Familie. Verankert in Nierstein".

**84** 2021 Riesling Liter trocken
**8 €/1 Lit.** | 12 %

**85** 2021 Sauvignon Blanc trocken
**9 €** | 12 %

**85** 2021 Niersteiner Riesling trocken
**9 €** | 12 %

**86** 2021 Niersteiner Oelberg Riesling trocken
**10 €** | 12 %

**86** 2021 Niersteiner Sauvignon Blanc trocken Reserve
**15 €** | 12,5%

**87** 2021 Niersteiner Kranzberg Riesling trocken Mathildengarten
**14 €** | 12,5%

**87** 2021 Niersteiner Hipping Riesling trocken
**20 €** | 12,5%

**88** 2021 Niersteiner Schloss Schwabsburg Riesling trocken
**25 €** | 12,5%

**86** 2021 Niersteiner Hipping Riesling feinherb
**10 €** | 11,5%

**87** 2021 Niersteiner Oelberg Riesling Kabinett
**9 €** | 10 %

**87** 2021 Niersteiner Hipping Riesling Spätlese
**10 €** | 9 %

**88** 2021 Niersteiner Hipping Riesling Auslese
**14 €** | 8,5%

## SEEHOF

Weingut Seehof Familie Fauth
67593 Westhofen · Seegasse 20
Tel. (06244) 4935 · Fax 907465
info@weingut-seehof.de
**www.weingut-seehof.de**

**Inhaber/in und Betriebsleitung** Familie Fauth
**Keller** Florian Fauth

**Historie** Bestehen seit 1200 Jahren, seit vier Generationen in Familienbesitz
**Rebfläche** 17 Hektar
**Jahresproduktion** 95 000 Flaschen
**Beste Lagen** Westhofener Kirchspiel, Morstein und Steingrube
**Boden** Kalksteinmergel, Lösslehm, Tonmergel
**Rebsorten** 35% weiße Burgundersorten, 33% Riesling, 12% Scheurebe und Muskateller, 12% rote Sorten, 8% übrige Sorten
**Gastronomie** Gästezimmer mit Frühstück
**Erlebenswert** 400 Jahre altes Gewölbe, direkt hinter dem Haus entspringt der Seebach, Rheinhessens wasserstärkste Quelle
**Mitglied** Message in a bottle, Maxime Herkunft

Es ist schon erstaunlich, wie viele hochwertige Chardonnays es mittlerweile in Rheinhessen gibt. Der von Florian Fauth gehört unbedingt dazu. Die Reben stehen in der Westhofener Lage Steingrube und haben im Jahrgang 2021 einen tollen Chardonnay Reserve hervorgebracht. Mit seinen dezenten Haselnuss-Noten reiht er sich ein in die Liste der besten Weine dieser Sorte in der Region. Aber in diesem Westhofener Gut werden nicht nur Spitzenweine produziert. Der Seehof ist auch bekannt für ausgezeichnete Gutsweine, und da spielt der Grüne Silvaner eine besondere Rolle. Gerade mal 7,50 Euro für diesen trinkanimierenden, schlanken Tropfen sind mehr als günstig. Ansonsten liefern sich hier, wie gehabt, die besten Rieslinge ein immer wieder spannendes Kopf-an-Kopf-Rennen, das diesmal der etwas rauchige Morstein knapp gewinnt, vor der kristallklaren Steingrube. Gekrönt wird die Reihe von zwei edelsüßen Scheureben mit sehr klarem Sortencharakter. Der Seehof ist ein typischer Familienbetrieb im Wonnegau. Florian Fauth hat bei den Spitzenbetrieben Dr. Wehrheim und Mosbacher in der Pfalz gelernt und im elterlichen Betrieb den Ausbau der Weine übernommen. Vater Ernst Fauth pflegt die Weinberge, während die Leitung des Guts Familiensache ist.

**86** 2021 Weißburgunder & Chardonnay trocken
**8,20 €** | 12,5%

**86** 2021 Westhofener Grauburgunder trocken vom Kalkstein
**9,80 €** | 13,5%

**86** 2021 Westhofener Riesling trocken vom Kalkstein
**10,50 €** | 12,5%

**87** 2021 Grüner Silvaner trocken
**7,50 €** | 12,5%

**87** 2021 Westhofener Weißer Burgunder trocken vom Kalkstein
**9,80 €** | 13 %

**88** 2021 Westhofener Kirchspiel Riesling trocken
**17,50 €** | 13 %

**89** 2021 Westhofener Morstein Weißburgunder trocken „R“
**17,90 €** | 13 %

**90** 2021 Westhofener Steingrube Chardonnay trocken „R“
**17,90 €** | 13 %

**90** 2021 Westhofener Steingrube Riesling trocken
**22 €** | 13 %

**91** 2021 Westhofener Morstein Riesling trocken Alte Reben
**28 €** | 13 %

**90** 2021 Westhofener Morstein Scheurebe Auslese
**13,50 €** | 8,5%

**92** 2021 Westhofener Morstein Scheurebe Beerenauslese
**24 €/0,375 Lit.** | 7,5%

★½

## SEYBERTH

Weingut Seyberth
55599 Siefersheim · Sandgasse 8
Tel. (06703) 705
hallo@weingut-seyberth.de
**www.weingut-seyberth.de**

**Inhaber/in und Betriebsleitung**
Andreas und Bernd Seyberth

Es sind insgesamt drei Weine aus der aktuellen Kollektion, die sich unsere besondere Aufmerksamkeit verdient haben. Da ist zum einen die Scheurebe mit ihrer klaren Aussage und straffen Statur. Und der Siefersheimer Riesling weiß mit Aromen von Aprikose und einer schönen Frische zu überzeugen. Ganz vorn aber steht für unseren Geschmack erneut der Silvaner aus der Lage Heerkretz, ein mineralischer Wein mit fester Struktur. Es sind überwiegend Weine aus den Jahrgängen 2019 und 2020, die wir zum Verkosten bekamen. Das allein zeigt, dass Andreas und Bernd Seyberth ihren Gewächsen Zeit geben für eine optimale Entwicklung. Der biodynamisch arbeitende Demeter-Betrieb liegt in der Rheinhessischen Schweiz, im äußersten Westen der Region. Credo des Hauses ist ein Wirtschaften mit der Natur, um etwa durch intensive Begrünung Lebensräume für Insekten aller Art zu schaffen. Höhepunkt ist eine Lavendel-Anlage mitten in den Weinbergen, umgeben von alten Trockenmauern.

**84** 2021 Grauburgunder trocken
**7,80 €** | 13 %

**85** 2020 Siefersheimer Chardonnay trocken
**11 €** | 12,5%

**86** 2020 Siefersheimer Scheurebe trocken
**11,50 €** | 11,5%

**86** 2020 Siefersheimer Riesling trocken
**12 €** | 12,5%

**87** 2019 Siefersheimer Heerkretz Silvaner trocken
**20 €** | 12,5%

**84** 2019 Weißburgunder Landwein halbtrocken Pur
**12 €** | 11 %

**84** 2019 Riesling Landwein halbtrocken Pur
**12 €** | 12,5%

**85** 2020 Siefersheimer Goldenes Horn Frühburgunder trocken
**22 €** | 15,5%

★½

## SOMMER

Weingut Sommer
55599 Siefersheim · Mühlweg 19
Tel. (06703) 3977 · Fax 4553
info@weingut-sommer.com
**www.weingut-sommer.com**

**Inhaber/in und Betriebsleitung** Erik Sommer
**Keller** Erik Sommer

Es sind gleich drei 2021er Weine, die in diesem Gut im Nordwesten der Region Schulter an Schulter über die Ziellinie gehen. Da sind zunächst zwei aus der Siefersheimer Heerkretz. Der Riesling Max, der wunderbar nach Weinbergpfirsich duftet, aber auch der Silvaner, der mit Kräuterwürze lange nachklingt. Das rote Steinwunder komplettiert mit schöner Harmonie und dunkler Frucht das Trio. Gegründet vor nunmehr 50 Jahren, stellte der heutige Inhaber Erik Sommer 2008 auf ökologische Wirtschaftsweise um.

**85** 2021 Siefersheimer Weißburgunder trocken
**7 €** | 12 %

**86** 2021 Chardonnay trocken
**7 €** | 12 %

**86** 2021 Siefersheimer Sauvignon Blanc trocken
**7,50 €** | 12 %

**87** 2021 Siefersheimer Heerkretz Riesling trocken Max
**9,50 €** | 13 %

**87** 2021 Siefersheimer Heerkretz Silvaner trocken
**9,50 €** | 12 %

**84** 2021 Cabernet Blanc halbtrocken
**7,50 €** | 11,5%

**84** 2021 Blauer Spätburgunder Blanc de Noirs halbtrocken
**7,50 €** | 12 %

**85** 2021 Grauburgunder halbtrocken Classic
**7 €** | 12 %

**86** 2021 Siefersheimer Heerkretz Riesling Spätlese
**7 €** | 8 %

**86** 2020 Siefersheimer Heerkretz Blauer Spätburgunder trocken
**7,50 €** | 12 %

**87** 2021 Steinwunder Rot trocken
**14,50 €** | 13,5%

★★

## DAVID SPIES

Weingut David Spies
67596 Dittelsheim-Hessloch
Hauptstraße 26
Tel. (06244) 7416 · Fax 57500
info@weingut-spies.de
**www.weinfuersleben.de**

**Inhaber/in und Betriebsleitung**
David und Uwe Spies

**Historie** erste Abfüllung 1958 von Werner und Elisabetha Spies
**Rebfläche** 22 Hektar
**Jahresproduktion** 80 000 Flaschen
**Beste Lagen** Leckerberg, Morstein, Goldberg
**Boden** Tonmergel, Löss
**Rebsorten** Riesling 35%, Burgunder 35%, Sauvignon Blanc 10%, Merlot 15%, sonstige 5%
**Erlebenswert** Gewölbekeller, historische Kreuzritterkirche in Dittelsheim, Rheinhessen-Panorama auf dem Kloppberg
**Mitglied** Generation Riesling, Maxime Herkunft

David Spies hat sich offenbar immer schon hohe Ziele gesteckt und ist nun auf dem besten Weg, sie nach und nach zu erreichen. Seine Ausbildung bei den Pfälzer Spitzengütern Bassermann-Jordan und Rings hat eine belastbare Grundlage geschaffen, für seinen weiteren Berufsweg. Dazu kommen die Ehrung als „DLG-Jungwinzer des Jahres" und ein Weinbaustudium in Geisenheim. Das alles ist mehr als genug Rüstzeug, um den elterlichen Betrieb in Dittelsheim-Hessloch zu übernehmen, den er jetzt zusammen mit seinen Eltern Uwe und Ingrid Spies führt. Und er dreht weiter an der Qualitätsschraube, was das aktuelle Sortiment belegt. Auf einer mehr als soliden, absolut zuverlässigen Basis steht eine ganze Reihe ausgezeichneter Lagenweine. Beim Riesling ist dies der Leckerberg, der kurioserweise an getrocknete Aprikosen erinnert. Noch mal eine Etage höher ist der Riesling aus dem Westhofener Morstein angesiedelt, ein komplexer und mineralischer Tropfen. Aus derselben Lage kommt auch ein Chardonnay, der sehr vom fein dosierten Holz profitiert. Auch für Rotweine hat David Spies ein Händchen. Die Goliath-Cuvées sind tiefdunkel und in ihrer Jugend noch sehr vom Tannin geprägt. Auch die beiden Spätburgunder erinnern eher an dunkle Beeren. Für diese tolle Entwicklung vergeben wir gerne den zweiten Stern.

**86** 2018 Sarazenenturm Sekt Brut
**19 €** | 12,5%

**85** 2021 Grüner Silvaner trocken
**7,60 €** | 12%

**86** 2021 Dittelsheimer Riesling trocken Alte Reben
**9,60 €** | 12,5%

**86** 2021 Chardonnay & Weißburgunder trocken Steinschleuder
**11,90 €** | 13%

**87** 2021 Dittelsheimer Leckerberg Riesling trocken
**17 €** | 12,5%

**88** 2021 Westhofener Morstein Chardonnay trocken
**17 €** | 13%

**89** 2021 Westhofener Morstein Riesling trocken
**17 €** | 12,5%

**86** 2021 Dittelsheimer Spätburgunder trocken
**9,60 €** | 13%

**86** 2020 Cuvée Kleiner Goliath trocken
**11,90 €** | 13,5%

**87** 2020 Dittelsheimer Kloppberg Spätburgunder trocken Blutmond
**16 €** | 13,5%

**87** 2020 Cuvée Davids Goliath trocken
**16 €** | 14%

## SPIESS

Weingut Spiess Riederbacherhof
67595 Bechtheim · Gaustraße 2
Tel. (06242) 7633 · Fax 6412
info@spiess-wein.de
**www.spiess-wein.de**

**Inhaber/in und Betriebsleitung** Jürgen, Johannes und Christian Spiess
**Keller** Johannes Spiess
**Außenbetrieb** Christian Spiess

**Historie** Weinbau in der Familie seit 1509
**Rebfläche** 33 Hektar
**Jahresproduktion** 260 000 Flaschen
**Beste Lagen** Oppenheimer Herrenberg, Bechtheimer Hasensprung, Rosengarten und Geyersberg
**Boden** Lösslehm, Lössmergel, Pararendzina, Fersiallit
**Rebsorten** 29% Riesling, 19% Weißburgunder, 11% Spätburgunder, 8% Dornfelder, je 6% Chardonnay und St. Laurent, 5% Grauburgunder, 16% übrige Sorten
**Erlebenswert** Barriquekeller mit Säulen, Kirschholz-Probierzimmer, Kreuzgewölbekeller
**Mitglied** Maxime Herkunft

Die aktuelle Kollektion dieses Bechtheimer Guts hat unsere letztjährige Aufwertung rundum bestätigt. Es sind auch diesmal wieder die Burgundersorten, die sich an die Spitze der Reihe gestellt haben. Diese Weine sind Jahr für Jahr immer stilsicherer geworden. Diesmal steht der Chardonnay ganz an der Spitze, ein hocheleganter und duftiger Wein mit einer rassigen Säurestruktur. Doch die anderen Weine sind nicht weit entfernt, allen voran der Weißburgunder R und die gelungene Cuvée von Weißburgunder & Chardonnay. Die Lagen-Rieslinge aus Oppenheim und Bechtheim wiederum sind in ihrer Jugend noch geprägt von wilden Spontangäraromen. Die Rotweine zeigen sich noch besser als im Vorjahr. Die Reserve-Weine von Merlot und Cabernet Sauvignon werden von einer ganz intensiven Frucht getragen. Der Syrah ist ähnlich konzentriert, stellt allerdings seine typischen Pfeffernoten zur Schau. Und der Pinot Noir aus dem Hasensprung ist eher im deutschen Stil gehalten, verkörpert diesen aber ausgezeichnet. Mit Johannes und Christian Spiess sowie Christians Frau Sina Spiess hat nunmehr die nächste Generation das Ruder übernommen. Alle drei haben eine vorzügliche Ausbildung in Spitzengütern genossen: Johannes bei Keller und Knipser, Christian bei Philipp Kuhn und Wagner-Stempel und Sina bei Wittmann und Aldinger. Zudem steht ihnen Vater Jürgen Spiess mit seinem großen Erfahrungsschatz mit Rat und Tat zur Seite.

**85** 2021 Riesling trocken
**7,40 €** | 11,5%

**85** 2021 Grauburgunder trocken
**8,40 €** | 13 %

**88** 2021 Weißburgunder & Chardonnay trocken „S"
**12,40 €** | 13 %

**88** 2021 Bechtheimer Geyersberg Riesling trocken
**25 €** | 13 %

**89** 2021 Chardonnay trocken „S"
**13,90 €** | 13 %

**89** 2021 Oppenheimer Herrenberg Riesling trocken
**31 €** | 13 %

**90** 2021 Weißburgunder trocken „R"
**28 €** | 13 %

**91** 2021 Chardonnay trocken „R"
**28 €** | 13 %

**89** 2019 Merlot trocken „R"
**28 €** | 14,5%

**90** 2019 Cabernet Sauvignon trocken „R"
**28 €** | 13 %

**90** 2019 Bechtheimer Hasensprung Pinot Noir trocken
**29 €** | 13 %

**90** 2019 Syrah trocken „R"
**38 €** | 14 %

★★★★

## ST. ANTONY

Weingut St. Antony
55283 Nierstein · Wilhelmstraße 4
Tel. (06133) 509110 · Fax 50911299
info@st-antony.de
**www.st-antony.de**

**Inhaber/in** Familie Meyer und Dirk Würtz
**Betriebsleitung** Sebastian Strub
**Keller** Robert Borenstein
**Außenbetrieb** Sebastian Strub mit Adrian Stanciu

**Historie** Weinbau seit 1920
**Rebfläche** 60 Hektar
**Jahresproduktion** 260 000 Flaschen
**Beste Lagen** Niersteiner Pettenthal, Hipping, Oelberg, Orbel, Brudersberg (Monopol) und Zehnmorgen (Monopol)
**Boden** Rotliegendes
**Rebsorten** 65% Riesling, 10% Spätburgunder, 8% Blaufränkisch, 7% Weißburgunder, 10% übrige Sorten
**Erlebenswert** Vinothek
**Mitglied** VDP, Demeter, Maxime Herkunft

Das große Potenzial dieses Guts, das bereits in den 80er- und 90er-Jahren zu einem Vorreiter für trockenen Riesling in Rheinhessen und darüber hinaus wurde, ist unbestritten. Es gibt kein anderes Gut, das über einen solchen Lagenschatz am Roten Hang verfügt wie St. Antony. Das mag auch Dirk Würtz vor einigen Jahren dazu bewogen haben, als Mitinhaber die Geschicke dieses Hauses mitzulenken. Dabei war ihm von Anfang bewusst, auf was er sich da einlässt: „Wer ein von Steillagen geprägtes Weingut zertifiziert ökologisch bearbeitet, muss ein bisschen verrückt sein." Keinesfalls verrückt war die Familie Meyer, die St. Antony im Jahr 2005 erwarb. Denn nahezu 100 Prozent der Lagen dieses VDP-Betriebs sind klassifiziert. Die Hälfte der Rebfläche sind Große Lagen. Das können nur wenige Weingüter von sich behaupten.

### Schlank und elegant

Der Jahrgang 2021 ist sicherlich der beste, der je in diesem Haus erzeugt wurde. Wir probierten ausschließlich ganz präzise gearbeitete, schlanke und hochelegante Rheinfront-Rieslinge, wie sie besser kaum sein können. Das fängt schon mit dem Riesling Rotschiefer an, ein Gutswein mit eklatant günstigem Preis-Genuss-Verhältnis. Aber auch die Großen Gewächse sind im Vergleich zu anderen VDP-Mitgliedern hier noch zu sehr moderaten Kursen zu bekommen. Etwa der Orbel für weniger als 20 Euro. Richtig spannend wird es dann bei den zwei Monopollagen dieses Hauses. Der Brudersberg, der unmittelbar an das Pettenthal grenzt, gehörte früher zum legendären Weingut Heyl zu Herrnsheim und ist gerade mal 1,26 Hektar groß. Hier erntete schon der frühere Heyl'sche Gutsherr Peter von Weymarn seine besten Rieslinge. Ebenfalls im Alleinbesitz ist die Lage Zehnmorgen, eine Zwei-Hektar-Fläche mit mehr als 50 Jahre alten Reben. Diese beiden GGs stehen auf Augenhöhe mit dem Hipping, in dem St. Antony zwei Hektar gehören, und zwar in einer Käferberg genannten Parzelle. Diese liegt genau dem Brudersberg gegenüber. An die Spitze dieser Großen Gewächse hat sich der Pettenthal gesetzt, in dieser Lage mit Weltruf ist St. Antony mit zehn Hektar der größte Eigentümer. Dass aus diesem Gut seit Jahren auch schon sehr gute Rotweine kommen, belegen die beiden 2020er: der Pinot Noir aus dem Paterberg genauso wie der Blaufränkisch aus dem Rothe Bach. Und selbst vermeintlich kleine Weine bereiten hier großen Trinkspaß. Der Pinot Noir Rosé ist ein saftiger und zartfruchtiger Terrassenwein.

### Biodynamie im Steilhang

Namensgeber für dieses Weingut ist die erste Eisenhütte im Ruhrgebiet, die 1758 nach dem Schutzheiligen St. Antony benannt wurde. Da für die Eisenproduktion sehr viel Kalk benötigt wurde, erwarb die Gutehoffnungshütte 1912 ein kalkreiches Terrain mit umliegenden Weinbergen im Süden Niersteins. Zunächst wurde Kalk abgebaut und dann, nach dem Ersten Weltkrieg, als die Nachfrage nach Eisen zusammenbrach, im Jahr 1918 der erste

Wein erzeugt. Seit 1990 ist das Gut Mitglied im VDP, seit 2006 wird ökologisch gearbeitet und mit dem Jahrgang 2018 ist St. Antony auch Demeter-zertifiziert. Seit Familie Meyer das Gut 2005 gekauft hat, wurde kontinuierlich in weitere Rebflächen am Roten Hang investiert. Mit dem Jahrgang 2019 wurden sämtliche Maschinenarbeiten in den Steillagen eingestellt, alles wird nur noch von Hand bearbeitet. Zwei Drittel der Rebflächen sind mit Riesling bepflanzt.

ST. ANTONY

**88** 2021 Riesling trocken Rotschiefer
**9,80 €** | 12 %

**88** 2021 Niersteiner Riesling trocken aus Ersten Lagen
**14,50 €** | 13 %

**90** 2021 Niersteiner Orbel Riesling VDP. Großes Gewächs
**19,90 €** | 12,5%

**92** 2021 Niersteiner Zehnmorgen Riesling VDP.Großes Gewächs
**26 €** | 12,5%

**92** 2021 Niersteiner Brudersberg Riesling VDP.Großes Gewächs
**30 €** | 12,5%

**92** 2021 Niersteiner Hipping Riesling VDP. Großes Gewächs
**33 €** | 13 %

**93** 2021 Niersteiner Pettenthal Riesling VDP.Großes Gewächs
**33 €** | 13 %

**87** 2021 Pinot Noir Rosé trocken
**8,50 €** | 11,5%

**91** 2020 Niersteiner Paterberg Pinot Noir VDP.Großes Gewächs
**42 €** | 13 %

**91** 2020 Blaufränkisch trocken Rothe Bach
**42 €** | 12,5%

## STALLMANN-HIESTAND

Weingut Stallmann-Hiestand
55278 Uelversheim · Eisgasse 15
Tel. (06249) 8463 · Fax 8614
info@stallmann-hiestand.de
**www.stallmann-hiestand.de**

**Inhaber/in und Betriebsleitung** Christoph Hiestand
**Keller** Christoph Hiestand

**Rebfläche** 21 Hektar
**Beste Lagen** Dienheimer Tafelstein, Dienheimer Kreuz, Guntersblumer Kreuzkapelle, Uelversheimer Aulenberg
**Boden** Löss, Kalkmergel, Rotliegendes
**Rebsorten** 27% Riesling, 25% weiße Burgundersorten, 10% Silvaner, 8% Spätburgunder, 6% Sauvignon Blanc, 24% übrige Sorten

Absolutes Highlight der diesjährigen Weißwein-Kollektion ist der Chardonnay aus dem Dienheimer Tafelstein. Dies ist ein durch und durch eleganter Tropfen mit einer feinen Haselnuss-Note, wie man sie nicht so oft antrifft. Zwei Basisweine wollen wir gerne auch erwähnen. Da ist zum einen der Sauvignon Blanc, jahrgangsbedingt ein sehr rassiger Typ. Und dann ist da noch ein saftiger Rosé, bei dem nach dem ersten Glas noch lange nicht Schluss sein muss. Ansonsten spielt Christoph Hiestand diesmal vor allem seine Rotwein-Kompetenz aus. Die Cuvée Unikum macht ihrem Namen alle Ehre. Hiestand kombiniert hier die Sorten Acolon, Merlot und Portugieser zu einem einzigartigen Getränk mit einer sehr guten Säure. Der 2018er Spätburgunder aus dem Tafelstein wird dominiert von Röstaromen und Mokkanoten. Tiefdunkel strömt der Merlot aus dem Tafelstein ins Glas und sich im Mund als klar und präzise. Eine verlässliche Größe ist die Riesling Spätlese aus der Lage Geierscheiß mit ihrer floralen Nase und schöner Animation. Neben seinem Önologiestudium in Geisenheim sammelte Christoph Hiestand Praxiserfahrung bei Meyer-Näkel an der Ahr, bei Knipser in der Pfalz und in Südafrika, bevor er das elterliche Weingut übernahm. Eine historische Hofreite in direkter Nachbarschaft zum Weingut wurde indes umgebaut und soll im Frühjahr 2023 eröffnet werden. Gästezimmer und eine Gutsschänke mit regionaler Gastronomie samt idyllischem Hof erwarten die Besucher.

STALLMANN-HIESTAND

**85** 2021 Dienheimer Kreuz Weißburgunder trocken
**9,20 €** | 13 %

**85** 2021 Uelversheimer Aulenberg Grauburgunder trocken
**10,50 €** | 13,5%

**86** 2021 Sauvignon Blanc trocken
**8,50 €** | 12 %

**86** 2020 Pinot-Cuvée trocken Trepino
**11 €** | 13 %

**87** 2021 Dienheimer Tafelstein Riesling trocken
**8,80 €** | 12,5%

**87** 2020 Uelversheimer Schloss Grauburgunder trocken
**17,50 €** | 14 %

**89** 2021 Dienheimer Tafelstein Chardonnay trocken
**19,50 €** | 13 %

**88** 2021 Uelversheimer Geierscheiss Riesling Spätlese
**9,90 €** | 10 %

**85** 2021 Cuvée Rosé trocken
**6,50 €** | 13,5%

**87** 2019 Cuvée Unikum trocken
**11,50 €** | 13 %

**87** 2018 Dienheimer Tafelstein Spätburgunder trocken
**20,50 €** | 13,5%

**88** 2021 Uelversheimer Tafelstein Merlot trocken
**15 €** | 13 %

## STAUFFER

Weingut Stauffer
55234 Flomborn · Borngasse 24-26
Tel. (06735) 1521 · Fax 1579
info@weingutstauffer.de
**www.weingutstauffer.de**

**Inhaber/in** Karl Michael Stauffer
**Betriebsleitung** Karl Michael und Alexander Stauffer
**Keller** Alexander Stauffer
**Außenbetrieb** Karl Michael Stauffer

Der 2021er ist der erste Jahrgang dieses Betriebs nach der Umstellung auf Bioweinbau. Vor allem die weißen Burgundersorten sind Alexander Stauffer gut gelungen, an der Spitze der Chardonnay Felsen, mit seiner feinen Würze. Weißburgunder und Auxerrois können ebenso punkten. Auch andere Sorten zeigen ihre Stärke, etwa der schlanke und rassige Eppelsheimer Riesling und vor allem der Sauvignon Blanc Reserve mit animierender Stachelbeernote. Sitz dieses Weinguts ist ein ehemaliger klösterlicher Zehnthof in Flomborn im Südwesten der Region.

**84** 2021 Riesling Liter trocken
**5,50 €/1 Lit.** | 12 %

**84** 2021 Grauburgunder trocken
**6,90 €** | 12,5%

**84** 2021 Scheurebe trocken
**6,90 €** | 12 %

**84** 2021 Flomborner Silvaner trocken
**9,50 €** | 12 %

**86** 2021 Weißer Burgunder trocken
**7,10 €** | 12 %

**86** 2021 Eppelsheimer Riesling trocken
**9,50 €** | 12,5%

**86** 2021 Eppelsheimer Auxerrois trocken
**9,50 €** | 13 %

**86** 2020 Silvaner Landwein trocken unfiltriert
**16 €** | 11,5%

**87** 2021 Sauvignon Blanc trocken Reserve
**9,80 €** | 12,5%

**88** 2021 Eppelsheimer Felsen Chardonnay trocken
**14,50 €** | 13 %

**85** 2020 Spätburgunder trocken
**7,10 €** | 13 %

**86** 2019 Cabernet Sauvignon trocken Reserve
**9,80 €** | 12,5%

## STEITZ

Weingut Steitz
55599 Stein-Bockenheim
Mörsfelder Straße 3
Tel. (06703) 8352870 · Fax 8352875
mail@weingut-steitz.de
**www.weingut-steitz.de**

**Inhaber/in und Betriebsleitung**
Familie Steitz
**Keller** Christian Steitz

**Rebfläche** 14 Hektar
**Jahresproduktion** 140 000 Flaschen
**Beste Lagen** Neu-Bamberg Heerkretz, Fürfeld Eichelberg, Stein-Bockenheim Sonnenberg
**Boden** Porphyrverwitterung, Andesit, sandiger Lehmlöss
**Rebsorten** 50% weiße Burgundersorten, 20% Riesling, 10% Spätburgunder, 20% übrige Sorten
**Erlebenswert** Architektonisch geprägtes Weingut mit großzügigem Innenhof. Modernes Design prägen in Verbindung mit traditionellen Elementen das Erscheinungsbild des Weinguts. Ein Raritätenkeller (Tonnengewölbe) und ein neues Fasslager ergänzen das sehenswerte Ensemble.
**Mitglied** Maxime Herkunft

Christian Steitz' Weine haben in den letzten Jahren an Qualität zugelegt. Vor allem die Rieslinge gelingen ihm immer besser. Das zeigt sich sehr gut im Jahrgang 2021, etwa beim anspruchsvollen Ortswein. An der Spitze steht der Neu-Bamberger Heerkretz mit seiner Würze und Spannung. Aber auch der saftige, feinherbe Gutswein ist ein Statement. Der Silvaner hat hier schon länger ein gutes Zuhause, etwa der klare und pure Gutswein und auch der Ortswein. Lob gibt auch für die Weißburgunder. Sie werden immer präziser und spiegeln die Kühle ihrer Herkunft, der Rheinhessischen Schweiz im Nordwesten des Anbaugebietes, wider. Das gilt für den schlanken und frischen Gutswein ebenso wie für den aparten Stein-Bockenheimer Ortswein. Auch für den Chardonnay hat Steitz ein Händchen, wie er mit dem Wonsheimer Sonnenberg zeigt, auch wenn das Holz hier recht deutlich wahrnehmbar ist. Wie gut sich aber solche Weine des biologisch wirtschaftenden Guts entwickeln können, stellt der 2017er Spätburgunder aus dem Fürfelder Eichelberg unter Beweis. Und noch eine Stärke hat Christian Steitz entwickelt. Sein Orangewein, ein Silvaner aus der Amphore, gehört zu den gelungenen Exemplaren dieser nicht immer einfachen Gattung. Dies ist ein interessant gestaltetes Weingut mit großzügigem Innenhof. Modernes Design in Verbindung mit traditionellen Elementen prägt das Erscheinungsbild. Ein Raritätenkeller (Tonnengewölbe) und ein neues Fasslager ergänzen das sehenswerte Ensemble.

**86** 2019 Pinot Brut
**15 €** | 12,5%

**85** 2021 Grüner Silvaner trocken
**7,50 €** | 12%

**85** 2021 Riesling trocken
**8,50 €** | 12%

**85** 2021 Weißburgunder trocken
**8,50 €** | 12%

**87** 2021 Neu-Bamberger Riesling trocken
**13 €** | 12%

**87** 2021 Stein-Bockenheimer Weißburgunder trocken
**13 €** | 13%

**87** 2021 Stein-Bockenheimer Silvaner trocken
**13 €** | 13%

**88** 2021 Wonsheimer Sonnenberg Chardonnay trocken
**20 €** | 12,5%

**88** 2020 Silvaner trocken Amphore
**20 €** | 13%

**89** 2021 Neu-Bamberger Heerkretz Riesling trocken
**22 €** | 12%

**86** 2021 Riesling feinherb
**8,50 €** | 10,5%

**88** 2017 Fürfelder Eichelberg Spätburgunder trocken
**20 €** | 13,5%

★ NEU

## STOLL

Weingut Stoll GbR
55232 Alzey · Sonnenbergstraße 13
Tel. (06731) 41194 · Fax 98644
info@weingut-stoll.de
**www.weingut-stoll.de**

**Inhaber/in** Iris Stoll und Philipp Stork
**Betriebsleitung** Iris Stoll und Philipp Stork
**Keller** Philipp Stork
**Außenbetrieb** Iris Stoll und Philipp Stork

Philipp Stork führt dieses Zehn-Hektar-Gut in einem Alzeyer Vorort zusammen mit seiner Mutter Iris Stoll. Er stellt eine anständige Kollektion vor, die durchweg von sauberer Frucht geprägt ist. Das sind Weine für jeden Tag, mit einigen Highlights. Dazu gehört sicherlich der Sauvignon Blanc Reserve mit seinen markanten Stachelbeernoten, aber auch die Rieslinge aus dem Heimersheimer Rotenfels, wobei wir den 2020er einen Tick vor dem 2021er sehen. Stork ist studierter Geisenheimer und ist den Übergang von der Fasswein- zur Flaschenwein-Vermarktung konsequent angegangen. Wenn jetzt einige seiner Weine zukünftig noch ein wenig konzentrierter werden würden, wäre das der nächste konsequente Schritt.

**83** 2021 Silvaner Liter trocken
**4,20 €/1 Lit.** | 12 %

**84** 2021 Grauburgunder trocken
**5,50 €** | 12 %

**84** 2021 Heimersheimer Riesling trocken
**8,50 €** | 12 %

**85** 2021 Sauvignon Blanc trocken
**5,50 €** | 13 %

**85** 2020 Bornheimer Weißburgunder trocken
**9 €** | 13,5%

**85** 2021 Heimersheimer Rotenfels Riesling trocken
**14 €** | 12,5%

**86** 2021 Sauvignon Blanc trocken Reserve
**10 €** | 13 %

**86** 2020 Heimersheimer Rotenfels Riesling trocken
**14 €** | 12,5%

**86** 2021 Riesling Spätlese
**7,50 €** | 9 %

**85** 2020 Spätburgunder trocken
**12 €** | 14 %

★★☆

## STRAUCH SEKT

Strauch Sektmanufaktur GmbH
67574 Osthofen · Dalbergstraße 14–18
Tel. (06242) 913000 · Fax 9130020
info@strauch-sektmanufaktur.de
**www.strauch-sektmanufaktur.de**

**Inhaber/in und Betriebsleitung** Isabel Strauch-Weißbach und Tim Weißbach
**Keller** Tim Weißbach

**Rebfläche** 25 Hektar
**Jahresproduktion** 50 000 Flaschen
**Beste Lagen** Osthofener Goldberg und Liebenberg, Mettenheimer Michelsberg
**Boden** Lösslehm
**Rebsorten** je 20% Spätburgunder, Weißburgunder, Chardonnay, Schwarzriesling (Pinot Meunier) und Riesling
**Gastronomie** verschiedene Events auf dem Michelsberg
**Erlebenswert** Rundgang zur Sektherstellung
**Mitglied** Vinissima, Verband traditioneller Sektmacher e.V.

Stellt man in Rechnung, dass dieser Sektbetrieb gerade mal seit gut zehn Jahre existiert, kann man die Qualitätsentwicklung nur außergewöhnlich nennen. Neu in der kleinen Kollektion, die diesmal eingereicht wurde, ist der 2018er Crémant Brut mit einer Frische, wie man sie aus diesem ultraheißen und trockenen Jahr nicht erwartet hätte. Er zeigt einmal mehr, dass in warmen Jahren, bei entsprechend früher Lese, großartige Sekte erzeugt werden können. Ansonsten probierten wir eine Reihe bekannter Sekte aus dem Bestand dieses Betriebs, die allerdings neu degorgiert worden sind. Dabei haben sich unsere Noten aus dem Vorjahr in vollem Umfang bestätigt. Das trifft sowohl auf den anregenden, rassigfrischen Riesling Brut aus dem Jahrgang 2018 zu als auch auf die Spitzensekte des Hauses, die mit feiner Perlage ausgestattet sind und eine deutliche Affinität zu Champagner aufweisen: Das sind der 2017er Pinot Blanc Zero Brut nature mit einer tollen Animation, der dichte und ausdrucksvolle 2016er Riesling Extra Brut aus dem Michelsberg und vor allem der Brut nature Reserve aus dem Jahr 2012, der nach langer Flaschenreife eine wunderbare Cremigkeit erreicht hat. Hier gibt es übrigens auch alkoholfreie Sekte, die man tatsächlich mit Genuss trinken kann. Sowohl der Blanc Pur als auch der Rosé Pur sind ausdrucksvolle Vertreter dieser neuen Sparte, die sich wachsender Nachfrage erfreut. Der biozertifizierte Betrieb von Isabel Strauch-Weißbach und Tim Weißbach ist erst 2011 aus der Sektkellerei Dalberger Hof entstanden. Für ihre Sekte in klassischer Flaschengärung arbeiten sie mit eigenen Grundweinen.

**87** 2017 Pinot Blanc Brut
**15,90 €** | 11,5%

**88** 2018 Riesling Brut
**13,90 €** | 11%

**88** 2018 Chardonnay Crémant Brut
**17,50 €** | 11%

**88** 2017 Rosé Brut Prestige
**18,90 €** | 11,5%

**90** 2017 Weißburgunder Zero Brut nature
**19,90 €** | 12%

**90** 2016 Mettenheimer Michelsberg Riesling Extra Brut Vieilles Vignes
**27,80 €** | 11,5%

**91** 2012 Cuvée Brut nature Reserve
**34,90 €** | 12%

★★★

## STRUB

Weingut Strub
55283 Nierstein · Rheinstraße 42
Tel. (06133) 5649
info@strub1710.de
**www.strub1710.com**

**Inhaber/in** Walter und Sebastian Strub
**Betriebsleitung** Sebastian Strub
**Keller** Sebastian Strub
**Außenbetrieb** Sebastian Strub

**Historie** Familienweingut in der zwölften Generation
**Rebfläche** 15 Hektar
**Jahresproduktion** 80 000 Flaschen
**Beste Lagen** Niersteiner Orbel, Oelberg, Hipping und Pettenthal
**Boden** roter Tonschiefer, Kalkstein
**Rebsorten** 90% Riesling, 4% Silvaner, je 3% Müller-Thurgau und Grüner Veltliner
**Erlebenswert** Gewölbekeller und Fachwerkhaus aus dem 17. Jahrhundert, Generationen-Fassboden von 1929
**Mitglied** Generation Riesling, Maxime Herkunft, Roter Hang

Das erinnert an vergangene Zeiten, als Nierstein unter Weinkennern im Ausland erheblich bekannter war als zu Hause: Das Weingut Strub exportiert heute noch 70 Prozent seiner Weine, wobei die USA, Kanada und Japan die Liste der Exportländer anführen. Und natürlich sind dort meist die fruchtsüßen Rieslinge gefragt, und die gelingen Sebastian Strub wahrlich meisterhaft. Erneut stellt er zwei großartige Kabinette vor, die sich durch feine Frucht und einen ordentlichen Zug am Gaumen auszeichnen. Hierzulande sind ja längst fast ausschließlich die Trockenen im Fokus der Genießer, und auch für diese Gruppe gibt es bei Strub ausgezeichnete Weine. An der Spitze steht dabei meist der Niersteiner Oelberg Im Taubennest, und das ist auch 2021 so. Es ist ein eleganter, fast filigran wirkender Riesling, gefolgt vom Niersteiner Orbel. Aus dem Pettenthal kommt noch ein gelungener Silvaner. Im Hause Strub ist Purismus Trumpf. 90 Prozent der Reben stellt der Riesling, den Rest teilen sich Silvaner, Grüner Veltliner sowie Müller-Thurgau. Dass dieses Familienweingut bereits von der zwölften Generation geführt wird, zeigen nicht zuletzt der Gewölbekeller und das Fachwerkhaus aus dem 17. Jahrhundert.

STRUB 1710

| | | |
|---|---|---|
| 85 | 2021 Riesling trocken | **8 €** \| 11,5% |
| 85 | 2021 Silvaner trocken | **8 €** \| 12 % |
| 85 | 2021 Grüner Veltliner trocken | **8 €** \| 12 % |
| 87 | 2021 Niersteiner Riesling trocken | **11 €** \| 12 % |
| 87 | 2021 Niersteiner Pettenthal Silvaner trocken | **17 €** \| 13 % |
| 87 | 2020 Niersteiner Orbel Riesling trocken Steillage | **19 €** \| 13 % |
| 89 | 2020 Niersteiner Oelberg Riesling trocken Im Taubennest | **19 €** \| 13 % |
| 88 | 2021 Niersteiner Hipping Riesling Kabinett | **13 €** \| 9,5% |
| 90 | 2021 Niersteiner Pettenthal Riesling Kabinett | **13 €** \| 9 % |

★★★½

## THÖRLE

Weingut Thörle
55291 Saulheim · Am Norenberg 0
Tel. (06732) 5443
info@thoerle-wein.de
**www.thoerle-wein.de**

**Inhaber/in und Betriebsleitung**
Johannes und Christoph Thörle

**Historie** Gewölbekeller von 1517 als ältester Teil des Weinguts
**Rebfläche** 25 Hektar
**Jahresproduktion** 150 000 Flaschen
**Beste Lagen** Saulheimer Hölle, Schlossberg und Probstey, Essenheimer Teufelspfad
**Boden** Kalksteinverwitterung, Tonmergel, Lösslehm
**Rebsorten** 50% Riesling, 40% rote und weiße Burgundersorten, 10% übrige Sorten
**Erlebenswert** 2019 Neubau der Vinothek inmitten der Weinberge
**Mitglied** Maxime Herkunft

Dieses 25-Hektar-Gut in Saulheim, im Herzen des Anbaugebiets, ist jetzt offiziell als Biobetrieb zertifiziert, seit 2007 arbeitet man hier bereits nach ökologischen Richtlinien. Auf der Hälfte der Fläche stehen Riesling-Reben. Zwei Weine haben uns besonders beeindruckt. Der enorm saftige Riesling Gutswein animiert mit seinem Aprikosenduft zum nächsten Glas, und das ist auch beim Riesling Kabinett so: wunderbar verspielt und elegant. Insgesamt sind die Rieslinge im säurestarken Jahrgang 2021 im Stil fast moselanisch ausgefallen. Die Thörle-Brüder erzeugen in der Lage Saulheimer Probstey einen der besten Silvaner des Gebiets. Der 2021er probiert sich elegant und saftig, ein großer Wein. Das zweite große Standbein sind hier die Burgundersorten. Bei den Weißen überzeugt der Chardonnay Reserve ebenso wie die Cuvée Kalk & Kreide. Dies sind Weine mit Potenzial, zugleich kommt Trinkfreude auf durch den feinen Holzfassausbau. Die Spätburgunder aus den Lagen Probstey und Hölle sind dunkelfruchtige Pinot Noirs von großer Nachhaltigkeit. Vom hochmodernen Weingut bei Saulheim hat man einen Blick auf die umliegenden Orte. Hier werden die Rotweine ausgebaut, hier ist das Flaschenlager, und hier präsentiert sich das Weingut mit seinen Produkten, die zu 50 Prozent exportiert werden. Eine solch hohe Quote ist außergewöhnlich für die Region.

★★

**86** 2021 Riesling trocken
**10,50 €** | 12 %

**87** 2021 Essenheimer Riesling trocken
**16 €** | 12 %

**87** 2021 Saulheimer Riesling trocken Kalkstein
**18 €** | 12,5%

**89** 2021 Chardonnay & Weißburgunder trocken Kalk & Kreide
**20 €** | 12,5%

**89** 2021 Saulheimer Schlossberg Riesling trocken
**35 €** | 12,5%

**90** 2021 Chardonnay trocken Reserve
**33 €** | 12,5%

**90** 2021 Saulheimer Hölle Riesling trocken
**40 €** | 12,5%

**91** 2021 Saulheimer Probstey Silvaner trocken
**35 €** | 12,5%

**89** 2021 Riesling Kabinett
**11,50 €** | 9 %

**89** 2021 Riesling Spätlese
**15 €** | 8 %

**92** 2021 Saulheimer Hölle Riesling Auslese
**50 €** | 7,5%

**94** 2021 Saulheimer Hölle Riesling Beerenauslese
**100 €** | 6,5%

**90** 2020 Saulheimer Spätburgunder trocken
**22 €** | 13 %

**92** 2020 Saulheimer Probstey Spätburgunder trocken
**55 €** | 13 %

**92** 2020 Saulheimer Hölle Spätburgunder trocken
**70 €** | 13 %

## VOLLMER

Weingut Dr. Eva Vollmer
55129 Mainz-Ebersheim · Nieder-Olmer Straße 65
Tel. (06136) 46472 · Fax 46489
info@evavollmer-wein.de
**www.evavollmer-wein.de**

**Inhaber/in und Betriebsleitung** Dr. Eva Vollmer und Robert Wagner
**Keller** Dr. Eva Vollmer
**Außenbetrieb** Robert Wagner

**Historie** Gründung des Flaschenweinbetriebs 2007
**Rebfläche** 12 Hektar
**Jahresproduktion** 65 000 Flaschen
**Beste Lagen** Ebersheimer Hüttberg, Gau-Bischofsheimer Herrnberg, Niersteiner Pettenthal
**Boden** Tonmergel mit Kalkeinlagerungen, Lösslehm
**Rebsorten** 25% Riesling, je 15% Weißburgunder, Spätburgunder und Scheurebe, je 10% Dornfelder und Roter Riesling, je 5% Silvaner und Souvignier Gris
**Gastronomie** Weinpicknick an ausgewählten Sommerwochenenden (Termine siehe Website)
**Erlebenswert** Genussgarten mit Inselweinberg
**Mitglied** Ecovin, Bioland, Vinissima, Maxime Herkunft

In ihrer aktuellen Serie hat sich Eva Vollmer diesmal ausführlich dem Weißburgunder gewidmet. Diese Sorte wird immer beliebter und bietet zudem einige Ausbauvarianten. In diesem Mainzer Betrieb kommt er als unkomplizierter 2021er Gutswein ebenso auf den Tisch wie als cremiger und feiner, im Halbstück gereifter Tropfen aus dem Jahrgang 2019. Aus demselben Jahr stammt auch ein Sekt aus Weißburgunder, der eher auf der kraftvollen Seite zu Hause ist und der den Reigen abschließt. Die Lagen-Rieslinge gehören schon lange zum Kernprogramm des Hauses. Diesmal liegt der Ebersheimer Hüttberg einen Flügelschlag hinter dem Gau-Bischofsheimer Herrnberg, der die Kollektion anführt. Besonders gut gelungen ist im Jahrgang 2021 die Scheurebe Kalkader. Sie duftet verführerisch nach rosa Pampelmuse und schwarzer Johannisbeere, ein zauberhafter Wein. Eva Vollmer hat schon früh auf den Roten Riesling gesetzt, der hier immer wieder verlässliche Ergebnisse bringt und immerhin auf 10 Prozent der zwölf Hektar Rebfläche steht. Interessant ist auch die jahrgangslose Cuvée Rebritter, die Spätburgunder mit Cabertin vermählt, eine junge Züchtung mit Cabernet Sauvignon als Kreuzungspartner. Der Wein ist komplex und tiefdunkel. Eva Vollmer betreibt ihr Gut zusammen mit Robert Wagner, der über Umwege zur Weinbau kam: Mit der Landwirtschaft groß geworden, verschlug es ihn beruflich zunächst zum Heizungsbau, dann wurde er Koch und fand schließlich doch noch zum Weinbau.

**87** 2019 Weißburgunder Sekt Brut
**12,80 €** | 13 %

**84** 2021 Riesling trocken
**8,50 €** | 12 %

**85** 2021 Weißburgunder trocken
**9,20 €** | 12,5%

**85** 2021 Souvignier Gris trocken
**9,80 €** | 13 %

**85** 2021 Riesling trocken Kalkader
**12,50 €** | 12,5%

**86** 2021 Roter Riesling trocken
**12,80 €** | 13 %

**87** 2021 Scheurebe trocken Kalkader
**11,80 €** | 12,5%

**87** 2019 Weißburgunder trocken Halbstück
**14,20 €** | 13,5%

**87** 2020 Ebersheimer Hüttberg Riesling trocken
**16,50 €** | 13 %

**88** 2020 Gau-Bischofsheimer Herrnberg Riesling trocken
**17,50 €** | 13 %

**86** 2021 Riesling feinherb Tonmergel
**11,20 €** | 12 %

**86** Cuvée Rebritter trocken
**12,50 €** | 13,5%

★★★★

## WAGNER-STEMPEL

Weingut Wagner-Stempel
55599 Siefersheim · Wöllsteiner Straße 10
Tel. (06703) 960330 · Fax 960331
info@wagner-stempel.de
**www.wagner-stempel.de**

**Inhaber/in und Betriebsleitung**
Daniel Wagner

**Historie** gegründet im Jahr 1845
**Rebfläche** 20 Hektar
**Jahresproduktion** 180 000 Flaschen
**Beste Lagen** Siefersheimer Höllberg und Heerkretz, Binger Scharlachberg
**Boden** Rhyolith, Vulkanverwitterungsgestein, Quarzit
**Rebsorten** 50% Riesling, 25% weiße Burgundersorten, 10% Silvaner, 15% übrige Sorten
**Erlebenswert** idyllischer Innenhof mit altem Kreuzgewölbe und Gästehaus
**Mitglied** VDP

Wir können es nicht oft genug wiederholen: Die Qualität der Gutsweine in diesem Haus lässt Genießer immer wieder frohlocken. Exzellente Basisweine sind eine Art Markenzeichen von Daniel Wagner, dem es in diesem Segment gelingt, Jahr für Jahr Spitzenleistungen zu erbringen. Egal ob Riesling, Silvaner oder Weißburgunder, es gibt hier keine Ausreißer – es sei denn nach oben. Der Scheurebe Gutswein ist einer davon und krönt die 21er Reihe mit seiner superfrischen Frucht und einem wunderbaren Stachelbeerton. Auch auf der Ortswein-Ebene gibt sich Wagner keine Blöße, seine Rieslinge wirken nahezu schwerelos und elegant, mit dem Siefersheimer Porphyr knapp vor dem Neu-Bamberger Rotliegenden und dem Fürfelder Melaphyr. An der Spitze stehen drei Große Gewächse, die sich deutlich von der

Gefolgschaft abheben. Dies sind Rieslinge von beachtlicher Konzentration bei gleichzeitig kühler Frucht, was den Weinen zu einer schönen Balance verhilft. Wir sehen die beiden Siefersheimer Lagen Höllberg und Heerkretz diesmal leicht vor dem Binger Scharlachberg. Aber Riesling ist nicht alles hier, auch wenn die Rebe die Hälfte der Rebflächen besetzt. Von Anfang an hatte sich Wagner auch dem Silvaner verschrieben und erzielt immer wieder Spitzenergebnisse. Sein Sylvaner Reserve steht dafür mit seiner cremigen Struktur und feiner Länge. Und auch die weißen Burgundersorten können sich schmecken lassen, allen voran der Chardonnay Reserve mit seinem Blütenduft, seiner Eleganz und Anklängen von Haselnuss. Hier entstehen auch große Süßweine, diesmal ist es eine Riesling Auslese aus der Lage Siefersheimer Heerkretz mit feinsten exotischen Aromen.

**Eine kleine Oase**

Dieser Betrieb in Siefersheim ist eine Perle der Rheinhessischen Schweiz, wie der klimatisch milde Landstrich zwischen Alzey und Bad Kreuznach gerne genannt wird. Seit 2008 setzt Daniel Wagner auf biologische Wirtschaftsweise. Und er hat ein exzellentes Team um sich geschart, mit dem zusammen er die hohe Produktqualität nicht nur halten, sondern auch noch verbessern kann. Das Gut im Herzen Siefersheims ist eine kleine Oase. Manch einer fühlt sich in die Toskana versetzt, wenn er den bestens gepflegten Hof betritt. Eine mächtige Kastanie bildet das Zentrum der Anlage. Das Gästehaus mit großzügigen Apartments gehört ebenso zur Ausstattung wie das historische Kreuzgewölbe, das als moderner Weinverkostungsraum einlädt.

**87** 2021 Riesling trocken
**10,70 €** | 12 %

**87** 2021 Silvaner trocken
**10,70 €** | 12 %

**87** 2021 Weißburgunder trocken
**10,70 €** | 12,5%

**88** 2021 Scheurebe trocken
**10,70 €** | 12 %

**89** 2021 Neu-Bamberger Riesling trocken Rotliegend aus Ersten Lagen
**19 €** | 12,5%

**89** 2021 Fürfelder Riesling trocken Melaphyr aus Ersten Lagen
**19 €** | 12,5%

**89** 2021 Siefersheimer Sylvaner trocken Reserve
**19 €** | 13 %

**89** 2021 Siefersheimer Weißburgunder trocken aus Ersten Lagen
**19 €** | 13 %

**90** 2021 Siefersheimer Riesling trocken Porphyr aus Ersten Lagen
**19 €** | 12,5%

**90** 2020 Chardonnay trocken Reserve
**24 €** | 13 %

**92** 2021 Binger Scharlachberg Riesling VDP.Großes Gewächs
**42 €** | 13 %

**93** 2021 Siefersheimer Höllberg Riesling VDP.Großes Gewächs
**36 €** | 13 %

**93** 2021 Siefersheimer Heerkretz Riesling VDP.Großes Gewächs
**46 €** | 13 %

**90** 2021 Siefersheimer Heerkretz Riesling Kabinett
**14,50 €** | 8,5%

**91** 2021 Siefersheimer Heerkretz Riesling Spätlese
**19 €** | 7,5%

**94** 2021 Siefersheimer Heerkretz Riesling Auslese
**31 €** | 7 %

**87** 2020 Spätburgunder trocken
**12,50 €** | 12,5%

**88** 2020 Siefersheimer Spätburgunder trocken aus Ersten Lagen
**19 €** | 13 %

**90** 2020 Siefersheimer Heerkretz Spätburgunder VDP.Großes Gewächs
**46 €** | 13 %

★★

## WASEM

Weingut Wasem
55218 Ingelheim · Edelgasse 5
Tel. (06132) 2220 · Fax 2448
weingut@wasem.de
**www.wasem.de**

**Inhaber/in** Holger, Julius und Philipp Wasem
**Betriebsleitung** Philipp Wasem
**Keller** Julius Wasem und Johannes Lutzenburg

**Rebfläche** 24 Hektar
**Jahresproduktion** 160 000 Flaschen
**Beste Lagen** Ingelheimer Pares, Horn und Sonnenhang, Elsheimer Blume
**Boden** Flugsand, tertiärer Kalkstein und Mergel
**Rebsorten** 20% weiße Burgundersorten, 20% Spätburgunder, 16% Riesling, 8% Frühburgunder, 7% Sauvignon Blanc, 6% Silvaner, 23% übrige Sorten
**Gastronomie** Restaurant und Eventlocation „Kloster Engelthal", Weinhotel
**Erlebenswert** altes Kloster mit Gastronomie
**Mitglied** Maxime Herkunft

In diesem Ingelheimer Traditionsgut hat man sich über Jahre eine Kompetenz für Rotwein aufgebaut, jetzt ziehen die Weißweine nach. Sie zeichnen sich durch die Bank durch große Klarheit und Frische aus. Das beginnt nicht erst beim Gutsriesling, sondern bereits beim Riesling in der Literflasche, einem saftigen Frischmacher und für gerade mal 5,50 Euro ein veritables Schnäppchen. Der Sauvignon Blanc überzeugt mit feinem Fruchtspiel, der Weißburgunder ist durch und durch trocken. Und der Riesling aus der Elsheimer Blume versprüht verführerischen Aprikosenduft. Aber auch die Rotweine gewinnen immer noch an Format. Schon der Spätburgunder Gutswein aus dem Jahr 2019 überzeugt, und das nicht nur durch sein nahezu unschlagbares Preis-Genuss-Verhältnis. Die Pinots aus dem Jahrgang 2020 werden von einer geradezu wilden Frucht geprägt. Ob Sonnenhang oder Pares, die Lagen-Spätburgunder sind von großer Güte, wobei der Pares „R" noch sehr verschlossen wirkt, er wird für seine Entwicklung noch etwas Zeit brauchen. Hier gibt es aber auch vorzügliche Frühburgunder, die alles andere als üppig oder breit sind. Vor allem der Frühburgunder aus der Lage Horn setzt sich mit seiner präzisen Frucht und seiner Eleganz mit an die Spitze der Rotweine. Zu den Wasem-Unternehmungen gehört ein großer Gastro- und Eventbereich in einem aufwendig renovierten alten Klostergebäude, in dem auch Hochzeiten und Tagungen stattfinden. Hotels runden das umfassende Angebot ab.

**85** 2021 Riesling Liter trocken
**5,50 €/1 Lit.** | 12%

**85** 2021 Riesling trocken
**7 €** | 12%

**85** 2020 Ingelheimer Sonnenhang Grauer Burgunder trocken
**14,50 €** | 13,5%

**86** 2021 Sauvignon Blanc trocken
**8 €** | 12%

**86** 2021 Stadecker Weißer Burgunder trocken
**8 €** | 12,5%

**87** 2020 Elsheimer Blume Riesling trocken
**10,50 €** | 12,5%

**86** 2019 Spätburgunder trocken
**7 €** | 12,5%

**87** 2020 Ingelheimer Sonnenhang Frühburgunder trocken
**15,50 €** | 13,5%

**88** 2020 Ingelheimer Burgberg Spätburgunder trocken
**15,50 €** | 13%

**88** 2020 Ingelheimer Pares Spätburgunder trocken „R"
**27,50 €** | 13%

**89** 2020 Ingelheimer Pares Spätburgunder trocken
**14 €** | 13% **BEST BUY**

**89** 2020 Ingelheimer Horn Frühburgunder trocken
**22 €** | 13,5%

★★★

## WECHSLER

Weingut Wechsler
67593 Westhofen · Wormser Straße 1
Tel. (06422) 211 · Fax 5636
info@weingut-wechsler.de
**www.weingut-wechsler.de**

**Inhaber/in und Betriebsleitung**
Katharina Wechsler, Manuel Maier
**Keller** Katharina Wechsler
**Außenbetrieb** Krzysztof Slawik

**Rebfläche** 18 Hektar
**Jahresproduktion** 100 000 Flaschen
**Beste Lagen** Westhofener Benn, Kirchspiel, Morstein und Steingrube
**Boden** Kalksteinverwitterung, Tonmergel, Lösslehm
**Rebsorten** 40% Riesling, 30% Burgundersorten, 10% Scheurebe, 20% übrige Sorten
**Gastronomie** seit 2021 regelmäßige Pop-up-Veranstaltungen (aktuelle Themen und Termine siehe Website)
**Mitglied** Maxime Herkunft

Katharina Wechsler arbeitet kontinuierlich an der Qualität ihrer Weine – und so ist es nicht verwunderlich, dass sie erneut die beste Kollektion ihrer bisherigen Karriere vorgestellt hat. Schwerpunkt in diesem Westhofener Gut war und ist der Riesling, den die Winzerin mit einer großen Ernsthaftigkeit interpretiert. Das trifft auf die trockenen Rieslinge zu, beginnt aber bereits beim Riesling Kalk, der mit einer leicht salzigen Note sehr trinkanimierend ausfällt. Die drei trockenen Lagenweine aus Westhofen setzen unterschiedliche Schwerpunkte. Der Benn ist eher auf der strengeren Seite zu Hause während das überaus präzise und fokussierte Kirchspiel zu großer Form aufläuft. Es wird noch einmal deutlich übertroffen vom tiefen und komplexen Morstein, einem trockenen Riesling mit bedeutendem Potenzial. Mit ähnlicher Intensität widmet sich Katharina Wechsler auch dem Silvaner. Das kommt beim Alte Reben zum Ausdruck: ein dichter Wein mit Länge und starkem Charakter. Eine Bank ist auch der Weißburgunder Gutswein mit seiner großen Klarheit und Eleganz. Katharina Wechsler hat schon sehr früh mit Naturweinen experimentiert und hat auch dieses Segment mit Seriosität ausgeformt. Der ungefilterte Spätburgunder Rosé ist fast schon ein Klassiker geworden, wie auch die noch bessere Scheurebe Fehlfarbe: beides sind ganz wilde und dabei dichte Weine. Auch der unfiltrierte Pinot Noir Rotwein mit seinem Schwarzkirscharoma weiß zu gefallen. Einen schönen Schlusspunkt setzen die beiden fruchtsüßen Rieslinge. Der Kabinett aus dem Kirchspiel probiert sich weinig und sehr klar, die Spätlese aus dem Morstein spielt mit Kräutern, Rauch und hat Länge.

**86** 2021 Scheurebe trocken
**10,50 €** | 12,5%

**87** 2021 Weißburgunder trocken
**9,90 €** | 12%

**87** 2021 Riesling trocken Kalk
**15,50 €** | 12,5%

**88** 2021 Silvaner trocken Alte Reben
**15,50 €** | 12%

**88** 2021 Westhofener Benn Riesling trocken
**25 €** | 12%

**89** 2021 Scheurebe Landwein trocken Fehlfarbe
**15,50 €** | 11,5%

**90** 2021 Westhofener Kirchspiel Riesling trocken
**34 €** | 12,5%

**92** 2021 Westhofener Morstein Riesling trocken
**38 €** | 12,5%

**89** 2021 Westhofener Kirchspiel Riesling Kabinett
**15,50 €** | 8,5%

**90** 2021 Westhofener Morstein Riesling Spätlese
**28 €** | 9,5%

**87** 2021 Spätburgunder Rosé trocken Sexy MF unfiltriert
**15,50 €** | 11,5%

**88** 2020 Pinot Noir trocken unfiltriert
**19 €** | 12%

★★★

## WEEDENBORN

Weingut Weedenborn
55234 Monzernheim · Am Römer 4–6
Tel. (06244) 387
weingut@weedenborn.de
**www.weedenborn.de**

**Inhaber/in und Betriebsleitung**
Gesine Roll

**Rebfläche** 20 Hektar
**Jahresproduktion** 150 000 Flaschen
**Beste Lagen** Westhofener Kirchspiel und Morstein
**Boden** Terra rossa, Kalksteinverwitterung, Kalkmergel, Lösslehm
**Rebsorten** 50% Sauvignon Blanc, je 20% Chardonnay und Riesling, 10% weiße Burgundersorten
**Erlebenswert** alter Gutshof im Ortskern, Holzfasskeller
**Mitglied** Maxime Herkunft

Gesine Rolls Kompetenz für den Sauvignon Blanc hat sich längst herumgesprochen. Die Weine dieser Sorte aus dem Monzernheimer Gut haben sich schon wiederholt mit den besten der Branche bundesweit gemessen und dabei mehr als respektabel abgeschnitten. Doch nun scheint es, dass ihnen aus dem eigenen Haus zunehmend Konkurrenz erwächst. Und zwar durch den Chardonnay. Die beiden international erprobten Sorten, die von Frankreich aus einen Siegeszug um die halbe Welt absolvierten, scheinen es Gesine Roll besonders angetan zu haben. Da geht es fast unter, dass hier auch noch 20 Prozent Riesling gepflegt werden. Und was dabei herauskommt ist alles andere als banal, wie der an Zitrusfrüchte und grünen Apfel erinnernde Riesling aus dem Westhofener Kirchspiel belegt. Vom Sauvignon Blanc haben wir drei Weine probiert. Bereits der Gutswein zeigt eine sehr prägnante Frucht, während der Terra Rossa ganz trocken anmutet, mit großer Präzision. Auch der Basis-Chardonnay und der Chardonnay aus Westhofen weisen diese durchgängige Klarheit auf. Beim Réserve kommen dann mehr Komplexität und ein geschmackvoller Holzeinsatz ins Spiel. Diese höhere Konzentration weist auch der Reserve vom Sauvignon Blanc auf, bleibt dabei aber hochelegant. Was also bleibt noch zu tun? Na klar, eine Cuvée muss her. Also hat Gesine Roll ihre beiden Lieblingssorten miteinander vermählt zu einer großartigen Grande Réserve. Die Franzosen würden sagen: ein echter „Vin de Garde", ein Wein für die Schatzkammer.

WEEDENBORN

**86** 2021 Chardonnay trocken
**9,90 €** | 12,5%

**87** 2021 Sauvignon Blanc trocken
**10,90 €** | 12 %

**87** 2021 Westhofener Chardonnay trocken
**14,90 €** | 12,5%

**88** 2021 Sauvignon Blanc trocken Terra Rossa
**19,90 €** | 12,5%

**88** 2020 Westhofener Kirchspiel Riesling trocken
**34 €** | 12,5%

**89** 2020 Chardonnay trocken Reserve
**34 €** | 13 %

**91** 2020 Sauvignon Blanc trocken Reserve
**34 €** | 13 % TOP 10

**91** 2019 Chardonnay & Sauvignon Blanc trocken Grande Réserve
**45 €** | 13 % TOP 10

★

## WEINBACH

Weingut Weinbach
55234 Ober-Flörsheim · Wormser Straße 41
Tel. (06735) 340 · Fax 961005
info@weingut-weinbach.de
**www.weingut-weinbach.de**

**Inhaber/in** Wilfried und Christoph Weinbach
**Keller** Christoph Weinbach

Dieses Familiengut im Wonnegau ist eine zuverlässige Quelle für saubere Weine zu günstigen Preisen. Bei den Weißen tut sich in der aktuellen Serie der Riesling Alte Reben aus der Lage Hillesheimer Sonnheil hervor. Er erinnert an Zitrusfrüchte und hat leicht salzige Noten. Auch bei den feinherben Tropfen kann man Entdeckungen machen. So ist die Cuvée Affaire ein saftiger Schoppen, das trifft auch auf den Gelben Muskateller aus dem Westhofener Morstein zu. Von den Rotweinen überzeugt der Merlot mit seinem deutlichen Schwarzkirschduft. Vater Wilfried und Sohn Christoph Weinbach leiten das Gut gemeinsam.

**83** 2021 Riesling Liter trocken
**4,80 €/1 Lit.** | 11,5%

**83** 2021 Merlot Blanc de Noirs trocken
**6,70 €** | 12 %

**85** 2021 Chardonnay trocken
**6,40 €** | 12,5%

**85** 2021 Sauvignon Blanc trocken
**6,70 €** | 12 %

**86** 2021 Hillesheimer Sonnheil Riesling trocken Alte Reben
**6,70 €** | 12 %

**84** 2021 Weißburgunder feinherb
**6,40 €** | 11,5%

**86** 2021 Westhofener Morstein Gelber Muskateller feinherb
**6,70 €** | 11,5%

**85** 2021 Cuvée Affaire Weiß
**6,40 €** | 10,5%

**86** 2019 Gundersheimer Höllenbrand Merlot trocken
**7 €** | 13 %

**87** 2019 Westhofener Morstein Cabernet Sauvignon trocken
**8,90 €/0,5 Lit.** | 13,5%

★★★

## WEINREICH

Weingut Weinreich
67595 Bechtheim · Riederbachstraße 7
Tel. (06242) 7675 · Fax 7678
info@weinreich-wein.de
**www.weinreich-wein.de**

**Inhaber/in** Weinreich GbR
**Keller** Marc und Jan Weinreich
**Rebfläche** 20 Hektar
**Jahresproduktion** 150 000 Flaschen
**Beste Lagen** Bechtheimer Geyersberg, Stein, Hasensprung und Rosengarten
**Boden** Löss, Lehm, Kalkmergel
**Rebsorten** 40% Burgundersorten, 25% Riesling, je 10% Chardonnay und Scheurebe, 15% übrige Sorten
**Gastronomie** Gutsschänke und Gästehaus
**Mitglied** Verband traditioneller Sektmacher e.V., Maxime Herkunft

Man hat sich ja fast schon daran gewöhnt, dass in Bechtheim Geyersberg und Hasensprung gern als beste Lagen des Ortes genannt werden. Das mag auch so sein, doch das hindert diesmal den Rosengarten nicht daran, an beiden ein wenig vorbei zu ziehen. Lagen hin oder her, insgesamt haben uns die 2021er Rieslinge dieses Guts sehr gefallen, vor allem die elegante und filigrane Art der Weine. Die gelungene Vorstellung fängt beim Gutswein an und führt über den Bechtheimer Ortswein bis hin zu den drei Lagenweinen. Vor lauter Riesling wollen wir keinesfalls den außerordentlichen Gutswein von der Scheurebe vergessen, mit seiner feinen Nase und dem schönen Zug am Gaumen, ein erfrischender Durststiller mit toller Preis-Genuss-Relation. Im Umgang mit den Naturweinen werden die Weinreich-Brüder zunehmend souverän. Bei immer weniger Alkohol hält immer mehr Frische Einzug, etwa beim Tacheles mit dem Duft nach Trauben oder der unkonventionellen Vermählung von Kerner und Dornfelder, genannt Heiter bis wolkig. Diese trockenen Weine haben 10 bis 10,5 Prozent Alkohol, weniger geht nicht. Der Riesling Paroli schließt die Reihe der Landweine sehr schön ab. Auf all diese Erfolge kann man prima mit der Cuvée Mineral Brut anstoßen, einem Sekt mit feiner Perlage und toller Frische. 2009 haben Marc und Jan Weinreich das elterliche Weingut übernommen und auf ökologische Wirtschaftsweise umgestellt.

- **89** Cuvée Mineral Sekt Brut
  **25 €** | 12 %
- **86** 2021 Riesling trocken
  **9 €** | 12 %
- **86** 2021 Weißburgunder & Chardonnay trocken
  **9 €** | 13 %
- **87** 2021 Scheurebe trocken
  **9 €** | 12 %
- **87** 2021 Bechtheimer Riesling trocken
  **12,50 €** | 12,5%
- **87** 2021 Cuvée Tacheles trocken
  **13,50 €** | 10 %
- **88** 2021 Bechtheimer Chardonnay trocken
  **15 €** | 12,5%
- **88** 2021 Bechtheimer Hasensprung Riesling trocken
  **23,50 €** | 12,5%
- **89** 2021 Bechtheimer Geyersberg Riesling trocken
  **23,50 €** | 12,5%
- **90** 2021 Riesling Landwein trocken Paroli
  **23,50 €** | 11,5%
- **90** 2021 Bechtheimer Rosengarten Riesling trocken
  **23,50 €** | 12,5%
- **88** 2021 Dornfelder & Kerner trocken Heiter bis wolkig
  **13,50 €** | 10,5%

## WENDEL

Weingut Dirk Wendel
67551 Worms · Zellertalstraße, 48
Tel. (006247) 5720 · Fax 5718
info@weingut-wendel.de
**www.weingut-wendel.de**

**Inhaber/in** Dirk Wendel
**Betriebsleitung** Dirk Wendel
**Keller** Sandra Wendel
**Außenbetrieb** Benedikt Wendel

Dirk Wendel hat eine kleine, sehr überzeugende Kollektion präsentiert. Bei den Weißweinen gefällt vor allem der fruchtbetonte Blanc de Noirs vom Cabernet Franc, der nur noch vom animierenden Sauvignon Blanc überholt wird. Alle Weine sind frisch und klar, auch der Riesling sur lie. Aber es sind vor allem die Rotweine, die bei Dirk Wendel auftrumpfen. Da ist zum einen der transparente Syrah aus dem Jahrgang 2020, zum anderen der 2017er Cabernet Franc mit seiner tiefdunklen Farbe. Alle Weine haben eine schöne Komplexität, jedoch ragt einer deutlich heraus: Der 2020er Portugieser ist dicht, druckvoll und hat einen interessanten Bleistiftton. Biobetriebe, so scheint es, schießen in der Umgebung von Worms und im Wonnegau wie Pilze aus dem Boden. Dirk Wendel leitet dieses biozertifizierte Gut in Worms-Pfeddersheim in dritter Generation. Für ihn ist es wichtig, sorgsam mit den Ressourcen der Natur umzugehen. Deshalb achtet er auf eine gute Bodengesundheit und verzichtet bewusst auf Verfahren, die den Charakter eines Weines verändern.

- **86** 2021 Cabernet Franc Blanc de Noirs trocken
  **8,50 €** | 12,5%
- **86** 2021 Riesling trocken sur lie
  **8,50 €** | 12,5%
- **87** 2021 Sauvignon Blanc trocken
  **7,50 €** | 11,5%
- **87** 2020 Syrah trocken Barrique
  **13,50 €** | 13 %
- **87** 2017 Cabernet Franc trocken Barrique
  **15 €** | 13,5%
- **89** 2020 Portugieser trocken Barrique
  **16 €** | 13,5%

★★★

## WERNER

Weingut Arndt F. Werner
55218 Ingelheim am Rhein · Mainzer Str. 97
Tel. (06132) 1090 · Fax 431335
info@weingutwerner.de
**www.weingutwerner.de**

**Inhaber/in und Betriebsleitung**
Familie Werner
**Keller** Thomas Werner
**Außenbetrieb** Christian Dickenscheid

**Historie** gegründet im Jahr 1819, seit vier Jahrzehnten ökologischer Weinbau
**Rebfläche** 20 Hektar
**Jahresproduktion** 100 000 Flaschen
**Beste Lagen** Ingelheimer Lottenstück, Horn, Sonnenhang, Steinacker, Höllenweg, Pares
**Boden** Muschelkalkverwitterung, Kalkflugsand
**Rebsorten** 15% Spätburgunder, 25% weiße Burgundersorten, 10 % Riesling, je 5% Silvaner, Frühburgunder und Portugieser, 15% PIWI-Sorten
**Gastronomie** Weinseminare, Führungen durch die Kaiserpfalz Karls des Großen, großes Hoffest im Sommer
**Erlebenswert** großer begrünter Innenhof und historisches Kelterhaus, unmittelbar neben der Ingelheimer Kaiserpfalz Karls des Großen
**Mitglied** Ecovin, Bioland, Maxime Herkunft

Die aktuelle Kollektion dieses Ökobetriebs ist rundum gelungen. Wir probierten frische und klare Burgunder, schon der Weißburgunder Gutswein macht große Freude. Das Gleiche gilt für den Gutswein vom Riesling, der sich, wie auch der Steinacker Riesling, schlank und rassig präsentiert. An der Spitze der weißen Serie steht der Weißburgunder aus dem Lottenstück, mit toller Eleganz und Animation. Auch bei den Rotweinen ist Trinkfreude angesagt, etwa beim charmanten und frischen Frühburgunder, ebenfalls aus dem Lottenstück. Dieses Weingut ist einer der Ökopioniere in Deutschland. Schon vor 40 Jahren startete Arndt Werner die Umstellung auf biologische Wirtschaftsweise. Er ist diplomierter Geograf, Geo-Ökologe und Mitautor mehrerer Standardwerke über den Ökoweinbau. Mittlerweile hat Sohn Thomas Werner den Betrieb übernommen und setzt vorwiegend auf Spontangärung im Keller. Sie verbindet er zum Teil mit Maischestandzeit oder Maischegärung. Das Gut wurde 1819 neben der Kaiserpfalz Karls des Großen gegründet. Ein geräumiger, begrünter Innenhof empfängt die Gäste.

**86** 2021 Weißer Burgunder trocken
**7,80 €** | 12,5%

**86** 2021 Riesling trocken
**7,80 €** | 12 %

**87** 2021 Gau-Algesheimer Johannisberg Silvaner trocken
**13,80 €** | 12,5%

**88** 2021 Ingelheimer Chardonnay trocken
**11,80 €** | 12,5%

**88** 2020 Ingelheimer Steinacker Riesling trocken
**14,80 €** | 13 %

**88** 2020 Cuvée Orange Landwein trocken
**19,80 €** | 12,5%

**89** 2021 Ingelheimer Lottenstück Chardonnay trocken Aula Regia
**16,80 €** | 13 %

**90** 2021 Ingelheimer Lottenstück Weißer Burgunder trocken
**15,80 €** | 13 %

**87** 2019 Gau-Algesheimer Blauer Portugieser trocken
**10,80 €** | 13,5%

**88** 2019 Ingelheimer Pinot Noir trocken
**14,80 €** | 13,5%

**89** 2019 Ingelheimer Lottenstück Blauer Frühburgunder trocken
**24,80 €** | 13,5%

**90** 2019 Ingelheimer Sonnenhang Blauer Spätburgunder trocken
**24,80 €** | 13 %

## WERTHER WINDISCH

Weingut Werther Windisch
55278 Mommenheim · Schulstraße 3
Tel. (06138) 9417665 · Fax 9816749
info@werther-windisch.de
**www.werther-windisch.de**

**Inhaber/in und Betriebsleitung**
Jens Windisch
**Keller** Jens Windisch

**Rebfläche** 13 Hektar
**Beste Lagen** Mommenheimer Silbergrube, Harxheimer Lieth, Harxheimer Schlossberg, Mommenheimer Osterberg
**Boden** Kalkmergel, toniger Lehm, Lösslehm
**Rebsorten** 30% Silvaner, 25% Riesling, 15% Weißburgunder, 10% Bacchus, 20% übrige Sorten
**Mitglied** Generation Riesling

Silvaner, Riesling und Weißburgunder stellen insgesamt 70 Prozent der Rebsorten in den Weinbergen dieses Mommenheimer Guts. Auf den Silvaner entfällt mit 30 Prozent der Löwenanteil. Und diese Traditionssorte liefert zusammen mit dem Riesling die besten Weine, was sich auch im Jahrgang 2021 wieder gezeigt hat. Wir möchten vor allem den frischen Gutswein loben, der in dieser Basis-Kategorie den Spitzenplatz erobert hat. Doch auch der Ortswein und vor allem der Lagenwein aus dem Harxheimer Lieth sind würdige Repräsentanten dieser rheinhessischen Traditionssorte. Die Rieslinge stehen durchweg auf Augenhöhe, der Gutswein ist knackig, der Schlossberg erzeugt am Gaumen mineralischen Druck. Das Gut bringt auch immer wieder interessante fruchtige Rieslinge hervor, etwa den Kabinett mit Zitrusaromen und toller Trinkanimation. Vorgestellt wurde auch eine intensive Beerenauslese, mit dem Duft von Trockenfrüchten und Korinthen. Interessant auch der Spätburgunder Gutswein mit seinem feinem Spiel, ein veritables Schnäppchen. Jens Windisch ist seit 2010 im Betrieb und hat inzwischen die Leitung übernommen. Er absolvierte seine Ausbildung bei Johner Estate (Neuseeland), Eckehart Gröhl (Weinolsheim) und Wagner-Stempel (Siefersheim), danach setzte er noch ein Studium in Geisenheim drauf. Besonderes Talent hat er für die Silvaner, die bei ihm stets eine kräutrige Note haben. Die 13 Hektar Weinberge des Familienbetriebs befinden sich in den höchsten Lagen Rheinhessens rund um Mommenheim. Auf Kalk-, Ton- und Lehmlössböden werden zu über 90 Prozent weiße Rebsorten gepflegt, dazu kommen Spätburgunder und Portugieser. Seit 2020 wirtschaftet man hier mit Biozertifizierung.

**84** 2021 Riesling Liter trocken
**6,50 €/1 Lit.** | 11%

**85** 2021 Cuvée Weiß trocken
**6 €** | 11,5%

**85** 2021 Grauburgunder trocken
**7,90 €** | 12%

**85** 2021 Riesling trocken
**7,90 €** | 11,5%

**86** 2021 Silvaner trocken
**7,90 €** | 12%

**86** 2021 Silvaner trocken 8grad 14minuten
**11 €** | 12,5%

**86** 2021 Riesling trocken 8grad 14minuten
**11 €** | 12%

**86** 2021 Weißburgunder trocken 8grad 14Minuten
**11 €** | 13%

**87** 2021 Harxheimer Lieth Silvaner trocken
**19 €** | 13%

**88** 2021 Harxheimer Schlossberg Riesling trocken
**19 €** | 12%

**88** 2021 Riesling Kabinett
**9 €** | 8%

**89** 2021 Riesling Auslese
**15 €/0,5 Lit.** | 7,5%

**90** 2021 Riesling Beerenauslese
**Preis auf Anfrage** | 6%

**88** 2021 Spätburgunder trocken
**7,90 €** | 12,5%

★★★

## SCHLOSS WESTERHAUS

Weingut Schloss Westerhaus
55218 Ingelheim · Westerhaus
Tel. (06130) 6674 · Fax 6608
info@schloss-westerhaus.de
**www.schloss-westerhaus.de**

**Inhaber/in und Betriebsleitung**
Johannes Graf und Ivonne Gräfin von Schönburg-Glauchau

**Historie** seit 1900 im Besitz der Familie von Opel, nun in der vierten Generation, VDP-Betrieb seit 1983
**Rebfläche** 17 Hektar
**Jahresproduktion** 105 000 Flaschen
**Beste Lagen** Ingelheimer Schloss Westerhaus
**Boden** Kalkstein mit Lössüberdeckung
**Rebsorten** 70% Burgundersorten, 30% Riesling
**Erlebenswert** Weinschloss und Vollblutgestüt (Besichtigung nur auf Anfrage), verschiedene Sommerkonzerte des Rheingau Musik Festivals
**Mitglied** VDP, Maxime Herkunft

Das Angebot dieses Traditionshauses ist gekennzeichnet von drei Richtungen: Riesling, weiße Burgundersorten sowie Spätburgunder. Das Filetstück direkt unterhalb der Schlossanlage ist nun seit 2021 zu 100 Prozent mit Burgundersorten und Riesling bepflanzt. Fast 15 Jahre hat der Umbau in den Weinbergen unter der Führung von Johannes Graf zu Schönburg-Glauchau gedauert. 2021 werden die Rieslinge jahrgangsbedingt von Zitrusaromen dominiert, das Große Gewächs zeigt sich frisch und schön schlank. Die weißen Burgunder zeigen deutliche Holznoten, sind aber gekennzeichnet durch feste Struktur. Der Weißburgunder Gutswein probiert sich saftig, die cremige Cuvée Chardonnay & Weißburgunder wird von Vanilletönen dominiert. An der Spitze dieser Gruppe steht erneut der Ingelheimer Chardonnay mit seinem mineralischen Kern. Angeführt wird die aktuelle Serie von ausgezeichneten Spätburgundern, wobei der Gutswein für 10 Euro ein veritables Schnäppchen ist. Im Jahrgang 2020 sind diese Pinots mit deutlichem Tannin versehen, hier geht Struktur vor Duftigkeit. Diese Weine benötigen noch geraume Zeit für ihre Entwicklung. Die klassifizierte Monopollage Schloss Westerhaus liegt malerisch an der Abrisskante der pittoresken Schlossanlage. Hier stehen Riesling und Burgunder und profitieren von Kühle, Kalk und seit 2014 auch von einer ökologischen Kreislaufwirtschaft. Die Zertifizierung des Betriebs steht allerdings noch aus.

SCHLOSS WESTERHAUS

**86** 2021 Riesling trocken
**8,90 €** | 11,5%

**86** 2021 Weißburgunder trocken
**8,90 €** | 12%

**87** 2021 Chardonnay & Weißburgunder trocken
**12 €** | 12,5%

**87** 2021 Ingelheimer Riesling trocken
**14,50 €** | 12%

**88** 2021 Ingelheimer Weißburgunder trocken
**14,50 €** | 13%

**89** 2021 Ingelheimer Chardonnay trocken „y86"
**20 €** | 13%

**89** 2021 Ingelheimer Schloss Westerhaus Riesling VDP.Großes Gewächs
**25 €** | 12%

**[illegible]** 2021 Riesling feinherb
**8,90 €** | 11,5%

**88** 2020 Spätburgunder trocken
**10 €** | 12,5%

**88** 2020 Ingelheimer Frühburgunder trocken
**18 €** | 13%

**89** 2020 Ingelheimer Spätburgunder trocken aus Ersten Lagen
**20 €** | 13%

**91** 2020 Ingelheimer Schloss Westerhaus Spätburgunder VDP.Großes Gewächs
**30 €** | 13%

★★★★★

## WITTMANN

Weingut Wittmann
67593 Westhofen · Mainzer Straße 19
Tel. (06244) 905036 · Fax 5578
info@wittmannweingut.com
**www.weingutwittmann.de**

**Inhaber/in** Günter und Philipp Wittmann
**Keller** Philipp Wittmann, Georg Rieser

**Historie** 1663 erste urkundliche Erwähnung der Vorfahren als Erbbeständer des Kurpfälzischen Seehofs in Westhofen
**Rebfläche** 30 Hektar
**Beste Lagen** Westhofener Morstein, Brunnenhäuschen, Kirchspiel und Aulerde
**Boden** Tonmergel, Kalksteinverwitterung, Löss, Lehm
**Rebsorten** 70% Riesling, 20% Burgundersorten, 5% Silvaner, 5% übrige Sorten
**Erlebenswert** großer Gewölbekeller, mediterraner Garten
**Mitglied** VDP, Respekt-Biodyn

Mit 70 Prozent ist in diesem Spitzengut der Riesling dominant. Aber was Philipp Wittmann aus den anderen 30 Prozent abliefert, ist alles andere als zweite Wahl. Man schmeckt dies etwa bei den weißen Burgundersorten. Die große Klasse zeigt sich schon beim Weißburgunder Gutswein, der den Charakter des Jahrgangs 2021 so richtig verinnerlicht hat: diese wunderbar kühle Frische, die sich in der Nase, vor allem aber am Gaumen ausbreitet, und die diesem Burgunder eine geradezu rieslinghafte Anmutung verleiht. Auch die beiden Reserveweine aus dem Jahrgang 2020 bringen diese Frische in Glas. Sowohl der Weißburgunder, als auch der Chardonnay sind schlanke Weine, getragen von viel Eleganz und schöner Säure. Dies trifft auch auf die Vermählung dieser beiden Sorten zu einem tollen Westhofener Ortswein aus 2021 zu. Trotz all dieser Highlights bilden die Rieslinge nach wie vor das Herzstück der Kollektion von Philipp Wittmann. Wie sollte es auch anders sein bei einem Betrieb, der seit vielen Jahren mit seinen Top-Weinen in der absoluten Spitze unserer Bundesfinale auftaucht. Und der zudem bei den Verkostungen fünf und zehn Jahre danach belegt, dass seine Weine mit zu den Bestreifenden zählen: Weltklasse-Rieslinge eben. Davon gibt es hier wieder jede Menge, diesmal aus dem Jahrgang 2021. Es sind Rieslinge von großer Frische und Eleganz, mit wunderbar kühlen Aromen, etwa von Aprikosen, die gerade ihr Reifestadium erreicht haben. Etwas wärmer und komplexer wirken die Weine aus dem Morstein, zum einen das hochpräzise Große Gewächs, aber auch der Ortsriesling mit seiner ungewöhnlichen Tabaknote und der feingliedrigen Kräuterwürze. In diese Gruppe gehört auch der großartige Riesling La Borne von alten Reben, einer Parzelle im oberen Teil des Morsteins, der auch diese wärmeren Aromen ausstrahlt. Es ist einer der ältesten Weinberge des Guts, die Stöcke liefern nur noch kleinbeerige und hocharomatische Trauben. Doch es sind nicht nur die Spitzenweine, die ein wahrhaft erstklassiges Gut auszeichnen. Deshalb richtet sich unser Blick immer auch auf die Basisweine. Und die werden hier in einer verlässlich hohen Qualität erzeugt, wie sie besser kaum sein könnte.

### Ökologischer Pionier

Dass die Weine diese Klasse haben, hat auch damit zu tun, dass Wittmanns Vater Günter bereits vor Jahrzehnten den trockenen Weinausbau gepflegt hat. Solche Traditionen prägen ein Gut und vor allem jene, die dort aufwachsen. So ist es kein Wunder, dass Wittmann heute 97 Prozent seiner Weine trocken ausbaut und edelsüße Tropfen nur noch dann gefüllt werden, wenn die Konditionen dafür perfekt sind. Zudem gehört das Gut zu den Ökopionieren im Land und ist bereits seit 1990 biologisch zertifiziert. Seit 2004 wird zusätzlich biodynamisch gearbeitet, was nicht zuletzt durch die Mitgliedschaft bei respekt-BIODYN zum Ausdruck kommt. Dies ist ein exklusiver Zusammenschluss vornehmlich österreichischer Winzer, dem aus Deutschland allerdings auch einige Schwergewichte der biodynamischen Szene angehören.

**87** 2021 Riesling trocken Estate
**14 €** | 11,5%

**87** 2021 Weißer Burgunder trocken
**14 €** | 12%

**88** 2021 Riesling trocken vom Kalkstein
**17,50 €** | 12%

**89** 2021 Westhofener Weißer Burgunder & Chardonnay trocken
**21 €** | 12,5%

**90** 2021 Gundersheimer Riesling trocken
**24,50 €** | 12%

**90** 2020 Weißer Burgunder trocken Reserve
**40,50 €** | 13%

**91** 2021 Niersteiner Riesling trocken
**26,50 €** | 12,5%

**91** 2020 Chardonnay trocken Reserve
**40,50 €** | 13%

**92** 2021 Westhofener Riesling trocken
**26,50 €** | 12,5%

**93** 2021 Westhofener Aulerde Riesling VDP.Großes Gewächs
**45,50 €** | 12,5%

**93** 2021 Westhofener Kirchspiel Riesling VDP.Großes Gewächs
**55,50 €** | 12,5%

**94** 2021 Westhofener Brunnenhäuschen Riesling VDP.Großes Gewächs
**65,50 €** | 12,5%

**96** 2021 Westhofener Morstein Riesling VDP.Großes Gewächs
**65,50 €** | 12,5%

**97** 2021 Riesling La Borne trocken Alte Reben
12,5% AUKTION

★½

## WÖRNER

Weingut Wörner
55239 Gau-Odernheim · Alzeyer Straße 129
Tel. (06733) 6139
info@woernerwein.de
**www.woernerwein.de**
**Inhaber/in** Familie Wörner
**Betriebsleitung** Dorothee Wörner

Vor wenigen Jahren hat sich dieses Gut quasi neu erfunden. Dafür steht auch das locker-luftige Etikett mit den Kranichen, Sinnbild für Aufbruch und Erneuerung. Aber es steht auch ein wenig für den Stil der Weine. Dies sind vornehmlich blitzsaubere, frische und elegante weiße Burgunderweine. Weiß- und Grauburgunder sehen wir gleichauf, zwei tolle Alltagsweine zum günstigen Preis. Etwas anspruchsvoller und komplexer ist der Framersheimer Chardonnay. Und der feinherbe Riesling wird dominiert von saftiger Aprikose. Lange Zeit hat man die Weine im Fass verkauft. Seit 2018 wird konsequent umgestellt. Dabei setzt Dorothee Wörner auf ein übersichtliches Sortiment von gerade mal vier oder fünf Weinen. Es gibt nicht viele Güter, die ein solch klar strukturiertes Angebot haben. Die meisten wollen für jeden denkbaren Kundengeschmack gerüstet sein, und das führt nicht selten zu unübersichtlichen Preislisten und einem unscharfen Profil. Seit dem Tod des Vaters 2019 führen Dorothee Wörner und ihre Schwester gemeinsam mit ihrer Mutter diesen Elf-Hektar-Betrieb in Gau-Odernheim.

**86** 2021 Grauburgunder trocken
**7,50 €** | 12%

**86** 2021 Weißburgunder trocken
**7,50 €** | 12%

**87** 2021 Framersheimer Chardonnay trocken
**14,50 €** | 13%

**85** 2021 Riesling feinherb
**7,50 €** | 12%

★ NEU

## WOHLGEMÜTH-SCHNÜRR

Weingut Wohlgemuth-Schnürr
67598 Gundersheim · Katzensteiner Straße 45
Tel. (06244) 309 · Fax 5362
wohlgemuth-schnuerr@onlinehome.de
**www.wohlgemuth-schnuerr.de**

**Inhaber/in und Betriebsleitung**
Andreas Schnürr und Alexandra Damm
**Keller** Andreas Schnürr

Dies ist in den Tat ein ungewöhnliches Weingut. Auf 60 Prozent der 15 Hektar großen Fläche stehen hier bei Gundersheim pilzwiderstandsfähige Rebsorten, auch Piwis genannt. Vor vielen Jahren haben Andreas Schnürr und Alexandra Damm das Weingut Wohlgemuth übernommen, das auch in Spitzenlagen wie dem Westhofener Morstein und dem Gundersheimer Höllenbrand Besitz hat. Insgesamt 60 verschiedene Piwi-Sorten haben sie mittlerweile gepflanzt, darunter Raritäten wie den Frühen Roten Malvasier, der schon Martin Luther bekannt war. Von den Weißen hat uns allerdings der Klassiker Riesling am meisten angesprochen, der einen schönen Duft an den Tag legt. Unser Favorit aus der Kollektion ist der Prior, ein frischer Roter ganz im Stile eines Beaujolais.

- **83** 2021 Johanniter trocken
  **5,30 €** | 12 %
- **83** 2020 Cabernet Blanc trocken
  **8 €** | 12,5%
- **83** 2021 Malvasier trocken Edition
  **8 €** | 12,5%
- **84** 2021 Westhofener Brunnenhäuschen Muscaris Spätlese trocken
  **5,80 €** | 10 %
- **84** 2021 Sauvignac trocken
  **7 €** | 12,5%
- **84** 2021 Westhofener Brunnenhäuschen Riesling trocken
  **15 €** | 12,5%
- **85** 2021 Muscaris trocken Feingeist
  **8 €** | 12,5%
- **85** 2021 Riesling trocken Alte Reben
  **8,50 €** | 12,5%
- **85** 2019 Gundersheimer Höllenbrand Spätburgunder trocken
  **Preis auf Anfrage** | 14 %
- **86** 2021 Prior trocken
  **5,50 €** | 12 %
- **86** 2020 Cabertin trocken Barrique
  **11 €** | 15 %

★☆

## ZIMMERMANN

Weingut Zimmermann
55599 Siefersheim · Backhausgasse 3
Tel. (06703) 960320
mail@weingut-zimmermann.de
**www.weingut-zimmermann.de**

**Inhaber/in und Betriebsleitung**
Arthur und Fabian Zimmermann
**Keller** Fabian Zimmermann
**Außenbetrieb** Fabian Zimmermann

Fabian Zimmermann kam mit dem Jahrgang 2021 sehr gut zurecht. Wir probierten durchweg ansprechende mineralische Rieslinge, vor allem bei den Orts- und Lagenweinen. Der Riesling aus der Lage Höllberg ist wieder der stärkste Wein im Portfolio. Aber auch an der Basis sind die Weine klar, sauber und haben einen kühlen Grundton. Und das gilt nicht nur für den Riesling, auch Weißburgunder und Chardonnay, vor allem aber der präzise Silvaner Gutswein überzeugen und bieten viel Gegenwert fürs Geld. Ein sehr guter Platz zum Verkosten der Weine ist der Hofausschank, der von April bis Juni und von August bis Oktober geöffnet hat.

- **83** 2021 Rivaner Liter trocken
  **5 €/0,1 Lit.** | 12,5%
- **84** 2021 Riesling Liter trocken
  **5,50 €/1 Lit.** | 12 %
- **84** 2021 Grauburgunder trocken
  **7 €** | 12,5%
- **85** 2021 Weißburgunder trocken
  **7 €** | 12 %
- **85** 2021 Chardonnay trocken
  **7 €** | 13 %
- **85** 2021 Riesling trocken
  **7 €** | 12,5%
- **86** 2021 Silvaner trocken
  **7 €** | 12,5%
- **86** 2021 Wöllsteiner Chardonnay trocken
  **9,50 €** | 13 %
- **87** 2021 Siefersheimer Riesling trocken Porphyr
  **9,50 €** | 12,5%
- **88** 2021 Siefersheimer Höllberg Riesling trocken
  **12 €** | 12,5%
- **85** 2021 Spätburgunder & St. Laurent Rosé trocken
  **7 €** | 11,5%

★★

## ZÖLLER

Weingut Zöller
55599 Eckelsheim · Brunnenstraße 12
Tel. (06703) 1273 · Fax 4697
info@weingutzoeller.de
**www.weingutzoeller.de**

**Inhaber/in und Betriebsleitung** Jürgen und Torsten Zöller
**Keller** Torsten Zöller
**Außenbetrieb** Jürgen und Torsten Zöller

**Historie** Weinbautradition seit 1648
**Rebfläche** 20 Hektar
**Beste Lagen** Eckelsheimer Kirchberg, Eckelsheimer Sonnenköpfchen, Gumbsheimer Schlosshölle
**Boden** Porphyrverwitterung, Kies, Kalk- und Tonmergel
**Rebsorten** 40% Burgundersorten, 20% Riesling, 10% Silvaner, 30% übrige Sorten
**Erlebenswert** Historischer Innenhof, „Strandpfad der Sinne" in Eckelsheim
**Mitglied** Generation Riesling, Maxime Herkunft

Der Jahrgang 2021 hat der Familie Zöller im Nordwesten des Anbaugebiets so richtig in die Karten gespielt. Allen Weinen ist eine gewisse Energie und Spannung zu eigen, was sich durch die gesamte Kollektion zieht. Schon bei den Gutsweinen macht sich dieser Kick bemerkbar, vor allem Weißburgunder und Chardonnay wissen zu gefallen. Und dann dieser Rosé vom Spätburgunder mit seiner präzisen Frucht, die Ausdruck des gesunden Leseguts ist, das hier verwendet wurde. Dieser wunderbare Sommerwein ist fast trocken, die ganz leichte Restsüße steht ihm sehr gut. Das ist auch so beim feinherben Riesling, einem animierenden und saftigen Tropfen. All diese Weine kosten nicht mal sechs Euro die Flasche, ein außergewöhnliches Preis-Genuss-Verhältnis. Viel teurer sind die Orts- und Lagenweine hier auch nicht, aber noch ein Stück besser. Etwa der Riesling Porphyr oder der Silvaner von alten Reben, immer eine Bank. Auch nicht von schlechten Eltern ist der Grauburgunder mit seiner schönen Cremigkeit. Und erst recht die Spätlese vom Würzer, mit Anklängen von Rose und Litschi, ein feiner, fruchtiger Wein. Geologen ist das Eckelsheimer Kliff bekannt: Wo vor Millionen Jahren die Wogen des Urmeeres brandeten, wachsen heute die Reben auf kalkreichen und tiefgründigen Sedimenten des ehemaligen Meeresbodens, auf sandigem Kies der einstigen Küste sowie auf kargen, von Vulkangestein geprägten Hängen vergangener Inseln. Noch immer findet man zahlreiche Fossilien als Zeugen jener Zeit. In den Weinbergen sozusagen zu Hause ist Jürgen Zöller, der mit seinem Sohn Torsten ein gut eingespieltes Team bildet. Torsten Zöller hat sein Handwerk bei Spitzenwinzern wie Daniel Wagner, Philipp Wittmann und Hansjörg Rebholz gelernt. Das schmeckt man.

**84** 2021 Riesling trocken
**5,80 €** | 12 %

**84** 2021 Sauvignon Blanc trocken
**6,50 €** | 12,5%

**85** 2021 Grauburgunder trocken
**5,80 €** | 12,5%

**86** 2021 Chardonnay trocken
**5,80 €** | 12,5%

**86** 2021 Weißburgunder trocken
**5,80 €** | 12,5%

**86** 2021 Eckelsheimer Riesling trocken Porphyr
**8,40 €** | 12,5%

**87** 2021 Eckelsheimer Silvaner trocken Alte Reben
**8,40 €** | 12,5%

**87** 2021 Eckelsheimer Grauburgunder trocken Holzfass
**8,40 €** | 13 %

**86** 2021 Riesling feinherb
**5,60 €** | 11,5%

**88** 2021 Würzer Spätlese
**5,70 €** | 10 %

**86** 2021 Spätburgunder Rosé
**5,70 €** | 12 %

**86** 2020 Spätburgunder trocken
**5,70 €** | 13 %

# Saale-Unstrut: Wein im Dreiländereck

Foto: DWI

Die einzige Weinbauregion Deutschlands, die sich über drei Bundesländer erstreckt: Sachsen-Anhalt, Thüringen und Brandenburg teilen sich das Gebiet. Von den einheimischen Winzern wird sie liebevoll als die „Toskana des Ostens" bezeichnet, da sie nur unwesentlich weiter östlich als der italienische Namensgeber zu finden ist.

**Geschichte**

Seit dem Jahr 786 ist der Weinbau in Westthüringen belegt, urkundlich allerdings erst seit 998. Mit der Gründung des Klosters Sanct Maria Schulpforta durch Zisterziensermönche wuchs die Rebfläche im Mittelalter schnell an, sodass der Höchststand bereits im 16. Jahrhundert bei etwa 10 000 Hektar lag. Herbe Rückschläge musste der Weinbau durch Kriege, Missernten und den Import günstigerer, qualitativ guter Weine aus Nachbarregionen hinnehmen, was zur Umwandlung der Rebflächen in anderweitigen landwirtschaftlichen Anbau führte. Später verhinderten die Einführung des Deutschen Zollvereins und der Reblauseinfall 1887 den Aufschwung.
Nachdem 1923 der Pfropfrebenanbau in Deutschland zugelassen wurde, waren es überwiegend „Freizeitwinzer", die auch nach dem Zweiten Weltkrieg den Weinbau hochhielten. Erst mit staatlicher Förderung wuchsen die Zahl der Weinbauern und die Fläche auf 480 Hektar. Einen Strich durch die Rechnung machte die Natur den Winzern im sogenannten „Polarwinter" 1986/87. Frost bis minus 30 Grad vernichtete einen Großteil der Reben. Mit dem Mauerfall und der Vereinigung Deutschlands wurde dem Weinbau wieder mehr Augenmerk geschenkt.

**Geografie**

Als nördlichstes deutsches Weinanbaugebiet liegt es an der derzeitigen Grenze des Welt-Weinbaus, teilweise sogar oberhalb des 51. Breitengrads. Dennoch bekommen die Rebstöcke genug Zeit zum Reifen, besonders an den südlichen Flusshängen und Tälern von Saale, Unstrut, Ilm und Weißer Elster; oft auf terrassierten Hängen und an den Mansfelder Seen.

**Klima und Boden**

Mit nur 500 Millimetern pro Jahr ist es eine der niederschlagsärmsten Regionen Deutschlands, trotzdem reift durch besonders mildes Mikroklima in den Flusstälern und jährlichen 1600 Stunden Sonenschein eine Vielzahl an Rebsorten. Muschelkalkböden bringen filigrane Grauburgunder hervor. Der Riesling wird auf Buntsandstein ausdrucksstark und fruchtbetont.

**Weine und Produktionsmenge**

Über 50 verschiedene Rebsorten werden angebaut. Angeführt werden die weißen Sorten von Müller-Thurgau und Weißburgunder, Silvaner und Riesling. Etwa ein Viertel der Rebfläche ist mit Rotweinsorten bestockt, darunter vor allem Dornfelder, Portugieser, Spätburgunder und Zweigelt.

## Saale-Unstrut im Überblick

**Rebfläche** 837 Hektar (2021)
**Produktion** rd. 35 120 Hektoliter (2021)
**Lagen** 3 Groß-, 47 Einzellagen
**Hauptrebsorten** Müller-Thurgau, Weißburgunder, Riesling, Dornfelder, Silvaner, Bacchus, Portugieser
**Böden** Muschelkalk, Buntsandstein, Lösslehm, Kupferschiefer
**Weinart** Vor allem trocken ausgebaute Weißweine voller Frucht und Spritzigkeit sowie ausdrucksstarke Aromasorten
**Beste Lagen** Naumburger Steinmeister, Kaatschener Dachsberg, Burgscheidunger Veitsgrube, Dorndorfer Rappental, Freyburger Mühlberg, Freyburger Edelacker, Zscheiplitzer Himmelreich

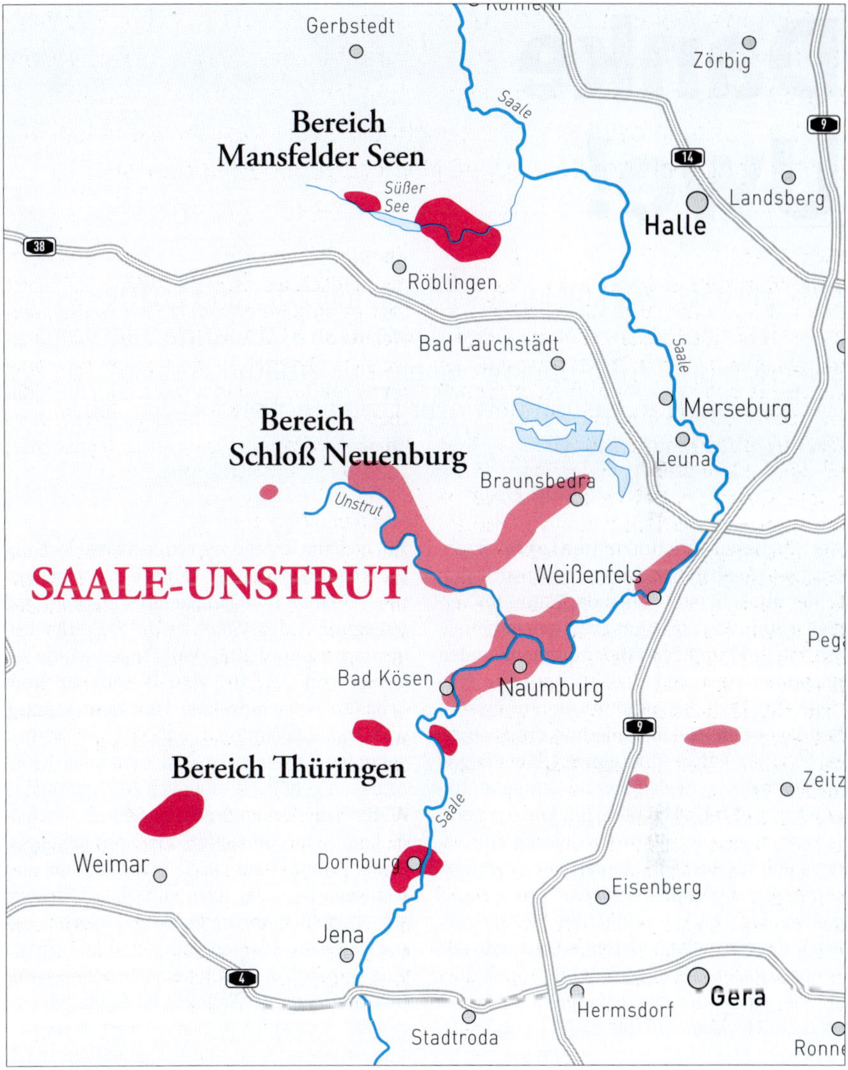


Karte: Deutsches Weininstitut

**Interessant** Eine Vielzahl an mittelalterlichen Burgen und mystischen Stätten gibt es überall im Anbaugebiet. Besonders schön zu sehen entlang der „Straße der Romantik“, die auch Teil der Weinstraße Saale-Unstrut ist. Die Strecke führt von Nebra über Freybug, Naumburg und Bad Kösen bis nach Jena.

**Weinbauverband Saale-Unstrut e.V.**
Querfurter Straße 10
06632 Freyburg
Tel (03 44) 64 26 11-0
weinbauverband.saale-unstrut@t-online.de
www.natuerlich-saale-unstrut.de

# Danke Uwe!

Der Jahrgang 2021 bildet zusammen mit 2019 und 2020 eine Trilogie herausfordernder Jahre. Das schwierige Jahr fand seinen traurigen Tiefpunkt in einem der größten Verluste der Region. Der Ausnahmewinzer Uwe Lützkendorf hat die (Wein-)Welt verlassen.

Auch in diesem Jahr trotzten die Lokalmatadoren des Weinbaus an Saale und Unstrut den schier unbändigen Launen der Natur. Im Vergleich zum Vorjahr konnte von einem perfekten Start und somit von vielen Sonnenstunden und einem Austrieb bereits im April, keinerlei Rede sein. Über das gesamte Jahr hinweggesehen jagte eine Herausforderung die nächste. Im Februar fielen über einigen Weinbergen Schneemassen, begleitet von Temperaturen von bis zu -27° C). Vor allem um Freyburg und Naumburg erfroren ganze Rebanlagen und waren somit für das Jahr verloren. Die roten Rebsorten waren deutlich schwerer betroffen als die weißen. Im wechselhaften Monat April wechselten sich dann Wetterbedingungen wie Schnee, Regen, Frost und Sonne regelmäßig ab. Der verhaltene Austrieb konnte somit erst im deutlich wärmeren (bis zu 28° C) und regenärmeren Mai wirklich in Gang kommen. Der weitere Verlauf des Jahres war von hohen Temperaturen und immer wieder von heftigen Niederschlägen geprägt, wodurch die Winzer ein besonders sensibles Händchen für den echten und falschen Mehltau beweisen mussten. Auch von einem „Turbo-Herbst" wie im Jahr 2020 war wenig zu sehen. Für die gewünschten Qualitäten musste noch selektiver als üblich vorgegangen werden. Im Keller hatten die Kellermeister alle Hände voll zu tun, um die mühevolle Arbeit des verlustreichen Jahres doch noch in hochwertige Tropfen zu verwandeln.

Am meisten leidet das Anbaugebiet jedoch unter einem der größten Verluste der vergangenen 30 Jahre. Uwe Lützkendorf, Sinnbild und Mastermind des Weinbaus in Saale-Unstrut, verstarb im April 2022. Wohl selten wurde ein Gebiet von der Art, vom Wesen und vom Schaffen einer einzelnen Person so geprägt, wie Uwe Lützkendorf es an Saale und Unstrut getan hat. Er war mehr als der regionale Kronprinz - er gehörte sinnbildlich zum nationalen Königshaus. Keiner der vielen Schicksalsschläge konnte ihn umwerfen, vielmehr ließen sie diese Kämpfernatur nach vorne blicken und weitermachen. Das nicht einfache Leben war seinen Weinen anzumerken und doch erzeugte er auch in schweren Jahren und Jahrgängen eine Grundqualität, von der viele Kollegen nur träumen können. Vielleicht ist es ein passender Moment einfach „Danke Uwe" zu sagen - und, so wie er es vermutlich getan hätte, nach vorne zu blicken.

*Silvio Nitzsche*

# Regionale Spitzenresultate

Auch wenn die regionalen Siegestrophäen nahezu alljährlich in den gleichen Weingütern geschmiedet werden, ist von Langweile nicht die Rede. Dafür lebt dieses so besondere Gebiet von einem sehr starken Fundament, kreativer Jugend und authentischen Winzern, die die Seele der Region widerspiegeln.

## Spitzenweine

**Die besten trockenen Weißweine**

**92** Böhme & Töchter, Freyburger Schweigenberg Riesling trocken S 37 2020
**22 €** | 13,5 %

**91** Pawis, Freyburger Edelacker Riesling trocken VDP.Erste Lage R736 2021
**15 €** | 12 %

**91** Klaus Böhme, Dorndorfer Rappental Riesling Auslese trocken Bergstern 2021
**20 €** | 12,5 %

**91** Pawis, Freyburger Edelacker Riesling trocken VDP.GG 2020
**27 €** | 13,5 %

**91** Gussek, Naumburger Steinmeister Riesling trocken 2020
**28 €** | 13 %

**90** Pawis Riesling trocken Muschelkalk 2021
**10 €** | 12 %

**90** Gussek, Grauburgunder trocken Muschelkalk 2021
**13 €** | 12,5 %

**90** Pawis, Zscheiplitzer Himmelreich Weißburgunder trocken Erste Lage 2021
**15 €** | 12 %

## Spitzenbetriebe

★★★½

**Pawis, Freyburg**

★★★

**Klaus Böhme, Kirchscheidungen**
**Böhme & Töchter, Gleina**
**Gussek, Naumburg**
**Hey, Naumburg**

★★

**Lüttmer, Berlin**

★½

**Born, Höhnstedt**
**Siegmund & Klingbeil, Naumburg**
**Walther, Poststraße**

★

**Kloster Pforta, Bad Kösen**
**Thürkind, Gröst**

## Gebietspreisträger

**Winzer des Jahres** Pawis
**Aufsteiger des Jahres** Walther

★★★

## KLAUS BÖHME

Weingut Klaus Böhme
06636 Laucha OT Kirchscheidungen
Lindenstraße 42
Tel. (034462) 20395 · Fax 22794
weingut.boehme@t-online.de
**www.weingut-klaus-boehme.de**

**Inhaber/in und Betriebsleitung** Klaus Böhme
**Keller** Klaus Böhme, Roland Bähler
**Außenbetrieb** Klaus Böhme

**Rebfläche** 15 Hektar
**Jahresproduktion** 90 000 Flaschen
**Beste Lagen** Burgscheidunger Veitsgrube, Dorndorfer Rappental, Freyburger Schweigenberg
**Boden** Muschelkalkverwitterung
**Rebsorten** je 20% Müller-Thurgau und Weißburgunder, je 10% Riesling und Silvaner, je 5% Bacchus, Dornfelder, Frühburgunder, Gutedel, Kerner, Portugieser und Traminer, 5% übrige Sorten
**Mitglied** Breitengrad 51

Ein Weingut, das sich sowohl bei den Weinen, als auch rund um den Weinberg stetig weiterentwickelt. So wurde ein Projekt gestartet, um den immer notwendiger werdenden Frostschutz zu verfeinern. Die installierte Tröpfchenbewässerung soll die Reben bei Minusgraden gezielt einfrieren und somit vor Frost schützen. Um auf den immer spürbarer werdenden Klimawandel reagieren zu können, entstanden neue Rebflächen, auf denen der Fokus auf die wärmeunempfindlicheren Rebsorten Weißburgunder, Riesling und Silvaner fällt. Großartig, wie man damit die Rebsortendefinition des Gebiets unterstützt und zugleich den neuen klimatischen Gegebenheiten entgegenzuwirken versucht. Es ist also nur eine logische Konsequenz, dass der Betrieb auch in diesem Jahr wieder zur Spitze des Weinbaus von Saale-Unstrut gehört. Mit dem 2021er Silvaner kann man sich entspannt zurücklehnen, genießen und die Füße baumeln lassen. Der Riesling Bergstern hingegen wirkt konzeptioniert, extraktreich und angenehm phenolisch, aber alles in allem ein wenig zu „clean". Allgemein betrachtet empfinden wir die Weine als positiv uniform, rund und weich, mit dem perfekt abgestimmten Funken Spannung versehen.

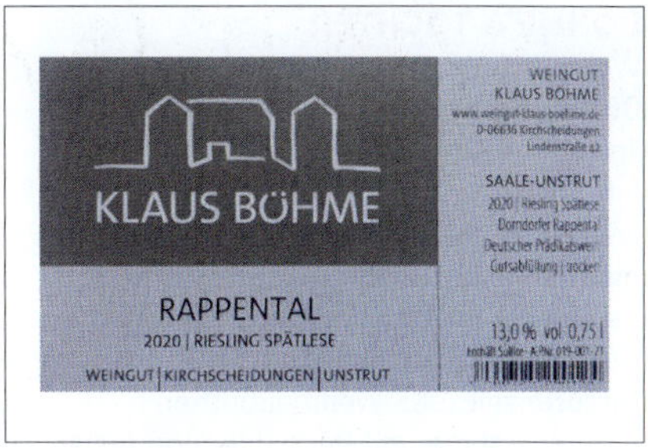


**83** 2021 Dorndorfer Rappental Weißburgunder Spätlese trocken
**11,50 €** | 11,5%

**84** 2021 Weißburgunder trocken
**8,50 €** | 11%

**84** 2021 Riesling trocken
**9,50 €** | 11,5%

**86** 2021 Silvaner trocken
**8 €** | 12%

**88** 2021 Dorndorfer Rappental Silvaner trocken Alte Reben
**11 €** | 12,5%

**88** 2021 Dorndorfer Rappental Riesling Spätlese trocken
**11,50 €** | 12%

**90** 2021 Dorndorfer Rappental Weißburgunder Auslese trocken Bergstern
**20 €** | 12,5%

**91** 2021 Dorndorfer Rappental Riesling Auslese trocken Bergstern
**20 €** | 12,5%

## BÖHME & TÖCHTER

Weingut Böhme & Töchter
06632 Gleina · Ölgasse 11
Tel. (034462) 22043 · Fax 60691
info@boehme-toechter.de
**www.boehme-toechter.de**

**Inhaber/in und Betriebsleitung** Familie Böhme
**Keller** Marika und Sandro Sperk

**Historie** seit 1985 Weinbaubetrieb Werner Böhme und Rekultivierung erster Rebflächen, 2003 Gründung des Weinguts im Vollerwerb durch Frank Böhme, seit 2014 ist Tochter Marika mit im Betrieb tätig, seit 2019 leitet sie zusammen mit Ehemann Sandro den Betrieb
**Rebfläche** 6 Hektar
**Jahresproduktion** 32 000 Flaschen
**Beste Lagen** Freyburger Schweigenberg, Zscheiplitzer Himmelreich
**Boden** Muschelkalkverwitterung, zum Teil mit Löss und Lehm
**Rebsorten** 22% Riesling, 14% Weißburgunder, 12% Müller-Thurgau, je 9% Chardonnay und Spätburgunder, 7% Roter Traminer, 5% Blauer Zweigelt, 3% Cabernet Dorio und Cabernet Dorsa, 19% übrige Sorten
**Erlebenswert** Historischer Vierseitenhof mit Vinothek
**Mitglied** VDP, Breitengrad 51

Es ist ein glasklarer Fakt: Das Weingut Böhme und Töchter zählt definitiv zur regionalen Spitze! Marika und Sandro Sperk haben es gemeinsam mit ihrem Team geschafft, den vor einigen Jahren neu definierten Stil konsequent umzusetzen und das Weingut ein gutes Stück nach vorne zu bringen. Sandros Liebe zum Detail beeinflusst die Weine und damit die weitere Zukunft maßgeblich. Sowohl im Einstiegsbereich, aber vor allem bei den Lagenweinen, ist dies alles deutlich zu erkennen. Hochwertiges Holz, langes Hefelager und die damit verbundene Zeit geben den Weinen die nötige Ruhe, um sich entfalten zu können. Während Weißburgunder und Silvaner im Vergleich zum Vorjahr etwas an Komplexität, Tiefe und Authentizität vermissen lassen, zeigen die Rieslinge konstant gute bis sehr gute Qualitäten. Hervorheben möchten wir ebenfalls den Traminer, der uns mit einem Lächeln auf den Lippen zurückgelassen hat. Ein Wein der mit toller Harmonie, viel Extrakt, greifbarer Säure und unfassbar präziser Duftigkeit daher kommt. Kein Wunder, dass sich das Weingut Böhme und Töchter nun zum erlauchten Kreis des VDP zählen darf. Glückwunsch!

**86** 2020 Freyburger Schweigenberg Silvaner trocken S 38
**22 €** | 13 %

**88** 2021 Freyburger Riesling trocken
**13 €** | 12 %

**88** 2021 Zscheiplitzer Weissburgunder trocken
**13 €** | 12 %

**90** 2020 Freyburger Schweigenberg Weissburgunder trocken S 45
**28 €** | 14 %

**90** 2020 Freyburger Schweigenberg Roter Traminer trocken Breitengrad 51
**32 €** | 14 %

**92** 2020 Freyburger Schweigenberg Riesling trocken S 37
**22 €** | 13,5%

**93** 2021 Freyburger Schweigenberg Chardonnay trocken S 52
**24 €** | 12,5%

**90** 2019 Freyburger Schweigenberg Spätburgunder trocken Breitengrad 51
**35 €** | 14 %

**92** 2020 Zscheiplitzer Himmelreich Spätburgunder trocken
**22 €** | 13,5%

★★☆

## BORN

Weingut Born
06198 Salzatal-Höhnstedt
Wanslebener Straße 3
Tel. (034601) 22930 · Fax 20039
info@weingut-born.de
**www.weingut-born.de**

**Inhaber/in und Betriebsleitung**
Elisabeth Born
**Keller** Jochen Born

Die seit Jahren gelebte Naturverbundenheit und Nachhaltigkeit des Weinguts ist nun auch ganz offiziell mit dem Bio-Siegel zertifiziert. Der Jahrgang 2022 wird somit der erste biologisch zertifizierte Jahrgang sein. Wir freuen uns schon jetzt sehr darauf. Darüber hinaus wurden weitere Investitionen getätigt, um den Weinberg noch schonender und gezielter bearbeiten zu können und ihn so lebendiger zu halten. Bei den eingereichten Weinen hätten wir uns im Einstiegsbereich vielleicht ein wenig mehr Substanz gewünscht. So hat uns der Sauvignon Blanc rätseln lassen, wir vermissten bei ihm ein klares Konzept. Dass sich in dem schwierigen Jahrgang wunderbare Weine machen ließen, zeigen die qualitativ darüber angesiedelten Rieslinge. Sie bestechen wieder einmal mit Vielschichtigkeit, hohem Fruchtgehalt und lebhafter Mineralität. Geradezu begeistert waren wir vom Weißburgunder, der sich mit Sicherheit über vier bis fünf Jahre wunderbar entwickeln und pure Gaumenfreuden schenken wird.

**83** 2021 Silvaner trocken
**8 €** | 11,7%

**86** 2019 Höhnstedter Kreisberg Weißburgunder trocken
**14 €** | 13%

**89** 2021 Höhnstedter Riesling trocken Buntsandstein
**9,50 €** | 12,5% BEST BUY

**85** 2021 Höhnstedter Kerner Spätlese halbtrocken
**9,50 €** | 13,3%

**89** 2017 Höhnstedter Kreisberg Spätburgunder trocken
**22 €** | 14,5%

★★★

## GUSSEK

Winzerhof Gussek
06618 Naumburg · Kösener Straße 66
Tel. (03445) 7810366 · Fax 7810360
winzerhofgussek@t-online.de
**www.winzerhof-gussek.de**

**Inhaber/in und Betriebsleitung**
Andre Gussek
**Keller** Andre Gussek und Hella Päger
**Außenbetrieb** Thomas Gussek
**Historie** 1993 Gründung des Winzerhofs auf ca. 2 Hektar Rebfläche an historischer Stelle (1919 ehemals Reblausforschungsstation, später Weinbauverwaltung mit angegliederter Pfropfrebenproduktion, in den 1960ern Wechsel der Verwaltung nach Bad Kösen)
**Rebfläche** 9 Hektar
**Jahresproduktion** 23 000 Flaschen
**Beste Lagen** Naumburger Steinmeister, Naumburger Sonneck, Kaatschener Dachsberg
**Boden** Löss, Lehm und Muschelkalkverwitterung
**Rebsorten** je 17% Müller-Thurgau und Riesling, je 14% Weißburgunder und Spätburgunder, 8% Grauburgunder, je 7% Grüner Silvaner und Blauer Zweigelt, 6% Portugieser, 10% übrige Sorten (Cabernet Cortis, Frühburgunder, Johanniter, Roter Traminer, Kerner)
**Erlebenswert** Gedenkstein Dr. Carl Börner, jährlich wechselnde Kunstausstellungen
**Mitglied** Breitengrad 51

Im Winzerhof Gussek sind die Dinge weiter in Bewegung. Die Söhne übernehmen mehr und mehr das Ruder, was aber keineswegs heißen soll, dass sich der Vater vollumfänglich zurückziehen würde. Dafür ist die Liebe zum Wein bei André Gussek schlichtweg viel zu groß. Einen Jahrgang wie 2021, sagt er, habe er in seiner wahrhaft langen Winzerlaufbahn noch nicht erlebt. Das dürfte bereits vieles über die Widrigkeiten und Herausforderungen aussagen. Trotz allem konnte die von Gussek hochgeschätzte Qualitätspyramide eingehalten werden. Dass großartige Weine in diesem Haus kein Zufallsprodukt sind, beweisen die Gusseks schon mit der Anstellung ihres Rieslings aus dem Steinmeister, den sie zugleich aus dem 20er und dem 21er Jahrgang präsentierten. Ein Händchen für kreative edelsüße Weine beweisen sie bei der BA aus grünem Silvaner und auch bei den Rotweinen finden sie sich nicht nur lokal an der Spitze. Schlagender Beweis dafür ist der 2. Platz für ihren Zweigelt*** Dachsberg 2018 beim „VINUM Deutscher Rotweinpreis".

- **86** 2017 Naumburg Göttersitz Blanc de Noirs vom Spätburgunder Sekt b. A. Brut
  **23 €** | 12,5%
- **86** 2021 Riesling trocken
  **9,90 €** | 12 %
- **88** 2021 Muschelkalk Weissburgunder trocken
  **13 €** | 13 %
- **89** 2020 Naumburg Sonneck Weissburgunder trocken Alte Reben
  **28 €** | 13 %
- **89** 2019 Kaatschener Dachsberg Grauburgunder Breitengrad 51 trocken
  **28 €** | 14 %
- **90** 2021 Grauburgunder trocken Muschelkalk
  **13 €** | 12,5%
- **90** 2021 Naumburger Steinmeister Riesling trocken
  **18,50 €** | 12,5%
- **91** 2020 Naumburger Steinmeister Riesling trocken
  **28 €** | 13 %
- **88** 2021 Naumburg Steinmeister Kabinett feinherb
  **15 €** | 11 %
- **91** 2017 Naumburger Steinmeister Grüner Silvaner Beerenauslese restsüss
  **49 €** | 10,5%
- **88** Spätburgunder trocken TRILOGIE
  **33 €** | 14 %
- **91** 2018 Kaatschener Dachsberg Blauer Zweigelt *** trocken
  **42 €** | 15 %

★★★

## HEY

Weingut Hey
06618 Naumburg · Weinberge 1d
Tel. (03445) 6774165
kontakt@weinguthey.de
**www.weinguthey.de**

**Inhaber/in und Betriebsleitung** Matthias Hey
**Keller** Matthias Hey
**Außenbetrieb** Matthias Hey

**Rebfläche** 6 Hektar
**Jahresproduktion** 35 000 Flaschen
**Beste Lagen** Naumburger Steinmeister, Naumburger Sonneck
**Boden** Muschelkalk, Buntsandstein
**Rebsorten** Riesling, Weißburgunder, Grauburgunder, Blauer Zweigelt, Spätburgunder
**Gastronomie** Straußwirtschaft, kulinarisches Jahresprogramm
**Mitglied** VDP, Breitengrad 51

Matthias Hey ist ein sehr reflektierter Charakter, der versucht in seinen Weinen Vergangenheit, Gegenwart und Zukunft widerzuspiegeln. Seine Herzensangelegenheit ist die Entwicklung des Weinbaugebietes als „Cool-Climate-Region". Längst überfällig scheint hierbei sein fast süchtig machender fruchtsüßer Riesling Kabinett aus dem Steinmeister. Auch wenn ihm die letzten Jahre mit sehr geringen Mengen und Spätfrösten viel Kraft abverlangt haben, schaut er energiegeladen nach vorne. Als Qualitätsfanatiker füllte er 2021 vom Weißburgunder lediglich einen Ortswein. Und dieser ist ein echter Geheimtipp! Der Grenzgänger steht zu den kaltklimatischen Säurewerten, die sich 2021 durchaus im mittleren zweistelligen Bereich tummelten. Nicht zuletzt bei seinen Rieslingen, die den Frost überstanden haben, geht er ganz eigene und für die Region hochkreative Wege. Um ihnen seine Handschrift zu schenken, arbeitet er unter anderem mit Maischestandzeiten und Holzfassausbau. „Schema F" scheint es im Hause Hey nicht zu geben. Kurzum, er weiß was er tut. So entstehen naturverbundene, ausdrucksstarke und leidenschaftliche Weine. Weine, die einer klaren Linie folgen und Beständigkeit, Tiefsinn und Feinheit in sich vereinen.

WEINGUT HEY
SAALE-UNSTRUT

**85** 2021 trocken Weisser Hey
**12,90 €** | 11 %

**86** 2021 Naumburger Riesling trocken
**14,50 €** | 11,5%

**86** 2021 Naumburger Weissburgunder trocken
**14,50 €** | 12 %

**90** 2020 Naumburger Steinmeister Weißburgunder VDP.Großes Gewächs
**35 €** | 13,5%

**90** 2021 Naumburger Steinmeister Riesling Kabinett Grosse Lage
**14,50 €** | 10,5%

**88** 2021 Weischützer Riesling
**14,50 €** | 12 %

**91** 2021 Naumburger Steinmeister Riesling VDP.Großes Gewächs
**35 €** | 12 %

**87** Rot vom Kalk
**14,50 €** | 13 %

**89** 2020 Naumburger Steinmeister Blauer Zweigelt Breitengrad51
**30 €** | 13,5%

★

## KLOSTER PFORTA

Landesweingut Kloster Pforta
06628 Bad Kösen · Saalberge 73
Tel. (034463) 3000 · Fax 30025
service@kloster-pforta.de
**www.kloster-pforta.de**

**Inhaber/in** Landgesellschaft Sachsen-Anhalt
**Betriebsleiter** Philipp Kollmar
**Keller** Maximilian Handt
**Außenbetrieb** Jens Eckner

Sowohl im vergangenen als auch diesem Jahr hat sich beim Weingut Kloster Pforta einiges auf den Führungsebenen getan. Eine Personalie bringt Ruhe in die aufgewühlten vergangenen Jahre: Max Handt kennt das Gut von der Pike auf. Er hat hier seine Ausbildung zum Weinküfer absolviert, als Geselle gearbeitet und vor fast zehn Jahren seinen Meister gemacht. Seit diesem Jahr ist er der Kellermeister des Betriebs. Seine Versiertheit ist den Weinen anzumerken. Die Abgrenzung zwischen Guts- und Ortsweinen gelingt schon beinahe spielerisch leicht. Alle Weine sollen aromatisch und zugänglich sein, was auch wunderbar gelungen ist. Besonders eine teilweise in Vergessenheit geratene Rebsorte wie der Auxerrois überzeugt durch Saftigkeit und Mut. Die Weine wirken homogen, zeitgeistig, extrem gebietsauthentisch und sind vor allem eines: ehrlich.

**83** 2021 Müller-Thurgau trocken
**8,90 €** | 10,5%

**83** 2021 Bacchus trocken
**9,50 €** | 11 %

**84** 2021 Saalhäuser Weißburgunder trocken
**13,50 €** | 11 %

**85** 2021 Riesling trocken
**9,90 €** | 12 %

**87** 2021 Saalhäuser Alte Rebe trocken
**17,90 €** | 12 %

**88** 2021 Naumburger Auxerrois trocken
**9,90 €** | 10,5%

**86** 2019 Saalhäuser Blauer Zweigelt trocken Alte Reben Steillage
**18,90 €** | 12,5%

**87** 2019 Saalhäuser Blauer Zweigelt trocken
**26 €** | 13 %

★★

## LÜTTMER

Winzerei Lüttmer
14129 Berlin · Eiderstedter Weg 37
Tel. (0175) 4168727
winzereiluettmer@email.de
**www.winzereiluettmer.de**

**Inhaber**/in Klaus Lüttmer
**Keller** Klaus Lüttmer

**Rebfläche** 2 Hektar
**Jahresproduktion** 1800 Flaschen
**Beste Lagen** Weischützer Nüssenberg, Vitzenburger Schlossberg
**Boden** Muschelkalk, Buntsandstein
**Rebsorten** 50% Frühburgunder, 30% Riesling, 20% Spätburgunder
**Erlebenswert** Vitzenburger Schlossberg

Lüttmers möchten das Level stets halten und versuchen, dieses vorantreibend noch persönlicher zu prägen. 2020 gab es eine frühe Lese Anfang September, die als Frau Lüttmer abgefüllt wurde. Aus einer zweiten Lese Ende September entstand Herr Lüttmer. Von den Widrigkeiten, die der Jahrgang 2020 durchaus zeigte, ist definitiv nichts in den Weinen zu spüren. Frau Lüttmer betört, ist elegant, feinduftig, feingliedrig und leise. Herr Lüttmer hingegen überzeugt durch eine gewisse Strenge, Kraft und Gehalt. Man merkt, dass die Präzision während der Lese und die in die Maische gegebenen, sonnengetrockneten Rappen den Weinen Tiefgang und Struktur verliehen haben. Die Spitze der Rotweine der Region prägen die Lüttmers ohne jeden Zweifel schon seit einiger Zeit und beweisen sich ebenfalls als Wegweiser in Sachen Frühburgunder. Erfreulich ist, dass sie den aktuellen Weinen neben der Ernsthaftigkeit eine unbeschreibliche, leichtsinnige Trinkfreude verliehen haben. Doch bitten wir bedächtig um Einhalt, denn 2021 wird es offensichtlich keinen Rotwein geben: Im Februar 2021 hat starker Frost die gesamten Reben bis zum Fuß erfrieren lassen. Zum Glück haben die Pflanzen sich wieder erholt und sind wunderbar nachgewachsen. So bleibt uns nur mit dem Winzer zu fühlen, zu bedauern und zu trauern und einfach aufs Folgejahr zu hoffen.

**90** 2020 Weischütz Weischützer Nüssenberg Landwein trocken Frau Lüttmer
**35 €** | 12%

**91** 2020 Weischütz Weischützer Nüssenberg Landwein trocken Selection Herr Lüttmer
**39 €** | 12,5%

★★★½

## PAWIS

Weingut Pawis
06632 Freyburg-Zscheiplitz · Auf dem Gut 2
Tel. (034464) 28315 · Fax 66727
info@weingut-pawis.de
**www.weingut-pawis.de**

**Inhaber/in und Betriebsleitung**
Bernard und Kerstin Pawis
**Keller** Bernard Pawis

**Historie** Gründung 1991 aus einem Hobbyweinberg mit nur 0,5 Hektar, 2000 Neubau einer Kellerei in Freyburg, 2007 Umzug nach umfangreicher Sanierung ins Klostergut Zscheiplitz
**Rebfläche** 16 Hektar
**Jahresproduktion** 80 000 Flaschen
**Beste Lagen** Freyburger Edelacker, Zscheiplitzer Himmelreich
**Boden** Kalksteinverwitterung, Löss, Buntsandstein
**Rebsorten** 35% Riesling, 18% Weißburgunder, 12% Müller-Thurgau, je 10% Silvaner und Grauburgunder, 15% übrige Sorten
**Gastronomie** Straußwirtschaft im Brunnenhaus mit Ferienappartements
**Erlebenswert** Historisches Klostergut, Klosterkirche Aussichtspunkt, Brunnenhaus Appartements, Geopfad

An die Spitze der Charts kann man mit viel Ehrgeiz, Engagement und dem nötigen Grad an Fokussierung gelangen, aber diese Position auch zu halten erfordert besondere Kraft und Ernsthaftigkeit. Dem König neiden nicht wenige seinen Titel. Gerade die nicht ganz so mit Talent oder Fleiß ausgestatteten, möchten ihn zu gerne fallen sehen. Doch die gesamte Familie Pawis scheint am Thron festgewachsen, nicht verbissen, sondern selbstsicher und ohne gleichen talentiert. Nicht zuletzt der aktuelle Jahrgang beweist, dass sie auch in diesem nicht einfachen Jahr eine schier atemberaubende Kollektion auf die Flasche gezogen haben. Das Interessante aus unserer Sicht ist, dass es in keinem Jahr den absoluten Spitzenwein gibt, sondern das die Pawis-Gewächse immer wieder Spielraum für individuelle Vorlieben und Geschmäcker bereithalten und das Gesamtniveau außergewöhnlich hoch ist. So richtig teuer waren die Weine im Verhältnis zu ihrem Renommée eigentlich noch nie, doch die Preis-Genusss-Relation im mittleren Segment ist schlichtweg spektakulär. Unser absoluter Favorit, der Riesling „Muschelkalk", sucht auch national seinesgleichen.

**84** 2021 Müller-Thurgau trocken
**8,50 €** | 11,5%

**87** 2021 Riesling trocken Buntsandstein
**12 €** | 12 %

**90** 2021 Riesling trocken Muschelkalk
**10 €** | 12 %

**90** 2021 Zscheiplitzer Himmelreich Weißburgunder trocken Erste Lage
**15 €** | 12 %

**90** 2020 Freyburger Edelacker Grauburgunder Großes Gewächs
**27 €** | 13 %

**90** 2020 Freyburg Edelacker Weißburgunder trocken Grosse Lage
**27 €** | 13 %

**91** 2021 Freyburger Edelacker Riesling trocken Erste Lage R736
**15 €** | 12 %

**91** 2020 Freyburger Edelacker Riesling VDP.Großes Gewächs
**27 €** | 13,5%

**[illegible]** 2021 Freyburger Edelacker Traminer feinherb Erste Lage
**14 €** | 12 %

**87** 2021 Naumburger Sonneck Riesling Zauberlehrling
**22 €** | 12 %

**84** 2021 Blauer Zweigelt Weißherbst
**10 €** | 11,5%

★☆

## SIEGMUND & KLINGBEIL

Weinhaus Siegmund & Klingbeil
06647 Bad Bibra · Herztor 6
daniel@siegmundklingbeil.de
**www.weinhaus-siegmund-klingbeil.com**

**Inhaber/in und Betriebsleitung** Sören Siegmund, Sebastian Klingbeil, Daniel Zein
**Keller** Sören Siegmund

Sie haben es erneut getan! Der Begriff „Alltagsweine" scheint so fern ab von jeglicher Realität, wie man es sich nicht deutlicher hätte vorstellen können. Experimentierfreudig gestalten Sören Siegmund und Sebastian Klingbeil ihren Weg und werden Schritt für Schritt konsequenter in ihrem Stil. Wie auch im vergangenen Jahr schauten wir uns verdutzt an, als wir die Cuvée Missgunst probierten. Ohne Frage einer der Weine, die provozieren und polarisieren sollen. Nicht klar und schön gespült, sondern eigenständig, wenn nicht eigenwillig. Dies gelingt Siegmund & Klingbeil bei all ihren Weinen in beeindruckender Konsequenz. Von Gebietstypizität kann dabei keine Rede sein; das wollen die beiden leidenschaftlichen Winzer keinesfalls. Polarisieren und provozieren, zur Diskussion anregen. Charakterweine durch und durch. Schön zu sehen, dass offensichtlich auch ein mühsamer Umzug des Kellers nach Bad Bibra die beiden nicht von ihrem Weg abbringen kann. Dank ihres Muts sind sie unsere „Aufsteiger des Jahres".

**83** 2020 Sauvignon Blanc trocken
**12 €** | 11,5%

**83** 2021 Saale Unstrut trocken Riesling GärEi 2021
**12 €** | 12 %

**84** 2018 trocken Kellerkunst
**20 €** | 12,5%

**84** 2020 Auslese trocken Missgunst
**50 €** | 13,5%

**85** 2020 Werderaner Wachtelberg Müller Thurgau trocken
**12 €** | 11,5%

**86** 2020 Werderaner Wachtelberg Sauvignon Blanc Spätlese trocken Golden Ei
**30 €** | 12,5%

**83** 2021 Silvaner GärEi 2021
**12 €** | 12,5%

**85** Dornfelder / Portugieser trocken
**18 €** | 13,5%

★ **NEU**

## THÜRKIND

Weingut Thürkind
06632 Mücheln-Gröst · Neue Dorfstraße 9
Tel. (034633) 22878 · Fax 90762
info@weingut-thuerkind.de
**www.weingut-thuerkind.de**

**Inhaber/in und Betriebsleitung** Mario Thürkind
**Keller** Mario Thürkind, Matthias Berg
**Außenbetrieb** Mario Thürkind

Das Weingut Thürkind hat das scheinbar Unerreichbare realisiert. Eine grundlegende Umstrukturierung hat stattgefunden und es soll noch stärker im Einklang mit der Natur gearbeitet werden, was man schon heute unschwer an den so schön bewirtschafteten Weinbergen erkennen kann. Die Weine sind in diesem Jahr eine sichere Bank. Seit geraumer Zeit erleben wir eine bewundernswerte Beständigkeit in diesem Weingut und das ist nicht nur gut, dass ist in weiten Teilen großartig und bewundernswert. Mario Thürkind hat seine Stilistik gefunden - danach suchen andere ihr ganzes Winzerleben. Sein fruchtdominierter Stil ist ansprechend und folgt einer klaren Vision. Das zeigt sich exemplarisch am Silvaner, der mit seiner klaren Art vollends überzeugt. Der Rosé dagegen bereitet zwar Trinkfreude, muss aber Federn lassen, wenn es um die Komplexität geht. In der neuen Vinothek, die nach der Corona-Zeit nun endlich bespielt werden kann, kommen Wein-Enthusiasten voll auf ihre Kosten.

**83** 2021 Gröster Steinberg Grauburgunder trocken
**9,50 €** | 12 %

**86** 2021 Burgwerbener Herzogsberg Silvaner trocken
**9 €** | 11 %

**85** 2020 Gröster Steinberg Riesling Auslese restsüss
**25 €/0,5 Lit.** | 9,5%

**84** 2021 Gröster Steinberg Kerner restsüss
**9 €** | 10 %

**88** 2018 Gröster Steinberg Zweigelt
**25 €** | 12 %

★★☆

## WALTHER

Weingut Carl-Friedrich L. Walther
06647 An der Poststraße
Naumburger Straße 29
Tel. (01575) 0761790
info@weingut-walther.de
**www.weingut-walther.de**

**Inhaber/in und Betriebsleitung**
Carl-Friedrich Walther
**Keller** Carl-Friedrich Walther
**Außenbetrieb** Carl-Friedrich Walther

Wenn vergangenes Jahr noch von Weinen die Rede war, die in ihren Ansätzen eher als „Versuch" empfunden wurden, hat der Winzer es in diesem durch seine Akribie geschafft, Weine auf die Flasche zu bekommen, die vor Ausdrucksstärke geradezu strotzen. Schnell wurde uns bewusst, dass auch die Vorjahresweine keine Experimente, sondern zielorientierte Arbeit waren. Jeder Wein ist als Unikat zu betrachten und bildet zusammen mit seinen „Weingeschwistern" am Ende ein ganzheitliches Gesamtkonstrukt. Eine „Weinfamilie", der profunden Hand ihres „Winzervaters" entsprungen. Und das trotz der vergangenen schwierigen Jahrgänge. Durch die Bank weg wussten die Weine uns zu begeistern. Das Konzept wird immer klarer erkennbar. Finessenreich, klar und voller Saft.

**85** 2020 Landwein trocken Weißburgunder pur kleines Holz
**20 €** | 13 %

**86** 2020 Landwein trocken Riesling pur
**20 €** | 12 %

**87** 2020 Landwein trocken Silvaner pur kleines Holz
**20 €** | 13,5%

**88** 2020 Weißburgunder Landwein trocken
**20 €** | 11,5%

# Sachsen: Weinweltrand in Bewegung

Foto: Martin Förster

Auch wenn Sachsen am nördlichen Rand der Weinbauwelt liegt, scheint die Sonne rund 1600 Stunden im Jahr; das Klima ist mit der Champagne zu vergleichen. Die Weine sind nur in kleinen Mengen erhältlich, mit nicht ganz 500 Hektar zählt man zu den Kleinen unter den deutschen Anbauregionen.

### Geschichte

Seit über 850 Jahren wird im Elbtal Wein angebaut, die älteste Urkunde dazu stammt aus dem Jahr 1161. Eigene Weinberge in Wachwitz und Pillnitz zu besitzen, gehörte für die sächsischen Kurfürsten und Könige zum Selbstverständnis. Kirche und weltliche Obrigkeit prägten den Weinbau an der Elbe über Jahrhunderte. Damit ließen sie in der Region eine bemerkenswerte Verschmelzung von (Bau-)Kunst und Weinkulturlandschaft entstehen: Noch heute ziehen die zahlreichen Schlösser, Berg- und Lusthäuser sowie die gut erhaltenen historischen Gasthäuser und Winzerdörfer die Touristen an. Während der Blütezeit des Weinbaus im 17. Jahrhundert umfasste Sachsens Rebfläche 5000 Hektar – zehnmal so viel wie heute. Nach Reblauskatastrophe und vielen harten Wintern schrumpfte der Weinbau bis auf 30 Hektar, bevor er in den 1970er und 80er Jahren wieder auf etwa 250 Hektar anwuchs. Seit den 1990ern rücken reprivatisierte Weingüter wie Schloss Proschwitz, aber auch das Staatsweingut Schloss Wackerbarth und viele motivierte Privatwinzer das Image sächsischer Weine wieder in angemessenes Licht.

### Geografie

Die Elbregion liegt am 51. Grad nördlicher Breite und ist damit das nordöstlichste Weinbaugebiet in Deutschland. Die Sächsische Weinstraße führt über 55 Kilometer von Pirna über Dresden und Meißen bis in die romantischen Elbweindörfer um Diesbar-Seußlitz und bietet viele kulturhistorische Sehenswürdigkeiten.

### Klima und Boden

Trotz der exponierten nordöstlichen Lage können im Elbtal aufgrund günstiger lokaler Klimabedingungen immer wieder Spitzenqualitäten gekeltert werden. An den typischen, mit Bruchsteinmauern terrassierten Steillagen, den Elbhängen, entstehen die großen Weine der Region. Die Bodenvielfalt umfasst Granit- und Porphyrverwitterung, Syenit-, Löss- und Urgesteinsböden.

### Weine und Produktionsmenge

Müller-Thurgau, Riesling sowie weiße Burgunderreben liegen mengenmäßig deutlich vor den roten Sorten wie Frühburgunder und Portugieser. 82 Prozent weiße stehen 18 Prozent roten Rebsorten gegenüber. Über 90 Prozent der circa 1718 Weinbauern sind Klein- und Nebenerwerbswinzer, lediglich 38 Weingüter betreiben den Weinbau hauptgewerblich. Der größte Erzeuger des Anbaugebiets ist die Winzergenossenschaft Meißen.

## Sachsen im Überblick

**Rebfläche** 509 Hektar (2021)
**Produktion** rd. 23132 Hektoliter (2021)
**Lagen** 4 Groß-, 17 Einzellagen
**Hauptrebsorten** Müller-Thurgau, Riesling, Weiß- und Grauburgunder, Traminer
**Weinart** Mineralische Rieslinge, elegante Weißburgunder und Müller-Thurgau mit lebhafter Säure, außerdem auch ausdrucksstarke Gewürztraminer
**Böden** Granit und Granitporphyrverwitterung, Lehm- und Lössböden
**Beste Lagen** Radebeuler Goldener Wagen, Johannisberg, Steinrücken, Paradies, Wackerbarthberg, Seußlitzer Heinrichsburg, Meißener Kapitelberg, Schloss Proschwitz, Kloster Heilig Kreuz

Karte: Deutsches Weininstitut

**Interessant** Eine Spezialität aus Sachsen mit überregionaler Bedeutung ist der Traminer, hier in Form des speziell auf die hier vorhandenen Bodentypizitäten und Klimavoraussetzungen gezüchteten Klons „Radebeuler Schlosstraminer". Die ältesten Anlagen in Sachsen sind fast 80 Jahre alt und bringen erstaunlich langlebige Weine hervor.

**Weinbauverband Sachsen e.V.**
Dresdner Straße 7
01662 Meißen
Tel (0 35 21) 76 35 30
info@weinbauverband-sachsen.de
www.weinbauverband-sachsen.de

# Mehr Freshness im Elbtal

Das Wetter – was sonst! Natürlich blieben auch die Winzer im Osten des Landes nicht von Regen, Frost und falschem Mehltau verschont. Trotzdem konnten 2021 im Vergleich zum Vorjahr mehr Trauben eingefahren werden, unterdurchschnittlich blieb die Ernte dennoch.

Das Weinjahr 2021 begann in Sachsen mit einem zu warmen Januar, verbunden mit deutlich höheren Niederschlägen. Kurze Zeit später, am 10. Februar, wurden in Dresden-Pillnitz die tiefsten Nachttemperaturen des gesamten Winters gemessen: minus 22,2 °C. Die Wetterkapriolen werden immer extremer. Im April gab es insgesamt 15 Frostnächte und auch der Mai verlief kälter als üblich. So war es nicht verwunderlich, dass Ende Mai die Entwicklung der Reben circa zwei Wochen hinter dem eines „normalen" Jahres lag. Ausreichende Niederschläge und deutlich höhere Temperaturen sowie überdurchschnittliche Sonnenscheindauer führten dann im Juni zu einem Wachstumsschub der Reben, der viele Betriebe bei den Weinbergsarbeiten an die Grenzen des Machbaren brachte. Hohe Niederschläge im Zeitraum von Mitte Juni bis Mitte Juli sorgten für einen hohen Infektionsdruck durch Oidium und Peronospora. Die Hauptlese startete Ende der dritten Septemberwoche und wurde maßgeblich durch die drohenden Ernteverluste durch Botrytis vorgegeben. Trotzdem war die Erntemenge höher als 2020, sie blieb aber noch unter dem einer Durchschnittsernte. Soweit das Wetter.

Spitzenreiter in Sachsen bleibt weiter das Weingut von Martin Schwarz, auch wenn die anderen Betriebe aufgeholt haben. Seine Weine stehen oft noch als Benchmark für die Region. Die Aufnahme in den VDP zeigt, dass sein Betrieb für die Zukunft gerüstet scheint. Bester Weißwein Sachsens war wie schon so oft der Friedstein Chardonnay und auch bei den Rotweinen kann Martin Schwarz momentan niemand das Wasser reichen. Dahinter bewegt sich aber einiges. Gerade Klaus Zimmerling und Friedrich Aust können aufholen und auch der renommierte VDP-Betrieb Schloss Proschwitz zeigt eine kompromisslosere und damit eigenständige Art der Weine. Der Betrieb stellt auf biologische Bewirtschaftung um, in dieser Betriebsgröße eine spannende Aufgabe und Signal für die Weinbauregion. Bewährte Qualitäten kommen wie immer von Matthias Schuh aus Meißen. Aber auch Kleinerzeuger wie Stefan Bönsch, Karsten Lindhardt und Andreas Kretschko haben ihre Betriebe gefestigt und halten erfreulicherweise Anschluss zur Spitze. Es bleibt also spannend fürs nächste Jahr!

*Matthias Dathan*

# Regionale Spitzenresultate

Es tut sich was in Sachsen! Der Qualitätsschub beim Zimmerling lässt den Betrieb auf drei Sterne springen. Auch Aust und das altehrwürdige Schloss Proschwitz finden Anschluss an die Führunsgruppe. Martin Schwarz bleibt allerdings der Maßstab.

## Spitzenweine

**Die besten Traminer des Anbaugebietes**

**90** Schloss Wackerbarth, Radebeuler Goldener Wagen Traminer Spätlese 2020
**19 €** | 13 %

**90** Zimmerling, Pillnitzer Königlicher Weinberg Gewürztraminer VDP.Grosse Lage 2020
**24 €** | 13 %

**88** Stefan Bönsch, Traminer 2021
**15 €** | 12,5 %

**87** Karsten Lindhardt, Pillnitzer Königlicher Weinberg Traminer 2021
**16 €** | 1%

**87** Schloss Wackerbarth, Traminer Sekt b. A. 2019
**25 €** | 13 %

**87** Schwarz, trocken Orange 2020
**27 €** | 13 %

**86** Lutz Müller, Traminer & Riesling Landwein 2021
**14 €** | 11,5 %

**86** Dupont de Ligonnès, Traminer & Riesling Tausendsissi 2020
**25 €** | 13 %

## Spitzenbetriebe

★★★½

**Martin Schwarz, Meißen**

★★★

**Stefan Bönsch, Langebrück**
**Schloss Wackerbarth, Radebeul**
**Klaus Zimmerling, Dresden-Pillnitz**

★★½

**Aust, Radebeul**
**Schloss Proschwitz, Meißen**

★★

**Schuh, Sornewitz**

★½

**Drei Herren, Radebeul**
**Dupont de Ligonnès, Dresden**
**Kretschko, Radeberg**
**Karsten Lindhardt, Dresden**
**Rothes, Meißen**

★

**Lutz Müller, Dresden**
**Wolkenberg, Cottbus**

★★½

## AUST

Weingut Karl Friedrich Aust
01445 Radebeul · Weinbergstraße 10
Tel. (0351) 89390100 · Fax 89390098
kontakt@weingut-aust.de
**www.weingut-aust.de**

**Inhaber/in und Betriebsleitung**
Karl Friedrich Aust
**Keller** Karl Friedrich Aust
**Außenbetrieb** Karl Friedrich Aust

**Historie** Gutsanlage aus dem 17. Jahrhundert, uriger Garten und historischen Trockenmauerterrassen, auf denen zum Teil noch über 65 Jahre alten Reben stehen
**Rebfläche** 6 Hektar
**Jahresproduktion** 35 000 Flaschen
**Beste Lagen** Goldener Wagen, Johannisberg und Steinrücken
**Boden** Syenit und Löss auf felsigem Untergrund
**Rebsorten** 24% Spätburgunder, 18,3% Riesling, 11,7% Weißburgunder, 11,6% Weißburgunder, 7% Bacchus, 5% Traminer, 22,4 % übrige Sorten
**Gastronomie** Weingutsgarten mit Weinausschank und saisonal wechselndem Speisenangebot in der warmen Jahreszeit geöffnet, weitere Informationen auf der Website.
**Erlebenswert** Wanderwege durch die Einzellage Goldener Wagen, historische Gutsanlage mit modernen Kellereineubau und Pergola auf dem Dach mit Blick über die traumhafte Weinbaulandschaft

Karl Friedrich Aust kann auf ein ereignisreiches Jahr zurückblicken. Der Keller-Neubau, neue Helfer im Weingut, aber auch ein arbeitsaufwendiger Jahrgang haben ihm viel abverlangt. Mit viel Einsatz wurden zahlreiche Steillagen neu aufgebaut, Trockenmauern erneuert, Flächen hinzugenommen und neu bepflanzt. Der Winzer zeigt uns eine Kollektion, die den Jahrgang wunderbar widerspiegelt. Knackige Säure, aber eben auch Struktur, feine Exotik und Länge zeichnen ihn aus. Das beginnt schon bei der weißen Cuvée Genussmensch und setzt sich besonders bei der neu ins Programm genommenen Scheurebe fort. Sie besticht durch leise, fein ziselierte Aromatik und trinkige Balance. Auch die beiden Rieslinge verdeutlichen, was sich hier entwickelt hat: Der Goldene Wagen gehört zu den besten Weinen der Sorte in Sachsen. Er besitzt feine Steinobstnoten, gelbe Pfirsicharomen und bei aller Kraft auch viel Zug am Gaumen. Der Weißburgunder zeigt, dass es nicht immer Holz sein muss, was einen Wein trägt. Der 2020er Spätburgunder ist jahrgangsbedingt schlanker, aber auch hier hat der Winzer Eleganz und Holzfass sehr gut miteinander verwoben. Insgesamt eine leichte Steigerung, die wir gern belohnen!

**84** 2021 trocken Genussmensch Weiss
**9,90 €** | 11,5%

**86** 2021 Radebeuler Steinrücken Riesling trocken
**16 €** | 11,5%

**87** 2021 Radebeuler Goldener Wagen Scheurebe trocken
**22,50 €** | 11,5%

**88** 2020 Radebeuler Goldener Wagen Weissburgunder trocken
**18 €** | 12,5%

**90** 2021 Radebeuler Goldener Wagen Riesling trocken
**26 €** | 11,5%

**86** 2020 Radebeuler Goldener Wagen Spätburgunder trocken
**22,50 €** | 12,5%

★★★

## STEFAN BÖNSCH

Winzer Stefan Bönsch
01465 Langebrück · Kirchstraße 13
Tel. (0176) 57504329
stefan-boensch@gmx.de
**www.stefan-boensch.de**

**Inhaber/in und Betriebsleitung**
Stefan Bönsch

**Rebfläche** 2 Hektar
**Jahresproduktion** 10 000 Flaschen
**Boden** Quarz, Gneis, Glimmer, Löss-Lehm, Porphyr-Syenit
**Rebsorten** 25% Grüner Veltliner, je 15% Riesling, Grauburgunder, Scheurebe, Traminer und Spätburgunder

Auch für Stefan Bönsch war der aktuelle Jahrgang sicher nicht einfach und zudem sehr arbeitsintensiv im Weinberg. Die Weine zeigen sich etwas schlanker und auch säurebetonter, was der Stilistik des Winzers aber sehr entgegenkommt. Der Basiswein ist perfekt ausbalanciert und zeigt sogar stoffige Noten, insgesamt sehr viel Wein fürs Geld, mit hohem Trinkfluss. Der Grauburgunder lag länger auf der Maische und zeigt diese rotfruchtige Art nicht nur farblich im Glas, sondern auch am Gaumen. Auch der Traminer gehört zu den schlankeren Vertretern seiner Zunft. Die Scheurebe ist eher leise und braucht noch etwas Zeit, wie auch die Rieslinge, die sich langsam entwickeln. Das gilt für den Basiswein aus dem Jahrgang 2021 genauso wie für den 2020er Halbstück, der als Zweitbelegung noch das Holz aufsaugt, aber sicher eine große Zukunft vor sich hat. Der 2021er Riesling Edition S steht ganz für sich selbst, die leichte Restsüße und die zarten Holznoten müssen sich noch verweben zu einem großen Ganzen. Überrascht waren wir vom Rotling, der mit feiner Textur und viel Grip am Gaumen begeistern kann. Auch der Spätburgunder zeigt wieder einmal seine ganze Klasse, obwohl er sich eigenständig und nicht so feingliedrig wie der 2019er präsentiert. Insgesamt eine sehr spannende und gelungene Kollektion des Winzers!

**84** 2021 Sachsen Landwein trocken Viermalweiß
**11 €** | 11,5%

**85** 2021 Sachsen Grauburgunder Landwein
**15 €** | 12%

**86** 2021 Sachsen Riesling Landwein
**15 €** | 11,5%

**86** 2021 Sachsen Scheurebe Landwein
**15 €** | 12% **TIPP**

**88** 2021 Sachsen Traminer Landwein
**15 €** | 12,5%

**88** 2020 Sachsen Riesling Landwein Halbstück
**19 €** | 12,5%

**88** 2021 Sachsen Riesling Landwein Edition S
**19 €** | 13%

**89** 2021 Sachsen Grüner Veltliner Landwein Barrique
**19 €** | 13%

**86** 2021 Sachsen Landwein Rotling
**11 €** | 11,5%

**88** 2020 Sachsen Spätburgunder Landwein Barrique
**Preis auf Antrage** | 13%

★⯪

## DREI HERREN

Weingut Drei Herren
01445 Radebeul · Weinbergstraße 34
Tel. (0351) 7956099 · Fax 7956315
info@weingutdreiherren.de
**www.dreiherren.de**

**Inhaber/in und Betriebsleitung**
Prof. Dr. Rainer Beck
**Keller** Franz Ahnert
**Außenbetrieb** Franz Ahnert

Das Team um Besitzer Prof. Dr. Rainer Beck hat wieder einmal einen neuen Kellermeister. Der Jahrgang 2021 war auch hier sehr arbeitsreich und wir waren sehr auf die Ergebnisse gespannt. Leider ließen uns viele Weine etwas ratlos zurück. Wahrscheinlich wurde recht früh gelesen, denn sie tragen nicht die übliche Struktur und den Extrakt in sich. Gelungen sind die beiden Scheureben mit ihrem leichten Cassisduft, von denen und die trockene Variante besonders überzeugen konnte. Auch der 2020er Riesling vom Boselberg und sein feinherbes Pendant aus dem Jahrgang 2018 zeigen, was hier im Weingut möglich ist. Diese Weine bestechen mit feinwürziger gelber Frucht und mineralischer Länge.

**83** 2020 Weißburgunder trocken
**15 €** | 12,5%

**84** 2020 Grauburgunder trocken
**15 €** | 13 %

**84** 2021 Radebeuler Goldener Wagen Riesling trocken
**17 €** | 10 %

**85** 2021 Scheurebe trocken
**16 €** | 11,5%

**86** 2020 Sörnewitzer Boselberg Riesling Spätlese trocken
**18 €** | 12 %

**84** 2021 Scheurebe feinherb
**16 €** | 10 %

**87** 2021 Sörnewitzer Boselberg Muskateller Auslese restsüss
**21 €/0,375 Lit.** | 9 %

**88** 2019 Scheurebe Auslese restsüss
**18 €/0,375 Lit.** | 8,5%

**83** 2021 Blanc de Noir
**14 €** | 11,5%

**85** 2018 Spätburgunder trocken
**18 €** | 12,5%

**85** 2019 Cabernet Franc trocken Eigensinn
**23 €** | 14 %

★⯪

## DUPONT DE LIGONNÈS

Weingut Alexandre Dupont de Ligonnès
01127 Dresden · Konkordienstraße 68
mail@deligonnes.com
**www.deligonnes.com**

**Inhaber/in und Betriebsleitung**
Alexandre Dupont de Ligonnès

Alexandre Dupont de Ligonnès hat eine deutsch-französische Geschichte. In Paris geboren, durch die Eltern im diplomatischen Dienst viel herumgekommen, landete er im Alter von sechs Jahren in Heidelberg. Heute hat er seinen eigenen Keller in der Stadt Dresden, seine Weinberge liegen im Stadtgebiet. Aktuell bewirtschaftet er knapp 2,5 Hektar, ein alter Rebbestand mit 30- bis 50-jährigen Riesling-Stöcken, mit Traminer und allem, was in Sachsen eben so wächst, wie er selbst sagt. Es ist relativ einfach, an neue Rebflächen zu kommen, denn viele Feierabendwinzer hören langsam auf und es gibt nicht viele junge Leute, die einsteigen wollen. Vor fünf Jahren produzierte er 800 Flaschen jährlich, aktuell sind es 4500. Vier Weine sind momentan im Programm: Weiß, Rot, Rotling und Orange. Kein Wein wird bei ihm reinsortig gekeltert, alles wird im gemischten Satz ausgebaut. Der Klim Bim zeigt feine Würzaromen und eine klare Säurestruktur, aus dem Tausendsassa wurde eine Tausendsissi - vinifiziert als Pet Nat. Das Ganze natürlich im biologischen Anbau, allerdings noch nicht zertifiziert. Es ist eben Aufbauarbeit, die ihre Zeit braucht.

**86** 2020 Traminer & Riesling Tausendsissi
**25 €** | 13 %

**87** 2020 Madame Klim Bim
**25 €** | 13 %

★★½

## ANDREAS KRETSCHKO

Weinbau Andreas Kretschko
01454 Radeberg · Langebrücker Straße 67
Tel. (0152) 33868019
kontakt@kretschko-weine.de
**www.kretschko-weine.de**

**Inhaber/in und Betriebsleitung**
Andreas Kretschko

Andreas Kretschko hat in den letzten Jahren einiges investiert. Er konzentriert sich mittlerweile auf zwei Hektar Weinberge in Radebeul und Meissen, außerhalb gelegene Lagen hat er abgegeben. In Radebeul entstand direkt unterhalb der Weinberge der neue Betrieb mit Weinkeller, Lager und zukünftigem Eventbereich. Mit dem 2021er wurde auch hier ein sehr arbeitsaufwendiger Jahrgang in den Keller gebracht. Abgesehen von einer leichten Entäußerung wurden die Weine ohne viel Zutun belassen. Das spürt man auch im Glas, die Weine sind knackig, mit straffer Säure, aber kompromisslos in ihrer Handschrift. Kretscham hat hier eine Sicherheit entwickelt, die auch auf die Weine abfärbt. Besonders gelungen sind dieses Jahr der Müller-Thurgau mit viel Struktur, der Weißburgunder mit straffer Säure und Rückgrat sowie der Riesling Sekt mit seiner sehr verlässlichen Güte. Am besten gefiel der Spätburgunder, der mit Eleganz, Kirschfrucht und perfekt eingebundenem Holz punkten kann.

**85** 2020 Brut Riesling Sekt
**16 €** | 12 %

**84** 2021 Müller-Thurgau Landwein trocken
**12 €** | 11 %

**84** 2021 Kerner Landwein trocken
**13,50 €** | 10,5%

**85** 2021 Bacchus Landwein trocken
**13,50 €** | 10,5%

**85** 2021 Riesling Landwein trocken
**16 €** | 11 %

**86** 2021 Weißburgunder trocken
**13,50 €** | 11,5%

**84** 2021 Landwein trocken Rosé
**12 €** | 11 %

**88** 2020 Spätburgunder trocken
**30 €** | 12,5%

★★½

## KARSTEN LINDHARDT

Wein&Berg, Karsten Lindhardt
01326 Dresden · Dorfplatz 6
info@winzer-lindhardt.de
**www.winzer-lindhardt.de**

**Inhaber/in und Betriebsleitung**
Karsten Lindhardt
**Keller** Karsten Lindhardt
**Außenbetrieb** Karsten Lindhardt

Karsten Lindhardt aus Pillnitz hat sich mittlerweile zu einer festen Größe in der Riege der sächsischen Winzer entwickelt. Der aktuelle Jahrgang wurde gut gemeistert, die knackige Säure steht den mineralisch geprägten Weinen hervorragend. Das zeigt sich schon beim erstmals vorgestellten Kernling, aber auch beim Riesling, der noch verschlossen wirkt. Sein Pendant aus dem Vorjahr zeigt aber, wohin die Reise gehen wird. Fest und kompakt, und dabei trotzdem fein ziseliert und authentisch, so zeigen sich alle Weine des Winzers. Der Traminer macht da keine Ausnahme. In der Nase eher leise, lässt er seine ganze Klasse am Gaumen aufblitzen. Kein Gramm Restzucker zu viel, wirkt der Wein ausbalanciert und doch kompromisslos. Auch der Rosé weiß zu gefallen, jedoch dürften seine karamellige Art und der Duft nach Sahnetoffee eher die Freunde des guten alten Weißherbsts begeistern. Mit dieser Kollektion belohnt sich der ökologisch arbeitende Winzer für einen sicher sehr arbeitsaufwendigen Jahrgang.

**83** 2021 Pillnitzer Königlicher Weinberg Kernling trocken
**17 €** | 13 %

**85** 2021 Pillnitzer Königlicher Weinberg Grauburgunder trocken
**17 €** | 12 %

**85** 2021 Pillnitzer Königlicher Weinberg trocken Riesling
**19 €** | 12 %

**86** 2020 Pillnitzer Königlicher Weinberg Landwein trocken Riesling
**18,50 €** | 12,5%

**87** 2021 Pillnitzer Königlicher Weinberg Traminer trocken
**16 €** | 12 %

**84** 2021 Pillnitzer Königlicher Weinberg Spätburgunder trocken Pinot Rosé
**16 €** | 13 %

★

## LUTZ MÜLLER

Winzer Lutz Müller
1099 Dresden · Bautzener Straße 130
Tel. (0172) 9930205
mail@winzerlutzmueller.de
**www.winzerlutzmueller.de**

**Inhaber/in und Betriebsleitung**
Lutz Müller

Lutz Müller bewirtschaftet Flächen an den Dresdner Elbhängen und in Pillnitz. Der 2021er Jahrgang entwickelt sich langsam, aber sehr positiv. Bis auf eine Ausnahme fallen wieder alle Weine sehr trocken aus. Neu dabei sind in diesem Jahr ein Auxerrois und der Sauvignon Blanc. Beide sehr stilsicher und sortentypisch und gerade der Sauvignon Blanc sehr ausbalanciert. Der Riesling kommt in gewohnt sicherer Kabinett-Stilistik daher, die Cuvée aus Riesling und Traminer ist ebenfalls neu und zeigt, dass der Winzer auch hier sein Handwerk beherrscht. Fast 80 Prozent seiner Produktion verkauft Lutz Müller über seine inzwischen legendäre Open-Air-Weinbar mit Blick auf das malerische Elbtal. Der Besuch wird dringend empfohlen!

**83** 2021 Müller-Thurgau Landwein trocken
**10 €** | 10 %

**84** 2021 Auxerrois Landwein trocken
**12 €** | 10 %

**85** 2021 Weißburgunder Landwein trocken
**13 €** | 10 %

**86** 2021 Sauvignon Blanc Landwein trocken
**14 €** | 11 %

**86** 2021 Riesling Landwein restsüss
**13 €** | 8 %

**86** 2021 Traminer & Riesling Landwein
**14 €** | 11,5%

★★½

## SCHLOSS PROSCHWITZ

Weingut Schloss Proschwitz Prinz zur Lippe
01662 Meißen OT Proschwitz
Heiliger Grund 2
Tel. (03521) 4767922 · Fax 4767910
weingut@schloss-proschwitz.de
**www.schloss-proschwitz.de**

**Inhaber/in und Betriebsleitung**
Prof. Dr. Georg Prinz zur Lippe
**Keller** Alexey Ryabov
**Außenbetrieb** Björn Probst

**Historie** ältestes Weingut Sachsens
**Rebfläche** 70 Hektar
**Jahresproduktion** 350 000 Flaschen
**Beste Lagen** Schloss Proschwitz, Kloster Heilig Kreuz
**Boden** roter Granit mit Lössauflage
**Rebsorten** 15% Grauburgunder, 12% Goldriesling, je 10% Elbling, Riesling und Spätburgunder, 8% Weißburgunder, je 6% Scheurebe, Müller-Thurgau und Frühburgunder, 5% Dornfelder, 4% Traminer, 3% Regent, 5% übrige Sorten
**Erlebenswert** restauriertes Barockschloss in Proschwitz
**Mitglied** VDP

Der Wechsel ist die Konstanz, so möchte man meinen: Freuten wir uns letztes Jahr noch auf das neue Personal und die damit verbundenen Visionen, steht nun schon wieder ein neues Duo der Weinentstehung vor. Neben dem nachgerückten neuen Kellermeister Alexey Ryabov ist Björn Probst neu an Bord, der den Außenbetrieb leitet und das Weingut auf biologische Anbauweise umstellen wird. Ein großes Unterfangen, zeigt doch gleich der aktuelle Jahrgang, mit welchen Herausforderungen dann umzugehen ist. Die Weine wurden kaum entsäuert, ihre Säure steht knackig im Glas, was uns aber sehr gefällt. Der Elbling zeigt Rasse und Länge und auch die Burgunder blühen damit wieder auf. Gerade das war in der Vergangenheit die Stärke des Betriebs und blitzt nun allmählich wieder auf. Der Grauburgunder zeigt Würze und leichte Cremigkeit, am Gaumen bleibt er aber straff und kompakt. Das Beste: Er verzichtet wie die anderen Weißweine gänzlich auf Holz. Ein schönes Zeichen! Der Traminer-Sekt kommt eher leise daher, zeigt viel gelbe Frucht und ist ein guter Essensbegleiter. Die Rotweine sind jahrgangsbedingt recht säurebetont, aber auch wird ist langsam eine neue Handschrift erkennbar. Wir freuen uns über die Steigerung gegenüber dem Vorjahr!

**85** 2020 Traminer Sekt b. A. Brut
**19 €** | 12,5%

**84** 2021 Cuvée trocken Clemens
**13 €** | 12%

**84** 2021 Elbling trocken
**13 €** | 11,5%

**85** 2021 Meissen Weissburgunder trocken
**14,50 €** | 12%

**86** 2021 Kloster Heilig Kreuz Weissburgunder trocken Erste Lage
**19 €** | 12,5%

**87** 2021 Kloster Heilig Kreuz Grauburgunder trocken Erste Lage
**19 €** | 12,5%

**85** 2021 Riesling feinherb
**13 €** | 11,5%

**84** 2019 Spätburgunder trocken
**19 €** | 12,5%

**85** 2019 Kloster Heilig Kreuz Spätburgunder trocken Erste Lage
**29,50 €** | 14%

## ROTHES GUT

Rothes Gut
01662 Meißen · Lehmberg 4
Tel. (03521) 7545467 · Fax 7540043
tim-strasser@web.de
**www.rothesgut.de**

**Inhaber/in und Betriebsleitung**
Tim Strasser
**Keller** Lucas Bornschein

Mit dem ungewöhnlichen und arbeitsreichen Jahrgang ist man im Weingut sehr gut zurechtgekommen. Das Ergebnis sind Weine mit hoher Vitalität und schönem Trinkfluss. Sie gewinnen oft durch längere Maischestandzeiten und ein langes Hefelager. Die hier bekannten Bukettsorten werden exzellent ausgearbeitet. Das zeigt sich schon bei einem Sekt aus Sauvignon Blanc, aber auch beim Muscaris und vor allem der Scheurebe, die mit feiner Cassisfrucht und gelben Früchten punkten kann. Bemerkenswert auch der Grauburgunder, hier zeigen sich Balance und Würze besonders schön. Der Rosé war uns etwas zu eindimensional, aber ein gekonnt gemachter Frühburgunder ließ uns leicht darüber hinwegsehen. Bei ihm wurde das Holz sehr gut integriert: So eine elegante Struktur ist sicher wegweisend für fassausgebaute Rotweine der Region. Insgesamt eine leichte Steigerung, die wir gern mit einer besseren Benotung honorieren.

**84** 2019 Meißen Sauvignon Blanc Sekt b. A. Extra trocken
**19 €** | 12,5%

**85** 2020 Meißen Ratsweinberg Grauburgunder trocken
**14 €** | 12,5%

**85** 2021 Scheurebe trocken
**14 €** | 11%

**83** 2021 Meißner Kurfürstlicher Weinberg Muscaris halbtrocken
**12 €** | 11%

**85** 2020 Meißner Kurfürstlicher Weinberg Frühburgunder trocken
**17 €** | 13%

★★

## SCHUH

Weingut Schuh
01640 Sörnewitz · Dresdner Straße 314
Tel. (03523) 84810 · Fax 84820
info@weingut-schuh.de
**www.weingut-schuh.de**

**Inhaber/in** Martina, Matthias & Katharina Schuh
**Betriebsleiung** Matthias Schuh
**Keller** Matthias Schuh
**Außenbetrieb** Holger Horter

**Historie** Weingut seit 1990 vor den Toren Meißens, zwei denkmalschutzgerecht sanierte Gehöfte aus dem 19. Jahrhundert
**Rebfläche** 5 Hektar
**Beste Lagen** Meißner Klausenberg und Kapitelberg
**Boden** Granit-Syenit-Verwitterung
**Rebsorten** Kapitelberg: 35% Riesling, 35% Spätburgunder, je 10% Goldriesling, Elbling, Scheurebe – Klausenberg: je 20% Grauburgunder, Regent und Dunkelfelder, 15% Weißburgunder, je 10 % Goldriesling und Chardonnay, 5% Traminer
**Gastronomie** Weinrestaurant und Vinothek am Hof, Pension
**Mitglied** Vinissima

Das Portfolio von Matthias Schuh ist klar in Basis- und Lagenweine gegliedert, die sich auch qualitativ gut unterscheiden. Neben seinen Klassikern weißer, rosa und roter Schuh sowie den Lagenweinen macht der junge Winzer seit ein paar Jahren auch experimentelle Weine, mit denen er sein Handwerk zeigen kann. Dieser Spagat gelingt perfekt: auf der einen Seite junge, einfache, aber blitzsaubere und sortentypische Trinkweine mit viel Zug am Gaumen. Auf der anderen Seite Lagenweine die ein Jahr Reifezeit bekommen und sehr zeigen, was der Winzer aus den verschiedenen Böden herausarbeiten kann. Die Scheurebe Pet Nat ist ein würdiger Vertreter dieser Gattung: feinduftig und expressiv, dabei knochentrocken. Auch die Rieslinge gelingen immer besser. Neben dem „normalen" Kabinett kam nun noch ein Kabinett aus dem Kapitelberg hinzu, der etwas stoffiger, aber auch mineralischer ist. Der maischevergorene Grauburgunder Orange wurde im 500-Liter-Fass ausgebaut. Er beweist, dass auch Weine dieser Stilrichtung Trinkfluss und Frische haben können, zusätzlich aber sehr schöne Textur und Finesse durch den Gerbstoff besitzen. Mit seiner Kollektion macht Matthias Schuh einmal mehr klar, dass er bereits als Jungwinzer eine feste Größe im Gebiet ist. Seine lockere, umtriebige Art macht ihn dabei besonders sympathisch.

WEINGUT SCHUH
SACHSEN

**84** 2021 Scheurebe Pét Nat
**19,90 €** | 12,5%

**86** 2020 Meißner Klausenberg Weißburgunder trocken
**12,90 €** | 13,5%

**86** 2021 Scheurebe trocken
**14,90 €** | 12 %

**88** 2020 Meißner Kapitelberg Riesling trocken Halbstück
**18,90 €** | 13 %

**86** 2021 Riesling Kabinett
**14,50 €** | 7,5% **TIPP**

**87** 2021 Meißner Kapitelberg Riesling Kabinett
**15 €** | 8 %

**86** 2020 Orange
**19,90 €** | 12,5%

**83** 2021 Cuvée Der rosa Schuh
**10,90 €** | 11,5%

**83** 2020 Cuvée Der rote Schuh
**12,50 €** | 13 %

★★★½

## SCHWARZ

Weingut Martin Schwarz
01662 Meißen · Dresdner Straße 71
kontakt@schwarz-wein.de
**www.schwarz-wein.de**

**Inhaber/in und Betriebsleitung**
Martin Schwarz
**Keller** Martin Schwarz

**Rebfläche** 3 Hektar
**Jahresproduktion** 15 000 Flaschen
**Beste Lagen** Seußlitzer Heinrichsburg, Meißner Kapitelberg, Radebeuler Goldener Wagen, Friedstein
**Boden** Granit- und Syenitverwitterung
**Rebsorten** je 25% Spätburgunder und Weißburgunder, 15% Riesling, je 10% Grauburgunder und Müller-Thurgau, je 5% Chardonnay, Portugieser und Traminer

Das kleine Weingut von Martin Schwarz hat seine Spitzenposition weiter etabliert und stabilisiert. Das Weinsortiment ist gefestigt und mittlerweile auch außerhalb der Region gut bekannt. Die Weine werden langsam ausgebaut und so steht auch dieses Jahr nur ein 21er Wein in der Verkostung. Die 2020er sind etwas gefälliger und auch einen Tick schmelziger ausgefallen als ihre Vorjahres Pendants. Das fällt nicht nur bei Riesling Roter Granit, sondern auch bei den Burgundern auf. Der Holzeinsatz ist wie immer perfekt auf den jeweiligen Wein abgestimmt. Besser als sein Erstlingswerk ist der 2015er Sekt ausgefallen, hier bringt die Säure mehr Frische ins Spiel. Auch der Chardonnay aus dem Friedstein brilliert wieder einmal und ist bester Wein der Region! Auch der Kapitelberg Riesling belegt den ersten Platz unter den trockenen Rieslingen der Region. Ein Friedstein Pinot Noir wurde uns nicht vorgestellt, der aktuelle Pinot kann aber sehr gut mit diesem mithalten. Spannend wird zu sehen sein, wie der Winzer als Neumitglied das Sortiment im VDP Schema einordnen wird. Auch wenn er bei Redaktionsschluss noch nicht offiziell aufgenommen war.

**88** 2015 Meißen Sekt b. A. Zero Dosage Reserve 52
**55 €** | 12 %

**87** 2020 Riesling trocken Roter Granit
**18 €** | 12 %

**87** 2020 trocken Orange
**27 €** | 13 %

**88** 2020 Weiß- & Grauburgunder trocken
**23 €** | 13 %

**88** 2020 Spätburgunder trocken Weiß von Schwarz
**27 €** | 12,5%

**90** 2020 Meißner Kapitelberg Riesling trocken
**23 €** | 12,5%

**91** 2020 Friedstein Chardonnay trocken
**36 €** | 12,5%

**83** 2021 trocken Cuvée Rosarot
**13 €** | 12,5%

**85** 2020 trocken Cuvée Rot von Schwarz
**18 €** | 13 %

**88** 2018 Spätburgunder trocken
**27 €** | 13,5% **TIPP**

★★★

## SCHLOSS WACKERBARTH

Sächsisches Staatsweingut GmbH Schloss Wackerbarth
01445 Radebeul · Wackerbarthstraße 1
Tel. (0351) 89550 · Fax 8955150
kontakt@schloss-wackerbarth.de
**www.schloss-wackerbarth.de**

**Inhaber/in** Sächsische Aufbaubank
**Geschäftsführer** Andreas Stuhl
**Leiter Önologie** Jürgen Aumüller

**Historie** erbaut 1727–1730 von August Christoph Graf von Wackerbarth, eine der ältesten Sektkellereien Europas
**Rebfläche** 92 Hektar
**Jahresproduktion** 600 000 Flaschen
**Beste Lagen** Radebeuler Goldener Wagen, Radebeuler Paradies, Radebeuler Wackerbarthberg, Laubacher Thonberg, Seußlitzer Heinrichsburg
**Boden** Verwitterungsgestein, Syenit, Porphyr, Lehm und Sand
**Rebsorten** 25% Riesling, 10,5% Müller-Thurgau, 10% Weißburgunder, 8,5% Bacchus, 8% Spätburgunder, 28% übrige Sorten
**Gastronomie** Weingarten, gutseigenes Gasthaus
**Erlebenswert** einzigartiges Ensemble aus barocker Schloss- und Gartenanlage und modernem Weingut
**Mitglied** Verband traditioneller Sektmacher e.V.

Auf dem Weingut Schloss Wackerbarth ist man mit dem Jahrgang 2021 recht gut klargekommen. Jürgen Aumüller gibt offen zu, die Weine aufgrund ihrer Struktur etwas entsäuert zu haben. Die diesjährige Kollektion besticht durch feine und geradlinige Säure, präzise Fruchtaromen und mineralische Länge. Die Scheurebe zeigt eine knackig-schlanke Art und auch andere Weine bestechen durch feine, subtile Fruchtaromen und weniger Alkohol als im Vorjahr. Mittlerweile hat man sich dazu entschlossen, die Lagenweine ein Jahr später zu präsentieren, eine gute Entscheidung. In ihrer jugendlichen Phase wirkten sie oft noch arg ungestüm. So verkosteten wir wieder ein paar bekannte Rieslinge aus dem Jahrgang 2020. Salzig-mineralisch, mit prägnanter Säure und ohne schmückende Restsüße, zeigen sich die trockenen Rieslinge, allen voran der Wein aus der Parzelle Protze im Goldenen Wagen. Die restsüßen Weine wie Kabinett und Auslese gefallen mit elegantem Süße-Säure-Spiel und viel Trinkfluss. Auch der Traminer gehört wieder zu den besten seiner Art in der Region. Der Blaufränkisch zeigt eine fast tintige Art, viel Veilchen und Graphit, hier zeigt sich der Ausbau ohne viel störendes Holz. Bei den Rotweinen richtet sich der Blick aber auch nach vorn: Letztes Jahr wurde ein Weinberg mit Gamay bepflanzt, wir sind auf erste Ergebnisse gespannt. Dass die Sekte des Weinguts eine absolute Empfehlung sind, bedarf schon fast keiner Worte mehr.

SCHLOSS Wackerbarth

**87** 2019 Traminer Sekt b. A. trocken
**25 €** | 13 %

**86** 2019 Riesling Sekt b. A. Brut
**17,90 €** | 11,5%

**87** 2020 Radebeuler Wackerbarthberg Riesling trocken
**19 €** | 13 % **TIPP**

**88** 2020 Radebeuler Wackerbarthberg Scheurebe trocken im Fass gereift
**29 €** | 11,5%

**88** 2020 Radebeuler Goldener Wagen Terrassenlage Riesling trocken
**35 €** | 13 %

**90** 2020 Radebeuler Goldener Wagen Protze Riesling trocken
**35 €** | 13,5%

**87** 2020 Radebeuler Wackerbarthberg Riesling Kabinett
**19 €** | 11 %

**90** 2020 Radebeuler Goldener Wagen Traminer Spätlese
**19 €/0,5 Lit.** | 13 %

**86** 2021 Scheurebe
**15 €** | 10 %

**87** 2019 Laubacher Thonberg Spätburgunder trocken
**45 €** | 13 %

**89** 2019 Laubacher Thonberg Blaufränkisch trocken
**45 €** | 13,5%

★

## WOLKENBERG

Wolkenberg
3044 Cottbus · Dreifertstraße 9
Tel. (0355) 380350 · Fax 3803511
info@wolkenberg-gmbh.de
**www.wolkenberg-gmbh.de**

**Geschäftsführer** Bettina Muthmann und Martin Schwarz
**Keller** Martin Schwarz

Mit sechs Hektar Rebfläche ist Wolkenberg nicht nur einer der größten, er ist vor allem der führende Betrieb in Sachen Brandenburger Landwein. Die Weine des aktuellen Jahrgangs präsentieren sich mit feiner Frucht und auch genug Säure. Dadurch entstehen gerade im Einstiegsbereich so trinkige Weine wie Wochenende, Feierabend oder Barbara. Der Sekt mit schönem Birnenduft kommt knackig-trocken daher. Die besten Weine sind der rote Riesling mit feinem Duft nach Steinobst und komplexer Länge, sowie die seidige Cuvée aus Grau- und Weißburgunder. Insgesamt präsentieren sich die Weißweine besser als die Rotweine, denen es meist etwas an Balance fehlt. Auch der Rosé findet sicher wieder seine Liebhaber. Ein Besuch im ehemaligen Tagebau und auf dem rekultivierten Weinbergsgelände lohnt allemal. Sonntags kann man die Weine direkt vor Ort verkosten.

**83** 2019 Wolkenberg Sekt Extra Brut Festtag
**23 €** | 12,5%

**83** 2021 Landwein trocken Wochenende
**13 €** | 12,5%

**85** 2021 Roter Riesling trocken
**17 €** | 12,5%

**86** 2021 Landwein Grauweiss
**16 €** | 13%

**83** 2021 Landwein trocken Feierabend
**11 €** | 12,5%

**84** 2019 Cabernet Dorsa Landwein trocken
**23 €** | 13,5%

**85** 2017 Cabernet Dorsa Landwein trocken
**25 €** | 13,5%

**84** 2021 Landwein Barbara
**14 €** | 12%

★★★

## ZIMMERLING

Weingut Klaus Zimmerling
01326 Dresden-Pillnitz · Bergweg 27
Tel. (0351) 43840233 · Fax 2618752
info@weingut-zimmerling.de
**www.weingut-zimmerling.de**

**Inhaber/in und Betriebsleitung** Klaus Zimmerling
**Keller** Pius Lange

**Rebfläche** 4 Hektar
**Beste Lagen** Pillnitzer Königlicher Weinberg
**Boden** verwitterter Granit
**Rebsorten** Riesling, Gewürztraminer, Grauburgunder, Weissburgunder, Kerner, Traminer, Muskateller
**Gastronomie** Vinothek, Weingenuss und Weinverkauf vor Ort, Picknickkorb mit lokalen Spezialitäten, Weindegustationen auf Anfrage
**Erlebenswert** Vinothek, Galerie mit Skulpturen von Malgorzata Chodakowska, Skulpturengarten, Pillnitzer Königlicher Weinberg, Steillage mit alten Trockensteinmauern
**Mitglied** VDP

Es hat sich einiges getan im Weingut Zimmerling. Die neue Vinothek wurde fertig gestellt, das Weingut ist biozertifiziert und auch mit dem uns jetzt vorgestellten Jahrgang 2020 ist man sehr gut zurechtgekommen. Das liegt vielleicht auch am neuen Kellermeister, der die in den letzten Jahren doch recht eigenständigen Weine auf ein neues Qualitätsniveau hebt. Dabei verlieren sie nicht an Eigenständigkeit und Handschrift, aber sie bekommen deutlich mehr Schliff und Finesse und dem sogenannten „kontrollierten Nichtstun" wird mehr Präzision zuteil. Das zeigt sich bereits bei den Rieslingen, die auch in ihrer Nomenklatur präzisiert wurden. Auch der jetzt vorgestellte 2018er Riesling VDP.Große Lage präsentiert sich in Bestform und offenbart das Entwicklungspotenzial der Weine. Zudem haben die Burgunder deutlich dazugewonnen. Besonders gelungen sind in diesem Jahr die Bukettrebsorten wie der Kerner aus Alten Reben, der Muskateller und der Gewürztraminer. Nicht zu expressiv, dafür mit viel Druck am Gaumen, dicht und von exotischer Frucht begleitet, zeigen sie das Gespür des Winzers. Kurzum: Die Entwicklung im Weingut ist zu spüren und zu schmecken, wir freuen uns ausdrücklich auf die kommenden Jahrgänge!

**84** 2020 Riesling trocken
**18 €** | 12 %

**86** 2020 Pillnitzer Königlicher Weinberg Riesling R
**16 €/0,5 Lit.** | 12 %

**87** 2020 Pillnitzer Königlicher Weinberg Kerner Alte Reben
**15 €/0,5 Lit.** | 13 %

**87** 2020 Weissburgunder GL
**20 €/0,5 Lit.** | 11,5%

**87** 2020 Pillnitzer Königlicher Weinberg Muskateller
**22 €/0,5 Lit.** | 12 %

**88** 2020 Grauburgunder R
**14 €/0,5 Lit.** | 12 %

**88** 2020 Pillnitzer Königlicher Weinberg Grauburgunder VDP.Grosse Lage
**20 €/0,5 Lit.** | 12,5%

**88** 2018 Pillnitzer Königlicher Weinberg Riesling VDP.Grosse Lage
**24 €/0,5 Lit.** | 13 %

**90** 2020 Pillnitzer Königlicher Weinberg Gewürztraminer VDP.Grosse Lage
**24 €/0,5 Lit.** | 13 %

# Württemberg: "The Länd(le)" of Lemberger

Über 50 Genossenschaften im vom Rotwein geprägten Württemberg vermarkten etwa 80 Prozent aller Weine. Doch die besten stammen meist von kleineren Familienweingütern. Man hat mehr zu bieten als süffige Schoppen vom Trollinger. Komplexe Lemberger und markante Rieslinge bilden die Spitze des schwäbischen Weinbergs.

### Geschichte

Dass Württemberg heute wie keine andere Region als Musterländle für genossenschaftliche Weinerzeugung steht, liegt in seiner Geschichte begründet. Als Ursprung des Genossenschaftswesens in Südwestdeutschland gilt gemeinhin die fortschreitende Fragmentierung der landwirtschaftlichen Flächen durch Erbteilung Anfang des 19. Jahrhunderts, ausgelöst durch die im napoleonischen Code Civil vorgesehene Realteilung. In Württemberg gab es bereits deutlich früher eine Landesordnung, die zu solchen kleinteiligen Besitzverhältnissen führte. Im Jahr 1552 erließ Herzog Christoph für die altwürttembergischen Gebiete ein neues Recht, das Kindern bereits bei ihrer Heirat einen Teil des elterlichen Vermögens zuschlug und somit die Besitztümer innerhalb weniger Generationen heillos zerstückelte und deren Bewirtschaftung immer unwirtschaftlicher werden ließ - ein Dilemma, das die Bauern schließlich durch genossenschaftliche Kooperation lösten.

### Geografie

Entlang des Neckars und in den geschützten Flusstälern der Nebenflüsse Enz, Rems oder Tauber bis hin zum Bodensee gibt es Weinbau in Württemberg. Das Zentrum des Weinbaugebiets liegt am mittleren Neckar im Bereich württembergisches Unterland.

### Klima und Boden

Die durchschnittlichen Klimawerte liegen im milden Südwesten Deutschlands bei zehn Grad und 1662 Sonnenstunden. Das Klima wird durch den Schutz des Schwarzwalds und der Schwäbischen Alb begünstigt. Verschiedene Keuperformationen, unter anderem Gipskeuper, sowie Muschelkalkinseln im mittleren Neckarraum prägen die Böden in den 17 Groß- und 210 Einzellagen.

### Weine und Produktionsmenge

Auf den zahlreichen Steillagen bewirtschaften Winzer oft kleine Parzellen und liefern deren Erträge traditionell an die nächstgelegene Genossenschaft. Davon existieren im viertgrößten Weinbaugebiet Deutschlands an die 30. Diese vermarkten immerhin 75% des im Gebiet insgesamt erzeugten Weins. Mit knapp 70 Prozent Rotweinanbau steht Württemberg nach dem Ahrtal prozentual an zweiter Stelle der deutschen Weinbauregionen – mengenmäßig klar an der Spitze. Obgleich der Trollinger den Hauptanteil unter den roten Sorten ausmacht, bringt der Lemberger die interessanteren Ergebnisse hervor. Insgesamt produzierte die Region im Jahr 2021 fast 870 000 Hektoliter Wein.

## Württemberg im Überblick

**Rebfläche** 11 358 Hektar (2021)
**Produktion** 868 663 Hektoliter (2021)
**Lagen** 17 Groß-, 210 Einzellagen
**Hauptrebsorten** Trollinger, Riesling, Lemberger, Schwarzriesling, Spätburgunder
**Weinart** Rotweine mit hohem Lagerpotenzial, saftig-herzhafte Rieslinge, unkomplizierte Schoppenweine in beiden Farben
**Beste Lagen** Untertürkheimer Gips, Fellbacher Lämmler, Stettener Pulvermächer, Schwaigerner Ruthe, Neipperger Schlossberg, Mundelsheimer Käsberg, Stettener Brotwasser, Untertürkheimer Mönchberg und Herzogenberg
**Böden** verschiedene Gipskeuperformationen, im mittleren Neckarraum Muschelkalkinseln

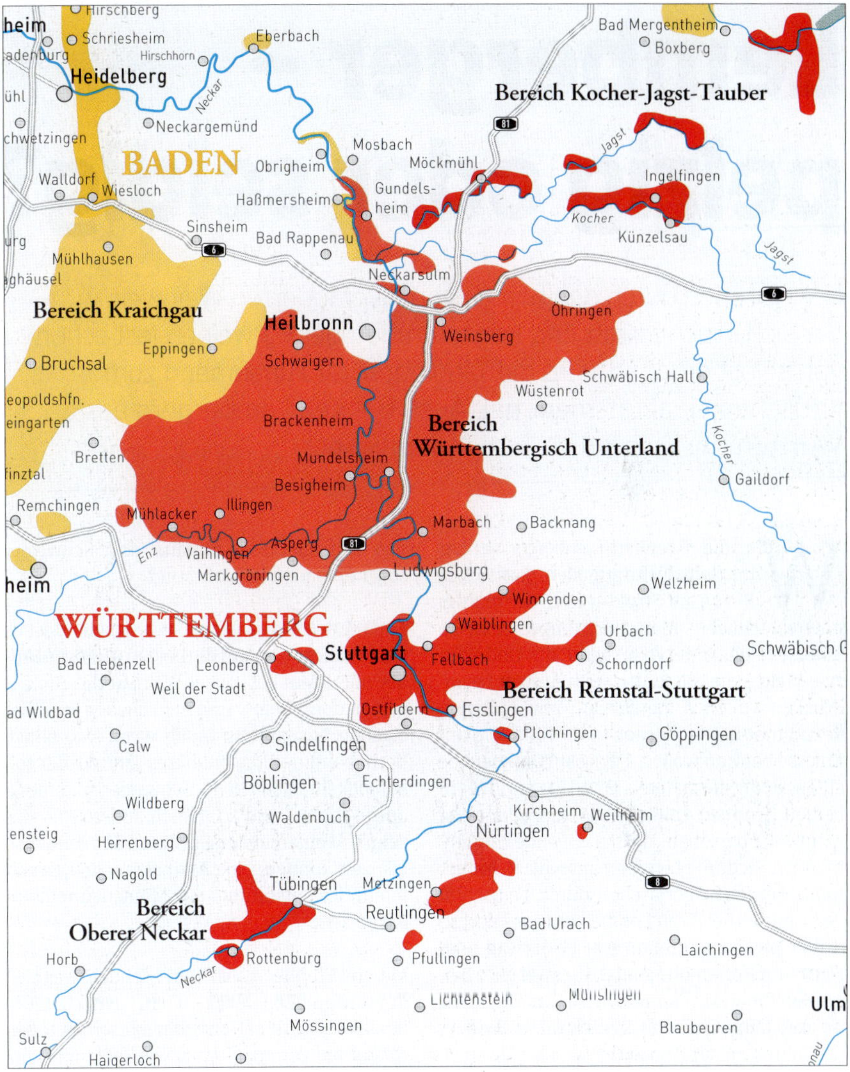


Karte: Deutsches Weininstitut

**Interessant** Württemberg ist wie keine andere Region zur Heimat internationaler Rebsorten geworden. Cabernet und Merlot werden hier entweder reinsortig oder im Cuvée mit heimischen Sorten abgefüllt. Auch Sauvignon Blanc kann bemerkenswert sein. Selbst Exoten wie Malbec, Nebbiolo oder Pinotage wurden hier schon gesichtet.

**Weinbauverband Württemberg e.V.**
Hirschbergstraße 2
74189 Weinsberg
Tel. (0 71 34) 80 91
info@wvwue.de
www.wvwue.de

# Lemberger – pelzig oder seidig?

In einer auch durch den Klimawandel veränderten Weinwelt, in der sich Frucht, Kraft und Konzentration bei Rotweinen fast schon von selbst ergeben, wird die Tanninqualität zunehmend zum kritischen Qualitätsmerkmal. Auch bei den Lembergern aus Württemberg wird dies immer deutlicher.

Wer die aktuellen Lemberger verkostet, dem dürfte auffallen, dass sich in Bezug auf Struktur und Textur zwei unterschiedliche Marschrichtungen auftun: Einerseits charaktervolle, herzhafte und würzige Weine, die mit kraftvollem Auftritt beeindrucken wollen. Andererseits Weine mit geradezu Pinot-hafter Eleganz und Schliff, die mit Finesse betören wollen. Pelzig am Gaumen die einen, seidig die anderen. Ohne Frage gibt es in beiden Gruppen großartige Weine, aber es ist nicht zu übersehen, dass das Pendel zunehmend in Richtung Letzterer ausschlägt. Immer mehr Betriebe überraschen durch Feinschliff des Tannins bei ihren Lembergern, was dort so bisher nicht anzutreffen war (Wöhrwag oder Fürst von Hohenlohe sind dafür zwei gute Beispiele). Einer der Pioniere dieses Stils war und ist aber auch Christian Dautel, unser „Winzer des Jahres" in der Region.

Auch Württembergs Sekte sind auf breiter Basis feiner geworden. Früher wurden sie selbst bei namhaften Betrieben oft etwas stiefelterlich behandelt. Man musste sie zwar im Sortiment haben, ließ sie aber nicht selten außer Haus von Großbetrieben versekten. Nun fällt auf, dass das Segment gerade auch in Schwaben mit seiner Sekttradition – immerhin steht die älteste Sektkellerei Deutschlands in Esslingen – deutlich ernsthafter angegangen wird. Fast alle dieses Jahr von uns verkosteten Sekte waren solide und schmackhaft, die Spitzen von Aldinger, Schnaitmann und Schwegler sogar überaus beeindruckend.

Beeindruckend, ja geradezu frappierend ist es jedoch auch, wie sehr die beiden Aldinger-Brüder mit ihrem Fellbacher Weingut das Anbaugebiet dominieren und schlichtweg in einer eigenen Liga spielen. Auch wenn sich einige Betriebe in der Region dieses Jahr wieder toll entwickelt haben (wie Schwegler, Zimmerle oder Klopfer) und so manch andere mit einzelnen Weinen in der absoluten Spitzenklasse glänzen können – die Aldingers scheinen mit ihrem Gesamtsortiment im Moment uneinholbar zu sein.

Mit viel Freude beobachten wir auch, was sich in Württembergs „Exklave" am bayrischen Bodensee tut. Simon Hornstein mit seinen tollen Chardonnays und Pinots sowie Benjamin Lanz mit seinen PiWis sollte man im Auge behalten!

*Frank Kämmer MS*

# Regionale Spitzenresultate

Aldinger spielt in Fellbach in einer eigenen Liga, doch auch die Gemeinde Korb im Remstal wird mit den Topbetrieben Schwegler und Zimmerle zu einem Qualitäts-Hotspot. Mit unaufgeregt ruhiger Hand steigt Klopfer auf. Hornstein, die letztjährige Entdeckung aus Nonnenhorn am Bodensee, wird zum echten Geheimtipp.

## Spitzenweine

**Die besten Lemberger aus Württemberg**

**94** Aldinger, Fellbacher Lämmler Lemberger VDP.GG 2020
**42 €** | 13,5 %

**93** Neipperg, Schwaigerner Ruthe Lemberger VDP.GG 2020
**30 €** | 13,5 %

**93** Haidle, Stettener Gehrnhalde Lemberger VDP.GG 2020
**48 €** | 13 %

**92** Neipperg, Neipperger Schlossberg Lemberger VDP.GG 2020
**30 €** | 13 %

**92** Schnaitmann, Fellbacher Lämmler Lemberger VDP.GG 2020
**58 €** | 12,5 %

**91** Haidle, Stettener Berge Lemberger VDP.GG 2020
**38 €** | 13 %

**91** Schwegler, Lemberger trocken Reserve 2019
**38 €** | 14 %

## Gebietspreisträger

**Winzer des Jahres** Dautel
**Aufsteiger des Jahres** Klopfer

## Spitzenbetriebe

★★★★★

**Aldinger, Fellbach**

★★★★

**Karl Haidle, Kernen-Stetten**
**Graf Neipperg, Schwaigern**
**Rainer Schnaitmann, Fellbach**
**Albrecht Schwegler, Korb**

★★★½

**Dautel, Bönnigheim**
**Zimmerle, Korb**

★★★

**Weingärtner Cleebronn-Güglingen**
**Drautz-Able, Heilbronn**
**Jürgen Ellwanger, Winterbach**
**Klopfer, Großheppach**
**Sonnenhof, Vaihingen**
**Wachtstetter, Pfaffenhofen**
**Staatsweingut Weinsberg**
**Wöhrwag, Untertürkheim**

WEIN SÜDEN
BADEN-WÜRTTEMBERG
WO VIELES MIT
EINEM GUTEN
TROPFEN BEGINNT
#weinsüden
FOLGEN SIE DEM WEINSÜDEN UNTER DEM HASHTAG:
#weinsüden

★★



## ADELMANN

Weingut Graf Adelmann
71711 Kleinbottwar · Burg Schaubeck 1
Tel. (07148) 921220 · Fax 9212225
weingut@graf-adelmann.com
**www.graf-adelmann.com**

**Inhaber/in und Betriebsleitung**
Felix Graf Adelmann
**Keller** Ruben Röder
**Außenbetrieb** Ruben Röder

**Historie** Weinbau seit 1297, seit 1914 unter der Familie Graf Adelmann, heute in der fünften Generation
**Rebfläche** 26 Hektar
**Jahresproduktion** 130 000 Flaschen
**Beste Lagen** Kleinbottwarer Süßmund, Götzenberg, Lichtenberg und Oberer Berg
**Boden** Keuper, roter Mergel, Muschelkalk
**Rebsorten** 22% Lemberger, je 12% Riesling und Spätburgunder, 10% Grauburgunder, 7% Weißburgunder, 5% Cabernet, je 4% Grüner Veltliner, Merlot und Muskatrollinger, 3% Trollinger, 17% übrige Sorten
**Erlebenswert** Burg Schaubeck und ihr historischer Park
**Mitglied** VDP, Deutsches Barrique Forum, Hades

Felix Graf Adelmann hat uns mit zwei außergewöhnlichen Weinen überrascht: einem wirklich sehr gelungener Grüner Veltliner und dem teilweise maischevergorenen sowie im Barrique ausgebauten Riesling Neben Frank aus der Lage Süßmund, der eine prägnant hefige Frucht und feinsaftige Textur aufweist. Ein unverkennbarer Klassiker mit gewisser animalischer Kopfnote ist hingegen die Cuvée Herbst im Park. Der Lemberger hat zugänglichen Charme, der Spätburgunder ist von unaufgeregt traditioneller Machart, der Merlot Gutswein ist diskret würzig. Transparente Frucht und würziges Finish findet man beim Clevner Hades. Feine Lohenoten umspielen die saftig-dunkle Frucht des Merlot Hades. Bei den weißen Gutsweinen hat der Weißburgunder attraktive Frucht und süffige Art, etwas mehr Charakter und Tiefe zeigt der Grauburgunder. Das Große Gewächs vom Grauburgunder hat reifes Volumen, die Cuvée Weißer Löwe zeigt reife Herzhaftigkeit.

**83** 2019 Cuvée Der Weisse Loewe trocken
**10,80 €** | 13 %

**84** 2021 Weißburgunder trocken
**10,50 €** | 12,5%

**85** 2021 Grauburgunder trocken
**10,50 €** | 12,5%

**87** 2021 Kleinbottwarer Grüner Veltliner trocken
**12 €** | 12,5%

**87** 2020 Riesling Landwein trocken Neben Frank
**23 €** | 13,5%

**87** 2019 Oberer Berg Grauburgunder Großes Gewächs
**25 €** | 13 %

**83** 2019 Spätburgunder trocken
**9,80 €** | 12,5%

**84** 2020 Lemberger trocken
**9,80 €** | 12,5%

**84** 2020 Merlot trocken
**9,80 €** | 13 %

**87** 2018 Clevner trocken Hades
**26 €** | 13 %

**88** 2018 Merlot trocken Hades
**29 €** | 13,5%

**87** 2018 Cuvée Herbst im Park trocken
**16,90 €** | 13 %

## ALDINGER

Weingut Aldinger
70734 Fellbach · Schmerstraße 25
Tel. (0711) 581417 · Fax 581488
info@weingut-aldinger.de
**www.weingut-aldinger.de**

**Inhaber/in und Betriebsleitung** Hansjörg und Matthias Aldinger
**Keller** Matthias Aldinger
**Außenbetrieb** Hansjörg Aldinger

**Historie** Weinbau in der Familie seit 1492
**Rebfläche** 33 Hektar
**Jahresproduktion** 250 000 Flaschen
**Beste Lagen** Untertürkheimer Gips, Fellbacher Lämmler, Stettener Pulvermächer, Uhlbacher Götzenberg, Hanweiler Berg
**Boden** Gipskeuper, roter Keuper, Sandsteinverwitterung, bunter Mergel
**Rebsorten** 26% Riesling, je 14 % Chardonnay, Weißburgunder und Sauvignon Blanc, je 13% Spätburgunder und Lemberger, 6% übrige Sorten
**Erlebenswert** Weinwanderweg Fellbach, alte Kelter
**Mitglied** VDP

Selbst im so souverän erfolgsverwöhnten Hause Aldinger erlebt man noch Überraschungen! Eine davon kommt aus Stetten: Mit dem Pulvermächer wurde ein neues Großes Gewächs vom Riesling vorgestellt, das sich auf Anhieb als echter Grand Cru dieser Lage erwies. Im 500l-Tonneau ausgebaut verweigert er jede Primärfrucht, ist auch als 2020er immer noch markant reduktiv und unterstreicht mit salziger Mineralität und stahlig-blitzendem Säurespiel die selbstgewählte wie selbstbewusste Austerität. Was für ein toller Vergleich zum ebenso großen Riesling GG aus dem Lämmler, der mit seiner an die Mittelhaardt erinnernden Fruchtfülle aus einem anderen Universum zu kommen scheint. Offensichtlich vom Erfolg des großartigen Götzenberg animiert, der mit brillantem Spiel und forderndem Nerv in seiner 2021er Version ganz klar der beste Riesling Kabinett ist, der jemals in Württemberg erzeugt wurde, haben sich die Aldingers nun auch an eine restsüße Spätlese aus dem Pulvermächer gewagt, die mit geradezu moselanischer Präzision und Eleganz bereits sehr gut gelungen ist. Wenig überraschend ist hingegen, dass der grandiose Sauvignon Blanc Ovum bei aller Pracht mit völlig unaufgeregter Tiefe und subtilster Würze wieder eine auch international glänzende Persönlichkeit ist. Ebenso, dass sich der Weißburgunder als köstliche Delikatesse mit meisterhafter Balance zeigt - bei der aber offensichtlich die Expressivität der Vorjahre nun zugunsten einer den feinsinnigen Verkoster betörenden Eleganz ersetzt wurde. Gleiches gilt für den überragenden Chardonnay: keinen Millimeter zu viel raumgreifend und doch so präsent! Hier war ganz klar eher Puligny-Montrachet als Meursault das Vorbild.

### Spätburgunder auf dem Thron

Einen bemerkenswerten Wechsel gab es jedoch auf dem Thron für den besten Rotwein des Guts. Statt wie gewohnt der Lemberger aus dem Lämmler sitzt dort jetzt der Spätburgunder aus dieser Lage. Nicht aber weil Ersterer schlechter geworden wäre, ganz im Gegenteil. Der Lemberger ist ein Großes Gewächs mit betörend komplexem Aroma von Waldbeer-Potpourri, samtig-tiefer Dichte ohne jede Aggressivität und enormer Länge. Aber Letzterer ist mit immenser Tiefe, freilich ohne jede Schwere oder Vordergründigkeit, sowie mit perfekter Struktur und großer Zukunft nun so gut, dass er selbst den Weltklasse-Lemberger noch etwas überragt.

**90** 2015 Aldinger Sekt Brut nature
**50 €** | 12 %

**89** 2021 Sauvignon Blanc trocken Reserve
**19,50 €** | 12,5%

**90** 2021 Untertürkheimer Gips Marienglas Riesling VDP.Großes Gewächs
**32 €** | 13 %

**91** 2021 Fellbacher Lämmler Riesling VDP.Großes Gewächs
**32 €** | 13 %

**91** 2020 Untertürkheimer Gips Marienglas Weißburgunder VDP.Großes Gewächs
**33,90 €** | 13 %

**91** 2020 Stetten Pulvermächer Riesling VDP.Großes Gewächs
**42 €** | 12,5%

**92** 2020 Untertürkheimer Gips Chardonnay trocken
**42 €** | 13 %

**93** 2020 Sauvignon Blanc trocken Ovum
**40 €** | 13 % TOP 10

**92** 2021 Untertürkheim Mönchberg Riesling Eiswein restsüss
**40 €** | 7 %

**87** 2021 Fellbach Lämmler Riesling Kabinett
**14,50 €** | 7 %

**90** 2021 Götzenberg Riesling Kabinett
**14,50 €** | 7 % TIPP

**88** 2021 Stetten Pulvermächer Riesling Spätlese
**19,50 €** | 7,5%

**86** 2021 Trollinger trocken Sine
**14,50 €** | 9,5%

**92** 2020 Untertürkheimer Gips Marienglas Spätburgunder VDP.Großes Gewächs
**33,90 €** | 13 %

**94** 2020 Fellbacher Lämmler Lemberger VDP.Großes Gewächs
**42 €** | 13,5% TOP 10

**95** 2020 Fellbacher Lämmler Spätburgunder VDP.Großes Gewächs
**42 €** | 13 %

★½

## ALT

Weingut Wolfgang Alt
74336 Brackenheim-Neipperg ·
Schwaigerner Straße 1
Tel. (07135) 936514 · Fax 936514
info@wolfgangalt-weingut.de
**www.wolfgangalt-weingut.de**

**Inhaber/in und Betriebsleitung** Wolfgang Alt
**Keller** Wolfgang Alt

Dieser Betrieb ist ein echter Geheimtipp für Weinliebhaber auf der Suche nach individuellen Gewächsen abseits des Mainstreams. Inhaber Wolfgang Alt hat sich mit ganzem Herzen dem Lemberger verschrieben. Rund 85 Prozent seiner knapp drei Hektar umfassenden Weinberge sind mit dieser Rebsorte bepflanzt. Diese Fokussierung dürfte selbst in Württemberg einzigartig sein. Die 2019er dürften die wohl feinsten Rotweine von Alt bisher sein. Die beiden S-Klasse-Lemberger sind elegante Gewächse mit eigenständiger Persönlichkeit. Der Zweifelberg ist dabei etwas runder und stoffiger, die Steingrube - die für uns im Moment die Nase ein wenig vorne hat -, ist etwas mineralischer und duftiger. Darüber hinaus gilt aber auch Alts Nebbiolo, der hier durchaus rebsortentypisch und fein gelingt, als gefragte Rarität. Im Jahr 2019 war der Ertrag jedoch so gering, dass auf eine Abfüllung verzichtet wurde. Der 2020er Weißburgunder präsentiert sich markant hefig im Aroma.

**85** 2020 Weißburgunder trocken
**11 €** | 13 %

**88** 2019 Neipperger Steingrube Lemberger trocken S
**13 €** | 13 %

**88** 2019 Brackenheimer Zweifelberg Lemberger trocken S
**25 €** | 13 %

★★☆

## BEURER

Weingut Beurer
71394 Stetten im Remstal · Lange Straße 67
Tel. (07151) 42190 · Fax 41878
info@weingut-beurer.de
**www.weingut-beurer.de**

**Inhaber/in und Betriebsleitung** Marion und Jochen Beurer
**Keller** Jochen Beurer
**Außenbetrieb** Timo Strauß

**Rebfläche** 14 Hektar
**Jahresproduktion** 100 000 Flaschen
**Beste Lagen** Stettener Pulvermächer, Häder
**Boden** Gipskeuper, Schilf- und Kieselsandstein
**Rebsorten** 60% Riesling, je 20% übrige Rotwein- und Weißweinsorten
**Mitglied** VDP, Ecovin, Demeter

Jochen Beurer ist überzeugter Nonkonformist, dessen markante Weißweine aus biodynamischer Erzeugung eigenständige Persönlichkeiten auch abseits des Mainstreams sein dürfen und oft erst nach gewisser Reife ihr ganzes Potenzial zeigen. Bereits der Gutsriesling ist hier bemerkenswert charaktervoll. Wer es süffiger und beschwingter mag, der wird mit der Cuvée Weiß glücklich. Der Gipskeuper Riesling hat erdig-würzige unterlegte Frucht. Kühle, feinmineralische Rasse und stahlige Länge prägen den Schilfsandstein. Etwas fruchtiger aufgefächert ist die Version vom Kieselsandstein. Reife Zitrusfrucht und markanter Nerv machen die Junges-Schwaben-Abfüllung zu einer Herausforderung für den Verkoster. Das Große Gewächs ist ebenso charaktervoll, aber mit hefig-pikanter Fruchttiefe und Geschmeidigkeit etwas zugänglicher. Der Grauburgunder hat geschmeidiges Volumen mit pikanter Würze im Kern. Besonders gut ist dieses Jahr der Sauvignon mit reifer, exotischer Fruchtfülle bei gleichzeitig feinnerviger Struktur ausgefallen. Bei den Rotweinen sollten man auch den Trollinger nicht übersehen, der so lebhaft ist, dass man ihn gekühlt sehr schön anstatt eines Rosé einsetzen kann. Der Zweigelt hat warme, geschmeidige Kirschfrucht, der Lemberger feinwürziges Brombeeraroma und aufrechte Persönlichkeit. Der Lemberger GG zeigt reife, „süße" Schwarzkirschfrucht mit dezent animalischem Touch, der Spätburgunder GG hat eine würzig-straffe Art mit herzhafter roter Johannisbeerfrucht.

**83** 2021 Cuvée Weiß trocken
**9,50 €** | 11,5%

**84** 2021 Riesling trocken
**9,50 €** | 12 %

**85** 2020 Riesling trocken Gipskeuper
**12,50 €** | 12 %

**86** 2020 Riesling trocken Schilfsandstein
**13,50 €** | 12,5%

**87** 2020 Riesling Landwein trocken Kieselsandstein
**17,50 €** | 12,5%

**87** 2020 Grauburgunder trocken
**19,50 €** | 13 %

**87** 2020 Riesling trocken Junges Schwaben
**28 €** | 13,5%

**88** 2020 Sauvignon Blanc trocken
**19,50 €** | 13,5%

**88** 2020 Stettener Pulvermächer Berge Riesling VDP.Großes GewächsBerge
**42 €** | 13 %

**83** 2021 Trollinger trocken
**10,50 €** | 11 %

**85** 2020 Zweigelt trocken
**12,50 €** | 12 %

**86** 2020 Lemberger trocken
**17,50 €** | 13 %

**87** 2019 Stettener Mönchberg Öde Halde Spätburgunder VDP.Großes Gewächs
**37 €** | 12,5%

**88** 2019 Stettener Mönchberg Schalksberg Lemberger VDP.Großes Gewächs
**37 €** | 12,5%

★

## BIRKERT

Weingut Birkert GbR
74626 Adolzfurt · Unterheimbacher Straße 28
Tel. (07946) 484 · Fax 3378
info@weingut-birkert.com
**www.weingut-birkert.com**

**Inhaber/in und Betriebsleitung**
Boris und Regina Birkert
**Keller** Boris Birkert

Birkerts Großes Gewächs ist der feinste Riesling des Guts bisher und darf seine Bezeichnung zu Recht tragen. Sehr gut auch die 2019er Barrique-Rotweine, die zwar nach wie vor in typisch Birkertscher Manier charaktervoll und herzhaft sind, aber gegenüber den 2018ern abgerundeter in Tannin- und Alkoholausstattung ausfallen. Allen voran die Cuvée CM mit guter Balance von Frucht und Würze und selbstbewusstem, aber hochwertigem Tanningerüst. Rauchig geprägte Frucht mit ausgewogener Struktur und samtiges Tannin findet man beim Merlot. Von reifer Art, aber nicht überladen, ist der Syrah. Schöne Fruchtpräsenz und Vielschichtigkeit zeichnet die Cuvée Limes aus.

**83** 2021 Michelbacher Margarete Riesling trocken
**7 €** | 13 %

**83** 2021 Adolzfurter Schneckenhof Chardonnay trocken
**8 €** | 13 %

**84** 2019 Adolzfurter Schneckenhof Muskateller trocken
**11 €** | 12 %

**87** 2021 Adolzfurter Schneckenhof Großes Gewächs
**13,50 €** | 12 %

**84** 2021 Adolzfurter Schneckenhof Gewürztraminer
**8 €** | 11,5%

**83** 2021 Adolzfurt Schneckenhof Rosé Saignée trocken
**7 €** | 12,5%

**87** 2019 Merlot trocken Roburis M
**16,50 €** | 14 %

**87** 2019 Syrah trocken Roburis
**18 €** | 14 %

**88** 2019 Cuvée CM trocken
**21 €** | 13,5%

**88** 2019 Cuvée Limes trocken
**18 €** | 14 %

★

## BRUKER

Weingut Bruker
71723 Großbottwar · Kleinaspacher Straße 18
Tel. (07148) 1639406 · Fax 1639411
info@weingut-bruker.de
**www.weingut-bruker.de**

**Inhaber/in und Betriebsleitung**
Markus Bruker
**Keller** Markus Bruker
**Außenbetrieb** Danny Bruker

Wie gewohnt ist die Verkostung von Markus Brukers „faustischem" Paar stets ein interessantes Vergnügen: Der Mephisto zeigt sich im Jahrgang 2019 reif und würzig, das aktuelle Gretchen verführt mit heller Frucht und schöner Balance. Charaktervoll und stoffig ist der Weißburgunder, etwas eleganter im Aroma fällt der Grauburgunder aus. Der Sauvignon Blanc hat ausdrucksvolle Frucht bei gleichzeitig gepufferter Rasse. Erkennbar ambitioniert, mit präsentem, aber gelungenem Holzeinsatz, ist der hochwertige Chardonnay-Weißburgunder-Blend. Die Cuvée Rockxy ist ein fruchtiger Allrounder. Beerenfruchtig im Aroma und mit schöner Struktur zeigt sich die Cuvée Black Jack.

**84** 2021 Grauburgunder trocken
**9,50 €** | 13 %

**84** 2021 Weissburgunder trocken
**9,50 €** | 13 %

**84** 2021 Cuvée Rockxy trocken
**9,50 €** | 13 %

**86** 2021 Sauvignon Blanc trocken
**9,50 €** | 13,5%

**86** 2021 Cuvée Gretchen trocken
**10,50 €** | 13,5%

**87** 2020 Oberstenfeld Chardonnay & Weissburgunder trocken
**14 €** | 13,5%

**83** 2021 Rosé Saigneé trocken
**8,90 €** | 13 %

**84** 2019 Cuvée Black Jack trocken
**9,50 €** | 13,5%

**85** 2019 Cuvée Mephisto trocken
**10,50 €** | 14 %

★★★

## CLEEBRONN-GÜGLINGEN

Weingärtner Cleebronn-Güglingen
74389 Cleebronn · Ranspacher Straße 1
Tel. (07135) 98030 · Fax 13228
info@cg-winzer.de
**www.cg-winzer.de**

**Geschäftsführer** Axel Gerst
**Betriebsleitung** Vorstand Thomas Beyl
**Keller** Max Kusic

**Rebfläche** 280 Hektar
**Jahresproduktion** 2 000 000 Flaschen
**Beste Lagen** Cleebronner Michaelsberg, Güglinger Kaiserberg
**Boden** Keuper, bunter Mergel, Schilfsandstein
**Rebsorten** 25% Lemberger, 17% Riesling, 15% Trollinger, 10% Schwarzriesling, 9% Spätburgunder, je 4% Weißburgunder und Grauburgunder, 6% übrige Sorten
**Erlebenswert** Michaelsberg in Cleebronn

Aus 280 ha Rebfläche lediglich einige Spezialitäten als beeindruckende Leuchttürme herauszukitzeln wäre keine allzu große Kunst. Doch damit gibt man sich in Cleebronn keinesfalls zufrieden, und das ist der Grund, warum wir die Cleebronner als die derzeit wahrscheinlich beste Genossenschaft in Deutschland einschätzen. Die überaus solide Basis des Programms ist hier ebenso vorbildlich wie die Spitzenweine. Schon der einfachste Riesling Sankt M. ist ein heiterer und vollfruchtiger Schoppen als angenehmer täglicher Tischwein (80000 Flaschen!), und die Herzog-C-Abfüllungen bieten tolles Preis-Genuss-Verhältnis. Die Qualität des Sauvignon Blanc, mit ausdrucksvoller Zitrus/Pfirsichfrucht und dennoch eleganter Art, dürfte mit unter zehn Euro in Württemberg einzigartig sein. Auch der Grauburgunder dieser Linie ist mit kristallklarer, heller Frucht absolut empfehlenswert. Bei den Top-Weinen der Linie Emotion CG ist der Riesling mit komplexer, dichter Zitrusfrucht auf souveränem Großem-Gewächs-Niveau, und der Weißburgunder hat seidige Brillanz. Der Lemberger zeigt präsente Fruchtigkeit und ausgewogene Art, nobles Brombeer-Cassis-Aroma und sehr samtige Textur zeichnen die Reserve-Abfüllung dieser Sorte aus. Mit komplexer Fülle, ohne jedoch überladen zu sein, steht die Cuvée Roter Hirsch an der Spitze.

**84** 2020 Pinot Sekt Brut
**10 €** | 12,5%

**83** 2021 Sankt M. Riesling trocken
**6,60 €** | 12 %

**86** 2021 Grauburgunder trocken Herzog C
**9,90 €** | 12,5%

**87** 2021 Sauvignon Blanc trocken Herzog C
**9,90 €** | 12 %

**87** 2020 Weissburgunder trocken Emotion CG
**22 €** | 13 %

**88** 2020 Riesling trocken Emotion CG
**18 €** | 13 %

**87** 2019 Lemberger trocken Emotion CG
**18 €** | 13 %

**88** 2019 Lemberger trocken Reserve Emotion CG
**22 €** | 13 %

**89** 2018 Cuvée Roter Hirsch Réserve trocken
**38 €** | 13,5%

★★

## COLLEGIUM WIRTEMBERG

Collegium Wirtemberg
70327 Stuttgart · Württembergstraße 230
Tel. (0711) 32777580 · Fax 327775850
info@collegium-wirtemberg.de
**www.collegium-wirtemberg.de**

**Geschäftsführender Vorstand** Martin Kurrle
**Keller** Thomas Eckard
**Außenbetrieb** Rainer Bubeck und Rüdiger Lebrecht

**Rebfläche** 160 Hektar
**Jahresproduktion** 1 300 000 Flaschen
**Beste Lagen** Rotenberger Schlossberg, Uhlbacher Götzenberg
**Boden** Muschelkalk, Gipskeuper, bunter Mergel, Stubensandstein
**Rebsorten** 20% Trollinger, 18% Riesling, 15% Lemberger, 10% Spätburgunder, 8% Grauburgunder, je 5% Weißburgunder und Merlot, 19% übrige Sorten
**Gastronomie** Bistro 1819, direkt am Fuß der Grabkapelle

Vor seinem Wechsel zur Remstalkellerei präsentierte uns Martin Kurrle noch einmal eine gewohnt gute und verlässliche Kollektion. Die Stars in der idyllisch zu Füßen des Wirtembergs gelegenen Stuttgarter Genossenschaft sind dabei die roten Reserve-Abfüllungen. Der Spätburgunder hat hier charaktervolle Waldbeerfrucht und würziges Finish. Der Merlot zeigt mediterrane Art und selbstbewusste Persönlichkeit. Die Grande Cuvée an der Spitze ist noch dichter und komplexer, mit charaktervoll rauchigem Aroma. In der Edition Wirtemberg finden sich der ausdrucksvolle Weißburgunder mit präsenter Frische, der solide Spätburgunder in traditionellem Stil und der Syrah als kosmopolitischer Allrounder. Bei den Rieslingen zeigt der 411 n.n. zum Einstieg „kühle", frische Frucht und ein herzhaftes Finish. Der Kabinett ist eine hübsche Erfrischung zum Apéro. Ausgesprochen süffig ist der Alte Reben, feinsaftigen Chararkter hat der Riesling Sand. Wir sind gespannt, wie es auf dem Wirtemberg ohne seine langjährige, prägende Führungsfigur weitergehen wird!

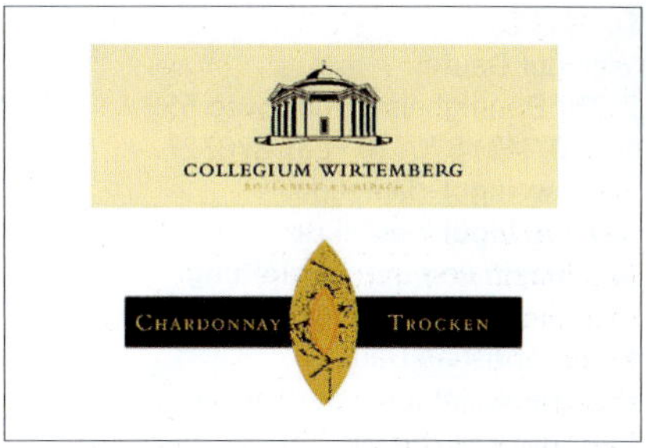


**83** 2021 Riesling trocken 411 n.n.
**7,30 €** | 12,5%

**84** 2021 Riesling trocken Alte Reben
**8,20 €** | 12,5%

**85** 2021 Riesling trocken Sand
**9,80 €** | 12,5%

**86** 2021 Weißburgunder trocken Edition Wirtemberg
**9,80 €** | 13 %

**83** 2021 Uhlbacher Götzenberg Kabinett
**7,90 €** | 11 %

**84** 2019 Pinot Noir trocken Edition Wirtemberg
**9,80 €** | 13,5%

**85** 2019 Syrah trocken Edition Wirtemberg
**14 €** | 14 %

**88** 2018 Spätburgunder trocken Reserve
**20 €** | 13 %

**88** 2018 Merlot trocken Reserve
**20 €** | 14 %

**89** 2018 Cuvée Grande Reserve trocken
**40 €** | 14 %

★★★½

## DAUTEL

Weingut Dautel
74357 Bönnigheim · Lauerweg 55
Tel. (07143) 870326 · Fax 870327
info@weingut-dautel.de
**www.weingut-dautel.de**

**Inhaber/in und Betriebsleitung**
Christian Dautel
**Keller** Christian Dautel

**Historie** Weinbau in der Familie seit 1510
**Rebfläche** 14 Hektar
**Jahresproduktion** 100 000 Flaschen
**Beste Lagen** Besigheimer Wurmberg, Bönnigheimer Schupen und Steingrüben, Cleebronner Michaelsberg, Oberstenfelder Forstberg
**Boden** Muschelkalk, Gipskeuper, Schilfsandstein, bunter Mergel
**Rebsorten** je 22% Lemberger und Riesling, 21% Spätburgunder, 18% Weißburgunder, 6% Chardonnay, 11% übrige Sorten
**Mitglied** VDP

Wer erleben möchte, wie „burgundisch" Lemberger sein kann, der sollte Dautels mit viel Fingerspitzengefühl vinifiziertes Großes Gewächs verkosten: geradezu feminine Finesse und Eleganz, mit diskreter Frische im Kern. Auch schon der Sonnenberg Lemberger zeigt diese seidige Eleganz, und der Gipskeuper zum Einstieg hat ausgesprochen attraktiven, zugänglichen Charme. Natürlich drängt sich aber vor allem bei den Spätburgunder GGs der Gedanke an Burgund auf. Mit mineralisch-komplexer, heller Waldbeerfrucht und feinem Nerv lugt der Forstberg stilistisch in Richtung Côte de Nuits, während der Schupen mit etwas weiter aufgefächertem Aroma und Anklängen von dunklen Kirschen und Pflaumen eher an die Côte de Beaune denken lässt. Nicht übersehen sollte man aber auch den Sonnenberg Spätburgunder mit schön aufgefächertem Aroma. Bei den Rieslingen zeigt der Wurmberg eine subtil hefig unterlegte mineralische Brillanz, während das Große Gewächs ausgesprochen elegant ist und mit geradezu „kühler" Finesse überzeugt. Stets ein besonders interessanter Vergleich ist der von Weißburgunder und Chardonnay der S-Klasse. Ersterer hat etwas mehr Frucht und ist taghell, Letzterer zeigt balancierte Eleganz mit feinem Nerv. Der Sonnenberg Chardonnay hat nussigen Schliff im Stil eines Chablis 1er Cru.

**85** 2017 Pinot Brut Nature
**19 €** | 12 %

**86** 2021 Bönnigheimer Weißburgunder trocken Gipskeuper
**13,40 €** | 12,5%

**87** 2020 Bönnigheimer Sonnenberg Chardonnay trocken
**19,90 €** | 12,5%

**87** 2020 Besigheimer Wurmberg Riesling trocken
**16,90 €** | 12 %

**89** 2020 Chardonnay trocken S
**29 €** | 12,5%

**89** 2020 Weißburgunder trocken S
**29 €** | 12,5%

**89** 2020 Bönnigheim Steingrüben Riesling VDP.Großes Gewächs
**29 €** | 12,5%

**86** 2020 Bönnigheimer Lemberger trocken Gipskeuper
**13,60 €** | 13 %

**87** 2019 Bönnigheimer Sonnenberg Spätburgunder trocken
**19,90 €** | 13 %

**88** 2019 Bönnigheimer Sonnenberg Lemberger trocken
**19,90 €** | 13 %

**90** 2019 Cleebronner Michaelsberg Lemberger VDP.Großes Gewächs
**34 €** | 13 %

**90** 2019 Bönnigheimer Forstberg Spätburgunder VDP.Großes Gewächs
**34 €** | 13 %

**90** 2019 Bönnigheimer Schupen Spätburgunder VDP.Großes Gewächs
**34 €** | 13 %

★★☆

## DOREAS

Weingut Doreas
73630 Remshalden-Grunbach · Ernst-Heinkel-Straße 85
Tel. (07151) 75569 · Fax 2061200
info@doreas.de
**www.doreas.de**

**Inhaber/in und Betriebsleitung**
Dorothee Wagner-Ellwanger und Andreas Ellwanger

Der Schiller-Sekt ist hier mit zarter Farbe und schönem Kirsch-Beeren-Duft seit jeher empfehlenswert. Doch auch die 2021er Weißweine sind gelungen: durchaus elegant der Riesling, taghelle Frucht und Frische hat der Chardonnay, angenehm balancierte Sortenfrucht der Cabernet Blanc. Der Gewürztraminer ist schön lebhaft, ohne überladen im Aroma zu sein. Beschwingte Frucht und Rasse zeigt der Silvaner. Der Grunbacher Spätburgunder hat duftige Himbeerfrucht. Eher im traditionellen Stil mit ländlichem Charme ist die Berghalde. Pikant-pflanzliche Würze belebt das Brombeeraroma des Lembergers. Dicht und feinwürzig ist die Trockenbeerenauslese.

**85** 2019 Sekt Brut Schillerwein
**13,50 €** | 13 %

**84** 2021 Silvaner trocken Ballade
**8 €** | 11,5%

**86** 2021 Cabernet blanc trocken Ballade
**9 €** | 13 %

**86** 2021 Grunbacher Riesling trocken
**10 €** | 12,5%

**86** 2021 Großheppacher Gewürztraminer trocken
**12 €** | 13 %

**86** 2021 Grunbacher Klingle Chardonnay trocken
**14 €** | 13 %

**91** 2019 Grunbacher Klingle Riesling Trockenbeerenauslese Oper
**60 €/0,375 Lit.** | 9 %

**86** 2019 Grunbacher Spätburgunder trocken
**11 €** | 13,5%

**86** 2019 Grunbacher Lemberger trocken
**12 €** | 13,5%

**87** 2019 Grunbacher Berghalde Spätburgunder trocken
**19 €** | 13 %

★★★

## DRAUTZ-ABLE

Weingut Drautz-Able
74076 Heilbronn · Faißtstraße 23
Tel. (07131) 177908 · Fax 941239
info@drautz-able.de
**www.drautz-able.de**

**Inhaber/in und Betriebsleitung**
Monika und Markus Drautz
**Keller** Markus Drautz
**Außenbetrieb** Philipp Ritz

**Historie** Verleihung des Familienwappens im Jahre 1496
**Rebfläche** 15 Hektar
**Jahresproduktion** 110 000 Flaschen
**Beste Lagen** Heilbronner Stiftsberg und Wartberg, Neckarsulmer Scheuerberg
**Boden** bunter Mergel, Gipskeuper, Sandsteinverwitterung
**Rebsorten** 18% Lemberger, 16% Trollinger, 13% Riesling, 11% Weißburgunder, je 9% Sauvignon Blanc und Spätburgunder, 5% Samtrot, 19% übrige Sorten
**Mitglied** VDP, Deutsches Barrique Forum, Hades

Mit fünf Weinen auf Sauvignon-Basis unterstreicht Drautz die Stellung des Guts als Pionier dieser Rebsorte in der Region: Der Heilbronner ist eher der fruchtbetonte, der Neckarsulmer eher der grasigere Typ. Attraktive, brillante Zitrusfrucht und gute Länge hat der Blend mit Riesling. Die Hades-Version besitzt charaktervollen Bordeaux-Stil mit herzhaftem Finish. SO18 ist ein herzhafter Orange-Sauvignon mit viel Grip. Aber auch schon der Weißburgunder scheint fast sauvignonhafte Rasse zu haben. Beim Riesling hat das Große Gewächs satte Goldfarbe sowie hefiges Volumen und Üppigkeit im Körper, die Reserve Hades ist als Jahrgangsblend aus 2018, 2019 und 2020 eine schwer zu fassende, ausgesprochen eigenständige Persönlichkeit mit maskulinem Nerv. Bei den Lembergern zeigt der Drei Tauben würzig-herzhafte Struktur, das Große Gewächs überwältigt mit ausgesprochen saftigem, dunklem Aroma nach Brombeerkompott sowie beeindruckend tiefem Fruchtkörper bei gleichzeitig guter Struktur. Der rote Spätburgunder-Sekt ist durchaus gelungen und hat feinen Grip – ein schöner Essensbegleiter an heißen Tagen.

**85** Spätburgunder Sekt Brut
**17 €** | 12,5%

**84** 2021 Weißburgunder trocken
**11 €** | 12,5%

**85** 2018 Landwein trocken SO18 Weingärtnerei
**30 €** | 14,5%

**86** 2021 Heilbronner Sauvignon Blanc trocken Drei Tauben
**16 €** | 12 %

**86** 2021 Neckarsulmer Sauvignon Blanc trocken Drei Tauben
**16 €** | 12,5%

**87** 2021 Heilbronner Sauvignon Blanc & Riesling trocken Drei Tauben
**16 €** | 12 %

**88** 2020 Sauvignon Blanc trocken Hades
**29 €** | 14,5%

**88** 2020 Heilbronner Stiftsberg Hundsberg Riesling VDP.Großes Gewächs
**29 €** | 12,5%

**89** Riesling trocken R Hades
**45 €** | 13,5%

**83** 2018 Lemberger trocken
**11 €** | 13 %

**85** 2018 Heilbronner Lemberger trocken Drei Tauben
**16 €** | 14 %

**90** 2018 Neckarsulmer Scheuerberg Steinkreuz Lemberger VDP.Großes Gewächs
**42 €** | 13,5%

**86** 2021 Samtrot Weißherbst Auslese
**16,50 € / 0,375 Lit.** | 9 %

★

## WEINKONVENT DÜRRENZIMMERN

Weinkonvent Dürrenzimmern eG
74336 Brackenheim · Meimsheimer Str. 11
Tel. (07135) 95150 · Fax 951539
info@weinkonvent-duerrenzimmern.de
**www.weinkonvent-duerrenzimmern.de**
**Geschäftsführer und Betriebsleitung**
Mirko Semmler-Lins
**Keller** Kurt Freudenthaler

Dürrenzimmern verdient sich die Empfehlung mit den kraftvollen Barrique-Rotweinen, die mit dem 2019er Jahrgang die ungestüme Herzhaftigkeit ihrer Vorgänger ein Stück weit hinter sich zu lassen scheinen. Der Cabernet Sauvignon hat vollreife Frucht und prägnante Holzwürze, merklich besser abgestimmt, mit gewisser Frische im Kern, ist der Cabernet Franc. Auch beim Barrique-Lemberger prägt warme Holzlohe die Frucht. Ebenso charaktervoll, aber mit besser eingebundenem Holz ist der Blend  Weinkonvent. Die Cuvée Der Abt hat großes Volumen, aber auch betont herzhafte Persönlichkeit.

**84** 2021 Weißburgunder trocken Exclusiv
**9 €** | 12,5%

**83** Cuvée Klosterhof Novitius trocken
**8,90 €** | 13 %

**84** 2020 Lemberger Divinus trocken
**15,50 €** | 13,5%

**86** 2019 Lemberger Barrique Divinus trocken
**22 €** | 14 %

**87** 2019 Cabernet Sauvignon Divinus trocken
**26 €** | 13,5%

**87** 2019 Cuvée Weinkonvent Divinus trocken
**26 €** | 14 %

**87** 2018 Cuvée Der Abt Divinus Barrique trocken
**39 €** | 14,5%

**88** 2019 Cabernet Franc Divinus trocken
**29 €** | 13,5%

★

## EISELE

Weingut Eisele
74394 Hessigheim · Steinbeisweg 1
Tel. (07143) 272399 · Fax 9098183
info@weingut-eisele.de
**www.weingut-eisele.de**

**Inhaber/in und Betriebsleitung**
Alexander Eisele
**Außenbetrieb** Johannes Schelle

Newcomer Alexander Eisele konnte uns wiederum mit seiner Cuveé Adam überzeugen, einem Bordeaux-Blend mit würziger Vielschichtigkeit. Sehr gut ist auch der Lemberger Muschelkalk mit reifer, warmer Fruchtdichte. Ähnlich im Aufbau, aber eher etwas markanter in der Struktur ist das Pedant vom Gipskeuper. Der Lemberger Silberkapsel zeigt seidige Brombeerfrucht mit schönem Säuregerüst, der Zweigelt dieser Klasse deutet die niedrige Schwefelausstattung im Bukett an. Anspruchsvoll, mit schlanker Eleganz und salzigem Finish, präsentiert sich der Goldkapsel Riesling. Taghelle Frucht und Brillanz gefallen beim Chardonnay. Der Naturbursche ist ein Pét Nat mit kräutriger Beerenfrucht.

**83** 2021 Pét Nat Naturbursche
**14 €** | 10,5%
**86** 2021 Riesling trocken Goldkapsel
**19 €** | 12%
**87** 2021 Chardonnay trocken Goldkapsel
**19 €** | 12%
**83** 2020 Trollinger trocken Silberkapsel
**14 €** | 12%
**84** 2020 Zweigelt trocken Silberkapsel
**14 €** | 12,5%
**[illegible]** 2020 Lemberger trocken Silberkapsel
**14 €** | 12,5%
**88** 2020 Lemberger trocken Muschelkalk Goldkapsel
**22 €** | 12,5%
**88** 2020 Lemberger trocken Gipskeuper Goldkapsel
**22 €** | 12,5%
**88** 2020 Cuvée Adam trocken Goldkapsel
**22 €** | 13%

★★☆

## BERNHARD ELLWANGER

Weingut Bernhard Ellwanger
71384 Weinstadt-Großheppach · Rebenstraße 9
Tel. (07151) 62131 · Fax 603209
info@weingut-ellwanger.com
**www.weingut-ellwanger.com**

**Inhaber/in und Betriebsleitung**
Yvonne und Sven Ellwanger
**Keller** Sven Ellwanger, Steffi Mock
**Außenbetrieb** Gerhard Roder
**Historie** über 500 Jahre Weinbautradition in der Familie
**Rebfläche** 36 Hektar
**Jahresproduktion** 230 000 Flaschen
**Beste Lagen** Großheppacher Steingrüble und Wanne
**Boden** Gipskeuper, Schilf- und Stubensandstein, bunter Mergel, Kieselsandstein
**Rebsorten** 19% Riesling, 14% Lemberger, 10% Spätburgunder, je 8% weiße Burgundersorten und Muskattrollinger, je 7% Sauvignon Blanc und Trollinger, je 3% Chardonnay, Roter Riesling, Merlot und Syrah, 15% übrige Sorten
**Gastronomie** Roter Riesling, klimaneutrales Weingut
**Erlebenswert** Luitenbächer Höhe, Bodenprofil in den Weinbergen
**Mitglied** Slow Food, Fair Choice, Junges Schwaben, Württemberger Weingüter

Sven Ellwangers Syrah SL ist erneut einer der Top-Weine dieser Sorte in Württemberg, mit selbstbewusster Größe und klassischer Sortenart, in bestem Rhône-Stil. Doch auch im Zusammenspiel mit Lemberger, auf dessen SL-Version 2019 verzichtet wurde, ergibt sich ein durchaus gelungener Blend mit guter Frucht und Frische. Vollreife Cabernet-Frucht und gutes Tannin lässt die bewährte Cuvée CMX erkennen. Der Steillagen-Lemberger hat geschmeidige Cassis-Sauerkirschfrucht. Bei den Rieslingen zeigt der Osterberg nach drei Jahren auf der Hefe eine feine Reife und viel Persönlichkeit. Der Riesling Kabinett ist leichtfüßig und süffig, die Spätlese durchaus elegant, mit feiner Rasse. Charaktervoll-herzhaft wie gewohnt überzeugt der Riesling SL, der Rote Riesling ist eine Spezialität mit saftig-würziger Art. Doch schon der Gutsriesling G ist ein charmanter, unbeschwerter Tischwein. Beachtenswert auch der Sauvignon Blanc in fordernd-selbstbewusstem Fumé-Stil, mit schöner Länge.

| | | |
|---|---|---|
| 83 | 2021 Riesling trocken G | **7,90 €** \| 11% |
| 86 | 2020 Roter Riesling trocken | **12,90 €** \| 13% |
| 86 | 2018 Grunbacher Klingle Osterberg Riesling trocken | **12,90 €** \| 13% |
| 87 | 2020 Großheppacher Steingrüble Riesling trocken SL | **24,90 €** \| 13% |
| 88 | 2020 Sauvignon Blanc trocken Fumé Blanc | **32,90 €** \| 13% |
| 83 | 2021 Großheppacher Steingrüble Riesling Kabinett | **7,90 €** \| 10,5% |
| 86 | 2021 Grossheppacher Steingrube Rieslinge Spätlese | **12,90 €** \| 8,5% |
| 86 | 2020 Lemberger trocken Steillage | **11,50 €** \| 13,5% |
| 86 | 2018 Cuvée Kreation CMX trocken | **16,90 €** \| 14,5% |
| 87 | 2019 Lemberger/Syrah trocken | **18,90 €** \| 13,5% |
| 90 | 2019 Großheppacher Wanne Klingenberg Syrah trocken SL | **32,90 €** \| 13,5% |

★★★

## JÜRGEN ELLWANGER

Weingut Jürgen Ellwanger
73650 Winterbach · Bachstraße 27
Tel. (07181) 44525 · Fax 46128
info@weingut-ellwanger.de
**www.weingut-ellwanger.de**

**Inhaber/in und Betriebsleitung** Jörg und Felix Ellwanger
**Keller** Jörg Ellwanger

**Historie** Weinbau in der Familie seit 1514
**Rebfläche** 27 Hektar
**Jahresproduktion** 200 000 Flaschen
**Beste Lagen** Winterbacher Hungerberg, Hebsacker Berg, Linnenbrunnen und Lichtenberg, Schnaiter Altenberg
**Boden** Keuper und Kieselsandstein
**Rebsorten** 20% Riesling, je 15% Lemberger und Trollinger, je 10% Spätburgunder, weiße Burgundersorten und Zweigelt, 7% Kerner, 5% Merlot, 8% übrige Sorten
**Erlebenswert** Neubau
**Mitglied** VDP, Deutsches Barrique Forum, Hades, Württemberger Weingüter

Auf den Grauburgunder Hades ist im Hause Ellwanger seit jeher Verlass: ein Wein von immensem Volumen, aber dennoch nicht überladen. Die Cuvée Nikodemus Candidus hingegen hat barock aufgefächerten Aromenreichtum und feinen Nerv mit Grip im Finish. Das Große Gewächs vom Weißburgunder hat ganz feinen Schliff und nobles, feines Holz. Der Winterbacher Weißburgunder zeigt helle Frucht und gewisse Würzigkeit im Aroma. Betont pflanzlich, aber dennoch mit Schliff im Geschmack, ist der Sauvignon Blanc. Markante erdige Mineralität durchdringt den Fruchtkörper am Gaumen beim Riesling GG. Auf homogen hohem Niveau liegen die großen Hades-Rotweine: Der Merlot hat ein geradezu mediterranes, warmes und vollreifes Sortenaroma, der Cabernet Sauvignon zeigt betont rauchige Herzhaftigkeit. Auch beim Zweigelt sorgt markantes Holz für selbstbewusste Würze. Noch merklich balancierter als die Hades-Abfüllungen überzeugt das Große Gewächs vom Lemberger – mit dichtem, aber keinesfalls überladenem Aroma nach Waldbeerkompott sowie schöner, dezenter Frische im Kern. Die Trockenbeerenauslese ist hochelegant mit seidiger Textur.

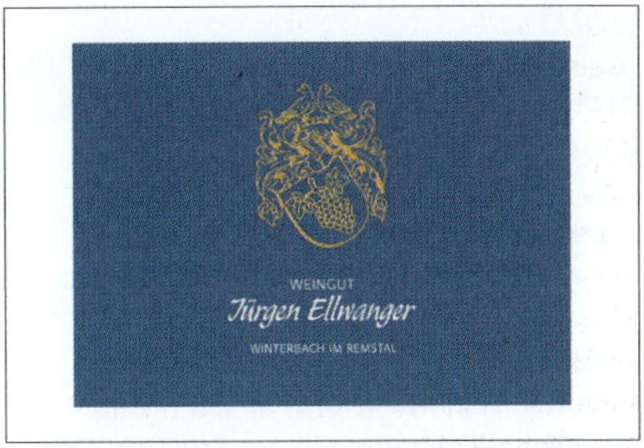


**84** 2021 Winterbacher Weißburgunder trocken
**9,90 €** | 12 %

**86** 2021 Sauvignon Blanc trocken
**13 €** | 12 %

**87** 2020 Cuvée Nikodemus Candidus trocken Hades
**25 €** | 14,5%

**88** 2020 Schnaiter Altenberg Riesling VDP.Großes Gewächs
**26,50 €** | 13 %

**88** 2020 Winterbacher Hungerberg Weißburgunder VDP.Großes Gewächs
**26,50 €** | 14 %

**92** 2020 Winterbach Hungerberg Riesling Trockenbeerenauslese
**42 €/0,375 Lit.** | 10 %

**87** 2020 Hebsacker Lichtenberg Lemberger trocken
**15 €** | 13,5%

**88** 2019 Zweigelt trocken Hades
**29 €** | 13,5%

**88** 2018 Merlot trocken Hades
**29 €** | 14,5%

**88** 2019 Cabernet Sauvignon trocken Hades
**40 €** | 13,5%

**89** 2020 Grauburgunder trocken Hades
**26 €** | 14 %

**89** 2020 Hebsacker Berg Lemberger VDP. Großes Gewächs
**32 €** | 13 %

★★½

## ESCHER

Weingut Escher
71409 Schwaikheim · Seestraße 4
Tel. (07195) 57256 · Fax 137319
info@wein-escher.de
**www.wein-escher.de**

**Inhaber/in und Betriebsleitung**
Christian und Ottmar Escher
**Keller** Christian Escher

Eschers monumentales Wunderwerk ist ein ausgesprochen tiefer und komplexer Bordeaux-Blend, der dem stolzen Namen absolut gerecht wird. Ausgewogen und vielschichtig ist hingegen die Cuvée Meisterwerk. Der Cabernet Franc hat internationalen Stil und Wärme im Kern. Würziges Brombeeraroma zeigt der Lemberger, rauchige Lohe umfasst das Volumen beim Chardonnay. Der Sauvignon Bergkeuper hat präsentes, aber doch angenehm gezügeltes Sortenaroma, noble Tiefe zeigt der Hörnle. Ausdrucksvolles Fruchtvolumen findet man beim Grauburgunder. Der in sich ruhende Pulvermächer Riesling besitzt „kühle“ Eleganz.

**85** 2021 Sauvignon Blanc trocken Bergkeuper
**10,50 €** | 12 %

**86** 2021 Korber Steingrüble Grauburgunder trocken
**15,20 €** | 12,5%

**86** 2021 Stettener Pulvermächer Riesling trocken
**15,20 €** | 12,5%

**87** 2021 Steinreinacher Hörnle Sauvignon Blanc trocken
**19,50 €** | 13 %

**88** 2019 Chardonnay trocken Reserve
**35 €** | 13,5%

**87** 2019 Korber Sommerhalde Lemberger trocken Goldlage
**19,50 €** | 13,5%

**87** 2019 Korber Sommerhalde Cabernet Franc trocken Goldlage
**26 €** | 14 %

**87** 2019 Cuvée Meisterwerk trocken
**18,50 €** | 13,5%

**90** 2018 Cuvée Wunderwerk trocken
**48 €** | 14 %

★

## EXNICRUM

exNicrum Weinmanufaktur
74934 Hessigheim · Rathausstraße 2
fabian.alber@exnicrum.com
**www.exnicrum.com**

**Inhaber/in** Fabian Alber und Dr. Herbert Müller
**Betriebsleitung** Fabian Alber
**Keller** Fabian Alber

Fabian Alber und Herbert Müller haben uns in diesem Jahr nur einige Weine aus ihrem Steilllagensortiment vorgestellt, das den beiden Entrepreneurs besonders am Herzen liegt. Mit einer Gruppe von privaten Investoren konnten zusätzliche Terrassenweinberge erworben und somit deren in weinbaulicher als auch landschaftspflegerischer und ökologischer Hinsicht wichtiger Erhalt gesichert werden. Das Konzept setzt hier vor allem auf mediterrane Sorten. Der Albariño ist wiederum sehr gelungen, mit ausdrucksvoller, rebsortentypischer Aprikosenfrucht, feiner Dichte und diskreter Mineralität im Finish. Mediterrane Art mit recht fülligem Körper findet man auch beim Rosé. Der Sangiovese duftet vollreif nach getrockneten Kirschen mit subtil floraler Kopfnote und hat bei eher mittlerem Fruchtkörper gewisse südliche Wärme im Nachhall. Merklich dichter verwoben ist der Tempranillo mit seinem Aroma nach dunklem Beerenkompott und samtiger Textur. Die Cuvée Merle zeigt transparent aufgefächerte Vielschichtigkeit. An der Spitze steht die Grande Cuvée mit noblem Holz und zusätzlicher Dimension.

**87** 2021 Albariño trocken
**15 €** | 12,5%

**83** 2021 Rosé Saignée trocken
**10,50 €** | 12,5%

**86** 2020 Sangiovese trocken
**21 €** | 13,5%

**87** 2020 Tempranillo trocken
**21 €** | 13,5%

**88** 2020 Grande Cuvée Rouge trocken
**21 €** | 13,5%

**87** 2020 Cuvée Merle trocken
**21 €** | 14 %

★

## GOLD

Weingut Leon Gold
71384 Weinstadt · Buocher Weg 9
Tel. (07151) 1691215 · Fax 1679121
info@weingut-gold.de
**www.weingut-gold.de**

**Inhaber/in und Betriebsleitung** Leon Gold

Golds Chardonnay ist mit transparentem Volumen und feinwürzigem Holz gut gelungen. Im Blend mit Weißburgunder zeigt diese Sorte präsente Frucht und frische Ausgewogenheit. Bei den Rieslingen ist der Gutswein ein herzhafter Schoppen ohne Schwere. Der KABI ist von ausgesprochen knackiger Art mit Grip im Finish. Markant hefig, mit herzhaftem Fruchtkörper und würzigem Nachhall, ist der Gundelsbacher. Der Halbstück ist eine starke Persönlichkeit, mit reifer Würze im Bukett und erdiger Mineralität. Der Lemberger hat schöne Brombeerfrucht und frischen Kern, würzig-floral unterlegt ist der Zweigelt. Sehr saftigen Beeren-Kirsch-Duft und Wärme am Gaumen hat der Spätburgunder. Die Cuvée M zeigt dunkles Waldbeerkompott und der subtile Pflanzlichkeit des Merlots. Gewohnt gut der feine Sekt mit ausdrucksvoller Frucht.

**86** Brut Cuvée Ida Marie
**16,50 €** | 12,5%

**83** 2021 Riesling trocken
**8 €** | 11,5%

**85** 2020 Gundelsbacher Riesling trocken
**14 €** | 12 %

**86** 2020 Gundelsbacher Chardonnay / Weißburgunder trocken
**16,50 €** | 13 %

**86** 2019 Gundelsbacher Koih Riesling trocken Halbstück
**22 €** | 12 %

**87** 2020 Großheppacher Steingrüble Chardonnay trocken
**22 €** | 13 %

**84** 2020 Riesling KABI
**9,80 €** | 8,5%

**86** 2020 Lemberger trocken
**14 €** | 13 %

**86** 2020 Beinsteiner Zweigelt trocken
**14 €** | 13 %

**87** 2019 Großheppacher Wanne Spätburgunder trocken
**28 €** | 13 %

**88** 2018 Cuveé M Reserve trocken
**45 €** | 13,5%

★

## HÄUSSERMANN

Weingut Häussermann
75447 Sternenfels-Diefenbach · Burrainstraße 55
Tel. (07043) 8449 · Fax 40383
info@weingut-haeussermann.de
**www.weingut-haeussermann.de**

**Inhaber/in und Betriebsleitung** Christian Häußermann
**Keller** Sebastian Weber
**Außenbetrieb** Gerhard Schillinger

Hier findet man stimmige Weißweine mit tollem Preis-Genuss-Verhältnis, die nicht mit Lautstärke, sondern innerer Ausgewogenheit überzeugen. Der Riesling ist ein stimmiger Wein, der Grauburgunder vereint Saftigkeit mit Frische, der Muskateller hat dezentes Sortenaroma. Lily gefällt in Weiß mit attraktiver Fruchtigkeit. Der Lemberger ** ist ein süffiges Schnäppchen(!), die Reichshalde ist duftig und fein. Die Cuvée Nr. 1 erscheint harmonisch trotz des hohen Alkohols, der Merlot ist feinsaftig mit geschmeidiger Würze, etwas aufrechter und selbstbewusster ist der Cabernet.

**84** 2021 Riesling trocken **
**7 €** | 13 %

**85** 2021 Grauburgunder trocken **
**7,50 €** | 12,5%

**86** 2021 Sauvignon Blanc trocken ***
**9,50 €** | 12,5%

**86** 2021 Diefenbacher König Chardonnay trocken ***
**9,50 €** | 13,5%

**84** 2021 Muskateller **
**7,50 €** | 11 %

**85** 2021 Lily Rosé trocken
**9,50 €** | 13 %

**85** 2020 Lemberger trocken **
**7 €** | 13,5%

**86** 2019 Freudensteiner Reichshalde Lemberger trocken ***
**9 €** | 13,5%

**86** 2020 Merlot trocken ***
**9,50 €** | 14 %

**87** 2019 Cabernet Sauvignon trocken ***
**16 €** | 14 %

**85** 2021 Cuvée Lily
**9,50 €** | 11,5%

**87** 2018 Cuvée Nr.1 trocken ***
**14,50 €** | 15 %

★★★★

## HAIDLE

Weingut Karl Haidle
71394 Kernen-Stetten im Remstal · Hindenburgstraße 21
Tel. (07151) 949110 · Fax 46313
info@weingut-karl-haidle.de
**www.weingut-karl-haidle.de**

**Inhaber/in und Betriebsleitung** Moritz Haidle
**Keller** Moritz Haidle
**Außenbetrieb** Werner Kuhnle
**Historie** Gründung des Weinguts 1949 von Karl Haidle, schon damals bekannt für den Riesling aus dem Stettener Pulvermächer
**Rebfläche** 23 Hektar
**Jahresproduktion** 120 000 Flaschen
**Beste Lagen** Stettener Pulvermächer, Stettener Häder, Stettener Gehrnhalde und Stettener Berge, Schnaiter Burghalde
**Boden** Schilfsandstein, Bunter Mergel, Kieselsandstein, Stubensandstein, Gipskeuper
**Rebsorten** 60% Riesling, 25% Lemberger, 15% übrige Sorten
**Erlebenswert** Y-Burg direkt über dem Weingut, Terrassenweinbau
**Mitglied** VDP, Demeter, Deutsches Barrique Forum

Es wird oft vergessen, dass der Terroir-Begriff auch die formende Hand des Menschen einschließt. Und was den Terroir-Charakter von Württembergs berühmter Riesling-Lage Pulvermächer angeht, dürfte Moritz Haidle nun wohl als die maßgebliche Instanz gelten. Sein aktuelles Großes Gewächs kann als „Role Model" für diesen Grand Cru stehen: Einer allzu präsenten Primärfrucht misstraut Haidle erkennbar. Er setzt viel stärker auf die für diese Lage so typische, subtil kräutrig unterlegte kühle Brillanz im mineralischen Aroma, gefolgt vom absolut aufrechten Rückgrat am Gaumen, mit nobler Strenge im Körper und feinsalzigem Finish - ein Gewächs für (Er-) Kenner von Weinqualität, auch wenn sie nicht mit „Lautstärke" aus dem Glas kommt. Stimmig dazu zeigt sich auch das übrige Riesling-Sortiment. Schon der Ritzling-Gutswein ist charaktervoll und herzhaft, der Kabinett Pfeffer ist ausgesprochen knackig und rassig. Der Stettener Ortswein zeigt feinhefig unterfütterte frische Apfelfrucht und selbstbewusste Persönlichkeit, die Nikolauslese hat stahlig-aufrechte Art mit Konzentration im Kern. Der im Jahrgang 2021 letztmalig erzeugte Schilfsandstein vereint brillante, schlanke Rasse mit feiner Erdigkeit. Anders als die Stettener Weine hat der Schnaiter Riesling dosiertes Volumen und eher geschmeidigen Schliff.

**Lemberger auf der Erfolgsspur**

Auch mit den großartigen Lembergern bleibt Haidle auf der Erfolgsspur. Schon der Gutswein vom bunten Mergel ist ein Schnäppchen mit sehr attraktiver, duftiger Himbeerfrucht und der Häder betört mit samtig-geschmeidiger Balance. Die beiden Großen Gewächse bestätigen nicht nur ihre jeweils individuellen Grand-Cru-Persönlichkeiten, sondern auch die überragende Qualität ihrer Vorgänger. Der Berge hat tolle Balance von tiefer Brombeerfrucht und noblen pflanzlichen Kopfnoten, großartig verwobene Struktur und beeindruckenden aromatischen Druck im Finish. Die Gehrnhalde hat zusätzliche Dimension und Finesse und verbindet Konzentration mit schillernd aufgefächerter Komplexität. Die aristokratische Größe des schwebenden Fruchtkörpers wird von immens feinkörnigem Tannin wunderbar strukturiert, mineralisch belebte und vielschichtig changierende Brombeer-Sauerkirsch-Frucht prägt den langen Nachhall - Weltklasse!

KARL HAIDLE

**85** 2018 Chardonnay-Pinot 1869 Brut
**18,90 €** | 12,5%

**84** 2021 Riesling trocken Ritzling
**9,90 €** | 12%

**86** 2021 Stettener Riesling trocken Schilfsandstein
**10,90 €** | 12%

**87** 2021 Schnaiter Riesling trocken Gretle
**14,90 €** | 12,5%

**87** 2021 Stettener Riesling trocken
**14,90 €** | 12,5%

**88** 2021 Stettener Riesling trocken Nikolauslese
**22 €** | 12,5%

**90** 2020 Stettener Pulvermächer Riesling VDP.Großes Gewächs
**38 €** | 13%

**86** 2021 Stettener Riesling Kabinett Pfeffer
**10,90 €** | 11%

**85** 2021 Spätburgunder trocken
**9,90 €** | 12%

**86** 2021 Lemberger trocken Bunter Mergel
**9,90 €** | 12,5%

**87** 2020 Stettener Häder Lemberger trocken
**16,90 €** | 12,5%

**91** 2020 Stettener Berge Lemberger VDP.Großes Gewächs
**38 €** | 13%

**93** 2020 Stettener Gehrnhalde Lemberger VDP.Großes Gewächs
**48 €** | 13% TOP 10

★★☆

## HEID

Weingut Heid
70734 Fellbach · Cannstatter Straße 13/2
Tel. (0711) 584112 · Fax 583761
info@weingut-heid.de
**www.weingut-heid.de**

**Inhaber/in und Betriebsleitung**
Markus Heid

**Historie** seit 1699 Weinbau der Familie in Fellbach
**Rebfläche** 12 Hektar
**Jahresproduktion** 70 000 Flaschen
**Beste Lagen** Fellbacher Lämmler und Stettener Pulvermächer
**Boden** Lösslehm, Keuper, zum Teil mit Sand
**Rebsorten** 25% Riesling, 20% Trollinger, je 15% Lemberger und Spätburgunder, je 10% Sauvignon Blanc und weiße Burgundersorten, 5% übrige Sorten
**Mitglied** VDP, Ecovin, Slow Food

Wiederum eine ausgesprochen stimmige und erfolgreiche Kollektion von Markus Heid. Vor allem auch die Mitteklasse der Goldberg-Weine aus Erster Lage ist auffallend homogen. Der Riesling hat hierbei kristallin-mineralischen Schliff, der Sauvignon Blanc zeigt lebhafte Rasse, der Spätburgunder hat attraktiven Himbeerduft und der Lemberger ist charmant mit klug gezügelter Holzwürze. Bei den Steinmergel-Weinen ist der Riesling-Sauvignon-Blend mit zitrusfrischer Rasse ein Klassiker des Hauses, der Grau/Weiß hat schöne Balance von Ausdruck und Frische. Der Syrah zeigt die eher fruchtbetontere Seite dieser Rebsorte. In der Spitze bestätigt der Riesling GG aus dem Pulvermächer die Lagentypizität mit stahliger Zitrusfrucht und knackiger Rasse. Der Lämmler Spätburgunder hat floral-würzige Duftigkeit und feingliedrigen Körper. Das Große Gewächs vom Lemberger ist mit Fingerspitzengefühl balanciert und hat samtiges Tannin. Brillanter Schliff charakterisiert den Weißburgunder Melchisedec.

**83** 2021 Pinot Meunier trocken Blanc de Noir
**8,50 €** | 12 %

**86** 2021 Riesling & Sauvignon Blanc trocken Steinmergel
**11,50 €** | 12 %

**86** 2021 Grau/Weiß trocken Steinmergel
**11,50 €** | 12 %

**87** 2021 Fellbacher Goldberg Riesling trocken
**15 €** | 13 %

**87** 2021 Fellbacher Goldberg Sauvignon Blanc trocken
**15 €** | 13 %

**87** 2021 Weissburgunder trocken Melchisedec
**22 €** | 13 %

**88** 2021 Stettener Pulvermächer Riesling VDP.Großes Gewächs
**22 €** | 13 %

**87** 2020 Fellbacher Goldberg Pinot Noir trocken
**15 €** | 13 %

**87** 2020 Fellbacher Goldberg Lemberger trocken
**15 €** | 13,5%

**86** 2020 Syrah trocken Steinmergel
**16 €** | 13,5%

**88** 2020 Fellbacher Lämmler Lemberger VDP.Großes Gewächs
**30 €** | 13 %

**88** 2020 Fellbacher Lämmler Spätburgunder VDP.Großes Gewächs
**30 €** | 13 %

★

## ALEXANDER HEINRICH

Weingut Alexander Heinrich
74182 Obersulm-Sülzbach · Kümmelstraße 2
Tel. (07134) 17469 · Fax 901078
info@weingut-heinrich.com
**www.weingut-heinrich.com**

**Inhaber/in und Betriebsleitung**
Alexander Heinrich
**Keller** Alexander Heinrich

Alexander Heinrichs aktuelle Rotweine waren zum Zeitpunkt der Verkostung noch nicht gefüllt und können daher erst im nächsten Jahr vorgestellt werden. Bei den Weißen gefällt aktuell vor allem der Sauvignon Blanc mit schöner Pfirsichfrucht und abgerundeter Pflanzlichkeit. Rassige, rebsortentypische Pflanzlichkeit bietet auch der Cabernet Blanc. Eine filigrane Zitrusfrucht findet man beim unbeschwert-heiteren Altenberg Riesling, einem angenehmen Tischwein für jeden Tag. Der Lemberger Rosé hat leichtgewichtigen Charme. Die Rotweincuvée Noah ist harmonisch mit feinwürziger Struktur und gutem Tannin. Der Pét Nat bietet knackig-herbe Erfrischung.

**83** 2021 Sülzbach Altenberg Pét Nat Zero Dosage
**13,90 €** | 11%

**84** 2021 Sülzbach Altenberg Cabernet blanc trocken Zeitgeist
**9,90 €** | 12%

**86** 2021 Sülzbach Altenberg Sauvignon blanc trocken
**9,90 €** | 11,5%

**83** 2021 Sülzbach Altenberg Riesling
**6,90 €** | 11,5%

**83** 2021 Sülzbach Altenberg Lemberger Rosé trocken
**7,90 €** | 11,5%

**85** 2018 Cuvée Noah trocken
**9,90 €** | 12,5%

★☆

## HIRSCH

Christian Hirsch
74211 Leingarten · Kastanienstraße 1
Tel. (07131) 401682 · Fax 403493
info@hirschweine.de
**www.HirschWeine.de**

**Inhaber/in** Christian Hirsch
**Betriebsleitung** Björn Schilling

Christian Hirschs Ehrgeiz ist bei den großen Rotweinen unverkennbar. Der Lemberger hat rauchige Holzprägung und Feuer im Kern, besser eingebunden ist der Alkohol beim Shiraz, der mit viel Saftigkeit die internationale Bezeichnung der Rebsorte zu Recht trägt. Der Cabernet Franc hat sehr reife Frucht und herzhaft-zupackende Art, der Cabernet Sauvignon ist ein Blockbuster im Neue-Welt-Stil mit feurigem Finish. Merklich von Lohewürze geprägt ist der Spätburgunder. Markante Holzprägung auch beim Trollinger mit anspruchsvoller Persönlichkeit. Vollfruchtig und zugänglich ist die Cuvée Rot und Wild, ein toller Allrounder für jeden Tag. Der Chardonnay-Weißburgunder-Blend hat fülliges Volumen, ohne überladen zu sein.

**85** Cuvée trocken CH Weiss Aged Reserve Großes Geweih
**13,90 €** | 13,5%

**85** 2021 Sauvignon Blanc Virgina trocken
**15 €** | 13%

**87** 2020 Grauburgunder & Chardonnay trocken GC
**24,90 €** | 13,5%

**85** Cuvée Rot und Wild trocken
**7,90 €** | 13%

**86** Cuvée trocken CH Aged Reserve Großes Geweih
**13,90 €** | 13,5%

**86** 2018 Trollinger trocken GT
**24,90 €** | 13,5%

**86** 2018 Cabernet Sauvignon RC trocken
**39,90 €** | 14,5%

**87** 2018 Shiraz SY trocken
**24,90 €** | 14,5%

**87** 2018 Pinot Noir trocken PN
**29,90 €** | 13,5%

**87** 2018 Cabernet Franc CF trocken
**29,90 €** | 14,5%

**87** 2020 Eiswein -11° Pinot Noir
**39,90 €/0,375 Lit.** | 7,5%

★

## HIRTH

Weingut Erich Hirth, Inh. Nathalie Hirth
74182 Obersulm-Willsbach · Löwensteiner Straße 76
Tel. (07134) 3633 · Fax 8622
erich.hirth@t-online.de
**www.weingut-hirth.de**

**Inhaber/in und Betriebsleitung**
Nathalie Hirth
**Keller** Nathalie Hirth und Erich Hirth

Nathalie Hirth empfiehlt sich mit süffigen Weißweinen für jeden Tag. Der Auxerrois hat taghelle, attraktive Frucht, der Chardonnay ein kristallklares, frisches Apfelaroma. Der Sauvignon Blanc hat schöne Zitrusfrische, etwas tiefer und länger ist der Sauvitage. Der günstige Rosé auf Basis von Schwarzriesling und Spätburgunder ist mit unbeschwerter Art bei gleichzeitig gutem Ausdruck ein toller Party- oder Terrassenwein. Als bewährter Klassiker des Guts zeigt der Barrique-Lemberger ein warmes, reifes Sortenaroma und herzhaft-würzigen Nachhall.

**84** 2021 Willsbacher Dieblesberg Chardonnay trocken
**7,80 €** | 12 %

**84** 2021 Willsbacher Dieblesberg Auxerrois trocken
**8 €** | 13 %

**85** 2021 Willsbacher Dieblesberg Sauvignon Blanc trocken
**8,40 €** | 13 %

**86** 2021 Willsbacher Dieblesberg Sauvitage trocken
**8,50 €** | 13 %

**84** 2021 Willsbacher Dieblesberg Rosé trocken
**5,80 €** | 11,5%

**87** 2018 Willsbacher Dieblesberg Lemberger Spätlese trocken Barrique
**13,95 €** | 14 %

★

## HOHENBEILSTEIN

Schlossgut Hohenbeilstein
71717 Beilstein · Schlossstraße 40
Tel. (07062) 937110 · Fax 9371122
info@schlossgut-hohenbeilstein.de
**www.schlossgut-hohenbeilstein.de**

**Inhaber/in und Betriebsleitung**
Joscha Dippon

Beim Öko-Pionier ist der Muscaris ein schöner Apéro mit blumiger Rasse. Der Cabernet Blanc hat betont pflanzliches Aroma, der Weißburgunder ist klar und frisch. Stimmig mit rieslinghafter Art ist der Johanniter. Der Riesling Kabi gefällt bei niedrigem Alkohol mit dennoch feiner Stoffigkeit. Der Spätburgunder hat reife Frucht und Wärme, der Lemberger J ist mit langem Ausbau jetzt in schöner Trinkreife. Die Cuvée Mathilde ist ein guter Allrounder, die Cuvée Vollmöller ist harmonisch mit dezenter Würze. Der Spätburgunder GG kann mit Würze und Intensität den hohen Alkohol durchaus einbinden.

**83** Riesling Brut
**13,90 €** | 12,5%

**83** 2021 Beilsteiner Cabernet Blanc trocken
**9,90 €** | 13 %

**84** 2021 Johanniter trocken
**7,90 €** | 12,5%

**84** 2020 Cuvée Mathilde trocken
**8,90 €** | 12,5%

**84** 2021 Beilsteiner Weißburgunder trocken
**9,90 €** | 13 %

**84** 2021 Beilsteiner Muscaris
**9,90 €** | 11,5%

**86** 2021 Hohenbeilsteiner Schlosswengert Riesling Kabi
**12,90 €** | 9 %

**84** 2018 Beilsteiner Spätburgunder trocken
**9,90 €** | 14 %

**85** 2018 Beilsteiner Cuvée Vollmöller trocken
**10,90 €** | 14 %

**86** 2017 Beilsteiner Lemberger Edition J trocken
**16,90 €** | 14,5%

**87** 2018 Hohenbeilsteiner Schlosswengert Spätburgunder VDP.Großes Gewächs
**24 €** | 15,5%

★★☆

## HOHENLOHE-OEHRINGEN

Weingut Fürst Hohenlohe Oehringen
74613 Verrenberg · Wiesenkelter
Tel. (07941) 94910
info@verrenberg.de
**www.verrenberg.de**

**Geschäftsführer** Kraft Fürst zu Hohenlohe Oehringen
**Betriebsleitung** Joachim Brand
**Keller** Joachim Brand
**Außenbetrieb** Joachim Brand

**Historie** Weinbau seit 1256
**Rebfläche** 30 Hektar
**Jahresproduktion** 200 000 Flaschen
**Beste Lagen** Verrenberger Verrenberg VDP.Grosse Lage (Monopol), Verrenberger Goldberg VDP.Erste Lage
**Boden** Gipskeuper mit Muschelkalk
**Rebsorten** 37% Riesling, 28% Lemberger, je 10% Chardonnay, Weißburgunder und Spätburgunder, 5% übrige Sorten
**Erlebenswert** Weingutsgebäude am Fuße des Verrenberg, 2008 neu errichtet, denkmalgeschützte Wiesenkelter, seit 2009 als Gaststätte genutzt
**Mitglied** VDP, Deutsches Barrique Forum, Hades

Der Fürst hat erneut sehr ansprechende Weißweine im Keller! Schon der Gutsriesling hat angenehm erdige Rasse, der Verrenberger Riesling ist wirklich gelungen mit beschwingtem Spiel, das Große Gewächs zeigt charaktervoll erdiges Volumen. Rassig, aber nicht zu „laut" im Ausdruck ist der Sauvignon Blanc, leichtfüssig, mit belebender Säure gefällt der Muskateller. Durch reife, saftige Fruchtigkeit in bestem Neue-Welt-Stil und gute Holzeinbindung empfiehlt sich der Chardonnay Hades. Auch die aktuellen Rotweine präsentieren sich weiter verfeinert: Die hier früher oft anzutreffende Herzhaftigkeit scheint nun merklich geschliffen, ohne dass die Weine dabei ihren typisch hohenlohischen Charakter verloren hätten. Schon der Lemberger Gutswein zeigt das mit duftigem Charme. Klassische, präsente Brombeerfrucht findet man beim Verrenberger Lemberger. Geradezu Pinot-hafte Duftigkeit mit attraktiver Pflaumen-Süßkirsch-Frucht prägt den Lemberger GG. Die beiden großen Rotweinklassiker des Hauses zeigen sich in souveräner Größe: schöne Balance und feinwürzige Komplexität bei der Cuvée Ex flammis orior, etwas dunkler und etwas tiefer im Fruchtcharakter, sowie merklich frankophiler im Stil, thront der In Senio an der Spitze.

FÜRST HOHENLOHE OEHRINGEN

**84** 2021 Riesling trocken
**8,50 €** | 12 %

**86** 2021 Verrenberger Sauvignon Blanc trocken
**16 €** | 13 %

**87** 2020 Verrenberger Riesling trocken
**15 €** | 12 %

**88** 2020 Verrenberger Verrenberg Riesling VDP.Großes Gewächs
**26 €** | 12,5%

**88** 2020 Chardonnay trocken Hades
**35 €** | 13,5%

**86** 2021 Verrenberger Muskateller
**16 €** | 11 %

**84** 2020 Lemberger trocken
**8,50 €** | 13,5%

**86** 2020 Verrenberger Lemberger trocken
**16 €** | 13 %

**88** 2020 Verrenberger Verrenberg Lemberger VDP.Großes Gewächs
**35 €** | 13 %

**89** 2020 Cuvée Ex flammis orior trocken Hades
**40 €** | 14 %

**90** 2020 Cuvée In Senio trocken Hades
**40 €** | 14 %

## HORNSTEIN

Hornstein am See
88149 Nonnenhorn
Conrad-Forster Straße 50
Tel. (08382) 98780
info@hornstein-am-see.de
**www.hornstein-am-see.de**

**Inhaber/in und Betriebsleitung**
Familie Hornstein

**Rebfläche** 6 Hektar
**Beste Lagen** Seehalde
**Boden** Kiesige Endmoränen-Verwittung durchsetzt mit Carbonatsanden.
**Rebsorten** 40% Spätburgunder, je 20% Chardonnay, Müller-Thurgau, Weiß- und Grauburgunder
**Gastronomie** Übernachtung auf dem Weingut
**Erlebenswert** Voralpine Lage des Weingutes direkt am Bodenseeufer.
**Mitglied** Fair'n Green

Wir können nicht verhehlen, dass wir sofort Fans dieses Newcomers vom Bodensee geworden sind - und wer den wunderbar duftigen Spätburgunder ohne jegliche Schwere und die Chardonnays von kühler Eleganz verkostet hat, wird uns verstehen! Schon der Müller-Thurgau ist kristallklar, frisch und animierend. Der Junge Reben, ein im Holz ausgebauter Blend aus größtenteils Chardonnay und Müller-Thurgau, ist schon beeindruckend charaktervoll. Der Nonnenhorner Chardonnay ist mit seiner kühlen Mineralität einem kleinen St. Aubin nicht unähnlich. Der Sonnenbichl überzeugt durch Brillanz und filigranes Spiel. Noch etwas dichter gewebt, aber dennoch herrlich transparent aufgebaut, ist der Seehalde Chardonnay. Bei den Spätburgundern zeigt schon der Gutswein subtile Feingliedrigkeit, der Nonnenhorner hat schwebende Delikatesse und Finesse, die Seehalde betört mit femininer Eleganz. Ein Bravo an den Bodensee!

**84** 2021 Müller-Thurgau trocken
**9 €** | 11,5%

**86** 2021 Junge/Reben trocken
**10 €** | 12%

**87** 2020 Nonnenhorner Chardonnay trocken
**15 €** | 12,5% TIPP

**88** 2020 Nonnenhorner Sonnenbichl Chardonnay trocken
**30 €** | 13%

**88** 2020 Nonnenhorner Seehalde Chardonnay trocken
**32 €** | 13%

**85** 2020 Spätburgunder trocken
**12 €** | 13,5%

**88** 2020 Nonnenhorner Spätburgunder trocken
**17,50 €** | 13,5%

**89** 2020 Nonnenhorner Seehalde Spätburgunder trocken
**32 €** | 13,5%

★

## IDLER

Weingut Idler
71384 Weinstadt · Lehenweg 21
Tel. (07151) 9947699
info@weingut-idler.de
**www.weingut-idler.de**
**Inhaber/in und Betriebsleitung** Marcel Idler

Idlers weiße Cuvée Keupergrund ist ein toller Tischwein mit blumig-pflanzlicher Frische. Beschwingt und zugänglich ist der Riesling Kabinett, stoffig, mit abgerundeten Schultern, die Alten Reben. Der feinnussige Chardonnay hat schönes Säurespiel. Der Weißburgunder ist charmant und süffig, der Sauvignon hat grasig-herzhafte Art. Der Lemberger Gutswein hat attraktives Beerenaroma. Helle, reife Waldbeerfrucht findet man beim Lemberger Steinmergel. Beim Zweigelt sorgt rauchige Lohe für Würze. Betont reife Art zeigt die Cuvée Keupergrund Reserve. Mit komplexem Reserve-Charakter durch langen Ausbau steht der Altenberg Lemberger an der Spitze.

**84** 2018 Pinot Brut nature
**15,20 €** | 11,5%

**84** 2021 Cuvée vom Keupergrund trocken
**7,90 €** | 11,5%

**84** 2021 Weißburgunder trocken Gipskeuper
**9,60 €** | 12%

**85** 2021 Sauvignon Blanc trocken
**12,50 €** | 11,5%

**86** 2020 Strümpfelbacher Nonnenberg Riesling trocken Alte Reben
**16 €** | 13%

**87** 2020 Endersbacher Chardonnay trocken Wetzstein
**16 €** | 13%

**84** 2021 Stettener Pulvermächer Kabinett
**11 €** | 9,5%

**85** 2020 Lemberger trocken
**10,50 €** | 12,5%

**86** 2019 Lemberger trocken Steinmergel
**16 €** | 13%

**86** 2018 Cuvée vom Keupergrund trocken Reserve
**21 €** | 13%

**87** 2019 Zweigelt trocken Reserve
**19 €** | 13%

**88** 2018 Strümpfelbacher Altenberg Lemberger trocken
**24 €** | 13%

★★

## KISTENMACHER-HENGERER

Weingut Kistenmacher-Hengerer
74074 Heilbronn
Eugen-Nägele-Straße 23–25
Tel. (07131) 172354 · Fax 172350
info@kistenmacher-hengerer.de
**www.kistenmacher-hengerer.de**
**Inhaber/in und Betriebsleitung** Hans Hengerer
**Keller** Hans Hengerer
**Historie** Weinbau in der Familie seit 1418
**Rebfläche** 12 Hektar
**Jahresproduktion** 75 000 Flaschen
**Beste Lagen** Heilbronner Wartberg und Stiftsberg, Fleiner Eselsberg
**Boden** Keuper und Sandsteinverwitterung
**Rebsorten** 26% Riesling, 21% Burgundersorten, 15% Lemberger, 8% Merlot, 6% Cabernet Franc, 4% Muskateller
**Mitglied** VDP, Junges Schwaben

Hans Hengerer hat seit jeher gute Sekte im Sortiment. Dieses Jahr ist der 2017er Riesling Brut mit feinsaftiger Sortenfrucht ein schöner Auftakt. Angenehm stoffig mit dosierter Herzhaftigkeit ist dann der Gutsriesling. Herzhafte Rasse zeigt der Riesling Kabinett, erdige Tiefe der Riesling VI aus dem Stiftsberg. Der Weißburgunder Gutswein ist lebhaft mit frischer Apfelfrucht, die Cuvée von Weiß und Weiß zeigt stoffiges Spiel. Mit rauchiger Lohe ummantelte ausdrucksvolle Frucht zeichnet den Chardonnay aus. Bei den Roten ist der Spätburgunder R ein Klassiker im traditionellen, aber durchaus gelungenen Stil mit rauchig-reifer Frucht und warmem Finish. Angenehm saftig mit aufrechter Tanninstruktur präsentiert sich der Cabernet Franc. Die Cuvée Maximilian, auf Basis von Merlot und Cabernet Franc, hat ein dichtes, ausgewogenes Aroma und mediterrane Wärme im Nachhall.

**85** 2017 Riesling Brut
**15,90 €** | 13%
**83** 2021 Grauer Burgunder trocken
**8,90 €** | 11,5%
**84** 2021 Cuvée Von Weiß und Weiß trocken
**8,90 €** | 12%
**84** 2020 Weißer Riesling trocken
**8,90 €** | 13%
**86** 2020 Heilbronner Stiftsberg Weißer Riesling trocken VI
**17,90 €** | 13,5%
**87** 2020 Heilbronner Stiftsberg Chardonnay trocken
**21,90 €** | 13,5%
**84** 2021 Weißer Riesling Kabinett feinherb
**9,90 €** | 11,5%
**86** 2018 Heilbronner Blauer Spätburgunder trocken R
**13,90 €** | 14%
**87** 2018 Cabernet Franc trocken Frederic
**16,90 €** | 14%
**87** 2018 Cuvée Maximilian trocken
**16,90 €** | 14,5%

★★★

## KLOPFER

Weingut Klopfer
71384 Weinstadt-Großheppach · Gundelsbacher Straße 1
Tel. (07151) 603848 · Fax 600956
info@weingut-klopfer.de
**www.weingut-klopfer.de**

**Inhaber/in und Betriebsleitung** Familie Klopfer
**Keller** Christoph Klopfer

**Rebfläche** 17 Hektar
**Jahresproduktion** 90 000 Flaschen
**Beste Lagen** Großheppacher Steingrüble, Kleinheppacher Greiner, Cannstatter Zuckerle
**Boden** Gipskeuper, Muschelkalk, bunter Mergel, Sandstein
**Rebsorten** 20% Riesling, je 15% Lemberger und Spätburgunder, je 10% Weißburgunder, Sauvignon Blanc und Trollinger
**Gastronomie** Vinothek am Steingrüble, Eventlocation für Feiern bis 80 Personen in den Weinbergen, im Frühjahr und Herbst Ausschank mit Kleinigkeiten zum Essen (mittwochs und sonntags)
**Mitglied** Ecovin, Württemberger Weingüter

Aufgrund vieler Nachfragen entschloss sich Klopfer, seinen feinen Merlot wieder reinsortig abzufüllen – recht so, denn es ist ein für die Sorte außergewöhnlich duftiger Wein. Auf gleichem Niveau liegt der Greiner Lemberger mit köstlichem Aroma von Brombeer-Himbeer-Kompott und seidiger Textur. Die typisch Klopfersche feingliedrige Duftigkeit zeichnet den Steingrüble Spätburgunder aus. Schön saftig und würzig in Cabernet-Manier ist hingegen der Mauerpfeffer. Der Großheppacher Lemberger hat angenehm lebhafte Art. Besonderes Augenmerk sollte man aktuell auch auf den tollen Modus K Rosé mit komplexem Aroma und präsenter Persönlichkeit legen. Der Weißburgunder Gutswein ist wie gewohnt attraktiv und süffig, vom Steingrüble zeigt diese Sorte geschmeidige Brillanz. Der Gundelsbacher Riesling zeigt zunächst angenehm feinsaftige Frucht, aber dann auch rassig-schlanken Körper. Der Sauvignon hat eher feines, nicht zu aufdringliches Sortenaroma. Feinsaftige, reife Tiefe findet man beim raren Sauvignon Gris. Nach 42 Monaten auf der Hefe hat der Blanc de Noirs Sekt feine Balance und Frische.

| | | |
|---|---|---|
| 86 | 2017 Blanc de Noir Brut Nature | **15,90 €** \| 12 % |
| 84 | 2021 Weißburgunder trocken | **8,20 €** \| 12,5% |
| 84 | 2021 Gundelsbach Riesling trocken | **10,90 €** \| 12 % |
| 86 | 2021 Gundelsbach Sauvignon Blanc trocken | **10,90 €** \| 12 % |
| 87 | 2020 Großheppach Steingrüble Weißburgunder trocken | **14,80 €** \| 13 % |
| 87 | 2021 Sauvignon Gris trocken Reserve | **15,40 €** \| 13 % |
| 87 | 2021 Modus K Rosé trocken Barrique | **14,80 €** \| 13 % |
| 85 | 2019 Großheppach Lemberger trocken | **10,40 €** \| 13 % |
| 88 | 2019 Cannstatter Zuckerle Mauerpfeffer trocken | **22 €** \| 13 % |
| 88 | 2019 Großheppach Steingrüble Spätburgunder trocken | **28 €** \| 13 % |
| 89 | 2019 Kleinheppacher Greiner Lemberger trocken | **28 €** \| 13,5% |
| 89 | 2019 Merlot Réserve | **32 €** \| 14 % |

## KNAUSS

Weingut Knauß
71384 Weinstadt · Nolten 2
Tel. (07151) 606345
info@weingut-knauss.com
**www.weingut-knauss.com**

**Inhaber/in** Familie Knauß
**Betriebsleitung** Andreas Knauß
**Keller** Andreas Knauß
**Außenbetrieb** Horst Knauß

**Rebfläche** 22 Hektar
**Jahresproduktion** 125 000 Flaschen
**Beste Lagen** Stümpfelbacher Altenberg und Nonnenberg, Schnaiter Altenberg
**Boden** Gipskeuper, Schilfsandstein, Mergel, Kieselsandstein, Stubensandstein
**Rebsorten** 60% rote Sorten, 40% weiße Sorten

Wie gewohnt beeindruckt Andreas Knauß mit charaktervollen Weinen mit selbstbewusster Struktur. Der Vergleich der beiden großen Einzellagen-Lemberger ist dabei stets besonders interessant: Der Wohlfahrtsberg zeichnet sich durch duftige Eleganz und feinwürzige Textur aus, der Altenberg ist noch merklich tiefer und feinsaftiger unterfüttert, mit schöner Länge und belebendem Säurespiel. Der Merlot aus dem Altenberg hingegen präsentiert sich mit warmer, reifer Frucht und zupackendem Tannin sowie würziger Wärme im Finish. Transparent aufgefächerte Frucht mit fester Struktur am Gaumen prägt den Nonnenberg Spätburgunder. Wie gewohnt ist die rote Cuvée Signatur ausgewogen, attraktiv und stimmig. Der Strümpfelbacher Lemberger ist von lebhafter Art, aber dennoch durchaus fest strukturiert. Im Einstiegsbereich bietet der Lemberger Gutswein süffige Cassis-Kirsch-Frucht. Pikant und charaktervoll zeigt sich die Signatur Weiß im Glas. Der Schnaiter Riesling hat dichte, geschmeidige Frucht mit markanter Struktur im Kern.

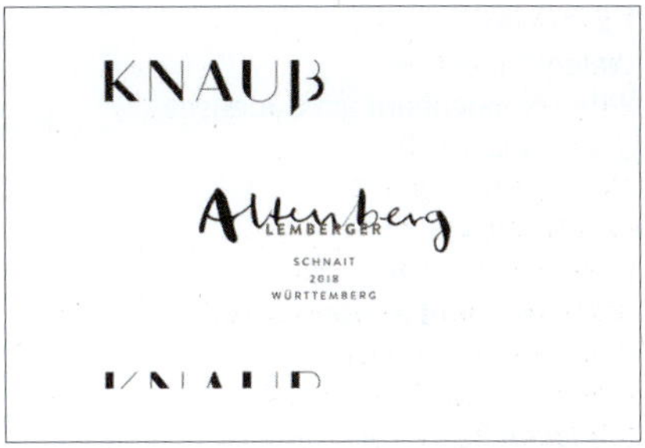


- **85** 2021 Cuvée Signatur Weiß trocken
  **12,90 €** | 13 %
- **86** 2021 Schnaiter Riesling trocken
  **12,90 €** | 12,5%
- **84** 2021 Lemberger
  **8,90 €** | 12,5%
- **86** 2020 Cuvée Signatur Rot trocken
  **12,90 €** | 13,5%
- **86** 2020 Strümpfelbacher Lemberger trocken
  **12,90 €** | 13 %
- **87** 2019 Altenberg Merlot trocken
  **28 €** | 14 %
- **87** 2020 Strümpfelbacher Nonnenberg Spätburgunder trocken
  **32 €** | 12,5%
- **88** 2020 Löwensteiner Wohlfahrtsberg Lemberger trocken
  **32 €** | 13 %
- **89** 2020 Schnaiter Altenberg Lemberger trocken
  **32 €** | 13,5%

★★

## KUSTERER

Weingut Kusterer
73728 Esslingen · Untere Beutau 44
Tel. (0711) 357909 · Fax 3508105
weinwelt.hmkusterer@weingut-kusterer.de
**weingut-kusterer.de**

**Inhaber/in und Betriebsleitung** Maximilian Kusterer
**Keller** Maximilian Kusterer
**Außenbetrieb** Maximilian Kusterer, Hans Kusterer

**Rebfläche** 6 Hektar
**Jahresproduktion** 40 000 Flaschen
**Beste Lagen** Esslinger Schenkenberg und Neckarhalde (Alleinbesitz)
**Boden** Bunter und Knollenmergel
**Rebsorten** je 18% Blaufränkisch und Spätburgunder, 12% Riesling, je 10% Merlot, Muskattrollinger, Zweigelt und Chardonnay, 8% Grauburgunder, 4% Trollinger
**Erlebenswert** Gravitationskelter, Esslinger Terrassenweinberge

Einmal mehr kann Maximilian Kusterer auf eine schöne Spätburgunder-Serie mit ausdrucksstarker Frucht stolz sein. Schon der Gutswein dieser Sorte hat fruchtig-frischen Charme. Der Esslinger Spätburgunder zeigt schönes Johannisbeeraroma. Die Neckarhalde, Württembergs kleinste Einzellage, brachte einen Burgunder mit aufgefächertem Reichtum im Fruchtausdruck mit prägnanter Cassis-Note hervor. Wie stets gelungen sind aber auch der saftig-würzige Blaufränkisch Steillage und der geschmeidige, nach dunklen Kirschen duftende Zweigelt. Der mit langem Ausbau erst jetzt abgefüllte Felsen Blaufränkisch verbindet intensiven Fruchtkörper und Wärme mit gewisser Frische im Kern. Würzig und reif ist der Merlot. Wie stets zählt auch dieses Jahr wieder der Gern zu den großen Grauburgundern der Region, mit seidigem Aufbau und subtil rauchiger Kopfnote. Der Grauburgunder Steillage vereint Charakter und Schliff. Mit mineralischer Brillanz überzeugt der Chardonnay aus der Neckarhalde.

Kusterer

WEINGUT KUSTERER ESSLINGEN

**86** 2021 Grauburgunder trocken Steillage
**14 €** | 12,5%

**87** 2021 Esslinger Neckarhalde Chardonnay trocken
**16 €** | 13%

**88** 2021 Gern Grauburgunder trocken
**23 €** | 13%

**85** 2018 Blaufränkisch Steillage trocken
**11,50 €** | 14%

**86** 2020 Spätburgunder trocken
**12,50 €** | 13%

**87** 2017 Herzogen Blauer Zweigelt trocken
**15 €** | 14,5%

**87** 2018 Felsen Blaufränkisch trocken
**18 €** | 14%

**87** 2020 Esslinger Spätburgunder trocken
**18 €** | 12,5%

**87** 2017 Merlot trocken Steillage
**22 €** | 14%

**88** 2020 Esslinger Neckarhalde Spätburgunder trocken
**46 €** | 12,5%

★

## BENJAMIN LANZ

Weingut Lanz
88149 Nonnenhorn am Bodensee · Sonnenbichlstr 8
Tel. (08382) 888579
info@lanzwein.de
**www.lanzwein.de**

**Inhaber/in und Betriebsleitung**
Weingut Lanz

Benjamin Lanz setzt mit bemerkenswerter Konsequenz auf pilzresistente Sorten, die sogenannten PiWis, die er auf den Endmoränenschotter-Böden am Bodensee ökologisch kultiviert. Das Ergebnis sind tolle Weine mit viel Rasse und Spiel. Der Johanniter hat geradezu Riesling-hafte Art mit blitzsauberer Frucht und „kühler" Frische. Kalimbula ist ein Blend aus Johanniter und Solaris mit angenehm pflanzlicher Rasse und knackiger, belebender Säure. Der reinsortige Solaris ist feinstoffig, aber ohne Schwere. Hinter EB verbirgt sich ein Souvignier Gris mit geschmeidigem Volumen, würzigem Kern und feinem Holz. Der Pinotin hat rauchige Kirschfrucht und lebhafte Struktur. Mit pflanzlich-würziger Cabernet-Art und merklich Anspruch, dabei aber nicht überladen, präsentiert sich der Cabertin Sonnenbichl.

**84** 2021 Kalimbula trocken
**9,50 €** | 11,5%

**85** 2021 Johanniter trocken
**11 €** | 12,5%

**85** 2021 Solaris trocken
**12,50 €** | 12%

**87** 2020 EB trocken
**30 €** | 13%

**84** 2020 Pinotin trocken
**17 €** | 12,5%

**86** 2020 Nonnenhorner Sonnenbichl Cabertin trocken
**25 €** | 14%

★★

## LEISS

Weingut Gerhard Leiss
74189 Gellmersbach · Lennacher Straße 7
Tel. (07134) 14389 · Fax 20621
info@weingut-leiss.de
**www.weingut-leiss.de**

**Inhaber/in** Wolf-Peter Leiss
**Betriebsleitung** Gerhard Leiss
**Keller** Matthias Hechler

**Rebfläche** 18 Hektar
**Jahresproduktion** 140 000 Flaschen
**Beste Lagen** Gellmersbacher Dezberg, Erlenbacher Kayberg
**Boden** Gipskeuper und Schilfsandsteinverwitterung
**Rebsorten** 26% Riesling, 18% Lemberger, 15% Spätburgunder, je 8% Trollinger und Sauvignon Blanc, je 5% Grauburgunder und Chardonnay, 15% übrige Sorten
**Gastronomie** Besenwirtschaft Leissium (Öffnungszeiten siehe Website)

Einmal mehr kann sich Wolf-Peter Leiss mit seinen beiden großen Rotwein-Cuvées in der Württemberger Spitzenklasse platzieren: Der Leitwolf hat rauchig-maskulines Aroma und viel Kraft, der beeindruckende Kyrie Leiss ist spürbar feiner und komplexer. Wie stets eine besondere Empfehlung im mittleren Segment ist der Herzgrüble Lemberger, mit schönem Brombeeraroma und durchaus Tiefe. Der Kayberg Lemberger hat mittleren Fruchtkörper mit warmer Lohe und samtigem Tannin. Der Dezberg Spätburgunder ist in traditionellem Stil gehalten mit zarter, granatroter Farbe. Bei den Weißen zeigt sich der Muskateller bewährt rassig und frisch, der Gellmersbacher Sauvignon Blanc besitzt eine schöne Balance von Frucht und Pflanzlichkeit. Zusätzliches Volumen und Tiefe zeichnen den Hägenkorb Sauvignon aus. Feinsaftig in der Frucht ist der Herzgrüble Riesling, mit schön aufgefächertem, ausdrucksvollem Aroma gefällt der Kayberg Riesling. Mit hellem Ausdruck und Schliff ist auch der Chardonnay gut gelungen.

**85** 2021 Gellmersbacher Muskateller trocken
**9 €** | 12 %

**85** 2021 Herzgrüble Riesling trocken
**9 €** | 12,5%

**86** 2021 Gellmersbacher Sauvignon Blanc trocken
**10 €** | 12,5%

**87** 2020 Erlenbacher Kayberg Riesling trocken
**15 €** | 12,5%

**87** 2020 Gellmersbacher Hägenkorb Sauvignon Blanc trocken
**17 €** | 13 %

**87** 2020 Gellmersbacher Kelterweinberg Chardonnay trocken
**18 €** | 13 %

**83** 2021 Leissium Rosé trocken
**6,50 €** | 12,5%

**84** 2019 Gellmersbacher Dezberg Spätburgunder trocken
**18 €** | 13,5%

**86** 2019 Herzgrüble Lemberger trocken
**9,80 €** | 14 %

**87** 2019 Erlenbacher Kayberg Lemberger trocken
**19,50 €** | 14 %

**88** 2019 Cuvée Leitwolf trocken
**19,50 €** | 14 %

**89** 2019 Cuvée Kyrie Leiss trocken
**25 €** | 14 %

★★

## MAIER

Weingut Maier
71409 Schwaikheim · Zehnmorgenweg 2
Tel. (07195) 5565 · Fax 139508
info@maier-weingut.de
**www.maier-weingut.de**

**Inhaber/in** Weingut Maier GbR
**Betriebsleitung** Michael Maier
**Keller** Michael Maier
**Außenbetrieb** Florian Wachter

**Rebfläche** 15 Hektar
**Jahresproduktion** 80 000 Flaschen
**Beste Lagen** Breuningsweiler Haselstein, Hanweiler Maien, Hanweiler Berg, Steinreinacher Hörnle
**Boden** Mergel, Keuper
**Rebsorten** je 15% Spätburgunder, Lemberger, Riesling und Weißburgunder, je 10% Trollinger, Sauvignon Blanc und Silvaner, 10% übrige Sorten
**Gastronomie** Gutsausschank im Januar und Februar
**Erlebenswert** Vinothek

Wenn Michael Maiers tolle Spätburgunder Reserve vom Haselstein bisher schon ein heißer Geheimtipp war, so dürfte sie ab dem Jahrgang 2018 in der Magnumflasche nun tatsächlich zu einer neuen Ikone im Remstal werden. Der Wein besitzt pflanzlich unterlegtes komplexes Waldbeeraroma, seidige Dichte und Länge, eine tolle Balance und feine Frische im Finish. Wer sich von ihm etwas sichern möchte, der sollte sich jedoch sputen - nur 330 Magnums wurden abgefüllt. Doch auch bereits die „kleineren" Spätburgunder sind gelungen: Der Hörnle hat vielschichtig aufgefächertes Beerenaroma und der Gutswein gefällt mit floral-duftiger Frucht. Beim Cabernet Franc sorgt die feine Pflanzlichkeit der Sorte für gute Balance zur saftigen Frucht. Stets gut sind hier auch die Silvaner. Der Alte Reben ist angenehm saftig trotz gemäßigtem Alkohol, der Maien zeigt schöne Tiefe mit feiner, erdiger Mineralität. Ausgewogen und süffig ist der Weißburgunder, in der Version vom Haselstein hat er feinnussige Frucht und geschmeidig-geschliffene Textur. Ziselierte nussige Beerenfrucht findet man auch beim Pinot Brut Nature.

**85** 2016 Pinot Meunier Sekt Brut nature Pinot brut nature
**19,90 €** | 12 %

**84** 2021 Weißburgunder trocken
**8 €** | 12,5%

**85** 2021 Silvaner trocken Alte Reben
**9,50 €** | 12 %

**86** 2020 Winnender Haselstein Weißburgunder trocken vom Stein
**15,30 €** | 13,5%

**86** 2019 Hanweiler Maien Silvaner trocken vom Stein
**15,50 €** | 13,5%

**85** 2019 Spätburgunder trocken
**10 €** | 13 %

**87** 2019 Steinreinacher Hörnle Spätburgunder trocken vom Stein
**18,90 €** | 13,5%

**87** 2019 Neustadter Söhrenberg Cabernet Franc trocken vom Stein
**21 €** | 13,5%

**90** 2018 Breuningsweiler Haselstein Spätburgunder trocken vom Stein Reserve
**75 €/1,5 Lit.** | 13,5%

★

## MEDINGER

Weingut Medinger
71394 Kernen-Stetten · Brühlstraße 6
Tel. (07151) 44513 · Fax 41737
weingut.medinger@t-online.de
**www.weingut-medinger.de**

**Inhaber/in und Betriebsleitung**
Barbara Medinger-Schmid, Christian, Friedrich und Markus Schmid
**Keller** Barbara Medinger-Schmid und Christian Schmid

Der Pulvermächer Riesling zeigt „kühle" Rasse, etwas feiner ist der Kabinett. Nussige Frische im Chablis-Stil hat der Chardonnay, grasige Rasse der Sauvignon. Der Grauburgunder ist ein süffiges Schnäppchen. Der Rosé hat beschwingte Art. Angenehm im klassischen Stil ist der Lemberger M, mit etwas warmer Holzlohe abgerundet ist die Reserve. Reife Frucht und dezentes Holz hat der Spätburgunder M. Transparentes Aroma, mit einem Anflug sortentypischer Rauchigkeit, zeigt der Syrah. Bei den Top-Rotweinen gefallen beim Cabernet Cubin die würzig-reife Art mit festem Tannin, bei der Cuvée M die schöne Ausgewogenheit.

**83** 2021 Stettener Pulvermächer Riesling trocken
**7,90 €** | 12 %
**84** 2020 Chardonnay trocken
**7,80 €** | 12 %
**85** 2021 Grauburgunder trocken
**7,50 €** | 12 %
**85** 2021 Sauvignon Blanc trocken
**8,90 €** | 12 %
**84** 2021 Stettener Pulvermächer Riesling Kabinett
**7,90 €** | 11,5%
**83** 2021 Syrah trocken
**7,90 €** | 11,5%
**85** 2019 Spätburgunder trocken M
**9,90 €** | 13 %
**85** 2020 Lemberger trocken M
**9,90 €** | 13 %
**86** 2020 Syrah trocken Reserve
**21 €** | 13 %
**87** 2019 Cabernet Cubin trocken
**21 €** | 14 %
**87** 2020 Cuvee M trocken Reserve
**21 €** | 13,5%
**87** 2020 Lemberger Reserve
**21 €** | 13,5%

★★★★

## NEIPPERG

Weingut Graf Neipperg
74193 Schwaigern · Schlossstraße 12
Tel. (07138) 941400 · Fax 4007
info@graf-neipperg.de
**www.graf-neipperg.de**

**Inhaber/in und Betriebsleitung**
Karl-Eugen Graf von Neipperg
**Keller** Bernd Supp
**Außenbetrieb** Jochen Alt
**Historie** Weinbau urkundlich seit 1248
**Rebfläche** 30 Hektar
**Jahresproduktion** 180 000 Flaschen
**Beste Lagen** Schwaigerner Ruthe, Neipperger Schlossberg, Klingenberger Schlossberg
**Boden** Keuper, Schilfsandstein, Muschelkalk
**Rebsorten** 30% Lemberger, 20% Riesling, je 8% Muskateller und Rivaner, je 7% Spätburgunder und Trollinger, 20% übrige Sorten
**Gastronomie** Altes Rentamt
**Erlebenswert** Staufer Burganlage in Neipperg, Schloss in Schwaigern
**Mitglied** VDP

Gesegnet sei das gräfliche Haus dafür, zwei solch großartige Grand-Cru-Lagen sein eigen nennen zu dürfen. Jedes Jahr erneut ist es ein ganz besonders Vergnügen, verkostend herauszufinden, ob nun der Neipperger Schlossberg oder die Schwaigerner Ruthe beim Lemberger die Nase vorn hat. Und natürlich beginnt die Probe dann auch mit diesem Wein-Paar, schließlich gehört der Titel „Württembergs Mr. Lemberger" bei Karl-Eugen von Neipperg ebenso zur Erbmasse wie sein Adelsprädikat. Der Schlossberg Lemberger ist eine Delikatesse mit hochkomplexer Wildkirschfrucht, filigran durchstrukturiertem Fruchtkörper, seidigem Schliff und unwiderstehlicher Verführungskraft. Doch die Ruthe ist dieses Mal sogar noch besser! Geradezu königlich schwebendes, bei aller aromatischen Dichte herrlich transparent aufgefächertes Aroma, köstliche Finesse und absolut feinkörniges Tannin am Gaumen. Die schillernde Frucht eines Grand-Cru-Burgunders im langen Finish – so fein kann Lemberger sein! Hervorragend aber auch der Ruthe Spätburgunder als feine Persönlichkeit mit charaktervoll floral-würziger Kopfnote. Aus dem Schlossberg wurde erst jetzt eine Kellerreserve des 2011er Spätburgunders freigegeben, der mit noch immer angenehm lebhaftem Aufbau jetzt in perfekter Trinkreife für ein festliches Dinner im Herbst ist. Seidiges Volumen hat wie gewohnt der Weißburgunder GG, das Große Gewächs vom Riesling aus der Ruthe verbindet charaktervolle Würze mit noblem Schliff. Ein Schnäppchen ist der Riesling aus dem Klingelberger Schlossberg, der einerseits fein herzhaft ist, anderseits aber auch durchaus elegant. Der Muskateller S.E. ist würdevoll in traditionellem Stil.

**Klassiker und internationales Parkett**

Es ist faszinierend, wie Neipperg einerseits diese teilweise jahrhundertealten regionalen Klassiker ins Hier und Heute übersetzt hat und andererseits auch auf dem internationalen Parkett zu glänzen vermag. So sind die großen S.E. Rotweine auch im Jahrgang 2019 wieder Respekt gebietende Säulen des modernen Württemberg. Der Syrah beeindruckt mit rauchig-würziger Tiefe und selbstbewusstem, maskulinem Aufbau. Der Cabernet Sauvignon vereint in bester Bordeaux-Manier perfekte Reife mit delikater Frische. Doch der Merlot überragt dieses Jahr dieses noble Dreigestirn mit großartiger Tiefe, fest strukturierter Konzentration, immensem Potenzial und perfektem Tannin. Angesichts solcher Titanen sollte man aber nicht übersehen, dass sich auch im „unteren" Segment bei Neipperg lohnende Entdeckungen machen lassen. Für noch unter zehn Euro findet man hier den Muskateller als herrlich rassige Erfrischung, den Weißburgunder mit strahlender Frucht und feiner Säure, den Lemberger Rosé mit schönem Waldbeeraroma, die Cuvée P.+P. als charaktervollen Allrounder oder den Sauvignon Blanc mit nobler Aromafülle.

**85** 2021 Muskateller trocken
**9,10 €** | 12,5%

**86** 2021 Neipperger Weißburgunder trocken
**9,90 €** | 13,5%

**86** 2021 Neipperger Sauvignon Blanc trocken
**9,90 €** | 13 %

**87** 2021 Klingenberger Schlossberg Riesling trocken
**11,50 €** | 12,5%

**88** 2021 Neipperger Schlossberg Weißburgunder VDP.Großes Gewächs
**24 €** | 13,5%

**89** 2021 Schwaigerner Ruthe Riesling VDP.Großes Gewächs
**24 €** | 13 %

**87** 2019 Muskateller S.E.
**30 €** | 10 %

**84** 2021 Lemberger Rosé trocken
**7,20 €** | 12,5%

**90** 2019 Syrah trocken S.E.
**47 €** | 14 %

**91** 2019 Cabernet Sauvignon trocken S.E.
**47 €** | 14 %

**93** 2019 Merlot trocken S.E.
**47 €** | 14,5% **TOP 10**

**86** P.+P. Rot trocken
**8,60 €** | 13,5%

**89** 2011 Neipperger Schlossberg Spätburgunder VDP.Großes Gewächs
**34,50 €** | 13 %

**90** 2019 Schwaigerner Ruthe Spätburgunder VDP.Großes Gewächs
**30 €** | 14 %

**92** 2020 Neipperger Schlossberg Lemberger VDP.Großes Gewächs
**30 €** | 13 %

**93** 2020 Schwaigerner Ruthe Lemberger VDP.Großes Gewächs
**30 €** | 13,5%

★★

## SANKT ANNAGARTEN

Sankt Annagarten
71717 Beilstein · St. Anna-Gärten 1
Tel. (07062) 3166 · Fax 22851
info@sankt-annagarten.de
**www.sankt-annagarten.de**

**Inhaber/in** Hans und Marcel Wiedenmann
**Betriebsleitung** Marcel Wiedenmann
**Keller** Marcel Wiedenmann
**Außenbetrieb** Martin Gall

**Historie** gegründet 1972, feiert 2022 50-jähriges Bestehen
**Rebfläche** 14 Hektar
**Jahresproduktion** 130 000 Flaschen
**Beste Lagen** Beilsteiner Wartberg, Annaweinberg, Freudenberg, Sandberg
**Boden** Keuperverwitterung, Gipskeuper, Roter Keuper, Schilf- und Kieselsandstein, Stubensandstein
**Rebsorten** 26% Riesling, 14% Lemberger, 12% Spätburgunder, 11% Grauburgunder, 10% Trollinger, je 2% Chardonnay und Sauvignon Blanc, je 1% Gewürztraminer, Sémillon Blanc, Gelber Muskateller, Cabernet Blanc, Sauvitage, Pinotage, Cabernet Franc und Blütenmuskateller, 15% übrige Sorten.
**Erlebenswert** neu gestalteter Innenhof mit Weinkühlschrank (täglich bis 22 Uhr zugänglich)
**Mitglied** Württemberger Weingüter

Marcel Wiedenmanns beindruckender 2019er Lemberger Steinbock kann mit großem Reifepotential, noblem Tannin und selbstbewusster Holzausstattung mühelos an den Erfolg des tollen Vorgängers anschließen. Auch die Rieslinge sind wiederum sehr gelungen. Schon der Gipskeuper ist sehr solide und feinstoffig, der Kieselsandstein hat mit zusätzlichem mineralischem Säurespiel ein tolles Preis-Genuss-Verhältnis. Eher herzhaft ist der Riesling Laune der Natur. Stets empfehlenswert auch der geschmeidige Gipskeuper Grauburgunder mit dezenter Nussigkeit im Aroma. Der Sauvignon Blanc strahlt im Glas mit tagheller Zitrusfrucht. De Lemberger Roter Keuper ist in klassisch-reifem Stil gehalten, merklich moderner und kosmopolitischer ist der Sandberg, mit prägnanter Vanillenote im Aroma. Wie gewohnt gut auch die Cuvée Selbander, ein stimmiger Blend mit ausgewogenem Aroma und guter Struktur.

**83** 2021 Pét Nat Brut nature Eine Laune der Natur
**14 €** | 11,5%

**84** 2020 Riesling trocken Eine Laune der Natur
**13,20 €** | 13,5%

**85** 2021 Beilsteiner Riesling trocken Gipskeuper
**7,80 €** | 12%

**86** 2021 Beilsteiner Grauburgunder trocken Gipskeuper
**9,90 €** | 13,5%

**87** 2021 Beilsteiner Riesling trocken Kieselsandstein
**9,90 €** | 12,5%

**87** 2021 Beilsteiner Sandberg Sauvignon Blanc trocken Generation
**13,20 €** | 13,5%

**84** 2018 Beilsteiner Lemberger trocken Roter Keuper
**10,20 €** | 13,5%

**84** 2020 Annaweinberg Trollinger trocken Generation
**10,50 €** | 13%

**86** 2019 Beilsteiner Sandberg Lemberger trocken
**14,20 €** | 13,5%

**87** 2019 Beilsteiner Annaweinberg trocken Cuvée Selbander
**14,20 €** | 14,5%

**89** 2019 Beilsteiner Annaweinberg Lemberger trocken Steinbock Generation
**25 €** | 14,5%

★★★★

## SCHNAITMANN

Weingut Rainer Schnaitmann
70734 Fellbach · Untertürkheimer Straße 4
Tel. (0711) 574616 · Fax 5780803
info@weingut-schnaitmann.de
**www.weingut-schnaitmann.de**

**Inhaber/in und Betriebsleitung**
Rainer Schnaitmann

**Rebfläche** 24 Hektar
**Jahresproduktion** 120 000 Flaschen
**Beste Lagen** Fellbacher Lämmler, Uhlbacher Götzenberg, Beutelsbacher Burghalde, Schnaiter Altenberg
**Boden** Bunter Mergel, Gipskeuper, Sandsteinverwitterung
**Rebsorten** 50% Burgundersorten, 20% Lemberger, 15% Riesling, 7% Sauvignon Blanc, 8% übrige Sorten
**Mitglied** VDP

Rainer Schnaitmann feiert in diesem Jahr das erste Vierteljahrhundert des Bestehens seines Weinguts. Was für eine großartige Erfolgsstory er dabei doch vorweisen kann, von den ehrgeizigen Anfängen als Jungwinzer im Jahr 1997 bis zum heutigen Status als unverzichtbares Juwel in der Krone des Württemberger Weins! Seine Abfüllungen sind mittlerweile von solch eigenständiger Persönlichkeit geprägt, dass man sie in Blindproben meist leicht erkennen kann. Gerade bei den Rieslingen wird dies besonders deutlich, bei denen der Fellbacher Spitzenwinzer mit langem Hefelager und bewusstem Verzicht auf allzu expressive Primärfrucht einen gewissen Naturwein-Charakter und damit eine markante, aber auch fordernde Tiefe in seine Abfüllungen gebracht hat. Darauf mit seinem erst jetzt veröffentlichten großartigen 2015er Sekt Brut Nature anzustoßen, wäre ein würdiger Auftakt für die Verkostung der aktuellen Kollektion. Nach 56 Monaten auf der Hefe zeigt dieser reinsortige Schwarzriesling (!) die klassische, noble Frucht eines Blanc de Noirs: Getrocknete Beeren, Brioche, Toast und geröstete Haselnüsse. Ein weiterer Triumph gelang Schnaitmann mit dem Grauburgunder GG, der mit wunderbar geschmeidiger Tiefe – aber keinem Gramm zu viel! –, toll verwobener Struktur und subtiler Frische im Kern, Württembergs bester Wein der Rebsorte in diesem Jahr ist. Bei den Rieslingen ist der Bergmandel mit saftiger Fruchttiefe und pikantem Finish eine schöne Vorstufe zu den GGs. Der Götzenberg zeigt sich dann mit schillernd-komplexer Zitrusfrucht und selbstbewusster Rasse. Der Lämmler ist ein souveränes Riesling-Statement von in sich ruhender Größe – ohne jede Vordergründigkeit und mit markanter Würze im Finish. Darüber steht noch die monumentale Reserve mit 36 Monaten Hefelager, eine große Persönlichkeit mit erdiger Tiefe, gleichermaßen geschmeidiger wie feinnerviger Dichte und fast schon burgundischem Auftritt. Floral-kräutrig mit delikater Kopfnote nach Lavendel zeigt sich der ausdrucksvolle Sauvignon Blanc. Die Cuvée Grau.Weiss verbindet wie gewohnt saftigen Pinot-Charakter mit innerer Frische.

### Lemberger mit aristokratischer Würde

Während der Cabernet Franc die markant-würzige Seite seiner Rebsorte betont, zeigt sich der Lemberger Simonroth cassis-duftig, aber doch auch sehr charaktervoll mit nobler, aufrechter Struktur. Das Große Gewächs vom Lemberger ist wiederum ein absoluter Spitzenwein mit komplexer, tiefer Waldbeerfrucht und selbstbewusstem aber dennoch sehr feinkörnig strukturierendem Tanningerüst. Er besitzt geradezu aristokratische Würde im Auftritt und charaktervolle Würze im Finish. Bereits auf sicherem GG-Niveau würde hier auch schon der Spätburgunder Simonroth liegen, der mit schwebender Präsenz in samtig-würzigem Kleid erscheint. Doch an der Spitze steht natürlich der Lämmler Spätburgunder mit schillernder Komplexität, schwereloser Eleganz und ausgesprochen feinkörnig und samtig ummantelter Textur. Er hat die erdig-mineralische Persönlichkeit eines burgundischen Grand Crus am Gaumen und zeigt anhaltende Delikatesse im langen Finale.

89 2015 Sekt Brut nature Réserve
**42 €** | 12 %

87 2020 trocken Bergmandel Grau.Weiss trocken
**16,20 €** | 13 %

87 2020 Riesling trocken Bergmandel
**24 €** | 13 %

89 2021 Sauvignon Blanc trocken Bergmandel
**24 €** | 13 %

89 2020 Uhlbacher Götzenberg Riesling VDP.Großes Gewächs
**36 €** | 12,5%

90 2020 Fellbacher Lämmler Riesling VDP.Großes Gewächs
**36 €** | 13 %

90 2020 Fellbacher Lämmler Grauburgunder VDP.Großes Gewächs
**36 €** | 13 %

91 2018 Riesling trocken Réserve
**62 €** | 13 %

87 2019 Cabernet Franc trocken Simonroth
**32 €** | 13 %

88 2019 Lemberger trocken Simonroth
**24 €** | 13 %

89 2020 Spätburgunder trocken Simonroth
**32 €** | 12,5%

92 2020 Fellbacher Lämmler Lemberger VDP.Großes Gewächs
**58 €** | 12,5%

92 2020 Fellbacher Lämmler Spätburgunder VDP.Großes Gewächs
**68 €** | 12,5%

★★★★

## SCHWEGLER

Weingut Albrecht Schwegler
71404 Korb · Steinstraße 37
Tel. (07151) 3040137
weingut@albrecht-schwegler.de
**www.albrecht-schwegler.de**

**Inhaber/in und Betriebsleitung** Julia und Aaron Schwegler
**Keller** Aaron Schwegler
**Außenbetrieb** Aaron Schwegler, Christian Medinger

**Historie** Gründung 1990, Betriebsübernahme 2016
**Rebfläche** 15 Hektar
**Jahresproduktion** 60 000 Flaschen
**Beste Lagen** Hörnle, Kriegsberg, Altenberg, Wanne und Immenreich
**Boden** roter und grüner Keuper, Sandsteinverwitterung, bunter Mergel
**Rebsorten** 20% Zweigelt, je 10% Cabernet Franc, Spätburgunder, Chardonnay, Riesling, Cabernet Sauvignon und Trollinger, 5% Merlot, 15% übrige Sorten
**Erlebenswert** Barriquekeller
**Mitglied** Vinissima, Generation Riesling

„Boaah!"... so der zugegeben wenig fachmännische spontane Kommentar beim ersten Schnuppern an Aaron Schweglers aktuellem Beryll. „Kann es sein, dass Schwegler mit seinen überragenden Rotwein-Blends sogar noch besser geworden ist?" Eine Frage, die wir uns in der fortschreitenden Verkostung mit einem deutlichen „Ja!" beantworten konnten. Es waren die würzige, aber balancierte Sauerkirsch-Pflaumen-Frucht und die so feinfühlig abgestimmte Textur, die diesen Wein jetzt schon zu einer Delikatesse machen, die uns so euphorisch werden ließ. Und das war erst der Anfang! Der darauffolgende Saphir betört mit schwebender Eleganz und grandioser

Vielschichtigkeit sowie tollem Potenzial. Der Granat schließlich gehört in der 2018er Version zur Spitze des Anbaugebiets. Ein absoluter Weltklassewein: Hochkomplexer Duft nach Amarenakirschen und Mokka sowie Anklänge von subtilster Pflanzlichkeit, schwebende Fülle im Fruchtkörper am Gaumen und ein perfektes Tannin-Säure-Gerüst für Jahrzehnte der weiteren Verfeinerung in der Flasche.

**Quantensprung bei Spätburgunder und Lemberger**

Die nächste Überraschung barg dann die Verkostung der beiden reinsortigen Rotweine. Welch einen Quantensprung hat Schwegler nun auch dort hingelegt! Der Lemberger hat geradezu subtile Delikatesse mit köstlichen floralen Kopfnoten und dem Auftritt einer Herzogin in wunderbar samtigem Kleid. Der Spätburgunder verführt mit der aristokratischen Eleganz eines großen Volnays und toller Fruchtpräsenz auch am Gaumen, sowie wunderbar nobler Textur mit filigraner innerer Frische. Einen großen Auftritt hatte auch der erstmals vorgestellte Sekt Grande Cuvée Brut Nature mit charaktervollen Brioche- und Hefenoten im Bukett. Der Riesling zeigt tiefes Gold in der Farbe, markant hefiges Volumen und außergewöhnliche Persönlichkeit mit druckvollem Finish. Erdig-füllige Frucht und würzigen Nachhall findet man beim Chardonnay. Nicht übersehen sollte man die jahrgangslose Cuvée Rot von den Parzellen, ein herrlich duftiger und belebter Wein als Einstieg in die wunderbare Rotweinwelt der Schweglers.

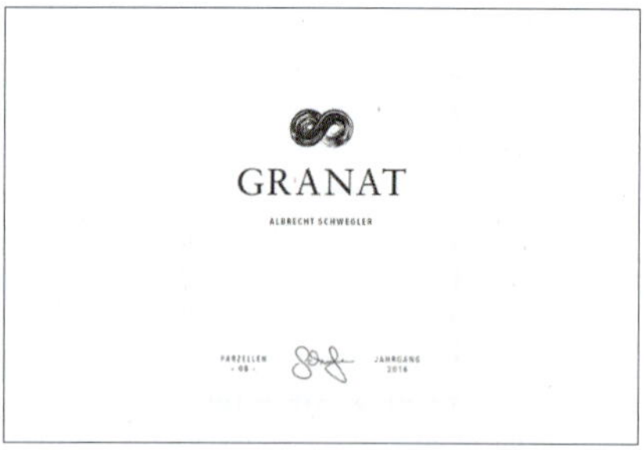


**87** 2016 Grande Cuvée Brut Nature
**48 €** | 12 %

**87** 2020 Chardonnay trocken Reserve
**38 €** | 13,5%

**88** 2020 Riesling trocken Reserve
**38 €** | 12,5%

**86** Cuvée Rot von den Parzellen trocken
**11,50 €** | 13,5%

**89** 2018 Cuvée Beryll trocken
**19 €** | 14 % **TIPP**

**91** 2019 Lemberger trocken Reserve
**38 €** | 14 %

**91** 2019 Pinot Noir trocken Reserve
**38 €** | 13,5%

**91** 2018 Cuvee Saphir trocken
**38 €** | 14,5%

**93** 2018 Cuvée Granat trocken
**56 €** | 14,5%

★★★

## SONNENHOF

Weingut Sonnenhof
71665 Vaihingen/Enz · Ortsteil Gündelbach, Sonnenhof 2
Tel. (07042) 818880 · Fax 818886
info@weingutsonnenhof.de
**www.weingutsonnenhof.de**

**Inhaber/in** Martin Fischer
**Betriebsleitung** Walter Bibo
**Außenbetrieb** Gerhard Setzer

**Historie** Weinbau seit 1522
**Rebfläche** 50 Hektar
**Jahresproduktion** 400 000 Flaschen
**Beste Lagen** Gündelbacher Wachtkopf, Hohenhaslacher Kirchberg
**Boden** Keuperformationen, vor allem bunter Mergel
**Rebsorten** 19% Riesling, 18% Lemberger, 16% Trollinger, 10% Spätburgunder, 9% Grauburgunder, 4% Muskattrollinger, je 3% Weißburgunder und Syrah, je 2% Merlot, Cabernet Sauvignon, Sauvignon Blanc und Gelber Muskateller
**Mitglied** Deutsches Barrique Forum, Hades

Martin Fischer und Walter Bibo füllen ihre großen Hades-Weine dieses Jahr erst später ab; ein erster Schluck des 2019er Lembergers verspricht aber bereits beeindruckend maskuline Größe. Somit ist der Blick auf das hochwertige Mittelsegment darunter in diesem Jahr besonders interessant. An der Spitze steht dort der imponierende Syrah mit klassischer Sortenfrucht, die Anklänge von kaltem Lagerfeuer und schwarzen Oliven einbindet. Der Lemberger ist spürbar mit würziger Lohe bereichert, der Trollinger Fumé hat durch den Ausbau in gebrauchten Barriques eine charaktervoll rauchige Kopfnote. Der Rosé Fumé ist spürbar anspruchsvoll gemacht, mit feiner Tiefe und dennoch schlanker Art. Auch die weißen Lagenweine sind durchweg gelungen. Der Riesling S hat angenehm stoffige Rasse, der Chardonnay überzeugt mit fein dosiertem Holz und schöner Frische. Klassische Größe mit nussiger Frucht zeigt der Grauburgunder. Der Sauvignon Blanc Gutswein bietet frisches Pfirsich-Zitrus-Aroma. Wie stets ist hier der Riesling aus der Literflasche ein toller Schoppen für jeden Tag.

**83** 2021 Riesling trocken Liter
**6,50 €/1 Lit.** | 11 %

**86** 2021 Sauvignon blanc trocken
**10 €** | 12 %

**87** 2020 Gündelbacher Wachtkopf Riesling trocken S
**14 €** | 13 %

**87** 2021 Gündelbacher Wachtkopf Chardonnay trocken
**14 €** | 13 %

**87** 2021 Gündelbacher Wachtkopf Grauburgunder trocken
**14 €** | 13 %

**85** 2021 Gündelbacher Wachtkopf Rosé Fumé trocken
**15 €** | 12 %

**85** 2018 Gündelbacher Wachtkopf Spätburgunder trocken
**15 €** | 12,5%

**85** 2020 Gündelbacher Wachtkopf Trollinger trocken Fumé
**15 €** | 13 %

**86** 2019 Gündelbacher Wachtkopf Lemberger trocken
**15 €** | 13 %

**88** 2019 Gündelbacher Wachtkopf Syrah trocken
**16 €** | 13,5%

★

## STERNEISEN

Weingut Sterneisen
73630 Remshalden · Mühlstraße 10
info@weingut-sterneisen.de
**www.weingut-sterneisen.de**
**Inhaber/in und Betriebsleitung** Claudia Dorn
**Keller und Außenbetrieb** Claudia Dorn

Claudia Dorn hat uns mit einem wirklich gelungenen, charaktervollen Chenin Blanc überrascht. Auch ihr Top-Rotwein Dickhäuter Blue Label ist eine starke Persönlichkeit mit rauchigem Holz. Ländliche Herzhaftigkeit prägt im Moment den Syrah Blue Label. Attraktive Fruchtpräsenz und lebhaftes Spiel zeichnen hingegen den Lemberger Heimat aus, der Asket trägt in frischer Stilistik seinen Titel zu Recht. Florale Leichtfüßigkeit bestimmt den Trollinger. Ausgewogen, mit dunkler Beerenfrucht, Saftigkeit und gutem Tannin, präsentiert sich die Cuvée Dickhäuter. Sehr solide mit angenehmer Zitrusfrucht ist der Riesling, belebende Rasse zeigt der Sauvignon Blanc. Entgegen seinem Titel strahlt der Grauburgunder Abendglut mit hellem Fruchtausdruck und schöner Frische.

**84** 2021 Riesling trocken Herkunft
**8,10 €** | 12,5%

**85** 2021 Grauburgunder trocken Abendglut
**8,90 €** | 13 %

**85** 2021 Sauvignon Blanc trocken Weltenbummler
**9,80 €** | 13 %

**87** 2021 Chenin Blanc trocken Wagnis Blue Label
**14 €** | 13 %

**83** 2019 Trollinger trocken Tradition
**7,40 €** | 12,5%

**85** 2019 Lemberger trocken Heimat
**9,60 €** | 13,5%

**85** 2020 Cuvée Rot trocken Dickhäuter
**9,90 €** | 13,5%

**86** 2020 Lemberger trocken Asket Blue Label
**12 €** | 12 %

**86** 2020 Syrah trocken Zukunft Blue Label
**19 €** | 13,5%

**87** 2020 Rotweincuvée trocken Dickhäuter Blue Label
**21 €** | 13,5%

★

## UNGERER

Weingut Ungerer
74629 Pfedelbach-Renzen
Harsberger Straße 15
Tel. (07949) 940690 · Fax 940699
info@weingut-ungerer.de
**www.weingut-ungerer.de**
**Inhaber/in und Betriebsleitung**
Karlheinz Ungerer

Ungerers Sylvaner Q ist mit taghellem Sortenaroma und belebendem Spiel aktuell bester Wein dieser Sorte in der Region. Überhaupt sind die 2021er Weißweine in Hohenlohe gelungen. Der Riesling Kabinett ist heiter und beschwingt, der Riesling Q zeigt attraktive Frucht und glänzenden Schliff. Der Sauvignon ist vielschichtig mit ordentlicher Länge. Fruchtige Frische im seidigen Kleid zeichnet den Chardonnay aus, die Cuvée Flaschenpost ist ein feiner, ausgewogener Wein. Bei den Roten zeigt der Cabernet Franc ausgesprochen warme, reife Sortenfrucht. Der Lemberger Q hat „süßes", verführerisches Beerenaroma. Saftige, zugängliche Art mit Lohenoten prägt den Dornfelder. Die Cuvée Unglaublich hat feinsaftige Sauerkirschfrucht, der Blend Salatium virium beeindruckt mit würziger Vielschichtigkeit.

**83** 2021 Heuholzer Dachsteiger Riesling Kabinett trocken
**6,50 €** | 12 %

**86** 2021 Sylvaner trocken Edition Q
**9 €** | 13 % **TIPP**

**86** 2021 Chardonnay trocken
**9 €** | 12,5%

**86** 2021 Cuvée Flaschenpost trocken
**10 €** | 13 %

**86** 2020 Riesling trocken Edition Q
**10 €** | 13 %

**87** 2021 Sauvignon Blanc trocken Sehnsucht
**10 €** | 13 %

**85** 2019 Lemberger trocken Edition Q
**10,50 €** | 13,5%

**85** 2019 Dornfelder trocken Barrique
**13,50 €** | 13 %

**86** 2018 Cabernet Franc trocken
**12,50 €** | 13,5%

**87** 2020 Cuvée Unglaublich trocken
**13,50 €** | 13 %

**88** 2019 Cuvée Saltatium virium trocken
**20,50 €** | 13,5%

## UNTERTÜRKHEIM

Weinmanufaktur Untertürkheim
70327 Stuttgart · Strümpfelbacher Straße 47
Tel. (0711) 3363810 · Fax 33638124
info@weinmanufaktur.de
**www.weinmanufaktur.de**

**Geschäftsführerin** Saskia Wörthwein
**Keller** Jürgen Off

**Historie** Gründung im Jahr 1887
**Rebfläche** 100 Hektar
**Jahresproduktion** 700 000 Flaschen
**Beste Lagen** Untertürkheimer Mönchberg und Altenberg, Obertürkheimer Kirchberg
**Boden** Keuperverwitterung
**Rebsorten** 25% Riesling, 20% Trollinger, je 12% Lemberger und Spätburgunder, 8% Grauburgunder, 7% Weißburgunder, je 4% Müller-Thurgau und Merlot, 3% Cabernet Franc
**Erlebenswert** Holzfasskeller, Sektkeller im ehemaligen Luftschutzbunker
**Mitglied** Fair'n Green

In Untertürkheim werden, quasi in Nachbarschaft zum großen Stern von Mercedes, die besten Weine mit einem Großen Stern ausgezeichnet. Im Jahrgang 2020 sind dies der Spätburgunder mit kraftvoller Präsenz, der mit würziger Holzlohe bereicherte Lemberger, und der beeindruckende und deutlich komplexer auffächerte Mönch Berthold, der erneut zu den großen Rotweinen Württembergs gezählt werden darf. Bei den internationalen Sorten des ***-Segments zeigt sich der Merlot herzhaft rustikal, etwas feiner ist der Cabernet Franc. Wie gewohnt ist die Cuvée Mönch Berthold ** ein überaus solider Blend und schöner Allrounder. Im weißen Sortiment sollte man auf den aktuellen Riesling *** achten, der attraktive Frucht mit erdiger Würze vereint. Bei den Chardonnays ist die reguläre ***-Füllung harmonisch und seidig, die gereifte Sur-Lie-Version beeindruckt mit Volumen und markantem Holzeinsatz. Eine interessante Spezialität ist hier auch der Viognier mit angenehmem Spiel. Der Grauburgunder ** ist ausgewogen mit ordentlicher Frische. Sehr zugänglich, mit heller, tropischer Frucht, zeigt sich der Weißburgunder *. Insgesamt wiederum eine wie gewohnt hochwertige und sehr solide Kollektion der Untertürkheimer Genossenschaft.

WEINMANUFAKTUR
UNTERTÜRKHEIM

**84** 2021 Weißburgunder trocken *
**8,90 €** | 13 %

**85** 2021 Grauburgunder trocken **
**10,90 €** | 13 %

**85** 2021 Viognier trocken **
**11,90 €** | 13 %

**86** 2021 Chardonnay trocken ***
**18,50 €** | 13 %

**87** 2021 Untertürkheimer Mönchberg Riesling trocken ***
**18,50 €** | 13 %

**87** 2016 Chardonnay trocken Sur Lie ***
**25,90 €** | 13 %

**86** 2020 Cuvée Mönch Berthold trocken **
**11,90 €** | 13,5%

**86** 2020 Untertürkheimer Altenberg Merlot trocken ***
**19,90 €** | 14 %

**87** 2020 Untertürkheimer Altenberg Cabernet Franc trocken ***
**19,90 €** | 13,5%

**87** 2020 Untertürkheimer Mönchberg Spätburgunder trocken Großer Stern
**29,90 €** | 13 %

**88** 2020 Untertürkheimer Mönchberg Lemberger trocken Großer Stern
**29,90 €** | 13,5%

**90** 2020 Cuvée Mönch Berthold trocken Großer Stern
**29,90 €** | 14 %

★

## VINTAGE WINERY

Vintage Winery Stuttgart
70329 Stuttgart · Tiefenbachstraße 7
drink@vintage-winery-stuttgart.de
**www.vintage-winery-stuttgart.de**

**Inhaber/in und Betriebsleitung**
Sebastian Schiller

Das interessante Projekt begann 2013 als erstes Crowdfunding-Weingut Deutschlands, mit dem Ziel, alte Weinbergsterrassen im Stuttgarter Vorort Rohracker zu erhalten und wiederzubeleben. Mittlerweile ist einer der Gründer ausgestiegen, und seither ist Sebastian Schiller alleine verantwortlich. Sein Barely White Blend ist ein lebhafter und durstlöschender Wein mit herber Rasse im Finish. Das rote Gegenstück Just Red gefällt mit saftigem Aroma und frischem Kern. Die Abfüllung der gehobeneren Weine, wie dem raren Sauvignon Blanc, ist für dieses Jahr erst später geplant. Überregional bekannt wurde das Gut auch für seinen Likörwein im Port-Stil, der über eine schöne Tiefe und seidige Textur verfügt.

**84** 2021 Cuvée Barely White trocken
**9,95 €** | 12,5%

**85** 2020 Cuvée Just Red trocken
**9,95 €** | 12,5%

**88** Portfolio
**31 €/0,375 Lit.** | 17,5%

★★★

## WACHTSTETTER

Weingut Wachtstetter
74397 Pfaffenhofen · Michelbacher Straße 8
Tel. (07046) 329 · Fax 931000
info@wachtstetter.de
**www.wachtstetter.de**

**Inhaber/in und Betriebsleitung**
Rainer Wachtstetter
**Keller** Rainer Wachtstetter

**Rebfläche** 21 Hektar
**Jahresproduktion** 120 000 Flaschen
**Beste Lagen** Pfaffenhofener Hohenberg, Mühlberg, Spitzenberg und Geißberg
**Boden** Gipskeuper und Schilfsandstein
**Rebsorten** 30% Lemberger, 22% Riesling, je 12% Spätburgunder und Trollinger, 5% Schwarzriesling, 19% übrige Sorten
**Gastronomie** Gasthaus Adler (einige Wochenenden im Frühjahr und Herbst/Winter geöffnet)
**Mitglied** VDP, Junges Schwaben

Rainer Wachtstetters Lemberger-Kompetenz beginnt schon beim guten Sekt mit seinem hübschen Beerenaroma. Ausdrucksvollen Brombeerduft hat dann der stets verlässliche Felix. Ein besonderes Vergnügen ist die vergleichende Verkostung der beiden Topweine aus dieser Sorte. Der Junges Schwaben überzeugt mit schöner Balance und feinem Nerv. Mit merklich mehr Tiefe und zusätzlicher Dimension liegt das Große Gewächs sogar noch darüber. Bei den Spätburgundern zeigt die Erste Lage Hohenburg reifes, warmes Frucht-Potpourri, das Große Gewächs ist zusätzlich mit rauchiger Kopfnote bereichert und hat einen vielschichtig aufgefächerten Fruchtkörper. Die Cuvée Ernst Combé ist von angenehm würziger Art mit schöner Lohenote und festem Rückgrat. Bei den Weißen ist aktuell der stimmige Grauburgunder mit Ausdruck und Frische ein besonderes Schnäppchen. Der Riesling Anna ist ein Klassiker des Hauses, mit heller Frucht und Attraktivität. Mit Persönlichkeit und Tiefe überzeugt dann der Riesling aus dem Hohenberg. Das Große Gewächs dieser Sorte zeigt charaktervolle, reife Fruchtfülle und erdige Mineralität. Ein köstlicher Begleiter zur Wildterrine oder zu Hartkäsen ist die Gewürztraminer Auslese, ein feiner, unaufgeregt stimmiger Wein.

**85** 2019 Lemberger Brut weissgekeltert
**14 €** | 12 %

**86** 2021 Grauburgunder trocken
**8,40 €** | 12,5%

**86** 2021 Pfaffenhofener Riesling trocken Anna
**10,80 €** | 12 %

**87** 2020 Pfaffenhofener Hohenberg Riesling trocken
**16 €** | 13 %

**88** 2021 Pfaffenhofener Gewürztraminer Auslese
**16 €** | 10,5%

**88** 2020 Pfaffenhofener Mühlberg Riesling VDP.Großes Gewächs
**24 €** | 13 %

**86** 2020 Pfaffenhofener Lemberger trocken Felix
**10,80 €** | 13 %

**87** 2019 Pfaffenhofener Hohenberg Spätburgunder trocken
**19,80 €** | 13 %

**88** 2019 Cuvée Ernst Combé trocken
**19,80 €** | 13,5%

**89** 2019 Pfaffenhofener Hohenberg Lemberger trocken Junges Schwaben
**29,80 €** | 13,5%

**89** 2019 Pfaffenhofener Geißberg Spätburgunder VDP.Großes Gewächs
**29,80 €** | 13 %

**90** 2019 Pfaffenhofener Spitzenberg Lemberger VDP.Großes Gewächs
**29,80 €** | 13,5%

★★★

## STAATSWEINGUT WEINSBERG

Staatsweingut Weinsberg
74189 Weinsberg · Traubenplatz 5
Tel. (07134) 504167 · Fax 504168
info@staatsweingut-weinsberg.de
**www.staatsweingut-weinsberg.de**

**Inhaber/in** Land Baden-Württemberg
**Betriebsleitung** Dr. Dieter Blankenhorn
**Keller** Florian Solymari
**Außenbetrieb** Hans-Christoph Schiefer

**Historie** älteste Weinbauschule Deutschlands, gegründet 1868
**Rebfläche** 45 Hektar
**Jahresproduktion** 250 000 Flaschen
**Beste Lagen** Burg Wildeck, Weinsberger Schemelsberg , Gundelsheimer Himmelreich
**Boden** Gipskeuper, bunter Mergel, Muschelkalk, Neckarschotter
**Rebsorten** 20% Riesling, 14% Lemberger, 10% Trollinger, 8% Spätburgunder, je 6% Cabernet-Sorten und Samtrot, je 3% Acolon und Traminer, 30% übrige Sorten
**Mitglied** VDP, Deutsches Barrique Forum, Hades

Das Staatsweingut beherrscht seine Vorbildrolle für das Anbaugebiet im kosmopolitischen Segment ebenso gut wie bei der verfeinerten Regionalität. Zu Ersterem gehört sicherlich die seit Jahren beeindruckende Cuvée Traum auf Cabernet-Basis, mit noblem Tannin und warmer, dichter Fruchtfülle im Neue-Welt-Stil. Ebenso der Sangiovese mit unverkennbarem, würzigem Rebsortenaroma und toller Dichte. Die Cuvée Traumzeit zeigt dezent animalisch unterlegte Herzhaftigkeit. Der Sauvignon Blanc bietet grasig-hefige Rasse, in der Version Fumé Blanc gefällt er mit gezügelter Sortenfrucht, dezentem Holz und schönem Schliff. Im klassischen Fach ist der Justinus K. auf Kerner-Basis wie immer ein süffiger und frischer Wein. Der Abstatter Riesling ist dezent erdig und doch elegant. In sich ruhende Größe hat der Riesling GG vom Herrschaftberg. Der Himmelreich Spätburgunder GG verführt mit der typisch „süßen", feinwürzigen Muschelkalkfrucht im Duft. Das Große Gewächs vom Lemberger aus dem Schemelsberg hat eine delikate Frucht nach Waldbeerkompott im Aroma und feine Würze im Kern. Der Pinot Brut Sekt ist elegant mit feinen Brioche-Noten.

**86** 2017 Burg Wildeck Pinot Blanc de Noir Brut
**15,80 €** | 13 %

**84** 2021 Riesling trocken Justinus K.
**7,90 €** | 12,5%

**85** 2021 Sauvignon Blanc trocken
**8,90 €** | 12,5%

**85** 2021 Abstatter Riesling trocken
**9,70 €** | 12,5%

**87** 2020 Fumé Blanc trocken Hades
**24 €** | 13 %

**88** 2020 Burg Wildeck Herrschaftsberg Riesling VDP.Großes Gewächs
**19,90 €** | 12,5%

**86** 2017 Cuvée Traumzeit trocken
**16,90 €** | 13 %

**89** 2018 Sangiovese trocken Hades
**27 €** | 14 %

**88** 2019 Gundelsheimer Himmelreich Spätburgunder VDP.Großes Gewächs
**26,90 €** | 12,5%

**89** 2019 Weinsberger Schemelsberg Lemberger VDP.Großes Gewächs
**28,90 €** | 13 %

**90** 2018 Cuvée Traum trocken
**49 €** | 14 %

★★★

## WÖHRWAG

Weingut Wöhrwag
70327 Untertürkheim · Grunbacher Straße 5
Tel. (0711) 331662 · Fax 332431
info@woehrwag.de
**www.woehrwag.de**

**Inhaber/in und Betriebsleitung**
Hans-Peter Wöhrwag
**Keller** Jakob Bittner
**Außenbetrieb** Carsten Kämpf

**Rebfläche** 19 Hektar
**Jahresproduktion** 150 000 Flaschen
**Beste Lagen** Untertürkheimer Herzogenberg (Alleinbesitz)
**Boden** Keuper, Mergel
**Rebsorten** 44% Riesling, 12% Lemberger, 8% Merlot, 7% Spätburgunder, je 6% Grauburgunder und Trollinger, 5% Weißburgunder, 2% Sauvignon Blanc, 1% Muskateller, 9% übrige Sorten
**Mitglied** VDP

Mit einem tollen Flight von Großen Gewächsen auf homogen hohem Niveau durften wir die wohl beste Kollektion der letzten Jahre bei den Wöhrwags verkosten. Dieses Mal steht allerdings nicht einer der bekannt guten Rieslinge an der Spitze, sondern der Grauburgunder mit saftigem Volumen und nobler, leicht rauchiger Kopfnote – ein schöner Gruß aus Untertürkheim an den Kaiserstuhl! Der Lemberger GG zeigt geradezu frankophile Art mit charaktervollen, leicht animalischen Anklängen und wunderbar seidigem Tannin. Das noble Tannin zeigt sich auch beim Spätburgunder GG, der mit seiner subtil rauchig geprägten „burgundischen" Komplexität die Bezeichnung als Pinot Noir zu Recht trägt. Der Riesling GG Herzogenberg als Klassiker des Hauses überzeugt mit erdig unterlegter Frucht und nobler Dichte im Kern. Der Galgenberg GG ist im Vergleich dazu etwas straffer und mineralischer. Wie gewohnt mit brillanter Frucht und mineralischem Säurespiel zeigt sich der Riesling Mineral, der Altenberg ist etwas reicher, aber nicht minder lebhaft. Beschwingt und anregend ist der Muskateller. Strahlendes Aroma und geschliffenes Spiel findet man beim Weißburgunder. Der Merlot ist mit guter Frische und hübscher Würze ein schöner Wein zum Barbecue, der Cabernet Franc ist fruchtig-pikant im zugänglichen Stil.

- **85** 2021 Untertürkheimer Herzogenberg Muskateller trocken
  **15,50 €** | 12,5%
- **87** 2021 Untertürkheimer Herzogenberg Riesling trocken Mineral
  **14,50 €** | 12,5%
- **87** 2021 Untertürkheimer Herzogenberg Weissburgunder trocken
  **14,50 €** | 13 %
- **87** 2021 Untertürkheimer Altenberg Riesling trocken
  **17,50 €** | 12 %
- **88** 2021 Untertürkheimer Galgenberg VDP.Großes Gewächs
  **29,50 €** | 13 %
- **89** 2021 Untertürkheimer Herzogenberg Riesling VDP.Großes Gewächs
  **25,50 €** | 13 %
- **90** 2021 Untertürkheimer Herzogenberg Grauburgunder VDP.Großes Gewächs
  **27,50 €** | 13 %
- **86** 2020 Untertürkheimer Herzogenberg Merlot trocken
  **15,50 €** | 14 %
- **89** 2020 Untertürkheimer Herzogenberg Lemberger VDP.Großes Gewächs
  **27,50 €** | 14 %
- **89** 2020 Untertürkheimer Herzogenberg Pinot Noir VDP.Großes Gewächs
  **29,50 €** | 13,5%

★★

## HERZOG VON WÜRTTEMBERG

Weingut Herzog von Württemberg
71634 Ludwigsburg · Schloss Monrepos
Tel. (07141) 221060 · Fax 22106260
weingut@hofkammer.de
**www.weingut-wuerttemberg.de**

**Inhaber/in** Herzog von Württembergische Hausvermögensstiftung
**Betriebsleitung** Joachim Fischer

**Historie** seit 1677 Privatweingut des Hauses Württemberg
**Rebfläche** 36 Hektar
**Jahresproduktion** 250 000 Flaschen
**Beste Lagen** Stettener Brotwasser, Maulbronner Eilfingerberg, Untertürkheimer Mönchberg, Hohenhaslacher Kirchberg, Mundelsheimer Käsberg
**Boden** Schilfsandstein, Muschelkalk, Gipskeuper und bunter Mergel
**Rebsorten** 35% Riesling, 18% Lemberger, je 10% Sauvignon Blanc und Trollinger, 6% Weißburgunder, 4% Spätburgunder, 17% übrige Sorten
**Gastronomie** Gutsschenke des Schlosshotels Monrepos
**Mitglied** VDP

Der Herzog von Württemberg füllt seine Großen Gewächse dies Jahr etwas später ab, doch die beiden Top-Rotwein-Cuvées standen zur Verkostung bereit und machen der Domäne Monrepos vor der Toren von Ludwigsburg alle Ehre. Die Ducissa ist dabei etwas wärmer und reifer mit gewissem noblem Reserve-Charakter. Der Dux auf Basis von Cabernet, Merlot und Lemberger überzeugt mit Komplexität, Tiefe und aristokratischem Aufbau. Der weiße Blend Attempto ist ein pflanzlich-rassiger Terrassenwein. Die dezent hefige Mineralität der noblen Lage lässt der Brotwasser Riesling erkennen. Im Eilfingerberg gewinnt diese Sorte feine, reife Frucht mit subtiler Erdigkeit im Kern. Intensiv nach Zitrusfrüchten und Tomatengrün duftet der Sauvignon Blanc. Der Weißburgunder aus dem Eilfingerberg zeigt sich mit gewisser Herzhaftigkeit im Aroma. Der Zweigelt verbindet saftige Art mit Würze. Mit spürbar pikantem Holz unterlegt ist der Pinot Noir.

Seit 1677
HERZOG von WÜRTTEMBERG
DAS WEINGUT AUF DER DOMÄNE MONREPOS

**84** 2021 Cuvée Attempto Weiß trocken
**10 €** | 12,5%

**84** 2021 Maulbronner Eilfingerberg Weißburgunder trocken
**14 €** | 13,5%

**85** 2021 Maulbronner Eilfingerberg Riesling trocken
**13 €** | 13%

**86** 2021 Stettener Brotwasser Riesling trocken
**14 €** | 12,5%

**86** 2021 Sauvignon Blanc trocken
**15 €** | 13%

**85** 2019 Pinot Noir trocken
**14 €** | 13,5%

**86** 2020 Zweigelt trocken
**15 €** | 13,5%

**86** 2018 Cabernet Sauvignon trocken
**20 €** | 14%

**88** 2019 Cuvée Ducissa trocken
**25 €** | 14%

**89** 2019 Cuvée Dux trocken
**45 €** | 14%

★★★½

## ZIMMERLE

Weingut Zimmerle
71334 Waiblingen- Beinstein · Belzer 100
Tel. (07151) 33893 · Fax 37422
info@zimmerle-weingut.de
**www.zimmerle-weingut.de**

**Inhaber/in und Betriebsleitung** Jens Zimmerle
**Außenbetrieb** Friedrich Zimmerle und Christian Bock

**Historie** Weinbau in der Familie seit 1647
**Rebfläche** 17 Hektar
**Jahresproduktion** 100 000 Flaschen
**Beste Lagen** Korber Sommerhalde, Berg und Steingrüble, Kleinheppacher Greiner
**Boden** Keuper, Schilfsandstein, Kieselsandstein, Stubensandstein
**Rebsorten** je 15% Riesling, Trollinger, Lemberger, Merlot und weiße Burgundersorten, 10% Spätburgunder, je 5% Sauvignon Blanc und Zweigelt, 5% übrige Sorten

Eine weitere überragende Kollektion Zimmerles! Dass die Cuvée Trilogie mit komplexer Tiefe und subtil pflanzlichen Kopfnoten, der Cabernet Sauvignon mit warmer, reifer Sortenfrucht, sowie der Merlot mit würziger Dichte im mediterranen Stil zu den besten Rotweinen der Region zählen, ist wenig überraschend - dass er aber mit einem Wein von fast „burgundischem" Charakter auch den besten Trollinger Württembergs vorstellen konnte, ist eine schöne Überraschung. Das gesamte Goldadler-Segment makellos gut: Überaus gelungen, im internationalen Stil, der Sauvignon, charaktervoll mit zartem Kupferton der Grauburgunder, anspruchsvoll, aber noch in sich ruhend der Riesling. Der Goldadler Lemberger hat intensiven Duft nach Waldbeerkompott, der Spätburgunder cassisfruchtige Expressivität, der Zweigelt stimmige Größe und Struktur. Im mittleren Segment zeigt der Steingrüble Riesling rassige Brillanz, der Sauvignon Vogel ist ausgewogen und nicht zu laut, der Chardonnay Berg ist mit angenehmer Frische nicht überladen, der Viognier zeigt schöne Sortenpräsenz mit guter Frische. Ausdrucksvoll-würzige Frucht nach Himbeerkompott findet man beim Spätburgunder Glüver, sehr attraktiv mit samtiger Textur ist der Zweigelt Herrschaft. Zimmerle stürmt in die Spitzengruppe des Anbaugebiets!

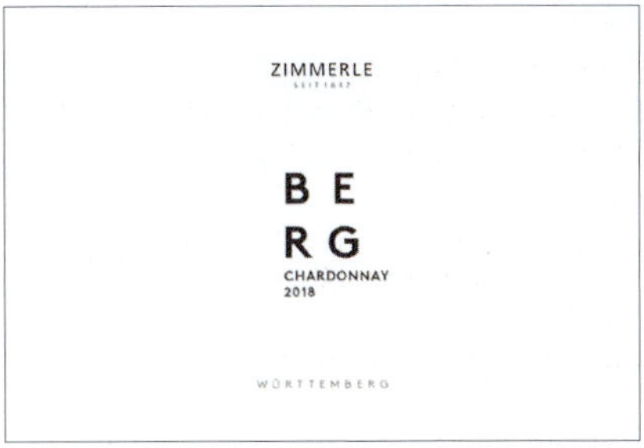


**85** 2021 Sauvignon Blanc trocken Vogel
**16,90 €** | 12 %

**86** 2021 Chardonnay trocken Berg
**16,90 €** | 12,5%

**87** 2021 Viognier trocken Berg
**18,90 €** | 13 %

**88** 2021 Korber Sommerhalde Sauvignon Blanc trocken Goldadler
**25 €** | 13 %

**88** 2021 Korber Berg Grauburgunder trocken Goldadler
**25 €** | 13,5%

**88** 2021 Kleinheppach Greiner Riesling trocken Goldadler
**25 €** | 12,5%

**86** 2020 Spätburgunder trocken Glüver
**12,90 €** | 12,5%

**87** 2020 Zweigelt trocken Herrschaft
**16,90 €** | 13 %

**87** 2019 Korber Sommerhalde Trollinger trocken Goldadler
**16,90 €** | 12,5% TIPP

**88** 2019 Korber Sommerhalde Zweigelt trocken Goldadler
**33 €** | 13,5%

**88** 2019 Korb Berg Lemberger trocken Goldadler
**33 €** | 13,5%

**88** 2019 Korber Berg Spätburgunder trocken Goldadler
**33 €** | 12,5%

**89** 2019 Spätburgunder trocken Reserve
**38 €** | 12,5%

**90** 2019 Cabernet Sauvignon trocken Reserve
**38 €** | 13,5%

**91** 2019 Cuvée Triologie trocken
**36 €** | 14 %

**91** 2019 Merlot trocken Reserve
**38 €** | 14 %

# Südtirol – Hohe Berge, große Weine

Foto: IDM Südtirol Wein / Tiberio Sorvillo

Kaum eine Weinregion hat einen solch radikalen Umbruch geschafft wie Südtirol. Noch vor 30 Jahren standen in den Weinbergen überwiegend rote Rebsorten, vor allem Vernatsch, aus dem Kalterer See oder St. Magdalener gemacht wurden. Heute haben die weißen Sorten ein klares Übergewicht und sorgen national und international für Furore. Und das völlig zu Recht.

### Geschichte

Der Weinbau in Südtirol begann vor rund 2500 Jahren, das ist durch archäologische Funde belegt. Wie so oft waren es die Römer, die sich um Christi Geburt der Weinkultur der Räter bemächtigten und kontinuierlich weiterentwickelten. Etwa um 700 erwarben bayerische und schwäbische Klöster erste Weingüter in Südtirol. Mitte des 19. Jahrhunderts ist es Erzherzog Johann, der dem Südtiroler Weinbau neue Impulse gibt. Von ihm stammt unter anderem der Anstoß, Burgunder- und die klassischen Bordeauxsorten anzubauen. Auch die Gründung der landwirtschaftlichen Lehr- und Versuchsanstalt in San Michele im Jahr 1872 fällt in diese Epoche. Die größte Ausdehnung des Südtiroler Weinbaus wird Anfang des 20. Jahrhundert vermessen, rund 10.000 Hektar - annähernd doppelt so viel wie heute - waren mit Reben bestockt.

### Geografie

Südtirol bildet den nördlichsten Teil des italienischen Stiefels und bildet zusammen mit der Provinz Trient die autonome Region Trentino-Südtirol. Sie grenzt im Norden, am Brenner, direkt an Österreich, im Süden an die Provinzen Lombardei und Venezien. Seit Inkrafttreten der erweiterten Autonomie im Jahr 1972 genießt Südtirol umfassende Selbstverwaltungsrechte und wird entsprechend als „autonome Provinz" oder „Land" bezeichnet. Das mitten in den Alpen gelegene Gebiet hat rund 530.000 Einwohner, die Landeshauptstadt ist Bozen.

### Klima und Boden

Weit über 150 verschiedene Gesteine prägen die Südtiroler Böden. Die Palette reicht von vulkanischem Porphyr über verwitterte Urgesteinsböden aus Quarz und Glimmer, Kalk und Dolomitgestein bis hin zu sandhaltigem Mergel. Die Zusammensetzung der Böden unterscheidet sich oft auf kleinstem Raum fundamental. Dazu kommt mit dem Etschtal ein Einfallstor für milde Luft aus dem Süden. Sie strömt mit stetigen Winden ein, etwa mit der Ora, einem Südwind vom Gardasee, der jeden Nachmittag weht.

### Weine und Produktionsmenge

Südtirol hat eine große Rebsortenvielfalt, Pinot Grigio (Grauburgunder), Vernatsch (Trollinger), Pinot Bianco (Weißburgunder) Gewürztraminer und Chardonnay stellen die Hälfte des Südtiroler Weins, die andere Hälfte prägen rund 15 weitere Rebsorten. Weiße Sorten stehen auf etwa 65% der Flächen, Rotwein auf 35%.

## Südtirol im Überblick

**Rebfläche** ca. 5600 Hektar
**Produktion** ca. 300 000 Hektoliter
**Einzellagen** 86 Lagen und 56 registrierte „Vignas" (historisch belegte Einzellagen)
**Hauptrebsorten** Grauburgunder, Weißburgunder, Gewürztraminer, Chardonnay, Sauvignon Blanc, Vernatsch, Blauburgunder, Lagrein,
**Weinart** Saftig-mineralische Weißweine mit kühler Gebirgsfrische, gehaltvolle und ausdrucksstarke Rotweine
**Böden** Vulkanischer Porphyr, Urgesteinsböden aus Quartz und Glimmer, Kalk und Dolomitgestein.
**Sehenswert** Die Südtiroler Weinstraße verbindet auf 150 Kilometern 16 Gemeinden

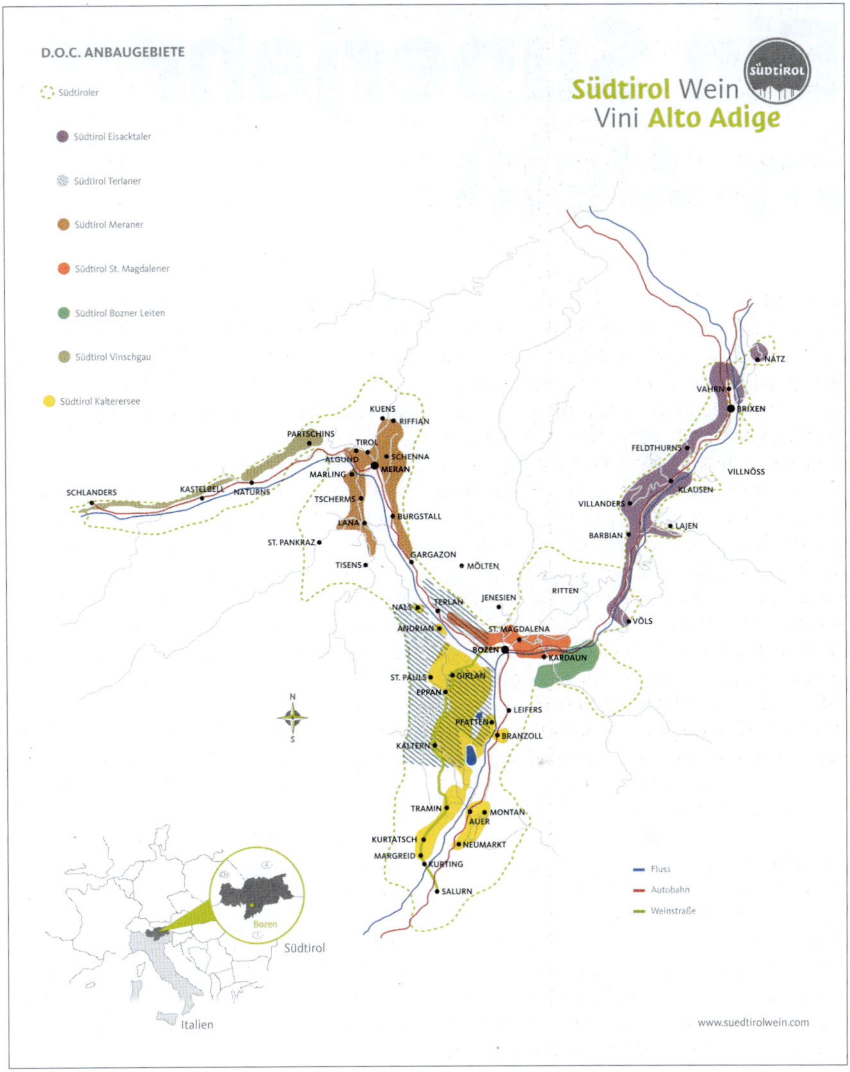


und 70 Kellereien zwischen Nals im Norden und Salurn im Süden. Luftlinie 42 Kilometer. **Interessant** Südtirol hat es in 30 Jahren geschafft, zum Weißweinproduzenten N° 1 Italiens zu werden. Der wichtigste Auslandsmarkt ist Deutschland.

**Südtirol Wein – Vino Alto Adige**
Crispistraße 15, 39100 Bozen,
Südtirol - Italien
Tel: +39 0471 978 528
info@suedtirolwein.com
www.suedtirolwein.com

# Ein Superjahr in Weiß

Superlative sind zur Regel geworden in der Weinwelt, wie schön wenn eine Region einmal davon spricht dass „letzte Zentimeter zum außergewöhnlichen Jahrgang fehl(t)en". Der Jahrgang 2021 war in Südtirol also nur hervorragend. Aber das ist doch auch schon was...

Im Rückblick scheint es fast unglaublich: Das Weinjahr 2021 begann in Südtirol ziemlich kühl, im Vergleich der Bodentemperaturen der letzten 20 Jahre war der April 2021 am kühlsten. Der Rebenaustrieb startete zwar zu einem vergleichbaren Zeitpunkt wie in den Vorjahren, aber dann kühlte es merklich ab. Davon profitierten Sorten wie Weiß- und Grauburgunder, sie sind fokussierter am Gaumen und haben eine knackige Säure. Auch Gewürztraminer und Chardonnay sind schlanker und weniger kräftig geraten, scheinen dafür auf lange Sicht aber eleganter als in den Vorjahren zu werden. Kurzum: Für Weißweine ist 2021 ein vielversprechender Jahrgang, der in zwei, drei Jahren sein ganzes Potenzial zeigen dürfte.

### Rot-weiße Transformation

Das spielt den Südtiroler Weinbauern definitiv in die Hände. Denn sie sind in den letzten 30 Jahren zum gefragtesten Weißweinproduzenten Italiens geworden. Scherzhaft sprechen sie von Italien als Exportmarkt Nummer eins, tatsächlich kommt kein Weinhändler oder Restaurant ohne die Weine aus dem Alto Adige aus. Das war nicht immer so, aber die Qualitätsanstrengungen in Südtirol dürften innerhalb Europas fast einzigartig sein. Vor allem der Turnaround vom Rotwein- zum Weißweinproduzenten dürfte in dieser Form einmalig sein. Rund zwei Drittel der Rebflächen sind mit weißen Sorten bestockt, dieser Trend ist immer noch ungebrochen. Der Jahrgang 2021 dürfte diesen Trend weiter anheizen.

### Die Genossen vorneweg

Auch das ist unverändert in Südtirol und nahezu einmalig: Wenn es um die absolute Spitze im Weinbau geht, führt an den Genossenschaften kein Weg vorbei. Die Kellereien in Tramin, Eppan, Terlan, Andrian, Schreckbichl, Nals und Girlan bringen Top-Weine in allen Qualitätsstufen auf die Flaschen. Es gibt keine Statistik oder kein Ranking, in dem nicht einer, meistens mehrere dieser Namen auftauchen. Über die Gründe dafür kann man nur spekulieren, aber wenn es um berühmte, wenn nicht legendäre Kellermeister geht, stehen in Südtirol mit Luis Raifer, Hans Terzer, Willi Stürz oder Othmar Donà gleich mehrere zur Diskussion.

Nicht von ungefähr ist die Kellerei Tramin – in deren Keller Willi Stürz das Sagen hat – von uns zum Regionalen Weinguts des Jahres gewählt worden. Stürz und alle seinen Kollegen in den Genossenschaften haben Weine gemacht – und machen sie noch! – die zur absoluten Weltspitze gehören. Das kann unseres Wissens nach keine andere Weinbauregion der Welt für sich in Anspruch nehmen. Dazu kommen mit Manincor, Ignaz Niedrist oder Elena Walch private Weingüter, deren Namen in der Weinwelt einen überragenden Klang haben.

Da kann man nur zusammenfassend sagen: Oh glückliches Südtirol!

*Harald Scholl und Matthias Mangold*

# Regionale Spitzenresultate

Der Jahrgang 2021 brachte in Südtirol bemerkenswerte Weißweine, viele von ihnen verfügen neben ihrer frühen Zugänglichkeit über ein gutes Reifepotenzial. Auch im mittleren Preisbereich gibt es Entdeckungen die jeden Weinkeller schmücken.

## Spitzenweine

**Die besten Weißweine mit Lagerpotenzial zwischen 15 – 25 Euro**

**91** Kuenhof, Eisacktaler Riesling Kaiton 2021
**17 €** | 13 %

**91** Castel Juval, Riesling Unterortl 2021
**18,80 €** | 13,5 %

**91** Loacker, ATAGIS Gewürztraminer 2021
**22,10 €** | 14,5 %

**91** Kellerei Girlan, Südtirol DOC Pinot Bianco Riserva Flora 2019
**22,50 €** | 14 %

**91** Kellerei Tramin, STOAN 2020
**22,50 €** | 13,5 %

**91** Kellerei Kaltern, Südtirol DOC Weißburgunder Quintessenz 2020
**22,90 €** | 13,5 %

**91** Kellerei Schreckbichl, Sauvignon Blanc Lafóa 2020
**24,50 €** | 13,5 %

**91** Kellerei Tramin, Gewürztraminer NUSSBAUMER 2020
**24,90 €** | 15 %

## Gebietspreisträger

**Weingut des Jahres** Kellerei Tramin
**Aufsteiger des Jahres** Wassererhof
**Entdeckung des Jahres** Arunda Sektkellerei

## Spitzenbetriebe

★★★★

**Kellerei Kurtatsch**
**Kellerei Schreckbichl**
**Kellerei St. Michael, Eppan**
**Kellerei Terlan**
**Kellerei, Tramin**
**Manincor, Kaltern**
**Niedrist, Girlan**
**Tiefenbrunner, Kurtatsch**
**Elena Walch, Tramin**

★★★½

**Bergmannhof, Eppan**
**Castelfeder, Kurtinig**
**Kellerei Andrian, Terlan**
**Kellerei Bozen**
**Kellerei Girlan**
**Kellerei Kaltern**
**Kellerei Muri-Gries**
**Kellerei Nals-Margreid**
**Kellerei St. Pauls, Eppan**
**Kornell, Terlan**
**Laimburg, Ora**
**Pfitscher, Montan**
**Pranzegg, Bozen**
**Wassererhof, Völs**

## ABRAHAM

Weingut Abraham
39057 Eppan an der Weinstraße
Maderneidstraße 29
info@weingutabraham.it
**www.weingutabraham.it**

**Inhaber/in und Betriebsleitung** Martin Abraham
**Keller** Martin Abraham
**Außenbetrieb** Martin Abraham

**Historie** gegründet 2011
**Rebfläche** 6 Hektar
**Jahresproduktion** 35 000 Flaschen
**Beste Lagen** Oberes Gfill (Weißburgunder Vom Muschelkalk), Unterberg (Blauburgunder vom Roten Kalk), In der Lamm (Weißburgunder), Kreit (Sauvignon Blanc)
**Boden** Muschelkalk, Roter Kalk vom Dolomit, Quarzporphyr
**Rebsorten** 35% Blauburgunder, 25% Weißburgunder, je 15% Sauvignon Blanc und Gewürztraminer, 10% Vernatsch

Vor gut 10 Jahren beschlossen Martin und Marlies Abraham ihren eigenen Weg zu gehen. Bis dahin hatte die Familie Abraham ihre Trauben bei der Kellerei St. Michael-Eppan abgeliefert, wie so viele kleine Weinbauern in Südtirol. Aber die beiden wollten ihre eigenen Weine machen, selbst keltern, abfüllen und vermarkten. Die Individualität jedes einzelnen ihrer Weinberge sollte deutlicher werden, als es sich in der Genossenschaft umsetzen ließ. Wie sich heute zeigt, ein kluger und nachvollziehbarer Entschluss. Denn die Weine der beiden sind nicht nur sehr gefagt, sie fügen dem reichen Weinmosaik Südtirols eine weitere interessante Facette hinzu. Vor allem ihre Weißburgunder sind stilprägend. Der 2019er Pinot Blanc Abraham Art kommt aus den ältesten Weinbergen des Betriebs - rund 70 Jahre alt - und wächst in der traditionellen Pergolaerziehung. Dennoch könnte er mit seinem Stil zum Vorbild werden: In der Nase kalter Rauch, Graphit, keine Frucht. Im Mund mit enormem Extrakt, sehr dicht, zutiefst mineralisch, salzig, zwickt am Zahnfleisch. Angenehme Frische, vibriert sogar. Großartiges Potenzial. In diesem Stil ist er auch für die besten Weißburgunder jenseits der Alpen ein ernst zu nehmender Herausforderer. Einziges Manko: Die sehr begrenzte Verfügbarkeit. Wie präzise und überaus geradlinig die Weine sind, zeigt auch der 2020er Orangewein Upupa Orange. Er besteht zu 90 Prozent aus Gewürztraminer, hat dann auch eine zarte Nase, mit etwas Blüten, viel Orangenschale, dabei überaus fein und elegant. Im Mund ganz zarte Oxidation, etwas Karamell, Salz, eine Spur Jod. Feinkörniger Gerbstoff, ausgesprochen elegant und zart für diesen Weintyp, einfach herrlich klar und erfrischend. Diese Art Weine zu keltern darf man getrost in der Naturwein-Ecke verorten, auch wenn es bisher keine Zertifizierung als Biobetrieb gibt. Aber geschmacklich und vom Tun her gehört das Weingut eindeutig dahin. Das zeigt auch der 2020er Upupa Rot, ein reinsortiger Edelvernatsch. Er ist nicht ganz klar im Glas, zeigt Weichselkirsche, Kirschlolli und Paprika, ist saftig-frisch im Mund, mit schönem Stoff und herrlichem Zug. Die feine Phenolik macht ihn kraftvoll und animierend. Kurz gesagt: Für uns sind die Abrahams die Entdeckung in Südtirol!

weingut abraham

**90** 2020 Weissburgunder vom Muschelkalk Vigneti delle Dolomiti IGT
**19,20 €** | 13 %

**91** 2020 Orange Upupa
**25 €** | 14 %

**92** 2019 Pinot Blanc Abraham Art Vigneti delle Dolomiti IGT
**37,70 €** | 13,5%

**89** 2020 Vernatsch Upupa Rot Vigneti delle Dolomiti IGT
**15 €** | 14 %

★★★

## ARUNDA

Arunda Sektkellerei
39010 Mölten
Prof.-Josef-Schwarz-Straße 18
Tel. (00471) 668033
info@arundavivaldi.it
**www.arundavivaldi.it**
**Inhaber/in** Josef Reiterer

Josef Reiterer als „Signor Spumante" zu bezeichnen würde ihn zum Lächeln bringen und er würde es wahrscheinlich auch vehement abstreiten. Dabei ist es unstrittig, dass er als Erster mit der Produktion von traditionellen Sekten in Südtirol begonnen hat. Traditionelle Flaschengärung nach der Methode wie sie in Deutschland, der Franciacorta oder der Champagne praktiziert wird. Eigene Weinberge hat Reiterer nicht, sein Betrieb liegt dafür schlicht zu hoch, mit 1.200 Metern kann er sich rühmen, Europas höchstgelegene Sektkellerei zu betreiben. Er hat langfristige Verträge mit Winzern weiter unten in Terlan und Nals. Die Flaschengärung beginnt im Frühjahr bei der idealen Temperatur von 12° C und verlangsamt sich im Winter zur Ruhephase bei etwa 10° C. Diese Temperaturen erreicht Reiterer ohne große technische Unterstützung, der kühlen Höhe sei Dank. Alle Sekte liegen mindestens 24 Monate auf der Hefe, viele sogar deutlich länger.

Wir konnten in diesem Jahr drei Sekte probieren, mehr waren aktuell nicht degorgiert. Denn die Nachfrage nach den Sekten ist riesig, Schaumwein ist auch in Südtirol überaus angesagt. Die Gesamtproduktion der Region liegt im Moment allerdings nur bei 500.000 Flaschen und damit deutlich unter dem, was der Markt verlangt. Kein Grund für Reiterer ungestüm zu wachsen, seine Sekte bekommen die Ruhe und Zeit die sie brauchen. Punkt. Für uns unerreicht ist der Perpetuum, ein Sekt von außergewöhnlicher Machart. Zu 65 Prozent aus Reserveweinen sechs verschiedener Jahrgänge sowie 35 Prozent Blauburgunder aus dem Jahrgang 2017 komponiert. Im Ergebnis ein Wunderwerk an Tiefe und Komplexität, unerhört viel Autolyse, Brioche, Nuss, fast karamellige Cremigkeit am Gaumen, dabei frisch und animierend im Mund. „Faszinierend!", hätte Mr. Spock dazu bemerkt. Überhaupt macht Reiterer die Komposition verschiedener Jahrgänge besondere Freude. Die Cuvée Marianna stammt überwiegend aus der Ernte 2015, dazu kommen Anteile von 2014 und 2013, Rebsorten: Blauburgunder und Chardonnay. Hier sind die geschliffene Art und die pikante Frische das prägende Merkmal. Ausnahmsweise weisen wir hier auch noch auf die Preisgestaltung des Hauses hin. Denn angesichts der gebotenen Qualitäten sind die Sekte allesamt äußerst genussfreudig bepreist. Wir verstehen nur zu gut, warum die Freunde des Hauses alljährlich nach Mölten pilgern um sich ihren Teil der Produktion zu sichern.

**90** Sekt Brut Arunda Excellor Rosé Südtirol DOC
**26 €** | 12,5%

**91** Sekt Extra Brut Arunda Cuvée Marianna Südtirol DOC
**26 €** | 13 %

**93** Sekt Extra Brut Arunda Perpetuum Südtirol DOC
**30 €** | 12,5%

★★☆

## BARON DI PAULI

Baron Di Pauli GmbH
39052 Kaltern an der Weinstraße
Kellereistraße - Via Cantine 12
Tel. (00471) 963149 · Fax 964454
info@barondipauli.com
**www.barondipauli.com**

**Inhaber/in** Familie Di Pauli
**Betriebsleitung** Gerd Zozin
**Keller** Andrea Moser
**Außenbetrieb** Hannes Rohregger

**Historie** Die aus Carano im Fleimstal stammende Familie Baron Di Pauli hat sich bereits vor über 300 Jahren dem Weinbau und der Weinerzeugung in Kaltern verschrieben. Andreas Baron Di Pauli siedelte sich im 18. Jahrhundert in Kaltern an.
**Rebfläche** 15 Hektar
**Jahresproduktion** 55 000 Flaschen
**Beste Lagen** Vigna Arzenhof, St. Josef (Kaltern), Vigna Höfl unterm Stein in Söll (Tramin)

Das Weingut Baron di Pauli war schon zu K.-u.-K.-Zeiten Hoflieferant in Wien und auch der Zarenhof in St. Petersburg schätzte die Weine. Das sind natürlich alles tempi passati - aber die Weine sind nach wie vor aller Ehren wert. Die üblichen Rebsorten Südtirols stehen auf den zwei zum Betrieb gehörenden Höfen, dem Arzenhof bei Kaltern und in Höfl unterm Stein bei Tramin. Hier entstehen die Weine in typischer und doch individueller Interpretation. Allen Weinen - vor allem den Roten natürlich - sind geschmeidige Gerbstoffe zu eigen. Das ist immer harmonisch, rund, regelrecht zum Wohlfühlen. Das zeigt schon der Kalterer See Classico Kalkofen 2021 mit markanter Mandel- und Hibiskusnase. Er gehört sicher zu den besseren Vertrertern seiner Art und ist ein Gegenbeweis dafür, dass der Vernatsch als Rebsorte allzu gern belächelt wird. Darüber trohnt der 2019er Cabernet-Merlot Riserva Arzio, ein klassischer Bordeaux-Blend. Dunkle Frucht trifft auf Tabak und Tannin. Unterlegt von straffer Säure, ein Korb voller Blaubeeren und schwarzer Johannisbeeren, abgerundet durch geschmeidige Gerbstoffe. Ein Wein für die Stunden vorm Kamin. Auch bei den Weißweinen gibt man sich hier keine Blöße. Das beste Beispiel dafür ist sicher der 2021 Enosi, eine Cuvée aus Riesling und Sauvignon Blanc. Er verbindet Frische, fast pikante Säure und aromatische Tiefe der Rebsorten ohne schwerfällig zu sein. Deutlich kraftvoller kommt der 2021er Gewürztraminer Exil daher. Er zeigt eine komplexe Nase mit Schwarztee, Litschi und getrockneten Kräutern. Im Mund mit angenehm herben Noten, etwas Gerbstoff, dazu feinnervige Säure. Ein kompletter, fast tiefgründiger Wein.

Eine Besonderheit ist die Schatzkammer des Hauses. Von einigen Weinen wird eine echte Jahrgangstiefe angeboten, vor allem beim Gewürztraminer Riserva Exilissi lohnt es sich nachzufragen. An diesen Weinen lässt sich nachvollziehen warum diese Rebsorte einst so beliebt war und es in Italien bis heute ist.

**87** 2021 Gewürztraminer Exil Südtirol DOC
**15 €** | 15,5%

**88** 2021 Enosi Bianco IGT
**15 €** | 13,5%

**87** 2021 Kalterer See Classico Superiore Kalkofen Südtirol DOC
**13,90 €** | 13,5%

**91** 2019 Vigna Arzenhof Cabernet Merlot Riserva Arzio Südtirol DOC
**35 €** | 14,5%

★★½

## BELLUTTI

Christian Bellutti Weinberghof
39040 Tramin an der Weinstrasse
In der Au 4A
info@weinberg-hof.com
**www.weinberg-hof.com**

**Inhaber/in und Betriebsleitung** Christian Bellutti
**Keller** Christian Bellutti
**Außenbetrieb** Christian Bellutti

Der Weinberghof Belluti zählt eindeutig zu den jüngeren Betrieben Südtirols. Erst 2005 baute sich Christian Belluti als Aussiedlung bei Tramin seine Kellerei, wo er auch Agriturismo anbietet, also Urlaub auf dem Bauernhof. Er möchte sich auf seinen knapp 3 Hektar Rebfläche auf die autochthonen Sorten Südtirols konzentrieren und bietet demnach auch nur ein kleines Sortiment von sechs Weinen an. Drei davon stellte er uns vor. Der Kalterersee ist ein klassischer Vernatsch eher leichteren, frischen Typs. Genau das Gegenteil sehen wir beim Gewürztraminer, der unter etwas zuviel Alkohol leidet. Rund und beerig wiederum und damit sehr gelungen ist die Lagrein Riserva.

**84** 2021 Plon Gewürztraminer Südtirol DOC
**19 €** | 15 %

**85** 2021 Kalterersee Klassisch Südtirol DOC
**10 €** | 13,5%

**88** 2019 Lagrein Riserva Südtirol DOC
**19 €** | 13,5%

★★★½

## BERGMANNHOF

Bergmannhof
39057 Eppan an der Weinstraße ·
Unterrainer Straße 46
info@bergmannhof.it
**www.bergmannhof.it**

**Inhaber/in und Betriebsleitung** Josef Pichler
**Keller** Johannes Pichler
**Außenbetrieb** Josef Pichler
**Historie** erste urkundliche Erwähnung des Hofs im 17. Jahrhundert, Weingut seit 1851 in Familienbesitz, seit 1979 werden die Trauben selbst zu Wein verarbeitet und vermarktet
**Rebfläche** 4 Hektar
**Jahresproduktion** 25 000 Flaschen
**Beste Lagen** Unterrain, Huberfeld und Gaid
**Boden** lehmige Kalkschotterböden
**Rebsorten** 25% Lagrein, 20% Chardonnay, je 15% Cabernet Franc und Merlot, je 10% Vernatsch und Weißburgunder, 5% Sauvignon Blanc
**Erlebenswert** historische Gebäude, sehr alter Maulbeerbaum, Weinberg auf 800 Meter über dem Meeresspiegel in Gaid (Gemeinde Eppan)

Drei Hektar Rebfläche mögen auf den ersten Blick nicht viel sein - den Herren Pichler vom Bergmannhof reicht es aus, um eine erstklassige Kollektion zu präsentieren. Schon im letzten Jahr gefielen uns die individuellen und sehr eigenständigen Weine, wir haben den Eindruck, dass an einigen Stellen noch gefeilt wurde. Die gezeigte Kollektion ist stimmig und absolut hochklassig, einen schwachen Wein konnten wir nicht entdecken. Konsequent setzen die Pichlers auf Spontangärung, vertrauen auf die Hefen die sie aus dem Weinberg mit in den Keller bringen. Das zeigt schon der Einstiegswein, der 2020er Weißburgunder Gaider. Nach Spontangärung und biologischem Säureabbau reift der Wein für zehn Monate im mehrfach belegtem 500-Liter-Fass aus Eiche. Abfüllung ist ein Jahr nach der Ernte. Im Glas zeigt er sich sortentypisch, mit Birne, Walnuss und Zitrus. Klarer Saft im Mund, eine zarte Phenolik gibt Struktur. Endet leicht salzig, mineralisch. Ein Einstieg, der anderswo am Ende der Skala stehen könnte. Dem Einsatz von Maische und Amphore verdankt der Eart 2020 seinen Charakter: Spontangärung und Ausbau in der

Tonamphore, 15 Monate auf der Feinhefe im gebrauchten Eichentonneau. Abfüllung ungeschönt und unfiltriert im April 2022. Am Ende ein Orangewein wie wenige. Obwohl oxidativ, sehr sauber. Trockenobst, ein wenig Jod, getrocknete Orangenschale. Im Mund mit frischer, apfelgeprägter Säure, straff, präsent, überaus angenehme Phenolik, engmaschig. Endet klar, sauber - und sehr lang. Hervorheben sollte man noch den Kålch 2017, eine Cuvée aus Carbernet Franc und Merlot die insgesamt 48 Monate - je zur Hälfte im Fass und in der Flasche - im Keller reifen durfte. Mit dunkler Beerenfrucht und etwas kaltem Schwarztee, schlank, fast kühl, überaus elegant, zeigt er definitiv Größe, die Anlagen sind da. Ein wunderbarer Beweis dafür, dass es auch im heißen Südtirol möglich ist kühle und elegante Rotwein-Cuvées von internationalem Format abseits vom Spätburgunder zu erzeugen.

Berg
mann
hof

**89** 2020 Weißburgunder Gaider Südtirol DOC
**18 €** | 13 %

**90** 2019 Chardonnay Riserva Lina Südtirol DOC
**21,50 €** | 13,5%

**91** 2020 Cuvée Eart Mitterberg IGP
**31 €** | 13,5%

**90** 2020 Vernatsch Hoamet Mitterberg IGP
**19,50 €** | 12,5% **TIPP**

**90** 2019 Lagrein Riserva Karl Südtirol DOC
**22 €** | 13 %

**91** 2017 Cuvée Kålch Mitterberg IGP
**35 €** | 14,5%

★★★

## CASTEL JUVAL

Castel Juval Unterortl - Weingut & Hofbrennerei
39020 Kastelbell-Tschars · Juval, 1B
Tel. (00473) 667580
info@unterortl.it
**www.unterortl.it**

**Inhaber/in und Betriebsleitung** Martin und Gisela Aurich
**Keller** Martin Aurich
**Außenbetrieb** Martin und Gisela Aurich

**Historie** Gründung des Weinguts mit Hofbrennerei 1991 von Reinhold Messner und den Pächtern
**Rebfläche** 4 Hektar
**Jahresproduktion** 38 000 Flaschen
**Beste Lagen** Windbichel
**Boden** Gletschergeschiebe auf Gneisfelsen, sandiger Lehm mit hohem Gesteinsanteil
**Rebsorten** 30% Riesling, je 20% Weiß- und Blauburgunder, 15% Müller Thurgau, 15% gemischte Sätze weiß und rot

„Bergwein aus dem Vinschgau" schreibt Martin Aurich auf seine Flaschen. Bei 770 Metern mittlerer Höhe über dem Meeresspiegel keine Übertreibung. Vor über 30 Jahren wurde das Weingut von ihm, seiner Ehefrau Gisela und der Bergsteigerikone Reinhold Messner gegründet. Und ähnlich wie die Menschen aus den Bergen, erschliessen sie sich nicht sofort, sind leise, zurückhaltend, verschlossen. Das gilt vor allem für die Rieslinge. Den Einstieg bildet der 2021 Riesling Gletscherschliff, der alle Merkmale der Juval-Weine vereint. Steinige Nase, nasse Kiesel, feiner Blütenduft, reifer Apfel. Ungewohnt im Mund, ein kühler mineralischer Riesling, feine Würze, wieder ein Gefühl von Stein, dennoch ein zarter Schmelz am Gaumen. Wie alle Juval-Weine braucht er unbedingt Luft. Darüber der 2021 Riesling Unterortl: Animierende, klare Frische, mit Luft zeigen sich Pfirsich, Agrumen, vor allem Grapefruit. Im Mund mit Saft, zugänglich, salzige Würze, im Hintergrund Kaffeebohnen. Hat Schliff, Rasse und dennoch Eleganz und leichten Schmelz. Dringende Empfehlung ihn zu dekantieren - oder noch liegen lassen. Das gilt in noch stärkerem Maße für den 2020er Riesling Windbichel, der jahrgangsbedingt etwas fülliger scheint - was bei Juval eine sehr relative Aussage ist. Denn geschliffen-mineralisch ist auch er. Dennoch ist er in der Nase etwas reifer, „gelber" als im Vorjahr. Pfirsich, Marille, Ananas, Orangenzesten, auch Blüten. Im Mund mit mineralischen Biss, wieder reife Frucht. Reichhaltig, dicht, dabei fokussiert. Zeigt etwas mehr Extraktsüße als der 2019er Jahrgang, lang anhaltend. Keinesfalls vergessen sollte man die Burgunder des Hauses, rot wie weiß. Der 2021 Weißburgunder hat eine zugängliche Nase. Etwas Blüten, wenig Walnuss, ein Hauch Graphit. Sehr klar auf der Zunge, Quellwasser, ganz leichter Gerbstoff, es kommt viel Würze dazu, beinahe pfeffrig. Auffallend schlank, präzise in der Mundmitte, endet enorm würzig. Die Blauburgunder Riserva 2019 ist im Moment sehr verschlossen, sogar mit Luft. Ihre kühle, wenig fruchtige Art braucht noch Zeit, wird aber dann ebendfalls ein Abbild der Berge und der kargen Lagen sein.

- **89** 2021 Castel Juval Riesling Gletscherschliff
  **13 €** | 12,5%
- **89** 2021 Castel Juval Weissburgunder
  **14 €** | 13,5%
- **90** 2020 Castel Juval Himmelsleiter Weißburgunder
  **23 €** | 13,5%
- **91** 2021 Castel Juval Riesling Unterortl
  **18,80 €** | 13,5%
- **92** 2020 Castel Juval Windbichel Riesling
  **30 €** | 12,5%
- **90** 2019 Castel Juval Blauburgunder Riserva
  **21,90 €** | 13%

★★★½

## CASTELFEDER

Weingut Castelfeder
39040 Kurtinig a.d. Weinstrasse
Franz-Harpf-Straße 15
Tel. (00471) 820420 · Fax 820410
info@castelfeder.it
**www.castelfeder.it**

**Inhaber/in und Betriebsleitung**
Günther Giovanett
**Keller** Ivan Giovanett

**Historie** gegründet im Jahr 1969
**Rebfläche** 72 Hektar
**Jahresproduktion** 600 000 Flaschen
**Beste Lagen** Glen, Mazon und Buchholz
**Boden** Porphyr und Dolomit Kalkgestein
**Rebsorten** 18% Grauburgunder, 15% Spätburgunder, 13% Lagrein, 11% Chardonnay, je 10% Gewürztraminer und Sauvignon Blanc, 8% Weißburgunder, je 4% Vernatsch und Kerner, je 2% Merlot, Müller-Thurgau und Cabernet und 1% Goldmuskateller

Schon im vergangenen Jahr waren wir sehr angetan von der Qualität der Castelfeder-Weine, und wir haben irgendwie den Eindruck, als ob nochmals ein Schub nach vorne erreicht wurde. Das hat alles eine durchgängige Handschrift, was Familie Giovanett da macht. Die Einsteigerqualitäten machen Laune, der Chardonnay Doss ist schlank und klar, der Pinot Grigio 15 frisch und trinkig, was bei dieser Rebsorte ja nicht immer der Fall ist. Einige Weine waren uns bereits vorgestellt worden und wir konnten uns nun ein zweites Bild machen. Dem Sauvignon Blanc Raif hat das weitere Jahr auf der Flasche sichtlich gutgetan, er präsentiert sich deutlich harmonischer und dichter. Den Pinot Bianco Tecum - er stammt aus dem Jahr 2019 - gibt es nur in der Magnum, in dokumentiert limitierter Zahl, er dankt die Aufmerksamkeit mit feiner Eleganz und einer schönen Tiefe. Mit den Roten läuft Castelfeder vollends zu Hochform auf. Cabernet, Pinot Nero und Lagrein liefern sich heiße Kopf-an-Kopf-Rennen um die Krone. Und doch werden sie in den Schatten gestellt vom neuen Chardonnay Riserva Kreuzweg Family Réserve, einer Wein gewordenen Finesse mit unendlich Spiel und Länge.

Castelfeder
SÜDTIROL • ALTO ADIGE

**85** 2021 Pinot Bianco vom Stein
**11,90 €** | 14 %
**85** 2021 Chardonnay Doss
**11,90 €** | 13,5%
**86** 2021 Pinot Grigio 15
**11,90 €** | 13,5%
**87** 2021 Sauvignon Blanc Raif
**14,50 €** | 13 %
**90** 2019 Pinot Bianco Tecum
**60 €/1,5 Lit.** | 13 %
**91** 2018 Chardonnay Riserva Burgum Novum
**28 €** | 14 %
**93** 2018 Chardonnay Riserva Kreuzweg Family Reserve
**85 €** | 13,5%
**87** 2020 Pinot Nero Glen
**17,90 €** | 13,5%
**90** 2020 Pinot Nero Mazon
**22 €** | 14 %
**90** 2018 Cabernet Sauvignon Riserva Burgum Novum
**28 €** | 14 %
**91** 2018 Lagrein Riserva Burgum Novum
**28 €** | 13,5%
**91** 2018 Pinot Nero Riserva Burgum Novum
**35 €** | 14 %

★★

## EICHENSTEIN

Weingut Eichenstein
39012 Meran · Katzensteinstraße 34
Tel. (004734) 27779
info@eichenstein.it
**www.eichenstein.it**

**Inhaber/in** Waldner Josef Franz
**Betriebsleitung** Martin Pollinger
**Keller** Martin Pollinger
**Außenbetrieb** Martin Pollinger

**Rebfläche** 5 Hektar
**Jahresproduktion** 30 000 Flaschen
**Boden** Porhyr und Granit
**Gastronomie** Hotel Oberwirt in Marling

Wein als Gesamtkunstwerk - diesen Traum hat sich Sepp Waldner vom Oberwirt in Marling 2014 erfüllt, da konnte sein Kellerneubau auf Eichenstein fertiggestellt werden. In traumhafter Lage auf 550 Metern Seehöhe enstand ein Ensemble, das neben viel Platz für den Wein auch einen Verkostungsraum (Vinarium) bietet. Spektakulär der Blick auf den Meraner Talkessel und die dahinter liegenden Berge. Die Weinberge, rund vier Hektar, sind überwiegend nach Südwesten ausgerichtet, der Boden besteht aus Porphyrquarzit und Granit. Passend zu Klima und Lage werden überwiegend Weißweine erzeugt. Von Sauvignon Blanc und Chardonnay werden jeweils ein Basiswein und eine Selektion ausgebaut, abgerundet durch die Cuvée Gloria Dei, die zusätzlich Riesling enthält. In der 2021er Version zeigen sich weiße Blüten in der Nase, auch ein Tick Flieder. Im Mund zunächst saftig, mit Pfirsich, reifem Apfel und wieder Blüten. Schön schlank und klar auf der Zunge, ein Hauch Schmelz am Gaumen. Ein schöner Wein, der feine Fisch- oder Gemüseküche bestens begleitet. Sehr gelungen auch der 2020er Sauvignon Blanc Stein. Er duftet nach Holunder, Stachelbeere, auch ein wenig Holz. Im Mund mit Kraft und Dichte, unterlegt von frischer Säure. Endet mineralisch, auch ein wenig Exotik ist im Spiel. Noch besser gefiel uns der Chardonnay Seppelaia 2019, der seine Herkunft von kühlen Hängen nicht verbergen kann. Die noch vom Holz geprägte Nase wird sich legen. Er zeigt viel Schmelz am Gaumen, von frischer Säure auf Trab gehalten. Er hat eine saubere, würzige Ader, die lange anhält. Mit dem Amantus 2020, einem Blauburgunder, der ähnlich wie die Weißweine über schlanke Art und einen frischen Unterton verfügt, rundet sich das positive Bild ab.

EICHENSTEIN
Weingut . Tenuta

**87** 2021 Cuvée Gloria Dei IGT Mitterberg
**Preis auf Anfrage** | 13 %

**87** 2021 Sauvignon blanc Knott DOC Südtirol
**Preis auf Anfrage** | 13,5%

**88** 2021 Chardonnay Marie Sophie DOC Südtirol
**Preis auf Anfrage** | 13,5%

**89** 2020 Sauvignon blanc Stein DOC Südtirol
**Preis auf Anfrage** | 13,5%

**90** 2019 Chardonnay Riserva Seppelaia DOC Südtirol
**Preis auf Anfrage** | 14 %

**89** 2020 Blauburgunder Amantus DOC Südtirol
**Preis auf Anfrage** | 13 %

★★

## ERSTE + NEUE

Erste + Neue
39052 Kaltern · Via Delle Cantine 12
Tel. (00471) 963149
info@erste-neue.it
**www.erste-neue.it**

**Inhaber/in** Christian Sinn
**Keller** Andrea Moser

**Rebfläche** 60 Hektar
**Jahresproduktion** 400 000 Flaschen

Die Erste & Neue entstand 1986 aus der Fusion von Erste Kellerei (gegründet 1900) und Neue Kellerei (gegründet 1925), 2016 verband man sich mit der Kellerei Kaltern. Stolz ist man auf die Höhenlagen zwischen 250 und 1.000 Metern. Die kargen, oftmals steinigen Böden sind aufwändig im Anbau, sorgen dafür aber für würzige und eigenwillige Weine. Vor allem die starken Temperaturunterschiede zwischen Tag und Nacht und die komplexe Mischung aus vulkanischem Porphyr und verwittertem Kalk- und Dolomitgestein sorgen für Finesse und Struktur in den Weinen. Das lässt sich gut am 2020er Sauvignon Blanc Puntay erkennen. Cassisblätter, grüne Paprika, sehr sortentypisch in der Nase. Auf der Zunge schlank, griffig, pikant. Knackige Säure, wenig Exotik, eher salzig-mineralisch. Ein echter Bergwein. Das lässt sich auch über den 2020er Pinot Bianco Puntay sagen. Auch er im pikant-mineralischen Stil, ein wenig floral, etwas Birne, Apfel. Moderate Säure, ein zarter Schmelz am Gaumen. Hat im Finale eine feinherbe Note. Diese Note scheint fast so etwas wie das Markenzeichen der Kellerei zu sein und findet sich in fast allen Weinen. Elegant und umgänglich zugleich ist der Pinot Nero Riserva 2019, der beste Wein der gezeigten Kollektion, viel rote Beerenfrucht, schlank, ganz sanfte Gerbstoffe. Mittelgewichtig endet auch er, mit zarter, leicht herber Würze.

ERSTE+NEUE

**86** 2020 Chardonnay Puntay Südtirol DOC
**15 €** | 13,5%

**87** 2020 Weissburgunder Puntay Südtirol DOC
**14 €** | 13,5%

**87** 2020 Sauvignon Puntay Südtirol DOC
**15 €** | 13,5%

**86** 2021 Kalterer See Classico Superiore Puntay Südtirol DOC
**13 €** | 12,5%

**88** 2019 Pinot Nero Riserva Puntay Südtirol DOC
**18 €** | 14 %

★★★

## FLIEDERHOF

Weingut Fliederhof - Ramoser Stefan
39100 Bozen · Untermagdalena 33
Tel. (00471) 979048
info@fliederhof.it
**www.fliederhof.it**

**Inhaber/in** Stefan Ramoser
**Betriebsleitung** Martin Ramoser
**Keller** Martin Ramoser
**Außenbetrieb** Martin Ramoser

**Historie** seit 1930 in Familienbesitz
**Rebfläche** 3 Hektar
**Jahresproduktion** 28 000 Flaschen
**Beste Lagen** St. Magdalena und Rentsch (Bozen), Oberplanitzing (Kaltern)
**Boden** Lehmhaltigen Moränenschutt, Flussschotter, Sandeinschlüssen bis hin zu Verwitterungen des Quarzporphyrs, Kalkmoräne
**Rebsorten** 41% Lagrein, 33% Vernatsch, 18% Sauvignon Blanc, 4,5% Goldmuskateller, 3,5% Gewürztraminer
**Erlebenswert** Panoramablick in die Dolomiten

Sechs Weine hat uns Stefan Ramoser in diesem Jahr präsentiert, allesamt schöne Vertreter der Landschaft rund um Bozen. Zwar sind es insgesamt „nur" drei Hektar, die er bewirtschaftet, aber geologisch sind sie umso reicher. Lehmhaltiger Moränenschutt, Flussschotter, Sandeinschlüsse bis bis hin zu Verwitterungen des Quarzporphyrs - all diese Bodenformationen verleihen Ramosers Weinen Spannung und Würze. Er setzt vor allem auf Vernatsch und Lagrein, dazu kommen Sauvignon Blanc, Goldmuskateller und Gewürztraminer. Der letztgenannte überzeugte mit feiner Aromatik und kraftvoller, leicht phenolischer Struktur. Ein würdiger Speisenbegleiter, wie er in Italien gerne zur kraftvollen Fischsuppe getrunken wird. Überzeugend auch der Sauvignon Blanc, der saftig, schlank und fokussiert im Mund brilliert. Vor allem die eher zurückhaltende Aromatik gefällt, das ist meilenweit entfernt vom opulenten Neue-Welt-Stil. Gewohnt feingliedrig die beiden Vernatschweine, hier als St. Magdalener gekeltert, also mit einem gewissen Anteil Lagrein. Trotzdem sind beide enorm elegant, eher „burgundisch" wirkend. Vor allem der Gran Marie würde auch als Pinot Noir durchgehen, so leichtfüßig und sehnig gleitet er über die Zunge. Unser Favorit ist einmal mehr der Lagrein Riserva Gran Helen. Wie für die Rebsorte typisch, ist er enorm dunkel und würzig in der Nase. Aber die Wucht wird von einer feinen, äußerst vitalen Säureader balanciert. Ein Lagrein, der sich bei Tisch bestens präsentieren dürfte, ein gebratenes Täubchen dürfte perfekt sein. Wir jedenfalls sind glücklich und zufrieden mit der Kollektion von Stefan Ramoser und lassen ihn gerne ein wenig höher rutschen in unserer Wertungsskala. Gratulation!



**87** 2021 Goldmuskateller Gioia
**15 €** | 13,5%
**88** 2020 Gewürztraminer Luna
**30 €** | 14,5%
**89** 2020 Sauvignon Blanc Stella
**19 €** | 13,5%
**87** 2021 St. Magdalener classico Marie
**13 €** | 13,5%
**89** 2020 St. Magdalener classico Gran Marie
**19 €** | 13,5%
**90** 2019 Lagrein Riserva Gran Helen
**23 €** | 13,5%

★★☆ (2½)

## GLÖGGLHOF

Weingut Glögglhof - Franz Gojer
39053 Karneid · Karneiderstraße 31
Tel. (00471) 978775
info@gojer.it
**www.gojer.it**

**Inhaber/in und Betriebsleitung** Florian Gojer
**Keller** Florian Gojer
**Außenbetrieb** Franz Gojer

**Historie** Glögglhof aus dem 14. Jahrhundert, Franz Gojer 1970 Pionier der Flaschenabfüllung, 1987 erster St.-Magdalener-Lagenwein auf dem Markt
**Rebfläche** 8 Hektar
**Jahresproduktion** 60 000 Flaschen
**Beste Lagen** Vigna Rondell, Karneid
**Boden** Moränenschuttböden
**Rebsorten** 35% Vernatsch, 25% Lagrein, 17% Sauvignon Blanc, 15% Kerner, 8% Weißburgunder
**Gastronomie** PIPA XVIII - Likörwein aus Lagrein im Stile eines Vintage-Portweines
**Erlebenswert** neuer Keller und Verkostungsraum mit wunderbarer Aussicht über die darunterliegenden Weinberge und die Stadt Bozen

Im Hause Gojer gab es nun eine nicht ganz unwichtige Personalie: Vater Franz gab den Staffelstab jetzt auch offiziell an Sohn Florian als Inhaber und Betriebsleiter weiter. Den Keller hatte Florian schon eine Weile gemacht, während Franz sich auf den Außenbetrieb konzentriert. Überaus erfreulich finden wir den Umstand, dass die Gojers sich auf acht Weine (plus ein kleines Extra, dazu gleich) beschränken. Überhaupt ist pompöse Außenwirkung nicht Sache der Familie. Viel lieber möchte man ohne großes Gedöns Weine machen, die für sich sprechen, weshalb man ihnen auch Zeit und Ruhe gibt, ihren eigenen Weg im Keller zu finden. Der Kernen ist ausgesprochen süffig und klar, der Weißburgunder hat einen guten Körper, seine Frucht ist mineralisch unterlegt, insgesamt strahlt er mehr Eleganz als Wucht aus. Stolz sind die Gojers darauf, dass bei ihnen 1987 der erste Lagen-St.-Magdalener abgefüllt wurde. An ihn erinnert bis heute der Vigna Rondell, ein klassischer, fruchtbetonter und trinkfreudiger Wein, für dessen Genuss man gerne ein Brettl Speck als Unterlage daneben stellen darf. Durchaus international ambitioniert hat sich der Sauvignon Blanc entwickelt, der im Steiermark-Stil alles andere als laut ist. In den Lagrein Riserva könnten wir uns, sähe es nicht reichlich deppert aus, hineinlegen, er ist ein richtiger Schmeichler - dieses Wort und Lagrein dürfte nicht oft in einem Satz fallen. Seine Tannine sind fast schon zart zu nennen, rund und reif sind sie in jedem Fall. Der Pipa XIX schließlich ist das bereits erwähntes Extra, ein Likörwein im Stile eines Port. Zu den weihnachtlichen Gewürzen auf der Zunge passt die luftige, fruchtige Art sehr gut.

Franz Gojer
Glögglhof

**87** 2021 Karneid Kerner
**12 €** | 14 %

**87** 2021 Karneid Weißburgunder
**14 €** | 14 %

**90** 2021 Karneid Sauvignon Blanc
**14 €** | 13,5%

**87** 2021 Vernatsch Rondell
**15,50 €** | 13,5%

**90** 2019 PIPA XIX
**31 €/0,5 Lit.** | 19,5%

**91** 2020 Lagrein Riserva
**23 €** | 14 %

★★★

## GRIESBAUERHOF

Weingut Griesbauerhof
39100 Bozen · Rentscherstraße 66
Tel. (00471) 973090 · Fax 325694
info@griesbauerhof.it
**www.griesbauerhof.it**

**Inhaber/in und Betriebsleitung** Georg Mumelter
**Keller** Lukas Mumelter
**Außenbetrieb** Lukas Mumelter

**Historie** seit 1785 in Familienbesitz, heute in siebter Generation
**Rebfläche** 4 Hektar
**Jahresproduktion** 35 000 Flaschen
**Beste Lagen** Klassische Anbaugebiet von St. Magdalena
**Boden** sandiger Lehm porphyrischen Ursprungs (2,5 ha) - Schwemmböden (1ha) - Moränenschutt und Kalkablagerungen (0,5 ha)
**Rebsorten** 27,5% Lagrein, 25% Vernatsch, je 12,5% Grauburgunder, Weißburgunder und Merlot, 10% Cabernet Sauvignon
**Gastronomie** kleine Weinbar am Hof geöffnet von Mai bis Ende Oktober
**Erlebenswert** historische Holzfasskeller und die Lage am Weingut

Wann immer wir in Südtirol unterwegs sind - und das geschieht mehrmals im Jahr - zieht es uns zum Griesbauerhof. Das Anwesen, noch im Stadtgebiet von Bozen gelegen, ist eine kleine Oase. Vor allem seit der ältere der beiden Söhne, Michael, auf dem Gut einen kleinen Ausschank etabliert hat. Er stellt erstklassige Produkte von kleinen Produzenten aus der Region zu den Weinen, Mutter Margareth steuert bis zu 30 Tomatensorten bei, die sie auf dem Hof anbaut. Dazu der Blick über die Reben, die Etsch und die Stadt: ein Platz, an dem man für immer bleiben möchte.

Aber kommen wir zu den Weinen, hier hat Lukas, der jüngere der Brüder, die Zügel in der Hand. Nach seiner Ausbildung in Deutschland hat er mit Schwung und Elan frischen Wind in Keller und Weinberg gebracht. Bitte nicht missverstehen - die Weine waren auch vorher schon sehr gut. Aber wir haben den Eindruck, dass der junge Mann an kleinen Stellschrauben dreht und so mehr Frische, Vitalität und Struktur in die Weine bringt. Zur Speckplatte des Bruders empfehlen wir den St. Magadalener Classico 2021 mit seiner frischen und saftigen Art. Oder die Steigerung, den 2020er St. Magdalener Isarcus. Für einen Vernatsch zeigt er ungewöhnlich dunkle Würze, Brombeere, Holunderbeersaft, auch ein wenig Holzeinfluss. Im Mund dichte Frucht, darunter quellfrische Säure. Sehr leichtfüßig und doch aromatisch intensiv. Auch geschmorte Braten sind für ihn kein Problem. Auch der 2019er Merlot Reserve geht in diese Richtung, in der Nase mit viel Schwarzkirsche, Tabak, Schokolade, Zeder. Im Mund dann saftige Kirschfrucht, ein enges Gerbstoffgitter, noch leicht spröde, aber herrlich feinkörniges Tannin. Obwohl er viel reife Frucht besitzt und aus der Rebsorte Merlot gekeltert ist, ist der Wein keinesfalls schwer oder opulent. Wir werden ihn beim nächsten Besuch noch einmal versuchen...

**87** 2021 Pinot Grigio Südtirol DOC
**11,50 €** | 13,5%

**89** 2021 Weissburgunder Domus Alba Südtirol DOC
**15 €** | 13,5%

**89** 2021 St. Magdalener Classico Südtirol DOC
**11 €** | 13,5%

**89** 2021 Lagrein Südtirol DOC
**12,50 €** | 13%

**90** 2020 St. Magdalener Classico Isarcus Südtirol DOC
**15 €** | 13%

**90** 2019 Merlot Reserve Spitz
**18 €** | 13,5%

**90** 2019 Lagrein Riserva Südtirol DOC
**23 €** | 13,5%

**91** 2019 Cabernet Sauvignon Riserva
**23 €** | 13,5%

★★★

## GUMP HOF

Gump Hof - Markus Prackwieser
39050 Völs am Schlern
Völser Straße 11 - Prösler Ried
Tel. (00471) 601190
info@gumphof.it
**www.gumphof.it**

**Inhaber/in und Betriebsleitung** Markus Prackwieser
**Keller** Markus Prackwieser
**Außenbetrieb** Markus Prackwieser

**Historie** Weinhof Gump 1546 erstmals urkundlich erwähnt, seit über 200 Jahren im Familienbesitz, im Jahre 2000 Übernahme von Markus Prackwieser
**Rebfläche** 7 Hektar
**Jahresproduktion** 60 000 Flaschen
**Boden** kalkhaltige Moränen auf festem Quarzporphyr
**Rebsorten** 28% Sauvignon Blanc, 27% Weißburgunder, 20% Blauburgunder, 15% Vernatsch, 10% Gewürztraminer
**Erlebenswert** Holzfasskeller und Verkostungsraum, die in den vulkanischen Felsen gegraben bzw. an diesen angebaut wurden

Wir hatten Markus Prackwieser im Vorjahr besucht und sind mit vor Staunen offenen Mündern durch seinen Keller spaziert. Dort stehen sich die Moderne in Form einer klaren, durchdachten Architektur und rohe, naturbelassene Felswände so krass gegenüber, dass es außergewöhnlich passend wirkt. Zudem sorgt das harte und dann doch wieder poröse Gestein für eine dienliche Grundfeuchtigkeit. Eine Felswand zieht sich offen noch bis in den darüber liegenden Verkostungsraum. Und dort geht es dann gerne um die Weine des Gump Hof. Diese sind im Grunde in drei Klassen aufgeteilt: Mediaevum (Mittelalter), Praesulis (die Erklärungen reichen von Vortänzer bis Gottwein) und Renaissance. Es sind generell keine schmalbrüstigen Gewächse, vielmehr zeigen sie eine Mischung aus Kraft, Frucht und Eleganz. Wir haben uns drei Pärchen vorgenommen und verkosten bei Sauvignon Blanc, Weißburgunder und Pinot Noir jeweils Praesulis und Renaissance und stellen dabei ein stringentes Vorgehen fest. Während Praesulis durchgehend mehr Frucht bietet und den Zugang zur Rebsorte einfach macht, ist Renaissance auch durch längere Fassreifung anspruchsvoll und zeigt besser auf, was mit der Sorte hier alles möglich ist. Besonders gelungen empfinden wir das bei Sauvignon und Pinot, die uns schwer begeistert zurückgelassen haben. Den Gump Hof kann man übrigens sogar von der Autobahn aus sehen, vom Brenner kommend kurz bevor sich das Bozener Tal öffnet. Dort oben liegen auch die Weinberge rund um den Betrieb, teils im Direktzug, teils noch als Pergolaerziehung.

Markus Prackwieser
Gump Hof

**89** 2020 Weißburgunder Praesulis Südtirol DOC
**18,20 €** | 13,5%

**89** 2020 Sauvignon Blanc Praesulis Südtirol DOC
**18,50 €** | 13,5%

**90** 2019 Weissburgunder Renaissance Riserva Südtirol DOC
**33 €** | 14%

**91** 2019 Sauvignon Blanc Renaissance Südtirol DOC
**35 €** | 14%

**89** 2019 Pinot Noir Praesulis Südtirol DOC
**23,80 €** | 14%

**90** 2018 Pinot Noir Renaissance Riserva Südtirol DOC
**54 €** | 13,5%

★★

## KANDLERHOF

Weingut Kandlerhof
39100 Bolzano - Bozen · Santa Maddalena di Sotto - Untermagdalena 30
Tel. (00471) 973033
info@kandlerhof.it
**www.kandlerhof.it**

**Inhaber/in und Betriebsleitung** Martin Spornberger
**Keller** Hannes Spornberger

**Historie** seit 1793 in Familienbesitz
**Rebfläche** 2 Hektar
**Jahresproduktion** 20 000 Flaschen
**Beste Lagen** St. Magdalener Hügel
**Boden** Moränenschutt, Schotter, Sand, Lehm, alles auf Porphyr
**Rebsorten** 50% Vernatsch, 28% Lagrein, 22% Sauvignon
**Gastronomie** Gästezimmer mit Stadt- bzw. Dolomitenblick

„Der Kandlerhof ist zur Zeit im Wandel. Auf der einen Seite werden die Rebflächen seit vier Jahren biologisch bewirtschaftet. Auf der anderen Seite wurde gerade eine neue Hofstelle erworben, wo in den nächsten Jahren neue Weinberge entstehen. Es ist eine Hofstelle mit großen Zukunftspotential, die Flächen befinden sich auf 700 Metern Höhe. Die Böden sind sehr kalkreich mit porphyrhaltigem Untergestein. Wir erwarten uns frische, mineralische Weine." Das hat uns Hannes Spornberger mit auf den Weg gegeben. Drei Rebsorten baut er an, wobei der Vernatsch mit 50 Prozent den eindeutigen Schwerpunkt bildet. Lagrein und Sauvignon Blanc vervollständigen das kleine, aber feine Programm. Fein ist auch ein Attribut, das wir beim Verkosten des öfteren fallen ließen. Ist der Rosé Firsi aus Vernatsch noch erfrischend herb und kommt mit einem echten Knack rüber, der das sonst öfters Bonbonhafte der Rebsorte schon im Keim unterdrückt, überrascht der St. Magdalener Classico mit einer gelassenen Feingliedrigkeit. Richtig super wird es dann mit dem Schloterpöck. Die Trauben stammen von lehmigem Boden auf Porphyrgestein. Nach der Gärung und insgesamt etwa 20 Tagen Schalenkontakt wird der Wein zwölf Monate im großen Holzfass ausgebaut, anschließend noch ein Jahr auf der Flasche. Große Eleganz schließlich entströmt dem Mirum, und auch hier lassen wir nochmal den Winzer zu Wort kommen: „Die Idee hinter diesem Wein - das Wort Mirum ist lateinisch und bedeutet Überraschung - ist es, zu provozieren. Was kann Vernatsch alles?! Dieser Wein ist nicht (nur) für den Vernatschliebhaber. Wenn man nicht weiß das es ein Vernatsch ist, dann erkennt man die Sorte eher schwer. Die Trauben werden zu 50 Prozent am Stock getrocknet. Die Vergärung passiert im offenen Barrique. Es werden 30 Prozent ganze Trauben mit Stielgerüst mit vergoren. Nach der Gärung kommt der Wein für ein Jahr ins Barrique und darf dann noch ein Jahr auf der Flasche reifen." Einzig beim Sauvignon Blanc haben wir uns etwas schwer getan, er könnte mit einem Tick weniger Alkohol besser da stehen.

KANDLERHOF

**84** 2021 Sauvignon Blanc Südtirol DOC
**13,50 €** | 14,5%

**87** 2021 Vino Rosé FIRSI
**10,20 €** | 13%

**85** 2021 Lagrein Südtirol DOC
**13 €** | 13%

**87** 2021 St. Magdalener Classico Südtirol DOC
**10,70 €** | 13%

**89** 2019 St. Magdalener Classico Schloterpöck Südtirol DOC
**16 €** | 13%

**90** 2019 Vernatsch MIRUM
**30 €** | 13,5%

★★★½

## KELLEREI ANDRIAN

Kellerei Andrian
39018 Terlan · Silberleitenweg 7
Tel. (00471) 257135
sales@cantina-andriano.com
**www.kellerei-andrian.com**

**Inhaber/in** Genossenschaft
**Obmann** Georg Eyrl
**Keller** Rudi Kofler
**Außenbetrieb** Klaus Gasser

**Historie** gegründet am 25. April 1893, älteste Kellereigenossenschaft in Südtirol
**Rebfläche** 80 Hektar
**Jahresproduktion** 500 000 Flaschen
**Boden** sind skelettreiche und lehmige Kalksteinböden durchsetzt von kantigem weißen Dolomitgestein - auch in Missian und Eppan Berg
**Rebsorten** Sauvignon Blanc, Chardonnay, Weißburgunder, Pinot Grigio, Gewürztraminer, Müller Thurgau, Lagrein, Pinot Noir, Merlot

Wenn jemand jünger wirkt als er tatsächlich ist, spricht man davon, dass er sich gut gehalten habe. Das lässt sich den Genossen der Kellerei Andrian ganz gewiss auch nachsagen. Obwohl sie die älteste Genossenschaftskellerei Südtirols ist - gegründet 1893 - gehört sie in Sachen Qualität immer noch zu den Vorreitern. Das gilt schon für den Einstiegswein, den 2021er Chardonnay Somereto: Frisches Apfelkaramell, Thymianwürze, auch Zitrus in der Nase. Im Mund mit Frische, wieder Zitrus. Ein feiner Schmelz am Gaumen, klare Säure, hat Zug, ein Hauch Salz. Überhaupt haben uns die „kleinen" Weißweine besonders gut gefallen, der Jahrgang 2021 ist Kellermeister Rudi Kofler rundum geglückt. Ein echter Tipp ist der 2021er Weißburgunder Finado, der nach mehr schmeckt, als er kostet. Würzig-kräutrige Nase, auch Walnuss, heller Tee. Auf der Zunge mit deutlich mehr Nuss, Zitrus, wenig Primärfrucht. Steht lang am Gaumen, hat wirklich Schliff. Spätestens an Weihnachten ein passender Begleiter zu frischen Meeresfrüchten.

Bei den Rotweinen stand verständlicherweise das Jahr 2019 auf dem Tisch. Auch dieser Jahrgang gefällt uns besser als der vorherige, der doch viel Reife mit sich brachte. Davon kann im Jahrgang 2019 beim Blauburgunder

Riserva Anrar keine Rede sein. In der Nase Tabakwürze, Herzkirsche, Grüner Tee, Thymian. Klar und elegant im Mund, schlank, steht herrlich präzise in der Mundmitte, wieder Kirsche, feinste Tannine. Sehr jung, braucht viel Zeit. Das lässt sich auch vom Lagrein Tor di Lupo sagen, einem Klassiker aus dieser Rebsorte. Er ist kräftig in der Farbe, in der Nase mit dunkler Herrenschokolade, Waldfrucht, Holunderbeersaft. Vitale Säure, hält Spannung, ein Tick Veilchen kommt hervor, endet würzig, wieder Tabaknoten. Die Balance zwischen Frische und Opulenz ist hier besonders geglückt. Wir sagten es ja schon: die aktuellen Jahrgänge sind sehr gelungen!

Kellerei · Cantina Andrian

**89** 2021 Chardonnay Somereto Südtirol DOC
**10,90 €** | 13,5%

**90** 2021 Weissburgunder Finado Südtirol DOC
**10,90 €** | 13,5% TIPP

**90** 2020 Sauvignon Blanc Andrius Südtirol DOC
**27,20 €** | 13,5%

**91** 2020 Gewürztraminer Passito Juvelo Südtirol DOC
**32,90 €/0,375 Lit.** | 11,5%

**91** 2019 Merlot Riserva Gant Südtirol DOC
**36,40 €** | 14,5%

**92** 2019 Lagrein Riserva Tor di Lupo Südtirol DOC
**34,80 €** | 14 %

**92** 2019 Blauburgunder Riserva Anrar Südtirol DOC
**37 €** | 14 %

★★★½

## KELLEREI BOZEN

Kellerei Bozen
39100 Bozen · Moritzingerweg 36
Tel. (00471) 270909 · Fax 289110
info@kellereibozen.com
**www.kellereibozen.com**

**Präsident** Michael Bradlwarter
**Keller** Stephan Filippi
**Außenbetrieb** Klaus Sparer
**Rebfläche** 350 Hektar

Es ist ein architektonischer Prachtbau, den sich die Kellerei Bozen vor ein paar Jahren errichtet hat, eingebettet in einen Hang. Zu beiden Seiten des als Kubus angelegten Gebäudes führen Zu- und Abfahrten hoch, im Herbst zur Traubenannahme, ansonsten für Lieferanten und Flaschenabfuhr. Im Innern allerfeinste, neueste Technik sowohl fürs Weinmachen als auch in energetischer Hinsicht in Sachen Nachhaltigkeit. Stephan Filippi führt das Team der Kellerei, und trotz der großen Zahl an Mitgliedern und deren unterschiedlichem Können entsteht Jahr für Jahr eine wahre Phalanx an ausgezeichneten Weinen. Der St. Magdalener hat noch seinen festen Platz im Repertoire: Der Moar ist ein absolut würdiger Vertreter seiner Art, fleischig und dabei doch elegant. Lagrein ist natürlich ein großes Thema, und hier zeigen die Bozener, wo der Hammer hängt. Ist der Perl noch etwas ruppig mit einem festen, leicht grünen Gerbstoffgerüst, wird der Gries schon weicher, ohne an Spannkraft zu verlieren. Der Taber jedoch strahlt eine Würde und Ruhe aus, die wir beim Lagrein selten finden – er gehört damit zu den besten in der Region. Aber man kann selbstverständlich auch Weißwein. Als Spitze der uns vorgestellten Weine sehen wir zum einen den Chardonnay Stegher mit seiner feinen Art und langem Nachhall, zum andern den tiefgründigen Sauvignon Blanc Greel: Sowas von elegant aber auch!

| | | |
|---|---|---|
| 86 | 2021 Weißburgunder Dellago Südtirol DOC | **14 €** \| 14 % |
| 88 | 2021 DOC Sauvignon Blanc Mock Südtirol DOC | **14 €** \| 14,5% |
| 88 | 2021 Gewürztraminer Südtirol DOC | **18 €** \| 15 % |
| 90 | 2020 Chardonnay Riserva Riserva Stegher Südtirol DOC | **27 €** \| 14 % |
| 91 | 2020 Sauvignon Blanc Südtirol DOC | **27 €** \| 14 % |
| 87 | 2021 St. Magdalener Classico Huck am Bach Südtirol DOC | **11,50 €** \| 13 % |
| 87 | 2021 Lagrein Perl Südtirol DOC | **15 €** \| 13,5% |
| 88 | 2021 St. Magdalener Classico St. Magdalener Moar Südtirol DOC | **16 €** \| 13,5% |
| 88 | 2020 Gries Lagrein Riserva Prestige Südtirol DOC | **27 €** \| 14 % |
| 89 | 2019 Pinot Nero Riserva Thalman Südtirol DOC | **25 €** \| 13,5% |
| 90 | 2018 Lagrein & Merlot Mauritius Südtirol DOC | **35 €** \| 14 % |
| 91 | 2020 Lagrein Taber Südtirol DOC | **45 €** \| 14 % |

★★★

## KELLEREI EISACKTAL

Kellerei Eisacktal
39043 Klausen · Leitach
Tel. (00472) 847553
info@kellerei-eisacktal.it
**www.kellerei-eisacktal.it**

**Obmann** Peter Baumgartner
**Betriebsleitung** Armin Gratl
**Keller** Hannes Munter

**Historie** Gründung der Kellerei im Jahr 1961
**Rebfläche** 150 Hektar
**Jahresproduktion** 950 000 Flaschen
**Boden** Granit, Porphyr, Diorit
**Rebsorten** je 15% Silvaner, Kerner, Müller-Thurgau und Gewürztraminer, 10% Grüner Veltliner, je 6% Grauburgunder, Chardonnay und Sauvignon Blanc, je 5% Weißburgunder und Riesling, je 3% Blauburgunder, Vernatsch, Zweigelt und Lagrein

Wenn eine Genossenschaft für sich in Anspruch nehmen kann, „Bergweine" zu keltern, dann sicher die Eisacktaler Kellerei. Seine nördliche Lage und Weinberge zwischen 400 und 850 Metern prädestinieren das Eisacktal für den Anbau weißer Rebsorten. Die klimatischen Voraussetzungen sind für Weißweine nahezu ideal, vor allem die hohe Temperaturdifferenz zwischen Tag und Nacht sorgt für frische Säure in den Trauben und entsprechende Spannung in den Weinen. Das lässt sich tatsächlich schmecken, etwa beim 2021er Weißburgunder. Klar, sauber, mit feiner Fruchtkomponente von Apfel und Reneklode, auch leicht salziger Würze und einiger Länge, ein guter Einstieg in die Welt der Bergweine. Die Steigerung ist der 2021er Weißburgunder Aristos, quasi die De-luxe-Version. Er verführt in der Nase mit viel reifer Birne, auch Blüten und grünen Haselnüssen. Am Gaumen viel Schmelz, leicht cremig, druckvoll. Viel pikante, kräutrige Würze, auch Salz. Steht lang am Gaumen und am Zahnfleisch. Wirklich bekannt sind die Genossen aus dem Eisacktal für ihre Silvaner. Hier hat die Rebsorte, sonst eher in Franken bekannt, eine echte Heimat gefunden. Ebenfalls aus der Aristos-Reihe kommt der 2021er Sylvaner. Verschlossene Nase, mit Luft etwas weißer Pfeffer, Muskat, aber keine wirkliche Frucht. Am Gaumen großzügiger, Apfel, Quitte, auch herbe Noten. Leicht salzige Mineralität, hat Grip und Länge. Unser Favorit ist der 2019er Sylvaner Sabiona, ein echter Gigant. Die Trauben wachsen rund um das Kloster Säben, in den besten Lagen, im Herzen des Eisacktals. Er duftet nach frischem Fichtenholz, Menthol und weißem Pfeffer. Klare, apfelgeprägte Säure, Zitrusschale, am Gaumen leicht cremiger Schmelz, mit Luft ein wenig Toffee und aromatisch reicher. Braucht Zeit im Glas. Er zeigt, was möglich ist und wie eigenständig die Weine aus dem Tal sind. Unbedingt ausprobieren!

**87** 2021 Weissburgunder Südtirol DOC
**10,20 €** | 13,5%

**87** 2021 Klausen Eisacktal Sauvignon Blanc Classico Südtirol DOC
**10,90 €** | 13,5%

**88** 2021 Pinot Grigio Aristos Südtirol DOC
**16,10 €** | 14%

**89** 2021 Sauvignon Blanc Aristos Südtirol DOC
**16,10 €** | 13,5%

**89** 2021 Eisacktaler Kerner Aristos Südtirol DOC
**17,20 €** | 14%

**90** 2021 Weißburgunder Aristos Südtirol DOC
**16,10 €** | 14%

**90** 2021 Eisacktaler Silvaner Aristos Südtirol DOC
**16,10 €** | 14%

**91** 2019 Eisacktaler Sylvaner Sabiona Südtirol DOC
**31 €** | 14%

★★★½

## KELLEREI GIRLAN

Kellerei Girlan
39057 Girlan · St.-Martin-Straße 24
Tel. (00471) 662403 · Fax 662654
info@girlan.it
**www.girlan.it**

**Betriebsleitung** Oscar Lorandi
**Keller** Gerhard Kofler
**Außenbetrieb** Gerhard Kofler

**Rebfläche** 220 Hektar
**Jahresproduktion** 1 350 000 Flaschen
**Beste Lagen** Mazon, Girlan, Gschleier, Eppan Berg
**Boden** Kalk, Schotter, Lehm
**Rebsorten** 17% Spätburgunder, 16% Weißburgunder, 14% Vernatsch, 10% Chardonnay, je 9% Grauburgunder und Gewürztraminer, 6% Sauvignon Blanc, 3% Lagrein, 16% übrige Sorten

Sie sind echte Spezialisten für Pinot Nero, wie der Spätburgunder in Italien auch genannt wird. Gleich fünf verschiedene wurden uns präsentiert, allesamt Individualisten, gekonnt vinifiziert, trotz gleicher Rebsorte signifikant unterschiedlich. Der Einstieg, der 2020er Pinot Noir Patricia, ist unkompliziert, von feiner Frucht und charmanter Art. Darüber steht der Pinot Noir Flora 2020, mit dunkler Beerenwürze, Tabak, Unterholz. Feste Würze an der Basis, Zitrusfrische, feinmaschige Gerbstoffe. Noch eine Stufe komplexer der 2019er Trattmann. Im Moment ist er noch verschlossen, zeigt keine Fruchtkomponente. Im Mund mit leichter Kirschnote, engmaschiges Tannin, fest, tiefgründig, mineralisch-würzig. Braucht Zeit. Der Curlan Riserva 2019 kommt von drei ausgewählten Parzellen in der Einzellage Girlan. Er duftet nach Heidelbeeren und Sauerkirsche, Thymian und Rosmarin. Obwohl am Gaumen durchaus opulent, ist er elegant und komplex, wozu die markante Tanninstruktur beiträgt. Er sollte definitiv noch ein paar Jahre lagern. Struktur mit ausgeprägten und stets saftigen Gerbstoffen. Und dann ist da noch der 2018er Vigna Ganger Riserva aus einer 0,9 Hektar kleinen Parzelle in der Pinot-Hochburg Mazon. Hier geht wie immer Feinheit vor Kraft, obwohl der Jahrgang 2018 eher kräftige Weine hervorbrachte. Ungemein dicht, intensiv und sehr elegant. Nur wenige Weine - auch außerhalb Südtirols - zeigen eine solche Finesse. Großartig! Über dieser Reihe ausgezeichneter Pinot Noirs geraten die Weißweine fast ins Vergessen, und das völlig zu Unrecht. Denn auch der 2020 er Chardonnay Flora ist mit seiner schlanken Art, aber eindringlichen Würze, jeden Versuch wert.

GIRLAN
KELLEREI · CANTINA

- **87** 2021 Pinot Bianco Platt&Riegl Südtirol DOC
  **12,80 €** | 14 %
- **88** 2021 Sauvignon Blanc Indra Südtirol DOC
  **12,50 €** | 14 %
- **89** 2020 Gewürztraminer Flora Südtirol DOC
  **22,50 €** | 15 %
- **90** 2020 Girlan Chardonnay Flora Südtirol DOC
  **22,50 €** | 13,5%
- **90** 2020 Sauvignon Blanc Flora Südtirol DOC
  **22,50 €** | 14 %
- **91** 2019 Pinot Bianco Riserva Flora Südtirol DOC
  **22,50 €** | 14 %
- **88** 2020 Gschleier Vernatsch Alte Reben Südtirol DOC
  **16,50 €** | 12,5%
- **89** 2020 Pinot Noir Patricia Südtirol DOC
  **15,20 €** | 13,5%
- **90** 2020 Girlan Pinot Noir Flora Südtirol DOC
  **24 €** | 14 %
- **92** 2019 Pinot Noir Riserva Trattmann Südtirol DOC
  **35 €** | 14,5%
- **93** 2019 Pinot Noir Riserva Curlan Südtirol DOC
  **80 €** | 14,5%
- **95** 2018 Vigna Ganger Pinot Noir Riserva Südtirol DOC
  **130 €** | 15 %

★★★½

## KELLEREI KALTERN

Kellerei Cantina Kaltern
39052 Kaltern an der Weinstraße · Kellereistraße - Via Cantine 12
Tel. (00471) 963149 · Fax 964454
info@kellereikaltern.com
**www.kellereikaltern.com**

**Inhaber/in** Christian Sinn
**Keller** Andrea Moser
**Außenbetrieb** Hannes Rohregger

**Historie** Wurzeln im Jahr 1900, in der heutigen Form entstanden 2016 durch die Fusion von Erst+Neue Kellerei mit Kellerei Kaltern Kellerei
**Rebfläche** 440 Hektar
**Jahresproduktion** 4 000 000 Flaschen
**Beste Lagen** St. Nikolaus, Planitzing, St. Josef am See, Feld
**Rebsorten** 24,3% Vernatsch, 11,8% Weißburgunder, 9,5% Gewürztraminer, 9,4% Lagrein, 7,7% Chardonnay, 7,3% Sauvignon, 6,5% Grauburgunder, 5,9% Cabernet, 5,5% Spätburgunder, 3,5% Merlot, 3,2% Müller-Thurgau, 3,1% Goldmuskateller, 2,3% übrige Sorten
**Erlebenswert** Puntay-Keller, Barriquekeller mit dem Kaiser-Franz-Josef-Fass

Die Kellerei Kaltern ist der Big Player vor Ort,in Neuorientierung durch die Fusion zweier Cantinas. Vernatsch ist weiterhin die wichtigste Rebsorte und als Kalterersee DOC für den Alltag hoch geschätzt, das freilich hochwertig. Es sind fünf Hauptsorten, die den Stamm der Kellerei Kaltern bilden. Neben dem Vernatsch sind dies Gewürztraminer, Weißburgunder, Sauvignon Blanc und Cabernet Sauvignon, auch wenn mengenmäßig der Lagrein noch dazwischengrätscht und Goldmuskateller einen besonderen Akzent setzt. Angeboten werden sie in drei Qualitätsstufen, die von Klassik über Selektion bis hinauf zur Quintessenz reichen. Die Weißweine sehen Edelstahl, große Holzfässer, auch mal ein Tonneau mit 500 Litern, aber nichts kleineres - das Holz soll kaum wahrnehmbar sein. Bei den Rotweinen kommen für Cabernet, Lagrein oder Blauburgunder durchaus Barriques zum Einsatz, übergreifend wird auch mit Betonbehältern experimentiert. In der Verkostung gefiel uns bei den Weißen der Weißburgunder Quintessenz am besten - bis wir diesen unglaublichen Pinot Grigio im Glas hatten, dicht, lang und absolut edel in seiner Art. Er ist mit Sicherheit unter den drei Besten des Anbaugebiets. Hinreißend auch der Cabernet Sauvignon, rund und mit schönen Gerbstoffen versehen.

- **87** 2021 Pinot Bianco Vial Südtirol DOC
  **13,50 €** | 13,5%
- **87** 2021 Chardonnay Saleit Südtirol DOC
  **13,50 €** | 13,5%
- **88** 2021 Sauvignon Blanc Stern Südtirol DOC
  **14 €** | 14 %
- **90** 2020 Sauvignon Quintessenz Südtirol DOC
  **22,90 €** | 13,5%
- **91** 2020 Weißburgunder Quintessenz Südtirol DOC
  **22,90 €** | 13,5%
- **92** 2019 Pinot Grigio kunst.stück Südtirol DOC
  **65 €** | 14 %
- **88** 2021 Kalterersee Classico Superiore Quintessenz DOC
  **13,50 €** | 13 %
- **88** 2010 Merlot & Cabernet Feld Riserva Südtirol DOC
  **15,90 €** | 14 %
- **89** 2019 Blauburgunder Riserva Saltner Südtirol DOC
  **16,90 €** | 14 %
- **90** 2019 Cabernet Sauvignon Riserva Quintessenz Südtirol DOC
  **33 €** | 14,5%

★★★★

## KELLEREI KURTATSCH

Kellerei Kurtatsch
39040 Kurtatsch · Weinstraße 23
Tel. (00471) 880115
info@kellerei-kurtatsch.it
**www.kellerei-kurtatsch.it**

**Präsident** Andreas Kofler
**Keller** Othmar Doná

**Rebfläche** 190 Hektar
**Jahresproduktion** 1 500 000 Flaschen
**Erlebenswert** neue Vinothek mit Panoramaterrasse, Terroir-Parcours

Angesichts ihrer Jugend ist das ein erstaunliches Ergebnis. Obmann Andreas Kofler hat in Kurtatsch das jüngste Team unter den Südtiroler Genossenschaften; einmal abgesehen von Kellermeister Othmar Doná, der seit über 30 Jahren die Geschicke im Keller leitet. Aber auch er fügt sich nahtlos in die Youngster-Riege. Vor allem weil seine Weine alles sein mögen, aber ganz sicher niemals altbacken. Das gilt in allererster Linie für seinen Cabernet Sauvignon Freienfeld, der auch in der 2018er Ausgabe wieder ein Prachtstück geworden ist. Dabei war der Witterungsverlauf eher unregelmäßig, kalte und warme Perioden wechselten sich ab, dennoch ein guter Jahrgang für Südtirol. Warme Jahre wie 2018 sind bei den Rotweinen fast ideal. Im Glas ist der Freienfeld geprägt von dunkler Frucht, Zeder und Majoran, für den Jahrgang unverschämt leichtfüßig, kühl, dennoch reichhaltig. Jetzt schon ein Genuss für harte Burschen - das Tannin setzt sich vehement zur Wehr - aber die Eleganz ist deutlich spürbar. Das wird relativ schnell eine großartige Flasche! Das lässt sich auch vom Merlot Brenntal vermuten, dem das kühlere Jahr gut getan hat, zeigt er doch eine Frische, die dem Merlot ab und an fehlen kann. Sehr gelungen auch der Pinot

Nero Mazon 2019. Er zeigt dunkle Kirsche, Maraschino, viel Kraft, Unterholz, Herbst. Auf der Zunge dann schlank, fokussiert, wieder von Kirsche geprägte Aromatik, dazu pikante Würze, beinahe salzig am Zungenrand, nobel bis ins lang anhaltende Finale. Kein Pinot von der Stange, ein Individualist.

Ebenso gut fanden wir die Weißen aus dem Jahrgang 2019. Der Chardonnay Freienfeld könnte aus unserer Sicht der bisher schönste dieser Linie sein, seine Eleganz wird in den Jahren noch zunehmen. Und auch der weniger prominente Müller-Thurgau Graun weiß mit seiner sehr sortentypischen Art, dem feinen Duft nach frischem Apfelkompott und einem Hauch Muskat sehr zu gefallen. Dazu kommt im Mund klarer, saftiger Apfel und zarte, präsente Säure. Er hat Grip und Substanz und zeigt, dass auch die Basisweine der Kellerei viel Substanz besitzen.

Es ist immer wieder die frische, klare Art, die sich in den Weinen von Kurtatsch findet. Wahrscheinlich ist der Höhenunterschied von fast 700 Metern zwischen den einzelnen Lagen einer der Gründe. Aus der Höhe kommen Trauben mit viel Frische, die tiefen Lagen unterhalb der modernen Kellerei sind ideal für die intensiven Rotweine. Insgesamt 190 kleine Familienbetriebe bewirtschaften 190 Hektar Weinberge. Aus diesem Portfolio kann Kellermeister Othmar Doná das jeweils beste Traubenmaterial verarbeiten. Wir sind jedenfalls sehr zufrieden mit den gezeigten Weinen, die unabhängig von Jahrgang oder Rebsorte ein konstantes, enorm hohes Niveau beweisen. Das ist uns den Aufstieg in die 4-Sterne-Liga der Südtiroler Genossenschaften wert. Glückwunsch dazu!

KURTATSCH
KELLEREI · CANTINA

**91** 2016 Sekt Zero Dosage 600 Blanc de Blancs Südtirol DOC
**32 €** | 13 %

**87** 2020 Pinot Bianco Hofstatt Südtirol DOC
**13,90 €** | 13,5%

**88** 2021 Müller-Thurgau Graun Südtirol DOC
**14,90 €** | 12,5%

**88** 2020 Sauvignon Blanc Kofl Südtirol DOC
**17,90 €** | 13,5%

**90** 2020 Cuvée Amos Südtirol DOC
**23 €** | 14 %

**90** 2020 Gewürztraminer Riserva Brenntal Südtirol DOC
**25 €** | 15,5%

**91** 2019 Chardonnay Riserva Freienfeld Südtirol DOC
**35 €** | 14,5%

**90** 2019 Merlot & Cabernet Soma Südtirol DOC
**23 €** | 14 %

**91** 2019 Blauburgunder Riserva Mazon Südtirol DOC
**29,50 €** | 14 %

**92** 2019 Merlot Riserva Brenntal Südtirol DOC
**39 €** | 15 %

**95** 2018 Cabernet Sauvignon Riserva Freienfeld Südtirol DOC
**48 €** | 14,5%

**92** 2018 Rosenmuskateller Ushas Mitterberg IGT
**32 €** | 12 %

★★½

## KELLEREI MERAN

Kellerei Meran
39020 Marling · Kellereistraße 9
Tel. (00473) 447137
info@kellereimeran.it
**www.kellereimeran.it**

**Inhaber/in** Kellerei Meran Burggräfler Gen. landw. Ges.
**Betriebsleitung** Kaspar Platzer
**Keller** Stefan Kapfinger

**Historie** Der Baustein zur Gründung wurde 1901 mit wenigen Weinbauern gesetzt. Jetzt zählt unsere Kellereigenossenschaft, nach dem Zusammenschluss der Burggräfler Kellerei und der Weinkellerei Meran im Jahre 2010, 360 Mitglieder.
**Rebfläche** 245 Hektar
**Jahresproduktion** 1 300 000 Flaschen
**Rebsorten** 29,5% Vernatsch, 12,5% Weißburgunder, 8,5% Lagrein, 49,5% übrige Sorten
**Erlebenswert** Panorama-Önothek in Marling, City.Vinothek in Meran.

Sehr gerne werden dem interessierten Besucher bei Führungen durch die Kellerei deren Besonderheiten erklärt. Etwa, dass sie aus der Fusion zweier Genossenschaften entstanden ist, um gemeinsam schlagkräftiger zu sein. Oder dass man mit der Gegend zwischen Meran und Bozen und dem westlich von Meran gelegenen Vinschgau Weinberge in zwei Anbaugebieten mit komplett unterschiedlichem Klima aufweisen kann – und damit natürlich auch sehr unterschiedliche Wellen der Traubenreife. Im Vinschgau geht es im Anbau bis an die Marke von 1.000 Höhenmetern. Die Weine setzen vorwiegend auf Kraft und sind nicht zimperlich. Der Weißburgunder Riserva Tyrol ist weich, fruchtig und hat schönen Schmelz, der Chardonnay Goldegg verströmt einen bananigen Duft. Dicht und schwer, aber auch etwas arg alkoholisch ist der Weißburgunder Riserva V-Years, der erst mit fünf Jahren Reife auf den Markt gebracht wird. Während der Vernatsch Graf Schickenburg feinen Mandelduft bringt, setzt der Vernatsch Fürst mehr auf Wucht und ein ausgewogenes Mundgefühl. Letzteres ist gut ausgeprägt beim fülligen, aber angenehm runden Lagrein Riserva Segen.

**88** 2017 Brut Riserva 36 Südtirol DOC
**25 €** | 12,5%

**88** 2020 Weißburgunder Riserva Tyrol
**22 €** | 14%

**88** 2019 Chardonnay Riserva Goldegg
**22 €** | 14%

**89** 2016 Weißburgunder Riserva V-Years
**50 €** | 14,5%

**88** 2018 Passito Sissi Mitterberg IGT
**34,50 €** | 10%

**86** 2021 Meraner Vernatsch Schickenburg Südtirol DOC
**11 €** | 13,5%

**88** 2020 Meraner Vernatsch Fürst Südtirol DOC
**22 €** | 13,5%

**88** 2019 Merlot Riserva Freiherr Südtirol DOC
**25 €** | 14,5%

**90** 2019 Lagrein Riserva Segen Südtirol DOC
**25 €** | 14%

★★★☆

## KELLEREI MURI-GRIES

Muri-Gries Weingut Klosterkellerei
39100 BOZEN · Grieser Platz 21
Tel. (00471) 282287 · Fax 273448
info@muri-gries.com
**www.muri-gries.com**

**Inhaber/in** Benediktinermönche von Muri-Gries
**Betriebsleitung** Christian Werth
**Keller** Christian Werth

**Historie** Gründung im Jahr 1845, als die Benediktinergemeinschaft aus Muri (Schweiz, Kanton Aargau) das Augustiner-Chorherrenstift in Gries übernahmen
**Rebfläche** 60 Hektar
**Jahresproduktion** 650 000 Flaschen
**Beste Lagen** Kleinstlage Weingarten/Vigna Klosteranger und Lage Gries-Moritzing und Lage Eppan/Berg
**Boden** sandige, tiefgründige Schwemmböden und Kalk-Schotterböden
**Rebsorten** 80% Lagrein, 20% übrige Sorten (Vernatsch, Blauburgunder, Rosenmuskateller, Weißburgunder, Ruländer, Müller-Thurgau, Chardonnay und Gewürztraminer)
**Erlebenswert** Stiftskirche

Viel Freude haben uns die Weine aus der Klosterkellerei Muri-Gries in diesem Jahr gemacht. Die Weine der aktuellen Kollektion zeigen eine feine, klare Würze. Vor allem der Jahrgang 2021 scheint uns besonders lohnenswert zu sein, beginnend mit dem Lagrein Kretzer 2021 („Kretzer" ist die traditionelle Bezeichnung für Rosé-Weine in Südtirol). Er ist frisch, einnehmend, zeigt Johannisbeere, etwas Mandel. Im Mund fast wuchtig, dicht, außergewöhnlich würzig, viele Kräuter. Der Pinot Grigio aus demselben Jahr ist eine saftig-frische Interpretation der Rebsorte, mit deutlicher Apfelnote, aber auch mineralischer Würze. Bei den Weinen mit längerer Kellerreife ist der 2019er Terlaner Weißburgunder Riserva bemerkenswert. In der Nase Kokosnuss, klarer Holzeinfluss, dazu reife Williamsbirne, weißer Pfeffer. Im Mund mit lebendiger Säure, deutlich Salz am Zahnfleisch, exakte Struktur, alles am Platz. Lang anhaltend, endet mit etwas Zitrus. Potenzial! Womit wir zur Königsdisziplin der Abtei kommen, dem Lagrein. Schon der einfache Lagrein 2021 bringt alles mit, was die Rebsorte kennzeichnet. Dunkel in der Farbe, dunkel in den Aromen. Schwarze Schokolade, Kirsche, schöne Frische im Mund, blitzsauber, feines Gerbstoffgerüst, für einen Lagrein fast leichtfüßig, dabei tiefgründig. Das zeigt noch intensiver der 2017er Lagrein Riserva Weingarten Klosteranger, aus der ruhmreichsten Lagrein-Anlage Südtirols, die direkt an das Kloster anschliesst. Dichte Nase mit Brombeere und Holunderbeersaft, dunkler Kakao, Tannennadeln, ein Hauch weißer Pfeffer. Am Gaumen sehr dicht, voll, mit ansprechender Frucht von Pflaume und Schwarzkirsche. Auch hier die erstaunliche Frische, dazu viel und weiches Tannin, enormes Potenzial. Für uns die Benchmark in Sachen Lagrein.

**87** 2021 Pinot Grigio Südtirol DOC
**Preis auf Anfrage** | 13,5%

**88** 2021 Terlaner Weissburgunder Südtirol DOC
**Preis auf Anfrage** | 13,5%

**91** 2019 Terlaner Weissburgunder Riserva Abtei Muri Weissburgunder Riserva
**Preis auf Anfrage** | 14 %

**87** 2021 Lagrein Kretzer Südtirol DOC
**Preis auf Anfrage** | 13 %

**89** 2021 Lagrein Südtirol DOC
**Preis auf Anfrage** | 13,5%

**89** 2021 St. Magdalener Südtirol DOC
**Preis auf Anfrage** | 13 %

**91** 2019 Blauburgunder Riserva Abtei Muri Südtirol DOC
**Preis auf Anfrage** | 14 %

**93** 2017 Lagrein Riserva Weingarten Klosteranger Südtirol DOC
**Preis auf Anfrage** | 14 %

**91** 2020 Rosenmuskateller Abtei Muri Südtirol DOC
**Preis auf Anfrage/0,375 Lit.** | 12,5%

## KELLEREI NALS-MARGREID

Nals Margreid
39010 Nals · Heiligenbergerweg 2
Tel. (00471) 678626 · Fax 678626
info@nalsmargreid.com
**www.nalsmargreid.com**

**Präsident** Kurt Wolfensberger
**Betriebsleitung** Gottfried Pollinger, Harald Schraffl
**Keller** Harald Schraffl

**Historie** Tradition beginnt im Jahr 1764 mit dem Bau des Weinhof Von Campi am Standort der heutigen Kellerei. 1932 wurde die Kellerei Nals gegründet, heute gehören der Genossenschaft 138 Weinbauern an.
**Rebfläche** 160 Hektar
**Jahresproduktion** 1 000 000 Flaschen
**Rebsorten** 16% Pinot Bianco, 15% Sauvignon Blanc, 14% Chardonnay, 13% Pinot Grigio, 12% Gewürztraminer, 11% Vernatsch, 8% Lagrein, 4% Pinot Noir, 3% Merlot, 2% Moscato Giallo, 2 % Cabernet Sauvignon und Cabernet Franc

Der eigenwillig klingende Name ist schnell erklärt: Die 160 Hektar große Rebfläche der 138 Weinbauern verteilt sich um die Gegend rund um Nals, zwischen Bozen und Meran gelegen, und dem 40 Kilometer entfernten Margreid im südlichen Unterland. Derart viele Terroirs und Gebiete in 31 verschiedene Weine und trotzdem eine verbindende Handschrift zustande zu bringen, sehen Geschäftsführer Gottfried Pollinger und Kellermeister Harald Schraffl als ihre Hauptaufgabe. Ein Wein, der das Verkosterherz immer wieder erwärmt, ist der 2021er Vernatsch Galea, eine Art Role Model für einen zeitgemäßen, leichten Rotwein. In der Nase etwas Kirsche, rohes Fleisch, im Mund mit klarem Saft, vor allem Sauerkirsche. Ganz wenig Mandel, auch würzige Mineralität. Ein erwachsener Wein. Auf dem gleichen Niveau der 2020er Pinot Grigio Punggl, der dieser heißgeliebten und vielgeschmähten Rebsorte wirklich gerecht wird. Er zeigt reifes Kernobst in der Nase, altdeutschen Apfel, Grünen Tee, ist saftig. Ein Hauch Extraktsüße macht ihn dicht und schmelzig, er hat eine wirklich schöne Länge. Wenn es um mehr Frische geht, raten wir in diesem Jahr zum 2020er Mantele Sauvignon Blanc. Er ist intensiv in der Nase, dicht. Grüne Paprika, Cassisblätter, frisch gemähter Rasen, Granny Smith. Im Mund mit viel Frische, weniger intensiv, saubere Säure, etwas Salz am Zungenrand. Am oberen Ende der Kollektion thront einmal mehr der NAMA, eine Cuvée aus 85 Prozent Chardonnay plus Weißburgunder und Sauvignon Blanc von drei Mitgliedsbetrieben der Genossenschaft. Die 2018er Ausgabe ist wieder unerhört elegant und generös, verbindet feinste exotische Frucht mit animierender Mineralik, auf der Zunge kitzelt es regelrecht wie Maldon-Seesalzkristalle. Ein faszinierender Wein, von dem es leider immer zu wenig gibt.

**87** 2021 Pinot Bianco PENON
**13 €** | 14 %

**88** 2021 Chardonnay MAGRED
**15,40 €** | 14 %

**89** 2020 Sauvignon Blanc MANTELE
**23 €** | 14 %

**90** 2021 Pinot Grigio PUNGGL
**18,40 €** | 14 %

**90** 2020 Pinot Bianco SIRMIAN
**23 €** | 13,5%

**91** 2019 Chardonnay Riserva BARON SALVADORI
**32 €** | 14 %

**94** 2018 Cuvée NAMA
**120 €** | 14 %

**92** 2020 Moscato Giallo Passito BARONESSE
**36 €/0,375 Lit.** | 12 %

**90** 2021 Vernatsch GALEA
**13 €** | 13 %

**90** 2019 Pinot Noir Riserva JURA
**23,40 €** | 14 %

**90** 2019 Lagrein Riserva GRIES
**25 €** | 13,5%

**92** 2019 Merlot & Cabernet Riserva ANTICUS
**40 €** | 14 %

★★★★

## KELLEREI SCHRECKBICHL

Schreckbichl - Colterenzio
39057 Girlan/Eppan · Weinstraße 8
Tel. (00471) 664246 · Fax 660633
info@colterenzio.it
**www.colterenzio.it**

**Obmann** Maximilian Niedermayr
**Geschäftsführer** Hubert Dorfmann
**Keller** Martin Lemayr

**Historie** gegründet im Jahr 1960, heute gehören der Kellereigenossenschaft 300 Weingüter an
**Rebfläche** 300 Hektar
**Jahresproduktion** 1 900 000 Flaschen
**Beste Lagen** Berg, Gries, Siebeneich, Girlan, Lafóa
**Boden** Moränenböden, Kalk, Schotter, Porphyr, Schwemmböden mit Porphyr,
**Rebsorten** 15% Chardonnay, je 14% Goldmuskateller und Grauburgunder, 12% Weißburgunder, je 8% Gewürztraminer und Blauburgunder, 7% Vernatsch, je 6% Sauvignon Blanc und Lagrein, 5% Merlot, je 2% Cabernet Sauvignon und Müller-Thurgau, 1% Riesling
**Erlebenswert** Kellerei-Neubau

Es ist wirklich eine phänomenale Leistung, die das Team um Geschäftsführer Hubert Dorfmann, Kellermeister Martin Lemayr und Obmann Maximilian Niedermayr alljährlich abliefert. Mit rund 300 Hektar Rebfläche und annähernd zwei Millionen Flaschen gehört man zu den Großen in Südtirol. Und trotzdem hat man bei keinem einzigen Wein das Gefühl, dass es sich um Massenware handelt. Auch deshalb lenken wir in diesem Jahr ein besonderes Augenmerk auf die Weine in der sogenannten zweiten Reihe. Hier gibt es einige Preziosen zu entdecken, die das Budget des Weinfreunds nicht überstrapazieren. Uns hat schon der 2021er Pinot Bianco Cora sehr gefallen, mit seiner typischen Nase, klar, sauber, Apfel, weiße Blüten. Frische Art mit feinem Schmelz, wieder Kernobst, auch ein wenig steinige Würze. Zeigt einige Raffinesse für die Klasse. Der 2020er Pinot Grigio Puiten verführt mit duftig-würziger Nase, weißem Pfeffer, weißen Blüten, Reneclode. Cremig auf der Zunge, darunter ein zarter Säurezug, deutliche Phenolik, hat Grip. Kommt fast ohne Frucht aus, ist dennoch charmant. Der Stil des Kellermeisters Lemayr ist schon hier deutlich zu schmecken, er steht für schlanke, frische Weine. Und macht bei den Roten keine Ausnahme. Wann haben wir zuletzt einen „echten" Bordeaux-Blend im Glas gehabt wie den 2018er Cornelius Merlot Cabernet Riserva? Tiefdunkel im Glas, saftig, dunkle Nase, Brombeere, Zwetschge, Tabak, deutlicher Frischezug, keine Überreife. Auf der Zunge elegant, schlank, hat Tiefe, bleibt unerhört fokussiert. Erinnert stilistisch an alten Bordeaux in seiner eher schlanken Art.

Bei den Weinen im Top-Segment gibt man sich wie gewohnt keine Blöße, die Weine aus der Lafoa-Reihe stehen wie eine Eins, der Sauvignon Blanc 2020 ist ein Wunder an Struktur und verhaltener Aromatik, der Chardonnay 2020 scheint uns etwas geschliffener als im Vorjahr, auch der Pinot Nero 2019 hat etwas mehr Schliff als sein Vorgänger. Unbestritten der Top-Wein bleibt der LR, der in der 2018er Version mehr Tiefe und Kraft zu haben scheint. Alles in allem: eine tolle Leistung von der Basis bis zur Spitze.

SCHRECKBICHL
COLTERENZIO

**87** 2021 Chardonnay Altkirch Südtirol DOC
**9,80 €** | 13,5%

- **87** 2021 Pinot Bianco Cora Südtirol DOC
  **9,80 €** | 13,5%
- **89** 2020 Pinot Bianco Berg Südtirol DOC
  **15,90 €** | 13,5%
- **90** 2020 Pinot Grigio Puiten Südtirol DOC
  **13,90 €** | 13,5%
- **90** 2020 Chardonnay Lafóa Südtirol DOC
  **24,90 €** | 13,5%
- **91** 2020 Sauvignon Blanc Lafóa Südtirol DOC
  **24,50 €** | 13,5%
- **92** 2018 Cuvée LR Südtirol DOC
  **85,90 €** | 14%
- **87** 2021 Lagrein Südtirol DOC
  **11,50 €** | 13%
- **89** 2019 Lagrein Riserva Mantsch Südtirol DOC
  **16,60 €** | 13,5%
- **90** 2019 Pinot Nero Riserva St. Daniel Südtirol DOC
  **16,60 €** | 13,5%
- **91** 2018 Merlot Cabernet Cornelius
  **27,50 €** | 13,5%
- **91** 2019 Südtirol DOC Pinot Nero Riserva Lafóa Südtirol DOC
  **32,90 €** | 13,5%

★★★★

## KELLEREI ST. MICHAEL

Kellerei St. Michael-Eppan
39057 Eppan an der Weinstraße ·
Umfahrungsstraße 17-19
Tel. (00471) 664466
office@stmichael.it
**www.stmichael.it**

**Obmann** Klaus Pardatscher
**Geschäftsführer** Günther Neumair
**Keller** Hans Terzer

**Historie** gegründet 1907, heute Genossenschaft mit 330 Mitgliedern
**Rebfläche** 385 Hektar
**Jahresproduktion** 2 500 000 Flaschen
**Beste Lagen** Eppan Berg, Schulthaus
**Boden** Kalkschotterböden, Moränenschuttböden, Porphyr-Verwitterungsböden, Schwemmböden
**Rebsorten** 16% Weißburgunder, 15% Grauburgunder, 14% Gewürztraminer, je 12% Chardonnay und 12% Sauvignon Blanc 10% Blauburgunder, 6% Vernatsch, 4% Lagrein, je 3% Müller-Thurgau und Riesling, 2% Merlot, je 1 % Goldmuskateller, Cabernet und Rosenmuskateller

Einmal mehr hat St. Michael-Eppan seinem guten Namen alle Ehre gemacht, einmal mehr ist uns eine Kollektion ohne jede Schwäche vorgestellt worden. Das lässt sich mit Fug und Recht sagen, denn in diesem Jahr wurden uns auch die einfacheren Weine gezeigt. Und auch sie fügen sich nahtlos in den Kanon ein. Beginnen wir mit dem 2021er Pinot Grigio Fallwind. Er zeigt in der Nase zunächst Würze, Muskat, Haselnuss, dahinter Kernobst, reifer Apfel, Birne. Im Mund mit Kraft, saftig, leichter Schmelz am Gaumen, klare frische Säure. Im Abgang mit leichter Würze, etwas Salz. Das hat mit den banalen „Gritschos" so gar nichts zu tun, das hat Charakter und Komplexität, und wird der mit dem Spätburgunder verwandten Rebsorte gerecht. Saftig, gut strukturiert, sehr klar mit mineralischem Biss am Zungenrand, steht der 2021er Pinot Bianco Schulthauser im Glas. Er findet nahezu perfekt die Balance aus Körper und Eleganz, ist einfach zu trinken und doch voller aromatischer Entdeckungen. Seit 40 Jahren gibt es diesen Wein schon - müde oder überdrüssig kann man seiner dennoch nicht werden.

**Größe und Klasse**

Einen Betrieb wie St. Michael-Eppan findet man in Europa wahrscheinlich kein zweites Mal. Den Besuch vor Ort sollte man sich nicht entgehen lassen. Der mitten im Ort gelegene, über drei Etagen ins Erdreich gebaute Keller ist einer der wahrscheinlich modernsten und beeindruckendsten in ganz Europa, die angrenzende Vinothek steht dem in nichts nach. An dieser Genossenschaft scheint eben alles außergewöhnlich, mit rund 385 Hektar Rebfläche, fast genau so vielen Mitglieder und 2,5 Millionen Flaschen Jahresproduktion ein echtes Schwergewicht. Verbunden sind diese Zahlen mit Hans Terzer, dem Kellermeister und schon heute eine Legende. Er hat den Betrieb aus dem Dornröschenschlaf geweckt und mit schier unglaublichem Engagement die Qualitätsschraube angezogen. Seine Art die Genossenschaftsmitglieder zu führen und Wein zu machen, hat nicht nur in Südtirol viele Nachahmer gefunden.

Doch zurück zum Wein. Dass sich die Spitzenweine auf gewohnt hohem Niveau befinden, muss kaum erwähnt werden. Bemerkenswert ist vielleicht, wie selbstverständlich und nahezu unabhängig vom Jahrgang die Weine aus der The Wine Collection dastehen. Wobei uns der Pinot Noir Riserva 2018 mit seiner tiefgründigen Kraft fast etwas besser gefallen hat als der Sauvignon Blanc aus gleichem Jahr. Aber das sind Petitessen. Wir stellen daher den 2021er Gewürztraminer Passito Comtess an den Schluss der Wertung. Mit strahlendem Altgold im Glas, bringt er einen wahren Fruchtkorb in die Nase, reife Ananas, getrocknete Aprikosen, Salzkaramell. Im Mund mit viel Schmelz, auch hier enorme Fruchtopulenz. Die Säure erstaunlich zurückhaltend, Extrakt ohne Ende, ebenso die Länge. Ein kleines aromatisches Wunder.

ST. MICHAEL-EPPAN
KELLEREI - CANTINA

**87** 2021 Chardonnay Fallwind Südtirol DOC
**12,80 €** | 13,5%

**88** 2021 Pino Grigio Fallwind Südtirol DOC
**12,80 €** | 14%

**90** 2021 Pinot Bianco Schulthauser Südtirol DOC
**12,80 €** | 13,5%

**90** 2020 Pinot Bianco Sanct Valentin Südtirol DOC
**25,60 €** | 14%

**90** 2020 Pinot Grigio Sanct Valentin Südtirol DOC
**25,60 €** | 14%

**90** 2021 Sauvignon Blanc Sanct Valentin Südtirol DOC
**25,60 €** | 14%

**91** 2020 Chardonnay Sanct Valentin Südtirol DOC
**25,60 €** | 14%

**93** 2018 Sauvignon Blanc The Wine Collection Südtirol DOC
**105 €** | 14%

**93** 2017 Cuvée Appius Südtirol DOC
**125 €** | 14%

**94** 2021 Gewürztraminer Passito Comtess Südtirol DOC
**31,50 €/0,375 Lit.** | 10%

**91** 2019 Pinot Noir Riserva Sanct Valentin Südtirol DOC
**31,70 €** | 14%

**93** 2018 Pinot Noir Riserva The Wine Collection Südtirol DOC
**120 €** | 14,5%

## KELLEREI ST. PAULS

Kellerei St. Pauls
39057 St. Pauls - Eppan
Schloss-Warth-Weg 21, St. Pauls - Eppan
Tel. (00471) 1807700 · Fax 1807750
info@stpauls.wine
**www.stpauls.wine**

**Obmann** Dieter Haas
**Betriebsleitung** Dieter Haas
**Keller** Wolfgang Tratter

**Historie** Gründung der Kellerei im Jahr 1907, heute über 200 Mitglieder
**Rebfläche** 185 Hektar
**Jahresproduktion** 1 400 000 Flaschen
**Beste Lagen** Sanctissimus Leiten, Eppan Berg, Missian, Huberfeld, Luziafeld
**Rebsorten** 14% Weißburgunder, 12% Vernatsch, je 11% Chardonnay und Blauburgunder, 9% Sauvignon, 8% Lagrein, je 6% Grauburgunder und Gewürztraminer, 5% Merlot, 4% Müller Thurgau, 5% übrige Sorten
**Erlebenswert** historischer Sektbunker, Panoramasaal

St. Pauls ist ein Ortsteil Eppans, und dieser Dorfcharakter prägt auch das Wesen der Kellerei, denn er hat sich seit ihrer Gründung im Jahr 1907 bewahrt. Man befindet sich mit den Gebäuden mittendrin, neben der Pfarrkirche - und pflegt ein absolut familiäres Eigenverständnis. Auch in Sachen Weinstil ist St. Pauls sehr agil. Als Leitsorten gelten Weißburgunder, Sauvignon Blanc und Pinot Nero, wobei der bekannteste Wein der Weißburgunder Plötzner sein dürfte. Mit seinem saftigen, aber extrem knackigen Mundgefühl bei deutlich weniger als einem Gramm Restzucker, gilt er für Südtiroler Verhältnisse als staubtrocken. Eine Bergfrische halt. In dieses Bild passt auch die weiße Cuvée Paul aus Chardonnay, Weißburgunder und Sauvignon Blanc, ein lebensfroher Wein mit vergleichsweise wenig Alkohol. Was alte Reben an Charakter zu geben in der Lage sind, zeigen vier Weine (Kalkberg, Schliff, Lehmont und Lagröll), deren Reben alle vor mindestens 30 Jahren gepflanzt wurden. Es sind - sieht man mal von den Solitären Sanctissimus (Weißburgunder Riserva) und Lona (Lagrein Riserva) ab - die Top-Gewächse des Hauses. Nicht unerwähnt bleiben darf die 1979 aufgenommene Sektproduktion, denn sie bringt zwei ausgesprochen anspruchsvolle Schäumer aus Chardonnay hervor, einer als Brut, der andere als Pas Dosé, also ganz ohne Versanddosage.

**90** 2014 Chardonnay Brut Praeclarus Südtirol DOC
**26 €** | 12,5%

**87** 2021 Chardonnay Fuxberg Südtirol DOC
**13 €** | 13 %

**87** 2021 Grauburgunder Löss Südtirol DOC
**13 €** | 13 %

**88** 2021 Weissburgunder Plötzner Südtirol DOC
**12 €** | 13 %

**90** 2020 Weissburgunder Kalkberg Alte Reben Südtirol DOC
**23,50 €** | 13,5%

**90** 2020 Sauvignon Blanc Schliff Alte Reben Südtirol DOC
**23,50 €** | 13 %

**92** 2017 Südtirol DOC Weissburgunder Riserva Sanctissimus Südtirol DOC
**83 €** | 13,5%

**88** 2020 Petit Manseng Autre Südtirol IGT
**22 €** | 10,5%

**88** 2019 Cabernet Riserva Reserve Turmfeld Südtirol DOC
**16 €** | 13,5%

**88** 2019 Lagrein Riserva Lagröll Südtirol DOC
**27 €** | 13,5%

**89** 2019 Südtirol DOC Blauburgunder Riserva Lehmont Südtirol DOC
**29,50 €** | 13,5%

**91** 2018 Merlot Riserva Lona Südtirol DOC
**38 €** | 14,5%

★★★★

## KELLEREI TERLAN

Kellerei Terlan
39018 Terlano · Silberleitenweg 7
Tel. (00471) 257135
sales@cantina-terlano.com
**www.cantina-terlano.com**

**Obmann** Georg Eyrl
**Keller** Rudi Kofler

**Historie** Gegründet 1893, heute Genossenschaft mit 143 Mitgliedern

Bereist man im Auftrag des Weins Südtirol und spricht mit den Menschen in diesem Umfeld, so fällt der Name einer ganz bestimmten Genossenschaft immer wieder: Terlan. Dies geschieht in einer Mischung aus Hochachtung und vielleicht auch ein ganz klein wenig Neid. Zumindest darf man behaupten, dass die Cantina Terlano eine Antreiberin war, fast alle Genossenschaften Südtirols zu Höchstleistungen anzustacheln. Bereits früh hat man hier die Mitglieder dazu gebracht, Top-Trauben abzuliefern, die heute Kellermeister Rudi Kofler mit seinem Team zu stattlichen Weinen vinifiziert. Die Vorteile liegen auf der Hand: Beste Qualitäten bringen den Mitgliedern bessere Auszahlungspreise, die Weine erzielen mehr als ordentliche Preise am Markt und der Ruf der Region steigt ebenfalls. Terlaner Gewächse sind so etwas wie Leitbilder geworden, an denen sich andere Betriebe orientieren. Die sechs uns zugesandten Weine stammen alle aus der Selection-Linie, was bedeutet, dass die Weine in Edelstahl und großem Holz ausgebaut wurden. Daneben gibt es noch den Einstieg mit Tradition, darüber liegen Rarity und Primo mit einzelnen Weinen, die bis zu 30 Jahre im Fass liegen.

### Immer mit Charakter

Weingeplätscher gibt es hier nicht. Jeder einzelne Wein hat Struktur und ein Gerüst. Schon die weiße Terlaner Cuvée ist schmeichelnd, aber keineswegs lapidar. Mit typischer Art und dabei nicht übertrieben, lockt der Sauvignon Blanc Winkl, er besitzt eine ausgeprägte Fruchtnote. Sein größerer Bruder, der Quarz, ist unglaublich elegant und druckvoll, der Nachhall schein ewig zu sein. Ausgesprochen fest im Mund ist der Weißburgunder Vorberg Riserva, auch er mit richtig Charakter. Rund und saftig läuft die Cuvée Nova Domus in den Mund, während der Lagrein Porphyr mit viel Dichte und dunklen Beerenfrüchten überzeugt.

Kellerei
Cantina
Terlan

**87** 2021 Terlaner Cuvée Südtirol DOC
**17 €** | 14 %

**88** 2021 Sauvignon Blanc Winkl Südtirol DOC
**19 €** | 14 %

**88** 2019 Terlaner Cuvée Riserva Nova Domus Südtirol DOC
**40 €** | 14 %

**91** 2019 Terlaner Weißburgunder Vorberg Riserva Südtirol DOC
**29 €** | 14 %

**92** 2020 Terlaner Sauvignon Blanc Quarz Südtirol DOC
**50 €** | 13,5%

**90** 2019 Lagrein Riserva Porphyr Südtirol DOC
**50 €** | 14 %

## KELLEREI TRAMIN

Kellerei Tramin
39040 Tramin an der Weinstraße
Strada del Vino - Weinstrasse 144
Tel. (00471) 096633
info@CantinaTramin.it
**www.CantinaTramin.it**

**Betriebsleitung** Leo Tiefenthaler
**Keller** Willi Stürz

**Historie** 1898 gegründet und somit eine der ältesten Kellereien in Südtirol
**Rebfläche** 270 Hektar
**Jahresproduktion** 1 900 000 Flaschen
**Boden** Kalkhaltiger Schotter aus Dolomit-Gestein mit Lehmerde in verschiedensten Relationen, Porphyr-Felsen als Untergrund.
**Rebsorten** 21% Gewürztraminer, 13% Chardonnay, 11% Lagrein, 10% Pinot Grigio, je 8% Weißburgunder, Sauvignon Blanc und Vernatsch, 7% Blauburgunder, 6% Merlot, je 3% Cabernet und 3% Müller-Thurgau, 1% Goldmuskateller, 1% übrige Sorten

Der Kellerei Tramin ist vor Jahren Historisches geglückt, Ihr 2009er Epokale wurde als erster Wein Italiens mit 100 Parker-Punkten bewertet. Das war ein veritabler Paukenschlag. Ein Gewürztraminer, zudem noch ein restsüßer und dann eine solche Wertung? Heute kann Kellermeister Willi Stürz darüber schmunzeln. Dass Gewürztraminer aus seiner Hand zu den großen Weinen der Welt gehören, ist ihm fast unangenehm. Ein typischer Bergmensch ist er, zurückhaltend, ruhig, keinesfalls aufzeigend. Dabei könnten er und Betriebsleiter Leo Tiefenthaler richtig Alarm machen, die Weine geben es her. Auch wenn wir den Epokale 2015 nicht ganz so hoch werten wie unsere Kollegen den 2009er, ein außergewöhnlicher Wein ist er allemal, für uns einmal mehr der beste aus Südtirol. Der Jahrgang 2015 etwas mehr Süße als in den Jahren davor, ist mit seiner enormen Präsenz am Gaumen, viel Körper, Dichte und Extrakt ein Wunder an Komplexität. Einziges Problem: Der Wein ist ausschließlich für die gehobene Gastronomie gedacht, es wird schwer, an eine der Flaschen zu kommen.

Tramin ist mit dem Gewürztraminer untrennbar verbunden, nachweislich wächst die Rebsorte seit mehr als 1000 Jahren rund um den Ort. Drei reinsortige Gewürztraminer haben wir probiert, alle drei außergewöhnlich. Der Nussbaumer 2020 ist trocken ausgebaut, zeigt dennoch die typischen Merkmale wie den Duft nach Pfingstrosen, Litschi, auch Mango, Zesten, hat im Mund Kraft und Körper, aber auch herbe Noten, etwas salzige Mineralität. Reifer wirkend, opulenter ist der Terminum 2020, der auch wegen der Restsüße mit viel Exotik verführt. Der Schmelz am Gaumen ist immens, der Wein füllt den Mundraum und ist dennoch nicht schwer. Faszinierend. Von den Cuvées mit Gewürztraminer gefällt uns der Stoan 2020 mit aromatischer Nase, Sauvignon Blanc und Gewürztraminer sind zu erkennen. Es duftet nach Flieder, grüner Paprika, Cassisblättern. Im Mund wenig Frucht, etwas Pfirsich, Mirabelle, dahinter Würze, ein mineralischer Kick, leicht salzig am Zahnfleisch. Bleibt wirklich lange am Gaumen.

### Mehr als nur Gewürztraminer

Die Kellerei Tramin nur auf Gewürztraminer zu reduzieren, würde zu kurz greifen. Denn auch andere Weißweine gelingen hier typisch und erkennbar. Der 2021er Weißburgunder Moriz ist kühl und zurückhaltend, zeigt eine Spur Kaffee, Birne, Bergkräuter. Viel Frische im Mund, etwas Mirabelle, daneben Würze, eine feinnervige Säureader. Endet klar, leicht würzig. Eine Premiere ist der 2020er Chardonnay Glarea. Und was für eine! Zeigt die Holzwürze, die man bei einem Chardonnay durchaus erwartet. Dezent, aber spürbar. Im Mund mit Schmelz am Gaumen und Frucht auf der Zunge. Mirabelle, Walnuss. Schöne Dichte, im Abgang salzige Würze. Ein toller Wein zu einem überaus fairen Preis. Wer noch mehr Chradonnay sucht, wird beim Troy 2019 fündig. Er ist in der Nase frisch, hat Zitrus, auch Exotik, dazu leicht floral, Kamille, auch etwas Rauch, Haselnuss. Im Mund wieder schlank, geschliffen. Es kommt ein Tick reifer Frucht hinzu, wieder Exotik, darunter viel salzige Mineralik. Enorm fokussiert, kein Milligramm Fett. Endet lang und glasklar. Ob er der beste Chardonnay Südtirols ist? Das liegt wie immer im Auge des Betrachters, wir ordnen ihn aber ganz oben ein.

CANTINA TRAMIN KELLEREI

**88** 2021 Weissburgunder MORIZ
**13,60 €** | 13,5%
**89** 2021 Sauvignon Blanc PEPI
**15,40 €** | 14%
**90** 2020 Chardonnay GLAREA
**14,50 €** | 13,5%
**90** 2020 Pinot Grigio UNTEREBNER
**23,20 €** | 14%
**91** 2020 Cuvée STOAN
**23,20 €** | 13,5%
**91** 2020 Gewürztraminer NUSSBAUMER
**24,90 €** | 15%
**92** 2015 Sauvignon Blanc PEPI
**Preis auf Anfrage** | 12,5%
**93** 2019 Chardonnay TROY
**75 €** | 14%
**93** 2020 Gewürztraminer TERMINUM
**42,30 €** | 10%
**96** 2015 Gewürztraminer EPOKALE
**Preis auf Anfrage** | 12,5%
**90** 2020 Cuvée LOAM
**25 €** | 14%
**91** 2020 Lagrein URBAN
**31 €** | 13,5%
**91** 2020 Pinot Noir MAGLEN
**32 €** | 14%

★★★

## KETTMEIR

Kettmeir
39052 Kaltern · Via Cantine, 4
Tel. (00471) 963135
info@kettmeir.com
**www.kettmeir.com**

**Inhaber/in** Santa Margherita Gruppo Vinicolo
**Keller** Josef Romen

**Historie** historische Südtiroler Kellerei inmitten der Weinberge von Kaltern, gegründet 1919
**Rebfläche** 55 Hektar
**Jahresproduktion** 415 000 Flaschen

Kettmeir war 1964 der erste Betrieb in ganz Südtirol, der sich der Herstellung von hochwertigen Schaumweinen nach klassischer Flaschengärung verschrieb. Bis heute wundern sich sogar nicht wenige Menschen, dass hier auch „ganz normale" Weine produziert werden. Tatsächlich stehen die vier Sekte für 35 Prozent der gesamten Flaschenmenge. Besonders beliebt ist der Rosé Brut Athesis, seit dem Jahr 2000 im Programm. Er soll, wie seine blubbernden Kollegen, die Eleganz Südtirols schmeckbar machen, mit aromatischen Trauben und einer angenehmen Säure. Größe zeigt der Pas Dosé, er ist mineralisch und finessenreich. Dicht und nachhaltig schließlich die Riserva 1919 Extra Brut, eine Hommage an das Gründungsjahr. Übrigens steht Kettmeir für fast die Hälfte des überhaupt in Südtirol erzeugten Sekts, und in den nächsten Jahren soll die Schlagzahl hier noch erhöht werden. Erstaunlich ist die bewusste Reduzierung des Sortiments. Neben den Sekten und vier Rotweinen sind es nur neun Weißweine plus ein Süßwein – für eine Kellerei von 55 Hektar Größe angenehm überschaubar. Und es bietet die Gewähr, dass Betriebsleiter und Kellermeister Josef Romen – aus Kaltern stammend und seit 1984 in dieser Position – sich auf wenige Dinge konzentrieren muss. Romen hat übrigens eine so abenteuerlich anmutende wie praktische und platzsparende Methode entwickelt, die Sektflaschen zu stapeln. Allein das zu sehen lohnt eine Führung durch die Kellerei, die nicht nur für Gruppen, sondern auch für Individualreisende angeboten wird.

KETTMEIR

| | | |
|---|---|---|
| 89 | 2019 Brut Athesis Alto Adige DOC | **12,50 €** \| 12,5% |
| 89 | 2019 Brut Rosé Athesis Alto Adige DOC | **26 €** \| 12,5% |
| 91 | 2017 Pas Dosé Alto Adige DOC | **32,50 €** \| 12,5% |
| 91 | 2016 Extra Brut Riserva 1919 Alto Adige DOC | **47 €** \| 13% |
| 87 | 2021 Pinot Grigio Alto Adige DOC | **13 €** \| 13,5% |
| 87 | 2021 Müller-Thurgau Alto Adige DOC | **14 €** \| 13% |
| 88 | 2020 Pinot Bianco Athesis Alto Adige DOC | **24 €** \| 14% |
| 88 | 2019 Pinot Nero Vigna Maso Reiner Alto Adige DOC | **30 €** \| 13,5% |

★★★

## KLOSTER NEUSTIFT

Kloster Neustift
39040 Vahrn · Stiftstraße 1
Tel. (00472) 836189
kellerei@kloster-neustift.it
**www.kloster-neustift.it**

**Inhaber/in** Augustiner Chorherren Neustift
**Keller** Celestino Lucin
**Außenbetrieb** Johann Ranzi

**Historie** gegründet im Jahr 1142, Stiftskellerei Neustift eine der ältesten aktiven Kellereien der Welt
**Rebfläche** 86 Hektar
**Jahresproduktion** 800 000 Flaschen
**Beste Lagen** Neustift, Marklhof, Gries
**Boden** vorwiegend Moränenschutt
**Rebsorten** 25% Kerner, 15% Gewürztraminer, je 10% Silvaner, Grauburgunder, Spätburgunder und Lagrein, je 5% Riesling und Grüner Veltliner, 10% übrige Sorten
**Gastronomie** Restaurant mit typischer Südtiroler Jause
**Erlebenswert** Museum im Stift Kloster Neustift, Stiftsbasilika, Bibliothek

Zeit ist in der Stiftskellerei ein relativer Begriff – könnte man meinen. Als eine der ältesten aktiven Kellereien der Welt liegt dieser Verdacht vielleicht auf der Hand. Aber wenn man sich die Weine zu Gemüte führt, stellt man sehr schnell fest, dass hier zeitgemäß gearbeitet wird. Die Weine sind durch die Bank blitzsauber vinifiziert, in Jahrgängen wie 2021 zieht sich eine herrlich frische Säure durch jeden Wein. Ein gutes Beispiel ist der Sylvaner Praepositus 2021. Mit sortentypischer Nase, reife Quitte, Edelpflaume, ganz leicht Kaffee, spielt er geradezu. Im Mund dann mit feinem Schmelz auf Zunge und Gaumen, klarer Saft, viel Substanz, dicht. Am Ende etwas Salz, hält sich lang. Ein schöner Vertreter der Bergregion, in der er wächst. Dass sich die erfrischende Art durch alle Weine zieht, belegt der Riesling Praepositus 2020. Ganz grundsätzlich gefallen uns die weißen Weine etwas besser als die roten, das ist wohl der Lage im Norden Südtirols geschuldet. Das Eisacktal ist tatsächlich deutlich kühler als die Lagen um Meran oder Bozen. Und das kommt speziell den Weißweinen zugute. Für Einsteiger in die Weine des Klosters sind die „einfachen" Weine in der 12-Euro-Klasse ideal, wobei wir auch hier den Riesling 2021 als erste Wahl ansehen. So viel knackige Rieslingsart, soviel Zitrus und Vibration auf der Zunge, ist auch auf der anderen Seite der Alpen nicht leicht zu finden. Und auch wenn wir die Weißen höher schätzen: Den Pinot Nero Riserva 2019, der tiefdunkel, wirklich violett im Glas steht, können wir uneingeschränkt empfehlen. Er hat bestes Potenzial. Und rundet aus unserer Sicht eine gelungene und sehr homogene Kollektion ab.

*vivat crescat floreat*

KLOSTER NEUSTIFT
ABBAZIA DI NOVACELLA

**87** 2021 Sylvaner Südtirol Eisacktaler DOC
**12,20 €** | 13 %

**87** 2021 Kerner Südtirol Eisacktaler DOC
**12,30 €** | 13,5%

**88** 2021 Riesling Südtirol Eisacktaler DOC
**13,40 €** | 13 %

**88** 2020 Kerner Praepositus Südtirol Eisacktaler DOC
**16,80 €** | 14 %

**88** 2020 Riesling Praepositus Südtirol Eisacktaler DOC
**25 €** | 13 %

**89** 2021 Sylvaner Praepositus Südtirol Eisacktaler DOC
**18,40 €** | 13,5%

**87** 2021 Lagrein Südtirol DOC
**12,60 €** | 13 %

**88** 2021 Pinot Nero Südtirol DOC
**13,60 €** | 13 %

**89** 2019 Lagrein Riserva Praepositus Südtirol DOC
**27,10 €** | 13,5%

**90** 2019 Pinot Nero Riserva Praepositus Südtirol DOC
**29,30 €** | 14 %

**90** 2018 Pinot Nero Riserva Insolitus 6234 Südtirol DOC
**29,30 €** | 13,5%

★★

## KLOSTERHOF

Weingut Klosterhof
39052 Kaltern · Klavenzstraße 40
Tel. (00471) 961046
info@weingut-klosterhof.it
**www.klosterhof.it**

**Inhaber/in und Betriebsleitung**
Oskar Andergassen
**Keller** Hannes Andergassen
**Außenbetrieb** Hannes Andergassen

**Rebfläche** 5 Hektar
**Jahresproduktion** 35 000 Flaschen
**Beste Lagen** Barleit, Plantaditsch, Trifall, Vial, Panigl
**Boden** skelettreiche Böden glazialen Ursprungs, hoher Kalkanteil
**Rebsorten** 50% Spätburgunder, je 15% Weißburgunder und Vernatsch, 12% Merlot, 8% Goldmuskateller

Der Klosterhof ist einer dieser liebenswerten, überschaubaren Familienbetriebe, die parallel noch ein Hotel betreiben, das bewusst bodenständig und als Möglichkeit der Auszeit auf einem Weingut verstanden wird. Gegründet wurde der Betrieb vor etwas mehr als 20 Jahren, von Oskar Andergassen und seiner Frau Barbara. Beide Söhne sind beruflich voll im Thema drin, Hannes hat inzwischen die Regie über Keller und Außenbetrieb. Der Schwerpunkt liegt auf Vernatsch, Weißburgunder und Pinot Noir, und diese drei Sorten werden uns auch gezeigt. Jeweils in der „Normalversion" und dann in der Riserva-Variante, bei der die Trauben stärker selektioniert und der Wein schlichtweg länger und in besseren Fässern reifen durfte. Die Weine biedern sich nicht an, sie tragen eine gewisse Natürlichkeit und Selbstverständlichkeit in sich. Das merkt man beispielsweise beim Vergleich der beiden Vernatschweine: Der Kalterersee aus der Lage Plantaditsch ist leicht, fein gemacht und eher fruchtig, während beim Kalterersee Riserva die Struktur schon deutlich ernsthafter und eleganter wirkt. Der Weißburgunder Acapella ist ein unkomplizierter Einstieg, und hier braucht die kräftige Riserva schon ein begleitendes Essen, das den Alkohol ein wenig auffängt. Die Pinots sind beide gelungen, typisch und nicht zu fruchtig angelegt.

klosterhof
WEINGUT

| | | |
|---|---|---|
| 84 | 2020 Weissburgunder Acapella Südtirol DOC | **12 €** \| 13,5% |
| 87 | 2019 Weissburgunder Riserva Acapella Südtirol DOC | **26,80 €** \| 14,5% |
| 87 | 2020 Kalterersee Classico Plantaditsch | **11,50 €** \| 13% |
| 88 | 2019 Kalterersee Classico Superiore Riserva Plantaditsch | **24,10 €** \| 14% |
| 88 | 2019 Pinot Noir Schwarze Madonna Südtirol DOC | **25,50 €** \| 14% |
| 89 | 2019 Pinot Noir Riserva Schwarze Madonna Südtirol DOC | **37,50 €** \| 14% |

## KORNELL

Weingut Tenuta Kornell
39018 Terlan-Siebeneich · Kosmas-und-Damian-Weg 6
Tel. (00471) 917507
info@kornell.it
**www.kornell.it**

**Inhaber/in und Betriebsleitung** Florian Brigl
**Keller** Marco Chisté

**Historie** Ursprung Kornells im 14. Jahrhundert, Siebeneich mit 2000 Jahre alter Weinbaugeschichte
**Rebfläche** 27 Hektar
**Jahresproduktion** 230 000 Flaschen
**Beste Lagen** Siebeneich, Eppan Berg
**Boden** Porphyrverwitterungsböden, Lehm-/Kalkböden
**Erlebenswert** Ansitz Kornell und die zum Anwesen gehörende Burgruine Schloss Greifenstein

Der Betrieb in historischen Mauern in Siebeneich ist zu einem Wallfahrtsort für ausdrucksstarke Rotweine und knackige, geradlinige Weiße geworden. Vom Jahrgang 2021 haben uns diese Weißen fast durch die Bank ein wenig besser gefallen als im Jahr zuvor. Es ist wahrscheinlich dem kühleren Jahrgang zuzuschreiben, so kommen die Weine mit kühlem, frischem Kern ins Glas. Schon der 2021er Südtirol Pinot Grigio Gris gefällt mit würzig-duftiger Nase, Blüten, Pfeffer, Pfirsich. Auf der Zunge frisch, zart mineralisch, auch ein wenig Frucht. Glasklare Struktur. Oder der 2021er Südtirol Sauvignon Blanc Cosmas: Knackige grüne Paprika, Holunder, Johannisbeere, Passionsfrucht. Sehr eindeutig. Neben den frischen Weinen aus dem Jahr 2021 stehen die etwas ruhigeren aus dem Jahr 2020. Der Südtirol Sauvignon Blanc Oberberg hat eine ruhige, feinwürzige Nase, Maracuja, Grüntee, Ginster. Viel Schliff im Mund, fokussiert, leicht salzig-würzig, klare, knackige Säure. Ein richtig großer Wurf ist Florian auch im Jahr 2019 gelungen, hier mit den Rotweinen. Wie der 2019er Südtirol Lagrein Staffes Riserva, ein dunkelwürziger Geselle mit besten Manieren. Da findet sich viel Brombeere, Holundersaft, Schokolade. Und doch ist er nicht schwerfällig oder behäbig. Ein frischer Säurezug macht den Lagrein fast leichtfüßig, sorgt für Animation. Ähnlich empfanden wir den 2019er Südtirol Merlot Staffes Riserva. Voll dunkelbeeriger Frucht, kaum zu durchdringen. Und doch hat er Frische und Zug. Er wirkt nahezu feingliedrig, ist komplex und verspielt. Wir sind jetzt schon gespannt auf den Vigna Kressfeld aus dem gleichen Jahr, den Spitzen-Merlot des Hauses. Was muss das für ein Geschoss werden... Lieber Florian - wir warten. Voller Ungeduld.

**87** 2021 Pinot Grigio GRIS Südtirol DOC
**14 €** | 12,5%

**87** 2021 Gewürztraminer DAMIAN Südtirol DOC
**14 €** | 13,5%

**88** 2021 Weissburgunder EICH Südtirol DOC
**14 €** | 12,5%

**88** 2021 Sauvignon Blanc COSMAS Südtirol DOC
**14 €** | 12,5%

**90** 2020 Sauvignon Blanc OBERBERG Südtirol DOC
**27 €** | 13%

**89** 2021 Lagrein GREIF Südtirol DOC
**14 €** | 12,5%

**91** 2019 Merlot Riserva STAFFES Südtirol DOC
**24 €** | 13%

**91** 2019 Cabernet Riserva STAFFES Südtirol DOC
**24 €** | 13%

**91** 2019 Lagrein Riserva STAFFES Südtirol DOC
**24 €** | 13,5%

## KRÄNZELHOF

Weingut Kränzelhof
39010 Tscherms · Gampenstr.1
Tel. (00473) 564549
info@kraenzelhof.it
**www.kraenzelhof.it**

**Inhaber/in und Betriebsleitung**
Franz Graf Pfeil
**Keller** Slavo Dobak
**Außenbetrieb** Slavo Dobak

**Historie** Ansitz Kränzelhof erstmals 1182 erwähnt
**Rebfläche** 6 Hektar
**Jahresproduktion** 35 000 Flaschen
**Boden** Moräne
**Rebsorten** 17% Weißburgunder, 15,4% Blauburgunder, je 12,3% Lagrein und Cabernet Sauvignon/Franc, 9,2% Merlot, je 7,7% Sauvignon Blanc, Muskateller und Vernatsch, 4,6% Chardonnay, 6% PiWi-Sorten
**Gastronomie** gutseigenes Gourmetrestaurant „Miil", kleines Restaurant in unserer Vinothek
**Erlebenswert** historisches Weingut mit sieben Gärten, philosophische Weinführungen

Franz Graf Pfeil hat mit dem Kränzelhof mehr als nur ein Weingut geschaffen. Der stattliche mittelalterliche Ansitz in Tscherms bei Meran ist nicht zuletzt durch das angeschlossene Restaurant Miil zu einem Pilgerort für genussfreudige Menschen aus ganz Europa geworden. Vor allem in Kombination mit der ungewöhnlichen und innovativen Küche des Restaurants laufen die Weine des Kränzelhofs zur Höchstform auf. Aber keine Sorge - die Qualität der Weine überzeugt auch in den eigenen vier Wänden und mit weniger feiner Küche. Franz Pfeil baut seit den 80er-Jahren eigene Weine an und aus. Schon seit Jahren sind Dünger und Herbizide aus den Weinbergen verbannt, die Erträge liegen weit unter den zulässigen Höchstgrenzen. Die insgesamt sieben Hektar Weinberge liegen in Höhenlagen zwischen 300 und 600 Metern an den Südosthängen des Meraner Beckens, das für sein mildes mediterranes Klima bekannt ist. Die Sortenpalette reicht von Weißburgunder, Chardonnay, Sauvignon Blanc und Gewürztraminer über Vernatsch, Blauburgunder und Lagrein bis zu Merlot und Cabernet Sauvignon. Der reinsortige Weißburgunder Helios 2018 ist ein wahrlich kraftvoller Weißburgunder, sehr dicht, hat viel Stoff, Schmelz am Gaumen, aromatisch vielschichtig, getrocknete Früchte, Kräuter und auch Nuss finden sich. Das wirkt dennoch nicht überladen, trotzdem fordert es zum Nachdenken auf. Ähnlich anspruchsvoll ist der Bordeaux-Blend Sagittarius 2018. Er braucht definitiv noch Zeit, um seine umwerfende Nase von Tabak, Cassis und dunkler Schokolade zu harmonisieren. Bei all den klassischen Merkmalen zeigt er dennoch Südtiroler Tugenden, ist schlanker, frischer, aromatischer als viele seiner Verwandten aus Bordeaux.

KRÄNZELHOF

**89** 2019 Aries
**19 €** | 13,5%

**90** 2018 Helios
**29,90 €** | 13,5%

**89** 2018 Libra
**29,90 €** | 13,5%

**90** 2018 Sagittarius
**39,90 €** | 14,5%

★★★

## KUENHOF

Kuenhof - Peter Pliger
39042 Brixen · Lahner 12
Tel. (00472) 850546
info@kuenhof.com
**www.kuenhof.com**

**Inhaber/in und Betriebsleitung**
Peter Pliger
**Keller** Peter und Simon Pliger
**Außenbetrieb** Peter und Simon Pliger

**Historie** seit 1990 Direktvermarktung
**Rebfläche** 6 Hektar
**Jahresproduktion** 40 000 Flaschen
**Beste Lagen** Lahner
**Boden** Flachgründige und grob struckturierte Böden mit Grundgestein vorwiegend aus Quarzphyllith und Schiefer
**Rebsorten** 35% Riesling, 30% Silvaner, 25% Veltliner, 10% Gewürztraminer
**Erlebenswert** Historischer Hof und die Lage Lahner

Im kühleren, nördlichen Teil Südtirols bewirtschaftet die Familie Pliger sechs Hektar Weinberge. Der Besuch des Hofs und vor allem die Besichtigung der Weinberge sind überaus lohnend, geradezu spektakuläre Terrassen aus Naturstein bilden die Grundlage für vier weiße Rebsorten. Riesling, Silvaner, Veltliner und Gewürztraminer stehen in den penibelst gepflegten Rebbergen, ebenso so klar, geradlinig und unverwechselbar sind die Weine, die von dort kommen. Bereits zu Beginn des 21. Jahrhunderts begann Peter Pliger auf Herbizide zu verzichten, er verzichtete auf synthetische Produkte und bewirtschaftet seitdem die Weinberge mit Sohn Simon nach biodynamischen Aspekten. Das ist im Eisacktal mit enormen Aufwand verbunden, die Faustregel lautet schließlich „Je steiler der Berg, desto schwieriger der Bioanbau". Davon lässt sich das Vater-Sohn-Gespann nicht beirren, auch in diesem Jahr wurden uns blitzsaubere, fast kristallin wirkende Weine vorgestellt. Das ist sicher auch dem Jahrgang zu verdanken, speziell die ausgesprochen animierende, klare Säure. Die spielt vor allem im 2021er Riesling Kaiton die erste Geige. Die Nase sagt nichts, mehr Kühle geht nicht. Auf der Zunge kristalliner Säurekick, glasklar, präzise. Yuzu, Limette, aber frisch, nicht spitz. Zeigt erstaunlich viel Mitte, ist dicht, intensiv, dabei unerhört rein. Erfrischt wie ein Schluck

Gebirgswasser beim Wandern. In eine ähnliche Richtung geht auch der Veltliner 2021, der seine Rebsorte eindeutig zeigt, aber im neuen Stil. Keine Marille, mehr Zug, Präsenz, Zitrone, nicht ganz reifer Pfirsich. Im besten Sinne ein moderner Veltliner, wie die jungen Österreicher. Und auch der dritte Wein, der Sylvaner 2021, erinnert an die besten Exemplare dieser Rebsorte von jenseits der Alpen. In der Nase unentwickelt, mit Luft eine Spur Quitte, Reneclode. Im Mund mit leichtem Schmelz am Gaumen, zeigt seine Kraft, hat trotzdem frischen Zug dank klarer Säure. Wir hatten jedenfalls die größte Freude an dieser Kollektion, die das kühle Wesen des Eisacktals in Flaschen einfängt.

**89** 2021 Sylvaner Südtirol Eisacktaler DOC
**17 €** | 13,5%

**90** 2021 Veltliner Südtirol Eisacktaler DOC
**16 €** | 13,5%

**91** 2021 Riesling Kaiton Südtirol Eisacktaler DOC
**17 €** | 13 %

## LAIMBURG

Landesweingut Laimburg
39040 Auer (BZ) · Laimburg 6/Pfatten
Tel. (00471) 969706
landesweingut-cantina@laimburg.it
**www.laimburg.bz.it**

**Inhaber/in** Land Südtirol
**Betriebsleitung** Günther Pertoll
**Keller** Urban Piccolruaz

**Historie** Das Landesweingut ist Teil des Versuchszentrums Laimburg und verarbeitet Trauben von 20 ha Rebfläche in allen Weinbauzonen Südtirols, mit unterschiedlichen Böden und Lagen zwischen 220 und 750 m ü. d. M.
**Rebfläche** 20 Hektar
**Jahresproduktion** 100 000 Flaschen
**Beste Lagen** Söll/Tramin, Putzgütl/Schloss Tirol, Ölleiten/Kaltern, Seeburg/Brixen, Gries/Bozen
**Boden** Moränenschotter, Porphyrboden, Sandige Lehmböden, schieferhaltige Böden
**Erlebenswert** Felsenkeller

Als Landesweingut und somit aus öffentlicher Hand finanziert, kommt einem Betrieb wie der Laimburg natürlich auch so etwas wie eine Führungsrolle mit Vorbildfunktion zu - der man hier, das sei ausdrücklich unterstrichen, vollauf gerecht wird. Da man dem gleichnamigen Versuchszentrum angegliedert ist, verwundert es nicht, hier mitunter Weine vorzufinden, mit denen man gar nicht rechnen würde. So hatte man uns im vorigen Jahr etwa einen maischevergorenen Kerner (!) eingereicht. Ungewöhnlich ist definitiv die Namensgebung mancher Weine. So hat der weiche und runde Weißburgunder den Beinamen Musis als „Wein der Musen". Oyèll bedeutet im Ladinischen „Herrin der bleichen Berge"; übertragen auf den Sauvignon Blanc Riserva dürfte dies dessen Salzigkeit entsprechen, die den Wein würzig und lange werden ließ und ihm einen guten Ausdruck mitgab. Der Gewürztraminer Elyònd ist tief und opulent, so dürfte die „Bergprinzessin mit goldenem Haar" kein schlanker, athletischer Typ gewesen sein, sondern wird mit üppigen Rundungen gelockt haben. Treffend ist die Namensgebung auch beim Cabernet Sauvignon Riserva Sass Roà, denn der „glühend rote Stein im bleichen Fels" passt sensorisch wunderbar. Zur deutlichen Cassisnote gesellt sich eine heitere Beschwingtheit, die erstaunt. Und dann gibt es da noch eine Cuvée aus Lagrein, Petit Verdot und Tannat, deren Trauben aus „königlichen“ Lagen mit bester Güte kommen und die damit Col del Réy heißt. Wer es ganz puristisch und klassisch mag, greift zum straffen Riesling oder zum Vernatsch Vernacius Solemnis, einem ehrlichen Vesperbegleiter.

**85** 2019 Gewürztraminer Riserva Elyònd Südtirol DOC
**16,90 €** | 15 %

**87** 2020 Weißburgunder Musis Südtirol DOC
**11,70 €** | 14 %

**90** 2019 Sauvignon Blanc Riserva Oyèll Südtirol DOC
**15,70 €** | 14 %

**85** 2020 Vernatsch Vernacius Solemnis Südtirol DOC
**9,90 €** | 13 %

**86** 2019 Blauburgunder Riserva Südtirol DOC
**14,30 €** | 13,5%

**89** 2019 Merlot Riserva Südtirol DOC
**14,30 €** | 14 %

**89** 2019 Cabernet Sauvignon Riserva Sass Roà Südtirol DOC
**21,50 €** | 14 %

**90** 2019 Lagrein Riserva Barbagòl Südtirol DOC
**23 €** | 14 %

**91** 2018 Cuvée Col de Rèy Dolomiten IGT
**35,50 €** | 15 %

**91** 2020 Rosenmuskateller Südtirol DOC
**27 €** | 10 %

★★★

## LOACKER

Weingut Loacker
39100 Bozen · St. Justina 3
Tel. (00471) 365125
lo@cker.it
**www.loacker.bio**

**Inhaber/in und Betriebsleitung**
Hayo Loacker
**Keller** Hayo Loacker

**Historie** Gründung des Weinguts 1979 durch Rainer Loacker, von Beginn an biologischer Weinbau
**Rebfläche** 7 Hektar
**Jahresproduktion** 60 000 Flaschen
**Beste Lagen** Schwarhof, Kohlerhof
**Boden** sandig-lehmige Moränenböden
**Rebsorten** 25% Sauvignon Blanc, 20% Vernatsch, 15% Lagrein, 10% Chardonnay, je 5% Gewürztraminer, Grauburgunder, Cabernet Sauvignon, Merlot, 10% übrige Sorten

Der Name ist kein Zufall, er könnte durchaus schon auf der einen oder anderen Kekspackung gelesen worden sein. Anstatt das elterliche Keksunternehmen weiterzuführen, entschied sich Rainer Loacker als Mittdreißiger dazu, noch einmal ganz von vorne anzufangen – ausgerechnet als Biowinzer im konservativen Südtirol. Das war 1979. Heute führen die drei Söhne den Betrieb mit demselben umtriebigen Geist. Neben dem Betrieb in Bozen führen sie zwei weitere Güter in der Toskana. In Bozen werden sieben Hektar bewirtschaftet, rund 60000 Flaschen entstehen mitten im St. Magdalener-Gebiet in Bozen und im Kalter Keller im Eisacktal. Aus den gezeigten Weinen ragte für uns der 2021er ATAGIS Gewürztraminer heraus. Er ist in der Nase aromatisch, floral, rosenduftig, aber auch Litschi, weißer Pfeffer und weißer Pfirsich. Im Mund mit zartem Schmelz, einer Spur Extraktsüße, auch typische, leicht würzig-herbe Noten. Sehr delikat. Ohne ortstypischen Wein geht es in Bozen nicht, der 2021er Morit St. Magdalener verführt mit fruchtiger Nase, da sind Kirsche, Erdbeere und Veilchen, dazu grüne Peperoni. Klare, fruchtige Säure, sanfte und feinkörnige Tannine, mittlerer Körper, etwas Länge. Stark auch das andere Bozener Original, die 2019er Gran Lareyn Riserva. Der Wein ist granatrot im Glas, in der Nase voller dunkler Beeren, Brombeere, Holunderbeere, etwas Veilchen und etwas Rauch. Im Mund, dicht, wieder dunkle Beeren, Druck am Gaumen, unterlegt mit markanter Säure. Im Finale mit zarten Bitternoten, schmeichelnd, langanhaltend. Wer also, wo auch immer, den Namen Loacker sieht, kann bedenkenlos zugreifen. Bei Keksen und bei Weinen.

LOACKER
WEINGUT

**89** 2021 Sauvignon Blanc TASNIM
**18,10 €** | 13,5%

**91** 2021 Gewürztraminer ATAGIS
**22,10 €** | 14,5%

**88** 2021 Sankt Magdalener MORIT
**11,70 €** | 12,5%

**89** 2021 Sankt Magdalener IHLDERHOF
**18 €** | 0 %

**90** 2020 Lagrein GRAN LAREYN
**21,20 €** | 13,5%

**91** 2019 Lagrein Riserva GRAN LAREYN
**30,30 €** | 14 %

★★★★

## MANINCOR

Weingut Manincor
39052 Kaltern an der Weinstraße
St. Josef am See 4
Tel. (00417) 960230
info@manincor.com
**www.manincor.com**

**Inhaber/in** Michael Graf Goëss-Enzenberg
**Betriebsleitung** Helmuth Zozin
**Keller** Helmuth Zozin

**Rebfläche** 50 Hektar
**Rebsorten** 14% Merlot, je 11% Sauvignon Blanc, Weißburgunder, Chardonnay, und Lagrein, 10% Blauburgunder, 9% Goldmuskateller, je 7% Vernatsch und Cabernet Franc, 15% übrige Sorten

Wir sind bei unseren Verkostungen immer besonders gespannt auf die sogenannten „kleinen" Weine, also jene aus dem Einstiegssegment, aus weniger bekannten Rebsorten, preislich moderat. Warum sich gerade der Blick auf diese Weine lohnt, zeigt Michael Graf Goëss-Enzenberg mit seinem Team in diesem Jahr ausgesprochen deutlich. So ist der Moscato Giallo eine veritable Überraschung! Ein Gelber Muskateller mit Schliff und Zug, sehr präzise am Gaumen, wenig Frucht, kaum Blüte, dafür leicht salzige Art. Ein mineralischer Wein mit Charme und angedeuteter Verspieltheit. Mehr unbekümmerte Freude und anspruchsvollen Genuss im Glas muss man mit der Lupe suchen! Das lässt sich auch über den anderen Einstiegswein sagen, den La Rose de Manincor 2021. Komponiert aus Cabernet Sauvignon, Lagrein, Merlot, Petit Verdot, Pinot Noir, Syrah, Tempranillo – klingt es fast wie „alles muss raus", ist aber das exakte Gegenteil. Ein hochseriöser Rosé, der ganz zart nach Rose duftet und deutlich mehr nach Grapefruitschale. Dazu kommen Kräuter wie

Thymian, Rosmarin und Lavendel. Viel Frische am Gaumen, klare Zitrus-Limettennote, wieder Grapefruit. Ein leichter Gerbstoff sorgt für ein sehr erwachsenes Mundgefühl. Diese beiden Weine belegen die außerordentlich aufwändige und gekonnte Arbeit in den Weinbergen rund um den Kalterer See. Das Weingut arbeitet biodynamisch, nur wenige Betriebe dieser Größe schaffen das in dieser Konsequenz. Man entdeckt bei schönem Wetter die Hühner in den Weingärten rund ums Haus, staunt über die bauliche Meisterleistung des immer noch futuristisch anmutenden Kellers, in dem sämtliche Arbeiten am Wein von der Schwerkraft übernommen werden. Diese Konsequenz im Tun sorgt dafür, dass man absolut stilsicher in alle Weinenstilen ist.

**Großartige Jahrgänge**

Die Weine am anderen Ende der Preisskala stehen den kleineren verständlicherweise in nichts nach. Wann haben wir einen Sauvignon Lieben Aich in einer Konsequenz getrunken wie den 2020er? Auch wenn die Nase zunächst noch verschlossen ist, kommen mit Luft Feuerstein, Rauch, Grapefruitschale und etwas Mandel zum Vorschein. Enorm fokussiert am Gaumen, viel nasser Stein, kühl. Sensationell langes Finale, will nicht enden, viel Salz, wieder Stein. Sicheres Potenzial - für Jahre, wenn nicht Jahrzehnte. Ähnliches lässt sich auch über den Pinot Noir Mason di Mason sagen, der uns in seiner 2019er Ausgabe so feingliedrig und tiefgründig wie nie vorkam. Frische rote Beeren und Kirsche, dazu Strauchrose, Kardamom. Der Eindruck setzt sich im Mund fort, rote Frucht im Zentrum, auch Würze, dazu feinnervige Säure. Verspielt, elegant, dicht, kein Ansatz von Fülle, mineralische Spannung. Endet lang, feinwürzig. Ein wahrlich großer Pinot, nicht nur im Südtiroler Kontext! Und trotzdem haben wir bei den gezeigten Weinen einen anderen Favoriten gefunden. Der 2019er IGT Rosso Castel Campan ist obwohl eindeutig aus dem Gebirge stammend, eine Bordeaux-Cuvée wie aus dem Bilderbuch. Tiefe, würzige Nase, kandierte Orange, Süßholz, Schwarztee, Unterholz. Kraftvoll, vollmundig, rote Frucht, sattes, feinkörniges Tannin, wieder Würze, auch ein Hauch von Holz. Enormes Potenzial. Wir haben jedenfalls keinen einzigen schwachen oder auch nur nichtssagenden Wein aus dem Hause Manicor probiert in diesem Jahr. Was für eine Leistung. Chapeau!

MANINCOR

**88** 2021 Moscato Giallo Alto Adige DOC
**14,80 €** | 12,5%

**90** 2021 Cuvée Réserve della Contessa Terlano Alto Adige DOC
**16,30 €** | 13,5%

**90** 2020 Sauvignon Blanc Tannenberg Terlano Alto Adige DOC
**25,80 €** | 13,5%

**91** 2020 Pinot Bianco Eichhorn Terlano Alto Adige DOC
**25,80 €** | 13,5%

**92** 2020 Chardonnay Sophie Terlano Alto Adige DOC
**31,30 €** | 13,5%

**93** 2020 Sauvignon Blanc Lieben Aich Terlano Alto Adige DOC
**51 €** | 13,5%

**94** 2018 Petit Manseng Le Petit
**45 €** | 8,5%

**90** 2021 Cuvée La Rose de Manincor Vigneti delle Dolomiti IGT
**18,80 €** | 13,5%

**91** 2020 Lagrein Rubatsch Alto Adige DOC
**30,80 €** | 13%

**92** 2020 Pinot Nero Mason Alto Adige DOC
**30,80 €** | 13,5%

**93** 2019 Pinot Nero Mason di Mason Alto Adige DOC
**63 €** | 14%

**94** 2019 Cuvée Castel Campan Vigneti delle Dolomiti IGT
**63 €** | 14%

★★☆

## MARTINI & SOHN

Kellerei K. Martini & Sohn
39057 Eppan an der Weinstraße
Lammweg 28
Tel. (00471) 663156
info@martini-sohn.it
**www.martini-sohn.it**

**Inhaber/in und Betriebsleitung**
Gabriel Martini
**Keller** Lukas Martini
**Außenbetrieb** Lukas Martini

Heute steht mit Lukas Martini der Sohn beziehungsweise Enkel der beider Weingutsgründer im Keller. Auf der für einen Familienbetrieb in Südtirol nicht kleinen Fläche von 30 Hektar werden zumeist die führenden Rebsorten der Region angebaut. Die sind als Weine der Güte nach aufsteigend in die Linien Klassisch, Pure Origin (Lagrein, Gewürztraminer, Vernatsch), Palladium (strengere Selektionen) und Maturum als Top-Weine untergliedert. Das ist alles durchgehend souverän und überzeugend ohne echte Stars, aber mit geschlossener Mannschaftsleistung. Macht Spaß!

**85** 2021 Goldmuskateller Südtirol DOC
**9,50 €** | 12,5%

**85** 2021 Sauvignon Südtirol DOC
**10 €** | 13,5%

**86** 2021 Weißburgunder Palladium Südtirol DOC
**11 €** | 13,5%

**86** 2021 Sauvignon Blanc Palladium Südtirol DOC
**12 €** | 14 %

**87** 2019 Chardonnay Maturum Südtirol DOC
**15 €** | 14 %

**87** 2019 Weissburgunder Alte Reben Südtirol DOC
**32 €** | 14 %

**83** 87 2021 Südtirol Lagrein Pure Origin Südtirol DOC
**10,50 €** | 13,5%

**87** 2020 Blauburgunder Palladium Südtirol DOC
**15 €** | 14 %

**87** 2019 Cuvée Coldirus Palladium Südtirol DOC
**15 €** | 13,5%

★★★★

## IGNAZ NIEDRIST

Weingut Ignaz Niedrist
39057 Girlan - Eppan (BZ) · Runggweg 5
Tel. (00471) 664494
info@ignazniedrist.com
**www.ignazniedrist.com**

**Inhaber/in und Betriebsleitung**
Ignaz und Elisabeth Niedrist
**Keller** Ignaz, Maria und Johannes Niedrist

**Historie** Anwesen seit über 170 Jahren in Familienbesitz, im Jahr 1989 Wiederaufnahme der Weinproduktion
**Rebfläche** 11 Hektar
**Jahresproduktion** 55 000 Flaschen
**Beste Lagen** Eppan Berg, Girlan Mühlweg, Bozen Gries
**Boden** Moränenschotter (Girlan), Kalkschotter(Eppan Berg), Talferschotter (Gries)
**Rebsorten** 30% Spätburgunder, 20% Sauvignon Blanc, 15% Weißburgunder, je 10% Chardonnay und Lagrein, 9% Merlot, je 3% Syrah und Riesling

In diesem Jahr hat uns Familie Niedrist gleich acht ihrer Weine vorgestellt, wieder einmal konnten wir nicht einen schwachen und banalen Wein entdecken. Selbst der vermeintlich kleinste Wein, der 2019er Weissburgunder Limes zeigt einige Klasse: Sehr typische Nase, Birne, etwas Nuss. Im Mund mit Schliff und Würze, leichter Schmelz am Gaumen. Deutliche Nussnoten auf der Zunge, auch etwas Salz, ein Hauch heller Schokolade. Ein kompletter Wein und einmal mehr Beleg dafür, dass man im Hause Niedrist immer auch an die Kombination mit Speisen denkt. Alle Weine sind erstklassige Tischgesellen und blühen im Zusammenhang mit feiner Küche richtig auf. Die Cuvée Trias 2019 aus Chardonnay, Incrocio Manzoni sowie Petit Manseng zeigt deutliche Holznoten in der Nase. Hat am Gaumen viel Schmelz, enorme Kraft und Dichte. Ungewöhnlich ist der Petit Manseng in der Cuvée, er sorgt für deutliche Cremigkeit. Ein ausgesprochen gastronomischer Wein.

Ignaz Niedrist und seine Frau Elisabeth Berger Niedrist hatten erst Ende der 80er-Jahre damit begonnen, den alteingesessenen Hof wieder als Weinbaubetrieb zu führen. Durch die Heirat kamen einige Rebflächen zusammen, vor allem in Girlan und Eppan Berg wurden zusätzliche Flächen in Ertrag genommen. In Girlan wachsen die Rebstöcke vor allem auf der windoffenen Hügelkuppe, der Boden setzt sich zusammen aus eiszeitlichem Moränenschotter, durchsetzt mit Porphyr, Granit und Gneis. Das ist die Grundlage für die kühle mineralische Art der Weine, vor allem der Blauburgunder, der schon vom Erbonkel Ignaz Niedrist gepflanzt wurde. In seiner 2018er Version von mittlerem Rubinrot und kraftvoller Nase. Kalter Schwarztee, Rauch, kaum Frucht. Im Mund dann mit klarer Beerenfrucht, sehr charmant, zugänglich. Darunter pikante mineralische Würze, viel Schliff, aber ohne Kanten, sehr harmonisch. Eleganz geht vor Kraft, dennoch ein nachdrücklich intensiver Wein. Ausdrucksstärker ist nur der Blauburgunder vom Kalk 2018. Er verbringt 15 Monate im Eichenfass, um dann mit kräftigem Rubinrot im Glas zu landen. In der Nase zeigen sich Blüten, fast ätherisch, Kirsche, kräuterige Würze. Am Gaumen sehr strukturiert, schlanker Körper, rundes Tannin, hochelegant. Im Abgang enorm würzig-mineralisch, hält lang an. Sicher einer der großen Pinots aus Südtirol. Und auch wenn wir die Stärken im Hause Niedrist bei den Burgundersorten sehen - vergessen wir den Lagrein nicht! Aus dem Jahr 2019 scheint uns die Riserva Gries Berger Gei so elegant und dicht wie selten zuvor. Hatten wir dem vorangegangenen Jahrgang noch wollüstige Fülle konstatiert, überzeugt er jetzt mit kühler Eleganz. Die Mischung aus feinkörnigem, üppigen Gerbstoff und dunkler Frucht mit ätherischen Noten erinnert in der Struktur bisweilen an Weine von der Rhône, das ist ausdrücklich als Kompliment zu verstehen! Wir würden uns jedenfalls glücklich schätzen ein paar der raren Flaschen im Keller zu haben.

NIEDRIST
WEINGUT
AZIENDA AGRICOLA

**88** 2019 Sauvignon Limes Südtirol DOC
**Preis auf Anfrage** | 14,5%

**89** 2019 Weissburgunder Limes Südtirol DOC
**Preis auf Anfrage** | 14 %

**89** 2020 Sauvignon Porphyr & Kalk Südtirol DOC
**Preis auf Anfrage** | 13,5%

**91** 2019 Chardonnay vom Kalk Südtirol DOC
**Preis auf Anfrage** | 14,5%

**91** 2019 Mitterberg Weiss IGT Cuvée Trias Mitterberg IGT
**Preis auf Anfrage** | 14,5%

**91** 2018 Blauburgunder Riserva Südtirol DOC
**Preis auf Anfrage** | 14,5%

**92** 2019 Lagrein Riserva Berger Gei Südtirol DOC
**Preis auf Anfrage** | 13,5%

**93** 2018 Blauburgunder vom Kalk Südtirol DOC
**Preis auf Anfrage** | 14,5%

★★

## NIKLAS

Weingut Niklas
39052 Kaltern an der Weinstraße ·
Brunnenweg 31
Tel. (00471) 963432
wine@niklaserhof.it
**www.niklaserhof.it**

**Inhaber/in und Betriebsleitung**
Dieter Sölva
**Keller** Dieter Sölva
**Außenbetrieb** Michael Sölva

**Historie** gegründet Ende der 1960er Jahre, seit 1969 in Familienbesitz
**Rebfläche** 7 Hektar
**Jahresproduktion** 60 000 Flaschen
**Beste Lagen** Kardatsch, Vial, Putznai, Muttergarten
**Boden** kalkhaltig, steinig
**Rebsorten** 25% Weißburgunder, je 20% Kerner und Lagrein, 17% Sauvignon Blanc, 12% Vernatsch (Kalterersee), 4% Cabernet, 2% Merlot

Auch in diesem Jahr hat das Familienweingut Niklas eine breite Kollektion präsentiert. Und wie immer sind die Weine tadellos gemacht, auch wenn der Stil vielleicht ein wenig altmodisch erscheint. In den 90er-Jahren begannen Josef und Dieter Sölva damit die Weißburgunder des Hauses im Holz auszubauen. Das war damals revolutionär, heute ist die präsente Holznote nicht mehr ganz up to date. In Verbindung mit dem biologischen Säureabbau ergibt das leicht cremige Weine mit viel Schmelz und einiger gastronomischer Qualität. Denn bei Tisch funktionieren solche Weine nach wie vor. Ein wenig aus diesem Rahmen fällt der Sauvignon Blanc DOXS 2021, der uns besonders erfreut hat. Saftig saubere Art, leicht reduktiv, zarter Schmelz auf Zunge und Gaumen, schöne Apfelnoten, im Finale eine zart-herbe Note. Vor allem die Frische dieses Weins gefällt. In Gedenken an den Vater Josef wurde die 2018er Weiss Riserva DJJ gekeltert und jetzt auf den Markt gebracht. Hier ist der Stil des Hauses auf den Höhepunkt gebracht, warmer Apfelkuchen in der Nase, Lindenblüte, im Mund mit enormer Fülle, Apfel, Ananas, Vanille. Auf der Zunge mit zarter Säure, setzt ganz auf Schmelz, auch Opulenz. Erfrischend fanden wir den typischen Kalterersee, gelungen auch der Merlot DJJ 2019, der mit dichter Frucht und schöner Länge erfreut. Wir sind gespannt darauf, wie die nächste Generation in Form von Sohn Michael die Entwicklung in diesem ehrwürdigen Familienbetrieb gestalten wird.

**86** 2019 Kerner Riserva Mondevinum - LIBELLULA Südtirol DOC
**18,50 €** | 14,5%

**87** 2021 Sauvignon Blanc DOXS Südtirol DOC
**12,10 €** | 13%

**87** 2019 Weissburgunder Riserva Klaser - Salamander Südtirol DOC
**16,80 €** | 14%

**88** 2018 Cuvée Riserva DJJ Südtirol DOC
**28 €** | 14%

**85** 2021 Kalterersee Classico Superiore Charta Klaser - Hecht Charta Siegel
**10,30 €** | 13%

**86** 2019 Lagrein-Cabernet Riserva Klaser - STOANADLER Südtirol DOC
**16,80 €** | 13,5%

**89** 2019 Merlot DJJ Südtirol DOC
**35 €** | 14,5%

★★★½

## PFITSCHER

Pfitscher
39040 Montan · Dolomitenstraße 17
Tel. (00471) 1681317
info@pfitscher.it
**www.pfitscher.it**

**Inhaber/in** Familie Pfitscher
**Betriebsleitung** Daniel Pfitscher
**Keller** Hannes Pfitscher
**Außenbetrieb** Hannes Pfitscher

**Historie** Weinbautradition in der Familie seit 1861
**Rebfläche** 20 Hektar
**Jahresproduktion** 160 000 Flaschen
**Beste Lagen** Glen, Brenntal, Katrheinerfelder, Rutter, Griesfeld
**Boden** Kalk, Porphyr
**Rebsorten** 55% weiße Sorten, 45% rote Sorten
**Erlebenswert** moderner Neubau aus dem Jahr 2011, prämiert als erste KlimaHaus Wine-Kellerei Italiens. Atemberaubende Aussicht auf das Südtiroler Unterland.

Eine wahre Freude war es, die Weine der Familie Pfitscher zu verkosten. Die ganze Kollektion ist hochklassig, teilweise sogar herausragend. Es lässt sich kein auch nur ansatzweise langweiliger Wein entdecken. Alles ist präzise, animierend, von durchgehender Handschrift und doch nicht uniform. Zu dieser Leistung man man schon mal vorab gratulieren. Auf der Höhe der Zeit mit den önologischen Möglichkeiten und doch die Herkunft nie verleugnend. Der Einstiegswein 2021er Chardonnay Arvum zeigt, worum es geht. Eine leichte Reduktion in der Nase, auch ein wenig Holz, dazu kommen Birne und Apfel. Saftige Frische im Mund, frischer, animierender Zug, der Wein zeigt Schliff und tolle Animation. Eindeutig ein Wein aus den Bergen, und doch auch ein Pfitscher-Wein, in seiner Klarheit und Präzision. Ein Südtiroler Eigengewächs wie der 2019er Lagrein Riserva Griesfeld, aus der gleichnamigen Einzellage in Neumarkt, zeigt Dichte, konzentrierte blaue Beerenfrucht, markante Gerbstoffe und vitale Säure. Noch beeindruckender scheint uns der 2019er Merlot Riserva Cortazo. Die klare rote Frucht, die darunter liegende frische, feinnervige Säure macht den Wein unerhört trinkig. Dabei ist er faszinierend vielschichtig, legt mit Luft immer mehr frei, zeigt Tabak, Schokolade und bleibt dennoch frisch. Toll! Die Liste der herrlichen Weine ließe sich fortsetzen, der Gewürztraminer Rutter mit cremigem Mundgefühl, der 2021er Sauvignon Blanc Saxum mit markanter Salzwürze. Vielleicht liegt das Erfolgsgeheimnis auch in den Rebbergen, bewirtschaftet werden Lagen in fünf Gemeinden Südtirols. Dabei wird in weiten Teilen auf Handarbeit gesetzt, in den bis zu 100 Prozent steilen Lagen wäre es anders auch gar nicht möglich. Im Moment haben Klaus und Monika noch das Sagen im Haus, mit den erwachsenen Kindern Daniel, Hannes und Marion ist die nächste Generation schon komplett eingebunden. Es wird also auch in Zukunft mit Pfitscher zu rechnen sein. Wir freuen uns darauf.

PFITSCHER

**88** 2021 Pinot Bianco Langfeld
**13,80 €** | 13 %

**89** 2021 Chardonnay Arvum
**13,80 €** | 13 %

**89** 2021 Sauvignon Blanc Saxum
**17,10 €** | 13 %

**90** 2020 Sauvignon Blanc Riserva Mathias
**31,50 €** | 13,5%

**91** 2020 Gewürztaminer Riserva Rutter
**27,70 €** | 14 %

**89** 2021 Lagrein Rivus
**14,40 €** | 13 %

**90** 2020 Pinot Nero Fuxleiten
**18,90 €** | 13 %

**91** 2019 Lagrein Riserva Griesfeld
**27,70 €** | 13,5%

**92** 2019 Pinot Nero Riserva Matan
**32,90 €** | 13,5%

**93** 2019 Merlot Cabernet Riserva Cortazo
**32,90 €** | 14 %

★★☆

## PITZNER

Pitzner Winery & Suites
39053 Kardaun · Karneiderstraße 15
info@pitzner.it
**www.pitzner.it**

**Inhaber/in und Betriebsleitung**
Markus und Thomas Puff
**Keller** Markus und Thomas Puff

**Historie** einstige Waffenschmiede der Burg Karneid, 2014 Übernahme der Söhne Markus und Thomas Puff
**Rebfläche** 6 Hektar
**Jahresproduktion** 35 000 Flaschen
**Boden** Sandiger Porphyr Boden bis hin zu Muschelkalkablagerungen
**Rebsorten** 25% Lagrein, je 15% Grauburgunder, St. Magdalener und Spätburgunder, je 10% Goldmuskateller und Chardonnay, 5% Merlot, 5% Hexagon (Cabernet Sauvignon, Cabernet Franc, Merlot, Syrah, Nebbiolo, Petit Verdot)
**Gastronomie** drei Gäste-Suiten
**Erlebenswert** Raritätenkeller aus dem 13. Jahrhundert

Wer eine Idee davon bekommen will, wie die beiden Brüder Markus und Thomas Pitzner ticken, muss nur mal kurz ihren Gutsprospekt überfliegen, noch nicht mal lesen. Wobei das natürlich schon Sinn macht. Auf den ersten Blick wird klar: Das Ding hat Drive, da steckt junger Zug drin, hier schert man sich vermutlich wenig um Konventionen. Und gibt dafür in knappen, klaren Hinweisen den perfekten Überblick. Die Lagen? Illustration angucken, dann ist alles klar. Das Lebensgefühl? Die Fotosprache drückt es eindeutig aus, es geht ums Genießen. Die Weine? Werden selbsterklärend mit Symbolen (für Edelstahl, Fass oder Amphore) und Ziffern für Fasslagerzeiten sowie Buchstaben für Fassarten (Tonneau, Barrique, neu oder gebraucht) dargestellt. Zielgruppe dürfte eine internationale, aufgeschlossene Klientel sein, die sich beispielsweise an einem Schaumwein aus Vernatsch erfreut, der leicht und unkompliziert ist. „No troubles, just bubbles" steht ja auch dabei. Uns hat als Einstieg in die Stillweine gleich mal der Büchsenöffner zugesagt, eine sommerlich ansprechende Cuvée aus Muscat Blanc und Grauburgunder. Der Name ist eine Reminiszenz an den Umstand, dass das Weingutsareal einst die Waffenschmiede der Burg Karneid war. Beeindruckt haben uns vor allem die Rotweine. Der Merlot Riserva (Mister Woodberry) hat schöne dunkle Beerenfrüchte und eine seidige Struktur, der Pinot Noir Riserva PN 19 (The elegant Lady) ist auf der geschmeidigen, leicht würzigen Seite. Und die Cuvée Hexagon aus Cabernet Franc, Cabernet Sauvignon, Merlot, Nebbiolo, Petit Verdot und Syrah begleitet einen durch einen stillen Abend mit zurückhaltender Jazzbegleitung. Bei Pitzners lässt sich in drei neuen Suiten auch gut über Nacht verweilen.

**87** 2021 Vernatsch Brut Versé Rosé
**16 €** | 12,5%

**86** 2020 Pinot Grigio Finell
**15 €** | 13,5%

**86** 2021 Cuvée Büchsenöffner
**12 €** | 12%

**87** 2020 St. Magadalener Malanders
**13 €** | 12,5%

**88** 2021 Lagrein Scharfegg
**18 €** | 13,5%

**88** 2019 Pinot Noir Riserva PN19
**25 €** | 14%

**90** 2019 Merlot Riserva MR19
**30 €** | 14,5%

**90** 2019 Cuvée Hexagon HX19
**48 €** | 13,5%

★★

## PLONERHOF

Weingut Plonerhof
39020 Marling · Nörderstraße - Via Tramontana 29
Tel. (00473) 490525
info@weingut-plonerhof.it
**www.weingut-plonerhof.it**

**Inhaber/in und Betriebsleitung** Erhart Tutzer und Herta Schafer
**Keller** Erhart Tutzer
**Außenbetrieb** Erhart Tutzer

**Historie** Gründung des Weinguts im Jahr 2004 im Zuge der Flurbereinigung
**Rebfläche** 5 Hektar
**Jahresproduktion** 35 000 Flaschen
**Beste Lagen** 100%
**Boden** lehmigen Sandboden mit den Granit-, Schiefer- und Gneis
**Rebsorten** 50% Blauburgunder, 30% Sauvignon, 10% Riesling, 10% übrige Sorten
**Erlebenswert** Hanglage mit bis 40% Neigung

Marling liegt, wenn man von Bozen nach Westen in Richtung Meran fährt, auf der linken Seite am Hang. Dieser Umstand ist nicht ganz unwesentlich für den Weinbau in diesen Lagen, denn anders als in der Nord-Süd-Ausrichtung an der Weinstraße bekommen die Reben hier eher die Morgensonne ab und bleiben in Teilen von der Nachmittagshitze verschont. Das ist auch förderlich für die Arbeit von Erhart Tutzer, der an schön exponierter Stelle am Hang dieses kleine und noch keine 20 Jahre alte Weingut führt. Seine Weine sind unaufgeregt und stehen für sich. Der Sauvignon Blanc Classic ist fruchtig und dabei zurückhaltend, der Sauvignon Blanc Exklusiv entwickelt guten Druck, ist dabei aber nicht zu expressiv. Wir können ihn uns gut zu einem Thai-Hühnercurry vorstellen, wenn es nicht allzu scharf ist. Die weiße Cuvée Nörder aus Weißburgunder, Riesling und Sauvignon hingegen ist kernig und dürfte viele ländliche Speisen hervorragend begleiten. Die Stufung beim Pinot Nero ist eindeutig: die Grundversion korrekt, saftig und fruchtbetont, die Reserve Exklusiv fein, elegant und mit mehr Würze ausgestattet. Der Besuch des Weinguts lohnt übrigens nicht nur wegen der Weine - auch die Architektur von Keller und Verkostungsraum ist eine Augenweide. Natursteinmauern wurden effektvoll mit Glas, Metall und Beton kombiniert, das Ambiente ist so aufgeräumt wie die Weine selbst. Hier lassen sich die wirklich trocken ausgebauten Weine in stilvollem Rahmen gut verkosten. Und der Blick schweift dabei über das ganze Tal.

**86** 2021 Sauvignon Blanc Classic
**13,50 €** | 13,5%

**87** 2021 Cuvée Nörder Mitterberg IGT
**18 €** | 13 %

**89** 2021 Sauvignon Blanc Exclusiv
**33 €** | 13,5%

**87** 2020 Pinot Nero
**16,50 €** | 13 %

**89** 2019 Pinot Nero Riserva Exclusiv
**36,50 €** | 13,5%

## PRANZEGG

Weingut Pranzegg - Martin Gojer
39100 Bozen · Kampennerweg 8
info@pranzegg.com
**www.pranzegg.com**

**Inhaber/in und Betriebsleitung**
Martin Gojer
**Keller** Martin Gojer

**Rebfläche** 4 Hektar
**Jahresproduktion** 25 000 Flaschen
**Boden** lehmiger, sandiger, relativ flachgründiger Boden, vulkanischer Ursprung (Porphyr) mit Quarzitschiefer
**Rebsorten** 66% rote Sorten (Vernatsch, Lagrein), 34% weiße Sorten (Gewürztraminer, Müller-Thurgau, Sauvignon Blanc, Chardonnay u.a.)

„Aufmachen und austrinken" - diese Empfehlung hat uns Martin Gojer in die Datenbank zu seinen Weinen geschrieben. Das haben wir nur zu gern befolgt, denn wir schätzen die Weine dieses eigenwilligen Winzers ganz besonders. Das liegt zum einen an ihm selber, denn Martin ist einer der offenherzigsten und gastfreundlichsten Winzer überhaupt. Und dann hat er einen ganz eigenen Weinstil, der zwar so manchen Kollegen zur Verzweiflung bringt, unter Fans aber geradezu kultisch verehrt wird. Auf seinem Hof oberhalb von Bozen arbeitet Martin bevorzugt mit intensiver Maischegärung sowohl bei den weißen wie den roten Sorten. Durch den Kontakt mit den Beerenschalen haben seine Weine ein feines Tanningerüst, das bei den helleren Weinen immer wieder für Verwunderung sorgt. Fast überflüssig zu sagen, dass die Weine nicht geschönt, nicht filtriert und nur minimal geschwefelt werden. Das kann auf unerfahrene Weintrinker verstörend wirken, denn sowohl Aromatik wie auch Mundgefühl sind völlig anders als bei den meisten Weinen seiner Kollegen. Auch deshalb ist er in der Südtiroler Weinwelt eine Art „Enfant terrible". Aber ist das nicht ein Wesenszug des Südtirolers, diese eigensinnige, unangepasste Art? Wir mögen das! Deshalb: zu den Weinen! Der eingangs erwähnte, zum Austrinken gedachte Wein ist der Vino Rosso Leggero 2021, ein Vernatsch. Und genau das ist er, ein Vin de soif, ein Trinkwein im besten Sinn. Ein Vernatsch wie früher. Sauerkirsche, Rhabarber, viel Saft, auch das Herbe vom Rhabarber ist da. Leichter, deutlicher Gerbstoff, und unendlich frisch. Nächste Flasche! Das könnte zum Beispiel der Campill 2018 sein, ebenfalls ein Vernatsch, allerdings von alten Reben. Allein der Jahrgang macht schon deutlich, dass hier ein ganz anderer Wein wartet. Nach Spontangärung im Holzgärständer ohne Temperaturkontrolle, mit 80 Prozent der Traubenstiele und fünf Wochen langem Schalenkontakt, plus der üblichen Zeit in Fass und Flasche, kommt jetzt ein intensiv duftender Wein ins Glas. Muskat und Wacholder, Zwetschge, Brombeere, dicht und komplex - das ist Vernatsch? Am Gaumen wieder mit viel Würze, cremig, eher weiche Struktur, zartes Tannin, leicht herbe Frucht, Nelke, Piment, etwas $CO_2$ sorgt für Frische bis zum letzten Moment. Und schwupps - Flasche leer. Das Markenzeichen von Martin Gojer sind genau diese Finesse und Frische, sind Trinkfluss und Reintönigkeit. Es sind Weine, die so nur aus den Bergen kommen können, aber so auch nur von ihm gemacht werden. Mehr Individualität und Authentizität sind kaum vorstellbar.

PRANZEGG

**91** 2019 Bozen Tafelwein Caroline
**28 €** | 12,5%

**89** 2021 Bozen Tafelwein Vino Rosso Leggero
**16 €** | 11,5%

**91** 2018 Bozen Tafelwein Campill
**22 €** | 12%

**92** 2018 Bozen Tafelwein Laurenc
**27 €** | 12,5%

★★☆

## REYTER

Reyter - Christoph Unterhofer
39100 Bozen · Eisenkellerweg 14/B
Tel. (00471) 271368
info@reyter.it
**www.reyter.it**

**Inhaber/in und Betriebsleitung** Christoph Unterhofer
**Keller** Christoph Unterhofer
**Außenbetrieb** Christoph Unterhofer

**Rebfläche** 3 Hektar
**Jahresproduktion** 15 000 Flaschen
**Beste Lagen** Lagrein Gries Bozen, Vernatsch Tramin Kaltern (jahrhundertjahralte Reben mit sehr alten Klonen), Weisswein vom Hügel St. Peter bei Dorf Tirol
**Boden** Schottriger Schwemmboden von Talfer und Eisack in Gries, Kalkböden in Tramin und Kaltern.
**Rebsorten** 50% Vernatsch, 30% Lagrein, 20% übrige Sorten (Weißburgunder, Muscaris, Bronner, Petit Manseng)
**Erlebenswert** alte Pergeln in Gries und Tramin/Kaltern
**Mitglied** Bioland

Das Weingut Reyter in Bozen ist nicht wirklich groß, dafür haben die Weine von Inhaber Christoph Unterhofer jede Menge Charakter und Individualität. Die Rebflächen werden seit über 25 Jahren biologisch bewirtschaftet, vor allem der Bodengesundheit widmet Unterhofer viel Aufmerksamkeit. Vier Weine werden pro Jahr ausgebaut, in aller Regel bleiben sie mehrere Jahre in Fass und Flasche, um zu reifen. Hektik scheint hier ein Fremdwort zu sein. Zu den Weinen: Wer immer noch auf der Suche nach einem ernsthaften Wein aus Piwi-Sorten ist, sollte sich den 2019er Pierrot aus Bronner und Muscaris anschauen. Sattes Gold im Glas. Duftet nach kaltem Schwarztee, getrockneten Aprikosen, zarte Oxidation, komplex. Im Mund frisch und schlank, kräftiger Zug. Deutliche Gerbstoffe, hat Struktur, Dichte. Ein ruhiger, erwachsener Wein. Das lässt sich auch über den Vernatsch sagen. Der 2018er, der jetzt auf dem Markt ist, stammt von teils einhundertjährigen Reben aus Tramin und Kaltern. In der Nase zeigen sich Hagebutte, Schwarzkirsche, Kakaopulver und rohes Fleisch. Im Mund ist er saftig, leichtfüßig, adstringierend, erfrischend. Langes Finish. Der Lagrein 2016 erscheint uns wie eine Verbeugung vor der Vergangenheit, so könnte Lagrein früher einmal geschmeckt haben. Dunkellila, fast schwarz im Glas. In der Nase schwarze Beerenfrucht, Fliederbeersaft, heller Kakao. Im Mund mit viel Saft, deutlicher Kirsche, lebhafter Säure, fokussiert. Ein wenig rauh, aber genau so dürfte Lagrein ursprünglich gewesen sein. Uns gefällt dieses Weingut mit seiner sehr eigenen Note.

reyter

**88** 2019 Cuvée Pierrot Vino Bianco
**Preis auf Anfrage** | 14 %

**87** 2018 Bozen Lagrein Rosé
**Preis auf Anfrage** | 12 %

**89** 2018 Schiava trocken
**Preis auf Anfrage** | 12 %

**90** 2016 Bozen Gries Lagrein Riserva Rahm
**Preis auf Anfrage** | 13,5%

★★

## HANS ROTTENSTEINER

Weingut Hans Rottensteiner
39100 Bozen · Sarntaler Str. 1a
Tel. (00471) 282015
info@rottensteiner.wine
**www.rottensteiner.wine**

**Inhaber/in und Betriebsleitung**
Hannes Rottensteiner
**Keller** Hannes Rottensteiner

**Historie** Familie Rottensteiner seit 1530 urkundlich erwähnt in Verbindung mit Weinbau, heutiges Weingut 1956 von Hans Rottensteiner in Bozen/Gries gegründet, seit 2001 führt sein Enkel Hannes den Betrieb
**Rebfläche** 65 Hektar
**Jahresproduktion** 450 000 Flaschen
**Beste Lagen** St. Magdalena, Bozen Gries, Guntschna
**Boden** Porphyr, Kalk
**Rebsorten** Weißburgunder, Müller Thurgau, Silvaner, Pinot Grigio, Chardonnay, Sauvignon Blanc, Goldmuskateller, Gewürztraminer, Vernatsch, Lagrein, Blauburgunder, Cabernet
**Erlebenswert** alter Keller, der biodynamisch bewirtschaftete Premstallerhof, Schloss Rafenstein

Die Geschichte des Weinguts ist relativ jung. 1956 gründete Großvater Hans den Betrieb, er hatte den Traum, einen eigenen Wein zu keltern. Schwerpunkt des Betriebs lag auf dem Offenweinverkauf in die Schweiz, Sohn Toni verlegte ihn in den 80er-Jahren auf die Vermarktung von Flaschenweinen. Die Trauben kommen von zehn Hektar eigenen Weinbergen, zusätzlich liefern 50 Bauern aus der Gegend ihre Trauben. Der Schwerpunkt liegt auf den klassischen Bozner Gewächsen Lagrein und St. Magdalener. Ein Vernatsch wie der 2021er Vigna Kristplonerhof belegt die Philosophie des Hauses: Sauerkirsche und Bittermandel in der Nase, im Mund mit fruchtiger Frische, etwas Gerbstoff. Unkompliziert, trinkfreudig, zur Vesper oder Pastagerichten geradezu perfekt. Dass der Grundsatz „Kein Wein wird abgefüllt, wenn nicht die ganze Familie dahintersteht" seine Wirkung nicht verfehlt, zeigt der 2018er Gries Lagrein trocken Reserve Select. Er stammt von Mikroanlagen im sogenannten Grünen Keil in Bozen. In der Nase duftet er nach Brombeere und Holunderbeersaft, etwas Thymian. Im Mund mit saftiger Fülle, nicht fett, aber reichhaltig. Eine saubere Säure sorgt für Balance. Müßig zu erwähnen, dass auch die Weißweine wie der Weißburgunder Carnol 2021 qualitativ in die gleiche Richtung gehen. Ein Vorzeigebetrieb, ohne Frage.

ROTTENSTEINER

**86** 2021 Pinot Grigio Südtirol DOC
**10,50 €** | 14 %

**87** 2021 Chardonnay Südtirol DOC
**9,90 €** | 13,5%

**88** 2021 Sauvignon Blanc Südtirol DOC
**12 €** | 14 %

**88** 2021 Weißburgunder Carnol Südtirol DOC
**12,50 €** | 14 %

**89** 2021 Gewürztraminer Cancenai Südtirol DOC
**15,60 €** | 15 %

**91** 2020 Südtirol Gewürztraminer Passito Cresta Südtirol DOC
**29 €** | 10 %

**86** 2021 Lagrein Rosé Südtirol DOC
**10,50 €** | 13,5%

**88** 2019 Lagrein Südtirol DOC
**13 €** | 13 %

**87** 2021 Vernatsch Vigna Kristplonerhof Südtirol DOC
**10,40 €** | 13 %

**88** 2021 St. Magdalener Classico Vigna Premstallerhof
**11,80 €** | 13 %

**89** 2021 St. Magdalener Classico Vigna Premstallerhof Select
**19,40 €** | 13 %

**90** 2019 Gries Lagrein Riserva Select
**21,70 €** | 13,5%

## STROBLHOF

Weingut Stroblhof
39057 Eppan an der Weinstraße
Pigenoerweg 25
Tel. (00471) 662250
weingut@stroblhof.it
**www.stroblhof.it/de**

**Inhaber/in und Betriebsleitung** Rosmarie und Andreas Nicolussi-Leck
**Keller** Andreas Nicolussi-Leck
**Außenbetrieb** Andreas Nicolussi-Leck

**Historie** schon vor 1600 urkundliche Erwähnung, Weinbau seit mehreren Genrationen
**Rebfläche** 6 Hektar
**Jahresproduktion** 45 000 Flaschen
**Beste Lagen** Osthänge direkt am Stroblhof auf 550 Metern, hauptsächlich Porphyr und Kalkgestein.
**Boden** Kalk und Porphyr Gestein
**Rebsorten** 45% Blauburgunder, 30% Weißburgunder, je 12,5 % Chardonnay und Sauvignon Blanc
**Gastronomie** guteseigenes Hotel und Restaurant
**Erlebenswert** moderne Kelleranlagen, alte Gemäuer am Stroblhof.

Mit sechs Hektar Rebfläche wäre man als Genossenschaftswinzer ein Gigant - als Selbstvermarkter hingegen zählt man da zu den eher kleinen Erzeugern des Gebiets. Doch das Ehepaar Nicolussi-Leck betreibt zudem noch ein gutseigenes Hotel und ein Restaurant. Wo natürlich in erster Linie die Weine des Hauses ausgeschenkt werden. Was woanders als „zweite Wahl" laufen könnte, entpuppt sich hier als gekonnt und als natürliche Kombination. Alle Weine haben gemein, dass sie in keiner Weise schwer oder gar fett wirken, was womöglich den Weingutslagen an der Ostseite Eppans zuzuschreiben ist, in der Nähe des Waldes, wo einfach mehr Kühle herrscht als an exponierteren Stellen. Das wirkt sich positiv auf die Weine aus. Der Weißburgunder Strahler ist klar und recht straff, den kann man sich sehr gut zu einer kalten Vesper oder als After-work-Wein am späteren Nachmittag vorstellen. Während der Chardonnay Schwarzhaus blütenduftig rüberkommt und wesentlich offener ist als sein Jahrgangsvorgänger, ist der Stil des Sauvignon Blanc Nico vielleicht am besten mit feminin, delikat und fein zu beschreiben. Blauburgunder P!geno und die Cuvée Valbion aus Cabernet Franc und Merlot schenken sich qualitativ wenig. Tolle Nase nach Kräutern der eine, elegant mit dunklen Beerenfrüchten und harmonischen Tanninen der andere.

**87** 2021 Weissburgunder Pinot Blanc Strahler
**15 €** | 13 %

**86** 2021 Chardonnay Schwarzhaus
**15 €** | 13,5%

**88** 2021 Sauvignon Blanc Nico
**15 €** | 14 %

**89** 2019 Blauburgunder P!geno
**22 €** | 13,5%

**89** 2019 Cabernet Franc & Merlot Valbion
**28 €** | 14,5%

## TIEFENBRUNNER

Weingut Tiefenbrunner
Schlosskellerei Turmhof
39040 Kurtatsch · Schlossweg 4
Tel. (00471) 880122 · Fax 880122
info@tiefenbrunner.com
**www.tiefenbrunner.com**

**Inhaber/in und Betriebsleitung**
Christof Tiefenbrunner
**Keller** Christof Tiefenbrunner, Stephan Rohregger

**Beste Lagen** Au, Rachtl, Toren, Feldmarschall von Fenner
**Boden** Kalk, Dolomit, Kalk-Schotter, Moräne, Porphyr
**Rebsorten** 43,5% Pinot Grigio, 11,8% Gewürztraminer, 7,5% Chardonnay, 7,2% Sauvignon Blanc, je 6,1% Lagrein und Blauburgunder, 5,4% Weißburgunder, 5% Müller-Thurgau, 2,4% Cabernet, 2% Vernatsch, 1,9% Merlot, 0,7% Goldmuskateller, 0,4% Rosenmuskateller
**Gastronomie** Bistro Castel Turmhof - geöffnet von Ostern bis Ende Oktober

Christoph Tiefenbrunner hat viel investiert, um seinen Betrieb in Sachen Effizienz, Nachhaltigkeit und Weinqualität auf den neuesten Stand zu bringen. Energietechnisch ist man nahezu autark dank eines eigenen Wasserkraftwerks am kräftigen Gebirgsbach. Deshalb kann es sich Tiefenbrunner auch erlauben, in der nahezu unsichtbar in den Hang hineingebauten Kellerei einen großen Raum mit mehreren riesigen Kühlbläsern als Zwischenlager für die gelesenen Trauben zu nutzen. Steigt man die Treppen tiefer hinab, sieht man sich einer Batterie aus großen Beton-Gärtanks entgegen - der neueste Stand der Technik.
Die Weine sind eingeteilt in vier Serien. Classic merus steht für Rebsortentypizität mit Frucht und Klarheit, bei der Selection Turmhof reifen die Weine länger auf der Feinhefe und verbringen einige Zeit im Holzfass. Die Selection Linticlarus beinhaltet drei komplexe Rotweine und einen edelsüßen Wein, während die Selection Vigna sich am Grand-Cru-Gedanken orientiert.

Wir beginnen unsere Verkostung mit dem Pinot Blanco Anna, der sich zugänglich und klar zeigt, nachdem er in Edelstahl, Beton sowie großem Holzfass reifte und danach noch ein halbes Jahr Flaschenreife bekam. Rasch zücken wir höhere Punkte, etwa beim Gewürztraminer Turmhof, der sortentypisch ist, dabei aber nicht übertreibt in der Aromatik. Ausdrucksstark ist der Chardonnay Turmhof, er besitzt Kraft und viel Druck. Dem Feldmarschall von Fenner eilt der Ruf voraus, womöglich der teuerste Müller-Thurgau weit und breit zu sein - nun denn, wenn er aber auch so gut ist! In vier Leseterminen wird das beste Material dafür ausgesucht, und das Ergebnis ist wie der Biss in eine frisch geerntete Traube. Wirklich geflasht hat uns aber der Sauvignon Rachtl, gewachsen auf grauem Porphyr am Eingang des Eisacktals. Er vereint bestens eingesetztes Holz mit wunderbarer Reduktion und spielt ewig am Gaumen herum. Großartig! Getoppt wird dies nur noch von der Cabernet Sauvignon Vigna Toren Riserva, deren komplexe, dunkle, kräftige, aber nicht mit den Muskeln arbeitende Art sie zu einem Wein außergewöhnlichen Formats macht. Es ist fast schade, dass man sich am Ende am meisten an die beiden letztgenannten Weine erinnert und dabei unterschlägt, wie gut auch die Cuvée Linticlarus aus Cabernet und Merlot oder der würzige Turmhof Blauburgunder waren.

WEINGUT | TENUTA
TIEFENBRUNNER
*Schlosskellerei Turmhof*

**87** 2020 Pinot Bianco Anna Südtirol DOC
**15,70 €** | 13,5%
**89** 2020 Chardonnay Turmhof Südtirol DOC
**15,70 €** | 13,5%
**89** 2020 Gewürztraminer Turmhof Südtirol DOC
**20 €** | 15%
**90** 2020 Müller-Thurgau Feldmarschall von Fenner Südtirol DOC
**40 €** | 13,5%
**93** 2019 Sauvignon Blanc Riserva Vigna Rachtl Südtirol DOC
**59 €** | 14%
**90** 2016 Fennberg-Hofstatt Müller-Thurgau Spätlese Feldmarschall von Fenner
**115 €/0,375 Lit.** | 9,5%
**88** 2020 Blauburgunder Turmhof Südtirol DOC
**17,10 €** | 13,5%
**90** 2019 Cuvée Linticlarus Riserva Südtirol DOC
**35 €** | 14%
**95** 2018 Cabernet Sauvignon Riserva Vigna Toren Südtirol DOC
**90 €** | 14%

★☆

## TRÖPFLTALHOF

Weingut Tröpfltalhof
39052 Kaltern an der Weinstraße · Garnellenweg 17
Tel. (00471) 964126
wein@bioweinhof.it
**www.bioweinhof.it**

**Inhaber/in und Betriebsleitung**
Andreas Dichristin

Es ist immer toll, wenn uns ein Winzer mit seinen eigenen Worten sein Tun erklärt. Lassen wir also Andreas Dichristin sprechen: „Für uns ist die Biodynamik keine Anbaumethode, sondern eine gesamtheitliche Entwicklung des Bauern mit seinem Hof. Unsere Gedanken sind dem Boden zugewendet, wir bauen mit der Natur an deren Gesundheit und können so Krankheitsbekämpfung auf ein Minimum beschränken; deshalb verwenden wir zu den biodynamischen Präparaten auch noch Tee von Brennnessel, Kamille und Ackerschachtelhalm, zur Stärkung der vitalen Kräfte. Der minimalistische Ansatz wird auch im Keller fortgeführt. Wir nehmen unseren Weinen nichts weg und geben nichts dazu, außer unserer liebevollen Zuneigung. Spontangärung, keine Schönungen, keine Pumpen, wir machen keine Weine, sondern wir begleiten sie in ihrem natürlichen Werden." Heraus kommen durchaus ungewöhnliche Weine, auf die man sich konzentriert einlassen sollte, denn sie sind nichts für den raschen Genuss nebenher. Am zugänglichsten ist vielleicht noch der Viognier LeViogn, ausgebaut im großen Holz. Der Sauvignon Garnellen Anphora, der Amphore entspringend, braucht neben viel Luft auch genügend Aufmerksamkeit. Dann kann er sich mit seiner inneren Spannung und der großen Länge gut entfalten. Die noch sehr raue Reserve Barleith wird für die meisten Weinfreunde der ungewöhnlichste Wein in diesem Trio sein.

**88** 2020 LeViogn
**22 €** | 13%
**89** 2018 Sauvignon Blanc Garnellen Anphora
**54 €** | 14%
**87** 2018 Reserve Barleith Anphora
**45 €** | 13,5%

★★★★

## ELENA WALCH

Weingut Elena Walch
39040 Tramin · Andreas-Hofer-Strasse 1
Tel. (004718) 60172
info@elenawalch.it
**www.elenawalch.it**

**Inhaber/in und Betriebsleitung**
Elena Walch
**Keller** Familie Walch

**Historie** familiengeführtes Weingut, heute in fünfter Generation
**Rebfläche** 70 Hektar
**Jahresproduktion** 600 000 Flaschen
**Beste Lagen** Vigna „Castel Ringberg" in Kaltern; Vigna „Kastelaz" in Tramin
**Boden** gemischter, vorwiegend lockerer Kalkboden mit Dolomitgestein, sowie durchzogen von hartem, rohem Gestein
**Gastronomie** Gartenbistro „Le Verre Capricieux" in Tramin, Gutsschenke Castel Ringberg in Kaltern
**Erlebenswert** historischer Weinkeller und Park in Tramin, Verkostungen und Weinbergstouren in Castel Ringsberg (Kaltern)

Walch gehört zu den ikonischen Betrieben in Südtirol. Elena Walch war im Grunde eine Quereinsteigerin mit beruflich völlig anderem Hintergrund als Architektin, als sie in eine Winzerfamilie einheiratetete. Es herrschte damals eine Aufbruchstimmung, die sie entscheidend mit beeinflusste. Zu Beginn wurde sie nicht so recht ernst genommen mit ihren Ideen, die noch dazu getrieben waren vom unbedingten Willen zu Qualität. Aus Pergola- wurde Guyot-Erziehung, plötzlich standen da so „komische" Rebsorten wie Merlot auf Südtiroler Boden, im Keller wurden Barriques eingeführt – das war schon allerhand. Ihre beiden Töchter Julia und Karoline führen nun das Gut ganz im Sinne der Mama, plus eigener Vorstellungen. Der Vigna-Gedanke, also die echte Zugehörigkeit einer bestimmten Rebsorte zu einem bestimmten Standort, spielt da natürlich eine wichtige Rolle. Neben den bewährten Lagen wie Ringberg, Kristallberg oder Kastelaz gilt es aber auch, in die Zukunft zu schauen. Drüben bei Aldein, auf der anderen, östlichen Seite des Tals, wurde erst ein neuer Weinberg mit fünf Hektar angelegt, auf über 1000 Höhenmeter, wo sich Pinot Nero und Chardonnay wohlfühlen sollen.

**Wein aus dem Stollen**

Gäste werden zur Verkostung oft im früheren Wohnhaus der Familie empfangen, direkt am Weingut. Dort kann man ganz hervorragend beispielsweise den Gewürztraminer Kastelaz probieren, einen ganz und gar nicht lauten, eleganten Vertreter seiner Art. Auch der Pinot Nero Ludwig ist ein feiner Wein mit zarter Frucht nach Waldbeeren und etwas Himbeere. Deutlich kräftiger ist natürlich der Ringberg Lagrein Riserva, bei ihm sind die Tannine jedoch nicht hart und grün wie sonst manchmal bei dieser Rebsorte, sie sind schon geschliffen. Natürlich aber finden sich hier die typischen Gewürzaromen und eine Festigkeit am Gaumen, die man beim Lagrein schätzt. Der Merlot hingegen ist wesentlich weicher, beeriger und dennoch mit ordentlich Druck ausgestattet. Die Grande Cuvée Kermesse aus Cabernet Sauvignon, Merlot, Petit Verdot, Lagrein und Syrah schafft es, bei aller Kraft eine unglaubliche Leichtfüßigkeit auszustrahlen. Der Ringberg Chardonnay zeigt äußerst gekonnten Umgang mit dem kleinen Holzfass. Eine Besonderheit gibt es zur weißen Cuvée Beyond The Clouds zu erzählen. Die Flaschen werden in einem alten Bergwerksstollen bei Sterzing eingelagert, drei Kilometer tief im Berg auf 2000 Meter Hohe. Dort verbleibt der Wein mehrere Jahre, und Julia Walch ist überzeugt davon, dass es ihn positiv beeinflusst. Wie dem auch sei, in der Verkostung zeigte sich der Wein von immenser Größe, nobel und ausdrucksstark, mit einem Rückgrat, das ihn viele Jahre tragen wird.

ELENA WALCH

**88** 2020 Pinot Bianco Kristallberg Südtirol DOC
**24 €** | 13,5%

**89** 2020 Vigna Kastelaz Gewürztraminer Südtirol DOC
**35 €** | 14 %

**91** 2019 Vigna Castel Ringberg Chardonnay Riserva Südtirol DOC
**43 €** | 13,5%

**93** 2020 Cuvée Grand Cuvée Beyond the Clouds Südtirol DOC
**58 €** | 13,5%

**91** 2018 Grande Cuvée Kermesse
**50 €** | 14 %

**89** 2019 Pinot Nero Ludwig Südtirol DOC
**37 €** | 14 %

**90** 2019 Vigna Castel Ringberg Lagrein Riserva Südtirol DOC
**40 €** | 13,5%

**91** 2019 Vigna Kastelaz Merlot Riserva Südtirol DOC
**42 €** | 14,5%

★★☆

## ANSITZ WALDGRIES

Waldgries
39100 Bozen · St. Justina 2
Tel. (00471) 323603
info@waldgries.it
**www.waldgries.it**

**Inhaber/in und Betriebsleitung** Christian Plattner
**Keller** Christian Plattner

**Historie** erstmals urkundlich erwähnt im Jahr 1242 das erste Mal urkundlich erwähnt. Der 1. Besitzer war Roblinus de'Waldgries. Seit 1930 im Besitz der Familie Plattner, Christian Plattner führt den Betrieb heute in 3. Generation.
**Rebfläche** 9 Hektar
**Jahresproduktion** 75 000 Flaschen
**Beste Lagen** Kirschleiten in St. Magdalena für Lagrein Roblinus de'Waldgries, „Hohe Leiten" in St. Magdalena für St. Magdalener Classico Antheos, Eppan Berg für Sauvignon Riserva Sàcalis
**Boden** St. Magdalena: sandige Glazialschotter und Porphyrverwitterungsböden, Auer: durchlässige Alluvialböden, Lehmanteil, Eppan Berg: kalkreiche Lehmböden mit feiner Mineralstruktur, Eppan Schwarzhaus: Moränenschutt mit Kalkablagerungen, lehmige Anteil:
**Rebsorten** 46% Lagrein, 27% Vernatsch, 15% Sauvignon Blanc, 7% Weißburgunder, 5% Rosenmuskateller
**Erlebenswert** Weinweg mit 12 Stationen direkt im Weingut, von einem Grödner Künstler gestaltet, moderne Vinothek

Christian Plattner führt den Waldgrieshof in der dritten Generation, ein familiengeführtes Weingut mit besten Lagen in St. Magdalena bei Bozen. Besonderen Wert legt Christian Plattner auf die autochthonen Rebsorten Vernatsch und Lagrein, die fast zwei Drittel der Rebfläche einnehmen. Daneben kommen auch Weißburgunder und Sauvignon Blanc in die Flaschen. Der letztgenannte kommt als 2020er Südtiroler Sauvignon Myra auf den Markt. Er stammt aus einer Südostlage, zu 80 Prozent im Stahl und zu 20 Prozent im Tonneau ausgebaut. Für den 2019er Südtiroler Weißburgunder Riserva Itos lässt sich Plattner sehr viel Zeit. Die grüne und stahlige Variante der Rebsorte liegt ihm nicht, er gibt dem Wein Zeit und kommt immer erst nach 24 Monaten in den Handel. Dieses „Zeit lassen" gilt für alle Weine des Hauses. Deshalb wurden uns auch Weine aus drei Jahrgängen präsentiert, sie alle sind aktuell ab Weingut erhältlich. Der 2021er St. Magdalener Classico ist so etwas wie der Hauswein, ein Klassiker. Der 2020er St. Magdalener Classico Antheos ist ein gemischter Rebsatz aus acht historischen Klonen der Vernatsch-Rebe, die man heute in St. Magdalena alle nicht mehr findet. Er führt direkt zum Lagrein Mirell aus dem Jahrgang 2019. Hier arbeitet Plattner absolut kompromisslos und vereint Konzentration, Tannin und vor allem Eleganz in ungewohnter Weise. Ein Lagrein, der mit den besten seiner Art in einer Liga spielt. Und ein weiterer Grund dafür, sich auf den Weg zu machen.

**89** 2020 Sauvignon Myra
**14,60 €** | 13,5%

**90** 2019 Weißburgunder Riserva Itos
**18,60 €** | 14,5%

**90** 2019 Sauvignon Blanc Riserva Sàcalis
**23,50 €** | 14 %

**88** 2021 St. Magdalener Classico
**11,30 €** | 13,5%

**89** 2021 Lagrein
**13,30 €** | 13,5%

**89** 2020 St. Magdalener Classico Antheos
**17,30 €** | 13,5%

**90** 2019 Lagrein Riserva
**20 €** | 13 %

**92** 2019 Lagrein Mirell
**33,50 €** | 13 %

**92** 2020 Rosenmuskateller
**23,50 €/0,375 Lit.** | 12,5%

## WASSERERHOF

Weingut Wassererhof
39050 Völs am Schlern
Völserriederstraße 21
info@wassererhof.com
**www.wassererhof.com**

**Inhaber/in und Betriebsleitung** Christoph Mock
**Keller** Christoph Mock

**Rebfläche** 9 Hektar
**Jahresproduktion** 60 000 Flaschen
**Rebsorten** 27% Vernatsch, 26% Sauvignon Blanc, 20% Weißburgunder, 17% Cabernet, 4% Grauburgunder, 3,5% Lagrein, 2,5% Syrah
**Gastronomie** Buschenschank (Mitte März - Ende Mai und Anfang September - Weihnachten)

Der Wassererhof wird von den Zwillingen Christoph und Andreas Mock geführt. Wobei die beiden klar getrennte Aufgabengebiete haben. Andreas führt den Buschenschank, der deutlich mehr als ein Geheimtipp für Fans der Südtiroler Küche ist. Und Christoph hat den Wein unter sich, wobei gegenseitiges, solidarisches Helfen selbstverständlich ist und Garant des Erfolgs. Wovon beide überzeugt sind. Der Betrieb am Fuße des Schlern datiert urkundlich in das Jahr 1366 zurück, Franz Mock, Vater der beiden, kaufte den heruntergekommenen Hof im Jahr 1996. Weil er selber noch einen Betrieb bei Bozen bewirtschaftete, konnten sich die Brüder eigenverantwortlich um den Betrieb kümmern. Inzwischen ist das Gebäudeensemble ein wirkliches Kleinod. Wein wird auf rund neun Hektar Rebfläche angebaut, sieben Weine, rund 60000 Flaschen verlassen jährlich den Keller. Die Wein von Christoph Mock scheinen dabei direkt für die Küche seines Bruders gemacht zu sein, sie sind durch die Bank vergleichsweise schlank und kühl trotz ihrer aromatischen Fülle. Für uns sind die Sauvignon Blanc besonders hervorzuheben. Die Basisvariante aus dem Jahr 2020 zeigt eine durchaus typische Nase, ist leicht grün, zeigt Paprika, Cassisblätter und Grüntee. Im Mund mit schöner Würze, auch etwas exotisches Obst, zeigt sie sich balanciert und regelrecht erfrischend. Deutlich komplexer kommt der 2019er Sauvignon Blanc Riserva ins Glas. Er zeigt sich zunächst zugeknöpft, kommt mit Luft aber richtig auf

Touren. Erinnert an nasse, kühle Steine, sehr karg, mineralisch. Im Mund mit toller Struktur, eckt überall im Mundraum an, wirkt salzig am Zungenrand, läuft wie ein Laser über die Zunge. Großer Sauvignon, der fantastisch altern kann. Im Buschenschank kann man sich davon überzeugen, ältere Jahrgänge des Weins sind erhältlich. Von ähnlicher Qualität sind auch die Cabernet Sauvignon, die grundsätzlich den Stil der Sauvignon Blanc fortführen. Auch hier steht der kühle, klare Kern im Mittelpunkt. Auch wenn der 2018er aufgrund des Jahrgangs etwas kräftiger geraten ist, stehen Animation und Trinkfreude im Vordergrund. Er kann sich mit seiner tiefgründigen Eleganz mit den besten Weinen seiner Art im Anbaugebiet messen.



**89** 2020 Sauvignon Blanc Südtirol DOC
**15 €** | 13 %

**90** 2020 Weissburgunder Südtirol DOC
**15 €** | 12,5%

**90** 2020 Grauburgunder Südtirol DOC
**18 €** | 12,5%

**93** 2019 Sauvignon Blanc Südtirol DOC
**30 €** | 14 %

**89** 2020 St. Magdalener Classico
**12 €** | 12,5%

**92** 2018 Cabernet Riserva Südtirol DOC
**30 €** | 14,5%

★★½

## ZEMMER

Peter Zemmer
39040 Kurtinig a.d.W. (BZ) · Weinstraße 24
Tel. (00471) 817143
info@peterzemmer.com
**www.peterzemmer.com**

**Inhaber/in und Betriebsleitung** Peter Zemmer
**Keller** Peter Zemmer, Alberto Postal

**Rebfläche** 59 Hektar
**Jahresproduktion** 400 000 Flaschen
**Beste Lagen** Giatl, Punggl, Aldein-Eich, Furggl, Frauenrigl
**Boden** kalkhaltig, schottrig, sandig
**Rebsorten** 80% weiße Sorten, 20% rote Sorten

Kurtinig liegt ganz im Süden der Weinstraße. Hier arbeitet Peter Zemmer, und er tut dies in einer, wie man an den Weinen spürt, konzentrierten, ernsthaften Form. Kleine Weine haben wir hier nicht im Glas, es sind samt und sonders recht ausdrucksstarke Tropfen mit einem jeweils klaren Grundkonzept. Die Verkostung beginnt mit den drei weißen Einstiegsweinen, also Weißburgunder, Grauburgunder und Chardonnay. Der Weißburgunder ist dabei der geschmacklich leichteste, die anderen beiden zeigen feinen Schmelz bei doch ganz gutem Zug und einer willkommenen Frische. Die Giatl Pinot Grigio Riserva aus dem Jahr 2019 ist kräftig und verliert dennoch ihre Eleganz nicht. Sehr gutes Holz muss die Chardonnay Crivelli Riserva erfahren haben, sie ist sehr cremig und rund geworden. Duftig nach Blüten präsentiert sich der Bianco Cortinie, eine Cuvée aus Gewürztraminer, Sauvignon Blanc, Chardonnay und Pinot Grigio. Sehr gekonnt ist die Pinot Noir Riserva von der extrem hoch gelegenen Vigna Kofl, doch man sollte ihr noch ein paar Jahre Zeit im Keller schenken. Jetzt schon sehr fein trinkbar in seiner geschliffenen Art ist die Lagrein Riserva Furggl mit schönen Tanninen.

PETER ZEMMER

**86** 2021 Pinot Bianco Peter Zemmer Südtirol DOC
**11 €** | 13,5%

**87** 2021 Chardonnay Peter Zemmer Südtirol DOC
**11 €** | 13,5%

**87** 2021 Pinot Grigio Peter Zemmer Südtirol DOC
**11 €** | 13,5%

**87** 2021 Bianco Cortinie Vigneti delle Dolomiti IGT
**15 €** | 13,5%

**88** 2021 Frauenrigl Gewürztraminer Südtirol DOC
**19 €** | 15 %

**89** 2019 Giatl Pinot Grigio Riserva Südtirol DOC
**23 €** | 14,5%

**89** 2019 Vigna Crivelli Chardonnay Riserva Südtirol DOC
**29 €** | 14 %

**88** 2019 Cuvée Rosso Cortinie Südtirol DOC
**15 €** | 13,5%

**88** 2019 Vigna Kofl Pinot Noir Riserva Südtirol DOC
**34 €** | 13,5%

**89** 2019 Lagrein Riserva Furggl Südtirol DOC
**21 €** | 13,5%

# Register VINUM Weinguide 2023

## A



## B

# C

# D



# E



# F

# G

# H



# I



# J

# K

# L



# M

# N



# O



# P

# Q



# R



# S

# T



# U



# V



# W

# Z

# Sterne-Register Vinum Weinguide 2023

★★★½

### ★★★

Wein aus deutschen Landen
Wein aus deutschen Landen
Wein aus deutschen Landen
Wein schenkt Freude

## MEINE NOTIZEN

## MEINE NOTIZEN

## MEINE NOTIZEN

## MEINE NOTIZEN

# WEINGUIDE DEUTSCHLAND 2023

**www.weinguide-deutschland.de**

**Verleger** Roland Köhler
**Chefredaktion** Matthias F. Mangold, Harald Scholl
**Herausgeberbeirat** Joel B. Payne

**Verantwortliche Verkoster** Johannes Bucej, Matthias Dathan, Christoph Dirksen, Jacob Duijn, Max Eder, Gerald Hanbuch, Bastian Hartwig, Patrick Hemminger, Dr. Peter Henk, Nic Herbst, Frank Kämmer MS, Dr. Eckhard Kiefer, Gaby Koch, Andreas Lelke, Matthias F. Mangold, Stefan Metzner, Silvio Nitzsche, Matthias Pohlers, Harald Scholl
**Mitverkoster** Hartmut Berndt, Daniel Hasert, Christina Hilker, Wolfgang Mayer, Hermann Schollenberger **Assistenz** Gerhard Benz

**Verlag** Intervinum AG, Zürich, www.vinum.eu
**Verlagsleitung** Nicola Montemarano
**Verlagsassistenz** Raffaela Köhler
**CvD** Andrea Heinzinger
**Grafik** Philipp Tschirren, David Schellenberg
**Produktion** Martin Kaufmann
**Digital-Team** Miguel Zamorano (Leitung), Christopher Zechendorf (Datenbank)
**Back Office** Manuela Deganello
**Anzeigen** Markus Lutz

**Printed in Germany**



Für die Zusammenstellung dieses Weinguides ließen wir größtmögliche Sorgfalt walten, trotzdem können Daten falsch oder überholt sein. Eine Haftung können wir auf keinen Fall übernehmen. Für Hinweise und Anregungen sind wir dankbar. Bitte richten Sie diese an:
**redaktion@vinum.de**

**Die Deutsche Nationalbibliothek – CIP Einheitsaufnahme**
Ein Titeldatensatz für diese Publikation ist bei der Deutschen Nationalbibliothek erhältlich.


**6. Jahrgang**
**ISBN 978-3-95961-741-3**